本书系教育部人文社会科学重点研究基地南京大学中国新文学研究中心重点资助项目

中国新时期文学期刊目录汇编

第三卷

张光芒 主编

学术顾问	丁　帆　　王彬彬
主　　编	张光芒
编　　撰	张光芒　　史鸣威
	许永宁　　杜　璇
	姜　淼　　孙慧文
	高　旭　　李　桢
	杨　雯　　丁雨卉
	王凤华　　张匀匀
	孙　琳

南京大学出版社

图书在版编目(CIP)数据

中国新时期文学期刊目录汇编. 第 3 卷 / 张光芒主编
. —南京:南京大学出版社,2023.8
　ISBN 978 - 7 - 305 - 25002 - 6

　Ⅰ. ①中… 　Ⅱ. ①张… 　Ⅲ. ①中国文学－当代文学－
期刊目录 　Ⅳ. ①Z88:I206.7

　中国版本图书馆 CIP 数据核字(2021)第 194063 号

出版发行　南京大学出版社
社　　址　南京市汉口路 22 号　　　　邮　编　210093
出 版 人　王文军

书　　名　**中国新时期文学期刊目录汇编**
　　　　　ZHONGGUO XINSHIQI WENXUE QIKAN MULU HUIBIAN
主　　编　张光芒
责任编辑　施　敏

照　　排　南京紫藤制版印务中心
印　　刷　南京新世纪联盟印务有限公司
开　　本　880 mm×1230 mm　1/16　印张 303　字数 12566 千
版　　次　2023 年 8 月第 1 版　2023 年 8 月第 1 次印刷
ISBN 978 - 7 - 305 - 25002 - 6
定　　价　1500.00 元(全五卷)

网　　址:http://www.njupco.com
官方微博:http://weibo.com/njupco
官方微信号:njupress
销售咨询热线:025 - 83594756

目　录

A

《安徽文艺》(《安徽文学》、《文学》) ……… 001

B

《百花洲》 …………………………………… 062
《北大荒》 …………………………………… 091
《北京文艺》(《北京文学》) ……………… 100
《边疆文艺》(《大西南文学》) …………… 176

C

《长安》(《文学时代》) …………………… 241
《长城》 ……………………………………… 289
《长城文艺》 ………………………………… 311
《丑小鸭》 …………………………………… 334
《创作》 ……………………………………… 366
《春风》(长春) …………………………… 370
《春风》(鹤岗) …………………………… 416
《春风》(沈阳)(《中外文学》) ………… 428

D

《当代》 ……………………………………… 452
《当代外国文学》 …………………………… 479
《滇池》 ……………………………………… 493
《电影创作》 ………………………………… 539
《电影新作》 ………………………………… 595

F

《非非》 ……………………………………… 625
《汾水》(《山西文学》) …………………… 627
《福建文艺》(《福建文学》) ……………… 695
《芙蓉》 ……………………………………… 777

G

《甘肃文艺》(《飞天》) …………………… 803
《广东文艺》(《作品》) …………………… 895
《广西文艺》(《广西文学》) ……………… 967
《广州文艺》 ………………………………… 1046
《贵阳文艺》(《花溪》) …………………… 1118
《贵州文艺》(《山花》) …………………… 1182

H

《哈尔滨文艺》(《小说林》) ……………… 1257
《海燕》 ……………………………………… 1309
《杭州文艺》(《西湖》) …………………… 1349
《河北文艺》(《河北文学》) ……………… 1414
《河南文艺》(《奔流》) …………………… 1476
《黑龙江文艺》(《北方文学》) …………… 1547
《黑龙江戏剧》(《剧作家》) ……………… 1615
《红岩》 ……………………………………… 1636
《湖北文艺》(《长江文艺》) ……………… 1664
《呼和浩特文艺》(《山丹》) ……………… 1740
《花城》 ……………………………………… 1778
《花山》 ……………………………………… 1809
《黄河》 ……………………………………… 1818
《火花》 ……………………………………… 1826

J

《吉林文艺》(《长春》、《作家》) ………… 1827
《江城》(《短篇小说》) …………………… 1904
《江南》 ……………………………………… 1961
《江苏文艺》(《雨花》) …………………… 1981
《江西文艺》(《星火》) …………………… 2052
《解放军文艺》 ……………………………… 2112
《今天》 ……………………………………… 2180
《剧本》 ……………………………………… 2183

K

《昆仑》 …………………………………… 2227

L

《辽宁文艺》(《鸭绿江》) ……………… 2249
《绿洲》(乌鲁木齐) ……………………… 2327

M

《莽原》 …………………………………… 2346
《芒种》 …………………………………… 2365
《萌芽》 …………………………………… 2418
《民族文学》 ……………………………… 2471
《名作欣赏》 ……………………………… 2520

N

《南京文艺》(《青春》) ………………… 2570
《内蒙古文艺》(《草原》) ……………… 2625
《宁夏文艺》(《朔方》) ………………… 2694

Q

《青海文艺》(《青海湖》) ……………… 2761
《清明》 …………………………………… 2834
《青年外国文学》 ………………………… 2857
《青年文学》 ……………………………… 2862
《青年作家》 ……………………………… 2902
《秋实》 …………………………………… 2965

R

《人民文学》 ……………………………… 2968

S

《散文选刊》 ……………………………… 3029
《山东文艺》(《山东文学》) …………… 3053
《陕西文艺》(《延河》) ………………… 3129
《山西群众文艺》(《晋阳文艺》) ……… 3191

《上海文艺》(《上海文学》) …………… 3267
《生活》 …………………………………… 3333
《石河子文艺》(《绿洲》、《绿风》) …… 3334
《世界文学》 ……………………………… 3374
《诗刊》 …………………………………… 3426
《诗神》 …………………………………… 3530
《十月》 …………………………………… 3567
《收获》 …………………………………… 3597
《四川文艺》(《四川文学》、《现代作家》)
…………………………………………… 3618

T

《台港文学选刊》 ………………………… 3705
《特区文学》 ……………………………… 3732
《天涯》 …………………………………… 3753

W

《外国文艺》 ……………………………… 3769
《外国戏剧》 ……………………………… 3800
《外国小说》 ……………………………… 3827
《武汉文艺》(《芳草》) ………………… 3840

X

《西藏文艺》(《西藏文学》) …………… 3900
《希望》(广州) ………………………… 3946
《希望》(合肥) ………………………… 3982
《戏剧创作》(《戏剧文学》) …………… 4006
《湘江文艺》(《湘江文学》、《文学月报》、《湖南
文学》) …………………………………… 4033
《小说界》 ………………………………… 4113
《小说选刊》 ……………………………… 4137
《小说月报》 ……………………………… 4182
《新港》(《小说导报》、《天津文学》) …… 4208
《新疆民族文学》(《民族作家》) ……… 4270
《新疆文艺》(《新疆文学》、《中国西部文学》)
…………………………………………… 4300
《新苑》 …………………………………… 4375
《星星》 …………………………………… 4392

区域目录索引

全国性期刊

《丑小鸭》 …………………………………… 334
《当代》 …………………………………… 452
《电影新作》 …………………………………… 595
《解放军文艺》 …………………………………… 2112
《剧本》 …………………………………… 2183
《昆仑》 …………………………………… 2227
《民族文学》 …………………………………… 2471
《青年文学》 …………………………………… 2862
《人民文学》 …………………………………… 2968
《世界文学》 …………………………………… 3374
《诗刊》 …………………………………… 3426
《外国戏剧》 …………………………………… 3800
《小说选刊》 …………………………………… 4137
《中国》 …………………………………… 4668
《中国作家》 …………………………………… 4676
《啄木鸟》 …………………………………… 4730
《作品与争鸣》 …………………………………… 4743

安徽省

《安徽文学》 …………………………………… 001
《安徽文艺》 …………………………………… 001
《清明》 …………………………………… 2834
《文学》 …………………………………… 001
《希望》（合肥） …………………………………… 3982

北京市

《北京文学》 …………………………………… 100
《北京文艺》 …………………………………… 100
《电影创作》 …………………………………… 539
《十月》 …………………………………… 3567

福建省

《福建文学》 …………………………………… 695

《福建文艺》 …………………………………… 695
《台港文学选刊》 …………………………………… 3705
《中篇小说选刊》 …………………………………… 4691

甘肃省

《飞天》 …………………………………… 803
《甘肃文艺》 …………………………………… 803
《阳关》 …………………………………… 4489

广东省

《广东文艺》 …………………………………… 895
《广州文艺》 …………………………………… 1046
《花城》 …………………………………… 1778
《特区文学》 …………………………………… 3732
《希望》（广州） …………………………………… 3946
《作品》 …………………………………… 895

广西壮族自治区

《广西文学》 …………………………………… 967
《广西文艺》 …………………………………… 967
《青年外国文学》 …………………………………… 2857

贵州省

《创作》 …………………………………… 366
《贵阳文艺》 …………………………………… 1118
《贵州文艺》 …………………………………… 1182
《花溪》 …………………………………… 1118
《山花》 …………………………………… 1182

海南省

《天涯》 …………………………………… 3753

《山丹》 ·············· 1740

宁夏回族自治区

《宁夏文艺》 ·············· 2694
《朔方》 ·············· 2694

青海省

《青海湖》 ·············· 2761
《青海文艺》 ·············· 2761

山东省

《山东文学》 ·············· 3053
《山东文艺》 ·············· 3053

陕西省

《长安》 ·············· 241
《陕西文艺》 ·············· 3129
《文学时代》 ·············· 241
《延河》 ·············· 3129

山西省

《汾水》 ·············· 627
《黄河》 ·············· 1818
《晋阳文艺》 ·············· 3191
《名作欣赏》 ·············· 2520
《山西群众文艺》 ·············· 3191
《山西文学》 ·············· 627

上海市

《萌芽》 ·············· 2418
《上海文学》 ·············· 3267
《上海文艺》 ·············· 3267
《收获》 ·············· 3597
《外国文艺》 ·············· 3769
《小说界》 ·············· 4113

四川省

《红岩》 ·············· 1636

《青年作家》 ·············· 2902
《四川文学》 ·············· 3618
《四川文艺》 ·············· 3618
《现代作家》 ·············· 3618
《星星》 ·············· 4392

天津市

《天津文学》 ·············· 4208
《小说月报》 ·············· 4182
《小说导报》 ·············· 4208
《新港》 ·············· 4208

西藏自治区

《西藏文学》 ·············· 3900
《西藏文艺》 ·············· 3900

新疆维吾尔自治区

《绿风》 ·············· 3334
《绿洲》（石河子） ·············· 3334
《绿洲》（乌鲁木齐） ·············· 2327
《民族作家》 ·············· 4270
《石河子文艺》 ·············· 3334
《新疆民族文学》 ·············· 4270
《新疆文学》 ·············· 4300
《新疆文艺》 ·············· 4300
《中国西部文学》 ·············· 4300

云南省

《边疆文艺》 ·············· 176
《滇池》 ·············· 493
《大西南文学》 ·············· 176

浙江省

《东海》 ·············· 4542
《江南》 ·············· 1961
《杭州文艺》 ·············· 1349
《西湖》 ·············· 1349
《浙江文艺》 ·············· 4542

民刊

《吉林文艺》
(《长春》、《作家》)

【简　介】

综合性文学月刊。吉林省作家协会主办。创刊于1956年,1972年复刊。1978年第10月由《吉林文艺》更名为《长春》,1983年7月再度更名为《作家》。其首发的韩少功的《文学的根》在八十年代引发了"寻根文学"思潮,具有重要影响力。

期刊号:1976年第1期—1989年第12期

1976年第1期　刊名:《吉林文艺》
目录

词二首⋯⋯⋯⋯⋯⋯⋯⋯⋯⋯⋯⋯⋯⋯⋯毛泽东
水调歌头
重上井冈山⋯⋯⋯⋯⋯⋯⋯⋯⋯⋯一九六五年五月
念奴娇
鸟儿问答⋯⋯⋯⋯⋯⋯⋯⋯⋯⋯⋯⋯一九六五年秋
世上无难事　只要肯登攀⋯⋯⋯⋯⋯《人民日报》、
《红旗》杂志、《解放军报》一九七六年元旦社论

诗歌
滚滚春潮⋯⋯⋯⋯⋯⋯⋯⋯⋯⋯⋯⋯⋯韩跃旗等

在百里建渠工地上⋯⋯⋯⋯⋯⋯⋯⋯⋯单润民
出阵图⋯⋯⋯⋯⋯⋯⋯⋯⋯⋯⋯⋯⋯⋯李占学
火红青春献乡村⋯⋯⋯⋯⋯⋯⋯⋯⋯⋯贺　军
新农民的歌⋯⋯⋯⋯⋯⋯⋯⋯⋯⋯⋯⋯程　刚

报告文学
草原上的鲜花⋯⋯⋯⋯⋯⋯⋯⋯⋯⋯⋯鄂　华

小说
跃马扬鞭⋯⋯⋯⋯⋯⋯⋯⋯⋯⋯⋯⋯⋯王宗汉
上阵之前⋯⋯⋯⋯⋯⋯⋯⋯⋯⋯⋯⋯⋯刘伯英
审批报告⋯⋯⋯⋯⋯⋯⋯⋯⋯⋯⋯⋯⋯马　犁

评论
满腔热情地歌颂新的人物、新的世界
⋯⋯⋯⋯⋯⋯⋯⋯⋯⋯吉林省《山村新人》创作组
胡适为什么吹捧"金本"歌颂宋江
⋯⋯⋯⋯⋯⋯⋯⋯吉林省军区司令部《水浒》评论组
吉林大学中文系《水浒》评论组

曲艺
工农兵小快板专页

冬忙(年画)⋯⋯⋯⋯⋯⋯⋯⋯⋯⋯⋯⋯王　旭
年画新作(夹页):
春风化雨⋯⋯⋯⋯⋯⋯⋯⋯⋯⋯⋯⋯⋯武继仁
长白山下传捷报⋯⋯⋯⋯⋯⋯⋯⋯⋯⋯胡悌林
英雄的足迹⋯⋯⋯⋯⋯⋯⋯⋯⋯⋯⋯⋯刘长恩
革命代代如潮涌⋯⋯⋯⋯⋯⋯⋯⋯⋯⋯关　键
壮志冲霄汉(速写)⋯⋯⋯⋯⋯王绪阳　温国良
喜看战报(剪纸)⋯⋯⋯⋯⋯⋯⋯⋯⋯⋯徐德润
挑灯夜战(剪纸)⋯⋯⋯⋯⋯⋯⋯⋯⋯⋯徐德润
战天斗地学大寨(木刻)⋯⋯⋯⋯⋯⋯⋯袁惠民
本期插图作者:蚁美楷　百　石　高志武　池　星
裴衣昌

1976年第2期　刊名:《吉林文艺》
目录

在毛主席诗词鼓舞下,以阶级斗争为纲,进一步繁荣社会主义文艺创作⋯⋯⋯⋯⋯⋯⋯⋯⋯⋯薛江华
继续革命的光辉灯塔　反修防修的锐利武器——我省部分工农兵作者、文艺工作者学习毛主席两首词的座谈纪要

小说

青春常在 ………………………… 张笑天
我的同学 ………………………… 刘兆林

诗歌

站起来的人民 …………………… 李 瑛
闪光的日子 ……………………… 张 廓
教育革命开新花 ………………… 吴辛等
大寨精神谱新歌 ………………… 张满隆
高歌震山峡 ……………………… 赵连生
我们幸福·化肥冲出造粒塔·挺进 ………… 钟响等

演唱

风雨出诊（单出头）……………… 王德发

散文

不夜的山村 ……………………… 曹明绪
路 ………………………………… 郭焕金

评论

钻塔高耸 青春火红——评《钻塔上的青春》
………………………………………… 李冬娜等

浇花育苗

新的一代新的歌 ………………… 武培真
知识青年成长的颂歌 …………… 王德恒
"天命论"与宋江的招降纳叛 …… 吴功正

歌曲

延边儿女学大寨 ………… 张 黎词 金凤浩曲

听课（年画）…………………… 刘树林
老茧不退（木刻）……………… 高润川
剪纸 …………………………… 赵 兵
壮志谱新篇（木刻）…… 王小妮 查成举
本期插图作者：温国良 陈曦光 百 石 孙雅茹
池 星 金龙贵 于恩廷

1976 年第 3 期　刊名:《吉林文艺》
目录

坚持文艺革命，反击右倾翻案风 ………… 初 澜

电影文学剧本

山村新人（根据同名话剧改编）………… 赵羽翔

诗歌

今日欢呼孙大圣 只缘妖雾又重来——工农兵反击右

倾翻案风诗选

撒在校园里的传单 ……………… 曲有源
北京车站 ………………………… 李中申

报告文学

赤脚丹心 ………………………… 侯一国
洒满阳光的路——记工农兵学员柳淑萍 …… 曾新民等

评论

奋笔如刀剜蛀虫——学习鲁迅反对投降派的论述
………………………………………… 易洪斌
迎风斗浪向前进——革命样板戏创作经验学习札记
………………………………………… 黎仲平
一花引来百花开——驳"样板戏阻碍文艺发展"的谬
论 …………………………… 崔鸿林 田国良

攀高峰（年画）………………… 王 杰
小工业 大贡献（速写）——磐石县五小工业速写
………………………………… 裴友昌 胡悌林
剪纸 …………………………… 袁惠民
繁荣社会主义文艺创作（刻印）………… 张鸿玉
本期插图作者：韩荣吉 温国良 甘雨辰 张成久

1976 年第 4 期　刊名:《吉林文艺》
目录

坚决拥护中共中央两个决议
把反击右倾翻案风的斗争进行到底

诗歌

颂天安门广场 …………………… 任彦芳
寄首都工人民兵战友 …………… 赵长鸣
一个红卫兵的声明 ……………… 郭殿文
战地黄花（诗传单）…………… 刘逢亮等
宜将剩勇追穷寇（工农兵反击右倾翻案风诗选）
对准不肯改悔的走资派邓小平（儿歌）
不许为十七年修正主义文艺黑线翻案 ………… 吉林
炭素厂工人文艺评论组

杂文

说"风" ………………………… 张万晨
孔老二的"酒杯"和布哈林的"玻璃杯" …… 孙占国
"紧箍咒"析 …………………… 刘成信
工农兵小快板专页⑦

小说·散文

青山望不断 ……………………… 朱春雨

散文

沸腾的工地 ———————————————————— 尚　侠

播种人之歌 ———————————————— 刘伯英　鲍　成

评论

举纲克敌　无往不胜——学习革命现代京剧《磐石湾》———————————— 吉林化学工业公司工人文艺评论组

以阶级斗争为纲　努力塑造无产阶级英雄典型——赞革命现代京剧《磐石湾》中陆长海形象的塑造 ———————————————————— 聂海风

"民族意识论"掩盖不住投降派的嘴脸 ———— 厉嫩竹

诗歌

在北疆密林里 ———————————————— 雷抒雁

山村科学院 ———————————————————— 顾笑言

农村站里 ———————————————————— 谭文波

东风浩荡红花香 ———————————————— 姚业涌

老主任抓纲 ———————————————————— 卓　昕

剧本·曲艺

桥头岗（评剧）————————— 集体创作　李　文执笔

省文化局召开《吉林文艺》通联工作会议（文艺消息）

移山志（年画）———————————————— 安学贵

吉林省参加全国独舞、双人舞、三人舞调演节目剧照选登

剪纸 ———————————————————————— 马荣珍

本期插图作者：吴井田　井　文　柳焕兴　刘国顺

1976 年第 5 期　刊名:《吉林文艺》

目录

"热烈歌颂无产阶级'文化大革命'、歌颂社会主义新生事物"征文启事

反映无产阶级同走资派的斗争是社会主义文艺的重要任务——学习《在延安文艺座谈会上的讲话》————吉林省文化局大批判组

具有重要现实意义的创作课题——谈反映无产阶级同党内走资派的斗争 ——————————— 黎仲平
吉大中文系 73 级评论组

无产阶级交响音乐的新成就——赞革命交响音乐《智取威虎山》———————————————— 陈美琪

杂文

从反革命的"剑"说起 ——————— 孙书第　郑雨来

"中山狼"与复辟狂 —————————————— 朱锦昌

梯也尔的骗术及其幽灵 ————————————— 李望宇

"秤砣"寓深意（创作漫谈）————————— 金德顺

小说

时代的激光（征文选刊）————————— 刘学铭

在数字里面 ———————————————————— 姚　力

诗歌

火红的岁月（征文选刊）————————— 海　南

五星红旗飘扬在我们心里 ————— 辛德志　李望宇

重读红卫兵日记 ———————————————— 万　捷

反击右倾翻案风诗抄 —————————————— 吴　辛

在斗争的日子里 ———————————————— 陈宝源

快写！快写！快写！ —————————————— 申家平

大字报赞 ———————————————————— 赵新录

剧本·曲艺

炉台战歌（独幕话剧）———— 集体创作　鲁道昌等执笔

"文化大革命"奏凯歌（群口快板·征文选刊）—— 杜金田

歌曲

坚决反击右倾翻案风 ——————— 继　革词　康守信曲

希望寄托在你们身上（年画）———————— 北京市朝阳区美术创作组

风雨无阻为工农（木刻）———————— 高志武　童志国

剪纸 ———————————————————————— 马荣珍

本期插图作者：刘国顺　喻绪祁　刘启中　俞国梁

1976 年第 6 期　刊名:《吉林文艺》

目录

"文化大革命"永放光芒——纪念中共中央一九六六年五月十六日《通知》十周年 —————— 《人民日报》、《红旗》杂志、《解放军报》编辑部

诗歌

春燕歌（征文选刊）—————————————— 戚积广

春风杨柳万千条 ———————————————— 常　安等

打好批邓这一仗 ———————————————— 杨子忱等

铁人诗歌铁写成 ———————————————— 刘　章

"文化大革命"新花开 ————————————— 于二辉

报告文学

让青春焕发出革命光芒 ———————————— 东　峰

小说·散文

马背风云（征文选刊）————————————— 王　耀

山花烂漫（征文选刊）————————————— 张　琦

故乡的船（散文）⸺⸺⸺⸺⸺李健君

曲艺

喜看《春苗》（二人转·征文选刊）⸺⸺万　捷
王　垦词　那炳晨曲

评论

"偏要这样"赞⸺学习鲁迅同反动复辟势力对着干
的战斗精神⸺⸺⸺⸺⸺⸺姜　铮　赵葆华

浇花育苗

阳光雨露育新苗⸺⸺⸺⸺赵宝元　邓雁斌
限制资产阶级法权的自觉战士⸺⸺⸺⸺通化
钢铁厂工人文艺评论组
赤脚医生的赞歌⸺⸺⸺⸺⸺⸺⸺孙乃文

大风浪里炼红心（年画）⸺⸺⸺⸺⸺宗文龙
梁平波　高尔颐　董小明
预防为主（水印木刻）⸺⸺⸺⸺⸺⸺于敦厚
红星照我去战斗（剪纸）⸺⸺⸺⸺⸺庆　铎
本期插图作者：刘国顺　沃保华　温国良　姚洪斌
袁惠民

看闺女（故事·征文选刊）⸺⸺梨树县文化局创作组

演唱

情深如海（二人转）⸺⸺⸺⸺⸺⸺⸺编词：
杨金旺执笔　编曲：孙玉琛
三进校门（对口快板·征文选刊）⸺张惠文　郭明义
厂办大学开新花（唱词·征文选刊）⸺⸺杜瑞祥等
毛主席的教导是力量的源泉（歌曲）⸺⸺玛拉沁夫词
阿拉腾奥勒曲

评论

批邓小平，赞革命样板戏
"三名""三高"与资产阶级法权⸺⸺省文化局学习班
社会主义到处都在胜利地前进⸺喜看大型彩色纪录
影片《莺歌燕舞》
⸺⸺⸺⸺长春工人民兵南关区指挥部评论组

毛主席教导我们学理论（年画）⸺⸺耿　建　张自巘
深入批邓　猛促生产（木刻）⸺⸺⸺⸺刘国顺
剪纸⸺⸺⸺⸺⸺⸺⸺⸺⸺⸺⸺赵　兵
连续作战（剪纸）⸺⸺⸺⸺⸺⸺⸺何瑞五
本期插图作者：吴井山　绪　祁　包太祥　井　文

1976 年第 7 期　刊名：《吉林文艺》
目录

在斗争中建设党⸺⸺⸺⸺⸺⸺《人民日报》、
《红旗》杂志、《解放军报》社论

诗歌

天安门的灯⸺⸺⸺⸺⸺⸺⸺仁钦道尔吉
太阳升起的地方⸺⸺⸺⸺⸺⸺⸺包雪鹰
奔韶山⸺⸺⸺⸺⸺⸺⸺⸺⸺王　磊
毛主席的恩情永不忘⸺⸺⸺⸺⸺⸺赵忠贵
毛主席用过的笔⸺⸺⸺⸺⸺⸺⸺孙吉成
在遵义⸺⸺⸺⸺⸺⸺⸺⸺⸺胡世宗
明灯颂⸺⸺⸺⸺⸺⸺⸺⸺⸺霆　钧
寄战友⸺⸺⸺⸺⸺⸺⸺⸺⸺李衷抒
戴上当年红袖章⸺⸺⸺⸺⸺⸺⸺傅民印
堡垒颂⸺⸺⸺⸺⸺⸺⸺⸺⸺陈玉坤
照片的怀念⸺⸺⸺⸺⸺⸺⸺⸺邵　晨
地头常委会⸺⸺⸺⸺⸺⸺⸺⸺杜春旭
伟大的进军令⸺⸺⸺⸺⸺⸺⸺⸺施立学
解放颂⸺⸺⸺⸺⸺⸺⸺⸺⸺张俊良

小说·故事

挡不住的列车（征文选刊）⸺⸺张天平　刘德来
滔滔的乌龙江（征文选刊）⸺⸺⸺⸺李广萧等

1976 年第 8 期　刊名：《吉林文艺》
目录

歌唱"文化大革命"　反击右倾翻案风（新民歌）
劲松之歌（诗报告）⸺⸺⸺⸺⸺⸺范峥嵘等
跟着毛主席在大风大浪中前进⸺⸺⸺⸺乔迈等
献给心中的红太阳⸺⸺⸺⸺⸺⸺⸺高明学等
对准邓小平开炮⸺⸺⸺⸺⸺⸺⸺樊发稼等
峥嵘岁月⸺⸺⸺⸺⸺⸺⸺⸺⸺房德文等
莺歌燕舞⸺⸺⸺⸺⸺⸺⸺⸺⸺南永前等
决裂篇⸺⸺⸺⸺⸺⸺⸺⸺⸺张兴光
赤脚医生刘汉的诗
占领颂⸺⸺⸺⸺⸺⸺⸺⸺⸺韩志军
歌词一束⸺⸺⸺⸺⸺⸺⸺⸺⸺张藜等
诗词七首⸺⸺⸺⸺⸺⸺⸺鄂　华　泉　声
红小兵爱唱新儿歌⸺⸺⸺⸺⸺⸺⸺刘本身等
坚持党的基本路线（歌曲）⸺⸺宋斌廷词　朱广庆曲
我们共产党员⸺⸺⸺⸺⸺⸺⸺⸺王呈春

评论

无产阶级是革命的乐观主义者⸺学习毛主席《词二
首》的一点体会⸺⸺⸺⸺⸺⸺⸺薛江华
邓小平就是现代的宋江、投降派
⸺⸺⸺怀德县朝阳坡公社孔家屯大队贫下中农评论组
宋江的黑诗和邓小平的捉刀之作⸺⸺⸺⸺易洪斌

号角、响箭及其他——政治抒情诗杂谈·········陈日朋
乱云飞渡仍从容——读诗报告《劲松之歌》
···················郑有义　李云霞
斗争出诗人　革命炼诗篇···················李　改

草原红花（年画）···························蚁美楷
学好理论　深入批邓（木刻）···············龙震海
剪纸·····································赵　兵
本期插图作者：包太祥　池　星　根　生　有　吉
喻绪祁　吴井山　陈曦光　袁惠民　井　文

1976 年第 9 期　刊名:《吉林文艺》
目录

诗歌

人定胜天歌（新民歌）
军民团结战震灾···························单夫营
知识青年诗歌选···························程刚等
我们这样纪念（征文选刊）···················曲有源
怀德县和气公社田头诗选（战地黄花）
新的进军（征文选刊）·····················张晓沛
咱们的新政委·····························田玉文
英雄的女钻工·····························吕景文
血泊淹不灭的怒火·························姜衍忠

评论

积极反映无产阶级同走资派的斗争···········赵　兵
读点鲁迅
把匕首刺向走资派···············崔红林　田国良
辨"鬼"的宝镜···························胡建照
要扫除一切害人虫·························高凤楼
抓住要害　深入批邓·············《人民日报》社论

小说

路（征文选刊）···············汤景山　王中忱
八月的曙光（征文选刊）·····················孙宏桅
关键时刻（征文选刊）·····················徐东平
最新方案（征文选刊）·····················冉秀梅
药店内外·······························张耘瑰
警惕·································崔宝福
留点纪念·······························章云福
定盘星·································吴雅丽
特木其呼代表···························赛音吉雅
属"虎"的会计···············贾富军　郭　伟
摇鼓石在响·····························肖　然

演唱

炉火更旺（武坠子·征文选刊）·······牛云祥　张　震

捧起红色的袖标···············吴林词　胡正斌曲
"文化大革命"好处唱不完·······王红路词　林华秀曲

身不离车间　心不离群众···················常觉圆
剪纸·································马荣珍
本期插图作者：林百石
革命路上又相逢（年画）···················陈有吉
吉林省参加全国曲艺调演节目剧照选登

1976 年第 10 期　刊名:《吉林文艺》
目录

伟大的领袖和导师毛泽东主席永垂不朽
中国共产党中央委员会、中华人民共和国全国人民代
表大会党务委员会
中华人民共和国国务院、中国共产党中央军事委员会
告全党全军全国各族人民书
在伟大的领袖和导师毛泽东主席追悼大会上
中国共产党中央委员会第一副主席、国务院总理华国
锋同志致悼词
中国共产党中央委员会、中华人民共和国全国人民代
表大会常务委员会
中华人民共和国国务院、中国共产党中央军事委员会
关于建立伟大的领袖和导师　毛泽东主席纪念堂的决
定
中共中央关于出版《毛泽东选集》和筹备出版《毛泽
东全集》的决定
亿万人民的共同心愿···················《人民日报》、
《红旗》杂志、《解放军报》社论
继承毛主席的遗志　把无产阶级革命事业进行到底
毛泽东思想的光辉与日月同存——吉林省和长春市隆
重举行的伟大的领袖和导师毛泽东主席追悼大会侧记
···························本刊记者
毛主席的关怀永远鼓舞我们前进
···························汽车厂工人业余创作组
毛主席和我握过手·························李秀诚
为捍卫毛主席革命路线战斗终生···············纪　叶
站在毛主席遗像前·························俊　鸣
毛主席批示的光辉永照大安···················李忠厚
把上层建筑领域的革命进行到底···············王庆义
毛主席世世代代活在我们油工的心中···········李川江
红太阳永照海兰江·························金时龙
前进！高举井冈山的旗帜···················学习
毛主席著作的模范红九连
海枯石烂，革命造反派对毛主席的忠心永不变
···························王　志
永远走毛主席指引的金光大道···············洮　文
坚守战鹰旁　缅怀毛主席···················王德明

中南海的雨露永远滋润着小乡的土地————齐殿云
赤脚医生永远忠于毛主席————刘汉
毛主席啊，高山族的儿女永远怀念您————柳昶
毛主席的深恩千秋万代刻在牧民的心上————阿拉坦巴根
继承毛主席遗志，永远坚持文艺为工农兵服务的方向
————辉南县文工团

红太阳光辉照征途

红太阳光辉照春城————戚积广等
心中的太阳永不落————祝兴发等
毛主席啊，各族人民怀念您！————苏赫巴鲁等
毛泽东思想永放光芒————高明学
毛主席率领我们继续出征————海南等
天安门红日照万代————何泽南
女钻工怀念毛主席————曹红
誓言————张兴光
永远冲锋————赵连生
悼念伟大领袖毛主席————徐飚
永不停唱的歌————王磊
毛主席永远活在我们心中————吕翔
心中太阳永不落————张藜词 金凤浩曲
速写————温国良

1976 年第 11—12 期　刊名:《吉林文艺》

目录

热烈拥护华国锋同志为我党领袖
声讨"四人帮"篡党夺权滔天罪行
光辉的历史文件————任平
衷心拥护华主席　彻底砸烂"四人帮"
创社会主义大业有功————薛江华
创业（电影文学剧本）————集体创作 张天民执笔

诗歌

永远高唱《东方红》————张满隆
祝捷歌————姚业涌等
奋起千钧棒　狠批"四人帮"（战地黄花）
打倒"四人帮"　生产打胜仗————封立超等
要扫除一切害人虫，全无敌————季庚新
坚决拥护党中央　愤怒声讨"四人帮"（对口快板）
————李桂仲
白日梦（山东快书）————崔凤平
普天同庆唱凯歌（单弦）————郑国尧
工农兵小快板专页⑧

散文

胜利的航程————徐东平
朝霞从东方升起————孟令政

哨位上————陈廷一
英明领袖华国锋————张藜词 王群曲
沿着毛主席开辟的革命航道奋勇前进————张宝文词
杨春曲
满怀深情望北京————张天民词 秦咏诚曲
天涯万里飘油香————张天民词 秦咏诚曲

杂文

"金箍"和"帽子"————跃华
江青的"癖"与"梦"————孙书第 郑雨来
略论"借助"————红戈

诗歌

学习大寨战鼓急
战鼓冬冬————吴辛等

小说·报告文学

镜子————宏山林
警卫员————冬萍
关乌力塔（报告文学）————塞音巴图

历史的巨轮是永远不会停运的————胡悌林
不克厥敌　战则不止（木刻）————戈沙
剪纸————赵兵
永远进击————凡丁
红小兵狠批"四人帮"（木刻）————袁惠民
本期插图作者：郭桂 井文 杨国贵 刘根生

1977 年第 1 期　刊名:《吉林文艺》

目录

中国共产党中央委员会主席华国锋同志
在第二次全国农业学大寨会议上的讲话
乘胜前进————《人民日报》、《红旗》杂志、
《解放军报》一九七七年元旦社论

敬爱的周总理,我们永远怀念您

永远怀念敬爱的周总理————纪叶等
难忘的"国宴"————王磊
白山碧水记深情————刘德昌执笔
他还活着（诗）————王国治
每当走到周总理来过的田埂上（诗）————金成辉
周总理在我们心中的位置（诗）————顾笑言

诗歌·曲艺

颂歌献给华主席————张常信等
剥掉"四人帮"的画皮————泉声等
斗妖记（山东快书）————杨立新

小说

关怀 ···黎　时

农业学大寨

迎春盛开大寨花（诗写）·······················王　磊等
山河壮志（诗）·····································高　帆
向大寨，敬礼（诗）·······························申家平
宝贵的财富（散文）·······························董　恩
白塘土的春天（散文）·····························贾　凤
十二月的春风（散文）·····························王曦杉
争分秒（小说）·····································刘伯英

评论

"反经验主义"与"写走资派"·····················易洪斌
标榜"三突出"究竟是为什么?·····················张国举
"蝗虫"与大寨（杂文）···························郝承铭
斥"生产自然上去论"（杂文）···················李小龙
列车上的对话（杂文）·····························薛荣武
稿约

梅花 ···王庆淮
打倒"四人帮"生产打胜仗（木刻）···············刘国顺
多积肥　多打粮（剪纸）···························惠　民
本期插图作者：邓　平　杨国贵　郭　桂　林百石
丙　中

1977 年第 2 期　刊名:《吉林文艺》
目录

诗歌

胜利放歌 ···匡　满
除夕抒情 ···申家平
大干抒情曲 ···田蕴奇
我们是华主席的光荣矿工·························贺　军
七律二首 ···泉　声
写在梅园新村 ···顾联第
一只发白的小皮箱·······························宋协龙
红卫兵的怀念 ···赵国良
扬水站 ···钱　璞
急行军 ···赵贵忠
工地炊事兵 ···李占学
山的主人 ·····································李文义　贾志坚
怒涛滚滚 ···孟繁麒
老师傅上阵 ···梁青岭

评论

一个反马克思主义的创作原则·················鄂　华
江青与希特勒（杂文）···························费秉勋

洋崽的变迁（杂文）·····················田国良　崔鸿林

小说

车轮飞转 ·································石　越　李连海
风雨创业堤 ···朱光雪
春灌之前 ···耿　直
大松岭下 ···卢国胜

散文

纪念周总理　学习周总理·························郑统一
怀念周总理　怒斥白骨精·························杨育才
周总理和我们心连心·······························赵羽翔
渡江曲 ···徐东平

演唱

中南海的灯光（单弦联唱）·······················张一虹
八道岗上摆战场（二人转调群唱）···············张文奇等
农业学大寨战地演唱·······························贾丽卿等
华主席和咱心连心·············姚绿野词　胡正斌　张永学曲
大干社会主义有理·············纪一笑词　唐　晔　朱钟堂曲

迎春 ···王庆淮
高举大寨红族　大干社会主义·····················孙文铎
刻印二方 ···金中浩
本期插图作者：沃保华　百　石　杨国贵　常觉圆
虞　虔

1977 年第 3 期　刊名:《吉林文艺》
目录

小说

一杯酒 ···陈云高
春风桃李 ···石　帆
晨光曲 ···徐振清

诗歌

献给未来的毛主席纪念堂·························袁世兴等
新春歌 ···张云波
北京诗情 ···中　申
听歌赋 ···杨咏鸣
雷锋在我们行列中·······························姚业涌
山村马蹄急 ···张红雨
县委书记在工地 ·······························高继恒
东辽河会战图 ···田子馥
辽河湾春讯 ···潭文波
写在节令里 ···杨子忱
草原怒火 ···赵忠贵
工人支牧到草原 ·······························王春生

评论

百花齐放迎春来 ——————— 崔红林　田国良
三十年代江青的反革命嘴脸 ——————— 吉林省图书馆大批判组
诗词抒衷曲　歌吟动地哀 ——————— 跃　华　赵　海

散文

两束樱花 ——————— 杜春儒
难忘的一天 ——————— 栾开明　杨国贵

报告文学·特写

乌钢在前进（报告文学） ——————— 王春生　顾笑言
干劲冲天的人（特写） ——————— 杨宗兰

曲艺

杏花沟（二人转调坐唱） ——————— 甲　新　国　庆
鱼水泉（快板书） ——————— 张凤朝　阎玉生
雪地埋雷（河南坠子） ——————— 孙泽强

杜鹃 ——————— 秋　实
工业学大庆　生产日日新（木刻） ——————— 于正伦
本期插图作者：林百石　郭　桂　井　文　杨国贵　喻绪祁　吴井山

1977 年第 4 期　刊名:《吉林文艺》
目录

跟着华主席　高举大庆旗

诗歌

祖国呀，我们为你送电 ——————— 韩先杰等
煤海春潮 ——————— 黄　霈等
火红的汽车城 ——————— 王方武等
大庆诗草 ——————— 赵新录等
誓师会后 ——————— 朱　雷等

降龙伏虎（小说） ——————— 秦东辉
奔腾的运输线（散文） ——————— 刘大成
报捷之前（独幕话剧） ——————— 郑忠辅执笔
工农兵小快板专页⑨ ——————— 陈卓岩等

报告文学·散文

给农业插上翅膀（报告文学） ——————— 宋贵超　李　一
家（散文） ——————— 陈宝源

大寨花正香(速写)

人老心盛 ——————— 刘　君
米饭飘香 ——————— 李满园

写稿的经验 ——————— 杨　景

评论

炮制"三突出"原则的反动性 ——————— 曲本陆
反对"真人真事"的背后 ——————— 马清福
从狗谈起（杂文） ——————— 贺铭华
由姚文元谈蟹说开去（杂文） ——————— 祁福林

桃花 ——————— 张正贵
大学大批促大干（木刻） ——————— 沃保华
刻印二方 ——————— 何瑞五
本期插图作者：林百石　包太祥　李兆宽　王金保　丙　中

1977 年第 5 期　刊名:《吉林文艺》
目录

毛主席题词：希望有更多好作品出世
一九四二年五月，毛主席同参加延安文艺座谈会的代表合影
热烈欢呼《毛泽东选集》第五卷出版
中共中央关于学习《毛泽东选集》第五卷的决定
高举毛主席的伟大旗帜奋勇前进！ ——————— 本刊编辑部
手捧"五卷"热泪涌（诗歌） ——————— 梁谢成等
写在印刷机旁（散文） ——————— 李健君
红灯长明（二人转表演唱） ——————— 长春市郊区文工团集体创作

革命回忆录

没有写完的回忆 ——————— 纪　叶

诗歌·曲艺

华主席更高地举起了红旗 ——————— 胡世宗
雷锋——回来了！ ——————— 杨咏鸣
百花赞 ——————— 吴　辛
一家人（京东大鼓） ——————— 马福勤

报告文学

湾沟之花 ——————— 乔　迈　唐中华
火与电的报告 ——————— 张中梁

散文

红枣歌 ——————— 马　犁

知识青年作品选

倔书记（小说） ——————— 孙　歌
山村铃声（小说） ——————— 史惠民
真正的主人（小说） ——————— 孙嘉莉

画家（散文）————————王 哲
会战前夜（散文）————————王振夫

评论
文艺与社会生活的关系不容颠倒————黄秉勋
党的"双百"方针不容践踏————长影编辑室
另立标准藏杀机————赵葆华
"四人帮"是破坏普及与提高的元凶————王葆林
洋为中用还是洋为帮用————薛纯华

榴花————————觉 圆 晓 溪
华主席和我们心连心（木刻）————董达荣
吉林省独唱、重唱、曲艺调演剧照选登（加页）
————————吉林日报摄影组供稿
本期插图作者：黄 莺 孙文铎 包太祥 李兆宽
刘国顺 丙 中

1977 年第 6 期 刊名:《吉林文艺》
目录

小说
舅舅到来前后————————李望宇
小木箱的秘密————————孙雁来
阿龙回来了————————杨立新
铁弹弓雷鸣————————张志强
智斗敌寇————————邓青云
小机伶————————赵光有
小文革————————王贤慧

诗歌
在灿烂的阳光下（儿童诗）————王玎等
长白新人————————张满隆
山村剪影————————陈玉坤
石头岭呵————————海 南
咱们的林场在哪儿————————方 纲
深山蹄声————————符启文
《反击》者正遭反击（政治讽刺诗）————郁 洁
婊子怎能立牌坊（政治讽刺诗）————杨晓光
录乡音————————王子玉

散文
一花引来万花开————————刘伯英
校园新春————————徐敬亚

演唱
夜战（单出头）————————田子馥
抓纲治国夺取新胜利——周汝营词 朴 佑 康守信曲

评论
反革命地下王国逃不脱覆灭的下场————刘淑明
"半个红学家"的野心————红 戈
学习鲁迅对儿童文艺的论述————陈日朋
江青与赛金花（杂文）————郑雨来 孙书第
张春桥丑史一观（杂文）————史 璠
"吃政治饭"的"扒手"（杂文）————郝承铭

山丹丹————————温国良
华主席处处为人民（年画）————刘根生
本期插图作者：张世祥 冯 伟 冯子润 吴井山
关 鉴 田宝仁 井 文 王 公 舒 群 丙 中

1977 年第 7 期 刊名:《吉林文艺》
目录

伟大的领袖 亲密的战友——毛主席和周副主席、朱
总司令在一起（雕塑）————仇志海 俞 崧
潘锡柔 陈桂轮 傅天仇 程允贤
英明决策（彩页·油画）————胡悌林 吴宇方
我们的党大有希望（歌曲）————刘佐等词 罗庆等曲

心中的歌献给华主席
华主席视察来吉林（诗六首）————潘红哲等
巨大的动力（散文）————王少辛
第二次幸福的会见（散文）————张培兰

电影文学剧本
两个小八路————————李心田

诗歌
查干花新民歌（战地黄花）————苏赫巴鲁等
科尔沁春歌————————顾笑言
党啊，高举大旗挺进————————程 刚
在一起————————马世瑞
把仇恨凝聚在这里————————王仁和

散文
泉赋————————赵 赴
彩虹————————施文彬
初春————————杜丽娟
铺路人————————史健生

评论
发思古之幽情，包篡党夺权之野心————周双利
声情并茂————————杨匡汉
时代的颂歌 前进的战鼓————王忠志
以独创为贵（文艺短论）————吴功正

江青病考（杂文）⋯⋯⋯⋯⋯⋯⋯⋯张琏瑰

葵花⋯⋯⋯⋯⋯⋯⋯⋯⋯⋯⋯⋯王绪阳
工农兵最爱毛主席的书（剪纸）⋯⋯赵　兵
本期插图作者：林百石　包太祥　李云章　李兆宽
孟祥飞　陈曦光

1977 年第 8 期　刊名:《吉林文艺》
目录

纪念中国人民解放军建军五十周年
向前！向前！向前！（诗歌）⋯⋯⋯任彦芳
在火红的军旗下（诗歌）⋯⋯⋯⋯吴　浩等
台湾籍战士（小说）⋯⋯⋯⋯⋯⋯梅新生
铁骑怒火（小说）⋯⋯⋯⋯陈廷一　左　华
斗争（革命回忆录）⋯⋯⋯⋯⋯⋯田　波
水（革命回忆录）⋯⋯⋯⋯⋯⋯⋯郑统一
定兴城南爆破战（革命回忆录）⋯⋯李宝山
烈火丹心（报告文学）⋯⋯⋯⋯⋯聂立珂
连心岭（快板书）⋯⋯⋯⋯⋯⋯⋯王长元

大庆旗更红(小说)
珍惜荣誉的人⋯⋯⋯⋯⋯⋯⋯⋯封立超
严师⋯⋯⋯⋯⋯⋯⋯⋯⋯⋯⋯⋯刘春友
老炊事班长⋯⋯⋯⋯⋯⋯⋯⋯⋯王春生

诗歌
创业诗草⋯⋯⋯⋯⋯⋯⋯⋯⋯⋯刘　章
漫山云雾⋯⋯⋯⋯⋯⋯⋯⋯⋯⋯黄东成

评论
一个带有根本性质的问题⋯⋯易洪斌　胡　皓
横扫千军笔阵开　史诗句句挟风雷⋯⋯张松如
英雄的史诗　进军的号角⋯⋯⋯⋯张万晨
孔老二的"舌端"与姚文元的"笔端"（杂文）
⋯⋯⋯⋯⋯⋯⋯⋯⋯⋯刘启林　温宝玉
一条毒计（杂文）⋯⋯⋯⋯周门学　尹　为

桂花⋯⋯⋯⋯⋯⋯⋯⋯⋯⋯⋯⋯井　文
光辉战斗的一生——敬爱的周总理生平组画选
⋯⋯⋯⋯⋯⋯⋯⋯⋯⋯⋯⋯⋯胡悌林等

本期插图作者：丙　中　舒　群　孟祥飞　林百石
刘文昌　吴景山　常觉圆

1977 年第 9 期　刊名:《吉林文艺》
目录

决不辜负毛主席的期望
迅速地把文艺创作搞上去⋯⋯⋯⋯齐　放

诗歌
深切的怀念（朗诵诗）⋯⋯⋯杨穗民　何友彬
毛泽东和未来⋯⋯⋯⋯⋯⋯⋯⋯曲有源
红日照征途⋯⋯⋯⋯⋯⋯⋯⋯⋯黄锦卿
望着九月九日的日历⋯⋯⋯⋯⋯王少华
七律二首⋯⋯⋯⋯⋯⋯⋯⋯⋯⋯泉　声
赤诚的松籽⋯⋯⋯⋯⋯⋯⋯⋯⋯陈长林
献给毛主席纪念堂⋯⋯⋯⋯⋯⋯杨桂芝
纪念堂指挥部的接待站⋯⋯⋯⋯戈　缨
毛主席呵，我从草原来⋯⋯⋯⋯郑道远
锤声⋯⋯⋯⋯⋯⋯⋯⋯⋯⋯⋯⋯甄　甲
牧民的怀念⋯⋯⋯⋯⋯⋯⋯⋯仁钦道尔吉
九月的白花⋯⋯⋯⋯⋯⋯⋯⋯苏赫巴鲁
桐油灯的赞歌⋯⋯⋯⋯⋯⋯⋯⋯金德顺
"第一名"⋯⋯⋯⋯⋯⋯⋯⋯⋯范峥嵘
一张军用地图⋯⋯⋯⋯⋯⋯林占有　张　浩
遵义抒怀⋯⋯⋯⋯⋯⋯⋯⋯⋯⋯钱　璞
凝望中南海金色的窗口⋯⋯⋯⋯高　帆
毛主席走进我们宿舍⋯⋯⋯⋯⋯李占学
陕北文物⋯⋯⋯⋯⋯⋯⋯⋯⋯⋯傅民印
钻塔的怀念⋯⋯⋯⋯⋯⋯⋯⋯⋯王洪涛
哨所翠竹⋯⋯⋯⋯⋯⋯⋯⋯⋯⋯朱　雷
难忘的纪念⋯⋯⋯⋯⋯⋯⋯杨晓光　杨晓颖

散文
伟大的榜样⋯⋯⋯⋯⋯⋯⋯⋯⋯王保东
红花草⋯⋯⋯⋯⋯⋯⋯⋯⋯⋯⋯李满园
红玉⋯⋯⋯⋯⋯⋯⋯⋯⋯⋯⋯⋯郭广忠
不灭的明灯⋯⋯⋯⋯⋯⋯⋯⋯⋯周多伦
水击三千里⋯⋯⋯⋯⋯⋯⋯⋯⋯马　犁
洪湖春晓⋯⋯⋯⋯⋯⋯⋯⋯⋯⋯刘士忠
旗帜⋯⋯⋯⋯⋯⋯⋯⋯⋯⋯⋯⋯孙　歌

小说
红烂漫⋯⋯⋯⋯⋯⋯⋯⋯⋯⋯⋯聂立珂
向毛主席的汇报（对口词）⋯⋯⋯于大光

曲艺
菊花⋯⋯⋯⋯⋯⋯⋯⋯⋯⋯⋯⋯刘润民
知心话（国画）⋯⋯⋯⋯⋯⋯⋯刘文西
本期插图作者：胡悌林　李兆宽　吴井山　井　文

1977 年第 10 期　刊名:《吉林文艺》

目录

八十书怀·····················叶剑英

小说

我们机关里的一老一少···············王　汪
岭下战鼓·····················张国庆
接书记······················李凤鸣

诗歌

划在《毛泽东选集》上的红线···········王泽义
秋天的颂歌····················范峥嵘
颂歌献给华主席··················龙彼得等
节日的夜晚····················孟繁华
献给十月的礼物··················段文江
知识青年点响开山炮················马　丽
结组绳歌·····················匡　满

散文

湖南寄语·····················李健君
三杯香茶·····················马　犁
胜利属于高举红旗的人们··············赵　赴

曲艺

工农兵小快板专页⑩················乔世明等

评论

高举毛主席文艺思想伟大红旗
努力繁荣社会主义的文艺创作·····吉林省
文艺创作评论组
从华主席题录革命民歌谈起·······郝桂林　续维国
迈开双脚去找陈学孟·······通化钢铁厂工人文艺评论组
省委前主要负责人追随"四人帮"大搞"阴谋文艺"
的严重错误必须批判···············齐　放
是谁反对塑造典型?················吕志仁

牡丹·······················孙亚茹
伟大的战略决策(油画)(毛主席和朱总司令、周副
主席在西柏坡)··········安明阳　车永仁　张永典
本期插图作者:林百石　吴玉璞　井　山　王　公
王成礼　舒　群　井　文

1977 年第 11 期　刊名:《吉林文艺》

目录

攻关······················叶剑英

报告文学

挺立于世界民族之林——记唐敖庆教授
·····················乔　迈　刘学铭

硬六连战歌(小说)

精神奖的荣获者··················刘志清
风雨翻车岭····················陈廷一
第一批兵·····················曹明绪

小说

清晰的辙印····················杨子忱
翅膀·······················郭　襄
我和山虎·····················曹虹冰

曲艺

学电工(山东快书)················马福勤
红小兵演唱专页··················李崇元等

诗歌

向科学进军·················吴　辛　袁世兴
杨开慧之歌····················时永福
通辽县农业学大寨民歌选(战地黄花)
出阵曲······················李广义
在我们农场里···················郭殿文
扎根林······················张常信

评论

阴谋文艺的反革命伎俩···············马清福
省委前主要负责人放出的一支毒箭····邓雁斌　赵宝元
剧本"采购"有感··················刘　博
枝叶与花果················刘启林　温宝玉
略谈"人物语言"的个性化··············史晶晶

玉兰·······················张玉喜
矿山建设添新军(木刻)···············郭福柱
本期插图作者:胡悌林　潘喜良　舒　群　孟祥飞
王　公　邓　平　王成礼　任焕斌　井　文　孙文铎

1977 年第 12 期　刊名:《吉林文艺》
目录

报告文学
为了祖国·······································星　汉

小说
春风···顾笑言
项目问题·····································陈　风

小小说
擂台···孙叶荃
果园的春天···································秦光涛
十车煤炭·····································孙德选
秦二爷和他儿媳妇·····························刘　君
挑水···耿　直

评论
阴谋文艺的一面黑旗···························长影编辑室
鼓吹"写'文化大革命'"居心何在?···········郑有义
"以一目尽传精神"·····························金　梅

诗歌
"通知"吹响进军号·····························李广义等
在工地·······································李小雨
散文诗三章···································路云翔
山河壮志·····································高　帆
创业者的早晨·································李松涛
脚印···高继恒
奔腾的布浪·························齐铁民　鞠显友

曲艺
道尔吉敲钟（二人转）···········科右前旗文化局创作组
战寒霜（快板书）·····························王长元
《吉林文艺》1977 年分类总目录

水仙···吴景同
攻关（木刻）·································刘国顺
油田即景（木刻）·····························曹文汉
本期插图作者：刘国顺　王　公　舒　群　吴井山
李兆宽　包泰祥

1978 年第 1 期　刊名:《吉林文艺》
目录

毛主席给陈毅同志谈诗的一封信
定把"重灾"变"丰收"·························本刊评论员

小说
高洁的青松···································王宗汉
灭虫···李伟华

散文
我为你们唱支歌·······························李健君
园丁的心愿···························封立超　陈长林

诗歌
祖国走向繁荣富强（歌词四首）·················季　思
我们林场的年轻人·····························孟繁华
密林深处·····································贾志坚
会战图上的蜡滴·······························雷　铎
随军炉·······································赵贵忠
林海早晨·····································黄　浩
心愿···何　鹰
袭人稻香天上来·······························齐　霁
苗圃···甄峰等

评论
"四人帮"的垮台和"批判'吉林特殊论'"的破产
···刘淑明
异曲同工的反党理论·················姜　铮　赵葆华
选材要严，开掘要深···························金　梅
"求全责备"小议·····························丁建芝

曲艺
贴对联（二人转）·········周兴国　钟　麟词　那炳晨曲

封面设计·····································王劲涛
封底剪纸·····································舒　展
本期插图作者：林百石　王　公　井　文　刘文昌

1978 年第 2 期　刊名:《吉林文艺》
目录

英明领袖华主席为《人民文学》题词
认真学习华主席题词
为繁荣社会主义文艺创作而奋斗·················董　速
光辉题词照前程——省文化局召开座谈会学习华主席
为《人民文学》题词

短篇小说特辑
跃生的老师···································杜保平
淡淡的黄槐花·································丁仁堂
队长的绰号···································宋衍申
在伏尔塔瓦河畔·······························翟剑平
野牛湾·······································刘伯英

选队长⋯⋯⋯⋯⋯⋯⋯⋯⋯⋯⋯⋯⋯⋯赵　玉
"叫真"师傅⋯⋯⋯⋯⋯⋯⋯⋯⋯⋯⋯张天平
弓开满月⋯⋯⋯⋯⋯⋯⋯⋯⋯⋯⋯⋯徐东平
"知农"师傅⋯⋯⋯⋯⋯⋯⋯⋯⋯⋯田之秋
桥⋯⋯⋯⋯⋯⋯⋯⋯⋯⋯⋯⋯⋯⋯⋯李满园

评论

展望明日繁花似锦⋯⋯⋯⋯⋯⋯⋯石　锦
诗歌结句的警策力量⋯⋯周溶泉　徐应佩
"画眼睛"⋯⋯⋯⋯⋯⋯⋯⋯⋯⋯⋯潘延廷
究竟谁是"假洋鬼子"？⋯⋯崔鸿林　田国良

封底剪纸⋯⋯⋯⋯⋯⋯⋯⋯⋯⋯⋯袁惠民
本期插图作者：温国良　关　鉴　常觉元　王　公
李生全　孟祥飞　吴景田　王　杰　王国毅

1978 年第 3 期　刊名：《吉林文艺》
目录

诗歌

"周恩来号"呼啸向前⋯⋯⋯⋯⋯⋯乔　迈
我望着三月五日这张日历⋯⋯⋯⋯党国栋
周总理的眼睛⋯⋯⋯⋯⋯⋯⋯⋯⋯赵　辉
缅怀毛岸英烈士⋯⋯⋯⋯⋯⋯⋯⋯泉　声
三月，雪花飘飘⋯⋯⋯⋯⋯⋯⋯⋯韩作荣
"大海"捞"针"⋯⋯⋯⋯⋯⋯⋯⋯郭宝臣
新民歌⋯⋯⋯⋯⋯⋯⋯⋯⋯⋯⋯刘兴华等
写在第三世界里⋯⋯⋯⋯⋯⋯⋯⋯芦　萍
广场沉思（散文诗）⋯⋯⋯⋯⋯⋯胡　昭
桦树皮笔记本⋯⋯⋯⋯⋯⋯⋯⋯⋯陈宝源
竞赛⋯⋯⋯⋯⋯⋯⋯⋯⋯⋯⋯⋯⋯戚积广
哨所北望⋯⋯⋯⋯⋯⋯⋯⋯⋯⋯⋯纪　学
"半边天"歌⋯⋯⋯⋯⋯⋯⋯⋯⋯苏赫巴鲁
战天小记⋯⋯⋯⋯⋯⋯⋯⋯⋯⋯⋯黄桂元
苗圃⋯⋯⋯⋯⋯⋯⋯⋯⋯⋯⋯⋯张惠民等

小说

斗争没有停息⋯⋯⋯⋯⋯⋯⋯⋯⋯石　丹
天鹅的女儿（童话）⋯⋯⋯⋯⋯⋯郭大森
一片奇异的果林⋯⋯⋯⋯⋯⋯⋯⋯邵与杰

大庆旗更红（小说）

激流勇进⋯⋯⋯⋯⋯⋯⋯⋯⋯⋯⋯刘德来
钢刷子⋯⋯⋯⋯⋯⋯⋯⋯⋯⋯⋯⋯南予见
龙腾虎跃⋯⋯⋯⋯⋯⋯⋯⋯⋯⋯⋯侯连勋

散文

大庆的灯火⋯⋯⋯⋯⋯⋯⋯⋯⋯⋯常万生

乳汁⋯⋯⋯⋯⋯⋯⋯⋯⋯⋯⋯⋯⋯董　恩
献给祖国的礼物⋯⋯⋯⋯⋯⋯⋯⋯贾　华

评论

在民歌和古典诗歌的基础上发展新诗⋯⋯⋯张松如
诗，要用形象说话⋯⋯⋯⋯⋯⋯⋯陈　豪
扑不灭的火焰⋯⋯⋯⋯⋯⋯⋯⋯⋯王树海
"编筐编篓全在收口"（文艺随笔）⋯⋯陈　炳
群言堂⋯⋯⋯⋯⋯⋯⋯⋯⋯⋯⋯⋯易旻等

曲艺

老将出马（二人转）⋯⋯⋯⋯⋯⋯白国瑞
卖猪（山东快书）⋯⋯⋯⋯⋯⋯⋯马福勤

封底剪纸⋯⋯⋯⋯⋯⋯⋯⋯⋯⋯⋯王小明
本期插图作者：乔　琳　姚鸿斌　毛　韵　王　公
池　星　孙文铎　百　石

1978 年第 4 期　刊名：《吉林文艺》
目录

还历史以本来面目——对"批判'吉林特殊论'"的
批判⋯⋯⋯《新吉林》编辑部　《吉林文艺》编辑部

小说

心事⋯⋯⋯⋯⋯⋯⋯⋯⋯⋯⋯⋯⋯李连海
乌兰哈达上的红花⋯⋯⋯⋯⋯⋯⋯江　浩
无声的怒吼⋯⋯⋯⋯⋯⋯⋯⋯⋯⋯王宗汉
祖国⋯⋯⋯⋯⋯⋯⋯⋯⋯⋯⋯⋯⋯蔡玉娟
梳羊角辫的姑娘⋯⋯⋯⋯⋯⋯⋯⋯秦　延
未发出的"讯号"⋯⋯⋯⋯⋯⋯⋯赵逸民
掌钥匙的人⋯⋯⋯⋯⋯⋯⋯⋯⋯⋯薛卫民
老鼠就怕猫⋯⋯⋯⋯⋯⋯⋯⋯⋯⋯梅新生

诗歌

攻关战鼓⋯⋯⋯⋯⋯⋯⋯⋯⋯⋯⋯钱　璞
一道没做完的数学题⋯⋯⋯⋯⋯⋯杨晓光
进军剪影⋯⋯⋯⋯⋯⋯⋯⋯⋯⋯⋯付民印
流筏工人之歌⋯⋯⋯⋯⋯⋯⋯⋯⋯夏　虹
喜讯的翅膀⋯⋯⋯⋯⋯⋯⋯⋯⋯⋯朱　雷
电报，拍给西沙⋯⋯⋯⋯⋯⋯⋯⋯王君亚
一块手表的故事（小叙事诗）⋯⋯顾笑言
乌鸦投江⋯⋯⋯⋯⋯⋯⋯⋯⋯⋯⋯洪　帆
祖国的早晨⋯⋯⋯⋯⋯⋯⋯⋯⋯⋯常　安
春在篱笆边⋯⋯⋯⋯⋯⋯⋯⋯⋯⋯李占学
公社书记⋯⋯⋯⋯⋯⋯⋯⋯⋯⋯⋯苗得雨
防风林带⋯⋯⋯⋯⋯⋯⋯⋯⋯⋯⋯尧山壁
电灯亮了的时候⋯⋯⋯⋯⋯⋯⋯⋯陈长林

苗圃 ···张晓沛等

曲艺

工农兵小快板专页 ··································杨子江等

评论

形象思维随想 ··鸣 树
重读鄂华的国际题材小说琐记 ·······朱 晶 赵葆华
喜读《李自成》彩色插图 ··························薛永年
群言堂 ···戴一才等
简讯

《李自成》插图选刊 ····················王绪阳 贲庆余
封底剪纸 ··何瑞五
攻关（刻印） ··金中浩
本期插图作者：刘文昌 孟祥飞 刘润民 王 公
戈万明 阎丁乙 高志武 井 文 张德太 王利军
姚鸿斌 王卫裔 刘凯峰 舒 展

1978 年第 5 期　刊名:《吉林文艺》

目录

为实现新时期的总任务
迅速把我省文艺工作搞上去 ·······················董 速
省文联举行三届二次全体委员（扩大）会议
艺苑东风花千树 ·····································丁仁堂
热烈庆祝中华人民共和国成立三十周年
征集文学艺术作品启事

小说·散文

女列车长王兰的婚事始末 ··························付百令
我的领路人 ···顾笑言
绣旗 ···张成达
冬暖 ···王 汪
绿色的冬天（散文） ·································李健君
报春花（散文） ·····································杨学泉

诗歌

前进吧，新长征的先遣队 ··························曲有源
商干渠畔 ··芦 芒
春雨豪情 ··程 刚
闪光的友谊（散文诗） ·····························田居俭
"铁牛"礼赞 ··赵新禄
设计员 ···王忠范
支书的笑声 ···夏 天
在黄河入海口 ··桑恒昌
苗圃 ···张闻耀等

评论

酬颂盛世谱华章 ·····································方 晴
诗坛，需要勇敢的闯将！ ··························丁国成
形象思维与政治抒情诗 ·····························张宇红
"他既不懂宣言，也不懂巴尔扎克" ··············张履岳
亚瑟，一个难以忘却的形象 ························跃 华
群言堂 ···郑崇田等

曲艺

爬坡（相声） ···························蔡培生 武福星

封底剪纸 ··赵 兵
师徒俩（木刻） ·····································凡 丁
大干社会主义光荣（剪纸） ························何瑞五
本期插图作者：章桂征 邓 平 百 石 马腾骧
沃保华 吴井山 孙文铎 舒 展

1978 年第 6 期　刊名:《吉林文艺》

目录

小说

迎春红 ···鄂 华
向往 ···尤 昪
装在笼子里的麻雀（童话） ························郭大森

诗歌

北京机场（外二首） ·································中 申
风展红旗 ··韩嗣仪
草原春（五首） ·····································刘国良
金达莱之歌 ···南永前
织"毯" ··胡世宗
歌词二首 ··门 声

儿童诗

红红的太阳照延边（三首） ························方半林
鲤鱼上高山（外二首） ·····························王 玎
科研大院飘香气（外二首） ························齐 霁
接爸爸（外一首） ··································张中梁

苗圃

铅笔与橡皮 ···刘 峥
我家垟上大红花（外一首） ························郝小明
我们的气象哨 ··李 映

曲艺

一件衬衫（二人转） ·································张一虹

散文

天涯·故地·长征 ························· 丁仁堂

浪花篇

香山一沈 ····························· 贾 凤
林海战士的路 ························· 谷俊杰
绣 ································· 王大怀
春风，抖开一幅画 ····················· 赵云鹤
温暖的怀抱 ··························· 徐东平
心红似火 ····························· 陈淀国

评论

吉剧正年青 ··························· 李 改
群言堂
试评杨建夫与陈静矛盾斗争的典型意义 ······· 郑有义
也谈《高洁的青松》的"典型环境"
　　　　　　　　　　　　李俊杰 刘 杰
写好同"四人帮"斗争的英雄人物 ··········· 杨问政
毡毯、长衫及其他（鲁迅作品的艺术札记）··· 孙中田

文艺随笔

"推敲"解 ···························· 吴功正
"误会"与冲突 ························· 孙书第

封面花卉 ····························· 张玉喜
封底剪纸 ····························· 王钟霞
本期插图作者：王 公 袁运生 马显龙 英若识

1978 年第 7 期　刊名:《吉林文艺》
目录

散文特辑

寄自陕北高原的上空 ····················· 马 犁
洞庭抒怀 ····························· 李健君
永不停摆（征文选登）··················· 张笑天
朱墨春山 ····························· 赵 赴
春光不老 ····························· 茅行远
夜宿杨柳村 ··························· 何友彬
椴树坞的花蜜 ························· 程质彬
延边二题 ····························· 文 牧
长白山纪行 ··························· 陈洪山

评论

肃清流毒　继续长征 ··················· 本刊编辑部
彻底清算"四人帮"破坏戏曲理论工作的罪行
　　　　　　　　　　　　　　　　　林涵表
注意对生活形象观察的具体性 ············· 金恩晖

文艺随笔

"可歌可泣"与"日常生活"··············· 郑雨来
外部动作与内在宣传 ··············· 高 峰 王忠志
从保尔要"自杀"想到的 ················· 关德宪
从高大力的"戏"谈起 ··················· 史 璠
群言堂 ····························· 张荣宪等
庆祝中华人民共和国成立三十周年
征集民间文学作品、资料启事

诗歌

歌词二首 ····························· 吕 翔
韶山沲水 ····························· 张常仪
泥土之歌 ····························· 雷抒雁
永不下岗的战士 ······················· 许 行
闪光的征途 ··························· 万忆萱
纫针线 ······························· 任彦芳
汽车城的儿子 ························· 丁 耶
我心中的春天 ························· 高 帆
大森林的主人 ························· 李广义
沸腾的沙石场 ························· 张满隆
接班（外一首）······················· 房德文
在林深处 ····························· 陈玉坤
多姿的湖水 ··························· 邵与杰
他们是复转军人 ······················· 谢文利
沙海架线 ····························· 李武兵
雪天练兵 ····························· 叶晓山
春风又绿柳千条 ······················· 李荣茂
苗圃 ································· 刘中胜等

封面花卉 ····························· 黄秋实
封底剪纸 ····························· 袁惠民
本期插图作者：厚 信 吴玉璞 舒 群 温国良
王 公 吴井山 乔 琳 开 里 刘文昌 李兆宽
孟祥飞 秋 实 包太祥

1978 年第 8 期　刊名:《吉林文艺》
目录

拨乱反正，繁荣社会主义文艺——省文联召开全省文
艺创作会议
调整文艺政策　繁荣文艺创作——董速同志在省文艺
创作会议上的讲话摘要
到生活中去，为新长征谱写赞歌 ··········· 本刊评论员
怀念郭老 ····························· 徐寿轩
开一代诗风的《女神》··················· 刘中树

长诗

海之歌（征文选登）··················· 中 申

小说·特写

我要采访乘警韩金亮 ………………………… 丁仁堂
一朵小白花 …………………………………… 郭 襄
图书管理员 ………………………… 解厚春 孙旭光
不断的歌声（特写）…………………………… 王 耀

评论

春回大地花自开 ……………………………… 方 晴
语言的魅力（鲁迅作品的艺术札记）……… 孙中田

诗歌

班长的名字 …………………………………… 常 安
花 ……………………………………………… 陈 超
夜 ……………………………………………… 何友彬
白云抒怀 ……………………………………… 师军红
北疆筑路歌 ……………… 李武兵 叶晓山 韩志晨
二龙湖畔 ……………………………………… 高继恒
稻花的歌 ……………………………………… 吴 辛
英雄在水底歌唱 ……………………………… 白煤国
生产队的大院 ………………………………… 郝桂林
苗圃 ………………………………………… 顾联弟等

革命回忆录

鲜艳的战旗 …………………………………… 贾万春
战火催春 ……………………………………… 甄 林

封面花卉 ……………………………………… 吴景同
封底剪纸 ……………………………………… 舒 展
本期插图作者：王绪阳 章桂征 冯子润 龙震海
开 里 袁 野 牛连和 冯 伟

1978 年第 9 期 刊名:《吉林文艺》
目录

诗词三首 ……………………………………… 毛泽东

抗联的足迹

巧取松林镇（革命斗争故事）………………… 李克顺
大敌当前（革命斗争故事）…………………… 王兆田
深山捣米声（叙事诗）………………………… 范峥嵘
抗联的石磨（诗）……………………………… 万 捷

诗歌

欢乐的芦笛 …………………………………… 芦 萍
医院生活素描 ………………………………… 钱 璞
我歌唱 ………………………………………… 王泽义
春天的路 ……………………………………… 杨子忱
爸爸的老师 …………………………………… 刘秉刚

花儿红了 ……………………………………… 黄东成
苗圃 ………………………………………… 于庆文等

小说

人寿年丰（征文选登）………………………… 王运峰
三走龙田 ……………………………………… 朱光雪
参观记 ………………………………………… 耿 直

浪花篇

早晨 …………………………………………… 李保华
老辈子 ………………………………………… 李克笑
假日 …………………………………………… 李满园
眼镜 …………………………………………… 张建华

评论

谈《高洁的青松》和对它的批评 …………… 曲本陆
浅者见其小，深者见其大（鲁迅小说的艺术札记）
………………………………………………… 孙中田
"曾有"与"会有" …………………………… 赵宝康
喜看艺园吐新枝 ……………………………… 李小龙

封面花卉 ……………………………………… 黄秋实
封底剪纸 ……………………………………… 马荣珍
本期插图作者：吴井山 姚洪斌 井 文 章桂征
肇玉厚 绪 祁 冯 伟 朱大海

1978 年第 10—11 期 刊名:《长春》
目录

为《长春》复刊致作者读者

诗歌

诗五首 ………………………………………… 宋振庭
棘之歌 ………………………………………… 公 木
赠别长春之夏 ………………………………… 胡 苏
金钥匙 ………………………………………… 芦 萍
歌词三首 ……………………………………… 张 藜
今天 …………………………………………… 万忆萱
明天 …………………………………………… 杨匡满
辽河之歌（长诗选载）………………………… 丁 耶

松江平原的步伐

松辽平原漫步 ………………………………… 泉 声
春花秋实 ……………………………………… 张常信
"头雁"颂 …………………………………… 张红雨
山村人物速写 ………………………………… 黄 淮
拉绳之歌 ……………………………………… 丁 可
拔节 …………………………………………… 朱宏轩

踏着铁人的足迹

写在铁人纪念馆的留言簿上⋯⋯⋯⋯⋯⋯顾笑言
出征曲⋯⋯⋯⋯⋯⋯⋯⋯⋯⋯⋯⋯⋯戚积广
雁翎新歌⋯⋯⋯⋯⋯⋯⋯⋯⋯⋯⋯⋯李小雨
在林海深处⋯⋯⋯⋯⋯⋯⋯⋯⋯⋯⋯贾志坚
煤车一声长鸣⋯⋯⋯⋯⋯⋯⋯⋯⋯⋯杨咏鸣
沸腾的沙石场⋯⋯⋯⋯⋯⋯⋯⋯⋯⋯张满隆
火花⋯⋯⋯⋯⋯⋯⋯⋯⋯⋯⋯⋯⋯⋯姚焕吉
春呵,在这里⋯⋯⋯⋯⋯⋯⋯⋯⋯⋯李占学
行吟集⋯⋯⋯⋯⋯⋯⋯⋯⋯⋯⋯⋯⋯曲有源

长白山上的云⋯⋯⋯⋯⋯⋯⋯⋯⋯陶怡遗作
灵犀集⋯⋯⋯⋯⋯⋯⋯⋯⋯⋯⋯⋯⋯中　申
咏物诗⋯⋯⋯⋯⋯⋯⋯⋯⋯⋯⋯⋯⋯梁谢成
其塔木抒情⋯⋯⋯⋯⋯⋯⋯⋯⋯⋯⋯大　海
生命之春⋯⋯⋯⋯⋯⋯⋯⋯⋯⋯⋯⋯张　廓
金凤凰⋯⋯⋯⋯⋯⋯⋯⋯⋯⋯⋯⋯⋯任彦芳

新民歌
为了未来,想想过去

林中的雪(征文选登)⋯⋯⋯⋯⋯⋯⋯朱　雷
红百合花⋯⋯⋯⋯⋯⋯⋯⋯⋯⋯⋯⋯秋　原
行军壶⋯⋯⋯⋯⋯⋯⋯⋯⋯⋯⋯⋯⋯陈宝源
白桦歌⋯⋯⋯⋯⋯⋯⋯⋯⋯⋯⋯⋯⋯胡　昭

毛主席的脚印⋯⋯⋯⋯⋯⋯⋯⋯⋯⋯于　沙
寄湘江⋯⋯⋯⋯⋯⋯⋯⋯⋯⋯⋯⋯⋯谭文波
永恒的怀念⋯⋯⋯⋯⋯⋯⋯⋯⋯⋯⋯海　南
金丝楠之歌⋯⋯⋯⋯⋯⋯⋯⋯⋯⋯⋯宋家玲

银河

跑步⋯⋯⋯⋯⋯⋯⋯⋯⋯⋯⋯⋯⋯⋯王方武
天池的传说⋯⋯⋯⋯⋯⋯⋯⋯⋯⋯⋯万　捷
听歌⋯⋯⋯⋯⋯⋯⋯⋯⋯⋯⋯⋯⋯⋯柳　冰
电焊工的遐想⋯⋯⋯⋯⋯⋯⋯⋯⋯⋯王庆学
体温计的歌⋯⋯⋯⋯⋯⋯⋯⋯⋯⋯⋯钱　璞
我望着天上的银河⋯⋯⋯⋯⋯齐铁民　鞠显友
孩子的眼睛⋯⋯⋯⋯⋯⋯⋯⋯⋯⋯⋯揣家诚
白骨传⋯⋯⋯⋯⋯⋯⋯⋯⋯⋯⋯⋯⋯黄锦卿
瞄⋯⋯⋯⋯⋯⋯⋯⋯⋯⋯⋯⋯⋯⋯⋯胡宏伟
我和大山⋯⋯⋯⋯⋯⋯⋯⋯⋯⋯⋯⋯朱万春
蝴蝶的教训⋯⋯⋯⋯⋯⋯⋯⋯⋯⋯⋯洪　帆

神州颂⋯⋯⋯⋯⋯⋯⋯⋯⋯⋯⋯⋯⋯王　磊
这一天一定来到⋯⋯⋯⋯⋯⋯⋯⋯⋯常　安
小伐木人的笔记(散文诗)⋯⋯⋯⋯⋯文　牧

从海兰江到科尔沁

道拉桔⋯⋯⋯⋯⋯⋯⋯⋯金　哲作　韩东吾译

朱阿巴依⋯⋯⋯⋯⋯⋯⋯任晓远作　何鸣雁译
故乡路⋯⋯⋯⋯⋯⋯⋯⋯金太甲作　何鸣雁译
延边行⋯⋯⋯⋯⋯⋯⋯⋯⋯⋯⋯⋯⋯泉　声
歌的延边香的延边⋯⋯⋯⋯⋯⋯⋯⋯王国治
崭新的画面⋯⋯⋯⋯⋯⋯⋯⋯⋯⋯⋯许　辛
牧歌与短笛⋯⋯⋯⋯⋯⋯布和特木勒作　川　之译
年青的牧人⋯⋯⋯⋯⋯⋯⋯⋯⋯⋯⋯赵忠贵

攻关之夜及其他⋯⋯⋯⋯⋯⋯⋯⋯⋯何　鹰
吉里轱辘猴眼⋯⋯⋯⋯⋯⋯⋯⋯⋯⋯齐　霁

译诗
被忘记了的乡村⋯⋯⋯[俄]涅克拉索夫作　吕元明译
风⋯⋯⋯⋯⋯[白俄罗斯]雅·柯拉斯作　马德菊译

新芽
"风雨楼"⋯⋯⋯⋯⋯⋯⋯⋯⋯⋯⋯甄凤斌
麦收季节⋯⋯⋯⋯⋯⋯⋯⋯⋯⋯⋯段文江
月夜⋯⋯⋯⋯⋯⋯⋯⋯⋯⋯⋯⋯⋯肖又予

短篇小说
地质锤(征文选登)⋯⋯⋯⋯⋯⋯⋯张天民
审判(征文选登)⋯⋯⋯⋯⋯⋯⋯⋯王　汪
郑北星上任⋯⋯⋯⋯⋯⋯⋯⋯⋯⋯李惠文
寂静的小树林(征文选登)⋯⋯⋯⋯杜保平
叶飘子(征文选登)⋯⋯⋯⋯⋯⋯⋯袁庆望
兰姑⋯⋯⋯⋯⋯⋯⋯⋯⋯⋯⋯⋯⋯尤　亮
毁灭⋯⋯⋯⋯⋯⋯⋯⋯⋯⋯⋯⋯⋯尤　异

中篇小说
十月⋯⋯⋯⋯⋯⋯⋯⋯⋯⋯⋯⋯⋯张笑天

电影小说
东方红⋯⋯⋯⋯⋯⋯⋯⋯⋯⋯⋯⋯⋯鄂　华

散文
中国的"书龙"⋯⋯⋯⋯⋯⋯⋯⋯⋯秦　牧
幕阜春⋯⋯⋯⋯⋯⋯⋯⋯⋯⋯⋯⋯杜　宣
母亲(征文选登)⋯⋯⋯⋯⋯⋯⋯⋯蔡行远
长城行(征文选登)⋯⋯⋯⋯⋯⋯⋯马　犁
叶⋯⋯⋯⋯⋯⋯⋯⋯⋯⋯⋯⋯⋯⋯何鸣雁
月夜情思⋯⋯⋯⋯⋯⋯⋯⋯⋯⋯⋯李健君
绣江山⋯⋯⋯⋯⋯⋯⋯⋯⋯⋯⋯⋯赵　赴
网⋯⋯⋯⋯⋯⋯⋯⋯⋯⋯⋯⋯⋯⋯杨学泉
金色的明珠⋯⋯⋯⋯⋯⋯⋯⋯⋯⋯孙景琦

风物篇
神秘的湖⋯⋯⋯⋯⋯⋯⋯⋯⋯⋯⋯丹　冬
柳条边漫话⋯⋯⋯⋯⋯⋯⋯⋯⋯⋯张中梁

秦家屯古城 ················ 韩耀旗　栾淑芳

生活札记
火车头 ······················ 田蕴奇
宿舍管理员 ·················· 杨永泉
渔火 ························ 李向文
校长 ························ 班显华
业余作者自我训练的好方法 ········ 高　蹈

民间传说
杨靖宇小故事 ················ 于济源
血泉 ························ 孙德元
海兰江 ············· 金　哲作　陈雪鸿译

评论
历史的审判——评林彪、江青一伙的“文艺黑线专
政”论 ······················ 金钟鸣
《诗学》与亚里斯多德的美学思想 ···· 克　地
别林斯基的“形象思维”论 ·········· 杨荫隆
写出自己的风格来 ·············· 李玉铭
不拘一格写人物（创作通讯） ········ 彭嘉锡
试谈鲁迅小说的肖像描写 ·········· 曹玉梅
漫谈杂文及其写作 ·············· 金恩晖
泥土的芳香——重读丁仁堂的小说集《红叶》
······················ 朱　晶　赵葆华

文学创作漫谈
从创作上的“公害”谈起 ············ 锡　金
关于提高创作技巧的问题 ·········· 锡　金
形象思维与诗味 ··············· 许华应
诗艺管窥　谈“赋也可以用” ········ 黄益庸
蒙古族民歌学习札记 ············ 苏赫巴鲁
略谈诗的语言锤炼 ·············· 张万晨

文艺随笔
“迁想妙得”及其他 ······· 刘启林　温宝玉
严谨与创新 ·················· 孙　里

读契诃夫的小说《套中人》（外国名作介绍） ····· 迟乃义

杂文
不倒翁小考 ·················· 刘耕路
从每步〇点八五米谈起 ············ 姚凌艺

美术
封面设计 ············· 章桂征　邬问耕
扉页设计 ··················· 章桂征
国画三幅 ··················· 王庆淮
青松诗（刻印） ················ 金中浩

刻印三方 ··················· 何瑞五
封底剪纸 ··················· 赵　兵

1978 年第 12 期　刊名:《长春》
目录

纪念毛主席诞辰 85 周年
毛泽东思想的阳光照耀着我们 ······· 何其芳遗作
山·石·水（诗·征文选登） ········ 戚积广

散文
滔滔黄河巨人行 ··············· 赵海洲
三幅速写的说明词 ·············· 邵与杰
无声的教海 ·················· 关文修
岳麓山的怀念 ················ 于笑然
主席走遍全国 ················ 刘星汉

小说
姑爷拜年 ··················· 刘伯英
听我对你说 ·················· 丁仁堂
笔墨生涯 ············· 李占学　李德焕
金翅蜜蜂（童话） ·············· 郭大森

评论
陆机的《文斌》（古典文论介绍） ······ 吴功正
喜读《海之歌》 ················ 曹积三
剪裁的艺术（文学创作漫谈） ········ 罗谦怡

诗歌
遥寄罗教育长 ················ 金远清
履带写下的诗行 ··············· 纪　鹏
大寨行 ···················· 梁谢成
记一次党委会 ················ 徐振清
金字匾抒怀 ················· 苏赫巴鲁
砂轮机 ···················· 赵新录

银河
北战南征 ··················· 房德文
彩色的山石 ·················· 印洗尘
“我!” ····················· 杨子忱
战旗 ····················· 张兴泰
一颗星 ···················· 陈玉坤

美术
封面设计 ············· 章桂征　邬问耕
封底剪纸 ··················· 王钟霞
文艺简讯

1979 年第 1 期　刊名:《长春》
目录

四五精神开新篇

读《天安门诗抄》·······················公　木
雪浪花（外一首）······················姚绿野
大潮赋···································顾笑言
爱民自有人民爱·························弦　夫
为真理唱一支赞歌·······················万忆萱
写在天安门广场上·······················梁谢成
真正的诗　读天安门诗抄·················申家平
"清明烈火破春寒"　喜读《天安门诗抄》·····王树海

小说

琴声再起的时候（征文选登）·············庞　鹰
忠诚的妻子（征文选登）·················成　刚
他在云枫岭（征文选登）·················朱光雪
该谁"坐庄"？···························张笑天
哈扎布局长·····························王士美
桃花岛上（长篇选载）···················峻　青

散文

霜叶红于二月花·························肖　风
菊展感怀·······························张　钧

诗歌

诗的复活·······························公　刘
技术科来的小伙呀（组诗）···············黄锦卿
年夜，飘了一场雪·······················张常信
科学的春天（外一首）···················泉　声
建设者的脚印···························柳　江
萤火虫（外一首）·······················李又然
在深山密林里···························符启文
窗口（外一首）·························万　捷
少女河·································李广义
柳絮···································黄　浩
为祖国打开万宝库（外一首）·············赵贵忠
新芽···································柏建华等

评论

《往事与随想》译后记···················巴　金
深入批判"四人帮"的反动文艺思想体系　写好同
"四人帮"作斗争的作品···················姜念东
文学创作要及时地反映　千百万人关心的社会问题
·······································方　晴
细节的"升华"（文学创作漫谈）···········艾　斐

美术

封面设计···························邬问耕　章桂征
封底剪纸·······························舒　展

1979 年第 2 期　刊名:《长春》
目录

小说

凶手（征文选登）·······················王宗汉
访···································袁庆望
两瓶茅台酒·····························万　捷
初春的风·······························郝国忱
赶年集（征文选登）·····················宋衍申
书包和弹弓·····························李满园

散文

回春·································吴伯箫
在瓦加杜古结下的友谊···················永　年
烈忾难消——杨靖宇将军殉国记·············卓　昕
书···································冬　林

评论

解放思想，繁荣创作，为新时期的总任务服务——记
全省小说、评论座谈会···················本刊记者
文艺创作要转上四化轨道·················赵云龙
真实反映生活　大胆干预生活·············王　册
雪欺霜侮梅更香　为《星公杂谈》昭雪·······金恩晖
读长篇小说《高山春水》···········赵宝康　王　我
高山春水唱新歌·························井继成
略谈梅里美和他的《嘉尔曼》（外国名作介绍）
·······································李　鹜

诗歌

迷了路的铁牛及其他（征文选登）·········泉　声
短剑篇·································梁谢成
某医生的自白···························钱　璞
"铁官"谣·······························黄　淮
马老发怒·······························流　云
"啬啬人"·······························韩志军
几块自命不凡的石头·····················大　海
月···································胡　昭
访铁人故居·····························侯树槐
山乡短歌·······························张雪杉
井场一瞥·······························封　敏
"武"开河·······························韩汝诚
瀑布的源头·····························李宝和

杂文

怕个啥?⸻刘耕路

美术

封面设计⸻邬问耕　章桂征
扉页设计⸻章桂征
学习先进　建设祖国　霍林河速写⸻吴宇方
封底剪纸⸻赵　兵

1979 年第 3 期　刊名:《长春》
目录

小说

围棋⸻李汝伦
母女⸻李健君
漩涡⸻万忆萱
处长的苦恼⸻刘伯英
拜年⸻韩汝诚

散文

北大荒的"神话"⸻张笑天
旗云⸻邵与杰
老矿长⸻赵瀛州
忌水的战士⸻曹明绪
交差⸻田清文

诗歌

未来属于我们（征文选刊）⸻韩志军
喜迎总理到咱家⸻赵万捷
怀念敬爱的周总理⸻澄　涛
周总理的睡衣⸻王　野
祖国呵，哪里是你的宝库（银河·四首）⸻马兴华等
小河（外一首）⸻叶文福

评论

艺术民主与"五子登科"　学习周总理关于艺术民主的论述⸻赵云声
学习周总理讲话　为被打成"毒草"的作品平反　省文联邀请省直文艺工作者举行座谈会⸻本刊记者
一曲真挚爱情的赞歌　喜读《寂静的小树林》
⸻李怀埙
谈情节的提炼（文学创作漫谈）⸻易洪斌

群言堂

从"放"和"收"谈起⸻李玉铭
教训和伤痕⸻高进贤
有感于《长春》复刊号⸻李海宽
散文应写得精粹些⸻跃　华

美术

电影宣传画⸻吴厚信
戏剧节目单设计⸻李瑞生
戏曲人物剪纸⸻徐飞鸿
封底剪纸⸻王德鹏
寓言两则（补白）
文艺消息

1979 年第 4 期　刊名:《长春》
目录

短诗

书怀⸻公　木
南海的花⸻李　瑛
基度山伯爵的来访⸻邵燕祥
题香港版《八月的乡村》并叙⸻肖　军
鞍山评论⸻公　刘
迎春赋（征文选登）⸻顾笑言
飘香的奶茶⸻朱　雷
我们是新时期的农民（征文选登）⸻程　刚

清明节的花卉

丙辰清明⸻蔡其矫
清明节的花卉⸻申家平
请给他们记一功⸻杨晓光
森林故事⸻胡　昭
雪原之鹰⸻石　祥
刻在转移的界碑上⸻万忆萱
我歌颂西单民主墙⸻曲有源
和即将逝去的青春谈心⸻纪　宇
刺玫瑰（征文选登）⸻刘云
在生产大队队部⸻郑道远　柳旭东
"运动员"的苦恼⸻王　玎
你，会笑吗?⸻陈福利

写在日记本里的诗⸻任彦芳
追星星⸻芦　芒遗作
车伙子雀之歌⸻秋　原
童心⸻钱　璞

旅游抒怀

旅游记感⸻芦　萍
南街诗草⸻王　磊
喜马拉雅行⸻匡　满
山乡路⸻金　哲
终于升起了，真理之光⸻乔　迈
马桑花开⸻夏　天
北疆边防线⸻韩作荣

师长的航迹 —————————————— 周　鹤
咏物诗 —————————————————— 梁谢成
珍宝集 —————————————————— 黄　淮
火花在我心头溅 ———————————— 于德成

献给青年的花束
被剥夺的爱情 ———————————— 柏建华
出征曲 —————————————————— 戚积广
春到延边 ————————————————— 房德文
开花的春天 ———————————————— 甄凤斌
在翠绿翠绿的草坪上 ——————— 薛卫民

散文诗
雪柳 ——————————————————— 王立人
防火楼和井 ———————————————— 文　牧

长诗
爱之歌（征文选登）———————— 中　申

评论
诗花如火映长白　读吉林三十年部分诗作 —— 朱　晶
流向人间的脂膏　学习闻一多的诗 ———— 张　纪

读诗随笔
点和面 —————————————————— 肖文苑
诗贵乎"真" ——————————————— 陈　炳
"含蓄"小议 ————————————— 邵静涛
古典作家谈诗录

吉林作家介绍
公木
张天民
文艺消息

美术
封面设计 ———————————— 邬问耕　章桂征
鹰 ———————————————————— 刘保平

1979 年第 5 期　刊名:《长春》
目录

小说
大地上的芭蕾 ——————————— 万　寒
老师，光荣属于您 ———————— 朱光雪
雪夜 ——————————————————— 张丛笑
天平 ——————————————————— 李中平
在三层楼上的"小号"里 ————— 曾昭远

文学回忆录
萧红，和她的《呼兰河传》——————— 锡　金

散文
路 ———————————————————— 吴启泰
牧马人 ————————————————— 蔡行远

报告文学
有这样一对夫妻 —————————— 乔　迈

寓言
霜花与玻璃 ——————————————— 葆　晨
不下蛋的母鸡 —————————————— 陆继权

评论
实事求是、历史主义及其他 ——————— 刘锡诚
艺术属于人民 —————————————— 金钟鸣
作家应是创作的主人 ————————— 芦　萍
儿童文学满园春 ————————————— 陈日朋

吉林作家介绍
蒋锡金
鄂华

群言堂
"采用外国的良规" —————— 田国良　崔红林
我们的力量正在这里 ————————— 石　实
主人公说的"话" ——————————— 冬　林

美术
篆刻 ———————————— 张鸿玉　金中浩　王以忱
封底画 ————————————————— 井　文

1979 年第 6 期　刊名:《长春》
目录

小说
早春（征文选登）————————— 张天民
颠簸·魔·小夜曲（征文选登）——— 万　寒
"红玛瑙"大战"五子登科" ———— 柳　溪
女镇长的箫声（征文选刊）————— 丁仁堂
第一把火（征文选刊）——————— 王浙滨
冰河上的火焰 —————————————— 孟伟哉
浪淘沙 ————————————————— 王宗汉
出乎意料 ————————————————— 王　倩
妻子 ——————————————————— 庞　鹰
总管府喜宴 ———————————————— 肖　玛
雪花飘飘 ————————————————— 冯巨中

儿童小说两篇　机器人　绕圈子⋯⋯⋯⋯中　申
白雁⋯⋯⋯⋯⋯⋯⋯⋯⋯⋯⋯⋯⋯⋯⋯⋯崔　坪
海棠泪⋯⋯⋯⋯⋯⋯⋯⋯⋯⋯⋯⋯⋯⋯⋯王春梅
军舰山上的葫芦⋯⋯⋯⋯⋯⋯⋯⋯⋯⋯⋯吴　菲
寓言四则⋯⋯⋯⋯⋯⋯⋯⋯⋯⋯⋯⋯⋯⋯严文井

评论
"现实主义深化"漫议⋯⋯⋯⋯⋯⋯⋯⋯⋯卢　湘
略谈赵树理同志的"问题小说"观⋯⋯⋯士　德
勇于反映生活的真实面貌⋯⋯⋯⋯⋯⋯胡德培
短篇小说的情节小议⋯⋯⋯⋯⋯⋯⋯⋯李海宽
"人心不同，各如其面"（文学创作漫谈）⋯王荣伟
新与深（文艺随笔）⋯⋯⋯⋯⋯⋯⋯⋯⋯王　汪
从"以不言言之"谈起⋯⋯⋯⋯⋯⋯⋯⋯郑　翔

吉林作家介绍
杨公骥
胡昭

美术
朝花　儿童生活组画⋯⋯⋯⋯⋯⋯⋯⋯杨　沙
花朵朵朵　剪纸⋯⋯⋯⋯⋯⋯⋯⋯⋯⋯王钟霞

1979 年第 7 期　刊名:《长春》
目录

散文诗辑
天涯海角⋯⋯⋯⋯⋯⋯⋯⋯⋯⋯⋯⋯⋯⋯周良沛
长江遥想曲（征文选登）⋯⋯⋯⋯⋯⋯李健君
海冬青⋯⋯⋯⋯⋯⋯⋯⋯⋯⋯⋯⋯⋯⋯⋯张笑天
瑶山之秋⋯⋯⋯⋯⋯⋯⋯⋯⋯⋯⋯⋯⋯⋯姜　彬
神吹袁小福⋯⋯⋯⋯⋯⋯⋯⋯⋯⋯⋯⋯⋯孔令保
山城吟⋯⋯⋯⋯⋯⋯⋯⋯⋯⋯⋯⋯⋯⋯⋯金德顺
好风凭借力⋯⋯⋯⋯⋯⋯⋯⋯⋯⋯⋯⋯⋯赵　赴
枕木篇⋯⋯⋯⋯⋯⋯⋯⋯⋯⋯⋯⋯⋯⋯⋯于笑言
参花火红⋯⋯⋯⋯⋯⋯⋯⋯⋯⋯⋯⋯⋯⋯曹　正

报告文学
万国强跨进一九八四年⋯⋯⋯⋯⋯⋯⋯周而复

文学回忆录
关于《文艺新潮》及其他⋯⋯⋯⋯⋯⋯锡　金
诗人艾青⋯⋯⋯⋯⋯⋯⋯⋯⋯⋯⋯⋯⋯李又然

评论
发扬文学的现实主义传统
回顾建国三十年来我省的短篇小说创作⋯⋯⋯刘淑明
要敢于写人民内部矛盾⋯⋯⋯⋯⋯⋯⋯曲本陆

给中间人物一席地位⋯⋯⋯⋯⋯⋯⋯⋯杨荫隆
继续开扩题材领域⋯⋯⋯⋯⋯⋯⋯⋯⋯田敬宝

吉林作家介绍
芦萍
丁仁堂

诗歌
海南岛掠影（征文选登）⋯⋯⋯⋯⋯⋯胡　昭
写给金水河⋯⋯⋯⋯⋯⋯⋯⋯⋯⋯⋯⋯高洪波
长白草木篇（征文选登）⋯⋯⋯⋯⋯⋯蓝　雨

新长征剪影
豆芽姑娘⋯⋯⋯⋯⋯⋯⋯⋯⋯李柏龙　薛卫民
古潜山传奇⋯⋯⋯⋯⋯⋯⋯⋯⋯⋯⋯⋯郭石山
写在拖拉机上⋯⋯⋯⋯⋯⋯⋯⋯⋯⋯⋯钱　璞
芬芳的乡村⋯⋯⋯⋯⋯⋯⋯⋯⋯⋯⋯⋯党兴昶
扛⋯⋯⋯⋯⋯⋯⋯⋯⋯⋯⋯⋯⋯⋯⋯⋯徐　艾
车轮之歌⋯⋯⋯⋯⋯⋯⋯⋯⋯⋯⋯⋯⋯孙英民
珠日河，草原的珍珠⋯⋯⋯⋯⋯⋯⋯⋯姚业涌
电焊条⋯⋯⋯⋯⋯⋯⋯⋯⋯⋯⋯⋯⋯⋯吴稚培

红豆的思念⋯⋯⋯⋯⋯⋯⋯⋯⋯⋯⋯⋯柯　原
离离原上草（散文诗）⋯⋯⋯⋯⋯⋯⋯李　一
在我面前也有一条银河⋯⋯⋯⋯⋯⋯⋯陈福利
某编辑自白⋯⋯⋯⋯⋯⋯⋯⋯⋯⋯⋯⋯夏湖边
银河⋯⋯⋯家　坪　费晓平　唐树凡　单夫营　冯巨中

美术
革命圣地写生⋯⋯⋯⋯⋯⋯⋯⋯⋯⋯⋯孙文铎
封底画⋯⋯⋯⋯⋯⋯⋯⋯⋯⋯⋯⋯⋯⋯井　文

文艺动态
关于举办第二次全国少年儿童文艺创作评奖的公告

1979 年第 8 期　刊名:《长春》
目录

新人短篇小说特辑
孟福老汉的命运（征文选登）⋯⋯⋯⋯孙　达
并非是礼物（征文选登）⋯⋯⋯⋯⋯⋯李中平
班车上想起的故事（征文选登）⋯⋯⋯肖又予
冀东秋⋯⋯⋯⋯⋯⋯⋯⋯⋯⋯⋯⋯⋯⋯李大均
心灵的呼声⋯⋯⋯⋯⋯⋯⋯⋯⋯⋯⋯⋯大　风
"新人短篇小说特辑"编辑札记⋯⋯⋯星　汉

文学回忆录
关于《文艺新潮》及其他（续完）⋯⋯锡　金

评论

回应时代的呼唤　读《长春》六月小说专号----方　晴
在伟大的转折面前　《早春》的启示----------邵静涛
这样的人物值得歌颂　谈《"红玛瑙"大战"五子登科"》----------------------------------延　路
含意幽邃的肖像特征　谈《漩涡》中辛得志的"黑胡"----------------------------------黄志冲
吉林民间文学三十年----------------司马金

吉林作家介绍

赵羽翔
丁耶

诗歌

长白山的呼唤----------------------朱　雷
青春咏叹调------------------------杨大矛
松花江呵……----------------------高　帆
思念----------------------------蔡其矫
虽然我失去了心爱的姑娘--------------梁谢成
塞上行--------------------------万　寒
致一位不相识的读者------------------常　安
写在架线工地上--------------------王庆学
民康二唱------------------------徐敬亚
青云马----------------博·桑布作　诺敏译

银河

山李子花------------------------陈玉坤
交班簿--------------------------李方元
彩虹----------------------------陈　超
泡得茶叶伸懒腰--------------------肖　竹
车间金秋------------------------李　义

新芽-------张　伟　王启付　韩先杰　王德洪　李闻方
丁希泉

美术

鱼水情深（剪纸）------------------舒　展
欢乐的草原----------------------陈长贵

哈森的职业----------------[意]科　拉作　艾　湫译

散文

忆长春--------------------------萧　军
信----------------------------梅新生

评论

继续肃清文艺上极左思潮的流毒--------欣　春
走向更高的阶梯　杏林省戏剧创作三十年-------李　改

报道

文艺期刊应应该站在思想解放运动的前列
部分省文艺期刊负责人座谈会在我省举行
中国作家协会吉林分会召开三届四次理事会议

诗歌

公社新歌（征文选登）----------------赵贵忠
永恒的纪念----------------------肖　佳
辽南吟--------------------------丁　耶
港口----------------------------唐大同
词三首--------------------------蔡天沁
水调歌头------------------------钟敬文
万民瞩望党风淳--------------------孙玉祥
山泉歌--------------------------谭文波
惊雷----------------------------龙彼德
统裙之歌------------------------饮　可
夜----------------------------宋　歌
老海南--------------------------郭宝臣
鱼汛----------------------------王　刚
讽刺诗--------赵长占　范峥嵘　张惠民　唐树凡

杂文

"手抄本"与"守架书"------------------费秉勋

美术

长白新姿（组画）------------黄秋实　王纯信
牧区剪影------------------------沃保华

1979 年第 9 期　刊名:《长春》
目录

小说

机关里（征文选登）------------------智麟勋
隐秘的情侣（征文选登）--------------韩汝诚
小馆里的风波----------------齐铁民　鞠显友
共同语言------------------------任玉林
青枝绿叶------------------------何友彬

1979 年第 10—11 期　刊名:《长春》
目录

电影诗

路在他的脚下延伸……----------------白　桦　彭　宁

小说

献给医生的玫瑰花------------------从维熙
春雨（征文选登）------------------孟左恭
乍暖还寒时候（征文选登）------------郝国忱

夏夜 ———————————— 王宗汉
葬画 ———————————— 吴　强
梯子上的神 ———————————— 万　寒
客从远方来 ———————————— 章以武
热土（征文选登）———————————— 张笑天
最后一个决定 ———————————— 徐振清
天鹅鹕 ———————————— 郭大森
她是谁? ———————————— 王永奇
吃苹果 ———————— 契诃夫作　汝　龙译

散文
耕堂书衣文录 ———————————— 孙　犁
忆范政同志 ———————————— 马　瑜
修鞋（征文选登）———————————— 丁　耶
海月庵里的贤夫妇 ———————————— 锡　金
富士云飞 ———————————— 杜　宣
南国春色 ———————————— 胡　昭
刚果掠影 ———————————— 永　年
昭君酒 ———————————— 马　犁
观渡 ———————————— 孔令保

诗歌
坠简拾零 ———————————— 公　木

从刘胡兰到张志新
滴血的花 ———————————— 韩志军
长恨歌 ———————————— 万　捷
张大姐，请你安息吧 ———————————— 白　曼
讲 ———————————— 高继恒
第一个说出真理的人 ———————————— 钱　璞
我亲爱的母亲呵 ———————————— 雷　霆
启明星 ———————————— 旭　宇
血在燃烧（长诗节选·征文选登）———————————— 秋　原

呵! 祖国（征文选登）———————————— 梁谢成
飞过海峡的思念（征文选登）———————————— 海　南
恋歌 ———————————— 黄东成
我们自己的歌 ———————————— 周良沛
啊，让我们歌颂 ———————————— 于　克

为了祖国的明天
祖国需要什么 ———————————— 田章夫
防川诗草 ———————————— 戚积广
七月流火 ———————————— 陈玉坤
科研小组 ———————————— 何　鹰
山乡剪影 ———————————— 黄　淮
我们是祖国的架线工 ———————————— 王庆学
沙海筑路歌 ———————————— 刘金忠

歌词 ———————— 乔　迈　宋斌廷　门　声　刘志毅

可爱的祖国
桂林行 ———————————— 万忆萱
翠螺山抒情 ———————————— 许　行
南行诗笺 ———————————— 李占学
祖国呵，我爱你 ———————————— 张满隆
海边抒情 ———————————— 王洪涛

讽刺诗
有这样一种"转移" ———————————— 王贺锦
日历牌 ———————————— 于　沙
藤萝 ———————————— 洪　帆
塑像 ———————————— 郭应文
谈谈盖房 ———————————— 袁世兴

评论
文艺解放的一个关键性问题 ———————————— 杨问政
驳"染缸"说 ———————————— 高　峰
替"伤痕文学"辩诬 ———————————— 刘启林
评题材问题上的左倾思潮 ———————————— 金钟鸣
继续解放思想　繁荣文艺创作 ———————————— 谭　谦
党性原则与艺术民主 ———————————— 杨荫隆
春光万里任采撷 ———————————— 方　晴
歌自林海雪原来 ———————————— 高洪波
为《望星空》一辩 ———————————— 郭久麟
人民应当知道他们 ———————————— 魏心宏

札记·随笔
枝繁叶茂 ———————————— 洪克夷
矛盾心理描写一例 ———————————— 陈　兵
主题、生活及其他 ———————————— 马清福
艺术家的"观察" ———————————— 谢海泉
"牛郎中"说空话的启示 ———————————— 跃　华
大题小写　小题写大 ———————————— 郑雨来

美术
周总理和小"科学家"　百折不挠——陈希光　刘国顺
篆刻 ———————————— 何瑞五　张鸿玉

1979 年诗增刊

目录

作品
敲门声 ———————————— 邵燕祥
扬琪再没有回家 ———————————— 公　木
诗人何处 ———————————— 敏　岐
旅途疏影 ———————————— 驿马山

长恨歌（征文选登）·······················万 捷
雪山·····································周良沛
写给湄公河·····························许 行
故乡的群山·····························秋 原
木棉树和云杉···························常 安
佐治亚的山茶花·························吴 辛
架线兵的肩膀···························何友彬
问"飞碟"······························赵新禄
接闺女································李占学
牧童与金丝鸟（小叙事诗）···········苏赫巴鲁
新民歌································禾之等

为了祖国的明天
金翅膀歌（征文选刊）···················泉 声
山村春歌·······························张红雨
焊花簇簇·······························何 鹰
大道通天（征文选刊）···················杨子忱
绿叶集································李广义
林区春雨·······························陆伟然
沸腾的砂石场···························张满隆
老额吉笑了·····························王忠范
深情的牧歌·····························陈广斌
一声枪响飞出山峦·······················马兴华
集材小道·······························贾志坚
致深山································党国栋
灯房的灯·······························张常信
流水欢歌·······························赵忠贵
冬雪寄情·······························王晓廉
基石··································吴海春
他俩的照片·····························曹殿举
银浪··································蔡春山

春雨洒在园丁的心头
你好呵，讲桌!·························鲁 丁
翻开作文本……·······················高 帆
校园的春雨·····························赵国良

人民的回音壁
我在大街上经常看见你···················祝平安
市委书记的传闻·························任彦芳
权……"利"····························房德文
"没气罐"的控诉·······················流 云
"大锁"································王泽义
农村歌谣·······························程锡级

飞吧,思想的翅膀
狮子的法典（征文选刊）···················洪 帆
蜥蜴··································顾 城
大雁··································高继恒

银河
笔杆竹································鲁 原
血线··································徐敬亚
神圣之花·······························曹积三
清扫工································袁世兴
冻不冷的心·····························李武兵
渔夫··································陈宝源
爱珲遗迹·······························胡世宗
赶集··································谭文波

珠贝集
给新诗································梁谢成
播种和收获·····························刘 章
"风筝"································王永林
喇叭与车轮·····························解 伦
贝壳集································严广才

在暖融融的春风里
欢送"老科研"（外二首）···············王 钉
啄木鸟（外二首）·······················齐 霁
马莲花································黄锦卿
小花猫································郭殿文
我家住在铁道边·························李 映

译诗
黑夜四景·····················[美]戴维斯 耀魁译
村姑出海···············[日]佐藤惣之助 崔承德译
我们的时代将害羞地逝去·······[俄]尼基丁 马德菊译
致读者····················[莫]桑托斯 袁韶莹等译

评论
"艾青还是艾青" 读艾青近作·········匡 汉 匡 满
漫谈讽刺诗·····························左 正
诗的巧思·····························徐应佩 周溶泉

美术
木刻小品·······························曹文汉

1979 年第 12 期　刊名:《长春》

目录

小说
我是谁?·······························宗 璞
涅槃的凤凰·····························潘志豪
小雪花································梁若冰
当今之计·······························李树权
换桌以后·······························常战捷

散文

桂花飘香 —————————— 金德顺
永恒的怀念 —————————— 郑临川
南行杂记 —————————————— 吕 剑
阿尔山矿泉 —————————— 刘明涛
空门拾遗 —————————————— 邵与杰

评论

百足之虫 死而不僵 ——————— 金恩晖
为什么惧怕真实? ——————— 郑有义
敏锐的触角 读王宗汉的近作 ———— 朱 晶 赵宝元
试谈短篇小说情节的容量（文学创作漫谈）—— 魏克信
古今七律第一的《登高》 ————— 李汝伦
"欲造平淡难" ——————————— 梁谢成
阿Q遗风种种（杂文）—————— 上官缨

诗歌

南山诗草 ——————————————— 陈宝源
归来 ———————————————————— 沙 鸥
白山松水间 ———————————— 党国栋
凉山的花 ——————————————— 陈 犀
黑河柳烟 ——————————————— 昌 耀
女清洁工和技术员 ——————— 石 英
阿里山谣曲 ———————————— 于宗信
大地花束 ——————————————— 程质彬
美人松 ———————————————————— 彤 志
天安门广场 ———————————— 黎焕颐
未来世界（散文诗）—————— 黑 晏

银河

和我的枣红马告别 ——————— 房德文
看谁第一 ——————————————— 石 丹
婚礼 ———————————————————— 王洪志
雨夜 ———————————————————— 杜泽钧
晨曲 ———————————————————— 顾联第
我急匆匆走进家门 ——————— 孙来今
力气之歌 ——————————————— 刘昌盛
我们的时间 ———————————— 白煤国

其他

吉林儿童文学研究会成立

美术

电影宣传画 ——————— 志 武 关 键 厚 信
花卉小品 —————————————— 许占志 王书林
叶副主席诗篆刻 ——————————————— 山 谷

1980 年第 1 期　刊名:《长春》

目录

迎接文艺繁荣的新时代 ——————— 本刊编辑部

小说

原谅我吧，孩子 ————————— 王浙滨
关卡 ———————————————————— 刘士忠
生死之交 ——————————————— 王宗汉
粤之猴 ———————————————————— 王伯阳
马大虎和两个马小虎 ——————— 中 申
暖瓶 ———————————————————— 顾笑言
画家与狗 ——————————————— 宋衍申
转正 ———————————————————— 邹永昌

散文

献给一个死者的花束 ——— 冯夏熊 曲 维
瞿塘石壁 ——————————————— 菡 子
长林短曲 ——————————————— 赵 赴
迎客松礼赞 ———————————— 刘启林
林中 ———————————————————— 冬 林
花草种种 ——————————————— 蒋荷贞
笑声 ———————————————————— 李满园
台湾风物小记 ——————————— 于宗信
欢聚 ———————————————————— 文 牧
寓言二则 ——————————————— 吴广孝

诗歌

新芽 ————————— 王小妮 王维君 于 克
种子呵，醒醒 ——————————— 雷抒雁
海天集 ——————————————————— 胡 昭
第一把垦荒火 ——————————— 程 刚
关于画"〇" —————————————— 韩作荣
写给诗人们 ———————————— 高洪波
勇气 ———————————————————— 李 钢
一支手枪的自述 ——————————— 泉 声

评论

坚持双百方针 自己解放自己 —— 公 木
从轻松的开始转向严肃（文学信箱）—— 锡 金
漫话诗的感情表现 ——————————— 阿 红
纵横诗笔见高情 读曲有源的近期诗作 —— 何火任
访重登文坛的丁玲 —————— 田畑佐和子
一将成名万骨枯 谈诗《将军，不能这样做》随想
——————————————————————————— 赵云声
《原谅我吧，孩子》评点（读稿零札）—— 袁庆望
庆祝建国三十周年本刊征文当选作品

1980 年第 2 期　刊名:《长春》
目录

小说

魅力 ·· 凌喻非
新婚礼服 ······························ 余瑛瑞
开路先锋 ······························ 马常升
罗珍免于殉葬 ·························· 王士美
洁白的丝穗 ···························· 崔贵新

散文

月夜寄语 ································ 顾　乡
松香漫话 ································ 刘启林
女神的奥秘 ···························· 鲁　光
无名草 ·································· 班显华
琴弦上的泉流 ·························· 赵云鹤
南湖兴废感怀 ·························· 田兆宏

诗歌

我从山里来 ···························· 王小妮
从山里流出的清泉水（读稿零札）···· 中　申
时代·血·我们的爱 ···················· 何　达
何达印象小记 ·························· 关　山
初转之歌 ································ 张常信
你太天真了 ···························· 方　冰
草原短笛 ································ 何　鹰
驼铃歌 ·································· 顾笑言
古长城咏怀 ···························· 刘祖慈
抒情与思考 ···························· 刘湛秋
风雨歌 ·································· 王　也
露珠集 ·································· 管用和
银河 ···································· 桑恒昌等

评论

继续解放思想　同心同德为四化 ······ 董　速
甘苦寸心知 ···························· 臧克家
写人，还是写故事 ···················· 鄂　华
沃土新苗壮——谈李健君的散文创作 ·· 方　晴
短篇要短 ································ 赵国青
幻想与人物 ···························· 邓彦斌
话说"无刺的仙人掌" ·················· 吴英俊

1980 年第 3 期　刊名:《长春》
目录

在吉林省文学艺术工作者第四次代表大会上的祝辞
·· 于　林
总结历史经验，继续解放思想，为繁荣社会主义新时
期的文艺而奋斗 ······················ 董　速
吉林省文学艺术工作者第四次代表大会开幕词
·· 公　木
吉林省文学艺术工作者第四次代表大会闭幕词
·· 高　叶
为人民创造高质量的精神食粮 ········ 本刊评论员
吉林省文联第四届委员会主席、副主席、委员及各协
会主席、副主席名单

小说

笑君一掬伤心泪 ······················ 袁庆望
囚徒晚餐 ································ 张天民
绣花床单 ································ 杜保平
略谈《绣花床单》的细节描写（读稿零札）··· 王　汪
祭品 ···································· 韩汝诚
长不大的路树 ························· 沈仁康

散文

我怀念你，黑海的明珠——访罗散记 ··· 鄂　华
青年时代的点滴回忆（东北作家回忆录）··· 端木蕻良
带弹孔的领巾 ·························· 陈淀国

诗歌

银河 ······················ 芦　萍　丁　耶　许　行
胡　昭　泉　声　中　申　万忆萱　顾笑言　曲有源
姚绿野　万　捷　乔　迈　程　刚　王　法
飞絮集 ································ 梁谢成
别哭啦，亲爱的侨胞 ·················· 唐大同
祈求 ···································· 马兴华
芳桥 ···································· 孙友田
枕头风及其他 ·························· 王庆学
"原"和"新" ···························· 芒果子
球类及其他 ···························· 张一虹

评论

我怎样开始了文艺生活（文学信箱）···· 郭沫若
塑造多种多样的英雄典型 ·············· 胡德培
不要"净化"英雄形象 ·················· 易洪斌
努力塑造革命英雄群象——读《东方》想到的
·· 田里林
创作何止"十月怀胎" ·················· 陈　炳
话说"画头发" ························· 徐光明

1980 年第 4 期　刊名:《长春》
目录

报告文学

又为斯民哭健儿——他死在上升的太阳下⋯⋯⋯鄂　华

小说

生活从这里开始⋯⋯⋯⋯⋯⋯⋯⋯⋯⋯⋯张蒂远
读《生活从这里开始》断想（读稿零札）⋯⋯袁庆望
风在吹，雨在落⋯⋯⋯⋯⋯⋯⋯⋯⋯⋯⋯鲁　琪
被红豆击毙的爱情⋯⋯⋯⋯⋯⋯⋯⋯⋯⋯刘昌璞
照像⋯⋯⋯⋯⋯⋯⋯⋯⋯⋯⋯⋯⋯⋯⋯徐秀峰

散文

抗战歌手——塞克（东北作家回忆录）⋯⋯⋯梁山丁

诗歌

绿色的画⋯⋯⋯⋯⋯⋯⋯⋯⋯⋯⋯⋯⋯万忆萱
春潮曲⋯⋯⋯⋯⋯⋯⋯⋯⋯⋯⋯⋯⋯⋯秋　原
长白山珍赋⋯⋯⋯⋯⋯⋯⋯⋯⋯⋯⋯⋯戚积广
我唱旱河桥⋯⋯⋯⋯⋯⋯⋯⋯⋯⋯⋯⋯李武兵
壮怀激烈⋯⋯⋯⋯⋯⋯⋯⋯⋯⋯⋯⋯⋯张满隆
我赞美你，史云峰⋯⋯⋯⋯⋯⋯⋯⋯⋯⋯何　鹰
引爆⋯⋯⋯⋯⋯⋯⋯⋯⋯⋯⋯⋯⋯⋯⋯许　震
我走进人民大会堂⋯⋯⋯⋯⋯⋯⋯⋯⋯苏赫巴鲁
屋檐丝雨⋯⋯⋯⋯⋯⋯⋯⋯⋯⋯⋯⋯⋯朱　雷
雪花，在我心头融化⋯⋯⋯⋯⋯⋯⋯⋯⋯黄　淮
给他⋯⋯⋯⋯⋯⋯⋯⋯⋯⋯⋯⋯⋯⋯⋯林　子
雨中⋯⋯⋯⋯⋯⋯⋯⋯⋯⋯⋯⋯⋯⋯⋯王霆钧
诗的琐议⋯⋯⋯⋯⋯⋯⋯⋯⋯⋯⋯⋯⋯袁世兴

评论

"政策尺码"辨⋯⋯⋯⋯⋯⋯⋯⋯⋯⋯⋯彭嘉锡
艺术就是感情——《永宁碑》艺术风格札记
⋯⋯⋯⋯⋯⋯⋯⋯⋯⋯⋯⋯⋯金德顺　赵葆华
作一个严肃的作家（文学信箱）⋯⋯⋯⋯⋯成　刚
艺术描写的设身处地（艺术札记）⋯⋯⋯⋯王向峰
论艺术⋯⋯⋯⋯⋯⋯列夫·托尔斯泰　张履岳译
猴年想起了孙悟空（随感录）⋯⋯⋯⋯⋯⋯高成文

1980 年第 5 期　刊名:《长春》
目录

小说

雾雨⋯⋯⋯⋯⋯⋯⋯⋯⋯⋯⋯⋯⋯⋯⋯肖　平
忙⋯⋯⋯⋯⋯⋯⋯⋯⋯⋯⋯⋯⋯⋯⋯杨若木
读《忙》日记（读稿零札）⋯⋯⋯⋯⋯⋯⋯中　申

儿女情长⋯⋯⋯⋯⋯⋯⋯⋯⋯⋯⋯⋯⋯万　寒
小姨子的婚事⋯⋯⋯⋯⋯⋯⋯⋯⋯⋯⋯赫国忱
磨难曲⋯⋯⋯⋯⋯⋯⋯⋯⋯⋯⋯⋯⋯⋯大　风

散文

忆作家林钰（东北作家回忆录）⋯⋯⋯⋯⋯关沫南
南行续记⋯⋯⋯⋯⋯⋯⋯⋯⋯⋯⋯⋯⋯吕　剑
罗马五日记⋯⋯⋯⋯⋯⋯⋯⋯⋯⋯⋯⋯永　年
永久的怀念⋯⋯⋯⋯⋯⋯⋯⋯⋯⋯⋯⋯悟　实

诗歌

银河⋯⋯⋯⋯⋯⋯⋯⋯贺　平　李占学　申家平
含羞草、耳朵及其他⋯⋯⋯⋯⋯⋯⋯⋯⋯洪　帆
火花集⋯⋯⋯⋯⋯⋯⋯⋯⋯⋯⋯⋯⋯⋯唐树凡
海南情⋯⋯⋯⋯⋯⋯⋯⋯⋯⋯⋯⋯⋯⋯李希英
登临集⋯⋯⋯⋯⋯⋯⋯⋯⋯⋯⋯⋯⋯⋯钱　璞
我觉得⋯⋯⋯⋯⋯⋯⋯⋯⋯⋯⋯⋯⋯⋯乔　迈
他是长河中的一滴水⋯⋯⋯⋯⋯⋯⋯⋯⋯蔡春山
自然的旋律⋯⋯⋯⋯⋯⋯⋯⋯⋯⋯⋯⋯孙日昕
影⋯⋯⋯⋯⋯⋯⋯⋯⋯⋯⋯⋯⋯⋯⋯苗得雨
飞向宝地的鸟群⋯⋯⋯⋯⋯⋯⋯⋯⋯⋯巴彦布
雷雨过后⋯⋯⋯⋯⋯⋯⋯⋯⋯⋯⋯⋯⋯李宝和
故乡⋯⋯⋯⋯⋯⋯⋯⋯⋯⋯⋯⋯⋯⋯⋯任晓远
叫我怎能不思念你⋯⋯⋯⋯⋯⋯⋯⋯⋯金成辉

评论

挽着时代的洪流前进⋯⋯⋯⋯⋯⋯⋯⋯⋯纪　鹏
假桃花开了——细节与小说的生活气息⋯⋯丁仁堂
探索心灵的美——读杜保平的小说新作⋯⋯朱　晶
"语录"引用别议⋯⋯⋯⋯⋯⋯⋯⋯⋯⋯迟乃义
"自我"与诗歌创作的个性⋯⋯⋯⋯⋯⋯⋯张万晨
倾听读者呼声　进一步办好《长春》——读者来信、
来稿综述

1980 年第 6 期　刊名:《长春》
目录

小说

哲学天平上的爱情⋯⋯⋯⋯⋯⋯⋯⋯⋯⋯张笑天
马腾⋯⋯⋯⋯⋯⋯⋯⋯⋯⋯⋯⋯⋯⋯⋯谷　峪
自画像⋯⋯⋯⋯⋯⋯⋯⋯⋯⋯⋯⋯⋯⋯黄世衡
赎罪⋯⋯⋯⋯⋯⋯⋯⋯⋯⋯⋯⋯张少武　于艾浙
带翅膀的情报⋯⋯⋯⋯⋯⋯⋯⋯⋯⋯⋯赵　赴
甜梦（童话）⋯⋯⋯⋯⋯⋯⋯⋯⋯⋯⋯郭大森

散文

《夜哨》上的亮星——萧红——东北作家群像之二
⋯⋯⋯⋯⋯⋯⋯⋯⋯⋯⋯⋯⋯⋯⋯⋯⋯梁山丁

吊孔漫记 ················· 吕曰生
新书橱 ··················· 丁　耶
从伊通河的流向和松岭山脉的脉源谈起 ······· 萧　军

诗歌
京居二题 ················· 张志民
颠倒曲 ··················· 天　马
天池问答 ················· 党国栋
露水夜 ··················· 赵贵忠
洞房里的笑声 ············· 于庆文
山野女儿 ················· 宋　歌
春到北国大地 ············· 湛　海
采白蘑 ··················· 王忠范
船女 ····················· 文　丙
银河 ···················· 马兴华等
儿童诗 ·················· 门　声等

评论
"写本质"与创作规律 ········· 张天长
生活、汗水及其他（文学信箱）····· 张笑天
思想·知识·趣味——读郭大森的儿童文学近作
······················· 孙　里
学诗二题（艺术札记）········· 陆景林
入笔平凡出笔奇（艺术札记）····· 刘启林
繁文之苦（随感录）··········· 马清福

1980 年第 7 期　刊名:《长春》
目录

小说
船长的魄力 ··············· 凌喻非
在自己的土地上耕耘（读稿零札）··· 高　蹈
保险箱被窃之后（一）········· 欧阳吉令
爸爸祝您长寿 ············· 董艳新
摘帽子 ··················· 侯新民

外国文学
分离——《往事与随想》第三卷第二十一章①
··········· ［俄］亚历山大·赫尔岑　巴　金译

散文
写在《肖红选集》（香港版）出版之时········· 骆宾基
废园散记 ················· 蔡行远

诗歌
进京大道 ················· 杨子忱
山洞 ····················· 刘　玛
长白山二题 ··············· 梁谢成

边塞曲 ··················· 李占学
石油花 ··················· 鲁　原
白音查干 ················· 姚业涌
螺号 ····················· 严广才
唱 ······················· 逯庚福
八月的葡萄园 ············· 董桂芩
编席曲 ··················· 丁希泉
晨 ······················· 王德洪
解冻的小河 ··············· 王铁军
奔腾的野马 ··············· 刘鹤林
井台边 ··················· 丁　可
老师，您好 ··············· 米　峻
出海 ····················· 梁青岭
大学生诗页 ········· 徐敬亚　王小妮
徐国静　兰亚明　白　光　高振环　吕贵品　刘晓波
邹　进　郝　炜　于跃江
蹊径 ····················· 郭玉山
无题 ····················· 丁　耶
大雁 ····················· 张　智
一条清清的小溪 ··········· 宋　虹
多瑙河的波涛 ············· 韩　明

评论
花前漫议 ················· 赵宝康
诗与人 ··················· 上官缨
白居易的胆量 ············· 肖文苑
艰辛的探求者——记高晓声 ····· 刘静生
巧思精工林海情——谈朱雷诗作的地方色彩··· 李　犁
现代迷信的殉道者——评《囚徒晚餐》中的余忠老汉
形象 ····················· 韩志君
"角度"琐谈 ··············· 谢海泉

1980 年第 8 期　刊名:《长春》
目录

小说
"模特儿"的风波 ············· 柳　溪
美德 ····················· 马　犁
艰难的一步——读《美德》······· 桂未明
"兵民" ··················· 隗　蒂
三封上告信 ··············· 刘　君
丙种球蛋白的梦 ··········· 张询天
保险箱被窃之后（二）········· 欧阳吉令

报告文学
美在人间 ················· 李玲修

散文

暴风雨中的海燕——巴来（东北作家群像之三）

....梁山丁

石龙戏珠 ....中　流

诗歌

游新宿御苑杂咏 ....公　木

星夜集 ....胡　昭

山峦及其他 ....陈宝源

窗户小札 ....徐　刚

秋天 ....杨　炼

无标题的诗 ....匡　满

儿女——新生的我 ....顾　工

高原寄情 ....高　帆

海的思念 ....马畏安

暴风雨和彩虹 ....朱慧玲

藤 ....沈建翌

刀柄和刀刃 ....叶曙光

哈哈镜及其他 ....家　坪

车轴 ....李守智

评论

《生活从这里开始》座谈会

人与情节断想 ....雷　达

应该永远渴求美（文学信箱）................万忆萱

编辑工作琐谈 ....石　璞

诗歌　闪耀在吉林上空的新星

我是山里人 ....吕贵品

在北方 ....于　克

并非写在果园里 ....薛卫民

假日　湖畔　随想 ....王小妮

爱的觉醒 ....程　刚

来自故乡的秋风 ....邓万鹏

嘱 ....朱　雷

山中情诗 ....马兴华

盼 ....李广义

孩子的梦 ....丁希泉

银河 ....孙文涛　周　然

刘晓波　徐敬亚　白　光　王　法　付民印　宋　虹
马　丽　兰亚明　王乃华　桑成荫　刘　凯　邹　进
孙　生　贾志坚　姚大侠　吴小冶　赵福亚　志　超
王洪清　逯庚福　陈伟力　张晓华　刘　利　齐　霁
袁世兴　顾联弟　赵国良　万　才　王秋平　郑道远
林　木　王维君　孙　捷　于耀江　杨亚杰　梁青岭
于世夫　古日勒泰

评论

走革命现实主义的路 ....刘锡诚

他热烈地歌唱春天——万忆萱部分诗作读后····李　改

谈写情（文学信箱）................................肖　平

离奇不能忘记真实 ....张灿全

写好四化建设中的知识分子形象 ....郑荣来

1980 年第 9 期　刊名:《长春》
目录

小说

意外死亡和失足的女人 ....冯夏熊

考验 ....江　浩

璞玉·赝品（读稿零札）................................林茂伟

碾房里 ....郝国忱

作品 ....王荣伟

吊花 ....淳　彧

保险箱被窃之后（三）................................欧阳吉令

报告文学

在党的人 ....黎　雁

散文

哈尔滨之忆（东北作家回忆录）................罗　苏

大海的微笑 ....丁　耶

登泰山 ....杨　麦

1980 年第 10 期　刊名:《长春》
目录

小说

在黛色的波涛下（长篇小说连载）................鄂　华

望月 ....张天民

这里曾经有过荷花 ....王治花

《这里曾经有过荷花》小议（谈稿零札）................袁庆望

白雪歌 ....万　寒

龙吟虎啸 ....赵静涛

散文

想你，妈妈 ....冬　林

夫妇作家——罗烽和白朗（东北作家回忆录）

....梁山丁

诗歌

北方抒怀 ....芦　萍

太阳岛抒情 ....泉　声

献给戈壁的歌 ....郭宝臣

三月三，迷人的壮家歌墟 ....阿　红

鹿回头断想 ························ 李小雨
红帆船 ·························· 北　岛
我的生活片断 ···················· 刘镇欧
留别小屋 ························ 任彦芳
生活拾零 ························ 高洪波
爱的花环 ························ 顾笑言
停一停，北归的大雁 ·············· 常　安
乌黑的钢盔 ······················ 海　南
架线工生活速写 ·················· 王庆学
松江曲 ·························· 白煤国
建筑工地诗抄 ···················· 冯巨中

评论

诗·时代·人民 ···················· 闻　山
高士其的科学诗 ·········· 邓雁斌　陈日朋
重开的玫瑰——谈胡昭近几年的抒情小诗 ·· 马畏安
诗坛趣闻——诗与标点 ·············· 丁国成
生活积累琐谈 ···················· 邵静涛
文讯

早春的悲歌 ······················ 文武斌
命运·诅咒·希望 ················· 谢　成
碎石集 ·························· 张常信
杂感录 ·························· 左　正
刀鱼 ···························· 文　丙
白云 ···························· 吕长河
锚 ······························ 李万涛
最年轻的县委书记 ················ 姚绿野
纺织厂掠影 ······················ 蔡春山

评论

梦幻·批评·人才 ················· 阎　纲
努力熟悉新生活、表现新生活 ········ 杨荫隆
山路坎坷终须上　访作家谌容 ········ 高进贤
探索·追求·匠心　读王汪的小说近作 ···· 吴甸起
艺术是个整体 ···················· 吴功正
言传与意会 ······················ 郑雨来
加强团结友谊，促进诗歌艺术繁荣　东北地区诗歌座
谈会在丹东召开

1980 年第 11 期　刊名:《长春》
目录

小说

在黛色的波涛下（长篇连载） ········ 鄂　华
张玉翠的婚姻悲喜剧 ·············· 杨立新
走死逃亡的月夜 ·················· 王　汪
梦 ······························ 傅百令
可喜的尝试　略谈“梦”的意识流手法 ·· 许　震
山路弯弯 ························ 万忆萱
吼叫着的风雪 ···················· 马常升

散文

三十年代初期文坛二三事（东北作家回忆录）
································ 李辉英
一个不寻常的早晨 ················ 温　杰
红叶书 ·························· 马　犁

诗歌

含露的玫瑰 ······················ 白　光
爱的烛光 ························ 肖　宽
爱情，你这自由的雨燕 ············ 顾　乡
呵！台灯 ························ 岳　亭
蜀门二题 ························ 流沙河
蜀道摘翠 ························ 程质彬
田园诗 ·························· 陈玉坤
金色的海岸线 ···················· 张满隆
玫瑰 ···························· 常　青

1980 年第 12 期　刊名:《长春》
目录

小说

母爱的废墟 ······················ 张笑天
闲叙 ···························· 刘富道
迟开的玫瑰 ······················ 马　常
井中钓鱼 ························ 卢庆福
牛啊，牛！ ······················ 今　新
在黛色的波涛下（长篇选载） ········ 鄂　华

散文

珲春月夜 ························ 胡　昭
雨中的背影 ······················ 徐　刚
桔梗谣 ···················· （朝鲜族）严基俊
岚山一石一英雄 ·················· 陈喜儒
棕榈颂 ·························· 徐　波

诗歌

为了明天的回想 ·················· 曲有源
少女抒情诗 ······················ 万忆萱
北方行 ·························· 孙静轩
风雨漓江 ························ 沙　鸥
种子 ···························· 秋　原
长白参乡行 ······················ 石乐实
在一座坟前 ······················ 许　行
鸭绿江散曲 ······················ 韦　丘
阴影 ···························· 洪　帆

姐姐 .... 宫 玺
我·风筝 .... 张 丹
只因为我有一个思念 .... 海 深

评论

典型漫议 .... 栾昌大
他在通过"路考" 评张天民三年来的小说 .... 孙 里
人物外形描写摭谈 .... 易洪斌
善于表现这"瞬间" .... 郭 超
一切景语皆情语 .... 家 坪
从"煞风景"说起 .... 朱先树
面对闪烁的星空 .... 田 佳
画"静物"的启示 .... 魏心宏
立此存照 .... 陈 炳

1981 年第 1 期 刊名:《长春》
目录

小说

娥眉 .... 刘绍棠
差子考试 .... 杨若木
对于我，这是过去的事 .... 王小妮
雪，不是白的 .... 李占恒
在黛色的波涛下（长篇连载） .... 鄂 华

散文

《芦焚散文选集》序言 .... 师 陀
哀思录（东北作家回忆录） .... 王德芬
野杏树 .... 李占学

诗歌

希望三部曲 .... 吴小冶
北戴河诗抄 .... 厉 风
爱的花瓣 .... 戚积广
比萨斜塔 .... 顾 城
等待 .... 中 申
幻象中的你我 .... 马 丽

银河

雪花集 .... 黄 淮
养蚕人 .... 吕 剑
拐棍·苹果·刑后 .... 周良沛
盼 .... 张常信

评论

"社会效果"的效果管窥 .... 金钟鸣
"写本质"浅论 .... 秋白丁
个别现象也能成为艺术典型 .... 曲本陆

"横看成岭侧成峰" .... 刘启林
《一滴墨水的内涵》 .... 阳古春
真由美和梅里美 .... 上官缨

美术

《孔雀石箱》插图 .... 黄冠余 王怀庆
《源氏物语》插图 .... 秦 龙
早晨 .... 许彦博

1981 年第 2 期 刊名:《长春》
目录

小说

今夜是中秋 .... 李玲修
枣子红了的时候 .... 张 斌
短篇小说两篇 .... 丁 耶
子弹射向国贼 .... 王士美
在黛色的波涛下（长篇连载） .... 鄂 华
皎皎明月夜 .... 黄世衡

散文

乡村小曲（续篇） .... 菡 子
背影 .... 姜念东
从一首诗说起（东北作家回忆录） .... 萧 军
访喀麦隆漫记 .... 永 年
猎狗 .... 李朝襄

诗歌

历史的审判 .... 万 捷
爱，在记忆中 .... 王维君
夏夜小谣 .... 刘畅园
心花集 .... 林 子
请原谅，我这稚诚的灵魂 .... 余世夫
吊海瑞 .... 方 冰
树木花草 .... 沙 白
晨露 .... 金正浩

评论

改革文艺必须肃清封建流毒 .... 金恩晖
人血不是水 .... 上官缨
读艾青的《鱼化石》随笔 .... 周良沛
呵，年轻的队列 .... 李 犁
读者短评三则 .... 王海南 田蕴荻 金玉铮
屠格涅夫"奇怪的请求" .... 张天长
作家笔名探源（管桦） .... 国成等

美术

木刻两幅 .... 许彦博

版画风景小品 ······ 曹文汉　吴海寿
瑞雪 ······ 阚继德

1981 年第 3 期　刊名:《长春》
目录

小说
老小青年 ······ 金　河
盗鱼贼 ······ 凌喻非
呵，明天 ······ 孟左恭
奇妙的推理 ······ 高　潜
C 姐 ······ 雨　寒
在黛色的波涛下（长篇连载） ······ 鄂　华

散文
《归来人》——舒群 ······ 梁山丁
春夜的梦 ······ 郑临川
月夜龙头山 ······ 孔令保

诗歌
祖国的泥土 ······ 李　瑛
石头歌 ······ 丁　耶

银河
看维纳斯石膏像想到的 ······ 左　音
一得录 ······ 梁青岭
滤沙集 ······ 马玉堂
林海吟 ······ 罗继仁
假如我是一朵云 ······ 高　云
无题 ······ 党国栋
忆闽南 ······ 陈　犀

村歌一束
水乡短笛 ······ 宋　歌
故乡，在沉思…… ······ 李占学
山径 ······ 李守智
望江南 ······ 孙沐寒
鹧鸪天 ······ 赵　茵

评论
努力开展马克思主义的文艺批评 ······ 高　叶
文学创作中的爱情描写浅谈 ······ 李炳银
文人相轻与审已度人 ······ 丹　晨
生活复杂性与艺术深度——读凌喻非的短篇小说
······ 朱　晶
评论也应有"自主权" ······ 张　智
笑 ······ 刘静生　黄毓璜

美术
绘画《牛蛇传》选登 ······ 李瑞生
《蛾并与桑洛》插图选登 ······ 王国庆
练 ······ 高志武
篆刻 ······ 王以忱

1981 年第 4 期　刊名:《长春》
目录

小说
五彩缤纷的事业 ······ 马　犁
乔二混子 ······ 王治花
谜 ······ 杜保平
在黛色的波涛下（长篇连载） ······ 鄂　华

报告文学
啼血的杜鹃 ······ 邓加荣

散文
天池散记 ······ 雷　加
呢外套 ······ 徐　化
身边的"芝麻"应该拣（读稿零札） ······ 商　言

诗歌
复苏的土地 ······ 陈玉坤
小草篇 ······ 许　行
中年的诗 ······ 刘镇欧
中国啊，我的土地 ······ 徐国静
鸭绿江畔 ······ 何　鹰
我 ······ 梁谢成
气候篇 ······ 雁　翎
写在辽西大地上 ······ 王庆学
风雪中的冬泳者 ······ 张　丹
银河 ······ 邹进等

评论
要善于表现人物性格的复杂性 ······ 夏　南
百流竞秀万花春　学习鲁迅关于文学流派的论述
······ 艾　斐
在逆境中成长　记青年作家张抗抗 ······ 姚　莉
情真意切　读黄淮的组诗《雪花集》 ······ 陆景林

艺术札记
松树、松林及其他　西窗诗话 ······ 阿　红
诗的随想 ······ 高洪波
有感于香菱学诗 ······ 刘　杰
作家笔名探源（杨公骥） ······ 国成等

美术

仕女人物画选 ···································· 杨　沙
农村小景 ······································ 徐　冰

1981 年第 5 期　刊名:《长春》
目录

小说

宿将 ·· 张天民
日落时，歌声不会西沉 ·············· 汪浙成　温小钰
除夕 ·· 杨若木
深人地思索　深刻地反映——读《除夕》随想
　··· 商　言
迟到的觉醒 ···································· 张笑天
墨点无多泪点多 ································ 大　风
昨夜东风 ······································ 丁仁堂
最后的抉择 ···································· 李中平
亚力司神剑上的死尸 ···························· 范世强
在黛色的波涛下（长篇连载） ·················· 鄂　华

评论

创作、批评之间——鲁迅与茅盾的战斗友谊之一
　····································· 孙中田　王中忱
应当使中毒者醒悟——评《老小青年》 ········ 方　炎
结构与创造，如影随形——读短篇小说《牛呵，牛》
和《井中钓鱼》有感 ························ 潘延廷
三次画像——艺术规律探微 ···················· 胡德培
小小说随想 ···································· 邵静涛
文学流派一谈 ·································· 郑　翔

美术

习作选登

少女 ·· 任　川
道具 ·· 刘根生
海滨 ·· 高国芳
老农 ·· 关　鉴
银装素裹 ······································ 黄秋实
天池 ·· 许孝诗
夜 ·· 赵经寰

1981 年第 6 期　刊名:《长春》
目录

小说

"黑闫王"轶事 ·································· 陈景河
《"黑闫王"轶事》的人物及其他 ·············· 商　言
曼哈顿秋夜 ···································· 刘　博

金石骨风 ······································ 张斤夫
村风 ·· 曹明绪
"烈火"中的"重生" ···························· 中　耀
误解 ·· 顾　亦
在黛色的波涛下（长篇连载） ·················· 鄂　华

散文

江城雾散 ······································ 胡　昭
草地散记 ······································ 石玉增
花草种种 ······································ 蒋荷贞

诗歌

追求期待及其他 ································ 逯庚福
小镇人物 ······································ 吕贵品
花，悄悄开上街头 ······························ 王燕生
雪将军 ·· 戚积广
看巧云 ·· 王　玎
太阳与大海 ···································· 郝小明
儿歌三首 ······································ 齐　霁
禾苗的歌（歌词） ······························ 石　丹
希望 ·· 蔡力哲
海这边的思念 ·································· 孙新凯
月儿弯弯 ······································ 鲁　平

评论

作家的责任感和使命感——读获奖小说随想···· 高　蹈
在《申报·自由谈》阵地上——鲁迅同茅盾的战斗友
谊之二 ·································· 孙中田
泼掉脏水　留下孩子 ···························· 华正轮
也谈"泼掉脏水"和"留孩子" ·················· 秋白丁
创新旁白 ······································ 杨匡汉
早春的蓓蕾——评儿童叙事诗集《莉莉的梦》
　··· 许华应
献给孩子们的丰富精神食粮 ···················· 北　星
吉林省一九八〇年获奖作品名单

美术

人物速写 ······································ 蚁美楷
世界著名作家群像 ······························ 徐　进
读 ·· 刘国顺

1981 年第 7 期　刊名:《长春》
目录

党——胜利的旗帜 ······························ 本刊编辑部

小说

兰子 ·· 杨若木

啮合 …………………………………… 王不天
未实现的诺言 …………………………… 丹 舟
一封业余侦探的信 ……………… 欧阳吉令 杜 江
在黛色的波涛下（长篇连载）………… 鄂 华

散文
摇篮啊 摇篮 …………………………… 徐 刚
大地与山泉 ……………………………… 田 涛
瓯江，母亲 ……………………………… 禾 子

诗歌
纪念建党六十周年
生命之泉 ………………………………… 芦 萍
啊，中南海 ……………………………… 张满隆
白色馆的石榴树 ………………………… 秋 原
追求 ……………………………………… 万忆萱
心声集 …………………………………… 梁谢成
长相忆 …………………………………… 门 声
沙漠的旺族 ……………………………… 钱 璞
巾帼英雄册 ……………………………… 白煤国
我跟哥哥放木排 ………………………… 蔡文祥
黎明 …………………………… 赵鹏万 刘允章
山的呼唤 ………………………………… 王荆岩
菜园绿 …………………………………… 于金廷
车前草 …………………………………… 周玉喜
银河 ……………………………………… 中申等

评论
晨读漫笔 ………………………………… 庐 湘
也谈艺术创造的扬长避短 ……………… 郑 欣
致红军长征胜利的贺电 鲁迅与茅盾的战斗友谊之三
………………………………………… 孙中田
科学·真理·诗情 ……………………… 金钟鸣
在探索中起步 …………………………… 方 晴
龙虫并雕 ………………………………… 张德明

美术
版画二幅 ………………………………… 廖开明
延边行 …………………………………… 戈 沙
揽月摘星 ………………………………… 赵经寰

1981 年第 8 期　刊名：《长春》
目录

小说
人间重晚晴 ……………………………… 张笑天
沉没 ……………………………………… 万 捷
在送别的酒宴上 ………………………… 洪 友

将军的爱情 ……………………………… 刘志清
动之以情诉之以理（读稿零札）……… 商 言
闷葫芦和奶山羊 ………………………… 崔慕良
在黛色的波涛下（长篇连载）………… 鄂 华

散文
北征诗人——杨朔　东北作家群像之六 … 梁山丁
羊城花感 ………………………………… 王英琦

诗歌
北疆前哨 ………………………………… 胡 昭
强风 ……………………………………… 蔡其矫
白桦林随想曲 …………………………… 万忆萱
深思篇 …………………………………… 金 哲
两地诗 …………………………………… 张常信
西江月 …………………………………… 王正绪
春城赞 …………………………………… 关守身
一九八一。 我在倾听 ………………… 程 刚
听雷 ……………………………………… 郝 炜
一本脱线的书 …………………………… 刘 勃
春盼 ……………………………………… 马兴华
栈桥 ……………………………………… 荆 鸿
弹弓 ……………………………………… 柏建华
生活的谣曲 ……………………………… 庞颖洁
荒滩月 …………………………………… 王忠范
春风缕缕 ………………………………… 宋 虹
施企巴乔夫抒情诗九首 ………………… 秋原译

评论
有这样一位园丁——访文学评论家阎纲 … 何火任
王子红
文学期刊与时代 ………………………… 阳古春
从鲁迅的告诫说到文艺的创新 ………… 李玉铭
小说也要炼字（艺术札记）…………… 吴士余
曲尽其妙（艺术札记）………… 范文质 白玉权

美术
世界风光
朗朗读书声 ……………………………… 于敦厚

1981 年第 9 期　刊名：《长春》
目录

小说
白头翁 …………………………………… 黄献国
发工资的日子 …………………………… 张石山
义父 ……………………………………… 郭雨庭
晚餐前后 ………………………………… 石 丛

吊丧⋯⋯⋯⋯⋯⋯⋯⋯⋯⋯⋯⋯⋯⋯ 隗　蒂
伊甸岛⋯⋯⋯⋯⋯⋯⋯⋯⋯⋯⋯⋯⋯ 马　镇
在黛色的波涛下（长篇连载·续完）⋯⋯⋯ 鄂　华

散文
北方山色⋯⋯⋯⋯⋯⋯⋯⋯⋯⋯⋯⋯⋯ 文　牧

诗歌
青年百家
早晨的大街⋯⋯⋯⋯⋯⋯⋯⋯⋯⋯⋯ 于　克
清晨⋯⋯⋯⋯⋯⋯⋯⋯⋯⋯⋯⋯⋯⋯ 程　刚
迟到的通知⋯⋯⋯⋯⋯⋯⋯⋯⋯⋯⋯ 吴小冶
晨曲⋯⋯⋯⋯⋯⋯⋯⋯⋯⋯⋯⋯⋯⋯ 张世丹
艰难的跋涉⋯⋯⋯⋯⋯⋯⋯⋯⋯⋯⋯ 王铁军
黎明畅想曲⋯⋯⋯⋯⋯⋯⋯⋯⋯⋯⋯ 常　青
心灵的歌⋯⋯⋯⋯⋯⋯⋯⋯⋯⋯⋯⋯ 袁世兴
林海情歌⋯⋯⋯⋯⋯⋯⋯⋯⋯⋯⋯⋯ 朱　雷
堤⋯⋯⋯⋯⋯⋯⋯⋯⋯⋯⋯⋯⋯⋯⋯ 田　夫
白山松水间⋯⋯⋯⋯⋯⋯⋯⋯⋯⋯⋯ 党国栋
玫瑰谷村歌⋯⋯⋯⋯⋯⋯⋯⋯⋯⋯⋯ 李占学
山野新歌
陌上吟⋯⋯⋯⋯⋯⋯⋯⋯⋯⋯⋯⋯⋯ 泉　声
女儿河⋯⋯⋯⋯⋯⋯⋯⋯⋯⋯⋯⋯⋯ 赵贵忠
搭瓜架⋯⋯⋯⋯⋯⋯⋯⋯⋯⋯⋯⋯⋯ 钱万成
翠绿色的奖章⋯⋯⋯⋯⋯⋯⋯⋯⋯⋯ 姚业涌
吉普车在村头停下⋯⋯⋯⋯⋯⋯⋯⋯ 刘晓滨
桃林⋯⋯⋯⋯⋯⋯⋯⋯⋯⋯⋯⋯⋯⋯ 董桂岑
银河⋯⋯⋯⋯⋯⋯⋯⋯⋯⋯⋯⋯⋯⋯ 纪鹏等

评论
鲁迅的文艺批评观⋯⋯⋯⋯⋯⋯⋯⋯ 肖新如
学习鲁迅，投身于时代生活的漩涡⋯⋯⋯ 王　我
有感于"政治先行，文艺后变"⋯⋯⋯⋯ 赵宝康
火与冰——习作乱弹之六⋯⋯⋯⋯⋯⋯ 从维熙
倾向、格调和艺术的失误
评小说《差子考试》⋯⋯⋯⋯ 肖集群　孙立明
敏锐的发现和细腻的描写
读《差子考试》⋯⋯⋯⋯⋯⋯⋯⋯⋯ 吴甸起

美术
唯新兴无产者才有将来（油画）⋯⋯⋯⋯ 李前宽
浓妆淡抹写长白（水彩画）⋯⋯⋯⋯⋯ 倪少珠
乡间小站⋯⋯⋯⋯⋯⋯⋯⋯⋯⋯⋯⋯ 赵镇宇

1981 年第 10 期　刊名：《长春》

目录

还是要人、文并进⋯⋯⋯⋯⋯⋯⋯⋯⋯ 丁　玲

小说
吉林青年作家小说特辑
下马难⋯⋯⋯⋯⋯⋯⋯⋯⋯⋯⋯⋯⋯ 张蒂远
写出生活的复杂性⋯⋯⋯⋯⋯⋯⋯⋯ 商　言
"嘲哄"队长⋯⋯⋯⋯⋯⋯⋯⋯⋯⋯⋯ 陈景河
希望的绿叶⋯⋯⋯⋯⋯⋯⋯⋯⋯⋯⋯ 王德忱
元宝地⋯⋯⋯⋯⋯⋯⋯⋯⋯⋯⋯⋯⋯ 王　祁
囚车，在雪地里行进⋯⋯⋯⋯⋯⋯⋯⋯ 赵正昆
欢聚⋯⋯⋯⋯⋯⋯⋯⋯⋯⋯ 孟令政　杨永泉
我们的"球王"⋯⋯⋯⋯⋯⋯ 齐铁民　鞠显友
编后赘语⋯⋯⋯⋯⋯⋯⋯⋯⋯⋯⋯⋯ 成　刚

诗歌
更美好的诗⋯⋯⋯⋯⋯⋯⋯⋯⋯⋯⋯ 邹荻帆
北戴河拾贝⋯⋯⋯⋯⋯⋯⋯⋯⋯⋯⋯ 徐　刚
写在汽车城⋯⋯⋯⋯⋯⋯⋯⋯⋯⋯⋯ 王维君
织娘⋯⋯⋯⋯⋯⋯⋯⋯⋯⋯⋯⋯⋯⋯ 林　希
匕首投枪颂⋯⋯⋯⋯⋯⋯⋯⋯⋯⋯⋯ 高　帆
昆虫世界⋯⋯⋯⋯⋯⋯⋯⋯⋯⋯⋯⋯ 赵国良
山野抒情诗⋯⋯⋯⋯⋯⋯⋯⋯⋯⋯⋯ 晓　凡
捡彩贝⋯⋯⋯⋯⋯⋯⋯⋯⋯⋯⋯⋯⋯ 王方武
走吧⋯⋯⋯⋯⋯⋯⋯⋯⋯⋯⋯⋯⋯⋯ 北　岛
四月，我的心⋯⋯⋯⋯⋯⋯⋯⋯⋯⋯ 余世夫
云⋯⋯⋯⋯⋯⋯⋯⋯⋯⋯⋯⋯⋯⋯⋯ 尹东明
星⋯⋯⋯⋯⋯⋯⋯⋯⋯⋯⋯⋯⋯⋯⋯ 张　伟
小岛黎明⋯⋯⋯⋯⋯⋯⋯⋯⋯⋯⋯⋯ 王晓廉
北行诗草⋯⋯⋯⋯⋯⋯⋯⋯⋯⋯⋯⋯ 张　伟

评论
坚持毛泽东文艺思想　重读《在延安文艺座谈会上的
讲话》⋯⋯⋯⋯⋯⋯⋯⋯⋯⋯⋯⋯⋯ 姜念东
乡土文学的一大成果　丁仁堂长篇小说《鱼》序
⋯⋯⋯⋯⋯⋯⋯⋯⋯⋯⋯⋯⋯⋯⋯ 刘绍棠
刘绍棠、陆文夫、张弦谈创作
生活真实与艺术真实　读《差子考试》⋯⋯ 水采田
小差子为什么哭⋯⋯⋯⋯⋯⋯⋯⋯⋯ 赵宝元
文艺简讯⋯⋯⋯⋯⋯⋯⋯⋯⋯⋯⋯⋯ 秋　实

美术
成长（中国画）⋯⋯⋯⋯⋯⋯⋯⋯⋯⋯ 吕世荣
长白四季（木版年画）⋯⋯⋯⋯ 徐德润　吴海涛
《聊斋》画意（油画）⋯⋯⋯⋯⋯⋯⋯ 黄冠余
园林深处（木刻）⋯⋯⋯⋯⋯⋯⋯⋯⋯ 刘国顺

1981 年第 11 期　刊名:《长春》
目录

小说
哑女"就业"····················黄献国
父女情及其他
——读《哑女"就业"》的点滴感想·······商　言
老万·······················张　斌
秦满堂借牛····················赵　军
被遗弃的模特儿··················管建勋
人在这里诞生···················王浙滨
冰上午餐·····················岩　华

散文
记刘澍德同志二三事（东北作家回忆录）·····刘景行
牧马人歌·····················许　淇
西南行······················杨子苍

诗歌
诗二首······················邹荻帆
白山长春·····················周良沛
绿色的梦·····················蓝　曼
瀑布与虹·····················胡　昭
汽车城的早晨···················刘祖慈
林中短笛·····················刘湛秋
小白桦林·····················丁　力
诗的汽笛·····················芦　萍
贮木场速写····················常　荣
源头·······················沈仁康
松花湖在说啥···················许　行
林中小路·····················西　彤
同乡·······················梵　杨
树海拾零·····················秋　原
写在林村的绿影下·················朱　雷
给加油工···············赵鹏万　刘允章
"红旗"旅游车情思·················张永善
赶集·······················刘湘平

评论
积极开展文艺批评　加强党对文艺工作的领导
·························董　速
关于塑造社会主义新人的几个问题·········李玉铭
从零开始的雄心——女作家谌容获奖之后······徐陆英
"生命的记录"···················上官缨
也谈《差子考试》的主题·······杨问政　朱文利
一篇切中时弊的小说················金晴太
"视角"没有发生偏差···············郑有义
"差子"出在哪里？·················郭伊戈

美术
风和日暖（中国画）················关　键
风景写生·····················邱　陵

1981 年第 12 期　刊名:《长春》
目录

小说·散文
我们的刨床小组··················陈国屏
大姜这个人····················王治花
读《大姜这个人》断想···············商　言
星新一超短篇小说三篇···············邓兰馨译
峭壁上的紫花···················关沫南
家宴上的旧闻和新闻················易洪斌
李老根看戏····················张野丹
旅途上······················牛世生
早·······················罗　丹

诗歌
山野新歌
故乡的雨·····················海　南
田间的风·····················张常信
夜灌·······················陈玉坤
露·······················宋　歌
农家禽畜图····················朱谷忠
回声·······················金成辉
雨村·······················王玉章

山里有神兵——《鸭绿江的木帮》选章······丁　耶
承德纪游·····················杨金亭
云花集······················黄　淮
呵，城市·····················吕贵品
每当我从这里走过·················王忠学
我是撒向戈壁的一粒种子··············郭维东
银河···············白煤国　王正军　王娉娉
樊发稼　蓝　雨　马玉堂　张永赤　雪　川　丁　池

评论
为有源头活水来——读陈景河《"嘲哄"队长》想到
的·······················鄂　华
独特的发现····················张天民
丁耶近作浅议···················左　正
寓言诗琐谈····················高洪波
也谈《差子考试》·················施雅芳
需要艺术的真实··················刘启林

美术
正月里······················刘根生

封面设计选登 ················ 张守义等
邻居 ······················ 吴海寿

1982 年第 1 期　刊名:《长春》
目录

评论
评《为了明天的回想》及其他 ········ 张骥河
评曲有源同志两首诗的错误倾向 ······ 杨荫隆
繁荣社会主义文学的保证 ·········· 成　刚
艺术个性与自我膨胀 ············ 胡　昭
诗、心灵都要美——读梁谢成同志近年诗作记感
···························· 阿　红
热切的信念与渴望——评钱璞的组诗《沙漠的旺族》
···························· 孟繁华

报告文学
骆驼祥子的脚 ················ 乔　迈

小说
"雪里站" ·················· 陈景河
椽子烂了也出头 ··············· 张笑天
姊妹花店 ··················· 李健君
在迷濛的雾霭里 ··············· 李　犁
你在想什么 ············· 齐铁民　鞠显友

散文
奥山一枝在哪里?——散记第一汽车制造厂劳模齐
孝芬的故事 ················· 周良沛

诗歌
生活的乐章
我是这一方土地的主人 ··········· 袁世兴
秋,在农家 ················· 李占学
我们的生活充满阳光 ············ 何　鹰
京郊素描 ··················· 韩作荣
雪花飘飘 ··················· 钱万成
铺轨 ····················· 张红雨
天真的心声 ················· 林　木

银河
海韵 ····················· 梁谢成
中年散曲 ··················· 刘镇欧
翅膀 ····················· 姚　莹
飘落了,榆树钱儿 ·············· 张　丹
猎人 ····················· 程锡级
晨草 ····················· 张兴泰
摇把 ····················· 蔡春山

小星星 ···················· 唐　哲
晚归 ····················· 刘益善
诗 ······················ 王荆岩

美术
春(油画) ·················· 黄冠余
腊版画新作 ················· 赵经寰
山村春更早(中国画) ············ 赵　丁
小岛(木刻) ················· 蒋谷峰

1982 年第 2 期　刊名:《长春》
目录

小说
都是好儿女 ················· 张蒂远
十五的月亮十六圆 ·············· 黄献国
篱笆 ····················· 韩耀旗
自有凤凰来 ················· 傅玉忱
"严重问题" ················· 顾　亦
燃烧的土地 ················· 雨　寒

散文
在"梨树"——开花的土地上
力量蕴藏在大地之中 ············ 鄂　华
叶赫三日 ··················· 胡　昭
梨树行 ···················· 许　行
风情在变 ··················· 王士美
辽河岸边的彩霞 ··············· 傅之凡
山葡萄赞 ··················· 俞　珍
丰收也有难唱曲 ··············· 黄　淮
希望的幼芽 ················· 中　申
梨树印象 ··················· 梁若冰

诗歌
辽河两岸 ··················· 孙广深
飞向田野的笑声 ··············· 雷恩奇
矿山诗情 ··················· 孙友田
大森林二重唱(小叙事诗) ·········· 万忆萱
啊,树林 ··················· 宫　玺
开门见喜 ··················· 杨子忱
金翅膀 ···················· 丁希泉
兴安密林里 ················· 李冰牧
提亲记 ···················· 陈玉坤
银河 ················· 于金廷　何吉明
吕乃国　范　源　于宗信　王　野　王　岩　黄锦卿
郝　炜　周玉喜

评论

诗，要回响在人民心中⋯⋯⋯⋯⋯⋯⋯⋯⋯海　南

题材的诗意与艺术匠心⋯⋯⋯⋯⋯⋯⋯⋯庐　湘

转折时期的生活之光——读《长春》近期农村题材小

说⋯⋯⋯⋯⋯⋯⋯⋯⋯⋯⋯⋯⋯⋯⋯⋯孙　里

新生活的甜蜜村歌——读李占学的近作　　常　工

"复苏的土地"

——谈陈玉坤近期的农村生活诗⋯⋯⋯⋯苇　子

美术

晨雾⋯⋯⋯⋯⋯⋯⋯⋯⋯⋯⋯⋯⋯⋯⋯⋯尹树家

春回大地（木刻）⋯⋯⋯⋯⋯⋯⋯⋯⋯⋯戈　沙

长白山岳桦林（木刻）⋯⋯⋯⋯⋯⋯⋯⋯李秀山

海带丰收（木刻）⋯⋯⋯⋯⋯⋯⋯⋯⋯⋯陈希光

暮歌⋯⋯⋯⋯⋯⋯⋯⋯⋯⋯⋯⋯⋯⋯⋯⋯曹文汉

1982 年第 3 期　刊名:《长春》
目录

认真总结经验教训　进一步发展和繁荣我省的文艺事

业⋯⋯⋯⋯⋯⋯⋯⋯⋯⋯⋯⋯⋯⋯⋯⋯董　速

小说

梁满囤出访⋯⋯⋯⋯⋯⋯⋯⋯⋯⋯⋯⋯⋯从维熙

贵客⋯⋯⋯⋯⋯⋯⋯⋯⋯⋯⋯⋯⋯⋯⋯⋯罗　岭

"孔乙己"的恋爱史⋯⋯⋯⋯⋯齐铁民　鞠显友

甜瓜熟了⋯⋯⋯⋯⋯⋯⋯⋯⋯⋯⋯⋯⋯⋯宋衍申

散文

北方风情

海滨纪事⋯⋯⋯⋯⋯⋯⋯⋯⋯⋯⋯⋯⋯⋯姜德明

白山天池登览记⋯⋯⋯⋯⋯⋯⋯⋯⋯⋯⋯光　群

雕根⋯⋯⋯⋯⋯⋯⋯⋯⋯⋯⋯⋯⋯⋯⋯⋯许　震

访蚕乡⋯⋯⋯⋯⋯⋯⋯⋯⋯⋯⋯⋯⋯⋯⋯丁　耶

我爱冰凌花⋯⋯⋯⋯⋯⋯⋯⋯⋯⋯⋯⋯⋯兰　辛

诗歌

小村的炊烟⋯⋯⋯⋯⋯⋯⋯⋯⋯⋯⋯⋯⋯薛卫民

沙漠的旺族⋯⋯⋯⋯⋯⋯⋯⋯⋯⋯⋯⋯⋯钱　璞

悼念姚绿野同志⋯⋯⋯⋯许　行　潘　芜　梁谢成

春日⋯⋯⋯⋯⋯⋯⋯⋯⋯⋯⋯⋯⋯⋯⋯⋯姚业涌

乡思三唱⋯⋯⋯⋯⋯⋯⋯⋯⋯⋯⋯⋯⋯⋯金成辉

田野的露珠⋯⋯⋯⋯⋯⋯⋯⋯⋯⋯⋯⋯⋯宋　歌

老山楂树⋯⋯⋯⋯⋯⋯⋯⋯⋯⋯⋯⋯⋯⋯庞颖洁

雪树及其他⋯⋯⋯⋯⋯⋯⋯⋯⋯⋯⋯⋯⋯青　勃

电⋯⋯⋯⋯⋯⋯⋯⋯⋯⋯⋯⋯⋯⋯⋯⋯⋯王泽义

祖国，我等待着⋯⋯⋯⋯⋯⋯⋯⋯⋯⋯⋯袁世兴

猎归⋯⋯⋯⋯⋯⋯⋯⋯⋯⋯⋯⋯⋯⋯⋯⋯林宝石

银河⋯⋯⋯⋯⋯⋯⋯⋯⋯⋯⋯⋯⋯⋯⋯⋯顾亦等

评论

经常使自己面目一新（作家谈创作提高）⋯⋯金　河

时代的浪花

——谈李玲修、乔迈报告文学新作⋯⋯⋯朱　晶

"哀音"与"灯火"

——关于写阴暗面的断想⋯⋯⋯⋯⋯⋯叶　根

袖手于前　疾书于后⋯⋯⋯⋯⋯⋯⋯⋯⋯谭兴国

"陪衬人"的功用⋯⋯⋯⋯⋯⋯⋯⋯⋯⋯沈　默

吴伯箫（作家笔名探源）⋯⋯国　成　于　胜　丛　杨

美术

春⋯⋯⋯⋯⋯⋯⋯⋯⋯⋯⋯⋯⋯⋯⋯⋯⋯刘润民

油画人像写生⋯⋯⋯⋯⋯⋯⋯⋯⋯⋯⋯⋯胡悌林

小村⋯⋯⋯⋯⋯⋯⋯⋯⋯⋯⋯⋯⋯⋯⋯⋯戈　沙

1982 年第 4 期　刊名:《长春》
目录

小说

如来佛的手心⋯⋯⋯⋯⋯⋯⋯⋯⋯⋯⋯⋯金　河

朱雀河边⋯⋯⋯⋯⋯⋯⋯⋯⋯⋯⋯⋯⋯⋯丁仁堂

生活的考卷⋯⋯⋯⋯⋯⋯⋯⋯⋯⋯⋯⋯⋯杜保平

源远流长⋯⋯⋯⋯⋯⋯⋯⋯⋯⋯⋯⋯⋯⋯郭玉贤

列车夜话⋯⋯⋯⋯⋯⋯⋯⋯⋯⋯⋯⋯⋯⋯高洪振

岁月⋯⋯⋯⋯⋯⋯［苏］B.J.I.利金　陈玉增译

文学回忆录

记温涛⋯⋯⋯⋯⋯⋯⋯⋯⋯⋯⋯⋯⋯⋯⋯魏中天

怀念温涛⋯⋯⋯⋯⋯⋯⋯⋯⋯⋯⋯⋯⋯⋯罗　苏

散文

南国情思

杜鹃花开映山红⋯⋯⋯⋯⋯⋯⋯⋯⋯⋯⋯于艾浙

竹姑⋯⋯⋯⋯⋯⋯⋯⋯⋯⋯⋯⋯⋯⋯⋯⋯林子双

画竹者说"囤"⋯⋯⋯⋯⋯⋯⋯⋯⋯⋯⋯邵与杰

故乡的森林⋯⋯⋯⋯⋯⋯⋯⋯⋯⋯⋯⋯⋯李　耕

诗歌

喜雪⋯⋯⋯⋯⋯⋯⋯⋯⋯⋯⋯⋯⋯⋯⋯⋯晓　初

病中欣闻六中全会决议遥寄 S 同志借祝六十寿辰

⋯⋯⋯⋯⋯⋯⋯⋯⋯⋯⋯⋯⋯⋯⋯⋯⋯公　木

中国呀，中国，崛起的中国⋯⋯⋯⋯⋯⋯芦　萍

长白山的回声

大山的记忆⋯⋯⋯⋯⋯⋯⋯⋯⋯⋯⋯⋯⋯梁谢成

伐木人之歌⋯⋯⋯⋯⋯⋯⋯⋯⋯⋯⋯⋯⋯朱　雷

静静的库区 ————————————————————— 柳 沄
白山松水间 ————————————————————— 党国栋
戏台 ——————————————————————————— 刘小放
听涛 ——————————————————————————— 于庆文
山风 ——————————————————————————— 李广义
银河 ————————————————————— 陈应松 白 光
石 犁 申爱萍 李风清 朱谷忠 王荆岩 文 丙
胡 征 华 卓 史秀图 马合省

评论
排水管吹不出夜曲（作家谈创作提高）———— 单 复
学习赵树理的大众文艺观 ————————————— 李士德
文艺民族化问题随想 ————————————————— 吴英俊
串"珍珠"——关于情节结构艺术的通信 ———— 胡德培
由苏轼评诗的失误说开去 ————————————— 田中全
一股火热的生活激流
　　——读《我们的刨床小组》 ——————————— 述 林

美术
拾贝（油画）————————————————————— 李向东
长白秀色（油画）—————————————————— 王凤林
美丽的心灵（油画）————————————————— 王云鹏
春江抒情（水粉画）————————————————— 蚁美楷
谈心（木刻）———————————————————— 刘国顺

1982 年第 5 期　刊名:《长春》
目录

报告文学
闻鸡起舞者
　　——一个县委书记的故事 ——————— 乔 迈 李占学

小说
探望 ——————————————————————————— 叶 楠
强者的生态 ————————————————————— 刘昌璞
高升炮 ——————————————————————— 张文学
包袱 ——————————————————————————— 张 智
画的悲哀 ————————— ［日］国木田独步 刘光宇译

散文
人类的童年 ————————————————————— 艾 煊
在大山的怀抱里 —————————————————— 党国栋
林中二题 ————————————————————— 胡冬林
高昌壁 ——————————————————————— 萧 风

诗歌
诗的汽笛——汽车工人诗选辑 ——————————— 逄庚福
王忠学 张永善 姜维青 胡西淳 于德成 刘树才

王建议 韩 明 孙福义 张翰卿 徐铁权
庄稼院的歌 ————————————————————— 钱万成
扇车歌 ——————————————————————— 胡 昭
长白山之巅 ————————————————————— 黄 淮
银河 ——————————————————————— 翁景贵 张 伟
安阳 溪流 逄阳 石飞 刘辉考 谭文波
唐大同 李瑞贤 吴海春 舒 帆

评论
站在无产阶级立场　表现人民群众——重新学习《在
延安文艺座谈会上的讲话》—————————— 刘 扬
毛泽东同志怎样论创作态度 ———————————— 锡 金
学习使我们走向成熟 ——————————————— 芦 萍
同人民群众的感情要保持永恒 —————————— 丁仁堂
学习马列主义　学习社会——学习《在延安文艺座谈
会上的讲话》体会 ——————————————— 栾昌大
创作途中断想（作家谈创作提高）——————— 张笑天

美术
春集 ——————————————————————————— 郑 岱
水彩写生 ————————————————————— 高俊柏
国画小品 ————————————————— 李东辉 葛家友

1982 年第 6 期　刊名:《长春》
目录

小说
乱云在她头上穿行 ————————————————— 李玲修
瞧我们这一伙 —————————————— 谢曼丽 贺慈航
他没有回来 ————————————————————— 王士美
陈二捏传 ————————————————————— 赵 军
老古树下的故事 —————————————————— 郭大森
外国民间童话两篇 ————————————————— 平原泽
寓言二则 ————————————————————— 吴广孝

文学回忆录
屠格涅夫 ————————————— ［法国］都 德 马德菊译

散文
海思 ——————————————————————————— 禾 子
海，封冻吗 ————————————————————— 邵 晨

诗歌
山野新歌
山溪的歌 ————————————————————— 丁 耶
灯 ——————————————————————————— 吕贵品
煮 ——————————————————————————— 任永恒
乡间小路 ————————————————————— 雷天放

锤声⸻王德洪
嫩江女儿⸻白　光
渔塘晚照⸻林长征
大布苏湖之夜⸻田春发

给祖国⸻秋　原
会飞的小豆豆（小叙事诗）⸻戚积广
小伐木人笔记⸻文　牧
月亮⸻高　帆
哨所挂着一幅中国地图⸻周玉喜
献给儿童节的花束⸻姚业涌　赵长占等
银河⸻马玉堂　未　凡等

评论

无主角戏·小说语言⸻刘绍棠
重视"提高"的这个前提（作家谈创作提高）
⸻丁　耶
幽美的田园　闪光的心灵——读张少武的两本儿童小
说集⸻志　林
溶进心灵的绿——读文牧的散文诗随想⸻孙　里
其志弥坚　其情愈笃
——张志民和他近期的诗⸻高洪波
《情诗话》札记⸻徐　刚

美术

松花江上⸻李振庸
海湾速写（油画）⸻许孝诗
学者（油画）⸻张成久
读（油画）⸻黄冠余
柳暗花明⸻谷　峰

1982 年第 7 期　刊名:《长春》
目录

小说

更上一层楼⸻黄献国
彼岸⸻张石山
矿工的妻子⸻王德忱
苦辣酸甜酒一盅⸻许　行
毒蛇⸻李　迪
穿过幽静的小路⸻孟左恭

散文

他山之石
阿得雷德艺术节⸻鄂　华
福楼拜书信选⸻亚　丁译

诗歌

我老了，但我不叹息⸻海　南
写在七月的阳光里⸻张满隆
希望，在田野上闪光⸻雷恩奇
阳春笛韵⸻陈玉坤
长春印象⸻王　也
来自工厂的歌
工厂人物速写⸻张庆春
弹奏着告别过去⸻王荆岩
第一汽车制造厂散歌⸻赵鹏万　刘允章
纺纱厂小景⸻蔡春山
盼⸻刘　峥
银河⸻路　地　桑　原等著

评论

没有创新　就没有提高（作家谈创作提高）⸻鄂　华
在历史发展的预约中探求——谈顾笑言的两部中篇小
说⸻方　晴
雄鸡三唱中的县委书记形象——评报告文学《闻鸡起
舞者》⸻李　改
自爱·爱诗·爱生活——学步偶记⸻梁谢成
隔墙有耳
——新作点评⸻作者　时　明　点评　路漫兮
崇名与冒名——诗坛趣闻⸻丁国成
刀子与磨石⸻沈太慧

美术

延安宝塔⸻张永革
长白新姿⸻孙文铎
旅行写生⸻陶子厚
花卉⸻许彦博

1982 年第 8 期　刊名:《长春》
目录

小说

春草娘⸻刘绍棠
雁阵南飞⸻李　栋
月光明⸻戚积广
小镇上⸻邵学友
副市长回家⸻王不天
重唇鱼⸻隋洪润
"博爱"的轰炸⸻（中国香港）梅　兰

散文

砚⸻孔令保
泉眼无声水细流⸻康启昌　鲁　野
"报君知"⸻冯蕴璞

游石林记⋯⋯⋯⋯⋯⋯⋯⋯⋯灌 木

沉痛悼念丁仁堂同志
人民怀念他⋯⋯⋯⋯⋯⋯⋯⋯董 速
老丁，你去的太早了⋯⋯⋯⋯⋯鄂 华
安息吧，仁堂同志⋯⋯⋯刘 扬 齐燕颉
永别了，我的挚友良师⋯⋯⋯⋯刘凤仪
嫩江永远拥抱你⋯⋯⋯⋯⋯⋯李 杰
难忘啊，嫩江的风雨⋯⋯⋯⋯⋯傅之凡
悼念你，用记忆编织的素绢⋯⋯⋯芦 萍
成 刚 方 晴

评论
提高审美感受能力（作家谈创作提高）⋯萧 平
文艺的作用与特征——鲁迅文艺思想研究札记
⋯⋯⋯⋯⋯⋯⋯⋯⋯戚俊民
闪烁在意境中的时代之光——读秋原的《春潮集》和
部分诗作⋯⋯⋯⋯⋯⋯⋯张万晨
勤奋也能出诗才（新作点评）
⋯⋯⋯⋯诗作 徐守文 点评 黄 淮
要点在于"本色"——《从红楼梦》说到文学作品的
语言艺术⋯⋯⋯⋯⋯⋯⋯林文山
《文学的艺术技巧》读后琐议⋯⋯⋯谷 怀
她在高山上，白云深处——怀念陶怡⋯闻 山

诗歌
兵之歌
汽车兵之歌（连载）⋯⋯⋯⋯⋯刘玉森
黄海红星⋯⋯⋯⋯⋯⋯⋯⋯柳 泤
风，从机场吹来⋯⋯⋯⋯⋯⋯何友彬
选机场⋯⋯⋯⋯⋯⋯⋯⋯⋯丁希泉
巡航⋯⋯⋯⋯⋯⋯⋯⋯⋯田玉文
哨所⋯⋯⋯⋯⋯⋯⋯⋯⋯邢万生
柳⋯⋯⋯⋯⋯⋯⋯⋯⋯⋯王 田

照镜子⋯⋯⋯⋯⋯易和元诗 方 成画
架线工抒怀⋯⋯⋯⋯⋯⋯⋯舸 舟
我当归去⋯⋯⋯⋯⋯⋯⋯⋯张常信
散文寺四章⋯⋯⋯⋯⋯⋯⋯桂兴华
探测者的歌⋯⋯⋯⋯⋯⋯⋯李瑞贤
银河⋯⋯⋯⋯⋯莫西芬 杨子忱 等
葵乡鸟岛⋯⋯⋯⋯⋯⋯⋯⋯邱 陵

1982 年第 9 期　刊名:《长春》
目录

庆祝延边朝鲜族自治州成立三十周年专辑
远房侄子（小说）⋯⋯⋯⋯⋯⋯洪天龙
继母（小说）⋯⋯⋯⋯⋯⋯⋯徐光亿
菲律宾纪行（散文）⋯⋯⋯⋯⋯金 哲

金达莱诗页
美德⋯⋯⋯⋯⋯⋯⋯⋯⋯⋯金 哲
喜盈门⋯⋯⋯⋯⋯⋯⋯⋯⋯金成辉
长白拾翠⋯⋯⋯⋯⋯⋯⋯⋯任晓远
祖国⋯⋯⋯⋯⋯⋯⋯⋯⋯⋯赵龙男
明星⋯⋯⋯⋯⋯⋯⋯⋯⋯⋯李相珏
傍晚⋯⋯⋯⋯⋯⋯⋯⋯⋯⋯金泰甲
松籽⋯⋯⋯⋯⋯⋯⋯⋯⋯⋯崔龙官
春芽萌发⋯⋯⋯⋯⋯⋯⋯⋯李幸福
山间小路⋯⋯⋯⋯⋯⋯⋯⋯黄长石
来吧⋯⋯⋯⋯⋯⋯⋯⋯⋯⋯韩东吾
爱情树⋯⋯⋯⋯⋯⋯⋯⋯⋯金应俊
邮递员⋯⋯⋯⋯⋯⋯⋯⋯⋯金庚石
苹果树⋯⋯⋯⋯⋯⋯⋯⋯⋯金东湖
先烈的呼吸声⋯⋯⋯⋯⋯⋯⋯宋祯焕
眼望相框想亲人⋯⋯⋯⋯⋯⋯金畅哲

日趋繁荣的朝鲜族文学创作⋯⋯⋯赵成日
金哲和他的《伽倻琴集》⋯⋯⋯⋯刘兰芳

小说
将军酒⋯⋯⋯⋯⋯⋯⋯⋯⋯字 心
第十三个户庆日⋯⋯⋯⋯⋯⋯韩耀旗
覆盆子⋯⋯⋯⋯⋯⋯⋯⋯⋯顾 亦
身后的黑影⋯⋯⋯⋯⋯⋯⋯⋯万 捷

散文
花·草·树
三棵树⋯⋯⋯⋯⋯⋯⋯⋯⋯李希英
靰鞡草的启迪⋯⋯⋯⋯⋯⋯⋯雅 欣
花期断想⋯⋯⋯⋯⋯⋯⋯⋯梅郁青

诗歌
献给党的花束——庆祝党的十二大胜利召开⋯驿马山
且看神州满春花⋯⋯⋯⋯⋯⋯孟昕伯
银河⋯⋯⋯⋯⋯⋯⋯李 庚 门 声等

评论
忠于生活，刻意求真——作家谈创作提高⋯⋯张石山
塑造富有时代感的青年形象⋯⋯⋯张同吾 方位津
《"犟种"李闯》
——新作点评⋯⋯⋯作者 郭玉贤 点评 袁庆望
新时期农民心底的歌
——评组诗《飞向田野的笑声》⋯⋯⋯方 炎
哭——学习鲁迅小说艺术札记⋯⋯刘静生 黄毓璜

美术

长白九月（油画局部）⋯⋯⋯⋯⋯⋯⋯许孝诗

烤烟（国画）⋯⋯⋯⋯⋯⋯⋯⋯⋯⋯戈 沙

1982 年第 10 期　刊名:《长春》
目录

小说

"轰炸鸡"轶事⋯⋯⋯⋯⋯⋯⋯⋯⋯闫 水

探家⋯⋯⋯⋯⋯⋯⋯⋯⋯⋯⋯⋯⋯万忆萱

流星⋯⋯⋯⋯⋯⋯⋯⋯⋯⋯⋯⋯⋯吕明辉

丁巧莲回娘家⋯⋯⋯⋯⋯⋯⋯⋯⋯郝国忱

戒烟⋯⋯⋯⋯⋯⋯⋯⋯⋯⋯⋯⋯⋯章仲锷

夹克衫闲话⋯⋯⋯⋯⋯⋯⋯⋯⋯⋯高尔品

"葛朗台"的故事⋯⋯⋯⋯齐铁民　鞠显友

顽强的烙印⋯⋯⋯⋯⋯⋯⋯⋯⋯⋯何应扬

不熄的航标⋯⋯[苏]安沃·比克琴托夫　陈 冬译

诗歌

祖国，我宣誓⋯⋯⋯⋯⋯⋯⋯⋯⋯梁谢成

进行的旋律⋯⋯⋯⋯⋯⋯⋯⋯⋯⋯王忠学

京华诗笺⋯⋯⋯⋯⋯⋯⋯⋯⋯⋯⋯高 帆

写在金色的阳光下⋯⋯⋯⋯⋯⋯⋯何 鹰

叶赫组曲⋯⋯⋯⋯⋯⋯⋯⋯⋯⋯⋯李占学

造电者之歌⋯⋯⋯⋯⋯⋯⋯⋯⋯⋯白煤国

绿色的牧歌⋯⋯⋯⋯⋯⋯⋯⋯⋯⋯王忠范

九月渔歌⋯⋯⋯⋯⋯⋯⋯⋯⋯⋯⋯宋 歌

心脏⋯⋯⋯⋯⋯⋯⋯⋯⋯⋯⋯⋯⋯韩志君

我们都是青年⋯⋯⋯⋯⋯⋯⋯⋯⋯姜衍忠

野花及其他⋯⋯⋯⋯⋯⋯⋯⋯⋯⋯魏久环

银河⋯⋯⋯⋯⋯⋯⋯⋯⋯任彦芳　李冰牧

周古平　齐 霁　马恒祥　金相喜　符启文　赵长占

评论

穷而后工——作家谈创作提高⋯⋯陆文夫

笔挽时代写风云

——读于仁堂的长篇小说《渔》⋯⋯方 晴

他是嫩江生活的主人——回忆作家丁仁堂同志在大赉

渔镇的生活⋯⋯⋯⋯⋯⋯⋯⋯⋯⋯薛洪林

新作点评⋯⋯作者 王娉娉 张洪波 点评 田 佳

文讯

美术

远眺长白林海⋯⋯⋯⋯⋯⋯⋯⋯⋯傅 侃

河山锦绣入画图⋯⋯⋯⋯⋯⋯⋯⋯邱 陵

雨（木刻）⋯⋯⋯⋯⋯⋯⋯⋯⋯⋯谷 风

1982 年第 11 期　刊名:《长春》
目录

小说

隔膜⋯⋯⋯⋯⋯⋯⋯⋯⋯⋯⋯⋯⋯罗 岭

山谷的回声⋯⋯⋯⋯⋯⋯⋯⋯⋯⋯马 镇

目标⋯⋯⋯⋯⋯⋯⋯⋯⋯⋯⋯⋯⋯钱 璞

遗爱⋯⋯⋯⋯⋯⋯⋯⋯⋯⋯⋯⋯⋯易洪斌

路口⋯⋯⋯⋯⋯⋯⋯⋯⋯⋯⋯⋯⋯沈治平

且说秦二发⋯⋯⋯⋯⋯⋯⋯⋯⋯⋯贾东福

亨利⋯⋯⋯⋯⋯⋯⋯[英]菲利斯·博顿姆

散文

中国人自己的美⋯⋯⋯⋯⋯⋯⋯⋯严文井

浣花溪边觅草堂⋯⋯⋯⋯⋯郭 锋　马 昭

延边行脚⋯⋯⋯⋯⋯⋯⋯⋯⋯⋯⋯文 牧

莫愁女⋯⋯⋯⋯⋯⋯⋯⋯⋯⋯⋯⋯冯淑梅

诗歌

江山多娇

追寻集⋯⋯⋯⋯⋯⋯⋯⋯⋯⋯⋯⋯胡 昭

云南风情⋯⋯⋯⋯⋯⋯⋯⋯⋯⋯⋯南永前

黄山抒情诗⋯⋯⋯⋯⋯⋯⋯⋯⋯⋯徐 刚

风帆集⋯⋯⋯⋯⋯⋯⋯⋯⋯⋯⋯⋯秋 原

贝壳⋯⋯⋯⋯⋯⋯⋯⋯⋯⋯⋯⋯⋯耿林莽

翅膀歌⋯⋯⋯⋯⋯⋯⋯⋯⋯⋯⋯⋯黄 淮

心弦之声⋯⋯⋯⋯⋯⋯⋯⋯⋯⋯⋯文武斌

冬泳⋯⋯⋯⋯⋯⋯⋯⋯⋯⋯⋯⋯⋯李 准

集安诗草⋯⋯⋯⋯⋯⋯⋯⋯⋯⋯⋯徐秉洁

山野新歌

稻秧，走出大棚⋯⋯⋯⋯⋯⋯⋯⋯佟 石

蒲扇⋯⋯⋯⋯⋯⋯⋯⋯⋯⋯⋯⋯⋯于金廷

家乡的石头，你好⋯⋯⋯⋯⋯⋯⋯许 行

速度⋯⋯⋯⋯⋯⋯⋯⋯⋯⋯⋯⋯⋯张红雨

银河⋯⋯⋯⋯⋯⋯⋯⋯⋯唐 哲　钱锦方等

评论

识珠·拾珠·串珠——作家谈创作提高⋯⋯航 鹰

《郭沫若传略》序言⋯⋯⋯⋯⋯⋯锡 金

浅谈艺术逻辑⋯⋯⋯⋯⋯⋯⋯⋯⋯李炳银

美在咫尺天涯⋯⋯⋯⋯⋯⋯⋯⋯⋯廖得为

"真情实感"辨⋯⋯⋯⋯⋯⋯⋯⋯⋯家 坪

美术

油田的早晨（油画）⋯⋯⋯⋯⋯⋯严 坚

沥粉画选登⋯⋯⋯⋯⋯⋯⋯⋯⋯⋯石国山等

松木深处（木刻）⋯⋯⋯⋯⋯⋯⋯曹文汉

1982 年第 12 期　刊名:《长春》

目录

小说

葛梅 .... 王治花
做临时工的闺女 .... 肖正义
微笑 .... 马 常
追求 .... 傅百龄
初春的气息 .... 祖 阔

散文

净化 .... 周良沛
通化行 .... [日]泽地久枝　陈喜儒译
长白山拾趣 .... 于宗信

诗歌

祖国，我想说
祖国，我想说（外一首）............. 党国栋
初秋，在田野上 .... 袁世兴
我是一株无名的小草 .... 钱 璞
我走向大海 .... 逯庚福
家 .... 陈松叶

中国——非洲（外二首）............. 王维君
绿色的风（组诗）....................... 朱 雷
啊，太阳（外二首）................... 孙日昕
夕暮驼铃（外二首）................... 晓 钢
甲子吟 .... 丁 耶
弥留 .... 张常信
你和苍山同在 .... 纪 鹏
风流草（外一首）....................... 刘 章
银河 .... 李根红　海 南　王小妮等

评论

担起建设社会主义精神文明的重任——学习十二大文
件的体会 .... 金钟鸣
谈"人"（作家谈创作提高）......... 蒋子龙
生活赋予的使命 .... 莔 子
感慨系之于编文集 .... 杨桂欣
按下个性的印记 .... 郭少波
提倡这样的好评论 .... 施雅芳

美术

晓雾初开 .... 高国芳
边疆写生 .... 韩永利
山村小学 .... 方井龙

1983 年第 1 期　刊名:《长春》

目录

落实十二大精神　开创文艺新局面　努力开创我省文
艺工作的新局面 .... 董 速

报告文学

光，向远方飞逝 .... 雨 寒　乔 迈

小说

作家和小鲢鱼 .... 金 河
小鲢鱼的命运及其他（读稿零札）... 孟 海
新管家出山 .... 张笑天
大山深处 .... 赵长天
午休时候 .... 马畏安
讽刺小说两篇 .... 中 申
有这样一个角色 .... 高万年

散文

南湖游泳杂感 .... 悟 实
给花束札一条丝带 .... 冯骥才
启迪 .... 单 复

诗歌

杨靖宇 .... 胡 昭
诗五首 .... 李汝伦
山野新歌
孔雀街 .... 雷天放
镇口，这一户居民 .... 刘晓英
队部的黄昏 .... 于二辉
刘二叔，该知足了 .... 董桂苓
银河
鸟的天堂 .... 弘 征
图们江 .... 蔡春山
嘱托 .... 李万涛
海岸线 .... 佟明光
街头短笛 .... 石 梦
窗口 .... 王兆琪
我走进文化实习班 .... 何昌正

评论

沧浪诗辩与某些当代小说（作家谈创作提高）

.... 韩少功
《萧红评传》序 .... 骆宾基
理性和诗情的交融
——读雷达文评的一些随想 ..... 孟 城
完整·暗示（创作艺术谈）......... 陆学明
"另想别的"和自设"路障" .... 杨振喜

美术

封面设计......................章桂征　邬闻耕
木刻两幅......................虞　健　谷　峰
山村瑞雪（木刻）......................曹文汉
编后记

稿约

1983 年第 2 期　刊名:《长春》
目录

小说
新房......................徐恒进
不该有的忽略（读稿零札）......................冬　青
人和狼的故事——短篇小说二题......................张石山
白春梅的愁疙瘩......................王　汪
江村孤月......................马　昭
呆子马库......................晓　野
寓言二则......................陆景林

散文
纺车·长线......................马　犁
书的梦......................上官缨
草原......................王泽群

诗歌
写在蒋筑英遗像前（诗三首）......................海　南
王维君　逯庚福
观"火牛"作......................田　间

新人小辑
我的心，是一片沃土（外一首）......................李洪文
筛砂者小唱（外一首）......................张　犁
我的洒水车......................高敏霞
追彩巾......................崔立兴
一步......................张玉洁
杨靖宇（长诗选章）......................胡　昭

评论
小说语言一般谈（作家谈创作提高）......................刘富道
"合欢"——别忘了年轻人......................谢　璞
心师目　目师华山
——谈艺术创作中的主、客关系......................陈望衡
吮吸生活的乳汁起步（在初学写作的道路上）——王　祁
为新生活歌唱——读何鹰同志的诗......................梁谢成
诗，选择最佳生活场景（创作艺术谈）......................丁永淮

美术
木刻两幅......................刘国顺
编后记

1983 年第 3 期　刊名:《长春》
目录

小说
再见了，杜邦夫人......................郗晓岚
《再见了，杜邦夫人》琐谈......................古　言
传我一尺素......................谢　璞
一个婚姻介绍人的自述......................李中平
睑下垂手术......................戚小彬
绿萍......................李　乎

微型小说
姜汤......................吕大安
怪客......................李兰颂

散文
和诗人李季在大庆......................关沫南
歌的回忆......................徐书绅
工作午餐......................苏　晨

诗歌
海之歌
遥寄东海（组诗）......................王　肯
海之歌（二首）......................吕贵品
海角余辉（组诗）......................韦　丘
海情......................匡　满
观潮......................陈达光
喀什素描（组诗）......................万忆萱
原始松林（外二首）......................温　杰
银河......................雷　霆　金　蝉
马玉堂　唐　哲　刘湘平　张铁民　寒　星

春天的脚步声
我从春天的大门进入考场（外一首）......................雷恩奇
四月的乡村（外二首）......................金克义
乡村在脚手架上攀登（外二首）......................陈玉坤
春韵......................肖　川
燕语......................朱谷忠

评论
掌握艺术规律　提高创作质量......................栾昌大
清水出芙蓉（作家谈创作提高）......................韩映山
《张天民短篇小说集》序言
——不是序的序......................张笑天

新作短评

乡音一曲余韵绕——《春草娘》管窥 ……………… 胡威夷

深刻·独到——《将军酒》一斑 …………………… 李广栋

顾影自怜的反思与独白

——评《夹克衫闲话》 ……………………………… 孟繁华

美术

封面设计 ……………………………… 章桂征　邬闻耕

一年之计在于春 …………………………………… 陈彦文

春满人间（水彩画二幅） ………………………… 黄金城

编后记

1983 年第 4 期　刊名:《长春》
目录

小说

生活的航道 …………………………… 朱志华　曲信先

葱茏的落雁岭 ………………………………………… 达　理

开个玩笑，老嘎 ……………………………………… 朱光雪

苔花 …………………………………………………… 赵　赴

劳改犯和他的舅舅 …………………………………… 李　犁

"点位" ………………………………………………… 崔梦卿

更深刻些，更形象些（读稿零札）

——读《点位》 …………………………………… 何　任

散文

登金顶 ………………………………………………… 王霆钧

沉淀在记忆中的笑声 ………………………………… 丁　芒

散文诗页

大江弦音 ……………………………………………… 宫　玺

我是…… ……………………………………………… 秋　原

清贫 …………………………………………………… 成　恩

诗歌

放眼集 ………………………………………………… 黄　淮

爬蔓了，我的葡萄树（外三首） …………………… 佟　石

银河 …………………………………… 桂兴华　林　希

张永健　李柏龙　叶晓山　高继恒　于清和　圣　野

雷　雯　王晓燕　梁青岭　崔　军

新人小辑

我把小溪介绍给你（外一首） ……………………… 徐守文

谁……（外一首） …………………………………… 卢晓莉

卧牛石（外一首） …………………………………… 王　田

网（外一首） ………………………………………… 海　英

马路牙子上，又一排棚子 …………………………… 邢万生

草绿色的窗帘 ………………………………………… 张冰之

我修补我的生活 ……………………………………… 魏晓霞

种 ……………………………………………………… 顾文显

玉米，窜缨了 ………………………………………… 朱万河

评论

斜坡（作家谈创作提高）——创作随感录 ………… 刘心武

《中外著名中篇小说选》序 ………………………… 闫　纲

民族精神力量的深情呼唤——评长篇小说《在黛色的

波涛下》 …………………………………………… 方　晴

我走上了这条道路（在初学写作的道路上）……… 王小妮

作品争鸣

耐人寻味的艺术形象——读《葛梅》随想 ………… 秀　枫

这样的人物值得称赞吗?　——《葛梅》读后 …… 宋士平

美术

木刻两幅 ……………………………… 章桂征　邬闻耕

人像速写 ……………………………………………… 沃保华

省文联召开工作会议（消息一则） ………………… 舒　群

1983 年第 5 期　刊名:《长春》
目录

小说

生活的流 ……………………………………………… 陈景河

蛇泡子 ………………………………………………… 费尽贤

"有棱有角"的"蛇泡子"（读稿零札）……………… 文　众

老扯 …………………………………………………… 曹雪英

勇夺三军 ……………………………………………… 肖文苑

猎人的女儿 …………………………………………… 何应扬

寓言一束 ……………………………… 吴广孝　贺传水

散文

秋蛩 …………………………………………………… 汪浙成

雁及其他 ……………………………………………… 蓝　曼

深山与白雪 …………………………………………… 徐　刚

诗歌

汽笛声声

我们拆旧 ……………………………………………… 冯永杰

我是司炉工 …………………………………………… 王铁军

汽车厂诗笺（组诗） ………………… 赵鹏万　刘允章

炼炉（外二首） ……………………………………… 胡西淳

丝织者 ………………………………………………… 丁慨然

愉快（外二首） ……………………………………… 刘湛秋

新居 …………………………………………………… 袁世兴

鸭绿江散歌（组诗） ………………………………… 王　野

买蟹（外一首） ……………………………………… 石　飞

民族之花

我是木炭 ······ 金 哲
图们江的涛声 ······ 金成辉
汤旺河（外一首） ······ 丁 耶
我是一捧泥土 ······ 高 深
呵，嫩芽 ······ 李相珏
雨后青山（外二首） ······ 石太瑞
牧人的传说 ······ 苏赫巴鲁
梨花（外一首） ······ 宋祯焕

银河 ······ 李恒成 赵长占 谢先云等

评论

清水点灯难得明（作家谈创作提高）——小说语言浅
谈 ······ 叶文玲
三访周克芹（作家访问记） ······ 沈太慧
心声寻觅者的札记——诗论三十则 ······ 巴·布林贝赫
民族尊严的一曲赞歌
　——读《再见了，杜邦夫人》 ······ 周 玲
创作的艺术调度（创作艺术谈） ······ 卢 湘

美术

国画新作 ······ 张鸿飞 孙文铎
木刻两幅 ······ 王 炜 孙银生
封面设计 ······ 章桂征 邬闻耕
本刊更名致读者

1983 年第 6 期　刊名:《长春》
目录

小说

文凭 ······ 胡小胡
面向变革（读稿零札） ······ 南 谷
星期五下午六点半的故事 ······ 刘心武
冤家 ······ 王金屏
根 ······ 郝国忱
芦花缨 ······ 韩映山
线（微型小说） ······ 丁福生
大狸猫历险记 ······ 袁银波

散文

对松亭回马 ······ 鲁 野
史诗的土壤 ······ 韩汝诚
小窗剪影（四章） ······ 张彬彬

诗歌

春天的歌唱（组诗） ······ 梁谢成

山野新歌

飘香的时节（组诗） ······ 钱万成
花乡谣（外一首） ······ 赵贵忠
乡村抒情（组诗） ······ 李占学
雨后（外一首） ······ 于金廷
小麦灌浆了（外一首） ······ 刘玉森
"怪大嫂" ······ 张红雨
朝阳牵出一缕炊烟（外一首） ······ 韩加贵
黄昏 ······ 金相喜
欢乐的那达幕（组诗） ······ 王忠范
啊，大自然的语言（组诗） ······ 张庆春
献给小读者的花束 ······ 高近远
　　王　玎 李 映 李凤英 冯巨中 锃锡级 丁希泉
银河 ······ 潘万提 王正军 蔡国瑞 傅月华
　　孙 承 姚 莹 李守智 王德安 黄秉荣 侯 屹

评论

获奖作家笔谈
表现时代精神是作家的神圣职责 ······ 顾笑言
《三门李轶闻》的余韵 ······ 乔 迈
在喜愧交加的时刻 ······ 李玲修
写内心最真切的感受 ······ 胡 昭
反映新生活的转机——读《你在想什么？》 ······ 天 弓
一篇有生命力的报告文学佳作——重读《三门李轶
闻》 ······ 李 改
道德与诗意的光辉
　——评《足球教练的婚事》 ······ 杜 若
《山的恋歌》读后 ······ 吕 剑
三月春风似剪刀
　——全国四项文学评奖授奖大会侧记 ······ 本刊记者
读者来信

美术

小天鹅（油画） ······ 吴厚信
希望（油画） ······ 王云鹏
封面设计 ······ 章桂征 邬闻耕
本刊更名致读者

1983 年第 7 期　刊名:《作家》
目录

《作家》是开在文学园地的一朵新葩 ······ 董 速

小说

《公开的"内参"》续篇（中篇小说） ······ 张笑天
山楂村儿女 ······ 刘绍棠
樱桃园 ······ 鄂 华
小龙湾纪事 ······ 马 犁

猎人的世界 ———————————— 王家男

千字小说

雨中 ———————————————— 王哲伟

燕子 ———————————————— 顾　亦

中青年作家自传

流沙河自传 —————————————— 流沙河

散文

我的家在东北松花江上

关于故乡的零碎回忆 ———————（中国香港）李辉英

我从松花江上启航 ————————— 韩　笑

诗歌

诗二首 ———————————————— 晓　初

关东诗坛

绿色的风（组诗）————————— 朱　雷

关东诗草（组诗）————————— 张常信

七月走关东（组诗）———————— 张志民

十四行三首 —————————————— 蔡其矫

广场，一个立体的春天（及时雨）

　　　　　　黄云鹤　评点　丛　丽

银河　　　　　　　　　　未　凡　路　地

杨子忱　唐国斌　叶延滨　张　伟　刘晓滨

评论

作家的爱与知————————————— 刘锡诚

有情亦应有思

——阎豫昌散文集《东湖情思》序 ——— 峻　青

放松和力度（作家谈创作提高）———— 王安忆

并非个人主义者的"闲话"（作品争鸣）——对《夹克

杉闲话》批评的异见 ——————— 吴英俊

美术

艺术家肖像（木刻）————————— 曹文汉

1983 年第 8 期　刊名:《作家》
目录

小说

五角十二面体（中篇小说）—————— 万　寒

我这两个徒弟 ————————————— 杜保平

格色 ———————————————— 吴若增

瘾 ———————————————— 高进贤

此情只应人间有 ———————————— 马　镇

柳青青 ———————————————— 徐锋志

寻觅生活中的诗意美（读稿零札）——小说《柳青

青》读后 ———————————————— 从维熙

散文

访美散记（两篇）————————— 张　洁

中青年作家自传

陆文夫自传 —————————————— 陆文夫

诗歌

关东诗坛

七十三岁自寿 ———————————— 公　木

东边外之旅（组诗）———————— 芦　萍

金色的轮迹（组诗）———————— 柳　沄

一列士兵走过闹市（外一首）———— 王辽生

翠绿色的请求 ———————————— 王忠学

早晨 ———————————————— 冯　堤

云之歌（及时雨）——— 作者　孙桂林　评点　丛　丽

银河　　　　　　　　　　李松涛　揣家诚

毛　永　文　丙　朱自强　刘兰克　郝圣亮　赵圣铁

崔　军　王荆岩　马绪英

评论

关于《前妻》的通信 ——————— 航　鹰　王忠诚

为友人作品写序 ———————————— 刘绍棠

此间别蕴一支曲

——读中篇小说《五角十二面体》———— 孙　里

美术

文学作品插图 ————————————— 黄冠余

外国文学作品插图 ————————— ［美］肯　特

1983 年第 9 期　刊名:《作家》
目录

中篇小说

民谣 ———————————————— 张天民

短篇小说

轨迹 ———————————————— 陈中冀

面具 ———————————————— 金　河

车窗外，正弥漫着霞光 ——————— 晓　剑

老枯树 ———————————————— 黄献国

芳菲的韭菜花 ————————————— 王士美

冰上 ———————————————— 戚积广

散文

"孤岛"文艺杂忆（文学回忆录）————— 锡　金

藤乡过路-----------------------------------苏　晨

中青年作家自传
何士光自传-----------------------------何士光

诗歌
关东诗坛
金玉集（组诗）-------------------------丁　耶
山乡的歌（组诗）-----------------------雷思奇
炊烟，宣告我们生活的主张（外二首）-----白煤国
一头毛驴驮着树苗（外二首）-------------许　行
走向密林深处（外一首）-----------------钱　璞
高山架索（外一首）---------------------贾志坚
森林晨曲（外一首）---------------------李广义
绿色的黎明（外一首）-------------------党国栋
访非诗抄-----------------------------李　准
黎明，我走向太阳（及时雨）-------------赵文静
抒情基调还是健康为好（评点）-----------夏　岩

评论
东北有写不完的童话-------------------严文井
希望在田野上闪光
　　——读雷思奇农村题材的诗-----------陆景林
读书"乱弹"（作家谈创作提高）---------古　华
"怒气写竹"与"胸无成竹"——古典美学艺术思辨
探微-------------------------------廖得为
"吹落黄花"与"马走对步"（文苑杂谈）-----孙书第

美术
建设中的白山水电站（速写）-------------张鸿飞
外国书籍插图选登----------[美]弗郎克·弗雷译塔

散文
青青河畔草-----------------------------忆明珠
"天下第一"的"关"-----------------------禾　子

中青年作家自传
吴若增自传-----------------------------吴若增

诗歌
关东诗坛
一个水电工人的故事（小叙事组诗）-------黄　淮
北方山歌（组诗）-----------------------薛卫民
祖国情思（组诗）-----------------------中　申
歌者---------------------------------韩作荣
银河-------------杨大矛　莫文征　何友彬　朱英杰
赵铁民　林伯春　崔立兴　王岱山　赵虎城　刘辉考

及时雨
风筝（外一首）-------------------------张俊以
纯真的诗情-------------------评点　海　南

评论
我国文艺必须坚持社会主义道路——评徐敬亚同志
《崛起的诗群》-------------------------杨荫隆
注意反映农村生活的复杂性（作家谈创作提高）
-----------------------------------高晓声

读者来信

美术
封面设计----------------------邬闻耕　章桂征
文学书籍插图选登-----------------------高　燕
日本掠影（木刻）-----------------------戈　沙

1983年第10期　刊名:《作家》
目录

中篇小说
"河里"人（《大地的眼睛》第一部）-------张　明

短篇小说
有这样一个小院儿---------------------周　密
一个耐咀嚼的小院儿（读稿零札）---------艾　浙
吴氏春秋-----------------------------迟松年
孙小二经商---------------------------苏叔阳
过年---------------------------------霍　光

报告文学
莲花过人头——新凤霞采访录-------------李玲修

1983年第11期　刊名:《作家》
目录

短篇小说
来来---------------------------------周克芹
七号楼的公民们-----------------------梁晓声
仙缘---------------------------------霍　光
《仙缘》的呼唤（读稿零札）-------------宁　人
八卦山新闻---------------------------韩汝诚

中篇小说
林中路（《大地的眼睛》第二部）---------张　明

报告文学
莲花过人头——新凤霞采访录-------------李玲修

中青年作家自传
梁晓声自传 ·················· 梁晓声

诗歌
关东诗坛
呵，北方（组诗）·············· 何 鹰
东院老伯（组诗）·············· 李占学
学习《邓小平文选》记感（二首）···· 孙乃民
西行三首 ··················· 晓 钢
海上归来（外一章）············ 马玉堂
一个新娘，在酒店门口（外一章）···· 桂兴华
银河 ············· 孙广深 子 页
弘 征 唐 哲 黄东成 周玉喜 张晓春 浪 波
张德强 雷天放 苗得雨 高 帆

评论
学习《邓小平文选》笔谈
更坚定些 更清醒些 ············ 金钟鸣
做人民所需要的作家 ··········· 顾笑言
责任感使我们精神抖擞 ·········· 乔 迈
自觉坚持四项基本原则 ·········· 万 寒

春歌·花赋·鸟语——三本儿童诗集读后 · 左 正
评《崛起的诗群》·············· 愚 氓

美术
文学作品插图 ··············· 李焙戈
文学作品插图 ··············· 林 埔

1983 年第 12 期　刊名:《作家》
目录

纪念毛泽东同志诞辰九十周年
生活·政治·大众化——重读《在延安文艺座谈会上
的讲话》··················· 公 木
亲切的回忆（二首）············ 侯金榜
访中南海毛主席故居 ··········· 王 玎

短篇小说
村女进城后 ················· 杜保平
X 线拍片与算命先生 ············ 刘富道
爱，在岔路口 ················ 廖时香
那片淡淡的白云 ·········· （回族）高 深
夜，静悄悄 ················· 许 行

散文
寄李又然同志 ················ 刘树声
"边外人" ·················· 丁 耶

报告文学
莲花过人头（续）——新凤霞采访录 ···· 李玲修

中篇小说
大地的眼睛（《大地的眼睛》第三部）···· 张 明

诗歌
关东诗坛
矿山巡礼（组诗）·············· 梁谢成
心灵的窗口（组诗）········ （朝鲜族）金成辉

及时雨
狼牙山的小路 ················ 王 田
让革命传统题材闪烁诗的光彩（评点）··· 秋 雨

银河 ·············· 孙友田 杨松霖
赵长占 湘 霖 王兆琪 焦抒红 万以诚 周所同
张伦先 陈秀庭 蔡春山 叶曙光

评论
关于中篇小说的通信 ······· 冯骥才 胡德培

美术
中国古代作家（中国画二幅）······· 杨 沙
文学作品插图 ··············· 詹忠效

1984 年第 1 期　刊名:《作家》
目录

中篇小说
哦，你小小的槐树院 ············ 焦祖尧

短篇小说
"人忙子" ·················· 王德忱
五味曲 ··················· 光 群
除夕夜 ················ 闰 水 陈 璇
周末 ···················· 黄世衡
塔吊学徒工 ················· 李不空
绿坪上的空白 ················ 高洪振

当代作家剪影
史铁生印象琐记 ·············· 张 明

散文
在法兰西文学的"圣地"上 ········· 柳鸣九
河清矣 ··················· 金年满

诗歌

关东诗坛

乡情（组诗）————————————陈玉坤

鸿雁落脚的地方（组诗）————————姚业涌

静静的小村（外二首）————————邓万鹏

呵，大西北

骆驼（外一首）————————————胡　昭

查代玛（外一首）——————————沈仁康

哈乙亥————————————————汪玉良

青海湖（外一首）——————————西　彤

过察尔汗盐湖————————————毛　锜

致锡铁山——————————————高　深

戈壁滩，快扬起你的金帆———————张满隆

生活的信念（外二首）————————黎焕颐

中青年作家自传

莫应丰自传————————————吴应丰

评论

文艺要清除精神污染————————曲本陆

《作家》论坛

马克思主义的批评必然是最坦率的———李玉铭

评论家也要熟悉生活————————丁国成

美术

世界作家肖像（木刻）————————曹文汉

外国文学作品插图——————[苏]库克雷尼克赛

散文

白刺根礼赞——柴达木盆地纪行————鄂　华

叙利亚访古————————————胡　昭

当代作家剪影

风俗小说一枝花—————————高进贤

诗歌

关东诗坛

大坝的宣言（外二首）———————戚积广

防川海棠花（外二首）———————李相珏

乡音集（组诗）——————————钱万成

关于昨天的纪念（朗诵诗页）————海　南

西行杂咏————————————李　淮

银河——————————————徐　仁等

《作家》论坛

做名副其实的灵魂工程师——————廉雪石

坚持正确方向下的探索———————肖　冰

评论

《"轰炸鸡"轶闻》和"异化"热———栾昌大

心有灵犀一点通（作家谈创作提高）——报告文学创作随感之二——————————李玲修

缩短多情读者和生硬评论间的距离——评阎纲的文学评论—————————————宋遂良

美术

木刻新作—————————沃保华　孙银生

文学作品插图——————————王怀庆

1984 年第 2 期　刊名:《作家》

目录

短篇小说

丈夫—————————————锦　云　王　毅

晚秋时节——————————————祖　阔

舞会上的姑娘————————————吕明辉

橡树林中的秋天———[苏]尤里·卡札科夫　查意楞译

中篇小说

哦，你小小的槐树院————————焦祖尧

报告文学

嵌在窗口的微笑——————————乔　迈

速写

农村纪事——————————————董辅文

电车出故障的时候——————————杜保平

你能当一辈子模范——————————丁　耶

1984 年第 3 期　刊名:《作家》

目录

短篇小说

女帮办——————————————赵大年

归来的巴么————————（土家族）蔡测海

带点儿棕色的黑眼睛———（蒙古族）鲍尔吉·原野

多福巷闲话————————齐铁民　鞠显友

清明———————————————张　斌

三人行—————————赵鹏万　刘允章

速写

"大粪王"的新鲜事————————胡冬林

海岛，十九岁的排长————————王士美

奋飞———————————————于艾浙

大森林的声音————————————万忆萱

散文

燕子的童话⸺⸺⸺⸺⸺⸺⸺杜丽鹃
怀念与慰藉⸺⸺⸺⸺⸺⸺郑　梅
莫道前路无知己⸺⸺⸺⸺李　进
月下观瀑⸺⸺⸺⸺⸺⸺⸺孔令保

习作与评点

艰难的一步⸺⸺⸺⸺⸺刘宇航
开掘性格的内涵⸺⸺⸺⸺右　水

当代作家剪影

跋涉者的足迹⸺⸺鄂华印象记⸺顾笑言

中青年作家自传

刘富道自传⸺⸺⸺⸺⸺⸺刘富道

诗歌

关东诗坛
故乡的山（外一首）⸺⸺⸺钱　璞
木排哟，载走我的痴情⸺⸺罗继仁
文明村诗草（外二首）⸺⸺金克义
葵乡曲（外二首）⸺⸺⸺⸺柯　原
溪边（外一首）⸺⸺⸺⸺⸺李汝伦
新人新作小辑⸺⸺⸺⸺⸺阮　毅等
银河⸺⸺⸺⸺雷　雯　雁　翎等

评论

谈诗书简⸺⸺⸺⸺⸺⸺⸺上官缨
来自生活的哲理⸺⸺读王维君的抒情诗⸺⸺朱　晶
理想和信念的闪耀⸺⸺谈小说《大地的眼睛》的人物
塑造⸺⸺⸺⸺⸺⸺⸺⸺荣　春
炼意得余味（创作艺术谈）⸺易洪斌

美术

封面设计⸺⸺⸺⸺⸺⸺⸺曹辛之
木刻新作⸺⸺⸺⸺⸺⸺⸺谷　风
文学作品插图⸺⸺⸺⸺⸺秦　龙
新苗⸺⸺⸺⸺⸺⸺⸺⸺虞　健

1984 年第 4 期　刊名:《作家》

目录

笔谈

见闻与观感⸺⸺怀德、农安农村访问归来⸺李亚泉
鄂　华　王　也　王　肯　许　行　丁　耶　张笑天
顾笑言　温　杰　傅之凡

短篇小说

亮色⸺⸺⸺⸺⸺⸺⸺⸺杨东明
奶奶的星星⸺⸺⸺⸺⸺史铁生
无题⸺⸺⸺⸺⸺⸺⸺⸺易洪斌
金崎枝子⸺⸺⸺⸺⸺⸺叶广苓
桥外刘，桥外刘⸺⸺⸺⸺万　寒
想吃熊掌的年轻人⸺⸺⸺顾　亦

散文

瓦盆⸺⸺⸺⸺⸺⸺⸺⸺周同宾
书缘⸺⸺⸺⸺⸺⸺⸺⸺高洪波

诗歌

关东诗坛
在北方海岸（组诗）⸺⸺⸺万忆萱
送粮车队剪影（组诗）⸺⸺许　行
中年人的情怀（组诗）⸺⸺王　野
煤黑子（外一首·朗诵诗页）⸺叶延滨
放眼集⸺⸺⸺⸺⸺⸺⸺黄　淮
雁荡山偶拾（组诗）⸺⸺⸺徐　刚
银河⸺⸺⸺⸺⸺⸺⸺⸺潘万提等
春雪（外一首）⸺⸺⸺⸺崔立兴

习作与评点

眼力（小说）⸺⸺⸺⸺⸺赵景云
撷取生活的新意⸺⸺⸺⸺荣　春

评论

熟能生拙（作家谈创作提高）⸺莫应丰
时代的潮汛　历史的佐证⸺⸺吉林省近年长篇小说创作述评⸺⸺⸺⸺⸺⸺述　林
新作评介
独具风韵的"采访录"⸺⸺读报告文学《莲花过人头》⸺⸺⸺⸺⸺⸺⸺秋白丁
留给读者的思考⸺⸺读小说《村女进城后》⸺关德富
说"结尾"（创作艺术谈）⸺林文山
热情的鼓励　殷切的期望
⸺⸺读者意见综述⸺⸺⸺本刊记者

美术

文学作品插图⸺⸺⸺⸺⸺李勤学
人像速写（二幅）⸺⸺⸺靳尚谊
晨光（木刻）⸺⸺⸺⸺⸺银　生

1984 年第 5 期　刊名:《作家》
目录

短篇小说

你是兔子我是蛇·····································艾　青
一曲淳朴、优美的恋歌——读艾青《你是兔子我是蛇》·····································周红兴
旋转的圆柱·····································孟左恭
现代化卫生设备·····································顾笑言
今后的日子·····································赵　新
相逢在维多利亚·····································闻　水　陈　璇
体委主任·····································洪　峰
我和"司令"——童年生活之一·····································竹　林

中篇小说

五花山·····································张笑天

外国小说

夜晚的车站·····································[苏]利　金　查意椤译

千字小说

君子兰的魅力·····································雨　岚
吃·····································文以思

中青年作家自传

张弦自传·····································张　弦

美术

文学作品插图
扬水站·····································莫　测
坚持历史唯物论
繁荣社会主义文艺事业（消息）

1984 年第 6 期　刊名:《作家》
目录

短篇小说

喜怒哀乐·····································（朝鲜族）金　勋
人鸦对话录·····································祖　慰
天边有颗金色的星·····································孙玉良
雪纷飞·····································张晓华

中篇小说

扭曲的幼树·····································柳　溪

报告文学

写在大地上的诗·····································董辅文　袁庆望

当代作家剪影

萤火，在她的心头闪亮——记女作家宗璞·····································姚　莉

诗歌

关东诗坛
起飞（组诗）·····································崔立兴
微笑的土地（组诗）·····································张红雨
雪路，一辆牛车（外二首）·····································袁世兴
沙枣·····································阿　红
青丝丛中藏着一根白发·····································查　干
儿童诗小辑·····································高　帆　王　玎　姚业涌　赵长占等
银河·····································舒　帆　张永权　张永健　周　导等

评论

文艺要积极宣传社会主义人道主义·····································夏　南
陈奂生论——兼论系列小说创作的有关问题·····································周桐淦
"目的性"原则及其艺术表现·····································谢海泉

美术

封面设计·····································邬　章
文学作品插图·····································蚁美楷
捉（木刻）·····································袁惠民
设立《作家》小说奖启事

1984 年第 7 期　刊名:《作家》
目录

报告文学

爆炸：生命的耀眼闪光·····································乔　迈

散文（专辑）

在这块土地上·····································梅　洁
秋喜叔——乡里旧闻·····································孙　犁
驴之春秋·····································周同宾
"花花"·····································丁　耶
春城雪梦　并《补记》·····································忆明珠
母亲和儿子·····································王小妮
畅饮希龙的红葡萄酒·····································柳鸣九
花甸的集市·····································蔡行远
东苑纪行·····································邵　刚

短篇小说

老树头·····································姜雨零
孤楼·····································孙少山
普通人谈话录·····································沈善增
白内障手术·····································戚小彬
新开的池塘·····································岳中山

当代作家剪影

华林絮语（年轻的作家朋友剪影之一）⋯⋯⋯⋯ 王士美

诗歌

关东诗坛

奔驰的诗情（组诗）⋯⋯⋯⋯⋯⋯⋯⋯⋯⋯ 王忠学

我们北方的大江大河（组诗）⋯⋯⋯⋯⋯⋯⋯ 白煤国

告别之歌 ⋯⋯⋯⋯⋯⋯⋯⋯⋯⋯⋯⋯⋯⋯ 秋 原

缘情集 ⋯⋯⋯⋯⋯⋯⋯⋯⋯⋯⋯⋯⋯⋯⋯ 梁谢成

绿色的歌 ⋯⋯⋯⋯⋯⋯⋯⋯⋯⋯⋯⋯⋯⋯ 王忠范

我歌唱公仆（朗诵诗页）⋯⋯⋯⋯⋯⋯⋯⋯ 冯 堤

诗两首 ⋯⋯⋯⋯⋯⋯⋯⋯⋯⋯⋯⋯⋯⋯⋯ 吴 山

雁羽集 ⋯⋯⋯⋯⋯⋯⋯⋯⋯⋯⋯⋯⋯⋯⋯ 蓝 天

银河 ⋯⋯⋯⋯⋯⋯⋯⋯⋯⋯ 李 俊 张志鹏等

《作家》论坛

由史铁生的"冒险"计划引发的感想 ⋯⋯⋯⋯ 南 风

作家的"眼界" ⋯⋯⋯⋯⋯⋯⋯⋯⋯⋯⋯⋯ 韩志君

评论

作家，要跟上时代的发展 ⋯⋯⋯⋯⋯⋯⋯⋯ 孙 里

"十分之一"与"一以当十" ⋯⋯⋯⋯⋯⋯⋯ 胡德培

美术

作家老舍（木刻） ⋯⋯⋯⋯⋯⋯⋯⋯⋯⋯⋯ 傅靖生

文学作品插图 ⋯⋯⋯⋯⋯⋯⋯⋯⋯⋯⋯⋯ 孙爱国

春风 ⋯⋯⋯⋯⋯⋯⋯⋯⋯⋯⋯⋯⋯⋯⋯⋯ 刘国顺

1984 年第 8 期　刊名:《作家》
目录

短篇小说

楼上楼下 ⋯⋯⋯⋯⋯⋯⋯⋯⋯⋯⋯⋯⋯⋯ 肖建国

西装革履 ⋯⋯⋯⋯⋯⋯⋯⋯⋯⋯⋯⋯⋯⋯ 曹宏慈

"学问家"遭难 ⋯⋯⋯⋯⋯⋯⋯⋯⋯⋯⋯⋯ 李占恒

不甘心止住的雨 ⋯⋯⋯⋯⋯⋯⋯⋯⋯⋯⋯ 鲍 昌

长街小店 ⋯⋯⋯⋯⋯⋯⋯⋯⋯⋯⋯⋯⋯⋯ 夏 萍

清醒 ⋯⋯⋯⋯⋯⋯⋯⋯⋯⋯⋯⋯⋯⋯⋯⋯ 田清文

带泪的花朵 ⋯⋯⋯⋯⋯⋯⋯⋯⋯⋯⋯⋯⋯ 田英杰

外国小说

冉·达尔文 ⋯⋯⋯⋯ ［英］毛 姆 少 功 少 波译

速写

香港二题 ⋯⋯⋯⋯⋯⋯⋯⋯⋯⋯⋯⋯⋯⋯ 中 申

熊胆 ⋯⋯⋯⋯⋯⋯⋯⋯⋯⋯⋯⋯⋯⋯⋯⋯ 何应扬

蓝芍药开了 ⋯⋯⋯⋯⋯⋯⋯⋯⋯⋯⋯⋯⋯ 李占学

在副食店里 ⋯⋯⋯⋯⋯⋯⋯⋯⋯⋯⋯⋯⋯ 梁若冰

散文

马的故事 ⋯⋯⋯⋯⋯⋯⋯⋯⋯⋯⋯⋯⋯⋯ 悟 实

水中天 ⋯⋯⋯⋯⋯⋯⋯⋯⋯⋯⋯⋯⋯⋯⋯ 常 虹

诗歌

关东诗坛

北方草原，我的试验场（组诗）⋯⋯⋯⋯⋯⋯ 刘玉森

长白山剪影（组诗）⋯⋯⋯⋯⋯⋯⋯⋯⋯⋯ 党国栋

棒槌岛速写 ⋯⋯⋯⋯⋯⋯⋯⋯⋯⋯⋯⋯⋯ 厉 风

兵之歌

沸腾的工地（组诗）⋯⋯⋯⋯⋯⋯⋯⋯⋯⋯ 柳 沄

金翅歌（组诗）⋯⋯⋯⋯⋯⋯⋯⋯⋯⋯⋯⋯ 丁希泉

夜在江岸 ⋯⋯⋯⋯⋯⋯⋯⋯⋯⋯⋯⋯⋯⋯ 田玉文

他走了 ⋯⋯⋯⋯⋯⋯⋯⋯⋯⋯⋯⋯⋯⋯⋯ 刘德亮

萧笛手杖 ⋯⋯⋯⋯⋯⋯⋯⋯⋯⋯⋯⋯⋯⋯ 王 田

我的思絮，常在山路上飞旋（朗诵诗页）⋯⋯ 贺羡泉

银河 ⋯⋯⋯⋯⋯ 张永善 王正军 朱谷忠等

中青年作家自传

乔迈自传 ⋯⋯⋯⋯⋯⋯⋯⋯⋯⋯⋯⋯⋯⋯ 乔 迈

当代作家剪影

不连贯的几个画面——记作家蒋子龙 ⋯⋯⋯ 褚建民

评论

把激情献给开拓型改革者 ⋯⋯⋯⋯⋯⋯⋯⋯ 杜 若

新作短评

一曲深沉的挽歌——读《奶奶的星星》⋯⋯⋯ 纪 众

遍尝人生诸滋味 朝悟夕死亦堪豪——读《喜怒哀乐》札记 ⋯⋯⋯⋯⋯⋯⋯⋯⋯⋯⋯⋯⋯⋯⋯ 赵宝康

美术

诗人艾青 ⋯⋯⋯⋯⋯⋯⋯⋯⋯⋯⋯⋯⋯⋯ 王 炜

文学作品插图 ⋯⋯⋯⋯⋯⋯⋯⋯⋯⋯⋯⋯ 姜 琳

哺（木刻）⋯⋯⋯⋯⋯⋯⋯⋯⋯⋯⋯⋯⋯⋯ 凡 丁

1984 年第 9 期　刊名:《作家》
目录

短篇小说

演员二题 ⋯⋯⋯⋯⋯⋯⋯⋯⋯⋯⋯⋯⋯⋯ 航 鹰

红莓花

过场

人们叫他"岁儿" ⋯⋯⋯⋯⋯⋯⋯⋯⋯⋯⋯ 洪 峰

杭家沟 ⋯⋯⋯⋯⋯⋯⋯⋯⋯⋯⋯⋯⋯⋯⋯ 高晓声

在希望光环中的姑娘 ⋯⋯⋯⋯⋯⋯⋯⋯⋯⋯ 晓 剑

邪门儿·····················梁秉坤
瓦灰色的鸽子·················张秀枫
倪老大·····················卢庆福

童话
红菱梦迹····················宗　璞

文学回忆录
一九四〇年初春的回忆············骆宾基

散文
奋飞的天鹅··················刘再复
春城的怀念··················孙中田
乡间，旋转着一叶绿色的希望········梅　洁

诗歌
给我的儿子（三首）·············王小妮
普罗柯菲耶夫诗五首·············蓝　曼译

当代作家剪影
华林絮语——年轻的作家朋友剪影之二··王士美

中青年作家自传
周克芹自传··················周克芹

《作家》论坛
知彼知己——关于摆脱创作的盲目性···朱　晶

美术
版画选登··················戈　沙等
文学作品插图················宋惠民
长白之歌（木刻）·············李秀山

1984 年第 10 期　刊名：《作家》
目录

文学艺术家要与时代同步前进········刘敬之

杂文随笔
中国的魅力··················乔　迈
酬志报国宜其时···············谷长春
风雷引····················洪　斌

报告文学
一个人和一座矿···············鄂　华

短篇小说
蔡九爷看《茶花女》············吴若增

滚动的石头··················王德忱
凝结着爱的死亡···············浙　滨
美梅，美梅··················洪　峰
太阳帽····················张晓华

中篇小说
小城，平静的夏天··············徐振清

散文
故乡的泥土··················赵淑侠
陶怡墓前···················韩汝诚

诗歌
北中国（节选）···············徐敬亚

中青年作家自传
刘心武自传··················刘心武

评论
我们听到了大河澎湃的涛声
——读《北方的河》············纪　众

新作短评
信息与诗情——读《旋转的圆柱》····吴甸起
好一幅雪景沉思图——读《雪纷飞》··林为进

美术摄影
在生活的激流中（照片八幅）——作家行踪

1984 年第 11 期　刊名：《作家》
目录

北京青年作家小说专辑
一个并非虚构的故事·············陈中冀
惩罚之路···················陈　放
同构·····················郑万隆
通向车站的路················何志云
帷幕·····················肖复兴
一位木工的简短自述············李功达
会餐·····················阿　城
口才·····················王兆军
漩涡（中篇小说）··············马立诚
九片绿叶——读陈中冀等九同志小说的笔记···孟伟哉

中青年作家自传
张石山自传··················张石山

作品争鸣

不能接受的标准化
——评《美酒能否少些辛辣味？》 ………………… 孙 里
美酒能否少些辛辣味——浅谈小说《女帮办》的得与
失 ………………………………………………… 单 言

1984 年第 12 期　刊名:《作家》
目录

短篇小说

鬼脸砬子上的汉子 ……………………………… 王小克
猎人与妻子 ……………………………………… 王家男
火灾 ……………………………………………… 叶明山
登记 ……………………………………………… 霍 光
人和狼的故事 …………………………………… 张石山
教授与君子兰 …………………………………… 杨若木
眼镜的风波 ……………………………………… 竹 林
蠢事及其他（二篇） …………………………… 韩汝诚
兴奋 ……………………………………………… 闰 水
在秋天的一个早晨 ……………………………… 林和平
达记板鸭铺 ……………………………… 贺景文　张昌华

评论

也谈陈奂生——与周桐淦同志商榷 …………… 黄 珅
"北京青年作家小说专辑"琐谈 ………………… 唐 挚

美术

文学作品插图 …………………………………… 陈玉先

1985 年第 1 期　刊名:《作家》
目录

北京人（口述体实录报告文学） ………… 张辛欣　桑 晔
逗哏
多子多福
昨天的职业
一路不顺风
老巴黎
旧雨新知

倾家荡产的游戏（中篇小说） ………………… 陈 冲
新侣（短篇小说） ……………………………… 胡小胡
高空事故（短篇小说） ………………………… 邓 刚
红嘴唇儿（短篇小说） ………………………… 梁秉坤
生日在洛杉矶（短篇小说） …………………… 梁学政
肠癌一例（微型小说） ………………………… 浙 滨
"胜利者"（微型小说） ………………………… 张秀枫

舞会皇后（学员作品之页） ………… 杨建木作　鄂 华评点
电扇（散文） …………………………………… 马畏安
绿莹莹的鸟鸣（诗二首） ……………………… 朱 雷
听松（诗·外一首） …………………………… 忆明珠
评王家男的猎人"系列"（评论） …………… 雷 达
高晓声一年来小说概评（评论） ……………… 吴 亮
致丁耶（作家书简） …………………………… 公 木
吻（雕塑） …………………………………… [法]罗 丹
作家的画

1985 年第 2 期　刊名:《作家》
目录

老米的戒烟史（幽默小说） …………………… 刘富道
刀下留情及其他（短篇小说） ………………… 万 寒
羊脂玉（短篇小说）——故道风情之三 ……… 赵本夫
一个农家少妇的故事（短篇小说） …………… 关汝松
沉默的会议（讽刺小说） ……………………… 杨绍维
串号儿 …………………………………………… 王慧芹
上城里过年（短篇小说） ……………………… 艾 真
深深的雪谷（短篇小说） ……………………… 王士美
后事（微型小说） ……………………………… 中 申
他死在灿烂的阳光中
——悼念我的老师李又然 ………………… 胡 昭
盖棺（散文） …………………………………… 丁 耶
最后的渴求（微型小说） ……………………… 洪 峰
北方的歌（诗二首） …………………………… 薛卫民
南海的召唤（诗）——致厦门 ………………… 邹荻帆
斯蒂芬·茨威格（文学回忆录）
　　　　　　　　　 [苏]弗·利金　查意椤译
找保姆（学员作品之页） ……………… 官会平作　乔迈评点
站得更高些　蹲得更低些（文学信箱） ……… 顾笑言
序《三门李轶闻》（评论） …………………… 杨匡满
少女 ……………………………………………… 东乡青儿
藏书票选登
待嫁的姑娘（油画） …………………… [罗]格里高里斯库

1985 年第 3 期　刊名:《作家》
目录

北京人（口述体实录报告文学） ………… 张辛欣　桑 晔
经理
盖楼人脚下的路
呼兰河归海
炒田螺的
惨不惨
明星

往事知多少（中青年作家自传）————————张辛欣
活着的石像（中篇小说）
——香江万花筒之三————————————中　申
周末礼服（短篇小说）————————————林　晞
恩怨记（短篇小说）——下湾洲纪事————陈世旭
天堂少女（短篇小说）————————————张　明
一个老委主任的自述（短篇小说）————董　速
相面（微型小说）————————————————王　汪
乡镇二题（散文）————————————————禾　子
唐克抒情诗选（五首）————[苏]唐　克　秋　原译
我从北方来（组诗）——————————————雷恩奇
珀琥（诗）———————————————————张少波
飞入乱云深处啼（学员作品之页）——雁荡山风情小
说之一—————————野　夫作　韩汝诚评点
掣鲸鱼于碧海（文学信箱）————————乔　迈
花月———————————————————东山魁夷
索尼亚·库仑普斯像（油画）———————封利姆特
我国邮票上的作家
书籍装饰小品（木刻）————————法弗尔斯基

1985 年第 4 期　刊名：《作家》
目录

文学的"根"（《作家》论坛）————————韩少功
江河之水（短篇小说）————汪浙成　温小钰
仅有的乐趣（短篇小说）————————————赵大年
贡茶（短篇小说）————————————————许胤丰
代沟二题（短篇小说）————————————万　寒
父与子
婆与媳
走失了的模特儿（短篇小说）————————吴若增
除夕招待会（短篇小说）————————————张　辉
原谅我（短篇小说）————————————————孙玉良
瑶寨（散文）————————————————————王小妮
巫祝·地狱·小鬼（散文）————————————闻　山
我心目中的李香兰（散文）
——————————[日]泽地久枝　徐秉洁译
祖慰谈祖慰（中青年作家自传）————————祖　慰
女子，东方的女子（诗）————————————林　珂
奠基（诗）—————————————————————匡　满
毛头觅友（学员作品之页）———祝大安作　刘富道评点
画家笔下的作家——————————[苏]谢尔巴柯夫等
肖像——————————[美]霍华德·查理·克里斯提
林中微雨———————————————[俄]希施金
"《作家》奖"评奖启事

1985 年第 5 期　刊名：《作家》
目录

能量热量力量奏鸣曲————————闻　水　陈　璇
这一块天地————————————————————霍　光
划破平静之后……————————————————彭见明
莫愁前路无知己——献给甘于寂寞的朋友——张笑天
我是一块橡皮泥————————————————毛志成
最后的黄昏和夜晚——————————————刘凤仪
夜归人——————————（中国香港）阮　朗遗作
广告栏里的海报————————————————冰　凌
遥远的呼唤——————————————————王家男
静悄悄，静悄悄的——女人的故事————胡彦华
清冷的假日——————————————————霍宝珍
致广大读者、作者————————————本刊编辑部
尤丽娅（油画）——————————————[苏]赛洛夫
外国邮票上的作家
《小说与故事》评奖启事
美人鱼——————————————————霍华德·派尔

1985 年第 6 期　刊名：《作家》
目录

首届"《作家》小说奖"获奖篇目
黄宗英在蛇口（报告文学）————————乔　迈
芽（短篇小说）————————————————叶文玲
翻天柱（短篇小说）————————————————普　飞
飘忽的路（短篇小说）——童年生活之三——竹　林
干扰（短篇小说）————————————————刘昌璞
三等烟民（短篇小说）————————————崔兴林
试（学员作品之页）————————————————陈延春
关于小说的悬念————————————————汪浙成
练达人情试"仿生"（边缘化文学）——————祖　慰
散文诗三章——————————————————李又然遗作
江河之爱是大海——哀悼我的父亲李又然——李兰颂
有一个王安忆————————————————陈　村
小诗三首（学员作品之页）——————————肖　篷
妈妈，我们回家去（诗）————————————初　萌
我大声喊："到！"（诗）————————————怀　白
小说叙述语言的锤炼（文学信箱）——————刘富道
《文学的根》补记————————————————韩少功
南茜画像
卡夫卡的画和画中的卡夫卡
"《作家》奖"评奖启事

1985 年第 7 期　刊名:《作家》
目录

在中国作家协会吉林分会
第四次会员代表大会上的祝词⋯⋯⋯⋯刘敬之
中国作家协会吉林分会
第四次会员代表大会开幕词⋯⋯⋯⋯⋯鄂　华
热爱创作劳动——中国作家协会吉林分会第四次会员
代表大会闭幕词⋯⋯⋯⋯⋯⋯⋯⋯⋯胡　昭
中国作家协会书记处贺电
中国作家协会吉林分会
名誉主席、主席、副主席名单
中国作家协会吉林分会
第四届理事会名单
解放思想　攀登高峰　振兴吉林文学
作协吉林分会召开第四次会员代表大会
失落的记忆（短篇小说）⋯⋯⋯⋯⋯⋯鄂　华
目前不宜离婚（短篇小说）⋯⋯⋯⋯⋯王　毅
西门外发现古墓（短篇小说）⋯⋯⋯⋯朱光雪
最后的篇什（短篇小说）⋯⋯⋯⋯⋯⋯王荣伟
赵大年自传（中青年作家自传）⋯⋯⋯赵大年
鸟诗·鸟道主义（散文）⋯⋯⋯⋯⋯⋯李汝伦
左琴科和他的朋友们（文学回忆录）
　　　　　［苏］鲍利斯·谢苗诺夫　查意楞译
告别（诗二首）⋯⋯⋯⋯⋯⋯⋯⋯⋯王小妮
秋游二首（诗）⋯⋯⋯⋯⋯⋯⋯⋯⋯赵鹏万
金成辉诗五首⋯⋯⋯⋯⋯⋯（朝鲜族）金成辉
祖国赤子的心声
——金成辉诗集《洁白的爱》序⋯⋯⋯胡　昭
从“单质文学”到“合金文学”（《作家》论坛）
　　　　　　　　　　　　　　　　刘心武
中国的民众在想什么？　——读张辛欣、桑晔的《北京
人》⋯⋯⋯⋯⋯⋯⋯⋯⋯⋯⋯⋯⋯吴　亮
芭蕾之星（油画）⋯⋯⋯⋯⋯⋯⋯［苏］谢洛夫
在作协吉林分会第四次会员代表大会上（照片）
阿波罗与达芙妮（雕塑）⋯⋯⋯⋯［法］贝尼尼

1985 年第 8 期　刊名:《作家》
目录

获奖者的话⋯⋯⋯⋯⋯⋯⋯⋯⋯⋯⋯阿　城等
首届“《作家》小说奖”授奖大会隆重举行
　　　　　　　　　　　　　　　　本刊记者
阿俑（短篇小说）⋯⋯⋯⋯⋯⋯⋯⋯忆明珠
大院里的故事（短篇小说）⋯⋯⋯⋯⋯霍　光
乡里来的画匠（短篇小说二篇）⋯⋯⋯古　华
人生的无色幽默（短篇小说二篇）⋯⋯杨东明

深深玉女潭（短篇小说）⋯⋯⋯⋯⋯⋯李克定
未开的“四色花”（短篇小说）⋯⋯⋯⋯木　青
“等一下”（讽刺小说）⋯⋯⋯⋯⋯⋯⋯李玲修
作家剪影——参加全国优秀报告文学、中篇小说、短
篇小说奖授奖大会南京日记⋯⋯⋯⋯⋯张守仁
“检讨”春秋——《“左”拾遗》之五⋯⋯丁　耶
艰难的寻觅（诗）⋯⋯⋯⋯⋯⋯⋯⋯⋯中　申
谷荏（诗）⋯⋯⋯⋯⋯⋯⋯⋯⋯⋯⋯崔勇列
赠别（诗）⋯⋯⋯⋯⋯⋯⋯⋯⋯⋯⋯刘祖慈
普通家族（诗·外一首）⋯⋯⋯⋯⋯⋯庞颖洁
下雪天（诗）⋯⋯⋯⋯⋯⋯⋯⋯⋯⋯李占学
小师妹（学员作品之页）⋯⋯⋯⋯⋯⋯刘殿军
有意思的《小师妹》⋯⋯⋯⋯⋯⋯⋯⋯航　鹰
秋（局部）⋯⋯⋯⋯⋯⋯⋯⋯［日本］东山魁夷
海滨（水彩画）⋯⋯⋯⋯⋯⋯⋯⋯［美］弗　林
在“《作家》小说奖”授奖大会上⋯⋯阎德林　曹士玺

1985 年第 9 期　刊名:《作家》
目录

此事古难全（短篇小说）⋯⋯⋯⋯⋯⋯杜保平
祝你幸福（短篇小说）⋯⋯⋯⋯⋯⋯⋯南　岗
公园里，有一棵树（短篇小说）
——老人的故事之一⋯⋯⋯⋯⋯⋯⋯洪　峰
肖静兰的星期天三色曲（短篇小说）⋯纪　众
陌生的春天（短篇小说）⋯⋯⋯⋯⋯⋯杨文忠
雪驹（短篇小说）⋯⋯⋯⋯⋯⋯⋯⋯⋯浙　滨
酒祸（短篇小说）⋯⋯⋯⋯⋯⋯⋯⋯⋯王　祁
乡野的仇怨（短篇小说）⋯⋯⋯⋯⋯⋯朱光雪
理一理我们的“根”（《作家》论坛）⋯⋯李杭育
枫叶寄语（诗）⋯⋯⋯⋯⋯⋯⋯⋯⋯⋯钱　璞
中国作家协会吉林分会
第三届优秀文学作品评选揭晓
少女⋯⋯⋯⋯⋯⋯⋯⋯⋯⋯⋯⋯⋯⋯中原修
作家的画⋯⋯⋯⋯⋯⋯⋯⋯⋯⋯⋯乔伊斯等
书籍装饰小品⋯⋯⋯⋯⋯⋯⋯⋯⋯⋯肯　特
吉林省作家进修学院、《作家》杂志社
1986 年文学函授招生启事

1985 年第 10 期　刊名:《作家》
目录

第一次下井（短篇小说）⋯⋯⋯⋯⋯⋯孙少山
军魂草（短篇小说附评点）⋯⋯⋯⋯⋯张　芹
鼻子（短篇小说）——故土恋情之一⋯王　祁
记忆里的冬天（短篇小说）⋯⋯⋯⋯⋯张　平
茶炉大王（短篇小说）⋯⋯⋯⋯⋯⋯⋯壮国威

大作问世之后（短篇小说）⋯⋯⋯⋯⋯⋯易和声
自传（中青年作家自传）
——在乡间的十九年⋯⋯⋯⋯⋯⋯⋯贾平凹
合浦珍珠（散文）⋯⋯⋯⋯⋯⋯⋯⋯⋯胡 昭
范政的童话（散文）⋯⋯⋯⋯⋯⋯⋯⋯孙肖平
榴花村二题（散文）⋯⋯⋯⋯⋯⋯⋯⋯周同宾
他要到山那边去（诗）⋯⋯⋯⋯⋯⋯⋯朱 雷
七月，田野的高度（诗）⋯⋯⋯⋯⋯⋯于金廷
张笑天印象（当代作家剪影）⋯⋯⋯⋯吴若增
非性格小说与非性格人物（理论）⋯⋯纪 众
心灵奥秘在对比艺术中揭示——《能量热量力量奏鸣
曲》人物浅析⋯⋯⋯⋯⋯⋯⋯⋯⋯⋯阮温凌
桌上静物（油画）⋯⋯⋯⋯⋯⋯〔日〕武石一胤
漫画中的作家
国外藏书票
妆（油画）⋯⋯⋯⋯⋯⋯⋯⋯〔日〕中山忠彦

1985 年第 11 期　刊名:《作家》
目录

余音（短篇小说）⋯⋯⋯⋯⋯⋯⋯⋯⋯唐 宁
街（短篇小说）⋯⋯⋯⋯⋯⋯⋯⋯⋯⋯王安忆
我害怕⋯⋯（短篇小说）⋯⋯⋯⋯⋯⋯王小鹰
在一个古老的小镇上，有一个姑娘⋯⋯（短篇小说）
⋯⋯⋯⋯⋯⋯⋯⋯⋯⋯⋯⋯⋯⋯⋯程乃珊
众望所归（短篇小说）⋯⋯⋯⋯⋯⋯⋯蒋丽萍
甘草王与神奇的鸟（中篇小说）⋯⋯⋯张宝发
小品（七篇）⋯⋯⋯⋯⋯⋯⋯⋯⋯⋯⋯陈 村
儿子
九岁的狗
斗室
手球
重要的日子
木乃伊
旧书
我看德培这个人（当代作家剪影）⋯⋯吴 亮
结构：作为一种现实的态度（评论）——评王安忆小
说近作的结构艺术⋯⋯⋯⋯⋯⋯⋯⋯程德培
对死亡的超脱和征服自然的代价（评论）⋯⋯毛时安
夏日⋯⋯⋯⋯⋯⋯⋯⋯⋯⋯⋯⋯莱顿·琼斯
书籍装饰小品

1985 年第 12 期　刊名:《作家》
目录

当代苏联短篇小说专号
在探索与开拓之中——七、八十年代苏联短篇小说印

象⋯⋯⋯⋯⋯⋯⋯⋯⋯⋯⋯⋯⋯⋯⋯邓蜀平
"按原则办事！"⋯⋯⋯⋯⋯⋯⋯⋯谢·沃罗宁
蝴蝶胸针⋯⋯⋯⋯⋯⋯⋯⋯⋯⋯弗·叶戈罗夫
我唇上的吻⋯⋯⋯⋯⋯⋯⋯⋯⋯格·马捷沃相
找邮箱⋯⋯⋯⋯⋯⋯⋯⋯⋯⋯阿·库尔恰特金
阿涅奇卡⋯⋯⋯⋯⋯⋯⋯⋯阿·明奇科夫斯基
家长日⋯⋯⋯⋯⋯⋯⋯⋯⋯⋯⋯尼·佩列佩奇
鸟⋯⋯⋯⋯⋯⋯⋯⋯⋯⋯⋯⋯⋯⋯维·波塔宁
秋城重逢⋯⋯⋯⋯⋯⋯⋯⋯⋯⋯瓦·海留佐夫
画家⋯⋯⋯⋯⋯⋯⋯⋯⋯⋯米·切尔诺卢斯基
在群山中（油画）⋯⋯⋯⋯⋯⋯〔苏〕哈恩德扬
苏联作家肖像（漫画四幅）
文学作品插图
春（油画）⋯⋯⋯⋯⋯⋯⋯〔苏〕普拉斯托夫

1986 年第 1 期　刊名:《作家》
目录

雪原（小说处女作）⋯⋯⋯⋯⋯⋯⋯⋯李江树
老鼠（短篇小说）⋯⋯⋯⋯⋯⋯⋯⋯⋯黄 灿
手杖不是权杖（短篇小说）⋯⋯⋯⋯⋯张笑天
小沙河，深沉的河（短篇小说）⋯⋯⋯乔 瑜
那年春天（短篇小说）⋯⋯⋯⋯⋯⋯⋯刘 铁
梦天台（小说处女作）⋯⋯⋯⋯⋯⋯⋯张珊瑰
这里一条河（短篇小说）⋯⋯⋯⋯⋯⋯毛 毛
雪日（散文）⋯⋯⋯⋯⋯⋯⋯⋯⋯⋯⋯王小妮
小猫——"缺尾"（散文）⋯⋯⋯⋯⋯⋯鲁 琪
黄河二首（诗）⋯⋯⋯⋯⋯⋯⋯⋯⋯⋯贾志坚
哦，乡桥（诗·外二首）⋯⋯⋯⋯⋯⋯马 辉
黑色变奏（诗二首）⋯⋯⋯⋯⋯⋯⋯⋯宗仁发
自论自我开发（中青年作家自传）⋯⋯楚 良
公木，我尊敬的诗兄——在公木创作学术讨论会上的
祝词⋯⋯⋯⋯⋯⋯⋯⋯⋯⋯⋯⋯⋯⋯朱子奇
歌者和园丁——向公木师致敬⋯⋯⋯⋯胡 昭
中国文学要走向世界（《作家》论坛）——从植根于
"文化岩层"谈起⋯⋯⋯⋯⋯⋯⋯⋯郑万隆
有潜力，有希望——对"吉林青年作家小说专辑"的
评论⋯⋯⋯⋯⋯⋯⋯⋯⋯⋯⋯⋯⋯⋯王 肯等
公木创作活动五十五周年纪念会在吉林大学举行
赤热的心（油画）
书籍装饰小品

1986 年第 2 期　刊名:《作家》
目录

男人为什么不能成圣贤（中篇小说）⋯⋯乔 迈
天鹅（短篇小说）——生命狂想曲之二⋯⋯赵伯涛

孤岛（短篇小说）————————————黄　灿
海鸥之死（短篇小说）
————列维坦的故事之一————————胡　昭
看电影（微型小说）————————————宗仁发
山里有雪（小说处女作）————————小　晶
初升（短篇小说）————————————迟子建
生日蛋糕（短篇小说）————————————南　冈
老病号眯缝眼（短篇小说）————————马　常
北方图腾（组诗）————————————朱　雷
布荒（组诗）————————————薛卫民
进城（诗）————————————唐旺盛
常春藤及其他（组诗）————————————华　沙
少女时代（诗·外一首）————————毛　毛
冬的拐杖（散文）————————————马德菊
"左"拾遗（随笔二篇）————————丁　耶
从古老文化到文学的"根"（《作家》论坛）古　华
"吉林青年作者小说专辑"笔谈————王家男等
水边城堡————————————富谷一明
肖像————————————官永岳彦
当代作家签名录①
书籍装饰小品

1986 年第 3 期　刊名:《作家》
目录

吉林作家进修学院学员小说专辑
纸鹤————————————高　光
四户屋————————————王小克
搂草————————————李不空
小镇人物三题————————————朱光雪
小东街————————————刘尚宽
假如你涉过目光的河（小说处女作）————于德北
冰溪中的金花瓣（小说）————————刘学林
落叶岛的小屋（小说）————————王梓夫
遗老堂（小说）————————————赵　践
自传（中青年作家传）————————陈　村
芳草故人（散文）————————（苗族）江　恒
春天的日历（散文诗·七章）————李　耕
立体交叉桥（诗·外一首）————————曲有源
远东男子（诗）————————————郭力家
好来宝演唱者（诗）————（蒙古族）阿拉坦托娅
今晚，我要看足球赛（诗歌处女作）————孙湛泉
花园的市街（诗）————————————方　赫
沟通·理解·探索——吉林青年小说创作讨论会侧记
本刊重要启事
水乡小镇————————————邵其华
当代作家签名录②
作家的画像（四幅）————————毕加索等

1986 年第 4 期　刊名:《作家》
目录

淡水鱼之王（短篇小说）————————李子玉
蜘蛛（短篇小说）————————————洪　峰
透明的夜（短篇小说）————————于滌心
三重奏（短篇小说）——爱的故事之二————韩少华
唉，小巷里的这口井（短篇小说）————范小青
梦里寻她千百度（讽刺小说）————————傅百龄
呵，石龙冈（小说处女作）————————郭昕启
紫色的牵牛花（短篇小说）
————童年的诗之一————————白　描
县委宣传部长和文化馆长的对话（微型小说）
————————————许世杰
小品五篇————————————陈　村
邂逅（散文）————————————吴民民
我给九儿和她，写传记（中青年作家自传）————刘　真
故乡集（组诗）————————————刘家魁
在西行的路上（组诗）————————雷恩奇
训诫（诗）————————————唐旺盛
雨丝（诗）————————————杨　莹
"文学寻根"五人谈（《作家》论坛）
————毛时安　吴　亮　李　劼　蔡　翔　许子东
"我看吉林青年小说创作"（笔谈）
哲学意识的觉醒——谈我省青年小说创作及对他们的
批评————————————纪　众
摆脱框架寻找真实的构成————————章　平
当代作家签名录③
作家的塑像————————————罗　丹
少女和小鸟————————————米　罗

1986 年第 5 期　刊名:《作家》
目录

失败者（短篇小说）————————————李江树
诗人之初（短篇小说）————————乔雪竹
悠远的风铃（短篇小说）————————李本深
减皱霜（短篇小说）————————刘亚先　霍　光
杀不死的梦（短篇小说）————————赵　自
月光下的草垛（短篇小说）————————胡　昭
山的魔力（短篇小说）————————刘耀杰
沉默的冰原（短篇小说）————————王家男
对证（微型小说）————————————子　牛
灰眼睛（组诗）——荒原四重奏————朱　雷
写在《灰眼睛》之后————————————洪　峰

流沙（诗·外二首）————————曲有源
北方，有一个小伙子（诗·外一首）——金克义
叶甫图申科诗二首————————高　陶译
五月，在山中（散文）————————梅　洁
散文诗五章————————————秋　原
我给九儿和她，写传记（中青年作家自传）—刘　真
"我看吉林青年小说创作"（笔谈）
作家，建立起你"个"的主体性————冬　木
关于吉林小说创作新态势断想————郭力家
海明威（作家生活拾趣）
花——————————————阪本修次

童年旧事————————————梅　洁
高原行吟————————————焦成恩
人参鸟————————————赵　赴
蚯蚓————————[苏]尤·邦达列夫　查意楞译
红樱桃（组诗）————————吕　新
山之恋（组诗）————————佟　石
这里有三尺厚的黄沙（中青年作家自传）——赵本夫
完整性的破裂（理论）
——当代小说形态的新变————程德培
"我看吉林青年小说创作"（笔谈）
困惑、焦灼与现代意识的觉醒————杨文忠
生活，在年轻的心中蒸馏————张晓春
卡夫卡（作家生活拾趣）
岁月（油画·局部）————————张祖英

1986 年第 6 期　刊名：《作家》
目录

短篇小说专号
神童————————————————金　河
肖静兰的工作日三色曲————————纪　众
假若你————————————————王俊义
生生不息————————————————马　犁
水仙嫂————————————————佳　峻
小说两篇————————————————吴　亮
邮票的故事
蓝墨水的故事
老潮————————————————彭瑞高
呼唤黎明————————————————相　惠
给妻子讲个故事————————————白小易
龙迹——生和死的故事之一————张　芹
古榆————————————————孟左恭
多思的年华（油画）————————李　迪
维克多·雨果（作家生活拾趣）

1986 年第 7 期　刊名：《作家》
目录

过客（短篇小说）————————乔雪竹
亚金戒指（短篇小说）（生活变奏曲·第一号）
————————————闻　水　陈　璇
诗人（短篇小说）————————何立伟
白老鼠（短篇小说）————————咏　鸣
更年期综合症（短篇小说）————于涤心
矮凳（短篇小说）——林场笔记————祁力嘉

散文小辑
迎春花奠————————————忆明珠
火之舞（二章）————————乔　迈
珞珈山笔记————————————王英琦

1986 年第 8 期　刊名：《作家》
目录

零点以后的浪漫史（短篇小说）————周晓红
回忆我临终之日（短篇小说）————周松林
康巴人营地（短篇小说）————————马　原
陷落沙滩的罗亭（短篇小说）————凌耀忠
岔河（短篇小说）————————苏　童
讽刺小说两篇————————————张　长
记拍
"奇迹"的诞生
红鲤鱼（短篇小说）————毛时安　刘俊光
静夜的回声（短篇小说）————————马德菊
写不出自传的人（中青年作家自传）——王英琦
夜半论文（作家书简）————————陈　村
面面观和层层观小品系列————————祖　慰
打蛇者说（杂文）————————闻　山
水仙（散文）————————高洪波
童年二首（诗）————————王建渐
太阳是大家的（组诗）——献给 1986：世界和平年的
儿童————————————薛卫民
本世纪问题（诗·外一首）————庞颖洁
致乔迈——报告文学集《爱之外》代序——公　木
小说的成功：超越单一的审美层次（理论）——章　平
作协吉林分会召开青年作家作品讨论会————迅　信
望乡————————————东乡青儿
安徒生（《作家》生活拾趣）

1986 年第 9 期　刊名:《作家》
目录

吉林青年作者小说专号
奔丧（中篇小说）······················洪　峰
彩票（短篇小说）······················孙旭光
最后的夕阳（短篇小说）················王德忱
楼道（短篇小说）······················吕　新
吆罗罗罗嘞（短篇小说）················周　密
白土地（短篇小说）····················高　光
沉溺（短篇小说）······················南　冈
伊甸果（短篇小说）····················王小克
流亡（短篇小说）······················刘　铁
南山蝈蝈叫（短篇小说）················谷　桑
黄昏星（短篇小说）····················杨文忠
明年会不会有春天（短篇小说）··········于德北
音乐·······························马蒂斯
马克·吐温（作家生活拾趣）

1986 年第 10 期　刊名:《作家》
目录

创刊三十周年纪念专号
回顾与前瞻
——为《作家》创刊三十周年而作·········公　木
祝贺《作家》创刊三十周年·······宗　璞　刘绍棠
史铁生　冯骥才　金　河　张笑天　忆明珠　郑万隆
王　蒙　汪曾祺　王　肯　韩少功　从维熙　鄂　华
危楼记事之八（短篇小说）··············李国文
走下"豪华"（短篇小说）···············王　毅
遥远的梦（短篇小说）——无场次对话······张晓崧

评论家写的小说与创作谈
鬼·································南　帆
小说的感觉···························南　帆
作品 2 号：阴差阳错···················李　劼
选择和寻找···························李　劼
坟·································吴　亮
我与小说····························吴　亮
整不明白——普通荒诞举隅之一···········纪　众
小说·······························纪　众

马原写自传（中青年作家自传）··········马　原
蚕山二尼（报告文学）··················乔　迈
海的随想（散文）——日记摘抄···········胡　昭
童心二题（散文诗）····················柏广新
北方（组诗）·························方　华

黄河故道（诗）·······················李　松
历史的回声（诗）······················鄢元平
落叶（诗）···························华　沙
北国的活力　新锐的锋芒（评论）——读吉林青年作
者部分小说漫笔······················雷　达
豁达，为了生命的延续（评论）——读公木诗《致一
位不相识的青年诗人》···········章　平　郭力家
向日葵（油画）·······················梵　高

1986 年第 11 期　刊名:《作家》
目录

黑马·白马（中篇小说）·················刘元举
正午的太阳（短篇小说）················唐　宁
四个女人和三个阶段性想法（短篇小说）····马　原
伊甸园之门（短篇小说）················小　晶
香儿（短篇小说）······················唐旺盛
广场（短篇小说）······················宗仁发
沐浴（短篇小说）······················马　犁
流水落花（中青年作家自传）············何立伟
面面观和层层观小品系列（续）··········祖　慰
诗四首·······························郑万隆
夜间的朋友（诗）······················陆　健
清故宫凤凰楼（诗）····················黄东成
作家书简
骆晓戈致韩少功
韩少功复骆晓戈
地域、人生与现代意识（评论）
——洪峰近作印象····················朱　晶
归巢（油画）·························朱乃亚
歌德（作家生活拾趣）

1986 年第 12 期　刊名:《作家》
目录

编刊物也要树立主体意识——纪念《作家》创刊三十
周年座谈会在长春举行·················本刊记者
不利因素（短篇小说）··················张　平
短篇小说两篇（小说处女作）············述　平
北方迷幻
山崩
他们（短篇小说）······················王俊义
雪祭（短篇小说）——《狼·狗·人》之四···王凤麟
解约的风波（短篇小说）················徐　耿
紫痕（短篇小说）······················刘昌璞
一束玫瑰花（短篇小说）················贾海涛
散淡的人（短篇小说）··················祖　阔

竟也做文学梦（中青年作家自传）————彭见明
无标题小调（诗）————夏　林
草姑（诗）————魏联春
诗一束（诗）————孙文涛
西海诗笺（诗）————肖　黛
天池二题（诗）————刘　镇
开闸（诗·外一首）————崔立兴
具象块面·心理呈示·状态文学（评论）——《爸爸爸》和《小鲍庄》的探讨————李　劼
一次志在强力跃进的尝试（评论）————魏　威
创作的自由试验和艺术的自觉选择——"吉林青年作者小说专号"、讨论会综述————肖　逸
蓝花和白花（石版画）————卡托兰
纪念《作家》杂志创刊三十周年（摄影）

1987 年第 1 期　刊名:《作家》
目录

散文专号
不安分的现代人————乔　迈
关于《论语》和"仁"的随想——小天地庐漫笔之五————忆明珠
死之余响————赵丽宏
脱发·火柴·房租————赵大年
嘈声中的孤寂————吴　亮
这一片女儿的情绪————梅　洁
孩子，你是妈妈的世界————禾　子
影子————郭力家
一个世纪儿的雕塑————王俊义
西行趣事——《大西北的惶惑》之一————阿　敏
蓝色圆舞曲————李　劼
心烟————舒　婷
小耗子的思念————吴若增
"我在街头看你走过……"————张辛欣
一切都是可以理解的————李启达
"我爱纽约"——访美杂感之一————张笑天
湘西情话——并非游记的游记————唐　宁
白油豆腐————韩霭丽
犁节————凌耀忠
散文两篇————冷　杉
晴朗·恶人————王小妮
宰杀——怪梦录之三————和　谷
热——旅途随笔————中　申
想想想想————述　平
轮椅上的朋友————皮　皮
飞鸟————谷　凯
祝寿————刘昌璞
初访瑞典探姻亲————董鼎山
散文九篇————［美］亨·路·门肯作　薛鸿时译
编后赘语
马克·吐温像（油画）
何立伟（作家影集）

1987 年第 2 期　刊名:《作家》
目录

中篇小说
沿着古老的驿道（许孝诗插图）————李江树

短篇小说
黑洞（小说处女作）————余世夫
孽根————良　钟
老绵羊————子　文
嚎叫·无言相送————白小易
西出阳关————何志云
水洼
婚宴
漫坡
假期（小说处女作）————莫　杨

当代作家剪影
关于残雪女士————何立伟

第三代诗人自选诗
鬼域（组诗）————何小竹
诗四首————丁　当
高尔基经过吉依别克镇（外三站）————李亚伟

散文
观上之观————祖　慰
梦的余悸————冯亦代
烟议————高洪波

作家书简
鲁枢元与曾卓的通信（八封）————鲁枢元　曾　卓

评论
都市文学：南京路背后狭弄中几只灰色的精灵————黄　浩
郑万隆（作家影集）
契诃夫像

1987 年第 3 期　刊名:《作家》

目录

中篇小说

大师——《拉萨的小男人》之二 ……… 马　原

短篇小说

蓝颜色 ……………………………… 蒋子丹
一次恋爱的经历 …………………… 何　方
不治之症 …………………………… 何　方
绿樱桃 ……………………………… 咏　鸣
无标题小说之二——不要猜意味着什么 … 蒋焕孙
小城轶事 …………………………… 刘元举
白雪国里的香枕 …………………… 迟子建

散文

白色的诱惑 ………………………… 周晓红
男人与女人 ………………………… 王英琦

作家书简

青鸟 ………………………… 顾　城　谢　烨

诗歌

雨日（组诗） ……………………… 张小波
选纪洪平诗 ………………………… 纪洪平

作家答问

怎样理解文学作品的社会效果 …… 鲍　昌　顾　城

评论

叙述语言的功能及局限——新时期小说变化思考之一
　　　　　　　　　　　　　　　　 程德培

吉林省三项文学评奖揭晓
马原（作家影集）
封面：法国小说家普罗斯特（1871—1922）

1987 年第 4—5 期　刊名:《作家》

目录

第二届 "《作家》奖" 获奖篇目

短篇小说

苦寒宗花卉 ………………………… 毛志成
醉寨 ………………………………… 黑　孩
读《醉寨》 ………………………… 曾镇南
古道——《东西南北》之四 ……… 郑万隆
作死——《老少爷们》之一 ……… 韩蔼丽

棋子——《老少爷们》之二 ……… 韩蔼丽
"感性" 的迷惑 ……………………… 王文智
古城酒馆 …………………………… 陈燕慈
蜈蚣 ………………………………… 斯　妤
匦 …………………………………… 王　平
大平原，流萤飘歌 ………………… 南　冈
回沙地 ……………………………… 艾　真
工作服与击剑衫 …………………… 刘　齐
真真 ………………………………… 杨咏鸣
不必等待 …………………………… 骆晓戈
金塘这地方——《淘金者》之九 … 彭见明
公共汽车上的春夏秋冬（组合小说） … 白小易
小郓 ………………………………… 王德忱
残疾的手指 ………………………… 胡　昭
小镇旧日风情杂忆 ……… 张　陵　李洁非
湿漉漉的雪 ………………………… 寇　丹
美国传来的消息 …………………… 瓜　田
老头 ………………………………… 述　平
迷魂阵 ……………………………… 徐　骁
晴天有雨 …………………………… 孙莉莉
选官 ………………………………… 许世杰

中篇小说

玄都看花 …………………………… 马　昭

当代作家剪影

关于蒋子丹 ………………………… 何立伟

散文

心之歌——访坦桑尼亚散记 ……… 高　莽
纸上罗曼斯 ………………………… 范若丁
金秋大道 …………………………… 赵　玫

诗歌

命运（外二首） …………………… 王　蒙
小君的诗（九首） ………………… 小　君
我·你·时光（外二首） ………… 柯　江
半掩之窗（组诗） ………………… 叶延滨

散文诗

故乡风情画 ………………………… 徐　刚

评论

批评自述 …………………………… 南　帆
走向哲学的深邃意境——小说的时空意识
　　　　　　　　　　　　　 费振钟　王　干
读者中来 ………………… 苗振亚　张磊生
吉林省第二届儿童文学评奖获奖作品篇目
瞿小松和刘索拉的一天（作家影集）

苏联作家帕斯捷尔纳克（1890—1960）

1987 年第 6 期　刊名:《作家》
目录

中篇小说
野婚——《乡女》之一⋯⋯⋯⋯⋯⋯刘绍棠

散文
风雪红梅图⋯⋯⋯⋯⋯⋯⋯⋯⋯⋯单　复
散文四篇⋯⋯⋯⋯⋯⋯⋯⋯⋯⋯汪曾祺
秋日三章⋯⋯⋯⋯⋯⋯⋯⋯⋯⋯周同宾
忘却的夜⋯⋯⋯⋯⋯⋯⋯⋯⋯⋯马德菊
铃声⋯⋯⋯⋯⋯⋯⋯⋯⋯⋯⋯⋯丁　耶

短篇小说
三十六块缸片⋯⋯⋯⋯⋯⋯⋯⋯许谋清
吴老太太——大水泡村人物之一⋯⋯刘　纳
发硎之刃⋯⋯⋯⋯⋯⋯⋯⋯⋯⋯南　冈
大鸟⋯⋯⋯⋯⋯⋯⋯⋯⋯⋯⋯⋯汪　骢
白色的彷徨⋯⋯⋯⋯⋯⋯⋯⋯⋯马立诚
梦花⋯⋯⋯⋯⋯⋯⋯⋯⋯⋯⋯⋯万　寒

诗歌
南京的韩东
上海的冰释之
重庆的李元胜

当代作家剪影
你这个"混血儿"——王俊义印象⋯刘元举

评论
韩少功的感性视域⋯⋯⋯⋯⋯⋯吴　亮
刘绍棠（作家影集）
工部诗意（国画）⋯⋯⋯⋯⋯⋯汪曾祺
缪斯女神给诗人以灵感——法国诗人阿波里奈尔与女
画家⋯⋯⋯⋯⋯⋯⋯⋯⋯⋯⋯卢　梭

1987 年第 7 期　刊名:《作家》
目录

报告文学
卢老板余话⋯⋯⋯⋯⋯⋯⋯⋯⋯乔　迈

短篇小说
"号外"之歌⋯⋯⋯⋯⋯⋯⋯⋯孙惠芬
山与人⋯⋯⋯⋯⋯⋯⋯（朝鲜族）禹光勋

小说二题⋯⋯⋯⋯⋯⋯⋯⋯⋯⋯许　行
立正
伏子事件
金蚂蚁⋯⋯⋯⋯⋯⋯⋯刘国红　王乃飞
牵草⋯⋯⋯⋯⋯⋯⋯⋯⋯⋯⋯胡西淳
伤痛⋯⋯⋯⋯⋯⋯⋯⋯⋯⋯⋯李不空

散文
散文两篇⋯⋯⋯⋯⋯⋯⋯⋯⋯⋯何立伟
菜根香
谢三毛
黄昏来临的时刻⋯⋯⋯⋯⋯⋯⋯朱谷忠
扬脖儿⋯⋯⋯⋯⋯⋯⋯⋯⋯⋯李江树

当代作家剪影
话说王小鹰⋯⋯⋯⋯⋯⋯⋯⋯⋯陈　村

中青年作家自传
白塔下⋯⋯⋯⋯⋯⋯⋯⋯⋯⋯傅天琳

诗歌
钢铁日记（组诗）⋯⋯⋯⋯⋯⋯纪洪平
远景的观察（组诗）⋯⋯⋯⋯⋯孙文涛
诗二首⋯⋯⋯⋯⋯⋯⋯⋯⋯⋯王维君

诗人自选诗
年轮图（外二首）⋯⋯⋯⋯⋯⋯薛卫民
远东女子⋯⋯⋯⋯⋯⋯⋯⋯⋯郭力家
邵春光选诗⋯⋯⋯⋯⋯⋯⋯⋯邵春光
没有挥手也没有点头（外一首）⋯于　冰
赠唐祈（外二首）⋯⋯⋯⋯⋯⋯沙　鸥
仿古街（外二首）⋯⋯⋯⋯⋯⋯佟　石
老苍子⋯⋯⋯⋯⋯⋯⋯⋯⋯⋯齐　霁

评论
韩少功的理性范畴⋯⋯⋯⋯⋯⋯吴　亮
散文遐思⋯⋯⋯⋯⋯⋯⋯⋯⋯曾镇南

美术·摄影
陈村（作家影集）
英国作家劳伦斯（一八八五—一九三〇）

1987 年第 8 期　刊名:《作家》
目录

短篇小说
丧失的桂花树之歌⋯⋯⋯⋯⋯⋯苏　童
景深中的物点⋯⋯⋯⋯⋯⋯⋯王　烈

随风飘去 …………………………………… 谢鲁勃
别了，薪桥 ………………………………… 黄世衡
晨雾渐渐消散 ……………………………… 吴树德
长寿面 ……………………………………… 郝国忱
我们选择了这样一条路 …………………… 臧小平
岁月那边的远山 …………………………… 韩耀旗
偏执的窗口 ………………………………… 沈仁康

诗歌
诗人自选诗
梁小斌的方式（四首） …………………… 梁小斌
续《北方图腾》（组诗） ………………… 朱 雷
女诗人翟永明选诗（五首） ……………… 翟永明
荒漠（外一首） …………………………… 王志发

夜航二首 …………………………………… 丁希泉
梦中的希望 ………………………………… 张洪江

散文
静静的楚玛尔河 …………………………… 朱 奇
人之初 ……………………………………… 王小妮
永不凋谢的容颜 …………………………… 宋安娜
天涯一乐园 ………………………………… 陈天岚

报告文学
显微镜下的华彩乐章 ……………………… 张 丹

中青年作家自传
写早了的自传 ……………………………… 刘兆林

评论
声色犬马 皆有境界——莫言小说艺术三题 …陈思和
真挚——读梅洁的散文 …………………… 朱 晶
祖慰（作家影集）
普希金（一七九九——一八三七） ……… 波普柯夫

1987 年第 9 期 刊名:《作家》
目录

中篇小说
百年星光 …………………………………… 鄂 华
野草莓（处女作） ………………………… 李 卫
青蛙 ………………………………………… 杨咏鸣
地下河 ……………………………………… 邱苏滨
我是男人 …………………………………… 述 平
黄昏 ………………………………………… 周 密
死的故事 …………………………………… 王宗汉
转折点（纪实小说） ……………………… 张笑天

市场街 ……………………………………… 吕 新
境 …………………………………………… 万 寒
量女配夫 …………………………………… 郝国忱
旅途 ………………………………………… 高 光
岳妹子 ……………………………………… 许 行
撂荒营子 …………………………………… 韩汝诚
小说 ………………………………………… 洪 峰

张笑天（作家影集）
左拉（一八四〇——一九〇二） ………… 马 奈

1987 年第 10 期 刊名:《作家》
目录

中篇小说
走出城市 …………………………………… 郑万隆

短篇小说
小说两篇 …………………………………… 李杭育
老人和八哥
男人和狗
蓝河谷 ………………………………… （满族）林和平
那地方 ……………………………… （苗族）第马着欧
长尾巴的人 ………………………………… 吴若增
杏死 ………………………………………… 马星海
把她分给你一半 …………………………… 皮 皮

诗歌
诗人自选诗
二十四岁的灵魂 …………………… （朝鲜族）南永前
筱敏诗选（五首） ………………………… 筱 敏
乐手的日子（四首） ……………………… 老 木
抽烟（外一首） …………………………… 刘 泉
诗二首 ……………………………………… 张晓华

散文
青年的"圆心"
——《雪泥鸿爪中南海》之二 ………… 吴宗蕙

评论
"我赞美咱们的这股乱忽劲儿"——读王蒙的《铃的
囚》、《致"爱丽丝"》、《来劲》 ………… 曾镇南
《缤纷的文学世界》序 …………………… 唐 挚
请君快快降下来 …………………………… 冯骥才
读的现实——关于阅读的能动作用 ……… 程德培
北方闲谈：晚来的收获季节——关于近来吉林青年小
说创作的散漫感想 ………………………… 黄 浩
吴若增（作家影集）

乔伊斯（一八八二——一九四一）

1987 年第 11 期　刊名:《作家》
目录

中篇小说

远去的冰排·····················马秋芬

短篇小说

电视小品·····················邹志安
爹·····················陈　村
我的学生斯宾诺莎或者约翰·克里斯朵夫·····那　耘
南方的冲突·····················蔡未名
你和母亲的意识流·····················王俊义
黑眼睛·····················于涤心
蜡烛·····················赵　赴

中青年作家自传

也算"自传"·····················许谋清

散文

又见孙犁·····················卫建民
病房琐记·····················胡　昭
童年的事情·····················秋　原

诗歌
诗人自选诗

孟浪诗三首·····················孟　浪
门里门外几首诗·····················冷　杉
燕晓东三首·····················燕晓东
王琪博三首·····················王琪博
尚仲敏三首·····················尚仲敏
我会再来（外一首）·····················陈国梁

评论

组织化的城市和个性化的文学·····················吴　亮
吉林省作家进修学院首届学员毕业
·····················史铁生（作家影集）
西班牙小说家巴罗哈（一八七二——一九五六）

1987 年第 12 期　刊名:《作家》
目录

函授学员作品选登

造楼的人（小说）·····················王喜成
倾斜的雨丝（小说）·····················王水芬
高小矮子（小说）·····················周庆洪

黄河波韵录（诗）·····················王兴圣
森林（诗）·····················刘　泉
某一天（诗）·····················沈成君
海上，一只白蝴蝶（诗）·····················张　颖
少女的钥匙（诗·外一首）·····················白　慧
伊人（外一首）·····················王玉琴

中篇小说

太阳峡谷·····················赵　玫

短篇小说

耗子尾巴·····················许志安
误入歧途·····················马成林
冬天的故事·····················王德忱
独钓寒江雪·····················蔡测海
封面设计·····················钱念孙
在天一方·····················徐振清

散文

思念绵绵·····················单　复
喜欢蓝颜色的女孩子·····················舒　晨

诗人自选诗

郑万隆诗四首·····················郑万隆
觅（组诗）·····················谢先云

评论

吉林小说创作整体层次的提升——《作家》第九期
"吉林作家小说专号"讨论综述·····················肖　逸
强烈的现实感和浑厚的历史感——关于《作家》九月
"吉林作家小说专号"的对话·····················未　民　纪　众
作家与世界在深层感觉中的凝聚——读《百年星光》
札记·····················何孔周
邈远深邃的《古船》·····················孙　荪
作家王毅逝世
张炜（作家影集）
英国小说家康拉德（一八五七——一九二四）

1988 年第 1 期　刊名:《作家》
目录

中篇小说

落果·····················王　靖
《落果》读后漫笔·····················曾镇南

"中国潮"报告文学征文

一颗年轻而古老的灵魂·····················陈保平
"中国潮"报告文学征文启事

短篇小说

人鼠之间 ································· 沈嘉禄
生日——《人间笔记》之十三 ················ 李庆西
仲夏小夜曲 ································ 南 冈

散文

冥想与独白——一九八七·十 ··············· 吴 亮
致王毅 ·································· 王 肯
报切斯特菲尔德爵爷书（英美散文名篇译介）
··············· [英]塞缪尔·约翰生 薛鸿时译

作家谈创作

答自己问 ································ 史铁生
"破罐"——我的散文观（关于散文的聊天）
····································· 忆明珠

诗人自选诗

卢继平诗选 ······························ 卢继平
董孟庠的诗 ······························ 董孟庠
顾联弟幻象诗 ····························· 顾联弟
向往，一面五彩的湖（外一首） ············ 盖湘涛

理论与批评

没有好小说，有好评论（文坛掠影）
·································· 李洁非 张 陵
《瀚海》序 ······························ 史铁生
读者刘烨园写给本刊的信

美术·摄影

王毅（作家影集）

1988 年第 2 期 刊名:《作家》
目录

短篇小说

谋杀 ·································· 韩少功
挂着落地窗帘的客厅 ···················· 许谋清
与天气无关 ······························ 叶 舟
春天的轰炸 ······························ 何立伟
十六岁那年我暗暗地笑了一回 ·············· 述 平

中篇小说

天涯 ·································· 王 艾
从"绿色的可口可乐瓶子"谈起 ·············· 王 艾

散文

重现夕阳——记我的朋友健君和他的画 ········· 吴 亮
鸟啼（英美散文名篇译介）

··············· [英]D.H.劳伦斯 于晓丹译

诗人自选诗

朱凌波体验诗六首 ······················· 朱凌波
宋词自选诗三首 ·························· 宋 词
少女与自然（外三首） ···················· 逯庚福
山门（外三首） ·························· 李占学

作家谈创作

答自己问（续） ·························· 史铁生
语言的笔墨化（关于散文的聊天之二） ········· 忆明珠

理论与批评

野蝉鸣无调——《蝉蜕期中》代序 ············ 张贤亮
读《野草莓》 ···························· 季红真
"大"与"小"（文坛掠影）——关于近期报告文学创
作的对话 ························· 潘凯雄 贺绍俊
小说的非故事性与非情节化问题 ············· 纪 众

美术·摄影

鄂华（作家影集）

1988 年第 3 期 刊名:《作家》
目录

短篇小说

夏天的肖像 ······························ 王 蒙
没戏——《没意思的故事》之二十二 ·········· 李国文
没劲——《没意思的故事》之二十三 ·········· 李国文
旺旺的自我发现 ·························· 金 河
蓝地毯 ·································· 张 长
夏季风 ···························· 王家男 庞颖洁
迷糊罗曼史 ······························ 马星海
小说两篇 说梦的书·凉爽的错觉 ············· 马 原

"中国潮"报告文学征文

一个或许已经结束了的故事 ················ 朱光雪
李不空 王 梓 洪 峰

散文

散文两篇 ······························ 筱 敏
那一年我十八岁 ·························· 陆 璐
乡间礼拜天（英美散文名篇译介）
··············· [英]约瑟夫·艾迪生 邰锡圭译

诗人自选诗

在塞尔苏村 ······························ 公 木
互选诗三首 ···························· 车前子 周亚平

自言自语⋯⋯⋯⋯⋯⋯⋯⋯⋯⋯⋯⋯吴若增
AIDS⋯⋯⋯⋯⋯⋯⋯⋯⋯⋯⋯⋯⋯⋯姚 莽

作家谈创作
两位李的两个"别是"（关于散文的聊天之三）
⋯⋯⋯⋯⋯⋯⋯⋯⋯⋯⋯⋯⋯⋯⋯⋯忆明珠

理论与批评
一鞭一条痕 一掴一掌血——《危楼记事》的批判精
神和文体价值⋯⋯⋯⋯⋯⋯⋯⋯⋯雷 达
逃亡者苏童的岁月——评苏童的小说⋯程德培
重视文学自身的改革（文坛掠影）——关于文学描写
"改革"的对话⋯⋯⋯⋯⋯李洁非 张 陵

美术·摄影
金河（作家影集）

1988 年第 4 期　刊名:《作家》
目录

一人一首诗或一首诗一个人
各人等（二十七首）⋯⋯⋯梁晓明 余天宝 刘 昕
商量 叶舟 力虹 孙道荣 王建民 罗 泊
王维君 牧昕 赵健雄 黑子 王河 蓝 冰
佘文中 刘泉 杨克和 程宝林 王小蝉 阿 吾
程维 一村 谢蓄洪 曲有源 黑山 刘 云

组诗
申请以及关于申请的申请之序与跋⋯⋯公 木
邵燕祥诗三首⋯⋯⋯⋯⋯⋯⋯⋯⋯邵燕祥
黑色的忧患⋯⋯⋯⋯⋯⋯⋯⋯⋯⋯叶文福
中国胃⋯⋯⋯⋯⋯⋯⋯⋯⋯⋯⋯⋯郭力家
厂魂⋯⋯⋯⋯⋯⋯⋯⋯⋯⋯⋯⋯⋯潘 烽
我们的厂长⋯⋯⋯⋯⋯⋯⋯⋯⋯⋯刘文泽
这一片灿烂的星空⋯⋯⋯⋯⋯⋯⋯姜维青
练耳：1 号⋯⋯⋯⋯⋯⋯⋯⋯⋯⋯宗仁发
王小妮的新探索⋯⋯⋯⋯⋯⋯⋯⋯王小妮
黑壶⋯⋯⋯⋯⋯⋯⋯⋯⋯⋯⋯⋯⋯吕贵品
峡谷酒店⋯⋯⋯⋯⋯⋯⋯⋯⋯⋯⋯李亚伟
郑敏诗四首⋯⋯⋯⋯⋯⋯⋯⋯⋯⋯郑 敏
自由方块（节选）⋯⋯⋯⋯⋯⋯⋯周伦佑
蔡天新的平常岁月⋯⋯⋯⋯⋯⋯⋯蔡天新
肖马⋯⋯⋯⋯⋯⋯⋯⋯⋯⋯⋯⋯⋯宋 虹
情感样式⋯⋯⋯⋯⋯⋯⋯⋯⋯⋯⋯刘 涛
怪客、赶路人及其他⋯⋯⋯⋯⋯⋯杨 黎
冷杉自选诗二首⋯⋯⋯⋯⋯⋯⋯⋯冷 杉
不和谐四重奏⋯⋯⋯⋯⋯⋯⋯⋯⋯匡 满
境遇⋯⋯⋯⋯⋯⋯⋯⋯⋯⋯⋯⋯⋯姚振函

郁郁的诗风⋯⋯⋯⋯⋯⋯⋯⋯⋯⋯郁 郁
王寅诗四首⋯⋯⋯⋯⋯⋯⋯⋯⋯⋯王 寅
任辉诗四首⋯⋯⋯⋯⋯⋯⋯⋯⋯⋯任 辉
有太阳的白天和没有月亮的晚上⋯⋯于小韦
刘敏的内心世界⋯⋯⋯⋯⋯⋯⋯⋯刘 敏
本年度的潮湿⋯⋯⋯⋯⋯⋯⋯⋯⋯姜诗元
刘茂盛选诗⋯⋯⋯⋯⋯⋯⋯⋯⋯⋯刘茂盛
诗人瘦谷的领域⋯⋯⋯⋯⋯⋯⋯⋯瘦 谷
贝贝诗选⋯⋯⋯⋯⋯⋯⋯⋯⋯⋯⋯贝 贝
选费罗希诗⋯⋯⋯⋯⋯⋯⋯⋯⋯⋯费罗希
祈盼⋯⋯⋯⋯⋯⋯⋯⋯⋯⋯⋯⋯⋯浪 屿
我将代替画像⋯⋯⋯⋯⋯⋯⋯⋯⋯纪洪平
秋天在一天天迫近尾声⋯⋯⋯⋯⋯林 莽
张子选在阿克塞⋯⋯⋯⋯⋯⋯⋯⋯张子选
翻译家李笠的创作⋯⋯⋯⋯⋯⋯⋯李 笠

作家谈创作
在太原的谈话⋯⋯⋯⋯⋯⋯⋯于 坚 韩 东
再度孤独：青年诗人创作一瞥（文坛掠影）
⋯⋯⋯⋯⋯⋯⋯⋯⋯⋯⋯唐晓渡 王家新

美术·摄影
北岛（作家影集）

1988 年第 5 期　刊名:《作家》
目录

短篇小说
小镇故事（小说处女作）⋯⋯⋯⋯马慰骅
打坐⋯⋯⋯⋯⋯⋯⋯⋯⋯⋯⋯⋯⋯杨志广
怪客⋯⋯⋯⋯⋯⋯⋯⋯⋯⋯⋯⋯⋯苏 童
铜纽扣⋯⋯⋯⋯⋯⋯⋯⋯⋯⋯⋯⋯李 卫
短篇二题⋯⋯⋯⋯⋯⋯⋯⋯⋯⋯⋯洪 峰
和天气有关
那个晚上还有一个白天和一个晚上
电影⋯⋯⋯⋯⋯⋯⋯⋯⋯⋯⋯⋯⋯张 洪
没有鲨鱼游来的海滨⋯⋯⋯⋯⋯⋯白小易
手印⋯⋯⋯⋯⋯⋯⋯⋯⋯⋯⋯⋯⋯高洪波
天国没有雪（小说处女作）——Z 医生手记⋯为 何
糖纸⋯⋯⋯⋯⋯⋯⋯⋯⋯⋯⋯⋯⋯傅百龄

中青年作家自传
永恒的流浪——郑义自传⋯⋯⋯⋯郑 义

当代作家剪影
闲话吴欢⋯⋯⋯⋯⋯⋯⋯⋯⋯⋯⋯何志云

散文
维也纳长笛 ································· 从维熙
江行 ······································ 忆明珠
记一位忠实的朋友（英美散文名篇译介）
················ [英]弗·吴尔夫　张　烽译

诗人自选诗
我奔跑　我产生了风 ······················ 许　娜
黑色协奏曲 ····························· 胡卓识

作家谈创作
散文——散在骨里（关于散文的聊天之四）···· 忆明珠

理论与批评
"内"与"外"（文坛掠影）——由新时期文学"向内
转"的讨论而引发的对话 ·············· 潘凯雄　贺绍俊

美术与摄影
郑义（作家影集）

1988 年第 6 期　刊名:《作家》
目录

中篇小说
紫丁香园 ······························· 赵　玫

短篇小说
乐园 ······································ 洪晓东
塔巴老人 ································· 陈　染
炼丹 ······································ 开　愚
沉甸甸的山地 ····························· 于涤心

散文
回家 ······································ 王小妮
罗马的歌声 ····························· 鲁枢元
心痕 ······································ 舒　晨

诗人自选诗
赵野自选诗 ····························· 赵　野
赵刚自选诗 ····························· 赵　刚
遥远的吉他 ····························· 柳　荫
北戴河 ································· 万　捷
归（外二首） ····························· 崔立兴

文学回忆录
太阳照常升起——《老朋友回忆海明威》中的一章
················ [美]杰德·吉莱　董衡巽译

作家谈创作
文章愧难作狐语（关于散文的聊天之五）······· 忆明珠

理论与批评
新时期小说的热恋者和追求者——曾镇南《当代作家
论稿》序 ······························· 刘再复
论一种现代的创作情绪
——从陈染的小说谈开去 ················ 曾镇南
"长"与"短"（文坛掠影）——关于新时期长篇小说
创作与理论批评问题的对话 ··········· 潘凯雄　贺绍俊

美术·摄影
茹志鹃（作家影集）

1988 年第 7 期　刊名:《作家》
目录

短篇小说
屠户 ······································ 李不空
奇事——《远山轶事》之一 ················ 于德才
婚事二题 ································· 张　平
你在旅途中 ····························· 许　淇
愿世界慷慨 ······················· 额尔敦·琪琪格
过去了的 ································· 李治国

散文
自报家门
——为熊猫写书《汪曾祺小说选》作 ········· 汪曾祺
面对十五岁——序《再来一次春天》 ········· 张辛欣
梦的梦 ································· 叶至诚
换位 ······································ 马　辉
闲谈大仲马的一部小说（英美散文名篇译介）
················ [英]斯蒂文森　文美惠译

"中国潮"报告文学征文
"逼良为商"记 ····························· 赵大年

作家书简
洛夫与谢冕的通信 ················ 洛　夫　谢　冕

诗人自选诗
如此人生 ································· 李　原
这三个夜晚我有诗的感觉 ················ 岩　鹰
唐欣自选诗（三首） ····················· 唐　欣
沧桑小调（三首） ························· 刘畅园

文学回忆录
老朋友回忆海明威

"有钱人和没钱人""永别了武器"
·············[美]杰德·吉莱　董衡巽译

作家谈创作
游戏文学三昧（关于散文的聊天之六）··········忆明珠

理论与批评
发挥主体意识　振兴吉林文学评论
——《作家》编辑部评论作者约稿会综述
·············本刊记者　肖　逸
关于振兴吉林文学评论的讨论··········李国民
朱　晶　郭铁城　黄　浩　关德富
雅与俗（文坛掠影）——关于近期文学市场和格局变
化的对话·············贺绍俊　潘凯雄

美术·摄影
汪曾祺（作家掠影）

1988 年第 8 期　刊名:《作家》
目录

中篇小说
睡星·············忆　沩

短篇小说
瞄准镜里的十字·············盛　李
间隙·············朱耀华
辣椒面小品·············张笑天
乡事·············曹延生
山趣·············刘昌璞

散文
两种空间·············罗强烈
驼铃吟唱·············菡　子
四作家速写·············胡　昭
华盛顿的信和林肯的演说（英美散文名篇译介）
·············[美国]华盛顿　林　肯　薛鸿时译

诗人自选诗
饥饿的诗篇——自传性抒情诗之一·············叶延滨
王维君近作·············王维君

作家书简
海外书信两封·········刘湛秋　[加拿大]雅克·热布德

文学回忆录
老朋友回忆海明威········[美]杰德·吉莱　董衡巽译

作家谈创作
文章讲究调子（关于散文的聊天之七）··········忆明珠

理论与批评
战争·死亡·文学·············宋耀良
"热"与"冷"（文坛掠影）——关于文学理论批评整
体现状的对话·············潘凯雄　贺绍俊

美术·摄影
胡昭（作家影集）

1988 年第 9 期　刊名:《作家》
目录

中篇小说
流浪汉的神采·············常新港

短篇小说
我的导师鲁宾斯坦先生·············那　耘
浊情·············凌耀忠
在驳船上·············仇小川　仇大川
小说三篇·············吴　亮
目击者
雨夜
邻居
昼夜之间（处女作）·············徐宏伟
处暑过后·············关成彦

散文
是赢，是输，都是赚！·············张辛欣
红颜色·············李江树

诗人自选诗
雷抒雁新作·············雷抒雁
没有邮戳的情书·············马高明
莫须的诗·············莫　须
对岸灯光闪烁·············李庆西

中青年作家自传
自传·············李　锐

作家谈创作
"好玩"
——文章二字诀（关于散文的聊天之八）··········忆明珠

理论与批评
空心的文学——关于新时期文学的白皮书········朱大可
新潮漫卷中的评坛纷争——《新潮漫卷之余》的"题

记"与"后记"⋯⋯⋯⋯⋯⋯⋯⋯⋯⋯⋯曾镇南

美术与摄影
李锐（作家影集）

1988 年第 10 期　刊名:《作家》
目录

中篇小说
闲粮——《陕甘大道》之二⋯⋯⋯⋯⋯朱晓平

短篇小说
小说三篇⋯⋯⋯⋯⋯⋯⋯⋯⋯⋯⋯⋯忆　沩
噩耗
两故事
小说两篇⋯⋯⋯⋯⋯⋯⋯⋯⋯⋯⋯⋯梅　何
门缝
圈套
小说三篇⋯⋯⋯⋯⋯⋯⋯⋯⋯⋯⋯⋯李启达
原来如此
游戏
一种方式
白色邮戳⋯⋯⋯⋯⋯⋯⋯⋯⋯⋯⋯⋯许　娜
五楼阳台⋯⋯⋯⋯⋯⋯⋯⋯⋯⋯⋯⋯朱　竞
桥，断了或者不断⋯⋯⋯⋯⋯⋯⋯⋯霄　江
小说三篇⋯⋯⋯⋯⋯⋯⋯⋯⋯⋯⋯⋯述　平
无话不谈
述平的浪漫故事
灰脸人
那条胡同——小城轶事之三⋯⋯⋯⋯刘元举
早⋯⋯⋯⋯⋯⋯⋯⋯⋯⋯⋯⋯⋯⋯⋯杨咏鸣
网罟⋯⋯⋯⋯⋯⋯⋯⋯⋯⋯⋯⋯⋯⋯宗　平

诗人自选诗
上海四人集⋯⋯⋯⋯默　默　刘漫流　郁　郁　京不特
于坚从 1983 年到 1988 年⋯⋯⋯⋯⋯于　坚
朋友二三事⋯⋯⋯⋯⋯⋯⋯⋯⋯⋯⋯何立伟

散文
记舍伍德·安德森（英美散文名篇译介）
⋯⋯⋯⋯⋯⋯⋯⋯[美]威廉·福克纳　李文俊译

中青年作家自传
流向远方的水⋯⋯⋯⋯⋯⋯⋯⋯⋯⋯谢　冕

作家谈创作
自言自语⋯⋯⋯⋯⋯⋯⋯⋯⋯⋯⋯⋯史铁生
赏文如赏迎客松（关于散文的聊天之九）⋯⋯忆明珠

理论与批评
对都市的恐慌：当代文学的农业文化疾患⋯⋯⋯黄　浩
真与伪（文坛掠影）——关于"伪现代派"讨论的对
话⋯⋯⋯⋯⋯⋯⋯⋯⋯⋯⋯⋯贺绍俊　潘凯雄
在反思中实现更自觉地选择⋯⋯⋯⋯肖　逸

美术与摄影
谢冕（作家影集）

1988 年第 11 期　刊名:《作家》
目录

中篇小说
慢慢击鼓⋯⋯⋯⋯⋯⋯⋯⋯⋯⋯⋯⋯鄂　华

短篇小说
匹夫⋯⋯⋯⋯⋯⋯⋯⋯⋯⋯⋯⋯⋯⋯王　靖
冻雨⋯⋯⋯⋯⋯⋯⋯⋯⋯⋯⋯⋯⋯⋯郑万隆
不眠的玉米鸟⋯⋯⋯⋯⋯⋯⋯⋯⋯⋯陈　染
小说二题⋯⋯⋯⋯⋯⋯⋯⋯⋯⋯⋯⋯林　白
我之所以自己做饭
发大水的前一天

散文
泛夜海记⋯⋯⋯⋯⋯⋯⋯⋯⋯⋯⋯⋯张承志
坛外说酒⋯⋯⋯⋯⋯⋯⋯⋯⋯⋯⋯⋯公　刘
一个人的句号⋯⋯⋯⋯⋯⋯⋯⋯⋯⋯郭小东
流（两篇）⋯⋯⋯⋯⋯⋯⋯⋯⋯⋯⋯马德菊
长城短歌⋯⋯⋯⋯⋯⋯⋯⋯⋯⋯⋯⋯卫建民
搬家⋯⋯⋯⋯⋯⋯⋯⋯⋯⋯⋯⋯⋯⋯陈丹燕
山行笔记（二则）⋯⋯⋯⋯⋯⋯⋯⋯周同宾
日记四则（英美散文名篇译介）
⋯⋯⋯⋯⋯⋯⋯⋯[美]唐·卡·皮蒂　许　绌译

诗人自选诗
近作诗四首⋯⋯⋯⋯⋯⋯⋯⋯⋯⋯⋯王　蒙
《哑夜独语》诗集精粹⋯⋯⋯⋯⋯⋯林　珂
西行日记⋯⋯⋯⋯⋯⋯⋯⋯⋯⋯⋯⋯胡　昭

当代作家剪影
走出炼狱——史铁生印象⋯⋯⋯⋯⋯赵　玫

作家谈创作
俗有俗美（关于散文的聊天之十）⋯⋯⋯忆明珠

理论与批评
新文化的建设与开拓
——发展中的吉林青年小说⋯⋯⋯⋯纪　众
"远"与"近"（文坛掠影）——关于近期小说与报告

文学创作状况比较的对话------潘凯雄 贺绍俊

美术与摄影
张承志（作家影集）

1988 年第 12 期　刊名:《作家》
目录

走向世界的成功尝试------朱景冬
达涅拉------[阿根廷]阿·比·卡萨雷斯　郑　征译
克拉拉的奇遇------[阿根廷]胡·科塔萨尔　徐　琳译
恋恋不舍------[乌拉圭]爱·加莱亚诺　何小强译
深更半夜------[巴西]路·维莱拉　陈　平译
困难的选择------[秘鲁]胡·拉·里维罗　冯　云译
人生------[玻利维亚]雷·普·奥罗佩萨　高玉元译
从山上来的女人
　　------[哥伦比亚]卡·阿·特鲁克　周　文译
破镜子的故事------[委内瑞拉]乌·彼特里　李　彬译
未熟的果实------[古巴]安·贝·罗霍　吴玉天译
复仇------[智利]伊·阿连德　张　利译
曼努埃拉------[厄瓜多尔]华·加·拉腊　赵　韦译
半身雕像（中篇）------[墨西哥]鲁·乌希戈利　朱景冬译
作家影集------封二·封三

1989 年第 1 期　刊名:《作家》
目录

短篇小说
谜程------陈建功
短篇小说四题------鲍　昌
积石山
动物标本馆
孔子像
小小的榆树叶——拟童话
小镇的夏天（吉林新人）------梅　何
热麻将------唐　宁
老鬼------于德才
梅子讲的故事（吉林新人·小说处女作）------王　昊
远与近------周忠陵

纪实文学
上京赶考------郭灿东
人这一辈子------梅　洁

散文
听湖------季红真
挑菜------韩蔼丽

帕泰亚海滨·死亡铁路------张佳邻

诗人自选诗
抒情诗十二首------刘湛秋
野花和诗（五首）------（中国香港）傅天虹
流火集------徐慎贵

作家自传
生活里总有微笑——我的自传------顾　城

理论与批评
回到短篇——新时期短篇小说流向------雷　达 胡　平
《技术美学与技术艺术》序------李泽厚
文化、文学四人谈
　　------刘晓波 周　舵 戴迈河 宗仁发

作家影集
陈建功

1989 年第 2 期　刊名:《作家》
目录

中篇小说
昏茫------王　艾

短篇小说
脚下这地在走------张莉莉
两个身世不明的人------残　雪
珊瑚面孔（吉林新人）------李　卫
孤独者之歌------孙惠芬
小克------卢建中

散文
同龄人的挽歌——悼念忆萱哀及曦晨------韩汝诚
马辉散文两篇（吉林新人）------马　辉
睫毛上的海
信
摘桃子的人------王英琦
黄昏雨------孙玉良

诗人自选诗
黄城——先知三部曲之二------廖亦武
欧阳江河自选诗四首------欧阳江河
刘海林的乡情------刘海林

理论与批评
《死城》论纲------巴　铁
阐释的价值------夏志厚

作家自传
1988 年的鲍昌谈自己 ———————————— 鲍 昌

创作余趣
何立伟漫画 12 幅 ———————————————— 何立伟

作家影集
鲍昌

1989 年第 3 期　刊名:《作家》
目录

中篇小说
落凤坡人物 ————————————————————— 王兆军

短篇小说
海土 ——————————————————————————— 许谋清
爹去爹来（吉林文学新人）———————————— 马星海
记忆复制的旧事 ———————————————————— 南 帆
想起那一年（吉林文学新人）———————————— 述 平
感觉世界 ——————————————————————— 刘 虹

散文
王肯散步两篇 ————————————————————— 王 肯
散步
吹牛现象
栀子花开 ———————————————— （中国台湾）赵淑敏
卵石 ——————————————————————————— 孤 雁

作家自传
我就这样活着、写着 ——————————————— 曾镇南

诗人自选诗
夫妇互选
小安和杨黎 —————————————— 小 安　杨 黎
岛子和赵琼 —————————————— 岛 子　赵 琼
感情的月历——从春天秋（1988）———————— 匡 满
与挚友郊游 —————————————————————— 郭宝臣

理论与批评
论王朔现象（文坛新大陆）———————————— 雷 达
述平小说印象 ————————————————————— 赵 玫

作家影集
曾镇南

1989 年第 4 期　刊名:《作家》
目录

短篇小说
漫不经心 ——————————————————————— 姜 涛
起子和他的五幕梦 —————————————————— 陈 村
层次——续十癔之三 ———————————————— 林斤澜
阿详 ——————————————————————————— 张 放
如果有机会 ————————————————————— 朱 竞
纯美的男高音 ———————————————————— 杨东明

中篇小说
从前有座山 ————————————————————— 魏 艳

散文
别人的儿子 ————————————————————— 张辛欣
戊辰仲秋，拿破仑和坚果 ————————————— 张笑天
走天涯 ——————————————————————— 王维洲
那一天我应该过生日（吉林新人）——————— 张玉芬

诗歌
诗人自选诗
晓音自选诗 ————————————————————— 晓 音
散文诗四章 ————————————————————— 萨 玛
黑咖啡，紫咖啡 ———————————————————— 杨 牧
雪，旋转的世界 ——————————————————— 崔 军

作家自传
没结局 ——————————————————————— 陈 染

理论与批评
是新大陆，还是旧大陆?（文坛新大陆）———— 雷 达

作家影集
林斤澜

1989 年第 5 期　刊名:《作家》
目录

"振扶 851 杯"
第三届"《作家》奖"获奖篇目

中篇小说
秋天的男人 ————————————————————— 王 刚
狼牙坝（吉林新人）———————————————— 薛立业

短篇小说

谋杀 ································张 洁
吕新小说两篇 ·······················吕 新
山谷对面的房子
那儿有一群鸟
涂抹 ································蒋霄文

散文

法兰克福 ·····························王安忆
人像的探索 ···························李江树
过去的事情（吉林新人）···············舒 晨
红屋顶下（外一篇）····················马 力
通化风情 ····························金 河

诗歌

诗人自选诗

公木诗三首 ··························公 木
杨吉哲自选诗 ·························杨吉哲
私语（组诗）··························邹静之
感觉 ································于宗信
驯鹰者 ······························姚业涌
走进那画面（外一首）·················艳 齐
北方冬夜 ··················张天红 张天春

作家剪影

追逐岁月的激情——蒋子龙印象 ··········赵 玫

理论与批评

苏晓康模式平议（文坛新大陆）··········雷 达

作家影集

王安忆

1989 年第 6 期　刊名：《作家》
目录

短篇小说

爱情故事 ·····························余 华
爱情故事 ·····························萧亦农
爱情故事 ·····························于 劲
爱情故事 ·····························莫 言
爱情故事 ·····························刘震云
爱情故事 ·····························路 远
爱情故事 ·····························刘毅然
爱情故事 ·····························李平易
爱情故事 ·····························王 刚
爱情故事 ·····························李本深
爱情故事 ·····························迟子建

爱情故事 ·····························海 男
爱情故事 ·····························邓九刚
爱情故事 ·····························江 灏
爱情故事 ·····························沙 青
爱情故事 ·····························廉 声
爱情故事 ·····························洪 峰

散文

别鲍昌 ······························高洪波

报告文学

上帝偏爱他 ··························乔 迈

理念与批评

新时期小说语言变异的理论评估·······谭学纯 唐 跃

作家影集

张辛欣

1989 年第 7 期　刊名：《作家》
目录

自选诗卷

孟浪诗选 ·····························孟 浪
李亚伟近作 ···························李亚伟
张小波诗十首 ·························张小波
海子遗作 ·····························海 子
陈东东自选诗 ·························陈东东
灯芯绒幸福的舞蹈及其他 ···············张 枣
透明人生 ·····························龙 仔
我自己的那一部分 ·····················阿 吾
我悠悠的世界 ·························王小妮

诗论卷

中国第二诗界 ·························开 愚
穿越地狱的列车——论第三代人诗歌运动（1980—
1985）······························杨 黎
先锋诗歌四人谈···巴 铁 李亚伟 廖亦武 苟明军
现代诗研究笔谈四篇·················徐敬亚 曲有源
朱凌波 宗仁发
获奖者的话··············李亚伟 王小妮 林 珂
《小说选刊》在京召开《作家》办刊经验研讨会

作家影集

廖亦武

1989 年第 8 期 刊名:《作家》
目录

中篇小说
北方尊严 ································· 南 冈

短篇小说
昨天的女人谣 ····················· 常新港
帷幕 ····································· 杰 丁
助教的夜晚 ························· 韩 东
故事 ····································· 桑 木
坟的故事 ····························· 张日凯
你是绿色 ····························· 赵大民

散文
彼岸三题——访美琐屑 ·········· 公 刘
人佛联想 ····························· 胡 昭

作家剪影
现实吴亮 ····························· 蒋蕙文

诗歌
诗人自选诗
室内的一九八八 ·················· 陆忆敏
无题诗四首 ························· 冷 杉
圣水 ····································· 虹 影

心境 ····································· 姜维青
无题二首 ····························· 白云峰

理论与批评
中国当代文学的历史、近况与前景——答客问并志中
国当代文学四十年 ·············· 曾镇南
悲喜剧小说:可能与挣扎 ······ 陈建功
海明威与批评家 ·················· 董衡巽

作家影集
公刘

1989 年第 9 期 刊名:《作家》
目录

中篇小说
裸窗 ····································· 林 白

短篇小说
车往东南 ····························· 于小韦

附近的行星 ························· 孙甘露
隐士国 ································· 朱大可
转过脸来 ····························· 何立伟
浮躁 ····································· 张乐依
小小说二题 ························· 许 行
穿夏装的姑娘们 ··········· [美]肖·欧文著
高 红 张 铂译

诗歌
诗人自选诗
柏桦诗五首 ························· 柏 桦
童话不是想象出来的 ·········· 麦 琪
第三只眼睛 ························· 黄 淮
寄 ····································· 晓 晴
我们分手 ····························· 董 琦

散文
曼纽尔的音乐 ····················· 廖亦武

理论与批评
期待与回音——先锋小说的一个注解 ···· 吴 亮
崩溃的诗群——当今先锋诗歌的语言与姿态···· 杨小滨
中国当代文学的历史、近况与前景——答客问并志中
国当代文学四十年 ·············· 曾镇南

作家影集
赵本夫

1989 年第 10 期 刊名:《作家》
目录

吉林青年作者小说专辑
打草 ····································· 李不空
一只怪鸟在屋顶上盘旋 ·········· 述 平
没有忧愁 ····························· 洪晓东
病血 ····································· 李 卫
大寒 ····································· 祖 阔
玩癖 ····································· 曹延生

吉林青年诗人 31 家 ·········· 马金龙 李 原 黄 岩
张旭东 刘健民 阿 南 流 浪 刘湘平 宋 虹
王景新 孙湛泉 马 辉 李 磊 刘家魁 孙文涛
赵培光 方 华 雷恩奇 于耀江 陈国梁 赵立群
方 子 浪 屿 佟 石 思 宇 艾贵生 马志刚
刘艳华 祝 君 萧振有 刘嫦娥

中篇小说
省略 ····································· 潘 军

理论与批评

喜犹各有理由
——几篇吉林青年小说近作读后······纪　众
中国当代文学的历史、近况与前景——答客问并志中
国当代文学四十年·····················曾镇南

作家影集

公木

1989 年第 11 期　刊名:《作家》
目录

中篇小说

煞有介事································阿　水

短篇小说

炼苗·································王德忱
黑伞·································傅百龄
第五种生活···························余世夫
黄昏（吉林新人）·····················关成彦
在树林里····························庄启东
桥··································周忠陵
月出·································唐旺盛

散文

一日酷热····························筱　敏
陨石雨·······························赵　玫
无泪的哀思··························张同吾
对歌（外二篇）·······················文　牧

诗人自选诗

对话·································杰　丁
黑色复写····························杨小滨
失去时间的备忘录····················叶延滨
中国音乐····························曲　近

理论与批评

文化变异期的文学观念面面观——序《中国作家如是
说》·······························季红真
小说的悲剧时代·······················章　平

作家影集

吴亮

1989 年第 12 期　刊名:《作家》
目录

东欧文学专辑

夜鸟················[波兰]斯·斯塔努赫　易丽君译
宽容···········[波兰]塔代乌什·鲁热维奇　梁全炳译
骗子··········[捷克]博胡米尔·赫拉巴尔　杨乐云译
解脱············[匈牙利]沙可尼·卡罗伊　冯植生译
夜班车·······[罗马尼亚]奥雷尔·米哈莱　王敏生译
补充证词
············[保加利亚]丽良娜·米哈伊洛娃　于景斌译
小妖精····[南斯拉夫]娅拉·蕾布尼卡尔　郑恩波译
优秀的传统　杰出的成就·················林洪亮

散文

无边·································范德平
爷爷·································卫建民
胡涂生存····························阿　红

中青年作家自传

不怕您笑话——我的文学自述·············朱晓平

作家剪影

黑孩印象····························吴若增

理论与批评

当代诗歌中的后现代主义因素——以欧阳江河的两首
小诗为例····························巴　铁

作家影集

东欧作家十一人

《江城》

（《短篇小说》）

【简　介】

综合性文学月刊。吉林省作家协会主办。创刊于1976年,1979年复刊。1984年1月由《江城》更名为《江城短篇小说月刊》,1985年1月再度更名为《短篇小说》。其以刊发中短篇原创小说为主,兼发散文和诗歌等。"扶持文学青年,关照平民生活"是其办刊宗旨。

期刊号:1979 年第 1、2 期—1989 年第 12 期

1979 年第 1—2 期　刊名:《江城》

目录

纪念周恩来总理逝世三周年
书录周总理诗《春日偶成》 …………………… 金意庵
读《春日偶成》有怀(外一首) …………………… 中　天
我问帽儿山(诗) …………………… 陈　超
梅园葡萄架(诗) …………………… 李广会
光辉的篇章(吉剧) …………………… 李学忠

小说·散文
阿尔切特里的林中小屋 …………………… 鄂　华
附:作者鄂华简介 …………………… 司马园丁
死刑 …………………… 尤　异
今人杂剧三折 …………………… 王宗汉
附:作者王宗汉简介 …………………… 云　飞

在五号楼发生的事件(电影小说) …… 尹一之　白景晟
残冬 …………………… 孟左恭
峭壁上的外交 …………………… 逯振杰
飘香的石榴花 …………………… 郭文琛
瓦西里·邱里拉
　　………… [白俄罗斯]扬·柯拉斯作　马德菊译
春风杨柳(散文) …………………… 马　昭
早晨的爱好者(散文) …………………… 王一夫

诗歌
南行记(组诗) …………………… 芦　萍
献给汽车城(组诗) …………………… 丁　力
附:作者丁力简介 …………………… 里　歌
江·雨·虹(散文诗) …………………… 胡　昭
小河(外一首) …………………… 张红雨
雁阵(组诗) …………………… 万忆萱
沸腾的沙石场(二首) …………………… 张满隆
旅途诗抄(组诗) …………………… 秋　原
进山(外一首) …………………… 许　行
短笛集(组诗) …………………… 何　鹰
松花江礼赞 …………………… 黎　敏
起雾的早晨 …………………… 陈玉坤
北京—华盛顿 …………………… 李国章
写在中日友好纪念册上(组诗) …………………… 党国栋
中日友谊颂 …………………… 冯蕴璞
爆发吧,昭雪了的诗篇 …………………… 金伟信
山鹰 …………………… 王　刚
新的进发 …………………… 桂春山
渔村谷雨夜 …………………… 刘昌盛
化工城抒怀 …………………… 张翼燕
诊包 …………………… 岚　默
战鼓催征 …………………… 刘金山
心愿 …………………… 枫　林
历史的车轮 …………………… 成　恩
吉祥的报春鸟 …………………… 马慧剑
除夕感怀 …………………… 马恒铠

萌芽
哥俩(小说) …………………… 李保华
深山道口(小说) …………………… 智麟勋
描春手(诗) …………………… 王德洪
地质图(诗) …………………… 王智超

创作论坛
解放思想　繁荣创作——短篇小说《高洁的青松》座谈纪要 …………………… 本刊记者
从生活出发　受实践检验 …………………… 李培基
形象思维是不用概念的吗? …………………… 马清福
还是说真话为好

——与小说《哥俩》作者的通信 ························ 孟怀友
从生活出发的启示——评小说《深山道口》 ······· 孙凌文
青春的秘密（随笔） ······························· 张弘引

艺苑录
艺苑杂感（杂谈） ································· 上官缨
化妆师的思念（诗·外二首） ····················· 王立人
俏梅一枝上歌台（诗·外一首） ··················· 魏明居
看京剧《空城计》有感（诗） ····················· 邵　巍

天南地北
药水泉过（散文） ································· 文　牧
松花湖游记 ······································· 孔令保
江堤雪柳 ··· 林　子

作家谈　谈作家
我企图写出整个社会的历史 ················· [法]巴尔扎克
关于巴尔扎克 ································· [法]左　拉

蔷薇园
东风的二弟（讽刺小说） ··························· 黎雪虹
跳舞（相声） ····································· 李召山
"踢球"干部（杂文） ······························· 一　兵
到底应该怎么办（小品） ··························· 稚　童

其他
作家轶事（四则） ························· 今　风　惠　民辑
海外幽默（四则） ····························· 小　敏辑
零金碎玉 ··· 林　中
雄鸡紫藤（国画） ································· 郭西河
金石、书法 ··························· 金意庵 李 林 寿 友
编后 ··· 本　刊

1979 年第 3—4 期　刊名:《江城》

目录

文艺要更好地为四个现代化服务（短论） ········· 李向林

小说·散文
荇水荷风（长篇小说《地火》选载） ················· 刘绍棠
我们心中的歌 ····································· 顾笔言
小布谷（童话） ··································· 郭大森
毛主席在小河（革命回忆录） ······················· 宋志学
在五号楼发生的事件（电影小说） ········· 尹一之　白景晟
一部长诗的诞生（散文） ··························· 李健君
神密的信号（科学幻想小说） ······················· 尤　异
玛莎 ······················· [俄]尼·奥加略夫著　马德菊译
插上翅膀的人（报告文学） ························· 封立超

诗歌
放歌长白山 ······································· 张红雨
附：作者张红雨简介 ······························· 公孙里士
题在新建大坝上（组诗） ··························· 党国栋
友声集（组诗） ··································· 臧克家
附：诗人臧克家简介 ······························· 海　风
金缕曲 ··· 公　木
附：诗人公木简介 ································· 朗　月
半边天之歌（组诗） ······························· 何　鹰
节日的边疆 ······································· 李广义
顶水歌（组诗） ······························· 陶　怡遗作
哀陶怡 ··· 曲有源
神女琴歌 ··· 曹积三
春雪（散文诗） ··································· 陈其昌
朋友，你好!（二首） ······························· 高　帆
哲理篇（组诗） ··································· 钱　璞
写在李国才加工班（二首） ························· 梁谢成
月光下 ··· 张铁民
蚯蚓 ··· 王　刚
你走在山涧水畔（散文诗） ························· 文　牧
红色铁牛（散文诗） ······························· 周景伟
关怀（外一首） ··································· 王庆学
山里人（外一首） ································· 赵贵忠
大山里面 ··· 杨咏鸣
道钉赞（外一首） ································· 马慧剑

戏剧　曲艺
罪犯（七场话剧） ································· 张志新
打虎新篇（山东快书） ····························· 云　平

萌芽
鼓风机颂（散文诗） ······························· 芦长志
明月银河的遐想 ··································· 成　恩

创作论坛
《阿尔切特里的林中小屋》散论 ····················· 庐　湘
如何理解形象思维不是用概念
——与马清福同志商榷 ··························· 戴一才
布谷新歌的启示
——与《小布谷》作者的通信 ··················· 关　桦

艺苑录
浅谈印度影片《流浪者》 ··························· 白景晟

天南地北
海眼（散文） ····································· 马　犁
天然画境——黄山游记 ····························· 孙玉春
龙潭晓日（地方风光） ····························· 陆望幽

作家谈　谈作家

文学语录 ————————————— ［德］歌　德　程代熙译
歌德是这样的诗人 ————— ［俄］别林斯基　满　涛译

蔷薇园

关于一筐墨绿皮倒瓤西瓜削价处理的请示报告（散文） ————————————————————— 中　申
马不停蹄（讽刺小品） ————————————— 海　囡
江青洗澡（外一则） ————————————————— 稚　童
习惯成自然（讽刺小品） ——————————— 相　东
嘻嘻哈哈（漫画） ————————————————— 袁惠民

其他

作家轶事三则 ——————————————————— 林中等辑
海外幽默五则 ——————————————————— 选　天辑
零金碎玉 ——————————————————————— 长　福
外国文讯二则 ——————————————————— 本刊辑
简讯二则 ——————————————————— 王　册　正平

美术

葡萄（国画） ——————————————————— 宋辛程
人物写生（素描） ————————————————— 许荣初
农村即景（速写） ——————————— 吴寿衡　张景武

1979 年第 5—6 期　刊名:《江城》

目录

小说·散文

东边日出西边雨（小说） ————————————— 张笑天
醉卧长安（中篇历史小说连载） ————————— 马　昭
江城诗话（散文） ————————————————————— 萧　军
萧军小传 ————————————————————————— 观　山
黄河东流去（长篇小说选载） ———————————— 李　准
杨柳依依（散文） ————————————————————— 尹一之
繁星（散文） ——————————————————————— 乔　迈
福生，你在那里（征文选刊）（小说） ————— 赵金锋
堕泪碑（散文） ——————————————————————— 萧　风
老郝太太的心事（征文选刊）（小说） ————— 智麟勋
蝉声·蚕生（散文） ——————————————————— 高弃岩
夕明篇——访作家萧军 ———————————————— 门瑞瑜

诗歌

南归三首 ——————————————————————————— 邹荻帆
在托儿所看见…… ——————————————————— 丁　力
纳沙布地角的灯塔 ——————————————————— 陈　超
剪枝（征文选刊）（散文寺） ———————————— 成　恩
故乡（组诗） ——————————————————————— 沙　鸥

附：诗人沙欧简介 ——————————————————— 公孙里士
延边诗抄（组诗） ————————————————————— 胡　昭
附：诗人胡昭简介 ——————————————————— 夏　林
西藏音诗 ————————————————————————— 周良沛
附：诗人周良沛简介 ————————————————— 夏　林
友谊花束（组诗） ————————————————————— 芦　萍
附：诗人芦萍简介 ——————————————————— 木　欣
召唤 ————————————————————————————— 丁　耶
山丹花 ——————————————————————————— 陈玉坤
刻在转移的界碑上 ——————————————————— 万忆萱
沸腾的草原（组诗） ——————————————————— 钱　璞
春之歌 ——————————————————————————— 晏　明
江城春曲 ————————————————————————— 王正绪
捆住它，紧紧地捆住它呵！ ————————————— 许　行
母爱的壮丽诗篇 ——————————————————— 张红生
赞张志新烈士 ——————————————————————— 张铁民
题张志新同志的照片 ————————————————— 王少刚
鼓 ————————————————————————————— 王立人
旗帜 ————————————————————————————— 李咏春
长白山儿歌 ——————————————————————— 王　玎
台湾同胞心中的花圈 ————————————————— 于宗信
动力赞（征文选刊） ——————————————————— 桂春山
木脸盆（组诗） ——————————————————————— 王智超
怀念 ————————————————————————————— 王庆学
林海路 ——————————————————————————— 黎　敏
我翻动祖国地图手册 ————————————————— 黄　淮
中国革命的先驱者（征文选刊） ————————— 王惠祥
红花的梦（征文选刊） ————————————————— 刘风林
远方的大雁（征文选刊）（散文诗） ————— 郭德福
脚印 ————————————————————————————— 徐子衡
大地卫士 ————————————————————————— 李占学
题抗联诗篇 ——————————————————————— 万　捷
牧鹿 ————————————————————————————— 李　映
长白山连着阿里山 ——————————————————— 申济泰
光荣花 ——————————————————————————— 拙　吟
灯光（散文诗） ——————————————————————— 蓝春雨
统裙上的红花 ——————————————————————— 刘文祥
革新花 ——————————————————————————— 于德成
樱花歌 ——————————————————————————— 姚业涌
登北山 ——————————————————————————— 舒　东

创作论坛

漫话诗的思想与感情——给习作者 ————————— 阿　红
谈谈鲁迅论形象思维 ————————————————— 董学文
散文诗的新收获 ——————————————————————— 江　柳
挣不脱的枷锁——翻译小说《玛莎》读后 ——— 胡　煦
感情炽烈的颂歌 ——————————————————————— 南　秋

艺苑录

"善暗定纪年"摘抄⸺⸺⸺⸺⸺⸺孙　犁
心灵的焦渴需要灌溉⸺⸺⸺⸺⸺张弘引
艺苑杂感⸺⸺⸺⸺⸺⸺⸺⸺⸺上官缨
杜米埃入狱（外国艺术家故事）⸺⸺龙　飞

天南地北

蛇岛散记（散文）⸺⸺⸺⸺⸺⸺宋一平
旷观春色（征文选刊）（地方风光）⸺楚　林

作家谈　谈作家

使人热爱生活⸺⸺⸺⸺托尔斯泰　尹锡康译
关于托尔斯泰⸺⸺⸺⸺高尔基　孟　昌译

蔷薇园

短剑篇（讽刺诗）⸺⸺⸺⸺⸺⸺梁谢成
"我先说几句……"（小品文）⸺⸺成于思
"赌博"（讽刺诗）⸺⸺⸺⸺⸺⸺流　云

其他

作家轶事三则⸺⸺⸺⸺⸺长　福　刘启林
海外幽默四则⸺⸺⸺⸺⸺⸺⸺彭连才辑
本刊启事

美术

版画集锦⸺⸺⸺⸺⸺⸺⸺⸺⸺李焙戈
荷（国画）⸺⸺⸺⸺⸺⸺⸺⸺⸺杨　鉴
"谁之罪"（木刻）⸺⸺⸺⸺⸺⸺王大林
建设中的桥梁工地（速写）⸺⸺⸺方　民

1979 年第 7—8 期　刊名：《江城》

目录

解放思想　除破迷信　深批《纪要》⸺部分省、市
文艺期刊负责人座谈会侧记⸺⸺⸺本刊记者

小说·散文

丈夫和他的香烟⸺⸺⸺⸺⸺⸺⸺黄献国
爱情的启示（续篇）⸺⸺⸺⸺⸺⸺王宗汉
瑞丽，孔雀的家乡（散文）⸺⸺⸺邓友梅
附：作家邓友梅简介⸺⸺⸺⸺⸺⸺文　戈
风雨还剑湖⸺⸺⸺⸺⸺⸺⸺⸺封立超
醉卧长安（中篇历史小说　续一）⸺马　昭
钓鱼⸺⸺⸺⸺⸺⸺⸺⸺⸺⸺逯振杰
对面炕上⸺⸺⸺⸺⸺⸺⸺⸺⸺曹明绪
珍贵的种子⸺⸺⸺⸺⸺⸺⸺⸺张少武
内科病房⸺⸺⸺⸺⸺⸺⸺⸺⸺曹　阳
无闻的野花（散文）⸺⸺⸺⸺⸺⸺李广会

春·花·我（散文）⸺⸺⸺⸺⸺⸺璟　石
玫瑰香奇案（电视剧连载）⸺⸺⸺周康渝
跟鬼订的契约（翻译小说）
⸺⸺⸺［墨西哥］胡安·向塞·阿列奥拉　袁　杰译
非洲阿姆哈尔族民间故事三则⸺⸺王　烈译

诗歌

沿海（组诗）⸺⸺⸺⸺⸺⸺⸺⸺蔡其矫
附：诗人蔡其矫简介⸺⸺⸺⸺⸺⸺夏　林
桥（外一首）⸺⸺⸺⸺⸺⸺⸺⸺李又然
附：作家李又然简介⸺⸺⸺⸺⸺⸺夏　林
重访延安（组诗）⸺⸺⸺⸺⸺⸺宋志学
披荆集（组诗）⸺⸺⸺⸺⸺⸺⸺芦　萍
漓江情深⸺⸺⸺⸺⸺⸺⸺⸺⸺张满隆
附：作家张满隆简介⸺⸺⸺⸺⸺⸺山　中
生命的火光⸺⸺⸺⸺⸺⸺⸺⸺秋　原
出征曲（五首）⸺⸺⸺⸺⸺⸺⸺戚积广
南国抒情诗⸺⸺⸺⸺⸺⸺⸺⸺孙静轩
附：诗人孙静轩简介⸺⸺⸺⸺⸺⸺夏　林
边疆儿女⸺⸺⸺⸺⸺⸺⸺⸺⸺程质彬
凉山的花（三首）⸺⸺⸺⸺⸺⸺陈　犀
南国诗笺⸺⸺⸺⸺⸺⸺⸺⸺⸺李占学
柳⸺⸺⸺⸺⸺⸺⸺⸺⸺⸺⸺张红雨
进山（外二首）⸺⸺⸺⸺⸺⸺⸺黄　淮
闯过《海上的坟》⸺⸺比斯开湾⸺⸺白　渔
三峡人物（二首）⸺⸺⸺⸺⸺⸺刘不朽
雪地上的脚步（外一首）⸺⸺⸺⸺宋　虹
长白抒情（四章）⸺⸺⸺⸺⸺⸺郭文琛
汗珠的赞歌（外一章）⸺⸺⸺⸺⸺卢长志
古琴新弹（组诗）⸺⸺⸺⸺⸺⸺方　晴
长征路礼赞（外二首）⸺⸺⸺⸺⸺刘风林
科学的群峰（组诗）⸺⸺⸺⸺⸺⸺李咏春
关于我的笔（小叙事诗）⸺⸺⸺⸺刘金山
山乡曲（组诗）⸺⸺⸺⸺⸺⸺⸺王德洪
我赞美绿色的网⸺⸺⸺⸺⸺⸺⸺孙来今
读《囚歌》⸺⸺⸺⸺⸺⸺⸺⸺郝　炜
伞（外二章）⸺⸺⸺⸺⸺⸺⸺⸺林　木
煤（外一首）⸺⸺⸺⸺⸺⸺⸺⸺张铁民
夜雨（外一首）⸺⸺⸺⸺⸺⸺⸺朱谷忠
炮兵部队⸺⸺⸺⸺⸺⸺⸺⸺⸺龙彼德
果园里的歌⸺⸺⸺⸺⸺⸺⸺⸺王　刚
采石工的豪情⸺⸺⸺⸺⸺⸺⸺周景伟
写给巡道工（外一首）⸺⸺⸺⸺⸺马慧剑
雨⸺⸺⸺⸺⸺⸺⸺⸺⸺⸺⸺李长河
乡情二首⸺⸺⸺⸺⸺⸺⸺⸺⸺马胜龙
火炬⸺⸺⸺⸺⸺⸺⸺⸺⸺⸺⸺海　南
浇铸⸺⸺⸺⸺⸺⸺⸺⸺⸺⸺⸺高精明
电塔之歌⸺⸺⸺⸺⸺⸺⸺⸺⸺陶锦茂
架线⸺⸺⸺⸺⸺⸺⸺⸺⸺⸺⸺柳　潭

什么鸡 ————————————————————— 徐　臻

创作论坛
文学不只限于歌颂
——《歌德与缺德》一文读后 ——————————— 古　火
试论臧克家的旧体诗集《忆向阳》——————————— 张惠仁
火热的情感　泥土的芳香
——读王德洪的诗 ———————— 陈玉坤　马秉义

艺苑录
击鼓·练琴·作诗 ———————————————— 陆正平
读诗随笔（二则）————————————————— 肖文苑

天南地北
草堂的思念（游记）——————————————— 郭德福
长白影集补充说明（游记）————————————— 赵正昆
碧叶荷塘（散文）———————————————— 林　敏

作家谈　谈作家
老实一点　朴素一点 ——————————————— 郭沫若
一条"附白"说明 ———————————————— 楼适夷

蔷薇园
首长不在家（小品文）—————————————— 成　林
写意（讽刺小品）———————————————— 汉　力
会议热（诗二首）———————————————— 燕　白

其他
作家轶事五则 ——————— 筱　鹃　潘誉声　马金苹等
幽默四则 —————————————————— 连　才等辑
寓言二则 ———————————————— 王海曙　汜拾叁
本刊启事
稿约 ————————————————————— 本刊编辑部

美术
舞台速写 ————————————————————— 赵士英
木刻三幅 ————————————————————— 陈晋容
好好学习（装饰画）——————————————— 王铁侠
吸烟……有害！（漫画）————————————— 林继舜
湖畔晨渡（国画）———————————————— 唐继尧

1979 年第 9—10 期　刊名：《江城》
目录

小说·散文
牧羊人 —————————————————————— 峻　青
附：作家峻青简介 ———————————————— 司马园丁
典型 ——————————————————————— 刘金山
妻子 ——————————————————————— 赵金峰
啊，爱情…… ————————————————— 逯振杰
忆白辛（散文）——敌伪时代的白辛 ————————— 程　欣
满山红 —————————————————————— 孟左恭
毛主席在王家湾（革命回忆录）————————————— 宋志学
醉卧长安（中篇历史小说　续二）————————— 马　昭
玫瑰香奇案（电视剧连载二）————————————— 周康谕

诗歌
新时期的"造反"大军 ——————————————— 曲有源
深山泉溪（散文诗外一章）————————————— 成　恩
故乡 ——————————————————————— 沙　鸥
打济南（外一首）———————————————— 吕　剑
长白山赋 ————————————————————— 党国栋
江城如画（外二首）——————————————— 李咏春
朱德的扁担（外四首）—————————————— 何　鹰
你好，故乡的山（外一首）————————————— 罗继仁
战士和大海（外二首）—————————————— 陈　超
江城吟（散文诗五章）—————————————— 张弘引
雨·雾·云（散文诗三章）————————————— 林　木
护林员（外一首）———————————————— 李广义
钢花集锦 ————————————————————— 张志鹏
磨石上欢奏丰收调 ——————————————— 黄东成
欢迎你——地质队员（外一首）————————— 张铁民
京华四望 ————————————————————— 孟明伯
江畔晨光（外二首）——————————————— 宋九才
草原行 —————————————————————— 宋曙春
运动场上（组诗）———————————————— 刘凤林
夜战寒潮 ————————————————————— 王惠祥
砂轮赞 —————————————————————— 马立山
他为生命奔走 ————————————————— 韩汝诚
灯光 ——————————————————————— 史建军
小蜜蜂和寒号鸟（外一首）————————————— 丁希泉

创作论坛
诗的语言 ————————————————————— 任　愫
一曲美好心灵的歌
——读《福生，你在那里？》——————————— 武亦文

艺苑录
谈书法 —————————————————————— 吴玉如
次要人物的地位 ————————————————— 韩志军

蔷薇园
忙人（小说）————————————————— 谷永秀
诗人赞（三首）———————————————— 杨大矛
合理化建议（讽刺小品）————————————— 长　福

作家谈　谈作家

含蓄与"底"·······················老　舍

只要对人民有用·····················胡絜青

天南地北

太阳岛散记·······················奚青汶

揽月高亭（地方风光）··················林繁英

其他

贝多芬与警察······················天　雪辑

幽默四则·······················彭连才辑

梅花鹿搬家（寓言）···················邱瑞丰

简讯一则·························煦

美术·摄影

书法家吴玉如

摄影作品二幅·····················丁　平等

爱情的花束·······················白　雪

樱花开了························姚业涌

车站（外一首）·····················田　地

写在山麓江畔的诗（三首）················王立人

喜开镰·························王冠军

草木风情三篇（散文诗）·················郭德福

胶林夜歌························李希英

踏遍青山（二首）····················贾志坚

老书记·························陈其昌

纪念篇（二首）·····················马慧剑

迎春花赋（散文诗）···················曹　阳

写在血泪的日子里（二首）················张永权

诗三首——怀白辛···················赵亦吾

飞来飞去的大雁（外一首）················刘　征

黄昏··························王染野

烟囱··························杨　山

我爱松花江·······················邢秀玲

公园小景························秋　元

1979 年第 11—12 期　刊名:《江城》
目录

代表归来谈

巨大的鼓舞　深刻的教育················魏明居

振奋精神　阔步前进··················陈正岩

小说·散文

古刹恋·························王宗汉

古久里来华的日子（散文）················李又然

人·海·船（散文）···················胡　昭

醉卧长安（中篇历史小说　续三）·············马　昭

老刹布和他的马头琴（散文）···············林子双

玫瑰香奇案（电视剧连载三）···············周康渝

戎马倥偬·························袁庆望

不称职·························马纯忱

瑶池赋（散文）·····················肖　风

父子与父女·······················时　明

参乡行（散文）·····················王振夫

中秋之夜························刘伯英

诗歌

龙江记游杂咏·····················萧　军

在阿诗玛的故乡（组诗）·················万忆萱

附：诗人万忆萱简介···················司马园丁

五月，田野的风（组诗）·················陈玉坤

山村诗画剪（组诗）···················张红雨

丰收曲·························郝　炜

编筐曲（外二首）····················王德洪

青春··························杨子忱

1980 年第 1 期　刊名:《江城》
目录

创作论坛

现实生活与文艺创作——在吉林市文学报告会上的讲

话··························刘宾雁

向鲁迅的短篇小说学习·········（中国香港）曾敏之

小说·散文

余音··························刘　真

女作家刘真印象记····················关　山

微笑··························林斤澜

附：作家林斤澜资料···················观　山

人生之路························赵正昆

醉卧长安（中篇历史小说　续四）·············马　昭

云雀——"海滨书简"之一················周良沛

千山行吟（散文）····················成　恩

我绝不爱鸡而爱鸭（散文）················杨绍长

外貌（翻译小说）···········[日]星新一作　丁　香译

江城纪游（并叙　外一组）················萧　军

王统照遗作旧诗十首

江城行（秋游即景八首）·················戈宝权

桥墩（外一首）·····················丁　耶

白河小赞························徐　行

长城赋·························孔令保

松江巡礼························秋　原

千山抒怀（三首）····················李咏春

绿——大山的生命（二首）················陈玉坤

彩虹··························洪　帆

五彩缤纷（组诗）⋯⋯⋯⋯⋯⋯⋯王庆学
歌乐山下（组诗）⋯⋯⋯⋯⋯⋯李占学

艺苑录
我所知道的戈宝权同志⋯⋯⋯⋯锡　金
直打得伯爵两眼冒金花⋯⋯⋯⋯马清福

天南地北
游惠山⋯⋯⋯⋯⋯⋯⋯⋯⋯⋯阵其昌
松水三湾⋯⋯⋯⋯⋯⋯⋯⋯⋯林　竹

蔷薇园
百花园外的花（寓言）⋯⋯⋯⋯刘占武

作家谈　谈作家
诗，是生活的本质⋯⋯⋯⋯[俄]别林斯基
首倡权总是属于他的⋯⋯⋯[俄]屠格涅夫

其他
贫困和幸福（阿拉伯民间故事）⋯丁歧江译
波斯幽默（四则）⋯⋯⋯⋯⋯盛广智译
广告⋯⋯⋯⋯⋯⋯⋯⋯⋯⋯⋯本刊
作家轶事（二则）⋯⋯⋯⋯⋯长　福辑

美术
斩江夺电（套色木刻）⋯⋯⋯⋯赵吉元
铁骨寒香（中国画）⋯⋯⋯⋯⋯安云鹏
举翼冲霄（中国画）⋯⋯⋯⋯⋯刘继卤

1980 年第 2 期　刊名:《江城》
目录

创作论坛
现实生活与创作（续）——在吉林市文学报告会上的
讲话⋯⋯⋯⋯⋯⋯⋯⋯⋯⋯刘宾雁
向鲁迅的短篇小说学习（续）⋯（中国香港）曾敏之

小说·散文
造神春秋⋯⋯⋯⋯⋯⋯⋯⋯⋯张笑天
阿尔盖兹，你为什么忧伤？——访罗散记⋯鄂　华
代价⋯⋯⋯⋯⋯⋯⋯（中国香港）陶　然
难题⋯⋯⋯⋯⋯⋯⋯⋯⋯⋯⋯张悦华
小野与小欢⋯⋯⋯⋯⋯⋯⋯⋯郭大森
附：儿童文学作家郭大森简介⋯⋯司马园丁
第二〇〇号精神病患者⋯⋯⋯⋯黄献国
搬家⋯⋯⋯⋯⋯⋯⋯⋯⋯⋯⋯李洪民
醉卧长安（中篇历史小说　续五）⋯马　昭

诗歌
沁园春——长白山⋯⋯⋯⋯⋯⋯李　挥
冬天的歌⋯⋯⋯⋯⋯⋯⋯⋯⋯雁　翼
附：诗人雁翼简介⋯⋯⋯⋯⋯⋯夏　林
沙漠上的旺族（二首）⋯⋯⋯⋯钱　璞
寻找⋯⋯⋯⋯⋯⋯⋯⋯⋯⋯⋯桂春山
塞外二题（二首）⋯⋯⋯⋯⋯⋯郭维东
欢乐的海兰江（外一首）⋯⋯⋯王　玎
吊车（外二首）⋯⋯⋯⋯⋯⋯⋯梁谢成
达东罕今日昔⋯⋯⋯⋯⋯⋯⋯姜成文
迎宾花⋯⋯⋯⋯⋯⋯⋯⋯⋯⋯冷　岩
江城二题⋯⋯⋯⋯⋯⋯⋯⋯⋯孟昕伯
天地篇（散文诗）⋯⋯⋯⋯⋯⋯林　木
山恋（散文诗外三章）⋯⋯⋯⋯胡冬林
鞍钢——我的故乡⋯⋯⋯⋯⋯⋯刘风林
黄河咏怀⋯⋯⋯⋯⋯⋯⋯⋯⋯海　南
水库⋯⋯⋯⋯⋯⋯⋯⋯⋯⋯⋯代文江
歌满清明坡（二首）⋯⋯⋯⋯⋯夏　天

蔷薇园
设计（小说）⋯⋯⋯⋯⋯⋯⋯⋯李保华
你真好呀，爹爹！（诗）⋯⋯⋯何　鹰

作家谈　谈作家
勿从别人书中拾柴⋯⋯⋯⋯[苏]高尔基
赞颂"勇敢的无畏"⋯⋯⋯⋯[苏]巴列克

天南地北
白山芳草⋯⋯⋯⋯⋯⋯⋯⋯⋯林　予

其他
作家轶事三则⋯⋯⋯⋯⋯⋯陈茂先等
海外幽默四则⋯⋯⋯⋯⋯⋯粟周熊等

美术
陕北人（人物写生）⋯⋯⋯⋯⋯刘文西
放鹿（中国画）⋯⋯⋯⋯⋯⋯⋯陈全胜
山花（中国画）⋯⋯⋯⋯⋯⋯⋯峻　青

1980 年第 3 期　刊名:《江城》
目录

短论
端正思想路线　把群众文化工作活跃起来⋯李　挥

小说·散文
她与他、他、他⋯⋯⋯⋯⋯⋯⋯李健君
贝壳（外二章）⋯⋯⋯⋯⋯⋯⋯周良沛

暗流⋯⋯⋯⋯⋯⋯⋯⋯⋯⋯⋯⋯⋯林　木
东瀛花海吐芳芬
——中国作家代表团访日花絮⋯⋯陈喜儒编译
醉卧长安（中篇历史小说　续六）⋯⋯马　昭
艺术的威力⋯⋯⋯⋯⋯⋯⋯⋯⋯封立超
小月亮——记一个的人遭遇⋯⋯⋯张满隆
故乡的热土⋯⋯⋯⋯⋯⋯⋯⋯⋯赵灿群
发生在今天的故事⋯⋯⋯⋯⋯⋯高艳茹
一个农民的死（翻译小说）
⋯⋯⋯⋯⋯［土耳其］萨德里·艾尔泰姆　丁歧江译

诗歌
镇淮楼（三首）⋯⋯⋯⋯⋯⋯⋯严　阵
附：诗人严阵简介⋯⋯⋯⋯⋯⋯司马园丁
快乐的思想（外二首）⋯⋯⋯⋯何　达
桃杏花开⋯⋯⋯⋯⋯⋯⋯⋯⋯张红雨
山水歌（二首）⋯⋯⋯⋯⋯⋯⋯冀　淮
白山松水间（二首）⋯⋯⋯⋯⋯党国栋
为了祖国的明天（二首）⋯⋯⋯高　帆
打山梨⋯⋯⋯⋯⋯⋯⋯⋯⋯⋯金克义
找密营⋯⋯⋯⋯⋯⋯⋯⋯⋯⋯李　映
歌声（外一章）⋯⋯⋯⋯⋯⋯⋯郭德福
江城行吟（二首）⋯⋯⋯⋯⋯⋯束　棘
矿山路⋯⋯⋯⋯⋯⋯⋯⋯⋯⋯李国典
钢花赋（外一章）⋯⋯⋯⋯⋯⋯陶锦茂

创作论坛
古代典籍所载的亲称新解（随笔）⋯骆宾基
附：作家骆宾基简介⋯⋯⋯⋯⋯洪　帆
浓些，再浓些吧，诗的生活气息⋯芦　萍

作家谈　谈作家
诗歌是嘴唱为好⋯⋯⋯⋯⋯⋯⋯鲁　迅
关于鲁迅⋯⋯⋯⋯⋯⋯⋯⋯⋯冯雪峰

蔷薇园
诗画配⋯⋯⋯⋯⋯⋯⋯晓　峰　祝　石
从《蜕变》谈起⋯⋯⋯⋯⋯⋯⋯上官缨
科长的苦恼（小说）⋯⋯⋯⋯⋯邱瑞丰
天时·地利·人和（小品）⋯⋯⋯谷　地
"断尾巴的蜻蜓"（诗）⋯⋯⋯⋯泉　声

天南地北
团山夕照（地方风光）⋯⋯⋯⋯冯蕴璞
海女——一个访日女作家的来信⋯马　犁

其他
木刻家刘岘简介⋯⋯⋯⋯⋯⋯⋯壬　因
一个字母（作家轶事）⋯⋯⋯⋯姜铁军辑

海外幽默三则⋯⋯⋯⋯⋯⋯⋯陈茂先等
直至马的尾巴长出来⋯⋯（哈萨克民间故事）
⋯⋯⋯⋯⋯⋯⋯⋯⋯⋯⋯⋯⋯盛广智译

美术
木刻作品选⋯⋯⋯⋯⋯⋯⋯⋯⋯刘　岘
北国雪莲（木刻）⋯⋯⋯⋯⋯⋯蒋谷峰

1980 年第 4 期　刊名:《江城》
目录

小说·散文
孕育在大地之中⋯⋯⋯⋯⋯⋯⋯孟左恭
渗血的烟壶内画⋯⋯⋯⋯⋯⋯⋯范全春
残缺的日记⋯⋯⋯⋯⋯⋯⋯⋯⋯翁亦村
醉卧长安（中篇历史小说　续七）⋯马　昭
公安局长和他的女儿⋯⋯⋯⋯⋯今　新
诗人在我们中间——艾青琐记⋯⋯胡　昭
月朦胧（散文）⋯⋯⋯⋯⋯⋯⋯谢　树
南竹北移（散文）⋯⋯⋯⋯⋯⋯青　汶
江天如画（散文）⋯⋯⋯⋯⋯⋯冯蕴璞

诗歌
关于眼睛⋯⋯⋯⋯⋯⋯⋯⋯⋯艾　青
归来⋯⋯⋯⋯⋯⋯⋯⋯⋯⋯⋯满　锐
延边的山谷（外二首）⋯⋯⋯⋯罗继仁
爱情的诗笺⋯⋯⋯⋯⋯⋯⋯⋯⋯王　野
慧星——恒星——写给一个口号⋯陈　超
笔呵，应当怎样写⋯⋯⋯⋯⋯⋯李咏春
老树⋯⋯⋯⋯⋯⋯⋯⋯⋯⋯⋯陈玉坤
海浪（外一首）⋯⋯⋯⋯⋯⋯⋯刘昌盛
路（外一首）⋯⋯⋯⋯⋯⋯⋯⋯成　恩
在大海深处（二章）⋯⋯⋯⋯⋯芦长志
边防线上的月亮升起来了（外一首）⋯王智超
雾（外二首）⋯⋯⋯⋯⋯⋯⋯⋯郝　炜
甘苦寸心知（之六）——谈自己的诗⋯臧克家
干预生活是作家的神圣职责⋯⋯宁宣成

蔷薇园
黄狗皮与黑狗皮的故事（小品）⋯高　泽
手杖（诗）⋯⋯⋯⋯⋯⋯⋯⋯⋯张铁民

天南地北
海恋——外零丁岛札记⋯⋯⋯⋯璟　石
堰堤飞瀑（地方风光）⋯⋯⋯⋯林　予

其他
小草（寓言）⋯⋯⋯⋯⋯⋯⋯⋯赵玉银

作家轶事二则 ———————— 师德军等
海外幽默三则 ———————— 阎树声等

美术
刻印 ———————————————— 朱寿友
国画 ———————————————— 余奎君
国画 ———————————————— 东　怀

1980 年第 5、6 期　刊名:《江城》
目录

小说特辑
十字路口 ———————————— 蒋子龙
编外工长 ———————————— 高中艺
画家与模特儿 ———————— 逯振杰
不要忘记她 ————————— 霍　达
小狗的故事 ————————— 白景晟
仙人 ———— [日]芥川龙之介著　崔德成译
选择 ———————————————— 智麟勋
茉莉花 ———————————— 谷永秀
小巧 ———————————————— 戴厚英
申英花 ———————————— 李继华
关东响马（中篇小说连载）——— 王宗汉
醉卧长安（中篇历史小说连载　续八）— 马　昭
法网（电视剧《玫瑰香奇案》续集一）—— 周康渝

散文·报告文学
花明楼——访刘少奇同志故乡 ——— 陈淀国
星烂其辉——记雷锋式干部陈宝俊同志的童年
———————————————— 璟　石
忆奈良 ———————————— 田　琳
雪满山林 ———————————— 萧　风
杨花飞飞 ———————————— 王正绪
山林里的风（外二章）———— 秋　原
湖上渔舟破浪行（外一章）—— 曹　阳
迎春花开时 ————————— 尹　平

诗歌
啄木鸟（三首）———————— 公　木
族伴（组诗）————————— 邵燕祥
写给陈宝俊 ———— 党国栋　李咏春
长长的夜 ———————————— 芦　萍
长白恋歌 ———————————— 戚积广
凉山的花（组诗）—————— 陈　犀
清风徐徐 ———————————— 王辽生
山林抒情诗（五首）———— 宫　玺
松江风雨（二题）—————— 林　子
繁星点点 ———————————— 管用和等

铁塔赞歌 ———————————— 刘风林
母亲的心 ———————————— 马世瑞
望万家灯火 ————————— 高　帆
老园工（外一章）—————— 林　木
牧笛（小叙事诗）—————— 于庆成
春到山乡 ———————————— 张雪杉
风火篇 ———————————— 陶锦茂

创作论坛
与林斤澜书（文学书简）—— 刘心武
镜子、家族教师、灵魂工程师 —— 宁宣成
为新时代讴歌 ———————— 稚　童

蔷薇园
明明的画（小品）—————— 方　方

天南地北
湖光山色天下奇（游记）—— 潘誉声
玄天拾踪　地方风光 ———— 冯蕴璞

其他
煤油灯（寓言）——————— 陆继权
作家轶事三则 ——————— 王达人等
海外幽默四则 ——————— 彭连才辑

美术
木刻 ———————————————— 王　琦
速写 ———————————————— 方　民
国画 ———————————————— 白述智

1980 年第 7 期　刊名:《江城》
目录

小说
在小镇医院里 ——————— 陈世旭
又是玫瑰花盛开的时节 —— 黄献国
急 ———————————————— 侯殿发
小歌手 ———— [印度]康·库·波得卡特　袁　杰译
关东响马（中篇小说　续一）— 王宗汉
醉卧长安（中篇历史小说　续完）— 马　昭
法网（电视剧《玫瑰香奇案》续集二）—— 周康渝

散文
六月的怀念 ————————— 曹怀濰
山水寄情——寄自海外的书简 —— 门瑞瑜
贺兰石上菊花开 —————— 范全春
泛舟记 ———————————— 仝腾方

诗歌

山水诗（二首）——————————邹荻帆
山水情深——怀念少奇同志
　　　——————流　云　李咏春　郭文琛　文　丙
繁星点点——————————————周景伟等
泉水情（三首）——————————郭得福
北疆塞外曲（三首）————————李占学
写在七月的阳光里————————张满隆
厂区春絮——————————————桂春山

创作论坛

灵感及其他——学诗札记—————周良沛
长和短——和里诗话————————丁　力
好处说好，坏处说坏————————栾　羽

艺苑录

谁更伟大——————————————苏望峰

天南地北

猴岭石踪（地方风光）——————冯蕴璞

其他

作家轶事（二则）————————鲁　海等
海外幽默四则——————————丁歧江译
文学小辞典
市第三次文代会胜利召开————本刊记者
文讯一则——————————————辑　文

美术

速写————————————————阮章竞
国画————————————————陈　澍
国画————————————————杨　鉴
国画————————————————高盛连

1980 年第 8 期　刊名:《江城》
目录

小说·散文

春之歌——————————————岳治成
关东响马（中篇小说续二）————王宗汉
孤胆————————————————常　安
生活多美好————————————徐振清
法网（电视剧《玫瑰香奇案》续完）—周康渝
杨柳村中柳丝长—————————赵灿群
我心中的纪念碑—————————平　桥
蒲公英——————————————玉　茹
花期偶题—————————————胡兆龙
在古老的橡树林中——[俄]雅·柯拉斯　马德菊译

诗歌

往昔的星—————————————胡　昭
渡船（外一章）——————————成　恩
海洋（外一章）——————————芦长志
降"龙"伏沙————————————黄东成
长空集——————————————王立人
焊钳弧花赞————————————王智超
女电焊工之歌（外一首）————赵景阳
一条大红线————————————李又然
八月金秋下洪湖—————————郭文琛
叶挺桥——————————————陈福利
山泉丁冬—————————————叶晓山
早晨————————————————孙旭辉
起飞前对时（外一首）—————丁希泉
写在吉林陨石雨展览留言簿上——陈　超
江城逢雨—————————————宋曙春
马灯闪闪……——————————王延凤
边境，你睡得可好?———————柳　潭
月光和珍珠————————————冬　林
秋千歌（外一首）———（朝鲜族）金　哲
　　何鸣雁　周必忠译
天泉流出的歌——————————何友彬
雪原诗情—————————————曹积山

青年习作

动力（小说）——————————马立山

创作论坛

可贵的献身精神——读小说《动力》——胡　煦
事出于公，情出于理
　　——《孕育在大地之中》读后——尤蕴石

天南地北

飞来骏马变高山—————————徐培均
星落银桥（地方风光）——————冯蕴璞

作家谈　谈作家

同他们一起受苦——————托尔斯泰　望　峰辑
玩笑——————————巴乌斯托夫斯基　望　峰辑

其他

作家轶事四则——————————肖伟等辑
海外幽默四则——————————王慧骐辑
零金碎玉—————————————牛保才
编者寄语—————————————本　刊

美术

版画————————————————孙惠子
国画————————王纯信　郭玫琮　赵　丁

国画 ·····················孙菊生

1980 年第 9 期　刊名：《江城》
目录

小说·散文
血染的金达莱（中篇反特小说连载）
·····················尹一之　黎雪虹　王福生
立春以后 ·····················董奉鸣
猎熊记 ·····················逯振杰
一个家庭 ·····················牟祥雷
关东响马（中篇小说续二）·····················王宗汉
蜜 ·····················王大威
白杜鹃 ·····················孔令保
指甲花 ·····················张瑞山
露珠集 ·····················党国栋
绿色的摇篮 ·····················红舒
龙湾小记 ·····················邵晨

诗歌
理想的力量 ·············巴·布林贝赫　巴成林译
行吟集——在长城内外 ·····················曲有源
长白行（组诗）·····················李映
春（组诗）·····················郝炜
春风啊，你吹吧 ·····················许行
星花集 ·····················黄淮
随想录 ·····················秋原
渔岛情歌（六首）·····················荆鸿
时间赋 ·····················戴有良
繁星点点 ·····················宋虹等

青年习作
灿烂的新星（小说）·····················新烨

创作论坛
"博"与"深" ·····················李伟
秋原的诗 ·····················宋垒
浅谈"灿烂的新星"——读稿零札 ·····················逯振杰

艺苑录
李贺写诗 ·····················肖文苑

蔷薇园
小鸡儿的诗 ·····················周克冰

天南地北
绿色的梦 ·····················鲁之洛、刘志坚

其他
作家轶事 ·····················敏声辑
海外幽默 ·····················张桂兰等辑
零金碎玉 ·····················姜铁军
文讯 ·····················长福

美术
书法 ·····················李挥
木刻 ·····················赵纪元
松花湖上（木刻）·····················古元

1980 年第 10 期　刊名：《江城》
目录

小说·散文
盼望 ·····················朱光雪
春晨 ·····················翁亦村
血染的金达莱（中篇反特小说续一）
·····················尹一之　黎雪虹　王福生
关东响马（中篇小说续四）·····················王宗汉
金风送爽 ·····················郭文琛
旗手 ·············[法国]都德著　马德菊译
虹 ·····················胡兆龙
春的剪影 ·····················林木
心花正红 ·····················萧风
通往阵地的路 ·····················刘志清　陈中华

诗歌
小雨点 ·····················张永枚
庐山杂咏 ·····················晋驼
无限江山（组诗）·····················方晴
情歌一束（组诗）·····················何鹰
花圃拾卉（组诗）·····················张红雨
献给流水的歌（外一首）·····················黎敏
拉萨漫步（组诗）·····················高帆
晚归 ·····················陈玉坤
盼相逢 ·····················金山
写在印刷厂里（组诗）·····················王庆学
春雨 ·····················杨树
手 ·····················于庆成
乡土，山色 ·····················刘章
小岛的故事 ·····················刘昌盛

青年习作
无名的野花（小说）·····················董芳

创作论坛
努力描写和培养社会主义新人 ·····················魏明居

《虹》读后 ············ 孙凌文
野花飘香——读《无名的野花》 ······ 古 火
千锤锻锣 一锤点音——浅谈诗的结句 ··· 高 云

蔷薇园
奶奶没有牙（小品） ·········· 王长夫
付我五法郎（外一则） ········· 宋虹辑

天南地北
春游雁荡 ·············· 潘誉声

其他
海外幽默 ··········· 解传广等辑
零金碎玉 ············· 王中一
交流经验 集思广义——全国十七家市办文学期刊召
开小说编辑工作座谈会
广告二则

美术
青山图（国画） ·········· 吕也厚
白山电站（速写） ········· 潘宝泉
鲜花（水粉） ··········· 黄金城

1980 年第 11 期 刊名:《江城》
目录

小说·散文
小两口与老两口 ·········· 刘亚舟
江南女 ·············· 陈应松
冷云美 ·············· 马纯忱
啊，过头云 ············ 李纶继
血染的金达莱（中篇反特小说续二）
             尹一之 黎雪虹 王福生
关东响马（中篇小说续五） ······ 王宗汉
翻译小说两篇 ····· ［俄］霍 札著 王 烈译

诗歌
东邻的燕子 ············ 红 舒
在北方（组诗） ·········· 徐 刚
灯火（外一首） ·········· 邵燕祥
白花点将台（外一首） ······· 李咏春
秋兴（三首） ··········· 成 恩
吉林偶感 ············· 孙沐寒
七绝三首 ············· 李 挥
登泰山 ·············· 孟昕伯
念奴娇（感秋） ·········· 朱 迅
松花江（外一首） ········· 王辽生
把家虎 ·············· 王冠军

工具篇 ·············· 芦长志
盼归石 ·············· 王 锐
繁星点点 ············· 姚 莹等

创作论坛
读蒋子龙的《十字路口》 ······· 阎 纲
入乎其内 出乎其外——人物语言漫谈 ·· 金 风
优美的日本古典诗歌
——和歌、俳句 ····· 王也平 苏绍卿

蔷薇园
无官一身轻 ············ 季光炬

天南地北
海石头（散文） ·········· 草 坪

其他
望远镜与显微镜（寓言） ······· 刘 宇
海外幽默 ··········· 彭连才等辑
作家轶事两则 ·········· 敏 声等辑
广开言路，深入探讨，繁荣诗歌创作——东北地区诗
歌座谈会在丹东召开
广告两则

美术
套色木刻 ············· 王俊业
《江城之冬》画展作品 ········ 吴平等
木刻 ··············· 孙会子

1980 年第 12 期 刊名:《江城》
目录

小说·散文
爱的抉择 ············· 叶 辛
血染的金达莱（中篇反特小说）
             尹一之 黎雪虹 王福生
关东响马（中篇小说续六） ······ 王宗汉
醉 ··············· 新 烨
吊在高空中的命运 ········· 翟剑平
古城轧靴草 ············ 王振夫
小草礼赞 ············· 刘金山

诗歌
诗三首 ·············· 罗 洛
人生之旅（组诗） ········· 胡 昭
川江行（二首） ·········· 丁 耶
松江吟 ·············· 孔令保
暴风雨（外三章） ········· 秋 原

忘不了这片峡谷（外一首）……………………海　南
青春（外一首）………………………………赵虎城
我要离开你，去远方……………………………成　恩
燕子口记胜（外一首）…………………………于宗信
京华诗草………………………………………党国栋
石磨（组诗）…………………………………丁希泉
林海即景（外二首）…………………………梁谢成
繁星点点……………………………………桂春山等
白山云海（外一首）…………………………高杰贤
榆钱（外二章）………………………………郭文琛
云………………………………………………张铁民
测图工具歌（三首）……………刘雅民　刘闯义
旱………………………………………………王　平
幸福…………………………………………沈向阳
思乡——听一位老华侨的倾诉………………孟秀华
透明的雨（外一章）…………………………周景伟

创作论坛
谈《新青年》上的一则补白…………………高　信
创作·批评小议……………………………栾　羽

蔷薇园
我能打过你…………………………………贺新伟辑

天南地北
崂山行（散文）………………………………胡兆龙

其他
智者、国王和香料商人（印度民间故事）……丁歧江译
第二个吃河豚的人（寓言）…………………刘自球
海外幽默…………………………………张桂兰等辑
作家轶事一则………………………………苏望峰辑
广告两则

美术
雾（摄影）……………………………………丁　平
百花齐放（剪纸）……………………………田奉京
窗（木刻）……………………………………惠　子

1981年第1期　刊名:《江城》

目录

小说
等待…………………………………………峻　青
她爱的不是我………………………………徐　凯
晚霞在大地上燃烧…………………………江　浩
血染的金达莱（中篇反特小说续四）
　　　　　　　　尹一之　黎雪虹　王福生

关东响马（中篇小说续七）…………………王宗汉

散文
吉林印象…………………［日］泽地久枝　秦　桑译
牡丹峰前………………………………………子　双
灯海花市………………………………………邵　晨

诗歌
被遗忘的花瓶（外一首）……………………张志民
献给松辽平原（外一首）……………………韦　丘
突破封锁线……………………………………李　真
女犁手（外一首）……………………………赵虎城
我自己的歌（外一首）………………………钱　璞
渤海国遗址吊古（三首）……………………张常信
海恋……………………………………………郭文琛
繁星点点……………………………………郝　炜等

创作论坛
文学作品的单纯与丰富——在吉林市文学报告会上的
讲话…………………………………………林斤澜
文艺作品以情感人的功效……………………王克仁
《谈组长》——读稿零札……………………司马园丁

青年习作
组长（小说）…………………………………张　涛
夜来香（散文）………………………………李　歌

蔷薇园
古松（寓言）…………………………………董双印
又是营长了（小说）…………………………曹明绪
漫画一幅………………………………………呈　平

天南地北
微雨三湖——之一鼋头渚记游………………璟　石

其他
红花与绿叶（寓言）…………………………陆继权
作家轶事两则………………………………常伏等辑
零金碎玉……………………………………乔广义
海外幽默…………………………………刘大伟辑

美术、摄影
木刻……………………………………………刘　岘
江城初雪（摄影）……………………………邹起程

1981 年第 2 期　刊名:《江城》
目录

小说·散文

晚上·······················王安忆
附作家简介·················何　慢
夕照青山···················王德忱
陌生人·····················张悦华
血染的金达莱（中篇反特小说续五）
···········尹一之　黎雪虹　王福生
关东响马（中篇小说续八）·······王宗汉
菊妹子·····················玉　茹
新年···············（中国香港）陶　然
骏马·青蛙··················高弃岩
坚韧的劳动者——我看见的流沙河同志···胡　昭

诗歌

初访赫哲（组诗）·············李占学
华清池畔（外二首）···········流沙河
村风（二首）················宋　歌
致长江（外一首）·············张满隆
花圈与烛（组诗）·············昌　耀
废墟（外一首）···············陈　超
海赠（外一首）···············毛　锜
冰雪诗情（四首）·············桂春山
雾（外二首）················佟　畴
山中的雾（散文诗　外一章）······周景伟
树影之中···················张雪杉
繁星点点···················高杰贤等

创作论坛

余音沉痛久绕梁——读小说《余音》···戴一才
一付清凉剂——读《战友之间》······胡　煦
一个别具手眼的艺术构思········王思复

青年习作

战友之间（小说）·············刘玉涛

蔷薇园

急诊（小说）················李　映
师长与校长（小说）···········王长夫

天南地北

锦绣猪峰（地方风光）··········冯蕴璞
题贵州黄果树世界第二大瀑布·····邱　桦摄影　配诗

其他

鲁迅文摘···················林　予

海外幽默三则·········禹　凡　宣立新等辑
广告

美术

《少女》（油画习作）···········谷　刚

1981 年第 3 期　刊名:《江城》
目录

贯彻中央工作会议精神　部分作家、作者举行座谈

小说·散文

残阳如血···················王荫鲜
将军七十寿辰················黄献国
短篇小说两篇《说不清的故事》、《样子货》···时　明
关东响马（中篇小说续九）·······王宗汉
血染的金达莱（中篇反特小说续六）
···········尹一之　黎雪虹　王福生
苦菜花和我··················田　琳
花情·······················于宗信
在巴金家里作客···············陈喜儒

诗歌

丹东三问···················胡　昭
呵，青春……（组诗）··········何　鹰
故乡的土地··················秋　原
蒙古包的咏叹（二首）··········巴彦布
黑羊山掠影··················黄　淮
"X"·······················张　文
清晨（外一首）···············刘晓滨
春天集·····················陈玉坤
春的絮语···················梁谢成
繁星点点···················宋　虹等

创作论坛

外形美描写琐谈···············洪　斌
谈"底"——读时明同志的两个短篇有感···何　慢

文学书简

文学书简···················丁　力
岁末寄语···················皇甫修文

艺苑录

他是"人类中的人"·············苏望峰

其他

作家轶事一则················隽　枫辑
托尔斯泰谈作家语言···········肖　伟辑

海外幽默 ··· 敏　声辑
零金碎玉 ························· 孙德利　邹吉庆
广告一则

美术

水粉画 ··························· 何　溶　曾昭安
木刻小品 ··································· 宋继中

1981 年第 4 期　刊名:《江城》
目录

小说·散文

彗星 ··· 逯振杰
顺成的朋友 ··································· 智麟勋
典型发言 ······································ 王振夫
血染的金达莱（中篇反特小说续七）
·························· 尹一之　黎雪虹　王福生
关东响马（中篇小说续十）·············· 王宗汉
三色土 ·· 叶文玲
附：作家叶文玲简介 ······················ 司马园丁
榆 ··· 晓　炜
煤海情思 ······································ 孙　玺

诗歌

断篇残简 ······································ 芦　萍
桃园交响乐（外一首）······················ 宫　玺
并非写给孩子们 ······························ 张红雨
晨及其他（组诗）···························· 庞颖洁
金银花（外三首）···························· 王中朝
笛声 ·· 宋曙春
大连自然博物馆所见（二首）·············· 王立人
抒情诗二首 ··································· 陈　犀
绿色的生命 ··································· 史建军
生命的启迪（五首）·························· 鸣　镝
收获之歌（外一首）···· [美]基恩·图默　邹　绎译

创作论坛

谈诗的风格 ··································· 古远清
读《闪光的叶片》···························· 台　闽
小议文风 ······································ 肖　走

青年习作

闪光的叶片（散文）·························· 冯淑梅

文学书简

散文琐谈——简复皇甫修文同志 ········· 本刊散文组

天南地北

鼓浪屿（散文）······························· 江剑锋
鼓浪屿（速写）······························· 周治谓

蔷薇园

柳暗花明（小说）···························· 晓　波

其他

《狂人日记》的由来（作家轶事）··········· 云书摘编
托尔斯泰的创作准备（作家轶事）········· 张桂兰辑
海外幽默 ···································· 毕路等辑
零金碎玉 ······································ 牛保才
广告一则

美术

人物写生 ························· 潘世勋　姚　远
国画 ·· 苗再新

1981 年第 5 期　刊名:《江城》
目录

小说·散文

角落 ·· 孟左恭
草叶，在我眼前轻轻划过··················· 邱瑞丰
我敬你一杯 ··································· 曾广贤
碎纸片之迷（侦探小说）············· [英]柯南道尔著
袁韶莹译
关东响马（中篇小说续十一）·············· 王宗汉
我爱······································· 玉　茹
歌竹 ·· 王立人
西拉木伦河畔 ································· 文　牧
紫罗兰 ·· 冯蕴璞
乡水情思 ······································ 吕凤君
郊田之外　未始无春 ························ 吴九成

诗歌

向家乡汇报 ··································· 韩　笑
城市巡礼 ······································ 许　行
木铃声声 ······································ 朱光天
友声小集 ······································ 李云鹏
松花江剪影（二首）·························· 中　流
瀑布吟（外一首）···························· 黎　敏
公主陵 ·· 王智超
心意（外一首）······························· 丁希泉
南国情思（二首）···························· 于庆成
繁星点点 ······································ 王冠军等
希望 ·· 刘家魁

创作论坛

情采蕴于质朴中

——谈玉茹的散文《我爱……》⋯⋯⋯⋯朝　歌

可喜的收获

——欣读中篇历史小说《醉卧长安》⋯⋯郭　锋

艺苑录

梦曹雪芹答记者问⋯⋯⋯⋯⋯⋯⋯⋯⋯肖　魂

戈沙同志的版画⋯⋯⋯⋯⋯⋯⋯⋯⋯⋯曹文汉

天南地北

华清池畔⋯⋯⋯⋯⋯⋯⋯⋯⋯⋯⋯⋯⋯郭德福

蔷薇园

白绢与宝诗（寓言）⋯⋯⋯⋯⋯⋯⋯⋯阎宪孔

豆与豆（小品）⋯⋯⋯⋯⋯⋯⋯⋯⋯⋯周景山

指南针与风向标（寓言）⋯⋯⋯⋯⋯⋯张永忠

其他

作家轶事⋯⋯⋯⋯⋯⋯⋯⋯⋯⋯⋯⋯⋯赵铁军

海外幽默⋯⋯⋯⋯⋯⋯⋯⋯小　莎辑　小　远画

美术

版画两幅⋯⋯⋯⋯⋯⋯⋯⋯⋯⋯⋯⋯⋯戈　沙

多瑙河畔村景（水粉）⋯⋯⋯⋯⋯⋯⋯沈柔坚

1981 年第 6 期　刊名:《江城》

目录

录克家"柳荫下"第一节（书法）⋯⋯⋯茅　盾

茅盾先生七十九岁诞辰祝辞（书法）⋯⋯臧克家

小说·散文

雁儿河⋯⋯⋯⋯⋯⋯⋯⋯⋯⋯⋯⋯⋯⋯董　芳

初春，正是严寒过后……⋯⋯⋯⋯⋯⋯赵正昆

关东响马（中篇小说续十二）⋯⋯⋯⋯王宗汉

纯情——一个很俗的故事⋯⋯⋯（中国香港）东　瑞

谈一本令人不安的书⋯⋯⋯高尔基作　戈宝权译

复员回乡⋯⋯⋯⋯⋯⋯⋯⋯⋯⋯⋯⋯⋯赵灿群

银枝——红叶⋯⋯⋯⋯⋯⋯⋯⋯⋯⋯⋯火　达

山里雪⋯⋯⋯⋯⋯⋯⋯⋯⋯⋯⋯⋯⋯⋯李　歌

露珠集⋯⋯⋯⋯⋯⋯⋯⋯⋯⋯⋯⋯⋯⋯党国栋

怀念中的丁兰花⋯⋯⋯⋯⋯⋯⋯⋯⋯⋯庞颖洁

散文诗特辑

温暖的情思⋯⋯⋯⋯⋯⋯⋯⋯⋯⋯⋯⋯刘湛秋

抒情散曲⋯⋯⋯⋯⋯⋯⋯⋯⋯⋯⋯⋯⋯焦成恩

天真之歌⋯⋯⋯⋯⋯⋯⋯⋯⋯⋯⋯⋯⋯林　木

忆江南⋯⋯⋯⋯⋯⋯⋯⋯⋯⋯⋯⋯⋯⋯肖　风

花草虫鱼⋯⋯⋯⋯⋯⋯⋯⋯⋯⋯⋯⋯⋯芦长志

生活短笛⋯⋯⋯⋯⋯⋯⋯⋯⋯⋯⋯⋯⋯李希英

乌鲁木齐河的浪花（外三章）⋯⋯⋯⋯郭文琛

诗话六则⋯⋯⋯⋯⋯⋯⋯⋯⋯⋯⋯⋯⋯周景伟

导航灯⋯⋯⋯⋯⋯⋯⋯⋯⋯⋯⋯⋯⋯⋯兰春雨

火花集（五首）⋯⋯⋯⋯⋯⋯⋯⋯⋯⋯家　坪

秋风赋⋯⋯⋯⋯⋯⋯⋯⋯⋯⋯⋯⋯⋯⋯阎育方

繁星点点⋯⋯⋯⋯⋯⋯⋯⋯⋯⋯⋯⋯李成尧等

创作论坛

骆宾基复宫尾正树先生的信

附：宫尾正树致骆宾基先生的信

千里之行始于路下——读《梦》⋯⋯⋯司马园丁

青年习作

梦（小说）⋯⋯⋯⋯⋯⋯⋯⋯⋯⋯⋯⋯郝慧宏

蔷薇园

复活（讽刺小品）⋯⋯⋯⋯⋯［苏］维·德霍维契尼

穆·斯洛保德斯基　袁　杰译

磨道驴（小品）⋯⋯⋯⋯⋯⋯⋯⋯⋯⋯孙景琦

其他

作家轶事一则⋯⋯⋯⋯⋯⋯⋯⋯⋯⋯⋯长福摘编

海外幽默⋯⋯⋯⋯⋯⋯⋯⋯⋯⋯⋯⋯⋯彭连才辑

鬣狗的眼泪（寓言）⋯⋯⋯⋯⋯⋯⋯⋯蓝春荣

美术

山水画两幅⋯⋯⋯⋯⋯⋯⋯⋯⋯⋯⋯⋯邱　陵

1981 年第 7 期　刊名:《江城》

目录

小说·散文·报告文学

爸爸当队长⋯⋯⋯⋯⋯⋯⋯⋯⋯⋯⋯⋯浩　然

附：作家浩然介绍⋯⋯⋯⋯⋯⋯⋯⋯⋯岳　潭

春雨⋯⋯⋯⋯⋯⋯⋯⋯⋯⋯⋯⋯⋯⋯⋯陈国凯

关东响马（中篇小说续十三）⋯⋯⋯⋯王宗汉

爱与恨⋯⋯⋯⋯⋯⋯⋯⋯⋯⋯⋯⋯⋯⋯王家男

党旗（外五章）⋯⋯⋯⋯⋯⋯⋯⋯⋯⋯党国栋

黎明前的战斗——贺龙元帅生活片断

⋯⋯⋯⋯⋯⋯⋯⋯⋯⋯王　凯口述　冯淑梅整理

九女登上长白山⋯⋯⋯⋯⋯⋯黄　淮　椰　林

春风啊（外二章）⋯⋯⋯⋯⋯⋯⋯⋯⋯郭德福

蓬莱远眺⋯⋯⋯⋯⋯⋯⋯⋯⋯⋯⋯⋯⋯曹怀瀚

用坚实的脚步踏出一条远行的路——作家蒋子龙印象

记⋯⋯⋯⋯⋯⋯⋯⋯⋯⋯⋯⋯⋯⋯⋯⋯刘品青

诗歌

英雄纪念碑（外一首）————————周良沛
祖国的早霞————————胡 昭
心声集————————梁谢成
草原的云（外二首）————————陈玉坤
伐木短歌（四首）————————和 谷
北国诗绪————————王辽生
伊宁纪事（三首）————————郭维东
江城短歌（组诗）————————末 凡
崂山吟（二首）————————孟昕伯
猎哨————————赵贵忠
春姑娘————————张铁民
繁星点点————————荆鸿等

创作论坛

道德的呼吁——读《纺车嘤嘤》有感————————古 火
浅谈文学的地方色彩————————胡 煦
独创性·胆·识————————栾 羽

青年习作

纺车嘤嘤（小说）————————孙晓丽 孙晓波

艺苑录

人生旅途的跋涉者——记诗人胡昭————————秋 原
安徒生与丑小鸭（随笔）————————苏望峰

蔷薇园

幸福的小南郭（寓言）————————陈乃祥

其他

金像框（小品）————————姚 莽
零金碎玉————————牛保才
海外幽默————————徐 荣 黄 镇

美术

剪纸————————潘吾华

1981 年第 8 期　刊名：《江城》

目录

小说·散文

异常心绞痛————————陈晓波
执着的信念————————叶 辛
附：作家叶辛简介————————司马园丁
战士的深沉————————郭文琛
他俩的星期天————————［新加坡］石 君
关东响马（中篇小说续十四）————————王宗汉
苇弟————————瞿 航

艺术家的妻子————————［法国］都德著　马德菊译
塞上春雪————————赵正昆
柳塘，在我心中珍藏————————许 震
啊！柳————————金志刚

诗歌

赶海————————陈 超
吟叹篇————————李武兵
子弟兵诗页————————高杰贤等
共产党人的骨气（组诗）——抗联诗抄————————何 鹰
野花及其他————————黄东成
雨后（组诗）————————郝 炜
采蕨菜（三章）————————文 牧
爱的花束（组诗）————————庞颖洁
夜访————————海 南
战士的祝福（外一首）————————柳 潭
催春————————王俊英
乡恋————————刘家魁
成功————————杨丽华
湖水·月光————————罗世英

创作论坛

论王维对生活的观察————————肖文苑
情感是人物形象的生命————————刘树林

艺苑录

李清照与"争渡"词————————胡百顺
笑的能量————————高弃岩

其他

散文写作知识点滴————————荷 风辑
托尔斯泰与谢苗诺夫（作家轶事）————————李 震辑
文讯一则————————刘福才
海外幽默————————张履绥 阎树声辑

1981 年第 9 期　刊名：《江城》

目录

坚持四项基本原则，开展正确的文艺批评
————————本刊评论员

纪念鲁迅诞辰一百周年

伟大鲁迅的思想光辉，照耀着我们的未来————————锡 金
阿Q的"大团圆"与艺术逻辑————————陆学明
《药》插图选————————袭沙封二
鲁迅诗（书法、金石）————————金意庵 朱寿友
鲁迅像（木刻）————————刘 岘

小说·散文

黢黑的土地……………………………………王立忱
老伴……………………………………………赫　历
关东吃马（中篇小说续十五）………………王宗汉
在心中复活的爱情……………………………张　涛
胸襟（青年习作）……………………………纪树森
赠品……………………[苏] И.麦捷尔　李元达译
一支歌
　——难忘的哈尔滨市盲聋哑学校的一瞥………田　琳
附：女作家田琳简介…………………………台　闽
红头鹅…………………………………………曾广贤

诗歌

蜜蜂、奔马及其他（七首）…………………宫　玺
附：诗人宫玺简介……………………………林　中
松嫩平原素描（三首）………………………宋　歌
爱的花瓣（组诗）……………………………戚积广
汽笛声声………………………………………丁　耶
江村晨曲（组诗）……………………………金克义
茶花女…………………………………………陈　犀
红松·蟋蟀……………………………………绿　林
游松花湖………………………………………吴　山
我走在春天的小路上…………………………王文志
繁星点点………………………………………蓝　雨等

创作论坛

试谈《胸襟》…………………………………王父戟

艺苑录

珍贵的尘土……………………………………苏望峰

蔷薇园

打桠子…………………………………………谷　地

其他

海外幽默………………………………………纪德平辑

1981 年第 10 期　刊名：《江城》
目录

小说·散文

"摸不透"小传…………………………………东　晓
两口子的事……………………………………李东波
关东响马（中篇小说续十六）………………王宗汉
比克斯比太太和上校的貂皮大衣
　………………[英国]罗尔德·达尔　陈亦君译
仙人球上的采花人……………………………黄献国
霞女……………………………………………吕凤君

散文两篇………………………………………陈　村

诗歌

祖国抒情诗（四首）…………………………徐　刚
附：诗人徐刚简介……………………………林　中
松花湖上的诗…………………………………邹荻帆

塞北短歌

天池（外二首）………………………………周良沛
在长白山森林…………………………………蓝　曼
高压线铁塔风景………………………………刘湛秋
重访汽车城（外一首）………………………丁　力
短歌行…………………………………………刘祖慈
题伪满皇宫遗址………………………………常　荣
江与城…………………………………………胡　昭
大森林里的唢呐（外四首）…………………芦　萍
夜的矿山（外一首）…………………………华　卓
写在林村的绿影下……………………………朱　雷
一束鲜花献给您………………………………元　羽
星月篇…………………………………………秋　也

创作论坛

对比：艺术表现的美学法则
　………………苏望峰　王照元　陈明兆
两大有猜应无猜
　——简谈《一个灵魂的自白》………司马园丁
写出人物性格的独特性来
　——读《雁儿河》……………………栾　羽
一片冰心在玉壶——谈小说《雁儿河》……卢生利

青年习作

一个灵魂的自白（小说）……………………金伟信

艺苑录

鹅湖之会………………………………………甘一石
由笑话扯到对话………………………………时习之

天南地北

春游潭柘寺……………………………………祝乃杰

蔷薇园

落汤鸡…………………………………………阎宪孔

其他

浮云（寓言）…………………………………梁立松
海外幽默………………………………………徐　荣辑
福楼拜对莫泊桑的教导（作家轶事）………王耀宗
编后

美术

美术

木刻 ·················· 蒋谷峰
国画 ·················· 史国良
摄影 ·················· 丁　平

1981 年第 11 期　刊名:《江城》
目录

小说·散文

别问我，爱上了谁? ·················· 时　明
小院 ·················· 董建津
三十六元整 ·················· 朱光雪
关东响马（中篇小说续十七） ·················· 王宗汉
宫中斗鸡（历史小说） ·················· 马　昭
石榴园记 ·················· 马　犁
寒山寺的钟声——江南散记 ·················· 林子双
剪枝 ·················· 张凤泽
往事 ·················· 陶　然
龙潭山恋 ·················· 刘湘平

诗歌

沙漠的旺族（组诗） ·················· 钱　璞
故乡的森林 ·················· 秋　原
东京塔（外一首） ·················· 刘多田
生命在歌唱（外一首） ·················· 黎　敏
写在松花湖上 ·················· 张红雨
春到北疆（三首） ·················· 桂春山
青山恋（组诗） ·················· 赵虎城
千山写意（组诗） ·················· 张常信
三元里，我要为你唱支歌（外二首） ·················· 郭文琛
江边上 ·················· 陶锦茂
柿子（外一首） ·················· 李克俊
秋霜 ·················· 蓝春雨
杂咏四题 ·················· 刘忠海

创作论坛

艺术美浅谈 ·················· 崔连义
"偷送幽香暗有情"
　——谈李歌的散文《夜来香》 ·················· 冯蕴璞
催步的战鼓——读小说《夕照青山》 ·················· 刘树林
一篇以情动人的小说
　——读董芳的小说《雁儿河》 ·················· 高逸群
一个光明的角落——短篇小说《角落》读后 ·················· 代一才

其他

马雅可夫斯基的诗（作家轶事） ·················· 王耀宗
驼鸟和天鹅（寓言） ·················· 马朋举　苏望峰
借锤子（寓言） ·················· 夏　林辑

海外幽默 ·················· 小鹃等辑
广告一则

美术

版画二幅 ·················· 赵志方
人物写生（油画） ·················· 宋志坚
松花江堤（摄影） ·················· 王忠仁

1981 年第 12 期　刊名:《江城》
目录

小说·散文

跟随军长的日子——一个警卫员的日记 ·················· 黄献国
打开姑娘心灵的钥匙 ·················· 四　海
家风 ·················· 岳治成
关东响马（中篇小说续十八） ·················· 王宗汉
恒温箱 ·················· 张悦华
不平静的香港大厦 ·················· ［日］伴野朗著　袁韶莹译
落红赋（外一章） ·················· 黄士英
处女林中的小鹿 ·················· 冷　涓
在希望的大地上（三章） ·················· 党国栋

诗歌

森林短歌
大森林啊，你是海（外一首） ·················· 宋　虹
林区拾叶（外三首） ·················· 张　文
到森林里去（外一首） ·················· 王智超
林中畅想（外一首） ·················· 史建军
辽阔的大森林 ·················· 阎玉方
我和大山合影 ·················· 刘闯义
林中落叶 ·················· 庞颖洁
林中雨夜 ·················· 刘雅民
山中的果实 ·················· 马立山
山里的诗（二首） ·················· 郝　炜
秋 ·················· 李　挥
京华短章（二首） ·················· 孟昕伯
"二鱼篓"——"老钱锈"——记一个和我一起长大
的光腚娃 ·················· 姚绿野
千山石头歌（组诗） ·················· 黄　淮
题峭壁下的古藤（外一首） ·················· 马慧剑
江城诗抄 ·················· 曹小平

创作论坛

关于咏物诗 ·················· 丁　力
关于诗的杂感 ·················· 上官缨
灵魂的撞击——简评小说《异常心绞痛》 ·················· 武亦文

其他

零金碎玉⋯⋯⋯⋯⋯⋯⋯⋯⋯⋯⋯⋯⋯张森明

柯南道尔的回信（作家轶事）⋯⋯⋯⋯敏　声辑

海外幽默⋯⋯⋯⋯⋯⋯⋯⋯⋯⋯⋯⋯张履绥辑

美术·摄影

书法⋯⋯⋯⋯⋯⋯⋯⋯⋯⋯⋯⋯⋯⋯⋯李　林

国画⋯⋯⋯⋯⋯⋯⋯⋯⋯⋯⋯⋯⋯⋯杨炳湘

水粉画⋯⋯⋯⋯⋯⋯⋯⋯⋯⋯⋯⋯⋯莽东怀

摄影⋯⋯⋯⋯⋯⋯⋯⋯⋯⋯⋯⋯⋯⋯王忠仁

1982 年第 1 期　刊名:《江城》
目录

小说·散文

无声的报道⋯⋯⋯⋯⋯⋯⋯⋯⋯⋯⋯⋯赵正昆

有情人⋯⋯⋯⋯⋯⋯⋯⋯⋯⋯⋯⋯⋯万　捷

香河水⋯⋯⋯⋯⋯⋯⋯⋯⋯⋯⋯⋯⋯董奉鸣

信仰⋯⋯⋯⋯⋯⋯⋯⋯⋯⋯⋯⋯⋯⋯逯振杰

季编辑的第一天⋯⋯⋯⋯⋯⋯⋯⋯⋯李汉平

三十六个乘客（推理小说）

　　⋯⋯⋯⋯[日]有马赖义著　陆　洋译

雨花石⋯⋯⋯⋯⋯⋯⋯⋯⋯⋯⋯⋯⋯李　歌

金色的家乡⋯⋯⋯⋯⋯⋯⋯⋯⋯⋯⋯曹占山

绿色之夏⋯⋯⋯⋯⋯⋯⋯⋯⋯⋯⋯⋯冯蕴璞

花径春意⋯⋯⋯⋯⋯⋯⋯⋯⋯⋯⋯⋯郭文琛

诗歌

杂咏五题⋯⋯⋯⋯⋯⋯⋯⋯⋯⋯⋯⋯何　鹰

晨曲及其他（外二首）⋯⋯⋯⋯⋯⋯刘湘平

写给交通警（外一首）⋯⋯⋯⋯⋯⋯周克冰

花（外二首）⋯⋯⋯⋯⋯⋯⋯⋯⋯⋯余薇野

湖上船歌行⋯⋯⋯⋯⋯⋯⋯⋯⋯⋯⋯成　恩

山村的笑声（诗组）⋯⋯⋯李　咏　张桐林

爱（外一章）⋯⋯⋯⋯⋯⋯⋯⋯⋯⋯马畏安

繁星点点⋯⋯⋯⋯⋯⋯⋯⋯⋯⋯⋯⋯王　平等

青岛呵⋯⋯⋯⋯⋯⋯⋯⋯⋯⋯⋯⋯⋯胡兆龙

在田野⋯⋯⋯⋯⋯⋯⋯⋯⋯⋯⋯⋯⋯潘　烽

创作论坛

散文构思漫谈⋯⋯⋯⋯⋯⋯⋯⋯⋯⋯皇甫修文

向深处开掘——漫评许行的《街头松》⋯左　正

性格、心理的象形文字——谈动作描写⋯⋯⋯金　风

数衣扣及其他——创作经验学习小札⋯顾建新

艺苑录

爱神的手臂⋯⋯⋯⋯⋯⋯⋯⋯⋯⋯⋯刘自球

蔷薇园

图解⋯⋯⋯⋯⋯⋯⋯⋯⋯⋯⋯⋯⋯⋯阎宪孔

其他

零金碎玉⋯⋯⋯⋯⋯⋯⋯⋯⋯⋯⋯⋯刘兰芳

海外幽默⋯⋯⋯⋯⋯⋯⋯⋯⋯⋯⋯⋯张桂兰等

作家轶事⋯⋯⋯⋯⋯⋯⋯⋯⋯⋯⋯⋯王耀宗

美术·摄影

雪岭飞燕（摄影）⋯⋯⋯⋯⋯⋯⋯⋯邹起程

版画两幅⋯⋯⋯⋯⋯⋯⋯⋯⋯⋯⋯⋯戈　沙

生命的火花（水墨画）⋯⋯⋯⋯⋯⋯姚伟生

晨读（国画）⋯⋯⋯⋯⋯⋯⋯⋯⋯⋯石　齐

1982 年第 2 期　刊名:《江城》
目录

小说·散文

到泉水去的途中⋯⋯⋯⋯⋯⋯⋯⋯⋯智麟勋

一棵白杨⋯⋯⋯⋯⋯⋯⋯⋯⋯⋯⋯⋯关述选

热⋯⋯⋯⋯⋯⋯⋯⋯⋯⋯⋯⋯⋯⋯⋯马千里

家权⋯⋯⋯⋯⋯⋯⋯⋯⋯⋯⋯⋯⋯⋯王振夫

第二次相见⋯⋯⋯⋯⋯⋯⋯⋯⋯⋯⋯张国华

"木头眼镜"和爱吃糖的"维纳斯"⋯王少刚

红眼楼⋯⋯⋯⋯⋯⋯⋯⋯⋯⋯⋯⋯⋯白木萌

散文二章⋯⋯⋯⋯[日]泽地久枝　冯淑梅译

花痴⋯⋯⋯⋯⋯⋯⋯⋯⋯⋯⋯⋯⋯⋯秀　枫

乡恋⋯⋯⋯⋯⋯⋯⋯⋯⋯⋯⋯⋯⋯⋯赵灿群

江城雪柳⋯⋯⋯⋯⋯⋯⋯⋯⋯⋯⋯⋯曹连英

炉边喜吟五月诗⋯⋯⋯⋯⋯⋯⋯⋯⋯金志刚

诗歌

收获的大车在乡道上走（组诗）⋯⋯李占学

山路上（外二首）⋯⋯⋯⋯⋯⋯⋯⋯朱谷忠

化肥厂短歌（二首）⋯⋯⋯⋯⋯⋯⋯程孝先

果园情思（外一首）⋯⋯⋯⋯⋯⋯⋯谢荣卿

龙潭山掇拾⋯⋯⋯⋯⋯⋯⋯⋯⋯⋯⋯高杰贤

从黄昏到黎明的歌——长白山雪地宿营情思⋯杨开映

友谊集（散文诗）⋯⋯⋯⋯⋯⋯⋯⋯秋　原

乡思（散文诗）⋯⋯⋯⋯⋯⋯⋯⋯⋯陈其昌

写在动物园里⋯⋯⋯⋯⋯⋯⋯⋯⋯⋯陈　超

创作论坛

关于诗的象征意义与主题思想⋯⋯⋯朱先树

评朦胧古怪诗⋯⋯⋯⋯⋯⋯⋯⋯⋯⋯海　南

由叶燮焚稿说起⋯⋯⋯⋯⋯⋯⋯⋯⋯壬　午

作家轶事

"医生，给我纸和笔啊！"—————俞智勇辑

曹雪芹送礼—————新　城辑

其他

最后的玩笑（外国民间故事）—————蔡育平译

零金碎玉—————秦　黛

海外幽默—————徐　荣等辑

文讯一则—————陈永祥

广告

美术·摄影

雪树银花—————邹起程

冬（水印木刻）—————张佩义

人物写生（素描）—————郑竹天

1982 年第 3 期　刊名:《江城》
目录

小说·散文

春天里的故事—————重　实

买鸡—————王德明

在道德的法庭前—————王家男

心潮—————郭文琛

未登门的拜访—————张　涛

浪子归—————董奉鸣

"獠牙"的报酬（推理小说）

—————[日]樱田忍作　刘多田译

到阿尔山去—————文　牧

鱼—————许　震

杏花和桃花—————少　刚

山溪——给一位初学写作者—————李　革

诗歌

短吟集（四首）—————陈玉坤

小诗五首—————刘家魁

乡村晚会（外一首）—————蔡其矫

雨花石—————马玉堂

访古三题—————宋曙春

生活的海哟—————刘晓滨

春是一只手—————[美]康敏斯著　流沙河译

双性山葡萄（外一章）—————卢长志

秋（外二首）—————庞颖洁

晨（写生四幅）—————孟秀华

鸿雁落脚的地方（三首）—————姚业涌

创作论坛

文艺的美学理想—————张　垣

掐尖与"可秧长"——散文《剪枝》读后—————生　力

但愿家风日日新——读小说《家风》—————崔兴林

艺苑录

"小"字不能去掉—————苏望峰

蔷薇园

成就（讽刺小品）—————[苏]阿·瓦姆皮洛夫

袁　杰译

作家轶事

《钦差大臣》的诞生—————冷水滨辑

小仲马和《茶花女》—————铁　军辑

其他

零金碎玉—————牛保才

手术刀与麻醉剂（寓言）—————文　冰

海外幽默—————李广建等

美术·摄影

江城春雪（摄影）—————邹起程

鄂温克族女猎手（水印木刻）—————张佩义

探路（木刻）—————蒋谷峰

春风送暖（国画）—————郭　鹰

1982 年第 4 期　刊名:《江城》
目录

小说·散文

街头巷尾—————孟左恭

老上访的故事—————刘金山

灶王爷和胖老头—————陈　南

"獠牙"的报酬（推理小说　续完）

—————[日]樱田忍作　刘多田译

沙漠旅梦——海拉尔回忆片断—————关沫南

会稽地灵话人杰——谒绍兴故迹有感—————胡　煦

瑶寨情思—————范全春

诗歌

边境三题—————张永权

庐山行吟—————李　真

北国诗踪（三首）—————梁谢成

我爱我的女儿（三首）—————姚莹　芮英

竹林诗页（三首）—————何昌正

沿着鲁迅前进的足迹—————申济泰

分配的喜悦（外一首）—————王　玎

三味书屋抒怀——写在鲁迅绍兴故居—————郭德福

绿色的大山—————苏立仁

送别曲⋯⋯⋯⋯⋯⋯⋯⋯⋯⋯⋯⋯⋯徐宝衡
雪花（外一首）⋯⋯⋯⋯⋯⋯⋯⋯赵景阳
春雪⋯⋯⋯⋯⋯⋯⋯⋯⋯⋯⋯⋯⋯贾海涛

月偏食
春天的落叶（小说）⋯⋯⋯⋯⋯⋯雨　岚
顾此不能失彼——读《春天的落叶》⋯何　慢
美男子（小说）⋯⋯⋯⋯⋯⋯⋯⋯周长信
应定准标尺——读《美男子》⋯⋯何　慢

创作论坛
酣畅淋漓写悲歌
——读聂绀弩短篇小说《天壤》⋯赖　丹
略谈《小院》⋯⋯⋯⋯⋯⋯⋯⋯⋯高逸群
谈旧体诗的继承⋯⋯⋯⋯⋯⋯⋯王正绪

作家轶事
高尔基对待文学青年⋯⋯⋯⋯⋯王耀宗
捷足先登⋯⋯⋯⋯⋯⋯⋯⋯⋯⋯纪德平

蔷薇园
角色与剧作家（讽刺小品）⋯⋯白景晟

其他
海外幽默⋯⋯⋯⋯⋯⋯⋯⋯⋯⋯黄嘉琬等
构思（文学小辞典）
广告

美术·摄影
松花湖上（摄影）⋯⋯⋯⋯⋯⋯邹起程
春晓　林中放牧（木刻）⋯⋯江　雪　虞　健
骨肉情深（木刻）⋯⋯⋯⋯⋯⋯赵经寰
大桃（国画）⋯⋯⋯⋯⋯⋯⋯⋯吴昌硕

1982 年第 5 期　刊名：《江城》
目录

坚持《讲话》指引的方向，努力反映新时期的新人物、新生活——重新学习《在延安文艺座谈会上的讲话》⋯⋯⋯⋯⋯⋯⋯⋯⋯⋯⋯⋯鞠山林
试论毛泽东同志"新人"理论的美学价值——学习《在延安文艺座谈会上的讲话》⋯陆学明

小说·散文
妻子⋯⋯⋯⋯⋯⋯⋯⋯⋯⋯⋯⋯雨　岚
雪夜春回⋯⋯⋯⋯⋯⋯⋯⋯⋯⋯陈晓波
路在脚下⋯⋯⋯⋯⋯⋯⋯⋯⋯⋯翁亦村
悔⋯⋯⋯⋯⋯⋯⋯⋯⋯⋯⋯⋯⋯曹　阳

书记的心里⋯⋯⋯⋯⋯⋯⋯⋯⋯李保华
沙塔疑案（推理小说）
⋯⋯⋯⋯⋯[美]埃拉利·库茵著　程春安译
难忘的鞋⋯⋯⋯⋯⋯⋯⋯⋯⋯⋯田　琳
想起北疆春牧时⋯⋯⋯⋯⋯⋯⋯赵正昆
雾⋯⋯⋯⋯⋯⋯⋯⋯⋯⋯⋯⋯⋯王晓黎
我的祖母⋯⋯⋯⋯⋯⋯⋯⋯⋯⋯刘丽华
阿尔勒金卡——磨房书简⋯⋯[法]都德著　马德菊译

诗歌
进击篇（组诗）⋯⋯⋯⋯⋯⋯⋯张　文
学语（外一首）⋯⋯⋯⋯⋯⋯⋯王智超
题在红叶上的诗⋯⋯⋯⋯⋯⋯⋯宋　虹
百岁山里人⋯⋯⋯⋯⋯⋯⋯⋯⋯阎育方
女天车工⋯⋯⋯⋯⋯⋯⋯⋯⋯⋯史建军
街道巡礼（组诗）⋯⋯⋯⋯⋯⋯张铁民
母爱（二首）⋯⋯⋯⋯⋯⋯⋯⋯孙友田
在松花江畔（外一首）⋯⋯⋯⋯许　行
北国三月（外一首）——回忆篇⋯王中朝
湖乡素描⋯⋯⋯⋯⋯⋯⋯⋯⋯⋯丁慨然
诗与歌（组诗）⋯⋯⋯⋯⋯⋯⋯路　地
细流集（散文诗三章）⋯⋯⋯⋯管用和
在末班车上⋯⋯⋯⋯⋯⋯⋯⋯⋯耿林莽

月偏食
雪，飘落在站台上（小说）⋯⋯郝　炜
莫让偏食的阴影削弱明月的光辉——简评《雪，飘落在站台上》⋯⋯⋯⋯⋯⋯⋯⋯稚　言

艺苑录
李白之剑⋯⋯⋯⋯⋯⋯⋯⋯⋯⋯肖文苑

作家轶事
运思独苦⋯⋯⋯⋯⋯⋯⋯⋯⋯⋯清　福辑
文人相重⋯⋯⋯⋯⋯⋯⋯⋯⋯⋯小　鹃辑

其他
零金碎玉⋯⋯⋯⋯⋯⋯⋯⋯⋯⋯张森明
海外幽默⋯⋯⋯⋯⋯⋯⋯⋯⋯⋯李赟等辑
简讯⋯⋯⋯⋯⋯⋯⋯⋯⋯⋯⋯⋯鲁　歌

美术·摄影
出征（摄影）⋯⋯⋯⋯⋯⋯⋯⋯丁　平
祖国的红领巾（国画）⋯⋯⋯⋯雷子君
西厢记（剪纸四幅）⋯⋯⋯⋯田奉京作　胡煦配诗
浦江秋色（国画）⋯⋯⋯⋯⋯⋯任伯年

1982 年第 6 期　刊名:《江城》
目录

小说·散文

她，光明的使者 ……………………………… 江　浩
雪夜茫茫 ………………………………………… 封立超
杜鹃日记 ………………………… 鲁　野　康启昌
老哥，请放心 …………………………………… 贾海涛
醇酒 …………………………………………………… 山　雨
铁笼里的女人（推理小说）
………………… [日]横沟正史著　刘多田译
丁香花落牡丹开 ………………………………… 李树铮
橡树（外三章）………………………………… 秋　原
房子 …………………………………………………… 王　彦
蠡湖烟雨 ………………………………………… 璟　石

诗歌

天真之歌（之三）……………………………… 林　木
彩云飞（组诗）………………………………… 黄东成
天山行（四首）………………………………… 李　挥
江心岛（外一首）……………………………… 陈　犀
白山松水间 ……………………………………… 党国栋
小村傍晚（组诗）……………………………… 王德洪
山乡情（组诗）………………………………… 金相喜
晚兴（外一首）………………………………… 王冠军
丁香（外二首）………………………………… 马慧剑

月偏食

生活的路（小说）……………………………… 晓　旸
浅谈《生活的路》……………………………… 逯振杰

作家书简

托尔斯泰与涅克拉索夫通信选 …… 马肇元　冯明霞译

创作论坛

文学艺术中的月色之美 …………… 起　敏　正　维
棱镜的折射——读《黝黑的土地》…………… 栾　羽

艺苑录

重话周瘦鹃 ……………………………………… 上官缨

作家轶事

永攀高峰 ………………………………………… 长　福辑
第一个歌颂劳动人民的诗人 ………………… 肖桂民辑

其他

柬埔寨民间故事二则 …………………………… 天　爵译
海外幽默五则 …………………………………… 彭连才辑

美术·摄影

渔歌（摄影）…………………………………… 丁　平
绿荫双栖（国画）……………………………… 黄安仁
装饰画两幅 ……………………………………… 刘　昕
王羲之戏鹅图 …………………………………… 蒋兆和
王之涣《登鹳鹊楼》（金石）………………… 王以忱
花朵 …………………………………………………… 李桂芳

1982 年第 7 期　刊名:《江城》
目录

小说·散文

寄自卡扣山的深情 ……………………………… 黄献国
牺牲 …………………………………………………… 王家男
接班 …………………………………………………… 吕凤君
琢玉 …………………………………………………… 范全春
鸽哨 …………………………………………………… 王少刚
追逐（推理小说）……………………………… 冀　侠
老师 ………………… [苏]安沃·比克琴托夫著　陈　冬译
延河水 …………………………………………… 宋志学
那银花 …………………………………………… 奚青汶
小溪（外一章）………………………………… 刘世新
春风赞 …………………………………………… 李汝茂
莫愁湖遐想 ……………………………………… 胡兆龙

诗歌

唱给母亲的歌 …………………………………… 刘家魁
温暖啊，母亲的怀抱 ………………………… 张满隆
太阳，从这里升起（外二章）
——写在党的诞生地 ………………………… 郭德福
无曲的歌 ………………………………………… 成　恩
高山曲 …………………………………………… 孔令保
绿的启示 ………………………………………… 朱　雷
农家新曲（外三首）…………………………… 王　野
首都的绿叶 ……………………………………… 元　羽
双旺的水（外一首）…………………………… 刘凤林
山村测量（外二首）…………………………… 刘雅民

月偏食

深雨点 …………………………………………… 杨咏鸣
画大了翅膀的鸽子——《深雨点》编后简评 …… 甘一石

创作论坛

评成恩的散文诗 ………………………………… 胡　昭
纳英吐华　意满情流——喜读成恩的诗《湖上船歌行》 ……………………………………………… 马　昭
浅谈人物的细部描写 ………………………… 韩志君
文明的自谴——读《在道德的法庭前》 …… 包景林

作家轶事

真正的作者····················李　震辑
以标点符号评论作家·············刘　峥辑
大仲马和小仲马·········新城供稿　辑　文画

其他

零金碎玉····················牛保才
随感录·····················秦　黛
海外幽默四则················李宏伟等辑
广告一则

美术·摄影

红叶（摄影）·················邹起程
霜重色愈浓（套色木刻）···········袁　丁

1982 年第 8 期　刊名:《江城》
目录

小说·散文

宽恕·····················岳治成
废墟里的微笑················孙英民
面对新生活……···············曹明绪
有这样一个晚上···············董建津
张大嘴儿"戒酒"···············徐成禄
披着蔷薇色的朝霞（报告文学）·······曾广贤
难忘的泉眼··················田雨丰
桔颂·····················林子双
熬······················杨绍长
奇异的花卉··················姜　力

诗歌

军歌三题（组诗）···············纪　鹏
海淀写意···················李　真
战士的歌（组诗）···············陈　超
我是战士，我爱……（外一首）·······崔宗坤
军中新谣（组诗）···············张永枚
花籽邮来了··················杨开映
战士新曲（三首）···············刘湘平
堤岸掇拾（组诗）···············苏立仁
长白风景线（组诗）·············胡世宗

创作论坛

论"短"道"长"·················庐　湘
艺术表现贵在分寸··············王克仁
良知的赞歌
——谈《老伴》的社会效果······马跃堃　李晶霞
以意为主，那就决不能真切
——读赫历的《老伴》············栾　羽

月偏食

深思·····················李　成
读《深思》后的深思——编稿随想·······甘一石

艺苑录

一个蹩脚的演员——张恨水与戏········章　微

作家轶事

果戈理的嗜好·················郁建中辑
要独具性格··················云书辑
头一回看见············常　伏文　单　戈画

蔷薇园

看电视（小品）················艾　寒

其他

零金碎玉···················邹吉庆
庖丁解骆驼（寓言）·············陆继权
海外幽默五则·················敏　声辑

美术·摄影

摄影·····················李良义
国画·····················李广俊

1982 年第 9 期　刊名:《江城》
目录

小说·散文

下弦月····················郭文琛
温泉·····················李鹏九
悔恨·····················王　涛
山野的秋天··················李传锋
冷主任····················李东波
三十九级台阶（连载小说）
········[英]约翰·巴肯著　陈亦君　曾　胡译
春潮（报告文学）···············蒋光宜
再访吉林·········[日]泽地久枝　秦　桑译
翠峦情深···················萧　风
松江之水天上来——长白山散记·······张　远
大雁情····················魏久华
绿色的开拓者·················玉　华

诗歌

老顾问的脚步·················芦　萍
梨花春雨（外一首）·············宋　歌
寄远方（组诗）················宋曙春
山巅晨眺（外一首）·············宋　虹
故园海洋与天空（组诗）·········（蒙古族）巴彦布

在海上································郝　炜
夜话（外一首）·····················高　帆
战士的枕头（外二章）···············高杰贤
迎春曲····························张翼燕

创作论坛
要不断追寻创作的个性···············李炳银
沃土新枝——读金克义的诗札记········凝　寒
同中求新··························金　予

作家轶事
敏锐的生活观察力···············冷水滨辑
桂冠与剑······················建中辑
王安石毁稿·············长福文　张玉玺画

蔷薇园
意见本的妙用（小品）·······〔苏〕玛·安德拉沙著
袁　杰译

其他
零金碎玉·····················张林添等
海外幽默四则··················马景峰等
广告一则

美术·摄影
冲······过去了，答非所问（漫画）·······刘德山画
秋（摄影）························邹起程
水乡、江南春（油画）···············吴冠中
早晨（木刻）······················赵纪元
花鸟（国画）···················范曾等作

1982 年第 10 期　刊名：《江城》
目录

庆祝党的十二大胜利召开
努力发挥文艺在社会主义精神文明建设中的作用——
为庆祝党的十二大胜利召开而作···········鞠山林
火炬（诗）——为党的十二大胜利召开而作····张铁民
我的歌（诗）——写于党的十二大开幕的庄严时刻
·····························王立人
战士的献礼（诗）···················刘家魁

小说·散文
归途····························刘长清
春暖······························黎　火
婚礼，在墓场中举行··················高中艺
滚动的江水东流·····················马　敏
满载而归··························王大信

啊，爸爸······················涛　涛
三十九级台阶（连载小说）
········〔英〕约翰·巴肯著　陈亦君　曾胡译
雨吊圆明园························萧　滇
水蜜桃的故事······················章左声
金桂花开十里香····················钦志新
柳浪闻莺························冯波涛梅

诗歌
庐山情思（组诗）···················郭文琛
从绿洲走向瀚海（外一首）·············郭维东
冰与火（二首）·····················罗　洛
银河集··························雷　雯
花镇（组诗）······················金克义
姑娘的雕刀（外一首）···············谢荣卿
我爱云··························李国章
爱恋（外一首）·····················佟　畴
老家门前一棵杏····················佟　石

创作论坛
武侠小说源流考略···················上官缨
"月偏食"一栏开得好·············（宁夏）杨　青

月偏食
两瓶香水（小说）···················戟　深
浅析《两瓶香水》之"一点"············甘一石

作家谈　谈作家
论诗····························徐志摩
论徐志摩的诗······················陆小曼

作家轶事
名作家与"枕头"·················冷水滨辑
标点符号的故事··················牟善登辑
勤奋的勃朗特··············长　福文　小　远画

其他
海外幽默五则··············小　戈　薛小燕辑
文讯一则
本刊十一月号（小说专号）要目

美术·摄影
荷（摄影）························丁　平
果（国画）························森　红

1982 年第 11 期　刊名:《江城》

目录

小说

朝拜	贾平凹
拼搏篇	曹　阳
人生，不是一首朦胧诗	吕凤君
天涯行（历史小说）	马　昭
同病相怜	逯振杰
头号消息	王振夫
心病	李惠文
冬天，一个春天的故事	王家男
愧	王明彦
口角	［法］都德著　马德菊译
三十九级台阶（连载小说）	
……［英］约翰·巴肯著　陈亦君　曾　胡译	

创作论坛

论"联想"（三）	从维熙
人物心灵的探索，艺术创新的追求——谈赵正昆的小说创作	武亦文

作家轶事

快马追字	新　城辑
果戈理改稿	王桃源辑
《穷人》的诞生	李震供稿

其他

零金碎玉	彭乡荣
海外幽默五则	李宏伟等辑

美术·摄影

冰帆（摄影）	丁　平
速写四幅	王　杰
版画四幅	蒋谷峰
小站（油画写生）	姚伟生

1982 年第 12 期　刊名:《江城》

目录

小说·散文

星斗，在流云后闪光	郭文琛
暮年的爱	陈晓波
欢乐的晚年	李保华
南风窗下的墨迹	李　让
生活	贾海涛
三十九级台阶（连载小说）	［英］约翰·巴肯著
陈亦君　曾　胡译	
秋声还远	赵　赴
过家家	新凤霞
半日西湖（微雨三湖之二）	璟　石

诗歌

云南（外三首）	胡　昭
写在金色的阳光下	何　鹰
雏燕（外一首）	张红雨
森林晨雾	鲍雨冰
今日，她要回娘家	朱谷忠
地边（外一首）	李占学
村夜（组诗）	张常信
春天	黄　淮
海思（组诗）	未　凡
牧鸭女（外一首）	吕　新
闪光的旋律——献给我们的统计师	黎　敏
春的旋律从梦中飞出	关文书
吉林山水歌（四首）	张　伟
燕子（外三首）	庞颖杰

文学书简

按照自己对生活的感受来表达——周良沛给刘湘平的信	周良沛

创作论坛

泉水清清新意沁人——读短篇小说《到泉水去的途中》	代一才
作家的观察	常敬宇
要到像水一样冷时才动笔	章智明

月偏食

荷露（小说）	国　华　国　光
浅谈《荷露》	稚　言

艺苑录

花与名著	吴存忠
千首诗轻万户侯	肖文苑

作家轶事

九行空白	文文供稿
"换气"等三则	方　雯辑

其他

海外幽默五则	纪和邵等辑
零金碎玉	张林添　杨　锦

美术·摄影

江城初雪（摄影）	起　程

秋色（国画）⸺⸺⸺⸺⸺⸺⸺⸺⸺⸺⸺⸺⸺杨炳湘
芭焦八歌（国画）⸺⸺⸺⸺⸺⸺⸺⸺⸺⸺⸺⸺梁　崎
浓艳（国画）⸺⸺⸺⸺⸺⸺⸺⸺⸺⸺⸺⸺⸺朱屺瞻

1983 年第 1 期　刊名：《江城》
目录

小说·散文
反"围剿"⸺⸺⸺⸺⸺⸺⸺⸺⸺⸺⸺⸺⸺王德忱
拜早年⸺⸺⸺⸺⸺⸺⸺⸺⸺⸺⸺⸺⸺⸺徐成禄
月牙儿⸺⸺⸺⸺⸺⸺⸺⸺⸺⸺⸺⸺⸺⸺四　海
出人意料⸺⸺⸺⸺⸺⸺⸺⸺⸺⸺⸺⸺⸺李　钢
债⸺⸺⸺⸺⸺⸺⸺⸺⸺⸺⸺⸺⸺⸺⸺刘金山
小小说两篇⸺⸺⸺⸺⸺⸺⸺⸺⸺⸺⸺⸺涛　涛
雪尸（推理小说连载1）
⸺⸺⸺⸺［日］森村诚一　孙连仕　张润青译
从幽雅庭院到山间小路⸺⸺⸺⸺⸺⸺⸺黄献国
星星恋⸺⸺⸺⸺⸺⸺⸺⸺⸺⸺⸺⸺⸺⸺李　歌

诗歌
乡间小路（外一首）⸺⸺⸺⸺⸺⸺⸺⸺⸺丁　耶
立交桥⸺⸺⸺⸺⸺⸺⸺⸺⸺⸺⸺⸺⸺⸺陈玉坤
万里行踪⸺⸺⸺⸺⸺⸺⸺⸺⸺⸺⸺⸺⸺金　谷
无曲的歌⸺⸺⸺⸺⸺⸺⸺⸺⸺⸺⸺⸺⸺成　恩
秋到果园（外二首）⸺⸺⸺⸺⸺⸺⸺⸺⸺雷恩奇
我是太阳神的儿子⸺⸺⸺⸺⸺⸺⸺⸺⸺杨咏鸣
花溪泛舟（外一首）⸺⸺⸺⸺⸺⸺⸺⸺⸺钱锦方
农家欢⸺⸺⸺⸺⸺⸺⸺⸺⸺⸺⸺⸺⸺⸺史建军

创作论坛
漫话文艺评论的标准⸺⸺⸺⸺⸺⸺⸺⸺⸺王昕紫
激烈的性格冲突——读小说《朝拜》的人物描写
⸺⸺⸺⸺⸺⸺⸺⸺⸺⸺⸺⸺⸺⸺武亦文
含蓄，但不真实——评短篇小说《朝拜》⸺⸺代一才
贾平凹小说创作的新转机——兼论《朝拜》的真实性
问题⸺⸺⸺⸺⸺⸺⸺⸺⸺⸺⸺⸺⸺⸺岫　岩

月偏食
小河清清（散文）⸺⸺⸺⸺⸺⸺⸺⸺⸺⸺赵一田
欲得清泉，再掘一铲⸺⸺⸺⸺⸺⸺⸺⸺⸺繁　英

作家书简
创作路子不宜太窄
——从维熙给黄献国同志的信⸺⸺⸺⸺从维熙

艺苑录
普希金和他的保姆⸺⸺⸺⸺⸺⸺⸺⸺⸺⸺罗　岭

作家轶事
高则诚吃糠⸺⸺⸺⸺⸺⸺⸺⸺⸺⸺⸺⸺康善铎辑
一幅对联平风波⸺⸺⸺⸺⸺⸺⸺⸺⸺⸺王桃源辑
马尔夏克改稿⸺⸺⸺⸺⸺⸺⸺⸺⸺⸺⸺冷水滨辑

作家谈　谈作家
作家不能离群索居⸺⸺⸺⸺⸺［俄］列夫·托尔斯泰
他热爱生活⸺⸺⸺⸺⸺⸺⸺⸺⸺［俄］卢那察尔斯基

蔷薇园
礼帽（小品）⸺⸺⸺⸺［苏］布·阿古连柯　丁歧江译

地方风光
大江弯弓⸺⸺⸺⸺⸺⸺⸺⸺⸺⸺⸺⸺⸺张　羽

天南地北
三峡漫记⸺⸺⸺⸺⸺⸺⸺⸺⸺⸺⸺⸺⸺胡兆龙

其他
零金碎玉⸺⸺⸺⸺⸺⸺⸺⸺⸺⸺⸺⸺⸺张林添
幽默五则⸺⸺⸺⸺⸺⸺⸺⸺⸺⸺⸺⸺⸺刘大伟等辑

美术
硕果（国画）⸺⸺⸺⸺⸺⸺⸺⸺⸺⸺⸺⸺刘玉楼
长白山麓（钢笔画）⸺⸺⸺⸺⸺⸺⸺⸺⸺王　杰
蔡文姬（国画）⸺⸺⸺⸺⸺⸺⸺⸺⸺⸺⸺温读耕

1983 年第 2 期　刊名：《江城》
目录

小说·散文
希望，你在哪里?⸺⸺⸺⸺⸺⸺⸺⸺⸺⸺王立忱
钥匙⸺⸺⸺⸺⸺⸺⸺⸺⸺⸺⸺⸺⸺⸺⸺黄献国
不会饮酒的厄运⸺⸺⸺⸺⸺⸺⸺⸺⸺⸺⸺郝慧宏
送富的故事⸺⸺⸺⸺⸺⸺⸺⸺⸺⸺⸺⸺沙仁昌
角度⸺⸺⸺⸺⸺⸺⸺⸺⸺⸺⸺⸺⸺⸺⸺贾海涛
雪尸（推理小说连载2）
⸺⸺⸺⸺［日］森村诚一　孙连仕　张润青译
轮声⸺⸺⸺⸺⸺⸺⸺⸺⸺⸺⸺⸺⸺⸺⸺赵正昆
影戏春秋⸺⸺⸺⸺⸺⸺⸺⸺⸺⸺⸺⸺⸺范全春
小岛⸺⸺⸺⸺⸺⸺⸺⸺⸺⸺⸺⸺⸺⸺⸺张彬彬
气息⸺⸺⸺⸺⸺⸺⸺⸺⸺⸺⸺⸺⸺⸺⸺冬　林

诗歌
土地（外一首）⸺⸺⸺⸺⸺⸺⸺⸺⸺⸺⸺宋　虹
洱海四会（组诗）⸺⸺⸺⸺⸺⸺⸺⸺⸺⸺陈　犀
松树川三首⸺⸺⸺⸺⸺⸺⸺⸺⸺⸺⸺⸺江　涛

我不曾忘记（外一首）⋯⋯⋯⋯⋯⋯张雪杉
鹅卵石⋯⋯⋯⋯⋯⋯⋯⋯⋯⋯⋯⋯张志鹏
收获之歌（外一首）⋯⋯⋯⋯⋯⋯丛世民
礁石丛⋯⋯⋯⋯⋯⋯⋯⋯⋯⋯⋯⋯王　平
散文诗三题⋯⋯⋯⋯⋯⋯⋯⋯⋯⋯秋　原
嫁接⋯⋯⋯⋯⋯⋯⋯⋯⋯⋯⋯⋯⋯齐　霁

创作论坛
前进在正路上
——《江城》一九八二年部分小说述评⋯⋯栾　羽
严峻的现实，光辉的未来
——读小说《朝拜》⋯⋯⋯⋯⋯⋯高继才
探索中的失误
——小说《朝拜》的特色与缺陷⋯⋯黄　宇

月偏食
阿福（小说）⋯⋯⋯⋯⋯⋯⋯⋯⋯邵　刚
吵架（小说）⋯⋯⋯⋯⋯⋯⋯⋯⋯王晓冬
绝望与希望——读《阿福》与《吵架》⋯何　慢

作家书简
关于国外题材小说创作问题略复⋯⋯鄂　华

艺苑录
王勃袭旧逾新⋯⋯⋯⋯⋯⋯⋯⋯⋯胡百顺

作家轶事
陈寿的职业道德⋯⋯⋯⋯⋯⋯⋯⋯冷水滨辑
契诃夫受到的启发⋯⋯⋯⋯⋯⋯⋯德　平辑
都德的妻子⋯⋯⋯⋯⋯⋯⋯⋯⋯⋯纪　邵辑

作家谈　谈作家
只有在经验中，才能得到认识⋯⋯⋯丁　玲
现实主义与真实性的结合⋯⋯⋯⋯张如法

蔷薇园
邂逅相遇（讽刺小说）⋯⋯⋯⋯⋯毕　萍

天南地北
神女峰前的思念⋯⋯⋯⋯⋯⋯⋯⋯邵　晨
小珠大珠落玉盘⋯⋯⋯⋯⋯马淑英　刘家乾

其他
零金碎玉⋯⋯⋯⋯⋯⋯⋯⋯⋯⋯⋯张林添
幽默五则⋯⋯⋯⋯⋯⋯⋯⋯⋯⋯王晶明等辑

美术·摄影
生命之光——中年光学专家蒋筑英组画
⋯⋯⋯⋯⋯戈　沙　雅　平　百　石画　中　天诗

冰上健儿⋯⋯⋯⋯⋯⋯⋯⋯⋯⋯⋯丁平等辑
大千壁画（国画）⋯⋯⋯⋯⋯⋯⋯张　爱

1983 年第 3 期　刊名:《江城》

目录

小说·散文
你能指责她吗?⋯⋯⋯⋯⋯⋯⋯⋯王家男
木匠家事⋯⋯⋯⋯⋯⋯⋯⋯⋯⋯董奉鸣
人之间⋯⋯⋯⋯⋯⋯⋯⋯⋯⋯⋯翁亦村
搬迁记⋯⋯⋯⋯⋯⋯⋯⋯⋯⋯⋯筱　柳
科里马尔法官的梦⋯⋯⋯［法］都德著　马德菊译
梨花一枝春带雨——表妹纪事之一⋯王少刚
雪尸（推理小说连载3）⋯⋯⋯［日］森村诚一
孙连仕　张润青译
出国第一仗⋯⋯⋯⋯⋯⋯⋯⋯⋯李　真
翠竹情深⋯⋯⋯⋯⋯⋯⋯⋯⋯⋯申济泰
路，在脚下⋯⋯⋯⋯⋯⋯⋯⋯⋯赵灿群
完达山雪⋯⋯⋯⋯⋯⋯⋯⋯⋯⋯阎宝忠

诗歌
新生活的赞歌（组诗）⋯⋯⋯⋯⋯何　鹰
村风（二首）⋯⋯⋯⋯⋯⋯⋯⋯宋　歌
写在最后一页日历上⋯⋯⋯⋯⋯王俊英
春风，向北方远征吧⋯⋯⋯⋯⋯姜维平
春，像一个孩子（外一首）⋯⋯庞颖洁
北方的雪（外二首）⋯⋯⋯⋯⋯吕　新
初航情（外二首）⋯⋯⋯⋯⋯⋯孟秀华
珍珠（外二章）⋯⋯⋯⋯⋯⋯⋯耿林莽
桑（外一章）⋯⋯⋯⋯⋯⋯⋯⋯李昆纯

创作论坛
《朝拜》的象征意义⋯⋯⋯⋯⋯皇甫涛
对运合形象的质疑⋯⋯⋯⋯⋯易　木整理
如何理解《朝拜》⋯⋯⋯⋯⋯⋯尤蕴石
韩愈与韩湘⋯⋯⋯⋯⋯⋯⋯⋯⋯璟　石
点石成金与弄巧成拙⋯⋯⋯⋯⋯鲍维松

月偏食
弯弯的新月（小说）⋯⋯⋯⋯⋯宋爱国
文学最忌讳失真——读《弯弯的新月》⋯稚　言

作家书简
抻长与加宽——关于短篇小说的通信⋯王宗汉

艺苑录
自我严格的列夫·托尔斯泰⋯⋯⋯任文锁

作家谈　谈作家
决非凭空虚构 ························· 峻　青
思想性格的辩证法 ··················· 胡　采

作家轶事
《名利场》书名的由来 ··············· 冷水滨辑
鲁迅与工人作者 ····················· 小　玲辑
狄更新的座右铭 ········ 方思文供稿　国　勋画

蔷薇园
旅途女伴（小品）········ ［巴西］费尔南多·萨比诺
禹　凡译

地方风光
北山的匾额楹联 ····················· 张　羽

天南地北
吊水湖情思 ························· 龙　欣

其他
致读者
艺海浪花
幽默四则 ··························· 阿华等辑

美术
江城雾凇（摄影）············ 薛　碧摄　孔令保诗

1983 年第 4 期　刊名:《江城》

目录

小说·散文
土包子开花 ························· 岳治成
请喝一杯龙井茶 ····················· 赵正昆
等我长大以后——童年拾零之一 ··· 陈　南　郭　锋
嫁女 ····························· 孙永君
雪尸（推理小说连载 4）··········· ［日］森村诚一
张连仕　张润青译
杜鹃红似火 ························· 叶梅珂
记忆深处的歌（三篇）··············· 秋　原
袁世凯的一次录用考试 ···· ［日］驹田信二　金吉俊译
金秋心醉 ··························· 李　让

诗歌
海鸥（外一首）····················· 刘家魁
怀春者的信柬（组诗）··············· 昌　耀
河的印象（二首）··················· 王中朝
金色的童年（之一）················· 刘湘平
海的颜色（外一首）················· 刘昌盛

托盘果（外一首）················· 王义明
竹笛 ····························· 周绍庭
牧歌 ····························· 刘兴业
夏天走了（外一章）················· 宋曙春
月季坛（外一章）··················· 邹明达
谢甫琴科诗五首 ····················· 蓝曼译
杏树 ····························· 张　智
原始森林里的雕刻（外一首）········· 芦　萍
清晨我走向大街 ····················· 王俊英

创作论坛
关于马克思说的：物质生产发展同艺术生产的不平
衡——为纪念马克思逝世百年而作 ········ 庐　湘
爱情描写与民族特色 ················· 郑祥安
知识是提炼艺术细节的灵丹 ··········· 杨问政
横云断岭岭更高 ····················· 钟　法

月偏食
二小姐 ····························· 王铁英
浅谈《二小姐》····················· 稚　言

作家书简
索性招惹它一回 ····················· 张笑天

艺苑录
帝王与诗 ··························· 肖文苑

作家轶事
对小读者负责 ······················· 冯贤仁辑
"灵感" ··························· 冷水滨辑
"警策" ··························· 甘一石辑
不厌其烦

蔷薇园
美男子的爱情（讽刺小说）············· 郝慧宏

其他
零金碎玉 ··························· 邹吉庆等
艺海浪花
幽默五则 ··························· 李震等辑

美术·摄影
岔路口组画（木刻）················· 翟路加

1983 年第 5 期　刊名:《江城》
目录

小说·散文

幽静的白桦林⸺⸺⸺⸺⸺⸺⸺常　人
苍耳之谜⸺⸺⸺⸺⸺⸺⸺⸺万　寒
在鸡蟹搏斗的地方⸺⸺⸺⸺⸺王家男
教堂魔影⸺⸺⸺⸺⸺⸺⸺⸺王　彦
峡湾疑案⸺⸺⸺⸺[日]高柳芳夫　述　林译
包公解沉冤
艺海浪花

1983 年第 6 期　刊名:《江城》
目录

小说·散文

九号楼门长⸺⸺⸺⸺⸺⸺⸺黄献国
暮春时节⸺⸺⸺⸺⸺⸺⸺⸺康启昌
醉汉⸺⸺⸺⸺⸺⸺⸺⸺⸺⸺鞠为新
同学⸺⸺⸺⸺⸺⸺⸺⸺⸺⸺齐明昌
雪尸(推理小说连载 5)⸺[日]森村诚一著
孙连仕　张润青译

我国现代著名文学家翻译家古文家⸺⸺林　纾
林琴南简介⸺⸺⸺⸺⸺⸺⸺肖　夏
纪念林纾先生⸺⸺⸺⸺⸺⸺孔罗荪
关于林琴南⸺⸺⸺⸺⸺⸺⸺锡　金
林纾事略⸺⸺⸺⸺⸺⸺⸺⸺林子双
只研朱墨作春山⸺⸺记林琴南先生遗物奉献者林大成
同志⸺⸺⸺⸺⸺⸺⸺⸺⸺⸺孔令保
林纾遗物受献仪式将在吉林市举行⸺⸺文　讯

诗歌

古体诗四首⸺⸺⸺⸺⸺李　挥　刘　兴
绿色的风⸺⸺⸺⸺⸺⸺⸺⸺朱　雷
通往密林深处的山路⸺⸺⸺⸺赵虎城
母亲,我在卖口罩呢⸺⸺⸺⸺高杰贤
黄昏,小河旁(外一首)⸺⸺⸺朱谷忠
堆雪人(外二首)⸺⸺⸺⸺⸺吕　新
耕耘者的歌⸺⸺⸺⸺⸺⸺⸺李　耕
吐鲁番的婚礼⸺⸺⸺⸺⸺⸺郭文琛

创作论坛

抒情诗中的情与理⸺⸺⸺⸺⸺朱先树
谨愉之辞⸺⸺谈臧克家的近期诗作⸺⸺张惠仁
想象想象,越想越象⸺⸺⸺⸺赵　杰

月偏食

枕边风⸺⸺⸺⸺⸺⸺⸺⸺⸺魏联春
浅析《枕边风》⸺⸺⸺⸺⸺⸺司马园丁

艺苑录

鲁迅与张恨水⸺⸺⸺⸺⸺⸺肖　威

其他

广告三则
艺海浪花
幽默五则⸺⸺⸺⸺⸺⸺⸺⸺张桂兰等辑

美术·摄影

林琴南书画作品⸺⸺⸺林大成供稿　丁　平摄

1983 年第 7 期　刊名:《江城》
目录

小说·散文

老柞树干上的弹痕⸺⸺⸺⸺⸺焦成恩
心弦的颤音(短篇小说两篇)⸺⸺赵正昆
棋错一着⸺⸺⸺⸺⸺⸺⸺⸺中　申
依依满别情⸺⸺⸺⸺⸺⸺⸺潘　杞
礼部侍郎的烦恼⸺⸺⸺⸺⸺⸺毕友言
雪尸(推理小说连载 6)⸺[日]森村诚一著
孙连仕　张润青译
军犬三记⸺⸺⸺⸺⸺⸺⸺⸺高洪波
梨园春秋⸺⸺⸺⸺⸺⸺⸺⸺孔玉华
雁荡行⸺⸺⸺⸺⸺⸺⸺⸺⸺章左声
金凤蝶飞来了⸺⸺⸺⸺⸺⸺于宗信

诗歌

祖国呵,我是你的石榴树⸺⸺⸺刘家魁
冰(外六首)⸺⸺⸺⸺⸺⸺⸺张伦先
关东诗草⸺⸺⸺⸺⸺⸺⸺⸺张常信
我要做父亲了⸺⸺⸺⸺⸺⸺郝　炜
那条闪光的河⸺⸺⸺⸺⸺⸺高　深
种子⸺⸺⸺⸺⸺⸺⸺⸺⸺⸺王智超
早春的构思⸺⸺⸺⸺⸺⸺⸺逯庚福
山洞(外二章)⸺⸺⸺⸺⸺⸺佟　石
写在日用化学厂(外一章)⸺⸺卢长志
爱,化为钢铁的旋律(外一首)⸺潘　烽
春天的印象⸺⸺⸺⸺⸺⸺⸺王俊英

创作论坛

捕捉瞬间情绪,探索复杂的人生⸺⸺浅析王家男近作
的艺术追求⸺⸺⸺⸺⸺⸺⸺黄献国
也谈"散文,是喷出来的"⸺⸺⸺胡兆龙

月偏食

路遇 ······························· 景　新
妙笔才能生花（作品浅析）··········· 骆　夫

作家书简

诗歌杂谈 ························· 丁　耶

艺苑录

菊池宽与《父归》················· 上官缨

其他

零金碎玉 ······················· 张林添
艺海浪花
幽默 ························· 季德平辑

美术·摄影

江城之夏（摄影）················· 李良义

1983 年第 8 期　刊名:《江城》
目录

小说·散文

远山的回音 ····················· 王晓东
雪 ··························· 生昌义
微型小说两篇 ··················· 王明彦
雪尸（推理小说连载 7）········· ［日］森村诚一著
孙连仕　张润青译
红烛情（报告文学）········· 曹　阳　李宜钧
藻鉴堂记 ······················· 李起敏
佳境在药泉 ····················· 邵　晨
记忆深处的画 ··················· 齐子文
生命之花 ······················· 马德菊

诗歌

轮椅之歌 ······················· 戚积广
不要轻生，年轻的朋友 ············· 韩志晨
大地和我（组诗）················· 陈　超
红高粱（外二首）················· 王　玎
岚山少女（外一首）··············· 刘多田
机场断想（外一首）··············· 江海生
希望，在脚下的大地上 ············· 阎育方
蜂巢（外三章）··················· 胡冬林
北方短笛（四章）················· 李　弘

创作论坛

《海浪之歌》序 ················· 公　木
创作需要博学 ··················· 草　云
文学的散文（文艺随笔）··········· 施蛰存

月偏食

一堂公开教学谭 ··················· 李玉琨
情与理——《一堂公开教学课》的启示 ········· 何　慢

艺苑录

从妻子坟墓中挖出的诗稿 ············· 任文锁

蔷薇园

短诗（小品）······· ［苏］吉·玛赫维拉杰　袁　杰译
儿子难当（小小说）··············· 张　彦

其他

零金碎玉 ················· 秦　黛　李章华
文讯一则 ······················· 晓　星
艺海浪花
幽默 ························· 宋　虹等

美术·摄影

鹰（国画）····················· 高盛连

1983 年第 9 期　刊名:《江城》
目录

小说·散文

火车向前开去 ··················· 董建津
第一千零一封信 ··················· 陆文果
"合同婴儿"之母 ················· 郝慧宏
风 ··························· 马千里
雪尸（推理小说连载 8）········· ［日］森村诚一著
孙连仕　张润青译

湖上奇观此地殊

湖上雷雨 ······················· 林子双
湖上奇观此地殊 ··················· 张　羽
风雨篷帆 ······················· 李　歌
夜钓 ························· 范全春
湖光山影（松花湖速写）··········· 单　戈
那些熟悉的声音——速记艾青和诗人们 ········· 陶　然

诗歌

江城留别 ······················· 韩　笑
北国的小路 ····················· 成　恩
红领巾进行曲（外一首）··········· 王铁军
少女的歌（组诗）················· 于　冰
抹墙（外一首）··················· 金相喜
天安门广场（外一首）············· 阎育方
石匠的性格（外一首）············· 丛世民
飞吧，百灵鸟 ··················· 谢荣卿

放学路上（外一章）…………………桂兴华
啊，北方的青麻（外四章）……………文　牧
春的喧闹……………………………周克冰
老师的目光…………………………令　飞
晚霞（外一首）………………………尤晓平
红日永远升起（外一首）………………王慧娟

创作论坛

要有地方特色　要有独特的感受——在观看吉林市
《松花江之冬》美展后座谈会上的发言………王朝闻
当前小说创作漫议——兼论文学与时代生活……胡　煦
巨刃摩天和金针刺绣（随笔）…………钟　法
反常合道　相辅相成（随笔）…………安德伟

月偏食

两次分房……………………………李洪民
浅析《两次分房》……………………稚　言

艺苑录

汪中凭吊马守真………………………代　奔

其他

零金碎玉……………………………吉　庆
艺海浪花
幽默…………………………………宋　虹等

美术

木刻…………………………戈　沙　蒋谷峰

1983 年第 10 期　刊名：《江城》
目录

小说·散文

去法院的路上………………………徐培东
女伴趣闻（小说两篇）…………………林笑晚
冷暖……………………………莫　夫　春　江
陨落了，耀眼的星……………………龙　欣
同是天涯沦落人（中篇小说连载之一）……王宗汉
女演员（翻译小说）………[苏]伏·利金　袁　杰译
镜泊行两篇
江山多娇人多娇………………………方　殷
镜泊湖，我为你唱支歌…………………田　琳
满天杨花半城柳………………………张　羽
爷爷的照片…………………………高杰贤

诗歌

威尼斯叹息桥………………………阮章竞

大漠情（三首）………………………张满隆
新居（外一首）………………………宋　虹
冬天，在北方的森林…………………宋曙春
茫茫的大兴安岭（组诗）………………鲍雨冰
赠拾贝的少年（外二首）………………庞颖洁
乡村抒情（组诗）……………………李占学
手（外一首）…………………………李成尧
散文诗一束…………………………秋　原

创作论坛

"索性招惹"析——评张笑天同志对待理论与批评的
态度…………………………………丁　辰
一种什么样的人性、人道主义？——评张笑天的《索
性招惹他一回》………………………路　明
在生活的大海里寻觅——评秋原的诗集《山泉与红
叶》…………………………………戚积广
"引用"也应力求新鲜（随笔）…………赵　庭

月偏食

在废墟中……………………………初　理
《在废墟中……》的得失………………骆　夫

艺苑录

韩愈的绝句…………………………肖文苑

其他

艺海浪花
幽默…………………………………丰　棋等

美术

速写两幅……………………………方　民
木刻两幅………………………江　雪　樊　莉

1983 年第 11 期　刊名：《江城》
目录

抵制和清除精神污染，坚持社会主义文艺方向
………………………………………李振江

小说·散文

山谷里，有条清清的小溪………………沙红昌
月亮………………………………詹　波
不画圈圈的"怀念官"…………………王晓云
微型小说两篇………………………王明彦
密林静悄悄…………………………周康瑜
评先进……………………………徐成禄
同是天涯沦落人（中篇小说连载之二）……王宗汉
黑星星……………………………阮大华
从鼓山到庐山………………………江剑锋

淡中藏美 ·· 金　予

诗歌
短笛集（组诗）·································· 何　鹰
山林行趣（组诗）······························ 陈玉坤
田野薄曙（外一首）···························· 黄东成
白山电站纪行（四首）·························· 宋九才
水电勘探队长 ·································· 纪树森
小镇的墙（组诗）······························ 王德洪
金色的童年（之三）···························· 刘湘平
白堤，虽然不属于白居易（外一首）············ 姜维平
啊，生命的流泉（外一章）······················ 王义明
夜，在伐区小工队驻地·························· 王　平
湖光夜 ·· 刘风林
渔村行（组诗）································ 雁　翎

月偏食
角色 ·· 刘　旭
贵在独创——浅析《角色》···················· 席　里

创作论坛
与梁斌一席谈 ·································· 胡玉萍
醇厚的泥土气息，鲜明的民族风格——简评近年来
《江城》连载的中、长篇小说 ·················· 述　林

其他
本刊改刊启事
幽默 ·· 小　敏等
艺海浪花 ······································ 乐　辑

美术
玻璃版画三幅 ·································· 呈　平

1983 年第 12 期　刊名：《江城》
目录

防止和清除精神污染更好地坚持"二为"方向
——纪念毛泽东同志诞辰九十周年 ·············· 王云坤

小说·散文
百脉泉大院 ···································· 四　海
视线 ·· 郭文琛
失眠的雨夜 ···································· 李　钢
浪花儿 ·· 孟宪纲
同是天涯沦落人（中篇小说连载之三）············ 王宗汉
霜降时节 ······································ 文　牧
家乡的小路 ···································· 玉　茹
松花湖的早晨 ·································· 依　群

风筝 ·· 范全春
最后一次铃声 ·································· 马德菊

诗歌
滑冰圆舞曲（外一首）·············（蒙古族）查　干
地球，在印刷······························ 王俊英
山野的追求（外一首）·························· 张红雨
大庆抒情 ······································ 宋　歌
希克梅特抒情诗七首···························· 秋　原译
新疆杂咏（外一首）···························· 孟昕伯

白山松水间
大坝题吟 ······································ 党国栋
白山水电站 ···································· 尹成魁
枫叶歌（外一首）······························ 吕　新
光的旋律 ······································ 阎育方
进山 ·· 刘闯义
水电工人速写（外一首）························ 潘　烽
牡丹峰诗情 ···································· 刘雅民
大坝 ·· 丛世民

月偏食
乔迁之忧 ······································ 周晶岐
选材要严，开掘要深——浅析《乔迁之忧》···· 天　舒

创作论坛
语新意邃 ······································ 马　威
"朦胧"小议 ···································· 宫玉海

艺苑录
夜间的葬仪 ···································· 任文锁

其他
作家轶事 ······································ 林　音等
幽默 ·· 晓　敏等
艺海浪花 ······································ 永　富等

美术·摄影
摄影作品两幅 ·································· 丁　平
玉宇琼楼
冰封雪撬飞

1984 年第 1 期　刊名：《江城短篇小说月刊》
目录

改刊祝辞 ···················· 萧　军　臧克家　傅子龙
改刊的话 ···································· 本刊编辑部
大全福人 ······································ 刘绍棠

党政一把手要来···················汤吉夫
秋天，该出远门了·················晓　丁
妈妈的描金柜·····················鞠为新
汽车的喜剧·······················孟左恭
"幸福"的一天·····················李保华

篇外语
人民是作家的母亲　生活是创作的源泉·······刘绍棠
眼睛盯住生活·····················汤吉夫

月偏食
二胡···························曲庆学
小议"二胡"中的二胡···············何　慢

短中短
补带···························马燕飞
遥远的梦·······················甄源森
窗····························王明彦

海外篇
天涯芳草·······[日]森村诚一著　孙连仕　张润青译

法制篇
代号——"特别警犬"·······冀　侠　兰升　升远

创作论坛
浅谈短篇小说在"情理之中"的几种结尾·······郑　彬
短篇小说大有提倡、探讨之必要——访著名作家唐弢
同志纪略·······················胡　煦

小说讲座
找准聚光点·······················杨实诚

其他
幽默
艺海浪花

1984 年第 2 期　刊名:《江城短篇小说月刊》
目录

改刊祝辞················唐　弢　峻　青　张志民
穿过大森林·······················聂鑫森
附：篇外语《那枪声留给我的印象》
滚烫的石头·······················程　海
她在默默地祝愿···················贺慈航
金鸡报晓·························时　明

短中短
路标——急转弯···················初　理
新来的小两口·····················刘　斌
第二次眼泪·······················张　涛

月偏食
奶油蛋糕·························高蒙河
细节必须真实——《奶油蛋糕》读后浅析·······骆　夫

蔷薇园
路科长的哀史·····················温靖邦

海外篇
疗养地··········[苏]奥列格·米哈依洛夫　龚毅华译

法制篇
代号——"特别警犬"·······冀　侠　兰升　升远

小说讲座
谈凝炼·························峻　青

创作论坛
生活美与艺术美
——毛泽东美学思想学习札记·············栾　羽
在狱中成名的短篇小说大家·········任文锁　岳有仁
用"微型"展示五色纷呈的生活画卷·········王振民
鲁迅、高尔基论短篇小说

其他
幽默
广告三则
艺海浪花

1984 年第 3 期　刊名:《江城短篇小说月刊》
目录

永远生活在绿树下···················张　炜
附：篇外语《为了那片可爱的绿色》
最后一班天鹅船···················肖复兴
附：篇外语《天鹅船的遐想》
到了这样的时刻···················顾笑言
附：篇外语《到了这样的时刻》篇外缀语
星的升沉·······················潘大林

短中短
远去的铲车·······················杨咏鸣

法制篇
神密的花展（侦破小说连载一）⋯⋯⋯⋯尹一之
一支铱金笔⋯⋯⋯⋯⋯⋯⋯⋯⋯⋯⋯冀　侠

海外篇
婆婆⋯⋯⋯⋯〔苏〕瓦莲京娜　多罗申柯　粟周熊译

月偏食
不是一般滋味⋯⋯⋯⋯⋯⋯⋯⋯⋯胡兆铮
浅析《不是一般滋味》⋯⋯⋯⋯⋯稚　言

小说讲座
传神⋯⋯⋯⋯⋯⋯⋯⋯⋯⋯⋯⋯⋯汪曾祺

创作论坛
短篇小说乱谈⋯⋯⋯⋯⋯⋯⋯⋯⋯常梦尘

其他
幽默⋯⋯⋯⋯⋯⋯⋯⋯⋯⋯⋯⋯⋯希　良等
艺海浪花

美术
白山水电站（速写）⋯⋯⋯⋯⋯⋯张英哲

1984 年第 4 期　刊名:《江城短篇小说月刊》
目录

短篇小说
南塘鱼⋯⋯⋯⋯⋯⋯⋯⋯⋯⋯⋯⋯吴若增
附：篇外语《由大熊猫遭灾说开去》
灯和灯的影子⋯⋯⋯⋯⋯⋯⋯⋯⋯从维熙
附：篇外语《我在摸索》
寒冬，摄氏零上 24°⋯⋯⋯⋯⋯⋯黄献国
小溪，悄悄地流⋯⋯⋯⋯⋯⋯⋯⋯毕友言
出狱⋯⋯⋯⋯⋯⋯⋯⋯⋯⋯⋯⋯⋯纪树森

短中短
今晚的月亮⋯⋯⋯⋯⋯⋯⋯⋯⋯⋯王晓冬
消失了的暖意⋯⋯⋯⋯⋯⋯⋯⋯⋯田　木
无意丢失的李子核⋯⋯⋯⋯⋯⋯⋯林　木

月偏食
恋爱的归宿⋯⋯⋯⋯⋯⋯⋯⋯⋯⋯孟桂兰
主旨要明　立意须新
——谈《恋爱的归宿》的修改⋯⋯岫　岩

蔷薇园
竖挺的梧桐树⋯⋯⋯⋯⋯⋯⋯⋯⋯李海鸣

法制篇
神秘的花展（侦破小说连载二）⋯⋯⋯⋯尹一之

小说讲座
短篇小说的短⋯⋯⋯⋯⋯⋯⋯⋯⋯彭荆风

创作论坛
要使每一个字能发光⋯⋯⋯⋯⋯⋯草　云
"公式代""概念化"新忧⋯⋯⋯⋯陈继荣
我怎样作起侦破、推理小说来?⋯⋯万　寒

其他
本刊五月号要目　稿约
幽默⋯⋯⋯⋯⋯⋯⋯⋯⋯⋯华　船　丽　英
艺海浪花

1984 年第 5 期　刊名:《江城短篇小说月刊》
目录

短篇小说
在关键的时刻⋯⋯⋯⋯⋯⋯⋯⋯⋯鞠为毅
附：篇外语《生活的交点》
草原喋血⋯⋯⋯⋯⋯⋯⋯⋯⋯⋯⋯迟松年
附：篇外语《祭民族魂　扬爱国志》
猎人与将军——《猎人的世界》之六⋯⋯王家勇
乡村夜话⋯⋯⋯⋯⋯⋯⋯⋯⋯⋯⋯田　心
啊，我的深雨点⋯⋯⋯⋯⋯⋯⋯⋯杨咏鸣

短中短
裁缝⋯⋯⋯⋯⋯⋯⋯⋯⋯⋯⋯⋯⋯郝慧宏
小小说三篇⋯⋯⋯⋯⋯⋯⋯⋯⋯⋯毛雅吉
狼外婆
成人儿
傻

月偏食
一张免冠照片⋯⋯⋯⋯⋯⋯⋯⋯⋯古　道
切忌脸谱化——读《一张免冠照片》⋯⋯晨　星

法制篇
神秘的花展（侦破小说连载三）⋯⋯⋯⋯尹一之
警察的新策略⋯⋯⋯⋯⋯〔日〕星新一著　刘星译

海外篇
偷塘鹅的人⋯⋯⋯〔英〕埃·爱·威廉斯著　温志强译

创作论坛
想起了契诃夫的肖像描写⋯⋯⋯⋯何东平

莫泊桑《米隆老爹》的人称改换⋯⋯⋯⋯⋯郑　彬
抓住特定的生活瞬间⋯⋯⋯⋯⋯⋯⋯⋯⋯孟桂兰

小说讲座
个性化与体现共性⋯⋯⋯⋯⋯⋯⋯⋯⋯⋯杨实诚

其他
幽默
读者·作者·编者⋯⋯⋯⋯⋯⋯⋯⋯⋯⋯⋯本　刊
艺海浪花

美术
鲁迅（木刻）⋯⋯⋯⋯⋯⋯⋯⋯⋯⋯⋯⋯查世铭

1984 年第 6 期　刊名:《江城短篇小说月刊》
目录

短篇小说
琴声悠悠⋯⋯⋯⋯⋯⋯⋯⋯⋯⋯⋯⋯⋯⋯李鸿声
附：篇外语《关于琴声悠悠》
又是一年春草绿⋯⋯⋯⋯⋯⋯⋯⋯⋯⋯⋯赵大年
附：篇外语《农村发生了什么事？》
我当"参谋"的经历⋯⋯⋯⋯⋯⋯⋯⋯⋯李功达
她摇来一叶扁舟⋯⋯⋯⋯⋯⋯⋯⋯⋯⋯⋯孔玉华
唉，老梅这个人⋯⋯⋯⋯⋯⋯⋯⋯⋯⋯⋯龙　欣
不该发生的故事⋯⋯⋯⋯⋯⋯⋯⋯⋯⋯⋯张　涛

短中短
裴爷的梨树⋯⋯⋯⋯⋯⋯⋯⋯⋯⋯⋯⋯⋯廖时香
爷爷向孙子道谦⋯⋯⋯⋯⋯⋯⋯⋯⋯⋯⋯康　闵
美⋯⋯⋯⋯⋯⋯⋯⋯⋯⋯⋯⋯⋯⋯⋯⋯⋯郁建中

月偏食
生活，召唤着你⋯⋯⋯⋯⋯⋯⋯⋯⋯⋯⋯剑　胜
要尊重笔下的人物——浅析《生活，召唤着你》中主
人公的思想变化⋯⋯⋯⋯⋯⋯⋯⋯⋯⋯⋯晨　星

法制篇
勇闯魔鬼谷（侦破推理小说连载一）
⋯⋯⋯⋯⋯⋯⋯⋯⋯⋯⋯⋯⋯徐宏智　邵子贤

海外篇
单人乐队⋯⋯⋯⋯[土耳其]阿吉兹·涅辛著　阎树声译

蔷薇园
打喷嚏⋯⋯⋯⋯⋯⋯⋯⋯⋯⋯⋯⋯⋯⋯⋯王利民

创作论坛
江城三月三⋯⋯⋯⋯⋯⋯⋯⋯⋯⋯⋯⋯⋯庐　湘
酌奇而不失其真　玩华而不坠其实⋯⋯⋯刘志武
著笔题外　正得题中⋯⋯⋯⋯⋯⋯⋯⋯⋯刘乐群

小说讲座
细节的功能⋯⋯⋯⋯⋯⋯⋯⋯⋯⋯⋯⋯⋯臧连明

其他
幽默
广告
艺海浪花

美术
木刻两幅⋯⋯⋯⋯⋯⋯⋯⋯⋯⋯⋯戈　沙　蒋谷峰

1984 年第 7 期　刊名:《江城短篇小说月刊》
目录

短篇小说
上天池⋯⋯⋯⋯⋯⋯⋯⋯⋯⋯⋯⋯⋯⋯⋯陈　冲
附：篇外语《真正的篇外语》
理智⋯⋯⋯⋯⋯⋯⋯⋯⋯⋯⋯⋯⋯⋯⋯⋯许世杰
附：篇外语《关闭泼洒苦酒的闸门》
河套里的泥鳅⋯⋯⋯⋯⋯⋯⋯⋯⋯⋯⋯⋯毛　毛
这里桂花香⋯⋯⋯⋯⋯⋯⋯⋯⋯⋯⋯⋯⋯陈　明
朱瑞⋯⋯⋯⋯⋯⋯⋯⋯⋯⋯⋯⋯王肇岐　陈黎星

短中短
想见时难⋯⋯⋯⋯⋯⋯⋯⋯⋯⋯⋯⋯⋯⋯马金中
觅⋯⋯⋯⋯⋯⋯⋯⋯⋯⋯⋯⋯⋯⋯⋯⋯⋯曹慧中
临别前⋯⋯⋯⋯⋯⋯⋯⋯⋯⋯⋯⋯⋯⋯⋯杨绍辉

月偏食
水落石出⋯⋯⋯⋯⋯⋯⋯⋯⋯⋯⋯⋯⋯⋯周晶岐
要在动作中刻划人物性格
——浅析《水落石出》⋯⋯⋯⋯⋯⋯⋯⋯天　舒

蔷薇园
庄西⋯⋯⋯⋯⋯⋯⋯⋯⋯⋯⋯⋯⋯⋯⋯⋯亦　真

海外篇
白熊⋯⋯⋯⋯⋯[联邦德国]玛丽·路易斯·卡施尼茨
汇　涓译

法制篇
勇闯魔鬼谷（侦破推理小说连载二）
⋯⋯⋯⋯⋯⋯⋯⋯⋯⋯⋯⋯⋯徐洪智　邵子贤

小说讲座
中国古典短篇小说略论（上）————————胡　煦

创作论坛
谈短篇小说的虚实结合——————————陆文采　陈　杰
短篇小说以小见大——————————————马清福

其他
幽默　本刊八月号要目
艺海浪花

美术
黑白装饰画————————————————黄耀东

1984 年第 8 期　刊名:《江城短篇小说月刊》
目录

短篇小说
指导员的婚事————————————————丁隆炎
附：篇外语《我感到了自己功力不足》
山冲志异————————————————聂鑫森
山菊花开放的时候————————————伊　夫

短中短
"老外"小传————————————————张　涛

海外篇
东方来客　《长安日记》之一————[日]陈舜臣著
刁彧舒　尤蕴实译

蔷薇园
帕奇诺夫————————————————张龙洙

法制篇
不懂女性心理的罪犯————[日]苣泽左保著　尹　平译
勇闯魔鬼谷（侦破推理小说连载三）
————————————————徐宏智　邵子贤

小说讲座
选择一个好的角度————————————刘　勇

创作论坛
青山遮不住　毕竟东流去
——读《南塘鱼》偶得——————————周嘉华

其他
幽默————————————————————朱金英辑
艺海浪花

美术
摄影两幅————————————————李江廷

1984 年第 9 期　刊名:《江城短篇小说月刊》
目录

短篇小说
狗肉的故事————————————————肖建国
附：篇外语《仅仅是探索》
锦山碧桃花————————————————胡兆铮
附：篇外语《生活中处处盛开碧桃花》
巧克力豆————————————————姜　滇
附：篇外语《发见与启示》
生活的潜流————————————————解厚春
五月的黄昏————————————————马德菊

短中短
门闩在开始响动————————————顾　工
神秘的打碗花————————————————陈　南

月偏食
"好强"者————————————————大　正
厚积才能薄发
——浅谈《"好强"者》的得失——————骆　夫

蔷薇园
祖传秘方————————————————徐山路

海外篇
女人不可信————[美]维克托·坎宁著　成荣荣译
形影相随的姑娘——————[美]伊·比·艾希顿著
夏　子　夏　傅译

法制篇
良心————————————————————冀　侠

创作论坛
文学笔记————————————————张志民
典雅，切中时弊——————————————代一才等

小说讲座
中国古典短篇小说略论（下）——————胡　煦

其他
幽默————————————————————保尔等译辑
艺海浪花

美术
宋振庭同志书画作品

1984 年第 10 期　刊名:《江城短篇小说月刊》

目录

文学创作要同时代一起前进
——庆祝建国三十五周年 ················· 本刊编辑部

短篇小说
脂粉与屠刀 ····················· 阮大华
附：篇外语《脂粉与屠刀》的篇外语
补墙 ························· 周家龙
杏儿 ························· 曲庆学
本非雨打芭蕉 ··················· 川　沱
采访 ························· 杨鲁申

短中短
妙 ·························· 戴宏义
滴水之恩 ····················· 廖时香

月偏食
啊，刁科长 ···················· 李贤淑
意料之外与情理之中 ··············· 建　瓴

蔷薇园
天上趣闻 ····················· 姜志刚

海外篇
观灯之夜——《长安日记》之二 ········ ［日］陈舜臣著
刁彧舒　尤蕴实译

法制篇
十五年后 ····················· 刘　举
"彩电"失踪背后 ················· 王小民

创作论坛
短篇小说是一种独立的文学体裁 ······· 刘　鸭　马　远
寓真实于荒诞——读吴若增的近作《南塘鱼》
·························· 张春生

小说讲座
"欧·亨利手法"艺术探微 ············· 张淑媛

其他
幽默 ······················ 杜文志等辑
艺海浪花 ····················· 行　文等

美术
庆祝建国三十五周年市书法作品展　作品选
····················· 王云坤　李　挥等

1984 年第 11 期　刊名:《江城短篇小说月刊》

目录

短篇小说
我要那团火 ···················· 邹海岗
附：篇外语《努力发掘生活的美》
静思 ························· 王树田
猴子和耍猴人 ··················· 宫瑞华
寄自莽莽的原始森林 ··············· 刘伯英
酸梅汤 ······················ 黄全民

蔷薇园
助手 ························· 郁　越

海外篇
诈骗集团与老媪 ······ ［美］罗伯特·亚瑟著　成荣荣译

法制篇
奇怪的枪声——侦破推理小说连载一 ······· 许焕龙

小说讲座
短篇小说的深化 ·················· 刘　勇

创作论坛
短篇小说的特点及其他 ··············· 成　德
思想深刻与形象明了 ··············· 石八子

其他
幽默 ····················· 陶金林等辑
本刊十二月号要目
艺海浪花

美术摄影
庆祝建国三十五周年摄影作品展　作品选
················· 丁　平　朱乃华　常井文等

1984 年第 12 期　刊名:《江城短篇小说月刊》

目录

短篇小说
小镇有个豆腐店 ·················· 田　心
附：篇外语《生活与思索》
回光返照 ····················· 王宗汉
附：篇外语《不是探索，而是实验》
啊，松花湖 ··············· （朝鲜族）柳才顺
（朝鲜族）姜美兰译

短中短
一枚"红便士"邮票⋯⋯⋯⋯⋯⋯⋯⋯⋯⋯孙硕夫

海外篇
叛逆的播音员⋯⋯⋯⋯⋯⋯⋯⋯[日]近藤富技著
冯玉润译　牛世光校

法制篇
奇怪的枪声——侦破推理小说连载之二⋯⋯⋯⋯许焕龙

小说讲座
关于创作的准备与创作过程——吴若增同志在《松花湖笔会》上的讲话⋯⋯⋯⋯⋯⋯⋯⋯吴若增

创作论坛
美丽的松花湖——朝鲜族女作家柳才顺的《啊，松花湖》读后⋯⋯⋯⋯⋯⋯⋯⋯⋯⋯⋯峻　青
短篇小说略谈⋯⋯⋯⋯⋯⋯⋯⋯⋯⋯⋯⋯孙振保

其他
湖光山色情千叠
——《松花湖笔会》侧记⋯⋯⋯⋯本刊记者　禾　山
幽默⋯⋯⋯⋯⋯⋯⋯⋯⋯⋯⋯⋯⋯⋯行　斐等

艺海浪花
本刊广告

美术
庆祝建国三十五周年美术作品展　作品选
⋯⋯⋯⋯⋯⋯⋯⋯施　正　宋继中　安云鹏

1985 年第 1 期　刊名:《短篇小说》
目录

短篇小说
轭⋯⋯⋯⋯⋯⋯⋯⋯⋯⋯⋯⋯⋯⋯迟松年
《轭》的构想（篇外语）
破碎⋯⋯⋯⋯⋯⋯⋯⋯⋯⋯⋯⋯⋯聂鑫森
从幻觉中走出来（篇外语）
往事依依⋯⋯⋯⋯⋯⋯⋯⋯⋯⋯⋯彭荆风
石头"疙瘩"受热记⋯⋯⋯⋯⋯⋯⋯杨咏鸣
破草帽与大转头⋯⋯⋯⋯⋯⋯⋯⋯⋯赵景阳

短中短
俏司机和鸭舌帽⋯⋯⋯⋯⋯⋯⋯⋯⋯郝剑莉
"酒家"⋯⋯⋯⋯⋯⋯⋯⋯⋯⋯⋯⋯王崇胜

法制篇
特别案件⋯⋯⋯⋯⋯⋯⋯⋯⋯⋯⋯⋯李　昊
疯狂的旋律⋯⋯⋯⋯⋯⋯⋯⋯⋯⋯⋯亦　真
三个特区姑娘⋯⋯⋯⋯⋯⋯⋯⋯⋯⋯陈　梦

小说讲座
漫谈小说的艺术表现力（一）⋯⋯⋯⋯⋯雷　达

创作论坛
关于情节三题⋯⋯⋯⋯⋯⋯⋯⋯⋯⋯庐　湘
短篇小说欣赏录之二

封面画（选自小说《花城》丛刊插图）⋯⋯⋯林　埔

1985 年第 2 期　刊名:《短篇小说》
目录

短篇小说
冷暖春秋⋯⋯⋯⋯⋯⋯⋯⋯⋯⋯⋯⋯廖时香
一曲辛酸的颂歌——《冷暖春秋》篇外语
马太效应⋯⋯⋯⋯⋯⋯⋯⋯⋯⋯⋯⋯李海鸣
篇外乱语——《马太效应》篇外语
"唐三藏"的更年期⋯⋯⋯⋯⋯⋯⋯⋯岳治成

月偏食
我心中的偶像⋯⋯⋯⋯⋯⋯⋯⋯⋯⋯吴月清
读《偶像》之后的遗憾（点评）⋯⋯⋯⋯建　瓴

法制篇
莽林深处⋯⋯（报告侦破小说）——关于她，他，她的故事⋯⋯⋯⋯⋯⋯⋯⋯⋯⋯⋯⋯闻公瑾
刑警队长的感叹⋯⋯⋯⋯⋯⋯⋯⋯⋯张国维

海外篇
奇异的鸳鸯鞋（侦破推理小说）
⋯⋯⋯⋯[英]尼契尔·英纳斯著　申春平译

小说讲座
漫谈小说的艺术表现力（二）
——演变中的小说观念⋯⋯⋯⋯⋯⋯雷　达
封面画（选自小说《第八个春节》插图）⋯⋯⋯林　埔

1985 年第 3 期 刊名:《短篇小说》
目录

短篇小说
失踪的路······刘晓滨
我的留言······李克定
爱情啊，爱情······董 速
天涯何处无芳草······孙永君
当"塑料花"散发清香的时候······张 涛

短中短
试行价格······侯学志
幽香的君子兰······高中艺
小岛行······郝 炜

法制篇
怪塔下的秘密（侦破推理小说）······徐宏智
她为什么向他开枪（侦破电视小说）······王 倩

海外篇
一个关于战争的故事
······[苏]谢尔盖·沃罗宁著 赵俊义译

创作论坛
一头一尾······肖复兴

封面画（选自小说《泥泞》插图）······林 墉

1985 年第 4 期 刊名:《短篇小说》
目录

因为他有伤疤······沈克生 林庆生
沉船······明 德
夏芒······焕 之 李 喆
审讯正在进行（侦破惊险小说）······赵大年
附:《审讯正在进行》创作谈
蜜月惊梦（侦破惊险小说）······陈 梦
他伸出一片绿叶······牟祥雷
飞行事故发生以后······侯新民
他是否还活着？（外国小说）
······[美]马克·吐温著 刘志胜译
爱的幻灭······叶文瑞
已是黄昏独自愁······伊 夫
一个业余作者的苦恼······黄继民
历史小说写法浅析（创作论坛）······肖 走
细节失真 作品失信（小说讲座）······孙大卫

1985 年第 5 期 刊名:《短篇小说》
目录

西风未必皆秋意······毛志成
为"通俗"唱两句赞歌（创作谈）
他留下一片深情······高中艺
关于"他留下一片深情"（创作谈）
月色溶溶夜······泉 声
烂泥沟村的小美妞······王晓冬
浑浊的江······李 逊
甜蜜的警告······高 低
"哎，你回来！"······柳守忠
最后一位顾客······刘蕴璞
仍去老地方······半 途
谋杀者之间（侦破小说）
······[日]高木彬光著 田 利译
公墩之怪（惊险侦破小说）······黄金河
破镜中的怪老头（蔷薇园）······张宗杭
写出人物的灵魂是短篇小说创作的关键（创作论坛）
······栾 羽
短篇：把一小点儿生活写透（小说讲座）······潭兴国
封面画（选自小说《初恋》插图）······林 墉

1985 年第 6 期 刊名:《短篇小说》
目录

含在嘴里的金项链······者永平
凶手在午夜出逃······常 人
智女斗双枭······原 昌
奇怪的盗贼（连环画）······呈 平绘画 阚汀编文

1985 年第 7 期 刊名:《短篇小说》
目录

请您尝尝"帽儿头"······龙剑平
美酒里，有一只苍蝇······王 彬
侠女智擒鹰爪魔（传奇小说）······张忠明
手提包里的秘密（侦破小说）······杨绍辉
蓝塑料发夹儿······焦成恩
捕鼠者的抗议······陈 南
漫谈小说的艺术表现力（三）——小说语言的弹性和
魅力······雷 达

1985 年第 8 期　刊名:《短篇小说》
目录

"班政委"·····································雷　铎
附：创作谈《班政委》题外话
"帅克"充军的末日·····················黄献国
附：创作谈：漫画注脚
丫的心哟···································毛　毛
啊，那里有棵白杨·······················冬　木
一束紫丁香·······························马德菊
"雪山奇案"·······························毛道德
父女之间·································孟宪纲
手，没有伸向黑皮包·····················乔清波
两个女人的密室·······[日]太谷羊太郎著　海　田译
努力提高通俗文学创作的质量·············张骥河

1985 年第 9 期　刊名:《短篇小说》
目录

惊蛰·······································胡　思
附：篇外语：关于《惊蛰》···············胡　思
我的"蒙哥里"····························王士美
彩色的雾·································孟左恭
报复·······································明　德
强盗明星·································梁学政
她的来信·································全　衔
奇遇·······································邓向东
这儿真美·································姜群胜
你，我，阿灰和小兔子···········张　洪　陈　村
歧路·······································赵灿群
他还是他·································筱　柳
"短"的艺术（小说讲座）——小说漫议·····杉　沭
"冰山艺术"断想·························陆　林

1985 年第 10 期　刊名:《短篇小说》
目录

清河湾秋雨·······························荒　原
附：篇外语《说几句老实话》···········荒　原
莎莎是中国姑娘·························梅宝恒
附：篇外语《我常常遐想》···············梅宝恒
隐秘的心——母爱二题···················中　申
他，给我一枚石子·······················舒　放
假如你去沙头角·························刘增新
我明天穿红裙子·························夏　寒

年龄不应该成为界限——《我明天穿红裙子》读后
······································建　瓴
侠女剑出鞘·······························张忠明
怪客·······································乔　夫
药方·······································蔡良基
路遇·······································武志刚
侦探吃掉了凶器······[英]罗尔特·达尔著　金国嘉译
一片新的艺术天地——黄献国小说读后记·······冉维舟

1985 年第 11 期　刊名:《短篇小说》
目录

巧克力启示录·······························寇峰鹰
附：篇外语《巧克力·题外话·我》
古井茶肆话春秋·························田　心
永恒——邻里短歌之八···················王　扶
生命在歌唱·······························杨永鸣
她有自己的明天·························赵云鹤
洁白，留给孩子们·······················李　泉
生活的轨迹·······························张　涛
睡着的和醒着的·························温　恬
罪人·······································何　人
在小说连载的位置上···············炳　福　堂　永
洞察力、概括力·························建　瓴
推理小说三篇·········[日]星新一著　李　明译
相死相爱·············[日]森村诚一著　李淑贤译
英美短篇小说地位比较···················陆政伟

1985 年第 12 期　刊名:《短篇小说》
目录

白天鹅·································刘家魁
附：篇外语《题外的门外话》
关东大汉·························齐铁民　鞠显友
夜，在山村·······························封立超
生活，神秘而又美好···················梁　君
丈夫，你能原谅我吗?···················梁青岭
戴橡皮手套的罪犯····[美]欧尔·斯坦利·加德纳著
徐文博译　傅　韦校
潜逃犯的自首·······························黎　军
满塘月色·································曾广贤
检察官的妻子（月偏食）···················野　藜
也要来个"精兵简政"（月偏食评点）·······晨　星
短篇小说中的时间（创作论坛）···········谢明德

1986 年第 1 期　刊名:《短篇小说》
目录

短篇小说
天堂里的悲剧································楚　良
篇外语:写在《悲剧》之外的话
夜诊······································廖时香
篇外语:且说东拉西扯
甜甜的莲子······························祝　进
腊月初六儿娶亲··························祝培星
一卷图纸································麻富有
来去匆匆································赵　纾

短中短
补鞋的姑娘······························陈　茂
铁橛子··································王崇胜
湖边夜话································王大信
树······································蒋　虹

月偏食
爸妈、小红和我··························严　伟
儿童画的启示——读《爸妈,小红和我》····建　瓴

法制篇
五朵祥云
《狱公案》短篇之一···[荷]罗伯特·梵·古利克著
陈东元　胡　明译
餐饮殴斗案······························小　民

海外篇
郁郁寡欢的脸·······[西德]西格弗里德·伦茨蕃
吴　乐译

蔷薇篇
这酒,什么味儿··························张宗茹

评论
喜见小荷尖尖角——张涛作品闲谈········崔立军

争议篇
拟故事新编······························肖森林

1986 年第 2 期　刊名:《短篇小说》
目录

短篇小说
红玛瑙手镯······························焕　喆
篇外语:《引发·主旨·生活》
东珠····································高　光
篇外语:《一点奢望》
星眼····································王德忱
心灵有扇窗······························毛　毛
一笔旧帐································王小克

月偏食
遗"?"··································温　泉
"?"——《遗"?"》的评点··············监　介

法制篇
红丝黑箭《狄公案》短篇之二
······················[荷]罗伯特·梵·古利克著
陈来之　胡　明译
佛刹奇情································梁学政
孤狼··································宋　虹　老　雷

海外篇
她不敢再回头··············[日]菊村到著　韩　瑞译

争议篇
误入罗网································石长文

创作论坛
小说美学特征浅议························栾　羽

小说讲座
简洁、凝炼,含蓄
——试谈微型小说的语言特色··············黄欣欣

1986 年第 3 期　刊名:《短篇小说》
目录

短篇小说
村歌····································李　悦
篇外语:寻找我的美场
一席之地································汤　雄
篇外语:填平心灵间的鸿沟
穗穗找上门来····························李占学
清晨叫卖声······························吕凤君

短中短

球魂 ································· 艾 桦

原色（三题）························· 田 心

生日 ······························· 浪 屿

爱情，你是什么? ···················· 初 理

月偏食

竞争 ······························· 苗淑萍

《竞争》的得与失···················· 贵 感

法制篇

莲池蛙声

《狄公案》短篇之三···[荷]罗伯特·梵·古利克著

陈来元 胡 明译

希尔顿饭店的枪声··············刘含涛 孙嘉莉

海外篇

学徒··········[埃及]阿达福·索埃伊福著 路 铎译

评介：情节的淡化与人物的模糊·········· 路 铎

蔷薇园

最佳男演员························· 刘小伟

争议篇

舞会开张的夜晚····················· 马其德

创作论坛

台湾女作家——三毛················· 冯芷秀

小说讲座

奇巧不失真························· 刘 勇

1986 年第 4 期　刊名:《短篇小说》
目录

短篇小说

亮亮的白光························· 杨利民

篇外语：关于《亮亮的白光》

消逝了，那彩虹般的光影·············· 马 力

篇外语：北大荒的呼唤

灾星····························· 朱井龙

冰湖上的雕塑······················ 王曦昌

今天，我有客······················ 蒋焕孙

淡淡的别情························· 郝 炜

短中短

除夕夜····························· 刘 东

小小说二题························· 佟道佥

不结冻的河························· 马德菊

月偏食

那年我十七岁

——成功之路靠自己开拓········李 朦 履 冰

老更倌与小警察

——老便倌人物琐谈··········魏冰松 一 禾

法制篇

跛脚乞丐——《狄公案》短篇之四

·················[荷]罗伯特·梵·古利克著

陈来元 胡 明译

惨案在凌晨发生·············吴正德 华伟章

铁掌李····························· 明 德

蔷薇园

科长与科员························· 邹添枚

小说讲座

短篇小说的色彩描写·················· 伯 林

创作论坛

关于推理小说的一封读者来信·········· 赵富田

1986 年第 5 期　刊名:《短篇小说》
目录

短篇小说

旋转中的女政工师··················· 僕成路

篇外语：我在聆听

啊，奶胖儿························· 龙剑平

篇外语：我和奶胖儿

无形的金箭························· 高中艺

寒夜里的呼唤······················ 邹海岗

家庭无故事························· 孙硕夫

推荐者的忧郁······················ 李保华

月偏食

寂寞之夜··························· 李 芳

评介：人啊，要耐得住寂寞············ 古月言

法制篇

真假宝剑

《狄公案》短篇之五····[荷]罗伯特·梵·古利克著

陈来元 胡 明译

平平淡淡的案件····················· 伊 心

蔷薇园

大海在呼唤 ················ 赵景阳

争议篇

寂寞的晚霞 ················ 李耀炳

创作论坛

乡音乡情见递嬗 ················ 武为三

小说讲座

试论社会生活与作家精神个性的关系
················ 陈传才　王振民

杜绝抄袭行为

1986 年第 6 期　刊名:《短篇小说》
目录

短篇小说

哦，那是一条红裙子 ··········· 葛景华
篇外语：走你的路，别看别人
寡母 ······················· 纪树森
篇外语：重要的是诚实
彩色的夜 ··················· 于涤心
温暖的冬天 ················· 周　炜
大暴雨 ····················· 刘长清
露一手 ····················· 李玉篆
小猎人和猎犬小乔 ··········· 冀　侠

短中短

老人 ······················· 孙乃明
露 ························· 丛毓滋
夜路 ······················· 余存先

月偏食

安全帽 ····················· 王存智
评点：读《安全帽》所想到的 ··· 白　键
铜戒指 ····················· 曹玉霜
评点："出新"小议 ··········· 奚　水

法制篇

太子棺枢
《狄公案》短篇之六 ···· ［荷］罗伯特·梵·古利克著
陈来元　胡　明译
哑女泪凝不知恨 ············· 小　民
夜半是何人 ················· 初　理

海外篇

总编昏过去了 ···· ［西德］瓦尔特·费洛特著　吴　乐译

创作论坛

浓绿万枝红一点 ············· 杉　沐

小说讲座

短篇小说意境杂谈 ··········· 栾　羽

1986 年第 7 期　刊名:《短篇小说》
目录

短篇小说

山鬼 ······················· 康　强
篇后语：病中的"篇外语"
老山 ······················· 学　利
篇外语：关于《老山》
无辜的声带 ················· 赵正昆
迟来的呼唤 ················· 南　北
一个电视记者的日记 ········· 赵秋红
今晚，饭店经理对我说 ······· 海　南
邂逅对话 ··················· 吴琪捷

月偏食

温柔的威力 ················· 高　毅
评点：细节的威力 ··········· 建　瓴

法制篇

雨师秘密
《狄公案》短篇之七 ···· ［荷］罗伯特·梵·克利克著
陈来元　胡　明译

海外篇

布扎蒂短篇小说三篇 ········· 布扎蒂著　张继双译

蔷薇园

影坛轶闻零札 ··············· 许　淇

创作论坛

小说的前景 ·········· 罗布·格里耶著　张淑媛译

小说讲座

短篇小说中的虚笔与侧写 ····· 怡　华

1986 年第 8 期　刊名:《短篇小说》
目录

短篇小说

粉碎
篇外语：砸碎痛苦 ··········· 刘小伟

在茫茫夜色中
篇外语：大山的情愫 ………………………… 祝培星
灵魂的呼号 ……………………………………… 孙　涛
小河小棚 ………………………………………… 郭　威
S ………………………………………………… 马加義
迷蒙的夜 ………………………………………… 赵培光
短中短
渴望 ……………………………………………… 赵洪彬
镜子 ……………………………………………… 樊路华
这小子 …………………………………………… 张文野
狗剩起名 ………………………………………… 郑玉霞
卖西瓜的姑娘 …………………………………… 吕树龙
在电车上 ………………………………………… 宗燕园
记忆的偏颇 ……………………………………… 方已正

月偏食
弯弯河 …………………………………………… 王四海
评点：初学写作者戒 …………………………… 高　屋

法制篇
山野的风 ………………………………………… 韩耀旗

海外篇
通信记 ……………………… ［苏］谢沃洛宁著　袁　杰译

蔷薇园
狗子之悟 ………………………………………… 者永平

争议篇
远离牛郎的织女星 ……………………………… 杜丽蓉

创作论坛
小小说杂感 ……………………………………… 孙大卫
一篇抒情散文式的佳作
——评短篇小说《村歌》 …………………… 代一才

小说讲座
也谈短篇小说的结尾艺术 ……………………… 钟　法

1986 年第 9 期　刊名:《短篇小说》
目录

短篇小说
箫声咽 …………………………………………… 廖时香
篇外语：从箫管流出的小见识
相逢未必曾相识 ………………………………… 丁隆炎

一次探求
黄昏的回忆 ……………………………………… 阿　成
情敌 ……………………………………………… 越　秀
德穆斯芬的弟子 ………………………………… 黎　民
大山里的年轻人 ………………………………… 曲庆学

短中短
小站情思 ………………………………………… 崔振宇
爱情的幽默 ……………………………………… 刘桂君

月偏食
她，走了 ………………………………………… 李晓慧
评点：要善于发现不同点 ……………………… 一　禾

法制篇
带血的鲜花 ……………………………… 华伟章　吴正德
出狱 …………………… ［日］高木彬光　刘萍萍译

争议篇
混沌 ……………………………………………… 李　朦

1986 年第 10 期　刊名:《短篇小说》
目录

短篇小说
虱子 ……………………………………………… 刘国民
篇外语：——一种濒于灭绝的生物
列车没进站的时候 ……………………………… 白小易
篇外语：信手摘一朵小花
翳 ………………………………………………… 阿　钟
老人们——故乡人风云六 ……………………… 荒　原
乡村有个客运站 ………………………………… 封立超
让他痛饮甘甜酒 ………………………………… 刘志春

月偏食
美加净 …………………………………………… 赵　侠
评点：一点遗憾 ………………………………… 何　人

法制篇
火车站街 120 号 ………… ［法］莱奥·马莱著　张继双译

海外篇
诗人和他的妻子 ………………………………… 马德菊

争议篇
夏夜的旋涡 ……………………………………… 高杰贤

创作论坛

鲁迅作品的"点睛"立题 ························· 雅 谷

小说讲座

小说艺术的弗晰特征刍议 ····················· 李 迟

1986 年第 11 期　刊名:《短篇小说》
目录

短篇小说

河边的锁链 ······································ 王德忱

篇外语:热爱生活

河街人 ·· 明 德

篇外语:关于《河街人》

七彩蛇 ·· 伊 水

侯府二女 ·· 纪文君

窗口流出的灵云 ·································· 张冰之

柳嫂和她的馄饨馆 ································ 庞颖洁

远去的小鹿 ······································ 刘 冬

月偏食

那双清净的眼睛 ·································· 陈兴炜

评点:换一个角度 ································ 建 瓴

那被冷落了的 ···································· 鲍恩鉴

评点:要溶合,不要渗合 ·························· 履 冰

法制篇

智斗西克费迪集团 ··········· [法] 莱奥·马莱著

引继双编译

蔷薇园

女常委出缺 ······································ 惠万安

争议篇

一个自信的女人 ·································· 刘先林

创作论坛

莫泊桑短篇小说的复线处理 ························ 郑 彬

小说讲座

创新从哪里出发 ·································· 刘 勇

1986 年第 12 期　刊名:《短篇小说》
目录

短篇小说

第一个生日 ······································ 李克定

篇外语:我呼唤桥

金子 ·· 张连荣

篇外语:关于《金子》

雾障 ·· 流 墨

母子之间 ·· 杜保平

小城之觅 ·· 赵 赴

暖秋 ·· 李秋华

她:寄出哥们儿的主旋律 ·························· 家 辉

螃蟹洼的夏天 ···································· 刘昌盛

短中短

飘落的传单 ······································ 雨 叶

爸爸 ·· 剑 胜

月偏食

他还年轻 ·· 邹 慧

评点:贵在情真 ·································· 顾 执

法制篇

湖畔悲剧 ··················· [法] 莱奥·马莱著　张继双译

螳螂 ·· 愚 人

争议篇

毁名 ·· 老 雷

创作论坛

独特的审美感受 ·································· 栾 羽

小说讲座

细节描写的艺术魅力 ······························ 毛克强

1987 年第 1 期　刊名:《短篇小说》
目录

短篇小说

泥鳅 ·· 朱光雪

林农村记事 ······································ 孙惠芬

寒葱 ·· 解厚春

"第一夫人" ······································ 潘 青

荒荒进门之后 ···································· 李占学

最后的栅栏 ······································ 马德菊

小小说二题 ······································ 孟左恭

秋之断章 ·· 马 犁

走出灰楼的女人 ·································· 郭文琛

乱世童年 ·· 陈 玛

白鸽从窗外飞过 ·································· 屈兴岐

幽默小说两篇 ···································· 中 申

试论新东北文学 ·································· 胡 煦

本刊第二期要目简介

1987 年第 2 期　刊名:《短篇小说》
目录

短篇小说

月落乌啼 ……………………………… 李加建
短篇三题 ……………………………… 张　涛
眼睛的黯淡 …………………………… 畅　达
受贿 …………………………………… 泉　声
相逢在山中 …………………………… 蒉坚亮
秋雨潇潇 ……………………………… 张　勇
无名的纪念碑 ………………………… 孟宪纲
午后 …………………………………… 黄　堃

短中短

处女作 ………………………………… 顾　工
真想看见他 …………………………… 周克冰
救剑获盾 ……………………………… 唐田人
迎宾的香月季 ………………………… 张纪书

月偏食

抱
评点:"试验的意义" ………… 关成彦　建瓴

海外篇

碎嘴女人的克星 …………… [日]星新一著　洪　锦译

蔷薇园

折磨 ……………………………… 刘桂君　李　玥
减肥 …………………………………… 李　泉

创作论坛

布勒特·哈特短篇小说的艺术特色 ………… 冯芷秀
谈两篇短小说的社会涵量 ………………… 代一才

小说讲座

叙述视角及其《陌生化》原理 …………… 杨　冬

1987 年第 3 期　刊名:《短篇小说》
目录

短篇小说

夏天毕业 ……………………………… 洪　峰
天华寺修整的秘密 …………………… 张斤夫
丈夫妻子和天气 ……………………… 小　晶
猎人的妻子 …………………………… 吕铁人
没有回信的情书 ……………………… 胡冬林
又是田野青纱帐 ……………………… 傅百龄
"靠山庄"酒家 ………………………… 焦成恩
春夏秋冬总是情 ……………………… 王锡良
山那边 ………………………………… 刘醒龙
篱笆下的女人 ………………………… 王汝舟

短中短

寻找太阳的小女孩 …………………… 郑玉楼
虚构 …………………………………… 华　升

月偏食

妙手回春 ……………………………… 李菲菲
点评: 见事不见人 …………………… 稚　言

法制篇

死因 …………………………………… 陈秋生

海外篇

短暂的花期 ………… [日]山田稔著　晓　外译
余香 …………… [日]武男繁太郎著　韩　瑞译

蔷薇园

癌在扩散 ……………………………… 阮大华

1987 年第 4 期　刊名:《短篇小说》
目录

写在前面
惨烈的夕阳 ………… [日]结城昌治著　叶宗敏译
出乎意料的爱情 …… [日]阿刀畸著　王敏良译
危险的拨号盘 …… [日]西村京太郎著　曹修林译
检察官的伎俩 ……… [日]佐野洋著　刘多田译
尘封的抽屉 …… [美]哈里·迈尔斯·缪黑姆著
金国嘉译
小小恶作剧的故事 …… [日]东野圭吾著　韩　瑞译

1987 年第 5 期　刊名:《短篇小说》
目录

短篇小说

父与子 ………………………………… 汪新华
养在深闺人未识 ……………………… 刘剑波
长街,最后一个十字路口 ……………… 晓　北
雪后 …………………………………… 陈炳熙
父亲的小片荒 ………………………… 纪树森
耍猴人 ………………………… (满族)关德全

鱼眼····································汤　雄

短中短

小小说三题····························姜胜群
别问······························晓　秋
美女画的眼睛··························陈鲤江
窃者······························孙厚军

月偏食

绸绒袄的故事··························徐英华
点评:"想象"与"联想"·····················稚　言

法制篇

被盗的细菌···········[英]赫伯特·韦尔斯著　成荣荣译

海外篇

陡直的梯子··········[英]威廉·桑塞姆著　罗　洛译
火的记忆············[日]松本清张著　曹怀潍译

蔷薇园

怎么结尾····························铁　哥

创作论坛

关于"总体感觉"的思考·····················郭延明

小说讲座

关于历史小说三题························肖文苑

1987 年第 6 期　刊名:《短篇小说》
目录

短篇小说

取柴河的故事··························荒　原
你是一个勇敢的人························陈　河
那淡淡的月光濛濛的山······················学　利
亲人······························顾戍耕
少女的风格··························赵云鹏
看戏······························李　悦
唿哨······························周喜林
妻子······························范大来

短中短

哦，那一片青草地························刘国华
雪花在飘落··························赵　纾
网·······························方　河
孪生兄弟····························初　理
同行者·····························王炳毅
感谢你，眼泪··························杨靖原

瞬间······························李奇英

月偏食

城里人·····························刘云启
切莫忘记写的是"小说"——读《城里人》·········山　野

法制篇

劫日······························顾亦礼

海外篇

人椅············[日]江户川乱步著　李贤淑译
别洛夫小说两篇··························秋　原译

蔷薇园

风衣······························周　伟

创作论坛

小说的情趣··························刘　勇

1987 年第 7 期　刊名:《短篇小说》
目录

短篇小说

屯长的媳妇··························汪新华
初夏的话题··························彭　匋
夏日一片晴朗··························雪　垅
去吧！伙伴····························张立萌
粲然一笑——小城故事····················王传珍
飞蛾······························宋树根
泪泉······························胡　昭

短中短

阿花的悲哀··························饮　可
甜酒曲子····························陈少华
娟子······························吕树龙
红提篮绿提篮花提篮······················陈宏乾

蔷薇园

标语······························温玉喜

探索篇

无题，又怎能无题························刘湘平

海外篇

惠美子之死···········[日]菊村到著　刘　旋译
熊口余生——一个真实的故事

　　　　　[美]玛格丽特·里斯著　文学春译

月偏食

悠悠白云何处归⋯⋯⋯⋯⋯⋯⋯⋯⋯⋯⋯⋯周晶岐
评点：失诸轻薄——青年习作的一种常见病⋯宣　成
他们在一分钟里长大了⋯⋯⋯⋯⋯⋯⋯⋯⋯艾　林
评点：我看小说题材处理的"虚"与"实"⋯建　瓴

创作论坛

独具匠心的尾声处理
——学习莫泊桑短篇小说札记⋯⋯⋯⋯⋯⋯郑　彬
幽默
艺海浪花

1987 年第 8 期　刊名：《短篇小说》
目录

短篇小说

北风⋯⋯⋯⋯⋯⋯⋯⋯⋯⋯⋯⋯⋯⋯⋯⋯⋯田　心
黑土路⋯⋯⋯⋯⋯⋯⋯⋯⋯⋯⋯⋯⋯⋯⋯⋯刘国民
带露珠的老山兰⋯⋯⋯⋯⋯⋯⋯⋯⋯⋯⋯⋯焕　喆
枯树⋯⋯⋯⋯⋯⋯⋯⋯⋯⋯⋯⋯⋯⋯⋯⋯⋯刘晓滨
没有主题的序曲⋯⋯⋯⋯⋯⋯⋯⋯⋯⋯⋯⋯包文静
在"D"的直线上⋯⋯⋯⋯⋯⋯⋯⋯⋯⋯⋯⋯王　池
一张床单⋯⋯⋯⋯⋯⋯⋯⋯⋯⋯⋯⋯⋯⋯⋯张　文
红薯白梨哈蜜瓜⋯⋯⋯⋯⋯⋯⋯⋯⋯⋯⋯⋯刘志春
夜，留下一片旷寞⋯⋯⋯⋯⋯⋯⋯⋯⋯⋯⋯李君剑
恐吓信⋯⋯⋯⋯⋯⋯⋯⋯⋯⋯⋯⋯⋯⋯⋯⋯顾　工

短中短

诗集与人参⋯⋯⋯⋯⋯⋯⋯⋯⋯⋯⋯⋯⋯⋯浪　屿
摆渡女⋯⋯⋯⋯⋯⋯⋯⋯⋯⋯⋯⋯⋯⋯⋯⋯赵国光
监考人⋯⋯⋯⋯⋯⋯⋯⋯⋯⋯⋯⋯⋯洪双烨　林　坡

月偏食

哎，老栓这个人⋯⋯⋯⋯⋯⋯⋯⋯⋯⋯⋯⋯孙　魁
《哎，老栓这个人》的得与失⋯⋯⋯⋯⋯⋯建　瓴

探索篇

方盒子⋯⋯⋯⋯⋯⋯⋯⋯⋯⋯⋯⋯⋯⋯⋯⋯郝　炜

海外篇

二十年以后⋯⋯⋯⋯⋯⋯⋯⋯［美］欧·亨利著　陈　许译

蔷薇园

小商店里发生的⋯⋯⋯⋯⋯⋯⋯⋯⋯⋯⋯⋯姜　峰

创作论坛

短篇小说的信息负荷与题材超越⋯⋯⋯⋯⋯杉　沐

小说讲座

寥寥几笔见功夫——谈小说的白描手法⋯⋯⋯杨实诚
幽默
艺海浪花

1987 年第 9 期　刊名：《短篇小说》
目录

短篇小说

嗓音⋯⋯⋯⋯⋯⋯⋯⋯⋯⋯⋯⋯⋯⋯⋯⋯⋯邱苏滨
水果贩子——冷志心故事之一⋯⋯⋯⋯⋯⋯封立超
太阳在山那边⋯⋯⋯⋯⋯⋯⋯⋯⋯⋯⋯⋯⋯汪新华
在小酒店里⋯⋯⋯⋯⋯⋯⋯⋯⋯⋯⋯⋯⋯⋯田　心
南风天⋯⋯⋯⋯⋯⋯⋯⋯⋯⋯⋯⋯⋯⋯⋯⋯高杰贤
四驹子⋯⋯⋯⋯⋯⋯⋯⋯⋯⋯⋯⋯⋯⋯⋯⋯周福春
驿道⋯⋯⋯⋯⋯⋯⋯⋯⋯⋯⋯⋯⋯（满族）纪文君
我童年的绥河⋯⋯⋯⋯⋯⋯⋯⋯⋯⋯⋯⋯⋯焦成恩
冰裂⋯⋯⋯⋯⋯⋯⋯⋯⋯⋯⋯⋯⋯⋯⋯⋯⋯纪树森
水仙和她的妈⋯⋯⋯⋯⋯⋯⋯⋯⋯⋯⋯⋯⋯张国心
旅行者⋯⋯⋯⋯⋯⋯⋯⋯⋯⋯⋯⋯⋯⋯⋯⋯张立萌
寻找那传说⋯⋯⋯⋯⋯⋯⋯⋯⋯⋯⋯⋯⋯⋯吕建光
精裁机之恋⋯⋯⋯⋯⋯⋯⋯⋯⋯⋯⋯⋯⋯⋯李　朦
十六的月亮⋯⋯⋯⋯⋯⋯⋯⋯⋯⋯⋯⋯⋯⋯赵　纾
幽默
艺海浪花

1987 年第 10 期　刊名：《短篇小说》
目录

短篇小说

桃花湾⋯⋯⋯⋯⋯⋯⋯⋯⋯⋯⋯⋯⋯⋯⋯⋯谢明洲
晚点车上的人们⋯⋯⋯⋯⋯⋯⋯⋯⋯⋯⋯⋯李保华
寻觅在落叶的时候⋯⋯⋯⋯⋯⋯⋯⋯⋯⋯⋯蔚　江
小城岁月——《忧郁的乡情》之一⋯⋯⋯⋯宋　虹
那扇门⋯⋯⋯⋯⋯⋯⋯⋯⋯⋯⋯⋯⋯⋯⋯⋯孙惠芬
秋熟⋯⋯⋯⋯⋯⋯⋯⋯⋯⋯⋯⋯⋯⋯⋯⋯⋯李　芳
"有意思"和没意思的话题⋯⋯⋯⋯⋯⋯⋯⋯曹玉霜

短中短

扁巷断琴⋯⋯⋯⋯⋯⋯⋯⋯⋯⋯⋯⋯⋯⋯⋯郝为安
我的笑肌⋯⋯⋯⋯⋯⋯⋯⋯⋯⋯⋯⋯⋯⋯⋯王少刚
儿媳⋯⋯⋯⋯⋯⋯⋯⋯⋯⋯⋯⋯⋯⋯⋯⋯⋯吕树龙

月偏食

灰色⋯⋯⋯⋯⋯⋯⋯⋯⋯⋯⋯⋯⋯⋯⋯⋯⋯张　凌
评点：各自用上帝赐给它的声调叫⋯⋯⋯⋯秋　水

探索篇

法律失效二十四小时⋯⋯⋯⋯⋯⋯⋯⋯⋯阿　成

法制篇

贪婪者的梦⋯⋯⋯⋯⋯⋯⋯⋯⋯⋯⋯⋯⋯徐宏智

海外篇

巴别尔短篇小说两篇

⋯⋯⋯⋯⋯⋯⋯［苏］伊·巴别尔著　孙　越译

蔷薇园

接"神"⋯⋯⋯⋯⋯⋯⋯⋯⋯⋯⋯⋯⋯⋯李　泉

缸⋯⋯⋯⋯⋯⋯⋯⋯⋯⋯⋯⋯⋯⋯⋯⋯许建国

创作论坛

谈短篇小说的时空剪裁⋯⋯⋯⋯⋯⋯⋯⋯杨　毅

（问题讨论）

怎样评价《悠悠白云何处归》⋯⋯⋯⋯⋯朝　阳

幽默

1987 年第 11 期　刊名:《短篇小说》
目录

短篇小说

熊猫观赏记——冷志心故事之二⋯⋯⋯⋯封立超

黑色循环⋯⋯⋯⋯⋯⋯⋯⋯⋯⋯⋯⋯⋯⋯高中艺

雪橇⋯⋯⋯⋯⋯⋯⋯⋯⋯⋯⋯⋯⋯⋯⋯⋯侯树槐

如果昨天是今天⋯⋯⋯⋯⋯⋯⋯⋯⋯⋯⋯李鹏九

星星的影子⋯⋯⋯⋯⋯⋯⋯⋯⋯⋯⋯⋯⋯孟宪纲

清晨雨濛濛——《忧郁的乡情》之二⋯⋯宋　虹

他能长寿⋯⋯⋯⋯⋯⋯⋯⋯⋯⋯⋯⋯⋯⋯李保华

归去来兮⋯⋯⋯⋯⋯⋯⋯⋯⋯⋯⋯⋯⋯⋯赵景阳

短中短

海晨思恋⋯⋯⋯⋯⋯⋯⋯⋯⋯⋯⋯⋯⋯⋯金　子

疑惑⋯⋯⋯⋯⋯⋯⋯⋯⋯⋯⋯⋯⋯⋯⋯⋯张玲瑜

雨中情⋯⋯⋯⋯⋯⋯⋯⋯⋯⋯⋯⋯⋯⋯⋯谭丽萍

擒拿术⋯⋯⋯⋯⋯⋯⋯⋯⋯⋯⋯⋯⋯⋯⋯张中彦

月偏食

苦妻⋯⋯⋯⋯⋯⋯⋯⋯⋯⋯⋯⋯⋯⋯⋯⋯晨　思

一波三折　曲尽其幽⋯⋯⋯⋯⋯⋯⋯⋯⋯建　瓴

法制篇

关于警察的谜语

——一件血案的侦破⋯⋯⋯⋯张良玉　惠万安

海外篇

最后的一把小提琴

⋯⋯⋯⋯⋯⋯［苏］巴乌斯托夫斯基著　秋　原译

蔷薇园

烩菜⋯⋯⋯⋯⋯⋯⋯⋯⋯⋯⋯⋯⋯⋯⋯⋯赵　颉

座⋯⋯⋯⋯⋯⋯⋯⋯⋯⋯⋯⋯⋯⋯⋯⋯⋯刘云启

遇⋯⋯⋯⋯⋯⋯⋯⋯⋯⋯⋯⋯⋯⋯⋯⋯⋯胡敦贤

探索篇

那该忘记的⋯⋯⋯⋯⋯⋯⋯⋯⋯⋯⋯⋯⋯孙厚军

小说讲座

小说创作的艺术感觉⋯⋯⋯⋯⋯⋯⋯⋯⋯胡　煦

幽默

1987 年第 12 期　刊名:《短篇小说》
目录

短篇小说

曲径通幽⋯⋯⋯⋯⋯⋯⋯⋯⋯⋯⋯⋯⋯⋯刘志春

长高的遗憾⋯⋯⋯⋯⋯⋯⋯⋯⋯⋯⋯⋯⋯张兰允

墙那边⋯⋯⋯⋯⋯⋯⋯⋯⋯⋯⋯⋯⋯⋯⋯蔚　江

心态小集⋯⋯⋯⋯⋯⋯⋯⋯⋯⋯⋯⋯⋯⋯饮　可

小巷深深⋯⋯⋯⋯⋯⋯⋯⋯⋯⋯⋯⋯⋯⋯徐小哲

砌墙——《忧郁的乡情》之三⋯⋯⋯⋯⋯宋　虹

短中短

沉重的脚步声⋯⋯⋯⋯⋯⋯⋯⋯⋯⋯⋯⋯马秋莹

女人咏叹调⋯⋯⋯⋯⋯⋯⋯⋯⋯⋯⋯⋯⋯阎世奎

昨晚降下一场微雨⋯⋯⋯⋯⋯⋯⋯⋯⋯⋯关　望

五线谱上的男人⋯⋯⋯⋯⋯⋯⋯⋯⋯⋯⋯李春英

月偏食

祭⋯⋯⋯⋯⋯⋯⋯⋯⋯⋯⋯⋯⋯⋯⋯⋯⋯禾　木

审美感与道德感的背逆——读《祭》⋯⋯宣　成

法制篇

特大号帆布提包⋯⋯⋯⋯⋯⋯⋯⋯⋯⋯⋯高　峰

探索篇

招魂⋯⋯⋯⋯⋯⋯⋯⋯⋯⋯⋯⋯⋯⋯⋯⋯水　舟

姝⋯⋯⋯⋯⋯⋯⋯⋯⋯⋯⋯⋯⋯⋯⋯⋯⋯少　鸿

海外篇

假如他寻找我⋯⋯⋯⋯［苏］谢·沃罗宁著　马德菊译

蔷薇园
如意伴侣⋯⋯⋯⋯⋯⋯⋯⋯⋯⋯⋯⋯于吉清

创作论坛
浅谈小说的情节跌宕⋯⋯⋯⋯⋯冯喜武

读者中来
他们从这里出发⋯⋯⋯⋯⋯⋯⋯竹　韵
为使新荷吐芳菲⋯⋯⋯⋯⋯⋯⋯龙　欣
幽默
艺海浪花

1988 年第 1 期　刊名:《短篇小说》
目录

短篇小说
苔藓⋯⋯⋯⋯⋯⋯⋯⋯⋯⋯⋯⋯⋯王德忱
悬崖下的人与牛⋯⋯⋯⋯⋯⋯⋯汪新华
畸形儿⋯⋯⋯⋯⋯⋯⋯⋯⋯⋯⋯张乐依
小镇有个孔秀才⋯⋯⋯⋯⋯⋯⋯邵学友
哦，瞧这些女孩们⋯⋯⋯⋯⋯⋯杨　静
弥补⋯⋯⋯⋯⋯⋯⋯⋯⋯⋯⋯⋯常　人
雪地——白茫茫⋯⋯⋯⋯⋯⋯⋯常战洪

短中短
悔⋯⋯⋯⋯⋯⋯⋯⋯⋯⋯⋯⋯⋯宗燕园
木牌的故事⋯⋯⋯⋯⋯⋯⋯⋯⋯刘国芳
最新消息⋯⋯⋯⋯⋯⋯⋯⋯⋯⋯高　峰
治愈率，奶奶的!⋯⋯⋯⋯⋯⋯阎世奎

月偏食
不幸的人⋯⋯⋯⋯⋯⋯⋯⋯⋯⋯张志民
宝珠这个人——《不幸的人》读后⋯⋯山　野

推理篇
一月雪迷离⋯⋯⋯⋯⋯⋯⋯⋯⋯东方一白

海外篇
警服⋯⋯⋯⋯[苏格兰] 罗伯特·邓达斯著　初克臻译

蔷薇园
美差⋯⋯⋯⋯⋯⋯⋯⋯⋯⋯⋯⋯周晶岐
张县长猎狐⋯⋯⋯⋯⋯⋯⋯⋯⋯许　行

创作论坛
关于改革题材文学的思考⋯⋯⋯董国强

1988 年第 2 期　刊名:《短篇小说》
目录

神秘的小院⋯⋯⋯⋯⋯⋯⋯⋯⋯党国栋
一决雌雄⋯⋯⋯⋯⋯⋯⋯⋯⋯⋯顾亦礼
蟋蟀破案记⋯⋯⋯⋯⋯⋯⋯⋯⋯俞　琦
坟窟幽灵⋯⋯⋯⋯⋯⋯⋯⋯⋯⋯范全春
谋杀，将在午夜发生⋯⋯⋯⋯⋯贾海涛
真刀怪客⋯⋯⋯⋯⋯⋯⋯⋯⋯⋯高杰贤
拐子被拐记⋯⋯⋯⋯⋯⋯⋯⋯⋯王　康

1988 年第 3 期　刊名:《短篇小说》
目录

短篇小说
曹延生小说二题⋯⋯⋯⋯⋯⋯⋯曹延生
鳝与蛇⋯⋯⋯⋯⋯⋯⋯⋯⋯⋯⋯刘晓滨
万年台纪事⋯⋯⋯⋯⋯⋯⋯⋯⋯彭　匋
贵伯公⋯⋯⋯⋯⋯⋯⋯⋯⋯⋯⋯石国仕
蓝蝴蝶，绿蝴蝶⋯⋯⋯⋯⋯⋯⋯章晓虹

短中短
山上有男人⋯⋯⋯⋯⋯⋯⋯⋯⋯子　风
评选先进⋯⋯⋯⋯⋯⋯⋯⋯⋯⋯蒋洪林
请假⋯⋯⋯⋯⋯⋯⋯⋯⋯⋯⋯⋯高　峰
争⋯⋯⋯⋯⋯⋯⋯⋯⋯⋯⋯⋯⋯赵　冬
朦胧的镜子⋯⋯⋯⋯⋯⋯⋯⋯⋯李　瑞

月偏食
匆忙逝去的岁月⋯⋯⋯⋯⋯⋯⋯毕　博
岁月辨得生活的虚与实
——读《匆忙逝去的岁月》⋯⋯⋯立　萌

探索篇
等待⋯⋯⋯⋯⋯⋯⋯⋯⋯⋯⋯⋯平　川

海外篇
有人敲门⋯⋯⋯[保] 鲁·巴拉班诺夫著　方　圆译
串了线的电话⋯⋯[保] 德·特鲁热耶夫著　方　圆译

蔷薇园
登报⋯⋯⋯⋯⋯⋯⋯⋯⋯⋯⋯⋯秦爱枝
车到山前⋯⋯⋯⋯⋯⋯⋯⋯⋯⋯王鹏伟

创作论坛
风载白云云　姜姜鹦鹉洲⋯⋯⋯胡　焕
愿悠悠白云慰残心⋯⋯⋯⋯⋯⋯刘玉梅

角度选择的不同—————————董国强
恩情、爱情与婚姻—————————代一才
确乎轻薄　确乎是病—————————关成彦
写出了"这一个"—————————景　泰
并非要白云作"贞女"—————————宣　成

1988 年第 4 期　刊名:《短篇小说》
目录

侦破篇
对手—————————顾亦礼
大平探案故事—————————东方一白
云山雾蒙蒙—————————山　野
果树趟子里的冤魂—————————幻　子
两个侦探—————————孙　越

世相篇
张庄纪事—————————高　峰

幽默篇
结婚的故事—————————[保加利亚]克·戈里格罗夫
贾　方译
开个玩笑———[保加利亚]克·达米扬诺夫　贾　方译

法制篇
不留罪证的凶手—————————阎世奎
一个胁从者的自述—————————孟左恭
妻子的圈套—————————周春亭

1988 年第 5 期　刊名:《短篇小说》
目录

短篇小说
牤子—————————周福春
双筒猎枪—————————王立纯
我再也不愿提起—————————张　盾
王老爹的恼事—————————蔡世明
山曲—————————高　晶
地久天长—————————阿　源
老头儿乐—————————许　辉
我在哪里错过了你—————————刘建民

短中短
俗网—————————苑大来
云中谁寄锦书来—————————一　开
棋王—————————海　洋
测字—————————王凤梧

杏木棺材—————————刘广新
留在阵地上的爱—————————吴　咏
罚款—————————李君剑
鹰仇—————————金吉万

探索篇
椰树—————————张潇潇

海外篇
草原情遇———————[苏]尼·吉洪诺夫著　黎　华译
觅—————————[苏]谢·沃罗宁著　周　露译

蔷薇园
"恋爱角"的故事—————————王启平
老赵头醉酒

编者　读者
刘叔痴同志给本刊主编的信—————————刘叔痴

1988 年第 6 期　刊名:《短篇小说》
目录

短篇小说
车祸是怎样发生的——————————俞　琦
一枚遗忘的麻将牌—————————邢如波
断崖之声—————————[日]夏目静子著　曾宪斌译
城管科长和他的检查证—————————丹　宁
燃烧的雪—————————沙　蠡
幽灵缠身—————————封立超
一个农民厂长的奇遇—————————马昱华
呼啸的列车—————————李文富
刽子手的良知———[塞浦路斯]派诺斯·叶安尼兹著
张旭东　宗仁发译

1988 年第 7 期　刊名:《短篇小说》
目录

短篇小说
圈龙山一夜—————————梁积荣　梁淑香
报社纪事—————————海　南
小月亮—————————常占洪
盒子—————————李不空
过沼—————————学　利
山韵—————————高　晶
被撞击的心—————————李　江

短中短

连衫裙 ………………………………………… 张子影

墙 ………………………………………………… 阿　太

顺流而下 ………………………………………… 张　驰

月偏食

哦，彩云 ………………………………………… 杨丽雅

顾此不应失彼——读《哦，彩云》 …………… 奚　水

探索篇

外滩 ……………………………………………… 许　辉

海外篇

玛莎的爱情 ………… ［苏］乌斯宾斯卡亚著　李素绚译

蔷薇园

素 ………………………………………………… 龙　欣

析赏篇

饮鸠止渴——《月光·枯井·三脚猫》评析 … 施建伟

附：月光·枯井·三脚猫 ………………………… 聂华苓

小说讲座

"心理现实主义"的探索者 …………………… 马　威

1988 年第 8 期　刊名:《短篇小说》
目录

风情篇

试婚 ……………………………………………… 见　心

法制篇

伪证 ……………………………………………… 俞　琦

侦破篇

真凶 ……………………………………………… 王云龙

海外篇

爱的同谋 ………………… ［日］松本清张著　曹怀潍译

乡土篇

王老倒轶事 ……………………………………… 刘文明

尿山和他的相好 ………………………………… 郑　毅

风情篇

多情的克鲁伦河 ………………………………… 杨文环

世相篇

辣的酸的 ………………………………………… 李永元

传奇篇

青衣刺玫瑰 ………………………… （满族）关德全

析赏篇

魂牵梦萦的初恋之情——《梅雨之夕》评析 … 施建伟

附：梅雨之夕 …………………………………… 施蜇存

1988 年第 9 期　刊名:《短篇小说》
目录

短篇小说

多么无奈 ………………………………………… 张兰允

桃花河 …………………………………………… 常战洪

灵鸟 ……………………………………………… 石钟山

暮恋 ……………………………………………… 余志刚

短篇二题 ………………………………………… 郝　炜

教会日记 ………………………………………… 吴琪捷

短中短

许行精短小说二题 ……………………………… 许　行

晨曲 ……………………………………………… 鲁传秀

海外篇

爱的漩涡 …… ［白俄罗斯］雅·柯拉斯著　秋　原译

蔷薇园

点名 ……………………………………………… 杨天举

析赏篇

两种文化心理的冲突——《沉沦》评析 ……… 施建伟

附：沉沦 ………………………………………… 郁达夫

小说讲座

短篇小说因果关系的衍化 ………… 韩冰茹　许振强

1988 年第 10 期　刊名:《短篇小说》
目录

短篇小说

野林奇案（侦破篇） …………………………… 王　禛

第二个被告（法制篇） ………………………… 温金海

大运河上的刀光剑影（传奇篇） ……………… 焕　喆

恶之洞（侦破篇） ……………………………… 李志利

不堪设想（世相篇） …………………………… 王　康

通俗小说非仅供谈笑之物（编者·读者）————大　可

1988 年第 11 期　刊名：《短篇小说》
目录

短篇小说

汪新华小说三题————汪新华
舟山路————江汉力
夏夜————王少刚
不认识多好————子　规
小红包————周春亭
讽刺小说二题————刘云启

短中短

难得一醉————于吉清
四爷的石头————高杰贤
父亲的希望————刘家魁

读者·作者

小荷初露
《蓝蝴蝶、绿蝴蝶》读者来信综述

蔷薇园

情变————李　凌
朋友的几次方根————东方渔笛

析赏篇

畸形文明中的一朵"黑牡丹"——《黑牡丹》评析

————施建伟
附：黑牡丹————穆时英

小说讲座

小说创作的深化与开拓————董国强

创作论坛

创作心理片谈————傅书华

1988 年第 12 期　刊名：《短篇小说》
目录

世相篇

男人为谁流泪————见　心
回心转意的女人————孟宪纲

侦破篇

十年一命案————孙殿库

推理篇

三个遭难的女人————俞　琦

乡土篇

泼女人和她的男人们————周福春
花嫂————惠　玲

幽默篇

孔甲戊————李　泉

1989 年第 1 期　刊名：《短篇小说》
目录

短篇小说

轮回————林　晓
轨迹————王贻冰
潮涨潮落的江————张东升
白桦林，飘过一片绿云————常占洪
美丽的黄昏————周福春

短中短

强盗沟之夜————包晓玲
假————海　洋

探索篇

夜游神————见　心
黑战马————杨咏鸣

海外篇

水泥箱里的一封信————[日]叶山嘉树著　文海勇译

蔷薇园

绝招————杨祥军

创作论坛

找到适合自己耕耘的那片土地————张斤夫

1989 年第 2 期　刊名：《短篇小说》
目录

言情篇

红口白牙————洪　波

风情篇

魔女港————廖华强

侦破篇

陷阱⋯⋯⋯⋯⋯⋯⋯⋯⋯⋯⋯⋯⋯⋯⋯俞 琦

世相篇

酒趣⋯⋯⋯⋯⋯⋯⋯⋯⋯⋯⋯⋯⋯⋯廉晓光

乡土篇

裙子回门记⋯⋯⋯⋯⋯⋯⋯⋯⋯⋯⋯关成彦

海外篇

女跟踪者⋯⋯⋯⋯⋯〔美〕约翰·奇弗著 初克臻译

1989 年第 3 期　刊名:《短篇小说》
目录

短篇小说

长长的炸酱面⋯⋯⋯⋯⋯⋯⋯⋯⋯⋯⋯唐宝贤
宁宁的半个夜晚⋯⋯⋯⋯⋯⋯⋯⋯⋯畅 达
没有走出地界的人·野炊⋯⋯⋯⋯⋯汪新华
远方⋯⋯⋯⋯⋯⋯⋯⋯⋯⋯⋯⋯⋯⋯解 良
乡居——普希金的故事⋯⋯⋯⋯⋯⋯胡 昭
僵土⋯⋯⋯⋯⋯⋯⋯⋯⋯⋯⋯⋯⋯⋯杨艳娥

短中短

董速小小说二题
饮可小小说三题
白小易小小说二题

海外篇

危险的狩猎⋯⋯⋯⋯⋯〔美〕约翰·卢茨著 杨汝钧译

析赏篇

野蛮对文明的压制——《生人妻》简析⋯⋯施建伟
附:生人妻⋯⋯⋯⋯⋯⋯⋯⋯⋯⋯⋯罗 淑

读者·作者

谢谢你,朋友——以文代简⋯⋯⋯⋯⋯张兰允

1989 年第 4 期　刊名:《短篇小说》
目录

短篇小说

凉秋⋯⋯⋯⋯⋯⋯⋯⋯⋯⋯⋯⋯⋯⋯刘炳龙
普客列车⋯⋯⋯⋯⋯⋯⋯⋯⋯⋯⋯⋯阿 成
不说话的春天⋯⋯⋯⋯⋯⋯⋯⋯⋯⋯李相奎
死⋯⋯⋯⋯⋯⋯⋯⋯⋯⋯⋯⋯⋯⋯⋯见 心

短中短

杂色幽默(三篇)⋯⋯⋯⋯⋯⋯⋯⋯⋯章 轲
小小说三题⋯⋯⋯⋯⋯⋯⋯⋯⋯⋯⋯李立宪
拉⋯⋯⋯⋯⋯⋯⋯⋯⋯⋯⋯⋯⋯⋯⋯李 泉

海外篇

石阶上的房子⋯⋯⋯⋯⋯⋯⋯〔日〕仁木悦子著
冯淑梅 尚文波译

析赏篇

荒唐的"亲密关系"——《亲密关系》评析⋯⋯施建伟
附:亲密关系⋯⋯⋯⋯⋯⋯⋯⋯〔法〕萨 特著

1989 年第 5 期　刊名:《短篇小说》
目录

短篇小说

错位⋯⋯⋯⋯⋯⋯⋯⋯⋯⋯⋯⋯⋯⋯朱建信
黑裙子⋯⋯⋯⋯⋯⋯⋯⋯⋯⋯⋯⋯⋯金作人
滑坡⋯⋯⋯⋯⋯⋯⋯⋯⋯⋯⋯⋯⋯⋯刘志春
小路不回头⋯⋯⋯⋯⋯⋯⋯⋯⋯⋯⋯宋崇巍
死谷⋯⋯⋯⋯⋯⋯⋯⋯⋯⋯⋯⋯⋯⋯维克觉斌

短中短

黄毛儿⋯⋯⋯⋯⋯⋯⋯⋯⋯⋯⋯⋯⋯刘云启
杨辣子案件·负担⋯⋯⋯⋯⋯⋯⋯⋯腾 刚
今天什么日子⋯⋯⋯⋯⋯⋯张天春 张天红

探索篇

魔方⋯⋯⋯⋯⋯⋯⋯⋯⋯⋯⋯⋯⋯⋯赵贵平

海外篇

午餐⋯⋯⋯⋯⋯〔英〕萨莫塞特·毛姆著 程 平译

蔷薇园

废物·失火·无题⋯⋯⋯⋯⋯⋯⋯⋯徐槐荫

析赏篇

发掘颓废者的心灵奥秘——《将过去》评析⋯⋯施建伟
附:将过去⋯⋯⋯⋯⋯⋯⋯⋯⋯⋯⋯林如稷

1989 年第 6 期　刊名:《短篇小说》
目录

短篇小说

土地⋯⋯⋯⋯⋯⋯⋯⋯⋯⋯⋯⋯⋯⋯戴文杰
宋莲花——《风尘女子》之十二⋯⋯⋯许 行

风月 ……………………………………………… 谢武稼
突突突的摩托车 ………………………………… 甄德明
山恋 ……………………………………………… 周晶岐
星期六的故事——大学见闻之一 ……………… 范春三

短中短
罚之最 …………………………………………… 石　人
丢失了的姓名 …………………………………… 王玉武
凑热闹 …………………………………………… 王贻冰

海外篇
单身汉之死 ……………… [奥地利] 阿图尔·施尼茨勒著
蔡鸿君译

蔷薇园
第二职业 ………………………………………… 杨耀武
瘦胡 ……………………………………………… 周春亭

小说讲座
小说诗化现象浅谈 ……………………………… 栾　羽

1989 年第 7 期　刊名:《短篇小说》
目录

短篇小说
失意的少女和流浪汉 …………………………… 见　心
杀人的过失 ……………………………………… 善　良
英雄的悲哀 ……………………………………… 王　康
地狱之船 ………………………………………… 俞　琦
老葱和他的女人 ………………………………… 大　侠
无字碑下的奇缘 ………………………………… 周晶岐

1989 年第 8 期　刊名:《短篇小说》
目录

短篇小说
我是努尔哈赤 …………………………………… 马宗雄
秋熟 ……………………………………………… 李克定
炮车行 …………………………………………… 张秀生
车祸 ……………………………………………… 王永磊
一个女孩和她的半个黄昏 ……………………… 章晓虹
心事 ……………………………………………… 刘长清
江那岸有人烟 …………………………………… 张东升
梦魇 ……………………………………………… 夏海余

读者论坛
刘叔痴同志给本刊的信 ………………………… 叔　痴

读《远方》 ……………………………………… 邓　刚

探索篇
斯特拉斯——纽纶堡凯因 ……………………… 小　鬼

蔷薇园
惶惑 ……………………………………………… 夏　鸣
报应 ……………………………………………… 王显琼

短中短
门 ………………………………………………… 石钟山
飞 ………………………………………………… 孟宪纲

海外篇
守尸 ………… [美] 艾姆布罗斯·波斯著　张淑媛译

1989 年第 9 期　刊名:《短篇小说》
目录

短篇小说
五味 ……………………………………………… 赵辛予
秋魂 ……………………………………………… 常占洪
爱的困惑 ………………………………………… 邹海岗
理由不充分的推测 ……………………………… 王　复

短中短
早晨 ……………………………………………… 顾戌耕
姐夫讲的故事 …………………………………… 金功亭
室友 ……………………………………………… 文　豹

探索篇
猎虎的人 ………………………………………… 刘如溪

月偏食
失落 ……………………………………………… 杨　衡
要揉合，不要捏合——读《失落》……………… 晨　星

析赏篇
一个倔强的叛逆女性
——《我在霞村的时候》评析 ………………… 施建伟
附: 我在霞村的时候 …………………………… 丁　玲

海外篇
超级象棋赛…… [英] 菲·德·罗曼尼亚著　王素梅译

1989 年第 10 期　刊名:《短篇小说》
目录

短篇小说

苞米架 ···················· 刘炳龙
跳槽 ······················ 阿 成
马蹄踏血的岁月 ·············· 任永恒
饥饿年代 ············ 梁积荣　梁淑香
疯狂的夏天 ·················· 王安林
白太阳（外一篇） ·············· 饮 可
山歌 ······················ 高 晶
犟媳妇 ····················· 梦 希

短中短

十四岁生日 ·················· 张兰允
远村 ······················ 程丽娥
活该 ······················ 海 洋
脚印 ······················ 李 凌

蔷薇园

多面女郎 ···················· 吕 燃

小说讲座

小说的解放 ·················· 谭兴国

海外篇

医生、太太、闹钟 ·········· ［美］安东尼·艾伯特著
绿 湖译

1989 年第 11 期　刊名:《短篇小说》
目录

短篇小说

变形金刚 ···················· 乔 夫
鸭客和老黑的故事 ············· 姚明祥
坟冢 ······················ 张晓蔚
山夜 ······················ 林 刚
桃花之恋 ··················· 陈致和
一日行 ····················· 吴 意
打猎 ······················ 崔学汉

短中短

血案·扯不断的情丝 ············· 山 鹰
夜正浓 ····················· 程 源
有意思·没意思 ··············· 李 真
紫色的早晨 ·················· 刘 霞
青青的竹林 ················· 陈学忠

女大学生、书和牛 ············· 林石忠

蔷薇园

李痴子的故事 ················ 徐剑军

小说讲座

这一个故事由哪一个"他"讲？ ——论微型小说第三
人称叙述视角 ················ 刘海涛

海外篇

苏联当代短篇小说三题···· ［苏］叶·波特别济娜等著
孙 越　贾 放译
同死··············· ［日］川端康成著　林 岚译

1989 年第 12 期　刊名:《短篇小说》
目录

短篇小说

大年 ······················ 刘炳龙
窃贼来信之后 ················ 纪 石
窄缝 ······················ 霄 汉
借钱 ······················ 陈晓波
我演丘比特 ·················· 王 伟
鳏夫 ······················ 廉晓光
家 ······················· 李保华
大舅妈的红手套 ··············· 纪树森
半个院墙的故事 ··············· 纪文君

短中短

谈话 ······················ 金作人
驻春术 ····················· 刘云启

析赏篇

含沙射影·幽默·散文化——《冀园被偷记》评析
························· 施建伟
附：冀园被偷记 ··············· 林语堂

来信照登

杜绝抄袭行为 ················ 存文学

海外篇

牢笼 ··············· ［澳］玛丽·德雷克著　成荣荣译

《江南》

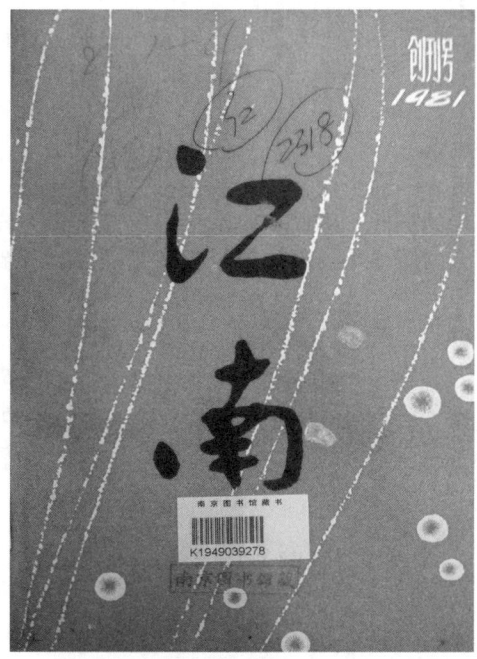

【简　介】

综合性文学期刊。浙江省作家协会主办。创刊于1981年,1983年8月停刊,1984年10月复刊。创刊初期为季刊,1985年1月起改为双月刊。其创刊伊始以发表中篇小说为主,另有诗歌、报告文学、电影文学剧本和文学评论等,主要刊发成名作家的作品。1982年10月改刊为大型青年文学期刊,重点面向青年文学作者,提倡体裁、题材、风格的多样化,注重特色,曾以一批优秀作品在中国文坛赢得了很高的声誉。

期刊号:1981 年第 1 期—1989 年第 6 期

迟垦的园圃
——《江南》发刊词

江南——这诱人的名字。她象征阳春三月,杂花生树,群莺乱飞。她意味着诗兴勃发,文思倾泻,彩笔斑斓。我们的刊物尽管姗姗来迟,却选中这个充满春意和生机的名称,尚请大家宽恕我们掠美。

浙江,素称鱼米之乡,丝茶之府,文物之邦。山川佳丽,风物繁茂,物华天宝,人杰地灵。是中国新文化伟大旗手鲁迅的故土,当代文学大师茅盾、郁达夫、冯雪峰、夏衍、艾青等人的家乡。在这块肥沃土地上,社会主义现代化时期赋予了我们神圣的使命。

思想解放的洪流,是任何力量都阻挡不住的。它波澜壮阔地朝着彻底唯物主义的方向奔腾而去。我国人民向社会主义现代化进军的脚步,正在坚定不移地向前迈进。文学,应该以其更加广泛的题材,更加深刻的思想,更加真实的描绘,更加丰富多彩的风格流派,来反映广阔的现实和丰富的历史,才能更好地为人民服务,为社会主义服务;才有助于培育人民的伟大理想和高尚的情操。我们主张站在党性和人民性一致的立场上,关心人民疾苦,反映人民要求,敢于为人民讲话,永远和人民同命运共呼吸。

我们提倡歌颂为社会主义现代化、为真理而献身的新人,我们主张文学要着重反映普通劳动者中的当代英雄,描绘他们美好的灵魂、高尚的情操。我们反对把描写英雄人物堕落成造神运动,也反对只描写卑琐庸俗的小人物。我们服膺高尔基的名言:文学要描写"大写的人"。我们要求作品来自生活,忠于生活,提倡以真善美作为评价文学的标准。

建设社会主义现代化强国的高楼城堡,是要从清理场地、夯实基础做起的。因此,我们提倡文学要努力探究当今社会生活中的矛盾和问题。作家的良心,是不能拒绝用笔为扫清社会主义现代化的障碍而斗争的。文学应当在反对封建主义思想余毒、官僚主义痼疾、资产阶级思想细菌的斗争中去发挥其特有的作用。实践是检验真理的唯一标准,是我们始终必须遵循的原则。

如同科学、教育等事业一样,文学也有其独特的发展规律。我们主张作家、文艺编辑、文艺领导,都要无条件地遵循文艺发展的规律,遵循创作规律,给作家以最充分的创作自由、讨论自由、探索自由,鼓励作者在艺术上大胆追求,勇于创新。坚决反对用行政命令的手段,对文艺进行不适当的干涉。我们的文艺评论,绝不应该是政治批判稿或法院判决书,更不允许成为断章取义、罗织人罪、无限上纲、致人死地的棍子。我们主张文艺评论应当真正成为探索文艺发展规律的科学,成为文学艺术真善美的再创造。

《江南》,做为文学阵地,我们希望团结一切老、中、青作家。我们希望老作家们老当益壮、老树新华;我们期待中年作家成为文坛的中流砥柱,不断出现重大的突破;我们特别寄希望于青年作家,你们风华正茂,又适逢"杏花春雨江南"的美好年代,祝愿你们的作品像雨后春笋般涌现出来罢!

放眼未来,我们信心满怀。在浙江的文苑中,必将绽开更多的出墙红杏,也一定会长成令人仰慕的参天大树。让我们热烈欢呼社会主义文艺复兴时期的到来!我们热切期望专业和业余作家们,奋发图强,努力创新,写出更多无愧于我们伟大时代、无愧于"文物之邦"称号的优秀作品罢!

园圃既已开拓,耕耘岂容懈怠。愿广大文学界、广大读者们同心协力,群策共勉,开垦它,浇灌它,爱护它,把它经营得万紫千红、永不调零。

1981 年第 1 期　刊名:《江南》

目录

迟垦的园圃——《江南》发刊词

中篇小说

海边人家（钱贵荪插图）·······················叶宗轼
希望（董小明插图）·····························张廷竹
常青池畔（张卫民插图）·······················巴　陵

短篇小说

秋风起···陆文夫
乳汁···曹玉模
鬼···唐　安

长篇选载

李珊裳的向往——《工作着是美丽的》第三集一、二
章···陈学昭

报告文学·散文

从异国丛林里···································巴人遗著
普陀三日记·····································何　为
《新桃花扇》重版后记···························谷斯范

诗歌

雪地里的冬青（叙事诗·王晓明插图）············谢鲁渤
杏花集·················黄亚洲　张德强　张志民
李发模　沙　白　蔡庆生　高　钫　史令杰　吴黛娜

电影文学剧本

苦果（黄云松　张昌洵插图）
·························王　炼　李云良　梁廷铎

春草园

皇帝·千里马及其他（杂文）·····················谢广田
张果老的哲学（杂文）···························冀　汸
谈"眼不见为净"（杂文）·························稼　圃
漫画（三幅）···············谢君度　庸　非　朱　琦
江南文坛剪影（四则）
封面设计·······································顾　盼
早春二月·富春江乌柏（中国画）·················邹　雅
鲁迅小说《社戏》插图选（木刻）·················赵宗藻

1981 年第 2 期　刊名:《江南》

目录

报告文学

青春···高　光
桃李行··郑秉谦

中长篇小说

宠子列传（中篇小说）···························王克俭
动乱年代的插曲（中篇小说）·········李　靖　陈　蕾
群峰顶上的雕像（长篇连载·徐芒耀插图）····路　翎

短篇小说

他决定去北京···································张廷竹
污点···张　弦
李世民选妃·····································颜海平

电影文学剧本

唉，女人！（李以泰插图）···········徐昌霖　于本正

散文

三次追悼——深切怀念冯雪峰同志···············李士俊
傣家风情
——西双版纳漫记（题记速写：朱维明）·······张抗抗
雪···严　阵

诗歌

飞云江上的划手（叙事诗·夏雪插图）···········唐　湜
杏花集················陈继光　田　地　丁　芒　桂向明

作品讨论

作协浙江分会评论组讨论中篇小说《希望》····寒　超
关于《希望》的讨论
真实地再现西子湖畔的一场噩梦——评中篇小说《希
望》··钟本康
《希望》的真实性值得讨论·······················洪禹平
小希为青年指出的生活意义·····················浙医大三同学
喜读《海边人家》·······························盛钟健
痛苦的命运，美好的心灵
——读巴陵的《常青池畔》·······················肖　荣

春草园(杂文)

从"澹然自守"的郤正谈起·······················谢广田
"绸缪身后名"说·································何满子
从盲骑士到瞎指挥员·····························冀　汸

1981 年第 3 期　刊名:《江南》
目录

烈士暮年——记彭总和他的"女儿"·········谭志湘
奋起（中国画）
——为中国共产党诞生六十周年而作·········李宗杰
阳光（油画）·············潘鸿海画　郑秉谦诗
鲁迅的最后一年·····················史莽
故乡（水彩画）·····················何志生

中篇小说
"下马部长"·······················周嘉俊
不沉的湖························艾明之
京华梦·························宋词
群峰顶端的雕像（长篇连载）·············路翎

短篇小说
爱，悄悄地叩门··············徐岱　潘一禾
姗姗·························未名
泰山进香记·······················苏叔阳
白云深处························袁春根

散文
碎琴的遗韵——施清源《晴窗集》序·········高光
《晴窗集》选载····················施清源
心笛（外二章）·····················莫洛
当夜潮响起的时候···················姜彬
江南日记························郭风
亲切的忆念·······················骆基

诗歌
杏花集··········韩青　管思耿等十七人
独白·························武朔
在异乡，我想念起母亲···············陈茂欣
黄昏，我想起了笨人俱乐部·············徐家麟
春行孔雀岭·······················胡笳
海市·························姚焕吉
云·····························林希
梦·····························谢颐城

评论
《天云山传奇》写作的前前后后（专论）·······鲁彦周

江南笔会
前言
人过中年话提高···················陆文夫
发掘生活中的美····················叶文玲

略谈深入生活·····················周嘉俊
文学语言浅谈·····················高晓声
关于认识生活的一点感受···············费礼文
插话及其补充·····················何为
只管耕耘························曹玉模
冯雪峰论鲁迅的创作——读冯雪峰的文艺论著札记
之一·························白崇义

1981 年第 4 期　刊名:《江南》
目录

中、长篇小说
苏醒的原野（胡大林插图）·············曹玉林
属虎的（黄云松插图）·················洪友
金背牡丹（钱贵荪插图）···············白晖华
撤回上诉························火刀
巨网吞舟（郑凯君插图）···············郑秉谦
这年秋天·····[美]乔伊丝·卡罗尔·奥茨　李佳俊译
鉴湖女侠（长篇选载·徐英培插图）·········沈祖安
群峰顶端的雕像（长篇连载·续完）·········路翎

短篇小说
阿霞、妻子和我····················曾毓秋
明净的雨点·······················梁剑华
能不忆江南·······················卢玲

诗歌·散文
乡村风情（杜觉民插图）···············蔚文
我在用男中音唱着歌（外二首）···········孙武军
雨后新叶（张华胜插图）···············洪迪
我和太阳························武兆强
呵，这儿正是春天···················辛笛
宝刀舞·························丁芒
中国的旷野和城市呵·················陈志民
海潮·························刘晓伟
黄山二题·······················龙彼德
澳门散记························金学种
秋霜·琴声·······················文牧

美术
水乡之冬（水印木刻）·················陆放
秋瑾墓（摄影）·····················钱豫强
江南小镇（木刻）···················张怀江

1982 年第 1 期　刊名：《江南》
目录

电影文学剧本

淮海决战（上下集）·········· 黄德元　黄德明　李　宁
春还 ·········· 曾昭弘　陆寿钧　戴中孚
走失的香港女孩 ·········· 高　锋　周荣新　倪勤宣
爱吧，姑娘！ ·········· 石　勇　赵清锐　金大漠　丁玉玲
辛弃疾 ·········· 胡云棣　陈继光　姜嘉镰

中篇小说

心上的海潮 ·········· 王　火
怀念林淡秋同志
林淡秋同志遗照、手迹
林淡秋同志生平
敬爱的良师益友 ·········· 高　光
哭林淡秋同志 ·········· 陈学昭
永远活在我们心里 ·········· 谷斯范
悠悠哀思 ·········· 扬　涵

悼诗

他去了，再也不会回来了 ·········· 冠　西
敬悼林淡秋同志 ·········· 炼　虹
灵前的小花 ·········· 冯增荣
灵前的哀思 ·········· 《江南》全体同志

诗歌

唱和诗 ·········· 林淡秋　余　明
诗人与西湖 ······· 雁　翼　黎焕颐　纪　鹏　福　庚

江南诗廊

晨歌（小叙事诗）·········· 贾长厚
美国见闻 ·········· 高　瑛
诗三首 ·········· 向　青
请收下我火烫的心 ·········· 冯增荣
绍兴风情 ·········· 薛家柱　钟高渊
陈列馆沉思 ·········· 郑成义
大海的集市 ·········· 杨敏生　姚焕吉
刘旭光　孙海义　张志鹏
杏花集 ·········· 吕人俊　许国华　严邦善　黎正光
余小平　赵哲权　兰正文　李谷忠　辛明水　管立人
寓言一束 ·········· 金　江
瞿秋白研究：母亲之死 ·········· 瞿轶群
简讯：更上一层楼

美术

春牧（版画）·········· 刘　航
春晓图　群鸭卷（国画）·········· 夏子颐

山林　小港（油画）·········· 莫　朴
归音（国画）·········· 夏子颐

1982 年第 2 期　刊名：《江南》
目录

纪念《在延安文艺座谈会上的讲话》发表四十周年
到社会主义现代化的洪流中去——重读《在延安文艺座谈会上的讲话》·········· 高　光
重新学习 ·········· 陈学昭
曙光照红了他的诗行
——艾青在延安文艺座谈会前后 ·········· 骆寒超

中篇小说

异乡人（董小明插图）·········· 刘学江
迷津（片石插图）·········· 徐孝鱼　叶　林
楼梯间里 ·········· 胡尹强
列车驶向远方 ·········· 沈潇潇
彼杜什柯夫（黄云松插图）·········· 屠格涅夫
宋兆霖　姚锦镕译

报告文学·散文

大海的奉献（唐雪根题图）·········· 冀　汸
无花果 ·········· 张志芬
过祁连山（散文·钱贵荪题图）·········· 苏克任
六位小说家的侧影《文艺论文》·········· 约·高尔斯华绥
曹　庸译

诗歌

艾青佚诗小辑 ·········· 艾　青
生活执着的歌（组诗·张华胜插图）·········· 田　地
童年的记忆（组诗）·········· 何昌正
我爱夏天（外二首）·········· 栾　林
江南吟 ·········· 邹荻帆
在南方 ·········· 孙静轩
旅途的爱 ·········· 陈咏华
铧（外一首）·········· 黄兆华
大学生诗页 ·········· 余　刚　冰　凌
张德强　雪　夫　田　伟　王自亮

怀念林淡秋同志

昨夜西风凋碧树
严冬深情祭淡秋 ·········· 姜椿芳

美术·摄影

水乡夏夜（水印木刻）·········· 张鼓峰
碧波浩淼（浙江桐庐·摄影）·········· 陈复礼
鲁迅作品插图选 ·········· 裘　沙

雨后荷香（中国画）————————诸乐三

1982 年第 3 期　刊名:《江南》
目录

中、长篇小说

芳心曲（董小明插图）————————席建蜀
通向密林深处（董小明插图）————王瑞金
野蔷薇————————————福　庚
迎向春天————————————杨小敏
新水浒（长篇·上部　王重义插图）————谷斯范

短篇小说

燕子来时————————————陈继光
句号————————————曹布拉
盐水湖————[英]约琴夫康拉德著　杜　苕译

散文·报告文学

西湖————————————巴　金
光明行————————————袁　鹰
"摊儿厂"振兴记（报告文学）————沈善潵

诗歌

散文诗（三章）————————莫　洛
流彩的山野（组诗）————————梁　雄
中国的形象（组诗）————————张德强
同路人（外二首）————————范　泓
凤阳山之恋（外一首）————————闻　欣
悬铃————————————严邦善
植树去哟植树去（外一首）————管思耿
江南风彩————————————文　丙

电影文学剧本

郑板桥（郑凯军插图）————陈咏华　刘鹏春

美术

西泠桥畔（水印木刻）————————陆　放
渔岛速写————————顾生岳　钱贵荪
花正茂（中国画）————————柳　村

1982 年第 4 期　刊名:《江南》
目录

改刊词

中篇小说

莽莽丛林————————————阙迪伟

男子汉大丈夫————————陈　飞　姜正高
诸葛黛————————————罗灏白
她在哪里?————————————方艳芬
自寻烦恼————————————莫　石

争鸣与探索

女俘————————————汪　雷

报告文学

幻术的生活与生活的幻术————————袁亚平

短篇小说

追求————————————张开理
烟和雾————————————沈治平
人，贝壳————————————卢　玲
我们三个————————————薛　峰
床前明月光————————————董先康
微型小说两篇————————————重　阳
狼狗阿黄————[美]杰克·伦敦著　郭建中　钱颂光译

散文·诗歌

乡情（三章）————————楼肇明
月————————————顾海凌
绿————————————蒋海涛
忽见陌头杨柳色————————秦　越
买花（外一章）————————徐强华
短诗十五题————————谢鲁渤　孙武军
楼　冰　刘　滨　杨　扬　管立人　马瑞麟　贾坚良
高　钫　刘　东　陈　晏　高　瑛　洪　迪

理论

江南文学院
且谈"技巧"以外————————冀　汸
在严肃的思考中前进
——谈徐孝鱼的小说创作————————高松年
编后记

美术·摄影

《琴思》（油画局部）————————潘鸿海
《苏格兰少女海琳》（油画）————[英]米　莱
《海的女儿》插图（铜版画）————陈　研　石渝翎
《冬曲》————————————张克庆摄影

1983 年第 1 期　刊名:《江南》
目录

中篇小说

组织部又来了年轻人（张卫民插图）————曹征路

告别吧，灰色的猎场（季　阳插图）⋯⋯⋯⋯　江　浩
旅舍琐事（王晓明插图）⋯⋯⋯⋯⋯⋯⋯⋯　阳　磊
月明星稀（盛二龙插图）⋯⋯⋯⋯⋯⋯⋯⋯　徐孝鱼
职称⋯⋯⋯⋯⋯⋯⋯⋯⋯⋯⋯⋯⋯⋯⋯⋯　任大霖
月妹子（张卫民插图）⋯⋯⋯⋯⋯⋯⋯⋯　陶明国
黑网（王义刚插图）⋯⋯⋯⋯⋯⋯⋯⋯⋯　金学钟

散文

狐狸精⋯⋯⋯⋯⋯⋯⋯⋯⋯⋯⋯⋯⋯⋯⋯　王西彦

长诗

小石头⋯⋯⋯⋯⋯⋯⋯⋯⋯⋯⋯⋯⋯⋯⋯　周　实

短篇小说译作选

歌手们⋯⋯⋯⋯⋯⋯［俄］屠格涅夫著　黄伟经译
没有空额⋯⋯⋯⋯［俄］契诃夫著　杨宗建　唐素云译

评论

小说说小（江南文学院）⋯⋯⋯⋯⋯⋯⋯　林斤澜
发掘普通人的心灵美
——评谢鲁渤的短篇小说⋯⋯⋯⋯⋯⋯　盛钟健
我读《女俘》
——革命人道主义终将战胜功利主义⋯⋯　挺　竹

美术

嫦娥（油画）⋯⋯⋯⋯⋯⋯⋯⋯⋯⋯⋯⋯　秦　龙
外国文学插图作品选⋯⋯⋯⋯⋯⋯⋯⋯　皮斯基等

1983 年第 2 期　刊名:《江南》
目录

报告文学

他，没有在漩涡中沉沦⋯⋯⋯⋯⋯⋯⋯⋯　陈康瑾

中篇小说

蜂蜜是甜的（厉国仪插图）⋯⋯⋯毛履均　周海彦
登上飞来峰（孙达明插图）⋯⋯⋯⋯⋯⋯　张抗抗
阿西流浪记（黄荔生插图）⋯⋯⋯⋯⋯⋯　张廷竹
欣慰的灵魂（季　阳插图）⋯⋯⋯⋯⋯⋯　胡昆明
第八任经理⋯⋯⋯⋯［苏］阿列克谢·卡普列尔著
张绍儒译

短篇小说

马遇伯乐⋯⋯⋯⋯⋯⋯⋯⋯⋯⋯⋯⋯⋯　邬坤芳
补药⋯⋯⋯⋯⋯⋯⋯⋯⋯⋯⋯⋯⋯⋯⋯　黄　土
墨宝⋯⋯⋯⋯⋯⋯⋯⋯⋯⋯⋯⋯⋯⋯⋯　姚景文

诗·散文

拾穗及其他（三首）⋯⋯⋯⋯⋯⋯⋯⋯⋯　鲁　藜
冬的江南（四首）⋯⋯⋯⋯⋯⋯⋯⋯⋯⋯　洪　迪
油菜花开的时节（外一首）⋯⋯⋯⋯⋯⋯　方　牧
三城赋（三首）⋯⋯⋯⋯⋯⋯⋯⋯⋯⋯⋯　唐　湜
遐思⋯⋯⋯⋯⋯⋯⋯⋯⋯⋯⋯⋯⋯⋯⋯　赵丽宏
那过去了的……（外二首）⋯⋯⋯⋯⋯⋯　李蔚红
藏南小品（四章）⋯⋯⋯⋯⋯⋯⋯⋯⋯⋯　重　阳

江南文学院

对待生活和创作的态度⋯⋯⋯⋯⋯⋯⋯⋯　何满子
普通人的命运和人生哲理的探索（讨论）⋯　王嘉良

美术

海带姑娘（木雕）⋯⋯⋯⋯⋯⋯⋯⋯⋯⋯　王安江
茅盾的故事（木刻组画）⋯⋯⋯⋯⋯⋯⋯　邬继德
日月潭组画（木刻）⋯⋯⋯⋯⋯⋯⋯⋯⋯　朱维明

1983 年第 3 期　刊名:《江南》
目录

中篇小说

身价（梁平波插图）⋯⋯⋯⋯⋯⋯⋯⋯⋯　姜天锡
旷野（潘鸿海插图）⋯⋯⋯⋯⋯⋯⋯⋯⋯　薛海翔
沉船（李大云插图）⋯⋯⋯⋯⋯⋯⋯方　方　渠　成
相亲的喜剧（厉国仪插图）⋯⋯⋯⋯⋯⋯　童玉云
太阳从西边出来（张华胜插图）⋯⋯⋯⋯　曾益德

报告文学

一行匆匆的脚印——澳行日记（张华胜·任　平插图）⋯⋯⋯⋯⋯⋯⋯⋯⋯⋯⋯⋯⋯⋯　赵丹涯
人与草⋯⋯⋯⋯⋯⋯⋯⋯⋯⋯⋯⋯⋯⋯　谢鲁渤
鹰从拉萨飞来⋯⋯⋯⋯⋯⋯⋯⋯⋯⋯⋯　苏韦君

短篇小说

在饭馆里⋯⋯⋯⋯⋯⋯⋯⋯⋯⋯⋯⋯⋯　李佳俊
韩宝泉分房记⋯⋯⋯⋯⋯⋯⋯⋯余小源　简庆闽
纠纷⋯⋯⋯⋯⋯⋯⋯⋯⋯⋯⋯⋯⋯⋯⋯　沈善漪
爱的潜流⋯⋯⋯⋯⋯⋯⋯⋯⋯⋯⋯⋯⋯　柯文辉
都德短篇小说四篇⋯⋯⋯⋯⋯⋯⋯陈学昭　舒　丹译

诗·散文

悠悠孺子心——深夏访巴金⋯⋯⋯⋯⋯⋯　范若丁
晚来的哀歌——吊方然⋯⋯⋯⋯⋯⋯⋯⋯　胡　征
南船北马集等（21 首）⋯⋯⋯⋯⋯公　刘　奕　林
冯增荣　田　地　孙武军
长江撷一捧浪花等（11 首）⋯⋯⋯刘益善　蒲祖煦
陈所巨　桂向明

江南文学院

谈一点儿现代主义 ································ 耿 庸
谈谈《组织部又来了年轻人》 ············ 煦 冬
生活的本色画 ································ 高松年
创作漫谈二题 ································ 谷斯范
编后记 ·································· 本刊编辑部

1983 年增刊 刊名：《江南》
目录

古井（黄荔生插图） ·························· 沈治平
　[附]作者手记：生活的启示
问心X愧（冯运输插图） ······················ 汪 雷
　[附]作者手记：忠于友谊　热爱生活
逝去的寒夜（王重义插图） ··················· 吴若萍
夜露（王义刚插图） ·························· 黄蓓佳
沧桑（李正杰插图） ·························· 程 远
女友阿蛇（董小明插图） ······················ 任大星
男子汉宣言（董小明插图） ··················· 何 群
月缺月圆 ·································· 黄复彩
大树下（郑凯君插图） ······················· 周海彦
　[附]女俘 ································· 汪 雷

1984 年复刊号 刊名：《江南》
目录

中篇小说
局势正在明朗 ································ 陈旭明
副经理的"生物钟" ·························· 董炳新
向着生活微笑 ························ 上海 陈继光
桔王世家的后裔 ····························· 陈 峻
司令与海 ·································· 杨德昌

报告文学
中国的回声 ·························· 陈冠柏 周荣新

短篇小说
乐山和他的妻子 ····························· 楚 良
海蛇 ···································· 许广跃

散文
洛基山中 ·································· 王西彦
阿依古丽 ·································· 徐开垒

诗歌
奉化四首 ·································· 冠 西
山水情（组诗） ····························· 傅天琳

海为什么是蓝的（组诗） ······················ 黄晓华
庄稼汉的骄傲（二首） ······················· 伊 甸
红手帕（外一首） ···························· 柯 平
十二个 ···································· 赵士旺
编者的话

美术
封面设计 ·································· 胡雨心
振兴中华（宣传画） ·························· 陈继武

1985 年第 1 期 刊名：《江南》
目录

中篇小说
龙的传人 ·································· 赵锐勇
野马赫浪托尔 ································ 东 苏
青春作伴好还乡 ····························· 李亚男
红楼轶事 ·································· 王英琦
戴绿色太阳帽的年轻人 ······················· 赵丹涯

长篇选载
红尘 ···································· 杨佩瑾

短篇小说
梦里杜康 ·································· 张日新

散文
悼念许钦文同志 ····························· 黄 源
遥远的吉他 ································· 刘湛秋

诗歌
大地 ···································· 赵 恺
大江日夜流 ································· 李 钢
飞天 ···································· 龙彼德

诗歌
大西北变奏曲（组诗） ······················· 沈泽宜
战争年代（组诗） ···························· 高 汾
写在黎明时期的乡村（组诗） ··················· 李岂林
乌桕（外三首） ····························· 蔚 文
乡村，我的摇篮 ····························· 黄坚亮
家族纪事（二首） ···························· 王建达
浪花情思（外一首） ·························· 董培伦

评论
准确描绘改革的真实势态——读中篇小说《局势正在
明朗》 ·································· 肖 荣
执着地追逐新生活的主潮——读《江南》复刊号小说

的一点感想 ———————————— 盛海耕

欣赏与借鉴

信手拈来的艺术——谈《灵猩车上的人》———— 达 岸
附：灵猩车上的人 ———————— [美]爱莉丝·亚当斯
潘大安译
美术题花 ———————————— 刘盈盈 倪集裘

1985 年第 2 期 刊名:《江南》
目录

中篇小说

面对新生命的诞生 ———————————— 聂鑫森
莴萝 ———————————————————— 巴 陵
桥上的路 ————————————————— 周嘉俊
老宅 ———————————————————— 光 仁
浮渣 ———————————————————— 巴 人

电影文学剧本

柔石 ———————————————————— 黄 越

短篇小说

诸侯翻墙记 ————————————————— 蔡未名
尤老汉站街 ————————————————— 朱玉君
山杜鹃 ———————————————————— 傅 瑜
变奏 ———————————————————— 吴广宏

欣赏与借鉴

一次成功的创作实验——谈辛格两个短篇小说休回忆
录的独特性 ———————————— 阿 茗 郭建中
附：《可怕的问题》、《洗衣妇》
———————————— [美]艾·巴·辛格原著
郭建中译

评论

历史与现实的艺术统一——读赵锐勇的《龙的传人》
———————————————————— 若 思
悲壮的传奇，深蕴的内涵——读《野马赫浪托尔》
———————————————————— 阙维抗
独具一格的画卷——简评《浮渣》———— 王欣荣

散文

草原的梦 ———————————————— 哲 中
二游黄山记 ————————————————— 冠 西
天涯海角 ———————————————— 左一兵

舟山诗会

蓝天鸽及其他 ————————————————— 陈云其

工厂的年轻人（组诗）———————————— 伊 甸
上海印象（外一首）———————————— 柯 平
蓝色畅想曲（外一首）———————————— 力 虹
致一株大树（外二首）———————————— 蒋荫尧
海洋抒情（组诗）—————————————— 程蔚东
短歌（二首）———————————————— 王自亮
穿龙裤的菩萨 ————————————————— 孙武军
远海（外一首）——————————————— 赵焕明
走向大西北（组诗）————————————— 何昌正
母亲树及其他 ————————————————— 虞国庆
你是天鹅的姐妹（外一首）—————————— 朱 涛

1985 年第 3 期 刊名:《江南》
目录

中篇小说

刺客在导弹发射前死去———— [黎巴嫩]穆罕默德·阿明
守 一译
太阳·月亮·星星 —————————————— 少 鸿
喋血松陵 ——————————————————— 孙树棻
岭南佳荔图 ————————————————— 张 翅

电影文学剧本

妇科医院 ——————————————————— 童汀苗

报告文学

"现代派"青年 ———————————————— 王旭峰

短篇小说

冤屈 ———————————————————— 周 易
稳笃公和他的茶壶 —————————————— 越 文
孕育 ———————————————————— 范小青

散文

季节交替的时刻（外三章）—————————— 莫 洛
歌声，诱发了心中的玫瑰（外一章）———— 刘 虔
樱花雨 ———————————————————— 张 烨
余姚行 ———————————————————— 史 莽
小雪人的泪及其他 —————————————— 陈大柔
寂寞岛（外二章）—————————————— 耿林莽
沿着一条小路 ————————————————— 刘登瀚
青春使者 ——————————————————— 林 源

诗歌

意象与沉思 ————————— 李发模 雁 翼 周 涛
洪 迪 缪国庆
大海抒情 ————————— 吴 晓 方 牧 炼 虹
陈桂珍 姜浪萍

绿色的火种（短诗集锦）……………张同吾 张常信
方竟成 周伦佑 楼 冰 李 浔 丁惠敏 禹 越

欣赏与借鉴
平淡中见真情（点评）
——关于《伊若克的两封信》……………雨 林
附：伊若克的两封信…………〔英〕艾伦·西利托
夏 天译 雨 林校

评论
独具色彩的生活画面——李杭育的"葛川江小说"散
论…………………………………………盛钟健
浙江改革题材小说述评………………骆寒超 魏 丁

1985 年第 4 期　刊名：《江南》
目录

中篇小说
刺客在导弹发射前死去
……………〔黎巴嫩〕穆罕默德·阿明著 守 一译
强盗·银元·少女………………………………葛广建
燃眉之急………………………………………文 新
夜静悄悄………………………………………王福基

时代风云录
来自老山的报告（报告文学）………………徐志耕
大背景（电视文学剧本）……………………路 驰
新与旧的交替（报告文学）…………………夏辇生

短篇小说
灵光遗情………………………………………卢 玲
雪桥……………………………………………许胤丰

诗歌
这阳关不是那阳关………………………白 航 骆寒超
唐 祈 邓荫柯
自然的施舍……………………………………唐 湜
绿色的火种（短诗集锦）………………俞 郁 沈 健

散文
赶海……………………………………………毛 英
吴山情……………………………………宋一洲 李国强

评论
新手法与多色调
——读聂鑫森《面对新生命的诞生》…………区 生
真情实乃文根本——读《茑萝》………………黄坚亮
别其一格的警世之篇

——读中篇小说《老宅》随感…………………高松年

借鉴与欣赏
一幅淡泊而生动的生活画面——读《曲轴》……阿 茗
附：曲轴………………〔苏〕瓦·舒克申著 梁爱菊译

美术
社戏之乡（油画）……………………………莫大林
水彩二幅………………………………………刘 航
南方的山（水粉）……………………………张华胜

1985 年第 5 期　刊名：《江南》
目录

报告文学·传记文学
生命在琴键上跳跃……………………………傅溪鹏
秦怡传…………………………………………陆寿钧

中篇小说
涉过山川………………………………………郑 蔚
东风唤回………………………………………耿 炜
少年行…………………………………………王誉笙
青龙山传人……………………………………潘大林

短篇小说
多布库尔湖畔…………………………………吴天行
祖坟……………………………………………津 谷
西村老糖哥……………………………………胡桔根

散文
太湖夜航（外三章）…………………………丁 芒
初春……………………………………………骆一禾
献给海…………………………………………王家新
他的眼睛俯瞰着整个地球……………………余福洲
跑马坡遐想……………………………………甘景山

诗歌
莽海上的家族…………………………………王 彪
故乡水是甜的…………………………………张 烨
生之痕…………………………………………冯增荣
蓝色的三棱草（组诗）………………………陈所巨
岱顶雄风………………………………………毛建一
古城……………………………………………尹建锋
江南，四月雨六月雨…………………………张文兵

评论
在腾飞的起点上——赵锐勇小说创作评析………魏 丁

借鉴与欣赏

剖析心灵的艺术·······················陈 雯

附：犹大····［爱尔兰］福克兰·奥康纳著 陈 雯译

美术

月夜（丙烯画）·······················陈仲常

授奖大会摄影·······················袁善德

1985 年第 6 期　刊名:《江南》
目录

中篇小说

一束将寄出的信·····················储福金

摊儿街传奇·························池如镜

他的背影像镜子·····················黄亚洲

半边莲，淡蓝色的小花···············周时奋

故乡明月在·························卞祖芳

迟开的金桂·························金越安

时代风云录

豆蔻年华···························江 声

短篇小说

南高峰下人家·······················杜丽蓉

大舜江上···························顾志坤

欣赏与借鉴

出神入化的烘托艺术——赏析《雨中行》·····郭凤璋

附：雨中行·······［苏］奥·冈察尔著 姚锦杰译

评论

中篇小说艺术谈

试谈情节"淡化"的艺术魅力···········刘景清

散文

草原的梦···························哲 中

梨乡雪（外三章）····················吕人俊

九曲重游记·························周岷山

诗歌

龙的驾驭者·························宫 辉

北方诗絮···························闻 波

故乡心····························方竟成

夏兰·····························李苏卿

美术

塘栖晨曲（水粉）····················唐雪根

樟林（水粉）·······················周本义

鼎月衔秋（木刻）····················傅希陶

1986 年第 1 期　刊名:《江南》
目录

中篇小说

肖恰克情歌·························沈贻炜

冬天，成熟的季节···················阳 磊

姐姐·弟弟·男友·女友···············秦文君

草帘村的故事·······················翁树杰

传记文学

赵丹七日谈·························汤 娟

时代风云录

传感（报告文学）····················陈加欣

她有一个动人的名字（报告文学）·······徐海滨

女厂长的苦与乐（特写）···············阿 茗

短篇小说

草鞋老爹的趣闻···········张璋灿 求渭生

"劳碌命"和"克夫命"···············陈 峻

夕照亭····························赵有根

散文

草原的梦···························哲 中

普陀二题···························杨光治

古城石头记·························陈 肃

开拓者·追求者·····················刘 蒙

炊烟·····························崔汝先

文艺信息

本刊设立"《江南》文学奖"启事·········编辑部

诗歌

奔流的生命·························吴 晓

火山之歌···························姜东舒

西部，神话的生身地·················章德益

访日诗抄···························冠 西

静静地，你们躺在这里···············张廷竹

船与波涛···························王建达

苹果树····························黄晓华

立交桥工地狂想曲···················蒲祖煦

受难者····························周思义遗作

评论

思辨与形象比翼齐飞（中篇小说艺术谈）·····阙维杭

耐人寻味的中篇隐层结构（中篇小说艺术谈）···杜荣根

人生价值的真谛——读《多布库尔水河畔》····高松年
民族精神的升华——读《来自老山的报告》····柳 岩
"末代"大学生的多重奏——读长篇小说《"末代"
大学生》····················舒尔文 郑 昀
捕捉普通教师的心灵搏动··············王嘉良

美术

水粉风景画三幅····················周诗成

1986 年第 2 期　刊名:《江南》
目录

中篇小说

地窨子························闻 波
栋梁湾轶事···············傅汉清 贺传圣
我曾经是军人····················张廷竹
捕鲨人·······················周毅如
祁副市长的一周···················朱德才

时代风云录

枪声响过之后（报告文学）············朱振国
我骄傲，我是一个兵（特写）···········马建华

散文

大地书页······················楼肇明
沉思和沉思者····················卢祖品
峨眉风情画·····················石 在
芭蕉，南国的芭蕉··················薛尔康

诗歌

对十二位巫女的祈求（外二首）··········彭浩荡
在芝加哥有一幢小楼·················严 阵
在紫光下······················叶延滨
东海岸揽胜·····················万九如
南方的雨季·····················李曙白
登天游峰（外一首）················向 青
人生和海······················尹剑锋
工地抒情······················朱金晨

中篇小说艺术谈

当代中篇传奇结构的艺术特征············董德兴
略谈中篇塑造人物形象的优势············竺洪波
再谈中篇小说的隐层结构···············杜荣根

美术

油画三幅······················吴迪华

1986 年第 3 期　刊名:《江南》
目录

中篇小说

黑葡萄眼睛·····················杨 杰
车祸························姬 姗
长城的子民们····················文 计
荒岛························高 锋

时代风云录

一个真正的"万元户"（报告文学）········李康贤
小楼一夜听春雨（报告文学）············陈冠柏
西行纪事（游记）··················叶宗轼

短篇小说

火中的那柄中国扇··················黄仁柯
苏师傅出逃·····················马秀琴
好邻居·······················傅菊坪
三会村轶事·····················邹小勾

诗歌

隐显在长城上的面孔·················梁 南
大自然：存在与寓言·················陈敬容
中国农村纪事····················柯 平
北京及其他·····················王自亮
诗的彩虹······················于宗信
优美的画卷·····················梁 南
玉门三题······················陈敬容
孩子王和他的王国（叙事诗）············贾丹华
短诗一束········陈桂珍 荣 荣 田 春 范少华

散文

钓台之夜（外一章）················高 钫
英雄林及其他····················唐 湜
故乡点点秋·····················李 耕
我会叩响你的门扉（外一篇）············楼 冰
愿新诗如春花开遍江南
——《江南诗会》侧记···············戚 方

欣赏与借鉴

逆反心理的艺术透视·················若 思
附：钢琴协奏曲第二十一乐章·······〔日〕远藤周作著
徐正友 吕 欣译

评论

似真似幻的荒蛮世界
——评闻波的中篇小说《地窨子》··········金健人
历史感与个性化（中篇小说艺术谈）·········戴 翊

张烨的《隐显在长城上的面孔》————骆寒超

美术

水彩四幅————高而颐
水粉二幅————白　洁

1986 年第 4 期　刊名:《江南》
目录

中篇小说

旋转（纪实小说）————陈　军
红圆圈，黑圆圈————傅菊坪
慕士腾格冰峰的雪豹————东　苏
望尽天涯路————金学种
"太白"酒仙————郑九蝉

短篇小说

天火————吴广宏
海溜子————龚泽华
父亲的画像————赵利平
古城河边————杜丽蓉

时代风云录

泱泱鉴湖水长流（报告文学）————石志明　黄　越
给地球划线的人（报告文学）————余小沅　福　庚

诗歌

腥味的海————王　彪
昨天的河流————陈云其
片羽小集————田　地
鸭绿江之歌————高　钫
大潮汛————丁　竹
大森林奏鸣曲————程蔚东

散文

故乡，有一片青青的竹园————戴忠平
冬天的夜————鲁潇英
父亲的潮烟管————沈泽宜

评论

扩展抒情视野的可喜趋势
——评《江南》复刊以来的诗歌————骆寒超
时代感召下的自我超越
——评郑九蝉小说创作的流变————高松年
当代中篇小说叙事形态的变化（中篇小说艺术谈）
————钟本康

欣赏与借鉴

借题发挥的佳例
——荐塞尔玛·拉格洛芙的《日蚀》————朱炯强
附：日蚀————［瑞典］塞尔玛·拉格洛芙著　人　望译

美术

水粉画三幅————张华胜

1986 年第 5 期　刊名:《江南》
目录

中篇小说

绿峡————郭小东
迷惘的乡梦————贺旭东
海上的风————瞿　旋
走向彼岸————朱振国
片断————蔡未名

时代风云录

窃冷的"普罗密修斯"（报告文学）————钱关富
重要角色————李烈钧
青烟馥郁————王仲元　俞嘉林

短篇小说

拥挤的教室，有一个空座位————陆林森
瞎眼渔人的传说————任一舟
金圣叹之死————彭　拜

散文

草原的梦————哲　中
泡沫————莫　洛
我的季节————冯伟丽
待渡之夜————吕人俊
春的脉搏————余　英
水巷————赵　敏

诗歌

黄河写意————吴　晓
远山与巨人————楼　冰
青灯和红烛（附：关梦南:《送辛笛》）————辛　笛
柏树和樟树————郑成义
南方的爱————柯　原
东钱湖————周志友
我这样爱过————黄亚洲
江南草————朱雪城
崇武海面掠影————万九如
火山口森林遐想————严成志
森林，生命的摇篮————祖淑英

评论

鲁迅的文学成就与地位 ·············吴中杰
情节淡化的两种走向及其艺术秩序（中篇小说艺术
谈）·······················盛子潮　朱水涌
挺立于长城脚下的子民们——评中篇小说《长城的子
民们》·······················封秋昌

美术

水粉画三幅 ···················陈仲常

1986 年第 6 期　刊名：《江南》
目录

中短篇小说

拜江猪 ······················许广跃
骚乱 ·····················万　刚　宋令俊
风，吹落了桂花朵儿 ·············施莉萌
老窖 ·······················津　谷
画家之死 ····················蔡暄民
生活的浪花 ···················刘瑞坤

报告文学

东方起动点 ···················陈冠柏
柳市的诱惑力 ··················袁亚平
西行！寻找我的森林 ·············赵丹涯

诗歌

大鲸鲨 ······················李　越
海 ·························杨　牧
无标题之夜 ···················李　钢
恋之声 ······················缪国庆
蓝色的海平线 ··················张文兵
风神·浪花·桅杆 ·······南　野　陈桂珍　阎受鹏

散文

猫头鹰带来了吉祥（外三章）·········张　烨
草原的梦 ····················哲　中
寻（外三章）··················徐成森
废纸堆里发现的诗人 ·············骆寒超

评论

致中国读者
——《鲁迅与日本人》中译本后序 ·······伊藤虎丸
画框式结构的开放性探求（中篇小说艺术谈）
·························宋耀良
对独特性和多样化的追求——《江南》一九八六年第
四期小说一瞥 ··················魏　丁

美术

油画三幅 ····················莫大林

1987 年第 1 期　刊名：《江南》
目录

传记文学

金山传 ···············赵云声　冼济华
序
畸形的家庭
一座金山
名剧《赛金花》
救亡演剧二队
南洋之行
又一位女明星闯入他的生活
一股特殊的势力
在松花江上
和孙维世重逢
盛大的婚礼
"紧箍咒"下的生活
复活
孙维世失踪
寻寻觅觅
第一次爱情
王莹与蓝蘋
舍命陪君子
李宗仁的贵宾
山河破碎风飘絮
山城雷电
"接收大员"
特殊的角色
舞台内外
失误与悔恨
中国话剧皇帝
银铛入狱
江青和叶群两条毒藤
最后一刻

中篇小说

骚动的灵魂 ···················曹征路
潜艇待命樵夫岛 ·················周冠宁

报告文学

泥土之魂 ····················丛正里
想当"太阳"的"月亮"·············郑云石

诗歌

洛华岛 ······················群　岛

海中舟的叙说 —————————————— 周孟贤
富春江游记 ——————————————— 袁一凡
山泉 ————————————————————— 蒲祖煦
冬游者 ———————————————————— 傅浙平

美术
生命 ————————————————————— 梁　铨
晴麓横云 ——————————————————— 陆俨少

1987 年第 2 期　刊名:《江南》
目录

中短篇小说
嗬吔，刀朗! ——————————————— 沈贻炜
月亮·海潮·女人 ——————————— 任一舟
次色 ————————————————————— 傅菊坪
黑水泱泱 ——————————————————— 石河子
穿过静静的枣林 ———————————— 章　频
水火吟 ———————————————————— 赵遵生
流汗的河 ——————————— 李也红　乔耀辉
局内局 ———————————————————— 陈应松
车站 ————————————————————— 张兹荣

报告文学
曲线 ————————————————————— 朱德才
逾越——记贝兆汉 ——————————— 高　钫

散文
我的海 ———————————————————— 王　彪
草原的梦 ——————————————————— 哲　中
问君可曾到武夷 ———————————— 刘　新

诗歌
东海诗群 ————————— 朱　涛　厉　敏　王建达
王明方　王自亮　苏明泉　丁　竹　李曙白　卢　俊
白夜的梦寐 ————————————————— 雁　北
历史的回声 ————————————————— 姜东苏
被遗忘的南国梦 ———————————— 陈侣白
童年纪事 ——————————————————— 左一兵
黑非洲的晨曦 ———————————————— 傅益民
《飞越冰峰》及其他 ——————— 龙彼德　向　青
黄东成　王信章

评论
王彪大海诗的美学追求 ————————— 盛子潮
在多重关系中展现时代主题——读中篇小说《拜江
猪》 ————————————————————— 竺洪波

一种模式的定势及其突破（中篇小说艺术谈）
—————————————————————— 魏　威

美术
生命 ————————————————————— 梁　铨
晴麓横云 ——————————————————— 陆俨少

1987 年第 3 期　刊名:《江南》
目录

中短篇小说
这里没有硝烟 ———————————————— 马建华
还有一位老船长 ———————————— 翁树杰
祠堂里和洋楼里的琐事 ———————— 惠迪吉
乳白色的晨雾和桔红色的夕阳 ——— 沈治平
桃汛 ————————————————————— 肖楚奇
剪马兰头的女人 ———————— 范维德　潘锡瑜

报告文学
大地为你辩护 ———————————— 卢　良　叶　辉
他目不斜视走自己的路 ———————— 王健飞

评论
老问题，再思考
重温《在延安文艺座谈会上的讲话》有感 —— 陆　炎
对当前文学理论一些问题的随想 ——— 冰　叶
作家的使命感和社会生活的本质 ——— 商　兵

诗歌
东海诗群 ————— 张　烨　李　越　戴忠平　张　宏
呵，这一片黑色的波涛 ———————— 沙　白
过滩及其他 ————————— 冯庆川　燕　翎　卢　俊

散文
最初的履痕 ————————————————— 谢鲁渤
秋意的南方和六月雪 ————————— 祖淑英
远行者 ———————————————————— 张黎华

电影文学剧本
大潮 ————————————————————— 童汀苗

美术
摇啊摇……（油画）————————————— 郑毓敏
采紫菜的渔家姑娘（工笔绢画）——— 徐启雄
霁月（中国画）—————————————— 姜宝林

1987 年第 4 期　刊名:《江南》
目录

中篇小说

魂系长江（纪实小说）……………………………葛广建
他们走向远方………………………陈小萍　胡小远
标会……………………………………………树　棻
神木匠…………………………………………林　深
爱，并不总是甜蜜的…………………………肖　坚

短篇小说

幻岛……………………………………………梁　辉
雪子……………………………………………蔡剑青
心灵……………………………………………马海春
不由自主………………………………………许广跃
月半佬…………………………………………屠渭兔

诗歌

东海诗群………………………………吴　晓　王　彪
缪国庆　陈云其　丁　竹
珍贝及其他……………………………………薛　菲
阿里山的姑娘…………………………………于宗信
不灭的火焰（外二首）………………………徐朔方

散文

第二十六个太阳（外二章）…………………夏　娃
一线天的故事…………………………………周岷山
沙梁上的小草（外一章）……………………蔡庆生
古镇新韵（特写）……………………………陈忠祥
封面设计………………………………………张华胜
恬静的清水湾（水印木刻）…………………陆　放

1987 年第 5 期　刊名:《江南》
目录

中篇小说

西部的太阳……………………………………沈贻炜
在城市的边缘…………………………………韦　加
生活的旋律……………………………………韩　冬
孤本……………………………………………季　宇

短篇小说

栗篷林里人家…………………………………马海春
马三嫂…………………………………………项俊波
思与梦…………………………………………吴君徽

纪实文学

美神（传记文学）……………………………石　楠
一片冰心在玉壶（报告文学）………………郑云石
巴金在杭州……………………………………薛家柱

诗歌

东海诗群………………………田家鹏　田　地　万九如
张文兵　林　侃　冯增荣　董培伦　陈桂珍
东舒诗抄………………………………………姜东舒
马背上的太阳·海浴…………………时星原　蔡天新

散文

琴遇……………………………………………丁　芒
向往大海………………………………………尹剑峰
折桂记…………………………………………吴丽嫦
栽花的女孩（外二章）………………………顾永棣

评论

生活、创作、审美理想………………………肖　荣
封面设计………………………………………张华胜
花鸟（中国画）………………………………夏子颐

1987 年第 6 期　刊名:《江南》
目录

中短篇小说

省港风云——两航起义在香港（纪实小说）…梁沪生
冰雪中的订婚典礼……………………………刘剑锋
渐变发射………………………………………傅菊坪
曾公正和他的七个"敌人"…………………张　雁
桥………………………………………………任道本

散文

歌本哈根的童话城……………………………阎纯德
故人何处………………………………………石　在
孤峰……………………………………………张黎华
浪花颂（速写）………………………刘开农　哀康庆

诗歌

东海诗群………………………………戴忠平　黄　石
俞苏伟　宋　瑜　程蔚东　南　野　傅浙平　蔚　文
敦煌旅思………………………………………唐　湜
《吕泗洋》简评………………………………骆寒超

传记文学

美神……………………………………………石　楠

电影文学剧本

天堂盛宴 ————————————————— 曾昭弘
封面设计 ————————————————— 张华胜
花鸟（中国）————————————————— 洪 瑞

1988 年第 1 期　刊名：《江南》
目录

"中国潮"征文
太阳底下是土地 ———————————————— 周时奋
归来的播种季节 ———————————— 朱 海 卢 良

中短篇小说
深棕色的拱门 ———————————————— 毛小榕
迎面扑来不是风 ———————————————— 徐海滨
亭亭水仙 —————————————————— 赵云声
故乡采风 —————————————————— 任 何
剃头佬毛四 ————————————————— 陆 明
省港风云（纪实小说）——————————————— 梁沪生
抹上传奇色彩有乡情 —————————————— 朱炯强
神峰 ————— [美]维拉·凯瑟 郑 昱译 徐人望校

纪实文学
桂子香年年 ————————————————— 叶文玲
让生命重新扬起风帆 —————————————— 郑云石

诗歌·散文
东海诗群 ———————————————— 丁 竹 李 越
余 刚 鲁 萍 曾 阅 巨 中 厉 敏 叶兆雄
九石渡 —————————————————— 蔡其矫
梦的挽留 —————————————————— 夏 娃
妻子的手 —————————————————— 高维晞
雪 ———————————————————— 朱 讯遗作

评论
沈贻伟小说创作简论 —————————————— 李 劼
86 与 87：《江南》及它的中篇小说 —————————— 魏 丁
评《蓝色海岸》 ————————————————— 骆寒超
春江水暖 —————————————————— 潘鸿海
春到江南 —————————————————— 翁祖亮

1988 年第 2 期　刊名：《江南》
目录

"中国潮"征文
明月共潮生 ———————————— 冯颖平 周荣新
春城无处不飞花 ———————————— 罗 石 建 华
人生档案 —————————————————— 海 子

中短篇小说
苇船 ————————————————————— 郭小东
路基石 —————————————————— 杜光辉
卡洛斯夫人 ————————————————— 杨宪光
油婆·佛将·矶谷廉介 ——————————————— 毕四海
周末 ————————————————————— 树 棻
大街小巷 —————————————————— 沈虎根
大海下面 —————————————————— 龚泽华
摸鱼 ————————————————————— 王春波
故乡采风 —————————————————— 任 何

诗歌·散文
东海诗群 ——————————————— 王 彪 吴 晓
王晓华 沈 健 刘小龙 周孟贤 张健桐
五月的彼岸 ————————————————— 刘湛秋
担水客 —————————————————— 徐 荣
向往 ————————————————————— 吕人俊

评论
先行者的形象 ————————————————— 西 野

特写
龙飞凤舞 龙腾虎跃 —————————————— 禾 木
水乡人家（封面油画）——————————————— 潘鸿海

1988 年第 3 期　刊名：《江南》
目录

"中国潮"征文
悠悠民生情 ————————————————— 叶 辉
"佛顶山"旋风 ————————————————— 吕 平

中短篇小说
寻找绿洲 —————————————————— 东 虹
狼岛 ————————————————————— 朱幼棣
恩仇栖凤岭 ——————————————— 董炳新 刘爱国
灵之旅 —————————————————— 沈嘉禄
超前变奏 —————————————————— 苏 荃
寒士 ————————————————————— 曹布拉
君子之约 —————————————————— 赵云鹤

特写
崛起·奋进 —————————————————— 顾金生
迎着风险前进的角色 —————————————— 孙玉卿
胸有广厦千万间 ———————————— 叶忠华 胡小远

诗歌·散文

东海诗群 ———————————— 戴忠平
黄亚洲 南 野 陈桂珍 王自亮 谢卫国
雪蜂之歌（长诗）———————— 岑 琦
戈壁的歌 ———————————— 哲 中
海燕·浪花（特写）—————— 闻 鸥
河边 ————————————— 潘鸿海

1988 年第 4 期 刊名:《江南》
目录

"中国潮"征文

迎接世界的挑战 ———————— 周时奋
血涌的节奏 ————————— 傅菊坪

中篇小说

厚土 ————————————— 李康美
城市不陌生 ————————— 谢鲁勃
阴影 ————————————— 杜文和
祭坛 ————————————— 阎欣宁
岔口 ————————————— 朱德才

短篇小说

喘息的山岭 ————————— 徐建平

纪实文学

同志·挚友·知己 —————— 钟桂松
谁持彩练当空舞 —————— 郑云石
决策者形象 ————————— 罗 实

诗歌·散文

东海诗群 ————————— 清 子 骆寒超
丁 竹 徐群飞 陈云其 朱谷忠 林文鹤 汪宛夫
美从生活渗透山水 ————— 梁 南
孤山（外二首）——————— 徐朔方
虎门炮台（外一首）————— 柯 平
太阳瀑布 —————————— 徐成淼
红雨 ————————————— 夏 娃
斜阳 ————————————— 潘鸿海

1988 年第 5 期 刊名:《江南》
目录

中短篇小说

休克 ————————————— 毛小榕
日食 ————————————— 顾守智
轨迹 ————————————— 韦 加

那古墓 ————————————— 任 何
剧团有个牟花旦 ————— 水 莲 汉 清
自扰 ————————————— 黄 越
小城故事多 ————————— 徐力伟

"中国潮"征文

悲壮进行曲 ———————— 石志明 周时奋
花边之路 —————————— 傅菊坪

报告文学

决胜岂止在明天 —————— 任斌武
无罪的杀手 ————————— 蔡未名

诗歌·散文

东海诗群 ———— 应忆杭 李 越 缪国庆 江 健
旅欧诗笺 —————————— 薛 菲
智慧园 ——————————— 唐 湜
迷人的维尔姆兰 —————— 阎纯德
白鹭（外二章）——————— 李 耕
老桥 ————————————— 潘鸿海

1988 年第 6 期 刊名:《江南》
目录

中短篇小说

女儿木 ——————————— 王德忱
人间五味 ————————— 张晓光 朱淑琴
逝者 ————————————— 健 力
小说二题 —————————— 马海春
突围 ————————————— 龚泽华
远岛的唏嘘 ————————— 梁 辉
虚伪 ————————————— 王安林
秋风起 ——————————— 殷光玉
三人舞·十五的月亮 ———— 刘 波

"中国潮"征文

冯根生二访加拿大 ————— 贝新荣
得人心者 —————————— 舒 楠
都市里的村庄 ———————— 许 建
折不断的翅膀 —————— 陈忠祥 徐新民
前奏 ————————————— 亦 秋
太阳从西边升起 —————— 任 峻
野马河 ——————————— 刘开龙
一个非农场主的故事 ——— 叶三宝 楼 蓝

诗歌·散文

东海诗群 ———— 方竟成 方 跃 冯增荣 张文兵
厉 敏 朱 涛 李曙白 蒲祖煦 姜诗元 王明方

乔延凤 俞 快 毛 瀚 骆 蔓 孙 平 叶飞云
我这里是两个源头························杨 牧
冒险游戏······························雁 北
那夜（外二首）·······················李发模
召唤·······························张黎华
金达莱，金达莱·······················周岷山
在海边·····························王晓华
高原风景线·························俞苏伟
村边小景·····························潘鸿海

1989 年第 1 期　刊名:《江南》
目录

传记文学
朱生豪传······················朱宏达 吴洁敏
作家书简·····························冯雪峰
楼适夷 曹 禺 黄 源 宋清如
朱生豪实现了鲁迅的企望
——《朱生豪传》序·····················黄 源
回忆朱生豪···························宋清如
读了《朱生豪传》及其序文···············宋清如

中篇小说
从春天到夏天·························王旭烽
金轮船·····························赵锐勇
香君酒家·····················王霄夫 玲 君
再也不能回头的年轻···················谢鲁渤

短篇小说
旅伴·······························高 光
童年·······························谷斯范
现在几点钟···························何蔚萍

散文
夏日杂感·····························陈学昭
老钟——记萧军·······················叶文玲
品画三题·····························赵丽宏

海外风情
访日见闻·····························袁一凡

评论
理论的悲剧···························冀 汸

"中国潮"六篇
璀灿星河里的小新星···················南 汀
鹃湖之春·····························刘开龙
崛起的西山下的企业···················孙明仁

湘江一条船···························郑云石
眼镜罗汉传奇·························朱维柱
美之歌·····························梁 健

编后记·····························本刊编辑部

1989 年第 2 期　刊名:《江南》
目录

纪实文学
钱江，在你的血脉中流淌
——夏衍故里行散记·················陈 坚 简 茗

中篇小说
她张臂向我走来·················任大霖 林 香
女爵士鼓手···························王恒信
梅林乡奏鸣曲·························王槐荣

短篇小说
留在海上的空船·······················蔡 康
城市今晚停电·························章屏婴
戏头脑·····························杨水土
狗案·······························刘烨文
体会做梦·····························白 红
书痴·······························姜 晋
傻子外传（故事新编）···················刘 金

海外风情
康乃馨的呼唤——捷克印象之一···········汪浙成

散文
马原印象·····························袁明华
方山月色·····························涩 水
住长城·····························顾 艳

诗歌
龙门石窟（组诗）·······················洪 迪
美丽瞬间（组诗）·······················叶延滨
非我之镜（组诗）·······················张德强
无始无终（组诗）·······················张新泉
江南，有杜鹃啼血（组诗）···············伊 甸
蓦然回首（组诗）·······················陈所巨
红手指（组诗）·························孙武军
病榻呓语（组诗）·······················高 光
台风季节（组诗）·······················陈 涛

报告文学
气质——事业成败的支柱···············楼震旦

人是第一位的 ………………………… 常 庄
企业家的胸怀 …………………… 任 何 闫 云

"中国潮"征文
男子汉的路 …………………………… 肖 草
没有戴上勋章的企业家 ……… 李小勇 江吉林
桥 …………………………… 陈 杰 尹 华
大山的儿子 …………………………… 赵 倩
创业路漫漫 ……………… 褚云皎 金阿根 冯小有

美术
台湾韩齐飞书录范曾《满江红》词一首

1989 年第 3 期　刊名:《江南》
目录

与祖国同命运 ………………………… 陈学昭

长篇小说
复仇与征服——爱河三部曲 ………… 赵锐勇

中短篇小说
大学无故事（中篇）………………… 杨 遐
髯公与鳖 …………………………… 肖 甫
雾海 ………………………………… 徐建国
绝艺 ………………………………… 孔繁强

朱生豪遗稿
朱生豪致宋清如 …………………… 朱生豪
朱生豪的《译者自序》……………… 朱生豪
怪人朱生豪 ………………………… 宋清如

报告文学
从石匠到企业家 …………………… 张德雄
逆境中的成功者 …………………… 黄梦燕
白天鹅 ……………………………… 刘开农

散文
练溪拾趣 …………………………… 黄绍筠
庐山之魂 …………………………… 洪铁城

评论
一条舒展、开阔的探索道路 ………… 唐 湜

"中国潮"征文
黄土高坡上的创业者 ………… 李小勇 江吉林
魂系"冠乐" ………………………… 赵 倩
新星，闪烁在工地上 ………………… 雨 辰

愉快的事业 …………………………… 金 楼
天生压魁 …………………………… 孙明仁
腾飞的驾驭者 ……………………… 乔鸣辉
江山，一家有名气的造纸厂 ……… 宋 晔 金 人

诗歌
辣紫的花穗（组诗）………………… 韩作荣
关于存在 …………………………… 梁晓明
心灵驿站（组诗）…………………… 赵焕明
写给波波（组诗）…………………… 林 染
海洋画家（组诗）…………………… 江 健
求是篇 ……………………………… 马君伟
大宫女 ……………………………… 徐家麟

美术
吻 …………………………… ［意大利］罗丹

1989 年第 4 期　刊名:《江南》
目录

中篇小说
特异功能 …………………………… 董炳新
写给女人看的故事 ………………… 毛小榕
梧桐树下 …………………………… 钟水宏
石莲与石强 ………………………… 骆 基

广播文学剧本
茅盾 ………………………… 曹 奔 曹 元

报告文学
给我一个空间 ……………………… 张抗抗
狂澜 ………………………………… 吕 平
三原色 ……………………………… 李 景

海外风情
莫斯科的早晨与夜晚 ………………… 朱 彦

散文
同事 ………………………………… 陈敏生
赞女记者 …………………………… 朱明溪

诗歌
野梦 ………………………………… 老 乡
人生感受（组诗）…………………… 何鑫业
又见江南，又见江南（组诗）………… 李 浔
下雪的日子（四首）………………… 柯 平
关于现代意识（四首）……………… 嵇亦工
生活态度（四首）…………………… 陈云其

诗四首 ·············· 崔汝先
拾枫小札 ·············· 姜　晋

"中国潮"征文
经纬航行的自动化控制 ·············· 章　斌
灵江悠悠绕九州 ·············· 肖　草
魔针 ·············· 赵　倩
海边男子汉 ·············· 小　草
化工王国中的骄子 ·············· 寒　欢
申屠水平, OK ·············· 广　文
用火焰书写企业的斑斑斓斓 ·············· 徐源来

1989 年第 5 期　刊名:《江南》
目录

旗帜鲜明地反对资产阶级自由化
坚定不移地繁荣社会主义的文艺 ·············· 彦　华

中篇小说
浮生 ·············· 曹布拉
过去的好时光 ·············· 旭　烽
都市里的恰恰和咪豆 ·············· 冯　洁
都市外的"嘿嘿"与恰恰 ·············· 袁　敏
东白山 ·············· 斯舜威
雅林村轶事 ·············· 尹文欣　周乃光

短篇小说
中转 ·············· 钱国丹
船夫 ·············· 杨世耀

海外窗口
难忘的巴伐利亚——联邦德国纪行 ·············· 车　进

评论
文学的娱乐和教育 ·············· 盛　英

报告文学
彩色的旋律 ·············· 南　燕
困境的角逐 ·············· 龙　渊　周巨轮
布满荆棘与鲜花的路 ·············· 肖　草

散文
五月三日记 ·············· 华　华
有雪与无雪的土地 ·············· 奕　林
五色草 ·············· 梁　琴

诗歌
古国屏风（外一首） ·············· 夏季风

群居生活（组诗） ·············· 阿　寅
冬日的阳光（外一首） ·············· 柳　江
漂泊者及其他（组诗） ·············· 闻　欣
诗三首 ·············· 蔡　耘
寂静的冬夜 ·············· 鹤　菁
夜窗（外三首） ·············· 唐　湜

"中国潮"征文
怒潮在历史狂涛中 ·············· 胡国钧
蓝火 ·············· 阿　必　故　园
蒋洪良三部曲 ·············· 周生良
梅花香自苦寒来 ·············· 可　人
艰辛而辉煌的事业 ·············· 徐源来
山羚, 漂亮的山羚 ·············· 宋　晔

美术
森（油画） ·············· 孙恒俊

1989 年第 6 期　刊名:《江南》
目录

中篇小说
雄性海 ·············· 汪　洁
走向纳木错 ·············· 袁明华
雨霖铃（中篇历史小说连载） ·············· 谷斯范
似烟似雾 ·············· 任　何
无词的悲歌 ·············· 赵　倩

纪实文学
无极的登攀 ·············· 朱振国
面对父母的婚变 ·············· 江润秋
开拓者的足迹 ·············· 黄梦燕

短篇小说
笔吏 ·············· 倪蓉棣
挂网 ·············· 费爱能
净地上的塑像（外一题） ·············· 董选康
九号墙门的邻居 ·············· 金阿根
谜 ·············· 鹿居邦

散文
大橡万年青 ·············· 叶文玲
高高的山岗上 ·············· 樊天胜
神秘的完达山 ·············· 周岷山
山水情怀 ·············· 陆士虎
牵牛花 ·············· 陈　方

"中国潮"征文

迈向新的境界————————————————袁哲飞　胡黎明
鸿鹄与飞鸽————————————————————赵　进
"奔马"的足迹———————————————————周道明
在贫瘠土地上创业————————————————木　燃　秋　华
橡胶王国中的新星———————————————————肖　草
残疾人的幸福之路————————————————南　汀　慈　姑
人怕出名——————————————————————古　荒
"赤龙"腾飞——————————————————晓　风　敏　敏

诗歌

大海抓住的语言——————————————————余　刚
致屈原（外一首）—————————————————郑　平
唐代诗人素描（三首）———————————————方　牧
水（外一首）———————————————————田　地
雪意（组诗）———————————————————洪治纲
结局（组诗）———————————————————戈　野
侧影之思（组诗）—————————————————李岂林
太阳颂——————————————————————桑士达

《江苏文艺》
（《雨花》）

【简　介】

　　综合性文学月刊。江苏省作家协会主办。创刊于1957年，1974年复刊。1979年1月由《江苏文艺》更名为《雨花》。办刊宗旨为"写实传统，现代精神，文学文化，人本人文"。办刊口号为"短些短些再短些"。

期刊号：1976年第1期—1989年第12期

1976年第1期　刊名：《江苏文艺》
目录

词二首———————————————————————毛泽东
水调歌头　重上井冈山　一九六五年五月
念奴娇　鸟儿问答　一九六五年秋
"农业学大寨　普及大寨县"小说专号
普及大寨县　笔底涌波澜（代序）————————舒　展
重返杨柳圩———————————————————成正和
开弓没有回头箭————————————————————黄蓓佳
田野欢歌———————————————————————刘丽明
卧龙山——————————————————郑再忠　翟永刚
半只匾———————————————————————樊大为
金帆河畔———————————————————————苏从林
领墒牛———————————————————————石殿梁
百泉溪———————————————————————洪　忍
青到柳林渡—————————————————————万叶树
庄户列车——————————————洪　叶　桂　庭　彦　生
板头师傅——————————————————————范小天
小站春暖——————————————————————高　华
关键问题——————————————————————张宇清
全党动员普及大寨县（歌曲）————易　人词　徐骏生曲
又一场酣战（诗配画）——致一位县委书记———徐大道
农业学大寨普及大寨县宣传画选登———————龙云绪
李荣洲　侯德剑

1976年第2期　刊名：《江苏文艺》
目录

再高险峰也敢攀——学习毛主席词《水调歌头·重上
井冈山》···江浦县汤泉公社泉西大队贫下中农评论组
无产阶级的反修战歌——学习毛主席词《念奴娇·鸟
儿问答》—————————————清江市工农兵文艺评论组

诗歌

毛主席诗词映天红（进军的号角）———————黄　诚
欢呼毛主席光辉诗篇发表————————————马国征
马陵山下大寨图（宿迁新民歌十八首）————郭玉珍
蔡崇秀　韩　坤等
长征精神颂——————————————————徐荣街
新苗颂————————————————————————马绪英
火红的战旗——————————————————————王　盛
夜读—————————————————————————孙洪法
波澜壮阔的进军———————————————————阎志民
整山治水歌——————————————————————樊永生
农业学大寨诗传单——————————————何晴波　沙　白
汗水浇开大寨花（九首）———————————池　澄　陈咏华

李忠田　吴丕能　薛尔康　言子清　高 风　吴广川
朱长林　徐永明
斗山号子（外二首）——————————施泽宏
雨花路·雨花村——————————————郭 浩
哑炮响了（叙事诗）—————————————黄东成
野营上井冈（外一首）————————————任红举
儿歌（三首）————————————————杨本红
红梅·红星——————————————————程步涛
大庆旗映炉火红（十二首）——————————邹国平
蔡克霖　赵翼如　张祖圻　邵学文　辛明水　徐新浦
贾 坤　刘永铭　林乃群　贾祖德
砥柱歌（散文诗）——————————————赵 恺
斗石人（散文诗·外一章）——————————李华岚
打夯歌（歌词）———————————————石启荣
亲人野营过山村（歌词）———————————屈加礼
书记的铺——————————————————类永藻

小说·散文

新一代的幼芽（小说）———江苏师范学院文艺创作组
老建议（小说）———————————————姜绪章
开场锣鼓（小说）——————————————陈小杭
迎风斗浪战水乡（散文）———————————海 笑

评论

批判投降主义的锐利武器——学习革命样板戏札记
——————南京大学工农兵学员　夏红根　秦其龙
从赵七爷放辫子谈起（杂文）————————伍幼威
"大买市"和大叛卖（杂文）——唐再兴　郑乃臧
略论诗味——————————————————王长俊
"响箭"与"诗美"——学习鲁迅诗论札记
————————————————郁贤皓　朱明雄
热浪滚滚迎春来——《江苏文艺》"农业学大寨　普及
大寨县"小说专号漫评———————————朱安平
起与伏——艺术辩证法漫谈之一———————吴功正
劈浪行（小戏曲）——————————————姜 威

1976 年第 3 期　刊名:《江苏文艺》
目录

"歌颂无产阶级'文化大革命'和社会主义新生事
物"征文启事————————————本刊编辑部
坚持文艺革命，反击右倾翻案风————————初 澜
决不允许污蔑革命样板戏——————焕 华　齐 威

小说

钟声凼凼——————————————————潘庆梅
血染的红旗————————————————严 清
讲坛上下—————————————————陈 肃

老委员新事————————————————韩 今
山泉浪花—————————————————李春溪

散文

金灿灿的路————————————————孙家玉
脚步响在江堤上——————————————成汉飚
奔腾的运河————————————————吴周文

诗歌

大寨花满江南春——江阴县华西大队农民诗选（八
首）———————————吴锡坤　瞿建明　吴荷英
吴玉明　吴汝根　丁乃一　张水清　陶玉锦　庞嗣铨
写在改山治水工地（五首）——————————韦兆瑞
侦察兵（外二首）——————————————葛 逊
叱咤风云（四首）——————————————宫 玺
春雨———————————————————陈永昌
局长出诊—————————————————赵康琪
父子俩——————————————————叶庆瑞
老贫农的话————————————————徐世珍
登上高高的钻塔——————————————海曙红
工地脚印·工地号子————————————翟博胜

评论

笑迎风雷勇登攀——————————————严迪昌
批判投降派的战斗诗篇
——————————南京部队某部坦克七连理论小组
和修正主义对着干——评影片《决裂》主题思想的战
斗性————————————————达英骡　韦松元
匕首与投枪
在"三项指示为纲"的背后
————————————无锡电缆厂工人　金荣庆
"NO"的哲学————————————————魏家骏
为新生事物放歌————南京真空泵厂工人　綦立吾
说"扭"—————————————————张震麟
"台风"析————————江苏省军区某部　黄胜平　吕立国
济金根和宋江———————————————包忠文
莺歌燕舞普新篇——读《江苏农民诗歌选》
————————常熟县练塘公社文艺评论组　阎 武
英雄典型与英雄群像——艺术辩证法漫谈之二
————————————郑乃臧　杨 杰　言子清
唱给新生事物的歌（进军的号角）——————邓伦远
江苏省农民画展览作品选登—————————曹 干等

1976 年第 4 期增刊　刊名:《江苏文艺》
目录

中共中央关于华国锋同志任中共中央第一副主席、国
务院总理的决议

中共中央关于撤销邓小平党内外一切职务的决议
伟大的胜利 ————————————《人民日报》社论
天安门广场事件说明了什么 ————《人民日报》社论
胜利篇（诗传单）————邹国平　路　桦　李寿生
热烈欢呼
致首都工人民兵
声援
追穷寇
铁拳（诗）————————常州市工人　赵翼如
我们全家一个班（诗）————江阴县社员　李　散
红旗，不容玷污（诗）————东台县知青　施泽宏
热烈欢呼党中央的英明决议（锣鼓词）
　　　————南京艺术学院戏剧系工农兵学院创作
天安门前赞青松（弹词开篇）
南京部队某部　周学生　镇江建筑公司民兵　汪遐宏
坚决拥护中共中央两项决议（速写）————黄鸿仪

1976 年第 4 期　刊名:《江苏文艺》
目录

小说
劈风斩浪篇
槐枝 ————————————————林启祯
春柳 ————————————————王茂林
青松（小小说）————————————陈乃祥
父辈的心愿 ————————————陆涛声
雁窝山的炮声 ————————————潘新宁

特写·散文
莺歌燕舞集
宿迁纪行（特写）————————————朱　墨
春竹赋（散文）————————————秦文玉
白茆唱新歌（散文）————————————路发金

诗歌
歌颂样板戏　回击翻案风
赞美你，革命样板戏（进军的号角）————安源生
张　玲
水上文艺轻骑队 ————————————李明耀
样板戏咱最爱 ————————————戴佳鸿
万千铁梅的回答 ————————————赵　萍
大声喝彩 ————————————————方庆昭
剪彩（外一首）————————————杨德祥
朝气蓬勃 ————————————————苏位东
大轴 ————————————————冯景元
青年突击队 ————————————赵　鋆
加油 ————————————————宋德咏
脚步 ————————————————钱锁松

教育革命惊雷滚
排笔赞 ————————————————卢　宁
在这搏斗的时刻 ————————————杨西北
校园铁姑娘 ————————————冯广友
红医兵 ————————————————倪　征
课堂炼出新一辈 ————————————周桂峰
夜明珠 ————————————————刘源春
第一回 ————————————————许　永
炮手 ————————————————龚　放
笑迎朝霞千万朵 ————————————张立国

评论
革命样板戏开拓了中国社会主义文艺的新纪元——驳
"革命样板戏阻碍了文艺的发展"的谬论————金实秋
一出以阶级斗争为纲的好戏——评现代革命京剧彩色
影片《盘石湾》————————凌焕新　张留芳
匕首与投枪
谈"李鬼认输"————————————吴树钧
从呼风唤雨说起 ————————————吉维明
"热心"小议 ————————————王耀祖
剖"麻袋绣花"————————————顾锦标
在"浩然巾"的掩盖下 ————————路　明
恶少的拳法 ————————————朱慕东
辨风识怪 ————————————————衡学明
一脉相承 ————————————————高宝根
马克思主义"必不可少"——学习鲁迅杂文札记
　　　————————————————王尔龄
论《水浒》的欺骗性 ————龚仕文　胡俊祥
"去邪归正"辨——剖析《水浒》章回开场诗
　　　————————————————罗吉生
发人深省——评影片《难忘的战斗》结尾艺术处理
　　　————————南京分析仪器厂工人评论组

戏剧
岗哨（独幕话剧）————————————镇江市
轻化纺局工人业余创作组创作　李晓农执笔
风华正茂（年画选登）————苏州桃花坞木刻组

1976 年第 5 期　刊名:《江苏文艺》
目录

小说
湖滨风云录 ————————————杨炳山
锋芒所向 ————————————————金曾豪
葡萄架下（上篇）————————————方同德
破土而出 ————————————————马春阳

前哨⋯⋯⋯⋯⋯⋯⋯⋯⋯⋯⋯⋯⋯⋯⋯⋯朱晓伶
一篇"造反宣言"（小小说）⋯⋯⋯⋯⋯⋯邹鸿喜

诗歌

斗妖驱雾镇逆流，笑看神州旗更红⋯⋯徐琳芬　周治庸
汤定华　龚志聪　王新中　曹瀛　张兴富　宫玺
十年放歌⋯⋯⋯⋯⋯⋯⋯⋯⋯⋯⋯⋯⋯⋯⋯杨槐
峥嵘岁月诗钞
红卫兵⋯⋯⋯⋯⋯⋯⋯⋯⋯⋯⋯⋯⋯⋯⋯刘华民
写在红卫兵接待站⋯⋯⋯⋯⋯⋯⋯⋯⋯⋯陈寅生
铁锤声声⋯⋯⋯⋯⋯⋯⋯⋯⋯⋯⋯⋯⋯⋯石启荣
浪尖的征帆⋯⋯⋯⋯⋯⋯⋯⋯⋯⋯⋯⋯⋯李寿生
革委会红牌扛肩头⋯⋯⋯⋯⋯⋯⋯⋯⋯⋯葛逊
我去（外一首）⋯⋯⋯⋯⋯⋯⋯⋯⋯⋯⋯樊永生
设计（外一首）⋯⋯⋯⋯华继文　王祖恩　徐德顺

评论

深刻反映无产阶级对走资派的斗争——学习毛主席关
于无产阶级"文化大革命"的重要论述⋯⋯⋯⋯许振华
伍幼威　李立忠
坚持文艺革命的正确方向——纪念毛主席《在延安文
艺座谈会上的讲话》发表三十四周年⋯⋯⋯⋯綦立吾
黄胜平　路明
匕首与投枪
"强盗装正经"——剖析一种反革命骗术⋯⋯⋯顾碧竹
六耳猕猴的把戏⋯⋯⋯⋯⋯⋯⋯⋯⋯⋯⋯左庆宇
真是"愚不可及"⋯⋯⋯⋯⋯⋯⋯⋯⋯⋯⋯朱安平
恶"郑声"与骂《春苗》⋯⋯⋯⋯⋯⋯⋯⋯张芳铭
"改"的奥妙⋯⋯⋯⋯⋯⋯⋯⋯⋯⋯⋯⋯⋯梁文
革命样板戏大得人心
⋯⋯⋯⋯⋯江苏省电影发行放映公司理论学习小组
"听唱新翻杨柳枝"——评短篇小说《红缨》
⋯⋯⋯⋯⋯⋯⋯⋯张理勤　汤海沐　臧鸿林
一场反复辟的战斗——评独幕话剧《岗哨》⋯⋯姚志强

戏曲·歌曲

阵地战（小扬剧）
⋯⋯⋯⋯⋯镇江市文工团集体创作　李荣坤等执笔
我为"文化大革命"高唱赞歌⋯⋯周祥钧词　程茹辛曲
重读中共中央五月十六日《通知》（进军的号角）
⋯⋯⋯⋯⋯⋯⋯⋯⋯⋯⋯⋯⋯⋯⋯⋯⋯卓昙慧

1976 年第 6 期　刊名:《江苏文艺》

目录

小说·散文

高高的桅杆⋯⋯⋯⋯⋯⋯⋯⋯⋯⋯⋯⋯⋯⋯徐朝夫
小天兵⋯⋯⋯⋯⋯⋯⋯⋯⋯⋯⋯⋯⋯⋯⋯许永
大革命的火星⋯⋯⋯⋯⋯⋯⋯⋯⋯⋯⋯⋯龚慧瑛
葡萄架下（下篇）⋯⋯⋯⋯⋯⋯⋯⋯⋯⋯方同德
关键时刻⋯⋯⋯⋯⋯⋯⋯⋯⋯⋯⋯⋯⋯⋯徐尚云
标语墙（散文）⋯⋯⋯⋯⋯⋯⋯⋯⋯⋯⋯李华岚
颂歌·战歌·凯歌（散文）⋯⋯⋯⋯路桦　宋如梁

诗歌

火的岁月（组诗）⋯⋯⋯⋯⋯⋯⋯冯新民　李莫森
战报主编⋯⋯⋯⋯⋯⋯⋯⋯⋯⋯⋯⋯⋯⋯李散
渔村烽火（三首）⋯⋯⋯⋯⋯⋯⋯⋯⋯⋯朱守明
青春的火花（沛县上山下乡知识青年诗钞）
⋯⋯⋯⋯李守唐　胡彭　李正席　李晓辉
风云录（三首）⋯⋯⋯⋯⋯⋯⋯⋯⋯⋯⋯戴佳鸿
出诊路——出征路⋯⋯⋯⋯⋯⋯⋯⋯⋯⋯赵康琪
花满舞台⋯⋯⋯⋯⋯⋯⋯⋯⋯⋯⋯⋯⋯⋯方忠

评论

革命文艺是无产阶级政治斗争的一翼——学习鲁迅关
于文艺的战斗性的论述⋯⋯⋯⋯⋯⋯⋯⋯张宏梁
限制资产阶级法权的壮丽画卷——革命样板戏《龙江
颂》学习札记⋯⋯⋯⋯⋯⋯⋯⋯⋯⋯⋯⋯华定谟
叱咤风云的无产者（征文选评）——评《湖滨风云
录》中的英雄形象何志豪
⋯⋯⋯⋯南京市工人文艺评论组　林钟　李少卿
国际主义的一曲颂歌——喜读《战火催春》
⋯⋯⋯⋯⋯南京图书馆工农兵评论组　茹文
匕首与投枪
辫子的变迁⋯⋯⋯⋯⋯⋯⋯⋯⋯⋯⋯⋯⋯沈逸
杀人不见血的武器⋯⋯⋯⋯⋯⋯⋯⋯⋯⋯隋湘文
鬼伎⋯⋯⋯⋯⋯⋯⋯⋯⋯⋯⋯⋯王强　朱振丰
"树"与"猢狲"⋯⋯⋯⋯⋯⋯⋯⋯⋯⋯⋯顾长华
苍蝇们的碰壁⋯⋯⋯⋯⋯⋯⋯⋯⋯⋯⋯⋯衡学明
"合格的螺丝钉"——从《第二个春天》中的刘之华
所想到的⋯⋯⋯⋯⋯⋯⋯⋯⋯⋯⋯⋯⋯成爱君

曲艺

枫红似火（坐唱）⋯⋯⋯⋯⋯东台县文工团　朱华山
校牌风云（鼓词）⋯⋯⋯⋯⋯镇江建筑公司　汪遐宏
狠斗走资派不留情（歌曲）⋯⋯朱坚词　周以萍曲
孔老二——邓小平——复辟狂⋯⋯⋯⋯⋯⋯王小孚

1976 年第 7 期　刊名:《江苏文艺》
目录

在斗争中建设党
-------《人民日报》、《红旗》杂志、《解放军报》社论

小说·散文
献礼的歌（散文）-------成汉飙　李湘子　翟立言

高歌向太阳
采自青山碧野的花束
时代最强音（小说）-------沈泰来
春潮滚滚（小说）-------成正和
山呼海啸（散文）-------夏坚勇
流水线上的风波（小小说）-------杨东亮
初征（小说）-------曾立平

诗歌
激流勇进（进军的号角）——纪念毛主席畅游长江十周年-------翟博胜
八亿人民要斗争（歌词专辑）-------李彦升　张祥康
方　忠　陈维仁　李　永　屈家礼　王建中　于美琴
一月风暴前夜（三首）-------邹国平
钢厂风云（二首）-------梁怀白
新苗苗壮（二首）-------韦兆瑞
山村纪事（外一首）-------宋彩玉
画笔当钢枪（儿歌二首）-------杨本红
当我迈进革委会大门-------王明贵
韶山车站（外一首）-------龙彼德

评论
揭示尖锐的阶级对立　开掘作品的思想深度——二谈深刻反映无产阶级对走资派的斗争-------郑乃臧
深刻反映与深入生活——三谈深刻反映无产阶级对走资派的斗争-------戴锦章　朱安平
时代的英雄——赞田春苗-------张　健　高万安
莺歌燕舞百花艳-------郁家勤

匕首与投枪
磨-------朱邦国
"奔"向何方-------陈新民
奇妙的等号-------陆启中
"盾牌"新辨-------顾长华
"老路"与"新路"-------叶　楠
苏修的新节日-------辛　求
激流中的浪花（征文选评）-------成爱君　黄志浩
斗争需要锋芒（征文选评）-------韦松元

曲艺
春梅（相声）
-------常州戚墅堰机车车辆厂工人业余创作组
无产阶级要战斗（歌曲）-------肖　奇
闻学英词　龙　春曲
江苏省职工业余文艺会演速写选-------红　字等
江苏省职工业余文艺会演剧照选-------刘栖梅

1976 年第 8 期　刊名:《江苏文艺》
目录

小说·散文
鲜花报警器-------江奇涛
铁马驰骋-------肖　平
老测工和他的尺-------殷志扬
喜人云-------李同溪
家（散文）-------张成珠
战斗的水乡（散文）-------李曙白
大路上的小故事（故事）-------刘本夫

诗歌
前进！红卫兵战旗-------纪　红
红卫兵在海疆（三首）-------葛　逊
难忘的日子（二首）-------阎志民
铁打的"等号"-------姜琍敏
中流击水（外一首）-------马绪英
红日出东海-------杨德祥
出征口-------朱金晨　周家骏

评论
彩笔绘英雄——四论深刻反映无产阶级对走资派的斗争-------杨问春
同走资派斗争的壮丽诗篇——评长篇小说《我们这一代》-------黄胜平
"文化大革命"的热情赞歌（征文选评）
-------徐宝成　张中源　黄毓仁
"这里永远是前哨"（征文选评）-------白万清　洪为民

匕首与投枪
"还乡团卜卦"新注-------史　勤
"卢布加戈比"的阴魂-------孙友俊
驯良、狂吠及其他-------顾用信
豪猪取暖和新沙皇的"接近"-------振　辉

读点鲁迅
"'将来'正属于这一面"-------钱林森
永远进击-------夏福民　瞿　玲
读《过客》有感-------梁　文

曲艺

江畔风景（快板书）⋯⋯⋯⋯⋯⋯⋯⋯⋯⋯孟尔方

两双草鞋（韵白表演）⋯⋯⋯⋯江宁县丝厂集体创作

毛主席的革命路线是咱们的生命线（歌曲）

⋯⋯⋯⋯⋯⋯⋯⋯⋯⋯南龚群词　王　颖曲

伟大的炮击（进军的号角）⋯⋯⋯⋯⋯⋯⋯王鹏程

1976 年第 9 期　刊名:《江苏文艺》

目录

极其悲痛地哀悼伟大的领袖和导师毛泽东主席逝世

中国共产党中央委员会

中华人民共和国全国人民代表大会常务委员会

中华人民共和国国务院

中国共产党中央军事委员会

告全党全军全国各族人民书

在伟大的领袖和导师毛泽东主席追悼大会上

中国共产党中央委员会第一副主席、国务院总理

华国锋同志致悼词

继承毛主席的遗志　把无产阶级革命事业进行到底

毛主席握过咱的手⋯⋯⋯⋯⋯南京无线电厂　孙　龙

踏遍青山指征程⋯⋯⋯⋯⋯南京市十月大队　何昌椿

亲切的关怀　深刻的教诲⋯⋯南京部队某部高炮三连

小说·故事

倒蹲点⋯⋯⋯⋯⋯⋯⋯⋯⋯⋯⋯⋯⋯⋯周正荣

扁担和喇叭（故事）⋯⋯⋯⋯⋯⋯⋯⋯⋯施伯冲

分水岭⋯⋯⋯⋯⋯⋯⋯⋯⋯⋯⋯⋯⋯⋯张宇清

铁支柱（故事）⋯⋯⋯⋯⋯⋯⋯⋯⋯⋯⋯陈学工

诗歌

深入批邓炮声隆（江宁县周岗公社批邓诗选）

⋯⋯⋯⋯⋯⋯⋯⋯⋯鲁民贵　王昌六等

永远进击歌⋯⋯⋯⋯⋯⋯⋯⋯⋯⋯⋯⋯林一天

十年战歌歌不断（五首）⋯⋯⋯何晴波　朱友圣

王志清　李曙白　须　平

写在火红的岁月（二首）⋯⋯⋯⋯⋯⋯⋯徐新浦

"三同"篇（三首）⋯⋯⋯王德安　刘晶林　张安生

山区农大⋯⋯⋯⋯⋯⋯⋯⋯⋯⋯⋯⋯⋯李玉银

评论

遵照毛主席对鲁迅的光辉论述　学习鲁迅　研究鲁迅

⋯⋯⋯⋯⋯⋯⋯⋯⋯⋯⋯⋯⋯⋯⋯包忠文

鲁迅在南京（上）⋯⋯⋯⋯⋯⋯⋯⋯⋯⋯文海石

匕首与投枪

倒提、倒退、倒悬⋯⋯⋯⋯⋯⋯⋯⋯⋯⋯达英骆

走资派的"嗜痂之癖"⋯⋯⋯⋯⋯⋯⋯⋯淮渔文

"点石成金"的新妙用⋯⋯⋯⋯⋯綦立吾　陈孝先

苏修新贵劣迹之一斑⋯⋯⋯⋯⋯⋯⋯⋯⋯朱邦国

1976 年第 10 期　刊名:《江苏文艺》

目录

中国共产党中央委员会

中华人民共和国全国人民代表大会常务委员会

中华人民共和国国务院

中国共产党中央军事委员会

关于建立伟大的领袖和导师毛泽东主席纪念堂的决定

中共中央关于出版《毛泽东选集》和筹备出版《毛泽东

全集》的决定

亿万人民的共同心愿

⋯⋯⋯《人民日报》、《红旗》杂志、《解放军报》社论

学习鲁迅　永远进击⋯⋯⋯⋯⋯⋯《人民日报》社论

一切听从以华国锋同志为首的党中央指挥，向搞修正

主义、搞分裂、搞阴谋诡计的人作坚决斗争

⋯⋯⋯⋯⋯⋯⋯⋯⋯⋯⋯⋯⋯⋯本刊编辑部

继承毛主席遗志　把无产阶级革命事业进行到底

韶山的怀念（散文）⋯⋯⋯⋯⋯⋯⋯⋯⋯金振林

明灯，永不灭（散文）⋯⋯⋯⋯⋯⋯⋯⋯刘健屏

红日永在心头照（诗十首）⋯⋯⋯许向南　何晴波等

伟大导师的足迹（诗三首）⋯⋯⋯⋯⋯⋯徐荣街

纪念鲁迅　学习鲁迅

我以我血荐轩辕（散文诗）⋯⋯⋯⋯⋯⋯李华岚

鲁迅墓前（诗）⋯⋯⋯⋯⋯⋯⋯⋯⋯⋯沙　白

鲁迅的骨头是最硬的（评论）⋯⋯⋯凌焕新　张留芳

"破帽遮颜过闹市"（评论）——学习鲁迅清贫生活札

记⋯⋯⋯⋯⋯⋯⋯⋯⋯⋯⋯⋯⋯⋯宗廷虎

鲁迅在南京（下）⋯⋯⋯⋯⋯⋯⋯⋯⋯⋯文海石

小说·散文

七月的进军⋯⋯⋯⋯⋯⋯⋯⋯⋯⋯⋯⋯秦文玉

风雨湖心岛⋯⋯⋯⋯⋯⋯⋯⋯⋯⋯⋯⋯王中华

掘进队长⋯⋯⋯⋯⋯⋯⋯⋯⋯⋯⋯⋯⋯何锡龄

连心线（小小说）⋯⋯⋯⋯⋯⋯⋯⋯⋯黄铁男

《战地黄花》（散文）⋯⋯⋯⋯⋯⋯⋯⋯龚慧瑛

绿溶溶的镜子（散文）⋯⋯⋯⋯⋯⋯⋯⋯德　咏

鼓声如雷（散文）⋯⋯⋯⋯⋯⋯⋯⋯⋯石伟民

新花（散文）⋯⋯⋯⋯⋯⋯⋯⋯⋯⋯⋯群　文

诗歌

矿山哨卡⋯⋯⋯⋯⋯⋯⋯⋯⋯⋯⋯⋯⋯金明德

铁人高唱"铁人歌"⋯⋯⋯⋯⋯⋯⋯⋯⋯何全力

评论

匕首与投枪

由"数字"想起的⋯⋯⋯⋯⋯⋯⋯⋯⋯⋯吴树钧

爱的变种⋯⋯⋯⋯⋯⋯⋯⋯⋯⋯⋯⋯⋯李少卿

可喜的第一步——评青年业余作者邹国平同志的诗作

⋯⋯⋯⋯⋯⋯⋯⋯⋯⋯⋯⋯⋯⋯⋯⋯陆建华

闪光的等号（进军的号角）⋯⋯⋯⋯⋯赵康琪

如东、启东美术作品选登⋯⋯⋯⋯⋯⋯施汉鼎等

1976 年特刊　刊名:《江苏文艺》
目录

热烈庆祝华国锋同志任中共中央主席、中央军委主席

热烈庆祝粉碎"四人帮"篡党夺权阴谋的伟大胜利

在首都庆祝大会上吴德同志的讲话

伟大的历史性胜利⋯⋯⋯⋯⋯⋯《人民日报》、

《红旗》杂志、《解放军报》社论

一个地地道道的老投降派⋯⋯⋯⋯⋯任　平

三月的租界⋯⋯⋯⋯⋯⋯⋯⋯⋯⋯⋯鲁　迅

国际歌⋯⋯⋯⋯⋯欧仁·鲍狄埃词　比尔·狄盖特曲

三大纪律八项注意⋯⋯⋯⋯⋯⋯⋯⋯红军歌曲

东方红⋯⋯⋯⋯⋯⋯⋯⋯陕北民歌　李有源词

给华国锋主席为首的党中央的致敬电

⋯⋯⋯⋯⋯⋯⋯⋯中共江苏省委、南京部队党委、

省军区党委、南京市委召开的军民庆祝大会

在华主席为首的党中央领导下，彻底清算"四人帮"

的滔天罪行⋯⋯⋯⋯⋯⋯⋯⋯⋯⋯本刊编辑部

以笔作枪诛"四害"

⋯⋯⋯⋯工农民业余作者　葛修瀚　徐朝夫　胡达武

打倒"四人帮"，消除大隐患⋯⋯⋯⋯南京大学中文

系工农兵学员　郝祚曦　刘国华　姜耕野

诗歌

进击之歌⋯⋯⋯⋯⋯⋯⋯⋯⋯⋯⋯⋯任红举

山村庆祝会⋯⋯⋯⋯⋯⋯⋯⋯杜怀阳　贾　征

普天同庆⋯⋯⋯⋯⋯⋯⋯⋯⋯⋯⋯⋯李克白

海岛游行⋯⋯⋯⋯⋯⋯⋯⋯⋯⋯⋯⋯屈家礼

高唱一曲红军歌⋯⋯⋯⋯⋯⋯⋯⋯⋯王德安

杂文

短剑篇

谈"帮"⋯⋯⋯⋯⋯⋯⋯⋯⋯⋯⋯⋯⋯祝　辉

篡改与篡权⋯⋯⋯⋯⋯⋯⋯⋯⋯⋯⋯凌焕新

"旗手"祈⋯⋯⋯⋯⋯⋯⋯⋯⋯⋯⋯⋯沈　津

歌曲·曲艺

紧密团结在华国锋主席为首的党中央周围（歌曲）

⋯⋯⋯⋯⋯⋯⋯⋯⋯⋯⋯⋯江苏省文工团词曲

山南海北齐欢畅（弹词开篇）⋯⋯⋯程中柳

八亿军民心向党（三句半）⋯⋯⋯⋯杨宣东

伟大的胜利、特大的喜讯（速写六幅）⋯⋯田　原

黄鸿仪　潘小庆　杨雨青　朱成梁　于小善　潘高鹏

1976 年第 11 期　刊名:《江苏文艺》
目录

华国锋同志是我们党当之无愧的领袖

⋯⋯⋯⋯⋯⋯⋯⋯⋯⋯⋯⋯《解放军报》编辑部

华国锋同志为我党领袖是毛主席的英明决策

⋯⋯⋯⋯⋯⋯⋯⋯⋯⋯⋯⋯《解放军报》编辑部

伟大的历史文件⋯⋯⋯⋯⋯⋯⋯⋯⋯任　平

为"四人帮"篡党夺权鸣锣开道的大毒草——评影片

《欢腾的小凉河》⋯⋯⋯⋯⋯省文化局大批判组

评张春桥的《今朝集》和《龙华集》⋯⋯萧　滂

散文·小说

向前进⋯⋯⋯⋯⋯⋯⋯⋯⋯⋯⋯⋯⋯王安忆

"示范动作"⋯⋯⋯⋯⋯⋯⋯⋯⋯⋯⋯胡达武

水乡女货郎（小说）⋯⋯⋯⋯⋯⋯⋯徐海伦

大海上交的试卷⋯⋯⋯⋯⋯⋯⋯⋯⋯顾　炎

诗歌

毛主席光辉照万代　继承遗志举红旗（民歌六首）

⋯⋯⋯⋯⋯⋯⋯⋯⋯⋯⋯⋯王洪武　吴晓晖等

毛主席——我们心中的红太阳⋯⋯⋯樊永生

栖霞红枫⋯⋯⋯⋯⋯⋯⋯⋯⋯⋯⋯⋯辛明水

不倦的窗口⋯⋯⋯⋯⋯⋯⋯⋯⋯⋯⋯苏位东

守桥战士的怀念⋯⋯⋯⋯⋯⋯王　盛　顾培棠

好呵，好!⋯⋯⋯⋯⋯⋯⋯⋯⋯⋯⋯⋯郭　浩

朝霞万里⋯⋯⋯⋯⋯⋯⋯⋯⋯⋯⋯⋯黄　诚

战士高唱三首歌⋯⋯⋯⋯⋯⋯⋯⋯⋯刘东岳

十月的矿山⋯⋯⋯⋯⋯⋯⋯⋯⋯⋯⋯孙友田

评论

党的干部的动人形象——评《创业》中华程形象的

塑造⋯⋯⋯⋯⋯⋯⋯⋯⋯⋯⋯⋯⋯⋯朱安平

短剑篇

在"淡然"的"一笑"背后⋯⋯⋯⋯苏　淮　渔　中

"四害"新析⋯⋯⋯⋯⋯⋯⋯⋯⋯⋯⋯顾长华

"帽子"小议⋯⋯⋯⋯⋯⋯⋯⋯⋯⋯⋯黄志浩

从戏，书说开去⋯⋯⋯⋯⋯⋯⋯⋯⋯张荣生

由一出丑剧所想到的⋯⋯⋯⋯⋯⋯⋯达英骏

码头哨兵（独幕话剧）⋯⋯南京市港务局工人文艺创作组

发自内心散文歌（进军的号角）⋯⋯⋯邓海南

摄影艺术⋯⋯⋯⋯⋯⋯⋯⋯⋯⋯⋯⋯倪龙山等

1976 年第 12 期　刊名:《江苏文艺》
目录

周恩来同志在梅园·····················庞瑞垠

小说·散文·特写
苍松赞
沂河扬波颂英雄（人物特写）·······方　之　郑乃臧
"老八路"新传（人物特写）·······王　健　野　苍

新竹篇
云雾茶（散文）·····················石殿梁
金穗岭新事（小说）·················沈泰来
雪梅（小小说）·····················陈民牛
浪花（小小说）·····················卢晓更

诗歌
赞歌飞向北京城　首首献给华主席·······郑文斌
马庆来等
今天·······························刘鹏春
革命洪流奔腾急·····················谈宝森
在毛主席视察过的山村（三首）·········戴佳鸿
在千千万万个闪光的窗口···············池　澄
扎根歌（三首）·····················黎　庶
中南海葵籽寄深情···················顾德山
喷火兵之歌·························程步涛
海滩夜练·····················张守忠　王天瑞

评论
"求全责备"是对马克思主义的反动——学习毛主席
对影片《创业》的光辉批示札记·······尤志心　郑　文
"四人帮"是破坏文艺革命的罪魁祸首
　　　　　　　　　　　中共淮阴地委大批判组
为教育革命高唱赞歌——评《园丁之歌》·······高同智

短剑篇
斥"乱得不够"·····················秦　陀
"新"与"老"·····················沈国忠
"呕心沥血"议·····················徐　卓
谈"变"···························陈新明
"旗手"与"扒手"···················常　英

曲艺
明灯永远照征程（对口词）·············茅建平
伟大的关怀（说唱）·················石启忠
华主席像请来了（快板表演）···········管祥瑞
特大喜讯传四方（唱词）···············顾维俊
一缸水（徐州琴书）·········王宗正　黄树林　闻毅斌

华主席登上天安门（进军的号角）·········仲　义
宣传画选登（四幅）·············南通市创作办公室等

1977 年第 1 期　刊名:《江苏文艺》
目录

纪念毛主席的亲密战友、敬爱的周总理逝世一周年
敬爱的周总理，故乡人民怀念您（散文）·······楚　宣
教诲·鼓舞·力量（回忆录）·············陶玉玲
周总理和桥工在一起（散文）·············洛　中
周总理和警卫战士心连心（散文）·········江奇涛
心中的纪念碑（诗）·················郭　浩
万人景仰谒梅园（诗）·················马国征
深切怀念周总理（弹词开篇）·······马中原　顾惠良
无限深情瞻梅园（速写）···············黄鸿仪
劲松挺翠　梅园长春（国画）···········宋文治

赞颂英明领袖华主席
华主席在韶山灌区（散文）·············金振林
十月的春歌（诗）·················马绪英
华主席接班把路引（歌词）·············胡焰红
光辉的典范（弹词开篇）···············顾聆森
华主席领航把舵稳（歌曲）·············钱雪潮
革命重坚定　真红不枯槁——赞陈毅同志的部分诗
作，纪念陈毅同志逝世五周年···············阎　武

小说·散文
汽笛长鸣（散文）·····················王浦舫
春潮，奔腾急（散文）·················刘建屏
写给雨花石的歌（散文）···············忻才良
胜天曲（小说）·····················王益山
枣花飘香（小说）·····················池　源

诗歌
基石送北京·························王天瑞
永不休战·························施泽宏
黄河故道放歌（组诗）·············阎志民　胡　彭
大江南北，大寨花红（六首）·······翟博胜　潘雨龙
袁万祥　吴丕能
工厂矿山，热浪滚滚（七首）·······郑成义　杨　毅
赵翼如　邵学文　漆杏亭

评论
万里征途靠领袖
　　——赞话剧《万水千山》·······严迪昌　叶维泗
评"三突出"·····················钟　奋　圣　平
研究红学是假　篡党夺权是真——斥江青歪曲《红楼
梦》的谬论·············南京图书馆工农兵评论组

砸烂"四人帮"的黑碑——评短篇小说《初春的早晨》………………………………………景 森
新春寄语……………………………………朱迺辉

短剑篇

"过河卒子"析……………………………张震麟
窃戏与窃党……………………………………黄毓璜
高举红旗焚"帮"符…………………………何 生
奇妖露狰狞……………………………………陆建华
韶山（国画）………………………………傅抱石

1977 年第 2 期　刊名:《江苏文艺》
目录

无限的怀念　无比的力量（速写）——淮安人民纪念周总理逝世一周年侧记…………楚 宣 安 武
怀念陈毅同志（革命回忆录）……………李惠海

小说·散文

万年松（小说）………………………………孙家玉
腊月春光（小说）……………………………徐朝夫
潮（散文）……………………………………群 文
青垅人的歌（散文）…………………………林启祯
红红的雨花石（中篇小说连载）………………海 笑
搬家（小说）…………………………………王承刚

诗歌

后继歌………………………………阿 谷　朱长林
缅怀周总理　壮志寄梅园（五首）…………方 忠
江广玉　吴 野　叶庆瑞　王志超
闪光的脚印……………………………………左一兵
唱了千秋唱万代………………………………何晴波
挡不住………………………………………胡有清
开荒曲（三首）………………………………齐匡之
跟着大寨脚印走………………………………文 苑
干校的春天（四首）…………………………宫 玺
公社春早…………………………张小兵　红 枫

评论

勃勃野心"千秋业"　忽忽一枕黄粱梦——评电影剧本《千秋业》…………卜仲康　董志翘　苏洪彪
一出配合"四人帮"篡党夺权的丑剧——剖析反动剧本《万柳村》……………………江苏省扬剧团
简论文艺创作和真人真事——驳"四人帮"的所谓"反对写真人真事"……………………董 健

张春桥是"国防文学"的吹鼓手……………王炳华
雍小平执笔

短剑篇

"火"…………………………………………苏 辉
江青所谓"第一线"…………………………衡学明
豺狼的眼睛…………………………淮阴县委大批判组
蓬间雀的哀鸣……………………无锡市十一中大批判组

曲艺

华主席穿上绿军装（对口剧）………………王 群
请捎上老房东的话　（唱词）………………季 华
书记重上红石山（徐州琴书）………………邓贞兰
南湖（国画）…………………………………钱松嵒
江苏省摄影艺术展览作品选登………………顾东昇等
向敬爱的华主席报喜（宣传画）……………成励志

1977 年第 3 期　刊名:《江苏文艺》
目录

毛主席、华主席、周总理、叶副主席、朱委员长关于向雷锋同志学习的题词

小说·散文

八月江潮（小说）……………………………朱国鼎
"拔河姑娘"（小小说）………………………邱 晔
争分夺秒（小小说）…………………………洪 叶
"有劲师傅"（小小说）………………………林震公
老杠新传（故事）……………………………李 军
太湖舢板（散文）……………………………邱 载
沸腾的海港（散文）………………瞿绪成　周连忠
红红的雨花石（中篇小说连载续一）………海 笑

诗歌

向华主席报喜…………………………………赵云生
无产阶级的战斗进行曲………………………王 鸿
大寨路上大干歌………………………………钱锁松
怀总理故居…………………………………鞠 盛
多少日子里，我经常想念……………………郑 铎
向海洋………………………………………郭小川遗作
我们的好班长，雷锋…………………………高 风
沸腾的装配线…………………………………辛明水
矿车飞奔……………………………………姜琍敏
给油井命名…………………………………姚焕吉
"干打垒"精神………………………………梁月志
支农曲………………………………………王鹏程

评论

"四人帮"鼓吹"写与走资派斗争的作品"是何居心
……………………………………………赵呈美

"三突出"的要害是篡党夺权
·································徐州市文化局大批判组
"四人帮"授意炮制的一株大毒草——评《走出"彼
得堡！"》··································李训延　夏福民
让报告文学恢复战斗的青春···无锡市文化局大批判组
人民的深切怀念——读怀念敬爱的周总理的部分诗歌
札记··································陆建华

短剑篇
治马与治国·································萧　衡
照相杂谈·································振　冲
"学生"考·································丁宏昌
江青的"点"·································贾　征

曲艺
我们是公社农机手（表演唱）沙州县南丰公社创作组
大干快上卷巨澜（词表演）·····················金实秋
井冈山（国画）·····························魏紫熙
星期天（版画）·····························丁立松
美术作品选登·················南通市、徐州市创作组

1977 年第 4 期　刊名:《江苏文艺》
目录

人民解放军占领南京（七律）·····················毛泽东
题梅园新村（绝句四首）·························董必武

欢呼集
热烈欢呼《毛泽东选集》第五卷出版（诗配画）
·································胡　朋诗　李建国画
誓将"五卷"高高举　抓纲治国志不移（诗八首）
·········张传浩　张祥康　陈惠春　邓纶远
唐经华　朱慕东　郭春祥　杜怀阳
宝书"五卷"捧在手（诗）·····················范欣生
激情如火（散文）——在敬印《毛泽东选集》第五卷
的日子里··························严如南　陈小杭
对"四人帮"必须一"追"到底——重读毛主席的光
辉诗篇《七律·人民解放军占领南京》·········佛　雏
白下红旗耀日明——读董必武同志为梅园新村题诗四
首··································郁贤皓　朱明雄

特写·小说·散文
丰碑颂（散文）·····························李华岚
飞渡天险追穷寇（革命回忆录）——回忆渡江前后的
侦察战斗·································曹兴德
大干社会主义的人们（韩桥煤矿人物特写）
他们特别能战斗·····························耿家强
不在册的采煤工·····························翟永刚

矿山铁姑娘·····················张国良　胡达武
永不松劲·································何锡龄
"老正点"·····················黄茂萱　褚庆箴
红红的雨花石（中篇小说连载续二）·············海　笑

诗歌
雨花石——一个新的传说·····················忆明珠
短歌（四首）·····························顾文俊
大庆路上旌旗奋（常州市工人诗选）·············邹国平
陈克平　赵翼如　管志怡　陈立秋　澄　碧　孙洪法
黄瑞康
家庭哨所（外一首）·························王　颖
哨所剪影（外一首）·························杨德祥
大干浪花（二首）·························孙　纲
大干汗水洗征衣·····························孔繁荣
女焊工·································赵永春

评论
"四人帮"是破坏"双百"方针的罪魁祸首
·································南京市工人文艺评论组
"四人帮"反革命的修正主义言论选批
·································江浦县文艺评论组
人妖颠倒　意在窃国
——简评反动影片《反击》·····················戴晓权
深文曲笔　居心险恶
——剖析梁效的一篇黑文·············徐　清　田　丁

短剑篇
武装和伪装·································路　丁
从"国服"说开去·····························雨　璜
自由神·白骨精·····························王兆贵

曲艺
追谷种（小戏曲）·····························李大任
瑞金（国画）·····························宋文治
宣传画选登·····················江苏人民出版社供稿

1977 年第 5 期　刊名:《江苏文艺》
目录

把无产阶级专政下的继续革命进行到底——学习《毛
泽东选集》第五卷·························华国锋

认真学习《毛泽东选集》第五卷
隆重纪念《在延安文艺座谈会上的讲话》发表三十五
周年
高举毛主席的伟大旗帜　繁荣社会主义文艺创作——
学习《毛泽东选集》第五卷笔会·················黎汝清

钱松嵒　朱国鼎　费新我　李斌炎　陈中凡　海　笑
姚　澄　吴调公　李明英　成正和

沿着毛主席的革命文艺路线奋勇前进——纪念毛主席
《在延安文艺座谈会上的讲话》发表三十五周年
　　　　　　　　　　　　　　　　　　　　江一毅

"讲话"的旗帜永远飘扬（诗配画）　　　　　　德　溥
炉台喜迎红宝书（诗）　　　　　　　　　　　朱守明
山村接宝书（诗）　　　　　　　翟博胜　施泽宏
雄文"五卷"照征程（诗）　　　　　　　　　何晴波
光辉的篇章（词表演）　　　　　　　　　　　吕一平
难忘的岁月（革命回忆录）　　　　　　　　　彦　军
乐在其中——下乡演出散记　　　　　　　　骆黎明

报告文学·小说·散文

东风浩荡（报告文学）　　　　　　　　　　　澄　碧
大庆新花开满枝（报告文学）　　　　　　　赵翼如
龙腾虎跃（小说）　　　　　　　　　　　　　韩　今
红红的雨花石（中篇小说连载续三）　　　　海　笑
旗山灯火（散文）　　　　　　　　　　　　田圣德

诗歌

钢厂诗抄（三首）　　　　　　　　　　　　邹国平
钻塔巍巍（四首）　　　　　　　李寿生　陈寅生
雷锋——你在春天里永生　　　　　　　　陈咏华
干校歌声（三首）　　　　　　　　　　　余光烈
绘蓝图　　　　　　　　　　　　　　　　王洪涛
布谷声声　　　　　　　　　　　　　　　唐炳良
祝贺你，歌手——给一位工人诗人　　　　赵向荣
高空女焊工　　　　　　　　　　　　　　王明贵
闪光的列车运行图　　　　　　　　　　　华继文
海防的风　　　　　　　　　　　　　　　谢鲁渤

评论

"四人帮"反革命的修正主义文艺言论选批
　　　　　　　　　　　　中共南通市委大批判组

短剑篇

江青的汗　　　　　　　　中共洪泽县委大批判组
从"云鹤"到"江天"　　　　　　　　　　程中原
从一则寓言想起　　　　　　　　　　　　周家骏
遵义（国画）　　　　　　　　　　　　　伍霖生
纪念毛主席词《蝶恋花》发表二十周年（印章作品选
登）　　　　　　　　　　　　　　　　陈大羽等
海港朝晖（国画）　　　　　　　　　　　徐天敏

1977 年第 6 期　刊名:《江苏文艺》

目录

华主席、叶副主席关于向硬骨头六连学习的题词

小说·散文·故事

炼（小小说）　　　　　　　　　　　　　顾寄南
大青河边（小小说）　　　　　　　　　　龚慧瑛
木匠的胸怀（小小说）　　　　　　　　　金曾豪
一丝不苟（小小说）　　　　　　　　　　石　嘉
姐姐（小小说）　　　　　　　　　　　　李　丰
松子（小小说）　　　　　　　　　　　　蒋玉德
想起三十年前（小说）　　　　　　　　　黄政枢
沧海横流（故事）　　　　　　　　　　　郑乃臧
红红的雨花石（中篇小说连载续四）　　　海　笑

诗歌

孩子们唱的歌（二十一首）　　　　　　　杨本红
许润泉　于学强　宋玉坤　朱文泉　王慧琪　邓纶远
张恩树　武万生　仇宏俊　唐光林　吴树敬　严宁生
邓传祥　项立忠　郝敬训　潘君明　顾建新
歌满青山（四首）　　　　　　　　　　　葛　逊
大庆春潮激（南通市工人诗选）　　　　　李曙白
朱友圣　庄锦生　石瑞礼　李浍清　施凤良　张小兵
工地之夜（外一首）　　　　　　　　　　田维俊

评论

敬爱的周总理和文艺革命（上）　　　　　陆建华
为繁荣社会主义文艺创作而斗争——学习《毛泽东选
集》第五卷札记　　　　　　　　　　　舒　闻
深远·深刻·深情——读诗札记　　　　　阎　武
一颗黑色信号弹　　　　　　　　　　　　枪　林

短剑篇

说"狗"　　　　　　　　　　　　　　　陈昕昕
从堂匾看姚文元　　　　　　　　　　　　丁正泉
瞒·毁·杀　　　　　　　　　　　　　　辛　求

曲艺

难忘的考试（弹词开篇）　　　　　　　　余建中
工地上来了五巧匠（表演唱）　　　　　　尚西平
阶级情深（苏州弹词）　　　　　　郁小庭　张棣华
我们一定要高举毛主席树立的大庆红旗（速写一组）
　　　　　潘高鹏　周　琛　张友宪　陈　耿　姜启才
大渡河泸定桥（国画）　　　　　　　　　秦剑铭
大庆红旗永远飘扬（诗配画）　　　　王德安　金恒良
江苏省美术展览作品选登　　　　　　　　吴俊发等
春色满园（国画）　　　喻继高　叶矩吾　刘菊清　张德泉

1977 年第 7 期　刊名:《江苏文艺》

目录

学习湖南文艺革命的宝贵经验
繁荣社会主义文艺创作⋯⋯⋯⋯⋯⋯本刊编辑部

革命回忆录·小说·报告文学
跟随朱总司令的日子（革命回忆录）⋯⋯⋯黄朝天
幸福的回忆　深切的怀念（革命回忆录）
　　　　　　　　　　　　　　　《南化工人报》
浓笔重彩描华西（报告文学一组）⋯⋯⋯⋯石　竹
翟博胜　王志超　溪　源　陈复观　程　玮
喷涌的山泉（小说）⋯⋯⋯⋯⋯⋯⋯⋯张宇清
红红的雨花石（中篇小说，续完）⋯⋯⋯海　笑

诗歌
华主席最知人民心（新民歌七首）⋯⋯⋯何玉宝
王鹏程　王德荣　彭学文　薛锡祥　张朝骏
赞颂华主席（七律四首）⋯⋯⋯⋯⋯⋯马国征
战火纷飞的年代（二首）——记华主席当年在吕梁山
　　　　　　　　　　　　　　　吴　野　叶庆瑞
葡萄熟了⋯⋯⋯⋯⋯⋯⋯⋯⋯⋯⋯樊永生
袖口上一朵飞絮在飘⋯⋯⋯⋯⋯⋯⋯朱　坚
朱委员长来到汽车城⋯⋯⋯⋯⋯⋯⋯辛明水
霞姑⋯⋯⋯⋯⋯⋯⋯⋯⋯⋯⋯⋯李华岚
歌飞井冈山（三首）⋯⋯⋯⋯⋯⋯⋯于　沙
西柏坡⋯⋯⋯⋯⋯⋯⋯⋯⋯⋯⋯⋯宫　玺
枫林曲（外一首）⋯⋯⋯⋯⋯⋯⋯⋯刘　章
"火"书记的歌（三首）⋯⋯⋯⋯⋯⋯戴佳鸿

评论
敬爱的周总理和文艺革命（下）⋯⋯⋯陆建华
"誓拼热血固神州"——学习朱德委员长的部分诗作
　　　　　　　　　　邹雨善　秦兆基　李　宁
歌颂党⋯⋯⋯⋯⋯⋯⋯⋯⋯⋯⋯⋯吴　雪
党的领导诗文艺革命的胜利保证⋯⋯江阴县评弹团
用辩证法指导文艺创作⋯⋯⋯⋯⋯⋯石　林
《春苗》——一株毒苗⋯⋯⋯唐再兴　金荣庆

短剑篇
抓"辫子"与露"尾巴"⋯⋯⋯⋯⋯⋯冷　闻
江青的"老"与"不老"⋯⋯⋯⋯⋯⋯顾长华
析"笔"⋯⋯⋯⋯⋯⋯⋯⋯⋯⋯⋯石　梨
娄山关（国画）⋯⋯⋯⋯⋯⋯⋯⋯⋯金志远
永不卷刃的刀锋（诗配画）——赞"硬骨头六连"
　　　　　　　　　　　　任红举　赵文元画
摄影作品选登⋯⋯⋯⋯⋯⋯秦　炎　瞿必伦等
摘不完的丰收果　说不尽的鱼水情（年画）⋯⋯王福元

1977 年第 8 期　刊名:《江苏文艺》

目录

中国共产党第十届中央委员会第三次全体会议公报历
史性的会议
⋯⋯⋯⋯《人民日报》、《红旗》杂志、《解放军报》社论
三中全会树丰碑（颂歌一辑）⋯⋯⋯⋯丁士凤
谷万祥　帅国华　李玉家　胡鹏南　陈德和　夏福民
林一天　曹念祥

回忆录·小说·特写·故事·散文
赣江怒潮——南昌起义采访札记⋯⋯⋯金振林
卫岗首战（革命回忆录）⋯⋯邹志成讲述　骆中采写
闪亮的刀尖子（特写）⋯⋯⋯⋯⋯⋯贾晓晨
雪原篝火（小说）⋯⋯⋯⋯⋯⋯⋯⋯江奇涛
连心泉（散文）⋯⋯⋯⋯⋯⋯⋯⋯⋯卢晓更
三点"铁爆仗"（故事）⋯⋯⋯⋯⋯⋯秦培新
主轴（故事）⋯⋯⋯⋯⋯⋯王冬爱　蒋荣华
老铜匠学艺记（故事）⋯⋯⋯沈洪勋　孙卫星
黄海红霞（散文）⋯⋯⋯⋯⋯⋯⋯⋯姚硕仑

诗歌
长缨集——纪念中国人民解放军建军五十周年诗辑
秋收起义光芒普天照（外一首）⋯⋯⋯任红举
咏卫岗⋯⋯⋯⋯⋯⋯⋯⋯⋯⋯⋯⋯艾　煊
炮车拉上井冈山⋯⋯⋯⋯⋯⋯⋯⋯⋯贺东久
换防⋯⋯⋯⋯⋯⋯⋯⋯⋯⋯⋯⋯⋯王君亚
今日淮海战场⋯⋯⋯⋯⋯⋯⋯⋯⋯尚　宇
为我战备炼硬功⋯⋯⋯⋯⋯⋯⋯⋯⋯孙念利
主心骨⋯⋯⋯⋯⋯⋯⋯⋯⋯⋯⋯⋯徐明德
我们的练兵场⋯⋯⋯⋯⋯⋯⋯⋯⋯葛　逊
岛峰气象站⋯⋯⋯⋯⋯⋯⋯⋯⋯⋯李同溪
我驾战鹰出击⋯⋯⋯⋯⋯⋯⋯⋯⋯耿龙武
代代传唱黄桥歌⋯⋯⋯⋯⋯⋯⋯⋯⋯石启荣
过老山背⋯⋯⋯⋯⋯⋯⋯⋯⋯⋯⋯束景南
淮海战役英雄谱
火光中的歌⋯⋯⋯⋯⋯⋯⋯⋯⋯⋯徐荣街
英雄排长⋯⋯⋯⋯⋯⋯⋯⋯⋯⋯⋯张朝骏
钢铁战士⋯⋯⋯⋯⋯⋯⋯⋯⋯⋯⋯华继文

评论
热情讴歌人民军队的丰功伟绩——庆祝中国人民解放
军建军五十周年⋯⋯⋯⋯⋯⋯⋯⋯易恭皎
先验的模式　热昏的胡话——"三突出"剖析
　　　　　　　　　　　　　　　　　谭冬梅
高楼平地起（创作交流）⋯⋯⋯⋯⋯张家玉
多编多演新剧目⋯⋯⋯⋯⋯⋯⋯⋯⋯沈　毅

一张反革命的运行图——评短篇小说《警钟长鸣》
——————————子 南 伯 良 美 忠 超 俊

杂文

单干户·大算盘————————————陈新民
说"头"————————————————祝 辉
江青的"不甘示弱"——————————朱安平
关于《游击队歌》(文艺书简)—————贺绿汀

曲艺

山里人高擎大寨旗(山歌联唱)————张立国
铺路(相声)————————蒋士宏 范涵承
游击队歌(歌曲)————————贺绿汀词曲

宝塔山高延河水长(国画)——————亚 明
司号兵的歌—————————余光烈诗 曹望恺画
庆祝中国人民解放军建军五十周年美术作品选登
——————————————————张华青等
淮海大战(油画)——————陈 其 赵光涛
陈 坚 魏楚予

1977 年第 9 期　刊名:《江苏文艺》

目录

热烈拥护党的第十一次全国代表大会的胜利召开
热烈拥护党的十一届一中全会的胜利召开
中国共产党第十一次全国代表大会新闻公报
中国共产党第十一届中央委员会第一次全体会议新闻
公报
伟大的里程碑——热烈祝贺党的十一大胜利闭幕
———《人民日报》、《红旗》杂志、《解放军报》社会
毛主席旗帜万代红(新民歌八首)—————余长飞
胡向东 倪德龙 赵云生 杨志华 张祥康 涌 泉
金斗吉 赵 忠
光明颂(诗)————————————冯亦同
奔向未来(诗)————————————王建海
满江红(颂英明领袖华主席)—————夏振明
党的十一大鼓舞我们前进(歌曲)
——————————解华词 高 维 解华曲
速写(八幅)———李树勤 陈海兴 吴同椿 委 青
曹望恺 罗剑钊 黄鸿仪 宿迁县文化馆美术组
印章作品选登(九方)——————陈大羽 田 原
宋 朗 郁文盛 玛 儿 徐石桥

隆重纪念伟大的领袖和导师毛主席逝世一周年
毛主席登临云龙山(散文)——————王中恩
毛主席视察天文台(散文)——————李志勇 郭志明
桥工想念毛主席(散文)
——————————中共南京长江大桥管理处委员会
南湖抒情(散文)—————————舒 薇
茨坪漫记(散文)—————————宋 楷
世代高歌《东方红》(新民歌九首)———王慧琪
马庆来 赵云生 范佐寅 顾文俊 邵振华
光辉的历程(诗)————————韩作荣 杨 毅
金恒良 周广秀 叶晓山 阎志民 丁卫华 陈 祥
钱锦芳 高庆荣
不,毛主席没有离开我们(诗)————黄东成
一年……(诗)—————————徐新浦
心中牢记九月九(短歌四首)———刘湘如 邓纶远
人民的怀念(诗)————唐大同 齐匡之 康新民
陆潮洪 沈智侠 王沪鹰 陈永昌 陈咏华
挽歌(二首)————————许 青 臧云远
毛主席(诗)
——————[英国]柯克·格拉斯葛尔德作 赵瑞蕻译
毛主席(诗)——[美国]露丝·赛尔曼作 赵瑞蕻译
追念毛主席对江苏的关怀(词一首)———马国征
继承毛主席的遗志,繁荣社会主义文艺创作(笔会)
——————————————徐天敏 王益山
金 毅 陆忠宽 叶庆瑞 宫 玺
在毛主席纪念堂工地上(唱词)————刘安仁

小说·散文·革命故事

石匠的心愿(小说)————————刘振华 程乐坤
镇妖记(革命故事)
——————湖南省衡阳地区文化局革命历史故事创作组
我是林场一棵桑(散文)——————光 燧
"三水书记"(小说)————————邱 晔
艺苑新花(散文)————————何琼崖

评论

写好成长中的英雄
——从《海岛女民兵》的海霞形象谈起————方全林
读诗小札————————————杭 雨
跋山涉水为工农(文艺书简)—————梅 琪

短篇

张春桥的"护"与"打"——————苏 辉
江青和梁漱溟————————————黎 闻
"瞎眼"的变迁————————————龚怡祖

西柏坡(国画)(封面)——————徐天敏
伟大的丰碑(诗配摄影)(封二)————范欣生诗
杨开慧(连环画选登)(封三)————张晓飞等
泪水洒满丰收田(油画)(封四)
——————————————陈丹青 阿旺曲札

1977 年第 10 期　刊名:《江苏文艺》

目录

小说·散文·报告文学

太湖儿女怀念毛主席（散文）————陆　雨　章左声
绿色的河岸（小说）————王中华
估不透（报告文学）————孙　超　杨菊生　潘美忠
迎风崖（小说）————贺毅武
山村红枫（散文）————江广玉
飞驰吧，时代的列车（散文）————袁养和
歌手的青春（散文）————龚慧瑛　侯明铎
一只虎骨酒瓶的来历（小说）————唐炳良
螃蟹宴（小说）————姜绪章
大决战的日子（报告文学）————朱国鼎
芦笛声声（散文）————洪　忍

诗歌

江南行（外一首）————叶圣陶
水————陈克平
看宏图————桑恒昌
雨中秋播————吴广川
五彩路————朱剑钟
水乡曲（二首）————孙友田
算盘声声————张仲谋
第一个年头————马　啸
工地灯火————张成福
大干社会主义歌————谈　逵
大干的鼓声（二首）————邹国平
电花飞舞（外一首）————张广吾　赵康琪
沸腾的石化厂————贺锡祥
排字工人的歌————贾祖德
对手赛————栾晓明
革新手————路　桦
高速跃进————赵翼如
苹果园抒情————李晓辉
抓纲治国情满怀————徐在明

评论

革命与反革命的生死决斗
——喜看话剧《峥嵘岁月》————郁家勤　陈孝兴
如闻其声　如见其人
——谈谈人物语言的个性化————吴调公
语言·性格——学习鲁迅作品札记————艾　斐
生动·别致·风趣——漫评《江苏文艺》一九七七年
第六期短篇小说————红枫　雪松
评弹要像评弹————平　言
喜读《宿迁新颜》————年之福　李宁安　彭玉明

短剑篇

假话与"真话"————秦　陀
姚文元的"眼光"————李暑明
"四人帮"的"卫星"————夏福民

曲艺

传经记（山东快书）————陈增智
天安门（国画）————黄鸿仪
学习铁人读马列（诗配画）————贾祖德
邳县农民画————袁小红　冯召艾　谢振铎　赵枫权
播春（国画）————赵绪成　盖茂森

1977 年第 11 期　刊名:《江苏文艺》

目录

江苏省专业文艺团体创作节（剧）目会演开幕词
————李　进
春满舞台
——热烈祝贺全省文艺会演————本刊评论员

剧本

挡不住的火车头（六场话剧）
————徐州市文化局创作、管昭林执笔
双送鞋（独幕淮剧）————江苏省淮剧团创作、王沂执笔
听鱼（小戏曲）————洪泽县文艺创作组创作、刘楠执笔
"老戏迷"改戏（小锡剧）————徐永明

曲艺

"我把党来比母亲……"（唱词）————余建中　孙鸿明
敬献冰莹如玉水晶石（鼓词）————苗　舜　程　普

评论

谈谈戏曲流派唱腔————侯镜昶
解放思想、大鼓干劲，努力繁荣社会主义文艺创作
（文艺简讯）————本刊记者
省小说、评论座谈会纪要————本刊记者

庐山（国画）（封面）————陈大羽
向科学进军歌（诗配画）（封二）————石　醒
江苏省专业剧团文艺会演剧照、速写选登（封三）
————刘栖梅等
弯弓射日到江南（水印木刻）（封底）————朱琴葆

1977 年第 12 期　刊名:《江苏文艺》

目录

彻底推翻"文艺黑线专政"论　甩开膀子大干文艺革命（笔会）
一条红线照征程·························黎汝清
"文艺黑线专政"论的破产···············陈瘦竹
诗人兴会更无前·······················忆明珠
我是见证人···························马春阳
写所谓"走资派"是假，搞阴谋文艺是真
·································省文化局大批判组

小说　散文
龙山脚下（小说）·····················殷志扬
踢开头三脚（小说）···················张道坤
洞庭红（散文）·······················邱　载
教师之歌（散文）·····················翟博胜
凌云志（小说）·······················葛修瀚
不锈的锹（散文）·····················袁成兰

诗歌
写在毛主席纪念堂（二首）·············凌　大
唱给清水塘的歌（外一首）·············徐荣街
毛主席没有走·························王　盛
海滩花（组诗）·······················束景南
读《陈毅诗词选集》···················周志陶
渠道的赞歌···························季振邦
小站·································翟秀琪
大寨红花染春色（短歌四首）···········何晴波
路···································刘晶林
练兵场上·····························薛锡祥
女皇狂想曲（般涉调）·················陈启明

评论
根据实际生活创造各种各样的人物——学习《在延安文艺座谈会上的讲话》札记···········王长俊
"主题先行"是什么货色················杨伟中
颂歌献给华主席——读阎志民同志的几首诗··陆建华
谈谈诗歌的夸张················秦兆基　李　宁
读诗小札（下）·······················杭　雨
关于一首歌曲的说明（文艺书简）·······贺绿汀
从屎壳螂推粪谈起（杂文）·············顾长华

曲艺
和郭沫若同志（满江红）
·················为毛主席诗词谱曲　贺绿汀
电子应用开新花（沪剧表演唱）
·············常州市无线电局业余文艺宣传队创作

毛主席纪念堂（国画）（封面）·········尚君砺
同志，请安静（诗配画）（封三）·······周　波
江苏省专业文艺团体创作节（剧）目会演（戏剧节目剧照选登）（封三）···········陈　哲等
赞雷锋（油画）（封四）···············陈世宁

1978 年第 1 期　刊名:《江苏文艺》

目录

毛主席给陈毅同志谈诗的一封信

诗
青松为什么开白花？——献给一月八日·····徐　刚
怀周总理（七律）·····················羊牧之
敬爱的周总理在大寨···················孙友田
带泪的素花（短诗四首）···············任愚颖
相思山告诉我·························刘鹏春
重访宜兴纪事（六首）·················郑　铎
浪花朵朵（二首）·····················沙　白
雨夜观测"哨"·······················张安生
工棚里的草图·························林一天
鱼水新曲·····························郭　浩
诗四首（译诗）·················欧仁·鲍狄埃

小说·散文
紫色的叮当河（中篇小说连载）·········苏从林
周总理来到太湖之滨（散文）······左　声　卫　国
闷热的夏天（小说）···················顾寄南
鱼王撞簖（民间故事）·················方　之
滴水不漏（小说）·····················伍学孚
老田头上岳阳（故事）·················储福金
接潮曲（散文）·······················王新民
无花果与夹竹桃的故事（童话）·········程　玮
花果山游记（游记）···················来俊华

评论
毛主席诗词学习笔记（之一）——读《沁园春·长沙》···························夏　阳
扯开自由旗，唱起独立歌——学习周恩来同志革命早期的一首诗·············周红兴　李如鸾
大力繁荣群众文艺——祝贺全省群众业余文艺会演胜利结束·························本刊记者
真实·深刻·鲜明——话剧《挡不住的火车头》漫评···························朱安平

争鸣园地
《红日》是香花，不是毒草·············郑乃臧
"三突出"决不是艺术表现手法···········金实秋

关于《木兰诗》中的"东西南北"----郑 敏 殷 煜

戏曲

送鹅（小戏曲）----------东 里 杨汝申
淮安总理故居（水印木刻）----丁迺武 薛保仁
第一束金色的阳光（诗配画）--------王祖恩
江苏省群众业余文艺会演节（剧）目摄影速写选登
----------曲超宏 王广林
队日（油画）----------祝福新 周玉玮

1978 年第 2 期　刊名:《江苏文艺》
目录

华主席给《人民文学》的光辉题词

小说·散文

莲妹子的心（散文）----------叶公觉
华主席在甘棠村（散文）----------赵海洲
春笋园
练兵记（小说）----------梁 放
心（小说）----------池 源
小题大做（小说）----------伯宝健
紫色的叮当河（中篇小说连载）----------苏从林
斗水歌（散文）----------高 凤
徐霞客的传说（三则）----------溪 源

诗

科技进军图（四首）----叶庆瑞 朱剑钟 朱长林
山乡大寨歌----------徐在明
架设兵的诗（二首）----------余光烈
迎春曲（三首）----------杨德祥
大山寄语（二首）----------马绪英
飞行员之歌（二首）----------宫 玺
补衣曲·信----------贾 坤 池 澄
井台抒怀（外一首）----------文 苑
支书的"大寨图"（外一首）----------陈咏华
龙王山追虎头山----------陈永昌
云山之晨----------钟 阳
脚印----------俞伯洪
"1"的生命----------赵 恺
访宿迁----------马国征
儿歌（二首）----------陆 苇

评论

学习《毛主席给陈毅同志谈诗的一封信》札记
文艺理论上的"拨乱反正"----------佛 雏
律诗要讲平仄----------孙 望
形象思维与诗----------赵瑞蕻

毛主席诗词学习笔记（之二）——读《菩萨蛮·黄鹤楼》----------夏 阳
谢灵运山水诗浅识----------叶嘉炎
一朵兰花——从昆曲《十五贯》公演谈起----杨志华

争鸣园地

漫话重大题材----------傅 岭
艺术风格有没有局限性----------许祖良
"此时无声胜有声"（文艺随笔）----------运 山
"意料之外"与"情理之中"（文艺随笔）
----------应 宣 庄其荣
"四人帮"与过于执（杂文）----------吴祥钧

曲艺

棋高一着（扬州评话）----------刘立人 汪复昌
姜 锋 李信堂 惠兆龙
工业城常州一瞥（水印木刻）----缪法宝 丁德邻
夜深人不静（诗配画）----------赵云生
常州市工业学大庆摄影展览作品选登----苏群等
攻克科学城堡（宣传画）----张德俊 黄保源 刘华明

1978 年第 3 期　刊名:《江苏文艺》
目录

浩荡东风吹花雨　八亿神州起春雷——献给五届人大、五届政协的歌--------曾泉星 辛明水 马国征等

纪念敬爱的周总理八十诞辰

下关风云录（散文）----------庞瑞垠
在伊斯兰堡的夏克巴林公园里（诗）----------黎汝清
怀周总理（七律八首）----------羊牧之
梅园三章（词）----------章学清
我们又一次见到你（诗）----------解 华
我为总理刻张像（诗并画）----------赵 蘅
棉乡儿女怀念周总理（海门山歌）----------梁学平

报告文学·小说·散文

百日红（报告文学）----------鹿 良 周 强
探索长江泥沙的奥秘（报告文学）----------陈凤楼
美酒佳泉（散文）----------沈 沉
描春手（散文）----------洪 忍
闯关记（小说）----------李 青
乌鸦的翅膀（寓言）----------许一青
大鹏和龙虾（寓言）----------刘仲元
紫色的叮当河（中篇小说连载）----------苏从林

诗

相逢在首都（四首）----------鲍明路遗作

百花呀，更艳丽地盛开吧·······丁汗稼
江南行（三首）·······叶圣陶
韶山村是太阳村（新民歌二十三首）
·······黄　诚　袁文龙等
大山春秋（组诗）·······冯新民
进刀谣·······华继文
学大寨战地豪情（二首）·······苗得雨
农机修理组（外一首）·······葛　逊
欢腾的生产线·······谢玉盛

评论
毛主席诗词学习笔记（之三）——读《西江月·井冈山》·······夏　阳
阴谋文艺的一面黑旗·······黄毓璜
关于"山栽万仞葱"的是非（争鸣园地）·······白　坚

作家与作品
论杨朔散文的意境·······黄政枢
略谈林道静形象的典型意义·······徐采石
陆机的《文赋》（古典文论介绍）·······曹济平
从"每步〇·八五米"看到的（杂文）·······祖　坤
"科学迷"赞（杂文）·······石　竹

苏州三月（水印木刻）·······杨明义
华主席和我们一起劳动（画配诗）
·······王　垂画　潘怀东诗
《华主席在湖南》美术作品选登·······贺　旭等
普天同庆（无锡惠山泥人）·······无锡惠山泥人厂

江南春歌（外一首）·······翟博胜
故乡行（二首）·······童嘉通
舰长伫立在码头（外一首）·······袁广衡
渴（外一首）·······樊永生
春雨·······谭亚新
赠战友·······郭　飞
永远高唱长征歌·······张雪杉

评论
毛主席诗词学习笔记（之四）——读《清平乐·蒋桂战争》·······夏　阳
百花竞为华岳开——喜看《华主席在湖南》美术作品展览·······陈　辽
文艺舞台上的拨乱反正
风摧雨花石更坚·······慕　平
良种破土展新枝·······叶　楠
满园春色关不住·······李传贤　蔡利民
李贺歌诗与形象思维·······吴企明

争鸣园地
也谈"重大题材"·······朱子南　秦兆基
对《关于〈木兰诗〉中的"东西南北"》的意见
·······周红兴　李如鸾　田　丁　左纪都　黄志冲　翟云庭
曹丕的《典论·论文》（古典文论介绍）·······赖先德
还是"靠船下篙好"——与青年朋友谈习作体会
·······马春阳

读者中来（两则）
不能让反动戏曲出笼·······胡支国　顾吉明
重视人物肖像描写·······薛宗葆

1978 年第 4 期　刊名:《江苏文艺》
目录

小说·散文
给陈毅同志当警卫员（革命回忆录）·······黄朝天
头阵浪（小说）·······李　军
地下长龙（小说）·······郑福祥
紫琅春色（游记）·······宋　方　刘　锁
维帷绸（散文）·······向佐得
画乡行（散文）·······周唯一　张树民
紫色的叮当河（中篇小说连载）·······苏从林

诗
如此江山堪热恋　几多艰险见殊功（组诗）——怀念转战大江南北时的陈毅同志·······姜　炘　魏毓庆　邹国平　钱锁松　石　林　苏位东　施泽宏　王世泰
诗三首·······周瘦鹃　范烟桥　程小青遗作
深山创业（二首）·······李松涛
喜雨·······唐黎初

曲艺
一件棉袄（故事说唱）·······吴伯瑜
两分钟（独脚戏）·······潘傅康　平维康
雨花台（水印木刻）·······李树勤
招贤榜（诗配画）·······王德安
芙蓉国里尽朝晖（展览作品选登）···亚　明　宋文治　魏紫熙　金志远　尚君励
占领南京（油画）·······陈　其　赵光涛　陈　坚

1978 年第 5 期　刊名:《江苏文艺》
目录

宣传总任务　歌颂新长征·······本刊评论员

小说·散文
刀丛出入历艰辛（革命回忆录）·······惠浴宇
湖上新歌（散文）·······逯　斐

渡口抒情（散文）·····················金曾豪
春笋园
"小夹生"的故事（小说）·············孟晓文
学车（小小说）·····················张静存
静静的手术台（小说）···············王　浩
金鱼（小说）·······················魏希和
登山（小说）···············翁家杰　朱慕东
千层底（散文）·····················潘新宁

诗

写在科学的春天（四首）·············蔡　焜
大庆花开红五月（十三首）·······姚焕吉　邓海南
张文玉　徐永伦　何　仃　王志清　赖　祥　凌　大
五月夜（外一首）···················李曙白
湖山杂诗（三首）···················章品镇
执勤登记（外一首）·················程步涛
第一线剪影（四首）·················陆　泰
天亮之前·························张立国
第一户居民·························任红举
扬州游·····························郑　铎
文坛艺苑花吐蕊·····················韩嗣仪
如今才是开个头（外一首）···········严如南

评论

漫谈诗歌创作中的形象思维···········凌焕新
鲁迅的杂文和形象思维···············苏简亚
争鸣园地
题材与主题不能混淆···········王长俊　常根荣
也谈题材与主题·····················唐一民
"短"即是"长"·····················祖　坤
诗歌鉴赏浅谈···············叶维四　徐荣楷
革命传统教育的生动教材——读长篇小说《映天红》
···················郭继荣　朱远垠　黄碧石
钟嵘的《诗品》·····················吴　锦
为情造文　以情动人（文艺随笔）·····李　伟
创作也要苦战攻关（文艺短论）·······张耀辉

戏曲

长征战歌嘹亮（韵白剧）·······潘浩泉　郭寿明
金山晨曦（水印木刻）···············朱再金
锻工抒怀（诗配画）·················樊发稼
工人的画·················南京工人文化宫供稿
百花争艳　欣欣向荣（宣传画）·······许思源

1978 年第 6 期　刊名:《江苏文艺》

目录

坚持毛主席革命路线　繁荣我省文艺事业——作协、
剧协、音协、美协江苏分会和省舞蹈研究会恢复工作

小说·散文

春华（散文）·······················袁　鹰
石门攻坚（革命回忆录）·············李元凯
挺进茅山地区纪事（散文）···········赵则三
在亲人的怀抱里（散文）·············王遐方
小鬼（小说）·······················胡士弘
寄读生李小卫（儿童文学）···········卞志瑜
高高的江堤（儿童文学）·············陆　苇

春笋园

秧苗青青（儿童文学）·········陆建华　陈其昌
猎雁记（小说）·····················刘玉琴

诗

诗人兴会更无前——诗歌创作座谈会记盛···本刊记者
放声歌唱新长征（六首）·············李晓辉
栾晓明　姜平章　袁万祥　刘渝庆　李忠田
科学的春天（组诗）·················杨　毅
槽头新话（外一首）·················孙玉春
高山蛙声·························朱忠谷
献给雨花台的烈士（二首）···········王　盛
写给孩子们的诗（八首）·····徐　辉　吕大安　吕庆余
黄显宇　杨光中　张寿彭　钱孝华　顾复兴　许润泉
漆工短歌（三首）···········胡连俊　张学义

评论

毛主席诗词学习笔记（之五）——读《采桑子·重
阳》·····························夏　阳

作家与作品

多姿多采的艺术风貌——读鲁迅小说札记
···························范伯群　曾华鹏
反封建反礼教的控诉书——重读巴金的《家》
·······························柳之琪
萧统的《文选序》（古典文论介绍）·········顾复生
争鸣园地
题材三议·························潘仁山
也谈"山栽万仞葱"···················李念勋
幽兰吐芬芳——昆曲工作座谈会侧记·········蔡敦勇
当国歌在苏州书场奏响的时候——全省苏州评弹创作
节目会演侧记·······················张棣华
蚁山的启示（随笔）·················孔祥林
春蚕的教益（随笔）·················倪廷政
剽窃是可耻的行为（来信照登）·········黄宁汇
钟山朝晖（水印木刻）···············黄丕谟
一路高歌总任务（诗配画）···········顾培棠
南京泥塑小品···············南京工艺雕刻厂

风景写生（油画）⋯⋯⋯⋯⋯⋯⋯⋯苏天赐　李　新

1979 年第 1 期　刊名:《雨花》
目录

纪念敬爱的周恩来同志逝世三周年
访周恩来同志故居（散文）⋯⋯⋯⋯⋯⋯⋯凤　翔
周总理家乡的孩子（报告文学）⋯⋯⋯方　之　孙　超
泼水节之晨（诗）⋯⋯⋯⋯⋯⋯⋯⋯⋯任红举
赞梅（诗）⋯⋯⋯⋯⋯⋯⋯⋯⋯⋯⋯高明山
井（诗）⋯⋯⋯⋯⋯⋯⋯⋯⋯⋯⋯⋯高　风
最后的燃烧（诗）⋯⋯⋯⋯⋯⋯⋯李华岚遗作
梦总理（词三首）⋯⋯⋯⋯⋯⋯⋯⋯李克为
怀总理（诗二首）⋯⋯⋯⋯⋯⋯⋯⋯张学义
人民的好总理（水印木刻）⋯⋯⋯⋯⋯吴俊发
墨菊和金菊（小说）⋯⋯⋯⋯⋯⋯⋯王人斌
亮闪闪的钥匙（小说）⋯⋯⋯⋯⋯⋯周鸿铸
党的儿子（长篇小说《堡垒》的一章）⋯⋯吴　强
激流与浪花
渔歌（散文）⋯⋯⋯⋯⋯⋯⋯⋯⋯葛修瀚
报信鸟（散文）⋯⋯⋯⋯⋯⋯⋯⋯程乐坤
"秤星"（小说）⋯⋯⋯⋯⋯⋯⋯⋯卢辉荣
淮海人（散文）⋯⋯⋯⋯⋯⋯⋯⋯郭　浩

诗歌
诗词三首⋯⋯⋯⋯⋯⋯⋯⋯⋯⋯⋯张爱萍
我的青春⋯⋯⋯⋯⋯⋯⋯⋯⋯⋯⋯程尊平
野花杂咏⋯⋯⋯⋯⋯⋯⋯⋯⋯⋯⋯樊永生
一位老将军的日记⋯⋯⋯⋯⋯⋯⋯田圣德
珍贵的合影⋯⋯⋯⋯⋯⋯⋯⋯⋯⋯石　英
在无名烈士墓前⋯⋯⋯⋯⋯⋯⋯⋯卢兆洛
胜利的记录（王九诗木刻）⋯⋯⋯⋯王祖恩
情诗一束（三首）⋯⋯⋯赵锡红　孙玉春　阎志民
如此电话会（讽刺诗）⋯⋯⋯⋯⋯⋯单士前

简论文艺工作重点的转移⋯⋯⋯⋯⋯顾尔镡
毛主席诗词学习笔记（之八）——读《蝶恋花·从汀
州向长沙》⋯⋯⋯⋯⋯⋯⋯⋯⋯⋯夏　阳
银花千重亿万心（评论）⋯⋯⋯⋯⋯严迪昌
惊雷颂（评论）⋯⋯⋯⋯⋯⋯⋯⋯刘静生
敢于提出人们关切的社会问题（评论）⋯凌焕新
"中间人物"论辨析（评论）⋯⋯⋯⋯马莹伯
生活，诗的土壤（评论）⋯⋯⋯⋯⋯马绪英
封面设计（封面）⋯⋯⋯⋯⋯⋯⋯张道一
《李端端图》（江苏历代画家介绍）（封三）
⋯⋯⋯⋯⋯⋯⋯⋯⋯⋯⋯（明）唐　寅
旅加拿大写生（国画）（封四）⋯⋯⋯徐天敏

1979 年第 2 期　刊名:《雨花》
目录

打鼓山人的后代（小说）⋯⋯⋯⋯⋯李春光
特别标记（小说）⋯⋯⋯⋯⋯⋯⋯高晓声
春绿（小说）⋯⋯⋯⋯⋯⋯⋯⋯⋯严歌平
阶梯（小说）⋯⋯⋯⋯⋯⋯⋯⋯⋯徐朝夫

丙辰清明纪事
挂在心上的花圈（散文）⋯⋯⋯⋯⋯秦世祚
心随列车飞（散文）⋯⋯⋯⋯⋯⋯⋯秦　峰
党的儿子（长篇小说《堡垒》的一章）⋯⋯吴　强
太湖之春（散文）⋯⋯⋯⋯⋯⋯⋯碧　野

诗歌
奠基⋯⋯⋯⋯⋯⋯⋯⋯⋯⋯⋯⋯⋯马　龙
诗三首⋯⋯⋯⋯⋯⋯⋯⋯⋯⋯⋯⋯周　邨
镇江行（三首）⋯⋯⋯⋯⋯⋯⋯⋯郑　铎
大江南北天地阔（八首）⋯⋯⋯忆明珠　陈咏华
邹国平　阎志民　任愚颖　康新民　蔡之湘　朱长林
大雪篇⋯⋯⋯⋯⋯⋯⋯⋯⋯⋯⋯⋯陶　白
咱就人民子弟兵⋯⋯⋯⋯⋯⋯⋯⋯俞汝捷
水调歌头（游采石矶怀李白）⋯⋯⋯史光华

诗歌
海魂·黎明·歌声（四首）
⋯⋯⋯⋯⋯⋯⋯⋯⋯宁　宇　薛家柱　梁鼎成
采风录（八首）⋯⋯⋯⋯⋯缪润生　霍柏松　彭志刚
尹　平　辛明水　何玉宝
花朵与果实（八首）⋯⋯⋯⋯⋯⋯姜平章　杨光中
尧山壁　韩朗亭　王德安　张雪杉　周学义
鲁迅与科学文艺（评论）⋯⋯⋯⋯⋯肖维琪

作家与作品
创业攀峰谱史诗⋯⋯⋯⋯⋯⋯⋯⋯裴显生
略谈莎士比亚的"四大喜剧"⋯⋯⋯陈　嘉
从"残局"谈起（文艺随笔）⋯⋯⋯方　柯

争鸣园地
关于题材的价值及其他⋯⋯⋯⋯⋯顾永兰
简论杂文思维方式的运用⋯⋯⋯⋯唐再兴
关于"草上飞"⋯⋯⋯⋯⋯⋯⋯⋯朱壮鹰

发展苏州评弹艺术的流派特色⋯⋯⋯张棣华

千字文
泪的笑话⋯⋯⋯⋯⋯⋯⋯⋯⋯⋯⋯徐　健
"并写两面"⋯⋯⋯⋯⋯⋯⋯⋯⋯时　萌

"把不需要的统统砍掉" ……………………… 王兆贵
全省京剧创作剧目会演在南京举行（文艺动态）
……………………………………………………… 海　清
封面设计 …………………………………… 张道一
江苏、四川、黑龙江版画展览作品选登（封二）
……………………………………………… 李唤民等
知乐亭图（江苏历代画家作品介绍）（封三）
……………………………………………（明）沈　周
黄山图（国画）………………………… 宋文治（封四）

1979 年第 3 期　刊名：《雨花》

目录

金陵春晓（革命回忆录）………………… 罗晴涛
南京街头革命诗词 ……………………… 本刊收集
人民催我去战斗（散文）………………… 康育义

小说·散文
陈毅下书（小说）………………………… 刘振华
指挥（小说）……………………………… 海　笑
党的儿子（长篇小说《堡垒》的一章）… 吴　强
友谊的神女（散文）……………………… 边　烽
二泉池畔话阿炳（散文）………………… 吴炳伟
寓言二则 ………………………………… 陈乃祥
过磅（小说）……………………………… 周洪元

诗歌
思想在禁锢中醒来（二首）……………… 高　磊
寄远方 …………………………………… 晓　钢
哭总理（七首）…………………………… 陶　白

大江南北
游踪（二首）……………………………… 宫　玺
苏北纪行（三首）………………………… 陈　晏

进军寄语
赠老画家 ………………………………… 何晴波
寻花问蜜（二首）………………………… 周仁年
眼睛（外一首）…………………………… 贺锡翔
港湾 ……………………………………… 陈继光
铁器 ……………………………………… 季耀璇
图书管理员 ……………………………… 戴启光
致"答案" ………………………………… 杨来颐
听诊 ……………………………………… 姜琍敏
牵牛花 …………………………………… 姚　伶
秒针 ……………………………………… 陈汉卿
贴在公共场所的标语诗（二首）………… 田　丁

评论
社会主义文艺要为人民大众服务…… 潘仁山　郑日焕
唱出时代的进行曲 ……………………… 陈　辽

作家与作品
奇特的爱情花环 ………………………… 李　晖
人格与诗格 ……………………… 周溶泉　徐应佩

争鸣园地
究竟谁的罪过？ ………………………… 邢念萱
一个真实可信的典型 ………… 黄志冲　黄晓明
违背了真实性原则 ……………………… 弘　良
以假胜真与弄真成假 …………………… 于　是

从局长改诗想到欧阳修改文（千字文）… 苏　辉
"过正"与"反正"（千字文）…………… 徐振辉
"夸张了这人的特长，更知道这是谁"… 王永生

封面设计 ………………………………… 张道一
少年时代的周恩来同志（摄影）（封二）
……………………………… 淮安周总理故居纪念馆供稿
文徵明《水亭诗思图》轴（江苏历代画家与作品介
绍）（封三）……………………………… 萧　平
放牧小憩图（国画）（封四）…………… 李　山

1979 年第 4 期　刊名：《雨花》

目录

"探求"无罪　有错必纠………………… 本刊编辑部
打开被堵塞的道路 …………………… 本刊评论员

纪念南京解放三十周年
守卫中山陵——南京解放轶闻 ………… 郭明仑
解放——为南京解放三十周年而作 …… 孙友田
第一个 …………………………………… 马绪英
进军曲 …………………………………… 孔祥彪
"渡江船" ………………………………… 吴　野

小说·散文
平原的颂歌（小说）……………………… 陆文夫
信仰（小说）……………………………… 江奇涛
庄严的申诉（小说）……………………… 范洪渭
上任（小说）……………………………… 银　剑
杨柳依依（散文）………………………… 傅益瑶
翠竹（散文）……………………………… 魏毓庆
雨催花发
思念——寄给在台湾的伯父和弟妹……… 范佳华
闵师傅 ………………………………… 顾鼎竟　王　干

考察 ································ 毛 茅
公园里的踪迹 ························ 王一山

诗歌
写在 1968 年 ························ 孙成惠
青铜铸造的历史——写在淮海战役纪念馆 ··· 赵 恺
广场 ······························ 何 仃

花朵与果实
犁和锤（两首） ···················· 文 丙
港口灯火 ·························· 汪善发
雾镇赶集 ·························· 崔合美
推磨谣 ···························· 吕洪义
短诗（两首） ······················ 徐明德
微风习习 ·························· 纪 学
桥 ································ 余光烈
桅杆 ······························ 华 超
晨读 ······························ 周晓扬
吊陈毅同志 ························ 罗 漠
谒淮阴刘老庄八十二烈士墓（七律二首） ··· 马国征

评论
"要造成一种风气"——学习周总理《讲话》札记
································· 黄毓璜
"框子"有感 ························ 严迪昌
禁区、胆识与文艺生产力（随笔） ······· 潘震宙

争鸣园地
人为做作的"悲剧" ·················· 徐振辉
此恨绵绵 ·························· 杨志华

作家与作品
试谈《山雨欲来》的艺术特色 ··········· 徐采石
谈白居易的《放言》 ················· 顾复生
尽在不言中（千字文） ··············· 朱安平
解放思想 繁荣创作（文艺简讯） ······· 理 真
封面设计 ·························· 张道一
肖像画展作品选登 ·················· 陈家冷
《松溪横笛图》（江苏历代画家及作品介绍）
····························· （明）仇 美
《漓江》、《泰山》（国画） ·········· 陈 达 章炳义

1979 年第 5 期 刊名:《雨花》

目录

春风又绿江南岸——江苏省文学创作会议纪实
····························· 本刊记者
在省文学创作会上的发言

解放思想 冲破禁区 为四化服务 ······· 顾尔镡
几点"四平八稳的意见" ·············· 方 之
"探求者"的话 ···················· 叶至诚

小说·散文
前驱——侯绍裘烈士在"五四"运动中 ···· 彭荣兴
兰之恋（散文） ···················· 艾 煊
陈毅下书（小说） ·················· 刘振华
南都名伶（历史小说） ··············· 蒋星煜
育桑人的故事（小说） ··············· 包喜慰
大庆，我心中的灯（散文） ············ 顾寄南

激流与浪花
塔 ······················ 张昌华 贺景文
新绿 ······························ 潘新宁

诗歌
湖上的灵魂 ························ 贺东久
他死了 ···························· 黄东成

花红柳绿
迎春（外一首） ···················· 陈本源
绿色的节日，你好！ ················· 吴晓农
冰凌花 ···························· 黄 淮
我在倾听着你的琴声 ················· 阎世宏
唱给民主与科学 ···················· 蔡 焜
让书页化作理想的双翼 ··············· 王志清
秋天里的春色 ······················ 张慕林
我走进飘香的商场 ·················· 桂兴华
今年荷花开了 ······················ 李武兵
意见箱 ···························· 谷万祥
诗词三首 ·························· 田 芜
七律（悼陈同生同志） ··············· 江树峰
信 ································ 高伐林
相会 ······························ 季 华

评论
一点不成熟的意见 ·················· 巴 金
"揭出病苦，引起疗救的注意"——谈"五四"时期
的"问题小说" ·············· 许志英 朱栋霖
"人性论乎？"棍子乎? ··············· 丁柏铨
谈《朝花夕拾》中的人物形象刻划（作家与作品）
························· 陈 豪 刘长虹
张与弛（文艺随笔） ················· 郭 超
戏台上的哲理——读小说《戏台》
····················· 江锡民 高建平 陈光亚
水浒不反皇帝吗?（争鸣园地） ········· 金实秋
看山不入骨 难以写其真（千字文） ····· 陈新民
滥竽充数今古谈（千字文） ············ 徐 勇

封面设计——————————张道一
江苏省国画院学员作品选登（封二）——刘　丹等
（清）张崟《春流出峡图》（江苏历代画家及作品介绍）（封三）——————周积寅
南国夏色（国画）（封底）————赵　丹　亚　明

1979 年第 6 期　刊名:《雨花》
目录

省文联常委扩大会议在南京召开————文　宣
在省文学创作会上的发言
从队伍问题谈到创作问题————艾　煊
诗，更需要社会主义民主————忆明珠

小说·散文
在生命危急的时刻（散文）————徐绍昌
儿童文学
陵虎（小说）————朱国鼎
铃声（散文）————郝　忆
又一块浮雕（散文）————万　灵
三色圆珠笔（小说）————程　玮
小竹笋出土以后（童话）————费秉勋
列车停靠九分钟（小说）————任大星
雄心勃勃的紫罗兰（寓言）
————加伯龙·哈里勒·加伯龙作　武云茹译
流水汩汩（散文）————高晓声
旋律（小说）————山　谷
闯席（小说）————任　千

诗歌
你是湖么（外一首）————王辽生
我爱这一切————高　磊
我怀念————丁　芒
新桑集————杨汝绚
回到我的豆豆庄————刘鹏春
彭城抒情————吴奔星
又岂在朝朝暮暮（二首）————帅国华
没有寄出的信笺————朱　琳
台风季节（二首）————程步涛
对大海的答复————刘晶林
火红的木棉花————任红举
绿色的竹筒————杨德祥
藕————张传浩
儿歌三首————毕庆平

评论
千字文
切磋录二则————东方既白

好诗应是心底花————陆建华
说"盲"————俞新天
由鲁迅诗作谈形象思维————薛炎文
鲁迅笔下的孩子————张安生

作家与作品
《春蚕》从生活到艺术————王尔龄
情理之中，意料之外
——谈哈代的《三怪客》————陈泰宇
小说《"我的罪过！"？》讨论来稿摘编（争鸣园地）
————张文虎　时　萌等

封面设计————张道一
《北京天安门诗抄书法展览》作品选登（封二）
————赵朴初等
袁耀《阿房官图》（江苏历代画家与作品介绍）（封三）————周积寅
牡丹图、石辣红（封底）————李长白

1979 年第 7 期　刊名:《雨花》
目录

李顺大造屋（小说）————高晓声
探求（诗）————王辽生
帆（诗）————柳士同
"阿炳热"的混乱（评论）————鲍甸文　唐再兴
假如我是一个作家（评论）————李　洁

小说
向导（报告文学）————任红举
南丰二苗————方　之
葱老太————喻平宫
宝贝————丁正泉
估产————左玉林
哈维船长————［法］雨　果著　冯汉津译
金山宝塔的传说————（民间故事）康新民整理

诗歌
花朵与果实
开网晨曲————谭亚新
泊舟夜语————刘益善
鸡叫了————孙骏毅
桃树————邓　薇　方振铎

灿烂的群星
吊殷夫————黎焕颐
野草————刘凤湘
石基————殷恩宇

流星 ·························· 孙成惠
真理 ·························· 黄显宇
英雄树下 ······················ 张士甫
"人"的自白 ···················· 马君伟

评论
喜读《李顺大造屋》 ················ 叶至诚

作家与作品
读田汉同志的五首诗 ··············· 曹从坡
《李自成》第一卷的结构艺术 ·········· 时 萌
"含泪的微笑"——读果戈理的《外套》 ······ 李辰民
谈王少堂的说书艺术 ··············· 肖亦五
说"藏"（文艺随笔） ·············· 黄毓璜
柳暗花明又一村 ················· 东方既白
"沙光鱼" ····················· 戴辞风
山水（国画） ·················· 傅抱石
封面设计 ····················· 柯 明

雨花台烈士陵园烈士群像（雕塑）
·········· 烈士群像雕塑创作组集体创作 李以恭摄
画家钱松岩 ···················· 马鸿增
苏州石湖 太湖晨曦（水粉画） ········ 沈家琳

1979 年第 8 期 刊名:《雨花》
目录

继续解放思想 认真探讨问题（座谈会纪要）
·························· 本刊记者
"缺德"与"歌德"（文艺短论） ········ 萧 滂
在深处（小说） ················· 顾尔镡
破罐·泪泉·鲜花（散文） ·········· 忆明珠
以歌当哭（诗） ················· 刘祖慈

小说
月儿圆了 ····················· 贾庆军
新长征剪影
一朵大红花 ············· 蒋霞萍 王荣岐
阵地二章 ····················· 陈志超
枫叶赞 ······················ 刘德清
火种 ························· 江成岩

诗歌
词二首 ······················ 陈 超
中华女儿奠 ···················· 刘湛秋

思想的火花
雄狮 ························· 邹国平
迟来的婚礼 ···················· 言子清
约太祖皇帝同游明故宫 ·············· 齐匡之
大地 ························· 文 丙
往事杂感 ····················· 田荆华
别以为…… ····················· 白 榕
仙人掌 ······················ 王家干
写在儿童乐园的诗 ················ 李彦升
夏天 ························· 柳士同

花朵与果实
天柱山和枪 ···················· 孙中明
导弹兵诗抄（二首） ··············· 耿龙武
佳节情思 ····················· 杨来顺
我是黑色的石油 ················· 马绪英
摘棉曲 ······················ 刘不朽
气象员 ······················ 徐 斌
战友 ························· 何晴波
红海吟（三首） ················· 陈 祥

评论
是纯洁党 不是丑化党
——谈两篇干预生活的作品 ········ 智 杰 臻 海
从《二苗》说起 ················· 叶至诚
读《月儿圆了》有感 ··············· 方 之

作家与作品
百姿千态 各具特色 ··············· 吴九成
动人心魄的艺术力量 ··············· 金为民

文艺随笔
点染 ························· 周桐淦
济公扇·合欢被·草莓手帕 ··········· 钱模祥
分寸 ························· 李 伟
白发与春风 ···················· 东方既白
动物装饰画 ···················· 田 原
芭蕉丹柿（中国画） ··············· 喻继高
展翅（中国画） ················· 吴作人
屈子行吟图（中国画） ·········· 傅抱石画 肖 平文
访巴基斯坦写生:印度河上（中国画） ······ 亚 明

1979 年第 9 期 刊名:《雨花》
目录

真真假假（小说） ················ 陆 咸
友谊之歌（诗） ················· 王辽生
春天的歌（诗） ················· 朱 红

主仆的颠倒与悲剧的产生（评论）…………董　健

小说·散文
遵命………………………………………程树榛
被告席上的原告…………………………曹致佐
雷…………………………………………戎之随
破罐·泪泉·鲜花（之二）……………忆明珠

情思与遐想
樱花纸工伞………………………………张惠明
船过小孤山………………………………孙全民
悲剧（小品文）…………………………子　风

诗歌
太阳（外一首）…………………………孙成惠
思想的火花
古莲子（外一首）………………………程尊平
对月………………………………………胡炳吉
警惕………………………………………田章夫
猫头鹰……………………………………彭建祖
鹦鹉………………………………………王贵增

大江南北
川江石头歌………………………………陈咏华
山松（外一首）…………………………高　风
秧歌………………………………………凌竞亚
编麦帘……………………………………叶晓山
诗两首……………………………………吴白匋
无题（外一首）…………………………邓海南

采风录
彭志刚　黄持一　尚祚宁　胡天生

评论
谁是真阿炳………………………………是翰生
略谈人性和阶级性………………………包忠文
谈谈民间情歌……………………………缪　政

作家与作品
略谈鲁宾孙艺术形象的塑造……………杨仁敬
咫尺应需论万里…………………………徐荣街
《弯弓射日到江南》中的陈毅形象　凌焕新　张留芳
善跳者亦可休矣…………………………高晓声
贵在于真——读《真真假假》…………闻　夫
鱼目混珠和鱼目代珠……………………谢小帆
此时无声胜有声…………………………董惠军
艺术家的眼睛……………………………赵　叶
本刊编辑部邀请在宁的部份美术工作者举行插图座谈
会（文艺简讯）…………………………本刊记者

美术
睡鹊（中国画）…………………………陈之佛
摄影作品…………………………………顾东升
松龄鹤寿（中国画）…………陈之佛画　谢海燕文
中国画两幅………………………………徐　姎

1979 年第 10 期　刊名:《雨花》
目录

剑之歌（报告文学）………………肖复兴　于公介
请客（小说）……………………………徐朝夫
兰陵王（词）……………………………叶圣陶
艺术的生命在于真实（评论）——评广播剧《二泉映
月》…………………………………姜　文　黎忆轶

小说
柳塘镇猪市………………………………高晓声
红双喜……………………………………周正荣
冤斩韩信（历史小说）…………………苏毅谨
擦干你的眼泪！　妈妈…………………严歌平
不平的路…………………………………高汉铭

散文
雨花棋……………………………………艾　煊
《兰陵王》书后（文学回忆录）………叶至善
破罐·泪泉·鲜花（之三）……………忆明珠
幻想………………………………………叶永炎
太白吟诗处………………………………许　总
虞山画册（游记）………………………张许鎏
成熟（小品文）…………………………子　风

诗歌
站在何葆珍烈士遗像前…………………孙友田
写在新长征的路口………………………黄东成
火花集
真话（外一首）…………………………柳士同
萤…………………………………………戎之随
煤的祈求（外一首）……………………朱　红
锄草（外一首）…………………………宋　元
钟声………………………………………徐永伦
鱼嘴里的条子……………………………池　澄
行吟集……………………………………曲有源
缅怀周总理………………………………盛坚夫
遗诗两首…………………………………吴天石
诗与生活（新诗话）……………………余　之
求是篇（十五则）……………马君伟　王效昭

评论

不能把文艺批评搞成批判运动 —————— 陈 辽
鲁迅与美国文学 —————————————— 邓啸林
北行书简 ————————————————— 庞瑞垠
"说起"之后的话（争鸣园地）————— 陈允吉
听"听说"想起 ————————————— 古 流

文艺随笔

齐"仿"、齐"防"、齐放 —————— 陈 忱
雨雪霏霏 ——————————————— 肖文苑
但愿文章中天下 ——————————— 林治泉
革命者是有人情的 ————————— 吴松亭
致编者 ——————————————— 戴辞风

美术

祖国万岁（中国画）————————— 秦古柳
思（雕塑）
匡庐图（中国画）——————— 刘海粟画 谢海燕文
钟山雄姿（中国画）————————— 张文俊

1979 年第 11 期　刊名:《雨花》
目录

假如我是一个评论家（评论）————— 于 晴
刑场归来（散文）————————— 公 刘
铁疙瘩（小说）————————— 陈椿年
祭奠与思考（诗）————————— 王 鸿

小说·散文

那年，我十六岁（小说）————— 顾 工
情思与遐想
槐花蜜 ——————————————— 魏毓庆
小箕山下的记忆 —————————— 张萃芳
金陵四题 ————————————— 山 谷
诗人的手提包 ——— [英]乔治·吉辛著 杨苡译
战友（小说）————————— 王益山
破罐·泪泉·鲜花（之四）———— 忆明珠

诗歌

江南，我的梦境 —————————— 雷抒雁
我并没有沉默 ——————————— 李皆奇
历史博物馆前遐思 ————————— 叶庆瑞
科技花絮（五首）————————— 雇 页
南京二章 ————————————— 方 冰
苹果园 ——————————————— 苏金伞

思想的火花
普陀山诗草（二首）———————— 贺东久

在轮船上（二首）————————— 黎焕颐
花 ———————————————— 亦 云
刀尖和锤下溅出的火星（四首）—— 聂鑫森
游南唐二陵 ——————————— 孙观懋
日历（外一首）————————— 李凤岐
后门（外一首）————————— 凌 大
风筝（外一首）————————— 黄 诚
晚霞 ——————————————— 朱守明
火花 ——————————————— 马晋乾
摄进多少大雪山 ————————— 张大玉

评论

认清形势　深批"纪要"　突破禁区　繁荣创作——
本刊召开文艺理论工作座谈会 —— 黄 朱
评影片《二泉映月》————————— 袁荷声
"高抬贵手"及其他 ————————— 方 之
一往情深　引人入胜 ————————— 吴调公
构思不寻常　探索有胆识 —————— 王臻中
《杏花春雨江南》的风格 —————— 严迪昌
这也属生活本质 —————————— 何 青
闲话星期天 ——————————— 司马车
我省短篇小说创作的新收获（简讯）—— 梁 晴
作家方之不幸逝世（简讯）

美术

访巴基斯坦、西德、日本、香港国画写生：弦内之音
天地宽 ——————————————— 亚 明
香港渡轮码头一角 ————————— 宋文治
莱茵河畔 ————————————— 伍霖生
海德拉巴清真寺 —————————— 魏紫熙
秋意 ——————————————— 秦剑铭
大丽菊 ——————————— 吕斯百画 左庄伟文

1979 年第 12 期　刊名:《雨花》
目录

杨柏的"污染"（小说）————————— 徐乃建
悔（小说）————————————— 余 律
风·花·雪·月（诗）————————— 高加索
使散文之花盛开（评论）
——读《江苏散文选》———————— 夏 阳

小说

"千斤书记"（人物素描）———— 方 之遗作
"你问他" ————————————— 袁 浩
接婆婆 ——————————————— 李希信
拘捕 ——————————————— 薛家柱
爸爸，你放下手！ ————————— 高汉铭

张记馄饨店 李昌达
静夜思 马超俊

深切悼念方之同志
在追悼会的灵堂上
忆方之 叶至诚
何期泪洒江南雨 刘绍棠
方之给本刊编辑的来信摘录

诗歌
在冬天给爸爸的诗（五首） 贺 平
花朵与果实（十二首） 吴 树
王明贵 赖 祥 任愚颖 赵康琪 张庆吾 姜金城
李同溪 葛 逊 水 兰 唐大同
思想的火花（六首） 杨来顺
石 子 阎志民 郭 浩 翟秀琪
绿野集（十五首） 翟博胜 王洪涛 黎 庶
沈志莼 刘希涛 蔡之湘 陈蕊英 毕庆平 高明山
闻者戒（三首） 张棣华 于宪东

评论
人物命运三题 杜墨华
断想《在深处》中的"大钟" 周桐淦
风波狱 东方既白
我们是真正的歌德派 徐朝夫
画圈的联想 邓小秋
《第二次握手》琐谈 潘震宙

美术
牧牛图（中国画） 陈德西
全国科普美展江苏省作品选登
山雨欲来白云低（中国画） 亚 明画 伍霖生文
阳朔·黄山蓬莱三岛（油画） 王 霞

1980 年第 1 期　刊名:《雨花》
目录

三十而立——热烈庆贺中国文学艺术工作者第四次代
表大会胜利闭幕 本刊评论员
文代会归来 陈白尘等
不要横加干涉 王若望
小贩世家（小说） 陆文夫
我的两位邻居（小说） 高晓声

文代会归来
拿出越来越多，越来越好的作品来 陈白尘
也谈一点感想 孙 望
一点心愿 陈瘦竹

四季如春 夏 阳
开阔我们的思路 艾 煊
自勉的话 海 笑
我们的队伍浩浩荡荡 章品镇
中国文学艺术的凤凰涅槃 赵瑞蕻
大会堂思念方之 顾尔镡
奇特的问候 陆文夫
在热烈的掌声中想到的 钱静人
四届文代大会小记 臧云远
走向人民大会堂 孙友田

小说·散文
盼望 成正和
狗的喜剧 顾寄南
半张遗像 周 仁
瑞云阁上 李克因
闻捷在家乡（文学回忆录） 周 适 应天士
散文两章 黎汝清
花匠（散文） 姜 滇

诗歌
觅（四首） 刁永泉
游园拾翠（五首） 漆杏亭
啊，油港 马绪英
人民的怀念（六首） 许 青 张文联 夏 天
花影集 沙 鸥
漂泊者的歌（外一首） 宋德咏
思想的火花（十四首） 黄 淮 王辽生
朱 红 邓 薇 方振铎 濮永顺 沈 平 孙骏毅
张传浩 李中南 潘永前 姚伟雄
花朵与果实（十二首） 冯新民 李道林 闻 频
祝尔康 文 丙 严成志 李隆汉 季振华 邢敦岭
燕山歌 石 林
致——（二首） 马君伟 赵大昕

评论
钓诗三首析 朱邦国

美术·摄影
周总理四年祭（摄影） 仲健民 王小斌
麒麟·石像（摄影） 郭 群
黄云山（中国画） 宋文治画 马鸿增文
梅园灯明（摄影） 吕振模

1980 年第 2 期　刊名:《雨花》

目录

笑（小说）————————————————苏支超
知音（小说）———————————————张斤夫
假如谢惠敏是……（评论）———周舟　安凡
等待·寻求（诗）———————杨一桥　袁成兰

小说·散文

金陵杂记（随笔）——————————————黄裳
锣声镗镗——————————————————邓小秋
盆景的风波————————————————尹平
双铃叮当（报告文学）——————————梁晴
长江星（民间传说）——————————盛森整理

诗歌

友情————————————————————丁芒
冻雨————————————————————公刘
听说的和看见的—————————————玉华
思想的火花————————————晓钢　奕林
弘征　杨俊青　孙立真　强弓　石太瑞　程尊平
花朵与果实————————————陈咏华　徐慎贵
何仃　王仿　方晴　权江　辛明水　王德安
散文诗————————————————管用和　秋原
新诗话——————————————————翟博胜
魂其归——————————————————江东流

评论

一句台词的剖析—————————————王若望
看戏·拍照·自动对号——————————孔见
由反面人物的出身、成份所想起的————陈忱
遥寄忆明珠同志的公开信————————东方既白
观鸡小记—————————————————陈超
论"把不准"……之类——————————陈艰
"雾"的妙用———————————————沈志冲
谈谈短篇小说的情节———————————叶鹏
异曲同工，各极其妙——————徐一清　徐一乘
也就《遣怀》诗"切磋"几句———————赵洁
喜看壁画艺术起飞————————————谢海燕
满座高朋论文章（文艺简讯）
蚁穴与文学————————————————荣君豪
短语四则—————————————————华定谟

美术·摄影

封面设计—————————————————柯民
霜叶红于二月花（中国画）————————徐源绍
夕山朝霞（摄影）————————————周洪生
天下第二泉（摄影）———————————金乐铮

无边落木萧萧下，不尽长江滚滚来（中国画）
　　　　　　　　魏紫熙画　马鸿增文
白蛇传（壁画）——————————————李化方
泼水节（壁画）——————————————袁运生
诗歌部分题图———————————————原小民

1980 年第 3 期　刊名:《雨花》

目录

拣豆（小说）———————————————丁正泉
江南草（二首）（诗）——————————沈重
神幡与鬼迹（评论）———————————周锋

小说·散文

第一个回合———————————————谈玉忠
美人蕉——————————————————江广生
种子楼——————————————————王人斌
吃面———————————————————储福金
变形术——————————————————范锡林
复信———————————————————仲大钊
爸爸爱书（散文）————————————钱小云
云海日出（游记）————————————周拓
沙滩上（外一章）————————————韩亚卫
初雪（小品）——————[英]普里斯特莱著　李苏平译
编后小记

诗歌

庐山三题—————————————————沙白
故宫遐思（二首）————————————孙友田
落叶集（五首）—————————————黄东成
写在骨灰安放仪式的大厅里————黑子　薛海翔
思想的火花———————忆明珠　宫玺　姜琍敏
马林帆　任乃杰　王中朝　朱剑钟　乃庸　何晴波
桃花雨——————————————————柳士同
诗两首——————————————————林克
盐城行（三首）—————————————金启华

评论

从噪音的独特性谈起———————————文丁
它们经受了时间的、群众的检验……——评《江苏三十年短篇小说选》————————————陈辽
胆识偶感—————————————————惠军
"反言"的效果——————————————黄毓璜
曲折斡旋　摇曳多姿——析《孔雀东南飞》散文情节艺术———————————————徐应佩　周溶泉
名字的艺术————————————————苗得雨
喜君心扉笔底开——寄忆明珠———————王鸿
一幕悲剧的闹剧—————————陈新民　张安生

《雨花》召开作者座谈会探讨如何提高作品的艺术质量·······新华社电讯

美术

洞庭十月（油画）······李华英
速写两幅······钟晓琛
毛毛雨（国画）······赵绪成
银花千重亿众心（国画）······陈大羽画 黄鸿仪文
春风（国画）······黄鸿仪
构思（油画）······王 波

1980 年第 4 期　刊名:《雨花》
目录

快活郎，进天堂（小说）······冯国才 徐培东
"叛国者"（小说）······韩静霆
献给刘少奇同志德的歌（诗歌）······于建邺 毛建一
没功夫叹息?（评论）······于 杰

小说·散文
山镇夜店······贾平凹
卖鸡蛋的小姑娘······小 燚
荧惑星（历史小说）······叶至诚
生机······顾 工
画中人······汤祥龙

春之恋
仿佛又听到闻捷心底的歌······钱静人
往事·故人·怀想······夏 阳
青松翠壑一溪诗······叶庆瑞

诗歌
北京二题······张志民
望金门······顾绍康
我送你（外一首）······王辽生
光荣岗位的赞歌
春色遍南京······魏毓庆
我们在祖国深深的怀抱里······陈咏华
汽车驾驶员之歌······辛明水
七律二首······蔡天心
思想的火花······高 深
程乐坤 池 澄 杨 琦 王 鸿 黄孝义 郑润生
星和画······孙友田
奇幻的夜······唐 湜

评论
为祖国探春求路者的心歌——读王辽生的诗······严迪昌
为人而呼唤——评陆文夫的《小贩世家》······黄毓璜

难得这样真实——读《杨柏的"污染"》······叶永和
一个亟须正视的社会问题——有感于《杨柏的污染》······周桐淦
评《铁疙瘩》······高 戈
焚书杂谈······阎 纲
千里共婵娟——谈苏词"月"······许 总

美术
书画人物（紫砂泥塑）······制作：徐秀棠
摄影：顾东升 介绍：山 谷
雪舟学画
兰亭序
怀素、石涛
速写······王志英
本期尾饰：孙铁生 诗歌部分图饰：朱成梁

1980 年第 5 期　刊名:《雨花》
目录

煎饼（小说）······白 文
漂逝的大地（小说）······李 潮
严肃地、科学地对待文艺作品的社会效果问题（评论）······何祖文

小说·散文
在画展厅里······贺星寒
猪的遗言······黄佳星
红白喜事······李昌达

新长征剪影
一朵红花与"六朵金花"······海 笑
"信得过"······赵绍义
淮上老区行······艾 煊
寺庙·菩萨·佛光······杨 旭
友谊树下······朱福娃 许凤仪
在松柏的涛声中······枫 亚
印潭鸳鸯······叶志坚
"安全系数"······陈允豪
病榻随感······张友济
艺术的秘诀······陈百楼

诗歌
玫瑰园（外一首）······朱 红
情歌······孙成惠
行吟篇（二首）······张雪杉
盼春之歌······丁 群
思想的火花······岑 琦 丁 芒
姚伟雄 凌 大 赵丽宏 陈 晏 叶景贤 何玉宝

戴安常 邹国平 何山怀 李曙白
花朵与果实 ------ 余致迪 戴佳鸿 成春到 程步涛

评论
刀 ------ 梁 篌
人物命运撼动人心——读报告文学《剑之歌》
 ------ 郑乃臧
执着的爱——评朱红的几首诗 ------ 黄毓璜
写出了人物感情——读小说《悔》 ------ 高松年
阿Q像——学习鲁迅小说艺术札记 ------ 刘静生

美术
天下峨嵋秀（水彩画） ------ 崔豫章
待跃（摄影） ------ 庄润贵
美术作品欣赏：燕子矶（水印木刻）
 ------ 吴俊发作 马鸿增文
春色满园（中国画） ------ 喻继高 张德泉

1980 年第 6 期　刊名：《雨花》
目录

团结起来，坚决执行百花齐放、百家争鸣的方针，为
江苏社会主义文学艺术的繁荣而奋斗——在江苏省文
学艺术工作者第四次代表大会上的报告 ------ 李 进
少校之死（小说） ------ 杨汝申
养猴人家的婚事（小说） ------ 赵 形

在作协江苏分会第二次代表大会上的发言
争取更大胜利 ------ 高晓声
坚持党的领导、帮助党改善对文艺工作的领导，以及
对棍子的忠告 ------ 顾尔镡
灵魂·国民性·希望 ------ 甘竞存
为青年作者讲几句话 ------ 邓海南
春风得意马蹄疾——江苏省第四届文代会、作协江苏
分会第二次代表大会侧记 ------ 本刊记者
江苏省文联及作协领导机构名单

小说·散文
天作之合 ------ 孙成惠
墙 ------ 张 石
王久香中举 ------ 周建石

新长征剪影
金陵华佗 ------ 顾 潇
彩龙飞舞 ------ 陈 肃
绿色的小草 ------ 马家惠
我所认识的张洁 ------ 邓国治
山高水长 ------ 石 醒

心弦的回声 ------ 水 兰
门 ------ ［美］克里斯托弗·莫雷 杨 苡译

诗歌
金太阳 ------ 邹 平
思想的火花 ------ 毕庆平 桑恒昌 孙立真
卓琦培 陈有才 钱锦方 顶 元 黄 淮 姜平章
黎焕颐 穆 旦 刘不朽
花朵与果实 ------ 高 风
孙 中 任愚颖 文 丙 张朴夫
祖国之恋 ------ 胡北离
桃子 ------ 力 田
编诗札记 ------ 于建邺

美术·摄影
雨后黄山 ------ 傅益瑶
朝晖（摄影） ------ 赵浏兰
黄山夕照（摄影） ------ 高尔超
千山泉流（中国画） ------ 徐天敏画 雁萱文
娃儿（中国画） ------ 柯 明
花（水粉画） ------ 原小民

1980 年第 7 期　刊名：《雨花》
目录

青松与小红花（小说） ------ 路 遥
逃犯（小说） ------ 陈椿年
《李顺大造屋》始末（创作札记） ------ 高晓声

小说·散文
十二品正官 ------ 徐朝夫
人之常情 ------ 宋学孟
热恋 ------ 姜 滇
九十九只彩蝶 ------ 李春光
春之恋
一个甘于沉默的人 ------ 王 蒙
夜雨挑灯忆故友 ------ 李俊民
探索（随想录37—40） ------ 巴 金
接吻的风波 ------ 朱 红

诗歌
在北方（四首） ------ 孙静轩
浪花小札（四首） ------ 徐 刚
岁月 ------ 胡 昭
出土的诗稿（三首） ------ 旭 宇

思想的火花 ------ 程彼德
梁谢成 何 鹰 管志怡 卓琦培 杨来顺 冯新民

葛　逊　马君伟　朱长林　张戟伟
花朵与果实…………………………………叶晓山
赵宪庆　赵　恺　王　也　白　渔
杂感三首……………………………………明　朗
玉楼春………………………………………陈　超
编诗札记……………………………………于建邺

评论

苦闷引出的文字……………………………文　丁
"效果"偶识…………………………………倪崇艳
关于"英俊沉下僚"…………………………朱邦国
材料的质地及其他——读《请客》随感……奚雾北
向主仆颠倒的悲剧命运告别——读丁正泉的短篇小说
《拣豆》………………………………………董　健
我们经不起这个浪费………………………舒　翔
谈写作技巧…………………[苏]高尔基著　王庚虎译

美术

牧童（中国画）………………………………高马德
长相知（中国画）……………………………盖茂森
美术作品欣赏：
《红旗谱》插图：护钟（版画）
　　　　　　　　　　　　程　勉刻　雁　萱文
黄山松（油画）………………………………杨　波

1980 年第 8 期　刊名:《雨花》

目录

梦魇（小说）……………叶至善　叶三午　叶小沫
《希望》（小说）……………………………………晓
寄给故乡的山水（诗歌）…………………高加索

小说·散文

往后的日子…………………………………陆文夫
一枕咖啡梦…………………………………白　桦
鼓声…………………………………………焦　点
厂长与梅花…………………………………马君伟
旅途…………………………………………郑秉谦
周瘦鹃之死…………………………………李巨川
古六国码头剪影……………………………陆　泰
蠡湖的传说…………………………………德　咏

诗歌

游踪偶拾两首………………………………石　林
虹（外一首）…………………………………杨　毅
姑苏抒情（二首）……………………………贺东久
雨花石……………王德安　李孝华　程乐坤
李正祥　李永龙　唐　湜　李占学　贾吉庆　陈　犀

姜琍敏　罗继仁　池　澄　袁万祥　里　沙　周立新
编诗札记……………………………………于建邺
风浪——水手………………………………阎志民
永远呐喊的手风琴…………………………任红举
南京即景（二首）……………………………臧云远

评论

所谓"政治学"的评论标准——谈对当代人形象评论
中的一种偏向………………………………包忠文
于"笑"中所见——读《笑》…………………徐采石
尺水兴波话短章——《雨花》小诗剪评……严迪昌
碧螺春茶味悠悠
——品味艾煊散文集《碧螺春讯》………时　萌
由传统喝酒艺术想起…………………………陈　炳
夏钓…………………………………………朱邦国

美术

鬼敢来乎（中国画）…………………………田　原
黄果晓雾（水印木刻）………………朱琴葆　张新宇
美术作品欣赏：
神州九亿争飞跃（中国画）……潘觐绩画　金　光文
花（水粉画）…………………………………吴君琪
静物写生（水彩画）…………………………薛　玲

1980 年第 9 期　刊名:《雨花》

目录

归宿（小说）…………………………………顾尔镡
生命的热量？！（小说）……………………陈　艰
本刊编委学习座谈"七一"社论

小说·散文

伶工新篇……………………………………俞　律
身在天台雁荡间……………………………吴泽蕴
刘作家轶事…………………………………周梅森
卖菜…………………………………………杨利江
被遗忘了的故事……………………………陆九如
雷电山………………………………………边　烽
陶瓷小塔……………………………………蔡海葆
为了前进………………………………谷　天　黄文虎

诗歌

雨花石………………………公　刘　邹国平　杨大矛
孔　孚　苏　南　周培礼　赵康琪　常谦义　郭瑞年
花朵与果实……………聂鑫森　翟博胜　龙彼德　吴　树
唱给大江的歌………………………………陈咏华
情歌…………………………………………乐　也

散文诗

太湖石（外一章）……………………………德　咏
画（外一章）…………………………………王慧骐
西风……………………………………………张戬炜

评论

试谈《试谈〈爱，是不能忘记的〉的格调问题》的格
调问题…………………………………………邓海南
发乎情与止乎礼义……………………………林治泉
居里夫人之死…………………………………杨　旭
"垃圾堆"与"毛毛虫"孰美？——对于引用鲁迅言
论的一点感想…………………………………唐再兴
评论家也必须讲究社会效果…………………潘志豪
诗人的感慨……………………………………从　坡
文坛三闹………………………………陈允豪　陈子伶
"哎"调略考……………………………………袁济喜
苏东坡与"落英"………………………………吴汝煜
本刊成立编辑委员会　决定今年起举办"雨花奖"
作协江苏分会　组织参观访问、举办读书班

美术·摄影

飞向光明（水粉画）…………………………曹辅銮
夏、警惕（摄影）……………………………管剑虬
驼运图（中国画）………………李　山画　袁志山文
象牙扇（摄影）………………………………顾东升
玉器（摄影）…………………………………俞雪雄

1980 年第 10 期　刊名:《雨花》
目录

新松恨不高千尺…………………………………本刊评论员

小说

迪斯科…………………………………………董会平
我们的宿营地…………………………………江奇涛
52 次！52 次！………………………………徐乃建
我们都是年轻人………………………………成正和
行路难…………………………………………蒋　琏
驶向太阳岛……………………………………李　潮
东岗姥探亲……………………………………储福金
插销……………………………………………小　戎
筹粮……………………………………………蔡玉洗
这一夜…………………………………………苏　叶
无题……………………………………………邓　林

诗歌

写在悼词前面…………………………………陈　祥
萌芽（外一首）………………………………程尊平

岱宗拾诗（二首）……………………………邓海南
你仍然常常回到这条街巷……………………张士甫
结合……………………………………………杨一桥
晨雾……………………………………………薛尔康
渡口……………………………………………冯新民
钻杆……………………………………………池志亮
生活呵……………………………………………顾上飞
心中的路（外一首）…………………………及巨涛
钓………………………………………………丁　可
在哪里，我金色的梦！………………………刘鹏春
给祖国…………………………………………王　耿

美术

滕娘（中国画）………………………………亚　明
习作（中国画）…………………………江苏省国画院学员
连环画《十二品正官》选登………胡博综画　马鸿增文
松鼠投天都（中国画）………………………徐学凯
葡萄（中国画）………………………………汤永槵

1980 年第 11 期　刊名:《雨花》
目录

鱼钓（小说）…………………………………高晓声
他（小说）……………………………………艾　煊
写在铁路旁（诗歌）…………………………章品镇
并非争鸣（评论）……………………………刘静生

小说

尤金保求亲……………………………………凤　章
许登科轶事……………………………………刘振华
"新鸳鸯蝴蝶派"风情录………………………梅汝恺
轻松……………………………………………苏支超

报告文学

最后的时刻……………………………………马春阳
一路芬芳满山崖——记青年歌唱家李谷一……山　谷

诗歌

赠巴金先生……………………………………赵瑞蕻
山梦……………………………………………忆明珠
质询……………………………………………孙友田
我捧着教授的遗稿……………………………黄东成
采石矶怀李白…………………………………吴奔星
骊山歌…………………………………………沙　白
沈园怀陆游……………………………………丁　芒
蜀岗瓦砾………………………………………王　鸿
长江……………………………………………王辽生
壕河……………………………………………何晴波

防震棚前 ……………………………………………… 马绪英

评论

假如阿Q活着…… ……………………………………… 甘竞存
所谓"国情" ……………………………………………… 段儒东
"马寡妇开店"新议 ……………………………………… 邓 江
涤荡人物灵魂中的封建污垢——读高晓声《79 小说
集》断想 ………………………………………………… 李 纪
无形的子弹——读《少校之死》 ……………………… 奚子生
飘逝的就让它飘逝吧 …………………………………… 林治泉

美术

苏州刺绣（孙佩兰撰文） ………………… 苏州刺绣研究所
寒山寺
双猫
群仙祝寿图
傅小石的画

1980 年第 12 期　刊名:《雨花》

目录

如此星辰如此夜……（小说） ………………………… 孙成惠
进退（小说） …………………………………………… 江 流
让理论扎根在坚实的大地——与燕翰同志商榷（评
论） ……………………………………………………… 黄毓璜

小说·散文

路 ………………………………………………………… 王益山
栀子花 …………………………………………………… 恽建新
咫尺天涯 ………………………………………………… 顾 潇
最后的恩赐（历史小说） ……………………………… 张 弦
槲叶情 …………………………………………………… 薛尔康
阳澄少年 ………………………………………………… 邱 载
江南即景 ………………………………………………… 李武兵

诗歌

"毋忘我呵"（外一首） ……………………………… 肖 岗
登天文台（二首） ……………………………………… 黎焕颐
题啄木鸟 ………………………………………………… 徐荣街
琴弦的歌（外二首） …………………………………… 木 斧
卖蟹的小姑娘 …………………………………………… 陈茂欣
雨花石 …………… 戴宗明 罗 马 祖德陶 张培元
杨德祥 田章夫 辛明水 韩 东 马恒祥 晓 蕾
太湖即兴两首 …………………………………………… 刘毓璜
登庐山 …………………………………………………… 史光化

评论

回顾和展望 ……………………………………………… 海 啸

也谈突破 ………………………………………………… 顾尔镡
谈谈军事文学的突破 …………………………………… 贾晓晨
诗的随想 ………………………………………………… 薛尔康
别了，文学的裹脚布 …………………………………… 徐乃建
文学的"路" …………………………………………… 黑 子
如何"突破" …………………………………………… 恽建新
我省首届青年文学创作会议召开（报道） …………… 古 平

美术·摄影

虎溪三笑（中国画） …………………………………… 傅抱石
秋江（中国画） ………………………………………… 宋文治
蟹爪兰、仙客来（摄影） ……………………………… 顾仲全
蕉荫禽语（中国画） …………… 谢孝思撰文　张辛稼作画
漫画四幅
雪夜（钢笔画） ………………………………………… 毛小浪

1981 年第 1 期　刊名:《雨花》

目录

张驿桥（小说） ………………………………………… 李文瑞
人间闹剧（小说） ……………………………………… 海 笑
南海二章（诗歌） ……………………………………… 李 瑛
解放个性　发展自己（评论）
——关于"我"的断想 ………………… 唐再兴　姜 文

小说·散文

张驿桥 …………………………………………………… 李文瑞
人间闹剧 ………………………………………………… 海 笑
燕归来 …………………………………………………… 菩 提
异秉 ……………………………………………………… 汪曾祺
雾 ………………………………………………………… 吴碧莲
外流户 …………………………………………………… 曹玉模
慈母泪 …………………………………………………… 肖元生
伏牛白 …………………………………………………… 蔡海葆
岩画断想录 ……………………………………………… 殷志扬
孩子和大海 ……………………………………………… 程 远

诗歌

埋在心底的歌 …………………………………………… 章品镇
南海二章 ………………………………………………… 李 瑛
西园罗汉 ………………………………………………… 贺羡泉
白果（外一首） ………………………………………… 秋 原
雨花石 …………………………………………… 赵淑光 林 染
白 榕 季振华 毕 铭 施泽宏 王德芳 苏 利
澄 碧 石太瑞 刘益善
献给北京医院 …………………………………………… 民 民
小镇早市·鱼塘 ………………………… 朱金晨 戴佳鸿
尾花集 …………………………………………………… 范循善

评论

解放个性 发展自己
——关于"我"的断想·····················唐再兴 姜 文
漫谈"亡国之音"·····························裴行俭
棒子与孝子·································李亚平
隐隐的杀声·································戴辞风
两种失误···································王若望
文学需要探索·······························陆 咸
为道德呐喊——读《归宿》·······················金燕玉
艺术创新与思想革新··························苏 隽

美术

花和文物(油画)······························郑学信
韵(油画)··································顾 盼
藤趣·蔬香(中国画)·························叶矩吾
美术作品欣赏:女大学生(油画)
                     秦宣夫绘画 左庄伟撰文

1981 年第 2 期 刊名:《雨花》
目录

小说·散文

路的呼喊(报告文学)·························凤 章
清清的泉水································李 锐
老愚公后传································丁正泉
卖梨膏糖的老头·····························周建东
烛光····································霍 红
生活是美好的·······························薛 谅
发髻····································唐炳良
海思····································王中才
沙柳·枸杞································陆 茵
山涧····································沈仁康
秋思····································叶庆瑞

诗歌

我在十字街头默默站立························赵 恺
洗礼····································晓 钢
从春天来的(三首)·························沙 鸥
山行吟(三首)·····························姜琍敏
江南行(二首)·····························程乐坤
雨花石·····························文 丙 邹桂山
任愚颖 周立新 李根红 钱锦方 野 谷 叶 簇

评论

关于胡风的现实主义文艺思想····················吴调公
文学的使命和批评家的职责·····················黄毓璜
"三家村"与"盐"···························古 流
胆气·朝气·奇气····························严迪昌

立法小议··································吕庆余
击鼓·滚钉板及其他··························邓小秋

美术

迎新岁(中国画)···························陈大羽
新春(水印木刻)·····················朱琴葆 张新予
冬之晨(中国画)···························刘二刚
松鹰图(中国画)···························梁 彬
美术作品欣赏:风雨同舟·痴诉
                     高马得绘画 赵绍龙撰文

1981 年第 3 期 刊名:《雨花》
目录

小说·散文

陈奂生转业································高晓声
求婚者····································蒋 琏
正是河豚欲上时·······················孙观懋 贺景文
2×2=5··································陈国屏
新陋室铭··································周 矢
"先锋国"传奇(报告文学)················陈椿年 白 水
久违了,小面人!···························高 风
桔女····································蔡之湘

诗歌

退路谣(外一首)···························朱 红
红尘杂咏(四首)···························玉 杲
失眠之夜··································文武斌
兑现····································翟博胜
枫林(外一首)·····························杨 毅
雨花石·····························沈 重 雷 雯
易殿选 杨来顺 徐 斌 张文玉 何 仃 刘 章
卓琦培 袁戈风 谭亚新
侨乡书屋··································胡 笳
诗词两首··································明 朗
诗三首····································江 波

评论

左联文艺斗争中的几个问题······················包忠文
从"重重叠叠山"谈起·························田野红
且说"风月宝鉴"···························张安生
二世与永世································朱邦国

美术

初绽(摄影)································任涵子
秋趣图·初春(中国画)·······················徐 姚
桔·归(摄影)·····························童存抚

芭蕉群兔（中国画）————谢海燕绘画　周积寅撰文

1981 年第 4 期　刊名:《雨花》
目录

在剧本创作座谈会上的讲话（一九八〇年二月十二、十三日）————胡耀邦

小说·散文
检察官汤铁头（报告文学）————杨　旭
难写的人————方　之遗作
住土楼的主任————陈君华
前途————吴双林
"百万富翁"————钟　锐
马戏票————陈晓丹
吞剑人的死亡————[罗]亚历山特鲁·莎希野　沈秋安译
大关断想————李克因
"微笑着的眼睛是需要的"
——悼念郑造同志————杨　苡　天　戈

诗歌
雨花石，越来越少————杨　牧
快走出愚昧的峡谷————黄东成
故乡情思（二首）————闻　频
古渡新姿（外一首）————王　鸿
热河泉，不死的春————倩　晴
春天，一片新绿（外一首）————王　也
雨花石————吴奔星　欣　秋　王恩宇
阎志民　路　桦　杨大矛　王子和　黎焕颐　孙成惠

评论
诗歌和自我————秦兆基　李　宁

美术·摄影
盼（水印木刻）————程　勉
桔颂·归（摄影）————童存抚
美术作品欣赏：雨后（中国画）————吴羖木绘画　萧　平撰文
广告设计————夏国勋

1981 年第 5 期　刊名:《雨花》
目录

小说·散文
喜悦————何士光
里程碑前————谭慕平

胡"司令"赴宴————石　言
他，还是他……————陆　咸
佟妹————姜　滇
私奔————王誉笙
色彩鲜明的人（报告文学）————孙景生
奶娘————李天芳
"地质城"的怀念————海　笑

诗歌
南国诗情————沙　白
印染情思————孙友田
街之小议（外一首）————陈　犀
雨花石————赵淑光　薛尔康　王　野
蔡国瑞　马君伟　姚伟雄　管志斌　何晴波　中　跃
花朵与果实————王雨谷
池　澄　成春到　张良火　姜澍川
南京二首————弘　征

评论
这里有"孩子的世界"
——试析鲁迅作品的儿童形象————金燕玉
绘画印象派和文学意识流————宋耀良
诗人，在生活的原野上————阿　红
写影————金学智

美术·摄影
秋江（中国画）————高马得
山村晓雾（摄影）————顾东升
美术作品欣赏：春到边寨（中国画）————沈　涛绘画　黄鸿仪撰文
春之歌（中国画）————徐　宁

1981 年第 6 期　刊名:《雨花》
目录

小说·散文
发生在那个夏季……（报告文学）————杨匡满
没有唱完的情歌————周建东
做母亲的————储福金
怪杰————韩静霆
乡草————徐　润
逆转————席建蜀
顺子和"二号老太"们————成正和
牛————张宇清
鱼的闲话（外一章）————忆明珠
愿春光永远照心田————刘品青
我的笔（外三章）————陆　苇
写在钟山植物园————天　然

诗歌

山村风景（回首）··姜平章

花朵与果实································王维洲　陈有才
李忠田　毕庆平　陈佩芸　袁万祥　朱谷忠　郭　浩
戴安常　辛明水　顾绍康

雨花石···王辽生　贺东久　孙立真　杨德祥　何全力

童心篇····························刘崇善　雪　兵　王宜振

诗二首··刘亚明

时间与爱··································（中国香港）何　达

评论

谈小说的间接内心语言··························金宏达

创造"这一个"································胡永年

"双重动因"管见································方　柯

"鬼敢来乎"与"鬼敢来矣"························曲　辰

美术

水墨画··柯　明

瞿塘壮观（中国画）··························金致远

美术作品欣赏：秋韵（油画）··················苏天赐绘

周积寅撰文

维吾尔族少女（油画）··························张华清

1981 年第 7 期　刊名:《雨花》
目录

小说·散文

有什么分别？附："革心"的召唤——关于周恩来同
志的小说"有什么分别"？························陈漱渝

水底障碍··高晓声

浪拥大江流（报告文学）——一次采访的记录和随感
··李克因

密码锁··陈道阔

樱桃花开··顾　潇

绿叶永不凋零····································孙成惠

陪客··刘文才

野餐会··陈耀华

鬼打豆··刘国华

人民与历史——花明楼、安源纪行················竹　眠

诗歌

党呵，我们永远需要你领航························丁　芒

我歌唱，我是海港（外一首）····················冯新民

情在城乡间······································陈咏华

花朵与果实················徐万明　王中朝　张雪杉
刘晓滨　李武兵　韩　戈　李占学　李道林　凌　大

标语··张承信

白驹··施泽宏

雨花石··杨　山
枫　亚　莫西芬　溪　流　何　鹰　李志清　张戬伟

评论

茅盾同志的三封信
写在沈老三封信的后面··························叶子铭

努力开掘人物的精神火花——《雨花》小说社会主义

新人形象漫议··································苏　铭

他深知农民的心——读高晓声近作《水东流》和《陈
奂生转业》····································董　健

美术

庆（南通织锦绣）··························叶兴远摄

茅盾和他的一家（照片）·茅盾手迹

江南戟（水印木刻）··························吴俊发

1981 年第 8 期　刊名:《雨花》
目录

小说·散文

还债··陆文夫

失却光明的人····································吴　凯

龙抬头··苏从林

异化··山　谷

菩提珠··吴泽蕴

开拓··焦　点

董阿姨治厂······································马君伟

政治经济学················[美]马克·吐温　郑祥理译

挑水的曹大爷····································新凤霞

新绿絮语··陈一凡

录在磁带以外的··································严歌平

诗歌

即兴二题··林　希

清明雨（外二首）································任愚颖

雨花石··李根红
叶延滨　陈顶元　华继文　姚　健　周立新　吴林森

花朵与果实······································程乐坤
姜金城　马恒祥　李玉银　晓　蕾　冯恩昌　张佑元

评论

性格蠡测··方　柯

新政策光芒中的人情美、人性美
——读《喜悦》··································王同书

鲁迅小说中的心理描写··························唐再兴

在平凡的现象中发现美
——评德咏散文诗近作··················朱子南　秦兆基

美术

心相随（水粉画）⋯⋯⋯⋯⋯⋯⋯曹辅銮

东流暮色（中国画）（选自镇江地区《新四军征途书画展》）⋯⋯⋯⋯⋯⋯⋯李苇成

美术作品欣赏：放心吧，红军妈妈（木刻）
⋯⋯⋯⋯⋯程　勉作　赵绍龙撰文

孟良崮战役（中国画）⋯⋯⋯⋯⋯亚　明

1981 年第 9 期　刊名:《雨花》
目录

小说·散文

"狐仙"择偶记⋯⋯⋯⋯⋯⋯⋯⋯赵本夫

年燃⋯⋯⋯⋯⋯⋯⋯⋯⋯⋯⋯李中萱

"老古板"上街⋯⋯⋯⋯⋯⋯⋯⋯丁正泉

小镇诗魂⋯⋯⋯⋯⋯⋯⋯⋯⋯毛苏成

水桥会⋯⋯⋯⋯⋯⋯⋯⋯⋯⋯孙家玉

"永丰"茶肆⋯⋯⋯⋯⋯⋯⋯⋯谢厥根

回乡访故居⋯⋯⋯⋯⋯⋯⋯⋯⋯周　晔

灯火阑珊处⋯⋯⋯⋯⋯⋯⋯⋯⋯类永藻

温暖的泉溪⋯⋯⋯⋯⋯⋯⋯⋯⋯张礼怀

绿荫深处人家⋯⋯⋯⋯⋯⋯⋯⋯成汉飙

诗歌

我要开一次花⋯⋯⋯⋯⋯⋯⋯⋯徐　刚

句号里的爱情⋯⋯⋯⋯⋯⋯⋯⋯曲有源

白果树下的童年⋯⋯⋯⋯⋯⋯⋯陈茂欣

浣溪沙⋯⋯⋯⋯⋯⋯⋯⋯⋯⋯钱静人

生之歌（外一首）⋯⋯⋯⋯孙成惠　俞　律

雨花石⋯⋯⋯⋯⋯⋯⋯⋯季振华　钱锦芳

黄瑞康　赵云生　王学芯　肖　川　倪国章　曹邦建

花朵与果实⋯⋯⋯严成志　文　丙　郭维东　叶晓山

评论

鲁迅小说独创的贡献⋯⋯⋯⋯⋯朱　彤

发现·表现·显现
——读《胡"司令"赴宴》⋯⋯⋯陈　辽

早春，黎明的歌声⋯⋯⋯⋯⋯⋯丁慨然

对《雨花》评论员文章"补记"的答复⋯⋯闻　山

美术

公孙大娘舞剑器（中国画）⋯⋯⋯盖茂森

党知道和了解我——鲁迅和瞿秋白（油画）⋯沈广耀

美术作品欣赏：牡丹寿带（中国画）
⋯⋯⋯⋯⋯李长白绘画　黄鸿仪撰文

霸王别姬（中国画）⋯⋯⋯⋯⋯⋯赵绪成

1981 年第 10 期　刊名:《雨花》
目录

小说·散文

小庐匠招婿⋯⋯⋯⋯⋯⋯⋯⋯⋯丁正泉

故乡人（三题）⋯⋯⋯⋯⋯⋯⋯汪曾祺

甬路上⋯⋯⋯⋯⋯⋯⋯⋯⋯⋯田珍颖

翰墨缘⋯⋯⋯⋯⋯⋯⋯⋯⋯⋯陶　坤

纵横交错⋯⋯⋯⋯⋯⋯⋯⋯⋯蔡玉洗

乔迁之后⋯⋯⋯⋯⋯⋯⋯⋯⋯薛炎文

竹叶青青⋯⋯⋯⋯⋯⋯⋯⋯⋯黄新心

海天一望中⋯⋯⋯⋯⋯⋯⋯⋯⋯李　纪

雨中访峡石⋯⋯⋯⋯⋯⋯⋯⋯⋯姜德明

故乡情
水乡桥镇⋯⋯⋯⋯⋯⋯⋯⋯⋯邱　载

故乡绿叶⋯⋯⋯⋯⋯⋯⋯⋯⋯李　耕

绿蒙蒙的记忆⋯⋯⋯⋯⋯⋯⋯⋯李　亮

诗歌

百年诞辰献辞——为纪念鲁迅诞辰一百周年作并纪念
他逝世四十五周年⋯⋯⋯⋯⋯⋯赵瑞蕻

虎丘石吟（二首）⋯⋯⋯⋯⋯⋯黄东成

致白天鹅（外一首）⋯⋯⋯⋯⋯雪　兵

同希望生活在一起的人⋯⋯⋯⋯胡　笳

我等待着：爱情⋯⋯⋯⋯⋯⋯⋯陈继光

花朵与果实⋯⋯⋯⋯⋯⋯⋯⋯郑成义

李忠田　董桂苓　徐延平　王明贵

雨花石⋯⋯⋯⋯⋯⋯⋯⋯⋯⋯叶庆瑞

福　庚　于文清　聂鑫森　鲍国刚　沈双兰　张之静

评论

谈《示众》⋯⋯⋯⋯⋯⋯⋯⋯⋯方光焘

传统岌岌可危了吗?⋯⋯⋯⋯⋯⋯吴　亮

饥饿与文艺（随笔）⋯⋯⋯⋯⋯吴九成

美术·摄影

石钟山（木刻）⋯⋯⋯⋯⋯⋯张新予　朱琴葆

蟹·桔（摄影）⋯⋯⋯⋯⋯⋯章石羽　赵浏兰

美术作品欣赏：小憩（中国画）⋯⋯徐　姝绘画　赵绍龙撰文

为了祖国的统一（油画）⋯⋯⋯⋯沈行工

1981 年第 11 期　刊名:《雨花》
目录

小说·散文

元宵 ……………………………… 马　嘶
作家的奇遇 ……………………… 白　文
"手艺人" ………………………… 赵　形
看不见的星星 …………………… 刘在淼
邬大为的三次"革命" …………… 孙华炳
乡镇小电影 ……………………… 陈其昌
看青 ……………………………… 类永藻
"12：20"……（特写） ………… 方洪友
泥人美 …………………………… 石　醒
天亮庄 …………………………… 丁　芒
沉痛哀悼钱静人同志逝世
悼静人 …………………………… 夏　阳

诗歌

我的歌·我的心 ………………… 朱　红
长江二题 ………………………… 孙友田
城市的色彩（三首） …………… 旭　宇
故乡，我的母亲 ………………… 季振邦
你，留下吧! …………………… 杨兆祥
花朵与果实 ……………………… 阎志民
蔡国瑞　朱守明　辛明水　姚　莹
雨花石 ………………… 黄秉荣　金恒良　武新华
张志鹏　贾长厚　洪　亮　梁谢成　时红军　陈秀庭

评论

总结经验　振奋精神　办好刊物 ……… 本刊编辑部
评所谓"突破" ………………… 辛善夫
四不像的白话
　——关于《阿Q正传》语言一题 …… 刘福勤
先进人物和"个性化" …………… 姚光义
对"答复"的答复 ……………… 《补记》笔者

美术·摄影

莘荑鹦鹉（中国画） …………… 陈修范
蜡雪润根·黄山始信银松（摄影）… 汪文华　俞雪雄
美术作品欣赏：柯明的美术电影人物造型设计
　………………… 柯　明绘画　赵绍龙撰文

1981 年第 12 期　刊名:《雨花》
目录

小说·散文

早春 ……………………………… 邹志安
天到黄昏时 ……………………… 张西庭
听露 ……………………………… 肖元生
哦，李满香 ……………………… 董会平
女水手 …………………………… 周　庚
二走螃蜞沙 ……………………… 枫　亚
酸果 ……………………………… 廖　琪
无畏两将军（革命回忆录） …… 石征先
益师良友——悼念钱静人同志 … 艾　奇

诗歌

鉴真之什——汉俳十四首 …… 赵朴初　林　林
杜　宣　陈大远　袁　鹰
萌（外二首） …………………… 杨来顺
成熟了的春天 …………………… 忆明珠
绿的联想 ………………………… 唐大同
花朵与果实 ……………………… 陈咏华
许俊文　毕　林　何　仃　关海晏　郭　廓　苏文河
雨花石… 黎焕颐　田学元　晓　钢　马庆仙　黄　淮

评论

时代哲理的寻觅——评赵恺的诗 … 萧　兵
在画灵魂上下功夫 ……………… 黄　桥
一曲欢乐的短歌
　——评《老古板上街》 ……… 赵光德　思　云
"形象"这个词儿 ……………… 斯　音

美术·摄影

水石盆景（摄影） ……………… 郑　明
江南雪（摄影） ………………… 吕振模
美术作品欣赏：《清奇古怪》（素描） …… 杨建侯绘画
左庄伟撰文
巫峡暮秋（中国画） …………… 徐天敏

1982 年第 1 期　刊名:《雨花》
目录

小说·散文

且见公婆 ………………………… 季冠武
杜梨树啊，杜梨树! ……………… 李　虹
杠子的故事 ……………………… 徐朝夫
线戏人儿 ………………………… 王吉星
蜘蛛呀，请赐给我力量! ………… 呼延奏

雪的雕塑 ————————————— 凤　章
文村茶馆 ————————————— 谭慕平
童心 ———————————————— 文　士
秋山思絮 ————————————— 林治泉

诗歌

秋歌 ———————————————— 沙　白
生活的五线谱 ————————————— 韩作荣
海岸线上 ————————————— 雁　翼
微湖月 ———————————————— 姜湔川
雨花石 ——————— 卢庆平　溪　流　薛尔康　郭宝臣
徐长林　谷　号　朱友圣　严家纬　李根红　罗鹏飞
花朵与果实 ——————— 宁　宇　张文玉　刘希涛
朱谷忠　吴炳辉　鄢家发　李民族　翟博胜　刘益善
编诗札记 ————————————— 于建邨

评论

希望・信心・干劲——新年献辞 ————— 本刊编辑部
我们走在光荣的荆棘路上 ————————— 夏　阳
语言运用上的"这个" ———————————— 芦　笛
诗情如夜鹊，三绕未能安
——李清照在江苏的创作生活 ————— 王凯浩
新诗话数则 ————————————— 李先轶

美术・摄影

梅（摄影） ————————————— 顾东升
惠山泥人（泥塑） ———————————— 柳家奎
美术作品欣赏：哀郢（中国画） ————— 傅小石绘画
叶小叶撰文
泥塑 ——————————— 无锡惠山泥人研究所
苏州工艺美术研究所供稿
封面设计 ————————————— 付　之

1982 年第 2 期　刊名:《雨花》
目录

小说・散文

绳子 ———————————————— 高晓声
牌桌上 ———————————————— 赵长天
相郎 ———————————————— 陈　艰
迷 ————————————————— 方　晴
甦醒 ———————————————— 周梅森
腾身欲向青云里（报告文学） ————— 李克因
巴金——一九八二（访问记） ————— 谷　苇
西双版纳剪影 ————————————— 魏毓庆
航标灯 ———————————————— 蔡海葆

诗歌

我歌唱无私的奉献（三首） ————— 徐荣街
水杉赋 ———————————————— 丁　力
大厦（外一首） ————————————— 雪　兵
黄山抒情（四首） ———————————— 毕庆平
一个年轻的孕妇在电车上 ————————— 姚振函
痛苦（外一首） ————————————— 桂兴华
雨花石 ——————— 周立新　张学梦
王辽生　辛明水　李金安　何全力　于宗信　姜　晋
花朵与果实 ——————— 丁　可　李守唐
尧山壁　徐永伦　池　澄　王知十　胡永槐

评论

立足于现实生活之上的艺术——一九八二年第一期
《雨花》短篇小说漫评 ————— 陆建华　金实秋
关于爱情文学的对话
——文学家与他友人的一场辩论 ————— 吴　亮
自有心胸甲天下——议创新 ————— 林　同
画与诗 ———————————————— 许树栋

美术

水磨坊（水彩画） ———————————— 吴　然
丰收曲（木刻） ————————————— 罗剑钊
扎根于群众土壤中的牡丹
——记老画家戴元俊 ————— 芮德法　孙铁生
故乡的记忆（水粉画） ———————————— 曹立侃

1982 年第 3 期　刊名:《雨花》
目录

小说・散文

非正式谈判 ————————————— 杨　旭
两个狩猎汉 ————————————— 严啸建
地下的路 ————————————— 黄卫平
天棚上下 ————————————— 黄佳星
花 ————————————————— 黎　石
新嫁娘词 ————————————— 刘振华
倒挂金钟 ————————————— 孙家玉
白杏儿 ———————————————— 韩文洲
回声谷（外一篇） ———————————— 叶至诚
墙头绿洲 ————————————— 张孔昭
大拱桥下 ————————————— 陆　苇

诗歌

北国风情（组诗） ———————————— 王　鸿
弯弯桃河水（三首） ———————————— 倩　晴
在深山（三首） ————————————— 姜珂敏
网（外一首） ————————————— 赵丽宏

蓓蕾小辑··········庄 蕾 张 丹 金晓燕 南 英
雨花石························雷 雯 黄显宇
李朝晖 何晴波 卓琦培 陈达光 严 迪
花朵与果实····················何 鹰 黄彤岩
李道林 潘万提 莫西芬 陈白子 李占学 凌 大

评论
现代文学巨匠的一个侧面
——纪念茅盾逝世一周年···········金燕玉
于"……"所见··················张安生
析字与析数——诗歌欣赏············熊树苏
于笔墨中见精神···········张新民 陈 词
关于小说《"狐仙"择偶记》的来稿综述

美术
出了(中国画)·················田 原
雨后(中国画)················赵良翰
美术作品欣赏:"宝贝"(油画)······张华青绘画
周积寅撰文
金坛刻纸·········红 石 竹 林 刘 明 吉金伢

1982 年第 4 期　刊名:《雨花》
目录

啊,板栗树……(小说)············杨贵云
在那雨蒙蒙的路口(小说)···········朱 伟

江海平原一翡翠
你早啊,南通城·················石 醒
美的集聚····················严 清
笛音······················张小兵
映日荷花别样红···········张肖敏 戴安琨
江上海港···············庄锦生 陈学海
新村新景···············季求林 王志清
帆影(小说)··················韩 起
老船长和小伙伴(小说)············于炳坤
杏花春雨(小说)················顾 潇
秦市长洗浴(小说)···············严歌平
主人(小说)··················张宇清

诗歌
致劳动者····················丁汗稼
笛声······················任愚颖
让我走进你的心灵···············马恒祥
花朵与果实·········朱迅翎 李忠田 冯恩昌
金占亭 时 陶 唐建平 沈铭华 钱锦方 阎世宏
雨花石·····················木 斧 徐文武
戚桂森 樊 泱 吴开晋 张荫宝 李玉银

评论
实事才能求是——对一篇评论的评论·····柳 松
批评家应有的尺度
——评《"狐仙"择偶记》···········槐 真
谈文学作品中的爱情描写············郑乃臧

美术
葡萄(中国画)·················张正吟
乡间晨雾(水印木刻)·············朱 葵
平凡而美好的愿望——介绍花卉画家支振声···金 光

1982 年第 5 期　刊名:《雨花》
目录

小说·散文
"天"灾不算祸(小说)·············孙观懋
"白衣仙女"(小说)··············航 鹰
生活的开端(小说)···············李天芳

大洋两岸
空虚与充实(散文)——访英散记·······冯骥才
在艺术宫殿里(散文)——访美随感······林 非
桨声(散文)··················高瑞泉
咸亨酒店小酌(散文)·············敏 捷
进击的旋律(报告文学)············孙 超
醋面(小说)··················焦 点
在江岸镇的茶馆里(小说)···········成正和
雨霁(小说)··················梁 戈
烛泪(小说)··················朱华山

诗歌
丝丝缕缕的乡情·················闫志民
秋晨寄语····················沈 重
清明时节····················梁 南
春之情·····················张洪彩
春天的早晨···················王 也
雨花石·················杨 毅 管志斌
王学芯 洪 亮 石 醒 文大家 高国潘 赵大昕
洪承志 徐明德 俞伯洪
花朵与果实···················陈咏华
文 丙 徐万明 刘文超 韩 青 新 稻

评论
我们需要社会主义文艺············夏 阳
倍增其哀——学习鲁迅小说艺术札记·····黄毓璜
一个真实的农民形象
——记我省的一次诗歌讨论会·········刘 敏
用诗去拨动人民的心弦

——记我省的一次诗歌讨论会 ························· 薛尔康

美术·摄影
海港（水彩画）····选自《江苏省第二届水彩画展览》
水乡小趣·晨霜（摄影）·················· 陈永年　张成军
美术作品欣赏：蟠龙桥上雨花亭 ·············· 丁观加绘画
朱　葵撰文
雪里行军情更迫（中国画）····················· 杨建侯

1982 年第 6 期　刊名:《雨花》
目录

小说·散文
春天的雾（小说）···························· 张　弦
雁（小说）································· 张抗抗
余恨（历史小说）···························· 刘静生
某作家全集序（小说）························· 毛志成
生活的彩霞（小说）·························· 严　军
基石（小说）························· 吴　霄　刘同祥
拾翠者·································· 忆明珠
林荫道上································ 海　笑
幸福海································· 孙明光
乡情三章································· 李　耕
荷塘，漾着笑波····························· 李武兵
盆景·································· 德　咏

诗歌
春光三章································· 冯　歌
拾自园林的诗（二首）························· 王燕生
竹乡写意（二首）···························· 左一兵
我久久地立在窗口······················· 马瑛瑛
雨花石························· 黎焕颐　王德安
宫　玺　翟秀琪　祖德陶　霍清安　金伯良
花朵与果实································ 姜平章
高　云　郭瑞年　苏　冬　郑　抒　路　辉
编诗札记································· 于建邺

评论
火光·灯火·鲜花
——《雨花奖》当选小说漫评 ··········· 董　健　凌焕新
从昨天唱向明天
——评《雨花奖》当选诗歌 ············· 严迪昌　唐再兴
写时代风云　抒真情实感——《雨花奖》获奖散文、
报告文学漫评 ····························· 裴显生

美术
童牧（中国画）····························· 石呈虎
儿童木刻································· 张　艳

赵良翰和他的《长空一击》··················· 萧　平

1982 年第 7 期　刊名:《雨花》
目录

小说·散文
斗羊（小说）························· 赵本夫　刘本夫
组织处长下午来（小说）······················ 雪　华
粉红·碧绿（小说）·························· 高秀华
老红军买酒（小说）·························· 吕庆余
土地——母亲（小说）························· 陈忠实
爆米的故事（小说）·························· 枫　亚
歧黄之术（小说）···························· 苗振亚
"逼"上黄山记····························· 章品镇
采桑女································· 卞　卡
长江，一条七彩的锦带························· 郭　浩

诗歌
阳台（外一首）····························· 金　山
我属于唱赞歌的一代·························· 林　希
我心中的山川河流纵横交错····················· 贺羡泉
七彩的流韵······························· 姚伟雄
关于自动红绿灯（外一首）····················· 季振邦
雨花石······················· 柳士同　李发模　秋　原
张雪杉　李占学　青　青　张子才　肖　彦　张安生
花朵与果实······················· 何　仃　王知十
施泽宏　张良火　李曙白

评论
散议散文································· 艾　煊
他身上同时潜伏着罪犯和英雄的因子
——读短篇小说《逆转》······················ 行　人
开掘片谈································ 唐再兴
"反向特点"刍议···························· 卢同奇
创作的歧途——也评《"狐仙"择偶记》··········· 邢念萱
李德成

美术·摄影
清（摄影）······························· 易　意
长河落日圆（摄影）·························· 李以恭
美术作品欣赏：山高水长（中国画）············· 张文俊绘画
袁志山撰文
古塔秋影（彩墨画）·························· 冯健亲

1982 年第 8 期　刊名:《雨花》
目录

小说·散文

西郊一条街（小说）————————梁晓声
黑色的幽默（小说）————————王人斌
表演扫地（小说）————————冯骥才
院子（小说）————————贾平凹
彩云姑娘（小说）————————胡清和
串门儿（小说）————————郝国忱
日新斋主人（小说）————————周鸿铸
背景（小说）————————马君伟
山塘卖花女————————方家骊
吃鱼————————文　士
摇塘鱼————————邱　载

诗歌

我曾是一枚酸果————————杨来顺
听鼾————————王辽生
扬州二题————————赵晓义
我，在大江上放排————————庄锦生
绿色波涛（外一首）————————任红举
山乡短歌（二首）————————王忠范
花朵与果实————————禾　波　陈秀庭　童嘉通
陈　泯　李光星　李　勤　孙中明　胡丰传　季　华
雨花石————————孙立真　王钦祥　王承谙
王清平　余小平　袁勇军　沈双兰　卓琦培　陆　跃

评论

不是散文家的散文家
——读陈白尘近年的散文————————梦　花
谋而不和————————周桐淦
读《"天"灾不算祸》————————金建陵
妙喻————————时　萌
螳螂不吃草————————曹　红
说《佳句》————————肖文苑

美术

竹鹊（中国画）————————李剑晨
黄山恨云低（中国画）————————亚　明
扇面：得其所哉（中国画）————————凌　虚
册页四幅————————柴海利

1982 年第 9 期　刊名:《雨花》
目录

小说·散文

反映青年生活的作品专辑
漆黑的羽毛（小说）————————石　言
碰杯声中（小说）————————吴翼民
一个小偷和两条金鱼（小说）————————吕大安
天空是蔚蓝的（小说）————————范小青
精明的新郎（讽刺小说）————————胡　钢
旧书店隔壁的小人家（小说）————————尹　平
吉祥的故事（小说）————————韩石山
影坛新秀（小说）————————白景晟
在闹市桥头（报告文学）————————赵　恺
淡月梅花（散文）————————谭亚新

诗歌

初夏的凤蝶（外一首）————————朱　红
南通三题————————孙友田
读"彭德怀自述"————————丁　芒
汗雨江南（四首）————————翟博胜
崭新的宿舍楼————————葛佳映
雨花石————————黄　淮　程显谟
蔡　焜　潘伯荣　林万里　时红军　万光安　梁谢成
叶庆瑞　蔡宗周　李莫森　杨惠玲　姜　莺
蓓蕾小集————————李雪侠　达　黄　任自放
吕延宁　张　展

评论

一个新手的艺术追求————————姜　文
自我审理与人生"全集"
——读小说《某作家全集序》————————陈　词

美术·摄影

石榴（摄影）————————司　徒
幽谷（木刻）————————黄丕模
春江昭苏（木刻）————————李树勤
古城扬州（水彩）————————张俊秋

1982 年第 10 期　刊名:《雨花》
目录

小说·散文

事业之树（报告文学）————————张小兵
"遗言"制造者（报告文学）————————杨匡满
就职宣誓（小说）————————徐朝夫
远方的星（小说）————————章辰霄

人情债（小说）⋯⋯⋯⋯⋯⋯⋯⋯姚忠瑞
青果（小说）⋯⋯⋯⋯⋯⋯⋯⋯宗　波
访日散记（散文）⋯⋯⋯⋯⋯⋯海　笑
香雪（散文）⋯⋯⋯⋯⋯⋯⋯⋯薛尔康

散文短章
梦·春水吟⋯⋯⋯⋯⋯⋯⋯⋯⋯陆　苇
蒲公英·日记⋯⋯⋯⋯⋯⋯⋯⋯李　亮
黄花草⋯⋯⋯⋯⋯⋯⋯⋯⋯⋯⋯周志成

诗歌
瞩望⋯⋯⋯⋯⋯⋯⋯⋯⋯⋯⋯⋯马绪英
电的赞歌⋯⋯⋯⋯⋯⋯⋯⋯⋯⋯黄东成
故乡浮云（二首）⋯⋯⋯⋯⋯⋯池　澄
雪夜，炭火熊熊⋯⋯⋯⋯⋯⋯⋯高加索
工厂的旋律（二首）⋯⋯⋯⋯⋯王恩宇
烟囱下的抒情（二首）⋯⋯⋯⋯弘　征
花朵与果实⋯⋯⋯⋯⋯⋯⋯⋯⋯王德安
张承信　陈咏华　刘晓滨　张云晓　周　郈
雨花石⋯⋯⋯⋯⋯⋯⋯⋯⋯⋯⋯程尊平
杨亦平　戴砚田　丰昌隆　桂兴华　辛明水

评论
文学要描写现实的改革和矛盾⋯⋯包忠文
捕捉人物心灵的美好感情
　——浅议小说《迷》⋯⋯⋯⋯姚宝红
于一瞥中见生活——谈《生活的彩霞》⋯古　月
谈《基石》的构思⋯⋯⋯⋯⋯⋯金燕玉
评《花》⋯⋯⋯⋯⋯⋯⋯⋯⋯⋯盛东明

美术·摄影
白玉堆（摄影）⋯⋯⋯⋯⋯⋯⋯耿荣兴
热浪（木刻）⋯⋯⋯⋯⋯⋯⋯⋯蔡知新
丰（木刻）⋯⋯⋯⋯⋯⋯⋯⋯⋯虞　建
醉笔二幅（中国画）⋯⋯⋯⋯⋯秦古柳
金风染得万点红（中国画）⋯⋯叶　维

1982 年第 11 期　刊名:《雨花》
目录

小说·散文
小户大姑娘（小说）⋯⋯⋯⋯⋯叶明山
六棵松（小说）⋯⋯⋯⋯⋯⋯⋯王伯阳
灰尘，飘上天，落下地⋯⋯（小说）⋯晓　宫
秋妹（小说）⋯⋯⋯⋯⋯⋯⋯⋯陈维型
大路拐弯的地方（小说）⋯⋯⋯赵范奇
播种希望的人（小说）⋯⋯⋯⋯马金中
在"妇产科"门外的长廊里（小说）⋯宁济世

主角（小说）⋯⋯⋯⋯⋯⋯⋯⋯吴晓平
水乡风情小记（散文）⋯⋯⋯⋯李鸿声
听涛（散文）⋯⋯⋯⋯⋯⋯⋯⋯逯　斐
月是故乡明⋯⋯⋯⋯⋯⋯⋯⋯⋯戴安琨
高高的银杏树⋯⋯⋯⋯⋯⋯⋯⋯柔　刚

诗歌
播种者之歌⋯⋯⋯⋯⋯⋯⋯⋯⋯冯新民
树⋯⋯⋯⋯⋯⋯⋯⋯⋯⋯⋯⋯⋯赵　恺
芙蓉树⋯⋯⋯⋯⋯⋯⋯⋯⋯⋯⋯程步涛
祖国，我是你的一棵树⋯⋯⋯⋯曲　广
一缕早生的华发（外二首）⋯⋯钱锦方
雨花石⋯⋯⋯⋯⋯⋯⋯曹念祥　冰　夫　李文熹
龙彼德　肖　川　中　跃　张常信　鄂家发　凌　大
花朵与果实⋯⋯⋯⋯⋯⋯⋯朱光天　郭维东
汪文庆　何晴波　唐大同　郭　廓　钟永华

评论
得来不易的真理⋯⋯⋯⋯⋯⋯⋯叶至诚
调子⋯⋯⋯⋯⋯⋯⋯⋯⋯⋯⋯⋯黄毓璜
生活的珠玑⋯⋯⋯⋯⋯⋯⋯⋯⋯林　同
惜墨如金的聊斋语言⋯⋯⋯⋯⋯朱邦国

美术
一番洗清秋（水墨画）⋯⋯⋯⋯方　骏
采石秋深（中国画）⋯⋯⋯⋯⋯金志远
孔雀（中国画）⋯⋯⋯⋯⋯⋯⋯叶矩吾
水墨画四幅⋯⋯⋯⋯⋯⋯⋯⋯⋯柯　明

1982 年第 12 期　刊名:《雨花》
目录

小说·散文
吹皱一池春水（小说）⋯⋯⋯⋯夏坚勇
葬礼（小说）⋯⋯⋯⋯⋯⋯⋯⋯乔雪竹
鬟丝吟（小说）⋯⋯⋯⋯⋯⋯⋯刘振华
金凤凰（小说）⋯⋯⋯⋯⋯⋯⋯黄铁男
炮火下的金达莱（小说）⋯⋯⋯李育生
梳妞（小说）⋯⋯⋯⋯⋯⋯⋯⋯杨　惕
驴背上（小说）⋯⋯⋯⋯⋯⋯⋯叶至诚
婆奶奶回府（散文）⋯⋯⋯⋯⋯顾寄南
金装肉身和尚（散文）⋯⋯⋯⋯墨　林
杜鹃花开的时候（散文）⋯⋯⋯李克因

诗歌
我的职业（外一首）⋯⋯⋯⋯⋯沈　文
长江抒情诗（二首）⋯⋯⋯⋯⋯徐　刚
月夜回碾庄⋯⋯⋯⋯⋯⋯⋯⋯⋯雪　兵

夏枯草（外一首）……………………………崔合美
故乡的地平线………………………………杨德祥
花朵与果实…………………………………昌　耀
车前子　唐建平　王　野　王家干　陈汉卿
雨花石……………………………杨　山　徐若琦
牛明通　戚桂森　王耀宗　阳　关　李正祥

评论
思考中的昨天、今天和明天
——评张弦近年来的几个短篇小说……………卢同奇
生活的美与力——读汪曾祺的一组以江苏高邮为背景
的小说………………………………………陆建华
"处心积虑"辨……………………………苏中立
"小"之美……………………………………谷　文

美术·摄影
月光（水印木刻）…………………………程　勉
百羊坪——大江行组画之一（铜版画）……朱琴葆
摄影作品两幅………………………郑　明　李以恭
雪（中国画）………………………………袁志山

1983 年第 1 期　刊名:《雨花》
目录

小说
丢在哪儿……………………………………高晓声
误车记（外一篇）…………………………陈椿年
调色，一点点………………………………李春光
"受害者"……………………………………周梅森
摸彩…………………………………………李有干
带翅的缪斯…………………………………王承刚
异国邂逅……………………………………燕　严
布衣秀才……………………………………赵　形

散文
红梅阁畔……………………………………冒　炘
大理情思……………………………………魏毓庆
荡区行………………………………………天　群
家乡水………………………………………孙全民
画框…………………………………………宋金祥

诗歌
金陵三题……………………………………沙　白
地质旅行纪诗………………………………朱　夏
雪花（外一首）……………………………王　鸿
转炉，我的太阳……………………………杨　毅
海魂…………………………………………姜澍川
水乡风情……………………………………张洪彩

雨花石………………………………孙善策　李占学
朱谷忠　易殿选　朱剑钟　邹国平　张德强　张荣彩

评论
艰辛的足迹——陆文夫作品简论……………黄毓璜
一份特殊的战斗檄文………………………曾立平
《"遗言"制造者》读后……………………陈　艰
诗味杂谈……………………………………闵抗生

美术
绣毯女工（油画）…………………………刘明泰
隆冬（版画）………………………………金明华
胡笳十八拍（中国画）……………………黄鸿仪
梅（中国画）………………………………蒋苏生
扉页题花：中山陵…………………………朱新建

1983 年第 2 期　刊名:《雨花》
目录

小说
旷野…………………………………………董会平
宅基…………………………………………徐凤清
三僧轶事……………………………………毛志成
又是槐花飘香时……………………………高庆荣
界石…………………………………………赵　新
马三星落难…………………………………傅连理
路友…………………………………………童玉云
舐犊…………………………………………孙家玉

散文
童年纪事
表姑…………………………………………忆明珠
金雕…………………………………………刘汉太
在"学海书堂"里……………………………李盛华

诗歌
聂耳墓前（外二首）………………………王辽生
故乡的栀子花………………………………晏　明
秋天里的春天………………………………高加索
青绿青绿的麦秆（外二首）………………程乐坤
吐着淡黄的火苗的油灯……………………何　仃
杏花岭（外一首）…………………………倩　晴
雨花石………………………王安雄　苗得雨　毕　林
韩嗣仪　姜平章　何　鹰　王忠范　胡永康　孙昕晨
张泰霖　时红军

评论
别样深情的吟唱——读艾煊的散文集《碧螺春汛》和

《雨花棋》························周桐淦
谐中寓庄　趣中见人——读《漆黑的羽毛》···孟济元
我的"天"——谈谈我的苦和乐··········徐朝夫

美术

稼轩诗思图（中国画）···············范　曾
邓世昌（瓷雕）··················杨晓农
人物（中国画）··················傅抱石

1983 年第 3 期　刊名:《雨花》
目录

小说

同是青山一株草··················徐朝夫
君行何处·····················杨汝申
爸爸妈妈今天毕业·················肖复兴
夜半叮冬声····················周　熠
老实话······················屠渭兔
贩鸡·······················贺景文
假如你要认识我··················蔡之湘
三婆·······················沙　石
当他为难时····················龚志臧
人是动情物····················张宇清
醉人的鼓乐声···················丁加胜

散文

秋························李　虹
太湖三山春常驻··················章左声

诗歌

我属于黎明····················刘介宁
秋雨·苏州····················丁　芒
三月（外一首）··················卢庆平
银河集······················雷　雯
江上二题·····················雷　霆
静夜思······················陈达光
雨花石············孙骏毅　陈钊淦　郁建中
张文兴　韩　青　朱伯慈　王泽群　杨鸿臣　顾梅良
邢敦岭　马晋乾　青　青　孙映民　火

评论

白璧之瑕——《高山下的花环》的几点不足···乘　清
评董会平的小说创作················顾小虎

美术

娣丽班尔（油画）·················李华英
无锡小景（版画）·················杨春华
海燕（油画）···················沈行工

1983 年第 4 期　刊名:《雨花》
目录

小说

挑担鱼苗走湖湾··················姜　滇
知还·····················郭宣中　贾晓晨
编外先生杨大能··················丁宏昌
床························曹冠龙
等待判决的爱···················廖　琪
江边的故事····················李　允
益母花镯·····················张昌华

散文

旅途诗话·····················李　进

诗歌

我是芦苇·····················姚壮威
大海的骄子····················贺羡泉
山谷·回声（外一首）···············王燕生
给妻子（二首）··················毕庆平
小站·······················张之静
美丽·······················吴　野
雨花石············文　丙　童嘉通　池　澄
杨亦平　李先轶　李忠田　王贵增　王钦祥　袁戈风
李同溪　乔延风　丁慨然

评论

姜滇小说漫评···················严迪昌
文学家的胆与识··················吴　亮
《处心积虑》再辨·················华定谟

美术

歌将起（中国画）·················林　墉
白兰清韵（摄影）·················孙凤红
坐怪（紫砂雕塑）··········徐秀棠塑　顾东昇摄
铜镜前的宫女（彩锦绣）···华建心设计　陈锦珠绣制

1983 年第 5 期　刊名:《雨花》
目录

小说

山长水阔·····················艾　煊
今天百倍地需要你——《活着，规规矩矩的》之七

························谭元亨
村路尽头处····················刘振华
流星·······················关　鸿
寒露霜降·····················宋树根

哀的美敦书 —————————————— 姜祥兆
二十只气球 —————————————— 邓海南

散文

蓄猫记 —————————————————— 东方既白
窗口的灯光 —————————————————— 文 士
梅树下的沉思 —————————————— 刘丽娅

诗歌

我是泥土的儿子 —————————————— 陆应铸
小树 —————————————————————— 赵 恺
蓝天和大海 —————————————————— 张雪杉
我和大海（二首） —————————————— 季振邦
在湖海之间（二首） ———————————— 黎焕颐
彩虹小思 —————————————————— 滕道民
雨花石 ———————————————— 蔡国瑞 冯增荣
祁晓峰 梁谢成 赵大昕 万光安 王兆琪 柳士同
曹念祥 余薇野 中 跃 黄显宇 管志斌 范承祚

评论

用美学的、历史的标准来评奖作品——参加 1982 年
《雨花奖》评奖工作后所想到的 ————————— 陈 辽
给一位青年评论者的信 —————————————— 张 弦
趣，诱人的美 ———————————————————— 方 柯
独在"异乡"写"异客" ————————————— 徐振辉
游记文学琐议 ———————————————————— 一 凡
江苏省散文创作座谈会侧记 —————————— 薛尔康

美术

爱尼少女（中国画） ———————————————— 石呈虎
水仙（摄影） ——————————————————— 任镇北
小岛晴岚（木刻） ———————————————— 李树勤
浮月流云（中国画） ————————— （中国香港）刘国松

1983 年第 6 期　刊名:《雨花》
目录

小说

收藏家（中篇） ————————————————— 顾尔镡
雨巷 ——————————————————————— 王中才
多多 ——————————————————————— 丁小琦
五彩的露珠 ———————————————————— 王才锡
小套里 ——————————————————————— 枫 亚

报告文学

山重水复——一个改革者的跋涉 ———— 陈椿年 孟济元

散文

铁塔上的红灯 ———————————————————— 周恒昌
江山之助，江山之情 —————————————— 吴调公
桂花聚 ——————————————————————— 邱 载
寓言二则 —————————————————————— 陈乃祥

诗歌

长歌短吟（三首） ———————————————— 任愚颖
剑的性格 —————————————————————— 沙 陵
妇女和儿童们（外一首） ———————————— 晓 钢
怀念 ——————————————————————— 郭 浩
爱的化石 —————————————————————— 叶庆瑞
牵牛花·昙花 ——————————————————— 霍清安
童心歌 ————————————— 刘崇善 王建一 唐建平
雨花石 —————————————————————— 陈佩芸
徐 泽 徐永伦 王 也 刘 滨 赵圣铁 王承谐

评论

马克思散文拾零 ———————————— 陈敬咏 应天士
衬高洁而托不染——散文《爱莲说》赏析——— 宣丽华
有"寸"之道 ———————————————————— 薛炎文
切莫掺假 —————————————————————— 艾 袁

美术

小童作舞（中国画） ———————————————— 范 曾
卧游（中国画） ——————————————————— 赵绪成
太湖之滨两幅（中国画） ———————————— 华士清
碧海波涛静　唯闻马达声（木刻） ———————— 黄丕谟

1983 年第 7 期　刊名:《雨花》
目录

小说

沼泽 ——————————————————————— 苏 叶
一个女军人的母爱 ———————————————— 王苏红
张五姐的晚年 ———————————————————— 赵 践
毕业鉴定 —————————————————————— 徐乃建
远乡 ——————————————————————— 梁 晴
聚焦的透镜 ———————————————————— 沈泰来
寒夜里的微笑 ———————————————————— 范小青
老梁这个人 ———————————————————— 程 玮
五月 ——————————————————————— 黄旦璇

散文

宫花寂寞红 ———————————————————— 魏毓庆
无法寄出的信 ———————————————————— 陆九如
听我说，你这颗年少的心 ————————————— 龚慧瑛

诗歌

彩色的记忆（外二首）————————徐晓霞
童年（外一首）——————————钱 梅
燕（外一首）———————————王 艳
别（外二首）———————————汪 桦
夕阳下的告别———————————赵淑光
紫罗兰—————————————金晓燕
雨花石——————沈双兰 黄加美 石 娟 戴红玉

评论

她们心中的歌
——江苏省青年女作家小说创作述评————金燕玉
她有一颗热爱孩子的心
——读程玮小说集《我和足球》————姚宝红
在对照中剖露人物的本质
——《葬礼》艺术谈————————宣丽华

美术

渴求（油画）———————————王 霞
黄山松（铜版画）—————————朱琴葆
月雁图（中国画）—————————魏鸿蕴
舞蹈速写（中国画）————————李 章
献（油画）———————————诸 雷

1983 年第 8 期　刊名:《雨花》
目录

小说

等风的帆———————————冯苓植
张顾问的奇遇——————————白 文
断指的故事——————————孙观懋
刨花——————————————尹 平
插曲——————————————方 晴

报告文学

古瓷之劫————————高汉铭 孙明光
磁石——————————赵 恺 王士爱

散文

中原车辙—————————————蔡海葆
支云塔下赏高风——————————丁 芒

诗歌

江南小镇（外二首）————————陈咏华
复始（组诗）———————————忆明珠
主人——————————————朱 红
祖国，我是一个信号————————汪文庆
碱茅——————————————马玉堂

唱支生命的歌——————————时红军
雨花石——————————张诗剑 浏 浏
郭光豹 溪 流 柴德森 高 风 孙 涛 谈宝森
孙成惠 莫西芬 陈 琪 何全力 杜生喜

评论

作家的个性和文学的发展
作品总在表现作家————————高晓声
要写"我"的题材、"我"的人物————张 弦
打破对创作个性的禁锢———————海 笑
一种新的审美要求的求索者——从《等风的帆》和
《驼峰上的爱》看冯苓植小说创作的艺术特色
——————————————何孔周

美术

鲜花·阳光——献给张海迪（油画）———柴海利
心随朝日升（摄影）————————顾东升
集市归来———————张祥水塑 晓 业摄
贝多芬（油画）——————————方冰山

1983 年第 9 期　刊名:《雨花》
目录

小说

夯兀山上的女神——————————王益山
冬夏之交—————————————薛 兵
关于一幕喜剧的演变————————夏坚勇
令人费解的显影——————————杨东明
金子——————————————张 鉴
挂牌——————————————程 远
带绳的猫—————————————峭 石

报告文学

默默地燃烧————————————肖复兴

散文

美哉！筒裙————————————薛尔康
雪的故事—————————————寒 白
观舞龙记—————————————陈一凡

诗歌

莫高窟写意（二首）————————冯亦同
一个农家的启动——————————王德安
组合（外一首）——————————李清联
飞旋，飞旋————————————刘 镇
秣陵秋（组诗）——————————洪 亮
菱湖秋雨（外一首）————————朱谷忠
雨花石———————钱锦方 马恒祥 子 页

叶延滨　李孝华　弘　征　金　哲　桂兴华　解　华
何晴波　郭晓晔　小　拂　王家干　冯恩昌　陵　子

评论

再论文学要描写现实的改革和矛盾——谈文学观念的
变革·························包忠文　胡有清
价值——苏石风的艺术价值·············林治泉

美术

琵琶行（中国画）·····················傅小石
平明送客楚山孤（中国画）···············贺　成
丝丝缕缕淡晴烟（摄影）·················倪龙山

1983 年第 10 期　刊名:《雨花》
目录

小说专号

春晖寸草·························恽建新
滥酒何五斤·······················丁正泉
奋斗记·························矫　健
濠河人家·························黄步千
谷山镇一夜·······················李春光
饭友···························濮　阳
土地魂·························毛志成
船头脑七伯·······················梁之骏
拐杖···························金曾豪
芙蓉小街·························何琼崖
空间···························严歌平

封面：水墨画·····················柯　明
封二：小憩（摄影）·················晓　庄
封三：碧湖泊千舟（水印木刻）···········罗剑钊

1983 年第 11 期　刊名:《雨花》
目录

小说

啊，八百里行程·····················张　芹
邻居···························丁宏昌
村长和万元户·······················刘震云
凤女···························许桂林

报告文学

竞争者之歌·······················章辰霄
他使外宾倾倒·······················谷　洪

散文

歌德，曾经在这里···················梁　冰
在新星上·························艾　煊
烟的絮语·························忆明珠
寓言二则·························陈乃祥

诗歌

美国之旅（三首）···················李　瑛
雪路上（外一首）···················冯新民
倒立着的天性（外一首）···············程乐坤
江南五月（外一首）·················金　山
绿色的月亮·······················申爱萍
栽···························石瑞礼
鸡蛋，期待着孵化···················滕道民
雨花石·····················朱剑钟　周文理
郭　廓　曲　广　田永昌　易殿选　马君伟　王中朝
张常信　邓海南　施泽宏　白　龙　沈良意　赵云生
散文诗·······················蓝　曼　陈　犀
陆　苇　秋　原　李　耕　陈慧瑛　张文玉　德　咏

评论

作家的个性和文学的发展
个性、作品与百花齐放···············冯苓植
我生长在界首·····················赵本夫
"文如其人"及其他···················陈椿年
并非难解之谜——评高晓声晚近的小说·······吴　亮

美术

果香（中国画）·····················张晓飞
牧归（中国画）·····················盖茂森
云雾飘渺五亭桥（摄影）···············汪文华
农家（木刻）·····················杨春华

1983 年第 12 期　刊名:《雨花》
目录

小说

下山难·························刘振华
信心···························陈椿年
横杆后面的刀丛·····················邓海南
湖凉···························叶明山
槐抱榆·························四　海
戴正你的军帽·······················胡　然
我们的单身汉协会···················石　夫
时装···························王慧玲

报告文学

工棚里的爱·······················江　深

散文

巴金在一九八三年……谷 苇
往事咏叹……李鸿声

诗歌

在太湖之滨（外一首）……雁 翼
雨花石的旋律……杨来顺
工厂的旋律（二首）……王恩宇
力的变奏（三首）……雪 兵
大风雪过去了（外一首）……姜平章
愿望（外一首）……辛明水
雨花石……圣 野 冯 歌
左一兵 张福致 翟秀琪 祖德陶 梁谢成 张志安
许安澜 姜学友 韩朗亭 薛尔康 李占学

评论

高度概括深刻启示——学习《讲话》中有关文艺创作
主客体
问题的论述……吴调公
评所谓"形散神不散"……魏家骏
有感于武松打狗……吴九成
对一起剽窃事件的调查……本刊记者

美术

东坡黄茅岗醉眠图（中国画）……程大利
烟雨江南（中国画）……金致远
鸽子（瓷雕）……曹风池
装饰画……戴明德

1984 年第 1 期　刊名:《雨花》
目录

小说

支部大会如期举行……范小青
拥抱生活……姜 滇
阁楼上的哪吒……黑 子
二婿……李 予
失去风帆的船……包殿贵
雨夜蝉吟……刘宇琴
秋叶夏花……霍 红
挂镜……戴宗鹏

散文

江阴四题……丁 芒
乐山二寺……罗灏白
星星，会从彼岸升起……万国智
太湖珍珠……陆永兴

诗歌

数字的诗（外一首）……沙 白
春天的思念（外一首）……闻 频
蓝滢滢的山溪水哟（外二首）……西 彤
沉魂吟……童嘉通
雪天的情思（外二首）……田 地
分红时节（外一首）……张洪彩
杜鹃声声……李忠田
雨花石……石 英 林万里
刘井泉 曹念祥 何香久 刘湘如 朱长林 赵晓义
严成志 马新朝 李朝晖 张显华 冯庆川 青 青

评论

文艺的作用，作家的责任……柳 松
作家的个性和文学的发展
审美反映与创作个性……王臻中
艺术独创性与"非个性化"……卫 平
地理环境对文学的影响……方 柯

美术

紫鸢（摄影）……顾东升
渔家女（丝漏版画）……金明华
松荫寿带图（中国画）……徐纯原
岁寒伴我夜读书（中国画）……李 山

1984 年第 2 期　刊名:《雨花》
目录

小说

幽幽兰……王玉彬 王苏红
翠竹环绕的小院……小 迎
离退之间……安兴本
敬你一杯清茶……姚 勋
流水湾……彭东明
情长谊深……龚治臧
顾老二挑水……顾寄南
路的插曲……周 熠

报告文学

啊，多难的公理……周桐淦

散文

重访大汉夼……李文瑞
人与狼的较量……孟济元
游大明寺偶拾……张宏健

诗歌

寻找（外一首）……王辽生

生活的乐章（二首）……………………韩作荣
无题杂咏（四首）………………………黎焕颐
给我拉琴的女儿（外一首）……………马绪英
瑶琳仙境…………………………………宁 宇
庐山情思（三首）………………………毕庆平
雨花石……………………………倪向阳 高 深
徐邦喜 谭亚新 延 平 王子和 黄 淮 朱延忱
苏宏元 何 鹰 王家林 钱 梅 小 山

评论

作家的个性和文学的发展
发挥能动性，防止随意性…………唐再兴 姜 文
表现自我与创作个性……………………戎东贵
"风月宝鉴"怎样照?………………………谈凤梁
景语皆情语………………………………尤志心

美术

李白吟诗图（中国画）…………………盖茂森
水乡行（版画）…………………………李建中
晨（中国画）……………………………赵绪成
静物（油画）……………………………徐明华

1984 年第 3 期　刊名:《雨花》
目录

小说

又是槐花飘香时…………………………高庆荣
乡邮员的一天……………………………谈玉忠
等…………………………………………朱峰义
旅伴………………………………………吴 宇
天上和水里的月亮………………………张 宇
同善里小巷十号…………………………陈 鼎
共进晚餐…………………………曹志德 罗嘉丽
望你胃口大开……………………………高汉铭
送鱼………………………………………路 桦

散文

"北极村"纪事……………………………潘照坤
聪明求…………………………………薛尔康
又是榴花照眼明…………………………董 尧

诗歌

海边的诗（组诗）………………………王 鸿
天平醉秋（外二首）……………………丁 芒
故乡的河…………………………………柏 桦
草原二题…………………………………马玉堂
新芽（外二首）…………………………张荣彩
夜市灯串…………………………………陈白子

雨花石……………………………吴丕能 金 谷
程尊平 郭玉山 林进添 季振华 翎 霄 郭 浩
王知十 周培礼 郭良原 李民族 张 展 张晓风
薛锡祥 柳士同

评论

《美食家》《围墙》《万元户》散论——陆文夫作品研
究之二……………………………………黄毓璜
自我·忘我·创作个性……………………董 健
创作个性与反精神污染…………………陈 词

美术

龙爪红（中国画）………………………徐 姝
故乡的小河（版画）……………………翁承豪
刘栖梅摄影作品
新绿（版画）……………………………周一清

1984 年第 4 期　刊名:《雨花》
目录

小说

勘探者车厢奇遇…………………………海 笑
仙鹤飞来的时候…………………………虹 雷
杂院………………………………………李景田
车从小站过………………………………李天芳
艺术家生涯………………………………关 鸿
回旋的坡道………………………………钱德琪
秋晨………………………………………陈望尘

散文

柴达木札记………………………………沈仁康
雪·鼠·猫…………………………………东方既白

诗歌

陈凤威烈士诗抄（四首）
边防线诗情（组诗）……………………晏 明
在万石岩植物园（外二首）……………何 仃
地下的森林………………………………刘 镇
拾贝（二首）……………………………杨 山
海螺（外一首）…………………………晓 晴
山乡短歌（二首）………………………王忠范
雨花石……………………………张泰霖 霍清安
韩 青 言子清 桂兴华 董耀章 邵学文 何晴波
杨亦平 李根红 梅南频

评论

从洞开的心扉里流出的真诚的歌
——读忆明珠的散文………………陆建华 李昌华

东边日出西边雨
——评姜滇的短篇小说《挑担鱼苗走湖湾》……朱邦国
在探索中前进——与黎汝清的一次谈话略记……胡德培

美术
拔根芦柴花（中国画）（封面）……沈启鹏
扬堤风雨正潇潇（水印木刻）……吴俊发
姿曲垂直健且劲（中国画）……董欣兵
苏州姑娘（木刻）……杨明义

1984 年第 5 期　刊名:《雨花》
目录

小说
二妹的故事（中篇）……唐炳良
"万户侯"……孙观懋
剧团里来了个孩子……恽建新
一起重大事故的背后……张德胜
故事新编二则……朱红

报告文学
信访组里发生的故事……肖复兴

散文
小路……枫亚
藤与树的奏鸣曲……金曾豪
网船琐记……李鸿声
班韦乌鲁湖散记……吴晴
乡居杂记……一凡

诗歌
天涯草……孙静轩
山行（外二首）……贺羡泉
老树……汪向荣
乡村落日……马惠明
九江鱼市（外一首）……文丙
海思……蔡国瑞
五月，梅雨……卢庆平
雨花石……达黄　李曙白　郁建中
袁左明　迅夫　洪承志　陆萍　姜澍川　柴德森
周民　朱昌勤　莫西芬　孙骏毅　中跃　白地

评论
漫谈刘振华小说创作的艺术特色……郑乃臧

读者·编者
寄语《雨花》——一读者来信摘登
我们打算这样来编《雨花》——敬答一读者……编者

美术
水粉画……吴君琪
鹰击长空（摄影）……张亚生　李宁
小夜曲（摄影）……王广星
山水画……袁志山

1984 年第 6 期　刊名:《雨花》
目录

小说
希望队远征记（中篇）……夏坚勇
宁馨儿……蒋琏
壁虎日记……鲍望
四大"天王"……戴胜德

散文
寂寞的童年……陈白尘
一、我的故乡
二、十里长街
三、元宵忆亲
被遗忘了的战歌……赵亦吾
马齿苋……戎之随
莫干山小景……石醒
梆声……孙庆章

诗歌
滴露集（七首）……张雪杉
江南村（外一首）……赵望晓
伞兵……郭晓晔
葡萄架下（外一首）……陈茂欣
山盟……沈重
昨夜，我梦见了（外一首）……李占学
雨花石……冯增荣　溪流　李萌
吕新　钱国梁　王德安　朱友圣　朱谷忠　刘浏
南雄　管志斌　建海　杨明　桑原　李金安

评论
真理、精神个体性的形式和创作个性……包忠文
陆文夫创作追求点滴谈……戎东贵
说"角度"……龙雪

美术
月光皎皎江火明（版画）……黄丕谟
春晨悄悄（摄影）……王广林
鹭鸶（中国画）……张振华
瓜熟时节（中国画）……叶维

1984 年第 7 期　刊名:《雨花》
目录

小说

陪同 ———————————————— 石　言
预备入党期 —————————————— 丁宏昌
无价票券 ———————————————— 丁正泉
"透露" ————————————————— 呼延奏
红山楂儿酸又甜 ————————————— 类永藻
茅儿墩的后生和妹子们 ———————— 余一鸣

散文

大雪天,想起了一首田园诗 —————— 忆明珠
寂寞的童年 ——————————————— 陈白尘

诗歌

古荒原传奇(外一首) ——————— 朱　红
旅顺口 —————————————————— 沙　白
圆明园断想录 ————————————— 孙友田
旅港掠影 ———————————————— 黄东成
云南的云 ———————————————— 赵　恺
落叶篇 —————————————————— 孙成惠

评论

波光·云影·涛声——论沙白的诗歌创作 — 严迪昌
说"避" ————————————————— 张宏梁

美术

封面设计 ———————————————— 朱新建
花(水粉) —————————————— 吴君琪
古运河畔(木刻) ——————————— 戚伟俊
春岭翠染衣(中国画) ———————— 傅二石
夏日(木刻) —————————————— 周一清

1984 年第 8 期　刊名:《雨花》
目录

小说

荒池岸边柳枝青(中篇) ————— 高晓声
姐妹 ——————————————————— 张　弦
方德贵 —————————————————— 林斤澜
小鸡死了 ———————————————— 叶敬之
回卤干之战 ——————————————— 杨　毅
一双高跟鞋 ——————————————— 林震公
叠梦 ——————————————————— 俞　律

散文

寂寞的童年 ——————————————— 陈白尘
露珠 ——————————————————— 陈　肃

诗歌

青年诗丛
我的诗在前方 ————————————— 贺东久
沉思——写在渡江纪念碑下 ————— 杨来顺
竖琴的诞生 ——————————————— 邓海南
我是最后一块新站牌 ————————— 冯新民
茶山情 —————————————————— 张洪彩
夏夜偶拾 ———————————————— 滕道民
细雨迷蒙 ———————————————— 赵淑光
我是闪光的零件 ———————————— 辛明水
晨牧 ——————————————————— 金　山
海的女儿 ———————————————— 金晓燕

评论

吟鞭指处识风流
——读艾煊长篇小说《乡关何处》 —— 陈　辽
雾障消去是新晴
——试谈海笑长篇新作《青山恋情》的构思 — 姜　文

美术

寻梦(戏曲人物画) ——————————— 马　德
盼归·后院(黑白木刻) ——————— 程　勉
春杏(中国画) ————————————— 徐源绍

1984 年第 9 期　刊名:《雨花》
目录

小说

金屋(中篇) —————————————— 叶明山
日规 ——————————————————— 汪曾祺
人人之间 ———————————————— 王安忆
纤夫 ——————————————————— 王益山
夜色编织的不都是梦 ————————— 薛　兵

散文

寂寞的童年 ——————————————— 陈白尘
十、龙舟竞渡话端阳
十一、迎神赛会(上)
十二、迎神赛会(下)
二姨 ——————————————————— 新凤霞

诗歌

天山的诗(二首) ——————————— 公　刘
胡子问题 ———————————————— 邵燕祥

江南行脚（三首）⋯⋯⋯⋯⋯⋯雷抒雁
友与爱（二首）⋯⋯⋯⋯⋯⋯⋯胡 昭
悬崖边的杜鹃花（三首）⋯⋯⋯林 希
歌吹古扬州（三首）⋯⋯⋯⋯⋯柯 原
南京拾韵（二首）⋯⋯⋯⋯⋯⋯刘 章

评论
霜叶红于二月花——石言小说漫评⋯⋯黄毓璜

美术
秋风⋯⋯⋯⋯⋯⋯⋯⋯⋯⋯⋯⋯李 娜
水仙·玉簪（中国画）⋯⋯⋯⋯张继馨
水乡月影（水印套色木刻）⋯⋯程 勉

1984 年第 10 期　刊名：《雨花》
目录

一九八四年十月号报告文学专辑
我们和人民共和国同龄⋯⋯⋯⋯李巨川
形势逼我跳过意想不到的高度
新中国铸造了我的性格
我们身后有一列翠色的群山
勇敢迎战就能抓住机会
我和我爹爹已经不大相同了
我喜欢士兵服鲜绿的颜色
我这个修车人竟修好了一个家

起飞的大地⋯⋯⋯⋯⋯⋯⋯⋯⋯凤 章
卫线人物⋯⋯⋯⋯⋯⋯⋯⋯⋯⋯张小兵
他们的名字——兵⋯⋯⋯王苏红 王玉彬
耄耋之年⋯⋯⋯⋯⋯⋯⋯⋯⋯⋯何 萱
敲叩财神之门⋯⋯⋯⋯⋯⋯⋯⋯高汉铭
朝着田野开的窗子⋯⋯⋯⋯⋯⋯肖复兴
来自新大陆的报告⋯⋯⋯⋯⋯⋯司徒劳

欢庆（装饰画）⋯⋯⋯⋯⋯⋯⋯原小民
秋山暮霭（中国画）⋯⋯⋯⋯⋯魏紫熙
听松图（中国画）⋯⋯⋯⋯⋯⋯程大利

1984 年第 11 期　刊名：《雨花》
目录

小说
天时地利⋯⋯⋯⋯⋯⋯⋯⋯⋯⋯陆文夫
故乡三珍⋯⋯⋯⋯⋯⋯⋯⋯⋯⋯阿 木
飘飞的纸片⋯⋯⋯⋯⋯⋯⋯⋯⋯刘振华
向着最需要她的地方走去⋯⋯⋯舒 升

卖贝壳的女孩⋯⋯⋯⋯⋯⋯⋯⋯周 拓
国手⋯⋯⋯⋯⋯⋯⋯⋯⋯⋯⋯⋯李士非
开导趣谈⋯⋯⋯⋯⋯⋯⋯⋯⋯⋯杨 惕
猫的故事⋯⋯⋯⋯⋯⋯⋯⋯⋯⋯陆永基

方之逝世五周年纪念
怀念方之⋯⋯⋯⋯⋯⋯⋯⋯⋯⋯李艾华
三会方之⋯⋯⋯⋯⋯⋯⋯⋯⋯⋯杨汝申
一本黑色的书⋯⋯⋯⋯⋯⋯⋯⋯杨 苡

散文
寂寞的童年⋯⋯⋯⋯⋯⋯⋯⋯⋯陈白尘

诗歌
举杯，为中国祝酒（外一首）⋯⋯王辽生
翠绿的果园⋯⋯⋯⋯⋯⋯⋯⋯⋯梁谢成
苏北竹（外一首）⋯⋯⋯⋯⋯⋯陈咏华
中山陵断想⋯⋯⋯⋯⋯⋯⋯⋯⋯张水舟
山海评论（外二首）⋯⋯⋯⋯⋯毕 林
森林，绿色的大家庭（外一首）⋯⋯王 也
峡上印象⋯⋯⋯⋯⋯⋯⋯⋯⋯⋯鄢家发
雨花石⋯⋯⋯⋯⋯⋯⋯⋯左一兵 欣 秋
郭瑞年 于宗信 赵大昕 易殿选 黄 羊 李 瑜

美术
桃子熟了（装饰画）⋯⋯⋯⋯⋯朱新建
玄武湖之夏　瘦西湖之春（水印木刻）⋯⋯黄丕谟
榕江晨渡（水印木刻）⋯⋯⋯⋯李树勤

1984 年第 12 期　刊名：《雨花》
目录

小说
雀儿柏方桌⋯⋯⋯⋯⋯⋯⋯⋯⋯张石山
悄然白雪⋯⋯⋯⋯⋯⋯⋯⋯程 玮 徐 耿
理发师的故事⋯⋯⋯⋯⋯⋯⋯⋯黄佳星
白沙河，水蓝蓝⋯⋯⋯⋯⋯⋯⋯刘增新
水月⋯⋯⋯⋯⋯⋯⋯⋯⋯⋯⋯⋯朱 伟
在公共汽车上⋯⋯⋯⋯⋯⋯⋯⋯方洪友
第一天当船长⋯⋯⋯⋯⋯⋯⋯⋯陈伯建

散文
蓝天忆⋯⋯⋯⋯⋯⋯⋯⋯⋯⋯⋯陈 超
"耐得寂寞"⋯⋯⋯⋯⋯⋯⋯⋯⋯陈允豪
病牙记⋯⋯⋯⋯⋯⋯⋯⋯⋯⋯东方既白
破袄藏诗⋯⋯⋯⋯⋯⋯⋯⋯⋯⋯宋 词

诗歌

太湖渔情（三首）——————————祖德陶
大山与青春（二首）——————————晓 蕾
旗帜（外一首）———————————程乐坤
云雾集（四首）————————————黄 淮
江南短笛（二首）———————————孙中明
雨花石————————吴春英 翟秀琪 王承谙
周以纯 小 拂 李思法 倪向阳 赵 进 乔延风
杨刚良 蔡克霖 薛锡祥 叶云龙 许少飞 杜剑文

美术

封面画———————————————柯 明
木刻小品一组—————————————王劫音
摄影：（上）雪中行—————————晓 兰
（下）雪——————————————陆明德

1985 年第 1 期 刊名:《雨花》
目录

小说

袁相舟（中篇）————————————林斤澜
心灵—————————————————刘兆林
喜剧的诞生——————————————杨汝申
棋品—————————————————汪润溟

报告文学

崭新的开拓——————枫 亚 沈定一 陈 豪

散文

《沉沦》遗踪今何在？ ——访日小记————吴 锦
竹枝衫————————————————陈 益
苇渔场风情——————————————张德友

诗歌

"天落水"（外一首）—————————忆明珠
黄河，长出一块岩石—————————子 页
心中的小溪——————————————李忠田
酒韵—————————————————唐大同
风筝（外一首）———————————方定华
雨花石————————————————蔡宗周
车前子 王长军 何润炎 王方辉 黄显宇 戴佳鸿

评论

新的追求 新的笑声——评高晓声的近作《荒池岸边
柳枝青》——————————包忠文 佴荣本

美术

封面设计——————————————朱成梁

封面题字——————————————沙曼翁
太湖夜曲组画之一（粉印）——————张新予
国画小品——————————————杨明义

1985 年第 2 期 刊名:《雨花》
目录

小说

史青—————————————————谷 新
清明下河图——————————————夏坚勇
鬼子六熏烧——————————————顾寄南
花开四季的庭院————————————姜天民
楼外楼————————————————马金中

散文

魂归何处——祭朱庆云大夫和他的同事们——惠浴宇

报告文学

太阳是新的，可是……——记温元凯的一天———褚水敖

诗歌

播种者————————————————周鹏宽
金陵速写——————————————黎焕颐
水乡，有一簇馨香的蓼草—————季振华 季振邦
雪思—————————————————青 青
你是属于岩石和金属的—————————张戬炜
庄稼人，没有满足的时候———————纪 学
雨花石——————陈白子 王知十 沈双兰 刘湘和等

评论

生活·思考·创作——在江苏省部分青年作家作品讨
论会上的发言————————————高晓声
笔谈"生活·思考·创作"—————刘振华 孙华炳
孙观懋 恽建新 赵 践 范小青 唐炳良 陆永基
李鸿声 姜 滇 肖元生 薛 兵

1985 年第 3 期 刊名:《雨花》
目录

会后的祝愿——————————————顾尔镡

小说

彩呢女风衣——————————————李 予
有这样一个女人————————————刘云程
小巷静悄悄——————————————范小青
声声慢————————————————吴双林
今宵月明———————————王洪震 周沛生

裁缝师母 ————————————————— 钱石昌
落满白雪的山上 ————————————— 钱佩衡
一粒赤豆的自白 ————————— 陈恒生 杨汝申

报告文学

铁柯峥嵘 —————————————————— 章 文

散文

与朋友交 ————————————————— 高晓声
白发与血丝的回忆 ————————————— 戎之随

诗歌

姑苏城外 ————————————————— 张荣彩
千佛洞的思忖（外一首） ————————— 戴砚田
大坝在庄严地沉思（外一首） ——————— 丁 芒
晨曦（外一首） ————————————— 晓 钢
春意（外一首） ————————————— 张洪彩
"算命机"（外一首） ——————————— 石 河
雨花石 ———————— 陈达光 韩 青 李建华等

1985 年第 4 期　刊名:《雨花》
目录

小说

顶替工马强义 ————————————— 储福金
破产 ————————————————————— 蒋 琏
鱼贩子 ————————————————— 周 拓
女儿今年十八岁 ————————————— 朱 剑
"铁嘴"张生龙 ————————————— 谈玉忠
该死 ————————————————————— 孙成惠
"越辩越明" ————————————————— 银 剑

报告文学

"我们的目标是'皇冠'" ——————————— 姜琍敏

散文

饥饿之忆 ————————————————— 韦君宜
裤子春秋 ————————————————— 刘本夫
汲 ————————————————————————— 蔡海葆

诗歌

青年，你的名字是拓荒者 ——————————— 刘 季
梦逝（外一首） ————————————— 晓 晴
开拓（外一首） ————————————— 徐延平
秋天凉了（外一首） ——————————— 李占学
爱情诗 ————————————————— 毕庆平
谢先云 范 泓 金晓燕 魏久环 湘 青
雨花石 ———————————— 李昆纯 冯 昇 李道林

刘希涛 杨川庆 宋曙光 华 田 朱剑钟 洋 滔

评论

一部活脱脱的人间相
——读陈白尘的《云梦断忆》 ——————— 梦 花
一枝红杏出墙来
——读《我们和人民共和国同龄》 ————— 叶公觉
读黄东成诗集《花魂吟》 ————————— 严迪昌

1985 年第 5 期　刊名:《雨花》
目录

小说

战地情思 ————————————————— 黎汝清
五人一夕谈 ————————————————— 吴 强
在尽头 ————————————————— 陈椿年
车到山前 ————————————————— 张昌华
"555555" ————————————————— 海 笑
拉开吧，这蓝色的窗帘 —————————— 王才锡
客满牌 ————————————————— 吴凤珍

散文

巴金在一九八四 ————————————— 谷 苇
水乡三题 ————————————————— 郭 浩

报告文学

改变轨道的卫星 ————————————— 稷 赭

诗歌

春天，被风吹燃的生活 —————————— 高加索
词二首 ————————————————— 陈 超
西流水 ————————————————— 化 铁
江南农家 ————————————————— 金 山
爱的琴弦 ———————— 赵淑光 马恒祥 刘 虹等
雨花石 ———————— 何 仃 达 黄 樊发稼等

1985 年第 6 期　刊名:《雨花》
目录

小说

石码头 ————————————————— 苏 童
弄船儿，沿着河岸走 ——————————— 尹 平
消逝的"阿尔伯特" ——————————— 方家骏
远虑 ————————————————————— 李惠新
55：20 ————————————————— 史英宝
那一弯新月 ————————————————— 靳 敏

传记

电闪雷鸣——瞿秋白的爱情故事 ·················· 梦 花

报告文学

一个被爱拥抱的斑烂世界 ·················· 刘晶林

诗歌

致春雨（外二首）·················· 沙 白
江南路（外一首）·················· 梁 南
我们，我们这个年龄呵 ·················· 曹 剑
一得集 ·················· 张雪杉
雨花石 ·················· 林 染
徐 雪 祖德陶 王剑冰 辛明水 李 萍

评论

瞿秋白对中国马克思主义文艺理论的贡献——纪念瞿
秋白就义五十周年 ·················· 季世昌 朱净之
一个坚忍持恒的中国人——读《袁相舟》·········· 王 屏

1985 年第 7 期　刊名：《雨花》
目录

小说

田二毛 ·················· 丁宏昌
塌鼻梁阿姨 ·················· 白 文
琴韵 ·················· 章品镇
"仙家"邱海山 ·················· 王冬爱
贵人 ·················· 周长钟
耳语·手相 ·················· 刘振华
姓杨人家 ·················· 李鸿声
一张选票的推想 ·················· 于涤心
两个百万富翁 ·················· 阿 木
酒话别当真 ·················· 马中原

散文

天妃宫思絮 ·················· 陈 章
蚕乡夜戏 ·················· 邱 载

报告文学

扬州市长的一个信访接待日 ·········· 杨 旭 高汉铭

诗歌

射击（外一首）·················· 王辽生
五月端阳（外一首）·················· 卢庆平
辣椒 ·················· 雷 雯
明月与我（外一首）·················· 何宣陵
山村的眸子 ·················· 杨 明
村风 ·················· 张 欣

雨花石 ·················· 蔡克霖 李光星
顾耀东 翟秀琪 张 群 马新朝 陆 健 郁建中
乔延风 朱昌勤

1985 年第 8 期　刊名：《雨花》
目录

小说

金锁链 ·················· 孙华炳
福地 ·················· 汪润溟
醉仙 ·················· 王益山
我当了组长 ·················· 吴双林
石公公 ·················· 枫 亚
雨花石痴 ·················· 贺景文
故乡人物两篇 ·················· 殷志扬
莲子 ·················· 王成祥

散文

老陆的苦 ·················· 叶至诚
扬州的石狮子 ·················· 丁家桐

诗歌

我的诗笔（外一首）·················· 齐匡之
乡情（二首）·················· 孙友田
神女峰对话 ·················· 季振邦
江南草（二首）·················· 柯 原
滩头，我童年的梦（外一首）·················· 高旭旺
新厂长 ·················· 王德安
爱的琴弦 ·················· 吕 新 梁谢成
郭维东 孙中明 陈茂欣 贾长厚 滕 英 姚克连
佟 伟 朱伟民 阮小星

评论

今昔联系的强调
——读《寂寞的童年》·········· （中国香港）陈丽音
于沉沦中待崛起
——读周梅森的中篇小说《沉沦的土地》········ 刘静生
一个被金锁链栓牢的平庸灵魂——评顾铤形象的现实
意义及其不足 ·················· 陆建华

1985 年第 9 期　刊名：《雨花》
目录

小说

荣辱 ·················· 王振山 刘本夫
坟客 ·················· 公 衡
蛐蛐协会的喜剧 ·················· 俞 律

头条新闻制造者 ·················· 顾 潇
机遇 ·················· 李兆忠
银杏树下，一个故事 ·················· 嵇 元
愚公移山之前（故事新篇·外一则） ·················· 朱 红

散文
记鼾（外一篇） ·················· 忆明珠
莲花巷口的思念 ·················· 张泽民
腕底烟云 胸中波涛
——忆抱石先生画事二三 ·················· 曹 汶

诗歌
水墨画（外二首） ·················· 车前子
西瓜地 ·················· 陈咏华
沙枣树 ·················· 曲 广
锻工雕像 ·················· 曹建明
铜像 ·················· 黄显宇
雨花石 ·················· 叶庆瑞 石花雨
徐长顺 王文丙 中 跃 何晴波 王知十 马君伟
赵云生 何全力 黄 诚

评论
也算序文——读《陈辽文学评论选》 ·················· 沈敏特
漫谈储福金小说近作中的男子汉形象 ·················· 倪崇彦
编后絮语

1985 年第 10 期　刊名:《雨花》
目录

小说
渔侠 ·················· 秦 菲
憾 ·················· 苏支超
变调 ·················· 唐炳良
情系大螺山 ·················· 周建东
阿薇，你在哪里? ·················· 高朝俊
大伦 ·················· 丁志新 唐月星
啊，文凭 ·················· 朱维红

散文
永远的遗憾——悼念胡风先生 ·················· 化 铁
大河轶事 ·················· 张成珠

报告文学
姑苏梦 ·················· 张行端 张惠明

诗歌
飞檐随想（外一首） ·················· 刘鹏春
西出阳关（外一首） ·················· 黄东成

中国的旋律 ·················· 凡 元
夏，在南方 ·················· 蔡炎军
留园 ·················· 王子和
爱的和弦 ·················· 卓琦培 张晓娟 孙凌云
李 萌 钱 梅 薛锡祥 杨亦平 朱剑钟 葛 洪

1985 年第 11 期　刊名:《雨花》
目录

小说
二月二，家家撑船带女儿 ·················· 虹 雷
应聘者 ·················· 黄卫平
淮北雪 ·················· 张 宇
桑葚儿甜哟桑葚儿酸…… ·················· 夏洪雯
让人失眠的人 ·················· 薛尔康
选"丑" ·················· 夏春斌
蛇医龙婆 ·················· 林 希
寻觅 ·················· 张奥列 黄 萃
鱼狗 ·················· 成汉飙

散文
高速旋转的公园（外一篇） ·················· 艾 煊
乡村抗日学校散忆 ·················· 崔左夫

诗歌
遗物 ·················· 程步涛
芳龄（外一首） ·················· 吴奔星
不要诅咒温室 ·················· 叶延滨
都市人生 ·················· 莫少云
油菜花开 ·················· 谈宝森
雨花梦（外一首） ·················· 李春林
雨花石 ·················· 贺羡泉 田永昌 张士甫
孙成惠 曹从坡 司 文 周 萍 刘井泉 王家干

评论
乡土之美　淳朴之情——读凤章散文集书感 ·················· 吴调公
调节好自己的情绪（文艺杂谈） ·················· 陈谷子
《雨花》创刊三十周年征文启事

1985 年第 12 期　刊名:《雨花》
目录

小说
算盘 ·················· 储福金
难以解脱的女人 ·················· 王人斌
黄手帕指导中心 ·················· 薛 冰
怪客 ·················· 凤 章

两位先生和一个女人⋯⋯⋯⋯⋯⋯⋯⋯⋯⋯杨汝申
蛇的传闻⋯⋯⋯⋯⋯⋯⋯⋯⋯⋯⋯⋯⋯⋯李有干

报告文学
三军大呼阴山动
——从老山前线捎回乡里的报告⋯⋯⋯⋯孙家玉
人和酒⋯⋯⋯⋯⋯⋯⋯⋯⋯⋯⋯山 谷 汪家厚

诗歌
列席硝烟中⋯⋯⋯⋯⋯⋯⋯⋯⋯⋯⋯⋯⋯任红举
乡间的岁月⋯⋯⋯⋯⋯⋯⋯⋯⋯⋯⋯⋯⋯金 山
教师颂⋯⋯⋯⋯⋯⋯⋯⋯⋯⋯⋯⋯⋯⋯⋯刘延陵
海誓山盟⋯⋯⋯⋯⋯⋯⋯⋯⋯⋯⋯⋯⋯⋯韩 笑
夏季，无锡这么风流⋯⋯⋯⋯⋯⋯⋯⋯⋯刘明达
金陵访友⋯⋯⋯⋯⋯⋯⋯⋯⋯⋯⋯⋯⋯⋯王国权
雨花石⋯⋯⋯⋯⋯⋯⋯⋯⋯⋯⋯姜平章 毕庆平
方竟成 齐铁偕 李占学 袁戈风 曲 直

评论
史的情韵 美的旋律——论艾煊的长篇小说和散文创
作⋯⋯⋯⋯⋯⋯⋯⋯⋯⋯⋯⋯黄毓璜 刘静生
"充满家庭氛围"的艾煊作品讨论会（简讯）
⋯⋯⋯⋯⋯⋯⋯⋯⋯⋯⋯⋯⋯⋯⋯⋯李巨川

1986 年第 1 期　刊名:《雨花》
目录

小说
绿波浪——一个军人的情话⋯⋯⋯⋯⋯⋯江奇涛
"天堂"里的雷声⋯⋯⋯⋯⋯⋯⋯⋯⋯⋯⋯海 笑
荷花⋯⋯⋯⋯⋯⋯⋯⋯⋯⋯⋯⋯⋯⋯⋯⋯贾兆才
逍遥人家⋯⋯⋯⋯⋯⋯⋯⋯⋯⋯⋯⋯⋯⋯赵 践
探视⋯⋯⋯⋯⋯⋯⋯⋯⋯⋯⋯⋯⋯⋯⋯⋯叶小沫
新屋刚刚落成⋯⋯⋯⋯⋯⋯⋯⋯⋯⋯⋯⋯卢晓更

散文
叙利亚散记⋯⋯⋯⋯⋯⋯⋯⋯⋯⋯⋯⋯⋯石 言
秦淮月——春蚕篇⋯⋯⋯⋯⋯⋯⋯⋯⋯⋯魏毓庆

诗歌
时代的色彩（外一首）⋯⋯⋯⋯⋯⋯⋯⋯王建海
台风季节⋯⋯⋯⋯⋯⋯⋯⋯⋯⋯⋯⋯⋯⋯杨 骥
红色的闪电（外一首）⋯⋯⋯⋯⋯⋯⋯⋯梁志宏
春寒（外一首）⋯⋯⋯⋯⋯⋯⋯⋯⋯⋯⋯张荣彩
水乡写意⋯⋯⋯⋯⋯⋯⋯⋯⋯⋯⋯⋯⋯⋯文 然
黑旋风（外一首）⋯⋯⋯⋯⋯⋯⋯⋯⋯⋯曹念祥
雨花石⋯⋯⋯⋯⋯⋯⋯⋯⋯⋯⋯叶曙光 金 谷
姚克连 赵英华 柳士同 钱锦方 张 维 沈双兰

评论
《春雷》重版前记⋯⋯⋯⋯⋯⋯⋯⋯⋯⋯陈瘦竹
向现实生活寻根
——陆文夫中篇小说《井》探⋯⋯⋯⋯戎东贵
从银杏砧板说到楠木棺材（千字文）⋯⋯于 杰
"有感于"和"想起了⋯⋯"（千字文）⋯⋯王向东

1986 年第 2 期　刊名:《雨花》
目录

小说
男人关⋯⋯⋯⋯⋯⋯⋯⋯⋯⋯⋯⋯⋯⋯⋯赵国洲
在等待新车的路途上⋯⋯⋯⋯⋯⋯⋯⋯⋯李 劼
沙地⋯⋯⋯⋯⋯⋯⋯⋯⋯⋯⋯⋯⋯⋯⋯⋯梁 晴
难忘的小张庄⋯⋯⋯⋯⋯⋯⋯⋯⋯⋯⋯⋯吴双林
记忆中的东流河⋯⋯⋯⋯⋯⋯⋯⋯⋯⋯⋯朱剑钟
征婚启事⋯⋯⋯⋯⋯⋯⋯⋯⋯⋯⋯⋯⋯⋯张老三

散文
"豆芽"小姐变迁记⋯⋯⋯⋯⋯⋯⋯⋯⋯⋯赵翼如
"酒与文学"笔会专辑（一）
开场白⋯⋯⋯⋯⋯⋯⋯⋯⋯⋯⋯⋯⋯⋯⋯叶至诚
魂窗⋯⋯⋯⋯⋯⋯⋯⋯⋯⋯⋯⋯⋯⋯⋯⋯刘心武
酒⋯⋯⋯⋯⋯⋯⋯⋯⋯⋯⋯⋯⋯⋯⋯⋯⋯史中兴
漫话古诗词与酒⋯⋯⋯⋯⋯⋯⋯⋯⋯⋯⋯秦时月

诗歌
大树的涅槃⋯⋯⋯⋯⋯⋯⋯⋯⋯⋯⋯⋯⋯沙 白
长安行（二首）⋯⋯⋯⋯⋯⋯⋯⋯⋯⋯⋯齐匡之
泉（外二首）⋯⋯⋯⋯⋯⋯⋯⋯⋯⋯⋯⋯李忠田
镜泊游踪（外一首）⋯⋯⋯⋯⋯⋯⋯⋯⋯何 仃
连云港看海⋯⋯⋯⋯⋯⋯⋯⋯⋯⋯⋯⋯⋯时红军
苏州吟⋯⋯⋯⋯⋯⋯⋯⋯⋯⋯⋯⋯⋯⋯⋯马国征
爱的花瓣⋯⋯⋯⋯⋯⋯⋯刘 季 沙 滩 袁成兰
蔡克霖 蔡炎军 金晓燕 陈 石 王建国 孟明娟

评论
突破"憾"的云围⋯⋯——读苏支超的短篇小说
《憾》⋯⋯⋯⋯⋯⋯⋯⋯⋯⋯⋯⋯⋯⋯⋯北 帆
《荣辱》给人的启示⋯⋯⋯⋯⋯⋯⋯⋯⋯胡相峰

1986 年第 3 期　刊名:《雨花》
目录

中国作家协会江苏分会领导机构名单
我们的祝贺⋯⋯⋯⋯⋯⋯⋯⋯⋯⋯⋯⋯⋯叶至诚
东风又放花千树（简讯）

小说

友人二傻 ·················· 范小天
试问闲愁都几许 ·················· 苏常强
西门三侯 ·················· 黄步千
独缺一只煤气包 ·················· 王承刚
哈拉代的回忆 ·················· 傅百龄
蒲芦情 ·················· 路轲瑜

散文

我和我父亲的童话 ·················· 叶至善
昨夜巫山下 ·················· 杨　旭
佛缘 ·················· 戴厚英

报告文学

大地的群雕——一份迟寄的报告 ·················· 庞瑞垠

诗歌

古塔 ·················· 贺东久
大海纪念碑（外一首） ·················· 洪　源
二十岁是一条无名河 ·················· 袁益民
乌衣巷（外一首） ·················· 洪　亮
三月阳春（外一首） ·················· 徐延平
短诗辑 ·················· 金　峰
陈锡民　言子清　王学芯　李德龙　姜晋　程尊平

评论

清芬的酒　醉人的诗——首届双沟散文奖获奖作品漫评 ·················· 吴周文
遗愿（千字文） ·················· 李树铭
绿叶　落叶　病叶（千字文） ·················· 凡　丁

1986 年第 4 期　刊名:《雨花》
目录

小说

在妇幼保健院和花圃作坊之间 ·················· 徐培东
奔月 ·················· 徐善新
奇遇 ·················· 方　晴
对岸有个葡萄园 ·················· 陈学工
乡村磨 ·················· 雨　城
某校教职工大会 ·················· 蒋　琏
垃圾老太 ·················· 刘国华

散文

访欧散记 ·················· 王　鸿
纸鸢放出杏花天 ·················· 许墨林
小议"各扫自家门前雪" ·················· 忆明珠
安翁河畔 ·················· 刘应霖

东山明朝一条街 ·················· 邱　载
鸽哨，在蓝天飘逝 ·················· 姚质臣　张长宁
长颈鹿盼伯乐（寓言） ·················· 辛　白

报告文学

有这样一个厂长 ·················· 李鸿声

诗歌

美利坚沾泪的一月 ·················· 赵　恺
给姑苏 ·················· 杨　山
带血的遗嘱 ·················· 杨　明
北国的枣树 ·················· 陈咏华
江南情 ·················· 李占学
矗立着的思念 ·················· 阎世宏
云龙山杂咏 ·················· 吴奔星
雨花石 ·················· 周　俊　顾晓军　王知十
华　田　苏宏元　周鹏宽　何晴波　郁　斌　黄　诚

1986 年第 5 期　刊名:《雨花》
目录

小说

残棋——小城街景之二 ·················· 陈小初
老不读三国 ·················· 陆永基
三两片落叶 ·················· 丁宏昌
酒仙升天记 ·················· 孙家玉
关于厕所问题 ·················· 陈　刚　戴仲燕
古榆树下的絮话 ·················· 姚社成
小小说一组
姑娘的口罩 ·················· 陈　炜
求佛 ·················· 生晓清
眼睛与眼镜 ·················· 叙　真
"CR"新药 ·················· 马　云
如果…… ·················· 蒋亚林

散文

故乡的食物 ·················· 汪曾祺
酒 ·················· 陈　超
在飞驰的列车上 ·················· 高洪波
运河牛 ·················· 丁家桐

诗歌

晴朗的雨 ·················· 朱　红
恋江南 ·················· 东　虹
候船室里（外一首） ·················· 姚克连
秦淮河（外一首） ·················· 陈佩芸
青春的留言簿（外一首） ·················· 李光星
耕（外一首） ·················· 辛明水

雨花石 ———————————— 韩 青 吴 野
陈白子 刘 镇 顾耀东 张 展 洪承志 源 义
陈 炜 曾 咏 郦卫莲

评论

《残棋》印象 ———————————— 胡永年
悲剧的成功和成功的悲剧——论陆文夫小说近作的悲
剧意义 ———————————— 徐采石 金燕玉

1986 年第 6 期　刊名:《雨花》
目录

小说

巴黎女士——今日中国与世界之一 ———— 夏坚勇
作家的故事 ———————————— 王安忆
白寡妇开店 ———————————— 漆小冬
滑落在峡谷里的歌 ———————————— 刘文才
异乡两胡 ———————————— 田 丰

散文

忆儿时两篇
关于《省三掉了裤子的时候》
最后一列难民车 ———————————— 叶至诚
稠酒 ———————————— 王泽群
老衬亭下——香港日记摘抄 ———————— 孙观懋
散文诗一束
我和我的妻子（四则）———————————— 叶庆瑞
海滩进行曲（五则）———————————— 杨德祥
柿林的梦（外一章）———————————— 高 凤

诗歌

金陵诗画（二首）———————————— 高加索
无题六行诗一束 ———————————— 田 地
夏天（二首）———————————— 谈宝森
无锡花束 ———————————— 晏 明
来到海边 ———————————— 凡 元
帕米尔的山（外一首）———————————— 张朴夫
雨花石 ———————— 程乐坤 刘鹏春 于伯生
王文顺 乔延风 石花雨 王 干 刘湘和 周贤峰

评论

《花街》自序 ———————————— 薛尔康
摒除心理惰性——读《在等待新车的路途上》
———————————— 曹天成
李贺亮相 ———————————— 肖文苑
"骂"的随想 ———————————— 马 可

1986 年第 7 期　刊名:《雨花》
目录

细雨联想（散文）———————————— 湖 清
唐古特大黄（散文）———————————— 孙明光
妙手回春的朱予（散文·赵泮仲 白凤阁译）
———————————— 伊·菲德雷（意大利）
乡情二首 ———————————— 孙友田
总是无题（诗·三首）———————————— 陶文瑜
致密林中的小树（诗·外一首）———————— 贺羡泉
窑工舞会（诗·外一首）———————————— 郁建中
心帆集（诗·二首）———————————— 梁谢成
金陵拾彩（诗·二首）———————————— 莫少云
雨花石 ———————— 鲁晓南 周端庄 朱金晨
龚学明 张 剑 孟敦和 苏韶芬 姜耕玉 陈宏嘉
情发于中（评论）———————————— 余 力
关于成立"吹牛"协会的倡议（千字文）———— 陈克勤
沐浴奇想（千字文）———————————— 王慧骐
温柔（小说·方骏插图）———————————— 王 蒙
春天的圆圈（小说·刑庆华插图）———————— 江锡民
没有哀乐的葬礼（小说·陈元插图）—————— 黄铁男
钱串子（小说·施晓插图）———————————— 殷志扬
茧（小说）———————————— 肖 肖
逃的哲学（小说）———————————— 俞 律
火头（小说）———————————— 宋传恩
吉他兄弟（报告文学）———————————— 李巨川
癔（散文·外一篇）———————————— 林斤澜
我和我父亲的童话（二）（散文）——————— 叶至善
买茶龙井村（散文·武建华题图）——————— 齐明昌
渔夫星座（散文）———————————— 邓海南
善琏笔乡行（散文）———————————— 张惠明

1986 年第 8 期　刊名:《雨花》
目录

半圆居士（中篇小说·胡博综插图）—————— 谷 新
多走一步（小说·刑明题图）———————————— 孔 阳
"酋长王国"（小说·徐敏政题字）—————— 施晓宇
邮癫（小说·徐成一插图）———————————— 陈秋生
画展（小说）———————————— 石花雨
红草甸（小说）———————————— 侯明铎
梦话（小说）———————————— 潘浩泉
重逢路翎（散文）———————————— 化 铁
巴金在一九八五年（散文）———————————— 谷 苇
柏林，绿色的寻觅……（散文）—————— 梁 冰
母亲的手（散文）———————————— 高汉铭
嘎嘎机杼声（散文）———————————— 纪 学

在这块麦田里（散文）————朱秉文
旱季（诗·外一首）————马绪英
南京两题（诗）————苗得雨
酿（诗·外一首）————张洪彩
流逝（诗·外一首）————常 月
祈求雨季（诗·外一首）————崔益稳
雨花石————王子和 童嘉通 范 泓
黄 羊 滕 英 吴乐森 永 芹 朱根勋 于 伟
古黄河滩上的足迹——论赵本夫创作的艺术追求
————费振钟 王 干
新苗出土润雨花——读崔益稳的诗（评论）————黄东成
省作协召开青年文学评论工作者座谈会（简讯）
————陈其昌 陈庚林

1986 年第 9 期　刊名:《雨花》
目录

程氏五姐妹（报告文学）————赵翼如
虫痴（小说·高云插图）————李进国
机关无故事（小说·陈元题图）————小 羊
废坝（小说）————恽建新
渔头有火（小说）————周 熠
清曲（小说）————陈 益
男女都含一腔血（小说）————季冠武
军营里的童话（小说·陈元插图）————肖 进
云梦（散文、孙亚明题图）————化 铁
遥寄秦陵（散文·外一章）————陆 苇
树·虫·人（散文·范石甫题饰）————孟济元
诗人·友人·领导（散文）————吴奔星
哦，竹林……（诗）————季振邦
诗人吟（组诗）————车前子
辐射的节奏（诗二首）————韩作荣
江南行踪（诗二首）————闻 频
女乡长（诗外一首）————达 黄
花妹子（诗外一首）————王忠范
雨花石————韦小东 野 村 荆 歌
何全力 朱光天 丁 香 齐铁偕 杜 海 周 智
一个令人费解的命题（评论）————唐再兴
从苦涩到冷嘲（评论）————钟若明
嬷嬷的喜怒哀乐（千字文）————李克因
浅谈文学中的非科学描写（千字文）————杨光中
水粉小品————沈行工（封面）

1986 年第 10 期　刊名:《雨花》
目录

江苏青年作家作品小辑
太阳花（中篇小说·张晓燕插图）————黎 化
金戒指（小说·广君插图）————黎 化
双窑旧闻（小说）————黎 化
一颗星的升起与坠落（报告文学）————肖 静
尤金山政绩考（小说）————盛 新
孤灯下的小姑河（小说·海涛插图）————闻 月
挣不脱的九女峰（小说）————朱本锐
座位（小说）————纪 瑜
明天，去城里（小说）————董中锦
小巷女子（散文·曲石题图）————吕锦华
凤凰村人（散文）————银 剑
冰川湖畔的野餐（散文）————海曙红
黄土地·监狱·人（散文）————孙骏毅
父亲河（诗）————祖德陶
插梳（诗·外一首）————丁 芒
梅花山飘香（诗·外一首）————申 身
老旦（诗）————曹 剑
扬州月夜随想（诗·外一首）————高 风
关于颐和园之断想（诗·外一首）————仇 红
水巷（诗）————青 青
爱的琴弦————卓琦培
王 为 黄 淮 毕庆平 顾晓军 左扬洪 霍清安
读黎化的三篇小说（评论）————黄毓璜
真实的时代人生（评论）————刘静生

1986 年第 11 期　刊名:《雨花》
目录

无声的歌（小说·石迎晓插图）————高朝俊
紫楼（小说·苏立群插图）————储福金
祖露（中篇小说·邢庆华插图）————王立信
象牙麻将（小说）————曹玉模
顾问鬼子六（小说）————顾寄南
竹斗（小说·陈元题字）————徐凤清
红色（小说）————顾志坤
一个县委书记的失误（小说·郭林题字）————姚 勋
砖瓦魂（报告文学·施晓军题饰）————杨守松
戏路（散文）————杨闻宇
康乐园读竹记（散文）————伍立杨
书桌随想（散文）————薛慰祖
朱学遽之死（散文）————黄秋耘
看雪海（诗·外一首）————陈咏华
出海印象（诗）————齐匡之

海思集（诗）——————————————陈茂欣
三个湖（诗）——————————————葛佳映
月之咏叹（诗）————————————许少飞
爱的短章（诗）————————————张雪杉
雨花石————————叶庆瑞　姜澍川　姚克连
华田　薛亦然　华卓　王家干　周树林　林晨
大胆的有价值的探索（评论）——————丁柏铨
闲话杂文说邓拓（评论）————————牧惠

1986 年第 12 期　刊名:《雨花》
目录

江苏青年作家作品小辑
父亲的行状（中篇小说·方骏插图）————唐炳良
经（小说·陈元插图）————————————唐炳良
醉别（小说·武建华插图）————————涂吉安
踩衣人的事（小说·海涛插图）——————杨海国
财迷老妪（小说）——————————————孙禹
龙街一趣——骂街（小小说）——————梅中泉
发病（小小说）————————————闵惠泉
智力测验（小小说）——————————薛亦然
周末的话题（小小说）———————————秦童
憩息（散文·原小民题图）————文璞　费林
醉画（散文）————————————张孔昭
云梦野趣（散文）——————————邹正贤
倒下的，是梧桐树（散文·外一篇）————靳敏
天池揽奇（散文）——————————徐朝夫
大海之恋（散文诗）—————————郭浩
淡淡的素描（散文诗）————————王慧骐
城市奏鸣曲（诗·二首）———————黄东成
我从鸿蒙中来（诗）————————孙成惠
小店（诗·外一首）————————冯云　孙涛
独思四章（诗）————————————晓晴
重修黄鹤楼（诗·外一首）——————沙滩
雨花石————————文丙　顾耀东　于宗信
王中朝　吕文秀　陆新民　原秋　郭维东　马君伟
有胆量的改革与有缺陷的改革者（评论）
————————————丁柏铨　陈建新
自缚——他缚:对陆文夫小巷人物心理模式的一种观
察（评论）————————————李振声
属重者远　挟持者殷（评论）——————庄锡华

1987 年第 1 期　刊名:《雨花》
目录

黑松林（小说·苏立群插图）——————董淑石
桥（小说·吴可插图）————————董淑石

乱世英雄（中篇小说·徐宁插图·黄惇题字）———映泉
秦汉河的沉思（小说·原小民插图）————海笑
大老刘行状（小说）—————————德根
啊，朋友（小说）——————黄恭扶　顾宝平
断电以后（小说）——————————银剑
岐路（小说）————————————卢平
送你一片迟雪花（散文）———————陈超
退思轩随笔（散文·黄惇题字）————姜滇
黄雪莲与黑蜜蜂（散文·王祖民题图）———薛尔康
我心中的盘门（散文）————————朱今成
陇上行（诗·三首）—————————王鸿
丢在南京的情绪（诗）————————梁如云
乡情（诗·外一首）—————————言子清
乡间的岁月（组诗）—————————金山
困惑（诗·外一首）—————————范德平
他渴望属于他的土地（诗）——————范醒华
长城颂（律诗）———————————马国征
爱的花瓣————————————张晓娟　王耀宗
蔡炎军　刘德林　刘虹　韩若予　阮晓星
美丽的梦，感伤的诗，文化的画（评论）
————————————王干　费振钟
这是一篇证词（评论）————————金筌

1987 年第 2 期　刊名:《雨花》
目录

新"世说"（随笔·陈元插图）————高晓声等
市井琐闻（笔记小说）————————公衡
最后一处十字路口（小说·邢庆华插图）———庞瑞垠
幻象（小说）————————————蒋亚林
蝶祭（小说·黄惇题字）———————吴碧莲
只有月光的地方（小说·石晓插图）————晓望
热（小说）—————————————徐志松
梨花（小说）————————柏宁湘　东进生
痛苦的枪声（小说·黄惇题字）————董枢毅
成名作（小说）——————————李伦新　王肇歧
宜兴之秋（散文·黄惇题字）—————黄裳
未名山谷（散文）——————————蔡海葆
鸟声（散文）————————————李钧
酒的趣味（散文）——————————李文瑞
余庄的思念（散文）—————————邱载
枕海嶼寄录（散文）—————————柯文辉
浮世绘（诗·三首）—————————朱红
银蜡烛（诗·外一首）————————余小平
秦淮柳（诗·外一首）————————曹念祥
曹雪芹故居（诗）——————————凡元
转场的日子（诗）——————————倪向阳
水兵和酒（诗）———————————喻晓

旅店主人（诗）—————————— 柯 平
雨花石———————— 刘德军 李占学 卢庆平
黄邦君 王知十 郭兴春 郁 斌 莫西芬 张良火
周梅森、黄蓓佳作品讨论会述略（散文）——— 龙 雪
下定义的困难（千字文）————————— 肖文苑
编辑与宽容（千字文）————————— 陈克勤

1987 年第 3 期　刊名：《雨花》
目录

风风雨雨中的一枝花————————— 陆文夫
《雨花》创刊前后—————————— 艾 煊
历届主编寄语———— 章品镇 吕博然 费 沫
庞瑞垠 顾尔镡 卓 尔 海 笑 陈椿年 叶至诚
雌湖（中篇小说·王伟中插图）————— 黄佳星
二月（小说·洪佩奇插图）—————— 马未都
贼星升腾的轨迹（报告文学·施晓军插图）— 高正文
蓝眼睛（小说）—————————— 黎 化
鬃毛和他的风流韵事（小说）————— 江锡民
阿莫（小说）——————————— 李 镇
鼎蜀镇随笔（散文·杨定题图）———— 郭 风
乡间诗草（散文）————————— 陆 苇
大佛，你要说些什么（散文）————— 王 川
登金陵饭店三十七层楼（诗）———— 沙 白
清明（诗·外二首）———————— 高 翔
海思（诗·二首）————————— 黎焕颐
十七岁我年轻轻的兄弟（诗）———— 莽 子
告别的微笑——遇难的鹿（诗）———— 子 页
阴影（诗·外一首）———————— 姜强国
雨花石———————— 永 芹 苏超宇 韦晓光 叶 坪
袁 子 马新潮 佟 畴 朱雪城 何晴波 田诗楼
生命的扭曲和心灵的执拗（评论）—— 黄毓璜
无法规避的选择（评论）——— 吴周文 林道元

1987 年第 4 期　刊名：《雨花》
目录

大江东去（报告文学）———————— 杨 旭
跳出窗口（报告文学）———————— 刘小湄
阿端的茶馆（小说）————————— 胡丹娃
捉鳖（小说）——————————— 王才锡
山神（小说·海涛插图·李友题字）—— 施晓宇
山村野调（小说）————————— 类永藻
小瓦房（小说）—————————— 沈惠忠
远海（小说·陈元插图·李友题字）—— 刘国华
李白《日出入行》及其他（散文·果林题字）
—————————————— 忆明珠

偷儿的鸣谢（散文·果林题字）———— 刘本夫
散文二章（散文）————————— 吴凤珍
茶圣（散文·果林题字）—————— 孙宜乾
真作假时（小小说）———————— 周 熠
从一条街拾起的诗（诗·外一首）—— 陈白子
共产党员（诗）—————————— 赵 恺
南京印象（诗）—————————— 梁谢成
乡野的诗（诗）—————————— 李忠田
孤独者言（诗）—————————— 石花雨
雨花石———————— 龚学明 戴佳鸿
姜耕玉 殷恩宇 张 展 孙德培 程晓松 周培礼
李 丽 姜 桦 刘德林 周 勤
关于黎化的小说的通信（评论）——— 姚光义
从《金戒指》的结尾谈起（评论）—— 金 严 穆 肃
紫楼印象（评论）————————— 王菊延

1987 年第 5 期　刊名：《雨花》
目录

斜柳巷记（小说·苏立群插图）———— 沙 黑
地厅（小说·沈行工插图·黄惇题字）— 沙 黑
课程（小说·黄惇题字）—————— 沙 黑
黑匣子（小说·刑庆华插图·黄惇题字）— 沙漠子
情急智生（小说）————————— 呼延奏
水妹子（小说）—————————— 顾志坤
秋歌（小说）——————————— 陈敏莉
龙纹罐（小说）—————————— 李惠新
朴庸居札记（散文·黄惇题字）———— 陈鸿祥
午餐，那难忘的酸甜苦辣（散文）—— 吕锦华
依兰香之夜（散文）———————— 陆扬烈
查户口（小小说）————————— 白 文
乡情（诗二首）—————————— 冯亦同
唐氏古槐（诗·外一首）—————— 何 仃
抒情短章（诗·三首）——————— 季振邦
武夷三章（诗）—————————— 齐匡之
说（莲诗·外一首）———————— 陶文瑜
放鹤亭（诗）——————————— 李光星
听松（诗·外一首）———————— 木 斧
雨花石———————— 丁古萍 杨德祥 朱伟民 沈 彦
吴建芳 吕 新 姜 晋 陈太顺 华晓红 柯 原
海笑新著《部长们》讨论会侧记———— 一 泓
可贵，稍带一点遗憾（评论）——— 汪 政 晓 华
关于陈若曦、琼瑶、三毛作品的断想（评论）
—————————————— 梦 苑

1987 年第 6 期　刊名:《雨花》

目录

江苏青年作家作品小辑
国药（小说·胡搏综插图·张云卿题字）————恽建新
罗音（小说·胡搏综插图·张云卿题字）————恽建新
甘师傅（小说）————恽建新
赏画（小说·洪佩奇插图）————陈秋生
名师子弟（小说·潘小庆插图）————谢　力
河豚情（小说）————雪　然
火烧（小说）————钱　静
美人痣（小说·黄悖题字）————姜绪章
这顿烤鸭（小说）————陈咏华
窗口（报告文学）————宗　尧
傅抱石画室情思（诗二首）————赵晓义
规律（诗·外一首）————车前子
新婚，在故乡（组诗）————沙　滩
爱的流行色（组诗）————潘万提
你（诗）————姚克连
渔民葬礼（诗）————桑恒昌
雨花石　　　　　　　　　　郭　浩　伍立扬
张荣彩　赵守俭　朱谷忠　赵英华　张戤炜　章明水
何润炎　王　蕾　赵云生
秀表姐（散文·黄悖题字）————范若丁
扫叶诗僧寄龛（散文）————严开运
忆诗人鲍明路（散文·黄悖题字）————陈　辽
两封茅盾先生的信（散文）————施　斌
十渡印象（散文）————高洪波
吃的悲哀（散文）————苏　叶
温哥华小记（散文）————陈　玲
两点不足——读《黑松林》、《桥》（评论）————李　牛

1987 年第 7 期　刊名:《雨花》

目录

江苏作家作品小辑
老山，让我仔细看看你（中篇小说·丹淳插图）
————陈歆耕
冰与炭（报告文学）————陈歆耕
黑色迷惘（小说）————张　宇
稻秧红了（小说·钱大经插图）————张嵩山
暮色风情（小说）————周裕本
暗鬼（小小说）————成爱君
残废了（小小说）————刘仁前
"死"而复死（小小说）————陈晓丹
壶王（小小说）————汤祥龙
阿喀琉斯的脚踵（小小说）————沙黾农

千金难买，一钱不值（报告文学）————杨守松
我和篮球（散文·黄悖题字）————赵　恺
海陵杂记（散文·黄悖题字）————李克因
梦中诗人（散文）————叶至善
夜宿灵岩寺（散文）————张昌颐
断句（诗）————忆明珠
阿里山的姑娘（诗二首）————于宗信
湿漉漉的乡情（诗三首）————杨来顺
情感的流云（组诗）————李光云
村史片断（诗·外一首）————钱锦方
村庄的雨（诗·外一首）————何光炎
雨花石————马君伟
阎海曙　周　波　阎世宏　袁芬娣　杨川庆　中　跃
郭瑞年　于伯生　刘利民　李　力　杨　骥

1987 年第 8 期　刊名:《雨花》

目录

海祭（小说·施永成题图·插图）————朱剑钟
玛珂（小说·黄悖题字）————袁　梅
五尺白绫（历史小说·徐宁插图）————杨佳麟
三月小曲（小说）————王益山
老吴（小说）————王世衡
春声和春深（散文）————林斤澜
情真意自深——给杨苡的信（散文）————卓　尔
纸团扇，圆又圆……（散文·徐宁题图）————谭亚新
九寨金秋（散文）————廉正祥
樵山行（散文）————海　若
黑蝴蝶（诗二首）————王辽生
流亡者之歌（组诗）————吴奔星
淡淡的游云（组诗）————张雪杉
大海（诗）————董耀章
漂流者说（诗·外一首）————曹　剑
坝桥柳（诗）————达　黄
雨花石————————董厘厘　董欣宾　孟敦和
雷　雯　陈家声　张志鹏　张慧颖　王学芯　张建军
文学应当"为人生"　——任天石《叶圣陶小说选》
序（评论）————陈瘦竹
读《雌潮》（评论）————凌　进
省作协召开长篇小说讨论会（侧记）————金　童

1987 年第 9 期　刊名:《雨花》

目录

江苏作家作品小辑
黄粱梦长（外三篇）————忆明珠
小巷幽默曲（小说·杨紫题图）————孙观懋

龙蟠街的纸扎匠（小说·周翔插图）————孙观懋
树桩（小说·韩坚强题图）————孙观懋
还是老浴德（小说·钱大经插图）————王人斌
名医（小说·刑庆华题图）————管毓鹏
老井（小说）————金曾豪
文庙夕照（小说）————谭慕平
无尾黄雀（小说）————陈望尘
本案何时了？（报告文学）——写在第三个教师节之前
————葛庆勇
巴金在一九八六年（散文）————谷 笄
长江，激情的河（散文诗）————赵政民
我写诗，为你（散文诗）————叶庆瑞
小城，迷失于蔚蓝的三月（诗·外一首）————了了村童
太阳逼视的西大陆（诗）————丁 芒
唯此中秋月（诗）————黄 羊
留园小记（诗）————贺羡泉
江南雨（诗·外一首）————陈锡民
雕像（诗）————黄显宇
雨花石————孙菊梅
晓 晴 毕庆平 吴雪琦 易 非 觉 子 曾 咏
徐 泽

1987 年第 10 期　刊名:《雨花》
目录

南京大屠杀（节选）——祭念石头城五十年前的三十
万冤魂和英魂————徐志耕
新"世说"————李文瑞 高晓声
林斤澜 沙苎农 徐回青 采 众 张记书 顾 冰
石 层 陈 弼 包树森 李伦新 任春忠
余韵（小说·潘小庆插图）————黄卫平
狗君子（小说·洪佩奇插图）————陈 钢
地（小说）————赵卫民
老院（小说）————朱本锐
一天（小说）————陈 飞
狼山三景（散文·汤慧丽题图）————艾 煊
红沙发（散文）————叶兆言
李福清印象（散文）————高 陶
飘荡的小船（散文）————赵家耀
豆香与相思（散文）————雷 磊
扬州两题（诗）————高加索
在江上（诗）————孙友田
女友·喜剧色（诗）————申爱萍
平山堂赏琼花（诗）————叶庆瑞
姑苏忆（诗）————李占学
平原纪事（诗）————孙昕晨
雨花石————翁立平 文 丙
季清荣 何全力 张国灿 郭 廓 苏韵芬 朱洪明

张泰霖 闲 梦 朱伯慈 朱延忱 赵 刚 刘益善
血写的史册——徐志耕与《南京大屠杀》————陈歆耕

1987 年第 11 期　刊名:《雨花》
目录

欲飞（中篇小说·孟昌明插图）————朱苏进
至关紧要（短篇小说·海涛插图）————海 笑
一粒芝麻（短篇小说·阮健插图）————梅中泉
挑战者（报告文学）————张惠明
归逐故园春（散文·武建华题图）————顾 骧
文学与酒（散文）————高晓声
《江苏邑县丛书——高邮》序（散文）————汪曾祺
儿子让我这样想……（散文）————蒋丽萍
小三的月亮（散文）————高红十
鹅情（散文）————徐朝夫
逍遥游（散文）————丁蔚文
我种下一棵梦（诗·外二首）————高 风
乡野风物（诗·二首）————莫少云
我阅神州（诗·三首）————陈咏华
三湖波光（诗·三首）————乔延凤
波涛的遗传（诗·外一首）————谈宝森
点燃窑火（诗·外一首）————郁建中
雨花石————黄 帆 徐延平
郭维东 王中朝 柯 江 周 萍 宗仁发 樊松球
姜 晋 程文芳 周鹏宽
二元心态：现代人面对传统——读恽建新的三个短篇
（评论）————应 雄
地域、人生和命运的观照
——评沙黑的三篇小说————魏 平
《皖南事变》讨论会侧记————一 泓

1987 年第 12 期　刊名:《雨花》
目录

江苏作家作品小辑
空白（小说·洪佩奇插图）————薛 冰
葫芦套风情（小说）————薛 冰
窑场人物（小说）————陈锡生
小树上的伤口（小说·苏立群插图）————蒯春生
惑（小说）————杨 争
疖子（小说·张晓燕插图）————葛安荣
《试问闲愁都几许》续篇（上·小说）————苏常强
古钱币引出的故事和人物（报告文学）————朱子南
浅看景物详看人——访德漫记（散文）————高晓声
皮包编辑（散文·原小民题图）————齐明昌
苍蝇和露珠（外一章·散文）————叶至善

文化——母亲篇（散文）————————王成祥
江南古镇——写给甪直（诗）————————黄东成
夜长江（诗·外一首）————————王长军
士兵的青春（诗二首）————————徐明德
佛门拾零（诗二首）————————路　桦
一条腿的歌唱家（诗）————————姚克连
心系缆绳到临安（诗）————————丁古萍
雨花石————————汪向荣　薛亦然
龙彼德　徐思寒　黄福群　万川　王忠范　丁可
"中国潮"报告文学征文启事

1988 年第 1 期　刊名:《雨花》
目录

鱼荒（中篇小说·徐宁插图·成汉飙题字）————成汉飙
春之始（小说）————————陈晓丹
丫丫（小说·邢庆华插图）————————苗运勤
黑鳗（小说）————————李翔发
疯（小说）————————陈蓓蓓
醉话（散文·原小民题图）————————吴　强
从秭归到汨罗（散文·武建华题图）————魏毓庆
无锡行（散文）————————吴　镕
那遥远的小山村（散文）————————郭保林
阵痛期（诗）————————朱昌勤
沉剑（诗·外一首）————————祖德陶
大风起兮（诗）————————苏超宇
苏北民歌（诗·外一首）————————崔益稳
缝衣婆（诗·外一首）————————陈德生
对诗坛的一次观察（诗）————————吴逸飞
雨花石————————曹念祥　陈德兴
朱雪城　张传浩　王又安　张文兴　刘希涛　王耀宗
张雪梅　朱宝凤
散文美学观念的再整与拓展（评论）————姜　文
白日见鬼（杂文）————————肖文苑
不尽悲欢在辩发（杂文）————————徐允明

1988 年第 2 期　刊名:《雨花》
目录

"中国潮"报告文学征文
在社会的天平上（报告文学）————————肖　静
江苏青年作家作品小辑
午后故事（小说·阮健插图）————————苏　童
U形铁（小说·原小民插图）————————苏　童
环绕我们的房子（小说）————————苏　童
新"世说"————————恽建新
雷国雄　金　水　李文瑞　唐再兴　刘国华　包殿贵
采众曲径　高晓声　谈风　沙龟农　邹德学
包树森　何萱　吴之光　虞建安　鹿田
镇河兽（中篇小说·武建华插图）————————陈应松
肉刺（小说）————————葛安荣
羡公岂在文章（散文）————————陈椿年
五味糖（散文）————————吕锦华
江北游踪（散文诗）————————陆　苇
浮世绘（诗三首）————————朱　红
山与谷（诗·外一首）————————梁谢成
血中不能没有铁（诗·外二首）————————齐匡之
淡远的山村（组诗）————————李忠田
惊蛰（诗·外一首）————————李光星
烟波江上（诗）————————姜耕玉
老石匠（诗）————————陈　琪
苏北水乡（诗）————————简　捷
爱的音符————————张晓娟
潘万提　王晓丹　童嘉通　岩鹰　晓栗
漫说《新"世说"》（评论）————————高　信

1988 年第 3 期　刊名:《雨花》
目录

都市流浪儿（中国潮报告文学征文·刘　鸣题图）
————————张嵩山
他俩（小说·李璋题图）————————叶至诚
小蜂房笔记（小说）————————邵燕祥
驱魔（小说）————————马　瞻
水柳（小说·刘鸣插图）————————苏学文
笛声（小说）————————徐刚毅
老祖宗（小说·李建国题图）————————凌　进
酒话（散文）————————陆文夫
三人行（散文）————————邓海南
《西域诗选》序（散文）————————冯其庸
致女人（散文）————————刘增山
洪泽湖印象（诗·二首）————————冯新民
金陵诗话（诗·二首）————————刘明达
鱼尾纹传奇（诗）————————陈白子
涛声（诗）————————言子清
诗二首————————曹　剑
一线天（诗·外一首）————————毕庆平
雨花石————————许墨林
林治泉　胡永康　后金山　张　剑　董欣宾　叶　球
顾鸿俊　周培礼　刘定国　王立波
红鸽子、墨色花、银蝶和佛头——论忆明珠的诗歌创作道路（评论）————————唐晓渡
"方便面、电热杯、救世军"断议（评论）————刘静生
明星企业的诞生（报告文学）————尹　平　钦志新

1988 年第 4 期　刊名:《雨花》

目录

江苏青年作家作品小辑

博爱街（小说·苏立群题字题图）…………沙漠子
城市不朽（小说）…………………………沙漠子
海人（小说二则·张晓燕插图）…………孙家玉
神游（小说·苏立群插图）………………黄铁男
仇人们（小说）……………………………姚　勋
城市病（小说二题）………………………严歌平
两个马姨（小说）…………………………綦立吾
舞伴（小说）………………………………杨　争
你，留下了一个谜（小说）………………钱永龙
叶圣陶的文学工作………………………本刊编辑部
段熙仲教授二三事（散文）………………高空蔚
锣鼓（散文·苏立群题图）………………张贵保
汪曾祺印象记（散文）……………………王　干
甪直漫述（散文）…………………………李鸿声
呼伦贝尔抒情（散文）……………………曹建玲
我读歌乐山（诗三首）……………………冯亦同
异邦情思——访奥诗抄（诗二首）………苗得雨
芭蕉（诗·外一首）………………………丁　芒
乡间的岁月（组诗）………………………金　山
一个歌妓走进秦淮人家（诗）……………杨　明
走向汽车装配线（诗·二首）……………辛明水
雨花石………………………………李占学　刘春林
邬定发　郁　斌　赵守俭　马君伟　沈双兰　黄　诚
陈殿虎　黄坤良　乔　勇　王　琴
说《欲飞》（评论）………………………魏希夷
假作真时真不假——读孙观懋三篇短篇小说笔记（评
论）………………………………………朱　霞
"死亡"的审美叙说——读《老山，让我仔细看看
你》（评论）……………………………陈　墨

1988 年第 5 期　刊名:《雨花》

目录

江苏青年作家作品小辑

城市风（小说·薛平插图）………………江锡民
城市过敏症（小说·薛平插图）…………江锡民
多云转阴……突然晴（小说·李波题图插图）
……………………………………………江锡民
人间笔记（小说·德林插图）……………李中萱
元宵"打生"（小说·薛平插图）………陈　镛
轻松（小说）………………………………吴毓生
那一片夕阳红（小说）……………………高南佳

"出笼"（小说）…………………………鲍　望
我和我父亲的童话（散文）………………叶至善
红颜薄命已不存在了（散文）……………新凤霞
永不飞走的仙鹤（散文）…………………石　英
鱼市趣闻（散文）………………稽　元　殷　勤
荷花塘（散文）……………………………石　也
蜀中吟（组诗）……………………………王　鸿
卡拉扬（诗·外一首）……………………达　黄
书僮山（诗·外一首）……………………季振邦
童年纪事（诗·二首）……………………杨亦平
童年在灯火中错位（诗·外一首）………杜怀阳
雪夜鸿影（诗·外一首）…………………乔延凤
雨花石……………………龚学明　滕　英　姜澍川
张荣彩　周鹏宽　何晴波　华　田　唐建平　蔡起泉
周　波　蒯春生
初级阶段农民意识的烛照——读刘振华的《新嫁娘夜
话》（评论）……………………………陈　辽
读叶庆瑞的散文诗………………………刘静生
美的酝酿
——评丁芒《酿熟了的怀念》（评论）…………吴达宣
我们的"作品小辑"
——本刊太湖座谈会追述…………………振　钟
在水乡风情太湖文化中寻找自我…………墨　林

1988 年第 6 期　刊名:《雨花》

目录

新"世说"……………………………………孙友田
谈　风　陈　艰　朱建良　傅晓红　金　童　姜宗尧
孙明光　任春忠　华又黄　程太生　申建华　吴　民
石　也　樊道琴　李文瑞　詹怀臣　高朝俊　采　异
文洁民　薛　冰　孙观懋　苗运勤
与巴金谈《新"世说"》（散文）…………谷　苇
散文近作一束（散文）……………………艾　煊
宝石（散文）………………………………化　铁
"别分梨"——羊城夜记之二（散文）……丘　峰
水木庐夜话（散文）………………………苏　晨
介质（小说·题图、插图苏立群）………邓海南
秦砖汉瓦（小说·插图苏立群）…………尹　平
历史三题（小说·题图、插图邢庆华）…顾小虎
同行（小说·题图邢庆华）………………王红罗
新居（小说）………………………………公　衡
过失（小说）………………………………杨　争
我的月季园（诗·外一首）………………沙　白
诗的随想录（诗五首）……………………赵瑞蕻
冥怨二叠（诗）……………………………李发模
田园水墨（诗三首）………………………游子昕晨
湖下的城（诗·外一首）…………………陈锡民

迷楼·隋炀帝陵（诗）————————————王德安
雨花石————————孙成惠　郭　浩　姚克连
佟雪春　谭庆泉　陈太顺　何润炎　莫西芬　张　玲
幽默："文革"题材作品的新倾向——读《新"世
说"》（评论）————————————应　雄
"褐色幽默"：另一种历史人生观照——读雨花《新
"世说"》（评论）————————————陈必强
《新"世说"》文体辨（评论）———徐德明　季　进
在缪斯的桥上互赠礼品——江苏诗歌对话会侧记
————————————————石花雨

1988 年第 7 期　刊名:《雨花》
目录

赣榆作者作品小辑
傻子瓜子衰微录（中国潮报告文学征文）张嵩山
特价！特价？（中国潮报告文学征文）徐志耕
五星杨（中篇小说·武建华题图插图　陈凤桐题字）
————————————————杨　敏
蛎墩（小说·阮健插图　陈凤桐题字）————白亚琳
水底世界（小说·陈凤桐题字）——————董淑石
《试问闲愁都几许》续篇下（小说）————苏常强
答《中国文学》————————————陆文夫
玄武湖（诗·外二首）————————吴奔星
不是情诗（诗二首）————————杨　苡
外婆（诗·外一首）————————张士甫
雨花石——————————————万　川
查坤林　王中朝　沈　彦　苏韶芬　赵云生　黄宏达
叶荣臻　孙德培　姜　晋　钱履明
特殊生存状态中的军人心理世界——读朱苏进的近作
《欲飞》（评论）————————丁柏铨
饶有意味而又危险的探索
——《欲飞》简析（评论）————沈义贞
风正一帆悬——赣榆县小说创作漫笔————鲁　脉

1988 年第 8 期　刊名:《雨花》
目录

江苏青年作家作品小辑
九溪（小说·单德林题图插图）——————梁　晴
乌云托月（小说·苏立群插图）——————梁　晴
烛红（小说）————————————梁　晴
古钟（小说·原小民题图）————————摩　罗
红墙（小说·张晓燕插图）————————储福金
刘村笔记（小说）————————————赵宽宏
唉（小说）——————————————王承刚
老人（小说）————————————垠　风

北国红豆辞（散文·原小民题图）————沙　白
也叫《朝花夕拾》（散文）——————黄蓓佳
"价值"疑（散文）————————范培松
苏州人（散文）——————————谭亚新
街声（散文）——————————吕锦华
西山的崛起（散文）————————邱　载
沐浴小记（散文）————————惠苏丹
拾梦录（诗三首）————————高加索
无题诗四首——————————晓　晴
男人（诗）——————————了了村童
十行抒情诗（四首）————————子　页
向阳坡（诗·外一首）————————柳　荫
雪霁（诗·外一首）————————叶庆瑞
江南的雪（诗·外一首）——————石花雨
独自饮茶（诗·外一首）——————姜　桦
商场美工（诗）————————薛亦然
三峡情（诗）——————————孟敦和
雨花石——————————————唐建平
曹念祥　王学芯　凡　元　陆新民　王知十　吕　文
丁　可　潘大华　于晓言　喻　原
评梁晴小说中的女性（评论）————陆建华
静的解脱
——读《小巷幽默曲》兼评幽默的两种类型——王　玮
毗陵谈文
——记青年小说家评论家常州对话会————佳　星

1988 年第 9 期　刊名:《雨花》
目录

"朱汉章现象"研究（中国潮报告文学征文）
————————————————杨守松
文坛双星（中国潮报告文学征文）——刘小湄　吴新华
在那片土地上（小说）————————范小青
非医学报告（小说·王浩辉题图插图）————郭明英
初夏的风（小说·易园题图插图）——————王德麟
金头（小说）————————————刘振华
老舞（小说）————————————石花雨
滁河水汤汤（小说）————————李进国
昨天，十级台风袭击本市（小说）——————北　水
散文近作三篇————————————忆明珠
忆《背影》主人翁（散文）————————耿鉴庭
空间（散文）————————————谈宝森
大海的信物（散文）————————朱剑钟
捕狗令颁布之后（诗）————————邹　哲
冰冷的艺术（诗三首）————————孙友田
洁白的心笺（诗二首）————————陈咏华
阳光下打个盹（诗·外二首）——————沙　滩
江南曲（诗二首）————————李占学

正在融化的感觉（诗·外一首）————陈广德
七月雨（诗·外一首）————江澄子
爱的花瓣————陶文瑜 卓琦培
郁 子 王子和 王捷花 朱世芳 孔维坤 杨余生
在寻找中变化视角
——评杨守松的报告文学（评论）———朱子楠 刘雪梅
范小青小说艺术管窥（评论）————朱 君 陈其昌

1988 年第 10 期　刊名:《雨花》
目录

黑色旋涡（报告文学·题图科子）——徐 宁 唐冬梅
新"世说"————流沙河
海 笑 俞黑子 柴与言 孙友田 江奇涛 袁卓尔
赖俊熙 肖 玉 周 刚 任春忠 沙龟农 葛安荣
雷 父 孙家玉 钟可可 能 宽 姜 滢 王 宣
张 树 何维钦 蒋行知
雾域（小说·题图科子）————卢跃刚
扳罾（小说）————邓海南
小说三题————周鹏宽
白山（小说）————张文宝
第二位（小说·题图科子）————泽 蕴
阿惠再见（散文）————俞 律
父亲的碑（散文）————蔡 毅
梦海（散文·题图洪佩奇）————王晓丹
呼喊自由（诗·二首）————王辽生
海岛印象（诗·四首）————傅天虹
舞（诗·外一首）————余小平
草木两章（诗·二首）————刘 章
乡村纪实（诗·三首）————文 丙
新生圩（诗·外一首）————徐延平
我和钢琴（诗）————刘 原
雨花石————柯 平 林 杉 陈家声
庄锦生 黄宏达 马新朝 周培礼 庞清新 朱 黎
从隐喻性到本体性（评论）————叶 橹

1988 年第 11 期　刊名:《雨花》
目录

混沌世界（报告文学·叶霆题图）————张玉林
秦淮半边月（中篇小说·周翔题图插图）——孙华炳
红蜻蜓（小说·原小民插图）————黎 化
这里也是战场（报告文学）————张行端
闲话石头（散文·安子题图）————沙 白
芥末（散文·安子题图）————李毓琦
洁白的石头（散文·安子题图）————王晓琳
太湖边的弄潮儿（报告文学）——徐 风 许国强

谒李白墓（诗）————黄东成
江行小诗————忆明珠
食指（诗·外一首）————黄 羊
南行随笔（诗二首）————梁谢成
秋思（诗）————浦学坤
雨花石————王家干
姚克连 高 柳 黄 帆 陈德生 杜生喜 吴达宣
周 波 冯 默 高 翠 汪 岭
虚构的回忆
——苏童小说随想（评论）————汪 政 晓 华
马二先生 说错字（杂文二题）————晓 见
说龟（杂文）————肖文苑

1988 年第 12 期　刊名:《雨花》
目录

江苏青年作家作品小辑
儿歌（小说·武建华题图）————叶兆言
绿了芭蕉（小说·阮健插图）————叶兆言
八根芦柴花（小说·武建华插图）————叶兆言
"故事法"
——叶兆言小说阅读提示（评论）————费振钟
雨后
——巴金纪事之一（散文·原小民题图）——谷 苇
太阳每天是圆的（中篇小说）————陈欣耕
孤独的戈壁（小说·原小民插图）————然 子
鳗鱼魂（小说）————季清荣
智慧三部曲（报告文学）————金 木 戴 超
石头城诗抄（诗·五首）————杨 山
红狐狸（诗·外一首）————何 仃
星（诗·外二首）————陈永昌
企望（诗）————张雪杉
青果何时红（诗·外一首）————姜耕玉
雨花石————杜方平 蔡炎军 朱春鹤 吴允锋
张卫华 王军先 刘舰平 朱延忱 日月兰 孟宪平

1989 年第 1 期　刊名:《雨花》
目录

新"世说"————李正堂 孙友田 蒋庆坤
任 言 王 浩 邰 科 徐 风 储柱顶 陈锡生
周 拓 吴 霄 姜宗尧 姚光义 崔明秀 王子和
葛友宁 李伦新 朱守和 张彦加 阿 米 乡 青
华又黄 高朝俊 奚复兴 徐明德 蒙 龙 谈 风
陈鸿祥 蒋尧民 樊道琴 刘春林 姜胜群 奚守恒
魏 平 王家干 谈中歧 钱 静 江 中 方元湘
秋夜漫话"新世说"————王 蒙等

外白渡桥（小说）--------晓 望
数学家（小说）--------杨汝申
客店（小说）--------段丽娜
三峡随想录（散文）--------沙 白
镇江行（散文）--------吴 镕
煎饼（散文）--------苗运琴
养鹿人语（散文）--------许 淇
史迹二题（散文）--------叶公觉
瓷狐（诗·外一首）--------许少飞
冰花，晶莹的冰花（诗）--------化 铁
荒泉（诗）--------毕庆平
折扇（诗·外一首）--------陈白子
断头石佛（诗·外一首）--------张传浩
老窑工（诗）--------郁建中
雨花石--------帅国华 汪向荣 华 田
马君伟 周端庄 何晴波 周庆荣 冯现科 立 人
丧钟为谁而鸣（评论）--------程 然

1989 年第 2 期　刊名:《雨花》
目录

新"世说"--------颜煦之
李文瑞 张金明 李正堂 毛玉升 刘京科 林建平
周 拓 黄志冲 张志怀 茅震宇 李炎锡 袁文龙
徐 斌 陆 平 蔡学文 陈谷子 徐明德 华又黄
陆 华 何 萱 周 刚 陆守华 邰 科 张 介
王德安 孙志毅 王 浩 陈俊民 邱少谟 梁 昭
观 之 潘英华 茂树平林
新"世说"编后--------本刊编辑部
单程车票（中篇小说）--------阿 蔷
炳蛮子（小说）--------沙漠子
傍晚水塘边（小说）--------西 风
小说三题--------王世衡
短篇小说一辑--------黄铁男
白小易 周福如 夏荫祖 姜素素 艺 欣 张守洪
背水一战（报告文学）——无锡纪事之一--------杨 旭
宣堡又一战（报告文学）--------赵新喜 于国建 徐宪龙
十 3 和 42（散文）--------魏毓庆
桃叶渡随想（散文）--------魏毓庆
多余的咏叹（散文）--------魏毓庆
女孩子的优先权（散文）--------叶至美
种闽田（散文）--------陆德建
红尘（组诗）--------沙 白
清晨（诗·外一首）--------龚学明
遗忘的风景（组诗）--------岩 鹰
街巷深处（诗）--------张士甫
泰山挑夫（诗）--------姚伟雄
山中小站（诗）--------袁益民

雨花石--------萧 浩 刘 流 戴佳鸿 荆 歌
倪晓云 缪新华 李天林 刁志华 李秉建 谢 静
名与"××"（杂文）--------刘静生
眼睛（随笔）--------顾 五

1989 年第 3 期　刊名:《雨花》
目录

新"世说"--------张 洁 一 泓 秦 童 金 童
巫 娃 朱守和 姜宗尧 钱振荫 老 谷 蒋庆坤
中国——烟的审判（报告文学）--------陈道龙 郑幼明
美神在这儿诞生（报告文学）--------海 笑
风流（中篇小说）--------吴碧莲
城市病二题（小说）--------严歌平
人生小景（小说）--------丁三青
失去的爱情（小说）--------肖 进
被夏季所遗忘的（散文）——《发生在那个夏季》的
前因后果--------杨匡满
感悟（诗·外一首）--------了了村童
长江来去（诗·外一首）--------刘不朽
额上流水（诗·外一首）--------丁 芒
林中（诗·外一首）--------李光星
又是秋风（诗·外一首）--------肖作华
中秋夜（诗·外一首）--------长 岛
雨花石--------丁古萍 陈 迅 浦学坤 王忠范
顾耀东 黄宏达 孙德培 赵守俭 朱征骅 沈双兰
我心中有个小树林（散文诗）--------郁 子
我的岸（散文诗·外一章）--------周 勤
梅园秋歌（散文诗）--------陆 苇
《秦淮半边月》七人谈--------陈 辽 黄毓璜
周梅森 宋 词 费振钟 黄佳星 谷 新

1989 年第 4 期　刊名:《雨花》
目录

新"世说"--------白门姜 王洪波 何 患
赵红雁 李文瑞 海 笑 孙 洵 朱 红 杨志杰
徐明德 荆庆军 周沛生 杨翰端 茆贵翔 姚时珍
陈云康 叶大青 孟胜国 李明泉 孙晓光 矫 枉
街民（小说）--------吴双林
火苗将不再颤抖（小说）--------王心丽
妹妹天使（小说）--------黄少云
第三者面面观（报告文学）--------徐海观 车泽湘
你从雪谷走来（报告文学）--------马 可 张传浩
我和四川（散文）--------赵 恺
迁居（散文）--------海 若
西南行（组诗）--------王 鸿

乳名（诗·外一首）⋯⋯⋯⋯⋯⋯⋯⋯⋯金　山
乡野小吟（组诗）⋯⋯⋯⋯⋯⋯⋯⋯⋯李忠田
惊蛰（诗·三首）⋯⋯⋯⋯⋯⋯⋯⋯⋯姜　桦
轨迹（诗·外一首）⋯⋯⋯⋯⋯⋯⋯⋯齐匡之
起点（诗·外一首）⋯⋯⋯⋯⋯⋯⋯⋯靳亚利
回乡（诗）⋯⋯⋯⋯⋯⋯⋯⋯⋯⋯⋯⋯梁鼎臣
阵痛（诗）⋯⋯⋯⋯⋯⋯⋯⋯⋯⋯⋯⋯丁古萍
雨花石⋯⋯⋯⋯⋯⋯郁　斌　嘉　义　于　最
周培礼　姜　晋　吴雪琦　王士华　杜生喜　张瑞田
魂兮归来（评论）⋯⋯⋯⋯⋯⋯⋯⋯⋯陆晓声

1989 年第 5 期　刊名:《雨花》
目录

新"世说"⋯⋯⋯⋯⋯⋯⋯⋯⋯⋯⋯⋯⋯吴　镕
孙友田　张　洁　贺景文　倪国章　谈　风　于永洵
美　桦　丛　文　胡　进　张世俭　罗　辑　汤礼春
汪　仁　艾藻松　葛玉棣　荆　歌
中国粮荒（报告文学）⋯⋯⋯⋯⋯⋯⋯张玉林
从长计议（报告文学）⋯⋯⋯⋯⋯⋯⋯杨　旭
法式洋房（中篇小说）⋯⋯⋯⋯⋯⋯⋯黄蓓佳
导游文学（散文）⋯⋯⋯⋯⋯⋯⋯⋯⋯艾　煊
人生偶寄（散文）⋯⋯⋯⋯⋯⋯⋯⋯⋯高洪波
小巷无情节叙事（散文）⋯⋯⋯⋯⋯⋯梁　杰
黑雁（诗）⋯⋯⋯⋯⋯⋯⋯⋯⋯⋯⋯⋯赵　恺
英雄的基座（诗·外一首）⋯⋯⋯⋯⋯杨　明
采石矶怀李白（诗·外一首）⋯⋯⋯⋯黎焕颐
哑剧（诗·外一首）⋯⋯⋯⋯⋯⋯⋯⋯陈锡民
读李白《静夜思》（诗·外二首）⋯⋯沙　滩
痕迹（诗·外一首）⋯⋯⋯⋯⋯⋯⋯⋯孙昕晨
夏日偶记（散文诗）⋯⋯⋯⋯⋯⋯⋯⋯季茂之
孕（散文诗·外二章）⋯⋯⋯⋯⋯⋯⋯王慧骐
雨花石⋯⋯⋯⋯⋯祖德陶　张淑琴　王知十
曾有云　曹念祥　张正利　李苏卿　余怀霖　李　明
意识波（杂文）⋯⋯⋯⋯⋯⋯⋯⋯⋯⋯叶至善
怀闻先生所治印（随笔）⋯⋯⋯⋯⋯⋯鲁　林
小辑在一九八八（评论）⋯⋯汪　政　晓　华　程　然

1989 年第 6 期　刊名:《雨花》
目录

沙氏义井（中篇小说）⋯⋯⋯⋯⋯⋯⋯袁　梅
黄土坡圣殿（小说）⋯⋯⋯⋯⋯⋯⋯⋯张桂洁
末班车（小说）⋯⋯⋯⋯⋯⋯⋯⋯⋯⋯摩　罗
险幌（小说）⋯⋯⋯⋯⋯⋯⋯⋯⋯⋯⋯金曾豪
香韵（小说）⋯⋯⋯⋯⋯⋯⋯⋯⋯⋯⋯孙明光

乐神（小说）⋯⋯⋯⋯⋯⋯⋯⋯⋯⋯⋯钱国丹
汴水三题（小说）⋯⋯⋯⋯⋯⋯⋯⋯⋯朱本锐
鞠躬尽瘁（小说）⋯⋯⋯⋯⋯⋯⋯⋯⋯益　民
小白·小霞（小说）⋯⋯⋯⋯⋯⋯⋯⋯张克盛
写在荒野的岁月（散文）⋯⋯⋯⋯⋯⋯子　页
丹崖春雪（散文）⋯⋯⋯⋯⋯⋯⋯⋯⋯李文瑞
乡思（散文）⋯⋯⋯⋯⋯⋯⋯⋯⋯⋯⋯黄毓璜
结同心于天都（散文）⋯⋯⋯⋯⋯⋯⋯杨闻宇
秦淮的声音（散文）⋯⋯⋯⋯⋯⋯⋯⋯孙友田
植物人（诗）⋯⋯⋯⋯⋯⋯⋯⋯⋯⋯⋯高加索
回音壁（诗·外一首）⋯⋯⋯⋯⋯⋯⋯叶庆瑞
爱是常青树（诗·外二首）⋯⋯⋯⋯⋯梁谢成
无题（诗·外一首）⋯⋯⋯⋯⋯⋯⋯⋯卢庆平
声音（诗·外一首）⋯⋯⋯⋯⋯⋯⋯⋯唐建平
距离（诗·外一首）⋯⋯⋯⋯⋯⋯⋯⋯陈舰平
山释（诗）⋯⋯⋯⋯⋯⋯⋯⋯⋯⋯⋯⋯吴逸飞
雨花石⋯⋯⋯⋯⋯石启荣　卞国福　王耀宗
张国灿　华　田　甘　霖　熊绕根　肖　宁　胡洪明
关于鸡巴（杂文）⋯⋯⋯⋯⋯⋯⋯⋯⋯邵燕祥
评摩罗的《深的山》、《古钟》（评论）⋯⋯张　闳
浮躁、骚动的都市世相图——读江锡民的三个短篇后
致读者（评论）⋯⋯⋯⋯⋯⋯⋯⋯⋯⋯丁柏铨

1989 年第 7 期　刊名:《雨花》
目录

江苏青年作家作品小辑
一个荒唐的故事（小说）⋯⋯⋯⋯⋯⋯王明皓
那年我们十八岁（小说）⋯⋯⋯⋯⋯⋯王明皓
外婆湾（小说）⋯⋯⋯⋯⋯⋯⋯⋯⋯⋯老　加
燧石（小说）⋯⋯⋯⋯⋯⋯⋯⋯⋯⋯⋯吕敏尔
收藏家（小说）⋯⋯⋯⋯⋯⋯⋯⋯⋯⋯贺景文
死亡边缘的生命（小说）⋯⋯⋯⋯⋯⋯顾　潇
夕阳无限（小说）⋯⋯⋯⋯⋯⋯⋯⋯⋯朱　辉
巴金在一九八七年（散文）⋯⋯⋯⋯⋯谷　苇
寂寞的小城（散文）⋯⋯⋯⋯⋯⋯⋯⋯高　风
书边思絮（随笔）⋯⋯⋯⋯⋯⋯李　逊　关　鸿
东方大滩涂（散文）⋯⋯⋯⋯⋯⋯⋯⋯何剑明
运河边的小楼（散文）⋯⋯⋯⋯⋯⋯⋯君　羊
青橄榄（诗·三首）⋯⋯⋯⋯⋯⋯⋯⋯成　南
面对共同世界（诗·二首）⋯⋯⋯⋯⋯钱锦方
军营之外（诗·二首）⋯⋯⋯⋯⋯⋯⋯陆新民
暖色的河流（诗·外一首）⋯⋯⋯⋯⋯江澄子
思古幽情（诗·二首）⋯⋯⋯⋯⋯⋯⋯石花雨
愿再生长一个季节（诗·外一首）⋯⋯水　魅
雨花石⋯⋯⋯⋯⋯⋯⋯周庆荣　陈松叶
朱长林　邹雨林　黄　胜　蒋嗣标　杨　子　王润胜
诗　东　黄金城　叶　宁

序《送你一片姑苏秀色》————————孙家元
何必"走"向世界（理论）——————王　蒙　王　干

1989 年第 8 期　刊名:《雨花》
目录

新"世说"——————————王家达　俞黑子　陈　超
池　澄　傅晓红　陈乃祥　杨汝申　蒋全海　李翔发
金　余　叶克强　黎　化　孙　洵　铁　丁　傅新岸
王　杰　白友斌　李龙生　朱秀君　梅承鼎　李有干
江苏青年作家作品小辑
鬼箭（小说）——————————————李中萱
王村浴事（小说）————————————李中萱
魔水（小说）——————————————李中萱
山弃（小说）——————————————黄卫平
暖坑（小说）——————————————陈　明
重负（小说）——————————————何玉茹
故道新潮（报告文学）——————————宁学思
戏趣（散文）——————————————正　言
张庄物记（散文）————————————张波林
那庄严的大进军啊（散文）————————李克因
母亲、战争及和平（散文）————————赵　昭
天都之路（诗）————————————姜耕玉
无弦琴（诗·三首）———————————张雪杉
轻轻拍着水的背脊（组诗）————————达　黄
小舟（诗·外一首）———————————陈咏华
捏面人（诗）—————————————刘井泉
预定的日子（诗·外一首）————————石靳方
雨花石——————————夏文忠　梅　子　陆　泰
浦学坤　苏韶芬　马　季　万　川　陈广德　魏　宁
在社会理性准则以外（理论）———————陈思和

1989 年第 9 期　刊名:《雨花》
目录

南通市作家小说专辑
黑伞（中篇小说）————————————陈蓓蓓
流淌的季节河（小说）——————————刘剑波
鱼魅（小说）—————————————野　汉
白梦（小说）—————————————李惠新
此去别悠悠（小说）———————————凌　进
春光融融迎燕来（报告文学）———江锡民　韦坤南
秧果（散文）—————————————乔延凤
挣脱（散文）—————————————墨　林
周末的雨（诗·外一首）—————————陶文瑜
麦秆金冠（诗）————————————胡北离
走过你的背影（诗）———————————张文兴

电闪（诗·外一首）———————————黄宏达
瓶（诗·外一首）————————————王学芯
雨花石——————————金　偶　延平　文　丙
钱伟仁　周　波　黄　凡　刘如松　刘　镇　丁为群
阶级悲歌——读《风流》有感（评论）———洪清波
古平原上的忧思
　——读吴碧莲的《风流》（评论）———郁　生　孙生民

1989 年第 10 期　刊名:《雨花》
目录

新"世说"——————————曾伯炎　新　国　孙　洵
孙宜乾　雷　父　毛小康　梅　浅　王　鸿　佳　祥
徐　泽　高庆荣　李玉亭　钱振荫　孙友田　叶　子
季能宽　史雨泯　欧阳斌　王树兴　周喜明　黄建荣
书生累（小说）————————————江锡民
T 型牌谱（小说）————————————韩　伟
黑市（小说）—————————————薛　冰
记忆（小说）—————————————范小青
金银花（散文）————————————陈晓月
酒乡醉歌（散文）————————————胡俊祥
古道·西风·瘦马（组诗）————————孙友田
来自异国的足音（诗·三首）———————赵康琪
妙龄时光（诗·二首）——————————莫少云
雨花石——————————————后金山
黄　敏　李　霞　田　雨　袁晓庆　汤　苁　邹宝林
陈德生　陆少平　纪太年
忆方之（散文）————————————戴国强
和方之老师相处的日子（散文）——————王益山

1989 年第 11—12 期　刊名:《雨花》
目录

鳗苗潮（报告文学）————朱兆龙　朱亚龙　朱加龙
小镇天使（中篇小说）——————————葛安荣
善终（短篇小说）————————————管毓鹏
事故多发航道（短篇小说）————————尹　平
落寞老钟（短篇小说）——————————张桂浩
故乡遗风（短篇小说）——————————吴火明
皱皮苹果（短篇小说）——————————陈晓丹
老凉（短篇小说）————————————卢晓更
绝技（短篇小说）————————————徐　风
透明的蓝眼睛（短篇小说）————————蒯　天
忧兰（散文）—————————————陈　益
读马列小景（散文）———————————蒋丽萍
探亲的吃（散文）————————————朱天文
灵官菩萨（散文）————————————俞静芬

深圳神话（散文）————————————嵇　元
旧画（散文）——————————————王　蕾
北大忆旧两篇（散文）————————肖建国
寓言新编——————————————季能宽
石城长短句（组诗）————————高　凤
梳理的情绪（诗二首）————————黄东成
夏令时·北京时间（诗·外一首）——张荣彩
初秋杂忆（诗·外一首）——————黄　羊
心湖（诗·外一首）————————乔延风
自己的语言（诗·外一首）————汪向荣
最后的冬天（诗二首）————————杨川庆
旧相片（诗）————————————马一平
两朵花（诗·外二首）————————周鹏宽
我思念南方（诗）——————————柳士同
赏景篇（散文诗）——————————陆　苇
雨花石——————————翟　明　凌鼎年　赵英华
郝建荣　曹峰峻　蔡　宁　朱延忱　于伯生　方　舟
孙德培　熊绕根　杨军生　刘　镇　王江滨　泛　舟
心灵的歌（评论）——————————钱旭初
他走出了一条新路（评论）——————陈　辽

《江西文艺》
（《星火》）

【简　介】

　　综合性文艺月刊。江西省作家协会主办。创刊于1950年。1979年1月由《江西文艺》更名为《星火》。1979年第1期起由双月刊改为月刊。其注重作品质量，仔细观察生活，对深邃人性进行探索与发掘，作品体裁多有小说、诗歌等，富有地方特色。

期刊号：1977 年第 1 期—1989 年第 12 期

1977 年第 1 期　刊名：《江西文艺》
目录

乘胜前进《人民日报》、《红旗》杂志、《解放军报》
一九七七年元旦社论
毛主席永远活在我们心中（诗辑）
————————————万里浪　杨人东等
努力学习敬爱的周总理的伟大革命精神　在华主席英
明领导下团结战斗乘胜前进
深切怀念我们敬爱的周总理————江西省歌舞团
周总理永远活在我们心中————江西省话剧团
把周总理的亲切关怀永远铭刻在心——江西省京剧团
永生难忘的回忆————————江西省赣剧团
深挚的怀念————————————杨　江
在周总理身边过新年————————冯珍珍
呵，祖国的江河和大地（诗）————时永福
写在八一起义纪念馆（诗）————朱昌勤
战旗颂（诗）————————工人　章庐生
八一起义纪念馆三题（诗）——工人　徐真柏　陈安安
一张照片（诗）——————解放军　肖自强
永远怀念周总理（歌词）——————郭　平
英明舵手挽狂澜（散文）——————陈兰波
春从北京来（散文）————————李抚生
赞歌向着华主席唱（诗辑）
————————苏辑黎　工人　陈特明等
华主席和我们心连心（江西民歌）
————————徐地本　宇　亮等
初战的胜利（小说）————肖学高　喻惠兰
旗红火旺（小说）——————————卢芳文
暑雨滂沱（小说）——————————曹元明
粉碎"四人帮"　生产打胜仗（诗辑）
————————工人　李湘凡　陈小勇等
井冈山颂（诗辑）————吕云松　陈良运等
文艺批评的标准不容篡改（评论）
————江西师范学院工农兵学员　熊伟明
"四人帮"——崇洋复古的复辟狂（评论）
————————————工人　魏则镜
黑诗、黑话、黑梦碎（杂文）——振　今　中　岳
一对过河卒子（杂文）——————钟章荣
华主席领我们学大寨（歌曲）
————————高安县音乐创作学习班词曲
把"四人帮"造成的损失夺回来（歌曲）
————————————工人　承　伟词曲
八一南昌起义（版画）————邹达清　黄本贵
光辉诗篇鼓斗志（摄影）——————文　博

1977 年第 2 期　刊名:《江西文艺》
目录

反革命狂想曲的幻灭————————杨志杰　朱　兵
针锋相对（小说）————————工人　陈泽峰
心意（小说）————————解放军　曾福龙
时代的步伐（小说）————————傅之潮
界上河的歌（散文）————————张聚宁
观测星星的年轻人（报告文学）————————刘兰生
海潮（散文）————————解放军　程世河
井冈翠竹（散文）————————周自成　罗日铣
大寨红花遍地开（诗辑）
　　　————苏辑黎　解放军　叶晓山等
煤海春色（诗辑）————陈安安　工人　陈菲等
井冈山颂（诗辑）————————熊述隆　胡细生等
江西新民歌————工人　袁　波　解放军　朱　红等
迎春山歌————————中共龙南县委宣传部供稿
朱德的驳壳枪（外一首）————————工人　胡　平
庐山风云录（诗）————————于　沙
行军曲（诗辑）————————解放军　肖自强等
"白骨精"大寨碰壁记（山东快书）———知识青年　乔木森
"使伏在大蘦荫下的群魔嘴脸毕现"——学习鲁迅揭
露反革命"蛀虫"的斗争经验————————燕　文
是"激进派"还是极右派——学习鲁迅杂文《非革命
的急进革命论者》————————邵业鹏
"角色"的覆灭————————叶　针
"鬼画符"析——斥"四人帮"的诡辩论————王之兰
井冈山道路宽又长（男女声对唱）————汪体民词
张仲实曲
红雨满园（版画）————————邹达清
旧貌新颜（版画）————————传尧笙　王钖良
李林洪　白　海　程润生

1977 年第 3 期　刊名:《江西文艺》
目录

中共中央关于学习《毛泽东选集》第五卷的决定
掀起学习毛主席著作的新高潮——热烈欢呼《毛泽东
选集》第五卷出版
————《人民日报》、《红旗》杂志、《解放军报》社论
红色宝书传千秋（江西新民歌）————————郭龙桂
刘立云　杨亮明等
毛主席重上井冈山（中国画）————————王兆荣
邹良材　马宏道　陈重印
沿着毛主席的革命文艺路线奋勇前进——纪念毛主席
《在延安文艺座谈会上的讲话》发表三十五周年
————————本刊编辑部

南国烽烟（长篇小说选载）————————罗　旋
战旗飘飘（报告文学）————————叶　针
让农业插上金翅膀（报告文学）————————江　漫
绘新图（报告文学）————————王仁定
闪光的题词（诗）————————浩　涛
火红年代春来早（江西新民歌）————邵沐恩　谢金华等
红色歌谣
井冈山颂（诗辑）————钟祖基　朱万春　张厚德等
清水塘旁吊忠魂（诗）————————衍　华
写在开慧陵园（诗）————————肖麦青
志气（诗）————————瀚　澜
土指挥部（诗）————————熊峻峰
扁担颂（诗）————————左一兵
欢迎你，春雨（诗）————————鄂光明
水利新歌（诗二首）————————龙正根
学锋亭（诗）————————肖自强
庐山红灯（诗）————————章庐生
给我喉咙开枷锁（诗）————————庄瑞良
十批"四人帮"————————王一琴

批判江青"半个红学家"的锐利武器——学习毛主席
《关于红楼梦研究问题的信》的体会————彭兆春
切不可书生气十足——学习《〈关于胡风反革命集团
的材料〉的序言和按语》————————余运才　聂达华
决不许利用舆论阵地篡党夺权——学习《文汇报的资
产阶级方向应当批判》的体会————王　华　吴先晓
"浩然巾"遮不住厉鬼的真面目————————渊　耀
江青"送礼"（杂文）————————刘敬书
变色龙小议（杂文）————————钟章荣
"闲人"析（杂文）————————王联斌
鸿宾楼的窗帘与梁效的反党黑文（杂文）————天　云
野心家的真实写照————————龚宏昌
卑鄙的伎俩　险恶的用心————————黄　滨

雄文万代照征途（女声独唱）———蔡学柯词　小　戈曲
毛泽东思想传万代（国画）（封四）
————————程谷青　李一新
速写四幅————————汪晓曙等
书法三帧（封二）————————尹承志等
篆刻五枚（封三）————易痴稚　邱振中　胡润芝等

1977 年第 4 期　刊名:《江西文艺》
目录

井冈山颂（诗辑）————胡　平　吕云松　毛信宝等
八一颂（诗辑）————万里浪　熊光炯　钟祖基等
奔腾急（小说）————————李名英
枫岗红旗（故事）————————贺传圣

炉火通红（故事）————————吴方奎 黄继聪
安源来的说书人（故事）——————魏建忠
八一枪声震寰宇（散文）——裘之倬 许明晶 凌家传
红墙小记（散文）————————李华岚
红色歌谣
江西民歌—————————徐地本 邵沐恩等
井冈罗浮穿新装（诗）—————————郭龙桂
努力创作反映井冈山斗争历史作品——夏天云 刘孟沐
一部武装斗争的史诗
——赞话剧《八一风景》—————政 文
一根灯芯的联想——————————傅国儒
玩火者的下场————————————聂达华
从偷扁担到抢"样板戏"——————吴先晓
"只研朱墨作春山"————————周劭馨
烈士的忠骨与叛徒的奴颜——————渊 耀
八一风暴（九场话剧）————江西省剧团集体创作
八月一日的黎明（油画）（封面）————漆德琰
井冈杜鹃红（歌曲）———————颂 今词 胡松涛曲
八一军旗高高飘扬————————左一兵词 刘 雁曲
井冈风光（剪纸）（封四）————苏烈熙 吴志纯
八一起义旧址（剪纸）（封三）——————俞安格

1977 年第 5 期　刊名：《江西文艺》
目录

高举毛主席旗帜，紧密地团结在以华主席为首的党中
央周围，把无产阶级革命事业进行到底！（宣传画）
—————————————————陈祖煌
热烈拥护党的十一届全国代表大会胜利召开
为党的十一大胜利召开而欢呼——————胡守仁
党的阳光暖人心————————————刘天浪
粉碎"四人帮"　文艺百花放—————康 庄
在毛主席的伟大旗帜下胜利前进—————罗 旋
紧跟华主席　奋勇向前进——————汪伟光
山村风暴（小说）————————李南伦
长流向东（小说）————————李如湖
红军布告传奇（小说）——————赵德章
小鸬鹚（故事）————————————肖鑫光
工农革命创新天（散文）——记赣东北革命根据地的
开辟和发展——————————郝金铃
革命的新一代（报告文学）————秦曙光
井冈山颂（诗辑）———周劭馨 邓伦麟 陈运和等
红色歌谣
放歌长江口（诗）————————万里浪
战士与刺刀（诗）————————述 隆
天线高高（诗）————————————章立品
通过铁丝网（诗）————————————朱 红
读《陈毅诗词选集》（七律二首）————静 江

国民党特务嘴脸的大暴露——评张春桥三十年代的一
篇黑文《笔在下跳、写也》——————江 图
五十年风雷壮诗情
——喜读诗辑《井冈山颂》、《八一颂》——左 春
"知识过剩"与文化"围剿"（杂文）————王之兰
从"阶级关系变动论"说开去（杂文）————金 宏
"搬石头"小解（杂文）————舒 英 张成觉
文艺与生活（文艺随笔）——————叶启橡
井冈山主峰（彩色照片）————周伯平 欧阳斌
华主席走遍祖国的山和水（歌曲）
—————————蒋泽光词 唐平曲

1977 年第 6 期　刊名：《江西文艺》
目录

毛主席在江西（彩色摄影）
攻关（诗）—————————————叶剑英
朱德同志诗选
陈毅同志诗选
"我们要做天下的主人"（小说）————洪树之
"友谊渠"赞歌（散文）—————————胡 健
忆骄杨——记陈玉英同志谈杨开慧烈士——姜 徒
新芽怒绽（散文）————————————朱国维
井冈书简（散文）————————————汲 军

跃进新篇
喜事（小说）————————————郭世锻
送红旗（小说）————————————王金山
家庭竞赛（小说）————————————陈学工
家属干部（小说）————————————赵文健
井冈山颂（诗辑）———唐 建 于 沙 樊伯南等
江西民歌
大寨的金碑（诗）————————————王冰泉
风雪夜战（诗）———————郑德明 李发模
林中小路————————————————李广义
校园春歌（诗）————————————邓节芳
园丁（诗）——————————————熊健苏
谈心（诗）——————————————邹 镇
写给陨石雨（诗）————————————左一兵
知识的心声（诗）————————————黄 白
画出最新最美的画卷（散文诗）————张祥康
标杆（散文诗）————————————祝春亭
"天然盟友"的自白（讽刺诗）————桂汉标
两个放水员（小演唱）—————————罗东晖
珍贵的回忆——喜读《在毛主席身边的日子里》
————————————刘国伟 龚宏昌
一生为革命　浩气贯长虹
——读朱德、陈毅同志的诗————周劭馨

货真价实的阴谋文艺·······················燕　文
"四人帮"是破坏双百方针的罪魁祸首········仰　民
宠犬、文霸及阴谋文艺的破产——笑谈于会泳的文坛
兴衰史·····································刘焕辉
"电影骗子"剖析···························唐　力
谣言的破产
——评黑文《宋江一上山就…………》·····刘国清
"送去"与"拿来"···············舒　英　张成觉
"穴居野人"与"假洋鬼子"·················徐绍金
向井冈山进军（井冈山组雕之一）··········江西省
工艺美术研究所　上犹工艺美术厂　宁都工艺美术厂
井冈山会师（井冈山组雕之一）············江西省
工艺美术研究所　上犹工艺美术厂　宁都工艺美术厂
为实现四个现代化而奋斗·················熊建新
井冈送粮歌（男声小合唱）·······吴家玖词　刘天浪曲

评论
推倒极端反动的"文艺黑线专政"论··········毕　文
时代的歌手——读郭小川的诗··············邓家琪

文艺漫笔
"横看成岭侧成峰"·························周劭馨
略谈生活细节·····························陈俊山
谁"家"作主（杂文）·······················张　波

戏剧
金嫂·················南康县剧团集体创作陈贻录执笔

美术
宏伟规划（雕塑）·························郭连山
烈火熊熊（国画）·························程新坤
封面设计·································胡海荣

歌曲
大治之年春满园（女声独唱）····汪　洋词　贺大行曲

1978 年第 1 期　刊名:《江西文艺》
目录

毛主席给陈毅同志谈诗的一封信
明灯照亮前进路——学习《毛主席给陈毅同志谈诗的
一封信》座谈会纪要·····················本刊记者
亲切的关怀　巨大的鼓舞
——本刊编辑部邀请部分文艺工作者学习、座谈华主
席为《人民文学》的光辉题词·············本刊记者
学湖南　赶湖南　把文艺革命进行到底···本刊编辑部

小说·散文
师徒间·································瀚　澜
卖猪记·························周自成　罗日铣
代代劲松·································锋　镔
写在罗霄山脉的密林中·····················祝春亭

星火燎原
鄱湖风浪（革命历史故事）·················宋崇风
红松椅（革命历史故事）···················黄　沙
战歌（散文）·····························雷世泽

诗歌
怀念敬爱的周总理·······于　力　胡守仁　赖淮靖等
江西民歌··············邹晓涌　杨传兴　彭绳文等
攻关之歌（诗辑）···········赵春华　周榕芳等
井冈山颂（诗辑）·········刘立云　宇　红　张品成等
红色歌谣
湘江三咏·································万　马
蜜蜂与马蜂·······························赵云龙

1978 年第 2 期　刊名:《江西文艺》
目录

中华人民共和国国歌··············聂耳曲、集体填词
周总理青年时代诗选
高举毛主席的伟大旗帜　紧跟华主席前进
学习华主席题词　搞好文艺创作·············吴　海
苏区红色歌谣的战斗风格···················渊　耀
浅谈新诗向民歌学习·······················苏辑黎
诗人要有探求精神·························郭　超

小说·散文
丹心似火·································傅　海
高考之前·······················沈春红　乔琦伟
三峡汽笛·································陶柱梁
炮声·····································廖湘廷

跃进新篇
火线调防·································刘华南
照相·····································傅修延
基本功···································陈志新
老两口"攻关"·····························王萍慧
星火燎原
生命盐（革命故事）·················柯　才　德　章

诗歌
攻关之歌（诗辑）···············张铁崖　聂鑫森等
江西大跃进民歌

大寨花开处处春（诗辑）⋯⋯⋯⋯⋯刘登翰
孙绍振　戴启棠等
井冈山颂（诗辑）⋯⋯⋯兵　声　张　弛　李长廷等
南国行⋯⋯⋯⋯⋯⋯⋯⋯⋯⋯⋯⋯⋯⋯刘　章
春笋（散文诗）⋯⋯⋯⋯⋯⋯⋯⋯⋯⋯廖石方

评论
"如闻謦咳精神振"——读《董必武诗选》　周劭馨
"求全责备"见祸心⋯⋯⋯⋯⋯⋯⋯⋯帅焕文
"四人帮"鼓吹"反真人真事"论的反动实质
⋯⋯⋯⋯⋯⋯⋯⋯⋯⋯⋯⋯⋯⋯⋯彭兆春

文艺漫笔
读诗一得⋯⋯⋯⋯⋯⋯⋯⋯⋯⋯⋯⋯袁茂华
"土围子"辨（杂文）⋯⋯⋯⋯⋯⋯⋯金　宏
从"老"字谈起（杂文）⋯⋯⋯振　今　中　岳

美术
胜似春光（国画）⋯⋯⋯⋯⋯⋯⋯⋯梁邦楚
劲松（国画）⋯⋯⋯⋯⋯⋯⋯⋯⋯⋯王锡良
报春（国画）⋯⋯⋯⋯⋯⋯⋯⋯⋯⋯胡献雅
封面设计⋯⋯⋯⋯⋯⋯⋯⋯⋯⋯⋯⋯胡海荣

歌曲
支援农业下乡来⋯⋯⋯⋯苏辑黎词　张　琳曲

1978 年第 3 期　刊名:《江西文艺》
目录

小说·散文
选择⋯⋯⋯⋯⋯⋯⋯⋯⋯⋯⋯⋯⋯⋯刘　锋
挡阵⋯⋯⋯⋯⋯⋯⋯⋯⋯⋯⋯⋯⋯⋯吴一天
水秀和火英⋯⋯⋯⋯⋯⋯⋯⋯⋯⋯⋯邹　镇
兰花赋⋯⋯⋯⋯⋯⋯⋯⋯⋯⋯⋯⋯⋯沈世豪
琵琶声声⋯⋯⋯⋯⋯⋯⋯⋯⋯⋯⋯⋯吴剑刃

儿童文学
小钉头和大棒槌的故事⋯⋯⋯⋯⋯⋯万长枬
红军小号手⋯⋯⋯⋯⋯⋯⋯⋯⋯⋯⋯许春华

星火燎原
激战河口镇⋯⋯⋯⋯⋯⋯⋯⋯⋯⋯⋯杨子耀
春天的报告（报告文学）⋯⋯⋯⋯⋯郑伯权

诗歌
火红的村寨（诗辑）⋯⋯⋯孙玉春　肖万件等
攻关之歌（诗辑）⋯⋯⋯⋯张渝生　陈　菲等
金翅膀（诗辑）⋯⋯⋯⋯⋯胡天生　陈官煊等

红色歌谣
江西民歌⋯⋯⋯⋯⋯⋯⋯⋯罗兆燕　叶春福等
诗的浪花⋯⋯⋯⋯⋯⋯⋯⋯⋯于　沙　王慧骐
方志敏在狱中⋯⋯⋯⋯⋯⋯⋯⋯⋯⋯李春林
南洋来信⋯⋯⋯⋯⋯⋯⋯⋯⋯⋯⋯⋯郑成义
布浪⋯⋯⋯⋯⋯⋯⋯⋯⋯⋯⋯⋯⋯⋯聂梦强
备课⋯⋯⋯⋯⋯⋯⋯⋯⋯⋯⋯⋯⋯⋯张铭新

评论
"极省俭的画出一个人的特点"——学习鲁迅论短篇
小说札记⋯⋯⋯⋯⋯⋯⋯⋯⋯⋯⋯金　梅
也谈形象思维⋯⋯⋯⋯⋯⋯⋯⋯⋯⋯熊大材
一个篡党夺权的反革命理论——批判"四人帮"的
"根本任务论"⋯⋯⋯⋯⋯⋯⋯⋯⋯陈　彬
斥"主题先行"论⋯⋯⋯⋯⋯⋯赣　水　大　木

文艺漫笔
扬帆进军——重读《攻关》有感⋯⋯季卫东
要想甜，放点盐——新民歌的侧面烘托⋯涂吉安
笔到与意到⋯⋯⋯⋯⋯⋯⋯⋯张　波　凌　钢
杂文之"杂"议⋯⋯⋯⋯⋯⋯⋯⋯⋯李宝森
关键在一个"飞"字——读《飞夺泸定桥》有感（杂
文）⋯⋯⋯⋯⋯⋯⋯⋯⋯⋯⋯舒　英　张成觉
老叛徒，新注解（杂文）⋯⋯⋯⋯⋯朱国明
婆媳赶鸡（快板故事）⋯⋯⋯⋯⋯⋯傅甘霖

美术
女社员（国画）⋯⋯⋯⋯⋯⋯⋯⋯⋯黄本贵
老农像（炭画）⋯⋯⋯⋯⋯⋯⋯⋯⋯华景威
青年农民（国画）⋯⋯⋯⋯⋯⋯⋯⋯段　轨
农民像（国画）⋯⋯⋯⋯⋯⋯⋯⋯⋯易至群
聚精会神（炭画）⋯⋯⋯⋯⋯⋯⋯⋯陆　洋
荒山变成大寨田（摄影）⋯⋯⋯⋯⋯舒宏国
封面设计⋯⋯⋯⋯⋯⋯⋯⋯⋯⋯⋯⋯胡海荣

歌曲
科技战线形势好（独唱）⋯⋯⋯余大伟词　董为杰曲

1978 年第 4 期　刊名:《江西文艺》
目录

"火种不断"⋯⋯⋯⋯⋯⋯⋯⋯⋯⋯本刊编辑部
忆郭老⋯⋯⋯⋯⋯⋯⋯⋯⋯⋯⋯⋯⋯石凌鹤

小说·散文
难忘的教诲　永恒的怀念⋯⋯⋯⋯麻志清　柳志慎
逗新娘⋯⋯⋯⋯⋯⋯⋯⋯⋯⋯⋯⋯⋯柳剑祥
未过门的媳妇⋯⋯⋯⋯⋯⋯⋯⋯⋯⋯邱桂仁

买牛 ————————————————————陈昌俊
幽兰曲 ———————————————————方家驷
长征新歌 —————————————————林　抒
胸怀 ————————————————————姜惠林
飞吧，金色的凤凰（报告文学）————胡桔根
追赶春天的人（报告文学）—————嘉　湘

诗歌
江西新民歌 ———————————余长飞　丁细根等
"八一"军旗颂（诗辑）—————刘毅然　于　力等
井冈山颂（诗辑）————————管用和　刘立云
徐万明　黄振林
祖国迎来艳阳天（民歌十首）—————曾林祥
关于诗 ————————————————————赵春华
咏桂 ————————————————————肖自强
毛主席写信赞共大 ————————————曹元明
"共大"花 ————————————————石　磊

评论
试论《南国烽烟》的思想艺术特色 ————方　梦
诗味与比兴 ——————————————黄益庸
"诗传画外意　贵有画中态" —————周书文

文艺漫笔
也谈细节描写 ——————————————木　公
"艺术是靠想象而存在的" ————————吴文丁
踏破文学"禁区" ————————————王联斌
"读书破万卷"小议（杂文）————舒英　张成觉
颠倒术的破产——从江青"把高尔基倒过来看"谈起
（杂文）————————————————金实秋

美术·歌曲
攻打敌营（八一南昌起义纪念塔组雕之一）
——————八一南昌起义纪念塔工程指挥部供稿
为实现新时期的总任务而奋斗 ————马宏道
紧跟华主席继续长征 ————吴志昆词　刘天浪曲
篆刻四枚 ——————————————帅立忠

1978 年第 5 期　刊名:《江西文艺》
目录

诗词三首 ——————————————————毛泽东
《华主席在湖南》————————美术作品展览作品选
汇报（油画）——————陈子云　王　垂　孙忠祥
华书记看望老红军（油画）————————李自建

小说·散文
静静的图书室 ——————————————许学政

关怀 ————————————————————康文明
春风又度南河滩 ————————————谭　政
杨大伯 ——————————————熊思进　李愈之
新绿 ————————————————————熊述隆
夕阳颂 ——————————————————戎　林
"打火机"的故事 ————————————尹敬松

诗歌
春风杨柳歌（诗辑）———陈特明　苏辑黎　杨学贵等
攻关之歌（诗辑）————李松涛　毛信宝　胡　平等
井冈山颂（诗辑）————戴启棠　曹千里　王耀东等
华主席瞩目红井冈 ————————————万里浪
新民歌 ————————熊　贞　肖万件　杨传兴等
风云颂 ——————————————————彭　龄
甜蜜的收成 ————————————————刘　华

评论
紧跟华主席　进行新长征——《华主席在湖南》美术
作品展览座谈会纪要————————————本刊记者
在烈火中新生——学习郭老诗篇《凤凰涅槃》有感
—————————————————————谢本良
红旗如画——毛主席诗词艺术语言学习笔记————吴功正
略谈李贺诗歌中的想象 ——————熊大材　邓家琪

文艺漫笔
文似看山不喜平 ——————————————渊　耀
红花与绿叶 ————————————————赵增锴
必须"长期积累" ————————————张　波
"影射史学"的祖坟（杂文）————————元　三

歌曲
余江人唱幸福歌 ——————陈国华词　大　行曲

1978 年第 6 期　刊名:《江西文艺》
目录

毛主席视察马钢———赖少其　师松龄　陶天月　林之耀

小说·散文
九龙河的故事 ——————————————贺传圣
桃红又是一年春 ————————————汪太荣
新来的公社主任 ————————————左满保

跃进新篇
检验 ————————————————————敦　纯
逐浪高 ——————————————————张永球
火妹子 ——————————————————黄孰云
不构一格 ————————————————徐番秀

姑嫂之间 ——————————————杜红开
温暖（星火燎原）——————————张惠民

诗歌
献给华主席的歌（诗辑）————王晋军　朱海燕等
攻关之歌（诗辑）———程卫东　聂鑫森　李家庭等
井冈山颂（诗辑）——————孙绍振　梅径牧等
新民歌（诗辑）————————郭龙桂　肖万件等
奇特的仪仗队 ————————————胡细生
菜场春色 ——————————————帅珠扬
庐山瀑布 ——————————————凌左义
老树新花 ——————————————王一琴
大寨行 ————————————————刘效伟
马年咏怀 ——————————————宋春霖
么妹望着那边坡 ——————————李发模

戏剧
银锄记——上饶地区戏剧创作组集体创作　陶学辉执笔

评论
诗歌要为新时期的总任务而歌唱—————本刊者记
植根生活沃土中 ——————————陈菲
为情而诗　以情动人 ————————陈特明
浅谈诗歌的音乐性 ————————赵春华
版画艺术的新收获 ————————谢牛
《选择》是一篇好小说———熊滨　柯义　陈保平

文艺漫笔
永不满足　务求精深 ————————向尚瞰
人梯与泥土 ————————————叶启檬
诗话 ————————————————熊盛元

歌曲·美术
公社前程无限好 —————————颂今词曲
攻关不止（木刻）—————————陈伯程
看花灯（木刻）——————————谷水

1979 年第 1 期　刊名:《星火》
目录

人民的好总理（雕塑）————————俞崧

小说·散文
杂文两题 ——————————————秦牧
启明星 ————————————————杜宣
庐山的桂花 ————————————宋崇风
人民代表 ——————————————徐绍芳
警卫员的苦恼 ——————————郭晨

为了女儿 ——————————————洪钧
寓言三则 ——————————————黄瑞云

诗歌
天安门诗词选
诗词四首 ——————————————肖华
敬悼周总理挽歌 ——————————凌鹤
井冈山（诗辑）——————洪三泰　晓波等
时代的涛声（诗辑）————述隆　赵春华等
江西山歌
夺险攻关为"四化"（七绝二首）—————徐迅

评论
读郭沫若同志"祝中日恢复邦交"的词——"沁园
春"——————————————————臧克家
阴谋文艺的活标本
——批判反动影片《决裂》————吕星海　熊安安
生活与诗 ——————————————吴志昆
积累生活，作生活的有心人 ————李如澍
生活培养作家 ——————————涂吉安

文艺漫笔
胆识两具备　才力方纵横 ————渊耀
成百个与一个 ——————————贺光鑫

小演唱
华主席绘图我们绣（踩台歌舞）——钟东林
山区老俵唱新歌（龙南过山溜）—龙南县文化站填词
高唱战歌再长征（会昌花鼓）——会昌县文化馆
迎春花灯（石城民间灯彩）——石城县文化馆

歌曲·美术
誓斩妖孽接旌旗-------北京曙光电机厂　陈学供词
孟平安曲
枇杷 ————————————————王木天
牡丹 ————————————————胡献雅
封面设计 ——————————————沈久献

1979 年第 2 期　刊名:《星火》
目录

小说·散文
韩美琼 ——————————————白桦
恨 ————————————————黄白
八街女儿 ——————————————雷加
砸脚记 ——————————————金大漠　吴本务
生命之神在微笑 ——————————刘锋

星火燎原

潘虎⋯⋯⋯⋯⋯⋯⋯⋯⋯⋯邓　洪口述　胡　旷整理

诗歌

井冈山（诗辑）⋯⋯⋯⋯⋯⋯张永球　杨学贵等
礼花集（诗辑）⋯⋯⋯⋯⋯⋯刘登翰　孙绍振
魏国良　尹敬松等
江西山歌⋯⋯⋯⋯⋯⋯⋯⋯朱凯亚　刘湘如等
像他那样⋯⋯⋯⋯⋯⋯⋯⋯⋯⋯⋯⋯张雪杉
诗的浪花⋯⋯⋯⋯杨里昂　振　杨　张　波　凌　钢
老票房⋯⋯⋯⋯⋯⋯⋯⋯⋯万斌生　乔木森
井冈红旗飘万代⋯⋯⋯⋯⋯⋯⋯⋯⋯陆根如
读《战国策·燕策》⋯⋯⋯⋯⋯⋯⋯⋯荒　芜

评论

作家应当是人民的喉舌⋯⋯⋯⋯⋯⋯⋯贺光鑫
贵乎自得——读《战士与刺刀》和《眼睛》⋯周劭馨

文艺随笔

"吾辈更应惜秒阴"⋯⋯⋯⋯⋯舒　英　张成觉
"用生命在写"⋯⋯⋯⋯⋯⋯⋯⋯⋯⋯胡德培
"一诗千改始心安"⋯⋯⋯⋯⋯⋯⋯⋯袁茂华
汤显祖和他的《牡丹亭》⋯⋯⋯⋯⋯⋯⋯木　公

名著欣尝

永在暴风雨中翱翔
——读高尔基的散文《海燕》⋯⋯⋯⋯吴欢章
附：海燕⋯⋯⋯⋯⋯⋯⋯⋯⋯⋯⋯⋯高尔基

歌曲·美术

井冈山一碗茶⋯⋯⋯⋯⋯张澄寰词　彦　克曲
庐山花径（国画写生）⋯⋯⋯⋯⋯⋯⋯傅周海
速写一幅⋯⋯⋯⋯⋯⋯⋯⋯⋯⋯⋯⋯傅周海
封面设计⋯⋯⋯⋯⋯⋯⋯⋯⋯⋯⋯⋯沈久献

1979 年第 3 期　刊名:《星火》
目录

小说·散文

眼泪⋯⋯⋯⋯⋯⋯⋯⋯⋯⋯⋯⋯⋯⋯蓝天明
银雪照丹心⋯⋯⋯⋯⋯⋯⋯⋯⋯⋯⋯郭国甫
老马队长⋯⋯⋯⋯⋯⋯⋯⋯⋯⋯⋯⋯肖　为
温泉的欢歌⋯⋯⋯⋯⋯⋯⋯⋯⋯⋯⋯刘欧生
画帆的人⋯⋯⋯⋯⋯⋯⋯⋯⋯⋯⋯⋯秦志怀

星火燎原

扁担的故事⋯⋯⋯⋯⋯⋯⋯⋯⋯⋯⋯谢庚华
英　花⋯⋯⋯⋯⋯⋯⋯⋯⋯⋯⋯⋯⋯潘毓祥

诗歌

井冈山（诗辑）⋯⋯⋯⋯⋯郭蔚球　蔡天心　曾祖示等
放歌集（诗辑）⋯⋯⋯赵春华　尧山壁　黄邦君　瀚　澜
江西山歌⋯⋯⋯⋯⋯⋯⋯⋯⋯⋯匡定邦、杨传兴等
诗从何处来⋯⋯⋯⋯⋯⋯⋯⋯⋯⋯⋯⋯左一兵
华岳颂⋯⋯⋯⋯⋯⋯⋯⋯⋯⋯⋯⋯⋯张静江
上庐山⋯⋯⋯⋯⋯⋯⋯⋯⋯⋯⋯⋯⋯谢逢松
读夏征农同志悼亡诗有感⋯⋯⋯⋯⋯⋯胡乃承

评论

关于现实主义问题的随想——读《班主任》等短篇小
说之后⋯⋯⋯⋯⋯⋯⋯⋯⋯⋯⋯⋯⋯吴　海
略论社会主义时期悲剧作品的特点⋯⋯⋯渊　耀

名著欣赏

写作的艺术就是提炼的艺术——读契诃夫的《一个官
员的死》⋯⋯⋯⋯⋯⋯⋯⋯⋯⋯⋯⋯帅焕文
附：一个官员的死⋯⋯⋯⋯⋯⋯⋯⋯⋯契诃夫

歌曲·美术

勉励（周总理视察南昌八一起义纪念馆）⋯⋯邹达清
风竹（国画）⋯⋯⋯⋯⋯⋯⋯⋯⋯⋯⋯张中原
封面设计⋯⋯⋯⋯⋯⋯⋯⋯⋯⋯⋯⋯沈久献
火红的青春献给四个现代化⋯⋯⋯张寿山词　颂　刚曲

1979 年第 4 期　刊名:《星火》
目录

小说·散文

删去的文字（散文）⋯⋯⋯⋯⋯⋯⋯⋯孙　犁
接力（小说）⋯⋯⋯⋯⋯⋯⋯⋯⋯⋯向尚瞰
渡船上（小说）⋯⋯⋯⋯⋯⋯⋯⋯⋯张桂生
理想之歌（小说）⋯⋯⋯⋯⋯⋯⋯⋯戴晓贺
绿色长城（小说）⋯⋯⋯⋯⋯⋯⋯⋯季　仲
重圆（小说）⋯⋯⋯⋯⋯⋯⋯⋯⋯⋯郭逢春
山鹰之歌（散文）⋯⋯⋯⋯⋯⋯⋯⋯沈世豪
心红胆壮（报告文学）⋯⋯⋯⋯⋯⋯李名英

诗歌

四·五精神颂

我来天安门⋯⋯⋯⋯⋯⋯⋯⋯胡　平　陈可雄
清明雨⋯⋯⋯⋯⋯⋯⋯⋯⋯周良佗　邹　镇
诗魂⋯⋯⋯⋯⋯⋯⋯⋯⋯⋯⋯⋯⋯戴启棠
春之歌（诗辑）⋯⋯⋯⋯⋯陈官煊　刘希涛等
井冈山（诗辑）⋯⋯⋯⋯梁上泉　徐万明　李湘凡等
诗的浪花（诗辑）⋯⋯⋯⋯⋯张春文　檀怡晏等
七律·悼彭德怀元帅⋯⋯⋯⋯⋯⋯⋯张少松
七律·读《一封终于发出的信》⋯⋯⋯⋯马　铃

评论

归来兮　艺术民主 —————————— 庞瑞垠
观众掌声与"长官意志" —————————— 郑荣来
浅谈《桃花源诗并记》 —————————— 唐满先
要加强评论工作（读者来信） —————————— 葛芸生

美术・歌曲

山鹰（版画） —————————— 赖少其
暮韵图（国画） —————————— 李可染
封面设计 —————————— 沈久献
想起了天安门前清明花（女声独唱）
　　　　　　　　　王知一词　杨长雄曲

1979 年第 5 期　刊名:《星火》
目录

小说・散文

光明在召唤（小说） —————————— 刘长庚
拆台（小说） —————————— 罗日铣　王显槐
我喜欢他（小说） —————————— 阳春
报廊前的新闻（讽刺小说） —————————— 胡月胜
睡不着的时候（报告文学） —————————— 周基亭
瑞雪飘（散文） —————————— 敦纯
当我想起二十一世纪……（散文） —————————— 纪川
疏影暗香斗雪开（散文） —————————— 何永年
家乡的番薯（散文） —————————— 刘晓梦
金姐选郎（民间故事） —————————— 金环

诗歌

友谊的彩虹（诗辑） —————— 高学训　彭龄　谢聘如
田园新歌（诗辑） —————— 孙玉春　武丁　朱谷忠
庐山瀑布吟（外二首） —————————— 向明
江西山歌————— 肖万件　曾林祥　胡宝卿　黄少阳

评论

作品要有革命的人情味——从《达吉和她的父亲》谈
起 —————————— 贺光鑫　张波
落实政策　繁荣创作 —————————— 舒信波
丹心・铁骨・诗情
——喜读长诗《方志敏之歌》 —————————— 徐万明

文艺漫笔

画的故事 —————————— 吕泰
谈含蓄 —————————— 张振宇
关于江西诗派（江西历代作家作品介绍）————— 陈俊山

美术

大井毛主席旧居（国画） —————————— 王兆荣

三月（水彩） —————————— 可谷
封面设计 —————————— 沈久献

1979 年第 6 期　刊名:《星火》
目录

小说・散文

热情奏鸣曲（小说） —————————— 郑守中
戏乡花又红（小说） —————————— 万斌生
母亲的辛酸（小说） —————————— 吴昀
翘翘板的故事（故事） —————————— 许晓明
铁根剃脑（故事） —————————— 胡启钺
均福山下一少年（故事） —————————— 黄家泉
阿闽哥，你在何处（散文） —————————— 犁人
玲珑瓷（民间故事） —————————— 康戒

诗歌

创业新篇（诗辑） —————————— 郑成义　洪亮
罗良才　王维洲　邓节芳
彭德怀将军之歌（诗辑）———— 左一兵　章庐生　王晋军
井冈山（诗辑） —————————— 管用和　赵春华
于沙　陈宏德等
江西山歌 —————————— 刘章　耕耘　李芳全
写给孩子们（诗辑） —————— 王怀让　胡天生　喻德荣

评论

光辉的旗帜　战斗的诗篇——重温郭沫若同志访问井
冈山的诗篇 —————————— 张涛
更引导人们向前看 —————————— 周劭馨
彻底摒弃文艺批评中的左倾思潮 —————————— 陈静
文艺必须"干预生活" —————————— 刘正东　刘国伟

演唱

盘茶歌（车灯表演唱） —————————— 闻令

歌曲・美术

周总理和桂花（油画） —————————— 李菊生
开创新路（木刻） —————————— 陈祖煌
欢迎呵！朋友（女声独唱）———— 曹达富词　顾正明曲

1979 年第 7 期　刊名:《星火》
目录

小说・散文

春嫂 —————————— 刘学洪
忠字台 —————————— 展锋
叛逆者 —————————— 孔捷生

整风之后 ———————————— 肖　勤
和朱总在一起的日子里 ———————— 隋文豪
西柏坡颂 ———————————— 孟　敏
仙客来 ————————————— 许学政
蚊蝇的愤怒（寓言） ——————— 曾　飞

诗歌
七月的诗（诗辑） ———————— 陈所巨　武　丁
韩作荣　江　枫　徐立忠
唱给张志新的歌（诗辑） ——— 赵春华　戴启棠　余自清
战地诗抄（诗辑） ——————— 刘立云　朱向前
张品成　钟永华　谢达亿　陈世旭
攀登集（诗辑） ——————— 凌左义　陈特明
曹克远　张　弦　李音湘
谒鲁迅先生墓·七律 —————— 徐　迅

评论
深刻的思想　独特的构思——喜读短篇小说《国际悲
歌》 ————————————— 刘　锋
"巧合"漫笔 ————————— 郭　超
让形象的画面说话——短篇小说的"思考"与"议
论" ————————————— 熊述隆

名著欣赏
含泪的微笑　辛辣的讽刺——读欧·亨利的《警察和
赞美诗》 ———————————— 黎皓智
附：警察和赞美诗 ———————— ［美］欧·亨利

美术·歌曲
华主席来到咱生产队（木刻）
　　　　　　　　　丁　仃　王秋霞　黄继葵
宣布八一起义（雕塑） —————— 敖林生摄
只要主义真（国画） ——————— 易至群
封面设计 ———————————— 陈颖娟
飘扬吧！五星红旗 ————— 朱良俊词　郑国庆曲

1979 年第 8 期　刊名:《星火》
目录

小说·散文
铜眉豆 ————————————— 曾绍阳
司天监 ————————————— 郭纪金
对手 —————————————— 张卫乔

在自卫反击战的战场上
战士与孩子 ————————————— 周　明
没有写完的日记 ——————————— 刘　海
为祖国流尽最后一滴血——深切怀念我的爱人李江生

同志 —————————————— 唐棣华
火线深情 ————————————— 肖自强

诗歌
路的遐想 ————————————— 胡　扬
柱石礼赞 ————————————— 庐　生
南昌咏怀 ————————————— 周缉熙
诗二首 —————————————— 蔡天心
题南天一柱 ————————————— 尹稻稻
炮镜 —————————————— 石　英
十个战士一条心 ——————————— 周清西
我是战士 ————————————— 马绪英
灵犀篇（诗辑） —————— 姜丕基　苏辑黎
陈良远　彭　龄　陈宏德
自然颂 ————————————— 述　隆
自卫反击战英雄礼赞 ——————— 左一兵诗
易至群　李健光画
叶笛恋歌 ————————————— 钟祖基
割青 —————————————— 郭龙桂
三月春 ————————————— 范丰庆
夜 ——————————————— 阎成富
诗的浪花（诗辑） —————— 邓家琪　张来赣
陈安安　王安雄

评论
谩骂阻挡不了战斗的步伐——评《"歌德"与"缺
德"》 ————————————— 徐远略
略谈古典文学的人民性 —————— 邓家琪
江西戏曲声腔的流传与演变 ———— 流　沙

歌曲·美术
"八一"起义纪念塔颂歌（独唱） —— 孙海浪
秦庚云词　孙效祖　林向义曲
革命老英雄（国画） ——————— 王朝明
攻打敌营（雕塑） ———————— 敖林生摄
地下油库（木刻） ———————— 朱钦文
赤卫队员（泥塑） ———————— 尹承志
井冈山主峰（木刻） ——————— 李焕荣

1979 年第 9 期　刊名:《星火》
目录

批透极左路线　繁荣社会主义文艺 ———— 俞　林

小说·散文
玉兰花 ————————————— 伍显硕
有权的今日 ————————————— 黄均明
星星和向阳 ————————————— 周晓霞

新生（革命故事）————————————曾良材
牵牛花————————————————王冰泉
鞭炮之歌——————————————涂吉安
鹤问湖——赛城湖（民间故事）————陈世旭

诗歌
地球公转了三十圈————————————陈所巨
阵中吟————————————————李彦令
碑和塔————————————————朱安群
大海，永恒的歌————————————周劭馨
故国情————————————————洪　亮
呵，强者————————————————阿　峦
琴————————————————————陈　菲
诗（外一首）————————————杨学贵
拉起了心爱的小提琴————————李春林
我们唱着她的歌————————————袁　宾
井冈山（诗辑）——————叶文福　谢亦森
孙玉贵　宇　晨　张　理

评论
努力开拓历史题材创作的新天地————丁罗男
读长篇小说《霹雳》————————彭广丽
可喜的新收获——小说《恨》读后————康云山
诗的灵感————————————————李音湘

歌曲·美术
我们赶上了这样的好时代（女高音独唱）
————————————蒋泽先词　唐　平曲
星火燎原（国画）————————陈重印
五老松云（国画）————————朱　明
玉兰映春台（国画）————————夏翠敏
群山尽栋梁（木刻）————————龚　声

1979 年第 10 期　刊名:《星火》

目录

解放思想　繁荣创作
——全省文艺创作座谈会纪要————本刊记者
热烈庆祝中华人民共和国成立三十周年
难忘的一九四九（小说）————————彭定新
灯河（散文）————————————高　远
影集（散文）————————————宇　晨
周篮嫂（革命故事）————————刘生鹏
在历史的转折点上（诗）————————赵春华
长江入海赋（诗）————————陈良运
在地层深处（诗）————————李音湘
惦念（诗）————————————李湘凡
热（诗）——————————————王　战

她们像小燕子一样（诗）————————辛德生
新的远航（诗）————————————肖　宾
致发射架上的卫星（诗）————————张春文
江西山歌（九首）————————韩长绵等
国旗颂（歌曲）——————陈特明词　张仲实曲
跟着毛委员，天天打胜仗（油画）————马宏道
麻姑献寿（瓷雕）————————余鸿才摄影
往事（小说）————————————曹克胜
合影（小说）————————————胡桔根
改一改（小说）————————————罗　山
小品文两则————————————张誓荣
章子·条子·篮子（寓言）————————陈小勇
兰花咏五十韵————————————凌　鹤
我是生活，我是人民（诗）————————熊光炯
悼念张志新烈士（七律）————————周哲人
读张志新事迹有感（浪淘沙）————蒋石麟
"收"乎？"放"乎？——漫谈"四个坚持"与文艺
创作————————————————庞瑞垠
"但歌民病痛，不识时忌讳"
——谈诗歌的议政议经————————渊　耀

名著欣赏
一幅资本主义"民主政治"的讽刺画——读马克·吐
温的《竞选州长》————————彭兆春
附：竞选州长——————————[美国]马克·吐温

1979 年第 11 期　刊名:《星火》

目录

庐山恋（电影文学剧本）————————毕必成
仁人行（小说）————————————张桂生
老柳新枝（小说）————————————肖新春
龙飞凤舞（小说）————————————傅汉清
八达岭抒怀（诗）————————————徐万明
第一声啼哭（诗）————————————桂兴华
苦莲（诗）——————————————周良沛
呵，不尽的情思（诗）————————白子超
光荣啊，井冈山（诗）————————周樟华
桃花村里鸡报晓（诗）————————肖万件
蜜桔熟了（诗）————————————陈安安
秋河坝上有一位姑娘（诗）————————余俊豪
杏花雨（诗）————————————刘国良
明天，我们就要出发（诗）————————彭庆元
砍蔗歌（诗）————————————朱谷忠
肃清《纪要》的流毒　坚持现实主义创作原则（评
论）——————————————仰　民
妙趣横生　发人深思
——评抒情喜剧《爱情的浪花》————雪　草

深刻的主题　生动的形象
——读短篇小说《忠字台》⋯⋯⋯⋯姚辉云
鲜花重放　前事不忘（评论）⋯⋯⋯吴剑刃
抒情诗的细节描写（评论）⋯⋯⋯郑乃臧
诗苑絮语⋯⋯⋯⋯⋯⋯⋯⋯⋯⋯秦　华
春天笑了（女高音独唱）⋯⋯汪体民词　李济民曲
吟咏图（国画）⋯⋯⋯⋯⋯⋯陈重印
全省庆祝建国三十周年献演剧照选登
⋯⋯⋯⋯⋯效　伟　敖林生　张维国

1979 年第 12 期　刊名:《星火》
目录

新时期文艺工作者的历史使命⋯⋯⋯本刊编辑部
李娜小传（小说）⋯⋯⋯⋯⋯⋯秦　真
新书记上任（小说）⋯⋯⋯⋯⋯罗运筹
小桶匠阿青（小说）⋯⋯⋯⋯⋯王萍慧
我的初恋（小说）
⋯⋯⋯［犹太］肖洛姆－阿莱汉姆著　汤　真译
生活的窗户（散文）⋯⋯⋯⋯⋯李立中
罪（独幕话剧）⋯⋯⋯⋯⋯⋯赵武杰
沉冤（诗）⋯⋯⋯⋯⋯⋯⋯⋯罗良才
新疆短歌（三首）⋯⋯⋯⋯⋯⋯郭宝臣
西北纪游（四首）⋯⋯⋯⋯⋯⋯解聘如
西行小咏（三首）⋯⋯⋯⋯⋯⋯王海丰
非洲风情（二首）⋯⋯⋯⋯⋯⋯周国勇
诗的浪花（诗辑）
致某君（外一首）⋯⋯⋯⋯⋯⋯戴启棠
含羞草⋯⋯⋯⋯⋯⋯⋯⋯⋯⋯邓节芳
南瓜花⋯⋯⋯⋯⋯⋯⋯⋯⋯⋯邓达宇
保险丝⋯⋯⋯⋯⋯⋯⋯⋯⋯⋯王化清
英雄人物是人而不是神（评论）——批判《纪要》关
于塑造英雄人物的谬论⋯⋯⋯⋯周崇坡
一出撼人心魄的悲剧——评独幕话剧《罪》⋯毛礼镁
生动的形象　难忘的往事
——小说《往事》人物谈⋯⋯刘正东　刘国伟
谈《接力》的主题和结构⋯⋯⋯钟　源
大地微微暖气吹（油画）⋯⋯⋯章仁缘
深山碧水出长龙（国画）⋯⋯⋯吕　行
庐山瀑布云（国画）⋯⋯⋯⋯杨　豹
篆刻两枚⋯⋯⋯⋯⋯⋯⋯⋯⋯许亦农

1980 年第 1 期　刊名:《星火》
目录

民主·团结·繁荣⋯⋯⋯⋯⋯⋯俞　林
进一步解放思想　努力繁荣文艺创作⋯⋯张　涛
继续批判极左思潮⋯⋯⋯⋯⋯⋯黄宗林
年轻的老万（小说）⋯⋯⋯⋯⋯黄　白
恩怨曲（小说）⋯⋯⋯⋯⋯⋯⋯唐　江
四海游（小说）⋯⋯⋯⋯⋯⋯⋯谢　璞
报道之前（小说）⋯⋯⋯⋯⋯⋯李小农
蒔田寒（小说）⋯⋯⋯⋯⋯⋯⋯彭霖山
秤·瓦（散文）⋯⋯⋯⋯⋯⋯⋯何　平
虾（散文）⋯⋯⋯⋯⋯⋯⋯⋯许学政
我的学生——岚岚（散文）⋯⋯景玉川
"机械化"插秧（小品文）⋯⋯⋯布　平
要用红色·"监队"与插队（小品文）⋯梁全水
牡丹与百花（寓言）⋯⋯⋯⋯⋯王伟达
袋鼠妈妈（寓言）⋯⋯⋯⋯⋯⋯武　剑
中国，升起了两颗灿烂的星（诗）⋯周劭馨
柴达木的女儿（诗）⋯⋯⋯⋯⋯云　松
此情万古胜昆仑（诗）⋯⋯⋯⋯蒋天佐
春笛九章（散文诗）⋯⋯⋯⋯⋯李　耕
花的复活（诗）⋯⋯⋯⋯⋯⋯⋯张铁崖
耕耘篇（诗）⋯⋯⋯⋯⋯⋯⋯刘化尧
诗三首（七绝·五律）⋯⋯⋯⋯郭纪金
江西风物（诗）⋯⋯⋯⋯⋯⋯⋯黄益元
报告文学园地的鲜花——华山的《战士嘱托的报告》
读后随笔⋯⋯⋯⋯⋯⋯⋯⋯李定坤
庐山啊，景美人更美——喜读电影文学剧本《庐山
恋》⋯⋯⋯⋯⋯⋯⋯⋯⋯⋯许明晶
感染越深，艺术则越优秀（创作谈）——托尔斯泰对
艺术感染力的精辟见解⋯⋯⋯郎保东
要改，但要有主见（文艺漫笔）——从侯金镜的一条
注释想到的⋯⋯⋯⋯⋯⋯⋯涂吉安
从"悲"与"喜"谈起（文艺漫笔）⋯周书文
八一凌晨（雕塑）⋯⋯⋯⋯⋯⋯张月园
春潮（木刻）⋯⋯⋯⋯⋯⋯⋯陈祖煌

1980 年第 2 期　刊名:《星火》
目录

请客（小说）⋯⋯⋯⋯⋯⋯⋯⋯曹均安
早餐以后（小说）⋯⋯⋯⋯⋯⋯木　夫
错怪了他（小说）⋯⋯⋯⋯⋯⋯何永年
在历史泥沼里跋涉（小说）⋯⋯罗灏白
手杖（小说）⋯⋯⋯⋯⋯⋯⋯夏　夜
信物（小说）⋯⋯⋯⋯⋯⋯⋯赖征海
不谢的花（散文）⋯⋯⋯⋯⋯⋯姚飞熊
腊梅争春（散文）⋯⋯⋯⋯⋯⋯陈小平
欧阳修的故事（民间故事）⋯⋯戴启棠
滚珠·玄奘大师的马和推磨的驴子（寓言）⋯黄瑞云
庐山杂咏（四首）⋯⋯⋯⋯⋯⋯王若望
故乡（三首）⋯⋯⋯⋯⋯⋯⋯沙　鸥

打开人民心灵的门窗（诗）⋯⋯⋯⋯⋯⋯⋯郭蔚球
赣江访旧（诗）⋯⋯⋯⋯⋯⋯⋯⋯⋯⋯⋯姜丕基
盆松（诗）⋯⋯⋯⋯⋯⋯⋯⋯⋯⋯⋯⋯⋯何济川
北来的大雁（外一首）⋯⋯⋯⋯⋯⋯⋯⋯晓　波
假如我是⋯⋯（诗）⋯⋯⋯⋯⋯⋯⋯⋯⋯稽亦工
小草与石头（诗）⋯⋯⋯⋯⋯⋯⋯⋯⋯⋯聂　耐
蜗牛车（外二首）⋯⋯⋯⋯⋯⋯⋯⋯⋯⋯徐新杰
香烟的法术（诗）⋯⋯⋯⋯⋯⋯⋯⋯⋯⋯朱　赤
"我是大老粗"（诗）⋯⋯⋯⋯⋯⋯⋯⋯⋯胡天生
关于诗（诗苑絮语）⋯⋯⋯⋯⋯⋯⋯⋯⋯樊伯南
卞主任（小京剧）⋯⋯⋯⋯⋯⋯夏雪庆·李景文
枯木逢春　二度花红⋯⋯⋯⋯⋯⋯⋯⋯⋯潘凤霞
留得春光催繁花⋯⋯⋯⋯⋯⋯⋯⋯⋯⋯⋯杨佩瑾
一个成功的艺术形象（新花赞）——谈谈《小镇上的
将军》里将军形象的塑造⋯⋯⋯⋯⋯⋯⋯方　洪
艺术与人民（文艺论坛）⋯⋯⋯⋯⋯⋯⋯帅焕文
无忝于光荣称号（文艺论坛）⋯⋯⋯⋯⋯陈　彬
要按艺术规律领导文艺工作（文艺论坛）⋯朱一强
亦步亦趋（漫画）⋯⋯⋯⋯⋯⋯⋯⋯⋯⋯蓝孝生
森林之歌（大型瓷壁画）⋯⋯⋯⋯⋯⋯⋯祝大年等
波光的旋律（摄影）⋯⋯⋯⋯⋯⋯⋯⋯⋯刘成龙

1980 年第 3 期　刊名：《星火》
目录

父与子（小说）⋯⋯⋯⋯⋯⋯⋯⋯⋯⋯⋯俞　林
人，什么都应该是美的（小说）⋯⋯⋯⋯毛志成
相亲（小说）⋯⋯⋯⋯⋯⋯⋯⋯⋯⋯⋯⋯胡常发
琼·洁妮（小说）⋯⋯⋯⋯⋯⋯⋯⋯⋯⋯吴　申
将军泉（散文）⋯⋯⋯⋯⋯⋯⋯⋯⋯⋯⋯陈　克
奇丽的日莲（散文）⋯⋯⋯⋯⋯⋯⋯⋯⋯阳　春
缅怀一位伟大的逝者（诗）⋯⋯⋯⋯⋯⋯陈所巨
怀念·呼唤（诗）⋯⋯⋯⋯⋯⋯⋯⋯⋯⋯阿　峦
八十年代，你为什么迟到一秒钟（外二首）公　刘
庐山风雨（五首）⋯⋯⋯⋯⋯⋯⋯⋯⋯⋯顾　工
路的深思（诗）⋯⋯⋯⋯⋯⋯⋯⋯⋯⋯⋯朱安群
有这样一张照片（诗）⋯⋯⋯⋯⋯⋯⋯⋯杨学贵
燕子的歌（民歌）⋯⋯⋯⋯⋯⋯⋯⋯⋯⋯郭龙桂
编草鞋（民歌）⋯⋯⋯⋯⋯⋯⋯⋯⋯⋯⋯叶金书
刺猬谣（六首）⋯⋯⋯⋯⋯⋯⋯⋯⋯⋯⋯邓丹心
即兴（七律二首）⋯⋯⋯⋯⋯⋯⋯⋯⋯⋯刘宗向
血沃中华（电影文学剧本）⋯⋯⋯⋯⋯⋯方　兰
周毅如　孙　勃

文艺如何正确反映新时期社会矛盾

勇敢地反映新的时代⋯⋯⋯⋯⋯⋯⋯⋯⋯彭兆春
必须正确对待歌颂与暴露问题⋯⋯⋯⋯⋯邓家琪
笛音报春（新花赞）

——读李耕的《春笛九章》⋯⋯⋯⋯⋯⋯秦梦莺
诗苑拾零（文艺漫笔·二则）⋯⋯⋯⋯⋯周劭馨
妙在似与不似之间（文艺漫笔）⋯⋯张振宇　张　波
辛辣的讽刺　深刻的解剖（阅读与欣赏）——读张天
翼的《华威先生》⋯⋯⋯⋯⋯⋯⋯⋯⋯⋯袁　牧
老书记（摄影）⋯⋯⋯⋯⋯⋯⋯⋯⋯⋯⋯汪伟光
革新者（摄影）⋯⋯⋯⋯⋯⋯⋯⋯⋯⋯⋯邓作新
仙人掌花（摄影）⋯⋯⋯⋯⋯⋯⋯⋯⋯⋯王克强

1980 年第 4 期　刊名：《星火》
目录

刘少奇同志在安源

少奇同志定决策⋯⋯⋯⋯⋯根据部分当事人的谈话整理
刘少奇一身是胆⋯⋯⋯⋯⋯萍矿老工人　张明生讲述
少奇同志到工人家里拜年
⋯⋯⋯⋯⋯⋯⋯⋯⋯⋯安源矿史编写小组搜集整理
向黑暗势力宣战⋯⋯⋯⋯⋯安源矿史编写小组搜集整理
跟随少奇同志三年⋯⋯⋯⋯萍矿老工人　张明生讲述
安源山的回声（诗）⋯⋯⋯⋯⋯⋯⋯⋯⋯郝明德
安源山的传说（外一首）⋯⋯⋯⋯⋯⋯⋯朱昌勤
醒来（外二首）⋯⋯⋯⋯⋯⋯⋯⋯⋯⋯⋯稽亦工
春来了⋯⋯（诗）⋯⋯⋯⋯⋯⋯⋯⋯⋯⋯陈　菲
矿灯，历史的眼睛（诗）⋯⋯⋯⋯⋯⋯⋯徐真柏
壳子（小说）⋯⋯⋯⋯⋯⋯⋯⋯⋯⋯⋯⋯陈世旭
戒烟（小说）⋯⋯⋯⋯⋯⋯⋯⋯⋯⋯⋯⋯刘治安
访老作家丁玲（散文）⋯⋯⋯⋯⋯⋯⋯⋯公　仲
"死亡三角"探险记（科学幻想小说）⋯⋯袁兆平
法庭上的辩护词（小说）⋯⋯⋯⋯⋯⋯⋯江建国
漫话东林寺（散文）⋯⋯⋯⋯⋯⋯⋯⋯⋯白　馥
乔迁之喜（小说）⋯⋯⋯⋯⋯⋯⋯⋯⋯⋯万长栶
巴普蒂斯特夫人（小说）⋯⋯〔法〕莫泊桑　钱　铭译
散曲（二首）⋯⋯⋯⋯⋯⋯⋯⋯⋯⋯⋯⋯寇育彬
中南海呵⋯⋯（诗）⋯⋯⋯⋯⋯⋯⋯⋯⋯张　鹤
人民心里渐渐踏实起来（诗）⋯⋯⋯⋯⋯戴启棠
探问（诗）⋯⋯⋯⋯⋯⋯⋯⋯⋯⋯⋯⋯⋯彭庆元
春雨·种子（诗辑·四首）⋯⋯⋯⋯⋯⋯沈衍华等
初恋诗神（诗）⋯⋯⋯⋯⋯⋯⋯⋯⋯⋯⋯述　隆
写给历史博物馆（诗）⋯⋯⋯⋯⋯⋯⋯⋯殷庭佳
伟大的党，光辉的斗争——重谈电影《燎原》的创作
经过⋯⋯⋯⋯⋯⋯⋯⋯⋯⋯⋯⋯⋯⋯⋯彭永辉
读《小镇上的将军》三题⋯⋯⋯⋯⋯⋯⋯黄　方
浔阳江畔一日谈
——《小镇上的将军》座谈会纪要⋯春　潮·梅德生
推陈出新的一个成果
——喜看采茶戏《孙成打酒》⋯⋯⋯⋯⋯康云山
给人民以最好的精神食粮（文艺论坛）⋯吴　海
发现·培养·成长（文艺论坛）⋯⋯⋯⋯贺光鑫

文艺如何正确反映新时期的社会矛盾

正视社会矛盾　正确反映生活·············星　海
一身是胆（素描）·····················余新民
雄鹰（国画）·························梁邦楚
华岳图（国画）·······················杨石朗
雨后（套色木刻）·····················可　谷

1980 年第 5 期　刊名:《星火》
目录

马队长荐贤（小说）····················曹元明
"糯米团"三伏"红辣椒"（小说）············彭霖山
突击手（小说）·······················蔡见邦
阿佛洛狄忒（小说）····················张建萍
感情（小说）·························敦　纯
滕王阁遐想（散文）····················聿　人
信任（散文）·························刘　若
梨花情思（散文）·····················杨　青
月夜上蛇山（散文）····················何长生
三个女婿（民间故事）··················朝　晖
赛伯乐（民间故事）····················危　岩
枕木和石子（寓言）····················朱泽秉
谷雨诗页（十七首）········蒋天佐　云　松　文荞彦
杨大矛　李　耕　赵春华　陈安安　戴启棠　帅珠扬
赖淮靖　徐　迅　刘方元　胡守仁　徐秀明　李彦令
齐天乐（三首）··········凌　鹤　天　行　恭　轩
临江仙·····························万　马
井冈山（诗辑）··········崔合美　谢亦森　李音湘
春风又在叩着门窗……（诗）··············徐万明
诗的浪花（诗辑·五首）·················胡天生等
诗和诗人的劳动（诗苑絮语）···············西　星
雨猛青松犹滴翠——重评故事影片《燎原》·······周书文
儿童诗写作浅谈······················孙海浪
"一窝蜂"和"赶浪头"（文艺漫笔）··········黄文锡

文艺如何正确反映新时期的社会矛盾

生活真实与艺术真实···················陈俊山
浅谈塑造新时期的新人形象················晏　政
让儿童文学之花开得更加鲜艳（文学简讯）·······蒋克己
庐山风光（国画）·····················梁　书
雀跃（国画）·························胡献雅
老人肖像（水彩）·····················吴伟安
庐山仙人洞（水彩）····················宿成文
剪纸四幅···························王陵波

1980 年第 6 期　刊名:《星火》
目录

常委会继续进行（小说）·················涂吉安
憧憬（小说）·························毛秉权
老干事（小说）·······················马云跃
青青的泡桐树（小说）··················黄　牛
美美（小说）·························江　洪
春之曲（散文）·······················吕云松
浪击石钟山（散文）····················赵　青
跳出古井的小青蛙（童话）················严丽霞
小鸭张嘎（童话）·····················严霞峰
寓言三则···················铁　马　金　戈
寄到井冈春雨里（诗）··················徐　刚
愿大地上每一棵树……（诗）··············周劭馨
写给孩子的歌（诗辑）
···········胡天生　文　丙　何慕贤　洪　亮　邓丹心
理发（诗）··························翁景贵
两个老大妈（诗）·····················梁汉轩
渔家大嫂（诗）·······················曾仕让
村口（诗）··························朱昌勤
献给卡斯巴（诗）·····················解聘如
不死的城（诗）·······················彭　龄
空话值千金（诗）·····················桂汉标
开会（诗）··························徐新杰
春雨·春花（诗）······················刘祖发
我喜欢读这样的诗（诗苑絮语）··············鲁　橹
正确理解"干预生活"的口号···············许明晶
《父与子》是一篇发人深省的短篇佳作··········叶培凡
简练隽永　生动感人——读《父与子》·········袁茂华
寓教于乐　作用于人···················郭　超
写光荣传统　抒革命豪情——革命历史题材电影创作
座谈会纪实·························本刊记者
朴实无华　鲜明生动
——谈莫泊桑的《两个朋友》···············黎皓智
茅家岭烈士陵园（水彩）·················李友仁
通天石窟（水彩）·····················何启陶
早春二月（水彩）·····················谢　牛
初春（水彩）·························丁　千
大理花（水彩）·······················樊德康

1980 年第 7 期　刊名:《星火》
目录

在江西省文学艺术工作者第四次代表大会上的讲话
·······························马继孔

九堡纪行（小说）⋯⋯⋯⋯⋯⋯⋯⋯戴启棠
弱者的婚事（小说）⋯⋯⋯⋯⋯⋯⋯罗时叙
"次品工人"（小说）⋯⋯⋯⋯⋯⋯⋯郭传义
猫的故事（小说）⋯⋯⋯⋯⋯⋯⋯⋯陈　熊
拔"萝卜"（儿童小说）⋯⋯⋯⋯⋯⋯周晓霞
写向极顶（散文）⋯⋯⋯⋯⋯⋯⋯⋯赵春华
也是一曲黄昏颂（散文）⋯⋯⋯⋯⋯向尚瞰
桃源行（散文）⋯⋯⋯⋯⋯⋯⋯⋯⋯徐新杰
爱菊（散文）⋯⋯⋯⋯⋯⋯⋯⋯⋯⋯伍　中
钟（寓言）⋯⋯⋯⋯⋯⋯⋯⋯⋯⋯⋯龚志平
大海骄子（诗）⋯⋯⋯⋯⋯⋯⋯⋯⋯章庐生
寄给轻轻飘来的云（诗）⋯⋯⋯⋯⋯寒　星
茶店情深（诗）⋯⋯⋯⋯⋯⋯⋯⋯⋯沈良意
春风（外一首）⋯⋯⋯⋯⋯⋯⋯⋯⋯朱忠安
梅岭情（三首）⋯⋯⋯⋯⋯⋯⋯⋯⋯周　民
包公不在开封的时候（诗）⋯⋯⋯⋯潘仲龄
奇妙的"杂技演员"（儿童诗）⋯⋯⋯孙海浪
鲁侯养鸟（寓言诗）⋯⋯⋯⋯⋯⋯⋯宓乃𬭊
山川情（诗辑）
五老峰前⋯⋯⋯⋯⋯⋯⋯⋯⋯⋯⋯⋯沙　白
聪明泉⋯⋯⋯⋯⋯⋯⋯⋯⋯⋯⋯⋯⋯董宏量
峡江留韵（五首）⋯⋯⋯⋯⋯⋯⋯⋯培　贵
青山绿水寄情思（三首）⋯⋯⋯⋯⋯王一民
诗的浪花（诗辑）
泉及其他⋯⋯⋯⋯⋯⋯⋯⋯⋯⋯⋯⋯张鑫华
花城⋯⋯⋯⋯⋯⋯⋯⋯⋯⋯⋯⋯⋯⋯程强民
撒落的种子⋯⋯⋯⋯⋯⋯⋯⋯⋯⋯⋯杨立辉
晨遇⋯⋯⋯⋯⋯⋯⋯⋯⋯⋯⋯⋯⋯⋯廖国钧
望海⋯⋯⋯⋯⋯⋯⋯⋯⋯⋯⋯⋯⋯⋯陈永顶
煤块⋯⋯⋯⋯⋯⋯⋯⋯⋯⋯⋯⋯⋯⋯肖　宾
铁树（外一首）⋯⋯⋯⋯⋯⋯⋯⋯⋯陈保平
辣椒集（三首）⋯⋯⋯⋯⋯⋯⋯⋯⋯刘振华
趸船（外一首）⋯⋯⋯⋯⋯⋯⋯⋯⋯鸥一洋
船之歌（三首）⋯⋯⋯⋯⋯⋯⋯⋯⋯李春林
地下河的歌⋯⋯⋯⋯⋯⋯⋯⋯⋯⋯⋯杨友林
谈谈文艺和政治的关系问题⋯⋯⋯⋯蒋天佐
像蜜蜂那样⋯⋯（作家谈创作）——谈深入生活与观
察生活⋯⋯⋯⋯⋯⋯⋯⋯⋯⋯⋯⋯⋯杨佩瑾
诗评二题（文艺漫笔）⋯⋯⋯⋯⋯⋯吴士余
"采苹花"与"潇湘意"（文艺漫笔）⋯丰　人
"毛估"之害（文艺漫笔）⋯⋯⋯⋯⋯黄文锡
虎（国画）⋯⋯⋯⋯⋯⋯⋯⋯⋯⋯⋯毕渊明
猫（国画）⋯⋯⋯⋯⋯⋯⋯⋯⋯⋯⋯张中原
桃熟兆丰年（国画）⋯⋯⋯⋯⋯⋯⋯余翰青
三峡烟云（国画）⋯⋯⋯⋯⋯⋯⋯⋯吕　行
雏鸡（国画）⋯⋯⋯⋯⋯⋯⋯⋯⋯⋯王木天
庐山三叠泉（国画）⋯⋯⋯⋯⋯⋯⋯傅梅影

1980 年第 10 期　刊名:《星火》

目录

《长江文艺》、《青春》、《星火》青年作者小说创作讲
习班特辑
对青年作家的希望⋯⋯⋯⋯⋯⋯⋯⋯荒　煤
作家和时代⋯⋯⋯⋯⋯⋯⋯⋯⋯⋯⋯俞　林
生活、目的和技巧⋯⋯⋯⋯⋯⋯⋯⋯高晓声
妈妈（小说）⋯⋯⋯⋯⋯⋯⋯⋯⋯⋯卢芳文
桃花妹子（小说）⋯⋯⋯⋯⋯⋯⋯⋯曹元明
童心（小说）⋯⋯⋯⋯⋯⋯⋯⋯⋯⋯黄大荣
岭西行（小说）⋯⋯⋯⋯⋯⋯⋯⋯⋯毛小榕
小蕙（小说）⋯⋯⋯⋯⋯⋯⋯⋯⋯⋯吴　倩
月夜，在大学⋯⋯（小说）⋯⋯⋯⋯张聚宁
努力培养文学新人（报道）　　黄大荣　李　潮
雷德冈姐的日记（翻译小说）
　　　[奥地利]阿瑟·施尼茨勒著　汤　真译
另外一副笔墨——关于施尼茨勒和他的《雷德冈姐的
日记》⋯⋯⋯⋯⋯⋯⋯⋯⋯⋯⋯⋯⋯汤　真
江南草（诗）⋯⋯⋯⋯⋯⋯⋯⋯⋯⋯张志民
煤城礼花（诗辑）
矿山现代化之歌⋯⋯⋯⋯⋯⋯⋯⋯⋯徐　广
拖鞭⋯⋯⋯⋯⋯⋯⋯⋯⋯⋯⋯⋯⋯⋯沈衍华
这里，通向蓝天⋯⋯⋯⋯⋯⋯⋯⋯⋯肖麦清
那不是你吗?⋯⋯⋯⋯⋯⋯⋯⋯⋯⋯张佑坤
甜美⋯⋯⋯⋯⋯⋯⋯⋯⋯⋯⋯⋯⋯⋯陈　菲
不灭的明灯⋯⋯⋯⋯⋯⋯⋯⋯⋯⋯⋯朱　赤
晨曲（外一首）⋯⋯⋯⋯⋯⋯⋯⋯⋯刘祖发
绿色世界的英雄⋯⋯⋯⋯⋯⋯⋯⋯⋯张来赣
电溜子之歌⋯⋯⋯⋯⋯⋯⋯⋯⋯⋯⋯黄文祯
给世界的天空⋯⋯⋯⋯⋯⋯⋯⋯⋯⋯陈良运
鼓风机⋯⋯⋯⋯⋯⋯⋯⋯⋯⋯⋯⋯⋯凌　斌
要重视诗歌创作⋯⋯⋯⋯⋯⋯⋯萍乡市文联
作家与博学（文艺漫笔）⋯⋯⋯⋯⋯贺光鑫
立意深　构思新（新花赞）
——读《想起那血红的 X》⋯⋯⋯⋯川　雨
独特的角度（新花赞）
——读《寄到井冈春雨里》⋯⋯⋯⋯唐　力
一次文艺理论学术探讨的盛会⋯⋯⋯本刊记者
桂林兴坪（国画写生）⋯⋯⋯⋯⋯⋯梁　书
南岳劲松（国画）⋯⋯⋯⋯⋯⋯⋯⋯雷　震
公园一角（水彩画）⋯⋯⋯⋯⋯⋯⋯杨轩良
泰山岱庙汉柏·泰山王母池（水彩画）⋯何启陶
桂林山水（速写）⋯⋯⋯⋯⋯⋯⋯⋯梁　书
黄山速写三幅⋯⋯⋯⋯⋯⋯⋯⋯⋯⋯孙　宪

1980 年第 11 期　刊名:《星火》

目录

神会八大山人（小说）⋯⋯⋯⋯⋯⋯⋯祖 慰
旋风（长篇小说选载）⋯⋯⋯⋯⋯⋯⋯杨佩瑾
种瓜得"豆"（小说）⋯⋯⋯⋯⋯⋯⋯胡月胜
歧视（小说）⋯⋯⋯⋯⋯⋯⋯⋯⋯⋯汤 凌
书，生命的朋友（小说）⋯⋯⋯⋯⋯⋯余国振
鸟归林（小说）⋯⋯⋯⋯⋯⋯⋯⋯⋯刘平西
风韵与猛士（散文）⋯⋯⋯⋯⋯⋯⋯谭加庆
回来吧，爱（散文）⋯⋯⋯⋯⋯⋯⋯钱永嘉
芦花（散文）⋯⋯⋯⋯⋯⋯⋯⋯⋯⋯大 江
生命的回音（散文诗十一章）⋯⋯⋯⋯李 耕
醉游仙人洞（诗）⋯⋯⋯⋯⋯⋯⋯⋯吕云松
诗二首⋯⋯⋯⋯⋯⋯⋯⋯⋯⋯⋯⋯穆长青
三宝树（外二首）⋯⋯⋯⋯⋯⋯⋯⋯姜惠林
庐山赞（七律）⋯⋯⋯⋯⋯⋯⋯⋯⋯杨 柄
庐山芙蓉（七绝）⋯⋯⋯⋯⋯⋯⋯⋯李 曼
写于一座剧院里（诗）⋯⋯⋯⋯⋯⋯杨桂欣
雨花台二题（诗）⋯⋯⋯⋯⋯⋯⋯⋯孙友田
汗的色彩（诗）⋯⋯⋯⋯⋯⋯⋯⋯⋯张铁崖
渴（诗）⋯⋯⋯⋯⋯⋯⋯⋯⋯⋯⋯黄 强
重访劳模（诗）⋯⋯⋯⋯⋯⋯⋯⋯⋯李湘凡
"没实闲"（诗）⋯⋯⋯⋯⋯⋯⋯⋯⋯李瑞明
诗三首⋯⋯⋯⋯⋯⋯⋯⋯⋯[日]白石壮人
孔雀石（诗）⋯⋯⋯⋯⋯⋯⋯⋯⋯⋯叶晓山
东风袅娜（词）⋯⋯⋯⋯⋯⋯⋯⋯⋯李实红
土地菩萨（讽刺诗）⋯⋯⋯⋯⋯⋯⋯张 弦
蚂蚁发现的"矿"（外一首）⋯⋯⋯⋯王德安
过去、现在和未来（作家评论家谈创作）⋯陆文夫
文艺政策随想（匡庐文谈）⋯⋯⋯⋯陈 辽
"重复"的魅力（匡庐文谈）——人物语言性格化漫
笔⋯⋯⋯⋯⋯⋯⋯⋯⋯⋯⋯⋯⋯⋯张德林
有感于杨玉香的梦（百家园地）⋯⋯黄秋耘
燧人氏取火与意识流（百家园地）⋯⋯周崇坡
读者·作者·编者
晨曲（油画）⋯⋯⋯⋯⋯⋯⋯⋯⋯⋯邢世平
静物（水粉画）⋯⋯⋯⋯⋯⋯⋯⋯⋯唐志明
花开时节（木刻）⋯⋯⋯⋯⋯⋯⋯⋯魏仲根
风竹（国画）⋯⋯⋯⋯⋯⋯⋯⋯⋯⋯崔廷瑶
古艺新花（剪纸）⋯⋯⋯⋯⋯⋯⋯⋯乐 穹
风雨牧归（木刻）⋯⋯⋯⋯⋯⋯⋯⋯甘春根
不倒翁（国画）⋯⋯⋯⋯⋯⋯⋯⋯⋯阮 诚

1980 年第 12 期　刊名:《星火》

目录

张寡妇卖汤圆（小说）⋯⋯⋯⋯⋯⋯卢永华
海蓝色的连衫裙（小说）⋯⋯⋯⋯⋯王海玲
官要打送礼的（小说）⋯⋯⋯⋯⋯⋯齐 抗
投汨罗（小说）⋯⋯⋯⋯⋯⋯⋯⋯⋯谢 璞
老莫蹲点（小说）⋯⋯⋯⋯陈新芳·余绪芳
请明日（小说）⋯⋯⋯⋯⋯⋯⋯⋯⋯林士龙
第一夜（小说）⋯⋯⋯⋯⋯⋯⋯⋯⋯胡 平
永别了，花母鸡（小说）⋯⋯⋯⋯⋯吴一天
海的思念（散文）⋯⋯⋯⋯⋯⋯⋯⋯邓 特
土岸的爱情（散文·外一章）⋯⋯⋯陶家明
春风（散文诗）⋯⋯⋯⋯⋯⋯⋯⋯⋯冯志荣
井冈山呵，我为你呼喊⋯⋯（诗）⋯⋯刘立云
女作者诗页
山水恋⋯⋯⋯⋯⋯⋯⋯⋯⋯⋯⋯⋯杨 健
书橱⋯⋯⋯⋯⋯⋯⋯⋯⋯⋯⋯⋯⋯梁 琴
写给井水⋯⋯⋯⋯⋯⋯⋯⋯⋯⋯⋯章欢英
海（外一首）⋯⋯⋯⋯⋯⋯⋯⋯⋯肖伏芝
缝⋯⋯⋯⋯⋯⋯⋯⋯⋯⋯⋯⋯⋯⋯孙桂贞
爱你这有事业心的人⋯⋯⋯⋯⋯⋯夏 丽
致欢乐⋯⋯⋯⋯⋯⋯⋯⋯⋯⋯⋯⋯王晓英
方坑夜宿（诗·外一首）⋯⋯⋯⋯⋯韦 丘
问圣泉（诗）⋯⋯⋯⋯⋯⋯⋯⋯⋯⋯刁永泉
在大浩劫的岁月（诗四首）⋯⋯⋯⋯苏辑黎
落叶的遗嘱（诗·外一首）⋯⋯⋯⋯陈运和
宇宙和猫头鹰（诗）⋯⋯⋯⋯⋯⋯⋯龙绍珍
明镜（诗）⋯⋯⋯⋯⋯⋯⋯⋯⋯⋯邓丹心
"斗争"与"人民"（诗）⋯⋯⋯⋯⋯⋯高洪波
浪花集（诗二首）⋯⋯⋯⋯⋯⋯⋯⋯杨 山
写给飞鸟鸣禽（诗四首）⋯⋯⋯⋯⋯邓节芳
蜘蛛、乌龟及白鹅（诗三首）⋯⋯⋯龙当兴
诗的浪花（诗辑）
珍珠及其他⋯⋯⋯⋯⋯⋯⋯⋯⋯⋯赵春华
沉渣⋯⋯⋯⋯⋯⋯⋯⋯⋯⋯⋯⋯⋯鄢祖莹
风暴⋯⋯⋯⋯⋯⋯⋯⋯⋯⋯⋯⋯⋯戴启棠
铲子和钻头⋯⋯⋯⋯⋯⋯⋯⋯⋯⋯刘晓宇
记忆（外一首）⋯⋯⋯⋯⋯⋯⋯⋯⋯李金生
云⋯⋯⋯⋯⋯⋯⋯⋯⋯⋯⋯⋯⋯⋯周 明
爆竹（外一首）⋯⋯⋯⋯⋯⋯⋯⋯⋯朱学辉
在中药店拾到的⋯⋯⋯⋯⋯⋯⋯⋯黄若谷
漫谈创作问题（作家评论家谈创作）⋯吴 强
改善党对文艺的领导三题（百家园地）⋯舒 言
完美么？不!（百家园地）——小议新版《创业史》
中关于爱情部分的修改⋯⋯⋯⋯⋯陆建华
春野的绚烂山花——浅谈李耕的散文诗⋯秦梦莺
清水出芙蓉　天然去雕饰（新花赞）——读短篇小说

《秋夜春风》 ──────────── 振今·中岳
上工地（素描） ──────────── 蔡 群
葫芦（国画） ──────────── 凌发广
静物（水彩画） ──────────── 昌莲玉
古榕渡口（速写） ──────────── 黄本贵
阳朔碧莲峰·伏波山（速写） ──────────── 唐炳灿

美术
满园春（国画）（封面） ──────────── 燕 鸣
黄山送客松（水彩画）（封二） ──────────── 可 谷
西山雪皑皑（木刻）（封三） ──────────── 陈祖煌
南昌起义（木刻组画之一）（封四） ──────────── 邹达清
封面设计 ──────────── 翁纪军

1981 年第 1 期　刊名:《星火》
目录

随谈（作家评论家谈创作） ──────────── 丁 玲

小说
花径新蕾
在死神面前 ──────────── 洪明禧
绳索 ──────────── 罗淑云
创作也要挣断"绳索" ──────────── 晓 图
计荷花 ──────────── 于宝玉
青山遮不住 ──────────── 毛小榕
彼岸确有光明 ──────────── 叶 针
纽带 ──────────── 绍 六
深谷中的小屋 ──────────── 刘欧生
苦楝子 ──────────── 王福河

散文
敢于直面人生──访作家白桦 ──────────── 陈 静
影 ──────────── 赵翼如

诗歌
面对未来；你在想些什么 ──────────── 郭蔚球
摇篮曲 ──────────── 石太瑞
课堂里的心声 ──────────── 陈瑞康
疾呼集 ──────────── 马冰山
新星闪烁（诗辑） ──────── 刘 华　杨友林　陈小平
卓 凡　李金声　陈 珑　许 洁　谢亦森　杨剑龙
蒋维扬

评论
反对官僚主义与文艺的任务 ──────────── 陈俊山

百家园地
漫谈新诗的发展方向 ──────────── 曾 铎
谈朦胧诗及其讨论 ──────────── 朱安群
白居易在庐山 ──────────── 聿 人
要深切地感受生活 ──────────── 熊大材
向新的峰峦攀登
──新年致读者、作者 ──────────── 本刊编辑部
本刊举办一九八一年优秀短篇小说、诗歌评奖启事

1981 年第 2 期　刊名:《星火》
目录

小说
网 ──────────── 陈世旭
百分之四十的希望 ──────────── 李如华
残雪 ──────────── 张聚宁
冲开云围的月亮──张聚宁笔下的新女性 ──────────── 松 亭

花径新蕾
对亲 ──────────── 明 理
清澈的江水 ──────────── 朱子椿
野菊花 ──────────── 秦志怀
夜奠 ──────────── 姜天明
燃烧吧！ 晚霞 ──────────── 徐万明

散文
青原忆（赣水风情） ──────────── 聿 人
江南风采（三章） ──────────── 山 谷

诗歌
中国大革命时期诸英烈颂 ──────────── 罗章龙
金缕曲 ──────────── 邓叙萍
生活的歌 ──────────── 蔡其矫
苦恼篇 ──一个大队长的自述 ──────────── 刘 章
病情（外一首） ──────────── 黄东成
归宿 ──────────── 寒 星
蚯蚓 ──────────── 孙丽玉
海祭 ──────────── 周敏生
清水塘 ──────────── 肖万件
露珠（外二首） ──────────── 述 隆
爱的琴弦（诗辑） ──────── 贾长厚　楼双喜　邱培书
吴义龙　曹 雷　陈小勇　邓木林
儿童诗二首 ──────────── 孙海浪
圈 ──────────── 徐新杰
功劳簿（外一首） ──────────── 帅希倩

评论
陈世旭的创作个性 ──────────── 阎 纲
找路人的"意识流"（作家评论家谈创作） ──────────── 祖 慰
从时代的激流里汲取诗情──读郭蔚球的诗 ──────────── 周劭馨

一幅漫画引起的联想（百家园地）·············小　木

美术
梅花（国画）（封面）·······················关山月
登高排险（摄影）（封二）·················曹俊球
多制涵管引甘泉（摄影）（封二）··········顾国梁
幽路原无雨（水彩画）（封三）············漆德瑛
春（剪纸）（封三）·························吴志纯
初春（木刻）（封四）·······················古　元

1981 年第 3 期　刊名:《星火》
目录

小说
游子心··李　栋

花径新蕾
秤···刘平西
船儿，慢慢地行……·······················幸跃凌
在监狱的密室里·······························周　涛
龙潭坪纪事····································李传锋
甜女··胡桔根
火·················[美国]艾·巴·辛格　万　紫译

散文
在南半球的阳光下····························俞　林
澳大利亚的文艺盛会·························谢素娟
你好呀，登博维查河··························彭　龄
夹竹桃寄想····································犁　人
思想（外一章）·······························徐成淼

诗歌
田野（外二首）·······························陈所巨
鹰之歌··陈特明
中年恋情····································王一民
幸存者之歌（外一首）······················李一痕
雪，银白色的大鳖·························徐真柏
鸽哨（外一首）·······························吴凤章
我愿··································（中国台湾）廖　群
抚河浪花（诗辑）
·············集　厘　闻　令　饶仲安　苏辑黎
曾林祥　许　洁　宋友贤　陈俊华　陈艳冰　李志平

咏怀六题
岳母墓（外二首）····························王安雄
烟水亭··董宏量
明孝陵（外一首）····························文　丙
书店的春风（外一首）······················李春林

雨花石（二首）·······························洪　亮

评论
努力反映新的伟大时代·······················李基凯
甘苦寸心知（上）（作家评论家谈创作）·······臧克家
关于朦胧诗和新诗发展道路的断想···········黄益庸

匡庐文谈
我写作如同在生活····························胡德培
结尾小议····································吴剑刃
不是我希望有的事····························王志斋

本刊举办一九八一年优秀短篇小说、诗歌评奖

美术
旋律（水粉画）（封面）······················施绍辰
牵牛花（粉笔画）（封四）·····················王　琦
晾（油画）（封二）················何小薇　李智久
春酣（国画）（封三）························卜翠敏
苍松（玻璃刻）（封三）······················何意鲜

1981 年第 4 期　刊名:《星火》
目录

小说
花径新蕾
梨花窝里的喜事·······························苏　勤
上婚姻介绍所·································曹克胜
今年"武举"属谁家···························钟显泽
爱的恨··柴建柱
魂···毛志成
夜不闭户····································李春光
一个大学生的奥秘····························卢新华
垂危的孩子··········[芬兰]敏娜·康特　王家骥译

散文
冬恋···徐南铁
路长长（外一章）····························赖继丹

诗歌
四化短笛
我呼唤公仆····································胡天生
雷锋，你别走·································石　鹏
花书记··许学政
炉台絮语····································孙立真
占···章德益
绿色的车间····································邓丹心
水果店前····································彭庆之

矿山夜景（外一首）⋯⋯⋯⋯⋯⋯魏曙光
大学生诗页（诗辑）⋯⋯⋯⋯胡 平 卓 凡 张品成
苏晨汀 晓 鹤 傅湘云 胡保平 熊光炯 郭伟德
诗海浪花（诗辑）⋯⋯⋯⋯敖自勇 帅珠扬 大 夫
桂向明 王永泉
湖口情深⋯⋯⋯⋯⋯⋯⋯⋯⋯⋯⋯周 民
诗苑絮语
新苗吐秀⋯⋯⋯⋯⋯⋯⋯⋯⋯⋯苏辑黎
带刺的玫瑰花⋯⋯⋯⋯⋯⋯⋯⋯张 路

评论
甘苦寸心知（下）（作家评论家谈创作）⋯⋯⋯臧克家
成绩·缺点·要求⋯⋯⋯⋯⋯⋯任 言
文学批评也要多样化⋯⋯⋯⋯⋯黄世瑜
把路开拓得宽一点（百家园地）⋯⋯陈良运
接天莲叶无穷碧 映日荷花别样红——江西电影文学
剧本创作一瞥⋯⋯⋯⋯⋯⋯⋯尹 潭
读者·作者·编者

美术
庐山初春（国画）（封面）⋯⋯⋯燕 鸣
母爱（国画）（封四）⋯⋯⋯⋯彭友善
广西瑶家姑娘（国画写生）（封二）⋯王兆荣
少女（国画写生）（封二）⋯⋯⋯黄本贵
割春草（国画写生）（封三）⋯⋯易至群
双栖（国画）（封三）⋯⋯⋯⋯陈慧荪

1981 年第 5 期　刊名:《星火》
目录

小说
花径新蕾
最后一个晚班⋯⋯⋯⋯⋯⋯⋯旷小林
夏星⋯⋯⋯⋯⋯⋯⋯⋯⋯⋯⋯郜 磊
二减一等于零吗?⋯⋯⋯⋯⋯⋯刘 华
"三寸丁"胡马⋯⋯⋯⋯⋯⋯⋯叶元姿
汤仙子老公公⋯⋯⋯⋯⋯⋯⋯江 水
战友⋯⋯⋯⋯⋯⋯⋯⋯⋯⋯⋯黄宗林
师姐⋯⋯⋯⋯⋯⋯⋯⋯⋯⋯⋯萧 冬
船到中流（报告文学）⋯⋯⋯⋯刘仁德
零点起飞（电影故事）⋯⋯⋯肖 流 寸 草

散文
芳园旧踪怀司马⋯⋯⋯⋯⋯俞白巍·汤葛纺
一本《裴多菲诗选》⋯⋯⋯⋯⋯述 隆

诗歌
谷雨诗会

从清明到谷雨⋯⋯⋯⋯⋯⋯⋯朱安群
我的心里淌着一江春水⋯⋯⋯⋯张铁崖
春的插曲⋯⋯⋯⋯⋯⋯⋯⋯⋯吕云松
春天敲开了中国的门窗⋯⋯⋯⋯许 洁
春的喜悦⋯⋯⋯⋯⋯⋯⋯⋯⋯洪 亮
溪边⋯⋯⋯⋯⋯⋯⋯⋯⋯⋯⋯戴启棠
春光无限⋯⋯⋯⋯⋯⋯⋯⋯⋯山 樵
我期待⋯⋯⋯⋯⋯⋯⋯⋯⋯⋯刘立云
冬爷爷和春姑娘（童话诗）⋯⋯⋯孙海浪
唱自家乡的歌（组诗）⋯⋯⋯⋯朱昌勤
茶乡夜歌⋯⋯⋯⋯⋯⋯⋯⋯⋯陈运和
牧鹅图⋯⋯⋯⋯⋯⋯⋯⋯⋯⋯江朝栋
写给桃花（外一首）⋯⋯⋯⋯⋯吴志民
春天的土地（三首）⋯⋯⋯⋯⋯王尔河
豆乡行（外一首）⋯⋯⋯⋯⋯⋯左一兵
放宽⋯⋯⋯⋯⋯⋯⋯⋯⋯⋯⋯陈良运
谷雨茶⋯⋯⋯⋯⋯⋯⋯⋯⋯⋯杨学贵

评论
和青年作者谈创作（作家评论家谈创作）⋯⋯⋯俞 林
要鼓舞人民发出更大的力量⋯⋯⋯吴 海
门外谈诗（百家园地）——读了《谈朦胧诗及其讨
论》以后⋯⋯⋯⋯⋯⋯⋯⋯⋯漆 耕

匡庐文谈
艺术的对比⋯⋯⋯⋯⋯⋯⋯⋯郭 超
人物在烘托中出场⋯⋯⋯⋯⋯⋯贺光鑫

美术
庐山植物园（油画）⋯⋯⋯⋯⋯马宏道
雷锋（瓷雕）⋯⋯⋯作者：曾山东 摄影：饶克勤
三月江南（国画）⋯⋯⋯⋯⋯⋯梁邦楚
山城（油画）⋯⋯⋯⋯⋯⋯⋯⋯徐东林

1981 年第 6 期　刊名:《星火》
目录

谈诗（作家评论家谈创作）⋯⋯⋯艾 青

小说
闹花堂（长篇小说《梅》节选）⋯⋯罗 旋
迟到的爱情⋯⋯⋯⋯⋯⋯⋯⋯李名英
花径新蕾
溪水啊溪水⋯⋯⋯⋯⋯⋯⋯⋯景玉川
"工农兵牌"⋯⋯⋯⋯⋯⋯⋯⋯季晓燕
寂寞的黄昏⋯⋯⋯⋯⋯⋯⋯⋯邱国珍
南冠梦思（历史小说）⋯⋯⋯⋯王先霈
能源（报告文学）⋯⋯⋯⋯⋯⋯陈希平

散文

"银弹"的秘密·································黄秋耘
深山短笛（三章）·····························程关森

诗歌

祖国抒情诗·································徐　刚
写给我自己的短笺····························陈官煊
望星星（外一首）····························刘　华
秋猎·夜归··································文莽彦
儿童诗一束
一幅杰出的画（童话诗）························高洪波
弟弟是个"漏巴掌"····························邓丹心
失明的孩子·································顾建强
勘探（外一首）······························郭殿文

海滨诗抄（三首）····························尹一之
教师的歌（四首）····························邓节芳
江西新民歌
春天歌三首·································郭龙桂
尾巴歌（外二首）····························胡天生
社会主义不姓穷·······························宇　晨
今生有幸聚庐山······························叶高志

评论

要在创造典型上下功夫··························郑光荣
新花赞
扎扎实实地写人
——读80年全国短篇获奖作品《红线论》···········唐　力
一"线"传情
——读罗旋得奖作品《红线论》···············周书文

百家园地

爱情描写种种·································阎　纲
避免两种"惯性"······························光　群

美术

林间（国画）·································石太法
抢晴（木刻）·································陈祖煌
山嫂子赶墟（木刻）····························陈一文
陶瓷女工·莲花塘初冬（国画写生）·················徐庆根
我爱祖国（水粉画）····························阮　诚

1981年第7期　刊名:《星火》

目录

找到金钥匙的人们（报告文学）·····················吕云松

小说

夜归·····································陈学工
榆树岗上……································张兴春
明溪有个细妹子······························张聚宁
西子·····································王海玲
淡雅的生活之美
——简评女作者王海玲的小说················常　绿
阿芳的爱···································黄佳星
乡情（电影故事）·····························王一民

散文

滹沱河畔的春天
——党的七届二中全会警卫工作回忆············方志纯
爆竹声声里··································朱向前

诗歌

红日赞歌···································李定坤
写在母亲的纪念上·····························郭蔚球
诗三首····································胡守仁
望海潮····································陶今雁
女作者诗页
岛（外二首）································许　洁
思考集····································周　涛
渔乡夜曲···································周晓霞
洁白的胸脯·································三　井
山溪·····································邓云娣
永遇乐····································刘世南
好事近（三首）······························刘方元
写在时代的断层上·····························寒　星
沉淀的记忆（三首）····························李发模
山泉（散文诗）······························华光耀
杜鹃垂柳寓深情（散文诗）·······················束　棘
贫农吟····································朱谷忠
河边老树（外一首）····························颂　今
热处理工···································郑允钦

评论

诗歌要出时代的音响
——记江西省诗歌创作座谈会··············本刊记者
诗歌创作杂谈（作家评论家谈创作）··················蒋天佐
熟和懂——文艺创作的根基·······················许明晶
一份献给少年儿童的精神食粮（新花赞）——读长篇
小说《井冈之子》有感··························刘国伟

艾青改诗与作品的简练（匡庐文谈） ……… 周崇坡

美术

书记求师（国画）（封面） ……… 蔡 超
方志敏（木刻）（封二） ……… 康 庄
心红苗壮（摄影）（封三） ……… 盛双郭
如今的日子（摄影）（封三） ……… 汪伟光
送别（套色木刻）（封四） ……… 邹达清

1981 年第 8 期　刊名:《星火》
目录

小说

绿路 ……… 阳 春
日暮霞红 ……… 周明发
局长不在家 ……… 严歌平
扬起爱的风帆 ……… 余国振
荷尔蒙 ……… 绍 六
凤凰情 ……… 李 红
私房 ……… 晓 鸣 傅 星
海明威短篇小说两篇 ……… 曾 江译
找到金钥匙的人们（报告文学）（续） ……… 吕云松

散文

一颗美丽的星（赣水风情）
——记匡庐山下公园城 ……… 徐新杰
油茶长青 ……… 易原绥
采蘑菇 ……… 刘宇宁

诗歌

草地 ……… 周良沛
天和地（外二首） ……… 顾 工
端午在故乡…… ……… 肖麦青
秦俑一瞥 ……… 王德芳
御花园 ……… 闻 频
佛手岩 ……… 叶晓山
武夷山之谜 ……… 宫 玺
军号声声
祖国，我是电我是火 ……… 刘立云
贺龙指挥部旧址 ……… 李彦令
绿红情 ……… 铁 铮 明 江
天山上的雪莲 ……… 吴林抒
为了夜的静谧 ……… 邢书第
边防线上（三首） ……… 张铁崖

龙井访茶 ……… 宋 歌
唐昭陵六骏 ……… 郭 廓
妈妈，听我说（二首） ……… 王安雄

农村速写（三首） ……… 管用和

评论

生活·创作·工业题材（作家评论家谈创作）
——访女作家草明 ……… 彭广丽
起步矫健　丰收有望——略谈《星火》一九八〇年农
村题材的短篇小说 ……… 宋 爽
论辩的艺术（匡庐文谈） ……… 张德林
春天和希望的歌（新花赞）
——喜读《梨花窝里的喜事》 ……… 帅焕文

美术

豆选（国画）（封面） ……… 易至群
朱德总司令在抗日前线（国画）（封二） ……… 黄本贵
西班牙舞（国画）（封三） ……… 李 强
山乡集市（国画）（封四） ……… 邹良材

1981 年第 9 期　刊名:《星火》
目录

纪念鲁迅先生诞辰一百周年！
继承并发扬鲁迅现实主义精神的优良传统 ……… 任访秋
读鲁迅诗随笔 ……… 蒋天佐
坚持实事求是的文艺批评 ……… 缪俊杰
日本人民热爱鲁迅（散文） ……… 章 贵
访百草园和三味书屋（散文） ……… 黄天璧

小说

我和你同路 ……… 吴碧莲
合家 ……… 增 产
游子情 ……… 曹致佐
过去了，梦…… ……… 莫 伸
他，他，她 ……… 胡启钺
强盗与凶手 ……… ［英］亚瑟·柯南道尔　金朝亮译

散文

十日匡庐 ……… 秦 似
龙虎山一瞥 ……… 王克浪
漫步"金镶边" ……… 海 笑

评论

"杂家"自述（作家评论家谈创作） ……… 黄秋耘
文艺批评种种（匡庐文谈） ……… 唐 挚
"积累"与"得之"（匡庐文谈） ……… 中 凌
探求生活中的美——观周国桢部分瓷雕随感 ……… 李素馨

诗歌

井冈诗笺

历史和未来······················吴志昆
井冈山三题························卓　凡
古诗二首··························周缉熙
归来吧，"井冈山"···············胡　平
播火者（二首）····················杨学贵
一条破毯（外一首）···············卢　策
庐山览胜··························康　濯
晚风，从田野上吹过（外一首）·····陈所巨
写在故乡的枫叶上（三首）·········徐万明
留影······························季振华
我赞美世界（外一首）···············顾　城
写在火热的钢厂（三首）·············刘希涛
汗呵，我的汗（外一首）·············陈运和

爱的琴弦
无字的信··························马　铃
约会······························郭晓晔
馈赠······························沈　晓
莫名（外一首）····················江　边

美术
希冀（油画）（封面）·········唐　英　李惠霞
"我以我血荐轩辕"（版画）（封二）·····周良弼
瓷雕七件（封三、四）···············周国桢

1981 年第 10 期　刊名:《星火》
目录

人物与细节（上）（作家评论家谈创作）·······姚雪垠

江西文坛新秀小说专辑
田螺湾趣事························胡桔根
在金丝绒大幕后面············雨　时　如　月
吴结巴这个人······················徐绍芳
怎么回答他························毛秉权
采菇女····························刘欧生
他向霞光走去······················黄　白
襟怀······························刘平西
大同壁画记························之　杨
曹操就医··························郭纪金
编后寄语

评论
要勇于开展批评····················任　言
"创造'新形势'的先锋"——从鲁迅《野草》的表
现手法谈起························阎桂生
让人物自己撕破假面具（名著欣赏）——谈谈契诃夫
的短篇小说《婚前》的表现方法·······陈俊山

【附】婚前····················［俄］契诃夫
生活的事实与艺术的真实（匡庐文谈）·······刘仁圣

美术
遨游（油画）······················王赤军
平凡的岗位　崇高的信仰（木刻）·······陈玉其
细语轻风（木刻）··················周新如
分红（套色木刻）··················陈一文

1981 年第 11 期　刊名:《星火》
目录

小说专辑
半山亭····························杨佩瑾
拆白歌····························陈世旭
还魂草····························罗　旋
钱局长续弦························李名英
一锤锣····························傅汉清
醒狮······························周毅如
深谷的呼唤························邱恒聪
编后寄语

评论
人物与细节（下）（作家评论家谈创作）·······姚雪垠
学习鲁迅的自我解剖精神·············周劭馨
试析《作文秘诀》中"白描"的含义·······金　梅
崇高的责任感——读《再现》···········唐　力
把心交给读者（匡庐文谈）···········周书文

美术
思（水彩画）······················常厚鍟
五星红旗升起了（雕塑）

　　　　　作者：姚永康　摄影：刘成龙
玉龙白雪一天清（国画）·············傅梅影
天上宫殿（国画）··················杨　豹
金陵造船厂（水彩画）···············李剑晨

1981 年第 12 期　刊名:《星火》
目录

天山浩气（回忆录）
——记新疆监狱里的斗争··············方志纯

小说
郭老大的脚步声····················罗秋敏
这一颗星总在墙头··················毛志成
万花筒····························张聚宁

琵琶声声思……………………赵 青
卡斯朱州长………[匈牙利]约卡伊·莫尔 汤 真译

散文

时光，你做了什么…………………戴 晴
千年古寺寻塔影（赣水风情）
——重游东林寺有感………………张卫东
给爱人………………………黄诗咏

诗歌

生命的密码及其他（组诗）…………陈良运
鄱湖风情（组诗）……………………江朝栋
都市印象………………………周劭馨
我骄傲，我是世界冠军………………刘 华
黎明，我搂着一声哭啼………………钟祖基
作客………………………肖万件
劳动者的歌（二首）…………………刘晓宇
春天来了………………………李白凤遗作
收购的破锣………………………邓 斌
妈妈啊，我的妈妈（二首）…………刘立云
短歌集………………艾子青 鸥一洋 瀚 澜
胡桔根 许 洁 廖石方 帅珠扬 谢亦森 李春林
陈安安 陈运和

评论

着力表现英雄人物的情操（作家评论家谈创作）
——访老作家峻青…………………邵业鹏
思考·探索·创新
——浅谈陈良运同志的诗歌创作……秦梦莺
匡庐文谈
细节的选择和描绘………………杨 柄
诗人担负着灵魂的责任………………贺光鑫
蒲松龄"请客"与柳青"落户"………周崇坡
读列宁对高尔基的批评有感…………熊大材
问题的症结何在？
——读《谁酿的苦酒》有感…………吴 海
让我省文学创作进一步繁荣——江西省文联、作协江
西分会召开全省作家座谈会…………本刊记者

美术

大学生（水粉画）（封面）…………陈守义
苗（雕塑）（封二）——作者：陈作芳 摄影：饶克勤
思考·探索·追求（雕塑）（封二）……朱照琳
万里长江展宏图（国画）（封三）……梁 书
春天向我们走来（木刻）（封三）……艺 丁
溯源（水粉画）（封四）……………章仁缘

1982 年第 1 期　刊名:《星火》
目录

新年作家笔谈

新的生活在召唤………………………俞 林
写人·写情·写真………………………杨佩瑾
努力用自己的嗓子叫…………………陈世旭
借鉴与创新………………………毕必成
下笔但取人情美………………………王一民

电影文学剧本

寸草心………………………毕必成

小说

四面来风………………………王承刚
从山间小路走出来……………………涂吉安
生命的权利………………………陈世旭
复甦………………………谷 白 楼耀福

回忆录

天山浩气（续）——记新疆监狱里的斗争………方志纯

诗歌

全国部分得奖诗人新作辑
生命（外一首）………………………高伐林
龙湾湖（外二首）……………………刘祖慈
听琴………………………林 希
美，呼唤心灵的回声（组诗）………叶延滨
祖国抒情诗（五首）…………………徐 刚
山川情（诗辑）………………陈特明 于 沙
吕云松 蒋泽先 崔永生
故乡的银鱼………………………陈应松
散文诗（五章）——罗 丁 华光耀 周敏生 董鸿彪

评论

关于"文学与生活"问题的通信（作家通信）
………………………吴泰昌 冯骥才
一个行贿者灵魂的暴露与觉醒（新作评介）
——读《田螺湾趣事》…………………刘洪元

1982 年第 2 期　刊名:《星火》
目录

小说

蛮荒………………………雨 时 如 月
刻在记忆的河床………………………戴启棠
小巷静悄悄………………………吴碧莲

骥 ·· 郜　磊
一封日期模糊的遗书（推理小说）·········· 焦宝桐
"089 号"······································ 黄　迈
在死神的魔掌中
　　·········· ［印度］巴尔苏拉姆·罗卡　吴兆汉译

散文
雨窗 ·· 述　隆
仙岩行脚（赣水风情）·························· 吴　冈

回忆录
天山浩气——记新疆监狱里的斗争············ 方志纯

诗歌
故乡二月（散文诗·七章）······················ 李　耕
乡村的笑容（三首）······························ 左一兵
满妹子 ·· 唐　祈
故乡情 ·· 俞白巍
大雁何时回来 ·································· 文莽彦
写给最后一片残雪 ······························ 杨　牧
泥土和绿叶 ···································· 黄东成
献给她的一首小诗 ······························ 胡　平
短歌集 ··········· 廖国钧　于跃江　马冰山　郭晓哗
　翁景贵　李初阳　叶　坪　李启林　陆　苇　肖　宾
瓜洲河边 ·· 周　民
西亚风情（两首）······························ 彭　龄

评论
青春不老　诗情常新（作家专访）
　　——访诗人公刘 ···························· 徐万明
陈世旭小说创作笔谈 ·············· 吴松亭　吴　海
　周劭馨　公　仲

作品欣赏
诗情画意　饱含哲理
　　——读冰心《往事》一四 ···················· 卢启元
淡淡的，却难忘！——读散文《丁香花下》 吴宗蕙
新作评价
一篇内涵丰富的小说——《半山亭》读后········ 周崇坡
崭新的角度　深入的开掘——读短篇小说《在金丝绒
大幕后面》······································ 叶培凡

1982 年第 3 期　刊名:《星火》
目录

小说
在生活的银幕上 ······························ 陆星儿
除夕夜 ·· 李　红

回春 ·· 汪彩萍
情满鹅毛湖 ···································· 王海玲
在 S 大学门前 ·································· 王　哲
"啊嗬嗬嗨——"······························ 黄蓓佳
山寨风情画 ···································· 余未人
心底里的涟漪 ·································· 严丽霞

散文
"要为人民！"——忆茅盾同志的教诲·········· 罗　迦
掠——一个土生土长的中国人在法国看到和想到的
　　······································ 戴　晴

诗歌
与瀑布对话 ···································· 邵燕祥
山乡情（组诗）·································· 苏辑黎
矿山抒情诗（组诗）······························ 杨学贵
拿起绿色的画笔 ································ 朱安群
春天的歌 ·· 庐　生
光明顶 ·· 丁慨然
山韵（二首）···································· 钟祖基
短歌辑 ··········· 金　桑　涂继文　郭　廊　孙家林
　张晓峰　朱昌勤　白　榕　杨岳亭　陈咏华　郑允钦

评论
文艺创作的爱情题材漫话（作家谈创作）········ 蒋天佐
真情出佳作——评影片《乡情》·················· 任　言
陈世旭小说创作笔谈 ·············· 郭蔚球　王志斋
　熊大材　蒋克己
狭小镜框里的图画（作品欣赏）——《在其香居茶馆
里》读后随笔 ·································· 周劭馨

1982 年第 4 期　刊名:《星火》
目录

小说
地母情 ·· 沈泰来
逃 ·· 汤吉夫
心上的马达 ···································· 福　庚
纳凉夜话 ·· 曹均安
命运的微笑 ···································· 涂尘野
一束绢花 ·· 李如澍
铅山遗恨 ·································· 马南屏　杨赣笙

散文
临川拗 ·· 聿　人
朝霞 ·· 施顺林
留吧，小溪 ···································· 向尚瞰
野草 ·· 徐立忠

高处不胜寒——隆冬黄山纪行⋯⋯⋯⋯姚飞熊

诗歌

老帅逸事（组诗）⋯⋯⋯⋯⋯⋯⋯⋯⋯吕云松
短诗五首⋯⋯⋯⋯⋯⋯⋯⋯⋯⋯⋯⋯李春林
采自钢城的花瓣（二首）⋯⋯⋯⋯⋯⋯刘希涛
青花瓷瓶（外一首）⋯⋯⋯⋯⋯⋯⋯⋯流沙河
铁厂黎明⋯⋯⋯⋯⋯⋯⋯⋯⋯⋯⋯⋯李湘凡
青云谱——访八大山人故居⋯⋯⋯⋯⋯洪　亮
不凋的白花（散文诗二首）⋯⋯⋯⋯⋯秦　华
春的旋律（歌词小辑）⋯⋯⋯秦庚云　蔡雪柯
邓丹心　贺克安　胡细生　千　红　章庐生　姚辉云
陈特明　颂　今
旅人⋯⋯⋯⋯⋯⋯⋯⋯⋯⋯⋯⋯⋯⋯范　方

评论

他在文学的山道上奋力攀登（上）（作家专访）
　——作家杨佩瑾访问记⋯⋯⋯⋯⋯⋯吴松亭
洪都春早话乡情
　——故事影片《乡情》座谈纪要⋯⋯本刊记者
《旋风》艺术特色初探⋯⋯⋯⋯⋯⋯⋯黄日星

匡庐文谈

谈谈艺术作品的生命力⋯⋯⋯⋯⋯⋯⋯陈良运
漫议抑扬用笔⋯⋯⋯⋯⋯⋯⋯⋯⋯⋯⋯贺光鑫
文艺随想三则⋯⋯⋯⋯⋯⋯⋯陈春明　梅俊道

散文

太华登临记⋯⋯⋯⋯⋯⋯⋯⋯⋯⋯⋯⋯熊光炯
雁鸣声声⋯⋯⋯⋯⋯⋯⋯⋯⋯⋯⋯⋯⋯章　雯

诗歌

梦萦银河（组诗）⋯⋯⋯⋯⋯⋯⋯⋯⋯陈特明
升出去了，我们的第一缕炊烟（外一首）⋯⋯胡　平
大胆些，中国⋯⋯⋯⋯⋯⋯⋯⋯⋯⋯⋯韦黎明
五月，乡野印象（外一首）⋯⋯⋯⋯⋯陈所巨
我又看到了风筝⋯⋯⋯⋯⋯⋯⋯⋯⋯⋯季振邦
松籽之歌⋯⋯⋯⋯⋯⋯⋯⋯⋯⋯⋯⋯⋯黄诗咏
又是春雨潇潇时（谷雨诗辑）⋯⋯⋯⋯李一痕
陈官煊　钟　厚　肖万件　管用和　饶　庶　何　停
林　抒　吴忠信　徐忠俭　汪体民
爱的小鸟⋯⋯⋯⋯⋯⋯⋯⋯⋯⋯⋯⋯⋯卫世平
爸爸，不要再那样看我（外一首）⋯⋯颜　溶
一瓢诗话
西窗五则⋯⋯⋯⋯⋯⋯⋯⋯⋯⋯⋯⋯⋯阿　红
构思二得⋯⋯⋯⋯⋯⋯⋯⋯⋯⋯⋯⋯⋯陈良运
短诗不短⋯⋯⋯⋯⋯⋯⋯⋯⋯⋯⋯⋯⋯秦　弓

评论

他在文学的山道上奋力攀登（下）（作家专访）——作家杨佩瑾访问记⋯⋯⋯⋯⋯⋯⋯⋯吴松亭
用理想照亮现实——评俞林近几年的创作⋯⋯帅焕文
漆画奇葩初放时——简介陈圣谋的漆画艺术⋯⋯蔡桑安

1982 年第 5 期　刊名:《星火》
目录

为建设社会主义精神文明做出贡献⋯⋯⋯⋯马继孔
《在延安文艺座谈会上的讲话》学习札记⋯⋯蒋天佐
领导文艺工作的指针——学习《在延安文艺座谈会上的讲话》有感⋯⋯⋯⋯⋯⋯⋯⋯⋯⋯王树衡

小说

金秋华实⋯⋯⋯⋯⋯⋯⋯⋯⋯⋯⋯⋯⋯李春光
善良的银耳环⋯⋯⋯⋯⋯⋯⋯⋯⋯⋯⋯朱子椿
颤栗⋯⋯⋯⋯⋯⋯⋯⋯⋯⋯⋯⋯⋯⋯⋯张光烈
黄牯买牛⋯⋯⋯⋯⋯⋯⋯⋯⋯⋯⋯⋯⋯王金洲
席间⋯⋯⋯⋯⋯⋯⋯⋯⋯⋯⋯⋯⋯⋯⋯吴南凯
青霉素⋯⋯⋯⋯⋯⋯⋯⋯⋯⋯⋯⋯⋯⋯徐　锋
边疆行⋯⋯⋯⋯⋯⋯⋯⋯⋯⋯⋯⋯⋯⋯吴源植
体察入微⋯⋯⋯⋯⋯⋯⋯⋯［美］阿·巴彻沃尔德
王鼎辉　周　健译
主攻手之谜（上）（中篇科学幻想小说）
⋯⋯⋯⋯⋯⋯⋯⋯⋯⋯⋯⋯⋯绍　六　曲维甲

1982 年第 6 期　刊名:《星火》
目录

《星火》优秀作品评选揭晓

小说

朱红赤印⋯⋯⋯⋯⋯⋯⋯⋯⋯⋯⋯⋯⋯刘亨安
十字街口⋯⋯⋯⋯⋯⋯⋯⋯⋯⋯⋯⋯⋯黄培勋
戏癫⋯⋯⋯⋯⋯⋯⋯⋯⋯⋯⋯⋯⋯⋯⋯王冰泉
特殊的眼睛⋯⋯⋯⋯⋯⋯⋯⋯⋯⋯⋯⋯江　洪
我和刘云⋯⋯⋯⋯⋯⋯⋯⋯⋯⋯⋯⋯⋯肖道美
"二百五"小传⋯⋯⋯⋯⋯⋯⋯南　翔　严丽霞
奇遇⋯⋯⋯⋯⋯⋯⋯⋯⋯⋯⋯⋯⋯⋯⋯黄大荣
主攻手之谜（下）（中篇科学幻想小说）
⋯⋯⋯⋯⋯⋯⋯⋯⋯⋯⋯⋯⋯绍　六　曲维甲
西沉的太阳（花径新蕾）⋯⋯⋯⋯⋯⋯夏眼人
在生活中开掘⋯⋯⋯⋯⋯⋯⋯⋯⋯⋯⋯晓　图

散文

养鸡与养狗——访美散记⋯⋯⋯⋯⋯⋯丁　玲
江水呜咽⋯⋯⋯⋯⋯⋯⋯⋯⋯⋯⋯⋯⋯罗灏白

眼睛 ·························· 陈关森
捕鱼图 ·························· 张泰民

诗歌
岁月·青春（散文诗·六章）·········· 述　隆
彩色的河（六首）··············· 孙海浪
我们的乡土（组诗）·············· 廖公弦
抒情短歌辑 ··················· 姜文岩
夏　雄　李振彬　赵春华　欧一洋　张　波　俞明龙
麦　紫　廖国钧　叶　坪　得　雨　江朝栋　沈良意
第一片绿叶（诗辑）····· 曾毓琳　殷　红　熊钟友
黄小军　潘桂芳
一瓢诗话
诗贵有请 ···················· 蘅　果
寻常之妙 ···················· 陈　菲

评论
关于报告文学创作（作家答问）
——与理由一夕谈 ··············· 李炳银

匡庐文谈
小说的报告化 ·················· 阎　纲
不生造——学习鲁迅《答北斗杂志社问》·· 冯健男
共产党人的浩然正气
——读革命回忆录《天山浩气》········ 彭兆春
"去了解活生生的人"——读《蛮荒》有感· 江升端
美与丑的鲜明对比（作品欣赏）——读杰克·伦敦
《在甲板的天篷下面》·············· 李辰民
时代的歌——介绍诗集《美的追求》····· 吴　海

1982 年第 7 期　刊名:《星火》
目录

小说
远去的列车 ·············· 雨　时　如　月
你们向法院走去 ················ 李名英
爱情短章（小小说三篇）············ 流　水
白云 ······················· 亦　争
姐姐 ······················· 邱国珍
空着的座位 ··················· 张仕桢
偏见 ······················· 展　锋
"功勋教练"科列索夫 ············· 彭瑞高
手术室里的枪声（科幻惊险小说）······ 杨　威

散文
苦楮赋 ····················· 武　丁
赣水风情
寻牡丹亭记 ··················· 周书文

山情水意 ···················· 宋崇风

诗歌
南疆行（组诗）················· 朱昌勤
故乡，我的小溪（组诗）············ 刘立云
彩色的呼吸（诗辑）········· 许　洁　刘　华
赵丽宏　颜　溶　袁　刚　刘晓宇　谢　烨　卓　凡
沈　晓　傅湘云　周敏生　邱光谅　顾　城　丁　韵
秋，你去多久（外一首）············ 陈运和
弟妹（小叙事诗）················ 刘　章
第一片绿叶
我的琴键（组诗）················ 刘　昕
美丽之歌 ···················· 汤美霞
一瓢诗话
"一朵蝴蝶"句 ················· 孙　田
诗中数字的妙用 ················ 罗树人

评论
从《大风歌》演出本谈起
——兼答南昌江野芹同志··········· 陈白尘
通往胜利的路
——《艾青传论》中的一章····· 杨匡汉　杨匡满

匡庐文谈
参与和旁观 ··················· 王　愚
见者真与知者深 ················ 何镇邦
议论·悬念·衬托（作品欣赏）——《无神论者做弥
撒》艺术谈 ··················· 王志斋

读者论坛
曾真这样的人物值得同情吗？　——读短篇小说《万
花筒》····················· 李承才
"我开始忘了《乡情》！" ··········· 陈　忠

1982 年第 8 期　刊名:《星火》
目录

小说
一个女兵的来信············ 朱向前　张聚宁
不熄的车灯 ··················· 新　耕
胡双车三战马大帅 ··············· 冯启放
文武小摊 ···················· 钱鸿清
他们从灿烂的生活中走来 ··········· 晓　馨
○························· 王承刚
海诗 ······················· 吴碧莲
并非典型人家 ·················· 夏　瀚

花径新蕾

石泉 ———————————— 林孙珍　王维汉

补票 ———————————————— 胡金生

散文

历史的裁判 ———————————————— 丁　宁

秋夜的枣树 ———————————————— 薛尔康

棕树吟 —————————————————— 伍　中

诗歌

故乡的露珠（组诗）—————————— 徐万明

夜的遗产（组诗）——————————— 周劭馨

一首流动的乐谱（外一首）—————— 寒　星

山雨（外一首）——————————— 王安雄

渡口 ——————————————— 陈松叶

烈士塑像（外一首）———————— 孙友田

爱 ———————————————— 张自旗

晨露（外一题）——————————— 魏久环

初出夔门 —————————————— 高　平

第一片绿叶（诗辑）————————— 刘进达

刘木林　刘小平　张应想　杨卫国　周永哲　江小舟

旧体诗十首———— 周缉熙　魏向炎　匡一点　孙自诚

一瓢诗话三题————— 陈良运　陈菲　徐迅

评论

关于《芙蓉镇》的通信（作家通信）———— 蔡　葵　古　华

《蛮荒》的构思和创作————— 雨　时　如　月

寻求催人向上的力量

　——谈雨时、如月的短篇小说———— 黄　方

读《万花筒》杂感（读者论坛）————— 李新生

角度（匡庐文谈）————————— 张德林

山道情忆 —————————————— 曾石铃

翠微峰抒怀 ————————————— 王克浪

诗歌

矿石集（组诗）——————————— 李音湘

江南柳笛（组诗）—————————— 洪　亮

散文诗之夜 ————————————— 何永康

黄宏矛　舍胡锐　秦华　罗文亮　华绥

王敦贤　赵春华　林锋

采撷 ——————————————— 陈　冲

随风飘下的霜叶（组诗）——————— 沙　白

八大山人 —————————————— 蔡其矫

绿藻（外一首）——————————— 晓　钢

在她坐的座位上 —————————— 顾　工

情歌三首 ————————————— 龚　勋

有一朵小花 ————————————— 谢直云

第一片绿叶（诗辑）——— 向绍兰　高云　吴光琛

一瓢诗话三题————— 绿筼　帅珠扬　李一痕

评论

满怀信心的探索（作家专访）

　——访姚雪垠同志————————— 胡德培

关于短篇小说《万花筒》的讨论

读《万花筒》后的一点思索————— 黄日星

　"万花筒"的观察家及其喜剧———— 梁　辰

思想境界不高　编造痕迹太露———— 帅焕文

一个深刻的课题 —————————— 吴剑刃

匡庐文谈

当人物在笔下死去的时候——从编辑的角度谈小说创

作 ———————————————— 赵　自

还是个典型化问题 ————————— 李基凯

江野芹写给陈白尘的第二封信

1982 年第 9 期　刊名:《星火》

目录

电影文学剧本

乡音 ——————————————— 王一民

小说

龙套阿婆 —————————————— 吴翼民

睡 ———————————————— 榕　芳

风雪半岭店 ————————————— 戴佳臻

失落的心（花径新蕾）———————— 胡　冰

报告文学·散文

人生几何 —————————————— 姜惠林

1982 年第 10 期　刊名:《星火》

目录

及时的号召 ————————————— 俞　林

小说

水仙 ——————————————— 伯　仲

八把手 —————————————— 毕必成

紫金山上 —————————————— 山　谷

父亲 ——————————————— 吴文丁

啊！朋友再见 ——————————— 彭　澎

情使（历史小说）—————————— 郭纪金

小站 ——————————————— 明　理

雨刮子 —————————————— 何　侃

报告文学

中国母子 ———————————————— 胡　平

散文

春城飞花又相逢——访白桦 ———————— 姚　冷
长城，昂起头来吧 —————————————— 李　前
巴格达情思 ————————————————— 彭　龄

诗歌

反刍集（组诗） ————————————————— 王一民
失落的琴声（组诗） ————————————— 郑伯权
抒情短歌辑 ————————————————— 陈所巨
公　仆　黄诗咏　吴义龙　钱锦方　郑润生　余国振
泪水，泡着一支欢乐的歌（小抒事诗）———— 李松涛
大雄殿（外一首） —————————————— 徐新杰
第一片绿叶（诗辑） —————— 郁　叶　冷克明
薛隆基　吴清波
一瓢诗话三题 ————— 孙大卫　南　屏　陈　忠
扶植文学新人　繁荣小说创作——本刊召开"短篇小说创作座谈会" ————— 本刊记者晓　馨

评论

作家与时代（作家专访）——访骆宾基 ———— 吴松亭
经得住时间淘选的作品（作品欣赏）——重读《夜走黄泥岗》 ——————————————— 谢永旺
关于短篇小说《万花筒》的讨论
我读《万花筒》 —————————————— 吴　海
幻灭后的人生追求和思想迷误 ——————— 朱一强
汤显祖的自我解剖（匡庐文谈）——————— 黄文锡
蕴藉自然　启人心扉（读者论坛）——读短篇小说《金秋华实》 ——————————————— 中　岳

1982 年第 11 期　刊名:《星火》
目录

要用共产主义思想武装自己 ————————— 时佑平
为开创我省文学事业的新局面而奋斗 ———— 蒋天佐
创作提神的文艺 —————————————— 杨佩瑾
应是革命者 ————————————————— 罗　旋

小说专号

暖色的光斑 ————————————————— 陈世旭
风在巷道 —————————————————— 陈海萍
郁孤台下 —————————————————— 罗　旋
没有墓碑的坟茔 —————————————— 戴启棠
清清小溪水流长 —————————————— 陈金堂
无花果 ——————————————————— 方青卓
呼唤 ———————————————————— 徐绍芳

审判长送礼 ————————————————— 周晓霞
车过蛤蟆沟 ————————————————— 魏曙光
飞吧，浪花……（花径新蕾）———————— 高爱华
《飞吧，浪花……》编后 ————————— 柳　韵
雪萤 ———— ［日本］森村诚一　孙　健　吕晓光译

评论

"我要好好写，认真写！"（作家专访）
——访女作家谌容 ————————————— 孙武臣
雨时、如月小说的思想艺术特色 —————— 西　璘
理深情浓——《暖色的光斑》读后 ————— 唐　力
性格复杂的新人
——试析《风在巷道》中的江沙 ————— 司马胡
关于短篇小说《万花筒》的讨论
结婚，是拯救曾真的良药吗? ——————— 刘国伟
实事求是地看待曾真这个人物 ——————— 陈　静

1982 年第 12 期　刊名:《星火》
目录

小说

遗失 ———————————————————— 梁晓声
弄堂深处芙蓉鸣 —————————————— 汪　洋
高高鸡冠岭啊 ——————————————— 胡桔根
竹青青 ——————————————————— 刘欧生
黎明，雨蒙蒙 ——————————————— 李　红
梅田闲话 —————————————————— 曹均安
拱墙 ———————————————————— 山　凤
蚀本姻缘 ———— ［日本］松本清张　郝跃英　卢　群译

散文

西南万里行
船上葛洲坝 ————————————————— 陈良运
阳光印象 —————————————————— 述　隆
三拜草堂 —————————————————— 吕云松
峨嵋山道 —————————————————— 钟祖基
青城纪幽 —————————————————— 杨学贵

诗歌

放歌祖国天地间（组诗）—————————— 陈良运
在钢轨的琴弦上弹唱（组诗）———————— 张铁崖
你，《中国交响曲》的主旋律 ——————— 胡　平
恋山者的歌（外一首）——————————— 熊召政
抒情短歌辑 ————— 朱安群　李亦白　张铭新
胡天生　叶新民　陈移新　喻明龙　周敏生　刘　骅
第一片绿叶（诗辑）—————— 蓝洪彰　钟　明
大　卫　徐　辉
一瓢诗话三题 ————— 郑润生　鸥一洋　王尔碑

评论

创作高尚趣味的文艺作品（文艺论坛）⋯⋯陈俊山

三年游击战的壮丽画卷

——评罗旋新作《梅》⋯⋯⋯⋯⋯万　陆　周书文

漫谈《万花筒》的得与失⋯⋯⋯⋯⋯⋯周劭馨

存在主义文学简论⋯⋯⋯⋯⋯⋯⋯⋯邵鹏健

寓意深刻　结构精巧

——读《一个女兵的来信》有感⋯⋯彭广丽

1983 年第 1 期　刊名:《星火》
目录

小说

理想，充满泥土气息（中篇小说）⋯⋯⋯绍　六

假如你要认识我⋯⋯⋯⋯⋯⋯⋯⋯⋯胡月胜

地球上的月球公民⋯⋯⋯⋯⋯⋯⋯⋯毛志成

八十八年前的一个真实故事⋯⋯⋯⋯叶明山

蓓蓓，请你高举杯⋯⋯⋯⋯⋯⋯⋯⋯景玉川

维维⋯⋯⋯⋯⋯⋯⋯⋯⋯⋯⋯⋯⋯高爱华

钓鱼⋯⋯⋯⋯⋯⋯⋯⋯⋯⋯⋯⋯⋯李志川

"大丈夫"⋯⋯⋯⋯⋯⋯⋯⋯⋯⋯⋯杨宝玉

离婚者的孩子⋯⋯⋯[日本]川端康成　左天香译

诗歌

散文诗页

我⋯⋯（外一章）⋯⋯⋯⋯⋯⋯⋯⋯柯　蓝

蝴蝶标本（外一章）⋯⋯⋯⋯⋯⋯⋯刘湛秋

淬火集⋯⋯⋯⋯⋯⋯⋯⋯⋯⋯⋯⋯黎焕颐

故乡也需要休息（外一章）⋯⋯⋯⋯刘再复

小屋（外一章）⋯⋯⋯⋯⋯⋯⋯⋯⋯张　岐

蝉和孩子（外二章）⋯⋯⋯⋯⋯⋯⋯王尔碑

酬答（外一章）⋯⋯⋯⋯⋯⋯⋯⋯⋯肖　岗

童年，在故乡（三章）⋯⋯⋯⋯⋯⋯李　耕

攀枝花之歌（诗辑）⋯⋯⋯⋯吕云松　述　隆

李音湘　杨学贵

第一片绿叶（诗辑）⋯⋯⋯⋯⋯苏　群　熊　诚

一篇诗话

为诗鸣不平⋯⋯⋯⋯⋯⋯⋯⋯⋯⋯邓节芳

诗的变形⋯⋯⋯⋯⋯⋯⋯⋯⋯⋯⋯徐立忠

评论

关于理论与创作的关系问题⋯⋯⋯⋯王朝闻

切磋篇（诗人谈诗）

——读《一个女兵的来信》有感⋯⋯邵燕祥

开创文艺新局面的关键在哪里⋯⋯⋯李基凯

匡庐文谈

"引而不发"与"引满而发"⋯⋯⋯⋯贺光鑫

李白服善不服输⋯⋯⋯⋯⋯⋯⋯⋯⋯申家仁

玉箫哀怨传乡音⋯⋯⋯⋯⋯⋯⋯⋯⋯肖蕙琴

来自故乡的信息⋯⋯⋯⋯⋯⋯⋯⋯⋯南　屏

1983 年第 2 期　刊名:《星火》
目录

小说

在青山那边（长篇选载）⋯⋯⋯⋯⋯俞　林

微弱的星光⋯⋯⋯⋯⋯⋯⋯⋯⋯⋯⋯墨　微

瘟神的克星⋯⋯⋯⋯⋯⋯⋯⋯⋯⋯⋯张老三

麝香⋯⋯⋯⋯⋯⋯⋯⋯⋯⋯南　翔　严丽霞

癌恐⋯⋯⋯⋯⋯⋯⋯⋯⋯⋯⋯⋯⋯徐绍芳

檀香骨扇⋯⋯⋯⋯⋯⋯⋯⋯吴凤珍　吴翼民

石蚧⋯⋯⋯⋯⋯⋯⋯⋯⋯⋯⋯⋯⋯邱恒聪

安东妮娜·谢尔盖耶夫娜

⋯⋯⋯⋯⋯⋯⋯⋯[苏]P.M.叶尔莫里耶娃

谢迎芳译　黎皓智校

散文

萧鼓鸣兮发棹歌——缅怀吴伯萧同志⋯⋯公　仲

钢城抒怀⋯⋯⋯⋯⋯⋯⋯⋯⋯⋯⋯陈海萍

深闺探秀——井冈山散记⋯⋯⋯⋯⋯褚言义

诗歌

九叶新绿

西湖⋯⋯⋯⋯⋯⋯⋯⋯⋯⋯⋯⋯⋯杜运燮

窗口（外一首）⋯⋯⋯⋯⋯⋯⋯⋯⋯唐　祈

凝望遥天⋯⋯⋯⋯⋯⋯⋯⋯⋯⋯⋯辛　笛

射雉（外一首）⋯⋯⋯⋯⋯⋯⋯⋯⋯唐　湜

蓝紫的野花⋯⋯⋯⋯⋯⋯⋯⋯⋯⋯⋯郑　敏

孔雀长鸣（外一首）⋯⋯⋯⋯⋯⋯⋯陈敬容

散文诗二首⋯⋯⋯⋯⋯⋯⋯⋯⋯⋯⋯袁可嘉

夏天（三首）⋯⋯⋯⋯⋯⋯⋯⋯⋯⋯熊光炯

武夷山诗草（二首）⋯⋯⋯⋯⋯⋯⋯陈世旭

悲剧的诞生⋯⋯⋯⋯⋯⋯⋯⋯⋯⋯⋯杨　牧

一瓢诗话

诗苑语丝⋯⋯⋯⋯⋯⋯⋯⋯⋯⋯⋯余　之

"做饭"和"酿酒"⋯⋯⋯⋯⋯⋯⋯⋯邓节芳

评论

文艺要伴随着时代的潮流不断前进——关于文艺开创

新局面问题的思索⋯⋯⋯⋯⋯⋯⋯缪俊杰

创作，感受和思索的结晶——张弦访问记⋯⋯周崇坡

艺术伏笔的奥妙（匡庐文谈）⋯⋯⋯陈　炳

陌上柔桑初破芽——读《第一片绿叶》⋯⋯陈良运

一枝红杏出墙来——喜读长篇小说《漩涡》⋯⋯刘国伟

1983 年第 3 期　刊名:《星火》

目录

电影文学剧本

远方的星星 ················· 毕必成

小说

淡淡幽香的槐花 ··········· 姜天民
和云伴月 ··················· 方 华
天上，星星在闪烁 ········· 王海玲
生者与死者 ················· 方家骊
金桔 ······················· 汪彩萍
搏斗 ······················· 春 潮
麻绳曲（小小说） ········· 流 水

诗歌

散文诗页

细细的雨丝（三章） ······· 管用和
湖与心 ····················· 那家伦
掀开世界画册（三章） ····· 许 淇
云雀（三章） ············· 耿林莽
冰花（外二章） ··········· 述 隆
种豆（外一章） ··········· 纪 川
女作者诗页（诗辑） 　郑 敏　陈敬容　向绍兰
晓 钢　许 洁　项汝平　钟 明　才树莲　赖寄丹
第一片绿叶（诗辑） ······· 何 水
小 路　吴明朗　王耕耘　许林水　钱苏金　黎 容
读"第一片绿叶"（一瓢诗话） ··· 陈 忠

评论

时代·现实·新人 ··········· 刘锡诚
"奉献给中国的劳动人民"（作家专访）——记艾芜的
生活与创作 ··············· 胡德培
格高意新　必将崛起 ······· 宋 垒
散文诗随谈 ················· 王光明
研究探讨革命历史题材创作新路——本刊召开革命历
史题材创作座谈会 ········· 余 鸣

1983 年第 4 期　刊名:《星火》

目录

小说

背水一战（中篇小说） ····· 曲一日
春来远归人 ················· 李春光
招牌 ······················· 彭霖山
岁月 ······················· 谢鲁渤
赋闲的第一夜 ············· 周毅如
这里并非西伯利亚 ········· 郜 磊
札 ························· 刘孝存
在另一个世界里 ········· 唐 晓　胡 剑

散文

赋仙人球·掌·柱 ··········· 犁 人
山毛榉 ····················· 楼肇明

诗歌

谷雨诗会:《四月，芳香的田野》（诗辑）···· 胡 平
朱昌勤　李 曼　王剑静　戴启棠　陶 郎　吴义龙
刘立云　沈家溪　李初阳　洪 亮　左一兵　廖国钧
苏辑黎　肖 宾　邓丹心　肖祖萌　周敏生　桂向明
乡土二题 ··················· 林 希
秋意（十二首） ··········· 雷抒雁
西双版纳抒情 ············· 寒 星
诗意拾遗（一瓢诗话） ····· 阿 红

评论

文学在前进 ················· 陈俊山
革命历史题材创作如何出新（作家谈创作）
——罗旋创作经验谈 ······· 嘉 湘
思想、感情、文采
——谈谈王海玲的小说创作 ··· 岑 桑
熟悉生活与真情实感 ······· 王海玲
读肖望发形象的个性刻划——读《肖望发传奇》和
《八把手》 ··········· 曹泽华　刘开汶

1983 年第 5 期　刊名:《星火》

目录

小说

在明天（中篇小说） ··· 雨 时　如 月
苏醒的灵魂 ················· 吴 冈
生死一瞬间 ················· 刘晓力
宝贝 ······················· 阿 木
竹子和秀秀 ················· 张品成
梅魂 ······················· 张曼菱
给Ｓ夫人的报告 ····· ［日本］星新一　毕 耀译

散文

青云谱记——访八大山人纪念馆 ··· 杜书瀛
阳朔山水情 ················· 杨 平

诗歌

散文诗页

滇池洱海间（三章） ······· 胡 昭
给……（二章） ··········· 陈慧瑛

佝偻着的背（外一章）……………………华光耀
人生（四章）………………………………黄 宏
黄昏…………………………………………罗亨长
小伐木人的笔记（二章）…………………文 牧
花朵（外二章）……………………………邓玲玲
思乡的雨（外一章）………………………叶庆瑞
牛背上的歌（外一章）……………………罗 丁
抒情短歌辑………………嘉 梁 唐 祈 崔合美
杨大茅 陈茂欣 艾子青 蒋人初 严春生 吴有生
帅珠扬 徐立忠 周 民 于耀江 刘小平 吴 灌
一瓢诗话
诗苑偶拾……………………………………阿 隆
学牛反刍……………………………………郑润生

评论
不能付给历史一张空白的答案——访首届"茅盾文学
奖"获奖者李国文…………………………孙武臣
评《人民在战斗》…………………………吴松亭

匡庐文谈
作家的"彩排"……………………………贺光鑫
揭示性格内部的矛盾………………………周劭馨
散文浅议二则………………………………周书文

1983 年第 6 期　刊名:《星火》
目录

小说
撞岩山儿女风情录（中篇小说）…………江 鱼
丁香花凋谢的时候…………………………汤吉夫
"常委楼"里的新住户……………………宋清海
菜市街的三角洲……………………………金 岱
奇诡的排列组合……………………………余国振
幸运儿………………………………………徐志翔
烫发…………………………………………许学政
淡淡浔阳月…………………………………周 涛
爱的契约…………[美]威尔·斯坦顿 徐伯钧译

散文
乡村客店的一晚……………………………徐中玉
蟒的传奇……………………………………高洪波

诗歌
武夷山诗笺
天游峰红豆…………………………………郑成义
剑兰…………………………………………赵丽宏
候鸟驿站……………………………………宁 宇
森林里，树和风……………………………冰 夫

青春的回声（诗辑）………………………熊明泽
熊光炯 陈所巨 杨 炼 刘道远 邱 融 陈 珑
顾 城 孙家林 刘 昕 曲庆玮 张应想 金 桑
叶延宾 卓 凡 刘立云 北 岛 许德民
钥匙，叮当叮当……………………………陈官煊
一瓢诗话
谈"平淡"…………………………………苏辑黎
以"有限"寓"无限"………………………孙 田

评论
谈获奖中篇小说《人生的创作》（作家与评论家对
话）………………………………………王 愚 路遥
"块"式描写与散点透视——从《李自成》看场面之
真…………………………………………汝 捷
趣味·活气·戏剧性………………………胡宗健
陈祖煌的版画创作…………………………谢 牛
人们喜爱散文诗（读者·作者·编者）

1983 年第 7 期　刊名:《星火》
目录

中篇小说
警报拉响之后………………………………陈海萍

短篇小说
弯弯曲曲的圆号……………………………张鑫华
特殊的女游客………………………………罗时叙
他将怎样回答？……………………………林牧夫
人，鹰，鱼，蛇……………………………阳 春
镶在墙上的电视……………………………顾 城

小小说
买票…………………………………………李志川
搭车…………………………………………周曙光
将军与萝卜…………………………………康 戎
假如明天就死去……………………………朱康银

翻译小说
化妆师与逃犯……[日]星新一 郝跃英 卢 群译

散文诗页
星·跋涉者…………………………………李 耕
心迹（四章）………………………………刘再复
太阳啊………………………………………杨学贵
月芽儿与燕子（二章）……………………雁 翼
含笑的草原（三章）………………………孟 河
忆闽南（三章）……………………………陈 犀
乡愁（外二章）…………[日]三好达治 凡 非译

第一片绿叶（诗辑）·····················黄景林
孔卓如 聂卫平 刘志泉 钱松泉 曾民发 黄海君
熊国泰 韩青 小平
一篇诗话
诗话小品·····························于宗信

创作通信 创作讨论
个人情趣与时代精神·····················谢冕
突破"五老峰"
——谈革命历史题材创作的出新···········杨佩瑾
耕耘者——悼诗人文莽彦同志·············郭蔚球
纷纷谷雨悼诗人——怀念文莽彦同志·········陈良运
诗歌应当唱出时代的心声——记江西省1983年"谷
雨诗会"·····························本刊记者

1983年第8期 刊名：《星火》
目录

短篇小说
青年·事业·爱情·道德
抢劫即将发生······················楚良
大学里最小的"官"···················龚江南
啊，城墙·························山谷
明净的夜空·······················杨宝玉
未来的宣传干事·····················胡金生

中篇小说
哥哥等我·························贺传圣

小小说
污渍····························安默
事故分析会·······················杨尚青

报告文学
国徽闪闪
——南昌市公安局西湖分局刑侦队掠影·······胡平

四化短笛
舷窗上，半边月亮（外一首）··············陈良运
我的师傅·························刘希涛
给妻子（外一首）····················聂鑫森
在晚收过的田野上（外二首）··············吴义龙
壕堑，我的摇篮·····················刘毅然

诗海浪花
南昌即兴（外二首）···················黎焕颐
秋原····························沙白
根·····························杜运燮

大海的心愿（外一首）··················谢其规
我的新居·························邓节芳
道旁的智慧（外一章）··················唐湜
如果我能和你在一起···················顾工
无题····························王槐乔
刺花莓（诗辑）············石河 邓斌 徐新杰
一瓢诗话
读诗两则·························罗良德

作家专访
"事实未必曾有，人情倒是力求其真"——陆地谈革
命历史题材的小说创作··················王敏之

创作讨论
革命历史长篇小说创作的新视野·············周劭馨
文讯
四刊联合举办小说创作补习班

1983年第9期 刊名：《星火》
目录

中篇小说
这支歌是美丽的·····················姜天民

短篇小说
那乳白色的房子·····················方方
员老五和他的"聚宝盆"·················峭石
哦，那过去了的·····················王海玲
女伴····························毛志成

革命历史小说
败将····························罗旋
血溅万寿宫·······················傅汉清

翻译小说
直率的表白·················[匈]拉兹罗·伯笛
顾建华 左红译

报告文学
三名死囚的忏悔·····················文星

作家通信
难题的探讨——给王安忆同志的信············周介人
"难"的境界——复周介人同志的信···········王安忆

新作短评
评长篇小说《喂喂姑娘》·················刘国伟

匡庐文谈
"转"的艺术技巧····················谭龙生
单纯与丰富·······················周崇坡

1983 年第 10 期　刊名:《星火》
目录

新时期文艺工作的指针——学习《邓小平文选》关于
文艺问题的论述··················任　言

短篇小说
承蒙错爱·······················胡月胜
底层下，有一条小溪···············陈海萍
回声···························张品成
助理审判员······················雁　舒
第十三……······················曹元明
爱情与老鼠药····················流　泉
街拐角有座小礼堂·················晋　川
你怎么不害臊?···················孙达佑

翻译小说
星条旗下··············〔美国〕兰斯顿·休斯
宋子燕　张经浩译

喜剧电影文学剧本
笑声之外·······················徐　翔

散文
大海啊，你唤起我多少回忆··········俞　林

散文诗页
土地篇·························耿　翔
哦，色彩管理····················赵春华
暮春···························朴康平
戈壁项链·······················李连泰
从路上拾回的歌··················姜文岩
雷雨···························桂向明
大森林的童话····················马及时
网·····························李茂垠
小阁楼（外一章）·················张自旗
故乡二题·······················程关森
糖老者（外一章）·················李国清
在田野上（诗辑）·················陈所巨
乔延凤　颂　今　熊召政　寒　星　廖国钧　陈官煊
苏辑黎　赵发魁　黄定才

作家专访
从《谁是最可爱的人》到《东方》——记部队老作家

魏巍···························王文迎

文讯
争取革命历史题材创作的新突破——革命历史题材创
作讨论会纪要····················本刊记者

创作讨论
革命历史长篇小说描写普通人形象的新收获···黄　方
弃学求艺　勤奋登攀
——记工艺美术家王锡良···········吴海云

1983 年第 11 期　刊名:《星火》
目录

中篇小说
漂亮女兵················张聚宁　朱向前

报告文学
来自围歼"二王"现场的报告·······涂吉安　姜惠林

短篇小说
谷雨茶·························刘欧生
打虎之后·······················胡金生
一个护士的故事··················戴启棠
心事···························陈金泉

小小说
这么一个人······················焦宝桐
铁头老汉·······················刘震云

翻译小说
白袜子················〔英〕劳伦斯　汤天一译

散文诗页
在田野上·······················刘　虔
在西北（三章）··················安　南
到版纳去（外一章）···············嘉　嘉
新芽（外一章）··················徐成淼
是扬帆的时候了··················徐立忠
寻找（外一章）··················徐少康
奔驼···························肖　川
童年琐记（二章）·················王　野
松阿察河边的哨所（外一章）········于耀生
白帆·无花果·纸船················陈　珑
抒情短歌辑（诗辑）···············杨　山
宫　玺　黄诗咏　杨大矛　杨学贵　刘茂盛　洪　亮
王世兰　姚焕吉　吴志昆　周劭馨　王安雄　傅太平

一瓢诗话

向着诗艺之海························阿 红
诗话六则·························洋 滔

作家通信

勃发深沉的思辨美·····················杨匡汉
思辨的力量来自现实的生活················刘湛秋

匡庐文谈

想象要像·························春 晖
无声的"角色"挑大梁···················陈 炳
"无技巧"漫谈······················陈良运
"只有性格是神圣的"···················贺光鑫

报告文学

有土地，就会有春天····················姜惠林
散文诗页·························文 牧
刘湛秋 胡 锐 刘烨园 张应想 叶庆瑞 方竟成
第一片绿页（诗辑）···················曾长生 江 熙
徐承锋 彭义豪 建 华 陶冬狗 罗 晖 黄 瑛
梁 莉 苏海琼 梅中生

新作评介

写出生活的血肉
——评小说《抢劫即将发生……》···········吴 海
漫评《鸡鸣店》的"鸡风波"···············陈俊山
以人物描写见长——读《美丽胡枝子》··········王成章

1983 年第 12 期　刊名:《星火》
目录

革命历史题材创作大有可为················白栋材
革命历史题材创作需要突破（笔谈）
要突破旧框框······················舒信波
写好英雄人物······················郭蔚球
写出人来打动人····················杨佩瑾
忌与求·························罗 旋
突破中的歧路······················冯立三

高举社会主义文学旗帜　抵制和清除精神污染

我们的一项迫切任务···················俞 林
努力学习　提高认识···················陈世旭
文学，严肃的工作····················李 耕
作家的职责·······················朱昌勤

短篇小说

无名墓地·························徐绍芳
纯净的心灵·······················旷小林
相会在车站·······················吴碧莲
流水人家·························恒 堤
春蚕到死·························黄均明

中篇小说

早春的田园····················张宇清 吴清汀

翻译小说

空中死神···············[日本]星新一 左天香译

散文

三湾，我对你爱得深沉··················李 前
井冈山的流水······················贺 军

1984 年第 1 期　刊名:《星火》
目录

报告文学

九块金牌····················熊光炯 毛秉权

短篇小说

短篇小说二题······················张 洁
"尤八国"体验
一个频尿患者在 X 国
在小镇法庭外边·····················叶明山
魔术师的厄运······················孙小林
理发师和西瓜担·····················庄东贤
职责··························罗幸泉

中篇小说

飞出院墙的音符·····················郑伯权

小小说

慰藉··························何 侃
怪谁?··························蒋泽先
河边一双鞋·······················刘建华

散文

灯的召唤·························李仁兴
访白娘子故里······················吕云松
青春的回声（诗辑）···················刘立云
颜 溶 郭晓晔 孙家林 公 仆 殷 红 周敏生

散文诗页

春到古长城（三章）···················徐万明
海的散文诗（四章）···················许 淇
田埂弯弯曲曲的……（外二章）·············桂兴华
东京散记（三章）····················纯 人

儿子（外一章）……………………王尔碑
乡风…………………………………吴志昆

文艺论坛
清除文学中精神污染的随想…………冯立三

作家专访
自有诗心如烈火——柯岩访问记……高洪波

创作讨论
革命历史题材与精神文明建设…………繆俊杰

新作评介
一曲壮美的时代赞歌
——读《警报拉响之后》……………袁茂华

文讯
本刊召开报告文学作者座谈会…………本刊记者

1984 年第 2 期　刊名：《星火》
目录

散文诗创作有广阔的发展前途
要为社会主义精神文明建设作出贡献…………柯　蓝
强化散文诗创作的艺术气魄……………刘再复
"浮"与"沉"…………………………王中才
散文诗也要反映火热的斗争生活………那家伦
关于突破的思考………………………刘湛秋

中篇小说
闹地震………………………………高晓声

短篇小说
小镇名人录……………………………陈世旭
并非巡抚员的故事……………………陆永基
紫罗兰………………………………丘　峰
继父…………………………………邱国珍
离别…………………………………林　予

小小说
画（外一篇）…………………………曹　强
她从"雾"中来…………………………张光烈

报告文学
"新星"升起之后………………………莫　名

散文
鹰·峰…………………………………杨洪鸣

石景奇美翰墨香………………………嘉　湘

散文诗页
柚子树的思念（外二章）………………雁　翼
长城，智慧和苦难的城垣（外一章）……于耀生
唢呐（外一章）………………………黄　瑛
绍兴二章………………………………桂向明
海岛与战士……………………………何百源
喝牛奶的孩子（外一章）………………赵　敏
街心花园（外一章）……………………张　长
妈妈（外一章）………………………冷克明

诗歌
给诗人（四首）………………………木　斧
四化短笛（诗辑）………………朱昌勤　刘茂盛
熊明泽　钱松泉

一瓢诗话
诗苑谈片二则…………………………罗良德

匡庐文谈
爱及其他………………………………黄　方
性格的多面性…………………………张德林

1984 年第 3 期　刊名：《星火》
目录

短篇小说
越来越遥远……………………………蒋　杏
为了大森林……………………………梁晓声
黑丑…………………………………罗　旋
状元镇来了个小木工…………………宋清海
她脉脉含情地笑着……………………谢　璞
潭边…………………………………黄　堤
春雾消散的黎明………………………熊云生

小小说
你等了这么多年………………晓　君　金　友
觅美…………………………………赵德明

中篇小说
百花巷三号……………………………尹一之

散文诗页
散文诗三章……………………………陈　犀
京华赋（四章）………………………刘再复
阳台上………………………………吴田波
木筏…………………………………周志高

弄潮儿（外二章）·············公 仆
四个小天鹅··················那家伦
芳晴集（三章）···············曹 雷

诗歌
当代人（三首）···············胡 平
第一片绿叶（诗辑）······李向饶 赵云兵
贺焕明 周小春 严 鹰 凌宏仁
编辑丛谈
《围墙》发表前后··············刘剑清

创作论坛
深情巧思织新篇——谈许洁的诗歌创作···秦梦莺
热烈期待着……——诗坛新人刘立云···胡 平
向生活的深处走——写给周敏生同志···陈良运

匡庐文谈
花和尚"偷"、"抢"观···········谭龙生

文艺新人
邱国珍小说印象···············吴 海
别具一格的女画家肖小源·········陈正元

文讯
中篇小说创作座谈会在宜春召开······本刊记者

1984 年第 4 期　刊名:《星火》
目录

《抢劫即将发生……》、《四个四十岁的女人》获 1983 年全国优秀短篇小说奖

获奖作品评介
爆发于生活的矛盾之中
——评《抢劫即将发生……》·······曹泽华
独运匠心的艺术创作
——评《四个四十岁的女人》·······刘开汶

中篇小说
逝去的岁月············邹 午 毛小榕

短篇小说
上高中的时候···············肖复兴
神蛙····················蒋 波
天上掉下来的麻猫············绍 六
小城秋意凉················毛志成
一片飘忽的云···············苗振亚
公共汽车上的争吵············戴胜德

报告文学
中国的大活宝——记著名相声演员姜昆···胡 平

散文
死在黎明前的歌者············彭荆风
梅兰芳和泰戈尔··············梅绍武

散文诗页
匡庐夜雨（外二章）···········黎焕颐
骆驼····················杨榴红
不是恋歌（外一章）···········耿林莽
林区抒情（二章）············陈志泽
海平线（外一章）············李晓桦
田野上的一位老农（外一章）······孔 林
冬珊瑚···················郑云云
暮归（外一章）··············刘益善
林中散记（三章）············秋 原
我还捧着那弯月牙············余国振

谷雨诗会
在葱郁的田野上（诗辑）········吴义龙等

旧体诗
蒋彝旧体诗·················蒋 彝

文艺诗人
张聚宁小说创作琐议···········贺光鑫

匡庐文谈
"截"的艺术——短篇小说艺术探微···谢明德
返朴归真　炉火纯青——漫谈艺术的朴素美···郭 超

1984 年第 5 期　刊名:《星火》
目录

短篇小说
一个女厂长未婚夫的内心独白······尹 平
跳上跳下的"杂家"············黄佳星
高中毕业生·················王海玲
悲怆的歌女···········王海粟 汤建华
他送的奶是不羼水的···········云 玛

中篇小说
遴选记···················邢月明

小小说
"唐·吉诃德"考车技···········曹立侃
伯伯并非局长···············陈家明

见报 ···易定国

翻译小说

杀人犯·······················[印尼] 苏·苏迪佐索　林　达译

散文

月下玉兰···程　帆
洛阳桥散记···艾青峰
鸽哨···匡建二

散文诗页

烽烟集（三章）···纪　鹏
炭（外二章）···徐成森
赣北游思（四章）···陈慧瑛
给引航员···聂鑫森
那达慕速写（四章）···孟　河
检察院门前的柏树···谢亦森
海崖上的小花（外一章）···张　岐
田中顺子···萧代丘
春歌···胡宝卿

诗歌

青春的回声（诗辑）···刘立云　卓　凡
刘晓宇　苏　群　黄景林　黄小军　刘小平　陈安安
周敏生　邓　斌　何　以
文艺论坛
文艺与人性、人道主义问题——读胡乔木《关于人道
主义和异化问题》札记···刘欣大

匡庐文谈

审美掠影纪杂···周崇坡
从别林斯基的文学批评谈起···胡宗健

文讯

《星火》、《百花洲》编辑部联合召开小说创作座谈会
···本刊记者

1984 年第 6 期　刊名:《星火》

目录

短篇小说

刁民···楚　良
乡村灶王爷···孙小林
考验···骆国骏　倪顺明
杜荀鹤赶考···肖文苑

电影文学剧本

三少年···王贤才　春　潮

散文

向大海···朱春雨

报告文学

斯林祥的三次恋爱···胡金生

散文诗页

期待（外四章）···柯　蓝
特区的港湾（二章）···傅子玖
霜降···黄诗咏
故乡的柿树（外一章）···马及时
金色的大雁···廖震赓
海滨浴场上（外一章）···管用和
冬夜的口哨曲（外一章）···兰　兮
童年的回忆（三章）···孙海浪
小星星···吴　城

诗歌

梅岭行（三首）···吕云松
珠海特区剪影（二首）···寒　星
庐山风物···雁　翼
我依然执著地追求···林　希
我害怕争吵（外一首）···顾　工
黄···耿　翔

作家通信

关于深化军事题材作品主题的通信···范咏戈　朱苏进

新作评介

人生之船，驶向何方
——评《四个四十岁的女人》···吴宗蕙
思想深邃　形象感人
——看获奖影片《乡音》有感···李蓬荻

匡庐文谈

乔治·桑与福楼拜的论争风格···陈良运

1984 年第 7 期　刊名:《星火》

目录

长征路上的女兵们——危秀英访问记···聂成根

中篇小说

"艺术家"奇事···王承刚

短篇小说

城南区"议员"···汪　洪
看不见的市场···曹玉模

风雪之后·····张泰民
带火的银剑（长篇小说选载）·····孙海浪

小小说
"唉，你呀！"·····曹泽华
等待·····余 幽
灯光·····郑允钦

报告文学
描绘在瓷板上的人生·····蒋 迅

散文
绿色的流云·····丘 峰
黑石礁·····杨 平

散文诗页
回音（三章）·····李 耕
葡萄熟了（外一章）·····赵春华
遥远的河·····肖 川
读诗随想·····王尔碑
烟斗·····胡春亮
桑树（外一章）·····程关森
我的第一节课·····忆 敏

诗歌
西藏风情（三首）·····郭蔚球
浒湾书铺街（外一首）·····周 民
第一片绿页（诗辑）·····程 维
谢 轮 韩 郁 蔡玉春 张 露 李忠利 肖力群

作家专访
在弯弯的小路上——王一民印象·····赵 青

新作评介
为当代人的心灵塑像
——评胡平的诗《当代人》·····张同吾
秋天，果实将更加圆熟
——熊光炯近作印象·····周劭馨
"墓地"面前的独特表演
——评《无名墓地》·····曾广德
人民——艺术家的母亲
——读《飞出院墙的音符》·····王自立

匡庐文谈
作家的节制·····贺光鑫

1984 年第 8 期　刊名:《星火》

目录

短篇小说
卖阄儿·····孙方友
在隆冬的海面上·····陈 平
雾蒙大朋岭·····胡桔根
老区明月夜·····董保存
张委员·····明 理

中篇小说
古驿道上·····江 鱼

散文
在这块特殊的国土上·····朱昌勤
延安夜市·····李 前
泸定桥情思·····柳名理

诗歌
沿着长征的路·····（诗辑）郭蔚球 刘立云
刘小龙 陈志铭 黄文忠
山杜鹃（三首）·····杨 牧

散文诗页
城市四重奏（四章）·····许 淇
大海上（外一章）·····卓 凡
火的断想·····朱一鸣
东京街头剪影（二章）·····纯 人
鹰之歌·····梁 平
秋夜，在九华山·····王慧琪
歌声的种子·····朱世骚
雁·····朱 电

作家剪影
李瑛和他的诗歌近作（上）·····纪 鹏

创作论坛
新生活漩涡中的人们——谈《天鹅湖畔》等中篇小说
中的人物·····牛玉秋

匡庐文谈
揭示"盛筵必散"的艺术·····周书文

新作评介
奏出时代的音响——读《一个女厂长未婚夫的内心独
白》、《遴选记》有感·····袁茂华

1984 年第 9 期　刊名:《星火》
目录

短篇小说

胡良茂"逃捐" ·· 楚　良
雾深处 ··· 相知山
舞会延期 ··· 兰　兮
有两个男人的女人 ······································· 李志川
难回答的问题 ··· 曹均安
实况转播 ··· 张昌华

中篇小说

珊瑚白 ··· 毛志成

报告文学

掌勺人和他的那支笔 ····························· 张炳生　夏逢南

散文

蟋蟀梦 ··· 述　隆
青原山随想 ··· 彭国远

散文诗页

旅途二题 ··· 朴康平
呵，半坡姑娘 ··· 耿　翔
湖韵（二章） ··· 张应想
伶仃洋上 ··· 寒　星
剪彩·红蓼 ··· 宫　玺
石峰及其他（三章） ····································· 杨学贵
牧童和牛 ··· 曾小春
绿叶的归宿 ··· 徐立忠
石榴 ··· 鄢家发
昭君墓 ··· 于耀生

诗歌

抒情短歌（诗辑） ······································· 黄宗林等
第一片绿叶（诗辑） ····································· 唐　恒等
努力表现现实生活
——简评三位萍乡作者的处女作 ·························· 陈良运

作品评介

井冈山的茶叶细又香——读《文莽彦诗选》 ·················· 熊光炯
走向成熟的田野——谈苏辑黎的近作 ······················ 秦梦莺

作家剪影

李瑛和他的诗歌创作（下） ······························ 纪　鹏

匡庐文谈

由孩子评画想到

——艺术美妙在"似与不似之间" ························ 陈　炳
话说短诗 ··· 陈良运

1984 年第 10 期　刊名:《星火》
目录

长篇选载

红尘 ··· 杨佩瑾

中篇小说

篝火 ··· 陈世旭
循环学 ··· 罗　旋

短篇小说

民主窑记事 ··· 宋清海
奢望 ··· 胡　辛
青年刘伯承的故事 ······································· 毕必成
再过二十年 ··································· 雨　时　如　月
金子岭轶事 ··· 邱恒聪
学习班来了个俏姐儿 ····································· 陈海萍

创作记胜

喜看文苑竞繁华
——新时期江西小说创作巡礼 ·························· 陈俊山

1984 年第 11 期　刊名:《星火》
目录

短篇小说

将军和女儿的一天 ······························ 朱向前　张聚宁
蓝色的梦 ··· 郑训成
乍暖还寒时候 ··· 山　谷
人生一瞬 ······································ 南　翔　严丽霞

报告文学

顺外风云录 ····································· 姜惠林　廖世功

中篇小说

玩魔方的人 ··· 毛秉权

小小说

"制止滥发文件的通知" ··································· 黄均明
落幕之后 ··· 徐小秋
局长和"诗人" ··· 何云海
翠镯 ··· 蒋　励

诗歌

访鄂纪行（三首）————————————柳　斌

礼花（诗辑）——————————杨学贵　徐万明

朱昌勤　陈良运　刘立云　王安雄　左一兵　吴义龙

散文诗页

台风停息以后————————————郭　风

致改革者（三章）————————————黎焕颐

浮雕（外二章）————————————述　隆

戈壁雨（外二章）————————————白　渔

矿石————————————————郭宝臣

飞鸟（外一章）————————————陈文和

不朽的生命（外一章）——————————晓　秋

创作纪胜

时代风涛的心灵回声

——新时期江西诗坛絮语————————周劭馨

1984 年第 12 期　刊名:《星火》
目录

报告文学

B 淋巴细胞————————————熊光炯

一个小厂的改革风波——————张胜龙　孙月沐

冬瓜大王本纪——————————吴文丁　何长生

短篇小说

第 24 名钻工————————————郭传义

石洞山—————————————李宽定

带链条花的门帘背后————————戴启棠

丁字街口的人们————————————冯　之

啊，我的小鹿————————————安文江

小小说

咬紧牙关————————————阮争翔

失去的和得到的————————————汪天行

卖甜瓜————————————刘国芳

散文

武汉情—————————————俞　林

九华朝圣————————————黄润祥

诗歌

井冈山（祖诗之一）————————朱子奇

抒情短歌（诗辑）——————苏辑黎　萧　为

陈秀庭　石太瑞　白　榕

散文诗页

军人走进大西北（三章）————————晓　桦

沉思者的海————————————王家新

赏樱（二章）————————————丁　芒

星————————————————袁永庆

童年的脚印（二章）————————王　野

和大漠的对话（二章）————————郭永明

审视（外一章）————————————王俊义

捕蛇人家————————————凌骥飞

卖盆景的山妮（外一章）————————徐天喜

文艺论坛

改革家形象新议————————————周崇坡

创作论坛

照亮人们心灵的篝火——读陈世旭中篇新作《篝火》

随想———————————————吴　海

匡庐文谈

关于创作情绪的对话————————陈良运

新书评介

一支优美的生活赞歌——读《枕流歌》随想————川　雨

文讯

中国散文诗学会在京成立————————纪　鹏

1985 年第 1 期　刊名:《星火》
目录

短篇小说

"炮楼"经理————————————贺景文

知夫莫过枕边妻————————————罗秋敏

飞回来的"鸽子"————————————江　婴

鹿礁路○号————————————阎欣宁

蟹河人家————————————曾烈干

难忘的猫耳卷————————————章　轲

中篇小说

画箱————————————————余国振

小小说

轻云，飘过心头————————————陆其国

一号房间静悄悄————————————陈金堂

电视机与小小说————————————梅建民

散文

曼谷有高楼————————————彭荆风

我爱山溪水————————————程关森

剑兰·韭兰 --犁 人

散文诗页

勇者（外二章）----------------------------------胡 昭
遥远的波涛 --------------------------------------耿林莽
第二次婚礼（外一章）--------------------------陈志泽
高高的烤烟楼（外一章）------------------------文 牧
岩浆 --王安雄
圆明园残赋（外一章）--------------------------孟 河
在古老的郝哲村庄里 ----------------------------王晓廉
更恋庐山（二章）------------------------------桂兴华
油茶 --黄诗咏
老师 --田 波

诗歌

绿叶诗笺（诗辑）
------------项汝平 郭晓晔 孙家林 唐 恒

创作谈

《惊涛》艺术谈（三题）------------------------贺光鑫

匡庐文谈

"把自己的人物看作活生生的人"---------------丘 峰

新书评介

多彩的生活多彩的诗——读朱昌勤抒情诗集《多彩的
土地》--周勋馨

文学新人

此地是江南——左一兵近两年诗作印象----------胡少春

文讯

他也在艰难中起飞
——陈世旭创作讨论会?------------------本刊记者

1985 年第 2 期　刊名:《星火》
目录

中篇小说

假如他能活两次----------------------------------叶明山

短篇小说

一封终于发出去的信------------------------------柴建柱
红包 --吴翼民
太阳湾 --蒋 杏
眼睛不是核桃球----------------------雨 时 如 月
山里人家--------------[英]露·普·雅布瓦拉 汤天一译

散文

"清洁工"巴金------------------------------------安文江
农民的名片 --------------------------------------涂吉安

散文诗页

哦，大西北 --------------------------------------迟 骋
罂粟花（外二章）------------------------------丽 砂
珊瑚礁（外一章）------------------------------韩 坤
南方的巢（三章）------------------------------刘立云
求是篇 --马君伟
漂亮的老头儿（外一章）------------------------王尔碑
玫瑰刺（外一章）------------------------------卢晓渤
风 --李音湘
盘山公路（外一章）----------------------------王宗仁

诗歌

在田野上（诗辑）------------------陈所巨 姚火生
杨大矛 江朝栋 秦延寿 王耀东 阿拉坦托娅
第一片绿叶（诗辑）----------------廖 诚 祝逢安
尹积恕 白雪婷 汪 沛

文艺笔谈

为了跨上更高的创作阶梯——陈世旭近作《惊涛》、
《天鹅湖畔》笔谈
略谈《惊涛》的思想深度------------------------陈俊山
写出人物心灵的变化----------------------------舒信波
《天鹅湖畔》的新意----------------------------吴 海
是金子，就要发光------------------------------蔡桑安
章友法性格小议--------------------------------黄南南

新作评介

改革文学的新篇章
——谈中篇小说《冲出轨道的星》--------------吴松亭

文讯

文艺创作成果的大检阅——全省文艺创作评奖授奖大
会侧记--本刊记者

1985 年第 3 期　刊名:《星火》
目录

女性形象特辑

短篇小说

九十八级台阶上的尼姑--------------------------郭碧良
苦荞--刘舰平
我们的女团长，我的……----------------------傅汉清

报告文学

是玫瑰总会开花的
——记中国女篮十二号丛学娣·········朱效来 章寿安

中篇小说

并非铁血之歌·················曹元明

小小说

患恐食综合症的女人·············蒋泽先
她，并非多情··············（苗族）吴雪恼

散文

杏花，杏儿···············蔡阳启

报告文学

昌河拾贝——记昌河机械厂厂长景德元····郑伯权

散文诗页

序幕（外二章）··············陈 犀
生命的歌没有年纪（外一章）········莫 洛
猎舞··················岛 子
馈赠（外一章）·············铁 明
登长城（外一章）············管用和
漆树··················杜 若
新月（外一章）·············韦晓吟
游金山寺·················伊 萍

诗歌

军长，也会成为外祖父···········顾 工
绿叶诗笺（诗辑）·············刘道远
谢 轮 熊国泰 严春生 颜 溶 刘 昕 殷 红
邓玲玲 谢荣华 陈小平
创作必须是自由的·············俞 林
努力反映时代的变革生活··········杨佩瑾
像蚕一样工作···············陈世旭

文艺论坛

改革文学二题···············公 仲

新作评介

生动风趣非油滑 真切自然不浅浮——漫评中篇小说
《玩魔方的人》··············中 岳

1985 年第 4 期 刊名:《星火》
目录

中篇小说

罪证——会叫的钱包············绍 六

报告文学

月食呵，月食·······——李国文纪事···胡 平 张胜友
"粮商"们的生意经
——江西省粮油贸易公司掠影·······鲁 沫
一个骗子演出的荒诞剧（中篇）·······熊光炯

短篇小说

教授和他的女学生·············叶公觉
不是悲剧，也不是喜剧···········萧 为
乡村"二大爷"··············孙小林
《野玫瑰》事件··············李春光
头汤··················邓国强 闻 令
尖叫的女人··········〔美〕雷·布拉德伯里 侯圣银译

1985 年第 5 期 刊名:《星火》
目录

本期短篇小说主角：青年

短篇小说

鹊巢谁占?················贺益明
母亲不知儿心事············南 翔 严丽霞
早熟的季节················陈 垦
死亡线上的呼喊··············墨 微
"预测灵魂"················王承刚
雪夜，两辆三轮车·············黄建中
扣奖··················沈勇强
最后一道防线···············郑允钦

翻译小说

陷阱·········〔美〕埃勒里·奎因 李登龙 黄禄善译

散文

深圳的曙光················程关森
橄榄带来的记忆··············艾青峰

散文诗页

淡蓝色的回流（十二章）··········李 耕
赞美··················杨 炼
雪里鸿爪·················季振华
皖南屯溪老街···············赵春华
赶海（外一章）··············廖代谦
风呵，轻轻地吹吧·············刘允嘉
木兰溪··················朱谷忠
铁杉（外一章）··············罗文亮

诗歌

抒情短歌（诗辑）·······················陈 珑
周敏生 于秀明 于荣辉 勒公丁 徐立忠 陈 政
刘 骅 钟祖基 鸥一洋 吴林抒 沈天鸿 谢 烨
创作论坛
创作观念的更新浅议·····················周书文

匡庐文谈

"盘马弯弓惜不发"
——艺术美在于正确揭示感情·············陈 炳
艺术作品的"多义性"····················陈良运

1985 年第 6 期　刊名:《星火》
目录

短篇小说

蜻网·······························杨守松
庸人自述····························毛志成
瞬间·······························蒋 杏
归宿·······························李 剑

翻译小说

夫妻，是偶然的···········[日]结城昌治　左天香译
陷阱·········[美]埃勒里·奎因　李登龙　黄禄善译

小小说

树桩和狗····························曹立侃
小小说二题··························王贤才
她？他！····························杨 莉

散文

卖灵芝的姑娘··························赵 青
月亮，跟着你走！·····················哲 中

散文诗页

鹰·······························孙家林
白杨树（外一章）······················邱 融
站在老苏区的土地上（二章）················黄 瑛
故乡二题····························罗 丁
戈壁滩·····························李忆敏
一首散文诗和一部中篇小说················刘 昕
湖韵（二章）························张应想
林中的夕阳··························冷克明
糖葫芦（外一章）·····················吴田波
笼中鸟·····························卓 凡

诗歌

今天（组诗）··························胡 平

沉船，从波涛中浮起····················冯永杰

近年来长篇小说画廊漫笔

用新的方式看周围世界···················王 愚
深厚的历史感·························何镇邦
"同时代的行进取同一步伐"··············蔡 葵

匡庐文谈

散文诗的艺术特征
——读《星火》"散文诗页"随想·············江南叶

1985 年第 7 期　刊名:《星火》
目录

短篇小说

旋涡·······························宋清海
美的诱惑····························章兆麟
彩云飘出山··························刘欧生
戏班里的戏··························张鑫华
舞愿·······························曾印泉
让路·······························张天平

翻译小说

一念之差···········[美]理查德·马瑟逊　金国嘉译
陷阱·········[美]埃勒里·奎因　李登龙　黄禄善译

散文

千帆中的一叶小舟——二六〇厂纪事·············徐 华
清空的小园（外二章）···················陈 肃

散文诗页

苏醒了的音键（三章）···················郑 雨
更替的季节（外二章）···················雷抒雁
深圳抒怀（二章）·····················程关森
路（外一章）·························杨学贵
界限与期望（外一章）·········[苏]尤里·邦达列夫
黎皓智译
大漠二章····························郭维东

诗歌

火热的云岭（外一首）···················黎焕颐
抒情短歌辑·······谢其规　朱光甫　陈太顺　谢 轮

作家通信

关于爱情婚姻伦理题材的通信········航 鹰　盛 英

新作评介

它打开了一扇不寻常的人生窗户——评《九十八级台

阶上的尼姑》 ·································苏辑黎　吴文丁

1985 年第 8 期　刊名:《星火》
目录

报告文学
末代皇帝遗孀李淑贤 ················胡　平　张胜友
飘 ···青　锋

小说
在神秘的大森林里 ···季　仲
雨纷纷的清明 ···胡　辛
披雪的树 ···王兆军
油桐树 ···梓　农
米兰 ···黎　冬

散文
访澳散记 ···高景春
山·水·帆 ···景玉川

散文诗页
城市二章 ···羊　翚
鹰翅岭 ···刘立云
这是一座年轻的城市 ···许　琪
新屋 ···马及时
鄂尔多斯之野 ···尚贵荣
梅 ···王知十
永恒（外一章） ···晓　秋
一枝出墙的月季（外一章） ···陈少松
仁厚者（外一章） ···陶家明
古城门 ···胡　昕

诗歌
抒情短歌辑·······陈良运　李忠利　聂　耐　李音湘

新作评介
心灵的寄托　理想的追求——读俞林新作《在青山那
边》 ···胡德培
战争年代一曲普通人的歌
——评长篇小说《跋涉》 ···舒信波

匡庐文谈
艺术创作中的"生"与"熟" ···陈良运

1985 年第 9 期　刊名:《星火》
目录

中篇小说
在爱的祭台上 ···郭碧良

短篇小说
太阳·少女·群山 ···金　岱
天亮的时候 ···张鲁滨
在 C 社 ···羽　青
寡妇门前 ···孙小林
谋杀…… ···刘玉顺

翻译小说
跟父亲的一次跳舞 ···········［美］杰弗里改写　谢迎芳译

散文
心灵的桨声 ···钟祖基
银杏情思 ···邱　载

报告文学
难拖的拖车厂 ···鲁　沫

散文诗页
我问 ···柯　蓝
虎跑品茗（外二章） ···曾伯炎
童心的追忆（三章） ···沈　群
皖南的小推车（外一章） ···柯　平
改革家的妻子（外二章） ···桂向明
读卢梭的《忏悔录》 ···王安雄
乡村，黄昏印象（外一章） ···殷　红　王　蓓

诗歌
第一片绿叶（诗辑） ···吴金印
黄杭翚　三月莓　宗　峰　程先来　白　萍

作家通信
关于军事文学创作的通信 ···刘兆林　韩瑞亭

新作评介
浅谈《序幕》的人物塑造 ···周崇坡

1985 年第 10 期　刊名:《星火》
目录

短篇小说

回声································高晓声
天然图画···············雨　时　如　月
意外的结局············南　翔　严丽霞
相逢在江上························谭成健
别有洞天························魏曙光

中篇小说

"桃色新闻"的内幕·················朱昌勤

小小说

傍晚，瓜田上空有一片乌云·········刘志桂
闪光灯··························余祖新

散文

泷冈行··························吕云松
追花人···························沉　洲

散文诗页

明朗的夏天（二章）···············杨　山
北方的山林（三章）···············韩作荣
邻居····························周文钊
冬与春（外一章）·················刘益善
遗失的笑容（外一章）·············耿林莽
雨与伞··························何永康
猎手之秋（三章）·················晓　桦
戈壁（外一章）···················公　仆

诗歌

抒情短歌辑············李白凤（遗作）　李寅生
李　梓　程　维　姚火生　邓　斌　谢　烨　王槐乔

创作论坛

漫谈宋清海的中篇小说·············周劭馨

匡庐文谈

触发——创作的导火线·············郭　超
本刊重要启事
文学期刊版权保护工作座谈会纪要

1985 年第 11 期　刊名:《星火》
目录

中篇小说

乡趣（之一）——"四干会"前前后后·······陈世旭

短篇小说

男兵与女俘················李　平　李　欣
月黑风高夜·······················傅太平
月光岛··························陈　锟
忘记他··························兰　兮
净界····························郑训成
推理小说
在丽丽酒店里·····················曲一日

散文

天池融雪·························郑成义
花圃漫步················赵相如　杨顺仁
破闺而出的"皇后"·················赵辉廷

散文诗页

飞自硝烟的琴声（三章）···········峭　岩
河（外一章）·····················绿　藜
生命的选择·······················王俊义
扇贝····························林　夕
站牌下··························陈少松
死神的答问（外一章）·············矛　舍
我的幼儿老师（外一章）···········朱世骚

诗歌

抒情短歌辑·······················卓　凡
张晓峰　时永福　廖　诚　赵云龙　曹毓琳

作家谈创作

文学创作的几点思考···············高晓声

新作评介

时代前进的足音——电影《乡思》琐谈·······吴　海
本刊重要启事

1985 年第 12 期　刊名:《星火》
目录

以满腔热情爱护作家艺术家·········万绍芬

中篇小说

危楼记事之七·····················李国文

短篇小说
庙主————————————————毛志成
台北"国宝"失窃记————————陈秋生
细雪————————————————张品成

小小说
阿古斯——————————————江慕海
小篾匠——————————————漆德三

翻译小说
捣蛋鬼——————[俄]安东·契诃夫 张经浩译

报告文学
人生几何（续篇）————————姜惠林
轴——————————————朱 超 余德芳

散文
邂逅的船————————————熊述隆
阳台记趣————————————杨学贵
鄱阳湖，天鹅的故乡————————吴 冈

散文诗页
鼓山避雨（外一章）————————郭 风
在地平线上（外一章）———————黎焕颐
猎枪（外一章）——————————蓝 曼
牛的塑像————————————李春林
爱的考验————————————宫 玺
昨夜·今日（外一章）———————帅珠扬
没有脚印了————————————叶延滨
云（五则）————————————孔 林
永冻层在融化（外一章）—————松 樟
草原上的煤（二章）———————罗 丁
黑鹰（外一章）——————————马及时
伊敏河的怀念（二章）———————程关森
草原煤城礼赞（三章）———————纪 鹏
在地层深处————————————王知十

作家通信
关于文艺作品的时代感和生命力问题的通信
————————————金 梅 戈悟觉

1986 年第 1 期　刊名:《星火》
目录

拨亮历史的星火——————————本刊编辑部
开创革命历史题材文学的新局面
————鲍 昌 俞 林 李国文 缪俊杰

神州壮歌
无花的碧血（短篇小说）—————叶明山

战地黄花
人间重晚晴（报告文学）—————西 璘

情报战
情报处长（中篇纪实小说）————赵相如

军人情
马伏的爱情（报告小说）—————刘仁德

金戈铁马
霸王泪（历史小说）———————袁 抚

他山之石
和平是个感叹号（苏联军事小说）
————————瓦西里耶夫 著 黎皓智 译

诗苑春秋
卜算子 红都瑞金颂————————胡绩伟
塔的遐想————————————郭蔚球

1986 年第 2 期　刊名:《星火》
目录

神州战歌
国民党中将特务康泽被俘记（长篇纪实体小说）
————————————王 林 傅 荻

诗苑春秋
万民之子————————————吕云松
本刊三月号要目预告

苍山恋情
醉夏（中篇小说）————————罗 旋

人生之旅
免死证（短篇小说）———————李 平

战火洗礼
绿色的山岗（短篇小说）—————李忠效
月晕（短篇小说）————————黄 瀚

神州英烈
碧血洒春江（传记文学）——陈英士之死——陈祖基

1986 年第 3 期　刊名:《星火》
目录

苍山恋情
醉夏（中篇小说）───────────罗　旋
山中纪事两题（短篇小说）──────陈海萍
画眉为你歌唱（短篇小说）──────朱子椿

人生之旅
免死证（短篇小说）───────────李　平
镇长（短篇小说）────────────刘振华

战火洗礼
绿色的山岗（短篇小说）──────李忠效
月晕（短篇小说）────────────黄　瀚
楠木棺材（短篇小说）─────────张品成
著名作家俞林逝世───────────纪　燕
病中哭俞林同志─────────────蒋天佐
青山不老慰忠魂─────────────张　涛
俞林老师，您听我们说──────雨　时　如　月

神州英烈
碧血洒春江（传记文学）──陈英士之死──陈祖基

文坛忆旧
净火与炼狱（回忆录）─────────于　海

诗苑春秋
白马骑士（散文诗）──────────耿林莽
矿工们（诗）──────────────叶延滨
我的父亲母亲的大别山啊（散文诗）───陈峻峰
茅家岭情思（散文诗）─────────桂向明
本刊荣获首届"乌金奖"──────────鲁　沫

1986 年第 4 期　刊名:《星火》
目录

戎马倥偬谈笑间
──一代名将许世友逝世前后记实──黎汝青
绝密:北进二号────────────周毅如
将军轶事─────────────────胡　平
顺天叛将─────────────────鲍文清
争取在两三年内，在我省形成一个不同层次的作家群
　　　　　　　　　　　　　　　　俞　林

1986 年第 5 期　刊名:《星火》
目录

峥嵘岁月
贫穷与富有（中篇电影小说）──苏区银行行长毛泽
民─────────────────────舒　龙

民族精英
石破钟鸣（中篇历史小说）
──李烈钧讨袁────────钟祖基　马学超

山水情浓
无其数大山处（短篇小说）───────凌　云
小塘，蓄着一池阳光（短篇小说）────张西祥

地下战场
彭总和地下尖兵（纪实文学）──────克　明
智斗厦门港（短篇小说）────────蔡其英

域外烽烟
黎明前的马来亚（短篇小说）─────刘少卿

他山之石
无畏（苏联短篇小说）───A.阿弗杰耶夫　马肇元译

1986 年第 6 期　刊名:《星火》
目录

峥嵘岁月
混沌的曙光（中篇小说）────────梅德生

烽火旅程
血染的黎明（中篇小说）──────唐　勋　黄文华
相见时难别亦难（短篇小说）─────吴　茗
雪林里，两双脚印……（短篇小说）
　　　　　　　　　　　　罗安昌　窦玉香
情系桥头（短篇小说）─────────刘玉顺

金戈铁马
出关（短篇小说）────────────陈　沂
突破口（短篇小说）───────────王　中

战地黄花
播种（诗）──献给老区人民────────万绍芬
囚友之交（散文）──忆方志敏在狱中────胡逸民
山祭（散文诗）────────────李　耕
葛源情思（散文）───────────涂吉安
他执着地耕耘在这片沃土上（评论）───吴　海

1986 年第 7 期　刊名:《星火》
目录

诗歌

井冈诗草（四首）……………………光未然

纪念碑（外一首）……………………颜　溶

电影文学剧本

刘伯承青年时代（上集）………毕必成　刘　蒙

短篇小说

红玛瑙………………………………蒋　杏

赎罪…………………………………黄　白

泥泞的四六年之秋…………………汪　雷

翰墨情………………………………乔书明

杀奸…………………………………林微润

"同乐园"戏班………………………李志川

散文

血火铸造的女性……………………谢春池

逃亡者………………………………羊　羣

揾英雄泪……………………………方诗庆

1986 年第 8 期　刊名:《星火》
目录

电影文学剧本

刘伯承青年时代（下集）………毕必成　刘　蒙

中篇小说

冬青树………………………………潘浩泉

短篇小说

木犀花开香微微……………………季　仲

苍茫的群山…………………………方家骥

爱的炼狱……………………………羽　青

翰墨之斗……………………………袁小虎

散文

宝塔山下赤子心……………………高　陶

秦岭借径……………………………柳　杞

1986 年第 9 期　刊名:《星火》
目录

江西省文学艺术工作者第五次代表大会特辑

繁荣江西文艺事业　促进两个文明建设………万绍芬

在江西省文学艺术工作者第五次代表大会上的祝辞

…………………………………………许　勤

勇于探索　勤奋耕耘　为精神文明建设展翅腾飞

…………………………………………杨佩瑾

省文联五届委员会主席、副主席、顾问，常务委员，

委员，各协会名誉主席、主席、副主席、顾问名单

烽火岁月

草原新骑兵的诞生（短篇小说）……………杨　啸

巾帼列传（传记报告文学）…………………郭　晨

华中鲁艺殉难烈士四十五周年祭（诗）……蒋天佐

人生之旅

少年战俘（中篇小说）………………………朱昌勤

难圆月（短篇小说）…………………………王辉淼

他山之石

袭击（苏联中篇反特小说）…………………闻　平译

新作信息

小说出版消息四则……………………………文　怡等

1986 年第 10 期　刊名:《星火》
目录

漫谈革命历史题材的创作……………………张光年

人物春秋

烈火中的金凤凰（中篇传记文学）

——叶挺和李秀文…………………………王春江

投掷在黑夜里的火（散文）…………………蔡水泉

一个怯懦的女人（短篇小说）………………韦　娄

地火运行

闪电（中篇小说）……………………………刘爱平

"人熊"的毁灭（中篇小说）…………………陈启文

狂飙天落

太阳地（短篇小说）…………………………顾晓军

刑场风（小小说）……………………………唐银生

陈母（小小说）………………………………甘仲国

诗苑春秋

黄河音乐家（诗）————————金　山

坟茔（散文诗）——————————耿　翔

信息一则——————————————川　雨

1986 年第 11 期　刊名:《星火》
目录

中篇小说专号

死魂————————————————李　平

将军野史————————————胡　平

叛徒————————————————孙景生

白日头，黄日头————————黄　谦

将军和他的存折（诗）————颜　溶

乌江怨（诗）——————————周敏生

崇高的灵魂（诗）——————桂向明

望魂花（诗）——————————殷　红

1986 年第 12 期　刊名:《星火》
目录

雪女情（中篇小说）————孟　千　苏　茹

画家山之役（短篇小说）————余绪芳

乍暖还寒时节——————————毛志成

写进战功簿————————————张品成

不予纪念的英雄————————汪　雷

柳林————————————————郭　群

火姐————————————————杨新民

魂在江南（诗三首）——————刘祖慈

1987 年第 1 期　刊名:《星火》
目录

我与史沫特莱、佐尔格在上海的交往（自传体小说）
—————[民主德国] 鲁德·维尔纳　张佑中译

邹韬奋的故事——————————邹华义

胡琏兵败双堆集（中篇纪实小说）
——————————————————董　尧

军统局少将处长之死（中篇纪实小说）
——————————————杨玉文　孙晓鸥

滇风萧萧——李烈钧护国（中篇历史小说）
——————————————钟祖基　马学超

1987 年第 2 期　刊名:《星火》
目录

中篇小说

三曲滩————————————————刘　勇

迷魂谷————————————————徐万明

苦蕙————————————————邹泽升

喋血龙王庙————————————傅汉清

短篇小说

跨越生死线————————————冷　凝

玉簪花————————————————熊　明

1987 年第 3 期　刊名:《星火》
目录

中篇小说

雪崖————————————————凤　群

震不落的爱在炮声里————朱子椿

雄狮啊雄狮————————————陈海萍

短篇小说

最后的嫌疑————————————宋树根

血性————————————————董保存

小叶女贞————————————张鑫华

"紫箫记"风波————————纪　勤

招魂————————————————糜　子

帖子————————————————李志川

小小说

祖坟·蟒洞————————————刘　敏

陈赓大将的"第三怕"————马　平

诗歌

无字碑————————————————刘立云

怀恋————————————————杨　恬

1987 年第 4 期　刊名:《星火》
目录

报告文学

皮司令"整军"——————————侯大康

中篇小说

水贼————————————————熊正良　刘组勉

战场上没有忏悔————————魏　星　刘碧峰

二叔归去来 ················· 毛志成

短篇小说
沉船 ····················· 刘玉顺
谁之墓 ··················· 谭喜亮
鬼妻 ····················· 魏　峰

散文
汴梁风尘记忆 ············· 姜龙飞
赤石·丰碑·虎山庙 ······· 施晓宇

诗
透视
夜行（外一首）
墙缝中的小花
故乡五月
离别
春在苏醒（外一首）
雨夜 ····················· 颜　溶
灵　溪　李盛昌　冷芬俊　夏维纪　姜文萍　燕　子

1987 年第 5 期　刊名:《星火》
目录

短篇小说
生命风景线 ········· 李振山　郭嗣法
墙内墙外 ················· 宋清海
山神 ····················· 陈正昌
鼠恨 ····················· 李志川
野岭 ····················· 张品成
心债 ····················· 谭方昊
夫与妻 ··················· 刘纯忠
悬崖上的女性 ············· 郭　海

讽刺小说
他应为癌症请功 ··········· 杨　毅

散文诗页
漂流船（外一章） ········· 朱光甫
呵，红籽 ················· 耿　翔
题威士顿的名照 ··········· 黄诗泳
绿色王国的和音（外一章） · 张自旗
火烈鸟·树 ··············· 谌厚宁
关于蝉的生命之谜 ········· 徐　鲁
年轻的遗痕 ··············· 晓　晨

诗歌
谷地（外一首） ··········· 冰　雪

一九一一年孙中山抽着烟斗（外一首）······· 谢　轮
卧牛山 ··················· 晓　禽
山乡来的奶奶 ············· 李音湘
夜访井冈杨梅林 ··········· 苏辑黎
无题 ····················· 芸　芸
大山·女人·大海 ········· 田　霞

散文
淮海千秋 ················· 董　克
陶铸与孩子 ··············· 陶斯亮
翠竹赋 ··················· 蔡振兴

评论
要植根于生活的土壤 ······· 吴松亭
诗歌观念的更新与审美空间的拓展 ········· 陈良运
呼唤改革文学的腾飞——城市改革题材文学创作座谈
纪要 ····················· 齐　奋

1987 年第 6 期　刊名:《星火》
目录

将星泪
——"胶东王"刘珍年的兴亡史 ······· 安家正　谢箴厚
队伍来到了开阔地——漫评《谷雨文学创作丛书·诗
歌集》 ··················· 周劭馨
初识 ····················· 刘国芳

1987 年第 7 期　刊名:《星火》
目录

报告文学专号
为贺子珍寻儿记 ········· 徐景权　韩京承
从座垫上腾飞
——记都昌县农民企业家朱春生 · 西　璘
窑炼 ····················· 涂吉安
顺外人物谱 ··············· 姜惠林
玲珑生辉——景德镇红光瓷厂掠影 · 文　星
纱之恋——记南昌棉毛纺织厂厂长黄祝君 ··· 赵　翔
绿色山庄 ··········· 方诗庆　杨新民
记住今天——记新建县制革厂厂长胡章根 ··· 李志强
散文诗页（33）········· 郭　风　莫　洛　柯　原
蔡　旭　嘉　嘉　矛　舍　张　岐　马　平　张应想

散文
厂长二题 ················· 丁　芒
银弧的港湾 ··············· 傅子玖

评论

让时代主旋律磅礴于新时期文学·············周崇坡
散文诗语言的色调与个性·················熊述隆

1987 年第 8 期 刊名:《星火》
目录

中篇小说

血风···································黄 白

短篇小说

你说···································蒋 杏
柳儿···································曹克胜
空坟···································刘增福
蛇酒·荷花灯·························熊正良
打狗队长孙大荣··················南 翔 严丽霞
年夜···································刘金华
学院的风·······························邱国珍

纪实小说

天津脱险·······························梁凯轩

散文诗页（34）

世界文苑（五章）·······················许 淇
生命的拼搏（二章）·····················周志高
南去的大雁·····························敏 岐
旷野的呼唤（外一章）···················陈 犀
八月的感觉·····························尚贵荣
我的梭子·······························张厚德
思想·································绿 黎

诗歌

南方的太阳花····················纪辉剑 南 方
初航的诗帆······················杨宝玉 冷芬俊
王 征 李 芝 涂 纾 余定一 夏维纪 涂 俏

评论

对近年诗歌评论的回头一瞥···············朱安群
"太阳地"上的铜号·····················熊光炯

编读往来

《康泽被俘记》作者答读者肖正坤查找父亲的信

1987 年第 9 期 刊名:《星火》
目录

组诗

铁血中的变奏曲（三首）···················巫 猛

短篇小说

末代绿林······················吴振录 邱恒聪
周军长脱险记·····························郑水龙
芙蓉泪·································彭霖山
莲湖维纳斯·····························明 荣
裂裳红艳录·····························蒋隆邦
家电愁·································彭述云

报告文学

药都之灵——江西制药厂纪事··········大 理 于 江

散文诗页

城市手记（五章）·······················阿 见
微笑着面对世界（三章）···················叶延滨
桥·································丽 砂
雪的北方（三章）·······················秋 原
绿·································田 野
山的传说·······························颜 溶
淘金人（二首）·························张应相
中秋梦·································郑志山

评论

关于文学观念变革立足点问题的一些思考·······周劭馨
真正自由的创作与"创作绝对自由"——学习列宁文
论笔记·································熊大材

简讯

中国民间文艺家协会江西分会召开首次工作会议
······································省民协

1987 年第 10 期 刊名:《星火》
目录

中篇小说

哦，赣北·······························余绪芳
江汉风烟·······························杨赣笙

短篇小说

瓷鱼···································丹 娅
秋天的忧郁·····························安 敏
闷罐车·································王 哲

匿名电话 ································· 杨清健
未能发出的报道 ······················· 杜惠忠

散文诗页
浅蓝色的画外音（七章）··············· 李　耕
迁 ··································· 李昆纯
花柏情 ······························· 李　萌
你是不是牧人之子 ····················· 郭永明
苦恼 ································· 文　牧
藏王寨（三章）························· 赵　敏
玉门 ································· 翔　耿
一枚硬币丢失了（外一章）··············· 陈少松

诗歌
中国色等九首 ························· 吴义龙
张　弦　聂焱如　洪　亮　李忠利　李寅生　徐剑星

评论
悲剧：革命历史题材的一个审美视点——《星火》近
两年小说浅析 ························· 陈金泉

激荡着生命热情的早春之歌——熊述隆《雨窗集》印
象 ································· 徐南铁
著名文学翻译家蒋天佐逝世 ··············· 纪　燕
相见恨晚　获益良多——痛悼蒋天佐老师 ····· 吴松亭

1987 年第 11 期　刊名:《星火》
目录

中篇小说
他也曾有过幻想 ······················· 石　英

短篇小说
野唱三题 ····························· 胡桔根
老唐 ································· 张鑫华
深深的香獐谷 ························· 熊福根
白云溪 ······························· 武　丁
坟 ··································· 梓　农
LOVE 危机 ··························· 黄　瑜

散文
访徐孺子故里及其读书台 ················· 木　子

散文诗页
我的恋歌（外三章）····················· 耿林莽
春天，在海滩（三章）··················· 黎焕颐
未见女神 ····························· 冷克明
追捕（外一章）························· 王　野

给青鸟 ······························· 严　玛
黑非洲（外一章）······················· 纪　川
流水 ································· 韦晓吟
爱的絮语 ····························· 蓝　曼
雨中，凤凰梳翅 ······················· 硝　岩

诗歌
初航的诗帆 ··················· 梅　子　韩峰饶
谭民杰　管成林　邱　昱　竺振敏　邵晗根　江　雷
没有铜像的铜城（组诗）················· 殷　红

评论
改革——文学的痛苦与新生之地 ··········· 李炳银
改革文学纵横谈 ······················· 贺光鑫

1987 年第 12 期　刊名:《星火》
目录

《星火》创刊三十周年特辑
金菊对芙蓉 ··························· 石凌鹤
寄文学新路探求者 ····················· 李定坤
江西老表 ····························· 罗　旋
《星火》——我的文学启蒙老师 ··········· 缪俊杰
我与《星火》························· 楚　良
摇篮与防波堤 ························· 毕必成
以三十年的战斗历程为新起点 ············· 陶孝国
光斑，暖色的 ··················· 雨　时　如　月

中篇小说
樱之吻 ······························· 乔木森
女人的战争 ··························· 黄砾明

短篇小说
宿债 ································· 郭碧良
湖畔男子汉 ··························· 晏翠萍

散文诗页
诗人的杂色幽默 ······················· 梁彬艳
西蒙·波娃 ··························· 丁　一
远山，那一片故地（三章）··············· 川　梅
乡梦（外一章）························· 张自旗
碎石·树林·寄生藤（三章）············· 郑　雨
他看到了风（外二章）··················· 曹　雷
塌方及其他（三章）····················· 陈志泽
奋飞 ································· 伊　萍

诗歌
圆的变奏曲等五首 ··············· 帅珠扬　罗　云

邓节芳　陈太顺　张　炜

评论
"砚边残墨"情更浓——沈世豪散文印象——胡　辛

1988 年第 1 期　刊名:《星火》
目录

中篇纪实小说
任弼时南陵历险 ————————————————————— 季　宇

电影文学剧本
苏武出使 ————————————————— 刘　群　喻达志

短篇小说
替身 —————————————————————————— 林士龙
苦株豆腐 ——————————————————————— 卢永华
开眼 —————————————————————————— 周尝棕
敲门 —————————————————————————— 古　道

散文诗页
世纪的抒情 ————————————————————— 羊　晖
珠海明珠 —————————————————————— 于　最
夏天 —————————————————————————— 雪　迪
散步 ————————————————————————— 王慧琪
画圣二题 —————————————————————— 桂向明
风光二题 —————————————————————— 灵　焚
冬天里的春天 ———————————————————— 放　平
苏区（二章）———————————————————— 沈桃娣
六月里的汉子 ———————————————————— 许　敏
老赤卫队素描 ———————————————————— 朱世骚
骨骼的沉思 ————————————————————— 公　仆
槐花雨 —————————————————————— 赵春华

诗歌
赣南诗笺 —————————————————————— 周　民

报告文学
闪光的轨迹 ————————————————————— 赵相如

1988 年第 2 期　刊名:《星火》
目录

青春之恋
军列上的婚礼 ———————————————————— 张学龙
绿萌动 ——————————————————————— 顾晓军
热土 ———————————————————————— 胡学庆

爱的沙粒 —————————————————————— 笑　梅

短篇小说
孤岛 —————————————————————————— 杨守松
爹有病 ——————————————————————— 刘震云
玫瑰香水 —————————————————————— 雁　抒
等待 —————————————————————————— 涂吉安
血染的雪莲花 ———————————————————— 丁　宁
深丘 —————————————————————————— 浩　汉
哑炮 —————————————————————————— 匡建二
铜铸的雕像（人物速写）———————— 马　平　王世兴
美发 ————————————————————————— 宋翔鹏

散文诗页
旅人蕉·灵魂及其他（四章）———————————— 李金安
最初的悟（外四章）————————————————— 鲁　萍
树根雕刻家 ————————————————————— 安　南
除夕澡 ——————————————————————— 桂兴华
泅者（外三章）——————————————————— 马及时
眼睛里的世界（外一章）——————————————— 廖洁如
生命，在五线谱上奔走 ——————————————— 叶庆瑞

诗歌
南方的太阳 ————————————————————— 唐　恒
冰晶花　冰　雪　王治川　曾毓琳　单巍全　郑渭波

1988 年第 3 期　刊名:《星火》
目录

月晕午时风 ————————— 雨　时　如　月
福神·瘟神 —————————————————————— 李志川
卖船 —————————————————————————— 刘　勇
芥茉地 ——————————————————————— 李　平
草山 —————————————————————————— 汤世杰
走向人生第一站 ——————————————————— 李晃生
阻障 —————————————————————————— 张品成
原谅吧父亲 ————————————————————— 熊振安
短小说四题 ———— 王光明　邹会江　苏顺刚　王建强

散文诗页
自度曲 ——————————————————————— 许　淇
夏之午 ——————————————————————— 陈　勇
太阳鸟 ——————————————————————— 谢明洲
她在为你流泪 ———————————————————— 雷　激
垓下风景 —————————————————————— 乔延凤
两只蝴蝶 —————————————————————— 侯国刚
桔子丰收 —————————————————————— 肖　宾
红土山色 —————————————————————— 姚辉云

三清山 ———————————————— 程关森
大漠 ———————————————————— 翼 华
默语 ———————————————————— 程 鹃

散文天地

紫阳同志在井冈山 ———————————— 危仁晟
大千拾零 —————————————————— 熊述隆
灵艺梦寻 —————————————————— 邹正贤
致友人 致自己 ————————————— 贾宝泉
龟峰评论 —————————————————— 杨学贵
后事及其后事 ———————————————— 吕云松

1988 年第 4 期　刊名:《星火》
目录

小说

情到深处 —————————————————— 胡 辛
冤家路 ———————————————————— 王辉淼
我和一个浙江姑娘的故事 ———————— 蔡 新
真鸟仔 ———————————————————— 翁树杰
远村的轻烟 ————————————————— 熊福根
一片惨惨的绿色 ——————— 海 岩　海 珊
小镇西街半里长 ——————————————— 江小舟
偷梁换柱 —————————————————— 易定国

散文诗页

筮辞·消逝及其他（五章） ——————— 蹉 跎
丁卯年三月二十五日的雪（外一章） —— 朱光甫
倾斜的视线（三章） ————————————— 巫 猛
故土三章 —————————————————— 冷克明
川行屐痕（三章） —————————————— 罗 丁
水墨写意（二章） —————————————— 刘道远
漫画家（外一章） —————————————— 吴冬生
三月，悠长的雨天 ————————————— 芸 芸
石之梦（二章） ——————————————— 张厚德
谷雨诗会 ———————— 尹英布　纪辉剑　朱凯亚
　夏维纪　郭豫章　贺 伟　张天霞　吴金印　卓 凡
　周 围　辜 华　谢 翔　刘庆祝　周长元　邓永果
　蒋为农　徐东明　江小舟　俞炎保　刘 芳　邓泽洲
　钟红喜　熊小平　周云翔　丘振伟　刘小平　杨鸿雁

1988 年第 5 期　刊名:《星火》
目录

中篇小说

笑药 ———————————————————————— 刘忠诚

短篇小说

寒星 ———————————————————————— 陈建武
请不要问我姓名 ——————————————— 沈嘉禄
你要去爱 —————————————————————— 文 英
掐鸡 ———————————————————————— 陶宗令
老幕 ———————————————————————— 张鑫华
五九年的落日 ————————————————— 肖 亮
山里来的保镖 ————————————————— 徐 锋
第九个是…… ————————————————— 胡宜荣
鬼剃头 ———————————————————————— 康 戎
旧迹 ———————————————— 殷慧芬　楼耀福

散文诗页

船（二章） ————————————————————— 张 岐
月 —————————————————————————— 梅绍静
旅途（三章） ———————————————————— 唐大同
天外是什么呢 ————————————————— 李发模
冬季的门户（外一章） ——————————— 潘万堤
秋天的沙蓬 ————————————————————— 尚贵荣
鸽之风 ———————————————————————— 何永康
渴求 ———————————————————————— 于宗信
卖假山者 —————————————————————— 曾伯炎
野菊（外一章） ——————————————————— 管用和
坐标（外一章） ——————————————————— 罗亨长
洁音 ———————————————————————— 黎正光
我走了 ———————————————————————— 朱一鸣

诗歌

多彩的星群 ———————— 左一兵　帅珠扬　陈 菲
诗六首 ———————————————————————— 刘 昕

1988 年第 6 期　刊名:《星火》
目录

"中国潮"报告文学征文

特特特特 —————————————————————— 张鑫华

中篇小说

死谷 ———————————————————————— 蒋 杏

短篇小说

黑篷船 ———————————————————————— 熊正良
雨季的故事 ————————————————————— 杨雪萍
龙脑豆腐 —————————————————————— 蔡振兴
红白喜事 —————————————————————— 郭 群
司机·医生 ————————————————————— 曹克胜
不该发生的悲剧 ——————————————— 吴义龙
伤残的年轮 ————————————————————— 相南翔

散文诗页

哦，生命的土地（五章）——————王华斌
惊蛰——————绿藜
毕竟是长江（外二章）——————菲可
读禁书的夜（外二章）——————耿林莽
生命的另一部分（二章）——————徐鲁
天鹅海边（外一章）——————黎晓钲
我的南方——————程继红
三角梅（外一章）——————陈文和

散文天地

武陵峰林写意——————熊光炯
古杉群抒怀——————夏瀚
咏柳——————马平
铺路工——————程关森

1988 年第 7 期　刊名:《星火》
目录

中篇小说

北洋怪杰徐树铮——————董尧

短篇小说

家耻——————陆沪鹏
车祸——————戴启棠
黑匣——————孙方友
悸——————方家骏
水韵——————虹雷
沙海，那闪光的明珠——————乔盛
静静的湖湾——————景玉川
湾湾的九曲河——————刘勇

散文诗页

青铜时代（四章）——————陈竹巨
有这样一种微笑（外一章）——————阿见
水声——————伍立扬
自然和人——————耿翔
太阳·命运·安全岛——————石人
老塘——————李梓
远川那一片故地（三章）——————川梅
季节（外一章）——————褚竞

诗歌

谢轮诗四首（红垠上的诗丛林）——————晓禽
陈政　孙民民

1988 年第 8—9 期　刊名:《星火》
目录

香港死亡湾（中篇惊险小说）——————周毅如
未婚同居的男人和女人（中篇报告文学）——————刘勇
神秘的逃犯（中篇侦破小说）——————朱昌勤
魔掌中的女人（中篇法制小说）——————郑水龙
白色别墅的蓝色幽灵（中篇爱情小说）——————黄瑜
三个压寨夫人（中篇纪实小说）——————吴文丁
黑衣修女（传奇小说）——————蒋隆邦

1988 年第 10—11 期　刊名:《星火》
目录

一个美女的遭遇——————胡平
走在无路的地方——————宋清海

1988 年第 12 期　刊名:《星火》
目录

《牡丹亭》新诗、散文诗大奖赛获奖作品

一等奖

老屋（诗）——————黄邦君
我读荒原（散文诗）——————耿翔

二等奖

大循环（诗）——————曲庆玮
在珠穆朗玛峰上（诗）——————柴枫子
诸子（散文诗）——————蓝幽
热点·中国人不怕孤独（散文诗）——————耿林莽

三等奖

丑媳妇·深夜（诗）——————郭晓晔
重上井冈山（诗）——————柯平
黑洞（诗）——————阿笑
古城墙（诗）——————阿玛
流星赋（诗）——————安安
冬夜（散文诗）——————晨静
横越荒原者（散文诗）——————述隆
沉默在小径（散文诗）——————摩罗
白土地（散文诗）——————京隆
骆驼草（散文诗）——————谢明洲
表姐——————傅强
独坐黄昏——————杨骥
背光而坐——————谢轮

三屉桌 …… 许燕良
那夜 …… 谢翔
关于人（之七） …… 斯康
对峙 …… 艺辛
立春 …… 白岛
尴尬 …… 郑志山
端午新月 …… 朱求
致门德尔松之一，之二 …… 鲁萍
狗咬 …… 杨舒翼
夜境 …… 王唯唯
窗外在下雨 …… 陈小东
纪念 …… 贺东久
黑乎乎地体验 …… 韦德明
高原的十月 …… 李伟
西汉古尸 …… 陈德山
你别无选择 …… 岩鹰
候车站 …… 姚雪雪
让世界充满爱 …… 殷红
呵，红嘴唇，雕像群 …… 杨雨文
黄河魂 …… 何首乌
在浙赣线上 …… 川梅
你我 …… 马永波
片断·片面 …… 陈勇
莲荷心事 …… 姜桦
读《庄子》 …… 伍立扬
雪村 …… 陈政
吻这风 …… 王新龙
家 …… 钟明
屈原的国家 …… 余金鑫
澳洲探亲 …… 周民
背景 …… 曾毓琳
流萤 …… 戈梅荣
没有瞳仁的眼睛 …… 吴义龙
牨牛沟 …… 尹树义
山外有山 …… 竺振敏
阿Q其人 …… 韩少君
断桥 …… 李先钺
坐露 …… 金山
缄默的山 …… 何雨星
期待 …… 魏氓
耍猴人 …… 李苏卿
难得糊涂 …… 辜华
情绪：27 …… 达黄
雨的日子，小小杏花 …… 孙民民
像一只老鸟惦记着一群小鸟 …… 徐鲁
当代恐龙 …… 纪辉剑
一九二○年的邓小平 …… 程维
闲思集 …… 凝溪
雪地 …… 鲁川

中国龙 …… 王建平
枪的拐杖 …… 章文
雄性太阳与湖光水色 …… 隽浩
咬着牙 …… 金宇迅
读旧日情书 …… 艳齐
也许 …… 西岸
周围耸动无数只耳朵 …… 久人
那个冬天 …… 周开迅
秩序 …… 冰雪
末卜 …… 詹永祥

散文诗佳作奖

难得灵感 …… 王晖
走出角斗场 …… 朱光甫
悬棺 …… 健鹰
琥珀 …… 李金安
黑色河 …… 夏阳
无花的紫藤 …… 赵敏
渐瘦意识 …… 蹉跎
歌唱瀑布 …… 胡昕
沙丘上的日历 …… 郭永明
吊角楼 …… 肖敏
心痕 …… 辛远
漂木 …… 徐天喜
黄月亮 …… 周志高
惊蛰雨 …… 王锡亮
听琴 …… 钱省
灵魂的大饥渴之歌 …… 纪川
黎山三月三 …… 倪峻宇
听舞剧组曲《火鸟》 …… 熊国夫
悲歌 …… 翼华
太阳与《红高粱》 …… 方竞成
凯歌 …… 白榕
一个被舌头击伤的少女 …… 桂向明
红土岗 …… 夏维纪
梦之果 …… 安南
那个冬天 …… 郭文阁
盲鱼 …… 柏铭久
世界的海滩 …… 沉沙
在生命的低谷 …… 芸芸
序幕 …… 文清
山寺晚钟 …… 赵德润
余光 …… 黄平辉
小街上有个穿时装的女孩 …… 韩嘉川
木棉 …… 李卉
重逢 …… 赵培光
狗 …… 孟河
裸体女人……——读米洛·维纳斯 …… 丁一
黑蝙蝠 …… 刘洪涛

山月会被目光舔瘦的⋯⋯⋯⋯⋯⋯⋯姚学礼
北方·父亲⋯⋯⋯⋯⋯⋯⋯⋯⋯⋯王亚平
捕鱼图⋯⋯⋯⋯⋯⋯⋯⋯⋯⋯⋯刘道远
为了能够和你相遇⋯⋯⋯⋯⋯⋯⋯王 军
丢失的独木筏——给夭折的女儿⋯⋯林 琅
诗坛百花齐争秀⋯⋯⋯⋯⋯⋯⋯⋯斯伟荟
《牡丹亭》诗页——抚印诗作选
印染工·小草⋯⋯⋯⋯⋯⋯⋯⋯陈爱民
离别⋯⋯⋯⋯⋯⋯⋯⋯⋯⋯⋯⋯李志云
心愿⋯⋯⋯⋯⋯⋯⋯⋯⋯⋯⋯⋯汤育柏
希望⋯⋯⋯⋯⋯⋯⋯⋯⋯⋯⋯⋯吴孟轲
青春的脚步⋯⋯⋯⋯⋯⋯⋯⋯⋯万慕典

1989 年第 1 期　刊名:《星火》
目录

短篇小说
墨宝⋯⋯⋯⋯⋯⋯⋯⋯⋯⋯⋯⋯陈世旭
正午的情绪⋯⋯⋯⋯⋯⋯⋯⋯⋯方 方
地气⋯⋯⋯⋯⋯⋯⋯⋯⋯⋯⋯⋯黄 白
牛崽⋯⋯⋯⋯⋯⋯⋯⋯⋯⋯⋯⋯单巍全
日暮西山⋯⋯⋯⋯⋯⋯⋯⋯⋯⋯杨喜平
隐墙⋯⋯⋯⋯⋯⋯⋯⋯⋯⋯⋯⋯静 杨
氛围⋯⋯⋯⋯⋯⋯⋯⋯⋯⋯⋯⋯钱庭钧

中篇小说
秋魂⋯⋯⋯⋯⋯⋯⋯⋯⋯⋯⋯⋯丹 娅
客运室的娘儿们⋯⋯⋯⋯⋯⋯⋯严丽霞

散文
琵琶情⋯⋯⋯⋯⋯⋯⋯⋯⋯⋯⋯吴宗蕙
秋雨梧桐叶落时⋯⋯⋯⋯⋯⋯⋯郭平德
日照山梁⋯⋯⋯⋯⋯⋯⋯⋯⋯⋯张绪佑

散文诗页
感觉:次野兽派等二十二章⋯⋯李 耕　殷 红
阳 春　兰 幽　邓全斌　日 波　黄崇文
红壤上的诗丛林
风景等十四首⋯⋯⋯⋯⋯⋯王科福　刘赋龙
徐东明　聂 耐　李 之　余定一　竺振敏　钟 明
张群龙　鹿 鸣　王 征　逯 扬　拓荒犁

1989 年第 2 期　刊名:《星火》
目录

短篇小说
硝墙⋯⋯⋯⋯⋯⋯⋯⋯⋯⋯⋯⋯张鑫华
同窗众生像⋯⋯⋯⋯⋯⋯⋯⋯⋯马雪松
寄娘⋯⋯⋯⋯⋯⋯⋯⋯⋯⋯⋯⋯川 梅
牛大传奇片段录⋯⋯⋯⋯⋯⋯⋯阚迪伟
捉魂⋯⋯⋯⋯⋯⋯⋯⋯⋯⋯⋯⋯贺传圣
这世界⋯⋯⋯⋯⋯⋯⋯⋯⋯⋯⋯映 泉
寡妇门里⋯⋯⋯⋯⋯⋯⋯⋯⋯⋯张步真
公贼⋯⋯⋯⋯⋯⋯⋯⋯⋯⋯⋯⋯江小舟

小小说辑
笔记小说⋯⋯⋯⋯⋯⋯⋯⋯⋯⋯孙方友
打喜⋯⋯⋯⋯⋯⋯⋯⋯⋯⋯⋯⋯少 鸿
公厕纪事⋯⋯⋯⋯⋯⋯⋯⋯⋯⋯乐细龙
怪胎⋯⋯⋯⋯⋯⋯⋯⋯⋯⋯⋯⋯程长青
只吻半边脸⋯⋯⋯⋯⋯⋯⋯⋯⋯邓荣弟
会议，已近尾声⋯⋯⋯⋯⋯⋯⋯张泽兴
微型小说二题⋯⋯⋯⋯⋯⋯⋯⋯谢 菁

散文
美丽的空白⋯⋯⋯⋯⋯⋯⋯⋯⋯杨学贵
萍水相逢⋯⋯⋯⋯⋯⋯⋯⋯⋯⋯韦黎明
庆云寺的香火⋯⋯⋯⋯⋯⋯⋯⋯吴宗蕙

散文诗页
恋日者（外三章）⋯⋯⋯⋯⋯⋯耿林莽
叩门（外二章）⋯⋯⋯⋯⋯⋯⋯莫 洛
少年之梦（外四章）⋯⋯⋯⋯⋯王尔碑
偶像（外一首）⋯⋯⋯⋯⋯⋯⋯张自旗
复仇的鹰⋯⋯⋯⋯⋯⋯⋯⋯⋯⋯绿 黎
夕阳里的孩子（外一章）⋯⋯⋯闻 频
海南岛（外一首）⋯⋯⋯⋯⋯⋯周志高
九月（外一章）⋯⋯⋯⋯⋯⋯⋯徐成淼
皮靴·猎人（二章）⋯⋯⋯⋯⋯韩嘉川
图像⋯⋯⋯⋯⋯⋯⋯⋯⋯⋯⋯⋯程 鹃

诗页
雪落时节（二首）⋯⋯⋯⋯⋯⋯杨 牧
河山恋（三首）⋯⋯⋯⋯⋯⋯⋯龙彼德
港城二首⋯⋯⋯⋯⋯⋯⋯⋯⋯⋯孙友田
无题诗四首⋯⋯⋯⋯⋯⋯⋯⋯⋯晓 晴
微型诗五首⋯⋯⋯⋯⋯⋯⋯⋯⋯蒋人初

1989 年第 3 期　刊名:《星火》
目录

中篇小说
茶园⋯⋯⋯⋯⋯⋯⋯⋯⋯⋯⋯⋯刘金华
局长和他的五个女人⋯⋯⋯⋯⋯明 德

短篇小说

峡谷人家······························肖　亮
撒网的人····························李志川
补心································陈恩裕
生日································川　梅
苦差································余祖新

散文

血热的痛苦··························周良沛
留给山村的思索······················瑞　天

谷雨诗汛

春夏之交　等十六首··················吴晓江　滕朝阳
千　藕　王克政　杜荣和　吴凯春　张兆平　张晓峰
施　浩　俞明龙　丘振伟　田宪宪　天　涯　冷克明

散文诗页

油画·二胡曲　等十六首··············魏　冷　柯　原
胡　昭　郑　雨　罗　丁　蔡世新

　　　　1989 年第 4—5 期　刊名:《星火》
　　　　　　　　　　目录

电视系列片文学本

青山遮不住························胡　平　李志强　郑伯权

中篇小说

婚变······························刘玉顺　成金芳
乱世情仇··························陈　群

纪实文学

蚀································吴　越
迷失的青春························刘爱民

　　　　1989 年第 6 期　刊名:《星火》
　　　　　　　　　　目录

短篇小说

情债······························郭碧良
缠绕······························陈丹燕
白房子····························曾　兮
流动工····························黄忠利
童年黄昏··························周爱玉
沉································胡文光

报告文学

南飞燕——井冈山姑娘赴深圳打工纪实········西　璘

散文诗页

西北高原等二十八章··················敏　歧　顾　工
王玉民　雨　田　鄂青子　伊　甸　程继红　候国刚
余定一　熊育麟　桂兴华　晓　秋　陈志泽　徐天喜

诗页

某种表达的形式等十二首··············方　舟　孙家林
颜　溶　雁　寒　罗　云　岚　野　涂　强　阳　阳

散文

茶园情趣··························江仲俞
舍上杉林··························王红球

　　　　1989 年第 7 期　刊名:《星火》
　　　　　　　　　　目录

中篇小说

又在街头，又在街头················乔木森

短篇小说

寻觅······························彭荆风
忌神······························李志川
困惑······························黄维群
叹息的红土地······················刘孟沐
黄青岩奇事························刘国芳

"中国潮"报告文学征文

绿色生命的报告····················夏　瀚

散文诗页

草原和森林等二十首··················许　淇　方竞成
赵　敏　阿　玛　徐　鲁　韩新东　朱一鸣　徐一清
徐　芳　陈少松　陈文和　李　卉　峭　岩

诗页

舞台杂咏等十九首··················朱昌勤　吕云松
李音湘　李春林　钟祖基　帅珠扬　林　抒　苏辑黎

散文天地

蜗牛······························郭　风
为什么，不为什么··················杨学贵
头上，顶着轮沉甸甸的太阳············詹瑞天

1989 年第 8 期　刊名：《星火》
目录

中篇小说

烛光下的倾诉 ————————————————— 寄　丹

短篇小说

急鼓般的擂门声 ——————————————— 翁树杰
狼泪 ————————————————————— 何光喜
净土 ————————————————————— 熊振安
鼠狂 ————————————————————— 摔　农
无神论者 —————————————————— 庄泉新

"中国潮"报告文学征文

文凭的困惑 ————————————————— 刘红梅

散文诗页

因为一种姿势　等十五首 ————————— 谌宁生
绿　黎　李发模　丁　兮　桂向明　吴志昆　晨　耕

诗页

李一痕抒情诗　等十七首 ————————— 李一痕
余锦标　洪　舟　郑渭波　单巍全　斯　康　止　戈

1989 年第 9—10 期　刊名：《星火》
目录

中篇小说

分娩 ————————————————————— 张学龙
有关小说要素独立排列的故事 ——————— 李志川

短篇小说

红浪 ————————————————————— 刘　勇
团长，团长父亲 —————————————— 张鑫华
宣传部里人和事 —————————————— 严丽霞
玉溪镇名人小传 —————————————— 高爱华
晒霉 ————————————————————— 武　剑
一般现在时 ———————————————— 乔木森
步入疑阵 —————————————————— 黄　谦
老饕 ————————————————————— 罗　荣
殓尸 ————————————————————— 徐恒堂
古道拾遗 —————————————————— 梅承鼎
给我一道温柔的光 ————————————— 黄　瑜
错车的恍惚 ———————————————— 周小荣
菩萨出方 —————————————————— 秦越人
第一次买票 ———————————————— 邱振常

散文

在八月的松林下 ——————————— 罗　荣　熊云生
雪野，闪光的橄榄绿 ————————————— 熊相仔

诗与散文诗

滕王阁·岳阳楼等 28 首 ——— 谢　轮　王治川　程　维
陈　政　张　云　唐恒川　梅　喻新年　肖力群
江　鸿　俞炎保　张厚德　蹉　跎　巫　猛　王小林

1989 年第 11 期　刊名：《星火》
目录

中篇小说

招安之将 —————————————————— 毛志成
青山深处 —————————————————— 杨喜平

短篇小说

浮生 ————————————————————— 于子佳
我和校长 —————————————————— 张　旻
暖心壶 ——————————————————— 余绪芳
仙境中的俗人 ——————————————— 景玉川
蓝色的爱 —————————————————— 宋良煜

散文

湖边的鹰 —————————————————— 陈正昌
风流林家湾 ———————————————— 张绪佑
山海圆舞曲 ———————————————— 朱安群
荷窗幻影 —————————————————— 朱谷忠

散文诗页

太阳鸟·桥（外二章） ———————————— 李金安
暮年情歌（三章） ————————————— 莫　洛
甲骨文（外一章） ————————————— 邓　杰
大漠驼铃（外一章） ———————————— 马及时
家的概念（外一章） ———————————— 梁彬艳
岁月（外一章） —————————————— 皇　泯
走向大海 —————————————————— 庄伟杰
古墙（外一章） —————————————— 竺振敏

诗页

白日子（组诗）等 15 首 ——— 熊光炯　鲁　萍　曲　近
陈太顺　刘赋龙　殷　红　卓　凡　汪　锋　杜　青

1989 年第 12 期　刊名:《星火》

目录

中篇小说
嫁妆街风情································涂吉安

短篇小说
水猴子·······························解天庆
人民代表·····························刘成思
房东·······························崔　耕

革命回忆录
南下纪行·····························方志纯

翻译小说
一个未婚妈妈的自述······················叶公觉译

散文
大撼歌······························郭碧良
黑土地······························仇　笛
过海的文人···························梁　琴

散文诗页
青铜之火（外二章）·····················耿林莽
梦游·······························羊　�
散文诗四章···························尚贵荣
耕耘者······························孔　林
拾起雨珠（四章）·······················陈志泽
乞丐·······························丁　一
向北的列车（外一章）····················郭大抗

诗页
酒地（组诗）等十三首····················吴国平
洛　汀　陈贵兴　柯　平　纪辉剑　聂　茂　黄东成

《解放军文艺》

【简　介】

综合性文艺月刊。中国人民解放军总政治部主办。创刊于 1951 年。其以塑造解放军的英雄人物形象、歌颂解放军的英雄事迹为主。体裁包括中、短篇小说及报告文学、诗歌、散文、文学评论等。

期刊号:1976 年第 1 期—1989 年第 12 期

1976 年第 1 期　刊名:《解放军文艺》

目录

词二首······························毛泽东
水调歌头
重上井冈山
一九六五年五月
念奴娇
鸟儿问答
一九六五年秋

认真学习毛主席的《词二首》
世上无难事　只要肯登攀
········北京师范大学中文系工农兵学员　施达宗
努力登攀文艺革命新高峰···················穆　静
"文化大革命"的胜利花（歌词选辑）
································瞿俊杰　洪　源等
战歌满山河（部队野营拉练诗歌选）
····························战士　张　烁　林玉坤等

战士的足迹（北京鲁迅纪念馆诗抄）————于　力
寄往南海（诗）————————孙米盛　张朴夫
他们特别能战斗（歌唱煤炭战线上的"十面红旗"）
————————————————时永福
高高的了望塔（诗）——————————雷抒雁
井冈山儿歌——————————————张永枚
党的干部就要这样（诗传单）————————曲有源
读鲁迅诗论札记————————————李元洛
《本刊赛诗会》读后———————朱经通　张春溪
钢铁长城（独幕话剧）————————————高　红
春燕闯关（桂林渔鼓）——————刘　越　杨红莉
希望寄托在你们身上（油画）
———————————北京市朝阳区群众美术创作组

革命传统永放光芒
毛委员在连队建党——————————————赖　毅
古田会议前后————————————————赖传珠
深深的怀念（散文）————————————袁　鹰
鱼水篇（散文）
甜水泉——————————————————胡　奇
落泉山——————————————————思凌辉
遵纪篇（散文）
割草记———————战士　李明正　韩京承
上课记———————————————————陈定兴
准备格斗（小说）————————————李占恒
强台风到来之前（小说）——————————树　根
新房（小说）————————————————张步真
巧砸葫芦瓢（故事）————————————任红举
科学的入口处及其他（杂文）————————范咏戈
叛徒忏悔析（杂文）————————————崔鸿林
要保持过去革命战争时期的那么一股劲（宣传画）
—————————————————吴　铁　娄齐贵
我们的队伍向前进（版画）————周永家　林安康
海上大摆地雷阵（版画）——————————隋自更

1976 年第 2 期　刊名:《解放军文艺》
目录

极其沉痛地哀悼周恩来同志逝世
中共中央、人大常委会、国务院讣告　周恩来同志逝世
邓小平副主席在周恩来同志追悼大会上致的悼词
跟着毛主席　登攀高峰——驻京部队文艺工作者学习《词二首》座谈会摘记
筑遍万里关山的铁壁铜墙——谈革命现代京剧《磐石湾》的主题提炼——————————思　忖
千方百计突出主要英雄人物——谈革命现代京剧《磐石湾》陆长海形象的塑造————洪毅达　蔡师勇

无产阶级教育革命的战斗诗篇——评彩色故事影片《决裂》——————————————尹　岩　武　缨
黄河飞舟（小说）——————战士　王尚贤
紧绷的战备弦（小说）————战士　胡忠军
一份经验总结（小说）————战士　车光明
山村小店（小说）————————————伍元新
火网（长篇小说连载）——————————王世阁
新花迎着风雨开（"文化大革命"赞歌·诗释）
—————————————霍清安　潘　灯等
写在普及大寨县的热潮中（诗辑）————崔汝先
于书恒等
从澜沧江畔寄北京（长诗）————————李　瑛
打冲锋的战士（报告文学）————————郭建英
从风雪帕米尔到喀喇昆仑山（散文）————王孟湘
奔赴新岗位的前夜（散文）————————陈明福
在攻击的路上（散文）——————————任宏峰
送鱼还塘（广场快板剧）———徐建勋　王玉成
花开三春回山来（年画）————————施绛辰

战士画展览作品选
一尘不染——————————————田韦翰
探讨———————————————————才孝文
演出之后————————————————张子虎
军民并肩学大寨——————————————郑向农
无坚不摧————————————————肖征波

1976 年第 3 期　刊名:《解放军文艺》
目录

"歌颂无产阶级'文化大革命'和社会主义新生事物"征文启事
写好"文化大革命"和新生事物　回击右倾翻案风
————————————————本刊评论员
上到笔杆上的刺刀——回击右倾翻案风诗传单
—————————————海　啸　曲有源等
教育革命谱新篇（诗辑）——————————李芬荣
庄正华　刘广义等
在毛主席光辉诗篇的鼓舞下（诗辑）————彭　龄
田永昌等
春风万里唱新歌（新民歌选）———梁通歌　谢清泉等
征途万里（小说）————————————张凤雏
带缆的人（小说）————————————树　根
难题（小说）————————————————侯新民
战马奔驰（小说）————————————毛　英
哈密瓜的故事（小说）——————————哲　中
检验（小说）————————————————狄　蟠
春兰打貉（独幕歌剧）——————————王受远
丑剧二种（杂文）————————刘革文　李　谦

投降派和谣言世家（杂文）—————田国良　崔鸿林

读诗随笔——兼评《解放军文艺》一九七五年部分新
诗—————————————————————闻　哨

努力使主题具有"较大的思想深度"——彩色故事影
片《春苗》的创作启示————————战士　刘忠信

战斗的新舞姿——全国舞剧（独舞、双人舞、三人
舞）调演观摩札记——————————————穆　静

生活扎深一层　创作前进一步（学习与创作）
　　　　　　　　　　　　　　　　　贺玉森　韩宝章

走革命样板戏的创作道路（学习与创作）———屈　虹

部队作者积极移植革命样板戏（创作简讯）

追风赶浪的战士（特写）———————————张崇发

苏格吉玛（特写）————张赞廷　钟志祥　郑赤鹰

寿阳春早（报告文学）————————武子海　齐章锁

渤海潮（散文）———————————————李本深

竹乡新一代（散文）—————————————黄廷杰

意志的画卷（散文）—————————————唐　俊

女连长（中国画）————————————战士　董一兰

边疆欢迎你们（中国画）———————战士　陈全胜

红星照我去战斗（年画）———————————陈彩云

雨涤花红（年画）———————————————潘嘉峻

1976 年第 4 期　刊名:《解放军文艺》
目录

认真学习毛主席的重要指示　坚决反击右倾翻案风

坚持文艺革命，反击右倾翻案风————————初　澜

以阶级斗争为纲　把文艺革命进行到底———伍文雷

革命样板戏及其经验不容诋毁————————戈　文

坚持学习革命样板戏，迎头痛击右倾翻案风
　　　　　　　　　　　　　　　　　王愿坚　陆柱国

战士最爱革命样板戏————————————戟　文　方　英

攻击《春苗》，不得人心————————童信文　高　珊

揭开走资派的腐朽灵魂————————战士　李青峰

混"义"与乱"纲"（杂文）—————————丁一心

"慷慨家"的新花样（杂文）—————————品　伦

"南京路上好八连"战士诗三首————班长　陈士凯
战士　任良才等

上到笔杆上的刺刀（诗传单）————工人　杨景亮
战士　陈旺火等

无产阶级文艺理论的宝贵财富（征文）——读《革命
样板戏论文集·第一辑》————————————洪　城

登攀歌（诗·征文）—————————————江　溶

走向明天（诗·征文）————————————虞文琴

花开五七路（诗辑·征文）————文哲安　晨　枫等

赞"朝农"（组诗·征文）———————王金石　侯学志

图书箱的主人（散文·征文）————————陶泰忠

天兵探宝（散文）—————————————朱允祐

轮机兵的歌（散文）—————————————张广金

果拉山里的巧克花（散文）——————————黄　晏

把画笔当做钢枪（特写）——中国人民解放军战士美
术作品展览巡礼———————————————李　虹

三天的故事（小说）—————————————林　雨

征兵（小说）————————————————杨国联

战旗飞扬（小说·征文）———————工人　罗云虎

社会主义新生事物赞（幻灯片）———————徐国峻
林燕军画　莫亚玎配诗

雪山上飞来的歌（查果拉哨卡战士的诗）
　　　　　　　　队长　胡同德　战士　陈全富等

葫芦渡口（独幕话剧）————————————程冰蘅

常委会上（油画）————————————王德深　舒　展

取经（年画）————————————————郭鲜利

征途上（木刻）———————————————刘子才

"歌颂无产阶级'文化大革命'和社会主义新生事
物"征文启事

1976 年第 5 期　刊名:《解放军文艺》
目录

中共中央关于华国锋同志任中央第一副主席、国务院
总理的决议

中共中央关于撤销邓小平党内外一切职务的决议

沿着毛主席的无产阶级革命路线乘胜前进

凯歌如潮旗如画（诗辑）——热烈欢呼反击右倾翻案
风斗争的伟大胜利—————时永福　班长　王国庆等

飘扬吧！　天安门前的五星红旗——英勇粉碎反革命
事件的首都军民礼赞————————————本刊记者

批邓战歌震山河（歌词选辑·征文）
　　　　　　　　　　　　　　　　　李春清　武　澜等

伟大的革命　光辉的胜利（歌颂"文化大革命"十周
年诗选·征文）

滚滚洪流—————————————————吴　辛

火热的斗争————————————————刘新智

战士的足迹——————————————闻　耀　宋百和

战场上——————————————————战士　张全明

火红的岁月————————————————徐广顺

怀念———————————————————马连义

无产阶级同走资派斗争的锐利武器（征文）——重新
学习《通知》的一点体会
　　　　　　　　　　　北京大学工农兵学员　石　兵

一个真心实意地拥护革命的群众英雄——谈革命现代
京剧《红云岗》中的英嫂形象——————春溪　浩流

阶级斗争永牢记——革命现代京剧《审椅子》观后
　　　　　　　　　　　　　　　　　　　　　　金　江

京剧舞蹈开新花——评京剧舞剧《战海浪》————辛　冰

新的战斗（小说·征文）—————————聂立珂
进军卧虎坪（小说·征文）—————————张广平
女反坦克手（小说）———————战士 李 兵
两个指导员（对口快板·征文）—徐聿生 李乃高
新苗赞（快板书·征文）——————————李 镜
养场兵（相声）
　　　　　某部连队文训班集体创作 田 军执笔
战士的责任重（报告文学·征文）
　　　　　王凤海 姜卫东 程何才 郑赤鹰
五·七路上谱新篇（报告文学·征文）
　　　　　————————邓国添 杨福林
春汛（散文）———————————————王中才
接过鲁迅的战笔（散文）—————————郭同文
红鹰（小叙事诗·征文）——————工人 区桂凉
社员 黄宗信
战斗的钟声（诗辑）王荆岩 冯景元 张雪杉
青春的火花（诗）————————————元 辉
秤砣的启示（文艺随笔）——————————翟 水
刺刀与诗情（文艺随笔）——————————尹在勋
赞"赶浪头"精神（文艺随笔）———————朱炳初
群众性学习马克思主义、列宁主义、毛泽东思想运动
蓬勃发展（宣传画）———新金县宣传画学习班集体创作
在红旗下成长（油画）——————————陈 坚
四川、浙江、广东版画联展作品选登————胡 名
阿 鸽 邓子敬

1976 年第 6 期　刊名:《解放军文艺》
目录

"文化大革命"永放光芒——纪念中共中央一九六六
年五月十六日《通知》十周年
————《人民日报》、《红旗》杂志、《解放军报》编辑部
深入批判邓小平 坚持文艺革命——学习《在延安文
艺座谈会上的讲话》—————————————初 澜

"歌颂无产阶级'文化大革命'和社会主义新生事物"征
文专辑
革命样板戏之花在军营盛开
让样板戏在连队扎根———广州部队某部八连党支部
踏着英雄人物的足迹前进
　　　　　沈阳部队长途电话连党支部
普及样板戏，提高战斗力——空军某部九连党支部
英雄人物活在农奴战士心里
　　　　　昆明部队某部七连党支部
热情讴歌继续革命的壮丽斗争——————黄式宪
蓝天万里（小说）————————————陈昌坤
没有枪声的战斗（小说）—————————李志君
哨兵（小说）—————————————————史 阳

锣鼓声中（小说）————————工人 肖正义

英雄的首都工人民兵
钢铁的队伍（特写）———————————聂世捷
春风满征途（特写）———————————袁世福
战斗在风口浪尖上（特写）————战士 樊守禄
众志成城（特写）——————李武清 李瑞明
东风万里春苗壮（革命新生事物赞·诗辑）
　　　　　石顺义 战士 叶 鹏等

豪情满怀唱战歌
誓言（诗）————————————战士 胡邦明
侦察兵的歌（诗）————————战士 陈伟力
坦克隆隆（诗）—————————战士 宋文华
锁长空（诗）——————————战士 刘 琳
师长和政委（诗）————————战士 胡忠军
深山气象站（诗）————————战士 蔡晓萍
干校诗简（诗）————————————纪 鹏
温度计小传（散文）———————————王宗仁
进山路上（散文）————————————李彦清
报春花（散文）—————————————侯真曦
赤胆忠心（快板书）——————高桐林 王金宝
飞兵向前（扬州评话）——————————陆登标
挑战（河南坠子）————集体创作 张一壮执笔
背篓医院（单弦）——————东 辉 维 耕 启 河
革命现代京剧《磐石湾》组画（中国画）
　　　　　———————程宝泓 刘柏荣
在反击右倾翻案风的凯歌声中前进——首都警卫战士
生活速写—————————傅 琳 黄驾宇等
创作简讯—————————————————石 兵

1976 年第 7 期　刊名:《解放军文艺》
目录

要把无产阶级"文化大革命"进行到底（油画）
　　　　　—————————黄今声 张文轩
万众一心跟党走（新民歌选）———————朱谷忠
托含提·库尔班等
情满延安（诗）—————————————马林帆
中流击水（诗）—————————————桑 原
红军后代来接班（诗）——————————高家凌
前哨新歌（诗）—————————————王石祥
战士学习小靳庄（诗）—李久香 牛广进 李健葆
威严的海疆（诗辑）——————瞿 琮 王润滋等
顶风记（小说·征文）——————————窦益山
"结合部"的工作（小说·征文）—————路 毅
活地图（小说）—————————————武 鸣
老猎手新传（小说）———————————张昌灿

栏边新风（独幕话剧·征文）——————————————桂其中
彩球飞舞（相声）——————耿俊奇　关郁生　邓鲁延
大海的怒涛（散文·征文）——————————————杨肇林
放排歌（散文·征文）————————————————周铁人
红旗高扬（散文）—————————————————朱苏进
机场的早晨（散文）————————————————王世阁
"小钢站"（散文）———————————战士　杨万青
战士大学（报告文学·征文）
　　　　　————————战士　杜连军　许东晖
文艺创作必须坚持典型概括——————————————赖应棠
谈英雄人物识别走资派的"眼力"（文艺随笔）
　　　　　—————————————————————翁睦瑞
主要矛盾冲突的设置及其他（文艺随笔）——————吴士余
谈"解缆"（文艺随笔）—————————————石国仕
歌泣有端字字真（学习与创作）—————————吴战垒
批邓的战鼓　进军的号角——————孙治珊　朱光斗
创作简讯（二则）——————————海　文　范尚德
理想之歌（油画）
　　　　　————北京市西城区文化馆美术组集体创作
红卫兵的步伐（素描组画）————————————张颂南

1976 年第 8 期　刊名:《解放军文艺》
目录

毛主席和我们在一起（油画）
　　　　　—————————集体创作　邓乃荣执笔
党给我智慧给我胆（特写·征文）————————刘　角
水田剪影（散文·征文）——————姜　安　杨闻宇
高高的石阶路（散文·征文）———————————黄传会
解缆出航（散文·征文）——————————————张广金
镇敌峰下（散文）—————————————————孙成武
英雄的人民军战士形象——赞朝鲜人民军协奏团的革
命歌剧《党的好女儿》————————————洪　城
《党的好女儿》舞台速写——陈玉先　范迪宽　程宝泓
当年的红卫兵（诗辑·征文）
　　　　　—————战士　钱　巍　张定祥等
《炮打司令部》礼赞（诗·征文）————————英　戈
边防线上（诗）———————————战士　高建群
炮兵生活短歌（诗）————————战士　谢玉久
新沙皇的"和平"进行曲（讽刺诗）——————孟伟哉
离厂之前（小说·征文）——————————————杜　斌
突破（小说·征文）————————————————周佳虎
二下金银沟（小说·征文）————————————张　勤
铁拳（小说）———————————————————范春荣
准备（小说）———————————————————赵志敏
深入批判邓小平的"相对依靠"论（征文）——兼驳
否定社会主义文艺根本任务的奇谈怪论
　　　　　—————————沈文枫　肖　锁　钟　寒

搞好声乐革命的金光大道（征文）
　　　　　——————————总政歌舞团　群　兵
深化·深度·深掘（学习与创作）————————孙景瑞
喜看曲坛繁花似锦—————————————————朱光斗
创作简讯
针锋相对（独脚戏·全国曲艺调演作品选登）
　　　　　————————————王辉荃　吴双艺
考石匠（河南坠子·全国曲艺调演作品选登）
　　　　　————————————张定华　孙桂春
延安新貌（版画）——————————————古　元
在战斗中成长（雕塑）——————————————吴显林
加强学习　深入批邓（雕塑）——————————仇志海

1976 年第 9 期　刊名:《解放军文艺》
目录

开顶风船的战斗集体（报告文学·征文）
　　　　　————————集体创作　孙　吴执笔
南京路上好八连战士诗选（四首）——————王守新等

肩起光荣的使命（报告文学·征文）
　　　　　————————————梁　爽　何　成
车过河南忆英雄（散文·征文）—————————何山美

深入批邓　抗震救灾
转载：唐山人民心向毛主席————《人民日报》记者
小靳庄社员抗震歌（十五首）——————————王作山等
转载：红色电波通北京—————《人民日报》通讯员
战士本色（特写）—————————王树和　刘兆林
英雄的人民军队（特写）—————————————李大我
快让火车开到唐山去（特写）——————————朱振声
新的生命（特写）—————————马贵民　刘革文
抗震火线战士墙报诗抄（七首）———申增旺　邱继臣
抗震凯歌（对口快板）——————————————刘学智
团结战斗　人定胜天（速写）———唐惟藻　牛小玲
反击（小说·征文）————————————————高子鲜
在疾风暴雨的日子里（小说·征文）——————赵峻防
烈火（小说·征文）————————————————邵长波
我愿意是火（诗）—————————————————王　颖
广积粮战歌（诗）—————————————————易中天
反修哨兵（相声）—————————————————于连仲
掌握马列武器　坚持反修防修——————————齐　山
闪耀着"文化大革命"光彩的部队新人—————黄浪华
狼蹄印下的霸权主义罪证——————志　力　碣　石
简讯一则
风口浪尖好课堂（版画）—————————————周顺恺
喜看旧貌换新颜（版画）—————————————王金旭
前哨怒火（版画）—————————————————关琦铭

战地快报（版画）——————————————何卫群
重返草原（版画）——————————王福祥　张文玉

1976 年第 10 期　刊名:《解放军文艺》
目录

伟大的领袖和导师毛泽东主席永垂不朽
伟大的领袖和导师毛泽东主席遗像
中国共产党中央委员会
中华人民共和国全国人民代表大会常务委员会
中华人民共和国国务院
中国共产党中央军事委员会
告全党全军全国各族人民书
在伟大领袖和导师毛泽东主席追悼大会上中国共产党
中央委员会第一副主席、国务院总理华国锋同志致悼
词
东方红————————————陕北民歌　李有源词
国际歌————————欧仁·鲍狄埃词　比尔·狄盖特曲
三大纪律八项注意————————————红军歌曲
继承毛主席的遗志　把无产阶级革命事业进行到底
红太阳永远照亮着革命战士的心
——————《解放军报》通讯员　《解放军报》记者
永远跟着毛主席长征————————————陈昌奉
毛主席啊，我们永远怀念您————————阎长林
永志不忘的关怀——————————————李蓝丁
沿着毛主席开辟的金色航道破浪前进
———————————————海军某部"洛阳"舰
永远飞行在红太阳身边
————————————执行过毛主席专机任务的机组
毛主席呵，我们永远做您的好战士——————雷锋班
红太阳永照南京路————————南京路上好八连
把反修战旗举得更高————珍宝岛地区五林洞民兵连
毛主席永远为我们导航
————————————空军某部杜凤瑞生前所在大队
在毛主席升起的红旗下宣誓——————天安门前警卫连
无尽的怀念　钢铁的誓言（诗十四首）
————————————易天宝　战士　李偓清等
歌词选辑（五首）——————————洪源　许德清等
镌进心底的誓言（散文诗）——————————胡松植
永做毛主席的革命文艺战士——————————王愿坚
毛主席的光辉形象照万代——————————高虹
继承领袖遗志　永远为工农兵服务———————本刊编辑部
从柳河跨出的脚步（诗·征文）——————雷抒雁
英雄战士蔡永祥（报告文学·征文）
——《英雄战士蔡永祥》编写组集体创作　松植执笔
我们的十年（散文·征文）——————————李锦
桥（散文·征文）——————————————陈明福
后盾（小说·征文）——————————————梅新生

攀高峰（小说·征文）———————————陶建军
考试（小说·征文）———————刘佩军　樊守录
严重的任务（小说·征文）—————————苏文勋

1976 年第 11 期　刊名:《解放军文艺》
目录

大字报好——毛主席在大跃进的日子里视察工厂（油
画）——————————————————傅植桂
华国锋主席像
中国共产党中央委员会　中华人民共和国全国人民代
表大会党务委员会
中华人民共和国国务院　中国共产党中央军事委员会
关于建立伟大的领袖和导师毛泽东主席纪念堂的决定
中共中央关于出版《毛泽东选集》和筹备出版《毛泽东
全集》的决定

热烈庆祝华国锋同志任中共中央主席、中央军委主席
热烈庆祝粉碎"四人帮"篡党夺权阴谋的伟大胜利
在首都庆祝大会上吴德同志的讲话
伟大的历史性胜利
——————《人民日报》、《红旗》杂志、《解放军报》社论
华国锋同志是我们党当之无愧的领袖
——————————————《解放军报》编辑部
伟大的党，战士向您致敬（诗辑）
——————————————张力生　西彤等
伟大的洪流（散文）————————————刘白羽
举国欢腾庆胜利（速写）
——————董辰生　刘仁庆　刘红宇　尚丁
领袖和人民心连心（散文）——记华主席在唐山抗震
救灾中——————————————骆荣顺　袁厚春
三月的租界（鲁迅杂文选读）
张春桥反革命历史的重要见证——鲁迅研究室批判组
"四人帮"的反党罪行必须清算
——————————————空军　丁一三　张士燮
"四人帮"是扼杀革命文艺的刽子手
——————————————海军　夏冰　黄传会
狠批"四人帮"　痛打"落水狗"——————王愿坚
简讯——————————————————肖平

毛泽东思想永放光芒
秋收起义与我军初创时期——————————罗荣桓
毛委员教我们发动群众——————————赖毅
毛主席永远活在水兵心中——————————蔚欣文
鲲鹏赋（散文·征文）——————————朱允祐
心向红太阳——学习鲁迅对伟大领袖毛主席的无比热
爱和崇敬——————————————————程越嶷
永远进击的伟大战士（诗·征文）

——献给鲁迅……………………………………赵政民
映山红（电影文学剧本）……王愿坚　黎汝清　肖　穆
长城内外起宏图（木刻）………………………范元和
政委听课（木刻）………………………………陈华才
报到（木刻）……………………………………廖宗怡

1976 年第 12 期　刊名:《解放军文艺》
目录

伟大的教导（油画）……………………………项而躬
梁照堂　陈衍宁　李　墨　邵增虎　招炽挺
在伟大的领袖和导师毛泽东主席纪念堂奠基仪式上
华国锋主席的讲话

毛泽东思想永放光芒
巧使敌人就范…………………………………杨至成
真理的光辉……………………………………方　强
毛主席视察南泥湾……………………………董廷恒
"七大"的光芒…………………………………杨秀山
韶山行（诗）…………………………………陈羽彤
发扬革命传统，紧跟华主席继续长征………本刊编辑部
歌唱敬爱的华主席（歌曲）
　　　　　　　　洪　源词　傅　晶　田　光曲
欢呼华主席掌大舵（诗）………讴　阳　海　笑
跟着华主席再长征（诗）……………………马士林
战士热爱华主席（诗）………………战士　康为兵
华主席啊！湘阴人民向您欢歌（散文）
　　　　　　　　　　　　　曾凡华　恪　牛
高擎起毛主席树的红旗（散文）——记华国锋主席在
大寨…………………………………胡世宗　袁厚春
特级英雄黄继光（长篇报告文学选载）………司史武
围绕《创业》展开的一场严重斗争
　　　　　　　　杜书瀛　杨志杰　朱　兵
沿着毛主席的革命文艺路线高歌猛进…………张天民
以毛主席对《创业》的批示为武器　清算"四人帮"
扼杀革命文艺的罪行——南京部队文艺工作者座谈会
发言选登
"四人帮"是扼杀《园丁之歌》的罪魁祸首
　　　　　　　　长沙市湘剧《园丁之歌》创作组
"四人帮"为什么扼杀《万水千山》？
　　　　　　　　　　　　　铁　志　真　曦
揭穿"四人帮"反党乱军的一个阴谋……………陶司海
江青的黑诗和祸心……………………………杨明川
打倒"四人帮"　生产打胜仗（诗二首）
　　　　　　　　　　　　　崔喜林　刘希涛
献上一幅壮美的图（小说）…………………李占恒
将军不下马（小说）…………………………郭书琪
青春焕发（独幕话剧）………………………谷　山

除四害（对口快板）…………………战士　程新生
愤怒声讨"四人帮"反党集团阴谋篡党夺权的罪行
（宣传画）……旅大市工农兵宣传画创作学习班
喜迎新苗报春来（版画）……………………邱霍泉

1977 年第 1 期　刊名:《解放军文艺》
目录

毛主席永远活在我们心中……北京部队政治部理论组
华主席率领我们阔步前进（宣传画）
　　　　　　　　　　　　　殷培华　王遵义
华主席的关怀暖心窝…………………………竹　青
踏着华主席的足迹……………………王耀成　征　帆
新民歌选——各族人民歌颂华主席
　　　　　　　　　　　　张宁然　鄂光明等
敬爱的周总理在我军战斗历程中的光辉业绩
　　　　　　　　　　　　　军事科学院理论组
周总理走遍大庆油田…………………………李智发
周总理三访大寨………………………沙　荫　孔令贤
痛悼敬爱的周总理（诗）…………………郭小川遗作
陈毅同志诗词选辑
万水千山（十幕话剧）………………………陈其通编剧
《万水千山》主要歌曲………………………时乐濛等曲
蚍蜉撼树谈何易——揭穿"四人帮"煽动"写与军内
走资派作斗争的作品"的阴谋………………钟　汉
"四人帮"反党面目的一次大暴露——批判"四人
帮"扼杀《园丁之歌》的罪行………蒋守谦　马靖云
"四人帮"画像（诗）…………………………李　伟
汽笛响彻万重山（版画）……高和平　欧开华　张德生

1977 年第 2—3 期　刊名:《解放军文艺》
目录

毛主席题词：向雷锋同志学习
周恩来总理题词
朱德委员长题词

雷锋（油画）…………………………………靳尚谊
雷锋日记摘抄
雷锋的战友（诗）……………………………纪　学
永做人民的勤务员（宣传画）………………井维春
喜读主席词二首（诗）………………………朱　德
欢呼毛主席《词二首》的发表（诗）………何其芳
枣园红灯（小歌剧）…………………………章　明
周总理永远活在我们心间（北京琴书）……王存立
葡萄架前颂领袖（琴书）……………在　桥　忠　志
蜜桔树下（唱词）……………………………于万海

华主席和我们心连心（歌词）
————曾宪瑞 薛锡祥 陶大钊
战士齐颂华主席（"硬骨头六连"战士诗选）
————赵兵 江演煊等
"硬骨头六连"纪事————贾晓晨 董校雪

"硬骨头六连"战旗红（幻灯片）
————赵文元 李文昌 刘灿辉
硬骨头赞（相声）————陈增智
一双战备鞋（湖北大鼓）
————"硬骨头六连"演唱组 江义雄
石油大哥（长篇说唱诗）————李季
战歌嘹亮（诗辑）————节廷华 田永昌等
除夕晚会归来（诗）————虞棘
冬泳的人们（散文）————王世阁
"家务活"（小说）————陈传瑜
支部书记（小说）————战士 耕夫
鲜艳的红旗（小说）————王树和
仓库主任（小说）————刘桂城
风卷残云（小说）————李心田
边防少年（故事）————张发良
一发篡党夺权的罪恶炮弹——戳穿"四人帮"炮制反党影片《反击》的阴谋————文化部电影局 宋华

《千秋大业》是"四人帮"乱军反党的黑标本
————郑文
《冲锋向前》宣扬了什么————郑翼
插手控制是为了乱军反党————八一电影制片厂理论组
乱军祸国 罪恶滔天————傅萍
鼓吹写"顶风" 意在毁长城————骆峰
鬼蜮的伎俩遮盖不住真理的光辉————鲁迅研究室
从苏修诗歌看新沙皇的狼子野心————施介文
狠批"四人帮" 生产打胜仗（宣传画）
————路巨鼎 应龙森

1977 年第 4 期　刊名:《解放军文艺》
目录

你办事 我放心（油画）————彭彬 靳尚谊
华主席、叶副主席关于向雷锋同志学习的题词

毛泽东思想永放光芒
闽西的春天（革命斗争回忆录）————邓子恢 张鼎丞
难忘的教诲（革命斗争回忆录）————程悦长
忠于毛主席的光辉典范————石玉增 刘也
华主席夜宿贫农家（常德丝弦）————张付华
咱的哨所幸福多（坐唱）————刘梦龙
雷锋的战友们————弓长 刘兆林

"硬骨头六连"连史片断————联合写作组
搭桥（小说）————廖西岚
目标（小说）————胡奇
劲草（小说）————杨东明 祝凯
石油大哥（长篇说唱诗）————李季
牧业战线飞喜报（诗辑）————马林帆 刘章等
围绕评论《水浒》展开的严重政治斗争
————丁振海 杨志杰
张春桥反党乱军的拙劣表演————本社批判组
极右派面目的一次大暴露————吴克斌 方全林
创作简讯
把被"四人帮"耽误的时间夺回来（宣传画）
————毛文彪
南疆千里眼（木刻）————陈辛一 孙振杰

1977 年第 5 期　刊名:《解放军文艺》
目录

毛泽东思想永放光芒
骄杨赞————肖永义
雷锋（六场话剧）
————沈阳部队政治部话剧团《雷锋》创作组
硬骨头六连诗抄————谢鲁渤
部队生活短诗（诗辑）————战士 葛逊 肖在超等
喜讯献给华主席（散文）————邹仲平
大庆春光分外明（特写）————孙成武 张洪舜
接过铁人的刹把（版画）————大庆工人业余美术组
讴歌铁人精神（编者随笔）
尖岛行（小说）————金为华
虎口拔牙（小说）————张凤雏 王镇平
小八路（素描）————孙滋溪
高举毛主席伟大旗帜搞好部队文艺创作（简讯）
繁荣社会主义文艺的伟大方针————延兵 薛文
扯下"反真人真事"论的黑旗————张炯
为什么"围剿"一篇短论————高玉宝
红萝卜与张春桥（杂文）————鲁梁 李霖
满嘴荒唐言 一颗复辟心（杂文）————栗凰

1977 年第 6 期　刊名:《解放军文艺》
目录

艰苦的岁月 伟大的友谊（油画）
————高泉 康东 钱志林
华主席一九六四年一月为湘潭地区民兵、复员退伍军人积极分子代表会议写的题词
油田千里飘红旗 大庆人歌唱华主席（诗辑）
————大庆工人 王月甫 齐莉莉等

大庆赞歌（诗）————————————胡 笳
"铁人精神"在召唤（报告文学）————高兴烈
扫除"四害"心欢畅 大学大批促大干（宣传画）
————————————————江 淳
向话剧《初升的太阳》学习————总政治部话剧团

纪念毛主席《在延安文艺座谈会上的讲话》发表三十五周年

坚持文艺为工农兵服务的方向————段海燕 何治平
假纪念 真反党——从初澜的三篇黑文看"四人帮"
背叛《讲话》的反革命面目————————蔡师勇
去找陈学孟————————————————钟 汉
多写雷锋式的英雄人物————————————黄浪华
"三突出"框子里的黑货——曹立坚 牟廉九 骆 峰
"吃草"歌（诗）————————————————孟伟哉
这是我们阶级夺回来的权力（诗传单）————曲有源
"毛泽东思想永放光芒"征稿启事
游击队里的华政委————————王戈洪 武子海
"落实参谋"（报告文学）————————————张 渠

毛泽东思想永放光芒

英明的预见（革命斗争回忆录）————————袁学凯
同甘共苦（革命斗争回忆录）————————龙飞虎
战斗篮球队（革命斗争回忆录）————————黄 烈
贺龙同志为湖北房县烈士塔题词
洪湖曲（诗）————————————————赵朴初
七州洋（小说）————————————————宋树根
战斗的新航线（小说）————————————杨大群
报喜（小说）————————————————侯真曦
海滨歼特（小说）————————————谢 阳 闻 闯
二月风暴（小说）————————台湾省籍 柯丽珠
韶山春（演唱）————————————————李坤鸿
战备锅（小话剧）————————张义平原作 王庆生整理
"李先生"、王连举及其他（杂文）————华 生 刘 童
"吃白相饭"种种（杂文）————————诸仲和 谢英雷
简讯
读（雕塑）————————————————冯宜贵
宝书光辉照征程（速写）
————————————范迪宽 黄驾宇 赵文元等
夏练三伏（油画）——战士 张国强 宋协祥 胡相才

1977 年第 7 期　刊名:《解放军文艺》
目录

华主席、叶副主席关于向"硬骨头六连"学习的题词
华主席和西藏军民心连心（油画）——艾 轩 张文源
湘江滚滚唱颂歌（诗辑）————————杜仕祥 贾伏全等

小令三首————————————————赵朴初
毛主席纪念堂建筑工地纪事——————毛泽英 罗来勇等
我们世世代代高举毛主席的伟大旗帜（速写）
————————————————————娄齐贵
写在毛主席纪念堂工地（诗）————————郭宝臣
无尽的怀念（诗辑）————————李建新 于 沙等
朱德同志诗选
太行情深（散文）————————————王耀成
"硬骨头六连"连史片断（之二）————————联合写作组
螺丝钉赞（散文）————————————陈立洲
战时诗词十二首————————————明 朗
生命的赞歌（小诗剧）————————————李学光
十二颗鹅卵石（诗表演）————————战士 孟秀辉
前辈（小说）————————————————陶建军
亲人（小说）————————————————谷 应
大炮上刺刀（小说）————————————董得春
一○一号角杆（小说）————————————任斌武
假日交公（小说）————————————张焕南
一场乱军反党闹剧的破产————————本社批判组
评姚文元的改文术————————上海人民出版社批判组
党的形象不容污损————————————刘祯祥
喜读长篇说唱诗《石油大哥》
————————————张传斌 陶 义 刘宣梁
写在读《尖岛行》之后————————————言 午
简讯
前哨新课（油画）————————————刘吉成
狼牙山五壮士（连环画选登）————————娄齐贵
"毛泽东思想永放光芒"文艺创作征稿启事

1977 年第 8 期　刊名:《解放军文艺》
目录

庆祝中国人民解放军建军五十周年专刊
毛主席语录
华主席和我们心连心（油画）————————高 虹 何孔德
中国共产党第十届中央委员会第三次全体会议公报
八十书怀（七律）————————————叶剑英
战胜日本帝国主义二十周年（七律）
————————————————————叶剑英
欢呼党的十届三中全会胜利召开（诗辑）
————————————————鄂其尔 加米拉等
"毛泽东思想永放光芒"文艺创作征稿选登
南昌城 英雄的城（诗）————————朱昌勤
秋收起义炮火红（诗）————————瞿 琮
歌满井冈山（诗）————————————赵春华
"朱德扁担"歌（诗）————————————钟永华
华主席率领我们前进
守好祖国北大门（散文）————————张洪舜 李智发

华主席看《雷锋》（对口快板）
　　　　　　　王铁虎　刘锡安　朱光斗
要强兵（对口表演）————"硬骨头六连"演唱组
海上战歌（诗）————————————柳　朗
我们的师长（诗）——————————叶文福
硬骨头歌（诗）——————————马绪英
飞向蓝天（诗）——————————周　鹤
炮口前（诗）——————————谢逢松
欢庆建军五十周年（词）————————郭化若
长城颂（诗）——————————魏传统
致亲人（诗）——————————满　锐
争取部队文艺工作的更大繁荣————本刊编辑部
全军第四届文艺会演速写——————娄齐贵等
光荣的战地（一）
南昌城的曙光（散文）————————聂怡文
霹雳一声暴动（散文）————————季　成
红旗初卷英雄城（散文）————————秦　牧
耷市盛会（散文）——————————黄肇嵩
人民的胜利（散文）——陶泰忠　赵　鳌　王尚贤
大会师（国画）——————李宝林　周顺恺
江南抗战之春（革命先辈文抄）————陈　毅
悼烈士（诗）——————————闻　山
雏鹰展翅（小说）——————————郭金炎
两岸齐心（小说）——————————金沙水
路标的故事（小说）————————毛　英
将军河（长篇小说选载）————————管　桦
斩断黑手　卫我长城——————本社批判组
英雄的史诗　进军的号角————————张万晨
毛主席军事思想的高亢颂歌————————胡世宗
硬骨头连队硬骨头兵（年画）————————赵文元
弹无虚发（木刻）——————————安树文
一声令下（木刻）——————————刘震激

1977 年第 9 期　刊名:《解放军文艺》

目录

华主席在中国共产党第十一次全国代表大会上的政治
报告（摘录）
战士欢呼十一大（诗辑）————嵇亦工　郁　葱等
舞向天安门（诗）——————————万元德
庆祝十一大胜利召开（诗）————————陈其通
在毛主席的伟大旗帜下（诗）————————程光锐

毛泽东思想永放光芒
毛主席在连队建党（建军五十周年美展作品）
——————————————————高　泉
比学赶帮好（建军五十周年美展作品）
——————————————招炽挺　邬邦生

叶副主席邓副主席在军委扩大会议上（建军五十周年
美展作品）——————————李宝林　杨胜荣等

毛主席永远活在我们的心中
幸福的回忆　深切的怀念————沈阳部队政治部歌舞团
毛主席教导我们深入生活————漠　雁　冠　潮
关怀暖如春　教诲永不忘————空军政治部歌剧团
毛主席教导我学好文化（散文）————罗　斌
跟随毛主席游泳（散文）——————柏　灵
铭刻心头的教诲（散文）————岳恒寿　向　阳
毛主席纪念堂颂（诗）——————徐　刚
建军五十周年颂（诗）——————张爱萍
阳光灿烂战旗红（诗辑）——李忠效　战士葛　逊等
泸定飞渡（建军五十周年美展作品）
——————————刘　仑　汤小铭　林　墉
贺龙同志在洪湖苏区（建军五十周年美展作品）
——————————————————程宝泓
创业艰难百战多（建军五十周年美展作品）———张祖英
囚歌（革命先烈诗抄）——————叶　挺
清贫（革命先烈文抄）——————方志敏
陕北民歌二首

光荣的战地（二）
古田抒情（诗）————————战士　朱向前
通道城诗抄（诗）——————————李槐荪
风雨长征路（诗）————喻元良　唐大同　陈红涛
忆昔征战黄土岭（散文）————————柳　杞
凯歌声中访上党（散文）——杨富秋　王天平　恪　牛
梁忠孟（报告文学）————吕希杉　王孟强
"心理学家"的失算（小说）——————徐光耀
雪山寒夜（小说）——————————段雨生
快马加鞭（小说）——————————王韦俭

全军第四届文艺会演节目选登
银河岸边（湖南花鼓戏）——————章　明
骄杨挺拔识字岭（河南曲子坐唱）
——————————钟永华　雷子明改编
并列第一（小话剧）————————韩瑞林
为什么狂叫"驳倒军队特殊论"
——————————济南部队政治文化部理论组
红梅经霜更芬芳————————肖　海　徐　红
舞台上的雷锋形象——————————李志杰

三九花开（版画）————————————————李 朴

1977 年第 11 期　刊名:《解放军文艺》
目录

华主席颂歌（歌词）————————————石 祥 刘 薇
远望（油画）————————————————尚沪生
邓副主席关于向雷锋同志学习的题词
真正的青春（报告文学）———黄金恳 揭衍珍 吴素先
知耕鸟（散文）————————————————刘 真
路之歌（散文）————————————————运新华
黄桥凯歌（散文）————————————胡松植 傅宁军
雄师百万克平津（散文）————————————刘赞兵
渡江南征记（革命先辈文抄）————————————陈 赓
把我军文艺工作推向新阶段————————————本刊编辑部
光荣传统开新花（诗辑）————————石顺义 卓 凡等
骄杨颂（诗）————————————————徐 刚
北疆边防线（诗）————————————————雷抒雁
在祖国温暖的怀抱（诗）————————孙绍振 刘登翰
静静的激流（小说）————————————————刘白羽
长冈人（小说）————————————————贾再柏
新军途中（小说）————————————战士 耕 夫
积极因素（小说）————————————战士 朱 武
堤（小说）————————————————战士 徐 军
九滴油（独幕话剧）————————————陈照先 沈英文
狠批"四人帮"歌唱老首长（芗曲说唱）
————————————————陈学东 丁志愿

学习与创作
讴歌保卫祖国海疆的英雄———朱祖贻 李 恍 林荫梧
舞蹈《水乡送粮》创作体会————————————黄素嘉
画意来自生活————————杨亚萍 陈胜民 黄清琪
让红军的革命精神永放光芒————————————雷 坦
打着列宁旗号的霸权主义————————————郭家申
祖国领土不容侵犯（油画）————————————关琦铭
独立自主　高歌猛进（组画选登）
————————————————李亚军 王连军等

1977 年第 12 期　刊名:《解放军文艺》
目录

山花烂漫时（油画）————————————赵友萍 李天祥
诗词五首————————————————郭化若
疙尖尖·大砍刀（诗）————————————李俊德
咱的"胳膊"（诗）————————————————贺东久
抢修演练（诗）————————————战士 李兴华
下哨（诗）————————————————孙中明

1977 年第 10 期　刊名:《解放军文艺》
目录

誓将遗愿化宏图（油画）————————————谢兰昆
千歌万曲献给华主席（诗辑）
————————————战士 金 曲 谭永南等
战士心中的歌（诗）————————————节延华

毛泽东思想永放光芒
红军之歌（诗）————————————————陈昊苏
土地（报告文学）————————————————徐志耕
保险（小说）————————————战士 陈 春
听号音的人（小说）————————————战士 夏国强
三做病号饭（小说）————————————战士 金 星
兵团司令员（长篇小说选载）————————————孟伟哉
毛主席永远活在我们的心中
慈父般的关怀————————————————翟作军
向毛主席汇报————————————————刘书才
同人民共甘苦————————————————王保东
毛主席把战士放在心上————————————赵清学
毛主席的光辉照万代（诗辑）———苏方学 韩嗣仪等
九九忆舵手（诗）————————————————李 伟
露营之歌（革命先烈诗抄）————————————李兆麟
班前会（诗）————————————————杨子忱
坚决实现抓纲治国的战略决策，加速我军革命化现代
化建设（宣传画）————————————————毛文彪
这样的业余文艺演出好————————————本刊记者
唱出了战士的心声————————北京卫戍某团业余演出队
送饭（长沙说唱）————————————————刘春泉
附:《送饭》创作前后
剥画皮（表演唱）————————————————刘绍基
对刺（评书表演）————————————————肖允廉
格斗（京剧）————————————集体创作 翟迎春执笔
附:京剧《格斗》创作经过

光荣的战地（三）
茅山火龙歌（诗）————————————————黄东成
太行山的怀念（诗）————————————————浪 波
光辉的路（诗）————————————————曲润海
沂蒙山，英雄的山（散文）
————————陶泰忠 赵 鹜 王尚贤
青青大别山（散文）————————————————刘富道
为什么"百花齐放都没有了"?　——————文化部批判组
"四人帮"反动纲领的传声筒————————————总政治剧团
阴谋文艺的黑标本————————————————总政歌舞团
如此"文化"部长————————————————蔡师勇
连续出击（《战鹰之歌》组画之二）
————————宋彦圣 王金旭 吴祯祥

侦察兵之歌（诗）————————————刘奥南
星的哨所（诗）——————————————韦 一
航泊日志（诗）—————————————张力生
防原子演练（诗）———————战士 王晋军
农村街头诗————————————————刘 章
赞"禁绝一切空话"（诗）——————魏传统
翻身纪事（长篇小说选载）——————梁 斌
界限（小说）————————————————樊晓光
"上线"中队长（小说）———————樊雨田
第九百个航次（小说）———————黄传会
春夏秋冬（对口快板）————张洪声 梁南江
找衬衣（小话剧）——————范军昌 张 波
春风送暖（散文）——————————陆岩 保国
迎着太阳走（散文）—————————赵清学
从冬天到春天（散文）———————郑启容
祖国的灯光（散文）——————战士 艾青峰
奔腾急（散文）————————————陈作犁
石头又说话了（散文）———————侯真曦

光荣的战地
写在红七军的故乡（诗）——————于 力
洪湖歌（诗）—————————————邹荻帆
重访锦州忆鏖战（散文）——————田成任
一次阴谋文艺的大拍卖————————本刊批判组
评帮刊《朝霞》上的三篇反军小说 胡杰锋 陈志淳
关于散文————————————————孙 犁
生活·主题·细节———————————李占恒
生命与诗———————————————范咏戈
短篇要短———————————————张雨生
雪地练兵（版画）——————————耿建民
抗日英雄赵一曼（版画）——————阎 风
黄河颂（油画）———————————陈逸飞

1978 年第 1 期　刊名:《解放军文艺》
目录

毛主席给陈毅同志谈诗的一封信
祝贺《星火燎原》（选编之一）出版—————黎 明
彻底批判"文艺黑线专政"论，打碎"四人帮"制造
的精神枷锁——驻京部队部分文艺工作者座谈会发言
摘登—————————魏 巍 丁 毅 时乐濛
杜 烽 唐 诃 陆柱国 严寄洲 刘革文 石国仕
战士迎春歌（诗辑）———沈巧耕 战士 乔 良等
向科学进军（诗）—————————曲有源
迎春短笛（诗）————————石 湾 蒋士枚
六盘山拉练（诗）——————————肖 华
怀念（诗）———————————————匡 满
深情（诗）———————————————郭宝臣

中原突围前夕（散文）———————邹作盛
一声绣金匾（散文）—————————袁 鹰
一双山鞋（散文）——————————阎 涛
除夕（散文）————————战士 王锡峰
戈壁舟（散文）———————————李彦清
带镣行（革命烈士诗抄）——————刘伯坚
难忘的岁月（诗）——————————张志民
高山柳（诗）—————————————蓝 曼
张献忠破襄阳（长篇历史小说《李自成》第三卷选
载）——————————————————姚雪垠
五月雨（小说）———————————雷 加
新兵老贺尝到的滋味（小说）———刘兆林
黄河天堑架金桥（坐唱）————冯 力 王佩珏
雪原飘香（相声）——————————张凤朝
藏瓦刀（山东柳琴）—————————陈为河
敌后演剧散忆（部队文艺工作传统漫话）——刘 伍
告读者
时刻准备上战场（宣传画）———王天胜 汪 洋
红岩（国画）————————————钱松嵒
火线跟进（版画）———薛浩坤 陈志伟 李人毅
前进（油画）————于永正 黄金海 关维兴

1978 年第 2 期　刊名:《解放军文艺》
目录

华主席给《人民文学》的光辉题词
煤海春（散文）———————————长 正
银线寄情（散文）——————————范柱权
除夕一课（革命斗争回忆录）———杜炳如
鹏翼展 风雷动—————————陈昊苏
亲切教诲化甘霖———————————宫 玺
从民歌中吸引养料和形式——————廖代谦
新民歌选——————————黄晨星 张景成等
写在拉练中（诗）——————————马绪英
通信兵之歌（诗）——————————杨海萍
军营喜报（诗）———————————姚成友
铁骏图（诗）—————————————喻 晓
跳伞归来（诗）———————————张雅歌
战斗在群山（诗）——————————童嘉通
水乡诗草（诗）———————————曾凡华
荆山永远（诗）———————————谢逢松
钢厂的火（诗）———————————冯景元
进军篇（诗）—————————————徐振辉
血字（革命烈士诗抄）———————殷 夫
绿草茵茵（散文）——————————冯复加
虎山行（散文）——————————战士 傅宁军
"撬脚"处长（散文）————————何友彬
百炼小记（特写）——————————金为华

献给母亲（散文）————————张　敏
达布素花（散文）————————李　尧
自有诗心如火烈（散文）————————杨玉纬
"没有战绩"的飞行员（小说）————————王世阁
过沟（小说）————————战士　张俊南
石玉贞（小说）————————战士　李金明
张献忠破襄阳（长篇历史小说《李自成》第三卷选
载）————————姚雪垠
把敌人挤出去（独幕话剧）————————齐　诗
逮蟋蟀（山东快书）————————许　越
读者短评六则————————董浩善　李芸莉等
队日（油画）————————祝福新
硬骨头六连组画选登（木刻）————————邱忠荣等
飞雪迎春（国画）————————石　齐

1978 年第 3 期　刊名:《解放军文艺》

目录

纪念周总理诞辰八十周年

情深似海（素描）————————郑毓敏
周总理是捍卫毛主席革命文艺路线的典范————————蔡师勇
砥柱中流（散文）————————廖其康
永恒的怀念（散文）————————刘震海
火花和曙光（诗）————————石　英
枣红时节念亲人（诗）————————张澄寰
走进红岩村纪念馆（诗）————————战士　刘毅然
"游击"导弹（小说）————————马金锋
"差错"三评（小说）————————张　欣
责任（小说）————————孙志远
飞腾的煤海（小说）————————罗子军
王政委和汪干事（独幕话剧）————宋大庆　丁邦国
彻底推倒"文艺黑线专政"论————————本刊评论员
形象思维二题————————孟伟哉
创新的准备————————孙　犁
兰天铺路人（报告文学）————秦　镜　徐恒堂　袁厚春
雷霞（散文）————————陈广生
今日雷锋班（速写）————————柳　青　郭德福
探索星空奥秘的年青人（报告文学）————————刘兰生
英雄乡（散文）————————吴伯萧
部队生活短诗————————战士　李兴华　邢书第等
井冈杜鹃红（诗）————————李长廷
歌致新战友（诗）————————谢鲁渤
祖国时刻在我心海间（诗）————————阎纯德
青铜峡（诗）————————叶文福
收起（词）————————魏传统
麻雀和雄鹰（寓言诗）————————刘福林
像白求恩那样（雕塑）————————周小平
新疆女民兵（雕塑）————————俞　崧　关　竞

1978 年第 4 期　刊名:《解放军文艺》

目录

中华人民共和国国歌————————聂　耳曲　集体填词
亲切的关怀（诗）————————崔合美
神山佳话（散文）————————陶太忠
煤海春潮（诗）————————石　町
在科学高地上（诗）————————宋家玲
油海诗讯（诗）————————王洪涛
新山水歌（诗）————————苗得雨
在岛上（诗）————————杜志民
海底哨兵（诗）————————任海鹰
帕米尔夜巡（诗）————————杨　眉
战士和春天（诗）————————李　镜
文艺工作者的光荣使命————————本刊编辑部
"根本任务"论是什么货色?（评论）————刘革文
张雷克　谢殿斌
海燕的翅膀是折不断的（评论）————————胡世宗
火一样的歌（评论）————————谢　冕
要熟悉人（创作漫笔）————————胡　奇
人物、事物和性格（创作漫笔）————————黄浪华
一篇饶有滋味的小说（创作短评）————————房果大
展翅篇（散文）————————韩静霆
澜沧江畔万木春（散文）————————周　明
心向北斗星（散文）————————彭绍辉
向警予之歌（诗）————————于　沙
板仓组诗————————元　星
抗日根据地诗抄————————姜勉希
气象兵卢燕（小说）————————宿聚生
追波逐浪（小说）————————树　根
春风吹又生（小说）————————李　澈
在招待所里（小说）————————谭成健
仇池行（散文）————————侯钰鑫
在革命大学校里（散文）————————朱传雄
团长教我学雷锋（对口快板）
————————刘学智　刘洪滨　赵建国
咸菜大比赛（小演唱）————陆　伟　恒　彬　颂　华
努力奋斗，建设强大的海军（宣传画）
————————张汝济　陈辛一
转战洪湖（雕塑）————————朱达成
万山丛中（国画）————————王　信
我为人民扛起枪（宣传画）————————廖宗怡

1978 年第 5 期　刊名:《解放军文艺》
目录

政治处主任（小说）　　　　　　　　　　　　　樊雨田
好尖的眼睛（小说）　　　　　　　　　　　　　廖西岚
指导员和"猜不透"（小说）　　　　　　　　　朱秀海
早春（小说）　　　　　　　　　　　　　　　　王仲翔
骆驼背上听来的故事（小说）　　　　　　　　　哲　中
烽火钟声（小说）　　　　　　　　台湾省笺　周　青
塑造优秀的政治工作干部形象（编者随笔）
部队生活短诗（九首）　　　　　　张广金　胡宏伟等
风雪高原测绘兵（诗）　　　　　　　　　　　　成宏图
告别（革命烈士诗抄）　　　　　　　　　　　　文　泽
风云颂（诗）　　　　　　　　　　　　　　　　彭　令
传统花开（诗）　　　　　　　　　　　　　　　姚成友
海疆速写（诗）　　　　　　　　　　　　　　　元　辉
在大山深处（诗）　　　　　　　　　　　　　　周　鹤
战士和泉（诗）　　　　　　　　　　　　　　　李　镜
华主席点亮万盏灯（鼓词）　　　　　肖百合　阎月明
安装暖气（山东快书）　　　　　　　　　　　　胡承志
从古田出发（独幕话剧）　　　　　　　　　　　汉　涛
祖国呵，壮丽的河山（特写）　　　　　　　　　顾　工
海燕是怎样飞的（报告文学）　　　　　郭金炎　闻　涉
水下厨师（散文）　　　　　　　　　　　　　　李恒茂
导弹的眼睛（散文）　　　　　　　　　　　　　陈志越
第一把小提琴及其他（散文）　　　　　　　　　李振国
太行蜂（散文）　　　　　　　　　　　　　　　敏　岐
巡逻一日（散文）　　　　　　　　　　　　　　杨学泉
达卡之夜（散文）　　　　　　　　　　　　　　姜德明
这是谁家的"儿女"？　　　　　　　　　　　　石国仕
写兵要熟悉兵（创作漫笔）　　　　　　　　　　王世阁
"百"里挑"一"（创作漫笔）　　　　　　　　　思　忖
阳光照耀着乌拉银河　　　　　　　　　　　　　李　翔
巧为新诗构新思　　　　　　　　　　　　　　　佘树森
宣战（雕塑）　　　　　　　　　　　　　　　　李守仁
学硬骨头六连　做硬骨头战士（宣传画）　　　张进宝
地质之光（雕塑）　　　　　　　　　　　　　　仇志海
为保卫祖国养军马（油画）　　　　　　　　　　谭涤夫

1978 年第 6 期　刊名:《解放军文艺》
目录

爸爸教我又红又专（散文）　　　　　　　　　　罗东进
我们的虎将笑微微（特写）　　　　　　　　　　江奇涛
追云播雨（散文）　　　　　　　　　　徐恒堂　廖代谦
神枪手之歌（报告文学）　　　　　　　　　　　刘兆林

百花小集

黄昏颂（散文）　　　　　　　　　　　　　　　柳　嘉
山与路　河与渡（散文）　　　　　　战士　孙纪文
灯下（散文）　　　　　　　　　　　战士　袭山山
摽上了（小说）　　　　　　　　　　　　　　　朱秀海
新人恋（小说）　　　　　　　　　　　　　　　谦　克
登机跳伞之前（小说）　　　　　　　　　　　　克　岩
金勒麦斯山口（民间传说）　　　　　　　　　　沈　凯
珍珠（小说）　　　　　　　　　　　　　　　　石　言
小刘和他的手榴弹（小说）　　　　　　　　　　刘　林
戒辣荽（快书小段）　　　　　　　　陈兆权　秦　超
换床单儿（快书小段）　　　　　　　常士凯　吴庆瑞
好上加好（快书小段）　　　　　　　　　　　　张甲祥
中国的大地（诗）　　　　　　　　　　　　　　李本深
"四个现代化"之歌（诗）　　　　　　　　　　曲有沅
一江山登陆战即景（词）　　　　　　　　　　　张爱萍
我和锻锤（诗）　　　　　　　　　　　　　　　陶世绵
云（诗）　　　　　　　　　　　　　　　　　　马林枫
滴水集（诗）　　　　　　　　　　　　　　　　林承方
部队生活短诗（七首）　　　　　　　尹家民　王鸣久等

革命烈士诗抄

狱中遗诗　　　　　　　　　　　　　　　　　　吕大千
留取丹心照汗青　　　　　　　　　　　　　　　吕惠生
雄心誓不降　　　　　　　　　　　　　　　　　蔡瑾瑾
狱中诗　　　　　　　　　　　　　　　　　　　陈法轼
提高创作质量的重要前提　　　　　　　　　　　任斌武
人物和事件的辩证关系（创作漫笔）　　　　　　郑乃臧
也谈人物、事件和性格（创作漫笔）　　　　　　宋大雷
本社召开短篇小说创作坐谈会　举办文艺评论学习班

不吃枣子的故事（组画）　　　　　　　　　　　陈玉先
爷俩学雷锋（风俗画）　　　　　　　　　　　　孟晋元
严格训练　顽强战斗（宣传画）　　　　　　　　孙　浩
邱少云（油画）　　　　　　　　　　　　　　　孙国岐

1978 年第 7 期　刊名:《解放军文艺》
目录

火一样的生命　　　　　　　　　　　　　　　　傅　钟
郭沫若同志手迹
哀悼郭沫若同志诗三首　　　　　　　　　　　　魏传统
读《女神》　　　　　　　　　　　　　　　　　李　瑛
在毛主席革命文艺路线指引下，为繁荣社会主义文艺
创作而奋斗　　　　　　　　　　　　　　　　　黄　镇
繁荣部队文艺创作　为提高我军战斗力服务
　　　　　　　　　　　　　　　　　　　　本刊编辑部
读雷锋同志的日记摘抄　　　　　　　　　　　　谢觉哉

品德高尚　学风可贵 ································ 闻　涉
一排长（特写）···································· 吴　江
母亲（散文）······································ 杨　创
北疆行（散文）···································· 田成任
陇东纪事（散文）·································· 云　方
风雨三章（散文）·································· 王中才
空军诗页（三首）·································· 宫　玺
忆延安（诗）······································ 叶家林

在战斗的岁月里

松·花·月·星（诗）································ 程　海
尖石子·刺（诗）·································· 水　火
琴手死了（诗）···································· 任红举
火绳（诗）·· 徐　镇
雨花台——花的海（诗）···························· 徐　刚
寓言诗二首 ······································ 徐　贤
华主席高举大寨旗（诗）··············张承信　聂鑫森
友谊如山情似海（诗）················孙绍振　刘登翰
高棉女民兵（师）·································· 田　间
静静的黎明（小说）································ 林　雨
全票通过（小说）·································· 曹明绪
烧火姑娘（小说）··························战士　房思玉
拔尖子（小说）···································· 李恒茂
听声打鬼（小说）····················王　丛　张世东
歌声里的故事（小说）······························ 张关鑫
三枚银元（苏州评弹）······························ 何健生
手榴弹归队（天津快板）···························· 刘晶林

创作漫笔

远近高低各不同 ·································· 张雨生
苦头与甜味 ······································ 刘兆林
主题的获得和提炼 ································ 贾再柏
"写得有才力，也就是写得短"（文学名著欣赏）

·· 郑家驹

附：《变色龙》
读《铁流后卫》（新书评介）························ 叶运均
真正的铜墙铁壁是群众（雕塑）······················ 潘　鹤
梁明诚　唐大禧　仇志海　刘　林　程允贤
前进！为实现新时期的总任务而奋斗（宣传画）

·· 吴　敏
踏遍海岛为人民（版画）···························· 文继明
军训组画（版画）·································· 廖宗怡
革新花正开（连队生活漫画）························ 冯春生

1978 年第 8 期　刊名:《解放军文艺》
目录

征服"死亡地带"（长篇小说《东方》选载）········ 魏　巍
干部干事（小说）··························战士　张俊南
打零炮（小说）···································· 耿文华
最后一个早晨（小说）······················战士　司玉莲
验收（小说）······································ 侯新民
江轮上（小说）···································· 罗石贤
改造王佐部队（革命斗争回忆录）···················· 何长工
奇兵制胜（革命斗争回忆录）························ 李志民
折不断的尖刀（报告文学）

·····················王顺东　艾青峰　林富高
山南海北（散文）·································· 聂　波
南王庄的早晨（散文）······························ 张庆田

百花小集

战士的手（散文）·································· 何晋龄
光荣与可耻（散文）································ 苗长水
透视（散文）······································ 石　海
前进道路上的收获 ································ 张　炯
眼睛要尖　笔触要细 ······························ 胡世宗
比喻与诗（创作漫笔）······························ 马焯荣
读我军战史（词）·································· 陈昊苏
部队生活短诗（十三首）····················战士　于　波等
淮海的歌（诗）····························朝　胜　正　文
英雄民兵赞（诗）····················田永昌　陆伟然
打豹歌（小叙事诗）································ 王维洲
山飞水跃唱井冈（诗）······························ 万里浪
长江颂（诗）······································ 谢逢松
当新沙皇宣讲"友谊经"的时候（讽刺诗）······ 易和元
神枪手（对口快板）····················王铁虎　朱光斗
朱军长捡田螺（快板书）···························· 杨子春
做游戏（天津快板）································ 傅崧山
硬骨头战士（木刻）····················李敦学　陆　放等
铁骑奔腾（水粉速写）······························ 崔开西
剪纸选登（四幅）··························战士　李斯立等
献给祖国（宣传画）··························战士　周智慧

1978 年第 9 期　刊名:《解放军文艺》
目录

英烈浩气万古存 ·································· 肖　华
永志不忘 ·· 陶玉玲
万家福（小说）···································· 刘海清
住宿（小说）······································ 左　花
扎尔金少校的黄昏（小说）·························· 刘　博

狗剩（小说）——————陆柱国
军营满歌声 "三好"花正红（诗辑）——纪 学等
铁甲骑兵（诗）——————孙旭辉
蹄声（诗）————（蒙古族）照日格巴图
大别山的烽火（诗）——————孙中明
刘老庄（诗）——————赵 恺
燕赵八咏（诗）——————杨金亭
革命烈士诗抄（四首）
梁老汉探亲（快书小段）——————田敬荣
师长当兵（山东快书）——————张中懿
这就是天罗地网（散文）——————张鲁滨
不屈的"海霞"（报告文学）——————陈大鹏
朱旺桂巡山（报告文学）——————赵清学
闪亮的鱼镖（散文）——————张 峻
大森林的女儿（散文）——————李健君
从什么出发——————黄 柯
从"失去的阿Q"说起（创作漫笔）——————李 巍
"诨名"小议（创作漫笔）——————郎保东
家庭在变化 新人在成长（新作短评）——————谢琼桓
一曲革命爱情的颂歌（新作短评）——————李庚晨
治军的老骨干 反修的英雄汉——————聂敬华
壮志凌云（宣传画）——————吴 敏
硬骨头精神放光芒（国画）——————刘柏荣 程宝泓
漓江晨曦（木刻）——区焕章 作画 一 步 配诗
腿（漫画）——————孟晋元

1978 年第 10 期　刊名:《解放军文艺》
目录

诗词三首——————毛泽东
新民歌选（十七首）——张志玉 刘育贤等
火红的十月火红的歌（诗十二首）
——————陶世绵 李洪峰等
大军行（诗）——————公 刘
洛塔坡的油灯（散文）——————春 晔
奇迹泉（散文）——————秦 牧
老龙头和大炮（散文）——————郭建英
香甜的事业（报告文学）——————王愿坚

"三学"花开朵朵鲜
壮心不已（报告文学）——喻 晓 前 涉 陈淀国
斗蛇的人（报告文学）——————彭 宁 李芝生
六月雨 外一章（散文诗）——————战士 孟新有
激流里的浪花（诗十首）
——————赵健雄 樊发稼 叶文福 姚成友
六盘新颜（诗）——————肖 川
一对选手（小说）——————董得春
战士的爱（小说）——————陈 春

班长的日记（小说）——————战士 胡 然
心意（小说）——————战士 孙贤亮
憨石匠赶考（小说）——————刘 林
麦收风云（小说）——————胡月伟
硬骨头之花（相声）——————李 艺 唐文光
开箱记（独幕话剧）——————李延国
《三上桃峰》事件与文艺上的假左真右——故 乡
人物特写也应写出"这个"（新作短评）——张 为
喜看长城添新砖（新作短评）——————尹家民
关于人物、事件和性格问题的讨论（来稿摘编）
——————黄浪华等
春回大地（国画）——————程宝泓
山河展新颜（水粉画）——————佟翔天 张学俭
劈山造地（速写两篇）——————徐 希

1978 年第 11 期　刊名:《解放军文艺》
目录

小说
效率问题——————珍 果
小杨和他的三个熟人（小说）——————刘兆林
突上去（小说）——————萧 簧
等待（小说）——————战士 王 朔
"追谣"记（小说）——————王昌定
第一站（小说）——————阳 春

批判林彪、"四人帮"
关于写革命战争的一些谬论——————长 石
从《红日》对敌人的描写谈起——————朱 磐
诗意——散文的"果汁"——————佘树森
部队生活短诗（九首）——————贺晓风 张雅歌等
情满山峡（诗）——————叶文福
奔腾的伊犁河（诗）——————李 瑜
钢铁海岸（诗）——————邢万生
英雄岛诗抄——————栾纪曾
将军和小号手（小叙事诗）——————方 学
怀念贺龙（湘西民歌联唱）——————叶蔚林
解放战争拾零（诗）——————雷英夫
我这青春的花朵就会开放（革命烈士诗抄）
——————鲁特夫拉·木塔里甫

"三学"花开朵朵鲜
花儿为什么会这样红（报告文学）——————杨学泉
飞翔吧，"金翅铁马"（报告文学）
——————董 滨 陆晓明 庾建国 鲍 焰
一个"异想天开"的人（报告文学）——————张正隆
写在导弹阵地上（散文）——————徐志越
登攀之路（散文）——————许国泰
潜艇二章（散文）——————战士 罗国梁

霜重色愈浓（散文）————————敏　岐

百花小集

春蚕的歌————————————张　起
吃辣椒————————————徐志金
达拉斯的枪声和莫斯科的狂想————司马达
煞歪风（山东快书）——————赵连甲
练兵场上（组画）——————于　凉
弹破夜空（油画）————余国宏　汤集祥
"三大民主"放光芒（水粉画）——张学俭
胜不骄（木刻）————————仓小宝
鱼水深情（油画）——————谭涤夫

1978 年第 12 期　刊名:《解放军文艺》
目录

纪念毛主席八十五诞辰

中流击水（散文）——————赵清学
无边的怀念（散文）————康　濯
彩眉岭遐思（散文）————何　为
古田颂歌（诗）————孙绍振　刘登翰
延安行（诗）————————毛　锜
爱晚亭（诗）————————青　勃
遵义山水歌（诗）——————曹勇骅
登高（诗）————————马连义
天安门诗抄
评林彪、"四人帮"的"非常政治化"——思　忖

"三学"花开朵朵鲜

空军航空兵一师人物速写（四篇）——朱允祜等
看守日记（小说）——————齐　平
盼铁成钢（小说）——————廖西岚
伞训教员（小说）——————克　岩
丧事（小说）————————左玉林
思念（小说）————————王树和
登五老山（散文）——————凌　渡
戈壁的夜（散文·外一章）——王宗仁
车城诗草（诗）——————刘益善
煤田会战歌（诗）——————周志友
甜蜜的海（诗）——————农冠品
边疆诗情（诗）——————董川风

元旦春节连队晚会节目

敬礼（相声小段）————严学刚　阮新力原作
　　　　　　常贵田　常宝华改编
"孵鸡"（快书小段）————陈小平
华主席来看咱表演（坐唱）——何友彬
争铺（快书小段）——————徐良文

闪光的垫片（唱词）————李　微
刑场上的婚礼（河南坠子）——张九来
数风流人物还看今朝（油画）——靳尚谊
长征路上写生画选（油画）——何孔德
胜似兄弟（国画）————殷培华
春夜（木刻）————————陈雅丹

1979 年第 1 期　刊名:《解放军文艺》
目录

飞雪迎春曲（诗）——————程光锐
诗呀，我为你骄傲（诗）——曹　复
写在一九七九年到来的时候（诗）——喻　晓
大庆——旧战地呵新前线（诗）——邵燕祥
在地上的马蹄声（诗）————沙　白
跟上国防现代化————————张雨生
中国土壤中生长出来的巨人——试评话剧《秋收霹
雳》中毛委员的艺术形象————曾　勋
诗言"四化"志　歌抒解放音
——读《天安门诗抄》————范咏戈
沙家店（长篇小说《保卫延安》选载）——杜鹏程
塔拉斯的火炬（小说）————刘　博
中流击水（散文·续完）——赵清学
忠诚战士（报告文学）——陈修文故事写作小组
悲欢（散文）————————袁　鹰
大树的颂歌（特写）————恪　牛
新长征中筑路忙（散文）——朱振声
部队生活短诗（十首）——肖　偲　廖代谦等
毛委员讲"手"（对口京东大鼓）——张玉来
洋金花（相声）————牛　群　赵福玉　徐　澄
烂漫山花（国画）——————郭怡孮
加强研究　早日实现国防现代化（宣传画）——廖宗怡
《女游击队长》插图选登——潘世勋

1979 年第 2 期　刊名:《解放军文艺》
目录

总工程师的故事（小说）——马　璐
鲍尔斯先生，再见!（小说）——罗来勇
滑雪冠军和她的教师（小说）——李占恒
在导弹阵地旁（小说）——刘宏伟
自由落体和子弹飞行（小说）——江　水
面对着伯伯的遗像（散文）——彭　钢
火（散文）————————宋　群
友谊关的回声（散文）——袁厚春
雾霭（散文）————————先子良
银色的海燕（散文）————韩静霆

沙漠啊，我把你的历史寻找（散文）————————周彦文
山中叶笛（散文诗）————————————————郭　风

百花小集

鞋——————————————————————————湘　霖
饥荒的回忆————————————————————张　敏
可爱的蜘蛛————————————————————崔合美
星际间的"驿站"————————————————鲍　宣
大胆实践，塑造好老一辈革命家的艺术形象
论鲁迅小说的结构艺术————————范伯群　曾华鹏
正常与反常（创作漫笔）————————————王　颖
黄河练兵歌（诗）————————————————夏晶南
海测兵之歌（诗）————————————————张力生
诗，写在海岛高山（诗）————————————周　鹤
导弹谣（外一首）————————————————蓝　曼
铁甲骑手（诗）————————————————孙旭辉
后勤战士之歌（诗）————————————————李今蒲
向毛乌素进军（诗）————————————————周雨明
柴达木抒情（诗）————————————————冼　宁
读报杂感（讽刺诗）————————————————易和元
山区新貌（国画）————————————————朱军山
垂杨饮马（国画）————————————————王学仲
迎接科技的春天（速写）————————————关维兴

1979 年第 3 期　刊名:《解放军文艺》
目录

在文艺工作座谈会和故事片创作会议上的讲话
————————————————————————周恩来
要敢于写无产阶级的人性————————————王愿坚
文艺规律与敢做————————————————梁　信
满江红　怀念周总理————————————————雷英夫
像周总理那样……（诗）————————谢克强　程步涛
前线飞来的诗传单（十首）——————吴茂嘉　周正国等
保卫边疆　严惩强盗（诗辑）————谢维耕　李　劲等
向着明天　向着理想（诗辑）————纪　学　李曙光等
卫星归来捷报传（诗）————————————王　纯
兴安岭上歌（诗）————————————————刘金忠
风雪边防线（诗）————————————————冯耀辉
北疆筑路歌（诗）————————————————李武兵
相逢在天安门（诗·外一首）————————刘湛秋
荷花的思念（诗）————————————————柯　原
黎明的窗帷（诗·外一首）————————————胡世宗
喧闹的河谷（诗）————————————————梁上泉
罗政委与小勤务员（散文）————————————白　刃
在崎岖的山路上（报告文学）————————刘秉荣
半月湾寄情（散文）————————————————陶泰忠
红花绿叶（散文）————————————————龚知敏

海豹（散文）————————————————聂　波
雷达世家（散文）————————————————王惠林
历史小说两篇——阿满太　卡伦山上————屈兴岐
快点，"老三战"！（小说）————————————李斌奎
夜空奇遇（科学幻想小说）————————————谢　础
"革命强中强"————————————————辛　冶
心潮起伏话《东方》————————————————钟　汉
探亲（山东快书）————————————————李忠武
打家具（快板书）————————————田敬荣　孙继祥
军营新风（漫画）————————————————王　宇
新征途上开路人（套色木刻）————包静明　蔡传生等
《满山红》（长篇小说插图选登）————————詹忠效

1979 年第 4 期　刊名:《解放军文艺》
目录

自卫还击　保卫边疆英雄赞

祝贺自卫还击作战的重大胜利
歌颂新一代的"最可爱的人"————————本刊编辑部
正义的惩罚（报告文学）————————任斌武　黄浪华
铁骑钢刀（特写）————————————————崔洪昌
插到敌人心脏去（特写）————————————江明义
谁说这里是后方（特写）————————————陆柱国

熊熊怒火在燃烧

不平静的夜（散文）————————谢富生　王援朝
背影和心声（散文）————————————————李　巍
马蹄声声（散文）————————————————文汉鼎
沿着红河的流水（散文）————————————王亚平
战友（小说）————————————————李恒茂
放下武器的人（小说）————————————黎汝清

南疆战旗火样红

战地的春天（诗）————————————————李　瑛
南疆诗草（诗）————————————————吕海沐
祖国的优秀儿子（诗）————————————王贤良
快升起吧！红色的信号弹（诗·外一首）————黄蒲生
边界上的小村庄（诗）————————————韩　杰
呼啸的炮声（诗）————————————————任海鹰
写在巡逻路上（诗）————————————————韦明波
怒吼吧！祖国的边疆（诗）————————————柳　朗
还击路上（独幕歌剧）————————任红举　沈福庆
一根木薯（快板书）————————————————叶知秋
没良心（快书小段）————————————————田敬荣
边防速写————————————————————余　真
"九号半"记（报告文学）————————————刘兆林
"你好"（散文）————————————（蒙古族）玛拉沁夫
啊，第一套军装（散文）————————————穆　静

百花小集

喇叭花及其他（散文）……………………孙祥龙　乔　梁
春雨歌（散文）…………………………………………傅宁军
梦（散文）………………………………………………刘长岭
写给师党委的报告（小说）……………………………竹　青
外婆（小说）……………………………………………毛　英
真实（诗）……………………………………………雷抒雁
空军诗页………………………………………………宫　玺

富饶的北方钢铁的边防

富饶美丽的地方（诗）……………………………………孟伟哉
寄情格登碑（诗）………………………………………瞿　琮
捍卫宝岛与江河（诗）…………………………………峭　岩
赛锤歌（诗·外一首）…………………………………霍清安

讴歌新长征的先锋战士

探索大转移的崭新课题…………………………………思　忖
艺术民主与集中………………………潘仁山　郑曰焕
银花朵朵（版画）………………………………………黄嘉善
青藏高原铺彩虹（版画）…………………伍法勋　黄嘉善
边防速写…………………………………招炽挺　曾照欣
篆刻四方…………………………………………………黄　龙

1979 年第 5 期　刊名：《解放军文艺》
目录

部队文艺要大力宣扬革命英雄主义………本刊编辑部
赤子之心（报告文学）……………………………杨笑影
奇穷河畔的日日夜夜（报告文学）……黄浪华　任斌武
母亲站在我们背后（报告文学）……………………徐怀中
红河岸边英雄花（特写）…………………………陆柱国
战士陆朝明（特写）………………………………袁厚春
青春壮歌（特写）…………………………………张开德
铁鞋踏破几重山（特写）…………………………刘田增
滇边二月石榴红（散文）…………………………朱传雄
战地日记一束（散文）……………………………真　路
为了前方（散文）…………………………………欧之德
界山樵声（小说）…………………………（苗族）龙圣明
蕉林怒火（小说）…………………………………窦益山
掏"鼠"洞（小说）…………………………………崔洪昌
最后一个暗堡（小说）………………………战士　童方根
他是我老乡（小说）………………………………王兴浦
凯旋（素描）………………………………………雷德祖
忍无可忍（雕塑）……………………………潘锡柔　程允贤
　　李守仁　刘　林
英雄曲（诗配画）………………………招炽挺画　纪　鹏诗
孤胆英雄——岩龙（连环画）……钟开天画　李　巍文
自卫还击战速写………………廖宗怡　李立民　娄齐贵

编后记

战地诗抄（三首）………………………………………雷抒雁
黎明，丛林静悄悄（诗）………………………………韩作荣
大炮的回答（诗·外一首）……………………………姚成友
苹果（诗）………………………………………………谢维耕
记一次伏击战（诗）……………………丁云鹏　孙　映
"导火索"（诗）…………………………………………胡宏伟
炮声中的婴啼（诗）……………………………………杨　宏
筒裙之歌（诗）…………………………………………王贤良
通往胜利的路（诗）……………………………战士　李书怀
嚼（诗·外一首）………………………………………韩瑞亭
百灵鸟，声声叫（诗）…………………………………莫少云
自卫还击短歌（诗）……………………………………柯　原
友谊关的木棉树（诗）…………………………………任红举
血染的枕木（诗）………………………………………吴成良
合家欢（诗）……………………………………………曹　骥
全歼"飞虎团"（相声）…………………王礼炳　耿俊奇
半夜猪叫（山东快书）…………………………………燕　平
凯撒充军（竹板书）……………………………………韦明波

1979 年第 6 期　刊名：《解放军文艺》
目录

自卫还击　保卫边疆英雄赞

代乃阻击战的英雄们（报告文学）……………………赵　骜
"战争之神"的眼睛（报告文学）……………………李存葆
从悬崖到坦途（报告文学）……………………………雷　铎
硬骨头战士高明杰（报告文学）………吕兴臣　任红举
"娃娃兵"的威力（速写）………………陈定兴　沈冠棋
自卫还击短诗选（十三首）
　　　　　干事　李继光　战士　应国秀等

南疆战旗火样红

总攻之前（诗·外一首）………………………………朱向前
天地同仇（诗·外一首）………………………………张雅歌
班老山上的茶林（诗·外一首）………………………方　友
光明（诗·外一首）……………………………………王怀让
永久的记忆（诗·外一首）……………………………杜志民
三秒钟（诗）……………………………………………胡　强
喷火的旋风（诗）………………………………………王燕生
一个临时党支部的诞生（诗）…………………………王　颖
第一次战斗（小说）……………………………………朱秀海
牛牛（小说）……………………………………………杨树芳
红河泪（小说）…………………………………………徐　慎
转移之后（小说）………………………………………张　忠
金牌的背后（小说）……………………………………彭瑞高
母亲的思念（小说）……………………………战士　叶剑凌
金沙水拍云崖暖（革命斗争回忆录）…………………穆　欣

归来吧！英魂（诗）⋯⋯⋯⋯⋯⋯⋯孙友田
领海线上（诗·外一首）⋯⋯⋯⋯程步涛
筑路歌（诗三首）⋯⋯⋯⋯⋯⋯⋯谢克强
球赛（诗·外一首）⋯⋯⋯⋯⋯⋯贺晓风
高原地热电站组诗（四首）⋯⋯⋯杨星火
青铜铸造的历史（诗三首）⋯⋯⋯赵　恺
打阳伞的天使呵（诗）⋯⋯⋯⋯⋯韩英珊
望夫云（散文）⋯⋯⋯⋯⋯⋯⋯⋯张　长
秋雨（散文）⋯⋯⋯⋯⋯⋯⋯⋯⋯王立新
山之子（散文·外一章）⋯⋯⋯⋯那家伦
知人·知心·知文⋯⋯⋯⋯⋯⋯⋯刘　川
"尽量靠前"精神赞⋯⋯⋯⋯⋯⋯思　忖
理想化≠神化（创作通信）⋯⋯⋯范咏戈
漫议"文"、"史"、"虚"、"实"⋯⋯官伟勋
送肥皂（对口快板）⋯⋯耿俊奇　王礼炳
阮文山的牢骚（说唱）⋯⋯⋯⋯⋯肖允康
背锅（山东快书）⋯⋯⋯⋯⋯⋯⋯赵连甲
凯旋（宣传画）⋯⋯⋯⋯⋯⋯⋯⋯高　泉
无尚的荣誉（国画）⋯⋯⋯⋯⋯⋯董辰生
边陲英雄笑（版画）⋯⋯⋯⋯⋯⋯廖宗怡
母亲的骄傲（版画）⋯⋯⋯⋯⋯⋯蒋宜勋

1979 年第 7 期　刊名：《解放军文艺》
目录

我们时代英雄的塑像
——从《爱情的凯歌》谈起　　刘白羽
爱情的凯歌（报告文学）⋯艾　蒲　向　明　郭光豹
文学创作与向前看⋯⋯⋯⋯⋯⋯钟　汉
英雄业绩的生动记录⋯⋯⋯段海燕　陈世淳

自卫还击　保卫边疆英雄赞
奋勇向前（报告文学）⋯⋯⋯⋯罗运凯
将门虎子（报告文学）⋯⋯⋯⋯李存葆
别有洞天（报告文学）⋯⋯⋯⋯袁厚春
寄自四八〇高地的信（报告文学）⋯韦明波　张　武
寂静的山谷（小说）⋯⋯⋯⋯⋯叶文玲
步柱山下（散文）⋯⋯⋯⋯⋯⋯逯　斐
孝子（散文）⋯⋯⋯⋯⋯⋯⋯⋯杨　闯
屏边行（散文）⋯⋯⋯⋯王孟强　马　驰
婚礼（散文）⋯⋯⋯⋯⋯⋯⋯⋯石　海
抓蛙（山东快书）⋯⋯⋯⋯⋯⋯殷习华
战斗英雄岩龙（国画）⋯⋯⋯⋯钟开天
英雄画像选登（素描）⋯⋯詹建俊　孙滋溪等
英模报告团在北京（速写）⋯⋯黄驾宇
克敌之后（油画）⋯⋯⋯⋯⋯⋯徐　波
南疆战旗火样红
战士（诗·外一首）⋯⋯⋯⋯⋯苏金伞

阵前老将（诗·外一首）⋯⋯⋯姚成友
我们的大炮发言了（诗·外一首）⋯王永门
写在烈士墓前（诗·外一首）⋯林　澍
莫忘记那棵树（诗·外一首）⋯肖自强
压子弹的士兵（诗·外一首）⋯黄蒲生
我就是桥⋯⋯（诗）⋯⋯⋯⋯⋯李　劲
支前扁担歌（诗）⋯⋯⋯⋯⋯⋯瞿　琮
月照南疆（诗）⋯⋯⋯⋯⋯⋯⋯石　祥
战士的颂歌（诗）⋯⋯⋯⋯⋯⋯陈　沂
咏石答赠（诗）⋯⋯⋯⋯⋯⋯⋯屠　岸
巴山谣（诗）⋯⋯⋯⋯⋯⋯⋯⋯刁永泉
鹰的翅膀（小说）⋯⋯⋯⋯战士　孙志连
"格路"班长和"理想"战士（小说）⋯刘春光
秦岭高高（小说）⋯⋯⋯⋯⋯⋯张　敏
牛肉王（小说）⋯⋯⋯⋯⋯⋯⋯陈定兴
以第一宇宙速度（报告文学）⋯郑赤鹰
熊的寓言⋯⋯⋯⋯⋯⋯⋯⋯⋯⋯凝　溪

部队生活短诗选
写在指挥部里（外一首）⋯⋯⋯苏方学
理想（外一首）⋯⋯⋯⋯⋯⋯⋯张彦立
飞行员和风⋯⋯⋯⋯⋯⋯⋯⋯⋯廖代谦
送（外一首）⋯⋯⋯⋯⋯⋯⋯⋯马合省
试枪（外一首）⋯⋯⋯⋯⋯⋯⋯庞壮国
了望塔的歌（外一首）⋯⋯⋯⋯王　也
哨（外一首）⋯⋯⋯⋯⋯⋯⋯⋯龙彼德
雪山谣⋯⋯⋯⋯⋯⋯⋯⋯⋯⋯⋯宁　宇

1979 年第 8 期　刊名：《解放军文艺》
目录

把歌颂新一代英雄的创作提高一步⋯⋯傅　钟
时代的课题⋯⋯⋯⋯⋯⋯⋯⋯⋯胡　可
努力描绘新一代英雄的风采⋯⋯赵　鳌　李存葆
人民战士内心世界的诗意美⋯⋯杨金亭
在自卫还击战斗的行列里（简讯）
苍山飞来的雄鹰（报告文学）⋯徐　军
霹雳战士梁英瑞（报告文学）
　　　　　　肖允康　张　武　杨民清
火线一家人（报告文学）⋯⋯⋯郑万隆
国旗为什么是红的（报告文学）⋯魏钢焰
娃娃英雄（报告文学）⋯⋯⋯⋯西　虹
英雄烈士书信日记摘抄
竹的形象（散文）⋯⋯⋯⋯⋯⋯金　江
怀念你，无名的战友（散文）⋯佘开国
我们班的"党代表"（小说）⋯书延华
战地红叶（小说）⋯⋯⋯战士　覃发高　董得春
喜期（小说）⋯⋯⋯⋯⋯⋯⋯⋯张　放

新兵牛二亮（小说）————————————王世阁
"傻"姑娘（小说）—————————————薛立志
妈妈（独幕话剧）—————————————李培森
战地的春天（诗）—————————————李瑛
战火中纪事（诗）—————————————纪鹏
步谈机在呼叫（诗）————————————曹勇骅
眼睛（诗）————————————————徐荣街
困（诗）—————————————————韩瑞亭
前面就是祖国（诗）————————————谢大光
"我要入党！"（诗）————————————胡宏伟
"一等"（诗）———————————————许晨
这里也是阵地（诗）————————————田永昌
羊儿在山坡上吃草（诗）——————————缪永忠
担架队（诗）———————————————喻晓
打绑腿歌（诗）——————————————曾凡华
刺刀与鲜花（诗）—————————————纪学
一束鲜花（诗）——————————————虞文琴
战斗英雄杨建章（油画）——————————秦大虎
老将立新功（木刻）————————————仓小宝
梁英瑞舍身炸敌堡（连环画）———廖宗怡 娄齐贵
英雄画像选登（素描）————侯一民 靳尚谊等
严守边界 常备不懈（速写）————————陈亦逊
战火中的青春（国画）————————招炽挺 赵淑钦

人物的描绘与对比—————————————石国仕
谈"五官开放"——————————————孙绍振

自卫还击 保卫边疆英雄赞
第一声惊雷（报告文学）———————————杨树芳
指导员的功勋（报告文学）————龚知敏 曾光强
山达之歌（报告文学）———————————周金城
勇进王（报告文学）————————————周献明
英雄烈士书信日记摘抄（之二）
南疆战旗火样红
出击的早晨（诗）—————————————易莎
力量（诗）————————————————柯原
红云呵（诗）———————————————凌行正
战士的眼泪（诗）—————————————雷子明
战友（诗）————————————————李建华
友谊关上的五星红旗（诗）—————————邢书第
写在弹坑上（诗）—————————————李甜芬
渴（诗·外二首）—————————————肖自强
幸福的时候（诗·外一首）———————战士 晓波
你总是那么爱笑（诗）———————————林小玎
撤军之前（独幕话剧）———————————陆永昌
战斗英雄梁英瑞（水粉画）————杨克山 孙浩
前线速写选登——————陈玉先 潘家峻 张树军
英雄的军队 祖国的骄傲（宣传画）—————廖宗怡

1979 年第 9 期 刊名：《解放军文艺》
目录

休假（小说）———————————————李斌奎
我爱他（小说）——————————————范军昌
天涯芳草（小说）—————————————侯钰鑫
解放（小说）———————————————赵立山
最后一次罚球（小说）———————————彭瑞高
遗像前的沉思（诗）————————————元辉
红花的联想（诗·外一首）—————————峭岩
我心中的入党介绍人（诗）—————————韩静霆

生活的回声
给风画像（诗·外一首）——————————张廓
生命之火（诗）——————————————王维章
森林将军（诗·外一首）——————————郑南
日界（诗·外一首）———————赵力 继鹏
我爱你呵，大海！（诗）——————————师日新
"电子计算机"（讽刺诗）——————————虞文琴
古战场风情（散文）————————————王中才
三月韭（散文）——————————————张敏
穆兰行（散文）——————————————阎纯德
水晶小鞋（小品文）————————————艾玛
铁窗关不住的光明—————————————阎纲

1979 年第 10 期 刊名：《解放军文艺》
目录

拆墙（小说）———————————————齐平
老马识途（小说）—————————————陶文实
木主任的两个膀子（小说）—————————张惠生
啊，我们什么时候再见面（小说）——————罗乔

部队生活短诗
在废墟上—————————————————彭继超
呵，朋友—————————————————唐明
点将台——————————————————贾昭衡
熄灯号已经吹过——————————————李松涛
作客———————————————————刘晶林
夜，祖国睡了———————————————黄亚洲
雪山扎营—————————————————刘毅然
画中人家—————————————————孙中明
向前！ 向前！（话剧）——————————冠潮
关天雄形象的典型意义———————————南征
话剧《向前！ 向前！》的成就及启示————黄柯
巴山秋色（版画）—————————————黄嘉善
海港新貌（国画）—————————————徐希
"狼牙山五壮士"式的战斗英雄——吴建国

————————————————————————贺　成绘画　刘从俭编文
他们见到了曙光（报告文学）————————宫魁斌
金不失光（散文）————————————————赵清学
战士剧社生活片断（散文）————————王汝俊
北国边城一日（散文）————————————秦　牧
象山啊，神象！（游记）————————————刘寿保
密密的喀尔巴阡山林（散文）————————宋　群
一得集（杂感）————————————————沈妙忠
诗词五首————————————————————郭影秋
罗马尼亚的觉醒（诗）————————————严　辰

献给建设者的花束
勘探队员的情怀（诗）————————————曲有源
过三峡（诗）————————————————————刘仁辉
井口之夜（诗）————————————————李音湘
车，行驶在兴安岭（诗）————————————杨子忱

边疆的风
那达慕盛会（诗）————————（蒙古族）苏赫巴鲁
多彩的延边（诗）————————————————贾志坚
阿婶的喜泪（诗·外一首）————————西　彤
五指山（诗）————————————————————肖　川

1979 年第 11 期　刊名:《解放军文艺》
目录

受震动的心灵（小说）————————————刘宝玲
后方（小说）————————————————————金一鸣
兵站站长（小说）————————————————樊晓光
酒宴（小说）————————————————————齐　鸿
友与仇（小说）————————————————王世阁
摘掉"皇冠"犬的皇冠（小说）————————李占恒
菠萝地（报告文学）————————————陆柱国
星夜的思念（散文）————————————李本深
双椰图（散文）——————————————晓　虹　青　临
啊，绿色的平原（散文）————————————郭建英
海边随想（散文）————————————————刘　真
阿佤山的雄鹰（散文）————————————鲍　昌
打前站（散文）————————————————吴伯箫

小品文
"传"传统（外二篇）————————————赵凤普
"预防腐蚀"种种————————————胡明伟　李志勇
圈圈的考证————————————————浪　华　定　兴
笔墨官司————————————————邱继臣　陈伯河
山寨新居（国画）————————————————郑成杨
征程万里（组画选登）————————骆根兴　王恒德
英雄小聚（版画）————————————韩　阳　李　立

瀚海鸡鸣（画版）————————————————田黎明
坚持实践标准　肃清《纪要》流毒　争取部队文学创
作的新繁荣————————————————本刊记者
关于话剧《神州风雷》的通信
————————————丁一三　赵　寰　金敬迈
漫谈《满山红》的艺术特色————————张立云

生活的回声
深山战士情（诗）————————————————马合省
春到北疆（诗·外一首）————————————常　安
戈壁春色（诗·外一首）————————————徐　明
写在冰雪的故乡（诗）————————————马怀金
喜马拉雅行（诗）————————————————匡　满
刘家峡（诗·外一首）————————————汪泾洋
滇边草（诗）————————————————————张　长
二十棵椰子树（诗）————————————傅　仇
新长征进行曲（诗）————————————王怀让
梅赛隆的风（诗）————————————————彭　龄
信天游唱唱三边的宝（诗）————————马林帆
务实篇（诗）————————————————————林承方
规律（诗）————————————————————樊发稼
勒村的鸡（诗）————————————————杨星火
舵和喇叭（诗）————————————————陈应松
雪（诗）————————————————————赵雄健
孤胆闯敌阵（山东快书）————————————刘学智

1979 年第 12 期　刊名:《解放军文艺》
目录

热烈祝贺第四次文代会圆满成功
广阔的道路　灿烂的前景————————本刊编辑部
在中国文学艺术工作者第四次代表大会上的祝词
————————————————————————朱云谦
深入批判《纪要》　繁荣文艺创作————————傅　钟
解放思想　团结向前————————————魏　巍
认真总结经验　繁荣戏剧创作————————沈西蒙　胡　可
四次文代会上感言（诗二首）————————丁　洪
空谷兰（小说）————————————————张　长
他从重庆来（小说）————————————毛　英
水（小说）————————————————————鲁建华
中国老乡（小说）————————————————金为华
金藤串起的珍珠（小说）————————————刘　林
关于落实作品政策的公告————————本刊编辑部
难忘的岁月（版画）————————————————傅　琳
亲又亲（国画）————————————————杨在溪
戈壁寻宝（版画）————————————————张　跃
高高的木棉树（报告文学）————————杨树芳
他的爱（报告文学）————————————肖允康　王国庆

大地的呼吸（散文）——————————聂　波
爱晚亭漫记（游记）——————————徐子芳
夜访景阳冈（散文）——————————王光明

百花小集
无花果——————————————————韩振武
红花草赋————————————————张鲁滨
彩贝集——————————————————周　铮
英雄的平壤（诗）————————————肖　华
还乡（诗二首）—————————————刘　汉
开花的土地（诗十首）————张宣强　铁　牛等
传统之花（诗十首）—————朱向前　峭　岩等
生活随想（诗）—————————————李建华

1980 年第 1 期　刊名:《解放军文艺》
目录

一九七六年一月在巴黎（散文）——————阎纯德
记住自己说过的话（报告文学）—————郭米克
崎岖的小路（人物特写）————————刘兆林
固原行（散文）—————————————马士林
眼睛的差异（散文）———————————石　言
我们会见了彭德怀司令员（原载一九五二年《志愿军》报）———————————————巴　金
彭德怀同志致巴金同志的信（手迹）———彭德怀
《熠火集》后记—————————————巴　金
犯忌（小说）——————————————季冠武
官兵之间（小说）————————————杨　闽
黑板·杨梅·处长（小说）————————刘春光
小乔和大乔（小说）———————————东方蝉
钨鲨岛之谜（科学幻想小说）——————张佩芳
横祸临头（长篇小说《大风口》选载）———肖　玉
高排长的故事（独幕话剧）———————张占英
一盘辣子鸡（快书小段）——王振钢　李贵忠　范建军
部队生活短诗选（十二首）———苏方学　周　鹤等
缅怀周总理（诗）————————————李　伟
梅园　外一首（诗）———————————黄东成
风雪（长诗选载）————————————周良沛
地质队的诗抄（四首）——————————邵燕祥
钻工的梦　外一首（诗）—————————张力生
牧归　外一首（诗）———————————孙来今
表现人民的优秀品质，赞美人民的伟大胜利——周宝珊
就《在彭总身边》一书答读者———————丁隆炎
发扬优良传统　搞好部队曲艺———————高元钧
简析"难道是这个样子吗？"————————张雨生
《三国演义》人物性格塑造琐谈——————滕　云
《受震动的心灵》、《后方》读后（读者短简）——————————————————————郑发现等

山谷深处（版画）——————朱恒安　柳　斌
植物学家的乐园（国画）————————白德松
长篇小说《叶秋红》插图选———张德育　刘柏荣

1980 年第 2 期　刊名:《解放军文艺》
目录

党中央、中央军委领导同志为《新一代最可爱的人》一书题词
华国锋同志题词（手迹）
叶剑英同志题词（手迹）
邓小平同志题词（手迹）
徐向前同志题词（手迹）
聂荣臻同志题词（手迹）
在全军文化工作会议上的讲话——————韦国清
努力把部队文化工作提高到一个新的水平，为建设四化、保卫四化而奋斗！————————刘白羽
为社会主义新人放歌———————本刊评论员
穿军装的人民子弟（小说）——鲁守平　赵立山等
白雪公主（小说）————————————李继光
一个参谋和三个将军（小说）——————孟伟载
景颇人的挎刀（小说）——————————鲍　昌
上等兵张德标（小说）——————————王　丛
好排长（河南坠子）———————————张玉来
改脾气（快书小段）———————————宋德全
呼唤雷霆（报告文学）——————————张东辉
急救包、剪刀与勋章（报告文学）————王道平等
信心（散文）——————————————王　颖
我爱气垫船（科学文艺小品）——————叶永烈
乌鲁木齐部队诗选（八首）———杨开生　塔拉提等
我为四化放歌喉（歌词）————————张云晓
律诗二题——————————————郭化若
木棉岭（小叙事诗）———————————罗　沙
西藏民歌选
战烟的追念（诗）————————————胡世宗
革命战争诗抄—————————————刘力生
写给阿富汗（诗）————————————彭　龄
补白三则
机智果敢的指挥员（连环画选）————袁正阳编绘
英雄花（木刻）—————————————廖宗怡
凯旋日（油画）—————————————赵淑钦

1980 年第 3 期　刊名:《解放军文艺》
目录

颂人民子弟兵（诗）———————————胡厥文
女兵诗抄——————————————杨星火等

吕士才组诗……………………………顾 工
哈拉海拉草（诗）………………………陈 沂
写在火箭炮阵地（诗）…………………饶阶巴桑
和华国锋同志同桌用餐（散文）………战士 曾绍炎
从零点到十二点（报告文学）…………陶泰忠
雷锋轶事（散文）………………………陈广生
巾帼英烈（革命斗争回忆录）…………华全双
蓝天的女儿（特写）……………………李 琦
记左权同志话山城堡之战（散文）……丁 玲
在古隘道上（散文）……………………姜德明
神矢（小说）……………………………窦益山
六虎墓前（小说）………………………安 静
倔胖子（小说）…………………………战士 苏永江
暴风雪的回声（小说）…………………老 宁
绝壁边上的溜冰人（长篇小说《伏虎记》选载）
………………………………………袁 静

《晓河歌曲选》序………………………吕 骥
军事题材文学创新随想…………………水 工
"你中有我，我中有你"…………………金 梅
揭开了战士心灵的美……………………雷 达
全军文化工作会议精神传遍部队（简讯）
忠诚的共产主义者（吕士才组画）……谭涤夫
彝乡卷熟（版画）………………………钱来忠
为国防现代化而奋斗（宣传画）………李 立 杨娌娅
风雪帕米尔（木刻）……………叶毓中画 孙中明诗
靶心花（木刻）…………………仓小宝画 孙中明诗

1980 年第 4 期　刊名:《解放军文艺》
目录

《归心似箭》导演创作中的几个问题……李 俊
心灵之火（电影文学剧本）
……………………金敬迈 李宝林 桑 坪
歌唱陈宝俊（对口快板）…………朱光斗 王铁虎
转卖（小说）……………………………陈昌坤
"传经"与"送宝"（小说）……………郭绍卿
伏波居士（小说）………………………齐 平
养鸡概说（小说）………………………唐 栋
爸爸的工作问题（小说）………………王海鸰
西江月·怀少奇同志（词二首）………魏传统
深山战士情（诗）………………………马合省
车行长白路（外一首）…………………杨子忱
高山鸟语（外一首）……………………张宣强
北平入城式（诗）………………………张志民
诗二首……………………………………李 健
部队生活短诗（八首）…………………廖代谦等
江淮春晓（革命斗争回忆录）…………谭希林
烽烟万里行（革命斗争回忆录）………魏良彬

写在刘少奇同志旧居前（散文）………陈淀国
请看那盏灯（散文）……………………朱春雨
开伯尔山口怀想曲（散文）……………黎汝清
扎根于生活的土壤中……………………陆桂国
博闻·卓见·妙笔………………………佘树森
鲁迅先生书简注释及其他………………萧 军
简讯一则
迎头痛击（雕塑）………………………纪 航等
油菜花（水粉画）………………………孟宪成
爱因斯坦的故事（连环画）……刘洛平 张道兴
答读者：战士可以自费订购《解放军文艺》

1980 年第 5 期　刊名:《解放军文艺》
目录

敢立"军令状"（报告文学）…………李延国
散文诗（一组）…………………………周 涛等
山·水·鞋（散文）……………………李 虹
劈风巨剑（散文）………………………卢 弘
高处不胜寒（散文）……………………凌行正
此物最相思（散文）……………………字 心
满山香（散文）…………………………杨树芳
西柏坡的回忆（散文）…………………阎 涛
沈阳部队诗歌选（十二首）……………陈 超等
献给建设者的花束（诗四首）…………刘益善等
"长缨"之歌（诗）……………………蓝 曼
边境的早晨（诗·外二首）……………韩作荣
一束红柳祭李季（诗）…………………赵 戈
想念（诗·外二首）……………………黄 河
磨刀门的涛声（诗·外一首）…………瞿 琮
鱼峰山之恋（诗·外一首）……………莫文征
尾舵的风格（诗）………………………师日新
哲理诗（四首）…………………………吴修书等
访日纪行（诗）…………………………张澄寰
黄牛老蔡（小说）………………………杨 闻
雪恋（小说）……………………………李占恒
秋霞染照的矿山（小说）………………苏贵长
献宝（小说）……………………………毛 英
凶宅（小说）……………………………王 江
发扬优良传统，切实做好部队文化工作…秦基伟
拂尘去垢，在比较中辨认…………………柳 杞

新作短评

觉醒者的歌………………………………周献明
战争生活的广阔描绘……………………泉 林 肖 平
军事题材电影的一枝鲜花………………洪 志
秘密在哪里（独幕话剧）………………王承友
"车厢英雄"（山东快书）……………王双成

"自卫还击　保卫边疆英雄赞"
征文简讯⋯⋯⋯⋯⋯⋯⋯⋯⋯⋯⋯本刊
春回大地（国画）⋯⋯⋯⋯⋯⋯⋯林丰俗
科普美展图案⋯⋯⋯⋯⋯赵克农　赵克毅
一心为革命的好飞行员孙安定
⋯⋯⋯⋯⋯姚建荣编文　周长春　徐升隆画

1980 年第 6 期　刊名:《解放军文艺》
目录

打菜窗口（小说）⋯⋯⋯⋯⋯⋯⋯宿聚生
舞票和伤票（小说）⋯⋯⋯⋯⋯⋯廖西岚
问问你的心（小说）⋯⋯⋯⋯⋯⋯刘增新
新任党小组长（小说）⋯⋯⋯⋯⋯郑赤鹰
团长，向你问好！（小说）⋯⋯⋯彭荆风
黑涡（小说）⋯⋯⋯⋯⋯⋯⋯⋯⋯宋树根
献给刘少奇同志的花束（诗）⋯白　汐　秦　雁
我问（诗）⋯⋯⋯⋯⋯⋯⋯⋯⋯⋯阮章竞
献给铁托（诗三首）⋯⋯⋯⋯⋯⋯何　雨
凌云曲（诗）⋯⋯⋯⋯⋯⋯⋯⋯⋯苏方学
部队生活短诗（十首）⋯⋯战士　杨学军　崔合美等
钢铁的雕塑（诗三首）⋯⋯⋯⋯⋯孙旭辉
歌满蓝天（诗二首）⋯⋯⋯⋯⋯⋯尹家民
亲人（诗二首）⋯⋯⋯⋯⋯⋯⋯⋯贺东久
盐（小叙事诗）⋯⋯⋯⋯⋯⋯⋯⋯青　勃
故乡抒情诗（诗二首）⋯⋯⋯⋯⋯徐　刚
皖东初创纪事（革命斗争回忆录）⋯赵启民
红光是怎样闪亮的（报告文学）⋯白青山　张培才
退休（报告文学）⋯⋯⋯⋯⋯⋯⋯权延赤
春光在他手中（散文）⋯⋯⋯⋯战士许明华
通向死山谷的路（散文）⋯⋯⋯⋯任善炯
画廊（散文）⋯⋯⋯⋯⋯⋯⋯⋯⋯郭建英
嘉陵情思（散文）⋯⋯⋯⋯⋯⋯⋯柳　嘉

百花小集
草⋯⋯⋯⋯⋯⋯⋯⋯⋯⋯⋯⋯⋯⋯郭明效
毛水苏⋯⋯⋯⋯⋯⋯⋯⋯⋯⋯⋯⋯李占恒
仙人掌⋯⋯⋯⋯⋯⋯⋯⋯⋯⋯⋯⋯韩静霆
"我要奋笔写下去"（随笔）⋯⋯⋯林绍纲
写出复杂性格来⋯⋯⋯⋯⋯⋯⋯⋯蔡师勇
读杨闽的两篇小说⋯⋯⋯⋯⋯⋯⋯范咏戈
一千七百万同胞的心声⋯⋯⋯⋯⋯刘成华
诗的步法⋯⋯⋯⋯⋯⋯⋯⋯⋯⋯⋯肖文苑
读者短简⋯⋯⋯⋯⋯⋯⋯⋯⋯⋯周正鸣等
儿童时代（油画）⋯⋯⋯⋯⋯⋯⋯李音拂
北京新歌（组画选登）⋯⋯⋯廖宗怡　范元和等
镇海港速写⋯⋯⋯⋯⋯⋯⋯⋯⋯⋯徐　希

1980 年第 7 期　刊名:《解放军文艺》
目录

追赶太阳的人们（报告文学）⋯⋯李　虹
不平凡的航迹（散文）⋯⋯⋯⋯⋯卢如春
赛歌（散文）⋯⋯⋯⋯⋯⋯⋯⋯⋯温开新
恋情（散文）⋯⋯⋯⋯⋯⋯⋯⋯⋯窦孝鹏
海练（散文）⋯⋯⋯⋯⋯⋯⋯⋯⋯易　莎
寂静的边防（散文）⋯⋯⋯⋯⋯⋯李彦清
西岳行（游记）⋯⋯⋯⋯⋯⋯⋯⋯杨闻宇
畅游西湖（游记）⋯⋯⋯⋯⋯⋯⋯纪　流
南海，在战士心中激荡（诗七首）——广州部队诗歌
选⋯⋯⋯⋯⋯⋯⋯⋯章　明　郭光豹等
三月，碧蓝的海（诗）⋯⋯⋯⋯⋯程步涛
绿树与花（诗）⋯⋯⋯⋯⋯⋯⋯⋯孙中明
第一锹土（诗·外一首）⋯⋯⋯⋯朱万春
小鸟（诗·外一首）⋯⋯⋯⋯⋯⋯杜志兵
明亮的珍珠（短诗一束）⋯邓晓川　杨　眉等
湄潭诗茶诗（诗）⋯⋯⋯⋯⋯⋯⋯寒　星
"万卷书"（诗）⋯⋯⋯⋯⋯⋯⋯⋯孔　孚
荞麦花（诗）⋯⋯⋯⋯⋯⋯⋯⋯⋯晓　蕾
苏北战地行（诗）⋯⋯⋯⋯⋯⋯⋯冰　夫
看永兴火山群（诗）⋯⋯⋯⋯⋯⋯毛　锜
郑成功的剑（诗）⋯⋯⋯⋯⋯⋯⋯于宗信
有情之花寒中开（小说）⋯⋯⋯⋯施　施
她为啥这样办（小说）⋯⋯⋯⋯⋯孙文同

小小说
看电视⋯⋯⋯⋯⋯⋯⋯⋯⋯⋯⋯⋯乔清波
军属户⋯⋯⋯⋯⋯⋯⋯⋯⋯⋯⋯⋯贾再柏
温度⋯⋯⋯⋯⋯⋯⋯⋯⋯⋯⋯⋯⋯刘克有
�溧河岸青青（小说）⋯⋯⋯⋯⋯江成岩
为了新生命（中篇选载）⋯⋯⋯⋯李英儒
伊田和小宋（小说）⋯⋯⋯⋯⋯⋯王　林
相亲（独幕话剧）⋯⋯⋯⋯⋯⋯⋯朱　剑
创作准备三题⋯⋯⋯⋯⋯⋯⋯⋯⋯徐怀中
真切·细腻·感人⋯⋯⋯⋯丁宏新　蒋荫安
突击队员（油画局部）⋯⋯⋯⋯⋯陈　坚
北京新歌（组画选载）⋯⋯⋯廖宗怡　范元和等
驼队出巡（木刻）⋯⋯⋯⋯沈北雁画　南　雁诗
台湾相思树（速写）⋯⋯⋯徐　希画　程步涛诗

1980 年第 8 期　刊名:《解放军文艺》
目录

大力发展军事题材文艺创作⋯⋯⋯华　楠
在"自卫还击　保卫边疆英雄赞"征文授奖大会上的

讲话（摘要）——————————刘白羽
军事文学之春————————本刊记者
"自卫还击　保卫边疆英雄赞"征文评奖获奖作品名单
"历史学家"（小说）——————石穆海
慈母心（小说）————————战士李广汉
老赵头（小说）————————宿聚生
"虎"打"武松"（小说）—————张　波
萨拉姆（小说）————————李广智
改规矩（小小说）———————李占恒
春夜（组画选登）———廖宗怡　范元和
傅　斌　苗再新　炽　卉　黄驾宇
塞外曲（国画）————————于志学等
忠勇的将领（革命斗争回忆录）———张　麟
老马篇（报告文学）——————严玉树
闪光的"金印"（报告文学）———张正隆
学海无涯苦作舟（报告文学）——陈永先　于　波
如果你真把祖国当母亲（报告文学）—吴芝麟
小河水清清（报告文学）——傅宁军　刘要武

新人新作
啊，灯塔（散文）——————黄传会
小岛蛙歌（散文）—————李忠效
吃蟹琐忆（散文）—————李贵荣
枯梅赋（散文）——————刘宏伟
山里秋（散文）——————朱向前
欧阳修的散文————————孙　犁
彭大将军赞（诗）—————郭宝臣
献给老首长罗瑞卿同志（诗）——王地子
传统之花（诗九首）————牛广进等
我是八十年代的塔（诗）———雷　奔
红星，在浪花中闪耀
——济南部队诗歌选（诗八首）夏晶南等
献给建设者的花束—————石　英等

1980 年第 9 期　刊名：《解放军文艺》
目录

我国革命军事文学发展的新阶段——祝贺"自卫还击保卫边疆英雄赞"征文获奖的报告文学作品的辉煌成就————————————————黄　钢
天山深处的"大兵"（小说）——李斌奎
炮击前后（小说）—————董得春
悔棋（小说）——————李颖捷
金政委（小说）—————高耀峰
"单车王"（小说）———节延华　高凯明
红河吹响的军号声——昆明部队诗歌选—梦　直等
边区的山（诗）——————张志民

今天二章（诗）——————栾纪曾
村野三章（诗）——————陈所巨
渤海四章（诗）——————铁　牛
不朽的墓地（诗）—————明　道
承德纪行（诗）——————魏传统
抗大生活散歌（诗）————谢一志
水调歌头　永兴岛（词）———唐忠朴
阿富汗的春天（诗）————杨钧炜
人生的答卷（报告文学）——熊相仔　李克勤　王耀成
山林深处（报告文学）————邹仲平
老妹子（革命斗争回忆录）———魏洪亮
我的警卫员刘三晓（革命斗争回忆录）—曾敬凡
觅食深山（散文）—————阎海峰
在创造奇迹的地方（散文）——朱秀海
沂山情（散文）——————张　岐
细砂集（散文诗）—————许　淇
采珠集（散文诗）—————陈亨初
一得集（散文诗）———李继怀　作栋　李林
过年的时候（独幕话剧）——朱继忠　小溪
不要离开社会主义的坚实大地——燕　翰
读者短简（三则）——王庆功　臧　瑾　许晓闽
本刊启事
艳秋出猎图（版画·局部）———张祯麒
小宣传员（国画）—————孙滋溪
攀登高峰（速写）—————关维兴等

1980 年第 10 期　刊名：《解放军文艺》
目录

战士小小说
伤脑筋的事———————刘德进
我笑了，但不知是什么滋味——王松冈
战士的心————————谢礼周
我的"保险"——————王建根
虹（小说）——————叶文玲
美丽崖豆杉（小说）———古　华
三斗徐小凤（小说）———江　林
"头三脚"（小说）————李鞍明
先进事迹以外的事儿（报告文学）—赵　鹜
解放征途上的"牛"（革命斗争回忆录）—韦林玉
走南闯北话对联（随笔）——杨闻宇
卓斯甲河畔的篝火（散文）——周　纲

游记三题
井冈山一日————————李本深
龙门老魁星————————陈玉蜀
翠微峰记—————————艾青峰
我是怎样写《东方》的————魏　巍

透过硝烟弥漫的帷幕 ························ 思 忖

献给建设者的花束

一个春天的清早（诗） ···················· 高 钫
煤码头的"雨" 外一首（诗） ·············· 苗得雨
矿山雷电 外一首（诗） ··················· 霍清安
油锯在笑 外一首（诗） ··················· 李晓华
兵书宝剑峡 外一首（诗） ················· 冉 庄
菊花沟今昔 外一首（诗） ················· 张新泉
溪流呵，溪流（诗） ······················ 杨 柳
挥手万里起长虹——铁道兵诗歌选 ·········· 吴成良等
青山颂（诗） ···························· 谢逢松
绿色的北疆（九首） ······················ 胡世宗等
抗美援朝战地组诗（诗） ··················· 李蓝辛
彩贝集（散文诗） ························· 周 铮
南国蕉乡（水印木刻·局部） ··············· 王 川
信鸽（油画） ···························· 顾国建
爱迪生的婚礼（连环画） ·········· 张克明 杜凤宝

1980 年第 11 期　刊名:《解放军文艺》
目录

最后一个军礼（小说） ············· 方南江 李 荃
鲤鱼杯（小说） ·························· 贾平凹
迟开的银花（小说） ······················ 周 亚
女兵"居里"同志（小说） ················· 刘英学
在哨所后面（小说） ·············· 艾克拜尔·米吉提
小山和笛妹（小说） ······················ 杨树芳

新花朵朵（部队青年作者诗歌选）

绿树与花 ······························· 孙中明
枪与琴 ································· 贺东久
战士和春天 ····························· 程步涛
拾贝 ·································· 陈云其
南海诗草 ······························· 曾凡华
战士的心 ······························· 虞文琴
雾之岛 ································· 田永昌
连长三题 ······························· 王化文
采蘑小曲 ······························· 李武兵
振翅篇 ································· 李松涛
脚印 ·································· 吕海沐
葬礼与婚礼 ····························· 乔 良
军营短笛 ······························· 刘毅然
收工路上 ······························· 马合省
战士 ·································· 王希玉
雷达，时隐时现 ························· 李晴法
饭前饭后（韵白剧） ······················ 梁庆林
岗位（韵白剧） ·························· 牛中路

严格宽厚的老人（革命斗争回忆录） ·········· 胡 奇
水（散文） ····························· 石 英

战士生活散文小辑

连队三友 ······························· 刘 屏
爱 ···································· 杨伟智
张飞的后裔 ····························· 段 军
崂山志趣 ······························· 张广金
捕鱼规则 ······························· 宫魁斌
铃兰 ·································· 王孟强
网金 ·································· 许国泰
心灵的窗户 ····························· 侯真曦
小彩恋 ································· 林致知
草原吉普 ······························· 赵正昆
钟的哲学（寓言） ························· 凝 溪
立足新的时代 创造新的艺术 ··············· 刘白羽
战鼓又敲起来了 ························· 庞志阳等
要敢于表现人性美和人情美 ··············· 尉迟剑明等
作家素养三题 ··························· 孟伟哉
给人物以显示性格的最好机会 ··············· 滕 云
为振奋民族精神而歌唱（简讯）
燕山秋色（版画·局部） ····· 童保华 陈 北 梁兆存
边疆之晨（油画） ························· 田友庄
来自老百姓（版画） ·············· 田东辉 韦星耀
岛上的花（版画） ·········· 廖宗怡木刻 雷抒雁诗

1980 年第 12 期　刊名:《解放军文艺》
目录

"姜太公"钓鱼（小说） ··················· 岳恒寿
尊严（小说） ···························· 孟伟哉
搬迁纪事（小说） ························· 徐 军
白雪覆盖的大地（小说） ··················· 戚积广
征途上的爱情（报告文学） ·········· 马继红 王宗仁
十年征戍念草原（特写） ··················· 柳 杞
姐妹鸟（叙事诗） ························· 李长廷
福建前线（诗五首） ······················ 李 伟
诗二首 ································· 李久胜
浪花流过长江（诗） ······················ 沙 白
虹及其他（诗） ·························· 胡 昭
孔雀·桥（诗） ·························· 张 长
彭总在烽火岁月中（诗） ············ 胡 笳 戴安常
致藏族飞行员（诗） ······················ 高 平
黑龙江的波涛（诗） ······················ 陈世旭
打狼篇（诗传单） ························· 石 湾
部队生活短诗选（诗辑） ············ 郭兆甄 喻 晓等
天山雏鹰（相声） ·············· 李 艺 高吉庆
了如指掌（相声） ························· 陈亦兵

天山秋（散文）—————————朱振声
一连之长（散文）—————————朱传雄
战士和草（散文）—————————郑赤鹰
胡杨泪（散文）—————————芦振国
钟楼琐记（散文）—————————杨学泉
红玫瑰与黄玫瑰（散文）—————向　明
北方山色（散文诗）—————————文　牧
寓言两则—————————————杜　梨
军人·历史·诗情—————————王愿坚
写熟悉的，熟悉不熟悉的—————任孚先
"手势语言"—————————————郎保东
写英雄　长志气　壮军威—————蒋守谦
我们喜爱《天山深处的"大兵"》（读者简讯）
金色的豫南（国画·局部）—————张　步
夜校（全军版画展览作品选登）———马光剑
军鸽（全军版画展览作品选登）——杨再溪　史明高
青海晚歌（全军版画展览作品选登）
—————————童保华　陈　北　梁兆存

遥寄玉兰花（散文诗）—————————韩静霆
一得篇—————————————张　蒨

部队文艺工作之页
小戏创作大有可为—————————杨白冰
军营沃土壮　小花开愈盛—————本刊记者
写叱咤风云的"无产者"是怎样提出来的?
—————————————————杨　柄
写战争二议—————————————侯立军
听黎汝清谈与文学结缘—————李锡赓
补白二则
玉兰花（装饰画）—————————陈亦逊
考核（选自全军版画展览）—————范元和
飞向未来（选自全军版画展览）——王三才
月夜（选自全军版画展览）—————万淳慧

1981 年第 1 期　刊名:《解放军文艺》
目录

啊，兵!（小说）—————————海　波
白云岛（小说）—————————齐　平
半个板凳部长（小说）—————————左铭元
递减数列（小说）—————————刘士忠
房东姑娘（小说）—————————叶剑凌
我有一个朋友（小说）—————————林　雨
书记进山（小说）—————————任斌武
我们的连长（独幕话剧）—————陆志坚

写给特别法庭
江城子（词）—————————魏传统
啊，庄严的法制（诗）—————张澄寰
屈死的英灵啊，我告慰你（诗）——王　颖
春天外二首（诗）—————————柯　原
匍伏在赭黄色的泥土上（诗）——虞文琴
兵家格言诗（二首）—————————刘新安
明亮的珍珠（短诗十五首）—————梁上泉等
田野诗章（诗十首）—————————巴彦布等
迢迢河汉（散文）—————————江　波
天上掉下客人来（回忆录）—————石　言
为了鲁迅的书（散文）—————姜德明
石榴笑了（散文）—————————马士林
芳姐（散文）—————————张鲁滨
金翅银鳞（散文）—————————贺茂芝
雨的旋律（散文）—————————庞天舒
地窝子（散文）—————————张嵩山

1981 年第 2 期　刊名:《解放军文艺》
目录

新时代文学的新收获—————————刘白羽

创作漫笔
不要对生活失去信心—————————陈　窗
向新生活前进—————————刘　川　冠　潮
莫错认了时代—————————————伊　阪
花为战士而开—————————————黎山峣
月儿圆圆（小说）—————————柳炳仁
"百宝柜"的主人（小说）—————王成启
草原歌手（小说）—————————沈　凯
张作霖出旬（长篇小说《关东演义》选）——杨大群
广林场长（小说）—————————杨　闻
新灵妹（小说）—————————宋复兴
乡情（小说）—————————武　娄
你呀，原来并不……（小说）—————江　素
呵，朋友!（小说）—————————高洪勋
买毛笔（快书小段）—————陈增智　张自清
补白二则
这是我们的将军（特写）—————毛文戎
东方的燕子（特写）—————————李玲修
为四化创业者放声歌唱（编者的话）
铁流之歌（革命斗争回忆录）—————钱运炎
战地日记二则—————————————杨国宇
部队生活短诗—————————————周　涛等

遥远的情思
硝烟中的记忆（诗）—————————刘新安
同志的召唤　外一首（诗）—————商展思
淡紫色的花　外一首（诗）—————姜金城

山行　外一首（诗）———————宫　玺
柴达木风情（诗）———————刘岚山
向大山告别（散文）———————朱秀海
月下（散文）———————王耀成
捶新郎（散文）———————田　有
水仙花赋（散文诗）———————韩静霆
水仙花（装饰画）———————陈亦逊
甘苦在心（木刻）———————傅　琳
练在云水间（木刻）———————刘友国
八月十五（木刻）———————孙　平

1981 年第 3 期　刊名:《解放军文艺》
目录

向雷锋同志学习
毛泽东同志手书：向雷锋同志学习
努力塑造雷锋式军人形象（短评）———本刊编辑部
雷锋路（独幕歌剧）———翟迎春　宋希东
白丁香（小说）———————左津玲
心灵之花（小说）———————施　施

女作者专辑
心的音响（小说）———————王海鸰
她们的路（小说）———————王海鸰
划红圈的星期五（小说）———————丁小琦
晚霞（小说）———————张　欣
心事（小说）———————陈　枫
哨塔上（小说）———————郭增生
神秘的贾茹（独幕话剧）———————徐哲林
春天的信息（诗二十二首）———————李加建等
我笑（诗）———————田　间
云雀之歌（诗）———————丁　力
思念你啊，家乡的河（诗）———————李金平
将军的梦（诗）———————高智军
大潮激荡老兵的心（特写）———————元　辉
复苏之后（特写）———————王立新
战士的深情（文艺回忆录）———————李金庠
红树林里的战斗（文艺回忆录）———————李英敏
回乡小记（散文）———————殷习华
节节高（散文）———————沈妙忠
岳麓寻胜（散文）———————郭建英
在那遥远的地方（散文）———————冯复加
雪天猎豹（散文）———————陈　忱
军号集（散文寺）———————石宁生
又见百合花（散文诗）———————韩静霆
石祥的诗———————魏　巍
每从气韵见文章———————王　颖
谁都需要这把钥匙（创作漫笔）———————工　水

也是"一家之言"（创作漫笔）———————张雨生
百合花（装饰画）———————陈亦逊
写给母亲的誓言（油画）———————刘绍昆
盼（版画）———————张地茂
密林深处（版画）———————蒙显刚

1981 年第 4 期　刊名:《解放军文艺》
目录

围着谁转（小说）———————刘增新
桐籽心（小说）———————江成岩
这两个兵（小说）———战士　刘英学
种瓜得瓜（小说）———————谷办华
如坐针毡（小说）———战士　刘珊珊
报复（小说）———————陈世旭
薄薄的灰尘（推理小说）———————杏　李
金屏孔雀贝（科幻小说）———————张佩芳
护送彭总突围南艾铺（回忆录）———————郑国仲
过年（散文）———————周振强
纪念碑（散文）———————郭明效
红星在哨位上闪耀（散文）———————戈　基
担担面（散文）———————彭　龄
云贵游踪（游记）———————聂　波
战士·花草·美（散文）———————郑　朝
曾记小岛那株花（散文）———————苏贵长
棒槌鸟（散文）———————周建中
夜西沙（散文诗）———————刘再光
我爱报春花（散文诗）———————汪泾洋
诗二首———————高体乾
潘武侯祠———————张云晓
同志（诗）———————林　希
绿色的脚印（诗）———————蓝　曼
部队生活短诗选（十三首）———————贺东久等
多彩的土地（诗十四首）———————杨星火等
文学的真实和作家的责任———————陆贵山
望君且息雷霆怒———————邓　斌
短语话严明———————石国仕
献给政治思想工作者的一朵新花———————杨柳榭
漫长的追求———————马新义
简讯二则
报春花（装饰画）———————陈亦逊
巡逻途中（国画）———王天胜　张鸿飞
问客（国画）———————苗再新
航标灯（版画）———雷楚汉　邵黎阳

1981 年第 5 期　刊名:《解放军文艺》
目录

坚持和维护四项基本原则⋯⋯⋯⋯《解放军报》社论
四项基本原则不容违反——评电影文学剧本《苦恋》
⋯⋯⋯⋯⋯⋯⋯⋯⋯⋯⋯⋯⋯《解放军报》特约评论员
正确反映社会主义现实⋯⋯⋯⋯⋯⋯⋯⋯陆　羽

悼念沈雁冰同志
悼沈雁冰同志（诗）⋯⋯⋯⋯⋯⋯⋯⋯傅　钟
敬悼茅公⋯⋯⋯⋯⋯⋯⋯⋯⋯⋯⋯⋯魏　巍
他留下了珍贵的嘱告⋯⋯⋯⋯⋯⋯⋯⋯黄　钢
哭茅公⋯⋯⋯⋯⋯⋯⋯⋯⋯⋯⋯⋯阎纯德
1980 年优秀作品获奖名单
生活的思考与艺术的探索⋯⋯⋯⋯⋯⋯李斌奎
塑造耿志形象的几点体会⋯⋯⋯⋯方南江　李　荃
剪（散文）⋯⋯⋯⋯⋯⋯⋯⋯⋯⋯郭米克
出操（散文）⋯⋯⋯⋯⋯⋯⋯⋯⋯高耀峰
力量（报告文学）⋯⋯⋯⋯⋯⋯⋯⋯张正隆
合成训练日记（散文）⋯⋯⋯⋯董保存　杨松林

天南地北
满洲里的中秋节⋯⋯⋯⋯⋯⋯⋯⋯⋯许　淇
沙蒿的思念⋯⋯⋯⋯⋯⋯⋯⋯⋯⋯周彦文
黄刺玫赋（散文诗）⋯⋯⋯⋯⋯⋯⋯袁厚春
迎春（小说）⋯⋯⋯⋯⋯⋯⋯⋯⋯饶树新
新月（小说）⋯⋯⋯⋯⋯⋯⋯⋯⋯王士美
五爷出山（小说）⋯⋯⋯⋯⋯⋯⋯王化文
解疙瘩（小说）⋯⋯⋯⋯⋯⋯⋯⋯王树和
鹿庸的星期天（小说）⋯⋯⋯⋯⋯⋯李家祥
假日（小说）⋯⋯⋯⋯⋯⋯⋯⋯⋯海　波

战士小小说
没倒挡⋯⋯⋯⋯⋯⋯⋯⋯⋯⋯⋯杨学云
小眼睛班长⋯⋯⋯⋯⋯⋯⋯⋯⋯刘新民
飞雪曲⋯⋯⋯⋯⋯⋯⋯⋯⋯⋯⋯刁仁庆
小兰子⋯⋯⋯⋯⋯⋯⋯⋯⋯⋯⋯鲍　晓
抢占阻击线⋯⋯⋯⋯⋯⋯⋯⋯⋯董建民
贺老总赴宴（山东快书）⋯⋯⋯⋯⋯孙镇业
早晨，第一行脚印——基建工程兵诗歌选⋯⋯阎建刚等
写给当炮兵的儿子（组诗）⋯⋯⋯⋯丁　芒
我歌唱（诗）⋯⋯⋯⋯⋯⋯⋯⋯⋯峭　石
我是⋯⋯（诗）⋯⋯⋯⋯⋯⋯⋯⋯丁小琦
欢迎你，电子计算机（外一首）⋯⋯⋯廖代谦
边陲草（诗）⋯⋯⋯⋯⋯⋯⋯⋯⋯吕海沐
玫瑰花（装饰画）⋯⋯⋯⋯⋯⋯⋯陈亦逊
我的大学（版画）⋯⋯⋯⋯⋯⋯⋯肖映川
冬（版画）⋯⋯⋯⋯⋯⋯⋯⋯⋯杜鸿年
雪松（版画）⋯⋯⋯⋯⋯⋯⋯⋯⋯晁　楣

1981 年第 6 期　刊名:《解放军文艺》
目录

龙城飞将在（小说）⋯⋯⋯⋯⋯⋯⋯张伯涛
爱"绕圈"的水兵（小说）⋯⋯⋯⋯⋯彭鲁中
论金星（小说）⋯⋯⋯⋯⋯⋯⋯⋯林微润
争球（小说）⋯⋯⋯⋯⋯⋯⋯⋯⋯李颖捷
一串马蹄声（小说）⋯⋯⋯⋯⋯⋯⋯唐　栋
揽月归（小说）⋯⋯⋯⋯⋯⋯⋯⋯朱　叶
《苦恋》的倾向及客观效果辨⋯⋯⋯⋯凡　屏
社会效果及其他⋯⋯⋯⋯⋯⋯⋯⋯白　文
生活主人的写照⋯⋯⋯⋯⋯⋯⋯⋯曾镇南
努力为社会主义新人塑像⋯⋯⋯⋯⋯盛　英
田野交响曲（诗十九首）⋯⋯⋯⋯⋯管用和等
长城望不断——北京部队诗歌选⋯⋯⋯张赞廷等
枯桃花开（报告文学）⋯⋯⋯⋯⋯⋯陶泰忠
乌可力三部曲（报告文学）⋯⋯⋯⋯李　虹

天南地北
可鲁克湖寄情⋯⋯⋯⋯⋯⋯⋯⋯⋯郭玉道
橄榄坝⋯⋯⋯⋯⋯⋯⋯⋯⋯⋯⋯大　我
筏上歌悠悠（散文）⋯⋯⋯⋯⋯⋯⋯李武兵
醒（散文）⋯⋯⋯⋯⋯⋯⋯⋯⋯长　江
连队的春天（多幕话剧）⋯⋯马吉星　魏金虎　孔　诚
荷花的风采（散文诗）⋯⋯⋯⋯⋯⋯尚　弓
雷锋精神开新花（组画五幅）⋯⋯⋯蒋宜勋
荷花（装饰画）⋯⋯⋯⋯⋯⋯⋯⋯陈亦逊
雪漠夜巡（版画）⋯⋯⋯⋯⋯⋯⋯张祯麒

1981 年第 7 期　刊名:《解放军文艺》
目录

纪念中国共产党成立六十周年
红军党代表（传记故事选）⋯⋯⋯⋯黄　瑶
伟大的历程（诗）⋯⋯⋯⋯⋯⋯⋯魏传统
先驱（诗）⋯⋯⋯⋯⋯⋯⋯⋯⋯程光锐
同根生（小说）⋯⋯⋯⋯⋯⋯⋯⋯刘增新
共鸣（小说）⋯⋯⋯⋯⋯⋯⋯⋯⋯张　波
"山里红"（小说）⋯⋯⋯⋯⋯尚久骖　吴云龙
胸怀（小说）⋯⋯⋯⋯⋯⋯⋯⋯⋯安　静

沉痛悼念宋庆龄名誉主席逝世
遗爱永留人间（诗）⋯⋯⋯⋯⋯⋯⋯臧克家
宋庆龄名誉主席千古（词）⋯⋯⋯⋯赵朴初
悼宋庆龄同志（诗）⋯⋯⋯⋯⋯⋯⋯陈辛火

有情人（小说）————————————————竹　青　洛　良
仙人球（小说）————————————————————陈章元
战友诗苑（组诗）——————————————————吕海沐
　　杜志民　孙中明　周　涛　朱万春　顾　工
风雪杏花村（诗）——————————————————邹荻帆
第十一号标兵（报告文学）——————————————夏国璐
通往发射场的路（散文）———————王树增　张嵩山
源头的活水（散文）——————————————江　波
这不是梦（散文）——————————————魏钢焰
啊，柱顶红（散文诗）———————————————朱传雄

纪念解放军文艺社建社三十周年
巨大的鼓舞　深情的祝贺
春风得意马蹄疾——————————————————桃　园
谈作家的"胸有经济"（文艺漫笔）————————凡　屏
"摆龙门阵"纪实（文艺漫笔）———————————黄　柯
批评风气随感（文艺漫笔）——————————韦　实
要有浪漫主义（文艺漫笔）——————————黎汝清

新书评介
一部具有民族特色的长篇——————————————杨柳青
正义还击战的赞歌——————————周献明　赵北臣
柱顶红（装饰画）——————————————————陈亦逊
没有共产党就没有新中国（油画）—————————张京生
英姿万古（国画）——————————————————田世光

1981 年第 8 期　刊名:《解放军文艺》
目录

诗十首—————————————————————————朱　德

南疆战旗火样红
五月的鲜花（报告文学）——法卡山保卫战纪实
　————————李大明　肖允康　严立群　邢昆明
南疆磐石（报告文学）
　——记扣林山歼灭战的英雄们————————杨锦锐
炮烟中的思索（诗）—————————————————柯　原
法卡山诗笺（诗）——————————————————瞿　琮
"蓝军司令"（报告文学）——————江永红　钱　钢

军民情谊深似海
虎泉龙洞留足音（散文）———————————郭同文
红面饽饽（散文）——————————————————李世武
救（报告文学）———————————李　琦　彭　平
母亲（诗）—————————————————————张永枚
桥（散文）—————————————————————郭建英
斯玲江芭（小说）——————————————————罗良兴
歌的旅行（散文）——————————————————王中才

木棉流火（散文诗）————————————————许国泰
历史的回声（诗辑）————————李长廷　龙彼德
　　峭　岩　吴淮生　商展思　陈茂欣　高　钫　戴安常
战友诗苑（组诗）———饶阶巴桑　虞文琴　常　青　陈云其
列车驰过凤凰山（小说）——————————————杨　闽
伊虹（小说）————————————————————王海鸰
泉之声（小说）——————————————————杨穗民
军队的妻子（小说）————————————————徐　军
烦恼的周末（小说）————————————————杨肇林
酒香人不醉（小话剧）———丁　益　张兰生　郭昌茂
要"与党为善"——————————————————杨柳榭
力求文艺批评的正常化————————————张雨生
军事文学领域的辛勤探索者——————————缪俊杰
再唱"我是一个兵"——————赵　鹜　严玉树　李德昌
木棉花（装饰画）——————————————————陈亦逊
竹（国画）—————————————————————管　桦
颂歌（国画）————————————————————董辰生
一个好姑娘（油画）————————————————张文源

1981 年第 9 期　刊名:《解放军文艺》
目录

纪念鲁迅诞辰一百周年
炮火中的鲁迅先生（散文）————————————姜德明
鲁迅早年轶闻录（散文）——————————————周芾棠
抒情的记事散文的杰作————————————李希凡
鲁迅与革命军事文学————————————滕　云
纪念鲁迅诞辰一百周年（词）——————————魏传统
革命文艺是党领导下的一条战线—————————漠　雁
分清敌我　避免误伤————————————————柳　杞
来自生活的信念——————————————————黎汝清
请看列宁怎样爱护高尔基——————————凡　屏
战友诗苑（组诗）
　贺东久　乔　良　纪　学　曾凡华　谢克强　刘毅然
明亮的珍珠（诗辑）——————石宁生　阎建刚　欣　原
　黄东成　何　鹰　韦　苇　赵政民　汪承栋　李发模
　孙　颖　赵贵忠　陶家明　铁　牛　洋　滔　叶雪泉
　孙　映　汪　抗
红梅朵朵（诗）——————————————————柯仲平
故乡等着你的爱（小说）——————————————贾国荣
二郎山中（小说）——————————————————冬　霜
三个铁嘴巴（小说）————————————————张惠生
小兵（小说）——————————————战士　庞天舒
大船回山（小说）————————————战士　杨登明
浪花曲（小说）——————————————————刘春光
大洋深处（科幻小说）———————————————张佩芳
一个百折不挠的先行者（文艺回忆录）—————钱希均
忆吴畏（文艺回忆录）———————————————胡　可

战火中垂炼的钢材（报告文学）———— 周金城
祖国，在战士心中（报告文学）———— 莫少云
美人焦礼赞（散文诗）———————— 杜志民
治病（相声）—————————————— 阎海峰
"海上花园"好八连（数来宝）— 吴庆瑞 关郁生
美人蕉（装饰画）—————————— 陈亦逊
我以我血荐轩辕（国画）——————— 胡 易
背负着人民的期望（国画）————— 刘书军

1981 年第 10 期　刊名:《解放军文艺》

目录

助手（小说）—————————————— 张 丽
星星，真的是那么亮（小说）———— 刘宏伟
沈亚玲小传（小说）———————— 刘增新
三角地的黄昏（小说）——————— 徐 军
小草（小说）—————————————— 任喜民
力源（小说）—————————————— 苏方学
末班车上（小说）——————— 战士 国 勋
婆媳（小说）—————————————— 高玉宝
"执手礼"之前（小说）—————— 屈兴岐
战友诗苑（组诗）——————— 战士 倪 林
贾勇虎 胡世宗 李 钧 喻 晓 徐 明 叶晓山
青玉案（词）————————————— 莫文骅
背板小曲（诗）———————————— 许翰如
战士和土地（诗）———————— 郭宝臣
啊，船 外一首（诗）——————— 郑 南
匕首集（诗）————————————— 鲁 藜
海的赞美 外一首（诗）————— 禾 波
拾贝（诗）—————————————— 樊发稼
传统（诗）—————————————— 王耀东
昨天的记忆（回忆录）————— 曾敬凡
佼佼者（报告文学）———— 宗汉星 左建明
芳香的泥土（散文）—————— 孟 敏
夜，在列车上（散文）————— 刘 真
我们的山 我们的云（散文）—— 郭明效
法卡山一日（散文）————— 肖允康

天南地北

老林七日记（散文）—————— 于干千
大漠的歌（散文）——————— 哲 中
奇妙的夜猎（散文）—————— 余德庄
家（数来宝）————————————— 李贵华
泪花曲（短篇弹词）———— 陈亦兵 徐林达
鲁迅谈文学创作的几点意见———— 王得后
社会主义精神文明的赞歌————— 李庆宇
喜读《决战》————————————— 许国荣
封面设计—————————————— 金立吴

山泉————————————————— 王 征

1981 年第 11 期　刊名:《解放军文艺》

目录

"书迷"立功（小说）———— 壮族战士 韦建勇
零点，开设指挥所（小说）————— 李占恒
明亮的森林（小说）————————— 陶建军
留客天（小说）——————————— 杨 闯
祝你幸福（小说）—————————— 窦益山
这生日过的……（小说）——— 战士 柴 英
夜合花（小说）——————————— 骆 峰
孙三娘开店（小说）————————— 张长弓
战友诗苑（组诗）————— 李松涛 李武兵
孙旭辉 李今蒲 王 颖
红星，在浪尖闪耀（诗）—————— 杨 牧
祖国 外一首（诗）————————— 叶延滨
边疆的山水 外一首（诗）————— 王 也
战舰归来了 外一首（诗）————— 韩作荣
诗二首————————————————— 刘 汉
补……（诗）———————————— 流 石
演习咏怀（二首）—————————— 李 健
观军事演习（诗）—————————— 李 翔
长城（诗）—————————————— 贾纯青
散文诗一束————————————— 黄传会等
黄河缘（报告文学）———————— 谭道博
她们正年轻（散文）————————— 娄仲毓

连队生活小辑

免贵（散文）————————————— 郭米克
口令（散文）————————————— 温开新
在苍茫暮色里（散文）——————— 王炳根
我爱沙海（散文）—————————— 穆 静
文明之师（散文）—————————— 李颖捷
心间的一颗"亮星"（革命回忆录）— 杨国宇
灯（革命回忆录）—————————— 李兆炳
谢谢你，孩子!（独幕话剧）———— 宋建平
老兵新歌（对口快板）——— 耿俊奇 相如山
不能以假乱真———————— 马云鹏 王佩琤
虚幻的真相与臆造的危机—————— 陆 羽
自由化不是"风车"————————— 刘 金
也谈"愤怒出诗人"————————— 石国仕
鲁迅翻译和评介的军事题材文学作品—— 陈大鹏
重视反映训练生活—————————— 邓 斌
战火荡诗情—————————————— 文亦可
不尽长江滚滚来（国画）————— 张道兴
大地（版画）———————————— 区焕章

1981 年第 12 期　刊名:《解放军文艺》

目录

克服爱情描写上的不良创作倾向⋯⋯⋯⋯本刊评论员
在洪水咆哮的土地上（报告文学）⋯⋯⋯杨笑影
河那边升起的一颗星（报告文学）⋯⋯朱秀海　袁厚春
这里也有人家（小说）⋯⋯⋯⋯⋯⋯⋯李斌奎

韦建勇烈士遗作小说三篇
朝霞映出的时候
驻训
真想不到
三十年河东（小说）⋯⋯⋯⋯⋯⋯⋯罗石贤
老馆长上任（小说）⋯⋯⋯⋯⋯⋯⋯陈国凯
排长和他的妻子（小说）⋯⋯⋯⋯⋯冉淮舟
东线放歌——南京部队诗歌选⋯⋯⋯贺东久等
木板房里的党委⋯⋯⋯⋯⋯⋯⋯⋯⋯雷　奔
战友诗苑（组诗）⋯⋯⋯⋯瞿　琮　张雅歌
苏方学　马合省　郭兆甄
平津决战（九场话剧）⋯⋯⋯⋯刘　佳　王　颖
胡　朋　陈群
山影（散文）⋯⋯⋯⋯⋯⋯⋯⋯⋯⋯阎　涛
花过雨（散文）⋯⋯⋯⋯⋯⋯⋯⋯⋯杨树芳
听松（散文）⋯⋯⋯⋯⋯⋯⋯⋯⋯⋯严　阵
海岸炮遐思（散文）⋯⋯⋯⋯⋯⋯⋯章　明
小磨香油（散文）⋯⋯⋯⋯⋯⋯⋯⋯董得春
文学漫谈⋯⋯⋯⋯⋯⋯⋯⋯⋯⋯⋯⋯管　桦
从事实到真实的创作过程⋯⋯⋯⋯⋯王向峰
烈士韦建勇和他的小说《"书迷"立功》⋯欧之德
介绍《星火燎原》⋯⋯⋯⋯⋯⋯⋯⋯拾　火
简讯一则
烈火真金（国画）⋯⋯⋯⋯⋯⋯⋯⋯姜成楠
台风季节（国画）⋯⋯⋯⋯⋯⋯⋯⋯穆益林
光荣呀！人民战士（宣传画）⋯⋯廖宗怡　区焕章

1982 年第 1 期　刊名:《解放军文艺》

目录

"法卡山一日"征文
难忘的一天⋯⋯⋯⋯⋯⋯⋯⋯班长　郑永大
半壶水⋯⋯⋯⋯⋯⋯⋯⋯⋯⋯战士　李国学
迟归的战友⋯⋯⋯⋯⋯⋯⋯⋯排长　郑水生
火线飞车⋯⋯⋯⋯⋯⋯⋯⋯副班长　叶国青
在战友与敌人之间⋯⋯⋯⋯⋯战士　韦望志
"妈妈队来了！"⋯⋯⋯⋯⋯支前队班长　陈玉莲
切姜⋯⋯⋯⋯⋯⋯⋯⋯⋯干部家属　刘春秀
唐主任搬家（小说）⋯⋯⋯⋯⋯⋯⋯方南江

追寻（小说）⋯⋯⋯⋯⋯⋯⋯⋯⋯⋯王世阁
嵌在心上的小路（小说）⋯⋯⋯⋯⋯张义平
一曲《下山虎》（小说）⋯⋯⋯⋯⋯郑赤鹰
小河边的笑声（小说）⋯⋯⋯⋯⋯⋯王干一
雾屿（小说）⋯⋯⋯⋯⋯⋯⋯⋯⋯⋯王炳根
个半儿（小说）⋯⋯⋯⋯⋯⋯⋯⋯⋯常庚西
留种（小说）⋯⋯⋯⋯⋯⋯⋯⋯⋯⋯李　琦
这里有天罗地网（报告文学）⋯⋯⋯周　纲
探亲记（报告文学）⋯⋯⋯⋯⋯⋯⋯崔洪昌
黄泛区的采茶女（散文）⋯⋯⋯⋯⋯叶　楠
词三首⋯⋯⋯⋯⋯⋯⋯⋯⋯⋯⋯⋯⋯刘　征
我为春天歌唱（诗）⋯⋯⋯⋯⋯⋯⋯胡世宗
黄桥旅思（诗）⋯⋯⋯⋯⋯⋯⋯⋯⋯沙　白
皖南吟草（诗）⋯⋯⋯⋯⋯⋯⋯⋯⋯刘　章
写给妈妈的信（诗）⋯⋯⋯⋯⋯⋯⋯刘　昕
月亮（诗）⋯⋯⋯⋯⋯⋯⋯⋯⋯⋯⋯李兴华
依依鱼水情（诗十首）⋯⋯⋯陈显荣　商展思等
战友诗苑（组诗）⋯⋯⋯⋯张永枚　刘金忠
易　莎　李书怀
试论高元钧山东快书的文学特色⋯⋯行　人

新花圃
民族美德的脉流在奔突运行⋯⋯⋯⋯黄　柯
战士心灵的歌唱⋯⋯⋯⋯⋯⋯⋯⋯⋯杜志民
一个美的印象⋯⋯⋯⋯⋯⋯⋯⋯⋯⋯曾镇南
"艰涩一通，新奇迭出"（谈艺窗）⋯⋯佘树森
一九八一年《解放军文艺》优秀作品评选启事
瑞雪（版画）⋯⋯⋯⋯⋯⋯⋯⋯⋯⋯刘永贤
支柱（版画）⋯⋯⋯⋯⋯⋯⋯⋯⋯⋯张怀江
边关岁月（版画）⋯⋯⋯⋯⋯⋯⋯⋯沈邦富

1982 年第 2 期　刊名:《解放军文艺》

目录

钓鱼（小说）⋯⋯⋯⋯⋯⋯⋯⋯⋯⋯朱秀海
敲硬核桃的人（小说）⋯⋯⋯⋯⋯⋯崔洪昌
后浪推前浪（小说）⋯⋯⋯⋯⋯⋯⋯柯　岗
碑（小说）⋯⋯⋯⋯⋯⋯⋯⋯⋯⋯⋯于日瑞
依依别情（小说）⋯⋯⋯⋯⋯⋯⋯⋯王树和
相亲（小说）⋯⋯⋯⋯⋯⋯⋯⋯⋯⋯石国仕
桃杏花儿（小说）⋯⋯⋯⋯⋯⋯⋯⋯刘宇文
匹夫责（小说）⋯⋯⋯⋯⋯⋯⋯⋯⋯李润生
部队生活短诗（十二首）⋯⋯⋯⋯⋯安造计
刁克义　承仲方　丘述金　赵　刚　汪　抗　李甜芬
陈　文　尹家民　胡丰传　周鹏宽　王伟培　何　鹰
战友诗苑（组诗）⋯⋯⋯⋯⋯⋯⋯⋯李峰　峭岩
柯　原　嵇尤工　毛秀璞　姚成友
纤夫从堤上走过（诗）⋯⋯⋯⋯⋯⋯崔合美

我爱唱（诗）⸺⸺⸺⸺⸺王中朝
封面设计⸺⸺⸺⸺⸺倪镜兴
那位叔叔救了我（国画）⸺⸺⸺钟孺乾
慰（国画）⸺⸺⸺⸺⸺杨在溪
春潮（版画）⸺⸺⸺⸺张祯麒
山连水来水依依（报告文学）⸺⸺任斌武
开江雪（散文）⸺⸺⸺⸺宿聚生
月亮圆了（散文）⸺⸺⸺⸺刘兆林
白沙坝的炊烟（散文）⸺⸺⸺字　心
大海的怀念（散文）⸺⸺⸺⸺沈仁康

天南地北
绍兴乡情⸺⸺⸺⸺⸺徐志耕
斜阳风采⸺⸺⸺⸺姜柳初　莫孝川
地名漫记⸺⸺⸺⸺⸺张嵩山
钝斧（寓言）⸺⸺⸺⸺李树则

"法卡山一日"征文
四比零⸺⸺⸺⸺副连长　黄显初
一发"臭弹"⸺⸺⸺⸺班长　邹安源
最后的冲刺⸺⸺⸺⸺班长　龙凤佩
评叶文福近年来诗歌创作的政治倾向⸺梅柯子

谈艺窗
论贾政、王夫人与反面形象的塑造⸺⸺王昌定
人间因何重西湖⸺⸺⸺⸺艾友弼

1982 年第 3 期　刊名：《解放军文艺》
目录

女作者小说专辑
新春寄语⸺⸺⸺⸺⸺冰　心
哑梅（小说）⸺⸺⸺⸺⸺草　明
人的需要（小说）⸺⸺⸺⸺毛小榕
当雪花飘落的时候（小说）⸺⸺丁小琦
女兵连第一个男家属（小说）⸺⸺燕　燕
幸福的使者（小说）⸺⸺⸺⸺王海鸰
她们也在行列里（小说）⸺⸺⸺陈　枫
在白绒绒的世界里（小说）⸺⸺姜　安
小达斡尔（小说）⸺⸺⸺⸺庞天舒
战友诗苑（组诗）⸺⸺伊　蕾　林小玎
杨星火　贾舒云　刘再光
散文诗一束⸺⸺⸺马继红　王宗仁
杨建民　孔　林　李昆纯
怀旧（诗三首）⸺⸺⸺⸺陈　沂
爱（诗）⸺⸺⸺⸺⸺董殿惠
写在病房（诗）⸺⸺⸺⸺常　青
战友情　外一首（诗）⸺⸺⸺虞文琴

田园交响曲（诗）⸺⸺⸺⸺郭兆甄
情飞发射场（诗）⸺⸺⸺⸺刘宏伟
心曲（诗）⸺⸺⸺⸺⸺赵春梅
谒断诺墓（诗）⸺⸺⸺⸺炼　虹
缫丝曲（诗）⸺⸺⸺⸺⸺郭　廓
急救室的红灯亮了（独幕话剧）⸺⸺粟倍安
雷锋的"姐姐"（散文）⸺⸺⸺陈广生
匡庐八月（散文）⸺⸺⸺⸺江　波
云海飞帆（散文）⸺⸺⸺⸺韩静霆
播种吧⸺⸺（散文）⸺⸺⸺朱春雨

"法卡山一日"征文
猫戏群鼠⸺⸺⸺⸺⸺柳才久
法卡山采访记⸺⸺⸺⸺⸺周　明
信任⸺⸺⸺⸺⸺⸺朱维平
我看到了"小兵"弟弟⸺⸺⸺罗小莹

战士生活小辑
石榴火（散文）⸺⸺⸺⸺王述合
银幕（散文）⸺⸺⸺⸺⸺张金城
绿色的机窝（散文）⸺⸺⸺⸺沈妙忠
蜈蚣岛鸡鸣（散文）⸺⸺⸺⸺傅崧山
在幽深的山谷里（散文）⸺⸺⸺刘宝利
文艺多样化二题⸺⸺⸺⸺陆贵山
做奋发青年的歌赞者⸺⸺马新义　范咏戈
报告新生活创造者的信息⸺⸺⸺方全林
威武雄壮的战争活剧⸺⸺⸺⸺马　威
大型文学期刊《昆仑》三月创刊
促进军事题材报告文学的繁荣（文讯）⸺本刊记者
烈士叶永宁的剪纸
练（版画·局部）⸺⸺⸺⸺傅　琳
皓月（版画）⸺⸺⸺⸺⸺朱恒安

1982 年第 4 期　刊名：《解放军文艺》
目录

壮士一去兮⸺⸺（小说）⸺⸺陆柱国
高高的潜水塔（小说）⸺⸺⸺刘春光
为了未来（小说）⸺⸺⸺⸺孟伟哉
瞧，这些导弹兵（小说）⸺⸺⸺李存葆
沿着弹道走去（小说）⸺⸺⸺苏　进
两个"二杆子"（小说）⸺⸺⸺何继清
大兰和小兰（小说）⸺⸺⸺⸺钟幼兰
抢亲（小说）⸺⸺⸺⸺⸺张泗琪
抒人民之情——读安静的《将军塞上曲》⸺杜鹏程

新花圃

一出大气磅礴的好戏 ………………… 张雨生
军人道德美的新篇章 ………………… 尹卫星
柳青剪影 ……………………………… 冯健男
名诗《黄鹤楼》与艺术借鉴（谈艺窗）… 郭　振
捡回她丢掉的（报告文学）…………… 郑伟强
歌（散文）…………………………… 张　岐
夜找"对松亭"（散文）……………… 元　辉
启明星下的微笑（散文）…………… 白　文
不死的城（散文）…………………… 彭　龄
飘浮的云朵（散文）………………… 张江明
滹沱河上摸炮（回忆录）…………… 孙继争
在秫秸垛里（回忆录）……………… 李友连
战友诗苑（组诗）…………………… 石　祥
周　鹤　丁小琦　王新弟　牛广进　叶知秋　杨德祥
绿色的田野（诗十五首）…… 张红雨　赵政民等
速写二幅 …………………………… 陈玉铭
鹤乡（版画）………………………… 晁　楣

1982 年第 5 期　刊名:《解放军文艺》
目录

纪念《在延安文艺座谈会上的讲话》发表四十周年

坚定对党和社会主义的信念 ………… 陈　沂
和新的群众的时代相结合 …………… 卫建林
金色的路标 …………………………… 王愿坚
彩色的鸟，在哪里飞徊?（小说）…… 海　波
"谅解，还是需要的……"（小说）… 杨　征
带兵情（小说）……………………… 宿聚生
三个"无用"的人（小说）………… 齐　平
可口可乐和方向盘（小说）… 章　明　陈定兴
在暴雨中（小说）…………………… 杨景民
小事（小说）………………………… 韩忠智
1981 年《解放军文艺》优秀作品获奖名单
古堡永固（版画）… 周　明　蒙显刚　邸建国　黄挺南
醒（版画）…………………………… 卢培君
新貌（版画）………………………… 张作良
扫（报告文学）……………………… 李　琦
"小球阿里"（散文）………………… 刘厚明
普拉霍瓦河谷醉了（散文）………… 丁　宁
大漠的河（散文）…………………… 哲　中
关山月色（散文）…………………… 郭建英

天南地北

钱塘观潮记 …………………………… 王耀成
登金山长城览古 ……………………… 纪　流
骊山索隐 ……………………………… 杨闻宇
化工城抒情（诗）…………………… 宁　宇

写在原始人遗址的陶片上（诗）…… 栾纪曾
长江啊，长江（诗）………………… 唐大同
听歌（诗）…………………………… 苗得雨
生活之花（诗六首）………… 杨　柳　张新泉等
战友诗苑（组诗）…………… 杨　弓　石顺义
王鸣久　张力生　刘秋群　张赞廷　夏晶南　李鹏青
陈智勇　胡宏伟
如梦令——
老一代革命家赞 ……………………… 贾纯青
绿色的邮包（诗）…………………… 蒋全海

1982 年第 6 期　刊名:《解放军文艺》
目录

军事题材文学创作座谈会发言选登

雄关似铁 ……………………………… 峻　青
时代要求我们加倍努力 ……………… 叶　楠
革命传统——心灵美的摇篮 ………… 杨佩瑾
感受与奢望 …………………………… 黄彦生
急凭战火草捷报　静听鼓角下敌营 … 朱　兵
获奖小说选评（新花圃）…………… 余学田等
痰（小说）…………………………… 董得春
三角梅（小说）……………………… 王中才
五支令（小说）……………………… 卓　昕
通向基地的路上（小说）…………… 戴　俊
宝地秋风（小说）…………………… 李忠效
司令员一家（小说）………………… 李占恒

战士小小说

啊，风筝…… …………………………… 郑荣华
吃药之前 ……………………………… 陆承雄
礼物 …………………………………… 徐坚强
月夜 ………………………… 宋艳红　王建华
昆仑志（报告文学）………………… 成　平
透过彩色的迷雾（报告文学）……… 王　颖

战士生活小辑

军功章属于谁 ………………………… 赵晓虹
爱岛及乌 ……………………………… 汪国福
熄灯号 ………………………………… 温开新
小路 …………………………………… 高严京
柳泉随想（散文）…………………… 石　英
高山听雾（散文）…………………… 张永权
战友诗苑（组诗）…………… 蓝　曼　程童一
晓　桦　韩瑞亭　梁　梁　战士　柳　沄　陆新民
向　明　战士　李金河　韩　笑
筑路画卷（诗七首）………… 伊　蕾　李武兵等
姑娘请放心（连环画）……… 于　凉　陈荻芳

四筮图（国画）——————————————张　步

1982 年第 7 期　刊名：《解放军文艺》
目录

智逮"穿山甲"（小说）————————傅建中
有这样的森林（小说）————————朱春雨
紧急任务（小说）——————————杨植材
没有番号的部队（小说）—————————韩静霆
帆（小说）—————————————陈剑虹
丑人丑事（小说）—————————杨　闯
月夜走马（小说）—————————林微润
大刘副长（小说）—————————李恒茂
领班员和守桥兵（小说）———————立　群
一匹好马（小说）———————（蒙古族）察森敖拉
雾中（小说）——————————芦振国

**学习陈云同志《关于党的文艺工作者的两个倾向问题》
笔谈**
学习笔记三则———————————凡　屏
由"喝"硝酸甘油说到生活———————白　文
蜗居对话录————————————刘　金
鸳鸯、晴雯合论兼及艺术典型问题——————王昌定
国旗在领海上高高飘扬（报告文学）——————王炳根
张鲁滨　李克勤
回头一笑十六年（报告文学）—————严玉树
将军的足迹（散文）————————赵　赴
在被围困的日子里（散文）————————刘　芬

故乡风情
夏夜（散文）———————————高耀峰
古槐（散文）———————————王文杰
河子灯（散文）———————————祁德彬
回忆日本教员小岛（回忆录）——————李耀华
传统之花（诗辑）———————高　钫　高智军等
散诗一组——————————雁　翼　赵　恺　晓　钢
霍清安　黄东成　韩英珊　姜澍川　邓晓川　梁子高
"绿衣使者"传喜讯　翩翩"鸿雁"报佳音
有趣的书（版画）—————————陈聿强
边疆春早（水粉画）————————佟翔天
迎来百花开（版画）————————黄嘉善
雪莲迎远客（版画）————————黄嘉善

1982 年第 8 期　刊名：《解放军文艺》
目录

刘帅印象记（回忆录）————————柯　岗
跟随师长回延安（回忆录）————————肖健章
崎岖的井冈（回忆录）————————杨得志
回陇东重见亲人（回忆录）————————陈明义
两副象棋（回忆录）————————张崇文
一树梨（回忆录）—————————赵清学
部队生活短诗（十首）————陈智勇　尹家民等
诗四首——————————————欧阳文
散诗一束——————————柯　原　田永昌　周　鹤
刘金忠　王燕生　王小未　姜金城　黎焕颐　伊　平
评"新星"（诗）—————————李兴华
加油站（诗）———————————杨子忱
讽刺诗三首————————————易和元
《钢铁长城》篆刻选登————————胡铁生
"傲公鸡"请来"铁公鸡"（小说）——————马建华
相撞的都是年轻的心（小说）—————成　平
虎步乍起（小说）—————————何继清
哈科长的"将军肚"（小说）—————陈　枫
猜不透（小说）——————————李斌奎
"中尉"组长（小说）————————谢鲁渤
驴市（小说）———————————权延赤
支队长的最后一夜（小说）————————李云良
太阳花颂——《法卡山一日》序—————刘白羽
写在《天山行》上映时————————李斌奎
情满天山塑新人————————————思　忖
读《射天狼》有感—————————陆柱国
战友谈《战友诗苑》————————元　辉
峭　岩　喻　晓　石　祥　周　鹤　李松涛
朝辉巡（油画）——————————杨林桂
战洪峰（国画）——————————姚治华
边防写生二幅———————————刘大为
东南西北（油画）—————————崔开玺

1982 年第 9 期　刊名：《解放军文艺》
目录

从军营到特区————————————张泗琪
正是黄金季节———————董　滨　张世黎
我们的小不点儿教官————————卜　可
绿的喜雨　红的喜风————————刘英学
虎将——————————————立　群
正规化检查————————————权延赤
昨夜琴声昨夜人—————————李本深
红点点　蓝点点—————————方南江

负炮前驱的人 ································ 孔宪礼
世界在他们眼前展开 ··················· 罗来勇
好兵 ··· 蜀 冀
海鸥的故事 ································· 王 朔

新花圃

风清骨挺 彩鸟不凡 ··················· 张世武
用对生活的忠实描写来震感灵魂 ······ 张西南
意味深长 情趣浓郁 ··················· 丁临一
晚归（版画） ······························ 赵修柱
部队演习速写 ···························· 陈玉先
长白测绘（版画） ······················ 孙永林

1982 年第 10 期　刊名:《解放军文艺》
目录

报告文学特辑

金银梦 ··· 李存葆
陨石之歌 ····································· 袁厚春
铸造金钥匙的人 ·························· 崔洪昌
旋 ·· 李 琦
愚公新篇 ····································· 杨民青
周兰嫂 ··· 郭 晨
一片雪花 ····································· 刘志清
知兵非好战 ································· 杨树芳
一叠未寄出的信 ············· 毛文戎 阚士英
他曾是一名军人 ·························· 陈 设
发掘普通一兵的美好心灵（部队文学新人）···张雨生
一片膏腴之壤 ················ 牟廉玖 孙西克
历史转折时刻的壮丽图画 ············· 肖 泉
真实是散文的生命 ······················ 金为华
从《我们播种爱情》到《西线轶事》（作家与军事文学） ·················· 陆建华
我们的旗帜（诗） ······················ 魏传统
大漠情思（诗） ·························· 敏 岐
哈，我是军人（诗） ··················· 王 也
台湾诗情（诗） ·························· 于宗信
古迹新题（诗） ·························· 刘 征
号音（诗） ································· 林 希
森林之歌（诗） ·························· 宫 玺
明亮的珍珠（短诗辑） ······· 瞿 琮 汪国福等
献给建设者的花束（诗） ······ 周志友 郭红林等
特异功能新考（相声） ········ 牛 群 刘 肃
特殊任务（山东快书） ········ 高洪胜 殷 成
心里话（相声） ·················· 凸 凹 溪 淙
阵地婚礼（数来宝） ··················· 吕中甫
领灯泡（快书小段） ··················· 李贵华
千里迢迢（油画） ······················ 路巨鼎

鸥风（国画） ······························ 李宝林
山高情长（国画） ············· 倪树初 招炽挺
春夜（版画） ······························ 季宏敏

1982 年第 11 期　刊名:《解放军文艺》
目录

部队文艺要谱写出更多更好的共产主义篇章 ·············· 本刊评论员
不是为了报答（小说） ················· 刘增新
筑成我们新的长城（小说） ············ 秦 人
火箭发射窗口内（小说） ··············· 莆广济
小街，你看见了什么?（小说） ········ 马泰泉
又来一个（小说） ······················ 常银生
"城隍庙"闹鬼（小说） ················ 孟隰生
摩擦（小说） ······························ 苏文勋
长河之星（小说） ······················ 李心田
伟大公民的真实再现 ··················· 武培真
用爱去谱写乐章 ·························· 王愿坚
撷取战士生活的浪花（部队文学新人） ··· 金 江
叶绿花红（相声） ······················ 宋 勇
鸭蛋曲（苏州评弹） ··········· 陈亦兵 徐林达
漫说法卡山（数来宝） ················· 肖允康
一九八二年《解放军文艺》优秀作品评选启事

空军生活小辑

弦上的箭（散文） ······················ 李万启
遥望星空（散文） ············· 王苏红 王玉彬
北方青枫林（散文） ··········· 宿聚生 兰长春
壮士魂（报告文学） ··········· 刘建军 陈宗光
初进东北（散文） ············· 陈 沂 马 楠

天南地北

嵩山少林行 ································· 阎豫昌
遥寄根河 ····································· 许 淇
乐山大佛 ····································· 张 波
部队生活短诗 ·················· 季新山 莫少云等
散文诗一束 ····················· 长 波 周彦文等
阵地上的小花（诗） ··················· 杜志民
安谧的夜 外一首（诗） ··············· 姜强国
捧给南海的红豆（诗） ················· 胡世宗
兵的位置（诗） ·························· 李松涛
深山，我诗的摇篮 外一首（诗） ······ 刘毅然
岗哨军礼 外一首（诗） ··············· 喻 晓
北疆赫哲人（诗） ······················ 龙彼德
岁月（油画） ······························ 姚尔畅
清贫者（国画） ·························· 程新坤
井冈泉水甜又香（国画） ··············· 杨延文

1982 年第 12 期　刊名:《解放军文艺》

目录

大海的报告（报告文学）·······················苏方学
魅力（报告文学）·································张正隆
"铁女人"（报告文学）·····························徐　慎

海军生活小辑

曾经大海深处行···································晓　咏
春实···杨肇林
特殊留影···郭金炎
心中的墓碑（散文）·······························杨子敏
绿荫下（散文）···································逯　斐
森林小屋（散文）·································何　为
绿营采风（诗辑）·································梁上泉
傅　仇　张　长　莫文征　高　深　胡丰传　杨永年
散诗一束·····························孙中明　贺东久等

新花圃

美的追求···肖　德
题材·角度·新人·································章仲锷
前面是急转弯·····································牛志强
把握好文学透视生活的焦点·························安　冈
军营，一曲曲绿色的兵歌···························胡世宗
燃着烈火　滚着雷声·······························杨世昌
"天下第一车"的坦克手们（小说）···················张伯涛
大事和小事（小说）·······························马识途
有一条这样的河（小说）···························苗长水
招待所长（小说）·································徐　军
杀猪的日子（小说）·······························王兆平
这里是彩色斑斓的世界（小说）·····················张佩芳
新月悬在苍穹（小说）·····························林牧夫
信念（小说）·····································齐　平
1982 年《解放军文艺》优秀作品评选启事
《解放军文艺》1982 年总目录
霞（油画）·······························杨娌娅　陈　坚
为国防现代化而奋斗（宣传画）·····················费金海
天高任我飞（国画）·······························吴祯祥
为全国开创社会主义现代化建设的新局面而奋斗（宣传画）·······································陈玉先
共产主义就在自己的岗位上·························袁正阳

1983 年第 1 期　刊名:《解放军文艺》

目录

小说

第三代开天人·····································权延赤
狭路上的抉择·····································叶　楠
会编竹篮的战士···································简　嘉
晚霞落进青纱帐···································李存葆
严恺度晚年·······································枫　亚
花瓶···林金祥

评论

新人——社会主义新生活的创造者·····················卫建林
评中篇小说《高山下的花环》·························曾镇南
以开创精神写开创者的形象·························钟　汉
军外作家深入部队访问（简讯）·····················一　文
编后漫笔·································本刊编辑部

文学信箱

和青年朋友谈创作积累·····························刘白羽

美术

向前！向前！向前!（雕塑）·················刘　林　程允贤
冰峰（水粉画）···································佟翔天
亲（国画）·······························王野翔　陈玉铭
故乡（版画）·····································骆根兴

报告文学

乡邮···王　声
中方代表···罗来勇

散文

铃兰花香···李　虹
探···杨　闻
裸根···韩静霆
在莽林中···娄仲玉
苦聪夜雨···彭荆风

诗歌

飞翔的旋律·······························王新弟　廖代谦等
致巴勒斯坦母亲···································徐　刚
送战友赴朝·······································李　桢
多彩的土地·······································陈所巨
邓万鹏　刘益善　葛佳映　李曙白　王天瑞　刘辉考
陈玉坤　徐淙泉　钱万成　张红雨
大理诗稿···寒　星
江南诗情···牛明通

曲艺
让座（山东琴书）——————永昌 建平

1983 年第 2 期　刊名:《解放军文艺》
目录

报告文学
"两用人才"的开发者们····徐志耕　程童一　陶正明
政委的秋天——————————王中才

小说
爱情线·事业线·生命线——————刘兆林
大粥缸——————————————孔祥琇
邮票上的眼睛——————————李云良
泉水——————————————李　纳
白发老兵和黑百灵——————————王士美
流星，划破夜幕——————————黄献国
短竿长线——————————————岳恒寿

诗歌
散诗一组——————————————蒋全海
　唐大同　倪　林　王小未　吕海沐　曾凡华
秦陇行——————————————刘　汉
诗四首——————————————江　波
齐鲁诗草——————————————杨金亭
诗词二首——————————————李　铎
昨天·今天——传统之花————康　平　宇　之等
散文诗一束——————————晓　桦　秋　原等
铁画——————————————姚焕吉
藏族情歌——————————————洋　滔

散文
五角星
点名——————————————温开新
羚角——————————————郭米克
送别——————————————李金明
赏月节——————————————刘灿校
礁石——————————————庞天舒
雁飞湖——————————————胡跃军

评论
时代的交响乐——————————李　虹
他在探索训练生活中的人——————王炳根

新花圃
有这样一位将军——————————丁临一
伴着腾飞的火箭向世界宣告——————王　颖
本社和济南部队宣传部在济联合举办《高山下的花

环》等作品讨论会——————————本刊记者

曲艺
银线传情（湖北道情）————王黎亚　杨子春　吴效武
文明花开（数来宝）——————————殷习华

美术
宪法赞（篆刻）——————廖宗怡　龙兴忠
锚（油画）——————————————朱贻德
初练（版画）——————————————陈少亭
家（版画）——————————姜成楠　李晓林
大青树下（水彩画）——————————林　聆

1983 年第 3 期　刊名:《解放军文艺》
目录

报告文学
确有此人——————————所国心　董　滨
美的赞歌——————————白　岚　培　学　国　京

小说
冬夜——————————————丁隆炎
封锁地段——————————————字　心
老游击队员——————————————毛　英

青年女作者小辑
我们女兵去理发——————————朱　叶
但愿不是梦——————————————陆星儿
醒的夜——————————————张　欣
接兵手记——————————————李莎莎
男子汉——————————————王海鸰
远山的流水——————————————叶小玲

评论
进一步解放思想，开创军事题材文学创作的新局面
————————————————本刊评论员
为开创军事题材文学新局面而努力——————张　志
军营改革者的雄姿——————————雷　达
诗艺二题——————————————吴战垒

散文
北疆特写——————————————雷　加
黄金之路——————————————国　泰
护士长——————————————苏贵长
苗乡春节——————————————杨明渊
丝路柳色——————————————芦振国

诗歌

军中散曲·············柯 原 程童一 杜志民 乔 良
她们的诗·······································伊 雷
郭兆甄 虞文琴 尚 方 阿拉坦托娅 成颖慧
绿营风采·····································邵燕祥
熊召政 洪三泰 陈继光 王 野

美术

剑麻丛中（油画）·····························尚沪生
科学的春天（装饰画）·························马 莲
为真理而斗争（版画）·························王 川
登天路（版画）·······························王方廉

1983年第4期 刊名:《解放军文艺》
目录

小说

华发吟·······································施 放
瞎老胡·······································刘 林
三个副师长···································权延赤
班长和牛乐···································王建国
第二次青春···································李斌奎
荷花出水·····································贾祥伦
羊肉泡·······································刘宇文
小岛行·······································黄国荣

诗歌

雷锋，不朽的史章·····························晓 初
悼念萧三同志·································臧克家
朱伯儒之歌···································张雅歌
英雄铜像·····································姜澍川
部队生活短诗·························喻 晓 姚成友
林乐山 许俊文 梁子高 张俊华 尹家民 肖兴文

美术

欢乐的森林（油画）···························孙立新
向党小组长汇报（版画）·······················伍尚国
千里共婵娟（版画）···························傅 琳

散文诗辑

草原的梦·····································哲 中
洛伽水仙·····································王耀成
我们年轻的时候·······························张守仁
汇入大海·····································凌行正
凉台记·······································贾平凹

军内刊物拾萃

土豆小记·····································朱传雄

六月雪·······································徐锁荣
黄瓜熟了·····································张宝全
叔叔的眼睛···································许明华
天涯趣语·····································李志君

天南地北

练塘风情·····································冰 夫
北极光·······································穆 静
雪峰古寺访少僧·······························阎海峰

评论

笔谈军事题材文学创作
更深地向生活中审视···························李心田
一定要清除"左"的思想影响·····················王世阁
《花环》与"胆识"·····························韩静霆
真实地再现部队矛盾斗争·························崔洪昌
不妨练练"描红模子"的功夫（文学信箱）·········韩静霆
通往"花环"的路（部队文学新人）···············佘树森
敢立潮头发浩歌·······························尚 弓

1983年第5期 刊名:《解放军文艺》
目录

报告文学特辑

"两用才人"的开发者们（续篇）·····徐志耕 程童一
改革新风扑面来（作品评点）···················丁临一
恶魔导演的战争·······························刘亚洲
明天的战争给予今天军人的启示（作品评点）

······································闻 石
毛岸英之死···································王 颖
第三十四次任命·····················所国心 董 滨
目标：企业家——正步走·························谭道博
大路朝天·····································郭建英
她的飞天与坠落·······························杨学泉

评论

笔谈军事题材文学创作
解脱束缚 才有突破·····························黎汝清
要写出真实的英雄·····························王中才
揭示新人形象的时代印记·························方南江
把握当代青年军人的特征·························黄传会
以现实主义态度反映生活·························胡世宗
追随生活前进的足迹·····························黄国柱
一九八二年《解放军文艺》优秀作品获奖名单
写给我们的工厂兄弟···························本社记者

小说

重点保护对象···································陈定兴

兵嫂 ……………………………… 左建明

小小说

"水葫芦"和山猴子 ……………… 杨大镇
深夜，有人敲门 ………………… 刘志刚
离离原上草 ……………………… 胡　然
营房后有片小树林 ……………… 张西庭
夜归 ……………………………… 朱克岩
大大照相 ………………………… 李　桃
该当何罪 ………………………… 陈胜文

诗歌

多彩的土地 ……………………… 芦　萍
李剑华　樊　帆　何　理　和　谷　李耕田
他躺在月光地里 ………………… 刘祖慈
港湾风景线 ……………………… 辛　笛
大雁，从高空中飞过 …………… 郭宝臣

美术

新绿（油画） …………………… 姜　毅
部队生活速写 …………………… 刘大为
胜似亲人（国画） ……………… 王炳炎

1983 年第 6 期　刊名:《解放军文艺》
目录

诗词九首 ………………………… 叶剑英

小说专号

第三代开天人（续篇）（中篇） … 权延赤
黎明前的呼唤 …………………… 罗石贤
多极的春天 ……………………… 王哲伟
雨后，山谷静悄悄…… …………… 刘兆林
同龄人 …………………………… 肖正义
在小雪覆盖的山坡上 …………… 曹　岩
他到底要什么?（中篇） ……… 陈定兴
昨宵花烛红（中篇） …………… 廖西岚

诗歌

鲜花·大地 ……………………… 程步涛

评论

"真正开始"预示着远大前程 …… 李国涛

新花圃

一部引人入胜的长篇小说 ……… 刘绍棠
要有一双明亮的眼睛 …………… 成志伟
诗人节致辞 ……………………… 叶圣陶

中国作协在京召开军事题材文学评论座谈会
 ………………………………… 本刊记者

美术

黄河少年（油画） ……………… 关　杰
八月红似火（油画） …………… 张颂南
一九八二年《解放军文艺》优秀作品获奖简历

1983 年第 7 期　刊名:《解放军文艺》
目录

小说

雪国热闹镇 ……………………… 刘兆林
机枪手的暴露 …………………… 张惠生
同在军旗下 ……………………… 卜　可
不是晚风弄潮来 ………………… 晓　啸
鸡毛蒜皮 ………………………… 滕学松
任老汉和他的葵花地 …………… 戴　俊

诗歌

部队生活短诗 …………… 韩忆萍　杨　弓　王鸣久
廖代谦　张国领　崔合美　刘晶林　王长敏　黄东成
战争，寂静如水 ………………… 钱　钢
我爱这块雄鸡形的土地 ………… 杨德祥
鹰之击 …………………………… 周　涛
在希望的田野上 ………………… 苏辑黎
杨子忱　谷福海　雷恩奇　刘兰芳

曲艺

威胁（相声） …………… 牛　群　李培森
悔悟（相声） …………………… 李　艺
车站相会（单弦） ……… 杨　柳　立　山　习　华

报告文学

开城一月 ………………………… 伍修权
恩爱夫妻 ………………………… 张正隆
香芝 …………………… 王苏红　王玉彬

散文

新疆情愫
西海水兵 ………………………… 艾　煊
八月天山雪 ……………………… 丁　宁
营巢 ……………………………… 逯　斐
哨位 ……………………………… 朱秀海
法卡山的妹妹 …………… 钱树榕　林　列

评论

我的创作经历 …………………… 胡　可

两个值得注意的特点 ·············· 谢永旺
难解的构思谜 ················ 刘富道
生命如火的军人形象 ············ 张文苑
空城计——聪明的指挥员的出产品 ···· 常林炎

美术
正气千秋（国画·局部）
——抗日民族英雄赵一曼 ········· 赵华胜
不再年年盼鹊桥（年画） ········· 唐映南
钢城春色（版画） ·············· 范元和
秋林（版画） ················· 仓小宝

1983 年第 8 期 刊名:《解放军文艺》
目录

小说
啊，索伦河谷的枪声 ············ 刘兆林
望郢 ···················· 孟伟哉
前面是红绿灯 ··············· 王哲伟
带红点儿的花裙子 ············· 陈道阔

评论
勿忘光荣职责 珍重人民期望 ······ 本刊记者
沿着生活的主脉掘进——近几年来军事题材报告文学
创作漫评 ·················· 元 辉
战地黄花分外香
——读新时期军事题材诗歌漫记 ····· 杨金亭
依然是雕像的时代——《雕像》序 ···· 张志民

美术
蒋家王朝的末日（油画·局部） ·· 陈逸飞 魏景山
骨肉情胜千尺浪（国画） ········· 周永家
沂蒙情（国画） ·············· 殷培华

报告文学
"两用人才"的开发者们（续篇的续篇）
············· 徐志耕 程童一 陶正明

诗歌
战友诗苑 ·············· 程童一 李松涛
李 峰 李武兵 马合省 孙中明 虞文琴 雷子明
他，还不是英雄（小叙事诗） ····· 战士 李金河
无名花赞 ·················· 蓝 曼
敦煌莫高窟 ················· 蔡其矫
天涯芳草 ·················· 杨星火
秋千，不是炮架 ·············· 顾 工
家乡的云，家乡的雨 ············ 张 珉

散诗一束 ·············· 韩作荣 叶延滨
吕贵品 时永福 李加建

1983 年第 9 期 刊名:《解放军文艺》
目录

在"中国人民解放文艺奖"首届授奖大会上的讲话
······················ 胡乔木
大力提高军事题材文艺作品质量 促进部队社会主义
精神文明建设 ··············· 余秋里
首届"中国人民解放军文艺奖"（1977—1982）获奖作
品篇目

小说
江江的"香格里拉" ············ 石 言
死去的和活着的 ·············· 张 波
猎人与魔鬼 ················· 朱 定
唐古拉雪山之魂 ·············· 韩静霆
机场轶闻 ·················· 王 铮
外祖父的故事 ··············· 张应吾
雁过柳溪 ·················· 江 水
留给大地的痕迹（电视剧文学剧本）
···················· 丁一三 卢 伟

评论
到生活中去发现和开掘美 ········· 缪俊杰

散文
五角星
鬼屿行 ··················· 傅崧山
浪岗 ···················· 林道远
边趣三则 ·················· 莫孝川
白鲤鸟和战士 ··············· 苏 策
如血的美人蕉 ··············· 雷 锋
牧点儿 ··················· 娄仲玉

诗歌
部队生活短诗 ··············· 查 干
周 鹤 张永枚 峭 岩 胡世宗 孙旭辉 叶晓山
传统之花 ·················· 潞 潞
孙友田 周伦佑 熊远柱 李根红 赵 恺 海 南
文 丙 莫西芬 王中朝 陈志民
七律 读《邓小平文选》有感 ······· 贾若瑜

美术
新家（油画） ··············· 潘世勋
战士（雕塑） ··············· 龙 翔
福（版画） ················· 陈玉铭

那达慕大会（水粉画）————————————张钦若

1983 年第 10 期　刊名:《解放军文艺》
目录

报告文学

在这片国土上（中篇）————————————李延国
这是一片激情的艺术"国土"——————————范咏戈
这就是马尔维纳斯（中篇）——————————刘亚洲
骄子————————————————————江永红
盟军啊，盟军————————————所国心　董滨
生命，只有一次——————————所元心　常青

小说

末梢神经————————————————————海波
猪年来临的时候————————————————王秋林
○号照相馆开业记————————————————蒋荣增

评论

学习《邓小平文选》笔记
为建设社会主义精神文明作出积极的贡献——————胡可
艺术·人民·实事求是————————————————海波
读《邓小平文选》感怀（诗）——————————叶家林
关于军事题材创作的通信————————朱春雨　陈骏涛

新花圃

写出灵魂工作者的灵魂来————————————西南
在对比中开掘————————————————————金辉
特点与弱点————————————————————叶鹏

美术

麓山东望（镶嵌画）————邱均毓　杨安久　谢定纯
张海迪（版画）————————————————武尚功
团日（版画）————————————————卢欣石
金秋（版画）————————————————土人

1983 年第 11 期　刊名:《解放军文艺》
目录

电影文学剧本

高山下的花环————————————李准　李存葆
新的艺术生命的再创造————————————范咏戈

小说

"铁盾零二"————————————————张卫明
销声匿迹的人————————————————张惠生
泊位————————————————————李云良

凤凰草————————————————————宋学武
远峰空濛近山青————————————————阎欣宁

评论

学习《邓小平文选》笔记
坚持开展文艺领域两条战线的斗争————————所云平
人民是文艺工作者的母亲————————————马云鹏
"行将而立之年"————————————————李炳银
谈靳开来形象的塑造————————孙葳　张永萱
讲求立意　结构维新————————————马振方
本社在京召开刘兆林作品讨论会
一九八三年《解放军文艺》优秀作品评选启事

诗歌

部队生活短诗————————————嵇亦工　晨枫
黄耕　孙映　王知十　纪学　李昆纯　赵刚
万风如　宗鄂　任红举　谢克强　张智猛　徐淙泉
碑————————————————————田间
东北四题————————————————————张志民
北疆风情————————————————————韩瑞亭
女兵————————————————————姜强国
雪中情————————————————————喻晓
大别山里————————————————————西中杨
士兵的创造————————————————————乔良
西亚风情————————————————————彭龄
散文诗小辑————————————————————那家伦
蓝曼　杨学泉　刘江海　郭同旭　大朋　耿林莽
廖代谦　王立新　哲中　伊萍　嘉嘉　王宗仁
徐刚　桑恒昌　旭宇　郭维东　李耕　梁东元

美术

我的家在东北松花江上（版画·局部）——————陈玉平
特区建设者（版画）————————————肖映川
围捕（版画）————————————陈志精　汪肃清
驯犬图（版画）————————————邢安夫

1983 年第 12 期　刊名:《解放军文艺》
目录

纪念毛主席诞辰九十周年

社会主义文学和人民————————————卫建林
山不厌高　海不厌深（回忆录）————————邵华
他是我们中间的一个（回忆录）————————徐涛
工人代表（回忆录）————————————赵清学
我面对着高山（诗歌）————————————徐刚

小说

和风丽日里的大火————————————郑彦英

有这样一个小女兵⋯⋯⋯⋯⋯⋯⋯⋯⋯⋯⋯ 中　凤
幸福，在每个人心里⋯⋯⋯⋯⋯⋯⋯⋯⋯ 陈　枫
回头草⋯⋯⋯⋯⋯⋯⋯⋯⋯⋯⋯⋯⋯⋯⋯ 韩棕树

戏剧
火热的心（五幕话剧）⋯⋯⋯ 王培公　李东才　刘惦晨

评论
创作的奥秘与诀窍（文学信箱）⋯⋯⋯⋯⋯ 黎汝清
高举社会主义文艺旗帜　发展军事题材诗歌创作
⋯⋯⋯⋯⋯⋯⋯⋯⋯⋯⋯⋯⋯⋯⋯⋯⋯ 古　剑
简讯：坚决防止和清除精神污染——驻京部队文艺工
作者举行座谈

报告文学
长城魂⋯⋯⋯⋯⋯⋯⋯⋯⋯⋯⋯⋯⋯⋯⋯ 董保存

散文
《吉赛尔》与俄罗斯旋律⋯⋯⋯⋯⋯⋯⋯⋯ 朱春雨
卖艺者的乐园⋯⋯⋯⋯⋯⋯⋯⋯⋯⋯⋯⋯ 林　非
不是樱花，胜似樱花⋯⋯⋯⋯⋯⋯⋯⋯⋯ 邵　刚
穆萨博物馆⋯⋯⋯⋯⋯⋯⋯⋯⋯⋯⋯⋯⋯ 彭　龄
关切的回忆⋯⋯⋯⋯⋯⋯ 何理良　何健文　何理文

诗歌
公元一九八三年在军营⋯⋯⋯⋯⋯⋯⋯⋯ 刘毅然
在北疆，有一个战士⋯⋯⋯⋯⋯⋯⋯⋯⋯ 徐国静
早春，我们进行了激光通信⋯⋯⋯⋯⋯⋯ 王晋军
祖国，我为你安装翅膀（诗辑）⋯⋯ 李道林　郑宝富
田万宪　肖振荣　马恒祥　倩　晴　左一兵　龙彼德
关于诺贝尔奖金⋯⋯⋯⋯⋯⋯⋯⋯⋯⋯⋯ 公　刘

美术
毛主席和牧羊人（国画）⋯⋯⋯⋯ 李宝林　陈雅丹
江山雪霁（版画）⋯⋯⋯⋯⋯⋯⋯⋯⋯⋯ 北　路
冬情（版画）⋯⋯⋯⋯⋯⋯⋯⋯⋯⋯⋯⋯ 章开森
男孩女孩（版画）⋯⋯⋯⋯⋯⋯⋯⋯⋯⋯ 李　杰

1984 年第 1 期　刊名：《解放军文艺》
目录

小说
黄豆生北国（中篇）——《呵，索伦河谷的枪声》续
篇⋯⋯⋯⋯⋯⋯⋯⋯⋯⋯⋯⋯⋯⋯⋯⋯ 刘兆林
新与美的追求（点评）——读《黄豆生北国》⋯⋯ 丁临一
遥远的星星⋯⋯⋯⋯⋯⋯⋯⋯⋯⋯⋯⋯⋯ 窦益山
这里也飘雪花⋯⋯⋯⋯⋯⋯⋯⋯⋯⋯⋯⋯ 梁星明
钱百如从军记⋯⋯⋯⋯⋯⋯⋯⋯⋯⋯⋯⋯ 李占恒

那失去的和得到的⋯⋯⋯⋯⋯⋯⋯⋯⋯⋯ 周未水
长相知⋯⋯⋯⋯⋯⋯⋯⋯⋯⋯⋯⋯⋯⋯⋯ 张　婕

诗歌
战友诗苑⋯⋯⋯⋯⋯⋯⋯⋯⋯⋯⋯⋯⋯⋯ 柳　沄
朱建信　李金河　陈智勇　尚　方　王小未　张国领
孟爱君　王　刚　马正建　鲁　威　刘世新

评论
坚持四项基本原则　清除精神污染⋯⋯⋯⋯ 刘白羽
让引滦精神进入文学⋯⋯⋯⋯⋯⋯⋯⋯⋯ 李延国
加强学习　深入生活⋯⋯⋯⋯⋯⋯⋯⋯⋯ 朱春雨
捕捉时代的新信息⋯⋯⋯⋯⋯⋯⋯⋯⋯⋯ 张西南

部队文学新人
探求自己的创作个性⋯⋯⋯⋯⋯⋯⋯⋯⋯ 黄国柱
刘兆林小说中的战士形象⋯⋯⋯⋯⋯⋯⋯ 扬　子
绿色军营的风情画⋯⋯⋯⋯⋯⋯⋯⋯⋯⋯ 王炳根

散文特辑
草绿色的家族里⋯⋯⋯⋯⋯⋯⋯⋯⋯⋯⋯ 张嵩山
淹没在江涛中的书简⋯⋯⋯⋯⋯⋯⋯⋯⋯ 傅宁军
陆地⋯⋯⋯⋯⋯⋯⋯⋯⋯⋯⋯⋯⋯⋯⋯⋯ 常　青
寻螺⋯⋯⋯⋯⋯⋯⋯⋯⋯⋯⋯⋯⋯⋯⋯⋯ 聂　波
布谷鸟为谁欢叫⋯⋯⋯⋯⋯⋯⋯⋯⋯⋯⋯ 季浙生
秋日雁门关⋯⋯⋯⋯⋯⋯⋯⋯⋯⋯⋯⋯⋯ 张　波
风暴来了⋯⋯⋯⋯⋯⋯⋯⋯⋯⋯⋯⋯⋯⋯ 刘晶林
钢轨铮铮⋯⋯⋯⋯⋯⋯⋯⋯⋯⋯⋯⋯⋯⋯ 冯复加
石头的随想⋯⋯⋯⋯⋯⋯⋯⋯⋯⋯⋯⋯⋯ 张鲁滨
记忆深处的三条小路⋯⋯⋯⋯⋯⋯⋯⋯⋯ 高洪波
清西陵遗留的隐痛⋯⋯⋯⋯⋯⋯⋯⋯⋯⋯ 李金明

曲艺
唤醒（相声）⋯⋯⋯⋯⋯⋯⋯⋯⋯ 魏兰柱　李立山
开锁（数来宝）⋯⋯⋯⋯⋯⋯⋯⋯⋯⋯⋯ 赵立智

美术
新年好（版画）⋯⋯⋯⋯⋯⋯⋯⋯⋯⋯⋯ 蔡循生
向朱伯儒学习，做八十年代新雷锋（宣传画）⋯⋯ 斐常青
天山情谊（版画）⋯⋯⋯⋯⋯⋯⋯⋯⋯⋯ 张　晃
苗山行（版画）⋯⋯⋯⋯⋯⋯⋯⋯⋯⋯⋯ 唐石生

1984 年第 2 期　刊名：《解放军文艺》
目录

报告文学
火箭碑⋯⋯⋯⋯⋯⋯⋯⋯⋯⋯⋯⋯⋯⋯⋯ 王立新
关于格林纳达的对话⋯⋯⋯⋯⋯⋯⋯⋯⋯ 刘亚洲

从"汉阳造"到"千里眼"…………所国心 董滨

诗歌

猛士和山……………………………周 涛
学叶帅四首…………………………晓 初
西安写意……………………………宋协周
断剑…………………………………曹树莹
星月情………………………………李 钧
除夕,一个军人家庭…………………峭 岩
烧盆谣………………………………陈作诗

评论

寓伟大于平凡的形象………………于 庆
一面现实生活的镜子………………所云平
古代战略家的雕像…………………吴思敬
心潮深处有潜流……………………何永康
敌人·人格·人道…………………王炳根

小说

顿开金锁走蛟龙……………………苏方学
呼啸的炮弹…………………………周大新
权限之外……………………………郑世隆
"阿罗哈"……………………………郑千里
在那远离发射场的地方……战士 王秋燕
玩牌…………………………………严立群
张冠张戴……………………………谷办华

戏剧

房子的故事(独幕话剧)……………王 宣
五个无名顾客(独幕话剧)…………刘培树

美术

瑞雪(国画)…………………………刘大为
桦林曲(国画·组画之三)…………汪钰元
《瀚海潮》插图选登………程宝泓 刘柏荣

李今蒲 汪 沉 张庆和 周鹏宽 高 军 毛秀璞
西沙诗情……………………………柯 原
明亮的珍珠…………………东方渔笛 叶云龙
耿龙武 赵健雄 赵 恺 刘家魁 傅保中 马宪团
樊建新 肖骏涛 刘志清 葛佳映 田惠刚 晨 枫
柴太生 方竟成 熊明泽 李忠效 陈越常 卫汉青
邹惠娟 郭玉山 姚焕吉 李松波 陈 容 赖志华
向着目标,大步行进…………………黄东成
引滦者的情怀………………………王恩宇
用生命写诗的战士(外一首)………高 深
一个老兵和一条路…………………西 彤

报告文学

活力…………………………………任斌武

散文

五角星
夜哨…………………………………温开新
绿的奇迹……………………………穆 静
我从江河来…………………………安 东
归来吧,大象………………………薛尔康
呦呦鹿鸣……………………………孙成武
小河…………………………………郭晓陵
小岛"气功兵"奇遇…………………傅崧山

评论

彩笔绘国色 鼓号壮军威……………闻 黎
礼赞这英雄的国土…………………李延国
为教育训练中的改革者立传………钱 刚 江永红
满怀激情地催发新事物的萌芽……徐志耕 程童一

美术

校外辅导员(国画)…………………史国良
为啥不高兴(国画)………………马国旗 刘柏荣
大海一家(版画)…………………崔 海 武 龙
拉萨初春(版画)…………………蒋宜勋

1984 年第 3 期　刊名:《解放军文艺》
目录

小说

杏花春雨(中篇)……………………李心田
那最远的星星………………………陈世旭
就在此山中…………………………邓 斌
沟……………………………………苏贵长
啊,VP 号……………………………卢兆林

诗歌

部队生活短诗………………晏 明 廖代谦

1984 年第 4 期　刊名:《解放军文艺》
目录

散文

军旅散文百家
《恶魔导演的战争》序………………王 震
南海三章……………………………王 蒙
将进酒,杯宜停……………………李庚辰
兵在秋山画中行……………………江奇涛
军人走进大西北……………………晓 桦
牛福兄,你在哪里?…………………袁 鹰

在戎谈文 .... 范咏戈
英雄与故乡 .... 傅宁军
寓言五则 .... 凝 溪
踏着前边的脚印 .... 王愿坚
希望与祝愿 .... 刘白羽
宋振庭 冯 牧 艾 芜 孙 犁 魏 巍 陈残云
秦 牧 郭 风 何 为 魏钢焰

评论
一个重要的区别 .... 马畏安
战争、人道及其他 .... 王 昊
关于"诗意"的复信 .... 李 准

纪念宋之的同志
惟有豪情似旧时 .... 刘白羽
早谢的红花 .... 李 伟

小说
雾的海 .... 李云良
中国外婆和外国外婆 .... 齐 平
二十九号条田 .... 艾 青
山月 .... 曹建玲
蒲扇 .... 相如山
月色皎皎清如水 .... 刘崇刚 徐延山
仰望蓝天 .... 张宪一

诗歌
部队生活短诗 .... 翼 华 王鸣久 姚成友
顾 工 尹家民 郭晓晔 薛锡祥 杨培忠 于会元
留给世界的印象——贺东久新作选 .... 贺东久
悼粟裕同志 .... 贾若瑜
退居有感 .... 高体乾
新兵列车 .... 邓海南
我,新上任的排长 .... 刘立云
部队途经城市 .... 柯 平
领章 .... 邓晓川

美术
南国春早(国画) .... 张道兴
织春图(版画) .... 顾国建
速写选登 .... 陈玉铭

1984 年第 5 期 刊名:《解放军文艺》
目录

小说专号
穿迷彩服的儿子在微笑(中篇) .... 郭米克
秋天,贝瓦的秋天 .... 梅新生

香烟缭绕 .... 苏文勋
银幕下 .... 权延赤
年夜 .... 薛立志
桃李奠 .... 粟蓓安
起步,从这里开始 .... 刘英学
穿呢子大衣的爸爸 .... 丁小琦
晚霞 .... 孔宪礼
一九八三年《解放军文艺》优秀作品获奖名单

评论
谱军旅壮歌 拨时代琴弦 .... 闻 黎
更多一些时代的诗情 .... 元 辉
我听到青春的足音 .... 乔 良
"战士自有战士的爱情" .... 何镇邦
严峻的塞外土地上的军人旋律 .... 周政保

美术
雾挂晨阳(版画) .... 杨适冬
张华壮曲谱新篇(国画) .... 刘大为
建设者(国画) .... 谢志高

1984 年第 6 期 刊名:《解放军文艺》
目录

报告文学
大寨在人间(中篇) .... 张正隆
事信·意深·言文(评论) .... 曾镇南
军中好男儿 .... 王文杰
士兵的天国 .... 程童一 徐志耕 张学法
一个标兵的流失 .... 杨树芳
恩格斯留下的命题 .... 孙引南

散文
军旅散文百家
漫谈战争与文学 .... 宋振庭
火箭总设计师速写像 .... 钱 钢
女英雄坤仁摩之剑 .... 碧 野
秦国军旅探奇 .... 纪 流
消逝了的战场 .... 谢雪畴

诗歌
在深蓝色的疆域 .... 陈云其

评论
慧眼向洋看世界 .... 曾镇南
《啊,索伦河谷的枪声》序 .... 徐怀中
短篇小说容量琐谈 .... 张雨生
海波创作漫议 .... 罗强烈

悼念虞棘同志

犹自带铜声 ················· 李 伟
哀悼虞棘同志（诗）············· 魏传统
悼虞棘同志（诗）·············· 刘 汉

美术

一代天骄——祝贺我国通信卫星试验成功
·········· 袁正阳（速写） 王 颖（配诗）
牧羊姑娘（版画）·············· 徐 匡
碧海青天夜夜心（油画）··········· 蔡景楷
潮（版画）·················· 陈万秋
尖兵（国画）················· 郑叔方

1984 年第 7 期　刊名:《解放军文艺》
目录

报告文学

祖国，我为你燃烧（中篇）·········· 郑赤鹰

小说

黑沙滩 ··················· 莫 言
神岗四分队（中篇）············· 崔京生
有军功的公民 ················ 张泗琪
黑的·红的·蓝的 ·············· 杨 争
风，吹皱了心湖 ··············· 张俊南

评论

迅速而深刻地表现军营生活和时代精神······· 闻 黎
小说美感二题 ················ 孙 葳
叙述角度琐谈 ················ 金 辉
论胡奇的儿童文学创作 ············ 梅 沙

诗歌

希望 ··················· 张雅歌
军旅，"第二人生"奏鸣曲 ·········· 胡世宗
祖国，听我唱支歌（诗辑）·········· 周志友
王耀东 李兆淮 陈所巨 敏 歧 阿拉坦托娅

曲艺

一封信（山东快书）············· 高洪胜

美术

春光万里入毡房（国画）··········· 程宝泓
北疆行（国画）··············· 兰铁成
一九八三年《解放军文艺》优秀作品获奖者介绍
（一）

1984 年第 8 期　刊名:《解放军文艺》
目录

"少校"和他的团队（报告文学）······· 张嵩山
战友啊战友（特写）············· 程步涛
来自炮火中的书简 ············ 马 平 等
我的战史将这样写成（诗）·········· 贺东久
三秒种（诗）················· 张永枚
陵园沉思（诗）··············· 黄蒲生
耀眼的星（诗）············ 战士 文 曲
那天，我写了二十封家信（诗）········ 鲁 威

小说

指挥员轶事 ················· 张卫明
奔流吧，迟开的江 ·············· 戴 俊
咖啡色的巧克力 ··············· 冯 鸣
活佛西行 ·················· 刘良计
温泉浴 ··················· 张 勤
林中的小路有多长 ·············· 姜肖军
专业户从军 ················· 林 东
拜师 ···················· 鲍 晓

散文

军旅散文百家
巩乃斯的马 ················· 周 涛
南疆刀趣 ·················· 高洪波
西陲的追寻 ················· 郭建英

评论

大气磅礴的改革壮歌 ············· 黄国柱
真切感人的母亲形象 ············· 冯复加
假如…… ·················· 叶 鹏
读《雾的海》所想到的 ············ 尹卫星

诗歌

心与枪的奏鸣曲 ··············· 李松涛
黄海，激荡着诗的波涛 ············ 喻 晓

美术

一九八三年"《解放军文艺》优秀作品奖"获奖作者
（二）
海风（国画）················· 李宝林
白鸟和白船（油画）············· 张 鸣

1984 年第 9 期　刊名:《解放军文艺》
目录

在解放军艺术学院 1984 届学员毕业典礼上的讲话

青年作者小说专号
指挥员的意志 ———————————— 张卫明
泽国（中篇） ———————————— 罗来勇
潮·人·路——《泽国》的启示 ————— 骆　飞
风乍起 —————————————— 胡正言
啊，无名谷 ———————————— 朱秀海
铁门里的女军人 ————————— 戴　俊
这儿的雪花是沉重的 ——————— 李莎莎
阿香（电视小说） ———————— 陈国凯
在那一片浓荫下 ————————— 李　镜
小船远去的时候 ————————— 赵立山
留在麦地里的镜头 ——————— 冯复加

评论
艺思录
短篇小说与改革潮流 ——————— 闻　黎
"安居"与"乐业" ———————— 林　祎
周立波与军事文学 ——————— 冯健男

美术
雨潇潇（国画） ————————— 招炽挺
远方来客（油画） ———————— 马常利
秋月（版画） —————————— 梁士夫
秋韵（版画） —————————— 于　夫

1984 年第 10 期　刊名:《解放军文艺》
目录

报告文学
裂变 —————————————— 钱　钢
读《裂变》 ——————————— 范咏戈
攻击，攻击，再攻击 ——————— 刘亚洲
把太阳高举过头顶 ——— 刘立云　黄齐国　段达球
刘亚洲印象记 —————————— 董保存
一个十万富翁的自述 ——— 孟　非　郑有义　陈枫山
阅兵村速写 ——————— 何迎喜　孙向东

评论
军旅散文漫评 —————————— 佘树森
近距离地深刻地反映军营改革现实 —— 西　南
夺得千峰翠色来 ————————— 汪守德
变"听来的"为"自己的" ————— 林草思

散文
军旅散文百家
名将之奇 ———————————— 江永红
在军事分界线上 ————————— 孟伟哉
心心相印 ———————————— 赵　鹜
雏儿 —————————————— 叶　楠
幸存者的思念 —————————— 蒋元椿
边塞军营的孩子 ————————— 杨学泉

诗歌
为士兵雕像 ——————————— 马合省
从导弹发射场致步鑫生 —————— 王晋军
最后的告别 ——————————— 张海阳
献给粟司令 ——————————— 季　尼

美术
更上一层楼（版画） ——————— 傅　琳
大沽口（版画） ————————— 廖有楷
炉前（版画） —————————— 余右凡
撒满神州处处春（宣传画） ———— 哈琼文

1984 年第 11 期　刊名:《解放军文艺》
目录

小说
一个军长的回旋曲 ——————— 瞿　琮
电影组的"史科长" ——————— 张卫明
有一颗椰子 ——————————— 陈世旭
云岛风情 ———————————— 江成岩
梅花鹿别针 ——————————— 王中才
将军碑 ————————————— 张凤雏
124 次军列 ——————————— 常银生
在死亡的旋流中 ————————— 宋树根
马干事和他的小老乡 ———— 战士　兰景林

散文
草原的梦 ———————————— 哲　中
圣堂山十天 ——————————— 聂　波
我心头的哨所 —————————— 韩　冰

曲艺
训夫（相声） —————————— 牛　群　李培春

诗歌
山地风 ————————————— 杜志民
大漠风与壮士心 ————————— 孙中明
秋实小辑（诗辑） ———————— 汪静之
阮章竞　中　流　木　斧　苗得雨　白　航　王尔碑

开拓者之歌（诗辑）————————————————邱江波
杨 牧 时星原 杨 眉 东 虹
小叙事诗（诗辑）————————————————晓 桦 战士
李金河 刘晶林 刘家魁 刘 章

评论
党委要管好文艺工作————————————————高厚良
向新时代进军的战歌————————————————李希凡
文艺的三个作用不可偏废————————————————张雨生
《红楼梦》与"关系学"————————————————金 辉
一九八四年《解放军文艺》优秀作品评选启事

美术
高原春酣（国画）————————————————吴山明
高原卫士（国画）————————————————杨列舟
古都新貌（版画）————————————————郑叔方
大路旁（油画）————————————————陈 坚

1984 年第 12 期　刊名:《解放军文艺》
目录

报告文学
古老的东方有一条龙————————————贾鲁生　王光明

小说
海山杯————————————————权延赤
功过是非和爱与恨的交织————————————张卫明
那一束光————————————————庞天舒
白昼的月亮————————————————常 青
在硬卧车厢里————————————————齐 平
白手绢————————————————蔡测海

美术
来队（国画）————————————————甘长霖
天高任鸟飞（版画）————————————————张凤毅
夜巡西沙（版画）————————————————薛翔汉
九寨瀑布（摄影）————————————————孟昭瑞

诗歌
飞翔的旋律————————————————周 鹤
大漠·烽燧·士兵————————————————王小末

散诗一束（诗辑）————————————————廖代谦
韩作荣 杨星火 虞文琴 曾凡华 戴安常

评论
看似平常却新奇————————————————徐红兵
撞车与创新————————————————艾 彤

军事题材电影创作的佳品——写在电影《高山下的花
环》上映时————————————————韩瑞亭
新时代的士兵之歌——李松涛诗作漫评————————高洪波
解放军文艺出版社召开部队青年作家刘亚洲作品讨论
会————————————————平 一

1985 年第 1 期　刊名:《解放军文艺》
目录

小说
诞生与衰落————————————————江奇涛
一段不应忘却的历史————————————————山 冈
船的陆地————————————————刘兆林
读《船的陆地》————————————————邓 刚
势能————————————————权延赤
读《势能》————————————————林 祎
会晤，在三角湾国境————————————————梅新生
从"后门"进来的人————————————————黄加满
偷听来的采访线索————————————————鲁之洛
戴上无檐军帽之后————————————————朱 叶
军供站长————————————————郭金炎
押解————————————————林立乐
唉，这个兵————————————————曹曾林

评论
连云港笔谈
将战争描写引向"纵深地带"————————————王炳根
略谈改革潮流中的小说创作————————————漠 夫
革命英雄主义内蕴的丰富和深化————————————黄国柱
军人道德与感情力量的新开掘————————————方全林
论刘兆林小说的艺术魅力————————————周政保
沉重————————————————黄 柯
以传神之笔绘英雄群像————————————李庆宇

美术
窗口（磨漆画）————————————————廖国宁
雪尽春来（国画）————————————————王其钧
瑶老庚（国画）————————————————廖连贵

1985 年第 2 期　刊名:《解放军文艺》
目录

报告文学
他到底得罪了谁?（中篇）————————————苏廷海
毕竟东流去（作品评点）————————————丁临一
一代哀兵（中篇）————————————————张正隆
英·甘地的最后二十四小时————————————詹 军

沈醉和他的小女儿（续篇）·············黄济人
眷属，匆匆北去···················元　辉
十八岁的小女兵···················胡世宗

散文
军旅散文百家
高原，我的中国色·················乔　良
由齐白石、黄胄的画，论及当代军人的文艺细胞
······························张雨生
晚车急························江　波
军旅文思·······················金　江
彩色的岸·······················黄传会
不能忘却的眼睛···················雁　翼
回味··························艾青峰

祝贺中国作协第四次会员代表大会
在中国作家协会第四次代表大会上的祝词···周克玉
部队会员代表笔谈一组···············石　言
肖　玉　徐怀中　李存葆　刘亚洲　金敬迈　胡正言

评论
找到自己、确定自己、发展自己·········施　放
耦合························沈石溪
和一个假设老师的问答记录·············崔京生
天马行空·······················管谟业

诗歌
忘不了的沙枣林···················周　涛

美术
新春（版画）····················王晓林
假日（版画）····················苏荣桥

1985 年第 3 期　刊名:《解放军文艺》
目录

小说
解放军艺术学院文学系学员作品特辑
白色高楼群（中篇）·················常　青
沉醉的大漠（中篇）·················李本深
将军的位置······················宋学武
"摩纳哥"的女政委··················江　水
溶洞··························何继清
终于得了满分····················刘士忠

评论
一部袒露真诚情怀的好书
——读《横戈马上》随笔·············张文莪

全景式军事文学的有益尝试
——评《最后一个冬天》·············何镇邦
历史的战争　新的演义
——评长篇小说《淮海大战》、《上党之战》···李炳银

艺思录
文坛观念更新的随想·················尚　弓
"雄视百代"的铁律··················官伟翰

诗歌
星座（诗辑）····················刘立云
陈知柏　石宁生　安全东　尚方　李　峰　于　跃
黄蒲生　杨弓　翼华　简　宁　曹　剑　车前子
李　琦　潞潞　刘晓滨　柯平
穿国防绿的缪斯，请注意··············叶　鹏
李逸民遗作二首
炮声中的梦······················姜澍川

曲艺
放心地飞吧（相声）·······李　艺　牛振华　赵广武
信任（快板小段）··················高桐林

美术
瓜叶菊（磨漆画）··················肖连垣
野店（连环画选登）·················苗再新
使命与情网（连环画选登）·············廖宗怡
欢乐天地（雕塑）··················吴慧明

1985 年第 4 期　刊名:《解放军文艺》
目录

报告文学
两百个将军同一个故乡···········所国心　董　滨

小说
囚犯正年轻······················张泗琪
当你成为军人的时候·················刘英学
归途······················杨　争
看劳改犯的人·················战士　董永杰
我要嫁给他······················黄日旭
警服上的凝注····················陈端鸿
降职者·························赖志华

散文
军旅散文百家
今人修身之我见···················丁临一
爱鸟如何不俊豪···················尚　弓
我的竞争对手····················石　英

勇敢不是天生的 ·············· 张嵩山

诗歌

当代军官大学生 ·············· 程童一
山颂（外一首） ·············· 章德益
兵马向东 ·············· 纪　学
兵车行 ·············· 倪　林
向南，我们向南 ·············· 嵇亦工
山中的壮喝 ·············· 刘毅然
鉴湖女侠（外一首） ·············· 王绶青

评论

李存葆论 ·············· 思　忖
震撼人心的历史足音——读报告文学《两百个将军同
一个故乡》 ·············· 冯　牧

戏剧

名师与高徒（独幕话剧） ·············· 沈福庆

美术

春汛（版画） ·············· 隋自更
徐帅为《两百个将军同一个故乡》题字
小字辈（国画） ·············· 李乃宙
渴（油画） ·············· 高　泉

1985 年第 5 期　刊名:《解放军文艺》
目录

报告文学

中国农民大趋势 ·············· 李延国

诗歌

茉莉花集（组诗） ·············· 纪　鹏

评论

系统论、比较文学及其他···陆文虎　张志忠　彭吉象
"演习文学"的崭新收获 ·············· 石　言
谈谈近几年军事题材小说中的感情色彩········ 骆　飞
他用军人的眼睛看世界 ·············· 王燕生
全国优秀中、短篇小说、报告文学奖获奖作品
一九八四年《解放军文艺》优秀作品奖获奖作品

美术

李延国近照（摄影） ·············· 吴云龙
作家与生活（摄影） ·············· 汪汝峰
望北京（雕塑） ·············· 杨为铭

1985 年第 6 期　刊名:《解放军文艺》
目录

小说

失足未成千古恨（中篇） ·············· 权延赤
谱写改革的新篇章（点评） ·············· 小　尘
黄昏的回忆 ·············· 唐　林
流向邻国的河 ·············· 徐　军
哨兵小夜曲 ·············· 简　嘉
靳星，天真的星 ·············· 方南江
通过"冲击道路"的速度 ·············· 周大新
小岛上来的"鲁滨逊" ·············· 董太锋
未来的公司经理 ·············· 杨大镇
不愿失掉的…… ·············· 李志君
前方的彩云 ·············· 欧之德
钓 ·············· 骆　峰
明天，将从另一个早晨开始 ·············· 曹　岩
不屈的高粱米 ·············· 宫魁斌
腰杆 ·············· 李　琦
黄金啊黄金 ·············· 李万福
旋舞的爱 ·············· 谢平伟

悼念李伯钊同志

悼伯钊同志（诗） ·········· 张爱萍　李又兰
悼念李伯钊同志——调寄临江仙 ·············· 傅　钟
悼念李伯钊同志——石州慢 ·············· 魏传统
永不磨灭的记忆 ·············· 丁　里

散文

老教授与白色鸟 ·············· 刘　沛

评论

短篇小说艺术谈
雕虫并非小技 ·············· 刘绍棠
谈短篇小说的艺术构思 ·············· 刘锡诚
小说和诗情 ·············· 林草思
一个老兵的话（《神岗四分队》序） ·············· 茹志鹃

美术

帕米尔六月（油画）······阿不里艾克木买买提·伊朗
祖国之晨（国画） ·············· 苗再新
童年（国画）

1985 年第 7 期　刊名:《解放军文艺》
目录

小说

今夜天狼星下⋯⋯⋯⋯⋯⋯⋯⋯⋯⋯⋯⋯戴　俊
深度的追求（点评）⋯⋯⋯⋯⋯⋯⋯⋯黄国柱
男人们上了前线⋯⋯⋯⋯⋯⋯⋯⋯⋯⋯陈道阔
白豚⋯⋯⋯⋯⋯⋯⋯⋯⋯⋯⋯⋯⋯⋯⋯刘士忠
副师长赵飙子⋯⋯⋯⋯⋯⋯⋯⋯⋯⋯⋯瞿　琮
修自行车的老头⋯⋯⋯⋯⋯⋯⋯⋯⋯⋯丁隆炎
年头岁尾⋯⋯⋯⋯⋯⋯⋯⋯⋯⋯⋯⋯⋯李占恒
刘工程师与阿尔蒂尼⋯⋯⋯⋯⋯⋯⋯⋯陈定兴
他们是仪仗兵⋯⋯⋯⋯⋯⋯⋯⋯⋯⋯⋯喜　民
突然发生的事情⋯⋯⋯⋯⋯⋯⋯⋯⋯⋯王树梁

戏剧曲艺

一墙之隔（小喜剧）⋯⋯⋯⋯⋯⋯⋯⋯宋建平
如此对付（相声）⋯⋯⋯⋯⋯⋯⋯⋯⋯李木川
从头做起（金钱板）⋯⋯⋯⋯⋯⋯⋯⋯陈　阵

散文

军旅散文百家
大河永恒⋯⋯⋯⋯⋯⋯⋯⋯⋯⋯⋯⋯⋯王树增
小岛的骄傲⋯⋯⋯⋯⋯⋯⋯⋯⋯⋯⋯⋯卢晓渤
女兵墓⋯⋯⋯⋯⋯⋯⋯⋯⋯⋯⋯⋯⋯⋯王宗仁

评论

关于短篇小说的随感⋯⋯⋯⋯⋯⋯⋯⋯金　梅
关键在于不平庸⋯⋯⋯⋯⋯⋯⋯⋯⋯⋯刘兆林
单调和华美的和谐⋯⋯⋯⋯⋯⋯⋯⋯⋯谢　冕
《中国农民大趋势》读者来信一组

诗歌

界碑——同题抒情诗小辑⋯⋯⋯⋯⋯⋯周　涛
李松涛　贺东久　王小未　孙中明　李金河　李　峰
安全东　蔡椿芳　刘立云
传统之花（诗）⋯⋯⋯⋯⋯⋯⋯金　哲　赵　恺等
部队生活短诗⋯⋯⋯⋯⋯⋯⋯梁上泉　郑成义等

美术

戍边（版画·局部）⋯⋯⋯⋯⋯⋯⋯⋯于文雅
山城静悄悄（国画）⋯⋯⋯⋯⋯⋯⋯⋯谢良平
乐在天涯（版画）⋯⋯⋯⋯⋯⋯潘振中　韩　阳
酸甜咸辣香（版画）⋯⋯⋯⋯⋯⋯⋯⋯于长江

1985 年第 8 期　刊名:《解放军文艺》
目录

纪念抗日战争胜利四十周年诗词专辑⋯⋯⋯⋯徐向前
聂荣臻　肖劲光　杨得志　张爱萍　洪学智　许世友
萧　克　杨成武　萧　华　廖汉生　李聚奎　李志民
刘志坚　钟期光　莫文骅　张　震
专辑题签⋯⋯⋯⋯⋯⋯⋯⋯⋯⋯⋯⋯⋯⋯⋯舒　同
杨尚昆同志题词
余秋里同志题词

小说

靓仔湾⋯⋯⋯⋯⋯⋯⋯⋯⋯⋯⋯⋯⋯⋯林修平
士兵的王国⋯⋯⋯⋯⋯⋯⋯⋯⋯⋯⋯⋯阎欣宁
他们的名声⋯⋯⋯⋯⋯⋯⋯⋯⋯⋯⋯⋯邢军纪
爸爸，晚安⋯⋯⋯⋯⋯⋯⋯⋯⋯⋯⋯⋯李莎莎
最后一缕日光消失了⋯⋯⋯⋯⋯⋯⋯⋯宋树根
很简单的事⋯⋯⋯⋯⋯⋯⋯⋯⋯⋯⋯⋯范鲜红
调动⋯⋯⋯⋯⋯⋯⋯⋯⋯⋯⋯⋯⋯⋯⋯李公楣
导游女（中篇）⋯⋯⋯⋯⋯⋯⋯⋯⋯⋯徐　军

诗歌

散诗一束⋯⋯⋯⋯⋯⋯⋯⋯⋯峭　岩　胡世宗等

美术

过栈道（油画）⋯⋯⋯⋯⋯⋯⋯⋯⋯⋯张　涛
白云深处（国画）⋯⋯⋯⋯⋯⋯⋯⋯⋯周永家
战友（版画）⋯⋯⋯⋯⋯⋯⋯⋯⋯⋯⋯陈希光
陆战队队员（油画）⋯⋯⋯⋯⋯⋯⋯⋯何　岸

散文

祖国在战士心中　战士在我们心中
我们在英雄事业中⋯⋯⋯⋯⋯北京大学团委宣传部
我们的身后是北京⋯⋯⋯⋯⋯⋯⋯⋯⋯臧　雷
老山女兵的情爱⋯⋯⋯⋯⋯⋯⋯⋯⋯⋯姚　红
难忘啊，南疆的热土⋯⋯⋯⋯⋯⋯⋯⋯刘　勇
在血与火的征途上⋯⋯⋯⋯⋯⋯⋯⋯⋯李前光
献上一束木棉花⋯⋯⋯⋯⋯⋯⋯⋯⋯⋯陈　恳
珍惜啊，今天⋯⋯⋯⋯⋯⋯⋯⋯⋯⋯⋯杨少华
朋友，请理解我⋯⋯⋯⋯⋯⋯⋯⋯⋯⋯赛宗国
随感一组⋯⋯⋯⋯⋯⋯⋯⋯⋯⋯⋯⋯⋯谭　军
刘　利　宋士新　沈　光　张茂华　朱晓峰　高　翔

军旅散文百家

战场风物三题⋯⋯⋯⋯⋯⋯⋯⋯⋯⋯⋯袁厚春
大将风度⋯⋯⋯⋯⋯⋯⋯⋯⋯⋯⋯⋯⋯舒　展
夜宿双堆集⋯⋯⋯⋯⋯⋯⋯⋯⋯⋯⋯⋯艾　煊

评论

对当前小说创作的几点看法 .... 孙　犁
宋学武创作散论 .... 张志忠
长歌鲁天碧 .... 林为进
哲学的命运 .... 黄　柯
字字珠玑 .... 徐　乘

1985 年第 9 期　刊名:《解放军文艺》
目录

小说

雪线下的烈焰（中篇） .... 苏方学
老车 .... 张惠生
哦，发射架 .... 王秋燕
热的雪 .... 石钟山
红豆链 .... 郭明孝
在那遥远的地方 .... 伍保祥
命令 .... 董保存
靳万顺的悲喜剧 .... 鲍　晓

诗歌

痛悼肖华同志 .... 傅　钟
星座（诗辑）——新人新作选 .... 柳　沄
殷　实　张晓林　王久辛　詹仕华　蔡椿芳　杨晓敏
李金河　陈智勇　阮晓星　朱崖平　王　刚　展　宁
张　欣　梁　光　周亚平　韦　锦　祁　智　鲁　威
曾　琼　杨同生　杨培忠　吴迪安
艺术感觉浸润着的中国军人（点评） .... 叶　鹏

散文

过河 .... 周　涛
王金发讨论会以外 .... 冯英子
平潭漫笔 .... 郭　风
兴凯湖畔 .... 聂　波
兴国情思 .... 李金明
去雅尔宰 .... 彭　龄

报告文学

蔡伦的后代——吉林造纸厂见闻录 .... 王　颖

评论

战争奇观的真实写照——谈柳杞的小说创作 .... 冯健男

短篇小说艺术谈

灌香肠的艺术 .... 唐　栋
深流·泡沫·本质 .... 何永康

美术

叠彩（版画·局部） .... 赵修柱
破晓（国画） .... 张冠哲　刘　棣
献给英雄的歌（国画） .... 梁战岩

1985 年第 10 期　刊名:《解放军文艺》
目录

小说

老丈人包厢 .... 张卫明
最后一排是…… .... 张泗琪
二年兵刘四娃 .... 段　平
军人情 .... 李英儒
云 .... 杨　争
濛濛烟雨 .... 张　长
流逝的界河水哟 .... 王云龙
迷人的血 .... 马常友
孔雀湖插曲 .... 欧之德
阵地下的小兵站 .... 建　丰
黎明，走出野林 .... 杨大镇
好时光，歹时光 .... 申向平

评论

张泗琪——题材求新　立意求深 .... 杨景民
刘林——在时代变迁中写人的命运 .... 石玉增
徐军——在边疆风情美中突出人性美的追求 .... 叶　鹏
戴俊——致力于军人灵魂世界的探索 .... 黄国柱
周大新——"军界道德"的评说者 .... 丁临一

美术

早上好，太阳（磨漆画） .... 冯建亲
碑林（国画） .... 田黎明
绿荫卫士（版画） .... 肖映川
祖国利益高于一切（宣传画） .... 蔡循生

1985 年第 11 期　刊名:《解放军文艺》
目录

小说

他在拂晓前死去 .... 张廷竹
明天即将执行…… .... 张泗琪
老将出马 .... 字　心
在两个世界的边缘 .... 陈安先
她们的"世界" .... 曹建玲
迷宫似的家 .... 娄仲玉
突围 .... 许铁马

散文

军旅散文百家

马蹄···莫 言

莫让骐骥困盐车·······································官伟勋

菱姑···周同宾

肖华与战士剧社····孙小风 朱 明 倪康华 王汝俊

报告文学

三十三座山峰和一寸土·····························建 丰

诗歌

红柳开花的时节（诗辑）·····························张 欣

钟世庆 姚成友 王久辛 谢玉久 张志红 董宏猷

王子和 姜言博 刘 晓

散诗一束

孙中明 喻 晓 程童一 柯 原 王鸣久 晓 波

忆故乡战斗三首·······································晓 初

评论

短篇小说艺术谈

写实与象征···盛 英

求深意 务空灵·······································韩瑞亭

灵眼、灵神与灵手·····································赵 鹰

回忆过后是深思·······································崔道怡

从狭路上走出豁口·····································陈晓东

美术

海角情（版画）·······································王勤扑

飞吧（中国画）·······································魏 扬

山姑娘（中国画）·····································刘文西

1985 年第 12 期　刊名:《解放军文艺》
目录

小说

一江黑水向东流·······································刘兆林

走出雷雨地带（中篇）·······························刘士忠

泥碑···张 勤

遗愿···瞿 琮

痴心人机场遇青青·····································刘秉荣

散文

军旅散文百家

戍卒之梦···鲁 克

夜海···杨闻宇

遥远的回声···刘 金

西藏杜鹃···金为华

在战争的舞台上

——老山前线业余文艺战士剪影·······李久香 黄苏清

戏剧

但愿明天不再发生（独幕话剧）·····················徐良文

曲艺

新婚酒歌（相声小段）·······························牛 群

四季青（数来宝）·································王铁虎 张振彬

诗歌

怀念军营（诗辑）·····································吕海沐

梁子高 周 刚 冯永杰 孙 映

散诗一束·····························李冬岩 温 燕 汪 沉

徐淙泉 刘益善 王晋军 姜红伟 陈所巨

国界线···姜强国

黄鹤楼···叶家林

评论

徐怀中风格论···雷 达

生活的强化和艺术的强化····张志忠 陆文虎 彭吉象

美术

召唤（磨漆画）·······································陈明成

太阳依然在故乡（连环画选登）···········改编 甲 三

绘画 蒋宜勋

一个德国间谍的供词（连环画选登）·····改编 苏 宁

绘画 张光光

一九八五年《解放军文艺》优秀作品评选启事

《解放军文艺》一九八五年总目录

1986 年第 1 期　刊名:《解放军文艺》
目录

报告文学

撼动王座的旋风（中篇）——NEC 中日围棋擂台赛纪

实···孙晓青 张 挺

一个"傻子"和一个瓜子市场的兴盛（中篇）

···张嵩山

小报告文学一束

开栏寄语

对话录——记者·山民·佛·······················王树增

以儿子的名义···刘立云

美丽的自杀···莫 言

侦察兵与他的"老弟"·······························江奇涛

褐眼睛·褐眼睛·······································杨守松

新生报到日···袁厚春

三声枪响之后—————————王文杰　刘　沛
高原情（油画）——————————詹建俊
途中（油画）————————————尚　丁
银色的眷恋————————————李延国
走出月宫的女人———————————刘汉太
说捕蛇者—————————————艾青峰
政治委员与留后的家属们——————贺茂芝
留在大漠的脚印———————————薛舜尧

诗歌
凝视鸽子的少女———————————张学梦

评论
爱在这里燃烧——序胡世宗诗集《战争与和平的咏叹
调》—————————————————李　瑛

军事文学——我的思考（一）
栽自己的树，扎自己的根———————唐　栋
愿战争描写来点什么—————————王炳根
中国军人的东方气派—————————张　波

1986 年第 2 期　刊名:《解放军文艺》
目录

让军事文学在精神文明建设中发出光彩———周克玉

小说
警戒阵地请求放弃——————————张廷竹
北线———————————————张卫明
南疆雾——————————————陈道阔
将军的反刍————————————邱恒聪
黑雾———————————————邢军记
惊雷———————————————王文星
绿的风——————————————张子华
无为的人—————————————钟　楼

杂文一束
说话关老爷————————————刘　征
请勿倒置—————————————叶延滨
名将之后—————————————官伟勋
拿破仑的一句昏话——————————储瑞耕
阳刚漫笔—————————————杨闻宇
未成天才之前———————————张雨生
登山有感—————————————江　波
我之义利观————————————胡　靖

散文
现代迷宫—————————————陈世旭

登峨嵋山—————————————张　波

评论
肩负起军事文学的光荣职责——————李　瑛
我的一点感想和意见—————————刘白羽
在变化中寻找自己——————————李存葆
在《喧哗与骚动》中思考————————韩静霆
离题较远的一些想法—————————刘兆林

诗歌
百家军旅诗
我的中国海————————————杜志民
活长城——————————————孙中明
东方女兵—————————————尚　方
焦土上的诗行———————马正健　刘　章等
散诗一束————林　染　章德益　王小未　简　宁

1986 年第 3 期　刊名:《解放军文艺》
目录

报告文学
唐山大地震——"7·28"劫难十周年祭———钱　钢

评论
凝神于北纬40°线的思考————————徐怀中
妙笔尺幅写精魂———————————喻　晓

美术
子弟兵（油画）———————————李炳刚
给大地披上绿装（宣传画）——————李运江

1986 年第 4 期　刊名:《解放军文艺》
目录

小说专号
生灵（中篇）———————————徐　军
发现、发掘与表现（点评）——————林　祎
一段生命的组合（中篇）———————方　炜
遥远的黎明————————————何继青
红土地，黄土地———————————张　为
硝烟中的祝愿———————————周大新
在毕拉河谷地———————————宫魁斌
桦树碑——————————————曾凡宏
海校诙谐曲————————————石国仕
遗恨———————————————沈石溪

评论

军事文学·我的思考（二）

站在新的临界线上眺望⸺⸺⸺⸺⸺⸺范咏戈

我对自己的一点想法⸺⸺⸺⸺⸺⸺刘兆林

研究点战争与民族心理⸺⸺⸺⸺⸺金　辉

拿起你的魔杖⸺⸺⸺⸺⸺⸺⸺⸺李本深

张卫明小说艺术特色漫谈⸺⸺⸺⸺黄国柱

散文与艺术想象⸺⸺⸺⸺⸺⸺⸺毛乐耕

悲壮真实的心灵剖示⸺⸺⸺⸺⸺⸺高松年

滤除了美的实体的结构分析⸺⸺⸺王安刚

驼峰（国画局部）⸺⸺⸺⸺⸺⸺郑新雨

我们是和平的保卫者（宣传画）⸺⸺杨克山　毛文彪

放心吧！妈妈⸺⸺⸺⸺⸺⸺贾冀光　魏兰柱

1986 年第 5 期　刊名:《解放军文艺》
目录

小说

红鱼（中篇）⸺⸺⸺⸺⸺⸺⸺⸺王树增

从此岸走向永恒（点评）⸺⸺⸺⸺乔　良

走出古堡⸺⸺⸺⸺⸺⸺⸺⸺⸺⸺何继青

白楼⸺⸺⸺⸺⸺⸺⸺⸺⸺⸺⸺谢平伟

座骑⸺⸺⸺⸺⸺⸺⸺⸺⸺⸺⸺傅宁军

女大十八变⸺⸺⸺⸺⸺⸺⸺⸺⸺江　灏

散文

哈拉沙尔随笔⸺⸺⸺⸺⸺⸺⸺⸺周　涛

军旅散文百家

兵的故事⸺⸺⸺⸺⸺⸺⸺⸺⸺⸺吴　能

我的山和我的歌⸺⸺⸺⸺⸺⸺⸺许　淇

山那边是战场⸺⸺⸺⸺⸺⸺⸺⸺杨笑影

诗歌

百家军旅诗

格局⸺⸺⸺⸺⸺⸺⸺⸺⸺⸺⸺贺东久

致远方⸺⸺⸺⸺⸺⸺⸺⸺⸺⸺孙　泱

白天使⸺⸺⸺⸺⸺⸺⸺⸺⸺⸺阮晓星

正是亲近紫罗兰的年龄（诗楫）⸺廖代谦　杨松霖等

黄土地　黑土地（诗楫）⸺⸺⸺姚振函　洪　亮等

评论

关于《兵趣》"刊物口味"及其他⸺丁临一　张廷竹

"小虫"是怎样赶上"大象"的？⸺⸺何永康

《创作漫谈》增订版序言⸺⸺⸺⸺唐　弢

戏剧曲艺

血桃花⸺⸺⸺⸺⸺⸺⸺⸺⸺⸺陈亦兵

打扑克⸺⸺⸺⸺⸺⸺⸺⸺李立山　赵建国

1986 年第 6 期　刊名:《解放军文艺》
目录

以新的姿态面对新的时代⸺⸺⸺⸺刘白羽

攀登艺术高峰无捷径⸺⸺⸺⸺⸺⸺王　蒙

军事文学应有更大的作为⸺⸺⸺⸺李　瑛

轻轻地说（小说）⸺⸺⸺⸺⸺⸺⸺朱苏进

轻柔沉蕴的佳构（评论）⸺⸺⸺⸺陈骏涛

一个北京少女的童话（报告文学）⸺程童一

苍蝇·门牙（小说）⸺⸺⸺⸺⸺⸺莫　言

却向荒唐演大荒（评论）⸺⸺⸺⸺志　忠

那一仗留下个守墓人（小说）⸺⸺李　镜

欸乃一声……（评论）⸺⸺⸺⸺⸺范咏戈

夕阳（小说）⸺⸺⸺⸺⸺⸺⸺⸺简　嘉

在哪里失落就在哪里追寻（评论）⸺黄国柱

吊球（小说）⸺⸺⸺⸺⸺⸺⸺⸺尹卫星

捕获感觉（评论）⸺⸺⸺⸺⸺⸺⸺王炳根

秋声（小说）⸺⸺⸺⸺⸺⸺⸺⸺刘兆林

追求四度空间的境界（评论）⸺⸺西　南

士兵的机缘（小说）⸺⸺⸺⸺⸺⸺何继青

人物及其心路历程（评论）⸺⸺⸺陆文虎

夜间操（小说）⸺⸺⸺⸺⸺⸺⸺崔京生

从梦魇中解脱出来（评论）⸺⸺⸺彭吉象

虎皮鹦哥（小说）⸺⸺⸺⸺⸺⸺⸺张　波

读《虎皮鹦哥》（评论）⸺⸺⸺⸺骆　飞

你的卫星（小说）⸺⸺⸺⸺⸺⸺⸺郑赤鹰

不错，但我感觉不满足（评论）⸺⸺丁临一

树的西北野战军（百家军旅诗）⸺⸺周　涛

雄关（百家军旅诗）⸺⸺⸺⸺⸺⸺王小未

没有墓碑的士兵（百家军旅诗）⸺⸺梁　粱

"屋脊"上下（军旅散文百家）⸺⸺元　辉

1986 年第 7 期　刊名:《解放军文艺》
目录

小说

高粱酒（中篇）⸺⸺⸺⸺⸺⸺⸺莫　言

丁丁岛（士兵与作家）⸺⸺⸺⸺⸺邹小童

摩鲁娜，摩鲁娜⸺⸺⸺⸺⸺⸺⸺何国才

某事之终⸺⸺⸺⸺⸺［美］海明威　王　艾译

诗歌

百家军旅事

海之沫⸺⸺⸺⸺⸺⸺⸺⸺⸺⸺公　刘

在血与火之间⸺⸺⸺⸺⸺⸺⸺⸺韩作荣

军旅之忆 ———————————— 徐 刚
高原之魂 ———————————— 叶延滨
星座（青年军旅诗页）——— 洪三泰 李 晶 郭晓晔等
诗的背面是什么? ——————— 叶 鹏

报告文学
震撼大地的十年（节选）————— 王立新

评论
在时代理性中崛起的"军人" ———— 席 扬
读张泗琪的几篇"囚犯小说" ———— 骆 飞
海上崛露出的一座小岛（士兵与作家）— 叶 楠
欲说还休 ————————————— 王 艾
读者来信两则

1986 年第 8 期 刊名:《解放军文艺》
目录

在解放军文艺出版社建社 35 周年纪念会上的讲话
————————————————— 余秋里

小说
遍地风流（之十一）—————— 阿 城
季节桥（中篇）———————— 苗长水
汉家女 ——————————— 周大新
金手臂 ——————————— 李延国
一品红 ——————————— 张 波
电报 ———————————— 程 东
脱离 ———————————— 郭兵艺
儿子睡中间 ————————— 张卫明
七粒瓜子 —————————— 孙少武

报告文学
战区札记 —————————— 肖 于

评论
寻觅的思考与苦闷 —————— 周政保
为母亲哼一曲翻新的童谣
——《季节桥》先读随感 ———— 李 彤
文学应给战争中的智性描写一席之地——— 汪守德
真实·深沉·含蓄（士兵与作家）—— 纪 鹏

诗歌
百家军旅诗
倾听阳光 —————————— 简 宁
伤兵 ———————————— 蔡椿芳
南海，我的辽远的天水线 ———— 陈知柏
壮别（士兵与作家）—————— 段金泉

散文
军旅散文百家
醺人微微酒旗风——为国际和平年而作——— 吴之南
大坂 ———————————— 李志君
部分文学期刊维护版权第二次会议纪要

1986 年第 9 期 刊名:《解放军文艺》
目录

评论
"中子星" —————————— 石 言

小说
黑太阳（中篇）———————— 张廷竹
血泵 ———————— 雨 时 如 月
拉萨生活的三种时间 —————— 马 原
没有故事的故事 ——————— 谢鲁渤
"雀部长" —————————— 谢 璞
第四个 ——————————— 高 光

士兵与作家
爬行和弦 —————————— 肖悟了
真情实感 —————————— 王愿坚

诗歌
爱，你是太阳 ——— 贺东久 蔡椿芳 尚 方等

散文
军旅散文百家
半天 ———————————— 雷 铎
月蚀 ———————————— 曾凡华

报告文学
草地音画 —————————— 杨景民

1986 年第 10 期 刊名:《解放军文艺》
目录

纪念红军长征胜利 50 周年作品专号
繁荣军事题材文学创作 促进部队精神文明建设
————————————————— 余秋里
灵旗（长征笔会·中篇小说）——— 乔 良
马蹄声碎（长征笔会·中篇小说）— 江奇涛
夕阳红（长征笔会·中篇小说）—— 程 东
索尔兹伯里和他的英雄史诗（评论）— 唐达成
延安七唱（诗）———————— 李 伟
长征复长征（报告文学）———— 董保存

温暖的手（报告文学）·················何晓鲁
心迹（报告文学）···················王宗仁
国防部长与"长征"火箭（报告文学）·········王振贤
第二届"中国人民解放军文艺奖"获奖作品篇目

1986 年第 11 期　刊名:《解放军文艺》
目录

小说

矫健短篇小说八题
古树
圆环
死谜
无期徒刑
轻轻一跳
预兆
钟声
海猿
不是冤家也聚头（中篇）·············吴之南

士兵与作家

第三班岗·······················姜学勤
真实还需超越····················刘兆林

评论

冲突·哲理·当代意识················蔡葵
自我·道德·人道··················王炳根
归趋于统一效果···················金梅
人民赢得战争的历史丰碑··············张文苑

诗歌

悼刘伯承同志················肖克　莫文骅

百家军旅诗

和平万岁······················程童一
在远离战场的地方··················喻晓
远山························刘毅然
散诗一束······················周涛等
大风暴的年代····················傅仇等

散文

观峨嵋佛光·····················王世阁
帕米尔的情·····················哲中
一张照片······················梦岩
万忠墓随想·····················何砚平
虎年谈灭鼠·····················牧惠

1986 年第 12 期　刊名:《解放军文艺》
目录

报告文学

中国师（中篇）···················江永红
黑马························江永红
一军之长······················江永红

小说

绿蓑人事（中篇）··················刘绍棠

诗歌

悼叶剑英同志·············莫文骅　魏传统
部队生活短诗············柳沄　皖沪等

戏剧曲艺

硝烟散去之后····················邵钧林
巧立名目············牛群　李培森　李立山
送我一枝玫瑰花···················翟迎春

评论

论余占鳌··············陈墨　玉野
时代在呼唤新的军旅诗群··············纪鹏

1987 年第 1 期　刊名:《解放军文艺》
目录

书库·1986·关于战争文学的对话·········本刊记者
牛怆（短篇小说）··················程童一
水性（短篇小说）··················李贯通
村客（短篇小说）··················王兆军
她的第一（短篇小说）················王安忆
情感贿赂（短篇小说）················江奇涛
相持已久（短篇小说）················尹俭
桃子脸，弯弯眉（短篇小说）············刘林
假月亮（短篇小说）·················蒋子丹
绝对隔离（短篇小说）················矫健
海的欢笑（短篇小说）················宫魁斌
最后一笔（短篇小说）················吕建江
黄植诚，今日放单飞（报告文学）··········沈卫平
散文诗页······················李耕等
雨屋（士兵与作家）·················杨剑
老兵赘语（士兵与作家）···············陆柱国
黄金时代（封面·漆画）···········武健平　周安定

1987 年第 2 期　刊名:《解放军文艺》
目录

两个士兵（短篇小说）————————宋学武
太阳雨（短篇小说）————————裘山山
旱（短篇小说）—————————————亚　子
高热（短篇小说）————————————李云良
海魂（短篇小说）————————————闵国库
黑脸家林（短篇小说）—————————苏　童
富兰卡（短篇小说）——————————张　波
忠实与超越（评论）——————————彭吉象
小说描写的此岸与彼岸（评论）———周政保
一排二班三人事（士兵与作家）———许本铸
小品难得（士兵与作家）———————朱苏进
宇宙光（诗歌）————————————于振海
风流女兵（百家军旅诗）———————李　晶
残生（百家军旅诗）——————————李松涛
归来（百家军旅诗）——————————刘家魁
大海和兵（百家军旅诗）———————郭光豹
南海画廊（诗歌）———————————张志民
信（诗歌）————————————————魏传统
翠谷（漆画·封面）—————————黄维中

1987 年第 3 期　刊名:《解放军文艺》
目录

坚持四项基本原则把继承与创新历史地统一起来
　————————————————————本刊评论员
一桩英雄案的始末（报告文学）———王中才
生命的华彩（报告文学）———————庞泽云
空战，在伦敦进行（报告文学）———刘占英
荒滩（短篇小说）————————————宿聚生
雾中（短篇小说）————————————苗长水
枪手沉沦（短篇小说）—————————阎欣宁
镶金的白发（短篇小说）———————马　玲
红雪（诗歌）————————————————蔡椿芳
金盏花不会沉默的日子（诗歌）———贺东久
雷雨（诗歌）　多尔马托夫斯基　蓝　曼译
蓝色潮绪（士兵与作家）———————刘笃圣
我们已经太缺乏对海洋的了解啦（士兵与作家）
　——————————————————————周　涛
死亦为鬼雄（百家军旅诗）———————马合省
太阳花（百家军旅诗）—————————柯　原
立体军人（百家军旅诗）———————纪　学
北方十四行诗（百家军旅诗）————曾凡华
萤群（军旅散文百家）—————————朱秀海
天上的八廓街（军旅散文百家）———杨景民

戎马生涯写春秋（军旅散文百家）———陈淀国
春夜祭（军旅散文百家）————————陈作犁
雄性文化作为审美存在的特殊形式（评论）———席　扬
蝴蝶梦（封面·漆画）（选自全国漆画展览）
帐篷里的歌（封底·油画）———————张禹宾

1987 年第 4 期　刊名:《解放军文艺》
目录

在全军文工团工作座谈会上的讲话————郭林祥
指导员手记（尉官文学·小说）————郑荣华
昨天的太阳（尉官文学·小说）————彭吉超
落雨天（尉官文学·小说）———————肖悟了
狗牙岛（尉官文学·小说）———————邹小童
"形而上"的魅力（评论）———————陈　墨
蠕动的屋脊（散文）——————————周　涛
古铜色的旗帜（诗歌）—————————李金河
巾帼风（诗歌）—————————————尚　方
月亮钻石（百家军旅诗）———————郭晓晔
北国（百家军旅诗）——————————元　辉
西部中国兵（百家军旅诗）——————翼　华
南方梦寻（百家军旅诗）———————殷　实
北陲日记（散文）———————————李金明
天涯草（散文）————————————涂光群
关于战争文学的通信————张志忠　宋学武
叶绿素瀑布（评论）——————————饶阶巴桑
天涯何处无芳草（相声）———孙清河　张　迎
身价百倍（数来宝）——————————张保和
夜寻王东奇（山东快书）———————高洪胜
优秀长篇小说奖评选启事
紫梦姑苏（封面·漆画）———————凌　翎
这里静悄悄（封底·油画）——————李秉刚

1987 年第 5 期　刊名:《解放军文艺》
目录

永远坚持社会主义文艺事业的正确方向———小　尘
那一片处女地（报告文学）——————张正隆
雪路（尉官文学·中篇）———————程　东
黑森林（尉官文学·中篇）——————谢平伟
蓝雪（尉官文学·短篇）———————蔡椿芳
又是一钩弯月（尉官文学·短篇）———杨　剑
今天毕业（士兵与作家）———————白　瑾
视角·感觉·心态（士兵与作家）———韩静霆
伤心的海滩（小说）——————————王洪荣
冷峻：为了未来（评论）———————郭德芳
观照眼光与现代意识（评论）————周政保

我所知道的甘渭汉同志（散文）——————王玉昆
星座（诗歌）———————————————曹树莹
李维佳 柳荫 王璐 吴建国 杜红 徐炳忠
李锋 张德强 沈天鸿 雁北 章勇 陆新民
时代随想（封面·版画）——————穆广科 郭伯安
军魂（封底·油画）——————————————朱伟

春歌（散文）————————————————林深
传奇者的传奇（散文）————————————王立友
西北随想组画之二（封面·版画）——————周路
秋（封底·版画）———————————————沈少民

1987 年第 6 期　刊名:《解放军文艺》
目录

"士官生"（中篇小说）———————————简嘉
喀咪·赌吃·病根（短篇小说）———————刘增新
雪幕（尉官文学·短篇）———————————杜守林
阵地上（尉官文学·短篇）——————————王颖
101 在太平洋上（尉官文学·短篇）————王玉臣
在漂浮的国土上（报告文学）————————卢晓渤
军事文学作家的"乡土"（评论）——————周政保
文化与神话（评论）—————————————陈墨
军歌组曲（诗歌）——————————————纪鹏
白樱桃（百家军旅诗）————————————车前子
山地医院（百家军旅诗）——————————曹剑
玫瑰与鸽哨（百家军旅诗）—————————柯平
牧女（封面·版画）—————————杨曙光 周白
田园协奏曲（封底·油画）—————————童柯敏

1987 年第 7 期　刊名:《解放军文艺》
目录

镰刀斧头的交响（诗歌）——————————石祥
悼一个共产党员（诗歌）——————————李伟
挣扎（中篇小说）——————————————高光
攻城地道（短篇小说）————————————苗长水
风水塔（短篇小说）—————————————周大新
曹氏步伐（报告文学）————————————饶洪桥
南京大屠杀（报告文学）——————————温书林
美好生活·彩脸（尉官文学·短篇）————杨剑鸣
我已经寻找过我自己（文艺随想）—————周涛
神化与"人化"（评论）———————————陈墨
急需一双理论的翅膀（评论）————————朱向前
环形堑壕（诗歌）——————————————蔡椿芳
我们在南疆（诗歌）—————————————朱增泉等
青春与海（士兵与作家·诗歌）——————叶云超等
请你去诱惑海（士兵与作家·评论）————贺东久
我很少读序，却为这本书作了序（军旅散文百家）
———————————————————————刘亚洲
三色海（军旅散文百家）——————————韩作荣
序《冷的边关热的血》（军旅散文百家）——周政保

1987 年第 8 期　刊名:《解放军文艺》
目录

兴安岭大山火（报告文学）—————————中夙
冬天里的春天（纪实文学）—————————杨得志
军队文艺工作的光荣里程——————————傅钟
参加革命（尉官文学·短篇）————————铁柱
太阳升起的地方（诗歌）——————————林瑛
一往无前（封面·油画）———————————张文新
南殇（战壕诗会·诗歌）———————————蔡椿芳
麻栗坡（战壕诗会·诗歌）—————————简宁
红色沼泽（战壕诗会·诗歌）————————刘立云
移位中的寻求（评论）————————————谢冕
向国防现代化进军（封底·宣传画）
———————————————————毛文彪 杨克山

1987 年第 9 期　刊名:《解放军文艺》
目录

努力描绘当代军人风貌——————————周克玉
生者与死者（话剧）—————————————刘川
黑记（散文）————————————————王中才
倒流的时光（尉官文学·中篇）——————郝军
长大了（尉官文学·短篇）—————————马晓丽
打炮眼儿（尉官文学·短篇）————————杨建华
枪族（诗歌）————————————————潞潞
"神化"与"鬼化"（评论）————————陈墨
关于军旅文学的三言两语（评论）—————陆文虎
历史的沉思和现实主义的深化（评论）——石玉增
渔家（封面·版画）—————————————丛如月
雨中情（封底·油画）————————————崔开西

1987 年第 10 期　刊名:《解放军文艺》
目录

北方大草原（报告文学）——————————闵国库
海梦（军旅散文百家）———————————韩静霆
边境无小事（军旅散文百家）————————孙成武
海日生残夜（军旅散文百家）————————金辉
天职（军旅散文百家）———————————李松涛
一个平庸的军工（报告文学）————————舜尧

蝴蝶谷（短篇小说）————————————戴 俊
老河（短篇小说）——————————————李贯通
坚果（短篇小说）——————————————彭继超
老树（短篇小说）——————————————王扶天
"八一"六十秋（诗）————————————肖 克
请去诱惑海（诗）——————————————贺东久
金锚星座（诗）——————————————陈云其
在森林那边（百家军旅诗）————————周 鹤
沉马（百家军旅诗）————————————胡世宗
军旅消息（百家军旅诗）——————————王久辛
战争文学的价值问题（评论）————————周政保
悲与喜交织出的青春之歌（评论）————汪守德
超越出困惑（评论）————————————王宛平
田园曲（封面·版画）————————————沈少民
中国人民站起来了（封底·油画）————王大鹏

1987 年第 11 期　刊名:《解放军文艺》
目录

深化和发展改革文学创作——————————小 尘
多出作品，多出人才，为军队建设服务————周克玉
聂卫平面面观（报告文学）——————张 挺 孙晓青
快速反应实录（报告文学）————————李心田
小岛春节（短篇小说）——————————高晓声
酋长营（中篇小说）————————————张廷竹
关于男人（诗歌）——————————————程童一
青铜的历史（诗歌）————————蓝 曼 李 真等
理想的冲突（上）（评论）————————陈 墨
火光映出的思索（评论）——————————王必胜
游乐梦（相声）——————————唐爱国 齐立强
不该发生的事情（相声）——————张 迎 孙清河
班代表（相声）————陈峰宁 安永生 陈亦兵
孔雀开屏（评书）——————————————叶景林
边陲来信（封面·版画）——————————刘小伍
飞向南疆（封底·宣传画）——————————马振全

1987 年第 12 期　刊名:《解放军文艺》
目录

中国潮报告文学征文
百家期刊联名启事
第三想象综合（中篇小说）————————张嵩山
阳子（短篇小说）——————————————王德忱
迎亲（短篇小说）——————————————亚 子
沉默的鸟（短篇小说）——————————邓海南
最后一次疗养（短篇小说）————————刘立波
未立战功（短篇小说）——————————沙开华

迁徙（短篇小说）——————————————宿聚生
开口器（短篇小说）————————————常 青
干人参（短篇小说）————————————王久辛
纪念（诗歌）————————————————殷 实
东方之初（诗歌）——————————————章德益
海之唇（诗歌）——————————————朱 雷
高原与河（诗歌）——————————————刘毅然
界河视野（诗歌）——————————————喻 晓
热土（诗歌）————————————————王小未
平原大浪涌（诗歌）————————————刘益善
瀑布谷（诗歌）——————————————周 民
玛纳斯垦区（诗歌）————————————林 染
故乡（诗歌）————————————————李发模
目的（诗歌）————————————————赵健雄
理想的冲突（下）（评论）————————陈 墨
话剧《生者与死者》读后（评论）————胡 可
一曲黄河魂的颂歌（评论）————————石玉增
山的那一边（散文）————————————谢雪畴
军营（散文）————————————————高洪波
黎巴嫩雪松（散文）——————————彭 龄 章 谊
中原的传说（封面·版画）——————————张建禹
成长吧，人民的子弟兵（封底·宣传画）
————————————————肖家瑜 钟泽军

1988 年第 1 期　刊名:《解放军文艺》
目录

中国潮报告文学征文
走出神农架——————————————————李延国
从"全景"式到"卡片"式————————————谭 健
干大活的人——————————————————王兆军

小说
只有寂静在歌唱——————————————刘恒志
春天序列（中篇）——————————————郑荣华

评论
凝眸：1987——————————————————丁临一
论乔良小说的实验意义————————————李书磊

散文
黄河启示录——————————————————金 辉

诗歌
远去的箭镞——————————————————梁 梁
黑蚂蚁————————————————————孙 泱
蓝马群————————————————————陈知柏
老兵————————————————————柯 平

1988 年第 2 期　刊名:《解放军文艺》
目录

中国潮报告文学征文

海南大气候 ·················· 杨守松

小说

重山（中篇）·················· 李　镜
逃离天使（中篇）·················· 李　镜
心系 ·················· 杜志民
瘦箫 ·················· 孙　泱
封锁线 ·················· 郭建英

散文

在平庸的外表背后 ·················· 方　炜

诗歌

我望着生命的终点 ·················· 李　琦
走向彼岸 ·················· 郭晓晔
青青的橄榄林 ·················· 殷　红　徐炳忠等

评论

作为小说创造的机智选择 ·················· 周政保
军事文学的现实主义道路及前途 ·················· 黄国柱

乡情（封底·版画）·················· 邓立衍　黄立强

1988 年第 3 期　刊名:《解放军文艺》
目录

中国潮报告文学征文

本世纪无大战 ·················· 高建国

小说

錾磨人 ·················· 王德忱
半匹棺 ·················· 王德忱
边地晚风 ·················· 何继青
兵爸爸们 ·················· 何继青
铜锣 ·················· 苗长水
丑陶 ·················· 李广智
黑印 ·················· 陈正才
金字塔倒置 ·················· 程童一
快乐的晶晶 ·················· 张卫明
望乡 ·················· 李忠效
大军官 ·················· 欧之德
红土地的歌（封底·版画）·················· 赖华瓒

诗歌

遥远 ·················· 周　涛
人杰 ·················· 周　涛
鸽子与预言 ·················· 张雅歌
不老的猎户星座 ·················· 强晓初等

散文

王德忱印象点滴 ·················· 朱　雷
编后断想 ·················· 纪　鹏
一个机灵的小伙子 ·················· 肖　玉
周涛小注 ·················· 张承志

评论

周大新小说中的善与恶 ·················· 雷　达
王德忱小说与短篇艺术 ·················· 李洁非
读《遥远》·················· 黄子平
青春心音的律动 ·················· 陆文虎

1988 年第 4 期　刊名:《解放军文艺》
目录

小说

冬天与夏天的区别（中篇）·················· 苗长水
血劫（中篇）·················· 高　光
小说三题 ·················· 叶　楠
小窗 ·················· 方南江
黄土高原 ·················· 沙　封
青冢 ·················· 杨　剑

散文

焦灼的爱 ·················· 朱苏进
黑蛾 ·················· 程　东
猜谜 ·················· 周奋之
女将军，您好 ·················· 贺茂芝
我有一棵榆树 ·················· 苗长水
梦断息烽 ·················· 杨闻宇
说吃（外一章）·················· 阿　寅
去延安 ·················· 周　道
新兵列车 ·················· 邓海南
奇思 ·················· 贺晓风
远行偶得 ·················· 曹建玲
一个普通人的昭示 ·················· 王　瑛
漫画高光熊三 ·················· 朱　雷

诗歌

主攻态势 ·················· 杜志民
战争·雨季·地球的又一个受孕期 ·················· 朱增泉
不明飞行物 ·················· 张国明

评论

小说的难易 ————————————— 李国文
《血劫》断思 ————————————— 王宛平
从"我"到"非我" ————————— 蔡 葵
军人职业意识与文学创造 ——————— 周政保
文化碰撞与文学特色 ————————— 周政保
难忘的歌（封底·油画）——————— 杨庚绪

1988 年第 5 期　刊名:《解放军文艺》
目录

戏剧

决战淮海（多幕话剧）——— 所云平　刘　星　王朝柱

小说

杂货店（中篇）————————————— 江奇涛
天似穹庐 ————————————————— 周　涛
地藏 ——————————————————— 金　平

散文

木石守密 ————————————————— 张承志
另一个你 ————————————————— 水　水

诗歌

远去的杀声 ———————————————— 杨　牧
战神 ——————————————————— 庞天舒
星座 ——————————————————— 曹　静
叶云超　雷献和　师永刚　舒　洁　刘向海　戴　旭
方良聘　易殿选　聂　沛　于振海　刘　原　王中朝
曾静平　沈　健　蒯风洁
都市的兵 ————————————————— 柳　沄
西山那月 ————————————————— 吴国平
前哨没有夏时制 ——————————————— 曾有情

评论

人类情感的毁损与重构 ——————— 李炳银
以观赏版画的眼光读《海日生残夜》
　　　　　　　　［日］森明美　陈尊三译
画前的花（封底·油画）——————— 何孔德

1988 年第 6 期　刊名:《解放军文艺》
目录

小说

懒得离婚（中篇）————————————— 谌　容
调防 ——————————————————— 刘兆林
坟地 ——————————————————— 阎连科

夏天期待 ————————————————— 沙　封
天边月 ——————————————————— 林　深
玉溪遗下一个梦 ——————————— 冯雪楠
早晨七点半 ———————————————— 孔宪礼

诗歌

猫耳洞奇想（之五）————————— 朱增泉
当兵的历史 ——————— 顾　工　翼　华等

报告文学

走向特区 ————————————————— 何继青

散文

我所认识的诗人朱增泉 ——————— 周政保
并非童话的额尔古纳 ————————— 孙　泱

评论

诗的生命与诗的价值 ————————— 周良沛
找米下锅 ————————————————— 石　言
圆形盆地 ————————————————— 周大新
烧裂的龟片 ———————————————— 高　光
1986—1987 年《解放军文艺》特别奖获奖作品
1986 年《解放军文艺》优秀作品获奖篇目
1987 年《解放军文艺》优秀作品获奖篇目
给叔叔唱支歌（封底）——————— 李德全

1988 年第 7 期　刊名:《解放军文艺》
目录

小说

我的小驮马（组合短篇）——————— 王树增
支那河（中篇）————————————— 张廷竹
葫芦沟 ——————————————————— 范军昌
此彼 ——————————————————— 任　峻
名片 ——————————————————— 何光喜
螃蟹 ——————————————————— 张　志

诗歌

远岸 ——————————————————— 陈云其
绿兵长在高原 ——————————————— 刘业勇
十九岁正通过雷区 ————————— 刘世新等

报告文学

一个不设防的连队 ————————— 王耀成
总裁同志 ——————————— 李大明　谢玉光

散文

远处有他 ————————————————— 朱苏进

对时························冯复加

评论
哭泣的童话··················王树增
不要砍断那条脐带··············李 荃
文学·文学多元论·形而上学说·······雷 铎
命令（封底·油画）············陈 坚

1988 年第 8 期　刊名:《解放军文艺》
目录

中国潮报告文学征文
谁来保卫 2000 年的中国··········大 鹰
1988 年春：民主在中国···········简 妮

非小说
恩来······················刘亚洲

诗歌
南高原·····················蔡椿芳
边山的夏季雨················李武兵
等待攻击···················蒋海将
寻找烽火台（同题诗）··········曹树莹等

报告文学
沂蒙山高···················贺茂芝
红军歌手···················胡志荣

戏剧曲艺
女兵散曲（小话剧）············苗绍伟等
招聘（相声）················黄 宏

评论
关于革命历史题材文学创作的思考·····黎汝清
军人的痛苦和军事文学的痛苦·······张 波
为了第一个猴子开始的事业·······高建群
橄榄绿·和平（宣传画）··········张衣杰

1988 年第 9 期　刊名:《解放军文艺》
目录

小说
倒嚼（中篇）················杜守林
电影队·····················铁 柱
被枪伤的维纳斯···············杨树芳
黑浪岛·····················王 向

中国潮报告文学征文
中国市场战··················长 江

诗歌
远古的野风··················王小末
东方地平线··················章德益
沉默的橄榄树················叶延滨
华盛顿的红樱桃···············庞余亮
老兵哈布林之歌···············刘家魁

散文
幸运的孤儿··················张洪舜

评论
战争文学面面观···············张志忠
生命与文学··················陈 墨
惊涛拍岸第一声···············傅 瑛

1988 年第 10 期　刊名:《解放军文艺》
目录

小说
我是一个兵··················亚 子
老辙······················周大新
诱惑······················冯德英
少年游·····················铁 柱
金弹壳·····················牛传智
碰垫······················陈云其
雪天里·····················阎连科
车祸······················宋树根
蛤蟆咕咕叫··················蔡秀词

诗歌
边情······················元 辉
宇宙作证···················海 男
热血流程···················王久辛
温柔的风···················尚 方
清明······················谢克强

散文
十月的进军··················何正文
象山漓水天下秀···············吴之南

评论
将军笔墨　人间好书············唐达成
战士灵魂的素描···············陈 雷
形式与观念··················陈 墨

1988 年第 11 期　刊名:《解放军文艺》
目录

小说

死亡夏日（中篇）———————————王德忱
净土（中篇）—————————————鲁　克
五月记事——————————————方　威
垭口排———————————————尹瑞伟
青楼黄金粥————————————杜志民
落日辉煌—————————————何继青
牧草黄了—————————————陈作犁

中国潮报告文学征文

台湾老兵归去来—————沈耀才　刘小湄　屠　新

诗歌

魔指———————————————贺东久
黎明之钟————————孙晓杰　郁　笛等
士兵画像—————————————姜强国
天池梦幻—————————————峭　岩

评论

论战争文学作品中自然人与社会人的双向流动转化
————————————————苏国栋
太行牧歌（版画）————————————高荣贵

1988 年第 12 期　刊名:《解放军文艺》
目录

中国潮报告文学征文

中国大卫集群（中篇）———张卫明　金　辉　张惠生

诗歌

遥远的地平线和两个人————————简　宁
沉重的风景————————————喻　晓
炎夏覆盖的故土————————————殷　实
阳光雨——————————————曹树莹
射程之外—————————————张国明
高原·女兵·岁月————————————安全东
我爱过一个人————————————阮晓星
大漠香茗—————————————姚　毅

散文

《西行漫记》和我————————————孙惠畴
冰祭———————————————唐洪岗

小说

走近死亡（外一题）————————————高　光
吼山（外一题）——————————————陈正才
昼的月——————————————杨剑鸣
心事———————————————王海鸽
意外———————————————马晓丽
梅子———————————————陈　涌
达惹之火—————————————陈新春
破碎的板块上————————————李景荣

评论

新松恨不高千尺————————————丁临一
战争观念的演变与战争文学的发展—————张志忠
此时无声（封底·版画）———————————刘俊才

1989 年第 1 期　刊名:《解放军文艺》
目录

中国潮报告文学征文

海葬——大清国北洋海军成军一百周年————钱　钢

书库

1988

关于报告文学的对话————————————本刊记者
老区新歌（封底·版画）———————————代大权

1989 年第 2 期　刊名:《解放军文艺》
目录

小说

染坊之子（中篇）————————————苗长水
北方乙种（中篇）————————————王　筠
最后的露天浴场————————————徐　军
抗联一军没女人————————————高　光
醒醒湖——————————————陈宗光
少校的大令与西北风————————————胡　强
糯谷———————————————王　简

散文

鸟与鸟们—————————————朱苏进
打靶歌——————————————莫　言
老游击队员的红星————————————周　涛
雷鸟之翼—————————————乔　良
鲍鱼———————————————苗长水
九裂枫——————————————郭建英

曲艺

嘴（讽刺喜剧）————————————牛　群　迎春

诗歌

中国河流 ·············· 冯　杰
裸者与死者 ············· 郭晓晔
回到黎明 ·············· 杜　离
黄埔血花 ·············· 张永枚
悬河 ················ 李松涛
穿越盆地 ·············· 顾丁昆
高原二题 ·············· 章德益
山祭 ················ 李　耕
家乡的那片湖 ············ 卢晓渤
海太阳 ··············· 虹　婴
中国潮报告文学征文优秀作品获奖篇目

1989 年第 3 期　刊名:《解放军文艺》
目录

小说

祠堂（中篇） ············ 阎连科
西红柿王 ·············· 毕淑敏
南屏晚钟 ·············· 裘山山
荒原 ················ 周德东

诗歌

鸟·咖啡·音乐 ··········· 韩作荣
母亲 ················ 皖　沪
三月的白桦林 ············ 晓　龄
庞天舒　杜　离　雪　村　陈　虹　辛　茹　王　绯
沙　戈　周惠珠　杨　剑　函　桦　郑怡榕

散文

吉木萨尔纪事 ············ 周　涛
玻璃马 ··············· 简　宁

评论

不可失去历史性的文学机遇 ······ 徐怀中
军事文学创作随想与漫笔 ···· 王中才　叶　楠
郭光豹　彭荆风　贺晓风　韩静霆　杨景民　朱光亚
肖　玉　丛正里　朱苏进　朱石祥　王振贤　朱春雨

1989 年第 4 期　刊名:《解放军文艺》
目录

小说

甜蜜海滩（中篇） ·········· 王树增
草房子 ··············· 蔡椿芳
辉煌的杀伤 ············· 刘恒志
对峙 ················ 吴小军

踩水 ················ 胡正言
总攻之前 ·············· 照　春

诗歌

低下头，并且记住 ·········· 陈云其
看得见风景的炮台 ·········· 程童一
东欧行吟 ·············· 纪　学

报告文学

大炮与对虾 ············· 饶洪桥

散文

苍鹰 ················ 刘白羽
将军的信 ·············· 贺茂芝
男兵女兵 ·········· 丁隆炎　马　苏

评论

致力于文学的发现 ·········· 王　愚
报告文学的新闻特征及其变异 ····· 李炳银

1989 年第 5 期　刊名:《解放军文艺》
目录

中篇小说

鬼眼 ················ 刘增新
破碎的梦 ·············· 郑　平

短篇小说

害怕批评 ·············· 舜　尧
慈航 ················ 林　深
黑剪刀鸟 ·············· 西　风
南十字星 ·············· 杨肇林

诗歌

独牧西风 ·············· 屈　塬
绝唱 ················ 蒋海将
眉际 ················ 吴国平
南沙，南沙 ············· 陈知柏
河西胡杨林 ············· 师永刚
你在遥远的夏季 ··········· 周　民
船过金盔银甲峡 ··········· 沙　白

评论

中国当代军事文学的审美反思 ····· 席　扬
"视点"的辩证观 ··········· 何永康

1989 年第 6 期　刊名:《解放军文艺》
目录

小说

压子 陈　明
没事 天　宝
你的小白鸽 陆颖墨
黑月亮 杨　争
安乐 李志伟

报告文学

太阳从北方升起 崔京生　张秉珏
巨人的决斗 吴　鹏
军官的女人们 傅剑仁

散文

凡人咖啡店 陈云其
野路·牛车 周德东
大海 柯小卫
火洲之恋 姚　毅

诗歌

出奔 朱增泉
星座 黄恩鹏　冷燕虎　王　勇
刘　翔　陈耀文　马砚田　远　岛　刘鸿儒　王耀军
郁　笛　谭忠兴　厉　宁　胡思明　李　伦　张　非

评论

中国当代军事文学的文化反思 陈　墨
《染坊之子》的魅力 骆　飞
1988 年《解放军文艺》特别奖获奖作品
1988 年《解放军文艺》优秀作品获奖篇目

1989 年第 7 期　刊名:《解放军文艺》
目录

中篇小说

荒漠 李洪洋
季风地带 王　筠

短篇小说

孟拱之战 张廷竹
别裂切迭 张　力
旋转的陀螺 王　子
牛鬼蛇神 解　犀
人在小红楼 阎欣宁
其实没有海 滕利娜

周末澡堂会 李云良
排长 张　志

诗歌

硝烟刚逝的地方 王燕生
军魂 柳　沄
拥抱阳光 雷献和
新疏勒歌 张　赞　苏文华
没有忧郁的季节 赵绪奎　李　伟等

评论

关于中国军事文学的审美反思 张　炯
在这片神奇的土地上 晓　丁
一本富有新意的诗集 应从瑛

1989 年第 8 期　刊名:《解放军文艺》
目录

散文

热风吹雨——首都戒严部队生活散记 王　岳
施晓亚　阎　瑛　朱小软　彭和平　张建明
柏林·10·23 梦 赵　鳌
黄土地情思 简　妮
留恋与惋惜 王　萍

报告文学

边关行 龚晓村

小说

方圆 苗长水
牲灵 中　凤
冷谷 铁　柱
大水河 简　宁
万事通的秘密 和国才
灵光里 商亚恒

诗歌

雪盲 张国明
淡青色的档案 梁　粱
陨石雨 聂　沛
浪漫高原 曾有情
诗词二首 李　伟　尚　炜
阳光下的浮雕 冯　杰等

评论

文学不是天际的浮云 彭荆风
为了弄清历史的真实存在 思　忖

1989 年第 9 期　刊名:《解放军文艺》
目录

雪夜·····································吕建江
山上那云·······························李殿华

诗歌
国槐···································张雅歌
星座····································汗　漫
海　男　钱叶用　谢明洲　程　维　庞余亮　西　望
刘　云　王　辉　潘　烽　殷　红

曲艺
忠魂曲·····················张振彬　朱光斗

评论
思考与重构：军事文学走向探索·············喻季欣
我所体验的军事文学·······················苏　策
即使硝烟已经散去·························张　焜
清除资产阶级自由化影响　繁荣军事文艺创作——在
解放军艺术学院学员毕业典礼上的讲话·······杨白冰

散文
敬礼，天安门···········毕永军　孙彦军　艾虎生
王小铁　高云江　吕敬东　石　杰　傅秉耀　芦光祖

报告文学
这里面对太平洋···························成　平

小说
飞欲（中篇）····························刘信通

1989 年第 10 期　刊名:《解放军文艺》
目录

《戒严一日》征文选载····················张作礼
王洪祥　刁九健　李信民　刘兴茂　赵开增　王建平

小说
千言万语（中篇）························苏　策
蚂蚱··································彭荆风
大哥经过一场暴风雨······················阎连科
雨季来临······························程　宏
光环···································郑　平
形象问题·······························胡　强

报告文学

蓝天属于你······················李忠效　朱　斌
小城故事·······························林　深

散文
在总前委麾下···························何正文
蛇年初夏忆旧有感·······················元　辉

诗歌
无尘地带·······························刘立云
祖国···································殷　实
时空任浮躁蔓延··························杜志民
默立之马·······························王小未
战争诗人·······························蔡椿芳
南方箫·································李维佳
太阳的声音·····························未　艾

评论
随着革命历史的钟声前进····················刘白羽
颂扬革命历史生活的黄钟大吕················汪守德

1989 年第 11 期　刊名:《解放军文艺》
目录

戏剧
中国，1949····························刘　星

报告文学
铁血···································谭道博
六月的军旗·····························陈永平
我们的医疗队···························田慧英

小说
在北纬 41°线···························陈怀国
落差（中篇）····························孙　泱

散文
民主德国见闻···························纪　学

诗歌
心笛···································蓝　曼
开国大典·······························韩　笑
祖国之恋·······························柯　原
我的梦境没有消失·······················顾　工
流光集·································徐慎贵

评论
回眸一顾可鉴新··························黄　柯

呼唤英雄—————————————————————蔡桂林

1989 年第 12 期　刊名:《解放军文艺》
目录

坚持军队文艺工作的正确方向—————————杨白冰

报告文学
绿色人生（中篇）—————————————————张德崇

小说
棕色的雪天（中篇）———————————————曹　岩
海上飘着金贝壳—————————————————蔡秀词
黑麻雀————————————————————————岳恒寿
小城奇人————————————————————————徐广泽
第一次嘉奖————————————————————————王继新

诗歌
蹈海————————————————————————————张永枚
烽烟·友情·忧思—————————————————纪　鹏
月亮知我心————————————————————————杨星火
过程————————————————————————————曹　静

散文
自然·社会·历史·人—————————————贺晓风
登台————————————————————————————杨闻宇
呐喊————————————————————————————王　勇
金达莱作证————————————————————————曹　欣
向日葵与太阳雨—————————————————姚　毅

评论
论苗长水小说中的女性世界————————————宗　元
历史舞台　人生话剧—————————————肖　元

《今天》

【简　介】
　　文学双月刊。创刊于 1978 年 12 月 23 日。由北岛和芒克主编。1980 年被迫停刊。此后又以今天文学研究会《文学资料》的形式发行 3 期。总 12 期。其主要发表诗歌、小说、评论以及少量的外国文学译介，尤以诗歌影响巨大。北岛在《致读者》的发刊词中呼唤文学艺术的多样性，"成为点燃数十年中国现代诗热浪的第一缕火光"。

期刊号:1978 年第 1 期—1989 年

1978 年第 1 期　刊名:《今天》
目录

致读者—————————————————《今天》编辑部
在废墟上（小说）—————————————————石　默
选择（小说）————————————————————————李枫林
瘦弱的人（小说）—————————————————迪　星
风景画（诗·外二首）—————————————乔　加
致橡树（诗·外一首）—————————————舒　婷
天空（诗·外二首）———————————————芒　克
回答（诗·外二首）———————————————北　岛
动物篇（寓言）————————————————————咏　喻
大自然的歌声（随笔）—————————————夏　朴
评《醒来吧，弟弟》（评论）————————林　中
诗三首——————————[西]卫尚·亚历山大　钟长鸣译

西班牙诗人卫尚·亚历山大（作家介绍）————吴歌川
纯真（小说）————〔英〕格雷厄姆·格林　方　芳译
谈废墟文学————〔德〕亨利希·标尔　程建立译

第 2 期　刊名:《今天》
目录

十月的献诗（诗一首）————芒　克
相信未来（诗·外二首）————食　指
眼睛（诗·外二首）————北　岛
生日（诗·外一首）————方　含
冷酷的希望（诗一首）————艾　珊

归来的陌生人（小说）————石　默
路口（小说）————崔　燕
瓷像（小说）————万　之
哑吧姑娘（小说）————林　露

三十年代的文艺论争和文艺民主（评论）————方　思
采一束鲜花献给春天（画评）————夏　朴
问……（随笔）————静之晔

鸡神（翻译小说）
　　　　〔苏〕叶甫根尼·叶甫图申科　歌　还译
俄国象征主义诗歌和亚·布洛克————支　波编译
西德"四·七社"简介————程建立编译

秋之魂（摄影作品）————山　风摄
诗歌、小说插图————晓　晴

第 3 期　刊名:《今天》
目录

纪念碑（组诗选）————江　河
巴黎公社————齐　云
长安街
无题

鱼群三部曲————食　指

人民————方　含
在路上
无题

心事————芒　克
太阳落了
写给姗姗的纪念册

自画像

中秋夜————舒　婷
四月的黄昏

太阳城札记————北　岛
小木房里的歌
云啊，云
一切
走吧

第 4 期　刊名:《今天》
目录

祖国呵、祖国（选自组诗《纪念碑》）————江　河
给你（诗）————凌　冰
雨夜（诗·外一首）————北　岛
这是四点零八分的北京（诗）————食　指
秋天（诗、外一首）————芒　克
墙（小说）————铁　冰
雪雨交加之间（小说）————万　之
原谅我，兄弟（小说）————夭　然
波动（中篇小说·连载）————艾　珊
《　　》的社会意义（评论）————史　文
《自然·社会·人》巡礼（随笔）————钟　城
记《今天》编辑部组织的一次朗诵会（报道）
　　　　　　　　　　　　　　————闻　鸣
关于摄影作品《秋之魂》————弓　长

第 5 期　刊名:《今天》
目录

没有写完的诗（诗一首）————江　河
献诗：1972—1973（诗一首）————芒　克
烟（诗一首）————食　指
船（诗一首）————吴　铭
睡吧，山谷（诗·外二首）————北　岛

教堂里的琴声（小说）————舒　婷
开阔地（小说）————万　之
圆号（小说）————伊　恕
波动（中篇小说连载）————艾　珊

克罗齐美学的启示（文艺理论研究）
　　　　　　　　　　————艾　虹　史　文
评《思绪》的思想性（随笔）————毕　捷

梦幻曲（木刻）———————————— 晨　生
诗歌·小说插图 ———————————— 陆　石

第 6 期　刊名:《今天》
目录

谣曲（诗一首）————————————— 方　含
心，总是那一颗（诗·外一首）————— 丁　丹
夜晚（诗一首）————————————— 冬　沙
路上的月亮（诗一首）————————— 芒　克
候鸟之歌（诗·外一首））——————— 北　岛
聚会（小说）—————————————— 夭　然
在小公园里（小说）—————————— 舒　婷
波动（中篇小说连载·续完）————— 艾　珊
试论《今天》的诗歌（评论）————— 辛　锋
《星星》美展前言
《星星》美展部分作者谈艺术
二十小时的《星星》美展 ——————— 韮　民

第 7 期　刊名:《今天》
目录

旋律 —————————————————— 艾　珊
仇恨 —————————————————— 伊　恕
没有太阳的角落 ———————————— 金　水
远方——雪 —————————————— 万　之
红气球 ————————————————— 萌　萌
老人与伤兵 —————————————— 阿　蛮
星 ——————————————————— 凌　冰
永动机患者 —————————————— 晨　漠
一九七九年第一——六期总目

第 9 期　刊名:《今天》
目录

万之短篇小说两篇
城市之光
噩耗
假面午会（小说）——————————— 夏　歌
一个孩子死了（小说）————————— 肖　迪
稿纸上的月亮（小说）————————— 石　默

虚构（诗一首）————————————— 小　青
幸福的绿叶（诗一首）————————— 夏　朴
结局或开始（诗·外一首）—————— 北　岛
观象台（诗一首）——————————— 洪　荒

葡萄园（诗一首）——————————— 芒　克
我们从自己的脚印上……（诗一首）— 杨　炼

步入永恒（翻译小说）——[美]小库尔特·冯尼格特

《今天》短篇小说浅谈（随笔）———— 韮　民
答复（诗人谈诗）
奇异的光（文学评论）———————— 徐敬亚

第 10 期　刊名:《今天文学研究会》
目录

致读者
歌手（诗·一首）——————————— 小　青
愤怒（诗·一首）——————————— 食　指
欢乐（诗·一首）——————————— 英　子
赠别（诗·外一首）—————————— 顾　城
离别之后（诗·一首）————————— 严　力
致渔家兄弟（诗·外一首）—————— 芒　克
归梦（诗·一首）——————————— 舒　婷
兰色狂想曲（诗·一首）——————— 杨　炼
和弦（诗·外一首）—————————— 北　岛
向日葵（组诗选）——————————— 江　河
诗人谈诗
带星星的睡袍（小说）————————— 徐　晓
相会（小说）————————————— 棣　子

第 11 期　刊名:《今天文学研究会》
目录

今天文学研究会章程
万之短篇小说三篇
谜
沙
自鸣钟下
相会（小说）————————————— 棣　子
星光，从黑暗和血泊中升起
　——读《波动》随想录《文学随笔》——— 老　广

第 12 期　刊名:《今天文学研究会》
目录

画廊（诗）——————————————— 白　夜
海（诗）———————————————— 小　青
枫叶和七颗星星（诗·外一首）———— 北　岛
诗二首 ————————————————— 芒　克

简历（诗）————————————顾　城
诗四首————————————————江　河
乌蓬船（诗）—————————————杨　炼

"新诗"——一个转折吗？（评论）——————洪　荒

《剧本》

【简　介】

　　文学月刊。中国戏剧家协会主办。创刊于1952年，复刊于1979年。其宗旨为发表优秀剧本、总结创作经验、培养青年剧作家、繁荣戏剧创作。刊登作品主要有话剧、戏曲、歌剧、电视剧本等，兼有剧本评论、剧作家研究、创作问题研究以及中外戏剧艺术文化交流等方面的文章。

期刊号：1979年第1期—1989年第12期

新的长征，新的使命
——复刊致读者

本刊编辑部

　　停刊近十三年的《剧本》月刊，在全国人民向四个现代化进军的战鼓声中，重新和读者见面了。

　　十三年呵，这是翻天覆地的十三年！

　　林彪、"四人帮"给中国人民造成了一场历史上罕见的浩劫。在这场浩劫里，戏剧战线和其他战线一样，遭到了严重的摧残：传统戏曲禁演，话剧判了死刑，歌剧绝迹舞台，不少演出团体解散，有成就的戏剧家惨遭迫害……文化被践踏，艺术受凌辱，昔日弦歌不绝的舞台，一片萧索和空寂。

　　一九七六年十月一声惊雷，以华国锋同志为首的党中央率领全国军民，一举粉碎了"四人帮"，我们国家得救了！我们的戏剧也得救了！戏剧工作者立即迸发出了何等旺盛的创造力！首先，话剧焕发青春，发扬了"五四"以来的战斗传统，以巨大的革命热情，创作出一批歌颂老一代、揭批"四人帮"的剧目，在舞台上塑造了毛主席、周总理、朱委员长和其他老一辈无产阶级革命家的形象。这在中国戏剧史上，称得起是伟大的创举。新的戏曲和歌剧也有新作问世，传统戏曲逐步上演，短短两年时间，戏剧舞台又呈现出春光一片！

　　现在，以华国锋同志为首的党中央，率领全国人民开始了新的长征，党的十一届三中全会号召，从今年起把全党、全国的工作重点转移到社会主义现代化建设上来！四个现代化，是我国人民世世代代梦寐以求的理想，是关系到国家存亡、关系到人民生活的大事。党中央的这一伟大的战略决策，受到全国人民，包括我们全体戏剧工作者的衷心拥护。

　　戏剧工作者怎样为实现四个现代化服务呢？这是摆在我们面前的一个迫切的任务，崭新的课题。我们必须认真学习，把马列主义、毛泽东思想的普遍真理和实现四个现代化的伟大实践密切地结合起来，把毛主席历来倡导的有关文艺工作的路线、方针、政策、理论以及周总理对文艺工作的指示，和当前新时期的总任务密切地结合起来。要总结三十年来正反两方面的经验教训，研究新问题，解决新问题，与来自"左"的和右的错误思想倾向进行斗争，目前，要着重批判林彪、"四人帮"的假左真右的反革命修正主义文艺路线及其影响。戏剧工作者必须坚定地到工农兵火热的斗争生活中去，和新时期的工农兵结合在一起，观察、体验、研究、分析正在直接参加这一伟大变革的工农兵和知识分子的新的精神境界和思想、感情，反映他们新的生活和新的斗争。我们要继续坚持实践是检验真理的唯一标准的原则，彻底解放思想，发扬艺术民主，作"双百"方针的促进派，打破"四人帮"设置的禁令、禁区，作捍卫毛主席革命文艺路线的闯将。抓住真理，所向披靡。同时，我们也要磨炼艺术技巧，不断提高创作水平，要有真才实学，真情实感，有艺术的独创性。放手地写，大胆地写，消除余悸，清除余毒，为实现四个现代化而努力创作。

　　我们《剧本》编辑部全体同志，全国专业、业余剧作者、戏剧工作者共同来完成我们肩负的任务，共同来脚踏实地地为加速实现四个现代化吹进军号，唱出时代的最强音。

1979年第1期　刊名：《剧本》
目录

新的长征，新的使命——复刊致读者————本刊编辑部
秋收霹雳（五幕话剧）———赵　寰（执笔）　庞加兴
大风歌（七幕历史剧）————————————陈白尘
郭沫若、屈原和蔡文姬————————————徐　迟

惊雷一声迎新春
——看《于无声处》后的一点感想⋯⋯⋯荒 煤
《七月流火》重新出版小记⋯⋯⋯⋯⋯⋯于 伶

戏剧杂谈
"学人似，不要丢己真"⋯⋯⋯⋯⋯⋯⋯⋯李 钦
禁区与胆识⋯⋯⋯⋯⋯⋯⋯⋯⋯⋯⋯⋯许国荣
从"雷峰塔不能倒掉"谈起⋯⋯⋯⋯⋯⋯徐 铁
《戏剧新作》第一集即将出版
封面设计⋯⋯⋯⋯⋯⋯⋯⋯⋯⋯⋯⋯⋯邱承德

1979 年第 2 期　刊名:《剧本》
目录

火车上的威风（独幕话剧）⋯⋯⋯⋯⋯⋯老舍遗作
刑场上的婚礼（八场越剧）⋯⋯⋯⋯⋯⋯胡小孩
老师呵！老师!（五幕话团）
　　　　　　　李婉芬（执笔）　朱 琳

学习局总理关于文艺工作的讲话
几点随想⋯⋯⋯⋯⋯⋯⋯⋯⋯⋯⋯⋯⋯曹 禺
天地广阔了⋯⋯⋯⋯⋯⋯⋯⋯⋯⋯⋯⋯丁一三
"放"则兴，"禁"则衰⋯⋯⋯⋯⋯⋯⋯⋯树 元
寓教育于娱乐之中⋯⋯⋯⋯⋯⋯⋯⋯⋯⋯赵 寰

纪念老舍先生诞辰八十周年
论悲剧⋯⋯⋯⋯⋯⋯⋯⋯⋯⋯⋯⋯⋯⋯⋯老 舍
《大鼓艺人》和《方珍珠》⋯⋯⋯⋯⋯⋯胡絜青
老舍先生与北京人艺⋯⋯⋯⋯⋯⋯⋯⋯⋯英若诚
秦琼卖马及其他（戏剧杂谈）⋯⋯⋯⋯⋯王一峰
美国剧坛一瞥⋯⋯⋯⋯⋯⋯⋯⋯⋯⋯⋯⋯谢榕津
编后记·稿约·简讯

1979 年第 3 期　刊名:《剧本》
目录

陈毅出山（九场话剧）⋯⋯⋯⋯⋯⋯⋯⋯丁一三
被唾弃的人?（七场沪剧）⋯⋯⋯⋯张东平　虞元芳
曹静卿　何 俊
送伞（小戏曲）⋯⋯⋯⋯⋯⋯⋯⋯⋯社员马同秀
要为演员打本子⋯⋯⋯⋯⋯⋯⋯⋯⋯⋯盖叫天遗著
略论曹禺的戏剧艺术⋯⋯⋯⋯⋯⋯⋯⋯⋯胡叔和
一幅颂扬民族和睦的壮丽画卷
——谈曹禺新作历史剧《王昭君》⋯⋯⋯龚义江
从"老农不懂种地"说起（戏剧杂谈）⋯⋯曾 炜

1979 年第 4 期　刊名:《剧本》
目录

报春花（七场话剧）⋯⋯⋯⋯⋯⋯⋯⋯⋯崔德志
红娘子（九场京剧）⋯⋯⋯⋯⋯⋯⋯⋯⋯华而实
护花神（歌剧）
　　　欧阳逸冰（执笔）　李树盛　黄安伦
杰出的戏剧艺术家——田汉⋯⋯⋯⋯⋯⋯陈瘦竹
哀悼田汉同志（诗词各一首）⋯⋯⋯⋯⋯凌 鹤
哭爸爸⋯⋯⋯⋯⋯⋯⋯⋯⋯⋯⋯⋯⋯⋯⋯田 野
写人为主——《战洪州》给我的启示⋯⋯张 真
主角质疑（戏剧杂谈）⋯⋯⋯⋯⋯⋯⋯⋯木 生

1979 年第 5 期　刊名:《剧本》
目录

沈雁冰同志在田汉同志追悼会上致悼词
悼念田汉同志⋯⋯⋯⋯⋯⋯⋯⋯⋯⋯⋯⋯张 庚
中国革命戏剧的瑰宝——重读田汉的话剧《丽人行》
和《关汉卿》⋯⋯⋯⋯⋯⋯⋯⋯⋯⋯⋯⋯陈 默
3：0（七场话剧）⋯⋯⋯周康渝　袁能贤　张 工
界牌关下（湖南花鼓戏）⋯⋯⋯⋯⋯⋯⋯沈衍华
今天记者来采访（独幕话剧）⋯⋯⋯⋯⋯程立达
《风波亭》的风波（独幕讽刺喜剧）
　　　　　　沙叶新　李守成　姚明德
上门（方言韵白剧）⋯⋯冯联清　侯光玉　卢荣龄
"五四"期间北京学生话剧运动一斑⋯⋯⋯李健吾
黄钟大吕奏大风
——评七幕历史剧《大风歌》⋯⋯⋯⋯⋯唐振常
田汉同志追悼会在京举行
欧阳予倩诞辰九十周年纪念演出

1979 年第 6 期　刊名:《剧本》
目录

坚持"双百"方针　繁荣戏剧创作⋯⋯⋯本刊评论员
努力描写我们时代的青年——本刊召开青年题材剧本
创作座谈会⋯⋯⋯⋯⋯⋯⋯⋯⋯⋯⋯⋯⋯剑 雪

八垧地（独幕话剧）⋯⋯⋯⋯⋯⋯⋯⋯⋯赵羽翔
铁铁（独幕儿童剧）⋯⋯⋯⋯⋯⋯⋯⋯⋯刘厚明
枣红马（小型淮剧）⋯⋯⋯⋯⋯⋯⋯龚义江　顾少春
如何处理（独幕话剧）⋯⋯⋯⋯⋯⋯⋯⋯矫崇兴
冷暖之间（独幕话剧）⋯⋯⋯⋯⋯⋯⋯⋯唐洪忱
胭脂（十一场越剧）⋯⋯⋯⋯⋯⋯⋯魏 峨　双 戈
谈《报春花》的写作⋯⋯⋯⋯⋯⋯⋯⋯⋯崔德志

《闲情偶寄·词曲部》新探⋯⋯⋯⋯⋯⋯⋯沈 尧
一个真实感人的形象
——评越剧《胭脂》中的吴南岱⋯⋯⋯石 梅

1979 年第 7 期　刊名:《剧本》
目录

金水桥畔（四幕话剧）⋯⋯⋯⋯⋯苏叔阳　张 锲
泪血樱花（八场话剧）⋯⋯⋯⋯⋯郑锡同　陈 键
血染的军帽（独幕话剧）
⋯⋯⋯⋯中国人民解放军 52884 部队　李 东
新的探索　新的突破——话剧《未来在召唤》座谈会
纪要⋯⋯⋯⋯⋯⋯⋯⋯⋯⋯⋯⋯⋯⋯雪 英
时代的要求　人民的愿望——塑造老一辈革命家艺术
形象读剧札记⋯⋯⋯⋯⋯⋯⋯⋯⋯凤 子
历史题材　大有可为⋯⋯⋯⋯⋯⋯⋯张 真
喜读《报春花》⋯⋯⋯⋯⋯⋯⋯⋯⋯王昌定
略论《伽俐略传》⋯⋯⋯⋯⋯⋯⋯⋯林克欢
来稿来信摘登

1979 年第 8 期　刊名:《剧本》
目录

未来在召唤（三幕十一场话剧·修改稿）⋯⋯赵梓雄
初晴（七场戏曲）⋯⋯⋯⋯⋯⋯⋯⋯翟迎春
我为什么死了（喜剧中的悲剧）⋯⋯⋯谢 民
"研究研究"（小戏曲）⋯⋯⋯⋯⋯⋯薛 震
未来在召唤，时代在前进⋯⋯⋯⋯⋯罗 苏
《初晴》读后⋯⋯⋯⋯⋯⋯⋯⋯⋯⋯金 辉

探讨当前戏剧创作的新问题
我们创作的基点⋯⋯⋯⋯⋯⋯⋯⋯⋯白 桦
要敢于说真话⋯⋯⋯⋯⋯⋯⋯⋯⋯⋯赵梓雄
艺术家的勇气及其他⋯⋯⋯⋯⋯⋯⋯张 锲
要提高艺术质量⋯⋯⋯⋯⋯⋯⋯⋯⋯苏叔阳
突破与创新⋯⋯⋯⋯⋯⋯⋯⋯⋯⋯⋯李 恍

编后记

1979 年第 9 期　刊名:《剧本》
目录

谎祸（七场豫剧）⋯⋯董新民　杜 艳　李殿臣
星光啊星光（七场歌剧）⋯⋯张思恺　所明心　谢友良
悲喜泪（七场粤剧）⋯⋯林涵表　陈仕元　张云青
陈白尘同志谈《大风歌》和历史剧——和中央实验话

剧院《大风歌》剧组谈话摘要
谈孙美人形象的创造⋯⋯⋯⋯⋯⋯⋯闵抗生
座谈曹禺同志新作《王昭君》⋯⋯⋯易 山

戏剧论坛
古塘里的阴风⋯⋯⋯⋯⋯⋯⋯⋯⋯⋯白 刃
百花怒放不可阻挡⋯⋯⋯⋯⋯⋯⋯⋯所云平
《普罗米修斯》与《腓尼基妇女》⋯⋯廖可兑

1979 年第 10 期　刊名:《剧本》
目录

权与法（四幕话剧）⋯⋯⋯⋯⋯⋯⋯邢益勋
佤山雾（七场现代京剧）⋯⋯⋯⋯⋯王绍志
炮台山下（独幕话剧）⋯⋯⋯⋯沈福庆　毓 钺
千里岷山雪（昆剧）⋯⋯⋯⋯⋯⋯唐 湜　执笔
"百花齐放，推陈出新"方针的胜利
——略论建国三十年戏曲创作的成就与经验
⋯⋯⋯⋯⋯⋯⋯郭汉城　何 为　朱颖辉

剧作家剪影
老当益壮的剧作家曹禺⋯⋯⋯⋯⋯⋯颜振奋
岁月流逝　来日方长
——吴祖光话剧创作一瞥⋯⋯⋯⋯⋯田 庄
白桦——多思、多才、多产的作家⋯⋯李 钦
为人民　拼命干——访丁一三⋯⋯⋯柏松龄
思考和斗争的新一代——访赵梓雄⋯⋯雪 英
对历史剧的有益探讨
——记《大风歌》座谈会⋯⋯⋯⋯⋯伯 荣

1979 年第 11 期　刊名:《剧本》
目录

迎接戏剧创作的新繁荣⋯⋯⋯⋯⋯本刊编辑部
神州风雷（十一场话剧）
⋯⋯⋯⋯广州部队政治部《神州风雷》创作组
集体创作　赵寰、金敬迈执笔
竹笛（六场歌剧）⋯⋯⋯韦洁晶　（壮族）旭 明
自来水龙头《（四川谐剧）⋯⋯⋯⋯王永梭
放牛（四川谐剧）⋯⋯⋯⋯⋯⋯⋯⋯王永梭
话剧创作纵横谈⋯⋯⋯⋯⋯⋯王 正、李 钦
关于《报春花》的一封信⋯⋯⋯⋯⋯荒 谋
新长征路上的报春花（述评）⋯⋯⋯沈 毅
独标一格的四川谐剧⋯⋯⋯⋯⋯⋯⋯竹亦肯
"我为人民鼓与呼"
——读豫剧《谎祸》随感⋯⋯⋯⋯⋯鲁 煤

剧作家剪影

岁寒知后雕

——记老作家陈白尖 ································· 周　明

决不放下手中的笔

——记赵寰同志 ································· 黄伟康

百花齐放，群芳吐艳

——今年创作、上演的部分剧目 ················· 资料组

1979 年第 12 期　刊名:《剧本》
目录

迎接社会主义戏剧繁荣的新时代

——中国戏剧家协会第三次会员代表大会开幕词

································· 曹　禺

坚持"百花齐放，百家争鸣"的方针

繁荣社会主义戏剧事业

——中国戏剧家协会工作报告 ················· 赵　寻

在新长征中作出更大的贡献

——中国戏剧家协会第三次会员代表大会闭幕词

································· 阳翰笙

故都春晓（四幕话剧） ················· 绍　武　会　林

三打陶三春（六场京剧） ················· 吴祖光

剧作家剪影

从红小鬼到剧作家

——记所云平 ································· 剑　雪

他对生活满怀热情

——记胡小孩 ································· 曾　铭

蓝马、好马和小马（戏剧杂谈） ················· 思　宁

"闯"理论组的启示（戏剧杂谈） ················· 伯　荣

百花齐放，群芳吐艳

——今年创作、上演的部分剧目 ················· 资料组

1980 年第 1 期　刊名:《剧本》
目录

发霉的钞票（六场汉剧） ·········万家煌　诸扬荣　王岳松

一包蜜《京例》 ················· 余笑予　谢　鲁

讨厌的风（独幕话剧） ································· 天　行

杏子黄了（独幕话剧） ················· 张世元　黎廷刚

回顾和展望——迎一九八〇年 ················· 凤　子

戏剧要更好地反映生活、促进四化

——座谈戏剧如何反映人民内部矛盾问题 ·········林涵表

李　恍　陈　刚　邢益勋　徐非光　曲六乙　田　芬

王　正　李振玉　杜清源

《草莽英雄》再版序 ································· 阳翰笙

革命的作家和战士

——夏衍同志 ································· 吴祖光

创作经验

在前辈指导下学步

——谈《故都春晓》的写作 ················· 绍　武　会　林

当好人民的喉舌

——京剧《一包蜜》创作初衷 ·········余笑予　谢　鲁

《救救她》创作中的一些想法 ················· 赵国庆

小剧评

喜看《一包蜜》 ································· 曹其敏

真理和正义的颂歌

——评四幕话剧《权与法》 ················· 焦勇夫

话剧《救救她》的可贵之处 ················· 李庆成

消息五则

1980 年第 2 期　刊名:《剧本》
目录

司马迁（新编历史京剧） ································· 郭启宏

奇怪的《101》（现代儿童剧）

················· 罗　英　潘耀斌　程式如

彭德怀坐轿（湖南花鼓戏） ················· 周乙歧

这不是小事（独幕话剧） ································· 段向义

看京剧《司马迁》所想到的 ················· 张　庚

《权与法》创作漫谈 ································· 邢益勋

足踏烽火　神驰天涯（剧作家剪影）

——战斗的剧作家于伶 ················· 何　慢

剧作新花

别具一格的《琵琶行》 ································· 刘　川

针砭时弊　发人深省

——看汉剧《发霉的钞票》 ················· 周育英

《我为什么死了》的悲喜剧性 ················· 林克欢

戏剧杂谈

要有一副热心肠 ································· 张　庚

也谈"到底写的谁?" ································· 朱以中

艺术创作中的陷坑 ································· 师　予

赞美《101》呼吁儿童剧——记儿童剧《奇怪的101》

座谈会 ································· 万　方

一个小学生给中国儿童艺术剧院的信 ················· 袁　卜

座谈话剧《霜天晓角》 ················· 黄念琪

1980 年第 3 期　刊名:《剧本》
目录

为了幸福，干杯！(七场喜剧)·············水运宪
秦琼让印（吉剧）·····················王　肯
并非误会（独幕话剧）·········方肇瑞　孙家骐
认清时代　阔步前进（短论）

创作经验
观察·集中·提炼
——创作《为了幸福，干杯！》的一点体会···水运宪
谈京剧《司马迁》的创作···············郭启宏

剧作家剪影
根植于人民之中——记杨兰春···········王一峰
同生活血肉相联——记崔德志···········雪　英

剧作新花
寄自羊城的一封信
——谈谈京剧《司马迁》···············王季思
要谱写新人的颂歌，也要鞭挞丑类
——喜剧《为了幸福，干杯！》和《没法说》观后
··························颜振奋
《奇怪的"101"》人物浅析·············方　杰
感人肺腑　催人泪下
——话剧《霜天晓角》第二场的一段戏观后
··························郝健葆

问题探讨
对几个问题的看法···················郭汉城
关于社会效果问题的思考···············王行之

1980 年第 4 期　刊名:《剧本》
目录

原子与爱情（四幕活剧）·········李维新　郑邦玉
李永贵　周立国
鉴真东渡（六场话剧）·········齐致翔　吴葆璋
雷恪生　李桦　夏钧寅

纪念"左联"成立五十周年
忆曙星剧社·······················楼适夷
努力学习戏剧前辈的革命精神············王永德
忆"左联"二三事···················陈北鸥

创作经验
老舍谈剧本创作·················王行之辑录

从生活到主题······李维新　郑邦玉　李永贵　周立国

献礼演出评奖工作圆满结束
中日文化血缘缔结史上的不朽人物
——《鉴真东渡》话剧本发表有感·········赵朴初
胸中有舞台　笔下写人物（剧作家剪影）
——记戏曲作家范钧宏·················范　溶
忆少奇同志看《雷雨》有感·············万　方

剧作新花
我看《飞吧，鸽子》·················叶　林
谈谈《故都春晓》中的傅作义形象·········冼济华

创作应一丝不苟（随笔）···············柳　江
谈"真人假事"（随笔）···············姜耕玉
戏剧消息两则

1980 年第 5 期　刊名:《剧本》
目录

陈毅市长（十场话剧）·················沙叶新
刘志丹（八场歌剧）·················李建庆
附:《刘志丹》序曲···················张　鲁
戏曲沿着社会主义方向阔步前进··········本刊评论员

创作经验
夏衍谈剧本创作···················韦迅辑录
写在《陈毅市长》发表的时候············沙叶新
谈谈《日出》中的陈白露···············钱谷融
默默地为人民工作着（剧作家剪影）——记剧作家李
健吾·····························李慧中
有益的探索——《原子与爱情》观后·······沈　毅

随笔
从别林斯基对《智慧的痛苦》批评错了谈起····安　葵
透过伤痕看到精神的火光···············杜　高
"想得深又说得俏"···················梁秉堃

消息两则

1980 年第 6 期　刊名:《剧本》
目录

珍妃泪（七场曲剧）·············李章　张宏文
赵其昌　张永和
屋外有热流（独幕话剧）····马中骏　贾鸿源　瞿新华
寒丹鸟的秘密（四场儿童话剧）···········风　眠

西瓜，我问你！（独幕话剧）————————刘厚明
任性的小白母鸡（两场童话剧）————————葛翠林

全国少年儿童文艺创作评奖圆满结束
祝儿童剧舞台鲜花万朵————————————凤　子
为了观众的明天
——记在日本看儿童剧演出————————赵　寻

剧作家剪影
辛勤地为儿童们创造精神食粮
——记儿童剧作家任德耀————————裴　晨
孩子们的好老师和好朋友
——记儿童剧作家刘厚明————————韦启玄
要创造形象（随笔）
——谈《星光啊星光》的结尾————————张　真
阿Q的"讳"（随笔）————————————高　彦

创作经验
写《屋外有热流》的探索与思考——贾鸿源　马中骏
《珍妃泪》创作中的一些情况————————李　章
大庆行——记剧作家参观访问团————————方　苏
消息三则

1980 年第 7 期　刊名：《剧本》
目录

戏剧创作漫谈————————————————曹　禺
深夜静悄悄（六场话剧）————————————苏立群
明镜记（五场京剧）————————————马少波
我、你、他……（原名《这不是戏》，五幕话剧）
————————————————————李苒苒
努力提高话剧创作的水平
——一年来话剧创作述评————————华菊竹

剧作家剪影
勤奋·探索·责任感
——记青年剧作家沙叶新————————不　易

创作经验
挖掘普通人心灵的美
——写《我、你、他……》的一些想法————李苒苒

随笔
"走马观花"也很需要————————————何　求
以情动人————————————————余惠民

1980 年第 8 期　刊名：《剧本》
目录

戏班子断案（六场民间歌剧）————————裴　斐
下河东（九场晋剧）————————许石清　张正申
刘德茂　改编
乔迁之喜（小淮剧）————————董　辉　栾正弟
石桥惊驾（京剧）————————————许思言
南宫玲霞（广播剧）————————熊生民　刘保毅
坚持推陈出新　丰富戏曲剧目————————本刊评论员

戏曲剧目问题必谈
"两条腿走路"与京剧改革————————范钧宏
戏曲现代戏需要扶植————————————杨兰春
敢于正视，才能成气候————————————郭秉箴
也要"这一个"——谈传统剧目的改编————王　肯
谈谈新编历史剧和历史故事剧的创作————钱法成
前进吧，昆剧！————————————陈　静
连台本戏也是一朵花————————————许思言
内蒙草原新生活的歌手《周作家剪影》——记蒙族剧
作家超克图纳仁————————————丁尔纲
两个勇于探索的青年业余作者——介绍《屋外有热
流》的编剧贾鸿源和马中骏————————周玉明

剧评
不同凡响的《陈毅市长》————————辛　兵
生活与艺术的热流
——评《屋外有热流》————————林克欢
读者来信摘登————袁盛邦　黄响钟　周　雯　江　航
消息一则

1980 年第 9 期　刊名：《剧本》
目录

晋水咽（七场民族歌舞剧）————————寒　声
带血的谷子（六场话剧）————————蒋晓勤　韩　勇
八月中秋（小沪剧）————————————戴慕仁

剧作家剪影
心灵美的探索者——记话剧作家武玉笑————谢昌余

编剧技巧研究
编剧技巧漫谈（连载）————————————李之华
关于传统剧本"推陈出新"的对话————————陈　静
谈谈广播剧的结构————————————刘保毅
广播剧的语言特点————————————刘雨岚
深受读者欢迎的《小剧本》月刊即将复刊

消息两则

1980 年第 10 期　刊名:《剧本》
目录

梅岭春（十场评则）————————何孝充（执笔）　宋英杰
芨芨草（七场话剧）—————————————————晏　学
坚持"百花齐放，推陈出新"的方针，繁荣戏曲剧目
——戏曲剧目工作座谈会情况简述
———————戏曲剧目工作座谈会办公室整理
话剧《陈毅市长》座谈会发言摘登
—————凤　子　苏一平　兰　光　所云平
林克欢　丁一三　李之华　赵　寻
编剧技巧漫谈（续）————————————李之华
同戏曲结下了不解之缘（剧作家剪影）——记戏曲作
家王肯———————————————————李　改
风雨梅岭别样春（剧评）
——评剧《梅岭春》读后————————马少波

随笔
要尊重作者权益—————————————————荔　文
昭关那有戏关难—————————————————马同秀

深受读者欢迎的《小剧本》月刊即将复刊

1980 年第 11 期　刊名:《剧本》
目录

灰色王国的黎明（三幕话剧）————————中杰英
海瑞驯"虎"（十场秦腔）
————————薛德元　刘光明　杨　智
相亲亭（山歌剧）————————————————李荣民

关于当前话剧创作问题的讨论
从观众那里得到的启发——————————兰　光
引我深思
——读曹禺同志《戏剧创作漫谈》有感———李　恍
"社会问题剧"浅探———————————————陈恭敏
几点看法———————————————————赵梓雄
《主任外传》代序
——给作者王少燕的一封信————————陈白尘
生活耀光采（剧作家剪影）
——记剧作家黄俊耀————————————黄　河
这里不应有禁区（随笔）————————————伯　荣
编剧技巧漫谈（续）——————————————李之华

短讯
戏曲、歌剧现代题材作品讨论会在杭州举行
部分在京作者座谈话剧创作问题
中国剧协召开话剧《灰色王国的黎明》座谈会

1980 年第 12 期　刊名:《剧本》
目录

复婚记（七场越剧）————————————顾锡东
血，总是热的（话剧剧本）———宗福先　贺国甫
一字值千金（小淮剧）————————————吕庆余
支持鼓励　催发新花——记甘肃省话剧团领导创作的
基本做法————————————————————谢昌余

随笔
"以文会友"与行政干涉————————————卞　明
管文化的要懂文化———————————————丁　金
以文会友，精益求精——记戏曲、歌剧现代题材作品
讨论会————————————————————荔　文
《灰色王国的黎明》观后————————————林克欢
编剧技巧漫谈（续）——————————————李之华
《小剧本》八一年一月号要目简介

1981 年第 1 期　刊名:《剧本》
目录

花落知多少（七场越剧）————————————魏　峨
野马（九场评剧）————————薛思厚　刘敏庚
张王李赵（七场吕剧）————————————赵象焜
文艺家的职责与社会效果————————————赵　寻
建设戏曲现代剧目问题————————————张　庚
为提高现代戏曲创作水平而努力——戏曲、歌剧现代
题材剧本讨论会札记————————————凤　子

戏曲作家谈提高现代戏的质量
努力熟悉本剧种的艺术特点————————黄俊耀
从生活出发———————————————————徐　进
要像　要美———————————————————顾锡东
曲折的情节和高尚的情趣———————————魏　峨
创造现代戏的新程式———————————————胡小孩
写自己熟悉的、感动的————————————刘奇英
提高现代戏质量的建议————————————柳　江
话剧剧本讨论会在京召开

1981 年第 2 期　刊名:《剧本》
目录

泪雨春花（八场越剧）················徐　进　薛允璜
易胆大（六场川剧）·····················魏明伦
三关宴（六场京剧）·····················吴祖光
门不开着，就得关着（法国名剧）
·················[法]阿弗莱德·德·缪塞
郭宏安译　李健吾评校

谈当前话剧创作中的提高问题
让观众感到生活的亲切·····················李　杰
根深才能叶茂·····························黄　悌
"自我"与时代·····························陈恭敏
关于社会主义新人形象的思考···············崔德志
教训人的话剧没人要·······················周振天
为了话剧创作的繁荣与发展
——话剧剧本讨论会散记·············本刊记者　韦启玄
"人民欢迎你的作品"——记戏曲作家徐进···秋　实
关于《门不开着，就得关着》的作者及其他···李健吾

随笔
发掘新人的心灵美·························王　朴
领导与作家之间···························思　宁
编剧技巧漫谈（续）·······················李之华

1981 年第 3 期　刊名:《剧本》
目录

理想还是美丽的（六场话剧）···············刘　川
詹天佑（七场话剧）···············濮思温　刘振蒸
难关与希望　创新与继承···················陈白尘
总结经验　阔步前进
——话剧剧本讨论会札记·················凤　子
领导·生活·批评——学习《周恩来选集》（上卷）有
关文艺论述的体会·························张　颖
试论文艺的社会效果·······················李兴叶
戏曲创作队伍中的一对"孪生兄弟"（剧作家剪影）
——记戏曲作家双戈、魏峨···············王一峰

随笔
不能丢失戏剧的灵魂·······················黄维钧
戏剧要揭示生活的诗意·····················梁　华
把人物写活·······························红　柳
奥尼尔和他的《安娜·桂丝蒂》···············闻　起
戏剧消息：著名戏剧家薛恩厚逝世、著名戏曲作家华
粹深教授逝世、读者欢迎《小剧本》、《南国戏剧》座

谈话剧《同甘共苦》

1981 年第 4 期　刊名:《剧本》
目录

阿Q正传（七幕剧）···原著　鲁　迅　编剧　陈白尘
月难圆（八场评剧）···············张福先　张惠文
静夜思（小戏曲）·························魏明伦
我对戏剧创作的希望·······················曹　禺
谱写英雄的颂歌
——记歌剧《同心结》座谈会·········本刊记者　田　辛
题材和生活·······························蓝　光
戏剧题材无比宽阔·························颜振奋
在不平坦的崎岖道路上前进·················苏叔阳
一片赤子之心为京剧
——记京剧剧作家许铁生·················龚义江

随笔
热情对待青年作者·························柳　江
不要忘掉莎士比亚·························王　正
编剧技巧漫谈（续）·······················李之华
歌剧《同心结》剧情简介
戏剧消息：戏剧杂志《戏文》出版、抚顺市话剧团来
京演出《战犯》

1981 年第 5 期　刊名:《剧本》
目录

徐九经升官记（九场京剧）···········郭大宇　彭志淦
小井胡同（五幕话剧）·····················李龙云
指鸡骂夫（小戏曲）···············牟永巨　单联全

中日文化交流
北京的春天——欢迎日本话剧访华演出团·······凤　子

创作问题研究
戏剧观念问题·····························陈恭敏
社会矛盾与性格冲突·······················谭沛生

剧作家剪影
他生活在人民群众之中——怀念李悦之同志···张　蓬
独出心裁写新戏
——记青年剧作者郭大宇、彭志淦···········李慧中

随笔
扎根于人民生活的土壤·····················王慧敏

剧评与欣赏
读《小井胡同》…………………………温广鲤
谈莎士比亚的《一报还一报》……………廖可兑
本刊启事：来稿勿寄个人

1981 年第 6 期　刊名:《剧本》
目录

白龙口（八场秦腔）………………杨克忍　李哲明
吉他，您还能再响吗？（五幕话剧）………邹安和
小羊羊的心事（儿童电视剧）………………葛翠林

庆祝中国共产党成立 60 周年
喜雨……………………………………………吴祖光
熟悉新生活　探索心灵美……………………段承滨

创作问题研究
谈历史剧创作…………………………………马少波
儿童剧琐议四题………………………………黄祖培

剧评与欣赏
闪闪发光的《金子》…………………………刘宾雁
《徐九经升官记》观剧断想…………………齐致翔

剧作家剪影
辛勤的耕耘　不倦的探索
——记儿童剧作家罗英………………………何镇邦

随笔报导
"找尖锐的地方下笔"………………………梁秉堃
到新的生活中去——记部分剧作家到德州农村参观访
问……………………………………本刊记者万方

编剧技巧漫谈（续）…………………………李之华
消息：文化部直属院团八〇年新剧目评比演出胜利结
束　《儿童文学作家作品论》出版

1981 年第 7 期　刊名:《剧本》
目录

北上（八场话剧）………………作剧　李伯钊
执笔　树元　李滨　杨绍明
状元与乞丐（八场莆仙戏）
………………………莆田县编剧小组整理改编
执笔　姚清水　祁宗灯
唐燕燕（独幕话剧）…………………………高　红

庆祝中国共产党成立六十周年
建党六十周年前夕随想………………………丁一三
党哺育我成长…………………………………刘厚明
怀念尊敬的茅盾同志…………………………张　颖

创作问题研究
"双百"方针不可忽视………………………方　杰
戏曲题材问题浅探……………………………陈　多
笔耕五十年　编剧百余出（剧作家剪影）——记戏曲
作家翁偶虹…………………………………刘东升
整理改编《状元与乞丐》的一些体会………姚清水

剧评与欣赏
推陈出新的佳作《状元与乞丐》……………吴乾浩
杨潮观和他的《吟风阁杂剧》………………石　湖
文化部、中国戏剧家协会联合举办
1980—1981 年全国优秀剧本创作评奖启事
文化部召开全国农村题材优秀电影、戏剧创作座谈会
小记
编后记

1981 年第 8 期　刊名:《剧本》
目录

一代英豪（四幕十场话剧）
………………………王　军　向　明　苏方学
金子（三幕话剧）……………………………田　芬
牛多喜坐轿（六场花鼓戏）…………………陈　芜
坚持和发展毛泽东文艺思想——学习《决议》的一页
笔记……………………………………………赵　寻
学习《决议》的精神　建设社会主义戏剧……凤　子
化腐朽为神奇（剧作家剪影）
——记戏曲作家陈仁鉴………………………范　溶
编剧技巧漫谈（续）…………………………李之华
话剧《秦王李世民》引起热烈反响…………伯　荣

1981 年第 9 期　刊名:《剧本》
目录

天山深处（五场话剧）………………李斌奎　唐　栋
成兆才（九场评剧）…………………………郭启宏
重任（五场话剧）……………………段承滨　王　迪
认真开展批评和自我批评，办好戏剧刊物……本刊记者

随笔
多塑造创业者形象……………………………何士华
评价作品要实事求是…………………………思　宁

提高与拔高·····················柯文辉

剧评

《天山深处》观后·················陈惠方

编剧技巧研究

曹禺笔下的"小人物"··············辛宪锡

剧作家剪影

评剧艺术的奠基人——成兆才·········周育英

文化部、中国剧协联合举办 1980—1981 年全国优秀话剧、戏曲、歌剧剧本创作评奖条例

简讯:一些剧院(团)演出纪念鲁迅诞生一百周年剧目、中国剧协所属五个单位捐献一万元给四川、陕西灾区、《戏剧创作漫谈》一书即将出版、四川人民出版社将出版《曹禺戏剧集》

1981 年第 10 期　刊名:《剧本》

目录

秦王李世民(大型历史话剧)··········颜海平

路(五幕现代话剧)··········贾鸿源　马中骏

纪念鲁迅诞生一百周年

学习鲁迅···················曹　禺

作家与作品

谈田汉的话剧《孙中山之死》··········董　健

颜海平和她的《秦王李世民》··········韦启玄

正确运用批评的武器

"意在复兴,意在改善"············谭霈生

"用保护人民、教育人民的满腔热情来说话"

·······················王　颖

应注意批评的分寸···············刘敏庚

批评的目的在于纠正错误············木　生

不要为暴露而暴露···············韩　勇

创作经验

创作话剧《一代风流》的随想·······张健钟　董君志

剧评与欣赏

《牡丹亭》的因袭和创新············徐朔方

消息:中国剧协举行话剧《阿Q正传》座谈会　中国剧协召开话剧《咸亨酒店》座谈会　京沪等地演出一批纪念辛亥革命的剧目　《论戏剧性》一书已出版

1981 年第 11 期　刊名:《剧本》

目录

龙山虎婿(八场现代戏曲)···········王杰夫

风雨千秋(京剧)···············黄宗江

一个明星的遭遇(七)·········马一亭　余雍和

偷瓜人(日本"狂言")············耿墨学译

制作问题研究

生活·典型·戏剧

——创作现代戏的一些甘苦·········胡小孩

喜剧的夸张与生活的真实············陈　芜

制作

妙趣横生的《偷瓜人》·············刘厚生

回忆周璇

——从沪剧《一个明星的遭遇》谈起·····贺绿汀

制作家资料

从唱戏到写戏

——记川剧作家魏明伦···········何开三

现代戏前程似锦

——戏曲现代戏汇报演出拾零········王一峰

1981 年第 12 期　刊名:《剧本》

目录

孙中山(六场话剧)···········宋　平　王　旭

四姑娘(七场川剧)··············魏明伦

买电视(独幕话剧)·········马行里　岳宜敏

关于爱情描写的讨论

爱情和爱情描写················王　正

爱情描写中的流、浅、白············林毓熙

三点意见···················焦勇夫

应读写和如何写················任　萍

表现爱情要写出新意··············杜清源

作家要有强烈的责任感·············艾长绪

剧评

评论剧《明月初照人》·············陈　刚

《明月初照人》发人深思············刘正心

小议《买电视》的喜剧性············闻　起

创作经验

感谢你啊,生活············蒋晓勤　韩　勇

随笔

"没有剧本就没有演员"⋯⋯⋯⋯⋯⋯⋯⋯邓小秋
工在戏外⋯⋯⋯⋯⋯⋯⋯⋯⋯⋯⋯⋯⋯张　斌
"撞车"与创新⋯⋯⋯⋯⋯⋯⋯⋯⋯⋯⋯辛　兵
勤·韧·新（剧作家剪影）
——记戏曲作家峰特⋯⋯⋯⋯⋯⋯⋯⋯谭　伟

创作问题研究

象征主义戏剧和现实生活⋯⋯⋯⋯⋯⋯陈瘦竹
关于话剧《一代英豪》的两封信
⋯⋯⋯⋯⋯⋯赵铭彝　王　军　向　明　苏方学
《小剧本》敬告读者
《剧本》一九八一年总览表
消息五则

1982 年第 1 期　刊名:《剧本》
目录

谁是强者（六场话剧）⋯⋯⋯⋯⋯⋯⋯⋯梁秉堃
啊，我们手中的笔⋯⋯⋯⋯⋯⋯⋯⋯⋯梁秉堃
排演《谁是强者》的体会⋯⋯⋯⋯⋯⋯林兆华
祖国狂想曲（大型话剧）⋯⋯⋯⋯⋯⋯王　炼
《祖国狂想曲》写作断想⋯⋯⋯⋯⋯⋯王　炼
《祖国狂想曲》导演札记⋯⋯⋯⋯⋯⋯凌琯如
《祖国狂想曲》主题歌
⋯⋯⋯⋯⋯⋯⋯赵琮婕　王　炼词　沈利群曲

新的一年　新的期望

要生活　也要胆识⋯⋯⋯⋯⋯⋯⋯⋯⋯曹　禺
迎新⋯⋯⋯⋯⋯⋯⋯⋯⋯⋯⋯⋯⋯⋯⋯陈白尘
学习的任务⋯⋯⋯⋯⋯⋯⋯⋯⋯⋯⋯⋯胡　可
努力反映农村新面貌⋯⋯⋯⋯⋯⋯⋯⋯杨兰春
打破框框　闯出新路⋯⋯⋯⋯⋯⋯⋯⋯陈仁鉴
继承发扬我国歌剧的优良传统⋯⋯⋯⋯丁　毅
满怀热情育新苗⋯⋯⋯⋯⋯⋯⋯⋯⋯⋯徐　进
我们呼唤繁荣⋯⋯⋯⋯⋯⋯⋯⋯⋯⋯⋯水运宪
迎一九八二年⋯⋯⋯⋯⋯⋯⋯⋯⋯⋯⋯凤　子

创作问题研究

学点传统编剧手法，更戏曲化一些——漫谈现代戏的
创作⋯⋯⋯⋯⋯⋯⋯⋯⋯⋯⋯⋯⋯⋯⋯张　真
同伟大的时代一道前进（剧作家剪影）——记独幕剧
作家赵羽翔⋯⋯⋯⋯⋯⋯⋯⋯⋯⋯⋯⋯李　改
戏曲编剧技巧浅谈（连载·十）⋯⋯⋯范钧宏
消息:中国第一部戏剧年鉴编辑出版

1982 年第 2 期　刊名:《剧本》
目录

红柳绿柳（七场现代戏曲）
⋯⋯⋯⋯⋯⋯⋯⋯⋯张　彭　王其德　纪根垠
春风杨柳万千条
——《红柳绿柳》的诞生⋯⋯张　彭　王其德　纪根垠
喜看莱芜梆子《红柳绿柳》⋯⋯⋯⋯⋯张　真
红鼻子（四幕话剧）⋯⋯⋯⋯（中国台湾）姚一苇
姚一苇先生和他的《红鼻子》⋯⋯⋯⋯林克欢
芳芳和贝贝（独幕儿童剧）⋯⋯⋯⋯⋯陈运慧

剧评

把文艺的灯火燃得更亮些
——评话剧《谁是强者》⋯⋯⋯⋯⋯⋯赵　寻
中国文联理论研究室座谈《谁是强者》李树声

创作经验

求新求深求真——回忆《团圆之后》、《春草闯堂》、
《嵩口司》的写作⋯⋯⋯⋯⋯⋯⋯⋯⋯陈仁鉴

读者中来

读关于《一代英豪》的两封信有感⋯⋯安　泰
"戏后加注"与"戏前除名"⋯⋯⋯⋯⋯郝　赫
我们喜爱《祖国狂想曲》⋯⋯⋯⋯⋯⋯艾　中
对《提高与拔高》一文的意见⋯⋯⋯⋯莫乔峰
在漫长的道路上前进（剧作家剪影）——记剧作家白
刃⋯⋯⋯⋯⋯⋯⋯⋯⋯⋯⋯⋯⋯⋯⋯魏　军
戏曲编剧技巧浅谈（连载·十一）⋯⋯范钧宏
编者的话

消息:台湾戏剧近况、情趣盎然的《龙飞凤舞》　儿
童剧《好伙伴之歌》在京演出

1982 年第 3 期　刊名:《剧本》
目录

松林深处（三幕话剧）⋯⋯⋯[美国]丽林·海尔曼著
冯亦代译
《松林深处》译后记⋯⋯⋯⋯⋯⋯⋯⋯冯亦代
赶集路上（小戏曲）⋯⋯⋯⋯⋯⋯⋯⋯王昌言
《赶集路上》导演提示⋯⋯⋯⋯⋯⋯⋯高　宇
锁心（独幕话剧）⋯⋯⋯北京新立机械广工人　吴　文
《锁心》人物漫谈⋯⋯⋯⋯⋯⋯⋯⋯⋯温广鲤
三放参姑娘（小型吉剧）⋯⋯⋯⋯⋯⋯三　肯
《三放参姑娘》导演提示⋯⋯⋯⋯⋯⋯鲁　杰

作家与作品

来自人民生活的创作——读《虞林剧作选》----露　菲

创作经验

多存芝麻好打油——《易胆大》创作散记------魏明伦
进一步发展和繁荣歌剧事业——歌剧剧本讨论会情况
报道----------------本刊记者
论独幕剧的艺术特点------------丁　楠

读者中来

《买电视》好------------------丁瑞波
也谈袁玮的婚事----------------明　华
什么是新，什么是美------------胡惠玲
戏曲编剧技巧浅谈（十二）------范钧宏
消息：中国剧协第三届常务理事会第二次（扩大）会
议在京召开

1982 年第 4 期　刊名:《剧本》
目录

初春（五幕话剧）--------------邹维之
《初春》导演札记--------------叶洪成
唐太宗（八场昆剧）------陆兼之　方家骥
昆剧《唐太宗》的构思----陆兼之　方家骥
欣赏昆剧《唐太宗》随笔--------蒋显煜
王显能（小戏曲）--------------冯延飞
《王显能》导演提示------------黄其道
为繁荣戏剧创作而努力——1962 年在全国话剧、歌
剧、儿童剧应谈会上的神话------阳翰笙

关于历史剧的讨论

访寻历史的足印——关于历史剧的随谈三则--林涵表
历史剧纵横谈------------------徐朔方
饱含深情与哲理的《红鼻子》----方　远
戏曲编剧技巧浅谈（连载·十三）--范钧宏

读者中来

希望多登有分量的文章----------石衣宁
山区剧团的感谢与呼吁----------席　轩
神童、笨鸟、成材--------------陈　源
消息：全国优秀广播剧评奖揭晓
北京人艺上演《贵妇还乡》

1982 年第 5 期　刊名:《剧本》
目录

朝阳沟内传（六场豫剧）--------杨兰春
《朝阳沟内传》引人注目--------王一峰
大幕已经拉开（六场话剧）------沙叶新　李守成　姚明德
为民说话　为党分忧——写在《大幕已经拉开》的前
面----------沙叶新　李守成　姚明德
两毛钱（相声剧）--------51030 部队三连演唱组

深入生活　繁荣创作

到生活中学习——访问北京部队的一点观感---凤　子
到唯一的最广大最丰富的源泉中去----------蓝　光
北京戏剧家访问团访问部队侧记------------柏松龄
人民需要现代戏--------------------------张梦庚
晚发西塘有劲枝（剧作家剪影）
——介绍戏曲作家顾锡东----------钱法成　魏　峨

关于历史剧的讨论

对历史剧的几点质疑----------------------沈祖安

创作问题探讨

试论情节剧的得失------------------------洪忠煌

读者中来

好剧目还需精益求精----------------------张宝成
对"影射"应有所分析--------------------程哲文
革命历史剧要尊重历史真实----------------杨全泰

1982 年第 6 期　刊名:《剧本》
目录

文化部、中国剧协联合举办 1980－1981 年
全国话剧、戏曲、歌剧优秀剧本评奖获奖名单
在文化部、中国剧协联合举办 1980－1381 年
优秀剧本授奖大会上的讲话----------------周巍诗
兴旺发达　后继有人——在优秀剧本授奖大会上的讲
话--------------------------------------阳翰笙
坚持两分法　更上一层楼——全国优秀剧本评奖工作
概述------------------------------------凤　子
决不辜负党和人民的期望------------------颜海平
剧本创作的新收获
——全国优秀剧本评奖侧记--------本刊记者　丁　金
八品官（七场花鼓戏）--------------------甘征文
人从心底出　戏自生活来------------------甘征文
下里巴人（五幕话剧）--------------------姚　远
致姚远的一封信--------------------------李龙云

创作问题研究

稳步发展的话剧艺术·······李 恍 杜清源 林克欢
从两年来的戏曲创作看剧作家的追求·······安 葵

读者中来

盼望更多更好的新编历史剧问世·······林 玲
新人辈出 还需扶持·······白 明
《八月十五月儿明》是个好戏·······贾 进
消息：全国职工短篇小说、独募话剧征文评奖；十二
个独幕剧获奖、中央戏剧学院举行纪念莎士比亚报告
会、曼海姆民族剧院来华演出话剧《屠夫》、"六一"
各地上演一批儿童剧、出版消息

1982 年第 7 期　刊名：《剧本》
目录

被控告的人（八场话剧）·······李 桦
《被控告的人》导演札记·······田成仁
发扬话剧战斗传统歌颂社会主义新人
——首都戏剧界人士座谈话剧《被控告的人》
可口可笑（四幕讽刺喜剧）·······王景愚
洪武鞭侯（八场闽剧）·······岳 平 卞 卡
《洪武鞭侯》创作中的一些想法·······卞 卡 岳 平
重温教导　迈开新步——本刊召开学习毛泽东同志给
文艺界人士十五封信的座谈会·······本刊记者 伯 荣
要积极表现新时期的生活和斗争·······颜振奋

创作问题研究

谈工人戏剧创作的艺术特色·······赵 寻
两年来小戏创作的成就和不足·······张 晶

全国优秀剧本评奖获奖作者谈创作

《北上》的创作体会·······李伯钊
写《平津决战》的三点感想·······刘 佳
改编《四姑娘》的甘苦·······魏明伦
创作《母与子》断想·······吴海燕
我为什么写《皇亲国戚》·······王 毅
关于《打碗记》的写作·······姜邦彦
戏曲编剧技巧浅谈（十四）·······范钧宏

读者中来

我们关心银环的命运·······黄辉媛
农村舞台需要现代戏·······刘 朴
消息：中国文联第四届全委会第二次会议在京召开
人民艺术家金山逝世

1982 年第 8 期　刊名：《剧本》
目录

向阳门第（独幕话剧）·······赵羽翔
漫析《向阳门第》中的韩有仁·······温广鲤
云岭人家（独幕话剧）·······周 修
《云岭人家》导演提示·······林荫宇
张二喜断案（小戏曲）·······杜 忠
难断案，能断案，巧断案·······李 肖
凉亭会（越剧小戏）·······泮崇雪
新亭泪（八场莆仙戏）·······郑怀兴
写《新亭泪》时的一些想法·······郑怀兴
最前的与最后的（外国名剧）
·······［英］约翰·高尔斯华绥 张文郁译
谈高尔斯华绥的《最前的与最后的》
·······廖可兑
战斗不息的一生——悼金山同志·······张 颖
杰出的人民艺术家金山同志追悼会在北京举行
在逆境中成长（剧作家剪影）
——记剧作家陈芜·······汤师尧

关于历史剧的讨论

时代精神与历史剧创作·······王蕴明
戏曲编剧技巧浅谈（十五）·······范钧宏

读者中来

一出及时的好戏·······张 云
《下里巴人》太好了·······袁雪飞
消息：首都上演一批话剧新作　范钧宏的《戏曲编剧
论集》出版

1982 年第 9 期　刊名：《剧本》
目录

现在的年轻人哪……（四幕轻歌剧）
·······盛和煜 汪荡平
葫芦信（六场民族歌剧）·······良 振 成 志
六斤县长（六场花鼓现代戏）·······陈正庆 田井制

热烈庆祝党的十二大

用戏曲现代戏建设精神文明·······杨兰春
中青年话剧作者读书会认真学习十二大文件

为繁荣歌剧创作面努力

愿歌剧艺术进一步繁荣与发展·······丁 毅
论歌剧创作的指导思想·······张 拓
提高艺术质量　建设保留剧目·······任 萍

歌剧要扎根于生活的土壤⋯⋯⋯⋯⋯⋯裴 斐
歌剧二人"抬"⋯⋯⋯⋯⋯⋯⋯⋯⋯⋯闫 肃
忠诚的老战士（剧作家剪影）——记老作家阳翰笙同
志⋯⋯⋯⋯⋯⋯⋯⋯⋯⋯⋯⋯⋯⋯⋯周 明

创作经验
习作《秦王李世民》的一些想法⋯⋯⋯⋯颜海平

外国作家研究
奥尼尔的悲剧观念⋯⋯⋯⋯⋯⋯⋯⋯⋯龙文佩
戏由编剧技巧浅谈（十六）⋯⋯⋯⋯⋯范钧宏

读者中来
《多存芝麻好打油》是篇好文章⋯⋯⋯⋯周明廉
歌剧要写人、写情⋯⋯⋯⋯⋯⋯⋯⋯⋯一 鸣

1982 年第 10 期　刊名:《剧本》
目录

朱小彬（五场儿童话剧）⋯⋯⋯芦润泽 刘同兴
早霞（独幕儿童豫剧）⋯⋯⋯⋯⋯⋯⋯雷志华
老虎和熊的故事（独幕儿童话剧）⋯曹起志 赵 清
程咬金招亲（七场戏曲）⋯⋯⋯⋯⋯⋯胡 沁
和剧作家们谈读书和写作——在中青年话剧作者读书
会上的讲话⋯⋯⋯⋯⋯⋯⋯⋯⋯⋯⋯曹 禺

努力开创戏剧创作的新局面
反映历史性的伟大转变⋯⋯⋯⋯⋯⋯⋯周振天
文艺不应从属于政治⋯⋯⋯⋯⋯⋯⋯⋯贾鸿源

为繁荣儿童剧创作而努力
谈儿童剧《朱小彬》⋯⋯⋯⋯⋯⋯⋯⋯贾 克
《朱小彬》导演札记⋯⋯⋯⋯⋯⋯⋯⋯孙 伟
试谈儿童情趣⋯⋯⋯⋯⋯⋯⋯⋯⋯⋯⋯罗 英
记中青年话剧作者读书会⋯⋯本刊记者 柏松龄
戏曲编剧技巧浅谈（十七）⋯⋯⋯⋯⋯范钧宏

读者中来
点燃学生心中的火焰⋯⋯⋯⋯⋯⋯⋯⋯李国荣
应注意引火的准确⋯⋯⋯⋯⋯⋯⋯⋯⋯余 虞
消息：豫剧《朝阳沟内传》来京演出受到观众好评
本刊启事

1982 年第 11 期　刊名:《剧本》
目录

宋指导员的日记（十场话剧）⋯⋯⋯漠 雁（执笔）
肖玉泽
恩仇恋（八场现代京剧）⋯⋯⋯吕瑞明 陈延龄
《恩仇恋》导演散记⋯⋯⋯⋯⋯⋯⋯⋯张东川
喜神（九场评剧现代戏）⋯⋯⋯⋯⋯⋯刘敏庚

努力开创戏剧创作的新局面
努力开创戏剧创作的新局面⋯⋯⋯⋯本刊评论员
重任在肩当奋发⋯⋯⋯⋯⋯⋯⋯双 戈 魏 峨
创作要有个新的突破⋯⋯⋯⋯⋯⋯⋯⋯崔德志
为开创话剧创作的新局面而奋斗——首都话剧工作者
座谈话剧创作问题⋯⋯⋯⋯⋯⋯⋯⋯⋯白 明

编剧技巧研究
戏剧动作浅探⋯⋯⋯⋯⋯⋯⋯⋯⋯⋯⋯李 浤
戏曲编剧技巧浅谈（十八）⋯⋯⋯⋯⋯范钧宏

读者中来
建议提供春节上演剧目⋯⋯⋯⋯⋯⋯⋯文 昌
希望多发表这样的剧本⋯⋯⋯⋯⋯⋯⋯周君生
要认清"影射"的危害性⋯⋯⋯⋯⋯⋯陈维敏

1982 年第 12 期　刊名:《剧本》
目录

柳下人家（八场现代戏曲）⋯⋯⋯⋯⋯张 彭
王其德 纪根垠
哥仨和媳妇们（六场话剧）⋯⋯⋯⋯代 路（执笔）
赵建国
春嫂（小戏曲）⋯⋯⋯⋯⋯⋯⋯⋯⋯⋯杨跃庭
深山野菊（独幕歌剧）⋯⋯⋯⋯⋯韩伟 云华
谈谈戏曲现代戏的成就、不足和经验——在中国戏曲
现代戏研究会 1982 年年会上的发言⋯⋯张 庚

努力开创戏剧创作的新局面
努力提高文学修养　积极反映新的时代——在中青年
话剧作者读会上的小结⋯⋯⋯⋯⋯⋯⋯凤 子
提高话剧质量三题⋯⋯⋯⋯⋯⋯⋯⋯⋯方 杰

深入生活　繁荣创作
海疆行⋯⋯⋯⋯⋯⋯⋯⋯⋯⋯⋯⋯⋯⋯张 颖
八十年代最可爱的人
——参观访同东海舰队杂感⋯⋯⋯⋯⋯蓝 光
留在孩子心中的花儿——学习童话剧札记⋯⋯葛翠林

戏曲编剧技巧浅谈（十九）⋯⋯⋯⋯⋯⋯范钧宏

读者中来

《六斤县长》是个适时的好戏⋯⋯⋯⋯孙晋强
一朵稀有的新花⋯⋯⋯⋯⋯⋯⋯⋯⋯翁 羽
戏剧评论不能评喜不评忧⋯⋯⋯⋯⋯裴艺元

消息：全国儿童剧观摩演出胜利结束 戏剧家到海军部队访问、著名副作家李健吾逝世、《人民戏剧》1983年起恢复《戏剧报》原名

本刊启事

1983 年第 1 期 刊名:《剧本》
目录

泥人常（六幕传奇话剧）⋯⋯⋯⋯⋯⋯陈爱民
巴山秀才（八场川剧）⋯⋯⋯⋯魏明伦 南 国
《巴山秀才》后记⋯⋯⋯⋯⋯⋯魏明伦 南 国
生老病死（独幕话剧）⋯⋯⋯⋯路 歌 平维康
新年的祝愿⋯⋯⋯⋯⋯⋯⋯⋯⋯⋯⋯曹 禺

努力开创戏剧创作的新局面
关于繁荣戏剧创作的一些休会
⋯⋯⋯⋯⋯⋯福建省文化局局长 万里云
戏剧创作要和新的时代、新的群众相结合
⋯⋯⋯⋯⋯⋯吉林省文化厅副厅长 王 充

创作问题研究
词能达意 话如其人——戏曲语言唱词浅析⋯⋯徐 进

中外文化交流
访日观剧琐谈⋯⋯⋯⋯⋯⋯⋯⋯⋯顾锡东

编剧技巧研究
戏剧编剧技巧浅谈（二十）⋯⋯⋯⋯范钧宏
全国戏剧评论与戏剧期刊工作座谈会在京召开
⋯⋯⋯⋯⋯⋯⋯⋯⋯⋯⋯⋯⋯⋯伯 荣

消息：中国儿童戏剧研究会成立

本刊启事

1983 年第 2 期 刊名:《剧本》
目录

马克思流亡伦敦（四幕话剧）⋯⋯⋯⋯赵 寰
《马克思流亡伦敦》读后联想⋯⋯⋯⋯鲁 煤
倒牵牛（二人转）⋯⋯⋯⋯⋯⋯⋯赵月正
双赔鸡（二人转）⋯⋯⋯⋯⋯⋯⋯李鹏飞
土色土香的二人转⋯⋯⋯⋯⋯⋯⋯王 肯
少帅传奇（八场话剧）⋯⋯⋯⋯李 政 赵云声
剧作家要站在改革的前列（短评）

编剧技巧研究
戏曲编剧技巧浅谈（二十一）⋯⋯⋯⋯范钧宏

读者中来
希望为地县剧团提供剧目⋯⋯⋯⋯⋯洪 钟
开创戏剧评论的新局面⋯⋯⋯⋯⋯⋯赵云龙

1983 年第 3 期 刊名:《剧本》
目录

月色溶溶（三幕话剧）⋯⋯⋯⋯⋯⋯邹安和
他靠自己的心灵而显出伟大⋯⋯⋯⋯陈恭敏
蛇郎（七场民间歌舞剧）⋯⋯⋯⋯⋯柯 炽
慈母吟（京剧）⋯⋯⋯⋯⋯⋯⋯⋯黎中城
《慈母吟》导演提示⋯⋯⋯⋯⋯金 桐 刘 亮

作家研究
马健翎艺术生涯⋯⋯⋯⋯⋯⋯⋯⋯黄俊耀

创作经验
生活·人物·戏剧
——习作《六斤县长》的几点体会⋯陈正庆 田井制

创作浸谈
出奇制胜 意味无穷⋯⋯⋯⋯⋯⋯康洪兴
"言论老生"和点题⋯⋯⋯⋯⋯⋯⋯郭秉箴
真实的艺术才有力量⋯⋯⋯⋯⋯⋯李 杰

编剧技巧研究
戏曲编剧技巧浅谈（二十二）⋯⋯⋯⋯范钧宏
创作随笔二则"⋯⋯⋯⋯⋯⋯⋯⋯包 明
《牡丹亭》的风波（史话点滴）⋯⋯⋯曾献平

舞台新戏:《西厢记》、《玉笛恨》、《乌林希拉》、《米酒歌》、《离婚记》、《三把刀》、《母亲的歌》、《桃符万户》、《五（二）班日志》、《嫁不出去的姑娘》

征求读者意见表

1983 年第 4 期　刊名:《剧本》
目录

樱桃时节（法国革命历史剧）
——————［法］茹尔·瓦莱斯著　沈大力译
献给人民一束洁白的樱桃花——————陈　颙
从《巴黎公社》到《樱桃时节》——————余　林
红楼夜审（六场锡剧）—————— 张乾大　张　振
孙　中　史曼情
"戏是改出来的"
——《红楼夜审》自序——————史曼情　孙　中
草原清风（二场话剧）——————超克图纳仁

编剧技巧研究
戏剧情境论——————徐闻莺　荣广润

创作经验
我在《可口可笑》中的探索——————王景愚
阳翰笙的《天国春秋》在京演出（消息）

1983 年第 5 期　刊名:《剧本》
目录

梅子黄时（三幕话剧）——————陈健秋
写《梅子黄时》前后——————陈健秋
梨花狱（新编六场京剧）——————王杰夫
珍惜（四幕七场话剧）——————邢益勋
《珍惜》创作随感——————邢益勋

剧作漫谈
我最动心的是——真实——————张　真

读者中来
剽窃之风不可长——————刘秀云
全国少年儿童广播剧评选揭晓（消息）

1983 年第 6 期　刊名:《剧本》
目录

编者的话
凤冠梦（九场高甲戏）——————诸葛辂
红杏出墙（七场现代评剧）——————杨廷玉
驿亭谣（五场京剧）——————梁清濂

江上汽笛鸣（独幕话剧）——————梁星明
勇敢的朋友（童话剧）——————葛翠林
馋猫（木偶戏）——————黄锡钧
板凳上的钉子（儿童哑剧）
——————［日本］永井鳞太郎编剧　陈文藻翻译

创作漫谈
"这一个"和"这一类"——————李　钦

编剧技巧研究
戏曲编剧技巧浅谈（二十三）——————范钧宏

1983 年第 7 期　刊名:《剧本》
目录

珍重人民期望　提高创作质量
努力提高作品的思想艺术质量——————本刊评论员
珍重人民的期望——————崔德志
戏剧更要警惕商品化——————丛　深
魂断燕山（八场闽剧）——————洪　川（执笔）　凡　夫
在《魂断燕山》中的追求——————洪　川
三夫人（七场锡剧）——————孔凌翔　钱惠荣（执笔）
高山下的花环（六场花鼓戏）——————高还祖
顿洛区里的纽约市人（独幕话剧）
——————［菲律宾］小马赛里诺·阿卡纳原作
戴施·阿比丽亚娜改编　李　林翻译
奖品（独幕话剧）——————瞿新华　史美俊

创作问题研究
历史剧的路子应当更宽——————刘云程

随笔
关汉卿与"杨补丁"——————邓小秋
农民需要反映改革的新戏——————裴艺元
读者意见综述——————本刊资料室
中国戏曲学院编剧系第二期进修班结业（消息）

1983 年第 8 期　刊名:《剧本》
目录

繁荣和发展戏剧创作的指针——学习《邓小平文选》
有关文化论述的后记——————卞　明
林则徐充军（八场闽剧）——————陈表贵　陈　建
阿混新传（滑稽戏）——————王辉荃　姚明德　严顺开
王桂林　郭海彬　周嘉陵
在限制中求自由
——谈谈滑稽戏的创作——————王辉荃　姚明德

古琴案（六场川剧）⋯⋯⋯⋯⋯⋯⋯⋯⋯⋯倪国桢
神枪手与猫头鹰（童话小戏曲）⋯⋯⋯⋯陈　工

随笔

作品与商品⋯⋯⋯⋯⋯⋯⋯⋯⋯⋯⋯⋯⋯曾献平
漫话"打扑克"⋯⋯⋯⋯⋯⋯⋯⋯⋯⋯⋯⋯丹　邱
曲径通幽处⋯⋯⋯⋯⋯⋯⋯⋯⋯⋯⋯⋯⋯柏松龄

访苏南有感⋯⋯⋯⋯⋯⋯⋯⋯⋯⋯⋯⋯⋯李　杰
戏剧家江苏行⋯⋯⋯⋯⋯⋯⋯⋯⋯⋯⋯⋯沈次琼
蒲松龄的"药剧"——《草木传》
"中国人民解放军文艺奖"首届授奖大会隆重举行

1983 年第 9 期　刊名:《剧本》
目录

胸襟·批评·修养——学习《邓小平文选》的一点体
会⋯⋯⋯⋯⋯⋯⋯⋯⋯⋯⋯⋯⋯⋯⋯⋯方　杰
人民需要艺术，艺术更需要人民——在戏剧界学习
《邓小平文选》座谈会上的发言⋯⋯⋯⋯丁一三
繁荣戏剧创作，克服错误倾向——在戏剧界学习《邓
小平文选》座谈会上的发言⋯⋯⋯⋯⋯⋯任　萍
春之圆舞曲（九场话剧）⋯⋯吴小钧　周豹娣　徐闻莺
袁崇焕（七场潮剧）⋯⋯⋯⋯⋯陈英飞　杨秀雁
海迪（广播剧）⋯⋯⋯⋯⋯⋯⋯⋯⋯⋯⋯刘保毅
钥匙——《朱伯儒的故事》之一（电视报道剧）
⋯⋯⋯⋯⋯⋯⋯⋯⋯⋯⋯⋯⋯陶建军　克　岩
卖笤帚（小扬剧）⋯⋯⋯⋯⋯⋯⋯⋯⋯⋯苏位东
科学家·喜剧家·"多面手"——记著名的幽默喜剧
作家丁西林⋯⋯⋯⋯⋯⋯⋯⋯⋯⋯⋯⋯王震东
戏剧创作活动简讯
戏剧动态
罗马尼亚上演《我为什么死了》（消息）
欢迎你，打开知识窗口（消息）
本刊启事

1983 年第 10 期　刊名:《剧本》
目录

重视社会效果是社会主义文艺的重要特征
——学习《邓小平文选》⋯⋯⋯⋯⋯⋯杜　高
妻儿老小（四幕话剧）⋯⋯⋯⋯⋯⋯⋯⋯邹安和
双人浪漫曲（两部抒情戏剧）⋯⋯⋯⋯⋯王　正
画龙点睛（八场戏曲）⋯⋯⋯⋯⋯⋯⋯⋯孙月霞
瘸腿财神（小戏曲）⋯⋯⋯⋯⋯⋯⋯⋯⋯任海生

编剧技巧研究

改旧与出新
——谈马少波同志改编的《西厢记》⋯⋯王季思
交流戏剧创作经验，繁荣戏剧创作——记江西、安
徽、浙江、福建四省戏剧创作座谈会⋯⋯白　明
中国剧协所属刊物成立新编委会（消息）

1983 年第 11 期　刊名:《剧本》
目录

清除精神污染　提高思想与艺术修养⋯⋯刘厚生
以鲁迅的名义⋯⋯⋯⋯⋯⋯⋯⋯⋯⋯⋯⋯赵　寻
——在广东省第一届鲁迅文艺奖金颁发大会上的祝辞
生命·爱情·自由（七场话剧）⋯⋯⋯⋯罗国贤
我是如何找到殷夫的——《生命·爱情·自由》创作
散记⋯⋯⋯⋯⋯⋯⋯⋯⋯⋯⋯⋯⋯⋯⋯罗国贤
霸王与虞姬（新编历史故事京剧）⋯⋯黎中城　赵莱静
择优录取（现代小戏曲）⋯⋯⋯⋯⋯⋯⋯贺寿光
丑公公（现代小川剧）⋯⋯⋯⋯⋯⋯⋯⋯傅正深
推荐川剧现代小戏《丑公公》⋯⋯⋯⋯⋯萧　赛
谈田汉戏曲创作的思想和艺术成就
——为纪念田汉同志诞辰八十五周年、逝世十五周年
而作⋯⋯⋯⋯⋯⋯⋯⋯⋯⋯⋯⋯⋯⋯⋯陈维仁
从学习中想到的⋯⋯⋯⋯⋯⋯⋯⋯⋯⋯⋯那　沙
当前观众喜欢啥样的戏剧（随笔）⋯⋯⋯胡　沙
防止和清除精神污染（消息）
两批剧作家访问部队（消息）
广东省举行首届鲁迅文艺奖金颁发大会（消息）
山东省举办全省首届戏剧评论座谈会（消息）

1983 年第 12 期　刊名:《剧本》
目录

戏剧创作应努力反映我们伟大的时代（短论）
⋯⋯⋯⋯⋯⋯⋯⋯⋯⋯⋯⋯⋯⋯⋯⋯卞济远
用人类灵魂工程师的标准要求自己⋯⋯⋯胡　可

纪念毛泽东同志诞辰九十周年

重庆谈判（大型话剧）⋯⋯⋯⋯⋯⋯⋯⋯刘沧浪
潘剑琴（执笔）　代　克
人间爱晚晴（独幕话剧）⋯⋯⋯⋯沈治平　邵钧林
介绍（独幕话剧）⋯⋯⋯⋯⋯⋯⋯瞿新华　史美俊
深山捉"虎"（独幕话剧）⋯⋯⋯⋯⋯⋯⋯犹学忠
卖藕（小戏曲）⋯⋯⋯⋯⋯⋯⋯⋯⋯⋯⋯王春泉
桃园相亲（小锡剧）⋯⋯⋯⋯⋯⋯⋯⋯⋯郭宗泰
发扬田汉同志的创作精神⋯⋯⋯⋯⋯⋯⋯阳翰笙
试论史诗剧的创作⋯⋯⋯⋯⋯⋯⋯⋯⋯⋯杜清源

向新的高度攀登
——全国中青年戏曲作者读书会小结——————于雁军
全国中青年戏曲作者读书会散记——————曾献平
推荐可供春节上演的小剧本——————本利资科室
《田汉文集》即将出版——————田汉著作编辑出版委员会
田汉纪念会在京举行（消息）

1984 年第 1 期　刊名：《剧本》
目录

红玫瑰（七场话剧）——————崔德志
青丝恨（四幕京剧）——————李玉茹
巴山小店（小歌剧）——————裴斐
庄稼院里（独幕话剧）——————郝国忱
桂花飘香（小型花灯戏）——————江帆
发扬革命文艺的传统——访李伯钊同志——————杨雪英
青年时代的田汉——————陈白尘
缅怀田汉同志在戏改方面的功绩——————张庚
继承田汉话剧的战斗传统——————凤子
努力塑造社会主义新人的形象
——谈话剧《红玫瑰》——————曾戆
话剧《火热的心》座谈会侧记——————张力军
戏曲编剧技巧浅谈（二十四）——————范钧宏
中国田汉研究学会成立（消息）

1984 年第 2 期　刊名：《剧本》
目录

武则天（九场京剧）——————田汉遗作
财经副官（七场话剧）——————李传弟　梁泉
牛得财告状（小戏曲）——————冯延飞
中国戏曲的美学特点
——在全国中青年戏曲作者读书会上的讲话——————张庚
田汉同志京剧《武则天》上集读后——————张真
谈《财经副官》的艺术特色——————柏松龄
难忘的海——访问北海舰队随感——————石丹
田汉学术讨论会侧记——————周明
戏曲编剧技巧浅谈（二十五）——————范钧宏

1984 年第 3 期　刊名：《剧本》
目录

瑞云（七场越剧）——————徐进　薛允璜　陈鸿钧
啊，将军！（七场话剧）——————邵宏大
狄杨合兵（七场老调剧）——————李木成　蔡晨
话剧创作在探索中前进

——1983 年话剧创作回顾座谈会综述
　　　　　　本刊记者　沈次琼　杨雪英
人民艺术家老舍的话剧创作——————克莹
根要深，手要长
——在全国中青年戏曲作者读书会上的讲话——王肯
赋予新意的改编
——越剧《瑞云》观后感——————寒声
戏曲编剧技巧浅谈（二十六）——————范钧宏
本刊编委严青同志因病在京逝世
话剧研究际召开话剧史讨论会《消息》
老舍谈人物塑造（补白）
老舍论戏曲创作（补白）

1984 年第 4 期　刊名：《剧本》
目录

坚持创造革新、实事求是的精神
——学习笔记——————刘厚生
大明魂（六场京剧）——————齐致翔　吴葆璋　张之雄
小巷深深（大型话剧）——————王树元
火把节（六场歌剧）——————陆棨

学习胡乔木同志《关于人道主义和异化问题》的体会
用人民创造历史的奋发精神来哺育自己——————王颖
对塑造社会主义新人的启示——————段承滨
社会主义人道主义与儿童剧创作——————程式如

戏曲现代戏、新编历史剧和整理传统剧目中的一些问题
——在全国中青年戏曲作者读书会上讲话的一部分
　　　　　　　　　　　　——————赵寻
哭祭严青——————凤子
严青同志追悼会在北京举行
宋之的同志诞辰七十周年纪念会在京召开
《戏剧论丛》一九八四年第一、二辑要目介绍

1984 年第 5 期　刊名：《剧本》
目录

红白喜事（四幕风俗喜剧）
　　　　　　魏敏　孟冰　李冬青　林朗
百鸟衣（七场歌剧）——————（壮族）韦洁晶　徐学达
母老虎上轿（八场黄梅戏）——————余治淮
结尾的艺术——————林克欢
怀念宋之的同志——————胡可
我记忆中的宋之的同志——————张季纯

努力反映变革中的农村生活
戏剧要反映八十年代新农村—————————————谭志湘
置身在变革的农村现实之中————————————刘敏庚
满腔热情地反映现实生活————————————————李 恍
新农村，新天地——访问河北省晋县周家庄——杨雪英
戏曲编剧技巧浅谈（二十七）—————————————范钧宏

消息
第二次老舍学术讨论会在青岛召开
著名戏剧家虞棘同志逝世
中国戏曲现代戏研究会召开一九八四年年会预备会
《戏剧报》首届"梅花奖"评选揭晓

1984 年第 6 期　刊名:《剧本》
目录

悠悠我心（八场戏曲）
—————————张 彭 王其德 纪根根 李衷一
一个快乐的苦命人（四幕话剧）———————————武玉笑
昆仑草（三场京剧）————————苏一平 任柱林 刘 伍
假小子与胖墩儿（独幕儿童剧）————————————陈运慧
书记受礼（小戏曲）————————————张福兴 张左一
火把驱走害虫，节日带来希望
——我写歌剧《火把节》—————————————————陆 棨
全国少数民族题材戏剧创作座谈会在京召开—————少 华
忆严青同志—————————————————————————赵 寻
戏曲编剧技巧浅谈（二十八）—————————————范钧宏
1982—1983 年全国戏曲、话剧、歌剧优秀剧本评奖获
奖名单
全国优秀剧本授奖大会在福州举行（消息）
江苏省剧作者赴长江三角洲农村参观访问（消息）
《中国戏剧年鉴》1983、1984 年本即将出版（消息）

1984 年第 7 期　刊名:《剧本》
目录

昨天、今天和明天（二幕七场话剧）————————郝国忱
生活不负苦心人
——漫评《昨天、今天和明天》———————————温 焱
"朱一帖"传奇（八场戏曲）—————————————王杰夫
阿福买鸡（小戏曲）————————————————————史 影
祝贺与期望——在 1982—1983 年全国优秀剧本评奖
授奖大会上的讲话—————————————————————胡 可
我们的体会
——在 1982—1983 年全国话剧、戏曲、歌剧优秀剧本
授奖大会的大组会上汇报福建省戏剧创作工作情况的
发言—————————————————————————————陈贻亮

真人真事与典型化—————————————————————王培公
努力增强我们戏剧的竞争能力————————————顾锡东
生活的积累，感受的升华
——谈谈《梅子黄时》中顾元贞的塑造———————陈剑秋
1982—1983 年全国优秀剧本授奖大会纪实—————沈次琼
为了社会主义戏剧创作的繁荣
——记全国优秀剧本获奖作者经验交流会—————于庭平
一九八四年全国歌剧座谈会在北京召开（消息）
著名戏剧家虞棘同志纪念会在京召开（消息）
把最好的精神食粮奉献给人民（消息）
——文化部举行 1984 年现代题材戏曲、话周、歌剧观
摩演出

1984 年第 8 期　刊名:《剧本》
目录

豆腐世家（七场豫剧）——————————李殿臣 牛冠力
江淮风雨（大型话剧）——————————郑振环 刘 佳
芳草心（五场歌剧）————————————————————根据
徐檬丹评弹和师征话剧《真情假意》集体改编；执
笔：向 彤 何兆华
歌剧振兴在望（专论）—————————————————张 迈
歌，你是歌剧的翅膀——谈歌剧《芳草心》文学改编
—————————————————向 彤 何兆华 苏 驼
准确地反映现实生活
——京剧现代戏《药王庙传奇》创作札记
—————————————彭志淦 余笑予 谢 鲁
《红白喜事》创作琐谈
—————————魏 敏 孟 冰 李冬青 林 朗
关于《红白喜事》的讨论————————————————土 木
毕生正气凝山岳 鞠躬尽瘁忠马列
——我所了解的虞棘同志—————————————————王少岩
深深的怀念与激励—————————————————————所云平
才艺谱忠心（七言古体诗）—————————————李 超
一九八四年全国现代题材戏曲、话剧、歌剧观摩演出闭幕

1984 年第 9 期　刊名:《剧本》
目录

吴老九沉浮记（四幕话剧）—————————————中杰英
白衣渡江（九场京剧）———————————————————马泉来
特别合同（独幕话剧）———————————————————牛广彬
蜀葵（儿童小川剧）———————————————————米 谜

关于《红白喜事》的争鸣
从《红白喜事》谈戏剧创作的时代精神问题———杜清源

《红白喜事》漫谈·································陈　刚
评《红白喜事》·································林克欢
对话剧《红白喜事》的几点想法···············中杰英
剧中人齐凤蓉致《红白喜事》作者的一封信····周继高
一个剧本的诞生
　——《双人浪漫曲》创作过程记实···········王　正
从生活原型到艺术形象——塑造《浪子奇缘》中唐海
龙形象的一些体会·······················天　方　杨东标

随笔

"改革戏"的改革·································郭秉箴
平常的老话·····································颂　扬
戏曲编剧技巧浅谈（二十九）·················范钧宏
戏剧信息

1984 年第 10 期　刊名:《剧本》

目录

阵痛的时刻（九场话剧）·······················梁秉堃
遗憾者的话·····································梁秉堃
胶东三菊（六场歌剧）·························阎　肃

热烈庆祝中华人民共和国成立三十五周年

祖国正在全面改革·····························曹　禺
衷心的祝愿·····································胡　可
今后的追求·····································丁一三
要重视对青年剧作者的智力投资···············宗福先
希望明确提出"改革戏曲"的响亮口号···········魏明伦
闲言碎语说不完···魏　敏　孟　冰　李冬青　林　朗
请注意：后继乏人！···························王培公
"水土"和"血液"·······························孙月霞
发展戏剧要进一步解放思想——在全国优秀剧本授奖
大会上的讲话·································项　南
对三十五年话剧的思考···············杜清源　林克欢
喜迎儿童剧的春天·····························罗　英
话剧创作蓬勃发展的六年（1976—1982）·········杜　高
历史性的巨变
　——建国三十五年戏曲工作的光辉成就·········唐　岱
戏曲编剧技巧浅谈（三十）·····················范钧宏
《剧本》月刊创刊以来发表的剧本统计
戏剧信息

1984 年第 11 期　刊名:《剧本》

目录

中国戏剧、电视剧创作函授中心招收学员启事
少帅蒙难记（六场话剧）·······················陈欲航
秀莲闯营（七场吕剧）·························刘　博
小两口算账（小戏曲）·························保元璋
剧作家，生活在呼唤着你（短评）···············季　平
欢迎大家到青海来
　——黄静波省长在欢迎剧作家赴西北访问团到青海时
的讲话·······································沈次琼整理
创作探索与了解时代的生动结合——记剧作家访问团
西北万里行···································本刊记者
剧作家访问团西北之行诗选···········陆　荣　田　川
孙　芋　肖维章　牛复喜
北国信息——赴内蒙军区访问散记···············潘耀斌
欧尼尔与洪深——一度想象的对话···············洪　深
培养戏曲编剧的设想与探索——《戏曲剧作教程》课
教学工作散忆·································吴　琼
谈老舍话剧作品的地方特色·····················王富聪
话剧创作管见·································白　刃

随笔

再少评几个不好吗?·····························端木仪
"好看"和"有意思"·····························顾锡东
责在有新意·····································陈　芜
从"王麻子剪刀"想到的·························崔　伟
请不要忘记广播剧（读者中来）···············徐文武
戏剧简讯

1984 年第 12 期　刊名:《剧本》

目录

中国戏剧、电视剧创作函授中心招收学员启事
希望大批优秀人才茁壮成长·····················曹　禺
曹禺同志为"中国戏剧、电视剧创作函授中心"题字
特区人（大型话剧）·····························林　骧
脉案风波（六场花鼓戏）···············叶一青　吴傲君
王老黑收税（小戏曲）·························梅基癸
"金尾巴"回乡（越剧小戏）···········杨东标　袁哲飞
当前话剧创作小议·····························凤　子
冲破旧观念的束缚，把戏剧创作提高到新的水平——
在天津剧本讨论会上的发言···················邹安和
锐意创新，开拓前进
　——天津剧本讨论会拾记·····················少　华
加强戏剧理论建设，促进戏剧艺术繁荣

——在"第一届全国戏剧理论著作奖"授奖大会上的讲话……………………………………赵 寻
对"艺术性"的刻意追求……………………吴乾浩
《小两口算账》算出个大主题——观看《小两口算账》杂谈……………………………杨兰春
戏曲编剧技巧浅谈（三十一）………………范钧宏
各地致函授中心的信（选登）
剧团体制改革不能忽视编剧（读者中来）……翁 羽
开创艺术的新局面一广东省举办艺术节………一 言
戏剧简讯

1985 年第 1 期　刊名:《剧本》
目录

商君曲（新编历史故事剧）…………………陈伦元
魏 新 沙 金
这里的夜晚不宁静（五场话剧）………………王 俭
闯王杀亲（七场京剧）………………………叶 新谱
闹店（小彝剧）………………………………丁伯廉
新年献词………………………………………夏 衍
关于话剧《小井胡同》的通信
——给李龙云的信摘录………………………陈白尘
谈《商君曲》的创作…………………陈伦元 魏 新
一曲变革图强的历史浩歌——评《商君曲》…李蓬荻
愿乞画家新意匠………………………………王培公
一本正经的自我嘲讽
——说《闹店》的"闹"………………………曲六乙

微型剧谈
写出性格差别来………………………………张 真
多写创业型开拓型人物………………………卞 明
谨防"消化不良"………………………………温 炎
不可忽视观众的好恶…………………………胡金兆
别两头够不着…………………………………梁秉堃
爱情，不是调味剂……………………………曾 懿
编者的话………………………………………本刊编辑部
雷同·撞车·抄袭
——给薛震同志的回信………………………本刊编辑部
中国戏剧、电视剧创作函授中心延长报名时间启事
函授简讯
戏剧简讯

1985 年第 2 期　刊名:《剧本》
目录

正月十五雪打灯（三幕风俗喜剧）……………魏 敏
李冬青 孟 冰

公开的私语——从《红白喜事》到《正月十五雪打灯》………………………魏 敏 李冬青 孟 冰
罗衫血泪（七场黄梅戏）
…………………………汪自毅 张亚非 潘忠仁
香魂曲（八场神话剧）………………………刘云程
愿做一颗铺路石
——写《香魂曲》的一点体会…………………刘云程
《香魂曲》是一出大胆创新的好戏……………永 濂
《香魂曲》是一个失败的作品…………………顾 言

探索与追求
从生活到艺术的道路…………………………郝国忱
为特区拓荒者呐喊……………………………林 骥
蓝色的彩桥（广播剧）………………………王 昕
腊月（微型话剧）……………………………执笔陶先露
服装专家（微型话剧）………………………执笔姚明德
谈谈微型话剧的创作…………………………钟锡导

微型剧谈
剧作家的处境和心境…………………………王 正
乙丑年东风必降——从一句台词说起…………李 恍
关于几个话剧的争鸣…………………………本刊资料室
吴祖光同志为《中国剧视新潮流》刊头题字
中国戏剧、电视制作函授中心正式开学
中国百花剧本公司成立启事
解放军召开戏剧作品讨论会
首届"乌金奖"评奖活动结束

1985 年第 3 期　刊名:《剧本》
目录

命运（四幕话剧）………翟剑萍 茅 茸 刘庆元
挂在墙上的老 B（无场次话剧）
…………………………孙惠柱 执笔 张马力
老 B，我的兄弟………………………………王晓鹰
东陵盗宝案（八场京剧）……………丁振远 曹 随
秋雨（微型话剧）……………………………李利宏执笔
弱者（独幕话剧）………………（中国台湾）马 森
马森的荒诞剧…………………………………林克欢

函授学员作品选登
汉江风雨夜（独幕话剧）……………………刘建华
三解缆（锡剧折子戏）………………………薛 明
剧作家应有创作自由的广阔天地
——在京部分剧作家学习胡启立同志《在中国作协第四次会员代表大会上的祝词》
…………………………沈次琼 杨雪英整理
学习·思索·追求——习剧十五年漫笔………李龙云

微型剧谈

提高评论者的修养 ························· 丁　玉

雨后春笋的启示 ························· 张双青

"不再怕……"有感 ························· 温大勇

当代东南欧戏剧发展概述 ··················· 杨　敏

1984 年的东京戏剧舞台 ·················· 林春编译

阿英诞生八十五周年学术讨论会在京举行

提高教学质量　培养创作人才

——函授中心召开在京顾问和教务委员座谈会

函授简讯

1985 年第 4 期　刊名:《剧本》
目录

强台风从这里经过（四幕话剧）··············· 蒋晓勤

快乐的汉斯（五场儿童剧）············· ［日本］多田彻著

　　　　　　　　　　　　　　　　　　　　　　刘慧敏译

排演《快乐的汉斯》的感受 ··················· 马骥良

我想跟你说句话（独幕话剧）················· 王海鸽

三请面筋王（小锡剧）····················· 吴利新

函授学员作品选登

康熙出政（新编历史京剧）··················· 毛　鹏

创作自由与历史使命

——在京部分剧作家学习胡启立同志《在中国作协第

四次会员代表大会上的祝词》··········· 王培公　中杰英

颂　扬　白峰溪　蓝　光　梁清濂　刘敏庚　齐致翔

关于《马克思流亡伦敦》的来信 ··············· 胡　可

调查及断想 ························· 吴继成

略论戏剧的散文化

——兼评几部话剧得奖剧作 ··············· 杜清源

微型剧谈

难与易 ··························· 辛　兵

批评者中有知己 ······················· 伯　荣

答函授学员宇飞同志的信（函授通信）

································· 于雁军

简讯

1985 年第 5 期　刊名:《剧本》
目录

中国戏剧家协会第四次会员代表大会开幕词···· 曹　禺

中国戏剧家协会第四次会员代表大会召开······· 温大勇

中国戏剧家协会第四届理事会主席、副主席、常务理

事、理事名单

一个死者对生者的访问（现代音乐话剧）······· 刘树纲

酒楼晒衣（川剧高腔）··············· 张　真评点

聋没耳卖三鲜面（中型戏曲）··············· 何子文

奶奶"出嫁"（微型话剧）··········· 夏钧寅　澹台仁慧

函授学员作品选登

卓别林还乡（广播剧）····················· 于　卓

雨夜箫声（电视剧）················· 王际雨　王　水

关于《马克思流亡伦敦》的通信 ··············· 赵　寰

话剧《命运》观后感 ····················· 李之华

对辽宁话剧现状的调查和思索 ··············· 董家骧

廖　玮　洪兆惠

戏剧创作技巧漫笔

——论"突变"、"发现"··············· 李振远

答函授学员蓝羽同志的信 ················· 温广鲤

大胆开拓前进——编委来信 ················· 王　肯

剧作家的盛会

——记"中国戏剧文学学会"成立··········· 本刊记者

洪深同志九十诞辰纪念会在京召开··········· 张美英

纪念洪深师 ························· 李　超

中国戏剧家协会副主席李伯钊同志逝世··········· 钺

黄梅戏为什么能够流行 ··················· 田耕勤

从兄弟剧团改建看黄梅戏的发展··············· 魏启平

为编剧与剧团架设金桥

——中国百花剧本公司第一次组稿会侧记········ 吴炳南

中国百花剧本公司为各地剧团提供通俗戏剧上演脚本

（一）

消息三则

1985 年第 6 期　刊名:《剧本》
目录

飞吧！海燕（四幕话剧）··················· 代　路

风雪云山路（七场观代京剧）··········· 齐致翔　张之雄

多特一家（两部悲喜剧）

　　［匈牙利］沃尔克尼·伊斯特万著　杨敏译

函授学员作品选登

桃园计（小戏曲）····················· 王若科

剧代会大会发言选登

中国戏剧家协会第四次会员代表大会闭幕词···· 张　庚

关键在于克服"左"的影响——谈谈部队近几年来的

戏剧创作 ························· 胡　可

清除"左"的干扰，戏剧繁荣有望

——在中国剧协第四次会员代表大会上的发言

································· 李龙云

关于繁荣剧本创作的建议 ················· 王雪波

新形势面前的思考
——想到我国戏剧事业的明天⋯⋯⋯⋯郁　华

微型剧谈

从第一次吃螃蟹想起⋯⋯⋯⋯⋯⋯⋯吴乾浩
我想看"你"的⋯⋯⋯⋯⋯⋯⋯⋯⋯恒　岳
中杰英剧作的艺术特色⋯⋯⋯⋯蓝　光　赵　寻
《杜烽剧作选》读后⋯⋯⋯⋯⋯⋯⋯方　杰
置之死地而后生——《风雪云山路》创后感⋯齐致翔
答函授学员张丹丹、李戈同志的信（函授通信）
⋯⋯⋯⋯⋯⋯⋯⋯⋯⋯⋯⋯⋯⋯李宏林

1985 年第 7 期　刊名:《剧本》
目录

对有争议的话剧剧本的争议
——中国戏剧文学学会召开有争议的话剧剧本讨论会
发言纪要⋯⋯⋯⋯⋯⋯杨雪英　程世鉴整理
不许任意诋毁剧作家的声誉⋯⋯⋯⋯⋯孟　华
汉武哭宫（新编历史剧）⋯⋯⋯⋯⋯⋯许思言
胡同里的月光（四幕话剧）⋯⋯⋯方洪友　周维先

函授学员作品选登

黄巢之死（小戏曲）⋯⋯⋯⋯⋯⋯⋯孔庆杰
正当芒种时（独幕话剧）⋯⋯⋯⋯⋯⋯董丹弟
局长的儿子（儿童剧）⋯⋯⋯⋯⋯⋯⋯翟永葆
陈毅理发（小川戏）⋯⋯⋯⋯⋯⋯⋯隆学良
男子汉的眼泪（广播剧）⋯⋯⋯⋯⋯⋯瞿新华
评论，迈开你的脚步⋯⋯⋯⋯⋯⋯⋯凌　申

微型剧谈

破除新公式⋯⋯⋯⋯⋯⋯⋯⋯⋯⋯杨翰端
"微型剧谈"谈微⋯⋯⋯⋯⋯⋯⋯⋯张　晶
文化部举办首届全国农村业余戏剧创作评奖⋯玉

新剧信息

高行健新作《野人》⋯⋯⋯⋯⋯⋯⋯大　勇
上海大学生演出《魔方》等新剧目引起热烈反响
⋯⋯⋯⋯⋯⋯⋯⋯⋯⋯⋯⋯⋯⋯晓　英
浙江省话剧团《山祭》引人注目⋯⋯⋯⋯张健钟
大型话剧《我们》即将问世⋯⋯⋯⋯⋯阿　华
奥尼尔戏剧中心的联想（美国记事）⋯⋯⋯张　颖
一对编剧夫妇的动人创举⋯⋯⋯⋯⋯⋯绍
已出版或将出版的剧作家选集⋯⋯⋯⋯晓　林
戏剧简讯，国外戏剧动态
函授简讯
答函授学员方春同志的信⋯⋯⋯⋯⋯⋯王　正

1985 年第 8 期　刊名:《剧本》
目录

天边有群男子汉（多幕话剧）⋯⋯⋯⋯周振天
写在《天边有群男子汉》发表后⋯⋯⋯⋯周振天
岁岁重阳（现代川剧）⋯⋯⋯⋯魏明伦　南　国
再创造是改编的关键
——《岁岁重阳》写作概述⋯⋯⋯魏明伦　南　国
糊涂盆砸锅（豫剧）⋯⋯⋯⋯王国毅　刘锡元
花大姑说媒（小淮海戏）⋯孙智宏（执笔）顾炳荣
三放吊桥（小淮剧）⋯⋯⋯⋯⋯⋯⋯潘少卿

函授学员作品选登

在候车室发生的⋯⋯（独幕话剧）⋯⋯⋯齐宝库
戏剧创作与心理学⋯⋯⋯⋯⋯⋯⋯⋯谭霈生
"自由体戏剧"探讨⋯⋯⋯⋯⋯⋯⋯⋯丁一三
访问《WM（我们）》的作者⋯⋯⋯⋯本刊记者
农村业余戏剧创作的丰收⋯⋯⋯⋯⋯⋯颜长珂

微型剧谈

"争议"和"评议"⋯⋯⋯⋯⋯⋯⋯⋯边　集
凡有争议，必是"坏戏"吗?⋯⋯⋯⋯⋯邓小秋
探索内容与形式创新的同步发展——话剧《一个死者
对生者的访问》座谈会⋯⋯⋯⋯⋯⋯雪　英
答函授学员太明同志的信⋯⋯⋯⋯⋯⋯朱汉生
国内外戏剧动态·消息
话剧《WM（我们）》剧照选登⋯⋯少华文　星光摄

1985 年第 9 期　刊名:《剧本》
目录

从夏衍那里学到了什么——在纪念夏衍同志从事文学
创作六十五周年暨戏剧与电影创作五十五周年座谈会
上的讲话⋯⋯⋯⋯⋯⋯⋯⋯⋯⋯曹　禺
维护剧作家应有的权益⋯⋯⋯⋯中国戏剧文学学会

WM（我们）（青年戏剧）⋯⋯⋯⋯编剧王培公
演出文学本修订王贵
续·二号——吵闹的结婚进行曲（四幕喜剧）
⋯⋯⋯⋯⋯⋯［日本］饭泽匡著　耿墨学译
孵蛋的公鸡（二幕新童话剧）⋯⋯⋯⋯陈永涓
雷峰夕照（京剧）⋯⋯⋯⋯⋯⋯⋯⋯梁清濂
竹杠桥（小戏曲）⋯⋯⋯⋯⋯杨继扬　瞿慕林
紧急问题（相声川剧）⋯⋯⋯⋯⋯⋯魏晓林

争鸣与探讨

话剧艺术的新篇章
——欢呼《WM（我们）》的问世⋯⋯⋯⋯王步苹
《WM（我们）》印象记⋯⋯⋯⋯⋯⋯⋯周振天
不安的灵魂仍在求索
——《WM（我们）》读后⋯⋯⋯⋯⋯林克欢
对《WM（我们）》的批评⋯⋯⋯⋯⋯本刊记者
多些催发　少些酷评
——重看《马克思流亡伦敦》感言⋯⋯刘　佳　王　石

微型剧谈

剧作者的呼声⋯⋯⋯⋯⋯⋯⋯⋯⋯⋯彦　芳
坐井观天　不足为训⋯⋯⋯⋯⋯⋯⋯陆　云
《酒楼晒衣》读后⋯⋯⋯⋯⋯⋯⋯⋯木　生
江苏戏剧创作理论研讨会纪要⋯⋯⋯易　工
哈尔滨戏剧理论讨论会纪要⋯⋯⋯⋯程世鉴
河北省举办首届戏剧节⋯⋯⋯⋯⋯⋯杨恩华
答函授学员陈雪峰同志的信⋯⋯⋯⋯戴英录
国内外戏剧动态·消息
《续·二号》剧照选登

1985 年第 10 期　刊名:《剧本》
目录

裂变（六场话剧）⋯⋯⋯⋯⋯⋯⋯⋯许　雁
公公做媒（八场现代淮剧）⋯⋯⋯⋯王　沂
奔月（五场神话剧）⋯⋯⋯（中国香港）古苍梧
小站（微型话剧）⋯⋯⋯⋯⋯⋯⋯⋯韩继权
武大郎开店（微型喜剧）⋯⋯⋯⋯⋯郝湘榛
年糕案件（独幕话剧）⋯⋯⋯王小龙　孟庆钊
歌唱爱国主义　发展民族戏剧
——从《林则徐充军》谈起⋯⋯⋯⋯张　颖
戏曲艺术的转折与发展⋯⋯⋯⋯⋯⋯孟繁树
谈谈青年人对潮剧的喜厌与需求⋯陈景明　陈创义
浅论戏剧情境与人物性格的关系⋯⋯王　静
让人物牵着笔走——读《裂变》随感⋯⋯方少华

微型剧谈

戏曲须早入"涅槃之境"⋯⋯⋯⋯⋯恒　岳
享受和难受⋯⋯⋯⋯⋯⋯⋯⋯⋯⋯何　木
总结经验，以利再战
——记《剧本》月刊编委会议⋯⋯⋯本刊记者
聚首"山庄"话振兴
——皖浙赣闽四省戏剧创作座谈会散记⋯⋯吴炳南
函授中心召开第二次分部工作会议（函授简讯）
⋯⋯⋯⋯⋯⋯⋯⋯⋯⋯⋯⋯⋯⋯⋯⋯鸾
答函授学员丛弟同志的信⋯⋯⋯⋯颂　扬
戏剧动态·简讯

1985 年第 11 期　刊名:《剧本》
目录

编者的话
世界之子（三幕话剧）⋯⋯⋯⋯⋯⋯张贵驰
《世界之子》编后感⋯⋯⋯⋯⋯⋯⋯方少华
颠倒乾坤（新编高甲戏）⋯⋯⋯⋯⋯王景贤
《颠倒乾坤》好在哪里⋯⋯⋯⋯⋯⋯程世鉴
风雅县令（小川剧）⋯⋯⋯⋯倪国桢　李　朝
谈谈"钱老板改姓"⋯⋯⋯⋯⋯⋯⋯曾献平
高档商品（独幕话剧）⋯⋯⋯⋯王　铸（执笔）
额·达木林扎布
争取现实题材喜剧的新突破——给《高档商品》作者
的信⋯⋯⋯⋯⋯⋯⋯⋯⋯⋯⋯⋯⋯鲁　煤
好心的魔鬼（话剧小品）⋯⋯⋯⋯⋯叶　勇
灯火阑珊处（电视小品）⋯⋯⋯⋯⋯常玉昌
锁（歌剧小品）⋯⋯⋯⋯⋯⋯⋯⋯⋯张哲民
席前三盘——京剧《九江口》第四场评点⋯⋯鸣　迟
戏好不在标签上（微型剧谈）⋯⋯⋯张　真
雾都山色　艺苑盛会
——记重庆雾季艺术节⋯⋯⋯⋯⋯劲　民
在春播的日子里——中国戏剧电视剧创作函授中心教
学散记⋯⋯⋯⋯⋯⋯⋯⋯⋯⋯⋯⋯温广鲤
百花剧本公司在戏剧界引起强烈反响⋯⋯⋯吴炳南
百花剧本公司为各地剧团提供通俗戏剧上演脚本（二）
文化部、国家民委、中国剧协、中国少数民族戏剧学
会举办第一届全国少数民族题材剧本评奖⋯⋯张　扬
中国话剧文学研究会成立⋯⋯⋯⋯⋯伯　荣

1985 年第 12 期　刊名:《剧本》
目录

编者的话
狱卒平冤（七场楚剧）
⋯⋯⋯⋯⋯《狱卒平冤》创作组　武　纵执笔
戏曲古代剧的文学性转变
——评楚剧《狱卒平冤》⋯⋯⋯⋯⋯郭启宏
军旗下的情歌（三幕歌剧）⋯⋯⋯⋯董小苹
台湾舞女（闽台音乐剧）⋯⋯⋯王再习　许一纬
我国东南隅的一个歌剧亮点——介绍晋江地区歌剧团
及其近作《台湾舞女》⋯⋯⋯⋯⋯张　迈
开张之前（微型话剧）⋯⋯⋯⋯⋯⋯赵秋立

函授学员作品选登

锁（独幕儿童话剧）⋯⋯⋯⋯⋯⋯⋯周　平
别哭呀，妈妈（日本电视剧）⋯⋯⋯佐藤繁子作
张玉明译

剧作家赴粤、鄂两省访问散记 广东行、湖北行
⋯⋯⋯⋯⋯⋯⋯⋯⋯⋯⋯⋯⋯本刊记者
橡胶园的启迪⋯⋯⋯⋯⋯⋯⋯⋯徐光东
美哉,广东!特区!⋯⋯⋯⋯⋯⋯张柏楷
高空俯视与断面扫描⋯⋯⋯⋯⋯张贵驰
诗词五首⋯⋯⋯⋯⋯郭启宏 赵大民 彭志淦
王 呐 戴英策 邹忆青
加强话剧文学研究 促进话剧创作繁荣
——中国话剧文学学术讨论会侧记⋯⋯⋯沈 毅
一九八五年全国戏曲观摩演出在京举行⋯⋯⋯星 光
全国戏曲观摩演出圆满结束,各项评奖揭晓⋯⋯易 彤
青岛市开剧本讨论会⋯⋯⋯⋯⋯次 琼
中国戏剧电视剧创作函授中心邀请部分学员到京观摩
⋯⋯⋯⋯⋯⋯⋯⋯⋯⋯⋯⋯⋯温 炎
南昌分部举办学员活动⋯⋯⋯⋯伦 元
答函授学员吴英瑞同志的信⋯⋯于庭平

1986 年第 1 期 刊名:《剧本》
目录

编者的话

剧作家的话
危机里蕴育着生机⋯⋯⋯⋯⋯⋯⋯曹 禺

大型戏曲
秋风辞(新编八场历史剧)⋯⋯⋯周长赋
简评《秋风辞》的两个人物塑造⋯⋯范 溶
春雪(七场评剧)⋯⋯⋯⋯⋯⋯刘敏庚
尚未挣脱的沉重锁链——浅析《春雪》⋯⋯艾 心

多幕话剧
榆树屯风情(四幕话剧)⋯⋯⋯郝国忱
《榆树屯风情》人物浅谈⋯⋯⋯温大勇

小型戏曲
鼠年鼠事(小戏曲)⋯⋯⋯⋯⋯李华清

电视剧
歪毛儿⋯⋯⋯⋯⋯⋯⋯⋯⋯⋯梁秉堃

纪念周总理逝世十周年
一直活在我们心中的总理⋯⋯⋯夏 淳
"我们都是同志嘛"——忆周总理一件事⋯⋯周又郎

剧作家研究
夏衍戏剧艺术初探⋯⋯⋯⋯⋯会 林 绍 武

剧作家剪影
他在戏曲园地辛勤地耕耘——记罗慕磊⋯⋯杨雪英

讨论与争鸣
《戏曲艺术的转折与发服》质疑⋯⋯范钧宏 高文澜

函授通信
答函授学员盛煜同志的信⋯⋯⋯吴乾浩
中南五省(区)戏剧创作座谈会在广州、深圳等地召开

1986 年第 2 期 刊名:《剧本》
目录

编者的话

多幕话剧
田野又是青纱帐(四幕话剧)⋯⋯李 杰
当前话剧创作的有力篇章
——谈《田野又是青纱帐》⋯⋯郭铁城

大型戏曲
香壶案(新编历史传奇剧)⋯⋯黎中城 谢雨青 陈文华

儿童广播剧
起飞的小鹤(儿童广播剧)⋯⋯景 宽

小型戏曲
张屠夫宰猪(小戏曲)⋯⋯⋯⋯鞠习华

剧作家剪影
一个受难者的灵魂
——为《路翎剧作选》出版而作⋯⋯杜 高
目标,越过自己的高度
——记埋头冲刺的郝国忱⋯⋯温广鲤

微型剧谈
既要保"人",又要保"戏"⋯⋯郭履刚

创作问题讨论
戏曲文学的创新与继承⋯⋯⋯⋯安 葵
继承与创新都要从生活内容出发⋯⋯高文澜
革新要注意戏曲化⋯⋯⋯⋯⋯⋯颜长珂
戏曲美与戏曲文学的未来⋯⋯⋯鸣 迟
百花齐放,不拘一格⋯⋯⋯⋯⋯吴 琼
戏曲应该是内容与形式统一和谐的艺术⋯⋯孟繁树
谈近期新编历史戏曲中帝王形象的创造⋯⋯黎之彦

获奖剧目创作谈

谈谈《康熙出政》的创作体会⋯⋯⋯⋯⋯毛　鹏

洁白下的罪恶，罪恶下的洁白——观淮剧《奇婚记》

感触⋯⋯⋯⋯⋯⋯⋯⋯⋯⋯⋯⋯⋯⋯谭志湘

时代各异，情理相通

——《喜脉案》编剧有感⋯⋯⋯⋯⋯吴傲君

函授通信

致函授学员⋯⋯⋯⋯⋯函授中心教务委员会

胡风同志追悼会在京举行

1985年全国儿童广播剧"金猴奖"在京发奖

1986年第3期　刊名:《剧本》
目录

编者的话

大型话剧

卢家门⋯⋯⋯⋯⋯⋯⋯⋯⋯⋯⋯⋯⋯⋯吕　梁

创作体会

一点感受⋯⋯⋯⋯⋯⋯⋯⋯⋯⋯⋯⋯⋯吕　梁

大型戏曲

杏花春雨⋯⋯⋯⋯⋯⋯⋯⋯⋯⋯⋯⋯⋯曹宪成

电视连续剧

"福贵人"传奇⋯⋯⋯⋯⋯⋯张一虹　王富聪

儿童小歌剧

好朋友⋯⋯⋯⋯⋯⋯⋯⋯⋯⋯⋯⋯⋯⋯张新天

微型戏剧

骂鸭⋯⋯⋯⋯⋯⋯⋯⋯⋯⋯⋯⋯⋯⋯⋯段昆仑

老铁蛋·锅·小铁蛋⋯⋯⋯⋯⋯⋯⋯⋯张善林

佳期⋯⋯⋯⋯⋯⋯⋯⋯⋯⋯⋯⋯⋯⋯⋯郑　恬

努力繁荣创作，提高创作水平——记《剧本》月刊编

委会议⋯⋯⋯⋯⋯⋯⋯⋯⋯⋯⋯⋯⋯本刊记者

获奖剧目创作谈

史、戏、诗融合中似与不似的追求——历史剧《秋风

辞》创作琐谈⋯⋯⋯⋯⋯⋯⋯⋯⋯⋯周长赋

讨论与争鸣

改革戏曲要有勇气和耐力——读《〈戏曲艺术的转折

与发展〉质疑》⋯⋯⋯⋯⋯⋯⋯⋯⋯林涵表

剧作家研究

奥尼尔、《毛猿》及其结构⋯⋯⋯⋯⋯陈　琳

随笔

用韵文想⋯⋯⋯⋯⋯⋯⋯⋯⋯⋯⋯⋯⋯汪曾祺

剧作家剪影

奇缘之果也盈枝——记郭启宏⋯⋯⋯⋯毓　钺

剧作家行踪

函授学员来信摘录

1986年第4期　刊名:《剧本》
目录

编者的话

大型现代龙江剧

乱世荒唐人⋯⋯⋯⋯⋯⋯⋯⋯⋯⋯⋯⋯孙殿英

荒唐人和龙江剧⋯⋯⋯⋯⋯⋯⋯⋯⋯⋯王　毅

滴水式整体话剧

爸爸妈妈应该选举产生⋯⋯⋯⋯⋯⋯⋯陈传敏

两个冲动和一点设想⋯⋯⋯⋯⋯⋯⋯⋯陈传敏

日本微型笑剧（八折）⋯⋯⋯⋯[日]井上厦　著

丛林春　译

井上厦（HISA SHI）及其笑剧⋯⋯⋯⋯丛林春

小戏曲

双龙槐⋯⋯⋯⋯⋯⋯⋯⋯⋯⋯⋯⋯⋯⋯宋崇舜

微型喜剧

JQK⋯⋯⋯⋯⋯⋯⋯⋯⋯⋯⋯⋯⋯⋯⋯邓沐珩

独幕儿童剧

迷路⋯⋯⋯⋯⋯⋯⋯⋯⋯⋯⋯⋯⋯⋯⋯郑　红

理论研究

宏其旨　异其想　夸其表

——试论喜剧作品的三大要素⋯⋯⋯⋯金　式

创作体会

喜剧，在坎坷路上探索⋯⋯⋯⋯⋯⋯⋯陈　芫

国外戏剧动态

日本演出《可口可笑》漫记⋯⋯⋯⋯⋯王景愚

剧作家的摇篮

——"奥尼尔戏剧中心"年会上的联想⋯⋯白峰溪

民主德国舞台掠影⋯⋯⋯⋯⋯⋯⋯⋯⋯金雄晖

剧作家剪影

探索人生的活剧——记吉林剧作家李杰⋯⋯温大勇

剧作分析

关于《魔方》的组合······王晓鹰

报道

中国剧协创委会首次会议在京召开·········本刊记者

函授通信

答函授学员辛读同志的信·········高 鑫

函授消息一则

剧作家剪影

顽强的跋涉者——记上海中年剧作家黎中城···杨雪英

函授通信

答函授学员剑歌同志·········齐致翔

消息

全国学校剧剧本评奖揭晓·········赵 静

我国举行首届莎士比亚戏剧节

1986 年第 5 期　刊名:《剧本》
目录

编者的话

五幕话剧

天神·········李斌奎

新编历史喜剧

求骗记·········戈 明

无场次轻歌剧

特区回旋曲·········阎 肃

学校剧

艾星星·········万重光 叶有生

学校剧中一颗闪光的星

——读《艾星星》有感·········李庆成

独幕话剧

亲人·········冯如孟

小戏曲

员外抬轿·········马中原

会议报导

放开手脚搞创作

——中国戏剧家协会工作会议散记·········曾 敷

问题讨论

从观众的双重形态谈话剧创作·········康洪兴

讨论与争鸣

戏曲艺术的"观赏价值"及其他——对《戏曲艺术的

转折与发展》的不同看法·········王冬青

观剧随笔·········凤 子

1986 年第 6 期　刊名:《剧本》
目录

编者的话

多场现代悲喜剧

狗儿爷涅槃·········锦 云

小说在向戏剧渗透——《狗儿爷涅槃》读后···方 华

新编秦腔古代剧

仇荐·········王 烈 王 纾

小戏曲

两封信·········王 靖

美乐，美乐·········洪 义

广播剧

假如再回到当年·········孟 冰

电视剧

夜之声·········张勤学

剧作家研究

剧作家老舍与西方文艺·········克 莹 洪忠煌

创作研究

浅谈儿童剧情感的传达·········朱以中

剧本评介

"清白风骨"留人间

——京剧《香壶案》印象·········宋光祖

剧作家剪影

在艺术的阶梯上勇于攀登——记李龙云·········柏松龄

国外戏剧动态

尊重艺术，尊重艺术家的出色劳动——在西柏林观看

莎剧演出有感·········任明耀

读书札记

贝克著《戏剧技巧》读后……………谭霈生

函授简讯………………………炎

消息

研讨戏剧创作问题 探寻戏剧振兴之路——吉林省召开第六届戏剧创作讲习会…………聂海风

中国煤矿文化宣传基金会召开笔会…………李艳芳

1986 年第 7 期 刊名:《剧本》
目录

编者的话

多场次话剧

天堂里来的士兵………………………姚 远

八场现代吕剧

希望的田野…………………………李金江

小戏曲

换田………………………………杨 珹

谐剧

爱的"含蓄美"………………………包德宾

小黑蚂蚁旅行记………………………包德宾

谐剧和作者简介………………………阿 华

会议特辑

1984—1985 年全国戏曲、话剧、歌剧优秀剧本评奖获奖名单

第三届全国优秀剧本创作奖授奖大会开幕词…张 颖

努力创作更多的优秀剧本………………胡 可

活跃创作思想 促进戏剧繁荣……………高 狄

时代呼唤着戏剧的繁荣…………………高占祥

振兴戏剧的几点随想……………………梁光弟

剧事四题………………………………俞 琳

会议报道

戏剧创作在前进………………………沈次琼

争鸣与宽容

——珠海戏剧美学学术讨论会侧记………春 熹

函授通信

答函授学员慕容同志……………………温大勇

重要启事

1986 年第 8 期 刊名:《剧本》
目录

编者的话

大型话剧

寻找山泉………………………………沈虹光

与《寻找山泉》有关………………………沈虹光

探索性戏曲

魂归故里…………张 彭 王其德 李衷一 赵均伦

曲唱新声 情牵故土………………………毓 钺

常德花鼓喜剧

嘻队长…………………………………黄士元

电视剧

漫画的风波……………………………矫崇兴

学校剧

谁当中队委……………………………阎致中

获奖剧作家谈创作

日有蚀 星来照

——谈《大明魂》创作中审美价值的追求……齐致翔

得笔趣于戏曲规律

——写《鸭子丑小传》后的思考……………郑怀兴

怕写文章的文章………………………刘树纲

会议报道

继承历史传统 开掘横向联系

——"青艺话剧创作研讨会"侧记…………蔡体良

讨论与争鸣

《潘金莲》纵横谈

要鼓励创新……………………………苏国荣

应当给予科学的评价……………………朱颖辉

尚未达到期望的高度……………………安 葵

对改变潘金莲形象的异议…………………廖 奔

关于《潘金莲》的三言两语…………………林涵表

有限度的"魏派"荒诞川剧…………………吴乾浩

欢迎与思考……………………………姜永泰

施耐庵冤哉……………………………汪 琰

戏剧剪影

《潘金莲》

函授通信
答函授学员惠之同志的信⋯⋯⋯⋯⋯⋯柏松龄
重要启示

1986 年第 9 期　刊名:《剧本》
目录

编者的话

新编古装柳琴戏
三赐御匾⋯⋯⋯⋯⋯⋯⋯⋯⋯⋯⋯⋯⋯⋯杜庆桓

无场次四川方言话剧
钱皇后的酸甜苦辣⋯⋯⋯⋯⋯⋯⋯⋯⋯⋯陈泽远

五场京剧
千里归凰⋯⋯⋯⋯⋯⋯⋯⋯⋯⋯⋯⋯⋯⋯高芳彤

小戏曲
梨园"喜"事⋯⋯⋯⋯⋯⋯⋯⋯陈明虎　马中原

外国独幕剧
征婚启事⋯⋯⋯⋯⋯〔法〕居·富瓦西作　草　木译

剧作家谈创作
开掘人物的深层心态⋯⋯⋯⋯⋯⋯⋯⋯⋯张健钟
戏剧的改革应该表现改革的现实⋯⋯⋯⋯邢益勋
管它冬夏与春秋⋯⋯⋯⋯⋯⋯⋯⋯⋯⋯⋯王培公

创作研究
清除戏剧中的庸俗社会学⋯⋯⋯⋯⋯⋯⋯谭需生

经验介绍
为剧作家提供优质服务
——在创作经验交流会上的发言⋯⋯⋯⋯王　充

微型剧谈
戏与诗三题⋯⋯⋯⋯⋯⋯⋯⋯⋯⋯⋯⋯⋯王　肯

剧作家剪影
大胆的创新　执着的追求⋯⋯⋯⋯⋯⋯⋯柏松龄
一记中央实验话剧院编剧刘树纲

函授通信
答函授学员赵华同志⋯⋯⋯⋯⋯⋯⋯⋯⋯安　葵

消息
第二届解放军文艺奖揭晓

黑龙江省召开剧本讨论会
《影剧新作》杂志社举办"研究戏剧现状、探索戏剧未来"笔会
重要启事

1986 年第 10 期　刊名:《剧本》
目录

编者的话

赣剧弋阳腔
邯郸梦记⋯⋯⋯⋯（明）汤显祖　原著　陶学辉　改编
"临川四梦"的教益⋯⋯⋯⋯⋯⋯⋯⋯⋯黄文锡

七场现代喜剧
倒霉大叔的婚事⋯⋯⋯⋯⋯⋯⋯⋯⋯⋯⋯齐　飞

东北生活即景剧
大年初一⋯⋯⋯⋯⋯⋯⋯⋯⋯⋯⋯⋯⋯⋯姜　一
《大年初一》编后感⋯⋯⋯⋯⋯⋯⋯⋯⋯温大勇

小吉剧
山高"皇帝"近⋯⋯⋯⋯⋯⋯⋯⋯⋯⋯⋯王　肯
张王李赵⋯⋯⋯⋯⋯⋯⋯⋯⋯⋯⋯⋯⋯⋯王　肯

微型话剧
海边，有三个钓鱼人⋯⋯⋯⋯⋯⋯⋯⋯⋯黄小振

讨论与争鸣
戏曲改革三题议——有感于《戏曲艺术的转折与发展》引起的争论⋯⋯⋯⋯⋯⋯⋯⋯⋯⋯⋯⋯孙　玫

学习与借鉴
在意大利看歌剧⋯⋯⋯⋯⋯⋯⋯⋯⋯⋯⋯陆　棨

戏剧剪影
《无事生非》

剧作家剪影
刻意求真的沈虹光⋯⋯⋯⋯⋯⋯⋯⋯⋯⋯温　炎

函授通讯
答函授学员陈萍同志⋯⋯⋯⋯⋯⋯⋯⋯⋯邹忆青

消息
著名戏剧家范钧宏同志逝世
《古典戏曲编剧六论》、《剧作家的沉思》出版
重要启事

1986 年第 11 期　刊名:《剧本》
目录

编者的话

新编历史剧
调寇审潘·······························范钧宏
时代、规律与范钧宏——写在钧宏同志最后一部作品
发表之际·······························齐致翔
沉痛的怀念——忆挚友范钧宏·············吕瑞明

民族历史剧
渥巴锡汗·······························宝尔夫

大型话剧
办公室记事···········〔苏〕鲁·伊勃拉基姆别科夫　作
童道明　译

小戏曲
雨夜·································赵光政
请女婿·······························纪凤旭

讨论与争鸣
戏剧观念的本体性调整···················林克欢
从三度创作的有机统一认识戏剧本体及戏剧创作
·······································康洪兴

观摩与交流
共同探求艺术宽广的道路
——记一次戏剧创作研讨会···············颜振奋

讨论与争鸣
"魔方"的启示·························马道远

中外戏剧交流
中国戏剧应该走向世界
——参加美国全国剧作家会议随感···········王　正

剧作家剪影
巨轮寻深水而航行
——记中年戏曲作家郑怀兴···············崔　伟

函授通讯
答函授学员肖国华同志···················程世鉴
函授简讯
重要启事

1986 年第 12 期　刊名:《剧本》
目录

编者的话

全景话剧
大趋势·······························张晓然
明天是属于他们的——读剧本《大趋势》·······张书义

新编历史昆剧
南唐遗事·······························郭启宏

大型萍乡采茶喜剧
牛二宝经商记···························陈海萍

献词
深入地研究田汉——田汉研究 1986 年学术讨论会开
幕词·································张　颖

剧作家研究
现代意识与主体意识
——郑怀兴创作研讨会上的发言·············曲六乙

讨论与争鸣
戏曲艺术的活力在于对本体与传统的超越·······蓝纪先

剧作家剪影
一个生气勃勃的创作群体
——访武夷剧作社·······················羽　石

戏剧剪影
弹吉他的姑娘

函授通讯
答函授学员杜文同志的信···················方　华

会议报导
田汉研究 1986 年学术讨论会在长沙举行
一次研讨戏剧创作的盛会
郑怀兴剧作研讨会在京举行
呼和浩特市举办儿童剧研讨会与学校剧会演
首都隆重纪念汤显祖逝世 370 周年

1987 年第 1 期　刊名:《剧本》
目录

卷首

电视剧
周恩来轶事 ································ 冯温玉

多场次喜剧
魅力试验 ································ 苏　雷

新编历史剧
曹操与杨修 ································ 陈亚先

小话期
风雨客店夜 ································ 薛玉明

会议报道
追求、探索和奋进
——话剧剧本讨论会剪影 ················ 本刊记者

创作问题研究
我的思考 ································ 锦　云
需要新的觉醒 ···························· 燕　燕
站稳自己脚下这片土地 ·················· 苏　雷

剧作家研究
从郑怀兴的部分剧作谈起——琐议武夷剧作群体的诺
干艺术追求 ···························· 刘世今
骊姬形象与现代神秘意识 ················ 孟繁树

剧作家剪影
人啊，你找什么——宗福先的路 ·········· 冰　砝
作品的身价 ···························· 苇　蒙
顾自封的《高阁集》 ···················· 金　武

戏剧剪影
《晋宫寒月》
苏联的戏剧改革 ···· ［苏］叶·扎伊来夫作　苏　红译
答函授学员谢军同志 ···················· 李宏林

1987 年第 2 期　刊名:《剧本》
目录

三幕话剧
传呼电话 ································ 宗福先

新编清代故事剧
渝州盗 ································ 阳　晓

多场现代壮剧
羽人梦 ································ 梅帅元

新编历史小戏
康熙赃石 ································ 卢凌日

小戏曲
赵大"吹" ······························ 李振西

创作问题研究
歌剧思絮 ································ 何兆华
兔年絮语 ································ 漠　雁
创新的思考 ······························ 刘　川
我的困惑与清醒 ·························· 张晓然

外国戏剧之窗
从写实主义到新写实主义 ················ 谢榕津

戏剧剪影
《初恋时，我们不懂爱情》

通投通信
答函授学员肖青宇的信 ·················· 毓　钺

1987 年第 3 期　刊名:《剧本》
目录

新编历史剧
雄风祭酒 ·········· 张　旭　王金城　姜德修　王其耀

八场喜剧
幸运女神 ································ 方洪友

通俗喜剧
爱情变奏曲 ······························ 刘　派

抒情小喜剧
玫瑰红的希望 ···························· 羽　军

小戏曲
十字路口 ································ 姜继尚

东北二人转
真假鼠药 ································ 刘春山

小哑剧
皆大欢喜 .... 赵　哲　刘先溥

微型话剧
乡长到家来 .... 栾淑芳

广播短剧
晨 .... 弘　力

讨论与争鸣
"反传统"不可能有真正的超越
——与蓝纪先同悲商榷 .... 曲六乙

剧作家剪影
多情不被无情恼——记中年戏曲作家齐致翔 ...... 崔　伟

微型剧谈
一戏何必多名 .... 殷骁晖

艺术探讨
盛于史　否至极　泰已来
——连台本戏三部曲 .... 金　式
百花剧本公司为各地剧团提供通俗戏剧上演脚本（三）

函授通信
致函授学员

1987 年第 4 期　刊名:《剧本》
目录

大型话剧
血染的风采 .... 张莉莉

新编古代川剧·高腔
红楼惊梦 .... 徐　棻
戏剧创作与现代审美意识——评徐棻在《红楼惊梦》
中的新探索 .... 王世德

整理潮剧传统戏
张春郎削发 .... 李志浦

小戏曲事
双哭坟 .... 杨辉周

讨论与争鸣
《邯郸梦记》改编的题内题外之争 .... 黄文锡

创作问题研究
历史剧与历史 .... 张　波

微型剧谈
"推陈"的目的在于"出新" .... 顾曲郎
六百八十个惊叹号及其他 .... 寒　尽

外国戏剧之窗
各领风骚——几位当代日本剧作家速写 .... 黎继德

消息
第四届《戏剧报》梅花奖揭晓
函授通信

1987 年第 5 期　刊名:《剧本》
目录

重新学习《在延安文艺座谈会上的讲话》 .... 张　颖

七场话剧
四十不惑 .... 黄小振

六场芗剧·歌仔戏
肃杀木绵庵 .... 路　冰

七场古装新编戏曲
知府赊官 .... 叶新谱　王唤柳

独幕话剧
夏日的黄昏 .... 冯延飞

会议报道
首届中国戏曲艺术国际讨论会在京举行 ...... 本刊记者
陕西召开新时期戏剧十年学术讨论会 .... 春　熹

微型剧评
"自我"泛滥的悲剧
——读《幸运女神》 .... 思　缕

剧作家研究
奥尼尔剧作中人物的悲剧价值分析 .... 白　牛

外国戏剧之窗
奥尼尔研究综述
——简述国外对奥尼尔的评价 .... 艾　辛

外国戏剧之窗
达里奥·福——意大利著名演员剧作家 .... 肖　曼

消息
奥尼尔学术讨论会在京举行

1987 年第 6 期　刊名:《剧本》

目录

七幕话剧
失落的发明专利·····················燕　燕

六场话剧
杨赛风···························钟黔宁

大型现代戏曲
小店春秋·························李秀峰

多场儿童剧
摘下吧，面具·············程佳光　杨作玖

话剧小品
生日····························程小艺

微型话剧
卖油····························段修仁

回忆史料
从我走过的京剧改革道路谈贯彻《讲话》和"推陈出
新"····························王一达

创作问题研究
歌剧难产原因何在···················邱玉璞
戏与生活——《水乡情》创作随笔····文　军　彭志淦

剧作家剪影
《水乡情》

中外戏剧交流
学习·借鉴·创新
——为美国音乐剧在我国演出而作··········程　若

报道
中美戏剧界合作的丰顿成果——记美国音乐剧首次搬
上中国舞台·······················本刊记者

消息
首都文艺界人士举行座谈会重新学习《讲话》

1987 年第 7 期　刊名:《剧本》

目录

戏剧小品
芙蓉树下···············冯继唐　壮　丽　刘　劲
雨巷····························高　原
征婚启事················常小行　郭铁珊
主要任务·························李东升
订婚····························裴　滨
无题····························李文启
丑妹····························吴继成
典型人物·························王承友
新兵蛋子·························刘秀云

新编大型古代高甲戏
高平关················王景贤（执笔）　谢亚德

无场次话剧
天地人·······（蒙古族）叶·娜布琪　（回族）李有忠

小戏曲
喜宴····························赵　赴
何满进山·························周国兴

戏剧评介
"全国戏剧小品电视比赛"获奖名单戏剧评介
朴素美、创造的美及深涵哲理和诗意
——赞戏剧小品·····················徐晓钟
戏剧小品反映了时代大主题——"全国戏剧小品电视
比赛"观后·······················张书义

创作札记
《芙蓉树下》创作札记·················冯继唐
愿有更多、更美的雨巷
——《雨巷》导演创作谈················查明哲

专论·综述
草原上精神生活的花朵
——内蒙古戏剧创作四十年···············查洪武

创作问题研究
农村改革生活的三重奏··········杜耀民　雒社扬

剧作家剪影
向着远处延伸着的心路
——记演戏人写戏的白峰溪···············余　林

外国戏剧之窗

挪威戏剧现状见闻和随想·····················陈迈平

消息

老戏剧家的心愿

《小镇风情》在京首演

郭启宏作品专题讨论会在京举办

1987 年第 8 期　刊名：《剧本》
目录

七场话剧

曹植···周树山

大型现代戏

青橄榄···汪荡平

欢剧小品

村夜····························蔡方云　王春元

老夫老妻··白峰溪

照像··鲍占元

天使··江遵熹

皮钱儿轶事················夏钧寅　澹台仁慧

一分之争··徐娟娟

踏破铁鞋···霍　清

小戏曲

媒婆新传··费维祥

圆镜记··周季子

创作札记

围绕观众画圆················夏钧寅　澹台仁慧

指导学生编演"戏剧小品"的点滴休会·······丁　涛

到生活的源泉中去淘金·····························李东升

创作问题研究

"里通外国"与"祖传秘方"·······················陶学辉

剧评

现代意识与哲学意识的升华——由采茶喜剧《牛二宝经商记》论开·····································禾　子

国外戏剧之窗

东京观剧杂感··谭霈生

戏剧剪影

《泥马泪》

会议报道

建设东北创作劲旅

写出更多戏剧精品·····························李晓锋

1987 年第 9 期　刊名：《剧本》
目录

大型数剧

深宫欲海··冯柏铭

三幕悲喜剧

汽球游戏··贾鸿源

新编大型古代京剧

骄风··王　靖

独幕话剧

风雨门前··赵羽翔

小戏曲

绝招··杜庆桓

创作问题研究

戏剧艺术应进入现代人的灵魂——关于戏剧题材及形式的一点思考·····························周树山

一个剧作者的呼唤·······································关守中

微型剧谈

鲸鱼的启示···陈　芜

会议报道

为了三亿八千万儿童

——全国儿童剧研讨学习班侧记·······孟　蓉

东北地区话剧观摩研讨会在哈尔滨召开·········张美英

向新的高度攀登——记山东省第三届剧本讨论会····杨

总结经验　勇夺新标

——记武汉市罗慕磊剧作研讨会·······张　宁

1987 年第 10 期　刊名：《剧本》
目录

四幕话剧

小长安··李志杰

新编古代戏

五台县令············郭恩德　武承仁　续柯璜

无场次花鼓喜剧
乐四爹小传⋯⋯⋯⋯⋯⋯⋯⋯⋯⋯⋯⋯⋯曹宪成

戏剧小品
和棋⋯⋯⋯⋯⋯⋯⋯⋯⋯⋯⋯⋯⋯⋯⋯⋯⋯王　克

创作问题研究
改革、搞活、振兴歌剧⋯⋯⋯⋯⋯⋯⋯英若诚
歌剧半面观⋯⋯⋯⋯⋯⋯⋯⋯⋯⋯⋯⋯⋯陆　棨

创作问题研究
独特感·时代感·历史感——话剧作家的审美意识三
题⋯⋯⋯⋯⋯⋯⋯⋯⋯⋯⋯⋯⋯⋯⋯⋯⋯景　宽

讨论与争鸣
戏曲美学探寻⋯⋯⋯⋯⋯⋯⋯⋯⋯⋯⋯冯道信
戏曲的超越意识与本体觉悟⋯⋯⋯⋯杨云峰

微型剧谈
从一位诸侯的"觉悟"谈起⋯⋯⋯⋯⋯试　剑

剧作家剪影
他始终注视着那片土地⋯⋯⋯⋯⋯⋯⋯方　华

报道
中青年剧作家西北访问记⋯⋯⋯⋯⋯柏松龄

生活札记
塞外随想曲⋯⋯⋯⋯⋯⋯⋯⋯⋯⋯⋯⋯⋯邹安和
寂静与喧腾⋯⋯⋯⋯⋯⋯⋯⋯⋯⋯⋯⋯⋯方洪友

1987 年第 11 期　刊名:《剧本》
目录

阳光下的孩子⋯⋯⋯⋯⋯⋯⋯⋯⋯⋯⋯曹　禺
认真领会十三大精神　促进戏剧新的繁荣⋯⋯马少波

大型话剧
洒满月光的荒原——《荒原与人》⋯⋯李龙云

湘剧高腔
山鬼⋯⋯⋯⋯⋯⋯⋯⋯⋯⋯⋯⋯⋯⋯⋯⋯盛和煜

小戏曲
屠龙剑⋯⋯⋯⋯⋯⋯⋯⋯⋯⋯⋯⋯⋯⋯⋯张　真
送你一弯虹⋯⋯⋯⋯⋯⋯⋯⋯⋯⋯⋯⋯金　重
伪银案⋯⋯⋯⋯⋯⋯⋯⋯⋯⋯⋯⋯⋯⋯⋯杨小泉

剧作家通信
致一位剧作家⋯⋯⋯⋯⋯⋯⋯⋯⋯⋯⋯余秋雨

创作问题研究
话剧的困顿⋯⋯⋯⋯⋯⋯⋯⋯⋯⋯⋯⋯郭铁城

剧作家剪影
衣带渐宽终不悔
——记执着于戏曲之恋的舒羽⋯⋯⋯江野芹

讨论与争鸣
湘剧《山鬼》的真实性⋯⋯⋯⋯⋯⋯⋯陈健秋
在鸟瞰历史的视角下面——《山鬼》体裁议⋯黄厚明
这是屈原吗?⋯⋯⋯⋯⋯⋯⋯⋯⋯⋯⋯视　见
民族性的戏曲意识
——对中国戏曲理性原则的再认识⋯汪荡平

报道
戏剧创作的一次检阅——记福建省第十七届戏剧展演
周⋯⋯⋯⋯⋯⋯⋯⋯⋯⋯⋯⋯⋯⋯⋯⋯杨雪英
消息五则

1987 年第 12 期　刊名:《剧本》
目录

卷首
骏马　雄鹰⋯⋯⋯⋯⋯⋯⋯⋯⋯⋯⋯⋯曹　禺
以四化为己任　与改革共命运
——在京部分剧作家聚会学习十三大文件

大型话剧
古塔街⋯⋯⋯⋯⋯⋯⋯⋯⋯⋯⋯⋯⋯⋯⋯李　杰

六场抒情喜剧
故乡情⋯⋯⋯⋯⋯⋯⋯⋯⋯⋯⋯⋯⋯⋯⋯漠　雁

大型现代泗州戏
这里也风流⋯⋯⋯⋯⋯⋯⋯⋯⋯⋯⋯⋯许成章

戏剧小品
难解的方程⋯⋯⋯⋯⋯⋯⋯⋯⋯白　岩　田邨夫

创作问题研究
话剧应奏出时代的声音
——兼谈所谓话剧危机问题⋯⋯⋯⋯方　杰
后发制人
——参加剧作家江浙访问团访问后的感想⋯⋯金　重

回忆史料
向翰笙同志学习 ························· 凤　子

剧作家剪影
孟华印象 ······························· 毓　钺

报道
改革的冲击与剧作家的思考
——记剧作家江浙访问团 ············· 沈次琼
探索戏剧规律　寻求改革途径 ········· 梁秀亭
阳翰笙同志从事文艺工作六十周年庆祝会在北京举行
《军营小院》在京演出受到欢迎 ······· 胡炼龄
中学语文课本剧专场演出在津举行 ····· 小　远

1988 年第 1 期　刊名:《剧本》
目录

多场次话剧
背碑人 ································· 锦　云

新编历史京剧
草莽劫 ······················· 齐致翔　张之雄

大型现代戏曲
桃花女 ································· 天　一

历史题材儿童剧
双枪小李虎 ··························· 马少波
童心烂漫亦精纯
——马少波新作《双枪小李虎》读后 ··· 徐城北

创作问题研究
传神史剧论 ··························· 郭启宏

创作札记
人·大自然·命运·戏剧文学——《洒满月光的荒
原》创作余墨 ······················· 李龙云

剧作家剪影
春到巴蜀花自开——记女剧作家徐棻 ··· 耀　庭

剧作家通讯
改革题材戏剧的一点思考 ············· 梁秉堃

剧作简介
《活鬼》(现代川剧)
《天使的情爱》(大型话剧)
《明月何时圆》(大型现代越剧)

会议报道
继往开来　锐意求新——记《剧本》月刊编委会议
白峰溪作品研讨会在京举行
李龙云剧作研讨会在京举行

1988 年第 2 期　刊名:《剧本》
目录

两幕话剧
黑色的石头 ··························· 杨利民

剧评
他站在新的起跑线上
——评杨利民的《黑色的石头》 ······· 谭霈生

意象豫剧
半个娘娘 ····························· 孟　华

新编历史故事剧
深宫怨 ······························· 李　莉

广播剧
喇叭·棋招·预见性 ········· 郑旭东　矫崇兴(执笔)

戏剧小品
路灯 ································· 宋华文

剧作家与企业家
改革大潮呼唤着剧作家

讨论与争鸣
关于话剧发展的一些实话 ············· 邵宏大

会议报道
硕果盈枝话沧桑——《剧本》月刊三十五周年刊庆侧
记 ··································· 崔　伟

消息
中国戏剧文学学会举行迎春会
戏剧家马彦祥在京逝世

1988 年第 3 期　刊名:《剧本》
目录

无场次话剧
走出死谷 ······················· 陈欲航　王延松

创作札记
走出"死谷",我们去寻找生命的湖——适剧《走出死谷》导演阐述 ················· 王延松

多场次现代评剧
风流寡妇 ······················ 董振波

评剧
评剧《风流寡妇》的再现与表现 ·············· 沈尧

大型新编历史京剧
康熙大帝 ······················ 卜维义

三幕八场话剧
黄金街欲望 ····················· 郑负

剧评
艺坛锦绣又一秋——"第二届沈阳艺术节"专业演出巡礼 ················· 谢俊华

创作研究
振兴戏剧的美学思考 ················ 高占文

经验介绍
奋力拉开腾跃的序幕 ················ 王新心

戏剧现状与趋势
一九八八年戏曲现状与趋势研讨会综述
················· 李悦 徐刚
戏曲舞台的新追求 ················· 廖奔

简讯
《为了儿童剧的起飞》理论研讨会在京举行
《儿童戏剧研究文集》出版

1988 年第 4 期　刊名:《剧本》
目录

中国现代西部戏剧
桑树坪纪事 ·········· 陈子度 杨健 朱晓平

创作札记
反思、兼容、综合
——话剧《桑树坪纪事》的探索 ········ 徐晓钟

新编川剧·弹戏
田姐与庄周 ··············· 徐棻 胡成德

短评
曹禺谈川剧《田姐与庄周》 ············· 曹禺

现代抒情悲剧
新婚礼葬 ·········· 苏位东 阮义华 火焰

小戏曲
哭哭笑笑 ·················· 马中原

街头小喜剧
借"机"断案 ················ 卢石华

微型话剧
星期六 ···················· 古力

作品研究
李龙云戏剧作品研讨会纪要

戏剧的现状与趋势
在生命意识的层面上
——从三部话剧看现实主义的拓展 ········ 廖全京

创作札记
从《搭错车》到《走出死谷》 ············ 陈欲航

剧评
民族文化精神的恢宏再现
——评京剧《康熙大帝》 ·············· 孙浩

国外戏剧之窗
苏、波剧目一瞥 ················ 陈健秋

戏剧剪影
《搭错车》(大型歌舞故事剧画页)

报道
全国话剧改革题材新作研讨会在广州召开
第二届"乌金奖"评奖工作将于 1988 年 11 月举行
《戏剧报》将从今年七月起更改刊名为《中国戏剧》

1988 年第 5 期　刊名:《剧本》
目录

无场次话剧
行星启事 ···················· 一东

新编历史传奇剧
郑八怪联亲 ··················· 芦干

大型话剧
弄潮……陈 凤

童话剧
骄傲的小狮子……钟大江

小戏曲
小灵通断案……孔庆杰

话剧小品
双教子……张福元
呼叫……张树正

创作问题研究
意蕴：新编史剧的历史深度和反思力度……宁宗一

创作札记
金刚怒目 菩萨低眉——《山鬼》画外音……盛和煜
我憧憬——关于儿童剧作家的一种描摹……欧阳逸冰

会议报道
走出戏剧圈子——话剧新作座谈会上的发言……张 颖
切近生活 反映改革……李 门
全国话剧改革题材新作研讨会追述……大 力
"魏明伦现象"——现代意识的戏曲文化现象——
"魏明伦剧作讨论会"纪要……张云初

剧作家与企业家
友谊建立在共同的事业上……邱桂生

讨论与争鸣
四个"打倒"……陈传敏

国外戏剧之窗
奥尼尔戏剧中心的启示……郑怀兴

简讯
第一届中国剧作家创作研究班在京举行开学典礼
江苏文艺界举行祝贺陈白尘同志从事文学和戏剧活动
六十周年座谈会
《当代苏联剧作选》出版
中国文化艺术经营管理家联谊会在京成立

1988 年第 6 期　刊名：《剧本》

目录

大型话剧
幽灵在黎明前聚会……李秀峰

无场次话剧
搭积木……沈虹光

独幕喜剧
秦明入赘……武 平 唐 碧

阳戏
躲喜事……尹先铁 石煌远

小戏曲
瓜熟时节……陆 军

山歌剧
糊涂酒店……廖 武

剧作家研究
从一位女剧作家谈起……王 正
白峰溪剧作论……阿 勇
明月·风雨·秋思
——浅析白峰溪的"女性三部曲"……张 先

创作问题研究
故事框架与叙述模式
——"戏剧的叙述结构"之一……林克欢

讨论与争鸣
现代意识与戏剧发展……羽 军

创作札记
困惑·思索·追求——《惑》剧创作札记……黄小振

微型剧谈
请更多地关注与描写现实——与剧作家对话……李茂华

报道
马少波剧作研讨会在京举行……郑 彦
虞美人·贺少波同志从事文学创作、戏剧活动五十五
年……王季思
第四届全国优秀剧本评奖再次展开
宿县举办"郭超凡戏剧创作奖"……晓 雪
第二届"田汉戏剧奖"评奖揭晓
李桦同志逝世

1988 年第 7 期　刊名:《剧本》
目录

为心爱的事业奋斗——在"第四届全国优秀剧本奖"
发奖大会上的讲话·················曹　禺
"第四届全国优秀剧本奖"获奖剧本名单

大型歌剧
阴山下···············康志勇（执笔）　焦炳琨

宇宙流话剧
人间喜剧·····················夏坚勇

独幕话剧
游魂······················袁成树
恼人的电话铃声···················东　成

戏剧小品
"多情"的"阿米尔"·················李维邦
晨昏的遐思·····················张力慧

小戏曲
村里夜生活·····················刘以林

电视小品
仙人掌······················翟永葆

创作问题研究
叙述者——"戏剧的叙述结构"之二·········林克欢
试谈儿童剧作家的儿童观···············程式如

剧评
话剧作家的天职——《方洪友剧作选》序······凤　子

随笔
诌议戏曲批评标准···················孟繁树

会议报道
让戏剧获得大海一样的胸怀——李杰、郝国忱剧作北
戴河研讨会综述···················温　愠
"第四届全国优秀剧本奖"授奖大会在湖南岳阳市举
行························琼

报道
1987 年日本戏剧界一瞥···············晓　黎
日本剧作家宫本研去世················晓　黎

1988 年第 8 期　刊名:《剧本》
目录

在第四届全国优秀剧本奖授奖大会上的祝辞····刘　正
戏剧要与新时期的群众相结合——在第四届全国优秀
剧本授奖大会上的讲话···············胡　可
祝贺与希望——在第四届全国优秀剧本授奖大会上的
发言························李庆成
文化部的贺电

悲喜滑稽剧
赤脚外交官·····················轻　羽

新编传奇剧
柳青娘······················南　国

四场儿童剧
大幕，大幕快拉开··················李南山

独幕话剧
生命·······················张国庆

桂剧
秀才窝囊志·····················廖桂奇

创作问题研究
完善"多元统一"格局的新收获——近期戏曲优秀剧
作试析······················吴乾浩
现实主义的回潮与嬗变——关于 1986、1987 年话剧
获奖优秀剧本的思考················田本相
"不连续"的连续
——"戏剧的叙述结构"之三··········林克欢

创作札记
矛盾与困惑中的清醒——回顾川剧《田姐与庄周》的
创作·······················徐　棻
我所感知的"榆树屯社会"——写在《榆树屯风情》
获奖的时候····················郝国枕
真实是艺术的生命·········所云平　王朝柱　刘　星

剧评
《古塔街》的艺术世界················郭铁城

微型剧谈
"探索剧目"的度与俗················徐城北

报道
剧坛奖新葩

——第四届全国优秀剧本授奖大会侧记·········沈次琼
关于对市文化局与全国优秀剧本《曹操与杨修》的作者给予表彰奖励的通知···············岳阳市人民政府

1988 年第 9 期　刊名:《剧本》
目录

都市即景剧
喧闹的夏天·······································李 蔚

新编历史故事剧
箭仇···刘承杰

花鼓小戏
九老倌求爱·····································郭云山
闹娘家···罗兴城

微型喜剧
乡长家的小兔···································聂延军

现代生活短剧
是兵是卒一起拱·································张 晶

电视短剧
三联冠···紫 云

戏剧小品
副县长候选人···································黄 白

创作问题研究
新时期舞台喜剧艺术三题·························陈孝英
说"喜剧情境"···································周国雄
笑是喜剧的灵魂·····························夏 也 秋 风
多声部与复调——"戏剧的叙述结构"之四·······林克欢
保持健康、自由的心态···························周传家

剧评
谈孟华和他的《半个娘娘》·······················守 柯

随笔
"雅"剧沉思录···································陈仁鉴

报道
戏剧美学研究的深入与困惑
——记全国戏剧美学研讨会·····················李春熹
中华戏剧学院第八期学员毕业·····················牛 子

1988 年第 10 期　刊名:《剧本》
目录

四幕话剧
老风流镇·······································马中骏

新编历史讽刺剧
窦怀贞···路志纯

微型话剧
第十个印章·····································刘呼同
山路幽幽·······································栾淑芳

儿童电视剧
在那个多雨的春天·······························小 爱

小戏曲
三个女人一台戏·································杨延国
时迁"偷"鸡·····································苏景春
丑疙瘩与俏娘们·····························张祥志 娄天劲

剧作家研究
谈白峰溪剧作的艺术特色·························康洪兴
站在心灵的土域上
——白峰溪三部女性剧作浅见·····················余 林

创作问题研究
舞台指示功能的新内涵···························俞景珞

经验介绍
我们是戏剧事业的搭桥铺路工·····················宫尚达

报道
"中国剧本交流中心"在京成立
"第一届中国戏剧节"即将在京举行
戏剧编辑陈革彦同志病逝

1988 年第 11 期　刊名:《剧本》
目录

四幕话剧
寡妇村的故事···································莫吉东

无场次京剧
赛金花···杜家福

无场次话剧
五月早晨的丹麦王子·······················陈健秋

微型戏曲
美人历·····································王启明
卖鱼·····································杨辉周
阿弥陀佛·································徐泽鹏

戏剧小品
别出心裁·································方忠华
幸亡者的儿子与幸存者·····················周喜明
最后一班车·······························金 岛

独幕话剧
车站一角·································胡广香

创作问题研究
论戏剧中的人物组合形象···················黄维若
小品——扩大了的瞬间·····················曹其敬
戏剧小品的出发点·························陈 峙

讨论与争鸣
戏曲文学的"跛足"
——谈戏曲文学的叙事体制问题·············毓 钺

剧作家研究
风险中远航·······························鲁 煤

微型剧谈
"一戏一招"两面观·························吴乾浩

随笔
关于戏曲的"独家拳脚"和"乱鼓掌""冷箭儿"等等
··陈亚先
中国剧本交流中国启事·致剧作者朋友们敬告读者
吉林省文化厅嘉奖李杰、郝国忱二同志

1988 年第 12 期　刊名:《剧本》
目录

大型历史悲剧
文天祥与忽必烈·······温大勇　（蒙古族）宝尔夫

新编古代传奇琼剧
青梅记·····························李 放　周斗光

话剧小品
渡口的色彩·······························罗继南

广播剧
爆炸性新闻·······························廉海平

话剧小品
首长栽树的传说···························冯遵安

讽刺喜剧小品
超负荷·································孙乃宝

戏曲小品
尊重·····································庄 稼

小戏曲
生命之流·································赵 赴

创作问题研究
古希腊悲剧审美特征漫笔···················丁扬忠

纪念田汉
怀念田汉同志——在五届文代大会期间戏剧界代表纪
念田汉同志诞辰九十周年和逝世廿周年会上的发言
··舒 强

剧评
《哗变》，洞悉人类灵魂的杰作···············陆 毅

保护作家创作权益
我们的声明·······················北京人民艺术剧院
保护作家创作权益·························林连昆
关于《天下第一楼》的创作·················何冀平

报道
发扬田汉精神、促进文艺繁荣···············包 丁
第一次全国近代戏曲文学学术讨论会在京召开
··韦 行
中国剧本交流中心启事·致剧作者
致剧作者朋友
《剧本》1989 年第一季度内容介绍
《剧本》1988 年总月录

增刊

现代戏曲
红土地的精灵·····························成 理

戏曲古代剧
窦娥冤·································黄文锡

无场次话剧
黑森林·····························马学超　孔荣林

大型采茶戏

大峡谷 ………………………………………… 胡桔根

三幕喜剧

没结婚的爸爸 ……………………………………… 朱　凌

现代戏曲

青山遮不住 ……………………………………… 姜朝皋

小戏曲

袁绍戮贤 ………………………………………… 方家骊

戏剧评论

自铸伟词　曲尽其言
——评戏曲古代剧《窦娥冤》 ………………… 禾　子
可贵的艺术个性——读《红土地的精灵》 ……… 任　凭

消息

第二届"田汉戏剧奖"评奖揭晓
江西省第二次优秀剧本征评揭晓

摄影·美术

田汉塑像（封二）……… 设计　李恭坤　摄影　赵献国

1989 年第 1 期　刊名:《剧本》
目录

编者的话 …………………………………… 本刊编辑部
岁月（四幕多场现代评剧）………………… 黄伟英
哗变（两幕话剧）………［美］赫尔曼·沃克　英若诚译
不愁无处下金钩（小戏曲）………………… 费维祥
现代聊斋（微型话剧）……………………… 杨薇薇
寻找失去的世界（创作问题研究）
——戏剧现状有感 ………………………… 张　先
《哗变》断想（创作问题研究）…………… 钱　竞
听聪明人说话是一种享受（剧评）——简析《哗变》
的魅力 ……………………………………… 王晓鹰
释梦（剧评）——话剧《寻梦》解析 ……… 马　也
企业家与艺术家联合振兴话剧（报道）…… 可　言
剧目交流之页
封面设计 …………………………………… 王秉龙

1989 年第 2 期　刊名:《剧本》
目录

亲爱的，你是个谜（小剧场实验剧）………… 赵耀民
一课（小剧场实验剧）………………………… 赵耀民

节妇吟（新编梨园戏）………………………… 王仁杰
换亲记（通俗喜剧）…………………………… 汪荡平
人之初（大型话剧）………………… 傅纯乐　韩　枫
戏剧应具有对当代生活的参与意识（创作问题研究）
………………………………………………… 周建渝
话剧，你为什么被冷落?（创作问题研究）…… 秦　弓
现代戏曲的杰作（讨论与争鸣）——论湘剧《山鬼》
………………………………………………… 孟繁树
故事的层面与意义（剧评）——《浴血美人》的剧作
分析 ………………………………………… 林克欢
窥视"寡妇村"的妇女观（剧评）——评话剧《寡妇
村的故事》…………………………………… 柯子铭
全国业余话剧小品邀请赛今夏举行（消息）…… 戈
剧目交流之页

1989 年第 3 期　刊名:《剧本》
目录

神马赋（新编古代剧）………………………… 郑怀兴
南方的诉说（无场次话剧）…………………… 文　英
家族的故事（无场次话剧）…………………… 毕大松
醉青天（独幕喜剧）…………………………… 刘　水
戏剧创作与美学精神（创作问题研究）……… 谭霈生
戏剧现状与剧本创作（创作问题研究）……… 陆　毅
从心态看戏曲的昨天、今天和明天（讨论与争鸣）
——传统戏曲的当代思考 …………………… 万　千
痛苦的体认（创作经验）……………………… 汪荡平
"剧本交流中心"工作情况及"一条龙"服务规划

1989 年第 4 期　刊名:《剧本》
目录

苍船（无场次大型话剧）……………………… 徐亚力
人生的"苍船"（剧评）
——《苍船》读后随笔 ……………………… 温大勇
活寡（无场次现代戏）………………………… 郭恩德
胡文虎（闽西汉剧）………………… 张永和　王卓模（执笔）
观念、哲理与美学精神（创作问题研究）…… 谭霈生
戏曲文学的误区（创作问题研究）…………… 崔　伟
保、捷戏剧印象记（外国戏剧之窗）………… 杨景辉
戏剧果实的温馨园地（报道）——访福建省属剧团戏
剧创作中心 …………………………………… 梦　园
剧作家新春聚会（报道）……………………… 沈次琼
剧目交流之页

1989 年第 5 期　刊名:《剧本》
目录

我是太阳（多场次话剧）—————————许　雁
长恨千古泪（新编历史粤剧）—————陆键东
紫色风流（无场次采茶悲喜剧）———杨澄璧
香江,红绿灯（多场景话剧）——————林　骥
着眼于空间的企盼（导演与剧作）
　——"闲侃"导演读剧本————————王延松
写戏难,为写戏服务也难（经验介绍）
　——心态自白——————————————陈仕元
胸中块垒,笔底波澜（剧作家研究）——谈马少波同
志历史剧的忧患意识——————————黄奇石
中国戏剧文学学会江苏分会成立（消息）舒西闻
第二届江西玉茗花戏剧节在南昌举行（消息）郑超英
刘厚明同志逝世（消息）
剧目交流之页

1989 年第 6 期　刊名:《剧本》
目录

淘金大船（二幕话剧）—————————梁国伟
花轿错（大型古装喜剧）———————郑文金
强仔与小凤的爱情风波（独幕喜剧）—吴玉汉
乾隆受罚（采茶戏）——————邓华清　刘令善
新娘抬轿（小戏曲）—————————朱伟杰
竞争（微型话剧）——————————肖　静
补缺（电视小品）——————————黄长泽
"社会剧"与美学精神（创作问题研究）——谭需生
当前戏剧发展的三种走向（讨论与争鸣）——王逸虹
玩深沉与谈玄（微型剧谈）
　——有感于某些剧作和评论————大　力
南京小剧场戏剧节侧记（消息）———温大勇
剧本交流之页

1989 年第 7 期　刊名:《剧本》
目录

大雪地（二幕十二场话剧）—————杨利民
三喜盈门（新编古装戏曲）———诸祖仁　顾维俊
船到江心（小戏曲）—————————陈勖超
棒打灭鼠队（小戏曲）———————杨建国
高原谐谑曲（微型话剧）———————二　曹
电话夫妻（微型话剧）—————袁克平　许占凤
无事生非（喜剧小品）———————林增信
误点（话剧小品）——————————梁光军

戏剧创作与观众欣赏之间的误差（创作问题研究）
　—————————————————————刘　平
课本剧和课本剧以外（创作问题研究）———刘厚生
为了戏曲走向明天
　——第三届戏曲现状研讨会综述（报道）———孙文辉
著名导演艺术家胡伟民逝世（消息）
剧目交流之页

1989 年第 8 期　刊名:《剧本》
目录

二十岁的夏天（五幕话剧）————余　云　唐　颖
玉玦吟（新编历史剧）————————赵静铭
将军泪（无场次现代楚剧）
　————————————智　勇　先春关鑫　西　庭
卖黄烟（小戏曲）———————黄得楠　姚亚士
海报（话剧小品）——————————王英迪
精英戏曲·通俗戏曲·民间戏曲（创作问题研究）
　—————————————————————孟繁树
滑稽戏创作中的几个症结问题（创作问题研究）
　—————————————————————范华群
由"赵本山现象"想起（微型剧谈）———冯延飞
干什么得像什么（微型剧谈）—————天　封
浮光掠影（外国戏剧之窗）——民主德国、捷克观剧
印象—————————————————————赵　路
第二届全国少数民族题材剧本创作评奖揭晓（报道）
剧目交流之页

1989 年第 9 期　刊名:《剧本》
目录

端平桥（新编历史故事剧）——王新生　王文田
村子（五幕话剧）——————————周树山
姑娘罗曼史（大型话剧）———钱　涂　姜云彪
曾根崎殉情（汉剧）
　————（改编）向井芳树　方月仿　（翻译）李国胜
动人的殉情　喜人的尝试（剧评）——读汉剧《曾根
崎殉情》——————————————————崔　伟
雪妈妈（话剧小品）—————————陆　军
论滑稽戏（创作问题研究）——————梁　冰
漫谈滑稽戏的笑（创作问题研究）———李效尔
热门的话题:"滑稽戏现象"（消息）——滑稽戏理论
研讨会述评——————————————蒋柏连
记首届东北地区话剧节（消息）———李　勇
剧目交流之页
编后记

1989 年第 10 期　刊名:《剧本》

目录

日出长江（大型活剧）·································张崇岫
孙武（大型话剧）·····································汪遵熹
野杨梅（大型越剧）···································杨东标
倒牵"牛"（小戏曲）·································李振西
论戏剧的通俗美（创作问题研究）·····················劲　芝
背叛时尚（剧作家研究）
——杨利民和他的时代······························高　鉴
谈杨利民剧作的艺术特点（剧作家研究）·········康洪兴
"杨利民戏剧创作研讨会"在京举行（消息）
第二届中国艺术节在京隆重举行（消息）

蛤蟆湾（电视文学剧本）
············王新生（执笔）　李春林　董丹弟（执笔）
滑稽戏结构艺术刍谈（创作问题研究）
···蒋柏连
滑稽与人物行为逻辑（创作问题研究）·········顾聆森
关于戏曲形式美的思考（创作问题研究）·······魏　麟
同拓一片戏曲的绿洲（剧作家剪影）——记剧作家戴
英录、邹忆青···························王　靖　张冬翰
得益于生活的沃土（剧评）
——谈话剧《娲皇峪》·····························钟艺兵

1989 年第 11 期　刊名:《剧本》

目录

娲皇峪（四幕悲喜话剧）·············魏金虎　翟迎春
新生活与新的艺术形象
——话剧《娲皇峪》创作随感·········编剧　魏金虎
翟迎春　导演　魏　敏　周传一
山这边　海那边（大型现代戏曲）·················刘永峥
赵武灵王（新编历史剧）···························高芳彤
单间浴室（独角戏）·····················陈达明　姚明德
人和社会的小切片（剧评）——推荐《单间浴室》和
《高原谐谑曲》···································林克欢
野岭（独幕话剧）·····································郭　明
良心（话剧小品）·····································钟逸铭
渡仙寺（新编古代京剧）···························田　鸣
关于戏曲改编民间传说的思考（创作问题研究）
···崔　伟
杨利民印象（剧作家介绍）···························张　勤
芬兰戏剧一瞥（外国戏剧之窗）·····················肖　晨
又一幅农村风俗画卷（报道）——《娲皇峪》座谈会
侧记···晓　戴
中国剧本交流会在京举行（报道）·····················莫　杰
剧本交流之页

1989 年第 12 期　刊名:《剧本》

目录

梦想的故事（独幕话剧）···························郝国忱
耶稣和虹虹（广播剧）·······························孟　冰
强盗与经理（独幕话剧）···························姜　诚
我们从女娲那里走来（无场次话剧）·················习　正
淮南王（新编历史剧）···········齐致翔　周士元　何　青

《昆仑》

【简　介】

综合性文学双月刊。解放军文艺出版社主办。创刊于1982年。创刊初期为季刊，后改为双月刊。其主要发表军事题材作品。发刊词强调对生活、对斗争的思考，重视收录作品的思想性和艺术性。作品体裁包括中、短篇小说及报告文学、诗歌、散文、文学评论等。

期刊号：1982年第1期——1989年第6期

献词

本刊编辑部

巍巍雪峰，莽莽冰川，形成于亿万年前的古老的褶皱山——昆仑哟，你诞生时也许地球还在襁褓里，人类还处在混沌中间。但今天，你可听见我们深情的召唤？

此刻，我们站在二十世纪八十年代的起跑线上，向你召唤。

你横穿出世，矗立九天，占满了整个空间；

你千种风姿，万般神采，姣娆里显出无比威严。

在风雪迷漫的午夜，你使人惊心动魄，

在风和日丽的破晓，你又如此气象万千！

我们惊讶于你的磅礴，仰慕你的庄严，热爱你豪迈的性格，倾心你恢宏的气度和勇敢；你总是给人以深沉的思想、坚定的信念、美好的情操和大无畏的力量感。

因此，请借给我们你的名字，我们将学习你所具有的这一切，用来鼓舞我们胜利向前。

现在是春天，桃花如染，绿柳含烟。一个给人留下那么多血泪和创伤的时代已经过去，暴戾的大风雪已消失在天边；现在是早晨，霞光似锦，大地湿润而且温暖，清新的大气，甚至含着淡淡的香甜。

朝气蓬勃的春天的早晨，奔腾呼啸地来到了人间。复苏了万物生命的祖国呵，什么时候曾像你今天这样使人充满希望，充满力量，充满豪情和必胜的信念，迎接一个新世纪婴儿的分娩！

对于历史，我们懂得自己的责任，懂得它的意义、价值以及我们所负的使命，灿烂的阳光，正照耀着我们创造明天！

生活是如此美好而庄严。我们就是在这样的时刻，起步向前！

耳边，一个伟大的雄浑的声音，一个满怀信心的召唤，荡起四海雄风，在整个天空回旋："我们还要走一段相当长的艰难的路程。好比登泰山，已经到了'中天门'，前面还有一段要费很大气力的路——三个'十八盘'"。爬过这段路到了"南天门"，"由'南天门'再往前，就可以比较顺利地向着最高峰'玉皇顶'挺进了"。"只要上了'南天门'"，"曾经有如'众山'的许多艰难困苦，就显得渺小了"；"毫无疑问，在伟大征途上，我们一定能够征服'十八盘'，登上'南天门'，到达'玉皇顶'，然后再向新的高峰前进"。这号召滚荡在莽莽空间。

我们有铁的意志和信念，我们有罗盘，听踏踏脚步，看红旗漫卷，这就是我们革命大军出征的行列，在建设"四化"的宏伟事业中，在进行无畏的登攀！

让我们在对生活、对斗争、对劳动、对时代的欢乐与痛苦所进行的思考中，记录下这一部部史实，描绘出这一幅幅画卷，报道出这一幕幕的英雄壮举，歌唱出这一首首激越的诗篇！

让我们山呼海啸的胜利回响，磅礴于莽莽人间！

1982年第1期　刊名：《昆仑》

目录

献词⋯⋯⋯⋯⋯⋯⋯⋯⋯⋯⋯⋯⋯⋯⋯本刊编辑部

长篇小说
圣地（《一代风流》第四卷选载）⋯⋯⋯⋯欧阳山
山菊花（下集选载）⋯⋯⋯⋯⋯⋯⋯⋯⋯冯德英

中篇小说
射天狼⋯⋯⋯⋯⋯⋯⋯⋯⋯⋯⋯⋯⋯⋯朱苏进

蒲剑 ⋯⋯⋯⋯⋯⋯⋯⋯⋯⋯⋯⋯⋯ 刘绍棠
深深的井 ⋯⋯⋯⋯⋯⋯⋯⋯⋯⋯⋯ 朱春雨

短篇小说

杜爷爷 ⋯⋯⋯⋯⋯⋯⋯⋯⋯⋯⋯⋯ 林斤澜
第七号钉子 ⋯⋯⋯⋯⋯⋯⋯⋯⋯⋯ 方南江

散文·报告文学

火凤凰 ⋯⋯⋯⋯⋯⋯⋯⋯⋯⋯⋯⋯ 刘白羽
向往你啊,拒马河 ⋯⋯⋯⋯⋯⋯⋯ 姜德明
湖光何灿烂 ⋯⋯⋯⋯⋯⋯⋯⋯⋯⋯ 丁 宁
何处觅天涯 ⋯⋯⋯⋯⋯⋯⋯⋯⋯⋯ 王中才
经过战争洗礼的国度
——访南斯拉夫纪事 ⋯⋯⋯⋯⋯⋯ 徐怀中
在迢遥的地中海 ⋯⋯⋯⋯⋯⋯⋯⋯ 王耀成

诗歌

纪念鲁迅,学习鲁迅 ⋯⋯⋯⋯⋯⋯ 萧 三
红树林 ⋯⋯⋯⋯⋯⋯⋯⋯⋯⋯⋯⋯ 严 辰
今情,往情⋯⋯⋯⋯⋯⋯⋯⋯⋯⋯ 张志民
让金鸡山发言 ⋯⋯⋯⋯⋯⋯⋯⋯⋯ 邵燕祥
中国的春天 ⋯⋯⋯⋯⋯⋯⋯⋯⋯⋯ 李 瑛
大渡河情思 ⋯⋯⋯⋯⋯⋯⋯⋯⋯⋯ 周 纲
我是云雀,我在天上歌唱 ⋯⋯⋯⋯ 李松涛

评论

回顾·思索·期望 ⋯⋯⋯⋯⋯⋯⋯⋯ 姚雪垠
认清新人的时代 表现时代的新人
——学习马克思主义经典作家对塑造新人形象的论述
⋯⋯⋯⋯⋯⋯⋯⋯⋯⋯⋯⋯⋯⋯⋯ 陆贵山
话剧军事题材琐谈 ⋯⋯⋯⋯⋯⋯⋯ 胡 可
情长谊深绘彩虹
——谈《东方》对无产阶级人情美的颂赞 ⋯⋯ 杨世昌

杂感·短论

漫谈鲁迅 ⋯⋯⋯⋯⋯⋯⋯⋯⋯⋯⋯ 曹靖华
哀"八旗子弟" ⋯⋯⋯⋯⋯⋯⋯⋯⋯ 秦 牧
一面拣来的镜子 ⋯⋯⋯⋯⋯⋯⋯⋯ 魏 巍
绿营文札 ⋯⋯⋯⋯⋯⋯⋯⋯⋯⋯⋯ 范咏戈

美术

架舟桥(版画) ⋯⋯⋯⋯⋯⋯⋯⋯⋯ 李节平
早春(版画) ⋯⋯⋯⋯⋯⋯⋯⋯⋯⋯ 晁 楣
封面设计 ⋯⋯⋯⋯⋯⋯⋯⋯⋯⋯⋯ 吴建堃

1982 年第 2 期 刊名:《昆仑》

目录

在军事题材文学创作座谈会上的讲话 ⋯⋯⋯⋯ 巴 金
努力建设我国新的历史时期的社会主义军事文学
——在军事题材文学创作座谈会上的发言 ⋯⋯ 刘白羽
新时期军事题材文学发展的新起点
——祝贺军事题材文学创作座谈会的召开
⋯⋯⋯⋯⋯⋯⋯⋯⋯⋯⋯⋯⋯⋯⋯⋯ 本刊编辑部
源于生活而创造艺术美
——学习《在延安文艺座谈会上的讲话》 ⋯⋯ 王向峰

剧本

彭大将军(七场话剧) ⋯⋯⋯⋯⋯ 王德英 靳 洪

中短篇小说

营地,一片白雪⋯⋯⋯⋯⋯⋯⋯⋯⋯ 李占恒
自白 ⋯⋯⋯⋯⋯⋯⋯⋯⋯⋯⋯⋯⋯ 黎汝清
落霞 ⋯⋯⋯⋯⋯⋯⋯⋯⋯⋯⋯⋯⋯ 张笑天
遥远的山村 ⋯⋯⋯⋯⋯⋯⋯⋯⋯⋯ 任斌武

散文

"丹麦诗人安徒生在这里出生"
——访问奥登塞 ⋯⋯⋯⋯⋯⋯⋯⋯ 叶君健
西去巴黎 ⋯⋯⋯⋯⋯⋯⋯⋯⋯⋯⋯ 杜 宣
襄渝路上 ⋯⋯⋯⋯⋯⋯⋯⋯⋯⋯⋯ 碧 野
冬之丢失 ⋯⋯⋯⋯⋯⋯⋯⋯⋯⋯⋯ 王 蒙
海影 ⋯⋯⋯⋯⋯⋯⋯⋯⋯⋯⋯⋯⋯ 郭建英
人才(外一篇) ⋯⋯⋯⋯⋯⋯⋯⋯⋯ 端木蕻良

诗歌·散文诗

长歌行(长篇叙事诗《胡桃坡》续编选载) ⋯⋯ 王致远
昆仑问答(外一首) ⋯⋯⋯⋯⋯⋯⋯ 田 间
祖国的蓝天(长诗《周恩来之歌》中的一章)
⋯⋯⋯⋯⋯⋯⋯⋯⋯⋯⋯⋯⋯⋯⋯⋯ 徐 刚
标本 ⋯⋯⋯⋯⋯⋯⋯⋯⋯⋯⋯⋯⋯ 胡世宗
以爱的名义 ⋯⋯⋯⋯⋯⋯⋯⋯⋯⋯ 马合省
我⋯⋯⋯⋯⋯⋯⋯⋯⋯⋯⋯⋯⋯⋯ 柯 蓝

报告文学

人生交响乐 ⋯⋯⋯⋯⋯⋯⋯⋯⋯⋯ 李玲修
察尔汗盐湖的报告
——西行书简 ⋯⋯⋯⋯⋯⋯⋯⋯⋯ 李若冰

美术

母与子(版画) ⋯⋯⋯⋯⋯⋯⋯⋯⋯ 吴孔春
水乡(油画) ⋯⋯⋯⋯⋯⋯⋯⋯⋯⋯ 潘世勋
封面设计 ⋯⋯⋯⋯⋯⋯⋯⋯⋯⋯⋯ 吴建堃

1982 年第 3 期　刊名:《昆仑》
目录

长篇小说

群山（第一卷选载）·······················阮章竞

中篇小说

男儿女儿踏着硝烟·······················雷　铎
涛声·····································相　朴
一丝微笑·································谢　璞
你怕什么?·······························廖西岚

散文

战地重逢·································菡　子
人生片断·································杜鹏程
绿色的小王国
——记龙门南昆山·······················紫　风
戈壁寻幽·································谌　容
大漠的精灵·······························哲　中

诗歌

龙门石窟·································蔡其矫
旅美诗札·································屠　岸
战争的烟云·······························顾　工
阵地上的小花
——军事演习速写·······················杜志民
边陲草·····································程步涛

短篇小说

大白布公鸡·······························峭　石
清风徐徐·································卜　可
歌声·····································苏　策
恍然大悟·································林　雨

报告文学

苦行者的脚印
——记邱仁森博士··············草　明　王世尧
爱的悲喜剧·······························李存葆

评论

向生活之矿不倦地掘进
——兼谈孟伟哉的几篇军事题材小说·······韩瑞亭
写出军营日常生活的人情世态
——评中篇小说《射天狼》·················思　忖
温故知新二题·······························凡　屏

美术

鄂乡晨曲（版画）·······················刘宝平

海角天涯（版画）·······················李　安
水流千里长（版画）·····················黄嘉善
封面设计·································曹辛之

1982 年第 4 期　刊名:《昆仑》
目录

中短篇小说

雷，在峡谷中回响·······················乔　良
边疆，雨蒙蒙的……·····················白　桦
高高的黄花岭·······························浩　然
海河浮尸·································李颖捷
男儿女儿踏着硝烟（续完）·················雷　铎
戎马新曲·································崔洪昌

诗歌

第一座城
——秋夜，写在张家口·····················徐　刚
我自豪，我在巡逻道上护秋·················李武兵
写在湄南河岸·······························邹荻帆
秋季反扫荡诗章·······························魏　巍
在边疆，在海防·······························周　鹤
战争年代·································高　钫
海防抒情诗·································张力生
三峡风采·································冉　庄

散文·报告文学

青春
——南行记新篇之一·····················艾　芜
浩荡长江水，悠悠旅客情···················李霁野
美丽神奇的碧塔楚·······················郭明效
饮马柳川河·······························凌行正
一个青年战士的回忆·····················雁　翼
爱，你是太阳·······························张正隆

评论

努力塑造当代军人的英雄典型
——浅谈军事题材文学创作中描写社会主义新人问题
····································缪俊杰
发挥自己的战略优势
——读中篇小说《射天狼》和《营地，一片白雪》想
到的·····································徐怀中

美术

封面设计·································曹辛之
红军走过的路（版画）·····················李云华
这里月更明（版画）·····················韩　樾

1983 年第 1 期　刊名:《昆仑》
目录

中篇小说

引而不发 ⋯⋯⋯⋯⋯⋯⋯⋯⋯⋯⋯⋯⋯⋯ 朱苏进
村姑 ⋯⋯⋯⋯⋯⋯⋯⋯⋯⋯⋯⋯⋯⋯⋯⋯ 刘绍棠
白云的笑容，和从前一样 ⋯⋯⋯⋯⋯⋯ 刘宏伟
啊，船长 ⋯⋯⋯⋯⋯⋯⋯⋯⋯⋯⋯⋯⋯⋯ 陆俊超
雾中鼓声 ⋯⋯⋯⋯⋯⋯⋯⋯⋯⋯⋯⋯⋯⋯ 字　心

短篇小说

除夕夜 ⋯⋯⋯⋯⋯⋯⋯⋯⋯⋯⋯⋯⋯⋯⋯ 陆柱国
索求 ⋯⋯⋯⋯⋯⋯⋯⋯⋯⋯⋯⋯ 章　明　陈定兴

散文・报告文学

法卡山前线散记 ⋯⋯⋯⋯⋯⋯⋯⋯⋯⋯⋯ 柯　原
将军之歌 ⋯⋯⋯⋯⋯⋯⋯⋯⋯⋯⋯⋯⋯⋯ 碧　野
他和"特别连队" ⋯⋯⋯⋯⋯⋯ 马国昌　张嵩山
海棠 ⋯⋯⋯⋯⋯⋯⋯⋯⋯⋯⋯⋯⋯⋯⋯⋯ 马云鹏
巴金在砂川河畔阵地上 ⋯⋯⋯⋯⋯⋯⋯⋯ 张文苑

诗歌

美国之旅 ⋯⋯⋯⋯⋯⋯⋯⋯⋯⋯⋯⋯⋯⋯ 李　瑛
周口梧桐 ⋯⋯⋯⋯⋯⋯⋯⋯⋯⋯⋯⋯⋯⋯ 阮章竞
泥泞——草鞋 ⋯⋯⋯⋯⋯⋯⋯⋯⋯⋯⋯⋯ 沙　白
泥土 ⋯⋯⋯⋯⋯⋯⋯⋯⋯⋯⋯⋯⋯⋯⋯⋯ 韩作荣
我是绿色的云 ⋯⋯⋯⋯⋯⋯⋯⋯⋯⋯⋯⋯ 喻　晓
会唱歌的子弹壳 ⋯⋯⋯⋯⋯⋯⋯⋯⋯⋯⋯ 石顺义
马背上的歌 ⋯⋯⋯⋯⋯⋯⋯⋯⋯⋯⋯⋯⋯ 王鸣久
我的一天 ⋯⋯⋯⋯⋯⋯⋯⋯ （蒙古族）阿拉坦托娅
静静的白桦林（长篇叙事诗选载） ⋯⋯⋯ 峭　岩

评论

点燃社会主义精神文明的火焰
——漫评《昆仑》几部中篇小说的新人形象
⋯⋯⋯⋯⋯⋯⋯⋯⋯⋯⋯⋯ 张　炯　王淑秧
喷吐如霞似火的诗和美
——谈李瑛的诗 ⋯⋯⋯⋯⋯⋯⋯⋯⋯⋯ 黎山峣

美术

封面设计 ⋯⋯⋯⋯⋯⋯⋯⋯⋯⋯ 邱承德　潘吾华
家乡的楼阁（版画） ⋯⋯⋯⋯⋯⋯⋯⋯⋯ 徐英培
塞上曲（版画） ⋯⋯⋯⋯⋯⋯⋯⋯⋯⋯⋯ 刘永贤

1983 年第 2 期　刊名:《昆仑》
目录

中短篇小说

晚露 ⋯⋯⋯⋯⋯⋯⋯⋯⋯⋯⋯⋯⋯⋯⋯⋯ 朱春雨
远方有一条流金的河 ⋯⋯⋯⋯⋯⋯⋯⋯⋯ 徐　军
戎马行 ⋯⋯⋯⋯⋯⋯⋯⋯⋯⋯⋯⋯⋯⋯⋯ 张长弓
咫尺 ⋯⋯⋯⋯⋯⋯⋯⋯⋯⋯⋯⋯⋯⋯⋯⋯ 江　水
狭路相逢 ⋯⋯⋯⋯⋯⋯⋯⋯⋯⋯⋯⋯⋯⋯ 氏　柟
行将而立之年（短篇小说） ⋯⋯⋯⋯⋯⋯ 简　嘉

评论

济南作品讨论会发言选登
忠于生活，刻意求真 ⋯⋯⋯⋯⋯⋯⋯⋯⋯ 李存葆
《射天狼》前思 ⋯⋯⋯⋯⋯⋯⋯⋯⋯⋯⋯ 朱苏进
《第三代开天人》产生前后 ⋯⋯⋯⋯⋯⋯ 权延赤
诗一样的小说
——读《白云的笑容，和从前一样》 ⋯⋯ 曾镇南

诗歌

七月走关东 ⋯⋯⋯⋯⋯⋯⋯⋯⋯⋯⋯⋯⋯ 张志民
中年 ⋯⋯⋯⋯⋯⋯⋯⋯⋯⋯⋯⋯⋯⋯⋯⋯ 霍清安
遥远的边卡 ⋯⋯⋯⋯⋯⋯⋯⋯⋯⋯⋯⋯⋯ 梁上泉
胶东诗抄 ⋯⋯⋯⋯⋯⋯⋯⋯⋯⋯⋯⋯⋯⋯ 石　英
乡歌 ⋯⋯⋯⋯⋯⋯⋯⋯⋯⋯⋯⋯⋯⋯⋯⋯ 韦　弦
平凡的哲理 ⋯⋯⋯⋯⋯⋯⋯⋯⋯⋯⋯⋯⋯ 胡世宗

散文・报告文学

赣南闽西六年（回忆录） ⋯⋯⋯⋯⋯⋯⋯ 杨得志
军长（报告文学） ⋯⋯⋯⋯⋯⋯⋯ 钱　钢　江永红
我的第二个故乡 ⋯⋯⋯⋯⋯⋯⋯⋯⋯⋯⋯ 杜鹏程
西沙之什 ⋯⋯⋯⋯⋯⋯⋯⋯⋯⋯⋯⋯⋯⋯ 王　蒙
三到轩亭口 ⋯⋯⋯⋯⋯⋯⋯⋯⋯⋯⋯⋯⋯ 袁　鹰
四十年前 ⋯⋯⋯⋯⋯⋯⋯⋯⋯⋯⋯⋯⋯⋯ 王啸平
无古可访的长春 ⋯⋯⋯⋯⋯⋯⋯⋯⋯⋯⋯ 韦君宜

美术

封面设计 ⋯⋯⋯⋯⋯⋯⋯⋯⋯⋯ 邱承德　潘吾华
李逸民遗作选登
边塞曲（版画） ⋯⋯⋯⋯⋯⋯⋯⋯⋯⋯⋯ 蒋宜勋

1983 年第 3 期　刊名:《昆仑》

目录

1982 年 "《昆仑》优秀作品奖" 揭晓

中短篇小说

旅人蕉⋯⋯⋯⋯⋯⋯⋯⋯⋯⋯⋯⋯⋯⋯ 孟伟哉
干杯，女兵们!⋯⋯⋯⋯⋯⋯⋯⋯⋯⋯⋯ 成　平
桂古达尔的早晨⋯⋯⋯⋯⋯⋯⋯⋯⋯⋯⋯ 宫魁斌
明天⋯⋯⋯⋯⋯⋯⋯⋯⋯⋯⋯⋯⋯⋯⋯ 越峻防
亮点（短篇小说）⋯⋯⋯⋯⋯⋯⋯⋯⋯⋯ 金　河
二十四点与零点（短篇小说）⋯⋯⋯⋯⋯⋯ 尹卫星

评论

关于《男儿女儿踏着硝烟》、《敬礼!　妈妈》的通信
⋯⋯⋯⋯⋯⋯⋯⋯⋯⋯⋯⋯⋯⋯⋯⋯ 刘白羽
"立了新水平" 的人民战争史诗
——论《保卫延安》⋯⋯⋯⋯⋯⋯⋯⋯⋯ 潘旭澜

诗歌

昆仑风
带韵的边风⋯⋯⋯⋯⋯⋯⋯⋯⋯⋯⋯⋯⋯ 李松涛
祖国，我们零点发起反冲击⋯⋯⋯⋯⋯⋯⋯ 杜志民

知音与诤友⋯⋯⋯⋯⋯⋯⋯⋯⋯⋯ 周　鹤　喻　晓
星辉灿烂⋯⋯⋯⋯⋯⋯⋯⋯⋯⋯⋯⋯⋯⋯ 纪　学
绿树与花⋯⋯⋯⋯⋯⋯⋯⋯⋯⋯⋯⋯⋯⋯ 孙中明
长翅膀的情思⋯⋯⋯⋯⋯⋯⋯⋯⋯⋯⋯⋯ 刘毅然

散文·报告文学

旅途⋯⋯⋯⋯⋯⋯⋯⋯⋯⋯⋯⋯⋯⋯⋯ 徐　刚
河西绿云⋯⋯⋯⋯⋯⋯⋯⋯⋯⋯ 杨闻宇　白西民
旗⋯⋯⋯⋯⋯⋯⋯⋯⋯⋯⋯⋯⋯⋯⋯⋯ 李　虹
八月十五月儿圆⋯⋯⋯⋯⋯⋯⋯⋯⋯⋯⋯ 李　琦
银河星粒⋯⋯⋯⋯⋯⋯⋯⋯⋯⋯⋯⋯⋯⋯ 纪　鹏
他的爱有多深（报告文学）
——朱伯儒的故事⋯⋯⋯⋯⋯⋯⋯ 于　波　郑赤鹰
弹片仍在呼啸（报告文学）⋯⋯⋯⋯ 戴庆中　田　泉

军事文学新作转载

驴队的覆灭（小说·《安徽文学》推荐）⋯⋯⋯ 周尝棕

美术

《昆仑》封面征稿启事
封面设计⋯⋯⋯⋯⋯⋯⋯⋯⋯⋯ 邱承德　潘吾华
《太湖传奇》插图选登⋯⋯⋯⋯⋯⋯⋯⋯⋯ 施大畏
车辙的旋律（版画）⋯⋯⋯⋯⋯⋯⋯⋯⋯⋯ 景继生

1983 年第 4 期　刊名:《昆仑》

目录

叶剑英诗词二首（手迹）

中篇小说

云里雾里⋯⋯⋯⋯⋯⋯⋯⋯⋯⋯⋯⋯⋯⋯ 彭荆风
路魂⋯⋯⋯⋯⋯⋯⋯⋯⋯⋯⋯⋯⋯⋯⋯ 李　荃
一个中国伤兵的传奇⋯⋯⋯⋯⋯⋯⋯⋯⋯⋯ 李大明
远岸⋯⋯⋯⋯⋯⋯⋯⋯⋯⋯⋯⋯⋯⋯⋯ 王中才

诗歌

昆仑风
我的长长的冬天⋯⋯⋯⋯⋯⋯⋯⋯⋯⋯⋯ 周　涛
在北京，在长安街⋯⋯⋯⋯⋯⋯⋯⋯⋯⋯ 倪　林
知音与诤友⋯⋯⋯⋯⋯⋯⋯⋯⋯⋯ 杜志民　白　汐

报告文学

大海，在火山喷发中诞生⋯⋯⋯⋯⋯⋯⋯⋯ 祖　慰
"大将军" 八面威风⋯⋯⋯⋯⋯⋯⋯⋯⋯⋯ 李　琦
昆仑红雨⋯⋯⋯⋯⋯⋯⋯⋯⋯⋯⋯⋯⋯⋯ 丁　宁

评论

这里展示着自己的思想艺术色彩
——读《昆仑》部分地方题材中短篇小说
⋯⋯⋯⋯⋯⋯⋯⋯⋯⋯⋯⋯⋯⋯⋯⋯ 陈子伶
从腐朽走向新生的历程
——读《将军决战岂止在战场》⋯⋯⋯⋯⋯ 艾　彤
《昆仑文学丛书》序文选
对军人生活的广阔与独特的感受
——海波小说集《幻鸟》序⋯⋯⋯⋯⋯⋯⋯ 王　蒙

美术

封面设计⋯⋯⋯⋯⋯⋯⋯⋯⋯⋯⋯⋯⋯⋯ 金　明
一九八二年《昆仑》优秀作品奖获奖作者照片、简历

1983 年增刊　刊名:《昆仑》

目录

长篇小说

龙山寨⋯⋯⋯⋯⋯⋯⋯⋯⋯⋯⋯⋯⋯⋯⋯ 肖　玉

中篇小说

在那个洁白无声的世界⋯⋯⋯⋯⋯⋯⋯⋯⋯ 罗来勇
飘泊南洋⋯⋯⋯⋯⋯⋯⋯⋯⋯⋯⋯⋯⋯⋯ 黄浪华
"胡闹" 七情考⋯⋯⋯⋯⋯⋯⋯⋯⋯⋯⋯⋯ 王宗汉
潜航在远洋⋯⋯⋯⋯⋯⋯⋯⋯⋯⋯⋯⋯⋯ 李忠效

野寨女⋯⋯⋯⋯⋯⋯⋯⋯⋯⋯⋯⋯⋯⋯李钧龙
风雪仇侣⋯⋯⋯⋯⋯⋯⋯⋯⋯黎振纲　李巍
封面设计⋯⋯⋯⋯⋯⋯⋯⋯⋯⋯⋯⋯⋯金明
扣林山阵地生活速写⋯⋯⋯⋯⋯⋯⋯史国良

1983 年第 5 期　刊名:《昆仑》
目录

中篇小说

沙漠蜃楼⋯⋯⋯⋯⋯⋯⋯⋯⋯⋯⋯⋯⋯李本深
旷野的阳光⋯⋯⋯⋯⋯⋯⋯⋯⋯⋯⋯李占恒
飞轮⋯⋯⋯⋯⋯⋯⋯⋯⋯⋯⋯⋯⋯⋯⋯王波
虎女泪⋯⋯⋯⋯⋯⋯⋯⋯⋯⋯⋯⋯⋯廖西岚

报告文学·散文

滦河水南流⋯⋯⋯⋯⋯⋯⋯⋯⋯⋯⋯朱振声
闯入神圣殿堂的"怪客"⋯⋯⋯江永红　孙军
广州漫步⋯⋯⋯⋯⋯⋯⋯⋯⋯⋯⋯⋯陈残云
西昌月季花⋯⋯⋯⋯⋯⋯⋯⋯⋯⋯⋯杨星火
告别老屋⋯⋯⋯⋯⋯⋯⋯⋯⋯⋯⋯⋯⋯苏叶

诗歌

法卡山⋯⋯⋯⋯⋯⋯⋯⋯⋯⋯⋯⋯⋯朱子奇
这不是冬天的童话⋯⋯⋯⋯⋯⋯⋯⋯顾工
蓝天交响曲⋯⋯⋯⋯⋯⋯⋯⋯⋯⋯⋯周鹤
矿山的岁月⋯⋯⋯⋯⋯⋯⋯⋯⋯⋯⋯陈志民
桥⋯⋯⋯⋯⋯⋯⋯⋯⋯⋯⋯⋯⋯⋯⋯雷奔
爱的花环⋯⋯⋯⋯⋯⋯⋯⋯⋯⋯⋯⋯洪三泰
南方的兵营⋯⋯⋯⋯⋯⋯⋯⋯⋯⋯⋯嘉嘉
踏遍青山⋯⋯⋯⋯⋯⋯⋯⋯⋯⋯⋯谢克强
散文寺小辑⋯⋯⋯⋯⋯⋯⋯郭宝臣　于宗信等

短篇小说

返⋯⋯⋯⋯⋯⋯⋯⋯⋯⋯⋯⋯⋯⋯⋯伍保祥

粮食和诗⋯⋯⋯⋯⋯⋯⋯⋯⋯⋯⋯⋯崔左夫
"画画儿的"⋯⋯⋯⋯⋯⋯⋯⋯⋯⋯⋯芮灿庭

评论

周恩来同志论生活和创作的关系⋯⋯⋯郑荣来
步履坚实的文学进军——从中、短篇小说看新时期军
事题材文学的发展⋯⋯⋯⋯⋯⋯⋯⋯韩瑞亭

昆仑览胜

引而不发，跃如也——评《引而不发》⋯⋯陆文虎
自豪吧，军人——评《涛声》⋯⋯⋯⋯宁思
创造自己独特的风格
——中篇小说《桂古达尔的早晨》读后⋯黄国柱

简讯:昆明部队张铚秀司令员会见《昆仑》创作学习
班学员

军事文学新作转载

知还（小说·《雨花》推荐）⋯⋯⋯郭宜中　贾晓晨

美术

封面设计⋯⋯⋯⋯⋯⋯⋯⋯⋯⋯⋯⋯⋯金明
鹰（版画）⋯⋯⋯⋯⋯⋯⋯⋯⋯⋯⋯刘宝平
父女俩（版画）⋯⋯⋯⋯⋯⋯⋯⋯⋯刘明君

1983 年第 6 期　刊名:《昆仑》
目录

中短篇小说

非常的日子⋯⋯⋯⋯⋯⋯⋯⋯⋯⋯⋯胡正言
绵亘红土地⋯⋯⋯⋯⋯⋯⋯⋯⋯⋯⋯肖于
一次例行的巡视⋯⋯⋯⋯⋯⋯⋯⋯⋯李占恒
尘旅⋯⋯⋯⋯⋯⋯⋯⋯⋯⋯⋯⋯⋯王海鸰
女儿楼⋯⋯⋯⋯⋯⋯⋯⋯⋯⋯⋯⋯⋯丁小琦
"物理色拉"⋯⋯⋯⋯⋯⋯⋯⋯⋯⋯⋯陈冲
绿（短篇小说）⋯⋯⋯⋯⋯⋯⋯⋯⋯尚绍华

长篇小说选载

最后一个冬天⋯⋯⋯⋯⋯⋯⋯⋯⋯⋯马云鹏

散文·报告文学

路上，走着一个士兵⋯⋯⋯⋯⋯⋯⋯杨笑影
多波次震动⋯⋯⋯⋯⋯⋯⋯⋯杜志民　朱争平
丞相祠堂何处寻
——巴蜀篇之一⋯⋯⋯⋯⋯⋯⋯⋯李希凡
寻⋯⋯⋯⋯⋯⋯⋯⋯⋯⋯⋯⋯⋯⋯⋯毕方

诗歌
昆仑风
战场上的回声⋯⋯⋯⋯⋯⋯⋯⋯⋯⋯程步涛
我属于海，波涛上写着姓名⋯⋯⋯⋯贺东久
他们走进了"这个"世界⋯⋯⋯⋯⋯⋯乔良

当代，有这样的军人⋯⋯⋯⋯⋯⋯⋯李武兵
黑色的海⋯⋯⋯⋯⋯⋯⋯⋯⋯⋯⋯⋯胡笳
公民⋯⋯⋯⋯⋯⋯⋯⋯⋯⋯⋯⋯⋯姜强国
雪山诗抄⋯⋯⋯⋯⋯⋯⋯⋯⋯⋯⋯⋯瞿琮

评论

社会主义文艺健康发展的广阔道路——学习《邓小平
文选》关于反对两种错误倾向的论述⋯⋯陈南
浅谈文学与人性⋯⋯⋯⋯⋯⋯⋯⋯⋯乔山

虞棘戏剧创作初探⋯⋯⋯⋯⋯⋯⋯⋯王殿基
喀喇昆仑的神魄
　——刘伯羽、唐栋关于《兵车行》的通信

昆仑览胜
画龙画虎难画骨——谈《路魂》⋯⋯骆　飞
饱含人生哲理的委婉诗章
　——评《旅人蕉》⋯⋯⋯⋯⋯⋯⋯张梦阳
创造耐人寻味的艺术形象
　——读《晚露》⋯⋯⋯⋯⋯⋯⋯⋯李海东

1983 年 "《昆仑》优秀作品奖" 评选活动启事

美术
封面设计⋯⋯⋯⋯⋯⋯⋯⋯⋯⋯⋯金　明
春风送暖（版画）⋯⋯⋯⋯⋯⋯⋯古　元
醉丰收（版画）⋯⋯⋯⋯⋯⋯⋯⋯田宏图

1984 年第 1 期　刊名:《昆仑》
目录

报告文学
击毙 "二王" 的报告⋯⋯⋯⋯贺捷生　吴启泰
七里涧人呵⋯⋯⋯⋯⋯⋯⋯⋯⋯张正隆

中短篇小说
候鸟⋯⋯⋯⋯⋯⋯⋯⋯⋯⋯⋯⋯刘富道
蒲叶溪磨房⋯⋯⋯⋯⋯⋯⋯⋯⋯古　华
金矿⋯⋯⋯⋯⋯⋯⋯⋯⋯⋯⋯⋯沈石溪
在森林的海洋里⋯⋯⋯⋯⋯⋯⋯胡　奇
白色小屋（短篇小说）⋯⋯⋯⋯⋯母国政

诗歌
昆仑风
南方来的士兵⋯⋯⋯⋯⋯⋯⋯⋯孙中明
当代士兵的雕塑⋯⋯⋯⋯⋯⋯⋯刘毅然

知音与诤友
让生活之树根深叶茂⋯⋯⋯⋯⋯王　颖
边防线诗情⋯⋯⋯⋯⋯⋯⋯⋯⋯晏　明
大连湾拾贝⋯⋯⋯⋯⋯（蒙古族）查　干
蓝天情⋯⋯⋯⋯⋯⋯⋯⋯⋯⋯⋯张雅歌

评论
论思想和文学领域中的 "异化" 及抽象人性、人道主
义的问题⋯⋯⋯⋯⋯⋯⋯⋯⋯⋯敏　泽
论徐怀中小说的诗意美⋯⋯⋯⋯骆　飞

昆仑览胜
跳在最前的心与笑在最后的笔
　——评《非常的日子》⋯⋯⋯⋯黄　柯
云雾中的光环
　——谈谈彭荆风的《云里雾里》及其他⋯⋯雷　达
整体历史背景上的传奇图画
　——评《雾中鼓声》⋯⋯⋯⋯⋯钟　文

作家近况

剧本
特区哨兵（话剧）⋯⋯⋯赵　寰　张晓然　陆永昌

美术
封面设计⋯⋯⋯⋯⋯⋯⋯⋯⋯⋯伍端端
爱海洋——因为我爱家乡（宣传画）⋯⋯吴　敏
乡村（版画）⋯⋯⋯⋯⋯⋯⋯⋯罗贯生
农家乐（版画）⋯⋯⋯⋯⋯⋯⋯李　涌

1984 年第 2 期　刊名:《昆仑》
目录

历史选择了他（传记文学）⋯⋯⋯⋯何晓鲁

中短篇小说
宁静的夏夜⋯⋯⋯⋯⋯⋯⋯⋯⋯施　放
横槊捣 G 城⋯⋯⋯⋯⋯⋯⋯⋯⋯可　人
雪线⋯⋯⋯⋯⋯⋯⋯⋯⋯⋯⋯⋯唐　栋
赤足走在田埂上⋯⋯⋯⋯⋯⋯⋯张西庭
烈女崖⋯⋯⋯⋯⋯⋯⋯⋯⋯⋯⋯崔洪昌
他与上下左右之间（短篇小说）⋯⋯张　忠

诗歌
昆仑风
让中国，像太阳般醒目⋯⋯⋯⋯王小未
士气篇⋯⋯⋯⋯⋯⋯⋯⋯⋯⋯⋯石宁生

知音与诤友
大西北军人的风采⋯⋯⋯⋯⋯⋯方　位
系在枪上的爱⋯⋯⋯⋯⋯⋯⋯⋯峭　岩

报告文学·散文
共青畅想曲⋯⋯⋯⋯⋯⋯⋯⋯⋯贺捷生
莫斯科笔记（二题）⋯⋯⋯⋯⋯朱春雨
洁白的马蹄莲⋯⋯⋯⋯⋯⋯⋯⋯谢雪畴

评论
战争题材创作要坚持历史唯物主义⋯⋯⋯晓　今
八达岭笔谈⋯⋯⋯⋯⋯⋯⋯金　辉　王炳根

刘立波　江　山　董保延

昆仑览胜

大树要灌溉

——读《在森林的海洋里》·································思　忖

梦幻的美和现实的歌

——评《沙漠蜃楼》·································叶　鹏

独特感受孕育的独特形象

——读《干杯，女兵们！》·································陆文虎

作家近况（寒　风　陆柱国　刘绍棠　李存葆　刘
亚洲）

美术

封面设计·································伍端端

雨后松花江（版画）·································李亿平

邻居（版画）·································赵修柱

西出阳关（版画）·······张要鸣　骆根兴　张谧诠

1984 年第 3 期　刊名:《昆仑》

目录

长篇小说

两代风流·································刘亚洲

中篇小说

战斗部接近目标·································鲁　克

深海，H 潜艇留下涡流·································闵国库

蓝翅膀的鸽子·································王中才

最后一枪·································徐朝夫

报告文学

奔涌的潮头·································江永红　钱　钢

诗歌

昆仑风

女兵方队·································尚　方

士兵的位置·································喻　晓

关于诗的书简·································胡世宗

评论

我与战争文学·································峻　青

新时期军事文学英雄人物特征初探·································王炳根

《昆仑文学丛书》序文选

循着心灵的航道去探求美

——廖西岚小说集《昨宵花烛红》序·································王愿坚

具有浓郁传奇色彩的艺术形象

——评长篇小说《龙山寨》·································柯　原

简论王蒙的艺术风格·································方　位

一九八三年"《昆仑》优秀作品奖"评选揭晓

美术

封面设计·································伍端端

牧驼人家（版画）·································文　科

穿过峡谷（版画）·································张　源

小憩（版画）·································刘明君

1984 年第 4 期　刊名:《昆仑》

目录

长篇小说选载

彭总（《东方》第二版新增写部分）·································魏　巍

中篇小说

致《昆仑》"青年军人首都笔会"·································刘白羽

没有翅膀的鹰·································简　嘉

读《没有翅膀的鹰》·································王愿坚

沉默的冰山·································唐　栋

读《沉默的冰山》·································徐怀中

鸽哨·································王树增

读《鸽哨》·································王　蒙

传记文学

元帅外交家（连载）·································何晓鲁

报告文学

省委第一书记·································袁厚春

短篇小说

榴花似火·································叶　楠

半个月亮·································朱春雨

第 100 个婴儿·································沈石溪

沼泽地·································鲁　女

诗歌

光荣三重奏·································贺东久

狗尾草（小叙事诗）·································韩作荣

爱的大篷车（外一首）·································马绪英

老区，永远不会老·································陈有才

评论

胸怀

——述中篇小说《晚露》·································王朝闻

淳厚质朴的统帅形象

——读《东方》第二版新增写部分《彭总》·······韩瑞亭

昆仑览胜

绘写当代军人的雄强胆魄

——评《横槊捣 G 城》 ———————————— 安 刚

采掘战士心灵的"金矿"

——中篇小说《金矿》读后 ———————————— 段海燕

1983 年"《昆仑》优秀作品奖"评选综述

作家近况

封面设计 ——————————————— 陆震伟

雪花飘飘（版画） —————————————— 王勤朴

1984 年第 5 期　刊名:《昆仑》
目录

中篇小说

凝眸 ———————————————— 朱苏进

略谈《凝眸》 —————————————— 蒋荫安

远天的风 ——————————————— 乔 良

读《远天的风》 ————————————— 方 位

蜀道吟 ———————————————— 莫 伸

现在和将来的故事 ————————————— 梁星明

水之祭 ———————————— 李克威　严歌苓

诗歌

北京之歌

——为建国三十五周年作 ———————— 魏传统

面对着中国近代血泪长史 ————————— 陈志民

大西北 ———————————————— 章德益

马蹄点播的草原之晨 ———————————— 杨 牧

永不疲倦的驼铃 ————————————— 伊 萍

绿洲，开拓的大旗 ————————————— 东 虹

报告文学

雨林里的山群 —————————————— 王中才

走进海市蜃楼 ———————— 郑世隆（执笔）　魏恩华

传记文学

元帅外交家（连载） ———————————— 何晓鲁

评论

为了文学的愈加成熟 ————————————— 吴泰昌

美术

封面设计 ——————————————— 陆震伟

丰收铜鼓（版画） —————————————— 覃高扬

踏浪（版画） ——————————————— 丁立江

葛洲坝工程（油画） ————————————— 姜国芳

1984 年第 6 期　刊名:《昆仑》
目录

中篇小说

山中，那十九座坟茔 ———————————— 李存葆

吼狮 ———————————————— 李本深

硝烟中飞过一只多情鸟 ———————————— 黄天明

新兵大排长 —————————————— 伍进先

短篇小说

绿色的山洼 —————————————— 裘山山

传记文学

元帅外交家（续完） ————————————— 何晓鲁

报告文学

啊，历史在你的旋律中 ———————————— 王曼力

长城交响诗 ———————— 曾凡华　苏若舟

诗歌

忆南泥湾 ——————————————— 胡 征

呵，泸定桥 —————————————— 郭蔚球

昆仑风

士兵的姓名 —————————————— 马合省

高山与大海 —————————————— 柳 沄

知音与诤友

在军人的人生轨迹中 ———————————— 叶 鹏

评论

列宁论托尔斯泰主义及其他 —————————— 杨 柄

我在文学道路上的脚印 ———————————— 陈 沂

昆仑览胜

真实展现两代军人的崇高心灵

——评长篇小说《两代风流》 ———— 曾文渊　戴 翊

献给高原哨卡的香茗美酒

——小议《候鸟》 ————————————— 杨江柱

《雪线》上的雕像 —————————————— 周政保

本刊召开青年作家朱苏进作品讨论会

一九八四年《昆仑》优秀作品奖评选活动启事

美术

封面设计 ——————————————— 陈震伟

转战（国画） ——————————————— 赵华胜

小岛之夜（国画）⋯⋯⋯⋯⋯⋯⋯⋯⋯李宝林
长海之秋（摄影）⋯⋯⋯⋯⋯⋯⋯⋯孟昭瑞

1985 年第 1 期　刊名：《昆仑》
目录

评论
创作具有强大艺术魅力的军事文学⋯⋯⋯刘白羽
军事题材文学创作的新突破⋯⋯⋯⋯⋯冯　牧
大地之子的讴歌
——《山中，那十九座坟茔》读后感⋯⋯于　晴
《凝眸》与朱苏进新的艺术追求⋯⋯⋯陈骏涛

新时期部队作家论
论石言的小说⋯⋯⋯⋯⋯⋯⋯⋯⋯⋯方全林

本刊编辑部召开中篇小说
《山中，那十九座坟茔》讨论会

昆仑览胜
"现代化"共产党人的肖像画
——读《省委第一书记》⋯⋯⋯⋯⋯冯锡刚
独具魅力的一朵改革浪花
——浅析《蒲叶溪磨房》⋯⋯⋯⋯⋯孙　葳

中篇小说
潜艇今天挂满旗⋯⋯⋯⋯⋯⋯⋯⋯⋯周冠宁
蓝天下一朵白云⋯⋯⋯⋯⋯⋯⋯⋯⋯张健行
缺耳朵的香港唐老板⋯⋯⋯⋯⋯⋯⋯陈安先
无题⋯⋯⋯⋯⋯⋯⋯⋯⋯⋯⋯⋯⋯雷　铎
在特区的土地上⋯⋯⋯⋯⋯⋯⋯⋯⋯一　丁

短篇小说
不该公布的谈话⋯⋯⋯⋯⋯⋯⋯⋯⋯王　颖

报告文学
壮士横戈⋯⋯⋯⋯⋯⋯⋯⋯彭荆风　丁小平
有一座沉默的山⋯⋯⋯⋯⋯⋯⋯⋯⋯王中才

散文
边疆军营一瞥
——向军人献上战斗的歌⋯⋯⋯⋯⋯杜鹏程
朔方臆笔⋯⋯⋯⋯⋯⋯⋯⋯⋯⋯⋯杨闻宇
美哉！华山⋯⋯⋯⋯⋯⋯⋯⋯⋯⋯马士林

诗歌
昆仑风

太阳照亮的金盔⋯⋯⋯⋯⋯⋯⋯⋯⋯刘立云
亚热带性格⋯⋯⋯⋯⋯⋯⋯⋯⋯⋯⋯孙　泱

知音与诤友
东方古老而年轻的尊严⋯⋯⋯⋯⋯⋯方　位
沙暴（叙事诗）⋯⋯⋯⋯⋯⋯⋯⋯⋯邓海南
一个戴黑纱的兵（叙事诗）⋯⋯⋯⋯李金河

美术
封面设计⋯⋯⋯⋯⋯⋯⋯⋯⋯⋯⋯王怀庆
洗征尘（版画）⋯⋯⋯⋯⋯⋯⋯⋯⋯于文雅
新高度（版画）⋯⋯⋯⋯⋯⋯曾照欣　何国华
晨⋯⋯⋯⋯⋯⋯⋯⋯⋯⋯⋯⋯⋯⋯汪　洋

1985 年第 2 期　刊名：《昆仑》
目录

中篇小说
凯旋在子夜⋯⋯⋯⋯⋯⋯⋯⋯⋯⋯韩静霆
响器家的儿子⋯⋯⋯⋯⋯⋯⋯⋯⋯李克威
蓼河边的岩鹰⋯⋯⋯⋯⋯⋯⋯⋯⋯谢　璞
草地、蓝天、白云⋯⋯⋯⋯⋯⋯⋯⋯梅新生
悸动⋯⋯⋯⋯⋯⋯⋯⋯⋯⋯⋯⋯⋯申向平
相逢在病房（短篇小说）⋯⋯⋯⋯⋯李景荣

传记文学
霜重色愈浓（连载之一）
——陈毅在"文化大革命"中⋯⋯⋯铁竹伟
《霜重色愈浓》序言⋯⋯⋯⋯⋯⋯⋯王　震

报告文学
一个"县革委"主任的沉与浮⋯⋯⋯王立新

散文
烈士暮年⋯⋯⋯⋯⋯⋯⋯⋯⋯⋯⋯宁松勋
测武夷⋯⋯⋯⋯⋯⋯⋯⋯⋯⋯⋯⋯韩京承

诗歌
车城诗笺⋯⋯⋯⋯⋯⋯⋯⋯⋯⋯⋯纪　鹏
特区，美的思索⋯⋯⋯⋯⋯⋯⋯⋯⋯柯　原
诗的遗书⋯⋯⋯⋯⋯⋯⋯⋯⋯⋯⋯胡世宗
延安行⋯⋯⋯⋯⋯⋯⋯⋯⋯⋯⋯⋯苗得雨
一个城市的色彩——延安印象⋯⋯⋯叶延滨
雪线雷霆⋯⋯⋯⋯⋯⋯⋯⋯⋯⋯⋯安全东
喀喇昆仑的群像⋯⋯⋯⋯⋯⋯⋯⋯⋯杨　弓
船形屋断想（散文诗）⋯⋯⋯⋯⋯⋯苏玉光

评论

中国作家协会第四次会员代表大会笔谈

————陆柱国 朱苏进 李英儒 朱春雨 刘富道

塑造无产阶级革命家艺术形象漫议————王 昊

评部队女作者的五部中篇小说————王淑秧

新时期部队作家论

诗情与力度的律动

——谈王中才的艺术个性————王炳根

高亢明亮的革命赞歌

——略论柳杞写革命战争的小说————宋曰家

昆仑览胜

真善美的情感升华

——读《战争和女人》————冯立三

美术

封面设计————王怀庆

伙伴（版画）————蒋宜勋

黎明前的诀别（雕塑）————仇志海

求解放（国画）————王绪阳

1985 年第 3 期　刊名:《昆仑》
目录

中篇小说

明天，还有一个太阳————李　镜

大漠人————张广平

戈壁深处的旋律————朱光亚

维也纳森林的故事

——老山笔记————朱秀海

县长罢官记————贺茂之

传记文学

霜重色愈浓（连载之二）

——陈毅在"文化大革命"中————铁竹伟

报告文学

天南地北女儿魂

——杨虎城将军的夫人和女儿们————杨闻宇

诗歌

昆仑风

五月兵车————程童一

我们的舰长很年轻————李武兵

知音与诤友

诗的沉思————程步涛

哀悼李伯钊同志

——调寄"一剪梅"————郭化若

诗二首————魏传统

远航的水兵（外一章）————陈志民

海之恋————韩作荣

绿色的乡民

——写给复员回乡的军人————刘益善

评论

关于文学语言民族化群众化的美学思考————刘大枫

乔良和他的中篇小说————曾镇南

昆仑文学丛书序文选

成平和女兵生活小说

——《干杯，女兵们！》序————刘富道

新时期部队作家论

对当代军人的爱和知——朱苏进论————金　辉 韩宝璋

一九八四年"《昆仑》优秀作品奖"评选揭晓

全国优秀中短篇小说和报告文学评奖揭晓

美术

封面设计————王怀庆

台风之后（版画）————宋丕瑚

北国之春（版画）————申德喜

流不尽的黄河水（油画）————傅希陶

1985 年第 4 期　刊名:《昆仑》
目录

中、短篇小说

婚礼上的花圈————张西文 谭福勇

生活也需要战术————陈歆耕

黄金遗失案始末————胡正言

反差————岳恒寿

雪树上的火焰（短篇小说）————戴　俊

解放军艺术学院文学系学员作品

雨夹雪————张　波

衣里水癸的阿哥哟————陈道阔

老枪（短篇小说）————莫　言

传记文学

霜重色愈浓（连载之三）

——陈毅在"文化大革命"中————铁竹伟

报告文学

硝烟里诞生的画卷————邢军记

散文

母亲，从战争走来 ……………………………… 赵 昭
追求诗的战士
——记菡子 ……………………………………… 阎纯德

诗歌

北方，有一座这样的军营 ………………………… 柳 泯
雪山回声 ………………………………………… 杨泽明
油田采风 ………………………………………… 峭 岩

评论

超越具象
——论周涛的诗歌艺术 …………………………… 周政保

新时期部队作家论

朱春雨军事题材创作初探 ………………………… 西 南
论李占恒小说创作的艺术特色 …………………… 黄国柱
我生活的目的
——西蒙诺夫关于创作的通信 …………………… 晓 帆译

美术

封面设计 ………………………………………… 于 宵
张骞回京（国画） ……………………………… 林 凡

1985 年第 5 期　刊名:《昆仑》
目录

中篇小说

雷场上的相思树 ………………………………… 江奇涛
主旋律以外的进行曲 …………………………… 李占恒
望岳 ……………………………………………… 方南江
作家和他的妻子 ………………………………… 字 心
东西南北行（长篇小说选载） ………………… 任 干

报告文学

当年他们多年轻 ………………………………… 何晓鲁
踏向远古的足音 ………………… 侯贺林　姜凡振

散文

沟里日记 ………………………………………… 胡 可
难舍难离终须离 ………………………………… 毛 英
含羞草·傲霜菊 ………………………………… 狄国孚

诗歌

石狮的沉默与愤怒 ……………………………… 魏传统
妻子（小叙事诗） ……………………………… 程步涛
大漠上的兵 ……………………………………… 王小未
血库·蓝天使 …………………………………… 贺东久

早晨，我们吸吮着…… …………………………… 陈志民
雪线上游动的绿林 ……………………………… 曾有情
一百二十八个军魂 ……………………………… 章德益
火热的云岭 ……………………………………… 黎焕颐
新兵 ……………………………………………… 刘业勇

传记文学

霜重色愈浓（连载之四）
——陈毅在"文化大革命"中 ………………… 铁竹伟

评论

军事文学的腾飞
——读 1983 年"昆仑文学丛书" ……………… 光 群
带笔从戎
——《李瑛评传》中的一章 …………………… 尹在勤
在艺术创新的道路上
——读罗旋短篇小说集《败将》 ……………… 吴松亭
一首献给巾帼英雄的悲壮颂歌
——《三个铁女人》读后 ……………………… 彭吉象
思考的海
——读《大海圆舞曲》 ………………………… 王炳根
系在蓝天银翼上的情思
——读周鹤近作随感 …………………………… 张同吾

美术

封面设计 ………………………………………… 于 宵
大江行（油画） ………………………………… 陈 其

1985 年第 6 期　刊名:《昆仑》
目录

传记文学

霜重色愈浓（续完）
——陈毅在"文化大革命"中 ………………… 铁竹伟

中篇小说

洼地春秋 ………………………………………… 黄献国
人从二十岁上来 ………………………………… 张西庭
青春，一生中有两次 …………………………… 默 默
白鹤神水 ………………………………………… 陈剑虹

短篇小说

仙游 ……………………………………………… 李云良
爷们儿 …………………………………………… 叶 楠
驮队走过了地菱花 ……………………………… 黄富强
边塞小夜曲 ……………………………………… 郭一先
老小伙儿 ………………………………………… 冯白平

诗歌

昆仑风

士兵与《命运交响乐》────────王晋军

一百万────────────────曹树莹

知音与诤友

"这里是罗陀斯，就在这里跳跃吧！"──────叶 鹏

戏剧

朱德军长（八场话剧）──────所云平

评论

感情真挚的诗篇

──荆风短篇小说自选集读后感──────荒 煤

新时期部队作家论

肖玉论────────────────郭小东

昆仑览胜

灵魂褶皱里镌刻的历史

──略评中篇小说《明天，还有一个太阳》──韩瑞亭

读《凯旋在子夜》所想到的──────陆文虎

美术

封面设计────────────于 宵

《苦菜花》插图选登（国画）──────张德育

1986 年第 1 期　刊名:《昆仑》
目录

中篇小说

新花圃

小寒大寒又一年────────────潘宝玉

铜牌与幽灵────────────节延华

绿山谷─────────────────谢平伟

又是暮春时节────────────石 英

短篇小说

奔驰的美神────────────张承志

如果我还活着⋯⋯────────────李志君

永怀──────────────────张云晓

留守班记事────────────梅加加

弥留情──────────────林微润

店里来了个小伙子────────────陈作犁

报告文学

火箭城人──中国中远程导弹试验城速写──罗来勇

散文

留在南极的记忆────────────邓文方

东隅已逝，桑榆非晚──遵义还乡日记摘抄────陈 沂

传记文学

马寅初传（一）────────────杨建业

诗歌

昆仑风

蓝披肩上的海────────────陈云其

我们在西藏────────────蔡椿芳

知音与诤友

寻找沟通现实与灵魂的道路──────刘立云

短诗一束──────────峭 岩 喻 晓

林 染 苏玉光 詹仕华 孙中明 嵇亦工 陈有才

理论

文艺和美学研究方法论放谈──────陆梅林

封闭性系统的打破与新时期军事文学的勃兴──席 扬

努力繁荣军事题材的创作──────高厚良

开掘时代之美──序袁厚春报告文学集《79 年战事目

睹记》───────────────唐 挚

一部引人入胜的作品

──《使命与情网》代序──────何镇邦

苍凉壮美的悲剧

──读《山中，那十九座坟茔》──────陈汉东

美术

封面设计────────────邵 新

路（油画）────────────冯林景

欢乐的泪水（油画）────────────张大畏

古天文台（版画）────────────陈雅丹

1986 年第 2 期　刊名:《昆仑》
目录

中篇小说

群工干事────────────简 嘉

野性谷──────────────王国才

沉落──────────────────朱传雄

女作者之页

绿，悄悄地染遍草地──────燕 燕

不要绝望────────────毛小榕

空盒子──────────────王嘉桢

短篇小说

飞行员·猎人的故事────────────周铁人

夹心面包　闪光蓝的绸套裙──────朱秀海

彩雾 ———————————————— 白　瑾
窦张氏 ——————————————— 曹明绪

传记文学
马寅初传（二）————————————— 杨建业

散文
伟人和圣人——鲁迅和孔子 ————— 唐　弢
阿尔及利亚散记 —————————— 石　言
古都色彩 ————————————— 郭建英
让我用心去雕塑 ————————— 杨笑影

诗歌
染血的忏悔录 ————————— 李松涛
白兰鸽 ——————————— 贺东久
鹰之梦 ——————————— 周　鹤
中国军人的形象 ———————— 刘秋群
远山 ———————————— 刘毅然

理论
关于《雷场上的相思树》的对话 ——— 陆柱国
朱苏进　刘亚洲　乔　良等
致力于人物性格复杂性的挖掘 ——— 王　江

美术
台湾同胞（油画）————————— 土永强
火（油画）—————————— 邱瑞敏
北疆三月（版画）———————— 张勇华
封面设计 —————————— 邵　新

1986 年第 3 期　刊名：《昆仑》
目录

中篇小说
冷的边山热的血 ———————— 李　镜
不死的河 —————————— 戴　俊
路其远兮 —————————— 张廷竹

短篇小说
长廊情 ——————————— 刘　琦

绿营草
凝滞的流动（中篇小说）————— 花晓平
小说二题 —————————— 尹　俭
风呜咽（小说三题）—————— 韩可风

传记文学
马寅初传（三）———————— 杨建业

散文
记忆里的星火，记忆里的水 ———— 张文苑

诗歌
昆仑风
黄种族 ——————————— 乔　良
在西中国拾起的诗 —————— 王久章

知音与诤友
所读与所思 ————————— 方　位
战争和女人 ————————— 韩作荣
边塞军人 —————————— 洪三泰
我最后一次脱掉军装（外二首）—— 顾　工
西路 ———————————— 高有为

理论
马克思《巴黎手稿》的美学内容 —— 冯　申

昆仑览胜
信史和心史的合璧——读《霜重色愈浓》兼谈传记文学 ————————— 冯锡刚
战士的人性美
——中篇小说《野性谷》欣赏随笔 —— 王愿坚
借勺水以映洪波——读短篇小说《仙游》—— 陈大鹏
一九八五年“《昆仑》优秀作品奖”评选揭晓

美术
封面设计 —————————— 邵　新
《山菊花》插图选登 —————— 施大畏

1986 年第 4 期　刊名：《昆仑》
目录

火箭兵专辑
红色森林（中篇小说）————— 尹卫星
热吻（中篇小说）——————— 朱春雨
老兵冯喜（短篇小说）————— 朱晓平
努力表现火箭兵战士的献身精神 —— 刘立封

中篇小说
逐日 ———————————— 鲁　克
太阳，你什么时候欠起脚跟 ——— 相　朴

散文
诗神与老山同在 ——————— 周良沛
失去左脚的左边锋 —————— 袁念琪

传记文学

马寅初传（四）·····································杨建业

报告文学

苦楝····························孙青松　高丕田　孙永猛
待到朝霞映红海面·····················卢晓渤　佘开国

诗歌

散诗一束···王小未
柳　沄　梁　梁　李金河　曾凡华　陈知柏

评论

在战争烈焰里淬炼诗情——魏巍论·············韩瑞亭
美学思维走向的嬗变——民主德国文学思潮漫谈
··张　黎
新时期军事文学中的悲剧美·················彭吉象
陆文虎　张志忠

美术

封面设计···邵　新
归途（油画）·····································崔开玺
读书图（国画）···································方　振

1986 年第 5 期　刊名:《昆仑》
目录

纪念中国工农红军长征胜利五十周年

中篇小说

虹···王愿坚

诗歌

泥泞而发光的征途·································胡世宗
复活的草地·······································陈云其
苦难风流···马合省
泸定···叶延滨

中篇小说

无风的山谷·······································礼　平
历史·谜·童话（点评）···························黄国柱
小村小河···阎连科
青橄榄···裘山山
蘑菇云···黄献国

短篇小说

无限阶支点·······································花晓平
八宝饭···徐朝夫

报告文学

孔子与中国·······································贾鲁生
丝竹淙冬···马瑞芳
当官会给民作主···································侯贺林

散文

西海哨所记·······································杨景民

评论

我国古典美学中关于情感体验的思想···········敏　泽
作家的艺术感觉与小说创作·················张德林
突进在战争文学的纵深地带——观念嬗变中的自卫还
击小说俯瞰·····································思　忖
第二届"中国人民解放军文艺奖"获奖作品篇目

美术

封面设计···邵　新
红绿吟···齐　林
晴雪···孙　浩

1986 年第 6 期　刊名:《昆仑》
目录

中篇小说

奇死　附:《奇死》后的信笔涂鸦·················莫　言
第七个春天·······································张廷竹
流动的雪···陈志斌
落叶正纷纷·······································马常友
不能当将军的士兵·································张　勤

短篇小说

食鹰者···刘春绘
永远的中士·······································李忠效

报告文学

微笑着走向生活···································王海鸰
迷航····························黄国柱　李晓峰

散文

《大海》书话·····································范咏戈
歌德堡两题·······································元　辉
悼刘伯承元帅·····································徐向前

诗歌

诗二首···杨得志
红星依然照耀——献给长征·新长征·············张学梦
散诗一束····················周纲　尚方　喻　晓
柯　平　陈智勇　王　刚　王　璐　刘秋群　朱建信

评论
十年树文——新时期军事题材小说掠影·········张志忠
读《第三只眼》随想·········曾镇南

昆仑览胜
超越生活·········草　田
魅力就在让你想·········叶　鹏
一九八六年《昆仑》优秀作品奖评选活动启事

美术
封面设计·········邵　新
《血染的土地》插图·········杜滋龄
边防·战士·昆仑（摄影）·········张太恒

1987 年第 1 期　刊名:《昆仑》
目录

纪念本刊创刊五周年专页

电影体传记文学
青年刘伯承·········阿　蒙　毕必成

报告文学
志愿军战俘记事·········大　鹰

小说
黑土地·········刘兆林
头颅·········公　刘

中国女兵征文（附:征文启事）
老式壁橱（短篇小说）·········何晓鲁
我在寻找那颗星（报告文学）·········江宛柳

诗歌
山岳山岳·丛林丛林·········周　涛

评论
笔谈莫言
历史的灵魂与灵魂的历史
——论红高粱系列小说的艺术独创性·········雷　达
再现与表现的结合
——评近年小说新潮中的莫言·········金　汉
“莫言”莫可言·········朱向前

封面设计·········张　磊

1987 年第 2 期　刊名:《昆仑》
目录

长篇小说
金牧场·········张承志

报告文学
百万大裁军·········袁厚春

中国女兵征文
红肩章与灰丝带·········申向平
隔之思·········塔　娜

评论
让亿万颗精神的太阳冉冉升起·········陈　南
略谈军事题材“女性文学”的创作特色·········樊苏华

新论
破除战争文学的八股气·········陆文虎
新时期军事文学观念初探·········傅乐书　周细刚

封面设计·········张　磊

1987 年第 3 期　刊名:《昆仑》
目录

中篇小说
铜戟·········周大新
走廊·········周大新
古堡·········正　言
啊！哈雷·········张宝全
傍黑，离开无人区·········杨景民

短篇小说
哈姆莱特舰长的忧郁·········李云良
曝光·········马建华
红盒子·········李小渭

中国女兵征文
红军浪漫曲（报告文学）·········铁竹伟
带褐色斑纹的小老虎（小说）·········王　颖

报告文学
机遇·事业·“壮丁”·········远　山
最末一班车·········麦天枢　张建伟

诗歌
士兵与《英雄交响曲》 ————————————— 王晋军
"偷"青稞的汉人 ————————————— 姜金城

昆仑风
在和平的岁月里 ————————————— 王 刚
青草之河 ————————————— 简 宁
请涉过青草之河去 ————————————— 刘立云

评论
纪念《在延安文艺座谈会上的讲话》发表四十五周年
历史的公正评判 现实的崭新证明 ————— 李 准
向历史的纵深和现实的开阔地，前进！ ——— 鲍 昌

笔谈
采得豪情铸英魂 ————————————— 石 言
面对"陈毅"：传记文学的玄想 ————— 王炳根
何晓鲁、钱竹伟印象 ————————— 周嘉俊
冬夜拾零 ————————————— 何晓鲁
书外絮语 ————————————— 铁竹伟

一九八六年"《昆仑》优秀作品奖"获奖篇目
解放军文艺出版社优秀长篇小说奖评选启事

1987 年第 4 期　刊名:《昆仑》
目录

中篇小说
昆仑殇 ————————————— 毕淑敏
附：跋涉者：从炼狱中走过来的民族
黑鸽子 ————————————— 孙 泱
附：你呀，怎能渡过这奔腾的爱河？
小城三怪 ————————————— 李金明
附：怪，艺术创造的精灵
变异 ————————————— 张惠生
附：生活的变异与艺术的变异
雾谷 ————————————— 张嵩山

报告文学
"当代军人风貌"报告文学丛书选萃
福马大隧道 ————————————— 阎海峰
登攀之路 ————————————— 王如贵

中国女兵征文
红叶无恙（小说） ————————————— 菡 子
三个鸡蛋（散文） ————————————— 林 果
千里从军记（散文） ————————————— 蹇 人

凝固的时光（小说） ————————————— 郝 军
小顺子（小说） ————————————— 常 青
挽唱（小说） ————————————— 张 欣

散文
追忆、怀念粟裕将军 ————————————— 吴 强
帐篷里的日日夜夜 ————————————— 陈明义

诗歌
军歌组曲 ————————————— 纪 鹏
阳光雨 ————————————— 蔡椿芳

评论
列宁与自然美 ————————————— 杨 柄
论散文化小说（新论） ————— 林道立 王菊延
长篇小说《金牧场》恳谈会录音剪辑
本刊消息（周大新作品讨论会）

美术
封面设计 ————————————— 邵 新
竹（国画） ————————————— 郝治平

1987 年第 5 期　刊名:《昆仑》
目录

中篇小说
送你一条红地毯 ————————————— 毕淑敏
明天开赴战区 ————————————— 何继青
岛的故事 ————————————— 董太锋

短篇小说
魂断阿拉伯海 ————————————— 盛 李
雾海 ————————————— 江 灏

云南省军区作品专辑
写给《昆仑》的几句话 ——— 王祖训 赵 坤 喻中桂
走向第二线 ————————————— 胡静华
没有标高的结合部 ————————————— 杨树芳
棋王 ————————————— 彭民希
怪圈 ————————————— 尹瑞伟
墨江寨 ————————————— 韩可风
尘土 ————————————— 花晓平
女大学生来信 ————————————— 沈石溪

散文
秋季的胜利 ————————————— 杨得志
苦聪士兵 ————————————— 高洪波

诗歌

伟哉，孟良崮—————————————迟浩田
石榴之心—————————————————刘家魁
贝鲁特的"绿线"————————————彭 龄

评论

笔谈张承志《金牧场》
《金牧场》：诗化哲学————————王必胜
生命的一种图式————————————朝戈金
当代史诗的品格与特性————————陈 墨
"中国女兵征文"获奖作品篇目

美术

封面设计—————————————————邵 新
春风（国画·封三）————————————钟开天

1987 年第 6 期　刊名:《昆仑》
目录

中篇小说

去意徊徨—————————————————刘 琦
向荣桥街的儿女事——————————熊天放
寻觅————————————————————任 干

报告文学

南京大屠杀——————————————徐志耕
华夏厂与梁官寿——————王永其　金忠利

散文

抗大生活散记————————————赵 昭
天安门前的思念——————————虞 丹

话剧

久久草——————————赵 寰　金敬迈　陆永昌

评论

军旅诗的新变探踪————————————张志忠
豪气·灵气·哲理——贺东久军旅诗论————叶 鹏
青年军旅诗人论
——李钢、陈云其、蔡椿芳诗歌印象
——————————————周政保　方 位
1987 年《昆仑》优秀作品奖评选活动启事

美术

封面设计—————————————————邵 新

1988 年第 1 期　刊名:《昆仑》
目录

中篇小说

两程故里—————————————————阎连科

长诗

老墙————————————————————马合省

短篇小说

办公室现代轶闻录——————————解 犀
连队人物四题————————————鲁加冕
枣儿沟人————————————————张世黎
拖功————————————————————梁 粱
犬友————————————————————刘春绘
妙手著文章————————————————赵培诚
变调————————————————————阿 浒
似水流年————————————————文 中
虎石————————————————————李广堂
白开水三杯————————————————许本铸
延水浊，延水清——————————刘烈娃
夜半敲门声————————————————何光喜
驯鹿悲歌————————————————大 平
白色————————————————————张 恨
天病————————————————————李 平

报告文学

中国大空战————————王玉彬　王苏红

世界军事

初恋———————————［苏］弗拉基米尔·包格莫洛夫
乔晋琍　梁翠珍译

文学之窗

博韦夫人的祈祷————［苏］康斯坦丁·巴乌斯托夫斯基
乔晋琍　梁翠珍译

评论

从历史的悲剧到让壮美的史诗
——试论长篇小说《皖南事变》的艺术成就————何镇邦
命运交响曲
——读长篇小说《第二个太阳》——————朱 兵
再塑历史的丰碑
——读《地球的红飘带》————————林为进
"中国潮"报告文学征文
百家期刊联名启事

1988 年第 2 期　刊名:《昆仑》
目录

报告文学

江西苏区悲喜录································何晓鲁
紧急出航··································朱苏进
爱在人间··································江宛柳
萌动的土地································张嵩山

中篇小说

战后纪事··································苗长水
道拉吉　道拉吉····························叶雨濛
亚热带未来病患者··························尹卫星

短篇小说

一个星期天的早晨的情绪····················巢志斌
冰坝看守人································蔡椿芳

诗歌

完整的世界································杜志民

散文

在战鼓和琴音的和鸣中前进
——序纪鹏诗选集《爱的交响曲》············李　瑛
倒水河，常在将军梦里流····················曹建勋

世界军事

文学之窗
英美战争诗抄······························西　川译

评论

道德力量与现实感的二律背反
——谈战争文学的一种新倾向················张志忠
当代战争笔墨的文化思索····················席　扬
略谈革命战争小说的当代色彩················樊苏华
军事文学的全方位拓进与突击主峰············刘　远

1988 年第 3 期　刊名:《昆仑》
目录

报告文学

侨乡步兵师································中　夙
魂系中南海····························喜　民　耿　人
银色都城里的人们··························裴山山

中篇小说

净界····································阎欣宁

被围困的荒原······························李江树
桐花雨····································曾凡华
叶尔羌河··································方　威

诗歌

枪族····································潞　潞
附:《枪族》片论····························周　涛
紊乱的七巧板······························朱春雨

理论

用爱心雕塑军事科学家（笔墨之交）
——刘白羽、陈晓东通信
拥有自己的一方圣土
——何继青南线战争小说拾零················谢望新
关注变革现实　发掘文坛新人
——《小说选刊》和本刊联合召开毕淑敏、阎连科作
品讨论会
"我们的队伍向太阳"征文启事
1987 年"《昆仑》优秀作品奖"获奖篇目
封面设计··································刘　静
封底：建设者（油画）······················朴学成

1988 年第 4 期　刊名:《昆仑》
目录

蒙古族部队业余作家里赛夫中、短篇小说

茫萨湾
达布拉斯

报告文学

城市与老板的编年史························乔　良

中篇小说

纸鸢····································宿聚生
我的南温河································苗长水
在孤岛上··································陈歆耕

短篇小说

谷底的红木屋······························陈　涌
魂哭····································洪　中

诗歌

走向彼岸··································郭晓晔
大野写生··································喻　晓
未了情····································宫　玺

散文

虎口脱险··································周　道

世界军事
文学之窗
日落························[日本]梅崎春生著　姜小凌译

理论
赞刘琦的《去意徊徨》························唐达成
追求生命的真正价值························蔡　葵
刘琦和他的作品在京受到热烈欢迎（消息）
封面设计························邵立辰

1988 年第 5 期　刊名:《昆仑》
目录

中篇小说
天路························宫魁斌
人生百慕大························阿　浒
超级歌星························苏　策
秘密流放北冰洋························梦　岩

报告文学
国之大事························正　言
"庄百万"外传························赵树奎

短篇小说
火宫坊························孙　泱
回水沱························欧之德
好兵························邓竹青

世界军事
文学之窗
我的晚霞（小说）
····[苏]康斯坦丁·普罗伊明　王淑瑛译　曾美珍校
在回忆录的背后（回忆录）
········[苏]安娜·米尔金娜　张克俊译　朱春雨校

理论
创造属于自己的文学世界（笔墨之交）
——陈骏涛、周大新通信
文学：人类历史的心电图（新论）························陈金泉
《侨乡步兵师》座谈纪要
封面设计························邵立辰

1988 年第 6 期　刊名:《昆仑》
目录

报告文学
毛泽东以后的岁月························王立新

我们付出的爱——战区散记························乔　瑜
一个边防军人和他的妻子························方　人

短篇小说
小说二题························苏方学
一百名死者的最后时刻························孟伟哉
最初的记忆························阎作义

中篇小说
永远的太阳························张卫明
金铃铛························柳建伟　谭忠兴
红囍························赵立山

散文
忆罗荣桓元帅························白　刃
访美见闻························赵希友

诗歌
为 311 次列车撰写的墓志铭························柯　平
圣洁························尚　方
远灯························王小未
古树························陈云其

理论
战争文学创作漫议························潘凯雄　贺绍俊
短论一束··········张志忠　周政保　骆　飞　樊苏华
1988 年《昆仑》优秀作品奖评选活动启事
封面设计························邵立辰

1989 年第 1 期　刊名:《昆仑》
目录

中篇小说
红鸽子························彭民希
塔头地
——《冷土带》系列中篇之一························崔金生
退役女军官························赵　江
广汉························陈道阔

短篇小说
蓝色的困惑························黄国荣

报告文学
错位的星群························郭高民
田野上的风························杨　旭
雷霆在我手中（战略导弹部队报告文学专辑）
························朱秀海等

散文

岭海三杂（之一） ················ 吴之南
冷却不了的记忆——聂华苓在三斗坪 ············ 陈剑虹

理论

世界文学格局中的中国军事文学 ··········· 吴维平
浅谈当代美国战争小说的渊源与特点
　　　　　　　　　　　姚乃强　王春生
八十年代的苏联战争文学 ············ 陈敬咏
当代日本战争文学的特点 ············ 西　央

美术

封面设计 ··················· 航　海
封底　天伦之福（油画） ············ 秦大虎

1989 年第 2 期　刊名:《昆仑》
目录

中篇小说

旧辙 ····················· 石钟山
无岸的水兵 ·················· 陈知柏
苍茫古屋 ··················· 郑　枫
红狼 ····················· 朱克岩

短篇小说

喀喇昆仑哨卡笔记 ··············· 曹永安
中尉，你何时潇洒 ··············· 徐宝琦
平行四边 ··················· 邓海南
我自以为是 ·················· 宗　雨
青草湖的童话 ················· 李希闽

报告文学

瘦虎雄风 ··················· 杜守林

诗歌

无尽沧桑 ··················· 李松涛
巴黎掠影 ··················· 纪　学

世界军事

文学之窗
老兵的节日 ······ ［苏］尤里·波良科夫著　张苏琴译

理论

军事文学自由谈
试反叛一回现实主义！ ············· 陈大鹏
"边界理论"与"规范转变理论" ········· 思　忖
文学：物质挤压下的精神自救 ·········· 范咏戈
"战争中没有女性"吗? ············· 朱向前
读者来信

美术

封面设计 ··················· 杭　海

1989 年第 3 期　刊名:《昆仑》
目录

中篇小说

海之屋 ···················· 叶　楠
十八里营房 ·················· 李森祥
军训小姐 ··················· 陈　霆
文丐 ····················· 戴　俊
横活 ····················· 阎连科

报告文学

翠竹千尺 ··················· 赵　江
尝试 ····················· 成　平

短篇小说

角色 ····················· 郑荣华
今天不告诉我明天的风 ············· 杨　剑
灵魂的批判 ·················· 崔洪昌
三眼铳（外一篇） ··············· 杜志民

散文

祁连山·会师塔·敦煌 ············· 陈斐琴

诗歌

悼念肖劲光将军 ················ 本刊编辑部
面影 ····················· 贺东久
南方丛林 ··················· 孙　泱
中原——古战场上的军歌 ············ 陈智勇

理论

和我们的军队同忧患 ·············· 黄国柱
一部新的具有特色的历史战争小说 ········ 于　濆
瞄准生死劫 ·················· 柳建伟
1988 年"《昆仑》优秀作品奖"获奖篇目

美术

封面设计 ··················· 杭　海

1989 年第 4 期　刊名:《昆仑》
目录

中篇小说

风流殇 ···················· 李　镜
梧桐，梧桐 ·················· 张　欣

走出"三〇三"————————————————冯新华

短篇小说
西行三题——————————————————彭荆风
土路————————————————————周龙山
失恋的乡村————————————————秦基春

散文
流年似水洗真情——————————————刘　平

报告文学
绿色大后方————————————————张洪舜等
脚踏着祖国的大地————————————王友齐
幽蓝————————————————————孙　泱

理论
她拓展到别一世界
——评张聂尔《上流风情》————————张　韧
军事文学"女性观"的深化与更新——————余　峥

美术
封面设计——————————————————金　明

1989 年第 5 期　刊名:《昆仑》
目录

庆祝中华人民共和国成立四十周年
"我们的队伍向太阳"征文作品专辑
1955 年至 1965 年期间授元帅、将军衔的部分老同志
和军委、总部领导为"我们的队伍向太阳"征文活动
所作题词与签名

报告文学
大势————————————————————中　夙
星辉————————————————————张嵩山

中篇小说
白色潮汐——————————————————陆颖墨
想当兵吗? 丫头————————————————胡玉萍
六十而惑—————————————————赵培诚

短篇小说
小说三题—————————————————李占恒
灰箱————————————————————解　犀
兰草————————————————————姜兴华

理论
向着太阳的艰难迈进————————————阿　部
"我们的队伍向太阳"征文获奖篇目

美术
封面设计——————————————————金　明

1989 年第 6 期　刊名:《昆仑》
目录

报告文学
中华之门—————————————————李　荃
风雨征程—————————————————王尚贤
神秘之旅—————————————————胡世宗
黄河古道上的歌——————————————陈书乐

中篇小说
土漫河——————————————————刘春绘
北海道——————————————————徐宝琦

短篇小说
苦楝树上的红月亮————————————巢志斌
朋友告诉你————————————————洪　中
女兵班——————————————————杨永红

散文
柏林·10·23 梦——————————————赵　鳌
北疆·战士·情意—————————————胡世宗
特殊的生活道路和特殊的书—————————王　昊
野姑店——————————————————李玉秋

诗歌
散诗一束———————————喻　晓　周　鹤等

理论
坚持正确方向　致力开拓进取————————周克玉
发扬革命传统　表现军营现实————————肖　克
汤姆·克兰西和他的高技术惊险小说——宛　棣编译
战争与人性美————————————————牛玉秋
凝眸于大意象————————————————张卫明

美术
封面设计——————————————————金　明

L

《辽宁文艺》

（《鸭绿江》）

【简 介】

综合性文学月刊。辽宁省作家协会主办。创刊于1946年。1978年7月由《辽宁文艺》更名为《鸭绿江》。其致力于东北地区文学事业的发展,在文学评论方面紧贴时代。

期刊号:1976年第1期—1989年第12期

1976 年第 1 期　刊名:《辽宁文艺》

目录

词二首······毛泽东
水调歌头·重上井冈山
念奴娇·鸟儿问答
巨大的鼓舞　进军的号令
——学习毛主席词二首座谈会纪要
战友（小说）······于海臣
要经常咀嚼革命斗争的经验
——读短篇小说《战友》······章　吉

千军万马学大寨
战地硝烟（诗）······解放军空军某部　李克白
磨秃的镢头（诗）······叶晓山
书记担（诗）······洪　星

车间春潮（外一首）······工人　张宝申
拖拉机手（诗）······周世翔
缚苍龙水库颂（外一首）······邹德盛
探亲（外一首）······孙旭辉
大雪纷飞（外一首）······关　键
回乡路上（诗）······社员　刘景涛
跃进的祖国大寨多（诗）······张德振
塞北寒冬变春天（诗）······工人　董焕廷
"卫生员"（诗）······李　荔　刘文富
钢钎赞（外一首）······陈秀廷
步调一致党指挥（诗）······木　明
书记是咱队的老社员（诗）······王兴平
俺社愚公善移山（诗）······李维明
在农田基本建设工地上（诗六首）
······解放军某部　安造计
雷花（小说）······王国强
工地灯火（散文）······王玉良
大寨精神谱新篇（数来宝）······单联全
学理论抓路线普及大寨县（速写）
······政子平　杜德胜　王华昌
学习大寨敢斗天（诗配画）
------庄河农民版画学习班集体创作　张俊斌　配诗
干部带头学大寨（独唱）······汪景仁词曲
战太行（国画）······赵益超　张明堂
"铁三八"新传（小说）······工人　徐宝静
谨防"万一"（小说）······战士　张宝珩
一场狗与狗的斗争
——宋江与高俅······阮振铭
看画有感
——谈年画《收获归来》---解放军空军某部　张大军
我爱山石花
——读短诗《山石花》······村　人
大锤篇······邱传贤
赞"三条守则"······孔　畅
红装素裹（套色木刻）······晁　楣

1976 年第 2 期　刊名:《辽宁文艺》

目录

社会主义新生事物赞
遥寄朝阳农学院（诗）······张玉平
样板戏,我尽情为你欢呼（诗）······王荆岩
跃马上讲台（诗）······上官敬东
女委员（歌词）······陈东白　阎墨林　金明凯
新老干部同唱样板戏（外一首）······崔云鹏

"嫩竹扁担"赞（诗）————————————李国章
海花（诗）——————————————————刘宝善
钢铁的洪流（诗）————解放军空军某部 李克白
进校老贫农（诗）——————————社员 李维禄
干校第一课（诗）——————————————岸 冈
新生事物花盛开（歌曲）

　　　　　　　　张名河词 成 敦 风 举曲
坚决接好革命班（诗配画）

　　　　　　　乐　锋木刻 王忠杰配诗
花开三春回山来（年画）——————————施绍辰
林海新材（套色木刻）————————————张祯麒

营口人民学大寨

四登老轿顶（报告文学）——永 学 关庚寅 鲍志深
标杆插在哪（报告文学）——————张德振 江 学
交账（散文）——————————————————鲁东勇
营口县人民过"长江"（歌曲）————营口县宣传队词曲
牵牛记（小说）————————————————武春河
新局长（小说）————————————————徐贵祥
大寨红花红似火（诗五首）————————石土坡
"旧貌变新颜"的规律不可抗拒

　　——学习毛主席新发表的词二首————王向峰
"和革命共同着生命"

　　——学习鲁迅论革命新生事物札记————赖应棠
为新生事物披荆斩棘

　　——学习鲁迅札记————————工人 刘 森
《水浒》的唯心主义历史观————————祁步石
教育革命的一曲战歌

　　——评彩色故事影片《决裂》————冯 华 群 艺
县委书记（雕塑）————————————————田金铎
"快！"（雕塑）——————————————————赵判吉
奋战（雕塑）———————————————贺中令 孙家彬
肩并肩（雕塑）————————————————杨美应
志比山高（雕塑）————————————————田金铎
出征（雕塑）——————————————————高秀兰
深钻（木刻）————————————知识青年 江晓萍

1976 年第 3 期　刊名:《辽宁文艺》
目录

不许用"三项指示为纲"篡改文艺革命的方向

　　　　　　　　　　　　　　　省文化局大批判组
宋江的投降主义与右倾翻案风（论文）————禹 泉
激励革命人民不断登攀的战斗号角

　　——学习毛主席词二首（论文）————冯 华
风里走　浪里行

　　——看革命现代京剧《磐石湾》（评论）

　　　　　　　　　　　　鞍山市工农兵文艺评论组

记忆犹新的一页

　　——读中篇小说《草原明珠》（评论）————钟 晖
火线纪事

　　——写在朝阳农学院（诗五首）————晓 凡
教育革命花盛开（诗十一首）
风雷滚滚战旗红——漫步校园大字报棚————岸 冈
闪光的校牌————————————————————崔云鹏
上阵——————————————————————汤 炀
新的考核——————————————工人 田永元
老贫管——————————————————————李亚光
炉台与讲台——————————工人教师 杜宣新
"考场"——————————————————————赵沨来
你育新苗党育你——赞工宣队————————黄淑子
教室新窗口——————————————————孙 刚
地头读书班————————————解放军某部 蔡亚章
农中的门口——————————————————王金图
社会主义新生事物赞（诗八首）——孙 刚 闻 雁等
十字船（小说）————————————李述宽 岳长贵
雄鹰展翅（小说）————————————————蔡宝玉
补课（小说）——————————————————阎晓风
质量（小说）——————————————工人 高作智
饭店内外（小说）————————————————郭象欣
山花烂漫（小歌剧）————————马福成 钱文海 谷树明
永远走在胜利的大道上（歌曲）

　　　　　　　　魏宝贵 邬大为词 刘 岩曲
"朝农"速写————————————————————文道宽
张铁生的新"答卷"（诗配画）

　　——省工农兵摄影学习班摄影 莫玉秀 田勇才配诗
心花怒放（年画）————————邓开圯 林让玉 张 胜
渔场夜战（套色木刻）————————————渔工 杨宝发

1976 年第 4 期　刊名:《辽宁文艺》
目录

坚持文艺革命，反击右倾翻案风————————初 澜
"三项指示为纲"与文艺"整顿"————————廖文豹
驱云破雾（长篇小说《金色的蚕乡》选载）————吴文泮
改稿（小说）——————————————————杨金书
春播之前（小说）——————————社员 韩德盛
阵地（小说）——————————————————吴正格
海旺备课（儿童故事）————————————姚一风
工人提笔上阵来（墙报诗选）
上阵——写在贴大字报的时候————————惠永春
咱们工人是主力————————————————侯德岩
炼油塔下摆战台————————————————聂忠祥
大字报——————————————————————牛成富
油厂批判会——————————————————李凤山

高举红旗向前冲⋯⋯⋯⋯⋯⋯⋯⋯⋯⋯陈秀媛
马列主义是解剖刀⋯⋯⋯⋯⋯⋯⋯⋯⋯刘振声
石油工人不听邪⋯⋯⋯⋯⋯⋯⋯⋯⋯⋯依万泉
油厂响彻冲锋号⋯⋯⋯⋯⋯⋯⋯⋯⋯⋯夏金荣
批臭"阶级斗争熄灭论"⋯⋯⋯⋯⋯⋯⋯王增华
继续革命不停留⋯⋯⋯⋯⋯⋯⋯⋯⋯⋯姜　芳
"文化大革命"结硕果⋯⋯⋯⋯⋯⋯⋯⋯姚桂玲
利剑在手斩游蛇⋯⋯⋯⋯⋯⋯⋯⋯⋯⋯赵兴诗
大辩论就是好⋯⋯⋯⋯⋯⋯⋯⋯⋯⋯⋯李凤山
热气腾腾的大庆油（外三首）⋯⋯⋯⋯陈进化
上山下乡知识青年诗选
　　　　　　王金图　刘双立　关　键　苏宝华
在阶级斗争的火线上放声歌唱
　　——读组诗《火线纪事》⋯⋯⋯⋯⋯王永葆
"一花独放"的背后（杂文）⋯⋯⋯⋯⋯赖应棠
春苗面前的阶级爱憎（杂文）⋯⋯⋯⋯王向峰
朝农花开红艳艳（歌曲）⋯⋯马启莱词　张国琦曲
朝气蓬勃（年画）⋯⋯⋯⋯⋯⋯⋯⋯⋯古　月
校园怒火（诗配画）⋯⋯⋯李木林木刻　田永元配诗
加油站（套色木刻）⋯⋯⋯⋯⋯⋯⋯⋯朱景仁

1976 年第 5 期　刊名:《辽宁文艺》

目录

伟大的动员令（诗）
　　——《5·16通知》十周年颂⋯⋯⋯胡　工
炮声隆隆（征文）⋯⋯⋯⋯⋯⋯⋯⋯⋯柴青山
好阿，烈火燃烧的大街（诗）⋯⋯⋯⋯岸　冈
我站在大字报前（诗）⋯⋯⋯⋯⋯⋯⋯李秀忠
争气篇（征文）⋯⋯⋯⋯⋯⋯⋯⋯⋯⋯李文龙
"文化大革命"好
　　——读《争气篇》⋯⋯⋯⋯⋯⋯⋯匡代华
反修门（小说）⋯⋯⋯⋯⋯⋯⋯⋯⋯⋯易长利
历史不断前进
　　——读《反修门》⋯⋯⋯⋯⋯⋯⋯成　乙
铁锤砸扁（征文）⋯⋯⋯⋯⋯⋯工人　高作智
醒着的炮口（诗三首）
报名⋯⋯⋯⋯⋯⋯⋯⋯⋯⋯⋯工人　高广成
醒着的炮口⋯⋯⋯⋯⋯⋯⋯⋯工人　高照斌
阵地⋯⋯⋯⋯⋯⋯解放军空军某部　李克白
路（诗）⋯⋯⋯⋯⋯⋯⋯⋯⋯⋯⋯⋯杨法增
会场内外（故事）⋯⋯⋯⋯⋯⋯田连元　熙　高
沿着毛主席的文艺路线奋勇前进（短论）⋯林　涛
努力写好无产阶级对走资派的斗争（征文）
　　　　　　　　　　工农兵学员　齐武毅
同走资派针锋相对（评论）
　　——看一九七五年《全国摄影艺术展览》⋯⋯穆贺宗

倒退是没有出路的（评论）
　　——读鲁迅历史小说《采薇》⋯⋯⋯伊　丁
鼓吹"尽量团结"意欲何在（杂文）
　鞍钢烧结总厂文艺评论组　鞍山市图书馆大批判小组
把"文化大革命"的赞歌唱得更加嘹亮（短论）⋯闻　斌
社会主义文艺创作要积极反映无产阶级与走资派的斗
争（文讯）
　　——省创作办公室召开创作座谈会
天安门广场更壮丽（歌曲）⋯⋯⋯高　枫词　秦永诚曲
大字报好（油画）⋯⋯⋯⋯⋯⋯⋯⋯⋯傅值桂
政治班长（套色木刻）⋯⋯⋯⋯工人　张光林
炮声隆隆（诗配画）
　　　　工人　杨宝春　木刻　武炳明　配诗

1976 年第 6 期　刊名:《辽宁文艺》

目录

"83"、"11"到"0"（杂文）⋯⋯解放军某部　王丛春
说"不怕"（杂文）⋯⋯⋯⋯⋯⋯⋯⋯⋯伊　丁
"辫子"和"骨头"（杂文）⋯⋯⋯⋯⋯⋯黎　文
谈风源（杂文）⋯⋯⋯⋯⋯⋯⋯⋯⋯⋯刘　齐
复辟派的丑恶表演
　　——重读鲁迅的小说《阿Q正传》⋯岫　教
试压（小说）⋯⋯⋯⋯⋯⋯⋯⋯工人　李焕振
沧海横流，方显出英雄本色
　　——读小说《试压》⋯⋯⋯⋯⋯⋯木　子
十七对十七（小说）⋯⋯⋯⋯⋯若　思　闻　雁
林中哨所（小说）⋯⋯⋯⋯⋯⋯⋯⋯⋯阎振国
通往乡村的路上（散文）⋯⋯解放军某部　王定康
阳光雨露育新苗（儿歌十三首）⋯关　立　包英慧等
醒着的炮口（诗七首）
写在墙上的标语⋯⋯⋯⋯⋯⋯⋯⋯⋯关　键
中流击水⋯⋯⋯⋯⋯⋯⋯大连化物所第三研究室
滚滚洪流⋯⋯⋯⋯⋯⋯⋯⋯⋯⋯⋯⋯刘凤楼
文艺轻骑进山来⋯⋯⋯⋯⋯⋯⋯⋯⋯滕广强
写在大批判专栏前⋯⋯⋯⋯⋯⋯中学生　王丹阳
"三辈人剧团"⋯⋯⋯⋯⋯⋯⋯⋯社员　史卫国
节目栏上⋯⋯⋯⋯⋯⋯⋯⋯⋯解放军某部　刘秋群
龙渠千年流翡翠（小说）⋯⋯⋯⋯⋯⋯孙日成
文艺革命的光辉照亮了农村的文化阵地
　　——同修正主义路线对着干的体会
　　　　　　　　　　北票县上园大队党总支
坚持文艺领域对资产阶级的专政
　　——批判邓小平歪曲"双百"方针鼓吹"自由化"的
谬论⋯⋯⋯⋯⋯⋯⋯⋯⋯⋯⋯⋯⋯⋯闻　斌
朝阳花（相声）⋯⋯⋯⋯⋯⋯⋯⋯⋯王济忱
　卢中华　原作　孟繁山　范中波　改编
同修正主义路线对着干（选自省工农美术摄影艺

展览)
上阵（木刻）⋯⋯⋯⋯⋯⋯⋯⋯⋯工人 孙乐廷
今朝更好看（木刻）⋯⋯⋯⋯⋯⋯工人 李国富
党委会上（石版画）
⋯⋯⋯⋯⋯工人 申宪章 于景新 冯继伟
船厂风雷（套色木刻）⋯⋯⋯⋯⋯工人 郭东洲
当年红卫兵（套色木刻）⋯⋯⋯⋯工人 孙 健
春满园（剪纸）⋯⋯⋯⋯⋯⋯⋯⋯⋯⋯⋯张宝良
打击教唆犯（年画）⋯⋯⋯⋯⋯⋯⋯⋯⋯潘嘉峻

1976 年第 7 期　刊名:《辽宁文艺》
目录

千歌万曲向党唱　如今诗人我们当（新民歌一百首）
迎着太阳唱赞歌（二十三首）⋯⋯社员 刘庆余等
进军的炮声（十五首）⋯⋯⋯⋯⋯社员 隋友和等
山花灿熳遍地开（十九首）⋯⋯⋯⋯⋯⋯张 华等
红心向党学大庆（二十一首）⋯⋯工人 孙孟雄等
大寨春风（二十二首）⋯⋯⋯⋯⋯社员 王长虹等

"文化大革命"好
大潮歌⋯⋯⋯⋯⋯⋯⋯⋯⋯⋯⋯⋯⋯⋯⋯高晓天
社会主义大集好⋯⋯⋯⋯⋯⋯⋯⋯⋯⋯⋯刘文玉
大喇叭⋯⋯⋯⋯⋯⋯⋯⋯⋯⋯解放军某部 孙旭辉
请战⋯⋯⋯⋯⋯⋯⋯⋯⋯⋯⋯⋯⋯⋯工人 赵兴诗
话筒歌⋯⋯⋯⋯⋯⋯⋯⋯知识青年 王金图 杨森山
背包新歌⋯⋯⋯⋯⋯⋯⋯⋯⋯⋯⋯⋯⋯⋯常 安
老造反⋯⋯⋯⋯⋯⋯⋯⋯⋯⋯⋯⋯⋯工人 李玉昌
格桑花⋯⋯⋯⋯⋯⋯⋯⋯⋯⋯⋯⋯⋯工人 武炳明
火红的喜报⋯⋯⋯⋯⋯⋯⋯⋯⋯⋯⋯⋯⋯邹本智
铁大娘的锹⋯⋯⋯⋯⋯⋯⋯⋯⋯⋯⋯⋯⋯马 达
书记的老茧手⋯⋯⋯⋯⋯⋯⋯⋯⋯⋯⋯⋯佟 畴
工地批斗会⋯⋯⋯⋯⋯⋯⋯⋯⋯⋯⋯⋯⋯李 荔
斗不够⋯⋯⋯⋯⋯⋯⋯⋯⋯⋯解放军某部 田向福
心声⋯⋯⋯⋯⋯⋯⋯⋯⋯⋯⋯⋯解放军某部 安造计
烽火大路
⋯⋯献给伟大、光荣、正确的党⋯⋯单庆义 岸 冈
关门山的歌（长篇叙事诗选载）⋯⋯社员 李维禄
新生事物的赞歌
⋯⋯读《关门山的歌》⋯⋯⋯⋯⋯⋯⋯⋯⋯闻 斌
十里钢厂火浪飞（三首）⋯⋯⋯⋯⋯⋯⋯王荆岩
煤海激浪（三首）⋯⋯⋯⋯⋯⋯⋯工人 高广成
塔林云烟（四首）⋯⋯⋯⋯⋯⋯⋯工人 高照斌
云峰山上养路人（三首）⋯⋯⋯⋯工人 村 人
蓝天万里（三首）⋯⋯⋯⋯⋯⋯解放军某部 刘秋群

短诗一束
板房抒怀⋯⋯⋯⋯⋯⋯⋯⋯⋯⋯⋯⋯⋯⋯天 山

火热的胸膛⋯⋯⋯⋯⋯⋯⋯⋯⋯⋯⋯⋯⋯陈秀庭
雪后测量⋯⋯⋯⋯⋯⋯⋯⋯⋯⋯⋯⋯⋯⋯李松涛
"三八"连长⋯⋯⋯⋯⋯⋯⋯⋯⋯⋯工人 徐光荣
第一代输油工⋯⋯⋯⋯⋯⋯⋯⋯⋯工人 张蓬云
会战大路⋯⋯⋯⋯⋯⋯⋯⋯⋯⋯⋯⋯⋯⋯吕乃国

歌词
人民心向毛主席⋯⋯⋯⋯⋯⋯⋯⋯⋯⋯⋯高 枫
"文化大革命"就是好⋯⋯⋯⋯⋯⋯⋯⋯⋯潘 建
我上大学为人民⋯⋯⋯⋯⋯墨 林 明 凯 王 平
百里井场捷报飞⋯⋯⋯⋯⋯⋯⋯⋯⋯⋯⋯东 白
公社办起小工厂⋯⋯⋯⋯⋯⋯⋯⋯⋯⋯⋯关庚寅
"风雷动，旌旗奋，是人寰"
⋯⋯毛主席词二首学习笔记⋯⋯⋯⋯林 涛 伊 丁
战斗出诗
⋯⋯《辽宁文艺》诗纵谈
纵情讴歌　革命风雷
⋯⋯读鲁迅后期诗歌札记⋯⋯⋯⋯⋯⋯⋯一 白
为无产阶级"文化大革命"高唱赞歌
⋯⋯读诗集《风雷颂》⋯⋯⋯⋯⋯⋯⋯⋯宋绪连
诗配画⋯⋯⋯⋯⋯⋯⋯⋯⋯⋯⋯⋯⋯⋯丹东丝绸
印染厂美术小组剪纸 工人 赵世英 配诗
亲切的教导（年画）⋯⋯⋯⋯⋯黄乃源 王来信
朝农归来（诗配画）⋯⋯王国镇 木刻 张名河 配诗
伟大的党抚育我成长（歌曲）
⋯⋯⋯⋯⋯⋯⋯⋯⋯⋯高 枫 王 闻词 杨志忠曲
自力更生上大型（套色木刻）⋯⋯⋯⋯⋯沈阳
第一机床厂美术小组集体创作 谢广志执笔

1976 年第 8 期　刊名:《辽宁文艺》
目录

前沿阵地（征文·小说）⋯⋯⋯⋯刘景奇 张益民
风暴（征文·小说）⋯⋯⋯⋯⋯社员 邹本全 陈计中
65 号渔船（征文·小说）⋯⋯工人 刘峰一 姜立林
"八·一八"颂歌
⋯⋯纪念毛主席接见红卫兵十周年（诗三首）
庆祝"八·一八"⋯⋯⋯⋯⋯⋯⋯⋯⋯⋯龙彼德
"八·一八"日记⋯⋯⋯⋯⋯⋯⋯⋯战士 刘福林
红卫兵袖章颂⋯⋯⋯⋯⋯⋯⋯⋯⋯⋯⋯⋯王 放
关门山的歌（长篇叙事诗连载）⋯⋯社员 李维禄
"写好无产阶级与走资派斗争"笔谈
在"敢"、"善"的结合上下功夫
⋯⋯⋯⋯⋯⋯⋯⋯⋯⋯⋯⋯解放军某部 张振清
充分反映无产阶级的历史主动性
⋯⋯⋯⋯⋯⋯⋯⋯⋯⋯⋯⋯解放军某部 旭晓英
要写出斗争的尖锐性⋯⋯解放军某部 梅新生 王定康
热情歌颂"文化大革命"
⋯⋯评长篇小说《狂飙曲》（上卷）⋯⋯⋯北票

矿务局文艺评论组　朝阳重型机器厂文艺评论组
本性既一　手法必同
——读鲁迅《伪自由书·后记》有感……李雨岷
"记性"与"本性"（杂文）
………………………解放军空军某部　张聿温
痈疽得"宠"（杂文）…………解放军某部　赵兴田
跟着伟大的党前进（歌曲）
………………………马玉良　词　秦永诚　曲
铜墙铁壁（诗配画）…………下乡知识青年　张　波
木刻　工人　徐　艾　配诗
请教（年画）…………………白仁海　秦大虎
丰收不忘战备（套色木刻）…………工人　白　斌

1976 年第 9 期　刊名:《辽宁文艺》

目录

进军（征文·小说）……………………工人　姜立林
小测报哨（征文·小说）………………张忠源
助理（小说）……………………解放军某部　李万启
"活雷达"（散文）………………解放军某部　杨传荣
闪光的道钉（征文·散文）………养路工人　贺兴华
风雪夜晚（散文）………………………王瑞起
风雨列车（革命故事）
………金淑石　袁阔成　熙　高　田连元
火线纪事
——写在柴河铅锌矿（诗四首）………晓　凡
斗争谱写胜利歌（诗六首）
咱为革命铸铁牛………………………工人　刘立春
好！新港栈桥…………………………滕广强
给风钻工………………………………工人　于北丁
斗争谱写胜利歌
——记一位老炼油工的话……………工人　赵兴诗
一块新钢样……………………………陈进化
女书记…………………………………宁雪芳
标杆赋（外二首）……………知识青年　王金图
抗震救灾战歌高
——锦州铁路局抗震救灾墙报诗选
新的集体（诗）………………解放军某部　安造计
学习鲁迅对复辟派扼杀革命新生事物伎俩的剖析
………………………………陈贵山　张毓茂
"写好无产阶级与走资派斗争"笔谈
准确地把握时代特点…………………王永葆
深入揭露走资派的阶级本质……………钟　晖
努力开掘英雄人物的思想境界…………刘廷为
"拿来"还是"送去"（杂文）
………………辽宁大学工农兵学员　平　原　书　燕
从"敢字当头"到"棱角""磨掉"（杂文）……申　青
"劳"与"捞"（杂文）…………解放军某部　秦　思

心明眼亮斗志坚（版画新作选登）
工地风云……………………………工人　尹元曰
守卫………………………………曲绮章　全显光
走资派在哪走我们就在哪里斗
………………王清然　董思科　周玉玮
为谁开绿灯……………………………王世华
山村运动会（年画）…………………温国良

1976 年第 10—11 期　刊名:《辽宁文艺》

目录

中国共产党中央委员会
中华人民共和国人民代表大会常务委员会
中华人民共和国国务院
中国共产党中央军事委员会
关于建立伟大的领袖和导师毛泽东主席纪念堂的决定
中共中央关于出版《毛泽东选集》和筹备出版《毛泽东
全集》的决定
亿万人民的共同心愿
——《人民日报》、《红旗》杂志、《解放军报》社论
伟大的历史性胜利
——《人民日报》、《红旗》杂志、《解放军报》社论
红心向着华主席　千军横扫"四人帮"
革命欢歌响四方
——工农兵墙报诗选（诗二十三首）
………解放军某部　李克白　工人　崔云鹏等
华国锋主席为首的党中央率领我们奔向前方（歌曲）
………刘文玉　胡景芳词　陈国刚　张　颂曲
华国锋主席为首的党中央和咱心连心（歌曲）
………………刘文玉　胡景芳词　杨志忠曲
"四人帮"是我们的死对头（歌曲）
………………郭大为　魏宝贵词　王永泉曲
打倒"四人帮"好得很（歌曲）
………………胡景芳　姜明涛词　雷雨声曲
幸福路上表衷情（对口剧）……………李长武
喜庆粉碎"四人帮"（京东大鼓）………白纪元
要为真理而斗争（杂文）………………吕愚人
"打击别人"者必被打垮（杂文）
………………………解放军某部　高春林
格杀革命的刽子手（杂文）……………宝　藏
"钢铁公司"的破产（杂文）……………王永葆
说"帮"（杂文）………解放军某部　张敬民　赵久来
"机关算尽……"（杂文）………………沈文平
"我们""他们"考辨（杂文）……………斯寄颖
"奇峰"小议（杂文）………沈阳松陵机械厂　曹延庆
"呕心沥血"辨（杂文）………解放军某部　赵兴田
万众欢腾凯歌震天（速写）……………吴秀楣

伟大领袖毛主席永远活在我们心中

毛主席和井冈山人民在一起（年画）·········邹良材
踏着毛主席的足迹走（散文）·············张俊斌
红太阳的光辉永远照向东（散文）··········张仲洲
永远保卫毛主席的革命路线（诗）·····战士　王鸣久
十二颗金星隆隆运行（诗）·········路地　佟畴
毛主席永远指挥我们向前进（诗）

　　　　　　　　　　　解放军某部　胡宏伟
心声（诗）·············解放军某部　孙旭辉

学习鲁迅　永远进击

永远战斗　永远进击
——学习鲁迅的战斗精神····大连石油七厂工人评论组
辽宁师范学院中文系
战斗正未有穷期
——学习鲁迅后期杂文的辩证法
　　　　　　　　　　　鞍钢工人文艺评论组
永远做"工农阶级的战斗之一员"
——学习鲁迅自觉破除资产阶级等级观念的革命精神
　　　　　　　　　　　　柏运　廖文
路（诗）···············宋家玲
怒放吧，丁香（诗）··········陈东白
团代会代表（小说）··········陈计中
新来的外协员（小说）·········陈冠华
"掩车"（散文）············张仑基
边疆少年（小说）··········戴云卿
达紫香（散文）········解放军某部　吕永岩
莺歌燕舞（套色木刻）·········工人　徐复盛

1976年第12期　刊名:《辽宁文艺》
目录

论十大关系（一九五六年四月二十五日）······毛泽东
红心向着华主席　千军横扫"四人帮"
热烈欢呼衷心拥护华主席为我们党的领袖（宣传画）
　　　　　　　　　沈阳市胶版印刷厂设计室
关于一九七六年（诗）··········晓凡
装卸工人和大船（诗）··········邹德盛
炉前激战（诗）············陈进化
险恶的用心　叛徒的逻辑
——评"四人帮"加于《创业》的十条罪名······宋大庆
江青"桂冠"析（杂文）·······解放军某部　华林
"卫星"与"红旗"（杂文）·····解放军某部　赵兴田
冯超与"四人帮"（杂文）··········冯华
"青出于蓝而胜于蓝"（杂文）·····杨毓田　邱传贤
"保留批判权利"析（杂文）········曹延庆
以毛泽东思想为武器　深揭猛批"四人帮"（宣传
画）··············新金县农民宣传画学习班

把"四人帮"破坏生产的损失夺回来（宣传画）
　　　　　　　　　　李木林　车仁来
千秋万代歌颂毛主席
——献给毛主席诞辰八十三周年
千秋万代放光明（诗）··········罗萌
写诗歌颂毛主席（诗）·······社员　李维禄
世代歌颂毛泽东（诗）······知识青年　陈志军
毛主席选的接班人好（诗）········浦淙
看见了华主席就想起了您（诗）·······浦淙
有笔写不完毛主席的恩（诗）·······裴福存
难比恩人毛主席（诗）······知识青年　浦雨田
战士想念毛主席（诗）·······战士　许东辉
毛主席指引革命路（诗）·········赵宝卭
毛主席生前早看清（诗）·········荆鸿
毛主席活在亿万人心中（诗）····于玫　张琼
胜利全靠毛主席（诗）··········杜玉梅
毛主席号召学大寨（诗）·········启童
毛主席留下灯一盏（诗）·······工人　崔卫东
毛主席永活我心中（诗）·····解放军某部　刘秋群
毛主席，蒙古族人民永远怀念您（诗）

　　　　　　　　　　女社员　敖玉兰
打开宝书四卷（诗）············兰光
画的祖国如朝霞（诗）·······社员　赵秀英
誓为毛主席路线战好岗（诗）·····战士　田凤玉
毛主席给我一杆枪（诗）······战士　王鸣久
永远革命阔步迈（诗）··········邹得盛
万物生长靠太阳（年画）······谢志高　胡振宇
人心（小说）············李惠文
骨肉之情（小说）·········工人　李文纯
雷雨前后（小说）·········工人　张林吉
老钟的故事（小说）··········姚一凤
志在农村创大业（诗四首）······工人　徐艾
源源出厂（套色木刻）··········刘德佩

1977年第1期　刊名:《辽宁文艺》
目录

乘胜前进···············《人民日报》
《红旗》杂志、《解放军报》一九七七年元旦社论

华主席和咱心连心　千歌万曲献亲人
华主席和咱心连心（诗二首）·······荆鸿
春风浩荡（诗）············吕乃国
华主席和咱握了手（诗）·····解放军某部　孙旭辉
温暖的手　巨大的手（散文）·······孙淑敏
红心永向华主席（对口快板）···解放军某部　朱光斗
大喜事儿（单弦表演唱）·········崔凯

敬爱的周总理　我们永远怀念您
在严峻的日子里
——缅怀敬爱的周总理·············张铁军
祖国的江河土地
——回忆同周总理的两次会见·········马　加
真正的战友
——献给敬爱的周总理（诗）·········时永福
周总理永远和我们在一起（诗）·········陈秀庭
手捧黑纱白花
——纪念周总理逝世一周年（诗）·······李秀忠
胜利时节把周总理回想（歌曲）
···············张维一词　龚荣光曲
"先锋号"（小说）··········工人　于海臣
新来的书记（小说）····工人　姜立林　刘峰一
战鼓声声奏凯歌（诗四首）
铁锤赞·····················赵乐璞
干哪，我的大铁锤！··············李启同
大干歌·····················王金图
火红的标语牌·············工人　徐广顺
采煤工的誓言（诗）··············马中夫
繁荣社会主义文艺创作　迎接社会主义革命和建设的
新高潮（短评）·············本刊编辑部
项庄舞剑　意在沛公
——"四人帮"鼓吹"写与走资派作斗争的作品"的
反动阴谋必须揭穿
········辽宁第一师范学院中文系大批判组
普通劳动者的光辉形象
——读《华国锋同志和我们在一起》有感·····刘选武
好啊，"甩开膀子干"··············谢卓君
砍戏意在篡权（杂文）·············冯　征
好一个"斗争的需要"！（杂文）········文　平
从"百分之七十五"说开去（杂文）·······齐　思
3＝3＝6（杂文）···············于　皿
湘江两岸春常在（套色木刻）··········李福来
树丰碑（诗配画）···········张名河　配诗
砸烂"四人帮"生产打胜仗（套色木刻）
···················工人　林　悦

1977 年第 2 期　刊名:《辽宁文艺》
目录

调动一切积极因素　繁荣社会主义文艺创作
——学习毛主席的光辉著作《论十大关系》
···················本刊编辑部
幸福的日子（报告文学）············崔亚斌
群众代表（小说）···············王景盛
评模（小说）·········陈冠华　刘景奇
辽宁人民热爱华主席（诗）···解放军某部　安造计

明灯高照大道宽（诗）
——读毛主席《论十大关系》有感···工人　高广成
砸碎黄粱梦··················王堃骋
为"四人帮"画像···············方　冰
大寨红花遍山乡（诗四首）···········关　键
月光明似水
风雪夜
"攻坚班"
炉火正旺
车轮飞跃（诗三首）·········工人　田永元
火车呼啸
出征的战友——我的火车头
沸腾的调度室
灌区行（诗二首）·····解放军某部　许国泰　王晓廉
春风送暖（小歌剧）·········杨允谦　张久光
江青碰壁（相声）·····于连仲　朱光斗　赵德超
唯心主义英和史观的大暴露
——评江青的"三突击"论··········沈文平
"去食"与"颗粒无收"（杂文）········董武思
斥"古为帮用"（杂文）············包泉万
"四人帮"的"我们"周"他们"（杂文）····王向峰
"狭克"考（杂文）···············张震麟
谣言世家的破产（杂文）············王双全
周总理永远在我们中间（诗配画）·······刘秋群配诗
怀念周恩来总理（歌曲）······鸣　戈词　杨余燕曲
北国春早（套色木刻）············韩承霖
山河巨变（套色木刻）············朱景仁

1977 年第 3 期　刊名:《辽宁文艺》
目录

向雷锋同志学习
毛主席、华主席、周总理、叶副主席、朱委员长关于
向雷锋同志学习的题词
学习华主席的光辉题词（诗）··········王荆岩
雷锋拍过我的肩（诗）·······抚顺钢厂"八一"
青年炉副炉长雷锋生前辅导过的学生　何文鲁
闪光的车辙（诗）·········抚顺钢厂　王显录
田大秋　赵　材　董　文
校园春潮（诗）·······抚顺市雷锋中学　宋璟尉
啊，雷锋（诗）···········汤　森　浦　淙
紧握雷锋方向盘（诗）·············吕乃国
循着雷锋的脚印（诗）·············柴青山
学习《论十大关系》　肃清"四人帮"流毒
坚持辩证唯物主义　发展文艺革命（笔谈）···金　鹰
"这完全是胡说"
——驳张春桥的"空白"论（笔谈）······王洪伦
革命的文艺必须源于人民的社会生活（笔谈）···沈文平

清扫唯心主义　正确开展文艺批评（笔谈）·····张式弼
战友重逢（小说）·····················工人　小　兵
炉火熊熊（小说）·····················社员　孙承江
携手并肩（小说）·····················北　星　学　志
石头的故事（小说）·····················陈计忠
大路歌（诗）···························刘　镇
带头人的歌（诗三首）·····················刘凤楼
土屋赞（外四首）·····················社员　李先普
水力大军开来了（诗）·····················李启同
拥塞着历史垃圾的"细流"
　——从《细流集》看姚文元的右派嘴脸·····思　基
右派反党文艺的活标本
　——评反动影片《反击》···············赖应棠
关于"过河卒子"（杂文）···············齐　新
论姚文痞乘车（杂文）·····················曹延庆
寒蝉的哀鸣（杂文）·····················高　宇
闹大集（相声）·····················纪　元　里　果
华主席领导就是好（歌曲）
　·············佟　畴　崇　仁词　潘景路　曲
沸腾的工地（诗配画）
　·············王　琪（中学生）木刻　浦　淙配诗
黑土早春（套色木刻）·····················张祯麒
数九隆冬农建忙（套色木刻）···············杜鸿年

1977年第4期　刊名:《辽宁文艺》
目录

大庆红旗高高举　抓纲治国绘新图
缚苍龙（报告文学）·····················赵乐璞
钢铁井队旗更红（散文）
　——一二〇五钻井队访问记···············冰　坚
欧阳会计（小说）·····················工人　沈宜韵
未播出的广播稿（小说）···············工人　董志仁
钻塔放歌（外一首）·····················工人　赵天山
钢厂短歌（诗二首）·····················王荆岩
战斗在金色的公路上（诗四首）···········工人　村　人
钢锹
雨中
小小沙石料
"老赶趟"
雨夜架线（诗）·····················李广泽
典型问题（小说）·····················崔亚斌
痛打落水狗（相声）···············崔　凯　李文刚
愤怒化作伟大的力（诗）·····················方　冰
深山创业（诗三首）·····················李松涛
过桦林
学大寨的脚步
蛙鼓，不息不落

赠给一支乐队（诗）·····················夏春仁
学习《论十大关系》　肃清"四人帮"流毒
文艺与生活的关系不容颠倒
　——学习《论十大关系》···············高亦男
要在斗争中发展社会主义文艺
　——学习《论十大关系》的一点体会·······王永葆
一次反党篡权的丑恶表演
　——戳穿"四人帮"在辽宁的死党批小说《生命》的
阴谋
"大女子主义"析（杂文）·····解放军空军某部　张聿温
"垫脚石"辨（杂文）·····················曹延庆
照片照出了江青的野心（杂文）···········战士　李建民
"电影骗子"的骗局（杂文）···············张俊斌
"轿车"、"客厅"、"高楼"（杂文）···········越　秀
书记打头（套色木刻）·····················郭常信
踏遍草原（套色木刻）·····················段永智
地下长龙（套色木刻）···········庄河农民版画学习班

1977年第5期　刊名:《辽宁文艺》
目录

中共中央关于学习《毛泽东选集》第五卷的决定（一
九七七年四月七日）
高举毛主席的伟大旗帜奋勇前进
　——热烈欢呼《毛泽东选集》第五卷出版发行
雄文五卷放光芒（诗）···········全国战斗英雄　郅顺义
毛主席留下无价宝（诗）·········全国战斗英雄　常恩举
战士的心声（诗）·············解放军空军某部　徐春政
胜利来自红太阳（诗）···········全国战斗英雄　王工一
特大喜讯传天下（诗）·········解放军空军某部　李克白
毛主席著作发下来（诗）·········知识青年　浦雨田
沸腾的炉台（诗）·····················工人　杨庭安
华主席送来导航灯（诗）·····················徐　彬
毛泽东思想普天照（诗）·····················滕毓旭
接过《毛泽东选集》第五卷（诗）·······战士　刘福林
手捧"五卷"心潮涌（诗）·····················吴志林
誓言（诗）···························吴正格
从崭新的第一页读起（诗）···············社员　姜凤青
边防战士盼"五卷"（诗）·········解放军某部　于宪东
队部里的灯光（诗）·····················陈荣杰
"毛选"五卷金灿灿（诗）···········（朝鲜族）魏光学
热烈欢呼《毛泽东选集》第五卷出版发行（宣传画）
　·····················新金县农民宣传画学习班
对手（小说）·····················工人　马有良
师傅的师傅（小说）·····················徐贵祥
没有讲完的课（小说）···············工人　刘同兴
岗位（报告文学）·····················赵乐璞
唱出时代最强音（报告文学）···············高连朋

传统（散文）——————————李继伦
炉火颂（外四首）————工人 田永元
"双百"方针是唯物辩证法的生动体现
——学习《毛泽东选集》第五卷中关于"双百"方针
的论述————————省文化局评论组
坚持文艺为工农兵服务的根本方向
——学习毛主席《在延安文艺座谈会上的讲话》兼驳
"根本任务"论——————————李剑国
斥"四人帮"的所谓反对写"真人真事"
————————辽宁大学中文系大批判组
江青的"马虎眼"（杂文）——————董武思
"吕蒙保孙权"可以休矣（杂文）———曹延庆
光荣抑是可耻（杂文）————杨 太 曹长明
千年荒滩第一桩（套色木刻）————董连宝
铁人王进喜（套色木刻）——————全显光

1977 年第 6 期　刊名:《辽宁文艺》
目录

紧跟英明领袖华主席 按毛主席的路线向前进
华主席看《雷锋》（散文）——解放军某部 李之熙
新阳曙光（散文）——————————赵乐璞
金色的航线（散文）————————王月德
欢呼华主席来视察（诗）——————晓 凡
华主席视察到咱厂（诗）——————卢 华
华主席和我们在一起（诗）——工人 徐春明
题词给咱千钧力（诗）——————解 明
雷锋同志，你可知道?（外一首）——张名河
珍贵的"照片"（诗）————工人 张恩毅

举旗抓纲绘新图
沸腾的舞台（诗）——————————李鸿璧
欢送师傅赴京去开会（诗）——工人 群 星
咱师傅的发言（诗）————工人 李玉昌
赞滚烫的汗珠（诗）————工人 李荣柏
老张的像片又上了榜（诗）——工人 刘 镇
大庆赞歌（对口快板）——解放军某部 朱光斗
雷锋（六场话剧）
————沈阳部队政治部话剧团《雷锋》创作组
春雨（散文）——————————陈家德
小莲子"失踪记"（儿童文学）———樊庆荣
从"三点一线"看狄克
——评张春桥四十年的文学生涯——思 基
向雷锋同志学习把毛主席开创的无产阶级革命事业进
行到底————————————薛 磊
带队干部（版画）———汪 苗 姜如良（社员）
春催幼芽（版画）————————徐 屏
赞歌献给华主席（版画）————蒋铁峰

1977 年第 7 期　刊名:《辽宁文艺》
目录

党的传统放光芒
镐头传（外一首）——————————陈进化
劳动手册（诗）——————————王鸣久
一个方案（诗）————解放军某部 安造计
党委办公室的记事板（诗）——解放军某部 胡宏伟

怀念敬爱的朱委员会长
不朽的三则（诗）——————————荆 鸿
扁担寄语（诗）————解放军某部 孙旭辉
行军路上（诗）——————————徐广顺
悼念朱德委员长逝世一周年（诗）——方 冰
山里的春光（小说）————————王正寅
兑现（小说）——————————孙淑敏
一篇被退回来的通讯（报告文学）——聂炳连
我为大地安翅膀（报告文学）———韩白云
老船坞（散文）——————————刘宝善
回娘家（小说）——————————张 涛
展翅高飞（小说）————宏 智 烈 言
矿山新歌（诗四首）————工人 陈庆斌
踏着油海热浪行（诗三首）——工人 徐光荣
发扬党的传统 夺取更大胜利——立 仑
评"打倒封、资、修文艺"（评论）——黎 响
英特纳雄耐尔就一定要实现（木刻）——沈蓉男
伟大导师（套色木刻）——————张 强
九天揽月（套色木刻）——崔学路 杜鸿年

1977 年第 8 期　刊名:《辽宁文艺》
目录

热烈庆祝党的十届三中全会胜利召开
中国共产党第十届中央委员会第三次全体会议公报
（一九七七年七月二十一日通过）
写呵，火红的标语（诗）——解放军某部 孙旭辉
公社沸腾了（诗）——————————刘凤楼
欢乐的海呵，愤怒的海（诗）———王吉有
起爆棚前读公报（诗）——————丁 颖
欢呼（速写）——————————沈泽公

纪念中国人民解放军建军五十周年
春雷第一声（诗）
——纪念南昌起义五十周年——于 沙
射手和枪（诗）————解放军某部 安造计
红军松林（诗）———解放军空军某部 侯学志
军号（诗）——解放军铁道兵某部 刘金忠

2257

一条绿色的河（诗）⋯⋯⋯⋯⋯⋯战士 王晋军
"排头兵"（诗）⋯⋯⋯⋯⋯解放军某部 方　忠
一把砍刀（外一首）⋯⋯⋯解放军某部 刘铁涛
咱连又飞来一只鹰（诗）⋯解放军空军某部 李克白
草原"沙妈妈"（诗）⋯⋯⋯⋯⋯⋯⋯⋯峭　岩
坝上遐想（诗）⋯⋯⋯⋯⋯⋯解放军某部 李炳天
无价之宝（散文）⋯⋯⋯⋯⋯解放军某部 陈保民
第一声号令（小说）⋯⋯解放军工程兵某部 陈淀国
对手赛（小说）⋯⋯⋯⋯⋯⋯解放军某部 李　义
找亲人（小说）⋯⋯⋯⋯⋯⋯⋯⋯⋯⋯李晓杰
脸盆（散文）⋯⋯⋯⋯⋯⋯⋯解放军某部 王　晖
前仆后继（小说）
　　⋯⋯⋯⋯⋯⋯解放军空军某部 李万启 阎作义
《八一风暴》与南昌起义（评论）⋯⋯⋯⋯李剑国
眼望军旗想起周总理（独唱）
　　⋯⋯⋯⋯⋯⋯⋯李晓萍 词 张守明 曲
我们是长征路上新一代（歌曲）
　　⋯⋯⋯⋯⋯⋯陆原 周 彦词 刘 岩曲
没有共产党就没有新中国（套色木刻）⋯郭常信
八一南昌起义（套色木刻）⋯⋯⋯⋯邹达清 黄本贵
迎着风浪（套色木刻）⋯⋯⋯⋯解放军某部 周顺恺
送油老人（小说）⋯⋯⋯⋯解放军空军某部 王世阁
光采（小说）⋯⋯⋯⋯⋯⋯⋯⋯⋯⋯⋯孙淑敏
沸腾的工厂（诗三首）⋯⋯⋯⋯⋯⋯⋯⋯柴青山
篡党夺权的一阵嚎叫（评论）
　　——揭穿"四人帮"及其死党鼓吹写走资派的阴谋
　　⋯⋯⋯⋯⋯⋯⋯⋯⋯⋯省文化局大批判组

1977 年第 9 期　刊名:《辽宁文艺》
目录

万众欢歌"十一大"
巍峨的丰碑（诗）⋯⋯⋯⋯⋯⋯⋯⋯⋯⋯赵宝常
华主席主持党的"十一大"（诗）⋯⋯⋯⋯陈秀庭
华主席登上"十一大"主席台（诗）⋯⋯⋯刘文玉
扬鞭高歌起鹏程（诗）⋯⋯⋯⋯⋯⋯⋯⋯张　望
欢腾的时刻（诗）⋯⋯⋯⋯⋯⋯⋯⋯⋯⋯李　伟
庆胜利（诗）⋯⋯⋯⋯⋯⋯⋯⋯⋯工人 梁利人
胜利的焰火（诗）⋯⋯⋯⋯⋯⋯知识青年 孙　毅
沸腾的日月（散文）⋯⋯⋯⋯⋯⋯韩白云 张恩柱
亲爱的党，你更加兴旺（歌曲）⋯黄淑子词 汪淑芳曲

缅怀伟大领袖和导师毛泽东主席
在毛主席身边的日子里⋯⋯⋯⋯⋯⋯⋯⋯林才英
最珍贵的礼物
　　——回忆与毛主席的几次幸福会见⋯⋯杨　颖
敬献毛主席三杯酒（诗）⋯⋯⋯⋯⋯⋯⋯董俊生
向日葵之歌（诗）⋯⋯⋯⋯⋯⋯⋯⋯工人 杨庭安

毛主席呵，请您快来看一看（诗）⋯⋯⋯李维禄
源头颂（诗）⋯⋯⋯⋯⋯⋯⋯⋯⋯⋯⋯崔云霖
湘江长歌行（诗）⋯⋯⋯⋯⋯⋯⋯⋯⋯刘湛秋
岁岁重阳　今又重阳
　　——重读《毛主席诗词》⋯⋯⋯⋯⋯冉欲达
峥嵘岁月（套色木刻）⋯⋯⋯⋯⋯王为政 李向汉
伟大的实践（木刻）⋯⋯⋯董达荣 傅希陶 章学林
喜看旧貌变新颜（套色木刻）⋯⋯⋯⋯⋯王金旭
艰苦奋斗的伟大榜样
　　——回忆敬爱的朱德委员长⋯解放军某部 李少清
嫁接（小说）⋯⋯⋯⋯⋯⋯⋯⋯⋯⋯⋯吕志贵
印记（小说）⋯⋯⋯⋯⋯⋯⋯⋯⋯⋯⋯孙淑敏
考勤员（小说）⋯⋯⋯⋯⋯⋯⋯⋯⋯⋯何春华
培养（小说）⋯⋯⋯⋯⋯⋯⋯⋯⋯⋯⋯高作智
像陈总那样忠于伟大领袖毛主席
　　——读陈毅同志诗词札记⋯⋯⋯⋯⋯田献可

1977 年第 10 期　刊名:《辽宁文艺》
目录

掀起社会主义文艺创作新高潮⋯⋯⋯⋯本刊编辑部
五与二的典型（报告文学）⋯⋯⋯⋯⋯永 学 李 伟
假日（报告文学）⋯⋯⋯⋯⋯⋯⋯⋯⋯王双全
"我们的排头兵"（报告文学）
　　——记党的十一大代表贯复会同志⋯赵乐璞
双喜临门（小说）⋯⋯⋯⋯⋯⋯⋯⋯⋯陈计中
司机长（小说）⋯⋯⋯⋯⋯⋯⋯⋯⋯⋯张　瞬
希望，在十月展开翅膀（诗）⋯⋯⋯⋯⋯安造计
十月重逢（诗）⋯⋯⋯⋯⋯⋯⋯⋯⋯⋯孙旭辉
颂党，献给"十一大"（诗六首）⋯⋯⋯公　木
致大海（诗）⋯⋯⋯⋯⋯⋯⋯⋯⋯⋯⋯方　冰
老严（外一首）⋯⋯⋯⋯⋯⋯⋯⋯工人 张蓬云
满徒考（外一首）⋯⋯⋯⋯⋯⋯⋯⋯工人 王　维
贵在鼓劲（外三首）⋯⋯⋯⋯⋯⋯⋯⋯李　荔
红日永照四方（诗）⋯⋯⋯⋯⋯⋯⋯⋯谢挺宇
承先启后　继往开来（评论）
　　——从孙淑敏的几个短篇谈起⋯⋯⋯曹延庆
《忆铁人》及其他（评论）⋯⋯⋯⋯⋯⋯李剑国
华主席登上天安门（套色木刻）⋯⋯⋯⋯徐　匡
哈达献给华主席（套色木刻）⋯⋯⋯⋯工人 林　悦
华主席和我们心连心（木刻）⋯⋯⋯⋯⋯董达荣

1977 年第 11 期　刊名:《辽宁文艺》
目录

多为大干写颂歌（短论）⋯⋯⋯⋯⋯⋯本刊编辑部
红旗在高峰上飘扬（报告文学）⋯⋯⋯⋯李云德

跑在时间前面（报告文学）

——记王崇伦⋯⋯⋯⋯⋯⋯⋯⋯⋯⋯⋯徐光夫

火热的车间（报告文学）⋯⋯⋯⋯⋯⋯⋯白士良

优质钢（报告文学）⋯⋯⋯⋯⋯⋯⋯⋯⋯高战风

谁笑在最后（报告文学）⋯⋯⋯⋯⋯⋯⋯于　敏

工程师下乡（报告文学）⋯⋯庄　毅　单长刚　李瑞权

重于泰山（散文）

——忆老英雄孟泰⋯⋯⋯⋯⋯⋯⋯⋯⋯⋯周　颖

壮丽的夺钢画卷（散文）

——钢厂巡礼⋯⋯⋯⋯⋯⋯⋯⋯⋯⋯⋯易长利

牵龙人（散文）⋯⋯⋯⋯⋯⋯⋯⋯⋯⋯⋯王　玉

活账本（故事）⋯⋯⋯⋯⋯⋯⋯⋯⋯⋯⋯董立珩

钢都新民歌（十一首）⋯⋯⋯工人　姚治利　倪喜庚等

彩色的烟云（诗）⋯⋯⋯⋯⋯⋯⋯⋯⋯⋯赵厚民

闪光的数字（诗）⋯⋯⋯⋯⋯⋯⋯⋯⋯⋯董俊生

钢厂春潮（诗）⋯⋯⋯⋯⋯⋯⋯⋯工人　杨有方

手捧革新图（诗）

——一位老工程师的话⋯⋯⋯⋯⋯⋯⋯⋯史国光

钢城春色正浓

——关于报告文学的随想兼驳"反真人真事"论

⋯⋯⋯⋯⋯⋯⋯⋯⋯⋯⋯⋯⋯⋯⋯⋯曹延庆

速写⋯⋯⋯⋯⋯⋯⋯⋯⋯⋯⋯齐成翔　黄复盛等

钢铁工人钢铁汉（歌曲）⋯⋯工人　韩　英词　王占山曲

只争朝夕（套色木刻）⋯⋯张永新　姜延新　陈　贝

高歌猛进（套色木刻）⋯⋯⋯⋯⋯⋯⋯⋯陈　贝

汗水催得钢花开（套色木刻）⋯⋯⋯⋯⋯张永新

1977 年第 12 期　刊名:《辽宁文艺》

目录

春夜明灯（小歌剧）

⋯⋯⋯⋯⋯⋯⋯沈空文工团集体创作　侯学志执笔

战地焊花（报告文学）⋯⋯⋯⋯⋯⋯⋯⋯丁福合

热浪（小说）⋯⋯⋯⋯⋯⋯⋯⋯⋯⋯⋯⋯初学文

评比（小说）⋯⋯⋯⋯⋯⋯⋯⋯⋯⋯⋯⋯刘振铎

左撇子投弹手（小说）⋯⋯⋯⋯⋯⋯⋯⋯杜金学

溪水清清（散文）⋯⋯⋯⋯⋯⋯⋯⋯⋯⋯祁福林

老战书记（散文）⋯⋯⋯⋯⋯⋯⋯⋯⋯⋯郭虚谷

车上杏花岭（儿童文学）⋯⋯⋯⋯⋯⋯⋯郑小凯

哀诗人郭小川（诗）⋯⋯⋯⋯⋯⋯⋯⋯⋯方　冰

沸腾的夜晚（诗）⋯⋯⋯⋯⋯⋯⋯⋯⋯⋯王忠范

诗二首⋯⋯⋯⋯⋯⋯⋯⋯⋯⋯⋯⋯⋯⋯⋯刘　镇

车轮飞转（诗）

——记弓长岭矿王君绍小分队⋯⋯⋯⋯⋯王荆岩

赛（诗）⋯⋯⋯⋯⋯⋯⋯⋯⋯⋯⋯⋯⋯⋯吕乃国

新风集（诗六首）⋯⋯⋯⋯⋯⋯⋯⋯⋯⋯陈进化

坚决推倒"文艺黑线专政"论　彻底砸碎精神枷锁

——本刊举行座谈会

读杨大群同志的新作《山燕》⋯⋯⋯⋯⋯张大军

语重心长（国画）⋯⋯⋯⋯⋯⋯⋯⋯⋯⋯陈　静

十月丘陵一片金（套色木刻）⋯⋯⋯祝富荣　毛翔先

长空雁叫霜晨月（木刻）⋯⋯⋯⋯⋯⋯⋯杨纳维

1978 年第 1 期　刊名:《辽宁文艺》

目录

毛主席给陈毅同志谈诗的一封信

本刊编辑部举行学习《毛主席给陈毅同志谈诗的一封
信》的座谈会（文艺消息）

砸碎枷锁　繁荣创作⋯⋯⋯⋯⋯⋯⋯⋯本刊编辑部

三雄聚会（长篇选载）⋯⋯⋯⋯⋯⋯⋯⋯姚雪垠

忆周总理（诗）⋯⋯⋯⋯⋯⋯⋯⋯⋯⋯⋯张　望

破阵子（诗）

——纪念敬爱的周总理逝世两周年⋯⋯⋯方　冰

纪念周总理逝世两周年（诗）⋯⋯⋯⋯⋯任秉义

百花集

献给华主席的贺年片（诗）⋯⋯⋯⋯⋯⋯陈　亮

献给科学工作者（诗）⋯⋯⋯⋯⋯⋯⋯⋯杨树林

真情（诗）⋯⋯⋯⋯⋯⋯⋯⋯⋯⋯⋯⋯⋯解　明

园丁颂歌（诗）⋯⋯⋯⋯⋯⋯⋯⋯⋯⋯⋯安造计

子弹和炮弹（诗）⋯⋯⋯⋯⋯⋯⋯⋯⋯⋯宋协龙

灯下（诗）⋯⋯⋯⋯⋯⋯⋯⋯⋯⋯⋯⋯⋯雪　武

"老师好！"（诗）⋯⋯⋯⋯⋯⋯⋯⋯⋯⋯郑小林

转（诗）⋯⋯⋯⋯⋯⋯⋯⋯⋯⋯⋯⋯⋯⋯朗　威

红灯（诗）⋯⋯⋯⋯⋯⋯⋯⋯⋯⋯⋯⋯⋯党兴昶

给清扫工（诗）⋯⋯⋯⋯⋯⋯⋯⋯⋯⋯⋯刘文超

导火索呵，你快快的着（诗）⋯⋯⋯⋯⋯王金图

白卷先生（六场讽刺喜剧）⋯⋯⋯⋯⋯⋯陈　玙

名著欣赏

白杨礼赞（散文）⋯⋯⋯⋯⋯⋯⋯⋯⋯⋯茅　盾

《白杨礼赞》的意境美⋯⋯⋯⋯⋯⋯⋯⋯冉欲达

湖高接碧霄（木刻）⋯⋯⋯⋯⋯⋯⋯⋯⋯杨纳维

1978 年第 2 期　刊名:《辽宁文艺》

目录

英明领袖华主席为《人民文学》题词

喜读华主席为《人民文学》题词（诗）⋯⋯方　冰

急挥朱墨画春山（诗）⋯⋯⋯⋯⋯⋯⋯⋯张　望

题词光辉照艺林（诗）⋯⋯⋯⋯⋯⋯⋯⋯张震泽

三雄聚会（长篇历史小说《李自成》第三卷选载）

⋯⋯⋯⋯⋯⋯⋯⋯⋯⋯⋯⋯⋯⋯⋯⋯姚雪垠

老葛回地委（小说）———————张　峻
老煤头（小说）———————梁世连
高炉夜景（外二首）———————郭小川遗作
炉火之歌（诗六）———————晓　凡
诗三首———————刘异云
缆桩颂（诗）———————邹德胜
列车新风（相声）———————孟繁山　范中波
批零蛋（对口快板）———————王玉文　董以信
诗必形象而后诗
——学习《毛主席给陈毅同志谈诗的一封信》
———————阎　纲
革命文艺队伍不容污蔑
——斥"砸烂旧摊子，重新组建文艺队伍"的反动
口号———————卓　宇　童玉云

名著欣赏
普里希别叶夫中士———————契诃夫
契诃夫的讽刺杰作《普里希别叶夫中士》——李剑国
速写———————李福来　祝福新

1978 年第 3 期　刊名:《辽宁文艺》
目录

高举毛主席伟大旗帜　紧跟华主席继续长征（诗七首）
——热烈欢呼五届人大胜利召开···张名河　张　望等
心中的歌（诗四首）
——敬献周总理八十诞辰———————张蓬云等
新民歌（十四首）———————王晓民　张　放等
紧跟你的步伐（诗）———————方　冰
深山创业（诗四首）———————李松涛
丰收的季节（诗）———————石　犁
家乡谣（诗）———————王忠杰
海边三题（散文诗）———————李华岚
三雄聚会（长篇历史小说《李自成》第三卷选载）
———————姚雪垠
我和老师（小说）———————刘元举
抹不掉的"航线"（小说）———————杨大群
毛泽东思想的阳光照耀着我们（散文）———何其芳遗作
高考以后（散文）———————曾宪三
蜘蛛姑娘（童话）———————郑小凯
一切诬陷之词必须推倒
——驳江天的《铁案如山　岂容推翻》
———————陈　聪　吴乾浩
坚持和发扬马克思主义的文风
——评郑季翘同志《关于形象思维的批判》···思　基
学习鲁迅文艺批评的辩证法———————宝　藏

名著欣赏
谁是最可爱的人———————魏　巍
时代气息撼人心
——读《谁是最可爱的人》———————赵恒昌
《辽宁群众文艺》即将出版（文艺消息）
速写———————广廷勃　吴云华等

1978 年第 4 期　刊名:《辽宁文艺》
目录

以创作为中心，迅速把我省文艺工作搞上去
———————本刊编辑部
中共辽宁省委召开盛大文艺工作座谈会并正式宣布恢
复省文联的活动（文艺通讯）———————本刊记者
拨乱反正　繁荣创作
——在省文艺工作座谈会上的发言———————马　加
镇压文艺工作者的镣铐和枷锁
——批判"文艺黑线专政"论———————思　基
林彪勾结江青再三砍杀《兵临城下》的罪恶目的
———————白　刃
还我《生命》
——揭批"四人帮"及其死党围剿小说《生命》的罪
行———————李敬仪
忘年（小说）———————吴伯箫
典型风波（小说）———————李云德
汇报内容（小说）———————刘景泉
生命（小说）———————李敬仪
牛牛（小说）———————樊庆荣
小鹿的尾巴（童话）———————王安华　王学业
丹东行（诗四首）———————方　冰
诗词三首———————丁　洪
百花集（短诗八首）———胡　工　管志初　刘文玉等
新民歌（十四首）———————李克白　吴德馨等
赞美你——燕群（诗）———————王立明
李贺诗很值得一读（名著欣赏）———————公　木
人物速写———————许荣初

1978 年第 5 期　刊名:《辽宁文艺》
目录

紧跟领袖华主席高举红旗新长征
长征歌（诗）———————东　缕
献给火红的世纪（诗）———————赵兴诗
挑灯学习总任务（诗）———————孙日成
去迎接那光辉的太阳（歌曲）———孔凡专词　孙凤举曲
高举毛主席的伟大旗帜为实现新时期的总任务而奋斗
（宣传画）———————柏芳景

大干新歌（速写）……吴秀楣
八出戏（中篇小说连载）……李惠文
葡萄架下（小说）……潘洪禹
探亲（小说）……杨烜
天涯知己（小说）……程树榛
回忆沙可夫同志（散文）
——晋西北文艺生活断片……孙犁
花（散文）……周凤年
热腾腾的露天矿（诗三首）……刘镇
竞赛曲（诗二首）……左连生
枕头歌（诗）……刘章
赞计划（诗）……高东昶
传口令（诗）……胡宏伟
深刻的揭露　无情的鞭笞
——看讽刺喜剧《白卷先生》……唐耀华

名著欣赏
工地之夜（小说）……杜鹏程
从作品的"诗意"说起……杜鹏程

1978 年第 6 期　刊名:《辽宁文艺》
目录

紧跟华主席　进行新长征
新的长征颂……马加
闪光的召唤……韶华
歌唱新时期的总任务……柯夫
只争朝夕……胥树人
为了明天（诗）……胡世宗
荒原上的战斗（诗）……赵天山
跃进秧歌飞云端（诗）……崔德国
给勘探队的战友（诗）……李晓华
岭头夜逢（诗）……刘爱诚
新"炊事员"（诗）……赵树岭
妈妈你听我说（歌曲）
　　　　普烈名河景芳词　秦永诚曲
西疆草（小说）……张长弓
八出戏（小说）……李惠文
小神笔（童话）……马歌今
夏（小说）……运新华
献给孩子的歌（诗三首）
　　　　于连海　臧建新　张衍海等
偶成四首……何其芳　遗作
乌兰山情歌（诗）……罗萌
山花烂漫（诗三首）……党兴昶
新民歌（十三首）……李维禄等
新儿歌（七首）……戴晓学等
《开不败的花朵》新版前言……马加

为谁冲锋　为谁创作
——评浩然的《西沙儿女》……朱悦宁
检查刊物　清除流毒
——本刊编辑部召开座谈会

名著欣赏
纪念刘和珍君……鲁迅
悲忿的挽歌……思基

1978 年第 7 期　刊名:《鸭绿江》
目录

"不称心"的姐夫……关庚寅

辽海崩溃（长篇历史小说《李自成》第三卷中的一个单元·连载）……姚雪垠
联轴节……王忠和
吕梁晨曲……武宝生
手（外一篇）……雷加
胡蝶学音乐……朱志尧
颂歌献给华主席（新民歌九首）……洛苎等
塔林云烟……高照斌
红船驶进新航程……宋俊
华主席归国过本溪……吴喜山
一路春光一路歌……艾辛
满族人民的大恩人……白清桂
我捧鲜花献朱总……赵树岭
捣米歌……胡昭
一块疤……于连仲　赵德超
东风自孕胸怀里
——悼念郭沫若同志……史实
名著欣赏
三人行……王愿坚
读《三人行》……唐贞

一得录
读书偶得……冉欲达
读者·作者·编者……徐东明等
促人感奋的礼物·欢迎这样的"响应者"·不尽春光入画来·《语重心长》是对"四人帮"的严正批判·"名著欣赏"办到了我们心上
郭沫若同志一九六五年手书

1978 年第 8 期　刊名:《鸭绿江》
目录

面对着祖国大地·······················刘心武
辽海崩溃
——长篇历史小说《李自成》第三卷中的一个单元·
连载·······························姚雪垠
铁骨铮铮
——怀念柳青同志·······················陈淼
一年间·······························费枝
永不停转的"电机"·············李鸿顺 易长利
串亲记·······························陈计中
人民公社好（新民歌九首）·············闫广武等
清明三首·······························田间
仰望
——纪念周总理·······················李又然
献礼·······························王鸣久
奶茶歌·······························姜强国
"拳头"·······························管志初
不朽的艺术生命
——读郭老建国后的诗作·················代一
诗要情真
——方冰同志诗琐议·····················苏龙

名著欣赏
雪浪花·······························杨朔
自有诗心如火烈·······················冉欲达
一得录
——从鲁迅写补白想到的·················斯音
作协辽宁分会及各分会宣布恢复活动
篆刻
——刻陈毅同志诗《青松》·················刘丹
长白飞瀑·······················李钟禄 孙世昌

1978 年第 9 期　刊名:《鸭绿江》
目录

大地的青春·······························金河
风雪
——长篇小说《东方》第三部·节选·············魏巍
辽海崩溃
——长篇历史小说《李自成》第三卷中的一个单元·
连载·······························姚雪垠
寓言四则·······························韶华
旅顺口纪行·······························厉风
参观日俄战争遗迹·"第三防线"·"走出旅顺大
狱"·白玉塔·登上电岩

新民歌（九首）·······················刘志毅等
夜雨停了·······························安造计
武装越野·······························柳瀛
天轮长了金翅膀·······················李德云
装填春色·······························徐广顺
新生活的赞歌
——读长篇小说《第一个回合》·············殷晋培

名著欣赏
传家宝·······························赵树理
活的语言
——读赵树理的《传家宝》·········周溶泉 徐应佩
一得录
闲话生活·······························剑国
美术习作·······························宋惠民

1978 年第 10 期　刊名:《鸭绿江》
目录

选择
辽海崩溃
——长篇历史小说《李自成》第三卷中的一个单元·
连载·······························姚雪垠
巍巍的七高炉·······················易长利
婚姻·······························谢友鄞
深夜·······························晓凡
纪念鞋·······························小铁
丹东——你好!·······················刘相如
金秋三题·······························李华岚

华主席和各族人民心连心
——新民歌十六首·······················滕广强等
鹿场情深
我养的鹿啊……·牧鹿谣·量·牧读·"信"·锯茸
时节想总理·······························孙日成
国庆,我们在地心（外二首）·············李松涛
车场小赛·······························关键
钢缆颂·······························高云
鸭大姐练赛跑·······················冯幽君
《大路迎春》是一出好戏·················居叶
为劳动人民立传·······················于敏
关于《李自成》的通信·····················胡绳

名著欣赏
新结识的伙伴
赋予典型人物以鲜明的个性特征
——读王汶石《新结识的伙伴》·······王汶石 吴功正
一得录——诗的"直说"·················刘森辉

文讯
中国作家学习访问团来我省参观　作协辽宁分会举行
创作座谈会
省美协召开书法座谈会
征文启事
钢城新彩 ························ 齐程翔　刘震利

1978 年第 11 期　刊名:《鸭绿江》
目录

沧海横流
——长篇小说《沧海横流》选载 ·········· 韶　华
爱情 ···································· 唐庆雄
静夜 ····················· 李仁亲　屠忠俊
金丝雀的故事 ···························· 童玉云
浪花 ·································· 盛　飞
老司机的喜悦（外三首）
——抢起咱这把大铁锹·抢·司机之家 ···· 田永元
为灵魂辩护 ······························ 公　刘
幸福的时刻 ····························· 刘秋群
在抗联战斗过的地方
——一道手令·无字的碑·抗联灶石 ···· 刘爱诚等
蚕山月夜（外一首） ····················· 刘景涛
十月的田野（外一首） ··················· 张正隆
小车商店 ······························ 刘凤楼
立在谁家的涛头之上?
——评"四人帮"的死党亲自操纵的文班子——涛头
立 ·································· 梁家温
且说这一回合
——关于于敏同志小说《第一个回合》的通信
···································· 陈　淼

名著欣赏
荷花淀
——白洋淀纪事之二 ····················· 孙　犁
诗情画意
——《荷花淀》欣赏 ····················· 冯健男
英华婷立 ······························ 张　有

1978 年第 12 期　刊名:《鸭绿江》
目录

天安门诗词选
《天安门诗抄》笔谈 ······ 马　加　思　基　方　冰
胡世宗　晓　凡　刘文玉
延安童话
——毛主席故事之十·纪念毛主席八十五诞辰　献给

建国三十周年 ·························· 舒　群
出征 ································ 董廷恒
登黄洋界
——井冈山颂之一 ····················· 蔡天心
心中的丰碑 ·························· 巴雅尔
土台赋 ································ 于　沙
红岩村二楼 ·························· 欣　原
幸福泉 ································ 侯学志
失去了的爱情 ·························· 达　理
走向源头 ······························ 雷　加
天蓝　树绿　水清 ·········· 洪　禹　忠　凯
迈步延安路 ·························· 郑　文
张垣行 ································ 王堃骋
指路 ································· 胡　工
一个真实的故事（外一首） ·············· 于宗信
新民歌（十四首） ···················· 金苍大等
九年的灵魂写照
——看《于无声处》有感 ·············· 思　基
宣扬"四人帮"反革命政治纲领的一株毒草
——批判长篇小说《狂飙曲》（上卷） ···· 解洛成
关于《"不称心"的姐夫》
真挚感人的爱情之歌·一篇有艺术特色的小说·我们
的几点看法 ························ 何风山等
来自炼油工人心中的诗
——读组诗《塔林云烟》 ················ 谢　冕

名著欣赏
秋歌 ································· 郭小川
碧血化壮歌　激情心田来
——读郭小川的《秋歌》 ·············· 吴士余
不息的灯光 ·························· 严　坚

1979 年第 1 期　刊名:《鸭绿江》
目录

发在总理灵前的诗 ···················· 胡世宗
真挚的感情　共同的感情（诗评） ········ 李　瑛
总理走入千家梦 ······················ 路　地
雪飘一月八（外一首） ·················· 王守勋
银光闪烁的路灯 ······················ 徐光荣
一矿之长（国庆三十年征文） ············ 熙　高
青与蓝 ······························ 张天民
"假小子" ···························· 谢挺宇
生命不息
——回忆柳青同志 ····················· 马　加
夜宿青石沟 ·························· 陈福廷

向"世界第一流"进军⋯⋯⋯⋯⋯⋯李克夫
在灿烂的阳光下⋯⋯⋯⋯⋯⋯苗得雨等
秋怀⋯⋯⋯⋯⋯⋯⋯⋯⋯⋯⋯罗 丹
紧紧跟上历史的伟大进程⋯⋯⋯⋯文 斌
《天安门诗抄》的启示⋯⋯⋯⋯⋯阿 红
关于话剧《市委书记》的通信⋯⋯⋯吕 真
一封关于学习的信稿⋯⋯⋯⋯⋯⋯孙 犁
艺术的力量（文艺随笔）⋯⋯⋯⋯单 复

习作者之友
老犟太太⋯⋯⋯⋯⋯⋯⋯⋯⋯张 庆
关于人物的塑造⋯⋯⋯⋯⋯⋯⋯凌璞三
献给您，我们的好总理⋯⋯⋯⋯⋯姚洪发

1979 年第 2 期　刊名:《鸭绿江》
目录

学习周总理《讲话》笔谈⋯⋯⋯⋯马 加等
新选的主任（征文）⋯⋯⋯⋯⋯⋯刘景奇
冷丫⋯⋯⋯⋯⋯⋯⋯⋯⋯⋯⋯严振国
站长和局长（征文）⋯⋯⋯⋯⋯⋯赵乐璞
等（征文）⋯⋯⋯⋯⋯⋯⋯⋯⋯罗 萌
姚雪垠和《李自成》⋯⋯⋯⋯⋯⋯张葆莘
岱宗夫如何?⋯⋯⋯⋯⋯⋯⋯⋯闻 山
无名坟前⋯⋯⋯⋯⋯⋯⋯⋯⋯李鸿璧
瞎子打猎⋯⋯⋯⋯⋯⋯⋯⋯⋯盖 壤
比目鱼⋯⋯⋯⋯⋯⋯⋯⋯⋯⋯邓洪文
千里线路步步情⋯⋯⋯⋯⋯⋯⋯徐 艾

现代化和诗
——谈徐艾的几首诗⋯⋯⋯⋯⋯刘岚山
气候的歌⋯⋯⋯⋯⋯⋯⋯⋯⋯方 冰
抢雨季⋯⋯⋯⋯⋯⋯⋯⋯⋯⋯李小雨
跳安代午⋯⋯⋯⋯⋯⋯⋯⋯⋯周 蒙
汗⋯⋯⋯⋯⋯⋯⋯⋯⋯⋯⋯⋯刘文超
重轨和套管的控诉⋯⋯⋯⋯⋯⋯石 英
清泉⋯⋯⋯⋯⋯⋯⋯⋯⋯⋯⋯未 凡
"现实主义深化"是正确的文学主张
——为大连小说会议辩白⋯⋯⋯本刊评论员
两代人的控诉
——小说《静夜》读后⋯⋯白晓朗 黄林妹
从"望乡"到《望乡》⋯⋯⋯⋯⋯端木蕻良

习作者之友
上山⋯⋯⋯⋯⋯⋯⋯⋯⋯⋯⋯李维禄

动人春色不须多⋯⋯⋯⋯⋯⋯⋯凌璞三

文讯
省文联和作协辽宁分会举行座谈会为我省错批的作
家、作品落实政策
作协辽宁分会召开学习周总理《讲话》座谈会
套马⋯⋯⋯⋯⋯⋯⋯⋯⋯⋯⋯晁 楣

1979 年第 3 期　刊名:《鸭绿江》
目录

走向天安门广场⋯⋯⋯⋯⋯⋯⋯童怀周
夜宿中南海⋯⋯⋯卢盛和 口述 陈冠华 整理
幽思（征文）⋯⋯⋯⋯⋯⋯⋯⋯邓洪文
忧喜相伴⋯⋯⋯⋯⋯⋯⋯⋯⋯李云德
生命之歌（征文）⋯⋯⋯⋯⋯⋯达 理
姚雪垠和《李自成》⋯⋯⋯⋯⋯⋯张葆莘
冷对青霜剑（征文）⋯⋯⋯⋯⋯⋯骆国翘
听话的小羊⋯⋯⋯⋯⋯⋯⋯⋯⋯苗福生
伟绩丰碑共天久⋯⋯⋯⋯⋯⋯⋯蔡天心
总理呵，你视察全国几时归⋯⋯⋯柳清波
白花歌⋯⋯⋯⋯⋯⋯⋯⋯⋯⋯孙日成
自赏诗六题⋯⋯⋯⋯⋯⋯⋯⋯⋯张志民
寄自深山道班⋯⋯⋯⋯⋯⋯⋯⋯村 人
霜叶红于二月花⋯⋯⋯⋯⋯⋯⋯刘海起
情歌四首⋯⋯⋯⋯⋯⋯⋯⋯⋯荆 鸿
关于所谓"写中间人物"问题
——为大连小说会议的再辩白⋯⋯本刊评论员
也谈社会主义的现代化文艺⋯⋯⋯殷晋培
《春雨集》重版后记⋯⋯⋯⋯⋯⋯陈 淼
写诗漫话⋯⋯⋯⋯⋯⋯⋯⋯⋯李岳南

习作者之友
三天⋯⋯⋯⋯⋯⋯⋯⋯⋯⋯⋯乌成荫
从生活中提炼主题⋯⋯⋯⋯⋯⋯凌璞三
女采油工⋯⋯⋯⋯⋯⋯⋯⋯⋯张秉田

1979 年第 4 期　刊名:《鸭绿江》
目录

上访者（征文）⋯⋯⋯⋯⋯⋯⋯熙 高
我的家在东北松花江上⋯⋯⋯李仁亲 屠忠俊
他们（征文）⋯⋯⋯⋯⋯⋯⋯⋯李宏林
维纳斯的命运⋯⋯⋯⋯⋯⋯⋯⋯毕 方

老头子回来吧，我们想你！ ——————— 邓友梅
心中的丰碑 ——————— 韩白云 王晓民
壁画 ——————— 秦 牧
回顾与前瞻 ——————— 草 明
小公鸡学本领 ——————— 卢 抒
三个渡海的人（外一篇） ——————— 阎广武
短篇小说《失去了的爱情》的讨论
失去的爱情的启示
——评《失去了的爱情》——————— 梁雨风
我们得到了什么？
——评《失去了的爱情》——————— 陈荣廷
高洁的灵魂　无华的颂歌
——《老头子回来吧，我们想你！》读后——————— 单 复
评《上访者》——————— 赵恒昌
反面人物塑造小议 ——————— 吴庆先
白求恩 ——————— 杨美英

1979 年第 5 期　刊名:《鸭绿江》
目录

正气歌 ——————— 张书绅
棒槌岛的灯火 ——————— 宋一平 吕同举
山中崎岖（征文）——————— 运新华
一天的记事（征文）——————— 赵克胜
老少主任 ——————— 鞠峰
炼塔巍巍 ——————— 高熙斌
西窗诗话
——夜读《炼塔巍巍》——————— 阿 红
述怀二首 ——————— 臧克家
喜讯（外一首）——————— 王明希
真理与民主 ——————— 晓 凡
丰碑颂 ——————— 日本留学生 乾 寻
杜鹃花的歌（外三首）——————— 刘湛秋
寄自北也门的诗（组诗）——————— 吴正格
在新长征路上（诗八首）——————— 王荆岩等
写于丙辰初夏 ——————— 艾 非
摇篮曲 ——————— （蒙古族）那木汗
五四运动六十周年小记 ——————— 朱悦宁
人各有貌　神情毕肖
——漫谈肖像描写——————— 王荣伟
从诗的构思想起的 ——————— 王亚平
短篇小说《失去了的爱情》的讨论
为迎风雨的战士塑像 ——————— 邢富君 谢栋元
高尚的爱情　俊美的形象 ——————— 张启范

新收获

来自战斗深处的诗——————— 单 复

激情与哲理的结合 ——————— 胡世宗
云蒸霞蔚的诗篇 ——————— 柳清波
喜见炊烟出翠谷 ——————— 徐光荣

习作者之友

少年"老"读者 ——————— 春 华
一个可爱的儿童形象
——读《少年"老"读者》——————— 凌璞三
毛主席诗词篆刻 ——————— 张人希

1979 年第 6 期　刊名:《鸭绿江》
目录

在初春的日子里（征文）——————— 达 理
舌头 ——————— 韶 华
扎红腿带的鸡 ——————— 金 河
X 医生 ——————— 王瑞起
咬尾巴（征文）——————— 马秋芬
忍辱负重（征文）——————— 吴文泮
梁山歼灭战
——罗荣恒同志的故事——————— 白 刃
为了明天 ——————— 赵郁秀
插秧时节 ——————— 孙日成
抒情诗要抒发真挚的情感
——读孙日成同志的两个组诗——————— 黄益庸
寄自南疆钢铁线上（诗四首）——————— 田永元
献给孩子们的礼物（诗十一首）——————— 刘饶民等
采桔图（外一首）——————— 彭 龄
捣乱的鸡蛋 ——————— 关 立
第十万零一个为什么 ——————— 张名河
一曲农业合作化的赞歌
——为小说《大地的青春》平反——————— 刘效炎
谈谈《望乡》——————— 巴 金
对立统一规律与文艺创作 ——————— 赵增锴
文艺创作和"赶时髦"——————— 于成全

习作者之友

杏花盛开的春夜（诗）——————— 石 飞
情欲信　诗须精 ——————— 凌璞三
那达慕大会上 ——————— 张祯麒

1979 年第 7 期　刊名:《鸭绿江》
目录

最后的一个夜晚（报告文学）
——————— 李作祥 刘思鹏 于成全 雷英魁

无题（小说）⋯⋯⋯⋯⋯⋯⋯⋯⋯鲁　琪
治病（征文·小说）⋯⋯⋯⋯⋯⋯朱也青
复仇（征文·小说）⋯⋯⋯⋯⋯⋯赵长顺
草上飞（小说）⋯⋯⋯⋯⋯⋯⋯⋯王　栋
杏花又开了（征文·散文）⋯⋯⋯周　颖
全家院子的中秋（散文）⋯⋯⋯⋯张十方
仿佛听见延水响（外一首）⋯⋯⋯肖　梦
红楼漫步（诗）⋯⋯⋯⋯⋯⋯⋯⋯肖　驰
涵碧楼旁（诗）⋯⋯⋯⋯⋯⋯⋯⋯薛　汕
歌唱彭老总（诗）⋯⋯⋯⋯⋯⋯⋯张云晓
献给张志新（诗）⋯⋯⋯⋯⋯⋯⋯余　刚
开饭的时候（诗）⋯⋯⋯⋯⋯⋯⋯雷子辰
烟雨楼（外一首）⋯⋯⋯⋯⋯⋯⋯严　阵
千山万水诗花繁（诗十四首）⋯⋯柳　沄等
松涛集（诗五首）⋯⋯⋯⋯⋯⋯⋯罗　丹等
药石篇（诗二首）⋯⋯⋯⋯刘　章　张士新
把刊物办到读者心上去⋯⋯⋯⋯⋯编者
短篇小说《失去了的爱情》的讨论
对于争论的几点评论⋯⋯⋯⋯⋯⋯殷晋培
艺术的生命在于真实⋯⋯⋯⋯⋯⋯徐旭明
更上一层楼⋯⋯⋯⋯⋯⋯⋯⋯⋯⋯洪　云
画竹的启示
　——浅谈艺术构思⋯⋯⋯⋯⋯⋯宁殿弼

习作者之友
路遇⋯⋯⋯⋯⋯⋯⋯⋯⋯⋯⋯⋯⋯董守和
要使人物"活"起来
　——读《路遇》⋯⋯⋯⋯⋯⋯⋯凌璞三
烈火真金（雕塑）⋯⋯⋯⋯⋯⋯⋯刘文富
张志新同志在学习（照片）

1979 年第 8 期　刊名:《鸭绿江》
目录

向思想解放的先驱张志新烈士学习
杂文六篇⋯⋯⋯冉欲达　鲁　坎　彭定安
于　铁　李树谦　单　复
诗五首⋯普　烈　胡世宗　苏　梅　杨少平　石　湾
凝血的花（散文诗）⋯⋯⋯⋯⋯⋯顾大龙
怀念（散文）⋯⋯⋯⋯⋯⋯⋯⋯⋯郁　文
姝妹子（小说·征文）⋯⋯⋯⋯⋯胡清和
新嫂（小说·征文）⋯⋯⋯⋯⋯⋯苑厚成
亲奶奶（小说）⋯⋯⋯⋯⋯⋯⋯⋯冯有源
小娥入队（小说·征文）⋯⋯⋯⋯于　众
良策（小说）⋯⋯⋯⋯⋯⋯⋯⋯⋯田　苗
三个水手（小说）⋯⋯⋯⋯⋯⋯⋯严振国
鲤鱼和黑鱼的故事（童话·外一篇）⋯晨　亭
战刀与花环（报告文学）⋯⋯⋯⋯竹　青

蚕山春晓（散文诗）⋯⋯⋯⋯⋯⋯东　璎
西苑草（诗）
　——访彭总挂甲屯旧居⋯⋯⋯⋯王金屏
潜伏（诗）⋯⋯⋯⋯⋯⋯⋯⋯⋯⋯安造计
墙（诗）⋯⋯⋯⋯⋯⋯⋯⋯⋯⋯⋯张福增
战士的心愿（诗）⋯⋯⋯⋯⋯⋯⋯胡宏伟
胜利捷报满天红（诗七首）⋯⋯⋯解放军某部墙报诗选
归来（诗四首）⋯⋯⋯⋯⋯⋯⋯⋯沙　鸥
永不干涸的爱泉（诗）⋯⋯⋯⋯⋯寒　星
笑的变种（外一首）⋯⋯⋯⋯⋯⋯李鸿璧
诗三首⋯⋯⋯⋯⋯⋯⋯⋯⋯⋯⋯⋯佟明光等
四化新里程　文艺吐新枝
　——谈近期反映社会主义现代化的一批短篇小说
　⋯⋯⋯⋯⋯⋯⋯⋯⋯⋯朱　兵　丁振海
还是说真话好
　——读《"歌德"与"缺德"》有感⋯⋯明　卉
这是谁家的卫道士
　——评《"歌德"与"缺德"》⋯⋯⋯中　耀
省文联、省作协和辽宁日报编辑部联合召开座谈会
批驳《"歌德"与"缺德"》一文的错误观点（文讯）
杜牧论诗（文艺随笔）⋯⋯⋯⋯⋯肖文苑

习作者之友
潮声赋⋯⋯⋯⋯⋯⋯⋯⋯⋯⋯⋯⋯那天柏
丰富的联想　浓郁的诗意
　——读《潮声赋》⋯⋯⋯⋯⋯⋯凌瑾兰
猎归（木刻）⋯⋯⋯⋯⋯⋯⋯⋯⋯李庆民

1979 年第 9 期　刊名:《鸭绿江》
目录

汪家寨（小说）⋯⋯⋯⋯⋯⋯⋯⋯李英儒
姐姐的婚事（小说）⋯⋯⋯李述宽　岳长贵
巨艇的沉没（科学幻想小说）⋯⋯司马春秋
还魂记（小说）⋯⋯⋯⋯⋯⋯⋯⋯孙晓中
不愉快的婚礼（小说）⋯⋯⋯⋯⋯纪　思
他给我力量（散文）
　——怀念安波同志⋯⋯⋯⋯⋯⋯李宏林
无名高地的战斗（报告文学）⋯⋯陈秀庭
北也门风物速写（散文）⋯⋯⋯⋯吴正格
总理故居二首（散文诗）⋯⋯⋯⋯山　谷
牧羊人和狼（印度民间故事）⋯⋯丁岐江译
野花与短剑（组诗）⋯⋯⋯⋯⋯⋯方　冰
在我们村子（十一首）⋯⋯⋯⋯⋯李维禄等
啊！人民政府（诗）⋯⋯⋯⋯⋯⋯李鸿健
望江（诗）⋯⋯⋯⋯⋯⋯⋯⋯⋯⋯路　地
妈妈，请你掐住表（外一首）⋯⋯吕乃国
鹦鹉（诗）⋯⋯⋯⋯⋯⋯⋯⋯⋯⋯石　犁

曲折的路……（诗）　　　　　　　　　　高　深
"阿波罗"（诗）　　　　　　　　　　　　宫　杰
弟弟的理想（诗）　　　　　　　　　　　关　立
蓬莱即景（诗六首）　　　　　　　　　　路　匆等
走出唯心主义胡同　　　　　　　　　　　彭定安
《报春花》与《"歌德"与"缺德"》　　　丁　洪
留下来的和筛下去的
——建国三十年辽宁短篇小说选序言　　韶　华
短篇小说《失去了的爱情》的讨论
——也谈艺术的真实　　　　　　　　　宝　藏
部分省、市文学期刊举行编辑工作座谈会　阿　红
优秀共产党员张志新（雕塑）　　　　　　孙家彬
真理之歌（组画之一）　　　鲁迅美术学院中国画系

1979 年第 10 期　刊名:《鸭绿江》
目录

以身试法（小说·征文）　　　　　　　　赵乐璞
大海作证（小说·征文）　　　　　　　　李宏林
"天书"（小说·征文）　　　　郑吉民　刘若思
生活的启示（寓言五题）　　　　　　　　晓　凡
历史之章（报告文学·征文）　　　　　　金　河
鲜红的玛瑙（散文）　　　　　　　　　　林　青
死水（散文）　　　　　　　　　　　　　刘　真
悼冯雪峰同志（散文）　　　　　　　　　骆宾基
草原随笔（散文·征文）　　　　　　　　祝乃杰
我说真话（组诗）　　　　　　　　　　　才树莲
小荷才露尖尖角——读组诗《我说真话》　阿　红
明亮的星海（诗辑）　　　　　　　　　　王荆岩等
华主席来西苑（外一首）　　　　　　　　刘海起
闪光的灯（诗）　　　　　　　　　　　　周　颖
直谏的声音（诗辑）　　　　　　　　　　丁晓翁等
我能写些什么?（诗）　　　　　　　　　顾　工
山东的山啊辽东的山（诗）　　　　　　　秋　原
爱情的花朵（诗）　　　　　　　　　　　高国静
春风浩荡　百花竞放　　　　　　　　　　乳　原
赵树理创作的几个特点　　　　　　　　　王亚平

杂文
镜子　　　　　　　　　　　　　　　　　思　基
喇叭、棍子、"缺德"及其他　　　　　　赵忠文
闲话"不倒翁"　　　　　　　　　　　　吴　山
健忘家和解铃人　　　　　　　　　　　　朱　帆
"讳疾忌医"的律戒（文艺随笔）　　　　扬　剑

作家答问
小草里的诗情　　　　　　　　　　　　　雷抒雁
附：致雷抒雁同志　　　　　　　　　　　丁晓翁

致米·格·雅尔采娃的信（谈诗歌写作）
　　　　　　　　　　高尔基作　王庚虎译

习作者之友
揭榜　　　　　　　　　　　　　　　　　高长远
主题、人物和细节　　　　　　　　　　　凌璞三
迎春（宣传画）　　　　　　　　　　　　晁德仁
黄河在咆哮（剪纸）
我们的队伍向太阳（剪纸）　　　　　　　徐飞鸿

1979 年第 11 期　刊名:《鸭绿江》
目录

信念（小说）　　　　　　　　　　　　　鲁　齐
抑制不住的几句话
——致《信念》的作者　　　　　　　　晋　江
爱情应该是甜蜜的（小说）　　　　　　　温俊泉
礼物（小说）　　　　　　　　　　　　　屈兴岐
丈夫（小说）　　　　　　　　　　　　　贾平凹
燕子归来的时候（散文）　　　　　　　　张　敏
我和编辑（散文）　　　　　　　　　　　樊庆荣
山野（散文）　　　　　　　　　　　　　傅子玖
变（诗）　　　　　　　　　　　　　　　王德芳
山野的喜悦（诗四首）　　　　　　　　　关　键
火红的生命之花（诗）　　　　　　　　　刘文玉
你说你是一根木头（诗）　　　　　　　　张　洁
会说话的眼睛（诗）　　　　　　　　　　陈庆斌
火龙吟（诗）　　　　　　　　　　　　　包玉堂
开机时刻（诗）　　　　　　　　　　　　左连生
地平线（诗）　　　　　　　　　　　　　王昌耀
送（诗）　　　　　　　　　　　　　　　郭宝臣
肃清《纪要》流毒，繁荣文艺创作　　　　丁振海
关于短篇小说《失去了的爱情》的讨论
生活·构思·典型化
——创作《失去了的爱情》的点滴体会　达　理

作家答问
到底写的谁（答边毅和蒲葱同志）　　　　叶文福
诗艺管窥二则（文苑研艺）　　　　　　　黄益庸
生活的镜子（文艺随笔）　　　　　　　　童玉云
小小的刺（杂文）　　　　　　　　　　　刘　茵

习作者之友
答王熙凤（诗）　　　　　　　　　　　　于德才
深求其疵而去之　　　　　　　　　　　　凌璞三
剑出鞘（雕塑）　　　　　　　　　　　　郑　军
支农（雕塑）　　　　　　　　　　　　　姚　颖

1979 年第 12 期　刊名:《鸭绿江》

目录

热烈祝贺中国文学艺术工作者第四次代表大会的召开!

要立一个法来保障艺术民主⋯⋯⋯⋯⋯⋯韶　华
欢呼中国社会主义文艺春天的到来⋯⋯⋯⋯方　冰
保护文艺工作者的创作性劳动⋯⋯⋯⋯⋯⋯谢挺宇
我们的事业需要新作家⋯⋯⋯⋯⋯⋯⋯⋯晓　凡
墓碑上的纱巾（小说）⋯⋯⋯⋯⋯⋯⋯⋯易洪斌
槐树胡同的孟德斯鸠（小说）⋯⋯⋯⋯⋯程云章
卧槽马（小说）⋯⋯⋯⋯⋯⋯⋯⋯⋯⋯傅余荣
黑孩子大卫家的汽车（小说）⋯⋯⋯⋯⋯单　明
一袋水泥里的信（小说）
　　　　　　　　[日本]叶山嘉树　郭允海译
胡厂长（小说）⋯⋯⋯⋯⋯⋯⋯⋯⋯⋯祁福林
海湾的月（散文）⋯⋯⋯⋯⋯⋯⋯⋯⋯王中才
书（散文）⋯⋯⋯⋯⋯⋯⋯⋯⋯⋯⋯⋯李　丹
我的老师（散文）⋯⋯⋯⋯⋯⋯⋯⋯⋯申　蔚
谒岳庙（散文）⋯⋯⋯⋯⋯⋯⋯⋯⋯⋯杨　麦
塞外秋情（散文诗）⋯⋯⋯⋯⋯⋯⋯⋯湘　霖
炼塔一角（诗四首）⋯⋯⋯⋯⋯⋯⋯⋯高照斌
踏着祖国的泥土（诗七首）⋯⋯⋯巴　牧　遗作
新人篇（墙头诗七首）⋯⋯⋯⋯⋯⋯⋯方　冰
挚爱·沉思及其他（诗十八首）⋯⋯⋯⋯刘湛秋等
歌唱你，齐莉莉（诗）⋯⋯⋯⋯⋯⋯⋯胡世宗

《我说真话》引真话

诗，也需要有伯乐⋯⋯⋯⋯⋯⋯⋯⋯⋯刘不朽
掩卷沉思寄数语⋯⋯⋯⋯⋯⋯⋯⋯⋯⋯刘　章
给编辑部的信⋯⋯⋯⋯⋯⋯⋯⋯⋯⋯⋯才树莲

作家答问

生活和理想
　　——乔厂长这个形象是怎样诞生的（答王炳麟）
　　　　　　　　　　　　　　　　　　　蒋子龙
关于《铁木前传》的通信⋯⋯⋯⋯阎　纲　孙　犁
历史的画卷，英雄的赞歌
　　——评长篇小说《沧海横流》⋯⋯⋯宁殿弼
短篇小说情节谈（文苑研艺）⋯⋯⋯⋯王荣伟
诗无新意休轻作（文艺随笔）⋯⋯⋯⋯丁国成

习作者之友

梦⋯⋯⋯⋯⋯⋯⋯⋯⋯⋯⋯⋯⋯⋯⋯陌　生
脱颖而出与画蛇添足⋯⋯⋯⋯⋯⋯⋯⋯凌璞三
为海上油田备骏马（套色木刻）⋯⋯⋯张家瑞
塞外风光（木刻）⋯⋯⋯⋯⋯⋯⋯⋯闵仲勋

1980 年第 1 期　刊名:《鸭绿江》

目录

新岁寄语⋯⋯⋯⋯⋯⋯⋯⋯⋯⋯⋯本刊编辑部
良心（小说）⋯⋯⋯⋯⋯⋯⋯⋯⋯⋯⋯达　理
招魂曲（小说）⋯⋯⋯⋯⋯⋯⋯⋯⋯⋯熙　高
作家（小说）⋯⋯⋯⋯⋯⋯⋯⋯⋯⋯⋯韶　华
我和"白牡丹"（回忆录）⋯⋯⋯⋯⋯⋯穆　静
灰蛙（寓言）⋯⋯⋯⋯⋯⋯⋯⋯⋯⋯⋯闻　雁
顺民冠军赛（寓言）⋯⋯⋯⋯⋯⋯⋯⋯张松魁
悼念中岛健藏先生（散文）⋯⋯⋯⋯⋯巴　金
一张报告票（散文）⋯⋯⋯⋯⋯⋯⋯⋯孟守介
恐龙化石（散文）⋯⋯⋯⋯⋯⋯⋯⋯端木蕻良
情思飞越太平洋（报告文学）⋯⋯⋯⋯于化龙
我的诗有点苦（组诗）⋯⋯⋯⋯⋯⋯⋯董宇峰
不拘一格降人才
　　——读董宇峰同志处女作⋯⋯⋯⋯阿　红
你在说什么呢？蛐蛐（诗·外一首）⋯⋯李松涛
你是我的影子（诗）⋯⋯⋯⋯⋯⋯⋯⋯安造计
项链（诗）⋯⋯⋯⋯⋯⋯⋯⋯⋯⋯⋯刘　镇
不锈钢（诗·外一首）⋯⋯⋯⋯⋯⋯⋯麦　芒
她推开院门（诗）⋯⋯⋯⋯⋯⋯⋯⋯⋯张正隆
思情：山和海（诗）⋯⋯⋯⋯⋯⋯⋯⋯厉　风
春草（诗·外一首）⋯⋯⋯⋯⋯⋯⋯⋯岸　冈
风杨（诗·外一首）⋯⋯⋯⋯⋯⋯⋯⋯苗得雨
诗·词·民歌汇集（诗十一首）⋯⋯⋯方　炽等
"他们是真正的新人物"
　　——由高尔基的一个观点所想到的⋯⋯叶伯泉
致奥·瓦·安吉米罗娃（摘录）
　　——关于培养青年作者⋯⋯高尔基　王庚虎译

作家答问

南海的诗思——答丁晓翁同志⋯⋯⋯⋯韦　丘
一幅画像的联想（文艺随笔）⋯⋯⋯⋯张启范
太史与作家（文艺随笔）⋯⋯⋯⋯⋯⋯宝　藏

杂文六篇

从磕长头谈起·说长道短·小小的刺·镜子和月亮·
对号入座·奈何堂打油诗⋯⋯⋯⋯⋯⋯杜书瀛等
艺术无闲笔（文苑研艺）⋯⋯⋯⋯⋯⋯张福高

习作者之友

特别约会⋯⋯⋯⋯⋯⋯⋯⋯⋯⋯⋯⋯⋯刘玉堂
新一些，短一些——谈《特别约会》⋯⋯凌璞三
一衣带水情（套色木刻）⋯⋯⋯⋯⋯⋯赵经寰

1980 年第 2 期　刊名:《鸭绿江》
目录

继续解放思想，注意社会效果
——在中共辽宁省委、省革委会招待《报春花》剧组
等三个文艺演出团茶话会上的讲话⋯⋯⋯⋯任仲夷
分道扬镳（小说）⋯⋯⋯⋯⋯⋯⋯⋯⋯⋯思　基
"我相信党⋯⋯"（小说）⋯⋯⋯⋯⋯⋯张庆田
带泪的喜剧（小说）⋯⋯⋯⋯⋯⋯⋯⋯王正寅
舞台前后（小说）⋯⋯⋯⋯⋯⋯⋯⋯⋯陈　玙
30＋2＝40（小说）⋯⋯⋯⋯⋯⋯⋯⋯刘美烈
鲁迅先生书简注释及其他⋯⋯⋯⋯⋯⋯萧　军
怀念李克异同志（散文）⋯⋯⋯⋯⋯⋯梁山丁
黄山点描（散文诗）⋯⋯⋯⋯⋯⋯⋯⋯张十方
在生活中思索（组诗）⋯⋯⋯⋯⋯⋯⋯晓　凡
航海者的歌（外三首）⋯⋯⋯⋯⋯⋯⋯蔡其矫
这茶是龙井茶⋯⋯（诗）⋯⋯⋯⋯⋯⋯吕乃国
画马（外一首）⋯⋯⋯⋯⋯⋯⋯⋯⋯⋯孙　滨
泰山日出（诗）⋯⋯⋯⋯⋯⋯⋯⋯⋯⋯柴德森
我爱我的生活（组诗）⋯⋯⋯⋯⋯⋯⋯田永元
真情实话动人心，精雕细刻出佳什
——读组诗《我爱我的生活》⋯⋯⋯⋯李松涛
国防新兵（诗）⋯⋯⋯⋯⋯⋯⋯⋯⋯⋯田　野
心上的星星（外一首）⋯⋯⋯⋯⋯⋯⋯韩　冰
香的彩带（诗）⋯⋯⋯⋯⋯⋯⋯⋯⋯⋯村　人
红姑娘（诗）⋯⋯⋯⋯⋯⋯⋯⋯⋯⋯⋯叶晓山
春雨纷纷（诗）⋯⋯⋯⋯⋯⋯⋯⋯⋯⋯王立明
关于新诗的一次民意测验⋯⋯⋯⋯阿　红整理
勇于战斗　善于战斗（文艺随笔）⋯⋯单　复
不妨解剖一个（文艺随笔）⋯⋯⋯⋯⋯阎　纲
艺文杂记（文艺随笔）⋯⋯⋯⋯⋯⋯⋯唐汉周

作家答问
关于"意识流"的通信
——答田力维、叶之桦同学⋯⋯⋯⋯⋯王　蒙

读者来信
动乱年代的畸形儿⋯⋯⋯⋯⋯⋯⋯⋯⋯齐　虹
我们对《丈夫》的看法⋯⋯山西师院中文系十五班女生

习作者之友
赶海的姑娘⋯⋯⋯⋯⋯⋯⋯⋯⋯⋯⋯⋯商德基
真挚的感情　巧妙的构思⋯⋯⋯⋯⋯⋯凌璞三

1980 年第 3 期　刊名:《鸭绿江》
目录

流逝（小说）⋯⋯⋯⋯⋯⋯⋯⋯⋯⋯⋯黄伟英
梨树下⋯⋯（小说）⋯⋯⋯⋯⋯⋯⋯⋯邓洪文
樱花恋（小说）⋯⋯⋯⋯⋯⋯⋯⋯⋯⋯高节操
沙铁嘴（小说）⋯⋯⋯⋯⋯⋯⋯⋯⋯⋯赵　自
台上台下（小说）⋯⋯⋯⋯⋯⋯⋯⋯⋯吉学沛
雨落京师（历史小说）⋯⋯⋯⋯阮振铭　薄忠信

习作者之友
"凤凰"飞了⋯⋯⋯⋯⋯⋯⋯⋯⋯⋯⋯王　韶
鲜花带刺有芳香
——读《"凤凰"飞了》⋯⋯⋯⋯⋯⋯凌璞三
春风抚摸着他们（报告文学）⋯⋯⋯⋯金　河
鲁迅先生书简注释及其他⋯⋯⋯⋯⋯⋯萧　军
在秋天的田野上（组诗）⋯⋯⋯⋯⋯⋯方　冰
陨星及其他（组诗）
——参观党史展览馆纪感⋯⋯⋯⋯⋯⋯厉　风
他的眼睛是蓝色的（外三首）⋯⋯⋯⋯王荆岩
想韩丁（外一首）⋯⋯⋯⋯⋯⋯⋯⋯⋯孙日成
远洋海员的未婚妻（诗）⋯⋯⋯⋯⋯⋯石　英
煤（诗）⋯⋯⋯⋯⋯⋯⋯⋯⋯⋯⋯⋯⋯孙友田
战士和山（诗）⋯⋯⋯⋯⋯⋯⋯⋯⋯⋯常　安
药草篇（诗）⋯⋯⋯⋯⋯⋯⋯⋯⋯⋯⋯刘海起
水乡集市（诗）⋯⋯⋯⋯⋯⋯⋯⋯⋯⋯文　丙
暴露——革命文艺的基本任务之一⋯⋯杨子敏

作家答问
岁暮投书——答寇广生同志⋯⋯⋯⋯⋯杜鹏程
是这样的⋯⋯——答苏之栋同志⋯⋯⋯苏阿芒
犹闻"雷电颂"声高（文艺随笔）⋯⋯王亚平
关于"游山玩水"（文艺随笔）⋯⋯⋯黄　裳
新生儿（套色木刻）⋯⋯⋯⋯⋯⋯⋯⋯张祯麒
剪纸⋯⋯⋯⋯⋯⋯⋯⋯⋯⋯⋯⋯⋯⋯⋯张候光

1980 年第 4 期　刊名:《鸭绿江》
目录

陨石（小说）⋯⋯⋯⋯⋯⋯⋯⋯⋯⋯⋯胡万春
行路难（小说）⋯⋯⋯⋯⋯⋯⋯⋯⋯⋯张长弓
花椒怨（小说）⋯⋯⋯⋯⋯⋯⋯⋯⋯⋯胡希久
请走出你的三间房（小说）⋯⋯⋯⋯⋯林　丹
没有父母的孩子（小说）⋯⋯⋯⋯⋯⋯潘洪禹

习作者之友
她为什么不爱我（小说）⋯⋯⋯⋯白天光　张淑杰
凝炼集中　情趣盎然
——读《她为什么不爱我》⋯⋯⋯⋯凌璞三

保安脱险（革命回忆录）
——护送少奇同志回延安途中
              李维民口述　邓洪文整理
花生米杂忆（散文）⋯⋯⋯⋯⋯⋯⋯樊庆荣
他是真正的好人
——怀念周立波同志⋯⋯⋯⋯⋯⋯潘吉光
我说真话（组诗·之二）⋯⋯⋯⋯⋯才树莲
哨所诗絮（组诗）⋯⋯⋯⋯⋯⋯⋯⋯柳沄
向人间献出生命之火（诗二首）⋯⋯羡泉
新铺的路轨咱写号（外一首）⋯⋯⋯徐艾
好心的布谷鸟呵（诗）⋯⋯⋯⋯⋯⋯谢铁璘
来自阿富汗的传闻（诗二首）⋯⋯⋯彭龄
气象台（诗）⋯⋯⋯⋯⋯⋯⋯⋯⋯⋯韩光
呵，边防线（诗）⋯⋯⋯⋯⋯⋯⋯⋯于忠庆
只为这句话（诗）⋯⋯⋯⋯⋯⋯⋯⋯滕英
我常想……（诗）⋯⋯⋯⋯⋯⋯⋯⋯丁晓翁
谈恋爱也要留存根（诗）⋯⋯⋯⋯⋯刘章
山楂林，你像什么（诗）⋯⋯⋯⋯⋯石飞
啄木鸟集（讽刺诗六首）⋯⋯⋯⋯陈显荣等
作家——要善于发现新人⋯⋯⋯⋯⋯安葵
纵横十万里　上下几千年
——谈谈题材问题⋯⋯⋯⋯⋯⋯⋯鲁坎
从生活出发⋯⋯⋯⋯⋯⋯⋯⋯⋯⋯胡小胡
略谈"社会效果"⋯⋯⋯⋯⋯⋯⋯⋯达理
讴歌新人　促进"四化"⋯⋯⋯⋯⋯殷晋培

作家答问
《船长》的采访和写作——答吴伟同志问⋯⋯柯岩
诗兴何处来？（文艺随笔）⋯⋯⋯⋯张啸虎

杂文
无题二则⋯⋯⋯⋯⋯⋯⋯⋯⋯⋯⋯⋯朱帆
告别"愚人节"⋯⋯⋯⋯⋯⋯⋯⋯⋯吕林
一九六五年七月刘少奇同志在沈阳视察（照片两幅）
⋯⋯⋯⋯⋯⋯⋯⋯⋯⋯⋯⋯⋯⋯阚振声
曙光（木刻）⋯⋯⋯⋯⋯⋯⋯⋯⋯⋯赵经寰
春光（木刻）⋯⋯⋯⋯⋯⋯⋯⋯⋯⋯朱景仁

1980 年第 5 期　刊名:《鸭绿江》
目录

继续解放思想　繁荣社会主义文艺
辽宁省第二次文代会隆重召开
相失万里（小说）⋯⋯⋯⋯⋯⋯⋯⋯刘世俊
蛛网（小说）⋯⋯⋯⋯⋯⋯⋯⋯⋯⋯殷志扬
西山别墅（小说）⋯⋯⋯⋯⋯⋯⋯⋯阿利

习作者之友
桃李集（小说）⋯⋯⋯⋯⋯⋯⋯⋯⋯赵景云

可喜的新苗
——读《桃李集》⋯⋯⋯⋯⋯⋯⋯凌璞三
在母亲面前（报告文学）⋯⋯王金屏　于化龙
林海纪行（散文）⋯⋯⋯⋯⋯⋯⋯⋯高其昌
散文二题⋯⋯⋯⋯⋯⋯⋯⋯⋯⋯⋯⋯胥树人
鸟儿们的歌（组诗）⋯⋯⋯⋯⋯⋯⋯胡世宗
南海二题⋯⋯⋯⋯⋯⋯⋯⋯⋯⋯⋯⋯李瑛
老鞋匠（外二首）⋯⋯⋯⋯（中国香港）何达
他，他死在这里狱中（诗）⋯⋯⋯⋯李鸿璧
抒情与思考（诗十三首）⋯⋯⋯刘湛秋　郭煌等
车过郑州黄河大桥·漓江梦·在大瑶山·芦沟桥晓月
·金色的雨·加料·婆婆丁·起锚·多么盼他再上门
·足音·初访·钢笔·钢
新蕾初绽（中青作者作品评介）
——评达理的小说⋯⋯⋯⋯张福高　陈静斐

作家答问
谈文学的语言——答刘榛之同志问⋯⋯马加
文艺与不安定因素（杂文）⋯⋯⋯⋯程怀周
民主、"小鞋"和封建残余（杂文）⋯⋯林帆
诗律伤严近寡恩（文艺随笔）⋯⋯⋯王向峰
唐诗的繁荣与唐时的民主（文艺随笔）⋯⋯常林炎
文苑新秀谈创作（文讯）
——中青年作者座谈会侧记⋯⋯⋯本刊记者

1980 年第 6 期　刊名:《鸭绿江》
目录

旋风（小说）⋯⋯⋯⋯⋯⋯⋯⋯⋯⋯陈福廷
夫妻剧作家的今昔（小说）⋯⋯⋯⋯陈玙
党性（小说）⋯⋯⋯⋯⋯⋯⋯⋯⋯⋯李惟微
不理解的事情（小说）⋯⋯⋯⋯⋯⋯吴梦起
春雨（小说）⋯⋯⋯⋯⋯⋯⋯⋯⋯⋯项冶
半张奖状（小说）⋯⋯⋯⋯⋯⋯⋯⋯胡景芳
山中轶事（小说）⋯⋯⋯⋯⋯⋯⋯⋯费枝
金丝鸟王子（童话）
——〔意大利〕卡尔维诺·依塔罗　王勇译
她，并不神秘（报告文学）⋯⋯⋯⋯刘元举
十五月儿圆（散文）⋯⋯⋯⋯⋯⋯⋯陈映实
鲤鱼湾（散文）⋯⋯⋯⋯⋯⋯⋯⋯⋯李鸿璧
情满青山（散文诗）⋯⋯⋯⋯⋯⋯⋯东缨
刺桐乡情（三题）⋯⋯⋯⋯⋯⋯⋯⋯傅子玖
O蛋（小品文）⋯⋯⋯⋯⋯⋯⋯⋯⋯郭文杰
采油树旁的诗花（诗三首）⋯⋯⋯⋯赵天山
弟弟的晴雨计（诗·外一首）⋯⋯⋯关立
唱给第一朵云（诗·外一首）⋯⋯⋯宫玺
拍张友谊的合影（诗）⋯⋯⋯⋯⋯⋯张蓬云
剪下最后一串葡萄（诗）⋯⋯⋯⋯⋯石飞
笑（诗·外一首）⋯⋯⋯⋯⋯⋯⋯⋯王忠范

西苑（诗·外一首）……………………肖　驰
渔火（诗）…………………………………徐宏智
爱情的花朵（诗五首）…………………张正隆等
哥哥有个小镜子（诗）……………………傅　华

习作者之友

我们不停地写………………………………丘　杰
独特的感受，新颖的构思…………………凌璞三

作家答问

关于艺术构思——答刘新莉同志问………韶　华

杂文

有感于曹丕学驴叫…………………………鲍　昌
谣言的翅膀…………………………………张啸虎
从《笑的研究》说起………………………陈仁杰
细节琐谈（文苑研艺）……………………顾希恩
发人深思
——《分道扬镳》小谈……………………谢挺宇
人不可貌相说（文艺随笔）………………傅憎享
文艺批评二题（文艺随笔）………………刘效炎
评托契夫人的小说（摘录）　高尔基　王庚虎译
野羊（木刻）………………………………周西芹
早春（木刻）………………………………董雨萍

姑娘，请喝一杯水（诗）…………………左连生

勇往直前
——在一次座谈会上的发言………………谢挺宇

作家答问

迟发的关于诗的信——答云海同志问……周良沛
武松打猫（杂文）…………………………于　铁
诗坛趣闻（文艺随笔）
——诗人的骨气……………………………丁国成
谈《幽思》和《梨树下》（中青年作者作品评介）
…………………………………………………殷晋培
党和国家领导人毛泽东主席、刘少奇主席、朱德委员
长、周恩来总理在一起（照片）…………齐观山
没有共产党就没有新中国（篆刻）………刘　丹
天坛春光（木刻）…………………………彭世强

1980 年第 8 期　刊名:《鸭绿江》

目录

银河（小说）………………………………刘心武
赤子恋（小说）……………………………思　基
关东演义（长篇小说节选）………………杨大群

习作者之友

哺（小说）…………………………………于海涛
瑕不掩犹待琢磨
——读《哺》………………………………凌璞三
介形虫啊……（报告文学）……刘元举　韶　华
野生动物园（散文）
——西德散记………………………………崔　璇
忆江楼（散文）……………………………柯　灵
山高海深（散文诗）………………………叶庆瑞
花蕊似的哨所香了（组诗）………………柳　沄
诗意的感受和表现
——读组诗《花蕊似的哨所香了》………阿　红
"研究、研究"……（诗）…………………方　冰
咏怀（诗）…………………………………谢挺宇
枫叶（诗）…………………………………毛　锜
相聚在异国港口及其他（诗十首）………彭　龄等
相聚在异国港口·相思子·萨那老城·张公墓·并非
新发现的力学定律·拧下一支柳笛·我们在湖中荡起
双桨·随着婴儿的第一声啼哭·生命·托梦
沉思的凝珠（诗）…………………………吕　剑等
不要戴着镣铐跳舞
——论"文艺为政治服务"弊多利少…………寒　溪

1980 年第 7 期　刊名:《鸭绿江》

目录

继续解放思想　坚决贯彻双百方针
省作协传达全国文学期刊编辑工作会议精神
女友（小说）………………………………贺抒玉
人事厂长（小说）…………………………蒋子龙
金子（小说）………………………………里　扬
猫豹演变记（小说）………………………谢海威
关东演义（长篇小说节选）………………杨大群
第一个胜利的春节（散文）………………陈　敏
怀澍德（散文）……………………………王西彦

习作者之友

水兵的爱（散文）…………………………弓　超
让生活说话
——读《水兵的爱》………………………凌璞三
树叶，并不都是绿色的（组诗）…………晓　凡
一束小白花（组诗）………………………韦　丘
假如你真的爱我（诗）……………………一　心
愿望，是善良的（诗五首）………………曲有源等

作家答问

写作主要靠生活——答吴庚秀同志问┄┄┄┄李惠文

思索吧，如果你想正直地生活

——读《强者》┄┄┄┄┄┄┄┄┄┄厉　风

小姑种种（杂文）┄┄┄┄┄┄┄┄┄王　愚

要知人善任

——读史杂感┄┄┄┄┄┄┄┄┄┄┄吴　山

挂脚韵小议（文艺随笔）┄┄┄┄┄傅憎享

文讯

母亲（木刻）┄┄┄┄┄┄┄┄┄┄┄王　炜

1980 年第 9 期　刊名:《鸭绿江》
目录

卖猪（小说）┄┄┄┄┄┄┄┄┄┄┄路　遥

省委第一书记（小说）┄┄┄┄┄┄李克灵

夜海（小说）┄┄┄┄┄┄（中国香港）陶　然

"三颗门牙"案件（小说）┄┄┄┄苏云翔

早晨，在瓜地上……（小说）┄┄王玉成

关东演义（长篇小说选载）┄┄┄杨大群

长毛猴接班（寓言）┄┄┄┄┄┄┄陈乃祥

我和茉莉花（散文）┄┄┄┄┄┄┄柯　夫

峨眉奇观（散文）┄┄┄┄┄┄┄┄吴文泮

看"望乡之星"忆绿川英子（散文）┄张十方

靰鞡草之歌（散文）┄┄┄┄┄┄┄郑启幕

延安遐思（散文）┄┄┄┄┄┄┄┄刘汉星

村头（散文诗）┄┄┄┄┄┄┄┄┄东　缨

姑娘是爱花的哟，真爱（组诗）┄刘毅然

打开自己的心扉（诗）┄┄┄┄┄顾　工

望江北（外一首）┄┄┄┄┄┄┄┄沙　鸥

且慢高兴（外一首）┄┄┄┄┄┄┄丁晓翁

羞（诗）┄┄┄┄┄┄┄┄┄┄┄┄苏君忆

岗哨（诗）┄┄┄┄┄┄┄┄┄┄┄何　鹰

这条灰色的煤渣路（诗）┄┄┄┄刘湛秋

遗落的鹰翎（诗）┄┄┄┄┄┄┄┄查　干

碱岩（诗）┄┄┄┄┄┄┄┄┄┄┄周　蒙

千手观音（外一首）┄┄┄┄┄┄┄高洪波

一滴雨（诗）┄┄┄┄┄┄┄┄┄┄董宇峰

这一幕情景（诗）┄┄┄┄┄┄┄┄刘海起

合影（诗）┄┄┄┄┄┄┄┄┄┄┄李克白

习作者之友

小鸟（诗）┄┄┄┄┄┄┄┄┄┄┄李金河

切莫"似曾相识燕归来"┄┄┄┄凌璞三

作家答问

仲夏书简

——关于《曹雪芹》（上部）的通讯┄单　复　端木蕻良

为创业者塑像（中青作者作品评介）

——读熙高的小说┄┄┄┄┄┄┄吴松璋

有趣而寓有深意┄┄┄┄┄┄┄┄谢　冕

杂文

警察与接吻┄┄┄┄┄┄┄┄┄┄┄阎　纲

随感录┄┄┄┄┄┄┄┄┄┄┄┄┄朱　帆

像盖了图章似的千篇一律（文艺随笔）┄张又君

1980 年第 10 期　刊名:《鸭绿江》
目录

带血丝的眼睛（小说）┄┄┄┄┄金　河

最严重的

——读《带血丝的眼睛》之后┄阎　纲

记住，桃花开了的时候（小说）┄闻　胜

审讯记录（小说）┄┄┄┄┄┄┄┄吴　竞

艾丽（小说）┄┄┄┄┄┄┄┄┄┄浣沙溪

"挺快，挺好！"（小说）┄┄┄┄中　耀

泥坛养人（寓言）┄┄┄┄┄┄┄┄陈乃祥

手（散文）┄┄┄┄┄┄┄┄┄┄┄于　敏

登雄关而壮天下（散文）┄┄┄┄王亚平

战役前夜见陈总

——左现田同志的回忆┄┄┄┄┄耿汉平

写在深山林海里（散文诗二章）┄东　缨

习作者之友

五月雪（散文）┄┄┄┄┄┄┄┄┄张　涛

锻造一支生花的妙笔

——读《五月雪》┄┄┄┄┄┄┄凌璞三

鸭绿江，水多情风也多情┄┄┄┄王荆岩

岭南书笺（外一首）┄┄┄┄┄┄柯　原

顶罐的朝鲜族姑娘┄┄┄┄┄┄┄肖英俊

绿·相思豆（外一首）┄┄┄┄┄敏　岐

三峡山水歌┄┄┄┄┄┄┄┄┄┄刘不朽

春光恋┄┄┄┄┄┄┄┄┄┄┄┄┄余　超

雪里春笋┄┄┄┄┄┄┄┄┄┄┄┄李武兵

写给一位台湾民歌手（外二首）┄于宗信

唱扬州（二首）┄┄┄┄┄┄┄┄欣　原

我一颗赤子的拳拳之心哟（组诗）┄李松涛

凝思集（诗五首）┄┄┄┄┄┄┄陈孝虎等

诗苗评点

杏花开（诗）┄┄┄┄┄┄┄┄┄┄刘玉国

评点┄┄┄┄┄┄┄┄┄┄┄┄┄┄乳　原

讼棍·刀笔吏·文字狱（杂文）┄张啸虎

"我怎么没有感觉！"（杂文）┄┄沙　木

由黑亮的铁锅引起的感觉（杂文）┄范敬宜

人物下场的艺术⋯⋯⋯⋯⋯⋯滕　云

作家答问

"自然的主宰"和"自然的奴隶"（文艺随笔）⋯⋯杜书瀛
作家的照片和手迹（文艺随笔）⋯⋯⋯⋯⋯张又君
皎皎江月夜（套色木刻）⋯⋯⋯⋯⋯⋯张祯麒

1980 年第 11 期　刊名:《鸭绿江》
目录

从《人妖之间》引起的（作家答问）⋯⋯⋯刘宾雁
可贵的探索
——评《省委第一书记》⋯⋯⋯⋯⋯李　剑
来函照登⋯⋯⋯⋯⋯⋯《芳草》编辑部
尸功记（小说）⋯⋯⋯⋯⋯⋯⋯高晓声
父亲没有看到的信（小说）⋯⋯⋯⋯⋯于海臣
生活、人物和构思⋯⋯⋯⋯⋯⋯孟伟哉
余热（小说）⋯⋯⋯⋯⋯⋯⋯胡小胡
代价（小说）⋯⋯⋯⋯⋯⋯⋯王建生
除夕之喜（小说）⋯⋯⋯⋯⋯⋯王忠瑜

习作者之友

"高靠党"小传（小说）⋯⋯⋯⋯⋯李　东
要塑造"这一个"
——读《"高靠党"小传》⋯⋯⋯凌璞三
被戴上手铐的人（报告文学）⋯⋯李宏林　沈　想
美好的"德岛宣言"（散文）⋯⋯⋯⋯邓友梅
散文诗二章⋯⋯⋯⋯⋯⋯⋯秋　原
采山（散文诗）⋯⋯⋯⋯⋯⋯东　缨
苦思二首（诗）⋯⋯⋯⋯⋯⋯雷抒雁
就在我们的木耳园（组诗）⋯⋯⋯⋯孙日成
畅游鸭绿江（诗）⋯⋯⋯⋯⋯⋯张正德
沈阳（外二首）⋯⋯⋯⋯⋯⋯常任侠
寄（诗）⋯⋯⋯⋯⋯⋯⋯⋯钱启贤
嵌在心扉的笑（诗）⋯⋯⋯⋯⋯王鸣久
你什么也没说（诗）⋯⋯⋯⋯⋯郭绍山
蜻蜓飞到蛛网上（诗）⋯⋯⋯⋯⋯夏　天
小路（诗）⋯⋯⋯⋯⋯⋯⋯阿　梅
小路弯弯（诗）⋯⋯⋯⋯⋯⋯村　人
大江行（诗）⋯⋯⋯⋯⋯⋯⋯佟明光
诗苗评点⋯⋯⋯⋯⋯⋯诗作者：韩春明
我是一棵受伤的树（诗）⋯⋯⋯评点者：乳　原
诗苑民意测验（一）⋯⋯⋯⋯⋯本刊诗歌组
劝君莫染"嗜痂癖"（杂文）⋯⋯⋯⋯张啸虎
让人们前进吧，上帝！（杂文）⋯⋯⋯丙　寅
⋯⋯晓　凡　胡清和　金　河　胡世宗
心灵的奥秘（文艺随笔）⋯⋯⋯⋯⋯鲍　昌
切不要搞乱了阵脚（文艺随笔）⋯⋯⋯丙　寅

艾米霞的爱恨
——读《女友》⋯⋯⋯⋯⋯⋯戴　言
《鸭绿江》在海外（读编通信）
东北地区诗歌座谈会在丹东举行（文讯）
森林之友（木刻）⋯⋯⋯⋯⋯⋯赵经寰

1980 年第 12 期　刊名:《鸭绿江》
目录

人（小说）⋯⋯⋯⋯⋯⋯⋯莫　伸
巴掌队长（小说）⋯⋯⋯⋯⋯⋯李惠文
如果那夜亮起一盏灯（小说）⋯⋯⋯⋯贺星寒
辞职（小说）⋯⋯⋯⋯⋯⋯⋯穆　静
骑瘦马的人（小说）⋯⋯⋯⋯⋯傅余荣

习作者之友

深深的长森巷（小说）⋯⋯⋯⋯⋯庞天舒
文学新芽　童心纯真——读《深深的长森巷》
⋯⋯⋯⋯⋯⋯⋯⋯凌璞三
他让珠玑在自己周围闪光（报告文学）
⋯⋯⋯⋯⋯⋯杨景炟　田永元
广场遐思（散文）⋯⋯⋯⋯⋯⋯文　畅
果园（散文诗）⋯⋯⋯⋯⋯⋯东　缨
往日的琐记（组诗）⋯⋯⋯⋯⋯周良沛
咸味的爱（外三首）⋯⋯⋯⋯⋯望江月
诗苑民意测验（二）⋯⋯⋯⋯⋯本刊诗歌组
花香似酒（诗）⋯⋯⋯⋯⋯⋯关　键
拉提琴的姑娘（诗）⋯⋯⋯⋯⋯邵　斌

诗苗评点

婴儿睡了⋯⋯⋯诗作者：徐大平　评点者　乳　原
"矛头"辩
——评《迟发的稿件》⋯⋯⋯⋯雷　达
莫把"不是"当理说⋯⋯⋯⋯⋯谢俊华
要敢于登"毒草"
——读《省委第一书记》、《带血丝的眼睛》有感
⋯⋯⋯⋯⋯⋯⋯⋯胡秉之

作家答问

新诗是大有希望的
——答赵永一同志的信⋯⋯⋯⋯徐　刚
文学艺术要敢于揭露官僚主义
——从马雅可夫斯基的诗《开会迷》谈起⋯⋯李敏生
鸭绿江 1980 年总目录
挂甲屯——彭德怀同志故居（木刻）⋯⋯⋯董雨萍

1981 年第 1 期　刊名:《鸭绿江》
目录

鸭绿江论坛

翱翔吧，文艺之"鸟"·································永　学

小说

沉思···宫魁斌
苦笑···刘　燧
岗亭缘···崔亚斌
桃园街奇案（推理小说·连载）·······果　俏　兴　喆
"红学家"拜访曹雪芹（寓言）·····················韶　华

习作者之友

喜欢花的兵·······································刘英学
可喜的开端——读《喜欢花的兵》···············凌璞三

散文

青月庵的记忆·····································王中才
寸草歌···李鸿璧
游武侯墓···海　潮

诗歌

江南草（二首）···································张志民
出发···邓荫柯
看蚕人（外一首）·································李维禄
老头乐···高　云
柞叶（外一首）···································佟　畴
牛，犁着……·····································孟　河
我的呼吁···丛云峰

诗苗评点

别家乡············诗作者　刘英　评点者　子　辰

评论

总结经验，立志改革
——剧本创作座谈会一周年断想·················谢俊华

作家答问

话从"眼睛"说起·································金　河
从现实生活的潜流中勘探（中年青作家作品评介）
——读金河短篇小说三篇·······················李炳银
生活真实的写照
——关于《带血丝的眼睛》来稿摘编
诗苑民意测验揭晓·······················阿　红执笔
诗苑民意测验（三）·····················本刊诗歌组辑
作协辽宁分会青委会召开委员扩大会议（文讯）

美术

竹静风不止　夜深月更明（中国画）···············柳子谷

1981 年第 2 期　刊名:《鸭绿江》
目录

鸭绿江论坛

加强领导与横加干涉·······························杨　波

小说

普通老百姓·······································迟松年
饶恕我吧，爱情！·································周孜仁
胜者···王金屏
背心···高文铎
桃园街奇案（推理小说连载二）·······果　俏　兴　喆

散文

始皇陵随想·······································杨　旭
捕雕人的故事·····································冰　坚
晨光···王瑞起
凤凰山的瀑布·····································包泉万

习作者之友

我们的湖···陈殿升
点燃思想的火炬——读《我们的湖》···············凌璞三

诗歌

母亲，当你……（外二首）·······················刘祖慈
我的歌（组诗）···································刘畅园
生活啊，你在我窗前流过···························吴正格
一架山翻过来了（外二首）·························巩　顾
城市文章（四首）·····················（中国香港）王心果
你哭过吗？　朋友（外一首）·······················罗　洛
嘉陵江纤夫（外一首）·····························陈秀庭
江上听雨···王荆岩
诗思的凝珠（短诗二十五首）·······················蓝　曼等
考察迷及其他（讽刺诗三首）·······················易和元等
旧体诗五首·······································罗　丹等

诗苗评点

故乡············诗作者　杨威　评点者　于　也

评论

文学四年···阎　纲

作家答问

生活的胜利——答潘仁山同志问·····················焦祖尧
熟悉的与应当熟悉的·······························丁振德

美术
封面设计⋯⋯⋯⋯⋯⋯⋯⋯⋯⋯⋯薛世哲
银芦乍放（国画）⋯⋯⋯⋯⋯⋯⋯介　凡

木刻小品
小巷·林间小鹿·钢花·古城小站⋯⋯⋯⋯王　兰等

美术
封面设计⋯⋯⋯⋯⋯⋯⋯⋯⋯⋯⋯薛世哲
春意浓（照片）⋯⋯⋯⋯⋯⋯⋯⋯田　原
春满大地（照片）⋯⋯⋯⋯⋯⋯⋯杜裕民
无辜死难者纪念碑（木刻）⋯⋯⋯赵经寰
风筝（木刻）⋯⋯⋯⋯⋯⋯⋯⋯⋯刘孔喜

1981 年第 3 期　刊名：《鸭绿江》
目录

鸭绿江论坛
努力提高文学创作的质量⋯⋯⋯⋯⋯顾　骧

小说
忠谏之路（长篇小说《危难之间》选载）⋯陈　淼
夜雨潇潇⋯⋯⋯⋯⋯⋯⋯⋯⋯⋯⋯孙皓晖
观澜楼⋯⋯⋯⋯⋯⋯⋯⋯⋯⋯⋯⋯曹玉模
少女与伞⋯⋯⋯⋯⋯⋯⋯⋯⋯⋯⋯江　流
忙碌的早晨⋯⋯⋯⋯⋯⋯⋯⋯⋯⋯刘　若
桃园街奇案（推理小说·连载）⋯果　俏　兴　喆

习作者之友
追求⋯⋯⋯⋯⋯⋯⋯⋯⋯⋯⋯⋯⋯张治安
心灵的探索——读《追求》⋯⋯⋯凌璞三

散文
孔家铺⋯⋯⋯⋯⋯⋯⋯⋯⋯⋯⋯⋯高福海
献给大海的礼物⋯⋯⋯⋯⋯⋯⋯⋯哈斯巴干
掐不败的花⋯⋯⋯⋯⋯⋯⋯王素英　孙　毅
散文二篇⋯⋯⋯⋯⋯⋯⋯⋯⋯⋯⋯李忠效
永远的怀念（革命回忆录）⋯⋯⋯吕　静
山沟代销店（散文诗）⋯⋯⋯⋯⋯东　缨

诗歌
生前死后（叙事诗）
一　不是开始，也不是结束　二　喜庆中的喜庆　三　不幸中的不幸　四　悲痛中的悲痛⋯⋯⋯晓　凡
在哪里？　有坦克隐蔽⋯⋯⋯⋯⋯孙旭辉
将军树⋯⋯⋯⋯⋯⋯⋯⋯⋯⋯⋯⋯叶晓山
土地⋯⋯⋯⋯⋯⋯⋯⋯⋯⋯⋯⋯⋯韩　冰

评论
文学是不能任人打扮的⋯⋯⋯⋯⋯谭兴国

作家答问
关于《大学时代》的通信⋯⋯单　复　程树榛
为新事物鸣锣开道⋯⋯⋯⋯⋯⋯⋯徐维良
《省委第一书记》——不成功的改革者形象⋯张松魁

1981 年第 4 期　刊名：《鸭绿江》
目录

小说
转正⋯⋯⋯⋯⋯⋯⋯⋯⋯⋯⋯⋯⋯韩石山
小河在她心里流淌⋯⋯⋯⋯⋯⋯⋯陈学工
凤子她爹⋯⋯⋯⋯⋯⋯⋯⋯⋯⋯⋯刘长泰
狼和人⋯⋯⋯⋯⋯⋯⋯⋯⋯⋯⋯⋯天　戈
沙家贵子⋯⋯⋯⋯⋯⋯⋯⋯⋯⋯⋯初学文
现在几点钟？⋯⋯⋯⋯⋯⋯⋯⋯⋯刘景奇
桃园街奇案（推理小说·连载）⋯果　俏　兴　喆

散文
寂然凝虑问庐山⋯⋯⋯⋯⋯⋯⋯⋯祖　慰
芦笛岩和七星岩⋯⋯⋯⋯⋯⋯⋯⋯易　莎
游善卷洞⋯⋯⋯⋯⋯⋯⋯⋯⋯⋯⋯诚　夫
揽胜孤山不计年⋯⋯⋯⋯⋯⋯⋯⋯修玉祥
门牙⋯⋯⋯⋯⋯⋯⋯⋯⋯⋯⋯⋯⋯陶　然
集美掠意（散文诗三题）⋯⋯⋯⋯傅子玖

诗歌
边境上，绿色的军衣（组诗）⋯⋯柳　沄
细致的战士情思
——给《边境上，绿色的军衣》的作者⋯沙　鸥
山中风景（五首）⋯⋯⋯⋯⋯⋯⋯刘湛秋
窗⋯⋯⋯⋯⋯⋯⋯⋯⋯⋯⋯⋯⋯⋯许　行
写在春天的日历上（七首）⋯⋯王　也　黎焕颐
刘新智　周忠安　谢先云　马成仁
流云⋯⋯⋯⋯⋯⋯⋯⋯⋯⋯⋯⋯⋯未　凡
纤夫没有了⋯⋯⋯⋯⋯⋯⋯⋯⋯⋯岸　冈
鼓风机⋯⋯⋯⋯⋯⋯⋯⋯⋯⋯⋯⋯时文生

习作者之友
血⋯⋯⋯⋯⋯⋯⋯⋯⋯⋯⋯⋯⋯⋯王绍杰
生活的回声——读短诗《血》⋯⋯凌璞三

评论
谈人物⋯⋯⋯⋯⋯⋯⋯⋯⋯⋯⋯⋯萧　殷

作家答问
心灵和肉体的变化⋯⋯⋯⋯⋯⋯⋯张贤亮

应当颠倒过来的序列⋯⋯⋯⋯⋯⋯⋯⋯刘烈恒
树下闲聊记⋯⋯⋯⋯⋯⋯⋯⋯⋯⋯⋯彦　人
多种植几株蔷薇吧!
——陈森《稀有作家庄重别传》读后感⋯⋯鲍　昌

美术
渔家（木刻）⋯⋯⋯⋯⋯⋯⋯⋯⋯⋯张家瑞

1981 年第 5 期　刊名:《鸭绿江》
目录

鸭绿江论坛
左右谈⋯⋯⋯⋯⋯⋯⋯⋯⋯⋯⋯⋯⋯阎　纲

小说
海的召唤（中篇连载）⋯⋯⋯⋯⋯⋯⋯达　理
省长与乞丐⋯⋯⋯⋯⋯⋯⋯齐铁民　鞠显友
在密密的森林里⋯⋯⋯⋯⋯⋯⋯⋯⋯金　河
"天河"⋯⋯⋯⋯⋯⋯⋯⋯⋯⋯⋯⋯谢友鄞
月到中秋⋯⋯⋯⋯⋯⋯⋯⋯⋯⋯⋯福　庚
抹去灰尘的"明珠"⋯⋯⋯⋯⋯⋯⋯李云德
阿宁夫妇⋯⋯⋯⋯⋯⋯⋯⋯⋯⋯⋯费　枝
请别这样⋯⋯⋯⋯⋯⋯⋯⋯⋯⋯⋯邱长发

习作者之友
裂痕⋯⋯⋯⋯⋯⋯⋯⋯⋯⋯⋯⋯⋯于德洪
发掘人物的心灵美——读小说《裂痕》⋯凌璞三

评论
真实地艺术地反映社会生活
——漫议《鸭绿江》一九八〇年的短篇小说⋯谢俊华
漫话精炼⋯⋯⋯⋯⋯⋯⋯⋯⋯⋯⋯修玉祥

美术
人勤鸬鹚忙（木刻）⋯⋯⋯⋯⋯⋯⋯朱纯一
五讲四美（篆刻）⋯⋯⋯⋯⋯⋯⋯⋯刘　丹
汲水（木刻）⋯⋯⋯⋯⋯⋯⋯⋯⋯李庆民

1981 年第 6 期　刊名:《鸭绿江》
目录

鸭绿江论坛
"勘误致酬"及其他⋯⋯⋯⋯⋯⋯⋯⋯丹　晨

小说
张师傅外传⋯⋯⋯⋯⋯⋯⋯⋯⋯⋯张书绅
发生在春天里⋯⋯⋯⋯⋯⋯⋯⋯⋯王金力

海的召唤⋯⋯⋯⋯⋯⋯⋯⋯⋯⋯⋯达　理
祭灶⋯⋯⋯⋯⋯⋯⋯⋯⋯⋯⋯⋯⋯张象吉
微笑的水⋯⋯⋯⋯⋯⋯⋯⋯⋯⋯⋯霍宝珍
孔雀得奖⋯⋯⋯⋯⋯⋯⋯⋯⋯⋯⋯陈乃祥

散文
鞭策与怀念
——怀念茅盾同志⋯⋯⋯⋯⋯⋯⋯马　加
茅盾同志，文学青年们永远怀念你⋯⋯柯　夫
我爱祖国的桥⋯⋯⋯⋯⋯⋯⋯⋯⋯王永江
黑发·绿叶与浪花（散文诗）
——青春寄语⋯⋯⋯⋯⋯⋯⋯⋯⋯徐　刚

习作者之友
川江纤夫曲⋯⋯⋯⋯⋯⋯⋯⋯⋯⋯王太吉
一朵浪花荡激情——读《川江纤夫曲》⋯凌璞三

诗歌
哦，眼泪湿润了我的睫毛（组诗）⋯⋯刘　镇
呵，江鸥⋯⋯⋯⋯⋯⋯⋯⋯⋯⋯⋯王荆岩
磨⋯⋯⋯⋯⋯⋯⋯⋯⋯⋯⋯⋯⋯晓　蕾
茶亭⋯⋯⋯⋯⋯⋯⋯⋯⋯⋯⋯⋯⋯陈　犀
挥着套马杆的姑娘啊⋯⋯⋯⋯⋯⋯⋯巴　山
秋千⋯⋯⋯⋯⋯⋯⋯⋯⋯⋯⋯⋯⋯刘秋群
爱情的独白（组诗）⋯⋯⋯⋯⋯⋯⋯厉　风
阿富汗难童的日记⋯⋯⋯⋯⋯⋯⋯⋯顾　城
向日葵及其他⋯⋯⋯⋯⋯⋯⋯⋯⋯周海雁
从昨天到今天⋯⋯⋯⋯⋯⋯⋯⋯⋯李占学
药物篇⋯⋯⋯⋯⋯⋯⋯⋯⋯⋯⋯刘海起

诗苗评点
采花⋯⋯⋯⋯⋯诗作者　张　欣　评点者　于　也

评论
心的歌
——读高晓声的《79 小说集》⋯⋯⋯黄毓璜
茅盾的作家论
——读书札记⋯⋯⋯⋯⋯⋯⋯⋯⋯张又君

作家答问
我与中篇小说⋯⋯⋯⋯⋯⋯⋯⋯⋯刘绍棠
文艺批评与"双百"方针⋯⋯⋯⋯⋯刘效炎
读文偶感⋯⋯⋯⋯⋯⋯⋯⋯⋯⋯⋯唐　挚
本刊举行 1980 年作品奖授奖大会（文讯）
⋯⋯⋯⋯⋯⋯⋯⋯⋯⋯⋯⋯⋯本刊记者
作协辽宁分会召开青年作家金河作品讨论会⋯宝　藏

1981 年第 7 期　刊名:《鸭绿江》
目录

鸭绿江论坛

主流和支流······于　铁

小说

老羊倌买鞋······陈映实
豆腐贩子侯三······王晓新
骑自行车的女人······金　鲤
李来庆转队······王正寅
县官不如现管······赵　新
加急电报······张斤夫

习作者之友

友谊······祁福林
闪着生活的光亮
——读《友谊》所感到的······凌璞三

散文·报告文学

农家公仆······李宏林
人比峰岩峻，文似两江吼······王亚平
白堤行······谭　谊
燃烧的桦树皮······卢庆福　吕明辉
海员（散文诗）······郭　浩

诗歌

党啊，我向您说（九首）······徐光荣等
娜梅琴措与多吉桑······刘文玉　鲁东勇
生活的凝思（六首）······张雪杉等
萤······张承信
炉中火······张家瑜
花的故乡（外一首）······吕乃国
碱篷草······黄秋实
婚礼······飞　雪
汤······田永元
云与水······胡宏伟
唉，你这个小伙（外一首）······何　鹰

诗苗评点

回山村······诗作者　马淑杰　评点者　子　辰

评论

"新人"问题断想······殷晋培
社会主义新人是各种各样的······刘效炎
话说"非小说"
——关于报告文学的通讯······刘　茵　理　由
古典新诠（杂文两则）······张啸虎

烦难和容易······叶至诚

1981 年第 8 期　刊名:《鸭绿江》
目录

鸭绿江论坛

得失论······陈子伶

小说

寻觅······杨东明
不准发表的采访······孙淑敏
银发新花······王选庆
创业难（长篇小说《严峻的岁月》选载）······罗　丹
她的那颗心······林和平
"好一朵茉莉花"······陈　明

散文·报告文学

美丽的心灵······任向军
古战场的青春······文　幅
货郎车······东　缨

诗歌

我也是一滴水呀（组诗）······高东昶
慈母和水兵······刘新智
酒杯······孟宪良
在郑成功塑像前······安造计
新兵和理发师······高洪波
记一声爆响（外一首）······胡世宗
长城······王维洲
我爱北疆······程步涛
人生之旅（诗三首）······胡　昭
我的心丢了（诗十二首）······王慧琪等
中为洋用······易和元　诗　方　成　画

习作者之友

竹笛······郭之仲
诗意，语言及其他
——谈《竹笛》一诗的修改······凌璞三

评论

关于"一家独鸣"（文艺随笔）······江　辉
仲夏情语（文艺随笔）
——从白桦的诗获奖想到的······吴　山
"诀窍"是没有的（答刘丽华同志问）
······方　冰

无私，才有力量
——读《巴掌队长》······戴　言

1981 年第 9 期　刊名：《鸭绿江》

目录

"生命的泥委弃于地"
——《野草》的思想与艺术 ················ 彭定安
丰富多采的艺术风貌
——鲁迅小说探胜 ······················ 杜一白
作法问题
——学习鲁迅《答北斗杂志社问》 ········ 冯健男

小说
北国风云录
——长篇小说前十八章连载 ·············· 马　加
花是有情物 ·································· 郑吉民
真实·质朴·感人
——读《花是有情物》 ················· 张启范
风雪腊梅 ···································· 路　遥
在劳教人员中 ································ 王大为
小狍子 ······································ 朱明柏

习作者之友
政委的讲话稿 ································ 游　方
选准角度　力求含蓄
——读《政委的讲话稿》 ··············· 凌璞三

散文
见了樱花 ···································· 谌　容
华清池 ······································ 张震泽
林区行 ······································ 杨　麦
湖区一日 ···································· 张占一
蟹 ·· 郎业成

诗歌
荷花淀，叶绿花红（组诗） ·············· 王荆岩
上屿（外一首） ···························· 蔡其矫
狱中，对自由的惦念（外一首） ·········· 梁　南
大楼将要完工 ································ 王小妮
问虎 ·· 金　蝉
黄山向导（外一首） ······················ 贺羡泉
问号的容量 ·································· 盖湘涛
未名集（十三首） ·················· 王家德等

评论
一部人生的"变奏曲"
——关于《五瓣丁香》的通讯 ···· 单　复　刘鹏越
不切而切 ···································· 薛炎文

美术
鲁迅（雕塑） ································ 庞乃轩
鲁迅与日本朋友（油画） ·················· 李树基
云间（摄影） ································ 田　原
月（摄影） ·································· 陈尊科
晚归（木刻） ································ 李庆民

1981 年第 10 期　刊名：《鸭绿江》

目录

小说
"二两炭" ···································· 王金力
历史所显示的真实和真理
——《"二两炭"》读后 ················· 寒　溪
黎明，在大路上 ···························· 宫魁斌
留心发掘生活中的金子
——《黎明，在大路上》读后 ·········· 胡世宗
"小老道"从军记 ·························· 邓洪文
不仅仅是记忆 ································ 迟松年
花事参差 ···································· 胡小胡
大海对我说…… ······················ 庞天舒

习作者之友
静静的疗养院 ································ 杨伟荣
选取最有利的环境 ·················· 凌璞三

长篇小说
北国风云录
——长篇小说前十八章连载（二） ········ 马　加

评论
开展正确的批评和自我批评，进一步繁荣文艺创作
（文讯） ·································· 晓　东
文采、激情、见识……
——杂谈阎纲文评的特色 ·············· 田中全
且说绣春囊（文艺随笔） ·················· 刘静生
为寻找"一双火辣辣的眼睛"（文艺随笔）······ 宋　辉
省作协老、中、青作家学习《决议》，讨论作协工
作、创作计划和深入生活问题（文讯）······· 本刊记者

1981 年第 11 期　刊名：《鸭绿江》

目录

小说
雨，还在下…… ······················ 王不天
消融的隔膜 ·································· 刘向阳
暖雪 ·· 王中才

她还是嫂子 ························ 刘文玉

长篇小说

北国风云录（长篇小说前十八章连载） ····· 马　加

散文

北国道纪行（连载） ················ 韶　华
石头城 ························· 罗　丹
渔娃和浪花 ····················· 王贺锦

习作者之友

网 ·························· 张　涛
工在"文眼"——读《网》 ············· 凌璞三

诗歌

南游诗草（诗六首） ················ 方　冰
正是中午，没有一丝微风（外一首） ······· 李松涛
给他（诗四首） ··················· 林　子
给一位朝鲜族诗人（外一首） ··········· 沈仁康
在"文化中心"的招牌下 ·············· 彭　龄
手灯闪闪 ······················· 星　宫
真正的"防波堤" ·················· 师日新
月姑 ························· 李占学
九月的村夜（外一首） ··············· 郭　煌
那些星光闪烁的夜 ················· 姜强国
生活的花朵　哲思的凝珠（九首） ········ 孙　滨等
未名集（十二首） ················· 李维录等

评论

用色彩谱写美的歌声
——诗人艾青访问记 ··············· 周红兴
《鸟儿们的歌》及其他——漫谈胡世宗的诗 ··· 高洪波
诗鹰起飞的绿岩（文艺随笔）
——西窗诗话 ··················· 阿　红
关于"写出人的灵魂"（文艺随笔） ········ 滕　云
生活记事二则（补白）···· ［法］都　德著　马德菊译

美术

森林，您早！（套色木刻） ············ 晁　楣
添喜（木刻） ···················· 林钧相
归（木刻） ····················· 董雨萍

1981 年第 12 期　刊名:《鸭绿江》
目录

小说

月台静悄悄 ····················· 莫　伸
光棍李守全 ····················· 林和平
小镇街头 ······················ 初学文
保温杯 ······················· 关庚寅

长篇小说

北国风云录（长篇小说前十八章选载·续完）
························· 马　加

散文

悼念陈淼同志
没有走完的道路 ·················· 马　加
永不停息的追求
——悼念陈淼同志 ················ 思　基
在风华正茂之年离去
——悼陈淼同志 ·················· 韶　华
北海道纪行（二） ················· 韶　华
萨尔浒纪游 ····················· 汤士安
教授的苦恼 ····················· 赵永新
圆月从梭罗山顶升起 ················ 刘汉星

诗歌

战士与祖国（三首） ················ 刘毅然
我是林中无名的小鸟 ················ 林　希
给你，也留给自己 ················· 孙友田
小草（外一首） ··················· 安　阳
黎明，火车驶入市区 ················ 田永元
丰收（外一首） ··················· 孙日成
普希金抒情诗 ··················· 刘湛秋译

习作者之友

甜甜的吻 ······················· 赵春梅
从构思到语言
——谈《甜甜的吻》的修改 ············ 凌璞三

评论

我与文学评论 ···················· 阎　纲
从一种文坛现象想起的 ··············· 唐铁海
我们喜欢《"二两炭"》
谈小说《"二两炭"》的语言 ············ 苏成咸
"人间烟火"与"新人形象" ············ 余三定
《"二两炭"》给人的启示 ············· 岳增年
给《鸭绿江》的信 ················· 马成仁
《鸭绿江》一九八一年总目录

美术

征帆（套色木刻） ················· 张祯麒
春讯（木刻） ···················· 刘孔喜

1982 年第 1 期　刊名:《鸭绿江》
目录

小说

草莓三爷 .... 锦 云 王 毅
热 .... 邓 刚
秋水 .... 闻 波
墙 .... 峭 石
是为了追求 .... 赵莉华
小憩 .... 杨 凯
第九朵玫瑰花 .... 卢小琳

习作者之友

第七天 .... 孙宝铺
深刻不在着墨多
——读《第七天》兼谈短篇小说的"短" ...... 凌璞三

散文

死神叩门的时刻
——给友人 XX 的信 .... 陈 淼
北海道纪行（三） .... 韶 华
月夜飞龙 .... 李忠效
千山古塔 .... 孙 乙
医院情思（散文诗） .... 王瑞起

诗歌

忆故乡（四首） .... 刘异云
乡村小调啊，剔出了愁（四首） .... 才树莲
梦回辽宁 .... 贺星寒
月亮，你的灯呢（外二首） .... 柳 沄
一场春雨刚过 .... 石 犁
未名集（十三首） .... 轩 韵等
我赞美旋转 .... 冯永杰
我走了，留下无穷的依恋 .... 徐 勇
母亲 .... 李根红
紫丁香的小花 .... 关 立
莫要埋怨我 .... 李克白
北纬二十三度半 .... 东 白
殷红的渔火 .... 何 仃

评论

创作要更健康更繁荣 .... 于 铁
何必紧张（文艺随笔） .... 华 然
关于乡土文学的通信 .... 雷 达 刘绍棠
我把你的提问当作笔试 .... 邵燕祥

美术

孔雀公主（泥塑） .... 张淑敏

晨读（木刻） .... 李庆民
塔里木的驼铃（套色木刻） .... 戈 沙
南海帆影（木刻） .... 张家瑞

1982 年第 2 期　刊名:《鸭绿江》
目录

小说

回门 .... 王荣伟
有这样一户人家 .... 程树榛
有泪，就让它流 .... 邱晓光
商业局长和"小人糖" .... 姚翠萍
偷渡者和强盗 .... （中国香港）陶 然
飞岛拯救的姑娘（科学幻想小说） .... 王殿寰
月夜 .... 李博厚

散文

记陈淼 .... 鲍 昌
北海道纪行（四） .... 韶 华

习作者之友

渤海潮 .... 鲍冬和
观察宜细，立意应新 .... 凌璞三

诗歌

秋，金灿灿的小河（组诗） .... 宛 秋
早晨，含露的打碗花
——读宛秋同志的诗 .... 方 冰
深深地鞠躬 .... 梵 杨
雨夜（外一首） .... 韩作荣
感怀（七律二首） .... 罗 丹
登桂林彩叠山（外一首） .... 吴 山
雨过天晴 .... 关维国
风浪中有一只海鸥 .... 万忆萱
胭粉豆开花 .... 吕乃国
致抚顺热电站 .... 叶延滨
泉 .... 赵丽宏
春雨 .... 喻 晓
十三陵水库 .... 倩 晴
未名集（六首） .... 石 飞等

评论

深入生活和感受生活 .... 浩 然
壮心健笔绘风云
——马加长篇小说《北国风云录》前十八章读后
.... 宝 藏
要给人以信心和力量
——评短篇小说《转正》 .... 陶金声

美术

吉普赛姑娘（泥塑）————————张淑敏

芦荡新声（中国画）————————孙明春

栋材（木刻）————————晁楣

鸽乡（木刻）————————林钧相

1982 年第 3 期　刊名:《鸭绿江》
目录

小说

异姓家族————————赵乐璞

两个巧云————————陈学工

甜————————王犁

掺杂苦涩的甜蜜——读短篇小说《甜》————————殷晋培

环保科长的家宴————————温俊权

上场————————胡小钉

出口转内销————————聂立珂

安慰自杀者事务所（习作者之友）————————姜英杰

角度要新　构思要巧

——读《安慰自杀者事务所》————————凌璞三

散文

北海道纪行（五）————————韶华

绿色的眼睛————————王素英

姑嫂塔下————————袁茂余

诗歌

呵，我多希望……（组诗）————————王荆岩

呵，水仙（组诗）————————陈进化

三月，欢欢喜喜地来了（外一首）————————刘晓滨

色彩————————丁慨然

彩色的世界————————匡满

春雨沙沙沙地下————————马绪英

苞米楼子————————许行

推窗————————王选庆

锣鼓声声————————鹿说之

寄荻帆————————丁力

无名的泉————————曾层

可怜松————————周颖

柳泉————————盖湘涛

山雨（外一首）————————罗继仁

吉普车从墓地驰过————————黄东成

未名集（五首）————————王晓廉等

评论

新生活湍流中的浪花——读获 1981 年辽宁省人民政府创作奖的短篇小说————————谢俊华

褒贬清楚　爱憎分明

——读韶华的短篇小说集《你要小心》————————郑祥安

漫话小说创作（作家答问）————————陆文夫

情与景（文艺随笔）————————吴山

美术

天鹅湖（泥塑）————————张淑敏

小鹿（套色木刻）————————吕燕

向天歌（中国画）————————马书林

晓炊（木刻）————————张家瑞

1982 年第 4 期　刊名:《鸭绿江》
目录

小说

行情————————韩石山

细雨浙沥————————柏原

小院人家————————林和平

头发春秋————————赵乐璞

霜重色愈浓————————张海航

瞬间————————王福生

"傻子瓜子"————————庄树华

典型————————修晋田

散文

白帆，远去了

——悼念陈淼同志————————逯斐

侨乡行————————高其昌

北海道纪行（六）————————韶华

诗歌

写在醒了的乡村（组诗）————————王松青

你好，底格里斯河（外一首）————————彭龄

深夜，静悄悄（外一首）————————凡丁

赴美探亲小诗（二首）————————梁学政

犁————————樊发稼

山路上，蜜蜂跟着她飞翔————————李鸿璧

亮晶晶的雨丝哟————————董俊生

流水线，像小溪哗哗……————————李昆纯

车辙，织出五彩的金路————————张欣

眼角————————陈有才

山楂沟————————徐宏智

牧鹿女————————蔡文祥

我寻找……————————章德志

场院夜景（外一首）————————何鹰

未名集（诗七首）————————栾国康等

丁香花，在开……（习作者之友）————————李可

诗是美好心灵凝聚的宝石

——读《丁香花，在开……》随想————————凌璞三

评论

关于小说创作的几个问题（作家答问）————金 河

关于《大车店一夜》的通信————李炳银

"真话"，还是错话？

——评叶文福同志的《到底写的谁》————田禾君

贵在写出新意——简评《秋水》————陈祖基

这样的人物值得同情吗？

——评短篇小说《秋水》————李兴武

美术

"思想"（木刻）————张昌硕

希望（木刻）————徐 匡

屋顶（木刻）————董雨萍

1982 年第 5 期　刊名:《鸭绿江》
目录

一点体会

——重新学习《在延安文艺座谈会上的讲话》

————刘异云

冬寒与春暖————思 基

生活是艺术的源泉————崔德志

生活之树常绿————金 河

求得革命文艺的正确发展

——重新学习《在延安文艺座谈会上的讲话》

————陈 迟

小说

蓝星————高汉铭

三千块————熊振安

价格————王不天

春雨————王金力

雪地————蒋海平

吊针嘀嗒……————胡 骅

毛毛雨————李 东

拆迁户————张象吉

春生的梦————张振中

卖假药的人————聂立珂

散文·报告文学

将归来————孟庆玉 朱巾芳

五千里路晨昏

——东北文艺工作团回忆————谢挺宇

黄桷树下（习作者之友）————戴其青

情真意切，朴素自然——读《黄桷树下》————凌璞三

诗歌

阳台上，舒展着花的笑脸（组诗）————田永元

雪花哟，雪花……（外一首）————刘毅然

香港街道（二首）————（中国香港）王心果

酒，真甜（外一首）————华 卓

白龙过峡（外二首）————沙 鸥

灯（外一首）————刘 章

绿色的音符（外一首）————王兆琪

寄荻帆————丁 力

秋在哪里？————李凤坡

未名集（十七首）————雨 水等

评论

诗坛趣闻（文艺随笔）————丁国成

"复述"琐议（文艺随笔）————田中全

美术

东北文艺工作团出发前一日全体合影于延安（一九四五年八月三十一日）

海猎（木刻）————张祯麒

花（木刻）————李庆民

1982 年第 6 期　刊名:《鸭绿江》
目录

小说

历史的位置————梅宝怛

诚子篇（外两篇）————周 明

这周明……

——喜读周明的三篇小说————李作祥

二娅————孙宝贵

网上的蜘蛛————王 火

泥鳅————晓 艾

两个舅舅————戴云卿

抢座的孩子们————邱长发

一个不起眼的小小角落里————庄元强

喜剧演员"哈哈镜"（寓言·外二则）————周冰冰

没有放响的爆竹（习作者之友）————尹彩霞

题材的出新和细节的处理

——读《没有放响的爆竹》————凌璞三

散文

湖波轻唱————逯 斐

名山发佳兴——匡庐即景之一————于 敏

酒城飘香————王忠瑜

海的联想————金 河

我心中的那条小溪————邓荫柯

诗歌

啊，雄劲的风！————姜雄平

妈妈，妈妈……………………………………丁晓翁
这就是您吗？ 松花江……………………………刘文超
让我到茫茫大海去吧（外一首）…………………洪三泰
希望明天……（外二首）………………………路　地
啊，树啊！ 树啊！ ……………………………郭　煌
绿荫人家…………………………………………丁　芒
从你手里……………………………………………王　野
视野集……………………………………………圣　野
一行诗集…………………………………………郎恩才
鸭绿江上的白鸥　　　　　（朝鲜族）金成辉
红气球……………………………………………高立林
墙报大编辑………………………………………马业文
深夜，在实验台前凝思……………………………赵树岭
啊，桥……………………………………………王守勋
就不告诉你………………………………………韩　冰
未名集（十二首）………………………………朱仙海等

评论
略谈寓言（作家答问）
　　——致周冰冰同志信………………………严文井
来自作家独特的生活感受
　　——喜读赵乐璞的《异姓家族》……………田志伟
发掘和表现生活的诗意
　　——李松涛的《诗的脚印》读后……………朱先树
写生活中的"他"
　　——评王松青的组诗《写在醒了的乡村》……芳　泽
从欧阳修的点评谈到开展文艺批评………………时　辛

美术
"喂，请接台湾……"（摄影）………………姚长祥
朋友（摄影）……………………………………孙晓风
七十二峰（黄山诗画之一）………………………张　望
雨洗天晴（木刻）………………………………张家瑞

1982 年第 7 期　刊名:《鸭绿江》
目录

小说
第一次……………………………………………熙　高
皈依者的儿子……………………………………张　长
追"鱼"…………………………………………万怀能
猎婚记……………………………………………小　骥
夜声………………………………………………叶　葳
在校园里…………………………………………黑石人
头等舱里的戏……………………………………徐海滨
春风荡起的绿波（习作者之友）…………………王延民
利用好这块"画布"
　　——谈谈《春风荡起的绿波》……………凌璞三

散文·报告文学
登坛问鼎……………………………高玉琨　肖　黎
护送周副主席到西安……陈礼保　口述　傅春庚整理
小河………………………………………………李承业
乡村集市（外一章）……………………………李树则
照像………………………………………………东　缨

诗歌
汽笛，在呼唤诗歌（外二首）……………………姜永杰
我家养了两只鸽子（外三首）……………………凡　平
贵在自然——读凡平同志的诗……………………方　冰
我们的歌，出自心房………………………………李松涛
未名集（十首）…………………………………姬　丁等
路…………………………………………………魏先一
校园的小路………………………………………寇晓伟

评论
创作——形象和思想的融合（作家答问）………思　基
新意不可忽视生活的真实（争鸣篇）
　　——与陈祖基同志商榷……………………陶　洪
也谈向蕙的形象（争鸣篇）
　　——兼与李兴武同志商榷…………………沈泽宜
文学的党性原则
　　——鲁迅文艺思想研究札记………………戚俊民

美术
绘宏图（摄影）…………………………………杜裕民
晴朗的海湾（套色木刻）………………………黄丕谟
向大海要石油（木刻）…………………………张家瑞

1982 年第 8 期　刊名:《鸭绿江》
目录

小说
二婚婆…………………………………………沈　湜
崔发贵的烦恼……………………………………冰　坚
哈哈镜（外三篇）………………………………冯骥才
白天鹅公寓………………………………………时　明
你听见了什么……………………………………王素英
白色"希望"号…………………………………杨　泥
海滨夜话…………………………………………马　寻
我要一支小猫笔…………………………………张中彦

散文·报告文学
蠹虫………………………………………………李宏林
绝顶有悬泉
　　——匡庐即景之二…………………………于　敏
忆江城……………………………………………罗　丹

野生杜鹃花（习作者之友）────────余　潜
读《野生杜鹃花》──────────凌璞三

诗歌

天空哟，蓝色的梦（组诗）──────侯学志
欢乐的村小（外一首）────────伍权民
回顾（外一首）──────────高东昶
南海，生命交响诗（三首）─────胡世宗
长江大桥─────────────佟明光
泰山松──题泰山烈士纪念碑─────解　明
细雨蒙蒙（外一首）────────陈　犀
银河集（四首）──────────雷　雯
啊，四月的风─────────────巩　顾
寄海峡彼岸────────────陈慧瑛
葛洲坝──────────────方　晴
喜鹊，在烟囱上筑巢───────潘万提
我播种阳光────────────何香久
未名集（十三首）───────刘升华等

评论

一部引人入胜的小说
　──评陈玙长篇新著《夜幕下的哈尔滨》──殷晋培
生活与诗（作家答问）─────────晓　凡
"文革"在作家的笔下
　──读《洗礼》所想到的──────阎　纲
新人和真人（文艺随笔）────────许振强
简评《妈妈，妈妈……》─────────王向峰
从读者中来
在同一种底色上·蕴含诗意的小说·华卓的《酒，真
甜》赏析·鞭挞行骗者──────阿　凡等

美术

云南写生（二幅）──────────杨兆三
访兰亭有感────────────王冠书
丰收乐（木刻）──────────公丕炎

1982 年第 9 期　刊名:《鸭绿江》
目录

小说

自由的野鸭────────────航　鹰
犀角杯牛二────────────黄伟英
信任──────────────王德泉
啊，明天────────────祁福林
这两口子────────────张万林
一个小姑娘到海边去了────────汪家明
水边（习作者之友）───────王宗洋
对比和烘托的运用──────────凌璞三

散文

红叶诗情────────────文　畅
南薰楼驰想────────────傅子玖
古洞泛舟────────────王充闾
入洞窥石髓──匡庐即景之三─────于　敏
鹿哨声声────────────王贺锦
聚宝盆（外一章）───────徐宏智

诗歌

一群没有名字的星（组诗）─────柳　沄
绿色的讨论会（组诗）────────安造计
本溪彩屯煤矿（外一首）──────罗　丹
观话剧《彭大将军》感赋───────丁　洪
西湖冬兴（外四首）────────王明希
在沂蒙山上（外一首）────────赵　岩
问候（外一首）──────────云　鹤
花朵──────────────晓　钢
雪后的黎明────────────汉　俊
我，打开了调频──────────赵中森
森林──────────────夏　雄
在炼焦炉旁────────────安　阳
未名集（诗十二首）─────王玉玲等

评论

应当看到这是一个发展
　──对文艺为人民服务、为社会主义服务口号的一点
理解──────────────马畏安
哲理诗，应是诗人沉思生活的凝珠
　──西窗诗话──────────阿　红
人情练达即文章（作家答问）─────赵乐璞
一个发人深思的课题
　──读小说《历史的位置》──────王建儒
紧跟生活的脚步
　──喜读《历史的位置》───────武亦文

美术

啊……马帮（套色木刻）────（彝族）李　秀
冬暖（木刻）─────────杜卓跃
爱（木刻）──────────周　力

1982 年第 10 期　刊名:《鸭绿江》
目录

燃亮共产主义理想的灯火────────于　铁

小说专号

阀门──────────────金　河

艺术家的眼睛和笔

——《阀门》读后 ………………………………… 卓　宇

姑娘，在微笑…… ………………………………… 徐国良

心灵的揭示

——读《姑娘，在微笑……》 ………………… 单　复

天上有颗星星 …………………………………… 迟松年

他又有了新的发现

——读迟松年的《天上有颗星星》 …………… 谢俊华

让我们荡起双桨（上） ………………………… 达　理

爱 ………………………………………………… 于海涛

爸爸啊，爸爸…… ……………………………… 刘兆林

杏花婆 …………………………………………… 于德才

山村"博士" …………………………………… 郑吉民

晨雾 ……………………………………………… 梅宝恒

本报来客 ………………………………………… 庄　敬

觉悟 ……………………………………………… 姜英杰

对门（习作者之友） …………………………… 袁忠发

谈《对门》的细节描写 ………………………… 凌璞三

圆（水粉画） …………………………………… 徐志坚

丁玲同志近照 …………………………………… 陈尊科

港泊四海五洲轮（木刻） ……………………… 张家瑞

1982 年第 11 期　刊名:《鸭绿江》
目录

小说

八级工匠 ………………………………………… 邓　刚

风骨峭峻　光彩照人

——为《八级工匠》击节 ……………………… 寒　溪

海通街一号 ……………………………………… 邓洪文

爱情的泉水 ……………………………………… 邱晓光

没有雾的早晨 …………………………………… 王啸平

让我们荡起双桨（下） ………………………… 达　理

散文·报告文学

九月红旗飘 ……………………………………… 马　加

中国神针 …………………………… 王立男　马克吉

披榛访遗迹——匡庐即景之四 ………………… 于　敏

姐姐 ……………………………………………… 单　复

火种 ……………………………………………… 吕　律

帆（散文诗·外一章） ………………………… 魏久环

妈妈有支古老的歌（散文诗） ………………… 高福海

诗歌

赞歌 ……………………………………………… 郭　煌

早晨（外一首） ………………………………… 高照斌

轻轻地、轻轻 …………………………………… 易仁寰

水乡路（外一首） ……………………………… 柯　原

炊烟升起来（外一首） ………………………… 刘益善

车铃声声 ………………………………………… 谢先云

圆镜 ……………………………………………… 李昆纯

湖上人家 ………………………………………… 李代生

农民家，一个多彩的像框（外一首） ………… 未　凡

未名集（诗十一首） ………………………… 蔡春花等

赶海（习作者之友） …………………………… 张　欣

关于《赶海》的修改意见 ……………………… 凌璞三

评论

必须进行两条战线的斗争

——也与《时代的报告》的《本刊说明》商榷

………………………………………………… 陈　深

理论之树常青（作家答问）

——答友人 …………………………………… 冉欲达

新人新作有新意

——《鸭绿江》函授创作中心学员的几篇作品读后

………………………………………………… 李兴武

从读者中来

时代的确在变革 ………………………………… 徐本礼

这不是幻景 ……………………………………… 丁临一

美术

暮归（木刻） …………………………………… 陈小文

1982 年第 12 期　刊名:《鸭绿江》
目录

小说

矿工秃老美 ……………………………………… 孙淑敏

小小舴艋舟 ……………………………………… 钱国丹

路，就在脚下 …………………………………… 林和平

屋 ………………………………………………… 潘吉光

芦墙相隔的小河 ………………………………… 初学文

走姥姥家 ………………………………………… 杨大群

取经 ……………………………………………… 邢植朝

散文·报告文学

生命的中断与复始 …………………… 杨匡汉　杨匡满

海树 ……………………………………………… 宋　玳

惆怅欲言还——匡庐即景之五 ………………… 于　敏

莫愁湖畔的歌吟 ………………………………… 徐光荣

小溪 ……………………………………………… 吴春英

送（习作者之友） ……………………………… 金振华

剪裁妙处非刀尺——读《送》 ………………… 凌璞三

诗歌

南行速写（十首） ……………………………… 刘异云

友谊，人生美妙的唱盘（外二首）⸺⸺⸺⸺刘　镇
蚕乡诗丝（组诗）⸺⸺⸺⸺⸺⸺⸺孙日成
花·草·木⸺⸺⸺⸺⸺⸺⸺⸺郭之仲
在不同的经纬线上⸺⸺⸺⸺⸺⸺顾　工
我的春天啊⸺⸺⸺⸺⸺⸺⸺⸺高　深
水乡小镇⸺⸺⸺⸺⸺⸺⸺⸺⸺文　丙
土炕⸺⸺⸺⸺⸺⸺⸺⸺⸺⸺张雪杉
闸⸺⸺⸺⸺⸺⸺⸺⸺⸺⸺⸺莫西芬
清早，他走了⸺⸺⸺⸺⸺⸺⸺李占学
鹦鹉（外一首）⸺⸺⸺⸺⸺⸺唐锦河
果园，红艳艳的太阳⸺⸺⸺⸺李鸿壁
岳墓⸺⸺⸺⸺⸺⸺⸺⸺⸺⸺刘海起
小岛上的雾⸺⸺⸺⸺⸺⸺⸺⸺刘秋群
他醒了⸺⸺⸺⸺⸺⸺⸺⸺⸺左连生
未名集（九首）⸺⸺⸺⸺⸺⸺桂兴华等

评论

在寻求艺术突破面前的思索（作家答问）⸺彭定安
在深入生活中学习社会⸺⸺⸺⸺滕　云
去矫饰，立诚实⸺⸺⸺⸺⸺⸺易原符
《爸爸啊，爸爸……》琐谈⸺⸺⸺黄国柱
卢果成是怎样一个人
⸺喜读《阀门》⸺⸺⸺⸺⸺⸺余三定

美术

过三峡（三峡诗画之一）⸺⸺⸺张　望

1983 年第 1 期　刊名:《鸭绿江》
目录

小说

御厨传奇（中篇）⸺⸺⸺⸺⸺⸺吴正格
蓝光在心头闪耀⸺⸺⸺⸺⸺⸺汤吉夫
葛全德一家⸺⸺⸺⸺⸺⸺⸺⸺梁晓声
春天里的编织⸺⸺⸺⸺⸺⸺⸺马成林
好好好⸺⸺⸺⸺⸺⸺⸺⸺⸺铁　汉
钱打鸳鸯⸺⸺⸺⸺⸺⸺⸺⸺袁忠发
站马路的姑娘⸺⸺⸺⸺⸺⸺⸺朱　一
来自大西洋彼岸的皮鞋⸺⸺⸺刘　凯
张主席（习作者之友）⸺⸺⸺王　平
生活的新鲜感受和其他⸺⸺⸺凌璞三

散文

重返白洋淀⸺⸺⸺⸺⸺⸺⸺⸺崔　璇
环球水相连⸺⸺⸺⸺⸺⸺⸺⸺张占一
田野上的幼林⸺⸺⸺⸺⸺⸺⸺杨子敏
海边随想曲（六章）⸺⸺⸺⸺于宗信

诗歌

辽西行（三首）⸺⸺⸺⸺⸺⸺方　冰
长江诗情（五首）⸺⸺⸺⸺⸺晓　凡
红花草⸺⸺⸺⸺⸺⸺⸺⸺⸺黄秋实
题艾青铜像⸺⸺⸺⸺⸺⸺⸺⸺梁　南
井冈茅草⸺⸺⸺⸺⸺⸺⸺⸺彭　龄
晴日听风雨⸺⸺⸺⸺⸺⸺⸺⸺徐光荣
少女⸺⸺⸺⸺⸺⸺⸺⸺⸺⸺余以建
蓓蕾⸺⸺⸺⸺⸺⸺⸺⸺⸺⸺喻　晓
岳坟，有一块石头⸺⸺⸺⸺⸺周　导
未名集（十首）⸺⸺⸺⸺⸺⸺邱易东等

评论

共产主义与文艺（《鸭绿江》论坛）⸺⸺阎　纲
语言的源泉⸺⸺来自活人⸺⸺简谈《阀门》的语言艺
术⸺⸺⸺⸺⸺⸺⸺⸺⸺⸺⸺苏成咸
一叶知秋⸺⸺读《红叶诗情》随感⸺安　吾
善美，但不真实⸺⸺《自由的野鸭》读后⸺罗良德
读者之声（三篇）⸺⸺⸺⸺⸺黄志皋等
长篇小说创作的新收获（文讯）
⸺⸺《夜幕下的尔滨》座谈会纪略⸺严　屏

美术

山庄冬日⸺⸺⸺⸺⸺⸺⸺⸺⸺张祯麒

1983 年第 2 期　刊名:《鸭绿江》
目录

小说

相会在猫耳洞⸺⸺⸺⸺⸺⸺⸺杨　闻
正是好年华⸺⸺⸺⸺⸺⸺⸺⸺李　强
小小一片云⸺⸺⸺⸺⸺⸺⸺⸺莫　非
四口之家⸺⸺⸺⸺⸺⸺⸺⸺⸺曹玉模
爱，在人间⸺⸺⸺⸺⸺⸺⸺⸺边玲玲
男子汉同志⸺⸺⸺⸺⸺⸺⸺⸺黄长柏
白白的小雪⸺⸺⸺⸺⸺⸺⸺⸺张　在
月色融融⸺⸺⸺⸺⸺⸺⸺⸺⸺志　超
黑狗与花猫⸺⸺⸺⸺⸺⸺⸺⸺徐振英
月夜（习作者之友）⸺⸺⸺⸺李　东
《月夜》的得与失⸺⸺⸺⸺⸺凌璞三

报告文学·散文

志气⸺⸺⸺⸺⸺⸺⸺⸺⸺⸺张　琳
滇行小纪⸺⸺⸺⸺⸺⸺⸺⸺⸺柯　夫
绿色的照片⸺⸺⸺⸺⸺⸺⸺⸺田　野

诗歌

摄自工人小区的纪录片（组诗）⸺⸺⸺刘振明

充满热力的美的光波·············晓　凡
一个青年的心声（外二首）·········毛　锜
晨雾（外二首）···············路　地
求·····················浦　宁
未名集（十一首）·············嵇　然等
在田间···················樊发稼

评论

小说展望·················刘锡诚
也谈"自我表现"·············周良沛
忠厚的异化················刘　齐
出人意外　入人意中············李国有

美术

山乡新曲（木刻）·············张家瑞
黄金时节（中国画）············卢志学

她从水乡来················张蓬云
我喜欢燃烧················裴希贵
狐臭苍胡·················谢挺宇
未名集（诗八首）·············邵　璞等

评论

真想把您装进行囊·············刘　齐
精心塑造典型人物，努力提高创作质量···谢俊华
颇含哲理的思索··············殷晋培
好漂亮的文字···············李作祥
《晨雾》、《觉悟》好题目·········王齐志
读者之声·················马广超等

美术

云南写生二幅···············杨兆三
过三峡（三峡诗画之二）·········张　望
春汛（木刻）···············李庆民

1983 年第 3 期　刊名:《鸭绿江》
目录

小说

贺老山的梦················金　河
荒漠里的清泉···············刘学江
奋进的中锋················赵乐璞
相逢在洛杉矶···············王　宁
双龙会···················殷志扬
睫毛上的泪珠·········王洪荣　李安林
通向天堂的后门··············肖士庆
鞭打快驴走················陈乃祥
王菩萨请客（习作者之友）········云献智
瑕瑜互见——读《王菩萨请客》·····凌璞三

散文

采蜜····················永　学
在美国的小弟···············梁学政
竹楼的印象················刘元举
百菜园···················郭金炎

诗歌

鞍钢奏鸣曲（组诗）············寒　星
牛车（外一首）··············石土坡
秋·····················石　犁
老师，不要把她叫醒（外一首）······王荆岩
海啊，人生的书··············凡　丁
弄潮的少女················李根红
他，披着一身尘烟············田永元
吻·····················翁景贵
编·····················孙秀清

1983 年第 4 期　刊名:《鸭绿江》
目录

小说

其味无穷·················思　基
阵痛····················邓　刚
生活的绿洲啊···············戴启棠
啼笑皆非·················李惠文
树林，翠绿翠绿……···········王应夫
眼泪是酸甜的···············福　庚
深山人家·················陈计中
酒·····················李元西
选举之后（习作者之友）·········军　华
善于提炼，文章才能精巧·········凌璞三

散文

第二块金牌················马文科
荷花池畔·················周　颖
珠帘三叠挂崖巅··············修玉祥

诗歌

我原是一颗瘪粒（组诗）·········韩辉光
又黄又饱的谷粒··············阿　红
月光曲··················刘毅然
绿叶（外一首）··············芦　萍
月光下，一碗热茶（外一首）·······关　键
边防风雨·················刘秋群
我投进这片柳林··············才树莲
我怀念屋后的新松·············刘　章
窗前····················汪习麟

未名集（九首）————————张宝玉等

评论

写真实
——在辽宁作协中、长篇小说经验交流会上的发言提
要————————马　加

文学，"离实际生活近些，更近些"（鸭绿江论坛）
————————顾　骧

金河作品漫评（作家谈作家）

植根于生活的沃土中————————陈　玙

坚实的脚步————————胡小胡

短札 A·B·C————————迟松年

平常中的深意（作品短评）————————余三定

读者之声（五篇）

美术

暖冬（套色木刻）————————周胜华

书法————————刘　丹

辽北新春（套色木刻）————————朱景仁

1983 年第 5 期　刊名:《鸭绿江》
目录

一九八二年《鸭绿江》作品奖获奖作品篇目

小说

广厦（中篇）————————达　理

米玛沟的野人————————王　跃

离情————————胡小胡

姐姐师傅————————鲁　瑛

花脸张二爷————————张象吉

遥远的大山————————李　直

不速之客————————吴永智

小两口新篇————————郝国中

小雨·伞·那扇门————————白小易

但愿……（习作者之友）————————张玉秀

她，应该更美好————————凌璞三

散文

由十八站到二十二站——北疆特写五————————雷　加

指路————————袁茂余

龙首山的花————————东　缨

心愿————————谢善骁

晨珠——校园即景————————吴宗蕙

诗歌

我爱我喧腾的工业区（组诗）————————刘文超

我攀登高高钻塔（外二首）————————赵天山

回音壁————————史卫国

春风里的沉思————————冯永杰

林彪的别墅（外一首）————————孙　滨

家————————（中国台湾）鲁　萍

给妈妈的信————————刘新智

期待————————（朝鲜族）金成辉

甜蜜，酿在心里……————————刘海起

老农的话————————田　丰

林涛声声————————李晓华

未名集（诗十首）————————梁云燕　等

评论

理论素养与艺术直觉（鸭绿江论坛）————————朱　晶

心有灵犀（作家谈作家）
——读阿红《漫谈诗的技巧》————————单　复

如何看《相会在猫耳洞》（百家言）

来自生活的革命英雄主义————————黄国柱

精妙的构思　感人的形象————————金国华

既不可爱，也不真实————————九　思

贵在表现情致（文艺随笔）
——《高山下的花环》的启示————————刘烈恒

读者之声（二篇）————————王遥等

美术

青年建设者（木刻）————————张兴瑞

海角（木刻）————————袁振璜

铁臂（塑料版套印）————————张家瑞

1983 年第 6 期　刊名:《鸭绿江》
目录

小说

两个独身汉————————牛　贝

贵客————————刘绍棠

冰凌花————————马成林

啊，柳……————————韩步华

柳的魅力————————李作祥

欣欣代销点————————王　宁

十六元钱————————刘晶晶

心思————————陈传珂

民国大叔————————富克彦

钟（市地作品选登）————————金力敏

眼睛里有谁（市地作品选登）————————胡德伟

享福（习作者之友）————————张桂芝

在不断修改中求进展————————凌璞三

散文

火红的石榴————————焕　之

访美散记二篇 ———————————— 张 洁

诗歌

我是一棵曾被折断的小松树 ———————— 王松青
金子，祖国需要你的硬度和光芒 ———————— 李松涛
秦皇岛之歌 ———————————————— 王亚平
欢快中的忧伤 ——————————————— 刘湛秋
小路诗情 ———————————————— 荆其柱
未名集（诗十一首）————————————— 张照宝等

评论

评一评评论家吧（鸭绿江论坛）————————— 刘 齐
农村改革与小说创作 ———————————— 林文山
辽宁作协座谈讨论长篇小说《北国风云录》（文讯）
——————————————————— 成 全

美术

水边人家（木刻）————————————— 林钧相
书法（二幅）————————————— 苗 波 聂成文
初雪（木刻）——————————————— 朱连生

1983 年第 7 期　刊名:《鸭绿江》
目录

小说

第六种人 ————————————————— 思 基
葡萄 ——————————————————— 张抗抗
她从美国来 ——————————————— 李 犁
小黑 ——————————————————— 龙 戈
幕后戏 ————————————————— 李伦新
山神 ——————————————————— 闻 波
无记名投票 ——————————————— 艾 辛
她和他的小白鸽（外一篇）————————— 刘 侠
弦····[苏]米哈伊勒·卡立申科　于 彬 邵 焱译
爱情面临着……（习作者之友）————————— 徐锦川
文章的味道 ——————————————— 凌璞三

报告文学·散文

主人 ——————————————————— 国 兴
姥家门口的戏 —————————————— 顾志新
草原行 ————————————————— 鲁 野
高山青青流水长 ————————————— 赵云鹤

诗歌

七月走关东（四首）———————————— 张志民
关于 0 与 1 的随想 ———————————— 袁宏邈
深秋，一只小蜜蜂（外二首）———————— 柳 沄

你又埋头实验了（外一首）————————— 高东昶
我是一个哨兵（外一首）—————————— 曾长生
夏末 ——————————————————— 顾 城
走出电大教室 —————————————— 谢先云
苦麻菜 ————————————————— 韩辉升
紫云英 ————————————————— 李昆纯
你挑来 ————————————————— 丁晓翁
我的乳牛色的小棉袄（外一首）——————— 任惠敏
我穿上这样的花布衫 ———————————— 韩 冰
未名集（九首）———————— 侯文辉 开 羽等

评论

《北国风云录》漫评
一部历史画卷 —————————————— 韶 华
异彩生辉　自成一家 ———————————— 陈 玙
历史的文学投影 ————————————— 殷晋培
对《爱，在人间》的讨论（百家言）
爱…… —————————————————— 陶 洪
爱，在"真、善、美" ——————————— 熊笃成

美术

鸣春（木刻）——————————————— 晁 楣
篆刻二方 ————————————————— 朱寿友
沸腾的山寨（木刻）———————————— 于清廉
鸭绿江桥（木刻）————————————— 张公学

1983 年第 8 期　刊名:《鸭绿江》
目录

小说

灶王爷上天下地记 ———————————— 谢挺宇
等着我…… —————————————————— 达 理
四大名"蛋"和一个"天使" ————————— 肖士庆
火车·印象 ——————————————— 吴若增
紫红的桑椹 ——————————————— 杨东明
清泉，在阳光下闪亮 ———————————— 宋学武
"羊肉串儿" —————————————— 李 强
一杯水（外一篇）————————————— 王 凝
门卫 ——————————————————— 张向午
秋（习作者之友）————————————— 高明清
流泉，要剔除芥蒂
——读小说《秋》的笔记 ———————— 凌璞三

评论

军事文学与《花环》———————————— 阎 纲
对《爱，在人间》的讨论（百家言）
通往心灵的艺术 ————————————— 张毓茂
百花园中的一棵刺刺藤 ——————————— 宋逊舟

梦的启迪（作品短评）
——读《贺老山的梦》·············刘明武
状写传神　抑扬有致（作品短评）
——赏析《其味无穷》的一个片断·······余三定
从"阵痛"到新生（作品短评）
——读《阵痛》···············丁临一
情长意深（作品短评）
——喜读短诗《挤》·············王桥林
学深笔健（文艺随笔）·············苏　中
如此诗章，趁韵而已（文艺随笔）·······丁国成

美术
夜游枇杷山（诗并木刻）············张　望
晨影（木刻）·················李庆民
山菊花（木刻）················袁振璜

1983 年第 9 期　刊名:《鸭绿江》
目录

小说
芦花虾····················邓　刚
《芦花虾》和邓刚的海·············殷晋培
第十四个···················赵乐璞
渔街记忆···················初学文
魔音·····················李小林
带不走的杜鹃·················杨　凯
他赠给我的……···············徐国良
钱广富病了（习作者之友）··········孙志章
"短小"与"隽永"··············凌璞三

散文
日日红····················思　基
姊妹倩影···················文　畅
"过桥"的风味················张　峻
大漠，战士心中的绿野············王贺铭
烟花暮雨（外一章）·············李　弘

诗歌
在初春的日子（组诗）············刘　镇
给远方的姑娘·················李孝伟
北方诗笺（四首）··············胡世宗
春植（外一首）················何　鹰
请你摇动我的门铃··············林　希
欢乐的麦穗··················莫西芬
姑娘，和她的轻骑··············王兆琪
海湾·····················洪　泓
石榴红了···················伍权民
叫天子鸟···················何　理

南方，我有一位朋友·············王立明
未名集（十二首）··············靳亚利等

评论
《北国风云录》漫评
真实是第一位的················卓　宇
马加创作风格的新发展············张福高
深入人物的内心世界
——漫话《鸭绿江》一九八三年第八期小说····谢俊华
《山的女儿》小序··············臧克家
读小说《草原明珠》·········王向峰　洪凤桐

1983 年第 10 期　刊名:《鸭绿江》
目录

学习《邓小平文选》开创社会主义文学事业新局面
摆正文艺和人民的关系············韶　华
重任在肩···················思　基
同心合力攀高峰················于　铁
选读·通读·精读···············陈　屿
文学，永远不能脱离人民···········晓　凡

小说
魔谷（中篇）·················邱晓光
怪味小夜曲··················晓　凡
太阳落山的时候················裴积荣
小娜的爱情··················遇罗锦
重开的碧桃··················项　冶
美国名医···················梁学政
姑娘的心···················高叙成
雨珠儿滴答··················邓开善
在那偏远的山里（习作者之友）········吴殿英
比较和品评··················凌璞三

报告文学·散文
挑战者
——记中国青年足球队主教练高丰文······杨匡满
瓦当·····················苏　晨
呵，江南（外一章）·············耿林莽
蜜蜂与苍蝇（外一章）············柳　沄

诗歌
南斯拉夫思绪（组诗）············公　刘
在一棵高大的龙鳞松上（外一首）·······莫文征
爸爸，你抚育了我们八个儿女（外一首）····李金河
马尼拉湾的晚霞···········（朝鲜族）金　哲
满院生机（外一首）·············刘文玉
在崂山····················石　英

八月，透明的杯子·······················李占学
生活，不是睡眠·······················岸　冈
黎明的大街（外一首）···················唐锦河
我要回去的···························丁晓翁
未名集（十首）·······················张建华等

评论

"碰海"新曲
——读邓刚小说两篇·················李炳银
雄风（作品短评）
——小议《正是好年华》里的厉大来········蔡应律

美术

晨烟（木刻）·························张祯麒

评论

对《爱，在人间》的讨论
爱，是宝贵的·························江　枫
自私者不美······················陈西峰　王述理
是探索，但不成功·····················田志伟
时代的畸形儿·························许振强
平常中的深意·························李明山
"走出心灵"与"走入心灵"················艾　云
作家与灵感···························长　青

美术

竞游（国画）·························孙映邨
秀山竹影（摄影）·····················杜裕民

1983 年第 11 期　刊名：《鸭绿江》
目录

小说

人世间·····························胡清和
三月的茵陈··························张旺模
法官与妻子··························张雅文
大山里的日月·························于德才
琥珀心·····························谢友鄞
分路·······························乔典运
迷蒙的童年··························毛居和
小院·积水··························谢海威
网·························（中国香港）陶　然
别·······························汪家明
照相·······························汪　雨
长毛狮介绍经验（寓言）·················陈乃祥
大树和它的影子（寓言）·················突　兀
这不是小事（习作者之友）················王卿礼
人，还是要复杂点·····················凌璞三

散文

我的第一篇作品·······················马　加
瑷珲这个地方·························雷　加
大鹏湾前···························王忠瑜
从厦门望金门·························于宗信
一次特殊的旅行·······················庄启东

诗歌

巴山楚水（组诗）·····················方　冰
雕像情思（二首）·····················孙旭辉
鹰（外一首）·························袁永庆
武当山·····························蔡其矫
未名集（诗十二首）····················张绍春等

1983 年第 12 期　刊名：《鸭绿江》
目录

小说

带血的邮票（中篇）····················李隆恩
三个女人···························徐　然
山里的梦···························满慧文
断路再接···························潘洪禹
埋怨·······························李惠文
热线·······························马成林
彩虹·······························丹　舟
拈阄（习作者之友）····················莫积爱
《拈阄》的讽刺与夸张···················凌璞三

诗歌

大副的情思··························赵志诚
庐山十日（八首）·····················刘昇云
别杭州（外一首）·····················禾　波
从煤层到云层（外一首）·················晓　钢
望星空·····························梁谢成
未名集（十三首）·····················李一平　等

散文

童乐童心···························李名方
友情·······························邵　刚
花（外一章）··························凤　柴

评论

作家的职责··························马　加
毛泽东文艺思想常青
——为毛泽东同志九十诞辰而作············阎　纲
他们是怎样挺过来的
——新时期文学中的知识分子问题断想之一····何西来
我省文学界座谈抵制和清除精神污染问题（文讯）

美术

碧云深处（木刻） ·········· 彭世强
农家新仓房（木刻） ·········· 张大伟

1984 年第 1 期　刊名：《鸭绿江》
目录

小说

宠女 ·········· 陈　玙
湖畔小夜曲 ·········· 达　理
呵，黑妞 ·········· 穆生堂
飘泊的梦 ·········· 梁学政
秦嫂买书 ·········· 王　犁
来自农村生活的新鲜信息 ·········· 殷晋培
孙成厚这个人 ·········· 林和平
家庭"政变" ·········· 李　东
生活的折光 ·········· 于海涛
晨雾（习作者之友） ·········· 刘　英
性格的完整与统一 ·········· 凌璞三

报告文学·散文

海燕，展开理想的彩翼 ·········· 徐光荣
延安行 ·········· 申　蔚

诗歌

土地，我来向你报到（组诗） ·········· 李秀军
生活的馈赠 ·········· 高洪波
钢，发出叮当的脆响（外一首） ·········· 王荆岩
车行朝鲜 ·········· 牟心海
昨天的小路 ·········· 许　行
他选择和风丽日 ·········· 张水舟
推土机，闪着贪婪的目光 ·········· 左连生
报刊销售亭 ·········· 谢先云
眼睛 ·········· 佟　畴
妈妈把好吃的留给我（未名集） ·········· 任惠敏等

评论

写在心扉上的春联（文坛漫笔） ·········· 于　铁
加强理论修养与提高审美意识 ·········· 范垂功
透视畸形灵魂的 X 光
——思基小说新作讽刺艺术琐谈 ·········· 陈孝英
一曲爱国主义的壮歌（作品短评）
——评中篇小说《魔谷》 ·········· 九　思
谈《人世间》（作品短评） ·········· 韩　辑
抓住"有包孕的片刻"（作品短评）
——《一杯水》艺术探微 ·········· 罗良德

美术

冬林（木刻） ·········· 刘光天
长白山天池 ·········· 张　望　木刻并诗
泰山天街胜景（木刻） ·········· 丕　炎

1984 年第 2 期　刊名：《鸭绿江》
目录

小说

棋峙（中篇） ·········· 胡小胡
班长的亲事 ·········· 韩步华
出谷一声喝 ·········· 迟松年
织着金丝银丝的梦 ·········· 赵可书
花经 ·········· 中　耀
钥匙 ·········· 谢　群
友情 ·········· 阿　凤
缺下少上（寓言） ·········· 刘则廷
追认（习作者之友） ·········· 王洪江
角度、凝炼及其他 ·········· 凌璞三

散文

相识在渡口 ·········· 李鸿璧
龙首寻秋 ·········· 王充闾
含羞花 ·········· 程相文
泰山云雾和小燕 ·········· 王瑞超
妻子的话 ·········· 金振华
山村散曲（散文诗·二章） ·········· 曹铁斌
信与爱（散文诗·二章） ·········· 舒　洁
沉默的森林（散文诗·外二章） ·········· 郭　浩
树后的眼睛（散文诗） ·········· 李万才
河坡上草的自述（散文诗） ·········· 徐铁牛

诗歌

我为生活编组着一支歌（组诗） ·········· 徐　艾
祖国，我给你的爱情（外一首） ·········· 黎焕颐
黎明，她攀上脚手架（外一首） ·········· 王兆琪
孵鸡雏的大娘 ·········· 雷恩奇
一束遗失了的杜鹃花（外一首） ·········· 杨　树
草叶口弦 ·········· 王鸣久
好一个玲珑剔透的世界 ·········· 雨　门
海疆月（外一首） ·········· 鹿说之
人民英雄纪念碑（未名集） ·········· 宋才逢等

评论

自觉地做一个"集体性人物"（文坛漫笔） ·········· 谢俊华
让我拾取几片浪花
——《鸭绿江》小说艺术偶记 ·········· 王延才
节奏与美

——短篇小说艺术探微之九·················谢明德

美术
梅菊（国画）·······························吴东魁
雨足（国画）··················马书林　刘　琥
鱼乐图（木刻）·························张家瑞
洁（木刻）·······························刘孔喜

1984 年第 3 期　刊名:《鸭绿江》
目录

小说
过渡年代（长篇小说选载）···············韶　华
月满楼·································刘云程
睡海·································宋学武
何故伤心泪·····························张　琳
夜，悄悄地流过·························郭　全
错中错·································王世传
涟漪（习作者之友）·····················孙祝君
《涟漪》引起的涟漪·····················凌璞三

报告文学·散文
心理学者的足迹·························赵铁军
海峡之路·······························石　英

诗歌
船厂，幻想的夜（外四首）·········（回族）阿　拜
北京一条街（外一首）···················胡　征
在抚顺龙凤矿井下（外一首）·············毛　锜
晚霞·································刘　章
窗口·································左一兵
土风舞·································梁　南
春天的手·······························张云晓
细雨中观她最动人（外一首）·············厉　风
鲁迅故居·······························欣　原
独秀峰·································石　飞
我自立（未名集·诗十首）···············韩辉升等

评论
只有一个办法（文坛漫笔）···············刘　齐
一篇劝喻之作（作品短评）···············林为进
发挥"短小精粹"的优势（作品短评）·······苏成咸
"童年"并非"迷蒙"（作品短评）·········马　强
一种具有独特的审美内涵的现实·············胡宗健
庆祝建国三十五周年本刊举办"丰收奖"征文

美术
火把节（套色木刻）·····················王　川

1984 年第 4 期　刊名:《鸭绿江》
目录

小说
小北·································张　炜
白果树叶飘落时·························厉　风
H 镇的小娣·····························章小龙
狄恩的学费·····························梁学政
没有走完的道路·························董　速
在大海的这边··················崔世雄　孙　洁
心知·································蓝素明
两个孩子和一头驴···············阿如汉·鲍尔
县长的女儿·····························杨　麦
田鼠留学·······························盖　壤
爱笑的媳妇哭了（习作者之友）···········张本有
笑要合理　哭要可信·····················凌璞三

散文
淡淡的花椒香·····························王素英
圣诞之夜·······························杨　桦
难忘的一天·····························郭云梦
"干校"趣事·····························马　寻
鸟的故事·······························陶　然

诗歌
军旅，"第二人生"奏鸣曲（组诗）·········胡世宗
迎接一九八四年（律诗·七首）···········刘昪云
广州郊区小景（律诗·二首）·············路　匆
舟行夜经东坡赤壁（律诗·三首）·········孙丕任
胸膛的位置·····························叶延滨
众树（外一首）··················[菲律宾]云　鹤
当你……··················（中国香港）王心果
火焰的乐章·····························子　页
他从山上带来一个黄昏···················中　流
小夜曲（未名集·八首）···············王海轩等

评论
从心所欲，不逾矩（文坛漫笔）···········卓　宇
从维熙论·······························阎　纲
情趣、深度和容量（作品短评）···········丁临一
独具特色与似曾相识（文艺随笔）·········胡德培

美术
篆刻　书法··················刘　丹　姚志忠

1984 年第 5 期　刊名:《鸭绿江》
目录

小说

老人两题 李国文

本报最新消息 王不天

谷尔哈拉草原的牧羊人 响响

水远山长 康启昌

两棵胡杨树 张德印

迷雾，渐渐消散 刘永年

我年轻的时候 刘华军

幽州台之歌 吉冈

婷婷今天过生日 黄成训

买卖（习作者之友） 柔辉

要耐看，搞悬念 凌璞三

诗歌

我含泪歌唱在母亲的视线里（组诗） 王鸣久

致改革者（外二首） 刘镇

哦，一览众山……（外一首） 高东昶

美的考验 姜强国

泥土（外一首） 晓晴

阳台 谷斯涌

大山，母亲的怀抱 贾长厚

我有一个坚实的点（未名集·诗十首） 李穆伟等

报告文学·散文

绿叶扶得花儿红 程树榛

贝螺，彩色的歌 倪峻宇

茧场 东缨

评论

创新点滴（文坛漫笔） 柯夫

一个花繁果硕的好年头
——读一九八三年《鸭绿江》作品奖部分小说随想 谢俊华

让彩虹化作坚实的桥（作品短评） 李书磊

她在呼唤着……（作品短评） 张启范

平处隐奇　淡泊寓深（作品短评） 贲淑芳

美术

踏归（木刻） 姜陆

江水悠悠（木刻） 于清廉

1984 年第 6 期　刊名:《鸭绿江》
目录

小说

渔眼 邓刚

洁白的丁香花 杨宝剑

蛐蛐儿坐飞机 吴梦起

风里的沙蓬 张长弓

大觉寺牙刻经幢 汪雷

意外 峭石

老人和彩贝 风紫

洗（习作者之友） 苏纪明

一曲美妙的歌 凌璞三

报告文学·散文

愤怒的柑桔 李宏林

山路行 樊庆荣

诗歌

我，无名河畔的淘金人（组诗） 柳沄

车过山海关（外二首） 白航

月亮，那就是你 董宇峰

细雨纷纷 师日新

墙头记（外一首） 陈显荣

夕照 木青

哦，红色的小扇贝 姜维平

爷爷的渔歌 申爱萍

日月潭 石飞

农家女诗人 李占学

撒网（外一首） 叶文祥

高高的白杨树呵 郭煌

写给你（未名集·八首） 赵进等

评论

从思维定势中闯出来（文坛漫笔） 刘齐

谈文学创新 韶华

谈谈《错中错》（作品短评） 功义

"人情"与党性的选择（作品短评） 周兴华

沙头角的两个世界（作品短评） 陈家骅

美术

晨读（木刻） 杜应机

新路（木刻） 李庆民

1984 年第 7 期　刊名:《鸭绿江》

目录

报告文学·散文

云鹤 ·························李继伦　关庚寅
心中的歌 ·····························申　蔚

小说

遥远世界的老汉 ·······················郑九蝉
小提琴的回忆 ·························吴若增
赶三的儿子 ···························闻　波
文竹 ·································杨文宝
她的丈夫 ·····························张　璋
小丑 ·································梁淑香
天鹅与少年 ···························杨顺安
球风 ·································夕　野
卖桌（习作者之友）·····················高长远
要有新意，更要和谐 ·····················凌璞三

诗歌

我是庄稼人 ···························韩辉升
第一次走进蒙古包 ···············刘德林　刘德学
丝织车间，彩色的河流 ···················王荆岩
浪潮，冲击着经理的心窝 ·················周　颖
钢轴 ·································姚学礼
伐木者的木屋 ·························张常信
小河，清亮亮的…… ·····················丁晓翁
山民的扁担 ···························滕　英
鄂家女（外一首）·······················何　鹰
春之歌 ·······························佟明光
老阿爸的梦 ···························王忠范
我摇晃在军列里（未名集·十三首）·········顾　灏等

评论

信息与创作交流（文坛漫笔）···············李作祥
农村题材问题 ·························阎　纲
祖国之爱是灵魂，热情是风帆 ···············阿　红

美术

梅竹（国画）···························郭西河
海边（木刻）···························杜卓跃
生机（木刻）···························肖　弟

1984 年第 8 期　刊名:《鸭绿江》

目录

小说

最佳家庭结构 ·························肖士庆
一泓平静却幽深的池塘 ···················谢俊华
军魂 ·································邱晓光
副局长孟开慧 ·························鲍　昌
明天，将如何…… ·····················张笑天
思乡谷 ·······························常　毅
海难上（市地期刊作品选载）···············翟　猛
雪崩 ···············（哈萨克族）艾克拜尔·米吉提
微弱的烛光（习作者之友）···············筱　毛
真实可信地倾诉你的所思所感 ···············凌璞三

报告文学

擎起来，祖国的翅膀 ·····················徐光荣

诗歌

深山猛士（组诗）·······················刘毅然
买糖胡芦的我，长大了（外三首）·············任惠敏
通往工厂的路 ·························张　瑞
山里的路 ·····························寒　冰
笑容 ·································莫西芬
日出 ·································黄新中
我的心，遗失在蓝天 ·····················叶　笛
重复（外一首）·························关　键
公园一角 ·····························谢先云
喜鹊落在梅树梢 ·······················郭瑞年
汽车，从闹市驰过 ·····················姚　莹
风到防护林（外一首）···················倪兴权
春雨 ·································刘海起
养鱼人 ·······························张水舟
天平（未名集·四首）···················朱海湛等

函授教材作品选萃

雨（小说）·····················（河南）张文军
一篇感人至深的作品 ·····················梁晓声
璀璨的夜明珠（散文）···········（辽宁）刘殿斌
读《璀璨的夜明珠》·····················单　复
我的歌……（诗歌）·············（河北）孙绪珠
点评 ·································雷抒雁
雾中（诗歌）···················（江苏）夏　涛
点评 ·································田　奇

评论

请珍视"虚构"的权利 ·····················卓　宇
深情的目光　思念的情怀 ···················胡德培

达理小说漫评
评达理的小说创作 ·········· 王延才
现实的冲突 ················· 李书磊

美术
漓江晨曦（摄影）············· 佟毅夫
泥之荷（国画）··············· 周金杰
农家（木刻）················· 杨　云

1984 年第 9 期　刊名：《鸭绿江》
目录

小说
向北，向北…… ·············· 刘兆林
"炼狱" ··················· 于德才
山的规矩 ·················· 仇大川
冷口 ····················· 唐　浩
依恋 ····················· 刘　佳
弦乐四重奏 ················· 刘　虹
绝招 ····················· 阳　磊
漩涡 ····················· 吴竹筠
蹬三轮车的小伙子（习作者之友）·· 董成林
寻常中的不寻常 ·············· 凌璞三

函授教材作品选萃
猫儿（小说）·········（广西）曾艳瑛
生动有趣　寓意深刻 ··········· 航　鹰
落地之前（小说）······（南京）徐小平
大事常起于小节 ·············· 铁　凝

评论
超越自己　刻意求新 ··········· 李　昕
不平凡的超越 ··············· 李书磊
海风，是这样清爽宜人（侧记）····· 刘　今

美术
山峡碧波（国画）············· 陈忠义
太行山村十月忙（木刻）········· 刘孔喜

1984 年第 10 期　刊名：《鸭绿江》
目录

小说
白色的诱惑 ················· 金　河
纵横错 ··················· 王金年
桔子 ····················· 胡世宗
早晨 ····················· 蔡测海

天外飞来的白鸽 ·············· 胡清和
清宫御医 ·················· 黄德焕
春雪（习作者之友）··········· 周春海
筛子似的眼睛 ··············· 凌璞三

散文
黄河之水天上来
　——纪念柯仲平同志逝世二十周年 ··· 马　加
逍遥游 ··················· 单　复

诗歌
珠海的色彩深圳的风（组诗）······ 晓　凡
父亲·我 ·················· 刘升华
金色的年轮 ················· 洪　彬
哦，厂长的眼睛 ·············· 王兆琪
把旧的世界隆隆推走 ··········· 顾　工
在生命的秋天 ··············· 高东昶
乡村，成熟的黄昏 ············ 冯麟煌
航海的君子兰 ··············· 刘新智
母亲来了（未名集·诗四首）······ 姚红权等

函授教材作品选萃
月夜静悄悄 ···········（大连）赵　斌
学会牵动读者的感情 ··········· 古　华
梨花 ··············（河北）王冠峰
好在情致优美，文笔流畅 ········· 石　英
山泉 ···········（辽宁）李英林　曹家汉
评点 ····················· 谢　冕

评论
表现时代精神
　——庆祝中华人民共和国成立三十五周年 ··· 韶　华
回头一顾百媚生
　——新时期辽宁省小说创作述评 ····· 谢俊华
汩汩甘泉润绿禾
　——《鸭绿江》函授创作中心侧记 ····· 徐光荣

1984 年第 11 期　刊名：《鸭绿江》
目录

小说
最后的堑壕 ················· 王中才
伪造 ····················· 韶　华
拳击女郎 ·················· 梁学政
鸽子 ····················· 徐　铎
滋味 ····················· 林和平
不能没有爱情 ··············· 徐锦川
男同学止步 ················· 赵　颖

失落的音符……………………刘　岚
又是一级跳（习作者之友）……柔　辉
跳得再高一点…………………凌璞三

报告文学·散文
"风险人物"……………………徐光荣
寻觅……………………………江　帆

诗歌
我爱喧腾的机器城（组诗）……刘文超
招手（外一首）………………路　地
立交桥断想……………………马牧边
小河水…………………………张雪杉
夜景（外一首）……〔菲律宾华侨〕云　鹤
春的使者………………………张德强
播种者…………………………易殿选
足球城…………………………徐慎贵
看自行车的姑娘………………左一兵
新楼（未名集·八首）………（西藏）洋　滔等

函授教材作品选萃
三个女店员（小说）…………（山东）孟祥印
从生活细节中去刻划人物……陈国凯
古代墓群（诗）………………（新疆）王永福
评点……………………………陈有才

评论
排除浮躁感（文坛漫笔）……刘　齐
重要的一步
　——漫评梁淑香的短篇小说《小丑》……金　河
侧面透来的信息
　——读《老人二题》有感……吴秉杰
柳暗花明一村…………………韶　华
文学明信片（二则）…………滕　云

1984 年第 12 期　刊名:《鸭绿江》
目录

小说
逐鹿……………………………梁晓声
大漠传奇………………………田　地
兄弟……………………………孙少山
重阳……………………………李杭育
小岛的路………………………宋学武
"超标准"内幕…………………张秀枫
"站长"阿宝儿…………………刘烨文
伞下的世界……………………王　亮
小街，住着这样一个女人……王瑞起

追车（习作者之友）…………尹少鹏
追赶生活的节奏………………凌璞三

散文
英伦风情………………………李国文
乡城神思………………………石　英
滇行五日………………………柯　夫

诗歌
新疆的梦（组诗）……………方　冰
她织着彩色的生活（外一首）……东　虹
关于缆绳的思索（外一首）…赵天山
蚕豆荚（外一首）……………禾　波
欢聚……………………………乔延风
放鸽群的小女兵………………张　欣
北海游船断想…………………李发模
腮上泪滴（未名集·八首）…（辽宁）贾希政等

函授教材作品选萃
考验（小说）…………………（新疆）王新省
要深入地开掘下去……………张长弓
卖豆腐的少女（诗）…………（鞍山）蔡恒东
评点……………………………杨光治

评论
文学的大繁荣就要来了（文坛漫笔）……阎　纲
创作是发现（作品短评）
　——评金河的新作《白色的诱惑》……李作祥
战争·人·军人（作品短评）
　——《最后的堑壕》简评………黄国柱
"不动情不是好军人"（作品短评）
　——读《深山猛士》…………丁临一
自然流泻与矫揉造作（文艺随笔）
　——艺术规律探微……………胡德培
辽宁省第三次文学期刊联谊会在本溪召开…本刊记者

1985 年第 1 期　刊名:《鸭绿江》
目录

小说
主人　暴发户写了一副对联，有人说：这叫反攻倒算；有人说：这叫不平则鸣。到底谁是生活的主人呢？请读者思索吧。……………吴雪恼
挂蓝帘的街　善良的人为古朴美的遗失而惶惑。布帘还是消失了。留给她的是一个新的世界。
……………………………魏继新
C 城记事　在美国。台湾学生赵敬孔，性格似乎孤僻、古怪，其实他有他的心思……萧金铃

在灯红酒绿的夜市 ················ 聂鑫森
太监传奇　太监大多是宫廷的鹰犬，可这里写的几个人却不是，他们居然要造反了。 ········ 黄德燧
大茅山里的小伙子 ················ 杜光辉
惊梦 ·························· 金一鸣
小鸟与笼子的结合（寓言二则） ····· 高景轩
春雨（习作者之友） ·············· 宋树梅
成功的诀窍 ···················· 凌璞三

报告文学·散文
时代的雕塑　李守富的兴奋点·他到底是哪国厂长·神奇的领地·来自开放地带的诱惑 ··· 杨　凯　孔昭明
前锋之歌 ······················ 石　湾
在这个奇妙的世界里 ·············· 赵树岭
金牌，缀满珍珠雨 ················ 王贺锦

诗歌
长城之思 ······················ 刘　镇
遥寄（外一首） ·················· 谢先云
晨风，请吹走我的一片白云 ········· 杨庭安
夜宿江头，故乡梦 ················ 王鸣久
零点，我下班（处女地·八首） ······ 李穆伟等

评论
文学与"文革"（文坛漫笔） ········· 靳　化
一个熟识的陌生人（作品短评）
——试析《明天，将如何……》中的李允哲 ··· 九　思
一个发人深省的形象（作品短评）
——我看《"炼狱"》 ·············· 包泉万
"同步说"浅释（文艺随笔） ········· 殷晋培

美术
封面设计 ·············· 唐　硕　黄碧霞
新浪（油画） ···················· 陈衍宁
海之路（油画） ··········· 王维加　潘　雷

1985 年第 2 期　刊名：《鸭绿江》
目录

小说
女秘书的苦心　女秘书苦心培植的意中人，却是她人生哲学的叛逆者 ··············· 赵　颖
百日县长　题目使人联想起"百日维新"这一严峻的历史课题，但，悲剧终于发生了 ······ 建　森
马拉松第九名　国际马拉松比赛在北京拉开了战幕，强手如林，居然钻出了一位陌生的待业青年······
······························· 张　挺
新老之间（外二篇） ·············· 程世伟

在楼梯口 ······················ 齐迎春
那系着生命的 ··················· 郭　全
卖煤 ·························· 文　岚
胃口 ·························· 贺中文
弹吉他的"阿西"们（习作者之友） ··· 李亚伦
暗处也有美——谈《弹吉他的"阿西"们》 ··· 凌璞三

报告文学
敢为天下先　且看老农如何投资三百万，进城盖高楼，领导物质文明的新潮流！ ········ 苏曼华

纪实文学
末代皇后　皇宫秘闻，才女封后；暗幽会揭穿西洋镜，遭报复一命染黄泉 ············ 王庆祥

诗歌
泪水，泡着一支欢乐的歌 ··········· 李松涛
林荫 ·························· 李昆纯
谁要与水兵相爱 ················· 刘新智
晾（处女地·八首） ··············· 刘　静等

评论
痛快之后（文坛漫笔） ············· 刘　齐
不以一眚掩大德
——简评短篇小说《主人》 ·········· 田志伟
洁白的鸽子
——读《天外飞来的白鸽》 ·········· 陶　洪
"爱我中华　修我长城"倡议书

美术
安塞腰鼓（油画） ················ 张自薿
云横秦岭（国画） ················ 郭　勇

1985 年第 3 期　刊名：《鸭绿江》
目录

小说
晕眩　作者曾被各种纷至沓来的思绪搅得头晕目眩，折磨得痛苦不堪。他等待着 ········ 姜天民
清晨　生活的步伐是多么美好而迅速！老人愕然了。一夜之间，他不能不对自己熟悉的儿孙刮目相看。 ····························· 陈国凯
吻别　他们在亲吻中分手了，于是人们······人们能谅解相互的仇恨，为什么不能容忍相互的理解呢？
······························· 成　华
通缉令 ························ 唐乃丁
爱，闪光的爱 ··················· 胡　迅
在那间小屋子里 ················· 刘欣声

教师之家·······································刘　佳
第一个旅程·····································毛　琦
在罪犯的行列（习作者之友）···················江登奎
情节，提神剂···································凌璞三

报告文学·散文
男性的魅力　窈窕女目光过人，开拓者魅力超群，事
业和爱情曲折而和谐······························刘元举
散文诗二章·····································胡德伟

纪实文学
末代皇妃离婚案　清廷末代皇妃文绣，竟向皇帝提出
离婚，成为封建帝制第一个造反者。···········王庆祥

诗歌
我的山村（组诗）·······························张　军
闪着晶莹露珠的小花·····························于宗信
湖水（外一首）·································邓荫柯
柳叶（外一首）·································中　流
船台黄昏·······································未　凡
江南水（处女地·九首）·······················王立明等

评论
"要超过自己"（文坛漫笔）·····················胡德培
有点酸、有点甜、有点苦、有点辣（作品争鸣）
···李作祥
写什么人、怎样写？（作品争鸣）···············中　耀
题材的提炼与诗意的匠心（文艺随笔）···········胡宗健
打开了封闭的心灵（作品短评）·················苏成咸

美术
祈祷者（大理石雕塑）·························巴托利尼
追赶春天的人（油画）·························王力克

1985 年第 4 期　刊名:《鸭绿江》
目录

在辽宁作协第四次会员代表大会上的祝词
············中共辽宁省委书记　孙维本
辽宁作协第四次会员代表大会开幕词
····················辽宁作协主席　马　加
改善我们的心理状态
——辽宁作协第四次会员代表大会闭幕词
··················辽宁作协副主席　金　河
中国作家协会辽宁分会主席团、顾问、理事、书记处
名单

小说
两套车　过去的穷亲戚，今天竟一身阔气地在姐姐家
出现，于是有人迷惘了……·······················金　河
华盛顿来的舅舅　无非是一个"华盛顿"来的舅舅，
竟致使一些人乱了方寸，闹腾得令人啼笑皆非。
···古　华
春天的童话（中篇连载·一）　羽姗，一个经历了无
数坎坷的女子，在大地春回的日子里，她踏上了生活
的又一个崎岖的历程……·······················遇罗锦

报告文学·散文
改革阵前的大丈夫·····················安波舜　隋　彬
庆功会后的改革者，将眼泪暗自吞饮，迎来更有力的
生机。
春声赋···邢亦群

纪实文学
明贤贵妃·······································王庆祥
末代贵妃之死的不解之谜——十七岁的女学生终成宫
廷牺牲品。

诗歌
无题抒情诗·····································厉　风
中国的知识分子·································谢挺宇
鞍山印象·······································孙友田
装配线···佟明光
我是太阳的儿子·································左连生
细溜溜的小路···································任惠敏
爷爷属牛我属马·································刘秋群

美术
妇人（雕塑）···································德普利
雨中情（国画）·································周金杰
海疆情之一（木刻）·····························刘震激

1985 年第 5 期　刊名:《鸭绿江》
目录

青年作家小说专号
界河上的恩哈玛发·······························宫魁斌
我听到了一种声音
——读《界河上的恩哈玛发》·····················刘兆林
皮包···张　宇
现代舞厅·······································项　梓
唉，我呀我·····································溯　源
楼房···黄蓓佳
我和他是两个岛·································马秋芬
沉情···高满堂

春天的童话（中篇连载·二）………遇罗锦
有"福"贵人（纪实文学）…………王庆祥
生死之间（习作者之友）……解放军某部 刘德清
在生活的土地上耕耘………………凌璞三
蟾蜍和蚂蚱（寓言·外一则）………邵忠杰
谁是时代的主人（作品争鸣）
——论小说《主人》中的巴咸与长甲……武为三
一个新的典型（作品争鸣）
——读《主人》，谈长甲…………舒康乐
荡荡君子意　拳拳小人心（作品争鸣）
——读《主人》，话巴咸…………张有仁
惺惺惜惺惺（作品短评）……………刘　齐
何必"转移阵地"（文艺随笔）
——读蒋子龙《燕赵悲歌》的一点联想…华　然
准确地把握新观念（文艺随笔）……许振强

1985 年第 6 期　刊名:《鸭绿江》
目录

小说
副教授………………………………鲍　昌
饿夜…………………………………刘兆林
鬼影…………………………………垂　雨
江水悠悠……………………………电　弧
余途…………………………………何立彬
春天的童话…………………………遇罗锦
第一个………………………………绿　儿
枣……………………………………白天光
山杏（习作者之友）………………张树海
借鉴与创作…………………………凌璞三

报告文学·散文
啊，一颗灼亮的小星…………………东　缨
清水流香……………………………曲　波
文竹…………………………………彭定安

诗歌
假如世间没有爱情……………………晓　凡
异国……………………[菲律宾]刘　氓
竹………………………………（回族）高　深
西湖（外一首）……………………黄东成
周末，蓝色的周末…………………栾国康
榛子…………………………………田　丰
月牙儿，请你托稳灯………………柳青波
卖糖葫芦的女孩……………………张水舟
兴城海滨……………………………吴宝三
放木排………………………………杨川庆
春（处女地·四首）………………洋　滔等

评论
更新我们的文学观念………………卓　宇
现实与思索（作品争鸣）…………熊笃诚
从人物塑造看《主人》的失误（作品争鸣）…恒　学
栩栩欲活的"这一个"（作品争鸣）…齐　虹
人物向笔尖扑来（作品短评）……谢挺宇
努力开掘生活的美与丑（作品短评）…武亦文

美术
巴欧利娜（雕塑）…………………卡　农
未来世界（油画）…………………王晓明
庐山五老峰一瞥（诗与画）………张　望

1985 年第 7 期　刊名:《鸭绿江》
目录

小说
三一七室乘客………………………柯尊解
不要问我从哪里来…………………杨东明
罪孽的回声…………………………王宗汉
大麦关头……………………………林元春
花师…………………………………初学文
朦胧（习作者之友）………………方　菁
着意刻画人物心态…………………凌璞三

报告文学·散文
伟大的"犯人"生活…………………郭云梦
祝愿天下有心人……………………柯　蓝

诗歌
大山的心（组诗）…………………刘毅然
看姑娘追……………………………骆　之
呵，四胡（外一首）………………王忠范
虹……………………………………红霜叶
无名岛………………………………佟　畴
明天…………………………………张云晓
鹿茸石………………………………王鸣久
海石花（处女地·四首）…………倪峻宇等

评论
怎么办?（文坛漫笔）………………陈　山
独特的"这一个"
——《主人》人物形象浅析………罗良德
新生活　新主人
——《主人》读后漫笔……………李书磊
金河小说中的政治…………………李清泉

美术

难忘的岁月（油画）⋯⋯⋯⋯马宏道　倪芳华
江上风光更迷人（国画）⋯⋯⋯⋯⋯⋯董显仁

1985 年第 8 期　刊名:《鸭绿江》
目录

少女湖⋯⋯⋯⋯⋯⋯⋯⋯⋯⋯⋯迟松年
心灵的苏醒、开放与憧憬
　——读迟松年的短篇新作《少女湖》⋯谢俊华
小小一朵云⋯⋯⋯⋯⋯⋯⋯⋯⋯龚由青
小提琴的精灵⋯⋯⋯⋯⋯⋯⋯⋯木　青
白夜⋯⋯⋯⋯⋯⋯⋯⋯⋯⋯⋯范小青
医魂⋯⋯⋯⋯⋯⋯⋯⋯⋯⋯⋯吴海元
门镜⋯⋯⋯⋯⋯⋯⋯⋯⋯⋯⋯王金屏
离异⋯⋯⋯⋯⋯⋯⋯⋯⋯⋯⋯潘洪禹
兴安岭的雪⋯⋯⋯⋯⋯⋯⋯⋯⋯常　毅
羊儿乖乖⋯⋯⋯⋯⋯⋯⋯⋯⋯⋯林　希
江水吟⋯⋯⋯⋯⋯⋯⋯⋯⋯⋯⋯汪　惟
雪里过龙⋯⋯⋯⋯⋯⋯⋯⋯⋯⋯邓晓宝
柳宗元上任⋯⋯⋯⋯⋯⋯⋯⋯⋯肖文苑
万俟戈行踪⋯⋯⋯⋯⋯⋯⋯⋯⋯郑吉民
啊，绿色呢上衣（习作者之友）⋯⋯蒋佳若
创作的真功夫⋯⋯⋯⋯⋯⋯⋯⋯凌璞三
获取崭新的观察眼光（文坛漫笔）⋯李书磊
启人深思　催人警醒
　——关于《主人》来稿摘编
用马克思主义思想改造我们的精神世界
　——关于国民性问题的一封信⋯⋯吴若增

1985 年第 9 期　刊名:《鸭绿江》
目录

小说

第五个房客⋯⋯⋯⋯⋯⋯⋯⋯⋯宋学武
剥落⋯⋯⋯⋯⋯⋯⋯⋯⋯⋯⋯高霜木
教训⋯⋯⋯⋯⋯⋯⋯⋯⋯⋯⋯李惠文
雪夜的韵⋯⋯⋯⋯⋯⋯⋯⋯⋯⋯杨　凯
绿绒绒的梦⋯⋯⋯⋯⋯⋯⋯⋯⋯成　华
不泪人（外二篇）⋯⋯⋯⋯⋯⋯程世伟
鸢情⋯⋯⋯⋯⋯⋯⋯⋯⋯⋯⋯凤　子
攀过青黄岭⋯⋯⋯⋯⋯⋯⋯⋯⋯孙蕙芬
忘忧草（习作者之友）⋯⋯⋯⋯贾雨霞
童年的窗口
　——评《忘忧草》⋯⋯⋯⋯⋯凌璞三

诗歌

过去不属于遗忘（组诗）⋯⋯⋯⋯王立明
抒情诗三首⋯⋯⋯⋯⋯⋯⋯⋯⋯方　冰
小油珠的歌⋯⋯⋯⋯⋯⋯⋯⋯⋯王荆岩
蝶影⋯⋯⋯⋯⋯⋯⋯⋯⋯⋯⋯陈玉坤
觅⋯⋯⋯⋯⋯⋯⋯⋯⋯⋯⋯⋯李昆纯
冬青赋⋯⋯⋯⋯⋯⋯⋯⋯⋯⋯⋯苗得雨
水手长（处女地·十二首）⋯⋯刘德亮等

散文

我与"中山"⋯⋯⋯⋯⋯⋯⋯［瑞士］赵淑侠
月的素描⋯⋯⋯⋯⋯⋯⋯⋯⋯⋯傅子玖

评论

了解时代　热爱人民（文坛漫笔）⋯丁临一
在生活中摆正情爱的位置（作品短评）
　——我看小说《晕眩》⋯⋯⋯⋯刘介民
改革的深入与文学的拓展⋯⋯⋯⋯云　德
时代·作家（文艺随笔）⋯⋯⋯⋯柯　夫
小议"题记"（文艺随笔）⋯⋯⋯余三定
好比一股夏夜清风
　——辽宁省第四次文学期刊联谊会纪要⋯王传珍

美术

正义必胜　人民必胜
　——"纪念抗日战争和世界反法西斯战争胜利四十周年"照片选登（七幅）

1985 年第 10 期　刊名:《鸭绿江》
目录

小说

沉重的签字⋯⋯⋯⋯⋯⋯⋯⋯⋯邓　刚
沉浮三地书⋯⋯⋯⋯⋯⋯⋯⋯⋯韶　华
夏天的红十字⋯⋯⋯⋯⋯⋯⋯⋯王中才
冷色的记忆⋯⋯⋯⋯⋯⋯⋯⋯⋯史卫国
小站，没有留下痕迹⋯⋯⋯⋯⋯盛祥兰
碧水东流⋯⋯⋯⋯⋯⋯⋯⋯⋯⋯康启昌
一个家庭的毁灭⋯⋯⋯⋯⋯⋯⋯徐宏智
黄与绿的转换⋯⋯⋯⋯⋯⋯⋯⋯焦传洲
攀⋯⋯⋯⋯⋯⋯⋯⋯⋯⋯⋯⋯孙春平
谜（习作者之友）⋯⋯⋯⋯⋯⋯张　洁
读《谜》⋯⋯⋯⋯⋯⋯⋯⋯⋯⋯凌璞三

报告文学·散文

梅兰芳先生的印象记⋯⋯⋯⋯⋯王忠瑜
柳荫絮语⋯⋯⋯⋯⋯⋯⋯⋯⋯⋯王充闾
仙人掌和昙花⋯⋯⋯⋯⋯⋯⋯⋯包泉万

渔船进港（散文诗）⋯⋯⋯⋯⋯⋯⋯⋯王贺绵

诗歌

黄山挑夫颂⋯⋯⋯⋯⋯⋯⋯⋯⋯⋯易仁寰
唱给石头的歌⋯⋯⋯⋯⋯⋯⋯⋯⋯王守勋
记忆不需眼泪（外一首）⋯⋯⋯⋯⋯刘　镇
北海七月（外一首）⋯⋯⋯⋯⋯⋯⋯谢先云
天安门广场的结构⋯⋯⋯⋯⋯⋯⋯⋯马牧边
水罐，一个民族童话⋯⋯⋯⋯⋯⋯⋯王鸣久
桑椹熟了⋯⋯⋯⋯⋯⋯⋯⋯⋯⋯⋯韩辉升
餐桌会议⋯⋯⋯⋯⋯⋯⋯⋯⋯⋯⋯苏辑黎
登苏洲灵岩山（七律）⋯⋯⋯⋯⋯⋯孙丕任
游大观楼（七律）⋯⋯⋯⋯⋯⋯⋯⋯王明希
八达岭远眺⋯⋯⋯⋯⋯⋯⋯⋯⋯⋯吴　山
致改革者（处女地·四首）⋯⋯⋯⋯阎育方等

评论

东北的"文化土层"（文坛漫笔）
——"东北文学"断想之一⋯⋯⋯⋯金　河
不尽沧桑人眼来
——读长篇小说《过渡年代》⋯⋯⋯刘烈恒
宋学武的三级跳⋯⋯⋯⋯⋯⋯⋯⋯李作祥
从"皮包"里走出来（作品短评）⋯李　墨

美术

祖国，在挥汗建设大厦（木刻）⋯⋯薛红根
盛夏（木刻）⋯⋯⋯⋯⋯⋯⋯⋯⋯宁积贤

1985 年第 11 期　刊名:《鸭绿江》
目录

小说

饮马河上的发现⋯⋯⋯⋯⋯⋯⋯⋯金　河
蓝天呼唤⋯⋯⋯⋯⋯⋯⋯⋯⋯⋯⋯邵默夏
昨夜星光灿烂⋯⋯⋯⋯⋯⋯⋯⋯⋯邱晓光
煤泥河边的梦⋯⋯⋯⋯⋯⋯⋯⋯⋯赵　颖
陈酿⋯⋯⋯⋯⋯⋯⋯⋯⋯⋯⋯⋯⋯高光石
落点⋯⋯⋯⋯⋯⋯⋯⋯⋯⋯⋯⋯⋯辛晓征
不会笑的老汉（习作者之友）⋯⋯林树森
话说文学语言
——评《不会笑的老汉》⋯⋯⋯⋯凌璞三

报告文学·散文

盘锦，巍然耸起的英雄群像⋯⋯⋯徐光荣
情满岳麓⋯⋯⋯⋯⋯⋯⋯⋯⋯⋯⋯邓荫柯

诗歌

辽河抗洪交响乐（组诗）⋯⋯⋯⋯齐世明

访日诗抄
——日本四国村民家博物馆纪行⋯⋯刘文玉
梦
——崦嵫情思之四⋯⋯⋯⋯⋯⋯⋯谢挺宇
眺望长白山（外一首）⋯⋯⋯⋯⋯冯麟煌
急诊室⋯⋯⋯⋯⋯⋯⋯⋯⋯⋯⋯⋯胡　笳
假日的色彩⋯⋯⋯⋯⋯⋯⋯⋯⋯⋯陈茂欣
江心岛（外一首）⋯⋯⋯⋯⋯⋯⋯路　地
太阳灶⋯⋯⋯⋯⋯⋯⋯⋯⋯⋯⋯⋯李占学
我幻想有一千只云雀⋯⋯⋯⋯⋯⋯王兆琪
旋转的小镇⋯⋯⋯⋯⋯⋯⋯⋯⋯⋯张　军
清明雨（处女地·十一首）⋯⋯⋯颜　溶等

评论

假如来个外星人⋯⋯（文坛漫笔）
——"东北文学"断想之二⋯⋯⋯⋯金　河
探讨诗的技巧的信⋯⋯⋯⋯⋯⋯⋯晓　凡
军人心中的界河（作品短评）
——读《界河上的恩哈玛发》⋯⋯黄国柱
一篇引人注目的情绪小说
——《三一七室乘客》的断想⋯⋯郭延明
关于《蓝天呼唤》的通信⋯⋯邓　刚　邵默夏

美术

中州山河美好画（国画）⋯⋯⋯⋯郭　勇
晨（木刻）⋯⋯⋯⋯⋯⋯⋯⋯⋯⋯杜卓跃

1985 年第 12 期　刊名:《鸭绿江》
目录

小说

沉默的堤⋯⋯⋯⋯⋯⋯⋯⋯⋯⋯⋯刘元举
坐着的和站着的⋯⋯⋯⋯⋯⋯⋯⋯陈　玙
胎⋯⋯⋯⋯⋯⋯⋯⋯⋯⋯⋯⋯乌热尔图
国宝⋯⋯⋯⋯⋯⋯⋯⋯⋯林和平　于德才
不知道为了什么⋯⋯⋯⋯⋯⋯⋯⋯萧　纬
风雪，不再呼啸⋯⋯⋯⋯⋯⋯⋯⋯刘景山
书冢⋯⋯⋯⋯⋯⋯⋯⋯⋯⋯⋯⋯⋯李永宏
寻梦⋯⋯⋯⋯⋯⋯⋯⋯⋯⋯⋯⋯⋯迟文浚
小小女儿国⋯⋯⋯⋯⋯⋯⋯⋯⋯⋯徐　铎
朋友没笑⋯⋯⋯⋯⋯⋯⋯⋯⋯⋯⋯张祖明
趣嫂（习作者之友）⋯⋯⋯⋯⋯⋯魏宝山
一着用好，全篇增色
——读《趣嫂》⋯⋯⋯⋯⋯⋯⋯⋯凌璞三

散文

长白山下⋯⋯⋯⋯⋯⋯⋯⋯⋯⋯⋯峻　青
香山日出⋯⋯⋯⋯⋯⋯⋯⋯⋯⋯⋯王　鹏

诗歌

菲华"新潮文艺社"访华团诗抄（七首）————江一涯等
花（外一首）————————————————胡世宗
孩子·美人鱼————————————————黄　堃
小燕子似的女大学生————————————刁　斗
伪装圈——————————————————张云晓
火箭发射场————————————————晨　枫
初夏的经历（处女地·五首）——————梁　雯等

评论

掬一捧长江水（文坛漫笔）
　——"东北文学"断想之三————————金　河
把笔触伸向人物的心灵（作品短评）
　——读短篇小说《第五个房客》——————周兴华
"寻找自己"（文艺随笔）
　——艺术规律探微————————————胡德培
祝贺·期待·继续攀登
　——韶华著长篇小说《过渡年代》座谈会侧记
————————————————————厉　卓

美术

杨虎城在茂陵（诗与木刻）————————张　望
棠梨农家（国画）——————————————周金杰

1986 年第 1 期　刊名:《鸭绿江》
目录

小说

荒野之声（中篇）—————————————刘　虹
火中的鸟—————————————————汪　澎
闪光的十字架————————————————孙蕙芬
月朦胧——————————————————张郁舒
美哉，康熙御题！———————陈秋生　莫大祥
天葬———————————————————王小阳
男人的船—————————————————乔玉钢
命运的枪声————————————————王　翊
不关大人的事（外一篇）——————————荒　原
小乙觅友记（习作者之友）————————冯文吉
刻意求新，一点点也好
　——谈《小乙觅友记》的题旨并兼复作者的信
————————————————————凌璞三

报告文学

神酒———————————————————安波舜

诗歌

小小地平线……（组诗）————————王鸣久
阶……———————————[菲律宾]云　鹤

清晨，她依着柳条——————（蒙古族）傅月华
在电影院门口————————————————谢先云
团长的小女儿（外一首）——————————任惠敏
送别在朝天门码头——————————————红霜叶
沉默———————————————————曾凡华
海峡月（外一首）——————————————洪　泓
叶雨———————————————————肖雄文
细雨濛濛—————————————————刘希涛
母亲（处女地·十三首）——————————洋　滔等

评论

谈谈常识问题（文坛漫笔）————————李作祥
"说不清楚"臆说（文艺随笔）——————东　明
想起了老舍（文艺随笔）——————————陈　山
在新浪潮的冲击下……（作品短评）
　——邓刚新作《沉重的签字》散议——————田志伟
历史的逆向回顾
　——谈《剥落》————————————恒　学
关于《冷色的记忆》的记忆（文学笔会）——史卫国

美术

封面设计—————————————————王　阳
迎春曲（木刻）———————————————江　雪
妈妈在田里（木刻）—————————————习凤山

1986 年第 2 期　刊名:《鸭绿江》
目录

小说

新婚———————————————————浩　然
发现———————————————————吴若增
飘动的云—————————————————吕永岩
君子之交—————————————————肖士庆
人缘———————————————————赵　新
人间，最后一夜———————————————鲁　琪
鸟奴———————————————————许振强
屋后一棵老枣树———————————————李志海
梳妆镜（习作者之友）———————————邹积宝
换换口味儿——读《梳妆镜》————————凌璞三
母子泪——————————————————程世伟

散文

家枣树——————————————————王素英
草丛拾贝—————————————————唐　纪
桃源疑路—————————————————鲁　野
雪忆———————————————————任惠敏

诗歌

乡村的故事（组诗）⋯⋯⋯⋯⋯⋯董桂萍
关东大地⋯⋯⋯⋯⋯⋯栾国康 岳海鹏
小溪，弹给我一支心曲（外一首）⋯罗继仁
蝈蝈⋯⋯⋯⋯⋯⋯⋯⋯⋯⋯⋯李昆纯
黎明，飞过一辆二六女车⋯⋯⋯水 舟
军港夜笛⋯⋯⋯⋯⋯⋯⋯⋯⋯刘新智
矿工的白帆⋯⋯⋯⋯⋯⋯⋯⋯葆 果
索道上的思索⋯⋯⋯⋯⋯⋯⋯刘文超
家乡的夜⋯⋯⋯⋯⋯⋯⋯⋯⋯刘宝祥
晚霞⋯⋯⋯⋯⋯⋯⋯⋯⋯⋯⋯熊国永
小小的车前子⋯⋯⋯⋯⋯⋯⋯马中夫
三峡畅想⋯⋯⋯⋯⋯⋯⋯⋯⋯徐慎贵
人生（处女地·六首）⋯⋯⋯⋯徐 放等

评论

文学是一个圆圆的球体（文坛漫笔）⋯刘 齐
超越自己
——青年评论家刘齐及其论著（文坛新人录）
⋯⋯⋯⋯⋯⋯⋯⋯⋯⋯⋯⋯陈 山
意蕴深邃的镜头（作品短评）
——读《坐着的和站着的》⋯⋯刘烈恒
哀哀的壮歌（作品短评）
——读乌热尔图小说《胎》⋯⋯王延才

美术

苏醒的海难（水印木刻）⋯⋯⋯沈 杰
山果落了（水印木刻）⋯⋯⋯⋯刘 宝
春寒（木刻）⋯⋯⋯⋯⋯⋯⋯卜维勤

1986 年第 3 期　刊名:《鸭绿江》
目录

小说

最后一次出海⋯⋯⋯⋯⋯⋯⋯胡世宗
满目青山夕照明⋯⋯⋯⋯⋯⋯葛 洛
吃客⋯⋯⋯⋯⋯⋯⋯⋯⋯⋯⋯孙春平
海韵⋯⋯⋯⋯⋯⋯⋯⋯⋯⋯⋯李春鹃
放山人⋯⋯⋯⋯⋯⋯⋯⋯⋯⋯江 心
茅寮⋯⋯⋯⋯⋯⋯⋯⋯⋯⋯⋯高 锋
光棍轶事⋯⋯⋯⋯⋯⋯⋯⋯⋯成居慧
呵，芦花鸡⋯⋯⋯⋯⋯⋯⋯⋯阿 利
大衣（习作者之友）⋯⋯⋯⋯⋯齐 涛
小说，要有嚼头
——《大衣》评析⋯⋯⋯⋯⋯凌璞三

报告文学·散文

震惊世界的一枪⋯⋯⋯⋯⋯⋯李 直
江南春色⋯⋯⋯⋯⋯⋯⋯⋯⋯单 复
冰凌花⋯⋯⋯⋯⋯⋯⋯⋯⋯⋯高福海

诗歌

莺谷之声（组诗）⋯⋯⋯⋯⋯⋯刘 镇
山妹子真野（外一首）⋯⋯⋯⋯韩辉升
铁链，扯起一片蓝色的梦幻⋯⋯李道林
水兵与海鸥（外一首）⋯⋯⋯⋯刘新智
采油树（外一首）⋯⋯⋯⋯⋯⋯晏 明
峡江涡漩⋯⋯⋯⋯⋯⋯⋯⋯⋯徐慎贵
沙丘绿色（外一首）⋯⋯⋯⋯⋯刘益善
四月的榆钱⋯⋯⋯⋯⋯⋯⋯⋯李占学
女工的周末（处女地·六首）⋯天 琴等

评论

"感谢时代⋯⋯"（文坛漫笔）⋯⋯胡德培
得之在俄顷 积之在平日（文学笔会）⋯陈 玓
心理深刻性与历史真实性的和谐统一（作品短评）
——评《冷色的记忆》⋯⋯姚铁军 武为三
令人震颤 发人深思（作品短评）
——《鬼影》读后⋯⋯⋯⋯⋯李发展
勿忘革命通俗文学的好传统（文艺随笔）
——读《赵树理论创作》随想⋯⋯华 然

美术

刺儿（水印木刻）⋯⋯⋯⋯⋯⋯刘 宝
"宝宝"（套色版画）⋯⋯⋯⋯⋯赵晓沫
春溪（木刻）⋯⋯⋯⋯⋯⋯⋯卜维勤

1986 年第 4 期　刊名:《鸭绿江》
目录

小说

依玛堪的回声⋯⋯⋯⋯⋯⋯⋯边玲玲
丁县宾馆⋯⋯⋯⋯⋯⋯⋯⋯⋯鲍 昌
黄土小街⋯⋯⋯⋯⋯⋯⋯⋯⋯张 涛
虹⋯⋯⋯⋯⋯⋯⋯⋯⋯⋯⋯⋯孙少山
再生⋯⋯⋯⋯⋯⋯⋯⋯⋯⋯⋯马成林
古墓⋯⋯⋯⋯⋯⋯⋯⋯⋯⋯⋯孙观懋
古老的哀歌⋯⋯⋯⋯⋯⋯⋯⋯徐国良
校友，相逢在⋯⋯⋯⋯⋯⋯⋯王冬梅
夜，蓝色的梦（习作者之友）⋯⋯沈南冰
探求，值得鼓励
——读《夜，蓝色的梦》⋯⋯⋯凌璞三

报告文学·散文

为了全民族的文明和高雅⋯⋯⋯⋯⋯⋯苏曼华
感情的记忆⋯⋯⋯⋯⋯⋯⋯⋯⋯⋯⋯⋯骆　文

诗歌

活碑
——献给推动历史的无名英雄⋯⋯⋯⋯李松涛
竖井的意象（外一首）⋯⋯⋯⋯⋯⋯⋯齐世明
相思树⋯⋯⋯⋯⋯⋯⋯⋯⋯⋯⋯⋯⋯陈玉坤
小镇的意识流⋯⋯⋯⋯⋯⋯⋯⋯⋯⋯李金平
竹子（外一首）⋯⋯⋯⋯⋯⋯⋯⋯⋯戴砚田
磨盘·山诗兴⋯⋯⋯⋯⋯⋯⋯⋯⋯⋯贾志坚
早潮⋯⋯⋯⋯⋯⋯⋯⋯⋯⋯⋯⋯⋯⋯殊　萍
冬晨：春之梦⋯⋯⋯⋯⋯⋯⋯⋯⋯⋯樊发稼
溪边，有块洗衣石（处女地·十三首）⋯张立国等

评论

要识庐山多看山——"东北文学"断想之四（文坛漫
笔）⋯⋯⋯⋯⋯⋯⋯⋯⋯⋯⋯⋯⋯⋯金　河
复苏的人群
——评刘元举的纪实小说《沉默的堤》⋯许振强
《新婚》的题外话（文学笔会）⋯⋯⋯浩　然
散文诗和眼睛（文艺随笔）⋯⋯⋯⋯⋯傅子玖

美术

牛墟（木刻）⋯⋯⋯⋯⋯⋯⋯⋯⋯⋯杜应强
情（木刻）⋯⋯⋯⋯⋯⋯⋯⋯⋯⋯⋯王晶猷
青鸟与微波（木刻）⋯⋯⋯⋯⋯⋯⋯卜维勤

1986 年第 5 期　刊名:《鸭绿江》
目录

小说

窗⋯⋯⋯⋯⋯⋯⋯⋯⋯⋯⋯⋯⋯⋯⋯庞泽云
东岸西岸⋯⋯⋯⋯⋯⋯⋯⋯吕永岩　阎庆福
用不屈的奋斗架起理想的彩虹
——读《东岸、西岸》⋯⋯⋯⋯⋯⋯黄国柱
败子回头⋯⋯⋯⋯⋯⋯⋯⋯⋯⋯⋯⋯李惠文
君子⋯⋯⋯⋯⋯⋯⋯⋯⋯⋯⋯⋯⋯⋯石　英
雪雕⋯⋯⋯⋯⋯⋯⋯⋯⋯⋯⋯⋯⋯⋯木　青
青海青⋯⋯⋯⋯⋯⋯⋯⋯⋯⋯⋯⋯⋯张　颖
落叶飘然⋯⋯⋯⋯⋯⋯⋯⋯⋯⋯⋯⋯运新华
她，在雪夜里等待⋯⋯⋯⋯⋯⋯⋯⋯孙祝君
老阔和小阔（习作者之友）⋯⋯⋯⋯李月英
把握生活与小说的表现
——读小说《老阔和小阔》⋯⋯⋯⋯凌璞三

1986 年第 6 期　刊名:《鸭绿江》
目录

散文

棒捶岛的风雨⋯⋯⋯⋯⋯⋯⋯⋯⋯⋯马　加
蒙特卡洛一夕⋯⋯⋯⋯⋯⋯⋯⋯⋯⋯于　敏
明珠总行⋯⋯⋯⋯⋯⋯⋯⋯⋯⋯⋯⋯罗　丹

诗歌

北方的黄金海岸（组诗）⋯⋯⋯⋯⋯杨庭安
北方：地下森林（外一首）⋯⋯⋯⋯芦　萍
长江：葛洲坝抒怀（外一首）⋯⋯⋯纪　鹏
西部：沐浴节（外一首）⋯⋯⋯⋯⋯洋　滔
转炉：我心中的凤凰⋯⋯⋯⋯⋯⋯⋯董俊生
荡漾着橄榄绿的小院⋯⋯⋯⋯⋯⋯⋯谢先云
雁阵（外二首）⋯⋯⋯⋯⋯⋯⋯⋯⋯徐　艾
金子的心（处女地·六首）⋯⋯⋯⋯马中夫等

评论

需要有一个主调（文坛漫笔）⋯⋯⋯王延才
由实用向审美蜕变
——于德才小说印象（文坛新人录）⋯李作祥
有地方特色的倒容易成为世界的（当代东北文学放谈）
——创议"东北文学"之我见⋯⋯⋯李兴武
也谈"东北文学"（当代东北文学放谈）⋯尹权宇
做一个真正的艺术追求者（文艺随笔）⋯胡德培

美术

轻风（版画）⋯⋯⋯⋯⋯⋯⋯⋯⋯⋯赵晓沫
姐妹（版画）⋯⋯⋯⋯⋯⋯⋯⋯⋯⋯周秀芬
晨雾（木刻）⋯⋯⋯⋯⋯⋯⋯⋯⋯⋯杜卓跃

小说

猫眼儿⋯⋯⋯⋯⋯⋯⋯⋯⋯⋯⋯⋯⋯金　河
清障（中篇）⋯⋯⋯⋯⋯⋯⋯⋯⋯⋯展　哥
春宵一刻⋯⋯⋯⋯⋯⋯⋯⋯⋯⋯⋯⋯来　来
珍珠湖⋯⋯⋯⋯⋯⋯⋯⋯⋯⋯⋯⋯⋯盛祥兰
不必解释⋯⋯⋯⋯⋯⋯⋯⋯⋯⋯⋯⋯商薇薇
在那片大海上⋯⋯⋯⋯⋯⋯⋯⋯⋯⋯邹德盛
哥哥（外一篇）⋯⋯⋯⋯⋯⋯⋯⋯⋯李建飞
车夫与学生（习作者之友）⋯⋯⋯⋯赵维忠
小篇幅做大文章
——读《车夫与大学生》⋯⋯⋯⋯⋯凌璞三

报告文学·散文

信念之光⋯⋯⋯⋯⋯⋯⋯⋯⋯⋯⋯⋯徐光荣
三人行⋯⋯⋯⋯⋯⋯⋯⋯⋯⋯⋯⋯⋯王充闾

诗歌

黄山松·八音鸟（组诗）————————晓　凡
长白山————————————————郭　煌
追随沈阳————————————————陆　健
庐山雾————————————佟　畴　杨　光
雨花石————————————————张云晓
丹柿————————————————莫西芬
歌——————————————————熊国永
极乐鸟————————————————佟明光
给某公画像两幅————————————王占喜
气球——————————————————韩辉升
拐棍叹（外一首）——————————苗得雨
"猴"主任—————————————刘德轩
车伙子（处女地·十三首）————张君义等

评论

"东北文学"可行说略————————荒　原
生活处处有文章（文学笔会）
——《小小女儿国》创作随感————徐　铎
迈向新的艺术表现世界（作品短评）
——读浩然的近作《新婚》————陈　山
细腻地展示人物的心灵历程（作品短评）
——评小说《不知道为了什么……》——邓荫柯
描写人物，评判生活
——谈《君子之交》———————于　勤

美术

琉璃河（版画）————————————莫　测
源远流长（国画）————————周金杰

报告文学·散文

我们的队伍向太阳——蔡畅和孩子们——赵郁秀
没有送出的结婚礼品————————詹逸文
泥土————————————————易仁寰
春的画册————————————————王贺锦
偶拾二章————————————————徐慎贵

诗歌

旧体诗十四家————————————王敏求等
我遥望着伊塞克湖的方向——————李　瑜
河西走廊三章————————————邓荫柯
千山拾翠（三首）——————————石土坡
夜雨·蔷薇（外一首）————————李相珏
我是海的孩子————————————韩　冰
红土地————————————————易殿选
夜航大运河————————————李占学
鸥鸟和海（外二首）————————陈茂欣
春夜，从田野归来————————李昆纯
无名牌（处女地·五首）————颜　溶等

评论

思想解放与文学寻根（文坛漫笔）——王吉有
性格，世界上最高的美（中青年作家论）
——谈《达理短篇小说选》的人物塑造——王菊延
"东北文学"漫议（当代东北文学放谈）——金　河
关于区域性文学的思考（当代东北文学放谈）
————————————————厉　风
寻找与追求（文艺随笔）————————宋学武

美术

长征第一山（诗与木刻）————————张　望
收获缅茄（木刻）——————————张承尧

1986 年第 7 期　刊名:《鸭绿江》
目录

小说

他在荣升的时刻（中篇连载）————叔　平
在心的远景里————————————李　盈
白门————————————————白玲玲
麝香————————————————李乔亚
女医生的悲哀————————————吴海元
峭壁————————————————杨新宇
儒林三题————————————————杨　哨
老王头之死————————————————杨　凯
大鲸鱼的悲剧（外一则）——————潘照坤
杀鸡给猴吃————————————徐振英
鸿沟（习作者之友）————————张晓晓
来自生活的感叹
——《鸿沟》读后————————凌璞三

1986 年第 8 期　刊名:《鸭绿江》
目录

小说

迷惘的悲剧————————————吕永岩
并非题外谈文————————————王中才
落日————————————————史卫国
怪人轶事————————————————宋宝宁
风——————————————————刁　斗
地下室里发生的事————————————未　蒙
爸爸与分头————————————于颖新
他在荣升的时刻（中篇·续完）————叔　平
锣鼓声声（习作者之友）————————张一炎
开掘，靠深入思索——读《锣鼓声声》——凌璞三

报告文学·散文

在不是花园的花园里 ························· 唐 纪　赵凤岐
施耐庵故乡行 ································· 张啸虎
散文诗四章 ··································· 程晓松
山里人群像速写 ······························· 东 缨
钻井工组歌 ··································· 许振生

诗歌

远山（组诗） ································· 刘毅然
七五年夏谒雨花台 ····························· 罗 丹
遥念 ·· 谢挺宇
紫荆树下（外一首） ··························· 朱光天
贝思（外一首） ······························· 黄 淮
城市，清晨的风（外一首） ····················· 未 凡
你心上有片果园 ······························· 红霜叶
夜航大运河 ··································· 李占学
凯勒·海伦 ··································· 钱锦方
峨眉背夫 ···································· 解 明
一个小站的诞生 ······························· 王立明
望娘滩（处女地·六首） ······················· 刘德亮等

评论

走出十字路口（文坛漫笔） ····················· 陈 山
关乎文运兴衰之事
——"宽松"杂议 ······························· 华 然
慧眼的魅力
——《发现》读后（作品短评） ················· 张春生
寓意深远，形象逼真——读邵默夏《蓝天呼唤》（作品
短评） ·· 单 复
我的立足点
——《焦大轮子》创作想法（文学园地） ··········· 于德才

美术

军旅之光（摄影三幅） ··········· 张生红　刘可一　陈尊科
《世界童话之树》插图（木刻） ··················· 卜维勤

1986 年第 9 期　刊名:《鸭绿江》
目录

小说

笑城 ·· 乔典运
小街后面是高楼 ······························· 聂鑫森
东家 ·· 林和平
幸福草 ······································ 高 深
斜坡 ·· 史卫国
阿拉格尔岛的幽灵 ····························· 闵国库
雪地的太阳 ··································· 白小易

盆景 ·· 宇 峰
小镇风流 ····································· 张宝申

云帆集

牵不到他的手 ································· 王 莉
复杂灵魂的剖解 ······························· 凌璞三
踢进一个"香蕉球" ··························· 刘秋烈
编稿手记 ····································· 刘琪华

散文

断魂桥 ······································ 罗 丹

散文诗

海·人（三章） ······························· 王贺锦

散文

斯人长逝矣　丹心照汗青
——参观中山先生故居 ························· 程树榛
初访老坑 ····································· 林 呐

组诗

长征诗纪 ····································· 张云晓

散花集

诗八首 ······················· 任惠敏　谢克强　张 欣
刘益善　张雪杉　吕乃国　黄东成

处女地

诗六首 ······················· 施肃中　靳玉波　西 岸
美 华　庄 伟　姜国忠

文坛漫笔

文艺"环境"说 ······························· 张松魁

文学笔会

时代·历史·生活 ····························· 叔 平

作品短评

或者是多余的诠释 ····························· 殷晋培
艺术家与人
——评马成林的短篇小说《再生》 ················· 石 砺

文艺随笔

文学寻根与文化去向 ··························· 彭定安

美术

版画珍珠（藏书票八枚） ······················· 张家瑞等

1986 年第 10 期　刊名：《鸭绿江》
目录

小说

变调 ·· 孙惠芬
图腾之死 ··································· 晨　哥
蝌蚪 ··· 史卫国
青女像 ····································· 吕永岩
遥 ··· 刘　虹
界河 ··· 常　毅
跌落的诗魂 ······························ 杨新宇
匾 ··· 徐　铎
小街与长河 ······························ 盛祥兰
稚恋（外一篇） ························ 程世伟
魔椅 ··· 肖士庆

云帆集

海遐 ··· 张　洁

作品短评

敞开的、不设防的、又是寂寞的
　——读孙惠芬的小说《变调》 ·········· 李作祥
"神灵"不灵
　——读短篇小说《图腾之死》 ·········· 于成全
读《青女像》随感 ···················· 孙　毅
并非"荒诞"
　——读史卫国《蝌蚪》 ················· 范　力

美术

《进入耶路撒冷》（德国） ········ 威廉·莫格纳

1986 年第 11 期　刊名：《鸭绿江》
目录

小说

河葬 ··· 张　涛
水变 ··· 谢友郫
丁大棍子 ··································· 于德才
老屯 ··· 何志国
湾儿屯之夜 ······························ 边玲玲
叫驴儿 ····································· 马秋芬
郊外 ··· 张　颖
屠夫关明猪 ······························ 王金力
最新命题 ··································· 候成路

云帆集

多索 ··· 残　石
一首畸形而沉重的诗
　——读《多索》 ························· 刘兆林

作品短评

深沉，凝重
　——读张涛新作《河葬》 ·············· 周兴华
"辽西汉子"和文化意识
　——读谢友郫的小说《水变》 ········· 陈秀庭
农村改革的错综投影
　——《丁大棍子》简评 ················ 李万庆
新秩序在痛苦中诞生
　——《老屯》读后 ····················· 孙丕任

文艺随笔

"社会性"文学面对二律背反 ······ 许振强

美术

《小作之三》（油画） ·············· 费朗茨·马尔克

1986 年第 12 期　刊名：《鸭绿江》
目录

小说

泥 ··· 毛志成
寂寞的蝴蝶 ······························ 张笑天
老豆腐和杂合面 ························ 汤吉夫
嘴巴镇的风波 ·························· 庞泽云
古董 ··· 赵乐璞
古老的风车 ······························ 谭元亨
修伞 ··· 吴　亮
海王湾的早晨 ·························· 邹德盛
旷漠 ··· 毛　琦

散文

朗朗明月 ··································· 单　辉
壮美的河山英雄的箭 ················ 延泽民
狂风暗日上鸣沙 ························ 李海鸣

散花集

诗十三首 ············· 柯　夫　冯麟煌　梁谢成
　　陆　健　刘秋群　王金屏　水　舟　胡　鹏　何敬君

旧体诗

鲁迅五十年祭 ·························· 张　望
沈阳北陵 ··································· 乐　天
过日月山观倒淌河 ···················· 孙　芋

咏老虎滩·····························路 匆

处女地

诗五首···景 直 高旭旺 梁 雯 邓万鹏 郁晓鹰

评论

一九八六：惊人的一跃
——辽宁文坛新秀新作掠影·····························陈 山

文学园地

企盼着闺纲·····························田中全
关于《小窗絮雨》的通信·····················孙惠芬 张抗抗

管窥篇

质的模糊与人的活化
——文学创作的哲学思考之一·····················王吉有

作品短评

维纳斯的胳膊·····························王中才

美术

《创世纪的第六天》··················海因里希·坎彭唐克
油画《创世纪的第六天》简介·····················余永康
智海求知（套色木刻）·····················朱景仁

1987 年第 1 期　刊名:《鸭绿江》
目录

小说

腊月·····························林和平
药王庙沧桑·····························张石山
望夫树资料卡片·····························王俊义
呼玛河的规矩·····························杜宝华
老城老冷·····························刘洪安
秋色边声·····························王小克
无题·····························张成军

报告文学

"死角"里的少男少女·····················徐海滨

华夏新诗展

夏的踪影·····························臧克家
秋之诗·····························淡 莹
为了爱，巴格达不嫌远（三首）·············李 瑜
我就长在她的窗下（外二首）·············阿 红
筷子的故事·····························郭永秀

组诗

关东大地（五首）·····················王鸣久

散花集

山道上来了摩托队·····················苏韶芬
天上人间（三首）·····················韩辉升
猎人和豹子·····························摩 萨
寻（外一首）·····························潘洗尘
春梦（外一首）·····························徐宏智
心的版图·····························王性初

处女地

诗六首·····················胡昌文 胡 炜 董桂萍
程 维 梁广中 李 成

文学新潮

人的超越意识·····························张毓书

文坛新人录

好云无处不遮楼
——关于张涛创作之路的思考（之二）·············路 地

美术

《乡村野游》··················费尔南·雷捷
油画《乡村野游》简介·····················俞永康
大海深情·····························杨景泰

1987 年第 2 期　刊名:《鸭绿江》
目录

小说

太阳！太阳！·····························荒 原
绿书·····························邵默夏
燃烧的暴风雪·····························熙 高
有一个孩子·····························白玲玲
醒酒·····························高满堂
跑秧歌·····························王家男
老庞·····························于 波

报告文学

月有阴晴圆缺·····························胡世宗

散文

高原的雨·····························李德和

散文诗

中英街的界石·····························杨 麦

华夏新诗展
另一种情诗（外一首）……………………云　鹤
负重的太阳（二首）…………………陈茂欣
草原之笛………………………………金　哲
半掩之窗（二首）……………………叶延滨
长江，在我眸子里（三首）…………谢先云

旧体诗三家………………谢挺宇　罗　丹　张望

散花集
中秋……………………………………谢克强
"丽人"行（外一首）…………………徐　艾
渔村（外一首）………………………李占学
孤独的白桦（外一首）………………李昆纯
告别…………………………………满丹娜
那一年冬天……………………………史晓京

处女地
虽然……………………………………孙大梅
夸父与日………………………………孙功兵
五月·山乡……………………………张　军
爱情的季节……………………………王　冰
岸边……………………………………王立明

文学新潮
探索漫笔………………………………王笠耘

文学园地
关于《笑城》的通信…………李作祥　乔典运
感悟……………………………………张　涛

管窥篇
惶惑与选择……………………………李书磊
漫论接受意识…………………………刘烈恒

美术
色彩纸拼贴画…………………………马蒂斯
秋思（水印木刻）……………………赵海鹏
京郊农家（砖刻版画）………………王金旭

1987 年第 3 期　刊名:《鸭绿江》
目录

小说
诱惑（中篇）…………………………迟　迟
饿海……………………………………邹德胜
犁………………………………………汪家明
伤兵和女人……………………………李春娟

梅花结…………………………………董太丰

报告文学
走向春天………………………………苏曼华

华夏新诗展
杜鹃（外一首）………………………蓝海文
迷的追捕（四首）……………………刘畅园
并非童话（三首）……………………韩作荣
向往（二首）…………………………刘　镇
人生阿里郎（三首）…………………金成辉

散文诗小辑
三月的歌（三章）……………………文　牧
固执的梦（外一章）…………………纯　人
雪夜（外一章）………………………李昆纯
红珊瑚·白珊瑚（外一章）…………耿林莽
暴风雨中的独奏（二章）……………李　耕
山·桥（外一章）……………………樊发稼
黄发带（外一章）……………………王　敏

散花集
珠穆朗玛峰……………………………方竞成
乐山大佛………………………………左一兵

处女地
诗五首…徐　泽　黄殿琴　贞　子　匡　夫　王玉民

中青年作家论
"猫眼儿"风格
——金河新论（辽宁中青年作家创作论之一）
……………………………………………李作祥

管窥篇
谈变……………………………………李国文

创作纵横谈
枝节纵横………………………………林斤澜

作品短评
诗的散文美
——读《大海的心》致方冰同志………朱　寨
变态的球和变态的事
——读《踢进一个"香蕉球"》…………伍砺矛

文讯
引人注目　凌空腾起
——辽宁青年作者小说创作座谈会述评………李作祥

美术

《园盘》 ················· 费尔南·雷捷
迪斯科绘画 ················· 俞永康

1987 年第 4 期　刊名:《鸭绿江》
目录

小说
路劫（中篇） ················· 孙春平
红树 ················· 赵锐勇
门门门 ················· 王兆琪
闲马 ················· 阎欣宁
地光 ················· 王左泓
夜影 ················· 李松涛
在我们楼门洞里 ················· 潘洪禹
夜游二题 ················· 肖显志

报告文学
美国大使夫人 ················· 刘志清

散文
西丽湖畔的"创作之家" ················· 白长青

散文诗
我·大海·小虾（外一篇） ················· 刘燕

华夏新诗展
新春二题 ················· 胡昭
美的诱惑（四首） ················· 晓凡
yang——同音抒情诗（三首） ················· 李松涛
小诗一束（四首） ················· 芦萍
漓江之秋（二首） ················· 朱光天

组诗
北方的梅韵 ················· 孙大梅
读孙大梅的爱情诗 ················· 于宗信

散花集
苦菜花 ················· 刘章
青藤的渴望（外一首） ················· 颜廷奎
无标题进行曲 ················· 钱锦方
城市的母亲 ················· 田永元

管窥篇
一位不速之客的诘问：文学是干什么的? ················· 张松魁
安泰之死和文学的悲哀 ················· 慕公

文学新潮
文学的新时代与新时代的文学 ················· 彭定安

文坛新人录
对独到艺术世界的孜孜寻求
——评谢友鄞的小说创作 ················· 许振强

文艺现状探析
论新时期小说环境功能的蜕变 ················· 包泉万

美术
《梦》 ················· 巴勃罗·毕加索
奇妙组合的梦中偶像
——油画《梦》简介 ················· 俞永康

1987 年第 5 期　刊名:《鸭绿江》
目录

小说
罢工（中篇） ················· 赵锐勇
海月 ················· 史卫国
老芋头醉酒 ················· 沈治平
幻象 ················· 翟猛
太阳玉 ················· 沉涛
割爱 ················· 王太吉
圣旨 ················· 何志国
大帅遗骨 ················· 肖显志

散文
长白英灵 ················· 单复
温暖的故乡雪 ················· 杨子敏
愤怒与沉思（二章） ················· 王英琦
鳖王 ················· 廖静仁
陇上行（二章） ················· 竹子
村门 ················· 枭蟒

华夏新诗展
锁（外二首） ················· 阮嘉玲
阿里山的姑娘（三首） ················· 于宗信
给你（外二首） ················· 黄凤祝
我的咏叹调（三首） ················· 胡笛

旧体诗六家
项冶　王充间　孙丕任　王明希　路匆　姚莹

散花集
她 ················· 柯夫
呼伦贝尔 ················· 舒洁

文学新潮
新的文学观念与新的创作意识⋯⋯⋯⋯彭定安

文坛新人录
别了，雅典娜之梦
——论晨哥及其小说创作⋯⋯⋯⋯陈　山

作品短评
生与死：古老而永恒的主题
——小说《腊月》启示录⋯⋯⋯张松魁

管窥篇
艺术之星的环照
——艺术与人的一种美学关系⋯⋯陈秀庭

美术
无题⋯⋯⋯⋯⋯⋯⋯⋯⋯⋯保尔·克利
自由想象的世界
——油画《无题》简介⋯⋯⋯⋯俞永康

1987 年第 6 期　刊名:《鸭绿江》
目录

小说
我的大学（中篇纪实小说）
——献给我的同学⋯⋯⋯⋯⋯刘兆林
错中错⋯⋯⋯⋯⋯⋯⋯⋯⋯⋯思　基
能用语言制造幸福的老人⋯⋯⋯瓜　田
白蜂窝⋯⋯⋯⋯⋯⋯⋯⋯⋯⋯高　锋
蓝天中的白花⋯⋯⋯⋯⋯⋯⋯吕明辉
圈套⋯⋯⋯⋯⋯⋯⋯⋯⋯⋯辛晓征
报案⋯⋯⋯⋯⋯⋯⋯⋯⋯⋯刘嘉陵
那个多雪的冬天⋯⋯⋯⋯⋯⋯徐海燕
踩生⋯⋯⋯⋯⋯⋯⋯⋯⋯⋯王兆琪
小河边（外一篇）⋯⋯⋯⋯⋯黄伟英

散文
豪华戏剧般的日本婚礼⋯⋯⋯⋯晓　凡
架设理解的桥梁⋯⋯⋯⋯⋯⋯孟晓云
海滨散记⋯⋯⋯⋯⋯⋯⋯⋯丁　欣

华夏新诗展
小镇女性四题⋯⋯⋯⋯⋯⋯⋯刘文玉
浩渺篇（三首）⋯⋯⋯⋯⋯⋯张雪杉
族魂⋯⋯⋯⋯⋯⋯⋯⋯⋯⋯贺兰宁
火花集⋯⋯⋯⋯⋯⋯⋯⋯⋯傅天虹
母校（外一首）⋯⋯⋯⋯⋯⋯刘益善

相思树的歌
诗七首⋯雷恩奇　杨川庆　晓　晴　西　岸　佟　畴

散花集
我与他的婚事⋯⋯⋯⋯⋯⋯⋯王永利
游秦始皇陵⋯⋯⋯⋯⋯⋯⋯⋯高　深
冬之恋⋯⋯⋯⋯⋯⋯⋯⋯⋯冬　至
河（外一首）⋯⋯⋯⋯⋯⋯⋯王中朝
夜航⋯⋯⋯⋯⋯⋯⋯⋯⋯⋯刘新智
古诗新编（三首）⋯⋯⋯⋯⋯杨钧炜
向往⋯⋯⋯⋯⋯⋯⋯⋯⋯⋯樊发稼

处女地
诗六首⋯⋯⋯⋯⋯海　南　刘惠明　林　茂
郭建明　郭凤敏　高　峰

文坛新人录
走向宽阔与深沉⋯⋯⋯⋯⋯⋯石　砺

管窥篇
非理性描写得失谈⋯⋯⋯⋯⋯王吉有

作品短评
《太阳！太阳！》与神话小说创作⋯⋯⋯孙　毅

文讯
一次切磋诗艺交流感情的聚会⋯⋯⋯陈　群

美术
凋落的形象⋯⋯⋯⋯⋯瓦西里·康定斯基
诉说心灵的视觉构成⋯⋯⋯⋯余永康

1987 年第 7 期　刊名:《鸭绿江》
目录

小说
八珍宴（中篇）⋯⋯⋯⋯⋯⋯吴正格
土地庙前⋯⋯⋯⋯⋯⋯⋯⋯上官敬东
一个遭诽谤的女人⋯⋯⋯⋯⋯韩石山
雪坟⋯⋯⋯⋯⋯⋯⋯⋯⋯⋯王立忱
我们诅咒云彩⋯⋯⋯⋯⋯⋯⋯初学文
老处女⋯⋯⋯⋯⋯⋯⋯⋯⋯红　婴

报告文学
不结浆果的黄土地
——续《阴阳大裂变》⋯⋯⋯苏晓康

华夏新诗展

无标题抒情诗（四首）⋯⋯⋯⋯⋯⋯厉 风

播种的时候⋯⋯⋯⋯⋯⋯⋯⋯⋯⋯林 也

曙色中的诗情（二首）⋯⋯⋯⋯⋯黄东成

巫山及其他（三首）⋯⋯⋯⋯⋯⋯李昆纯

大海抒情诗（四首）⋯⋯⋯⋯⋯⋯孙友田

组诗

复活⋯⋯⋯⋯⋯⋯⋯⋯⋯⋯⋯⋯⋯柳 沄

温情的旋律

我和海滩⋯⋯⋯⋯⋯⋯⋯⋯⋯⋯⋯史晓京

寄——⋯⋯⋯⋯⋯⋯⋯⋯⋯⋯⋯⋯任惠敏

我的心是一河星星⋯⋯⋯⋯⋯⋯⋯萨仁图娅

歌圩的黄昏⋯⋯⋯⋯⋯⋯⋯⋯⋯⋯苏韶芬

散花集

祖国啊！我爱你⋯⋯⋯⋯⋯⋯⋯⋯潘维疆

季节⋯⋯⋯⋯⋯⋯⋯⋯⋯⋯⋯⋯⋯何首乌

理论

论智能

——写给文学系大学生及文学青年⋯毛志成

美术

《即兴·30》（又名：《大炮》）

精神图像的再现⋯⋯⋯⋯⋯⋯⋯⋯俞永康

静静的黎明（版画）⋯⋯⋯⋯⋯⋯赵海鹏

雪夜（砖刻版画）⋯⋯⋯⋯⋯⋯⋯王金旭

1987 年第 8 期　刊名：《鸭绿江》
目录

小说

三角地⋯⋯⋯⋯⋯⋯⋯⋯⋯⋯⋯⋯王中才

大风流（中篇）⋯⋯⋯⋯⋯⋯⋯⋯徐海滨

婆婆

——童年记事之一⋯⋯⋯⋯⋯⋯韶 华

小小说四题（辽宁中青年作家作品小辑）浪漫·"无动于哀"·大桥·最后一个约会故事⋯⋯⋯⋯⋯⋯⋯⋯⋯⋯白小易

猎魂⋯⋯⋯⋯⋯⋯⋯⋯⋯⋯⋯⋯⋯才 旦

半山的雾⋯⋯⋯⋯⋯⋯⋯⋯⋯⋯⋯金 鲤

西堤上⋯⋯⋯⋯⋯⋯⋯⋯⋯⋯⋯⋯岂 凡

黄昏的骚动⋯⋯⋯⋯⋯⋯⋯⋯⋯⋯李宇平

兵车南上⋯⋯⋯⋯⋯⋯⋯⋯⋯⋯⋯石钟山

散文

梦雨潇潇沈氏园⋯⋯⋯⋯⋯⋯⋯⋯汪 聪

尼崎散记⋯⋯⋯⋯⋯⋯⋯⋯⋯⋯⋯文 畅

母亲湖哟，母亲湖⋯⋯⋯⋯⋯⋯⋯阿拉坦托娅

W君、Y君⋯⋯⋯⋯⋯⋯⋯⋯⋯⋯陆 健

华夏新诗展

龙·瀑布·永恒（三首）⋯⋯⋯⋯雁 翼

兔年之春（三首）⋯⋯⋯⋯⋯⋯⋯罗 洛

秦皇汉帝⋯⋯⋯⋯⋯⋯⋯⋯⋯⋯⋯丁 平

山中有泉吗（三首）⋯⋯⋯⋯⋯⋯路 地

散文诗小辑⋯⋯⋯⋯陈 犀 王知十 敏 岐 伊 萍

秋 原 王 野 黄秋实 白 曼 赵培光

散花集

老龙头⋯⋯⋯⋯⋯⋯⋯⋯⋯⋯⋯⋯叶文祥

衡山情韵（二首）⋯⋯⋯⋯⋯⋯⋯红霜叶

谒聂耳墓⋯⋯⋯⋯⋯⋯⋯⋯⋯⋯⋯冯麟煌

天安门（外一首）⋯⋯⋯⋯⋯⋯⋯佟明光

前方（外一首）⋯⋯⋯⋯⋯⋯⋯⋯关 键

文坛新人录

在痛苦中寻找自我

——刘元举文学创作之一瞥⋯⋯⋯孙 毅

创作纵横谈

艺术与匠气⋯⋯⋯⋯⋯⋯⋯⋯⋯⋯胡德培

作品短评

结构：纵向的发展与横向的扩展⋯⋯田志伟

管窥篇

创作心理与社会心理⋯⋯⋯⋯⋯⋯周 浩

文讯

作协辽宁分会文学期刊编辑部联合举行学习座谈会纪念《在延安文艺座谈会上的讲话》发表45周年⋯⋯肖 冰

1987 年第 9 期　刊名：《鸭绿江》
目录

小说

啊，永远的龙雪丽（中篇）⋯⋯⋯柳 溪

人间传奇⋯⋯⋯⋯⋯⋯⋯⋯⋯⋯⋯汪家明

小说三题（辽宁中青年作家作品小辑）⋯史卫国

辉煌的晚霞⋯⋯⋯⋯⋯⋯⋯⋯⋯⋯高奇志

五十年苍生初祭⋯⋯⋯⋯⋯⋯⋯⋯王金屏

村宝⋯⋯⋯⋯⋯⋯⋯⋯⋯⋯⋯⋯⋯沙仁昌

报告文学

大兴安岭备忘录 ···················世 胜 永 岩

华夏新诗展

报岁兰（外三首）·····················羊令野
思辨的人生（三首）···················黎焕颐
果园恋（二首）·····················杨 山
渴求（三首）·······················戴砚田

组诗

远山 ···························刘毅然

旧体诗二家

（二首）·························谢挺宇
（二首）·························鲁 森

散花集

交还兴安岭························史丽霞
古潭（外一首）·····················伍立杨
山里红树（外一首）···················王立明
音乐喷泉（外一首）···················徐 艾
高耸的山魂························李广泽
寄给那边························力 践
我想 ···························王 强

创作纵横谈

文描世态 笔卷风云
——当代文学场面描写琐谈 ···············王 威

管窥篇

文学批评的主体、客体及其他 ·············王东明

美术

《前端上》························瓦西里·康定斯基
源于音乐灵感的构图 ···················俞永康
太阳·白马·人（版画）·················闵如刚
春光（木刻）·····················江 雪

1987 年第 10 期　刊名:《鸭绿江》
目录

小说

夜里的霞光························邹月照
八百年一场风（中篇）··················李杭育
醒惑 ···························肖显志
下海口（辽宁中青年作家作品小辑）············刘 虹
掰情 ···························王东满
涉过大凌河························刘书方

报告文学

"红箭 73"和阿基米德定律 ···············刘志清

散文

一抹心痕························周佩红
佛声 ···························成 恋

华夏新诗展

庭园布置（外一首）···················张香华
潜意识扫描（三首）···················梁谢成
森林大火即景（二首）··················胡世宗
落日（外二首）·····················严成志

中年诗人诗页

窗外（外一首）·····················谢先云
田苗 ···························莫西芬
山川走马（三首）····················丁晓翁
西望 ···························岸 冈
山村（外一首）·····················王荆岩
走向田野························王忠范

散花集

北方山（外一首）····················谢明洲
那高高的太阳······················安鸿毅
公园里的岩松······················刘晓滨

处女地

诗六首 ·················乔延凤 潘 烽 李 子
王录升 汪 威 杨 竞

文学论坛

新时代的产儿
——关于《全颜色》新人形象的断想··········范垂功

文坛新人录

史卫国的追求······················李兴武

管窥篇

借鉴的终级是创造
——对当前文学现状的一点思考 ············赵宪臣

1987 年第 11 期　刊名:《鸭绿江》
目录

小说

名医 ···························孟久成
花实之间························毛志成
困兽 ···························吴若增

玻璃房子（中篇）............桑 桑
梦的反应..................石 英
蛇叉子....................刘汝达

散文
日本风情..................晓 凡
良师·挚友................范 程
我的良师益友慕柯夫........陈 玙
历史（四章）..............裘小龙
燕雀......................和 谷
啊，江河..................姜长喜

华夏新诗展
北戴河观海................白 航
生命......................陈 恩
金石滩（二首）............伊 蕾

希望的星光
诗后三言两语........王立明 李青松 杨 竞
西 岸 田明府 于宗信

散花集
角落里的浪漫史............伊 甸
山梦......................李光云

管窥篇
"浅入深出"及其他........华 然

作品短评
渗透历史意识的"三角地"之谜......邵永胜
爱的礼赞和哲思............张松魁
灵魂的躁动与情绪的渲泄....伍志军

文艺随笔
诗歌艺术的辩证法..........邓荫柯

1987 年第 12 期　刊名:《鸭绿江》

目录

小说
小岛沉歌..................李春鹃
莫家父子..................肖建国
厚土......................李 锐
黄昏星..............傅汉清 贺传圣
风雨大别山................申 蔚
生死变奏..................边玲玲
山那边，还有间草房........云献智
小小说四题......王洪波 田明府 张同达 于三江

弥留之声..................黄世俊

报告文学
时代的风采................吴文泮

华夏新诗展
洞箫及其他（三首）........陈所巨
爱的心声（三首）..........未 凡
人生（二首）..............黄 淮
爱之路（三首）............罗继仁

思索与意象
诱惑（外一首）............刘秋群
沉默的火山................钱英球
三月，有雨有雪............齐世明
枣树......................王淑臣

处女地
诗六首........冯金彦 黄明山 然 然
孙德昌 徐卫国 张晓华

散文诗小辑
沉思的涧流（二章）........陈玉坤
歌声（外二章）............阿 贵
三峡赋（二章）............罗文亮
江南（二章）..............韩新东
我的洞箫的歌（二章）......罗力夫
油田采撷（二章）..........许振生

管窥篇
作家的心理世界建设........王吉有

文艺随笔
"嬉皮士"与弱质文学......毛志成

作品短评
内化的人生苦乐和外化的人际把握——评中篇小说
《八珍宴》................库页诗

1988 年第 1 期　刊名:《鸭绿江》
目录

小说

渔父 ································· 金　河
冰雾（中篇）······················· 宫魁斌
流星 ····························· 杜光辉
风神 ····························· 陈应松
辽河套人 ·························· 杨大群
旧事二题 ·························· 王玉成

报告文学

走出仕途 ····················· 文　畅　赵铁军

青春诗会

牵牛花的岁月 ······················ 阎月君
深重而悠远的生命体验
——读组诗《牵牛花的岁月》所感悟 ······ 张松魁

心声篇

送给你,一束祖国的相思花
——致蒋经国先生 ··················· 于宗信

中年人诗页

诗十首 ····················· 苗得雨　郭　煌
张蓬云　宋海泉　子　页　孔　林　哈斯乌拉

处女地

诗六首 ···························· 祝耀武
孙功兵　李大为　张含贞　邓红锦　邵勋功

旧体诗

故乡行（二首）······················ 乐　天
争取辽宁文学评论水平的更大突破和提高
——辽宁省文学评论工作者读书班情况综述···· 柳建瓴
报告文学带来的新观察
——试析世相报告的认识价值 ············ 晨　月
渐入佳境
——许振强评论作品印象 ··············· 卓　宇

文讯

省作协领导和评论家与省青年诗作者聚会论诗
····························· 闻　汛

1988 年第 2 期　刊名:《鸭绿江》
目录

小说

我叫威尔逊 ························· 邓　刚
创作手记 ·························· 邓　刚
神鱼 ····························· 黄复彩
两难设计:"善"与"恶"的杂糅
——读《神鱼》断想 ·················· 许振强
重合（中篇）······················· 洪兆惠
巫树 ····························· 尚国顺
不安分的亡灵 ······················ 刘嘉陵
晚霞燃烧的山谷 ····················· 何　苦
人地不宜 ·························· 王冬梅

散文

我们是君子之交 ····················· 浩　然
青水长流
——纪念《鸭绿江》创刊 41 周年 ·········· 邓友梅
三辆车岛钓鱼纪实 ··················· 金　河
东欧纪行（二章）···················· 房果大

心声篇

东方大魂 ·························· 王鸣久
他高高举着中华大魂
——读王鸣久组诗《东方大魂》··········· 阿　红

思索与意象

诗八首 ················· 顾　工　韩辉升　伍立杨
晓　晴　燎　原　谷福海

温情的旅律

诗四首 ············· 阿　荔　董桂萍　苏韶芬　严　厉

处女地

诗七首 ··········· 黄祯国　赵铁民　周以纯　万　琦
李仲清　红　妹　曲全胜

散花集

信物（外一首）····················· 王长军

争鸣篇

评姚雪垠评论刘再复 ·················· 李作祥

文坛新人录

历史蜕变期的农民心理历程
——林和平小说创作的散点透视 ··········· 傅汝新

1988 年第 3 期　刊名:《鸭绿江》
目录

小说

故事法⋯⋯⋯⋯⋯⋯⋯⋯⋯⋯⋯陆文夫
海神⋯⋯⋯⋯⋯⋯⋯⋯⋯⋯⋯⋯阎欣宁
毁神者的悲壮毁灭——读《海神》⋯⋯刘嘉陵
正午的逃遁⋯⋯⋯⋯⋯⋯⋯⋯⋯谈一学
枯树⋯⋯⋯⋯⋯⋯⋯⋯⋯⋯⋯⋯王俊义
军列从母亲胸前过⋯⋯⋯⋯⋯⋯刘恒志
施舍者⋯⋯⋯⋯⋯⋯⋯⋯⋯⋯⋯祝兴义

报告文学

精神病世界探秘⋯⋯⋯⋯⋯⋯⋯刘志清

青春诗会

忧思（组诗）⋯⋯⋯⋯⋯⋯⋯⋯柳沄
柳沄的追求和实验⋯⋯⋯⋯⋯⋯李作祥

中年诗人诗页

有一种告别（外一首）⋯⋯⋯⋯刘镇
乡下女人（三首）⋯⋯⋯⋯⋯⋯李占学
掷铁饼者（外一首）⋯⋯⋯⋯⋯龙彼德
取悦⋯⋯⋯⋯⋯⋯⋯⋯⋯⋯⋯⋯杨俊青
船过神女峰⋯⋯⋯⋯⋯⋯⋯⋯⋯王知十
大学生书画展⋯⋯⋯⋯⋯⋯⋯⋯田丰
路⋯⋯⋯⋯⋯⋯⋯⋯⋯⋯⋯⋯⋯马中夫

旧体诗二家

胭脂　知音⋯⋯⋯⋯⋯⋯⋯⋯⋯谢挺宇
咏黄河壶口　七里铺⋯⋯⋯⋯⋯张望

处女地

诗六首⋯⋯⋯⋯⋯⋯⋯⋯⋯⋯⋯张晓丽
徐晓阳　郭凤敏　顾联第　田青

散花集

蓝秋天⋯⋯⋯⋯⋯⋯⋯⋯⋯⋯⋯王中朝

文苑研艺

论艺术错觉
——文学创作的哲学思考⋯⋯⋯王吉有
新诗：裂变后的审美多元选择
——"华夏新诗展"漫评⋯⋯⋯傅汝新

作品短评

象喻结构中的精神彻悟
——评李杭育小说《八百年一场风》⋯涂险峰

1988 年第 4 期　刊名:《鸭绿江》
目录

小说

今夜是明天的序（中篇）⋯⋯⋯徐海滨
创作手记⋯⋯⋯⋯⋯⋯⋯⋯⋯⋯徐海滨
莽山笔录⋯⋯⋯⋯⋯⋯⋯⋯⋯⋯张宗栻
留下了什么
——读张宗栻的《莽山笔录》⋯范力
胭脂玉⋯⋯⋯⋯⋯⋯⋯⋯⋯⋯⋯沉涛
北国小镇人二题⋯⋯⋯⋯⋯⋯⋯肖显志
八岁看老⋯⋯⋯⋯⋯⋯⋯⋯⋯⋯闻树国
蓝色的车站⋯⋯⋯⋯⋯⋯⋯⋯⋯祝大同
最后的心愿⋯⋯⋯⋯⋯⋯⋯⋯⋯张晶

报告文学

话说马占一"场"⋯⋯⋯⋯⋯⋯苏曼华

散文

谷雨⋯⋯⋯⋯⋯⋯⋯⋯⋯⋯⋯⋯都兴喻

青春诗会

长白山魂（组诗）⋯⋯⋯⋯⋯⋯王永利
物我同一和图腾崇拜
——组诗《长白山魂》读后⋯⋯许振强

心声篇

黑咖啡，紫咖啡⋯⋯⋯⋯⋯⋯⋯杨牧

散文诗小辑

爱与路⋯⋯⋯⋯⋯⋯⋯⋯⋯⋯⋯谢先云
北方的回忆（二章）⋯⋯⋯⋯⋯张长
黄昏星群（二章）⋯⋯⋯⋯⋯⋯曾伯炎
身影及其他（二章）⋯⋯⋯⋯⋯党国栋
读画抒情（二章）⋯⋯⋯⋯⋯⋯森森
我有一顶小帽⋯⋯⋯⋯⋯⋯⋯⋯张彬彬

散花集

致北方的友人⋯⋯⋯⋯⋯⋯⋯⋯朱金晨
登山撷趣（二首）⋯⋯⋯⋯⋯⋯熊国永

管窥篇

文学语言的尴尬和求生
——文学创作的哲学思考⋯⋯⋯闻岩

作品短评

重要的不是道德审判
——读金河《渔父》随感⋯⋯⋯刘嘉陵

作家的忧患意识与经济学家视角
——读金河新作《渔父》……………………………田志伟

文坛新人录
寻求超越的支点
——孙惠芬创作述评……………………………邵永胜

文学茶座

1988 年第 5 期　刊名:《鸭绿江》
目录

小说
富凡……………………………………………宋学武
英国式别墅……………………………………汪家明
空间的孤独与时间的焦虑
——关于《英国式别墅》原型意象的提纲……海　涛
十二生肖补……………………………………李惠文
小说三题………………………………………李月英
假如你是夏娃…………………………………寒小梅
典型安国………………………………………霍延宣
暮归……………………………………………樊祥达

我与鸭绿江
那远航的风帆…………………………………达　理
情深谊长………………………………………程树榛
晴明……………………………………………骆晓虎
品画二题………………………………………赵丽宏

青春诗会
晶亮的女儿心（组诗）………………………任慧敏
永远的维纳斯
——读任慧敏组诗《晶亮的女儿心》………宁珍志

心声篇
抒情的七行（组诗）…………………………李松涛
思索与意象……………………………………潘万提
潘洗尘　陆　健　伍立杨　胡　鹏　农冠品　黄恩鹏
处女地…李作明　默　然　静　怡　陈亚平　曦　欧

中青年作家论
评委评论谢友勤………………………………邓　刚等

理论探索
作品主题"模糊性"漫议………………………叶纪彬
文学创作中的悬拟心理活动…………………彭定安

作品短评
丽日长虹劫后诗………………………………潘亚暾

序跋之页
我的心愿………………………………………金　河

1988 年第 6 期　刊名:《鸭绿江》
目录

小说
无恨之死………………………………………李光幸
红罂粟小院……………………………………迟子建
黑洞……………………………………………史卫国
今天·昨天……………………………………思　基
出差……………………………………………何立伟
对面楼上那扇窗户……………………………张天柱
夕阳……………………………………………何凯旋

报告文学
醉耶?　醒耶?
——记大连龙泉酒厂厂长翟乃真……………王金屏

散文
山神……………………………………………廖静仁
黄昏之祭………………………………………凤　子
母亲……………………………………………姚　莹

青春诗会
堕落及其他……………………………………力　践
反思意蕴的增长与批判意识的强化
——读力践的组诗《堕落及其他》…………傅汝新

诗人的童心
送给小孩子的诗（三首）……………………阮嘉玲
走向海洋（三首）……………………………宁珍志
小村的故事（三首）…………………………盖尚铎
我的月亮（三首）……………………………宋继征

理论探索
"金庸现象"的启示……………………唐解放　李承磊

文艺随笔
两种深刻………………………………………马　原

中青年作家论(谢友鄞作品专辑)
真诚:作家的品格……………………………张松魁
谢友鄞的浪漫气质……………………………范　力

韧性与审美自觉⸺⸺⸺⸺⸺⸺许振强
《秋诉》、《串亲》的女性主义文学走向⸺⸺姚一风
在自觉与不自觉之间⸺⸺⸺⸺⸺⸺洪兆惠

1988 年第 7 期　刊名:《鸭绿江》
目录

小说
孩儿戏⸺⸺⸺⸺⸺⸺⸺⸺⸺肖克凡
萃华街记事（三题）⸺⸺⸺⸺⸺鲍　昌
情人⸺⸺⸺⸺⸺⸺⸺⸺⸺⸺张　宇
校园风⸺⸺⸺⸺⸺⸺⸺⸺⸺白小易
孤独咖啡馆⸺⸺⸺⸺⸺⸺⸺鲍光满
说书人⸺⸺⸺⸺⸺⸺⸺⸺⸺解　良
流星⸺⸺⸺⸺⸺⸺⸺⸺⸺⸺徐宏智
大溶洞（三题）⸺⸺⸺⸺⸺⸺陈应松
灰鸽⸺⸺⸺⸺⸺⸺⸺⸺⸺⸺王金力

报告文学
关广梅现象之外⸺⸺⸺⸺⸺⸺熙　高

青春诗会
世界的断面（四首）⸺⸺⸺⸺麦　城
超级黑色幽默
⸺⸺评麦城组诗《世界的断面》⸺陈国锋

中年诗人诗页
无题咏叹调（四首）⸺⸺⸺⸺厉　风
心絮集（三首）⸺⸺⸺⸺⸺⸺路　地
天涯情绪（三首）⸺⸺⸺⸺⸺冯麟煌
爱的花丝⸺⸺⸺⸺⸺⸺⸺⸺韩　冰
爱神与诗神（二首）⸺⸺⸺⸺梁谢成
晚海（外一首）⸺⸺⸺⸺⸺⸺王安杰
老牛蹄儿慢悠悠⸺⸺⸺⸺⸺王荆岩
游子吟⸺⸺⸺⸺⸺⸺⸺⸺⸺滕　英

讽刺诗
野酸枣（二首）⸺⸺⸺⸺⸺⸺王占喜

旧体诗二家
奉寄单复陈言同志⸺⸺⸺⸺⸺罗　丹
桂林即景（二首）⸺⸺⸺⸺⸺周保民

散花集
记忆⸺⸺⸺⸺⸺⸺⸺⸺⸺⸺潘洗尘
椿树（外一首）⸺⸺⸺⸺⸺⸺李昆纯

理论探索
圭臬之死（上）
⸺⸺朦胧诗后⸺⸺⸺⸺⸺⸺⸺徐敬亚

中青年作家论
摘取别人没留意的小花
⸺⸺评白小易的微型小说⸺⸺铁　岩　徐劲军

1988 年第 8 期　刊名:《鸭绿江》
目录

小说
堡垒⸺⸺⸺⸺⸺⸺⸺⸺⸺⸺金光中
悲壮的生存氛围⸺⸺⸺⸺⸺⸺元　举
幌儿红⸺⸺⸺⸺⸺⸺⸺⸺⸺谢友鄞
历史动因的多元取向⸺⸺⸺⸺姚一风
琥珀色的酒浆⸺⸺⸺⸺⸺⸺⸺叶　楠
野河⸺⸺⸺⸺⸺⸺⸺⸺⸺⸺王兆琪
旮旯屯⸺⸺⸺⸺⸺⸺⸺⸺⸺韩春明
胞妹⸺⸺⸺⸺⸺⸺⸺⸺⸺⸺斯　文

散文
早就相识
⸺⸺情感阅历⸺⸺⸺⸺⸺⸺⸺张　重
童年琐记⸺⸺⸺⸺⸺⸺⸺⸺季红真
秋雨的婚礼⸺⸺⸺⸺⸺⸺⸺力　践
害病⸺⸺⸺⸺⸺⸺⸺⸺⸺⸺皮　皮
童话⸺⸺⸺⸺⸺⸺⸺⸺⸺⸺何志国
戒坛松情⸺⸺⸺⸺⸺⸺⸺⸺魏　丹
峨嵋戏猴记⸺⸺⸺⸺⸺⸺⸺龙　戈

青春诗会
飘散的云朵（组诗）⸺⸺⸺⸺邓红锦
献给女人（组诗）⸺⸺⸺⸺⸺张　玮
小人鱼的悲剧和情人的歌声
⸺⸺张玮、邓红锦诗读后⸺⸺邓荫柯

散文诗小辑
一束未能寄出的信（五章）⸺⸺于宗信
泛潮的秘密（三章）⸺⸺⸺⸺佟雪春
爱，失落在 W 城（三章）⸺⸺王松青
无题（外一章）⸺⸺⸺⸺⸺⸺阿　贵

处女地
诗十首⸺⸺⸺⸺陈广德　刘鸣芳　涂　强　江　堤
　　　张舒明　周海旭　唐一为　祖　永　周柳军　梦　雪

理论探讨
圭臬之死（下）
——朦胧诗后 ………………………………… 徐敬亚
逃避诗的诗坛
——后朦胧诗的前后左右 …………………… 丁宗皓

1988 年第 9 期　刊名:《鸭绿江》
目录

"中国潮"报告文学征文
自由国度
——关于个体经济圈的报告与思考 ………… 刘志清
编辑手记 ……………………………………… 刁　斗
黄河悲歌 ……………………………………… 刘元举
老树
——大连 1986 年夏天的故事 ……………… 桑　平
魂系金杯 ……………………………………… 徐光荣

小说
心病·邂逅
——《没意思的故事》之二十九 …………… 李国文
迷夜 …………………………………………… 王冬梅
相会在星期五 ………………………………… 安　端
滑坡 …………………………………………… 刘玉堂
人在商品之上，美在自然之中
——读《滑坡》 ……………………………… 李作祥

青春诗会
洁白的雪魂（组诗）…………………………… 孙大梅
第四代：冷静的思考与探索
——再读孙大梅的爱情诗 …………………… 于宗信

思索与意象
黑罂粟（三首）………………………………… 李　瑜
凡·高两题 …………………………………… 钱锦方
这样的远行（外一首）………………………… 丁宗皓
山 ……………………………………………… 包益勤

1988 年第 10 期　刊名:《鸭绿江》
目录

小说
东西（外一篇）………………………………… 于德才
志怪小说二题 ………………………………… 张长弓
邪坑 …………………………………………… 李贯通
"砍"派教授 …………………………………… 毛志成
船的沉没 ……………………………………… 邹德盛

爆米花 ………………………………………… 董炳新
小镇，就一个日本人 ………………………… 刘洪安

报告文学
猎人手记 ……………………………………… 徐　辉

青春诗会
野生的民谣（组诗）…………………………… 王立明
一篇当做作者印象记写的作品评论 ………… 李松涛

中年诗人诗页
无题诗三首 …………………………………… 晓　晴
野狐峡（外一首）……………………………… 白　渔
雨后 …………………………………………… 王忠范
军港电报局 …………………………………… 刘新智
黑女人 ………………………………………… 林　丹
夜空屋景 ……………………………………… 阎墨林
后门 …………………………………………… 易仁寰
散花集 ………………………… 张雪衫　张晓丽
处女地 …………………… 蓝　梦　乔延凤　张庆和
赵铁民　贾文华　于鸿飞

理论探索
摹仿的小说（文坛现状随想录·二）………… 李洁非
"神话"的崩溃
——"朦胧诗后"印象之一 ………………… 野　渡

文艺随笔
提纲：自我超越 ……………………………… 陈东东

作品短评
淡淡的，苦涩的笑
——读陆文夫小说《故事法》……………… 周兴华

1988 年第 11 期　刊名:《鸭绿江》
目录

小说
那时没有路 …………………………………… 张廷竹
《那时没有路》断想 ………………………… 许振强
欢天喜地 ……………………………………… 乔典运
"文革"笑林（七则）………………………… 韶　华
马兰谷 ………………………………………… 林　丹
辉煌 …………………………………………… 刘汝达
小城二题 ……………………………………… 汤吉夫
早集（外一篇）………………………………… 林和平
新月弯弯 ……………………………………… 宋江岩
关于张校对的一些事情 ……………………… 沈庆钧

未晋级人（外二篇）⋯⋯⋯⋯⋯程世伟
失落的音符⋯⋯⋯⋯⋯⋯⋯田　青
围红纱巾的少女⋯⋯⋯⋯⋯白长鸿

报告文学
从旧体制中突围
——鞍钢建"特区"纪实⋯⋯⋯史　航　云　虹

东北风
炉火·琴声⋯⋯⋯⋯⋯⋯⋯胡　昭
登东京铁塔（外一首）⋯⋯⋯晓　凡
据说原始　美（外一首）⋯⋯阿　红
辽南二题⋯⋯⋯⋯⋯⋯⋯⋯赤　叶
游记：人生的感怀（二首）⋯于宗信
千山二题⋯⋯⋯⋯⋯⋯⋯⋯胡世宗
铁炮与炮台（二首）⋯⋯⋯朱　雷
欢乐，应该属于诗人自己
——《东北风》编后随笔⋯⋯于宗信

心声篇
遥向高天唱大风（八首）⋯⋯谢俊华
生活的节奏（三首）⋯⋯⋯孙旭辉
圣歌⋯⋯⋯⋯⋯⋯⋯⋯⋯冬　至

理论
讽谑与游戏：当代小说的喜剧经验⋯⋯⋯⋯吴　方
寻找文学与新闻的契合点⋯⋯王冬梅

作家谈创作
大潮前的思索⋯⋯⋯⋯⋯木　青

文艺随笔
文学不可玩⋯⋯⋯⋯⋯⋯刘兆林

1988 年第 12 期　刊名:《鸭绿江》
目录

小说
杂拌儿⋯⋯⋯⋯⋯⋯⋯⋯刘国民
大荒⋯⋯⋯⋯⋯⋯⋯⋯⋯高奇志
编外人⋯⋯⋯⋯⋯⋯⋯⋯汪　葵
山上的屋⋯⋯⋯⋯⋯⋯⋯少　鸿
听风声、雷声、雨声⋯⋯⋯马秋芬
女儿⋯⋯⋯⋯⋯⋯⋯⋯⋯粒　儿
旅途三遇
——生活掠影之一⋯⋯⋯⋯林正义
梦，睡了⋯⋯⋯⋯⋯⋯⋯曦　鸥

散文
千山纪游二题⋯⋯⋯⋯⋯金　河
广岛沉思⋯⋯⋯⋯⋯⋯⋯文　畅
月亮·星星·父亲⋯⋯⋯⋯康启昌
宝岛怀游⋯⋯⋯⋯⋯⋯⋯单　复

青春诗会
被树所思维的树（四首）⋯⋯赵天山
楼梯上的王牌⋯⋯⋯⋯⋯老　乔
关东启示录（三首）⋯⋯⋯张　欣
蓝火焰（外一首）⋯⋯⋯⋯李青松
收获者的劳动之后
——由"青春诗会"想及辽宁诗坛⋯⋯丁宗皓

散花集
痴情曲（三首）⋯⋯⋯⋯⋯孙日成
爱的误区⋯⋯⋯⋯⋯⋯⋯于耀江
那是秋天⋯⋯⋯⋯⋯⋯⋯杨川庆

旧体诗
千条戒（外一首）⋯⋯⋯⋯谢挺宇

评论
意象人物论⋯⋯⋯⋯⋯⋯李万庆
论新潮小说的装饰化倾向⋯⋯马俊山
关于热与冷的沉思——读《黄河悲歌》⋯⋯王桐仲

1989 年第 1 期　刊名:《鸭绿江》
目录

小说
害羞⋯⋯⋯⋯⋯⋯⋯⋯⋯陈忠实
鬼眼⋯⋯⋯⋯⋯⋯⋯⋯⋯李月英
铜板
——说书人之二⋯⋯⋯⋯⋯解　良
宁静的护城河⋯⋯⋯⋯⋯王　莉
挂牌⋯⋯⋯⋯⋯⋯⋯⋯⋯沙　泓
野马湾⋯⋯⋯⋯⋯⋯⋯⋯满　涛
生活啊，生活⋯⋯⋯⋯⋯季　静
一个上帝的素描⋯⋯⋯⋯徐　锋

纪实文学
在豹掌下⋯⋯⋯⋯⋯⋯⋯陈　玙

散文
祝您长寿，马老
——读《神州烽火录》书稿，贺马老创作 60 周年
⋯⋯⋯⋯⋯⋯⋯⋯⋯⋯⋯于　铁

庆云寺的香火 ———————————————— 吴宗蕙
马蔺秋风小屯 ———————————————— 刘黑枷
你消失在人群里 ——————————————— 张　重

心声篇
晚潮过后的黎明
——致李登辉先生 —————————————— 于宗信

海外华韵
诗三首 ———————————————————— 黄凤祝
井 —————————————————————— 郭永秀
意外 ————————————————————— 阮嘉玲

中年诗人诗页
牧羊人的歌与梦 ——————————————— 高　深
南国风情画（二首） ————————————— 柯　原
火焰（外一首） ——————————————— 刘秋群
你是孤独的小屋 ——————————————— 陈茂欣

散文诗小辑
爱与路 ————————————————————— 谢先云
远山的回声（二章） ————————————— 耿　翔
敦煌二章 —————————————————— 王知十
赠你一瓣心香 ———————————————— 赵　冬
野鸽子（外一章） —————————————— 肖红涛
黄河上的沉船 ———————————————— 朱一鸣

处女地
诗五首 ————————— 鲍尔吉·原野　侯秀云　柏铭久
冉云飞　张天春

文艺随笔
关于一九八八年小说 ————————————— 李国文
八八年小说创作一瞥 ————————————— 吴　俊
过渡的一代中年人
——高尔泰美学现象批判 ———————————— 朱辉军

1989 年第 2 期　刊名:《鸭绿江》
目录

小说
家事（中篇） ———————————————— 林和平
大头窝棚 ————————————————— 徐　铎　李德和
女斗 ————————————————————— 邹志安
青春纪年 —————————————————— 韩国强
醉酒 ————————————————————— 佟雪春

报告文学
背水之战 —————————————————— 东　缨
男人的风彩 ————————————————— 刘　今

作家书简
关于《裸体的日本》的通信 ————————————— 高　深

台湾新诗展
五陵少年／灰鸽子 —————————————— 余光中
春醒／夜歌 ————————————————— 方　思
随雨声入山而不见雨 ————————————— 洛　夫
马戏的小丑 ————————————————— 哑　弦
关于海哟 —————————————————— 张　默
逝／我已经走向你了 ————————————— 夐　虹

青春的帆影
过去的回忆（三首） ————————————— 力　践
故事（二首） ———————————————— 王立春
忘川上的玫瑰 ———————————————— 周宏坤
某一个房间里（外一首） ——————————— 靳亚利
一般的意象（外一首） ———————————— 陆　健

处女地
十首 ——————— 钟文伟　石　仔　翁奕波　刘德军
李兆杰　陈　克　赵国芳　陈亚平　林　朗　朱　赤

理论探讨
七十年外来思潮影响通论（上） ——————————— 陈思和
在"危机"声中生存着，发展着…… —————————— 曾镇南

书评
成功的尝试
——《朦胧诗纵横谈》阅后小评 ———————————— 曲　枫

1989 年第 3 期　刊名:《鸭绿江》
目录

小说
子夜，将军写下最后一份遗嘱 —————————— 徐　锋
龙树 ————————————————————— 周　祥
城市的……风 ———————————————— 尚国顺
过客 ————————————————————— 张　涛
最后一个捞雨柴的人 ————————————— 陆　萌
星期天文化 ————————————————— 贝光辉
诊断书 ————————————————————— 融　融
圣雪 ————————————————————— 齐迎春

报告文学
困境中的共和国铁路·····················吴利民　杜光辉

中年诗人诗页
短章四首·······································厉　风
暖色十二行····································刘　镇
蔷薇处处开（二首）·························梁谢成
北方的森林（二首）·························李占学
失去的日子（外一首）·····················红霜叶
树的步态（外一首）·························岸　冈
北京蝴蝶·······································洋　滔
大兴安岭短章（二首）·····················佟明光

温情的旋律··························梦　雪　周　琳
杨轶春　群　智　段和平

散花集
五行诗三首····································樊发稼
音乐···曲　近

处女地···马国祺　贾文华　马志刚　西　川　陈玉彬

理论探索
当代小说中的"自然主义"倾向················王彬彬

评论
缪斯召唤我们
——辽宁文学院小说作品阅读笔记············许振强

作家书简
金河致刘嘉陵的一封信

1989 年第 4 期　刊名:《鸭绿江》
目录

小说
哑炮···肖士庆
四季···孙惠芬
青石屋···林　丹
偶然···史卫国
山里汉子·······································高朝晖
红石头···张　音

报告文学
女经理被杀之后······························荒　原
走出困惑之谷··································杨文宝

诗歌
开拓者的情怀
——"首届企业家诗会"作品选（上）
前言：诗的虹桥································本刊记者
亲兄弟，拥抱吧································刘异云
松梅吟···苏海泉
七绝·一九八九年元旦抒怀·····················谢俊华
追求···顾公超
我的心声·······································费忠凯
新岁有感·······································马连英
悼王淑琴同志··································言颐苏
七律·改革·····································杨鸣山
深夜，我案前那盏不灭的灯光·················滕　立
春风早绿《鸭绿江》·························邵永胜

理论探讨
面对历史的困惑
——历史小说散论之一·············徐劲军　林建法
抒情的情调美学································章亚昕
突破平庸·······································王晓峰

创作随笔
记者生涯手记··································孟晓云

文艺随笔
展览会上的图画·······························王　寅

1989 年第 5 期　刊名:《鸭绿江》
目录

小说
填海·台风·····································许谋清
陨石雨···马连捷
鱼梦···姚一风
秋雨···林　畅

云帆集
出乎意料·······································刘家新
生活不确定性的显示···························于化龙

报告文学
人格大分裂····································祁有红

开拓者的情怀
——"首届企业家诗会"作品选·下

奋进 …………………………… 马占一
新春的祝福 ………………………… 陈　斌
企业家的风采 ……………………… 华东方
忆秦娥·感怀 ……………………… 郑士林
时代的反思 ………………………… 林喜发

心声篇

赠友小诗集 ………………………… 于宗信

散花集

鼓浪屿（外一首）………………… 洪　泓
蓝色心语 …………………………… 史晓京
自己的天空 ………………………… 蓝　梦

处女地 ………… 汤　锋　雪　子　安　格　曹　阳

评论

放荡女人的歌者
　——品茶论秦松 ………………… 古继堂
多向意志冲动的新生体验
　——评刘嘉陵中篇小说硕士生世界 … 傅汝新

1989 年第 6 期　刊名:《鸭绿江》
目录

小说

石头船 ……………………………… 张宗栻
礼尚往来 …………………………… 王梓夫
塑 ……………………………………… 小　牛
落差 ………………………………… 周凤鸣
性病 ………………………………… 李长祥
希拉赫达的真实 …………………… 常柏祥
走进城市 …………………………… 王晓峰
迷蒙的草山 ………………………… 陈计中
老客 ………………………………… 殷志扬

"中国潮"报告文学征文

黄昏咏叹调——老龄问题透视 …… 赵　柯

心声篇

液旅（四首）……………………… 李松涛
宇宙流（三首）…………………… 韩辉升
瘦厂长的诗日记（三首）………… 王安杰

散文诗小辑

山川情（四章）…………………… 李昆纯
乡趣三题 …………………………… 徐慎贵
峨嵋猴（外一章）………………… 罗文亮

湖湾（外一章）…………………… 罗　丁
命运星宿（二章）………………… 蹉　跎
春天与少女（外一章）…………… 张　云

理论探索

语言造型——小说文本 …………… 唐　跃
分析的第五个视角 ………………… 谭学纯
审美接受主体与对象的转换 ……… 王向峰

文讯

回顾与展望 ………………………… 洪　水

1989 年第 7 期　刊名:《鸭绿江》
目录

城市文学作品小辑

小说

魔王与孩子（中篇）……………… 温雨虹
遥远的大森林 ……………………… 温雨虹
三"右"二分之一（中篇）……… 熙　高
薄纸 ………………………………… 李治邦
大约在冬季 ………………………… 陈建慧

云帆集

黑河 ………………………………… 刘宇平

散文

一日里的四季 ……………………… 力　践
一个普通公民
　——访爱新觉罗·溥杰先生 …… 王国兴
苹果花开 …………………………… 李成汉

海外华韵

寄自曼谷（三首）………………… 岭南人
白发吟（外一首）………………… 贺兰宁
昙花意象 …………………………… 方　然

中年诗人诗页

江南赤壁 …………………………… 刘益善
害怕夜色降临（外一首）………… 王兆琪
飘零的爱（二首）………………… 丁晓翁
不愿……（外二首）……………… 雅　心
断弦（外一首）…………………… 黄恩诚
苏东坡 ……………………………… 钱锦方
高粱（外一首）…………………… 王中朝
甲板迪斯科 ………………………… 刘新智
云冈石窟观佛 ……………………… 董俊生

旧体诗三家 ————— 谢挺宇 罗 丹 王廷风

散花集
初恋（外一首）————————————— 苏韶芬
有这样一种声音 ————————————— 伍立杨
忘记过去 —————————————————— 田 青
防线 ———————————————————— 王立明

处女地 ————————————— 伊 邝 伏 遥
支英琦 黄 婷 陈肖力 张德昌 赵铁民 羊长发

理论探索
当代文学与当代苦难 ————————— 王彬彬
艺术反映论与艺术创作规律 ————— 叶纪彬

文艺随笔
城市：梦中的大鸟 ———————————— 丁宗皓

评论
常规和沉闷的打破
——温雨虹小说的意义 ———————— 李作祥

1989 年第 8 期　刊名:《鸭绿江》
目录

"中国潮"报告文学征文专辑
沉日
——八十年代：性、性病及女人文化的罪恶与宽容
————————————————————— 刘志清
药在"呐喊" ————————————————— 关庚寅
啊，老迪 ——————————————————— 于建坤
来自黑色舞厅的报告 —————————— 张作民

笔谈报告文学
报告文学的魅力、潜力与缺憾
——兼评刘志清的报告文学作品 ——— 金 河
我对报告文学的一点想法 —————— 刘志清

1989 年第 9 期　刊名:《鸭绿江》
目录

小说
战乱 ———————————————————— 翟 猛
无聊最是热闹 ————————————————— 于德才
落花流水 —————————————————— 白小易

宽容生活 —————————————————— 荒 原
御厨轶事 —————————————————— 吴正格
新华剧场六排一号 —————————— 孙春平
老阿哥的新生活旧感情 ——————— 杨大群
灵隐之光 —————————————————— 田永元

北方新诗群
瞑目而思（四首）————————————— 柳 沄
各种滋味（三首）————————————— 任惠敏
南关东史志（二首）———————————— 王永利
幻象 ———————————————————— 顾联第
雪鹰（外二首）—————————————— 尹树义
北方的素描（三首）———————————— 贾文华
白蝴蝶 —————————————————— 陆少平
紫尘 ———————————————————— 杨春光

处女地 ————————— 谭东一 唐 政 张家卉 卡 扬

理论
文学客体意识的觉醒
——东北文学即兴谈 ———————— 田志伟

当代诗歌中的后现代主义因素
附：欧阳江河诗二首 ————————— 巴 铁

1989 年第 10 期　刊名:《鸭绿江》
目录

小说
首长下棋 —————————————————— 韶 华
他说她没死 ————————————————— 陈 玙
她，依然很美 ———————————————— 徐宏智

"海文化"小说专辑
孤岸 ———————————————————— 满 涛
那一片泽地的芦草 —————————— 徐 铎
咸风 ———————————————————— 扑 夫
近海 ———————————————————— 杨 竞
我的外祖父 ————————————————— 谢迎晓

云帆集
调度夫人 —————————————————— 俞跃旭
编辑札记 —————————————————— 于化龙

报告文学
流浪汉的咏叹 ————————————————— 李宏林

企业之星
刘金堂的"全控管理法"……………………刘 燕

散文
二访永玉
——香港杂记……………………………单 复

心声篇
回忆辽沈战役（三首）……………………高 深
无题诗五首………………………………晓 晴
神密的山（外二首）………………………王荆岩
青春鸽哨……………………李轻松 许桂荣
李建新 张成德 一 滨 陈玉彬 邵勋功 张 羽
处女地……………………………………陈宁宁
蒋 静 王钢洪 黄 林 朱 赤 李桂萍 齐世明

散花集
孤舟………………………………………齐世明
胜利与失败………………………………田 丰
红草莓……………………………………包正清

理论
语不惊人死不休
——试论这一代评论家的语言特色………樊 星

文讯
力求传统与现代的完美融合
——《力践诗集》座谈会纪要

1989 年第 11 期　刊名:《鸭绿江》
目录

小说
造屋·贩酒………………………………张 欣
闹鬼………………………………………赵 新
金脉………………………………………高朝晖
结局是虚构的故事………………………江登奎

中篇小说
最后的堕落………………………………孙 砺

云帆集
冬夜·老喜………………………………张逸楠
编辑札记…………………………………元 举

报告文学
荒野浪漫曲
——郝庆堂单骑周游全国十万里行………鲁 鸣

散文
新潟：灵龙剔透的小城躺在大海的怀抱里……程树榛

企业之星
一个银行家的梦…………………………张 颖
刘延超的胆略与魄力……………………刘 燕
古井………………………………………王文杰
坐一趟无轨电车…………………………邓 杰

中年诗人诗页
蓝色星（外一首）…………………………陈所巨
辽西山（外二首）…………………………刘新洲
月光曲……………………………………佟明光
一片洁白的羽毛（外一首）………………黄东成
静静的田野（外一首）……………………寥泽川
泰山日出…………………………………阵 容
观海………………………………………郭 煌
熟透的枣乡（外一首）……………………宋海泉

处女地……………石靳方 东 海 波 涌
李 犁 王晓虹

散花集
矫情………………………………………阿 荔

1989 年第 12 期　刊名:《鸭绿江》
目录

报告文学
土地悲歌…………………………………关约翰

小说
小说作坊秘闻……………………………谢友鄞
债…………………………………………李克定
两幅成功的肖像画………………………李云德
纯情………………………………………王长胜
马票………………………………………解 良

中篇小说
内耗………………………………………老 水

云帆集
黑痣街……………………………………金 娃

编后记
是情绪怎会不蔓延………………………宁珍志

企业之星
在人生的舞台上…………………………刘 燕

散文
皇宫之梦 ———————————— 吴若增

序跋之页
拳拳的赤子心 ———————————— 郭　风
读成汉的散文 ———————————— 文　畅

心声篇
樱花梦（日本四题）———————————— 晓　凡
古琴台及其他（四首）———————————— 刘秋群
遥远（二首）———————————— 冬　至

散文诗小辑
天文学家之死（二章）———————————— 邓　杰
五指山晚风，轻吹吹 ———————————— 倪峻宇
爱的困惑（外一章）———————————— 未　艾

处女地 ———————————— 周　云
刘　江　陈思明　闵正道　白　滢　金宗煊

散花集
回忆（外一首）———————————— 鲁　萍
无伴奏三重唱 ———————————— 万　琦
预感 ———————————— 洪　烛

理论
原始自然主义与当代文学的危机 ———————————— 崔建军

《绿洲》（乌鲁木齐）

【简　介】

综合性文学双月刊。新疆生产建设兵团文学艺术界联合会主办。创刊于 1957 年。其"立足兵团、面向全国"的办刊方针，成为对农垦区文学创作介绍的一抹亮色，其着力打造的"农垦专辑"是全国农垦文化的典型代表。

期刊号：1984 年第 1、2 期—1989 年第 6 期

1984 年第 1、2 期　刊名：《绿洲》

目录

致读者

开拓者之路
老兵歌（古风三十二节）———————————— 张仲瀚
我欲乘风度玉关
——陶峙岳将军的祝愿 ———————————— 骆　之
心之歌（散文）———————————— 闵长庆
文彬庆一年（回忆录）———————————— 史　骥
绿叶（报告文学）———————————— 丰　收
当日落霞飞的时候（散文）———————————— 李庆平

小说
在茫茫瀚海的彼岸（中篇）———————————— 伊　萍
密密的包谷林 ———————————— 叶华胄

沉在水底的司维兹………………………李　叶
"老兵团"和他的女儿………………………王　刚
竞争………………………尹锡孟
大漠风中………………………王巧云
面子（小小说）………………解广斌　路金月
大老周（小小说）………………………韩任访

葱茏的旋律

战旗呵，我又见了你………………………魏钢焰
变化………………………辛　笛
伊犁河的涟漪（组诗）………………………雷　霆
瀚海的浪花（组诗）………………………刘　渊
记忆的雨丝（三首）………………………朱阿阳
柳笛三唱………………………刘玉珍
我们走出了沙漠………………………张德茂
古道月色（外一首）………………………鄢家发
刻在绿洲上的诗页（二首）………………黄恩智
夫妻园（外一首）………………………徐志新
西北角，有一颗绿色的星………………………肖　川
塞外情思………………………段恭让
我是兵团的儿子………………………黄立本
垦荒的母亲………………………钱仲安
冰的自白………………………蒋有潭
春韵侧描………………………赵世彪

评论

乱弹新诗今日的艺术………………………周良沛
路，在开发者脚下延伸………………………余开伟
他的诗属于夏天………………………钱明辉
开发者群象的粗略轮廓………………………邵娜瑚

他山之石

火鸡红（翻译小说）
…………［美］弗朗西丝·伍德著　圣　洁　徐　朴译

赖在酒宴上的中年人………………………胡秉中
场………………………骆世昌
大鬼小鬼和龙王爷………………………綦水源

开拓诗丛

牧场欢舞………………………阮章竞
彩菊………………………田　间
心，醉在绿里………………………阿　红
开拓者之歌………………………杨　树
游牧………………………章德益
绿洲，开拓的大旗………………………东　虹
从绿洲吹来的风………………………郭维东
唱给创业者的歌………………………王　也
将军与城………………………李　瑜
告别………………………贺维铭
边疆新人………………………黄秉荣
伊犁行………………………孙　涛
乡情………………………郭正位
喷香的克拉玛依………………………杨　眉
献给新城………………………蔡国瑞
带刺儿的歌………………………石　河

真叶集

四姐、五姐和六弟（小说）………………………曾其祥
病室风情（小说）………………………易和声
秋思（小说）………………………张宽义
天马出昭苏（散文）………………………初　冬

评论

一部当代屯垦生活的壮丽画卷………………………景荣华

他山之石

索劝实边屯田………………［日］井上靖作　刘炳武译

美术

千树万树梨花开（木刻）………………………薛周琦
冬夜（木刻）………………………杨　扬

1984 年第 3、4 期　刊名：《绿洲》

目录

开拓者之路

荒原（第一部）………………………艾　青
王震将军在工地（回忆录）………………………阳焕生
历史的脚步声（回忆录）………………………赵予征
唇颌之间（报告文学）………禾　军　晓　虹　樊劲松

小说

雪冠（长篇连载）………………………许特生
二十周年聚餐会（中篇）………………………郭绍珍
沙岗上，一座墨绿色的"金字塔"………………景　俊

1984 年第 5、6 期　刊名：《绿洲》

目录

开拓者之路

荒原（第二部）………………………艾　青
开都河畔第一犁（回忆录）………………………谢高忠
走向胡杨林深处（散文）………………………张凤水
北屯散记（散文）………………………严维新
夜潮急（散文）………………………言　鸣

小说

雪冠（长篇连载）—————————————————许特生
"博士"新传—————————————————————杨威立
气球升起之后———————————————————朱延林
"死海"迎春（科幻小说）————————————彭正辉
在偏僻的山村里——————————————————草　实
"满堂红"熟了———————————————————卢金其
麻技术员的故事———————————解广斌　路金月
小小说三篇——————杨伟良　杨永义　沈玉林
寓言两则—————————————————————许建平

南粤郁郁葱葱——广东农垦专辑

三叶树，扎根在十七度线以北（报告文学）
　　　　　　　　　　　　　　　　　伊　始　基　民
山林土地（短篇小说）————————————郭小东
卖猪（小小说）———————————————————陈静远
烟瘾（小小说）———————————————————唐龙海
翠竹情深（散文）—————————————————卓东荣
鹧鸪声声叫（散文）———————————————唐炳佳
剑麻的思忆（散文）———————————————袁　炳
胶园短笛（散文）—————————————————林建和
水下的故乡（散文）———————————————李王彪
胶工之路（散文）—————————————————程立远
三叶树，绿色的画（组诗）——————————西　彤
前进之歌（诗）——————————————————洪三泰
诗词六首—————————————————————张子元

开拓诗丛

致绿洲的开拓者——————————————————鲁　藜
给一位女诗人（外一首）———————————白　航
西域素描—————————————————————张　扬
吐鲁番抒情————————————————————于惠罗
青年诗页—————————————————————田先瑶
王家新　时星原　漠　风　刘晓滨　阿贝保　屈　直
孙凤达　张宽义　谷　闰　徐志新　董黎明　张小平
牛常兴　孙　侃　李祖平　马骏祥　李维爱　邓重实
段　信　秦安江　银　川　李支岳　李　蒙　梁小青

评论

诗的意象美————————————————————李元洛
绿洲飘扬着开发者文学的旗帜—————————余开伟
推理：让艺术达到心灵—————————————刘志友

他山之石

难逃魔爪（翻译小说）
　　—————[美]汉姆林·加兰著　刘宪之　刘海鹏译

绿色信箱

希望·建议·批评
编者的复信

1984 年第 7、8 期　刊名：《绿洲》

目录

小说

"死不服"三战洋专家——————————————朱　定
旧地重逢—————————————————————毛拉也夫
"黑牯牛"说真话不打草稿———————————王念斯
左宗棠祭剑（历史小说）———————————王炳毅
雪冠（长篇连载）————————————————许特生
老人和花（小小说）———————————————简舒凡
林进进京（小小说）———————————————周春丽

报告文学·散文

胸襟·气度·品格—————————————————孟驰北
起步————————————————————————陈　杉
创造葱茏世界的人————————————————伊　萍
海恋————————————————————————王　正
天涯，有一片绿色的海—————————————程小琪

东海潮音——上海农垦专辑

啊，牛奶……（报告文学）——————————刘业雄
扭曲的爱（小说）—————————————————刘巽达
噪音（小说）———————————————————朱扬清
歉（小小说）———————————————————卓　根
美国香水（小小说）———————————————罗　凤
责任田（诗）———————————————————纪少华
情满天山（组诗）—————————————————公　刘
新疆二题—————————————————————罗　洛
家（外一首）———————————————————朱光天
阳光，阳光————————————————————罗晓丽
我愿做一颗小小的种子—————————————张粤来
写给绿洲——————————柯　蓝　陈　犀　贺维铭等
飞鸟与雪峰——————————郭　风　刘湛秋　纪　鹏等
天山·戈壁·海————————耿林莽　晓　桦　晓　红等
桥·红叶及其他————————斯　婷　桂兴华　刘　玉等

评论

诗的意象美（续）————————————————李元洛
荒漠开拓者的赞歌————————————————周红兴

美术

春（瓷砖画）———————————————————李安宁
秋（国画）————————————————————郭　不
绿焰（水粉）———————————————————段　离

1984 年第 9、10 期　刊名:《绿洲》
目录

开拓者之路

在"唤起千年沉睡梦"的日子里（回忆录）···刘丙正
创业将军（散文）·······················吴映堂
临窗眺望·····························林涌一
老骥之歌（报告文学）···············夏启荣

短篇小说

他的眼，仰望着蓝天···················施励斐
没有摆脱梦境的故事···················李　叶
二憨子·······························吕凤智
我和老场长·························马沛然
年货·······························项贤玉
昨天·明天······················李　珍
夜闻来客·························李传环
雪冠（长篇连载）···················许特生

小小说集锦

意外中的意外·······················杨国清
针扎她手才好呐·····················江尚义
夕阳·······························一　帆
约会·······························宋家仁
燕燕·······························陈鸿翔
装潢·······························尚　望
醋·································路　远

北大荒,芳香的土地

雁窝岛纪事（小说）···················林　子
填沟者（小说）·····················郭　力
"老废"的兴衰史（小说）···············孟久成
北疆散记（散文）···················丁继松
冬的诗篇（散文）···················平　青
泥土飞出的旋律（组诗）···············任　歌
我们和北大荒（组诗）···············苏　冬

绿洲诗林

拓荒者的记忆（组诗）···············洋　雨
瀚海纪事（三首）···················闻　频
白杨林，矗立的诗···················陈　青
沙原的生命（三首）···················周雨明
给马·······························胡丰传
茶园春雨（外一首）···················倪峻宇
年轮·······························柴德森
篝火的思念·························朱延武
清晨,我行进在···················刘竹坚

绿苗诗丛

昭示·······························陈英梅
瓜海·······························黄坤良
春色·······························刘　杰
幼芽·······························赵　忠
春雨·······························过大江
毛纺厂抒情（二首）···················谢　军
田野飞起的云雀（二首）···············邱成毅
戈壁筛砂人·························杨　东
泵房的歌·························崔鹤同
我北方的四月·····················苏　宇
飞吧，我的诗·····················夕　岸

评论

爱的素荷　情的炽焰···················浩　明
简评《"死不服"三战洋专家》···········刘维钧

这边风景

蒲类湖畔马蹄脆（散文）···············许学诚
尘涌（散文）·······················葛利文
天山幽谷·························李安宁
姑娘追（版画）·····················朱天玲
王震、张仲瀚诗词（篆刻）···············丁　超

1984 年第 11、12 期　刊名:《绿洲》
目录

小说

东方，又升起一个黎明（中篇）···········韩明人
高高的天线·························郑加真
莫道斯人倔和痴·····················胡尔朴
大漠边缘·························肖晓康
初秋，在那月光皎洁的夜晚···········韩天航
小堤·······························谭笑风
雪冠（长篇连载）···················许特生
小小说四题···············王士勤　路金月等

散文

谈散文·····························公　刘
走向沙漠之路·······················徐　刚
想起了木墩凳·····················杨　东
杨雪花·····························木　正
路·································魏梅武
蜜蜂的歌·························张淑昆
铁门关纪游·························杜芳清

绿洲诗林

边讯·······························杨　牧

西北三章·································林　希
开拓者的诗情（三首）···················杨　眉
新城的微笑（三首）·····················田先瑶
我是新疆人·····························师　歌
西北行（二首）·························陈所巨
海南岛，一艘古老的船···················冯麟煌
丝绸路上花·····························李伏波
绿苗诗丛（22首）······田　云　窦　伟　陈　瑜等

在遥远的疆土上
——阿勒泰垦区专辑
啊，布伦托海（散文）···················刘宝经
克木齐，我的第二故乡（散文）·············程　炎
喀纳斯湖游记（散文）···················辛　泰
阿尔泰山拾翠（散文）···················段　续
主人（小说）···························严维新
北疆行（组诗）·························方　冰
沿着将军的红笔·························赵宝祥等
梭梭草（外二首）·······················刘畅园
西行拾意（组诗）·······················刘　镇
短诗九首······························段　信等
从大漠升起袅袅的笛声（评论）·············阿　红
仰天长鸣······························李安宁
戈登山下（版画）·······················关维晓

1985 年第 1 期　刊名：《绿洲》
目录

中篇小说
三叶草································刁铁英
山的那边······························王　退
静静的草地·····························虞翔鸣
放筏者的奇遇···························罗荣典

短篇小说
激流································陈　波
沙大姐································张宽义
夜晚，白色的······························贠　薇
心理学（讽刺小说）·····················吴静林

塔里木，希望的疆土
——塔里木垦区专辑
青青的胡杨林（散文）···················王子平
荒漠上崛起的一座新城（散文）·············路　远
我站在塔河大桥上（散文）···············李骥良
大漠里一支绿色的歌（报告文学）···········江尚义

诗歌
追求································钱宗仁
绣（外二首）···························钱仲安
地图上，塔里木是一片褐黄···············王存政
哈拉库勒，崛起一个信仰·················向吉甫
追随在前辈之后·························关　洪
戈壁上，有一盘水磨·····················黄保旗
塔里木呵，我的土地·····················孟庆新
塔里木的第一代沙研员···················陈哲学
中国西部开发文学的鼓吹者···············詹世平

文学期刊信息

美术作品
天马之乡（国画）·······················舒春光
死城的传说（连环画选页）···············韩　颐

1985 年第 2 期　刊名：《绿洲》
目录

小说
路，向远方伸延······························安　静
回帆鼓································朱近之
陈旦初轶事·····························王念斯
共青镇人情·····························董立勃
弯弯黑水河·····························骆世昌
未名街四大亨···························赵光鸣
他这人呀······························江水寒
麦熟································吴　巍
《功勋》剽窃案（科幻小说）···············彭正辉
弟弟································颜　军
呵，海马······························杨威立
心病································蒋新华
小小说五题·····························苗建新等
在死亡之海的岸边（中篇）···············肖　廉

诗歌
绿苗诗丛（15首）·······················刘玉珍等

美丽富饶的伊犁河谷
——伊犁垦区散文专辑
花嫂································曹学中
绿色的长城·····························谢睦森
美哉，虞美人···························范润生
碑································周新顶
伊犁河捕鱼记···························门海群
这里有黄金·····························王维义
肖尔布拉克情思·························项明琴

钱···················高云霄
致富歌···············路金月　李兴旺

美术

驰骋图（国画）·········舒春光
连环画人物造型·········叶毓中
伐归（木刻）···········董介吾

1985 年第 3 期　刊名:《绿洲》
目录

当代作家、诗人、评论家谈西部文学、西部诗、西部
美···················葛　洛　公　刘　钟惦棐
谢　冕　李元洛　魏钢焰　孙克恒　阎　钢　肖云儒
昌　耀　李健民　肖　川　方　冰　张贤亮　高尔纯

西部诗荟

大西北之光···········王辽生　章德益　黎焕颐
陈　青　刘　镇　田先瑶　王　璞　杨　眉　夏　天
绿洲的诱惑·········子　页　雷　霆　郭维东　肖　川
刘　渊　朱延武　曲　近　王存政　郭　新　彭自然
历史的折光镜·········李　瑜　孙　涛　贺维铭
李遇春　怀　白　胡西平　李青川　北　野　冯麟煌
立体的生活·······东　虹　夕　岸　渭　水　罗晓丽
李光武　韩志勇　孙凤达　北　莽　莫文征　刘衍华
姜志吾　郑成义　王　果　任　英
草原的旋律···········蔡国瑞
张　扬　叶延滨　张怀顺　殷纪平　张小平　师　歌
崛起的建筑群···········王德芳
崔鹤同　马　弋　屈　直　刘龙平　高新庄　程海军
五色花···············郑重实
徐志新　路　略　吴　军　钱宗仁　石　河　魏大卫
马新辉　邓东胜　陶大明　王天渝　曹　雷　周　民
吴小吾　杨　政　魏　明　段小霞

开拓者的丰碑
——乌鲁木齐垦区散文专辑
将军情···············常　强
卫星城剪影·············梁彤瑾
勋章···············王　旭
红柳花开·············鲜于泊沙
深情的回顾·············王建华
刻满诗情的土地··········龚昌盛

蓓蕾
——函授学员习作选
唱给土地的歌（诗歌）······梅　子　梁小青　郭有德

时星原　马兰花　李治疆　张天星　卢新星　武鸿鸣
急性子和慢性子（小说）·········李景荣
"老抠"（小说）···········谢为彬
温泉，一支温暖的歌（散文）·······杨　东

评论·随笔

草原来的时代信息··········王仲明
新路通向山那边···········安　静
一曲将军的赞歌···········刘有华

小说

坐皇冠牌小轿车的农场主········谈笑风
雨，沙漠的雨……···········王　伶
路···············金　鑫
没掉下来的眼泪···········常　征
融化在沙漠的灵性中··········王　刚

雁过留声（国画）··········舒春光
冬韵（国画）············汪钰元
小伙伴（版画）·········于云涛　高持民

1985 年第 4 期　刊名:《绿洲》
目录

中国西部开发者

司令员的足迹············周　非
燕赵男儿贵姓张···········史　骥
忘我者的脚印············谢高忠
胸怀···············肖嗣文
紧紧地握手·············李伏波
从"小领域"走向世界········郭长新
一代新型农民的代表·········张　晚
回首灯火阑栅处·······牟国志　张维新
苦与甜···············许大东
女强者的道路············易和声
风尘千里奠大业···········王新厚
依斯别克·霍鸣···········吴映堂
母亲···············苇　青
旱獭多的地方············黎　蔷
夜走乌鲁木齐············周叶萍
海南岛杂咏十绝句··········刘肖元

博斯腾湖的帆影
——库尔勒垦区专辑
苇湖守卫者·············何兴慧
因为我们还年轻···········张宽义
超车曲···············汤瑞文
山里有个愣小子···········郁惠荣

哦……………………………………翟胜萍
孔雀，她不肯飞去………………………王兆德
霞光，点燃了这片土地…………………徐志新
库鲁克山的形象…………………………彭祖辉
啊，绿洲……………………………………丁 春
沙漠植树…………………………………吕风智
大漠·红柳·梦……………吴九如 刘旺民 胡泽平

小说
蛇精………………………………………冯庆昕
魔方………………………………………步 乐
除夕………………………………………唐训华
冲出荫郁的城堡…………………………叶大全
生活里的韵味……………………………木 正
该不该去赴约……………………………张卫中
冤家………………………………………田建华

函授学员园地
金秋的风（小说）………………………钱永耀
目光（小说）……………………………李登伦
效益（小说）……………………………陈允菊
有这样一个人（诗）……………………李 莉
我将回来（诗）…………………………张伯坚
搏击·炉渣（诗）………………尹以华 张晋南
沙漠之舟…………………………………天 禾

美术
刁羊（陶瓷挂件）………………………张 平
清风（国画）……………………………龙清廉
人物习作…………………………………马世英
克郎河畔（版画）………………………薛周琦

在成功的男人身后………………………张国华
根…………………………………………张启甲
风雪夜……………………………………孟久成

西部诗苑
黑土地（组诗）…………………………时星源
春天的韵律（组诗）……………………梅 子
西部风景线（组诗）……………………张小平
喜看新绿带露发…………………………成 耕

鲜花盛开的准噶尔
——奎屯垦区专辑
春暖（小说）……………………………韩天航
金子般的岁月（报告文学）……………马 涛
一枝出墙的红杏（报告文学）…………李如心
奎屯散曲（散文）………………………沈行康

蓓蕾集
——函授学员习作选
一个没有题目的故事（小说）…………武鸿鸣
网（小小说）……………………………张秀莉

报告文学·散文
一颗咖啡色的梅花纽扣…………………高 明
种子………………………………………丰 收
重新起飞…………………………………周康芬
金子泉边有人家…………………………初 冬
阿尤布拉克………………………………刘宝经
边陲小镇…………………………………王巧云
绿风（装饰挂件）………………………张 平
维吾尔族妇女（速写）…………………张万里
哈布切克之鹰（国画）…………………董振堂

1985 年第 5 期　刊名:《绿洲》
目录

开发者的先驱
忆新疆……………………………………张仲瀚
豁达大度　热爱新疆
——怀念张仲瀚同志………………陈 实
诀别恨重，将军泪洒天山
——怀念赵锡光将军………………史 骥

小说
幸存者……………………………………吴连增
"阿訇"毛鲁维的故事……………………肖 陈
期望（中篇）……………………………许特生
水中，有个洗过的月亮…………………肖 夫
签证………………………………………张 明

1985 年第 6 期　刊名:《绿洲》
目录

小说
亮点，渐渐近了（中篇）………………李 叶
国际采访…………………………………朱 定
牛冤………………………………………牛 放
小桥………………………………………王国庆
最后的枪声………………………………李彦清
蜜桔甘叔叔………………………………梁彤瑾
二杆子小传………………………………唐训华
兴隆茶馆…………………………………杨晓芬
千字小说七题……………………………顾爱珍等

西部诗苑

骆驼向往的 ————————————————— 杨 树
高擎在喀喇昆仑的军魂 ——————————— 杨战宏
绿洲恋歌 ——————————————————— 黄秉荣
家族 ————————————————————— 谷 闰
抒情诗 12 首 ———————————————— 刘益善等
将军情（回忆录）—————————————— 赵予征
蘑菇云从东方升起（报告文学）———————— 王家达
在动乱的岁月（散文）———————————— 吕 军

西部文学论坛

杨树和他的《飞翔的梦》———————————— 邹荻帆
论许特生小说创作的西部民族特色 —————— 余开伟
要总结艺术规律 不要开创作处方
———浅谈中国西部文学讨论的深化 ————— 常 征
从比较历史的窗口看中国西部文学的精神气质
—————————————————————— 杨中明

蓓蕾集

———函授学员习作选
求富（小说）———————————————— 余泽虎
椅子（小说）———————————————— 杨子江
又一个玫瑰红的黄昏（小说）————————— 罗鹿鸣

喀什噶尔掠影

———喀什垦区散文专辑
故城碎影 —————————————————— 陈 平
密密胡杨林 ————————————————— 王 伶
希望之树 —————————————————— 叶 子
罗布麻 ——————————————————— 薛 亮
绿洲，我爱你绿的个性 ———————————— 力 平

美术

晨雾（装饰画）——————————————— 武曼宜
天山牧场（版画）—————————————— 关维晓
冬（国画）————————————————— 葛德夫

1986 年第 1 期　刊名：《绿洲》
目录

小说

莽莽胡杨林（中篇）————————————— 田建华
河谷老人 ——————————————— 吴 巍 马康健
红色的草地 ————————————————— 王巧云
定心丸 ——————————————————— 赵均亮
哦，塔尔巴哈台 ——————————————— 秦君忆
噢，幸福的十七岁 —————————————— 李 兰
兔子沟的故事 ———————————————— 李传环

关键时刻 —————————————————— 陈 平
闪烁着露珠的玫瑰 —————————————— 哲 生
千字小说九题 ————————— 萧嗣文 李庆平等
我的人生之路 ———————————————— 钱宗仁

西部诗苑

烽火熄灭了（组诗）————————————— 李 瑜
天山，拓荒者的雕像（组诗）————————— 高炯浩
西部抒情（14 首）————————————— 唐 湜等

绿洲之友

走百病（小说）——————————————— 林 希
西部的爱（诗二首）————————————— 孙友田

西部文学论坛

对西部文学和西部精神的几点理解 —————— 陈柏中
擘鲸鱼于碧海 看翡翠于兰苕
———评东虹诗歌创作 ———————————— 浩 明

西部军旅

大西北，一片神秘的土地（组诗）——————— 孙晓杰
登临意（散文）——————————————— 张际会

蓓蕾集

醒悟 ——————————————————— 马继德
影响 ——————————————————— 将止平
噢 ———————————————————— 胡光晓
诗四首 ——————————————————— 李 虎等

西部风情

烟雨果子沟 ————————————————— 罗荣典
过去的童年 ————————————————— 邱成毅
阿尔泰冬之旅 ———————————————— 段 续
博格达峰远眺 ———————————————— 陆 苗

美术

哈巴河上情语浓（国画）———————————— 徐庶之
杏熟时节（油画）—————————————— 武立杰
龟兹舞（国画）——————————————— 叶毓中

1986 年第 2 期　刊名：《绿洲》
目录

小说

父亲的胡杨滩（中篇）———————————— 董立勃
小地方的人（中篇）————————————— 段海晓
远去的汽笛声 ———————————————— 朱 超
她们长成了大姑娘 —————————————— 胡晓敏

走出泥泞的街巷 ························ 常新港
芳邻 ···································· 万 钧
少妇 ·································· 木业羌
前面的和后面的 ······················ 张国华
千字小说八题 ························ 严维新等

西部军旅
阿山雪险初问（散文） ················· 李志君
长长的背包绳（诗） ··················· 宋军峰

西部诗苑
荒原的歌（组诗） ····················· 闻 频
开拓者四重奏 ························· 沈贻炜
老树新花（10 人集） ··········· 朱阿阳 段 续
陈 青 罗 飘 刘 渊 董 宁 韧 丁 贺维铭
吴 凯 熊 熊

艾比湖春歌
——博尔塔拉垦区散文专辑
祭鹰 ································· 张光辉
戈壁石 ······························· 沈玉林
赛里木湖之行 ························· 刘克勤
绿城下面有人家 ······················· 邵 华
水的情思 ····························· 李传环
姊妹湖 ······························· 韩任访

蓓蕾集——函授学员习作选
绿林深处（小说） ····················· 赵志强
绝招（小说） ························· 李 虎
亲人（小说） ························· 王之静
冬夜小景（诗） ······················· 郭有德
一得小集（诗） ······················· 殷俊杰

西部文学论坛
值得羡慕的年龄　令人鼓舞的成果
——致《绿洲》青年小说作者 ··········· 王 嵘
柔情似水　佳期如梦
——读李瑜爱情诗札记 ··············· 浩 明

美术
风雨将至（国画） ····················· 舒春光
青春·太阳（版画） ··················· 王少平
丰收乐（国画） ······················· 康书增

1986 年第 3 期　刊名:《绿洲》
目录

短篇小说
车过干沟 ····························· 陈 平

追寻者 ······························· 虞翔鸣
三人行 ······························· 李世勋
酒话 ································· 曹永正
赶车的女人 ··························· 张乃嘉
文竹 ································· 姚 余
他就要上前线去 ······················· 晓 光
抢青 ································· 许学诚

中篇小说
家事 ································· 莫 伸

西部诗苑
西部风情 ····························· 黄东城
我不是你想象的那样 ······ 宫 玺 黎焕颐 姜金城
遥望天山雪 ··························· 王桂秋
西部新绿专辑 ··········· 张小平 赵北明 时星源
王予凤 杨 昕 周康芬 北 野 王广田 于 晶
殷纪平 杨玉生 李治疆 姜志吾 边 夫 王 鹏
李荀华 李开花 罗鹿鸣 于因军 王志林 马骏祥
蔡小明 周军成

西部文学论坛
大漠灵魂深处的旋律 ··················· 孙克恒
李叶小说的审美心理机制试探 ··········· 王仲明

西部风情
醉览月光湖 ··························· 吴连增
梦中的库车河 ························· 王速飞
古城三问 ····························· 李遇春
艾青，在一个少年心中 ················· 胡世永

蓓蕾集
爷爷死了（小说） ····················· 陈文彬
信（小说） ··························· 李登伦
我爱芦苇（散文） ····················· 魏 恒
女大学生（中国画） ··················· 王 芳
秋实图（中国画） ····················· 李兰芝
春之门（水粉画两幅） ················· 潘丁丁
春暖（版画） ························· 周殿鏊

1986 年第 4 期　刊名:《绿洲》
目录

纪实文学
桥 ··································· 毛乃舜
伊犁趣忆 ····························· 雷 霆
选择 ································· 李佩芝
小站站长 ····························· 孟驰北

大漠情························胡秉中
四根辫子和第二信号系统··········矫　健
绿色火焰························李好学

小说
千字小说 11 题················苇　青等
牧羊人的最后一天··············王　伶
早晨的鼓声····················哲　生
死谷里飘起一缕青烟············曹　杰
列车从月台旁交错驶过··········金　鑫
枣妮························张继武
市场上······················张继武
ABCD 相交于 O················郭从远
惶惑························梁彤瑾
地久天长····················王晓建
内参························王守运
给妈妈的一封信················张　纹

西部诗苑
钢盔的哲学····················周　涛
西部，我的眷恋············（北京）雷　霆
天山，献身者的墓碑············子　页
奔驰的灵魂····················东　虹
葡萄园情歌····················郭维东
爱的回忆····················莫少云
油城行······················师日新
牛（外一首）··················骆　之
西部新绿 12 首················徐志新等

西部文学论坛
醒目的标帜：
中国西部文学的地域特色········邢煦寰
热情反映时代的课题············邓美萱

蓓蕾集
亦喜亦忧（小说）··············李　龙
看相先生（小说）··············唐　君
小草（散文）··················杨龙成
关于小说的剪裁（编辑通信）······周　祥

美术
库尔勒香梨的传说（连环画）······冯国伟
五月的梦（刻板画）············马小宁
胡杨（油画）··················李虎林
南疆速写····················王惠仪
雪后（版画）··················陈力生

1986 年第 5 期　刊名:《绿洲》
目录

《绿洲》创刊三十周年专号

小说
得到的和失去的（中篇）··········安　静
圆石························唐　栋
青龙························周　非
兵出玉门关（西部历史传奇之一）····权宽浮
钟声························冯庆昕
我们都是男子汉················李祖新
秋天，秋天……················杨　剑
五个花瓣的丁香················荆　竹
每人唱一支歌··················顾怡群
西去列车····················胡泽平
陶柳潜先生轶事············闲　云　野　鹤

西部诗苑
西部素描（组诗）··············章德益
三月的敦煌（组诗）············李　瑜
一代天骄（组诗）··············时星原
边城之光（组诗）··············张德茂
遥远的西天山··················林　染
夜火························晓　梅
荒漠························张雪杉
西部女性····················赵雪勤
塔里木之恋··················钱仲安

纪实文学
瓜王（报告文学）··············邵　华
魔鬼城的开发者（散文）··········肖嗣文
冰与火的旋律（散文）··········杨战宏

西部文学论坛
在海外与塞外的交叉点上
——朱定小说创作谈··············胡康华
"西部精神"的灵魂··············安　哲

函授学员习作选
山桃花······················黄忠清
雪灵芝······················胡　涛
天池行······················姚　远
慈母心······················王清桢
春牧场（水粉画）··············严　力
题词························王　蒙等
屯垦戍边（石刻拓片）··········王兆发
琴女（油画）············克里木·那思尔丁

1986 年第 6 期　刊名：《绿洲》

目录

小说

北塔山闲话 ……………………………… 员　薇
豆青色的西装 …………………………… 段海晓
天啸 ……………………………………… 李彦斌
晚风 ……………………………………… 吴静林
虹影 ……………………………………… 李世勋
猎狼 ……………………………………… 冯绍璇
桥 ………………………………………… 杨　昕
少女的祈祷 ……………………………… 胡晓敏
铁公鸡和赔老本 ………………………… 田森茂
后浪 ……………………………………… 周　窘
酸菜和虱王 ……………………………… 任洪邦
第八幢楼（中篇）………………………… 甘以雯
千字小说八题 …………………………… 王晓建等

西部诗苑

新林篇 …………………………………… 张小平
谷　闰　王小未　曲　近　殷纪平　武鸿鸣
西部风 …………………………………… 王　璞
杨云才　时培华　朱文杰　杨战宏　曾有情
绿大陆 …………………………………… 岳　岸
窦　伟　王　鹏　朱　疆　袁雅蓉　杨玉生　郭有德
蓝的梦 …………………………………… 边　夫
周康芬　王予凤　周军成　宋军峰　北　野
处女地 …………………………………… 李　彬
石慧明　沈行康　赵　川　邱华栋　李雄飞
散文诗 ………………… 侯军强　乔勇　龚培德

散文

盛夏，冰川 ……………………………… 时星原
戈壁古树 ………………………………… 郝青平
荷花湖 …………………………………… 小　丁
草原梦 …………………………………… 刘　涛
克尔古提湖游记 ………………………… 王志林
从天山深处来 …………………………… 杨　东

蓓蕾集

函授学员诗选 ………… 张天星　李　红　陶　伟
吕文秀　骆　媚

美术

库尔勒巴扎所见（国画）………………… 雷中峋

1987 年第 1 期　刊名：《绿洲》

目录

中篇小说

哈罗，比几多尔 ………………………… 王　正
青格达湖上的碑影 ……………………… 韩明人
春光 ……………………………………… 韩任访

短篇小说

井碑 ……………………………………… 李明坤
危险信号 ………………………………… 李　叶
年龄浮动曲 ……………………………… 钱佩衡
心 ………………………………………… 莫大祥
雅丹 …………………………… 张　明　曹姗姗
最后一次出车 …………………………… 王　钟
千字小说三题 …………………………… 李葆华等

诗歌

几个旧镜头（组诗）……………………… 张志民
新疆小诗（组诗）………………………… 刘畅园
相思树（组诗）…………………………… 洋　雨
绿宝石（外二首）………………………… 孙　涛
连城素描（三首）………………………… 葛佳映
魔鬼的诱惑（组诗）……………………… 顾丁昆
西部草原之恋（二首）…………………… 刘　渊
垦区赞（古体诗词）……………………… 史　骥

报告文学

悲剧？喜剧？闹剧？
——记朱定 ……………………………… 王　刚
红柳 ……………………………………… 沈玉林

评论

新型文艺观念映照下的新边疆诗重新审视 … 张小平
新一代的挑战 …………………………… 吕　平
"西部"和"文学"的"捷径" …………… 陈　艰
绿洲飘来一朵金色的云 ………………… 刘有华
《追寻者》的艺术特色 ………………… 沙　平
《钟声》回旋耳际 ……………………… 汤占生

散文

花喜·风骨 ……………………………… 子　页
库额尔齐斯游记 ………………………… 段　续
乌鲁木齐咏叹调 ………………………… 胡尔朴

美术

桦林又绿（摄影）………………………… 蒋克定
沙车行（速写）…………………………… 肖　天

1987 年第 2 期　刊名:《绿洲》
目录

纪实文学

啊！拓荒者 ———————————— 郭绍珍
徒步万里长城 ———————————— 孟驰北
拼将头颅载歌行 ———————————— 贺维铭
他的文凭在哪里? ———————————— 江尚义

绿洲之友

关于西部文学（作家通信）———————— 公　刘
坐标系上的方位（组诗）———————— 王　也
大漠中，有一个音符在跳跃（散文）—— 吕锦华

短篇小说

天窗 ———————————————— 曹永正
脑萎缩病患者及其病友 —————————— 罗荣典
农场人 ———————————————— 朱　超
无从提笔 ——————————————— 门海群
觅 —————————————————— 畅　达
他不是他 ——————————————— 梁彤瑾
烟雾袅袅 ——————————————— 肖　驰
前方到站，吐鲁番 —————————— 李奇渊
三月十三谷雨天 ——————————— 梁克锋
坎土曼吐拜 ————————————— 冯希光

诗歌

为了墨绿的金字塔（散文诗）————— 伊　萍
奔驰的歌（二首）—————————— 陈　青
心祭（组诗）———————————— 殷纪平
带刺儿的歌（讽刺诗三首）————— 石　河
枯黄的礼赞（外一首）——————— 梁谢成
绿洲恋歌（三首）—————————— 黄秉荣
一双不肯闭住的眼睛（外一首）—— 朱阿阳
远村的呼唤（外一首）——————— 马兰花

评论

漫议西部特色和西部精神的追求 ——— 常　征
荒诞错位中的沉思 —————————— 王　正
失落感与寻根热 ——————————— 边　谷

中篇小说

清林汉子的木屋 ——————————— 肖嗣文

千字小说

吻之罪等四题 ———————————— 唐训华
眼睛等六题 ————————————— 赵亚欣等

文学社团园地

文学社：业余作者的摇篮（述评）—— 文定讴
绿野上初萌的诗情（诗八首）———— 五月文学社

散文

那隆起的驼峰 ———————————— 路　远
伊犁猫 ———————————————— 庄雪华
妈妈，小路出山了 —————————— 陈　源

美术

作品 m 号（撕纸画）———————— 秦　峰

1987 年第 3 期　刊名:《绿洲》
目录

报告文学

远飞的大雁 ————————————— 道　纲
迎着褐色的风 ———————————— 肖　廉
夏都的湮灭和绿色的崛起 —————— 郭培中
英雄从绿洲起步 ——————————— 许邦贵
稻海深处 ——————————————— 吴国平
"贾副官"的酸甜苦辣 ———————— 王清熙

短篇小说

这里，曾立起一座井架 ——————— 李明坤
故地 ———————————————— 綦水源
抢帽子的人 ————————————— 施励斐
车灯，去得远了 ——————————— 文　勇
我们哥们儿 ————————————— 贺　旗
春晖 ———————————————— 山　雪
杀猪 ———————————————— 陆明泰
阿拉陶山的呼吸 ——————————— 马　戎
现在已经散场 ———————————— 王建民
千字小说四题 ———————————— 康齐民等
梦中真事 ——————————————— 田建华
星光 ———————————————— 张光辉
梨花·她·钟 ———————— 胡晓敏　宋军峰

西部诗苑

山槌击鼓 ——————————————— 时星原
垦荒者 ———————————————— 章德益
为了爱情，巴格达不嫌远 —————— 李　瑜
遥遥西北角 ————————————— 郭维东
爷爷的白杨树 ———————————— 袁雅蓉
塔里木人 ——————————————— 钱仲安
大漠绘出的肖像 ——————————— 杨　昕
拜日 ———————————————— 王存政
西部人物志 ————————————— 雷　霆

评论、随笔

坚持马克思主义文艺理论 繁荣我国社会主义文艺
......程万里
新边塞诗面临的困窘......余开伟
美、丑、性与文学......吴 羽
跋涉，在那弯曲的小路......时星原

文学社团园地

华侨农场小说选......陈文清等

散文

遥远的思念......平 青
春日，在长堤上......肖道纲
瑰丽的小海子......钟力平
攒媳妇......李广智
夜宿玉尔滚......张风水
童年的星......徐明惠
路......关维晓
壁挂......李春海

1987 年第 4 期　刊名:《绿洲》
目录

西部诗苑

绿色的进击（长诗）......东 虹
草原上（组诗）......闻 频
西天的霞光（组诗）......徐志新

报告文学

塔里木行......周 非
魂系绿洲......杭 约
鸿鹄落劲松......金 戈
小河之歌......隋 敏

文学社团园地

大漠文学社小说专辑
塞上文学社诗歌专辑
中学生文学社诗页

中篇小说

至爱亲朋......虞翔鸣
野云沟......黄承宗
晨曲（国画）......葛德夫

纪念中国人民解放军建军 60 周年

我们背着两支枪（回忆录）......杨有才
士兵的海（散文）......张际会
白哈巴奇趣（散文）......赵化一

高擎在喀喇昆仑的军魂（组诗）......杨战宏

评论

我已经寻找过我自己（创作谈）......周 涛
生活·主体性·作家的"自我"（读书扎记）
......丁子人
人格力量的升华......刘卫平

短篇小说

地火......邵 华
不是阿南的草原......郭从远
戈壁上的河......张宝发
春花......段立新
耳坠......李葆华
项链......马河川
血染的围巾......左力刚

1987 年第 5 期　刊名:《绿洲》
目录

小说

他到山中去了......安 静
切尔维亚科夫型亢进症......李 叶
西克尔，西克尔......谭向前
钱雨......冯庆昕
轨迹......施晓宇
毛毛......晓 力
压马......沈玉林
心磨......李传环
冰流......陈 平
买肉记......苇 青
宴谜......犁 疆
沙海觅宝......茹 青
他也还年轻......李 禾
进城的阿涛......杨威立
雨中车站......段海晓
千字小说 8 题......施励斐等

诗歌

八面来风......陈所巨等
西部新绿......北 野等

散文

散文三题......路 远
骊山赋......石 英
春光的爱......谭方辉
益霞克......宋显达
土屋......陈启峰

农场静夜 ·················· 阿 文
巴托拉冰川下的桥 ·················· 边 月
墓地随想 ·················· 郝 军

报告文学

准噶尔之光 ·················· 贠 薇
从中原到边疆 ·················· 王 旭
童心驰天山 ·················· 张德茂
律师的责任 ·················· 梁彤瑾
故园情 ·················· 黄立本

文学社团园地

诗选 9 首 ·················· 艾比湖诗社
诗选 11 首 ·················· 烛光文学社

读者论坛

自然，生命力之所在 ·················· 贺维铭
杂谈创新 ·················· 湘 文
神杯中的毒液 ·················· 卓 玛
花茂还需育花人 ·················· 沙 炯
熟悉的而成为陌生 ·················· 邓重实
坚挺自己脊骨的"大海" ·················· 刘学杰
艺术凝思 ·················· 胡仲仟

1987 年第 6 期　刊名：《绿洲》
目录

短篇小说

幻视幻听幻觉 ·················· 曹永正
铜灯 ·················· 刘湘晨
一双，一双双 ·················· 胡尔朴
西瓜仙子 ·················· 马 焰
重叠的绿荫 ·················· 罗荣典
耕耘 ·················· 胡秉中
依依戈壁情 ·················· 韩天航
石头街 ·················· 梁克锋
老田 ·················· 钱明辉
贪污犯张谦 ·················· 孟久成
红太阳，白太阳 ·················· 安 彤
代理厂长 ·················· 王天学
太阳离我们很近 ·················· 翔 宇
"葛 BA"列传 ·················· 陆 平
河界 ·················· 任 英

绿洲之友

新疆抒情六首 ·················· 屠 岸
垦荒者的后代（诗三首） ·················· 肖 川
黄河之上（散文） ·················· 子 页

大西北的诱惑（散文） ·················· 伊 甸

纪实文学

塔克拉玛干监狱 ·················· 韦贵波等
崛起 ·················· 高 歌 肖 林
土地的儿子 ·················· 时星原

西部诗苑

青年女作者小辑 ·················· 汪文勤等
天山，拓荒者的雕像（组诗） ·················· 高炯浩
哈萨克族诗二首 ·················· 张孝华译

纪录影片脚本

鲜花盛开的沙漠 ·················· 杰洛丁·怀奈 朱 定

评论

闪烁的，不仅是希望 ·················· 亚 楠
正义与邪恶的搏斗 ·················· 王雁志
写速二幅 ·················· 王惠义

1988 年第 1 期　刊名：《绿洲》
目录

中篇小说

生命之旅（长篇节选） ·················· 张宝发
小城梦幻曲 ·················· 郭从远
白色 ·················· 高 虹 杨志明

短篇小说

寻找 ·················· 贠 薇
幸福 ·················· 李 欣
歌女 ·················· 段立新
走过春天 ·················· 张新宇
"好来西旅店"的深夜来客 ·················· 彭正辉
微型小说 10 题 ·················· 李葆华等

西部文学论坛

展开改革开放的双翼 ·················· 陈柏中等
小说为开发者写些什么 ·················· 丁子人

报告文学

陶峙岳将军印象记 ·················· 吴映堂
迅跑的人生 ·················· 刘佩芳 陈建中

散文

塔克拉玛干沙漠掠影 ·················· 宋显达
香甜的盐碱滩 ·················· 常 征
哈密瓜的回忆 ·················· 魏 恒

童年的巴里坤 ··· 许学诚
老山兵的情趣 ·························· 王中文 李荣国

文学社团园地
梧桐新芽 ····························· 边缘文学社散文辑
西部诗苑 ············ 岳 岸 韦 韦 北 野 孤 岛
杨玉生 王广田 张小平 段 续 段 信 徐志新
项俊卿 周军成 郭有德 屈文焜 朱阿阳 朱志伟
小花（水印版画）································· 郝伯义
南疆速写 ··· 丁 丁
荒原夜（纸版画）································· 宋 钢

1988 年第 2 期　刊名:《绿洲》
目录

"中国潮"报告文学征文
三五九旅今何在 ····································· 陈 实
热情奏鸣曲 ································· 李 黑 易新龙
我们从荒原走来 ····································· 周康芬
三门拳的传人 ··· 吴永煌

中篇小说
今天的故事 ··· 朱 超
昨天的故事 ··· 谷 闰

西部诗苑
郭维东散文诗近作
李瑜爱情诗近作
淡黄的苦菜花 ··· 杨 昕
西部之恋 ··· 潘万提

西部文学论坛
面对改革的大潮 ····································· 陈 艰
小说创作"沉寂"现象辨识 ··················· 王 嵘
开发，要改革来浇铸 ····························· 常 征
文学创作要正确地塑造开拓者形象 ········ 张 云

短篇小说
荒野故事 ··· 董立勃
两色旗 ·· 杨威立
榆之收 ·· 杨 剑
野鹿谷 ·· 吴 巍
走出沙窝的女人 ····································· 卢国瑞
铃声 ··· 马洁身
戏魂 ··· 康东升
那条路…… ··· 李伊萍
短章二题 ··· 平 子
梦 ·· 吴素萍

水漫地 ·· 李广智
闯山 ··· 胡维斌

散文
叶的情思 ··· 滕 容
心中的故事 ··· 刘学杰
为胡杨歌唱 ··· 言 鸣
沙泉赋 ·· 杜芳清
霜俏（水印木刻）································· 郝伯义

1988 年第 3 期　刊名:《绿洲》
目录

中篇小说
白鸥 ··· 吴连增

短篇小说
山外有条河 ··· 边 夫
沙龙镇 ·· 孙恭晓

"中国潮"报告文学征文
超越 ··· 陈建中
这样的风流 ··· 韦 韦
《绿洲》博乐垦区文学讲习班学员作品选

中篇小说
湖畔 ··· 邵 华
恰同学少年 ··· 晓 力

短篇小说
我站在河边 ··· 李葆华
生命谷 ·· 张 愚
阿拉们，干杯! ······································· 余 丰
小说二题 ··· 田建华
瀚海魂 ·· 沈玉林
金灿灿的向日葵 ····································· 李传环
公函 ··· 杨献文
彦五 ··· 于云友
小小说九题 ··· 赵世彪等

散文
故乡二题 ··· 梅 萍
爸爸的歌声 ··· 文 野

诗歌
诗歌选 ···························· 蔡志新等二十三人

西部文学论坛
面临严峻的挑战
——几个业余作者对兵团文学创作的议论
杨忠孝、比几多尔、郑洁协奏曲⋯⋯⋯⋯⋯黄齐光
远天（综合版）⋯⋯⋯⋯⋯⋯⋯⋯⋯⋯⋯邵明江

诗歌
杨牧抒情诗近作
石河讽刺诗近作
青年诗页⋯⋯⋯⋯⋯⋯⋯⋯⋯⋯郁　笛　项俊卿
轩辕冬艳　新　芝　丁　春　宋军峰　李雄飞

1988 年第 4 期　刊名:《绿洲》
目录

中篇小说
走马天山⋯⋯⋯⋯⋯⋯⋯⋯⋯⋯⋯⋯⋯⋯李世勋

短篇小说
远方的土地⋯⋯⋯⋯⋯⋯⋯⋯⋯⋯⋯⋯⋯李明坤
从前有座山⋯⋯⋯⋯⋯⋯⋯⋯⋯⋯⋯⋯⋯曹永平
一曲终了⋯⋯⋯⋯⋯⋯⋯⋯⋯⋯⋯⋯⋯⋯时培华
等待⋯⋯⋯⋯⋯⋯⋯⋯⋯⋯⋯⋯⋯⋯⋯⋯青　青
墓前⋯⋯⋯⋯⋯⋯⋯⋯⋯⋯⋯⋯⋯⋯⋯⋯钱佩衡
泪吻⋯⋯⋯⋯⋯⋯⋯⋯⋯⋯⋯⋯⋯⋯⋯⋯张继武
路遇⋯⋯⋯⋯⋯⋯⋯⋯⋯⋯⋯⋯⋯⋯⋯⋯马　戎
书痴⋯⋯⋯⋯⋯⋯⋯⋯⋯⋯⋯⋯⋯⋯⋯⋯高　兴
父亲⋯⋯⋯⋯⋯⋯⋯⋯⋯⋯⋯⋯⋯⋯⋯⋯吴静林
虫与龙⋯⋯⋯⋯⋯⋯⋯⋯⋯⋯⋯⋯⋯⋯⋯李孝义
母亲⋯⋯⋯⋯⋯⋯⋯⋯⋯⋯⋯⋯⋯⋯⋯⋯林帅诗

小小说
唐训华小小说四题
小小说一束⋯⋯⋯⋯⋯⋯⋯⋯⋯⋯⋯⋯黄建中等

"中国潮"报告文学征文
一代悲声⋯⋯⋯⋯⋯⋯⋯⋯⋯⋯⋯⋯⋯⋯时星原
凡医⋯⋯⋯⋯⋯⋯⋯⋯⋯⋯⋯⋯⋯⋯⋯⋯鲁　莽

散文
陶峙岳将军轶事⋯⋯⋯⋯⋯⋯⋯杨保成　陶安娜
我的心留在南国的大海⋯⋯⋯⋯⋯⋯⋯⋯马香筠
多情的乌鲁木齐河⋯⋯⋯⋯⋯⋯⋯⋯⋯⋯胡秉中
遗产⋯⋯⋯⋯⋯⋯⋯⋯⋯⋯⋯⋯⋯⋯⋯⋯贺维铭
伊犁河夜色⋯⋯⋯⋯⋯⋯⋯⋯⋯⋯⋯⋯⋯王树生

评论
董立勃西部垦荒小说述评⋯⋯⋯⋯周政保　韩子勇
冷静下来的思索⋯⋯⋯⋯⋯⋯⋯⋯⋯⋯⋯康　华
农垦题材的开放意识⋯⋯⋯⋯⋯⋯⋯⋯⋯李郁松
诗歌札记⋯⋯⋯⋯⋯⋯⋯⋯⋯⋯⋯⋯⋯⋯杨玉生
走进鲜为人知的真实⋯⋯⋯⋯⋯⋯⋯⋯⋯王　勇
最终目的是观照现实⋯⋯⋯⋯⋯⋯⋯⋯⋯刘有华

1988 年第 5 期　刊名:《绿洲》
目录

短篇小说
秋月明⋯⋯⋯⋯⋯⋯⋯⋯⋯⋯⋯⋯⋯⋯⋯黎射萍
雾雪⋯⋯⋯⋯⋯⋯⋯⋯⋯⋯⋯⋯⋯⋯⋯⋯吴　红
研究生轶事⋯⋯⋯⋯⋯⋯⋯⋯⋯⋯⋯⋯⋯施晓宇
葡萄之战⋯⋯⋯⋯⋯⋯⋯⋯⋯⋯⋯⋯⋯⋯郭绍珍
鲁大爷这辈子⋯⋯⋯⋯⋯⋯⋯⋯⋯⋯⋯⋯郑万里
绣婆⋯⋯⋯⋯⋯⋯⋯⋯⋯⋯⋯⋯⋯⋯⋯⋯肖　飞
红鱼河⋯⋯⋯⋯⋯⋯⋯⋯⋯⋯⋯⋯⋯⋯⋯宋军峰
情知不是梦⋯⋯⋯⋯⋯⋯⋯⋯⋯王建民　王爱新
金凤开店⋯⋯⋯⋯⋯⋯⋯⋯⋯⋯⋯⋯⋯⋯杨　叶
站台之夜⋯⋯⋯⋯⋯⋯⋯⋯⋯⋯⋯⋯⋯⋯刘江红

"中国潮"报告文学征文
涌动的潮⋯⋯⋯⋯⋯⋯⋯王志明　杨志明　高　虹
海南人才冲击波⋯⋯⋯⋯⋯⋯⋯⋯陈　漠　白　梦
女人创造的世界⋯⋯⋯⋯⋯⋯⋯⋯肖　夫　李孝义
黄克剑印象⋯⋯⋯⋯⋯⋯⋯⋯⋯⋯⋯⋯⋯矫　健

《绿洲》五家渠垦区文学讲习班学员作品选
小说
改翠（中篇）⋯⋯⋯⋯⋯⋯⋯⋯⋯⋯⋯⋯梁彤瑾
刚到总机室的那些日子里⋯⋯⋯⋯⋯⋯⋯李素萍

小小说
小小说八题⋯⋯⋯⋯⋯⋯⋯⋯⋯⋯⋯轩辕冬艳等

诗歌
诗歌选⋯⋯⋯⋯⋯⋯⋯⋯⋯⋯⋯⋯龚培德等十八人

评论
"兵团的人"与"人的兵团"⋯⋯⋯⋯⋯⋯⋯夏冠洲
故作艰深与炫耀博学⋯⋯⋯⋯⋯⋯⋯⋯⋯边　谷
评论二题⋯⋯⋯⋯⋯⋯⋯⋯⋯⋯⋯⋯⋯⋯沙　平

诗歌
洋雨抒情诗近作
张小平组诗近作
春花秋实⋯⋯⋯⋯⋯⋯⋯殷纪平　韩　月　徐志新
山　人　孟　力　武鸿鸣　李遇春　赵化一　李　杰

夜耕（漏版）————————————张春喜

1988 年第 6 期　刊名:《绿洲》
目录

中篇小说
太阳不会死————————————唐　栋
空恋（节选）————————————朱　定
秋天的死亡————————————王　刚
乌孙布拉克————————————吴　巍

评论
守卫自己的绿洲————————————周　涛
报怨与疏漏与出路————————————周政保
一支现代生活的变奏曲————————————王雁志

短篇小说
哦，黄土沟————————————蒋高英
高原的太阳————————————肖　廉
野人沟————————————梁克锋
唉！王头儿————————————赵亚欣
怪蛋————————————谭清鸿

报告文学
水磨沟正在升起一颗星————————————李孝义

诗人新作
黄河一瞥————————————章德益
十行抒情诗九首————————————子　页
再生地————————————李云鹏
平民手记————————————柯　平
荒原之灯————————————伊　甸
夏日静写————————————张孝华

青年诗页
诗歌选————————————黄　毅
秦安江　杨　剑　李光武　姚永明　蔡天新　钱仲安
李彩虹　杨国胜　郑美玲　牧　夫

1989 年第 1 期　刊名:《绿洲》
目录

短篇小说
白旗·黑鬼（纪实小说）————————————雷　霆
霹雳风————————————李　梅
连队旧事————————————高　兴
达瓦利西————————————王巧云

苦蜕————————————郭培中
丑罐————————————李广智
太阳————————————张　愚
爱的变奏————————————黎射萍

报告文学
北疆纪事————————————陈　义
神圣的权益————————————淑　香　南　方　克　矛
火热的叶尔羌————————————吴　凯
江河浩波————————————高炯浩

评论·随笔
为两支劲旅的联谊叫好————————————本刊编辑部
文学视野中的文化穿透————————————杨匡汉　夏冠洲
诗的智慧（随笔二则）————————————周政保
解放思想　繁荣创作————————————王仲明
熟悉才能表现————————————鲁　莽
举起西部诗歌的太阳————————————王广田

中篇小说
在胡杨林的后面————————————韩天航
五四————————————谈笑风
微型小说七题————————————王晓建等

诗歌
绿洲的太阳（组诗）————————————时星原
叶尔羌之夜（组诗）————————————王存政
铁流，铁流（组诗）————————————孤　岛
吹牛者（外一首）————————————曾有情
妙龄时光————————————莫少云
一种声音（外二首）————————————方　舟
西部的早晨————————————黄东成
马与鹰的奏鸣曲————————————王　璞
含笑记下的悲伤————————————枫　晨

1989 年第 2 期　刊名:《绿洲》
目录

中篇小说
黄昏　行旅————————————赵光鸣
丑男————————————曹永平

短篇小说
大漠风情————————————韩明人
大森林和一个新生命————————————马洁身
老地————————————胡维斌
少壮————————————周明山
淡淡的雾————————————晓　力

水娃 ································· 曾 英
微型小说四题 ······················ 杨希翠等

报告文学("中国潮"报告文学征文)
复活的红其拉甫 ···················· 刘学杰
弄潮儿和她的新潮衫 ················ 荣慧敏
一片国土的复苏(纪实文学) ········· 谢高忠

诗歌
永恒的高地 ························· 郁 笛
西部海 ····························· 王广田
自嘲 ······························· 袁雅蓉
泥土集(六首) ····················· 王 锋等

文学评论
诗的智慧(二则) ···················· 周政保
当代哲学与文学的交汇——王刚中篇小说谈 ··· 张小平
真诚——文学创作的灵魂 ············· 钱明辉
找到"烟囱" ························· 王 正
首届"我看中国"国际青少年征文启事

1989 年第 3 期　刊名:《绿洲》
目录

中篇小说
我亲爱的特卡斯河 ·················· 刁铁英
大沙窝纪事 ························· 李明坤
恍惚 ······························· 张 骅

诗歌
陶峙岳将军诗词 ·················· 史 骥辑
悼念陶峙岳将军 ···················· 刘一村
白发覆盖下的爱情 ·················· 杨 树
风景 ······························· 龚培德
赠台湾诗友 ························· 骆 之
魔鬼城 ····························· 党永庵

短篇小说
枫叶 ······························· 雷 杉
白鸽 ······························· 王 赧
鼠地 ······························· 景 俊
收获 ······························· 郭地红
雁叫声声心欲碎 ···················· 李宝生
小小说三题 ························· 段立新等

评论
《黄昏行旅》的感觉与境界 ············ 周政保
军垦小说创作漫议 ·················· 崔志辉
生命的赞歌 ························· 王仲明

报告文学
西部的困惑与契机 ·················· 陈 漠
这里有群实干家 ···················· 李孝义

散文
西域屯垦史话 ······················ 赵予征
龙泉渠 ····························· 赵天益
小孩票 ····························· 路 远
天山猎旱獭 ························· 姚 远
大桥侧畔 ··························· 边 月

1989 年第 4 期　刊名:《绿洲》
目录

报告文学
拥抱危机(《中国潮》征文) ··········· 李广智
苍劲的胡杨 ························· 熊梦扬

中篇小说
炎热的中午 ························· 董立勃

短篇小说
头和青卵石和长歌 ·················· 刘 岸
水城豆腐热 ························· 有令峻
千杯少 ····························· 郭从远
太阳刚刚升起 ······················ 门海群
小城拾遗 ··························· 晓 力
小河清清地流 ······················ 肖 飞
小小说四题 ························· 吕冬峰等

散文
西域屯垦史话 ······················ 赵予征
雪的咏叹 ··························· 吴连增
野猪林夜话 ························· 常 征

诗歌
关于这个城市的一首诗 ·············· 李 峰
褐红的海 ··························· 宁 宇
荒原座标 ··························· 李 杰
奎屯即事 ··························· 刘萧元
履带＋热的流苏 ···················· 简 宁

评论
小说的民俗描写的功能 ·············· 蔡宇知
诗的智慧 ··························· 周政保
"西部浪漫"的真谛 ·················· 陈柏中
现代品格的城市诗作
——李峰和他的诗作 ················ 西 沉

体验批评——两个视界的对话⋯⋯⋯⋯刘湘晨
丰收图（中国画）⋯⋯⋯⋯⋯⋯⋯⋯阿 宁

泉水⋯⋯⋯⋯⋯⋯⋯⋯⋯⋯⋯⋯高炯浩
阿力麻里行思⋯⋯⋯⋯⋯⋯⋯⋯李传珠

1989 年第 5 期 刊名:《绿洲》
目录

诗歌
庆祝建国四十周年朗诵诗大奖赛获奖作品
晨钟⋯⋯⋯⋯⋯⋯⋯⋯⋯⋯⋯⋯郁 笛
凝视⋯⋯⋯⋯⋯⋯⋯⋯⋯⋯⋯⋯郭维东
黑罂粟⋯⋯⋯⋯⋯⋯⋯⋯⋯⋯⋯李 瑜
蓝色的雨季⋯⋯⋯⋯⋯⋯⋯⋯⋯李光武
在西部中国⋯⋯⋯⋯⋯⋯⋯⋯⋯郭有德
开拓者的信念（散文诗）⋯⋯⋯⋯杨 树

报告文学
西部生命变奏曲（"中国潮"征文）⋯⋯吴连增
"倒爷王国"探秘（"中国潮"征文）⋯⋯常 征
赤道上的太阳⋯⋯⋯⋯⋯⋯⋯⋯王巧云
浩瀚塔里木⋯⋯⋯⋯⋯⋯⋯⋯⋯吴映堂
农场舞台上的亮相⋯⋯⋯⋯⋯⋯梁彤瑾
强骨梦⋯⋯⋯⋯⋯⋯⋯⋯⋯⋯⋯颜世霖
崎岖的路⋯⋯⋯⋯⋯⋯⋯⋯⋯⋯克 矛
大漠橄榄魂⋯⋯⋯⋯⋯⋯魏建军 侯友权
闪光的足迹⋯⋯⋯⋯⋯⋯⋯⋯⋯李孝义

小说
清水悠悠（中篇）⋯⋯⋯⋯⋯⋯许特生
五八年出生的孩子⋯⋯⋯⋯⋯⋯沈贻炜
刑警队顾问⋯⋯⋯⋯⋯⋯⋯⋯⋯李 叶

评论
漠风萧萧情悠悠⋯⋯⋯⋯⋯⋯⋯张德明
从虚假到真实⋯⋯⋯⋯⋯⋯⋯⋯上官玉

散文
西域屯垦史话⋯⋯⋯⋯⋯⋯⋯⋯赵予征
愧对冰山⋯⋯⋯⋯⋯⋯⋯⋯⋯⋯张际会
风雨陡洼山⋯⋯⋯⋯⋯⋯⋯⋯⋯贺维铭
流浪的画页⋯⋯⋯⋯⋯⋯⋯⋯⋯子 页
寸草心曲⋯⋯⋯⋯⋯⋯⋯⋯⋯⋯蔡忠平

1989 年第 6 期 刊名:《绿洲》
目录

小说
大漠格斗士（中篇）⋯⋯⋯⋯⋯伊 萍
风雪中的精灵（中篇）⋯⋯⋯⋯吴静林
美月⋯⋯⋯⋯⋯⋯⋯⋯⋯⋯⋯⋯田建华
醉醉⋯⋯⋯⋯⋯⋯⋯⋯⋯⋯⋯⋯许学诚
颤抖⋯⋯⋯⋯⋯⋯⋯⋯⋯⋯⋯⋯马洁身
死甸子⋯⋯⋯⋯⋯⋯⋯⋯⋯⋯⋯崔志辉
值班连⋯⋯⋯⋯⋯⋯⋯⋯⋯⋯⋯陈 平
唐训华微型小说三题⋯⋯⋯⋯⋯唐训华

报告文学
"老盲"西流记⋯⋯⋯⋯⋯⋯⋯⋯刘学杰

评论
"文学性"的归属
——现代报告文学创作的理论对话⋯⋯周政保 韩子勇
严峻而真实的军营生活写照⋯⋯⋯赵智勇

散文
西域屯垦史话⋯⋯⋯⋯⋯⋯⋯⋯赵予征
金色的阿勒泰（六题）⋯⋯⋯⋯刘畅园等
库车龙池⋯⋯⋯⋯⋯⋯⋯⋯⋯⋯尚 望
走进那片绿洲⋯⋯⋯⋯⋯⋯⋯⋯牟国志

诗歌
致长眠的朋友们（散文诗）⋯⋯⋯史 骥
黄土地的子孙（散文诗）⋯⋯⋯⋯闻 频
纪游（三首）⋯⋯⋯⋯⋯⋯⋯⋯洋 雨
山里山外（四首）⋯⋯⋯⋯⋯⋯张孝华
绿浪（外二首）⋯⋯⋯⋯⋯⋯⋯刘玉珍
音潮澎湃（三首）⋯⋯⋯⋯⋯⋯张小平
生命的绿洲（二首）⋯⋯⋯⋯⋯刘龙平
爱之潮（三首）⋯⋯⋯⋯⋯⋯⋯龙彼德
我是年轻的马可波罗（二首）⋯⋯梁谢成

《莽原》

【简　介】

综合性文学双月刊。河南省文学艺术界联合会主办。创刊于 1981 年。创刊初期为季刊,1985 年第 1 期起改为双月刊。其旨在坚守文学精神,刊发高质量作品,为青年作家提供写作平台。现仍以刊发中短篇小说为主。

期刊号:1981 年第 1 期—1989 年第 6 期

1981 年第 1 期　刊名:《莽原》
目录

发刊词
中篇小说
尾巴（毛本华插图）————————南　丁
苦酒（林国光插图）————————段荃法
情与网（王桂保插图）——————尚正义

短篇小说
王结实（王玉炳插图）—————李　准
打羊（文中题图）————————陆文夫
旋风——————————————乔典运
黄河之滨————————————于　进
民警的妻子（梁丙卓插图）———刘建业
声音（王效池插图）———————蔚　文
沧桑——————————————王振洲

鸟苑————————————钟宽洪　周以勤

报告文学
"中国的癌症探索者"——————李有刚　杨树藩

散文
鲁迅与《莽原》—————————————李霁野
月是故乡明————————————————阎豫昌

诗歌
山口（外三首）（章耀达插图）——————苏金伞
原上草（组诗）（王今栋插图）———————青　勃
流水线（外一首）——————————————舒　婷
落叶,打了我一记耳光（组诗）——————王怀让
飘忽的情丝（组诗）————————————陈　创

评论
教训在那里？——从李准的创作谈起———刘景清
烘云托月纵横谈——————————————孙　荪
编后余言

外国文学
女仆（小说）（曹新林插图）
————————［美］理查德·莱特著　叶芳来译
快乐的人（特写）
————————［苏］米哈伊尔·柯尔卓夫著　刘炳善译

美术作品
峡口逢春（国画）———————————鲍　洁
泊（油画）—————————————徐恩存
冬日（油画）————————————徐恩存
能言之鸟（木刻）——————————刘　岘
太行秋色（水彩）——————————高复兴

1981 年第 2 期　刊名:《莽原》
目录

缅怀茅盾同志——————————————于黑丁
曹靖华同志答本刊记者问

中篇小说
紫丁香——————————————————张　斌
敬礼！星星火炬——————————————杨东明
追求者——————————————————郑克西
深情———————————————————周自生

短篇小说

六月的田野······················峭 石
杠大爷报仇······················李克定
夕阳····························王远明
梦和遗忘的人····················罗灏白
朋友····························高行健
在两个问号之间··················冯骥才
苏城喋血记······················李 晴

评论

试谈无产阶级的功利主义的文艺观·······耿恭让
为四化建设者塑像··················刘彦钊
不能走这条路
——试论李准短篇小说创作的得失·······班卫中
走出罗汉堂——关于形式与风格的续想······蓝 翎
编后记

诗歌

长河、大路、高山··················王绶青
抗战诗稿（组诗）··················张志民
路，就该这样走（组诗）·············张庆明
工厂的旋律（组诗）················王恩宇
大地的思绪······················谢 虹
拉萨河风情（组诗）················李运贵
川滇诗笺（组诗）··················杨晓杰
中岳行吟（组诗）··················李铁城

散文·特写

站在大地上的年轻人················张有德
通向冠军之路····················袁 漪
生活，刚刚生活··················刘先琴
面对黄河························卞 卡

外国文学

契诃夫短篇小说三题··········杨宗建 唐素云译
母亲的初恋····[日]川端康成著 宋丽红 王 晨译

美术作品

黄河禹门（中国画）················谢瑞阶
滩头（版画）····················陈天然
心育（版画）····················王 威
岗峦新秀（版画）··················陈天然
人物肖像（油画）··················曹新林
太行风光（油画）··················洪兰航

1981 年第 3 期　刊名:《莽原》

目录

纪念鲁迅先生诞辰一百周年

学习鲁迅，为发展社会主义民族新文化而奋斗
······························韩劲草
正确的方向，曲折的道路·············王振铎
灌溉佳花的辛勤园丁················刘增杰
鲁迅与《河南》杂志················赵 英

中篇小说

在深处（毛本华插图）··············刘庆邦
蚕山春歌（李伯安插图）·············徐 慎
热爱人生（鲍洁插图）··············徐安民
黑蟒之谜························沈 湜

短篇小说

夏夜，在小河边（张树堂插图）········张 宇
二怪的画（刘万林题图）·············李佩甫
县委书记的早晨··················廖西岚
夜话（王玉炳插图）················杨尚林
烦恼··························马道远

评论

坚持文学的党性原则················春 岩
战士的胆识······················李元洛
一个普通农民的幽默传奇·············杜田材
深刻的开掘······················牛青坡

特写·散文

在艰难中奋进（特写）··········李九思 金 雨
上下求索（特写）··················翟 墨
山南海北（散文三题）
在第二松花江上··················范若丁
美的足迹························陈映实
闽海寄情························曾德厚

外国文学

英国爱情诗二十首············屠岸译 乔 塞
马尔洛 莎士比亚 坎贝尔 兰德 济慈 拜伦 彭
斯 马维尔 济慈 拜伦 彭斯 马维尔 雪莱 柯
勒律治 哈特利·柯勒律治 克里斯蒂娜·罗塞蒂
丁尼生 但丁·罗塞蒂 勃朗宁夫人
发票（短篇小说）··········费·米尔涅夫著 张亚和译

美术作品

鲁迅先生（版画）··················王 威
鲁迅像（版画）····················莫 测

鲁迅小说插图·································丁　聪
电力（版画）·······························刘晓东

栋材（版画）·······························晁　楣
梨树湾（版画）·····························姜　旗
黑龙江渔歌（版画）·························郝伯义
乌金曲（版画）·····························马亚非
秋色赋（版画）·····························王　川

1982 年第 1 期　刊名:《莽原》
目录

中篇小说
初晴（李伯安插图）·························谷　白
磨盘庄（林国光插图）·······················韩石山
麦青姑娘（王群插图）·······················张有德

短篇小说
绿荫街有个老鞋匠（曹新林插图）···········郁　笼
素素南瓜花（梁丙卓插图）·················权文学
九号院···································段荃法
笑声扬起的时候（鲍洁插图）···············陈　创

散文·特写
飞蝶凌云·································袁　漪
他挖到了珠宝·····························肖正义
真正的文人·······························艾梅德

诗歌
大海篇（四首）···························牛　汉
兰考女儿（外二首）·······················邵燕祥
海之歌（外四首）·························刘岚山
南阳夜雨·································丁　芒
洛阳风情（组诗）·························毛　锜

评论
广阔天地的新收获
画家新意匠　朱墨作春山···················高　直
农村新生活的真实写照·····················杜　宇
向生活的深处开掘·························刘文田
文学创作的一个重要课题···················杨　飏
鼓励与期望（读者对本刊一九八一年各期部分作品的
短评）·······························张家华等

外国文学
叛徒（王桂保插图）········[西班牙]彼德罗·
安东尼奥·德·阿拉尔冈　李　威译

文学简讯
作协河南分会召开小说创作座谈会
河南省当代文学研究会成立

美术作品
太行秋实（版画）·························古　元

1982 年第 2 期　刊名:《莽原》
目录

中篇小说
小巷风情（王桂保插图）···················陈　龄
栉风沐雨（倪小莉插图）···················尼　尼
十五的月亮升上了天空（鲍洁插图）·········何　平

短篇小说
新姑娘上路（王正国插图）·················王振武
欲望（杨振熙插图）·······················殷德杰
葵花（章跃达插图）·······················雁　舒
李铁拐买车（王金栋插图）·················马其德
安琪儿（朱鸿年插图）·····················郭　萍

特写·散文
清水河静静地流···························纪建泰
庐山的遐想·······························傅白芦
西安游记·································冉淮舟
徐玉诺先生晚年印象记·····················郑克西
润物细无声·······························郭瑞三
散文二题·································张黑吞

外国文学
富裕的日子（曹新林插图）
　　　　　　　　[俄]伊凡·蒲宁戴骢译

评论
论苏金伞的诗歌创作·······················李铁成
鼓舞与期望（读者对本刊部分作品的短评）
·······································肖玉周等
学习《在延安文艺座谈会上的讲话》
时代精神与革命现实主义···················龚依群
关于歌颂与暴露问题·······················黄培需
文学应当反映社会矛盾·····················春　岩

诗歌
钢赋（外二首）···························刘　镇
天南海北（组诗）·························纪　宇
我是今天的士兵（外一首）·················马合省
乡恋（组诗）·····························鄢家发
儿子心底的歌·····························汤文博

2348

瑶湾——诗人的摇篮 .... 青 勃
中州杂咏（五首）................ 柳 倩
家乡寄来的 .... 王震西
一片秋月寄乡情（组诗）................ 姚欣则
编后余言

美术作品

夕阳洲头（版画）................ 莫 测
田间（版画）................ 姜 旗
祖国啊！母亲（版画）................ 张克让
我们这一代（版画）................ 聂昌硕
碧云三月挂满银（版画）................ 彭世强
春耕（版画）................ 张学琨

1982 年第 3 期　刊名:《莽原》
目录

中篇小说

瓜园轶事（李伯安插图）................ 段荃法
月儿弯弯（梁丙卓插图）................ 白 兰
哦，朋友（王今栋插图）................ 夏 康
明天是美好的（高撼插图）................ 谢 静

短篇小说

金柱子（段流淙插图）................ 韩 起
斯托尔（王玉炳插图）................ 周翼南
侧影（毛本华插图）................ 魏世祥
牛（张复秉插图）................ 兀好民
腊月初七夜 .... 沙 石
小姑作媒（张树堂插图）................ 诗 勤
瓜市上（王继伟插图）................ 张 华
故乡记事（微型小说三篇）................ 郝 剑

诗歌

绿色的记忆（组诗）................ 程光炜
春思（组诗）................ 王中朝
种子（外一首）................ 易殿选
我，一棵树（外一首）................ 孔令更
家乡数字的歌（组诗）................ 阎振甲
蝉（外二首）................ 刘亚辉
心中之歌（组诗）................ 关劲潮
中华，应有这样的塑像（外一首）................ 李金安
写在林区（组诗）................ 叶照青
故乡三题 .... 傅建中
林木断想（四首）................ 田万宪
枣乡风情（组诗）................ 张志玉
看玩旱船 .... 李 蔚

散文

印象 .... 王恩宇
街前欣逢维纳斯 .... 林 呐
宝库 .... 王振洲
山乡鸟语 .... 樊俊智
鱼 .... 张 宇

评论

爱情，道德与其他 .... 齐树德
文学与精神文明建设 .... 金 芹
忠实于耕耘的布谷 .... 阎豫昌
文艺随笔（三题）
宝海初探骊龙珠 .... 郑秉谦
捕捉"最富于孕育性的顷刻" .... 赵洁耀
练一练你的眼力 .... 章智明
多云的晴天 .... 张赞昆
《在深处》的艺术特色 .... 傅 鹏
编后余言

《莽原》（总 1－7 期）目录

美术作品

渔归（版画）................ 黄志生
姊妹（版画）................ 赵瑞春
夏（版画）................ 李国富
绍兴水巷（水彩画）................ 张克让
绍兴街头（水彩画）................ 高复兴
塞下秋来风景异（版画）................ 刘洛生
草原的阳光（版画）................ 李恒辰

1982 年第 4 期　刊名:《莽原》
目录

中篇小说

青山夕照（马国强插图）................ 刘子成　范震飙
童年家事（林国光插图）................ 贾平凹
秋风爽（李伯安插图）................ 路 铁
碧竹潇潇（鲍洁插图）................ 樊俊智

短篇小说

靳老汉游记（方照华插图）................ 徐恒进
酒醋时（牛济普插图）................ 李克定
扫帚哥儿们（洪兰航插图）................ 宋之栋
女裁缝和讲师（曹新林插图）................ 张兴元

诗歌

生命的乐章 .... 申爱萍
芙蓉花（小叙事诗）（杨振熙插图）................ 文 丙

凤雏起飞了（小叙事诗）（唐熔插图）··········· 蔚　文
月台上（小叙事诗）················· 李洪程
鹊娃（小叙事诗）（朱惠娟插图）··········· 钟庭润
书记和他的林荫便门（小叙事诗）（李智插图）
··························· 潘万提

特写·散文
金鸡报晓················· 罗　锐　郑纯方
乡心一片炽如火················· 彭　龄
童年拾记（散文二题）··············· 齐明昌

评论
一条坚实的道路················· 刘锡诚
通向心灵的路··················· 刘思谦
青青池畔草　皎皎河汉星············· 向　鸣
中州诗坛上的艳丽花朵··············· 葛　天

文艺简讯
河南省文联召开二届二次委员会扩大会议
河南省一九八一年优秀文学作品获奖名单
编后余言

美本作品
冬之旅（木刻）················· 张祯麒
芦荡轻舟（塑料版刻）··············· 莫　测
志同情深（木刻）················· 土　威
雨中大塔寺（油画）··············· 林国光

1983 年第 1 期　刊名：《莽原》
目录

中篇小说
父母官（方照华插图）··············· 叶文玲
小城书柬（木林插图）··············· 李佩甫
渔家（王桂保插图）··············· 姜树茂

短篇小说
信念（王继伟插图）··············· 张健行
行到水穷处（黄思源插图）······· 张方晦　严祖祐
人的色····················· 李　虹
丈夫（潘海插图）················· 陈永萍
锤的歌（刘健中插图）··············· 董晓宇
杨柳轻扬（章耀达插图）············· 张　婕

报告文学
重访沙坪坝故居··················· 曹靖华
履迹与思路····················· 公　刘
澳门海面游弋··················· 柯　蓝

散文
故乡杂忆····················· 王昌定
古都灯会····················· 屈春山
东风原有主··········· 陈解民　付治安　杨富臻

诗歌
长歌行（长篇叙事诗选载）（朱鸿年插图）····· 王致远
新队长（小叙事诗）（李健强插图）········· 牛雅杰
山中行（外二首）················· 唐　湜

评论
作家的忠诚····················· 王　朴
市民小说的新收获················· 匡　音
新作简评
撕破极左恶势力的面纱··············· 包亚东
露泄春光有柳条············· 王泽河　刘党生
尺水兴波　风云诡················· 殷晓晖
着力塑造新人形象················· 叶　品
紧紧地把握住时代的脉搏············· 任玉福

美术作品
秋收之后（版画）················· 杨可扬
海底梦（版画）··················· 杨先让
凉山草青青（版画）··············· 赵志方
黄河儿女（版画）················· 许彦博
牧归图（版画）··················· 周　涛

1983 年第 2 期　刊名：《莽原》
目录

中篇小说
高高云彩岭（插图李学锋）············· 权延赤
耗子岛（插图杨煤海）··············· 费尽贤
小提琴声部（插图李伯安）············· 寇云峰
桐林村纪事（插图王今栋）············· 张兴元
"政委"、"经济规律"列传（插图章跃达）···· 王　江

短篇小说
作嫁者（插图张森）··········· 征　帆　夏　涛
阳光下（插图鲍洁）··············· 张龙生
旋转的月光（插图李智）············· 孙景生
王镇有个补锅匠··················· 崔复生

诗歌
原上草（三十五首）··············· 郑远安
于海东　李根红　高旭旺　袁学忠　阿　红　张庆明
张雪杉　莫西芬　陈有才　王希玲　亚　龙　萧振荣
郭振亚　陈明弼　商展思

外国文学

两个新朋友 ·················· [俄]屠格涅夫著　黄伟经译

报告文学

一个卖羊肉汤的老人 ·············· 许鸿科　刘永胜

散文

风雪之晨 ······························ 曹　地
一串带露的槐花 ························ 廖华歌

评论

改革！生活的呼唤 ···················· 叶　鹏
在探索中前进 ························· 张永江
为有源头活水来 ······················ 王五魁
商展思的诗 ·························· 孙　犁
满目青山夕照明 ···················· 浮　星　庄　众
童心　童音　童诗 ···················· 董应周
可喜的成绩 ·························· 牧　之

美术作品

海滨之夏（版画） ····················· 王　琦
夔门（版画） ························· 彦　涵
土地的主人（雕塑） ···················· 李学锋

1983 年第 3 期　刊名:《莽原》
目录

中篇小说

路，在脚下延伸（插图李伯安） ············· 祝春亭
浪未平（插图高撼） ···················· 黎　峰
蜜月（插图杨杰） ····················· 杨小波
布袋与麻包（插图梁丙卓） ················ 王不天
山魂（插图方照华） ···················· 孙建英

短篇小说

陌路朋友（插图石珊） ··················· 赵　自
村葬（插图扬振熙） ···················· 翟和平
晴（插图王玉炳） ····················· 陈　创

诗歌

原上草（四十五首） ···················· 王绥青
李清联　刘益善　海　燕　管用和　刘　章　子　页
姚欣则　李风清　戈　缨　陈峻峰　姬学统　栾　星
苏文魁　赖松廷　卫世平　王中民　冀　人　黄　莺

外国文学

宝贝 ··············· [英]威·萨·毛姆著　刘宪之译

散文

牡丹情 ····························· 彭　龄
访花溪 ····························· 陈桂棣
山乡遇故人 ·························· 王秀芳

评论

师陀文学生涯 ························· 刘增杰
有探求才有突破 ······················ 阎豫昌
诗的童心美 ·························· 陈世明
新作简评（三则）
················· 徐春亭　付开沛　沈普选　王咏沂

美术作品

扉页刊名题字 ························· 叶圣陶
布上油画 ···························· 赵无极
高尔基像（版画） ····················· 刘　岘
莽原（版画） ························· 莫　测
荷塘蛙趣（版画） ····················· 张学琨
青衣少女（油画） ·················· [法]柯　罗

1983 年第 4 期　刊名:《莽原》
目录

中篇小说

日子比树叶儿还稠（插图李伯安） ············· 李　夏
国宝（插图梁丙卓） ···················· 刘国良
防线 ······························ 齐　平
他们夫妇之间 ························· 郑克西
天才 ······························ 邢　可

短篇小说

反刍（插图刘建中） ··············· 王作人　李过则
石头记（插图曹新林） ··················· 李建纲
一丛月季花（插图梁丙卓） ················ 峭　石
在种豆的日子里 ······················ 张　华
王婆婆看鸡（插图崔子剑） ················ 王应夫

诗歌

原上草（三十三首） ········ 王怀让　邬显荣　关劲潮
范　源　田万宪　孔令更　刘德亮　真　宇　程光炜
王中朝　易殿选　张栓固　谢　虹　可　夫　高　鹏

外国文学

求爱 ············· [美]乔安娜·希金斯著　马元照译

散文

昆仑猎影 ···························· 朱　奇
村歌 ······························ 周同宾

小国情愫⋯⋯⋯⋯⋯⋯⋯⋯⋯⋯⋯⋯ 卞 卡

评论

生活美与艺术美⋯⋯⋯⋯⋯⋯⋯⋯ 龚衣群
论徐玉诺和他的创作⋯⋯⋯⋯⋯⋯ 刘济献
发现生活与找到自己⋯⋯⋯⋯ 孙 荪 余 非

美术作品

高矣山的云朵（水印木刻）⋯⋯⋯⋯ 黄启明
花树（国画）⋯⋯⋯⋯⋯⋯⋯⋯⋯ 尚 涛
清爽的风（版画）⋯⋯⋯⋯⋯⋯⋯ 王肖健
耕（版画）⋯⋯⋯⋯⋯⋯⋯⋯⋯⋯ 曹学公
开封铁塔（水彩）⋯⋯⋯⋯⋯⋯⋯ 宋惠民
水乡石桥（水彩）⋯⋯⋯⋯⋯⋯⋯ 高复兴

1984 年第 1 期　刊名：《莽原》

目录

清除精神污染　提高作品质量⋯⋯⋯⋯ 于黑丁

中篇小说

这里过去没有人烟（高撼插图）⋯⋯⋯ 齐岸青
梨花飘香的时节（李学锋插图）⋯⋯⋯ 钟铁夫
下河滩的女人们（胥昌群插图）⋯⋯⋯ 毛守仁
并非全是房子的关系（鲍洁插图）⋯⋯ 许广跃
位置（王群插图）⋯⋯⋯⋯⋯⋯⋯ 谢玉好
成吉思汗的骏马（张森插图）⋯⋯⋯ 许 淇
相逢（杨杰插图）⋯⋯⋯⋯⋯⋯⋯ 顾 潇

短篇小说

陈楼集（王继伟插图）⋯⋯⋯⋯⋯⋯ 王素音
保姆（胥昌群插图）⋯⋯⋯⋯⋯⋯⋯ 王 珏
在大海的上空笑着⋯⋯⋯⋯⋯⋯⋯ 杨显惠
细雨沙沙⋯⋯⋯⋯⋯⋯⋯⋯⋯⋯ 孙奎英

评论

一位勇于补过的老干部⋯⋯⋯⋯⋯ 黄培需
喜读《这里过去没有人烟》⋯⋯⋯⋯ 牧 之
选材、格调及其他⋯⋯⋯⋯⋯⋯⋯ 牛青坡
编者的话

美术作品

新年（版画）⋯⋯⋯⋯⋯⋯⋯⋯⋯ 杨可扬
上井（版画）⋯⋯⋯⋯⋯⋯⋯⋯⋯ 黄志生
冬青（版画）⋯⋯⋯⋯⋯⋯⋯⋯⋯ 郝伯义

1984 年第 2 期　刊名：《莽原》

目录

中篇小说

在那片绿林里（新人第一篇·插图李伯安）⋯⋯ 孙红光
荒郊的凭吊（插图黄志生）⋯⋯⋯⋯⋯ 周梅森
元旦那天——春节这天（插图梁丙卓）⋯⋯ 李占恒
年轻夫妻⋯⋯⋯⋯⋯⋯⋯⋯⋯⋯⋯ 赵富海
第一回合⋯⋯⋯⋯⋯⋯⋯⋯⋯⋯⋯ 王振洲

短篇小说

绿岛（插图刘德璋）⋯⋯⋯⋯⋯⋯⋯ 张 宇
山梦（插图天壶）⋯⋯⋯⋯⋯⋯⋯⋯ 高廷敏
"鬼"（插图田国范）⋯⋯⋯⋯⋯⋯⋯ 陈逸飞
我的爱人和电工张尔⋯⋯⋯⋯⋯⋯⋯ 温开新
过去的喜鹊⋯⋯⋯⋯⋯⋯⋯⋯⋯⋯ 周百义

报告文学

招才进宝⋯⋯⋯⋯⋯⋯⋯⋯⋯⋯⋯ 朱树诚

诗歌

原上草（四十四首·插图胡连江）⋯⋯⋯ 苏金伞
青 勃　肖骏涛　郑成义　吴烟痕　马合省　陈有才
郭红林　赵启顺　于海东　艺 辛　金云富　洋中冰
蔡椿芳　姬 丁　伊 萍　潘力提　赵爱民

散文

五彩云霞⋯⋯⋯⋯⋯⋯⋯⋯⋯⋯⋯ 高维晞
黄河情⋯⋯⋯⋯⋯⋯⋯⋯⋯⋯⋯⋯ 吉学沛
东瀛纪事⋯⋯⋯⋯⋯⋯⋯⋯⋯⋯⋯ 邵 刚
嚼春⋯⋯⋯⋯⋯⋯⋯⋯⋯⋯⋯⋯⋯ 朱培娟
铁塔登临记⋯⋯⋯⋯⋯⋯⋯⋯⋯⋯ 夏 影

评论

站在社会变革的前列⋯⋯⋯⋯⋯⋯⋯ 刘锡诚
一枝一叶总关情⋯⋯⋯⋯⋯⋯⋯⋯⋯ 王 朴
寻求和自己的素质相适应的题材⋯⋯⋯ 叶 鹏
先升华自己⋯⋯⋯⋯⋯⋯⋯⋯⋯⋯⋯ 张 宇
新作简评二则⋯⋯⋯⋯⋯⋯⋯ 杨 飏　杨晓杰
有绿，就有希望⋯⋯⋯⋯⋯⋯⋯⋯⋯ 卞 卡
编者的话
作协河南分会召开王不天作品讨论会⋯⋯⋯ 左 鳃

美术作品

安居乐业（版画）⋯⋯⋯⋯⋯⋯⋯⋯ 陈天然
山顶上　山沟里（版画）⋯⋯⋯⋯⋯⋯ 杜鸿年
渔村（版画）⋯⋯⋯⋯⋯⋯⋯⋯⋯⋯ 王 川
艳阳天（版画）⋯⋯⋯⋯⋯⋯⋯⋯⋯ 李学明

油画新作二幅 ————————— 曹新林

1984 年第 3 期　刊名:《莽原》
目录

中篇小说

同在溶溶月光下（插图杨煤海）———王玉彬　王苏红
S 研究所传闻录（插图林国光）————张映文
合欢峰（插图马国强）——————郑彦英
梁家女婿（插图杨振熙）——————黎　婴
主考大人（插图李学锋）——————王不天

短篇小说

夕阳照高楼（插图李健强）—————刘家林

诗歌

原上草（四十六首）————————骆　文
刘　镇　叶照青　黄东成　海　燕　宋立民　姚欣则
高继恒　申爱萍　张志玉　王　迪　边玺中　张希海
王震西　傅建中　王希玲　李　蔚　赵宗宪　戈　缨
夏　天　彭双和　郭振亚　张　毅　龚　坚

散文

中原油田速写（五篇）———徐　慎　刘金魁　木　石
李焕振　李建重
散文（五篇）—————汪喜堂　戴继红　牧　犁
孙　荪　郭瑞三

评论

情节在小说创作中的地位和作用——————余　非
王不天小说创作四人谈—————王振铎　刘敏言
夏　影　武国华
习作断想 —————————————王不天
在时代的变革之中————————夏　炜　曾　凡

美术作品

"醉"（版画）—————————江碧波
河南画家（水彩画两幅）—————朱馨欣

1984 年第 4 期　刊名:《莽原》
目录

中篇小说

苹果绿的颜色（插图李伯安）————肖复兴
黄土（插图林国光）———————权延赤
父亲纪事（插图杨煤海）—————齐岸青
居住在小院里的人们（插图张森）———高拾成

我们总会相识（插图梁丙卓）————陈　洁

短篇小说

我啊，我（插图刘德璋）—————刘兆林
迷人的雾（插图张复乘）———于　波　邓　斌
月儿圆圆（插图方照华）—————赵安基

诗歌

原上草（四十首·题图郑建新　段正渠）———邬显荣
朱根亮　胡述范　孔令更　刘德亮　中　森　陆　健
关劲潮　袁学忠　程光炜　木　公　真　宇　王中朝
雷雨川　范　源　王剑冰　何　或

报告文学

中原和弦 ————————董晓宇　韩　明

散文

耕耘者 ———————————王俊义
独特的乡音秋韵 ——————————周　熠
石级路 ———————————廖华歌

评论

深情地咏叹生活的变革 ——————杜田材
报告文学三谈 ———————————刘　茵
提高"改革文学"的艺术质量 —————滕　云
浅淡艺术的时空观 ————————张赞昆
编者的话

美术作品

夹金山下（版画）————————邹昌义
农家乐（版画）—————————方振宁

1985 年第 1 期　刊名:《莽原》
目录

面对改革的文学思考 ——————南　丁

新人第一篇

狼窝（插图李伯安）———————刘　恒
跃出摇篮的太阳（插图鲍洁）————武蒙辛

中篇掇英

嘟噜河（插图梁丙卓）—————叶朋山
不安的夏季（插图吴懋祥）————丁小琦
甲院青春变奏曲（插图毛本华）————齐岸青

名人传略

童年的回忆（节选）———————知　侠

域外选萃

法国中尉的女人（长篇连载·插图林国光）

—————— [英]约翰·福尔斯　刘宪之　蔺延梓译

莽原纵横谈

论新时期文学的突破 ················· 耿恭让

中篇小说创作艺术探微

中篇小说创作面临的新课题 ············· 张　韧

作家作品研究

淡淡的清香 ···················· 光　群

新作简评（二题） ·············· 许桂声　傅开沛

美术画廊

刊名题字 ····················· 黄钟骏

光明（城市雕塑·封面） ··············· 唐大禧

依山傍水人家（塑料版画·封二） ··········· 莫　测

水粉静物（封三） ·················· 李　静

夕照（套色版画·封底） ··············· 晁　楣

1985 年第 2 期　刊名:《莽原》
目录

一九八四年"莽原文学奖"揭晓
一九八五年继续开展评奖活动

中篇掇英

凤凰山恩仇（插图李伯安） ·············· 纯　民

他在开垦生活（插图董绒） ·············· 杨东明

军人风度（插图毛本华） ··············· 尹家民

八方风云

人生变奏曲 ················· 郝光兴　卞　卡

一双解放了的手 ··················· 曹　地

新人第一篇

玉泉河（插图高撼） ················· 史家轩

疤疤爷传奇（插图王继伟） ·············· 杨　惕

域外选萃

法国中尉的女人（长篇连载之二·插图林国光）

—————— [英]约翰·福尔斯著　刘宪之　蔺延梓译

《莽原》纵横谈

改革与文学片谈 ··················· 顾　骧

展翅高飞　自由翱翔

——作协河南分会一届三次理事扩大会评述··· 春　歌

编后

美术画廊

春（雕塑） ····················· 叶毓山

森林（版画） ·············· [波]克罗斯瓦斯卡

青年与牦牛（版画） ················· 徐　匡

1985 年第 3 期　刊名:《莽原》
目录

中篇掇英

流星在寻找失去的轨迹（插图李安伯）········ 张一弓

富农（插图翟东奇）················· 金　速

远山的回声（插图王继伟）··········· 程　玮　徐　耿

长篇节选

未填完的履历表（插图林国光）············ 尼　尼

新人第一篇

给科员卢放的一缕安息香（插图李伯安）······· 郭　萍

域外选萃

法国中尉的女人（长篇连载之三·插图林国光）

—————— [英]约翰·福尔斯著　刘宪之　蔺延梓译

八方风云

足迹·····················　阎豫昌

中篇小说创作艺术探微

中篇小说结构初探················· 丁　芢

美术画廊

秋（城市雕塑）··················· 叶毓山

疾风劲柳（版画）·················· 宋源文

益友（版画）···················· 周生瑞

春耕（版画）···················· 冯　敏

金鱼（版画）···················· 莫　测

1985 年第 4 期　刊名:《莽原》
目录

中篇掇英

活鬼（插图鲍洁）·················· 张　宇

最后一次收获···················· 陈忠实

月亮（插图张森）·················· 郑彦英

大地之子（插图张复乘）··············· 刘庆邦

新人第一篇

菜花香 豆花香（插图李伯安）⋯⋯⋯⋯⋯⋯刘学林

八方风云

黄河的儿子⋯⋯⋯⋯⋯⋯⋯⋯⋯⋯⋯⋯⋯陈 健
紧急报告⋯⋯⋯⋯⋯⋯⋯⋯⋯⋯⋯⋯⋯⋯李九思

域外选萃

倔汉——罗尼（中篇连载·插图王磊）

⋯⋯⋯⋯⋯⋯⋯⋯⋯⋯⋯⋯⋯[西班牙]里卡多·
费尔南德斯·德拉雷克拉著 孟继成译

作家作品研究

李准和《黄河东流去》⋯⋯⋯⋯⋯⋯⋯⋯吴光华
新的艺术高度⋯⋯⋯⋯⋯⋯⋯⋯⋯⋯⋯⋯柳 岩
开拓"狼窝"的庄稼汉们⋯⋯⋯⋯⋯⋯⋯⋯傅 鹏
为报今年春色好⋯⋯⋯⋯⋯（本刊记者）湘 君

美术画廊

珠海渔女（城市雕塑·封面）

⋯⋯⋯⋯⋯⋯⋯潘 鹤 段积馀 段起来
新绿（装饰画·扉页）⋯⋯⋯⋯⋯⋯⋯⋯赵海波

1985 年第 5 期 刊名:《莽原》
目录

致读者
中篇掇英

梦追南楼（插图林国光）⋯⋯⋯⋯⋯⋯⋯顾 潇
活宝（插图梁丙卓）⋯⋯⋯⋯⋯⋯⋯⋯⋯段荃法
殒灭的船王岛之星（插图李伯安）⋯⋯⋯庭 竹
春山眉黛（插图杨煤海）⋯⋯⋯⋯⋯⋯⋯陈海萍

新人第一篇

荒漠的精灵（插图刘德璋）⋯⋯⋯⋯⋯⋯孙方友

八方风云

敌后抗战（革命回忆录·节选）⋯⋯⋯⋯杨成武
青年企业家⋯⋯⋯⋯⋯⋯⋯⋯⋯⋯⋯⋯焦 述

域外选萃

倔汉——罗尼⋯⋯⋯⋯⋯⋯⋯⋯[西班牙]里卡多·
费尔南德斯·德拉雷克拉著 孟继成译

中篇小说艺术探微

老树新花⋯⋯⋯⋯⋯⋯⋯⋯⋯⋯⋯⋯⋯刘恩谦

作家作品研究

张一弓新作恳谈会纪要⋯⋯⋯⋯本刊记者 杨 飏
展现时代风云的爱情描写⋯⋯⋯⋯⋯⋯李祥辰

美术作品

和平（雕像）⋯⋯⋯⋯⋯⋯⋯⋯潘 鹤 王克庆
高原的太阳（版画）⋯⋯⋯⋯⋯⋯⋯⋯徐 匡

1985 年第 6 期 刊名:《莽原》
目录

致读者
新人第一篇

无花泉（插图李伯安）⋯⋯⋯⋯⋯⋯⋯田中禾
落英（插图李学锋）⋯⋯⋯⋯⋯⋯⋯⋯梁 晴

中篇掇英

奇女（插图林国光）⋯⋯⋯⋯⋯⋯⋯⋯陈源斌
高墙冷月（插图高撼）⋯⋯⋯⋯⋯⋯⋯侯钰鑫
融（插图吴磊）⋯⋯⋯⋯⋯⋯⋯⋯⋯⋯缪 士
绿色的故事（插图王今栋）⋯⋯⋯⋯⋯于德才

八方风云

河洛神话⋯⋯⋯⋯⋯⋯⋯⋯⋯⋯⋯⋯⋯张惠芳
难忘的岁月 难忘的人⋯⋯⋯⋯⋯⋯⋯王大海

域外选萃

集邮家（插图王桂保）⋯⋯[苏]安诺夫著 侯焕宏译

作家作品评论

作家的独立意识与创作的突破⋯⋯⋯⋯孙 荪
到心灵世界里去探险⋯⋯⋯⋯⋯⋯⋯⋯向 祝
真假难辨 虚实相同⋯⋯⋯⋯⋯⋯⋯⋯穆 木
全国兄弟报刊选载评介本刊今年作品概况
编后

美术作品

冬（雕塑）⋯⋯⋯⋯⋯⋯⋯⋯⋯⋯⋯⋯叶毓山
江南风光（版画）⋯⋯⋯⋯⋯⋯⋯⋯⋯小 路

1986 年第 1 期 刊名:《莽原》
目录

系列小说

红蚂蚱 绿蚂蚱（插图李伯安）⋯⋯⋯李佩甫

中篇新潮

一百六大山（插图林国光）·····················叶明山

十八岁正当年（插图王继伟）·················何继青

中学时代（插图张复乘）·····················肖复兴

沙土地儿（插图刘德璋）··········王苏红　王玉彬

别的告白（插图梁丙卓）·····················史家轩

新妃后传（插图姚俊国）·····················樊雨田

域外选萃

奥拉拉（插图继伟）········〔英〕斯蒂文森著　郭海译

八方风云

从苦井里崛起的人·····························陈　枫

一个强者的梦幻曲·····························萧　平

作家作品研究

喧闹的1985·································南　丁

亮点——璀璨星空的基础·····················王　朴

中州小说信息（四则）

编者的话

美术作品

旋律（雕塑）·································隋建国

山城（版画）·································王　川

1986年第2期　刊名:《莽原》
目录

中篇短卷

依稀往事（插图胥昌群）

系列小说

野草闲花（插图马国强）·····················陈道阔

中篇新潮

凌水仙（插图李伯安）·······················叶文玲

斑斓的秋色（插图林国光）···················韩石山

潜流（插图王今栋）·························张健行

明天，七爷回家（插图高撼）·················原　非

八方风云

古城在春风春雨中·····························焦　述

域外选萃

州长夫人（连载·插图刘建中）

·················〔墨〕米·N.利拉著　朱景冬译

莽原纵横谈

一九八五年小说创作的新趋向·················鲍　昌

作家作品研究

中篇近作三面观············黄培需　王鸿生　王舟波

她前进在执着追求的道路上···················包恒新

中州小说信息（二则）

编者的话

美术作品

向往（雕塑）·································张德华

1986年第3期　刊名:《莽原》
目录

为《莽原》创刊周年五年题词

·················王　蒙　张光年　冯　牧

唐达成　于黑丁　苏金伞

奔又一个五年·····························本刊编辑部

第二届（1985年度）"莽原文学奖"获奖作品

中篇新潮

过客（插图林国光）·························张　斌

从早到晚（插图田志）·······················乔典运

第十二颗野皂霉（插图李伯安）···············黄　羽

白壳（插图胥昌群）·························成　平

中篇处女地

天边（插图天壶）·····························王应夫

中篇短卷

旅途（插图李运江）···················额尔敦·琪琪格

沃尔夫氏管先天异常（插图李健强）···········索　飞

八方风云

银白色的世界·································李焕振

域外选萃

州长夫人（插图刘建中）

·················〔墨〕米·N.利拉著　朱景冬译

作家作品研究

新时期小说创作的基本经验和教训·············朱　寨

阎　纲　顾　骧　何西来　王　愚　白　烨

第一枝报春花·································颜慧云

美术作品

学习的道路（雕塑）·························张伟东

1986 年第 4 期　刊名:《莽原》

目录

中篇新潮

失控的基因（题字张海）…………………… 晓　天
尘世男女（插图李伯安）…………………… 郑克西
一个"未亡人"的故事（插图黄青）………… 文　荃

中篇短卷

旱魔（题字张海）…………………………… 孙方友

系列小说

跳荡，爱心在乡原上（插图张森）………… 陶明国

中篇处女地

小镇风情（插图王继伟）…………………… 梁士荣

八方风云

这里不要懦夫……………………………… 纯　民
美酒——人生……………………………… 孙红光
愿望………………………………………… 陈　枫
"驴拉沟"新传……………………………… 牧　之

域外选萃

魂飞咫尺（长篇连载之一·插图毛本华）
……………………… ［英］里连·皮克著　朱正健译

莽原纵横谈

走向时代的潮头…………………………… 侯志英
"莽原文学奖"获奖作者谈创作………… 田中禾　顾　潇
刘　恒　郭　萍　张　韧　豫　仁
发掘普通人的心灵美……………………… 豫　仁
《莽原》的盛大节日………………… 本刊记者　杨　飔
中州小说信息（四则）

美术作品

人生（雕塑）……………………………… 芦　波

1986 年第 5 期　刊名:《莽原》

目录

中篇新潮

喧闹的沙漠（插图李伯安）………………… 常　青
大庙里的兵（题图刘万林）………………… 王苏红
一个王国崩溃的前奏曲（插图高撼）……… 南予见

中篇处女地专辑

敲山（插图梁丙卓）………………………… 韩瑛珊
草乡参差（插图文晓）……………………… 高清坡
黑色神曲（插图杨煤海）…………………… 杜立新
老人河之梦（插图　胥昌群）……………… 马本德

中篇短卷

马鞍场逸闻（插图段正渠）………………… 徐林森

八方风云

荆棘与鲜花………………………………… 周玉秀

域外选萃

魂飞咫尺（插图毛本华）
……………………… ［英］里连·皮克著　朱正健译

作家作品研究

张宇找自己………………………………… 南　丁

莽原纵横谈

新时期文艺理论批评发展一瞥…………… 耿恭让
中州小说信息（三则）

美术作品

白鹭女神（雕塑）…………………………… 王则坚

1986 年第 6 期　刊名:《莽原》

目录

中篇新潮

另外的女人（插图苏舟）…………………… 丁小琦
家邻之间（插图林国光）…………………… 齐岸青
骚动（插图王继伟）………………………… 郭　萍
跑单帮的女人（插图刘建中）……………… 张兴元
寻常日子（插图胥昌群）…………………… 金　速

系列小说

大别山轶事（插图继伟）…………………… 杨东明

中篇处女地

古老的星星（插图文晓）…………………… 辛　华

中篇短卷

家庭问题（插图姚俊国）…………………… 李康美

八方风云

骄子…………………………………… 侯钰鑫　冯云霄
田野"酒花"香千里…………………… 巩　名　李光耀

域外选萃

魂飞咫尺（长篇连载·插图毛本华）
·································[英]里连·皮克著　朱正健译

莽原纵横谈

举起"人的文学"的旗帜·················刘思谦
一种预测·····························王振铎
必须突破和超越农民意识···············赵福生

作家作品研究

中原沃土绽新花·················黎　辉　赵景春
　　杨　飏　许桂声　王浮星
中州小说信息（三则）
多余的补白·························秋　声

美术作品

人与人（雕塑）·····················耿传声

1987 年第 1 期　刊名:《莽原》
目录

最后的伟大征服——长江漂流探险记···········马凤超

中篇新潮

女人的断裂层（插图高撼）···············贺星寒
心的交错（插图李伯安）·················吴　平
无果树（插图方照华）··················武蒙辛

中篇短卷

黑猫（插图晓方）·····················丁小琦
山祭（插图刘钊）·····················路　铁

纪实文学

没有特写的画面（插图林国光）············王一卿

中篇处女地

我（插图白岸）······················陈　枫

八方风云

囚犯·流浪汉·经济学家··················焦　述
酒魂···························陈立风　张　帆
信贷员晏圣海的故事··············孙炳鑫　肖运昌

莽原论坛

黄河呼唤新的史诗·····················韶　华
对"黄河文学"的期待和渴望··············谢昌余

文讯

报告文学应深刻地反映现实改革——莽原文学社作家
企业家恳谈会纪实················本刊记者　巩　生
中州小说信息（一则）

美术作品

扉页目录版画·······················张信让
封面壁挂作品（局部）················[法]万　曼
封面设计··························鲍　洁

1987 年第 2 期　刊名:《莽原》
目录

中篇处女地特辑

天地玄黄（插图高撼）··················王　钢
幸福鸟（插图林国光）··················兰小宁
黑豆（插图高撼）·····················王　文

纪实文学

女犯·····························李佩甫

中篇新潮

粘土地（插图王今栋）··················周大新
神塔（插图李建强）···················贺景文

中篇短卷

金银线（插图建强）···················李永芹

八方风云

太阳还要升起·······················阎豫昌
共产党人·························孙红光
古老的东方有一条河··············刘文新　师咸卿
命运···························陈立风　余克法

域外选萃

别了，昨天（插图刘建中）
·································[英]萨利·温脱沃思著　姚守懿译

作家作品研究

漫谈河南青年小说家的涌现和发展···········艾　云

美术作品

青春（封面·木雕）····················刘　威
山村小店（扉页·版画）·················杨可扬
独秀峰（封二·丝网版画）···············张信让
封面设计··························鲍　洁

1987 年第 3 期　刊名:《莽原》
目录

中篇处女地
黄金（插图李雪丰）————————祁　智
山神山鬼（插图方照华）————————兀好民

中篇新潮
古道西风（插图杨振熙）————————屈国新
一室十三人（插图高撼）————————陈源斌
复调（插图王继伟）————————谭力昌旭

系列小说
天棚趣话录（插图天壶）————————段荃法

中篇短卷
残阳如雪（插图胥昌群）————————孙　禹

八方风云
企业郎中————————陈　枫　王　橡
战癌者————————于树森
酒乡进行曲————————禹本愚

域外选萃
别了，明天（插图刘建中）
————————［英］萨利·温脱沃思著　姚守懿译

作家作品研究
百泉三日谈————————孙　苏　余　非
爱情的成熟与创作力高峰————————关　鸿

美术作品
初醒（龙眼木雕）————————郭选昌
小景（扉页版画）————————羊　岸
国画作品二幅（河南画家作品）————————刘万林
封面设计————————鲍　洁

1987 年第 4 期　刊名:《莽原》
目录

扬阳刚之气　颂改革大潮————————本刊记者

中篇新潮
糊涂（插图高撼）————————张　宇
白石榴（插图方照华）————————中　森
岁月匆匆（插图田志）————————蒋　韵

中篇处女地
大门（插图刘建中）————————李克定
我不浪漫（插图刘万林）————————苗运琴

中篇短卷
大学士街 1 号（插图王金栋）————————薛　冰
老鼠尾巴工程师（插图李伯安）————————赵福海

系列小说
奶嫂（插图王景仲）————————柳闻莺

八方风云
4 月 1 日，重写的历史————————时宇枢
海韵————————李焕振
希望之星————————邢　可
从废墟通向乐园————————杜　里

莽原诗会
复制的群雕（组诗）————————陈俊峰
平原宣叙曲（组诗）————————孔令更
遥远的回声（组诗）————————廖华歌
无梦的夜流淌（组诗）————————陆　健

域外选萃
克拉娃奇卡（插图曹小林）
————————［苏］鲍里斯·瓦西里耶夫著　刘开华译
文讯

美术作品
母与子（雕塑）————————余志强
扉页图————————满　敏
封面设计————————鲍　洁

1987 年第 5 期　刊名:《莽原》
目录

中篇处女地
娘娘泉（插图方照华）————————湛建新
旧院杂记（插图李伯安）————————熊成淑

中篇新潮
魔（插图文晓）————————储福金
秋天不单有落叶（插图张文江）————————孔　羽
穿过第七道门（插图王继伟）————————胡　鹏

纪实文学
刘郁瑞办案记————————张　平

中篇短卷
拥抱太阳（插图王继伟）⋯⋯⋯⋯⋯何继青
水陆线⋯⋯⋯⋯⋯⋯⋯⋯⋯徐增兰　张拴固

八方风云
她的乡村都市⋯⋯⋯⋯⋯⋯黄岩　黄河清
鹰之歌⋯⋯⋯⋯⋯⋯⋯⋯⋯⋯⋯阎豫昌
回黄转绿⋯⋯⋯⋯⋯⋯⋯郭家海　刘国俊

莽原诗会
大河图⋯⋯⋯⋯⋯⋯⋯⋯⋯⋯⋯王绶青
红罂粟⋯⋯⋯⋯⋯⋯⋯⋯⋯⋯⋯胡兰兰
人物⋯⋯⋯⋯⋯⋯⋯⋯⋯⋯⋯⋯张华中

域外选萃
克拉娃奇卡（插图曹小林）
⋯⋯⋯⋯⋯［苏］鲍里斯·瓦西里耶夫著　刘开华译

莽原纵横谈
文学，你应当警惕⋯⋯⋯⋯赵景春　宗树洁

作家作品研究
读《天地玄黄》随笔⋯⋯⋯⋯⋯⋯郑克西

美术作品
封面雕塑《钻》⋯⋯⋯⋯⋯⋯⋯⋯伍明力
封面设计⋯⋯⋯⋯⋯⋯⋯⋯⋯⋯⋯鲍洁
扉页、目录篆刻⋯⋯⋯⋯⋯张友华　魏向东

1987 年第 6 期　刊名:《莽原》
目录

小说长廊
尴尬人生（插图李伯安）⋯⋯⋯⋯⋯映泉

纪实文学
重洋营救（插图高撼）⋯⋯⋯⋯⋯阎明国
新西兰之旅⋯⋯⋯⋯⋯⋯⋯⋯⋯李宝光

中篇新潮
天平（插图刘建中）⋯⋯⋯⋯⋯⋯文兰
第一对孪生弟兄的婚事（插图黄思源）⋯⋯黄同甫

中篇处女地
雾里荞麦花（插图郝大欣）⋯⋯⋯⋯王小片

八方风云
中国面向未来⋯⋯⋯⋯⋯⋯⋯⋯陈祖芬

九凤山下腾起一条蛟龙⋯⋯⋯⋯⋯辛向东
为你雕塑⋯⋯⋯⋯⋯⋯⋯⋯⋯⋯孙红光
在陶瓷王国里探索⋯⋯⋯⋯⋯刘雷　徐其祥

莽原诗会
蓝色变奏⋯⋯⋯⋯⋯⋯⋯⋯⋯⋯何扬
大别山情思⋯⋯⋯⋯⋯⋯⋯⋯⋯陈有才
腊月⋯⋯⋯⋯⋯⋯⋯⋯⋯⋯⋯⋯赵跟喜
大地海岸⋯⋯⋯⋯⋯⋯⋯⋯⋯⋯钱叶用

莽原纵横谈
让文学在社会主义事业的前进中闪光⋯⋯刘清惠
《莽原》1987 年第 1—6 期总目录

美术作品
珍珠女（封面·雕塑）⋯⋯⋯⋯⋯孙光遒
中岳大道（扉页·版画）⋯⋯⋯⋯⋯董旭
小金县一角（目录·版画）⋯⋯⋯⋯邹昌义
封面设计⋯⋯⋯⋯⋯⋯⋯⋯⋯⋯鲍洁

1988 年第 1 期　刊名:《莽原》
目录

小说长廊
无碑年代（插图李伯安）⋯⋯⋯⋯⋯伊腊

中篇短卷
北京羁旅（插图胥昌群）⋯⋯⋯⋯董晓宇

系列小说
翰林巷的公民们（插图郝大欣）⋯⋯⋯廖琪

中篇新潮
地球明天爆炸（插图翟东奇）⋯⋯⋯王俊义

八方风云（"中国潮"报告文学征文）
刑警⋯⋯⋯⋯⋯⋯⋯⋯⋯⋯⋯⋯张斌
电视剧外的故事⋯⋯⋯⋯⋯⋯⋯张惠芳
他的第一步⋯⋯⋯⋯⋯⋯⋯陈有才　杨主泽

"中国潮"报告文学征文百家期刊联名启事⋯⋯封二

美术作品
圣火（雕塑·封面）⋯⋯⋯⋯⋯⋯张玉礼
封面设计⋯⋯⋯⋯⋯⋯⋯⋯⋯⋯鲍洁

1988 年第 2 期　刊名:《莽原》
目录

中篇新潮
沉浮山（插图王金栋）————————————陈源斌
世仇（插图刘建中）————————————徐　慎
高矮二老三（插图方照华）————————吴雪恼
滴血的太阳————————————————孙红光

纪实文学
三十年的死信和二十年的疯女人————张　平

中篇处女地
归去来兮（插图李运江）————————郭家海

八方风云
"大公"外传——————————孙炳鑫　肖运昌
战线在这里拉开————————————少　古
他的追求是理解————————————崔炳文

莽原诗会
秋猎————————————————苏金伞
在黄河流域————————————青　勃
大西北————————————————马新朝
乡村剪影————————————————杨晓杰

域外选萃
情况不明（插图王桂保）
————————[苏]罗莫夫著　一　夫译

莽原纵横谈
喧嚣之后的反思————————————舒安娜

作家作品研究
质朴清新　情趣盎然————————————陈　倩

美术作品
舞蹈（雕塑局部）————————————叶镜山
装帧设计————————————————鲍　洁

1988 年第 3 期　刊名:《莽原》
目录

第三届（1986—1987 年度）"莽原文学奖"获奖作品

中篇新潮
接龙寨传奇（插图李虹）————————林家品

野驴滩（插图高撼）————————————陆　平

系列小说
都市人（插图翟东奇）————————叶曙明

中篇处女地
太阳一样大的军功章————————阿　波
红日头————————————————郭云梦

中篇短卷
高处不胜寒（插图韩学中）————————钟　月

八方风云
骁腾万里可横行————————————辛向东
临颍县有个张钦岭————————夏春海　赵景云
铁汉丁元福————————————赵　敏

莽原诗会
女人的铜像————————————申爱萍
黑油海————————————————丛小桦
魂系戈壁————————————————姚欣则
深山写意————————————————范　源
风景与人————————————————瘦　谷

域外选萃
情况不明（连载·插图王桂保）
————————[苏]罗莫夫著　一　夫译

美术作品
静穆 86 系列——1（雕塑）（封面）————黄雅莉
渴望（水印版画）（封二）————————潘行健
生机（木版画）（封二）————————张万聚
农家（速写）（封二）————————郭　勇
装帧设计————————————————鲍　洁

1988 年第 4 期　刊名:《莽原》
目录

中篇新潮
古堰（插图李伯安）————————————王吉呈
定时炸弹之谜（插图焦永远）————————乔典运
往事如云（插图扬振熙）————————张　征

中篇短卷
玉钩斜（插图张文江）————————梁　晴

系列小说
城市谐趣曲（插图方照华）————————叶大春

中篇处女地
独身贵族（插图李运江）··张　婕
把烦恼留给昨天··周　宏　元　璋

八方风云
循环爆炸的心态（"中国潮"征文）····················杨东明
雕像，在煤海诞生························冯团彬　常文理
壮心··夏春海
柠檬魂································李太赫　李日新
这方水土这方人····································郭加海

莽原诗会
西北掇拾··郭维东
东去的水声··刘高贵
三种方式··刘德亮

美术作品
鸽子（雕塑）······································孙家钵

1988 年第 5 期　刊名:《莽原》
目录

小说长廊
野血（插图李运江）································于德才

纪实文学
无常——"危险年龄"少年心态调查笔记·······谷　应

中篇新潮
罢卖（插图郝大欣）································孙方友
天籁（插图方照华）································青　雪

系列小说
山那边小村··朱　赫

"中国潮"专辑
大潮，卷过这块土地································时宇枢
沉浮启示录··李焕振
看得见的手··陈　枫
踩着浪尖搏击······································许　桦
不想的灯光··陈解民
友谊桥································李太赫　李日新
古宋河畔舞龙人····································张光华

作家作品研究
论张一弓的小说创作································顾传菁

美术作品
母体（雕塑）（封面）······························黄雅莉
装帧设计··鲍　洁

1988 年第 6 期　刊名:《莽原》
目录

小说长廊
野血（插图李运江）································于德才

中篇新潮
野蓼（插图韩学中）································翁新华
交叉的十字（插图高撼）····························陈　枫

中篇处女地
故乡寻梦（插图郝大欣）····························孙希彬

纪实文学
将军事··牛运仓

八方风云
A 型性格····················张湘东　李天亮　杨全国
起飞··孔少青
生活，刚刚生活························孙炳鑫　肖运昌
凤凰，戴上了锦冠··············王一甩　贾发动　常万东
把希望带给农民························张瑜良　郭振洪
他不仅仅是员虎将······················程　泽　忆　川
凝聚··姚涣霞

莽原诗会
现代启示··叶延滨
未熟透的季节······································吴斗勤
起伏的沉默··胡晓靖
源··葛毅敏

莽原纵横谈
艰难而漫长的"阵痛"································何向阳

作家作品研究
多一点"白马寺"　少一点"关帝陵"···········季红真
《莽原》1988 年第 1—6 期总目录

美术作品
风（雕塑）（封面）································申晓南
装帧设计··鲍　洁

1989 年第 1 期　刊名：《莽原》
目录

系列小说
夏日的滋味（插图方照华）————————乔雪竹
我的平衡（插图刘杰）—————————权延赤

中篇新潮
满潮（插图李运江）—————————展　旗
黄昏（插图李运江）—————————谢玉好

中篇短卷
戏魔————————————————陈立风
后浪（插图毛伟）—————————王金梁

"少林杯"大赛征文
东方魔水—————————朱延平　张启珍
生命的轨迹————————刘跟社　李玉萍
一个厂长和他的作家妻子———————陈解民
澶水酒香醉千帆————————夏　帆　一　平
弯弯山路上的男子汉——李太赫　李日新　谢德明
折光————————————————李建重
"棱角"张治有————————————许长江

莽原诗会
阿尔卑斯斜坡————————————赵建雄
江南雨——————————————王中朝
纤夫之子—————————————王建平
流彩的世界————————————高旭旺
经验及其他————————————董　林

域外选萃
神的风车（插图韩学中）
——————［美］西德尼·谢尔顿著　朱娴　华明　少翌译
"少林杯"报告文学大赛启事

美术作品
虔诚（雕塑）—————————［意］洛仑佐·巴托利尼

1989 年第 2 期　刊名：《莽原》
目录

作家天地
流火（插图李伯安）————————田中禾
创建自己的文学王国————————孙　苏
倾听历史车轮下人性的呻吟—————田中禾

中篇短卷
贵州女人—————————————陈若曦
女人的爱心————————————陈若曦

中篇新潮
泥咕咕（插图方照华）———————侯钰鑫
牌精————————————————徐林森

特约短篇
鸟鸟鸟（插图郝大欣）———————雷　铎

中篇处女地
蒲村（插图韩学中）————————罗辛卯

"中国潮"征文
他这个厉害的角色—————————宋悟民
一页补写的历史——————————杨主泽

"少林杯"大赛征文
酿造美酒的汉子——————————孙红光
郭俊秋印象————————————聂秋江
金风吹送黄花香——————————张建中
天下谁人不识君——————————南学伟
希望————————————————张瑜良

域外选萃
神的风车————————［美］西德尼·谢尔顿著
朱　娴　华　明　少　翌译

美术作品
三美神（雕塑）————————［丹麦］瑟丽尔德森

1989 年第 3 期　刊名：《莽原》
目录

作家天地
送你一朵苦楝花——————————李佩甫
思辨理性的追求与表现———————杜田材
关于《苦》稿的自由————————李佩甫

中篇新潮
海盗世家（插图翟东奇）———————黎　峰
躲庙（插图梁越）—————————章世添

中篇短卷
小学旧事（插图张复乘）———————浅　草
小酒店初恋（插图吴懋祥）———————迟子建

中篇处女地

风流夏天（插图李运江）⋯⋯⋯⋯⋯⋯⋯周 熠

莽原诗会

青铜平原⋯⋯⋯⋯⋯⋯⋯⋯⋯⋯⋯⋯艺 辛
中国孩子⋯⋯⋯⋯⋯⋯⋯⋯⋯⋯⋯⋯蓝 蓝
人间世⋯⋯⋯⋯⋯⋯⋯⋯⋯⋯⋯⋯⋯桑恒昌
回味人生⋯⋯⋯⋯⋯⋯⋯⋯⋯⋯⋯⋯王剑冰

"中国潮"征文

荒岛⋯⋯⋯⋯⋯李天亮 陈剑峰 张长仁
岁月的芬芳⋯⋯⋯⋯⋯⋯⋯⋯⋯⋯⋯陈家声

"少林杯"大赛征文

希望在田野上⋯⋯⋯⋯⋯⋯⋯⋯⋯⋯吴 芫
"小山东"慢镜头⋯⋯⋯⋯⋯⋯⋯⋯⋯郝洪泽
田野里站起来男子汉⋯⋯⋯⋯⋯⋯⋯李永庆
能源歌⋯⋯⋯⋯⋯⋯⋯张启珍 牛延平
"银色王国"的崛起⋯⋯⋯⋯⋯⋯⋯⋯王临生

美术作品

尼罗河（封面雕塑）⋯⋯⋯⋯⋯⋯⋯⋯王克庆

1989 年第 4 期　刊名:《莽原》
目录

认真学习邓小平同志重要讲话——河南省文联召开主
席团扩大会议

中篇新潮

寨子沟 乱石盘（插图李伯安）⋯⋯⋯阎连科
疤（插图大陆）⋯⋯⋯⋯⋯⋯⋯⋯⋯李克定
雪地里的血迹（插图高撼）⋯⋯⋯⋯李康美
草海（插图高撼）⋯⋯⋯⋯张拴固 徐增生

中篇短卷

走通塔日拉荒谷⋯⋯⋯⋯⋯⋯（藏）才 旦

中篇处女地

龙骨（插图翟东奇）⋯⋯⋯⋯⋯⋯⋯王一卿

"中国潮"征文

太阳上的浮雕⋯⋯⋯⋯⋯⋯⋯⋯⋯⋯时宇枢

"少林杯"征文

路在脚下⋯⋯⋯⋯⋯⋯⋯⋯⋯⋯⋯⋯李克龙
萌动—蜕变—奋飞⋯⋯⋯⋯⋯张笋 赵伟

域外选萃

好莱坞姐妹（长篇连载）
⋯⋯⋯⋯⋯[美]帕特·布恩著 张健 范强 姚志明

美术作品

春曲（封面雕塑）⋯⋯⋯⋯⋯⋯⋯⋯王卓予

1989 年第 5 期　刊名:《莽原》
目录

纪实文学

冷眼向洋——《红墙内外》续一⋯⋯⋯权延赤

中篇新潮

空屋（插图刘万林）⋯⋯⋯⋯⋯⋯⋯郭云梦
悬河（插图李伯安）⋯⋯⋯⋯⋯⋯⋯刘学林
冤孽（插图熊孔成）⋯⋯⋯⋯⋯⋯⋯徐 慎

系列小说

真实的魔幻（插图杨谦伟）⋯⋯⋯⋯录 荪

中篇处女地

关于葬礼的故事（插图张复乘）⋯⋯⋯鲁 剑

莽原诗会

小镇三题⋯⋯⋯⋯⋯⋯⋯⋯⋯⋯⋯⋯苏金伞
黄河东去⋯⋯⋯⋯⋯⋯⋯⋯⋯⋯⋯⋯青 勃
远离夏天⋯⋯⋯⋯⋯⋯⋯⋯⋯⋯⋯⋯易殿选
无声的月歌⋯⋯⋯⋯⋯⋯⋯⋯⋯⋯⋯李洪程

"少林杯"征文

"烟叶王国"黄金梦⋯⋯⋯⋯⋯⋯⋯⋯赵 敏
"○"的精变⋯⋯⋯⋯⋯⋯⋯⋯⋯⋯侯钰鑫
好一个赵树桐⋯⋯⋯⋯⋯⋯郝洪泽 冰上梅

莽原纵横谈

读书札记二则⋯⋯⋯⋯⋯⋯⋯⋯⋯⋯南 丁
滇游漫笔⋯⋯⋯⋯⋯⋯⋯⋯⋯⋯⋯⋯郑克西

域外选萃

好莱坞姐妹（长篇连载）⋯⋯⋯[美]帕特·布恩著
张 健 范 强 姚志明译
《莽原》征订启事（封二）

美术作品

祖国母亲（封面雕塑）⋯⋯⋯⋯⋯⋯郭选昌
装帧设计⋯⋯⋯⋯⋯⋯⋯⋯⋯⋯⋯⋯羊 岸

总编校 ——————————————————— 杨 飏
美术编辑 ——————————————————— 鲍 洁

1989 年第 6 期　刊名：《莽原》
目录

纪实文学

热风吹雨——《红墙内外》续二 —————————— 权延赤

新乡作家作品辑

恶土（中篇新潮·插图李运江）—————————— 侯钰鑫
肖像（中篇处女地）—————————————————— 张 眉
小河远去兮（中篇新潮·插图马国强）—————— 徐贵祥
客栈（小说短章·插图刘杰）———————————— 刘文新
半部野史（长诗·插图梁越）———————————— 李洪程
林山嫂（小叙事诗）————————————————— 董建文
乡土的层次（组诗）————————————————— 冯 杰
生活风景线（组诗）————————————————— 刘德亮
太行女性（组诗）—————————————————— 王中华
梦，总也难圆（报告文学）————————————— 刘献革

系列小说

遥远的淇河（插图韩学中）————————————— 王俊义

"少林杯"征文

酒歌 ——————————————————————————— 陈书乐
燃烧的年华 ————————————————————————— 陆仁义

莽原纵横谈

现实主义片谈 ———————————————————————— 刘彦钊

域外选萃

好莱坞姐妹（长篇连载）
—————[美]帕特·布恩著　张健　范强　姚志明译
《莽原》1989 年第 1—6 期总目录

美术作品

我们的朋友遍天下（封面雕塑）—————————— 王克庆

《芒种》

【简　介】

综合性文学月刊。辽宁省沈阳市文学艺术界联合会主办。创刊于 1957 年，1979 年复刊。其复刊词力倡"解放思想，干预生活，大胆创新，清颖活泼"。开设栏目有小说、散文、随笔、诗歌、文学评论和报告文学等。

期刊号：1979 年第 1 期—1989 年第 12 期

复刊致读者

本刊编辑部

二十多年过去了，特别是近十年，历史走过了曲折、坎坷、灾难的道路。我们以血泪和生命的代价，换来了伟大社会主义祖国的新生，也换来了《芒种》的新生。《芒种》和祖国同着命运。在充满美好希望的未来，《芒种》更应当和祖国与九亿人民同呼吸、共命运，否则她将被人民和时代所摒弃。那该是莫大的罪过。

我们受过伤，挨过痛，蒙受过屈辱，但我们不应哀怨、悲伤；我们要记取历史的教训，更加积极、振奋，为人民幸福的未来去顽强地战斗！

历史在前进，生活在变迁。今天的生活不论从深度和广度来看，都不同于二十二年前。人民更觉醒了，他们的情趣、意愿、希望很不同了，更新更高了，我们不能仍以旧的眼光要求于《芒种》。希望她在党的十一届三中全会的方针和四项基本原则的指导下，为"四化"唱起战歌，为生活的前进扫除障碍。

我们要敢于面对现实生活，说真话，表真情，遵循艺术规律，肃清极"左"思潮的流毒，创造出时代的图画。

因此，我们要求于《芒种》的是：解放思想，干预生活，大胆创新，清颖活泼。

亲爱的读者们，让我们携起手来，共同把刊物办好。

1979 年第 1 期　刊名:《芒种》
目录

复刊致读者

小说·散文·寓言
在春天的门槛上	郑万隆
"海啦啦"小传	骆炬
同是天涯沦落人	胡清和
小偷和君子兰	韩汝诚
不打不成交	单明　王福金
海城纪行	丁耶
礼服	叶文福
朝霞初放的时刻（组诗）	陈进化
我们祖先的科学之花（三首）	芦萍
写在机翼上的诗（外二首）	秋原
春溪	王守勋
争执	丁晓翁

评论·杂文
"毒草"辨	王若望
帘上的星	陶怡
寓言三题	韶华

诗歌
未厌居诗抄（一）	叶圣陶
故乡（四首）	沙鸥
祖国情思（二首）	姚莹
为了明天，我们必须呐喊	韩瀚
献给强者的歌	胡世宗
也正是这个日子……	胡昭
宝岛抒怀（二首）	于宗信
张开翅膀飞呀	鲁坎
忆郭墟	吴山
从《辣椒》说开去	王蒙
从希特勒及其情妇之死说起——关于形象思维的札记	孟伟哉
毁瓜与"歌德"	单复
真理传播者·老实人和骗子	于铁
不要做"时髦文学派"	刃锋
"皇恩浩荡"及其他	陈允豪

美术·歌曲
张仃画选刊

这里是我心爱的祖国（歌曲）	成敦曲　张名河词

1980 年第 1 期　刊名:《芒种》
目录

创作新的历史时期的伟大诗篇	本刊编辑部

小说·散文
明月几时有	张笑天
赶在台风前的酒宴	沈仁康
"鸽子楼"记事	严歌平
千粒金	仲克
人（四首）	晓钢
吊挚友（七绝）	罗丹
八十年代的第一束诗叶	刘益善
前面，有更灿烂的阳光	任彦芳
泪滴	李武兵
枫叶	刘湛秋
雪花	岸冈
为了帮助他	李健君
人言可畏	［爱尔兰］弗兰克·奥康纳作　屠珍译
人参无纪事	臻心
壮丽的长江源头	丘桓兴

诗歌
在法律面前，一个普通公民的歌唱	杜志民
黄河呀，黄河	李松涛
延边三题	万忆萱
飞花集（四首）	沙鸥
歌曲在唱（外一首）	厉风
山花	赵厚民

评论
鲜花重放的启示	黄益庸
在对比中塑造形象——略评小说《白纱巾》	解洛成
"莫谈艺术"小议	杜书瀛
唐代诗人笔下的黄河——读诗偶记	薛若邻

美术
友好花开万代红（木刻）	朱纯一
杏花、春雨、江南（套色木刻）	张家瑞

1980 年第 2 期　刊名:《芒种》
目录

小说·散文

勿忘我·······························苏　叶
河上，映着血红色的晚霞·······················木　青
冬去春来····························骆　炬
深乡的梦·····················季　平　朱　杰
厂长和秘书···························肖又予

诗歌

雁阵·······························叶文福
大江行（组诗）························佟明光
君山吟（三首）·························弘　征
燕京九月花似锦·······················王堃骋
幽思···············［厄瓜多尔］伊·卡伊博尔
孔令森　于凤川译
格里高里和他的裤子····［意大利］萨维里奥·斯特拉蒂
郑恩波译
霜叶篇——在第四次全国文代会上想到的·······乌丙安
我想起了华表·························陈大光

评论

从现代迷信的束缚中解放出来···············丁　洪
寄给评论家的情书·······················秦　雁
能写什么，就写什么·····················宁殿弼
札记——作家的"文学跑马场"··············郭　超
剔开红焰救飞蛾·······················肖文苑
生活的提炼··························赖应棠
不要哭，野花························李发模
夜的林海··························刘毅然
山姑娘（外一首）·······················汤　炀
夜进靶场·····························张蓬云
学诗絮语（四首）······················樊发稼
春风·····························戈　缨
歌手·····························陈其昌
翅膀（外二首）···············高颖诗　王弘力画

美术

昔日秃山（套色木刻·封三）···············李庆民
舞蹈速写（封三）······················赵洪武

1980 第 3 期　刊名:《芒种》
目录

小说·散文

不寻常的信件·························龚治臧

血染的钮扣··························张　涛
豆珠·····························张　琳
小小说二题···················贺景文　张景华
拜师·····························陈计中
金属的性格（报告文学）
——记物理冶金学家李薰··············晓　石
革命斗争与创作实践（回忆录）
——记李伟森····················马　宁
跃过一个个新的浪尖……················顾　工
天安门广场之歌·······················万　捷
枫叶集（组诗）························陈进化
喀什风情录（二首）·····················王燕生
在聂耳墓前·························秋　原
磬锤山下··························陈茂欣
药草篇（二首）························刘海起
解冻（散文诗）························高东昶
弓的传奇··························郭　辉
燕子楼····························程质彬
林区行····························杨　麦

评论

想象在飞翔
——谈陈进化同志的两组诗·············沙　鸥
滴血的肖像怎么变成了友谊的象征
——读《最后一幅肖像》随感············时　辛
徜徉于生活海洋的时候··················刘烈桓
短篇小说的艺术构思琐记················郭　超
死神与法神··························劳　荣
胆识小议··························文　沙
由笔名含义想到的·····················秦　蓁

诗歌

安源山的回答
——答《诗刊》、《对一座大山的询问》·······郎恩才
我的向往（外一首）·····················赵树岭
我的脚印……·························董蕴慈
只要他深情地看我一眼·················长　平
白秋菊····························王敦钦
青蛙和骏马（外一首）···················张崇纲
牢房·····························凌　河
镜子的启示（散文诗）···················解　伦

美术

墨竹（中国画）（封二）···················管　桦
百花齐放（篆刻）（封二）·················刘　丹
油画写生（封三）······················任梦章

1980 第 4 期　刊名:《芒种》

目录

诗歌

发自肺腑的歌吟⋯⋯⋯⋯⋯⋯⋯⋯⋯⋯⋯⋯韩作荣
你是我心中的大山⋯⋯⋯⋯⋯⋯⋯⋯⋯⋯罗继仁
消失了，引起那么多思念⋯⋯（外一首）　厉　风
补衬衣——周总理在棒棰岛生活侧记　　林焕平
幸福的回忆⋯⋯⋯⋯⋯⋯⋯⋯⋯⋯⋯⋯⋯陈　敏
泪珠赋⋯⋯⋯⋯⋯⋯⋯⋯⋯⋯⋯⋯⋯⋯⋯黄仁惠
拍马骑马（寓言）⋯⋯⋯⋯⋯⋯⋯⋯⋯⋯盖　壤
谁说你已经离去⋯⋯⋯⋯⋯⋯⋯⋯⋯⋯⋯刘中枢
诗二首⋯⋯⋯⋯⋯⋯⋯⋯⋯⋯⋯⋯⋯⋯⋯刘文玉
北疆边塞曲（二首）⋯⋯⋯⋯⋯⋯⋯⋯⋯李占学
写给过去的岁月（组诗）⋯⋯⋯⋯⋯⋯⋯何　鹰

小说·散文

高高的加兰山⋯⋯⋯⋯⋯⋯⋯⋯⋯⋯⋯⋯朱光亚
飓风中的葬礼（特写）⋯⋯⋯⋯⋯⋯⋯⋯航　鹰
袁老头⋯⋯⋯⋯⋯⋯⋯⋯⋯⋯⋯⋯⋯⋯⋯聂华苓
啊，机会⋯⋯⋯⋯⋯⋯⋯⋯⋯⋯⋯⋯⋯⋯杨道立
飘零者之歌⋯⋯⋯⋯⋯⋯⋯⋯⋯⋯⋯⋯⋯陈　放
黄水奔流向东方⋯⋯⋯⋯⋯⋯⋯⋯⋯⋯⋯申　蔚

评论

从生活谈起⋯⋯⋯⋯⋯⋯⋯⋯⋯⋯⋯⋯⋯马　加
要正确理解"干预生活"这个口号⋯⋯⋯吕　林
历史的风风雨雨（作家创作谈）⋯⋯⋯⋯顾　工
名作家·IWP主持人·聂华苓⋯⋯⋯⋯⋯陶　然
"糟糠之妻"新考⋯⋯⋯⋯⋯⋯⋯⋯⋯⋯上官缨
从《海瑞巧办胡公子》说起⋯⋯⋯⋯⋯⋯文　畅
司马相如的本事⋯⋯⋯⋯⋯⋯⋯⋯⋯⋯⋯乃　举

1980 年第 5 期　刊名:《芒种》

目录

在沈阳市第四次文代会上的讲话⋯⋯⋯⋯郭　峰
沈阳市第四次文代会侧记⋯⋯⋯⋯⋯⋯本刊记者

小说·散文

魅力⋯⋯⋯⋯⋯⋯⋯⋯⋯⋯单　明　黄兴武
心河⋯⋯⋯⋯⋯⋯⋯⋯⋯⋯⋯⋯⋯⋯⋯⋯从维熙
留给未来的回忆⋯⋯⋯⋯⋯⋯⋯⋯⋯⋯⋯姚翠萍
月夜⋯⋯⋯⋯⋯⋯⋯⋯⋯⋯⋯⋯⋯⋯⋯⋯贾平凹
愤怒的石碑⋯⋯⋯⋯⋯⋯⋯⋯⋯⋯⋯⋯⋯屈兴岐
飘零者之歌⋯⋯⋯⋯⋯⋯⋯⋯⋯⋯⋯⋯⋯陈　放
贺沈阳市第四次文代会⋯⋯⋯⋯⋯⋯⋯⋯张震泽

三潭举杯⋯⋯⋯⋯⋯⋯⋯⋯⋯⋯⋯⋯⋯⋯蔡　涉
小伙的心⋯⋯⋯⋯⋯⋯⋯⋯⋯⋯⋯⋯⋯⋯赵树岭
？⋯⋯⋯⋯⋯⋯⋯⋯⋯⋯⋯⋯⋯⋯⋯⋯⋯朱家托
归家⋯⋯⋯⋯⋯⋯⋯⋯⋯⋯⋯⋯⋯⋯⋯⋯张中海
屯子里第一声⋯⋯⋯⋯⋯⋯⋯⋯⋯⋯⋯⋯陈百成
贝壳（外一首）⋯⋯⋯⋯⋯⋯⋯⋯⋯⋯⋯未　凡
算珠⋯⋯⋯⋯⋯⋯⋯⋯⋯⋯⋯⋯⋯⋯⋯⋯黄显宇
知了⋯⋯⋯⋯⋯⋯⋯⋯⋯⋯⋯⋯⋯⋯⋯⋯徐如麒
泪水酿成的蜜⋯⋯⋯⋯⋯⋯⋯⋯⋯⋯⋯⋯张安东
诗情不减　青春永驻⋯⋯⋯⋯⋯⋯⋯⋯⋯于宗信
从维熙剪影⋯⋯⋯⋯⋯⋯⋯⋯⋯⋯⋯⋯⋯刘绍棠
傻狍子充师傅（寓言·外一则）⋯⋯⋯⋯盖　壤

诗歌

小花（组诗）⋯⋯⋯⋯⋯⋯⋯⋯⋯⋯⋯⋯艾　青
诗三首⋯⋯⋯⋯⋯⋯⋯⋯⋯⋯⋯⋯⋯⋯⋯鲁　坎
不夜的油港（组诗）⋯⋯⋯⋯⋯⋯⋯⋯⋯徐光荣
钢的质量（外一首）
——写在工厂的化验单上⋯⋯⋯⋯⋯⋯⋯刘文超
雾岛热浪（外一首）⋯⋯⋯⋯⋯⋯⋯⋯⋯刘秋群
摄在伪总统府⋯⋯⋯⋯⋯⋯⋯⋯⋯⋯⋯⋯黄东成
过澳门⋯⋯⋯⋯⋯⋯⋯⋯⋯⋯⋯⋯⋯⋯⋯李小雨
旅途小诗（二首）⋯⋯⋯⋯⋯⋯⋯⋯⋯⋯刘畅园
香山二题⋯⋯⋯⋯⋯⋯⋯⋯⋯⋯⋯⋯⋯⋯喻　晓
书海桨影（二首）⋯⋯⋯⋯⋯⋯⋯⋯⋯⋯张　涛
山，毕竟是山⋯⋯⋯⋯⋯⋯⋯⋯⋯⋯⋯⋯刘海起

评论

林震的苦恼⋯⋯⋯⋯⋯⋯⋯⋯⋯⋯⋯⋯⋯高进贤
怒放吧，带刺的玫瑰
——读曲有源的政治讽刺诗⋯⋯⋯⋯⋯⋯张万晨
从生活中吸取营养⋯⋯⋯⋯⋯⋯⋯⋯⋯⋯邓友梅
从美丽的"花窗"望去⋯⋯⋯⋯⋯⋯⋯⋯秀　琳
没有故事的新编⋯⋯⋯⋯⋯⋯⋯⋯⋯⋯⋯黄　彦

美术

在人民中间（木刻）⋯⋯⋯⋯⋯⋯⋯⋯⋯李福来
姐妹情深（木刻）⋯⋯⋯⋯⋯⋯⋯⋯⋯⋯赵经寰
山乡披绿（木刻）⋯⋯⋯⋯⋯⋯⋯⋯⋯⋯张公学

1980 第 6 期　刊名:《芒种》

目录

小说·散文

未来的海员（儿童文学）⋯⋯⋯⋯⋯⋯⋯竹　林
两个小黑耳朵（儿童文学）⋯⋯⋯⋯⋯⋯马秋芬
暖心（儿童文学）⋯⋯⋯⋯⋯⋯⋯⋯⋯⋯李仁晓
石门里的婚事⋯⋯⋯⋯⋯⋯⋯⋯⋯⋯⋯⋯马　寻

抉择 —————————————— 贺景文
枣花蜜 —————————————— 戴虹
蜜月 —————————————— 龚治臧
年夜 —————————————— 赵熙
云的联想 —————————————— 叶坪
科学的拥抱 —————————————— 杨毅
布谷 —————————————— 马业文
喜讯 ————————— 田成章 郭建中
云海渔歌 —————————————— 方立平
风向标 —————————————— 毕继文
织网 —————————————— 于忠庆
夜幕 —————————————— 汪抗
心芽（外二首）———— 高颖诗 王弘力画
春花 —————————————— 杨学贵
镜泊湖的怀念（并跋）—————————— 赵自
生命，永远属于他 —————————————— 刘怀犀

诗歌

上海两章 —————————————— 方冰
春天的断想（组诗）—————————————— 晓凡
北山恋（组诗）—————————————— 刘章
寄自化纤总厂的诗（二首）—————————— 王荆岩
我赞美第一…… —————————————— 黎焕颐
历史的启迪（二首）—————————————— 王选庆
满足·幻想 —————————————— 王守勋
春色（二首）—————————————— 解明
北方山色赋（散文诗二章）—————————— 文牧

评论

写人民内部矛盾二题 —————————————— 朱晶
一首惊心动魄的战斗诗篇
——木青的《不许收获的秋天》读后 ——— 吴山
出稿子与出人才 —————————————— 秦萘
尺有所短　寸有所长 —————————————— 竹冰
我是怎样走上文学创作道路的? —————— 韶华
从清末一起大诈骗案想到的 —————— 金恩辉
花儿朵朵（摄影）—————————————— 程秉飞
出海（木刻）—————————————— 周西芹
送肥（木刻）—————————————— 陆延

1980 第 7 期　刊名:《芒种》
目录

小说·散文

父子之争 —————————————— 蒋子龙
我的菲律宾姐妹啊 —————————————— 白刃
美酒的苦味 —————————————— 沈善增
唐代的"自由诗" —————————————— 肖文苑

俏皮膏药 —————————————— 沙木
读画漫想 —————————————— 李仲元
编后记
小玲子 —————————————— 鲁小寒
谁是散发"热能"的人 —————————————— 李惠文
丁县长 —————————————— 张贵宝
王尽美游学莫斯科（传记文学）—————— 峻骧
黑色金子之歌（报告文学）————— 铁汉 鸣明
搓衣板与地板（寓言）—————————————— 戴逸如

评论

关于"放"和"争" —————————————— 单复
找到"我" —————————————— 张抗抗
美的赞歌
——读《写在早春的信笺上》————— 庆祺 未凡

诗歌

沈阳诗歌作者作品小辑（上）—————————— 姚莹
王守勋　牧林　陈进化　黎光荣　刘恩铭　徐艾
佟明光　赵树岭　刘文超　郭煌　丁晓翁　汤炀
阿红　高东昶　解明　未凡　韩天佳　李松涛
陈透庭　任鹏飞　毕增光　梁季　木青　仲克
路匆　吴山　刘宝祥

美术

烈火真金 ————————— 张甸摄影 杨帆配诗
建设工地 —————————————— 王维新
拾肥 —————————————— 陆延

1980 第 8 期　刊名:《芒种》
目录

小说·散文

镜子 —————————————— 韶华
八面玲珑 —————————————— 彭荆风
茶叶 —————————————— 冰寒
人生哲学第二课 —————————————— 张昌华
千里共婵娟 —————————————— 高维晞
生活，刚刚开始 —————————————— 庄东贤
野菊花 —————————————— 宁宇
期待·种子 —————————————— 寒星
穿褪色工作服的坦克兵 —————————————— 易莎
八月蝈蝈叫 —————————————— 宋歌
土地（三首）—————————————— 谢文利

评论

漫议揭示人物心灵的秘密 —————————————— 赵增错
假腿的故事 —————————————— 王栋

柳半拉上任 ·················· 刘文艳
情节集中，形象鲜明 ·········· 枫　涛
乞巧 ······················ 马牧边
呵，六盘山 ·················· 郎业成
沈阳诗歌作者作品小辑（下）······ 胡世宗
李克白　王选庆　于宗信　侯学志　厉　风　荆　鸿
小　天　李广泽　罗继仁　徐麟瑞　李长武　刘海起
郎恩才　邓荫柯　李雨亭　尹作礼　马业文　岸　冈
张蓬云　冯幽君　李　伟　高　颖
一丛永开不败的鲜花
——谈蒋子龙反映工业题材的小说 ····· 马　威
万万不可来回"折腾" ·········· 刘效炎
赏与罚 ···················· 卜　天
"志高"与"知音" ············ 解洛成
读者·作者·编者（三则）······ 刘介民　王龙章等

美术

送别（木刻）················ 邹达清
午休（套色木刻）············ 戴国顺
北海之春（木刻）············ 董雨萍

1980 第 9 期　刊名:《芒种》
目录

小说

父亲 ······················ 左建明
"偏不信"改名 ·········· 丁　超　松　华
玫瑰，还是月季? ············ 李庆西
专员和他的司机 ·············· 郑万隆
乐和这老头儿 ················ 刘亚舟
毕书记的一天 ················ 童玉云
冰窗花 ···················· 丁小琦
春雨蒙蒙 ·················· 宋海年
显灵 ······················ 李　勇
色彩和声音的颂歌（二首）········ 丁　芒
醒来的爱（二首）············ 姚　莹
拜火者的舞蹈 ················ 林　希
真实的生活（四首）············ 雷　霆
在南方（散文诗四章）·········· 秋　原
北方二题 ·················· 郭　煌
观棋峰（外一首）············ 丁　耶
感激 ······················ 樊发稼
诗二首 ···················· 谢挺宇
山泉（散文诗）·············· 东　缨
美人…… ·················· 黄开中
我和小黑 ·················· 庞天舒
为有源头活水来 ·············· 洪　钧
欢乐有益的聚会（通讯）········ 刘克治

评论

作家的职责和作品的社会效果 ······ 唐耀华
甘苦寸心知——谈《中原的胳膊》···· 臧克家
答问四题 ·················· 晓　凡
牡丹与行情 ················ 张啸虎
街头偶感 ·················· 楚　水
读《勿忘我》——致苏叶同志的一封信 ··· 顾小虎
编后记

诗歌

广西纪行（组诗）············ 方　冰
迎（外一首）················ 邵　燚
放鸭 ·················· 田成章　郭建中
沃土 ······················ 徐如麒
睡前 ······················ 姜琍敏
黎明（外二首）·············· 文　丙
冬青 ······················ 陈佩芸
车间民主选举会 ·············· 方恒善
题棋盘上的"帅" ············ 郑小凯
菩萨 ······················ 石太瑞
春草集 ···················· 姚　荞

美术

春醋（中国画）·············· 峻　青
秋（木刻）·················· 周西芹

1980 年第 10 期　刊名:《芒种》
目录

小说·散文

侉饼 ······················ 柯文辉
堕落（征文）················ 未　名
感情危机（征文）············ 孙步康
终身市长（征文）············ 李　岸
春寒 ······················ 邢院生
残月 ······················ 傅　红
"无能之辈" ················ 冯震平
写自己所熟悉的 ·············· 魏　瓞
抒情与思考（二首）············ 刘湛秋
来自拉萨河畔的亲人 ·········· 郭　煌
没有星光的夜（四首）·········· 沙　鸥
台湾诗情（二首）············ 于宗信
写在北疆密林里（二首）——抗联诗抄 ··· 何　鹰
北疆的山水（二首）············ 罗继仁
街津口（二首）·············· 李占学
江上渔歌（二首）············ 张常信
咏志 ······················ 蔡天心
棒槌声声 ·················· 胡　昭

评论

论文学干预生活·················杨志杰
谈"沈阳诗歌作者作品小辑"··········公　木
杂谈"共同频率"················吴士余
岁月不待人···················张启范
有感于"对台戏"················王世烈
从一滴水看大千世界··············胡德培
诗人，必须是战士···············郭　因
一朵馨香的山花——读木青的《山野的歌》···张啸虎
加强团结友谊　促进诗歌艺术繁荣
——东北地区诗歌座会在丹东召开······荫柯等

诗歌

今天我们照样诚实——和公刘同志对话····张之涛
睡·······················苗得雨
虹·······················谢其规
工程师的夜···················王志民
嚼（外一首）··················谢克强
鸡·······················陈孝虎
蓝图······················方恒善
孩子的眼窝···················滕毓旭
返视镜（外二首）················吕　品
忘却的婚礼···················杨　毅
蜻蜓······················王一义

美术

读（木刻）···················赵经寰
祖国的风（歌曲）··········孔凡青词　梁维民曲

1980 第 11 期　刊名:《芒种》
目录

小说·散文

在我面前……················吴碧莲
布娃娃姓什么（征文）·············李文语
沉浮（征文）··················李杭育
好一个静静的夜晚（征文）···········柴青山
首席法官···············张大军　郝北方
赶墟······················林鼎安
在人命案的背后················牛云祥
月夜··············波·努希奇著　高韧译
声音（外二首）·················晓　钢
海之恋（二首）·················柯　原
山野的恋歌（二首）··············韩作荣
静夜里·····················丁晓嶺
为什么要忘却——十年纪事···········梁　南
鄂伦春诗草（二首）··············中　流
佛山二题····················许　行

观潮（二首）··················王守勋
七律三首····················丁　洪
外甥女·····················李养玉
为《外甥女》跋················阎　纲
巴伐利亚森林··················崔　璇

评论

呼唤多种多样的诗
——对于当代诗歌的探索之一·······谢　冕
不知奸邪，所以为奸邪·············王　愚
由左思的慨叹想到的··············王龙章
有感于召公劝谏················田洪斌
不能离开创作的源泉··············刘　真
最真的诗是最假的诗··············傅憎享
倾听读者意见　提高办刊质量·········未　凡

诗歌

飞翔吧! 火箭——八十年代畅想曲之一·····徐　刚
给他——爱情诗五首··············林　子
凝思集（六首）·················李广泽
出海······················胡学武
藤·······················佟　畴
骆驼（外一首）·················佟明光
山·······················国　彦
登五佛顶（外二首）··············木　青
桃·······················李凤山
也有……····················高　深
海岸遐想····················包益勤
山石······················陈继光
雨后即景（七律）················铁　汉

美术

林区散记（中国画）··············介　凡
故宫角楼（木刻）················王　仲
川流不息（木刻）················朱景仁

1980 第 12 期　刊名:《芒种》
目录

"老猪腰子"和"小钢炮"············张书绅
重踏的脚印（征文）··············疏　野
跑步······················木　青
有谁知道晚辈的心（征文）···········王亚平
检查站里的姑娘（征文）············戚克忠
针对麦芒（征文）···········王玉龙　那向果
疯牛二叔····················王金屏
"叫真儿屁"的故事···············姚一风
戒指······················崔亚斌

邂逅⸺徐宏智　邵子贤
夜⸺华　肃
小罗克⸺庞天舒
首席法官⸺张大军　郝北方

编后漫笔
枇杷（中国画）⸺张英郁
闪烁的群星（歌曲）⸺未凡词　孟克曲

1981 年第 1 期　刊名:《芒种》
目录

诗歌
思念，我无穷的思念呵（长诗）⸺叶文福
关外散章（三首）⸺韦　丘
江畔草（六首）⸺刘黑枷
梦雁⸺牧　林
汗滴（外一首）⸺黄　淮
江河（外一首）⸺王　野
绿色的山环（外一首）⸺陶　怡

原上草
我是名群众⸺吕庆余
希望⸺李　雨
光明与影子⸺郭　辉
心风（外一首）⸺李卫宏
星（外一首）⸺周志强
时间（外一首）⸺叶　簇
遗产⸺曹　复
蝴蝶⸺程儒章
帆影⸺任愚颖
晚归⸺王忠信
白云的记忆⸺王鸣久

小说·散文
兰鹊的心⸺王道生
舅舅办"外交"（征文）⸺王正寅
晚霞似火⸺陈　旗
沃土⸺骆　炬
在欢乐的旋律中⸺宋学孟
罗米梗概（征文）⸺鲁　南
爱情的第一印象⸺李　直

滋卉地
她⸺邢　瑛
她在生活面前沉思⸺铁　岩
溪⸺贾平凹
永铭肺腑的教诲⸺高　深　佟明光

评论
文学与"出神"⸺凌　迅　周脉柱

芒刺篇
"活"与"放"的随想⸺陈允豪
艺文札记⸺唐汉周
"对号入座"新考⸺庐　湘

作品评论
山水诗的用意及其他
⸺谈佟明光同志的山水诗⸺阿　红

文学青年之友
细节要"细"⸺吴士余

名著欣赏
"民不饥寒而上瑞"
⸺读苏轼的《荔枝叹》⸺朱大成
全国部分市办文艺期刊诗歌座谈会小记⸺枫　涛

美术
农乐图（中国画）（封二）⸺扬力舟

1981 年第 2 期　刊名:《芒种》
目录

小说·散文
"黑后台"（征文）⸺孙步康
作家将以被告身份出庭⸺张笑天
还魂草⸺赵长顺
阿瑞"安蒂"⸺程乃珊
关于父亲的私生活⸺朱春雨
干腊鸡⸺曹水苗
中秋月⸺潘嘉璋
风⸺吴　剑
鹿岛祭甲午⸺郑庆铎
路鬼⸺李　直
可喜的探索⸺石　英
秦皇与魏武（寓言）⸺马　艺

诗歌
翅膀⸺顾　工
复活⸺韩作荣
我的案头，有一片常绿的树林（外一首）⸺李松涛
写在祖的北方（组诗）⸺何　鹰
呵，我追求⸺罗继仁
咏史三题⸺束　棘
云雀及其他（三首）⸺陆伟然

旷古奇冤庆昭雪（二首）⋯⋯⋯⋯⋯⋯⋯刘宝田
步韵奉和友人《读陈帅遗诗》寄怀（三首）⋯⋯罗 丹
山花（外一首）⋯⋯⋯⋯⋯⋯⋯⋯⋯⋯⋯梁谢成
山中速写（四首）⋯⋯⋯⋯⋯⋯⋯⋯⋯⋯刘海起
大地的宝盆⋯⋯⋯⋯⋯⋯⋯⋯⋯⋯⋯⋯⋯孙友田
寻找⋯⋯⋯⋯⋯⋯⋯⋯⋯⋯⋯⋯⋯⋯⋯⋯尹作礼
田贲诗四首

原上草
旗与帆（外一首）⋯⋯⋯⋯⋯⋯⋯⋯⋯⋯⋯王传江
碎片小扎⋯⋯⋯⋯⋯⋯⋯⋯⋯⋯⋯⋯⋯⋯晓 月
无题⋯⋯⋯⋯⋯⋯⋯⋯⋯⋯⋯⋯⋯⋯⋯⋯王若谷
流萤⋯⋯⋯⋯⋯⋯⋯⋯⋯⋯⋯⋯⋯⋯⋯⋯张 涛
灯标⋯⋯⋯⋯⋯⋯⋯⋯⋯⋯⋯⋯⋯⋯⋯⋯叶 坪
水仙花⋯⋯⋯⋯⋯⋯⋯⋯⋯⋯⋯⋯⋯⋯⋯姜金城
山（外一首）⋯⋯⋯⋯⋯⋯⋯⋯⋯⋯⋯⋯佟 畴
往事⋯⋯⋯⋯⋯⋯⋯⋯⋯⋯⋯⋯⋯⋯⋯⋯池 澄
雾⋯⋯⋯⋯⋯⋯⋯⋯⋯⋯⋯⋯⋯⋯⋯⋯⋯张 辉
星⋯⋯⋯⋯⋯⋯⋯⋯⋯⋯⋯⋯⋯⋯⋯⋯⋯文 丙
山泉⋯⋯⋯⋯⋯⋯⋯⋯⋯⋯⋯⋯⋯⋯⋯⋯史国光

评论
呼唤人才⋯⋯⋯⋯⋯⋯⋯⋯⋯⋯⋯⋯⋯⋯刘宾雁
一束奇异的花
——读《布礼》等小说后给王蒙的一封信⋯⋯⋯张 炯

关于短篇小说《感情危机》的讨论
绝不能摆脱爱情上的严肃态度⋯⋯⋯⋯⋯⋯王建中
一朵带刺的鲜花⋯⋯⋯⋯⋯⋯⋯⋯⋯⋯⋯郑志远

芒刺篇
脏水与婴儿⋯⋯⋯⋯⋯⋯⋯⋯⋯⋯⋯⋯⋯郭 因
有感于"客位榜"⋯⋯⋯⋯⋯⋯⋯⋯⋯⋯⋯沈志冲
"秘书"与"录事"（文艺随笔）⋯⋯⋯⋯⋯解洛成

美术
街头（油画）⋯⋯⋯⋯⋯⋯⋯⋯⋯⋯⋯⋯宫立尤
毁约（油画）⋯⋯⋯⋯⋯⋯⋯⋯⋯⋯⋯⋯齐程翔
儿子（木版水印）⋯⋯⋯⋯⋯⋯⋯⋯⋯⋯郭长信

1981 年第 3 期 刊名:《芒种》
目录

小说·散文
梁宝轶事⋯⋯⋯⋯⋯⋯⋯⋯⋯⋯⋯⋯⋯⋯忠 夙
金鱼⋯⋯⋯⋯⋯⋯⋯⋯⋯⋯⋯⋯⋯⋯⋯⋯韩静霆
酒神祭歌⋯⋯⋯⋯⋯⋯⋯⋯⋯⋯小 树 本 深
朝霞依然灿烂⋯⋯⋯⋯⋯⋯⋯⋯⋯⋯⋯⋯邓 刚

原告与被告⋯⋯⋯⋯⋯⋯⋯⋯⋯⋯⋯⋯⋯航 鹰
沉默⋯⋯⋯⋯⋯⋯⋯⋯⋯⋯⋯⋯⋯⋯⋯⋯仲 克
大人物和小人物⋯⋯⋯⋯⋯［罗马尼亚］利·列布里亚努
我是怎样自杀的⋯⋯⋯⋯⋯⋯⋯［土耳其］阿·涅辛
隔阂⋯⋯⋯⋯⋯⋯⋯⋯⋯⋯⋯⋯⋯⋯⋯⋯舒 眉
采集生活的花粉酿蜜⋯⋯⋯⋯⋯⋯⋯⋯⋯马秋芬
黄牛和跳蚤（寓言）⋯⋯⋯⋯⋯⋯⋯⋯⋯盖 壤

诗歌
我，信仰共产主义⋯⋯⋯⋯⋯⋯⋯⋯⋯⋯林 希
眼睛⋯⋯⋯⋯⋯⋯⋯⋯⋯⋯⋯⋯⋯⋯⋯⋯黎焕颐
渤海寄情（二首）⋯⋯⋯⋯⋯⋯⋯⋯⋯⋯金 哲
寒冬，我唱一曲春歌（二首）⋯⋯⋯⋯⋯⋯刘毅然
诗四首⋯⋯⋯⋯⋯⋯⋯⋯⋯⋯⋯⋯⋯⋯⋯梅 蓊
留在草原上的脚印（二首）⋯⋯⋯⋯⋯⋯⋯王思范
生活，在思索（三首）⋯⋯⋯⋯⋯⋯⋯⋯李占学
原上草（沈阳作者诗页·短诗二十二首）⋯⋯⋯张蓬云
李香春 董蕴慈 赵树岭 丁晓翁 吕 品 于忠庆
刘文超 王 辉 吴智林 佟明光 刘智慧 黄新中
解 明 刘海起 思 铭 王守勋 吴正格 任鹏飞
王选庆

评论
道德准星偏歪了的评论
——关于《时代的报告》的两篇评论⋯⋯⋯⋯言 之
真的"淡"了吗?⋯⋯⋯⋯⋯⋯⋯⋯⋯⋯⋯吴 山
为了今天而写昨天——访作家孟伟哉⋯⋯⋯孙钧政
创出自己的风格来（文艺随笔）⋯⋯⋯⋯⋯李炳银
无巧不成书（文艺随笔）⋯⋯⋯⋯⋯⋯⋯⋯王向峰

关于短篇小说《感情危机》的讨论
谈谈《感情危机》的主题⋯⋯⋯⋯⋯⋯⋯⋯列 彦
略谈要关心人⋯⋯⋯⋯⋯⋯⋯⋯⋯⋯⋯⋯张毓茂
感情在那儿发生了"危机"⋯⋯⋯⋯⋯⋯⋯白 杉

1981 年第 4 期 刊名:《芒种》
目录

呵，追求者——记银幕外的明星向隽殊⋯⋯⋯王曼力
茅寮琐记（征文）⋯⋯⋯⋯⋯⋯⋯⋯⋯⋯骆 炬
清风，徐徐吹来⋯⋯⋯⋯⋯⋯⋯⋯⋯⋯⋯郭宇一
"二两乐"醉酒⋯⋯⋯⋯⋯⋯⋯⋯⋯⋯⋯张 涛
雾⋯⋯⋯⋯⋯⋯⋯⋯⋯⋯⋯⋯⋯⋯⋯⋯⋯王 扶
天空，已是朝霞如锦⋯⋯⋯⋯⋯⋯⋯⋯⋯邢院生
小桥流水⋯⋯⋯⋯⋯⋯⋯⋯⋯⋯⋯⋯⋯⋯运新华
喜鹊岭上的牡丹花⋯⋯⋯⋯⋯⋯⋯⋯⋯⋯臻 心

诗歌
一只苹果落下，一轮朝阳升起

——诗传"万有引力"，赠我国科学家……陈进化
彩色的写意（组诗）……晓 凡
沉思（外一首）……梁 南
春天抒怀（组诗）……于宗信
蚕山雨……村 人
春……张红雨
茫茫的林海哟（二首）……李晓华
小溪轻轻弹出了一个梦（外二首）……姜文岩
千山写意（二首）……张常信
夹扁石（外一首）……丁晓翁
古宫黍离（外一首）……金 谷
种籽（外一首）……浩 歌
影子……张雪杉

原上草

春在哪……胡丰传
秧苗哟，绿茵茵……郭 辉
樱花雨……何 仃
海……蓝 雨
春晨（外一首）……冯恩昌
洪流与涡流……张拜夫
阳光下的雨滴……王传江
松叶（外一首）……时 克
晚霞（外一首）……彭文祥
秋别……程光炜
给友人……木 青
蜜……李鸿壁

评论

略谈反面人物的塑造……凌 迅 周脉柱
关于"伦勃朗的强烈色彩"的随想……张启范
试谈吴遥的形象塑造问题
——与钟惦棐同志商榷及其他……楚 水
一个不容忽视的问题……时 辛

关于短篇小说《感情危机》的讨论

对感情世界的一次探索
——读《感情危机》所想起的……郑国铨

作家笔名探源

罗烽笔名的含义……于 胜 国 成 丛 杨

芒刺篇

也说"脏水与婴儿"……列 夫

1981 年第 5 期 刊名:《芒种》

目录

小说·散文

一座雕像的诞生（征文）……孟伟哉
家庭纪事……黑 婴
秋雨梧桐……程 玮
春阳雾竹……斥 夫
姑娘，谢谢你（征文）……莫大祥

滋卉地

"X·T·V"钻戒……丁桂芬
人性美在复归……马秋芬
风筝曲……高维晞

诗歌

辽河，静静地流（组诗）……高东昶
我的诗（外二首）……蓝 曼
江畔诗草（组诗）……未 凡
工厂交响曲（二首）……郎恩才
歌手之歌（外一首）……刘 镇
钢的呐喊（外一首）……刘文超
夜，鞍钢（外一首）……王荆岩
纱支，绷直了弦……吕乃国
渴念（外一首）……田永元
醒醒……沙 木

原上草

钢城春夜……星 宫
土壤分析（外一首）……和 谷
信仰……王耀东
天气（外一首）……安牧云
机器人……再 耕
车过熊岳城……李 弘
雨夜眺望……丘 杰
我想到……董蕴慈
拾起……何 锋
芭蕉（外一首）……叶 簇
粮站（外一首）……任愚颖

评论

真实与倾向的统一……赵增锴
造成一种适于开展文艺批评的民生气氛……时 辛
意识流向文学……洪 钧
对评价文艺作品社会效果的看法……枫 涛
我为什么要写台湾……于宗信

关于短篇小说《感情危机》的讨论
真实·朴素·白璧微瑕 —————————— 邓荫柯
假如信没有寄错…… ————————————— 田志伟

美术
能源（摄影）————————————————— 田 原
春花（中国画）———————————————— 延 生

1981 年第 6 期　刊名:《芒种》
目录

小说·电影文学剧本·散文
初晴 ———————————————————— 纯 民
雪，快化了 —————————————————— 来勇勤
春风艳阳 ——————————————————— 李新生
梦 ————————————————————— 吴碧莲
文书老师 ——————————————————— 木 青
活鬼 ———————————————— 单 超 育 才

滋卉地
分忧 ————————————————————— 栾国康
没有哀怨的难唱曲 ——————————————— 铁 岩
神奇土地上的葱茏大地 ————————————— 那家伦
南行散记 ——————————————————— 崔亚斌
森林里的运动会（童话）———————————— 柳 笛

诗歌
摇篮曲 ———————————————————— 徐 刚
大兴安岭情思（组诗）————————————— 陈秀庭
南航诗情（组诗）——————————————— 胡世宗
南行诗草二首 ————————————————— 吴 山
海滩抒怀（散文诗六章）———————————— 恩 铭
森林小集（二首）——————————————— 杜志民
浪花·帆 —————————————————— 罗继仁
海的情思（散文诗二章）———————————— 刘湛秋
新月（外一首）———————————————— 寇宗鄂
无题（三首）————————————————— 党国栋
路边拾零（三首）——————————————— 喻 晓
避雨 ————————————————————— 龙彼德
"自我批评"（讽刺诗·外一首）————————— 易和元

原上草
蘑菇 ————————————————————— 黎 桦
种子（外一首）———————————————— 吕 品
小船的记忆（外一首）————————————— 沈良意
鸡爪枫的悲剧（外一首）———————————— 宫 玺
遐想 ————————————————————— 和锦棠
跳伞 ————————————————— 冬 木 崇 仁

弯月 ————————————————————— 金云富
星群 ————————————————————— 冯幽君
带音符的飞盘（外一首）———————————— 陈建林
柳叶（外一首）———————————————— 岸 冈

评论
萧萧寒风中的红花——杰出女作家萧红 ————— 张毓茂
正确地开展文艺批评 —————————————— 张启范

作品评论
春雨润物细无声——读《背小皮兜的阿姨》—— 原中山

文学青年之友
小说创作的关键……——艺术规律探微 ———— 胡德培
艺术创作品中的奇与巧 ————————————— 杨治经

关于短篇小说《感情危机》的讨论
我为什么写《感情危机》———————————— 孙步康

作家笔名探源
萧红 ————————————— 于 胜 丛 杨 国 成

美术
节日（摄影）————————————————— 高亚雄
算算看（摄影）———————————— 张 甸 刘万田
成长（石版画）———————————————— 刘伟钦
小海军（雕塑）———————————————— 申志毅

1981 年第 7 期　刊名:《芒种》
目录

坚持党的领导，繁荣社会主义文艺 ————— 本刊编辑部

小说·电影文学剧本
六奶奶 ———————————————— 锦 云 王 毅
马大叔 ———————————————————— 贾平凹
她在微笑 ——————————————————— 慕 贤
桃花雪 ———————————————————— 张 涛
情书 ———————————————— 张昌华 贺景文
算不算遗嘱 —————————————————— 韶 阵

滋卉地
咖啡色的滑雪衣 ———————————— 范小天 殷小唯
焦点，要对准日常生活 ————————————— 洪 钧
一个不同类型的爱情故事
———————————— 科·姆·威廉斯著 白晓江译
活鬼 ————————————————— 单 超 育 才

诗歌

一束诗花献给党

唱给母亲的心曲……………………邓荫柯

党呵，你如此牵动我的心肠……………张名河

献给母亲的歌与花……………………赵树岭

我爱母亲的目光………………………王选庆

我向着阳光歌唱………………………未 凡

我的歌…………………………………罗继仁

深情……………………………………李广泽

紫丁香时节（外一首）………………沙 蕾

古刹小曲（三首）……………………芦 萍

白龙洞（外一首）……………………叶文福

晨光曲…………………………………浪 波

原上草

我走向母亲（外一首）………………郭 辉

摇篮及其他……………………………牧 林

党啊，你是……………………………岸 冈

我的笔…………………………………于忠庆

呵，辽河………………………………李 弘

江河……………………………………赵仁广

山云（外一首）………………………陈新和

梦（外一首）…………………………丁小琦

朝霞……………………………………冯恩昌

森林的性格……………………………曹 复

白头山尤名花…………………………刘秋群

评论

论前进中的我国革命现实主义文艺

——评李怡的"新写实主义"的文艺观………郑国铨

交相辉映的两颗巨星

——追忆和茅公的一次谈话………………刘中树

"意在笔先"辩………………………………余 飘

文艺随笔

"洛阳纸贵"与"今日诗贱"………吕 林 柯 勤

读者·作者编者

读者来稿来信综述

美术

沈阳第一个党支部奠基人——任国桢烈士

1981年第8期 刊名:《芒种》

目录

小说·散文

黑十字架………………………………张笑天

一路同行………………………………张天民

梅娘曲…………………………………苏方桂

黑色是美丽的…………………………庞天舒

哎哟，妈妈……………………………梅宝恒

足迹……………………………………刘海起

五百元…………………………………俞 律

滋卉地

愿彩霞永不消失………………………边玲玲

情长意切恋彩霞………………………铁 岩

文化古城帕多瓦（意大利罗马专稿）…吕同六

诗歌

年轻的诗人，年轻的心

太阳·土地·人………………………杨 炼

水之声——诗群《人与自然》之三……邓海南

色彩狂想曲——写在北京美术馆的檐下…叶延滨

假日，在北戴河………………………王小妮

北方的榆树钱…………………………徐敬亚

复活（外一首）………………………骆耕野

风雪，珍藏着我的爱……………………刘毅然

小花的信念（外一首）………………顾 城

大连记事（二首）……………………刘振明

寻觅与呼唤……………………………王家新

雪（外一首）…………………………常 青

原上草

爱的变奏曲……………………………鲁 坎

抒情小集………………………………叶文福

生活浪花………………………………木 青

在山村，我向往北方的平原（外一首）……程光炜

评论

作家的"慧眼"从何而来………………艾 斐

树在读者心里的雕像

——评小说《一座雕像的诞生》………李炳银

原型在创作中的重要意义……………张绍宽

芒刺篇

关键在于"坐轿子的人"………………王龙章

唉！人到晚年…………………………张啸虎

作家笔名探源

白朗……………………于 胜 丛 杨 国 成

来函照登………………………………萧 耘

美术

惊鹭（套色木刻）……………………晁 楣

渔歌（套色木刻）……………………张家瑞

1981 年第 9 期　刊名:《芒种》
目录

纪念鲁迅诞辰一百周年
纪念鲁迅　检查自己
——为鲁迅先生诞生百周年而写··········萧　军
辫子与弓鞋
——鲁迅研究谈往录之一··············锡　金
鲁迅与萧军、萧红··················王德芬

报告文学·小说·散文
人啊，你当自助····················韩白云
巷尾的烟（外一篇）·················朱春雨
温热的雪地······················左建明
是火，也是泉·····················姜　滇
黑十字架（中篇连载·二）·············张笑天

滋卉地
明天在向我招手····················艾　莉
从普通人中去发现新人···············夏　芳
需要得肺病····[土]阿·涅辛著　曾宪英　唐鹤鸣译
老舍早年在文坛上的活动··············陈逸飞
山中鸟音·······················马　嘶

诗歌
寄自白山黑水间（组诗）··············王守勋
海岛情长（组诗）··················高　深
漓江拾翠（组诗）··················佟明光
海南写意（二首）··················毛　锜
旅顺口························流沙河
阳光（散文诗·外一章）··············文　牧
欢乐·························田　瑶
写在"四化"途中的情歌（组诗）·········何　鹰
铁屑的心愿（外一首）···············尹作礼
钟··························李占学
山村速写（二首）··················高　帆

原上草
我又童心复活····················黎焕颐
山泉·························曾　阅
夜过寒山寺（外一首）···············毕增光
探索·························刘智慧
无题·························王家鼍
出航·························时　克
别了！记忆中飞翔的鸽子·············石　飞
梦中，我很清醒···················徐永志
权利·························白　牛
红瀑·························华　卓

蝉（外一首）····················安牧云

评论
刻在墓碑上的浮雕
——评小说《幼林里的墓碑》············唐耀华
一个幸存者的道德形象
——谈《一座雕像的诞生》·············陈子伶
天空毕竟晴朗
——读短篇小说《初晴》··············高松年

读作编
一曲心灵的赞歌·············邵振棠　赵　敏

美术
大吉图························孙明春
花溪·························宋玉贵

1981 年第 10 期　刊名:《芒种》
目录

报告文学·小说·散文
来自多瑙河畔的报告·················郑恩波
醒··························马　常
洞箫曲························骆　炬
编辑生涯·······················高维晞
角落·························于海涛
黑十字架（中篇连载·三）·············张笑天
古城青春·······················柳　嘉
姑嫂塔的灯火····················黄明定

诗歌
祖国诗情（二首）··················姚　莹
南行诗抄（组诗）··················敬　信
我走向生活······················夏　雄
鸽子及其他（三首）················郭　煌
北方的土地（二首）················喻　晓
雪呀，雪……····················寒　星
黎明期的抒情（二首）···············杨　山
中年·························黄　淮
窗口（二首）····················路　地
短诗一束（三首）··················桑　原
香炉峰························赵鹏万
君子兰自白······················刘海起
海螺·························王安杰
我骄傲，我是天平（讽刺诗）···········黄新中

原上草
假如……母爱　航标灯···············郭　辉

题一座少女墓　我们终于在港口分手
我把你播下去了，太阳
我的心，起锚了 ································· 何　峰
牛，埋头在原野上　带血的翎羽 ············· 何玉锁

评论

关于艺术的独创性——夜读札记（四则）······· 庐　湘
塑造社会主义新人 ························· 单　复
批评·争鸣·繁荣创作 ····················· 时　辛
要为儿童写出更多的好作品 ················· 原中山

文艺随笔

艺术的开头与开头的艺术 ··················· 关　鸿
悬念不是玄念 ····························· 傅憎享
诗可治病 ································· 肖文苑

美术

盼解放（油画） ··························· 李树基
祖国万岁（篆刻） ························· 刘　丹
沙漠之舟（套色木刻） ····················· 戈　沙
晨（木刻） ······························· 谷　风

1981 年第 11 期　刊名：《芒种》
目录

小说·散文

茶炉房里的趣闻 ··························· 陈明举
苦恼 ··································· 陈　静
孤寂的楼顶间 ····························· 谷　应
望着山峦 ································· 关沫南
女人 ··································· 王家男
黑十字架（中篇连载·四） ··················· 张笑天
两个小蝌蚪 ······························· 浩　然
山泉啊，淙淙 ····························· 唐　纪
云竹 ······························· 金　汤　刘慧婷

诗歌

写在北疆的土地上
飞溅吧！胸中的千泉万瀑（二首） ············· 赵树岭
林海情思（二首） ························· 刘文超
长白山遐思（二首） ······················· 李　假
松江吟（外一首） ························· 陈鹤山
写在截江大坝上（外一首） ··················· 尹作礼
北疆写意（二首） ························· 罗继仁
北疆诗情（三首） ························· 中　流
旅途拾英（组诗） ························· 万忆萱
寄自海边的诗（二首） ····················· 姜维平
思索篇（三首） ··························· 张　智

原上草

红与绿 ··································· 星　宫
希望 ··································· 刘传进
战士，绿色的爱 ··························· 于忠庆
望月 ··································· 郭明兴
唉，我呀…… ····························· 周培玉
绿帆 ··································· 仲　克
相思 ··································· 陈倔夫
山乡（外一首） ··························· 梅　蕃
丁香（外一首） ··························· 丁小琦
雷 ··································· 刘兰芳
荷塘情思 ································· 刘振操

评论

继承与发扬鲁迅的文艺批评思想 ··············· 解洛成
票房价值和社会效果 ······················· 李　准
心肠要热　头脑要冷（转载）
——读短篇小说《作家将以被告身份出庭》的意见
··································· 谭　涛
试谈人物性格的复杂性和矛盾性 ··············· 区　英
观察人　表现人（作家谈创作）
——访工人作家陈国凯 ····················· 朱光天
热情歌颂"四化"建设中的实干家
——读短篇小说《一路同行》 ················· 王建中

美术

掘起 ··································· 张永新
昙花 ··································· 黄小森

1981 年第 12 期　刊名：《芒种》
目录

小说

青年作者小说专辑
路灯下 ··································· 李小林
一个可爱的女人 ··························· 边玲玲
人生 ··································· 胡小胡
飘零者之歌（续集） ······················· 陈　放
鼎 ··································· 刘观德
相知 ······························· 陆星儿　阿可雄
白色 ··································· 竹　子
无题 ··································· 白小易

诗歌

延安琐忆（五首） ························· 丁　洪
云海 ··································· 晓　凡
山乡呵，牵动我多少诗情（二首） ············· 丁晓翁
一声鸡啼把炊烟牵起（外一首） ··············· 刘文玉

喷灌 ————————————— 汤　炀
散歌集（诗十首）——————— 徐光荣　梁谢成
郑世龙　徐宏智　王　斌　任鹏飞　张常信

原上草
上工，晨风兜满胸怀　今天，我买了一盆花 — 刘　镇
假日的太阳岛　萨尔图素描　红的绿的 ——— 毕增光
太阳 ————————————— 谢克强
星辰　原上草　集日　春日素描 ————— 佟明光
流　拾起一片枫叶　在霏霏的雨中 ————— 高东昶
骏马 ————————————— 黄玉民

评论
努力描绘新生活　热情讴歌新人物
——《青年作者小说专辑》读后 ————— 敬　信
这里闪射着霞光
——读熙高小说随感 ——————— 行　人
作家不能忘记社会责任
——评《作家将以被告身份出庭》— 文　圃　文　辛
现代人的孤独（文学赏评）
——介绍莫拉维亚的《女明星》————— 吴士余
附：《女明星》———— ［意］阿·莫拉维亚　吕同六译

美术
让车（油画）————————————— 于海林
青松（中国画）———————————— 高骏岐
梅（中国画）————————————— 官　良

1982 年第 1 期　刊名:《芒种》
目录

报告文学
他们在海外（报告文学）—————————— 苏泽祥

小说
心事浩茫 ———————————————— 仇学宝
春光曲 ————————————————— 白长海
豆腐状元 ———————————————— 刘正新
媛媛的呼唤 ——————————————— 铁　汉
两家客店 ————————— ［法］都德著　马德菊译
飘零者之歌 ——————————————— 陈　放

散文
在金光灿灿下的茅屋里 ————————— 陈伯吹
爱的踪迹 ————————————————— 贾平凹
萤火虫在繁花丛下 —————————— 马牧边

滋卉地
父女之间 ————————————————— 刘文超

也谈提炼 ————————————————— 洪　钧

诗歌青年与诗
寄台湾诗人（三首）————————————— 于宗值
国徽，我的太阳（二首）——————————— 姚业涌
你的心，是一座属于太阳的城市 —————— 顾　城
绿色的歌（二首）—————————————— 王忠范
赫哲风情（二首）—————————————— 王晓廉
海之吟（二首）——————————————— 张安阳
爱情，心血浇灌的花瓣（二首）—————— 姜维平
我感谢春天 ———————————————— 黎焕颐
歌的信使 ————————————————— 刘毅然
对松山 —————————————————— 叶晓山
小室 ——————————————————— 沙　蕾
原上草（短诗十首）———————— 陈进化　李凤英
樊发稼　何玉锁　岸　冈　李朝晖　宋　歌　马绪英

评论
用真理花冠装饰的美更美
——学习周恩来同志论文艺反映社会生活的本质
————————————————————— 余　飘
在奔向四化的天蓝色车厢里……（作品评论）
——读中篇小说《天蓝色的车厢》给作者的信
————————————————————— 唐耀华
哭陈淼 —————————————————— 方　冰
孤月秦淮　丹心难灭（名著欣赏）
——读文天祥《念奴娇·驿中言别友人》——— 徐竹心
美丑自在人心（文艺随笔）————————— 傅憎享
犯错误和危厄中的英雄性格（文艺随笔）——— 胡德培
突破"国界"？（芒刺篇）————————— 王亚平
知己存海内　天涯寄深情（读作编）
——致《来自多瑙河畔的报告》作者的信——— 邵振棠

美术
畅想曲（摄影）——————————————— 田　元
溪水晚霞（摄影）—————————————— 杜裕民
人物速写 ————————————————— 许　勇

1982 年第 2 期　刊名:《芒种》
目录

小说
本色 ——————————————————— 雪　华
学府丑小鸭 ———————————— 范小天　殷小唯
孤光在夜空闪烁 —————————————— 赵振华
牛角湾轶事 ———————————————— 张福麟
飘零者之歌 ———————————————— 陈　放
我不喜欢 ——— ［土耳其］阿·涅幸著　曾宪英　唐鹤鸣译

散文

石钟乳交响曲 ························· 吴　岩
少林游 ····························· 刘明德
A 调"钟王" ························· 修玉祥
杜鹃抒怀 ···················· 鲁　野　康启墨

寓言

星星、月亮和太阳（外一章）··········· 杜　梨

诗歌青年与诗

三湾，你听我奏响歌弦（外一首）······· 刘立云
小岛兵歌 ··························· 胡世宗
心灵的旋律（二首）················· 夏　雄
醒来的山野（二首）················· 姚　莹
海滨三题 ··························· 王安杰
晨光，送来一丝破晓的微笑（外一首）··· 姜文岩
我走向白昼（外一首）··············· 郎恩才
春之歌（三首）····················· 汤　炀
红豆集（三首）····················· 陈进化
我来到秋日的山野（二首）··········· 高东昶
原上草（短诗十一首）··············· 何　鹰
晓　钢　孙友田　王守勋　刘海起　郭世龙　张蓬云

评论

红灯和绿灯 ······················· 于　铁
文艺方向与描写新人 ··············· 陈子伶
文艺欣赏的共鸣与差异 ············· 沈太慧
总结经验教训　振奋精神　繁荣诗歌创作······· 岳　桦
短小·含蓄·深刻（新作短评）
——读短篇小说《无题》·············· 张启范
高音区里一支歌《新作短评》
——读《白色》····················· 庄　敬
诗美的探求（作品评论）
——读组诗《辽河，静静地流……》
······················· 吴开晋　马龙潜
浸透作品的目标感（文艺随笔）······· 王向峰
想起了十九世纪初的俄罗斯（文艺随笔）······ 吕　林
争鸣·争明·争名（芒刺篇）········· 沈志冲
洋刀片·胡须及其他（芒刺篇）······· 吴吉子

美术

知心话（国画）····················· 正　伟
宋·翁卷诗（书法）················· 徐　炽
篆刻 ····························· 戴山青

1982 年第 3 期　刊名:《芒种》

目录

小说

青年女作者专辑
别 ······························· 王小鹰
甜甜的包围 ······················· 马秋芬
宽恕我，教练 ····················· 张聚宁
暖 ······························· 严　民
撕碎了的云 ······················· 高红十
"叛徒" ··························· 丁小琦

滋卉地

等末班车的姑娘 ··················· 戚小彬
不可忽视的细节描写——读稿漫议······· 鲁　钝
飘零者之歌（连载）················· 陈　放

诗歌青年与诗

森林抒情诗（二首）················· 张　伟
桦林，静悄悄 ····················· 柳　沄
我是大海（外一首）················· 周志强
城市小诗（二首）··················· 刘振明
我是一只紫燕 ····················· 杜德宽
种子（外一首）····················· 刁　斗
唱给大山的歌（组诗）··············· 李广泽
清晨的歌（散文诗三章）············· 秋　原
鼓风 ····························· 刘文超
原上草（短诗九首）················· 罗继仁
贾长厚　黄东成　刘秋群　朱光天　韩　冰　王贺锦

评论

《家》意大利文译本序言············· 巴　金
巴金与意大利留学生玛尔格丽达谈自己的创作（作家专访）···· 玛尔格丽达
从爱情描写的"灾区"走出来········· 纪　彬
文艺批评的目的是促进创作的繁荣····· 楚　水
可不可以向鲁迅请教 ··············· 洪　钧
生活对文艺批评家的启示（文艺随笔）······· 田志伟
"讲面子"琐谈（芒刺篇）··········· 方劲戍
"功"与"禄"（芒刺篇）······ 王龙章　姜永和
《芒种》编辑部召开一九八一年文学奖、征文奖授奖大会

美术

生活·读书·新知··················· 盛二龙
桥······················· 陈若瑟　陈若晖

1982 年第 4 期　刊名:《芒种》

目录

小说

当时明月在⋯⋯⋯⋯⋯⋯⋯⋯⋯⋯常柏祥
路在他们脚下⋯⋯⋯⋯⋯⋯⋯⋯孙宏伟
很好的年纪⋯⋯⋯⋯⋯⋯⋯⋯⋯曹硕龙
赶礼⋯⋯⋯⋯⋯⋯⋯⋯李述宽　岳长贵
飘零者之歌（连载）⋯⋯⋯⋯⋯陈　放
幸出火坑的可怜虫——
长篇小说《不堪回首的人生路》选载⋯李果愚
李果愚和他的《不堪回首的人生路》⋯吴　山

散文

秋歌⋯⋯⋯⋯⋯⋯⋯⋯⋯⋯⋯⋯谭士珍
打破碗花⋯⋯⋯⋯⋯⋯⋯⋯⋯⋯严振国

诗歌

诗四首⋯⋯⋯⋯⋯⋯⋯⋯⋯⋯⋯刘异云
雨中的青山，一片淡绿（五首）⋯岸　冈
北方的原野（二首）⋯⋯⋯⋯⋯韩作荣
大海的礼赞（二首）⋯⋯⋯⋯⋯佟明光

青年与诗

夜曲⋯⋯⋯⋯⋯⋯⋯⋯⋯⋯⋯⋯杨　炼
早晨⋯⋯⋯⋯⋯⋯⋯⋯⋯⋯⋯⋯吕贵品
土地⋯⋯⋯⋯⋯⋯⋯⋯⋯⋯⋯⋯李松涛
成长⋯⋯⋯⋯⋯⋯⋯⋯⋯⋯⋯⋯马永拓
原上草（短诗七首）⋯⋯⋯⋯⋯杨　毅
高　深　郭　辉　高　云　饶庆年　弘　征

评论

昭彰精神文明的火光
　——读获《芒种》文学奖、征文奖的部分小说
⋯⋯⋯⋯⋯⋯⋯⋯⋯⋯⋯⋯⋯谢俊华
批评的美学及其他⋯⋯⋯⋯⋯⋯庐　湘
生活·艺术·灵感（作家创作谈）
　——与文学讲习所几位青年同志的谈话⋯孟伟哉
不断学习　不断进取（作家创作谈）⋯木　青
还是应该回到坚实的大地上来
　——评叶文福《雁阵》的错误倾向⋯志　伟　志　远
育花莫造花（文艺随笔）⋯⋯⋯坚　戈
到生活的激流中去（文艺随笔）⋯毕馥华

美术

密林深处（装饰画）⋯⋯⋯⋯⋯徐启雄
春（装饰画）⋯⋯⋯⋯⋯⋯⋯⋯黄祥清
《水晶心》剧照⋯⋯⋯⋯哈门　善庆　孙哲

1982 年第 5 期　刊名:《芒种》

目录

纪念《在延安文艺座谈会上的讲话》发表四十周年
《讲话》的基本原则是引导文艺发展的指针⋯文　菲

小说

印象⋯⋯⋯⋯⋯⋯⋯⋯⋯⋯⋯⋯杨大群
猎⋯⋯⋯⋯⋯⋯⋯⋯⋯⋯⋯⋯⋯周梅森
娥儿⋯⋯⋯⋯⋯⋯⋯⋯⋯⋯⋯⋯赵　熙
小巷春意浓⋯⋯⋯⋯⋯⋯贺景文　张昌华
心中的星⋯⋯⋯⋯⋯⋯⋯⋯⋯⋯邹德学
一个女司机的日记⋯⋯⋯⋯⋯⋯崔亚斌
黑痣（外一篇）⋯⋯⋯⋯⋯⋯⋯张治安
代理厂长⋯⋯⋯⋯⋯⋯⋯⋯⋯⋯刘传学
弄假成真⋯⋯⋯⋯⋯⋯⋯⋯⋯⋯晚　钟
飘零者之歌·连载·（续完）⋯⋯陈　放

散文

听雪记⋯⋯⋯⋯⋯⋯⋯⋯⋯⋯⋯毛　锜

诗歌

工业诗一束
铁水的歌⋯⋯⋯⋯⋯⋯⋯⋯⋯⋯戚积广
窗口（二首）⋯⋯⋯⋯⋯⋯⋯⋯王选庆
电焊⋯⋯⋯⋯⋯⋯⋯⋯⋯⋯⋯⋯郎恩才
金色的网⋯⋯⋯⋯⋯⋯⋯⋯⋯⋯陈庆斌
厂区抒情（散文诗二章）⋯⋯⋯徐宏智
清晨，我走进车间⋯⋯⋯⋯⋯⋯金旭升
颂中国女排⋯⋯⋯⋯⋯⋯⋯⋯⋯刘宝田
春天的脚步（外一首）⋯⋯⋯⋯郭　煌
夜眺泰安城⋯⋯⋯⋯⋯⋯⋯⋯⋯解　明

青年与诗

我是炭，我在燃烧中歌唱⋯⋯⋯张　瑞
飞翔的钢⋯⋯⋯⋯⋯⋯⋯⋯⋯⋯丁慨然
一月⋯⋯⋯⋯⋯⋯⋯⋯⋯⋯⋯⋯桂兴华
篝火⋯⋯⋯⋯⋯⋯⋯⋯⋯⋯⋯⋯叶向阳
织⋯⋯⋯⋯⋯⋯⋯⋯⋯⋯⋯⋯⋯齐世明
原上草（短诗七首）⋯⋯⋯高东昶　刘　镇
李　春　贺中轩　任愚颖

评论

在新的历史条件下（作家专访）——访公木⋯唐耀华
谈我对《家》的认识及其他⋯⋯[意大利]玛尔格丽达
一位年轻有为的女学者⋯⋯⋯⋯王向峰
一朵朴实的花《新作短评》
　——读短篇小说《本色》⋯⋯⋯⋯赵文增

诗已尽而意无穷（诗作点评）————————邓荫柯
朴实，也能描绘出诗意美（诗作点评）————于宗信
舒群（作家笔名探源）——————于 胜 丛 杨 国成
什么是"文艺国界"？（读·作·编）————————李增群

美术
鞍钢之春（油画）————————————————宋惠民
黄河恋（油画）————————————————张德录
南海渔歌————————————————————黄启明

1982 年第 6 期　刊名：《芒种》
目录

小说
学院里的风————————————————————程 宏
琵琶鬼的女儿————————————————张直心
花星的厄运————————————————陈志民
夜的草原————————————————————刘恩铭
苍耳之谜（连载）————————————————万 寒
奥州偶人（翻译小说）
　　　　　　　[日本]深泽七郎著　鲍显铭译

滋卉地
他爱唱一支那样的歌————————————顾 戚
要努力揭开"谜"底
——读小说《他爱唱一支那样的歌》————铁 岩

散文
太阳花之歌————————————————薛尔康
绿————————————————————————马 嘶
野草赋————————————————————于 夫
心中的塔————————————————————疏 野
问露珠————————————————————魏久环

寓言
毛巾·两只啄木鸟————————————————艾 平

诗歌·青年与诗
我们，那就是我们————————————————徐敬亚
鹬————————————————————————赵丽宏
飞絮集（四首）————————————————沈良意
叶————————————————————————张鹤立
城市抒情（三首）————————————————李占学
写在商场（三首）————————————————莫西芬
生活，充满阳光（三首）——————————黄新中
马头琴哟————————————————————刘秋群
窗口（二首）————————————————路 地
青山雨后————————————————————梁谢成

山村喜事————————————————————丁晓翁
柳絮————————————————————————陈学义
原上草（短诗八首）————————————于忠庆
孙国章　谢 聪　于秋海　和 谷　雷天放　王耀东

评论
让矛盾撞击的火花照亮新人形象————————墨 铸
《牧马人》给予创作上的启示————————————楚 水
关于克服"自由化"倾向的思考
——兼评《时代的报告》的"本刊说明"————东子今
"最真的诗是最假的诗"三议（文艺随笔）————傅憎享
追求，向着光辉的未来（诗苑飞鸿）
——致青年诗作者姜维平——————————李延胜
动情全在写情时（新作短评）
——读短篇小说《别》————————————刘烈恒
明月可鉴（新作短评）
——谈短篇小说《当时明月在》————————原中山
流蜜的山泉（读·作·编）
——读《唱给大山的歌》————————————晓 宗
愿《青年与诗》办得更好（读·作·编）————夏 雄

美术
小鸡睡着了（摄影）————————————施大光
摆积木（摄影）————————————————姚殿科
希望（摄影）————————————————汤德胜

1982 年第 7 期　刊名：《芒种》
目录

小说
雪的路————————————————————竹 子
年轻的旅伴————————————————肖士庆
明天————————————————————————凡 丁
初约————————————————————————钱世明
节奏————————————————————————边玲玲
脚印————————————————————————华 戎
还是她幸运————————————————孙步康
苍耳之谜（中篇连载·二）————————————万 寒

散文
戈壁行————————————————————王树和

诗歌
南湖·东湖（二首）————————————毕增光
清晨，一个青年在跑步————————————许 行
别了，昨日的山乡（组诗）——————————姜维平
加油站抒情————————————————————唐锦河
林场短笛（二首）————————————————佟 畴

晨光里————————————党国栋
七月荷花香————————王荆岩
啊，小草（外一首）————李金堂
绿柳————————————石　飞

青年与诗
你回来了，化作一只天鹅————毛秀璞
庄户人的希望（二首）————新　土
河滩上，我思索————————钱万成
原上草（八首）————李香春　徐拯民　严华
滕　英　安牧云　梁庆永

评论
坚持和发展革命文艺的规律————郑国铨
"搜天斡地觅诗情"（作家创作谈）————刘　镇
赤子的深情　动人的歌吟
——读于宗信台湾题材的诗————谢俊华
关于人物牺牲时的个性描写————赵增锴
读左拉的《小酒店》想到的（文艺随笔）
————周稼骏　徐赋葆
李白与谢朓（文艺随笔）————肖文苑
新星，升起在灿烂的星空（作品评介）
——读《青年与诗》————佟明光
读短篇小说《小巷春意浓》断想（新作短评）————马秋芬
谈短篇小说《弄假成真》的结构（新作短评）————郭银星

美术
绿洲（油画）————————李丽露
把一切献给党（水印木刻）————黄丞谟
救星（油画素描稿）————李树基

1982 年第 8 期　刊名:《芒种》
目录

小说
在同一条跑道上————————庄大伟
东方"威尼斯"一个京剧女演员的传奇————王　火
水飘————————————史是光
邻居————————————程　猛
月光皎皎————————————姚凤阁
青黄可接————————时永刚　刘巽达
列车上的童话————————徐宏智
笑————————————孙惠芬
苍耳之谜（中篇连载·续完）————万　寒

散文
两姊妹————[几内亚]阿玛·阿塔·埃多著　吴红译
我的回答————————————刘黑柳

故乡的歌————————————黄明定

诗歌
青年与诗
黎明，我走下哨位————————刘毅然
我，在边境（三首）————————姜强国
希望，从这里升起————————尹作礼
树·鸟·星——鸟专家的歌————陈有才
春天的花朵（组诗）————————厉　风
黎明之曲————————————喻　晓
长白山二题————————————王　也
搏击之歌（三首）————————王守勋
八月蝈蝈叫————————————汤　炀
雪————————————李根红
原上草（短诗七首）————谢克强　周培玉　鹿强
殷庆武　李凤山　凡　丁

评论
思想、感情与作品的格调————李炳银
莫做才尽的江郎（文艺随笔）——夜读札记————吴　山
友人谈诗（作家创作谈）————金　河　晓凡
话说生动（美学放谈）————————洪凤桐
叶绿欲滴　牡丹色艳（文艺随笔）————吴士余
光明颂（新作短评）——赞《太阳花之歌》————单　复
多亏了这个"包围圈"（新作短评）——读短篇小说
《甜甜的包围》————————王龙章
"我独无气乎？"（芒刺篇）————郑志远

美术
羽毛球世界冠军——韩健（摄影）————郑永吉
漓江归鹭（水印木刻）————黄丕漠
腰斩长江（油画写生）————李泽浩
晨渡（油画写生）————李泽浩

1982 年第 9 期　刊名:《芒种》
目录

小说
沈阳青年作者小说专辑
跋涉者————————白小易　张晓东
小河上有座桥————————刘兆林
起步————————————杜玉栋
苦筵————————————邹本泉
梦魇————————————马　平
恋歌————————张之荣　董玉霞
小小的幻灭————————————白小易

滋卉地

拎黑皮包的"傻狍子"⋯⋯⋯⋯⋯黄世俊 黄世明
与时代的脉搏一起跳动⋯⋯⋯⋯⋯⋯⋯⋯马秋芬
编后记
红苹果，但是酸（中篇连载·一）⋯⋯⋯⋯徐雅雅

诗歌

隔壁，那小两口又上早班了（外二首）⋯⋯刘文超
海情（三首）⋯⋯⋯⋯⋯⋯⋯⋯⋯⋯⋯⋯姚焕吉
城市风情（组诗）⋯⋯⋯⋯⋯⋯⋯⋯⋯⋯张常信
夜港⋯⋯⋯⋯⋯⋯⋯⋯⋯⋯⋯⋯⋯⋯⋯⋯刘海起

青年与诗

我站在繁华与荒凉之间（外二首）⋯⋯⋯⋯田永元
竹笋的梦（外一首）⋯⋯⋯⋯⋯⋯⋯⋯⋯骆耕野
新居印象（二首）⋯⋯⋯⋯⋯⋯⋯⋯⋯⋯王希令
午憩⋯⋯⋯⋯⋯⋯⋯⋯⋯⋯⋯⋯⋯⋯⋯⋯陈玉坤
原上草（短诗八首）⋯⋯⋯李 春 侯秀云 侯文策
曾 阅 赵春梅 何 鹰

评论

漫议文艺评论的思想、才情、胆识和生活
——致一位青年同志的信⋯⋯⋯⋯⋯⋯庐 湘
关于文艺批评的杂感⋯⋯⋯⋯⋯⋯⋯⋯⋯杨桂欣
常人口中觅诗语（文艺随笔）
——诗坛趣闻⋯⋯⋯⋯⋯⋯⋯⋯⋯⋯⋯丁国成
说"真"道"美"（美学放谈）⋯⋯⋯⋯⋯刘烈恒
多写精炼隽永的短诗（作品评价）
——评《原上草》部分作品⋯⋯⋯⋯⋯佟明光
"莫愁前路无知己 天下谁人不识君"（新作短评）
——读短篇小说《年轻的旅伴》随感⋯⋯时 辛
对明天的深沉思索（新作短评）⋯⋯⋯⋯雷 琛
洪迈"法当致仕"以后⋯⋯（芒刺篇）⋯⋯金 晖

美术

辽宁歌舞团演出满族舞剧"珍珠湖"剧照⋯王 旭
街头（油画）⋯⋯⋯⋯⋯⋯⋯⋯⋯⋯⋯⋯宫立龙
诗配画⋯⋯⋯⋯⋯⋯⋯⋯⋯⋯⋯⋯周 立 高颖

1982 年第 10 期　刊名：《芒种》

目录

小说

我们车间有张床⋯⋯⋯⋯⋯⋯⋯⋯⋯⋯⋯熙 高
祁先生和他的杰作⋯⋯⋯⋯⋯⋯⋯⋯⋯⋯郑万隆
神秘的窟窿眼儿——并非推理小说⋯杨传山 赵 洪
补票⋯⋯⋯⋯⋯⋯⋯⋯⋯⋯⋯⋯⋯⋯⋯⋯俞 律
吞钩⋯⋯⋯⋯⋯⋯⋯⋯⋯⋯⋯⋯⋯⋯⋯⋯李云德

美丽的星空⋯⋯⋯⋯⋯⋯⋯⋯⋯⋯⋯⋯⋯孙英民
猫与鸟⋯⋯⋯⋯⋯⋯⋯⋯⋯⋯⋯⋯⋯⋯⋯郝仲术
红苹果，但是酸（中篇连载·续完）⋯⋯⋯徐雅雅

散文

鼓浪听涛⋯⋯⋯⋯⋯⋯⋯⋯⋯⋯⋯单 复 傅子玖

诗歌

你属于历史，也属于未来
——献给党的十二大⋯⋯⋯⋯⋯⋯⋯邓荫柯
灿灿的群星⋯⋯⋯⋯⋯⋯⋯⋯⋯⋯⋯⋯⋯郭 煌
党啊，跟着你前进⋯⋯⋯⋯⋯⋯⋯⋯⋯⋯李广泽
九月，成熟的季节啊⋯⋯⋯⋯⋯郎恩才 罗继仁
天鹅峰感怀（外一首）⋯⋯⋯⋯⋯⋯⋯⋯芦 萍
夏，在故乡（二首）⋯⋯⋯⋯⋯⋯⋯⋯⋯张雪杉

青年与诗

逝去吧，噪音⋯⋯⋯⋯⋯⋯⋯⋯⋯⋯⋯⋯金旭升
阿勒泰画页（二首）⋯⋯⋯⋯⋯⋯⋯⋯⋯崔合美
山恋⋯⋯⋯⋯⋯⋯⋯⋯⋯⋯⋯⋯⋯⋯⋯⋯韩 青
原上草（短诗七首）⋯⋯⋯⋯⋯⋯⋯⋯⋯殷庆武
徐拯民 谢克强 滕 英 张蓬云 刘智慧 宋 虹

评论

关于文学创作的断想⋯⋯⋯⋯⋯⋯⋯⋯⋯刘绍棠
有感于惯性力（文艺随笔）⋯⋯⋯⋯⋯⋯楚 水
诗的创造开始于审美感受（美学放谈）⋯⋯阿 红
鲁迅的忧虑——也谈阿Q形象⋯⋯⋯⋯⋯张毓茂
武松的拳、脚和哨棒（文艺随笔）⋯⋯⋯⋯郑荣来
开拓青年的心灵（新作短评）
——读短篇小说《在同一条跑道上》⋯韶 阵
生活应该怎样？（芒刺篇）⋯⋯⋯⋯⋯⋯郭 因
话"排污"（芒刺篇）⋯⋯⋯⋯⋯⋯⋯⋯庄 敬
向生活的深处开掘（读·作·编）
——读《学院里的风》⋯⋯⋯⋯⋯⋯田志伟

美术

老华工（国画）⋯⋯⋯⋯⋯⋯⋯⋯⋯⋯⋯赵 奇
战争年代（油画）⋯⋯⋯⋯⋯⋯⋯⋯⋯⋯严 坚
书法⋯⋯⋯⋯⋯⋯⋯⋯⋯⋯⋯⋯⋯⋯⋯⋯孙德洲
篆刻⋯⋯⋯⋯⋯⋯⋯⋯⋯⋯⋯⋯⋯⋯⋯⋯陈凤桐

1982 年第 11 期　刊名:《芒种》
目录

用共产主义思想鼓舞和教育人民⋯⋯⋯⋯⋯枫　涛

报告文学

扬起风帆⋯⋯⋯⋯⋯⋯⋯⋯⋯⋯⋯⋯⋯徐光荣
来自川江河畔的歌手
——记青年歌唱演员吴国松⋯⋯⋯⋯⋯⋯王春元

小说

南洋拳师
——选自长篇小说《南洋流浪儿》⋯⋯⋯白　刃
傍晚,在小树林⋯⋯⋯⋯⋯⋯⋯⋯⋯⋯秦　菲
救济⋯⋯⋯⋯⋯⋯⋯⋯⋯⋯⋯⋯⋯⋯袁永实
开花的仙人球(外一篇)⋯⋯⋯李本深　白幼玲

散文

鹤乡情⋯⋯⋯⋯⋯⋯⋯⋯⋯⋯⋯⋯⋯⋯木　青
山泉教我唱许多歌
——兼怀那将猴娃塑成人孩的人们⋯⋯⋯马牧边

电影文学剧本

岳家小将(连载之一)⋯⋯⋯⋯毕必成　王芝瑜

诗歌

六月,田野诗情(组诗)⋯⋯⋯⋯⋯⋯⋯厉　风
啊,青春(组诗)⋯⋯⋯⋯⋯⋯⋯⋯⋯⋯何　鹰
故乡的山(外一首)⋯⋯⋯⋯⋯⋯⋯⋯丁晓翁
我有五十双明亮的眼睛⋯⋯⋯⋯⋯⋯⋯佟希仁

青年与诗

泰山,中国的哲学⋯⋯⋯⋯⋯⋯⋯⋯⋯凡　丁
井上,也有一个太阳(外一首)⋯⋯⋯⋯赵　进
杂技花絮(三首)⋯⋯⋯⋯⋯⋯⋯⋯⋯岳　亭
我是欢乐! 我是欢乐!⋯⋯⋯⋯⋯⋯⋯周　导
旅途⋯⋯⋯⋯⋯⋯⋯⋯⋯⋯⋯⋯⋯⋯培　贵
原上草(短诗八首)⋯⋯⋯⋯⋯⋯⋯⋯未　凡
李一平　董蕴慈　冯振家　沈秉春　弘　征　佟明光

评论

新人和英雄人物⋯⋯⋯⋯⋯⋯⋯⋯⋯⋯殷晋培
当代文学的必由之路
——从抚摩伤痕到奋发前进⋯⋯⋯⋯⋯韩　因
选材之力与开掘之功——艺术规律探微⋯胡德培
想象的美(美学放谈)⋯⋯⋯⋯⋯⋯⋯赵文增
小议"生活积累"(文艺随笔)⋯⋯⋯⋯沈太萱
吸取教训　杜绝抄袭

附:张之荣《我的检查》
发现抄袭之后⋯⋯⋯⋯⋯⋯⋯⋯⋯⋯卞　心

美术

良宵(壁挂)⋯⋯⋯⋯⋯⋯⋯⋯⋯⋯陈美艳
东山晨渡(水印木刻)⋯⋯⋯⋯⋯⋯黄丕谟

1982 年第 12 期　刊名:《芒种》
目录

小说

第四位是经理⋯⋯⋯⋯⋯⋯⋯⋯⋯⋯墨　默
我们都是好人⋯⋯⋯⋯⋯⋯⋯⋯⋯⋯黄世俊
第七日⋯⋯⋯⋯⋯⋯⋯⋯⋯⋯⋯⋯⋯雷　华
生命的流⋯⋯⋯⋯⋯⋯⋯⋯⋯⋯⋯⋯王家男
豆蔻情⋯⋯⋯⋯⋯⋯⋯⋯⋯⋯⋯⋯⋯宋　绾
水乡夜⋯⋯⋯⋯⋯⋯⋯⋯⋯⋯⋯⋯⋯龚诗银

散文

骑猪——童年生活漫忆之一⋯⋯⋯⋯⋯毛　锜
思念——异国家书⋯⋯⋯⋯⋯⋯⋯⋯陈喜儒
饯新娘⋯⋯⋯⋯⋯⋯⋯⋯⋯⋯⋯⋯⋯杨明渊
寄海峡彼岸⋯⋯⋯⋯⋯⋯⋯⋯⋯⋯⋯陈志泽

电影剧本

岳家小将(连载·完)⋯⋯⋯⋯毕必成　王芝瑜

诗歌

我们的道路——致友人⋯⋯⋯⋯⋯⋯黎焕颐
江山拾翠(组诗)⋯⋯⋯⋯⋯⋯⋯⋯徐光荣
来自城市小区建设的音响(二首)⋯⋯唐锦河
行李架上悬着一只蝈笼⋯⋯⋯⋯⋯⋯黄新中
沙枣林⋯⋯⋯⋯⋯⋯⋯⋯⋯⋯⋯⋯桑　原
小岛⋯⋯⋯⋯⋯⋯⋯⋯⋯⋯⋯⋯⋯李　震

青年与诗

写给宝钢⋯⋯⋯⋯⋯⋯⋯⋯⋯⋯⋯金　谷
力的音符⋯⋯⋯⋯⋯⋯⋯⋯⋯⋯⋯陈庆斌
果乡二题⋯⋯⋯⋯⋯⋯⋯⋯⋯⋯⋯姚志刚
秋风,摇一片幽香的记忆⋯⋯⋯⋯⋯梁必文
原上草(六首)⋯⋯⋯⋯⋯⋯⋯⋯郭　辉
时星喜　赵天山　何　仃　彭东飞　弈国康

评论

为了无愧于伟大的时代
——学习十二大文件随感⋯⋯⋯⋯⋯木　青
漫谈工业题材创作⋯⋯⋯⋯⋯⋯⋯戴　言
"工业诗",走向成熟⋯⋯⋯⋯⋯⋯刘　镇

从"噩梦"中醒来!(作品评论)
——评《梦魇》的思想倾向及其他 ·········· 司马芳华
感激与健忘(芒刺篇) ·········· 章仲锷
从批评杰米扬得到的启示(文艺随笔) ·········· 乃 举
读短篇小说《跋涉者》(新作短评) ·········· 李延胜
《芒种》一九八二年总目录
一九八二年《芒种》文学奖评选启事

美术

海的女儿(国画) ·········· 孙晓东
屹立(摄影) ·········· 徐家树
顺耳"忠言"(诗配画) ·········· 天马诗 方成画

1983 年第 1 期　刊名:《芒种》
目录

讴歌开创新局面的创业者 ·········· 傅 墨

小说

一日三题 ·········· 邓 刚
落叶 ·········· 金 河
纸人和活人——《落叶》读后 ·········· 于 铁
痴心 ·········· 苏 叶
女儿 ·········· 庄东贤
零点 ·········· X.L.
陪衬 ·········· 赵 博
走吧,莫停留 ·········· 杨 帆
过去的上尉(中篇) ·········· 杨建新
雪花,天外飘来的诗笺(求索篇)
——微型小说一束 ·········· 白小易

散文

我愿我是一只蟋蟀 ·········· 曹冠龙
泰山挑夫 ·········· 丁晓翁

诗歌

生活的乐章(组诗) ·········· 韩作荣
雨花台抒情(二首) ·········· 佟明光
海滨短歌(二首) ·········· 王 野
眸子(外一首) ·········· 晓 钢
溪边 ·········· 李占学

青年与诗

崛起吧,阳光下的楼群 ·········· 毛秀璞
锚·钢丝绳 ·········· 天 夫
年轻的母亲 ·········· 尹世洲

课作评点

听雨 ·········· 马正建
评点 ·········· 罗继仁
黎明 ·········· 高继恒
评点 ·········· 林金水
戈壁的春天 ·········· 刘惠生
评点 ·········· 未 凡
原上草(七首) ·········· 宋 虹
杜德宽 李 竹 苏文和 高 颖 离 辉 徐拯民

评论

美丑总在人心(美学放谈) ·········· 傅憎享
个性·诗意·真实性(作品评论)
——评厉风的诗集《露珠和星星》 ·········· 寒 溪 邓荫柯
爱情曲谱(芒刺篇) ·········· 沙 木
苦吟诗人(文艺随笔) ·········· 丁国成
给观察插上想象的翅膀(文艺随笔) ·········· 李先锋

美术

花边姐姐(国画) ·········· 傅 红
海鸣姑娘(油画) ·········· 张学锋

1983 年第 2 期　刊名:《芒种》
目录

小说

列车,穿过雨幕下的原野 ·········· 陈 放
我们算哪一代 ·········· 杨大群
毛毛雨啊,毛毛雨 ·········· 高书堂
在我们寝室里 ·········· 吕新景
墙上镜子请你下来 ·········· 黄世明
白壁微瑕 ·········· 高维晞
墨与血 ·········· 齐明昌
谢绝探视 ·········· 王 丰
模特儿老伍(求索篇) ·········· 黄旦璇
过去的上尉(中篇小说) ·········· 杨建新

散文

紫穗槐与路 ·········· 薛尔康

诗歌

祖国抒情诗(组诗) ·········· 徐 刚
唱给大自然的歌 ·········· 王守勋
童心 ·········· 周以纯
醉红枣 ·········· 李鸿壁
诗论五家 ·········· 公 木 鲁 坎
阿 红 芦 萍 徐敬亚

青年与诗

呵，正当夏天 ……………………………… 边国政
播 ……………………………………………… 王铁军
珍珠赋 ………………………………………… 于宗信
原上草（七首） ……………………………… 栾国康
　茵　蔓　殷庆武　耿天鹏　木　青　温玉星　石　穆

评论

一九八二年《芒种》小说一瞥（作品评论）…… 然　了
正反相衬　美丑相形（美学放谈）…………… 廖得为
行动——精神活动的结果（文学青年之友）——动作
描写琐谈 ……………………………………… 郭　超
于朴素中见真情（新作短评）
　——读《一日三题》 ……………………… 周兴华
"哥们儿够意思"和阿Q画圆圈（芒刺篇）…… 楚　水
唤回正气满乾坤（芒刺篇）…………………… 王龙章

1983 年第 3 期　刊名:《芒种》
目录

小说

微型洞房 ……………………………………… 刘　谦
穿风衣的人 …………………………………… 史　方
炼狱 …………………………………………… 李茂华
水泥坨 ………………………………………… 程少岩
君子坦荡荡 …………………………………… 马仲夏
影院 …………………………………………… 白景晟
白猴子托比（求索篇）………………………… 马　原

滋卉地

撞车 …………………………………………… 马成林
从行动与对话中描写人物性格 ………………… 然　矣
供认（翻译小说）………… ［西］路易斯·德·卡斯特
　雷萨纳著　朱景冬译

报告文学·散文·寓言

向前，大路就在脚下 …………… 韩白云　杨集才
春到凤凰山 …………………………………… 谭士珍
红果曲 ………………………………………… 黄　莺
两只青蛙 ……………… ［苏］潘苔莱耶夫著　朱春雨译
鸣不平的狐狸 ………………………………… 周冰冰

诗歌

晚霞颂 ………………………………………… 高东昶
渤海抒情诗（三首）…………………………… 吴宝山
洱海情（二首）……………………………… 高　深
林海拾叶（散文诗）…………………………… 秋　原

青年与诗

中国，有这样一片森林 ……………………… 张洪波
厂区，飘着雾 ………………………………… 冯永杰
耐酸砖的道路 ………………………………… 庄　伟
矿山情（二首）……………………………… 华　卓
雨滴 …………………………………………… 郭　辉

诗评作点

小溪潺潺（纪　之　评点）………………… 曾长生
山楂红了（一　木　评点）………………… 史德奎
原上草（五首）……………… 陈玉坤　刘　镇　艾　平
　黄　利　高继恒

评论

从马克思与文学关系中所受到的启示
　——为纪念马克思逝世百年而作 ………… 庐　湘
人也按照美的规律来塑造
　——马克思文艺欣赏观给予我们的启示 …… 邵振棠
文图并茂，相映生辉　一九八二年《芒种》插图艺术
评述（作品评论）…………………………… 李钟淮
诗艺辨踪（文艺随笔）
　——谈感情与形象的关系 ………………… 林金水
眼高一点有什么不好（文艺随笔）…………… 洪　钧
出汗的艺术（文艺随笔）……………………… 刘　敏
"反刍"的启示（文艺随笔）………………… 王亚平
未必一定要醒来（作品评论）
　——与司马芳华同志商榷 ………………… 张斤夫

1983 年第 4 期　刊名:《芒种》
目录

小说·报告文学·散文

乐队在演奏 …………………………………… 刘鹏越
瞧那一朵云 …………………………………… 刘祖培
神奇的瞳孔（中篇小说·求索篇）…………… 魏雅华
雪花慢悠悠地飘 ……………………………… 张廷竹
乡恋 …………………………………………… 孙德钧
"先生" ……………………………………… 李　岸
文竹 …………………………………………… 枫　涛
夏夜，月儿弯弯 ……………………………… 候成器
一颗酷爱中国文艺的心
　——南斯拉夫青年作家斯洛波旦·拉多赛维奇致《芒
种》编辑部的信
一封从国际列车上发出的信 ………………… 郑恩波

诗歌
青年与诗

带韵的边风（组诗）………………………… 李松涛

我谛听一只杜鹃 ·························· 武兆强
草原诗情（二首） ······················ 王忠范
风化石：一个勇者的归宿 ················ 关 晓
我爱春天的早晨 ························ 黄东成
甲骨文 ······························ 刘海起
炼 ································· 徐竹影
戈壁情（散文诗三章） ·················· 恩 铭
诗论小札（四家）··· 徐 刚 刘湛秋 路 地 李 黎
原上草（六首）··········· 匡 满 李 弘 于忠庆
李一平 周培玉 雨 水

评论
向生活的深处开掘（作品评论）
——读《芒种》一九八二年获奖小说随感 ··· 张启范
共产主义新人是审美的人 ················ 郭 因
寻求小说的意境美（文学青年之友） ········ 吴士余
满族的一代英杰
——长篇小说《努尔哈赤传奇》编辑手记 ···· 庄 敬
漫谈对比的作用（美学放谈） ············· 沙 岩
关于通俗化的呼吁（文艺随笔） ··········· 陈允豪
本刊召开一九八二年《芒种》文学奖授奖大会
································ 一 木 任 达

1983 年第 5 期　刊名:《芒种》
目录

小说
文化哥们儿 ·························· 张书绅
赏与罚 ····························· 中 跃
牛马演义 ··························· 高中艺
七栋六楼二号 ························ 孙步康
技术室里的趣闻 ······················ 刘 策
熠熠发光的金链子 ····················· 刘 越
野樱桃 ····························· 刘长泰
雪夜 ······························ 庄大伟
雪（求索篇） ························ 乐维华
经济学工读生（翻译小说）
········· ［美］乔治·密尔彭著 冯亦代 郑之岱译

诗歌
青年与诗
真美，秀发下眨动的眼睛（二首） ········ 刘振明
女工与黄昏 ·························· 王家新
升井 ······························ 左连生
犁手 ······························· 苏 冬
鞍钢抒情诗（组诗） ···················· 寒 星
矿山诗情（二首） ····················· 孙友田
矿山人物（二首） ····················· 徐光普

我爱喧腾的工业区（二首） ·············· 刘文超

诗作评点
呵，苹果梨花 ························ 郑世龙
开掘要深 ··························· 罗继仁
原上草（六首）··········· 刘 镇 高东昶 佟明光
毕增光 栾国康 牧 林

评论
以情成篇　心与理合（作品评论）
——谈王守勋的科学诗 ·················· 丁国成
魂兮，归来!《作品评论》
——读《穿风衣的人》 ·················· 谢俊华
"但愿我是一个画师"（文学青年之夜）
——文学创作中的色彩运用琐议 ·········· 郭志远
"熊包"和"硬骨头"（芒刺篇） ··········· 楚 水
"点晴"的妙处（文艺随笔）
——读鲁迅小说 ······················ 张居华
力戒"直奔主题" ····················· 李健民
对艺术的态度和艺术家的才力 ············ 李贵仁
构思·写作·生活 ····················· 金晴太

1983 年第 6 期　刊名:《芒种》
目录

小说
天书 ························ 张宜昌 邹本泉
起风的夜 ··························· 苏 叶
好汉杨明非 ·························· 张春郊
爱的责任 ··························· 范小青
白衣卫士 ··························· 张金阶
真假女明星 ·························· 张晓东

报告文学·散文·寓言
在八十年代的跑道上
——第一汽车制造厂纪事 ········ 赵鹏万 刘允章
在中国留学的日子里
·········· 辽宁大学 西德留学生 齐爱德
乒乓球教练 ·························· 周冰冰

电影文学
断层（连载·一） ····················· 丁 暄

诗歌
青年与诗
我走向生命的黎明（长诗） ·············· 新 土
地平线（二首） ······················ 高立林
那句话 ····························· 陈丽霞

故乡情（二首）⋯⋯⋯⋯⋯⋯⋯⋯⋯刘万石
工厂的旋律（二首）⋯⋯⋯⋯⋯⋯⋯王恩宇
我背负着一个灿烂的世界⋯⋯⋯⋯黄新中
山村酒店⋯⋯⋯⋯⋯⋯⋯⋯⋯⋯⋯李金堂
台湾彩蝶⋯⋯⋯⋯⋯⋯⋯⋯⋯⋯⋯徐麟瑞
诗论小札（二家）⋯⋯⋯⋯黎焕颐 王维君
原上草⋯⋯⋯⋯⋯⋯⋯⋯⋯⋯⋯⋯马 明
阿拉坦托娅 徐国强 毛 汉 沈秉春 刘惠生

评论

提高创作水平的关键是什么⋯⋯⋯⋯李 准
关于中篇小说《神奇的瞳孔》的讨论
欣赏，不能离开联想
——《神奇的瞳孔》浅议⋯⋯⋯⋯辛晓征
假如瞳孔没被毁掉⋯⋯⋯⋯⋯⋯⋯田志伟
朝着光华的未来（新作短评）
——读《乐队在演奏》随感⋯⋯⋯周兴华
随笔二题⋯⋯⋯⋯⋯⋯⋯⋯⋯⋯⋯夏锦乾
人物性格的"淬火"
生活中的丑和艺术中的美

1983 年第 7 期　刊名:《芒种》
目录

小说·电影文学·散文

陈年老酒⋯⋯⋯⋯⋯⋯⋯⋯⋯⋯⋯航 鹰
爱失眠的光棍楼⋯⋯⋯⋯⋯⋯⋯⋯杨 闯
潜爱⋯⋯⋯⋯⋯⋯⋯⋯⋯⋯⋯⋯⋯陈维成
灰姑娘⋯⋯⋯⋯⋯⋯⋯⋯⋯⋯⋯⋯边玲玲
月湖小店⋯⋯⋯⋯⋯⋯⋯⋯⋯⋯⋯秦 菲
宿愿⋯⋯⋯⋯⋯⋯⋯⋯⋯⋯⋯⋯⋯蒋丽萍
难忘的眼睛——简评《宿愿》⋯⋯宗 洲
生活，从这里开始（求索篇）⋯⋯辛晓征
断层（电影文学剧本·续完）⋯⋯丁 暄
"小火钳"⋯⋯⋯⋯⋯⋯⋯⋯⋯⋯⋯杨 扬

诗歌
青年与诗

奔腾吧，生命之水⋯⋯⋯⋯⋯⋯⋯姚 莹
手臂⋯⋯⋯⋯⋯⋯⋯⋯⋯⋯⋯⋯⋯杨 齐
飞来峰⋯⋯⋯⋯⋯⋯⋯⋯⋯⋯⋯⋯高伐林
开始你新的酿造（外一首）⋯⋯⋯关 键
青年，这样的青年（组诗）⋯⋯⋯丁晓翁
旷野诗草（三首）⋯⋯⋯⋯⋯⋯⋯梁 南
风华集（组诗）⋯⋯⋯⋯⋯⋯⋯⋯王选庆
风⋯⋯⋯⋯⋯⋯⋯⋯⋯⋯⋯⋯⋯⋯李根红
希望的地平线⋯⋯⋯⋯⋯⋯⋯⋯⋯郑友群
木棉二题⋯⋯⋯⋯⋯⋯⋯⋯⋯⋯⋯邓荫柯

原上草⋯⋯⋯⋯⋯解 明 安牧云 刘东杰
黄 利 周以纯 曾 阅

评论
荣誉·正义·友谊⋯⋯⋯⋯⋯⋯⋯张又君
提倡多一些讨论⋯⋯⋯⋯⋯⋯⋯⋯区 英
美在恰如其分（美学放谈）⋯⋯⋯宁殿弼
人生真谛在贡献（芒刺篇）⋯⋯⋯王龙章
从争购三接头皮鞋谈起（芒刺篇）⋯楚 水
关于短篇小说《神奇的瞳孔》的讨论
科幻小说要有亮色⋯⋯⋯⋯⋯⋯⋯叶永烈
"瞳孔"所给予的启示
——也评小说《神奇的瞳孔》⋯⋯李 黎

1983 年第 8 期　刊名:《芒种》
目录

小说·散文

小厂琐事⋯⋯⋯⋯⋯⋯⋯⋯⋯⋯⋯邓 刚
附：阅稿札记⋯⋯⋯⋯⋯⋯⋯⋯⋯洪 钧
你那副圆圆的眼镜⋯⋯⋯⋯⋯⋯⋯郑 蔚
附：编后小记⋯⋯⋯⋯⋯⋯⋯⋯⋯盛 光
棋友⋯⋯⋯⋯⋯⋯⋯⋯⋯⋯⋯⋯⋯贺景文
石桥镇肉铺⋯⋯⋯⋯⋯⋯⋯⋯⋯⋯贺景文
男大当婚⋯⋯⋯⋯⋯⋯⋯⋯⋯⋯⋯徐锦川
写在五线谱上的⋯⋯⋯⋯⋯⋯⋯⋯刘佑平
新星轶事⋯⋯⋯⋯⋯⋯⋯⋯⋯⋯⋯万 捷
男大学生宿舍⋯⋯⋯⋯⋯⋯⋯⋯⋯云晓璎
新忏悔录（求索篇）⋯⋯⋯⋯⋯⋯马 原
捕鸟人⋯⋯⋯⋯⋯⋯⋯⋯⋯⋯⋯⋯周传今

诗歌
青年与诗

致年轻的市长⋯⋯⋯⋯⋯⋯⋯⋯⋯谭延强
我是士兵，我有两只黑色的眼睛⋯王鸣永
我在都市巡逻⋯⋯⋯⋯⋯⋯⋯⋯⋯黄恩智
一个农民的广告⋯⋯⋯⋯孙志勇 田 野
梳⋯⋯⋯⋯⋯⋯⋯⋯⋯⋯⋯⋯⋯⋯侯金良
火热之歌（组诗）⋯⋯⋯⋯⋯⋯⋯唐锦河
瀑布⋯⋯⋯⋯⋯⋯⋯⋯⋯⋯⋯⋯⋯喻 晓
放鸽子的孩子⋯⋯⋯⋯⋯⋯⋯⋯⋯梁谢成
露珠⋯⋯⋯⋯⋯⋯⋯⋯⋯⋯⋯⋯⋯李 震

诗作评点
盼⋯⋯⋯⋯⋯⋯⋯⋯⋯⋯⋯⋯⋯⋯齐丽华
在题材上求新、求深⋯⋯⋯⋯⋯⋯邓荫柯
淘米的二嫂⋯⋯⋯⋯⋯⋯⋯⋯⋯⋯袁景和
从生活中挖掘诗意⋯⋯⋯⋯⋯⋯⋯纪 之

原上草（五首）——————李一平　张智猛　尹家民
李凤山　滕　英

评论
谈文学创作的历史感和时代感——————刘烈桓
恬静·简洁·蕴藉（新作短评）
——读《夏夜，月儿弯弯》——————张启范
作家的胸怀（文艺随笔）——————司马方华
艺术的移夺造化之功（文艺随笔）——————王向峰
关于中篇小说《神奇的瞳孔》的讨论
花朵难治"狂躁症"
——谈《神奇的瞳孔》的人物形象————冯　志　孙　可
也谈《神奇的瞳孔》——————晋　华

1983 年第 9 期　刊名:《芒种》
目录

小说·散文
花边新闻——————董炳新
附：编后小记——————盛　光
白发童生——————孙步康
夜色——————中　申
无邪——————吴小林
猫的夜——————马　常
美的旋律——————褚建民
吸水石——————关庚寅　吴　政
主雅客来勤——————姜宏敏
老伴——————白小易
坚强的性格（求索篇）
——献给我的一位小学老师——————陈可雄
少女，在想……（滋卉地）——————侯永东
以情动人及其他——————尚　况
挑荠菜——————毛　锜
蜜蜂之歌——————田　琳

诗歌
青年与诗
歌唱在流云飞瀑的地方（二首）——————齐世明
起来，你这荒寂年代的生命——————赵　进
钢钎上的诗情——————金旭升
春天不再朦胧（外一首）——————庄　伟
竹针，编织着爱的诗行——————王安杰
祖国，战士献给你一个湖泊（组诗）——————林　希
村外，有一片小树林（外二首）——————李占学
秋的寄语——————张雪杉
雨（外一首）——————张蓬云
原上草——————蒋上南
梅　蓊　于忠庆　应　雁　王荆岩　黄恩智　郭　辉

评论
正确的思想理论开创了社会主义文艺空前繁荣的新局面——学习《邓小平文选》的心得——————吴　山
关于中篇小说《神奇的瞳孔》的讨论
"模糊哲学"及其他
——读《神奇的瞳孔》的思索——————沈太慧
爱，不能给予叛徒——————柴加林
关于《神奇的瞳孔》讨论的来稿来信综述
——————鲁　民　任　达
我写《瞳孔》——————魏雅华

1983 年第 10 期　刊名:《芒种》
目录

短篇小说
在桥上，我们分手了——————郑万隆
人情·山情·余情——————吴　山
黑皮儿花皮儿的大蚬子哟——————邓　刚
感人情为先——————竖　河
未经整理的小说素材——————黄世明
几句题外话——————宋加哲
"司泡铁克斯"西装出箱记——————王　火
无形的流——————X.L.
"摩托"酒馆——————祖本源
走进雨幕——————侯成路
我的丈夫和五分钟——————白小易
子辰兄，你在哪里——————鲁　楠
第三排第四个——————张晓东
有这样一个夫妻——————刘　越

中篇小说
毕竟东流去——————张延竹

求索篇
绿荫——————疏　野

滋卉地
我和我的哑妹妹——————吕国勇
爱情，并不总在狭谷里徘徊——————洪　钧

翻译小说
英俊的陌生人——————〔美〕雪莉·杰克逊著　范岳译

1983 年第 11 期　刊名:《芒种》
目录

为积极消除文学创作中的精神污染而斗争（短评）

小说·散文·报告文学
丧事（中篇小说）——《前妻》姊妹篇…………航　鹰
螺旋形扶梯…………………………………………薛　兵
绿野上的重逢………………………………………乐维华
天井…………………………………………………边玲玲
纯真…………………………………………………梁　左
责任…………………………………………………山大伯
我们吃点亏吧（外一篇）…………………………张太平
落地生根……………………………………………柯　夫
雪之魂………………………………………………薛尔康
奇迹，出在小巷深处………………………………史　航
松花江畔忆田园……………………………………茂　泉

诗歌
我们的船驶向太阳（组诗）………………………厉　风
是播种的、忙碌的日子呵（组诗）………………刘　镇
燕子…………………………………………………李小雨

青年与诗
祖国，从黎明开始…………………………………轩　韵
周末，我走向托儿所（外一首）…………………栾国康
从海边带回来的诗（二首）………………………姚志刚
闪耀吧，我的矿灯…………………………………张　瑞
老牧人………………………………………………姜文岩
星恋…………………………………………………张雅芹
原上草（七首）……………孙贵忠　岸　冈　双　月
李小华　尹作礼

评论
漫话小说的叙述艺术（文学青年之友）…………原中山
探索者的失误
　　——评《我写〈瞳孔〉及其他》……………周兴华
回信，还没有想好（芒刺篇）……………………沙　木
切莫将"状纸"转给"陈士美"（芒刺篇）………庄　敬
醇香、辛辣的《陈年老酒》（新作短评）………清　湛
小议"至哀不文"（文艺随笔）…………………方　驰
情种（文艺随笔）…………………………………肖文苑

美术
月季（摄影）………………………………………房韶华

1983 年第 12 期　刊名:《芒种》
目录

小说·散文·报告文学·电影文学剧本
人生啊，色彩缤纷（报告文学）…………………徐光荣
钟国柱和他的儿子…………………………………郑树忠
宝贝兄弟……………………………………………石法贤
读《宝贝兄弟》……………………………………启　范
沙包甸的姑娘们……………………………………孙惠芬

滋卉地
球友…………………………………………………赵　刚
编者的话
绿影（电影文学剧本）……………………………宿聚生
新加坡情思…………………………………………萧　村
淘金女………………………………………………张正隆
照蟹…………………………………………………吴庚秀

诗歌
我采撷秋光（组诗）………………………………高东昶
蜿蜒的村路…………………………………………佟明光
采参者，进了深山（二首）………………………郎恩才
街头，有一个瓜棚…………………………………李广泽

青年与诗
钢厂的黎明…………………………………………刘希涛
我是力，我在等待中旋转…………………………栾焕力
都市晨曲（二首）…………………………………王兆琪
密林，醒着一颗心…………………………………鲁　娟
小街上的一株丁香…………………………………魏晓霞
山坡上，一片葡萄园………………………………李守智
闪烁在深海的珍珠…………………………………凡　丁
原上草……………宋继征　木　青　冯振家　刘智慧

评论
清除精神污染，建设高度精神文明的纲领
　　——纪念毛泽东同志诞辰九十周年……………唐耀华
读《木青短篇小说选》（作品评论）……………单　复
孙悟空的返祖与倒掉了的雷峰塔（文艺随笔）
　　——"最真的诗是最假的诗"末议……………傅憎享
艺术的感受（文艺随笔）
　　——艺术规律探微………………………………胡德培
用才的学问（芒刺篇）……………………………文　沙
一九八三年《芒种》文学奖评奖启事

1984 年第 1 期　刊名:《芒种》
目录

小说

作业班里的姑娘们⋯⋯⋯⋯⋯⋯黄兴武
小路⋯⋯⋯⋯⋯⋯⋯⋯⋯⋯⋯高　深
老马这个人⋯⋯⋯⋯⋯⋯⋯⋯刘　越
出国之前⋯⋯⋯⋯⋯⋯⋯⋯⋯李云德
百年一幢楼⋯⋯⋯⋯⋯⋯⋯⋯阿　木
难忘的"山猴"⋯⋯⋯⋯⋯⋯⋯高满堂
迷人的雪⋯⋯⋯⋯⋯⋯⋯⋯⋯林和平
幽谷⋯⋯⋯⋯⋯⋯⋯⋯⋯⋯⋯聂家仁

滋卉地

大路上走来了"挺进班"⋯⋯⋯前　翔
可贵的挺进精神⋯⋯⋯⋯⋯⋯启　范

散文

冰花忆⋯⋯⋯⋯⋯⋯⋯⋯⋯⋯马牧边
卵石⋯⋯⋯⋯⋯⋯⋯⋯⋯⋯⋯马　群
红马和白马（寓言·外一则）⋯刘占武

评论

"社会主义异化"论与文艺上的自由化⋯⋯宇　鸣
义艺批评必须坚持社会主义方向
——评《瞳孔》讨论中一种错误观点⋯⋯丁　啸
谈短篇小说的局内视点和多元视点（文学青年之友）
⋯⋯⋯⋯⋯⋯⋯⋯⋯⋯⋯⋯张式弼
农村新生活的剪影（新作短评）
——小说《沙包甸的姑娘们》读后⋯⋯王龙章
"多几笔"（杂文）⋯⋯⋯⋯⋯王亚平

诗歌

我爱喧嚣的工业区（组诗）⋯⋯刘文超
东边外纪事（三首）⋯⋯⋯⋯芦　萍
总工程师的夜晚（外一首）⋯⋯唐锦河
北疆二题（散文诗）⋯⋯⋯⋯徐宏智
火的种子⋯⋯⋯⋯⋯⋯⋯⋯⋯陈庆斌

青年与诗

在闽南，在海峡这一边（二首）⋯于宗信
大海与士兵（二首）⋯⋯⋯⋯张　欣
城市，我为你唱一支歌（二首）⋯左一兵
旗杆和我们⋯⋯⋯⋯⋯⋯⋯⋯刘少安

原上草

《鸡叫》等八首⋯⋯⋯⋯高继恒　杨贞权　世　明
王盛平　覃柏林

1984 年第 2 期　刊名:《芒种》
目录

小说

杜阿福告状⋯⋯⋯⋯⋯⋯⋯⋯黄匡义
点评：谈《杜阿福告状》⋯⋯⋯启　范
云雾深处是蓝天⋯⋯⋯⋯⋯⋯萧　寒
卖纸花的少女⋯⋯⋯⋯⋯⋯⋯翔　子
南岭春早⋯⋯⋯⋯⋯⋯⋯⋯⋯刘迪华
赵十五⋯⋯⋯⋯⋯⋯⋯⋯⋯⋯柴铁军
动地车声（中篇小说）⋯⋯⋯⋯崔亚斌

滋卉地

领花⋯⋯⋯⋯⋯⋯⋯⋯⋯⋯⋯崔新三
点评：进取精神的闪光⋯⋯⋯⋯于志民

报告文学

闪光的煤⋯⋯⋯⋯⋯⋯⋯⋯⋯史　航

散文

无言的爱⋯⋯⋯⋯⋯⋯⋯⋯⋯张大力

诗歌

天灯⋯⋯⋯⋯⋯⋯⋯⋯⋯⋯⋯毛　锜
古尔班通古特的驼影（外一首）⋯阿　红
祖国抒情诗（组诗）⋯⋯⋯⋯⋯徐　刚
采自两都的诗行（三首）⋯⋯郎恩才　李长武
扫（外一首）⋯⋯⋯⋯⋯⋯⋯徐竹影

青年与诗

心与枪的奏鸣曲（组诗）⋯⋯⋯李松涛
致一位女教师⋯⋯⋯⋯⋯⋯⋯李　威
你应该把头高高地昂起⋯⋯⋯⋯姜维青
夏，走进车间⋯⋯⋯⋯⋯⋯⋯胡西淳
探矿者⋯⋯⋯⋯⋯⋯⋯⋯⋯⋯刘辉考
小镇晨韵⋯⋯⋯⋯⋯⋯⋯⋯⋯石文浩
赠你一束星光⋯⋯⋯⋯⋯⋯⋯王　斌

原上草

《送粮新歌》等七首⋯⋯⋯李　春　邱广石
李　弘　李朝晖　刘　古

评论

新奇与淳美⋯⋯⋯⋯⋯⋯⋯⋯艾　斐
飞腾吧，报春的杜鹃
——读《芒种》报告文学随感⋯⋯原中山
时代精神的"大宫阙"——读鲁迅小说⋯⋯张居华
一部深受读者欢迎的小说面面观（作品评论）——读

《小说创作放谈》 ·· 张斤夫
读毛锜散文近作（作品评论）····················· 张志春
标题艺术探微（文艺随笔）····························· 刘成信
读者来稿摘编 ······························ 鲁 民 任 达

1984 年第 3 期　刊名：《芒种》
目录

小说专号
我心中一片新绿 ··· 王 滨
等候李平 ·· 金 河
雪地上的邮筒 ·· 黄世俊
小牧人的悲欢 ·· 谢友郸
夏夜，相逢在广场 ·· 吴 山
女作者沙龙 ··· 于 青
月白色的头巾 ·· 海 夫
天车上的星 ··· 徐荣生
编辑部拾遗 ··· 刘梓钰
堵漏 ··· 杨 奇
应该这样生活 ·· 冰 坚
献上一束小花 ·· 苏守平
动地车声（中篇小说）·································· 崔亚斌
我们家里将要来客人
　　　　 ［土］阿齐斯·涅辛著　郑恩波译

寓言
慈母（外一篇）·· 房家祥
马车轮子 ·· 景 轩
蜜蜂和塑料花（外二篇）······························ 廖义佳

1984 年第 4 期　刊名：《芒种》
目录

一九八三年《芒种》文学奖获奖作品

小说
浪碎群山（长篇小说选载）····························· 韶 华
在异国的土地上（中篇小说）························· 黑 婴
小镇故事 ······························· 王海粟　汤建华
猎人的女儿 ··· 李乔亚
谢大天第三回喝酒之后 ·································· 龙 戈
戴杂色方巾的女人 ······································· 庄 敬

报告文学
地球上走得最快的姑娘·································· 李 直

散文
巴格达风情 ··· 牟 浚
平谈的散板 ··· 苏 叶
田野的希望 ··· 柳清波

诗歌
好呵，故乡的金秋（组诗）····························· 汤 炀
大风歌（朗诵诗）························· 刘 镇　邓荫柯
唱给春天的歌（二首）·································· 王 也
城市随笔（三首）·· 梁谢成
暮归 ··· 谢先云

青年与诗
青年，中国一片葱茏的再生林（二首）·············· 栾国康
啊，土地 ·· 凡 丁
长春藤上的思念（外一首）····························· 李发模
建筑师和他的处女作····································· 姜维平
起飞线上的祝愿 ··· 孔宪贵
黑石礁 ··· 李小华

原上草
《纸雪》等六首 ··· 栾焕力
杨贞权　张 欣　孙文成　张泽利　费 俊

评论
时代的投影　生活的回声——读 1983 年《芒种》
部分小说随想（作品评论）····························· 沈太慧
别一种写法
　　——读《未经整理的小说素材》（作品评论）··· 洪 钧
含芳吐翠报春晖
　　——读《原上草》一组短诗（诗作短评）······· 解 明
评《神奇的瞳孔》的错误倾向（转载）················ 秦 鄂

美术
灯笼花 ··· 周树范

1984 年第 5 期　刊名：《芒种》
目录

小说专号
大街上，一串注目礼（征文）····························· 马秋芬
点评 ··· 洪 钧
蚕豆花儿开 ··· 骆 炬
从静静的世界回来 ······································· 马 常
透过那溶化的霜花 ······································· 何北剑
老街理发店 ··· 黄开中
摆脱 ··· 刘 虹
秋红 ··· 赵 熙

"李铁呀，李铁……"————刘宪茹 张连才
月亭山的呼唤（征文）————黄世明
洁白————张守仁
卖花生的姑娘————张旺模
函授大学生的日记（征文）————顾 威
如今的年轻人————赫 历
艺术的秘密————钟 敏

1984 年第 6 期 刊名:《芒种》
目录

小说
准备明天做的事————董炳新
春天————于家政
继父的丧事————王福岐 石长文
家宴————胡清和
啊，响水河……————赵淑芳
窗————白小易
关于更换主轴材料的签字问题————王海轩
窑工————山大柏
她在这站上车————费金华
点评："车厢社会"的掠影————龙 章

报告文学
生命的使者————赵郁秀

散文
银杉的怀念————张宗栻

诗歌
春天，黎明的原野（组诗）————黎焕颐
江南草（二首）————弘 征
一棵大树的自白————牟心海
青年，这样的青年（组诗）————丁晓翁
车间哟，我的词典（外一首）————唐锦河
雪花静静地飘落————沙 木

青年与诗
士兵与诗（外一首）————刘毅然
祖国，我又背起了书包————齐世明
田野在微笑（二首）————王安杰
汽车城的创造者————王维君
兵马俑遐思————黄恩智
海思————庄 伟

原上草
《祖国，请听我唱支歌》等九首————温玉星
王 淋 王化南 黄 淮 隋莉莉 张 亮

评论
"表现自我"不是文艺的个性————云 德
引而不发 悬而置疑（文学青年之友）
——结构谈片之一————吴士余
云雾深处一明镜（新作短评）
——读《云雾深处是蓝天》————冯 志 孙 可
从"曲突徙薪"谈起（芒刺篇）————楚 水
闲话批评（芒刺篇）————文 沙
谈诗的韵味（文艺随笔）
——诗艺辨踪之二————林金水
艺术的逼真（文艺随笔）————赵文增
源自山谷的小溪————清 湛

1984 年第 7 期 刊名:《芒种》
目录

小说
检修————高中艺
法庭在你心里（中篇小说·附：编后）————阳 光
就像在时髦小说中……（附：编后）————薛 兵
山里水里（附：编后）————谭十珍
这片土地的主人————陈源斌
白礁石（征文）————刘元举
生命与爱————李启达
新嫁娘的红纱巾————李小龙

散文
聪明泉————韶 阵
暮年进行曲————王 滨
多凿开一扇窗子————马牧边
千日红————鲁 野

滋卉地
祭————王曼曼
感人肺腑的所在（点评）————洪 钧

诗歌
远方的山岭（组诗）————韩作荣
道路，在脚下歌唱（组诗）————黄新中
她，弹奏一支新的乐曲（外一首）————赵树岭
我们来到广场（外一首）————张常信

青年与诗
步兵的光荣（二首）————叶延滨
写给故乡人（组诗）————姚志刚
草原诗情（组诗）————王忠范
车间的周末（外一首）————金旭升

原上草

《二人转》等五首 ·········· 周福春
潘 烽 关维国 刘东杰 金 玲

评论

浅议作家的敏感与作品的新鲜感 ·········· 刘成信
同行的情谊（作品评论）
——读《我们是同行》兼议崔亚斌的创作 ······ 唐耀华
深刻的蕴含 鲜明的对比（作品评论）
——读吴山的两篇小说新作 ·········· 孙 里
落红不是无情物（文艺随笔）
——略谈散文的情 ·········· 单 复
林断山更续 洲尽江复开（作品短论）
——读短篇小说《猎人的女儿》 ·········· 铁 岩
一篇以幽默见长的小说（新作短评）
——读《谢大天第三回喝酒之后》 ·········· 封兆才

1984 年第 8 期　刊名:《芒种》
目录

小说

冰排（征文） ·········· 新 土
浪的弦音 ·········· 王泽群
"大件"之夜 ·········· 侯成路
非常时刻 ·········· 肖士庆
车到山前 ·········· 黄世明 黄世俊
进退 ·········· 小 木
聪明的鞋匠 ·········· 黑继文
脚尖上的旋律 ·········· 晓 敏

散文

杏 ·········· 祁 毅
芳草碧连天 ·········· 木 青
这里有一片枫叶 ·········· 马牧边
夕阳里的歌 ·········· 盘妙彬

诗歌

我思念大山（组诗） ·········· 宁 宇
不仅仅是思考（三首） ·········· 高东昶
桃花酒家（外一首） ·········· 晓 钢
船工 ·········· 陈 犀
祖国恋 ·········· 郭 煌
冰上健儿的夏日剪影（组诗） ·········· 胡世宗
北国诗絮（二首） ·········· 中 流
大自然之歌（二首） ·········· 王守勋

青年与诗

黄海红星（组诗） ·········· 柳 沄

早晨，军号声被晓风送出很远很远 ·········· 孙 承
太湖石（外一首） ·········· 金 谷
挖野菜 ·········· 荆 歌

原上草

重访（五首） ·········· 雨 水
祖述刚 栾国康 刘振明 张 瑞

评论

勇敢地热忱地反映改革生活 ·········· 陈子伶
文学，应当给人以美感和教益 ·········· 艾 斐
交通岗亭里的诗篇（作品评论）
——读《大街上，一串注目礼》 ·········· 邓荫柯
从《红楼梦》的小道具筷子谈"典型物件"的描写
·········· 傅憎亭
生理缺陷与精神境界（文艺随笔） ·········· 胡德培
被割下的生活的一角（新作短评）
——读《从静静的世界回来》 ·········· 高 云
读者来信摘编（读作编） ·········· 任 达

1984 年第 9 期　刊名:《芒种》
目录

小说

白色的幽默（附：编后小记） ·········· 薛 兵
他找到了自己的位置 ·········· 张郁民
乌龟小镇纪事 ·········· 殷小英
卖罗汉果的共产党员 ·········· 孙步康
新教徒 ·········· 汪 雷
谢大天竞选车间主任 ·········· 龙 戈
玫瑰色的梦 ·········· 刘玲娅
沉重的名单 ·········· 马成林

散文

夜宿武夷 ·········· 高维晞
花木篇 ·········· 包恩梨

诗歌

记忆（外一首） ·········· 匡 满
生活之歌（组诗） ·········· 何 鹰
别了，山海关（外一首） ·········· 吴宝三
核桃树下 ·········· 岸 冈
黎明，在期翼的目光里⋯⋯（外一首） ·········· 李广泽
治沙人的抒情诗（二首） ·········· 陈秀庭
在黑板和孩子之间 ·········· 周 导
为了希望⋯⋯ ·········· 刘海起

青年与诗

工业抒情诗（三首）——————————张学梦

甜甜的葡萄园（二首）——————————李守智

蒲公英咏叹调————————————姜强国

锻工的雕像——————————————杨 齐

雪后，在谷场————————————罗力夫

原上草

《九个人的寝室》等八首——————————李 践

郭运保 张君超 申 理 宋继征

评论

文学要反映变革中的生活——————唐耀华

谈文学的民族化————————————周兴华

给读者留下想象的空白——————石芭紫

能于浅处见才（文艺随笔）——————王向峰

小说的笔调及其他（文学青年之友）——黄益庸

赤诚火热 雄浑深沉（作品评论）——杨爱群

超自己（芒刺篇）————————————王亚平

国画新作——————————————周金杰

1984 年第 10 期 刊名:《芒种》

目录

祖国·时代·文学

——庆祝建国三十五周年——————本刊编辑部

文学的主旋律————————————金 河

与时代同步 再现沸腾生活——————木 青

报告文学

更高地飞翔吧，沈阳的金凤凰

——沈阳大学纪实————————邓荫柯

厨师状元

——记沈阳鹿鸣春饭店特一级厨师刘敬贤——李宏林

小说

越过群山（中篇小说）（附：编后）——————董会平

导演———————————中跃 青青

生死搏斗——仿惊险小说——————梁 左

一个球迷和一场球赛————————刁 斗

生命之灯——————————————丁宏昌

散文

晚钟————————————————邹 进

断面———————————————张 涛

诗歌

共和国，我年轻的母亲——————凡 丁

唱给祖国的歌————————————王鸣久

厂长，我为你的辞职歌唱——————郎恩才

青年与诗

向十月的第一个早晨问好——————刘惠生

阳光下，一片茂密的果林——————尹作礼

帆————————————————杨 炼

青春，不属于遗忘（二首）——————关 键

北京诗笺（二首）——————顾绍康 叶曙光

原上草

《工程师，在独身宿舍》等五首

潘 烽 王新民 郭 辉 于耀江

评论

无端诗思忽然生（文艺随笔）——————单 复

崇高的人生哲学（作品评论）——————修 竹

切中时弊的佳篇（新作短评）——————王建中

征集年历画稿与征求意见启事————本刊编辑部

1984 年第 11 期 刊名:《芒种》

目录

小说

当死神扇动翅膀的时候（中篇小说·连载之一）

戴厚英

两巷之交（中篇小说）——————吴碧莲

风雨故人来—————————张昌华

科尔沁迷梦—————————李峰耀

何处不风流—————————谢武稼

报告文学

绿色的爱（征文）——————徐光荣

散文

珍珠————————————单 复

新经济起飞的壮阔序幕

——沈阳国际经济技术合作洽谈会侧记——张启范

诗歌

新疆访古（二首）——————方 冰

在腾飞的工业区（二首）——————张蓬云

汽车城的歌（二首）——————赵鹏万 刘允章

林场短笛（三首）——————佟 畴

野酸枣（外一首）——————王占喜

青年与诗

夏天的记忆（二首）——————齐世明

法卡山诗笺（二首）————————黄恩诚
童心变奏曲（二首）————————陈玉坤
陆地（外三首）—————————周宏坤
仙人掌————————————刘玉辉

原上草
《无声的诉说》等八首——————李 虹
汤 炀 冯振家 刘智慧 叶文祥 邹淑艳 赵树岭

评论
开阔改革题材文学的创作路子—————殷晋培
动态人物与人物动态余论（文艺随笔）——傅憎享
"深入生活"与"扩大视野"（文艺随笔）——川江水
叙事诗创作的一个收获（作品评论）———李作祥
不是"迷梦"，是生活（新作短评）———于成全
含蓄蕴藉 以少胜多（新作短评）———牧 雁
梦绕故园寄深情（名著欣赏）—————张毓茂

1984 年第 12 期 刊名:《芒种》
目录

改革·创新·繁荣————————本刊编辑部

小说
凤栖梧————————————孙华炳
当死神扇动翅膀的时候（中篇小说·连载之二·完）
　　　————————————戴厚英
人情在（中篇小说）————————木 青
在桥上—————————————吕 厓
"惩处"（翻译小说）————[苏]祖·希斯
马图林著 于 彬 邵 焱译

报告文学
他们走向世界
　　——来自深圳的报告——牟 浚 木 青 刘文玉

散文
故乡————————————乐维华
马兰花—————————————于 雷
腊子口情愫————————————朱光亚

诗歌
北方的依恋（组诗）————————佟明光
曙色中的诗情（组诗）————————黄东成
脚印，从厂区的黎明延伸（组诗）———唐锦河

青年与诗
信念·旗帜及其他（三首）—————于宗信

雕塑家，请放飞你灵感的小鸟—————谭延强

原上草
《新居》等八首——姚 莹 黄 淮 徐光普 徐竹影

评论
从社会发展的潮流中确立视点—————刘烈恒
美的追求 善的讴歌
　　——读《当死神扇动翅膀的时候》——宝 藏
艺术园中的一朵奇葩
　　——谈王守勋的诗集《大自然之歌》
　　　———————张毓茂 刘东杰

1985 年第 1 期 刊名:《小说潮》
目录

祝贺《小说潮》出刊————————马 加
我的祝愿—————————————峻 青
勇于创新 办出特色————————黎 之
为本刊题刊名————————————刘海粟

小说
小孟和老孟————————————赵大年
狼狗————————————黄铁男
老曾穿上西服————————————赵长九
头上是同一轮太阳——————朱幼棣 刘向南
三牛皮小传————————————康 宁
狭窄的小巷————————————潘树国
白骨的咆哮——————[日]结城昌治 李 乔译

报告文学
傻子瓜子传奇————————————宗 洲

评论
现代小说的语言意识————————郑万隆
在生活中掘取————————————崔亚斌
谈连续性作品中的人物个性
　　——读《谢大天竞选车间主任》———封兆才

1985 年第 2 期 刊名:《小说潮》
目录

小说
多色的微笑（中篇）——————梁之骏 应梅堂
肖院长一家（中篇·上）—————李杭育
青年工人肖奇明（短篇）—————郑树宗
狗市（短篇）————————————肖楚奇

报警器终于响了（短篇）⋯⋯⋯⋯⋯陈 放
"浪里龙"（短篇）⋯⋯⋯⋯⋯⋯⋯萧 沙
排着就是（小小说）⋯⋯⋯⋯⋯⋯晓 城
来自同一信息源的两则版面（小小说）⋯⋯鸽 子
只此一夜（翻译小说）⋯⋯[苏联]沃罗宁 李 坚译

报告文学
女经理奋进不息的足迹⋯⋯⋯⋯⋯唐耀华

评论
生活晕圈的折射
——读金河的新作《典型形象》⋯⋯唐 纪
当代风流人物的热情颂歌
——读徐光荣报告文学近作⋯⋯⋯邓荫柯
美在晶莹处
——青年女作家程乃珊印象记⋯⋯马秋芬

1985 年第 3 期　刊名:《小说潮》
目录

小说
冷雾（中篇）⋯⋯⋯⋯⋯⋯⋯⋯陈晓琍
肖院长一家（中篇·下）⋯⋯⋯⋯李杭育
从心里祝她幸福（短篇）⋯⋯⋯⋯张 征
灯火阑珊处（短篇）⋯⋯⋯⋯⋯范小青
砝码（短篇）⋯⋯⋯⋯⋯⋯⋯李乔亚
小理发店（短篇）⋯⋯⋯⋯⋯孙观懋
姑苏情（短篇）⋯⋯⋯⋯康启昌 鲁 野
财源滚滚（历史小说）⋯⋯⋯⋯肖文苑

报告文学
女人，迈着男人的步伐⋯⋯⋯⋯马秋芬

评论
努力表现改革者的精神风彩
——读小说《小孟和老孟》⋯⋯⋯于成全

1985 年第 4 期　刊名:《小说潮》
目录

社会变革、思想解放与繁荣文艺⋯⋯牟 浚

小说
风卷层云（中篇）⋯⋯⋯⋯⋯⋯思 基
爱情的雪花与小白鼠（中篇）⋯⋯哲 夫
大丰镇趣闻（短篇）⋯⋯⋯⋯⋯赵 地
小城夜话（短篇）⋯⋯⋯⋯⋯萱炳新

状元街遗风（短篇）⋯⋯⋯⋯⋯张 涛
高脚一家（短篇）⋯⋯⋯⋯⋯崔亚斌
眼睛的故事（短篇）⋯⋯⋯⋯⋯月 礁
点评
眼睛和角度⋯⋯⋯⋯⋯⋯⋯⋯白 晓

报告文学
大户人家——记沈阳蔬菜大户胡廷范⋯晓 石

评论
一个呼之欲出的农村妇女形象
——评黑扬新作《湍急的风定河》⋯鲁 野

1985 年第 5 期　刊名:《小说潮》
目录

中篇小说
穿红衣服的女郎⋯⋯⋯⋯⋯⋯吴泽蕴
山宝⋯⋯⋯⋯⋯⋯⋯⋯⋯⋯于德才

短篇小说
伤愈之后⋯⋯⋯⋯⋯⋯⋯⋯毛志成
道一声珍重　道一声珍重⋯⋯⋯沈泰来
永载史册的风波⋯⋯⋯⋯⋯⋯高进贤
任是无言也动人⋯⋯⋯⋯⋯⋯刘世俊
中尉鲁道明⋯⋯⋯⋯⋯⋯⋯蒋海平
细雨蒙蒙（新潮浪花）⋯⋯⋯⋯方青卓
点评
何必五味俱全⋯⋯⋯⋯⋯⋯⋯旁 白

评论
忆寄玉龙话"清泉"⋯⋯⋯⋯⋯刘烈恒

1985 年第 6 期　刊名:《小说潮》
目录

中篇小说
三色堇⋯⋯⋯⋯⋯⋯⋯⋯⋯李 泗
家族函数⋯⋯⋯⋯⋯⋯⋯⋯边玲玲

短篇小说
孩子·大海·太阳⋯⋯⋯⋯⋯⋯许谋清
紫禁城康熙除奸⋯⋯⋯⋯⋯⋯郭秋良
蟋蟀又叫了⋯⋯⋯⋯⋯⋯⋯马 原
同良⋯⋯⋯⋯⋯⋯⋯⋯⋯⋯王 安
桔黄色的灯光⋯⋯⋯⋯⋯⋯⋯李小焰
七点发起总攻⋯⋯⋯⋯⋯⋯⋯蔡未名

冰湖······················石花雨
一个生命··················新　景

评论
美与丑的鲜明对照
——谈《晚晴》的认识价值········祝乃杰
时代骄子阔步来
——读李直的报告文学··········庄　敬

1985 年第 7 期　刊名:《小说潮》
目录

中篇小说
神主······················张小川

短篇小说
周转······················阿　城
白煤······················甘铁生
猛三······················李功达
都市小景··················肖复兴
冰雕启示录················陈　放
丢失的猫··················田　涌
畜牧师和他的徒弟··········项　梓
匿名的约会················马立诚
模特儿····················尹宁安

评论
回来吧，三花
——评短篇小说《狼狗》········耘　德
现代小说中的历史意识········郑万隆

1985 年第 8 期　刊名:《小说潮》
目录

中篇小说
同居长干里················贺景文

短篇小说
高原·天高且蓝············白　烨
驯猴家····················刘振华
雪花飘飞的夜晚············张秀枫
哦，金色的童年············苏　牧
豆腐东施，好好先生及孤老····吴雪恼
静夜思····················刘恩铭
宴会（翻译小说）····[美]莫娜·加德纳　成　荣译
暮年情思（新潮浪花）······李永宏

点评
艺术的反差与虚实··········荒　原

微型小说
二重唱····················光　心
戒酒······················黄世明
何如相见在路东············孙占森
补白······················李清民
裸体封面··················银　河

报告文学
好事多磨··················王树和

评论
"看见形象而看不见托尔斯泰"····马畏安
欣喜与憾然················王　玮

1985 年第 9 期　刊名:《小说潮》
目录

纪念抗日战争和世界反法西斯战争胜利
四十周年笔谈·······马　加　思　基　谢挺宇　申　蔚

中篇小说
押头······················里　扬
点评
深邃的内涵　鲜活的形象
——读里扬新作《押头》········张启范
白龙河上八面风············刘树猷

短篇小说
鬼道······················王　宪

点评
鬼道之行··················白　白
一个人的画像··············黄世俊
埋葬的不是死人············吴海元
遗产······················商薇薇

微型小说
索居······················王树和
眼睛，许多个真诚的故事······白　烨

评论
突破和局限
——《浪涛滚滚》的写作回顾······韶　华

1985 年第 10 期　刊名:《小说潮》
目录

中篇小说

暮春里的遐想 ································ 马秋芬
今天我度过了三十六 ···················· 何志云

短篇小说

你越过那片沼泽 ························· 范小青
我知道，我们还会相逢 ················· 刘　佳
老王的早晨和孙子 ····················· 吴　山
红苹果，绿苹果 ························· 沈秉春

报告文学

路，在开拓者脚下……
——沈阳汽车轴销厂长费忠凯的生活断面 ···· 于宗信

评论

在苦闷的追求中叩响明天的门扉
——读中篇小说《暮春里的遐想》 ········ 唐耀华
尽在不言中
——读短篇小说《任是无言也动人》札记 ···· 周兴华

1985 年第 11 期　刊名:《小说潮》
目录

报告文学

面对大自然的挑战
——新民、辽中两县抗洪抢险见闻 ······· 马秋芬
风雨纵横好题诗 ························· 邵振棠

中篇小说

那夜，是谁拨亮一盏灯 ················· 韩宝英
情缘千里 ····················· 祝乃杰　李玉轩

纪实小说

三葬罗胜蛟 ····························· 赵大年

短篇小说

补冬 ··································· 许谋清
古城，有一条街 ························· 常新港

评论

匠心精巧的结构编织
——读《穿红衣服的女郎》 ················ 乡　子

1985 年第 12 期　刊名:《小说潮》
目录

评论

文学创作要注重社会效益
——学习邓小平同志重要讲话的体会 ······· 柴加林
作家的潜心与作品的涵概
——读韶华长篇新作《过渡年代》 ········· 张启范
动人的恋歌——读短篇小说《同良》 ······· 冯志伟

中篇小说

深山轶闻 ······························· 田　地

短篇小说

伤心小树林里的朝阳 ···················· 雪齐明
黑白曲巷与彩色电影 ···················· 沈治平
"金骆驼" ······························ 汤世杰
三个小伙子和三个小姑娘 ················ 胡清和
别扭的舞步 ····························· 吴琪捷
小巷 ··································· 邓莺莺
都市双鼠 ············ [美]雷·布拉德伯利查　新　华译

报告文学

"东药"，一个飞扬着的名字 ············· 荒　原

1986 年第 1 期　刊名:《小说潮》
目录

中篇小说

钢蓝色的群山 ·························· 张小川
新郎 ··································· 赵则训

中篇小说

"捉龙家" ······························ 刘振华
他乡之夜 ······························· 侯成路
鹿 ····································· 张安东
运苇人 ································· 舒　放
老槐树 ································· 金　澄
从凡尔赛归来 ········ [法]亨利·特鲁亚　白莹莹译

微型小说

厮守 ··································· 王树和
失去的耳音 ····························· 杨大群

评论

人面朦胧美朦胧 ························· 傅憎享
楔人民族心理深层的艺术触角

——评中篇小说《神主》⸺⸺⸺⸺⸺武为三
文学信息之窗（六则）⸺⸺⸺⸺⸺任　达

1986 年第 2 期　刊名:《小说潮》
目录

中篇小说
一个女人的故事⸺⸺⸺⸺⸺白晖华

短篇小说
拂尘⸺⸺⸺⸺⸺梁　晴
我们十九岁⸺⸺⸺⸺⸺熊正良
"傻子瓜子"与傻子丈夫⸺⸺⸺⸺哲　夫
七月流火⸺⸺⸺⸺⸺姜宏敏
王官谷⸺⸺⸺⸺⸺肖文苑
鹦鹉⸺⸺⸺⸺⸺马　佳
节奏⸺⸺⸺⸺⸺伯　群

报告文学
"一等书记"⸺⸺⸺⸺⸺木　青

评论
揭示形象的思想深度⸺⸺⸺⸺吴士余
"种自己的庄稼"
——艺术规律探微⸺⸺⸺⸺胡德培
阿福和"金骆驼"⸺⸺⸺⸺于　勤

1986 年第 3 期　刊名:《小说潮》
目录

中篇小说
庄稼太保⸺⸺⸺⸺⸺戚克忠
士别三年⸺⸺⸺⸺⸺张水舟

短篇小说
糖婆⸺⸺⸺⸺⸺李惠新
鸭公⸺⸺⸺⸺⸺马　常
姆妈⸺⸺⸺⸺⸺张新民
拂晓突围⸺⸺⸺⸺⸺史振中
那就是我⸺⸺⸺⸺⸺陈伯建
大海，广阔无垠的大海哟⸺⸺⸺沙仁昌
死人不会控诉⸺⸺[日本]土屋隆夫　李　乔译

评论
夕秀未振尚可启
——文学创新初论⸺⸺⸺⸺芸　德
读《孩子·大海·太阳》⸺⸺肖　德　李　墨

1986 年第 4 期　刊名:《小说潮》
目录

一九八五年芒种作品奖获奖名单

中篇小说
君子兰传奇⸺⸺⸺⸺⸺龙　戈
晓风残月⸺⸺⸺⸺⸺许谋清

短篇小说
山里有个石匠⸺⸺⸺⸺⸺张　涛
无为在歧路⸺⸺⸺⸺⸺徐　星
最后的金雕⸺⸺⸺⸺⸺王小克
第二国籍⸺⸺⸺⸺⸺汪　雷
第九个难者⸺⸺⸺⸺⸺董月玲
海边正午⸺⸺⸺⸺⸺韩　冰
真牛⸺⸺⸺⸺⸺刘海起

评论
谈黄蜡子的形象塑造
——读中篇小说《押头》⸺⸺⸺赵凌河

1986 年第 5 期　刊名:《小说潮》
目录

中篇小说
呦呦鹿鸣⸺⸺⸺⸺⸺王　宁
没有动机（上）⸺⸺⸺[英]达夫妮·杜穆里埃
顾明栋译

短篇小说
旅人⸺⸺⸺⸺⸺南　城
流水落花⸺⸺⸺⸺⸺马　原
接亲的和抢亲的⸺⸺⸺⸺陈学书
三楼⸺⸺⸺⸺⸺邹　进
山风⸺⸺⸺⸺⸺殷小英
水巷⸺⸺⸺⸺⸺姚忠瑞
猫语⸺⸺⸺⸺⸺王兆军
集邮趣事⸺⸺⸺⸺⸺王　毅
那个闪光的小盘儿⸺⸺⸺⸺方青卓

评论
根本的转变和转变的根本⸺⸺⸺夏锦乾

1986 年第 6 期　刊名:《小说潮》
目录

中篇小说
群英西去·································华　杉
没有动机（下）
·················[英]达夫妮·杜穆里埃　顾明栋译

短篇小说
一年只有一个春天·····················于　青
破山峰·································董炳新
她有两张票和一个沓情书···············于涤心
远方，有一条河……··················郑吉民
凡人小事·······························田永元

永恒的瞬间（微型小说专栏）
岁月等十题·················杨书政　鲁一玮
皮　皮　霍长和　白小易　张　晶　石花雨　姜胜群

评论
关注改革，提高创作质量···············牟　浚
面对火热的现实生活·····················周兴华

1986 年第 7 期　刊名:《小说潮》
目录

中篇小说
疯人院奇遇·····························潘洪禹
"敢死队长"之死·······················陈　新

短篇小说
神秘的电话·····························蔡未名
溪水清清·······························宇　明
玉兔山下蛤蟆洞·············孟明法　王海粟

东北文学
东北大地呼唤着新的文学···············编　者
侯三和他的十三香·····················金　河
鹿鸣呦呦·······························王立忱

永恒的瞬间（微型小说专栏）
为了娃娃等九题·········惠永春　曹怀玉　荒　原
长　河　谈一学　王　毅　郑树宗　刁　斗　李小焰

评论
谈创作与欣赏的调适·····················刘烈恒

1986 年第 8 期　刊名:《小说潮》
目录

中短篇小说
一个排长的情爱·························王受远
隔壁牛二·······························沙　黑
海二爷"票"戏·························张宝申
独轮摩托上的世界·····················王　宪
夕阳映照的身影·························李连俊
无风的天　滋卉地·附点评···············郝中华

东北文学
劈仓·································王德忱
山神·································学　利

永恒的瞬间（微型小说专栏）
三月的误会等六题·····················刘岩松
马　原　盖冬妹　乔世卿　杨耀伟　王　达

报告文学
黑山有个"赵百万"············王金屏　杨俊文

评论
当代意识观照的审美追求···············张启范
当前我国文艺理论发展的态势和新时期文学的宏观走
向·································马　威

1986 年第 9 期　刊名:《小说潮》
目录

中短篇小说
杂院杂人杂事（二题）···················吴琪捷
宽怀大度的人·························商薇薇
第三只眼睛·····························安波舜
阳台·································吕永岩
青天的烦恼·····························王　莉
阴晴圆缺时·····························张晓芳
我是杀人犯···········[埃及]迈哈穆德·台木尔
王瑞琴译

东北文学
圣水·································于德才

永恒的瞬间（微型小说专栏）
玻璃废墟等六题···皮　皮　邓智勇　石花雨　谢　菡
周晋华　李文平
大潮中溅起的小水滴（微型论坛）

评论
一代天骄的壮丽画卷 ················ 唐耀华

1986 年第 10 期　刊名：《小说潮》
目录

中短篇小说
提着血衣的"舍西德" ················ 董炳新
怪尼的伊底 ·························· 吴海元
卖鼠药的茂财 ······················ 韩　川
八卦图 ···························· 金　澄
健忘者 ···························· 吴　亮
送你一束灯光 ······················ 张蓬云
现代人生（外一题） ·········· ［日］星新一　马俊威译

东北文学
生命之觅 ·························· 洪　峰
假定形式中的象征内涵（评论） ········ 铁　岩
武开江 ···························· 高　光

永恒的瞬间（微型小说专栏）
苹果树等六题 ······················ 白　波
杨先贵　沙漠子　陈建慧　余　雪
致本栏读者 ························ 编　者

评论
评《群英西去》及其他 ·········· 双　民　马占君等
《宽宽的车场》人物谈 ················ 徐光荣

1986 年第 11 期　刊名：《小说潮》
目录

神秘的和真实的长征 ················ 胡世宗

中短篇小说
冻土 ······························ 孙华炳
三月 ······························ 马未都
你坐在餐厅里 ······················ 丽　水
未能迈出的一步 ···················· 罗天娟
仲夏的围困 ························ 来　来
撕掉一块美国太阳膜 ················ 孙　涛
因为有时间 ························ 黄　羊
怪病 ···················· ［英］K.杰罗姆　王　求译

东北文学
水患 ······························ 王左泓
空灵的山谷 ···················· 韩耀旗　谷　桑

永恒的瞬间（微型小说专栏·爱情题材专辑）
新婚燕尔等六题 ···················· 郭　昕
李　娟　长　河　姜宏敏　惠永春　莆　玲

评论
立足于这片神奇的土地 ··············· 郑　玉
读历史小说《走笔惊梦》断想 ·········· 许振强

1986 年第 12 期　刊名：《小说潮》
目录

中短篇小说
云水洞之梦 ························ 李霁宇
违约公布的日记 ···················· 刘兆林
奇人邂逅 ·························· 阮振铭
洪水 ······························ 刁　斗
关于幽默的不太幽默的故事 ············ 沈善增
巷 ······························ 曾宪国
佛光 ······························ 林　谦
余热 ······························ 文　焕
请客 ·························· 徐宏智　鞠　峰
路口的孩子 ························ 莆　玲

永恒的瞬间（微型小说专栏）
黄昏的小路上等六题 ················ 庞颖洁
何北剑　佟可竟　石花雨　肖　纳　窦志坚

评论
美，并没有失落 ···················· 张毓茂
充分发挥文学期刊在社会主义精神文明建设中的作用

1987 年第 1 期　刊名：《芒种》
目录

创刊三十周年及百期纪念
题词 ············ 贺敬之　冯　牧　鲍　昌　沈显惠
葛　洛　刘剑青　林　声　林　茗　韶　华　傅　墨
鲁　坎　邓友梅　从维熙　李国文　刘再复　董万德
刘异云　王化南　吴　山　李敬信　王树和
笔谈 ···················· 董万德　刘异云
王化南　吴　山　李敬信　王树和
编者的话

小说
禁果（短篇） ······················ 韩建东
爱的寂寞（短篇） ·················· 程小莹
车间夜话（短篇） ·················· 侯成路

同时代人（中篇）————————————郑　芸
赌棍（短篇）—————————————黄铁男
电视台招聘节目主持人（短篇）————张老三
有关公共浴池的六个故事（永恒的瞬间）——白小易等

散文
长山子的风光————————————马　加
三毛与少男少女谈心（连载一）——（中国台湾）三　毛

诗歌
九行抒情诗（组诗）————————徐　刚
夜渡及其他（组诗）————————阿　拜
原上草五首—————郭　辉　潘　烽　高继恒
郁闷的山谷————————————程光炜

评论
秉心执笔补天裂————————————李以建

1987 年第 2 期　刊名:《芒种》
目录

小说
得失（中篇）—————————————张笑天
穿貂皮大衣的女人（短篇）—————张佳邻
爸爸爆了个冷门（短篇）——————夏　真
孤星（东北文学·短篇）——————常新港
到海滨去（短篇）—————————那　耘
微笑的戴丽（短篇）————————常柏祥
无言之中（短篇）——————（中国香港）澄　江

永恒的瞬间
车厢里的交易————————————刘　越
最新花种—————————————申　平
父亲去开会————————————王　瑛
柔情似雪—————————————刁　斗
疑惑———————————————王　杰
假如我中头奖————————————康　宁

散文
阿秀———————————————鲁　坎
三毛与少男少女谈心（连载二）——（中国台湾）三　毛

诗歌
奉国寺大佛（外一首）———————高　深
鼾声与睡眠（散文诗·外一章）——顾　城　谢　烨
空阔的思绪（组诗）————————王兆琪

原上草九首
————吴书纯　西　岸　黄茂杰　张月竹　林　征

评论
走出自我　投入现实———————许建生

美术
建设公园（木刻）—————————孙常非
丰年鱼肥（国画）—————————王雪蕉

1987 年第 3 期　刊名:《芒种》
目录

回顾与展望————————————刘文玉

小说
蓝色交错（短篇）—————————熙　高
大水后的河滩（短篇）———————邵振棠
推理家（短篇）——————————刘振华
山绵绵，水依依（短篇）——————聂鑫森
栗村小景（中篇）—————————陈晓琍
半步山的女人（东北文学·短篇）——纪文君
蛇应该画在哪儿?（短篇）—————邓　斌

永恒的瞬间
山野人家—————————————毛　毛
穿西装的哲学思考—————————田　地
丛老蔫—————————————惠永春
老人———————————————刘凤英
伞————————————————杨永信

诗歌
海对河说—————————————谢克强
我的洞箫（散文诗）————————力　夫
回头一笑（组诗）—————————刘　镇
三叶草（组诗）——————————佟明光
原上草五首———————苏文河　任惠敏　赵　进　周福春

散文
三毛与少男少女谈心（连载三）——（中国台湾）三　毛

评论
沈阳文学创作、评论概观与思考——————张启范

美术
水乡（摄影）———————————张晓萍
高山流水（国画）—————————李永宽
初春（油画）———————————宋惠民

1987 年第 4 期 刊名:《芒种》
目录

小说

平衡木（短篇）———————————关庚寅
绿色的、灰色的（中篇的）—————毛志成
奇事（短篇）———————————傅百龄
秋萌（短篇）———————————莫应丰
香港豪放女（短篇）————————辛　垦
荒岗（短篇）———————————周　祥
石癖（短篇）———————————陶良华
模特女儿（翻译小说）
　　　　　[美]柯莱瑞·鲍勒恩　李名生译

永恒的瞬间

距离—————————————于　青
在檐下————————————陈建慧
十九岁的故事————————小　叶
人的哲学————————————霍长和
SHANGHAI————————————侯　侯

散文

三毛与少男少女谈心（连载四）———（中国台湾）三　毛

诗歌

心灵的戏剧————————————高东昶
莫日根的传说（外一首）—————郑建桥
原上草八首
———————向书豪　李青松　左连生　杜德宽　胡昌文

评论

读好"生活"这本书———————加　林

美术

霸王别姬（速写）————————洪　武
斯里兰卡罐舞（速写）——————洪　武

1987 年第 5 期 刊名:《芒种》
目录

小说

许谋清乡土小说三篇
赤土路上的送葬队伍
死海
换花
侏儒镇
紫色的麦子桑————————————梁　云

普通一天的爱与怨————————马　常
物是人非————————————王　莉
他的故事————————————皮　皮
明日中秋————————————管毓鹏
特迪—————[美]杰·戴·塞林格　俞　晓译

永恒的瞬间

邮票的故事———————————曹军庆
多年以前————————————白　波
盆景—————————————素　娘
少年进行曲———————————田　青

诗歌

山野的流云（组诗）———————汤　炀
心中的竖琴———————————沈秉春
世界突然变得小了————————郭　辉
沈阳青年诗页之二————————郑传艺
风　子　红　泥　黑　烨　李践　刘振明　张福山

评论

文学走向成熟的标志是什么
　　——东北文学散文之二—————武为三
小说小节小话———————————傅憎享

美术

晨（摄影）———————————孙本岩
山村小景（废纸画）———————陈尊三

1987 年第 6 期 刊名:《芒种》
目录

新时期繁荣社会主义文艺的纲领
　　——纪念《讲话》发表四十五周年————本刊编辑部

小说

使人烦恼的柳树毛子（短篇）————刘铁涛
业余侦探（中篇）————————王受远
人缘（短篇）———————————黄开中
狭谷，沉默着（东北文学·短篇）———王左泓
一个宿命论者（翻译小说）
　　　　　[日本]国木田独步　李　乔译

永恒的瞬间

今夜月光如水————————————姜素素
真实—————————————皮　皮
生日—————————————胡　虏
空白—————————————庞颖洁
并非失实————————————刘国芳

散文

山水小吟 ……………………………… 马牧边
香山觅红 ……………………………… 刘宝祥

诗歌

秦中吟（组诗）………………………… 孔　孚
海思（组诗）…………………………… 姚　莹
沈阳女青年诗页……… 陈国馨　孙　青　扬　洋　岸　竹

评论

尊重读者的主体性地位 ………………… 刘烈恒
生命强力的发掘与重铸
　——读“东北文学”专栏有感 ……… 赵凌河

美术

花蕊 …………………………………… 何　莹
我的画（摄影）………………………… 薛柏鸥
外国舞蹈（粉笔画）…………………… 杭鸣时

1987 年第 7 期　刊名:《芒种》
目录

小说

折光（短篇）…………………………… 苏连科
挂着泪珠的琴弦（中篇）……………… 俞　哲
车行四堡村（短篇）……………… 房纯如　杨舒慧
夏桃（短篇）…………………………… 孟　晖
夜，在大街上（短篇）………………… 默　燏
老丫（短篇）…………………………… 黄守义
雕（短篇）……………………………… 孙步康
永恒（短篇）…………………………… 解厚春
翻译小说二题 ………… [苏联]伊·巴别尔　孙　越译
小都都
窥视

永恒的瞬间

平行线 ………………………………… 于　青
最后一缕夕阳………………………… 张晓东
失落 …………………………………… 杨先贵
我活得挺带劲 ………………………… 崔新三
时机 …………………………………… 刘元举

诗歌

猎人的路 ……………………………… 杜德宽
晨海篇（组诗）………………………… 岸　冈
爱的明信片 …………………………… 于宗信
大学生的诗页之一
　………雷泓泥　郑传艺　风　子　鸿　飞　遇　见

评论

几缕馨香　几多惆怅
　——读短篇小说《爱的寂寞》………岂　凡　凤　山
心中妩媚的春天
　——评诗集《爱恋的足迹》……………张同吾

美术

古塞（油画）…………………………… 胡乃敏

1987 年第 8 期　刊名:《芒种》
目录

小说

凯蒂来了以后……（中篇）…………… 贺景文
海（中篇）……………………………… 邹本昌
送牛佬（短篇）………………………… 张　涛
正午的重影（短篇）…………………… 罗天娟
二奶（短篇）…………………………… 王树和
猫主（短篇）…………………………… 常新港
童年，在富春江（短篇）……………… 王旭烽
不爱的雪谷（短篇）…………………… 刘志清

永恒的瞬间

关于足球赛的小说构思………………… 荒　原
5.20 我的生日………………………… 马成林
醉酒人 ………………………………… 田　地
神经质 ………………………………… 刘元举
超级球迷 ……………………………… 刁　斗

诗歌

红晕及其他 …………………………… 顾　工
中年的梦 ……………………………… 刘益善
梦外之梦（外一首）…………………… 蓝孩子
槐花的歌 ……………………………… 郭　煌
原上草（七首）
　………子　页　何立伟　姜维平　何鑫业　李　弘

评论

艺术闪光的焦点
　——小说艺术规律探微 ……………… 胡德培
直觉·自觉·超载
　——谈侯成路的车间小说 …………… 铁　岩

美术

胜利（浮雕）……… 贺中令　许　勇　顾莲塘
红柳（摄影）…………………………… 孙宝安

1987 年第 9 期　刊名:《芒种》
目录

小说

祭（短篇）————————————白玲玲
女制片人（中篇）——————————张安东
纸蛇（短篇）————————————沙　黑
朦胧（短篇）————————————张潮涌
买卖（短篇）————————————赵　琦
战争仍在继续（短篇）————————哲　夫
我的太阳（短篇）——————————王显章
三号小院（短篇）——————————康　宁

永恒的瞬间

星星下的童话————————————素　娘
黑暗天使—————————————周冰冰
少男少女无烦恼——————————孙占森
门洞———————————————曹军庆
红套裙——————————————洪兆惠

散文

书架———————————————苏　子

诗歌

含笑花——————————————晓　光
森林———————————————陈秀庭
澳大利亚当代诗选译————————雷泓泥译
诗神的午后————————————黑　烨
海的木屋—————————————陈国馨
大学生诗页之二——————————王凯旋
李小白　郁　欣　李　践　周润智　王　倩

评论

谈许谋清的乡土小说————————蒋原伦
劳动美和车间人物
——谈侯成路的小说————————殷晋培

1987 年第 10 期　刊名:《芒种》
目录

小说

幻影（短篇）————————————韩建东
星期天的故事（短篇）————————陈晓琍
赶奶（短篇）————————————吕　品
梦中不能没有你（中篇）———————夏　真
出去看看（短篇）——————————谢迎晓
钥匙（短篇）————————————西　亚

绿色的丘陵（短篇）————————郑振飞
朋交（短篇·东北文学）———————于德才

永恒的瞬间

游丝———————————————毛　毛
错过———————————————姜素素
热雪球——————————————郭忠信
心理测验一切正常—————————李小焰
感染———————————————王邦新

报告文学

降伏最后一条火龙—————————崔亚斌

诗歌

小千世界—————————————汉　子
原上草·厂区诗钞
————————任朝侠　张　灿　邱广石　杨家力　刘达光

美术

空间的追求————————————卜维勤
装饰画——————————————曲振荣

1987 年第 11 期　刊名:《芒种》
目录

小说

青蒲滩（中篇）———————————戚克忠
怪胎（短篇）————————————杨永信
盛京旧话（短篇）——————————刘立春
每周都有星期二（短篇）———————李松涛
玉泉池的年轻人（短篇）———————吴　山
唐老秋（短篇）———————————张　欣
光棍张业貌（滋卉地）————————齐凤伟

点评

植根于生活的沃土—————————王　澜

永恒的瞬间

惯性———————————————张　晶
街景———————————————皮　皮
钓艺术鱼的人———————————杨大群
手绢的故事————————————张连君
世纪的花环————————————李光幸

报告文学

辛辛苦苦小匠人——————————张蓬云
他欲走向世界
——一位企业家关于人与社会的了悟———阮振铭

诗歌

街塑·窗口 .... 陈进化

我的洞箫 .... 罗力夫

目光林带 .... 黄恩智

评论

金钱与邪恶扭曲的人性 .... 柴加林

美术

流云瀑布（摄影） .... 王德禄

月色江声（装饰画） .... 赵志国

1987 年第 12 期　刊名:《芒种》

目录

报告文学

垃圾部落 .... 张蓬云

小说

内荏（中篇） .... 那　耘

钟先生轶事（中篇） .... 张同吾

楼上楼下（短篇） .... 殷慧芬　楼耀福

困惑（短篇） .... 林和平

痴子（短篇） .... 薛　兵

永恒的瞬间

月夜 .... 舒　洁

文竹 .... 素　娘

耻辱 .... 萧　微

不知是什么 .... 王玉龙

跳板 .... 焦传洲

每日枫叶红 .... 白　烨

诗歌

夏幻 .... 思　宇

向我走来 .... 张　伟

记忆·梦幻 .... 周福春

思念 .... 陈太顺

最后一支曲子 .... 郑传艺

三棵树下的状态 .... 风　子

原上草　沈阳业余文学院诗专版 ...... 赵　颖　马中夫

蓝　湖　雷振民　齐　杰　林子龙　兰　梦　郭郁抒

在深化改革的大潮中提高文学期刊思想艺术质量

——辽宁省第六次文学期刊联谊会纪要

1988 年第 1 期　刊名:《芒种》

目录

报告文学

西城奇人 .... 徐光荣

小说

下介里之歌（短篇） .... 张新民

最后的晚餐（短篇） .... 季　静

一个上海小赤佬（中篇） .... 郑树宗

礼拜（短篇） .... 张　颖

永远流着的河（短篇） .... 李小焰

迟来的男人（中篇） .... [日]笹泽佐保　韩　瑞译

永恒的瞬间

过程 .... 邓红锦

雨天 .... 沉　涛

朽棺 .... 许长军

沉重的思索 .... 海　宁

一个概念的出笼 .... 白小易

散文

阿尼达女士 .... 邵振棠

诗歌

田野上的感觉 .... 伊　甸

游牧的云 .... 陈广斌

爱的河 .... 匡文留

木排及其他 .... 阿　拜

距离 .... 吴书纯

山川走马 .... 丁小翁

评论

经验、过程和中国新诗潮 .... 郑传艺

美术

七月荷花 .... 赵洪武

1988 年第 2 期　刊名:《芒种》

目录

小说

一个人和一些人的故事（中篇） .... 谢迎晓

冰箭（短篇） .... 李中萱

纵横家（短篇） .... 刘振华

阳光下呜咽的黑龙江（短篇） .... 刘志清

玉兰飘香（短篇） .... 陈晓珂

十一月，连阴天（短篇）——————————马　常

东北文学
空坟（短篇）—————————————阿　成

求索篇
单调（短篇）—————————————蔡未名

永恒的瞬间
月下听海—————————————————毛　毛
关于W.C.理论之研究—————————田　地
和一个男孩的故事———————————姜素素
今天是中秋节—————————————郭　昕
分头————————————————————胡　虏
失策————————————————————刘彬彬

散文
故乡行——————————————————牟　浚

诗歌
我的世界————————————————张　欣
走出雨季的困惑———————————黄小玲
大学生诗页——————————————宗长青
拓　石　胡昌文　京　京　杨　政　江　堤　李俊华
没有伞——————————————————王中朝

评论
现代女性形象和现代意识
——读张安东的《女制片人》——————杨大中

1988 年第 3 期　刊名：《芒种》
目录

报告文学
向前，向前，向前
——沈阳汽车工业公司总经理赵希友改革传略
————————————————————韩白云
QM 现象
——沈阳球迷面面观—————————荒　原

小说
老店（短篇）
——老街故事之二————————————黄开中
根佬与蹦儿（短篇）————————张永久
O（短篇）————————————————马成林
寄自冥河的信———————[日]三好辙著　曾宪斌译

求索篇
土色————————————————————尚国顺

诗歌
并非胡言乱语—————————————西　岸
暗淡的渔火（外二首）———————郑建桥
原上草——————————————周　琼　吴　琼
刘德亮　李发模　伊　蕾　刘　见
春天的明信片（外二首）——————王鸣久
心絮集——————————————————路　地

散文
酸……酸枣儿—————————————王金屏

评论
政治、文化、经济意识的递嬗和互补
——"文学与改革"随想之二——————殷晋培

1988 年第 4 期　刊名：《芒种》
目录

小说
痴人（中篇）—————————————王　朔
雨夜疑案（中篇纪实）———————崔亚斌
计算机科学算命之谜（短篇）——田　地
白色烦恼（短篇）——————————崔新京
那件事我来叙述（短篇）——————吴琪捷

东北风
满山都是情——————————————谢友郿

永恒的瞬间
以说为主————————————————沉　涛
第七个恋人叫小可—————————姜素素
手套的故事——————————————程世伟
漠上————————————————————原　昌
微型小说是一个冲突的完成————常柏祥

散文
他乡知音————————————————韶　阵

诗歌
灰色屋顶手记（组诗选三）————柯　平
原上草（六首）——————————姜维平
黄　堃　赵　颖　蓝　湖　黄东成　张福山

评论
人与自然的衔接

——读《远去的冰排》及其他⋯⋯⋯⋯⋯铁 岩

1988 年第 5 期　刊名:《芒种》
目录

小说

佛器风波（中篇）⋯⋯⋯⋯⋯⋯⋯⋯毛志诚
黑啤酒（短篇）⋯⋯⋯⋯⋯⋯⋯⋯⋯韦 群
唐太宗选妃（中篇）⋯⋯⋯⋯⋯⋯⋯甘恢理
旋涡（滋卉地）⋯⋯⋯⋯⋯⋯⋯⋯⋯吕锡源
旋涡中的希望（评点）⋯⋯⋯⋯⋯⋯时 辛
杂货店中的女人（翻译小说）
⋯⋯⋯⋯［英］曼斯菲尔德　张允强译

永恒的瞬间

看星星⋯⋯⋯⋯⋯⋯⋯⋯⋯⋯⋯⋯张 颖
伤害⋯⋯⋯⋯⋯⋯⋯⋯⋯⋯⋯⋯⋯王冬梅
十点钟的夜晚⋯⋯⋯⋯⋯⋯⋯⋯⋯张 伟
礼尚往来⋯⋯⋯⋯⋯⋯⋯⋯⋯⋯⋯枫 涛

杂文

当心“三巴”⋯⋯⋯⋯⋯⋯⋯⋯⋯⋯胡 虏
何以瓦解“诌”业大军⋯⋯⋯⋯⋯⋯赵世臣
昭君出塞与毛延寿作弊⋯⋯⋯⋯⋯庄 敬

诗歌

故乡（组诗选二）⋯⋯⋯⋯⋯⋯⋯⋯高 深
并非情诗的情诗⋯⋯⋯⋯⋯⋯⋯⋯王兆琪
繁杂世界（组诗选四）⋯⋯⋯⋯⋯⋯岸 冈
华夏屐痕（组诗选五）⋯⋯⋯⋯⋯⋯佟明光

报告文学

驶向世界港⋯⋯⋯⋯⋯⋯刘 镇　王兴顺

记实文学

母难日⋯⋯⋯⋯⋯⋯⋯⋯⋯⋯⋯⋯黎焕颐

散文

走向地平线⋯⋯⋯⋯⋯⋯⋯⋯⋯⋯张秀枫
旷野⋯⋯⋯⋯⋯⋯⋯⋯⋯⋯⋯⋯⋯邓荫柯

评论

理想与诗意的传达⋯⋯⋯⋯⋯⋯⋯辛晓征

1988 年第 6 期　刊名:《芒种》
目录

小说

水胆（中篇）⋯⋯⋯⋯⋯⋯⋯⋯⋯⋯马秋芬
费尔德先生一生中的五十天暨我的浪漫史（中篇）
⋯⋯⋯⋯⋯⋯⋯⋯⋯⋯⋯⋯⋯⋯田 地
发财的缘分⋯⋯⋯⋯⋯⋯⋯⋯⋯⋯郎 军
一九八五年夏·旱季（短篇）⋯⋯⋯陈应松
点亮一盏灯（短篇）⋯⋯⋯⋯⋯⋯⋯徐 刘
问题（翻译小说）⋯⋯⋯⋯［苏］米哈伊尔·
扎多尔诺夫著　骆松澉译

东北风

白夜（短篇）⋯⋯⋯⋯⋯⋯⋯⋯⋯⋯左 泓
牛把式二林（短篇）⋯⋯⋯⋯⋯⋯⋯何凯旋

永恒的瞬间

星新一答于雷问
免费电话⋯⋯⋯⋯⋯⋯⋯⋯⋯⋯⋯于 沙译
纪念照⋯⋯⋯⋯⋯⋯⋯⋯⋯⋯⋯⋯柳丽艳译
精灵⋯⋯⋯⋯⋯⋯⋯⋯⋯⋯⋯⋯⋯任 宁译

诗歌

感觉：迷乱的季风⋯⋯⋯⋯⋯⋯⋯佟雪春
墓穴与天堂的瞬间⋯⋯⋯⋯⋯⋯⋯罗力夫
孤舟（外一首）⋯⋯⋯⋯⋯⋯⋯⋯⋯谢明洲
呼啸的飓风⋯⋯⋯⋯⋯⋯⋯⋯⋯⋯黄恩智
悬石⋯⋯⋯⋯⋯⋯⋯⋯⋯⋯⋯⋯⋯张殿友
爱之语⋯⋯⋯⋯⋯⋯⋯⋯⋯⋯⋯⋯张子影

评论

面对迷宫⋯⋯⋯⋯⋯⋯⋯⋯⋯⋯⋯刘元举

美术

沈阳一景⋯⋯⋯⋯⋯⋯⋯⋯⋯⋯⋯赵 川

1988 年第 7 期　刊名:《芒种》
目录

小说

绿茵少女（中篇）⋯⋯⋯⋯⋯⋯⋯⋯白小易
富大头（短篇）⋯⋯⋯⋯⋯⋯⋯⋯⋯于德才
绿色的太阳（短篇）⋯⋯⋯⋯⋯⋯⋯任为新
没有特点（短篇）⋯⋯⋯⋯⋯⋯⋯⋯流 溪
找寻找失落了的（短篇）⋯⋯⋯⋯⋯甘以雯
不圆的月亮（短篇）⋯⋯⋯⋯⋯⋯⋯苏 牧

永恒的瞬间
惊车··················王　莉
鸽子··················邢　可
小 S 韵事··············赵淑霞
致命的礼物··········斯塔雷斯·H.约翰著　徐越倩译

诗歌
其他··················麦　城
平衡（组诗选二）········力　践
恍惚间················张　玮
郊外（外三首）··········邓红锦

评论
浓郁·真实·壮阔··········黄益庸
认同与追求············木　青

美术
沈阳一景··············赵　川

七色的诗韵············解　明
五彩石················于宗信
我沿着长城寻找（外二首）··汤　炀
你的眼睛（外一首）······未　凡
陶醉（外一首）··········谭延强

评论
作家的人析与价值运动····陈子伶

美术
沈阳市树
——油松··············赵　川

1988 年第 8 期　刊名:《芒种》
目录

小说
一百名死者的最后时刻（短篇）····孟伟哉
无聊（短篇）············老　乔
现场观摩纪事（短篇）······李雨河
羞耻（短篇）············许长军
十九岁那年的故事（短篇）··马晓丽
鹿城最后的面人钟馗（短篇）··张永久
阴影（短篇）············王显章
人生的变奏（翻译小说）
　　　　　　　　[日]菊村到著　李　乔译

永恒的瞬间
巧遇··················于　青
今夜零点地震············生晓清
邮缘··················王　莉
等你点燃第十七支蜡烛······王　伟

企业家风采
他，带起一个明星企业······徐麟瑞
昨天的梦············李峰耀　王素梅

诗歌
失落的困惑（组诗选四）····高东昶
雪中老马（外二首）······刘　镇
杂色思索··············王晓方
落叶黄昏··············马中夫

1988 年第 9 期　刊名:《芒种》
目录

小说
母与子················陈若曦
浮肿的月亮············李光幸
鱼风··················阿　成
哥哥的罗曼史········殷慧芬　楼耀福
情绪的颜色············流　溪
琪莎··················孙星革

报告文学
不乘"小船"乘"巨轮"······赵世臣

企业家风采
雄风在"玛钢"鼓荡
——访沈阳市"玛钢"厂厂长刘嗣忠同志······徐麟瑞

传记文学
梁实秋在台湾··········张连兴　黎　照

诗歌
探索诗九家········老　乔　雷鸿尼　黑　烨
西　岸　郑传艺　风　子　佟雪春　吴书纯　于鸿飞
原上草················伍立杨
向书豪　南　风　王荆岩　吴　畏

评论
我看守勋的诗············张毓茂
在一个没有红绿灯的交叉路口····眉　光
日常神话与灵魂歌曲······顾振清

美术
沈阳一景··············赵　川

1988 年第 10 期　刊名:《芒种》

目录

小说

洗脑（短篇）·································赵大年
青砖上的凹痕（短篇）·····················张建中
瓜娃子（短篇）·························蒋晓东
心灵的杀戮（中篇）·····················于　波
老梁（短篇）·························阿　成
灰白色的天棚（短篇）·····················长　河

永恒的瞬间

红红的鲜荔枝·························夏　萍
虚幻·····························刘如溪
不能正视的眼睛·························邵宝钢
窗外·····························李海雁

散文

心灵的祈祷·························鲁　坎
票诉·湖光·夜影·····················韶　阵

企业家风采

沈阳"四通"人·························王　澜
让明珠闪光·························齐世明

诗歌

西部枪手（系列组诗之一）·················丁宗皓
屋顶的夏娃（组诗选二）···················阿　荔
生命的故事（外二首）·····················曲　枫
诗二首·····························蓝　湖
雨中及其他·························陈太顺
一月（外三首）·························唐锦河
松花江抒怀·························牟　浚
等车·····························张少波

评论

城市生活一角·························单　复
对现代人格的哲理式探寻···················孤　山
他描绘着多彩的世界·····················周兴华

美术

沈阳一景·····························赵　川

1988 年第 11 期　刊名:《芒种》

目录

小说

阳春三月（短篇）·······················沈嘉禄
燥热（中篇）·························蒋丽萍
出名（短篇）·························俞胜利
寂静的喉科病房（短篇）···················马　常
山里无故事（短篇）·····················王　莉
自首者（中篇）·············[日]高木彬光原著
魏雅华　邱剑英编译

永恒的瞬间

落潮后的滩岸·························夏　萍
知音·····························吴礼智
假如·····························沉　涛
若有若无·····························丁小籁

诗歌

没有时间的备忘录（组诗选三）···············叶延滨
海滨抒情（组诗选二）·····················梁谢成
如梦如晨（外一章）·····················小　山
寒夜中的温馨（外四章）···················张　真
原上草····················苑　湖　宗长青
江　郎　林　路　祝耀武　徐麟瑞　裴春锦

杂文

反弹琵琶三篇·························胡　虏

评论

社会哲理：当代小说的一种趋赴···············许振强

美术

沈阳一景·····························赵　川

1988 年第 12 期　刊名:《芒种》

目录

报告文学

改革深化的全方位跃动·····················唐耀华

小说

猎迷（中篇）·························王树和
惑（短篇）·························蔡来来
孤坟（短篇）·························厉　风
牛眼·鹅眼·人眼（短篇）···················侯滁生
爸的素描二题（短篇）·····················王扶天

人命的叫卖市场（短篇）—————————————吕　品

永恒的瞬间
雨夜—————————————————————任为新
太太服—————————————————————康玉平
狗茔—————————————————————唐建之

散文
哭加林—————————————————————刘烈恒

企业家风采
艰难的跋涉—————————————————赵世臣
凤凰，展翅腾飞—————————————徐麟瑞
一颗明星—————————————————徐英杰

诗歌
诗三首—————————————————————陈东东
诗的胃（外二首）—————————————陈文和
飞翔家族（组诗）—————————————郭　辉
优美的坠落（组诗选三）—————————李青松
沈阳大学生兄弟联盟诗社专页—————李　践
大　岳　李大为　韩　忠　庄　伟

评论
开拓·创新·求索—————————————单　复
散文中的"我"—————————————————刘庆湛
有趣·有益·有识—————————————李作祥
振兴散文不可忽略对读者的研究—————何绵山
指纹与文学—————————————————马　威

美术
沈阳一景—————————————————————赵　川

1989 年第 1 期　刊名:《芒种》
目录

小说
翡翠戒指（中篇）————————［瑞士］赵淑侠
天网（中篇）—————————————————孙建成
火柴，划亮以后（短篇）—————————顾　工
花瓣（短篇）—————————————————黄世衡
漏网的"大鱼"（短篇）
　　　　　　　　　　［韩国］洪性岩作　金君子译

散文
大海的呼唤—————————————————姚　莹

企业家风采
经销小商品　蜚声省内外—————————徐芙杰
"红古瓷"香烟一举夺魁—————————徐麟瑞

诗歌
夜，在草原（外三首）—————————朱海音
褪色·城市——《生命线》系列之三—————侯多野
原上草———赵健雄　朱　赤　林三立　芊　芊　迟兆勤

评论
赵淑侠和她的中篇小说《翡翠戒指》—————庐　湘
形象的现实与现实的形象—————————李忠昌

美术
沈阳一景—————————————————书　林　赵　川

1989 年第 2 期　刊名:《芒种》
目录

报告文学
婚变奇观—————————————————————荒　原

小说
渔妇（短篇）—————————————————张福麟
无福之人（短篇）—————————————韩建东
影子（短篇）—————————————————黄铁男
森林的呼唤（短篇）—————————————王曦昌
彩色的夜雾（短篇）———————［日］井上靖著　于　雷译

永恒的瞬间
昔日重来—————————————————————白　波
红绿湖—————————————————————张新颖
圆形轨迹—————————————————————陆新瑾
书癖—————————————————————祝耀武
无心插柳—————————————————————樊玉英

企业家风采
龙之歌—————————————————————陈国芳
车轮，飞向在大江南北—————————徐麟瑞

诗歌
睡眠（组诗）选章—————————————海　男
诗人手记（组诗副歌五首）—————————于鸿飞
凤的传记（外一首）—————————————洪　三
北方的夜（外一首）—————————————多　多
十四行诗三首—————————————————刘　原

杂文

从"搞"到"玩儿" ———————————————— 戴厚英

评论

用意象组成的忏悔 ———————————————— 张松魁

美术

沈阳一景 —————————————— 马书林　赵　川

1989 年第 3 期　刊名：《芒种》
目录

小说

三阳开泰（中篇）—————————————— 林　希
大乐师托乎提的子孙（短篇）——————— 沈贻炜
古槐轶闻（短篇）———————————————— 赵　熙
寻找自己的世界（短篇）——————————— 李　剑
我要对你说（短篇）———————————————— 刘玉慧
没劲儿（短篇）————————————————— 姜宏敏

永恒的瞬间

戒烟 —————————————————————————— 申　平
突破平庸的尝试 ———————————————— 白　波
第一千个夜晚的景象 ———————————— 皮　皮
诗人的皮鞋 ———————————————————— 巴　楠

报告文学

蹈火者 —————————————————————— 崔亚斌

企业家风采

一个企业家的故事 —————————— 肖　木　白玉昌

诗歌

比季候更温暖（二首）———————————— 菲　可
这天下午（外一首）———————————————— 韩兴贵
最后的情感（组诗选二）——————————— 阿　寅
诗三首 —————————————————————— 吴　革

评论

北京评论家专辑（上）
从新诗潮到后新诗潮 ———————————— 谢　冕
"选学"漫议 —————————————————— 黄子平
"史"与"实" ——————————— 潘凯雄　贺绍俊

美术

沈阳一景 —————————————— 马书林　赵　川

1989 年第 4 期　刊名：《芒种》
目录

小说

超度（短篇）—————————————————— 孟伟哉
原罪非罪——读《超度》——————————— 陈子伶
今宵酒醒何处（短篇）——————————————— 刁　斗
烛影（短篇）—————————————————————— 薛　冰
一九七六年（中篇）———————————————— 那　耘
吞噬欲望的山谷（短篇）
————————————— ［日］西村寿行著　白　鸽译

求索篇

雪原故事 —————————————————————— 多　多

散文

落日 —————————————————————————— 赵淑敏

诗歌

在一种声音里出游（外二首）——————— 黑　烨
情绪之波（外一首）———————————————— 高　柳
另一种氛围（组诗选三）——————————— 杨轶春
彼岸世界的投影（组诗）——————————— 高东昶
七月长廊 —————————————————————— 刘　云
上井 —————————————————————————— 齐世明
那一座沙丘 ———————————————————— 孙建伟
古庙 —————————————————————————— 江　朗

企业家风采

申虎 —————————————————————————— 徐麟瑞

评论

超越死亡的存在 ———————————— 王　斌　赵小鸣
以人物取胜的局限 ———————————————— 胡　平
小说的解放 ———————————————————— 蒋原伦

美术

沈阳一景 ———————————————— 书　林　赵　川

1989 年第 5 期　刊名：《芒种》
目录

小说

更年期综合症（中篇）——————————————— 毛志成
紫罗兰随想曲（短篇）——————————————— 吴泽蕴
小说二题（短篇）———————————————— 姜云生
郁郁乎文哉（中篇）———————————————— 郑建桥

那一夜有脚步声（短篇）————————白玲玲
白胸貂（短篇）————[苏]B.阿斯塔菲耶夫著
王承信译

永恒的瞬间
温馨————————————————————赵　冬
等待明天————————————————刘　毅
婚变————————————————————王永远
送客人————————————————————原　昌
小说家传奇————————————————巴　楠

报告文学
"乘车难"在缓解————————————原　昌

企业家风采
北疆小人物　智闯沈阳城——————绕阳河

散文
灯火————————————————————赵淑敏
寻常人的故乡————————————————张　于

诗歌
原上草十六首——————————郭　煌　刘春雨
徐　泽　林三立　广　宇　杨　枫　逆　水　于　渺
伍立杨　郭岩丽　东　海　薛英俊　蓝　湖　刘广儒

评论
一本充满作家味的书————————木　弓
具体诗：诗歌视觉化的现代探索————顾　闻
乐于寻求　勤于耕耘————————张启范

美术
沈阳一景————————————书　林　赵　川

失败————————————————————王景平
聪明的老三————————————————程世伟
路遇————————————————————丁　晓
谜————————————————————————吴文来
领奖————————————————————王　鹰

散文
寻找支点————————————————林三立

杂文
反弹琵琶两篇————————————————胡　虏

诗歌
灵魂孤旅（组诗选二）——————————曲　近
我是你唯一的情人（组诗选三）————柯　平
原上草八首————————————————刘承辉
白　岛　矫　健　周以纯　然　燃　白　冰　徐　泓

企业家风采
越洋揽宝————————————————绕阳河

评论
文学艺术家的独创性及创作自由————柴加林
小说与历史的分野和同一——————钟林斌

作家笔名探源
陈淼————————————————丛　杨国成

美术
沈阳一景————————————书　林　赵　川

1989 年第 6 期　刊名:《芒种》
目录

小说
及笄（上）（中篇）——————————沈嘉禄
迷惘人生（中篇）————————————侯滁生
朋友（短篇）————————————————阿　成
夕阳下（短篇）————————————————聂鑫森
虐尸案（短篇）————————————————魏雅华
开水的故事（短篇）——————————唐晓东
迷惘三章（短篇）————————————马　常

永恒的瞬间
握手————————————————————任志伟

1989 年第 7 期　刊名:《芒种》
目录

小说
阿Q副传（中篇）————————————李克定
及笄（下）（中篇）——————————沈嘉禄
前线短章（短篇）————————————魏继新
妙深（短篇）————————————————汤保华
陌生的课堂（短篇）——————————王太吉
过去的和现在的（短篇）————————朱　竞
终了（短篇）————————————————阿　加

永恒的瞬间
快意消失————————————————群　智
望————————————————————————王玉龙
一个闷热的下午————————————滕　刚

女友 ————————————————————— 张连君
宽容 ————————————————————— 生晓清

诗歌
踱方步的日子（外三首）—————————— 冉云飞
一个想法及其他 ————————————— 车前子
秋天（外二首）——————————————— 杨 政
她走进黄昏（外一首）————————————— 元 平

评论
女人写与写女人 ————————[挪威]陶丽·莫依著
林建法 赵 拓 李 黎译

美术
沈阳一景 ————————————— 书 林 赵 川

1989 年第 8 期 刊名:《芒种》
目录

小说
雾墙（中篇）——————————————— 钱石昌
小城悲剧（中篇）————————————— 张桂芝
屋顶上的青草（短篇）————————————— 张建中
"死认真先生"的喜剧（短篇）——————— 吴雪恼
冬天有冬天的事（短篇）————————— 何立伟
错误的境界 ————————————————— 鲁一玮
诙谐的城市（短篇）————————————— 李雨河

永恒的瞬间
对春天的感觉 ——————————————— 李 慧
海的人 ——————————————————— 群 智
心结 ——————————————————— 荷 妮
重新设计 ————————————————— 滕 刚
契机 ——————————————————— 高 沈

报告文学
大地赤子 ————————————— 杜争华 张 琳

企业家风采
弄潮人 ——————————————————— 铁 汉

诗歌
《没有想你》及其他 ————————————— 安 格
人们 ——————————————————— 曲 枫
原上草六首 ————————————— 施茂盛 豫 子
华云江 张雪杉 黄东成

评论
让缪斯长上翅膀 ——————————————— 黄益庸

美术
沈阳一景 ————————————— 书 林 赵 川

1989 年第 9 期 刊名:《芒种》
目录

坚持正确方向 繁荣文艺创作 ————————— 本刊编辑部

小说
刘玉福的故事（中篇）————————————— 吴 山
关东父老钩沉（短篇三题）——————————— 王斯维
故乡三痴（短篇三篇）————————————— 叶大春
十七岁的房子（短篇）————————————— 孙惠芬
南园不老（短篇）——————————————— 文 平
淡淡之交（短篇）——————————————— 孙建成
如梦的行板（短篇）————————————— 兰 舟
酒的故事（短篇）——————————————— 沈化方
咔哥（短篇）————————————————— 张 放

散文
图们的歌声 ————————————————— 刘黑枷
西拉木伦河落日 ——————————————— 铁 岩

教育家风采
魂系职教 ——————————————————— 日 尧

诗歌
叶笛 ——————————————————— 佟明光
小时候（外一首）——————————————— 刘 镇
原上草（爱情诗一组）————————————— 陈 冬
朱景娜 梁振林 李秀慧 张克峰 杨云慧

评论
永恒的歌——读佟明光诗集《桦皮船》————— 高 深

美术
沈阳一景 ————————————— 书 林 赵 川

1989 年第 10 期 刊名:《芒种》
目录

庆祝建国四十周年·沈阳作家专号
反思与展望
——为本刊复刊十周年作 ———————————— 本刊编辑部

小说
相马神（中篇）············刘文玉
那刘哥（中篇）············马秋芬
昨天的惩罚（短篇）············木 青
金佛·血亲（短篇）············刘立春
冷色的躁动（短篇）············潘胜奎

历史小说
华工与列宁············刘恩铭

寓言
寓言六则············崔亚斌

诗歌
第四十个黎明············王志刚
不惑的中国············黑 烨
昆仑：儿女们的丰碑············张 羽
九月九日············西 岸
错（外一首）············张晓丽
远山的呼唤············王晓峰

企业家风采
鸭绿江畔的雄鹰············席德信

评论
到哪里去寻找距离············邵振棠
思辨和文采············单 复

美术
沈阳一景············书 林 赵 川

1989 年第 11 期　刊名:《芒种》
目录

沈阳作家专号之二

小说
历史的身影（长篇选载）············马 加
星之陨（短篇）············周凤鸣
信不信由你（短篇）············崔新京
我给您跪下啦（短篇）············刘嘉陵
初冬（短篇）············恩 朋 寒 冰
车遇（短篇）············樊玉英
苦涩短篇············王树和
好好做人（短篇）············戚文俊
迷惘之旅（中篇）············高克峰

永恒的瞬间
尽职············鲁一玮
尴尬············胡 虏
考试············刘 越
春天的代价············陈建慧
真真假假············吴文来

散文
吻雨············黄世俊

杂文
杂感二题············庄 敬

诗歌
季节拐了弯（外二首）············蔡 斌
一周纪事（组诗选三）············柳 沄
走过花朵············王贵刚
传说的夜晚············小 山

评论
论作家的"情结"············彭定安

美术
沈阳一景············书 林 赵 川

1989 年第 12 期　刊名:《芒种》
目录

小说
情断天涯（中篇）············王家达
心韵（中篇）············肖文苑
滚烫的土地（短篇）············郭云梦
窗子外面是太阳（短篇）············草 瓣
结局未定（短篇）············单丹兵
露天小屋（短篇）············郑兴友

散文
东京三题············林 希

报告文学
海湾的梦············王 澜

企业家风采
插上奋飞的翅膀············席德信

诗歌
原上草十三首············梁谢成
龚 毅 杨轶春 伍立杨 袁立新 白 冰 徐秀军

老 明 陈 冬 李 践 王安杰 徐麟瑞

评论

一篇独具风格的佳作⋯⋯⋯⋯⋯⋯⋯⋯⋯⋯王建中

期刊信息

坚持正确方向 繁荣文学创作

美术

沈阳一景⋯⋯⋯⋯⋯⋯⋯⋯⋯⋯⋯书 林 赵 川

《萌芽》

【简 介】

综合性文学月刊。上海市作家协会主办。创刊于1956年,1981年复刊。其重点扶持青年作家,复刊后开始举办一年一度的"萌芽文学奖",并恢复了年轻作家的"萌芽丛书"的出版。这为九十年代刊物面对市场化改制起到了良好的示范作用。

期刊号:1981年第1期—1989年第十二期

祝《萌芽》复刊

巴金

《萌芽》复刊,主编同志要我讲几句话。倘使我没有记错,《萌芽》创刊时我曾写过短文表示我的祝贺和期望,但现在不需要我出来讲什么了。前些时候我的家乡成都要创刊一种叫做《青年作家》的杂志,有人来向我征求意见。我说,我接触过一些青年作家,现在并不是我们带着他们,抚他们缓缓前进,应当是他们推开我们,把我们摔在后头。

可能有人不同意我这个说法。但是今天我仍然坚持我的主张。我不大喜欢"培养"、"接班"这一类字眼,我也不喜欢"老作家"这样的称呼。在国外好像没有人用这种称呼。作家就是作家嘛,他靠作品而存在,不能靠资格活下去。作家是职业,不是官职。只要手里捏着笔,他可以写到死。只要有人读他的书,谁也不能强迫他搁笔。但是作家多年不写文章,他就会被读者忘记。既然称"老",不管是"衰老",还是"老朽",都得退休。所以有人抱怨"老"作家霸占着席位,新作家站不起来,还有人抱怨"老"作家不肯带徒弟培养新人。我看问题还是出在"老"字上。我建议取消这顶帽子。我们生活在九亿人口的大国,就只有寥寥可数的少数作家,空着的席位多得很,谈不到谁霸占谁的席位。只要读者接受你的作品,你就可以大步走进"文坛",那么多的空席任你挑选。培养作家的生活,养活作家的是读者。我始终这样想。

我也不赞成"带徒弟"的说法。作家不是温室里的花朵。他是在生活中间锻炼成长的,每个作家有他自己的生活经验,有他自己的思想感情,别人不能代替他感受,也不能替他出主意怎样下笔。别人能替作者改动的只是错别字和文法不通顺的字句。这种事情文学出版社和期刊的编辑做得比"老"作家更好。拿我来说吧,我一九二八年从法国把第一部小说《灭亡》寄给上海朋友,原稿上还有些别字。我并不认识叶圣陶同志,更没有想到在《小说月报》上发表作品。圣陶同志把我的小说拿去发表,绝不是看上那些错别字,而是为了小说的内容,为了小说中人物的命运。我当时还不能驾驭文字,也不想"进入"文坛。我从来不认为自己是"文学家",我一再声明自己只是一个"客串"。但是我描写、反映自己熟悉的生活,表达我的思想感情,用笔作武器进行斗争,我认为这是我的责任,也是我的权利。我要进行战斗,就不肯放下我的笔,我只好在创作实践中不断学习。凡是对我写作有用的我都学。我学会了少写别字,少说废话。

我没有才华,也不会玩弄技巧,我写作一方面靠辛勤劳动,另一方面靠生活中的爱憎。我希望我的文章起较大的作用,打动更多人的心,我尽全力把故事讲得好一些,感情倾注得多一些,用自己的真实情感去感动别人。我不喜欢那些浓妆艳抹、忸怩作态、编造故事、散布谎言的文学作品。我认为技巧是为内容服务的,不可能有脱离内容的技巧。每个作家都有他自己的表现手法,这是从他的创作经验产生的。古今中外的文学作品我也读了一些,但是震撼我的心灵、使我的生活受到巨大影响的作品(例如《悲惨世界》和《复活》)绝不是乔装打扮、精雕细琢、炫耀才华、卖弄技巧的东西。

我因为自认为是一个"客串"，精神上没有包袱，我可以老老实实地写，不必管有没有"文学腔"。我写文章不是因为想做作家，只是因为我有一肚皮的话想吐出来，我在生活里有许多感受要写出来。我的感受，我的话只能由我自己写，自己说，不能找别人帮忙，请别人"培养"。我听见有些年轻人说："我想写，写不出来。"自己写不出来，别人也无法代写，反正写得出的人不会少。全国有一百几十种文艺刊物，它们需要稿子。

前两个月我遇见一位青年作家，她说她在农村插队九年，有很多话要说，她一定要写出来。她已经在刊物上发表了一些作品，她还准备写出更多的。这样的青年作家我见过好几个，我知道他们的数目不少，各省市都有。他们有生活，有爱憎，有话要说，有精力从事创作劳动，不让他们写也不行。读者需要他们。他们是正在生长、发展的新生力量。他们有勇气，有良心，有才华，有责任感；他们不为名，不为利，只是出于对祖国和人民的热爱。他们不是"文学商人"，也不会看"风向"、看"行情"。他们向读者交出整个的心。他们是靠作品而存在，而战斗，而成长。他们将在自己的艺术实践中勇往直前。在他们的身上我看到了我国文学事业的繁荣和发展。

我热诚地欢迎他们，也甘心让他们把我抛在后头。

1981 年第 1 期　刊名:《萌芽》
目录

给初学写作者的信（一）⋯⋯⋯⋯⋯⋯⋯ 茅　盾
祝《萌芽》复刊⋯⋯⋯⋯⋯⋯⋯⋯⋯⋯⋯ 巴　金

小说
螺旋⋯⋯⋯⋯⋯⋯⋯⋯⋯⋯⋯⋯⋯⋯⋯ 孙　颙
马路求爱者⋯⋯⋯⋯⋯⋯⋯⋯⋯⋯⋯⋯ 刘以琳
诱惑⋯⋯⋯⋯⋯⋯⋯⋯⋯⋯⋯⋯⋯⋯⋯ 王洪波
淡淡的木樨香⋯⋯⋯⋯⋯⋯⋯⋯⋯⋯⋯ 王小鹰
莽林灯光⋯⋯⋯⋯⋯⋯⋯⋯⋯⋯⋯⋯⋯ 洁　岭
她⋯⋯⋯⋯⋯⋯⋯⋯⋯⋯⋯⋯⋯⋯⋯⋯ 陈　默
乡路上⋯⋯⋯⋯⋯⋯⋯⋯⋯⋯⋯⋯⋯⋯ 金惠福
完了，我的颂歌⋯⋯⋯⋯⋯⋯⋯⋯⋯⋯ 王海宁
祸福篇⋯⋯⋯⋯⋯⋯⋯⋯⋯⋯⋯⋯⋯⋯ 赵　平

散文
仙境凡女⋯⋯⋯⋯⋯⋯⋯⋯⋯⋯⋯⋯⋯ 陈典谟
摆渡人⋯⋯⋯⋯⋯⋯⋯⋯⋯⋯⋯⋯⋯⋯ 朱普乐
寸寸光阴⋯⋯⋯⋯⋯⋯⋯⋯⋯ 许国泰　王晓廉
傣乡恋⋯⋯⋯⋯⋯⋯⋯⋯⋯⋯⋯⋯⋯⋯ 凌耀忠

诗歌
新叶（组诗）⋯⋯⋯⋯⋯⋯⋯⋯⋯⋯⋯ 沈　晓
抒情诗三首⋯⋯⋯⋯⋯⋯⋯⋯⋯⋯⋯⋯ 北　岛
祈求⋯⋯⋯⋯⋯⋯⋯⋯⋯⋯⋯⋯⋯⋯⋯ 培　贵
幼林之歌（我与萌芽）⋯⋯⋯⋯⋯⋯⋯ 刘祖慈
出钢曲（我与萌芽）⋯⋯⋯⋯⋯⋯⋯⋯ 孙立真
浦江情思（八首）⋯⋯⋯⋯⋯⋯ 缪国庆　高元兴
王建国　郑春华　桂兴华　廖　群　胡天麟　米福松
从这里开始（诗画之页）⋯⋯曲磊磊　画　江　河　诗
希望⋯⋯⋯⋯⋯⋯⋯⋯⋯⋯⋯⋯⋯⋯⋯ 吴　茗

理论·杂文
提倡读点书⋯⋯⋯⋯⋯⋯⋯⋯⋯⋯⋯⋯ 杜　宣
《萌芽》——左联时期的重要刊物之一⋯⋯陈友雄
愿文学新秀苗壮成长
　　——读《萌芽丛书》⋯⋯⋯⋯⋯⋯⋯ 杜　萌
小议"粗话"⋯⋯⋯⋯⋯⋯⋯⋯⋯⋯⋯⋯ 高韵裴
读《小议"粗话"》有感⋯⋯⋯⋯⋯⋯⋯ 罗竹风
萝卜雕花与大寨红旗⋯⋯⋯⋯⋯⋯⋯⋯ 唐代凌
有感于《拍手歌》⋯⋯⋯⋯⋯⋯⋯⋯⋯ 许锦根
再谈"骂杀与捧杀"⋯⋯⋯⋯⋯⋯⋯⋯⋯ 岷　砯

其他
我们的幼芽（木刻）⋯⋯⋯⋯⋯⋯⋯⋯ 黄永玉
希望，在广漠的泥土下（青春火焰）
　　⋯⋯⋯⋯⋯⋯⋯⋯徐　刚　诗　周长江　画
震后（雕塑）⋯⋯⋯⋯⋯⋯⋯⋯⋯⋯⋯ 蒋思远
阳光下（雕塑）⋯⋯⋯⋯⋯⋯⋯⋯⋯⋯ 张海平
流——青年与十年（油画）⋯⋯⋯项　纲　俞晋中

1981 年第 2 期　刊名:《萌芽》
目录

恋爱与文艺创作⋯⋯⋯⋯⋯⋯⋯⋯⋯⋯ 丁　玲
给初学写作者的信（二）⋯⋯⋯⋯⋯⋯ 茅　盾

小说
不能忘掉这一幕⋯⋯⋯⋯⋯⋯⋯⋯⋯⋯ 肖　元
"天使"和"野马"⋯⋯⋯⋯⋯⋯⋯⋯⋯⋯ 吴广宏
舷窗外的浮云，飘，飘，飘⋯⋯⋯⋯⋯ 文　钊
我的心，掉进了甜蜜的酒杯（萌芽之友）⋯⋯李钧龙
美加净⋯⋯⋯⋯⋯⋯⋯⋯⋯⋯⋯⋯⋯⋯ 朱立德
遭人诽谤的献身⋯⋯⋯⋯⋯⋯⋯⋯⋯⋯ 梅帅元
瓜园的雾⋯⋯⋯⋯⋯⋯⋯⋯⋯⋯⋯⋯⋯ 何　愁
醒⋯⋯⋯⋯⋯⋯⋯⋯⋯⋯⋯⋯⋯⋯⋯⋯ 周　熠
严寒⋯⋯⋯⋯⋯⋯⋯⋯⋯⋯⋯⋯⋯⋯⋯ 周　进
一盆鲑鱼⋯⋯⋯⋯⋯⋯⋯⋯⋯⋯⋯⋯⋯ 张重远
东方，一抹朝霞似火⋯⋯⋯⋯⋯⋯⋯⋯ 杨　帆

散文·报告文学

神女的复活————————————————俞天白
在米市大街的基督教堂里——————————叶 音
边陲勤远————————————————周抗美
漫游普陀话香客——————————钱国梁 王仲良
驯潮————————————————————李白坚
乌苏里江抒情————————————————门瑞瑜

诗歌

觉醒（三首）————————————————骆耕野
山中（二首）————————————————李 钢
爱情诗一束（四首）—————————————徐 康
瀑思（三首 诗画之页）——————郑宝富诗 王志英画
燃烧（青春火焰）——————————雷抒雁（封二）
水乡风采（三首）——————————————管用和
山村谣曲（二首）——————————————张庆明
黄河滩短笛（二首）—————————————飞 雪
春雨夜————————————————————陈 正
翠绿的梦——————————————————夏 雄
春雪（短诗辑）———————————————陈玉坤
蔡 焜 马合省 孙 悦 苏艺林 李卫宏 陈北鸥
王泽洲 顾许胜 孙华文 周晓萍 吕良才 辛 磊

理论·杂文

诗的寄语——————————————————雁 翼
谈"削"文章—————————————丁婷婷 陈 新
天道酬勤——————————————————柳 梅
不弃无名——————————————————杨振喜
有感于林妹妹进大观园————————————方劲戎
"不可思议"谈———————————————张炳隅
"刺激"辩—————————————————应国靖
心理作战——————————————————肖 夜
对历史负责————————————————上官琼琼
张春桥和"标点"—————————————雪 吟 巽 昌

美术

霞光曲（油画）————————————晓 友 胡 强
青春啊，你有多少个梦?（木刻）———————卢治平
第一步（木刻）———————————————沈蓉男
神社（国画）————————————————王维宝

1981 年第 3 期　刊名:《萌芽》
目录

给初学写作者的信（三）—————————— 茅 盾

小说

边境密林中————————————————金 鑫
在空白的一页上———————————————沈善增
假面————————————————————何 东
大海深处（萌芽之友）————————————张士敏
干事元老——————————————————白永居
麦收时节——————————————————乔宇峰
第一次行贿—————————————————温德友

散文·报告文学

冰峰雪莲红————————————————何启治
海鸟————————————————————于宪东
我年青的朋友————————————————叶 音
家乡的"燕市"———————————————徐锦元
岩石的性格—————————————————黄 潮

诗歌

望断天涯路————————————————熊政召
跋涉者的沉思————————————————赵丽宏
北方————————————————————杨 炼
我走向萌芽（外一首）————————————王家新
一块云————————————————————刘少安
绿色的莲湖（外一首）————————————刘益善
潭水的失恋—————————————————吴兆龙
眼睛————————————————————巴 兰
春潮赋（青春火焰）————————————黎焕颐
大自然协奏曲（诗画之卷）——————————陈 放
边寨风情（短诗辑）——————夏国云 金 一 李发模
王忠范 张永权 洋 滔 张朴夫 肖 川 刘德庆

理论·杂文

文学首先要求真实—————————————白 慧
诗歌乱弹——————————————————方 殷
关于"朦胧诗"———————————————陈贞权
哲理诗的对比————————————————余 之
不要把"杰米扬的汤"给读者喝————————孙洪康
人体脊柱种种————————————————成 谷
也谈"一不怕苦，二不怕死"—————————麦 扬
阿 Q 在湖面上挣扎—————————————远 方
文艺创作不是"闻意"创作——————————孙 承
"爱情描写"小议——————————————张德林
唱反调——————————————————金 峻

美术

缅桂飘香（王笔重彩）································刘大为
快快成长（木刻）··································陈剑英
春市（国画）······································冷　宏
起飞（摄影）······································简庆福
春·夏·秋·冬（木刻组画）··························许彦博
读者·作者·编者

1981 年第 4 期　刊名:《萌芽》
目录

给初学写作者的信（四）·························茅　盾
辅导很必要，但不能过分依赖······················肖　殷

小说

好亮啊，星!······································耕　夫
清清的小溪水·····························（苗族）吴雪恼
湖心亭诗话··翁世荣
大路上，希翼或者流浪·····························陈　希
一棵小草··刘　涌
变异··李安林
"小拖把"··宋定国
醇酒··项秉健
睦素坊恋歌··张安东

散文

凤还巢··徐子芳
紫红的扁豆··陶　冶
武术之乡··李　波

诗歌

赤子心（吉林大学诗辑）
我们（三首）······································王小妮
穿喇叭裤的青年····································徐敬亚
我在山里··吕贵品
三个朋友··邹　进
让昨天在心中走过（二首）·························张　丹
大街转弯处（外一首）·····························方竟成
实验室里的爱情（二首）···························徐家麟
心歌（三首）·····························（中国香港）王心果
带刺的蔷薇（诗画之页）
　　　　　李启云　尧山壁　毕长龙　杨代忠
露珠（组诗）······································袁　刚
航帆（外二首）····································夏勇刚
热血（青春的火焰）······························李松涛

理论杂文

文艺的春天永存····································上官琼琼
对文学青年的爱····································陈国凯
论自由··白　慧
骗子和他的哲学····································耿　庸
苍蝇的完美和战士的缺点··························王　戎
大作家的败笔······································杨振喜
不要"制造抱屈的、不满的人"······················张蜀君

美术

芭蕾新苗（水彩画）································施福国
喀什艾提卡尔广场的印象（油画）····赵　拓　易　凯
憧憬（雕塑）······································严友人
买猪图（图画）····································史国良
漫画一辑··································詹　同　丁兆庆
　　阿　达　乐小英　郑通校　沈天呈

1981 年第 5 期　刊名:《萌芽》
目录

小说

给初学写作者的信（五）·························茅　盾
巨星的陨落··哈　华
纸短情长··秦兆阳

小说

青春和弦··傅　星
四姐婢··彭见明
延点车··刘　熙
我曾有一个好姐姐··································周　健
招王者··戴玉泉
路遇··梅帅元
吴祥卖猪··李逸江
织疤··俞　哲
203 病房··戴思东
白墙··初　迪
球，落地生花······································肖复兴
凌凌··周建华
红槿花··郝月梅
平芜泛舟··康　鉴
幸福水··石中山

诗歌

呵，船长，我的父亲································缪国庆
亮晶晶的雨丝······································朱金晨
测镜里，我在观望（外一首）······················孙　映
钢铸的歌（三首）··································郑宝富

雷电之歌 ……………………………… 白煤国
酒 …………………………………… 徐志宏
从矿山飞来的信（诗画之页）………… 孙友田
扳道者（诗画之页）…………………… 王芳武
抒情诗三首 …………………………… 舒　婷
都市抒情组诗 ………………………… 叶廷滨
庙宇偶题（二首）……………………… 高伐林
中国地图 ……………………… 陈继光　陈万鹏
周　民　沈天鸿　叶　笛　王　云　钱锦方　程显谟
树　岭　月　笙　刘金忠　魏滨海

杂文

谈理发师的妙论 ……………………… 林　雪
要有爱国之心 ………………………… 张丽俊
保护个性 ……………………………… 方　斜
从海瑞休妻纳妾谈起 ………………… 曹晓波
概念和论争 …………………………… 万力戈
试谈文豪的批评 ……………………… 刘法绥

美术

木刻组画 ……………………… 陈晋容　赵晓沫
喜洋洋（油画）………………………… 卢　恺
思（雕塑）……………………………… 吴慧明
时光（油画）…………………………… 邓金楠
大召寺（水粉画）……………………… 胡项城

1981 年第 6 期　刊名:《萌芽》
目录

给初学写作者的信（六）……………… 茅　盾

小说

自动线的梦 …………………………… 周孜仁
黑甜甜 ………………………………… 赵丽杰
静静的荷塘 …………………………… 柏　玫
芬芳的旋律 …………………………… 王文锦
献图 …………………………………… 刘春来
结婚证 ………………………………… 孙小林
鲤鱼跳龙门之喜 ……………………… 萧　簧
背着十字架的姑娘 …………………… 郑　芸
虎福 …………………………………… 姚克明
泪竭 …………………………………… 戴　舫
完达山中百花蜜 ……………………… 王晓廉
窗花 …………………………………… 戴永夏
桔颂 …………………………………… 季振邦
散文诗一束 ……………… 佘林明　叶庆端　程大利
张和平　章　萍

诗歌

诗坛新芽

老师（外一首）………………………… 戴达奎
脊梁（外三首）………………………… 史益华
呵，丝绸之路（外三首）……………… 孙　悦
捉蜜蜂（外二首）……………………… 刘国萍
甜甜的托儿所（诗画之页）…………… 郑春华
早春的小花（五首）…………………… 董　华
冬（外二首）…………………………… 谢　聪
一丛绿叶（外一首）…………………… 吴锦华
母亲啊，快上车吧 …………………… 戈指韦
给妈妈（外一首）……………………… 王小龙
放学路上（外三首）…………………… 吴　伟
海员（外二首）………………………… 高元兴
希望（青春火焰）………… 韩忆萍诗　王成城　画
大春树的启示 ………………………… 李钧龙
诗道上的绿灯 ………………………… 周良沛
闲话"红学诗" ………………………… 吴士余
不要虚假要真实、不要低沉要深沉……… 黄学农
"写真实"难 …………………………… 张炳隅
"朦胧诗"管见 ………………………… 余　之
有感于"朦胧诗"的讨论 ……………… 江　边
想起了鲁迅的"忠告" ………………… 华　然

美术

拾贝（油画）…………………………… 王莉华
旋律（油画）……………… 广东省青年美展供稿
理想（油画）…………………………… 李树基

1981 年第 7 期　刊名:《萌芽》
目录

小说

浩然正气贯中华 ……………………… 李　云
给初学写作者的信（七）……………… 茅　盾
我的心里话 …………………………… 郭　风
夕阳恋高岫 …………………………… 寒山童
"花和尚"打赌 ………………………… 钟铁夫
走向沸腾的生活 ……………………… 田抒强
他是这样一个青年 …………………… 蒋焕荪
门 ……………………………………… 刘观德
播下的全是爱 ………………………… 曹金兴
张老乐 ………………………………… 徐永舜
鲜花，将天遍大地 …………………… 谢德辉

散文

来自草地的报告 ……………………… 李先元

云岭素花 ———————————— 朱普乐
七月枣 ———————————— 张茂华

诗歌
北方抒情诗（组诗）———————— 韩作荣
祖国，我理解（外二首）————— 张学梦
我燃烧了呵，亲爱的党 ———— 刘福林
永恒 ———————————————— 孙 悦
泪与笑 ———————————— 顾子欣
七月 ——————————— 张 挚 刘长生
露珠 ——————————————— 张万舒
自从 ——————————————— 王玉意
让我们挽起…… —————————— 尚 方
家乡的果林 ———————————— 吴建中
青青牧场上（诗画之页）———— 师日新

萌芽之友
小雨点儿（三首）————————— 于 之
北山恋（二首）—————————— 刘 章
田园抒情诗（四首）——————— 陈 犀
江山如此多娇（组诗）——— 纪 学 李霁宇 冉 庄
蔡 焜 沈骏康 左一兵
火焰——生命的光芒（青春火焰）—— 丁 芒

理论·杂文
"七一"随想 ———————————— 上官琼琼
埋怨乎？ 教训乎？——————————— 耿 发
机器·文明·精神文明 ————— 方劲戎
长与短 ——————————— 应国靖
伤痕与伤疤 ————————————— 浅 草
从"淘米"想到 ——————————— 袁 光

美术
诗画之页（组画四幅）
—————— 方振宁 梁洪涛 吕小满 晁 楣
长城（水粉画）—————————— 查国均
岗位（国画）——————————— 施忠平
知识似海洋（雕塑）——————— 张海平
延安（油画）——————————— 庞 均

1981 年第 8 期　刊名:《萌芽》

目录

给初学者写作者的信（八）————— 茅 盾

小说
冰上圆舞曲 ——————————— 王 平

徐光启测天记 ——————————— 孙昌宇
泉嫂 ——————————————— 傅湘云
影院门口 ————————————— 郝月梅
爱，从这里开始 —————————— 邱伟鸣
最后的葬礼 ————————————— 陈 浮
诉讼 ——————————————— 胡根喜
返祖 ——————————————— 邱国珍
怪船 ——————————————— 戴胜德
又是一个星期六 —————————— 蒋丽萍

散文
军犬阿勇 ————————————— 刘汉太
哦，李太白…… —————————— 赵丽宏
水之声交响乐（组诗）——————— 邓海南
英雄之路（组诗）————————— 卜 风

诗歌
江苏诗页
我的心飞向遥远（外一首）———— 南 达
山林里，遇到一个少女 ————— 赵淑光
追蝶（外一首）—————————— 薛尔康
峡江行（二首）—————————— 黄东成
海防短笛（八首）（诗画之页）—— 杨德祥
我（外一首）（诗画之页）———— 李永龙
唱吧，喜鹊（二首）——————— 胡永其
牧场情歌（五首）————————— 毕庆平
闪光的小镇 ———————————— 董必生
运河夜色 ————————————— 姜琍敏
紫金山上（二首）————————— 陈良骧
怪岛 ——————————————— 池 澄
我要…… —————————————— 文 斓
雨中 ——————————————— 陈克平
当你告别昨天的时候（青春火焰）—— 马恒祥

理论
刚刚入伍的未来将军
——谈《萌芽》半年来的小说处女作
——————————————— 钱 虹 戴 碧
它的名字叫：萌芽
——《萌芽》复刊半年来的诗歌述评 —— 余 之
"剖破藩篱即大家"（名作欣赏）—— 吴纪椿

美术
生根、开花、结果（油画）———— 韦 康
算（雕塑）————————————— 叶炽烈
鱼水情（剪纸）—————————— 林曦明
侗乡喜雨（国画）————————— 聂 鸥
速写四幅（诗画之页）—— 胡振郎 李大军 冷 宏

1981 年第 9 期　刊名:《萌芽》
目录

给初学写作者的信（九）——————茅　盾

纪念鲁迅诞辰一百周年
读《唐朝的盯梢》——————陈学昭
对于将来的希望——————杨　越　许翼心

小说
她，讴歌欢乐——————蒋丽萍
公审——————李朝杰
茧与丝——————黄　河
春到溪头荠菜花——————王小鹰
炊烟，不是野火——————袁和平
洁白的脚印——————刘学林
在三十八公里处——————田舒强
天鸟，迟迟搭起鹊桥——————费尽贤

诗歌
抒情诗三首——————柯愈勋
思絮飘飘（三首）——————熊远柱
乡恋（三首）——————鄢家发
我，微笑着告别昨天——————培　贵
垦荒的牛（诗画之页）——————刘德亮
早发的种子（外一首）——————顾　城
昨天，今天（二首）——————李宗贤
飘零与梦幻（外一首）——————小　麦
我是一峰金色的骆驼——————施友松
峭壁·蝶和吟（二首）——————范　方
渔镇雾夜——————刘小龙
闽农风情（二首）——————陈瑞统
太阳变奏曲——————叶卫平
荷塘曲（外一首）——————朱谷忠

理论·杂文
文学，我多情的知友——————王小鹰
雾，在她的笔端缠绕——————金　巩
从萌芽到参天的大树——————胡万春
两位工人的诗——————雁　翼
批评家和不平家——————章仲锷
使文艺和批评一同前进——————华　然
买像记——————阿　羊
宗派和流浪杂议——————远　方

美术
历史的启发（油画）——————任丽君

奋力划呦，年轻的水手（青春火焰）
——————纪　鹏　诗　夏予冰画
心愿（油画）——————冯明榴
寄托
——鲁迅与文学青年（国画）——————冷　宏　盛姗姗
百草园（国画）——————谢春彦　题词：杜　宣
诗画之页——————卢琪辉
方增先　夏葆元　林旭东　黄英浩　张怀江

1981 年第 10 期　刊名:《萌芽》
目录

给初学写作者的信（十）——————茅　盾
克服涣散软弱状态必须做到两个一致
——————《文学报》评论员

小说
野女、金毛和小四眼——————邬峭峰
人缘——————张衍荣
第一千零四号——————吕敏尔
我爱你的心——————张　挺
秋菊姑娘——————肖正义
老张这个人——————岑之京
只要我们还活着——————乔　良
新月——————魏继新

报告
她的名字叫远征——————罗达成　周玉明

诗歌
土地（三首）——————杨　牧
地平线（二首）——————章德益
我纪念的山村（二首）——————刘益善
南国风情——————张永权
于宗信　云　流　米思及　何　锐
上海，在中国的阳台上（诗画之页）——————胡　平
上海港（诗画之页）——————赵健雄
祖国，清亮亮的早晨（《青春火焰》）——————陈　晏

理论
追求的欢乐——————赵丽宏
胸中鼓满春天的信风——————郭在精
酌奇不应失真　写实方能动人——————华　水

美术
祖国的希望（水粉画）——————徐文华　陈　敦　翟祖华
中华太阳正晴朗（油画）——————步欣农

泉水叮冬（版画）————————张嵩祖
上海速写（诗画之页）—————鲍夫华

1981 年第 11 期　刊名:《萌芽》
目录

小说专号
小说
深深的海洋————————————刘玉堂
黑风暴——————————————金　鑫
友情啊，友情！————————傅　星
表哥兮，归来！————————侯涤意
羊鱼嫂——————————————冯　峥
黑胶书包————————————谷　旭
林青和他的儿媳妇————————岳玉玲
百松坡上————————————阿　山
草莺———————————————姜　滇
小世界的爆炸——————————韩春旭
高邻———————————————陶明国
姑嫂情——————————————黎　泉
马长顺——————————————胡明文
荒荒———————————————匡文立

诗·美术
大学生（水粉画）————————陈守义
向往（诗·《青春火焰》）————季振邦
海的向往（装饰画）——————钟晓旭
在我们年轻的时候（玻璃钢雕塑）—朱　扑
愿望（雕塑）—————————赵志荣
水乡（装饰画）————————赵同钧

1981 年第 12 期　刊名:《萌芽》
目录

小说
野花瓣儿————————————王　钢
光————————————————许子东
宠儿———————————————汤世杰
再见，朋友————————————张廷竹
小镇年轻人————————————国　政
霍元甲——————————————肖熊山
八老的心事————————————陈　戈
永不退休的战士————————卢海义

诗歌
诗耕地（复旦大学诗辑）————韩云　王云
周伟林　王　健　王　煦　沈林森　徐德民

绿色韵律————————————胡　笛
盛晓虹　铁　牛　蔡　涉　陈应松　潘柏荣　崔笛扬
钢铁交响——————董宏量　郑宝富　刘希涛
天涯诗笺————————————云　鹤
郑梓敬　黄河浪　张诗剑　碧　沛
情诗一束——————————陈　阵　戚积广
何立伟　李　瑜　宋家玲　谭建光
莫干山风景（诗画之页）——宫　玺　诗　盛毓安画
从那时候到那时候（青春火焰）————刘　镇

散文
星空忆念————————————闫豫昌
梨园觅踪————————————凌耀忠
心的倾诉————————————周抗美
生活的魅力————————————王圣思

理论
最初的孕育————————————李小为
沉沦还是进击——————许　岱　李硕儒
我和甜甜的托儿所————————郑春华
爱的诗篇————————————圣　野

美术
牧归图（国画）————————方增先
我们这一代（版画）——————聂昌硕
浦江渡　雨后黄昏——————王成城　林世荣
沃土上的歌声（油画）————刘　虹

1982 年第 1 期　刊名:《萌芽》
目录

小说
竹林里闪过的红风衣————————冯　洁
在我们这个年纪————————彭见明
布谷鸟在歌唱——————————匡永洪
下楼———————————————贺景文
竹盒·匕首————————————王启元
乌根巴图————————————陈玉谦
打靶———————————————聂鑫森
可怜的维纳斯——————————白小易
爷爷的胡子和奶奶的眼镜片————马敬东
船上人家————————————康　青

诗歌
城市·农村（组诗）——————吕品贵
抒情诗（二首）————————李　钢
致友人——————————————贺东久
手的变奏（小叙事诗）————袁　军

春雾（短诗辑）⋯⋯⋯⋯⋯杨来顺　林　青　黄晓华
何　仃　金　涛　姚忠礼　魏志远　成莫愁　魏　民
雪·新年·我（青春火焰）⋯⋯⋯⋯⋯⋯⋯徐敬亚

散文·寓言
大海的眼睛⋯⋯⋯⋯⋯⋯⋯⋯⋯⋯⋯⋯于宪东
桃子熟了的时候⋯⋯⋯⋯⋯⋯⋯⋯⋯⋯胡　港
为国争光⋯⋯⋯⋯⋯⋯⋯⋯⋯⋯⋯⋯⋯赵清阁
寓言一束⋯⋯⋯⋯⋯⋯⋯⋯⋯⋯⋯⋯⋯商　欣

理论
欣赏一首短诗⋯⋯⋯⋯⋯⋯⋯⋯⋯⋯⋯臧克家
生活在召唤⋯⋯⋯⋯⋯⋯⋯⋯⋯⋯⋯⋯关沫南
初试新声的雏莺⋯⋯⋯⋯⋯⋯⋯⋯⋯⋯哈　华
文学——它来自心灵⋯⋯⋯⋯⋯⋯⋯⋯傅　星
想起了海蜇皮⋯⋯⋯⋯⋯⋯⋯⋯⋯⋯⋯沈善增
从一首歌引出的⋯⋯⋯⋯⋯⋯⋯⋯⋯⋯蒋丽萍
学会思考　学会走路⋯⋯⋯⋯⋯⋯⋯⋯陈　默
在飞驰的列车上⋯⋯⋯⋯⋯⋯⋯⋯⋯⋯魏继新
极端个人主义者的命运悲剧⋯⋯⋯⋯⋯王海渭

美术
黄金时代（油画）⋯⋯⋯⋯⋯⋯⋯⋯⋯蔡荣华
青少年生活（木刻）⋯⋯⋯⋯⋯⋯⋯⋯许彦博
美不美，家乡水（木刻）⋯⋯⋯⋯⋯⋯肖映川
进军西班牙（油画）⋯⋯⋯⋯曹国芳　贝家镶

1982 年第 2 期　刊名:《萌芽》
目录

小说
星空依然灿烂⋯⋯⋯⋯⋯⋯⋯⋯⋯⋯⋯邱国珍
十九级阶梯⋯⋯⋯⋯⋯⋯⋯⋯⋯⋯⋯⋯冷　凝
啊，"老插"⋯⋯⋯⋯⋯⋯⋯⋯⋯⋯⋯⋯张亦峥
归途小夜曲⋯⋯⋯⋯⋯⋯⋯⋯⋯⋯⋯扎西达娃
分粮⋯⋯⋯⋯⋯⋯⋯⋯⋯⋯⋯⋯⋯⋯⋯程　瑛
江湾，静悄悄⋯⋯⋯⋯⋯⋯⋯⋯⋯⋯⋯谭　力
她叫杨妮⋯⋯⋯⋯⋯⋯⋯⋯⋯⋯⋯⋯⋯初　迪
金子⋯⋯⋯⋯⋯⋯⋯⋯⋯⋯⋯⋯⋯⋯⋯王季明

诗歌
浦江畔的青春（上海青年作者诗辑）
蓝皮日记⋯⋯⋯⋯⋯⋯⋯⋯⋯⋯⋯⋯⋯缪国庆
漂浮着的白云⋯⋯⋯⋯⋯⋯⋯⋯⋯⋯⋯宋金祥
天山行（二首）⋯⋯⋯⋯⋯⋯⋯⋯⋯⋯张　真
早晨，在上海⋯⋯⋯⋯⋯⋯⋯⋯⋯⋯⋯车　佚
凝视⋯⋯⋯⋯⋯⋯⋯⋯⋯⋯⋯⋯⋯⋯⋯桂兴华
登长城烽火台⋯⋯⋯⋯⋯⋯⋯⋯⋯⋯⋯刘国萍

致大地（外一首）⋯⋯⋯⋯⋯⋯⋯⋯⋯袁　刚
我⋯⋯⋯⋯⋯⋯⋯⋯⋯⋯⋯⋯⋯⋯⋯⋯吴嘉梁
骨肉情深
⋯⋯⋯⋯⋯廖　群　董景黎　郑春华　许　扬　许　伟
城市抒情（诗画之页）⋯⋯⋯傅天琳诗　蔡　兵等画
播种的季节（青春火焰）⋯⋯⋯⋯⋯⋯纪　学

散文·报告
沙漠的梦⋯⋯⋯⋯⋯⋯⋯⋯⋯⋯⋯⋯⋯许国泰
为童心而歌（报告）⋯⋯⋯⋯⋯⋯⋯⋯陈天生
福建茶⋯⋯⋯⋯⋯⋯⋯⋯⋯⋯⋯⋯⋯⋯黄春安
李黛玉小记⋯⋯⋯⋯⋯⋯⋯⋯⋯⋯⋯⋯瞿振振

理论·杂文
坚持写作实践与青年作者的成长（一）⋯⋯肖　殷
生命只有一次（跋涉者）⋯⋯⋯⋯⋯⋯边　叶
静思妙裁⋯⋯⋯⋯⋯⋯⋯⋯⋯⋯⋯⋯⋯吴士余
谈"怕"⋯⋯⋯⋯⋯⋯⋯⋯⋯⋯⋯⋯⋯若　华

美术
春（国画）⋯⋯⋯⋯⋯⋯⋯⋯⋯⋯⋯⋯林　墉
耕滩（版画）⋯⋯⋯⋯⋯⋯⋯⋯⋯⋯⋯张京德
插图选登⋯⋯⋯⋯⋯⋯⋯⋯⋯⋯⋯⋯⋯詹忠效
陶冶（油画）⋯⋯⋯⋯⋯⋯⋯⋯石人耀　徐　墨

1982 年第 3 期　刊名:《萌芽》
目录

小说专号
在过去与未来之间⋯⋯⋯⋯⋯⋯⋯⋯⋯傅　星
晨光到来的时候⋯⋯⋯⋯⋯⋯⋯⋯⋯⋯郭保林
叶亥西·琼杰⋯⋯⋯⋯⋯⋯⋯⋯⋯⋯⋯金光中
木香花还没有开⋯⋯⋯⋯⋯⋯⋯⋯⋯⋯朱振国
血的交流⋯⋯⋯⋯⋯⋯⋯⋯⋯⋯⋯⋯⋯隋洪润
过水⋯⋯⋯⋯⋯⋯⋯⋯⋯⋯⋯⋯⋯⋯⋯王　简
我的第三个连长⋯⋯⋯⋯⋯⋯⋯⋯⋯⋯谢鲁渤
平沙茫茫⋯⋯⋯⋯⋯⋯⋯⋯⋯⋯⋯⋯⋯叶　瑾
小河静静地流⋯⋯⋯⋯⋯⋯⋯⋯⋯⋯⋯蒋　杏
两个棋王⋯⋯⋯⋯⋯⋯⋯⋯⋯⋯⋯⋯⋯张　挺
乡渡⋯⋯⋯⋯⋯⋯⋯⋯⋯⋯⋯⋯⋯⋯⋯楚　玉
卜佬买表⋯⋯⋯⋯⋯⋯⋯⋯⋯⋯⋯⋯⋯冯　峥
闯"禁区"的独白⋯⋯⋯⋯⋯⋯⋯⋯⋯方先茂
天葬⋯⋯⋯⋯⋯⋯⋯⋯⋯⋯⋯⋯⋯⋯⋯郑　柯

编辑札记
把种籽洒向沃土⋯⋯⋯⋯⋯⋯⋯⋯⋯⋯曹　阳
——给文学青年方文的一封信
附件：春（小说习作）⋯⋯⋯⋯⋯⋯⋯方　文

诗画之页

高原放歌·高原速写⸺⸺⸺⸺⸺戴安常 赵发魁

青春火焰

彩霞从地面升起⸺⸺⸺⸺⸺⸺⸺雁 翼

美术

晨曲（油画）⸺⸺⸺⸺⸺⸺⸺陈衍宁
建设的旋律（版画）⸺⸺⸺⸺⸺董 叙
收割（版画）⸺⸺⸺⸺⸺⸺⸺贺立德
新花（国画）⸺⸺⸺⸺⸺⸺⸺纪清远

1982 年第 4 期　刊名:《萌芽》
目录

《萌芽》文学创作荣誉奖特辑
祝新芽苗壮成长
⸺为公布《萌芽》文学创作荣誉奖评选结果致读者
⸺⸺⸺⸺⸺⸺⸺⸺⸺⸺本刊编辑部
为了人间⸺致青年作者⸺⸺⸺⸺严文井
社会责任感和创作自由⸺⸺⸺⸺洁 泯
题辞⸺⸺⸺⸺⸺⸺⸺⸺⸺⸺臧克家
航线的浪花　青春的诗章
⸺读《萌芽》获奖诗篇⸺⸺⸺⸺邹荻帆
火红的生活　闪光的文学
⸺《萌芽》文学创作荣誉奖获奖小说述评⸺吴士余
读者来信来稿摘编

小说

当我还是一只丑小鸭⸺⸺⸺⸺谭 力 王从学
她，消失在人流中⸺⸺⸺⸺⸺马立诚
"吃吃瞧"⸺⸺⸺⸺⸺⸺⸺⸺匡永洪
早晨醒来⸺⸺⸺⸺⸺⸺⸺⸺许子东
下溪⸺⸺⸺⸺⸺⸺⸺⸺⸺梁晓明
归来⸺⸺⸺⸺⸺⸺⸺⸺⸺应桂香
队列中⸺⸺⸺⸺⸺⸺⸺⸺⸺刘晓喻
压切面的姑娘⸺⸺⸺⸺⸺⸺晓 剑

诗歌

彩色的工地（组诗）⸺⸺⸺⸺⸺高伐林
生活，走向黎明（二首）⸺⸺⸺张建华
给母亲（三首）⸺⸺⸺⸺⸺⸺李 琦
绿色海棉垫⸺⸺⸺⸺⸺⸺⸺陈忠干
林·湖·少年⸺⸺⸺⸺⸺⸺陈应松
声音（外一首）⸺⸺⸺⸺⸺⸺姜平章
带露的红豆（三首）⸺⸺⸺⸺张德强
滨海小路夜思（外一首）⸺⸺⸺谢颐城
春笋（短诗辑）⸺⸺⸺⸺⸺⸺陈有才

刘茂胜　曲有源　喻 晓　汪国福　马芳亭　周志友
文 丙　张润森　张 波
最后一缕阳光⸺⸺⸺⸺⸺⸺⸺陈咏华
街头沉思（二首）（《诗画之页》）⸺张新泉
明天的歌（《青春火焰》）⸺⸺⸺姜金城

散文

呵，苏珊娜⸺⸺⸺⸺⸺⸺⸺⸺凌耀忠
书简⸺⸺⸺⸺⸺⸺⸺⸺⸺⸺刘烨园

美术

新绿（油画）⸺⸺⸺⸺⸺⸺⸺林宏基
晨曲（浮雕）⸺⸺⸺⸺⸺⸺⸺吴慧明
陶（木刻）⸺⸺⸺⸺⸺⸺⸺⸺贾国中
林中（水彩）⸺⸺⸺⸺⸺⸺⸺盛 洁
读心（水彩）⸺⸺⸺⸺⸺⸺⸺邓祖义

1982 年第 5 期　刊名:《萌芽》
目录

理论

坚持文艺的工农兵方向⸺⸺⸺⸺草 明
坚持写作实践与青年作者的成长（二）⸺萧 殷
跋涉者
写自己熟悉的⸺⸺⸺⸺⸺⸺⸺彭见明
描绘普通人的心灵美⸺⸺⸺⸺⸺王海湄
各抒己见
生活不是创作的源泉吗?
⸺关于方文小说的通信所引起的讨论⸺张廷竹
方 文　华 滢　陆慧丽　评 兵
"龙迷"阎志友（报告文学）⸺⸺李继伦 车爱军

散文

赛马时节⸺⸺⸺⸺⸺⸺⸺⸺李先元
竹排·火把·扁担⸺⸺⸺⸺⸺吴铭竹

小说

报复者的旅行⸺⸺⸺⸺⸺⸺⸺张廷竹
"半条命"老楚⸺⸺⸺⸺⸺⸺陈 吟
雪夜⸺⸺⸺⸺⸺⸺⸺⸺⸺⸺矫 健
艺不传子⸺⸺⸺⸺⸺⸺⸺⸺陈福根
这一步⸺⸺⸺⸺⸺⸺⸺⸺⸺曾应枫
鱼⸺⸺⸺⸺⸺⸺⸺⸺⸺⸺秦 菲
我们等待着⸺⸺⸺⸺⸺⸺⸺方同德
再见吧，小路⸺⸺⸺⸺⸺⸺⸺蔡耀鸣

诗歌

钢城恋（三首）⸺⸺⸺⸺⸺⸺聂鑫森

动力之歌 ———————————— 邓海南
夜，在雷雨之渊（外一首）———————— 刘滨
啊，土地（外一首）———————————— 李道林
茶 ——————————————————— 左连生
大海·天空 ———————— 胡绳梁 王坚忍
请不要告别（外一首）———————————— 黄辙
芒果树 ——————————————————— 舒婷
空间的魅力（外一首）———————————— 源源
帆影（短诗辑）—— 方芳 凌荣华 杨龙寿 顾许胜
钱涛 俞聪 吴霖 常恺 舟青 夏勇刚
节奏·深山汽车域·雪地上的脚印
—————————— 刘振明 董宏亮 钱国梁
青春火焰
支那——智慧 ——————————————— 薛尔康

美术

晨（国画）—————————————————— 杨刚
心里红（油画）————————————————— 陈晓东
实现祖国"四化"，争取更大光荣（宣传画）
——————————————— 邱百平 陈振新
黎寨蕉园（木刻）————————— 严世敏 陈桂花

1982 年第 6 期　刊名:《萌芽》
目录

理论

一点小小的意思 ———————————————— 茅盾
歌赞我们的英雄，激发爱国主义的热情 ———— 哈华
茅盾，永远是文学青年的导师 ——————— 应国靖
诗苑的新葩
——复旦大学诗社座谈《萌芽》诗歌创作
诗，生活与时代的回声 ————————— 徐辑熙
跋涉者
他有一颗美好的心
——记青年人工作者陈吟 —————————— 肖影

小说

牛王土登外传 ————————————— 张世俊
爷爷·孙子·海 ————————————— 杨显惠
眷眷的心 ——————————————————— 夏真
闷妹 ——————————————————— 韦一凡
三十而立 ————————————————— 盛晓虹
八月十六月不圆 ————————————— 殷德杰
馄饨姐妹 ————————————————— 朱幼棣
选择 ————————————————————— 秦菲
那边山坡 ——————————————————— 海迪

散文

光碑 ——————————————————— 乐维华
荒野奏鸣曲 ————————————————— 张宝发
拓荒者的海 ————————————————— 郑芸
我心中的阿波罗 ————————————— 谢德辉
采石风情 ——————————————————— 韩静霆

诗歌

上海青年作者诗辑
我曾是他们中的一个（四首）——————— 王小龙
强者之歌（二首）————————————— 陆幸生
童心和世界（二首）———————————— 徐德民
写在业余中学 ————————————————— 陈放
橄榄果（三首）————————————————— 张玉庭
啊，南方（二首）————————————————— 周民
航空信封（外一首）———————————— 孙晓刚
我的芦叶船（外一首）———————————— 季振华
唤醒水底的锚（二首）———————————— 谢聪
万里行踪（二首）————————————————— 金谷
魔方、积木及其他（诗画之页）—————— 李其纲
回声（短诗辑）————————————————— 费振刚
宋琳 裴高 杨再棣 陈伯森 卫世平 吴伟余
汤朔梅 姚念礼 王玉意
青春火焰
我是戈壁人————— 郭维东诗 彦涵 张祯麒等画

美术

欢腾的草原（国画局部）———————————— 黄胄
夏憩图（国画）————————————————— 方贤道
捕 ——————————————————— 钟向东

1982 年第 7 期　刊名:《萌芽》
目录

本社举办《萌芽》园丁奖启事
报告文学特辑

国宝 ——————————————————— 谭楷
生长的力量 ———————————— 周立行 李亦明
正当春暖花开时 ————————————————— 朱华
不仅有审美的耳朵 ————————————— 唐小峰

小说

有一对年轻夫妇 ————————————— 朱立德
最漂亮的，是那只灯罩 ———————————— 王璞
第一印象 ——————————————————— 李霁宇
在这里，我们相遇了 ———————————— 李其容

诗歌

南泥湾抒怀 .... 戴达奎
北方，南方 .... 姜强国
千岛湖风采（诗画之页）...... 韩 云 郑宝富 缪国庆
上海的路（青春火焰）.................... 师日新
栀子花（短诗辑）............ 李曙白 郭 欣 杨永年
陈日生 王焕春 董佳佳 高 琮 易殿选 纪少华

理论及其他

文艺批评的责任 .... 白 慧
如何看待青年中的"西方热" .... 赵培文
跋涉者
在最近一个时期…… .... 傅 星
从生活中发掘闪光的宝藏
——傅星和他的小说创作 .... 华 水
遥寄贺兰山
——悼念哈宽贵同志 .... 唐克新

美术

九寨漂木（油画）.......................... 张文源
党的诞生地（版画）........................ 沈柔坚
春天里的小树 .... 张安林 徐逸涛
啄虫（金山农民画）........................ 沈小妹

青春火焰

小岛 .... 谢其规
本刊举办"《萌芽》园丁荣誉奖"启事

理论

各抒已见
生活不是创作的源泉吗？
——关于方文小说的通信所引起的讨论
从理想出发——沙龙文学 .... 吴士余
也谈现代派文学 .... 魏 威
现代派的小说脱离了现实吗？................ 谷 梁
"要读世间这部活书"........................ 张蜀君
一个"古老又新鲜"的问题（来信来稿摘编）
青年作品评析
嫩绿一片芳草地
——《萌芽》复刊以来的散文述评 .... 叶公觉

美术

爱（油画局部）............................ 沈东亮
富饶的海岛（木刻）
.... 薛翊汉 黄树德 邓国源 余其万
春（雕塑）................................ 吴慧明
春花（雕塑）.............................. 朱 朴
踏歌图（国画）............................ 朱理存

1982 年第 8 期　刊名:《萌芽》
目录

小说

"梅花"天宝 .... 吴广宏
欢快的马铃儿 .... 刘树德
在淮海路上工作的姑娘 .... 陈伯玉
紫丁香 .... 姜 滇
小县里的画家 .... 储福金
开开 .... 姚育明
"雅闷"蒙达蕊 .... 周广生
柳枝，在向人诉说…… .... 王远绍
不值得的寻找 .... 曾新洲

诗歌

新边塞诗辑 .... 杨 牧
周 涛 章德益 高炯浩 李 瑜 刘 渊
军人的抒情（短诗辑）........ 孙中明 谢克强 毛秀璞
郭晓晔 杨德祥 李鹏青 尹家民 嵇亦工 李武兵
太湖风情（三首）.......................... 洪 亮
诗画之页
大地的素描（散文诗）...................... 徐 刚
长空吟/海疆情/仙人掌花 .... 李松涛 鹿说之 李昆华

1982 年第 9 期　刊名:《萌芽》
目录

小说

导演之家 .... 刘晓喻
要理解，但不要谅解 .... 王小克
路在你我之间 .... 王承刚
在那个小村里 .... 南 帆
山楂林 .... 张 炜
长毛兔之谜 .... 王冰泉
地上的人，天上的星 .... 黄蓓佳
滑梯筹建记 .... 孙春平
多余的砝码 .... 白小易

诗歌

学生诗辑 .... 黄 辙
金乐敏 叶延滨 张 真 徐 芳 宁民庆 曹 剑
彭国梁 海 燕 贺海涛 刘梦琳
采撷在红豆之乡（组诗）.................... 胡 笛
特区速写 .... 瞿 淙
郑 南 西 彤 李钟声 陈绍伟 蔡宗周
诗画之页
雪山·岩羊·小溪 .... 冰 夫

青春火焰

希望，展翅飞翔 ···赵丽宏

散文

玉兰树和干妈妈 ···舒　凌
陌室记 ···胡廷楣

理论

关于《萌芽》丛书 ···编　者
要有一颗热情的心
——致路遥同志 ···秦兆阳
生活的赞歌——王小鹰短篇小说集序 ·························杜　宣
文苑新秀的成长
——王英琦散文集《热土》序 ·································秦　牧

新作短评

以心理描写见长——《导演之家》读后 ·····················冬　冠

美术

江南村姑（装饰画）·······························李守白　梁凯民
织（国画）···盛姗姗
希望（摄影）···叶勇明
汲（雕塑）···唐荣祐
嬉水（雕塑）···徐小萌

1982 年第 10 期　刊名:《萌芽》

目录

小说专号

黄果兰，更娇艳的黄果兰 ·······················谭　力　昌　旭
大山的寻觅 ···孙昌宇
塞外古道上 ···朱幼棣
别了，赤道上的阳光 ···宗良煜
山旮旯子 ···田长尧
青青的草坪 ···郑春华
魔方 ···邱国珍
闹钟滴答响 ···孙少敏
红杏，请探出墙外 ···李治邦
戏 ···张仁胜
月亮溪 ···彭东明
晨雾里，谁打了一声口哨 ·······································刘　武

新作短评

自然·准确·美
——《黄果兰，更娇艳的黄果兰》小析 ·····················曹　阳
诗画之页
摆渡·追求·写在萌芽的嫩叶上
　　　　　　　　　　　　　吴　晓　商子秦　陈亦冰

青春火焰

土地 ···邵燕祥

美术

长江（壁画）···任丽君
山鸥（木刻）···吴哲辉
山水（国画）···赖少其
船厂即景（国画）···冷　宏

1982 年第 11 期　刊名:《萌芽》

目录

小说

野马滩 ···杨显惠
果果 ···魏继新
留凤去雏 ···林经嘉
晚霞 ···乐维华
白鹤 ···岳立功
蓝幽幽的小星星 ···缪　士
入轨 ···刘以琳
窗口上疑问号 ···王子训　杨玉海
弯不下来的手指头 ···徐明成

诗歌

绿色的风（组诗）···朱　雷
生活的浪花（诗辑）···朱金晨
陆　萍　张启国　赵关良　姜龙飞　周银宝　朱心毅
仲加宪　朱晓琳　曾亦萍　何健刚　陈凤仙　范忠立
陆　途　许　凯　吴　翔　雷福选　贺　军　深　耕
红砖（短诗辑）···雪　兵
周　导　童嘉通　农　鸣　王郭贤　崔以琳　李霁宇
星的故乡（"诗画之页"）·······································冉　庄
列车在黎明时启动（"青春火焰"）·······························郑成义

理论

捷径与曲线（"跋涉者"）·······································吴广宏
努力探索当代青年的心灵美 ·····································龚富忠
——读《"天使"与"野马"》、《"梅花"天宝》有感
坚持写作实践与青年作者的成长（三）·······················萧　殷
关于小说《旋》的讨论文章（"各抒己见"）
　　　　　　　　　　　　　秦　力　万庆华　吴文娟

散文

思念 ···费小燕
山间解板匠 ···凌耀忠
在十万大山的密林中 ···聂　波

美术

南国风光（水彩）————————————贺聿杰
山林之晨（木刻）————————————陈　德
山水（国画）—————————————赖少其
金色的种子（油画）————————————石　磊

1982 年第 12 期　刊名:《萌芽》
目录

小说

洞箫哟，为谁吹响……———————————钟铁夫
久已泯灭的记忆————————————张廷�
送煤的姑娘—————————————晓　剑
丹顶鹤———————————————朱　奎
一双双眼睛—————————————幸　子
他怎么办？—————————————王锦园
闪光的珍珠粉————————————吴茂信
庙隅一夜——————————————严啸健

诗歌

丝路花雨诗辑———何　来　林　染　翼　华　唐光玉
呵，母亲（组诗）————————————季振华
诗画之页
鸽哨（外一首）————————————鄢家发
雨的思念（外一首）————————————陈所巨
青春火焰
穿行在喧闹的工业区————————————刘文超

理论

关于小说《野马滩》的讨论
不相一致而又始终一致————————————朱小如
真情假意有无中————————————唐代凌
人物·技巧·美学价值————————————谷　正
跋涉者
学诗琐记——————————————缪国庆
青年作品评析
一个水手的歌——谈缪国庆同志的诗——————宁　宇

美术·其他

海峡架金桥（装饰画）————————————郑学恭
奔流（版画）—————————————水　华
江南（版画）—————————————石瀛潮
节日欢舞（国画）————————————黄　胄
版画作品————徐　冰　孙玉方　莫　测　周至禹
本刊重要启事：明年革新栏目充实内容

1983 年第 1 期　刊名:《萌芽》
目录

小说专号

沼泽地旁的部落————————————张世俊
想当将军的士兵————————————李荣德
落地生根——————————————王梓夫
淡蓝色的小屋————————————王　璞
妈妈，我们等着你————————————贺子壮
途中———————————————范小青
生存———————————————田舒强
山林的孕育—————————————谭　力
潘家叔公——————————————董　煦
小小庭院——————————————鲁书潮
祸端———————————————周鹏飞

写作辅导

细节和审美效果
——谈《山林的孕育》中一个细节的修改——————萧　瑟

编辑札记

为什么停滞不前？　——从《小小庭院》说起———曹　阳
诗画之页
寄自北方——————————————巴彦布

美术

姑苏春（壁画局部）
苏州丝绸工学院美术系————————————陈国良等
音乐学院一角（油画）————————————陈　川
风帆（版画）—————————————袁银昌
新年好（水印木刻）————————————贾方展
版画作品————叶　欣　方振宇　张旺清　范竞达

1983 年第 2 期　刊名:《萌芽》
目录

文艺学习园地

著名作家与外国文学
作家有创新的权利————————————巴　金
汇百川成江河——巴金与外国文学——————唐金海
作家谈薮
谈稿费——————————————孙　犁
作家剪影
尺泽清清——孙犁印象记————————谢大光
文学流派
孙犁和"荷花淀"派————————————晓
文学的魅力

小说的魅力从何而来----------张晓林
各抒己见
关于《野马滩》的讨论----------王锦园等

小说·报告文学
爷爷，我自己下海----------杨显惠
蓝凤凰----------王　钢
干草芬芳----------程　远
荒诞之夜----------朱立德
你们城里人啊----------陆　明
暮色中的回忆----------郝　炜
彩色，二十四英时----------刘学林
雨濛濛----------彭吉中
"鸥神"（报告文学）----------陈天生

诗歌
上海青年诗辑----------刘国萍　谢　聪　潘伯荣
彩色的乡土（福建青年诗辑）----------夏　雄　范　方
陈慧瑛　潘　秋　曾　阅　鲁　萍
诗画之页----------福　庚　孙友田　周　逊　唐大同
黎明（青春火焰）----------王华东

散文
黄河入海流----------飞　雪
马兰草----------王月曦

美术
青春（油画局部）----------黄　佳
女演员肖像（油画）----------潘鸿海
新曲（摄影）----------郁伟华
跳花房（木刻）----------李　兰
雪夜（盆画）----------钱震之
美术作品----------徐雪儿　周至禹　徐昌铭　莫　测

从永定河畔走向世界
——老舍与外国文学----------宋永毅
当我给《萌芽》写稿的时候
海洋——我的家园----------陆俊超
陆俊超和海洋文学----------肖　晓
写作技巧漫谈
小说创作中的叙述角度----------张德林
跋涉者
写小说难----------刘晓喻
新人新作评介
情绪、情节及其他
——谈刘晓喻的几篇小说----------魏　威

诗歌
羊城诗笺----------林贤治　筱　敏　马　莉　陈俊平
生活召唤着我（三首）----------韩　云
春雨（短诗群）----------方竟成　葛崇岳　龙彼德
刘金忠　施加勇　王忠范　韩燕春　金　涛　纪　学
北京情思（三首）（诗画之页）----------汤茂林
青春，擂着鼓前进（青春火焰）----------祖德陶

散文
手----------沈果孙
达玛节----------边　烽
眼睛----------韦晓吟
买栗----------薛尔康

美术
攀登（油画）----------简荣民　罗　林
烧焦过的土地（版画）----------吴金元
雨后（国画）----------黄天虎
黑龙江之夜（油画）----------李秀实
古都　北京（铜版画）----------王维新
遐想（版画）----------蒋谷峰

1983 年第 3 期　刊名:《萌芽》
目录

小说·报告文学
北大荒的一页----------刘冬冠
大海的女儿----------罗晓华
附："处女作评点"----------康　尔
陆星其和伟伟在大阪（报告文学）----------赵丽宏
失去的爱----------周天步
大姨----------王苏红　王玉彬
在小轮船上----------郎昭平

文艺学习园地
著名作家与外国文学

1983 年第 4 期　刊名:《萌芽》
目录

《萌芽》文学创作荣誉特辑
《萌芽》文学创作荣誉奖
1982 年度获奖作品及作者
满目青翠　朝气扑面
——为公布《萌芽》文学创作荣誉奖致读者
获奖作者照片、简历----------本刊编辑部
能不能写得更好一些?
——读《萌芽》获奖短篇小说----------王　蒙
春新人新诗亦新
——喜读《萌芽》一九八二年获奖诗歌----------张志民

跋涉者
生活、表现和追求⋯⋯⋯⋯⋯⋯⋯⋯⋯杨显惠
和内地朋友谈谈创作⋯⋯⋯⋯⋯⋯⋯扎西达娃
诗人，敲响您灵魂的铜钟⋯⋯⋯⋯⋯周　涛

小说
出让冠军的人⋯⋯⋯⋯⋯⋯⋯⋯⋯⋯蒋志和
阳光下的小画摊⋯⋯⋯⋯⋯⋯⋯⋯⋯谢德辉
天伦⋯⋯⋯⋯⋯⋯⋯⋯⋯⋯⋯⋯⋯⋯梅帅元
那不该倒塌的⋯⋯⋯⋯⋯⋯⋯⋯⋯⋯肖复兴
小门咿呀⋯⋯⋯⋯⋯⋯⋯⋯⋯⋯⋯⋯汤世杰
摸鱼⋯⋯⋯⋯⋯⋯⋯⋯⋯⋯⋯⋯⋯⋯储福金
思念⋯⋯⋯⋯⋯⋯⋯⋯⋯⋯⋯⋯⋯⋯沈东生
钓月亮⋯⋯⋯⋯⋯⋯⋯⋯⋯⋯⋯⋯⋯王倩倩

诗歌
世界屋脊的歌声（诗辑·诗画之页）
⋯⋯⋯⋯⋯草　青　魏志远　阎振中　洋　滔
石头赋⋯⋯⋯⋯⋯⋯⋯⋯⋯⋯⋯⋯⋯黄　辙
我是儿子，我是父亲⋯⋯⋯⋯⋯⋯⋯何香久
民族花环（短诗辑）⋯⋯⋯⋯⋯⋯⋯王晓廉
邓耀泽　原林　朱志伟　杨锦锐　张永权
光环，和日月一道旋转（青春火焰）⋯武兆强

散文
在松阿察河的上游⋯⋯⋯⋯⋯⋯⋯⋯王晓廉
夯歌情绵绵⋯⋯⋯⋯⋯⋯⋯⋯⋯⋯⋯李孝才

文艺学习园地
著名作家与外国文学
心有灵犀　文情相通
——郁达夫与屠格涅夫⋯⋯⋯⋯⋯⋯孙乃修
小说艺术的审美特征⋯⋯⋯⋯⋯⋯⋯蒋　红
写作辅导
从全息摄影谈起
——《出让冠军的人》定稿及初稿人物塑造漫笔
⋯⋯⋯⋯⋯⋯⋯⋯⋯⋯⋯⋯⋯⋯⋯⋯李其纲

美术
《中国——瓷器》（油画）⋯⋯⋯⋯陈创洛
潺（油画）⋯⋯⋯⋯⋯⋯⋯⋯⋯⋯⋯王永强
晨（版画）⋯⋯⋯⋯⋯⋯⋯⋯⋯⋯⋯盛增祥
春之歌（装饰画）⋯⋯⋯⋯⋯⋯⋯⋯刘天烨
版画⋯⋯⋯⋯⋯孙玉芳　其加达瓦　甄秋鸣　徐　匡

1983 年第 5 期　刊名:《萌芽》
目录

小说·报告文学
大山和小船⋯⋯⋯⋯⋯⋯⋯⋯⋯⋯⋯雁　宁
知归鸟⋯⋯⋯⋯⋯⋯⋯⋯⋯⋯⋯⋯⋯徐双山
二十二个幻梦和一首希望的诗⋯⋯⋯艾　真
盛夏的冷风，严冬的暖流⋯⋯⋯⋯⋯吴竹筠
雨夜⋯⋯⋯⋯⋯⋯⋯⋯⋯⋯⋯⋯⋯⋯刘以琳
满分⋯⋯⋯⋯⋯⋯⋯⋯⋯⋯⋯⋯⋯⋯徐本夫
那山　那人　那狗⋯⋯⋯⋯⋯⋯⋯⋯彭见明
角力中原（报告文学）⋯⋯⋯李继伦　车爱军

文艺学习园地
著名作家与外国文学
站在时代前列
——叶圣陶与外国文学⋯⋯⋯⋯⋯⋯郁乃尧
当我给《萌芽》写稿的时候
《小巷深处》的回忆⋯⋯⋯⋯⋯⋯⋯陆文夫
附：陆文夫创作道路简介
作家谈薮
道是无情却有情⋯⋯⋯⋯⋯⋯⋯⋯⋯蒋子龙
附：蒋子龙工业题材创作简介⋯⋯⋯肖　晓
诗情和画意（新作短评）⋯⋯⋯⋯⋯王东明

诗歌
铁锤与诗句⋯⋯⋯⋯⋯张敦孟　王华东　秦安江
郑宝富　董景黎　张恩奇　赵进　陈玉柱　方　淳
王伟强　杨　毅　陆新瑾
五月，在川西平原⋯⋯⋯⋯⋯⋯⋯⋯培　贵
拉排子车的女孩（外一首）⋯⋯⋯⋯张学梦
阳台上有一个姑娘⋯⋯⋯⋯⋯⋯⋯⋯吕贵品
眼睛⋯⋯⋯⋯⋯⋯⋯⋯⋯⋯⋯⋯⋯⋯胡　平
飞碟（短诗群）⋯⋯⋯⋯⋯⋯⋯⋯⋯盛子潮
雨水⋯⋯⋯⋯⋯⋯⋯⋯⋯⋯⋯⋯⋯⋯徐家麟
王铃美　周　民　左一兵　彭小梅　凝　溪
走向前方（青春火焰）⋯⋯⋯⋯⋯⋯马恒祥

散文
车流晨曲⋯⋯⋯⋯⋯⋯⋯⋯⋯⋯⋯⋯胡廷楣
山野情⋯⋯⋯⋯⋯⋯⋯⋯⋯⋯⋯⋯⋯戴　理
飞翔的爱⋯⋯⋯⋯⋯⋯⋯⋯⋯⋯⋯⋯刘淑萍
麻蛤与彩贝（寓言）⋯⋯⋯⋯⋯⋯⋯周　策

美术
雨中（油画）⋯⋯⋯⋯⋯⋯⋯⋯⋯⋯周长江
耕耘者（水粉画）⋯⋯⋯⋯⋯⋯⋯⋯葛春学
青春（浮雕）⋯⋯⋯⋯⋯⋯⋯⋯⋯⋯赵志荣

舟山湾（油画）·····································肖　锋
硕果累累（油画）·································刘克敏
版画·························范竞达　彦涵　周言君　王　兰

1983 年第 6 期　刊名:《萌芽》
目录

题词···张光年
彩色的路
——《萌芽》获奖作者在广西活动散记··········从　艺

小说
面对比自己更年轻的人们·························邬峭峰
流向大地·······································张作寒
这里有条孔雀河·································韩耀旗
留在窗外的一束红花·····························晓　剑
并蒂的矢车菊···································夏　真
都是为了爱·····································凝　溪
浓浓的雾霭（处女作）·····························刘文武
附:"处女作评点"·······························初　林

文艺学习园地
著名作家与外国文学
采来百花酿新甜——冰心与外国文学··············杨　义
作家的魅力
散文的魅力·····································佘树森
作家谈薮
读书示小妹十八生日书·····························贾平凹
写作技巧漫谈
通感描写的审美效果·····························於仁涵
跋涉者
寂寞···谭　楷
灵感一闪之前···································王　璞

散文
初蕾集（散文处女作专辑）
山魂···张志军
一个寂静的地方·································郑　音
赤足的故事·····································姚　霏
柳林新曲·······································朱广贤
夜，沉思的眼睛·································俞　聪
永恒的微笑·····································廷疏统

诗歌
夏雨诗···宋　琳
张黎明　于荣健　张少波　林锡泉　徐　芳
城市，有一颗年轻的心（组诗）····················许德民
巷情···陈松叶

夏···马庆仙
阳澄湖诗讯（诗画之页）·························蔡　焜
绿叶的声音（短诗辑）
·················苗　青　郭辉　谭德生　陈　阵　盛晓虹
珍重（青春火焰）·································陆伟然

美术
夏（油画局部）···································王莉华
《365 夜儿歌》插页选·····························王治华
为了明天（版画）·································蔡　兵
雕塑·································坦　道　吴慧明
速写·································王景国　胡振郎

1983 年第 7 期　刊名:《萌芽》
目录

小说
船过青浪滩·····································刘舰平
附"新作短评":悲壮激越的船夫曲··················应　豆
小站···郑　柯
临时工·······································刘玉堂
逝去的友情（处女作）·····························朱玉英
附:处女作评点···································南　极
心中的呼唤·····································陈　浮
哗···景　风
此时尤声·······································陈剑君
"101"号琴房（处女作）····························戴嘉舫
点球···白小易

文艺学习园地
著名作家与外国文学
采西洋瑰奇　编东方织锦
——闻一多与外国文学·····························王锦园
当我给《萌芽》写稿的时候
我和《萌芽》·····································孟伟哉
附:孟伟哉诗《三八线界碑作证》
孟伟哉创作简介·································雨　宁

新人新作评介
他也是一只丑小鸭
——读青年作者谭力的作品·························郦国义
萌芽之后是生长
——读《萌芽》诗作·······························谢　冕

散文
河西绿云·······························杨闻宇　白西民
凉山虫园·······································樊文抒
他从红灿灿的云霞里起来（处女作）··················刘醒初

诗歌

年轮（组诗）⋯⋯⋯⋯⋯⋯⋯⋯⋯陆幸生
大伯⋯⋯⋯⋯⋯⋯⋯⋯⋯⋯⋯翁景贵
脊梁⋯⋯⋯⋯⋯⋯⋯⋯⋯⋯⋯宋 虹
我是北方土地上的一粒种子⋯⋯郝 炜
燃烧吧，小油灯⋯⋯⋯⋯⋯⋯桂兴华
海韵（四首）⋯⋯⋯⋯⋯⋯⋯杨永年
大漠新人（外一首）⋯⋯⋯⋯肖 川
竹笛⋯⋯⋯⋯⋯⋯⋯⋯⋯⋯⋯沈良意
纤道上，走着我们（诗画之页）⋯郭本华
民族花环（短诗辑）⋯⋯⋯⋯菲 可
蔡国瑞 韩霞 吴中进 嘉嘉 阿拜
大地之歌（青春火焰）⋯⋯⋯王 果

美术

阳光下（水粉画）⋯⋯⋯⋯⋯赵渭凉
交响（水彩画）⋯⋯⋯⋯⋯⋯张英洪
党啊！母亲（版画）⋯⋯⋯⋯石瀛湖
藕塘晨曲（国画）⋯⋯⋯⋯⋯刘振夏
版画（诗画之页）
⋯⋯⋯⋯杨 涵 孙玉方 彦 涵 朱国荣

1983 年第 8 期　刊名：《萌芽》
目录

杭州市 001 号（报告文学）⋯⋯⋯罗达成

小说

静静的海岛⋯⋯⋯⋯⋯⋯⋯⋯刘玉堂
附"新作短评"：在开拓中前进⋯康 尔
秋天⋯⋯⋯⋯⋯⋯⋯⋯⋯⋯⋯梅帅元
海平⋯⋯⋯⋯⋯⋯⋯⋯⋯⋯⋯费尽贤
枇杷雨⋯⋯⋯⋯⋯⋯⋯⋯⋯⋯姜 滇
捞水草的年轻人⋯⋯⋯⋯⋯⋯陆 逐
小小白果镇⋯⋯⋯⋯⋯⋯⋯⋯岑之京
高高的旋梯⋯⋯⋯⋯⋯⋯⋯⋯黄 河

文艺学习园地
作家谈薮
诗人的存在与作品的生命⋯⋯周良沛
时代风云的纪录——报告文学创作漫谈⋯秦 力

散文

访问歌德故居之后⋯⋯⋯⋯⋯沈柔坚
鹰⋯⋯⋯⋯⋯⋯⋯⋯⋯⋯⋯⋯戴 理
一幅尚未完成的山水画⋯⋯⋯王一平

诗歌

在碧波下（诗画之页）⋯⋯⋯郑千里
严守岗位
他活在战士的行列中⋯⋯⋯⋯程步涛
刻在石壁上的名字（外一首）⋯林乐山
重逢⋯⋯⋯⋯⋯⋯⋯⋯⋯⋯⋯孙中明
中国，有这样一个小山村（二首）⋯张庆明
新风（二首）⋯⋯⋯⋯⋯⋯⋯尧山壁
高山流水（外一首）⋯⋯⋯⋯杨子忱
一支深沉的歌⋯⋯⋯⋯⋯⋯⋯叶 坪
情诗一束（短诗辑）
思念⋯⋯⋯⋯⋯⋯⋯⋯⋯⋯⋯陈 红
初恋（外一首）⋯⋯⋯⋯⋯⋯刘湘平
葡萄园情歌⋯⋯⋯⋯⋯⋯⋯⋯郭维东
滴水崖⋯⋯⋯⋯⋯⋯⋯⋯⋯⋯黎正光
窗户⋯⋯⋯⋯⋯⋯⋯⋯⋯⋯⋯王 玮
泪⋯⋯⋯⋯⋯⋯⋯⋯⋯⋯⋯⋯叶庆瑞
在这样的节气相逢（外一首）⋯阁 众
怨他、爱他⋯⋯⋯⋯⋯⋯⋯⋯姜浪萍
第一个军礼（青春火焰）⋯⋯杨德祥

美术

新蕾（油画）⋯⋯⋯⋯⋯⋯⋯刘国柱
歌德故居（套色木刻）⋯⋯⋯沈柔坚
敬礼！（水粉画）⋯⋯⋯⋯⋯吴 键
油画⋯⋯⋯⋯⋯⋯简崇民 秦大虎等
速写、版画⋯⋯肖映川 刘大为 金 谷

1983 年第 9 期　刊名：《萌芽》
目录

小说

朋友，让我们走出小路⋯⋯⋯盛晓虹
白杜鹃，紫杜鹃⋯⋯⋯⋯⋯⋯雁 宁
加油女工⋯⋯⋯⋯⋯⋯⋯⋯⋯吴广宏
邹马上任⋯⋯⋯⋯⋯⋯⋯⋯⋯吴正格
她不是一颗星⋯⋯⋯⋯⋯⋯⋯何琪琦
柳湾月⋯⋯⋯⋯⋯⋯⋯⋯⋯⋯晨 歌
不规则的石子路⋯⋯⋯⋯⋯⋯林茂生
秋，理性的季节⋯⋯⋯⋯⋯⋯邬峭峰

文艺学习园地
著名作家与外国文学
"东亚革命的歌者"
——蒋光慈与外国文学⋯⋯⋯佟家桓
当我给萌芽写稿的时候
再现于记忆的屏幕上⋯⋯⋯⋯赵 赴
附：《赵赴和他的散文》⋯⋯⋯伯 英

诗歌

在第一汽车厂、轮迹（诗画之页）
————————赵鹏万　刘允章　胡西淳
泥土的诗（组诗）————————张中海
附：《作者的话》、《编辑的话》
海边，带腥味的歌唱（组诗）————王　彪
海的启迪（青春火焰）————————赵　恺

散文

湖思————————————————万　叶
蚕宝宝——————————————郑　芸
悠悠钟声————————————凌耀忠
大山里的歌声——————————焦　述
读者·作者·编者（五则）

美术

天鹅湖（油画）——————————鸥　洋
一代新人（版画）————————陈保平
阳朔山水（国画）————————赵　坚
喜悦（国画）——————————史国良
版画四稿————高义珍　郑通校　成文正　正维新

1983 年第 10 期　刊名:《萌芽》
目录

小说

秦川雨————————————郑彦英
绝招————————————————蒋志和
九连三张————————————谢鲁湘
傍山湖，不灭的湖————————范小青
球星〈处女作〉——————————周劲望
两筐苹果————————————王宏光
柿泉——————————————矫　健

散文

将军渠畔思将军——————刘增山　郭宇震
捕鳝者轶事————————————陈所巨

文艺学习园地
作家谈薮
散文诗在前进
——和青年朋友谈谈散文诗————柯　蓝
"别求新声于异邦"
——鲁迅与外国文学————————陈鸣树
写作技巧漫谈
文学中的想象——————————张　卫

诗歌

黑色的旋律与白色的抒情（组诗）————张敦孟
附：《作者的话》、《编辑的话》
中国的一座小城（诗画之页）————张建华
人生的旅途——————————叶延滨
世界永是年轻（短诗辑）————————王中朝
汪建民　左连生　张君义　褚晓路　杨　扬　欧阳慧
长翅膀的歌（青春火焰）————————洪三泰

美术

拼搏（壁画局部）——————俞晓夫　邵隆海
在养育我们的土地上（版画）————康　宁
晨（水印木刻）——————————徐　匡
上海体育馆壁画四幅——————俞晓夫　邵隆海
王永强　邱瑞敏　梅　洪　任丽君　魏景山
版画————金光远　常玉昌　史济鸿　孙玉芳

1983 年第 11 期　刊名:《萌芽》
目录

小说

最后一次狩猎——————————盛晓红
附"新作短评"：着意写人——————曹　阳
清泉来山间————————————明德昭
梨园女——————————————肖　元
白色的帆————————————王巧云
学校在公园旁边————————蔡　磊
绿的歌——————————————王兴振
深夜的烟火（处女作）————————殷玉良
迷津巷里————————————王锦园
花影——————————————鲁书湖

文艺学习园地
作家谈薮
说"狂"——————————————张　锲

写作技巧漫谈
对话的艺术美（上）————————张德林
写作二题————————————张文江
著名作家与外国文学
向世界打开窗户
——郭沫若与外国文学————————高国平

诗歌

锻工进行曲及其他（组诗）————柯　平
附：《作者的话》、《编辑的话》
心之歌——————————————孙　悦
追求·奉献————————————黄晓华

艺术体操　燃烧的梦想（诗画之页）
·····················熊光炯　郭　辉
自然的歌（青春火焰）················刘安书

散文
您说，倘若我还有时间
——悼念萧殷老师················吕　雷
让它们飞越大海··················于宪东
故乡的侧影····················徐　刚
中流击水话竹排··················朱善乐
请听深巷卖花声··················崔龙弟

美术
歌（水粉画）····················石奇人
书籍是知识的窗户（水粉画）··········张安朴
向往（版画）····················聂昌硕
南京路上（水粉画）················蔡江白
美术作品··········许彦博　钱大径　姚元龙　吴慧明

1983 年第 12 期　刊名:《萌芽》
目录

报告文学特辑
从小岛走向世界··················陈　浮
一个成功者的道路················吴民民
穿白大褂的小人物················孟晓云
将帅之材······················时　明
跟斗女杰······················立　木

小说
远方捎来红苹果··················金　瑜
两个猎手······················王春亭
舵工坟·······················张伦忠
早晨的呼唤····················曾应枫
老俵嫂子······················吴清汀

诗歌·散文
大草原（组诗）··················马丽华
附:《作者的话》、《编辑的话》
我们正年轻（浙江青年作者诗辑）···张德强　奕　林
左亚琳　冰　凌　梁　雄　谢鲁物　白　虹　陈继光
沙海里，有一群精卫岛　戈壁中的生命（诗画之页）
·····················赵雪勤　王家新
飞行者（青春火焰）················张雅歌
春天永远与你同在——致宽贵··········吴　音

文艺学习园地
跋涉者

学习和借鉴····················杨显惠

新人新作评介
庄严的思索，不息的追求
——谈杨显惠的创作特色············刘绪源

文学的魅力
语言·形象·境界
——诗歌审美要素浅析··············孙乃修

写作技巧漫谈
对话的艺术美（下）················张德林

美术·其他
中华，中华（油画）················石人雄
夏季（油画）··········[苏]阿·亚·普拉斯托夫
生活的讴歌——普拉斯托夫和《夏季》······沈揆一
翔（浮雕）
小雪（版画）····················阿　鸽
版画、速写（四幅）
·············戈　沙　曾景初　李　作　彦　涵
编后记

1984 年第 1 期　刊名:《萌芽》
目录

创作道路与高尚情操
——为毛泽东诞辰九十周年而作········哈　华

小说·报告文学
瑞雪兆丰年····················恽建新
附:从"这一号"到真正的人（新作短评）···梁永安
迟来的冠军····················牛正寰
老四友·······················刘树德
捕鹰者·······················沈贻炜
早晨，雨潇潇····················聂鑫羲
穿过青山草木香··················徐　锋
唢呐·························章　印
瞬间·························晓　敏
当流星从夜空划过（报告文学）········王　颖

诗歌
复线交响的时代（组诗·诗画之页）······宫　辉
山、谣曲及其他（组诗）············李曙白
附:作者的话、编辑的话
短诗辑············夏　天　黄　宏　胡则丘　徐　铭
青春的种籽（青春火焰）············黄东成

文艺学习园地

青年作家研究

天真的、单纯的、真诚的

——记铁凝的创作 ······················陈丹晨

青年作家书简

生活的馈赠

——兼答文学爱好者诸友 ··············铁　凝

创造者的形象（上）

——漫话茅盾与外国文学 ··············叶子铭

当我给《萌芽》写稿的时候

在《萌芽》的"苗圃"里 ···············焦祖尧

附：焦祖尧创作简介

散文

山里的"潘儿" ·······················朱晓平

天山之路 ····························子　页

美术

思（装饰画） ·······················胡雨心

宁静（装饰画） ·············张东麟　黄志彤

炊烟（装饰画） ·····················雨　儿

春（油画） ·························梅　果

版画、速写 ·······赵志方　崔君沛　卜维勤　卢治平

蠢起的森林（外一首） ···············岛　子

雪松之恋 ···························杨来顺

创造光明的人（诗画之页） ···········林贤治

鸽子（短诗辑） ·····················周　琦

洪　亮　王　琳　孟俊良　黄　默　高元兴　廖亦武

我是祖国的新闻（青春火焰） ·········江文波

文艺学习园地

新人新作评介

生活和探索

——刘舰平和他的《船过青浪滩》 ·······魏　威

在创新与传统之间

——读彭见明的《那山　那人　那狗》 ···其　纲

写作漫谈

小说中对比表现的魅力 ···············斯宝昶

著名作家与外国文学

创造者的形象（下）

——漫话茅盾与外国文学 ··············叶子铭

美术

我们正年轻（水粉画） ···············徐文华

耕耘（木刻） ·······················王克明

版画 ·······························姜　麒

风景（水彩画） ·········陈希旦　黄大华　金立德

版画 ·····················董其中　奚建忠等

1984 年第 2 期　刊名:《萌芽》
目录

小说

灵魂 ·······························陈　军

附：话说"巴掌事件"（处女作评点） ·······康　尔

当我和诚实的人结伴 ·················耕　夫

未完成二重奏 ·······················艾　真

初交的朋友 ·························吴正格

涧边丝丝柳 ·························孙柏昌

连理 ·······························叶中强

报告文学·散文

心灵的雕塑家 ·········王　川　宗水龙　王志伟

烛火荧荧 ···························刘季星

啊，昙花 ···························薛尔康

有一条清澈的小河 ···················郑　芸

镂石者 ·····························戴砚田

夕照 ·······························万　叶

诗歌

带韵的边风（三首） ·················李松涛

我走进你的胸膛（外一首） ···········朱　雷

北方，冬天的回忆（三首） ···········潞　潞

1984 年第 3 期　刊名:《萌芽》
目录

小说专号

太阳（中篇） ·······················郑彦英

附："新作短评"：情者文之经 ···········朱小如

啊，技校生 ·························刘以浦

甜甜的山泉水 ·······················乌雅泰

十月 ·······························马未都

新居 ·······························卢映华

附："处女作评点"：把目光投向何处? ·······俞天白

湍急的叶尔羌 ·······················郭书玉

撩开白色的门帘 ·············魏志远　吴两初

碧海青天夜夜心 ·····················缪　士

寻找那只小天鹅 ·····················谢鲁渤

斗牛场上 ···························赵强立

写作漫谈

关于文学写作的三种积累 ·············曹　阳

诗画之页

南方，小城三月 ·····················曾静平

春（外一首） ·······················庞颖洁

山雨 ·· 祁　放

青春火焰
有一支歌 ·· 林　路

美术
春的旋律（水粉画）·· 应　华
高楼大厦（版画）····················· 朱华芳　孙建军
阳光下（水彩画）·· 吴　键
春集（油画）·· 郑　岱
版画（五幅）·· 孙玉芳
江碧波　陈学伦　奚阿兴　周新菇

1984 年第 4 期　刊名:《萌芽》
目录

《萌芽》文学创作荣誉奖专辑
本刊荣获全国短篇小说奖作品及作者
《萌芽》文学创作荣誉奖 1983 年度获奖作品及作者
新人辈出　新花竞放
——为公布《萌芽》文学创作荣誉奖致读者
···本刊编辑部
获奖作者照片、简历
深入事物的灵魂
——1983 年《萌芽》优秀小说概评················ 刘锡诚
跋涉者
需要更多更深沉的思考························ 彭见明
故乡的启示·· 刘舰平
随感 ·· 邬峭峰

小说·报告文学
八百五 ·· 黄　灿
附：性格碰撞生发情节（处女作评点）········ 魏　威
纳格拉 ·· 沈贻伟
哦，神奇的指挥棒·· 关　鸿
门前，有块青石块·· 尚静波
这里有条小河·· 蔡　磊
仲夏 ·· 叶　舟
基石 ·· 杨匡满
冒富大哥 ·· 朱幼棣

诗歌
玉门，永远青春（组诗）································ 刘惠生
开拓者之歌（二首）·· 阎建中
长长的草原（诗画之页·共五首）
················· 贾志坚　蒙根高勒　沈前祥　沈骏康
女青年作者短诗辑·· 张　烨
李　静　周佩红　罗洁明　钱含芝　郑春华　理　虹

乡情 ····················· 李建国　苏辑黎　骆本余
陈玉柱　杨钧炜　俞　聪　施肃中　鲁　平　曾林祥
墨绿色的风（青春火焰）································ 凌代坤

文艺学习园地
青年作家研究
赞美大海　别忘了涓流···································· 谢望新
——为肖复兴的报告文学一辩
青年作家书简
文学"两栖"行·· 肖复兴

散文
雪渍 ·· 杨羽仪
温泉 ·· 贾平凹
大森林的声音·· 赵云鹤

美术
喜悦（中国画）·· 沈　虎
麦收时节（中国画）·· 盛　洁
乡邮员（版画）·· 周至禹
采油工短歌（纸版画）···································· 郝志国
速写 ····································· 张培础　王志英

1984 年第 5 期　刊名:《萌芽》
目录

小说
两盏桔黄的灯·· 王祥夫
阿尔曼和玛格萨蒂··························· 艾克拜尔·米吉提
三生有幸 ·· 张承浩
三月桃花水 ·· 彭见明
他是记者 ·· 乐维华
猎手 ·· 肖　陈
让我们举杯 ·· 魏继新
小草书屋（报告文学）···································· 桂兴华
附：为觉醒的新人立传（新作短评）········ 曹　阳

诗歌
五月的歌
我爱喧闹的工业区（组诗）································ 刘文超
日月，环绕天轮运行（组诗）···························· 王黎明
在这片土地上（组诗）···································· 王维君
我们打桩（外一首）·· 王伟强
赠别（短诗辑）·· 汤朔梅
殊　萍　金乐敏　张诗剑　周　导　曾毓琳　徐　鲁
生活协奏曲、夜班后（诗画之页）··· 张玉庭　张艳齐
欢乐的海（青春火焰）···································· 赵天山

文艺学习园地
著名作家与中国古典文学
承传　择取　创新
——鲁迅与中国古典文学·················吴中杰
青年作家研究
矫健笔下的农民·······················宋耀良
青年作家书简
我和老农民···························矫　健
跋涉者
土地的馈赠···························张中海
农民，我的太阳·······················郑彦英
努力与生活同步·······················凌耀忠
写作漫谈
省略喻体的比喻·······················张文江

美术
我们站在时代的前列（水粉画）·············蒋昌一
炉火熊熊（油画）·····················邱瑞敏
欢乐的海（水印木刻）···················赵铁军
春天组画（木刻）·····················卜维勤
版画四幅·········盛增祥　卢治平　邵黎阳　张建新

把天火盗给人间
——瞿秋白与苏联、俄罗斯文学·············梦　花
写作漫谈
"梦"与文学··························张德林
跋涉者
发掘人的内在美·······················晓　虹
小草絮语···························陈　浮
关于小说《太阳》的反应·········（读者·作者·编者）

散文
龙潭水漂漂···························陈章汉
太克·····························列　子
盐的故事···························张爱华

美术
锻炼（油画局部）·················魏景山　任丽君
小妞妞（油画局部）····················华　赞
我们将铸入时代的大厦（木刻）·············聂昌硕
椰岛飘香（套色版画）···················阿　涛
版画雕刻（五幅）
··············高仁歧　姜　旗　石瀛潮　吴慧明

1984 年第 6 期　刊名:《萌芽》
目录

小说
筑起我们新的长城（中篇）················曹征路
（附）激动人心　富有新意（新作短评）········洪　波
草原上有个年轻的买卖人·················云晓璎
东八区病房（处女作）···················齐念奋
同志哥儿···························王云彬
新麦·····························王维民
昨天和今天的星·······················黎　泉
辅导员和他的学生·····················曾果伟

诗歌
五老上天都（外一首）···················缪国庆
啊，北方……（组诗三首）················陈　放
女人的草原（组诗三首）·················徐　芳
在春天（三首）·······················毅　伟
农场诗情（三首）·····················谢　聪
童话（短诗辑）·····沈天鸿　于　跃　时红军　张永权
山雀子衔来的诗（诗画之页）···············饶庆年
弄潮儿（诗画之页）····················崔合美
无形的建筑（青春火焰）·················于　之

文艺学习园地
著名作家与外国文学

1984 年第 7 期　刊名:《萌芽》
目录

小说·报告文学
青年编辑作品特辑
特大暴雨前云系模型（报告文学）············王凤麟
山林·····························刘东冠
啊，开不败的打碗子花···················王从学
角色·····························晓　城
静静的雪原···························郑　柯
一夜未归···························刘观德
无伴奏短歌···························蒋子丹
从编辑到作家，从作家到编辑···············哈　华

文艺学习园地
青年作家研究
关于程乃珊作品的断想···················曾镇南
《蓝屋》得失谈·······················冯　嘉
青年作家书简
走出蓝屋的人们·······················程乃珊
青年作品争鸣
关于中篇小说《太阳》的讨论
道德化的痛苦与历史发展的阵痛·············北　极
是"太阳"还是"流星"？·················周　健

散文

西沙的海龟 ————————————— 曹冠龙
和法国姑娘们在一起 ———————— 李白坚

诗歌

江河与海的歌
海洋，生活的群像（组诗，诗画之页）——— 丁 竹
河流与海（外一首）———————— 冯庆川
筏工之歌（外一首）———————— 杨学贵
走向沙漠的河流等
————— 钱叶用 施建石 詹淑纯 刘锦涛 张胜利
青春火焰
蓝天下，我们高昂起头颅 —————— 钱国梁

美术

灿烂的文化　悠久的历史（水粉）——— 钱逸敏
师生（国画局部）———————— 史国良
风帆（版画）———————————— 聂昌硕
其加达瓦版画作品 ———————— 其加达瓦
版画——彦 涵 孙玉芳 朱怀新 丁德成 莫 测

海岛女军医 —————————————— 崔向华
小茅屋的灯光 ————————————— 万 叶

文艺学习园地

著名作家与中国古典文学
一步步踏在泥土上
——朱自清与中国古典文学 —————— 王锦国
作家通信
质朴的美胜于雕饰的美————— 杨匡汉　张志民
青年作家争鸣
历史·现实·道德·审美
——读《太阳》有感 ———————— 魏 威
写作漫谈
让作品在皮包里多放一会儿 —————— 肖 未

美术

塔吉克风情（国画）———————— 张培础
渡江勇士（浮雕）———————— 陵园供稿
雕塑 ————————————— 王志强　吴镜初
行军途中（油画局部）———————— 选自光明日报美展
版画、速写 ————————————— 聂昌硕等

1984 年第 8 期　刊名：《萌芽》
目录

小说·报告文学

驱逐舰副长 ————————————— 李忠效
生活，你的锁孔在哪里？ —————— 姜锋青
没有上完的课（处女作）—————— 徐伟红
家门 ——————————————— 姜贻斌
今宵月圆 —————————————— 刘战英
秀珠 ——————————————— 张福麟
黎明时分 —————————————— 成 江
动物演员的"现代启示录"（报告文学）——— 祖 慰

诗歌

军营号角
我是战士，生活在今天（组诗）——— 徐明德
（附）新作短评：徐明德和他的诗 —— 公 刘
瀚海长城（组诗）———————— 翼 华
我，多么富有（诗画之页）———— 杨德祥
女水兵（诗画之页）———————— 孙甲仁
青春（短诗辑）——— 郭晓华 张 凡 沈 静
青春火焰
先驱者 —————————————— 纪 学

散文

春光的爱——冰心访问记 ————— 喻 杉
墨和砚 —————————————— 鲍弘楷

1984 年第 9 期　刊名：《萌芽》
目录

小说

险闯乌呼森山谷 ————————— 路 远
（附）"新作短评"：草原青青又抽芽 —— 孙文昌
老木把子和架挂树 ———————— 盛晓虹
飘落的鸽子花 —————————— 国 政
同舟共济 —————————————— 蒋志和
旋 ——————————————— 黎 明
第六个藤圈 ————————————— 张敏贤
愿天下多此红娘（报告文学）——— 陈 浮 黄汉民

诗歌

青春的祖国（诗辑）
年青，属于中国（外一首·诗画之页）——— 刘 季
黄河在我的心灵里流过（外一首）—— 曾静平
我出生在多雪的冬天（外一首）——— 梁 芒
云彩里走出的女工等 —————— 李 浔 张乡哥
李玉林 谢先云 王中朝 郭良原
新边赛诗（诗辑）———————— 林 染
谷 闻 刘 渊 刁永泉 鄢家发
青春火焰
街上流行着 ————————————— 陆 萍

散文

井思····················崔龙弟
椰风海韵·················黄宏地
牧女苏娜敏···············拉木·嘎吐萨
蓝天礼赞（外一章）··········佘林明

文艺学习园地

著名作家与外国文学
借得清音度新曲
——曹禺与外国戏剧·········朱栋霖
青年作家研究
热切的追求·冷峻的反顾
——晓剑的《世界》及其他······章仲锷
青年作家书简
为这一代人唱赞歌···········晓　剑
写作漫谈
文学描写中的"蒙太奇"及其他···张　兵　王　欣

美术

友谊的海（水粉画）··········石奇人
阳光·生活·欢乐（装饰画）·····徐文华
聂昌硕版画选··············聂昌硕
天鹅又飞回来了（套色木刻）·····徐　匡
版画·······吴荣文　吴锡康　淡少丹　陈维汉

1984 年第 10 期　刊名：《萌芽》

目录

报告文学特辑

爱，和他们一同进入角色——记扮演毛、刘、周、
朱、任的演员们·········王　颖　石　祥
冰海沉船················吴民民
少女的心················杨永年
漆室之门················高瑞泉
高低杠女皇···············朱效来
通向太阳之路
——记自费骑车旅行全国的青年画家沈伟宁
·················傅晓明　舒　凌
降职以后················郑荣华
献给女教师的哈达···········赵建华
麻风村的姑娘们·············蔡德东
带着酸涩的甜蜜·············冼济华
为了学做中国人
——一个美籍华人的追求······瞿　琮　陈　貌
编后记

诗歌

"城市之光"诗辑·········黄晓华　傅　亮

李彬勇　张小波　许德明　张　烨　孙晓刚　王小龙
都市的风（编辑札记）··········宁　宇
我举着青春的火把（青春火焰）·····曹增书

美术

万事同根（国画）···········程十发
理想（版画）··············聂昌硕
上海美术作品选·············周长江
司　同　康　济　吴之明　沈揆一　田大军　王立华
书籍是知识的航船（水粉画）·····张安朴
城市之光版画、钢笔画四幅········陆　明
许根荣　王成城　胡雨心

1984 年第 11 期　刊名：《萌芽》

目录

小说·报告文学

第二十一个深夜···········李贯通
大巴山人···············钟永国
青溪石················聂鑫森
女经理和女会计············陈伯玉
韩砂·················李玉林
大杂院里的美学家···········李兆忠
紫黄昏················邬峭峰
家丑·················刘卫君
牛顿三定律的新发现（报告文学）····印　证
徐万昌和新疆路工地········丁为民　施嘉荣

诗歌·散文

玛瑙湾的水手（组诗·诗画之页）····李　钢
火红的攀枝花·············习　鸣
吕文秀　刘启玉　周璞亨　李　苏　刘树林
田野和我们同龄（上海农场诗辑）····纪少华
谢　聪　沈　晓　付　武　吴志银　孙仲哲
（附）这里，留下了他们开拓新生活的足迹···华正轮
短诗一束···············徐家麟
未　音　培　贵　聪　聪　吴林抒
青春火焰
十八岁的宣言·············康学森
静静地白桦树（散文）·········胡廷楣

文艺学习园地

著名作家与中国古典文学
勤奋中见功力　继承中勇创新
——叶圣陶与中国古典文学······郁乃尧
从"尺八"看复杂主体··········赵毅衡
写作漫谈
奔流·飘动·舒展

——把散文写得更活一点————————————忆明珠

文学与青春同步

——上海青年作家的涌现和流变————————宋永毅

美术

笑语（油画）————————————————陈光明

玻璃彩印版画—————————————————蔡 兵

晨之光————————————————————袁银昌

写生————————————————苏 华 卢鸿基

木刻、钢笔画、水印木刻——————————杜应强

思 泽 亦 初 浩少丹 阿 涛

1984 年第 12 期　刊名:《萌芽》

目录

重要启事———————————————————本刊编辑部

小说

首航——————————————夏 真 王 毅

（附）从浅表走向深层（编辑札记）——————曹 阳

那醒来的和睡着的——————————阿拉提·阿斯木

（附）寓思致于平和，寄至味于淡泊（新作短评）

—————————————————————其 纲

男人，很难回答—————————————————锦 程

待到金桔满园时——————————————龚笃清

请不要在黎明时叫醒他————————————浩 岭

最后三位顾客————————————————张敏贤

报告文学

征婚启事——————————————————刘巽达

一个平凡的梦————————————————肖复兴

（附）作者采访札记：也是我的梦

诗歌

土地之舟（组诗　诗画之页）————————李凯霆

城市之光（诗辑）——————————宋 琳 张新泉

刘晓滨 陆 萍 朱全晨 米松福 骆本余 刘 欣

赠人（短诗辑）———————————————柯 岚

晓 晴 陆 蜉 裘小龙 洪 亮 翁景贵

两个灵魂—————————————————于 之

十八岁的宣言（青春火焰）—————————康学森

野鹿谷记趣（散文）—————————————杨胜能

大海也是"人"——小说艺术谈———————张德林

美术

松花江畔（套色版画）————————————孙银生

祖国，我在岗位上（水粉画）————————李崇龄

美术作品——————步欣农 刘亚平 陈望秋 冯一鸣

版画作品—————刘清明 吴 川 徐仲偶 卜维勤

1985 年第 1 期　刊名:《萌芽》

目录

恭贺新禧—————————————————本刊编辑部

小说

小中篇

路从山庄中通过————————————————王启元

（附）"新作短评"：在生活的表象涵盖之下——魏 威

短篇

士兵的岛——————————————————晓 剑

宠儿————————————————————扎西达娃

九九淳————————————————————张侍民

将心比心——————————————————齐念奋

微型

假如她没有爱过———————————————姚晓华

夏夜之风、正色儿——————————————国 库

新人新译

不可思议————[美]爱德华·D.豪奇 汪一帆译

散文

他选中了一个很好的题目———————————丁 玲

柴思————————————————————徐 杰

速度、扯皮及其他—————————————欧阳琼林

目标耸立（报告文学）————————————陆幸生

诗歌

青春圆舞曲（组诗）—————————————张戬伟

斑竹情（外二首）——————————————王鸣久

钟声（外一首）———————————————胡 平

黑土地（三首）———————————————张中海

诗画之页

蓝色的海防线————————赵 捷 刘立云 马新潮

爱的火焰（短诗辑）—————————————郑渭波

溪 流 喻 原 陈广斌 叶 坪 黄秋华 熊述隆

袁永庆 王 敏 朱复隆

青春火焰

延伸————————————————————毛炳甫

理论

文艺信箱

《莫斯科不相信眼泪》和苏联的社会、文学变迁

—————————————————————高俐敏

青年作家研究

生活美的开掘者

——谈赵丽宏的报告文学作品————————华 水

青年作家书简
生活在召唤·································赵丽宏

美术
鸟声（油画）·······························魏连福
中华、中华！（水粉画）·················周昭坎
版画新作（诗画之页）···········蒋宜勋　王金旭

1985 年第 2 期　刊名:《萌芽》
目录

小说
短篇
咽不下的胶姆糖···················许广跃　夏国英
（附）"新作短评"：新鲜的生活　独特的感受
···洪　波
叶子·····································刘树德
浣江船歌·································赵锐勇
他远离影子·······························谢燕南
山洞·····································张伦忠
大树，还是小草？·························申力雯
红心杉·····························施　群
微型
城外断桥边·····························木　公
最后一次推销·····························金宇澄
新人新译
比比阿娜小姐·········[意]姜尼·罗大里　张筱薇译
从悉尼到巴黎（报告文学）·················王维铭

散文
自由，这个美丽而又严峻的字眼
——从作家代表大会归来···········赵丽宏　王小鹰
竹情·····································凌耀忠

诗歌
在北方（诗辑）···················雷恩奇　庞壮国
叶延滨　黄　强　王耀东
诗画之页
巴人的后裔（组诗）·······················张永久
留影（短诗辑）···········赵福辰　郭应文　何昌正
王金明　李登建　黄河浪　周同馨
青春火焰
弄潮儿·································栾国康

理论
青年作家研究
彭见明小说的诗化道路·····················其　纲
新人新作评介

有耕耘才会有收获·························曹文渊
写作技巧探索
谈谈凸圆形人物的塑造·····················王富仁

美术
草原红花（油画）·························官其格
走向未来（水粉画）···············禹化兴　陈宗铭
美国罗克韦尔作品选
美术作品·································孙　煌
徐　匡　姚仲华　董克俊　张德恕　刘宝平

1985 年第 3 期　刊名:《萌芽》
目录

小说
短篇
国旗·····································宗良煜
（附）"编辑札记"：关于新题材的开拓·········曹　阳
乡镇，一扇明镜·····························赵　熙
普通女工·································黄齐和
老头儿鱼·································王　璞
金婚纪念日·······························韩建东
微型
失眠·····································晓　敏
星下的怀恋·······························陈雪琳
新人新译
地毯上的？　裁纸刀···············[南非]比德·
戈德弗雷　汪一帆译

理论
中国文学在国外
对于人类精神的贡献
——巴金及其作品在国外·················宋永毅
青年作家研究
马背上的歌手
——论张承志的小说创作·················蓝　关

报告文学
她像一滴雨点
——世界冠军李玲蔚印象·················刘进元
孩儿，爸爸对你说·························王　镐
井架旁那颗星星·····························肖复华

散文
说红·····································杨闻宇
国树·····································高瑞泉
三月春芽（短诗辑）···········徐　泽　春芽　李发模
李曙白　龙志刚　默　然　蒙根高勒　赵健雄　王　璞

诗歌

诗画之页

巨川雄魂等 ————————— 黎正光　黄　堃　刘桂阳

青春火焰

东方少年 ————————————————— 李　浔

阳光，溶化了（短诗辑） ——————————— 李秀军

李亚群　孟好转　陈嵚崎　刘少安　周鹏宽　陈　耕

美术·其他

潮（油画） ——————————————— 詹建俊

学生时代（水粉画） —————————— 苏笑柏

美术作品 ——————————————— 李忠翔

冯兆平　吴林地　李　真　许家麟　胡良桂

编辑部窗口·文艺简讯

小说连载预告

1985 年第 4 期　刊名:《萌芽》

目录

喜讯：本刊发表的《冰海沉船》获全国奖

本刊特稿

在南极的日日夜夜（报告文学） ——————— 朱幼棣

小说

短篇

乌恰海子 ——————————————— 沈贻炜

河套人 ———————————————— 郑　柯

野渡口 ———————————————— 宋耀良

小院风波 —————————————— 闾敬业

草鞋店 ——————————————— 徐晓鹤

温暖的春夜 ————————————— 映　泉

亮晶晶的山谷 ————————————— 田特平

微型

表哥的礼物 ————————————— 张敏贤

理论

青年作家书简

向往自由 ——————————————— 郑　义

青年作家研究

郑彦英笔下的秦川小世界 ——————— 魏　威

诗歌

青春歌 ———————————————— 伊　甸

诗画之页

沉思、我是短笛、别离 ——— 彭小梅　张　波　李庆杰

短诗辑

电大校园 ——————————————— 费　翔

张刚荣　张来信　孙　智　海　栗　郭玉山

小树青青 ——————————————— 张洪波

雨　田　王前锋　刘益善　余守春　傅浙平　沈立新

青春火焰

青春颂 ———————————————— 丹　若

散文

流 —————————————————— 万　叶

天上人间 —————————————— 李白坚

呕心呖血塑彭总 ——————————— 应从瑛

编后记

美术

在果园中（油画） ————————— ［美］塔贝尔

让青春在拼搏中度过（水粉画） —————— 陈世宁

版画 ———————— 孙银生　向思楼　郑振强

1985 年第 5 期　刊名:《萌芽》

目录

《萌芽》文学创作荣誉奖特辑

《萌芽》文学创作荣誉奖

1984 年度获奖作品及作者

时代的歌手　文学的希望 —————— 本刊编辑部

获奖作者照片、简历

我们正在斗争中前进

——喜读《萌芽》1984 年度获奖作品 ——— 徐中玉

跋涉者

我写《冰海沉船》 —————————— 吴民民

时代造就了她 ————————————— 曹征路

真情与诗 —————————————— 徐明德

这是条"九死一生"的路 ——————— 李贯通

把笔伸向草原更广阔的地方 —————— 路　远

读者之声 —————————————— 殷荣宝等

小说

短篇

洁白的羽毛 ————————————— 乌雅泰

清清沱江水 ————————————— 杨双奇

大楼与小屋 ————————————— 范小青

冰糕之歌 —————————————— 曹黎民

圆周的终点就是起点 ————————— 朱发耕

浓郁的火药香 ———————————— 冬　亢

暮色中的沉思 ———————————— 刘　茵

苍蝇 ———————————————— 徐　琎

新人新译

西西里人（长篇连载之一）

—————————— ［美］马里奥·普佐　汪一帆译

诗歌

城市之光（诗辑）————————————宋路霞
董景黎　肖　敏　王中朝　孙　悦　王玉意　吴　琼
朱复隆　吴昌明　汪建民
诗画之页
大上海（组诗）————————————王　辉
青春火焰
呼唤————————————————金　谷

美术

厚此薄彼（寓言）————————————魏章竹
我们的生活充满阳光（水粉画）————————张安朴
理想·飞翔（水粉画）————————选自第六届全国美展
速写　版画————————————任　兴　王成城
美术作品————————王成城　任　兴　吕仲寰

1985 年第 6 期　刊名:《萌芽》
目录

小说

小中篇
家规————————————————周宜地
短篇
九包老太————————————————徐伟红
幽深的小巷————————————————章　频
淡色————————————————国　庠
微型
头发————————————————文　野
考————————————————肖振华
新人新译
西西里人（长篇连载之二）
————————[美]马里奥·普佐　汪一帆译
柔道孪生姐妹（报告文学）————————晓　城
祝贺初试新声的获奖作者————————哈　华

理论

青年作家研究
一个正同青年时代告别的作家
——试谈罗达成艺术风格的演变————刘绪源
青年作家书简
苦活儿，甜滋味
——给一位青年文学爱好者的信————罗达成
跋涉者
写中国伟大文化的传人————————高瑞泉
为了爱————————阿拉提·阿斯木
这又苦又甜的探索————————王　毅　夏　真
从强烈的震动开始————————黄晓华

诗歌

上海大学生诗辑————————付　亮　赵月梁　朱光甫
高晓岩　张华立　朱蓓蓓　徐志华　宋庆平　施国英
陈国安　张佩星　叶天蔚　易　非　张卫东　谭启生
诗画之页
少女啦啦队（外一首）————————陈鸣华
青春火焰
时间选手————————————程宝林

散文

鸭友————————————————季振邦
帮忙————————————————卢得志
垂钓情————————————————陈　晨

美术

摘苹果（油画局部）————————弗里特列希·摩尔根
人才·成才（版画）————————聂昌硕
版画·雕塑———————吴慧明　马克宝　蔡　兵　岳　军

1985 年第 7 期　刊名:《萌芽》
目录

本刊前线特稿
战地流星（报告文学）————————张廷竹

小说

短篇
桔红色的沙月————————————郭雪波
（附）"新人短评"
情·景·人的相互关系及抒情风格————其　纲
门槛————————————————邱国珍
洁白的雪花————————————郭和平
时装————————————————邬峭峰
秋天的告别————————————鲁书潮
东方剧场的故事————————————陈　茹
微型
雨的游戏————————————白小易
意外————————————————朱建国
小鸟————————————————李华杰
新人新译
西西里人（长篇连载之三）
————————[美]马里奥·普佐　汪一帆译

理论

中国文学在国外
王蒙的艺术探索
——苏联汉学家论王蒙小说的技巧————理　然
青年作家研究

可贵的独创性
——谈张炜的小说创作————————————宋遂良

诗歌
民族花环————————————杨永年　冯麟煌
钱锦方　沈骏康　于宗信　安鸿毅　范　泓　王忠范
曲　彭　罗　巴　夏　天　余中诚　田先瑶　郁晓鹰
诗画之页
玫瑰海（组诗）————————————陈所巨
青春火焰
祖国呵……
——南极长城站落成典礼抒情————————徐一龙

散文
爷爷的小船————————————孙　悦
小城琐记————————————陈　益
斗狼散记————————————刘国林　杨郁春

美术
拼搏·胜利（油画）————————选自上海美展
南极长城站主楼（摄影）————————李文祺
版画————————————安　滨　卜维勤

1985 年第 8 期　刊名:《萌芽》
目录

上海作者新作专辑
报告文学
心曲
——谷建芬的故事————————————周玉明
命运之神————————————陈振国

小说
短篇
福生家的阿馨————————————刘红炜
失去的河流————————————金宇澄
金色的 CHINA————————————董谷林
闹市区·电视机·红纸包————————陈伯玉
微型
红叶书签————————————肖　强
我，隐去了————————————夏　瑜
新人新译
西西里人（长篇连载之四）
　　　　　　　　［美］马里奥·普佐　汪一帆译

理论
青年作家研究
为千百万知识青年树碑

——梁晓声知青小说漫议————————王富荣
文艺信箱
苏联战争题材小说的发展————————高俐敏
编后记

诗歌
诗画之页
军人在故乡的土地上（组诗）————————王小未
诗歌之卷————————————马合省
康学森　赵　捷　徐一龙　龙　夫　孙中明　孙　映
短诗辑
口哨————————————董宏量　李道林　梁志伟
董宏猷　王新华　王玉素　张琴心　黄秋苇　王　敏
青春火焰
让目光，聚集在中国的大地上————————郭晓晔

美术
日月春秋
——朝阳（石版画）————————［日］大山忠作
我们是和平卫士（水粉画）————————杨克山　毛文彪
《前进中的中国青年美术作品展览》作品选
　　　　　　　　李　迪　张富荣　曾晓峰
版画————————徐仲偶　戴慧文　邬继德　黄嘉萍

1985 年第 9 期　刊名:《萌芽》
目录

报告文学
爱的辐射
——献给第一个教师节————————路　畅　沈　刚
比金牌更迷人的是什么————————汪天云

小说
短篇
大楼后的小路————————————石　彦
野猪岭————————————向以桦
积雪————————————许广跃
微型
荒原上的夕阳————————————王小克
棋————————————张敏贤
岗哨————————————傅维云
新人新译
西西里人（长篇连载之五）
　　　　　　　　［美］马里奥·普佐　汪一帆译

诗歌
诗歌之卷————————————卢燕敏　柯　平
杨　迪　唐晓渡　李　孔

短诗辑··············· 姚　村　齐铁偕　陆新瑾
王开来　孙国煌　夏永刚　文　龙　沈雯雷　于宗信
诗画之页
黑色的旋律和白色的抒情（组诗）········· 张敦孟
轻轻地呼一声：母亲············· 陈峻峰

散文
闲话钱财·················· 杨闻宇
两地孤栖·················· 凌耀忠
我和我的丈夫················ 郑云云
理论
青年理论探索
审美方式的个体化与世界结构的一体化
——关于未来文学的假说··········· 曾小逸
写作漫谈
"闲笔"不闲················· 周　斌

美术
秦香莲（油画局部）············· 戴恒扬
故乡恋（油画）··············· 丁远阁
舞蹈速写·················· 梁伟明
版画·油画················· 赵延年
胡良桂　高　冬　刘福有　孙　盛　公丕炎　韩黎坤

1985 年第 10 期　刊名：《萌芽》
目录

报告文学
女厂长霍坚萍················ 朱大建
谈判姑娘·················· 刘大平
两位美国同屋················ 徐　琪
短篇
失却尊严的人················ 李忠效
（附）"编辑札记"：打开广阔的天地······ 曹　阳
大叉子河·················· 郑　柯
落日奔苍黄················· 卢万成
江那岸，是繁华的都市············ 于涤心
邂逅···················· 燕　子
热血男儿·················· 李　涛
小店···················· 丰晓梅
微型
出国服装·················· 池如镜
新人新译
西西里人（长篇连载之六）
··········· ［美］马里奥·普佐　汪一帆译

诗歌
城市之光（诗辑）········· 王　辉　黄晓华　力　虹
李道林　陆少平　张　芸　任惠敏　石花雨　曹悠悠
"城市之光"讨论摘编············ 黄　羊等
诗画之页
大都市的群像（组诗）············ 刘国萍
青春火焰
国旗·土地·小河·············· 汪　涛

散文
歌神纳达米德和他的马··········· 续维国
太湖猎趣·················· 邱　载

理论
青年作家研究
孙颙和他笔下的"我"············ 方克强
青年作家书简
走向宽广、多变的世界··········· 孙　颙
青年理论探索
无中生有　主次互补············ 方　柯
渴望和平（油画·获国际青年年画展一等奖）
··················· 王向明　金莉莉
参与·发展·和平（装饰画）········· 蒋　明
梳头的姑娘（油画局部）·········· ［法］雷诺阿
雕塑·版画·········· 王　琦　唐大喜　蔡　兵

1985 年第 11 期　刊名：《萌芽》
目录

小说
短篇
被遗忘的南方················ 李　逊
占尽黄昏·················· 林文询
庐山云雾茶················· 徐　锋
没有斧锯的小木匠·············· 王国荣
淤塞的井·················· 任才巧
微型
人行天桥·················· 广　昊
一个男子汉················· 锦　程
同乡···················· 周　昪
小亮弟··················· 周　征
新人新译
西西里人（长篇连载之七）
··········· ［美］马里奥·普佐　汪一帆译
走在崎岖的小路上（报告文学）······ 马继红　马春林

诗歌
爱情诗辑················· 东　海　陆新瑾

曹增书 刘季洋 滔 关键 王 敏 黄 宏 人——李凯庭 郭新民 李 琦 易殿选
陈惠芳 颜广明 未 音 尹安贵 曾 鸣 吴伟余
诗画之页
两人的故事（爱情诗辑）···冯庆川 缪国庆 马及时
青春火焰
啊，父亲——于 之

散文
穿粗布军装的将领——孙肖平
黄昏无限好——陈 肃
隽永往事——姜 莹

理论
青年理论探索
对当代抒情诗的一点思考——柯 平
中国文学在国外
走向世界的新一代作家
——蒋子龙及其作品在国外——高应品
内蒙古讨论《洁白的羽毛》（文艺简讯）

美术
河边（油画局部）——[苏]亚勃隆斯卡娅
父亲（油画局部）——罗中立
油画·版画——范沦桑 杨黄莉 苏仁华 张月妹

1985 年第 12 期 刊名:《萌芽》
目录

告读者——本刊编辑部

小说
短篇
高丽洞——王德忱
（附）"新作短评"：它让你一口气读完——孙文昌
身高二米〇一——胡廷楣
海湾之夜——陈 军
闹市口——蔡其康 孙徐春
我们是编辑，他是作家——许振强 成 华
他又来了——吴竹筠
微型
警察与作家——刘巽达
新人新译
西西里人（长篇连载·续完）——[美]马里奥·普佐
汪一帆译

诗歌
心弦——郭 辉 鲁 平

刘 晓 汪 早 洪 亮 周 乔
短诗辑——朱 雷 秦 岭
黄 方 冯 晓 林鸿民 陶 宁
诗画之页
绿的诱惑——东 虹 郑玛丽
青春火焰
哦，老师——杨克和

理论
作家谈写作
一首诗的修改——吕 剑
新理论探索
人物的道德判断、社会判断和人性判断——王富仁
青年作家研究
并非无前因的顿悟
——王兆军的小说创作及其田家祥的人物塑形
——魏 威

散文
水——陈 益
二醉——缪 士
北窗前——柳燕燕
乡土——赵健雄

美术
瑶家妹（装饰画）——葛春学
果实（版画）——彦 涵
版画·速写——沈尧伊 张克让
里 果 张祯麒 潘丁丁

1986 年第 1 期 刊名:《萌芽》
目录

恭祝"万户更新"——本刊编辑部

寄语青年
苏步青教授答本刊编辑部问及题词（封二）

小说
别了，十八岁——沈 刚
亘古荒原——任善炯
晚霞燃烧的窗口——叶中强
蔚蓝色的金字塔——蒋志和
白鹭刚刚飞走——沉 洲
三个女人一个夜晚——余 华
新鞋子，旧鞋子——万 叶
那女孩，那琴声——王丽萍
两次孤独（微型）——路 畅
落日最后的辉煌（微型）——朱志诚

四季朦胧（微型）.................................夏　瑜

萌芽特写
一个青年法官的笔记.............................夏仲荪

诗歌
青春期（诗画之页）.............................曹　剑
太阳里的姑娘（组诗）.............................常　月
汗血马（组诗）.................................郭同旭
当代属于我们（外一首）.........................黄　羊
29——祭战死的29岁的哥哥......................车前子
军魂（二首）...................................叶云龙
瘦西湖（外一首）...............................陶文瑜

散文
我深深地鞠躬...................................陆幸生
鬻泥盆儿水上漂.................................陶玉明
溜冰...华　隆

青年作家研究
陈世旭小说世界的昨天、今天与明天...............朱小如

青年作家书简
补拙篇.......................................陈世旭

萌芽信箱
什么是"魔幻现实主义"？.........................詹述仕

写作参考
青年生活写作素材一千例（一）

美术
版画、油画.........彦　涵　张　珂　徐鲁燕　华　庆

1986 年第 2 期　刊名:《萌芽》
目录

寄语青年
刘佛年教授答本刊编辑部

报告文学
上海滩"新大亨"...............................朱大建

小说
八月牛.......................................王德忱
（附）编辑札记：浓墨重彩写真情.................曹　阳
歌星...周劲望
安全镜.......................................严　晓
走在乡间的小路上...............................燕　燕

皮鞋（微型）...................................项家骅
丢（微型）.....................................张耀国

萌芽特写
勇士的摇篮
——上海武警总队拳击格斗集训队纪事...........张温俐
一九八五年小说发展笔谈
超验：对世界的理解与艺术的追求.................其　纲
奇零人和现代意识...............................方克强

青年作家研究
换一种眼光看人世
——赵本夫小说艺术初探.........................陈思和

青年作家书简
从《卖驴》开始.................................赵本夫

散文
漫步唐人街——访美纪行之一.....................赵丽宏
俯视大千——庐山散记...........................周国平
百万雄兵夜半潮.................................陈　浮

诗歌
开到灿烂的阳光下（组诗）.......................郭在精
青年人的故事（组诗）...........................周　导
晚境（外二首）.................................张　烨
归来吧，爸爸（外一首）.........................彭小梅
夜...刘京海
呵，小城.....................................康学森
致远方.......................................孙　悦
一个军人的妻子...............................韩　珺
北方的梦.....................................施国英
海恋...裴　高

写作参考
青年生活写作素材一千例（二）

美术
版画.....................卜维勤　余椿瑞　袁银昌

1986 年第 3 期　刊名:《萌芽》
目录

寄语青年
谈家桢教授答本刊编辑部问

报告文学
乒乓怪球手陈新华...............................刘登翰

萌芽特写
阳光下的罪恶
——上海焚毁进口旧西服采访笔记···············陆幸生

小说
矮堡···孙 泱
迷途（微型）·····································吕 品
（附）新作短评：酒不在多 醇则醉人··········孙文昌
山雀···张卫乔
太阳和雪原··王左泓
钻塔下的笑声·····································王启元
一个很自然的故事································杨彦荒
蜘蛛···乎 乎
祖传秘方（微型）································沈嘉禄
酸与苦（微型）···································晓 敏

散文
人狗之间
——访美纪行之二······························赵丽宏
还洁···凌耀忠
戈壁深处有人家···································郑 芸
织女台的歌··张若愚

一九八五年小说发展笔谈
文化意识和文化选择······························蔡 翔
《百年孤独》和八五年的新时期小说···········魏 威

老作家谈创作
推荐一首散文诗及其他···························柯 蓝

诗歌
生命···周晓波
迟开的笑靥（外一首）····························张德强
上海"诗歌沙龙"青年诗辑························缪国庆
李勇杉 米福松 林 路 郦 辉 蒋建华 钱培静
王会军 谭启生 张佩星
城市里的田园交响诗（外一首）·················宋 丹
第一面阳台··周同馨
摩登时代···袁 超
白色幽默···方 向
天车姑娘（外一首）······························张晓健

写作参考
青年生活写作素材一千例（三）

美术
版画·····································王建国 刘亚平

1986 年第 4 期　刊名:《萌芽》

目录

寄语青年
费孝通教授给青年朋友的题词

报告文学
142 高地战事记——献给十五勇士··············李延国

小说
第三座丰碑··石 磅
（附）新作短评：谱写命运的交响曲···········谢德辉
列车在行进中·····································孙春平
财政局长选拔记···································熊召政
月有阴晴圆缺·····································赵长天
白鸟···张宗栻
微波···晓 筱
家庭喜剧（处女作）······························田少斌
隔壁的声音（微型）······························洪铁城

萌芽特写
呵，邮路！···肖 正

散文
散文二题···黄宏地
树根集市记
石福
走马好莱坞——访美纪行之三··················赵丽宏

诗歌
南方故乡吹来的风（三首）·······················邹侗生
走呵，春天··曹增书
现代田园诗（三首）······························张中海
红色的诱惑（外一首）····························徐 芳
悠闲的大龄姑娘（外一首）·······················谢 聪
海祭（外二首）···································夏贺新
浪花（外一首）···································黄振超
塔林···乔延风
公路，穿过树林···································胡学群

一九八五年小说发展笔谈
对一九八五年小说的几点辩护性思考··········吴 亮
纪实性：文学把握世界的别一种方式···········毛时安

写作参考
青年生活写作素材一千例（四）

美术
版画·····················董克俊 胡 抗 马 瑛 向思楼

1986 年第 5 期　刊名:《萌芽》
目录

寄语青年
周谷城教授答本刊编辑部问

小说
军列 .... 曹征路
追寻鸽子的人 .... 马玉琛
沉寂的草地 .... 季　华
那年，我才十六岁 .... 余方德
人心 .... 郑电波
大海，白色的帆 .... 王焰珍
葛大夫的一天 .... 申力雯
烟 .... 张文龙

萌芽特写
在铁窗外漫步 .... 陆　萍
古庵里飞出火凤凰 ...... 黄　义　浩　然

散文
悼念文学战线上的杰出女战士丁玲 ...... 哈　华
枣树下的小屋 .... 李光斗
枇杷 .... 陈所巨
我看美国人（上篇）
——访美纪行之四 .... 赵丽宏

诗歌
燃烧的夕照（小叙事诗） ...... 刘晓喻
城市·港湾·码头（组诗） ...... 田士宝
教师（组诗） .... 张来信
乡音（外一首） .... 冯麟煌
柜台前，一群年轻的矿工 ...... 毕福堂
跋涉 .... 衣晓峰
短诗辑 .... 孟好转　王玉峰
殷才扣　李继舟　刘　荧　袭小龙　孙晓刚　刘宁变

编辑札记
短篇小说为什么不短? .... 曹　阳

青年作家研究
在生活的天平上觅取真谛 ...... 刘绪源

青年作家书简
给《萌芽》读者的一封信 ...... 王小鹰

美术
速写、版画 ...... 任　兴　肖继明　傅训生等

1986 年第 6 期　刊名:《萌芽》
目录

寄语青年
李国豪教授答本刊编辑部问

小说
羊伏轶事（小中篇） ...... 张亦峥　张亦嵘
（附）新作短评：虽无风云叱咤　却似豪情激荡
——浅析《羊伏轶事》中的几个人物 ...... 孙文昌
山脊（处女作） .... 汤光玉
太平日子 .... 高　锋
白子 .... 陈　村
翡翠色的沙原 .... 路　远
不好使的脑子（微型） .... 王唯铭
未来是彩色的（微型） .... 郭和平

报告文学
世界为他揭开浩瀚的面具
——记青年音乐家赵晓生 ...... 汪天云　徐大澄

散文
因为有了秘密（《校园文学》） ...... 曹明华
雾重庐山草 .... 潘新和
我看美国人（下篇）
——访美纪行之五 .... 赵丽宏

诗歌
铜之都（组诗） .... 陈所巨
青春的旋律（短诗辑） .... 力　虹
张小放　严　晟　刘　晓
短笛（短诗辑） .... 叶应昌
叶延滨　王玉民　张　芸　陈　明　纪少华
锯木姑娘 .... 施肃中

青年作家研究
独树一帜的森林文学
——谈袁和平的创作个性 ...... 王炳根

青年作家书简
要有超越意识 .... 袁和平

青年评论家剪影
你，并不孤独
——我所认识的鲁枢元 .... 艾　云

写作参考
青年生活写作素材一千例（五）

美术

油画、水粉画┄┄┄周　刚　徐逸涛　虞建刚　张国梁

1986 年第 7 期　刊名:《萌芽》
目录

庆祝《萌芽》创刊三十周年
风风雨雨三十年┄┄┄┄┄┄┄哈　华

寄语青年
陈从周教授答本刊编辑部问

报告文学特辑
琴心不死┄┄┄┄┄┄┄┄┄┄章慧敏
江东一奇男┄┄┄┄┄┄┄┄┄朱大建
只愿君心似我心┄┄┄┄┄┄┄戚　鸣

小说
骤洪给予的机会┄┄┄┄┄┄┄沈嘉禄
高盈九号的事情┄┄┄┄┄┄┄吴琪捷
城市里的单身汉和乡下的小寡妇┄┄┄顾建中
夜的呜咽┄┄┄┄┄┄殷慧芬　楼耀福
友人赵十三┄┄┄┄┄┄┄┄┄范小天
四婶┄┄┄┄┄┄┄┄┄┄┄┄刘海翔
招聘（微型）┄┄┄┄┄┄┄┄王唯铭

散文
风雪故人┄┄┄┄┄┄┄┄┄┄续维国
驾神鸢奋翮齐鲁┄┄┄┄┄┄┄孙　悦
四妹子┄┄┄┄┄┄┄┄┄┄┄崔引翠

诗歌
钢厂的男子汉与维纳斯（组诗）┄┄郭传火
城市之光诗辑┄┄┄┄杨　克　宋才逢　覃　元
何永康　童　西　赖松延　陈　放　柯平　李　浔
麦管谣（短诗辑）┄┄┄边玉堂　李云峰　冉　庄
卧佛┄┄┄┄┄┄┄┄┄┄┄┄李曙白

青年作家研究
关鸿的小说与小说中的关鸿┄┄┄许国良

青年作家书简
断想┄┄┄┄┄┄┄┄┄┄┄┄关　鸿

青年评论家剪影
多彩的吴亮┄┄┄┄┄┄┄┄┄陈　村
小传┄┄┄┄┄┄┄┄┄┄┄┄吴　亮

写作参考
青年生活写作素材一千例（六）

美术

版画、装饰画┄┄┄┄┄┄┄┄李延平　浙　美
常　虹　蔡　兵　唐国宁

1986 年第 8 期　刊名:《萌芽》
目录

寄语青年
谢希德教授答本刊编辑部问

四川青年作者小说作品专号
天高任鸟飞（专论）┄┄┄┄┄曹　阳
激荡的大宁河┄┄┄┄┄┄┄┄熊建成
（附）"新作短评"：我读《激荡的大宁河》
┄┄┄┄┄┄┄┄┄┄┄┄┄周克芹
遥远的小山村┄┄┄┄┄┄┄┄王旭鸣
（附）"新作短评"：遥远而又贴近┄之　光
画眉┄┄┄┄┄┄┄┄┄┄┄┄陆大献
（附）"新作短评"：柳林观战
——读《画眉》杂议┄┄┄┄┄化　石
七只电鸟┄┄┄┄┄┄┄┄┄┄苗　月
新官桐子┄┄┄┄┄┄┄┄┄┄谭　力
山，山┄┄┄┄┄┄┄┄┄┄┄向以桦
大宁河畔的小茅屋┄┄┄┄┄┄李乔亚
雨后，到室外去┄┄┄┄┄┄┄王　方
所求与所畏┄┄┄┄┄┄┄┄┄刘继安
醋意┄┄┄┄┄┄┄┄┄┄┄┄郎昭平
临界状态┄┄┄┄┄┄┄┄┄┄泳　墨

1986 年第 9 期　刊名:《萌芽》
目录

寄语青年
著名经济学家许涤新答本刊编辑部问

小说
走出雪原┄┄┄┄┄┄┄┄┄┄王小克
青春不悔（上海青年创作班作品选）┄沈　刚
跑（上海青年创作班作品选）┄┄┄郑　芸
鸡毛店┄┄┄┄┄┄┄┄┄┄┄闻　波
风中花园┄┄┄┄┄┄┄┄┄┄张　廊
第五次考验┄┄┄┄┄┄┄┄┄季　宇
言极亦反（微型）┄┄┄┄┄┄刘国芳

报告文学
泉源——青年作家张廷竹从军记┄┄陈　军

散文

斩网 ································ 邱　载
长啸 ································ 谢德辉
负心的遗忘 ·························· 万　叶
面对挑战 ···························· 黄　磊

诗歌

大漠风 ······························ 殷　实
同一个时刻 ·························· 汤　泓
领海线上的忠诚（组诗） ············ 徐如麒
战士诗辑 ···················· 翼　华　黄晓华
刘立云　王久辛　林乐山　刘业勇　康学森　朱金晨

青年作家研究
当代农村社会的道德"教化"诗 ········ 於可训

青年作家书简
不问成功 ···························· 叶明山

中国当代作家作品在海外
柔风轻轻拂世界 ···················· 严建平

文坛新议
略谈作家的才能特点 ················ 丁伯刚

写作参考
青年生活写作素材一千例（七）

美术
美术作品 ········· 高仁歧　李兆虹　窦培高　殷培华

1986 年第 10 期　刊名:《萌芽》
目录

寄语青年
曹天钦答本刊编辑问

小说

福地 ································ 刘玉堂
小草青青 ···························· 张仁福
最后一次行窃 ························ 刘观德
水与火 ······························ 程永新
赶秋阳 ······························ 杨新民
海员的妻子 ·························· 郑春华
秋天的故事 ·························· 章　颖
二月风（微型） ···················· 乔木森
名片收藏家的遭遇（微型） ·········· 柯兆龙

校园文学·大学生散文选
呆呆地望着安琪儿 ·················· 夏　瑜
林荫道旁的咖啡馆 ·················· 曹　宇
说春 ································ 殷卫海
抄书记趣 ···························· 李光斗
色彩王国 ···························· 张佩星

诗歌

大港口（组诗） ···················· 戴忠平
向北仑 ······························ 贺　诚
时代的音响（组诗） ·········· 李道林　鄢家发
王　辉　陆　萍
艺术之窗（短诗辑） ·········· 施圣杨　鲁　萍
林　染　龙　郁　张新泉

青年评论家剪影
游山者——范咏戈小记 ·············· 王中才

新人新作评介
世情微观中的沉思
——刘观德和他的小说创作 ·········· 宋永毅　张子敬

编读往来
编辑部窗口
本刊重要启事

美术
版画、木刻 ·············· 孙银生　赵海鹏　李　真

1986 年第 11 期　刊名:《萌芽》
目录

寄语青年
钱三强答本刊编辑部问

小说

走出荒原 ···························· 王小克
（附）新作短评：完整的人 ·········· 南　极
野路子 ······························ 陆　明
散 ································ 朱耀华
疏影 ································ 齐岸青
第四十九（处女作） ················ 井　坡
浪漫主义者和病退 ·················· 李　晓
昨夜风雨 ···························· 谢鲁渤
白墙 ································ 金　平
克星的遭遇（微型） ················ 汪　葵

散文
四公 ································ 黄宏地

观潮·····································魏 威
翔·······································陈 益
万年青的故事·····························东 瑞

诗歌
夜歌（组诗）·····························张加百
搬运号子（外一首）·····················张晓健
情愫（诗辑）·············康 青 金东敏 张卫东
倪惠明 季振华 尹 军 杨建新 李 疑 朱复隆
史光柱 慧 子 桂兴华 肖伟民 孙 悦 仝云霞
辛 辉 周展雄 陆新瑾 桂 皓

青年作家研究
北国军营风情画·························徐 温

青年评论家剪影
为吴士余画像·····························陈继光

中国文学在海外
"复活季节"的兆始···············吴永耀 马尚龙

编读往来
本刊明年推出新作品、新栏目
重要启事

美术
木刻···············赵经寰 李 璞 廖有楷 吴俊发

1986 年第 12 期　刊名：《萌芽》
目录

寄语青年
冯德培答本刊编辑部问

报告文学
"两弹"元勋的秘密历程·············吴显奎 孟 勇
走向罪恶深渊·············陆海光 高小伟 袁国华
初闯上海滩·····························廉正祥
残烛·····································吴百孙

小说
月不圆，夜不眠·························方家骏
你到底要干什么·························魏心宏
真？假？还是·····························亢 美
夜公园·································庄艺岭
夜色中的飘游·····························毛 毛
眼睛·····································朱复隆

诗歌
断桥·····································王中朝
漓水情思·································梁 琴
山魂·····································俞炎保
古钟（外二首）·························纪少华
我的江南（诗辑）·······················尹剑峰
李凯霆 朱 原 殷 红 朱光甫 朱福泉 胡黎耕
宛世照 张 辛 张 波 高旭旺

青年作家研究
纵横开合，不乏大家手笔·················王富荣
荒山与城市，男人和女人···········王 野 陈墨

青年作家书简
站在自己的土地上·······················赵长天

编辑札记
千古文章贵真情·························王 果

编辑部窗口
等待着您的宝贵意见
——致《萌芽》热心读者

写作参考
青年生活写作素材一千例（八）

美术
木刻···············褚 铭 杨明义 张承尧 安正中

1987 年第 1 期　刊名：《萌芽》
目录

寄语青年
翁史烈教授答本刊编辑问

编辑部窗口
迎接春天

报告文学
中学琼瑶热·····························肖复兴

小说
414，将引起世界注目（纪实小说）·············盛 李
西藏二题·································佘学先
绿色的祈祷·····························沈贻炜
大青谷·································张宗杙
月白风清·································张昌华
路上·····································杨晓敏

防鲨网事件（微型）⸺⸺⸺⸺⸺白小易
黑色的旅行（微型）⸺⸺⸺⸺⸺应　杭

散文
那夜，那火，那小石板屋⸺⸺⸺刘增山
月亮潭⸺⸺⸺⸺⸺⸺⸺⸺海　飞
五色土⸺⸺⸺⸺⸺⸺⸺⸺梅南频

诗歌
小城⸺⸺⸺⸺⸺⸺⸺⸺⸺南　风
采茶女⸺⸺⸺⸺⸺⸺⸺⸺徐　康
攀枝花点燃的南方⸺⸺⸺⸺⸺习　鸣
雪鸽⸺⸺⸺⸺⸺⸺⸺⸺⸺黎正光
"现代风"诗辑⸺⸺⸺⸺⸺⸺孙晓刚
姚　村　许德民　宋　琳　裘小龙　张小波

我喜欢的诗
张烨（诗二首）⸺⸺⸺⸺⸺⸺罗　洛

萌芽特写
门背后，是一条又暗又长的长廊⸺⸺丁成肖

青年作家研究
困难：《鬈毛》结构中的理性主义⸺李洁非　张　陵

文坛新论
当代文学中的自然模式⸺⸺⸺⸺陈静漪

美术
版画⸺⸺⸺⸺⸺⸺方　昉　唐其俊　葛春学
赵文奎　孟雨秋　陈建强

1987 年第 2 期　刊名:《萌芽》
目录

寄语青年
唐敖庆教授答本刊编辑产部问

小说
牛祭⸺⸺⸺⸺⸺⸺⸺⸺⸺李再春
钱，在寻找出路（纪实小说）⸺⸺谢德辉
在深圳的天空下⸺⸺⸺⸺⸺⸺刘树德
通往天国的路⸺⸺⸺⸺⸺章戈·阿图嘉
老参⸺⸺⸺⸺⸺⸺⸺⸺⸺龚笃清
新加坡新世界大酒家的崩塌⸺⸺⸺任海杰
洁白的丝围巾⸺⸺⸺⸺⸺⸺王　毅
大衣失踪以后（微型）⸺⸺⸺⸺胡尔朴
命令（微型）⸺⸺⸺⸺⸺⸺黄亚洲
流产⸺⸺⸺⸺⸺⸺⸺⸺⸺王唯铭

报告文学
面对非常的竞争⸺⸺⸺⸺⸺⸺章慧敏
青春的骚乱⸺⸺⸺⸺⸺⸺⸺罗达成

中学生散文选
琼瑶在向明中学⸺⸺⸺⸺⸺⸺陈　勉
融雪⸺⸺⸺⸺⸺⸺⸺⸺⸺周　玮
我的课余生活⸺⸺⸺⸺⸺⸺丁　蓉
天上人间⸺⸺⸺⸺⸺⸺⸺邹晓晴
春天的绿⸺⸺⸺⸺⸺⸺⸺傅嘉华
他的笑声感染了我⸺⸺⸺⸺⸺巨远飏
色彩⸺⸺⸺⸺⸺⸺⸺⸺⸺王云龙

诗歌
黄果树瀑布⸺⸺⸺⸺⸺⸺⸺蒋　蓝
绿洲⸺⸺⸺⸺⸺⸺⸺⸺⸺伊　甸
花圃⸺⸺⸺⸺⸺⸺⸺⸺⸺顾振华
纤夫·炉火⸺⸺⸺⸺⸺⸺⸺流　逸
天涯落日（诗辑）⸺⸺冯麟煌　陈太顺　吕文秀
饶河的今天（诗辑）⸺⸺纪辉剑　曾标营　苏辑黎

我喜欢的诗
泥塑简介⸺⸺⸺⸺⸺⸺⸺辛　笛

青年评论家剪影
荒漠与大坂⸺⸺⸺⸺⸺⸺⸺文乐然

文坛新议
叙述的模式⸺⸺⸺⸺⸺⸺⸺程德培

当代世界文坛考察
当代苏联文学漫笔⸺⸺⸺⸺⸺夏仲翼

1987 年第 3 期　刊名:《萌芽》
目录

寄语青年
张香桐答本刊编辑部问

小说
中国的吉卜赛部落（纪实小说）⸺⸺朱幼棣
哈达楚鲁⸺⸺⸺⸺⸺⸺⸺邓九刚
春天过后是夏天⸺⸺⸺⸺⸺⸺魏志远
朝乐吉勒格尔草原上的长者⸺⸺⸺郑　柯
水鬼潭⸺⸺⸺⸺⸺⸺⸺⸺王海玲
染绿冬天的祝福⸺⸺⸺⸺⸺哈斯乌拉
电子风⸺⸺⸺⸺⸺⸺⸺⸺陈伯玉
纪实小说（微型）⸺⸺⸺⸺⸺谢根华
讲稿（微型）⸺⸺⸺⸺⸺⸺张亦峥

报告文学

六个应聘模特儿的自白························速泰春

散文

芳草天涯

——中外文化交流小辑

归思··································陈　益

我的美国朋友··························严耀华

姗姗在美国····························王小鹰

诗歌

女青年之歌专辑························宋路霞

张　烨　慧　子　董景黎　林　珂　郑春华　朱燕敏

彭小梅　红　帆　孙　悦　斯　霞

外国文学与新时期文学

原始主义与寻根文学····················方克强

青年作家研究

吕雷小说创作的敏感区··················张奥列

青年评论家剪影

在诗与美的园圃中······················尹　江

1987 年第 4 期　刊名：《萌芽》
目录

寄语青年

李春芬教授答本刊编辑部问

小说

比基尼的困惑（纪实小说）··············蒋志和

爱物··································马　原

（附）新作短评：物的象征意义··········初　林

远海的呼唤····························陈国安

跑喜儿································毛　毛

交叉地带······························陈金堂

那年冬天，有个月亮····················李永芹

他们和我们····························陈丹燕

流动··································王一敏

萌芽特写

意想不到的反响

——《钱，在寻找出路》引出的波澜·······斯　思

散文

鸟痴··································施圣扬

故乡的夏天····························高洪波

马蹄声处······························续维国

屋奠··································季振邦

诗歌

四重奏组诗········佟　石　马　辉　金克义　雷恩奇

初耕地··········朱　浩　卢燕敏　方佳波　普光泉等

我喜欢的诗

具有鲜明当代意识的心声················冀　汸

报告文学

荣誉市民······························刘大平

青年评论家剪影

乐天·自信·热忱

——青年评论家刘齐印象················许振强

外国文学与新时期文学

"魔界"的魔力

——当时中国文学中的川端康成···········夏　刚

当代世界文坛考察

当代英国小说一瞥······················刘若端

1987 年第 5 期　刊名：《萌芽》
目录

寄语青年

王应睐答本刊编辑部问

小说

金宇澄小说小辑

光斑

方岛

异乡

（附）穿透冷峻人生的反思

——评金宇澄小说创作··················方克强

白人街································宗良煜

我们少男少女··························周　昕

我们一百万····························杨小凌

麻雀窝小学纪事························陈建武

眩惑··································沈　欣

恋爱启示录····························丰晓梅

诗歌

城市病································纪德平

还记得我吗——小路····················刘铁偕

萤火虫································杨　然

南海古韵······························刘明达

我喜欢的诗
一首好诗......雁 翼
水手与岸诗辑
水手与岸（组诗）......周 俊
复仇......王 彪
海葬......李曙白

散文
谈天说地
——论说性散文小辑
真话小识......杨闻宇
越出一道道围墙
——漫谈科学与神话......屠锦洪 马永健
微雨随笔......吴伟卿
乡思种种......周佩红

报告文学
弧度......张 伟

青年评论家剪影
清醒的困惑......陈慧中

1987 年第 6 期　刊名：《萌芽》
目录

《萌芽》文学创作荣誉奖 1985—1986 年度获奖作品
及作者
著名老作家刘白羽为本刊题词
硕果累累、新人迭起
——为公布 1985—1986 年度
获奖作者照片、简历
从生活中发现美
——读《萌芽》1985—1986 年度
获奖作品......曹 阳
跋涉者
描述中国龙的腾飞英姿......孟 勇 吴显奎
只是第一步......金宇澄
关于生活......王德忱
红足球的诱惑......刘立云

寄语青年
陈骃声教授答本刊编辑部问

小说
掀开都市帷幕的一角（纪实小说）......孙洪康
倾斜......陆大献
鳗苗......顾志坤
内陆的岛......刘以林

荒月......蒋继锋
他拥抱了大海......童孟侯
垃圾山......易希高

报告文学
隧道在默默推进......桂兴华
生命是一条毯子......梁 琴

散文
老山军魂......姚 村
观苍海......胡廷楣
启事寻人......周骏羽

诗歌
我的江南......陈 阵 孙家林 沈良意 奕 林
初耕地...刘 昕 林 岩 杜显斌 韦 锦 嵇 辉
我是粒子（外一首）......徐家麟
海上的夜......景 章
大海的浪......宛世熙

当代文坛考察
文学视角的差异
——当代苏联文学漫笔之二......夏仲翼

1987 年第 7 期　刊名：《萌芽》
目录

寄语青年
严东生答刊编辑部问

小说
杨显惠作品小辑
在沙漠边缘
阿爷的核桃树
滚滩
（附）一半是钦佩，一半是惋惜
——杨显惠小说创作心态初探......朱小如
狼......王 安
笔迷......李 健
生灵......吕清温
交通图上没有这条路......刘毅峰
与世界共老（纪实小说）......陆幸生

散文
天涯咫尺......柴德森
梅乡人......邱 载
沉思四章......陈所巨

报告文学

归来者的天空⋯⋯⋯⋯⋯⋯⋯⋯⋯⋯⋯⋯尹家民

诗歌

城市之光诗辑⋯⋯⋯⋯⋯戴忠平　方竟成　王　辉等
短诗辑⋯⋯⋯⋯⋯⋯⋯康洪伟　谢蓄洪　金　勇等

青年评论家剪影

我的老朋友毛时安⋯⋯⋯⋯⋯⋯⋯⋯⋯⋯⋯吴　亮

编辑部窗口

"女性与社会"征文词及顾问、评委名单
金宇澄作品讨论会召开

1987 年第 8 期　刊名:《萌芽》
目录

在探索中求发展　在发展中争开拓
——为成立萌芽杂志社董事会致读者⋯⋯⋯⋯曹　阳

寄语青年

严北溟教授答本刊编辑部问

小说

上海 S・C，总部在波士顿（纪实小说）⋯⋯⋯朱全弟
老汪湖⋯⋯⋯⋯⋯⋯⋯⋯⋯⋯⋯⋯⋯⋯⋯魏　强
在劫难逃⋯⋯⋯⋯⋯⋯⋯⋯⋯⋯⋯⋯⋯⋯柯兆银
内蒙古青年作者小说小辑
现在报告午间新闻⋯⋯⋯⋯⋯⋯⋯鲍尔吉・原野
今晚有人越狱⋯⋯⋯⋯⋯⋯⋯⋯⋯⋯⋯⋯敬　超
一生只能死一次⋯⋯⋯⋯⋯⋯⋯⋯⋯⋯⋯刘　昕
一条河⋯⋯⋯⋯⋯⋯⋯⋯⋯⋯⋯⋯⋯⋯侯凤仪
女孩与墙⋯⋯⋯⋯⋯⋯⋯⋯⋯⋯⋯⋯⋯赵健雄

报告文学

蓝色的飞旋⋯⋯⋯⋯⋯⋯⋯⋯⋯⋯吴　柯　李忠效

散文

爱在大地深处⋯⋯⋯⋯⋯⋯⋯⋯⋯⋯⋯杨守松
出击⋯⋯⋯⋯⋯⋯⋯⋯⋯⋯⋯⋯⋯⋯⋯戴　理

诗歌

军人的风采⋯⋯⋯⋯⋯⋯⋯⋯⋯⋯⋯⋯力　虹等
短笛⋯⋯⋯⋯⋯⋯⋯⋯⋯⋯⋯⋯⋯⋯⋯鲍　笛等

我喜欢的诗

写给未音同志⋯⋯⋯⋯⋯⋯⋯⋯⋯⋯⋯公　刘

青年作家研究

竹林的世界⋯⋯⋯⋯⋯⋯⋯⋯⋯⋯光　浩　朱　菱

文坛新论

创作力的断想⋯⋯⋯⋯⋯⋯⋯⋯⋯⋯⋯⋯关　鸿

编辑部窗口

本刊与《小说选刊》联合举行青年文学创作讨论会

1987 年第 9 期　刊名:《萌芽》
目录

寄语青年

范曾教授答本刊编辑部问

小说

天津青年作者小说专辑
亚丁湾梦恋⋯⋯⋯⋯⋯⋯⋯⋯⋯⋯⋯⋯⋯张永琛
（附）焦点对着精神的人
——读《亚丁湾梦恋》⋯⋯⋯⋯⋯⋯⋯⋯滕　云
白月亮⋯⋯⋯⋯⋯⋯⋯⋯⋯⋯⋯⋯⋯⋯⋯王　松
（附）读《白月亮》⋯⋯⋯⋯⋯⋯⋯⋯⋯夏康达
归途⋯⋯⋯⋯⋯⋯⋯⋯⋯⋯⋯⋯⋯⋯⋯牛伯成
（附）破灭的力量——读《归途》⋯⋯⋯吴若增
半个太阳，半个月亮⋯⋯⋯⋯⋯⋯⋯⋯⋯李玉林
（附）纪实小说的新视角
——《半个太阳，半个月亮》读后⋯⋯⋯航　鹰
午后黄昏⋯⋯⋯⋯⋯⋯⋯⋯⋯⋯⋯⋯⋯狄　青

纪实小说

上海的水上之门⋯⋯⋯⋯⋯⋯⋯⋯⋯⋯⋯齐铁偕

翻译小说

私生子⋯⋯⋯⋯⋯⋯[美]海伦・诺里斯　孙爱华译

诗歌

岛兵⋯⋯⋯⋯⋯⋯⋯⋯⋯⋯⋯⋯⋯⋯⋯汤　泓
雨和诗人（外一首）⋯⋯⋯⋯⋯⋯⋯⋯⋯毅　伟

1987 年第 10 期　刊名:《萌芽》
目录

寄语青年

李光灿教授答本刊编辑部问

小说

当代"买办"⋯⋯⋯⋯⋯⋯⋯⋯⋯⋯⋯⋯朱大建
芝罘湾三题⋯⋯⋯⋯⋯⋯⋯⋯⋯⋯⋯⋯卢万成
青奴⋯⋯⋯⋯⋯⋯⋯⋯⋯⋯⋯⋯池　莉　效　耘
隔绝⋯⋯⋯⋯⋯⋯⋯⋯⋯⋯⋯⋯⋯⋯⋯李　晶
旧梦录三题⋯⋯⋯⋯⋯⋯⋯⋯⋯⋯⋯⋯蔡　翔

再见，茶杯————————————王安桅
八匹马——————————————丁曦林
朋街人事—————————————桑　晔
混乱之夜—————————————一　心
矮人————————————————李一安
傍晚邮件—————————————瞿　鹭

散文
小米————————————————黄宏地
（附）魅力所在——————————王　果
伸出你的手来———————————朱　卫
一幅褪色的风俗画—————————刘敬堂

诗歌
青年诗人朗诵会诗选————傅　亮　刘　擎等

我喜欢的诗
他将飞得更高———————————曾　卓

青年作家研究会
论朱晓平的小说———————————郭小东

编辑部窗口
杨显惠作品小辑引起强烈反响

1987 年第 11 期　刊名:《萌芽》
目录

寄语青年
侯宗濂教授答本刊编辑部问

小说
死魂灵的多棱体———————————邹月照
招标！我打败父亲（纪实小说）———陈伯玉
我那亲爱的玻璃——————————肖克凡
雾里那座山————————————李立宪
小镇很小—————————————寒　冰
人之常情—————————————杨雪萍
心之岛——————————————鲁加亮
大街上走着一个父亲————————晓　明

报告文学
佛运————————————————章慧敏

散文
漏底溪滩—————————————张万谷
金门桥记—————————————丁　炜
宫墙高高—————————————吕锦华

我喜欢的诗
《陶都》印象———————————李士非

诗歌
青年诗人朗诵会诗选————————毕福堂等

青年作家研究
青年评论家剪影
剪个於可训的影——————————方　方
向着自在的艺术空间
——杨炼诗歌评述——————————李　黎

1987 年第 12 期　刊名:《萌芽》
目录

寄语青年
卢鹤绂教授答本刊编辑部问

小说
这里远离祖国（纪实小说）————雨　来
蜜月————————————————李兆忠
泪不轻弹—————————————徐　力
风景旧曾谙————————————韩建东
荒原之梦—————————————王爱英
都市遐思二题———————————张健文
遥远的牧场————————————周永年
阴—————————————————杨松达

散文
归宿何处—————————————陈知柏

我喜欢的诗
悲壮的美—————————————沙　白

诗歌
高原之虹—————————————张永权等

青年作家研究
他在耕耘自己的土地————————奎　曾

青年评论家剪影
昨天的王炳根———————————朱苏进

女性与社会征文
华亭路上 ABC———————————姚晓华

编辑部窗口
纪实小说：时代的呼唤————————沈　刚

1988 年第 1 期　刊名:《萌芽》
目录

寄语青年
茅以升答本刊编辑部问
新年答问································本刊编辑部

小说
王小克小说小辑
关东汉子
轰然倒塌的脚手架
（附）粗砺和诡谲················孙文昌
断了归路·····················金国政
白雪··························赵　熙
酒话··························龙　鸣

纪实小说
"卖大户"备忘录··················盛　李
假柯姆的险遇················王秋同编译

海外华人新作
小狗来利·····················梁漱华

散文
姑苏城外绣女会···················邱　载

诗歌
创世纪（组诗）··················燎　原
黑潮汐·······················姜言博
城市的自白·····················谢　聪等
初耕地·······················何晓文等

文坛新议
强化性格与情境设计···············张德林

青年评论家剪影
我眼中的夏中义··················张　擎

1988 年第 2 期　刊名:《萌芽》
目录

寄语青年
韩素音答本刊编辑部问

纪实小说
出国热：迅速缩小的世界············钱勤发

小说
日食·························施临洁
炎夏·························张宗栻
爬坡·························薛万华
热唱·························王恒信
章鱼彩色的触须··················沈善增
冬天里的云和鸟··················江　毅
过客·························吴　政
最后一网·····················陈新君
查询者·······················周昌义
最佳杀兔方案····················雨　瑞
达吾提·······················章海陵
初生·························韦金炎

报告文学
反差·························童孟候

散文
姑苏散文笔会小辑
称呼·························范培松
井说·························谭亚新
儿子和邻居·····················罗文龙

诗歌
青年诗人作品专辑·················刘立云等
初耕地·······················厉楠等

时代足音
上海人的一块乐土地——豫园商场·········赵　明

青年作家研究
神语·梦幻·楚文化
——韩少功创作断想···············汪　政　晓华

青年评论家剪影
安徽有个胡永年··················宋学孟

女性与社会征文
飞天！飞天！····················窦志先

美术
装饰小品（目录）·················张坚明

1988 年第 3 期　刊名:《萌芽》
目录

寄语青年
雷洁琼教授答本刊编辑部问

小说
唐宁小说小辑
萤火辉辉
瞬间的定格
你的圈套
（附）步入女生文学的寂寞之地
——评唐宁小说小辑 ……………………………… 周佩红
孤独的清晨 ……………………………………………… 王少华
缺氧 …………………………………………………………… 项小米
拐弯处有只猫 ……………………………………………… 王　璞
死去的明公公 ……………………………………………… 操剑锋
烙印 …………………………………………………………… 朱耀华
打电话 ……………………………………………………… 施晓宇

纪实小说
都市铁骑风 ………………………………………………… 许基山

翻译小说
婚姻介绍所 …………… ［法］埃尔韦·巴赞　胡洪庆译

海外华人新作
生活——我的留学生活 ………………………………… 吕　天

报告文学
女性与社会征文
含泪的思索——给培英 ………………………………… 朱哂之

时代足音
竞争之路 ……………………………………………………… 杨　勇

散文
关系网三喻 ………………………………………………… 杨闻宇
我决定结婚 ………………………………………………… 路　莘
清明螺 ……………………………………………………… 齐铁偕

诗歌
女青年之歌 ………………………………………………… 郑　洁等
初耕地 ……………………………………………………… 郦卫莲等

文坛新议
人道主义不能完全涵盖新时期文学 …………… 邹　平

外国文学与新时期文学
"无赖派"与新生一代的小说 …………………… 窦时超

青年作家研究
美是难的
——试评青年作家汪天云的报告文学 ………… 徐之初

1988 年第 4 期　刊名:《萌芽》
目录

寄语青年
袁翰青教授答本刊编辑部问

小说
净 …………………………………………………………… 郑彦英
兽 …………………………………………………………… 阿　炳
酱缸 ………………………………………………………… 阎振新
无字碑 ……………………………………………………… 邱恒聪
监考 ………………………………………………………… 蒋丽华
相逢何必在天涯 …………………………………………… 余心诚
小城王国 …………………………………………………… 中　跃
缘份 ………………………………………………………… 卢万成
军营浪漫曲 ………………………………………………… 黄　可

翻译小说
鬼情夫 …………………………… 艾·巴·辛格著　陈丽娜译

报告文学
女性与社会征文
私奔之路 …………………………………………………… 张民阜
一个女记者和一个破碎的家庭 ……………………… 陆　萍

散文
赠言 ………………………………………………………… 吴伟卿
猫虎 ………………………………………………………… 陈匡亚
殉马坑前的颤慄 …………………………………………… 苏　叶

诗歌
短诗辑 ……………………………………………………… 谷　馨等
初耕地 ……………………………………………………… 张荣彩等

文坛新议
两种小说世界 ……………………………………………… 应　雄
灵感的发生及其妙用 …………………………………… 赵云飞

青年评论家剪影
快乐,在思想的创造之中 ……………………………… 花　建

时代足音
力士自有回天力 ························· 沈　杰

1988 年第 5 期　刊名:《萌芽》
目录

寄语青年
沈其震答本刊编辑部问

小说
透过林荫有星光 ······················· 王少华
旁听生 ····························· 魏心宏
山店 ······························· 丁　真
玩具车 ····························· 许　波
Happy　New　Year ···················· 孙　砺
奇效灭火灵 ························· 张　欣

报告文学
黄变 ······························· 项家骅

女性与社会征文
为了劳模的翅膀 ··············· 王　平　刘绪恒
姜大干破"围" ··············· 宝　城　瑜　珊

翻译小说
宝石之谜 ············· [日]赤川次郎著　包振民译

散文
少年时代的恋情 ····················· 赵健雄
窗前,那一片绿荫 ··················· 费凡平

诗歌
大漠风 ··························· 曲　近等
校园诗辑 ························· 陈先发等

文坛新议
论伪"现代派" ······················· 木　弓

青年作家研究
乐观者的悲哀 ······················· 林为进

外国文学与新时期文学
转向:从"羞耻"到"过失" ·············· 朱小如

时代足音
为了 150 万癌症病人 ·················· 柳　坚

1988 期第 6 期　刊名:《萌芽》
目录

寄语青年
贝时璋答本刊编辑部问

纪实小说
艰难的平衡 ························· 黄　辰

小说
血裔 ······························· 雁　宁
千秋 ······························· 杨新民
女人 ······························· 满慧文
当然 ······························· 朱震林
游戏 ······························· 钱玉亮
唐马 ······························· 辛晓征
有月无月的元宵夜 ··················· 于涤心
李宝和小西瓜的罗曼史 ··············· 李　军

报告文学
女性与社会征文
祝愿龟,大姐 ······················· 阮海彪

散文
花运 ······························· 程炳堂
母亲春秋 ························· 莫秉端
梦里有一株芍药 ····················· 盛文秀

诗歌
夏季风 ··························· 陈　政等
初耕地 ··························· 王忠范等
四重奏 ··························· 陈所巨等

青年作家研究
绝望的挣扎 ························· 程德培

青年评论家剪影
文章内外说南帆 ····················· 李庆西

翻译小说
魅影 ··············· [美]本·赫克特著　朱乃长译

海外华人新作
我在京都过新年 ····················· 何　萍

时代足音
嫩绿与金黄之间 ····················· 陈剑谷

1988 年 7 期　刊名:《萌芽》

目录

《萌芽》文学奖 1987 年度获奖作品及作者
直面现实　勇于创新⋯⋯⋯⋯⋯⋯⋯⋯本刊编辑部
获奖作者照片、简历
笔下甘苦两心知⋯⋯⋯⋯⋯⋯⋯⋯⋯孙文昌等
寄语青年
单正林总经理答本刊编辑部问

小说
盗马⋯⋯⋯⋯⋯⋯⋯⋯⋯⋯⋯⋯⋯沈贻炜
帕摩拉西玛尤山口之谜⋯⋯⋯⋯⋯⋯余　纪
清清的虬浜河边⋯⋯⋯⋯⋯⋯⋯⋯⋯郑　宪
远洋归来⋯⋯⋯⋯⋯⋯⋯⋯⋯⋯⋯郁　越
寻⋯⋯⋯⋯⋯⋯⋯⋯⋯⋯⋯⋯⋯⋯赵迎亮
回民小吃店里的海鸥乔纳森⋯⋯⋯⋯朱卫国

纪实小说
图章障碍赛⋯⋯⋯⋯⋯⋯⋯⋯⋯⋯钱勤发

报告文学
女性与社会征文
朱红现象⋯⋯⋯⋯⋯⋯⋯⋯⋯⋯⋯朱　红
黑色的太阳⋯⋯⋯⋯⋯⋯⋯吴建芳　张登宽

翻译小说
品酒⋯⋯⋯⋯⋯⋯⋯[英]罗尔德·达尔著　孔德麟译

散文
老人·树⋯⋯⋯⋯⋯⋯⋯⋯⋯王　嫣　刘擎

海外华人新作
新作两篇⋯⋯⋯⋯⋯⋯⋯⋯⋯⋯⋯吴鸿春

诗歌
流动的情绪⋯⋯⋯⋯⋯⋯⋯⋯⋯⋯刘　原等

文坛新议
诗的新生代的崛起⋯⋯⋯⋯⋯⋯⋯⋯戴　达

青年评论家剪影
紫色的太阳⋯⋯⋯⋯⋯⋯⋯⋯⋯⋯金乐敏

时代足音
活跃房产市场,发展侨汇住宅⋯⋯⋯⋯沈孖文

1988 年第 8 期　刊名:《萌芽》

目录

我们的飞旋
——1987 年度"萌芽文学奖"
获奖作者笔谈⋯⋯⋯⋯⋯⋯⋯⋯⋯金宇澄等
寄语青年
陆俭国厂长答本刊编辑部问

小说
水兵衫,水兵裙⋯⋯⋯⋯⋯⋯⋯⋯⋯吴建国
今夜没有月亮⋯⋯⋯⋯⋯⋯⋯⋯⋯曾　平
环形禁猎区⋯⋯⋯⋯⋯⋯⋯⋯⋯⋯冷　凝
寂寞⋯⋯⋯⋯⋯⋯⋯⋯⋯⋯⋯⋯⋯申力雯
夜之梦⋯⋯⋯⋯⋯⋯⋯⋯⋯⋯⋯⋯夏　真

报告文学
"中国潮"报告文学征文
凌晨四点收盘⋯⋯⋯⋯⋯⋯⋯⋯⋯艾博特
女生与社会征文
燃烧你自己⋯⋯⋯⋯⋯⋯⋯⋯⋯⋯桂兴华
蓝楼轶事⋯⋯⋯⋯⋯⋯⋯⋯⋯⋯⋯范幼元

散文
杳椿情⋯⋯⋯⋯⋯⋯⋯⋯⋯⋯⋯⋯孙成凤
"恋爱角"闯后⋯⋯⋯⋯⋯⋯⋯⋯⋯姜　鲁
根大老伯⋯⋯⋯⋯⋯⋯⋯⋯⋯⋯⋯黄晓华

诗歌
肖山抒怀⋯⋯⋯⋯⋯⋯⋯⋯⋯⋯⋯陈　涛等
蜀地风情⋯⋯⋯⋯⋯⋯⋯⋯⋯⋯⋯张百加等
东北短笛⋯⋯⋯⋯⋯⋯⋯⋯⋯⋯⋯邢海珍等

青年作家研究
深沉的文化自省意识⋯⋯⋯⋯⋯⋯⋯戴　翊

文坛新议
全国得奖小说揭晓后的困惑⋯⋯⋯⋯程永新

时代足音
这里的黎明不平静⋯⋯⋯⋯⋯⋯⋯⋯王漱民

1988 年第 9 期　刊名:《萌芽》
目录

寄语青年
冯根生厂长答本刊编辑部问

小说
小说二题 ·························· 孙甘露
温冰 ······························· 冬　至
靠山镇 ···························· 陈清泉
两个土生土长的女子 ·········· 丁秀峰
遁出空门 ························· 邓海南
明天的太阳 ······················ 陆昭环
警局的长夜 ······················ 王安桅
合理冲撞 ························· 曹征路

报告文学
"中国潮"报告文学征文
并非提前的警告 ················ 谢台生
女性与社会征文
海峡离情 ························· 汪莉莉

翻译小说
傻孩 ············· [美]卡森·麦克勒斯著　张晓丹译

海外华人新作
有一天下午 ······················ 海　伦

散文
说几句真话，如何? ··········· 杨守松
第一类接触 ······················ 李光斗

诗歌
江南抒情诗 ······················ 张金晨等
初耕地 ···························· 朱　鸿等

青年作家研究
愤怒，一种新的情感形式的探索 ····· 朱珩青

青年评论家剪影
当代女性命运的自我审视 ······· 谢海阳

外国文学与新时期文学
人性·人道·道德 ················ 邵　卓

1988 年第 10 期　刊名:《萌芽》
目录

寄语青年
金红军书记答本刊编辑部问

小说
寒冬丽日 ························· 陈丹燕
崩溃 ······························· 刘学林
盼望十八岁的少女 ············· 孙莉莉
猫 ································· 王立忱
小县风采 ························· 查心役

报告文学
啊，深圳 ························· 雷　铎
女性与社会征文
战火中的夏娃 ··········· 张东波　马继红

散文
阳光·月色 ······················ 梁　琴
情河 ······························· 斯　文

诗歌
雪野（组诗） ···················· 沈明贤等

翻译小说
草坪风波 ··········· [日]赤川次郎著　包振民译

文坛新议
政治文学：应当存在的流派 ·········· 汪　政　晓　华

青年评论家剪影
张奥列其人其事 ················ 黄天源

当代世界文坛考察
"澳洲梦"，一个永无尽头的追寻 ········· 张文中

时代足音
与重点工程同在的上海华通开关厂 ········· 马诗军

1988 年第 11 期　刊名:《萌芽》

目录

寄语青年
朱德丰厂长答本刊编辑部问

小说
储福金小说小辑
黄表
灰雨
丧日
（附）人性探索与东方意趣 ······················ 傅　星
风水地 ··· 宋安莉
电梯的风波 ··· 邓伟东
陋屋 ··· 戴胜德
睡觉的回忆 ··· 王心丽
呼唤 ··· 周　力
易主 ··· 吴念慈

纪实小说
古币恩怨录 ··· 管新生

报告文学
女性与社会征文
新岸 ··· 常　扬

散文
写在印度上空 ······································· 陆　萍
雨夜中温暖的平面 ··································· 徐　芳
光有眼泪是不够的 ··································· 陈　益

诗歌
黄河人（组诗） ····································· 马新潮等
初耕地 ··· 肖　麟等
散文诗三章 ··· 孙泽敏

评论家书简
从"麦秸垛"的象征意义谈起 ·········· 方克强　王　斌

文坛新议
意味与形式 ··· 毛时安

1988 年第 12 期　刊名:《萌芽》

目录

寄语青年
周宗岳厂长答本刊编辑部问

小说
玩一玩走火入魔的游戏 ······························· 杨　亚
期待 ··· 陆　棣
北望新淤地 ··· 李　军
新寡 ··· 谢燕南
梦断海南 ··· 曾　鸣
傻哥 ··· 孙希彬
日暮鸟归林 ··· 李相奎
矫正 ··· 邵宝健
结局或开始 ··· 朱晓琳
募捐 ··· 李宗贤
银盒 ··· 孙徐春

报告文学
女性与社会征文
错位 ····························· 吴卫星　汤晓军
山中有支苦涩的歌 ··································· 南来苏
阴阳孟维娜 ··· 温眉眉

散文
远山的情踪 ··· 金开林
白香水花 ··· 金兮敏

诗歌
银色短诗辑 ··· 鄂元平等

青年作家研究
简论李晓小说的入世情态 ····························· 于建明

青年评论家剪影
面对你忧郁的眼睛 ··································· 田家鹏

时代足音
走向世界的双钱牌轮胎 ······························· 欧阳洪利

1989 年第 1 期　刊名:《萌芽》

目录

珍惜篇幅，展示《萌芽》新姿
——新年致词 ······································· 本刊编辑部
时代在呼唤伟大的作品

——祝贺《女性与社会》征文活动圆满成功（特稿）
························陈至立
《女性与社会》征文获奖作品与作者名单
甘肃青年作家作品专辑
广袤天地，游目骋怀（专论）·················曹　阳

小说
西部纪事（三篇）·······················浩　岭
挖墙·······························柏　原
停点·····························王旺斌
孤魂·······························蔡　磊
风絮·····························匡文立
窑弃·······························章　频
屏风内外·························李胜果

散文
骆革裹尸·························海　飞
水土·····························杨闻宇

报告文学
酒神的阴影·························朱幼棣
沸沸扬扬的高校食堂···················崔龙地

诗歌
城市之光·············梁志宏　陈　放　齐世明等

青年作家研究
张承志的现代宗教···············晓　华　汪　政

外国文学与新时期文学
走向：非压抑性文明的本能原动力···········朱小如

海外华人新作
江静枝散文选·······················江静枝

1989 年第 2 期　刊名:《萌芽》
目录

小说
不仅是爱情故事·······················瞿　鹭
结局·····························黄新蕊
爷呀·····························阎连科
蓝色的"琼"·························艾　真
野牛渡·····························杨忠实
血字二题·························唐玉文
黑夜·····························姜贻斌
五彩衣·····························冯　森
祭奠·····························张聂尔

报告文学
中原拍卖录···············张登宽　吴建芳
大青马（"几度春秋"征文）···········费凡平

散文
接近澳门·························东方渔笛
书韵·······························雯　雯
夜岗·······························杜　帝
纪念沙金同志逝世一周年
诗情如白鸽·························宁　宇
迟到的悼念·························沙　白

诗歌
东海新渔歌···············谷　磐　王明方等

青年评论家剪影
扼住命运的咽喉·····················张文中

文坛新议
情境设计的艺术凝聚力·················张德林

海外华人新作
在日本喝喜酒·······················吕立人

1989 年第 3 期　刊名:《萌芽》
目录

编者语丝·························本刊编辑部
小说
女性世界里的男人们···················何继青
（附）生命中不能承受之累···············谢德辉
斑驳的石塔·························文　平
红尘·····························何亚京
树洞·······························牧　毫
一个燥热潮湿的下午···················黄惟群
我和他的故事·························陈　迪
石库门逸事二则·····················刘业雄

纪实小说
这里在较量·························郑国荣

散文
赶海去·····························甘以雯
娓娓话春秋·························陈慧瑛
龙祭·······························廖静仁
漉湖夜泊（"几度春秋"征文）···········张吉安

诗歌

三月的翅膀……………………张　廓　陆　红　张海宁等

文坛新议

通俗文学：一种亚文化现象……………………谢海阳

青年作家研究

一代人的心路历程……………………马立诚

青年评论家剪影

认真：方克强的箴语……………………其　纲

1989 年第 4 期　刊名:《萌芽》
目录

编者语丝……………………本刊编辑部
小说
鬼火……………………蒋　杏
废墟上的裸女……………………徐肖楠
蝙蝠……………………韩建东
狗猫儿……………………龙　冬
酒后的爱情观……………………张　梅
月晕……………………沈嘉禄
死锁……………………向　何
桥牌……………………许　建

报告文学

在开发的土地上……………………许基山

散文

过年（"几度春秋"征文）……………………魏　威
音箱……………………林　青
野猪宴……………………凌朝飞

诗歌

"春之声"诗辑……………潘　烽　喻　军　史晓京等

青年评论家剪影

我所知道的殷国明……………………邹庆萍

青年作家研究

分解与重构：残雪、刘西鸿小说叙事比较……应　雄
"新星"的蜕变与荣衰……………………陈　墨

1989 年第 5 期　刊名:《萌芽》
目录

编者语丝……………………本刊编辑部
1988 年度"萌芽文学奖"获奖作品及作者
走出低谷的生力军……………………本刊编辑部
获奖作者照片、简历
写在获奖纪念册上……………………王小克等

小说

那片阳光还在……………………唐　颖
惊慌……………………许　辉
黑太阳……………………魏继新
不要再去海边……………………白小易

报告文学

"几度春秋"征文小辑
如丝的细雨……………………钟琪男
没长胡子的年龄……………………柏正强
黑暗中的闪回……………………唐小峰
山林腥风……………………玛　珂
恩怨……………………捷　捷
猪倌和屠夫……………………范健平

散文

征帆一片绕篷壶……………………江　毅
寂寞……………………杨闻宇
死亡演习……………………朱晒之

诗歌

江南雨……………………鲍　笛等
初耕地……………………石　人等

文坛新议

文学悖论三题……………………北　明
自杀与他杀："死亡"作家大曝光

……………………刘祥安　李　彬等
关于小说的"真实"……………………周政保

1989 年第 6 期　刊名:《萌芽》
目录

编者语丝……………………本刊编辑部
圣诞快乐……………………陈　洁
屋顶上的脚步……………………陈　村
虚假的黎明……………………陆星儿
田塘纪事二题……………………彭瑞高

边境⋯⋯⋯⋯⋯⋯⋯⋯⋯⋯⋯⋯⋯⋯⋯⋯孙甘露
标本⋯⋯⋯⋯⋯⋯⋯⋯⋯⋯⋯⋯⋯⋯⋯⋯金宇澄
心肌炎⋯⋯⋯⋯⋯⋯⋯⋯⋯⋯⋯⋯⋯⋯⋯蒋丽萍
同类的悲哀⋯⋯⋯⋯⋯⋯⋯⋯⋯⋯⋯⋯凌耀忠
迷失⋯⋯⋯⋯⋯⋯⋯⋯⋯⋯⋯⋯⋯⋯⋯⋯⋯晓
去过⋯⋯⋯⋯⋯⋯⋯⋯⋯⋯⋯⋯⋯⋯⋯⋯蒋亶文
鸭子⋯⋯⋯⋯⋯⋯⋯⋯⋯⋯⋯⋯⋯⋯⋯⋯张　献
寂静之声（处女作）⋯⋯⋯⋯⋯⋯⋯⋯西　飐

1989 年第 7 期　刊名：《萌芽》
目录

编者语丝⋯⋯⋯⋯⋯⋯⋯⋯⋯⋯⋯⋯本刊编辑部
小说
湖南三人小辑
不幸死去的阿娄⋯⋯⋯⋯⋯⋯⋯⋯⋯何立伟
绿地，别一类人的故事⋯⋯⋯⋯⋯蔡测海
活法⋯⋯⋯⋯⋯⋯⋯⋯⋯⋯⋯⋯⋯⋯王　平
（附）在同一文化星空下⋯⋯⋯⋯毛时安
码踪⋯⋯⋯⋯⋯⋯⋯⋯⋯⋯⋯⋯⋯⋯郑　柯
挚爱⋯⋯⋯⋯⋯⋯⋯⋯⋯⋯⋯⋯⋯⋯林　青
倪娅和倪娅的潇洒⋯⋯⋯⋯⋯⋯⋯王心丽
背景⋯⋯⋯⋯⋯⋯⋯⋯⋯⋯⋯⋯⋯⋯卢肖慧
神秘的橄榄核⋯⋯⋯⋯⋯⋯⋯⋯⋯余　炜
安村选民⋯⋯⋯⋯⋯⋯⋯⋯⋯⋯⋯曾维浩
不要关心我⋯⋯⋯⋯⋯⋯⋯⋯⋯⋯刘　磊

报告文学
敲门人的心⋯⋯⋯⋯⋯⋯⋯⋯⋯⋯童孟侯

纪实小说
迷幻的彩虹⋯⋯⋯⋯⋯⋯⋯⋯⋯⋯习慧泽

散文
伊犁之夜⋯⋯⋯⋯⋯⋯⋯⋯⋯⋯⋯程永新

诗歌
时代风景线诗辑（一）⋯⋯⋯长岛　竺振敏等

海外华人新作
香港人素描⋯⋯⋯⋯⋯⋯⋯⋯⋯⋯陶　然

青年作家研究
欲望的梦与现实的盘旋⋯⋯⋯⋯刘绪源
查舜心象图⋯⋯⋯⋯⋯⋯⋯⋯⋯杨云才

编辑部窗口
在春天的原野上⋯⋯⋯⋯⋯⋯⋯文　昌

1989 年第 8 期　刊名：《萌芽》
目录

编者语丝⋯⋯⋯⋯⋯⋯⋯⋯⋯⋯⋯⋯本刊编辑部
小说
红楼⋯⋯⋯⋯⋯⋯⋯⋯⋯⋯⋯⋯⋯⋯蒋　杏
故事和人⋯⋯⋯⋯⋯⋯⋯⋯⋯⋯⋯卢万成
恶瘤⋯⋯⋯⋯⋯⋯⋯⋯⋯⋯⋯⋯⋯⋯王大进
白色、杂色⋯⋯⋯⋯⋯⋯⋯⋯⋯⋯李　晶
大运河人家二题⋯⋯⋯⋯⋯⋯⋯徐锁荣
潮湿的土地上画满线条⋯⋯⋯⋯曹文润
骚扰⋯⋯⋯⋯⋯⋯⋯⋯⋯⋯⋯⋯⋯⋯李一安

报告文学
上访怪圈⋯⋯⋯⋯⋯⋯⋯⋯⋯⋯⋯朱晒之

散文
栈道上的人生⋯⋯⋯⋯⋯⋯⋯⋯吴建国
山村哭丧婆⋯⋯⋯⋯⋯⋯⋯⋯⋯续维国
去看红树林⋯⋯⋯⋯⋯⋯⋯⋯⋯黄宏地
徒有香如故⋯⋯⋯⋯⋯⋯⋯⋯⋯南　柳

诗歌
时代风景线短诗辑（二）⋯⋯⋯张　真　刘　原等
（附）真诚、自然、质朴⋯⋯⋯孙　悦

海外华人新作
开始全新的生活⋯⋯⋯⋯⋯⋯⋯方仁念

文坛新议
"现代人"的介入⋯⋯⋯⋯⋯⋯⋯王从亿

二十世纪中国文学流变
启蒙与纯美⋯⋯⋯⋯⋯⋯⋯⋯⋯陈思和

1989 年第 9 期　刊名：《萌芽》
目录

编者语丝⋯⋯⋯⋯⋯⋯⋯⋯⋯⋯⋯⋯本刊编辑部
小说
蚂蚁湾的故事⋯⋯⋯⋯⋯⋯⋯⋯钱玉亮
牌戏无规则⋯⋯⋯⋯⋯⋯⋯⋯⋯羊　羽
贝多芬之死⋯⋯⋯⋯⋯⋯⋯⋯⋯严歌平
满垫⋯⋯⋯⋯⋯⋯⋯⋯⋯⋯⋯⋯⋯⋯宋安莉
上帝与我们同在⋯⋯⋯⋯⋯⋯⋯白玲玲
火焰⋯⋯⋯⋯⋯⋯⋯⋯⋯⋯⋯⋯⋯⋯王德忱

不解的情结……………………方　硕
死羽…………………………凌耀忠
过客…………………………王　璞

报告文学
沉重的方向盘…………………刘金宝

散文
黄河游思………………………陈传珂
动物岩画察……………………宋耀良
永远年轻………………………卢肖慧

诗歌
诗人新作选……………………开　愚等

二十世纪中国文学流斐
乡村文学：模式及其变易………赵　园

编辑部窗口
多元多姿，新军崛起……………本刊编辑部

美术
封面设计………………………张坚明
装饰小品（目录）………………王世坚
美术编辑………………………单　良
本期校对………………………陈国春

1989 年第 10 期　刊名:《萌芽》
目录

编者语丝………………………本刊编辑部
小说
礼魂…………………………徐生彦
老城旧事三题…………………张敏贤
野心柯毕………………………江华明
家，可爱的家…………………王　松
谜底…………………………李永芹
陌生朋友………………………王安林
沙案…………………………范幼元
赵瞎子………………………杨彦荒
人生车站………………………陆新瑾
斑桔…………………………新　吾
在芦丛深处……………………丁成肖

海外华人新作
电脑与雷峰塔
——记范光陵博士…………光　陵　［美］胡迪菁

散文
那是一个冬日…………………储福金
湄南河的"水上人家"…………田永昌
困学小札………………………梁　琴

诗歌
微微变色风………列美平措　刘　原　杨　枫等

文坛新议
在历史的起落中行进
——上海小说四十年…………宋永毅
女性主义………………………季红真

1989 年第 11 期　刊名:《萌芽》
目录

编者语丝………………………本刊编辑部
小说
云南笔会小说专辑
红山羊………………………马宝康
空山…………………………吉　成
狗队…………………………存文学
鸡黄…………………………吕克昌
蓝日…………………………郑　海
曾经有四个圆和一个点…………范　稳
最后一座青石拱桥………………张德尧
棺树…………………………艾　扎
脚迹…………………………杨忠实
云南保山市精短微型小说专栏
多雨季节………………………段品钊
没有睡醒的太阳…………………夏　雪
齿痕…………………………古　德
小河悠悠………………………鲁秋平
摘星记………………………辛开纯
超级通行记……………………杨明军
累……………………………刘　嘉

报告文学
SOS! 来自铁道线………………陈伯玉　张伟忠

诗歌
大漠与都市的广板………………翼　华　刘　渊等

散文
水口庙记事……………………山　风
胖仔…………………………吴勇敢

编辑部窗口
报告文学《上海滩"新大亨"》诉讼已判决
　　　　　　　　　　　　　　　　本刊编辑部

1989 年第 12 期　刊名:《萌芽》

目录

编者语丝　　　　　　　　　　　　　本刊编辑部
小说
王少华小说小辑
我们
花痴
残缺的夏季
（附）小人物的情感世界　　　　　　　谢德军
困惑年华　　　　　　　　　　　　　孙　未
小巷二题　　　　　　　　　　　　　北　溟
庸人浮想曲　　　　　　　　　　　　江华明
温情　　　　　　　　　　　　　　　李相奎
烟馆旧事　　　　　　　　　　　　　张永久
寻墓　　　　　　　　　　　　　　　陈　浮

散文
微笑的米应罕　　　　　　　　　　　孙小琪
幽默的天空　　　　　　　　　　　　孙　悦

诗歌
上海作者诗辑　　　　　　　　孙晓刚　李彬勇
陆新瑾　韩　晶等

报告文学
另一个"爱神"　　　　　　　　　　　桂兴华

青年作家研究
变化中的生机　　　　　　　　　　　周佩红

二十世纪中国文学流变
二十世纪中国文学的文化热情　　　　　刘　纳
1989 年总目录　　　　　　　　　　本刊编辑部

《民族文学》

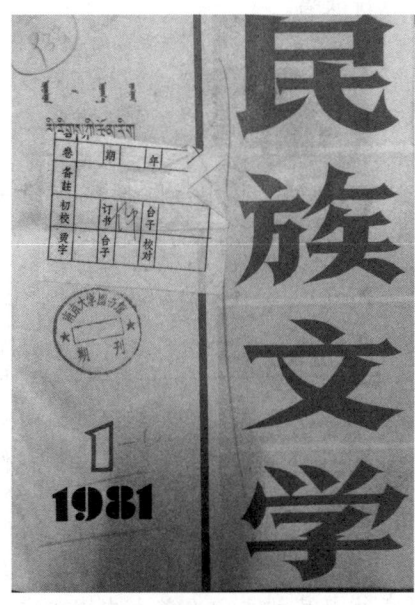

【简　介】

　　综合性文学月刊。中国作家协会主办。创刊于 1981 年。其为中国唯一的全国性少数民族文学月刊,2009 年以来又创办蒙古、藏、维吾尔、哈萨克、朝鲜五种文字版。旨在建立少数民族作家的创作园地、扶植培养少数民族文学新人,刊载作品主要有小说、诗歌、散文、报告文学、评论、翻译作品等。

期刊号:1981 年第 1 期—1988 年第 12 期

创　刊　词

　　全国性少数民族文学刊物——《民族文学》创刊了。

　　她是我国社会主义文学百花园中的一朵新花。经过严冬开放的花朵,更爱春日的温暖。她将扎根在祖国四面八方辽阔的沃土上,受到各族人民的辛勤浇灌,充分吸收时代的阳光雨露,以自己独特的艳丽色彩,使各民族的文学百花盛开。

　　我国是一个多民族的国家,拥有五十多个少数民族。在久远的历史长河中,各个民族都形成了本民族的色彩鲜明、风格独特的文化传统,创造了许许多多优秀的文学艺术作品。新中国建立以来,我国少数民族文学发展之迅速,成就之突出,更是各个民族历史上所没有过的。尽管在林彪、"四人帮"制造的十年动乱中,少数民族文学事业遭受了空前大摧残、大浩劫,但文学队伍并没有被打散、被摧垮。三十年来,特别是打倒"四人帮"以后,发表、出版的少数民族作家、作者创作

的许多作品,依然以它真实的生活内容、浓郁的民族特色、鲜明的时代精神,丰富了我国多民族社会主义文学的百花园。朝气蓬勃的少数民族新老文学工作者,经受住严峻的考验,在党的旗帜下,在"四化"的征途上,投笔奋书,纵情歌唱。

具有重要历史意义要的全国第四次文代会后,党中央强调指出:"各级党委要重视和加强对少数民族文化艺术的领导,发展和繁荣少数民族文化艺术。"为了认真贯彻第四次文代会精神,进一步体现党对少数民族文学事业的关怀,国家民委和中国作协,于一九八〇年七月召开了全国少数民族文学创作会议。周扬同志在这个会议上的讲话中说,许多少数民族的文学和汉族的文学一样历史悠久,源远流长,各种古老传说、口头文学,至今为各族人民所传颂。它们是整个中华民族文学的重要组成部分。分门别类地对少数民族文学进行独立的研究,是中华人民共和国成立以后才正式开始的。开国十七年中,我们在搜集、整理和研究少数民族文学的事业上,做了不少工作,但是这一有意义的工作被十年动乱所打乱和中断了。现在要重新开始,一定要比过去做得更好,更扎实,更有成果。周扬同志又说,要尊重少数民族文学在整个中国文学发展中的历史地位,要承认少数民族在整个中华民族文化中的贡献,恢复它应有的地位,既不是夸大,也不是缩小。为了发展少数民族文学,壮大少数民族文学队伍,有必要按照需要和可能出版介绍和传播各民族的文艺书刊,一方面发表自己的作品,交流创作经验和研究成果,另一方面在各少数民族文学之间,以及少数民族文学和汉族文学之间,进行互相翻译介绍的工作,这是建设我国多民族的社会主义文学所不可缺少的。周扬同志的这些话表达了我国五十几个少数民族文学工作者多年的心愿,说出了创办《民族文学》期刊的重要性、必要性和迫切性。

我们的《民族文学》,将努力贯彻落实党的民族政策和"百花齐放、百家争鸣"的方针。在这一宗旨下,我们的刊物,要团结各民族的作家和广大文学工作者,为大力发展和繁荣我国各少数民族的文学创作,积极培养和扩大我国各少数民族的文学队伍,贡献出自己的一份力量,使我们的刊物,更好地为人民、为社会主义、为各民族的团结服务。

《民族文学》主要发表我国各少数民族作家和作者创作的各种题材、体裁、形式、风格的文学作品,也要介绍、发表各少数民族优秀民间文学与传统文学,刊登有关少数民族文学的评论文章。内容和形式力求丰富多采,具有强烈的时代精神和鲜明的民族特色。我们衷心地希望得到各民族作家和作者的热情关心和大力支持。

我们的祖国正在新长征的光辉道路上奋勇前进,我国各族人民正满怀信心地迈开了新的步伐。我们的文艺担负着新的使命,要鼓舞各民族人民同心同德,振奋革命精神,团结起来向前看。我们愿和各民族文艺工作者和各兄弟文艺刊物携手并进,深刻反映我们伟大的时代,生动描绘各族人民的生活与斗争,为使我国少数民族文学创作出现更大更全面的繁荣而共同努力!

1981 年第 1 期　刊名:《民族文学》
目录

创刊词
三十年的爱与恨（小说·思沁题图）
————————————————（蒙古族）扎拉嘎胡
瞧啊,那片绿叶（小说·官其格插图）
————————————————（鄂温克族）乌热尔图
紫青色的锁链（小说）————————（布依族）罗吉万
天女湖畔（小说·廖宗怡插图）————（纳西族）戈阿干
风雪夜（小说）————（维吾尔族）买买提巴格拉西
朋友（小说）————————————（回族）白　练
献给祖国（诗）
——为祝贺《民族文学》创刊而作
————————————————（锡伯族）哈　拜
春的启示（诗·外二首）————（维吾尔族）铁衣甫江
石匾重刻（组诗）————————（藏族）铙阶巴桑
苍山洱海（组诗）————————（白族）晓　雪
江岸,有一个小村庄（诗·外一首）
————————————————（朝鲜族）金　哲
民族山乡赶集剪影（组诗）————（壮族）莎　红
致大海（诗）————————————（回族）高　深
吹响我的金芦笙（诗·外一首）————（苗族）潘俊龄
亚热带的字母树（诗）————————（藏族）丹真贡布
百花争艳四海春
——1980 年全国少数民族文艺会演歌词选登
一代天骄在这里长眠（散文·思沁题图）
————————————————（蒙古族）乌雅泰
诗与诗人（散文诗）————————（维吾尔族）乌铁库尔
"边边场"散记（散文）————————（苗族）吴雪恼
大彝山风貌（散文）————————————（彝族）普　飞
少数民族谚语集锦————————（蒙古族）鄂嫩吉雅泰搜集
记丁玲同志同藏族作家的一次谈话————————谢明清
少数民族文学与汉族文学的互相影响与交流
————————（回族）白崇人　刘俊田　禹克坤
真实地反映民族地区人民的生活————（藏族）益希单增
民族文学动态（二则）

1981 年第 2 期　刊名:《民族文学》
目录

路啊，漫长的路（小说·邢琏插图）
——————————————（白族）杨　苏
谁说了算（小说）——————（蒙古族）敖德斯尔
真金（小说）————————（藏族）益希单增
乌兰（小说·周思聪插图）———（蒙古族）齐　丹
同饮一江水（小说·邢琏插图）——（黎族）龙　敏
母亲的眼泪（小说·王为政插图）
——————————————（朝鲜族）尹林浩
旧地重逢（小说）————（维吾尔族）毛拉也夫
燕子（小说）———（哈萨克族）艾克拜尔·米吉提
火光与灯火
——读胡耀邦同志《在剧本创作座谈会上的讲话》
——————————————（蒙古族）玛拉沁夫
春醒（散文诗）—————（蒙古族）巴·布林贝赫
南海拾零（组诗）———（维吾尔族）克里木·霍加
情歌（组诗）—————（哈萨克族）库尔班阿里
诗魂（诗·外二首）————（朝鲜族）任晓远
我的歌（诗二首）——————（苗族）石太瑞
海藻小集（组诗·马琼题图）———（藏族）丹珠昂奔
阿娜（诗·马琼题图）————（壮族）农冠品
憧憬（诗）————————（满族）何成志
爱的小笺（诗）——————（朝鲜族）李仁玉
半屏山的故事（叙事诗·王路插图）
——————————————（高山族）马敏学
藏族情歌一束（民歌）
———（藏族）乔高才让　丹珠昂奔搜集、整理
他为人民祈求安定与太平（散文）
——怀念著名满族作家老舍————————叶君健
听鲁迅先生演讲（散文）————（彝族）李　乔
泉歌（散文·阎振铎题图）———（满族）胡　昭
大江歌（散文·阎振铎题图）——（白族）那家伦
哈萨克风情（散文·思沁题图）————颂　彦
心在边疆————————————彭荆风
不能怠慢的责任—————（锡伯族）忠　录
（柯尔克孜族）曼别特·艾山　（塔吉克族）莫尼·
塔布勒迪
生活的逻辑和艺术的力量—————赵则训
湘苑花汛（民族文学通讯）—————谢　璞

1981 年第 3 期　刊名:《民族文学》
目录

白泉（小说·邢琏插图）———（回族）张承志
临时工（小说）——————（彝族）李　乔

崖上花（小说·邢琏插图）———（布依族）罗国凡
潘老岩（小说·许仁龙插图）———（苗族）伍　略
白菱花手镯（小说·潘世勋题图）——（白族）景　宜
握手（小说）
——————（朝鲜族）韩元国　桂畅源　申明仙译
古丽罕（小说）
————（维吾尔族）艾海提·吐尔迪　艾克拜尔译
鹿哨响了（小说）—————（蒙古族）包家骏
挽歌（诗）———（维吾尔族）铁依甫江　张世荣译
星光永远闪烁（诗）———（蒙古族）特·达木林
一束故乡的诗（诗）————（土家族）黄永玉
石舫（诗·外三首）————（回族）沙　蕾
唱给金鹏鸟的歌（诗）———（蒙古族）巴彦布
花鼓传令（苗族民间故事·岳融题图）
———（苗族）龙文玉　（土家族）扬昌鑫　搜集整理
黑衣骑士的秘密（维吾尔族民间故事·岳融题图）
————————————————张世荣译
雄鹰与山丹（蒙古族民间故事·潘世勋题图）
————————（蒙古族）波·少布　搜集整理

边陲短笛
还乡曲（诗三首）—————（仫佬族）包玉堂
绿海流萤（诗·外一首）———（瑶族）蓝怀昌
骆驼刺开花时（诗）
——————（维吾尔族）库尔班拉提　杨金祥译
黎明（诗）——（朝鲜族）李相珏　陈雪鸿　李其顺译
矿山春笛（诗）——————（回族）吴文杰
第五颗星星（诗）—————（彝族）李　剑
淑啊（诗）————（朝鲜族）朴长吉　朴吉春译
一个土家族诗人的机智———————艾　青
在诗人的社会里—————————费孝通
映日荷花别样红
——全国获奖短篇小说中的少数民族作品———崔道怡
云南少数民族的远古文学———（拉祜族）石安达
民族文学动态（二则）

1981 年第 4 期　刊名:《民族文学》
目录

压在心底的话（小说·金泰洪题图）
——————————（朝鲜族）郑世峰　陈雪鸿译
寄自远方的信（小说·陈晋容题图）
————（维吾尔族）麦买提明·吾守尔　吕志超译
梦（小说·张佩义题图）———（哈萨克族）舒柯尔汗·
马木尔罕　姚承勋　朱曼译
苍苍鬐山（小说·尹汉胤题图）
——————————（蒙古族）达瓦敖斯尔　特·达木林译
来五养牛（小说·张明骥插图）———（回族）郑国民

光明（小说·张明骥题图）
————————————（壮族）黄　钲　杨荣杰
母亲心授的歌儿（诗）————————（藏族）伊丹才让
壮乡恋（组诗）———————————（壮族）苏方学
祖国三题（组诗）—————————（回族）马瑞麟
布谷鸟唱了（诗·外二首）—————（回族）高　深
唱给京族三岛的歌（组诗）————（壮族）莎　红
风雨桥（诗·外一首）——————（侗族）杨通山
眼睛（诗·外一首）——————（朝鲜族）李仁玉
清江风情（组诗）————————（土家族）田　禾
鄂伦春猎歌（组诗）———————（满族）原　林
五指山上飘红云（革命回忆录）——（京族）李英敏
藏族发祥地（游记）———————（藏族）赤列曲扎
鹰猎时节（散文）————————（壮族）凌　渡
玉盘滴翠神工琢（散文）—————（蒙古族）贾　凤
药乡神话（散文）————————（纳西族）杨世光
水木格言（藏族古典文学）
——————（藏族）贡唐·丹贝卓美　李午阳译
创作谈——————————————————冰　心
热爱与了解————————————————王　蒙
清末社会矛盾和民族关系的艺术画卷
——读老舍的《正红旗下》——————（回族）李鸿然
苏东坡在黎村——————————————林冠群

1981 年第 5 期　刊名:《民族文学》
目录

花院的人们（小说）
————————（维吾尔族）柯尤慕·图尔迪　马德元译
一个猎人的恳求（小说·杨学光插图）
————————————（鄂温克族）乌热尔图
婆媳俩（小说·李焙戈插图）————（回族）郑国民
退役军犬（小说·芦昕插图）———（土家族）李传峰
阿口登巴的故事（小说·潘世勋插图）
————————————————（藏族）意西泽仁
羽毛引路（小说）————（壮族）蓝阳春　王天若
故乡的羌笛（散文·郦骊题图）——（羌族）郑文泽
染色的饭团（散文·王文芳题图）——（壮族）岑献青
洗衣歌（散文·马琼题图）
——————（黎族）王　艺　（回族）谢跃辉
田螺（散文·周思聪题图）————（壮族）黄克栋
沙日娜及其他（组诗）——————（蒙古族）查　干
写在国境线上（诗三首）————（壮族）李甜芳
哈力克与阿米娜（诗·外一首）
————————————（维吾尔族）阿贝保
回忆（诗·外二首）————（藏族）丹珠昂本
自然界的启示（诗三首）
———（蒙古族）色·乌力吉巴图　特·赛音巴雅尔译

我的古城（组诗）————————（回族）王　度
脚手架上的姑娘（诗）
————————（朝鲜族）文昌男　金正浩译
家乡诗絮（诗二首）———（壮族）黄　见　韦元刚
张家界风情（组诗）———————（土家族）颜家文
江南的足迹（诗二首）——————（布依族）王泽洲
雪的答谢（诗·外一首）—————（朝鲜族）崔勇铁
草原上的珍珠（组诗·阎振铎题图）
——————（蒙古族）博·敖斯尔　丁师浩译
万方奏乐——————————————邹荻帆
诉说———————————————（回族）张承志
我的创作生活回顾————————（土家族）汪承栋
民族文学动态（五则）　编后
惯于长夜过春时（木刻）————————伍必端
女民兵（木刻）————————（藏族）其加达瓦

1981 年第 6 期　刊名:《民族文学》
目录

编者的话

朝佛（小说）————————（藏族）扎西达娃
彭老三趣事（小说）———————（土家族）孙健忠
哦！十五岁的哈丽黛哟……（小说·题图厉色）
————————（哈萨克族）艾克拜尔·米吉提
大地（小说）——————————（蒙古族）玛拉沁夫
闷葫芦（小说·插图李忠翔）———（白族）张　哮
火热的心（小说·题图武曼宜）
————（维吾尔族）阿布杜克热木·铁木尔　罗　马译
"业余社员"轶事（小说·题图作钧）
————————————————（回族）马知遥
心事（小说）—————（朝鲜族）金　勋　陈　永译
热血（小说）——————————（土家族）李传锋
猎人们（小说·插图蒋振华）
————————（哈萨克族）卡依洛拉·巴扬拜依
肖嗣文　朱曼·艾比西译
奶汁（小说）—————————（蒙古族）察森敖拉
卖猪广告（小说）————————（壮族）蓝汉东
夕照青山（小说）————————（蒙古族）康万余
少数民族短篇小说的新收获（评论）
——读《民族文学》第六期的短篇小说————王文平
显出中国人的特点来（评论）
——学习鲁迅论文学艺术的民族特点
————————————————（壮族）覃伊平
珍惜（木刻）——————————————廖宗怡
高原古寺（木刻）————————（藏族）其加达瓦

1982 年第 1 期　刊名:《民族文学》
目录

长白山密林里（小说·张明骥插图）

────────────────────（回族）马　犁
姆姥韦黄氏（小说·王为政插图）────（壮族）韦一凡
美如鲜花的事业（小说）────────（苗族）向秀清
锁儿罕·失剌（小说·杨刚插图）────（回族）张承志
黑宝（小说）──────────────（布依族）罗吉万
歌手的妻子（小说·肖楠题图）────（哈尼族）朗　确
来自耶松大坂的信息（组诗）────（东乡族）汪玉良
故乡抒怀（诗）────（维吾尔族）铁依甫江　王　山译
啊，祖国（诗）──────（朝鲜族）金成辉　金　一译
山（诗）──────────────（回族）沙　蕾
木叶情（组诗）────────────（苗族）石太瑞
家乡的水真甜（诗·外一首）────（藏族）格桑多杰
星城风采（诗）──────────（壮族）黄勇刹
一颗退出枪膛的子弹（散文）────（满族）关守中
观海（散文·汉胤题图）────────（回族）白崇义
月季花（散文·陆青题图）
────（维吾尔族）阿不都克里木·艾合麦提　杨新亭译
少数民族机智人物故事选（民间文学）
谈谈塑造人物（评论）────────（蒙古族）李　准
高尔基与苏联少数民族文学（评论）────────段宝林
献给母亲的歌（作家介绍）
──铁依甫江诗选汉译本序────────公　刘
全国少数民族文学创作评奖获奖作品篇目
民族文学动态（四则）
民族文学书窗（二册）
侗乡春（套色木刻）────────（侗族）刘　冰
待客（木刻）─────────────方振宁

1982 年第 2 期　刊名:《民族文学》
目录

学习与探讨（评论）──────────秦兆阳
人生，将从这里开始（小说）───（土家族）李传锋
生活的逻辑（小说·赵成名题图）
──────────（蒙古族）力格登　张宝锁译
八角姻缘（小说）───────────（瑶族）莫义明
第二十九任队长（小说）
────────（哈萨克族）艾克拜尔·米吉提
深思（小说）─────────────（壮族）蒙光朝
柔巴依（诗）─────────（维吾尔族）尼米西依提
铁依甫江　克里木·霍加　吾铁库尔　依敏吐尔逊
艾尔西丁·塔提力克　库尔班·伊明　热·加力　阿
不都秀库尔·伊明　麦买提·热衣木

绿色诗笺（诗·三首）────────（壮族）农冠品
延边行（诗·三首）───────────（白族）晓　雪
阿吾勒之歌（诗·三首）────（哈萨克族）库尔班阿里
北京诗抄（诗·三首）────────（藏族）饶阶巴桑
海南岛风采（诗·外一首）────────（壮族）黄　青
山村姑娘（诗）──────（朝鲜族）金泰甲　紫荆译
我是一（诗）─────────────（满族）戈　非
非洲行（诗·四首）──────────（回族）怀　宇
布依山乡的歌声（散文）──────（布依族）李　华
艺苑速写（散文）───────────（满族）胡　昭
童心集（散文）────────────（壮族）韦其麟
出猎（散文·陈晋容题图）────（鄂伦春族）敖长福
韵泉（散文·周建夫题图）────（白族）武　地　苏　木
人参姑娘（民间故事）
──────（朝鲜族）梁　志　搜集整理　树　枫译
阳光·信念·民族美（作家介绍）
──记蒙古族作家扎拉嘎胡────────刘工践
"柔巴依"浅析──────────（撒拉族）马树钧
"柔巴依"的特点─────────（维吾尔族）吾铁库尔
肉香　挤奶（油画）────────（蒙古族）妥木斯
寨口（木刻）─────────────叶　欣

1982 年第 3 期　刊名:《民族文学》
目录

在全国少数民族文学创作评奖发奖大会上的讲话
──────────────────────乌兰夫
在全国少数民族文学创作评奖发奖大会上的讲话
──────────────────────周　扬
蓝色的阿尔善河（中篇小说·谭晓春插图）
──────────────（蒙古族）敖德斯尔

女作者特辑
骑鱼的女人（小说·赵成名插图）────（白族）景　宜
八月（小说·获奖作品选登）──────（满族）邵长青
雕花银头饰（小说·陆青题图）────（蒙古族）索　日
凤凰花（小说）────────────（壮族）稼　稼
金沙娜各摸（小说）──────────（彝族）阿　蕾
海思（散文·赵成名题图）───────（藏族）益　娜
攸乐山的春天（散文）──────────（白族）段云星
故乡，你好！（散文）────────（朝鲜族）金珠玉
小腾格里的怀念（组诗）─────（蒙古族）阿拉坦托娅
我是一团火（诗·外二首）──────（朝鲜族）李仁玉
高山（诗）
──────（哈萨克族）努利拉·克孜汗　张孝华译
凉山红了（诗·三首）──────────（彝族）吉慧明
苗山散曲（组诗）───────────（苗族）李荣贞
风筝（诗·外二首）───────────（朝鲜族）蔡春花

康苏草原（诗·三首）
·······················（哈萨克族）罗孜姆罕　常世杰译
写在国境线上（组诗）·······················（壮族）李甜芬
故乡的泉（诗）
·······················（哈萨克族）乌力罕·苏丽妲　张孝华译
金哲和他的诗（作家介绍）·······················葛　洛
怎样表现民族特色?（理论）·······················（彝族）李　乔
谈短篇小说及其短（理论）·······················（满族）关沫南
民族风情录（二则）
民族文学动态（二则）
民族文学书窗（四册）
布依姑娘（油画）·······················（布依族）戴仲光
侗乡傍晚（国画）·······················（侗族）杨念一
南国小景（木刻）·······················史济鸿

1982 年第 4 期　刊名:《民族文学》

目录

土地啊，土地……（小说·学敏题图　明骥插图）
·······················（回族）高　深
龙嘎寨轶事新编（小说·胡炳泉题图）
·······················（侗族）刘荣敏
驾驭风的人（小说）·······················（蒙古族）雪　步
卖芒果（小说）·······················（黎族）龙　敏
温顺的热菲克（小说）
·······················（维吾尔族）穆罕默德·巴格拉西　艾克拜尔译
我将出庭作证（小说）·······················（满族）王家男
古籍萍踪（散文·明骥题图）····（蒙古族）安柯钦夫
清明糯（散文）·······················（壮族）黄福林
圭山行（散文·胡炳泉题图）·······················（白族）赵　橹
格萨尔王传（古典文学·潘婴插图）
·······················王沂暖　华　甲译
在天国里
降伏妖魔

关于《格萨尔王传》的几个问题（评论）······王沂暖
创作与生活断想（评论）·······················（白族）杨　苏
李季与降边嘉错（评论）·······················谢明清
他为农民辛勤笔耕（作家介绍）
——满族作家李惠文及其小说·········（满族）王　科
布依族风情····（布依族）王封常　韦永勤　搜集整理
哈萨克族格言·······················（锡伯族）哈　拜译
狐狸叛象·······················（藏族）尼牙才·索南才让
假日（木刻）·······················孙玉方

1982 年第 5 期　刊名:《民族文学》

目录

七岔犄角的公鹿（小说·张明骥题图）
·······················（鄂温克族）乌热尔图
妻子的遗愿（小说）
·······················（朝鲜族）林元春　明　仙　南　勇译
雨后（小说·赵成民插图）·······················（白族）景　宜
星星映在溪水里（小说·董光题图）
·······················（苗族）滕和叶
小镇风情（小说·王文芳题图）·······················（彝族）熊正国
田姐儿（小说）·······················（回族）白　练
家庭纠纷（小说）
·······················（维吾尔族）祖农·塔尔　张宏超译
震动（小说）·······················（蒙古族）伊德尔夫
魂魄归来兮（小说）·······················（壮族）涂世馨
百家宴（小说）·······················（畲族）雷志清
奇异的帽子（小说）
·······················（哈萨克族）贾克色勒克·沙米提　张孝华译
祝福（小说）·······················（土家族）彭志明
簰歌（散文·梧男题图）·······················（土家族）张永柱
仅仅因为信任（散文·芦昕题图）····（白族）张　长
在天鹅的故乡（散文·汉胤题图）
·······················（赫哲族）晓　寒
俯身拾到的歌（十首）·······················（回族）阿　拜
新生歌（组诗）·······················（侗族）黄钟警
诗五首（诗）·······················（哈萨克族）玛阿孜·热孜丹
姚承勋　朱　曼译
闪电及其他（诗·三首）·······················（回族）马知遥
赤诚（诗）·······················（朝鲜族）金应俊　紫　荆译
边陲风情（诗·二首）·······················（满族）佟明光
吐鲁番情思（诗·二首）
·······················（维吾尔族）吾铁库尔　张宏超译
生命的彩浪（诗·外二首）·······（蒙古族）蒙根高勒
给温室的花（诗）
·······················（哈萨克族）莱依罕·伊苿　张孝华译
关于成吉思汗弟弟的传说（民间文学）
·······················（回族）郝苏民译
读《关于成吉思汗弟弟的传说》（评论）
·······················（蒙古族）额尔顿·陶克陶
加强文艺评论　繁荣文艺创作（文艺动态）
——作协内蒙分会学习《在延安文艺座谈会上的讲话》
写作漫谈（评论）·······················艾　芜
要使社会主义文学富起来（评论）·······················刘绍棠
难忘的一位编辑（作家介绍）
——寄语侗族作家苗延秀·······················汤士安
深情（油画）····（满族）乌　恩　（蒙古族）蔡树本

1982 年第 6 期　刊名:《民族文学》
目录

骑手（小说·谢志高插图）
————（维吾尔族）卡哈尔·吉力里　马德元译
山魂曲（小说）————————（纳西族）木丽春
婚礼前夕（小说·陈晋容插图）
————————（朝鲜族）金淳基　颜　潮译
尕卜拉和大卜拉（小说）————（东乡族）汪玉祥
洁净的心灵（小说）
————（维吾尔族）艾哈麦德·伊明　艾克拜尔译
夜走坟地（小说·文颜题图）
————（蒙古族）特木尔巴干　包白乙拉译
麻栗沟（中篇小说·辛泰插图）————（苗族）伍　略

露珠集
帮助（诗）————————（维吾尔族）吐尔逊·麦买提
艾克拜尔译
妈妈和孩子（诗·二首）————（朝鲜族）朴康平
孩子的心（诗·六首）————————（满族）佟希仁
呵，外婆（诗·外三首）————（朝鲜族）崔泽善
我要画（诗）————————————（朝鲜族）李彻华

天山颂（诗·外一首）
————————（维吾尔族）艾里哈木·艾合坦木
洪自勤　王振本译
生活抒怀（诗·外一首）————（哈萨克族）伊尔哈里
师忠孝译
何塞·黎萨尔（诗·外四首）————（白族）晓　雪
礼物（诗·外二首）————（朝鲜族）金　哲　金一译
山庄咫尺间（散文·马琼题图）（回族）马　犁
风雨花（散文）————————（布依族）吴　昉
黄山归来（散文·王文芳题图）————（土家族）李传锋
可喜的收获（文艺动态）
生活真实和艺术真实（评论）————唐　弢
藏族诗人伊丹才让（作家介绍）————王　殿
步春图（国画）————————（壮族）韦江琼
壮寨（木刻）————————————吴烈民

1982 年第 7 期　刊名:《民族文学》
目录

在边境小镇上（小说·王明明插图）
————————————（白族）张　长
断臂维纳斯（小说·姜吉维插图）
————————————（维吾尔族）伊布拉英

短小说一束
酒————————————（瑶族）莫义明
溪边————————————（瑶族）莫义明
奶兔————————————（蒙古族）佳　峻
闲人（潘世勋题图）————（藏族）扎西达娃
翅膀————————————（壮族）韦　玮
玛康的礼物————（哈萨克族）昆盖·木哈江　张孝华译

医道（小说·聂鸥插图）————（壮族）黄可钊
斑喜大嫫（小说）————————（彝族）普　飞
生命的音响（诗）————————（东乡族）汪玉良
山海奏鸣曲（组诗）————————（藏族）伊丹才让
合欢树下（诗·外一首）————（景颇族）晨　宏
日出印象（诗）————————（朝鲜族）朴康平
猎歌（组诗）————————————（回族）马瑞麟
格尔木机场（诗·外一首）————（土家族）汪承栋
鱼鹰（散文·潘世勋题图）————（达斡尔族）陈玉谦
九死还魂草（散文）————————（壮族）岑献青
高高的蚬树（散文）————————（壮族）严小丁
金发少年（乌孜别克族民间故事）————苏　由译
彝族寓言五则（方成插图）
————————（彝族）黄世荣搜集整理
瑞丽民间文学见闻（文艺扎记）————贾　芝
土家人美好心灵的歌颂者（作家介绍）
——介绍土家族作家孙健忠————郝怀明
"花过雨，又是一番红素"（评论）
——谈一九八一年《民族文学》发表的小说——毛宪文
向少数民族女作者致意（作家书信）————草　明
南国寄语（作家书信）————（侗族）苗延秀
行（木刻）————————————孙玉方
爱（木刻）————————————陆仁泽

1982 年第 8 期　刊名:《民族文学》
目录

一生（小说·赵成民题图）————（回族）沙叶新
定风草（小说·王为政插图）————（土家族）李传锋
老篷（小说）————————————（壮族）黄　钲
注视着我的双眸（小说）
————————（朝鲜族）金成辉　虞少华译
白云飘飘（小说·聂鸥插图）————（土家族）蔡测海
春天的奏鸣曲（小说）————————（回族）马连义
兰糟（小说）————————————（畲族）雷德和
在那遥远的地方（小说）————（壮族）梁芳昌
雪乡行（散文·王文芳题图）————（纳西族）亚　笙
乌依，鱼！（散文）————————（壮族）凌　渡
桉舞曲（散文）————————（土家族）杨盛龙
黎裙花赞（民族风情录）————（黎族）邢剑华

大理石传奇（诗·马璎题图）·········（满族）胡　昭
从长白山到云贵高原（诗·四首）
·················（朝鲜族）南永前
云之歌（诗·外一首）·········（藏族）饶阶巴桑
愿望（诗）
·······（维吾尔族）乌斯满江·萨吾德　张宏超译
悬（诗）·················（苗族）潘俊龄
摇车（诗·外一首）·········（满族）丁　耶
阿玛萨之歌（诗·外二首）···（东乡族）舍·尤素夫
维吾尔族机智人物幽默故事集锦
·············（维吾尔族）图尔逊·库尔班
麻合木提·穆哈麦提搜集整理　学　步　阿　柯译
心声寻觅者的札记（诗论三十则）
·················（蒙古族）巴·布林贝赫
生活·信念·意境
——漫谈回族诗人高深近作·······（满族）佟明光

新作短评
为少数民族新人塑像——评韦一凡的小说《姆姥韦黄
氏》·········吴隐林　（回族）满运来
美的赞歌　美的召唤——读林元春的小说《妻子的遗
愿》·················（回族）白崇人
写出有棱有角的人物——略谈莫义明的小说《八角姻
缘》的人物塑造·············陈学璞
红柳（国画）·············（蒙古族）海日罕
霍林河畔（木刻）·········（满族）刘宝平

1982 年第 9 期　刊名:《民族文学》

目录

驼铃（中篇小说·赵成民插图）····（蒙古族）佳　峻
燃烧的杜娟花（小说）·········（纳西族）戈阿干
帕尔洛老汉（小说·潘世勋插图）
·················（藏族）意西泽仁
奶，洁白的奶（小说）·········（达斡尔族）孟和博彦
木筏（小说）·········（哈萨克族）艾克拜尔·米吉提
河里漂来的筒裙（小说）·········（佤族）董秀英
青草长在小河边（小说）·········（土家族）田特平
龙归大海（小说）·············（壮族）黎国璞
么店子（散文·阎振铎题图）·····（土家族）张永柱
插花节（散文·王明明题图）·········（彝族）李　乔
难忘的采风生活（散文）·········（壮族）肖丁三
奇特的盆景（散文）·········（土家族）覃仁安
海的山峰，山的海浪（组诗）·····（藏族）伊丹才让
在祖国的大地上（组诗）·········（苗族）石太瑞
洱海情（诗·三首）·······（白族）吴　铁　苏　木
晨曦是地球的启航帆（诗）·····（藏族）格桑多杰
西双版纳，孔雀的家乡（组诗）····（仫佬族）包玉堂

夏牧场的傍晚（诗·外一首）
·········（哈萨克族）夏侃·沃阿勒巴依　张孝华译
海港三题（诗·三首）·········（回族）阿　拜
文苑探步（评论）——党的十一届三中全会以来少数
民族文学巡礼·············本刊特约评论员
作家要全身心地拥抱生活（创作谈）·········蒋子龙
他从苍山洱海来（作家介绍）
——记白族诗人晓雪·············张永权
银波荡漾（国画）·········（布依族）胡炳煊
待牧归（木刻）·············（蒙古族）乌恩其

1982 年第 10 期　刊名:《民族文学》

目录

清泉与奶浆（对唱诗）·······（哈萨克族）库尔曼别克
买热木汗　（锡伯族）哈　拜翻译整理
响鞭声声（中篇小说·李焙戈插图）
·················（回族）郑国民
雪（小说）·············（白族）景　宜
远处的伐木声（小说·王为政插图）
·················（土家族）蔡测海
赛骆驼（小说）·········（蒙古族）玛格斯尔扎布
罗"团长"摘帽记（小说）·········（壮族）韦纬组
金霞与银霞（小说）·········（鄂温克族）安　娜
一张珍贵的照片（散义·姜古维题图）
·················（壮族）苏长仙
鸡血水浇灌的索玛花（散文）·····（彝族）普　飞
北京，有这么个苗寨（散文）·····（苗族）潘俊龄

诗的怀念
鲁特夫拉·木塔里甫诗三首
纳·赛音朝克图诗三首
尼米希依提诗三首

美的创造者之歌（报告文学）
·············（朝鲜族）金昌南　黄祖安
大理·石林抒情（诗三首）····（蒙古族）巴·布林贝赫
故乡情思（诗·外一首）
·············（朝鲜族）宋祯焕　张琏瑰译
水的过去和现在（诗·外五首）
·················（彝族）巴莫曲布嫫
给友人（诗）·············（回族）沙　新
柳河边，金沙滩（诗）·········（回族）毛敬文
阿肯及对唱（民族风情录）·····（锡伯族）哈　拜
少数民族诗人五人谈（评论）
——在全国少数民族作者读书会上的发言
金沙江的歌者（作家介绍）
——介绍彝族作家李乔·········（彝族）黄　玲

新绿　新居（木刻）─────────（苗族）石新征
牧家乐（木刻）────────────刘　席
牧笛（木刻）──────────（藏族）其加达瓦

1982 年第 11 期　刊名：《民族文学》
目录

艄公·水手·灯塔（散文）─────（藏族）格桑多杰
党啊，我赞美你（诗）
　────────（维吾尔族）铁依甫江　王　山译
为了各族人民的共同事业（散文）────（蒙古族）肖　乾
棒槌鸟又叫了（中篇小说·李焙戈插图）
　─────────────────（回族）马　犁
棕色的熊（小说·姜吉维插图）
　───────────（鄂温克族）乌热尔图
选择的反复（小说）─────────（纳西族）沙　蠡
草棚灯火（小说）────────（土家族）张二牧
一篇小说发表后（小说）─────（蒙古族）乌雅泰
难忘的会晤（散文）
　──菲律宾纪行────（朝鲜族）金　哲　成龙哲译
江格尔（古典文学选载·马琼插图）
　──────────（蒙古族）色道尔吉译
论《江格尔》（评论）───────────刘岚山

散文诗之页
山野短笛─────────────（回族）王　度
家乡的榕树（外二章）──────（壮族）岑献青
枇杷熟的时候（外一章）─────（布依族）运　春
山峰──────────────（回族）姚欣则
花呀，花─────────────（藏族）丹珠昂奔
棒槌公主（民间故事）────（满族）高作智　搜集整理
赤诚的心灵，美好的理想（新作短评）
　──评李传锋小说《人生，将从这里开始》
　─────────────────（回族）贾玉民
社会主义文化建设者的形象（新作短评）
　──评伍略小说《潘老岩》───────王佩云
猎民的骄子（作家介绍）
　──鄂温克族青年作家乌热尔图
　─────────────（蒙古族）娜仁戈娃
新娘子选年画（国画）─────（苗族）潘迎华
春歌（国画）──────────（侗族）潘建之

1982 年第 12 期　刊名：《民族文学》
目录

小说选辑
祝多民族的社会主义文学百花齐放────────张光年
喀什噶尔的美女（剡鸿魁题图）────────（维吾尔族）
吐尔迪·萨木沙克　段石羽　王怀林译
归途小夜曲──────────（藏族）扎西达娃
特木勒和娜琴─────────（蒙古族）云晓璎
一个往日的故事─────────（傣族）帕　罕
春花开在二月里（梁惠统插图）───（壮族）邓锦凤
不灭的灯
　──（哈萨克族）乌拉孜汗·阿合买提　师忠孝译
继母（沃保华插图）
　───────────（朝鲜族）徐光亿　成龙哲译
伙子书记（刘绍荟题图）───────（彝族）基默热阔
无声的爱（木松题图）──────（景颇族）石　锐
两套间────────────（纳西族）和国正
赶歌会────────────（侗族）谭　覃
行情（王祖军题图）───────（回族）马明康
星（燕亮题图）─────────（鄂伦春族）何黛秀
编后絮语
一九八二年总目录
小主人（油画）──────────（蒙古族）妥木斯
知音（油画）───────────（布依族）戴仲光
选军马（木刻）────────────包世德

1983 年第 1 期　刊名：《民族文学》
目录

哦，严峻的牧野大道（小说·孙为民插图）
　─────────────────（满族）江　浩
没有星光的夜（小说·潘世勋插图）
　────────────────（藏族）扎西达娃
气（小说）──────────（满族）李惠文
欲望（小说）────（维吾尔族）艾尼瓦尔·吾拉木
马德元译
火锅（小说）──────────（回族）韩统良
十里盘山路（中篇小说·张明骥插图）
　────────────────（土家族）李传锋
采风手记（散文）─────────（壮族）陆　地
草原在呼唤（散文·王明明题图）───（藏族）益　娜
爱情的节日（散文·聂鸥题图）────（白族）吴崇仁
正是荡起激情的时刻（诗）─────（东乡族）汪玉良
我爱阳光（诗二首）────────（白族）杨承浩
毛难山乡歌（诗四首）──────（壮族）莎　红
心中的塔（诗）────（朝鲜族）金成辉　金　一译

青海湖即景（诗）
————————（蒙古族）那·赛西雅拉图　陈乃雄译
悲歌一曲（诗）————————（土家族）颜家文
光环小集（散文诗）————————（蒙古族）叶　梅
傣族民间故事二则————————陈彦田　薛进官
陈友政　搜集整理
从编辑角度谈创作（理论）————————韦君宜
其人如诗（作家介绍）
——记壮族诗人莎红————————郑盛丰
探索者的新足迹（评论）
——读艾史拜尔·米吉提的近作————————陈柏中
徐霞客笔下的云南各民族生活————————周文林
赶集归来（木刻）————————（满族）刘宝平
帐篷电影（木刻）————————陈　延
秋收小景（木刻）————————左　良

1983 年第 2 期　刊名:《民族文学》
目录

文学现状断想（作家谈创作）————————王　蒙
前任书记（小说·王为政插图）————————（瑶族）莫义明
清清的小河水（小说·姜吉维插图）
————————（朝鲜族）李根全
铁脚板（小说）
————————（维吾尔族）祖尔东·萨比尔　吾拉木译
匣子旺丹卖羊记（小说·赵成民插图）
————————（蒙古族）白音达来　哈达奇·刚译
草原之花（小说）
————————（哈萨克族）贾合甫·米尔扎汗　姚承勋译
沙莎（小说）————————（回族）马知遥
今晚的月亮（小说）————————（苗族）石太瑞
人始终是可爱的（小说）————————（彝族）苏晓星

边塞之歌
读者啊，但愿你细心体味（诗·外二首）
————————（维吾尔族）克里木·霍加　郝关中译
新阿里郎（诗·外二首）
————————（朝鲜族）李旭　金一译
赛里木湖抒怀（诗）
————————（哈萨克族）马合坦　姚承勋译
蓉城集市（诗·外二首）————————（土家族）汪承栋
别再送了，妈妈（诗·外一首）————————（傣族）浩　杰
叶影（诗·外一首）————————（布依族）王猛舟
三都剪影（诗·二首）————————（水族）任菊生
临夏行（花儿·二首）————————（回族）杨少青
冬渔之歌（诗·二首）————————（达斡尔族）鄂明尔
火的儿女（诗·外一首）————————（纳西族）李茂方
意志（诗）————————（白族）艾　华

阵地上的君子兰（诗）————————（回族）高　深
我从月里来（散文）————————（壮族）凌　渡
披星戴月（散文）————————（纳西族）杨世光
苗山写生（散文三章·陈晋榕题图）
————————（土家族）田　岚
挖色婚礼（民族风情录）————————（白族）赵守值
草原的云雀（作家介绍）
——记蒙古族诗人巴·布林贝赫————————贾　漫

新作短评
动人心弦的悲剧
——读伍略的中篇小说《麻栗沟》————————王鸿儒
《麻栗沟》读后感————————（侗族）苗延秀
一篇很有特色的作品
——读沙叶新的小说《一生》————————刘　江
不屈的幸存者
——《幸存的人》读后————————谢明清
闪光的大理石（塔吉克族民间故事）
————————（塔吉克族）热合曼库黎整理　赵世杰译
潘世勋藏区速写

1983 年第 3 期　刊名:《民族文学》
目录

彭书记和他的老百姓（小说·王明明题图）
————————（土家族）彭志明
最后一棵菩提（小说）————————（白族）张　长
"合作家"轶事（小说·王为政插图）
————————（回族）霍　达
布鲁帕牛掉下了眼泪（小说）————————（瑶族）蓝怀昌
田本家（小说）————————（苗族）陆德炎
蓝天勇士（小说·张红年题图）
————————（哈萨克族）朱玛拜·比拉勒　师忠孝译
中午到黄昏（小说）————————（蒙古族）察森敖拉
分家（小说）————————（壮族）潘荣才
绸缎被子（小说）————————（朝鲜族）柳元武　陈雪鸿译
大雁落脚的地方（小说）————————（藏族）意西泽仁
关于对一个人的追认（诗）————————（苗族）石太瑞
阿里郎（组诗）————————（朝鲜族）南永前
沉思（诗·外一首）
————————（哈萨克族）库尔班阿里　常世杰译
啊哈呼，安代（诗）————————（蒙古族）郑道远
落叶，人们踏着你走向春天（诗）
————————（维吾尔族）艾克拜尔
腾格里印象（组诗）————————（满族）佟明光
雪山下有一顶帐篷（散文）————————（满族）穆　静
苏里玛飘香的地方（散文·王文芳题图）
————————（纳西族）拉木·嘎吐萨

月坡春艳（散文）——————————（土家族）彭德荣
长毛子玉素甫汗（古典文学·李玉昌插图）
——————（维吾尔族）毛拉毕拉勒　郝关中译
少数民族小说家六人谈
白山黑水的热恋者（作家介绍）
——记满族作家关沫南——————————宋德胤
新春之际话"耕耘"（文学动态）
集市（木刻）—————————————张　骏
田头（木刻）—————————————于进海

1983 年第 4 期　刊名:《民族文学》
目录

一尊手的铜雕（中篇小说·戴延年插图）
——————————————（蒙古族）甫澜涛
水英（小说）————————————（壮族）岑献青
流水潺潺（小说）———————（苗族）杨雪舞
美的宣言（小说·孙为民插图）
——————————（蒙古族）力格登　张宝锁译
故乡的怀恋（小说·聂鸥题图）——（景颇族）岳　丁
露珠和小草（小说）——————（壮族）梁翠英

小小说辑丛
划过田野的光（小说）————（瑶族）李肇隆　林仕亿
若莎（小说）————————（哈尼族）罕　莱
相思鸟（小说）————————（土家族）田　岚
开满鲜花的栅栏（小说）————（回族）袁　耘
在公共汽车上（小说）
————（维吾尔族）麦买提明·吾守尔　吕志超译
大表姐（小说）————————（黎族）符玉珍
莱莉古丽（小说）
————（塔吉克族）穆尼·塔比尔特　刘国宝译
我不待业（诗·陈晋容题图）———（满族）邱式英
大海（诗·王维新题图）
——————————（朝鲜族）金　哲　金　一译
美人松（诗·外三首）—————（白族）晓　雪
我是大森林的儿子（诗）
——————————（朝鲜族）任晓远　紫　荆译
彝寨记事（诗二首）——————（彝族）吴琪拉达
海港抒情（诗三首）——————（满族）路　地
九星联珠（诗·外一首）————（回族）丁　文
飘香的季节（诗·外一首）———（蒙古族）青格里
旅途遐想（诗·外二首）
————（维吾尔族）阿·穆罕默德依明　阿　柯译
海之歌（散文诗）——————（满族）赵正林
深山小桥（散文）——————（土家族）杨盛龙
德峨圩日（散文）——————（壮族）黄敏忠
白沙恋（散文）——————（蒙古族）德吉德

阿凤和谍雄（苗族民间故事）
——————（苗族）杨道河　龙光茂　整理
什兰歌（土族民间故事）———（土族）李存福　整理
《黑骏马》写作之外（创作谈）———（回族）张承志
用湿润的心迎接明天（评论）读张承志的中篇小说
《黑骏马》—————————————谢永旺
谈长篇小说的结构（创作谈）———（彝族）李　乔
不断发掘生活的诗意（作家介绍）
——白族作家张长及其创作————吴德铭
美丽的胡家少女的形象（评论）——————禹克坤
草原文化车（木刻）——————————包世德
江边（木刻）—————————————孙玉方

1983 年第 5 期　刊名:《民族文学》
目录

金缕传（中篇小说·王为政插图）——（满族）舒　群
马脚子（小说·童介眉插图）———（纳西族）戈阿干
婀依努尔，我的月光（小说·张守义插图）
——————————————（回族）张承志
人情（小说）
——————（维吾尔族）卡哈尔·吉里力　刘奉仇译
发红的木梭（小说）——————（壮族）韦元刚
逃遁（小说）————————（土家族）张心平
远方（诗·外三首·晓钟题图）——（壮族）黄　堃
错（诗·外一首）——————（傈僳族）风　啸
读《乌兰察布岩画》（诗·外一首）
——————————————（蒙古族）蒙根高勒
时间（诗）
——————（哈萨克族）夏木夏巴努·卡莫扎　张孝华译
我的家乡（诗二首）——————（藏族）班　果
山沟里拾来的诗（诗四首）———（壮族）韦银芳
卖缅桂花的姑娘（诗·外二首）——（满族）金鸿为
傣乡小店（诗）————————（侗族）粟明清
羊八井地热断想（散文）————（藏族）泽　旺
花儿为什么这样红（访问记）
——————————————（蒙古族）特·赛音巴雅尔
花莲溪的传说（台湾高山族民间传说·张守义题图）
——————————（壮族）肖丁三　整理
鄂温克人得奖了（评选）
——评乌热尔图的优秀短篇小说——————阎　纲
写在《七岔犄角的公鹿》获奖后（创作谈）
——————————（鄂温克族）乌热尔图
这声音启示着、赞颂着……（评论）
——读《远处的伐木声》——————王朝垠

《远处的伐木声》琐谈（创作谈）
————————————————（土家族）蔡测海
苗岭的娇燕（作家介绍）
——介绍苗族作家伍略———（彝族）苏晓星
民族地区速写三幅——————————王文芳
雪山花（木刻）——————（藏族）其加达瓦

1983 年第 6 期　刊名:《民族文学》
目录

白河（小说·文关旺题图）——（土家族）蔡测海
金色的白桦树（小说）—————（满族）王　安
妈妈寻找她（小说）—————（白族）张焰铎
桥（小说）—————————（满族）关正文
在我早餐馍里有你名字（小说·李玉昌题图）
————————（维吾尔族）阿拉提·阿斯木
燕燕（小说）————————（回族）白　练
救救孩子（小说·李飙题图）
——（哈萨克族）毛利特罕·艾布勒哈孜　师忠孝译
待到酸果变甜的时候（小说·李玉昌题图）
————————————（布依族）罗国凡
呵，爱的大海（小说）————（壮族）杨　柳
我愿作一朵浪花（小说）———（苗族）夏　慧
欢笑吧！瓦依拉尔河（小说）
————————（达斡尔族）哈斯巴图尔
森林抒情诗（诗三首）————（满族）原　林
鸭绿江踏歌行（组诗）----（朝鲜族）李相珏　张琏瑰译
在山寨（诗二首）—————（土家族）颜家文
山里的花（诗）———————（东乡族）汪玉良
高原踏歌（诗四首）—————（苗族）李　露
春帖（诗·外一首）—————（回族）张　央
希望（诗·外一首）—————（满族）赵同普
山乡里的歌（诗四首）————（侗族）杨立中
短诗三首（诗）———————（满族）闻　钟
灯（诗·外三首）——————（回族）沙　蕾
牛甘果（散文）———————（壮族）黄克东
青史演义（古典文学节选）
————————（蒙古族）尹湛纳西　黑　勒　丁师浩译
历史的素描（评论）
——黄永玉的《曾经有过那种时候》读后———吴　嘉
理想和信念的火焰在他的诗中燃烧（评论）
——读胡昭的《山的恋歌》————杨金亭
他的笔名叫阿尔丁夫（作家介绍）
——谈张承志创作的主题————刘蓓蓓
新时期西藏文坛的弄潮儿（作家介绍）
——关于藏族青年作家扎西达娃———徐明旭
土家族的文学新人（作家介绍）
——蔡测海印象记——————包立民

侗乡风情（国画）—————（侗族）杨长槐
黎寨蕉园（木刻）———（黎族）陈桂花　严世敏

1983 年第 7 期　刊名:《民族文学》
目录

小说
春闲——————————（布依族）罗吉万
风雪夜（姜吉维插图）———（蒙古族）扎拉嘎胡
在京都，春风驮起一只孤雁（孙为民插图）
————————————（满族）江　浩
凤姐—————————（白族）杨腾霄
又是一年三月三（王文芳题图）——（壮族）韦纬组
王导演的喜剧故事—————（回族）沙叶新
茶林吐出嫩芽头——————（白族）那家佐
没有开盖的合心酒—————（纳西族）木丽春

诗歌
我欣喜地望着（外二首）
————————（哈萨克族）库尔班阿里　常世杰译
我是一滴渠水（外一首）———（回族）马乐群
月夜（外二首）
————（乌孜别克族）泰莱提·纳塞尔　王一之译
举着喇叭的树——————（壮族）骆　德
思丝小集—————————（蒙古族）钢特木尔
献给我的祖国（外一首）———（满族）刘　涌
小景（外一首）——————（朝鲜族）崔勇铁
我是牧人的后裔（外一首）——（哈萨克族）巴哈提
街心公园掠影——————（蒙古族）毛宪文

散文
在天鹅落脚的地方（李飙题图）
————————————（蒙古族）塔林都钦
春节，在苗家寨（吴华纶题图）——（白族）赵守植
秋色美（吴华纶题图）————（回族）杨水清

评论
时代需要瑰丽的长卷
——对长篇小说写作的意见————彭荆风
一篇引人注目的短篇小说——读扎西达娃的《没有星光的夜》
————————————（回族）白崇人
谈味儿——读《白河》札记————王文平
驼铃伴唱的歌
——评佳峻的中篇小说《驼铃》
————————（哈萨克族）艾克拜尔·米吉提
小河中的水影
——读《棕色的熊》——————王　山

作家介绍
出自小毡房里的诗人
——简论库尔班阿里和他的诗作
·······················王 保 （哈萨克族）阿吾里汗

美术
学阿爸 考考你······················李文忠
车铃声声······················（苗族）石新征

1983 年第 8 期 刊名:《民族文学》
目录

小说
绿茵茵的河岸（陈晋容题图）
······················（鄂温克族）乌热尔图
脖套······（维吾尔族）麦买提明·吾守尔 刘国宝译
老蔷······················（壮族）陆正尧
他们又要上路了（潘世勋插图）····（蒙古族）张志诚
这些年轻人······················（壮族）黄粲兮
卖础石花盆的女人（王佳楠插图）····（回族）张世庆
彝家的客人······················（彝族）基默热阔
我的朋友水生······················（土家族）周文光
对着白杨树的窗口······················（满族）那 耘

诗歌
向你捧献心灵
······················（维吾尔族）乌斯满江·沙吾提 张宏超译
西安行（组诗）······················（达斡尔族）孟和博彦
东海拾贝（组诗）······················（满族）佟明光
国境线写意（组诗）······················（壮族）莎 红
酒泉行······················（回族）姚欣则
黎明，写在春天的原野······················（布依族）王译洲
春雨，落在山村（外二首）······················（回族）王 度

散文
百合娘娘······················（土家族）蔡测海
孔雀泉······················（布依族）吴 昉
游嘎仙洞······················（蒙古族）胡 素

民间文学
少数民族情歌一束
青蛙和老鼠（赫哲族民间童话）
赛满黛尔（维吾尔族民间故事）

评论
"南胡帕雅"的结晶
——读《论傣族诗歌》······················（回族）李鸿然
小说创作漫议······················光 群

作家介绍
他骑上"野马"飞奔
——记藏族作家益希单增······················秦文玉

美术
婚礼······················（蒙古族）若 希
小猎手······················于进海

1983 年第 9 期 刊名:《民族文学》
目录

小说
军人魂（王为政插图）······················（回族）高 深
车祸（李玉昌插图）
······················（哈萨克族）艾克拜尔·米吉提
亲戚之间······················（朝鲜族）林元春 清 玉译
回声······················（土家族）田 岚
我有一支苗笛······················（苗族）过 竹
水仙花开了······················（白族）杨中兴

诗歌
玛纳斯（汪嘉伦插图）第二部《赛麦台依》片断
······················新疆《玛纳斯》工作组搜集翻译

报告文学
寻找钥匙的人······················（彝族）李 乔

散文
高山·大海·日出······················（土家族）李传锋
青石窝······················（苗族）侯自佳

评论
要讲求艺术结构······················（满族）关沫南
关于柯尔克孜英雄史诗《玛纳斯》——兼介绍第二部
《赛麦台依》的内容······················（回族）胡振华
所谓民族文学第一特性······················（回族）张承志
一段"彩话"的启示······················（瑶族）莫义明

作家介绍
祖国春光的不倦歌者——介绍维吾尔族诗人、翻译家
克里木·霍加······················陈柏中

文学动态
《花的原野》召开出刊 200 期纪念会

美术
牧区人物写生······················赵成民
兴旺的侗寨······················唐之湘 唐一净

1983 年第 10 期　刊名:《民族文学》
目录

小说

谁有美丽的红指甲（中篇小说·赵成民插图）

　　　　　　　　　　　　　　　（白族）景　宜

琥珀色的篝火（秦龙插图）----（鄂温克族）乌热尔图

保安婆婆----------------------------（土家族）沙　沙

对面人家--------------------------（壮族）韦一凡

卡米达的丈夫和他的耳朵

--------（哈萨克族）贾克色勒克·沙米提　张孝华译

熊熊燃起的爱------------（蒙古族）力格登　张宝锁译

诗歌

三色雨（组诗）--------（朝鲜族）李相珏　金　一译

唱给绿宝石的歌（组诗）----------（满族）佟明光

草场拾零（组诗）

　　　　（哈萨克族）艾提哈里·沃斯盼　张孝华译

云南记忆（组诗）------------------（彝族）吉狄马加

伊犁诗草（组诗）

　　　　　（柯尔克孜族）买买提艾沙　尚锡静译

短歌四题--------------------------（回族）马立彦

月夜----------------（哈萨克族）尼合迈德·蒙加尼

姚承勋　朱　曼译

彝乡印象（二首）------------------（彝族）巴莫曲布嫫

散文

黄果树瀑布遐想（聂鸥题图）----------（回族）马　犁

故乡的兰靛草----------------------（布依族）苇　乐

啊，核桃树（孙为民题图）----------（撒拉族）韩新华

民间文学

芦笙的传说（苗族民间故事）----------（苗族）熊天贵

罗廷华　搜集整理

老虎走田埂（佤族动物故事）----（佤族）俄　搞讲述

（傣族）建　华　（白族）建　军搜集整理

维吾尔族寓言二则--------------------赵微缨译

评论

更高地举起社会主义文学的旗帜

——给少数民族文学讲习班的贺词--------冯　牧

人民是文艺工作者的母亲------------（蒙古族）佳　峻

加强少数民族文学的理论研究--------（回族）白崇人

小说写作的几点体会

——在某个学习班的讲话----------------邓友梅

作家介绍

像骑兵一样跋涉征途的作家——介绍蒙古族作家敖德

斯尔----------------------------（达斡尔族）孟和博彦

美术

速写----------------------------唐之湘　唐一净

路遇（木刻）----------------------文　科

1983 年第 11 期　刊名:《民族文学》
目录

小说

长满桔梗的山野（费声福插图）--------（回族）马　犁

流沙（马琭插图）----（维吾尔族）穆罕默德·巴格拉西

张宏超译

失误的伯乐（戴延年插图）----（达斡尔族）孟和博彦

不惑之年（穆永瑞插图）----------（土家族）李传锋

偷接苦果的人--------------------（畲族）雷德和

壮苗苗----------------------------（壮族）黄善端

羊踯躅花盛开的时候----（朝鲜族）李　雄　崔龙星译

诗歌

我为含笑的山寨放歌（六首）--------（东乡族）汪玉良

高原组曲（组诗）----------------（回族）阎振中

我的鸽子（外一首）--------------（朝鲜族）朴康平

凉山拾零（六首）----------------（彝族）吉慧明

诗海俯拾----------------------------（满族）闻　钟

啊，人参

--------------（维吾尔族）乌斯满江·沙吾提　张超宏译

散文

草原的心（王路题图）--------------（壮族）苏方学

航行在重安江上--------------------（苗族）潘俊龄

夜半苗歌--------------------------（土家族）彭荣德

民间文学

五色糯米饭（布依族民间传说·童介眉题图）

--------------------------（布依族）汛　河搜集整理

冉尺罗比（傈僳族民间故事·童介眉题图）

----（傈僳族）夏斯益讲述　（白族）杨晓俊搜集整理

评论

学诗札记三则--------（朝鲜族）金　哲　紫　荆译

闪光的星群

——巴·布林贝赫的诗--------------------尹一之

作家介绍

行进在新天地的阳光下

——壮族作家陆地及其小说创作----------欧阳若修

美术

溪边（木刻）·····················（藏族）其加达瓦
夏日（木刻）·····························于进海
兄弟河（油画）·····················（苗族）张雁碧

1983 年第 12 期　刊名:《民族文学》
目录

小说专号

学习贯彻二中全会精神
不尽长江滚滚来
——《中国新文艺大系·少数民族文学》分集导言
（初稿）·····················（蒙古族）玛拉沁夫
高山深涧上的客栈（姜吉维插图）····（侗族）刘荣敏
年轻人的心声·············（藏族）娜木卓　耿予方译
温暖·····························（满族）尚静波
黑祸（王为政插图）·················（回族）霍　达
布谷声声·······················（苗族）高兴文
四季秋千·······················（土家族）纪　鲁
煜火（中篇·李玉昌插图）
　　　　　（蒙古族）莫·阿斯尔　哈达奇·刚译
单纯明快的木叶之歌（作家介绍）
——记苗族诗人石太瑞·················韩　抗
暮归（木刻）·················唐之湘　张清明
一九八三年总目录

1984 年第 1 期　刊名:《民族文学》
目录

小说

丹顶鹤的故事（马琼插图）···········（满族）边玲玲
河与岸（王明明插图）·············（土家族）田　岚
春歌（赵成民题图）···············（白族）张　长
生意红火的小店（张桂林题图）
　　　　　（维吾尔族）麦买提明·吾守尔　张宏超译
近邻·················（朝鲜族）柳元武　陈雪鸿译
陶秀才和刘三奶·················（壮族）黎国璞
新月·····························（回族）郑国民
生活的旋律·············（锡伯族）安鸿毅　佟清福
爱，溢满了红河谷·················（哈尼族）艾　扎

诗歌

塔拉特依之夜（陈晋容题图）
　　　　　（维吾尔族）克里木·霍加　王一之译
南斯拉夫散歌·················（土家族）汪承栋
北方，有一个民族·················（朝鲜族）白德成
故乡二首·········（蒙古族）哈·丹碧扎拉森　张宝锁译

给一位拉骆驼的姑娘·················（回族）沙　新
苗寨新闻·······················（苗族）杨秀武
贝江的大橹·····················（壮族）骆　德
现代化从这里开掘·················（回族）杨少青

散文

呵，春雨（孙为民题图）···········（满族）中　流
在阳光下（聂鸥题图）
　　　　　（蒙古族）索德那木　赵文工译

民间文学

民族寓言

评论

迎来精神文明的大好时光·······（蒙古族）特·达木林
我们的光荣职责·················（藏族）降边嘉措
高原上盛开的花朵
——《遥远的地方》序·················唐　挚
蒙古族的祝词和赞词简述··········（蒙古族）色道尔吉

作家介绍

柯尤慕·吐尔迪剪影·····················刘　宾

美术

夏日祁连　车声隆隆·····················王文芳

1984 年第 2 期　刊名:《民族文学》
目录

报告文学

开拓者（王为政题图）
——寄自风雪前线的报告
　　　　　　　　　　　　　　　　（白族）那家伦

小说

我所钟爱的·············（柯尔克孜族）苏来曼·玉麦尔
萧嗣文　阿克木译
那坑坑洼洼的路（于大武题图）·······（苗族）吴雪恼
洁白的金樱花·····················（壮族）韦编联
背锅媳妇（李玉昌插图）···········（回族）马治中
马背上的女信使·················（壮族）覃文明
来喜儿（张明骥插图）···········（满族）王　安

诗歌

大漠畅想曲（童介眉题图）···········（蒙古族）查　干
船头问答（童介眉题图）···········（满族）胡　昭
爱情诗一束·············（朝鲜族）金成辉　金永彪译
情满故乡山水间·················（苗族）石太瑞

春光小集————————————（回族）阿　拜
写在故乡的土地上————（纳西族）拉木·嘎吐萨
版纳之冬————————————（傣族）征　鹏

散文
山城长相忆————————————（哈尼族）李永万
金银寨————————————————（壮族）曾永峰

民间文学
巧匠·他始人————————朱　叶　翻译整理
纪念著名满族作家老舍诞辰八十五周年略谈提高
————————————————（满族）老　舍
奔天桥——忆老舍————————————姜德明

理论
来自生活的启示
——读艾克拜尔·米吉提的小说————王　蒙
清除污染，繁荣文艺————————（壮族）苏方学

作家介绍
来自易水河畔的作家
——评介满族作家寒风————————（满族）穆　静

美术
赶集————————————————————唐一净

1984 年第 3 期　刊名：《民族文学》
目录

小说
小溪（马璟插图）————————（蒙古族）佳　峻
兵头将尾————————————————（白族）张　哮
红艳艳的月季花————————————（满族）穆　静
产房门前"见闻"（王明明题图）
————————————————（朝鲜族）金　勋　成龙哲译
一袋飞来的人民币（张桂林题图）————（壮族）梁　鲁
冬天的萤火虫————————————（土家族）田特平
相见在山中————————（裕固族）杜曼纳姆嘉

诗歌
海底的升腾（陈晋容题图）————（藏族）丹珠昂奔
秋叶————————————————（蒙古族）毕力格太
云南组歌————————————————（白族）张　长
长安题古————————————————（回族）赵之洵
葫芦架下————————————————（朝鲜族）南永前
蓝色的北方————————————————（满族）刘　涌
湘西采桑————————————————（土家族）胡文江
凤冠————————（哈萨克族）沃曼尔阿孜　张孝华译
人与地————————————————（苗族）傅黎明

散文
火红的沃色树————————————（藏族）拥登嘉错
荷花湖————————————————（蒙古族）乌雅泰
雨淅沥（亦欣题图）————————（仫佬族）包晓泉

理论
从《开拓者》谈起（座谈记录）
————————————冯　牧　唐达成　谢永旺
军人决战岂止在疆场
——评高深的中篇小说《军人魂》————潘自强

作家介绍
一棵"小草"
——介绍蒙古族青年作家佳峻————————余定辉

美术
别着急————————————————————文　科

1984 年第 4 期　刊名：《民族文学》
目录

一九八三年全国优秀短篇小说奖获奖作品篇目
小说
穷教师与老钱锈（王为政插图）————（满族）李惠文
云雀（于大武题图）————————（纳西族）戈阿干
草原的胸怀（潘世勋插图）————（藏族）意西泽仁
小说二题————————————————（土家族）颜家文
渐逝的晚霞————————————————（畲族）雷志清
纪念————————（蒙古族）力格登　张宝锁译
霞光（姜吉维插图）————[苏]阿曼居勒·夏姆柯诺夫
（哈萨克族）　夏　然译

诗歌
卫星飞起的地方（晓钟题图）————（壮族）苏方学
踱步————————————————（东乡族）舍·尤素夫
长白燕————————（朝鲜族）文昌男　金正浩译
纤夫（晓钟题图）————————————（壮族）黄　堃
大海拾零————————————————（满族）佟　畴
雪山————————————————————（藏族）班　果
我在乌江走着……————————————（回族）海鹏彦
假日浴场————————————————（朝鲜族）蔡春花

散文
心灵在歌唱————————————（蒙古族）赛音吉雅
龙宫别来————————————————（苗族）潘俊龄
霍林河纪行————————————————（回族）李全喜
苗家的婚礼————————————————————秦　仁

古典文学

仓央嘉措情歌选（童介眉题图）————————庄　晶译

理论

撵半拍、再撵半拍————————————（回族）马　犁
生活原野上的新探索——读林元春的新作《亲戚之间》————————————————（朝鲜族）李彻华
叛逆的绝唱
——谈《仓央嘉措情歌》————————周良沛

作家介绍

长白山的报春花
——记朝鲜族诗人任晓远————（朝鲜族）金东勋

美术

饮————————————————（蒙古族）王小龙

1984 年第 5 期　刊名:《民族文学》
目录

小说

岸上的秋天（孙为民插图）————————（白族）景　宜
彭天爷————————————（土家族）彭志明
在岁月脚下（中篇·潘世勋插图）
————————————————（藏族）丹珠昂奔
父亲的朋友（孙为民题图）
————（维吾尔族）克尤木·索菲著　武　剑译
被俘的高僧（王文芳插图）
————————（壮族）涂世馨　吴国英
寨规————————————（瑶族）莫义明
卜都哥别传————————（东乡族）汪玉祥

诗歌

红水河畔三月三（亦欣题图）————（仫佬族）包玉堂
故乡情————————————（朝鲜族）李云迪
海南草原掠影————————（东乡族）汪玉良
国境线写意————————————（壮族）莎　红
六月，草原正过年————————（蒙古族）方　纲
达娃————————————————（藏族）班　果
脚印————————（朝鲜族）黄长石　金　一译
漓江和玉女————————————（壮族）何　津

散文

古琴新声（陈晋容题图）————（蒙古族）安柯钦夫
苗山焰火（马刚题图）————————（苗族）龙友芳
人生的果————————————（回族）马　耘
竹之感·鲜花桥————————（壮族）黄小泉

民间文学

维吾尔族幽默故事

评论

回顾我的创作之路————————————刘　真
葵花审美小议————————————刘　宾

作家介绍

扬蹄的"马驹"
——访藏族青年作者意西泽仁————（藏族）泽仁拥登

美术

湘西小景（速写）————————————唐之湘

1984 年第 6 期　刊名:《民族文学》
目录

小说

山寨，苦甜苦甜……（王明明插图）————（彝族）普　飞
清清小溪水（李玉昌插图）————————（白族）杨汝骅
啊，您真的成佛升天了吗?（赵成民插图）
————————（蒙古族）特木尔巴干　材音博彦译
花儿开在深山里（童介眉插图）————（壮族）黎　平
老黄这个人————————————（土家族）向大席
一颗爱鸟儿的心————————（蒙古族）毕力工
挫折————————————（侗族）袁仁琮
区长"跑门儿"————————（回族）刘为人

诗歌

生活的旋律————————————（满族）金鸿为
苍山洱海————————————（白族）晓　雪
花开时节
————————（维吾尔族）阿不列孜·纳孜尔　王一之译
秋千断想————————————（朝鲜族）金　一
骏马的家乡————————————（蒙古族）青格里
重来转场路————————————（锡伯族）哈　拜
告别————————————（朝鲜族）金正浩
棋迷————————————（土家族）吴柏松

散文

金簪花————————————（蒙古族）白鹤龄

报告文学

祖国的翅膀（陈晋容题图）————————（壮族）苏方学

民间文学

洛奇洛耶与扎斯扎依
————————（彝族）刘广学　刘　曙整理　刘　曙

姜　羲　郭东屏搜集　（哈尼族）胡旭昆翻译
朝鲜族谚语————————（朝鲜族）裴永镇辑

理论
对纳西朋友的真诚祝愿
——序《玉龙旧话新编》————彭荆风
春雨后，又是一番新绿
——一九八三年少数民族短篇小说概评————吴重阳

作家介绍
来自白山绿水间
——回族作家马犁及其创作————魏湘涛

美术
进山——————————（满族）刘宝平

1984 年第 7 期　刊名:《民族文学》
目录

小说
黑洞（王为政插图）————（维吾尔族）伊布拉英
最明亮的还是她的这双黑眼睛（姜吉维插图）
——————————（蒙古族）云晓璎
碱滩地上的甘露（于水插图）
——————（维吾尔族）祖尔东·萨比尔　刘奉仉译
布尔玛西和吐尔娜西（亦欣插图）
——————（柯尔克孜族）哈克勒·玛开西
萧嗣文　阿克木译
科研队里的临时工————————（苗族）李桂英
秀才（杨春瑞插图）————（傈僳族）阿　坚
边界线上————————（壮族）凌　渡
心伤（外国少数民族作家作品）（秦龙插图）
——————————[苏]法涅斯·亚鲁林
（塔塔尔族）刘国宝　雍绍宇译

诗歌
少数民族革命烈士诗抄
摘自生活之树————————（满族）满　锐
阿拉伯行旅————————（满族）胡　昭
写在贵州高原————————（回族）高　深
我是延边人————（朝鲜族）金畅晢著　金　一译
致友人————（哈萨克族）夏侃·沃阿勒巴依著
张孝华译
歌——————————（壮族）张　军

散文
傍晚，河水悠悠————————（壮族）郭　辉
跳鱼洞——————————（苗族）吴　亮

路·灯——————————（瑶族）黄日贵
糖徽街——————————（土家族）彭荣德

民间文学
灵观塔与富二爷（满族民间传说）（高荣生插图）
——————————（满族）赵　书搜集整理
岩岗和竹娥（布依族神话传说）
——————————（布依族）汛　河搜集整理

理论
路，在我们脚下！
——和爱好诗歌的青年朋友谈诗————张志民

作家介绍
独具特点的达斡尔族作家
——孟和博彦————————张锦贻

文讯
本刊举办少数民族作家通化笔会
《当代回族作家丛书》将陆续出版《汪玉良诗选》
中国作家协会少数民族会员名单（三）

美术
藤索桥（木刻）————————周建夫

1984 年第 8 期　刊名:《民族文学》
目录

小说
上梁大吉（李玉昌插图）————（壮族）潘荣才
金银花（王明明插图）————（壮族）黄夏斯榕
远方，水的传说————————（仫佬族）海　涛
一年之计（孙为民插图）
——————（哈萨克族）吐尔森阿里·
博斯克尔德　张孝华　艾提哈力译
相别在湖边————————（藏族）泽　旺
妻子（王明明插图）————（苗族）夏　慧
五叔的微笑————————（瑶族）蓝怀昌
磨秋小王————————（彝族）替仆支不
姐姐————（朝鲜族）李光洙　崔龙星译

诗歌
我是一棵故乡的白杨（晓钟题图）
——————（朝鲜族）金成辉　金永彪译
森林咏叹调————————（满族）佟明光
拍摄不完的故乡画
——————（维吾尔族）阿尔斯兰　吕志超译
童年的梦————————（锡伯族）安鸿毅

沿着美丽的风景线—————————（蒙古族）蒙根高勒
给未婚妻————————————————（壮族）张　军
三月，在我的乡野—————————（布依族）陈　亮
我枕着一个梦———————————（朝鲜族）李彻华
我是一粒种子———————————（壮族）黎家璘

散文
边城夜洗————————————————（苗族）龙秀银
芦乡吟————————————————————（畲族）蓝兴发
昭觉二题————————————————（彝族）史　坡

民间文学
阿里郎（朝鲜族民间叙事诗·童介眉插图）
—————————（朝鲜族）张东云　改　编　张琏瑰译

理论
文坛寄语—————————————————————孔捷生
关于《阿里郎》及其动人的传说
—————————————（朝鲜族）赵成日　紫　荆译

作家介绍
愿骑手快马加鞭
——记维吾尔族作家卡哈尔·吉里力
—————————————————（维吾尔族）艾克拜尔

报道
马不停蹄地奋进
——本刊编辑部1—7月工作简况——————本刊记者

文讯
本刊召开少数民族作家银川笔会
中国作家协会少数民族会员名单
《雪晓诗选》

美术
路遇（木刻）————————————————————陈晋容

1984 年第 9 期　刊名：《民族文学》
目录

诗歌
给共和国的赞歌（周吉荣题图）———（撒拉族）韩秋夫
祖母————————————————————（朝鲜族）南永前
我是沙漠的一只麻雀—————————（蒙古族）韩　霞
土地抒情诗————————————————（彝族）吉狄马加
绿色的梦——————（朝鲜族）金应俊著　陈雪鸿译

报告文学
随中国女排西征日记—————————（白族）段云星

小说
先不要告诉她（赵成民插图）———（回族）马自天
远山—————————————————（仫佬族）海　涛　海　练
红苹果，金苹果……（聂鸥插图）————（藏族）阿　来
额尔齐斯河小调
—————————（哈萨克族）叶尔克西·库尔班别科娃
隐秘（聂鸥插图）
—————————（维吾尔族）艾海提·吐尔迪著　刘国宝译
我的信，我的心—————————————（苗族）吴凯洪
金箔色的早晨———————————（纳西族）杨世光
在边远小镇（戴延年插图）——————（满族）边玲玲

民间文学
达妍与日驾（壮族民间叙事长诗）
—————————（壮族）马永全搜集　覃绍宽　翻译整理

作家介绍
大理三月好风光
——介绍白族女作家景宜————（苗族）紫　戈　葛　田

文讯
本刊举办少数民族作家黄山笔会
作协西藏分会举办第二期文学讲习班
湖南部分少数民族作者集中改稿
内蒙古召开乌热尔图作品讨论会
呼市召开文学创作题材规划会
中国作家协会少数民族会员名单（五）

美术
出诊————————————————————（藏族）其加达瓦

1984 年第 10 期　刊名：《民族文学》
目录

专论
新中国的产儿
——三十五年来的少数民族文学——————本刊评论员

诗歌
祖国山高水也甜
献给十月的歌——————————————（东乡族）汪王良
珍珠·晨星·时间———————（蒙古族）巴·布林贝赫
祖国的姿容———————（朝鲜族）金　哲著　金　一译
祖国行脚——————————————————（回族）高　深
祖国之歌——————————————————（白族）晓　雪

黎明马嘶处处闻
祖国，请为他们记功————————————（回族）沙　新
两度登台记————（维吾尔族）铁依甫江著　王一之译
哦，长白山森林————————————（满族）胡　昭
天线的密林————————————（土家族）汪承栋
我是矿工，我采掘阳光————————（苗族）吴志明
大西北散歌————————————（蒙古族）查　干
何处山花不芬芳
听见我的歌唱吗？　故乡
————————（朝鲜族）金成辉著　金　一　金永彪译
大苗山的歌————————————（壮族）龙　涛
澜沧短歌————————————（哈尼族）井　力
凉山风情————————————（彝族）吉慧明
孟达峡————————————（撒拉族）马学功
再见，海南岛————————————（黎族）阿　南
我的故乡————————————（景颇族）晨　宏
地北天南试新曲
塔克拉玛干一只金盘————————（回族）阿　拜
思絮————（哈萨克族）夏侃·沃阿勒巴依著
张孝华译
星云，在运动————————————（藏族）丹珠昂奔
海滨杂咏————————————（仫佬族）包玉堂
记十三个民族的宴会————————（回族）木　斧
天池·温泉·白头山
————————（朝鲜族）朴　桦著　阿　拜译
大森林的女儿————————————（彝族）柏　叶
火柴的一生
————（维吾尔族）麻合木提·穆海买提著　许瑞祥译
七月风————————————（瑶族）覃建谋
山南地北————————（壮族）庞仕章　黄云霞

1984 年第 11 期　刊名:《民族文学》
目录

小说
金翅大鹏（中篇·王明明插图）————（纳西族）戈阿干
"方"迷新传（于大武插图）————（回族）马治中
一事当前（王为政插图）————（满族）李惠文
西街小镇————————————（回族）姚金海
知交————（达斡尔族）额尔敦扎布　包·白乙拉译

诗歌
举重者之歌————（蒙古族）博·敖斯尔　丁师浩译
醒来的大山————————————（壮族）农冠品
海南人情————————————（朝鲜族）朴康平
眼睛————————————（蒙古族）毕力格太
晨曲二首（哈萨克族）库达斯·萨班舍　张孝华译
青春三重奏————————————（朝鲜族）白德成

妻子————————————（回族）阿　童

民间文学
英雄谢力扎特（哈萨克族民间叙事长诗·雷中岫插
图）————（哈萨克族）焦沙耶翻译　张运隆整理

理论
是马就有三分龙气
——评满族青年作家江浩的中篇小说创作————温小钰
生命的音乐——胡昭和他的诗————————左　正

文讯
第二届中国当代少数民族作家文学讨论会召开
《当代少数民族文学作品选》
云南举办创作辅导中心
《民族文学论稿》
《相思红》
《金鸡飞过岭来》

美术
弟弟的生日（木刻）————————————李文忠

1984 年第 12 期　刊名:《民族文学》
目录

小说
油画大师的归来（姜吉维插图）————（回族）高　深

短小说特辑
山路（聂鸥插图）————————（壮族）黄　征
少年行————————————（满族）那守箴
假鹿————————（达斡尔族）哈斯巴图尔
明天————————————（壮族）陆永青
牛的后裔
————————（哈萨克族）朱玛拜·比拉勒著　夏　然译
翠香姐————————————（壮族）韦春芳
喜事————————————（蒙古族）额尔敦巴干
夜空，也有两只眼睛————（东乡族）舍·尤素夫
故乡的小茅屋————————————（土家族）李传锋
翡翠色的橡胶林（聂鸥插图）————（京族）李英敏
醒悟（李玉昌插图）————————（壮族）韦编联
阳光（李玉昌插图）————————（蒙古族）乌力吉
Y波测谎仪————————————（满族）用　霖

散文
南罗散记————————————（彝族）李　乔
桃李情————————————（蒙古族）杨　帆

理论

感应，使命，奋发————————（苗族）潘俊龄

作家介绍

故乡的歌者

——介绍朝鲜族诗人金成辉————（朝鲜族）金永彪

文讯

内蒙召开蒙古文学学术座谈会
《吐鲁番文学》举行火洲笔会
彝族作家李乔入党
《新诗的春天》
《山林恋》
《最后一个冬天》
《哦，十五岁的哈丽黛哟……》

1985 年第 1 期　刊名:《民族文学》
目录

散文

内蒙古散记————————————（蒙古族）李　準
三位美国少数民族作家的话————（蒙古族）肖　乾

小说

飞转的弧旋球（中篇·张京平插图）
————————————————（回族）马忠骥
生命的余韵（宝曼题图）
————（朝鲜族）林元春　虞少华译
幺娘（王佳楠题图）————（土家族）蔡测海
绿色的晨雾里（王佳楠题图）——（蒙古族）察森敖拉
病房童心（外国少数民族作家作品选·陈晋容插图）
——[美]黑人作家　唐·特雷西著　高　鹰译

诗歌

选择之歌（外一首）————（苗族）石太瑞
枫·一首诗（外三首）————（朝鲜族）梅　茵
车辙（外三首）————（蒙古族）乐·敖斯尔
云南，梦境般的诗————（回族）杨经伟
边城抒情诗（二首）————（土家族）江新民
绿叶、花瓣、太阳————（朝鲜族）金　勋

汉族作家

七月雨（小说·张京平插图）————冯苓植

写边疆

黄袈裟（小说·晓平题图）————彭荆风

理论

民族文学创作的新突破
——赞佳峻新作《虎门"犬"子》
————————————（蒙古族）特·达木林

作家介绍

向祖国倾诉自己民族的心声
——记东乡族诗人汪玉良————————谢昌余

简讯

《藏族文学史》审稿会在北京召开
内蒙古一批作家深入生活
关沫南一行访问巴基斯坦
《民族文艺报》创刊
彝族作家普飞访问津京等地
《晨鸟》
致作者

美术

《中国革命之歌》领舞白族演员杨丽萍————龙光茂摄影
冬趣（油画）————————————王　路

1985 年第 2 期　刊名:《民族文学》
目录

小说

肉嫂（京平题图）————————（满族）孝惠文
新路————————————————（壮族）韦一凡
"球星"饭馆的球星们————————（回族）李栋林
光的直射和反射————（朝鲜族）金　勋　陈雪鸿译
香草妹————————————————（瑶族）莫义明
我们的旅游记（王为政插图）
————（蒙古族）达瓦敖斯尔　特·达木林译
僻乡闹市————————————（壮族）韦　玮
盘弧寨遗事————————————（土家族）向昌云
白毛斑獐子（陈晋容题图）————（苗族）李再春

诗歌

钻石的发现————————————（藏族）饶阶巴桑
小凉山，我的故乡（外二首）
————————————（纳西族）拉木·嘎吐萨
旋律（外一首）————————（满族）洪　辉
大雁飞来的时候（外二首）
——（维吾尔族）阿不列米提·沙迪克　王一之译
妈妈的爱（外一首）————————（朝鲜族）李仁玉
青岛诗笺（三首）————————（回族）马立彦
码头————————————————（壮族）张　军

散文

百色纪事 ———————————————————（壮族）何　丹
我心中的锡林郭勒 ——————————（蒙古族）哈斯乌拉

理论

你和我都该珍爱的珠宝
——至少数民族文学工作者 ————————————鲍　昌

作家介绍

壮族文坛崛起的新秀
——青年作家韦一凡及其小说创作————（壮族）黄绍清
中国作家协会举办第三届（1983—1984年）全国优秀
报告文学评奖

简讯

第四次全国少数民族文学史编写工作座谈会在北京召
开
《草原》与青年作者座谈改革
《西藏文学》讨论刊物改革
内蒙古一些少数民族作者获索龙嘎奖
大型文学季刊《敕勒川》创刊
壮族诗人黄勇刹逝世
《回音壁》
《寻找太阳的母亲》

美术

蒙古族电影演员斯琴高娃 ———————————丛永泉摄影
夏之梦（油画）———————————————————朱乃正

1985 年第 3 期　刊名:《民族文学》
目录

大力发展少数民族文学
——在中国作家协会第四次会员代表大会上的报告
（摘录）———————————————————————冯　牧
《民族文学》组成新的编委会

小说

最后一个哨兵（陈晋容题图）——————（满族）王　安
洁白的雪峰（孙景波插图）——————————（藏族）平　杰
冰雕 ————————————（哈萨克族）艾克拜尔·米吉提
娟工 ———————————————————（壮族）路　漫
"狮子头"传奇（亦欣题图）—————————（纳西族）沙　蠡
银龟 ————————————————————（土家族）肖建生
牛筋叔 ——————————————————（壮族）韦纬组
皎洁的夜（戴延年插图）————————（蒙古族）张志诚
财富 ———————————————————（回族）冯福宽

诗歌

哦，美德…… ————————————————（回族）杨　峰
妻子（外一首）——————————————（朝鲜族）南永前
布谷 ———————————————————（蒙古族）方　纲
家乡行（三首）——————————————（侗族）龙超云
唱给瑶家山乡的歌 ——————————————（壮族）莎　红
魂（外一首）—————（朝鲜族）任晓远　金　一译
故乡的童年（外二首）—————————————（彝族）王红彬

散文

老屋前后的树 ———————————————（土家族）蔡测海
壮乡歌节 —————————（蒙古族）特·赛音巴雅尔
猫耳洞 ———————————————————（布依族）吴　昉
端午美酒 —————————————————（水族）石尚竹

汉族作家写边疆

蒙古高原（外二首）—————————————————贾　漫

理论

心声寻觅者的札记 ——————（蒙古族）巴·布林贝赫
中国少数民族文学论序言
————————————[日]西胁隆夫　何鸣雁节译
贵州少数民族文学的新发展（报道）——————思　平

作家介绍

诗人的足迹
——关于仫佬族诗人包玉堂及其诗作————王敏之

简讯

西藏的一批作者下到基层体验生活
《金凤凰》
《木斧诗选》
白城成立蒙古族文协和蒙古文学学会
西藏一批文学作品将问世
青海将创办大型期刊《现代人》
肖乾赴新参加金狮奖评议
《侗家女》

美术

哈萨克姑娘 ——————————————————丛永泉摄影
日月潭（油画）———————————————————王　路

1985 年第 4 期　刊名:《民族文学》
目录

小说

水磨沟里最后一盘水磨（王明明插图）
————————————————————（土族）鲍义志

乌江雪（王佳楠插图）——————（苗族）覃智扬
雾谷（姜吉维插图）——————（白族）那家伦
辞职（李玉昌插图）————（满族）康启昌　鲁　野
鱼骨刺————————————（壮族）覃文明
盘杰中了邪魔——————————（畲族）雷德和
何大方与他的"牛鬼"儿子————（侗族）杨宝庆

诗歌
北方的故事（组诗）——————（蒙古族）苏日图
纤夫曲（外二首）——————（苗族）何小竹
生活的音符——————————（回族）姚欣则
森林短歌——————————（朝鲜族）朴尚春
我是一个瓦匠——————————（土家族）彭　枫
黎明、灯光及其他——————（白族）张树宗
火苗，在一堆干柴上舞蹈（外一首）
————————————（裕固族）贺继新
椰岛的风（外二首）——————（瑶族）曾雨凉
惜别三咏————（朝鲜族）宋祯焕　张琏瑰译
康定情韵（外二首）——————（回族）张　央
东方夏威夷——————————（黎族）黄学魁
花毡————（哈萨克族）沙力·沙都瓦哈斯　张孝华译
村姑——————————————（壮族）覃瑞强
心——————————（彝族）阿巴乌呷莫
送别（外二首）——————（哈尼族）井　力
小村，一个冬天和一个春天————（布依族）陈　亮

散文
竹篾烘笼——————————（土家族）陈圣乐
青龙和它的子孙——————————（藏族）益　娜
滇西石宝山——————————（纳西族）杨世光

理论
慈悲庵札记——————————————路　夫
读《晓雪诗选》断想——————（土家族）汪承栋

作家介绍
饶阶巴桑印象——————————————高　平

美术
黎族少女——————————————丛永泉摄影
阿米娜——————————————曹达立

1985 年第 5 期　刊名:《民族文学》

目录

本刊负责人向国家民委领导汇报工作
杨静仁同志对民族文学事业作了讲话

小说
船（安石题图）——————————（苗族）梁国赋
阿榴（李玉昌插图）——————（苗族）吴雪悯
桥，架在日出那方——————（壮族）岑隆业
爱，在美丽遥远的维纳河（戴延年插图）
————————————（蒙古族）兴　安
亚迪尕尔————（维吾尔族）穆罕默德·巴格拉西
张宏超译
老实大哥——————————（回族）马康健
宋大叔（赵成民插图）
————（朝鲜族）金浩根　成龙哲译
赶场——————————————（苗族）吴恩泽

诗歌
开拓者之歌（外三首）————（满族）佟明光
金达莱小集（六首）——————（回族）阿　拜
情诗三瓣——————————（蒙古族）江　岩
杜鹃声声（二首）——————（壮族）张增忠
深山拾韵（三首）——————（土家族）江民新

散文
千日红（李玉昌题图）——————（壮族）农　耘
青冢遐思——————————（回族）贾春光

理论
那最后的沉重磨盘
——读《水磨沟里最后一盘水磨》有感
————————（哈萨克族）艾克拜尔·米吉提
《乌江雪》读后——————————（苗族）紫　戈
且说《哨兵》——————————————文　平

作家介绍
牧家风情入画图
——夏侃·沃阿勒巴依和他的诗
————————王　堡　（哈萨克族）阿吾里汗

中国作家协会第七届（1984 年）全国优秀短篇小说奖
获奖作品
中国作家协会第三届（1983—1984 年）全国优秀中篇
小说奖获奖作品
中国作家协会第三届（1983—1984 年）全国优秀报告
文学奖获奖作品

美术
彝家少女————————（蒙古族）哈斯琪琪格摄影
春临草原——————————（蒙古族）官其格

1985 年第 6 期　刊名:《民族文学》
目录

第二届（1981—1984 年）全国少数民族文学创作奖评奖启事

小说
新船（赵成民插图）————————（白族）景　宜
在山峦尽头（王明明插图）————（壮族）蒙齐华
风从寨林中穿过（赵成民插图）····（布依族）运　春
桃花湾————————————（回族）于秀兰
卖麦芽糖的老太太————（朝鲜族）洪成杓　金凤莲译
防雪墙——————（蒙古族）力格登　张宝锁译
兴安杜鹃——————————（达斡尔族）孟和博彦
显影之前————————（壮族）华　萍　杨　柳
深山里的金丝鸟——————（蒙古族）那木汗

短小说一束
退稿————————————（畲族）钟建武
死者自己念的悼文———（朝鲜族）金　勋　陈雪鸿译
鬼摔跤————————————（满族）李惠文
一片胧朦月色————————（藏族）丹珠昂奔

诗歌
城市奏鸣曲（三首）——————（满族）金鸿为
我的故乡（三首）——————（苗族）石太瑞
迷人的夏牧场（外一首）
————（哈萨克族）唐伽里克　肖嗣文　张孝华译
那达慕————————（蒙古族）蒙根高勒
山·摇篮——————————（朝鲜族）李彻华
拱桥（外一首）——————（苗族）柯　林
秋思（二首）————————（布依族）方　里

散文
白头山天池（童介眉题图）————（满族）康启昌
翠姑（童介眉题图）——————（瑶族）刘云中
我的杨老师————————（白族）艾　华

理论
从一个"小窗口"看农村现实生活深刻的变革
——读长篇小说《醉乡》札记————何镇邦
改革之风浓于酒——喜谈《醉乡》————谢明清
《醉乡》印象——————————张　炯
《醉乡》的风情美————————李元洛
《醉乡》读后感（三则）——————吴重阳
真、善、美的结晶
——读短篇小说《蓝幽幽的峡谷》————钟艺兵
蒙古民族的曹雪芹————————胡希久

作家介绍
福林和他的散文————————（壮族）陆　地

美术
维吾尔族姑娘——————丛永泉　摄影
春泉————————————蔡小丽

1985 年第 7 期　刊名:《民族文学》
目录

中篇小说专号
泥石流（王明明插图）————————（壮族）苏方学
塑造（王为政插图）—————（土家族）陈　川
迷人的洞河（孙为民插图）————（苗族）向秀清
无雪的冬天————————（回族）马　犁
朝鲜族姑娘——————（蒙古族）哈斯琪琪格摄影
晨（套色木刻）——————（满族）刘宝平
在这块土地上（油画）——————龙力游

1985 年第 8 期　刊名:《民族文学》
目录

小说
爱，在夏夜里燃烧（中篇·金捷中插图）
————————————（蒙古族）玛拉沁夫
那里，在远方（马璟插图）————（土家族）陈　川
白杜鹃（赵成民插图）——————（满族）边玲玲
金色的早晨————————（壮族）韦编联
江上的春（赵成民插图）————（苗族）过　竹

诗歌
大学生诗页
大西北恋歌（组诗）——————（回族）杨云才
新生活的乐章————————（藏族）杨贵章
在斑色花的土地上（四首）————（景颇族）晨　宏
立交桥情感————————（蒙古族）崛　夫
海的雕塑————————（壮族）黄神彪
星星，在峡谷升起（组诗）————（彝族）王红彬
向日葵致太阳（外一首）————（苗族）龙建刚
二十岁，健美的二十岁————（回族）云　飞
此刻，我正是一首诗——————（朝鲜族）鲁　岩
藏胞印象（外一首）————（达斡尔族）吴宝良
年青的鼓楼（组诗）——————（侗族）莫俊荣
渔民的妻子（外二首）————（回族）马培军
年轻的梦————————（苗族）黑　鹰
山里姑娘————————（布依族）何建华
校园诗二首————————（苗族）熊　虚

金色的光环—————————————（满族）时　平

理论

诗意的，流动的旋律

——喜读小说《泥石流》—————————周　肖

虎虎有生气的改革潮流

——评《虎门"犬"子》—————————马畏安

牧田英二与中国少数民族文学—————————郎　樱

作家介绍

明静而深沉的河

——记马瑞麟和他的《云雀集》———（白族）晓　雪

美术

景颇少女————————（蒙古族）哈斯琪琪格摄影

春雨（国画）————————————————王为政

丝绸古道（国画）————————————————杨延文

1985 年第 9 期　刊名:《民族文学》

目录

献给西藏自治区成立二十周年

小说

系在皮绳扣上的魂————————（藏族）扎西达娃

情感（李玉昌题图）——————（藏族）益希单增

草原的风（马璟插图）————————（藏族）阿　来

木匠瓦嘎（吴长江题图）————（藏族）尕藏才旦

沟壑（李玉昌题图）——————（藏族）卓玛雍宗

梦幻启示录————————————（藏族）嘎玛维色

寓言小说二题————————————（珞巴族）东　娘

诗歌

雪域诗丛—————————杨宇宏　拉目栋智　达娃吾珠

曾成章　伊丹才让　徐官珠　杨卓玛　饶阶巴桑

多不丹——天葬台的背尸人————（回族）摩　萨

海与笔————————————（土家族）汪承栋

守夜老人——————————————（藏族）完玛央金

宝贝————————————————（门巴族）拉玛次仁

挽留————————————————（门巴族）桑杰多吉

散文

昌珠寺观后——————（藏族）班　觉　益希单增译

别有洞天————————————（土家族）杨盛龙

风马——————————————（藏族）丹珠昂奔

汉族作家

一个女人的故事（小说·陈晋容题图）————振　权

写边疆

就因为这草原（散文）—————————马丽华

律诗三首——————————————肖蒂岩

评论

历史的必然性是谁也改变不了的

——喜读长篇小说《迷茫的大地》——————张治维

藏族当代文学的春天—————————————耿予方

美术

盛装的藏族姑娘——————（藏族）扎西次登　摄影

牧牛（油画）————————————————曹立伟

1985 年第 10 期　刊名:《民族文学》

目录

理论

为新疆多民族的文学花坛增添鲜艳的花朵

（维吾尔族）司马义·艾买提

当代新疆少数民族文学掠影—————————张　越

小说

美丽的平川（王明明插图）

————（维吾尔族）穆罕默德·巴格拉西　张宏超译

寻觅（赵成民插图）

————（哈萨克族）卡那德尔·吐尔斯别克　张孝华译

奶茶色骆驼的梦（李玉昌插图）

——————————（满族）吴云龙　尚久骖

沙枣树的窃窃细语

————（维吾尔族）祖尔东·萨比尔　刘奉仉译

沙漠里的绿珍珠

————（维吾尔族）柯尤慕·图尔迪　赵国栋译

婚礼——————————（哈萨克族）朱玛拜·比拉勒

叶尔克西·库尔班别科娃译

诗歌

新疆，我为您歌唱

————（维吾尔族）铁木尔·达瓦买提　苏天虎译

喜庆的开端————（维吾尔族）铁依甫江　王一之译

天山之歌（二首）

————（哈萨克族）库尔班阿里　常世杰　阿尼娃尔译

哈密拾零（二首）

————（维吾尔族）克里木·霍加　王一之译

爱————（哈萨克族）夏侃·沃阿勒巴依　张孝华译

赛里木湖（二首）——————————（回族）杨　峰

唱给伊犁河————————————（锡伯族）牧野纯

我的帕米尔——（塔吉克族）西林·库尔班　赵国栋译

天山雪——（哈萨克族）阿里木江·卡特拜　张孝华译

拾彩贝——————————（锡伯族）郭基南
小草恋歌————（俄罗斯族）威那利·尤拉维奇
假如我是……——（柯尔克孜族）阿散拜 郝关中译
黄牛————————————（蒙古族）辛 夫
珍珠集——（维吾尔族）博格达·阿布都拉 刘静嘉译
春天来到了我的家乡
————（乌孜别克族）苏菲亚·伊普 王庆江译
我的生活逻辑——（维吾尔族）乌斯满江·沙吾提
张宏超译
游牧的乡亲——（哈萨克族）拉赫麦托拉·艾甫舍
姚承勋 朱 曼译
父亲承包了那一片荒地——（维吾尔族）阿贝保
家乡的夜晚
————（维吾尔族）吐尔逊阿衣·胡山音 刘静嘉译

散文
团结就是力量
————（维吾尔族）赛福鼎·艾则孜 郭丽娟译
深山行————————————（蒙古族）孟驰北
玉石礼赞————（维吾尔族）乌铁库尔 张宏超译
奇地前笛尔节——（塔吉克族）喜仁库尔班 许瑞祥译

报告文学
塞上"北京花"（李玉昌题图）————（回族）白 练

汉族作家写边疆
西天山下（组诗）————————————杨 牧
一个老牧人的葬礼（外二首）——————章德益

美术
维吾尔族大学生——————（蒙古族）哈斯琪琪格摄影
牧牛（油画）——————————————曹立伟

1985 年第 11 期　刊名:《民族文学》
目录

小说
活鱼（聂鸥插图）————————（满族）赵大年
罩着灵光的骑手（杨刚插图）——（蒙古族）云晓缨
茅屋巨人————————————（土家族）蔡测海
明天（中篇·王为政插图）————（回族）高 深
桑如布一家
————（蒙古族）葛尔乐朝克图 奥尔乔洛克奇译
暮归————————————————（壮族）黄有新
杰作的价值————————————（朝鲜族）李相奎

诗歌
岭南行（五首）————————（白族）晓 雪

短诗三首————————————（回族）春 光
父亲————————————（朝鲜族）南永前
驮在牦牛背上的诗————————（藏族）列美平措
太阳灶（外二首）————————（土家族）王晨跃
贝壳（外一首）——————————（白族）洪 海

散文
卡拉奇海滨——————————（满族）关沫南
她叫什么——————————————（苗族）江 恒
鸟市老人——————————————（壮族）陆光亭

汉族作家写边疆
紫霞（小说）————————————张长弓
瀚海（二首）————————————张雪杉

理论
在民族文学笔会上的讲话————————贺敬之
天然去雕饰，疏野出神韵
——评《彩石》的艺术特点与风格————（满族）佟明光

作家介绍
新生活的热情歌者
——蒙古族作家安柯钦夫及其创作纪略
————————————（蒙古族）哈斯朝鲁

美术
苗族老作家沈从文
漓江（油画）————————————李玉昌

1985 年第 12 期　刊名:《民族文学》
目录

小说
官儿坪遗风————————（土家族）孙健忠
年轻经理与女秘书——（朝鲜族）金 勋 陈雪鸿译
啊，?！————（蒙古族）巴·丹巴仁钦 何德权
管后勤的后生（陈晋容插图）————（壮族）梁芳昌
夕照——————————————（苗族）吴恩泽
关于冯老先生二题————————（满族）傅惟慈
惊蛰——————————————（回族）高 凤
医道——————————————（彝族）普 飞
难当的女婿————（蒙古族）齐·敖特根其木格
宝间乌力吉译
牛老头儿（高娃插图）
————（达斡尔族）额尔敦扎布 乌仁高娃译
淡蓝的连衣裙——————————（回族）蒋仲文

诗歌

途中吟（外一首）·········（朝鲜族）金成辉　金永彪译
心中的小鹿（外一首）·········（蒙古族）哈斯乌拉
老人·葡萄（外二首）·········（回族）马　钰
青青的蓖麻林（外二首）·········（满族）关劲潮

外国少数民族诗人作品选

春之歌（外一首）
·······[墨西哥]奈查瓦尔科约特尔　赵振江译
露珠（外三首）····[智利]加·米斯特拉尔　陈光孚译
谜·······[黎巴嫩]伊利亚·艾卜·马堆　王永芳译

散文

村标·········（壮族）岑献青
小燕·········（苗族）龙益飞

理论

少数民族文学创作应有个更大发展
——赛福鼎·艾则孜同志谈少数民族文学
·········（维吾尔族）赛福鼎·艾则孜

美术

满族老作家端木蕻良·········汉　胤摄影
乳汁（油画）·········（藏族）扎　西

1986 年第 1 期　刊名:《民族文学》
目录

迎着春光，努力，再努力！
——《民族文学》创刊五周年·········本刊编辑部
祝贺《民族文学》创刊五周年
回顾与展望
——为《民族文学》创刊五周年而作
·········（蒙古族）扎拉嘎胡
民族文学之春
——祝《民族文学》创刊五周年·········（满族）关沫南
我的一点感想·········（土家族）蔡测海

小说

德布达理（聂鸥插图）·········（满族）边玲玲
吉荷德尔（杨刚插图）·········（蒙古族）白雪林
哥哥（孙为民插图）·········（苗族）吴雪恼
瓣里啪啦外传·········（鄂温克族）涂志勇
最后一面旗子·········（壮族）刘冠蓝
一支无字的歌·········（藏族）意西泽仁
桃李门前春正浓·········（侗族）熊　飞
总统之争
·········（哈萨克族）巴特尔汗·库斯别金　毕　桦译

短小说一束

房价·········（土家族）华　蓉
覃医生与麻风妹·········（壮族）黄善端
35 路车上·········（蒙古族）乌力吉巴图　张宝锁译
淑伊·········（朝鲜族）金在国　周海隆译
山区卖炭翁·········（哈尼族）冯德胜

诗歌

我是庄稼人·········（蒙古族）苏日图
民族魂（外一首）·········（土家族）汪承栋
弄潮儿（外一首）·········（满族）刘　勇
眼睛（外二首）·········（朝鲜族）赵龙男　张琏瑰译
鹰的世界·········（回族）摩　萨
洱海吟（组诗）·········（白族）洪　海

散文

骆驼和毛驴
·········（维吾尔族）赛福鼎·艾则孜　郭丽娟译
荞壳枕头·········（苗族）尚黛春

理论

历史嬗变中的自足与突奔
——《民族文学》一九八五年小说述评
·········（土家族）向云驹　（朝鲜族）尹虎彬
广角镜下鲜活的形象
——谈谈《最后一个冬天》中的我军人物塑造
·········（满族）关纪新

美术

水（油画）·········张大国
长白山下（油画）·········闻立鹏

1986 年第 2 期　刊名:《民族文学》
目录

小说

梦·········（苗族）贺晓彤
告别大森林（李玉昌插图）·········（满族）王家男
母鸡来亨儿（晋容插图）·········（土家族）李传锋
犁路·········（壮族）黄　钲
远近风景（高明生题图）·········（藏族）平　杰
被缚的小鸟·········（蒙古族）兴　安
玫瑰·········（维吾尔族）阿拉提·阿斯木
白藤寨欢歌·········（瑶族）李绍松　赵红雁
"骂泉"之谜·········（壮族）黎国璞
妈妈的眼睛·········（蒙古族）高·却拉布杰　张宝锁译

诗歌

黎明鸟（外四首）————————（苗族）石太瑞
美丽的生活（二首）
　　　　　　　　（哈萨克族）色依木拉提·卡木扎
夏侃·沃阿勒拜　张孝华译
火红的南方（外二首）————————（壮族）张增忠
苗寨之晨————————————（苗族）龙险峰
篝火（外一首）————————（壮族）覃忠杰

报告文学

众多的学生记着她，这是最珍贵的————（满族）赵正林

散文

这里，有一条小河————————（彝族）熊家斌
傣乡的绿光————————（纳西族）杨世光

理论·《爱,在夏夜里燃烧》五人谈

并非世外桃源的故事————————王　蒙
伤心最怕血泪情————————阎　纲
零思碎想————————（朝鲜族）金　一
真理的善、美和力量的魅力（作家书简）
　　　　　　　　（回族）高　深　吴重阳
花山崖画前的沉思————————（壮族）周民震

作家介绍

又一个生艺术气质的小苗子
——苗族青年作家吴雪恼及其小说创作————陈达专

美术

草原上（油画）————————马常利
高原情（油画）————————詹建俊

1986 年第 3 期　刊名:《民族文学》
目录

小说

没有故事的奶子河（孙为民题图）————（白族）严亭亭
大学里发生的新故事（赵成民插图）
　　　　　　　　————————（苗族）刘　霞
远处，高高的阿佤山寨————（佤族）董秀英
她在瞬间幸福中睡着了————（蒙古族）娜仁高娃
月晕————————————（白族）景　宜
江村（聂鸥插图）————————（壮族）岑献青
婚礼在这里举行————————（苗族）夏　慧
消逝的光环————（哈萨克族）叶尔克西·库尔班别科娃
爸爸、妈妈、妹妹和我————（达斡尔族）阿　凤
秋末————————————（彝族）阿　蕾
伙伴————————————（朝鲜族）金英玉

诗歌

高原及其他（四首）————————（回族）马裕生
废墟里的幽灵————————（蒙古族）韩　霞
柜台与炊烟（组诗）————————（壮族）韦银芳
绿叶————————————（壮族）莫玉华
为你飘散……（外一首）————（蒙古族）娟　子
水家姑娘————————（水族）石尚竹

散文

"短篇小说之王"在这儿崛起
——蒲松龄故居漫笔————————（回族）马瑞芳
回龙水————————（仫佬族）吴盛枝
绿色的乡思————————（藏族）益　娜
柳树下写的信————————（土家族）陈圣乐
请到"草原宫"来做客————（蒙古族）李·萨仁

理论

一支新军在崛起
——读少数民族女作家创作————————陶立璠

作家介绍

彝族女作家李纳————————庹修明

美术

南疆织女（油画）————————耿玉昆
小站（套色木刻）————————（满族）刘宝平
云高路漫（国画）————————周思聪

1986 年第 4 期　刊名:《民族文学》
目录

小说

去拉萨的路上（晋容插图）————（藏族）扎西达娃
钟声————————————（土家族）田　岚
一个铜戈比————————（满族）胡　昭
一撮毛和黑边边————（蒙古族）哈斯巴拉　张宝锁译
相亲————（维吾尔族）卡哈尔·吉力利　刘奉仉译
年轮（中篇小说·王为政插图）————（回族）霍　达

诗歌

江南雨（外二首）————————（朝鲜族）朴康平
长城————————————（回族）云　飞
西行组歌————————（蒙古族）巴彦布
黄土地边缘（组诗）————————（藏族）完玛央金
海滩————————————（满族）礼　露

散文

太阳最后落下去的地方————————（彝族）李　乔

叮咚，叮咚……………………（蒙古族）特·赛音巴雅尔
都江堰　吊二王…………………………（满族）鲁　野

汉族作家写边疆
短诗五首……………………………………………安　谧
葡萄园情歌…………………………………………郭维东

外国少数民族风情
民族的血液在奔流
——美国伦尼印第安人保留区散记…………黄　颖

理论
润物细无声（新作短评）
——读壮族青年女作家岑献青的《江村》………顾　骧
西去断想（新作短评）
——读《去拉萨的路上》有感…………王文平

作家介绍
彝山春常在
——介绍彝族作家苏晓星……（苗族）紫　戈　葛　田

美术
新疆风情（油画）…………………………赵以雄
点烟（油画）…………………（蒙古族）妥木斯
日月潭杵歌（油画）………………………王　路

1986 年第 5 期　刊名:《民族文学》

目录

小说
金色的鱼塘（一新题图）……………（苗族）龙　潜
红鸽子（王明明插图）………………（满族）尚静波
透过硝烟的幕（吴长江题图）………（藏族）索朗仁称
风雨黄花滩………………………（蒙古族）甫澜涛
杏川雨………………………………（土族）鲍义志
鹅……………………………………（回族）沙　蕾
挚友…………………………（达斡尔族）巴图宝音
一个女人的陈述………………………（侗族）钟　星
峒河悠悠……………………………（土家族）胡　港
笼子里的人…………………………（满族）郎业成

诗歌
大草原（组诗）…………………（蒙古族）查　干
新疆组歌……………………………（回族）木　斧
医生·护士…………（朝鲜族）崔龙官　张文一译
山鸟………………………………（土家族）吴柏松
野牛群（外一首）……………………（苗族）何小竹
火与石头（外一首）…………………（回族）海鹏彦

妈妈的长袍
………………（蒙古族）奈·额尔敦巴特尔　张宝锁译
爱情………………………………（维吾尔族）古　丽

散文
一盏旧台灯……………（朝鲜族）宋祯焕　张琏瑰译
梁溪吟苑记…………………………（回族）沙陆墟
卖花的小伙…………………………（侗族）里　红
乌——伊道上（琪华题图）…………（回族）白崇义

理论
新的文学，春的喜歌………………（白族）晓　雪
关于《二七八团》的通信----（满族）赵大年　谢明清
我国少数民族文学在日本
首届少数民族文学他作理论讨论会在京举行
………………………………（回族）胡振华

作家介绍
新时代的芦笙手——记苗族诗人潘俊龄………杨　高

美术
小舟（油画）…………………………曹达立
爷爷和孙子（油画）……………（蒙古族）德　钦
啊！草原（油画）……………………吴小昌

1986 年第 6 期　刊名:《民族文学》

目录

小说
大漠歌（聂鸥插图）………………（蒙古族）阿云嘎
红叶（李玉昌插图）----（维吾尔族）赛福鼎·艾则孜
布朗迪和他的妻子…………………（景颇族）岳　丁
典型的妙用……………………………（朝鲜族）金　勋
落日……………………（维吾尔族）祖尔东·萨毕尔
白斑黑毛的大牤牛……………………（蒙古族）都　西
长满蒿草的原野（孙为民插图）
………………………（哈萨克族）夏木斯·胡玛尔
赛马场上……………（藏族）次仁平措　耿予方译
悔猎……………………………………（朝鲜族）宋春男
孤儿的命运…………………（藏族）群　宗　阿　耕译

诗歌
我的茅屋（外一首）………………（朝鲜族）李相珏
蝈蝈之声…………（蒙古族）齐·莫尔根　郭永明译
我的遐想（组诗）
………………（哈萨克族）夏侃·沃阿勒拜　张孝华译
祖国（外二首）…………（维吾尔族）阿不都克里木·
马哈苏提　王一之译

海外藏胞思乡曲·········（藏族）平措次仁　耿予方译
泼水节·················（傣族）岩　糯
梦（外一首）····（蒙古族）特·关布扎布　张宝锁译

报告文学
淘金之路·······（蒙古族）布仁巴雅尔　特·达木林译

散文
玉龙喀什河情思·············（维吾尔族）努尔·
买买提·托合提　刘奉仉译
宝·············（哈萨克族）阿吾里汗　杨振明译

理论
新时期的蒙古文创作
·············（蒙古族）那仁格日勒　阿迪雅译
新疆翻译文学的回顾与展望
——三十六年新疆民族文学翻译工作述评·······张世荣

作家介绍
探子，厨子，小说
——记朝鲜族作家林元春·············（朝鲜族）金永彪

美术
海南抒情（油画）（封面）·············曹达立
绣（国画）（封二）·············（苗族）王晓鸣
印月（国画）（封底）·············赵秀焕

1986 年第 7 期　刊名:《民族文学》
目录

小说
幽幽的山谷·············（满族）王　安
小火龙（一新插图）·············（回族）王延辉
团圆·················（瑶族）蓝汉东
含笑的红绒花·············（回族）吴季康
雪地上，站着一个小女孩（李玉昌插图）
·················（苗族）贺晓彤
骑在鸟背上写的信·············（壮族）杨　柳
指腹婚·············（蒙古族）布和德力格尔　张宝锁译
朴氏妇人·············（朝鲜族）金克珉　权英子译

诗歌
哦，川藏线（组诗）·············（藏族）阿　来
大西北的男人和女人（组诗）·············（回族）高　深
汹涌的雕塑群（二首）·············（朝鲜族）金　一

报告文学
飞天之梦·············（满族）穆　静

散文
您丢了什么?·············（满族）赵大年
蜂趣·················（土家族）杨盛龙

理论
时代，民族，艺术
——首届少数民族文学创作理论讨论会发言摘要

作家介绍
边玲玲其人其文·············（满族）佟明光

美术
春风（油画）·············（蒙古族）妥木斯
侗乡春（版画）·············（侗族）刘　冰
晨（油画）·············（蒙古族）妥木斯

1986 年第 8 期　刊名:《民族文学》
目录

理论
民族特质·时代观念·艺术追求
——对少数民族文学创作理论的几点理解
·················本刊评论员

小说
辉煌的波马（王明明插图）·············（回族）张承志
家风（赵成民插图）·············（满族）赵大年
银色的星光（赵成民题图）·············（苗族）龙　潜
桃花箐轶事·············（布依族）穷　石
甜甜少年梦·············（侗族）熊　飞
鸟市微情·············（侗族）滕树嵩
妈妈花·············（朝鲜族）张志敏　申明仙译
苍茫的雪原·············（蒙古族）浩日沁夫
高高的天平山·············（壮族）韦编联
神农架的儿子·············（满族）关德全
生命·················（土家族）彭官智
洋美姑娘·············（壮族）覃革波
万一·················（维吾尔族）阿贝保

诗歌
局子街情思·············（朝鲜族）金成辉　金永彪译
在鄂乡（三首）·············（蒙古族）哈斯乌拉
城市协奏曲（三首）·············（壮族）黄　灿
沙枣树下的群雕（三首）·············（回族）马　钰

散文
生平奇览·············（朝鲜族）金　哲　成龙哲译

散文诗之页

（彝族）李　剑　（满族）吕　新
（苗族）肖仁福
（布依族）王家鸿
（蒙古族）包玉平
（土家族）梁　萍
（壮族）夏　雨
（白族）丽　琴　原　因
（土族）山　燃
（纳西族）白庚胜

感惭交并，踔厉奋发
——记作协延边分会三十年
.................（朝鲜族）崔三龙　紫　荆译

美术

沐浴.................葛鹏仁
布依姑娘.................（布依族）戴仲光
晨露（国画）.................王明明

1986 年第 9 期　刊名:《民族文学》
目录

小说

香岛.................（仫佬族）海　涛
故乡的太阳（李玉昌插图）.................（哈尼族）艾　礼
呜咽的牛角号（琪华插图）.................（土族）鲍义志
粗旺村纪事.................（畲族）雷德和
木垛上的童话.................（鄂温克族）杜　梅
年纪轻轻的托莱.................（裕固族）杜曼纳姆嘉
缀满秋香的山坡.................（达斡尔族）苏　华
离婚.................（保安族）绽秀义
寂静的雪野.................（锡伯族）傅查·新昌
跛脚荞发.................（阿昌族）罗　汉
哈三告状.................（撒拉族）马学义

诗歌

喀什河恋歌（外一首）.................（锡伯族）安鸿毅
遥远的边塞（组诗）.................（景颇族）晨　宏
雪夜，在路灯下…….................（达斡尔族）高治军
我是猎人.................（京族）赵　翔
我是猎人的后代.................（畲族）雷金松

散文

梦眼归魂.................（仫佬族）包晓泉
淘金.................（羌族）谷运龙
街子——撒拉民族之圣地.................（撒拉族）闻　采
苦聪商女.................（仡佬族）覃信刚

藤条河纪行.................（哈尼族）诺　晗
念说.................（锡伯族）郭元儿

理论

一项不可忽视的任务.................平　实
从无到有　簇簇新绿.................郑　海
来自土地的呼唤——海涛小说漫议.................宾　堂

美术

溪边（油画）.................邢　琏
老驼倌（木刻）.................（满族）刘宝平
冷雨（油画）.................艾　轩

1986 年第 10 期　刊名:《民族文学》
目录

小说

追星赶月（赵成民插图）.................（蒙古族）佳　峻
"卡里尔学说"在中国（聂鸥插图）.................（回族）高　深
在神鹰的翅膀下.................（藏族）色　波
贺新郎.................（满族）那守箴
沙梁那边是十三世纪.................（蒙古族）阿云嘎　戴　友译
猎鹿人的故事（中篇·远望插图）.................（藏族）阿　来
乌鸦与凤凰.................（壮族）黎国璞

诗歌

大山在呼唤.................（东乡族）汪玉良
弯弯的影子.................（朝鲜族）南永前
哦，苏尼特、苏尼特（外一首）.................（蒙古族）蒙根高勒
远翔及其他.................（藏族）班　果

报告文学

洪湖，你听我述说.................（土家族）任光明

散文

清明节.................（壮族）琼　柳
村头琐事录.................（苗族）何启军
多情的草原.................（藏族）杨贵平

理论

神秘：探索的一个话题.................秦文玉
《黄泥小屋》的美学思考.................（蒙古族）叶　禾

作家介绍

青年诗人吉狄马加.................（彝族）马黑尔哈

美术

春游（油画）.................（朝鲜族）金哲香

牧归（油画）————————————（朝鲜族）金永镐

1986 年第 11 期　刊名:《民族文学》
目录

小说

静静的雪野（琪华题图）————————（土家族）蔡测海
生与死————————————————（回族）马　犁
忘归的帆————————————————（藏族）索朗仁称
独猴（中篇·李玉昌插图）——————（土家族）陈　川
○————————（蒙古族）巴·丹巴仁钦　何德权
冬花————————————————（东乡族）舍·尤素夫
妻子的微笑——————（朝鲜族）朴善锡　朴成武译

诗歌

穿蒙古袍子的钢钎（组诗）——————（满族）戈　非
寻找骆驼（组诗）——————————（蒙古族）阿古拉泰
拉萨风情（组诗）——————————（回族）摩　萨
少女抒怀————————————————（壮族）陆少平
南方高原（组诗）——————————（白族）洪　海

散文

花溪杜鹃啼————————————（白族）张　长
银色的世界————————————（满族）中　流
故乡的山————————————（瑶族）何德新
镢子————————（朝鲜族）文昌男　陈雪鸿译
鄂西风情————————————（土家族）温新阶

理论

辽西乡土情　山村风俗画
——论李惠文的长篇新作——————（满族）王　科

作家介绍

他从雪山走来——记纳西族作家戈阿干————白庚胜

美术

小姐妹（油画）——————————（蒙古族）妥木斯
漓江畔（油画）————————————————李玉昌

1986 年第 12 期　刊名:《民族文学》
目录

小说

疯狂的峡谷（聂鸥插图）——————（蒙古族）云晓璎
天都岩奇梦（中篇·王明明插图）
————————————————（布依族）弋良俊
巉岩，托着星光————————————（藏族）丹珠昂奔

迪斯科变形——————————————（蒙古族）兴　安
首次出车（琪华题图）
————————（维吾尔族）艾则孜·沙吾提　王一之译
暮归————————————————（回族）白　练
山里，那神龛的故事————————（苗族）王月圣

诗歌

绿色的世界（四首）————（朝鲜族）金　哲　金学泉译
珍珠泪——————————————（满族）胡　昭
游牧人的追求（组诗）——————（蒙古族）青格里
阳光情——————————————（蒙古族）白孝荣
撒欢儿的春天————————————（达斡尔族）吴宝良

报告文学

这个女人…………………………————————（壮族）岑献青

理论

苏联的少数民族文学事业
——访苏散记——————————（藏族）降边嘉措
人在两种语言之间
————————[苏]钦·艾特玛托夫　陈学迅译
刻意于民族化、大众化的艺术追求
——侗族作家刘荣敏及其小说创作——————庹修明

美术

泉边（油画）————————————————曹达立
赛里木湖之夜（油画）——————————————赵以雄

1987 年第 1 期　刊名:《民族文学》
目录

小说

乌江上的月亮————————————（苗族）覃智扬
女人们…………………………————————（蒙古族）娜仁高娃
青山遮不住————————————（仫佬族）海　涛
手艺人————————（维吾尔族）艾拜都拉·依布拉音
王庆江译
存痣——————————————（壮族）王云高
高山过后是深谷——————————（回族）查　舜
魂系——————————————（藏族）卓玛雍宗
瘸三手——————————————（满族）羽　佳

诗歌

晚霞与晨光（七首）————————（苗族）石太瑞
丝路沉思曲（组诗）————————（土家族）颜家文
太阳岛上（外二首）————————（满族）金鸿为
我的"度儿嫫"——————————（彝族）柏　叶
湟水桥————————————————（藏族）野　鹰

2502

扁担山 ————————————（布依族）王家鸿
也题花山壁画（外一首）————（壮族）张增忠

报告文学
命运的建筑师
——记回族农民企业家王琦
————————（回族）马　丁　木　炭

散文
她走了，因为她是女人————（撒拉族）马学功

散文诗页
我是种子（外二首）————（满族）佟希仁
故乡情————————————（彝族）陈春燕
晚秋思绪————————————（满族）礼　露
小溪（外一章）——————（苗族）欧秀昌
边陲二题————————————（壮族）黄本升

理论
民族文学考察散记
————（土家族）向云驹　（朝鲜族）尹虎彬

作家介绍
石韫玉而生晖　水怀珠而川媚
——记白族老作家杨苏————————张承源

简讯

美术
春花（油画）————————（苗族）陈　萼
少数民族中青年作家剪影——回族作家张承志
绣（木刻）————————（侗族）龙开朗

1987 年第 2 期　刊名:《民族文学》
目录

小说
紫墙（中篇小说）——————（满族）赵大年
这里通向天堂————（蒙古族）鲍尔吉·原野
紫裙河————————————（壮族）莫　非
黑粗娃与白媳妇
————（维吾尔族）艾合塔穆·吾麦尔　艾克拜尔译
山村轶事——————（朝鲜族）李哲龙　陈雪鸿译
精明一世——————（满族）流中海　于丽丽
猎雁————————————（回族）马玉清
梦莲————————————（侗族）杨　标

诗歌
呵，河西（五首）——————（回族）木　斧
飞向大西南（组诗）
————————（蒙古族）阿尔泰　哈斯乌拉译
新疆行（组诗）——————（白族）晓　雪
伤逝————（哈萨克族）卡皮帕·佳潘　张孝华译
我们一一二室的八位姑娘——（侗族）黄丽华
晒谷女（外一首）——————（傣族）罗泓江

散文
绿色的玉带云————————（白族）艾　华
我走进大森林————————（朝鲜族）朴尚春
拳拳赤子心————————（壮族）郭　辉
老屋————————————（苗族）江　恒
泉水清清————————（回族）于秀兰
启示————（蒙古族）苏尔塔拉图　材音博彦译

理论
时代、文化、哲学与少数民族文学创作
————————————（藏族）丹珠昂奔
读叶圣陶《内蒙日记》——————（回族）李全喜

作家介绍
衣带渐宽终不悔——纪念黄勇刹————（壮族）陆　地

简讯

美术
清清夏河水（油画）————————周大正
少数民族中青年作家剪影——蒙古族作家佳俊
鹿鸣翠谷（木刻）————————锦　江

1987 年第 3 期　刊名:《民族文学》
目录

小说
小瑶妹（中篇小说）（新儒插图）—（蒙古族）佳　峻
丈夫去世以后————（朝鲜族）李万浩　紫　荆译
回去要对父亲说
————（哈萨克族）艾尼·沙尔江　张孝华译
神手————————————（满族）林和平

女作者作品
海员的妻子（徐可插图）——（回族）郑春华
高山流水————————（苗族）李桂英
燕子飞来时————————（壮族）黄夏斯榕
大雪封门————————（满族）吴殿英
那只蝴蝶——————————（回族）高小立

报告文学

美丽的海 ································（壮族）苏方学

散文

树包塔 ································（回族）袁俊生
华山道姑 ·······················（蒙古族）白鹤龄

诗歌

一个彝人的梦想（组诗）·········（彝族）吉狄马加
洁白（外一首）··················（朝鲜族）李洪奎
丰碑 ·······························（蒙古族）韩辉升
古村（外一首）····················（苗族）龙文采
摇篮（外一首）····················（回族）药　汀
捡磨姑去 ···························（苗族）刘寄奴
他和她（外一首）··················（彝族）矣向阳
有一把小小的锁 ··················（瑶族）盘文通
乌拉特人 ·······················（蒙古族）陶·青柏

理论

试论伍略创作及当代苗族小说·······（苗族）余学军

作家介绍

赵银棠，纳西族第一位女作家·····················陆　庸

美术

节日的版纳姑娘（油画）·····················冯法祀
少数民族中青年作家剪影——满族女作家边玲玲
春天的村口（油画）··························张大国

1987 年第 4 期　刊名:《民族文学》

目录

小说

无歌的大江汉（中篇小说）·········（满族）边玲玲
远方的地平线 ·····················（藏族）阿　来
离婚申请书（中篇小说）··········（壮族）杨　柳
河魂 ·······························（苗族）过　竹
彩色的周末 ························（满族）赵正昆
鱼镇 ·······························（壮族）韦俊海

诗歌

致北方大森林（外三首）··········（满族）佟明光
武陵恋（组诗）·················（土家族）汪承栋
森林（外一首）····（朝鲜族）赵龙男　金学泉译
大漠的启示（外一首）····（蒙古族）额尔敦·琪琪格
那条窄窄的山路（外一首）········（回族）杨云才
荒漠 ·······························（蒙古族）方　纲
秋二首 ···························（达斡尔族）娜日斯

海滩 ·······························（布依族）王芳礼
山之歌（组诗）····················（回族）强兴国
北中国的北端 ···············（蒙古族）乌吉斯古冷

散文

白桦林 ···························（蒙古族）舒　洁
高山号子 ·························（土族族）王学礼
吃茶 ·······························（苗族）古　阳
奉国寺神思 ························（满族）王　科
你在高山云雾中 ····················（壮族）农　耘
母亲的心愿 ························（苗族）万　美

理论

凝重的"紫墙"·····························王文平
浓郁的乡情生活的赞歌
——凌渡《生活的坡歌》漫评 ·············顾朴光
新芽，在追求中破土
——读黄琼柳的组诗《人、山》断想
················（侗族）苗　岭　王　康

作家介绍

藏族作家降边嘉措 ·························任　佳

美术

蕉香阵阵（油画）·························张洪赞
少数民族中青年作家剪影——土家族蔡测海
傣寨（油画）······························张大国

1987 年第 5 期　刊名:《民族文学》

目录

进一步繁荣内蒙古的多民族文学
················内蒙古自治区主席　布　赫

小说

温柔的草地 ·······················（蒙古族）云晓璎
美的诱惑 ·················（蒙古族）阿·敖德斯尔
雪层下的热吻 ··················（鄂温克族）涂志勇
第二个晚秋 ·······················（蒙古族）甫澜涛
梦，在洮尔河上空萦绕
················（蒙古族）乌雅泰　科尔沁译
棋友 ·······························（蒙古族）毕力格太
重逢 ·········（蒙古族）苏尔塔拉图　材音博彦译
成吉思汗的新婚之夜
················（蒙古族）超克图纳仁　琴　子

诗歌

祝愿 ·······························（蒙古族）巴·布林贝赫

吹奏一支清远的笛（组诗）──────（蒙古族）查 干
母与子（外一首）
────（蒙古族）哈·丹碧扎拉桑 霍尔查译
夏（组诗）────（蒙古族）齐·莫尔根 哈达奇·刚译
啊，故乡──────────────（鄂伦春族）红 英
心芽（组诗）────（蒙古族）阿尔泰 哈达奇·刚译
短诗六首──────（蒙古族）那·松岱等 特·达木林译
绿色的回忆（外一首）──────（鄂伦春族）空特乐

报告文学
北京杨──────────（蒙古族）徐福铎 金 山

散文
哲里木三题──────────（蒙古族）扎拉嘎胡
阿尔腾·嘎达斯之歌
────（蒙古族）布和德力格尔 哈达奇·刚译
一盘佳肴──────────（达斡尔族）额尔敦扎布
您好，西拉木伦河───（蒙古族）阿云嘎 乌恩奇译

理论
曲折的历程，辉煌的成就
──内蒙古民族文学四十年────（达斡尔族）孟和博彦
少数民族文学在中国的地位────（蒙古族）玛拉沁夫

美术
北国风情（油画）──────────（蒙古族）妥木斯
希望的原野（油画）──────────（蒙古族）田宏图
查干湖（油画）──────────（蒙古族）妥木斯

1987 年第 6 期　刊名:《民族文学》
目录

小说
啊，喀斯特（插图张新生）──────（回族）段 平
夜火──────────────（瑶族）唐克雪
诱惑（插图于绍文）
────（朝鲜族）金 勋 陈雪鸿译
神树·树神──────────（彝族）安文新
哑巴媳妇──────────（壮族）韦纬组
赵金腚──────────────（满族）于德才
在那遥远的地方
────（维吾尔族）阿贝保 （回族）马佩玲

诗歌
老家（外三首）（插图刘莉）
──────────（蒙古族）葛根图娅
冰山滴沥的回音──────────（藏族）伊丹才让
山沟 少女和獐（外二首）──────（藏族）列美平措

两个小店（外一首）──────（毛难族）韦秋桐
秋千──────────────（白族）莫 然

散文
她，就是她！──────────（苗族）潘俊龄
山之燕之人──────────（仫佬族）包晓泉
樱花寨的故事──────────（白族）赵守值
第二维乡走笔──────────（回族）朱能毅
你在哪里，故事爷爷──────（满族）羽 佳
歌、老人与黄河首曲──────（藏族）道吉坚赞

汉族作家写边疆
草原 六月和我们这一代（组诗）──────王忠范

理论
阿拉腾草原的诉说──────────（朝鲜族）李 洋

作家介绍
他在一个偏僻的角落里耕耘收获
──壮族作家杨柳及其书信体小说──────阿 达

美术
扎西德勒（油画局部）──────────潘世勋
月光（木刻）──────────（满族）王士波
少数民族中青年作家剪影──藏族青年作家扎西达娃
──────────────裴庄新 摄
石中之王（油画）──────────余 人

1987 年第 7 期　刊名:《民族文学》
目录

小说
又是寒冬腊月天（插图穆永瑞）──────（满族）孙春平
八月，干渴的荒野──────────（仫佬族）廖润柏
板车夫弯狗（插图张新生）──────（苗族）覃智扬
蓝雪──────────（哈萨克族）朱玛拜·比拉勒
（哈萨克族）叶尔克西译
"孤岛"的主人
────（朝鲜族）林元春 （朝鲜族）张文一译
阳光下──────────────（回族）马知遥
荒唐记──────────────（蒙古族）杨 帆
婚变──────────────（壮族）蒙光朝
嘎尔玛湖畔──────────（东乡族）舍·尤素夫
眷恋──────────────（哈尼族）冯德胜
还你这只绿玉镯──────────（白族）丁光洪

诗歌
啊，祖国庄严的笑容（七首）

··········（维吾尔族）铁木耳·达瓦买提 苏天虎译
我们不是山·············（满族）戈 非
有一个美丽的地方（五首）·······（景颇族）晨 宏
梦的足迹（插图陈亦逊）········（朝鲜族）金正浩
苜蓿草绿了（外六首）·········（回族）阿 拜
短诗二首·············（蒙古族）白 涛
心间的小径（外一首）·········（黎族）符日开
山岗上的树···········（傈僳族）杨泽文
彩陶··············（布依族）杨光兴

报告文学
风雪交响曲············（白族）李 卫

散文
宁夏南部山区纪行·········（回族）贾春光

理论
关于《嘎达梅林传奇》的通信
········谢明清 （蒙古族）扎拉嘎胡
笛声悠扬···········（土家族）汪承栋

作家介绍
白山绿水浩荡情
——朝鲜族诗人南永前印象········黎 化

美术
高原情（油画）···········靳尚谊
藏原新市（版画）··········左 良
少数民族中青年作家剪影——藏族作家意西泽仁
古城（油画）············金 石

1987 年第 8 期　刊名:《民族文学》
目录

中篇小说专号
小说
樊柳荷开店···········（锡伯族）霜 栖
花家院（插图舒仁托娅）·······（苗族）吴恩泽
三个青年时代的朋友（插图尹国光）
··············（满族）傅用霖
故人在天涯···········（壮族）陈 多

理论
将要实现渴望的种子
——《新时期中国少数民族小说选》序言·······鲍 昌
侗笛悠悠——评介《当代侗族短篇小说选》
··········杨志一 （侗族）过 伟

美术
鄂温克母亲（油画）··········韩金宝
藏原新市（版画）···········左 良
少数民族中青年作家剪影——藏族作家意西泽仁
小溪（油画）···········（蒙古族）恩 和

1987 年第 9 期　刊名:《民族文学》
目录

小说
北京草原（插图黄驾宇）········（回族）张承志
意会——读张承志的《辉煌的波马》
··············（蒙古族）玛拉沁夫
1987 文学小传——张承志
张承志作品目录
小说二题（插图汪二可）·······（壮族）张达桓
送你回家（插图刘莉）
··········（蒙古族）阿拉坦巴干 甘珠尔扎布译
家务事··············（苗族）江 恒
源···············（仫佬族）海 涛
一年零六个月··········（锡伯族）佟加·庆夫
坐在墙头上的姑娘·········（布依族）罗国凡
狼的葬礼············（满族）霁 星

诗歌
东方：主题颂辞以及变奏（组诗）····（藏族）班 果
六盘山中（组诗）·········（回族）马乐群
留下吧，留下吧（题图陈亦逊）····（朝鲜族）南永前
山舞··············（土家族）冉仲景

报告文学
复调··············（满族）赵正林

散文
翁干保乐歌·········（蒙古族）特·赛音巴雅尔

理论
多姿多彩的瀑布··········（彝族）李 乔

美术
葡萄熟了（油画）···········白昆亭
少数民族中青年作家剪影——白族作家严亭亭
大竹山苗寨（油画）··········何 强

1987 年第 10 期　刊名:《民族文学》
目录

小说

倾斜 —————————————（土家族）田　瑛
巷雨 —————————————（布依族）弋良俊
老楂 —————————————（土家族）蔡测海
风水 —————————————（壮族）韦元刚
棕牛 ————————（哈萨克族）朱玛拜·比拉勒
叶尔克西　库尔班别克娃译
食客 —————————————（彝族）安文新
沉默的岩浆 ————————————（壮族）孙步康
沉重的呼唤 ————————————（蒙古族）黄　薇
路遇 ——————————（裕固族）杜曼纳姆嘉
艾艾 —————————————（满族）满慧文
白经幡，在夕阳中 ———————（藏族）央　珍
日月 —————————————（朝鲜族）金　一
日子 —————————————（侗族）汪　炬
山村 —————————————（仫佬族）廖润柏
五十四号文件 ————————（瑶族）莫义明
夜火 ——（蒙古族）舍·巴特尔　伍·甘珠尔扎布译
嫁妆衣 —————————————（苗族）吴卡燕
店客 —————————————（回族）马连义
小说二题
————————（维吾尔族）艾拜都拉·依卜拉欣　管遵尧译
小勇的二叔 ————————————（水族）任菊生
丁字路口 —————————————（满族）张　策

诗歌

人生三题 ———————————（蒙古族）毕力格太
流动的土地
——考察黄河组诗之七 ———————（回族）马　钰
北方的记忆（三首） ——————（壮族）陆少平
心曲 —————————————（苗族）龙志敏
乡愁 —————————————（蒙古族）席幕容

散文

联邦德国纪行 ————————（蒙古族）玛拉沁夫
遥望积石关 ————————————（撒拉族）闻　采
葛洲坝，我心中的金盏花 —————（藏族）昂　尕

理论

独特、清醒、质朴
——评李传锋小说集《退役军犬》———————金　水
草原，是她的故乡 ————————————吴重阳

简讯

民族作家团结、奋进的盛会

美术

塔吉克妇女（油画） ————————————靳尚谊
少数民族中青年作家剪影——维吾尔族柯尤幕·吐尔迪
桥（油画） ————————————刘　宜

1987 年第 11 期　刊名:《民族文学》
目录

小说

山葬（中篇·于绍文插图） ————（侗族）熊　飞
博士研究生之研究 ————————（回族）马　犁
高坪纪事（张守义插图） —————（苗族）杨黄生
风流桥 —————————————（瑶族）蓝汉东
哈蚧峰 —————————————（壮族）韦编联
亲戚 ————（维吾尔族）阿布利米提·莫罕密迪　王庆江译
骨肉 ——————————（藏族）朗　卓　琼　达译
老人（小说二题） ————————（土家族）颜家文
岸在河边消失 ————————————（壮族）琼　柳
看客 —————————————（布依族）弋　玮
一片绿叶上的槟榔汁 ——————（景颇族）岳　丁
妈妈，不要丢弃我 ————————（维吾尔族）玛依努尔·
乌斯满　阿拉提·阿斯木译

诗歌

沉甸甸的思索 ——————（朝鲜族）金　哲　金学泉译
关于我的民族 ————————————（回族）高　深
武陵行（组诗） ————————（土家族）汪承栋
为马背上的民族噙泪而歌（二首）
—————————————（蒙古族）舒　洁

散文

了刁竹 —————————————（壮族）岑献青
湘西河码头速写 ————————（土家族）胡　港
小山堡 —————————————（白族）刘红霞
悠悠竹笛声 ————————————（苗族）江　恒
阿妈，还在等着吧 ———————（藏族）牛东洲
茶峒行 —————————————（满族）王　安

理论

新一代的歌
——近年来云南少数民族青年诗作者和他们的诗作
—————————————（景颇族）晨　宏
民族性与全人类性 ———[苏联] H.T.费德林　张玉芝译

美术

年华（油画） ————————————靳尚谊
春华（木刻） ————————————罗伦张
少数民族中青年作家剪影——满族作家赵大年

恬静的村口（油画）⸺⸺⸺⸺⸺⸺⸺⸺园　丁

1987 年第 12 期　刊名:《民族文学》
目录

小说
山谷里有一轮太阳⸺⸺⸺⸺⸺（藏族）丹珠昂奔
家风（新儒插图）
⸺⸺⸺⸺（蒙古族）都　西　哈达奇·刚译
灰色的画儿（徐可插图）
⸺⸺⸺（维吾尔族）穆罕默德·巴格拉西　张宏超译
走向大山的孩子⸺⸺⸺⸺⸺⸺（回族）于秀兰
劁匠"世家"⸺⸺⸺⸺⸺⸺（土家族）杨盛龙
大横山惊魂⸺⸺⸺⸺⸺⸺（畲族）雷德和
风雨夜⸺⸺⸺⸺⸺⸺（朝鲜族）李相奎
变化⸺⸺⸺⸺⸺⸺（满族）宁昶英
小说二题⸺⸺⸺⸺（维吾尔族）马赫木提·穆罕默德
艾克拜尔译

汉族作家写边疆
宝格道山的蓝色山影⸺⸺⸺⸺⸺⸺冯国仁

报告文学
一个越俘在中国⸺⸺⸺⸺⸺⸺（壮族）何培嵩

散文
老树⸺⸺⸺⸺⸺⸺（土家族）向玉培

诗歌
诗人与乌鸦（外四首）
⸺⸺⸺⸺（维吾尔族）阿不都修库尔　张世荣译
苍茫大地⸺⸺⸺⸺⸺⸺（蒙古族）查　干
清丽的夏米茨湖（组诗）⸺⸺⸺（藏族）格桑多杰
我的诗（外三首）⸺⸺（朝鲜族）赵龙男　金学泉译
送别⸺⸺⸺⸺⸺⸺（回族）张贵亭
不能告诉你（外一首）⸺⸺⸺⸺（土家族）江民新
从中国版图北端走来的人（外二首）⸺⸺（苗族）杨秀武
雨街：遥寄戴望舒（外一首）⸺⸺⸺（土家族）姚元和

理论
现代意识观照下的侗族历史文化心态
⸺⸺读侗族作家滕树嵩的长篇小说《风满木楼》
⸺⸺⸺⸺⸺⸺⸺⸺杜国景

作家介绍
为有心头酒更醇
⸺⸺记黎族第一代作家龙敏⸺⸺⸺关义秀
《民族文学》一九八七年总目录

美术
哈萨克猎手（油画）⸺⸺⸺⸺⸺⸺孙黎明
少数民族中青年作家剪影⸺⸺蒙古族作家乌雅泰
归牧（木刻）⸺⸺⸺⸺⸺（蒙古族）哈日巴拉
题图⸺⸺⸺⸺⸺⸺⸺⸺盛灵君
小花（油画）⸺⸺⸺⸺⸺⸺葛鹏仁
扉页画⸺⸺⸺⸺⸺⸺⸺王士波

1988 年第 1 期　刊名:《民族文学》
目录

学习贯彻党的十三大精神，把握时代大趋势，反映时代新风姿
⸺⸺本刊于 1987 年 11 月 2 日召开在京少数民族作家座谈会纪实

小说
"浴羊"路上（题图新儒）
⸺⸺⸺⸺（蒙古族）阿云嘎　戴　兰译
别气馁，吐鲁番人（插图晓春）
⸺⸺⸺⸺（维吾尔族）祖尔东·萨比尔　张世荣译
爱的裂变⸺⸺⸺⸺⸺⸺（白族）那家伦
高崖画影⸺⸺⸺⸺⸺⸺（壮族）王云高
兜头⸺⸺⸺⸺⸺⸺（苗族）老　五
梦魇⸺⸺⸺⸺⸺⸺（土家族）陈　川
帕格和那鲁⸺⸺⸺⸺⸺⸺（黎族）王　海

诗歌
天山路（组诗·插图刘莉）
⸺⸺⸺⸺（蒙古族）特·官布扎布　哈达奇·刚译
一个彝人的梦想（组诗）⸺⸺⸺（彝族）吉狄马加
小巷（外一首）⸺⸺⸺⸺⸺⸺（苗族）何黎明
黄鹂之死⸺⸺⸺⸺⸺⸺（土家族）刘小平
马背上的民族（外一首）
⸺⸺⸺⸺（朝鲜族）赵龙男　金永彪译
大地母亲⸺⸺（维吾尔族）热合木·哈斯木　王一之译
西北行（二首）⸺⸺⸺⸺⸺⸺（回族）海鹏彦

散文
阿力克草原的早晨⸺⸺⸺⸺⸺⸺（藏族）野　鹰
神秘的那恰罗⸺⸺⸺⸺⸺（普米族）尹善龙
心，托着科尔沁草原的白云⸺⸺⸺（布依族）弋良俊
北方的冬天⸺⸺⸺⸺⸺⸺（壮族）石一宁

理论
描绘绚丽多彩的时代画卷⸺⸺⸺（蒙古族）安柯钦夫
呼唤改革题材的文学⸺⸺⸺⸺⸺（满族）关纪新
立足点与超越意识
⸺⸺少数民族文学创作新课题⸺⸺⸺⸺（回族）白崇人

作家介绍
雪山之颠的歌者
——记土家族诗人汪承栋················张晓明
"中国潮"报告文学征文百家期刊联名启事

美术
北方姑娘（油画）·····················杨飞云
达斡尔医生（木刻）···········（达斡尔族）沃保华
少数民族作家剪影——蒙古族作家敖德斯尔
雪融（油画）···············（蒙古族）巴德尔呼

1988 年第 2 期　刊名:《民族文学》
目录

《民族文学》优秀作品山丹奖获奖作品名单
小说
巴雅山之梦（中篇小说）···········（壮族）苏方学
长筏（插图于绍文）·············（土家族）王月圣
绿苍苍的古榕倒下···············（壮族）韦纬组
热的眼··············（哈萨克族）居柯斯·阿都拜
艾克拜尔·米吉提译
额尔古纳河边（插图马新儒）······（蒙古族）额尔敦巴干
虔诚·····················（回族）高小立
寂静的河谷·············（达斡尔族）鄂玉生

诗歌
镌刻在高楼足迹（组诗）
　　　　　　（朝鲜族）李三月　李洪奎译
边城抒情诗（二首）··········（土家族）江民新
新疆，富有魅力的土地（外一首）
　　　　　（蒙古族）力格登　哈达奇·刚译
秋思····················（回族）马增善
家（外一首）··············（哈尼族）哥　布
爱之河··················（满族）佟明光
夏日黄昏流动着蓝色情绪（组诗）····（藏族）野　鹰
心月···················（土家族）杜建国

散文
塔克拉玛干大沙漠之夜
　　　（维吾尔族）赛福鼎·艾则孜　艾克拜尔译
柔情的热水塘·············（羌族）谷运龙
啊，故土·················（满族）耘　子

报告文学
康巴雄鹰··········刘　鸿　（藏族）洛绒丁真

理论
我们的视野更需要开放··········（满族）赵大年

摸准时代脉博　置身改革大潮·······（蒙古族）佳　峻
面对历史的抉择··············（朝鲜族）尹虎彬
一个诗歌编辑的话·············（蒙古族）查　干

作家介绍
一个失落在中原的蒙古王公后裔
——李准生活创作散记····（蒙古族）李　兰　杜　敏

美术
绿野（油画）···············（满族）詹建俊
骑手（木刻）··············（蒙古族）哈斯巴根
少数民族作家剪影——壮族作家周民震
初春（油画）···················孙盛仁

1988 年第 3 期　刊名:《民族文学》
目录

小说
失重（中篇·插图徐可）··········（满族）尚静波
红榜（题图马新儒）·············（土家族）彭志明
出幼··················（回族）王延辉
寂寞街头·················（壮族）陈　多
岁月所沉淀的··············（藏族）索朗仁称
暖雾···················（蒙古族）海江林
一日十年·················（土家族）张二牧

诗歌
远村（组诗）···············（蒙古族）韩辉升
出访诗抄（组诗）·········（维吾尔族）铁木尔·
达瓦买提　苏天虎译
短诗五首··········（朝鲜族）李相珏　金学泉译
岩画（外一首）··············（瑶族）杨　雄
追忆···················（蒙古族）叶　丹
向日葵的自白···············（满族）赵　琼
黄土地（外一首）·············（苗族）龙文采

散文
归黔随记·················（壮族）远　山
伞····················（回族）黎　岚
妈妈，那棵小草就是我··········（苗族）刘　萧
轻柔的声音（外一章）··········（蒙古族）塔　娜
九寨情思··············（鄂温克族）杜　梅
重逢···················（满族）李双莉
绿的思念···············（蒙古族）曼德尔娃

理论
更热烈地拥抱生活············（藏族）丹珠昂奔
改革：民族文学交响的主题·······（壮族）郭　辉

对宏大艺术样式的期待·····················（蒙古族）朝戈金
我和《茫茫的草原》·······················（蒙古族）玛拉沁夫
呼唤石破天惊式的力作
——谈少数民族女作家的创作···········（蒙古族）邢　莉
向人生的深处开掘
——苗族青年女作家贺晓彤及其小说创作···陈达专

美术
苗女（油画）···························李慧昂
少数民族作家剪影——白族女作家景　谊
呼唤（国画）···························柳敦贵
山风（油画）···························左　良

理论
金钉、夜曲和勾镰月·····················（回族）张承志
让镜头伸向一个新的天地
——试论周民震的《学生三部曲》···········路　燕
他有一双科尔沁草原的眼睛
——苏尔塔拉图蒙古文小说散文的特色·········奎　曾

美术
水边的欢乐（油画）·····················焦小健
九月风（国画）·························刘克宁
少数民族作家剪影——白族作家杨　苏
乌拉山中（油画）·······················兰尚廉

1988 年第 4 期　刊名:《民族文学》
目录

报告文学
"微型共和国"的第五任"元首"
——中央民族学院院长任世琦改革纪事
······································（壮族）路　辉

小说
雪鸟路·······························（瑶族）兰怀昌
长竹笋的时节（中篇·插图郑绍敏）
······································（苗族）吴雪恼
沙坡（题图新儒）·····················（蒙古族）张志诚
小说二题·····················（维吾尔族）艾拜都拉·
依布拉音　喻　捷译
钟点·······························（土家族）任光明
荒野的呼唤···························（布依族）王猛舟
美妮儿·····················（朝鲜族）张志敏　千　华译

诗歌
工人进行曲（组诗）·····················（满族）金鸿为
故乡行吟（组诗）···········（朝鲜族）金成辉　金永彪译
槭树，槭树（外一首）···············（俄罗斯族）米　拉
心絮集（组诗）·························（满族）路　地
青山魂（组诗）·························（壮族）农冠品

散文
妙手回春···························（满族）关劲潮
原谅我吧，亲爱的！·············（维吾尔族）安尼瓦尔·
阿不都热依木　江　帆译
雷公祠的传说·························（壮族）苏长仙
月牙泉边翻沙山···············（蒙古族）叔　旻　夏　红
夏雨·······························（京族）张永东
心画（外一首）·························（回族）马新儒

1988 年第 5 期　刊名:《民族文学》
目录

小说
虚实变奏曲（中篇·徐可插图）···········（满族）孙春平
尼玛的故事（巴特尔题图）·············（蒙古族）兴　安
英纳格手表···························（土家族）陈　川
请跟我来（新儒　题图）·················（回族）马宝康
小说二题·····························（壮族）韦元刚
陨落的山魂·························（纳西族）木丽春
逃跑·······························（藏族）代　勇
飞魂·······························（满族）那守弟
婍秀·······························（瑶族）肖启中

诗歌
花瓣，心瓣（组诗）·····················（蒙古族）江　岩
城里（组诗）·························（朝鲜族）朴康平
稗子花，年年月月的摇曳（外二首）······（壮族）胡　子
有斑色花生长的土地（三首）···········（景颇族）晨　宏
含情的梦·····················（蒙古族）旗乌兰
一天的生活（外一首）·················（彝族）张仲全
即便没有实现……（外二首）
······························（朝鲜族）许峰男　金　一译

散文
东线二题···························（壮族）凌　渡
我的愚昧的蛙蛙沟·····················（土家族）向玉培
点水花山·················（仫佬族）包晓泉　卫　东
山中传来一串马铃声·····················（怒族）彭兆清
生命三章···························（畲族）钟文伟
梦中的土地（外一章）·················（蒙古族）张百加
四月写意···························（朝鲜族）金　一

理论
殚精竭虑保存原作丰姿·····················紫　荆

一个小说编辑的信·············路 夫
《民族文学》优秀作品山丹奖获奖作者谈获奖作品
············（满族）赵正林 （土族）鲍义志
（蒙古族）齐·莫尔根 （朝鲜族）南永前 （壮族）韦元刚

新作短评
社会价值观念的变化
——评金勋的短篇小说《诱惑》
············（朝鲜族）许承豪 陈雪鸿译
心心相印 情文并茂
——读康启昌 鲁野的《心心集》·····春 容

作家介绍
鸿渐于磐
——记少数民族作家海滨小憩·········刘毅峰

美术
女子（油画）·················董启瑜
草原上的太阳（木刻）·············肖 宽
《民族文学》山丹奖颁奖大会剪影
六月（水粉画）················褚大伟
鹿鸣（木刻）·················士 波

1988 年第 6 期 刊名:《民族文学》
目录

小说
总经理轶事（插图郑绍敏）·······（满族）赵大年
县城里的一条小街（中篇）·······（白族）杨 苏
这不是梦（插图郑绍敏）
············（维吾尔族）图合迪·阿尤甫 马俊民译
鸭绿江边的女人·······（朝鲜族）金云龙 朴成武译
烛光荧荧（插图马新儒）
············（达斡尔族）额尔敦扎布 赵文工译

诗歌
在阿凡提的故乡（组诗）
············（朝鲜族）金 哲 金学泉译
两座雕像的重逢（外二首）
············（维吾尔族）克里木·霍加 张世荣译

大学生诗页
滇西北的祭祀·············（纳西族）杨正洪
苗族姑娘素描（二首）·········（苗族）龙志敏
铜鼓（外一首）············（仫佬族）廖显吉
小鸟飞走的时候（外一首）·······（基诺族）陶润珍

散文
向启军散文专辑············（苗族）向启军
远徙的魂
界上
木窗
养花没有故事

报告文学
蜕变·················（撒拉族）闻 采

汉族作家写边疆
血谷··················晓 剑

理论
谈少数民族文学
············[日本]牧田英二 （哈尼族）白庚胜译
做新生活的弄潮儿（作家书信）
············（满族）佟明光 （回族）高 深
湘西出了个向启军（本期散文编后）·······岑献青

美术
遐想（油画）················詹建俊
浩特静悄悄（木刻）·············文 科
少数民族作家剪影——朝鲜族作家李根全
滇池边（油画）···············徐 可

1988 年第 7 期 刊名:《民族文学》
目录

中篇小说专号
小说
自来水管畅流混泥浆（插图刘大为）
··················（白族）那家伦
飘泊（插图郑绍敏）··········（满族）那 耘
阳光亮丽·············（回族）尹国光
圣女水（插图严 冬）········（仫佬族）海 涛
南部之冬············（瑶族）唐克雪

理论
悼沈从文老···············吴重阳
《民族文学》优秀作品山丹奖获奖作家谈获奖作品
············（蒙古族）阿云嘎 （侗族）熊 飞
（纳西族）拉木·嘎·吐萨 （土家族）任明光
美好心灵的寻求者
——记朝鲜族作家李根全的文学道路
··················（朝鲜族）金东勋
优美动人的草原新牧歌
——读伊丹才让的《雪山集》·········蒲惠民

全国少数民族作家南宁笔会参加者名单

美术

桐子花开（油画）-------------------（苗族）陈 萼
春江帆影（国画）------------------------朱 欣
少数民族作家剪影——维吾尔族作家祖尔东·沙比尔
长城（油画）----------------------------金 石

1988 年第 8 期　刊名:《民族文学》
目录

小说

财宝的诱惑（三题）（插图舒仁托娅）
-----------------------（蒙古族）云晓璎
仙骨（二题）（插图于绍文）-------（土家族）田 瑛
鹰------------（蒙古族）阿云嘎 戴 兰译
另有一个太阳（二题）-------------（壮族）潘荣才
上山的羊儿下山来----------------（藏族）丹珠昂奔
上岸纪事-----------------------（仫佬族）唐海练
聋奶---------------------------（满族）李惠文
绣星女-------------------------（纳西族）戈阿干
小花牛之死----（哈萨克族）努尔兰·尼牙孜别克耶夫

诗歌

壮锦袋的深情----------------------（壮族）周民震
二十一世纪的钟声（组诗）
-----------（蒙古族）特·官布扎布 哈达奇·刚译
雨后的彩虹（组诗）----------------（苗族）石太瑞
情诗三首--------------------------（朝鲜族）李仁玉
河之旅——古高原印象------------（藏族）达伍扎西
假如没有冬天（组诗）--------------（壮族）黄承基
荒村（外一首）--------------------（满族）成 灰

报告文学

有多少机会属于我们----------------（满族）赵正林
中国之南：难民纪事----------------（壮族）孙步康

散文

吐鲁番的夜莺------------（蒙古族）特·赛音巴雅尔

理论

折射的时代之光
——读鲍尔吉·原野的新作《这里通向天堂》
----------------------------------段和平
读《民族作家》今年第一期有感------------刘有华

美术

哈尼族少女（油画）----------------------张 利

春趣（国画）---------------------------伊德元
少数民族作家剪影——朝鲜族作家金 勋
傣乡情（木刻）-------------------------郑绍敏
黄土高坡（木刻）-----------------------高凯宏

1988 年第 9 期　刊名:《民族文学》
目录

大力促进宁夏社会主义回族文学的繁荣发展---白立忱
小说
在离公路不远的地方（插图徐可）
-----------------------（回族）马知遥
醉太平（插图李新波）--------------（满族）那守箴
抢黄-----------------------------（回族）马治中
狐谷（插图马新儒）----------------（回族）马忠骥
孤独-----------------------------（回族）木 斧
雪塬-----------------------------（回族）兰茂林
消逝的白云------------------------（回族）于秀兰
苦水沟鸡叫声----------------------（回族）杨伟国
丫丫-----------------------------（回族）姚金海

诗歌

西部的土地西部的人（三首）--------（回族）高 深
我的宁夏（五首）------------------（回族）杨云才
北方充满爱情----------------------（回族）贾 羽
故城-----------------------------（回族）宛 峡
小白鸟（外一首）------------------（蒙古族）包吉雅
写在雪天--------------------------（回族）马 骁
高原落日（外一首）----------------（回族）张 琼
人（外一首）----------------------（藏族）多 吉

散文

宁夏——我的第二故乡--------------（回族）贾春光
午夜的鞍子------------------------（回族）张承志
从塔里木河到黄河------------（维吾尔族）伊布拉英
沙枣子花--------------------------（回族）马小青
佛光-----------------------------（满族）李凝祥

报告文学

学生、老师和老师的老师------------（回族）杨瑞雪

理论

在反省中发展 从嬗变中腾飞
——宁夏回族文学三人谈
--------（回族）杨继国 潘自强 （回族）何克俭

美术

春曲-----------------------------（回族）白学义

苗女（国画）⋯⋯⋯⋯⋯⋯⋯⋯⋯⋯⋯⋯杨煤海
宁夏少数民族作家剪影
花（油画）⋯⋯⋯⋯⋯⋯⋯⋯⋯⋯⋯⋯⋯杨学光
题饰⋯⋯⋯⋯⋯⋯⋯⋯⋯⋯⋯⋯石　洋　新　波
宁夏川（木刻）⋯⋯⋯⋯⋯⋯⋯⋯⋯⋯⋯⋯刘　毅

南国风情（国画）⋯⋯⋯⋯⋯⋯⋯⋯⋯⋯⋯虞小凤
少数民族作家剪影
北方白桦林（油画）⋯⋯⋯⋯⋯⋯⋯⋯⋯⋯苗玉福
饮（木刻）⋯⋯⋯⋯⋯⋯⋯⋯⋯⋯（满族）王士波
题饰⋯⋯⋯⋯⋯⋯⋯⋯⋯⋯⋯⋯石　洋　新　波

1988 年第 10 期　刊名:《民族文学》

目录

小说

黎明时的枪声⋯⋯⋯⋯⋯⋯（鄂温克族）涂志勇
永远不长大（中篇小说·插图徐可）
⋯⋯⋯⋯⋯⋯⋯⋯⋯⋯⋯⋯（满族）尚静波
草原（插图马新儒）⋯⋯⋯⋯（蒙古族）白雪林
鼓手⋯⋯⋯⋯⋯⋯⋯⋯⋯⋯（仡佬族）戴绍康
牛们⋯⋯⋯⋯⋯⋯⋯⋯⋯（达翰尔族）阿　凤
血酒⋯⋯⋯⋯⋯⋯⋯⋯⋯⋯（藏族）孕藏才旦
寒冷的夏天⋯⋯⋯⋯⋯⋯⋯（朝鲜族）刘必兰
朵约和普尼⋯⋯⋯⋯⋯⋯⋯（侗族）袁仁琮

诗歌

都市刺梅⋯⋯⋯⋯⋯⋯⋯⋯（蒙古族）查　干
昨夜⋯⋯⋯⋯⋯⋯⋯⋯⋯⋯（朝鲜族）阿　南
明天我们毕业⋯⋯⋯⋯⋯⋯（壮族）石才夫
城市⋯⋯⋯⋯⋯⋯⋯⋯⋯（纳西族）晓　龄
雪天⋯⋯⋯⋯⋯⋯⋯⋯⋯⋯（黎族）周　瑾
小镇印象（外一首）⋯⋯⋯⋯（苗族）李茂奎

汉族作家写边疆栏

花及其他⋯⋯⋯⋯⋯⋯⋯⋯⋯⋯⋯⋯⋯安　谧
阿坝情思⋯⋯⋯⋯⋯⋯⋯⋯⋯⋯⋯⋯⋯茅　地

散文

寻⋯⋯⋯⋯⋯⋯⋯⋯⋯⋯⋯（回族）林金荣
摩崖走笔⋯⋯⋯⋯⋯⋯⋯⋯（壮族）庞俭克
我故乡的女人们⋯⋯⋯⋯（蒙古族）乌吉斯古冷

理论

多重选择的世界
——民族文学谈话录⋯⋯⋯⋯（满族）关纪新
（蒙古族）朝戈金　（朝鲜族）尹虎彬
叙抒娓娓　情韵悠悠⋯⋯⋯⋯（壮族）杨长勋

作家介绍

祖尔东·萨比尔轶事⋯⋯⋯⋯⋯⋯⋯⋯包立民

美术

维吾尔族少女（油画）⋯⋯⋯⋯⋯⋯⋯葛鹏仁

1988 年第 11 期　刊名:《民族文学》

目录

作家要当改革的促进派
⋯⋯⋯⋯⋯广西壮族自治区人民政府主席　韦纯束

小说

村债三题（题图徐可）⋯⋯⋯⋯（壮族）黄　钰
雨镇⋯⋯⋯⋯⋯⋯⋯⋯⋯⋯（瑶族）唐克雪
酒壶山（题图蔡俊萍）⋯⋯⋯⋯（壮族）韦　优
桂西山区纪事⋯⋯⋯⋯⋯⋯（壮族）吕成品
梦境⋯⋯⋯⋯⋯⋯⋯⋯⋯⋯（壮族）黄佩华
红铜鼓⋯⋯⋯⋯⋯⋯⋯⋯⋯（壮族）孙步康
小花！　明天跟我来⋯⋯⋯⋯（壮族）韦纬组
沟⋯⋯⋯⋯⋯⋯⋯⋯⋯⋯⋯（壮族）陈　多
紫雾⋯⋯⋯⋯⋯⋯⋯⋯⋯⋯（苗族）晓　霜
落叶⋯⋯⋯⋯⋯⋯⋯⋯⋯⋯（壮族）龙京才
五魂槽⋯⋯⋯⋯⋯⋯⋯⋯⋯（壮族）蒙齐华
寡妇岩⋯⋯⋯⋯⋯⋯⋯⋯⋯（仫佬族）罗　华

诗歌

蓝色诱惑（组诗）⋯⋯⋯⋯⋯（壮族）蓝　焱
北行（二首）⋯⋯⋯⋯⋯⋯⋯（壮族）农冠品
诗人（外一首）⋯⋯⋯⋯⋯⋯（壮族）刘承辉
那片山（外一首）⋯⋯⋯⋯⋯（壮族）黄神彪
乡村榕荫⋯⋯⋯⋯⋯⋯⋯⋯（壮族）黄　灿
城市变奏曲⋯⋯⋯⋯⋯⋯⋯（回族）海代泉
女人和多声部大歌⋯⋯⋯⋯（侗族）黄钟警
玉米人（外一首）⋯⋯⋯⋯⋯（壮族）凡一平
河岸，一个女人站着⋯⋯⋯⋯（瑶族）何德新
赶马人之歌⋯⋯⋯⋯⋯⋯⋯（苗族）李荣贞
斗鸡⋯⋯⋯⋯⋯⋯⋯⋯⋯（仫佬族）龙殿宝
水烟筒⋯⋯⋯⋯⋯⋯⋯⋯⋯（壮族）黄承基
观石景有感（外一首）⋯⋯⋯（壮族）韦银芳
斗马（外一首）⋯⋯⋯⋯⋯（仫佬族）龙殿宝

报告文学

漓江画魂⋯⋯⋯⋯⋯⋯⋯⋯（壮族）林万里

散文

下枧风⋯⋯⋯⋯⋯⋯⋯⋯⋯（仫佬族）包晓泉
碧水金牛⋯⋯⋯⋯⋯⋯⋯⋯（壮族）陆腾昆

古城·古巷（外三章）⋯⋯⋯⋯⋯⋯（瑶族）唐玉文

理论

关注于现实的价值选择
——广西民族文学的一种描述⋯⋯⋯⋯⋯宇　凡

美术

少女的正面与侧面（油画）⋯⋯⋯⋯⋯刘秉江
边疆风情（国画）⋯⋯⋯⋯⋯⋯⋯⋯⋯绍　敏
广西少数民族作家剪影
山的风采（油画）⋯⋯⋯⋯⋯⋯⋯⋯⋯刘宝华

1988 年第 12 期　刊名:《民族文学》

目录

诗歌

新星灿烂⋯⋯⋯⋯⋯⋯（回族）杨云才　（苗族）何小竹
（满族）金鸿为　（蒙古族）韩辉升　（回族）云
飞　（蒙古族）金　宝　（朝鲜族）石　华　（蒙古
族）白　涛　（土家族）曾　光　（景颇族）晨　宏
（蒙古族）波·宝音贺希格　（壮族）陆少平　（满
族）马志刚　（土家族）冉云飞　（纳西族）拉木·
嘎吐萨
热土行吟⋯⋯⋯⋯⋯（藏族）班　果　（朝鲜族）南永前
（满族）胡昭　（蒙古族）蒙根高勒　（彝族）李阳
喜　（苗族）龙文采　（藏族）索　宝　（彝族）阿
立　（维吾尔族）麦特赛迪·麦特斯木　（布依族）
阿亮
山水田园⋯⋯⋯⋯⋯（白族）晓　雪　（壮族）洛　英
（朝鲜族）金应俊　（苗族）李　露
爱的琴弦⋯⋯⋯⋯（壮族）蓝　焱　（彝族）倮伍拉且
（满族）欧阳旭柳　（苗族）傅黎明
短歌长吟
⋯⋯⋯⋯⋯⋯（朝鲜族）任晓远　（朝鲜族）李相珏
（蒙古族）尼　玛　（侗族）寒　山　（土家族）彭
世贵　（撒拉族）韩文德　（裕固族）白文林　（毛
南族）谭亚州　（回族）马殿邦　（壮族）蒙元斌
（瑶族）辛　古

散文诗

清江月（外二章）⋯⋯⋯⋯⋯⋯（土家族）温新阶
大河与大树（二章）⋯⋯⋯⋯⋯（蒙古族）康　健
散文诗三章⋯⋯⋯⋯⋯⋯⋯⋯⋯（苗族）傅黎明
结晶的友谊（外一章）⋯⋯⋯⋯⋯（纳西族）和建华
新疆行（四章）⋯⋯⋯⋯⋯⋯⋯⋯（壮族）郭　辉
山魂（二章）⋯⋯⋯⋯⋯⋯⋯⋯⋯（彝族）舟　鹄
太阳鸟⋯⋯⋯⋯⋯⋯⋯⋯⋯⋯⋯⋯（满族）郁　莲
陌生的世界（外二章）⋯⋯⋯⋯⋯⋯（苗族）欧　骁

精魂⋯⋯⋯⋯⋯⋯⋯⋯⋯⋯⋯⋯（水族）石尚彬
岸边人家⋯⋯⋯⋯⋯⋯⋯⋯⋯⋯（壮族）冯　艺
湘西锦袋（外三章）⋯⋯⋯⋯⋯⋯（苗族）肖仁福
湘西摹写（五章）⋯⋯⋯⋯⋯⋯⋯（土家族）颜家文
长白山天池（外一章）⋯⋯⋯⋯⋯（壮族）韦　纬
鄂尔多斯（二章）⋯⋯⋯⋯⋯⋯⋯（回族）姚欣则
玛尼堆点缀在梦境⋯⋯⋯⋯⋯⋯⋯（藏族）白玛娜珍

理论

壮哉，民族魂
——读南永前组诗《山魂》⋯⋯⋯徐振辉　黎　化
做清彻如水的人，写清彻如水的诗⋯⋯（回族）高　深
他是一颗蓝星——记满族诗人佟明光⋯⋯⋯⋯刘　镇
思考历史的脚步
——包玉堂同志近年诗作读后⋯⋯⋯⋯⋯闻　山
采花蜂苦蜜甜
——读金鸿为的工人进行曲⋯⋯⋯⋯⋯陈　冲
清新凝重　勃勃有声
——读散文诗《清江月》《大河与大树》⋯⋯⋯尹汉胤

报告文学

节节高
——宁夏青铜峡造纸石访问记⋯⋯⋯⋯（蒙古族）李克坚

美术

维吾尔族少女（油画）⋯⋯⋯⋯⋯⋯（回族）马常利
牧场（版画）⋯⋯⋯⋯⋯⋯⋯⋯⋯⋯⋯左　良
少数民族作家剪影——仫佬族作家唐海涛
雪原"方舟"（油画）⋯⋯⋯⋯⋯⋯⋯⋯⋯韦振江

1989 年第 1 期　刊名:《民族文学》

目录

促进民族团结的舆论阵地
——民族文学

小说

圣烛飘摇（插图于绍文）⋯⋯⋯⋯⋯（蒙古族）包小翔
我，幽灵在你门窗外徘徊（插图张守义）
⋯⋯⋯⋯⋯⋯⋯⋯⋯⋯⋯⋯⋯（土家族）蔡测海
云外有天（插图于绍文）
⋯⋯⋯⋯⋯⋯（蒙古族）苏布道　哈达奇·刚译
旅行者的故事⋯⋯⋯⋯⋯⋯⋯⋯⋯（朝鲜族）李相奎
走出窄胡同⋯⋯⋯⋯⋯⋯⋯⋯⋯⋯（壮族）张达桓
小说二题⋯⋯⋯⋯⋯⋯⋯⋯⋯⋯⋯（满族）漠　风
喀什小刀⋯⋯⋯⋯⋯⋯（哈萨克族）博拉提汗·阿帕克
张孝华译
女人·男人⋯⋯⋯⋯⋯⋯⋯⋯⋯⋯（壮族）凡一平

诗歌

躁动的古河湾·····························（回族）马　钰
一个字的四种写法（外三首）·······（蒙古族）哑　樵
我对兵马俑说·····························（藏族）张玉琴
吻（外一首）·····························（回族）陶　陶
凝重的问号·····························（苗族）黑　旦
红水河舟·····························（壮族）农建达
礁石·····························（布依族）杨光兴
听《蓝色多瑙河》·····················（瑶族）飘　萍
十月·····························（彝族）理　芬
山里的女人·····························（土家族）彭世兴
四月（外一首）·····················（藏族）杜　拉
那天晚上·····························（壮族）方立斯
荒原的旅人·····························（藏族）阿　桑

报告文学

克莱木巴依
·········（维吾尔族）柯尤慕·图尔迪　郝关中译

理论

在历史与现实的交汇点上
——序阿来小说集《远方的地平线》·········周克芹
一个民族之"梦"的解析·····················李伟民
两种文化冲撞中诞生的梦·····················彭吉象

美术

浓荫（油画）·····························张颂南
夜归（国画）·····························郭修林
少数民族作家剪影——白族作家李　乔
静静的小河（油画）·····················石成峰

1989 年第 2 期　刊名:《民族文学》
目录

小说

弦月·····························（壮族）王云高　刘海兰
哈尔哈拉高峰
·········（哈萨克族）居玛德力·玛曼　常世杰译
圣水源·····························（藏族）才　旦
野秋·····························（满族）林和平
穿透那野牛岭上的重重迷雾·······（侗族）刘荣敏
巷内夕阳红·····························（布依族）弋良俊
爆炸，夏令时十二点·············（蒙古族）乌力吉布林
死河·····························（哈尼族）存文学
萨里穆巴依终于想通了
·········（柯尔克孜族）萨坎吾买尔　王　煜译

歌诗

梦（外一首）·············（朝鲜族）金庚石　紫　荆译
采自赫哲的花瓣（组诗）·············（满族）中　流
诗七首·······（蒙古族）特赛音巴雅尔　哈达奇·刚译
彝女（组诗）·····················（彝族）巴莫曲布嫫
熟透的山楂（组诗）
·········（蒙古族）勒·敖斯尔　哈达奇·刚译
岛国情（组诗）·····················（壮族）农冠品

散文

矿井流出的思绪·····················（壮族）凌　渡
魂归故里·····························（白族）贺学周
乡人二则·····························（土家族）彭世贵
那山，那店，那兰·····················（回族）刘　刚

理论

不容忽视的存在和发展
——再谈新时期的少数民族诗歌·······（白族）晓　雪
景颇族当代文学的思索·············（景颇族）晨　宏

作家介绍

土家族作家李传锋其人其事·················许　也

美术

牧马人（油画）·····························顾国建
挤羊奶（木刻）·····························谷彦彬
少数民族作家剪影——满族作家朱春雨
小镇（油画）·····························惠英杰

1989 年第 3 期　刊名:《民族文学》
目录

报告文学

对农民盗墓群落的实录与反思·············（壮族）何培嵩

小说

傻子（于绍文插图）
·········（维吾尔族）麦买提明·吾守尔　艾克拜尔译
汪甲鱼（张守义插图）·············（藏族）益希单增
大学生·小媳妇·····················（壮族）叶　菁
喜鹊唱归时·············（朝鲜族）林元春　金永彪译
迷迷蒙蒙的田园梦·················（锡伯族）傅查新昌
病·····························（蒙古族）伊德尔夫
太阳村·····························（土家族）向玉培
我的黑姥姥去哪儿了·············（达斡尔族）巴图宝音
错嫁·····························（苗族）杨明渊

诗歌

经幡飘拂的这一片土地（组诗）┄┄┄（藏族）班　果
阵痛（外二首）┄┄┄┄┄┄┄（壮族）黎国璞
黄昏飞絮（组诗）┄┄（朝鲜族）金成辉　金永彪译
在心壁里撞击的回声（组诗）
┄┄┄┄┄（哈萨克族）朱曼·艾比西　张孝华译
思念的十四行诗┄┄┄┄┄┄（锡伯族）牧野纯
红枫┄┄┄┄┄┄┄┄┄┄（土家族）陈　航
姑娘请跟我走（外一首）┄┄┄（朝鲜族）许光明
小镇季节（二首）┄┄┄┄┄（傈僳族）密英文

理论

《为了明天》序言┄┄┄┄┄┄┄┄康克清
醉人的"侗味"┄┄┄┄┄┄┄┄┄袁应军
《风满木楼》作者的回信┄┄┄（侗族）藤树嵩
植根于民族文化的深层
┄┄┄┄韦一凡小说创作中的民族精神┄┄┄郭　辉

美术

苗女（油画）┄┄┄┄┄┄┄┄┄张　利
小品（国画）┄┄┄┄┄┄┄┄┄李　倦
少数民族作家剪影——佤族女作家董秀英
花（水粉）┄┄┄┄┄┄┄┄┄┄雅　娟

1989 年第 4 期　刊名:《民族文学》
目录

小说

艾罗三绝（插图李桦）┄┄┄┄（满族）赵大年
破产（插图郭智勇）┄┄┄┄┄（白族）严亭亭
《精神病理学》研究┄┄（朝鲜族）金　勋　陈雪鸿译
进出山┄┄┄┄┄┄┄┄┄（土家族）何　旭
包袱┄┄┄┄┄┄┄┄┄┄（苗族）侯自佳
施舍┄┄┄┄┄┄┄（维吾尔族）阿布利米提·
阿布都热合曼　杨新亭译
凤怨┄┄┄┄┄┄┄┄┄┄（土家族）胡　柯
弯弯的溪流┄┄┄┄┄┄┄（侗族）石新民
一个女大学生的婚期┄┄┄┄（回族）关林雄

诗歌

热土·熟土（组诗）┄┄┄┄┄（土家族）向书豪
北南组歌（组诗）
┄┄┄（蒙古族）巴·布林贝赫　哈达奇·刚译
麻辣豆腐九首┄┄┄┄┄┄┄（回族）高　深
红草莓（外一首）┄┄┄（朝鲜族）朴　桦　金永彪译
大草原┄┄┄┄┄┄┄┄┄（土家族）冉仲景
从前，我们曾经是猴子┄┄┄（朝鲜族）金新河
梦洱海┄┄┄┄┄┄┄┄┄┄（白族）洪　海

散文

五姨妈┄┄┄┄┄┄┄┄┄（土家族）温新阶
玉子┄┄┄┄┄┄┄┄┄┄（土家族）温新阶
冬日┄┄┄┄┄┄┄┄┄┄（土家族）温新阶
竹园荒记事┄┄┄┄┄┄┄（土家族）温新阶
饱蘸乡情　淡淡落笔
┄┄┄读温新阶散文专辑┄┄┄┄┄┄尹汉胤
雪（外一章）┄┄┄┄┄┄┄（蒙古族）乌力吉

理论

谈安文新的《神树·树神》和《食客》┄┄（彝族）安尚青
序傈僳族的《十九岁的太阳》┄┄┄┄┄王一之

作家介绍

先驱者的足迹┄┄┄┄┄┄┄┄（回族）马旷源

美术

飘逝的云（油画）┄┄┄┄┄┄┄┄李小刚
剪窗花（国画）┄┄┄┄┄┄┄┄┄胡正伟
少数民族作家剪影——彝族作家苏晓星
多云的天（水粉）┄┄┄┄┄┄┄┄褚大伟

1989 年第 5 期　刊名:《民族文学》
目录

小说

成长（中篇小说）┄┄┄┄┄（蒙古族）白雪林
错中错（小说二题·插图郭　健）
┄┄┄┄┄┄┄┄┄┄┄（满族）孙春平
车厢（插图郭健）┄┄┄┄┄┄（白族）丫　头
匪爱┄┄┄┄┄┄┄┄┄┄（土家族）胡　港
乡女魂┄┄┄┄┄┄┄┄┄（苗族）刘　萧
他和她┄┄┄┄┄┄（朝鲜族）李万浩　紫　荆译
白色的悲哀┄┄┄┄┄┄┄┄（壮族）黎国璞

诗歌

南方（组诗）┄┄┄┄┄┄┄（苗族）江　堤
家乡、家乡（组诗）┄┄┄┄（蒙古族）葛根图娅
冰雪长白山（组诗）┄┄┄┄┄（满族）佟明光
参差风景（三首）┄┄┄┄┄（撒拉族）闻　采
雕像┄┄┄┄┄┄（朝鲜族）黄长石　金永彪译
橄榄河┄┄┄┄┄┄┄┄┄（彝族）吉迪兆林
锥牛祭祖┄┄┄┄┄┄┄┄（土家族）彭劲奕

散文

北马神伤┄┄┄┄┄┄┄┄┄（回族）张承志

报告文学

《今古传奇》外传————————————（藏族）平 杰

理论

民族性与历史性的统一
——评张承志回族题材的作品————（回族）杨继国
绿色意象——谈班果的诗歌创作————刘恩龙
他心中有读者
——黎国璞小说小论————————（壮族）雷猛发

美术

绵程千里（油画）————————（苗族）陈 萼
少数民族作家剪影——土家族作家李传锋
礁石（水粉）————————————朱大荣
黄山云（图画）————————————周月波

1989 年第 6 期　刊名:《民族文学》
目录

小说

过错（插图朱大荣）
————（维吾尔族）柯尤慕·吐尔迪 杨新亭译
小院（插图齐景森）————————（满族）书 实
夕阳————————————（土家族）彭志明
你要搭甚么————————（蒙古族）额尔敦·琪琪格
塔什————————————（土族）鲍义志
西纳河恋情————————（壮族）梁芳昌
梦花————————————（布依族）穷 石

诗歌

落叶及其他（四首）————（朝鲜族）金 哲 金学泉译
我的魂在这里（组诗）————（东乡族）汪玉良
风的幻想（组诗）————————（壮族）覃宏建
假期（外一首）————————（哈尼族）张正华
失明的少女————————————（壮族）陆 叶

散文

拗莲作寸丝难绝
——怀念沈从文先生————（苗族）龙海清
石磨（外一篇）————————（苗族）吴建国
哦，大草原————————（朝鲜族）崔泽善

理论

献上一束金达莱
——《当代朝鲜族短篇小说选》序
————————（朝鲜族）赵成日 陈雪鸿译
一个深情得令人战栗的诗人
——评彝族青年诗人吉狄马加的诗————杨远宏

作家介绍

他从西天山走来
——记维吾尔族作家柯尤慕·吐尔迪————刘有华

美术

柯尔克孜妇女————————————置然木牙森
少数民族作家剪影——回族作家马治中
八月风————————————————郭 健
夏————————————————徐 可

1989 年第 7 期　刊名:《民族文学》
目录

小说

演出到此结束（插图秦龙）————（蒙古族）黄 薇
小说二题————————————（白族）那家伦
红月亮（插图于绍文）
————————（朝鲜族）李哲龙 千 华译
小雪————————————（回族）郑春华
芙美，通向城市的道路————（藏族）阿 来
十八不嫁是冤家————————（苗族）滕树超
从山路过来的男人————（布依族）运 春
山魔————————————（壮族）唐 樱

诗歌

南方梦呓（诗组）————————（蒙古族）查 干
铜像（外三首）————————（壮族）黄承基
牵牛花（外一首）————（朝鲜族）李任远 紫 荆译
郭尔罗斯的绿草滩（外二首）————（满族）雷恩奇
十度春秋（外一首）————（朝鲜族）郑梦虎 金永彪译

散文

万古云霄一羽毛（外一章）————（满族）胡 昭
新疆盐湖————————————（蒙古族）杜淑敏

理论

青年作家谈创作
杂谈二题————————————（土家族）陈 川
你发现了什么————————（土族）鲍义志
我与高山峡谷————————（哈尼族）存文学
何小竹：第马着欧的"巫术诗"
——《"巴蜀现代诗群"论》选章————巴 铁

汉族作家写边疆

湘西纪行————————————————文 平

美术

晨光（油画）————————————王益章

河湟姑娘（国画）-------------------刘克宁
少数民族作家剪影——苗族作家李必雨
华山云烟（水粉）-------------------李新波

1989 年第 8 期　刊名:《民族文学》
目录

散文
彩色的思绪
——出访英国、爱尔兰　　　　（壮族）周民震

小说
时来运转---------（维吾尔族）祖农皮卡尔　喻　捷译
小镇弦情-------------------（满族）书　实
深沉的河流-----------------（苗族）覃智扬
五叔和系白纱巾的女人-------（达斡尔族）阿　风
生活变奏曲-----------------（回族）马联生
失落-----------------------（壮族）蒙光朝
示众-----------------------（土家族）饶昆明

诗歌
北方（外一首）-------------（满族）庞天舒
天籁（外一首）-------------（土家族）曾　光
小船·码头（外二首）-------（壮族）吴冠勋
不谐和音-------------------（蒙古族）郭　欣
黄手帕（外一首）-----------（畲族）钟文伟
四月（外一首）-------------（藏族）冯文辉
七月的黄昏-----------------（哈尼族）文　河
别故乡（外一首）-----------（布依族）何建华
夏季流行色-----------------（土家族）向飞卿
高原的梦-------------------（彝族）矣向阳
离别-----------------------（土家族）彭世贵
锁好你的门-----------------（苗族）梦　女

报告文学
啊，高原人
——一位藏族企业家的自述----------（土家族）高宏张

理论
草原文学：开放在祖国北疆的艺苑奇葩----------奎　曾
摩梭人不是生活在海外奇谈中
——对某些反映摩梭人生活的文艺作品的批评
　　　　　　　　（摩梭人）拉木·嘎萨吐

美术
新裙-----------------------莫　也
梅竹同家霜（国画）---------贺晋年
少数民族作家剪影——满族作家胡　昭

湘西人家（水彩）-------------------张友群

1989 年第 9 期　刊名:《民族文学》
目录

小说
细雨蒙蒙-------------（朝鲜族）李惠善　金德富译
放鞘失马坪（齐景森插图）---------（壮族）岑隆业
大漠之光-------------------（回族）白　练
风-------------------------（鄂温克族）杜　梅
日子-----------------------（土家族）阿　多
酸把梨（徐可插图）---------（东乡族）舍·尤素夫
酒缸杯---------------------（土家族）杨盛龙
碎光-----------------------（白族）杨腾霄

诗歌
抒情短诗四首---------------（土家族）曾　光
乡村风格（组诗）-----------（蒙古族）其其日格
门（外一首）---------------（仫佬族）吴才宏
在云层的外面沉思（外二首）
　　　　　　　（朝鲜族）金东湖　金学泉译
兄弟河（外一首）-----------（土家族）彭世贵
一路青山——写给我的老师们-------（壮族）黎江晓
走敖特尔（外二首）---------（蒙古族）哈　达

报告文学
一个跋涉者的足迹
　　　　　（撒拉族）闻　采　（回族）雁　鸣

理论
傣族文学断想---------------------杨红昆
裂变中的囿限与缺憾
——评《躁动的古河湾》----------导　夫

美术
少女（油画）-----------------------朱大荣
天生桥（国画）-------------（苗族）张中华
少数民族作家剪影——回族作家马犁
秋（水粉）-------------------------齐景森

1989 年第 10 期　刊名:《民族文学》
目录

深入学习江泽民总书记重要讲话，进一步繁荣我国少
数民族文学事业
——在京部分少数民族作家学习江泽民总书记在建国
四十周年庆祝大会的讲话座谈纪要

小说

拉萨城的小巷深处（宋永红插图）
————————————（藏族）益希单增
苏联屯的故事（张壕培题图）————（壮族）苏方学
秃鹰————————————（鄂温克族）涂志勇
素花——————————————（回族）陆晓晟
那光————————————（朝鲜族）尹金丹
今夜没有梦————————（蒙古族）马昱华
牧人——————————（达斡尔族）苏　莉
臭水井二题————————（土家族）吴加敏

诗歌

唱给共和国的儿女们（四首）——（回族）高　深
黑色的恋情————————（藏族）丹珠昂奔
共和国的男子汉（组诗）————（回族）郭传火
高山，雪峰——（柯克尔孜族）阿地力·朱马吐尔地

评论

永远十八岁
——祝贺《民族文学》百期———（蒙古族）扎拉嘎胡
我的民族魂
——纪念《民族文学》一百期—（壮族）周民震
奋飞的《民族文学》————（白族）杨　苏
我与《民族文学》————（仫佬族）海　涛
我从那时起真正走进了诗——（朝鲜族）南永前
你们弹钢琴
——我与《民族文学》
————（哈萨克族）叶尔克西·库尔班别科娃

散文

岩坎上人家——————————（苗族）熊　幽
阿姐啊阿姐——————————（水族）石尚竹
骆驼刺花——（维吾尔族）米吉堤伊力甫　卢治平译

美术

开国大典（油画）——————————董希文
近邻（油画）————————————陈晓光
民族文学编辑部剪影
春归天地（国画）——————————王成喜

1989 年第 11 期　刊名：《民族文学》

目录

小说

黄昏（于绍文插图）————（蒙古族）甫澜涛
独木桥（于绍文插图）————（土家族）田　瑛
哭笑不得
————（维吾尔族）艾拜都拉·依布拉音　马德元译

嫂————————（朝鲜族）金浩根　申明仙译
冤家——————————（壮族）黄佩华
河生爷————————（满族）金玉和　王小强

诗歌

根思（组诗）————————（土家族）向书豪
夏及其他（组诗）
————（蒙古族）特·官布扎布　哈达奇·刚译
花与蝴蝶（外一首）————（朝鲜族）李三月　申礼燮译
只有梦中的细雨（外三首）——（蒙古族）江　岩
金沙江峡谷（组诗）————（壮族）潘　灵
冰凉的瞬间（外一首）————（回族）王凤国
男人（外一首）——————（景颇族）岳　丁
品尝（外一首）——————（满族）华　卓

报告文学

皖东硬汉——————————（壮族）何培嵩

理论

人民的诗人
——缅怀维吾尔族著名诗人铁依甫江———张　越
从历史积淀中把握民族深层心理
——评苏晓星的《奴隶主的女儿》—（彝族）安尚育
有过去，就会有明天
——谈梁芳昌的创作————————林为进

美术

高原奏鸣（油画）——————————陈晓光
绿宝石（版画）——————————孙盛仁
少数民族作家剪影——藏族作家伊丹才让
热闹的八郭街（水粉）————————阿　布

1989 年第 12 期　刊名：《民族文学》

目录

小说

冬天的怀抱————（蒙古族）巴图孟和　申晓亭译
爱的浪花（徐可插图）
————（藏族）角巴东主·让卓　耿予方译
无量的大山————————（哈尼族）黄　雁
黄河之神（朱大荣插图）————（回族）马治中
王五味——————————（土家族）杨双奇
春宵——————————（满族）羽　佳

诗歌

回忆在遥远的山上（组诗）————（彝族）霁　虹
命运及其他（组诗）————（蒙古族）韩辉升
短诗二首——————————（苗族）杨清豪

希望（外一首）——————————————（回族）马　雁
西藏（外一首）——————————————（藏族）多　吉
假日我们走到郊外——————（黎族）周　瑾　杨天念
山脊上的民族（组诗）————————（壮族）洛　英
等待——————————————————（满族）徐竹影

散文
有这样一位文学青年—————————（苗族）韩棕树
那棵李子树—————————————（藏族）野　鹰
栽秧————————————————（哈尼族）诺　晗
辽河岸边的童话———————————（满族）谭　杰
黄鹤一去兮，何处觅斯文———————（回族）李佩伦

理论
凌渡的散文
——兼谈散文的自然————————————谢　冕
院小天地大
——读书实的《小院》———————————刘英武
一曲额尔齐斯河的情歌
——哈萨克族女作家叶尔克西————（满族）边玲玲

美术
少女（油画）————————————————张　利
山居图（国画）———————————————张裕民
少数民族作家剪影——维吾尔族作家穆·巴格拉西
苗寨（水粉）————————————————黄闪夜

《名作欣赏》

【简　介】

　　综合性文学双月刊。山西人民出版社主办。创刊于1980年。其主要发表文学鉴赏与批评，偶有作家作品介绍，其选材涉及古今中外，不拘一格，多有对经典作品的再解读。主要栏目有欣赏探奥、阅读与欣赏、世界文坛之窗、大中语文名篇赏析、新作拔萃、鉴赏与探讨、芳林漫步、作家与作品、风格与流派等。

期刊号：1980 年第 1 期—1989 年第 6 期

1980 年第 1 期　刊名：《名作欣赏》
目录

阅读与欣赏
文气·文风·文眼
——柳宗元、欧阳修、苏东坡山水游记的艺术特色
————————————————毛时安　魏　威
杜诗《将赴荆南寄别李剑州》析赏—————马茂元
谈契诃夫的独幕喜剧《求婚》———————陈瘦竹
附：求婚————————[俄]契诃夫作　曹靖华译
读苏舜钦《淮中晚泊犊头》诗
——宋人绝句鉴赏之一——————————申　君
似花还似非花
——苏轼和章楶的《杨花词》试释—————刘逸生
韩愈诗《华山女》串讲———————————施蛰存
寓庄于谐　谑而不虐

——谈赵树理《锻炼锻炼》的讽刺艺术⋯⋯⋯朱　捷
《桔颂》及咏物诗的传统特色⋯⋯⋯⋯⋯金志仁
妙声绝响　动心移情
——谈《琵琶行》和《李凭箜篌引》中的音乐描写
⋯⋯⋯⋯⋯⋯⋯⋯⋯⋯⋯⋯⋯⋯⋯⋯⋯陆　坚
读《比埃洛》⋯⋯⋯⋯⋯⋯⋯⋯⋯⋯⋯徐永端
读《葛巾》⋯⋯⋯⋯⋯⋯⋯⋯⋯⋯⋯⋯刘文忠
附：葛巾⋯⋯⋯⋯⋯⋯⋯⋯⋯⋯（清）蒲松龄
读徐志摩的《再别康桥》⋯⋯⋯⋯⋯⋯尤　敏
台湾作家杨青矗及其代表作《同根生》⋯朱尚一
同根生⋯⋯⋯⋯⋯⋯⋯⋯⋯⋯⋯⋯⋯⋯杨青矗
谈周邦彦的《兰陵王·柳》⋯⋯⋯⋯⋯宋谋旸
《天方夜谭》里的迷人世界
⋯⋯⋯⋯⋯⋯⋯E.O.豪泽作　宋启安译
《李自成》中的风景画⋯⋯⋯⋯⋯⋯⋯吴功正
陀思妥耶夫斯基和《舅舅的梦》⋯⋯⋯钱谷融
舅舅的梦（中篇小说连载）
⋯⋯⋯⋯⋯〔俄〕陀思妥耶夫基著　储仲君译
唐寅三绝⋯⋯⋯⋯⋯⋯⋯⋯⋯⋯⋯⋯⋯谢孝思

作家与作品
鲁迅先生书简注释及其他⋯⋯⋯⋯⋯⋯萧　军
雪莱传（选载）⋯⋯⋯⋯〔法〕安德烈·莫洛亚著
谭立德　郑其行译
鲁迅和瞿秋白
——从《鲁迅杂感选集》及其《序言》说开去
⋯⋯⋯⋯⋯⋯⋯⋯⋯⋯⋯⋯⋯⋯⋯⋯袁良骏
杨沫与《青春之歌》⋯⋯⋯⋯周溶泉　徐应佩

世界文坛之窗
《头七年》·阮克大夫及其他⋯⋯⋯⋯柳鸣九
头七年⋯⋯⋯⋯〔美〕伯纳德·马拉默德著　董衡巽译
红茧⋯⋯⋯⋯⋯⋯〔日〕安部公房著　胡志昂译
蔷薇记⋯⋯⋯〔英〕罗根·皮耳绍尔·史密斯著
周煦良译

读者之友
《前线》问世的前前后后⋯⋯⋯⋯⋯⋯童道明

芳林撷英
对比与反衬⋯⋯⋯⋯⋯⋯⋯⋯⋯⋯⋯⋯王　汉
两种笔法　一对佳人
——谈曹禺的话剧《家》对瑞珏和梅芬的再创造
⋯⋯⋯⋯⋯⋯⋯⋯⋯⋯⋯⋯⋯⋯⋯⋯刘　琇

赏芳杂议
钢花和烟囱⋯⋯⋯⋯⋯⋯⋯⋯⋯⋯⋯⋯蔡良骥
杜诗《最能行》辨⋯⋯⋯⋯⋯⋯⋯⋯⋯姚奠中
"拖出月亮来⋯⋯"⋯⋯⋯⋯⋯⋯⋯⋯⋯董大中

文苑花絮
"谁敢冒名顶替我"⋯⋯⋯⋯⋯⋯⋯白　辛搜集
助手逃走了⋯⋯⋯⋯⋯⋯⋯⋯⋯⋯章　法辑

珠玉珍言
莫里哀谈喜剧之功能⋯⋯⋯⋯⋯⋯⋯南　人辑
巴尔扎克谈作品的社会效果⋯⋯⋯⋯南　人辑
雨果谈独创⋯⋯⋯⋯⋯⋯⋯⋯⋯⋯⋯南　人辑
《一千〇一夜》插图⋯⋯⋯⋯〔英〕约翰·奥斯登
唐寅书画（三幅）

1980 年第 2 期　刊名:《名作欣赏》
目录

阅读与欣赏
《过客》略说⋯⋯⋯⋯⋯⋯⋯⋯⋯⋯⋯王　瑶
过客⋯⋯⋯⋯⋯⋯⋯⋯⋯⋯⋯⋯⋯⋯⋯鲁　迅
《十日谈》和它的时代意义⋯⋯⋯⋯⋯方　平
十日谈（选载）⋯⋯⋯〔意〕卜伽丘著　方平译并选
瘌子求医
苦恋
洗冤记
一个有血肉的包公
——杂谈《包待制陈州粜米》杂剧⋯⋯李健吾
附：包待制陈州粜米杂剧第三折⋯⋯（元）无名氏作
说张先《天仙子》⋯⋯⋯⋯⋯⋯⋯⋯⋯吴小如
唐绝偶评⋯⋯⋯⋯⋯⋯⋯⋯⋯⋯⋯⋯⋯程千帆
开头的艺术——《李自成》艺术谈⋯⋯胡德培
《登飞来峰》及《元日》赏析
——宋人绝句鉴赏之二⋯⋯⋯⋯⋯⋯申　君
咏物言志　浑然一体——读《爱莲说》李如鸾
美好的山水　美好的歌
——读贺敬之的《桂林山水歌》⋯⋯⋯谢　冕
卢梭的《忏悔录》⋯⋯⋯⋯⋯⋯⋯⋯⋯柳鸣九
忏悔录（选载）⋯⋯⋯⋯⋯⋯⋯〔法〕卢　梭著
黎　星译　柳鸣九选
语浅旨深　意赅情永
——王之涣《登鹳鹊楼》诗赏析⋯⋯⋯张永鑫
寓赏罚于嬉笑
——《聊斋志异》欣赏举隅⋯⋯⋯⋯⋯孙一珍
聊斋志异（选载）⋯⋯⋯⋯⋯⋯（清）蒲松龄
嘉平公子
续黄粱
骂鸭
文情并茂　理趣盎然——读《兰亭集序》周维德
附：兰亭集序⋯⋯⋯⋯⋯⋯⋯⋯（晋）王羲之撰
千呼万唤始出来
——谈诸葛亮的出场⋯⋯⋯⋯⋯⋯⋯周锡炎

"一篇《长恨》有风情"
——读白居易的《长恨歌》⋯⋯⋯⋯侯文正
感人肺腑的骈文杰作
——读丘迟《与陈伯之书》⋯⋯⋯⋯方永耀
附：与陈伯之书
⋯⋯⋯⋯⋯（梁）丘 迟作 （梁）沈起炜注
马蒂斯和他的插图艺术⋯⋯⋯⋯李 春
舅舅的梦（中篇小说连载）
⋯⋯⋯[俄]陀思妥耶夫斯基著 储仲君译
从《补网》看霍默的绘画特色⋯⋯邵大箴

作家与作品
鲁迅先生书简注释及其他⋯⋯⋯⋯肖 军
大仲马（传记连载）⋯⋯⋯⋯张英伦
迷途者和指路人
——列宁对高尔基的关怀⋯⋯⋯卢 昆

世界文坛之窗
没有被征服的女人
⋯⋯⋯[英]萨姆赛特·毛姆作 瞿昭旅译

新作拔萃
评谌容的新作《人到中年》⋯⋯⋯黄 亨

读者之友
小仲马写《茶花女》⋯⋯⋯⋯本刊节编
披文入情 沿波讨源
——漫谈古典诗词的阅读欣赏（之一）
⋯⋯⋯⋯⋯⋯徐应佩 周溶泉

芳林漫步
读《蚀》新版随感⋯⋯⋯⋯叶子铭
罗丹和他的巴尔扎克塑像⋯⋯⋯程代熙
《红楼梦》里的称呼⋯⋯⋯⋯李国涛
衣帽微物 不可轻忽⋯⋯⋯⋯王尔龄
一箭三雕⋯⋯⋯⋯张恩忠

珠玉珍言
作家谈读书⋯⋯⋯⋯葛 操辑
作家谈创作⋯⋯⋯⋯安 塞辑
作家谈批评⋯⋯⋯⋯安 东辑

文苑花絮
张先——张三中——张三影⋯⋯堡 顶辑
"这叫捅刺刀"⋯⋯⋯⋯任文贵辑
惊人的推测力⋯⋯⋯⋯吴 牛辑
译林轶事⋯⋯⋯⋯江 东辑
补网（水彩画）⋯⋯⋯⋯[美]霍 默
《红楼梦》插图选登⋯⋯⋯⋯戴敦邦

1981 年第 1 期 刊名:《名作欣赏》

目录

阅读与欣赏
鸳鸯之死——《红楼梦》散论⋯⋯⋯蒋和森
唐诗赏析三题⋯⋯⋯⋯马茂元
特约专稿：鲁迅的《在酒楼上》
⋯⋯⋯[美]查尔斯·艾勃 杨德友译
特约专稿：巴金的《寒夜》及其他
⋯⋯⋯[日]山口守 胡志昂译
传神的画 动人的歌——析崔颢《长干曲》⋯⋯沈熙乾
得救了⋯⋯⋯[法]莫泊桑 穆 南译
用对话刻划人物的范例——《得救了》译后⋯⋯穆 南
至情言语即无声
——读归有光《项脊轩志》⋯⋯⋯黄秋耘
附：项脊轩志⋯⋯⋯⋯（明）归有光
意态兀傲 峭拔清新
——读黄庭坚《雨中登岳阳楼望君山二首》⋯⋯申 君
天涯旅人断肠曲
——谈马致远的《天净沙》⋯⋯⋯沈祖棻 遗作
各以心声抒胸怀
——读朱自清、俞平伯的两篇同名散文
⋯⋯⋯⋯魏 威 戴子聪
附一：桨声灯影里的秦淮河⋯⋯⋯朱自清
附二：桨声灯影里的秦淮河⋯⋯⋯俞平伯
豪情如潮 柔情似水
——读潘阆的《酒泉子》和林逋的《长相思》
⋯⋯⋯⋯⋯吴奔星
《西厢记》的矛盾冲突与红娘⋯⋯蒋星煜
优美的牧歌 动人的风俗画
——望舒的诗《村姑》⋯⋯⋯萧应深
苏轼诗词的理趣⋯⋯⋯⋯吴熊和
宏声镗鞳 感人肺腑
——介绍辛弃疾的《菩萨蛮·书江西造口壁》
⋯⋯⋯⋯⋯傅经顺
"让暴风雨来得厉害些吧！"
——高尔基的《海燕》和瞿秋白的译文
⋯⋯⋯⋯丁景唐 钟嘉陵
奥斯卡·王尔德与《道林·格雷的画像》⋯⋯金 福
道林·格雷的画像（中篇小说连载）
⋯⋯⋯[英]王尔德著 彭恩华译
创作木刻的开路人
——托马斯·比维克⋯⋯⋯王 琦
力量的美 征服自然的美
——读水墨画《黄河在咆哮》⋯⋯蔡若虹
壮丽的历史画面
——评油画《蒋家王朝的覆灭》⋯⋯许宝中 程允贤

作家与作品

大仲马（传记连载）—————————————张英伦

普希金的《自传》是否全部失传？—————王守仁

风格与流派

存在主义文学、加缪和《沉默的人》————郑克鲁

沉默的人—————————[法]阿尔贝·加缪 郑克鲁译

世界文坛之窗

弄假成真————————[意]迪诺·布扎蒂 张继双译

黑爸爸和白爸爸

————————[印度]默西帛·辛赫 唐生元译

读《黑爸爸和白爸爸》————————————张 著

读者之友

辨明寄托 体察寓意

——漫谈古典诗词的阅读欣赏（之二）

————————————————徐应佩 周溶泉

新作拔萃

农村新貌的生动写照

——读短篇小说《乡场上》————————赵国青

乡场上——————————————————何士光

芳林漫步

一字不着 尽得风流——————————彭庆生

无情有意——景物反衬琐谈——————傅子玖

文苑花絮（补白）

珠玉珍言（补白）

奇林汉的公牛、天鹅（木刻）

————————————[英]托马斯·比维克

黄河在咆哮（国画）——————王迎春 杨力舟

蒋家王朝的覆灭——————————陈逸飞 魏景山

1981 年第 2 期 刊名:《名作欣赏》

目录

阅读与欣赏

景切情挚 思深意远

——说赵嘏《江楼感旧》————————屠 岸

其事何长 其言何简

——说杜甫《石壕吏》——————————霍松林

浅谈《源氏物语》——————————————丰一吟

《源氏物语》选载:第十七回 赛画——[日]紫式部著

丰子恺译 丰一吟校订

我译《源氏物语》—————————————丰子恺

传神文笔足千秋

——《红楼梦》第一回评点——————赵景瑜

同中见异 妙笔生辉

——读《红楼梦》艺术漫笔————————姜耕玉

《伪君子》的喜剧技巧————————————王世德

答丢夫形象简析——————————————程继田

诗中有画 情景交融

——张继《枫桥夜泊》赏析————————周庆基

《枫桥夜泊》小议—————————————崔晋余

英美游记三则———————————————高 健译

抨击时政的爱国诗

——析无名氏《题壁》及林升《题临安邸》——申 君

说虎妞————————梁化群 汪景寿 王卫国

略貌取神——析《温酒斩华雄》————————汪远平

凄风惨雨共一铺

——《林家铺子》艺术构思浅探————————张安生

"言有穷而情不可终"

——读韩愈《祭十二郎文》—————————王思宇

附:祭十二郎文——————————（唐）韩 愈

看得见的声音

——略谈《老残游记》"白妞说书"的艺术描写

————————————————————李延祜

附:《老残游记》第二回（节载）———（清）刘 锷

白朴的名剧《梧桐雨》————————————吴新雷

独具一格的报告 经久不衰的佳作

——评《一九三六年春在太原》———————汪文汉

附: 一九三六年春在太原——————————宋之的

道林·格雷的画像（中篇小说连载）

————————————[英]王尔德 彭恩华译

《左拉像》简介——————————————吴甲丰

《源氏物语》绘卷—————————常任侠 邓惠伯

作家与作品

大仲马（传记连载）—————————————张英伦

风格与流派

枭河桥畔的"意识流"————————————徐永端

枭河桥记事——————————[美]安布罗斯·皮尔斯

缪华伦译

世界文坛之窗

陌生国————————————[日]星新一 孙利人译

千里马被发现以后

——读库普林的小说《绿宝石》————————储仲君

绿宝石——————————[俄]库普林 储仲君译

新作拔萃

彩笔豪情谱英雄

——评长篇小说《东方》————————————张 炯

芳林漫涉

文章宁复见为人

——谈人品与文品的关系┄┄┄┄┄┄降大任

文苑花絮（补白）

珠玉珍言（补白）

左拉像（油画）┄┄┄┄┄┄┄［法］马　奈

鱼神（油画）┄┄┄┄┄┄┄┄┄┄黄冠余

1981 年第 3 期　刊名:《名作欣赏》
目录

阅读与欣赏

几乎无事的喜剧——《肥皂》欣赏札记┄┄┄┄王尔龄

漫谈《火的冰》与《死火》┄┄┄┄┄┄┄闵抗生

附：死火┄┄┄┄┄┄┄┄┄┄┄┄┄鲁　迅

寻求那逝去的青春

——《野草》的青春组诗┄┄┄┄┄┄李国涛

附：《野草》四篇┄┄┄┄┄┄┄┄┄鲁　迅

《项羽本纪》的悲剧特色┄┄┄┄┄┄┄艾　岩

读贺知章《咏柳》绝句┄┄┄┄┄┄┄吴小如

从"皮氏性格四边形"看《当代英雄》主题┄┄┄夏中义

传神文笔足千秋

——《红楼梦》第二回评点┄┄┄┄┄赵景瑜

读《华威先生》札记┄┄┄┄┄┄┄┄张大明

附：华威先生┄┄┄┄┄┄┄┄┄┄张天翼

花妖狐魅亦多情

——《聊斋》三狐赏析┄┄┄┄┄┄┄毛时安

奇迹剧院（幕间短剧）

┄┄┄┄┄┄［西班牙］塞万提斯　作　杨德友译

一水分流　花发两枝

——读范成大及陆游的两首爱国诗┄┄┄申　君

《阿房宫赋》的生命力┄┄┄┄┄┄┄竹亦青

附：阿房宫赋┄┄┄┄┄┄┄┄（唐）杜　牧

心理描写的范例

——析"赛马"场中安娜的心理状态┄┄┄┄张德林

揽景会心　以物达情

——赏析杜甫的一首绝句┄┄┄┄屈宝贤　王晓晖

青春的美　心灵的歌

——介绍《诗经》中的几首爱情诗┄┄┄┄陈贻焮

《太上感应篇》·鹦鹉·乌龟画

——《子夜》细节描写赏析┄┄┄┄┄┄张　椿

她睡了……

——契珂夫《渴睡》浅谈┄┄┄┄┄┄张宇翔

附：渴睡┄┄┄┄┄┄┄┄┄┄［俄］契诃夫

道林·格雷的画像《中篇小说连载》

┄┄┄┄┄┄┄┄［英］王尔德著　彭恩华译

徐渭的画┄┄┄┄┄┄┄┄┄┄┄┄王靖宪

对侵略者的檄文　致抗暴者的颂歌

——略谈德拉克罗瓦的《希奥岛的屠杀》┄┄┄云　鹤

谈两幅和鲁迅有关的优秀木刻┄┄┄┄┄力　群

作家与作品

《安娜·卡列尼娜》是怎样写成的┄┄┄┄┄黄新根

大仲马（传记连载）┄┄┄┄┄┄┄┄张英伦

世界文坛之窗

洗不掉的血污┄┄┄┄┄┄┄┄┄┄［葡萄牙］

若泽·罗德里格斯·米盖斯　范维信　喻慧娟译

良心的判决——读《洗不掉的血污》┄┄┄黄月华

海浪┄┄┄┄┄┄┄［英］欧弗拉赫蒂作　艾　湫译

垂直的梯子┄┄┄┄┄［英］威廉·桑逊作　胤　嘉译

读者之友

雨果笔下的克罗德┄┄┄陈进漪　哈若惠　王圣思

草蛇灰线　有迹可寻

——谈抒情诗的感情线索┄┄┄┄┄┄王　汉

芳林漫涉

"胸有成竹"和"胸无成竹"

——谈郑板桥两则画竹题记┄┄┄┄┄王双启

博喻之妙┄┄┄┄┄┄┄┄┄┄┄于其化

快语小议┄┄┄┄┄┄┄┄┄┄┄流　西

文苑花絮（补白）

珠玉珍言（补白）

四季花卉图（国画）┄┄┄┄┄┄（明）徐　渭

希奥岛的屠杀（油画）┄┄┄┄［法］德拉克罗瓦

鲁迅和瞿秋白（木刻）┄┄┄┄┄┄┄俞启慧

祥林嫂（木刻）┄┄┄┄┄┄┄┄┄古　元

1981 年第 4 期　刊名:《名作欣赏》
目录

阅读与欣赏

吴敬梓的讽刺三重奏

——《范进中举》笑声赏析┄┄┄┄┄┄李汉秋

附：《儒林外史》第三回（节载）┄┄（清）吴敬梓

漫谈《春江花月夜》┄┄┄┄┄┄┄┄钱鸿瑛

月色┄┄┄┄┄┄┄┄┄┄┄［法］莫泊桑作

月色、爱情与禁欲主义

——评莫泊桑的《月色》┄┄┄┄┄┄柳鸣九

说李白《送友人入蜀》┄┄┄┄┄┄┄霍松林

《登崖州城作》析意┄┄┄┄┄┄┄┄韩小默

贮满着诗意的小说
——谈孙犁小说的写景与抒情⋯⋯⋯⋯王家伦
出水芙蓉　清新秀丽——读《荷花淀》⋯⋯冯锡刚
附：荷花淀⋯⋯⋯⋯⋯⋯⋯⋯⋯⋯⋯⋯⋯孙　犁
新鲜活泼　情趣盎然
——杨万里"诚斋体"欣赏举隅⋯⋯⋯⋯申　君
传神文笔足千秋
——《红楼梦》第三回评点⋯⋯⋯⋯⋯赵景瑜
泡泡⋯⋯⋯⋯⋯⋯[苏]高尔基作　陆永昌译
浅谈《泡泡》⋯⋯⋯⋯⋯⋯⋯⋯⋯⋯⋯陆永昌
妙想奇谲的讽刺骈文
——孔稚圭《北山移文》赏析⋯⋯⋯⋯林兴仁
附：北山移文⋯⋯⋯⋯⋯⋯⋯⋯〔齐〕孔稚圭
婉约之中显爽健
——苏轼《贺新郎》赏析⋯⋯⋯⋯⋯⋯吴小林
未容倾耳已伤心
——读元、白的四首小诗⋯⋯⋯⋯⋯⋯赖汉屏
平藏曲　淡显浓
——《背影》的构思艺术⋯⋯⋯⋯⋯⋯高　捷
附：背影⋯⋯⋯⋯⋯⋯⋯⋯⋯⋯⋯⋯⋯朱自清
写出人的灵魂来
——略谈《潘先生在难中》的心理描写⋯吴士余
叶赛宁的生平与创作⋯⋯⋯⋯⋯⋯⋯⋯李视岐
叶赛宁诗歌选译⋯⋯⋯⋯⋯⋯⋯⋯⋯李视岐译
漫谈《围城》⋯⋯⋯⋯⋯⋯⋯⋯⋯⋯⋯鲲　西
道林·格雷的画像（中篇小说连载）
⋯⋯⋯⋯⋯⋯⋯⋯[英]王尔德著　彭恩华译
试谈梁楷和他的《水墨仙人图》⋯何延喆　王振德
最早的《复活》插图⋯⋯⋯⋯⋯⋯⋯⋯奚静之

作家与作品
孙犁传略（连载）⋯⋯⋯⋯⋯⋯⋯⋯⋯管　蠡
大仲马（传记连载）⋯⋯⋯⋯⋯⋯⋯⋯张英伦
《复活》是怎样写成的⋯⋯⋯⋯⋯⋯⋯黄新根

世界文坛之窗
大海的沉默⋯⋯⋯⋯[法]凡尔柯尔作　周国强译
于无声处听惊雷
——《大海的沉默》译后⋯⋯⋯⋯⋯⋯周国强

读者之友
含英咀华　品赏诗味——漫谈古典诗词的阅读欣赏
（之三）⋯⋯⋯⋯⋯⋯⋯⋯⋯⋯徐应佩　周溶泉

芳林漫涉
力能扛鼎——名句欣赏⋯⋯⋯⋯⋯⋯⋯张啸虎
以少总多　以乐写哀
——读元稹《行宫》诗札记⋯⋯⋯⋯⋯林东海

文苑花絮（补白）

珠玉珍言（补白）
春（油画）⋯⋯⋯⋯⋯⋯⋯⋯⋯⋯⋯[法]米　勒
最早的《复活》插图⋯⋯⋯⋯⋯[俄]巴斯吉尔纳克

1981年第5期　刊名：《名作欣赏》
目录

阅读与欣赏
郴江误下潇湘去
——秦观《踏莎行》赏析⋯⋯⋯⋯⋯⋯刘逸生
说杜荀鹤《再经胡城县》⋯⋯⋯⋯⋯⋯霍松林
爱的牺牲⋯⋯⋯⋯[美]欧·亨利作　王仲年译
古老的主题　别开生面的处理
——评欧·亨利的《爱的牺牲》⋯⋯⋯柳鸣九
悲怆深沉　寄慨无穷
——析宋遗民诗四首⋯⋯⋯⋯⋯⋯⋯⋯申　君
美的追求
——读闻一多的几首诗⋯⋯⋯⋯⋯⋯⋯侯文正
给读者开拓广阔的想象天地
——《项链》结尾的启示⋯⋯⋯⋯⋯⋯星　星
吊古伤今　感时愤世
——读杜牧《过华清宫绝句三首》⋯⋯曹中孚
《伤逝》美学赏析⋯⋯⋯⋯⋯⋯⋯⋯⋯尤　敏
传神文笔足千秋
——《红楼梦》第四回评点⋯⋯⋯⋯⋯赵景瑜
一篇八十八字的名作
——《读孟尝君传》赏析⋯⋯⋯⋯⋯⋯刘德斌
附：读孟尝君传⋯⋯⋯⋯⋯⋯⋯⋯（宋）王安石
玄珠虹玉血泪凝
——读李贺《老夫采玉歌》⋯⋯⋯⋯⋯徐翰逢
"快乐王子"不快乐⋯⋯⋯⋯⋯⋯⋯⋯董星南
附：快乐王子⋯⋯⋯⋯[英]王尔德作　巴　金译
露冷流萤
——读汤显祖的《江宿》⋯⋯⋯⋯⋯⋯白云奇
母女两代的血泪控诉
——老舍《月牙儿》赏析⋯⋯⋯⋯⋯⋯奋　飞
夜行货车⋯⋯⋯⋯⋯⋯⋯⋯⋯⋯⋯⋯陈映真
显示出灵魂的深来
——读台湾作家陈映真的《夜行货车》⋯张成德
道林·格雷的画像（中篇小说连载）
⋯⋯⋯⋯⋯⋯⋯⋯[英]王尔德作　彭恩华译
傅山及其艺术⋯⋯⋯⋯⋯⋯⋯⋯⋯⋯⋯刘开渠

作家与作品
大仲马（传记连载）⋯⋯⋯⋯⋯⋯⋯⋯张英伦

世界文坛之窗

快跑！梅洛斯！——————————〔日〕太宰治作　朱金和译
一曲信义战胜欺诈的颂歌
——读小说《快跑！梅洛斯！》—————————弃　石
播种————————————————〔美〕舍伍德·安德森作　郑启五译

读者之友

讽诵吟咏　觅取诗趣
——漫谈古典诗词的阅读欣赏（之四）
————————————————徐应佩　周溶泉
反常合道　奇趣横生
——诗学漫笔——————————————李元洛
当你徜徉于名著之林的时候——————————艾　斐

芳林漫涉

"欧·亨利手法"二题——————————余　苊
附：最后一片叶子———————————〔美〕欧·亨利
人物安排与故事情节
——从"调芭蕉扇"谈故事情节的构成————罗宪敏

文苑花絮（补白）

珠玉珍言（补白）

花鸟画（二幅）————————————（清）任伯年
闹天宫（连环画选登）—————————刘继卣
书法————————————————（清）傅　山

1982 年第 1 期　刊名：《名作欣赏》

目录

阅读与欣赏

我对《醉翁亭记》的几点看法—————————吴小如
附：醉翁亭记————————————（宋）欧阳修
先天下之忧而忧　后天下之乐而乐
——范仲淹《岳阳楼记》讲析—————————袁行霈
寓问于答　情景如画
——贾岛《访隐者不遇》的艺术分析————沈熙乾
含蓄蕴藉　寄托遥深
——说张九龄《感遇》（十二首选二）————霍松林
《大卫·科波菲尔》中的重叠镜头及其他——朱　虹
声驱千骑疾　气卷万山来
——周密《观潮》赏析—————————李如鸾
附：观潮—————————————（南宋）周　密
"春光似海　盛世如花"
——读李广田散文《花潮》—————————林友光
附：花潮—————————————————李广田
从两首《千年调》谈辛词风格的多样性————程中原
辛弃疾《水龙吟》译释—————————陶尔夫

空谷幽兰

——话剧《北京人》中愫方的形象————王育生　罗炯光
独创放异彩
——《牡丹亭》与《西厢记》的比较—————齐裕焜
传神文笔足千秋
——《红楼梦》第五回评点—————————赵景瑜
毕象尽理　溶情会意
——杜甫五首咏物诗的鉴赏—————————傅子玖
《雨巷》浅谈——————————————孙玉石
移人·惊天·泣鬼
——三首听乐诗的比较欣赏—————————朱迎平
匠心独运　卓尔不群
——王安石《桂枝香·金陵怀古》赏析————陈如江
斯蒂芬·茨威格和《危险的怜悯》——————金　福
危险的怜悯（中篇小说连载）
————————〔奥地利〕茨威格著　胤　嘉译
"法寓于无法之中"——读《方山子传》————魏丕一
附：方山子传————————————（宋）苏　轼
苦铁画气不画形——吴昌硕的花卉创作————李　松
不似之似的美——简谈刘国松和他的绘画————易　扬

作家与作品

奥斯特洛夫斯基和《钢铁是怎样炼成的》————罗　岭
屠格涅夫传（传记连载）
————————〔法〕莫洛亚著　谭立德　郑其行译
评《屠格涅夫传》—————————————陈　燊

世界文坛之窗

纱丽·住宅·汽车
————————〔孟加拉〕阿布·罗萨德著　石　真译
给《纱丽·住宅·汽车》加个尾巴——————吴晓铃
恶魔————————————〔日〕远滕周作著　张磷声译
似曾相识　新意盎然——《恶魔》读后————卢　昆

风格与流派

英国"愤怒的青年"文学运动————————彭恩华
附：老屋怀旧——————————〔英〕约翰·韦恩著　彭恩华译

芳林漫步

逆笔作胜势　回首传败音
——读《李自成》"崇祯盼捷"随札————余　苊

读者·编者·作者

愿如"枣花"香而有实
——本刊北京座谈会侧记—————————本刊编辑部

文苑花絮（补白）

珠玉珍言（补白）

枇杷⋯⋯⋯⋯⋯⋯⋯⋯⋯⋯⋯⋯⋯⋯⋯⋯⋯吴昌硕
雪山之夜、早春图⋯⋯⋯⋯⋯⋯⋯⋯⋯⋯⋯⋯刘国松
苏子吟啸图⋯⋯⋯⋯⋯⋯⋯⋯⋯⋯⋯⋯⋯⋯⋯范　曾

1982 年第 2 期　刊名:《名作欣赏》
目录

阅读与欣赏

纪念《讲话》发表四十周年

重读《沁园春·雪》⋯⋯⋯⋯⋯⋯⋯⋯⋯⋯⋯⋯振　甫
两家母女　同中见异
——三仙姑和小芹、小飞娥和艾艾的比析⋯⋯杨志杰
《邪不压正》的艺术⋯⋯⋯⋯⋯⋯⋯⋯⋯⋯⋯王中青
窑洞风景⋯⋯⋯⋯⋯⋯⋯⋯⋯⋯⋯⋯⋯⋯⋯吴伯箫
多侧面描写的魅力
——《窑洞风景》艺术特色赏析⋯⋯⋯吕洪年　李孝华
折叠多致　摇曳情浓
——读纳兰性德的悼亡词《金缕曲》⋯⋯⋯⋯严迪昌
两首优美的抒情十四行诗
——兼谈十四行诗的艺术特点⋯⋯⋯⋯⋯⋯⋯方　平
《远大前程》中第一人称的妙用及其他⋯⋯⋯⋯朱　虹
恐俺小姐有许多假处
——谈《西厢记》中莺莺的作假⋯⋯⋯⋯⋯⋯傅治同
一往情深　疏而不散——也谈《项脊轩志》⋯艾　岩
《雷雨》拾零⋯⋯⋯⋯⋯⋯⋯⋯⋯⋯⋯⋯⋯⋯陈　衍
唱给青年的深情赞歌
——简说《我为少男少女们歌唱》⋯⋯⋯⋯⋯吴奔星
附：我为少男少女们歌唱⋯⋯⋯⋯⋯⋯⋯⋯⋯何其芳
拉钟老人⋯⋯⋯⋯⋯[俄]柯罗连科作　艾　湫译
格调各异的三首咏始皇墓的唐诗⋯⋯⋯⋯⋯⋯萧应深
笼边杂感⋯⋯⋯[俄]爱·凡·卢卡斯作　高　健译
魂兮归来哀江南
——读《桃花扇·哀江南》⋯⋯⋯⋯⋯⋯⋯⋯赖汉屏
浅谈《基度山伯爵》的情节安排艺术⋯⋯⋯⋯朱希祥
优美的乐章　激昂的颂歌
——《三门峡——梳妆台》赏析⋯⋯⋯⋯⋯⋯姜纯哲
附：三门峡——梳妆台⋯⋯⋯⋯⋯⋯⋯⋯⋯⋯贺敬之
说苏东坡词《行香子》⋯⋯⋯⋯⋯⋯陈　初　隽　杰
悲自比中出　恨从比中生
——谈《奥瑟罗》的对比艺术⋯⋯⋯⋯⋯⋯⋯黎跃进
血泪凝成的诗篇
——读蔡琰《悲愤诗》⋯⋯⋯⋯⋯⋯⋯⋯⋯⋯金志仁
附：悲愤诗⋯⋯⋯⋯⋯⋯⋯⋯⋯⋯⋯（东汉）蔡　琰
黄宗羲与《原君》⋯⋯⋯⋯⋯⋯⋯⋯⋯问　春　周　仁
附：原君⋯⋯⋯⋯⋯⋯⋯⋯⋯⋯⋯（明）黄宗羲

大中语文名篇赏析

哀思付繁弦　血泪寄山河
——李清照词《声声慢》赏析⋯⋯⋯徐　余　周　洲
风云变色　摇曳多姿
——《群英会蒋干中计》的情节艺术⋯⋯⋯⋯吴功正
附：群英会蒋干中计⋯⋯⋯⋯⋯⋯⋯（明）罗贯中
危险的怜悯（中篇小说连载）
⋯⋯⋯⋯⋯⋯[奥地利]茨威格著　胤　嘉译
雕刀下的美学
——欣赏王琦先生木刻随记⋯⋯⋯⋯⋯⋯⋯⋯卜维勤

作家与作品

破土而出（《赵树理传》第六章选载）
⋯⋯⋯⋯高　捷　刘芸灏　段崇轩　邰忠武　任文贵
屠格涅夫传（传记连载）
⋯⋯⋯⋯⋯⋯[法]莫洛亚著　谭立德　郑其行译

世界文坛之窗

儿子⋯⋯⋯⋯⋯⋯[乌拉圭]奥·基罗加作　杨德友译
无声的悲歌
——读《儿子》⋯⋯⋯⋯⋯⋯⋯⋯⋯⋯⋯⋯黄　坪
多戈和萨拉⋯⋯⋯⋯[尼日利亚]戴维·奥沃耶勒作
陈荻帆译　王懋和校

读者之友

畸形社会孤独者的哀音
——怎样理解《伤心咖啡馆之歌》⋯⋯⋯⋯⋯赵毅衡

芳林漫步

一字生辉创意境⋯⋯⋯⋯⋯⋯⋯⋯⋯⋯⋯⋯朱步楼
蹈袭·借用·点化⋯⋯⋯⋯⋯⋯⋯⋯⋯⋯⋯⋯吴　汀

鉴赏与探讨

名文未必无讹——也谈《读孟尝君传》⋯⋯⋯王子野

文苑花絮

珠玉珍言

海滨之夏、春游（木刻）⋯⋯⋯⋯⋯⋯⋯⋯⋯王　琦
曹雪芹写作图（国画）⋯⋯⋯⋯⋯⋯⋯⋯⋯⋯周思聪
黄河颂（油画）⋯⋯⋯⋯⋯⋯⋯⋯⋯⋯⋯⋯⋯陈逸飞

1982 年第 3 期　刊名:《名作欣赏》
目录

阅读与欣赏

呼之欲出的艺术形象
——读柳宗元的《段太尉逸事状》⋯⋯⋯⋯⋯金　敏

附：段太尉逸事状⋯⋯⋯⋯⋯⋯（唐）柳宗元
"武松打虎"描写艺术三题⋯⋯⋯⋯⋯汪远平

现代小说名篇集束赏析
一曲艺术的凯歌——读《幸福的家族》⋯袁良骏
大时代中的一幕小喜剧
——读茅盾的《喜剧》⋯⋯⋯⋯⋯⋯丁　兀
附：喜剧⋯⋯⋯⋯⋯⋯⋯⋯⋯⋯⋯⋯茅　盾
一篇悲愤诗式的小说
——读郁达夫的《薄奠》⋯⋯⋯⋯⋯吴小林
附：薄奠⋯⋯⋯⋯⋯⋯⋯⋯⋯⋯⋯⋯郁达夫
呱呱坠地后的人生之分
——读冰心的《分》⋯⋯⋯⋯⋯⋯⋯阎焕东
附：分⋯⋯⋯⋯⋯⋯⋯⋯⋯⋯⋯⋯⋯冰　心
从《安娜病危》看托尔斯泰的"心灵辩证法"
⋯⋯⋯⋯⋯⋯⋯⋯⋯⋯⋯⋯⋯⋯⋯草　婴
附：安娜病危
——《安娜·卡列尼娜》中的一章
⋯⋯⋯⋯⋯⋯［俄］列夫·托尔斯泰　草　婴译
安娜的原型和肖像
——列夫·托尔斯泰形象描绘艺术初探⋯成　立
《老古玩店》中的感伤情调及其他⋯⋯朱　虹
用幻想艺术地反映人生
——谈《柳毅传》的思想和艺术⋯⋯褚斌杰
附：柳毅传⋯⋯⋯⋯⋯⋯⋯⋯⋯（唐）李朝威
美玉殒损豪门前——读《霍小玉传》⋯彭庆生
附：霍小玉传⋯⋯⋯⋯⋯⋯⋯⋯⋯（唐）蒋　防
艺术的思考　思考的艺术
——艾青《诗论》的写作特色⋯⋯⋯赵政民
诗论（选辑）⋯⋯⋯⋯⋯⋯⋯⋯⋯⋯艾　青
传神的"电影"特写
——《守财奴》细节欣赏⋯⋯⋯田秉锷　王家伦
草原风物入诗情——读《敕勒歌》⋯伍夫楹
《北京人》的结构艺术⋯⋯⋯⋯⋯⋯杨雪瑞

大中语文名篇赏析
忠义深情寄翰墨
——谈诸葛亮的《出师表》⋯⋯徐　余　周　洲
附：出师表⋯⋯⋯⋯⋯⋯⋯⋯（三国）诸葛亮
状秋声萧飒而砰湃　抒秋情深沉而豁达
——读欧阳修的《秋声赋》⋯⋯⋯⋯吴功正
附：秋声赋⋯⋯⋯⋯⋯⋯⋯⋯⋯（宋）欧阳修
危险的怜悯（中篇小说连载）
⋯⋯⋯⋯⋯⋯［奥］斯·茨威格　胤　嘉译
罗丹的思想者⋯⋯⋯⋯⋯⋯⋯⋯⋯⋯邵大箴
探索的创新
——评连环画《白光》⋯⋯⋯⋯⋯⋯李大发

作家与作品
屠格涅夫传（传记连载）⋯⋯⋯［法］安德烈·莫洛亚
谭立德　郑其行译

世界文坛之窗
霍顿和他的《亲爱者离去》⋯⋯⋯⋯周锡山
亲爱者离去（独幕喜剧）
⋯⋯⋯⋯⋯⋯⋯⋯⋯［英］霍　顿　周锡山译

风格与流派
"心境小说"的范作
——志贺直哉的《到网走去》⋯⋯⋯马家骏
附：到网走去⋯⋯⋯⋯［日］志贺直哉　李　芒译

读者之友
平中见奇　淡处知浓　漫谈古典诗词的阅读欣赏（之五）⋯⋯⋯⋯⋯⋯⋯⋯⋯⋯⋯徐应佩　周溶泉

芳林漫涉
用文字作画的高超艺术
——杜甫《绝句》色彩美浅析⋯⋯王许林　徐林英
带辣味的奉承
——《红楼梦》描写艺术点滴谈⋯⋯林文山

鉴赏与探讨
似备实缺　似缺实备
——简谈《三国演义》英雄人物塑造之得失
⋯⋯⋯⋯⋯⋯⋯⋯⋯⋯⋯⋯杨茂林　李文田
典型乎？　类型乎？
——葛朗台形象质疑⋯⋯⋯⋯⋯⋯⋯夏中义

读者·作者·编者
读者来信和编者寄语

文苑花絮

珠玉珍言
思想者（雕塑）⋯⋯⋯⋯⋯⋯⋯⋯［法］罗　丹
连环画《白光》作品选登⋯⋯⋯⋯⋯贺友直
《安娜·卡列尼娜插图选登》（二幅）
⋯⋯⋯⋯⋯⋯［苏］万涅契安　［苏］萨莫赫瓦诺夫

1982年第4期　刊名：《名作欣赏》
目录

阅读与欣赏
《月牙儿》中的月牙⋯⋯⋯⋯⋯⋯⋯周关东
壮士拂剑　浩然弥哀

——说司空图《退栖》诗·············吴调公
人与蛇——读《蛇人》与《捕蛇者说》·········水天同
附：蛇人··················（清）蒲松龄
附：捕蛇者说················（唐）柳宗元
闪耀着哲理光辉的论说文
——谈苏轼的《日喻》·············徐中玉
附：日喻···················（宋）苏轼
新诗一束品赏················周良沛
《艰难时世》的寓言性及其他··········朱虹
"颠狂中有战栗"
——浅谈《长安古意》的批判精神········林家英
笔底含情　韵味悠长
——罗隐《绵谷回寄蔡氏昆仲》赏析·······陈志明
巧运灵思出真趣
——读朱自清《松堂游记》···········张仁健
附：松堂游记················朱自清
构思新巧的春光曲
——朱自清的散文《春》赏析··········朱步楼
附：春····················朱自清
清丽婉约　含蓄蕴藉·············周念先
引人入胜的日出画廊
——读刘白羽的《日出》············罗永奕
附：日出···················刘白羽
孙光宪《风流子》剖析············陆永品
"秕谷"喂大的梦想者
——谈《雷雨》中的周冲
····················马中行
两小兵·········[法]莫泊桑　雷齐明译
大巧若拙
——《两小兵》艺术特色简析·········雷齐明
维护祖国统一的忧愤之歌
——《台湾行》赏析·············降大任
附：台湾行·················（清）黄遵宪
捕虫者（报告文学）·······（中国台湾）孔康
黄炎子孙的生命活力
——读台湾得奖报告文学《捕虫者》
··················张德明　张晓林
屠格涅夫和他的散文诗···········彭晓平
《迟暮吟》（散文诗）选载
·········[俄]屠格涅夫　彭晓平　选译
真切传神的肖像描绘
——屠格涅夫回忆录片断赏析·········张梦阳
屠格涅夫的《罗亭》·············罗岭

大中语文名篇赏析
不落窠臼的送别佳作
——谈王勃的《送杜少府之任蜀州》
··················谷白雁心
情节的奇特与性格的独特

——谈《草船借箭》··············埝任
附：草船借箭···········（明）罗贯中
危险的怜悯（中篇小说连载）
···········[奥地利]茨威格著　胤嘉译
我看关山月·················黄小庚
介绍两幅名画················阚凤岗

作家与作品
屠格涅夫传（传记连载）
·········[法]莫洛亚著　谭立德　郑其行译

世界文坛之窗
公开的暗号·······[美]褒顿·克林　徐朴译
盼··················[美]佛·司各脱·
费茨吉拉尔德　李明　孙建国译

读者之友
一题共作　品第高下
——漫谈古典诗词的阅读欣赏（之六）
··················徐应佩　周溶泉
从安娜说到繁漪和卡杰林娜·········王世德

芳林漫涉
杜十娘与茶花女···············马晓光
文眼·诗眼·戏眼··········育生天寅
诗说新语（两则）·············林从龙
妙极之文　巧极之法
——谈《红楼梦》的仿词艺术·········林兴仁

鉴赏与探讨
分析作品要尊重历史·············李之实

读者·作者·编者
季羡林教授的来信

文苑花絮

珠玉珍言
波济医师在家中··············[美]萨金特
凯特·海伦···············[英]密莱司
国画（二幅）················关山月

1982 年第 5 期　刊名:《名作欣赏》
目录

阅读与欣赏
"笔所未到气已吞"
——读杜甫《送路六侍御入朝》········马茂元

艰难的国运与雄建的国民 ………………………李大钊
一篇振奋民族精神的雄文
——读李大钊《艰难的国运与雄健的国民》 ---安　文

纪念郭沫若九十诞辰
地球，我的母亲！ …………………………………郭沫若
把自己献给祖国，献给人类
——谈郭沫若的《地球，我的母亲！》………陈永志
雄浑壮丽　情深意切
——读《地球，我的母亲！》…………………刘　锬
划开暗夜的理想之光
——郭沫若《天上的市街》赏析………………杨宗国
蔡文姬形象试析 ……………………田本相　杨景辉
银杏 ……………………………………………………郭沫若
"称名也小，取类也大"
——读郭沫若散文《银杏》………………………斯　墨
石榴 ……………………………………………………郭沫若
妙喻连珠
——读郭沫若的散文《石榴》……………………李传申
《荒凉山庄》中对法律机器的描写及其他 ---朱　虹
酒与英雄
——古典小说艺术漫笔……………………………周先慎
卓越的性格描绘艺术
——读《曹操煮酒论英雄》札记
……………………………………………………………刘　琦
库普林短篇小说两篇 …………………………储仲君译
一、童园
二、一丛丁香
读库普林的《童园》和《一丛丁香》…………储仲君
去国远游的政治悲歌
——李白《远别离》简析…………………………安　旗
"孤帆远影"与"桃花潭水"
——读李白的两首赠别诗………………………宋谋玚
铁匠 ……………………………………………………刘半农
激荡在沉沉大地上的打铁声
——析刘半农诗《铁匠》…………………………乐　齐
读王维《杂诗·君自故乡来》…………………汪民全
《叶甫盖尼·奥涅金》第六章
………………………………[俄]普希金著　智　量译
奥涅金和连斯基的决斗
——《叶甫盖尼奥涅金》第六章赏析……………智　量

大中语文名篇赏析
观舞记
——献给印度舞蹈家卡拉玛姐妹…………………冰　心
诗情画意　美不胜收
——读《观舞记》…………………………………陆志平
云赋 ……………………………………………………孙　荪
跌宕起伏　酣畅淋漓——读《云赋》…………刘丙文

危险的怜悯（中篇小说连载）
………………………………[奥]斯·茨威格　胤　嘉译
略谈欧洲文艺复兴三杰及其名作…………………云　鹤

作家与作品
屠格涅夫传（传记连载）
………………[法]安德烈·莫洛亚　谭立德　郑其行译
诗人·学者·战士
——为纪念郭沫若同志九十诞辰而作……………黄侯兴

世界文坛之窗
普希金之死（四幕话剧）
——假面舞会
………………[波]雅罗斯拉夫·伊瓦什凯维奇　杨德文译
动人心魄的《普希金之死》………………………弃　石
蝗虫袭来 ……………[英]陶丽丝·莱辛　海　西译
陶丽丝·莱辛及其作品……………………………海　西

读者之友
《大伟人江奈生·魏尔德传》的实质………………萧　乾
诗末得神　篇外求意
——漫谈古典诗词的阅读欣赏（之七）
………………………………………………徐应佩　周溶泉

芳林漫涉
知人论文　语约意丰——文艺评语拾隽 ……王琮琪
漫谈"散文美" …………………………………游友基
诗词新语两则 …………………………………林从龙

鉴赏与探讨
谈周美成《齐天乐》的评语…………………………俞平伯
疑义相与析——也谈《读孟尝君》………………谢纯昌

文苑花絮

珠玉珍言
莫娜丽萨（油画）
………………………………[意大利]列奥那多·达·芬奇
大卫（雕刻）………[意大利]米开朗基罗·波那罗蒂
椅中圣母（油画）………………………[意大利]拉斐尔

1982 年第 6 期　刊名:《名作欣赏》

目录

阅读与欣赏
海外游子的恋歌
——读余光中《乡愁》与《乡愁四韵》……………李元洛
乡愁及乡愁四韵……………………………………余光中

"不著一字"的怨情

——说柳中庸《征人怨》·············钱鸿瑛

山花浓郁永不雕

——读《小二黑结婚》·············黄会林

伟大人格的投影

——读《朝花夕拾》·············王晓明

附:从百草园到三味书屋·············鲁　迅

奇谲而真实

——鲁迅杂文《牺牲谟》简析·············陈泽群

附:牺牲谟·············鲁　迅

德·瑞那夫人、安娜和玛蒂尔德·············魏　威

"谁敢笑话我们?"

——谈《日出》第二幕中的李石清···袁　进　毛时安

动乱之秋的妇女悲歌

——简介元好问的《续小娘歌十首》·············黄清士

奇绝的《陪衬人》·············何琼崖　潘宝明

附:陪衬人·············[法]左拉著　张英伦译

浓郁的诗情　深沉的画意

——冰心《往事》(二之三)赏析·············吴志刚

附:往事(二之三)·············冰　心

黎明的旗帜之歌·············[美]惠特曼著　李视岐译

美国内战时期的惠特曼·············李视岐

大中语文名篇赏析

童心不泯　真趣盎然

——读左思《娇女诗》·············周　明

附:娇女诗·············(西晋)左　思

猛志不可摧的英雄

——谈席方平的形象塑造·············吴九成

《第二次考试》的结构艺术·············王家伦

附:第二次考试·············何　为

危险的怜悯(中篇小说连载)

·············[奥地利]茨威格著　胤　嘉译

一幅朴素动人的肖像画

——油画《女学员》赏析·············张同霞

记忆·想象和创作

——油画《第九个浪头》赏析·············晨　明

老茧、香烟、拐杖与画

——读黄胄同志近作有感·············万青力

作家与作品

契诃夫·············张化隆

一位埋没千载的诗人

——简介王梵和他的诗作·············金启华

梁斌(传记选载)·············管　蠡　王树仁　闻树国

福楼拜和他的《包法利夫人》·············乔良兴译

世界文坛之窗

普希金之死(四幕话剧)

——假面舞会·········[波兰]伊瓦什凯维奇　杨德友译

读者之友

循曲入幽　探微索隐

——漫谈古典诗词的阅读欣赏(之八)

·············徐应佩　周溶泉

"善感"与"细嚼"——从林黛玉赏曲谈起·····王　涵

芳林漫涉

取媒宜切　寓托宜新

——咏物诗写作技巧琐谈·············吕福田

用千分卡尺量一量——谈描写的真确性·········袁鼎生

鲁迅小说给人物起名号的艺术·············蔡润田

诗说新语:谈"诗无达诂"·············史　玛

鉴赏与探讨

一声村落鸡

——试析《更漏子》第五首兼探温庭筠词的特色

·············吴小如

文苑花絮

珠玉珍言

女学员(油画)·············[俄]尼·亚·雅罗申柯

第九个浪头(油画)·············[俄]阿依瓦佐夫斯基

国画(二幅)·············黄　胄

1983 年第 1 期　刊名:《名作欣赏》
目录

阅读与欣赏

说柳宗元《登柳州城楼寄漳、汀、封、连四州》

·············霍松林

回肠荡气的写赠之作

——读吴梅村、顾贞观赠吴兆骞的诗词·············李国涛

现当代小说名篇赏析

一颗失落的明珠

——丁玲短篇小说《夜》赏析·············陈惠芬

附:夜·············丁　玲

用生活的场景来显现

——《多收了三五斗》赏析·············商金林

附:多收了三五斗·············叶圣陶

波澜迭起巧铺排

——《在其香居茶馆里》结构艺术赏析·············唐　沅

美,存在于它的整体

——《山那面人家》意境赏析·············胡宗健

附:山那面人家·············周立波

先秦名作赏析

悲彼东山诗　悠悠令我哀

——《东山》抒情艺术试析⋯⋯⋯⋯⋯李　泉

附：东山⋯⋯⋯⋯⋯⋯⋯⋯（选自《诗经·豳风》）

精比巧喻　奇幻莫测

——读《庄子·逍遥游》⋯⋯⋯褚斌杰　王景琳

献给为国殉难将士的祭歌

——《国殇》赏析⋯⋯⋯⋯⋯⋯⋯⋯姜汉林

浩气长存　与日争辉

——《九歌·国殇》赏析⋯⋯⋯⋯⋯张永鑫

附：国殇⋯⋯⋯⋯⋯⋯⋯⋯⋯⋯⋯⋯屈　原

多方设比　巧妙答辩

——宋玉《对楚王问》赏析⋯⋯⋯⋯何伍修

《小多丽特》中对监狱的描写及其他⋯⋯朱　虹

穷亲戚⋯⋯⋯⋯⋯[英]查理·兰姗著　高　健译

真情实感和艺术魅力

——介绍优秀的叙事诗《家庭风波》⋯⋯方　平

附：家族风波⋯⋯⋯⋯[美]弗罗斯特　方　平译

情的感染　美的享受

——读艾青的《黎明的通知》⋯⋯⋯⋯崔新民

附：黎明的通知⋯⋯⋯⋯⋯⋯⋯⋯⋯艾　青

吾辈更应惜秒阴

——《匆匆》试析⋯⋯⋯⋯⋯⋯⋯⋯刘心爽

缘情造境　谐情发声

——读朱自清的散文诗《匆匆》⋯⋯⋯郑文波

附：匆匆⋯⋯⋯⋯⋯⋯⋯⋯⋯⋯⋯⋯朱自清

大中语文名篇赏析

真美善与假恶丑的强烈对比

——略谈臧克家的《有的人》⋯⋯⋯⋯吴奔星

附：有的人⋯⋯⋯⋯⋯⋯⋯⋯⋯⋯⋯臧克家

形散神凝的精彩之作

——读苏轼《文与可画筼筜谷偃竹记》

⋯⋯⋯⋯⋯⋯⋯⋯⋯⋯⋯黄松坡　刘翠霄

北国风光如画图

——浅析《敕勒歌》⋯⋯⋯⋯⋯卓　琴　玉　仁

《瑞鹤图》之我见⋯⋯⋯⋯⋯⋯⋯⋯黄小庚

一曲赞美自然的新歌

——莫奈的《日出印象》⋯⋯⋯⋯⋯邢啸声

传神维肖的《韩熙载夜宴图》⋯⋯⋯⋯薛永年

作家与作品

莫泊桑传（传记连载）⋯⋯⋯⋯⋯⋯张英伦

世界文坛之窗

榅桲树⋯⋯⋯⋯⋯[英]高尔斯华绥著　穆　南译

春天不属于尼尔森先生

——简析短篇小说《榅桲树》⋯⋯⋯⋯穆　南

光明长在　希望洒人间

——读《伊卡洛斯》和《向日葵》⋯⋯⋯黄月华

向日葵⋯⋯⋯⋯[波]博赫丹·捷什科普著　杨德友译

伊卡洛斯⋯⋯⋯⋯⋯⋯⋯⋯⋯⋯[波]雅罗斯拉夫·

伊瓦什凯维奇著　杨德友译

独创的形式　深沉的控诉

——《女仆》赏析⋯⋯⋯⋯⋯⋯⋯⋯张成德

女仆⋯⋯⋯⋯⋯[美]理查·赖特著　张文郁译

读者之友

几部世界名著素材的来源⋯⋯⋯⋯⋯金循华

文泽绵绵润新篇⋯⋯⋯⋯⋯⋯⋯⋯⋯艾　斐

论艺术⋯⋯⋯⋯[俄]列夫·托尔斯泰著　程　文译

风格与流派

一篇充分体现海明威艺术风格和创作特色的小小说

——读海明威的《桥畔的老人》⋯⋯⋯朱炯强

桥畔的老人⋯⋯⋯⋯[美]海明威著　朱炯强译

鉴赏与探讨

《乌江亭》诗引起的是与非⋯⋯⋯⋯⋯田　山

芳林漫涉

沿波讨源　渐入佳境

——艺术欣赏谈片⋯⋯⋯⋯⋯⋯⋯⋯王　汉

文苑花絮

珠玉珍言

瑞鹤图（国画）⋯⋯⋯⋯⋯⋯⋯（宋）赵　佶

韩熙载夜宴图（国画）⋯⋯⋯⋯（五代）顾闳中

日出的印象（油画）⋯⋯⋯⋯⋯⋯[法]莫　奈

1983 年第 2 期　刊名:《名作欣赏》

目录

阅读与欣赏

画屏金鹧鸪

——释温庭筠《更漏子》第一、六首兼论典型温词的特色⋯⋯⋯⋯⋯⋯⋯⋯⋯⋯⋯⋯⋯吴小如

异曲同工　各臻其妙

——"鲁提辖拳打镇关西"与"武松醉打蒋门神"比析⋯⋯⋯⋯⋯⋯⋯⋯⋯⋯⋯⋯⋯汪远平

雕栏画础，衬出大伽蓝

——漫话《羊脂球》⋯⋯⋯⋯⋯⋯⋯徐京安

元曲名篇赏析

豪气、胆气和勇气的颂歌

——谈浅《单刀会》中关羽的艺术形象⋯⋯⋯周济人

《单刀会》的情节安排和人物塑造⋯⋯⋯⋯金志仁
附：单刀会第四折⋯⋯⋯⋯⋯⋯⋯⋯（元）关汉卿
《李逵负荆》艺术特色赏析⋯⋯⋯⋯⋯杨夫扬
附：李逵负荆第二折⋯⋯⋯⋯⋯⋯⋯（元）康进之
元人小令一束赏析⋯⋯⋯⋯⋯⋯⋯⋯侯文正
"哈哈镜"里的刘邦
——漫谈睢景臣的套曲《高祖还乡》⋯李延祜
附：高祖还乡⋯⋯⋯⋯⋯⋯⋯⋯⋯（元）睢景臣
光明的氛围　欣悦的灵魂
——读拜伦抒情诗《她走在美底光彩中》⋯常　立
附：她走在美底光彩中⋯⋯[英]拜　伦作　查良铮译
高情远意——析李商隐《回中牡丹为雨所败》（一首）
⋯⋯⋯⋯⋯⋯⋯⋯⋯⋯⋯⋯⋯⋯⋯刘静生
自然美的颂歌
——读《翡冷翠山居闲话》⋯⋯⋯⋯张厚余
附：翡冷翠山居闲话⋯⋯⋯⋯⋯⋯⋯徐志摩
巴黎的忧郁（选择）⋯⋯⋯[波]波特莱尔作　左　燕译
飞翔在天国与地狱之间
——读《巴黎的忧郁》⋯⋯⋯⋯⋯⋯左　燕
爱的颂歌　美的旋律
——读沈从文《月下小景》札记⋯⋯李旦初
附：月下小景⋯⋯⋯⋯⋯⋯⋯⋯⋯⋯沈从文
心物相感　情景互生
——江淹《别赋》赏析⋯⋯⋯⋯⋯⋯曹明纲
附：别赋⋯⋯⋯⋯⋯⋯⋯⋯⋯⋯⋯（梁）江　淹

大中语文名篇赏析
满腔郁怒写真情
——读《五月卅一日急雨中》⋯⋯⋯刘锡庆
附：五月卅一日急雨中⋯⋯⋯⋯⋯⋯叶圣陶
引人入胜　别具一格
——《鸟的天堂》艺术赏析⋯⋯⋯⋯吴甸起
附：鸟的天堂⋯⋯⋯⋯⋯⋯⋯⋯⋯⋯巴　金
沉郁顿挫　统体浑成——杜甫《蜀相》赏析⋯⋯李如鸾
议论高简　鞭辟入里
——读刘基的《卖柑者言》⋯⋯⋯⋯吴士余
附：卖柑者言⋯⋯⋯⋯⋯⋯⋯⋯⋯（明）刘　基
好花还需绿叶扶——谈《娜拉》中几个次要人物的设
计和塑造⋯⋯⋯⋯⋯⋯⋯⋯⋯⋯⋯杨永敏
简析大鼓词《剑阁闻铃》的情境⋯⋯薛宝琨
附：剑阁闻铃（鼓词）
简谈列宾的三幅画⋯⋯⋯⋯⋯⋯⋯⋯平　野

作家与作品
莫泊桑传（传连记载）⋯⋯⋯⋯⋯⋯张英伦

世界文坛之窗
全懂先生⋯⋯⋯⋯[英]骚·毛姆作　杨慧林译
引而不发　善露善藏

——试析《全懂先生》的艺术特色⋯⋯胡　柯

读者之友
获取知识与智慧的旅行
——读沈从文的两本散文集⋯⋯⋯⋯邓牛顿
诗画意境欣赏浅谈⋯⋯⋯⋯⋯⋯⋯⋯王　晔

芳林漫涉
善用"五觉"成妙境
——杜诗审美技法一得⋯⋯⋯王许林　徐林英
用字得神，得体理之至
——谈《红楼梦》对寻常动词的艺术化⋯林兴仁

新作拔萃
妙手绘出新画卷
——"茅盾文学奖"获奖作品艺术成就谈片⋯⋯吴功正

鉴赏与讨论
"测不准原理"与现代派文学的欣赏
⋯⋯⋯⋯⋯⋯⋯⋯⋯⋯吴竹筠　夏中义
卡夫卡的小说《变形记》
——现实主义检验下的现代派艺术⋯⋯何满子
曲有"务头"戏有"胆"⋯⋯⋯⋯⋯⋯杨孟衡

读者　作者　编者
为建立新型的文艺欣赏学作新的探索
——本刊召开的江苏部分作者、读者座谈会记要

文苑花絮（补白）

珠玉珍言（补白）
油画三幅⋯⋯⋯⋯⋯⋯⋯⋯⋯⋯⋯[俄]列　宾
不相称的婚姻（油画）⋯⋯⋯⋯[俄]普基寥夫
渔村小雪图（国画）⋯⋯⋯⋯⋯⋯（宋）王　诜

1983 年第 3 期　刊名:《名作欣赏》
目录

阅读与欣赏
虚实得当　臻于神境
——说王维的《辋川集》绝句
⋯⋯⋯⋯⋯⋯⋯⋯⋯⋯⋯⋯⋯⋯⋯葛晓音
《双城记》
——双重的警告⋯⋯⋯⋯⋯⋯⋯⋯⋯朱　虹

现代诗歌集束赏析
徐志摩诗选析⋯⋯⋯⋯⋯⋯⋯⋯⋯⋯胡凌芝
"从诗境拉到尘境"

——闻一多诗《春光》赏析·············唐鸿棣
如矿出金，如铅出银
——读臧克家的《老马》和《三代》·····史秀章
千锤凝一字
——谈《老马》中的"飘"字·········邓星雨
读宗臣《报刘一丈书》···············张慕勋
附：报刘一丈书················（明）宗 臣
笔画七星 各展其姿
——读三帅咏七星岩诗···············胡汉祥
附：七星岩····················陈 毅
寓缠绵悱恻于气势奔放
——辛弃疾《满江红》（"敲碎离愁"）赏析····钱鸿瑛
韩愈《伯夷颂》试析·················何沛雄
附：伯夷颂··················（唐）韩 愈
一个中国型的吉卜赛女郎形象
——析艾芜小说《山峡中》的野猫子····雷 锐
附：山峡中····················艾 芜
说《静夜思》·····················张宏生
树立榜样 提倡风雅
——评释杜甫《同元使君春陵行》并序···聂文郁
我的空中楼阁·····················李乐薇
意境隽永 耐人寻味
——散文《我的空中楼阁》赏析········左 人
羽毛如利剑 精诚化鸳鸯
——敦煌写本《韩朋赋》浅析··········张锡厚
附：韩朋赋····················佚 名
《见闻录》作者自叙
········[美]华盛顿·欧文作 高 健译
小中见大 尺幅千里
——简析《见闻录·作者自叙》········高 健
略谈《围城》的比喻手法·······王宜庭 黄慧芳
秋月冬雪两轴画
——《记承天寺夜游》与《湖心亭看雪》的写景欣赏
························梁 衡
附：记承天寺夜游··············（宋）苏 轼
湖心亭看雪··················（明）张 岱

大中语文名篇赏析
绝笔传千秋 忠爱树丰碑
——林觉民的《与妻书》赏析··········顾甫涛
附：与妻书·····················林觉民
奇峰并峙 各呈异彩
——唐代三首送别诗比析·············刘 璞
饱含悲愤诉乡情
——读鲁迅的小说《故乡》············祁 星
笔走龙蛇 惊心动魄
——颜真卿行草书的杰出成就··········王景芬
深厚的功力 高超的艺术
——日本著名书道家书法作品介绍········谢德萍

讴歌塞北荒野开发生活的史诗
——简析晁楣的两幅版画··············张秋萤

作家与作品
莫泊桑传（传记连载）···············张英伦

风格与流派
王士禛"神韵说"诗例一则
——简析《寄陈伯玑金陵》············王英志

世界文坛之窗

苏联当代作品评赏
苏联当代抒情诗选赏·······王守仁译 楼肇明 评赏
罗特希尔德的小提琴·······[苏]N.格列科娃 王小路译
一个自信的现代小市民形象
——《罗特希尔德的小提琴》简析·······石南征
漫谈近几年的苏联小说···············张 捷
假如你有钱的话……（讽刺小品）
········[苏]谢·米哈尔科夫 作 冀元璋译

读者之友
别具慧眼 方识佳妙
——以文学眼光赏析文学·········徐应佩 周溶泉

鉴赏与探讨
《读孟尝君传》何以千古传诵？
——兼谈我国古代散文的审美要素·······皇甫修文
重读《钢铁是怎样炼成的》引起的联想·····木 青
也谈"诗无达诂"··················吴汝煜

芳林漫涉
手——人物的神经末梢···············余 荩
诗说新语：比喻和联想···············林从龙

读者·作者·编者
来信摘登··········黄景东 李建平 何芳阶 于运华
颜真卿行草作品选登（三幅）
日本著名书道家书法作品选登（四幅）
晁楣版画作品选登（二幅）

1983 年第 4 期 刊名:《名作欣赏》
目录

阅读与欣赏
高度 远度 深度
——读登高凭眺诗小札···············吴调公
满庭堆落花

——释温词《更漏子》第二、三、四首兼论词中抒情
主人公问题································吴小如
此曲并非天上有
——读何其芳的《听歌》····················贺圣谟
迷人的《歌声》
——读朱自清最早的一篇抒情散文··········刘玉凯
附：歌声·····························朱自清
一个被扭曲的灵魂的真实写照
——略谈《罪与罚》中的心理描写··········程健公
无那金闺万里愁——谈张仲素的闺怨诗······申　君

《雷雨》集束赏析
渗透·狙击
——《雷雨》主题表现的特色的手法········杨雪瑞
谈谈《雷雨》的戏剧气氛··················邱文治
从鲁贵的上下场谈起······················戴永明
"文生于情，情生于文"
——林纾《苍霞精舍后轩记》赏析··········林　薇
附：苍霞精舍后轩记····················林　纾
凌云健笔意纵横——读郭小川《甘蔗林——青纱帐》
及其姐妹篇····························戊　甲
着眼于笑　着笔于变
——读蒲松龄的《婴宁》··················罗永奕
透过咤咤叱叱的笑声——《聊斋·婴宁》·····王林书
附：婴宁··························（清）蒲松龄
断肠人写断肠诗
——读石评梅的《扫墓》诗················董大中
附：扫墓··················波微（石评梅）
《欧也妮·葛朗台》中的讽刺与幽默·········王青平
不凡气识调凌俗——读祖咏《望蓟门》·······秦　渭
漫谈《孔乙己》的语言···············杨　荟　仲　夏

大中语文名篇赏析
"蓬勃地奋飞"者的颂歌
——鲁迅《雪》赏析······················冯望岳
附：雪·······························鲁　迅
弱女傲骨强项歌
——汉乐府诗《羽林郎》欣赏··············徐克强
附：羽林郎······················（东汉）辛延年
托物喻人　借梅议政
——龚自珍《病梅馆记》赏析··············方伯荣
附：病梅馆记····················（清）龚自珍
《窥简》插图管窥························黄小庚
为柯罗的一幅作品正名····················晨　朋

作家与作品
莫泊桑传（传记连载）····················张英伦
阿·尼·托尔斯泰生平与创作散记··········李邦媛
海之涛　心之语

——石评梅的《涛语》及其他··········尤　敏　屈毓秀

风格与流派
袁枚"性灵说"诗例一则
——简析《陇上行》······················王英志
何须浅碧深红色　自是花中第一流
——谈李清照词的风格的形成和发展········刘翠霄

世界文坛之窗
该这样看待事物
··················[英]安德鲁·苏泰作　彭恩华译
豹尾一甩　精神全现
——读《该这样看待事物》兼谈小说结尾的艺术
··································张仁健
离合················[日]川端康成作　李　芒译
一股源于心泉的溪流——《离合》浅析········陶　力
信号塔··············[美]查·渥·肯柏作　徐　朴译
精心的选择　巧妙的揭示
——谈《信号塔》的内在冲突··············张成德

鉴赏与探讨
读薛宝琨君《简析大鼓词〈剑阁闻铃〉的情境》有感
··································吴晓铃

芳林漫涉
略谈语言艺术的立体感····················吕嘉健
"辞主乎达"
——读鲁迅手稿札记······················王一鸣

读者·作者·编者
几点建议和希望··························张建光
竹石图（国画）····················（清）郑　燮
窥简（西厢记插图）················（明）陈洪绶
《山林水泽女神的舞蹈》（油画）·······[法]柯　罗

1983 年第 5 期　刊名:《名作欣赏》

目录

阅读与欣赏
从《门槛》谈象征··························智　量
附：门槛··············[俄]屠格涅夫作　智　量译
读《听女道士卞玉京弹琴歌》··············朱则杰
附：听女道士卞玉京弹琴歌··········（清）吴伟业
感旧伤怀　委婉情深
——读杜牧《张好好诗》··················曹中孚
应是游子拳拳意　并非浪子靡靡音
——读刘半农的《教我如何不想她》········吴奔星
附：教我如何不想她····················刘半农

《史记》传记文集束赏析

荆轲传的空白和暗笔⋯⋯⋯⋯⋯⋯⋯⋯⋯艾　岩

司马迁传记文释例⋯⋯⋯⋯⋯⋯⋯⋯⋯季镇淮

凝情铺墨　寄慨悲歌

——读《屈原列传》⋯⋯⋯⋯⋯⋯⋯霜　钟

曲折回环　情思盎然

——读《信陵君窃符救赵》⋯⋯⋯张补俊

附：《史记》传记文四篇⋯⋯⋯⋯（汉）司马迁

刺客列传·荆轲传　魏公子列传

酷吏列传·张汤传　屈原贾生列传·屈原传

庸人自扰一场空

——关于霍顿的独幕喜剧《亲爱的死者》⋯⋯陈瘦竹

《奥利佛尔·特维斯特》

——现实与噩梦⋯⋯⋯⋯⋯⋯⋯⋯朱　虹

对生命价值的独特发现

——读艾青的《鱼化石》⋯⋯⋯⋯张　颖

附：鱼化石⋯⋯⋯⋯⋯⋯⋯⋯⋯⋯艾　青

杜甫《北征》赏析⋯⋯⋯⋯⋯⋯⋯⋯金启华

附：北征⋯⋯⋯⋯⋯⋯⋯⋯⋯⋯（唐）杜　甫

托物寄情　爱国忧民

——杜牧寓言诗《早雁》赏析⋯⋯⋯郑崇德

现代散文集束赏析

小中见大　弦外余音

——从《杨柳》看丰子恺散文的主要特色⋯⋯毕宛婴

附：杨柳⋯⋯⋯⋯⋯⋯⋯⋯⋯⋯⋯丰子恺

迷人的童年⋯⋯⋯⋯⋯⋯⋯⋯⋯⋯周耀根

附：童年⋯⋯⋯⋯⋯⋯⋯⋯⋯⋯⋯唐　弢

深衷浅貌　短语长情

——读《面具》⋯⋯⋯⋯张汉清　方　弢

附：面具⋯⋯⋯⋯⋯⋯⋯⋯⋯⋯⋯许地山

锐利的目光　独特的发现

——读鲁迅杂文《夜颂》⋯⋯⋯⋯李正西

附：夜颂⋯⋯⋯⋯⋯⋯⋯⋯⋯⋯⋯鲁　迅

宣言·战表·誓词

——殷夫诗《别了，哥哥》浅析⋯⋯周庆基

昂扬·纯净·明朗

——《战争与和平》中的"风习素描"⋯⋯顾天立

"活跃的生命"与"不结果的花"

——赏析《战争与和平》中的两个人物⋯⋯陈建华

朴素无华　感人至深

——简析散文《世间最美的坟墓》⋯⋯邝夏渝

附：世间最美的坟墓

⋯⋯⋯⋯⋯⋯⋯⋯[奥地利]茨威格作　张厚仁译

谈施耐庵"画虎"的艺术⋯⋯⋯⋯⋯吴士余

穿云入雾，总不离乎珠

——试谈《桃花扇》传奇的结构艺术⋯⋯傅治同

大中语文名篇赏析

水流碧玉文散锦

——《晋祠》与《难老泉》比析⋯⋯赵廷鹏

附：晋祠⋯⋯⋯⋯⋯⋯⋯⋯⋯⋯⋯梁　衡

附：难老泉⋯⋯⋯⋯⋯⋯⋯⋯⋯⋯吴伯箫

梅花岭下吊忠魂

——读全祖望的《梅花岭记》⋯⋯徐贵印

附：梅花岭记⋯⋯⋯⋯⋯⋯⋯⋯（清）全祖望

贝尼尼的《圣德列萨祭坛》组雕⋯⋯李　春

寄妙理于豪放之外

——重读齐白石的《荷花影》⋯⋯薛永年

吕德的《马赛进行曲》⋯⋯⋯⋯⋯⋯吴达志

作家与作品

莫泊桑传（传记连载）⋯⋯⋯⋯⋯⋯张英伦

永远奋斗不息——托尔斯泰的生活态度

⋯⋯⋯⋯⋯[俄]阿·彼·谢尔盖因科作　张　耳译

风格与流派

陈子龙"婉约"说词例一则

——简析《念奴娇·春雪咏兰》⋯⋯王英志

世界文坛之窗

莫斯小姐的一天

⋯⋯⋯⋯⋯⋯⋯⋯[美]曼斯斐尔德作　方　平译

莫斯小姐的镜子⋯⋯⋯⋯⋯⋯⋯⋯方　平

我的儿子是凶手

⋯⋯⋯⋯⋯⋯[美]马拉默德作　郑诗鼎　徐宗英译

一曲心灵的悲歌

——《我的儿子是凶手》赏析⋯⋯潘维新

新作拔萃

舒婷礼赞的爱情

——《致橡树》赏析⋯⋯⋯⋯⋯⋯张　驰

附：致橡树⋯⋯⋯⋯⋯⋯⋯⋯⋯⋯舒　婷

读者之友

从《文心雕龙·知音篇》谈文学鉴赏问题⋯⋯蔡润田

芳林漫涉

描声摹态　各臻其妙

——"钟声"描写欣赏举隅⋯⋯⋯谢海泉

鸽蛋、茴香豆及其他⋯⋯⋯⋯⋯⋯刘　锬

鉴赏与探讨

雨果小说两处败笔及其他⋯⋯⋯⋯毛时安

圣德列萨祭坛（雕塑）⋯⋯⋯⋯⋯[意]贝尼尼

马赛进行曲（雕塑）⋯⋯⋯⋯⋯⋯[法]吕　德

荷花影（国画）⋯⋯⋯⋯⋯⋯⋯⋯齐白石

1983 年第 6 期　刊名:《名作欣赏》
目录

阅读与欣赏

杜甫《望岳》简析 ························萧涤非
李商隐诗二首赏析 ······················周汝昌
古诗谭艺二题 ··················马茂元　赵昌平
像玫瑰般的芬芳
——彭斯的一首诗与中国三首古代民歌的对比赏析
·····································降大任
《匹克威克外传》
——现代的堂·吉诃德及其他 ···········朱　虹
阴阳变化景多姿　妙笔绘《阴》见神思
——读杨季康的散文《阴》····洪静渊　张厚余
附：阴 ·······························杨季康
《长门赋》赏析 ·······················康金声
附：长门赋并序 ················（汉）司马相如
故国与乡思　千载尚有情
——王粲《登楼赋》赏析 ···············张永鑫
附：登楼赋 ·················（东汉）王　粲

茅盾作品集束赏析

九曲连环　丝丝入扣
——《子夜》第二章赏析 ···············张明亮
细针密线　天衣无缝
——谈《林家铺子》的结构艺术 ·········王嘉良
生动传神　蕴藉含蓄
——散文《香市》赏析 ·················吴甸起
附：香市 ·····························茅　盾
为特殊时代传神写照的素描
——散文《大旱》赏析 ··········姚馨丙　王胜士
附：《大旱》··························茅　盾
"一刀一境界，一枪一精神"
——《水浒》的兵器描写 ···············汪远平
诗的意境从形象思维中来
——读《贺新郎·读史》的一点感受 ·······邬锡鑫
读胡乔木同志的两首格律诗 ···············余　见
附：莴萝　车队 ·······················胡乔木
精取情节事件　力现人物心灵
——读台木尔的《纳德日雅》···············武毓璋
附：纳德日雅 ·················[埃及]迈哈姆德·
台木尔作　孙琪璋译
泼墨山水　形似神肖
——读鲍照的《登大雷岸与妹书》··········黄昌年
附：登大雷岸与妹书 ··········（南朝宋）鲍　照
巴尔扎克笔下的善
——从《无神论者做弥撒》说起 ···········叶南容
清新质朴　雅俗共赏

——浅谈范成大游峨嵋山的行旅诗 ··········顾　刃
一曲奋进者之歌——读碧野的散文《奔流》···洪　治
附：奔流 ·····························碧　野

大中语文名篇赏析

缘情赋形　意境幽远
——郁达夫《迟桂花》浅析 ···············周　星
清新馥郁的《迟桂花》···················陈学超
附：迟桂花 ···························郁达夫
巨匠的名篇
——读莫泊桑的《我的叔叔于勒》···········卢　昆
欧阳询及其书法艺术美 ···················阮增宝
铁干威仪秀气攒
——读孙其峰教授近作有感 ···············王振德
重读《艰苦岁月》·······················金克俊

作家与作品

莫泊桑传（传记连载）···················张英伦

风格与流派

陆游"气为主"说诗例一则
——简析《胡无人》·····················王英志
略谈郁达夫小说的抒情性 ·················荣　松

世界文坛之窗

海水的滋味 ·······[印度]马尼克·本托卫底亚耶　作
石　真译
海水与泪水——读《海水的滋味》···········罗继长
儿　子 ·················[美]约翰·厄普代克作　木　同译
美国四代青年的心理剪影
——评《儿子》·························王　竞

鉴赏与探讨

古典诗词的寄寓问题
——再谈东坡中秋词及其他 ···············徐翰逢

美术作品

欧阳询书法作品选登
艰苦岁月（雕塑）·······················潘　鹤
孙其峰作品选登（国画）

1984 年第 1 期　刊名:《名作欣赏》
目录

阅读与欣赏

鲁迅《怀旧》略说 ······················王　瑶
附：《怀旧》··························鲁　迅
绝妙的讽刺小品
——说朱熹《记孙觌事》·················霍松林

附：记孙觌事·······（宋）朱　熹
诉诸武力！
——在弗吉尼亚议会上的讲演
················[美]佩特瑞克·亨利作　高　健译
慷慨陈词　滔滔雄辩
——读亨利的讲演词《诉诸武力！》·········高　健
熔古铸今　"故"事"新"编
——谈鲁迅的小说《理水》·····周溶泉　徐应佩
赞美创造的色彩奇观
——谈《补天》中的色彩描写·············王　红
附：补天································鲁　迅
捐躯赴国难　视死忽如归
——读曹植《白马篇》·················牟世金
柔情丽质　哀怨蕴结
——曹植《洛神赋》赏析················李　健
附：洛神赋·····················魏　曹　植
在时代的炉膛里燃烧
——三首咏煤新诗比较鉴赏··············李旦初
附：咏煤新诗三首·····郭沫若　朱自清　艾　青
雄姿逸态　顾影骄嘶
——杜甫《房兵曹胡马》赏析············李如鸾
盛唐的芬芳　现代的佳构
——余光中《寻李白》欣赏···············李元洛
附：寻李白························余光中
单纯流畅　摇曳多姿
——《茶花女》艺术结构赏析······杨茂林　李文田
王维山水田园诗二首新解···············傅如一
一份市政报告······[美]欧·亨利作　陈　凯译
镂云裁月　异趣沓来
——《一份市政报告》赏析···············成　立
擒住题面　畅加洗发
——苏辙《黄州快哉亭记》赏析···········何伍修
附：黄州快哉亭记····················苏　辙

大中语文名篇赏析
美妙的图画，热情的赞歌
——读茅盾的《风景谈》················罗永奕
附：风景谈·························茅　盾
直挂云帆向未来
——读袁鹰的《归帆》················陆志平
附：归帆·························袁　鹰
高昂悲壮哀惋动人的爱国乐章
——读都德的小说《柏林之围》···········张曙若
附：柏林之围·····················[法]都　德

作家与作品
野火烧不尽，春风吹又生
——漫话惠特曼的《草叶集》·············黄新根

风格与流派
《诗品》二品译析例解·················郭　政

世界文坛之窗
老废············[英]斯泰塞·奥莫尼尔作　杨志才译
真实的诗，是在相反事物的谐和中
——析短篇小说《老废》···············林友光

新作拔萃
畸形塔下的畸零人
——读散文《在斜塔下》···············杜莲如
附：在斜塔下······················穆　青

读者之友
哲理和艺术的融合
——先秦散文美学分析（一）············皇甫修文
以意逆志·知人论世·知言养气
——略谈孟子的文学鉴赏三原则···········蔡育曙
附：孟子原文选载·············（战国）孟　轲

芳林漫涉
方看惊涛急峡　忽随流水绕芳坡
——谈小说情节的张驰相间··············屈宝贤
具有整齐美和音乐美的优美句式
——谈谈《红楼梦》的对偶··············林兴仁
朱自清散文里的风···················笪佐领

鉴赏与探讨
辛弃疾《菩萨蛮》词析疑················林　薇

美术作品欣赏
杰出的俄罗斯画家克拉姆斯科依···········奚静之
画外之韵
——浅析石鲁绘画中"藏"与"露"的艺术构思
·····························令狐彪
《西厢记》插图《窥简》管窥············黄小庚
涅克拉索夫像（油画）···········克拉姆斯科依
月夜（油画）···············克拉姆斯科依
转战陕北（国画）···················石　鲁

1984 年第 2 期　刊名:《名作欣赏》
目录

阅读与欣赏
驾着金色的太阳遨游宇宙
——三首礼赞太阳的新诗比较鉴赏··········李旦初
附：新诗三首·······郭沫若　闻一多　艾　青
动与静　藏与露　虚与实

——苏词艺术辩证法赏析·····················周嘉向
沧海风云图，扭转乾坤情
——试析《海燕》的艺术特色·················顾蕴璞
附：海燕··············[俄]高尔基作　戈宝权译
《马丁·朱则尔维特》
——伪善者画像及其他·······················朱　虹
五四时期恋爱自由的热烈呼号
——冯沅君小说《旅行》赏析·················陈宗敏
附：旅行···沅　君
《好的故事》与《蔚蓝的国》比较赏析·········闵抗生
附：好的故事·····································鲁　迅
附：蔚蓝的国·········[俄]屠格涅夫作　巴　金译
"不写之写"的艺术
——《聊斋·宦娘》艺术欣赏·················卢　今
附：宦娘·····································（清）蒲松龄
从毕怡庵的"恨不一遇"说起
——《聊斋·青凤》赏析·····················王林书
如歌的行板
——读闻一多的《一个观念》·················江锡铨
白描写真　意境奇瑰
——读徐霞客《游五台山日记》和《游恒山日记》
···胡太春
对祖国的深情怀念
——台湾诗人高准《念故乡》赏析·············祥　云
诗说新语：问的艺术·····························林从龙
探隐发微　妙笔生辉
——《家》鸣凤投湖一章的心理描写与赏析···谷蔚年

大中语文名篇赏析
人在画中游　美景不胜收
——《与朱元思书》赏析·············周恩珍　杨九俊
千锤百炼　出神入化　杜甫《春夜喜雨》简析···戈致中
一曲心歌情悠悠
——孙犁《山地回忆》赏析·····················刘心爽
巧绘轻云托明月，精描绿叶衬红花
——浅谈《山地回忆》中"我"的形象塑造·····史文贵
附：山地回忆·····································孙　犁
关于《山地回忆》的回忆·························孙　犁
人间世相潮难抑
——读鲁彦《听潮的故事》·····················李之实
附：听潮的故事·································鲁　彦

作家与作品
莱蒙托夫和他的《祖国》·························许国强

世界文坛之窗
莱蒙托夫（四幕话剧）
·······················鲍·拉甫列尼约夫著　张文郁译
热爱祖国、渴求自由的光辉形象

——《莱蒙托夫》译后记·····················张文郁
桔子···················[日]芥川龙之介作　朱金和译
美丽的心灵
——读芥川龙之介的《桔子》·················朱金和

新作拔萃
文学应当同生活一道奔腾前进
——谈几篇获奖中篇小说的人物塑造···········汪炳悦

读者之友
一沙一世界　一花一天国
——古代山水诗美学价值漫笔·················孟桂兰
草蛇灰线，在千里之外
——谈《红楼梦》的一个创作特色·············梁归智

芳林漫涉
谈鲁迅的拟人化手法·····························蔡诗意
"蒙太奇"与诗的精炼·················王许林　徐林英
片言出妙境　警策显真情
——古典文艺散文的意境美释例···············姜纯哲

鉴赏与探讨
发乎情　止乎礼义
——读陶渊明《闲情赋》·······················振　甫
附：闲情赋·································（东晋）陶渊明
"山水以形媚道而仁者乐"
——王羲之《兰亭集序》之我见···············张国星
《死水》是唯美主义的作品吗？
——也释《死水》·····························常文昌

读者·作者·编者
叶浅予同志评本刊封面

美术作品赏析
开派画家李可染·································白　黑
言简意足
——叶浅予画舞·································万青力
李可染作品选登（国画）
叶浅予作品选登（国画）
红烛颂（油画）·····························闻立鹏　作

1984 年第 3 期　刊名:《名作欣赏》
目录

阅读与欣赏
《日出》的艺术独创性·····························程中原
曲线结构　对比手法
——《杜十娘怒沉百宝箱》艺术赏析···········阮温凌

附：杜十娘怒沉百宝箱······（明）冯梦龙
周进、范进
——科举制度下的两个畸形儿······吴小如
优美、健康的爱情诗篇
——闻捷《吐鲁番情歌》代表作赏析······吴奔星
附：吐鲁番情歌三首······闻捷
《金铜仙人辞汉歌》译注赏析······降大任 张仁健
《圣诞故事》
——圣诞精神与资本主义的现实······朱虹
梦幻深情写星娥
——读纳兰性德词《眼儿媚》······徐永端
悲凉慷慨论曹公
——读《步出夏门行·观沧海》札记······李蹊
"适如其人之言"
——浅谈《殽之战》的人物刻划······张补俊
鸟儿之情，诗人之志
——读渥兹华斯的两首抒情诗······穆南 陈蓓
凌厉的抨击和壮阔的斗争
——读《清忠谱》的"骂像"和"义愤"······陈美林
附：《清忠谱》第十折"义愤"······（清）李玉
借思古以忧时
——《钓台的春昼》赏析······梁积荣
附：钓台的春昼······郁达夫
杂谈钓台的春昼······于听
优美的"青春之歌"
——冰心散文《绿的歌》赏析······范昌灼
附：绿的歌······冰心

大中语文名篇赏析
诗情画意梅雨潭
——读朱自清的散文《绿》······宋良毅
附：绿······朱自清
谈《绿》的修辞······杨昌江
浅近设喻，透彻说理
——苏轼《教战守策》的艺术特色······方伯荣
附：教战守······（宋）苏轼
山海情
——析《说几句爱海的孩子气的话》······陈宁宁
附：说几句爱海的孩子气的话······谢冰心

风格与流派
白居易"风雅比兴"说诗例一则
——简析《新乐府·红线毯》······王英志

世界文坛之窗
莱蒙托夫（四幕话剧连载）
······〔苏〕鲍·拉甫列尼作 张文郁译
星新一小说三篇······隋复才译 陶力 校订
一、 攫财之道

二、 梦幻中的巨款
三、 谜一般的女人
星新一和他的创作······陶力

新作拔萃
《拾穗》随拾······吴嘉
附：西德拾穗录（组诗）······绿原

读者之友
入乎其内 出乎其外
——文学鉴赏规律谈······徐应佩 周溶泉
多余人
——俄国文学中的特产······张余

芳林漫涉
试谈《古诗十九首》的修辞技巧······何沛雄
弦弦掩抑声声思
——谈古代诗词曲言别名句······刘兰英

美术作品赏析
恍若顽童的《四羊图》······薛永年
雷若阿作品欣赏······闻立鹏
任伯年《女娲炼石图》赏析······丁羲元
四羊图（国画）······（南宋）陈居中
女娲炼石图（国画）······（清）任伯年
雷诺阿作品选登（油画二幅）

1984 年第 4 期　刊名:《名作欣赏》

目录

阅读与欣赏
一篇穷板子佳话
——读傅山《犁娃从石生序》······侯文正
附：犁娃从石生序······（清）傅山
啸声散作满林风，满腔肝胆不尽吐
——傅山咏太原风物诗一束漫析······张厚余
华灯烛影话"烂开"
——唐寅《落花诗之一》讲谈······杨敬轩
诗化的艺术　艺术的诗化
——艾青的三首短诗比较赏析······叶橹
附：艾青诗三首
小泽征尔　东山魁夷　给乌兰诺娃
宋人七绝的理趣和野趣······储仲君
试析鲁迅《白光》中的幻觉描写······张舟萍 徐智明
附：白光······鲁迅
抑扬映带　起伏交错
——《水浒》人物描写漫笔······汪远平
《攻占炮台》简析······王聿蔚

附：攻占炮台⋯⋯⋯⋯⋯⋯ ［法］梅里美作 王聿蔚译
真情真声
——谈冯梦龙辑《挂枝儿》曲⋯⋯⋯⋯⋯胡小伟
笔法生峭 最易效学
——读韩愈《画记》⋯⋯⋯⋯⋯⋯⋯⋯曹中孚
附：画记⋯⋯⋯⋯⋯⋯⋯⋯⋯（唐）韩 愈
听，那声声拨动着的"三弦"
——读沈尹默的《三弦》⋯⋯⋯⋯⋯⋯杜方智
恣意纵笔尽传神
——关汉卿套曲《不伏老》读赏⋯⋯⋯王星琦
在继承中创新
——比析《董西厢》和《王西厢》的"长亭送别"
⋯⋯⋯⋯⋯⋯⋯⋯⋯⋯⋯⋯⋯⋯傅 义

大中语文名篇赏析
名贵百果王 古今有佳篇
——试析《荔枝图序》和《南州六月荔枝丹》的同异
⋯⋯⋯⋯⋯⋯⋯⋯⋯⋯⋯⋯⋯⋯邵璧华
南州六月荔枝丹⋯⋯⋯⋯⋯⋯⋯⋯⋯贾祖璋
附：荔枝图序⋯⋯⋯⋯⋯⋯⋯⋯（唐）白居易
丰富的想象 奇妙的比喻
——谈朱自清先生《荷塘月色》⋯⋯⋯王远杰
附：荷塘月色⋯⋯⋯⋯⋯⋯⋯⋯⋯⋯朱自清
说理生动 议论透辟
——梁启超的《论毅力》赏析⋯⋯⋯⋯周仲明
附：论毅力（节选）⋯⋯⋯⋯⋯⋯⋯⋯梁启超
《菜园小记》三题⋯⋯⋯⋯⋯⋯⋯⋯⋯孟庆忠
附：菜园小记⋯⋯⋯⋯⋯⋯⋯⋯⋯⋯吴伯箫

作家与作品
也和狄更斯交个朋友吧
——读莫洛亚的《狄更斯评传》⋯⋯⋯朱 虹
狄更斯评传（传记连载）
⋯⋯⋯⋯⋯［法］安德烈·莫洛亚著 朱延生译

世界文坛之窗
魏卡⋯⋯⋯⋯⋯⋯［苏］谢·沃罗宁作 贾 明译
笔法简洁 蕴意深沉
——读《魏卡》⋯⋯⋯⋯⋯⋯⋯⋯⋯何文桢
辛吉的座灯⋯⋯⋯⋯［日］曾野绫子作 文学朴译
一篇用血和泪写成的控诉书
——《辛吉的座灯》品评⋯⋯⋯⋯⋯文洁若

读者之友
浅谈生活体验在文学欣赏中的作用⋯⋯门立功
崇高人格的写照
——先秦散文美学分析（二）⋯⋯⋯皇甫修文

芳林漫涉
景美、人更美
——杨朔散文意境的内核⋯⋯⋯⋯⋯胡汉祥
夸饰的美趣⋯⋯⋯⋯⋯⋯⋯⋯⋯⋯王琮琪
抒情诗和诗人形象
——诗艺漫议⋯⋯⋯⋯⋯⋯⋯⋯⋯周锡炎

鉴赏与探讨
如何分析山水诗的倾向性
——兼析《山居秋暝》⋯⋯⋯⋯⋯⋯王 汉
可贵的韧战精神
——析《墓碣文》⋯⋯⋯⋯⋯⋯⋯⋯唐荣昆
附：墓碣文⋯⋯⋯⋯⋯⋯⋯⋯⋯⋯⋯鲁 迅

读者·作者·编者
"这个刊物办得真不错！"
——著名剧作家曹禺盛赞《名作欣赏》⋯施琦民

美术作品欣赏
天地正气
——潘天寿先生《先春花已到梅枝》欣赏⋯李大震
笑的武器
——浅谈华君武的动物漫画⋯⋯⋯⋯苏 光
骏马倏忽踏九州
——苏轼《黄州寒食帖》赏析⋯⋯⋯阮增宝
苏轼《黄州寒食帖》
华君武漫画选登（二幅）
潘天寿作品选登（二幅）

1984 年第 5 期 刊名:《名作欣赏》
目录

阅读与欣赏
无情最可怕 纵情胜无情
——介绍悲剧《安东尼与克莉奥佩特拉》⋯⋯方 平
附:《安东尼与克莉奥佩特拉》（选择）
⋯⋯⋯⋯⋯⋯⋯⋯⋯［英］莎士比亚 方 平译
雄浑慷慨《大风歌》⋯⋯⋯⋯⋯⋯⋯屠 岸
深切的历史感与壮阔的诗情美
——《海南杂忆》与《"天涯"》比较赏析⋯周耀根
附：海南杂忆⋯⋯⋯⋯⋯⋯⋯⋯⋯⋯茅 盾
"天涯"⋯⋯⋯⋯⋯⋯⋯⋯⋯⋯⋯⋯吴伯箫
琐细笔墨见本色
——说辛弃疾的一首词⋯⋯⋯⋯⋯⋯韩小默
寓精深于质朴
——读王鲁彦小说《一只拖鞋》⋯⋯胡凌芝
附：一只拖鞋⋯⋯⋯⋯⋯⋯⋯⋯⋯⋯鲁 彦
王鲁彦生平简述⋯⋯⋯⋯⋯⋯⋯⋯⋯覃 英

时代的投影就在人物的心间
　——聊斋《王桂菴》赏析······何永康
附：王桂菴······（清）蒲松龄
魅人的花金子
　——《原野》人物赏析······陈惠芬
《红楼梦》欣赏琐拾······李延祜
从《黑面纱》看狄更斯······穆　南
黑面纱······[英]狄更斯　穆　南译
反复咏叹　言婉思深
　——读韩愈《送杨少尹序》······王学太
附：送杨少尹序······（唐）韩　愈
《王西厢》中选词的巧用及其他······袁启明　张粤民
洗炼蕴藉　意深境远
　——读茅盾《〈草原上的小路〉序》······吴甸起
附：《草原上的小路》序······茅　盾
笃意真古，辞典惋惬
　——《归园田居》五首试解······徐克强
附：归园田居五首······（晋）陶　潜
过去同现在对比　理想和现实交融
　——读严阵的《牡丹园记》······罗永奕
附：《牡丹园记》······严　阵
曲里相思梦里逢
　——读《西洲曲》······张永鑫
附：西洲曲······南朝民歌
意趣和情趣
　——传统单口相声《贼说话》浅析······薛宝琨
附：贼说话（单口相声）······张寿臣
愤懑　挽歌　苦笑
　——痖弦诗《盐》赏析······张　放
至今犹闻声悲壮
　——释顾炎武《秋山》······王志迅

大中语文名篇赏析
伟大抗日民族战争的侧影
　——读周立波的《娘子关前》······陈学超
附：娘子关前······周立波
纵横恣肆　以言写人
　——《唐雎不辱使命》的人物对话欣赏······黄建宏
附：唐雎不辱使命······《战国策》
叙议的和谐统一
　——读《芋老人传》······张慕勋
附：芋老人传······（明）周　容

作家与作品
狄更斯评传（连载）······[法]安德烈·莫洛亚著　朱延生译

世界文坛之窗
坟······[美]凯瑟琳·安·波特　吕　明译

直面死亡的幻影——简析《坟》的主题······魏　威

读者之友
天生我材何所用
　——漫谈《红与黑》中的于连形象
······张继顺　遗作

芳林漫涉
意境形成的"三部曲"
　——兼析《白杨礼赞》的写作······蔡善道
漫谈古典叙事诗情节的屈张······王振汉

鉴赏与探讨
伶伦吹裂孤生竹，今世知音应细听
　——试谈闻一多的新诗格律说及其贡献······唐鸿棣
谈曹丕《燕歌行》的句读和诗意······南　石

美术作品欣赏
千古不朽的《清明上河图》······水天中
"远望不离座外"
　——评范宽《黢山行旅图》······薛永年
巴巴的《农民》简析······张荣生
清明上河图（局部）······（宋）张择端
黢山行旅图（国画）······（宋）范　宽
农民（油画）······[罗马尼亚]巴　巴

1984 年第 6 期　刊名：《名作欣赏》
目录

阅读与欣赏
有所师法更有所突破
　——崔颢《黄鹤楼》、李白《登金陵凤凰台》比较赏析
······皇甫修文
沉雄悲慨的时代交响曲
　——杜甫《白帝》赏析······张秀芝
纵横开阖　舒卷自如
　——简析约翰·戴登的名作《军前宴》······高　健
附：军前宴······[英]约翰·戴登作　高　健译
铿锵激越奏秋歌　急管繁弦颂祖国
　——郭小川《秋歌》的艺术特色赏析······姜纯哲
附：秋歌（之三）······郭小三
《长明灯》与《狂人日记》比析······沈　欣
附：长明灯······鲁　迅
旨趣相同　风标各异
　——比析几首咏北齐后主的唐诗······张仁健
耐人品味的《乡色酒》······杨　然
戴望舒三首抒情诗比较鉴赏······梁　骏　尤　敏

附：雨巷　我的记忆　我用残损的手掌⋯⋯⋯⋯戴望舒
《红楼梦》欣赏琐拾（二）⋯⋯⋯⋯⋯⋯⋯⋯⋯李廷祜
一篇很有特色的短篇小说
——读沈从文的《牛》⋯⋯⋯⋯⋯⋯⋯⋯⋯⋯刘敦纲
附：牛⋯⋯⋯⋯⋯⋯⋯⋯⋯⋯⋯⋯⋯⋯⋯⋯⋯沈从文
黄仲则《癸巳除夕偶成》赏析⋯⋯⋯⋯⋯⋯⋯李梦生
"其人虽已没，千载有余情"
——《燕丹子》赏析⋯⋯⋯⋯⋯⋯⋯⋯⋯⋯⋯⋯乔　力
附：燕丹子⋯⋯⋯⋯⋯⋯⋯⋯⋯⋯⋯⋯⋯⋯⋯⋯⋯⋯
舒卷自如　金声玉振
——谈李白杂言诗的音乐美⋯⋯⋯⋯⋯⋯⋯⋯金志仁
读唐人诗词　话中日友好⋯⋯⋯⋯⋯⋯⋯⋯⋯洪静渊
眼底生云雾　脚下数千年
——《游龙门记》赏析⋯⋯⋯⋯⋯⋯⋯⋯⋯⋯皇甫涛
附：游龙门记⋯⋯⋯⋯⋯⋯⋯⋯⋯⋯⋯⋯（明）薛　瑄
幽默大师的幽默珍品
——《好兵帅克》赏析⋯⋯⋯⋯⋯⋯⋯⋯⋯⋯陈孝英
附：好兵帅克（第八章）⋯⋯⋯⋯⋯⋯［捷］哈谢克作
感情奔涌在宁静柔和的夜里
——读冰心《国庆节前北京郊外之夜》⋯⋯⋯罗永奕
附：国庆节前北京郊外之夜⋯⋯⋯⋯⋯⋯⋯⋯冰　心

大中语文名篇赏析
策士之文　骈体之祖
——李斯《谏逐客书》赏析⋯⋯⋯⋯⋯⋯⋯⋯邵璧华
援古证今　据事类义
——李斯《谏逐客书》赏析⋯⋯⋯⋯⋯⋯⋯⋯何伍修
附：谏逐客书⋯⋯⋯⋯⋯⋯⋯⋯⋯⋯⋯（秦）李　斯
一幅恬淡明丽的春之图
——老舍《济南的冬天》赏析⋯⋯⋯⋯⋯⋯⋯吴　炫
附：济南的冬天⋯⋯⋯⋯⋯⋯⋯⋯⋯⋯⋯⋯⋯⋯老　舍

作家与作品
狄更斯评传（连载）⋯⋯⋯⋯⋯⋯［法］安德烈·莫洛亚著
朱延生译

风格与流派
屈原"发愤以抒情"说诗例一则
——简析《九章·抽思》⋯⋯⋯⋯⋯⋯⋯⋯⋯王英志
附：抽思⋯⋯⋯⋯⋯⋯⋯⋯⋯⋯⋯⋯⋯（战国）屈　原

世界文坛之窗
牵牛花破坏案⋯⋯⋯⋯⋯⋯⋯［美］田纳西·威廉斯　穆　南译
"一个遗世而独立的新世界"
——《牵牛花破坏案》译后⋯⋯⋯⋯⋯⋯⋯⋯穆　南

新作拔萃
追求精神的赞歌
——读散文《月迹》⋯⋯⋯⋯⋯⋯⋯⋯⋯⋯⋯杜莲茹

附：月迹⋯⋯⋯⋯⋯⋯⋯⋯⋯⋯⋯⋯⋯⋯⋯⋯贾平凹

读者之友
俳句微观与宏观⋯⋯⋯⋯⋯⋯⋯⋯⋯⋯⋯⋯⋯彭恩华

芳林漫涉
散文的文眼⋯⋯⋯⋯⋯⋯⋯⋯⋯⋯⋯⋯⋯⋯⋯刘峻鼎
情景浅谈⋯⋯⋯⋯⋯⋯⋯⋯⋯⋯⋯⋯⋯⋯⋯⋯王抗敌

鉴赏与探讨
解诗不能牵强附会
——也谈王昌龄的《芙蓉楼送辛渐》⋯⋯⋯⋯孟毓华

美术作品赏析
欣赏黄永玉的画⋯⋯⋯⋯⋯⋯⋯⋯⋯⋯⋯⋯⋯孙美兰
绝妙动宫墙
——永乐宫三清殿壁画《朝元图》赏析⋯⋯⋯龚森浩
望乡（国画）⋯⋯⋯⋯⋯⋯⋯⋯⋯⋯⋯⋯⋯⋯黄永玉
吾家山（国画）⋯⋯⋯⋯⋯⋯⋯⋯⋯⋯⋯⋯⋯黄永玉
永乐宫三清殿西壁壁画（局部）

1985 年第 1 期　刊名:《名作欣赏》

目录

阅读与欣赏
他追逐着生活的思想的浪花
——《海上劳工》艺术构思谈⋯⋯⋯⋯⋯⋯⋯田秉锷
附:《海上劳工》（选载）⋯⋯⋯［法］雨　果　罗玉君译
黄鹤楼与凤凰台⋯⋯⋯⋯⋯⋯⋯⋯⋯⋯⋯⋯⋯施蛰存
读《战国策·触龙说赵太后》⋯⋯⋯⋯⋯⋯⋯吴小如
附：触龙说赵太后⋯⋯⋯⋯⋯⋯⋯⋯选自《战国策》
给人以温馨和希望的诗篇
——艾青三首诗比较赏析⋯⋯⋯⋯⋯⋯⋯⋯⋯叶　橹
附：伞　仙人掌　盼望⋯⋯⋯⋯⋯⋯⋯⋯⋯⋯艾　青
月夜的美感⋯⋯⋯⋯⋯⋯⋯⋯⋯⋯⋯⋯⋯⋯⋯夏丏尊译
一篇少见的推理散文
——《月夜的美感》⋯⋯⋯⋯⋯⋯⋯⋯⋯⋯⋯梁　衡
一曲清吟千古心
——孟浩然《早寒江上有怀》赏析
⋯⋯⋯⋯⋯⋯⋯⋯⋯⋯⋯⋯⋯⋯⋯⋯⋯⋯⋯崔文华
"享用牺牲"的悲剧
——谈鲁迅的《药》与屠格涅夫的《工人和白手的
人》⋯⋯⋯⋯⋯⋯⋯⋯⋯⋯⋯⋯⋯⋯⋯⋯⋯⋯钱　虹
爱姑的悲剧
——鲁迅《离婚》赏析⋯⋯⋯⋯⋯⋯⋯⋯⋯⋯周庆基
附：离婚⋯⋯⋯⋯⋯⋯⋯⋯⋯⋯⋯⋯⋯⋯⋯⋯鲁　迅
《死水》的寄托艺术⋯⋯⋯⋯⋯⋯⋯⋯⋯⋯⋯唐鸿棣
附：死水⋯⋯⋯⋯⋯⋯⋯⋯⋯⋯⋯⋯⋯⋯⋯⋯闻一多

一曲激荡千古的铜钟巨响

——读陈子昂的《登幽州台歌》⋯⋯⋯⋯杨志今

墓地哀吟⋯⋯⋯⋯⋯〔英〕托马斯·葛雷作 高 健译

秾郁深沉 醇郎圆润

——简析《墓地哀吟》⋯⋯⋯⋯⋯⋯⋯⋯高 健

空间张力的效果和运用方式

——比析中外两首诗⋯⋯⋯⋯⋯⋯⋯⋯苏 丁

乡恋歌新柳 国仇赋晚风

——杨万里诗二首赏析⋯⋯⋯⋯⋯⋯⋯李正民

《采莲曲》的色彩美⋯⋯⋯⋯⋯⋯⋯⋯邵扬明

《红楼梦》欣赏琐拾（三）⋯⋯⋯⋯⋯李延祜

钱神论⋯⋯⋯⋯⋯⋯⋯⋯⋯⋯⋯晋 鲁 褒

刺世疾时的奇文

——《钱神论》⋯⋯⋯⋯⋯⋯⋯⋯⋯朱迎平

奔⋯⋯⋯⋯⋯⋯⋯⋯⋯⋯⋯⋯⋯⋯丁 玲

一幅悲惨的城乡流民图

——丁玲小说《奔》赏析⋯⋯⋯⋯⋯⋯郭 成

咏物难工 梅尤不易

——李清照咏梅词三首赏析⋯⋯⋯⋯⋯钱光培

《沙扬娜拉》与艺术的神似⋯⋯⋯⋯⋯王晓华

"比"中见彰 "隐"而愈显

——《三国演义》人物创造艺术探胜⋯⋯艾 斐

亦深责 亦悲惜

——读苏轼的《贾谊论》⋯⋯⋯⋯⋯⋯周慧珍

附：贾谊论⋯⋯⋯⋯⋯⋯⋯⋯⋯（宋）苏 轼

大中语文名篇赏析

读贾谊的《过秦论》⋯⋯⋯⋯⋯⋯⋯韩兆琦

附：过秦论（上、中、下）⋯⋯⋯（汉）贾 谊

茶花·童颜·祖国

——谈《茶花赋》的象征⋯⋯⋯⋯⋯曹光灿

附：茶花赋⋯⋯⋯⋯⋯⋯⋯⋯⋯⋯杨 朔

《杨修之死》的细节设置艺术⋯⋯⋯郑铁生

神奇的境界 壮丽的人生

——读《梦游天姥吟留别》⋯⋯⋯⋯张发光

附：梦游天姥吟留别⋯⋯⋯⋯（唐）李 白

作家与作品

艾青传（选载）⋯⋯⋯⋯⋯⋯⋯⋯徐 刚

风格与流派

元好问"主壮美"观诗例一则

——简析《壬辰十二月车驾东狩后即事》其二

⋯⋯⋯⋯⋯⋯⋯⋯⋯⋯⋯⋯⋯⋯王英志

"自然派"沉郁的短篇叙事诗⋯⋯⋯马家骏

附：铁路⋯⋯⋯⋯〔俄〕温克拉索夫 马家骏译

世界文坛之窗

妖精配给公司⋯⋯⋯⋯〔日〕星新一 李有宽译

在幽默和嬉闹的幕后

——《妖精配给公司》读后⋯⋯⋯⋯毛时安

新作拔萃

别⋯⋯⋯⋯⋯⋯⋯⋯⋯⋯⋯⋯⋯吴奔星

领异标新二月花

——读吴奔星的诗作《别》⋯⋯⋯⋯邓星雨

读者之友

审美境界的追求

——先秦散文美学分析（之三）⋯⋯皇甫修文

俳圣芭蕉⋯⋯⋯⋯⋯⋯⋯⋯⋯⋯彭恩华

一枝一叶尽关情⋯⋯⋯⋯⋯⋯⋯王振汉

从欧阳修的失误谈起⋯⋯⋯⋯⋯甘久生

芳林漫涉

山红涧碧 秋与云平

——漫谈郭小川诗中的秋天⋯⋯⋯范一直

"透过一层"情更深⋯⋯⋯⋯⋯⋯于其化

作者的"影子"⋯⋯⋯⋯⋯⋯⋯蔡日明

鉴赏与探讨

《死水》的三重象征意义⋯⋯⋯⋯庄善忠

说许浑的《咸阳西门城楼晚眺》诗⋯董乃斌

美术作品欣赏

盛唐风神

——读《虢国夫人游春图》⋯⋯⋯郎绍君

读马远的《踏歌图》⋯⋯⋯⋯⋯张 蔷

虢国夫人游春图（国画）⋯⋯⋯（唐）张 萱

踏歌图（国画）⋯⋯⋯⋯⋯（南宋）马 远

少女的梦（油画）⋯⋯⋯⋯⋯〔法〕库尔贝

1985 年第 2 期 刊名:《名作欣赏》
目录

阅读与欣赏

寓深情于丽则之中

——冯延巳《鹊踏枝》赏析⋯⋯⋯⋯刘逸生

血泪心声铸壮词

——读辛弃疾《贺新郎·别茂嘉十二弟》⋯王叔珩译

附：辛弃疾《贺新郎·别茂嘉十二弟》并今译

⋯⋯⋯⋯⋯⋯⋯⋯⋯⋯⋯⋯⋯⋯王叔衔译

梦中升起的小花

——何其芳《预言》浅析⋯⋯⋯⋯孙玉石

附：预言⋯⋯⋯⋯⋯⋯⋯⋯⋯⋯何其芳

明白如画 蕴意无穷

——马致远《天净沙·秋思》小析⋯⋯崔子恩

理趣各别　韵味俱长
——唐人七绝二首赏析·············韩小默
此情无计可消除
——范仲淹《苏幕遮·碧云天》赏析········陈如江
细腻绵密　文思郁勃
——《西湖的六月十八夜》品赏·········林中鹿
附：西湖的六月十八夜············平　伯
希声窈渺　素以为绚
——赏析周作人《初恋》兼议《娱园》······张　放
附：初恋　娱园··············周作人
以平常之景语　写无穷之妙趣
——陶渊明《归园田居》之一赏析·······李文初
月度回廊　闲闲渐写
——谈《水浒》的层次描写··········吴士余
半生辛苦　万种情怀
——读《〈呐喊〉自序》···········李国涛
附：自序················鲁　迅
本土的气息　民族的典型
——漫谈《马丁·菲耶罗》的创作·······陈光孚
附：马丁·菲耶罗（节选）·····[阿根廷]何塞·
埃尔南德斯著　赵振江译
竟似古人寻我
——《王西厢》广引成句入曲的语言艺术
·····················袁启明　张粤民
世俗生活的真实与情趣
——《卖油郎独占花魁》漫析·········侯文正
附：卖油郎独占花魁
侯方域和他的《与阮光禄书》··········宋谋瑒
附：癸未去金陵日与阮光禄书·······（明）侯方域
写转化掌握分寸
——《聊斋·聂小倩》艺术谈·········薄子涛
附：聂小倩·············（清）蒲松龄
读“聊斋型”文言小说《村姬》·········田宝琴
附：村姬··············（清）沈起凤
红楼梦欣赏琐拾（之四）············李延祜
绰约多姿的人生　意蕴丰盈的哲理
——对三首《眼睛》的品评··········叶　橹
附：眼睛················孙　犁
　　眼睛················公　木
　　眼睛················陈敬容
“人有其声口”
——读《水浒传》里两首诗··········王一鸣
《德里纳河上的桥》艺术表现初探·········郑恩波
附：德里纳河上的桥（第三章）
·········[南]伊沃·安得里奇著　周文蒸　李雄飞译

大中语文名篇赏析
读《九歌·湘夫人》···············凌左义
附：湘夫人················屈　原

《阿Q正传》（节选）的心理描写艺术········王家伦
附：阿Q正传（节选）············鲁　迅

作家与作品
艾青传（连载）················徐　刚

风格与流派
法国的“新小说派”··············胤　嘉
附：密室········[法]阿兰·罗勃-格里那著　胤　嘉译

世界文坛之窗
成功···········[美]欧文·奥列佛尔著　徐　朴译
《成功》的成功···············徐　朴　达应麟
送行·········[英]马克斯·比尔博姆著　杨志才译
真似假　假似真——散文《送行》浅释·······杨志才

新作拔萃
衬托与蓄势——《棋王》的人物塑形·········魏　威
附：棋王·················阿　城

读者之友
略说金人瑞的欣赏论··············陈潜之
傲世嫉俗的俳人小林一茶············彭恩华

芳林漫涉
诗与形象美··················吴奔星
“多采”与“休采”
——从王维《相思》看“正”“反”手法······林东海
《女神》写景艺术的“紧张感”·········张润深

鉴赏与探讨
一笛横吹曲，还是一首交响诗？
——浅谈《荷塘月色》中的潜意识·······王定天

美术作品赏析
用色彩塑造灵魂的大师——伦勃朗········赵　荆
伦勃朗自画像
戴金盔的人··············[荷]伦勃朗
朱诺···············[荷]伦勃朗

1985年第3期　刊名：《名作欣赏》
目录

阅读与欣赏
《红楼梦》表现日常生活的几个特点·········何永康
幽韵冷香　挹之无尽
——姜夔《暗香》、《疏影》简析·······袁行霈
漫谈《聊斋志异》中的鬼影及其他
——《鬼妻》、《泥书生》赏析·······阎勤民

附：鬼妻、泥书生···········（清）蒲松龄
一幅洋溢着俄罗斯气息的"油画"
——屠格涅夫散文诗《乡村》赏析···········智　量
附：乡村·········[俄]屠格涅夫作　智　量译
家族、爱情及其他
——读《安娜·卡列尼娜》···········郑万鹏
立象尽意　睹影知竿
——陆游《剑门道中遇微雨》赏析···········刘成锡
美的情思　美的旋律
——韩少华散文《序曲》欣赏···········曾绍义
附：序曲···········韩少华
画外画中的诗外诗
——公刘《读罗中立的油画〈父亲〉》鉴赏
···········周溶泉　徐应佩
附：读罗中立的油画《父亲》···········公　刘
被社会扭曲了的灵魂
——评《人，又少了一个！》的隐蔽的心理描写手法
···········郭　冬
附：人，又少了一个！···········聂华苓
"村中忧患系春蚕"
——谈谈《春蚕》中对老通宝的心理描写···········李继凯
三幅情趣盎然的画图
——何其芳诗作《秋天》（二）赏析···········周　棉
附：秋天（二）···········何其芳
安排山水送行人
——王观《卜算子·送鲍浩然之浙东》赏析···杨景龙
先师谈诗录···········郑临川
谈《琵琶行》的意境···········王林书
附：《琵琶行》及今译
···········（唐）白居易作　霍松林译
读苏轼《放鹤亭记》···········何水清
附：放鹤亭记···········（宋）苏　轼
积极的主题　动人的形象
——读关汉卿的杂剧《蝴蝶梦》···········任三杰
真切自然　情深意浓——《霓裳续谱》、《白雪遗音》
中的情歌赏析···········周中明
真、善、美与假、丑、恶的鲜明对比
——读巴尔扎克名著《欧也妮·葛朗台》···········烽　岚

大中语文名篇赏析
议论萦纡　即物明理
——曾巩《墨池记》赏析···········李如鸾
附：墨池记···········（宋）曾　巩
不平而鸣　气盛言宜
——读韩愈《张中丞传后叙》···········杨济东
附：张中丞传后叙···········（唐）韩　愈
谈《药》的结构···········王　灼
附：药···········鲁　迅
千彩诗笔绘百感

——试析《我不叹惋、呼唤和哭泣······》的艺术特色
···········顾蕴璞
附：我不叹惋、呼唤和哭泣······
···········[俄]叶赛宁作　顾蕴璞译

作家与作品
艾青传（选载）···········徐　刚

风格与流派
梦幻与追求
——漫谈《牧神的午后》：诗与交响诗···········飞　白
附：牧神的午后（牧歌）····[法]马拉美　飞　白译
灵魂的戏剧
——从《琼斯皇》看表现主义戏剧特征···········孙　葳
附：琼斯皇（八场剧）···········[美]尤金·奥尼尔
刘宪之译　徐烈炯校
奥尼尔戏剧理论及有关评论选摘
陆机"诗缘情而绮靡"说诗例一则
——简析《招隐诗》···········王英志

世界文坛之窗
禽兽···········[日]川端康成著　刘晓波译
在虚实之间——《禽兽》浅析···········陶　力

新作拔萃
河魂（节选）···········矫　健
我读《河魂》···········张　炯

读者之友
俳坛伟大的革新者正冈子规···········彭恩华

芳林漫涉
从西门庆相亲谈起
——读《金瓶梅》第七回有感···········方　平
《呐喊》和《彷徨》的环境描写···········王富仁

美术作品欣赏
安格尔的肖像素描···········水天中
素描四幅···········[法]安格尔
死囚牢房···········[匈牙利]蒙卡契

1985 年第 4 期　刊名:《名作欣赏》
目录

阅读与欣赏
读三首咏梅词
——为纪念瞿秋白烈士就义五十周年而作···王保林
《西洲曲》臆解···········吴小如

附：南朝乐府民歌《西洲曲》
读《史记·游侠列传》…………………韩兆琦
附：游侠列传…………………（汉）司马迁
超世拔俗的心灵的"桃花园"
——柳宗元《江雪》赏析……………林兴宅
芥豆之微展须弥
——"刘姥姥一进荣国府"论析………朱　彤
"凝注"与"淡出"——郭沫若《日暮的婚筵》与卞
之琳《黄昏》对读……………………罗　田
附：日暮的婚筵………………………郭沫若
　　黄昏………………………………卞之琳
读《晌午》……………………………钱谷融
附：晌午………………………………秦兆阳
把人物藏在生活涡流的中心深处
——《贝姨》的环形结构特点赏析…刘伯奎
难拾的坠欢　难收的艳魂
——读拜伦的《记得当年我们分手》…高　健
附：记得当年我们分手……[英]拜伦作　高　健译
独从末路见精神
——宁调元《早梅叠韵》诗鉴赏……曹　旭
精微超旷　豪气过人
——苏轼《水调歌头》（黄州快哉亭赠张偓佺）赏析
………………………………………陆永品
人间之游　天上之想
——漫谈苏轼的《念奴娇·中秋》……余　翎
激流勇进之美
——《长江三日》意境辨析…………何宗文
附：长江三日…………………………刘白羽
异曲同工，各见风采
——比析《出关》和《柱下史入关》…王延晞
附：出关………………………………鲁　迅
　　柱下史入关………………………郭沫若
无形之画　有形之文
——读丁玲《曼哈顿街头夜景》……穆　南
附：曼哈顿街头夜景…………………丁　玲
怀人之作的精品
——肖红散文《鲁迅先生记》赏析…杜一白
附：鲁迅先生记………………………肖　红
《智取生辰纲》艺术分析……………朱靖华

作家与作品
雨果传（传记连载）…………………张英伦

风格与流派
陈子昂"汉魏风骨"说诗例一则
——简析《感遇》第三十四首………王英志
徐志摩诗歌的意境与音韵……………张明亮

世界文坛之窗
千古悲剧和渺小的悲剧………………方　平
莫扎特之死
——介绍《莫扎特之死》
……………[英]彼得·谢弗尔　蔡学渊译
浅析《埃伦蒂拉》……………………赵德明
埃伦蒂拉………[哥伦比亚]加西亚·马尔克斯
韩不军译　赵绍天校

新作拔萃
山泉声声醉诗人
——读谢大光的《鼎湖山听泉》……邓星雨
附：鼎湖山听泉………………………谢大光
相反相成　丰韵绰约
——舒婷《会唱歌的鸢尾花》的艺术风格…李传申
附：会唱歌的鸢尾花…………………舒　婷

读者之友
近代俳坛巨匠高滨虚子………………彭恩华
作品的命运……………………………金循华

芳林漫涉
吟成意态在虚描
——温庭筠词法一例…………………艾　岩
从《陌上桑》谈艺术烘托手法………解欣欣

鉴赏与探讨
"天空红得像马赛曲"…………………刘晓波

美术作品欣赏
燃烧着的太阳…………………………赵　荆
花卉二帧………………………………齐白石
兄弟爱……………………[爱]阿道尔夫·布格罗
播种者……………………………[荷]梵·高

1985 年第 5 期　刊名:《名作欣赏》

目录

阅读与欣赏
小荷才露尖尖角
——归有光《寒花葬志》美学鉴赏…皇甫修文
附：寒花葬志…………………………（明）归有光
《故都的秋》的画面美和音乐美………黄清华
附：故都的秋…………………………郁达夫
超脱、宁静的意趣
——孟浩然《春晓》赏析……………林兴宅
诗吟中华外　情和大海潮
——读黄遵宪留别日本诗………………董国炎

东风夜放花千树　灯烧月下月如银

——《水浒》里元宵节与明月描写·········汪远平

社会人类的演进痕迹　理想恋境的执着追求

——《搜神记·女化蚕》与《昨日之歌·蚕马》对读

·······································乔　力

附：女化蚕···························（晋）干　宝

　　蚕马·····························冯　至

西施的魅力与功罪

——对读几首咏西施的诗·············张仁健

移步换形　处处生辉——从我国古典山水画的空间意

识谈杜甫《望岳》·····················胡大雷

雄浑雅正　清明俊逸

——简析约翰·戴登的《圣塞西莉亚之歌》····高　健

附：圣塞西莉亚之歌

················[英]约翰·戴登作　高　健译

试论《鹦鹉的故事》及其他············吴晓铃

附：鹦鹉的故事　驯马　老人的鬼魂　大道理

··························[印度]罗·泰戈尔作

吴　华译　石　真校

介绍几首印度古代的格言诗·············王介山

让暴风雨洗涤出崭新的世界——高尔基《海燕》、茅

盾《雷雨前》比较赏析·················谭学纯

灵府之歌　朦胧之美

——读朱大枬《少女的赞颂》···········罗　田

附：少女的赞颂·······················朱大枬

心灵之火的折射

——丽尼的《急风》赏析··············吴周文

附：急风····························丽　尼

神思纵横吟苦瓜

——余光中《白玉苦瓜》赏析···········杨　然

附：白玉苦瓜·························余光中

早夭才子的神奇写照

——梁遇春《吻火》鉴赏···············张　放

附：吻火····························梁遇春

深沉的爱国主义的浩歌

——戴望舒《我用残损的手掌》赏析·······刘西普

附：我用残损的手掌···················戴望舒

形神之间　旨趣各异

——三首写树的诗比较赏析·············叶　橹

附：悼念一棵枫树·····················牛　汉

　　我骄傲，我是一棵树···············李　瑛

　　悬崖边的树·······················曾　卓

含蕴深厚　韵味悠然——《药》中比喻赏析···张　鹄

大中语文名篇赏析

清水出芙蓉，天然去雕饰

——谈《项脊轩志》的语言朴素美········郑荣馨

一页探奇测幽的日记

——《游黄山后记》（节录）赏析········赵景瑜

附：游黄山后记（节录）··············（明）徐霞客

珠圆玉润　优美铿锵

——《阿房宫赋》的语音美·············王　晨

作家与作品

雨果传（传记连载之二）···············张英伦

现代诗人简介（一）·············胡　适　沈尹默

玄　庐　叶圣陶　周良沛

附：一念····························胡　适

　　湖上····························胡　适

　　三弦····························沈尹默

　　读大白的《对镜》·················玄　庐

　　黑夜····························叶圣陶

风格与流派

李白"清真"说诗例一则

——简析《长干行》··················王英志

世界文坛之窗

莫扎特之死（续完）

················[英]彼得·谢弗尔作　蔡学渊译

终成眷属·················[英]安东尼·特罗洛普著

苏福衷译

新作拔萃

以实写虚，以鸟衬人

——赵本夫《绝唱》赏析··············魏　威

附：绝唱····························赵本夫

芳林漫涉

将自己暴露给世间

——读高长虹的散文集《曙》···········屈毓秀

附：曙（之一）·······················高长虹

"云"在诗词中的妙用···················李如鸾

"雪"的多边、两柄妙喻·················冯维铭

揭示灵魂　精微传神

——鲁迅小说中估量副词的运用··········徐　钜

鉴赏与探讨

你看那遥远的地平线···················刘晓波

梅雨时节何来飞絮·····················王晓祥

桃源六辨····························艾　岩

《老马》新探·························许祖华

对《乡色酒》赏析的一点意见············刘复初

美术作品欣赏

牛浴·······························徐悲鸿

鹰扬·······························徐悲鸿

双奔马·····························徐悲鸿

1985 年第 6 期　刊名:《名作欣赏》

目录

阅读与欣赏

狂·戚·谐·隐——从《儒林外史》楔子看吴敬梓的
审美追求 ……………………………………………何永康
附:《儒林外史》第一回 ………………（清）吴敬梓
读《聊斋志异·红玉》 ……………………………吴小如
附:红玉 ……………………………………（清）蒲松龄
嘈嘈切切错杂弹
——《红楼梦》女奴形象塑造艺术浅探 ………崔子恩
一曲《葬花词》,万重悲愤情 …………………郭兴良
附:葬花词（选自《红楼梦》第二十七回）
《葬花词》今译 …………………………………郭兴良译
沉郁顿挫,神余言外
——周邦彦《兰陵王·柳》辨析 ………………金志仁
景中寓情愫,澹中见丰腴
——读朱彝尊《卖花声·雨花台》 ……………马步云
写情人物,苍凉凄动
——《诗经·秦风·蒹葭》赏析 ………………李时人
写意传真,神韵天成
——读王士禛的《江上望青山忆》 ……………张振孝
读元好问的小令《骤雨打新荷》 ………………林从龙
"你创造了新的颤栗"
——从几朵小花看《恶之花》 ………………飞　白
附:出售的缪斯（外四首）……[法]波德莱尔　飞　白译
追求理想美的光辉诗篇
——谈《夜莺颂》和《希腊古翁颂》 …………朱炯强
附:夜莺颂 ……………[英]约翰·济慈　朱炯强译
　　希腊古翁颂 …………[英]约翰·济慈　朱炯强译
飞驰的乐音,浏亮的诗教
——读雪莱的《致云雀》 ………………………高　健
附:致云雀 ……………[英]波西·毕希·雪莱　高　健译
寓浓于淡,妙造自然
——《偶然听到的故事》赏析 …………………沙　均
附:偶然听到的故事 ……………………………秦兆阳

纪念郁达夫殉难四十周年专辑

郁达夫游记美学特征管窥 ………………………刘智扬
浅说郁达夫《钓台题壁》 ………………………胡荣锦
大巧之朴,极浓之淡
——《春风沉醉的晚上》的剪裁艺术 ………陈一辉
附:春风沉醉的晚上 ……………………………郁达夫
东瀛温柔三部曲
——徐志摩、郁达夫、杨朔诗文品较 ………张　放
附:樱花雨 ………………………………………杨　朔

大中语文名篇赏析

史剧的绝唱,正气的颂歌
——《桃花扇·骂筵》论析 ……………………朱　彤
附:骂筵 ………………………………………（清）孔尚任
双璧,显示着人性美的真谛
——《孔雀东南飞》、《木兰诗》比较赏析 ……谭学纯

作家与作品

现代诗人简介（二）:周作人　徐玉诺　冰　心　梁
宗岱 ………………………………………………周良沛
附:饮酒 …………………………………………周作人
　　两个扫雪的人 ………………………………周作人
　　思念 …………………………………………徐玉诺
　　在黑影中 ……………………………………徐玉诺
　　暮 ……………………………………………梁宗岱
　　晚祷 …………………………………………梁宗岱
　　纸船 …………………………………………冰　心
　　一句话 ………………………………………冰　心
郭沫若与郁达夫 …………………………………于　昀
托翁微观世界的珍奇剪影
——文艺回忆录《托翁轶影》译序 …………陈孝英
托翁轶影（选载）………………………[苏]阿·彼·
谢尔盖延科著　陈孝英　程家钧译
雨果传（传记连载之三）
——纪念雨果逝世一百周年 …………………张英伦

风格与流派

杜甫"沉郁顿挫"说诗例一则
——简析《春望》 ………………………………王英志

世界文坛之窗

终成眷属（中篇小说续完）
………………………[英]安东尼·特罗洛普　苏福衷译

新作拔萃

声情并茂的叙事乐章
——刘湛秋《最后的谢幕》赏评 ………………叶　橹

1986 年第 1 期　刊名:《名作欣赏》

目录

阅读与欣赏

吴文英《八声甘州》小讲 ………………………周汝昌
当代苏联抒情诗选赏……王守仁　选译　楼肇明　评赏
幽遐瑰诡　谲奇伟丽
——读柯勒律治记梦诗《大汗游苑》 ………高　健
附:大汗游苑 ………………[英]柯勒律治　高　健译
病态心理的剖示　畸形生活的烛照——穆时英心理分

析小说《白金的女体塑像》赏析························罗　田
附：白金的女体塑像······························穆时英
敦煌曲子词欣赏································高国藩
百代词曲之祖——《忆秦娥》························陆永品
时光流逝的哀吟································周丽云
人生老大的啸咏
——读自伤年华的一诗一词··················董国炎
灵光一闪中的失落感
——徐志摩诗《偶然》赏析··················费　勇
诗意浩荡　情采飞扬
——余光中散文《山盟》欣赏··················张　放
附：山盟······································余光中
情与理的结晶——卞之琳《断章》赏析············周　棉

大中语文名篇赏析
奇异的"绿"　迷人的"绿"
——说朱自清的散文《绿》··················陈平原
附：绿······································朱自清
苦闷的象征　独特的风格
——读茅盾的抒情散文《叩门》················郑富成
附：叩门······································茅　盾
风人慷慨赋同仇
——张维屏《三元里》诗赏析··················曹　旭
少年心事当拏云································康明轩
附：滕王阁序··································王　勃

欣赏探奥
审美与人的自由································刘晓波
《黄履庄小传》的象征意蕴····················皇甫修文
附：黄履庄小传································戴　榕

作家与作品
雨果传（连载之四）····························张英伦
现代诗人简介（三）····························周良沛
附：当铺······································朱　湘
　　采莲曲··································朱　湘
　　街头······································废　名
　　流浪者之岁暮······························于赓虞
　　扑灯蛾··································蒲　风
　　火·风·雨································蒲　风

风格与流派
韩愈"怪奇"说诗例一则
——简析《调张籍》························王英志

世界文坛之窗
最前的和最后的（话剧）
··················[英]约翰·高尔斯华绥　周锡山译
高尔斯华绥和他的《最前的和最后的》············周锡山

夺奖的木马··············[英]D.H.劳伦斯　陆乃圣译
幻由情生　真因幻显——比析《夺奖的木马》和《促
织》的魔幻色彩····························张仁健

新作拔萃
心态历程的艺术凸现
——谈《荒魂》的景事描写····················魏　威
深邃·悲壮·跃动
——北岛的《岛》探幽··················李传申
附：岛··北　岛

芳林漫涉
天意怜幽草，人间重晚晴
——义山诗意蠡测··························郭英德

鉴赏与探讨
析《一件小事》中的"坏脾气"··················唐荣昆

美术作品欣赏
破坏与总合的巨匠
——读毕加索早期作品札记····················卜维勤
毕加索早期作品选载
花与母子······························[西班牙]毕加索

1986年第2期　刊名:《名作欣赏》
目录

欣赏探奥
妙在"洁"与"不洁"之间——《红楼梦》提高读者
审美能力的艺术手段··························何永康
"天地与我并生，万物与我为一"
——移情作用与审美共鸣··················刘晓波

阅读与欣赏
说孟郊诗····································施蛰存
两座山峰在对话
——屠格涅夫散文诗《对话》鉴赏··············智　量
附：对话··················[俄]屠格涅夫　智　量译
溶化在崇高的情感里
——读两首纪念反法西斯战争的诗··············飞　白
附：在战争结束的那一天
　　··············[苏]特瓦尔多夫斯基　飞　白译
　　鹤群··········[苏]加姆扎托夫　飞　白译
凝结着明代山水游记的审美特征
——读袁宏道《虎丘记》······················吴功正
附：虎丘记································（明）袁宏道
王昌龄的两首宫怨绝句························陈邦炎
雄奇恢恑　寓真于诞

——"大闹天宫"论析·····················朱　彤
不知天畔侣　何处下平芜
——崔涂《孤雁》诗赏析·····················李如鸾
一尊闪耀着圣洁光辉的瓷像
——析《缀网劳蛛》中的尚洁形象·····················雷　锐
附：缀网劳蛛·····················许地山
一座应当重新树起的新诗里程碑
——闻一多长篇叙事诗《李白之死》赏析·······盛海耕
附：李白之死·····················闻一多
既胜于理　又富于情
——《月夜的美感》·····················鄢梁材
附：月夜的美感·········[日]高山樗牛　夏丏尊译
一场争主角的闹剧
——卢梅坡《雪梅》诗欣赏·····················汤文熙

大中语文名篇赏析
《山海经》英雄神话三则浅析·····················杨景龙
一部气势磅礴的新诗交响乐
——郭沫若《凤凰涅槃》音乐美赏析·······江锡铨
寓深邃的思想于精湛的艺术之中
——丁玲《果树园》浅析·····················林伟民

作家与作品
雨果传（连载之五）·····················张英伦
现代诗人简介（四）·····················周良沛
附：笑·····················林徽因
　　别丢掉·····················林徽因
　　茶铺·····················林徽因
　　我愿·····················穆木天
　　苍白的钟声·····················穆木天
　　残烛·····················冯乃超
勃朗特姐妹的生平与创作（一）·····················杨静远

风格与流派
"诗的内容已经变换了"
——读刘呐鸥的新感觉派小说《热情之骨》···罗　田
附：热情之骨·····················刘呐鸥

世界文坛之窗
悬岩居民·········[美]佛·奥·白脱莱脱　徐　朴译
一篇典型的美国短篇小说
——《悬岩居民》介绍·····················徐　朴

新作拔萃
一个老女人的故事·····················贾平凹
平中见奇突　奇中寓深意
——贾平凹《一个老女人的故事》赏评·······叶　橹

芳林漫涉
《水经注》的风土人情描写·····················谭家健

鉴赏与探讨
《沙扬娜拉》意蕴之我见·····················张发安

美术作品欣赏
从东到西，又从西到东
——从刘国松的创作道路谈起·····················卜维勤
洒落的山音·····················刘国松
吹皱的山光·····················刘国松
地球何许·····················刘国松
沉入山的呼吸里·····················刘国松
读与思·····················[法]柯　罗

1986 年第 3 期　刊名:《名作欣赏》

目录

欣赏探奥
穿透浓雾，那边是霞光
——直觉与审美欣赏·····················刘晓波
文艺欣赏杂谈二题·····················李国涛

阅读与欣赏
中国现代抒情散文发轫期的力作
——读冰心的《笑》·····················李关元
渺弥汗漫　玄奥无极
——读拜伦的名诗《赞大海》·····················高　健
附：赞大海·········[英]拜　伦作　高　健译
丑中见美　谑浪生姿——钟嗣成《南吕·一枝花·自序丑斋》赏析·····················王振汉
附：南吕·一枝花·自序丑斋·········（元）钟嗣成
周邦彦小令赏析·····················金启华
心的沦漪——读卞之琳的《断章》及其他·······艾　岩
言近旨远　寄托遥深——《断章》、《尺八》的象征意蕴与历史沉思·····················解志熙
喝肮脏水的人
——鲁贵（《雷雨》人物分析之一）·······马中行
一曲礼赞大自然的亘古绝唱
——谈《秋颂》的艺术魅力·····················朱炯强
附：秋颂·········[英]约翰·济慈作　朱炯强译
敦煌曲子词欣赏·····················高国藩
山家初夏入画图
——樊增祥《采茶词》鉴赏·····················曹　旭
一曲"锦屏人"的幽怨之歌
——《牡丹亭·惊梦》之《皂罗袍》赏析·······周慧珍
读《牡丹亭·惊梦》·····················李真瑜
试谈杜丽娘的心理机制·····················魏崇新

大中语文名篇赏析

"昌黎序文第一篇"

——读韩愈的《送董邵南序》……………毕熙燕

《百合花》的异性美描写………………李海林

深沉和雄浑的宁静美

——刘白羽《天池》艺术美赏析…………何宗文

作家与作品

雨果传（连载之六）……………………张英伦

现代诗人简介（五）……………………周良沛

附：水手…………………………………刘延陵

悲哀…………………………………刘延陵

爆竹…………………………………王统照

匆匆…………………………………朱自清

不足之感……………………………朱自清

草里的石碑和蠮螉…………………俞平伯

夜月…………………………………俞平伯

勃朗特姐妹的生平与创作………………杨静远

世界文坛之窗

鬼情人……………[英]伊丽沙白·波文著 海 西译

见仁见智 各有旨趣

——介绍《鬼情人》……………………海 西

画…………………[印尼]宋达尼著 吴兆汉译

构思精巧 形象生动 读宋达尼的《画》……吴兆汉

不了情…………………[苏]维·康德拉季耶夫著

张文郁译

苏联当代军事小说及《不了情》………张文郁

新作拔萃

失落的梦 悲剧的美

——何为散文《山乡的渡船老人》赏析………吴周文

附：山乡的渡船老人……………………何 为

风格与流派

一幅清丽淡雅的"心画"

——施蛰存《梅雨之夕》心态扫描………罗 田

附：梅雨之夕……………………………施蛰存

读者之友

小说赏析面面观（一）

……………[美]劳伦斯·伯莱恩 朱纯深译

雨后蜀山…………………………………李可染

夫人与孩子………………………………[法]雷诺阿

老者………………………………………[法]莫 奈

拉琴的老人………………………………[法]柯 罗

路…………………………………………[法]柯 罗

1986 年第 4 期　刊名:《名作欣赏》

目录

欣赏探奥

人的复归与艺术欣赏……………………童庆柄

观听殊好 爱憎难同——论古典文学鉴赏中的主体感

受系统……………………徐应佩 周溶泉

赤身裸体 走向上帝——审美与潜意识………刘晓波

论悲剧和悲剧性………[苏]鲍·埃享巴乌姆 方 珊译

阅读与欣赏

鲁迅论鉴赏

浮生两过客

——《陌生人》与《过客》比较赏析………王定天

附：陌生人……………[法]沙尔·波德莱尔

过客…………………………………鲁 迅

创造者的苦闷的象征——析《补天》………王富仁

《补天》与精神分析学…………………董建华

作家的创作心态与狂人的心态

——《狂人日记》赏析…………………彭定安

许浑《金陵怀古》赏析…………………施蛰存

读阿诺尔德的《多弗海滨》……………裴小龙

附：多弗海滨………[英]马修·阿诺尔德 裴小龙译

精于用事 深于寓意

——读阿尔弗列德·丁尼生的《攸里西斯》……高 健

附：攸里西斯……[英]阿尔弗列德·丁尼生 高 健译

"爱的表白"与个性化

——托尔斯泰笔下的爱情描写欣赏………金健人

刚健清新 饶有韵致

——刘禹锡《竹枝词》赏析………………朱 捷

试论崔莺莺的性心理轨迹及其文化内涵………庄美芝

大中语文名篇赏析

"驱迈苍凉之气，惊心动魄之辞"

——读鲍照《芜城赋》……………………刘文忠

附：芜城赋……………………（南朝宋）鲍 照

读苏轼《石钟山记》……………………韩兆琦

附：石钟山记……………………（宋）苏 轼

"优美"与"壮美"的完美统一

——散文诗《雪》的意境创造……………张向东

赏《雪》…………………………………陆耀东

关于祥林嫂的死

——也谈《祝福》的思想和艺术…………唐荣昆

作家与作品

雨果传（连载之七）……………………张英伦

世界文坛之窗

欧利和雏芬·····················[美]艾萨克·辛格 陈 蓓译
你——就是命运之神
——读辛格的短篇小说《欧利和雏芬》·······穆 南
人皮·····················[英]洛阿尔特·达尔 黄如柏译
读《人皮》所想到的···················张成德

新作拔萃

蓝色狂想曲·······················杨 炼
新奇的意象 迷人的境界
——杨炼的诗《蓝色狂想曲》赏析·········李传申

芳林漫涉

作家与读者间的最良导体
——人生经验通感——从《社戏》和《朝花夕拾》谈
起·······················范伯群 曾华鹏

读者之友

外国小说赏析面面观（二）
·····················[美]劳伦斯·伯莱恩 朱纯深译

美术作品欣赏

一个东方人的梦
——读油画《秦香莲》和《杨八姐游春》·······毛时安
秦香莲（油画）·····················戴恒扬
杨八姐游春（油画）···················戴恒扬
溪流·························[法]库尔贝

1986年第5期 刊名:《名作欣赏》
目录

欣赏探奥

艺术鉴赏完形律·····················成 立
艺术曲折与审美心灵的同态对应···········皇甫修文

阅读与欣赏

一阕动人的乡愁变奏曲
——读洛夫《边界望乡》···············李元洛
附：边界望乡
——赠余光中······················洛 夫
《古诗十九首》二题···················吴小如
说古诗《行行重行行》
说古诗《西北有高楼》
安娜与繁漪·······················李德安
幸福的对话
——《女曰鸡鸣》赏析·················毛时安
遗山诗对李杜苏黄继承之例析···········降大任
一曲感情深沉的志士之歌

——读顾炎武的《吴同初行状》···········卢兴基
附：吴同初行状···················（清）顾炎武
一篇象征主义的杰作
——傅山《燕巢琴赋》试析···············张厚余
附：燕巢琴赋····················（清）傅 山
情景兼融 始终不懈
——柳永《倾杯》赏析·················吴小林
借景讽喻 寄寓遥深
——韩愈《晚春》诗赏析···············陆永品
周邦彦慢词赏析·····················金启华
审美心境与山水情态··················董国炎
附：三峡······················（北魏）郦道元
 小石潭记·····················（唐）柳宗元
 满井游记·····················（明）袁宏道
状物精核 寄慨遥深
——读马修·安诺德《多弗海滩》···········高 健
附：多弗海滩·······[英]马修·安诺德 高 健译
软题材 硬文笔
——读俞平伯的《西湖的六月十八夜》·······艾 岩
附：西湖的六月十八夜·················平 伯
心态表现与哲理追求
——陈衡哲《鸟》和《运河与扬子江》赏析·······叶 橹
附：鸟·························陈衡哲
 运河与扬子江···················陈衡哲
情景浑然 妙合无垠
——《快阁的紫藤花》的写景特色···········王家伦
附：快阁的紫藤花···················徐蔚南

大中语文名篇赏析

令人难忘的一面
——阿累《一面》赏析·················周庆基
附：一面·························阿 累
平和冲淡 情趣盎然
——读周作人的《乌篷船》、《故乡的野菜》····刘一新
附：乌篷船·······················周作人
 故乡的野菜···················周作人

作家与作品

雨果传（连载之八）···················张英伦

世界文坛之窗

英格兰，我的英格兰（小说）
·····················[英]D.H.劳伦斯 毕冰宾译
死的诱惑与局外人的象征
——读《英格兰，我的英格兰》···········毕冰宾

新作拔萃

外科病房·························王小龙
一种"满不在乎"的诗

——《外科病房》评析⋯⋯⋯⋯⋯⋯张　目
呼救信号⋯⋯⋯⋯⋯⋯⋯⋯⋯⋯⋯北　岛
孤独的醒者与绝望的期待
——《呼救信号》评析⋯⋯⋯⋯⋯于慈江

读者之友
论小说⋯⋯⋯⋯［英］D.H.劳伦斯　陆乃圣译
小说赏析面面观（之三）
⋯⋯⋯⋯⋯⋯［美］劳伦斯·伯莱恩　朱纯深译

美术作品欣赏
我是星星王子
——介绍一位载歌载梦的现代艺术大师——米罗
⋯⋯⋯⋯⋯⋯⋯⋯⋯⋯⋯⋯⋯⋯卜维勤
星座·之一（油画）⋯⋯⋯⋯⋯［法］米罗
星座·之二（油画）⋯⋯⋯⋯⋯［法］米罗
耕地（油画）⋯⋯⋯⋯⋯⋯⋯⋯［法］米罗

1986 年第 6 期　刊名:《名作欣赏》

目录

欣赏探奥
审美者的慧眼灵心
——论诗的鉴赏想象力⋯⋯⋯⋯⋯李元洛
诗歌"错乱"的心理依据及其美学功效⋯⋯王敦洲

阅读与欣赏
两首佳作的赏析⋯⋯⋯⋯⋯⋯⋯方　平
附：弗罗斯特佳作两首⋯⋯⋯⋯方　平译
张炎《高阳台·西湖春感》赏析⋯⋯缪　钺
他们并非站在同一高度上
——论杜甫等同题共作的登慈恩寺塔诗
⋯⋯⋯⋯⋯⋯⋯⋯程千帆　莫砺锋
一个充满复杂矛盾和性格的灵魂
——郭小川《深深的山谷》赏析⋯⋯叶　橹
附：深深的山谷⋯⋯⋯⋯⋯⋯⋯郭小川
情韵绵邈　趣味深长
——刘大白《邮吻》赏析⋯⋯⋯⋯胡德才
情真意切　委婉雅致
——浅析《邮吻》⋯⋯⋯⋯⋯⋯岳洪治
附：邮吻⋯⋯⋯⋯⋯⋯⋯⋯⋯刘大白
爱情永远美丽
——何其芳《爱情》赏析⋯⋯⋯⋯费　勇
附：爱情⋯⋯⋯⋯⋯⋯⋯⋯⋯何其芳
梅花标风骨　绮思绕云山
——瞿秋白《雪意》《梦回》赏析⋯⋯钱璱之
《聊斋·窦氏》的人本主义思想⋯⋯阎勤民
附：窦氏⋯⋯⋯⋯⋯⋯⋯⋯（清）蒲松龄

空灵绮丽　韵味悠深
——析张居正《泊汉江望黄鹤楼》⋯苏者聪
成功的命题　优秀的答卷⋯⋯⋯丁乃宽
邈邈离别意　悠悠故园情
——郁达夫《离乱杂诗》的立体抒情⋯黄清华
附：离乱杂诗十一首⋯⋯⋯⋯⋯郁达夫
含蓄简约　意在言外⋯⋯⋯⋯⋯郑　达
附：世上的光⋯⋯⋯⋯［美］海明威　陈良廷译
在情节上缜密构思　在对比中塑造人物
——略谈《咒语》的艺术特色⋯⋯吴兆汉
为无理得妙进一解⋯⋯⋯⋯⋯⋯艾　岩

大中语文名篇赏析
说古诗《冉冉孤生竹》和《回车驾言迈》⋯⋯吴小如
神话与历史的交融　天道和人道的合一
——谈苏轼中秋词的深层结构⋯⋯蒋海生
为情而造文
——巴金散文《爱尔克的灯光》赏析⋯郑富成
附：爱尔克的灯光⋯⋯⋯⋯⋯⋯巴　金

作家与作品
雨果传（连载之九）⋯⋯⋯⋯⋯张英伦

风格与流派
皎然"自然"说诗例一则
——简析《冬日送颜延之明府抚州觐叔父》⋯土英志
摩登女郎的迷惘
——读徐霞村《MODERN　GIRL》⋯⋯田　文
附：MODERN　GIRL⋯⋯⋯⋯⋯徐霞村

世界文坛之窗
儿子与情人⋯⋯⋯［英］D.H.劳伦斯　陆乃圣译
恋母情结小析
——读《儿子与情人》有感⋯⋯⋯陆乃圣

新作拔萃
漫说金马的哲理散文
——《蝼蚁壮歌》⋯⋯⋯⋯⋯⋯曾绍义
附：蝼蚁壮歌⋯⋯⋯⋯⋯⋯⋯金　马

芳林漫涉
一束"草叶"
——谈惠特曼的三篇散文⋯⋯⋯张禹九
附：惠特曼散文三篇⋯⋯⋯⋯⋯张禹九译

读者之友
外国小说赏析面面观（四）
⋯⋯⋯⋯⋯⋯［美］劳伦斯·伯莱恩　朱纯深译

鉴赏与探讨

"明月"与"山月"

——李白《静夜思》异文辨⋯⋯⋯⋯⋯张永鑫

美术作品欣赏

希腊雕刻作品二件赏析

⋯⋯⋯⋯⋯[德]约翰·文克尔曼 杨德友译

1987 年第 1 期 刊名:《名作欣赏》
目录

欣赏探奥

审美鉴赏中的主客体关系⋯⋯⋯⋯⋯⋯吴功正
握拨一弹 心弦立应

——谈中外现代文学鉴赏中的主体情感运动⋯韩斌生

阅读与欣赏

词二首赏析⋯⋯⋯⋯⋯⋯⋯⋯⋯⋯⋯叶嘉莹
说冯延巳《抛球乐》(逐胜归来雨未晴)
说苏轼《八声甘州》(有情风万里卷潮来)
歌德和他的著名组诗《中德四季晨昏杂咏》⋯杨武能
景语皆情语 景绝情不绝

——杜甫《绝句·两个黄鹂鸣翠柳》新解⋯⋯吴奔星
人物心理结构调节变幻的奇观

——谈安娜探看儿子⋯⋯⋯⋯⋯⋯⋯孙绍振
悲剧,刻在被扭曲的灵魂上

——吴敬梓《范进中举》、鲁迅《孔乙己》比较赏析
⋯⋯⋯⋯⋯⋯⋯⋯⋯⋯⋯⋯⋯谭学纯
在历史与现实的交汇中沉思

——读沈从文的《箱子岩》⋯⋯⋯⋯⋯陈一辉
附:箱子岩⋯⋯⋯⋯⋯⋯⋯⋯⋯⋯沈从文
山重水复 柳暗花明

——毛姆小说《露水姻缘》艺术欣赏⋯⋯马家骏
附:露水姻缘⋯⋯⋯⋯⋯⋯⋯[英]毛 姆
海外的中国管弦乐

——读新加坡诗周粲的《管》与《弦》⋯⋯李元洛
附:管弦⋯⋯⋯⋯⋯⋯⋯⋯[新加坡]周 粲

大中语文名篇赏析

《采薇》和《何草不黄》

——浅析《诗·小雅》中两首反映征夫的诗⋯吴小如
附:采薇 何草不黄

作家与作品

雨果传(连载之十)⋯⋯⋯⋯⋯⋯⋯张英伦

风格与流派

李清照重典雅词例一则

——简析《念奴娇》(萧条庭院)⋯⋯⋯王英志
一个地球流浪者的飘落感

——读黑婴《五月的支那》⋯⋯⋯⋯⋯田 文
附:五月的支那⋯⋯⋯⋯⋯⋯⋯⋯黑 婴

世界文坛之窗

公主⋯⋯⋯⋯[英]D.H.劳伦斯 毕冰宾译

新作拔萃

追日⋯⋯⋯⋯⋯⋯⋯⋯⋯⋯⋯⋯江 河
太阳精神的礼赞

——江河《追日》评析⋯⋯⋯⋯⋯⋯赵宝奇
马列公园赋⋯⋯⋯⋯⋯⋯⋯⋯⋯⋯梁 衡
慷慨吐新音 明唳出天然

——梁衡散文《马列公园赋》⋯⋯⋯⋯贺海毅
惠安女子⋯⋯⋯⋯⋯⋯⋯⋯⋯⋯⋯舒 婷
美丽的忧伤

——舒婷的《惠安女子》⋯⋯⋯⋯⋯陈素琰

芳林漫涉

冰心小诗的机智之花⋯⋯⋯⋯⋯⋯⋯盛海耕

鉴赏与探讨

《〈沙扬娜拉〉意蕴之我见》的异议

——与张发安同志商榷⋯⋯⋯⋯⋯⋯朱志伟

读者之友

谈女性文学

——钱虹编《庐隐集外集》序⋯⋯⋯⋯王富仁

读者·作者·编者

开拓意识的萌醒——《名作欣赏》创刊五周年京、
沪、宁座谈会随笔⋯⋯⋯⋯⋯⋯⋯本刊记者
美好的回忆与祝愿——在《名作欣赏》创刊五周年座
谈会上的发言⋯⋯⋯⋯⋯⋯毛时安 魏 威

美术作品赏析

伏卢贝尔的恶魔形象⋯⋯⋯⋯⋯⋯⋯张荣生
学者、专家、文化界人为本刊五周年题词、画
坐着的恶魔⋯⋯⋯⋯⋯⋯⋯⋯[俄]伏卢贝尔

1987 年第 2 期 刊名:《名作欣赏》
目录

欣赏探奥

传达美学:情调与符号⋯⋯⋯⋯⋯⋯⋯夏中义
审美鉴赏中对象的多度层次面⋯⋯⋯⋯吴功正

凭情会通　遇境适变
——论古典文学鉴赏的心理场·········徐应佩　周溶泉

阅读与欣赏
一曲心弦　两股张力
——李商隐《无题》诗二首比照·········吴调公
《塞森海姆之歌》
——第一块里程碑·························杨武能
亦豪亦秀的诗笔
——读新加坡诗人淡莹《楚霸王》与《伞内·伞外》
·····································李元洛
　附：楚霸王·······················[新加坡]淡莹
　　　伞内·伞外·················[新加坡]淡莹
爱情小说中新的美学意蕴
——沈既济《任氏传》读得·············何满子
生机，育化于别具一格的探求
——《金瓶梅》与《水浒传》的比较评析·····田秉锷
画面：形象的视觉感
——《堂吉诃德》艺术谈之一章·········吴士余
王冕咏梅诗二首赏析·····················曲令启
天堂与地狱·······[法]普罗斯佩·梅里美　张　恭译
一朵摇曳多姿的奇葩
——《天堂与地狱》浅析·················张　恒

大中语文名篇赏析
从玛蒂尔德的悲剧内涵看人与现实的错位·····庄美芝
布局新巧　笔法多姿
——侯方域《马伶传》赏析·············李如鸾
　附：马伶传·························（清）侯方域

作家与作品
雨果传·································张英伦

风格与流派
剪成碧玉叶层层——辛笛《印象》、《再见，蓝马
店》、《风景》欣赏·····················王圣思
　附：印象·····························辛　笛
　　　再见，蓝马店风景·············辛　笛

世界文坛之窗
老战士··········[苏]鲍里斯·瓦西里耶夫　陆　苗译
突入细节世界的精品
——读瓦西里耶夫短篇小说《老战士》·····芃　萱
战争轶事·········[苏]沃罗宁　葛　军译　陈　锌校
"何必唤醒她呢？"·······················葛　军

新作拔萃
美的奥秘和丰采
——高国平的散文《哦，大海》赏析·········吴周文

　附：哦，大海·························高国平
珠玑语重　警策心长
——读荒芜《送童孙欣欣赴美四首》·········王同书
　附：送童孙欣欣赴美四首·············荒　芜

芳林漫涉
在京腔京调中偶尔用些方言
——《红楼梦》运用方言的成就和经验·······林兴仁
"丑到极处，便是美到极处"
——从《水浒》看艺术中丑的美感缘由·······汪远平
一个金色的"谜"
——黄宗英报告文学扫瞄·················范培松

读者之友
司汤达传（连载）
·············[美]马修·约瑟夫森著　包承吉译

鉴赏与探讨
狂人的境遇与实质
——兼与彭定安同志商榷·················王　毅
对《关于祥林嫂的死》的异议
——也谈详林嫂之死兼与唐荣昆同志商榷·····姚敏勇

美术作品欣赏
我为什么画人少画脸·····················张守义

1987 年第 3 期　刊名:《名作欣赏》

目录

欣赏探奥
"心理距离"与艺术欣赏·················童庆炳
缓缓地咀嚼出浓密的味汁来
——谈谈文学鉴赏·························范伯群

阅读与欣赏
被遗忘了的歌声
——读艾青的两篇散文诗佚作·············孙玉石
　附：海员烟斗·························莪　伽
　　　灰色鹅绒裤子·····················艾　青
落花无声说乡情
——读《天津在回忆里》·················张　放
　附：天津在回忆里·····················黄　裳
蔚蓝的星
——古米廖夫爱情诗选赏（一）
·····················王守义译　楼肇明　评赏
狂飙突进的号角
——关于《普罗米修斯》及其他颂歌·········杨武能
有关治学境界的三首词赏析·············金启华

山灵与秋神
——痖弦《山神》与何其芳《秋天》（二）对读
⋯⋯⋯⋯⋯⋯⋯⋯⋯⋯⋯⋯⋯⋯⋯⋯⋯⋯⋯⋯李元洛
附：山神⋯⋯⋯⋯⋯⋯⋯⋯⋯⋯⋯⋯⋯⋯痖 弦
　　秋天⋯⋯⋯⋯⋯⋯⋯⋯⋯⋯⋯⋯⋯何其芳
蒋士铨《临川梦》传奇漫议⋯⋯⋯⋯⋯郭英德
附：谱梦（《临川梦》第三出）⋯（清）蒋士铨
中古的风情画⋯⋯⋯⋯⋯⋯⋯⋯⋯⋯⋯梁归智
论婴宁⋯⋯⋯⋯⋯⋯⋯⋯⋯⋯⋯⋯⋯⋯乔 军

大中语文名篇赏析
《伤逝》漫议⋯⋯⋯⋯⋯⋯⋯⋯⋯⋯⋯田本相

风格与流派
人？树？花？
——《我朝气蓬勃，年轻多情⋯⋯》、《致萤火》对读随
想⋯⋯⋯⋯⋯⋯⋯⋯⋯⋯⋯⋯⋯⋯⋯杨清容
附：我朝气蓬勃，年轻多情⋯⋯
⋯⋯⋯⋯⋯⋯⋯⋯[俄]勃洛克 杨清容译
　　致萤火⋯⋯⋯⋯⋯⋯⋯⋯⋯⋯⋯戴望舒

世界文坛之窗
玫瑰岭传奇⋯⋯⋯[美]麦克金雷·肯特 徐 朴译
风土画卷传真情
——赏析《玫瑰岭传奇》⋯⋯⋯⋯⋯徐 朴

新作拔萃
大雅并非久不作
——读周涛《哈拉沙尔随笔》⋯⋯⋯潞 潞
附：哈拉沙尔随笔⋯⋯⋯⋯⋯⋯⋯⋯周 涛

芳林漫涉
两种游客 两种诗人
——从陶、谢看山水诗欣赏的一个侧面⋯艾 岩

鉴赏与探讨
释秦韬玉《贫女》诗⋯⋯⋯⋯⋯⋯⋯施蛰存
野性的呼唤
——重读《原野》⋯⋯⋯⋯⋯⋯⋯⋯尹 鸿
理性意识与文化超越
——谈贾平凹小说创作中女性形象的塑造⋯沈光明

读者之友
司汤达传（选载）
⋯⋯⋯⋯⋯⋯[美]马修·约瑟夫森著 包承吉译

读者·作者·编者
紧急告白⋯⋯⋯⋯⋯⋯⋯⋯⋯⋯⋯⋯编 者

美术作品赏析
画笔上凝聚着浓郁的深情
——从米勒的油画《亲情》谈开去⋯⋯赵 荆
秦龙作品选
亲情⋯⋯⋯⋯⋯⋯⋯⋯⋯⋯⋯⋯[法]米 勒

1987 年第 4 期　刊名:《名作欣赏》
目录

欣赏探奥
博大精深，学贯中西的境界说⋯⋯⋯⋯周锡山

阅读与欣赏
说欧阳修《玉楼春》一首⋯⋯⋯⋯⋯⋯叶嘉莹
说韦庄《思帝乡》词（春日游）一首⋯叶嘉莹
春江花月夜的沉思⋯⋯⋯⋯⋯⋯⋯⋯何永康
诗篇凝聚着智慧
——谈杭约赫的《哭声》和哲理诗⋯⋯方 平
附：哭声⋯⋯⋯⋯⋯⋯⋯⋯⋯⋯⋯杭约赫
蔚蓝的星——古米廖夫爱情诗选赏（二）
⋯⋯⋯⋯⋯⋯⋯⋯王守仁译 楼肇明评赏
读《一朵月季花》⋯⋯⋯⋯⋯⋯⋯⋯智 量
附：一朵月季花⋯⋯[俄]屠格涅夫作 智 量译
"新的爱情 新的生活"
——关于"丽莉之歌"⋯⋯⋯⋯⋯⋯杨武能
语语纤巧 字字妍倩
——析蒋捷《一剪梅·舟过吴江》⋯⋯崔子恩
秋天的梦幻曲（"汉园三重奏"第一乐章）
——《关山月》《秋的味》《入梦》赏析⋯江锡铨
附：关山月⋯⋯⋯⋯⋯⋯⋯⋯⋯⋯何其芳
　　秋的味⋯⋯⋯⋯⋯⋯⋯⋯⋯⋯李广田
　　入梦⋯⋯⋯⋯⋯⋯⋯⋯⋯⋯⋯卞之琳
童心渴望自由——汪曾祺的《职业》⋯李国涛
附：职业⋯⋯⋯⋯⋯⋯⋯⋯⋯⋯⋯⋯汪曾祺
展示人物内心世界的独特角度
——介绍几首书信题材的古诗⋯⋯⋯⋯张君业
"一夫不笑是吾忧"
——李渔《风筝误》传奇的喜剧特征⋯⋯郭英德
附：风筝误·第十三出惊丑⋯⋯⋯⋯李 渔
借物寓言，妙合无垠
——陆游《鹊桥仙·夜闻杜鹃》赏析⋯陆永品
爱情和爱情之外的
——比较罗伯特·勃朗宁与加西亚·洛尔加的几首爱
情诗⋯⋯⋯⋯⋯⋯⋯⋯⋯⋯⋯⋯⋯解志熙

大中语文名篇赏析
浑朴深挚 宛折缠绵
——《饮马长城窟行》解析⋯⋯⋯⋯⋯金志仁

作家与作品
雨果传（连载之十三）·····················张英伦

世界文坛之窗
你们的脸呵，我的姐妹们！你们的脸上充满了光辉！·············[美] 拉库娜·谢尔登 胡家峦译
她的疯狂是有道理的
·····················[美] 卡洛琳·罗兹 胡家峦译

新作拔萃
心弦和琴弦
——《命若琴弦》哲理主题的揭示·············魏 威
附：命若琴弦·····················史铁生
象征的意蕴
——骆耕野的《沉船》赏评·············叶 橹
附：沉船·····················骆耕野

鉴赏与探讨
龙盘虎踞豁远眸
——读陈亮《念奴娇·至金陵》·············王叔珩

读者·作者·编者
读者来信选登

美术作品欣赏
形象的成长·····················林 凡
小八路、同学·····················孙滋溪
《林海雪原》插图四幅·················孙滋溪
母亲·····················孙滋溪

补白
狄更斯小说阅读札记一则·············周维强
《王国维文学美学论著集》简介

1987 年第 5 期 刊名:《名作欣赏》
目录

欣赏探奥
形式结构分析：审美鉴赏的深化·············康 林
文学作品的反向引发作用·················杨济东

阅读与欣赏
蔚蓝的星
——古米廖夫爱情诗选赏（三）
·····················王守仁译 楼肇明评赏
柳永的几首慢词赏析·················金启华
此马非凡马
——台湾旅美诗人非马作品欣赏·············李元洛

附：非马诗九首
"愿人类高贵、善良……"
——关于歌德在魏玛头十年作的抒情诗·········杨武能
伟大的宁静
——歌德与李白的二首小诗·············冬 青
《葬花词》和《迷娘歌》·················曲 沐
歌词跌宕《少年游》
——说静安词一首·················徐永端
事业中的一个活生生的人
——牛虻性格新论·················毛时安
热爱生活追求光明
——陆蠡的《囚绿记》赏析·············刘一新
附：囚绿记·····················陆 蠡
慷慨激昂 淋漓尽致
——江淹《恨赋》赏析·················何沛雄
附：恨赋·····················梁 江淹
低徊往复 沉郁悲凉
——李璟《浣溪沙·菡萏香销》赏析·········陈如江

大中语文名篇赏析
说李白《梦游天姥吟留别》·············吴小如
寓性情于游赏
——为《醉翁亭记》进一解·············艾 岩
尺水兴波 笔挟风雷
——《白莽作〈孩儿塔〉序》赏析·········李关元
附：白莽作《孩儿塔》序·············鲁 迅

作家与作品
雨果传·····················张英伦

风格与流派
钱谦益"诗有本"说诗例一则
——简析《后秋兴之十三》其二·············王英志

世界文坛之窗
这最好·····················[美] 理查德·耶茨 朱纯深译

新作拔萃
短篇艺术的新收获
——读李锐的集束小说《厚土》·············金 汉
附：合坟·····················李 锐

鉴赏与探讨
从典型情绪的双向张力看《公无渡河》的审美价值
·····················王敦洲
"新诗里程碑"质疑
——与盛海耕同志商榷·················吴毓祥
也谈《白玉苦瓜》·····················梅芳扬

读者之友

大名人也得记住的一点

————————————[英]马克斯·比尔博姆　杨志才译

虚实相间　逸趣横生

——读《大名人也得记住的一点》——————杨志才

美术作品赏析

宋人词意画简介————————————————力　群

宋人词意（六幅）————————赵益超　张明堂

1987 年第 6 期　刊名:《名作欣赏》
目录

欣赏探奥

典型情绪的三维组合与双向张力

——诗的本体机制及其美感实现机制之臆测————王敦洲

"巴山夜雨"与"却话巴山夜雨"

——试谈镜像之美————————————————谢思炜

阅读与欣赏

说王勃的五绝三首————————————————吴小如

南国之恋

——关于《迷娘曲》和《罗马哀歌》————————杨武能

唱给西湖的情歌

——读香港诗人黄河浪的西湖诗————————李元洛

附：西湖小诗（五首）——————————————黄河浪

信手拈来　涉笔成趣

——读鲁迅杂文《从孩子的照相说起》——————黄侯兴

附：从孩子的照相说起————————————鲁　迅

传统主题　各有千秋

——读徐陵、李白、陆游的《关山月》——————郭　象

言浅而深　用常得奇

——《初入太行路》赏析——————————————王世德

内心感受的艺术外化

——读巴金的《秋夜》————————————罗永奕

附：秋夜——————————————————巴　金

我读《我那柏拉图式的情人》——————————魏　威

附：我那柏拉图式的情人

————————————[美]马克·吐温著　谢德辉译

从海底发出来的声音

——重读吴组湘的《菉竹山房》————————邓星雨

附：菉竹山房——————————————————吴组细

熠熠发光的贝珠

——读陆蠡的散文《竹刀》————————————蔡庆生

附：竹刀——————————————————陆　蠡

"水哉，水哉！"

——卞之琳《水成岩》赏析——————————费　勇

醒时的梦　梦中的真

——冯乃超《现在》赏析————————————洪　治

象征意象：性格显影的对照物

——《堂吉诃德》艺术谈之二————————吴士余

诚挚悲凉　自成声调

——读元好问《外家南寺》——————————林从龙

大中语文名篇赏析

《高老头》的扇形结构分析——————————张建渝

作家与作品

雨果传（连载之十五）————————————张英伦

风格与流派

黄遵宪"诗创别界"说诗例一则

——简析《今别离》之二——————————王英志

世界文坛之窗

明天来吧————[西班牙]马利安诺·何塞·德·拉腊著

杨德友译

懒散塞责的人们，醒来吧！

——《明天来吧》赏析——————————杨德文

新作拔萃

情节跌宕与人物性格的深化

——短篇小说《高丽洞》艺术赏析——————初　林

附：高丽洞——————————————————王德忱

芳林漫涉

观古今于须臾　笼天地于形内

——《水浒》的时空艺术美——————————汪远平

鉴赏与探讨

《老夫采玉歌》之我见——————潘　慎　熊　熊

读者·作者·编者

来信选登

美术作品欣赏

在梦幻的天国里散步

——介绍法国现代艺术大师夏加尔的作品《散步》

————————————————————渠　岩

法国现代绘画作品选

散步————————————————[法]夏加尔

1988 年第 1 期　刊名:《名作欣赏》
目录

欣赏探奥
浅层欣赏与深层欣赏⋯⋯⋯⋯⋯⋯⋯⋯⋯成　立

阅读与欣赏
东方智慧
——任洪渊诗的"第二重宇宙"猜想⋯⋯黄伟林
附：第二重宇宙（外二首）⋯⋯⋯⋯任洪渊
报告文学的开拓者基希及其《斗鸡》⋯⋯叶廷芳
附：斗鸡⋯⋯⋯⋯⋯⋯⋯⋯〔捷克〕基希
第二次青春
——关于歌德"古典时期"的主要抒情诗⋯⋯杨武能
用文学谱写"无词曲"的艺术
——魏乐伦诗歌艺术探微⋯⋯⋯⋯⋯飞　白
附：《月光》及"无词曲"四首
⋯⋯⋯⋯⋯⋯〔法〕魏尔伦　飞　白译
醒来明月，醉后清风
——读元好问的小令《人月圆》⋯⋯吴奔星
旧的躯壳　新的灵魂
——《聊斋·续黄粱》与唐人传奇《枕中记》比较赏
析⋯⋯⋯⋯⋯⋯⋯⋯⋯⋯⋯⋯⋯卢　今
附：枕中记⋯⋯⋯⋯⋯⋯（唐）沈既济
　　续黄粱⋯⋯⋯⋯⋯⋯（清）蒲松龄
情惊造化　意夺俗顽
——《聊斋·香玉》的警世意义⋯⋯王同书
附：香玉⋯⋯⋯⋯⋯⋯⋯（清）蒲松龄
《老年古体诗选析》选载⋯黄云生　蔡根林　张仁健
浅析李珣的几首词⋯⋯⋯⋯⋯蒋　寅　蒋　欣
"偌大乾坤无处住"
——谈尤侗的《钧天乐》传奇⋯⋯⋯郭英德
附：《钧天乐》第十五出：哭庙⋯⋯（清）尤　侗
从海洋走向陆地
——谈安徒生童话《海的女儿》⋯⋯黄云生
秋风起莼鲈之思
——谈梁实秋的两篇怀乡散文⋯⋯⋯张　放
附：过年⋯⋯⋯⋯⋯⋯⋯⋯⋯梁实秋
　　雅舍谈吃——火腿⋯⋯⋯⋯梁实秋
寄托深蕴　情采并发
——谈梁实秋的《骆驼》⋯⋯⋯⋯王金英
附：骆驼⋯⋯⋯⋯⋯⋯⋯⋯⋯梁实秋
最深地沉积于心灵深处的
——复虹《记得》赏析⋯⋯⋯⋯⋯费　勇
附：记得⋯⋯⋯⋯⋯⋯⋯⋯⋯复　虹
一代诗人尽望乡
——三首台湾乡愁诗比较鉴赏⋯⋯⋯李旦初
一篇没有人物和故事的小说

——香港作家刘以鬯的短篇小说《吵架》赏析
⋯⋯⋯⋯⋯⋯⋯⋯⋯⋯⋯⋯⋯易明善
附：吵架⋯⋯⋯⋯⋯⋯⋯⋯⋯刘以鬯

风格与流派
朦胧中的心灵感应和艺术体验
——简评李金发和他的诗《希望与怜悯》⋯⋯李　德
附：希望与怜悯⋯⋯⋯⋯⋯⋯⋯李金发

世界文坛之窗
弃婴⋯⋯⋯〔苏〕格奥尔吉·巴热诺夫　张文郁译

新作拔萃
现代诗四首鉴赏⋯⋯⋯⋯⋯⋯⋯⋯唐晓渡
山墓⋯⋯⋯⋯⋯⋯⋯⋯⋯⋯⋯⋯徐敬亚
休眠火山⋯⋯⋯⋯⋯⋯⋯⋯⋯⋯杨　炼
独白⋯⋯⋯⋯⋯⋯⋯⋯⋯⋯⋯⋯翟永明
雨中桌案⋯⋯⋯⋯⋯⋯⋯⋯⋯⋯牛　波
死亡的诱惑
——读《五个女子和一根绳子》⋯⋯李道荣
附：五个女子和一根绳子⋯⋯⋯⋯叶蔚林

芳林漫涉
诗里的春夏秋冬⋯⋯⋯⋯⋯⋯⋯⋯艾　岩

美术作品欣赏
陈创洛的世界⋯⋯⋯⋯⋯⋯⋯⋯⋯华胜虎
蝴蝶与飞碟⋯⋯⋯⋯⋯⋯⋯⋯⋯陈创洛
白马非马⋯⋯⋯⋯⋯⋯⋯⋯⋯⋯陈创洛
世纪和鸣⋯⋯⋯⋯⋯⋯⋯⋯⋯⋯陈创洛
CHINA
——china（中国瓷器）⋯⋯⋯⋯⋯陈创洛

1988 年第 2 期　刊名:《名作欣赏》
目录

欣赏探奥
诗歌审美鉴赏中主体的多层结构面⋯⋯⋯吴功正
澄思渺虑　迁想妙得
——论古典文学鉴赏的联想和想象⋯⋯徐应佩　周溶泉

阅读与欣赏
吟坛声苑的千古绝唱
——析《忆秦娥》⋯⋯⋯⋯⋯⋯⋯⋯周汝昌
说韦庄词五首⋯⋯⋯⋯⋯⋯⋯⋯⋯叶嘉莹
以俗为美　以真为美
——析柳永《定风波》⋯⋯⋯⋯⋯⋯杨海明
谈《榆树下的欲望》

——兼评柏林教授论述……………陈瘦竹
审判时代与审判自我
——叶夫图申科抒情诗选赏（一）
………………王守仁译　楼肇明评赏
憧憬东方
——关于《西东合集》（一）…………杨武能
《西厢记》第一折如何展示莺莺之美
——容貌美、形体美、姿态美、风度美………蒋星煜
不同凡响的柔情曲
——关于屠格涅夫的《初恋》…………林亚光
依然还是"冰心体"
——读冰心近作《霞》…………罗　田
附：霞…………………………冰　心
读冰心的《疯人笔记》…………李　丽
附：疯人笔记…………………冰　心
深切哀婉游子吟
——庐隐的散文《异国秋思》…………陈一辉
附：异国秋思…………………庐　隐

大中语文名篇赏析
《伤逝》与现代世界的悲哀…………李　怡
灵魂奥秘的自白
——《莎菲女士的日记》赏析…………郭　成
附：莎菲女士的日记…………丁　玲

作家与作品
奥尼尔传（选载）…………盖尔布著　鹿　金译
在美国牢狱中诞生的作家
——欧·亨利生活与创作初探…………阮温凌

风格与流派
生命的搏动　知性的升华
——浅析穆旦前期的几首诗…………王圣思
附：野兽…………………………穆　旦

世界文坛之窗
万影皆因月…………[法]罗热·勒·沙日　罗悌伦译

鉴赏与探讨
《沙扬娜拉》的赏析及其争鸣…………林之亭

美术作品赏析
大匠之剪
——浅谈马蒂斯的剪纸创作…………赵　荆
马蒂斯晚年剪纸作品选

1988 年第 3 期　刊名:《名作欣赏》
目录

欣赏探奥
中国现代抒情诗鉴赏中的主体想象…………韩斌生

阅读与欣赏
荒诞形式与悲剧内涵的有机融合
——汉乐府《十五从军征》结构分析…………皇甫修文
周邦炎恋情词赏析…………金启华
满纸伤春怨　一片忧国心
——读辛弃疾《摸鱼儿·晚春》…………王叔珩
欣赏·再现·表现
——苏轼《韩干画马赞》赏析…………吴小平
悲歌一曲话兴亡
——顾炎武《京口》二首之一赏析…………卢兴基
悼妻情重　复国志坚
——简析顾炎武《悼亡》五首…………王英志
阿随和芬妮
——狗在巨匠的笔下…………方　平
附：一封不幸的少妇的遗书
…………[英]艾米莉·勃朗特　方　平译
共振，心弦和着诗弦
——关于《西东合集》（二）…………杨武能
审判时代与审判自己
——叶夫图申科抒情诗选赏（二）
…………王守仁译　楼肇明评赏
死鹰之歌
——姬娜伊达·吉皮乌斯诗试析…………季心屏
附：吉皮乌斯抒情诗五首…………飞　白译
尼采诗解（三首）…………闵抗生
在对比中建构情势
——《堂吉诃德艺术谈》之三…………吴士余
人生滋味　纸上乡音
——林斤澜的《乡音》…………李国涛
附：乡音…………………………林斤澜
妙观逸想　绘形传神
——朱自清《白水漈》赏析…………蔡根林
清淡·新鲜·隽永
——俞平伯《雪晚归船》的评点与随感…………艾　岩
淡而隽永　沁人心脾
——叶圣陶《藕与莼菜》赏析…………周庆基
附：藕与莼菜…………………叶圣陶
夏天的幽默
——重读鲁迅《夏三虫》…………李继凯
附：夏天虫…………………………鲁　迅
散文诗一束品赏…………李传申

螃蟹 ································神飞（鲁迅）

山茶花 ································郭沫若

豌豆 ································郭　风

晚凉的盛筵

——读朱大枬的《落日颂》 ········岳洪治

附：落日颂 ································朱大枬

以一曲轻歌发出的试探

——读郑愁予《我以这轻歌试探你》 ····朱栋霖

创作胆识与艺术构思

——从鉴赏角度看一篇有争议的小说佳作 ····郭　成

附：我在霞村的时候 ················丁　玲

语言艺术的精品

——读《五峰游记》 ················王崇志

附：五峰游记 ························李大钊

风格与流派

心灵活动的轨迹　风云变幻的投影

——穆旦诗四首赏评 ················叶　橹

附：春夏秋（一）冬（二） ········穆　旦

美国深层意象派诗（一）

——试谈它的特色 ················张子清

作家与作品

荒原三才女 ··········[英]玛格丽特·莱恩　杨静远

世界文坛之窗

疏远的朋友之死 ········[美]厄普代克　韩铁椿译

荒诞中见世相　幽默中见凄凉

——析《疏远的朋友之死》 ········韩铁椿

母亲的双手 ········[美]罗伯特·方丹　贾文山译

新作拔萃

象征·宣泄·净化

——贾平凹《月鉴》评析 ············李大伟

附：月鉴 ································贾平凹

鉴赏与探讨

《"新诗里程碑"质疑》辩证 ········盛海耕

再谈祥林嫂的死

——兼答姚敏勇同志的"异议" ········唐荣昆

美术作品欣赏

印象派女画家卡萨特 ················曾进顺

·补白·

《唐人绝句鉴赏集》即将出版

1988 年第 4 期　刊名:《名作欣赏》

目录

欣赏探奥

说"意会" ································何永康

错觉：切入诗艺深层的一个独特视角 ········王敦洲

阅读与欣赏

信手拈来都成妙谛

——苏轼的《六月二十七日望湖楼醉书》赏析

································刘逸生

妙在"戏"与"不戏"之间

——读杜甫《风雨看舟前落花戏为新句》····吴调公

《丽人行》与《羽林郎》

——一个改造传统的示例 ············谢思炜

"才人福分从来少"

——沈起凤《才人福》传奇的审美趣味 ····郭英德

附：才人福·婚闹 ················沈起凤

山水高格　明月襟怀

——说黄庭坚《念奴娇》词 ············乔　力

潘多拉与缪斯

——关于《爱欲三部曲》 ············杨武能

审判时代与审判自我

——叶夫图申科抒情诗选赏（三）

············王守仁译　楼肇明评赏

跨越·困惑·张力

——拉斯柯东尼科夫性格刍议 ········周启超

青春的呼唤

——林庚诗欣赏之一 ················商　伟

生命的省悟

——林庚诗欣赏之二 ················李书磊

沉默而沸腾的旋律

——读许达然的散文《远方》 ········罗　田

附：远方 ································许达然

冷峻锋锐　风格独标

——台湾诗人许达然诗作欣赏 ········李元洛

附：许达然诗四首

别离的悲歌

——台湾诗人郑愁予《赋别》赏析 ········朱栋霖

附：赋别 ································郑愁予

大中语文名篇赏析

碧玉妆成一树高

——孙犁《荷花淀》美的形态分析

····················梁积荣　李仁和

浮躁凌厉　幽默诙谐

——读周作人的《碰伤》 ············刘一新

附：碰伤 ································周作人

美为何失落？——《项链》新析 …………………… 林亚光

作家与作品
塞万提斯传（节译）
……………………… ［德］布鲁诺·弗朗克 杨德友译

风格与流派
美国深层意象派诗（二）
——试谈意象派诗和超现实主义诗的异同及其理论基础 ……………………………………… 张子清

世界文坛之窗
辩护人 ………… ［苏］鲍里斯·希萨耶夫 张文郁译

新作拔萃
现代诗赏析（四首） ………………………… 唐晓渡
神话 ……………………………………………… 杨 炼
旧房子 …………………………………………… 吕贵品
蝉声 ……………………………………………… 岛 子
门 ……………………………………………… 尚仲敏
含蓄、宁静但却耐人寻味
——我读短篇小说《妈妈告诉我》 ……………… 魏 威
附：妈妈告诉我 ………………………………… 杨显惠

芳林漫涉
贝多芬与中国新诗
——郑敏的《献给贝多芬》 ………………… 江锡铨
附：献给贝多芬 ………………………………… 郑 敏
《老残游记》中的景物描写 …………………… 史秀章

读者之友
祁瑞宣的性格组合 ……………………………… 沈建林

美术作品欣赏
再读《泉》的随想 ……………………………… 冯长江
安格尔油画作品

1988 年第 5 期　刊名:《名作欣赏》
目录

欣赏探奥
试论诗歌鉴赏的心理机制 ……………………… 魏 怡
直接观照　沉思默想
——论古典文学鉴赏的妙悟 ………… 徐应佩 周溶泉
格式塔的完形与古诗十九首中的思妇诗 ……… 李 娜

阅读与欣赏
说秦观《画堂春》（落红铺径水平池）一首 … 叶嘉莹

读叶芝的《为吾女祈祷》 ……………………… 袁可嘉
附：为吾女祈祷 ……… ［爱尔兰］威廉·勃特勒·叶芝
好趁江山寻胜境
——香港诗人犁青诗欣赏 ……………………… 李元洛
附：窈窕桂林 …………………（中国香港）　犁 青
说曹植诗三首 …………………………………… 吴小如
附：盘石篇　浮萍篇　种葛篇 ………………… 曹 植
被良知照亮的艺术之光
——布罗茨斯抒情诗选赏 ……… 王守仁译　楼肇明评赏
慷慨吐清音　飘零酒一杯
——李白送别诗欣赏 …………………………… 毛时安
智慧的最后结论
——关于歌德晚年的抒情诗 …………………… 杨武能
横看成岭侧成峰
——王之涣《鹳鹊楼》诗赏析 ………………… 张永鑫
温馨　惆怅　幽深——艾青、李广田、陈敬容三首
《窗》的比较赏析 ……………………………… 叶 橹
附：窗 …………………………………………… 艾 青
　　窗 …………………………………………… 李广田
　　窗 …………………………………………… 陈敬容
深情中引出的忏悔
——巴金散文《小狗包弟》评析 ……………… 高建国
附：小狗包弟 …………………………………… 巴 金
《牡丹亭·惊梦》新说 ………………………… 金志仁
"安魂曲"也能震撼人心
——读巴金的《怀念烈文》 …………………… 江锡铨
附：怀念烈文 …………………………………… 巴 金
词简义深
——读王安石《委任》 ………………………… 张慕勋
附：委任 ……………………………………（宋）王安石

大中语文名篇赏析
不雕明月　明月自出
——读《核舟记》札记 ………………………… 邓星雨
附：核舟记 …………………………………（明）魏学洢
从孙犁《山地回忆》中的妞儿形象谈人物共性与个性
的统一关系 …………………………………… 黄一宁
"黄金时代"的佳作
——《祝土匪》 ………………………………… 刘一新
附：祝土匪 ……………………………………… 林语堂

世界文坛之窗
林中之死 ………… ［美］舍伍德·安德森著　许逸罡译
一个命运悲惨的美国女人
——简评《林中之死》 ………………………… 许逸罡

新作拔萃
弧线 …………………………………………… 顾 城
孩子们 ………………………………………… 王小妮

在哈尔盖仰望星空 ························· 西　川
枫叶 ··································· 舒　婷
现代诗四首鉴赏 ·························· 周　棉
第二百次约会 ··························· 孙徐春
不仅仅是爱的厌倦
——读《第二百次约会》 ·················· 魏　威

读者之友

他山之石　可以攻玉
——西方现代鉴赏批评流派述评之一 ········· 韩斌生

鉴赏与探讨

从东坡词中的"梦"看其词的风格 ··········· 顾全芳
《聊斋》短章探赜
——对《水灾》、《鸟使》之赏析 ············ 阎勤民
附：水灾　鸟使 ····················· （清）蒲松龄
李煜《捣练子》词意蕴别议 ········· 马宝丰　郭孝儒

美术作品欣赏

没有头颅和手臂的女神 ···················· 朱国荣

1988 年第 6 期　刊名:《名作欣赏》
目录

欣赏探奥

面对读者经验世界的不断建构
——从接受美学谈中国当代小说的走向 ········· 张　辉

阅读与欣赏

灵感跃动中的神韵
——读王世禛《重过露筋祠》 ··············· 吴调公
说谢灵运《邻里相送至方山》 ··············· 吴小如
被良知照亮的艺术之光
——布罗茨基抒情选赏（二）
························ 王守仁译　楼肇明评赏
法国第一位抒情诗怪才
——维庸及其《绞刑犯谣曲》 ················ 郑克鲁
超以象外　警策渊永
——《夜雨秋灯录·谷於菟》漫评 ·············· 朱　捷
附：谷於菟 ························· （清）宣　鼎
金字塔中的自我意识
——《亡灵书》赏析 ···················· 飞　白
附：《亡灵书》选译
永嘉四灵绝句四首赏析 ···················· 金志仁
慷慨悲凉　雄壮激越
——读丘逢甲的爱国诗篇 ·················· 洪静渊
抒情诗人歌德
——概述与结语 ······················ 杨武能

生的疑问　死的可悲
——李贺《将进酒》赏析 ·················· 伍立扬
思想的丰碑　艺术的奇葩
——评赏瞿秋白《饿乡纪程》（一至四节） ········ 艾　斐
附：饿乡纪程（节选） ··················· 瞿秋白
苏轼小令赏析（五则） ··················· 蔡润田
平静轻快的抑郁　似情似理的幻觉
——李健吾《拿波里漫游短札》赏析
······························· 陈孝英　解西津
附：拿波里漫游短札 ···················· 李健吾
明"绿"固可重　暗"望"不可轻
——王安石《泊船瓜州》新解 ··············· 舒安娜
戏谑性的形象勾勒
——《堂吉诃德》艺术谈之四 ··············· 吴士余
一束艳而多刺的玫瑰
——克雪洛夫寓言选赏 ··················· 张　鹄
附：克雷洛夫寓言数则
眉语
——又一扇心灵窗户的流韵
——欧阳修《诉衷情·眉意》赏析 ············· 周丽云

大中语文名篇赏析

关于"潘先生"形象的思考
——读《潘先生在难中》札记 ················ 一　辉
从《风波》看民族心理的劣质 ··············· 刘翠霄

风格与流派

王国维"有我之境"说词例一则
——简析《蝶恋花》（百尺朱楼临大道） ········· 王英志
奇文共欣赏
——美国现代派诗人卡明斯和他的视觉诗 ········ 张子清

世界文坛之窗

印刷错误 ············· ［苏格兰］罗德里克·威尔金森著
胡宗锋译
一只眼上帝的国家 ········ ［牙买加］奥利夫·西尼尔著
寒　石译

新作拔萃

"志""活""怪""疑"说妙谛
——《寻找灵感的诀窍》赏析 ········· 朱　彤　李清国
附：寻找灵感的诀窍
——阿木林的妙谛（一） ·················· 林木阿
天生一个"淡"字
——车前子《三原色》评析 ················· 于慈江
附：三原色 ························· 车前子
大气贯注　挥洒自如
——读《笑的回忆》 ····················· 孙　苏
附：笑的回忆 ························· 余　非

芳林漫步
逆正相生　相反相成
——谈《水浒》人物描写的"反常美"⋯⋯汪远平

读者之友
他山之石　可以攻玉
——西方现代鉴赏批评流派述评之二⋯⋯韩斌生

美术作品欣赏
创作是生命的自我燃烧
——看莫迪格里安尼原作的联想⋯⋯⋯⋯卜维勒
莫迪格里安尼作品选

1989 年第 1 期　刊名:《名作欣赏》
目录

欣赏探奥
古典文艺欣赏中的时间和主体⋯⋯⋯⋯⋯⋯涂以楠

阅读与欣赏
《诗词曲赋名作鉴赏大辞典》选刊
《名作欣赏》出刊五十期之际
推出《诗词曲赋名作鉴赏大辞典》
《诗词曲赋名作鉴赏大辞典》序言⋯⋯⋯⋯周汝昌
说《诗经·卫风·氓》⋯⋯⋯⋯⋯⋯⋯⋯⋯公　木
《焦仲卿妻》赏析⋯⋯⋯⋯⋯⋯⋯⋯⋯⋯⋯王运熙
附：焦仲卿妻
曹植《赠白马王彪》析⋯⋯⋯⋯⋯⋯⋯⋯⋯施蛰存
李白《黄鹤楼送孟浩然之广陵》赏析⋯⋯⋯胡国瑞
杜甫《自京赴奉先县咏怀五百字》析
⋯⋯⋯⋯⋯⋯⋯⋯⋯⋯⋯⋯⋯霍松林　霍有明
析杜甫《又呈吴郎》⋯⋯⋯⋯⋯⋯⋯⋯⋯⋯袁行霈
析孟郊《游子吟》⋯⋯⋯⋯⋯⋯⋯⋯⋯⋯⋯周振甫
析陆游《示儿》⋯⋯⋯⋯⋯⋯⋯⋯⋯⋯⋯⋯钱仲联
析苏轼《赠刘景文》⋯⋯⋯⋯⋯⋯⋯⋯⋯⋯吴小如
析赵翼《论诗》⋯⋯⋯⋯⋯⋯⋯⋯⋯⋯⋯⋯袁世硕
析龚自珍《咏史》⋯⋯⋯⋯⋯⋯⋯⋯⋯⋯⋯吴调公
周邦彦词二首赏析⋯⋯⋯⋯⋯⋯⋯⋯⋯⋯⋯金启华
吴文英《八声甘州·陪庾幕诸公游灵岩》赏析
⋯⋯⋯⋯⋯⋯⋯⋯⋯⋯⋯⋯⋯⋯⋯⋯⋯⋯吴功正
苏轼词《定风波》赏析⋯⋯⋯⋯⋯⋯⋯⋯⋯陈新璋
张养浩小令《潼关怀古》赏析⋯⋯⋯⋯⋯⋯羊春秋
张可久小令《叹世》赏析⋯⋯⋯⋯⋯⋯⋯⋯洪　云
徐再思小令《春》赏析⋯⋯⋯⋯⋯⋯⋯⋯⋯洪柏昭
刘效祖散曲《无题》赏析⋯⋯⋯⋯⋯⋯⋯⋯韩　伟
析刘禹锡《砥石赋》⋯⋯⋯⋯⋯⋯⋯⋯⋯⋯毕熙燕
来自心底的琴声
——莎士比亚十四行诗（六首）赏析⋯⋯⋯查良圭

重读卞之琳的两首诗⋯⋯⋯⋯⋯⋯⋯⋯⋯⋯孙玉石
三种类型：赞颂·启发·感伤
——漫谈龙沙的爱情诗⋯⋯⋯⋯⋯⋯⋯⋯⋯郑克鲁
第一是早早归来
——辛笛《门外》、《熊山一日游》赏析⋯⋯王圣思
附：辛笛/门外　熊山一日游
心潮如海连天涌——《裘力斯·凯撒》中人物内心的
矛盾冲突⋯⋯⋯⋯⋯⋯⋯⋯⋯⋯⋯⋯⋯⋯何焕群
附：莎士比亚/裘力斯·凯撒（节选）

大中语文名篇赏析
青春与生命的挽歌
——重读茹志鹃的《百合花》⋯⋯⋯⋯⋯⋯段崇轩

世界文坛之窗
［英］伊丽莎白·泰勒/献身餐厅的人⋯⋯⋯徐　朴译
真真假假还是真
——《献身餐厅的人》赏析⋯⋯⋯⋯⋯⋯⋯徐　朴

新作拔萃
白色鸟⋯⋯⋯⋯⋯⋯⋯⋯⋯⋯⋯⋯⋯⋯⋯何立伟
《白色鸟》赏析⋯⋯⋯⋯⋯⋯⋯⋯⋯⋯⋯⋯吴常强

芳林漫涉
读诗随笔⋯⋯⋯⋯⋯⋯⋯⋯⋯⋯⋯⋯⋯⋯⋯艾　岩
梅香小字
——《红楼梦》丫环取名谈片⋯⋯⋯⋯⋯⋯文克新

美术作品欣赏
肯特的版画艺术⋯⋯⋯⋯⋯⋯⋯⋯卜维勒　马　克

读者·作者·编者
出刊五十期致读者

1989 年第 2 期　刊名:《名作欣赏》
目录

欣赏探奥
深识鉴奥　欢然内怿
——论古典文学鉴赏的审美意义⋯⋯徐应佩　周溶泉

阅读与欣赏
《诗词曲赋名作鉴赏大辞典》选刊（之二）
说《诗经·茉苜》⋯⋯⋯⋯⋯⋯⋯⋯⋯⋯⋯解正德
析王籍《入若耶溪》⋯⋯⋯⋯⋯⋯⋯⋯⋯⋯张文勋
析《琅琊王歌》（其一）⋯⋯⋯⋯⋯⋯⋯⋯刘毓庆
析杜甫《江南逢李龟年》⋯⋯⋯⋯⋯⋯⋯⋯杨济东
析刘禹锡《石头城》⋯⋯⋯⋯⋯⋯⋯⋯⋯⋯陶文鹏
析李商隐《锦瑟》⋯⋯⋯⋯⋯⋯⋯⋯⋯⋯⋯陈晋才

析王安石《明妃曲》（其一）⋯⋯⋯⋯⋯⋯张仁健
析林逋《山园小梅》⋯⋯⋯⋯⋯⋯⋯⋯⋯苏者聪
析陈与义《雨晴》⋯⋯⋯⋯⋯⋯⋯⋯⋯⋯赵齐平
析杨万里《小池》⋯⋯⋯⋯⋯⋯⋯⋯⋯⋯张成德
析李攀龙《于郡城送明卿之江西》⋯⋯⋯陈书录
析李贽《独坐》⋯⋯⋯⋯⋯⋯⋯⋯⋯⋯⋯孟　泽
析张溥《惜行》⋯⋯⋯⋯⋯⋯⋯⋯⋯⋯⋯朱永平
析王士禛《秦淮杂诗》（其一）⋯⋯⋯⋯朱良志
析袁枚《苔》⋯⋯⋯⋯⋯⋯⋯⋯⋯⋯⋯⋯刘敬圻
蒋捷《一剪梅·舟过吴江》赏析⋯⋯⋯⋯陈　斌
陈维崧《醉落魄·咏鹰》赏析⋯⋯⋯⋯⋯冯统一
朱彝尊《桂殿秋》赏析⋯⋯⋯⋯⋯⋯⋯⋯跃　进
龚自珍《浪淘沙·写梦》赏析⋯⋯⋯⋯⋯孙秀华
关汉卿〔南昌〕《一枝花·不伏老》赏析
⋯⋯⋯⋯⋯⋯⋯⋯⋯⋯⋯宁宗一　沈国仪
庾信《小园赋》赏析⋯⋯⋯⋯⋯⋯⋯⋯⋯陈洪宜
"禅"——爱的使者
——《红楼梦》艺术欣赏谈片⋯⋯⋯⋯胡令远
诗中见画　空灵优雅
——王维《山居秋暝》赏析⋯⋯⋯⋯⋯王宽心
茅盾的一篇"格外作"
——读《水藻行》⋯⋯⋯⋯⋯⋯⋯⋯⋯张明亮
附：茅盾/水藻行
读《秋天》劄记⋯⋯⋯⋯⋯⋯⋯⋯⋯⋯⋯王玉树
附：何其芳/秋天（一）秋天（二）
梦中见真　境因情生
——牛汉诗《梦游》试解⋯⋯⋯⋯⋯⋯蓝棣之
附：牛汉/梦游
狂放不羁的哈菲兹⋯⋯⋯⋯⋯⋯⋯⋯⋯⋯飞　白
附：〔伊朗〕哈菲兹诗四首⋯⋯⋯⋯⋯⋯飞　白译
随心所欲　一往情深
——浅谈《玛米恩——弗洛登战场传奇》⋯⋯曹明伦
附：〔英〕司各特/玛米恩（节选）⋯⋯⋯曹明伦译
《莎乐美》艺术琐谈⋯⋯⋯⋯⋯⋯⋯⋯⋯张建渝
附：〔英〕奥斯卡·王尔德/莎乐美⋯⋯田　汉译

大中语文名篇赏析
苦涩的选择
——鲁迅《藤野先生》创作动因新解⋯⋯叶世祥

世界文坛之窗
〔希腊〕安图尼斯·萨马拉其斯/母亲⋯⋯郑延国译
灰暗的人世中透射的希望之光
——读《母亲》之感受⋯⋯⋯⋯⋯⋯⋯弃　石

新作拔萃
小城无故事⋯⋯⋯⋯⋯⋯⋯⋯⋯⋯⋯⋯何立伟
何立伟《小城无故事》两解⋯⋯⋯⋯⋯⋯刘伟馨
父母儿女⋯⋯⋯⋯⋯⋯⋯⋯⋯⋯⋯⋯⋯孟伟哉

孟伟哉与微型小说
——读《父母儿女》⋯⋯⋯⋯⋯⋯⋯⋯陈子伶

鉴赏与探讨
命运与人
——曹禺《雷雨》悲剧性新解⋯⋯⋯⋯尹　鸿

美术作品欣赏
林风眠其人其画⋯⋯⋯⋯⋯⋯⋯⋯⋯⋯瑞　林
优惠订购《诗词曲赋名作鉴赏大辞典》

1989 年第 3 期　刊名：《名作欣赏》

目录

欣赏探奥
论欣赏中的现实性因素干扰⋯⋯⋯⋯⋯⋯赵　勇
因声求气　循声得情
——散文鉴赏方法谈之一⋯⋯⋯⋯⋯⋯魏　怡

阅读与欣赏
冰清剔透的"第二自然"
——人化的荷塘妙境
——读颜元叔散文《荷塘风起》⋯⋯⋯曹明海
附：荷塘风起⋯⋯⋯⋯⋯⋯（中国台湾）颜元叔
情调：《聊斋志异》的一个重要审美范畴⋯⋯陈文新
说曹植《杂诗》三首⋯⋯⋯⋯⋯⋯⋯⋯吴小如
从文化学视野看《诗经》几首爱情诗的审美意义
⋯⋯⋯⋯⋯⋯⋯⋯⋯⋯⋯⋯⋯⋯⋯⋯皇甫修文
玄学派的怪才多恩⋯⋯⋯⋯⋯⋯⋯⋯⋯飞　白
附：〔英〕多恩/早安（外二首）⋯⋯⋯飞　白译
苏联名诗赏析⋯⋯⋯⋯⋯⋯⋯⋯⋯⋯⋯王守仁
柳宗元《罴说》赏析⋯⋯⋯⋯⋯⋯⋯⋯陈宝富
苏轼《文说》赏析⋯⋯⋯⋯⋯⋯⋯⋯⋯张长江
苏轼《超然台记》赏析⋯⋯⋯⋯⋯⋯⋯丕　评
附：超然台记⋯⋯⋯⋯⋯⋯⋯⋯⋯⋯⋯苏　轼
苏辙《超然台赋》赏析⋯⋯⋯⋯⋯⋯⋯乐　牛
附：超然台赋⋯⋯⋯⋯⋯⋯⋯⋯⋯⋯⋯苏　辙
心灵真诚的叹息
——拉马丁的爱情诗《湖》⋯⋯⋯⋯⋯郑克鲁
附：〔法〕拉马丁/湖⋯⋯⋯⋯⋯⋯⋯郑克鲁译
灵魂深处意识流变的共时状态
——伊凡·卡拉玛佐夫性格谈片⋯⋯⋯周启超
人的确证与自由发展的可能性
——谈卡门形象的审美价值⋯⋯⋯⋯⋯张志明

大中语文名篇赏析
六百六十六字凝成的精美镜头
——评赏梁衡的散文《夏感》⋯⋯⋯⋯张　恒

附：夏感 ············ 梁　衡
韩愈《马说》赏析 ············ 李杰明
柳宗元《至小丘西小石潭记》赏析 ············ 高　烽
"背影"中的"我"与"我"中的"背影"
——朱自清散文《背影》赏析 ············ 沈光明

世界文坛之窗
[苏联]阿·雷巴科夫/大清洗的年月（选载）
············ 张文郁译

新作拔萃
读沧海 ············ 刘再复
奇思放想妙写幻
——刘再复的《读沧海》赏析 ············ 崔新民
又读沧海 ············ 刘再复
灵魂超越的壮丽诗章
——刘再复《又读沧海》赏析 ············ 赵钢鸣

作家与作品
劳伦斯创作主题的演变 ············ 毕冰宾

鉴赏与探讨
接受美学与《凉州词》 ············ 陈良运
西方荒诞派与中国志怪体相邂逅
——与皇甫修文同志商榷 ············ 丁乃宽

芳林漫涉
水孕育的情思
——朱自清与其散文中的水 ············ 姜　建

读者之友
滑稽恐惧之花
——简论霍克斯及其创作思想 ············ 武　坚
约翰·霍克斯文学谈话录 ············ 武　坚译

美术作品欣赏
黄土高原山丹花
——读董其中的木刻 ············ 力　群

1989 年第 4 期　刊名:《名作欣赏》
目录

欣赏探奥
心之所好　情之所钟
——论古典文学鉴赏的心理定势 ············ 徐应佩
纵观全局　探索主题
——散文鉴赏方法谈之二 ············ 魏　怡

阅读与欣赏
夏娃和她的亚当
——从《呼啸山庄》看妇女在爱情和家庭中的地位
············ 方　平
附：[英]艾米莉·勃朗特/卡瑟琳的爱情
············ 方　平译
读弥尔顿的一首十四行诗 ············ 胡家峦
痛苦的心声
——缪塞的《五月之夜》 ············ 郑克鲁
附：[法]缪塞/五月之夜 ············ 郑克鲁译
莱蒙托夫抒情诗选赏 ············ 顾蕴璞
高老头新论 ············ [英]大卫·比洛斯　常　立译
时代脉搏　哲人心声
——龚自珍《己亥六月重过扬州记》赏析 ············ 章明寿
附：己亥六月重过扬州记 ············ 龚自珍
嬉笑怒骂　酣畅淋漓
——王思任《致马士英书》赏析 ············ 唐张新
一幅玲珑剔透的风景小品
——说曹学佺《春风楼记》 ············ 诸天寅
附：春风楼记 ············ 曹学佺
千古韵高梅花词
——说姜夔《暗香》《疏影》 ············ 乔　力
悲壮的赞歌　不朽的英魂
——《项羽本纪》传主性格谈片 ············ 张黛薇
一团旋转的烈火
——读穆时英《上海的狐步舞》 ············ 罗　田
附：上海的狐步舞 ············ 穆时英
中国现代散文创作的一泓"圣水"
——评赏瞿秋白《赤都心史》（一至四篇） ············ 艾　斐
附：赤都心史（节选） ············ 瞿秋白
人性的召唤与生命的爱恋
——陆蠡《鹤》赏析 ············ 冯肖华
附：鹤 ············ 陆　蠡
古朴的田园美　平凡的人性美
——冯文炳《菱荡》赏析 ············ 纪桂平
附：菱荡 ············ 冯文炳
诗艺结构之道
——读台湾诗人纪弦的《过程》《狼之独步》 ············ 章亚昕

大中语文名篇赏析
不落俗套　独标一格——辛弃疾《丑奴儿·少年不识
愁滋味》浅析 ············ 邹　放
大笔纵横为河山立传
——徐迟《黄山记》艺术赏美 ············ 何宗文
朴实·蕴藉·真情
——析孙犁小说《邢兰》 ············ 周　星

世界文坛之窗
三个梦游者的酸楚 ···· [哥伦比亚]加西亚·马尔克斯

透过魔幻的帷幕
——《三个梦游者的酸楚》赏析……………………泰山广田
[利比亚]S·M·考道尔/永别了，祖宗的章法
……………………………………………员荣亮译

新作拔萃
父亲……………………………………………………阿　城
难以叙说
——对阿城《父亲》的一种读法……………………潘建明
生命幻想曲……………………………………………顾　城
悄寂的灵魂之旅　永恒的生命之歌
——顾城的《生命幻想曲》……………………………毕光明
生命、自然与心灵感觉
——顾城《生命幻想曲》发微…………………………李传申

读者之友
谈《三国演义》中貂蝉和孙夫人的形象塑造…………王　川

美术作品欣赏
破坏与组合中的创造
——《亚威农少女们》欣赏……………………………田旭桐

1989 年第 5 期　刊名:《名作欣赏》

目录

欣赏探奥
论读者对小说艺术空白的实现…………………………张　辉

阅读与欣赏
说鲍照诗三首……………………………………………吴小如
缘梦三题
——读《亚侯奇梦》……………………………………罗　田
附：晋侯奇梦
一腔郁愤　满纸波澜
——曾巩《鹅湖院佛殿记》赏析………………………海　默
名不虚传的名家名篇
——曾巩《墨池记》赏析………………………………李　林
一篇情、景、理相结合的游记
——麻革《游龙山记》赏析……………………………周先慎
附：游龙山记…………………………………………麻　革
一脉相思　千种风情
——三首宋词赏析………………………………………秦　愔
恋人们屏弃世界………………………[美国]布鲁克斯、沃伦
飞白、柳柳译
简，是你向我求婚的
——从《简·爱》看妇女在爱情中的地位……………方　平
失女之痛——雨果《静观集》中的组诗《给女儿的
诗》…………………………………………………郑克鲁

附：雨果诗二首…………………………………………郑克鲁译
人生三味
——戴望舒的三首诗欣赏………………………………叶　橹
附：戴望舒诗三首
现代中的传统——郑愁予的《水巷》…………………李华年
寓讽刺于精微的写实
——《肥皂》与《砥柱》的讽刺艺术…………………刘西普
附：肥皂…………………………………………………鲁　迅
　　砥柱…………………………………………………张天翼
辉煌与黯淡：爱的欢乐与幻灭
——孙大雨两首十四行诗赏析…………………………魏家骏

大中语文名篇赏析
匀称和谐　典雅庄重
——《诗经·小雅·采薇》的形式美……………………张永鑫
浅说《高祖还乡》套数的"新"与"奇"…………………顾文勋
附：高祖还乡……………………………………………睢景臣

世界文坛之窗
钥匙……………………[罗马尼亚]阿乌列尔·米哈列·西莎
李　明译
声音………………………[罗马尼亚]西尔维亚·西莎　张　群译
打电话…………………………[保加利亚]季·科鲁杰耶夫　阎耀宗译
归来…………………………[南斯拉夫]勃兰柯、乔皮奇　孟绍贲译
聚焦在现当代生活的敏感区
——东欧社会主义国家几篇短篇小说浅析………………张　恒

新作拔萃
大地书页…………………………………………………楼肇明
执拗于大地的凝视和沉思
——读楼肇明的《大地书页》…………………………黄云生
一只篮子在光中摇荡
——读江河《填海》……………………………………唐晓渡
古到极点又新到极点
——苏敏诗二首赏评……………………………………马立鞭

鉴赏与探诗
"春风"、"白日"质疑………………………………………王振汉

芳林漫涉
三雪觅境
——谈谈中国古典小说的意境创造……………………赵铭善
《红楼梦》"似不通"品味…………………………………林兴仁

读者之友
五柳先生的琢意…………………………………………艾　岩

读者·作者·编者
"献曝"三则

——兼评《名作欣赏》的两篇文章·········宋世樟

本刊告白

美术作品欣赏

他靠有限的技巧，游向大海·········王君壮

1989 年第 6 期　刊名:《名作欣赏》
目录

欣赏探奥

探本溯源　鉴模辨式

——论古代文学鉴赏的思维模式·······徐应佩　周溶泉

感同身受　渐入佳境

——散文鉴赏方法谈之三············魏　怡

历史距离在艺术鉴赏中的"增殖"作用···皇甫晓涛

阅读与欣赏

谈乔知之的两首爱情悲剧诗·········金启华

邓廷桢《月华清》词赏析···········邓云乡

苏东坡的《哨遍》与陶渊明的《归去来兮辞》

·····························金志仁

附：归去来兮辞·················陶渊明

　哨　遍···················苏　轼

清人情诗五首赏析···············王英志

淡淡的哀愁　沉沉的相思

——李叔同《送别》赏析············查良圭

清人词二首赏析················顾　启

诗的雕塑

——关于阿垅和他的《纤夫》·········江锡铨

附：纤夫····················阿　垅

丰富的蕴含　有益的探索

——穆木天早期象征派诗及《苍白的钟声》···索荣昌

附：苍白的钟声·················穆木天

一曲灵魂毁灭的悲歌

——谈《喀尔美萝姑娘》"我"的精神人格······李　娟

附：喀尔美萝姑娘················郭沫若

浅谈《喀尔美萝姑娘》的现代意识·······潘　静

超越世纪的心灵之歌

——读惠特曼的《我歌唱辉煌的人体》·······赵　荆

附：我歌唱辉煌的人体·······[美]惠特曼　赵　荆译

读怀特的两篇散文···············王志章

附：快速回刺·········[美]怀特　王志章译

　大海和吹拂着的风···[美]怀特　王志章译

《汤姆·琼斯》与《红与黑》章法比较······许光华

蒲松龄的虎和爱迪生的狗···········董国炎

附：爱迪生的粗毛狗

···············[美]科尔特·弗尼格特　董国炎译

向杲····················蒲松龄

大中语文名篇赏析

人性的证明

——《迟桂花》、《伊豆舞女》对读········梅越平

献身精粹的赞歌

——读高尔基的《时钟》············李昌玉

附：时钟·················[苏联]高尔基

世界文坛之窗

我理想中的姑娘

·············[苏联]布拉特·奥库贾瓦　陆永昌译

此处无声胜有声

——读《我理想中的姑娘》···········陆永昌

新作拔萃

庄严的理由　扭曲的心态

——读短篇小说《媒人》············方吾龙

附：媒人····················刘庆邦

诗歌，作为一种隐喻陈述的"自由度"

——舒婷《船》艺术得失谈···········章义龙

芳林漫涉

诗的语言分析举例

——之一：舒婷诗的句式············洪子诚

美术作品欣赏

我读冯长江·················周宗奇

《南京文艺》

（《青春》）

【简　介】

　　综合性文学双月刊。江苏省南京市文学艺术界联合会主办。创刊于1978年。1979年10月由《南京文艺》更名为《青春》。创刊初期双月刊，更名后改为月刊，其为广大青年作家提供创作和发表的园地，也为不同的艺术见解创造争鸣的机会，因而在青年群体中有很大的影响力。

期刊号：1978年第1期—1989年第11、12期

1978年第1期　刊名：《南京文艺》

目录

春雨及时（小说）…………………………吴　晖
猛虎连长（小说）…………………………肖　平
洒满阳光的路（报告文学）………………吕左兵
梅园四题（散文诗）………………………李华岚
归途（散文）………………………………高　凤

石城内外
天然奇势石头城（散文）…………………吴新雷

雨花台下
光辉的战士——恽代英烈士的故事………张贵强

萌芽
新的诗篇…………………………张昌平　范幸福
"苔花集"二则……………………………潘怀东等
庆祝党的第十一次全国代表大会感赋（三首）
　　…………………………………………田　芜
木兰花（外二首）…………………………吴白匋
毛主席视察天文台（诗）…………………王德安
雨花石（诗·外一首）……………………冯亦同

抓纲治国处处歌
长虹万里传深情（诗·外一首）…………陈咏华
沸腾的工地（诗·二首）…………………郭　浩
老水管工（诗·外一首）…………………邓海南
竞赛（诗）…………………………………徐永伦
交接班簿（诗）……………………………叶庆瑞
菜农的歌（诗·外一首）…………………杜怀阳
警惕的哨音…………………………………崔树扬
写给守灵的解放军战士（诗）……………凌　大
新民歌三首………………杨鸿臣　李海春　李素琴
大寨红花向着华主席开（歌词）…………卢咏椿
飞翔吧，年青的祖国（歌词）……………雷　奔
新式服装（相声）………………孔林峰　郎贵文
演出前后（徐州琴书）……………………张棣华
最听话的丫头（小扬剧）
　　………………江浦县文工团创作　方　生执笔
我们生活在春天的早晨（歌曲）
　　…………………庆　昭词　惠　翔　大　珊曲
坚持用唯物论的反映论指导文艺创作（专论）
　　…………………………………………王臻中
莫道浮云终蔽日（评论）…………………赫　然

匕首篇
张春桥"气"考……………………………安源生
硬吞香蕉皮和"23"干……………………达英骎
从慈禧太后从小汽车谈起…………………沈传忠

文艺杂谈
老树发新花…………………………………侯镜昶
一戏不可无此君……………………………王涌坚
金星的传说…………………………………欣　风
鲁迅作品学习札记
也谈"雕栏""画础"………………………吴调公
为什么换一顶帽子就失去了阿Q?…………甘竞存

艺术的强调与省略┈┈┈┈┈┈朱明雄　胡显银

小兵在一个早晨的奇迁（童话）┈┈┈┈施玉笙

文艺讲座

漫谈短篇小说的写作┈┈┈┈裴显生　凌焕新
为完成党的十一大提出的各项战斗任务而奋斗（宣传画）┈┈┈┈┈┈┈┈┈┈┈陈世光
学习雷锋好榜样（剪纸）┈┈┈┈┈┈殷加才
争分夺秒，加速实现四个现代化（宣传画）┈蒋维才
听华伯伯在北京作报告（装饰画）┈┈张佩珍　朱丹丹
战球罐（国画）┈┈┈┈徐建明　黄振　宋玉明
繁忙的工地（速写）┈┈┈┈┈┈┈罗剑钊
钢铁洪流（速写）┈┈┈┈┈┈┈孙卫国
漫画二幅┈┈┈┈┈┈┈┈┈┈蔡知新

1978 年第 2 期　刊名:《南京文艺》
目录

高举红旗　继续长征

我们在飞进中欢呼（诗）┈┈┈┈┈陈咏华
木兰花慢（词）┈┈┈┈┈┈┈┈石　林
大大吹响进军号（歌词）┈┈┈┈┈钱　唐
祖国大地齐欢腾（诗）┈┈┈┈┈何昌椿
一页万面进军旗（诗）┈┈┈┈┈许　多
五届人大喜迎春（歌曲）┈┈┈袁　飞词　方　行曲
各族人民大团结万岁（剪纸）┈┈┈温子安

无尽的怀念

报童之歌（越剧）┈┈┈┈谢光宁（执笔）　王庆昌
周总理，文艺战士深深怀念您（散文）┈┈漠　雁
周总理关心越剧革命（散文）┈┈┈南京市越剧团
亲切的教导　巨大的鼓舞（散文）┈┈┈丁秀阁
"请你去问庐山气象台"（散文·外一篇）┈陈　平
"周恩来号"行进在沪宁线上（诗）┈┈杨德祥
红梅·翠柏·石榴（诗）┈┈┈┈翟博胜
红小兵怀念周总理（儿歌）┈┈┈李海春
敬爱的周总理在梅园新村（组歌选曲）
┈┈┈┈┈┈┈徐正华等曲　江广玉等词
向毛主席汇报（油画）┈┈┈┈┈冯健亲
关怀（国画）┈┈┈┈┈┈┈┈孟凡太
力量（小说）┈┈┈┈┈┈┈┈赵荣溪
黑旦与荷花（小说）┈┈┈┈┈张定国
珍贵的回忆（散文）┈┈┈┈┈蔡德伦

雨花台下

自觉的共产主义战士──记邓中夏烈士┈┈艾子悦

萌芽

啊，宣传橱窗……┈┈┈┈┈┈┈盛　莉

石城内外

栖霞记胜（游记）┈┈┈┈┈┈侯镜昶
"苔花集"三则┈┈┈┈┈┈┈卢咏椿等
新民歌选（八首）┈┈┈夏恩威　徐金元　业　成等
减字木兰花（词）┈┈┈┈┈┈唐圭璋
南京即景三首┈┈┈┈┈┈┈臧云远
新登楼赋（诗）┈┈┈┈┈┈┈赵瑞蕻
以雨花台的名义（诗）┈┈┈┈丁汗稼
雨花台（诗）┈┈┈┈┈┈┈姚忠瑞

生活的浪花

水乡曲（诗·二首）┈┈┈┈┈孙友田
春耕小曲（诗）┈┈┈┈┈┈王炳荣
千里铁道线上（诗·三首）┈┈┈许金华
钻台·擂台·跃进台（诗）┈┈┈李寿生
回音壁（诗）┈┈┈┈┈┈┈任红举
春雨（诗）┈┈┈┈┈┈┈┈葛　逊
女货郎（诗）┈┈┈┈┈┈┈顾　炯
新芽（诗）┈┈┈┈┈┈┈┈陈永昌
谁对矿工最最亲（歌词）┈┈┈梁学平
试谈形象思维（专论）┈┈┈┈辰　百
在"反无冲突论"的背后（评论）┈┈刘　金
评浩然的中篇小说《百花川》┈┈┈顾宜林

阅读与欣赏

百炼钢化为绕指柔
　　──古典诗词艺术辩证法札记┈┈┈郁贤皓

文艺杂谈

让人物自己行动吧┈┈┈┈┈┈丘振声
茅台酒为什么名列前茅┈┈┈┈凌　大
为讽刺文艺说几句话┈┈┈┈┈王长俊
比喻──语言之花┈┈┈┈┈┈林震公
真理是赤裸裸的┈┈┈┈┈┈┈达英骖

匕首篇

"四人帮"的"吹氧术"┈┈┈┈王炳华
所谓"人医"┈┈┈┈┈┈┈┈陈风楼
偶记┈┈┈┈┈┈┈┈┈┈┈韦明铧
何春兰查账（山东快书）┈┈┈谷元英
途中（国画）┈┈┈┈┈┈┈徐　宁
争分夺秒比本领（速写）┈┈┈陈培光
一扫而光（漫画）┈┈┈┈┈┈姜启才

1978 年第 3 期　刊名:《南京文艺》
目录

"金刚"（小说）⋯⋯⋯⋯⋯⋯⋯⋯山 谷
交班（小说）⋯⋯⋯⋯⋯⋯⋯⋯⋯吴一兵
一泓春水秦淮暖（散文）⋯⋯⋯⋯赵力田
秦淮柳（散文）⋯⋯⋯⋯⋯⋯⋯⋯江广玉

速写之页
铃声阵阵⋯⋯⋯⋯⋯⋯⋯⋯⋯⋯⋯盛国铨
大柳树下⋯⋯⋯⋯⋯⋯⋯⋯⋯⋯⋯林震公
捕蝶记⋯⋯⋯⋯⋯⋯⋯⋯⋯⋯⋯⋯孙景生
新风曲⋯⋯⋯⋯⋯⋯⋯⋯⋯⋯⋯⋯葛修瀚
谁的功劳大（童话）⋯⋯⋯⋯⋯⋯刘健民

萌芽
银幕外的故事⋯⋯⋯⋯⋯⋯⋯⋯⋯李庆功

石城内外
二水中分白鹭洲（散文）⋯⋯⋯⋯吴新雷
"苔花集"三则⋯⋯⋯林 光 钱允祺 蒋苏平
南京春兴（诗）⋯⋯⋯⋯⋯⋯⋯⋯艾 煊
金缕曲（词）⋯⋯⋯⋯⋯⋯⋯⋯⋯钟 麟
十万青春育新苗（诗）⋯⋯⋯⋯⋯徐 刚

咱们工人有力量
追（诗）⋯⋯⋯⋯⋯⋯⋯⋯⋯⋯⋯曹仲贤
"红双喜"（诗）⋯⋯⋯⋯⋯⋯⋯⋯邓海南
车间竞赛红旗（诗）⋯⋯⋯⋯⋯⋯林 钟
电工最爱新线路（诗）⋯⋯⋯⋯⋯张文玉
加速（诗）⋯⋯⋯⋯⋯⋯⋯⋯⋯⋯辛明水
"抢队长"（诗）⋯⋯⋯⋯⋯⋯⋯⋯邵学文
我们的老师长（诗）⋯⋯⋯⋯⋯⋯田 平
知青点（诗）⋯⋯⋯⋯⋯⋯⋯⋯⋯齐匡之
月下（诗）⋯⋯⋯⋯⋯⋯⋯⋯⋯⋯池 澄
"淘气"的日记（诗）⋯⋯⋯⋯⋯⋯许 多
大客机（儿歌）⋯⋯⋯⋯⋯⋯⋯⋯王兴艺
要学雷锋叔叔（绕口令）⋯⋯⋯⋯卢兆洛
爷爷是个好管家（儿歌·外一首）⋯徐廷华
我为公社盖仓库（儿歌）⋯⋯⋯⋯杨光中
题材问题上的拨乱反正（专论）⋯陈 辽
例谈典型人物的塑造（评论）⋯⋯谈凤梁

文艺杂谈
为啥没味道⋯⋯⋯⋯⋯⋯⋯⋯⋯⋯董 健
针刺疗法与文艺创作⋯⋯⋯⋯⋯⋯严家春
文艺随感（二则）⋯⋯⋯⋯⋯⋯⋯圣 野

文艺讲坐
浅谈散文创作⋯⋯⋯⋯⋯⋯⋯周 凡 应 丘
文艺简讯二则
报童之歌（越剧·续完）⋯⋯谢光宁（执笔） 王庆昌
新的长征（数来宝）⋯⋯⋯⋯⋯梁 军 程中柳
野营之夜（弹词开篇）⋯⋯⋯⋯林 达 丁 益
新时期的总任务传万家（女声独唱）
⋯⋯⋯⋯⋯⋯⋯⋯⋯王万涛词 陶思耀曲
向阳花开红似火（儿童歌曲）⋯⋯赵 鸣词曲
园丁（摄影）⋯⋯⋯⋯⋯⋯⋯⋯⋯许明义
为了祖国的明天（水印木刻）⋯⋯金明华
再想一想（中国车）⋯⋯⋯⋯⋯⋯杨远威
一举两得（漫画）⋯⋯⋯⋯⋯⋯⋯蔡如新
我帮姐姐洗床单（刻纸）⋯⋯⋯⋯速泰熙

1978 年第 4 期　刊名:《南京文艺》
目录

纪念郭沫若同志（诗词九首）
⋯⋯夏 阳 田 芜 钱静人 夏冰流 吴奔星

战地黄花
"八一"的怀念（诗·三首）⋯⋯⋯马国征
大山的回去（诗）⋯⋯⋯⋯⋯⋯⋯黄东成
山茶果熟了（诗）⋯⋯⋯⋯⋯⋯⋯邹国平
前沿哨所（诗）⋯⋯⋯⋯⋯⋯⋯⋯马绪英
战斗在群山（诗·二首）⋯⋯⋯⋯童嘉通
浪尖上的歌（诗·三首）⋯⋯⋯⋯沙 白
雨花台（诗）⋯⋯⋯⋯⋯⋯⋯⋯⋯宫 玺

公社花絮
靠门睡（诗）⋯⋯⋯⋯⋯⋯⋯⋯⋯刘鹏春
鲤鱼沟（诗）⋯⋯⋯⋯⋯⋯⋯⋯⋯孙玉春
雨夜（诗）⋯⋯⋯⋯⋯⋯⋯⋯⋯⋯樊永生
黄豆（诗）⋯⋯⋯⋯⋯⋯⋯⋯⋯⋯杜怀阳
喜雨（诗）⋯⋯⋯⋯⋯⋯⋯⋯⋯⋯艾 汀
会场好像在大寨（新民歌·外一首）⋯朱太平
突击队的战旗（诗）⋯⋯⋯⋯⋯⋯杨鸿臣
高产锣鼓（诗）⋯⋯⋯⋯⋯⋯⋯⋯叶庆瑞
电塔颂（诗）⋯⋯⋯⋯⋯⋯⋯⋯⋯杨春鼎
放炮的时候（诗）⋯⋯⋯⋯⋯⋯⋯赵玉柱
桨声吱呀（诗）⋯⋯⋯⋯⋯⋯⋯⋯陆 苇
老教授（散文诗）⋯⋯⋯⋯⋯⋯⋯苏必显
新民歌三首⋯⋯⋯⋯杨寿祥 高恩道 业 成
爱唱歌的鸟（儿歌）⋯⋯⋯⋯⋯⋯圣 野
送伞（儿歌）⋯⋯⋯⋯⋯⋯⋯⋯⋯杨本红
我们是新长征的后勤兵（歌词）⋯安沅生
歌唱新时期的总任务（歌曲）
⋯⋯⋯⋯⋯⋯⋯⋯⋯黄东成词 姜元禄曲

我和我的大吊车（独唱）
·················· 郭礼焕 曹仲贤词 庄 汉曲
小无名高地（小说）························ 冬 丰
电话（小说）················ 梁剑华 宋振国
珍贵的礼物（小说）···················· 贺景文
高炉巍巍（小说）······················ 高庆荣
小华（小说）·························· 严德明
旗手（小说）·············（法）都 德著 汪文漪译
请喝一杯茅山茶（散文）·················· 张宇清
花园里的城市（散文）——访问安徒生故居··· 顾 炯

萌芽
绿竹精神赞·························· 张庆平

雨花台下
血染雨花——记顾衡烈士········· 王昭全 林震公
明孝陵琐记（游记）···················· 何 萱
"苔花集"三则·········· 彭玉明 许润泉 尤已城
从第二个胃说起（专论）——谈批判地继承文化遗产
问题····························· 叶子铭
反动小说《我们这一代》必须批判（评论）··· 李功惠
融情于理的散文诗（评论）················ 刘东远

文艺杂谈
艺术的选择和集中···················· 朱明雄
炼在句前·························· 严迪昌
说喻····························· 陶泽爽
数目字的联想························ 徐廷华

读者论坛
革命人民力量的颂歌···················· 邹正贤
清新活泼 别具一格··············· 杨志华 叶 楠

文艺讲座
无限深情意，尽在不言中——简论戏剧的潜台词
······························· 王新民
为加速实现我国四个现代化而奋斗（宣传画）
······························· 王 波
天朗气清走天山（国画）················ 李 山
二〇〇〇年的青少年园地（漫画）·········· 施邦鹤
返老还童（漫画）······················ 田 原
团花（剪纸）························ 张吉根

1978 年第 5 期 刊名:《南京文艺》
目录

诗词三首·························· 毛泽东
一个真实的故事（小说）················ 海 笑

小星和她的娘娘（小说）················ 茹志鹃
追求（小说）·························· 梁 晴
五月里（小说）······················ 刘殿学
石林山（小说）······················ 徐东晓
饭菜飘香（速写）···················· 山 谷
买菜（速写）························ 李同溪

萌芽
就从这儿说起························ 赵民争
天石同志琐忆（散文）·················· 白 坚

石城内外
紫金山漫游（散文）···················· 顾宜林
猴子摘桃（寓言）···················· 许一青
风筝和鹰（寓言）···················· 邵振华
知识小品
从太阳到钟表························ 黄建民
"苔花集"（三则）········· 丁 可 赵 庭 王慧琪
英雄人物谱（诗配画）·················· 曹望恺
王 波 孙卫国 刘之光 朱登琮画 杨海帆配诗
边疆花月夜（诗·四首）················ 任红举
散文诗二章·························· 高 风
钢的歌（诗·三首）···················· 路 桦
钻工的性格（诗）···················· 何 仃
倾听（诗）·························· 江广玉
司炉工的歌（诗）···················· 谢玉盛
李堡的街（诗）·············· 陈 祥 钱锦芳
俩炮连（诗）························ 贺东久
浪花集（诗·四首）···················· 王 盛
我想起了这样一个座位（诗）············ 周晓扬
华主席培育大寨花（歌词）················ 华 放
文文坐在灯下（儿童诗）················ 眭双祥
祖国啊，祖国（歌曲）········· 庆 昭词 大 珊曲
欢庆胜利闹花灯（歌曲）······· 咏椿等词 其 贵等曲
反动小说《我们这一代》必须批评一个蛊惑人心的口
号····························· 校 新
典型的阴谋家，道地的走资派·············· 袁冰西
一个天才史观的孽怪·········· 省市总工会大批判组
评《丹心谱》的艺术特色（评论）·········· 王臻中
嘹呖吴歌唱建康（评论）················ 侯镜昶

文艺杂谈
戏无悬念难抓人······················ 王涌坚
欲有"戏"，须要"细"·················· 周正章
真作假时假亦真······················ 赵增锴
从芝诺画圆圈谈起（随感）················ 达英骡

文艺讲座
漫谈剧本的写作·············· 凌焕新 裴显生

科学的春天（装饰画）————————冯健亲　陈德西
印章选————————————————陈大羽
丁吉甫　田　原　宋　朗　杨延复　秦士蔚　黄　惇
书法选————————林散之　武仲奇　陈大羽　肖　娴
何　辰　田　芜　罗化千　章炳文　何　薇　胡晓翔
爱科学、学科学、用科学（剪纸）————王子春　周素华

1978 年第 6 期　刊名:《南京文艺》

目录

红与黑（小说）——————————————林震公
"化肥主任"下乡来（小说）———————————马春阳
温暖（小说）——————————————————李冬生
疙瘩（小说）——————————————————王齐锋
"三宝"拜师记（小说）————————————韩　今
变（速写）——————————————杨　顾　翘　斌

雨花台下
无私无畏的革命者——记肖万才烈士————————盛国铨
雨花石和子弹头（散文）————————————汪广生
母亲笑了（散文）————————————————杨思明

萌芽
映山红（散文）————————————————吴义和

石城内外
莫愁湖游记（游记）————————张震麟　彭玉明
责任（小品文）————————————————张祥泽
如此女儿（小品文）——————————————星　平
赭石和雨花石（寓言）————————————陈乃祥
"苔花集"三则——————蒋金铺　王耿磊　孙念利
《人民文学》举办一九七八年全国优秀短篇小说评选

淮海情思
淮海战火（诗·四首）————————————任愚颖
爱和恨（诗·外一首）————————————邓海南
战地巡礼（诗·二首）————————————翟秀琪
他，代替我死了（诗·外一首）————————马绪英
小李家的歌（诗·外一首）——————————王德安
公社美景（诗配画）————————姜启才画　顾培棠诗
唱在棉乡（组诗）——————————————陈咏华
斗天图（诗）——————————————————池　澄
接港渔歌（诗）————————————————施泽宏
雨夜（诗）——————————————————文　丙
长安街的钟声（歌词）————————————王　健
我们从小爱科学（歌词）———————————卢咏椿
祖国航船新长征（歌词）———————————梁学平
卜算子·咏梅（歌曲）————————————戴于吾曲

跟着华主席　走上长征路（歌曲）————————陈谷词曲
华主席和我开夜工（弹词开篇）—————————朱寅全
开顶风船的射手（数来宝）——————————张效尧
真实地再现同"四人帮"的斗争（专论）————潘震宙
妙在似与不似其间（评论）——————周　凡　应　丘
待细把江山图画（评论）———————————肖　平

文艺杂谈
心中有数——————————————————朱安平
应如游龙蜿蜒行————————————————胡若定
诗境与事理——————————徐应佩　周溶泉
重获新生的小提琴协奏曲《梁祝》————————高厚永
报春（中国画）————————————————陈大羽
银龙探海（摄影）————————————百花摄影社
不尽原油滚滚来（摄影）———————————史久鑫
猪多肥多粮多（剪纸）————————————殷嘉才

1979 年第 1 期　刊名:《南京文艺》

目录

毛主席,我们永远深切地怀念您
毛委员和红军战士心连心（回忆录）————————黄朝天
毛主席和我们心贴心（回忆录）—————————徐莲娇
毛主席在长征途中二三事（回忆录）————————冯继富
三过草地（回忆录）——————————————孙华山
幸福的回忆（回忆录）————————————杨培成
包座之战（回忆录）——————————————徐芝富
壮阔无边的纪念堂（诗）———————————任红举
深深的手印（诗）————————————————峰　岩
一个真实的故事（诗）————————————曹钟陵
开春锣鼓（小说）————————————————苏从林
老马识途（小说）————————————————周正荣
"小铁马"历险记（科学幻想小说）————————苏尔荣

高潮浪花
嫂子（速写）——————————————————成正和
归途（速写）——————————————————吴　晖
汽车疾驰（速写）————————————————曾立平
点金术（童话）—————————[美]霍　桑　杨　荭译
是谁喝完金海水（民歌三首）—————————燕群业成
调度室的电话（诗）——————————————周　锐
练兵场（诗）——————————————————李同溪
闪光（散文诗）————————————————王延路
毛主席恩情记心上（儿歌）——————————杨　顾

萌芽
金色的棉纱（散文）——————————————杨　驰

丙辰春雷

春华秋实（报告文学）————————顾 炯
新街口（诗）——————————————孙友田
倒过来（诗）——————————————杜怀阳
妈妈，我要跟你去坐牢（诗）———————王德安
狱中答辩（诗）————————————叶庆瑞

石城内外

春满南郊胜迹多（游记）——————侯镜昶
苔花集（四则）——武仲平 钱允琪 赵 庭 方正喜
红花遍地开（相声）——————徐培鸿 吴伟中
新长征旗帜红艳艳（歌曲）——张慕林词 赵 鸣曲
谚语（两辑）——————————王奕军 彭玉明
阶级论、血统论和悲剧（评论）—————包忠文

文艺杂谈

谈动作描写的典型化——————————埝 任
读诗札记————————————————徐振辉
警句——语言的纯金——————————李 伟

文艺讲座

幽默、夸张、包袱儿和其他——————张棣华

奔马图（中国画）——————————刘勃舒
亲人（中国画）——————————张桂铭
人民的好总理（版画）————————吴俊发
石城惊雷（版画）————————黄 惇 陆长根
梅园（版画）————————————黄丕谟

1979 年第 2 期 刊名:《南京文艺》
目录

伟大的使命——————————————本刊评论员

丙辰春雷

鲲鹏之歌（报告文学）————————方 之 高 戈
海的忆念（散文）——————————庞瑞垠
火一样的白莲（小说）————————李春光
隔壁人家（小说）——————————夏元虎
铜元锁（小说）——————————王启礼

高潮浪花

有请"老顾问"（速写）————彭志刚 何 乐
"黄金时代"（速写）—————————梁 晴
复查（速写）————————————唐文珍
万年青（散文）——————————楚 宣 寿 琦
脚印（散文诗·三章）————————缪白苗
堤坝（散文诗）——————————安源生

王羲之轶事（故事）————————金 予

石城内外

春临雨花台（游记）————张震麟 王昭全
苔花集（二则）——————戴红玉 林桂森

朝花

阿崎婆婆为什么要养那么多猫————贾建萍 朱春燕
华主席盼我早成材——————————余碧君
练笔选（四则）——陈 辉 林 同 王晓丽 庄 康
新寒翁（寓言·二则）————————陈乃祥
聪明的岩羊（寓言）————————徐保卫
灰姑娘（童话）——————[法]贝 洛著 汪文漪译

知识小品

科学战胜了迷信（二则）——————黄建民
梅园（诗）—————————————孙友田
梅园梅（诗）————————————蒋十枚
伟大的名字（诗）——————————丁汗稼
勺湖抒情（诗）———————————贺东久

大江南北天地阔

大海睡了（诗）——————————程乐坤
徐州新煤田杂咏（诗·三首）————李克因
渔女（诗）—————————————阎志民
港口灯火（诗）———————————刘国华
云台短笛（诗·三首）————————郭 浩
军港之夜（诗）———————————邹国平
嫩黄的玫瑰（诗）——————————葛崇岳
渔场诗草（诗·三首）————————赵丽宏
车间春汛（诗）———————————曹念祥
山区火车站（诗）——————————时盛林
绘新图（诗）————————————袁戈风
华主席和我同插秧（歌曲）
　　　　　　　　——戴晓权词 陈鹏年曲
加快步伐 实现四个现代化（歌曲）
　　　　　　　　——陶昀词 朱 嵩曲
让文学艺术大胆地干预生活吧（专论）——顾宜林
寄自北京的信（通讯）————————马绪英

文艺杂谈

漫谈报告文学的真实性————————黄毓璜
漫话"空白"——————————沈志冲 徐振辉
"相术"辨析————————————袁 云

读者论坛

发人深思 催人动情——————————顾文勋
冲破禁区的可喜尝试—————————蔡德伦
扑面而来的生活气息———————陆 军 陈长荣

一首美国民歌 ————————————————— 韩　洁
渔汛（中国画）————————————————— 彦　涵
遗愿化宏图（版画）————————————— 杨可扬
心中的丰碑（油画）————————————— 曹立侃
中山陵园（中国画）————————————— 章炳文
燕子矶（中国画）————————————————— 丁秀阁
雨花台（版画）——————————————————— 黄丕谟

1979 年第 3 期　刊名:《南京文艺》
目录

边缘问题（小说）———————————————— 肖元生
灿烂的夕阳（小说）————————————— 沈蔚德
电车上（小说）——————————————————— 黄铁男
"老体育"小记（小说）——————————— 陶　冶
寓言五题
　猴子"英雄"———————————— 胡存英　申玉兰
　铅笔和橡皮头 ————————————————— 刘自球
　贩子与税官 ————————————————————— 姜克强
　李逵开锁（外一篇）——————————— 朱　弘
小蜡烛头的最后一线光（童话）—— 华国琴　夏坚勇
全是假话的故事（阿拉伯民间故事）—— 韩　洁译
雨花台的启示（散文）——————————— 魏毓庆
歌自何方来（散文）————————————— 德　咏

石城内外
瞻园散记（游记）———————————— 管玉春　胡舜庆

萌芽
敲钟的人（散文）————————————————— 燕　群
似男非女（小品文）————————————— 谷　泉
君唱臣随（伊朗幽默·二则）—————— 丁歧江译
苔花集（三则）——————————————————— 蒋金铺
致年青的朋友——写在"五·四"运动六十周年青年
（诗）—————————————————————————— 陈咏华
战士高吟"五·四"花（诗）—————— 任红举
致今天的青年（诗）————————————— 邓海南
该用什么来纪念"五·四"（诗）—— 王德安
用青春抒写新史诗（诗）——————— 刘鹏春
祖国的流水（诗）————————————————— 徐　刚
老房东（诗）——————————————————————— 忆明珠
登桂子山（诗）——————————————————— 艾　煊
写在科技苗圃里（诗·三首）————— 刘国民
烈士墓（诗）——————————————————————— 杨德祥
栽下战士的红心一颗（诗）—————— 牛广进
背心（诗）———————————————————————— 嵇亦工
农村短章（散文诗·三题）—————— 陆　苇

儿歌一束
折纸歌 —————————————————————————— 华　菁
我是小小科学家 ——————————————— 夏恩威
我比雷锋叔叔差远哩 ————————— 张昌华
看瓜 ———————————————————————————————— 文　丙
月亮走，我也走 ——————————————— 陈官煊
窗口里的朋友 ————————————————————— 刘崇善
挑肥 ———————————————————————————————— 曾泉星
唉，这傻小伙（歌词）—————— 卢咏椿　李朝润
小弟弟，有志气（歌词）——————— 吴忠本
今天我戴上了红领巾（歌曲）— 方凤丽词　毛积润曲
植树歌（歌曲）——————————— 丛培智词　高　维曲
为真理而斗争（快板书）——————— 杨鲁平
从《组织部新来的年青人》谈起（评论）—— 甘竞存
为民请命，何罪之有（评论）——— 陈　辽
关于反面人物的个性化问题（评论）—— 吴调公
从生活中汲取诗意（评论）—————— 王长俊
笔底风雷书苑新（评论）——————— 侯镜昶

文艺杂谈
在对比中展示人物性格 ———————— 陈维仁
拟人化与说道理 ——————————————— 刘东远
"谁从渊默见机先"————————————— 白　坚
儿歌小议（二则）————————————————— 圣　野
文贵新意 —————————————————————————— 严　杰
土安石与"剥枣"————————————————— 徐关林
书家逸事 —————————————————————————— 罗　星

文艺动态
北京南京书法篆刻作品交流展出 —— 苏　晴
唐人诗意图（中国画）——————————— 亚　明
走在战争前面（版画）——————————— 刘之光
春潮渔汛（中国画）————————————— 秦岭云
油画风景写生 ————————————————————— 苏天赐
紫金山（版画）——————————————————— 施永成

1979 年第 4 期　刊名:《南京文艺》
目录

戒烟（小说）——————————————————————— 吕大安
不肯忘却过去的人（小说）—————— 海　笑
柳营小记（小说）————————————————— 方　之
老牛筋的故事（小说）——————————— 石太原
帕克大娘的遭遇（小说）

　　　　　　　　　　[英]曼斯菲尔德　涛　雨译

高潮浪花
送款（速写）——————————————————————— 陆　泰

搬家（速写）……………………………许金城
"顶真姐夫"（速写）………………………林震公

丙辰春雷

真理的声音（报告文学）…………………李　亮
一湖秋水（散文）…………………………邱　晔
熊猫和猴子（散文）………………………古　平

石城内外

玄武湖之夜（游记）………………………蒋永才

朝花

时间………………………………………徐　沛
《爱莲说》值得一读………………………郝　忆
晨读………………………………………陈　萍
驼背请医（幽默）…………………………柳　松
海豚趣谈（知识小品）……………………杨光中
苔花集（三则）………卢学航　黄丽林　薛锡祥
献给张志新的歌
狱中之花（诗）……………………………叶庆瑞
痛惜（诗）…………………………………马　良
琴声（诗）…………………………………杨　毅

友谊关回声

假如（诗·外一首）………………………柯　原
认识（诗）…………………………………邢书第
攻占"法国炮楼"（诗）……………………姚成友
想你啊，班长（诗）………………………葛　逊
莫愁湖（诗·外一首）……………………严　阵
雨中栖霞（诗·外二首）…………………丁　芒
绿色的喜讯（诗）…………………………白　榕
吕梁山高（诗三首）………………………谢克强
啊，我难忘（诗）…………………………季振华
大别山早霞（诗·外一首）………………孙中明
东海浪花（诗·二首）……………………贺东久
碧海白鸥（诗）……………………………邓海南
山乡画廊（诗·二首）……………………孙玉春
深秋的桔林（诗）…………………………陈永昌
驾驶员之歌（诗·二首）…………………辛明水
气球（诗）…………………………………李忠耀
海燕（诗）…………………………………于宗信
铁路短笛（诗·四首）……………………凌　大
绿色的邮车（散文诗·外一章）…………唐黎初
阿姬姑娘（相声）………谷元英　梁尚义　李国先
从极左路线的伽锁中解放出来（评论）…群　飞
思考与典型（评论）………………………史景平

文艺杂谈

诗要有闪光的细节…………………………徐廷华

从"雨伞的位置"想到的……………………稼　骏
要敢于为英雄人物抒情……………………赵增锴
说真话　抒真情……………………………唐开宏
从小乞丐的"快乐"谈起……………………彭玉明
鼓盆、掷金及其他…………………………韦明铧

文艺讲座

浅谈诗歌创作………………………………史　达
金陵艺苑传佳讯　南京书画院成立（文艺动态）
………………………………………本刊记者
《南京文艺》改刊启事
人物（国画）………………………………程十发
鸭嬉荷影（国画）…………………………李　亚
南京书画院成立会上书法家挥毫之作（书法选）
……………………………林散之　陈大明等
漫画…………………原小民　岳鸿武　俞季和
驰骋绿海（版画）…………………………金明华

1979 年第 10 期　刊名:《青春》

目录

青春献辞……………………………………本刊编辑部

寄语和嘱望

祝《青春》永葆青春…………………………陈白尘
青春赞………………………………………罗　荪
祝贺《青春》诞生……………………………夏　阳
"青出于蓝而胜于蓝"………………………从维熙
寄语《青春》…………………………………章品镇
祝贺与希望…………………………………顾尔镡
智力测验（小说）…………………………李　潮
怀念（小说）………………………………魏　威
难做的文章（小说）………………………丁宏昌
家庭条约（小说）…………………………朱　持
冤案乎（小说）……………………………尹最良
运气（小说）………………………………位　东
生活因为有他们而更加美好（报告文学）……致　真
雨霁花弥香（散文）………………………孙景生
献给祖国的歌（诗）………吴　野　叶庆瑞　周晓扬等
浪花和贝壳（诗）…………………………张雪杉
孙中明　崔合美　贾吉庆　李寿生等
牵牛花（散文诗）…………………………王文忠

作家谈创作

当你拿起笔…………………………………王　蒙
学艺杂谈……………………………………邓友梅
小论坛………………甘竞存　杨　旭　曾立平
猫头鹰及其他（杂文）……………………本　源

难忘的安娜·卡列尼娜 ························冯雨声
编辑手记 ··克 因
文艺杂谈 ················邓啸林 陈新民 沈志冲
作家轶事 ····························颍 涛 鲁生辑
锦贝集（五则） ·····························王安岭等
编者的话 ····································本刊编辑部
·小资料·关于诺贝尔文学奖金
奔腾的野马 ·················张志新画 高扬配诗
长征干部（中国画） ···························徐 宁
青年们为实现四化而努力吧（宣传画）········沈行工
古城胜景（装饰画） ·························董良观

1979 年第 11 期　刊名:《青春》
目录

作家谈创作

当你拿起笔 ·····································王 蒙
漫话情节 ·······································陆文夫
感念与共勉 ·····································刘绍棠
也算"经验" ···································高晓声
王谷雨小传（小说） ···························董会平
一个发人深思的悲剧（新作评介） ···········高 戈
时代风尚（小说） ···························黄旦璇
玉兰和我（小说） ·····························郭 浩
瞎子阿青和他的长烟杆（小说）···············唐炳良
焚稿记（小说） ·······························顾小虎
云鸟西飞（散文） ···························边 烽
"跟上帝决斗"（摘译） ·····················黄 鹏
小品文二则 ···················未足奇 成 平 洪 辞
剑之歌（诗） ·····················贺东久 文 丙
带给海滩的礼物（诗） ·······················冯新民
短诗二首 ·····································诗 观
公路（诗） ·····································赵春华
送别宴（诗） ···································王 澜
新民歌（四首） ·····················华 超 张泰霖
作家方之不幸逝世 ···························本刊编辑部
悼念方之同志 ·······························本刊编辑部
留得清白在人间 ···········斯 群 李克因 李 纪
秋夜悲思 ·······································成正和
小论坛 ···················李 伟 顾宜林 欣 风
跌宕曲折，引人入胜（阅读与欣赏）···········何 青
文艺杂谈···刘静生 黄毓璜 刘东远 冯家俊 凌 大
作者·读者·编者 ···················周晓扬 徐然等
征求彩色封面作品启事 ·····················本刊编辑部
《芒种》稿约 ·····················《芒种》月刊社
诺贝尔文学奖金获奖者
谢幕后（油画） ·······························王 霞
革命流血不流泪（中国画） ···················徐 中

漫画 ·············原小民 曾 郁 俞季和 温克信
群星灿灿（油画） ···························柴海利

1979 年第 12 期　刊名:《青春》
目录

亲人（小说） ···································李永存
陶冶灵魂的熔炉（小说） ·······················忆 珍
儿子（小说） ···································朱 持
纺车声声（小说） ·····························贾平凹
孤独者（小说） ·······························盛国铨
赌徒的故事（小说） ···························田正华
无花果的性格（散文） ·························韩振武
纳纳布佐的礼物（印度寓言）···················黄 峻译
小品文二则 ·······················海 康 星火红
锦贝集 ···················蒋金镛 顾晓军 王安岭
半副对联的故事 ·····························岳枫丹
他的生命价值几何（诗人轶事）···············金 琦译
致一位落选的党委书记（诗）···················浪 山
百鸟的欢歌（诗） ·····························张伯伟
早晨，多么美好（诗） ·························刘 响
浪花和贝壳（诗） ·····························曹念祥
池志亮 邵学文 刘晶林 蔡之湘 蔡国瑞 何 仃

作家谈创作

当你拿起笔 ·····································王 蒙
愿春雨重新滋润我吧 ···························忆明珠
悲歌一曲"杜十娘"（阅读与欣赏）···········裴显生
小论坛 ···············林兴仁 应 丘 唐再兴 宋仁年
别致精巧 意味深长（新作评介）···············王臻中
文艺杂谈···········刘静生 黄毓璜 郁贤皓 徐荣衍
作者·读者·编者 ···············孙和平 彭玉明等
诺贝尔文学奖金获奖者（小资料）
祖国啊，母亲（水粉画）···············赵光涛 房燕生
天空任我飞（中国画） ·························何祯祥
晨风（中国画） ·······························许怀华
丝绸之路（油画·"历史的主人"组画之一）
···陈少立

1980 年第 1 期　刊名:《青春》
目录

希望和祝愿 ·····································刘宾雁
闪电（小说） ···································贺小虎
手相学研究（小说） ···························江山春
公社农技员的一天（小说）···············江 浩 丹 予
黑山谷之谜（科学幻想小说）···················蔡利民

夜幕下闪亮的眼睛（散文）⋯⋯⋯⋯⋯德　咏
大别山的花束（散文）⋯⋯⋯⋯⋯⋯钱启贤
扩"因"传声筒（小品文·二则）⋯⋯梦　泽
锦贝集⋯⋯⋯⋯⋯⋯⋯李健强　陈小平

天南地北赛诗台(诗)
春歌⋯⋯⋯⋯⋯⋯⋯⋯（上海）金逸铭
门户⋯⋯⋯⋯⋯⋯⋯⋯（云南）杨国超
如果我们⋯⋯⋯⋯⋯⋯（山东）孔德平
顾不上打扮的姑娘⋯⋯（浙江）胡丰传
清清的山溪⋯⋯⋯⋯⋯（河南）阎振甲
芭蕉林里（外一首）⋯⋯（云南）张永权
数他最漂亮⋯⋯⋯⋯⋯（内蒙古）李庆春
女机手⋯⋯⋯⋯⋯⋯⋯（福建）朱谷忠
海燕，追逐着我们的轮船⋯（甘肃）师日新
鸟岛情思⋯⋯⋯⋯⋯⋯（青海）李玉林
敬"土地"（讽刺诗）⋯⋯⋯⋯⋯⋯仲伟祥

作家谈创作
当你拿起笔⋯⋯⋯⋯⋯⋯⋯⋯⋯王　蒙
献给青年朋友⋯⋯⋯⋯⋯⋯⋯⋯茹志鹃
附：鲁南突围的追记
小论坛⋯⋯⋯⋯⋯韦明铧　顾小虎　曹德华
读《陶冶灵魂的熔炉》（新作评介）⋯胡若定
面向生活，深入开掘（新作评介）⋯高　戈
新颖·精巧·清丽（阅读与欣赏）⋯朱明雄
文艺杂谈⋯⋯刘静生　黄毓璜　时　萌　张宏梁
龙的启示（作家轶事）⋯⋯⋯⋯⋯仲　岳辑
诺贝尔文学奖金获奖者（小资料）
本刊举办短篇小说《青春奖》征文⋯本刊编辑部
明珠（摄影）⋯⋯⋯⋯⋯⋯⋯⋯任镇北
鲁提辖拳打镇关西（中国画·三幅）⋯傅小石
泉（雕塑）⋯⋯⋯⋯⋯⋯⋯⋯⋯孔凡伟
友谊关下英雄多（中国画）⋯⋯⋯钱仲章

清凉山遐想（二章）⋯⋯⋯⋯⋯⋯山　谷

诗歌
报春集⋯⋯⋯⋯⋯⋯⋯⋯贾吉庆　龙彼德
刘毅然　石启荣　马晋乾　王德安
黄山雨量站（外一首）⋯⋯⋯⋯⋯严成志
带刺的蔷薇⋯⋯⋯⋯⋯⋯⋯⋯⋯叶庆瑞
露珠集⋯⋯⋯⋯⋯⋯⋯⋯⋯⋯⋯黎　枝
爱情的花絮⋯⋯⋯白　冰　陈咏华　孙中明　沈志苏
写在灵谷塔前⋯⋯⋯⋯⋯⋯⋯⋯蒋维扬
标兵车⋯⋯⋯⋯⋯⋯⋯⋯⋯⋯⋯董连生

作家谈创作
文章甘苦事——在南京市文联座谈会上的讲活
⋯⋯⋯⋯⋯⋯⋯⋯⋯⋯⋯⋯⋯刘　真
美，永远不会绝灭——记作家王蒙与文学青年的一次
畅谈⋯⋯⋯⋯⋯⋯⋯⋯李培禹　杨小兵

评论及其他
划破黑暗的闪光——读霍桑的《红字》⋯陆协新
小论坛⋯⋯⋯⋯⋯⋯⋯⋯张仲可　欣　风
文艺杂谈⋯古远清　刘静生　黄毓璜　余　之　漆杏亭
诺贝尔文学奖金获奖者
锦贝集⋯⋯⋯⋯⋯⋯⋯⋯⋯⋯⋯张世勤
最后笑的人（寓言）⋯⋯⋯⋯⋯⋯黄　峻
读者·作者·编者⋯⋯⋯⋯⋯徐廷华　潘可荣

美术
肖像（摄影）⋯⋯⋯⋯⋯⋯⋯⋯文长生
春望（木刻）⋯⋯⋯⋯⋯⋯⋯⋯王　仲
春天来了（木刻）⋯⋯⋯⋯⋯⋯聂昌硕
小憩（国画）⋯⋯⋯⋯⋯⋯⋯⋯陈德西
扬帆待发（固体油画）⋯⋯⋯⋯周炳辰

1980 年第 2 期　刊名:《青春》
目录

寻找（小说）⋯⋯⋯⋯⋯⋯⋯⋯董会平
夏天最后一朵玫瑰（小说）⋯⋯黄蓓佳
明天一定再来（小说）⋯⋯⋯⋯周梅森
为你的棋手骄傲吧！祖国——发自中国围棋集训队
的报告⋯⋯⋯⋯⋯⋯⋯⋯⋯⋯罗达成
糖（小说）⋯⋯⋯⋯⋯⋯⋯⋯⋯杨建平
灯市（散文）⋯⋯⋯⋯⋯⋯⋯⋯葛学均
牛（散文）⋯⋯⋯⋯⋯⋯⋯路进明　郭永林
添上两笔　面目全非（推理小说）
⋯⋯⋯⋯[日本]土屋隆夫作　吴克明译

1980 年第 3 期　刊名:《青春》
目录

小说·散文·报告文学
晚霞灿烂⋯⋯⋯⋯⋯⋯⋯⋯⋯⋯芦　笛
爱的力量（报告文学）⋯⋯⋯⋯罗达成
枇杷花开（散文）⋯⋯⋯⋯⋯⋯叶公觉
波折⋯⋯⋯⋯⋯⋯⋯⋯⋯⋯⋯⋯张　玲
掉队的人⋯⋯⋯⋯⋯⋯⋯⋯冰　火　桂　雨
大海的请帖（推理小说）
⋯⋯⋯⋯[日本]笹泽世保作　丹　丹译

诗歌
"三八"红旗手之歌⋯⋯⋯⋯⋯池澄　何仃

"山花春雨"·····················桂国强等
露珠集·······················撒应于等
小白杨的悲剧·····················李继槐
纸条·························袁芝宁
每人的权利（外一首）··················陈　盖
选种姑娘·······················沈志荪
滴水泉·······················王文忠
水上水下·······················田永昌
火炬·························高恩道

作家谈创作
我的创作体会····················方　之遗作
访问报告文学作家黄钢··················颜世贵

阅读与欣赏
柳暗花明又一村····················顾宜林
（附录）舞会以后················列夫·托尔斯泰

作品讨论
读《寻找》······················吴调公
寻找，应该朝着哪里···················顾小虎
给董会平同志的一封信··················王善英

评论及其他
莫索的非洲豹（杂文）··················黄旦璇
诗野掇拾················王慧琪　王慧骏
漫谈题材的奇异性····················谈凤梁
文化的"倒流"·····················阿　拭
来信照登·······················徐予方

美术
天鹅（摄影）·····················吕振模
漫画·························原小民等
国画三幅·······················赵良翰
花·························吴君祺

1980 年第 4 期　刊名:《青春》
目录

小说·散文·报告文学
开头难·························张新奇
恽春华·························莫　伸
银河两岸·······················张建纲
新月弯弯·······················肖元生
回乡第一夜·······················黄新心
江河水（报告文学）·······范培松　葛乃福　张德明
瑰丽的彼岸（散文）···················韦明铧
月夜相思（散文）····················温存超

诗歌
"鼓点与捷报"·········松　元　沙　扬　曾勇骅
　孙　映　张敦孟　王晓康　郑　南　丁　可　张泰霖
春日寄语·······················肖　川
绿色诗行·······················辛明水
烈士墓·························张品成
复业余作者的公开信···················夏　阳

作家谈创作
被放逐到乐园里····················刘绍棠

阅读与欣赏
深入灵魂的艺术探索···················秦家琪
（附录）刽子手················[法国]巴尔扎克

作品讨论
关于短篇小说《寻找》的讨论
救救青年，愈合伤口！··················蒋义海
"从业就没有救世主"···················新　岸
一个发人深省的问题···················鲍德明

美术
响往（中国画）·····················杜　埔
大海在召唤（油画）···················邱瑞敏
让青春闪耀在科学之巅（宣传画）
·····················选自全国科技画展
歌（雕塑）······················吴慧明
稚气（雕塑）·····················陈占魁
最后的雕琢（摄影）···················孔凡伟

1980 年第 5 期　刊名:《青春》
目录

小说·散文
坟草青青·······················贾庆军
无瑕·························刘北泉
夕阳·夕阳·······················李　潮
"现代迷"闯会议····················张法贵
极限问题·······················朱　持
夜宿半山寺（散文）···················李　亮
登灵谷寺塔随想（散文）········熊梅生　王宜早
我是职业杀人犯（推理小说）
·················[日]星新一作　李宁乐译

诗歌
"天南地北赛诗台"········陈　谷　魏忠勇　卞　奎
　朱秉璋　朱秉龙　石太瑞　黎　耘　毕庆平　王寅明
　薛卫民　刘耀辉　党国栋

时间（外一首）⋯⋯⋯⋯⋯⋯⋯⋯⋯⋯⋯陈继光
天平·圆规·笔（散文诗）⋯⋯⋯⋯⋯⋯叶庆瑞
采山货⋯⋯⋯⋯⋯⋯⋯⋯⋯⋯⋯⋯⋯张洪波
共勉（外一首）⋯⋯⋯⋯⋯⋯⋯⋯⋯⋯刘宝田
打击与捧场⋯⋯⋯⋯⋯⋯⋯邓 薇 方振铎
月夜笙声⋯⋯⋯⋯⋯⋯⋯⋯⋯⋯⋯⋯⋯王 润

作家与欣赏
有话和无话⋯⋯⋯⋯⋯⋯⋯⋯⋯⋯⋯林斤澜
"出格"与风格⋯⋯⋯⋯⋯⋯⋯⋯⋯⋯⋯赵 自
被放逐到乐园里（续）⋯⋯⋯⋯⋯⋯⋯刘绍棠

阅读与欣赏
暗示、对照及其他⋯⋯⋯⋯⋯⋯⋯⋯⋯陈文锦
（附）柏林之围⋯⋯⋯⋯⋯⋯⋯［法］都 德

评论及其他
"大胆搞创作"⋯⋯⋯⋯⋯⋯⋯⋯⋯⋯⋯陈 辽
读《坟草青青》（新作评介）⋯⋯⋯⋯管 见
西子湖畔春意浓（通讯）⋯⋯⋯索峰光 易原符
青春之光（资料）⋯⋯⋯⋯⋯⋯⋯⋯⋯江 枫
读者 作者 编者⋯⋯⋯⋯⋯⋯⋯林 珏 曹 虹等
关于短篇小说《寻找》的讨论
雕塑灵魂 改造灵魂⋯⋯⋯⋯⋯包忠文 裴显生
在云端里，还是在大地上？⋯⋯⋯周晓扬 沈泰来

美术
清晓汲水图（中国画局部）⋯⋯⋯⋯⋯李 山
刘少奇和安源工人（油画）⋯⋯⋯⋯⋯侯逸民
漫画⋯⋯⋯⋯⋯⋯⋯⋯王大光 温克信 曾 郁
初春（布贴画）⋯⋯⋯⋯⋯⋯⋯⋯⋯⋯陈 民

1980 年第 6 期　刊名：《青春》
目录

社会效果与责任感及其他⋯⋯⋯⋯⋯⋯陈白尘
省文代会归来（笔谈）⋯⋯⋯⋯⋯⋯⋯何晓鲁
程 玮 邓海南 董会平 成正和 卢 群

小说·散文
杜鹃啼归⋯⋯⋯⋯⋯⋯⋯⋯⋯陈可雄 马 鸣
当黎明来到的时候⋯⋯⋯⋯⋯⋯⋯⋯⋯丁宏昌
钾·琴弦·春的歌⋯⋯⋯⋯⋯⋯⋯⋯⋯程 玮
患难小友⋯⋯⋯⋯⋯⋯⋯⋯⋯⋯⋯⋯⋯刘 粹
两只未熟的桃子⋯⋯⋯⋯⋯⋯⋯⋯⋯⋯石海泉
走访记⋯⋯⋯⋯⋯⋯⋯⋯⋯⋯⋯⋯⋯张乃剑
未完的歌（散文）⋯⋯⋯⋯⋯⋯⋯⋯⋯孙小琪

诗歌
我们这一代⋯⋯⋯⋯⋯⋯⋯⋯⋯⋯⋯孙中明
黑手⋯⋯⋯⋯⋯⋯⋯⋯⋯⋯⋯⋯⋯⋯丁 可
含伤的诗句⋯⋯⋯⋯⋯⋯⋯⋯⋯⋯⋯王俭庭
西藏，我的故乡⋯⋯⋯⋯⋯⋯⋯⋯⋯赵宗宪
我给月儿唱支歌（儿童诗）⋯⋯⋯⋯石 岑
"浪花与贝壳"（十一首）⋯⋯⋯王家新 韩 东
商子秦 林 染 许家玉 刘国尧 任启江 曾小嘉

作家谈创作
甘苦寸心知⋯⋯⋯⋯⋯⋯⋯⋯⋯⋯⋯臧克家
被放逐到乐园里（续）⋯⋯⋯⋯⋯⋯刘绍棠

阅读与欣赏
直率的真实 精巧的构思⋯⋯⋯⋯⋯赵家捷
（附录）万卡⋯⋯⋯⋯⋯⋯⋯［俄国］契诃夫

作品讨论
关于短篇小说《寻找》的讨论（来稿摘要）
⋯⋯⋯⋯⋯⋯⋯⋯⋯⋯⋯⋯⋯⋯⋯张孤鸿等

美术
采药图（中国画）⋯⋯⋯⋯⋯⋯⋯⋯徐 中
新疆人物（变形画）⋯⋯⋯⋯⋯⋯⋯曲建方
来稿选登⋯⋯⋯⋯⋯⋯⋯⋯⋯⋯⋯⋯虞 健
张德成 傅慧瑶 贺艺民 贺 兰
奇异的太阳——扁日（水粉画）⋯⋯杨松林

1980 年第 7 期　刊名：《青春》
目录

小说
妻子⋯⋯⋯⋯⋯⋯⋯⋯⋯⋯⋯⋯⋯⋯阿 木
疯人之恋⋯⋯⋯⋯⋯⋯⋯⋯⋯⋯⋯⋯王亚平
老板板⋯⋯⋯⋯⋯⋯⋯⋯⋯⋯⋯⋯⋯傅连理
小木头房子⋯⋯⋯⋯⋯⋯⋯⋯⋯⋯⋯刘 恒
归⋯⋯⋯⋯⋯⋯⋯⋯⋯⋯⋯⋯⋯⋯⋯雪 华

散文
莲花的价值⋯⋯⋯⋯⋯⋯⋯⋯⋯⋯⋯钟士和
散文二题⋯⋯⋯⋯⋯⋯⋯⋯⋯⋯⋯⋯邓莺莺
自然的旋律⋯⋯⋯⋯⋯⋯⋯⋯⋯⋯⋯陶 冶

诗歌
"献给七月"（五首）⋯⋯⋯⋯⋯⋯⋯池 澄
吴 野 贺东久 王德安 贾吉庆
"山花春雨"（五首）⋯⋯⋯⋯⋯⋯⋯赵雪琴
师日新 周鹏宽 韩朗亭 杜怀阳

"露珠集"（七首）····················黄　淮
秋　原　红　剑　朱　巍　王泽群　田永昌　吕庆余
春雨·······························李永龙
孩子，那不是果实·····················李武兵
诗呵，我劝你························朱　雷

作家谈创作
给一位青年的公开信····················秦兆阳
附：袁××给秦兆阳同志的信
被放逐到乐园里（续完）·················刘绍棠

评论
阅读与欣赏
借"耗子"而传神·····················高　戈
附：小耗子······················[埃及]台木尔
作品讨论
致年轻的朋友们······················董会平
无瑕何许人也?······················钟　涛
《无瑕》读后·······················阳　光
一个普通的人——记女作家张洁同志··········孙五三
崎岖的道路························蔡　栋
青春之光（续）·····················江　枫

美术
葡萄（油画）·······················胡振宇
素描（四幅）·················沈行丄　李荣洲
外国摄影作品（四幅）
春晓（摄影）·······················王远明

1980 年第 8 期　刊名：《青春》
目录

小说
等待明天的人·······················董会平
假如生活欺骗了你····················陈小初
光明····························李　剑
笔祸····························成正和
花·····························江广生
春雨····························恽建新

散文
勐垅晚霞·························余德庄
少年狂··························刘蕙芬
来自自然的哲理（锦贝集）···············刘　宁

诗歌
"绿色的军歌"（五首）·················倩　晴
刘金忠　杨德祥　贺东久　牛广进

"山水情"（八首）··········何　鹰　邓海南　柳　冬
嵇亦工　陈运和　李道林
写在重逢的时刻·····················高　杨
目标的证明························王雨谷
赶鸟····························侯自佳

作家谈创作
怎样架起这座桥?　——与文学青年小 B 的一次谈话
······························刘心武
理由访问记（作家访问记）···············杨如鹏

评论
美是到处都有的······················张仲可
落花水面皆文章——读高晓声《七九小说集》印象
······························忆明珠
阅读与欣赏
含蓄细致　情真意深···················凌焕新
附：嘱咐························孙　犁
新作评介
从梦幻中醒来吧——评《等待明天的人》········甄子日
对《坟草青青》的反应（读者·作者·编者）
名士录（作家轶事）···········樊德三　王文龙

美术
歌手（油画）·······················盛二龙
春风春水江南（水印木刻）···············黄丕谟
云烟栖霞（水印木刻）··················李树勤
漫画··············徐智清　周盛泉　肖　方　王祖民
丁香（油画）·······················苏天赐

1980 年第 9 期　刊名：《青春》
目录

小说
面对共同的世界（哲理小说）··············李　潮
王菊花··························丁正泉
骑士大祥子························徐乃建
不能忘却的呼唤·····················梁剑华
春天的诗笺·················继　湘　王　沛　王　江

诗歌
"大学生之歌"专页（33 首）··········王小妮　徐敬亚
秦玉清　徐国静　王乃华　李晓辉　王建勇　薛卫民
杨增光　王建一　李伟忠　刘　东　夏　宁　刘树奇
彭国梁　张　星　赵丽宏　诸戈文　碧　霄　郭沫勤
强　弓　王云金　一　水　兰　刘　群　邹　进
"聂华苓与安格尔在中国"专页
三十年后（五）·····················聂华苓

中国印象（二首）⸺⸺⸺⸺⸺［美］保罗·安格尔
保罗·安格尔和聂华苓夫妇在文学讲习所⸺⸺黎　明

散文
在阿诗玛的故乡⸺⸺⸺⸺⸺⸺⸺⸺伍　杰
哨子⸺⸺⸺⸺［美国］富兰克林　李苏苹译
来自自然的哲理（锦贝集）⸺⸺⸺⸺刘　宁

作家谈创作
《黄金梦》谈片⸺⸺⸺⸺⸺⸺⸺王若望
开采出心灵深处的矿藏⸺⸺⸺⸺⸺顾　工
胸中有座大"花城"⸺⸺访散文作家秦牧⸺曾绍义

评论
新星灿灿⸺⸺⸺⸺⸺⸺⸺⸺⸺松　平
阅读与欣赏
一串闪光的珍珠⸺⸺⸺⸺⸺⸺⸺谈凤梁
（附）金玉奴棒打薄情郎
欢快有益的聚会（通讯）
名士录（作家轶事）
读者·作者·编者

美术
啊，生活（装饰画）⸺⸺⸺⸺⸺⸺黄　炜
春到肇家浜（中国画）⸺⸺⸺陈国强　汪观清
迎潮（木刻）⸺⸺⸺⸺⸺⸺⸺⸺莫　测
绿色使者（木刻）⸺⸺⸺⸺⸺⸺余嘉航
探索（装饰画）⸺⸺⸺⸺⸺⸺⸺黄　炜

1980 年第 10 期　刊名:《青春》
目录

对青年作家的希望⸺⸺⸺⸺⸺⸺⸺荒　煤

小说·散文
短篇小说处女作家专页
槐花啊，槐花⸺⸺⸺⸺⸺⸺⸺⸺杨小阳
舅舅村上的陈世美⸺⸺⸺⸺⸺⸺叶兆言
消逝了的旅伴⸺⸺⸺⸺⸺⸺⸺⸺朱哂之
柳尔班找女婿⸺⸺⸺⸺⸺⸺⸺⸺殷小英
母亲的召唤⸺⸺⸺⸺⸺⸺⸺⸺⸺叶　梦
退票的男孩⸺⸺⸺⸺⸺⸺⸺⸺⸺晓　明
太后的梦（历史小说）⸺⸺⸺⸺⸺郭纪金
在庐山……（散文）⸺⸺⸺⸺⸺⸺徐乃建
董会平　沈泰来　李　潮　吴　倩　丁宏昌

作家谈创作
作家这个职业⸺⸺⸺⸺⸺⸺⸺⸺白　桦
百尺竿头　更进一步⸺⸺⸺⸺⸺本刊编辑部

努力培养文学新人（报道）
祝贺与期望
峻青同志给本刊编辑部的信
青春呵，将属于中国⸺⸺《青春》一年巡礼⸺⸺胡　平
王兆军　张　锐　陈可雄　张胜友　汪　澜
让青春永远充满朝气⸺⸺祝贺《青春》一周年
⸺⸺⸺⸺⸺熊光炯　王小平　黄蓓佳　梁　左
青春，《青春》⸺⸺⸺⸺⸺⸺⸺⸺沈泰来
周晓阳　徐乃建　朱　持　赵翼如　丁鸿慈　丁宏昌
黄柔昌　黄旦璇　肖元生　龚慧瑛
来信摘要

美术
佳节倍思亲（装饰画）⸺⸺⸺⸺⸺方　骏
极目千里（国画）⸺⸺⸺⸺⸺⸺吴作人
小憩（国画）⸺⸺⸺⸺⸺⸺⸺⸺侯　滨
漫画⸺⸺⸺⸺雷　光　温克信　岳鸿武　张万坤
复活（电影招贴画）⸺⸺⸺⸺⸺陈小强

1980 年第 11 期　刊名:《青春》
目录

写给女青年作者⸺⸺⸺⸺⸺⸺⸺丁　玲

小说
当长笛 Solo 的时候⸺⸺⸺⸺⸺⸺王安忆
赵平安轶事⸺⸺⸺⸺⸺⸺⸺⸺⸺黄旦璇
心的碰撞⸺⸺⸺⸺⸺⸺⸺⸺⸺⸺沈泰来
葡萄熟了⸺⸺⸺⸺⸺⸺⸺⸺⸺⸺黄蓓佳
三个犯错误的人⸺⸺⸺⸺⸺⸺⸺吴黎黎
月光梦⸺⸺⸺⸺⸺⸺⸺⸺⸺⸺⸺小　桀

散文
她给生活带来了美（报告文学）⸺⸺赵翼如
青鸟⸺⸺⸺⸺⸺⸺⸺⸺⸺⸺⸺⸺徐乃建
仲夏之夜⸺⸺⸺⸺⸺⸺⸺⸺⸺⸺岑献青
爱野花罢⸺⸺⸺⸺⸺⸺⸺⸺⸺⸺邓莺莺

诗歌
中秋怀竺水招⸺⸺⸺⸺⸺⸺⸺⸺沈蔚德
大自然怀想曲（外一首）⸺⸺⸺⸺晓　钢
明天的梦（外一首）⸺⸺⸺⸺⸺⸺汪　澜
选择（外一首）⸺⸺⸺⸺⸺⸺⸺周晓扬
眼睛⸺⸺⸺⸺⸺⸺⸺⸺⸺⸺⸺⸺张　星
星儿在笑⸺⸺⸺⸺⸺⸺⸺⸺⸺⸺陈　石
路⸺⸺⸺⸺⸺⸺⸺⸺⸺⸺⸺⸺⸺吴　倩
江南曲（二首）⸺⸺⸺⸺⸺⸺⸺⸺朱友芳
插秧⸺⸺⸺⸺⸺⸺⸺⸺⸺⸺⸺⸺朱洪玲

小草⋯⋯⋯⋯⋯⋯⋯⋯⋯⋯⋯⋯赵雪琴
雨和虹（散文诗）⋯⋯⋯⋯⋯⋯章　锦

作家谈创作
我写《百合花》的经过⋯⋯⋯⋯茹志鹃
创作漫谈⋯⋯⋯⋯⋯⋯⋯⋯⋯刘　真

评论
阅读与欣赏
歌唱普通人的心灵美⋯⋯⋯⋯史景平
附：百合花⋯⋯⋯⋯⋯⋯⋯⋯茹志鹃
从一角走向广阔的天地（文学通信）——致王安忆同
志⋯⋯⋯⋯⋯⋯⋯⋯⋯⋯⋯晓　立
方之创作道路报告在宁举行
东北地区诗歌座谈人在丹东召开

美术
芭蕉林边（国画）⋯⋯⋯⋯⋯周思聪
?！（国画）⋯⋯⋯⋯⋯⋯⋯商月明
老文艺家（油画）⋯⋯⋯⋯⋯王　霞
速写⋯⋯⋯⋯⋯⋯钟晓琛　郭向虹

1980 年第 12 期　刊名:《青春》
目录

小说·散文
十字项链⋯⋯⋯⋯⋯⋯⋯⋯⋯陈晓敏
雨中邂逅⋯⋯⋯⋯⋯⋯⋯⋯⋯王人斌
算命人的命运⋯⋯⋯⋯⋯⋯⋯朱　洪
我最亲爱的⋯⋯老师⋯⋯⋯⋯李惠新
中学时代的朋友⋯⋯⋯⋯⋯⋯梁　左
相思峰⋯⋯⋯⋯⋯⋯⋯⋯⋯王小鹰
油港之晨（散文）⋯⋯⋯⋯⋯海　伦

诗歌
"天南地北赛诗台"（13 首）⋯郭维东
罗　笑　崔合美　沈志荪　马汝骏　倪金奎　陈广斌
孙华文　新　凯　朱谷忠　陈咏华　周鹏宽
"枫叶集"（13 首）⋯⋯⋯⋯熊光炯
张永权　曲有源　陈　祥　任　洪　常　信　丁维超

作家谈创作
古典小说技巧漫谈⋯⋯⋯⋯⋯程千帆
思维的火花（作家访问记）⋯英　武

评论
阅读与欣赏
突破惯例　独辟蹊径⋯⋯⋯⋯郑祥安

附：金牛和笑女⋯⋯⋯⋯⋯⋯欧阳山
文学世家⋯⋯⋯⋯⋯⋯⋯⋯⋯刘饶民

美术
生命（油画）⋯⋯⋯⋯⋯⋯⋯周长江
江苏水彩画展作品选⋯⋯⋯⋯李剑晨
杨云龙　袁振藻　徐　坚　范保文　常厚锃
春溪（木刻）⋯⋯⋯⋯⋯⋯⋯朱琴葆

1981 年第 1 期　刊名:《青春》
目录

小说
我和"哈哈"⋯⋯⋯⋯⋯⋯⋯马中原
难熬的夜晚⋯⋯⋯⋯⋯⋯⋯⋯叶敬之
旋律⋯⋯⋯⋯⋯⋯⋯⋯⋯⋯艾　珊
"奶奶官"⋯⋯⋯⋯⋯⋯⋯⋯苗运琴
叶凌琅⋯⋯⋯⋯⋯⋯⋯⋯⋯苏　叶
轻轻地⋯⋯⋯⋯⋯⋯⋯⋯⋯景　风

散文
布达拉宫之晨⋯⋯⋯⋯⋯⋯⋯边　烽
林间枝影⋯⋯⋯⋯⋯王慧骐　王慧骏

诗歌
历史的判决⋯⋯⋯⋯⋯⋯⋯⋯肖　贺
昂起不屈的头⋯⋯⋯⋯⋯⋯⋯韩　东
峨嵋山遐想（三首）⋯⋯⋯⋯周伦佑
卵石——礁石（外一首）⋯⋯沈　群
深山印象（二首）⋯⋯⋯⋯⋯孙中明
血和水⋯⋯⋯⋯⋯⋯⋯⋯⋯沈宏菲
小地方的歌⋯⋯⋯⋯⋯⋯⋯⋯卓松盛
期望⋯⋯⋯⋯⋯⋯⋯⋯⋯⋯董景黎
被烧焦的白桦幼林⋯⋯⋯⋯⋯鲍雨冰
乡夜⋯⋯⋯⋯⋯⋯⋯⋯⋯⋯王绍德
藏族情歌⋯⋯⋯⋯⋯⋯⋯⋯⋯甘景山
带涩的草莓（四首）⋯⋯⋯⋯蔡　焜
烈焰⋯⋯⋯⋯⋯⋯⋯⋯⋯⋯朱光天

作家谈创作
突破——在江苏省第一届青年文学创作者会议上的讲
话⋯⋯⋯⋯⋯⋯⋯⋯⋯⋯⋯陆文夫
青年作者笔会⋯⋯⋯⋯苏　叶　王人斌
贾晓晨　丁正泉　刘殿学　江奇涛　程　玮　王慧骐

评论
阅读与欣赏
丝丝入扣　栩栩如生⋯⋯⋯⋯⋯赵士华

附：一枪两个·······················[西班牙]伊巴涅思
当你接到退稿信的时候·····················张仲可
关于《一个冬天的童话》——给全国各地读者的回信
·····································遇罗锦

美术
科学天地——《青春》壁画局部（丙烯画）·····张定钊
郑荣庚　胡振宇　朱　朴　方世聪　邹鸿民
方成漫画作品选

1981 年第 2 期　刊名:《青春》
目录

小说
夏日的天空·······························刘平春
风雪交加的山口···························田　佳
道上人匆匆·····························韩少功
上弦月·································范小青
江南雨·································苏　炜
呵，故乡·······························程小莹
两个失恋人的一个夜晚·····················肖复兴

诗歌
遥远的地平线（五首）···············任　洪　苏　南
"爱的花絮"（九首）···············周鹏宽　薛锡祥
商殿举　于耀江　刘国尧　同　溪　秉　荣　文武斌
"浪花·贝壳"（十二首）·····················沙　石
黄莲中　张　军　何百源　陈玉坤　濮永顺　胡永其
刘荣欣　钱万成　丁海椒　沈铭华　周立新
朋友·································方　晴
天池月·································田　佳
佛像·································之　扬
海螺·································李先轶

作家谈创作
谈作品的艺术构思·······················从维熙
报春沥血死方休——作家峻青访问记··········叶　矛

评论
阅读与欣赏
毁灭·迷幻·艺术的再生——读魔幻现实主义小说
《天崩地裂的日子》·······················朱明雄
天崩地裂的日子···········[墨西哥]胡安·鲁尔弗
作家轶事（二则）···················杨叶刘等辑
解放思想·勇于探索·激励斗志——记南京市第四次
文代会·······························本刊记者
南京市文联主席、副主席名单

美术
活力（局部、水粉画）·····················施邦鹤
不要忘记我们（中国画）·····················纪　枢

1981 年第 3 期　刊名:《青春》
目录

"青春奖"得奖小说简评·····················高晓声
本刊短篇小说"青春奖"评选揭晓

小说·散文
世界的一半·····················陈可雄　陆星儿
梳妆台前·······························戴思东
鸡叫四遍·······························赵锺华
野渡无人·······························凡　之
鞋匠三兄弟·····························沈泰来
太阳刚刚升出湖面·······················骆晓戈
含羞草（散文）···························薛尔康

诗歌
"青春的旋律"（十一首）·····················辛　磊
于耀江　王君琦　阿　梅　蔚　宏　洪三泰
"新花迎春"（九首）·······················王忠范
冯新民　牛广进　孙　映　斯舜威　黄秉荣
散文诗（五章）···················桑恒昌　喻大翔
青春寄语·······························牛玉华
致梨树·································钱锦方

作家谈创作
小树与大地之间···························何　为
不离开艺术特点谈艺·······················苗得雨

评论
"怎样走上文学之路"
与人民共忧乐·····························邵燕祥
生活　读书　练笔·······················王杏元
给小袁的一封信···························郑　霁
作家不带　难以成材·······················邱明山

阅读与欣赏
读《打嘎儿》所想到的·····················周志宽
附：打嘎儿···············[印度]普列姆·昌德

美术
勤奋学习——《青春》壁画局部（丙烯画）·····张定钊
郑荣庚　胡振宇　朱　朴　方世聪　邹鸿民
高山图、赏樱（中国画）·····················亚　明
钢笔画·································齐　康

醒（油画）·······················郑均杰

1981 年第 4 期　刊名：《青春》
目录

小说·散文

自由魂·····························黎　泉
兵的感情···························贾晓晨
苦闷的河···························刘北泉
"南京村"的居民·····················郭永宁
星期六晚上·························曹路生
美的魅力（报告文学）··········邓海南　贺东久
青春交响曲（散文）——致青年朋友········徐　刚

诗歌

蠡起的姓名·························孙中明
雪花，飘呵，飘呵（外一首）·············张　丹
宇宙之恋（外一首）···················王　庆
"芳草集"（七首）····················王志强
丁　可　胡文佩　边国政　马越平　薛卫民　杜怀阳

作家谈创作

《痴情》书简·······················理　由

评论

"怎样走上文学之路"
我的文学道路·······················韦君宜
我的一点感想——致邸明山同志············徐廷华
性格、气质与创作者有何联系············万新度
我的问题在哪里·····················刘建凌
我写《坟草青青》的经过················贾庆军
阅读与欣赏
重读马尔兹的《兽国黄昏》···············荒　芜
兽国黄昏·····················［美］艾伯特·马尔兹
"青春奖"评选活动小记·······河北冀县南岳大队团支部

美术·摄影

晨曲（油画）·······················王国俊
摄影作品··········童存抚　蔡如林　许家声　赵浏兰
漫画作品···························徐智清
李斌炎　蒋义海　李知心　吴润坤
春（油画）·························金纪发

1981 年第 5 期　刊名：《青春》
目录

中国现代文学巨匠茅盾同志逝世
中国作家的导师·····················陈白尘

小说

重赏之下···························孙华炳
亲骨肉·····························陈晓丹
雾重重·····························王小鹰
因为爸爸的缘故·····················阿　木
罗寨风情···························戈　田
小河流水···························温传昭

散文

盐石花·····························李武兵
"锦贝集"·······················青　松　贺松林

诗歌

眼睛之歌···························邓海南
"青春的旋律"（四首）
···············徐国静　陈　平　胡　平　强　弓
"生活的鲜花"（八首）
···············余庆新　张洪波　辛明水　维　东
爱情姑娘呵你姓什么···················杨　柳

评论

"怎样走上文学之路"
有形的书和无形的书···················鲍　昌
手汗·雨·水桶及其他···················成正和
根深才能叶茂·······················裴显生
阅读与欣赏
略谈《渴睡》的艺术特色················武毓璋
渴睡·····························契诃夫
他也在寻找（文学新人）················陈　辽
评曹建国和他的难处（本刊获奖小说评介）·····陈椿年
谈《重赏之下》的人物刻画（新作评介）·······管　见

美术

流（油画）·························蔡　容
南京市妇女画展
飞吧，自由地飞翔（水粉）处女地（油画）
···························张连生　陶文杰

1981 年第 6 期　刊名:《青春》
目录

小说·散文

那绿色的山寨 ————————————————— 张新奇
孟二师傅 ——————————————————— 沈家骏
苦楝情（报告文学）——————— 江广生　李志明
三个秘书 ——————————————————— 肖元生
窃 ————————————————————————— 金承平
猜疑 ————————————————————————— 朱　亮
树根（散文）———————————— ［日］和辻哲郎

诗歌

为尊严而战（三首）—————————————— 贺东久
不灭的星（四首）——————————————— 任　洪
"生活的浪花"（十八首）———————————— 北　岛
　徐晓鹤　车伏岳丹　张志鹏　沈　群　李卫宏
　张之静　马晋乾　王泽群　程童一　赵中悦
儿童诗一束（六首）—————————————— 赵家瑶
　金逸铭　必　生　徐　半　陈学书
叶花（散文诗）————————————— 邓　薇　方振铎

作家谈创作

和日本朋友松井博光教授一次谈话录 ————— 萧　军

评论

"怎样走上文学之路"
从作曲到作文 ————————————————— 莫应丰
艰苦的事和美丽的梦 ————————————— 邓海南
来信来稿摘登（八篇）———————————— 吕万林等
"简练是才能的姊妹"（本刊获奖小说评介）
————————————————————————— 凌焕新

美术

彩蝶纷飞（油画）——————————————— 朱　丹
思（雕塑）—————————————————— 吴慧明
幸福的童年（剪纸）—————————————— 顾小玲
夏荫（中国画）———————————————— 杨明义

1981 年第 7 期　刊名:《青春》
目录

小说

调动之后 ——————————————————— 赵致真
事情并不遥远 ————————————————— 严放军
酒娘 ————————————————————————— 苏　炜
带亲 ————————————————————————— 陈　飞

婚事 ————————————————————————— 叶之蓁

诗歌

旗帜·信仰·希望（六首）———————————— 肖　荣
　邓海南　贺东久　雪安理　陈咏华
呵，青春（六首）——————————————— 王家新
　姜珂敏　杨来顺　阿　柳
女性的和弦（四首）————— 王小妮　聂森鑫　陆　萍

作家谈创作

颂我所爱鞭我所恨 ——————————————— 谢　璞

评论

把笑声传给千家万户（作家访问记）——记从演员到
作家的黄宗英 ———————————————— 坦　荡
怎样走上文学之路
关于作家的个性和气质 ———————————— 田　间
我怎样写出了《小镇上的将军》———————— 陈世旭
酸甜苦辣都尝遍 ———————————————— 路金月
性格、气质与创作 —————————————— 张运昌
血型·气质·性格·事业 ———————————— 刘　方

阅读与欣赏

意深·人美——谈小说《冬日的橡树》的意境创造
————————————————————————— 吕绍宗
冬日的橡树 ————————— ［苏］尤利·纳吉宾

美术

采蜜（油画）————————————————— 王德亮
微山湖之晨（中国画）————————————— 沈启鹏
暮归图（中国画）——————————————— 徐君陶
边陲春意（中国画）—————————————— 陈德曦
秋（油画）—————————————————— 王良武

1981 年第 8 期　刊名:《青春》
目录

小说·散文

船歌 ————————————————————————— 金　岱
脚，跨出去了 ————————————————— 谈玉忠
女炊事班长 ————————————————————— 简　嘉
爱与怜 ——————————————————————— 叶剑凌
岁月，有回声 ————————————————— 乐维华
听大海歌唱（散文）————————————— 李晓巍

诗歌

今夜，风雨没停（六首）
————————— 菁　草　肖骏涛　嵇亦工　周鹏宽

"青春的旋律"（十一首）……………………徐敬亚
张毅伟 景 敏 王铁军 吕贵品 安 阳 范 泓
战士的雕像（外一首）……………………………王中朝

作家谈创作
"四色原理"和七巧板（上）——谈文艺创作的七要
素………………………………………………王若望
人物的性格刻划和道德评价——复读者关于《结婚》
的一封信……………………………………………马 烽

评论
怎样走上文学之路
吴伯箫同志给予我的帮助……………………艾云海
附：吴伯箫同志给艾云海的信
　　艾云海同志给本刊编辑部的信
十分矛盾的话………………………………………叶永烈
搞创作需要个人奋斗………………………………丘 峰
关于气质、性格与文学创作………………………王承璐

美术
问（装饰画）………………………………………翟伯华
春雨（油画）………………………………………陈 坚
大刀曲（油画）……………………………………赵光涛
木刻小品…………………钟 亚 章利国 罗剑钊
我爱祖国（宣传画）………………………………张正刚

李凤英 冯永杰 陈运和 方 正 于宗信
怪…………………………………………………李建章
播种者之歌（十二首）……………………………曹宇翔
国 拣 毕 林 蔡国瑞 倩 倩 瑛 瑛 易殿选
程童一 宁 山 姚静珠

作家谈创作
"四色原理"和七巧板（下）——谈文艺创作的七要
素………………………………………………王若望

美术
火（装饰画）………………………………………胡永凯
尚能生存，我当然仍要学习（中国画）…………顾 盼
鲁迅像（木刻）……………………………………赵延年
漫画作品…………蒋思忠 徐智清 高世读 吴润坤
高山之巅（油画）…………………………………曾晓峰

1981 年第 9 期　刊名:《青春》
目录

纪念鲁迅诞辰一百周年
从一滴卤水说到"布尔巴精神"……………………肖 军
鲁迅对青年作者的期望：坚忍，认真，韧长………徐中玉
于细微处见精神——漫谈鲁迅小说的细节描写……楼耀芳
学习鲁迅的创作态度………………………………刘润为
摘自心中的怀念（诗）……………………………宁 宁

小说·报告文学
世界冠军的母亲（报告文学）
………………张胜友 徐茂昌 宋 超 许锦根
队长呵，我们的队长………………………………田舒强
房子的喜剧…………………………………………肖元生
酒热客来…………………………………………刘建平
葱…………………………………………………严歌苓
佳佳………………………………………………张 明

诗歌
升起人的太阳（短诗丛）…………………………李 拔
顾 城 何铁生 王伯阳 马 忠 杨来顺 王川平

1981 年第 10 期　刊名:《青春》
目录

小说专号
军人………………………………………………林小玎
忠诚………………………………………………陆 逐
英雄日记…………………………………………许子东
日出………………………………………………肖复兴
处女作
冷雨后面是太阳……………………………………李湘一
希望交响乐…………………………………………牟子宁
一架缝纫机…………………………………………蒋亚林
还魂草……………………………………………徐 耿
高考前夕…………………………………………郭永宁
盼…………………………………………………岑献青
赵茗老师…………………………………………陈晓敏
方之和他的语言—— 为方之二周年祭而作………叶至诚
编后寄语
中华太阳正晴朗（油画局部）……………………步欣农
宋庆龄在一九二七年（油画）……………………杨 波
春风（水粉画）……………………………………叶文西

1981 年第 11 期　刊名:《青春》
目录

小说·散文
女娲之石（科幻小说）……………………………魏雅华
旅途………………………………………………王海棠
山雨………………………………………………黄蓓佳
廉价的心…………………………………………赵 践

有一个小屯，有一个农民 ………………… 王小妮
到妈妈身边去（散文） ………………………… 张新奇

诗歌

奔流的生命（九首）
………… 吴 晓 怀 让 徐国静 王庆学 陈 祥
祖国行吟（九首）……… 陈继光 米思及 锦 方
特殊的雾 …………………………………… 黄亚洲
星月集（散文诗）………………………… 孙秀清

作家谈创作

和作者的对话——看完李纳的长篇《刺绣者的花》以
后 ……………………………………………………… 菡 子
短篇小说创作谈片——在"青春奖"授奖大会后和青
年作者的谈话 …………………………………… 高晓声

评论

为现代化而歌——读张学梦的诗 …………… 邹荻帆
浅谈短篇小说的叙述人称转化（文艺随笔）… 郑 彬
"怎样走上文学之路"
路，弯弯曲曲 ………………………………… 蒋子龙
心的召唤 ……………………………………… 叶文玲
思想境界及其他 ……………………………… 叶蔚林

美术

喜悦（中国画）……………………………… 林峥明
当我们年轻的时候（雕塑）………………… 朱 朴
使命（雕塑）………………………………… 吴慧明
钢笔画 ………………………………………… 茅小浪
太阳的儿子（油画）………………………… 于 牧

1981 年第 12 期　刊名:《青春》
目录

小说·报告文学·散文

一夫当关 ……………………………………… 孙春平
女娲之石（下）……………………………… 魏雅华
金灿灿的落叶 ………………………………… 王安忆
风雪天山夜 …………………………………… 李世勋
第四十二（报告文学）——黄植诚驾机归来始末
………………………………………… 江广生 陈乃文
冰上人家（散文）…………………………… 王晓廉

诗歌

青春诗会（十首）…………………………… 杨 炼
短诗坛 ………………………………………… 常 信
牛向途 薛卫民 崔合美 丁 可 王唤春 张洪波
贾志坚 楼奕林

作家谈创作

娓娓深谈情趣多 ……………………………… 秦 牧

评论

"怎样走上文学之路"
一本书的诞生 ………………………………… 陈国凯
正确对待自己的作品
——和一位青年业余作者谈心 ……………… 张仲可
要重视艺术技巧的学习 ……………………… 涂 石

美术·摄影

倚看花影上栏干（国画）…………………… 周昌谷
和煦（摄影）………………………………… 马有基
咪咪（摄影）………………………………… 赵 苏
漫画 ………………………………… 陈景国 蒋思忠
中天门之晨（水彩画）……………………… 张克让

1982 年第 1 期　刊名:《青春》
目录

小说·报告文学·散文

二传之秘（报告文学）………………… 天 然 冬 平
选择 …………………………………………… 李惠新
火焰闪光之后 ………………………………… 蔡玉洗
小姨 …………………………………………… 杨建平
菱角青青 ……………………………………… 沈乔生
哦，不，不是在月球上 ……………………… 程 玮
雪花那个飘 …………………………………… 胡 然
好雨！………………………………………… 殷恩宇
碧海金浪（散文）…………………………… 宏 奇

诗歌

中国狂想曲 …………………………………… 邓海南
诗吟雪（五首）
………… 李广义 邹 进 程 新 王伯阳 徐国静
致一位青年拜佛者 …………………………… 周立新
云贵纪行 ……………………………………… 辛明水
紫红色的果实（三首）……………………… 韩 东
拉锯 …………………………………………… 孙 映
老兵 …………………………………………… 沙 杨

作家谈创作

飞翔和大地
——关于创作问题答《青春》编辑部问 ……… 王西彦

评论

"怎样走上文学之路"
我是怎样走上科学文艺创作的道路 ………… 高士其

奇特的道路 ———————————— 叶永烈

美术

赶超（装饰画）————张卫平 姚哲宫 郭常多 李长根
战火的青春 ———————————— 邱瑞敏
交流 ———————————————— 徐 宁
峡江新城 ————————————— 章炳文

1982 年第 2 期 刊名:《青春》
目录

小说·报告文学·散文

形象 ———————————————— 王承刚
陈冲（报告文学）————————— 周惟波 许锦根
处女作
女明星 ————————————— 陈 冲
大瓜子儿 ————————————— 曾宪晃
望亲娘 ————————————— 黄思荣
绿色的深渊 ————————————— 马立诚
娥子 ——————————————— 沈家骏
峨嵋雨（散文）———————————— 熊光炯

诗歌

边疆风情（十首）————————— 谭德生
洋 滔 张林添 兰 泽 项 河 宋 歌
生活正沿着脚手架上升（十二首）— 叶 坪 袁芝宁
歌 红 程童一 刘智慧 刘益善 张建华 胡志东
短诗坛（八首）—— 杜怀阳 杨来顺 马合省 张江明
春天的绒毛（外一首）———————— 张戬炜

作家谈创作

关于散文写作 ————————— 柯 蓝
浅谈反映工作生活作品的几个问题—————— 费礼文

评论

美、感受与文字（作家访问记）——记文井同志一席
谈 ——————————————— 薛尔康
阅读与欣赏
《凤凰涅槃》赏析 ————————— 柏 山
附：凤凰涅槃 ————————— 郭沫若

美术·摄影

浪花里的歌（水粉画）———————— 长 浪
留春（国画局部）————————— 方 骏
速写 ——————————————— 方冰山
射箭（绸贴画）————————— 汪午生
百鸟朝凤（绸贴画）———————— 春国瑞
教练与队员（油画）———————— 沈行工

1982 年第 3 期 刊名:《青春》
目录

小说·散文

一点点 ————————————— 陈振实
蛇枕头花 ————————————— 竹 林
处女作
儿童大学生 ————————————— 中 跃
竹妹子 ————————————— 周和平
家具 ——————————————— 尹 平
粉红色的请柬 ————————————— 李 健
啊，绿色的荔枝树（散文）—————— 叶 梦

诗歌

青春诗会（十七首）———— 余小平 赵泽华 张之静
蔚 红 袁菊萍 陈丹妮 张 星 杨鲁陵 宋晓琪
爱情奏鸣曲（七首）———————— 马丽华
李 芳 王晓廉 黄以昭 钱万成 朱谷忠
冬天的柳絮（散文诗）———————— 许家玉

作家谈创作

诗论五题（上）————————— 徐 刚

评论

"怎样走上文学之路"
非是经验之谈 ————————— 陈登科
爬行者的足迹 ————————— 徐怀中
开掘生活的美——读《一点点》————— 管 见
"透明而充实的小雨滴"
——余小平诗歌习作简评 ———————— 叶 彤
文艺创作如何表现爱情问题（座谈会纪要）
吴伯箫同志给本刊编辑的信（作家书简）—— 吴伯箫
附：本刊编辑给吴伯箫同志的信

美术

恬静（油画）————————— 潘鸿海
泉妹（国画）————————— 刘文西
双鹤（国画）————————— 王子武
陕北小女孩（国画）———————— 王有政
傲霜（国画）————————— 徐纯原
搏（油画）——————————— 马星华

1982 年第 4 期 刊名:《青春》
目录

小说·散文

拉岱大桥 ————————————— 简 嘉

江北有一座小城（散文）
——南通散记⋯⋯⋯⋯⋯⋯⋯林凯家 季冬宁
厄洛斯的箭⋯⋯⋯⋯⋯⋯⋯⋯⋯⋯⋯缪 士
回声⋯⋯⋯⋯⋯⋯⋯⋯⋯⋯么树森 刘进元
江风⋯⋯⋯⋯⋯⋯⋯⋯⋯⋯⋯⋯⋯谢鲁渤
等待，满怀希望⋯⋯⋯⋯⋯⋯⋯⋯⋯张石山

诗歌
青春诗会（七首）⋯⋯⋯⋯⋯⋯⋯⋯贺东久
范 泓 车前子 赵和旭 石 飞
含羞草（八首）⋯⋯⋯⋯⋯⋯⋯⋯⋯马祥民
王玉文 宫 辉 马恒祥 叶云龙 叶 笛 程群林
登了望塔⋯⋯⋯⋯⋯⋯⋯⋯⋯⋯⋯⋯冰 牧
山果青青（散文诗三章）⋯⋯⋯⋯⋯⋯陆 健

作家谈创作
漫谈短篇小说的创作⋯⋯⋯⋯⋯⋯⋯⋯王 蒙
诗论五题（下）⋯⋯⋯⋯⋯⋯⋯⋯⋯⋯徐 刚

评论
耳目一新——喜读《拉岱大桥》⋯⋯⋯⋯华 凝
关于短篇小说《金灿灿的落叶》的讨论
深刻的哲理 生动的人物
——读《金灿灿的落叶》⋯⋯⋯⋯⋯⋯郑 彬
为败坏道德鸣锣开道
——评小说《金灿灿的落叶》⋯⋯⋯⋯钟金龙

美术
草原女儿（油画）⋯⋯⋯⋯⋯⋯⋯⋯⋯妥木斯
姑苏春 故乡忆旧（油画）⋯⋯⋯⋯⋯冯健亲
漫画 吴润坤 蒋思忠 高世读 蒋义海 万小虎
五月的风（油画）⋯⋯⋯⋯⋯⋯⋯⋯⋯妥木斯

1982 年第 5 期 刊名:《青春》
目录

一九八一年"青春文学奖"评选揭晓
一九八一年"青春文学奖"获奖作者简介
致读者

小说·散文
寻找（续篇）⋯⋯⋯⋯⋯⋯⋯⋯⋯⋯董会平
陆大车和他的"臭豆腐理论"⋯⋯⋯⋯孙春平
处女作
鸽子·风⋯⋯⋯⋯⋯⋯⋯⋯⋯⋯⋯⋯王 锐
泉水淙淙⋯⋯⋯⋯⋯⋯⋯⋯⋯⋯⋯⋯钱世明
月亮藻⋯⋯⋯⋯⋯⋯⋯⋯⋯⋯⋯⋯⋯周昌义
乌饭（散文）⋯⋯⋯⋯⋯⋯⋯⋯⋯⋯王业霖

诗歌
青春诗会（八首）⋯⋯⋯⋯⋯⋯⋯⋯⋯高 雪
王达银 师 愚 谢 聪 刘希涛
历史博物馆⋯⋯⋯⋯⋯⋯⋯⋯⋯⋯⋯吕贵品
春恋⋯⋯⋯⋯⋯⋯⋯⋯⋯⋯⋯⋯⋯⋯邹 进
吻⋯⋯⋯⋯⋯⋯⋯⋯⋯⋯⋯⋯⋯⋯⋯宋才逢
在炉中⋯⋯⋯⋯⋯⋯⋯⋯⋯⋯⋯⋯⋯王 庆

评论
自勉的话⋯⋯⋯⋯⋯⋯⋯⋯⋯⋯⋯⋯高晓声
对 1981 年"青春文学奖"获奖小说的技法分析
⋯⋯⋯⋯⋯⋯⋯⋯⋯⋯⋯⋯⋯⋯⋯陆文夫
祝愿与期望——从《青春》获奖诗歌想到的⋯⋯任红举
关于短篇小说《金灿灿的落叶》的讨论
道德内容与审美评价⋯⋯⋯⋯⋯⋯⋯⋯岑 寂
知识差异与爱情鸿沟⋯⋯⋯⋯⋯⋯⋯胡若定
希望在于更新⋯⋯⋯⋯⋯⋯丁 牛 新 岸
当落叶飘下的时候⋯⋯⋯⋯⋯⋯⋯⋯修 森
"我们的推荐"⋯⋯⋯⋯⋯⋯⋯⋯⋯史如祥等

美术
花朵（油画）⋯⋯⋯⋯⋯⋯⋯梁照堂 李醒滔
风景写生（油画）⋯⋯⋯⋯⋯⋯⋯⋯陈仲侠

1982 年第 6 期 刊名:《青春》
目录

小说·报告文学
三十年河东 三十年河西⋯⋯⋯⋯⋯⋯夏坚勇
特木勒和娜琴⋯⋯⋯⋯⋯⋯⋯⋯⋯⋯云晓璎
他和他的世界（报告文学）⋯⋯⋯⋯⋯周 凡
处女作
无梦的时刻⋯⋯⋯⋯⋯⋯⋯⋯⋯⋯⋯刘 玲
信⋯⋯⋯⋯⋯⋯⋯⋯⋯⋯⋯⋯⋯⋯⋯李国胜
新米应市⋯⋯⋯⋯⋯⋯⋯⋯⋯⋯⋯⋯吴翼民
迟来的爱情（报告文学）⋯⋯⋯⋯⋯⋯胡 平

诗歌
阳光 土地 人⋯⋯⋯⋯⋯⋯⋯⋯⋯陈所巨
甜甜的托儿所⋯⋯⋯⋯⋯⋯⋯郑春华 车前子
青春诗会⋯⋯⋯⋯⋯⋯江南雨 张 伟 张敦孟

作家谈创作
有关散文创作的书简（二）⋯⋯⋯⋯⋯郭 风
走向成功之路
——记成名之作《红岩》的诞生⋯⋯⋯王维玲

评论

从一泓水看大海潮汐——喜读《三十年河东 三十年河西》 ……秋 实

士兵，不是绿色的机器人（得奖作品评介）——《女炊事班长》读后 ……石 言 方全林

美术

悄悄话（磨漆画）……林 萱
奔马（国画）……赵成民
戏蝶（国画）……李海龙
鲁迅与闰土（雕塑）……章永浩
思考（雕塑）……张祥水

1982 年第 7 期　刊名:《青春》
目录

小说

沙漠与海（报告文学）……郑 重
心……星?……岳建一 黎 早
海……马未都
腊姐……严歌苓
月光曲……董宏猷
野菊花与摇篮曲（散文）……叶 梦
枣树下的遐思（散文）……叶梅珂

诗歌

"寄希望于未来"中国，站在高高的脚手架上（组诗）……曹汉俊
我瞩望着您——读汉俊同志的诗……阿 红
青春诗会（十一首）……岳 丹
周鹏宽 熊召政 嵇亦工 姜琍敏 叶延滨
采自凤阳的绿叶（散文诗三章）……文 忠
成熟（散文诗）……赵雪琴
林海采撷……王绍德

作家谈创作

一个难忘的夜晚
——艾芜同志南行途中谈创作……高 缨

评论

怎样走上文学之路
我歌唱园丁……郑秉谦
文章甘苦事——答朱明杰同志兼复爱好文学的青年朋友们……竹 林
难忘的红雨披（得奖作品评介）
——读《酒娘》……魏毓庆
读者中来（三则）……卿光华 彭玉明 龚修森

美术

记忆中的闪光
——纪念邓中夏烈士（油画局部）……王永强
我要攻读（国画）……劳 思
阅（油画）……孙大为
搏（油画）……彭本浩
送茧（国画）……方 骏

1982 年第 8 期　刊名:《青春》
目录

小说

第九个售货亭……姜天民
木耳……陈源斌
锁……金健人
挡车女工……张宝发
瓜儿离不开秧……毛守仁
南音（散文）……李灿煌
米兰（散文）……未 来

诗歌

"寄希望于未来"
初恋（四首）……黄玉霞
小溪，轻轻地流淌……周晓扬
青春诗会（十五首）……张德强 冯新民
陆少平 韩 东 田玉文 吴 晓 蒋卫民 陆 平

作家谈创作

议论作品里的"议论"……王若望

评论

邂逅秦邮谈创作（作家访问记）——与老作家汪曾祺座谈测记……曹松华
"怎样走上文学之路"
生活告诉我：你写!……石 英
开掘生活中的诗意
——《第九个售货亭》读后……岑 寂
关于短篇小说《拉岱大桥》的讨论
谈《拉岱大桥》的得失……沈 默
来信来稿摘登（四则）
……胡代忠 刘 锋 孙桂林 李道明

美术

祝酒舞（国画）……陈衍宁
青春（摄影）……童天立
掌上明珠（摄影）……文立新
漫画……于骏安 谭迎春 高世读 杨景森
国画人物……林 埔

1982 年第 9 期　刊名:《青春》
目录

小说

我们这些"阿西"们·····················叶　林
新浴·····································赵　践
我、妻子和母亲·························唐炳良
困了，就嗑点瓜子·······················肖　于
弥留·····································杨　威
天有一双手（报告文学）·················窦志先

诗歌

强者（叙事诗）·························李发模
含羞草（八首）···············姜诗元　周伦佑
锦　方　成莫愁　薛卫民　青格里　沈天鸿　詹孝林
希望，从这儿出发·······················柯　平

作家谈创作

《红与黑》的启示·······················谷斯范
叶老改《体育老师》···········叶至诚作　叶圣陶改

评论

关于短篇小说《拉岱大桥》的讨论
是玉，但有瑕疵···············丁柏铨　周晓扬
真实，才有力量，才有生命·······泉林　肖平
读《拉岱大桥》·························顾小虎
扭曲的形象·····························高　榆
淡墨浓彩绘风情（新作评介）
——谈《新浴》·······················苏　叶
唱给母亲的歌（新作评介）——读稿杂记···成正和
简讯一则
本刊举办苏南地区小说改稿讲习班

美术

花（水印木刻）·························邹文正
小说改稿讲习班纪实（摄影）·············本刊记者
南京市国画展览作品选
　　　　　刘寿康　何　鸣　余凤祥　朱忠琇
排球之花（油画）·······················蔡江白

1982 年第 10 期　刊名:《青春》
目录

小说

墙·····························邢小平　邢原平
读《墙》小记···························高晓声
狗的故事·······························贾亦凡

人与狗·································陆文夫
笑料贾二头·····························蔡　华
顾尔镡同志给蔡华同志的信
灯蛾·····································顾　盼
读《灯蛾》后说几句庆·····················亚　明
祭·····································陈德楹
最后一次调动·····························沈伟民
静静的蛇谷·····························庄大军
无韵的诗（报告文学）···········江　迅　曾毓淮

诗歌

三朵小花·················陈　之　海　燕　隐　慧
"寄希望于未来"
爱好文艺是个好志向·····················叶圣陶
如果·····································严文井
学习·锻炼·提高·························罗　荪
谈我的第一篇小说·······················张　弦
习作三题·······························邓友梅
说"愚"·································从维熙
为无名者铺路·························本刊编辑部

美术

风华正茂（水粉画）···········房燕生　赵光涛
书（大理石雕）·························从　众

1982 年第 11 期　刊名:《青春》
目录

以青春的活力建设青春的祖国·············夏　阳
欢呼与自勉·····························成正和
喜讯（诗）·····························冬　平
为这崭新的日子（诗）···················陈咏华
征途赋（诗）···················小　巍　金　华

小说

呵，米黄色的楼·························王英琦
悲喜剧的挽歌·····························管　见
大楼后面的邻居·························梁　晴
"拆墙"与"筑墙"·······················姜　川
爆炒米花的黑大·························唐炳良
惩罚·····································一　丁
这不是离别·····························曾　萍
构思新颖　以情感人·····················武辛义
能不忆江南（散文）·····················苏　叶

诗歌

肩的雕塑·······························潞　潞
黄河岸边的钻塔群（组诗）···············李小雨

夏的呼唤 ————————————赵丽宏
生命的绿洲 ————————————苏 南

作家谈创作

捕捉形象的能力 ————————————陆文夫

评论

"怎样走上文学之路"
快速构思的方法——散文创作速度初探————许国泰
郭沫若创作轶事 ————————————沈 默
读"关于《拉岱大桥》的讨论"后的一点感情
————————————————顾尔镡

美术

翠绿丛中（中国画）————————————宋忠元
小哥俩（摄影）————————————刘世杰
春暖日丽图（摄影）————————————高 林

1982 年第 12 期　刊名:《青春》
目录

小说·散文

寻找失却的距离 ————————————杨东明
"距离"、精神文明及其他 ————————董 健
青山流水 ————————————薛 兵
《青山流水》得失小议 ————————修 森
林中夫妇 ————————————温传昭
"老"彭 ————————————黄旦璇
晚上九点半的云海 ————————马立诚
迷魂谷之夜 ————————————田舒强
香山一叶（散文）————————————薛尔康

诗歌

青春诗会（十首）————————————张中海
周晓扬　朱守明　宋瑞斌　于耀江　张江明
民族风情（八首）————————————叶 地
林 染　万以诚　王建刚　金相喜　思 琴　王忠范
我是永恒的生机 ————————————李松涛
努力开创文学创作新局面 ————————丁宏昌等

作家谈创作

对《青春》编者谈细节 ————————王朝闻
为无名花作——兼复一些作者和读者的来信———田 间
比生活更单纯 ————————————理 由

评论

题跋之外 ————————————黄 裳
"怎样走上文学之路"

本刊编辑对《快速构思的方法》的看法
附：许国泰同志关于《快速构思的方法》一文的补充
读者中来（四则）————————————邢念萱等
来信摘登 ————————————王俊堂

美术

烛光曲（油画）————————————邱瑞敏
南京市版画作品选 ————————————黄丕谟
李树勤　林敦席　徐 宁　殷福林　罗剑钊
漫画————陈景和　于守洋　文 建　王荫华　庄锡龙
荔枝湾（国画）————————————汤集祥

1983 年第 1 期　刊名:《青春》
目录

小说·散文

脚印 ————————————张晋蜀
为"思考的一代"传神写照 ————————林一顺
旧友日记 ————————————田 杰
短笛轻吹 ————————————王俊义
雾·画·少女 ————————————董立勃
复苏（散文）————————————刘丽娅
九宫格窗子 ————————————王立纯
打开窗子，心心相印 ————————何永康
阳澄渔火（散文）————————————张许鎏
大寺墩情话 ————————————王明皓
一个和另一个 ————————————陈 村

诗歌

寄希望于未来
在希望的田野上（组诗）————————路 辉
《在希望的田野上》读后 ————————忆明珠
青春·理想·爱情 ————————————马卫宁
李光星　任 洪　丁 捷　王中朝　聂鑫森　陈继光
王 庆　王建刚　戴红玉　青 草
我们 ————————————王农鸣
岩之歌 ————————————王贺锦

作家谈创作

也算创作经验 ————————————塞先艾
文贵乎情 ————————————峻 青

评论

争名·让名·成名 ————————————丁国成
"怎样走上文学之路"
疑义相与析——中国作家协会文学讲习所部分学员关于《快速构思的方法》的一次座谈

机器人如果向缪司求婚——评《快速构思的方法》
.... 陈椿年
值得研讨的课题 .... 刘宇庆

美术
新疆姑娘（油画）.................................... 李华英
黄金时代（油画）.................................... 罗　群
满目青山（国画组画之一）............................ 白德松
醉（版画）.. 江碧波
摇（石雕）.. 孙　闯
刊标设计选登
白猫（油画）.. 周爱珍

1983 年第 2 期　刊名:《青春》
目录

小说·散文
李富荣和别尔切克（报告文学）........................ 肖复兴
挑战 .... 戴　舫
清晨，下着小雨 .... 程　玮
喜马拉雅 .... 赵根荣
月季 .... 赵松泉
竹米（散文）.. 浩　岭
赶马车的小伙子 .... 轩锡明
怀念黄昏（散文）.................................... 唐　敏

诗歌
青春·理想·爱情 .... 谭德生　景　敏
张　犁　潘伯荣　贺东久　李曙白　邓海南　丁　可
蔡　焜　王长军　杨培勇　夏春福

评论
作家谈创作
杂谈散文创作的构思 .... 柯　蓝
短篇小说的悬念 .... 彭荆风
"怎样走上文学之路"
也谈构思的方法 .... 叶永烈
一篇奇文　两点疑义
——读《快速构思的方法》............................ 黄政枢
重复绝非创作 .... 郑　智
读者中来（两则）

美术
海恋（油画）（封面）................................ 杨　波
泉（摄影）（封二）.................................. 韩　洪
南京市油画水粉水彩画作品展览选登（封三）
水乡（水彩）（封底）................................ 吴冠中

1983 年第 3 期　刊名:《青春》
目录

小说
回答今日世界 .... 孙　颙
错位 .... 蒋丽萍
这一刻，夕阳正美 .... 肖　于
流星 .... 郑　蔚
留在雪地里的红巾 .... 谢　羽
老人 .... 宋学镰
弟弟 .... 王丰江
小小说
养鹌鹑的故事 .... 苏　叶
日新月异的人们 .... 黄旦璇
阳台上，井台上 .... 徐乃建
月光如水 .... 莫晚城

诗歌
女作者诗页 .... 张琴心　余小平
余富霞　王开琴　苏　敏　王小妮　胡文佩　王晓燕
春之声——晓　峰　程　浩　抒　情　海　燕　熊明泽
童心变奏曲 .... 陈玉坤
别 .... 张洪波
乡情 .... 王中朝

评论
从一首旧体诗谈文化修养 .... 东方既白

作家谈创作
在《青春》常熟小说改稿讲习班上的讲话（上）
.... 高晓声
"怎样走上文学之路"
"强迫碰撞"撞出了什么？　——从许国泰的散文创作
看他的"快速构思法"……曼　生　丁柏铨　周晓扬
条条大路通罗马 .... 冯汉津
来稿摘登

美术
春的旋律（摄影）.................................... 张安鲁
江苏省国画院学员作业展览选登
漫画……………… 蒋义海　李国汉　庄锡龙　蒋思忠
欢乐的节日（油画）.................................. 谢源璜

1983 年第 4 期　刊名:《青春》
目录

小说

扳手腕································赵锐勇
前巷深　后巷深····················王小鹰
雕花家俱··························漆小冬
鼾声······························黑　子
故人······························李大刚
旅途······························刘自强
在地球的这一点上（报告文学）······郑　重

诗歌

我的塑象··························车前子
记忆······························孙中明
青春·理想·爱情····················程童一
周所同　王金明　陈所巨　菲　可　祁　智　吉狄马
加　圣　铁　南　也　步　涛　丁　榕

评论
作家谈创作
在《青春》常熟小说改稿讲习班上的讲话（下）
································高晓声
"怎样走上文学之路"
我对"散文快速构思法"的意见··········韦君宜
"青春文学奖"获奖作品评介
文学需要"新浴"····················顾尔镡
心灵，向往着美····················周晓扬
还是脚踏实地好····················洪　钧
我谈我的诗························车前子

美术

梨花雨（国画）····················胡永凯
石刻、木刻小品············孙　煌　姚于惠
向往（油画局部）··················梁照堂

1983 年第 5 期　刊名:《青春》
目录

小说专号

左撇子球王························肖建国
莫楚评点
妈妈······························沙　漠
还要等多久························叶小沫
礼物······························林依山
武辛义评点
雪地上猫儿刺······················闻　波

救命的小狩猎房····················郑　蔚
看着我的眼睛······················池　莉
一个独腿人的足迹（报告文学）····魏　斌　徐永青
等待····················斯坦·巴斯托　杨汝钧译
编后记
关于短篇小说《挑战》的讨论
荒谬的主题　混乱的逻辑··············达英骏
严肃的主题························俞　律
读者来信三则

美术·摄影

藏不住的微笑（摄影）················蔡金和
青春之歌··················陈景国　陈景和
月桥镇的早市（油画）················沈行工

1983 年第 6 期　刊名:《青春》
目录

小说

茶山坰····························晓　宫
拍板······························孙圣鸿
猫和少年··························张小川
鸠吉拉姆··························李双焰
连绵不绝的爱······················谭　力
斜阳，照在青青的皂地上··············仇启明
菇女······························陈　益
难以和谐的交响（报告文学）······齐东野　蔡建军
夕阳·柿树（散文二章）················傅　葵
响尾蛇的尾巴（寓言四则）············曾宪晃

诗歌

黎明从地平线升起
········吕贵品　邵春光　周立新　刘锦涛　秦安江
蔷薇花的故事··········刘　瑛　于耀江　楼　冰
赶集归来··························朱谷忠
苏醒······························韩柳儿
三月，长满了芨芨草··················雷恩奇

评论

文艺欣赏散文······················王若望
"怎样走上文学之路"
小草长在大地上····················张廷竹
关于短篇小说《挑战》的讨论
人，之所以为人··············张　陵　李洁非
悲剧的挑战··················达　宣　际　平
读者中来
读《墙》三题······················邱成学
秧秧和徐凯都是美的··················黄宗贤

读者·作者·编者

有胆有识的作为························陈达专

美术

飞翔吧，年轻的朋友们·········赵光涛 房燕生
一九八二年"青春文学奖"授奖大会剪影···本刊记者
独幅水印版画·······················周炳辰

1983 年第 7 期　刊名:《青春》
目录

小说·散文

千里情思才开头·····················沈泰来
管见点评
第八个是铜像·······················苏　童
姜真点评
陆地，就在脚下·····················梅　儿
新岸点评
雪地上····························张小川
乔迁之际··························马宝康
花束在慢慢旋转·····················张唤民
心桥·····························景　敏
你是天上哪颗星（散文）···············徐　静

诗歌

北方的雕塑·······················李金河
阿红点评
北大荒··························曹汉俊
诞生·摇篮·······················陈所巨
故乡纪事（组诗）···················李发模
青春·理想·爱情·····················隐　慧
李玉林　金云富　阮大华　周加庆
游向拦鲨网·······················梁京生
给女友··························凌　姜
等待···························江世渝

评论

苏东坡论创作·····················东方既白
短小精悍　耐人寻味·················朱　亮

作家谈创作

在生活中淘取金子···················梁上泉
"怎样走上文学之路"
剪接的自传（上）···················顾　城
关于短篇小说《挑战》的讨论
《挑战》的得失·····················邱　林

美术

李清照（油画）·············蔡江白 蒋云仲
小品（国画）·······················窦二刚
缝帐篷、牧场（国画）·················赵绪成
潨（油画）·························王永强

1983 年第 8 期　刊名:《青春》
目录

小说

今天是星期日·······················简　嘉
阳天点评
再见，沙漠！你好，绿洲·······张　明 甘铁生
邢念萱点评
那弯弯的小巷尽头···················莫依安
炼·····························史国新
秋实点评
灰色的梦与蓝色的现实·················谢　静
在同一个空间里·····················王小妮
困不住的金狮（报告文学）···············吴芝麟
山村小店··························耿　法

诗歌

含羞草·········钟　明 刘　昕 许　杰 熊国泰
朱先树点评
黎明从地平线升起·············方文竹 高　勤
吴　晓 潞　潞 程建强 周鹏宽 袁　超 张洪波

评论

《今夜有暴风雪》笔谈·················林一顺
修　森 周晓扬 丁柏铨 曼　生
"怎样走上文学之路"
剪辑的自传（下）···················顾　城

美术

练功房中（油画）···················梅　洪
漫画···························叶　霆等
倾泻在景色上的月光（油画）·············魏景山

1983 年第 9 期　刊名:《青春》
目录

小说

住在三楼上的助教们···················刘　丰
莫楚点评
终于点亮的灯·······················王树苗
末了点评

工会主席····················曹冠龙
阳光明媚的沙滩················王洪波
乡愁的滋味（散文）·············苏　炜
血缘······················严歌苓
咬定青山（散文）···············未　来
画像······················赵松泉

诗歌
黎明从地平线升起···············邓海南
胡兰芳　董佳佳　郁　叶　徐敬亚　叶云龙　钱松泉
刘　古　蔡　焜　沈　沉　刘智慧　于振海　王长军
未开发的风景区　韩作荣　范　泓　桂兴华　彭广全
含羞草　徐卫新　王　琰　徐国静　一　石　周宏坤

评论
一个业余作家的创作道路···········左　森
"怎样走上文学之路"
我愿是一个开拓者
——《姜滇中篇小说选》自跋·········姜　滇
读者中来
评车前子和他的一组诗

读者·作者·编者
来信摘登

美术
复旦——纪念圆明园被焚120周年·······任君丽

1983 年第 10 期　刊名:《青春》
目录

小说处女作专号
新时期文学思潮和《青春》处女作······陈　辽
冢子山·····················张　陵
华凝评点
两个小伙子··················石　空
莫楚评点
连山石·····················张正国
末了评点
草坪，碧绿的草坪···············石义涛
砭石评点
毛栗子·····················李　实
第三个夏天··················周秀萍
俞律评点
微山湖人家···········王洪震　周沛生
姜真评点
冬天里的陌生人················刘　齐
买伞······················汝荣兴

"怎样走上文学之路"
我的开始····················刘　真
往事的阶梯··················叶　辛
答读者问（读者·作者·编者）
可可姑娘（油画）···············关则驹
雕塑···········曹凤池　叶宗镐　张海平　王银安

1983 年第 11 期　刊名:《青春》
目录

小说
鹰飞起的地方··················景　俊
管见评点
海，深深的海··················田舒强
二双家的唢呐··················成汉飚
末了评点
迎面吹来凉爽的风···············范小青
春苑折枝
初潮······················岳　丁
最后的微笑··················董秀英
金凤花·····················艾　扎
摩梭人的婚礼（散文）·········拉木·嘎吐萨
从心灵里唱出的歌——评《春苑折枝》····晓　雪

诗歌
黎明多地平线升起···············路　辉
王中朝　陆　萍　汪　沉　封新成　南　雨　炯　浩
青春诗会···········常　信　张子选　熊　雄

评论
作家谈创作
从短篇不短谈起················谷斯范
谈小说创作··················高行健
求新例话···················修　森
"一字徒"赞··················丁国成

美术
思（摄影）···················马贵云
秋色（油画）··················钱志林
山山水水绿如碧（油画）···········马长山
来稿选登·······董克俊　谢春彦　余嘉航　洪维勤
闪光的岁月（油画）··············潘鸿海

1983 年第 12 期 刊名:《青春》
目录

小说

各领风骚 ································· 王金年
寻觅一支悠远的歌 ····················· 钟铁夫
西藏风情录 ················· 魏志远 吴雨初
窗帘 ······························· 方国荣
前因后果 ··························· 杨 惕
鸽子·鸽子 ··························· 余 华
科多哨的赶马汉 ····················· 徐 刘
羞女山（散文） ····················· 叶 梦
庐山雾雨中（散文） ················· 熊光炯

诗歌

青春四重奏 ········· 柯 平 曹 剑 沙 漠 谭德生
带露的新芽
········· 姚晨莺 朱春鹤 李建华 刘 季 程晓蓓
给母亲 ····························· 李蔚红
那一株茉莉 ························· 王长富
他们刚下夜班 ······················· 张宏森

评论

作家谈创作
生活与作品 ························· 柳 溪
熟悉生活熟悉诗 ····················· 孙友田
强者的形象 性格的力量 ············· 邱 林
《雪地上》的挑战 ··················· 修 森

美术

飞遍天涯（国画局部） ··············· 陈衍宁
女作者画页 ······· 朱忠琇 李 罗 魏鸿蕴 孙晓云

1984 年第 1 期 刊名:《青春》
目录

迎接新的文学春天 ··················· 本刊编辑部

小说·报告文学

八千里路云和月（报告文学） ········· 朱幼棣
灯礁 ······························· 师庆涛
大荒山记实 ························· 梁 左
天边有片五色云 ····················· 成汉飚
远处的山 ··························· 周 进
路右边，第一百零三个墓碑 ··········· 蒋子丹
考验 ······························· 郭忠信

诗歌

历史开始履行合同 ··················· 王晋军
王 庆 黄秋苇 秦安江 王晋波 费 嘉 肖振有
许俊文 许震宏 于 跃 王振喜 郭 辉 曹增书
卖荠菜的小姑娘（散文诗） ··········· 田 波

评论

关于小说创作的几个问题（作家谈创作）——在南京
文学讲习所的报告 ··················· 梁晓声
我怎样叩文学之门 ··················· 李 栋

美术

黄金时代（油画局部） ··············· 蔡荣华
烛光（雕塑） ······················· 雷晓宁

1984 年第 2 期 刊名:《青春》
目录

小说·散文

芝麻官与芝麻事 ····················· 严歌苓
浮桥 ······························· 岑献青
夙愿 ······························· 侯成路
准拟佳期又误 ······················· 沈泰来
编纸篮的小天使 ····················· 李洪洋
露儿 ······························· 葛慎勇
小曲 ······························· 王晓新
傍晚，下着细雨 ····················· 金一鸣
纤夫曲（散文） ····················· 刘自强

诗歌

黑色的主题 ··········· 培 贵 柯 平 赵天山
我也会成为星星 ······· 许延庆 刘和平 郭长春
鲍根华 宋克力 王兆琪 田惠刚 彭国梁 合 美

评论

暂时抛下福尔摩斯（小说经纬） ········· 汝 捷
感情的碰撞和人生的扩充 ············· 陈祖芬
感情，点燃诗意的火花 ··············· 于宗信
早晨的阳光（油画） ················· 谷 宽
春到山村（油画） ··················· 杨绍路

1984 年第 3 期 刊名:《青春》
目录

小说·报告文学

栖凤桥 ····························· 赵 践
苏叶评点

课桌后，一个小小的脑袋 ———————— 马宝康
裤子 ———————————————————— 边玲玲
樱桃 ———————————————————— 赵松泉
一百零七块石碑和一个少女（报告文学）—— 李 逊
鬼碙子 ——————————————————— 闻 波
桃形钥匙 ————————————————— 陈志斌
人字瀑下 ————————————————— 陈晓莉

诗歌

杜鹃花为什么这样红
大山·森林·我们（组诗）———————— 岛 子
谢冕评点
人生若有这样的记忆 ———————————— 余小平
赵泽华 菲 哥 王 璞 许德民 姚晨莺 黄 羊
张 西 稽亦功 沈天鸿

评选

张贤亮谈创作（作家谈创作）——在一次座谈会上答
文学青年问
纤夫，走在生活的河岸上（文学之路）———— 陆星儿
关于当今散文的断想 ———————————— 秦文玉
歌唱家（国画）—————————————— 林峥明
磐石（摄影）——————————————— 吴英海
晚钟（固体油画）————————————— 曹立侃

1984 年第 4 期　刊名:《青春》
目录

小说

军长 ———————————————————— 陶建军
第九块汉画石 ——————————————— 钟海城
决战前夕 ————————————————— 梁 左
夕阳下 —————————————————— 王才锡
市委书记的女儿 ————————————— 李小佩
江边的女人 ———————————————— 苏 童
暖土（散文）——————————————— 苏 炜

诗歌

从那个春天开始——纪念南京解放 35 周年—— 邓海南
周晓扬 宫 辉 苏 南 范 泓 张建华
杜鹃花为什么这样红 ———————— 余自豪 沈 方
太阳的使者来了 ———————— 刘毅然 祁 智
张敦孟 汪 沉 阮大华

评论

"自我非我"（作家谈创作）———————— 林斤澜
在北大荒和在北京（文学之路）—————— 肖复兴
从博物馆到古玩店（"小说经纬"之二）

——谈博习 ———————————————— 汝 捷
早晨（油画）——————————————— 凌 青
国画三幅 ————————————————— 杨 阳
漫画 ————————————— 蒋思忠 叶 霆
望铁成钢（油画）————————————— 王 霞

1984 年第 5 期　刊名:《青春》
目录

小说·报告文学·散文

仅仅因为漂亮……（报告文学）—————— 肖复兴
出山 ——————————————————— 简 嘉
响亮的足音 ———————————————— 张茜黄
"三步虎"碰硬 —————————————— 游孟宪
金沙江静静地流 ————————————— 川 流
一个大晒声的看场人 ——————————— 董立勃
在生活的屏幕上 ————————————— 华 子
小站（散文）——————————————— 颜燕华

诗歌

杜鹃花为什么这样红
流泪的男人和女人（组诗）———————— 吕贵品
朱先树评点
民族魂生长在千秋月下 —————— 孙中明 陈衍强
杨松杰 余世大 贺东久 刘登广 杨东华 赵焕明

评论

愿与青春结伴 ——————————————— 碧 野
生活的醇香——评 1983 年"青春文学奖"获奖诗歌
—————————————————————— 任红举
肖建国和陈达专的通信（作家书简）——关于《左撇
子球王》及其他
谈"惨淡经营"（青春文谈）———————— 朱家信
读（油画）———————————————— 马小卫
风景画生 ———————— 王 波 张亚冰 潘裕建
美术作品来稿选登
意志的旋律 ———————————— 李 玫 黄明世

1984 年第 6 期　刊名:《青春》
目录

小说·报告文学

姐姐 ——————————————————— 张 平
青青的山峦 ———————————————— 吴雪恼
黄昏的鸽哨 ———————————————— 徐 耿
夏天的栀子花 ——————————————— 邓宗良
在拥挤而狭小的世界里 —————————— 邱宪然

寻找 ·· 黎　峰
行路难（报告文学） ······················ 江　迅

诗歌
杜鹃花为什么这样红
剑·钢盔·女兵墓（组诗） ············ 晓　桦
阿红评点
羽毛茸茸的小雁 ·························· 傅　葵
陈景文　郁建中　陈　宾　刘　瑛　小　童　小　燕
唐建平　石　飞　张　犁　王维英　鄢家发　刘国光
马新潮　张洪波　周鹏宽

评论
年轻的心对生活的回应
——青年题材获奖小说读后 ············ 华　铭
一丛含露乍开的鲜花——《青春》近两年发表的散文
漫评 ·································· 叶公觉
"电流"断了之后（小说经纬） ············ 汝　捷
华夏之魂（国画） ······················ 沈　勤
小蝌蚪（摄影） ·························· 吴立国
伙伴（油画） ···························· 王衍成

1984 年第 7 期　刊名:《青春》
目录

小说·报告文学·散文
窗上的红太阳 ···························· 肖复兴
野猪和人 ································ 徐晓鹤
小满儿 ·································· 谭庆禄
不如归去 ································ 罗阿波
河滩，彩色的河滩 ······················ 彭见明
选择 ···································· 丰　光
俘虏 ···································· 芩　苑
三块弹片（报告文学） ·················· 刘东耕
反刍（散文） ···························· 何立伟

诗歌
昨夜的星群是燃烧的 ···················· 王忠范
谷　润　林　染　周伦佑　潞　潞
在淡蓝的风里播种哨音 ·················· 祁　智
孙　智　晓　钧　吕　新　王中朝　尹世洲　赵　进
司徒杰　徐群飞　陈有才

评论
她憧憬着人生的辉煌瞬间（青年作家论）——评黄蓓
佳的小说创作 ·························· 曾镇南
我的台阶和台阶上的我（文学之路） ······ 贾平凹
诗情的音乐魅力（读者小议）

——评王中朝的三首诗 ·················· 李传申
白玉兰（油画） ·························· 郑克峰
一幅有待完成的画（摄影小说） ·········· 俞小敏
小镇春深（油画） ······················ 沈行工

1984 年第 8 期　刊名:《青春》
目录

小说·报告文学·散文
北京不属于你们 ·························· 雨　寒
北去的流水 ······························ 蔡测海
山野之子 ································ 马未都
女囚的眼泪 ······························ 温靖邦
到小河那边去 ···························· 吴树乔
车厢尽头的"特座" ······················ 沈虹光
鞭炮（小小说） ·························· 陈锡生
钓鱼（小小说） ·························· 房暗星
明星的路（报告文学） ·················· 赖　祥
木香花（散文） ·························· 陈　琳

诗歌
杜鹃花为什么这样红
在故乡的黄土路上（组诗） ·············· 于振海
孙友田评点
涛声洗白的羽毛 ·························· 苏　敏
叶云龙　李蔚红　彭原军　曹增书　左光宇　王伟强
李曙白　周　俊　郑彩萍　姚永标　吴金权

评论
她憧憬着人生的辉煌瞬间（续）
——评黄蓓佳的小说创作 ················ 曾镇南
罗达成和周林发的通信（作家书简）——关于报告文
学集《中国的旋风》
从"稍微"处开始（"小说经纬"之四） ······ 汝　捷
渡船，就在自己的脚下！——读小说《天边有片五色
云》 ·································· 邢念萱
日本古典舞（国画） ···················· 杨之光
四川美术学院版画展作品选
书籍封面装帧选 ·························· 张守义
高　燕　吕敬人　陶雪华　鹿耀世　王书朋

1984 年第 9 期　刊名:《青春》
目录

小说处女作专号
茅盾是怎样培养文学新人的 ·············· 罗宗义

曾师傅谈话录⋯⋯⋯⋯⋯⋯⋯⋯⋯⋯⋯⋯王光鸣
董健评点
花朝女⋯⋯⋯⋯⋯⋯⋯⋯⋯⋯⋯⋯⋯⋯⋯杨新民
张弦评点
蔫嫂⋯⋯⋯⋯⋯⋯⋯⋯⋯⋯⋯⋯⋯⋯⋯⋯熊正良
胡若定评点
夜来南风起⋯⋯⋯⋯⋯⋯⋯⋯⋯⋯⋯⋯⋯王大进
包忠文评点
猎人的心⋯⋯⋯⋯⋯⋯⋯⋯⋯⋯⋯⋯⋯⋯成　仁
吴调公评点
妈妈和她的衣袖⋯⋯⋯⋯⋯⋯⋯⋯⋯⋯⋯廖润柏
何永康评点
哦，坦荡的戈壁⋯⋯⋯⋯⋯⋯⋯⋯⋯⋯⋯何　奇
裴显生评点
沉默的峡谷⋯⋯⋯⋯⋯⋯⋯⋯⋯⋯⋯⋯⋯海　粟
云雀⋯⋯⋯⋯⋯⋯⋯⋯⋯⋯⋯⋯⋯⋯⋯⋯姜凡振
姜滇评点
肖像（油画）⋯⋯⋯⋯⋯⋯⋯⋯⋯⋯⋯⋯汲　成
国画与版画⋯⋯⋯⋯⋯马　得　徐　宁　朱琴葆　程　勉
外国文学插图作品选
秋（装饰画）⋯⋯⋯⋯⋯⋯⋯⋯⋯⋯⋯⋯王国铃

1984 年第 10 期　刊名：《青春》
目录

因为我们正年轻⋯⋯⋯⋯⋯⋯⋯⋯⋯⋯本刊编辑部
小说·报告文学·散文
梅雨霏霏⋯⋯⋯⋯⋯⋯⋯⋯⋯⋯⋯⋯⋯⋯王心丽
这颗太阳不发光⋯⋯⋯⋯⋯⋯⋯王苏红　王玉彬
挥手自兹去⋯⋯⋯⋯⋯⋯⋯⋯⋯⋯⋯⋯⋯徐乃建
时光⋯⋯⋯⋯⋯⋯⋯⋯⋯⋯⋯⋯⋯⋯⋯⋯董会平
生活变奏曲⋯⋯⋯⋯⋯⋯⋯⋯⋯⋯⋯⋯⋯丁宏昌
闹事者⋯⋯⋯⋯⋯⋯⋯⋯⋯⋯⋯⋯⋯⋯⋯赵　践
飞翔的音符（报告文学）⋯⋯⋯蔡云渭　邓海南
味，在酸咸苦辣间（散文）⋯⋯⋯⋯⋯⋯赵翼如

诗歌
请历史和今天一起欢笑——献给国庆三十五周年
⋯⋯⋯⋯⋯⋯⋯⋯⋯⋯⋯⋯⋯孙中明　贺东久
我们并没有丢掉那把钥匙⋯⋯⋯⋯⋯⋯⋯范　泓
刘　季　余自豪　余小平　祁　智　路　辉　李光星

评论
话说读者美学⋯⋯⋯⋯⋯⋯⋯⋯⋯⋯⋯⋯陈　辽
我的中国心（水粉画）⋯⋯⋯⋯⋯⋯⋯⋯房燕生
雕塑之页⋯⋯⋯⋯曹凤池　吴支超　殷金山　张海平

1984 年第 11 期　刊名：《青春》
目录

小说·报告文学
小城印象⋯⋯⋯⋯⋯⋯⋯⋯⋯⋯⋯⋯⋯⋯邢原平
最后一个夜晚⋯⋯⋯⋯⋯⋯⋯⋯⋯⋯⋯⋯简　嘉
黑滩⋯⋯⋯⋯⋯⋯⋯⋯⋯⋯⋯⋯⋯⋯⋯⋯彭见明
燕归来（报告文学）⋯⋯⋯⋯⋯⋯⋯⋯⋯石　湾
通天犀⋯⋯⋯⋯⋯⋯⋯⋯⋯⋯⋯⋯⋯⋯⋯田舒强
左布克印象⋯⋯⋯⋯⋯⋯⋯⋯⋯⋯⋯⋯⋯谢鲁渤
他到海上去了⋯⋯⋯⋯⋯⋯⋯⋯⋯⋯⋯⋯贾亦凡
大海边有一个小姑娘⋯⋯⋯⋯⋯⋯⋯⋯⋯梁　左

诗歌
我们的罗曼史⋯⋯⋯⋯⋯⋯⋯⋯⋯⋯⋯⋯张建华
潞　潞　叶延滨　奕　林　沈　方　谭德生　柯　平
王长军　田　波　邓海南　黄佳美

评论
编者的话
《青春》的第一个开拓者——为纪念方之同志逝世五
周年而作⋯⋯⋯⋯⋯⋯⋯⋯⋯⋯⋯⋯⋯⋯斯　群
舞蹈（摄影）⋯⋯⋯⋯⋯⋯⋯⋯⋯⋯⋯⋯孙　玉
热土（油画）⋯⋯⋯⋯⋯⋯⋯⋯⋯⋯⋯⋯蒋云仲
脚下改革路（摄影小说）
⋯⋯⋯⋯⋯⋯苏汉买摄影　袁少庭　刘凯南编文

1984 年第 12 期　刊名：《青春》
目录

小说·散文
第三颗野草莓⋯⋯⋯⋯⋯⋯⋯⋯⋯⋯⋯⋯谢致红
父亲的鱼塘⋯⋯⋯⋯⋯⋯⋯⋯⋯⋯⋯⋯⋯赵锐勇
为爸爸干杯⋯⋯⋯⋯⋯⋯⋯⋯⋯⋯⋯⋯⋯郑　蔚
境界⋯⋯⋯⋯⋯⋯⋯⋯⋯⋯⋯⋯⋯⋯⋯⋯周　珞
雨霁⋯⋯⋯⋯⋯⋯⋯⋯⋯⋯⋯⋯⋯⋯⋯⋯何立伟
蝴蝶，翩飞的蝴蝶⋯⋯⋯⋯⋯⋯⋯⋯⋯⋯俞跃进
流星⋯⋯⋯⋯⋯⋯⋯⋯⋯⋯⋯⋯⋯⋯⋯⋯景广明
心中的大自然（散文）⋯⋯⋯⋯⋯⋯⋯⋯唐　敏

诗歌
杜鹃花为什么这样红
祖国，我的名字叫唐山（组诗）⋯⋯⋯⋯徐国强
叶彤评点
蓝色的湖召唤我们⋯⋯⋯⋯⋯⋯⋯⋯⋯⋯永　慷
艺　辛　刘　虹　真　宇　秦　岭　南　也　黄　羊

评论

一代人的心律——论海南的诗并代《机器与雕像》序
（青年作家论）⋯⋯⋯⋯⋯⋯⋯⋯⋯乔 良
"葛川江文化"观（作家谈创作）⋯⋯⋯⋯李杭育
庆祝《青春》创刊五周年——本刊编辑部举行盛大联
欢会
凝思（摄影）⋯⋯⋯⋯⋯⋯⋯⋯⋯⋯汪文华
街市（蛋彩画）⋯⋯⋯⋯⋯⋯⋯⋯⋯司徒锦
铺路石（国画）⋯⋯⋯⋯⋯⋯⋯⋯⋯赵建成
摇篮（国画）⋯⋯⋯⋯⋯⋯⋯⋯⋯⋯张为之
牵牛花（国画）⋯⋯⋯⋯⋯⋯⋯⋯⋯王予湘
龙虬（国画）⋯⋯⋯⋯⋯⋯⋯⋯⋯⋯黄志坚

1985 年第 1 期　刊名:《青春》
目录

时代生活的呼唤⋯⋯⋯⋯⋯⋯⋯⋯本刊编辑部

小说·散文

山口⋯⋯⋯⋯⋯⋯⋯⋯侯贺林　师庆涛
它们⋯⋯⋯⋯⋯⋯⋯⋯⋯⋯⋯⋯⋯谢树平
乡亲啊，乡亲!⋯⋯⋯⋯⋯⋯⋯⋯⋯张亦嵘
都市的女儿⋯⋯⋯⋯⋯⋯⋯⋯⋯⋯李惠新
嫁妆⋯⋯⋯⋯⋯⋯⋯⋯⋯⋯⋯⋯⋯钱玉亮
银花⋯⋯⋯⋯⋯⋯⋯⋯⋯⋯⋯⋯⋯张玫珊
五月二十一日，星期一，夜⋯⋯⋯⋯徐 耿
红地毯⋯⋯⋯⋯⋯⋯⋯⋯⋯⋯⋯⋯李谷平
猎鸥记（散文）⋯⋯⋯⋯⋯⋯⋯⋯⋯薛尔康

诗歌

大碗茶搅起的风暴⋯⋯⋯⋯⋯⋯⋯⋯姜言博
刘和平　高若虹　郑小光　马　辉　薛卫民　许俊文
年轻人的故事⋯⋯⋯⋯⋯⋯⋯⋯⋯⋯黄 敏
关 艳　朱国宏　马新潮　周　导　彭国梁
女人的恨⋯⋯⋯⋯⋯⋯⋯⋯⋯⋯⋯⋯吕贵品

评论

没有帆的小舟——我的文学之路⋯⋯晓 剑
关于风格·散文·人物特写⋯⋯⋯⋯王汶石

美术

特区正午（油画）⋯⋯⋯⋯⋯⋯⋯⋯何克敌
《青春》创刊五周年联欢会摄影⋯⋯王远明
人民的儿子（国画）⋯⋯⋯⋯⋯⋯⋯许晨有
白山情（油画）⋯⋯⋯⋯⋯⋯⋯⋯⋯李家玮

1985 年第 2 期　刊名:《青春》
目录

文学的黄金时代到来了!　——参加中国作协第四次
代表大会的几位代表的感受

小说·散文·报告文学

嘉陵轻骑⋯⋯⋯⋯⋯⋯⋯⋯⋯⋯⋯周 珞
名厨（报告文学）⋯⋯⋯⋯⋯⋯⋯⋯叶永烈
阴错阳差⋯⋯⋯⋯⋯⋯⋯⋯⋯⋯⋯黄佳星
在浴室下榻⋯⋯⋯⋯⋯⋯⋯⋯⋯⋯南 翔
前线消息⋯⋯⋯⋯⋯⋯⋯⋯⋯⋯⋯金一鸣
山角落里有个龚家湾⋯⋯⋯⋯⋯⋯⋯郭 辉
纤痕（散文）⋯⋯⋯⋯⋯⋯⋯⋯⋯⋯廖静仁

诗歌

中国夜莺的维也纳⋯⋯⋯⋯⋯⋯⋯⋯邓海南
三个伤兵和一个姑娘⋯⋯⋯⋯⋯⋯⋯晓 桦
五月的一个早晨⋯⋯⋯⋯⋯⋯⋯⋯⋯黄晓华

评论

从小说到电影
——答内蒙青年文学爱好者陈瀛⋯⋯李 栋
若非华羽　曷别凤凰⋯⋯⋯⋯⋯⋯⋯汝 捷

美术

花丛中（摄影）⋯⋯⋯⋯⋯⋯⋯⋯⋯周描坤
雕塑⋯⋯⋯⋯⋯⋯⋯⋯⋯⋯⋯⋯⋯王志刚
木刻小品⋯⋯⋯⋯⋯⋯⋯⋯⋯⋯⋯吴 越
我们这一代人（油画）⋯⋯⋯⋯⋯⋯王 琪

1985 年第 3 期　刊名:《青春》
目录

小说

他们住在哪条街?⋯⋯⋯⋯⋯⋯⋯⋯马宝康
搬家⋯⋯⋯⋯⋯⋯⋯⋯⋯⋯⋯⋯⋯赵德玺
绝地之歌⋯⋯⋯⋯⋯⋯⋯⋯⋯⋯⋯郑一帆
清泉⋯⋯⋯⋯⋯⋯⋯⋯⋯⋯⋯⋯⋯李 民
拳击手⋯⋯⋯⋯⋯⋯⋯⋯⋯⋯⋯⋯陈为明
虎猫⋯⋯⋯⋯⋯⋯⋯⋯⋯⋯⋯⋯⋯夏 真
业余侦探⋯⋯⋯⋯⋯⋯⋯⋯⋯⋯⋯张志中
老屋⋯⋯⋯⋯⋯⋯⋯⋯⋯⋯⋯⋯⋯一 苇

诗歌

杜鹃花为什么这样红
读史笔记（组诗）⋯⋯⋯⋯⋯⋯⋯⋯柯 平

今晚我们举行舞会-----------杨同生　王　玮　汪　沉
刘　欣　阮晓星　舟恒划　谭德生　杨　炼　黄　默
葬仪在默默地进行-------------------------魏　可
流水断想-----------------------------洪承志
小伙子们，又有了新的烦恼-----------------秦安江

评论
艺术感觉能力的培养（作家谈创作）-----------张抗抗
我在洞庭湖上行（文学之路）---------------刘健安
自由与限制同步-----------------------铁　凝
文学创作中的"醉态"与"梦态"------------雷　铎

美术
卖花姑娘（国画）---------------------王玉钰
小院（摄影小说）---------------------谭代琼等

1985 年第 4 期　刊名:《青春》
目录

小说
归---------------------------------黎　峰
沼泽-------------------------------王左泓
长沙准备 21 点宵禁（小中篇）-------------晓　宫
斗牛-------------------------------张万谷
在记忆的转轴上-----------------------陈　垦
小河通向大海（散文）-------------------董淑石

诗歌
共和国的儿女们-----------潘　烽　郭　辉　祁　智
林　珂　王少波　文　冰　任　健　潘洗尘
南京路在走（外一章）-------------------桂兴华

评论
审美层次、文学档次与通俗文学-------------陈　辽
谈谈我笔下的女性形象-------------------储福金
生活激励着我走上文学之路（文学之路）-------程树榛

美术
绿潮（油画）-------------------------詹建俊
青春的旋律
外国插图选---------------------------刘光典
冰灯-------------------------------金　岩

1985 年第 5 期　刊名:《青春》
目录

小说·散文·报告文学
明日归何处（报告文学）-----------------理　由
小院之变迁---------------张　陵　李洁非
三姨-------------------------------杨志刚
热风-------------------------------王维民
得到的和失去的-----------------------罗阿波
十三能-----------------------------郭培中
永乐宫巡礼（散文）---------------------王英琦

诗歌
米黄色的风衣-------------------------徐国强
杨作利　徐群飞　黄　堃　王　平
少女·钥匙·炼钢工---------------------徐　泽
伊　甸　刘毅然　朱雪城　宛　凝　佟　石　柳　沄
阿斯塔那---------------------------王永福
十六岁少女的日记---------------------曹　骝

评论
读《青春》报告文学的断想-----------------杨　旭
"力之美"——1984 年《青春》得奖诗歌漫评
-----------------------------------凌焕新
蜗牛·葡萄和我-----------------------徐朝夫
天才的姐妹（小说经纬）-----------------汝　捷

美术
吻花少女（摄影）---------------------钱　炜
国画
鄂温克人的小屋（油画）-----------------韩金宝

1985 年第 6 期　刊名:《青春》
目录

小说·报告文学
梦·丈夫·小提琴---------------------邓建楚
请你听听这首歌-----------------------王　璞
工会机关---------------------------侯成路
碑---------------------------------闻　波
金妹-------------------------------吴雪恼
玉玲-------------------------------谭庆禄
从泥土里站起来的诗人——余守春纪事（报告文学）
-----------------------------胡　平　张胜友

诗歌
杜鹃花为什么这样红

在女兵的王国里（组诗）·······························张　欣
何仃评点
我们寻找太阳·······································王建平
李　磊　李光星　兰　天　陶文瑜　桂　煜　刘　欣

评论
回想与希冀（文学之路）·····························黄蓓佳
谈谈张平的小说《姐姐》···············周新安　段忠西
我写《姐姐》（作家谈创作）·························张　平

美术
肖像（油画）·······································郑克峰
南京师范大学美术系学生作品选
待渡（油画）·······································李忠良

1985 年第 7 期　刊名:《青春》
目录

小说
香港十字街头（中篇）·······························梁　亮
女企业家的奇迹（纪实小说连载）——一个美国女百
万富翁死而复生的自述
　　　　　　　　［美］佩蒂·华格纳　刘　舒译
馋猫与黄焖鱼·······································王建峰
小密斯···方　晴
牧鹅少男不知情·····································李小飞
戈壁上的珊瑚·······································萧　鸣
王婆街的爷们·······································金　雷
舞会上见···张志中

评论
读《姐姐》——探获奖小说艺术上不足之三·····刘静生
命运的交响乐·······································管　见
猫鱼之间···木　青
凝聚着对生活的深入思考·····························丁柏铨

美术
我的工地我的歌（油画）·····························李　新
钢笔画···················鹿耀世　王德亮　茅小浪
漫画·····························叶　霆　李斌炎
青春（油画）·······································何多苓

1985 年第 8 期　刊名:《青春》
目录

小说·散文
死谷里有队列在行进·································韩静霆
女企业家的奇迹（续二）——一个美国女百万富翁死
而复生的自述·············［美］佩蒂·华格纳　刘　舒译
灯火阑珊处···常　罡
家庭会议···梁　左
猞猁···张　征
盛夏的小巷（散文）·································周　实

诗歌
杜鹃花为什么这样红（组诗）
长胡子的钢锭（组诗）·······························杜立明
邓海南评点
在我的风景里········潘　烽　刘　季　汪　漫　尹世洲
城外吟···张　讴
归来归来兮，兄弟姊妹·······························王俭庭

评论
微型小说丰收的两个标志·····························许世杰
从悲剧性的毁灭中复活·······························董　健
关于《野猪和人》的主题对民族精神和性格的讴歌
···庞建国

附录
当代人心灵的折光——散文《盛夏的小巷》评点
···叶　梦
生活是立体的（小说经纬）·····························汝　捷

1985 年第 9 期　刊名:《青春》
目录

小说·报告文学
穿过那片树林·······································裘山山
拐弯就是大街·······································范小青
三月小城吉它声·····································钟海城
初夏···虞翔鸣
八万里路云和月（报告文学）·························江　迅
女企业家的奇迹（续三）——一个美国女百万富翁死
而复生的自述·············［美］佩蒂·华格纳　刘　舒译

诗歌
杜鹃花为什么这样红·········王　伟　杨　智　廖应文
记住的我新地址·····································沈　明
王小妮　江　健　王忠范　车前子　李　浔　孙中明
海·岸·天（组诗）·······························邓海南

评论

《姐姐》的主旋律信其他 ———— 崔道怡
简论范小青的小说创作 ———— 黄毓璜
我是谁 ———— 范小青

美术

小演员（油画） ———— 杨云飞
精装的爱（摄影小说） ———— 蒋 鸬
大路旁（油画） ———— 陈 坚

1985 年第 10 期　刊名:《青春》
目录

为了文学事业的现在和未来——《青春》文学丛书序
———— 葛 洛

小说处女作专辑

舞厅外的少女 ———— 宋崇光
诗的故事 ———— 董淑石
我的朋友老廖 ———— 易竹林
扑向枪口 ———— 邓晨曦
知了 ———— 谢玉纯
春之诱 ———— 肖定丽
冬天里的春天 ———— 国 山
煤机厂故人——人物素描一札 ———— 于 坚

报告文学

"维纳斯"的诞生 ———— 石 湾
女企业家的奇迹（续四）——一个美国女百万富翁死
而复生的自述 ———— ［美］佩蒂·华格纳 刘 舒译

评论

用自己的眼睛认识世界——《舞厅外的少女》点评
———— 秋 实
一首清丽的诗——《诗的故事》点评 ———— 曼 生
他仍在追赶着——访作家浩然 ———— 周嘉华

美术

幸福的小舟（油画） ———— 曹达之
芦荡飞雁（国画） ———— 陆志德
唯见白云多一峰（国画） ———— 陆志德
牧（版画） ———— 姜文浩
莫愁湖之春（水粉画） ———— 成骏杰
奠基者（油画） ———— 王宏剑

1985 年第 11 期　刊名:《青春》
目录

小说·报告文学

寻找，不是用眼睛（报告文学）———— 胡松植 吴东峰
蓝色的呼唤 ———— 田惠刚
汤家小院 ———— 王 平
鸽霸 ———— 曲振海
我的邻居 ———— 沈虹光
关东好汉 ———— 谢鲁渤

诗歌

港台青年诗页 ————（中国香港）钟伟民
（中国澳门）陈德锦　（中国台湾）钟 玲　（中国
香港）郑镜明　（中国香港）陈锦昌
青春，倔强地睁大眼睛 ———— 翼 华
屈文焜 庞壮国 阳 飏 伍权民 舟恒划 曹增书
邻居 ———— 张跃年

评论

寻"根"，一股新的文学潮头 ———— 陈骏涛
关于寻根、楚文化及出新
——刘舰平与聂鑫森的通信

小溪流遐想 ———— 莫 伸

美术

萌动 ———— 苏振双
黄河源头 ———— 王伟中
美化咱家乡 ———— 王林山
小楼人家 ———— 孙秀桃
百鸡图 ———— 王金凤
采莲图 ———— 刘卫红

1985 年第 12 期　刊名:《青春》
目录

小说·散文

井口小酒店 ———— 耿 法
东方的海 ———— 董淑石
芭蕉林中的红十字 ———— 江奇涛
请戏 ———— 朱国瑜
夜的云 ———— 洪 峰
深秋的晚风 ———— 王柯庆
海与岸 ———— 庞 培
心中的荒原 ———— 季 宇
湘西寻梦（散文） ———— 叶 梦

诗歌

丹特士之死（叙事诗）————————奕 林
人生的潜流——————谭德生 黄 堃 戴立然 赵天山

评论

叶梦和她的梦————————————胡宗健
从全球角度看红卫兵问题——谈中篇小说《香港十字街头》————————————————董 健

美术

电影演员洪学敏（摄影）
连环画选页——————顾宝新 高 云 胡博综

1986 年第 1 期　刊名:《青春》
目录

青春树

想象统治我们：羌塘（短篇小说）————斯 夫
大赛纪实（短篇小说）——————————玉 湖
生死鸟（短篇小说）——————————黄献国
水手心（短诗）————————————冯庆川
朦胧（短篇小说）——————————唐 俟

天地之间

"我是O"（报告文学）——————————应明阳
双人日记（翻译小说）
　　　　　　[日]赤川次郎著　田金江译

忘忧草

无题（短诗）————————————张洪波
村标（散文）————————————岑献青
母亲的形象（摄影小说）
　　　　　　石 川 编文　程晓田 摄影

青果林

午后有雨（短篇小说）—————————怀 钦
黄河与人——读《午后有雨》——————蔡玉洗
你飞过的时候有一种声音（组诗）————韩 东
关于一种诗的闲话——评韩东的诗————邓海南

文学与 X

作家的"杂"与"博"—————————叶永烈
作家知识结构新探——————————刘宇庆

观察家文学

文学·观照·劝惩——————————包忠文

作家书简

陆文夫给曹立侃的信
赵本夫与储福金的通信

1986 年第 2 期　刊名:《青春》
目录

青春树

太姥山妖氛（小说）——————————唐 敏
"练忠牛"与国民性——简析《太姥山妖氛》---蔡玉洗
大学一年级（小说）—————————伊 夫
南面的雨（组诗）——————————车前子
车前子近作印象——读《南面的雨》———叶 彤
黑雪地（小说）———————————胡 泓
在 3 号货位上（小说）————————李宇平
哦！那里有条季节河……（小说）————文 丑
在那遥远的小山村（短诗）——————田 波
梦是假的（摄影小说）
　　　苍 年 石 川编导 晓 田摄影

忘忧草

旷野·落日·空白（小说）——————一 苇
红汽酒（组诗）———————————胡 拜
佩戴木槿花的小村（短诗）——————伊 甸
江南雨季（短诗）——————————石花雨

青果林

中午（小说）————————————金国政
复仇（短诗）————————————王 耳

新视角

二十世纪文艺学方法的基本类型—————赵宪章
要不要这个"引进"——文学观点和文艺学方法论的探讨

在文苑长椅上

找细节（外一章）——————————陈 卡

1986 年第 3 期　刊名:《青春》
目录

青春树

车辚辚（小说）———————————王虎华
哦，"大男大女"（小说）——————刘庆丰
那一片高原（散文）—————————杨 炼
点点星
夜潮（小说）————————————刘继明

新鞋子，旧鞋子（小说）───────────武生智
礼物（小说）─────────────────李抒望
断桥（小说）─────────────────徐林森
人的心灵需要沟通───────────────曾立平
守门员之死（诗）───────────────张德强
梦是假的（摄影小说）
　　　　　　　苍　年　石　川编导　晓　田摄影

天地之间
小城（报告文学）───────────────雨　城

忘忧草
猎趣三章（诗歌）
牧民，十八岁的尊严──────────────刘连进
猎虎────────────────────孙　侃
黑色的童话─────────────────海　燕

青果林
永恒之女性引导我们走（小说）───沃卡·我边久一
秦淮河和她一路的桨影（组诗）──────吴晨骏
可人的秦淮风情画──读吴晨骏的组诗───王德安

作家书简
张弦给青春主编曹立侃的信

新视角
春江水暖鸭先知────────────────祖　慰
文学创作中的模糊思维──────────────张宏梁

1986 年第 4 期　刊名:《青春》
目录

中国的形象─────────────────赵丽宏
正与邪的搏斗────────────────张成功
我徜徉在人间仙桥──────────────叶永烈
广厦赋──────────────────冬　平
喜剧里的丑角───────────────章慧敏
黑的，白的，和绿色的────────────杨　橚
韦驮菩萨，请守护他────────────江　迅
佩戴外军勋章的中国士兵───────────林　强
人世间最微小的艺术────────────苏理立
熔雅俗于一炉（评论）───────────王正湘

1986 年第 5 期　刊名:《青春》
目录

青春树
藏区青年作家小辑
泛音（小说）─────────────扎西达娃
欣赏的缘起──谈谈扎西达娃的《泛音》──刘志华
裂缝的另一边（小说）───────────佘学先
女儿泪（小说）───────────────邓一光
心中的恐惧（小说）─────────────周惟波
水上漂来的木屋（小说）──────────邹　镇
《水上漂来的木屋》评点───────────吴调公
辩证法中的城市（组诗）──────────杜立明
形象·哲理──读组诗《辩证法中的城市》──高　风
边陲的月亮（散文诗）───────────林　夕
人生警句（组诗）───────────────梁小斌
柔软的渤海（诗）───────────────第广龙

青果林
第一回（小说·外一篇）──────────全小林
含露的新蕾（点评）─────────────管　见

忘忧草
"禁区"（翻译小说）──［日］森村诚一著　田金江译
赞美谁（散文诗）───────────────钟声扬
北方的湖（散文诗）─────────────李松樟
少女咏叹调（散文诗）───────────王慧骐
小孩和大孩（诗）───────────────杜　鹃

文学与 X
人才文学的兴起───────────────叶永烈
如果一个作家成了裂脑人──从脑科学谈形象与思想
的关系─────────────────杨春鼎

新视角
作家的"领地"───────────────陈　辽

1986 年第 6 期　刊名:《青春》
目录

青春树
最后的边疆（小说）─────────────邓京跃
激情的张扬──读《最后的边疆》──────刘静生
牺牲（小说）────────────────王陆军
读《牺牲》─────────────────黄毓潢
包工头和他的工人们（小说）──────────杜永红
旅途之什（组诗）───────────────柯　平
路漫漫兮，求索───────────────何　仃

女客（小说）⋯⋯⋯⋯⋯⋯⋯⋯⋯⋯⋯⋯ 秦　最
鹤岗姑娘（小说）⋯⋯⋯⋯⋯⋯⋯⋯⋯⋯ 石　工
船，驶向怡岛（小说）⋯⋯⋯⋯⋯⋯⋯⋯ 黄　展
照片（小说）⋯⋯⋯⋯⋯⋯⋯⋯⋯⋯⋯⋯ 王柯庆
季节河（三首）⋯⋯⋯⋯⋯⋯⋯⋯⋯⋯⋯ 徐　泽
钱塘潮（诗）⋯⋯⋯⋯⋯⋯⋯⋯⋯⋯⋯⋯ 周　民

青果林
哈哈镜（小说）⋯⋯⋯⋯⋯⋯⋯⋯⋯⋯⋯ 刘　群

忘忧草
噢，谁说得清那个可怜的家伙还要跑上多久呢?（小
说）⋯⋯⋯⋯⋯⋯⋯⋯⋯⋯⋯⋯⋯⋯⋯ 毯　毯
读者来信及其他（二首）⋯⋯⋯⋯⋯⋯⋯ 陶文瑜

在文苑长椅上
没有封面的书⋯⋯⋯⋯⋯⋯⋯⋯⋯⋯⋯⋯ 袁和平

新视角
美的通道——说通感⋯⋯⋯⋯⋯⋯⋯⋯⋯ 黄浩森

1986 年第 7 期　刊名:《青春》
目录

青春树
黄风（小说）⋯⋯⋯⋯⋯⋯⋯⋯⋯⋯⋯⋯ 王继平
血的流程（小说）⋯⋯⋯⋯⋯⋯⋯⋯⋯⋯ 李双焰
困难时期的伙伴（散文）⋯⋯⋯⋯⋯⋯⋯ 唐　敏
湿漉漉的港都（小说）⋯⋯⋯⋯⋯⋯⋯⋯ 金一鸣
流浪的金鱼（小说）⋯⋯⋯⋯⋯⋯⋯⋯⋯ 苏　童
讨债（小说）⋯⋯⋯⋯⋯⋯⋯⋯⋯⋯⋯⋯ 宋　潮
团旗，年轻的目光注视着您!（散文诗）⋯ 肖　敏
草原之恋
巴丹吉林腹地的盐工（诗）⋯⋯⋯⋯⋯⋯ 殷　实
巴林蒙古歌（诗）⋯⋯⋯⋯⋯⋯⋯⋯⋯⋯ 李金河
北方，一场温暖的雪暴（叙事诗）⋯⋯⋯ 万　川
绿色维纳斯（诗）⋯⋯⋯⋯⋯⋯⋯⋯⋯⋯ 王长军
自由骑手（小说）⋯⋯⋯⋯⋯⋯⋯⋯⋯⋯ 李　春

崛起的星
麻辣酸烫金川人⋯⋯⋯⋯⋯⋯⋯⋯⋯⋯⋯ 冀　川
金陵春梦（组诗）⋯⋯⋯⋯⋯⋯⋯⋯⋯⋯ 曹　剑
金陵圆梦⋯⋯⋯⋯⋯⋯⋯⋯⋯⋯⋯⋯⋯⋯ 文　丙

在文苑长椅上
一口井与九十九口井⋯⋯⋯⋯⋯⋯⋯⋯⋯ 梁树邦
一稿千投⋯⋯⋯⋯⋯⋯⋯⋯⋯⋯ 赵国泰　普丽华
批评的机趣⋯⋯⋯⋯⋯⋯⋯⋯⋯⋯⋯⋯⋯ 陈达专

小说经纬
性格在这里交锋⋯⋯⋯⋯⋯⋯⋯⋯⋯⋯⋯ 汝　捷

文学与 X
文艺社会学⋯⋯⋯⋯⋯⋯⋯⋯⋯⋯⋯⋯⋯ 叶永烈

1986 年第 8 期　刊名:《青春》
目录

青春树
空眉毛的水上漂（小说）⋯⋯⋯⋯⋯⋯⋯ 郭培中
刘正星（小说）⋯⋯⋯⋯⋯⋯⋯⋯⋯⋯⋯ 张　慈
读张慈的《刘正星》⋯⋯⋯⋯⋯⋯⋯⋯⋯ 汪　望
门前一片芭蕉林（小说）⋯⋯⋯⋯⋯⋯⋯ 骆　炬
小说的迪斯科（小说）⋯⋯⋯⋯⋯⋯⋯⋯ 丁宏昌
江南流派·船儿（诗）⋯⋯⋯⋯⋯⋯⋯⋯ 孙中明
彩色江南的画卷⋯⋯⋯⋯⋯⋯⋯⋯⋯⋯⋯ 孙友田
邻居有个余桂花（小说）⋯⋯⋯⋯⋯⋯⋯ 中　跃
杂院杂记（散文）⋯⋯⋯⋯⋯⋯⋯⋯⋯⋯ 高霜木
夜（诗）⋯⋯⋯⋯⋯⋯⋯⋯⋯⋯⋯⋯⋯⋯ 荆　歌
昔日（诗）⋯⋯⋯⋯⋯⋯⋯⋯⋯⋯⋯⋯⋯ 王　蕾
剪影者（诗）⋯⋯⋯⋯⋯⋯⋯⋯⋯⋯⋯⋯ 张德强

微型文集
人或红毛野人⋯⋯⋯⋯⋯⋯⋯⋯⋯⋯⋯⋯ 徐晓鹤
哄哄（散文）⋯⋯⋯⋯⋯⋯⋯⋯⋯⋯⋯⋯ 徐晓鹤
双人芭蕾舞（诗）⋯⋯⋯⋯⋯⋯⋯⋯⋯⋯ 徐晓鹤
嫉妒之余（创作谈）⋯⋯⋯⋯⋯⋯⋯⋯⋯ 徐晓鹤

青果林
听来的凶杀案（小说）⋯⋯⋯⋯⋯⋯⋯⋯ 小　君
到第三盏路灯和我约会吧（诗）⋯⋯⋯⋯ 沈　方

忘忧草
依马堪（诗）⋯⋯⋯⋯⋯⋯⋯⋯⋯⋯⋯⋯ 赵　刚
油菜花（诗）⋯⋯⋯⋯⋯⋯⋯⋯⋯⋯⋯⋯ 郦卫莲
房子（诗）⋯⋯⋯⋯⋯⋯⋯⋯⋯⋯⋯⋯⋯ 高　翔
我的故事（诗）⋯⋯⋯⋯⋯⋯⋯⋯⋯⋯⋯ 曹　露
小岛神话（诗）⋯⋯⋯⋯⋯⋯⋯⋯⋯⋯⋯ 力　虹

在文苑长椅上
作家的推测⋯⋯⋯⋯⋯⋯⋯⋯⋯⋯⋯⋯⋯ 邢念萱
甘于寂寞⋯⋯⋯⋯⋯⋯⋯⋯⋯⋯⋯⋯⋯⋯ 叶公觉
黄胄画毛驴与观清画水牛的启示⋯⋯⋯⋯ 李德义

文学与 X
步入"人学"殿堂的向导：心理学之于文学
⋯⋯⋯⋯⋯⋯⋯⋯⋯⋯⋯⋯⋯⋯⋯⋯⋯ 何永康

作家书简
像与不像：关于《省委第一书记》·················袁厚春

1986 年第 9 期　刊名:《青春》
目录

青春树
谋杀已经完成（小说）·····················朱达成
一个逃兵（小说）·············曾少祥　杨林山
卡路里（小说）·····················程栋林
不安分的春天（小说）·················王心丽
某夜某人某情绪（诗）·················张跃年
远古（诗）·····························祁　智
夏天的经历（小说）···················庞　培
女兵（诗）·····························曾有情
英台商店（诗）·······················桂兴华

忘忧草
我的苏北（诗）·······················丁　可
那个深秋的故事·······················杨　骥
致小泽征尔·························赵泽华
散文五题·····························郭琼芹
空间（散文）·························赵景华

天地之间
京都行（纪实小说）···················江锡民

青果林
三尾鲫鱼和一和一条乌鳢（小说）·········卢建中
我的宣言（组诗）·····················贺东久
诗火在自燃（诗评）···················忆明珠

新视角
浓烈的民族色彩与鲜明的当代意识·········谭元享

文学与 X
文道与医道漫谈·······················袁　云
艺术需要推测·························张宏梁

1986 年第 10 期　刊名:《青春》
目录

小说处女作
书法大师·····························俞礼芸
绿洲轶事·····························龚江宏
朝圣·································王兰兰
考核·································李宜龙

界碑那边的黄昏·······················肖兴文

天地之间
法官受审记（报告文学）···············高正文
田园、裸体和她（报告文学·处女作）
·····························许金华　速泰春

诗国新秀
共和国的王子·························耿继孝
瓜田·································恳　耘
尊严·································张雪莲
诗···································徐文武
东湖·································滕胶娥
二十二岁·····························黄　沙
在爱与被爱之间（三首）···············陈锡民
海滩·································黄明宏

1986 年第 11 期　刊名:《青春》
目录

青春树
夜之风（小说）·······················曾　鸣
同题小说
太阳·································崔国栋
太阳（外一篇：月亮）·················丁　当
散文一束
大观园游记·····························海　伦
长城意象·····························周　实
青春，在大海上扬帆···················廖静仁
桃花扇（组诗）·······················张　锋
历史感和当代意识——读组诗《桃花扇》···黄东成
断桥篇（短诗十一首）·················吕贵品
颜景标　刘　季　曹增书　古　鱼　盘妙彬　朱曼华
王中朝　顾晓军

微型文集
异教徒马青（小说）···················怀　钦
死者（小说）·························怀　钦
干燥的七月（小说）···················怀　钦
怀钦小说印象·························修　森

天地之间
若以成败论英雄（中篇纪实文学）——上海四个大学
毕业生辞职办公司一年秘闻实录·······王勇龙　汪一青

文学新思录
别了，笔耕·····························叶永烈

1986 年第 12 期　刊名:《青春》
目录

青春树

雪莲·鸽子和吻（小中篇）————————祝　平
抒情型东方少女（组诗）————————张敦孟
东方少女拥抱新时代（诗评）————————易　登
牛奶路——银河（小说）————————王建峰
下一个目标在哪里?（小说）————————吴晓平
心儿向远方（散文）————————苏　叶
日光（小说）————————高　锋
诗四首————————一　村
眼睛里的窗帘（小说）————————邱宪然
卖瓜（小说）————————地　美
心谷的风（散文诗）————————林　夕
江南的女儿（散文·外一题）————————王慧骐
没能实现的预感（诗）————————杨榴红
远水的小舟（散文）————————岑献青
在春天的花雨里（诗）————————芦　萍
二月（诗）————————黄秋苇

天地之间

陈佩斯与他的父亲陈强（纪实文学）————傅溪鹏

稿件在编者手中

《黄风》编稿漫笔————————陆　君
《谋杀已经完成》结尾改写得失————————樊小林
叶顺宝　邱　林　李昌祥　邢念萱　慕　农

争论

和王心丽谈《不安分的春天》
春天属于不安分的人们————————俞　律
是不是有点儿庸俗了————————沈存步

1987 年第 1 期　刊名:《青春》
目录

我的世界

午夜的窃听（小说）————————放　放
彼岸（小说）————————朱兆麟
雾中人（小说）————————杨汉光
尾声（组诗）————————李　钢
附:读《尾声》随想————————绪　英
关于太阳的论文讨论会（小小说）————吴德明
心的感应（短诗丛）————————王宜振
石玉坤　余　公　韦晓东
活着的故事————————于建兵

会场意识流（诗）————————伊　甸
天地之间
情探（小说）————————沈家骏
岛国风流——来自日本的报告————————凤　章
画墙的人（纪实文学）————————韩　磊

微型纪实文学

人间漫记————————储冬平　子　月　天　然
岳　信　南之子　张晓明　王陆君　尹　愈　侃　之
风来易　柳万线　方　子

文学社团之页

召唤远方的雨季——苏中青年诗社作品辑————顾耀东
张雪梅　徐玉娟　文　君　徐　泽　曹　剑　万　川

微型论坛————————陆　君　丁宏昌　付　立
杨其诚　梁金水　熊梅生　小　草　蔡炎军

在文苑长椅上　作家长短录

寻找生活的源头活水————————宋清海
文学和鬼神（杂文）————————俞　律
"偷拍"任大星————————叶永烈

1987 年第 2 期　刊名:《青春》
目录

坚持四项基本原则　繁荣社会主义文学————本刊评论员

我的世界

魔域————————宋执群
水的神话————————董会平
各主阴阳————————开方一
牧羊姑娘————————成　仁
死之思————————邓海南
楼梯————————徐　泽
建筑新工————————伍权民

天地之间

海南岛的回忆————————苏　叶
岛国风流————————凤　章
人间漫记————————王淑平

短诗丛————————温　燕　姜　桦　赵微石　谢　轮
开　愚　立　人　沈　方　陈宙光　洁　明　彭代雄

微型纪坛————————樊　夫
龚　勉　萧　浩　风来易　赵怀庆　范　岱

1987 年第 3 期　刊名:《青春》
目录

春常在 ·······················陆文夫

天地之间
不，这不是童话 ···············赵泽华
岛国风流 ····················凤　章
神话故事 ········达夫妮·杜穆埃著　王朝波译

我的世界
有雨自唐朝来 ·················冯静辉
猎人 ·······················龚湘海
大寒 ·······················尚　可
三长两短话冯诗 ···············赵　恺
心灵之友 ····················丁宏昌
骂街 ·······················云　人
唯一 ·······················伊　凡
牙赋 ·······················邱恒聪

微型纪实
"口中酒勿空" ·················岳　信
猪泻肚 ·····················里　予
寻诗 ·······················王德安
诗人与"个园" ················冯异同
账 ·························洪　根
红军逸事 ····················魏山父
"赌气"赌出 ··················翼　如
离婚未遂 ····················所　谓
老茶房的忧虑 ·················王家干
智取"情报处长" ···············冬　平
诗人与"酒" ··················叶　彤

短诗丛
在船上 ·····················胡丰平
俄国风景 ····················孙甘露
纤夫 ·······················齐匡之
梦敲 DOOR ··················冰释之
欧阳渡边 ····················盘妙彬
爱情河 ·····················尹剑峰
卡夫卡的方式 ·················王　寅
排工 ·······················龚湘海
出海少年狂想曲 ···············郁建中
选择鸟、鱼 ··················默　默

1987 年第 4 期　刊名:《青春》
目录

我的世界
西部行（小说）·················赵松泉
野坝（小说）··················高旭帆
临床经验（小说）···············薛广明
钓徒（小说）··················于建航
七颗音符的语言（散文）············刘普艳
孩子·父亲（小说）··············佟德凯
旅途纪事（小说）···············王育武
梧桐雨　梧桐叶（散文）···········郑军梅
阎王庙（小说）·················薛　冰
短诗丛（诗）

天地之间
人间漫记（微型纪实文学）
岛国风流 ····················凤　章

微型诗集
梅雨季（诗三首）···············卞文君
高粱地里的"雨声"（诗评）·········叶　彤

在文苑长椅上
人学非文学 ···················俞　律
错位 ·······················徐廷华
"功夫在诗外"一解 ··············若　干

读者的话 ···········张玉彬　彭玉明　金　予

1987 年第 5 期　刊名:《青春》
目录

我的世界
女殇（小说）··················熊　明
侍女（小说）··················冷　雪
我无法风光（小说）··············一　夫
爷爷的磨坊（小说）··············李　虹
星河（小说）··················朱玉君

上海文学院作品小辑
货架（小说）··················贺　子
聚（小说）···················海　雯
裙带飘飘（小说）···············全小林

天地之间
人间漫记（微型纪实文学）

集体户窗后有条河（散文）⋯⋯⋯⋯⋯熊　能

短诗丛

钥匙⋯⋯⋯⋯⋯⋯⋯⋯⋯⋯⋯⋯⋯⋯⋯李　浔
在母亲身边⋯⋯⋯⋯⋯⋯⋯⋯⋯⋯⋯一　夫
致诗人⋯⋯⋯⋯⋯⋯⋯⋯⋯⋯⋯⋯⋯白　岛
英语角⋯⋯⋯⋯⋯⋯⋯⋯⋯⋯⋯⋯⋯黄桢国
暖雨⋯⋯⋯⋯⋯⋯⋯⋯⋯⋯⋯⋯⋯⋯王剑冰

在文苑长椅上

微感录⋯⋯⋯⋯⋯⋯⋯⋯⋯⋯⋯⋯⋯陈鸿祥
牛眼鹅眼看阿城⋯⋯⋯⋯⋯⋯⋯⋯⋯范小天

文学与 X

光影交错中的文学之花⋯⋯⋯⋯⋯⋯何永康

1987 年第 6 期　刊名:《青春》
目录

桂冠诗歌专号

黄河　黄土地　黄帝的后裔
　　　　　　　李汉荣　祁智　江　健
羽翼在云空呼啸⋯⋯⋯⋯⋯⋯⋯⋯⋯李　钢
舒　婷　蓝　马　徐　泽　宋　琳　岛　子　尹剑峰
于　坚　牛　波　小　君　吉狄马加　张德强　宋　渠
宋　炜　伊　甸　程蔚东　曹　剑　韩　东　车前子
柯　平　一　村　立　人　潞　潞　顾　城
爱之云轻轻飘⋯⋯⋯⋯⋯⋯⋯⋯⋯⋯薛亦然
俞力佳　黄殿琴　曹增书　陈锡民　曹　露　杨　敏
柳　沄　胡丰平
吉他声不喜欢叹息⋯⋯⋯⋯⋯⋯⋯⋯阮文生
宁　可　第广龙　沈　方　李　冰　陶文瑜　崔益稳
孙　泱　戴忠平　勾　勾　周伦佑
春雨染绿了江南的睫毛⋯⋯⋯⋯⋯⋯金志伟
丁　可　王中朝　任志玺　吴东阳　周亚平
全新的感觉⋯⋯⋯⋯⋯⋯⋯⋯⋯⋯⋯老　木
赵　刚　阿　橹　袁效民　杨雨文　刘德军　开　愚
苗　强　小　海　荆　歌　鲁　萍　刘　昕　世　宁
乡情更比山色深⋯⋯⋯⋯⋯⋯⋯⋯⋯冯静辉
汪曙明　雨　田　刘　敏　薛　刚　苏韶芬　沈天鸿
金　山　陈惠芳　盘妙彬
球，欢乐的精灵⋯⋯⋯⋯⋯⋯⋯⋯⋯叶云超
陆　柯　洁　明　古　鱼　佚　名
地球的经纬线上⋯⋯⋯⋯⋯刘　云　高　翔　石　厉

1987 年第 7 期　刊名:《青春》
目录

我的世界

人未央（小中篇）⋯⋯⋯⋯⋯⋯⋯⋯⋯老　谷
洞见（小说）⋯⋯⋯⋯⋯⋯⋯⋯⋯⋯程栋林
到伊拉克去（小说）⋯⋯⋯⋯⋯⋯⋯裴楚霆
安葬老者（小说）⋯⋯⋯⋯⋯⋯⋯⋯尹　俭

天地之间

圣母（翻译小说）⋯⋯⋯⋯⋯⋯⋯王潮波译
三角区——黄金的三角区（报告文学）⋯陈立风

人间漫记

教育⋯⋯⋯⋯⋯⋯⋯⋯⋯⋯⋯⋯⋯陈永昌
"心"和"物"⋯⋯⋯⋯⋯⋯⋯⋯⋯⋯洪巧俊
沙白醉酒（外一则）⋯⋯⋯⋯⋯⋯⋯白　雨
军刀和猎枪（外一则）⋯⋯⋯⋯⋯⋯何　仃
最佳送礼新法（外一则）⋯⋯⋯⋯⋯卢　光
小夫妻上街⋯⋯⋯⋯⋯⋯⋯⋯⋯⋯⋯江　林
绝妙镜头⋯⋯⋯⋯⋯⋯⋯⋯⋯⋯⋯卢国平
门缝里传出的话⋯⋯⋯⋯⋯⋯⋯⋯⋯周　鹏
家训⋯⋯⋯⋯⋯⋯⋯⋯⋯⋯⋯⋯⋯马耀武
互妒⋯⋯⋯⋯⋯⋯⋯⋯⋯⋯⋯⋯⋯李　青

微型论坛

走出"三室一厅"⋯⋯⋯⋯⋯⋯⋯⋯蔡之湘
"古怪"⋯⋯⋯⋯⋯⋯⋯⋯⋯⋯⋯⋯杨志俊
鲁迅、老舍的启示⋯⋯⋯⋯⋯⋯⋯张震麟

1987 年第 8 期　刊名:《青春》
目录

天地之间

中国改革试验区
——"温州模式"（报告文学）⋯⋯⋯叶永烈
雨季版纳行（散文）⋯⋯⋯⋯⋯⋯⋯刘　进
立秋（散文）⋯⋯⋯⋯⋯⋯⋯⋯⋯岑献青
香妃墓横写（散文）⋯⋯⋯⋯⋯⋯⋯胡德林

我的世界

零点出发（小说）⋯⋯⋯⋯⋯⋯⋯⋯李　洹
出发前的壮歌（点评）⋯⋯⋯⋯⋯⋯俞　律
一万个非我（小说）⋯⋯⋯⋯⋯⋯⋯小　殊
阴差阳错（小说）⋯⋯⋯⋯⋯⋯⋯邓海南
别向黄昏（小说）⋯⋯⋯⋯⋯⋯⋯程鬻眉
爱之云轻轻飘（诗）⋯⋯⋯⋯⋯⋯⋯菲　可

数清秧苗（小说）——————————————丁伯刚
妈妈的白发（小说）——————————————侯　姝
这，也是生活（小说）————————————龚烈沸
雨（小说）—————————————————————万　川

短诗丛————————————————————————力　虹
垦　耘　周鹏宽　鲁晓南　苏　南　黄秋苇

人间漫记————————————张有齐　凌鼎年　剑　鸣

微型论坛————————————————————————曾绍义
王　健　邢念萱　欧　晓　徐光灿　吴东阳

作家的思索
从罗丹的一次"自控"说起————————————叶　楠
时间的艺术———————————————————杨柳力

读者中来

1987 年第 9 期　刊名:《青春》
目录

女大学生之页
祝福我们一路平安吧（小说）—————————吕金铃
影子朋友——阿琪（小说）—————————黄少云
在黑暗与光明的界线上（小说）————————青　梅
死去的相思鸟（小说）————————————张桂洁

我的世界
不正规的大学生（小说）———————————李振岐
寻找古都（小说）————————————————孙华炳
唱梆梆的架子大叔（小说）————————————陈迪生
飘逝的初恋（小说）——————————————陈英科
时先生（小说）————————————————胡存廉
季节散曲（散文诗）——————————————原　因
九曲黄河（散文）———————————————冀　川

人间漫记————————————————————————王德安
徐凤平　刘国芳　蒋敦明　魏　宁　于春咏　彭益民

诗人新作
没有文字的历史（诗）————————————邓海南
原始的生命之歌（评点）———————————高加索

在文苑长椅上
和六小龄童谈猴戏的表演———————————刘海粟
朴庸居札记——————————————————陈鸿祥

1987 年第 10 期　刊名:《青春》
目录

我的世界
解放纪实（小说）———————————————郭培中
门里　门外　窝头　日头（纪实小说）
期待的春天（诗）———————————————肖　凌
在唐诗之中（诗）———————————————梁和平
越剧城（诗·外一首）————————————张德强
瘦扬州————————————————————————桂兴华
山谷中，一句话或者一滴泪（散文·外一章）
——————————————————————周　原
少女心思（散文）———————————————杨　敏
花样滑冰（散文）———————————————吴其盛

天地这间
旅港散记————————————————————郭西元
寄居蟹的风格（杂文）————————————袁　云

处女作
海（小说）—————————————————————胡丹娃
三夜（小说）————————————————————江忠平

人间漫记————————————————倪延富　潘素琴
张玉明　李小船　白　泉　放　放　汪柏青　卢清扬
天　马　李　潮　宋步明　潘　登　颜福康　万玉廷
朱　辉　陈谷子　刘长庚　夏　里　张友奇　周志军

旧雨新知
忆方之同志在洪泽湖—————————————丁以强

1987 年第 11、12 期　刊名:《青春》
目录

天地之间
中国的太阳（中篇纪实文学）————————郭富文
美国种族主义的疯狂与悲剧（纪实文学）——今日三
K 党—————————[日]落合信彦著　唐建新译
作案后的恐惧（小说）
——————————[美]雷·布莱德伯利著　查新华译

我的世界
老夯哥俩（中篇小说）————————————松　植
心的祭台（中篇小说）————————————周立新
公平的太阳（小说）—————————————邓一光
定生公公（散文）———————————————徐　风
绿火（小说）————————————————王玉彬　王苏红

父与子二题（小说）⋯⋯⋯⋯⋯⋯⋯⋯王大进

短诗丛
梦见一支长笛⋯⋯⋯⋯⋯⋯⋯⋯⋯姜 桦
觅⋯⋯⋯⋯⋯⋯⋯⋯⋯⋯⋯⋯⋯⋯刘德林
双人舞⋯⋯⋯⋯⋯⋯⋯⋯⋯⋯⋯⋯马 静
沉思的金鱼⋯⋯⋯⋯⋯⋯⋯⋯⋯⋯吴 农

人间漫记
悬案（外两则）⋯⋯⋯⋯⋯⋯⋯⋯佚 名
定稿（外一则）⋯⋯⋯⋯⋯⋯⋯⋯林震公

微型论坛
人生伤离别⋯⋯⋯⋯⋯⋯⋯⋯⋯⋯何 饤
数学中的诗⋯⋯⋯⋯⋯⋯⋯⋯⋯⋯周芝生
长话短说⋯⋯⋯⋯⋯⋯⋯⋯⋯⋯⋯徐光灿
"矩"的随想⋯⋯⋯⋯⋯⋯⋯⋯⋯⋯邹放放
联合举办首届中国微型纪实文学青春奖启事

1988 年第 1 期　刊名:《青春》
目录

四十八万好汉（报告文学）
军婚破裂沉思录（中篇报告文学）
疯狂麻将城（中编纪实小说）
遣送站的少男少女们（报告文学）
异国整容记（报告文学）
人间漫记

1988 年第 2 期　刊名:《青春》
目录

安徽的小说
路九曲，肠九曲⋯⋯⋯⋯⋯⋯⋯⋯吴立智
超升⋯⋯⋯⋯⋯⋯⋯⋯⋯⋯⋯⋯⋯钱玉亮
麻舅⋯⋯⋯⋯⋯⋯⋯⋯⋯⋯⋯⋯⋯王明义
夏天⋯⋯⋯⋯⋯⋯⋯⋯⋯⋯⋯⋯⋯邱晓鸣
一日之旅⋯⋯⋯⋯⋯⋯⋯⋯⋯⋯⋯树 声
陌生⋯⋯⋯⋯⋯⋯⋯⋯⋯⋯⋯⋯⋯苏 生
野观音⋯⋯⋯⋯⋯⋯⋯⋯⋯⋯⋯⋯李平易
酸雨⋯⋯⋯⋯⋯⋯⋯⋯⋯⋯⋯⋯⋯陈明平

天地之间
国土问题⋯⋯⋯⋯⋯⋯⋯⋯⋯⋯⋯李卫东

学问走廊
中国书法伦理观的探微⋯⋯⋯⋯⋯陈 东
小论魏晋玄学的玄与不玄⋯⋯⋯⋯赛 宁

人间漫记
人与鸟⋯⋯⋯⋯⋯⋯⋯⋯⋯⋯⋯⋯王不天
光天化日之下⋯⋯⋯⋯⋯⋯⋯⋯⋯高 健
"功勋演员"⋯⋯⋯⋯⋯⋯⋯⋯⋯⋯王承志
爱的笔记⋯⋯⋯⋯⋯⋯⋯⋯⋯⋯⋯王慧骐

短诗丛
洪秀全⋯⋯⋯⋯⋯⋯⋯⋯⋯⋯⋯⋯戈 健
说给女人听的话⋯⋯⋯⋯⋯⋯⋯⋯柯 平
高原吟⋯⋯⋯⋯⋯⋯⋯⋯⋯⋯⋯⋯李 拂
半室小记等⋯⋯⋯⋯⋯⋯⋯⋯⋯⋯郁 斌等

1988 年第 3 期　刊名:《青春》
目录

首届中国微型纪实文学青春奖参赛作品选登
陈毅的第一首诗⋯⋯⋯⋯⋯⋯⋯⋯胡兴模
武夷与桂林⋯⋯⋯⋯⋯⋯⋯⋯⋯⋯梁朝邦
田衡书记沉浮记⋯⋯⋯⋯⋯⋯⋯⋯子 钟
"美林虎"⋯⋯⋯⋯⋯⋯⋯⋯⋯⋯⋯季 凯
谷粒⋯⋯⋯⋯⋯⋯⋯⋯⋯⋯⋯⋯⋯高洪波
沈先生还乡⋯⋯⋯⋯⋯⋯⋯⋯⋯⋯李 予
父与子⋯⋯⋯⋯⋯⋯⋯⋯⋯⋯⋯⋯陈伟民
故障⋯⋯⋯⋯⋯⋯⋯⋯⋯⋯⋯⋯⋯张 征
不分黑白⋯⋯⋯⋯⋯⋯⋯⋯⋯⋯⋯柳万钱

三亿美元股票在行动（新闻报告小说）⋯⋯陈金堂
名角儿小传（社会风情小说）⋯⋯⋯陈立风
金发美男（中篇侦破翻译小说）
⋯⋯⋯⋯⋯⋯［法］M.G.布朗著　李 健译
女秘书和囚徒厂长（当代言情小说）⋯汪卫兴
血谋在深宫（宫廷秘闻演义）⋯⋯⋯王占君
羞煞老夫也（历史讽喻故事）⋯⋯⋯缪世文

1988 年第 4 期　刊名:《青春》
目录

万国集邮记（报告文学）
风流娘儿们的漩涡（外国侦探小说）
官场沉浮录（纪实文学）
迷乱的交响乐（小说）
深沟（小说）
首届中国微型纪实青春奖作品选登

1988 年第 5 期　刊名:《青春》
目录

好望角
虚室————————————————————刘　群
荒村————————————————————刘继明
泡泡的童话————————————————李　微
三叶玫瑰线————————————————青　梅
刑场刽子手程六指—————————————丁洪昌
绝境————————————————————祁　智
上方是异国海面——————————————汪卫兴

首届中国微型纪实文学青春奖参赛作品选登
市民（二题）———————————————陈立新
送你一片叶子———————————————李华敏

中国潮
荧屏里的灵感———————————————谷代双

学问走廊
关于中国古代散文的浅见——————————王　彬
宗教研究与文化——————————————何　光

短诗丛
青春杂志社
顾问　斯群
主编　曹立侃
副主编　陈玉田（执行）　顾伯岭
本期责任编辑————————————管　见　顾小虎
美术·版式设计———————————田　平　高宏川

1988 年第 6 期　刊名:《青春》
目录

"傻子瓜子"落难记（"中国潮"报告文学）
"狼来了"（报告文学）——流行性甲肝引起的恐惧

奔向"阳光地带"（"中国潮"报告文学）——海南人才大爆炸

校园狂影（报告文学）
黄钟大吕（"中国潮"报告文学）
身家性命（"中国潮"报告文学）
首届中国微型纪实文学青春奖参赛作品选登
青春杂志社
顾问　斯群
主编　曹立侃
副主编　陈玉田（执行）　顾伯岭
本期责任编辑————————————李　潮　玥　玥
美术·版式设计———————————田　平　高宏川

1988 年第 7 期　刊名:《青春》
目录

中国潮
黑户（报告文学）—————————————张茂龙

湖南的小说
夏夜的律动————————————————刘小兵
梦非梦·卦非卦——————————————少　鸿
源流————————————————————彭东明
坟山·公祠堂———————————————肖建国
被颠倒的情感———————————————葛安荣
铜鼓冲的女人———————————————刘春来

首届中国微型纪实文学青春奖参赛作品选登

翻译小说
灰（秦金江译）———————————[苏]米·明申
青春杂志社
顾问　斯群
主编　曹立侃
副主编　陈玉田（执行）　顾伯岭
本期责任编辑————————————顾小虎　管　见
美术·版式设计———————————田　平　高宏川

1988 年第 8 期　刊名:《青春》
目录

风流卷
若谷
周总理审查展览——————————————东　白
书记指挥打"百分"————————————廖登敏
一场虚惊————————————————————朱　林

身背后的弹孔 —————————— 江宝盛
采访王震"族长" —————————— 王玉良
一杯酒 —————————————— 刘永铭
彭雪枫将军之死 ————————— 晓　音
赵紫阳拒吃大鲵菜 ————————— 尹笋君

文学
陈毅巧对 ——————————————— 楚　辞
有关出国二三事 ————————— 林斤斓
一代词宗唐圭璋 ————————— 徐介忠
"红黑要吃饭" —————————— 黄渊泉
延河之滨 ——————————————— 栀　亭
冰心的礼物 ——————————— 赵谷怀
那年我二十四岁 ————————— 孙友田
崔八娃 ————————————————— 张正国

丹青
赵丹绝笔 ——————————— 叶公觉
书画名家的食"癖" ——————— 邵学文
中锋行笔 ——————————— 刘新成
画家与城市 ——————————— 郝国中

风流
范旭东的趣事 ————————— 严　静
高凤莲还乡 ——————————— 宋成荫
孙晋芳打篮球 ————————— 王胜禹
名师推贤 ——————————— 詹平生
九怪轶事 ——————————— 姚永福
名优风彩 ——————————— 夏永泉
马季在梅州 —————————— 黄新桥
坦率先生 ——————————— 高　震
郭老巧书教晚辈 ————————— 林　立
谢绝十万美元 ————————— 张　迅

夜谭
惟愿天公早降秋 ————————— 骆振飞
慈禧太后的宫廷发电机 ————— 张风瑞
吴佩孚传奇 —————————— 凌海涛
才子谢其世 —————————— 赵以元
治虱奇闻 ——————————— 胡德永
乘车乎？乘轿乎？ ——————— 曾立平
重金买字 ——————————— 杜吕盛
溥仪签名趣事 ————————— 朱天祥

黄埔
蒋介石巧献冰糖橄榄茶 ————— 金　陵
等级 ————————————————— 周六柱
往事能回首 —————————— 伍成列
三将军墓和八百斗士 —————— 赵玉发

胡宗南和白崇禧
明争暗斗 ——————————— 萧自立
空中小姐的壮举 ————————— 沈嘉麟
"屈将室"与杨梅树 ——————— 赵俊伏

左镜卷
非诞
陈阿大语惊四座 ————————— 林长安
漏嘴遗事 ——————————— 严虹雷
乞 ————————————————— 张庆勇
并非绕口令 —————————— 刘树青
癌变 ——————————————— 张兴元
作风问题 ——————————— 陈云耕
一个流产的世界之最 —————— 吴幼祥
口服打胎药 —————————— 熊志华
歌令 ——————————————— 恽建新
自我平反 ——————————— 陆建华
泄露天机 ——————————— 左琦扬
路遇 ——————————————— 朱　洪

武文
童年的希望 —————————— 杨　斌
鬼子来了 ——————————— 刘淑清
银幕上的手影 ————————— 龚德亮
试铐 ——————————————— 汪玉修

伪行
不翼而飞 ——————————— 徐战文
让球 ——————————————— 黄建伟
独具慧眼 ——————————— 叶庆瑞
紧急任务 ——————————— 于克楣
私人秘书 ——————————— 李昭和

风骨
盍簪堂内的碑帖 ————————— 胡永其
副团长与匿名信 ————————— 吴谦保
罗汉请客 ——————————— 孙成惠

畸相
教徒 ——————————————— 刘书长
选举 ——————————————— 段　磊
看戏的与唱戏的 ————————— 贺阳雪
改行 ——————————————— 祁　智
代书 ——————————————— 向维佳

左镜
陆文夫"还要看看" ——————— 桓忠扶
差距 ——————————————— 傅新禅

遗骸································王润清
陈述"里通肚肠"··························赖　祥
猪洗脸牛刷牙和麻雀过路····················李明发
危机································栾德忠

将韵卷
兵歌
还情································卢　光
月饼································王会申
军功章································杜坤强
导弹即将在翼下爆炸························陈汉忠
标准讣告································王德安

将韵
墨宝································董保存
帽子故事································顾　民
隐碑································张树曾
手纸································朱　超
题词································王广义
将军与士兵································陈　浦

世相卷
时尚
朱二卖猪头································李发林
锁································李述宏
真正的爱································苏　叶
黄河情································樊红林
古寺新僧································柯荫渠
迪斯科迁葬队································谷代双

铗鸣
硬梆梆的文凭································杨廷贵
老钢琴································崔保国
空匾································邓荣弟
一封外国来信································张孜敏
哲学家吃饭································易　虹
第十一次敲门································王玉成

德行
窗外································许世斌
大事故································毛希君
填表································徐光灿
工调旧事································朱元明
盗墓································孙浩歌
头顶响起拖鞋声································王咏梅
戒烟································周嘉华
"国骂"出口································江山鸿
一哂
醉店································张晓明

"再开个会"································汪曙明
摩托梦································韩广丰
狗醉乎？人醉乎？··························叶敬之
无题································李晓东
一泡尿事件································谢春池
开会启示录································方勤成
惯性································山　燃

雨露
孩子问题································倪明亮
娇憨································张良明
桥································墨　农
拐杖································柯　平
红与黑································刘　竟
无皮之鸡································夏春发

爱神
死的微笑································王成富
失意"郎君"································傅湘云
新法打对象································罗爱田

伉俪
泥鳅面································唐银生
老夫情································胡兴模
记一个作家的妻子························齐　亮
编曲································罗满元
练武术································韩福章
扭曲的心································李振亚
被迫反击································辛　岚

天伦
如愿································王红旗
青山那边································范志忠
水的悲剧································郁洪志
祖母的手掌································田文茂
老子、儿子和孙子参赛····················阿　林
搭伙································赵复兴
躲坂································周炎生

世相
此楼何以无厕所································大　海
寡妇门前是非多································林震公
一只旧麻包································吴德春
书记的邀请································姜　安
真假································田太久
小镇································王苏红
司机、警察、老太太························阿　翔
批示································赵　焰
犯人································赵家瑶

1988 年第 9 期　刊名:《青春》
目录

小说

纪实文学

首届中国微型纪实文学青春奖参赛作品选登

金陵·诗歌的城——金陵诗歌节作品选

青春杂志社
顾问　斯群
主编　陈健
副主编　陈玉田
本期责任编辑——————————陆佛明　李潮　玥玥
美术·版式设计——————————田平　高宏川

1988 年第 10 期　刊名:《青春》
目录

天火（纪实文学）——————————————王晓明
血泪，流淌在黄河古道（纪实文学）
　————————————————时建成　李晓宁
游魂归魂卦
老兵儿（小说）——————————————常罡
再现与反思——读《老兵儿》——————修森
荷洲（小说）——————————————毕成
派克骑士（小说）————————————陈斌
"480"（报告文学）————————————丁超
山外青山楼外楼（小说）——————————胡道林
"俄狄浦斯"之谜（学问走廊）——记弗洛伊德艺术
原动力学说——————————————张青运
首届中国微型记实文学青春奖参赛作品选登
青春杂志社
顾问　斯群
主编　陈健
副主编　陈玉田
本期责任编辑——————————陆拂明　李潮
美术·版式设计——————————田平　高宏川

1988 年第 11、12 期　刊名:《青春》
目录

莫名杀手（小说）————————————祁智
孤独的音乐（小说）———————————孙侃
中国，还有一个海（报告文学）————————朱昌勤
准母亲（散文）—————————————王英琦
"挑战者"号进入轨道（小说）————————夏坚勇
猫园（小说）——————————————张万谷
戏魂（小说）——————————————曹国选
棋迷（小说）——————————————张树林
黄河钓（小说）—————————————何之衰
鬼母（小说）——————————————吴文丁
血书（小说）——————————————张嵩山

首届中国微型纪实文学青春奖参赛作品选
程艾平　钱宽　张树华　葛德滋　陈振阳　葛文姬
放放　姚北桦　金跛　杨金远　王旭　张彦如
刘海涛　王不天　陈民生　陈正华　陈世昌　顾莉莉
杨骥　立人　吴允锋
微型纪实文学刍议——————————————象洋
新诗丛
余锡频　杨春光　肖永辉
小小说征文——————————————姚中才　李江
苏海涛　郭庆喻　李立宪　欧阳奇峰　陈安琪　杨华
明　滕刚　刘继明　毕先龙　张秉毅

学问走廊
老子哲学新论——————————————何云

1989 年第 1 期　刊名:《青春》
目录

军衔蒙太奇（"中国潮"报告文学）—————徐志耕
犬神（中篇小说）————————————张弛
古风四录（短篇小说）——————————刘立春
上南山去（短篇小说）——————————李继忠
青春诗页——————————————卢俊　秦堤
王黎明　徐泽　徐红　倪延富　潘素琴　惠桑
福音（报告文学）————————————宗水龙

微型文学之页
小小说七篇——————————————王兴发
李江　孙桂芹　张为　俞云泉　常昰　叶宗耀
杜自勉　沈嘉　左琦扬　谭亚力
微型纪实十四则————————————邓宗良
李百灵　李慧芳　柯平　朱小松　吴林森　朱玉
徐德水等

读者·作者·编者
来信摘登————————程艾平　黄洪初　爱田

1989 年第 2 期　刊名:《青春》
目录

哈姆雷特综合症（中篇小说）
晕眩（短篇小说）
军衔蒙太奇（"中国潮"报告文学·续）———徐志耕
绝（短篇小说）—————————————老乔
秋日的私语（短篇小说）——————————胡然
证明（短篇小说）————————————陈立新
青春诗页——————————————袁利荣　杨希

屈清江　徐　栗　李　兵

一个流浪汉的追求（报告文学）⋯⋯⋯⋯⋯王长胜

微型文学之页

微型纪实十则⋯⋯⋯王德安　苟金龙　赵家瑶　毛乐耕

杨伟智　眭见强　郑锦治　雪里白　张晓明　陈榕光

微型小说三章⋯⋯⋯⋯⋯许江峰　王迪玉　李益裕

微型文论三则⋯⋯⋯⋯⋯沈存步　象　萍　邢念萱

1989 年第 3 期　刊名:《青春》
目录

微型纪实文学⋯⋯⋯⋯⋯⋯⋯⋯⋯⋯⋯邓宗良

王子淳　奚椿年　杜坤强　金　予　郑厝前　伊　强

崔保国　王光鸣　李　闻　周谟德　凡　水　徐光灿

乔桂中　文　乔　王万金　黄英荣　沈淑兰

小说

西部故事⋯⋯⋯⋯⋯⋯⋯⋯⋯⋯⋯⋯刘继明

假面城⋯⋯⋯⋯⋯⋯⋯⋯⋯⋯⋯⋯⋯邹　平

拌拌搅搅⋯⋯⋯⋯⋯⋯⋯⋯⋯⋯⋯⋯李进国

礼拜天　我找朋友搓麻将⋯⋯⋯⋯⋯⋯⋯严歌平

微型小说

⋯⋯⋯李向荣　宋艺香　余华平　孙志鸣　陈一新

微型论坛⋯⋯⋯⋯包忠文　陈　辽　杨群慧　王子淳

第二届当代大学生诗歌大赛作品选登(一)

⋯⋯⋯⋯⋯王　璞　刘　为　丁　椰　雪　子

周梦瑜　阎维红　吴　浩　方剑划　王玉秀　施　展

中国潮

粮票旋风⋯⋯⋯⋯⋯⋯⋯⋯⋯⋯⋯⋯杨久伟

"东方魔水"⋯⋯⋯⋯⋯⋯⋯⋯⋯⋯⋯陈首旦

石城新世纪

腾飞的轨迹⋯⋯⋯⋯⋯⋯⋯⋯⋯⋯⋯林震公

来信摘登⋯⋯⋯⋯⋯⋯⋯⋯⋯⋯⋯⋯邱振声等

1989 年第 4 期　刊名:《青春》
目录

小说

密李约赛鸽（中篇）⋯⋯⋯⋯⋯⋯⋯⋯陈望尘

寻访记忆（短篇）⋯⋯⋯⋯⋯⋯⋯⋯⋯李建军

苦梦（短篇）⋯⋯⋯⋯⋯⋯⋯⋯⋯⋯穆　光

"双 P"行动（短篇）⋯⋯⋯⋯⋯⋯⋯⋯朱　辉

散文·报告文学

青云楼记⋯⋯⋯⋯⋯⋯⋯⋯⋯⋯⋯⋯孙华炳

徐晓鹤韩少功访问记⋯⋯⋯⋯⋯⋯⋯⋯丁蔚文

食苑奇葩（报告文学）⋯⋯⋯⋯⋯⋯⋯李业清

玻璃家俱之王（报告文学）⋯⋯⋯夏明广　华　夏

访美见闻录（随笔）⋯⋯⋯⋯⋯⋯⋯⋯杨　柳

第二届当代大学生诗歌大赛作品选登(二)

⋯⋯⋯⋯⋯⋯⋯⋯⋯⋯⋯王维宗　张　雷

林浩珍　黄晓平　尹应城　陈欣永　蛮　胤　阳　子

卜凡中　萧　浩　郭　勇　洪　烛

微型纪实⋯⋯⋯⋯⋯金　予　刘新威　朱　亮　韩　克

立　人　墨　农　山　岭　沈存步　李仁伟　孟　然

微型小说

便宜货⋯⋯⋯⋯⋯⋯⋯⋯⋯⋯⋯⋯林金洪

嗔怪的微笑⋯⋯⋯⋯⋯⋯⋯⋯⋯⋯⋯廖　云

吸引——街头录事⋯⋯⋯⋯⋯⋯⋯⋯⋯罗真良

佛性难悟⋯⋯⋯⋯⋯⋯⋯⋯⋯⋯⋯⋯黄久根

铺路⋯⋯⋯⋯⋯⋯⋯⋯⋯⋯⋯⋯⋯王维刚

微型论坛

文场三吹⋯⋯⋯⋯⋯⋯⋯⋯⋯⋯⋯⋯陈鸿祥

1989 年第 5 期　刊名:《青春》
目录

深深的怀念——悼念周伯藩同志⋯⋯⋯⋯⋯斯　群

周伯藩同志给编辑部的一封信

小说

莫名英雄（中篇）⋯⋯⋯⋯⋯⋯⋯⋯⋯祁　智

西部纪事三章（短篇）⋯⋯⋯⋯⋯⋯⋯浩　岭

牌哥（短篇）⋯⋯⋯⋯⋯⋯⋯⋯⋯⋯江忠平

村妇（短篇）⋯⋯⋯⋯⋯⋯⋯⋯⋯⋯李燕辉

唯物辨证法（短篇）⋯⋯⋯⋯⋯⋯⋯⋯朱迅翎

中国潮

一出国际联姻的闹剧 …………………………… 窦志先

钢琴大爆炸 …………………………………………… 张跃年

微型小说

书法一幅 …………………………………………… 刘静远

耗子 ………………………………………………… 王琼华

考验 ………………………………………………… 黄秉明

微型纪实 ………… 枙 亭 林震公 雷国维 顾建明

郝 赫 刘晓鹏 朱 亮 王丽君 徐明德 孔迎庆

冯双良 午 菲 刘建凌 杨 柳 郑 谷 韦 聿

第二届当代大学生诗歌大赛作品选登(三) ……… 刘武生

李光星 湘 青 李 舟 日月兰 张健秋 叶 辉

罗 平 伊 沙 肖 宁

1989 年第 6 期　刊名:《青春》
目录

小说

麦天(中篇) ……………………………………… 王喜成

太阳艰难升起(短篇) …………………………… 谷代双

忏悔(短篇) ……………………………………… 郁 奋

抹不掉的……(短篇) …………………………… 桑 木

微型纪实 ……………………………………… 刘晓鹏

朱刚强 缪世文 王丽君 王俊义 卢宗领 王文良

杨金远 任政国 包晓泉 张树华 张 莹 陈民生

刘长庚 陈拯阳 武阳滨 戴凤球

微型纪实评点 …………………………………… 管 见

建议讨论《怎样写好短文章》 ………………… 章品镇

微型小说

素质 ……………………………………………… 张树华

迷狂 ……………………………………………… 李 江

尽孝 ……………………………………………… 谢荣贵

个体广场

栏目主持人语 ………………………… 斯 群 苏 叶

他们在寻找自己——招商市场记 ……………… 李克因

个体户名与实(杂谈) …………………………… 陈椿年

叫卖声——街头即景 …………………………… 傅洛伊

文学与商品经济

人欲与文明 ……………………………………… 蔡玉洗

文学拜金杂说 …………………………………… 俞 律

文学在商品面前 ………………………………… 象 平

第二届当代大学生诗歌大赛作品选登(四) ……… 王树峰

柯 青 雪 梅 山 杉 张洁明 放 放 橡 子

1989 年第 7 期　刊名:《青春》
目录

中国潮征文

"软黄金"之战 …………………………… 高 翔 王海波

小说

南风(短篇) ……………………………………… 毕 刻

一个死者的梦(中篇) …………………………… 高汉铭

某天的天气(短篇) ……………………………… 闫伯群

散文

冬猎 ……………………………………………… 任东生

个体广场

流动的"市民"(采访纪实) …………………… 刘炳毅

红男绿女时装店(中篇小说) …………………… 须一心

微型纪实 ……………………………………… 梁树邦

谢日新 朱迅翎 唐维训 杨祥生 蔡良基 黄秉明

刘兴忠 阳 光 龙社义 张记书

评点 ……………………………………………… 管 见

文学与商品经济

文学,请摆脱金钱的困扰 ……………………… 陈建华

文学,面临着商品世界 ………………………… 陈鸿祥

从美国文艺状况看"金钱观念与文艺"的关系

………………………………………………… 汪应果

第二届当代大学生诗歌大赛作品选登(五) ……… 蔡天新

石 林 曾 浩 岩 鹰 萧 浩 张爱勤 汪宛夫

林卫东 朱海湛 艺 辛 刘剑华 伊 伊 郭 靖

陈世保

企业家天地

电炉之光 ………………………………………… 曾向东

1989 年第 8 期　刊名:《青春》
目录

报告文学

疯狂大摸奖(中国潮征文) ……………………… 邓晨曦

"戴尼提"闹剧在中国 …………………………… 叶 雷

小说

龙种老矣（中篇）⋯⋯⋯⋯⋯⋯⋯⋯⋯⋯郑　君
我不快活（短篇）⋯⋯⋯⋯⋯⋯⋯⋯⋯黄少云
山妹子（短篇）⋯⋯⋯⋯⋯⋯⋯⋯⋯⋯黄　强
场效应（短篇）⋯⋯⋯⋯⋯⋯⋯⋯⋯⋯蔡克平

微型纪实⋯⋯⋯⋯⋯晓　岚　墨　农　生晓清
陆守华　顾金生　金　予　向维佳　宁伯忠　何鼎人
叶文军　聂文彬　金　国　兰　楠　张树华　彭建明

散文

南京的冬天（外一章）⋯⋯⋯⋯⋯⋯⋯杨德祥
那一份淡泊⋯⋯⋯⋯⋯⋯⋯⋯⋯⋯⋯吕秀芳

微型小说

大奖赛评委⋯⋯⋯⋯⋯⋯⋯⋯⋯⋯⋯沈存步
"啊——"⋯⋯⋯⋯⋯⋯⋯⋯⋯⋯⋯⋯傅　冰
红与黑⋯⋯⋯⋯⋯⋯⋯⋯⋯⋯⋯⋯⋯黄如棠
爱⋯⋯⋯⋯⋯⋯⋯⋯⋯⋯⋯⋯⋯⋯⋯陈登国

诗歌⋯⋯⋯⋯⋯⋯⋯⋯⋯⋯⋯夏雨清　林　之
马霁鸿　阿　平　张芳云　王德润　邱兴玉　曾有情

文学与商品经济

想起了赵树理⋯⋯⋯⋯⋯⋯⋯⋯⋯⋯裴显生
君向何方：在商品经济冲击下的选择⋯⋯陈　辽

企业家天地

奉献之星⋯⋯⋯⋯⋯⋯⋯⋯⋯⋯⋯⋯徐光灿
绿宝石赋⋯⋯⋯⋯⋯⋯⋯⋯⋯⋯⋯⋯蓝　冰

1989 年第 9 期　刊名:《青春》
目录

小说

白媛（中篇）⋯⋯⋯⋯⋯⋯⋯⋯⋯⋯⋯陶宗令
小楼相遇（短篇）⋯⋯⋯⋯⋯⋯⋯⋯⋯邓晨曦
掘墓（短篇）⋯⋯⋯⋯⋯⋯⋯⋯⋯⋯⋯莫　非
阿雄（短篇）⋯⋯⋯⋯⋯⋯⋯⋯⋯⋯⋯苗　山
三色风帆（短篇）⋯⋯⋯⋯⋯⋯⋯⋯⋯吕金铃

报告文学

混沌世界里的死魂灵⋯⋯⋯⋯⋯⋯⋯⋯慷　慨

微型纪实⋯⋯⋯⋯⋯⋯⋯⋯⋯⋯⋯潘焕新
颜家文　兴　华　马繁恒　徐子飞　金　予　王　飞
宋剑青　朱德明　缪立新　喻　晓　汪　洋　赵长占
艾藻松　吴士来　刘建凌　浩　岭

微型小说

尿嫂⋯⋯⋯⋯⋯⋯⋯⋯⋯⋯⋯⋯⋯⋯玉　树
缸香⋯⋯⋯⋯⋯⋯⋯⋯⋯⋯⋯⋯⋯⋯陆慕祥
副食店门前⋯⋯⋯⋯⋯⋯⋯⋯⋯⋯⋯仇甫全
意外⋯⋯⋯⋯⋯⋯⋯⋯⋯⋯⋯⋯⋯⋯午　菲
轮流掌印⋯⋯⋯⋯⋯⋯⋯⋯⋯⋯⋯⋯石　榴
偶然失误⋯⋯⋯⋯⋯⋯⋯⋯⋯⋯⋯⋯张清泉
瞎子⋯⋯⋯⋯⋯⋯⋯⋯⋯⋯⋯⋯⋯⋯黄向一

诗歌⋯⋯⋯⋯⋯⋯⋯⋯⋯⋯⋯⋯⋯柳　荫
张荣彩　长　岛　张春文　盘妙彬　胡富健

评论

微型小说的写作⋯⋯⋯⋯⋯⋯⋯⋯⋯柳　力
读微型纪实偶感⋯⋯⋯⋯⋯⋯⋯⋯⋯金　予
评《古风四录》⋯⋯⋯⋯⋯⋯⋯⋯⋯松　鸣
从"三头"戏谈起⋯⋯⋯⋯⋯⋯⋯⋯⋯沈存步

企业家天地

星光，永远是那么明亮、迷人⋯⋯⋯⋯凡　水

1989 年第 10 期　刊名:《青春》
目录

祝福歌（朗读诗）——献给四十岁的祖国⋯⋯杨德祥

小说

山的神话（中篇）⋯⋯⋯⋯⋯⋯⋯⋯⋯董会平
月（短篇）⋯⋯⋯⋯⋯⋯⋯⋯⋯⋯⋯简　嘉
新人新作小说三篇⋯⋯⋯⋯⋯⋯⋯⋯胡　涂
茶　海（短篇）⋯⋯⋯⋯⋯⋯⋯⋯⋯流　春

诗歌·七篇

墓群（散文诗）⋯⋯⋯⋯⋯⋯⋯⋯⋯王国义

微型小说·八篇

微型纪实·十四篇

文学与商品经济

作品和商品及其他⋯⋯⋯⋯⋯⋯⋯⋯包忠文
把握作品与商品之间的"度"⋯⋯⋯曾立平　高鹤云
架好文企之桥⋯⋯⋯⋯⋯⋯⋯⋯⋯⋯叶　雷

个体广场

杨家小船队（报告文学）⋯⋯⋯⋯⋯孔凡国
个体商道（小说）⋯⋯⋯⋯⋯⋯⋯⋯戴玉泉
你好，"顺风饭店"（采访录）⋯⋯⋯曹　建　蓝　冰
摆小摊的姑娘（诗歌）⋯⋯⋯⋯⋯⋯杜春祥

1989 年第 11、12 期　刊名:《青春》

目录

小说

一个潭的名子 ……………………………… 卢肖慧
105 号楼 …………………………………… 胡洪波
非人非狗 …………………………………… 于　卓
聚散苦匆匆 ………………………………… 刘　明
野种 ………………………………………… 董　峰
崩溃 ………………………………………… 蔡　磊
原野上走着一个罗锅 ……………………… 郭雪波
七月半是鬼节 ……………………………… 张国华
造反 ………………………………………… 倪蓉棣
蓝天大厦 …………………………………… 宁连生
港岛春梦 ……………………… 吴正德　华伟章

报告文学

白色的诱惑 ………………………………… 蓝　冰

散文

苏中姜客 …………………………………… 何剑明
流星 ………………………………………… 沈新张
宁静的小院 ………………………………… 张雷激
"万圣节"记趣 ……………………………… 杨　柳

微型纪实

倾斜 ………………………………………… 李东升
旧习 …………………………… 黄炳胜等三十六篇

诗歌

海燕（外一首） …………………………… 刘振宇
我的蝉诗 …………………………………… 伊　沙
微型诗一束 ………………………………… 晓　岚
老井（外三首） …………………………… 大　副
给你 ………………………………………… 朱正雄
大海的船 …………………………………… 裴长新
希特勒的艺术之梦（外二首） …………… 吴文健

我是一个先天的盲人（外二首） ………… 朱岩鹰
过年（外二首） …………………………… 梁　平
望夫石 ……………………………………… 章　文
东坡你真不走运 …………………………… 叶　萍
思念（外一首） …………………………… 李　伟
酒宴情绪 …………………………………… 李建平
桥（外一首） ……………………………… 马　诰
小城故事 …………………………………… 祁胜勇
城市迷途 …………………………………… 风　鸣
无题 ………………………………………… 李胜梨

微型小说

幽灵 ………………………………………… 刘晓鹏
临街的窗 …………………………………… 叶庆瑞
买卖 ………………………………………… 孔祥卫
误区 ………………………………………… 包玉树
底楼与六楼 ………………………………… 凌鼎年
小皮筋 ……………………………………… 赵德发
潇洒人生 …………………………………… 张　捷
头昏 ………………………………………… 李　波
疤 …………………………………………… 刘国芳
雨天的烦恼 ………………………………… 戴旻星
操车 ………………………………………… 梁友新
阳台 ………………………………………… 王琼华
买笋干 ……………………………………… 陈一新
重压 ………………………………………… 孔凡国
遗嘱 ………………………………………… 张国强

评论

第二届当代大学生诗赛获奖作品漫评 …… 冯亦同
淡化：非理性小说技法 …………………… 章彦文
小中见深　着力开掘 ……………………… 易　木
微型文学的趣味 …………………………… 爱　武
谈微型纪实 ………………………………… 爱　田
微型评论二题 ……………………………… 汪保健
把准"情绪" ……………………………… 周书文

读者作者编者

来信摘登

《内蒙古文艺》
(《草原》)

【简　介】
　　综合性文学月刊。内蒙古自治区文学艺术界联合会主办。创刊于1950年。1978年7月由《内蒙古文艺》更名为《草原》。其为内蒙古唯一一家省级汉文文学期刊,主要发表蒙古族作家的作品,也选登部分国内外优秀文学作品。八十年代特设"北中国诗卷"栏目,使其一度成为诗歌的重镇,培养和促进了青年诗歌的发展。

期刊号:1976年第1期—1989年第12期

1976 年第 1 期　刊名:《内蒙古文艺》
目录

词二首 ···························· 毛泽东
水调歌头　重上井冈山　一九六五年五月
念奴娇　鸟儿问答　一九六五年秋
世上无难事,只要肯登攀
···《人民日报》、《红旗》杂志、《解放军报》元旦社论
无产阶级革命家的战斗情怀——学习毛主席两首词的
一点感受 ······················· 方　锷
毛主席词二首的词牌和词语解释 ········· 云　飞
马列主义必胜,修正主义必败········· 钟志祥

农牧业学大寨之歌
闪光的铁绳(诗·外一首)·········· 徐明德

铁锤赞(诗)···················· 梁　衡
山村迎新春(诗)················· 巴特尔
铁牛向着田野开(诗)·············· 川　之
踏场归来(诗·外一首)············· 张　廓
祖国盛开大寨花(儿歌)············· 王玉成
沙漠之春(诗)··················· 黄东成
攀高峰的路(小说)················ 胡　泽
珍梅(二人台)··················· 薛　焰
剥掉宋江的鬼画皮(诗)············· 黄　河
一丘之貉(诗)··················· 刘国柱
工人师傅批《水浒》(诗)············ 鲁　非
铁腕颂(诗)···················· 黄　彦
李逵大闹"忠义堂"(山东快书)···· 王　中　武兴志
白毛风之夜(小说)················ 刘代文
钢铁师傅(小说)················· 赵振寿
老鹰湾(小说)··················· 乔澍声
马背新歌(散文)················· 渠成荫
高炉烈焰(组诗)················· 胡　煜
飘彩的草原(诗·三首)············· 张赞廷
做一辈子新牧民(诗)·············· 青　生
耕云播雨绿草原(诗·三首)·········· 朱经通
我为祖国绣彩花(诗)·············· 郝秀琴
占领农村思想文化阵地　巩固无产阶级专政(理论)
·············· 清水河县一间房生产队党小组
让群众文化工作更好地为普及大寨县作贡献(消息)
大寨道路宽又广(歌曲)
支农(年画)···················· 周应龙
学习去(年画)··················· 杨　刚

1976 年第 2 期　刊名:《内蒙古文艺》
目录

认真学习毛主席词二首
喜读主席词二首 ················· 朱　德
光辉诗篇照征途,继续革命攀高峰——呼和浩特工农
兵作者和革命文艺战士座谈学习毛主席两首词的体会
胸怀凌云志　攀登新高峰
——学习毛主席词《水调歌头·重上井冈山》
···························· 张铭宗
反帝反修的战歌——学习毛主席词《念奴娇·鸟儿问
答》 ························· 寰　飙
词如明灯照征途(诗)·············· 黄　河 等
坚持文艺革命,反击右倾翻案风········ 初　澜
贬李褒宋,居心险恶(理论)·········· 席金友
文艺创作要努力歌颂新生事物(理论)····· 晓　钟
新生事物赞(诗)················· 姜强国 等

大寨红花朵朵开

风展红旗（报告文学）
——寄自乌审召公社的一封信·········超克图纳仁
严霜紫檀（报告文学）
·······镶黄旗写作组 内蒙古大学工农兵学员呼其图
古长城脚下（散文）·······················张永昌
喜喷龙泉（中篇小说选载）·················李国月
转业之后（小说）···················杉木 东城
向阳花（诗）·······························廷 赤
犁（诗）···································星 琦
碧水红心（叙事诗）·······················毕力格太
扎木沁书记（诗）···················孙中轩 石玉宝
进度表（诗）·······························王世奇
夜锻钢钎（诗）·····························于如波
县委书记（诗）·····························孙风岐
《无产阶级"文化大革命"颂》征文启事
走大寨之路（宣传画）·····················金仲全
沙漠变绿洲（摄影）·······················郎会模
新牧民（年画）···························陈旭光

1976 年第 3 期　刊名:《内蒙古文艺》
目录

鼓舞我们战斗的光辉诗篇——学习毛主席两首词笔记
·····························陆永品 陈一珍
加强无产阶级专政 继续搞好文艺革命——学习中共
中央一九六六年五月十六日"通知"的体会···梁戈宾
坚持文艺革命 开展批邓斗争——学习《在延安文艺
座谈会上的讲话》扎记·····················文 龙
观景片《决裂》斥奇谈怪论···········王宗良 云丽华
整顿是幌子 目的在复辟···················刘英建
欢呼伟大的胜利（诗歌）···············桑 原 王 保等
怒涛集——内蒙古新华印刷厂愤怒声讨右倾翻案风诗
集选登·································马振武
黄 河 乌吉斯古冷 海 舟 吕桂英等

新生事物赞

质量（小说 征文）·······················邵长波
草原娘子军（诗·外一首）·················时永福
工人参加了设计队（诗 征文）·············武耀荣
考新娘（诗）·····························杨 畅
师傅登上赛诗台（诗 征文）···············杨宏权
赞文艺轻骑兵（诗 外一首）···············李书一
乌兰牧骑之歌（组诗）·····················郭 超
沙葱花（小说）···························周彦文
青春的报告（散文）·······················纪征民
桂丽森花（小说）·····················特·布和
边防散记（散文）·························焱 抒

西沙儿女（电影文学剧本）
·······················浩 然原著 杨 啸编剧
催春梅（诗歌）——巴盟地区河套排灌工程侧记
·······················李子恩 杨若飞等
接镐（诗）·······························潘起生
今昔野马河（诗）·························李世奇
春满哨所（组诗）·························贾文友
一张住院证（独幕话剧）···········赵玉恒 捷尔戈
我帮阿姨采药忙（年画）···················金中全
新驯马手（年画）·························郝五昌
少年画选登

1976 年第 4 期　刊名:《内蒙古文艺》
目录

在斗争中建设党·················《人民日报》、
《红旗》杂志、《解放军报》社论
万里长江航道开（诗）——纪念伟大领袖毛主席畅游
长江十周年·························志 良 韦 欣

草原人民歌颂党

天安门赞（诗）···················葛耀忠 海 歌
韶山的路（诗·外一首）···················于 沙
访韶山（诗·外一首）·····················李同振

歌颂"文化大革命" 反击右倾翻案风

金色的草原（小说·征文）·················凌 晨
朝阳花开香万里（诗·征文）···············尹 军
山村喜看样板戏（诗）·····················郭 毅
海鸥（试）·······························叶文彬
草原儿童唱新歌（儿歌一束）···········乌·达尔罕
银幕架翠岗（诗）·························火 华
新和征程（诗）···························于彦北
进军号已经吹响（诗）·····················查 干
你好啊，干校（诗·外一首）···············柳 萌
歌唱红卫兵（诗）·························峭 岩
学农歌（诗）·····························张植祥
火红的年华（诗·三首）···················赵振安
沃土新苗（兰）···························高 宏
北京儿女（诗）···························时家翎
无产阶级革命大军步伐雄壮（歌曲）
·······················李子恩词 王 飞曲
把颂歌献给伟大的"文化大革命"（理论）···杨匡汉

匕首篇

革命文艺的报春花，资产阶级的紧箍咒·······李生荣
革命样板戏大得人心···············商世好 张德祥
叫嚣"今不如昔"阴谋在于复辟···········张铭宗

"业务台风"、"白专道路"鼓吹者的用心
————————————————————李 赐
西沙儿女（电影文学剧本）
———————————浩 然原著 杨 啸编剧
爱护（小说·征文）————————————赵峻防
故事员的新节目（小说）————————芒 仲
女儿山下（散文）——————————————许 洪
沙漠前线（散文）————————————————乌雅泰
烽火（儿童文学）————————————————郝建军
智擒花脸狼（儿童文学）————————阎继栓
草原民兵（诗）————————————————程全中
新犁手（诗）————————————————————戈 缨
大青山的回答（诗）————————————柏 秋
延水淙淙——————————————田 农 文科
校园春潮（国画）————————————————李 泽
把反击右倾翻案风的斗争进行到底（宣传画）
————————————————————————杨有仲

1976 年第 5 期　刊名:《内蒙古文艺》
目录

伟大的领袖和导师毛泽东主席永垂不朽
伟大的领袖和导师毛泽东主席遗像
中国共产党中央委员会　中华人民共和国全国人民代表大会常务委员会
中华人民共和国国务院　中国共产党中央军事委员会
告全党全军全国各族人民书
在伟大的领袖和导师毛泽东主席追悼大会上
中国共产党中央委员会第一副主席、国务院总理
华国锋同志致悼词
中国共产党中央委员会　中华人民共和国全国人民代表大会常务委员会
中华人民共和国国务院　中国共产党中央军事委员会
关于建立伟大的领袖和导师毛泽东主席纪念堂的决定
中共中央关于出版《毛泽东选集》和筹备出版《毛泽东全集》的决定
亿万人民的共同心愿
《人民日报》、《红旗》杂志、《解放军报》社论、中共内蒙古自治区委员会、内蒙古自治区革命委员会、内蒙古军区
致中共中央、人大常委会、国务院、中央军委的唁电

继承毛主席的遗志　把无产阶级革命事业进行到底

毛主席永远活在我们心中
挥泪继承领袖志————————————————刘佩欣

毛主席啊，我们永远怀念您————————云照光
继承遗志握紧枪————————————————梁荣宝
太阳不落照山河————————————————张长弓
领袖光辉齐日映————————————————贾 漫
继志篇————————————————————————火 华
我擦干眼泪宣誓————————————————木 林
悲痛化作千钧力————————————————赵纪欣
用胜利把毛主席悼念——荣立集体功哨所 乌双喜执笔
珍贵的礼物————————————————————郝建军
悼念毛主席————————————————————黄益庸
草原儿女寄哀思————————————————恩 广
战士红心永向党————————————————孙凤歧
红卫兵永远忠于毛主席——————萨仁格日乐
宣誓————————————————————————新 丁
战斗的誓言————————————————————董耕晓
我心中的太阳永不落————————————辛 岗
汽笛————————————————————————刘秀山
毛泽东思想万万岁————————————————王 德
战士心向毛主席————————————————钟志祥
红太阳永远照心头————————————————宋 瑜
无限的怀念————————————————————乌力吉
最悲痛的哭声————————————————————巴图宝音
永远记住这一天————————————————查 干
毛主席活在战士的心窝里————————姜强国
颂不尽毛主席的丰功伟绩————————陆朝阳
毛泽东思想永世长存————————————那顺乌力吉
毛主席是我们心中永不落的红太阳———[苏]荣巴图
毛主席的恩情比海深————————————旭仁花
怀念————————————————————————玉 荣
誓将遗志化宏图————————————————郭云龙
丹心永向红太阳————————————————张句礼
永远听毛主席的话————————————————刘笑敢
幸福的源泉————————————————————毕力格太
赤霞万里的清晨————————————————许 淇
毛主席永远活在我们心中————————牡 兰
坚持毛主席的革命文艺路线——————齐·宝力高

1976 年第 6 期　刊名:《内蒙古文艺》
目录

论十大关系————————————————————毛泽东
中国共产党中央委员会主席华国锋同志
在第二次全国农业学大赛会议上的讲话
在首都庆祝大会上吴德同志的讲话
伟大的历史性胜利
——————《人民日报》、《红旗》杂志、《解放军报》社论
华国锋同志是我们党当之无愧的领袖
——————————————————《解放军报》编辑部

学习鲁迅 永远进击————————《人民日报》社论
光辉的历史文件——————————任 平
东方红————————陕北民歌 李有源词
国际歌——————欧仁·鲍狄埃词 比尔·狄盖特曲
三大纪律八项注意————————红军歌曲
水调歌头 粉碎"四人帮"——————郭沫若
英明的决策 伟大的胜利（诗）————云照光等

毛主席永远活在我们心中
草原红卫兵见到毛主席（油画）———王兆琴
永放光彩的形象（散文）—————侯礼瑞
毛主席和我们心连心———————方 激
刻在心上的像（散文）—————长 岐
十月的草原（散文）—————克 冰
毛主席永远和我们在一起（诗）——时 音
革命阵营中的"蛀虫"必须清除——商世好
永远进击（诗）———————寇 显
大树赞（诗）———————郭永明
热烈欢呼伟大的胜利———内蒙古自治区革委会文化局
彻底揭露"四人帮"在文艺界的罪行
——————内蒙古群众文化馆 红色剧场
愤怒声讨"四人帮"
——————内蒙古创研室 《内蒙古文艺》编辑部
中山狼·"四人帮"—————锐 锋
狼子野心的写照————————毅 猛
从扼杀《创业》中看"四人帮"的鬼蜮伎俩
——————————乌兰哈达
"四人帮"迫害《创业》罪责难逃———马遂英
毛主席的光辉批示永放光芒————刘英建
哨兵的荣誉（数来宝）—————罗布僧
打虎上山（乌丽格尔）———————道尔吉改词
声讨怒火 燃遍草原（速写）
————迈 千 魏锁柱 王小龙 浩 特
愤怒声讨"四人帮"反党集团滔天罪行（油画）
——————————丁玉恒

甩开膀子干（诗）———————戈 非
阳光洒满大寨路（诗）—————陈广斌
华主席功绩大（儿歌）—————王玉成
草原春潮连天涌（爬山调）————川 之
大锤歌（诗）————————王维章
山海颂（诗）—————胡正言 阎世宏
山高水长青松绿（爬山调）————郭 勒
丹心献给华主席（儿歌）————乌·达尔罕
华主席率领我们胜利向前（歌曲）
——————巴图宝音词 朝鲁曲

周总理永远活在我们心中
怀念敬爱的周总理———————克力更
深情怀念周总理———————郝秀山
战友颂————————武达平
忆念周总理———————高万宝扎布
无限怀念————————刘佩欣
满江红·怀念敬爱的周总理————宋 瑜
剪彩———————巴特尔
钢铁的祭辞——————纪征民
我们的周总理———————安 米
沁园春·深情缅怀敬爱的周总理——沙里夫
站在闪光的墙报前————————湘 霖
周总理永远和乌兰牧骑在一起———查洪武
幸福的回忆 难忘的怀念—————王玉明
心中的歌————————董耕晓

小说·散文
高山牵"牛"记———————单学鹏
三进野猪林————————侯 计
山丁香—————————阎纪文 张钢彦
金色的国徽———————阿斯尔

诗歌
延河赞————————柏 秋
越读心里越甜蜜————————孙华松
战士怀念毛主席————————宋万奎
调队申请————————万 方
剪羊毛曲————————康思明
重返草原———————张善明

1977 年第 1 期 刊名:《内蒙古文艺》
目录

乘胜前进
《人民日报》、《红旗》杂志、《解放军报》一九七七年元旦社论
写在《怀念周总理摄影、诗画展览》上———尤太忠

草原人民齐欢呼
特别播音（小说）———————黄静纯
灯光（散文）———————张少华
展翅高飞吧，祖国（诗）—————赵健雄

重炮猛轰"四人帮"
"宋江帮"简析—————董 诚 李和平
画皮与虎皮————————梁刚健
谨防以假冒真—————小 何 任 可
黑诗藏黑心————————曾昭义
客厅·租界及其他————————鲁 非
苍蝇与"四人帮"————————刘金琼
当兵要当这样的兵（木刻）

1977 年第 2 期　刊名:《内蒙古文艺》
目录

重游延安（诗）⋯⋯⋯⋯⋯⋯⋯⋯⋯⋯叶剑英
毛主席留下不朽文献（歌曲）
⋯⋯⋯⋯⋯⋯⋯⋯⋯郑克恭词　左如云曲
激情的歌遍草原（歌词选辑）⋯⋯川　之　李杰生等
歌唱华主席（木刻）⋯⋯⋯⋯⋯熊一然　金中全

大庆红花塞北开
潮头浪（小说）⋯⋯⋯⋯⋯⋯⋯江　刘　班　澜
金桔的光芒（小说）⋯⋯⋯⋯⋯⋯⋯⋯于鲁人
学习归来（诗）⋯⋯⋯⋯⋯⋯⋯⋯⋯⋯张树宽
锻工房里炉火旺（诗）⋯⋯⋯⋯⋯⋯⋯⋯大　隆
"抢!"（诗）⋯⋯⋯⋯⋯⋯⋯⋯⋯⋯新国　新华

大寨春色遍草原
大干进行曲（诗）⋯⋯⋯⋯⋯⋯⋯⋯⋯⋯王　磊
大道春色（诗）⋯⋯⋯⋯⋯⋯⋯⋯⋯⋯刘世远
老三员列传（组诗）⋯⋯⋯⋯⋯⋯⋯⋯毕力格太
锦绣前程（诗·外一首）⋯⋯⋯⋯⋯⋯⋯雷　铎
咱为学大寨炼钢水（诗）⋯⋯⋯⋯⋯⋯⋯王家德
出牧（诗）⋯⋯⋯⋯⋯⋯⋯⋯⋯⋯⋯⋯王振国
我们也要学大寨（儿歌）⋯⋯⋯⋯⋯⋯⋯秦新齐
公社短歌（诗三首）⋯⋯⋯⋯⋯⋯⋯⋯⋯刘　章
乡村大道（诗·外一首）⋯⋯⋯⋯⋯⋯⋯柳　萌

小说·散文
额吉淖尔的女儿（小说）⋯⋯⋯⋯⋯⋯⋯申建军
春潮澎湃（散文）⋯⋯⋯⋯⋯⋯⋯⋯⋯⋯晓　村

诗歌
写给秦山⋯⋯⋯⋯⋯⋯⋯⋯⋯⋯⋯⋯⋯赵健雄
想起敬爱的周总理⋯⋯⋯⋯⋯⋯⋯⋯⋯查　干
周总理为我把彩剪⋯⋯⋯⋯⋯⋯⋯乌·达尔罕
剥开"四人帮"画皮看一看⋯⋯⋯⋯⋯⋯张玉岭
春燕归来⋯⋯⋯⋯⋯⋯⋯⋯⋯⋯⋯⋯⋯任卫新
哨所抒情（二首）⋯⋯⋯⋯⋯⋯⋯⋯⋯姜强国

重炮猛轰"四人帮"
荒谬的谎言　罪亚的野心⋯⋯⋯⋯⋯⋯钟志祥
江青是戕杀革命文艺的罪魁祸首⋯⋯⋯田　德　李万笑
清除"四人帮"的恶劣文风⋯⋯⋯⋯⋯奎　曾
政治盗窃犯（杂文）⋯⋯⋯⋯⋯⋯⋯⋯梁陆涛
叭儿·军师·老鼠（杂文）⋯⋯⋯⋯⋯冯锡玮
江青与卒子（杂文）⋯⋯⋯⋯⋯⋯⋯⋯马　弓
螃蟹两论（杂文）⋯⋯⋯⋯⋯⋯⋯⋯⋯柳石坝
驼背商店（相声）⋯⋯⋯⋯⋯⋯⋯⋯⋯赛生宝

1977 年第 3 期　刊名:《内蒙古文艺》
目录

毛主席手书叶剑英同志《远望》诗
华主席录湖南民歌一首
中共中央关于学习《毛泽东选集》第五卷的决定
《毛泽东选集》第五卷出版说明
诗三首⋯⋯⋯⋯⋯⋯⋯⋯⋯⋯⋯⋯⋯叶剑英
叶剑英同志关于毛主席手书《远望》诗的说明
心中的颂歌遍草原——热烈欢呼《毛泽东选集》第五
卷出版⋯⋯⋯⋯⋯⋯⋯⋯乌兰朝鲁　照日格巴图等
雷锋精神代代传⋯⋯⋯⋯⋯⋯⋯杜志民　火　华等

评论
坚持为工农兵服务的方向——纪念毛主席《在延安文
艺座谈会上的讲话》发表三十五周年⋯⋯⋯⋯⋯陈寿朋
战斗的历程　英雄的画廊（短篇小说集《草原集》）
⋯⋯⋯⋯⋯⋯⋯⋯⋯⋯⋯⋯⋯⋯郭　超　丁尔纲

小说·散文
草原的心声（小说）⋯⋯⋯⋯⋯敖德斯尔　温小钰
蒙古小八路（小说）⋯⋯⋯⋯⋯⋯⋯⋯云照光
本职工作（小说）⋯⋯⋯⋯⋯⋯⋯⋯⋯高新生
长征新曲（散文）⋯⋯⋯⋯⋯⋯⋯⋯⋯乔澍声
紫铁红钢（小说）⋯⋯⋯⋯⋯⋯⋯⋯⋯李　汀

诗歌
大黑河之歌⋯⋯⋯⋯⋯⋯⋯⋯⋯⋯⋯⋯巴特尔
联防新曲（组诗）⋯⋯⋯⋯⋯⋯⋯⋯⋯贾文友
双骑巡夜⋯⋯⋯⋯⋯⋯⋯⋯⋯⋯⋯⋯段建平
列车进行曲⋯⋯⋯⋯⋯⋯⋯⋯⋯⋯⋯王洪涛
艺苑新春⋯⋯⋯⋯⋯⋯⋯⋯⋯⋯⋯⋯沙里夫
沸腾的草原⋯⋯⋯⋯⋯⋯⋯⋯孙万祥　潘　灯等

戏剧·摄影
草原上升起不落的太阳（庆祝内蒙古自治区成立三十
周年大型歌舞）
⋯⋯⋯⋯内蒙古自治区文化局三十年《大型歌舞》剧组
剧照二幅⋯⋯⋯⋯⋯⋯⋯⋯⋯⋯⋯洪　军　启　东

1977 年第 4 期　刊名:《内蒙古文艺》
目录

毛泽东思想指方向
要让百花相竞开⋯⋯⋯⋯⋯⋯⋯⋯⋯⋯钟志祥
光辉文献照千秋⋯⋯⋯⋯⋯⋯⋯赫思龙　文向欣
继续革命的指路明灯⋯⋯⋯⋯⋯⋯⋯⋯商世好

颂歌献给华主席
汗水浇灌的鲜花（小说）……玛西巴图
山曲儿（散文）……赵正林
畅通无阻（散文）……郝秀琴
云湖天河（诗）……聂鑫森
韶山灌区的用水码头（诗）……周维松
华主席的恩情唱不尽（爬山调）……昝守明
颂诗二章（诗）……席金友

小说
蒙恩达来之歌……特·达木林
小兽医其其格……杨啸
蒙古小八路……云照光

诗歌
煤海抒情（二首）……尹军
致林带（外一首）……张赞廷
五月的霞光……毕力格太
草原人民心向党……章顺川
重访包兰线……李武兵
胜利全靠共产党……王秀娟
菜棚之歌……柏秋

戏剧·曲艺
千里草原换新颜（对口快板）……钱英
坝上夯歌（独幕话剧）……孙大相
草原上升起不落的太阳——庆祝内蒙古自治区成立三十周年大型歌舞
……内蒙古自治区文化局三十周年《大型歌舞》剧组

评论·杂文
"三突出"——反党反人民的创作原则……陈全荣
从"天桥把式"谈起……梁希侠
峨冠博带的蛆虫……黄彦
"灵童"辨析……丁尔纲

歌曲·美术
高山顶上修条河——为华主席录湖南民歌谱曲
……赫佳音
抓纲治国，奋勇前进（宣传画）……韩金保
热烈庆祝内蒙古自治区成立三十周年（宣传画）
……刘大为

1977 年第 5 期　刊名：《内蒙古文艺》

目录

诗二首……叶剑英
热烈欢呼党的十一大、十一届一中全会的胜利召开
……贾勋　照日格巴图　安柯钦夫　王再天等

心中的太阳永不落
——草原人民永远怀念毛主席
爱晚读书亭（诗）……贾漫
毛泽东颂（诗）……时永福
遥望毛主席纪念堂（诗）……王振国
从草原来到纪念堂前（诗）……王双林
夜校灯光（诗）……红宇
彩练当空（散文）……剑羽
华主席在抗日战争年代……宋瑜

纪念中国人民解放军建军五十周年
扁担（诗）……任彦芳
敬爱的栽树人（诗）……赵健雄
优胜红旗（小说）……阎川安
燃烧的马头琴（散文）……段成平
高高的大青山（散文）……杉木　东城
大青山抒情曲（二首）……湘霖
诗二首……徐平
走向大青山……房俊
雪夜奔袭蜈蚣山（快板书）……徐翔麟

小说·散文
小燕……甫澜涛
妯娌之间……韦苇

诗歌
赠驼歌（外二首）……石祥
我们为胜利举杯……广达
大寨县里好风光（组诗）……文苑
新民歌（八首）……周民生　王慧骐　等
手不闲……刘还田
歌词二首……赵玉衡　杨清

评论
姚文元是尊孔派……陆永品
崇洋媚外见野心……陈寿朋
评《宋江一上山就……》……胡念贻　吴庚舜　陆勇平

美术
草原从此属人民（国画）……思沁
毛主席纪念堂

1977 年第 6 期　刊名:《内蒙古文艺》
目录

攻关·······························叶剑英

小说·散文

队长小传···························沙　采
中流砥柱···························王德明
百宝箱的秘密·······················杨青林
铁鹰·······························于　富
愿借明驼千里足·····················周彦文

诗歌

春天的百灵鸟·······················郭永明
社员喜交治国粮·····················刘世远
火红的厂区（组诗）·················韩玉明
腾格里的变迁·············印洗尘　江　浩
大庆红旗手中擎·····················张树宽
写给北疆钢铁运输线（二首）·孙万祥　朱秉章
火车头的对话·······················宋惠章
报喜的凤凰·························海　舟
三十周年有感·······················王再天
草原的虹（二首）···················张　廓
草原新貌···························川　之
旗委书记，你去哪里?···············周恩广
啊，南来的大雁群（二首）···········张之涛
边防号角（二首）···················火　华
骑兵生活短曲（五首）···············王　保
高举红旗永向前·····················阎　素
民歌四首···········杨鸿恩　侯六九　宁昶英
呵，"和平"的气球···················石　河

曲艺·戏剧

处处有雷锋（山东快书）·············胡新民
抓纲治军学六连（多口词）···五二八四九部队宣传队
峰火衣（二人台）···················薛　焰

评论

商业战线的斗争画卷——读《边城风雪》·陈崇善
必由之路——喜看影片《祖国啊，母亲!》·李　赐
开在银峰玉岭上的红泉花——评长篇小说《阿力玛斯
之歌》···························周廷芳
蒙古族第一代钢铁工人的赞歌——读长篇小说《草原
的早晨》·························魏泽民
必须批判江青关于文学遗产的修正主义谬论·仁　钦

歌曲·美术

蒙古族人民怀念周总理·······拉希敖斯尔词　拉　希曲

草原上的牧民永远跟着华主席
·············里沙词　和齐业勒图　杰布色格曲
前哨（版画）·······················巴忠文

1978 年第 1 期　刊名:《内蒙古文艺》
目录

毛主席给陈毅同志谈诗的一封信
毛主席手书（插页）批判"文艺黑线专政"论——
《内蒙古文艺》编辑部邀请部分专业作家、业余作者
和文学评论工作者举行座谈会

小说·散文

爸爸的故事·························兰丛伟
冲突·······························单学鹏
乌兰布和即景·······················谢明清
怀念啊，无尽的怀念·················赵正林
云松和铁花·························陈平世
向沙漠·····························许　淇
青山芳春···························张　星
旗委书记···························照日格巴图

电影文学剧本

蒙根花·········云照光　敖德斯尔　张长弓　贾　漫

诗歌

进军鼓歌···························王晓平
为粮而战···························王枝梅
种子迷·····························遇　厚
春来早·····························刘培勇
秋叶抒怀···························章顺川
汗水篇·····························星　琦
北疆军号（组诗）···················时家翎
醒着的边城（组诗）·················柳　萌
装填手·····························何现林
走访井儿沟·························郭　毅
炮兵组曲（三首）···················柏　秋
边防轶事（二首）···················张赞廷
沸腾的泪···························公　刘
长歌行·····························马瀚三
吕梁山，你告诉我···················梁　衡
儿歌两首·······················包白乙拉　王玉成

评论·随笔

彻底批判"文艺黑线专政"论···········玛拉沁夫
红叶不枯槁　青松挺且直——读《陈毅诗词选集》札
记·······························肖　犁
喜看山村新风貌

——读短篇小说集《山村里的故事》·············洗　同
张献忠写祭文的启示·····························安　国
历史的审判·······································黄　彦
"英雄"、小丑与"三突出"·························靳子春

美术
周总理回眸应笑慰·············赵朴初题词　翁如兰画
人民的好总理···························潮　鲁　阎文科

1978 年第 2 期　刊名:《内蒙古文艺》
目录

周恩来同志东渡日本留学时写的诗手迹
华主席给《人民文学》的光辉题词
热烈庆祝五届人大五届政协胜利召开
······云照光　王致钧　达木林扎布　巴特尔等
纪念周总理诞辰八十周年
······王再天　安柯钦夫　查　干　川　之　蔡　毅等
热情的关怀　巨大的鼓舞
——欢呼英明领袖华主席为《人民文学》题词
在华主席光辉题词照耀下胜利前进·······本刊编辑部
心灵上点亮了智慧的明灯（诗）·······巴·布林贝赫
幸福···张长弓
战鼓催春急　繁花扑面来·······················奎　曾
阵阵春风笔下生（诗）···························王双林
光辉指示照征程——学习《毛主席给陈毅同志谈诗的
一封信》座谈纪要

小说·散文
分山花···张有福
跃进图·······································江　刘　斑　澜
山乡人家···克　冰
小小说
二访牛秀秀·······································李同振
微波细浪···高德龙
"二比一"与"三比〇"···························李纪敏
师傅的心···赵振寿
石磙子···刘代文

电影文学剧本
蒙根花···········云照光　敖斯尔　张长弓　贾　漫

诗歌
口号···戈　非
县委书记蹲点来···································刘世远
翱翔吧，科学的翅膀·······························陈广斌
叩向这血染的西梁石·······························贾　勋
唱给春天的歌·····································红　宇

贫农大婶···潘志刚
锹头引来桃花浪···································孙学文
闪光的夜（外一首）·······························周恩广
山青水秀的地方·································丹碧扎拉桑
白云大路···叶文彬
写在水库工地上（二首）·························毕力格太
写在转运站·······································韩雪华
飞来了，草原的鹰·································贾文友
接受祖国的挑选（二首）·························姜强国
"诗话"三章·····································肖　川

创作谈
题材问题随感·····································黄益庸
主题浅议···陈景春
试谈典型人物的个性化·····························杨宗义
略谈人物形象的塑造·······························吴松亭

美术
春风吹百花　时雨落心田···梁志高　曹文虎　春祥合作
篆刻···································熊一然　孙卓章作

1978 年第 3 期　刊名:《内蒙古文艺》
目录

话剧
回来吧，孩子!·································孙天相

庆祝"六一"
雄鹰捉鼠（儿童话剧）·····························阎锐军
请向儿童普及诗歌（文艺随笔）·····················白　榕
向科学奋勇进军（歌曲）·············周　成词　苏　勇曲
一个台湾儿童的来信（诗）·························于宗信
草原少年（二首）·································王维章
小鲤鱼的悲剧（诗）·······························王树田
黄莺儿，静一静（诗）·····························董耀章

诗歌
祖国之春···贾　漫
乌审召颂歌·····纳·赛音朝克图遗作　特·达木林译
炉台春歌（外一首）·······························胡　煜
深情敬献华主席···································周雨明
接羔季节（二首）·································乌兰木林
钢水与百花（外一首）·····························广　达
河套行（三首）···································纪征民
昭君青冢（外一首）·······························韩作荣
北京的金风·······································挺　善
青城即景···吴淮生
牧羊姑娘·····································玉　魁　裕　熙

运来万里春光 ············ 巴　山

小说
未曾付印的前言 ············ 高新生
开在心上的邦锦花 ············ 单　超
斧子 ············ 张志彤
强磁的引力 ············ 张　毓　滑国璋

理论
评浩然《西沙儿女》 ············ 李冰之
诗歌漫评 ············ 李　实

电影文学剧本
蒙根花 ······ 云照光　敖德斯尔　张长弓　贾　漫

美术
春（国画） ············ 乌力吉图
风雪雄鹰（国画） ············ 官　布
新松（国画） ············ 范复元

1978 年第 4 期　刊名:《草原》
目录

尤太忠同志在内蒙古文联全体委员（扩大）会议上的讲话（摘要）
解放思想，繁荣创作，为实现新时期的总任务做出更大贡献——郑广智同志在内蒙古文联全委（扩大）会议上的讲话（摘要）
团结起来，为繁荣我区社会主义文艺事业而努力——云照光同志在内蒙古文联会委（扩大）会议上的报告（摘要）
纵情歌唱新时期的总任务 ············ 本刊编辑部

散文·小说
雪拥青山 ············ 扎拉嘎胡
幸福的回忆 ············ 杨秀清
"木工"小传 ············ 刘安琪
普通社员 ············ 丁　茂
地菱花 ············ 王清玉

春羔
五台青松 ············ 明松山
花海峰 ············ 单学文

诗歌
交城山（组诗） ············ 公　刘
白银花组诗······ 纳·赛音朝克图遗作　特·达木林译
爬山歌二首 ············ 韩燕如

复仇的树 ············ 彭子强
炉前盛开并蒂花 ············ 卢颂华
比手茧 ············ 张树宽
金葵的姊妹　红柳的伙伴 ············ 苏赫巴鲁
青山新姿（二首） ············ 宋绍明
奶酒献给华主席（鄂尔多斯民歌）
 ············ 达　赖改词　沙　泉译
科研诗草（五首） ············ 杜志民
攻关成果赞（三首） ············ 石　英
蒙古族谚语 ············ 本刊编辑部译

评论
形象思维与艺术的本质 ············ 陈全荣
闻其声　见其人 ············ 查洪武
呼之欲出　栩栩如生——谈人物肖象描写 ······ 鲁　非
纤毫藏奸——析《百花川》的一段细节描写 ··· 黄志冲

曲艺·歌曲
定让四个现代化早日实现（对口快板） ······ 钱　英
科技之花向阳开 ········· 牧　歌词　阿拉坦胡雅格曲

美术
万马奔腾（国画） ············ 思　沁
敬书华主席题词 ············ 耶　拉
铁骑无敌（国画） ············ 乌力吉图　翁如兰
贴绣（蒙古族图案） ············ 乌　汗

1978 年第 5 期　刊名:《草原》
目录

诗歌
献给心中的火山——悼念郭沫若同志 ············ 贾　漫
酹江月 ············ 秦　岭
蛮汉秋日行（组诗） ············ 查　干
大青山抒情曲（组诗） ············ 湘　霖
草原的翅膀 ············ 义·巴德荣贵
草原啊，你是这样年轻 ············ 达木林扎布
在边远的浩特里 ············ 晓　流
歌唱金色的八月 ············ 呼思乐
一张"照片" ············ 刘正华　李　冲
讷文河水的歌 ············ 赵　焰
行船的罗盘，指路的灯 ············ 刘晓廉　田丰仁

歌词
华主席吹响了进军号 ············ 高　远
华主席指挥咱们向前 ············ 火　华
蒙古族谚语 ············ 斯日古郎　徐金宝搜集整理

散文

友谊的浪花——访问巴基斯坦散记·············冯苓植

追回青春···许淇

小说

昔阳老兵···于富

干枝梅···焱抒

再上光荣榜的时候···王德明

女婿上门···甫澜涛

戏剧·曲艺

团长下连（山东快书）·······································王煜帮

先人后己（韵白小话剧）·····································黄翔

评论·随笔

独具色香的艺术花朵——重谈《遥远的戈壁》

···魏泽民　梁一孺

略谈阴山《敕勒歌》···洪用斌

"诗味"与"稀泥巴"——形象思维正反例···········马棣

美术

金马驹（国画）···乌汉

边塞晨曲（木刻）···温建峰

蒙古族科学家明安图（组画）·····························王树立

蒙古族民间图案···阿木尔巴图

1978 年第 6 期　刊名:《草原》
目录

金桥颂——庆祝人民公社成立二十周年·············韩燕如等

心与歌

颂歌一首向北京（爬山歌）·································韩燕如

献给毛主席纪念堂的歌（诗）·····························康洪兴

呵，湘江（诗）···李松涛

红太阳永放光辉（散文）···································哈斯巴拉

小说·散文

骑兵之歌（长篇选载）···············敖德斯尔　斯琴高娃

母亲湖的歌···江浩

澡塘里···班澜　江刘

桥···赵正林

太白楼头话古今···马飞高

镇静钢···李汀

蒙古族民间叙事诗

嘎达梅林·············陈清漳　芒·牧林　赛　西整理翻译

诗歌

乌兰牧骑（外二首）·······································田间

我和《女神》···章叶频

烈火中的凤凰···陈广斌

写在青山黄水间（组诗）·································戈非

骆驼队之歌···李武兵

草原花束（四首）···左可国

毡房暖融融···石犁

民歌三首···鄂嫩吉雅泰等

歌词二首···张铭　段建平

理论

"叛国文学"论必须彻底批判·····························奎曾

关于《嘎达梅林》及其整理·····························陈清漳

美术

春羔（国画）···程旭光

抗灾夺丰收（国画）·······································旺亲

素描···妥木斯

蒙古族图案···塔尼拉

1978 年第 7 期　刊名:《草原》
目录

"叛国文学"论必须批判·····································本刊编辑部

小说·散文

墨炭般的眼睛···段吉顺　韦草

骑兵之歌···敖德斯尔　斯琴高娃

山桃花开的时候···纪征民

蒙古族民间叙事诗

嘎达梅林·················陈清漳　赛　西　芒·牧林整理

诗歌

大青山赞···武达平

草原短曲（三首）···晓钢

牧人的心声···张之涛

老画家···毕力格太

草原上的暴风雨（外一首）·······························邵燕祥

接羔谣···廉思明

通向图书馆的甬道···柳萌

四季鸟···郭永明

评论

喜看风暴重又起

——重评影片《鄂尔多斯风暴》·························马逵英

怀念你，"夜莺也要羡慕"的歌手·······················巴·布林贝赫

流韵遗风　长在人间
——读纳·赛音朝克图同志的诗 ……………… 张凤铸

曲艺
战士的亲事 ………………………… 宏　飞　洪　敬
说眼 ………………………………………… 陆　阳

美术
草原小红牛（国画）………………………… 胡　勃
丰收（年画）…………………………… 超　鲁遗作
油画写生 …………………………………… 卢　宾
奶香八月（图案）………………………… 陶克涛毕力格

晨雾茫茫 ………………………………… 黄东成

理论
批判地继承与创新相结合的十九年——对《〈二人台传统剧目汇编〉批判》的批判 ………… 何守中
必须正确评价民族民间文学遗产——驳《成吉思汗的两匹骏马》是判国文学的谬论 ………… 赵永铣

美术
小骆驼 …………………………………… 刘大为
巴盟美展作品选登 ……………………… 张建国等
图案 ……………………………………… 塔尼拉

1978 年第 8 期　刊名:《草原》
目录

大力发展民族、民间文化艺术，繁荣社会主义文艺创作——在全国五省区广播电台蒙语说书录音会上的讲话（摘要）………………………………… 布　赫

小说·散文
草原上来的人 …………………………… 阎立宏
乌拉特草原散记（散文）………………… 傲　腾
生活的花环（散文）……………………… 卫　新
骑兵之歌 ……………… 敖德斯尔　斯琴高娃
歌儿 ……………………………………… 黄静纯
精婆婆 …………………………………… 晓　村

报告文学
山花烂漫 ………………………… 田滋茂　鲁　庄

诗歌
钢的呐喊 ………………………………… 王维章
看今朝 …………………………………… 王再天
大青山里的小故事 ……………………… 王　磊
在刘胡兰烈士陵园里 …………………… 叶文彬
同志，快点算一算 ……………………… 张雪杉
焊花 ……………………………………… 高德步

金色的河套
河套杂咏 ………………………………… 川　之
列电工人之歌 …………………………… 李　冲
河套散歌 ………………………………… 段祥武
开镰小景 ………………………………… 邢俊文
绚丽的彩虹 ……………………………… 黄晓华
卖菜谣 …………………………………… 安　米
第一次上机 ……………………………… 姜强国
致长江 …………………………………… 越建雄

1978 年第 9 期　刊名:《草原》
目录

永恒的怀念——纪念毛主席诞辰八十五周年
火红的太阳照车间（诗）………………… 王　隆
采来草原百种花（诗）…………………… 文　友
牧民的怀念（诗）………………………… 庆达来
思念（诗）………………………………… 王运岭
金色的脚印（诗）………………………… 张　廓
红色的雨伞（诗）………………………… 于　沙
写在叶家祠阁楼（诗）…………………… 梁同纲
爬山歌二首 ……………………………… 董耀章
情思（散文）……………………………… 周彦文

小说·散文
奇特的花圈 ……………………………… 刘玉清
布和的婚礼 ……………………………… 渠成荫
四季常青 ………………………………… 张崇溶
暑去秋来天气爽（散文）
　　　　　　 特·赛音巴雅尔　额尔敦扎布

春羔
淘淘 ……………………………………… 王　燕
教室 ……………………………………… 赵际华
住院期间 ………………………………… 张锡鹏

诗歌
白云的故乡 ……………………………… 杨若飞
草原组诗 ………………………………… 火　华
边疆夜歌 ………………………………… 柏　秋
那达慕花束 ……………………………… 刘国良
蜜 ………………………………………… 溪　流

戏剧
苹果刚热

·············清水河县文艺创作组执笔 白 亮 曹立元
借条·······························陈 代

讲话·评论
在全区专业文艺会演开幕式上的讲话
·············内蒙古党委常委 宣传部部长 布 赫
草在鲜花开不败——重评《花的草原》···陈寿朋

美术
盅碗舞·····························王玉泉
诗人兴会更无前·····················官 布
水彩写生···························张光壁
图案·······························毕力格图
文艺简讯三则
征文启事

1979 年第 1 期　刊名:《草原》
目录

全区各族文艺工作者动员起来，为实现新时期的总任
务而奋斗···························布 赫

与日月同辉　与山河共存
爱民自有人民爱（散文）·············宁宝才
情思滔滔永不断（诗三首）···········李子恩
永不休息的电话机（诗）·············尧山璧
周总理来到咱蒙古包（爬山调）·······郑 忠
渭河道中（诗）·····················蔡 毅
我心中的纪念堂（诗）···············沙 敏
珍贵的照片（诗）···················宋绍明
周总理的办公桌（诗）···············王双林
第一百个母亲（小说）···············李 尧
周总理我们永远怀念您（木刻）·······燕 明
致天安门广场（诗组）···············湘 霖
天安门诗抄篆刻·····················孙卓章
出访第一天（散文）·················玛拉沁夫
曲折的婚礼（六场晋剧）···阎 甫 长 岐 爱 君
英勇的旗手（诗）
·············纳·赛音朝克图 遗作 特·达木林译
严厉惩处叛徒之卷——蒙古族史诗《英雄格斯尔可
汗》续集·····其木德道尔吉整理 安柯钦夫翻译
重评《金鹰》（评论）——斥所谓"另踏道路"的谬论
·································方 凌
黄河的故事（童话）·················王志云
公社的牛奶站·······················梁志高
英雄碑下白花开（图）···············曹文虎
周总理和我们在一起（歌曲）
·····························火 华词 阿民布和曲

种子站（木刻）·····················布和朝鲁

1979 年第 2 期　刊名:《草原》
目录

化大爷（小说）·····················崔凤鸣
哈勒木吉（小说）···················大 海
巴拉根仓历险记——拟蒙古族民间传说《巴拉根仓的
故事》·····························于鲁人
生活在友谊的海洋中——访非日记摘抄之一···云照光
童话二则···························杨 啸
燃烧的曙光（组诗）·················贾 漫
留赠钢都的花束（诗三首）···········查 干
严厉惩处叛徒之卷——蒙古族史诗《英雄格斯尔可
汗》续集·····其木德道尔吉 整理 安柯钦夫 翻译
老队长的鞋（诗）···················梁存信
货郎（诗）·························万振华
汗珠（诗）·························春 汛
蒙古族谚语·························本刊译
芬芳吐艳——喜看画坛出新苗··········耶 拉
一曲党的民族政策胜利的颂歌——兼驳《当代王爷篡
军的大毒箭》的谬论·················程全中
斥"黑母鸡下黑蛋"论（杂文）········鲁 非
磨刀石·棍子（杂文）···············周天红
索隐术小议（杂义）·················许幼珊
西红柿，螃蟹及其他（随笔）·········马 威
煞住长风（随笔）···················林 荫
二人台（相声）·············杨长乐 矛跃光
《儿童时代》为迎接建国三十周年征文启事
山丹花（木刻）·····················范复元
赛马·马球（儿童画）·········陈小牛 金 嚞
延安写生···························张俊德
北疆哨兵（木刻）···················阎文科

1979 年第 3 期　刊名:《草原》
目录

解放思想、繁荣创作、为社会主义现代化建设服务
·············内蒙古文化局局长 文联主任 云照光
谈创作的准备——在内蒙古青年文学创作会议上的发
言·································玛拉沁夫
哀痛（诗）·························蔡其矫
淮海，我的亲娘（组诗）·············时家翎
额吉塔拉之歌（组诗）···············张之涛
小学教师之歌（四首）···············吴佩灿
春雨（诗）·························于宗信
帐篷（诗）·························武克夫

"老来青"小传（小说）——————————丁　茂
山里人（小说）——————————————马步萧
现在的年轻人（小说）——————————徐　智
"文化之花"怎样开放?（报告文学）——苏　何
严厉惩处叛徒之卷——蒙古族史诗《英雄格斯尔可
汗》续集————其木德道尔吉整理　安柯钦夫翻译
鄂尔多斯民歌二首————曹纳木等搜集翻译整理
两匹骏马（国画）————————————尹瘦石
屈原（国画）——————————————要子璃
大青山写生——————————————耶　拉
春（木刻）——————————————色音璋

1979 年第 4 期　刊名:《草原》
目录

学习周总理讲话·繁荣社会主义文艺
正艺术之本　清创作之源————————张志彤
要表现无产阶级的人性美和"人情味"——肖　犁
有继承才有发展————————————秦　岭
红霞万朵（三场话剧）————————超克图纳仁
在昨天的草原上（小说）————————甫兰涛
选机手（小说）————————————杨永增
老喜春下山（小说）——————————芒　仲
生活在友谊的海洋中——访非日记摘抄之二—云照光
南疆捷音（诗）————————杜志民　崔合美
北疆吼声（组诗）——————————箕　烬
牧歌（诗）——————————————尹一之
在首都机场（三首）——————————贾　勋
您好，蓝色的多瑙河（诗）——————凝　溪
爱的花絮（诗）————————————宿　云
春天的旋律（三首）——————————杨若飞
沙漠的春天（外一首）————————吴淮生
新出塞行（二首）——————————叶文彬
咱也要使唤机器那玩艺儿（爬山调）——侯六九
夜，很静，很静（外一首）——————宏　宇
骨顶的故事（诗）——————————韩作荣
莫尔根的故事（蒙古族民间故事）——李润生
乌巴什珲合吉（蒙古族古典文学）——白哥乐译
思想解放与艺术民主（理论）————牧　丁
春风吹又生——对《嘎达梅林》批判的批判—李　赐
昭君自有千秋在——喜读曹禺新作《王昭君》
——————————————————何乃强
女民兵（雕塑）————————————王济达
嘎达梅林（木刻）————————额尔敦朝鲁
真理在握（木刻）——————————尹　星
套马（木刻）————————————丁玉恒

1979 年第 5 期　刊名:《草原》
目录

内蒙古自治区三十周年颂歌（诗）————李　欣
赞包钢（外一组）——————————王再天
壮志扬鞭跨征鞍（诗）————————王贤敏
呼和浩特呵，我的故乡（诗）————叶　频
在阳光中穿行（组诗）————————安　米
卧龙岗（诗）————————————毕力格太
第恩街二十八号（外一首）————乌吉斯古冷
红路（长篇选载）——————————扎拉嘎胡
心上的霞光（小说）————————安柯钦夫
尊敬的老师（小说）
————————玛·扎拉丰嘎作　材音博彦译
生活在友谊的海洋中——访非日记摘抄之三——云照光
阿果扎和巴特尔（蒙古族民间叙事诗）
————————琶　杰演唱　胡尔查译
成吉思汗的两匹骏马（蒙古族古典文学）
——————————————————白歌乐译
关于创作典型形象问题——在全区青年文学创作会议
上的发言（摘要）——————————敖德斯尔
灵感、诗意、个性——在全区青年文学创作会议上的
发言（摘要）————————————巴·布林贝赫
谈文浩同志的雕塑创作————————张安治
草原古琴——胡拨斯——————————周　乔
边疆早晨好（歌曲）
————————陈晓东词　生　茂　立　法曲
婚礼之前（雕塑）——————————文　浩
王若飞塑像—————————————塞·文都苏
信筒与雕塑——————————刘开渠　文　浩
牧马人（油画）————————————妥木斯

1979 年第 6 期　刊名:《草原》
目录

金岭花束
鄂伦春族民歌选
鄂温克人（散文）——————————朝　襄
巡察额尔古纳、格尔必齐河流域（达斡尔族民间文
学）——————原著（清）阿拉布旦　汉译整理
巴图宝音　敖登挂

儿童文学辑
为了明天（小说）——————————渠成荫
寓言（四则）————————————刘大生
战雪妖（三场神话舞剧）——————刘玉琴
眼镜的故事（小说）————————哈斯巴拉

大雁南飞（童话）⋯⋯⋯⋯⋯⋯⋯⋯⋯⋯许一青
朝霞里的故事（散文）⋯⋯⋯⋯⋯⋯⋯⋯张　斌
生日（小说）⋯⋯⋯⋯⋯⋯⋯⋯⋯⋯⋯⋯张维恩
？（小说）⋯⋯⋯⋯⋯⋯⋯⋯⋯⋯⋯⋯⋯湘　霖
红路（长篇选载）⋯⋯⋯⋯⋯⋯⋯⋯⋯扎拉嘎胡
再评《茫茫的草原》（评论）⋯⋯⋯⋯⋯周宗达
《红路》，真理的声音（评论）⋯⋯⋯⋯韦　苇
古典诗词札记（二篇）⋯⋯⋯⋯⋯⋯⋯沈仁康
让民族民间文艺之花大放光彩⋯⋯⋯⋯小　民
婚女（雕塑）⋯⋯⋯⋯⋯⋯⋯⋯⋯塞·文都苏
驯马（雕塑）⋯⋯⋯⋯⋯⋯⋯⋯⋯⋯⋯王济达
早晨（木刻）⋯⋯⋯⋯⋯⋯⋯⋯景庆福　王河雁
公社春早（木刻）⋯⋯⋯⋯⋯⋯⋯⋯⋯景庆福

1979 年第 7 期　刊名:《草原》
目录

故乡的怀念（诗）⋯⋯⋯⋯⋯⋯⋯巴·布林贝赫
遥远的爱（诗）⋯⋯⋯⋯⋯⋯⋯⋯⋯⋯贾　漫
团聚之歌（诗）⋯⋯⋯⋯⋯⋯⋯⋯⋯⋯安　米
春风吹在心坎上（诗）⋯⋯⋯⋯⋯⋯⋯杨　啸
来自青城的问候（诗）⋯⋯⋯⋯⋯⋯⋯陈广斌
银杯抒怀（诗）⋯⋯⋯⋯⋯⋯⋯⋯⋯特·达木林

歌唱吧，金色的呼伦贝尔
彼岸樱（小说）⋯⋯⋯⋯⋯⋯⋯何德权　郭　纯
踏　查（诗）⋯⋯⋯⋯⋯⋯⋯⋯⋯⋯⋯万以诚
劝奶歌（诗）⋯⋯⋯⋯⋯⋯⋯⋯⋯⋯⋯原　林
乌兰伊勒嘎（小说）⋯⋯⋯⋯⋯⋯⋯⋯田长尧

奔腾吧，灿烂的哲里木
词三首⋯⋯⋯⋯⋯⋯⋯⋯⋯⋯⋯⋯⋯⋯周　戈
草原（诗）⋯⋯⋯⋯⋯⋯⋯⋯⋯⋯⋯⋯王　磊
小溪（诗·外二首）⋯⋯⋯⋯⋯⋯⋯⋯赵忠贵
罕山行（诗）⋯⋯⋯⋯⋯⋯⋯⋯⋯⋯⋯刘永平
八百里路风和雪（小说）⋯⋯⋯⋯⋯⋯江　浩

飞跃吧，瑰丽的昭乌达
索德纳木和他周围的人（小说）⋯⋯⋯孟庆增
山石花礼赞（诗）⋯⋯⋯⋯⋯⋯⋯巴雅尔　王　燃
金秋恋（诗）⋯⋯⋯⋯⋯⋯⋯⋯⋯⋯⋯白国湘
蒙古包里的婚礼（诗）⋯⋯⋯⋯⋯⋯⋯石　犁
红背心（儿童故事）⋯⋯⋯⋯⋯⋯⋯⋯王　栋
风雪尖兵（报告文学）⋯⋯⋯⋯⋯⋯⋯丛培德
红路（长篇选载）⋯⋯⋯⋯⋯⋯⋯⋯扎拉嘎胡
兴安岭上花三枝——读鄂伦春、鄂温克、达斡尔族文
学作品⋯⋯⋯⋯⋯⋯⋯⋯⋯⋯⋯⋯⋯雪　岱
蒙古族歌谣（评论）⋯⋯⋯⋯⋯⋯赵永铣　梁一儒

画家笔下的人民歌手——看姜燕同志的一幅描绘毛依
罕的肖像画⋯⋯⋯⋯⋯⋯⋯⋯⋯⋯⋯刘嵩柏
关于举办第二次全国少年儿童文艺创作评奖的公告

1979 年第 8 期　刊名:《草原》
目录

沸腾吧，富饶的戈壁滩
阿拉善旗民歌选⋯⋯⋯⋯思沁巴图搜集　巴特尔翻译
欢乐的漩涡（诗）⋯⋯⋯⋯⋯⋯⋯⋯⋯庄云霞
奶茶为什么这样香（诗）⋯⋯⋯⋯巴达拉虎　王才佳
两个牧马人（诗）⋯⋯⋯⋯⋯⋯⋯⋯⋯王凤英
治沙歌（诗）⋯⋯⋯⋯⋯⋯⋯⋯⋯⋯⋯尹　明
神秘的松布尔（长篇选载）⋯⋯⋯⋯⋯冯苓植
青城松挺（报告文学）⋯⋯⋯⋯⋯⋯⋯杨若飞
一个理论家的愤怒（小说）⋯⋯⋯⋯⋯贺政民
请给我一支枪——大青山传奇之五⋯沙　痕　张士耕
种豆得瓜（小说）⋯⋯⋯⋯⋯⋯⋯⋯⋯李　文
召唤（三首）⋯⋯⋯⋯⋯⋯⋯⋯⋯⋯⋯田　间
圣地初拜（三首）⋯⋯⋯⋯⋯⋯⋯⋯⋯周雨明
草原，可爱的故乡（二首）⋯⋯⋯⋯⋯贾文友
在沙漠的边缘（外一首）⋯⋯⋯⋯⋯⋯川　之
查干敖包行（外一首）⋯⋯⋯⋯⋯⋯⋯赵健雄
绿色的诗笺（三首）⋯⋯⋯⋯⋯⋯⋯⋯张雪杉
钢水铸成的爱情（外一首）⋯⋯⋯⋯⋯王维章
地方特色与方言土语（创作谈）⋯⋯⋯郑军荣
必须重视文艺的民族特点（创作谈）⋯魏泽民
读《草原，诗的盛会》（评论）⋯⋯⋯秦　岭
绿毯（蒙古族民间故事）⋯⋯⋯⋯⋯⋯李润生
寓言诗（二首）⋯⋯⋯⋯⋯⋯⋯⋯⋯⋯火　华
华主席的草原军民心连心（木刻）⋯巴忠文　邢安夫
富饶的呼伦贝尔草原（速写）⋯⋯⋯⋯思　沁
图案⋯⋯⋯⋯⋯⋯⋯⋯⋯⋯⋯⋯⋯⋯张全双

1979 年第 9 期　刊名:《草原》
目录

血，总比水浓（三首）⋯⋯⋯⋯⋯⋯⋯姚宏宇
生命的凯歌（外一首）——献给张志新烈士⋯韩嗣仪
强者（诗）⋯⋯⋯⋯⋯⋯⋯⋯⋯⋯⋯⋯李兰生
敬献思想解放的先驱（诗）⋯⋯⋯⋯⋯贾　勋
相思草（小说）⋯⋯⋯⋯⋯⋯⋯⋯⋯⋯王士美
阴谋（小说）⋯⋯⋯⋯⋯⋯⋯⋯⋯⋯⋯邓　青
栽新苗（小说）⋯⋯⋯⋯⋯⋯⋯⋯⋯⋯王之义
在明媚的春光里（小说）⋯⋯⋯⋯⋯⋯李廷舫
神秘的松布尔（长篇小说选载）⋯⋯⋯冯苓植
爱的花（散文）⋯⋯⋯⋯⋯⋯⋯⋯⋯⋯乌雅泰

沙漠人参——苁蓉（散文）⋯⋯⋯⋯⋯任明超
技运会上（小说）⋯⋯⋯⋯⋯⋯⋯贺锦林
追求（小说）⋯⋯⋯⋯⋯⋯⋯⋯⋯王恒孺
瓜园雨夜（小说）⋯⋯⋯⋯⋯⋯⋯郑　达
乌兰察布纪行（诗三首）⋯⋯⋯⋯纪征民
春花（诗三首）⋯⋯⋯⋯⋯⋯⋯⋯于　沙
写给基层干部的诗（组诗）⋯⋯⋯陈　珍
这里是新长征的起点——写在革命历史博物馆
⋯⋯⋯⋯⋯⋯⋯⋯⋯⋯⋯⋯⋯⋯曲有源
红豆熟了（诗）⋯⋯⋯⋯⋯⋯⋯⋯尹　涵
成熟的向日葵（诗）⋯⋯⋯⋯⋯⋯张启贤
建国三十年来内蒙古小说创作一瞥（评论）⋯傅义正
从毛乌素吹来的"绿风"
——读《绿风》寄语⋯⋯⋯⋯⋯⋯刘　哲
从问号到惊叹号——喜读小说《？》⋯奎　曾
古典诗词札记⋯⋯⋯⋯⋯⋯⋯⋯⋯沈仁康
峥嵘（摄影）⋯⋯⋯⋯⋯⋯⋯⋯⋯乌　勒
草原深处（木刻）⋯⋯⋯⋯⋯⋯⋯文　科
图案⋯⋯⋯⋯⋯⋯⋯⋯⋯⋯⋯⋯⋯张全双
蒙古文《世界文学译丛》创刊征订启事

1979 年第 10 期　刊名:《草原》
目录

新生活的颂歌
命运之马（诗）⋯⋯⋯巴·布林贝赫著　丁师浩译
秋夜（诗·外一首）
⋯⋯⋯⋯⋯纳·赛音朝克图著　特·达木林译
河套行（诗·三首）⋯⋯⋯⋯⋯⋯贾　漫
草原（诗·三首）⋯⋯⋯⋯⋯⋯⋯郁　洁
黎明前（小说·题图　思沁）⋯⋯云照光
闪电（小说·题图　思沁）⋯⋯⋯徐　扬
神秘的松布尔（长篇选载·题图　金高）⋯冯苓植
五月的怀念（散文）⋯⋯⋯⋯⋯⋯杨　平
绿云（散文）⋯⋯⋯⋯⋯⋯⋯⋯⋯李　尧
长街行（散文）⋯⋯⋯⋯⋯⋯⋯⋯马飞高
绿色的昭乌达（报告文学）⋯⋯⋯张长弓
他们割断了⋯⋯（散文诗）⋯⋯⋯许　淇
再接再厉，为四化做出新贡献（理论）⋯潮洛濛
继承遗产　发扬传统（评论）⋯梁一儒　赵永铣
诗歌座谈会侧记⋯⋯⋯⋯⋯⋯⋯本刊记者
巴拉根仓的故事（蒙古族民间故事三则·插图　布和
朝鲁）⋯⋯⋯⋯⋯陈清漳　赛西雅拉图
芒·牧林搜集整理
云中神马（照片）⋯⋯⋯⋯⋯⋯刘　伟摄
成吉思汗陵（照片）⋯⋯⋯⋯⋯刘　伟摄
昭君墓（照片）⋯⋯⋯⋯⋯⋯⋯刘　伟摄

1979 年第 11 期　刊名:《草原》
目录

第一道曙光（中篇连载·插图　思沁）⋯⋯玛拉沁夫
这样一个李队长（小说·插图　孟喜元）⋯丁　茂
红杏一枝（小说）⋯⋯⋯⋯⋯⋯⋯胡　泽
牛粪与鲜花（小说）⋯⋯⋯⋯⋯⋯黄　彦
责任（小说）⋯⋯⋯⋯⋯⋯⋯⋯⋯芒　仲
三顿饭（小说）⋯⋯⋯⋯⋯⋯⋯⋯赵怀有
公鸡串门（小说）⋯⋯⋯⋯⋯⋯⋯张志升
搬家（小说）⋯⋯⋯⋯⋯⋯⋯⋯⋯厉夫强
这一课非补不可——真理标准问题学习讨论座谈会侧
记⋯⋯⋯⋯⋯⋯⋯⋯⋯⋯⋯⋯⋯本刊记者
实践是检验文艺的唯一标准
——为"揭露文学"正名⋯⋯⋯周廷芳
藏与露⋯⋯⋯⋯⋯⋯⋯⋯⋯⋯⋯吴功正
捍卫真理的榜样（木刻）⋯⋯⋯⋯李丰仑
嘎达梅林（连环画选登）⋯⋯⋯⋯田宏图

1979 年第 12 期　刊名:《草原》
目录

贺全国文学艺术工作者第四次代表大会召开
⋯⋯⋯⋯⋯⋯内蒙古文学艺术工作者联合会
出塞曲（组诗）⋯⋯⋯⋯⋯⋯⋯⋯时家翱
驯马手之歌（诗）⋯⋯⋯⋯⋯⋯⋯李凤阁
鹿铃丁冬（诗）⋯⋯⋯⋯⋯⋯⋯⋯万以诚
绿色的鄂乡（组诗）⋯⋯⋯⋯⋯⋯陈广斌
金子的草原（诗三首）⋯⋯⋯⋯⋯刘国良
草原民兵（组诗）⋯⋯⋯⋯⋯⋯⋯周　蒙

草原风物篇
草原抒怀（组诗）⋯⋯⋯⋯⋯⋯⋯石　犁
风物杂咏（诗　四首）⋯⋯⋯⋯⋯李书一
神山的大松树（诗）⋯⋯⋯⋯⋯⋯郭永明
马兰花（诗　外一首）⋯⋯⋯⋯⋯冯湛海
玫瑰（诗）⋯⋯⋯⋯⋯⋯⋯⋯⋯⋯巴恩海
沙漠之秋（诗四首）⋯⋯⋯⋯⋯⋯晓　蕾
神箭手（诗）⋯⋯⋯⋯⋯⋯⋯⋯⋯孟庆增
开进沙漠（组诗）⋯⋯⋯⋯⋯⋯⋯黄锦卿
赞美你，草原的路（诗　外一首）⋯康思明
思念，飞向祖国的宝岛（五首）⋯李庆通
讽刺诗四首⋯⋯⋯⋯⋯⋯⋯⋯⋯⋯黄　彦
赞草库伦（诗）⋯⋯⋯⋯⋯⋯⋯⋯马　达
第一道曙光（中篇连载）⋯⋯⋯⋯玛拉沁夫
小金鹿和黑山羊（童话）⋯⋯⋯⋯塞　野
野百合的命运（童话）⋯⋯⋯⋯⋯运新华

拜大年（科学幻想小戏）————高文华
让社会主义民族文艺大放光彩（评论）————马逵英
漫谈短篇小说的艺术构思（创作谈）———杨治强 王敬文
细节描写浅谈（创作谈）————程全中
草原的早晨（照片）————巴忠文摄
秋天的牧场（木刻）————萨因璋
沙原新绿（木刻）————彭志信

1980 年第 1 期　刊名:《草原》
目录

脸（诗）————安米
中国，失而复得的太阳（诗）————张廓
《塞原》诗选十八首————章叶频
武达平　杨植霖　王亚平　韩燕如　袁烙
灯·笔·剪（诗）————柴德森
周总理的衬衣（诗）————叶文福
深情（诗·二首）————苗得雨
唱给山泉的歌（组诗）————湘霖
魂（诗·外一首）————巴雅尔
诗二首————查干
长夜（小说·插图　思沁）————朋斯克
弄巧成拙（小说）————李瑞
林海浪（小说）————崔鹏
狩猎（小说）————朝襄
十万火急（小说）————谷丰登
多松年（传记文学）
————赛希　郝维民　宋国齐　金紫千
情难容　理不该——对话剧《蔡文姬》处理古代民族关系问题的异议————查洪武

文艺论坛
胆识论————丁尔纲
颂屁·真话与真实————戈缨
文学要干预生活————耕耘
奶场（木刻）————张德恕
五塔寺（摄影）————屠忠国

1980 年第 2 期　刊名:《草原》
目录

小说
莎仁大娘和她的哈日呼（题图·思沁）————赵玉衡
庄严的讲台（题、插图·韩金宝）————乐拓
为了孩子（插图·孟喜元）————田彬
婚日————照日格巴图
可怜局长心————金河

闷雷————义·巴德荣贵

诗歌
北上阴山（十首）————杨植霖
第二故乡行————李欣
青城咏怀————黄静涛
南行短歌（三首）————都古尔扎布
春之歌（三首）————毕力格太
白云鄂博诗笺（三首　题、插图·陈启东）————纪征民
钻头吟（外一首）————刘辉考
致出钢钟————胡煜
游喇嘛洞————崔润文
南乡子·守岁————胡晓

民间故事
冰雪仙童（插图·包世学）————唐守业搜集整理
恶有恶报（插图·包世学）————丁岐江　翻译

散文诗一束
乌兰察布的霞（七章　题图·陈启东）————孟河
花草集（五章）————梁影艳
闪光的小贝（四章）————樊亚平
细砂集（二章）————许淇

评论
振奋精神　勇攀高峰——为我区蒙古文学学会成立而作————布赫
感情和责任的巨大冲突——历史剧《蔡文姬》主题浅见————李蕙芳
建国三十年来内蒙古小说创作再瞥———张长弓 杨啸

美术
叶副主席接见国画家赋诗（篆刻）————于春时
陈毅诗（篆刻）————刘金琼
舍力图召白塔（摄影）————刘卫

1980 年第 3 期　刊名:《草原》
目录

遥远的乡村（小说·插图　呼德尔）————沙痕
药引子（小说）————莫·阿斯尔著　玉英译
荒原上（小说）————郭东方
看家（儿童文学）————金湛庆
失望（小说）————江浩
信号弹（小说）————王栋
草原俯拾（散文）————周斌
重会西子湖（散文）————周彦文
浦江夜话（散文）————张永昌

访日杂咏（题图 耶拉）———————— 李 欣
诗词五首 —————————————— 吴淮生
延安纪行 —————————————— 徐 平
长城（诗）————————————— 贾 漫
十年（诗）————————————— 温 源
迟开的追悼会（诗·外一首）————— 黄锦卿
曾经（诗·外一首）———————— 李 青
昨天的回答（诗）———————— 杨 笛
乐观的理由（诗）—————— 刘 静 秦正林
人们决不会将你遗忘（诗）———— 刘文艺
龙宫的婚礼（童话叙事诗选段）
　　　　巴·布林贝赫著 安柯钦夫译
略论我国少数民族文学的成就（评论）— 仁 钦
文姬归汉宣扬了民族团结吗？——从关于《蔡文姬》
的争鸣谈起———— 舒振邦 马耀圻 吉发习
从"我这一家人……"谈起——看《蔡文姬》有感
　　　　　　　　　　　　　　　李 赐
为《红雨》法文译本写的序言
　　　　　　　　韩素音 作 李忆民译
十五的月亮（油画）———————— 胡沙金
林区灯节（油画）———————— 苏日台

1980 年第 4 期　刊名:《草原》
目录

同志啊，冲上去（小说·插图 孟喜元）— 张志彤
但愿从今后……（小说·插图 思沁）— 敖德斯尔
苦酒（小说）————————————— 徐 扬
森林里的梦（小说）—————————— 乌热尔图
香菊（小说）————————————— 贺政民
足迹（报告文学）——————————— 孟和博彦
昭君四首 ——————————————— 鲁 歌
昭君墓（诗）————————————— 周雨明
感愤三章（诗）———————————— 张之涛
黑夜的脚声（诗·七首）———————— 沙 鸥
夜（诗·外二首）——————————— 蔡其矫
山峰（诗·外三首）—————————— 王 也
科尔沁草原的工程兵（诗·三首）———— 中 申
火焰驹（诗）————————————— 龙彼德
献给乌兰牧骑的歌（诗）———————— 潘学国
爱（诗）——————————————— 桑恒昌
《蒙古秘史》与古代英雄史诗（评论）—— 扎木苏
《蔡文姬》的主题及其效果（评论）———— 何守中
草原诗葩香又浓——我区诗歌学习札记—— 刘俊华
封面设计 —————————————— 金 高
大雁回来了（木刻）—————————— 萨因章
陶瓷雕塑一组 ———————————— 王济达
简讯

1980 年第 5 期　刊名:《草原》
目录

唐嗣孝（报告文学）—————————— 宗 朝
幸福（小说·插图 思沁）——————— 高 林
红柳湾轶事（小说·插图 浩特）———— 薛 焰
回厂（小说）————————————— 李耀先
忆三出山海关（回忆录）———————— 吕 静
颂王若飞同志（诗·外二首）—————— 韩燕如
十六字令（五首）——————————— 苏 雷
白雪之歌（诗）———————————— 白 日
从镜子里找到的诗（诗）———————— 王维章
流动（诗）—————————————— 赵健雄
春天走进了校园（诗）————————— 秦 岭
春的使者（诗）———— 敖力玛斯荣著 霍尔查译
呼伦贝尔的云（诗·外一首）—————— 川 之
九边第一泉（诗·外二首）——————— 霍清安
两层世界的主人（诗·外一首）———— 刘同乐
浮子与鱼钩（寓言诗·外一首）———— 火 华
童话三章 —————————————— 刘 敏
索古泰与奥登花（蒙古族民间叙事诗）
　　　吉仁泰 白音那搜集整理 布和巴雅尔译
愿兄弟民族文学的花蕾迎春盛开———— 特·达木林
《骑兵之歌》漫评（评论）——————— 丁尔纲
辞而无彩　惶论"文章"（文艺随笔）—— 滑国璋
长期积累　偶然得之（文艺随笔）———— 孙耀煜
想一想："资本家＝3"……（杂文）—— 刘 棘
鹦鹉和啄木鸟的联想（杂文）—— 张贵明 斯 飞
骆驼（油画）————————————— 臧任远
嫩江花野（油画）——————————— 耶 拉

1980 年第 6 期　刊名:《草原》
目录

地心的热情（诗）——————————— 张 廓
历史，终于送来这一天（诗）—————— 霍清安
雪原（小说 插图 马振祥）—————— 张长弓
不愿受污染的人（小说）———————— 张作寒
妻子的心（小说）——————————— 柴世梅
活死人（小说）———————————— 韦 苇
黄头发（小说）———————————— 杜弋鹏
塞外烽火照青山（回忆录）
　　　　　　　　姚 哲口述 袁德录整理
于庄严中出幽默　在黑暗里见光明——谈小说《长
夜》的艺术特色 ——————————— 奎 曾
蕴含丰富　表现独特的《脸》—————— 李 实

催人落泪　引人沉思
——喜读《遥远的乡村》·············材音博彦
讨论不应忘记作品
——也谈历史剧《蔡文姬》·············任　贵
养鸡的故事（儿童文学）·············毕力格太
儿歌三首·······················刘　静
寓言诗三章·····················杨　啸
清泉水长流（童话故事）·············塞　野

民族民间文学
白鹿的故事（蒙古族民间故事）
·············苏赫巴鲁　特木尔巴根搜集整理
耕格尔特诺诺和安查伦卡图（达斡尔族民间故事）
·······················白　杉搜集整理
大水的故事（鄂伦春族民间传说）
·····················巴图宝音搜集整理
蒙古族谚语·················毕力工翻译整理
亲访（雕塑）····················文　浩
妇女（木刻）··················田宏图
约会（木刻）··················段永智

1980 年第 7 期　刊名:《草原》
目录

祝贺我区文学艺术工作者第三次代表大会召开
·····················本刊编辑部
同心同德，为繁荣自治区文艺事业而奋斗——在全区文
艺期刊和文艺理论座谈会上的发言（摘要）·······云照光
回声（诗·外一首）·········（维吾尔族）铁依甫江
延边抒情（诗·五首）··········（朝鲜族）金　哲
三月三（诗·四首）············（白族）晓　雪
春雪（小说·插图　马振祥）·········伊·布勒固德
十年诀别（小说）
·············当·查格德尔苏荣著　包·白乙拉译
不熄的灯光（小说·插图　思沁）·········荣苏赫
随风飘去（小说）··················王　扶
种谷记（小说）···················芒　仲
舅舅的苦恼（小说）·················韩　镖
原野上的花束·················毕力格太
二首　布和特木勒　二首　苏赫巴鲁　一首　乌吉斯
古冷　三首　布和朝鲁　二首　青格里　二首　巴特
尔　一首　巴恩海　一首

民族民族文学
纯宝和安琪莲的故事（达斡尔族民间故事）
·················（达斡尔族）呼思乐　翻译整理
鄂温克族民歌选（十一首）··········巴拉吉雅等
演唱　图布新　泽澄等记录　白杉汉译整理

蒙古族谚语·················毕力工翻译整理
牢牢把握住生活的脉搏
——评新人新作《春雪》·············温小钰
《十年诀别》的艺术构思（评论）········包·白乙拉
巴·布林贝赫的斯文诗（评论）·········翟胜健
别梦依稀——试评《森林里的梦》········竹　平
浅谈文学民族形式的构成（创作谈）·······焦雪岱
王若飞（国画）··················程旭光

1980 年第 8 期　刊名:《草原》
目录

在内蒙古自治区文学艺术工作者第三次代表大会上的
祝辞·······················廷　懋
团结起来，为繁荣社会主义文艺而努力——在内蒙古
自治区文学艺术工作者第三次代表大会上的报告
·························云照光
信心（小说·插图　呼德尔）············杨　啸
由摘帽引起的……（小说）············丁　茂
大门初开（小说）·················王之义
鹿，我的小白鹿啊（小说）····（鄂温克族）乌热尔图
普通劳动者（小说）···············杨春田
美好的心（小说）·················文　隽
多彩的生活（小说）···············乔澍声
难忘的铺路人（回忆录）
·················刘　璧口述　周彦文整理
后醒者的思考（诗·三首）············时红军
草叶集··················达　家　六首
张永昌　五首　邢俊文　三首　郭石军　一首　何
鹰　三首　董剑昆　二首　刘世远　四首　澍雨
三首　孟宪钧　二首
蘸着露珠写的诗（三首）·············巴雅尔
杞麓湖上的涟漪（诗·三首）···········陈广斌
在芬芳的草原上（诗·三首）···········李子恩
霍林河诗笺（二首）················江　浩
刻在黄河故道上（组诗）·············孔　林
诗的天国（诗）··················王绶青
随想录（诗）···················纪　鹏
特别的爱情（诗）·················蔡　毅
诗三首·····················孟和博彦
沙原明珠（国画）·················张俊德
成吉思汗陵（写生）················思　沁

1980 年第 9 期　刊名:《草原》
目录

废墟掩的轶闻（小说·插图　呼德尔）————江　浩
没有准备的婚礼（小说）————刘贵贤
断了把的镰刀（小说）————甫澜涛
舞伴（小说）————王德明
高一等（小说）————滋　茂
未婚妻家的晚餐（科学幻想小说）————史晓波
牧草香（散文）————王士美
星空下的遐想（散文）————赵正林
去延安的路上——回忆姚喆同志
————郭建勋口述　杨　啸记录整理
为了祖国（诗）————华济生
自留地腮边的泪痕（诗）————温　源
雁阵（诗·外一首）————孙　甲
重演二人台（诗）————石　梅
矿山，有了笑容（诗）————万　方
煤海情思（诗二首）————尹　军
乌兰察布情思（散文诗二章）————孟　河
一个图书管理员的心愿（诗）————刘　孩

内蒙古自治区文学艺术工作者第三次代表大会胜利闭幕
开幕词————敖德斯尔
闭幕词————周　戈
主席团名单
第三届委员会主席、副主席和全体委员名单
大会决议
各协会主席、副主席名单
北塞文苑花正红——文代会侧记————本刊记者
朝着鲁迅先生的方向知难而进————尹　庚
速写抒情诗人蔡其矫（评论）————彦　火
"文人相轻"与"文人相重"（随笔）刘金琼
宝日奈————吉·纳德米德整理　陈乃雄翻译
蒙古族民间故事三则————玛·乌尼乌兰
黄河夜色（国画）————贾方州
摔跤图（国画）————包世学
春（国画）————潘志成
晨（国画）·木刻小品————刘宝平

1980 年第 10 期　刊名:《草原》
目录

活力（小说·插图　呼德尔）————张志彤
有这样一个夜晚（小说·插图　胡申德）——王星之
忠贞（小说）————沙　痕
生命的旋律（小说）————卓·格赫

没有户口的人（小说）————王恒孺
刘二哥和李二嫂（小说）————戴云卿
往事（小说）————林海鸥
在"舞台"上（散文）————许　淇
金色的柴达木（散文）————乌雅泰
护秋（回忆录）————张恒山
记述　董树军　华香萍　张士耕　整理
我走到天安门前（诗）————王亚平
诗词三首————苏　雷
心爱的故乡（诗）
————敖斯尔著　柳衣云　阿尔岱译
晨歌（诗二首）————力格登著　剑倚天译
春日杂兴（诗三首）————杨若飞
野草的种子的话（诗·外一首）————大　平
草叶集————孟　河　七首
周雨明　十首　黄　彦　八首　孙继翔　一首　马晋
乾　六首　刘秀山　一首
文艺作品要首先是艺术品（理论）————贾　存
冲开心灵的扉窗（短评）————达　平
音在弦外，理在情中——读寓言诗集《孔雀与仙鹤》
————刘俊华
喜读《军马歌》————李　仑
陶克陶（蒙古族民间叙事诗）
————赛　西　陈清漳整理
阿勒腾吉木斯（蒙古族民间故事）
————巴雅尔　郭永明搜集　郭永明整理
活捉"偷马贼"（巴拉根仓的故事）
————芒·牧林　记录整理
啊！青春，奔向四化（宣传画）————张文仲
森林深处（油画）————乌力吉图

1980 年第 11 期　刊名:《草原》
目录

烛（小说·插图　呼德尔）————蓼希庵
羊皮筏上的梦（小说·题图　李建邦）——卓·格赫
福鱼儿（小说·插图　李建邦）————谷丰登
大地回春（小说·插图　呼德尔）————陈福廷
孩子的心愿（儿童文学）————李廷舫
箫声（小说）————马飞高
五颗石子儿（散文·题图　李建邦）————袁惠聪
孩子呵，我仰慕你（散文）————苏　牧
幸福（散文）————纪征民
摇篮曲（诗）————安　米
雨后路上（诗·外三首）————阿　红
油篓沟（诗）————王洪涛
草叶集————孟宪增　一首
刘国柱　一首　文　丙　六首　姜强国　四首　王英

2643

志 二首 黄 淮 二首 张志鹏 三首 任英君
一首 红 宇 三首
当德尔和冈戈尔（蒙古族民间故事·插图 陈启东）
—————————吉·纳德米德整理 陈乃雄翻译
光头老汉和狼的故事（蒙古族民间故事·插图 刘益民）—————————郭永明整理
喜勒特很（鄂伦春族民间故事·插图 陈启东）
—————————巴图宝音 翻译整理
关于文艺的"社会效果"问题（评论）—————周廷芳
淙淙的山溪——读剑羽的诗集《奶泉》———秦 岭
隋炀帝的哲学（杂文）—————————鲁 非
布谷鸟的联想（杂文）—————————陈长葆
参加那达慕大会去（照片）—————————范奇玉
老额吉（照片）————————————乌 勒
小牧人（照片）————————————白斯古郎

1980 年第 12 期　刊名:《草原》
目录

查干庙的枪声（电影文学剧本·插图 孟喜元）
—————————————————————云照光
团聚的时候（小说·插图 孟喜元）
—————————敖德斯尔著 斯琴高娃译
青与蓝（小说）————————————张淑芳
青山酒家（小说）————————————李 尧
该怨谁呢（小说）————————————张作寒
心之潮（散文·题图 达楞）————————辛 雨
寄给草原上的人们（散文·题图 达楞）———郑万鹏
挥师草原（革命回忆录）
—————————胡格吉乐图忆述 照日格巴图整理
草叶集（诗）—————————————叶文彬
陈秀廷 王 野 成 子 毕福堂 马 德 王中朝
陈 敏 李德文 石 犁
噩梦里的呻吟和醒来后的思考（组诗）———寒 星
西行诗草（组诗）————————————湘 霖
花瓣集（诗）—————————————戈 非
人与星座（诗·外三首）————————查 干
猎歌（诗·外二首）———————————万以诚
成吉思汗和他的弟弟们（蒙古族民间故事）
—————————孛·兴安著 毕力工译
真切 真实 真挚——读散文特写集《晚餐》
—————————————————————锦 贻
高山流水与红花绿叶——谈艺术创作中的对照与衬托
—————————————————————陈景春
乡思 乡情 乡愿（评论）———奎 曾 孙 甲
给人以思考的快乐（文艺随笔）——————戴宏法
观察与推察（文艺随笔）————————王之望
启事————————————————本 刊

牧场（摄影）—————————————李世文
密林狩猎（摄影）———————————方 正
昭庙桃石（摄影昭乌达风光）————————姚 友

1981 年第 1 期　刊名:《草原》
目录

喜奎买拖车（小说·插图 孟喜元）————丁 茂
田老大进城（小说·插图 李建邦）————王之义
座钟（小说·插图 张蓬扬）———————刘玉清
查干庙的枪声（电影剧本·插图 孟喜元）——云照光
华山登险记（散文）———————————周彦文
大青山散曲（散文）———————————樊亚平
消灭土匪苟子成（回忆录）
—————————黄 厚忆述 火 华整理
布尔吐迪的奇遇（民间故事·插图 陈启东）
—————————文 贺口述 思克巴图记录 呼四乐整理
铁木真的摇篮（民间故事·插图 陈启东）
—————————苏赫巴鲁搜集 特木尔马根整理
诗两首————————————————王再天
向日葵和盲鱼（诗）———————————赵健雄
望山选优（诗）————————————柴德森
山乡情（诗）—————————————董耀章
阿霞（诗）——————————————于宗信
莎日楞花（诗·外一首）—————————姜强国
接羔员情歌（诗）———————————唐思甜
大学生诗页————————————田炳信
张 宇 潘友山 小 鹄 曹书林 孙志鸣 薛景泽
杨 挺 郑道远 毛建一
草叶集————————张 廓 七首 王维章 二首
王树田 一首 胡 煜 一首 王鸣久 一首 赵忠
贵 二首 刘晓廉 一首 蒙根高勒 一首
蒙古族神话传说初探（评论）—梁一儒 赵永铣
蒙古族民间文学的瑰宝（评论）——————张锦贻
试论达斡尔族民间故事（评论）——————萨 娜
乌兰察布风光（摄影）—————————武炳奎

1981 年第 2 期　刊名:《草原》
目录

白马金鞍的故事（小说·插图 张蓬扬 吴广生）
—————————————————————冯国仁
签字（小说·插图 孙立行）———————王星之
中秋月（小说·题图 云鹏）———邓九刚 贺 岗
乡下一家人（小说·题图 吴街生）————王常君
弹吉他的姑娘（小说·题图 云鹏）——伊·布勒固德
脚印（小说·题图 胡德尔）———————李克敏

小鸟是怎样飞走的（小说）—————郭九洲
云和诗（诗·外一首）——————纳·赛西雅拉图
曲陀关（诗）——————哈·丹碧扎拉桑
反刍集（诗）————————————戈 非
黑夜之歌（诗·题图 云鹏）——————白 日
红莲苦（叙事诗·题图 金高）————王 磊
鄂伦春民歌五首（插图 云鹏）————隋书今
生活的浪花（诗二首）——————————石 英
塔尔寺（诗·外一首）——————————王燕生
小径（诗·外一首）————————————尹 涵
弥勒佛（诗）————————————张承信
鲜奶是甜的（诗）————————————青格里
蒙古族谚语————————————胡尔查译
大漠烽烟（革命回忆录）
　　　　　　　田万生忆述 关彦永整理
诗歌座谈会简记——————————本刊记者
关于"香花"与"毒草"的思考（评论）———周廷芳
感情的典型（文艺随笔）————————肖文苑
大巧之朴（文艺随笔）——————————马 威
从"六六六"想到的（文艺随笔）——付杰青 王贤才
平易自然 蕴含深刻（评论）—————李克敏
露少藏多 言约意丰（评论）—————李 实
主题深刻 特色鲜明（评论）—————韦 苇
黄金季节（木刻）————————————刘宝平
采黄花（木刻）—————————————刘宝平

1981 年第 3 期　刊名:《草原》
目录

小说
额书记外传——————————————杨 啸

处女作专页
要饭的孩子——————————————王升山
表态——————————————————郝来旺
畅通——————————————————赵光明
猎犬————————————（鄂温克族）乌热尔图
给未婚夫的信————————————江 浩
课桌————————————（蒙古族）甫澜涛

小说诗
深沉的爱—————————（达斡尔族）乌云巴图
这绝不是情杀————————————梁存喜
献给母亲的哀歌————————————纪征民

评论
漫评《查干庙的枪声》——————史震己 李仲鸣
让向善美之心更充实更深沉——————温小钰

短篇小说座谈会纪要（消息）—————左化原
一首深沉的歌—————————————耕 耘

美术
满都海公园黄昏————————————孔 群
席利图召白塔—————————————孔 群
鄂尔多斯舞——————————————刘兆平

1981 年第 4 期　刊名:《草原》
目录

小说
悦魂壶——————————————————张作寒
竞争者——————————————————闰 水
一个虔诚的灵魂————————————赵玉衡
苦哟——————————————————历夫强
荆棘·蓓蕾——————————————包家骏
这绝不是情杀————————————梁存喜
紧身甲—————————————［美］约翰·斯坦培克
温小钰 李 尧译

诗歌
南行杂诗——————————————————李 欣
我的简历—————————————————文武斌
我是一颗彗星————————————薛景泽
爱的花瓣（六首）————————————贾长厚
居延海，我心中的海————————董培勤
生活有了滋味————————————梁存信
城市交响乐——————————————赵健雄
礁岩——————————————————莫日根
草原——————————————————张 廓
京华诗稿—————————————————昌 耀
星（外二首）——————————————沙 鸥
路标——————————————————林 希

散文
乡情——————————————————黄 彦
门帘，美丽的画————————————刘志文

革命回忆录
难忘的历程——奔赴共产国际的一段回忆
　　　　　　　王逸伦忆述 李廷舫 托 娅整理

评论
爬山歌的语言艺术———————韩燕如 郭 超
简讯——本刊召开美术工作者座谈会

美术

追歌（版画）———————————————段永智
书法———————————————张长弓 马继武
"我有一峰骆驼……"（版画）——————巴忠文
题图设计———————————————吴湘麟

1981 年第 5 期　刊名:《草原》
目录

小说

给他展翅的空间———————————张志彤
哀愚———————————————————张作寒
头排汉子———————————————陈计中
沈园———————————————————文辛
飘渺的爱情———————————————照日格巴图

诗歌

奇异的琴声（外四首）————————安米
沉思集（六首）—————————————孟河
雪————————————阿日岱著 舒晓明译

评论

论诗的个性化————————————巴·布林贝赫
风格·评论·真实————————————阎纲
植根于现实生活的土壤————————滑国璋

革命回忆录

老伙夫班长——记姚喆同志在一九四二年反扫荡中

———————————李容玉忆述 姚品章整理

散文

访日散记———————————————敖德斯尔

报告文学

月光———————————————————莎仁托娅

美术篆刻

篆刻———————————————孟和博彦 刘瑞祥
学雷锋组画（剪纸）————————————周全忠

1981 年第 6 期　刊名:《草原》
目录

小说

高高的罕山———————————————张时鲁
青春啊青春———————————————陈福廷

四楞子木头和圆眼子————————————万路
鹫雕岩上———————满都麦著 包·白乙拉译
上学路上———————————————宋其薇
小山汉———————————————————范新义
飘缈的爱情（续）————————————照日格巴图
给丈夫的饼子——————[印]莫汉·拉盖什著 杜宗义译

诗歌

诗笺———————————————————周雨明
香山情———————————————————查干
矿山风情（组诗）————————————万方
公历———————————————————刘秀山
诗八首———————————————————游默
诗文记游———————————————尹庚
诗二首———————————————————沙里夫
无限———————————————————顾工
包头夜雨———————————————吴奔星

诗歌

诗二首———————————————————张赞廷
当你见到……（外一首）————————任彦芳
在我的心上———————————————石太瑞

给孩子们的诗

月牙船（外一首）————————————胡煜
儿歌三首———————————————土宜振
小星星———————————————————乌·达尔罕
春草吟———————————————————薛锡祥
永恒的生命———————————————张启宽
佳姐，你的家太美了（外一首）————郭永明
石头———————————————————梁彬艳
石桥———————————————————胡煜
早晨的山峰———————————————乌吉斯古冷
短诗二首———————————————李发模
沙海黎明———————————————杨挺

革命回忆录

"南高"柳——记奎璧老师在"南高"的生活片断

————————————曹文玉记述 书良整理

散文

风，从田野深处来————————————李子恩

杂文

年青化和进化论————————————黄彦
古迹·现代化·城市美————————严谔之

评论

努力塑造社会主义新人

——评短篇小说《竞争者》·················周廷芳

美术
塑料版画·····································陈德祥
油画人物写生·································燕　杰
积极开展"五讲""四美"活动（宣传画）
·····································明　锐　刘志刚

1981 年第 7 期　刊名:《草原》
目录

革命回忆录
温暖着北国的南风——纪念中国共产党建党六十周年
忆参加广州第六期农民运动讲习所的经过
·····················王建功忆述　剑　羽　书　良整理

小说
蓝色的围裙·································柴世梅
酒醅雪飘·································达胡扎古色
残秋记事·································王升山
真正的战士·································丁　宇
迟到的爱情·································高　林
窍门儿·····································万　路
邻里之间·································刘金林
大官"格老汉"·································唐运隆

诗歌
背膀···贾　漫
过河···师日新
啊，我的河套·································李子恩
友谊之歌（四首）·······························蔡其矫
假如我的诗·························阿日岱著　舒晓明译
鹿场情话——鄂伦春生活的剪影·················孟宪钧
星星的梦（外二首）·······························王鸣久
小树···川　之
桦背上的笛声·································李　樾
农家欢·······································迁　厚
选厂长·······································黄锦卿
草原的小河·································刘　章
莎拉·蒂斯代尔诗抄
·····················[美]莎拉·蒂斯代尔著　江　枫译

民间故事
都喜莫日根·····················讲述者　敖德山
搜集　汉译　整理者　莫日根迪

散文
成吉思汗陵，一支希望的歌·················周彦文

青山放歌·····································乌日罕

评论
思考的文学与文学的思考——读汪浙成、温小钰近期
小说创作·································傲　腾
民族特点与地方特点再探讨·················奎　曾

美术
八月（油画）·································金　高
竹···熊一然
赞"四美"·····································泉　钟
油画人物写生·································金　高

1981 年第 8 期　刊名:《草原》
目录

小说
爱的驯化·································张时鲁
推开这扇门扉·································冯苓植
绿色的恋情·······················（蒙古族）甫澜涛
本报再次更正·································芒　仲
路·····································毕·斯琴毕力格
朝鲁这个人·································张志诚
下乡第一夜·································韦　苇

诗歌
假如雨滴停留在空中（组诗）·······（蒙古族）原　野
绿色的回忆·································陈广斌
露珠，草叶上的眼睛（组诗）·············德·巴雅尔
大青沟回眸·································王　磊
咏怀古迹（三首）·······························丁　力
月夜相会（外一首）·················高·拉希扎布
根（二首）·································李　钧
诗二首·······································郭庭楹
绿叶···文　然
香花赋·······································文　丙
我是一颗水滴（外一首）·······························王　燃
红缎子烈马·································杨炳炎
就爱他·······································毕树文

革命回忆录
大河骄子——忆大革命时期党的包头工委书记李裕智
同志·····················刘兆高忆述　高文华整理

民间故事
蒙古族动物故事（四则）·················霍尔查译

散文

霍林河纪事 ———————————————— 冉淮舟

到无定河去——鄂尔多斯游记之一 ———————— 李庆通

评论

"愚"字之中见性格——读短篇小说《哀愚》

———————————————————————— 白海珍

论文艺的民族特点与地区特点的关系 ———— 丁尔纲

美术

鄂尔多斯少女（油画） ——————————————— 燕 杰

千"舟"竞发 ————————————————————— 潘秀峰

油画习作 ———————————————————————— 宝 日

陶格茹姑娘 ————————————————————— 布尔固德

1981 年第 9 期　刊名:《草原》
目录

小说

夕照青山 ———————————————— （蒙古族）康万余

月到中秋 ———————————————————————— 潘新民

女作者专页

小说

宝贝 ————————————————————————— 温小钰

清明 ————————————————————————— 李慧鹃

山路崎岖 —————————————————————— 刘玉琴

生活的"小岛" ——————————————— （蒙古族）麦丽丝

扎彩 ————————————————————————— 曹雪英

诗歌

路（外一首） ———————————————————— 晓 里

爱的花瓣 —————————————————————— 梁彬艳

嫩黄的小草 ————————————————— （蒙古族）王梅花

草原（外一首） ——————————————————— 艾 平

我的白杨树 ————————————————————— 王 洁

有这样一条河 ———————————————————— 张之静

我是…… ——————————————————————— 徐 思

纪念鲁迅诞生一百周年

理论

鲁迅笔下的农民形象 ———————————————— 韩公陶

鲁迅与儿童文学 —————————————————— 张凤翔

鲁迅与诨名艺术 —————————————————— 王之望

散文

访绍兴 ———————————————————————— 张志彤

诗歌

蔓草集 ———————————————————————— 王维章

我心中有一个秘密的爱 —————————————— 邵燕祥

人字瀑 ———————————————————————— 时红军

心歌集 ———————————————————————— 梁志伟

断想 ————————————————————————— 于 沙

琴声（外二首） ——————————————————— 青格里

采山的路 —————————————————————— 谭德生

道轨之歌 —————————————————————— 齐明星

沙漠 ————————————————————————— 杨 挺

挂金牌的梅花鹿 —————————————————— 火 华

母亲 ————————————————————————— 温 源

报告文学

二五只能一十 ———————————————————— 刘世远

美术

蒙族少女（油画） ——————————————————— 燕 杰

血沃中原肥劲草（木刻） —————————————— 巴忠文

小景（油画） ———————————————————— 达 楞

1981 年第 10 期　刊名:《草原》
目录

小说专号

责任 ————————————————————— （蒙古族）敖德斯尔

我们的人生是这样转折的 ————————————— 江 浩

啊，猎乡…… ———————————————————— 王星之

春鸟 ————————————————————————— 杨 平

昭乌达专页

新来的女销货员 —————————————————— 戴云卿

向心力 ———————————————————— （蒙古族）原 野

耍猴人 ———————————————————————— 陈福廷

爱 ————————————————————— （鄂温克族）乌热尔图

白蘑菇的心灵 ——————————————— （达斡尔族）乌云巴图

鹰之王 ———————————— ［日本］户川幸夫著　南敬铭译

疯女人 ————————————— ［法］莫泊桑著　李忆民译

美术

音容犹在　关怀铭心（水粉） ——————————— 乌兰布沁

荷花（中国画） ——————————————————— 李厚江

巴拉根仓的故事（组画） —————————————— 张春年

1981 年第 11 期　刊名:《草原》
目录

小说

基石 ·· 李仲臣
折断翅膀的鹰 ····································· 徐　扬
"大锅"和"高音喇叭" ····················· 王之义
啊，爱情 ··· 毕力格太

诗歌

哎，我心中的鲜桃树（组诗） ··········· 李子恩
青春（外一首） ································· 赵健雄
库布其断想（外一首） ······················ 达　家
脚下的云海 ·· 顾　工
写给冬小麦 ·· 文武斌
蚯蚓之歌 ·· 石　犁
故乡行（组诗） ································· 叶文彬
满江红（外二首） ····························· 亓爱华
谒成陵 ·· 赵俞廷
陕青甘宁散记杂诗 ····························· 李　欣
只要我闭着眼 ···································· 沙　蕾
阿拉善剪影（六首） ·························· 董培勤
育苗女（外一首） ····························· 尹　涵
深山拾零 ·· 刘玉芳
晚霞 ·· 沈　晓
骆驼 ·· 春　笑
群星 ·· 韩嗣仪
秋叶 ·· 乌·宝音乌力吉
川江上的浪花 ···································· 寒　星

革命回忆录 ·· 福岗留

杨植霖　白成铭　陈　刚忆述　齐志诚整理

散文

"冬花" ··· 贾平凹
鲤鱼旗 ·· 郑万鹏

评论

创作漫谈 ··· 敖德斯尔
从读者中来——读者·作者·编者
写出生活的丰富多彩的画面
——谈张时鲁的两篇小说 ·················· 郑　达

美术

牧羊女（油画） ································· 李化军
母子间　小伙伴（国画） ········ 马自强　张育文
成吉思汗的故事（组诗） ···················· 胡德尔
采蘑菇的姑娘 ···································· 韩金宝

1981 年第 12 期　刊名:《草原》
目录

小说

达斡尔族、鄂温克族、鄂伦春族新作者作品专辑
深红色的玉石烟袋嘴 ················ （达斡尔族）巴雅尔
掉进钱窟窿的人 ····················· （达斡尔族）毅力铁
猎人之路 ···························· （鄂伦春族）敖长福
爱 de 萌芽 ··························· （鄂伦春族）白　石
一个达斡尔族姑娘的心 ·············· （达斡尔族）阿　凤
阿尔塔 ······························ （鄂伦春族）孟松贵
星 ································ （鄂伦春族）阿黛秀
鄂温克族民间故事　蓝色宝石
·························· （鄂温克族）杜　梅收集整理
河坡公寓 3 号 ···································· 刘贵贤
十年河东 ·· 王　磊
风正帆悬 ·· 李　汀

诗歌

谈团结 ·· 戈　非
北京抒情诗（组诗） ·························· 叶延滨
淬火的时刻 ······························ 任英君　刘化非
诗的悲剧 ·· 朱万春
诗三首 ······························· （蒙古族）原　野
致鲁迅（外一首） ····························· 董爱民
遥远的回忆 ·· 纪征民
草原上的画（组诗） ·························· 雷天放
套马 ·· 高　音
兴文石林的雾 ···································· 天　泉
年轻的村妇 ·· 赵发魁
律绝十首 ·· 屠　岸

革命回忆录

人在风雪弥漫中——忆伊盟地下工作片断
················· 王得胜忆述　托　娅书　良整理

报告文学

瀚海情深 ·· 大　海

散文

兴安盟巡礼 ·························· （蒙古族）暴彦巴图

评论

"民族的眼睛"注视着现实——文艺民族特点地区特
点探讨 ·· 一　孺
漫评《飘渺的爱情》 ··························· 高　雨

美术

甜（油画）·······晓　晴

马倌和羊倌（木刻）·······巴忠文

"乳"（木刻）·······托　娅

敖鲁古雅猎民乡风光（油画写生）·······张蓬扬

鄂伦春族少女（水粉）·······刘兆平

1982 年第 1 期　刊名:《草原》
目录

学习鲁迅　努力繁荣社会主义文艺事业·······廷　懋

纪念鲁迅　学习鲁迅　为文学艺术的繁荣发展做出更大贡献·······云照光

小说

漫长的旅程（中篇小说连载）·······张长弓

古城一条街·······王志云

挺挺的白桦树·······王致钧

杏花嫂·······刘殿峰

转变·······（达斡尔族）巴雅尔

牧羊人的妻子·······［澳大利亚］劳　森　李　尧译

诗歌

大青山的呼唤·······湘　霖

天鹅咏（外一首）·······吕　剑

赠通辽市霍林河大道·······倪向阳

师生三题·······鲁　歌

林涛赋（外一首）·······万以诚

鄂尔多斯，沙海上的生命之舟（外一首）·······郭永明

情丝（组诗）·······王　燃

小鸡（外一首）·······张泽威

正兰旗·······乌吉斯古冷

革命回忆录

高原飞马找红军

——记追寻红二十四军的一段历程·······王　森

民间故事

蒙古族民间动物故事四则·······霍尔查

美术

蒙古族少女（油画）·······燕　杰

喇嘛湾风光写生（油画）·······张　忠

巴拉根仓的故事（组画）·······马长江

夕阳（油画）·······刘志刚

1982 年第 2 期　刊名:《草原》
目录

小说

苋艽滩·······云照光

森林吟·······许　淇

寻求·······乔澍声

初露头角·······王常君

漫长的旅程（中篇小说连载）·······张长弓

木鞋·······［法］莫泊桑著　李忆民译

诗歌

太阳和党·······贾　漫

珊瑚似的火焰·······张　廓

归乡·······温　源

草原，又绿了（组诗）·······青格里

河边·······谷　风

露珠集·······管用和

科尔沁的早晨（二首）·······（蒙古族）郑道远

城墙（外二首）·······王树田

谒成吉思汗陵·······（蒙古族）苏赫巴鲁

草原诗情（四首）·······何　鹰

指北针·······顾　城

小草·······李兰生

散文

中华之歌·······贺政民

品茶·······贾平凹

革命回忆录

不动干戈的战斗——参加和平解放绥远的回忆

·······何树声忆述　李　汀整理

民间故事

失去双臂的姑娘·······那　顺　原　野　编译

理论

充满山林气息的狩猎者之歌——评鄂温克族青年作家乌热尔图的短篇小说·······孟和博彦

车轮的联想·······肖　冰

广泛尝试与独树一帜——艺术规律探微·······胡德培

桃花美的实验研究及其他——关于文艺评论的小议两则·······陈景春

美术

蒙古族少女（油画）·······妥木斯

篆刻·······牛泽甫

晚年（木刻）·······哈斯巴根

畅谈（油画）·······妥木斯

1982 年第 3 期　刊名:《草原》

目录

在全区文学戏剧电影创作评奖发奖大会上的讲话
································王　铎
再接再厉，奋勇前进——在全区文学戏剧电影创作评
奖发奖大会上的讲话··················潮洛濛
紧跟时代步伐、继续深入生活··········本刊编辑部

小说
操心··································陈计中
大队妇联····························丁　茂
"小气老汉"更名记··········（蒙古族）马宝山
小康人家····························刘静波
枣红马··········齐·敖特根其木格著　包·白乙拉译
灰色的小卧车························雏　燕

诗歌
人与神（外二首）····················田　间
草原旗语（八首）····················安　米
我拾拣这些花瓣··············（满族）戈　非
诗三首································赵俞廷
张宣纪行（组诗）····················叶文彬
白杨································王　磊
有这样一种笑························刘文谦
煤海情思（二首）····················尹　军

散文
青城寄语····························丁　力
车向海流图庙——鄂尔多斯游记之二······李庆通

革命回忆录
特别会议——忆一九二七年内蒙古人民党中央委员会
扩大会议··················乌勒吉敖喜尔忆述
剑　羽　孙　力　整理

评论
评杨啸儿童文学创作的特色············刘　哲
评奖说明····························伊德新
我区文学戏剧电影创作获奖作品作者名单
文艺简讯（二则）

民间故事
乌博尔好汉和阿日好汉的故事··········毕力工翻译

美术摄影
春语（水粉）························刘志刚
晨（木刻）··························托　娅

素描头像　静物写生（油画）········奥　恩　王治平
阴山秋色（摄影）····················朝　革

1982 年第 4 期　刊名:《草原》

目录

草原上的萤火虫··············（蒙古族）敖德斯尔
松花大王····················闻　水　陈　璇
石榴································曹雪英

处女作专页
审讯在继续……——一个人民律师的故事····晴　朗
因为我们是青年······················于　铭
阳光灿烂····························齐治国
卖余粮······························丁德奎
女儿的日记··························王成瑞
写好人物的隐微之情——短篇小说《石榴》、《扎彩》
小评································享　邑
酸饭罐子的故事······················李耀先
心底和暖流··························郝来旺
在那遥远的他乡（翻译小说）
··············〔印〕莫罕·拉盖什著　王化国译

美术摄影
春（中国画）························赵　轶
金龙飞跃（摄影）····················季　增
望月楼（摄影）······················王世英
悬崖菊（中国画）····················郭鸿印

1982 年第 5 期　刊名:《草原》

目录

纪念《在延安文艺座谈会上的讲话》发表四十周年
回忆往事　激励来者　总把春温凝笔端········周　戈
延安遐想··························扎拉嘎胡
年轻时期的内蒙古文工团··············陈清漳
点滴随想录··························张长弓
生活是源泉　人民是老师··············冯苓植
草原欢迎我的采集····················戈　非
重新学步，迎接文艺春天··············王致钧
诗歌应该是战斗的····················王　磊
要植根于生活的沃土里················冯国仁
迷恋·光明·信念····················乔澍声

评论
花蕾初绽添春色——赞《草原》文学月刊培养民族新
作者························《民族团结》评论员

小说

婴静 ……………………………… 程 中
请客 ……………………………… 陈大斌
月圆时节 ………………………… 特·布和
"安达"的故事 …………………… 朝 襄
澜沧江上 ………………………… 杨植材
心灵的沉浮 ……………………… 郭东方
新兵郑小红 ……………………… 张 彪
夏日里 ……………… 乌·苏米亚著 巴 图译
雪的城堡 ………… [美]约瑟夫·海勒著 金国嘉译

诗歌

农家小吟（四首）………………… 于二辉
呵，故乡（组诗）………………… 孟 河
驼之歌（三首）…………………… 王维章
在晨光里 ………………………… 纪征民
我喜爱诗 ………………………… 孟和博彦
浪迹天涯（外一首）……………… 顾 工
阳春三叠 ………………………… 杨甸青
乡村小曲 ………………………… 陈所巨
义务献血者的歌 ………………… 王树田

草叶集

山乡。集 ………………………… 陈 敏
包钢速写 ………………………… 尧山壁
我的诗 …………………………… 张正常
路边小草 ………………………… 铁 牛
边境第一家 ……………………… 贾文友
爱（二首）………………………… 杨 柳
月下（外一首）…………………… 李光云
在自由市场 ……………………… 端 宁
手杖——为一位长者代歌（外一首）… 姚焕吉
呼伦贝尔早晨 …………………… 飞 雪

散文诗

红枫林，红色的风帆 …………… 那家伦
爱的花瓣（三章）………………… 梁彬艳
春天的旋律（五章）……………… 唐占全

美术

芳春（中国画）…………………… 刘兆平
书法、篆刻 …………………… 马继武 刘 鲁
神马（连环画）…………………… 布 和
马可·孛罗（水粉）……………… 布尔固德

目录

小说

"大兵厂长"布尔固德 …………… 尚静波
除夕 ……………………………… 李 尧
楚克博士的苏醒（上·科学幻想小说）… 史晓波
杏花，我心爱的花 ……………… 李廷舫
处女作
留恋 ……………………………… 特古斯巴音
铺路 ………………………… 赵欣荣 王文焕

儿童文学专辑

野菊花（小说）…………………… 杨 啸
从月亮湖畔拾到的（小说）……… 毕力工
一双皮靴（小说）………………… 张志升
狼和狈准备过生日（童话）……… 明 照
希望（朗颂诗）…………………… 毕力格太
春天来到我们家（儿歌一束）…… 乌·达尔罕

诗歌

高原草——陇西行七首 ………… 张之涛
草原小夜曲 ……………………… 郁 洁
神耳朵 …………………………… 火 华
观察所风景图 …………………… 彭子强
让我走进人的心灵 ……………… 马恒祥

散文

美的层次 ………………………… 金 马

评论创作谈纪要

贾漫诗体小说《野茫茫》序 …… 云照光
当代英雄的热烈赞歌——简评《"大兵厂长"布尔固德》 …………………… 张 末
新人形象塑造三题 ……………… 马 威
大力开展文艺评论，为繁荣我区文学创作做出贡献——内蒙古作家、文学评论工作者座谈纪要 …………………… 本刊记者

美术

牧区小女孩（中国画）…………… 关麟英
速写 篆刻 ………………… 越 千 牛泽甫
神马（连环画）…………………… 布 和
绿柳知音自起舞（中国画）……… 宋显瑞

1982 年第 7 期　刊名:《草原》

目录

小说

公仆，我们在想什么…………………………张　彤
大雁朝南飞……………………………………刘可非
邱婶……………………………………………湘　霖
希望在人间……………………………………李全喜
伴君前往（微型小说三篇）…………………杨海山
楚克博士的苏醒（下·科学幻想小说）………史晓波

诗歌

献给绿叶的歌……………敖力玛斯荣著　胡尔查译
哎，我心中的鲜桃树（组诗）………………李子恩
夜的山村（外二首）…………………………石　犁
我对你说（外一首）………………（蒙古族）郑道远
我到过你这里，北方（二首）………………王中朝
阳台……………………………………………刘秀山
故乡…………………………………（蒙古族）潘有山
心曲（二首）…………………………………青　竹
陀螺……………………………………………胡　煜
少女（外三首）………………………………尹建莉
缆………………………………………………进　勇
美人蕉…………………………………………邓吉梅
小油灯…………………………………………宏　宇

散文

代代相传………………………………………安柯钦夫
乡情恋…………………………………………刘成林

革命回忆录

兄弟情义——忆初次接触民族工作的片断
………………………………高增培忆述　马步萧整理

评论

喜看文学新人结队来——评《草原》一九八一年第十
二期小说…………………………（蒙古族）才音博彦
朴诚的艺术——《猎场传奇》读后……………温小钰
警钟一声，发人深省——评短篇小说《河坡公寓3
号》……………………………………………潘仁山
一篇来自生活深处的力作——简评小说《公仆，我们
在想什么……》………………………………鲁　罹
诗的朴素美与群众化——读组诗《哎，我心中的鲜桃
树》小记………………………………………牧　丁
蒙汉合作的科研新成果——评介《蒙古族文学简史》
（汉文版）……………………………………贾　融
充分发挥文艺轻骑兵的作用——中国作协内蒙古分会
与本刊召开报告文学创作座谈会……………本刊记者

美术

鄂温克小屋（油画）…………………………韩金宝
山水画新作（中国画）………………………赵维敏
赶集　鄂家春夜（木刻）……………………刘宝平
金峰雨霁图（中国画）………关和璋绘画　贾　漫配诗

1982 年第 8 期　刊名:《草原》

目录

小说

路遇……………………………………………张志彤
达那巴拉与金香………………（蒙古族）扎拉嘎胡
一颗老人的心…………………………………张时鲁
绿色的梦………………………………………刘贵贤
老郑……………………………………………夏元虎
相亲……………………………………………谷丰登
小小说四篇……………………………………王树田

诗歌

小溪……………………………………（满族）戈　非
北京怀古五首…………………………（蒙古族）查　干
情感的独白……………………………………晓　钢
爱与友情………………………………………赵健雄
黑色的地下……………………………………万　方

草原今天的歌

网……………………………（蒙古族）乌吉斯古冷
哦，锡林郭勒…………………………（蒙古族）青格里
草原牧歌………………………………（苗族）石太瑞
草原思情………………………………………旭　宇
在草原，我失落了恋情………………………川　之

草原今天的歌

抹去吧、这勒勒车辙痕…………………………李宝柱
套马……………………………………………雷天放
在山野，我寻找诗的标点……………………潘万提
一嗓子唱绿了草原……………………………赵忠贵

散文

织锦铺翠………………………………（蒙古族）康万余
公主府忆音……………………………（蒙古族）欧沛音

革命回忆录

"血星"高照——忆绥远省反帝大同盟的活动片断
………………………………杜如薪忆述　张士耕整理

理论

一束别具色香的艺术之花——论达斡尔族舞春
·····················（达斡尔族）巴图宝音
《骑兵之歌》民族性格塑造初探
·····················（蒙古族）荣·苏赫
"魔方⋯⋯"——生活与创作随笔···········胡德培

美术

布里亚特妇女（油画）···············叶立夫
春夜（中国画）···········杨志凌 樊智圃
秦汉瓦当····················牛泽甫
晨曲 青山秋色（木刻）·········巴 拉 燕 明
晨（油画）····················訾云程

1982 年第 9 期　刊名:《草原》
目录

真正的爱——记廷懋同志和他的牧民儿子巴特尔
·····················（蒙古族）傲 腾
他扶着她，走在山水之间···········江 浩
巴林左旗包干到户纪略·············湘 霖
艰苦的探索——写凉城县县委书记郭继明····李 尧
雕塑家之春····················贾 漫
汗影中的舞姿···················沙 痕
为了千万双眼睛······韩雄江 郭世乐 范新义
青春常在····················文 辛
她，一粒叶绿体·········（蒙古族）乌·达尔罕
未知数的答案···················李 汀
冰山之魂····················石 羽
奔跑啊，向着地平线···············王家力
但愿香甜满人间·············李少白 阎锐军
在有限的空间里求索·········（蒙古族）青格里
岁老根弥壮，阳骄叶更萌············胡 煜
形势·政治激情·轻骑兵——在内蒙古报告文学创作
座谈会上的讲话（摘要）············云照光
报告文学散论——在内蒙古报告文学创作座谈会上的
发言（摘要）················敖德斯尔
勃蓬的英姿，绚丽的画廊——本期报告文学巡礼
·······················文 吉
腾（油画）····················赵文华
木刻小品两幅···················文 科
森林卫士（木刻）饮（木刻）·······肖 宽 王士波
梦（油画）····················刘沛波

1982 年第 10 期　刊名:《草原》
目录

钟声响了·····················张志彤
夏营地，草原上的人们·······（蒙古族）巴图蒙和
她在心灵的土地上耕耘·······（蒙古族）毕力格太
扫帚梅·············（达斡尔族）孟和博彦
吉日嘎勒和他的叔叔········（蒙古族）阿云嘎
吵吵嚷嚷·····················丁 茂
小野······················邓九岗
他和她·····················姜 磊
回眸一笑····················张志诚
精神污染的牺牲者················宜 文
解"疙瘩"····················樊志勇
外套···········[美]塞勒·本生著 金国嘉译
青草的抚慰·········[意]路易吉·皮蓝德娄著
（蒙古族）朝戈金译
一代新人的崛起
——评《钟声响了》·········（回族）李可达
揭示草原牧民心灵深处的美——谈《夏营地，草原上
的人们》中的人物塑造············刘英建
朴实·深情——读《精神污染的牺牲者》有感
·······················陆 石
把笔触向人物的心灵中——《她在心灵的土地上耕
耘》简评··············（回族）马逵英
锡林四季（中国画）···············李 册
书法木刻·········（达斡尔族）耶 拉 敖小荷
木刻作品两幅···················张学琨
牧羊女（油画）···········（蒙古族）王延青

1982 年第 11 期　刊名:《草原》
目录

小说

斗二闲话·············（满族）尚静波
裂变······················李耀先
慈母心·····················刘金林
转折······················马小刚

诗歌

大自然之歌（组诗）········（蒙古族）巴·布林贝赫
内蒙行（十四行诗·八首）············蔡其矫
诗词三首····················王逸伦
我吹一支柳哨··················雷恩奇
山村杂感（七律九首）·········（满族）关和璋
绿色的地平线（组诗）··············陈广斌
林海花束（二首）················柴德森

小路（外一首）································易殿选
巴丹吉林诗笺（四首）····················董培勤
阅后····································周　斌

草叶集
一瓣羞涩的恋情··························王　燃
给我冬天里的伙伴························艾　平
归·························（藏族）伊丹才让
无题三首····················雨横山　独桥木
落叶（外一首）··························姚　莹
草原，彩色的幻影（二首）················文　然
墙角，有棵小杏苗························王心潮
思念·················（蒙古族）哈斯乌拉
风····································毕福堂

散文
故乡············（蒙古族）敖德斯尔著　陈乃雄译
夜的复苏································杨　笛
红松崖，我心中的纪念碑··················李庆通
立体交叉桥···············（蒙古族）乌吉斯古冷

报告文学
撑山的人································鲁　庄

民间故事
银湖（新编神话故事）
····（达斡尔族）敖·哈斯巴图尔　阿勒木斯　学　泉

理论
不是序言································韦君宜
我区工业战线上的动情礼赞——谈《草原》第九期的
三篇工业题材的报告文学··················牛澍雨
一曲真善美的颂歌——评《他扶着她，走在山水之
间》····································李可达
人物·精神·哲理——读贾漫的报告文学《雕塑家之
春》····································张风翔
为党和人民创作出更多更好的精神食粮
································（蒙古族）斯琴高娃

革命回忆录
铁窗内外················韩燕如忆述　剑　羽整理

美术
早春（油画）····························燕　杰
关和璋画展选登
青山秀色（中国画）篆刻··········胡文甫　程子英
明锐近作三幅（油画）

1982 年第 12 期　刊名:《草原》

目录

小说
二月二龙抬头····························陈计中
人老惜子································徐　扬
生的希望································方　晨
洒满阳光的小院··························郝　俊
处女作
知时节································高　梧
新婚礼服································郄桂彩

诗歌
草原雕像（组诗）························温　源
射虎者（外一首）························田　间
嘹亮的敲响吧，晨钟（外一首）············张　廓
矿工之歌（组诗）························尹　军
春天的雨································姜强国
我，在绿叶上读诗············（蒙古族）德·巴雅尔
林海杂咏（五首）························万以诚
森林里的收获（四首）····················艾　平
大兴安岭纪行（组诗）····················黄　淮
小花絮语······················（蒙古族）乌　利

散文
声情并茂独具一格························文　浩
大漠觅城曲······························文　吉
新娘之歌································郑万鹏

报告文学
歌啊，那是你爱的心迹····················赵正林
一个中国父亲的爱························马立和

革命回忆录
铁窗内外················韩燕如忆述　剑　羽整理

理论
鄂尔多斯高原战斗历史的艺术再现——漫评云照光电
影文学创作······························郭　超
力去陈言独树一帜——评陈寿朋同志新作《外国文学
名篇欣赏》······························赵宗志
对莠草和莠言的认识——读《公仆，我们在想什
么……》后的有感························张尚英

美术
归（中国画）····························王建民
认真学习、宣传，贯彻党的十二大精神（宣传画）
····································明　锐

思沁近作三幅（中国画）
油画水彩作品选登············耶 拉 张文斌 林国华

1983 年第 1 期　刊名:《草原》
目录

小说
失去一条腿的人·····················张作寒
雪天里的桦树林···········（鄂温克族）乌热尔图
草原的肖像·······················许 淇
有这样一个共青团干部···············王正平
三道银箍的烟锅···················赵玉衡
同行··························张向午
多好的银杏树·····················陈学工

诗歌
梭··························安 米
绿色的思念（外二首）················高 平
巫山红叶·······················寒 星
寻觅·························程全中
彩蝶与鲜花（外一首）
···············（蒙古族）力格登著 张宝锁译
写给草原防护林（外一首）·············桑 原
无名草·······················李少白
"奶酪"（外一首）··················刘福仁
雪花集（散文诗）···················厉 克
白云（散文诗）····················毛建一

草原风情录
红霞·························全秉荣
我思念河套田野——致远方的朋友·········李若敏
伊敏春色·······················朱传雄

作家专访
昔日跃马疆场　今朝蜚声文坛——访蒙古族作家敖德
斯尔·························李世琦

理论·评论
作家要争当精神文明建设的开拓者········本刊评论员
鄂温克族人民生活的真实写照——评乌热尔图的短篇
小说创作·······················周廷芳
他写出了他的民族——谈谈乌热尔图作品的民族性格
···························滑国璋
隽永清新，赋情独深——读乌热尔图《一个猎人的恳
求》······················（回族）白 贵
简讯一则

美术
穿过沼泽地（油画）··················韩金宝
作家近照
慈母、夺魁之后（木刻）············齐 坤 肖 宽
年轮（中国画）····················刘兆平

1983 年第 2 期　刊名:《草原》
目录

小说
曹老灰、范能人和"二郎山"书记的午餐·······白 帝
啊，篦子花·······················赵淑芳
淡蓝色的野菊花····················沙 痕
火烧玛的后代·····················韦 苇
浪淘尽························桑 苗
淡淡的粉杜鹃···············（鄂温克族）杜 梅
望着我，那双深情的眼睛·········（鄂伦春族）阿代秀

诗歌
大青山前（组诗）···················贾 漫
敖鲁古雅，绿色的鄂乡（组诗）···········张之涛
我和诗姑娘·················（回族）沙 蕾
瘸狼（儿童诗）···············（满族）胡 昭
今出塞·······················浪 波

诗苑新蕾
三角帆……（外二首）················田炳信
写给沉睡的朋友············王伊林 张晓雷
风雨曲························平 平
黄昏（外二首）····················张改娟
落叶（外一首）····················公 英
童年忆歌（三首）···················尹建莉
开山者之歌（外一首）················郑建军
花（外一首）·····················彭建祖
山溪（外二首）··············（回族）王爱群

草原风情录
收山曲儿的······················李子恩
鄂尔多斯，你奇妙的歌声···············郭永明

作家专访
"艺术家是大自然的情人"，不是时代的歌手——访
蒙古族诗人巴·布林贝赫·········（蒙古族）毕力工

理论·评论
草原人们的幸福之路·················魏泽民
《骑兵之歌》再版后记···········（蒙古族）敖德斯尔
写出草原的风味，写出时代的色彩——《草原》小说

专号印象记⋯⋯⋯⋯⋯⋯⋯⋯⋯白海珍

美术

布和沁夫（油画）⋯⋯⋯⋯⋯官其格
作家近照
曹雪芹（木刻）篆刻⋯⋯⋯⋯张光会
夏（油画）⋯⋯⋯⋯⋯⋯⋯⋯巴忠文
满都海公园掠影（照片）⋯⋯郑　福

1983 年第 3 期　刊名:《草原》
目录

小说

青云曲⋯⋯⋯⋯⋯⋯⋯⋯⋯⋯程　中
航海日志⋯⋯⋯⋯⋯⋯⋯⋯⋯张保文
人活着⋯⋯⋯⋯⋯⋯⋯⋯⋯⋯李仲臣
骏骨（历史小说）⋯⋯⋯⋯⋯刘巨才

小小说特辑

送调（三篇）⋯⋯⋯⋯⋯⋯⋯杨海山
有这样一位合唱指挥⋯⋯⋯⋯吴彤申
厂长搬家⋯⋯⋯⋯⋯⋯⋯⋯⋯陈弘志
麦琪的新礼物⋯⋯⋯⋯⋯⋯⋯李龙印
一双毛袜⋯⋯⋯⋯⋯⋯⋯⋯⋯王文焕
巧合⋯⋯⋯⋯⋯⋯⋯⋯⋯⋯⋯阿　鹏
这样的星期天⋯⋯⋯（鄂温克族）永　莉

散文

发射台礼赞⋯⋯⋯⋯⋯⋯⋯⋯黄　彦

诗歌

艺术家的世界（组诗）⋯⋯⋯赵健雄
诗论点滴⋯⋯⋯⋯⋯⋯⋯⋯⋯韩燕如
他，迈进工厂的大门⋯⋯⋯⋯黄锦卿
公路（外一首）⋯⋯⋯⋯⋯⋯王维章
人（外二首）⋯⋯⋯⋯⋯⋯⋯周雨明
炉台纪事（三首）⋯⋯⋯⋯⋯纪征民
草之原（外一首）⋯⋯⋯⋯⋯石　英
草原之歌⋯⋯⋯⋯⋯（蒙古族）郑道远

草叶集

爱的期待（外一首）⋯⋯⋯⋯李兰生
我有了家庭⋯⋯⋯⋯（蒙古族）王秋平
达赉湖冬天的歌⋯⋯⋯⋯⋯⋯张之静
别离（外一首）⋯⋯⋯⋯⋯⋯魏志远
写给森林勘测队（二首）⋯⋯尹　涵
船⋯⋯⋯⋯⋯⋯⋯⋯⋯⋯⋯⋯军　阳

草原风情录

呼伦贝尔札记⋯⋯⋯⋯（蒙古族）暴彦巴图

民族民间文学

蒙古族动物故事三则⋯⋯⋯⋯胡尔查翻译

作家专访

他是儿童心灵美的挖掘者与传播者——访儿童文学作家杨啸⋯⋯⋯⋯⋯⋯⋯⋯⋯肖　犁

理论·评论

马克思与文艺问题⋯⋯⋯⋯⋯白肖章
探索·角度⋯⋯⋯⋯⋯⋯⋯⋯班　澜
人物描写是作品的焦点⋯⋯⋯程全中
浅谈张作寒的两篇小说⋯⋯⋯张贵明

美术

双马图（油画）⋯⋯⋯⋯⋯⋯妥木斯
作家近照
二龙戏珠（摄影）（选自呼市灯展）⋯刘炳祥
自留畜（摄影）⋯⋯鄢凤革　崔彦平　王士波
岱海风光（水粉）⋯⋯⋯⋯⋯应维江
夏（水粉）⋯⋯⋯⋯⋯⋯⋯⋯杨森茂

1983 年第 4 期　刊名:《草原》
目录

小说

脚手架上的苦乐悲欢⋯⋯⋯⋯张志彤
抗争⋯⋯⋯⋯⋯⋯⋯⋯⋯⋯⋯古　月
扣在裤带上的手⋯⋯⋯⋯⋯⋯丁　芒
试讲⋯⋯⋯⋯⋯⋯⋯⋯⋯⋯⋯王之义
在河边的摆渡口⋯⋯（达斡尔族）孟和博彦
青春的旋律（二题）⋯（蒙古族）毕力格太
鲁班的弟子们⋯⋯⋯⋯⋯⋯⋯邢原平
推倒这堵墙⋯⋯⋯⋯⋯⋯⋯⋯刘　迁
婚事⋯⋯⋯⋯⋯⋯⋯⋯⋯⋯⋯孙　发
熏鸡仙子⋯⋯⋯⋯⋯（蒙古族）甫澜涛

作家专访

并蒂开花于北国文苑——访中年作家汪浙成、温小钰⋯⋯⋯⋯⋯⋯⋯⋯⋯（蒙古族）包明德

理论·评论

短篇小说的提炼与浓缩⋯⋯⋯郭　超
才力为什么枯竭?⋯⋯⋯⋯⋯李贵仁
世界观和美的发现⋯⋯⋯⋯⋯宋　垒
"球是圆的⋯⋯"⋯⋯⋯⋯⋯⋯胡德培

要潜心探龙珠　莫躬身捡鳞爪—————————————宋生贵

美术

牧歌（油画）——————————————————吉尔格楞
作家近照
内蒙古建筑写生—————————————————杨志凌
纳·达楞古日布的画

1983 年第 5 期　刊名:《草原》
目录

处女作特辑
活宝米照（小说）—————————————————罗岩峰
那一场大雨（小说）————————————————李凌剑
永恒的记忆（小说）————————————————尚贵荣
借口（小说）———————————————————崔占海
第五十九封退稿信（散文）—————————————金秀梅
小草颂（散文）——————————————————刘景醇
黄昏里的独白（诗）————————————————杜涌涛

小说
短促人生中的最后一页———————————————沙　痕
紫竹箫——————————————————————陈计中
那一次乘车————————————————————马小钢
晨曦照进车窗的时候————————————————王升山
新婚车队—————————————————————何德权

诗歌
鄂乡风情（组诗）—————————————————刘福仁
春天，绿色的诗行（三首）————————————刘益善
希望，像一只百灵（外一首）———————————王　燃
笑（外二首）———————————————————赵天瑞
早晨，牧场印象（外一首）————————————张洪波
湖水清清（外一首）————————————————董恒波
历史的回声（二首）————————————————陈广斌
大学生活断想———————————————————贾　勋
脚印——————————————（蒙古族）阿日斯楞
露珠（外一首）——————————————————于中诚
草原四题—————————————————（回族）李兰生

草原风情录
河套忆——生活是从这里开始————————————梁　衡

作家专访
啼血而歌笔纵横——访诗人贾漫————————————张凤翔

理论·评论
长风·大漠·夕阳——诗体小说《野茫茫》漫步
——————————————————————————张　廓
沟通心灵的歌唱——漫论赵健雄的诗———————仲　文
在诗的王国里探索、追求——读赵健雄的诗———耕　耘
略论《江格尔》的民族特色和地方特色
—————————————————（蒙古族）扎拉嘎胡

美术
青山深处（摄影）—————————————————高树德
作家近照
王绂裂画（连环画）————————————————刘志刚
燕杰的画

1983 年第 6 期　刊名:《草原》
目录

小说
花开了，在开花的季节———————————————李慧鹏
生活，从这里开始—————————————————赵淑芳
烟雾在升腾————————————（鄂温克族）杜　梅
心灵深处—————————————————————蒋宝先
提黑皮包的青年——————————————————林海鸥
枫叶——————————————————（蒙古族）麦丽丝
牧野上，她发现一颗星———————（鄂温兑族）安　娜
零点有洪峰————————————————————刘玉琴
三个女大学生———————————————————王冬梅

散文
亨利·劳森的孩子们————————————————温小钰
啊，我那狍崽——————————————（达斡尔族）阿　凤
花之韵——————————————————————孙　力

诗歌
森林交响曲（散文诗四首）————————————梁彬艳
我梦中的玫瑰（散文诗）—————————————王晓婷
我的萨日娜———————（蒙古族）斯琴高娃　薇　子
换阄儿——————————————————————陈　珍
"'"号（外一首）—————————————————张新生
国门情思—————————————————————张之静
帆—————————————————————————尹建莉
我——————————————————（蒙古族）韩牡丹
我的表（外二首）———————————（蒙古族）王海花
春（外二首）———————————————————张改娟
我的诗——————————————————————小　凡
迎春花（外二首）—————————————————王桂香

理论·评论

兴安岭上艳丽的花——简介我区几位少数民族女作者
的短篇小说 ························田 怡 余瑛祺
她在探索青年人的心灵世界——试评赵淑芳的短篇小
说 ···································张锦贻
文学创作要更上一层楼 ·····················苗 林

美术

沙海深处（油画）················（满族）金 高
活跃在文学战线上的内蒙古各族女作者
巡诊归来（木刻）···········（达斡尔族）托 娅
幕春（油画）··················（满族）金 高
鄂尔多斯姑娘（水彩）···········（满族）赵齐坤
午（水印木刻）·······················杨 敏

1983 年第 7 期　刊名:《草原》
目录

小说

天鹅栖息的地方 ·························江 浩
草原夜话 ·····························冯苓植
他们四个 ·····························尚静波
金色的鄂温克草原 ·······················涂志勇
聪明者的收获 ··························田 彬
舞台，有这样一个角落 ·····················李仲臣
银花笑了 ·····························丁 茂

理论

需要穿透性的目光——读《苦夏》随想 ···········杨匡汉
人民哺育了我们 ···················汪浙成 温小钰
她掘出了人们心底的爱的清泉——读《驼峰上的爱》
札记 ·························滑国璋 黎 伦
他对爱的巡礼不仅仅在驼峰上——访中年作家冯苓植
····································董宣荣
善和美的绿洲——读《七岔犄角的公鹿》 ·········西日漠

著名诗人纳·赛音朝克图逝世十周年

怀念纳·赛音朝克图同志 ···················敖德斯尔
诗人不在诗常在——怀念诗人纳·赛音朝克图同志
····································韩燕如
怀故 ······························安柯钦夫
永恒的回忆 ···························贾 漫

诗歌

浅草（组诗）···························戈 非
我的爱，在北方（组诗）·····················查 干
扒羊肉待亲人（外一首）·····················毛宪文
下井（外一首）·························孟 河

草原行（三首）·························荣竹林
八百里秦川杂咏（二首）·····················郑迪年
永遇乐 ·····························尚贵荣
额吉的笑 ·····························王忠范
夜在戈壁深处 ··························董培勤
虹 ································张树宽
致一位园丁 ···························王家德
青城漫步（三首）·······················乌吉斯古冷
山村即景（外一首）·······················王维正
菜农（外一首）··························秦 才
读者·作者·编者

美术

故乡寄情 ····························布尔固德
我区获一九八二年全国中、短篇小说奖作家近照
素描头像 ·····························张蓬扬
瓦当 篆刻 ····························牛泽甫
明锐的画

1983 年第 8 期　刊名:《草原》
目录

小说

深深的河 ·····························阎立宏
兴隆车店 ·····························陈福廷
潺潺流淌的阿拉坦河 ·······················哈斯乌拉
悼亡 ································纪征民
天涯芳草——海南纪事 ·····················文 辛
桴鼓不鸣董少平 ··························李庆通
在泥泞的土路上 ··························王正平
唱"莲花落"的人 ·························谷丰登

诗歌

星星 ································安 谧
我飘荡在草原 ··························王维章
考验（外四首）··························周雨明
海滨抒情曲（组诗）·······················禾 波
哦！大海哟 ···························张湘霖
鄂赛二题 ·····························于宗信
秋叶 ································穆向阳
纯洁 ································远 方

散文

沙原组曲 ·····························郭永明
开拓者的足迹 ··························李 汀
母亲树 ······························傅永国
登山记 ······························张士耕

理论

可贵的艺术直觉⋯⋯⋯⋯⋯⋯⋯⋯⋯⋯⋯温小钰
美在"单一的杂多"——与友人书⋯⋯⋯⋯邝涵
真实而有意境——评《大漠情思》的艺术特色
⋯⋯⋯⋯⋯⋯⋯⋯⋯⋯⋯⋯⋯⋯⋯⋯⋯⋯贾融
读者·作者·编者

美术

吉祥舞（摄影）⋯⋯⋯⋯⋯⋯⋯⋯⋯⋯⋯陈启东
作家近照
赛（木刻）⋯⋯⋯⋯⋯⋯⋯⋯⋯⋯⋯⋯⋯金中全
篆刻⋯⋯⋯⋯⋯⋯⋯⋯⋯⋯⋯⋯⋯⋯⋯⋯文维义
水粉画家张文斌

1983 年第 9 期 刊名:《草原》
目录

诗歌

齐声高唱——献给民族团结的先进者⋯⋯⋯杨植霖
兄弟俩拉家常——为民族团结表彰大会而作
⋯⋯⋯⋯⋯⋯⋯⋯⋯⋯⋯⋯⋯（蒙古族）布赫
远方的爱⋯⋯⋯⋯⋯⋯⋯⋯⋯⋯⋯⋯⋯⋯贾漫
山茶花的怀念⋯⋯⋯⋯⋯⋯⋯⋯⋯⋯⋯⋯张之涛
游牧人的追求（组诗）⋯⋯⋯⋯（蒙古族）青格里
团结松⋯⋯⋯⋯⋯⋯⋯⋯⋯（蒙古族）毕力格太
花径思⋯⋯⋯⋯⋯⋯⋯（蒙古族）齐·莫日根著
尹明 阿日岱译
延边拾穗（二首）⋯⋯⋯⋯⋯⋯（朝鲜族）金哲著
金一译
兴安岭掠影（二首）⋯⋯⋯⋯⋯（朝鲜族）金勋
生命的旋律（二首）⋯⋯⋯⋯（蒙古族）蒙根高勒
草叶集（外二首）⋯⋯⋯⋯（蒙古族）钢特木尔
遗落的籽粒⋯⋯⋯⋯⋯⋯⋯⋯⋯（回族）高云华
尕斯库勒湖⋯⋯⋯⋯⋯⋯⋯⋯⋯（苗族）石太瑞

小说

江河潮——《北国》第二部选章⋯⋯⋯⋯张长弓
枣红马和勒勒车⋯⋯⋯⋯（达斡尔族）哈斯巴图尔
宝力托热老头的谎话⋯⋯⋯⋯（鄂温克族）涂志勇
长长的乌日图河⋯⋯⋯⋯⋯⋯⋯（蒙古族）奥奇
薄雾⋯⋯⋯⋯⋯⋯⋯⋯⋯⋯（达斡尔族）阿军
四合院的后代⋯⋯⋯⋯⋯⋯⋯⋯（满族）叶武亮
孤独的"仙人柱"⋯⋯⋯⋯⋯（鄂伦春族）敖长福
真实的报告⋯⋯⋯⋯（蒙古族）道卜钦巴拉珠尔
水，是浓的⋯⋯⋯⋯⋯⋯⋯⋯⋯⋯⋯⋯李冠宇
山村的悼念⋯⋯⋯⋯⋯⋯⋯⋯⋯（蒙古族）马宝山

散文

金驹长嘶⋯⋯⋯⋯（蒙古族）苏尔塔拉图著 材音博彦译
草原奇葩壮银河⋯⋯⋯⋯⋯⋯⋯⋯⋯⋯杨若飞
吊桥联想曲⋯⋯⋯⋯⋯⋯⋯⋯（锡伯族）佟·巴拉珠尔

散文诗

草原鹰（四章）⋯⋯⋯⋯⋯⋯⋯⋯⋯⋯⋯厉克
奉献⋯⋯⋯⋯⋯⋯⋯⋯⋯⋯⋯⋯（蒙古族）乌力
我今天的故乡哟⋯⋯⋯⋯⋯⋯（蒙古族）杨惠良
城里的小草（外二章）⋯⋯⋯⋯（蒙古族）罗允和
草原交响曲（三章）⋯⋯⋯⋯⋯⋯⋯⋯⋯白帝
耕耘者的歌（三章）⋯⋯⋯⋯⋯⋯⋯⋯⋯李耕
彩色的蝶影⋯⋯⋯⋯⋯⋯⋯⋯⋯⋯⋯⋯王再平

理论

新的人物新的思想的颂歌——读《扎拉嘎胡中短篇小
说选》札记⋯⋯⋯⋯⋯⋯⋯⋯⋯⋯⋯⋯王勋铭
黎明，他在塞原大道上驰骋——访蒙古族作家扎拉嘎
胡⋯⋯⋯⋯⋯⋯⋯⋯⋯⋯⋯⋯⋯⋯⋯⋯周侗
望着远去的队伍⋯⋯⋯⋯⋯（蒙古族）扎拉嘎胡
民族团结的歌声在这里震响——评短篇小说《高高的
罕山》和《深红色的玉石烟袋嘴》
⋯⋯⋯⋯⋯⋯⋯⋯⋯⋯⋯⋯（蒙古族）毕力工

美术

内蒙古人大常委会大楼（摄影）⋯⋯⋯⋯班增春
作家近照
书法篆刻⋯⋯⋯⋯⋯⋯⋯⋯⋯孙卓章 牛泽甫
十月的兴安岭（水彩）⋯⋯⋯⋯⋯⋯⋯⋯尹星

1983 年第 10 期 刊名:《草原》
目录

小说专号

小说创作十戒（连载之一）⋯⋯⋯⋯⋯⋯王笠耘
草原育花人——记人民文学出版社编审王笠耘
⋯⋯⋯⋯⋯⋯⋯⋯⋯⋯⋯⋯⋯⋯⋯⋯⋯谢明清
绿色的岁月（中篇小说）⋯⋯⋯⋯⋯⋯⋯张作寒
虔诚者的遗嘱⋯⋯⋯⋯⋯⋯⋯⋯⋯⋯⋯哈斯乌拉
哦，阿篓⋯⋯⋯⋯⋯⋯⋯⋯⋯⋯⋯⋯⋯赵玉衡
我们家那"老爷子"⋯⋯⋯⋯⋯⋯⋯⋯⋯春矢
翠鸟的歌⋯⋯⋯⋯⋯⋯⋯⋯⋯⋯⋯⋯⋯大海
第七篇报告文学⋯⋯⋯⋯⋯⋯⋯⋯⋯⋯马立和
演出尚未开始⋯⋯⋯⋯⋯⋯⋯⋯⋯⋯⋯谷瀛滨

小小说

转向，一百八十度⋯⋯⋯⋯⋯⋯⋯⋯⋯伊德尔夫
第一次汇款⋯⋯⋯⋯⋯⋯⋯⋯⋯⋯⋯⋯王树田

云雀儿 ················· 张志升
今日停水 ················· 邓九刚
喜鹊巢 ················· 苏菁华
匹夫之怒 ················· 文 光
跟踪 ················· 王不天

作家评介

关于《漠南魂》——与文学朋友回答 ········· 张长弓
论《漠南魂》的"史诗"性开掘 ········· 班 澜
边鼓漫敲 ················· 安 谧
纵身投瀚海 奋笔写沧桑——张长弓侧影 ··· 黄 彦
晨（油画） ················· 妥木斯
作家近照
美术作品选登 ········· 刘兆平 朝 萍 何住山
妥木斯的画

理论

一部幽默而感人的作品——中篇小说《孙老胖进山》
读后 ················· 周 偶
深刻反映生产责任制的瑰品——读短篇小说《抗争》
················· 梁文清
我对《抗争》的一点看法 ········· 黄社成
两个被扭曲者的团结——谈《抗争》中的周宽和韩六
指 ················· 何思玉
读者·作者·编者

美术

入冬
作家近照
木刻二幅 ········· 燕 亮 哨 布 方 生
爱新觉罗·毓峨的画

1983 年第 11 期　刊名:《草原》
目录

文学讲座

小说创作十戒之二（上） ········· 王笠耘

小说

孙老胖进山（中篇） ················· 田 彬
城边偶记 ················· 芒 仲
月亮，你看到了什么 ················· 耿 瑞
但愿…… ················· 王德明
昨天晚上 ················· 刘大松
蜡烛 ················· 夏元虎

诗歌

那达慕 ················· 赵健雄
飞来的城 ················· 火 华
彩虹曲 ················· 王 栋
深夜，在洁白的产房（二首） ········· 尹 军
故乡的栀子花（组诗） ················· 晏 明
小船（外一首） ················· 徐 英
我愿，我是小小的火花一朵 ········· 王心潮
乡村，一个旋律在流动（二首） ········· 文 然
小路·牧笛（外一首） ················· 玄祖光
沙枣花（外一首） ················· 于忠诚
卖花女 ················· 王家德
种籽 ················· 叶文彬

散文

心中的画 ················· 许 淇
文竹 ················· 方 澈
车过草原（外一章） ················· 冯仁杰

1983 年第 12 期　刊名:《草原》
目录

文学讲座

小说创作十戒之二（下） ········· 王笠耘

小说·报告文学

奋发淬砺（报告文学）——草原的女儿斯琴娃
················· 赵正林
德益斋（报告文学） ················· 吴佩灿
突围（中篇小说） ················· 尚静波
高荣才修车 ················· 徐 扬
觉醒的草原（鹰的传奇 长篇选章） ········· 杨 啸

散文

山那边，有一首我听不懂的歌 ········· 邓致远
我和孩子爬山 ················· 李廷舫
雪夜望月 ················· 乔澍声

诗歌

土默川人物速写（三首） ········· 毕力格太
一片紫色的希望（外一首） ········· 王 磊
电线杆的自述 ················· 王树田
壁毯：古长城的折光 ················· 倪向阳
轻辕浅辙（组诗） ················· 杨若飞
紫竹·丁香·碧桃 ················· 陈 静
塞外抒情（二首） ················· 魏 人
额吉，在您的北疆（组诗） ········· 李子恩

理论

杨啸和他的儿童文学创作
——《鹰的传奇三部曲》序 ········· 浩 然
一束淡雅的小花

——浅谈沙痕近期的短篇小说 ———————— 李树榕

美术
雪中花 ——————————————————— 候 德
作家近照
版画三幅 ——————————————————— 陈德祥
马莲作品选登

1984 年第 1 期　刊名:《草原》
目录

文艺创作要为增进民族团结作出贡献——在我区中国
作家协会会员会议上的讲话 —————————— 布 赫

小说
引力 ————————————————————— 金 河
绣花烟荷包的坠子 ——————————————— 朋斯克
奔月 ————————————————————— 徐翔麟
黄河，向前流着 ——————————————— 史爱平
寂寞与温暖 ————————————————— 程 中
智者千虑 —————————————————— 刘金林
第一百个球 ————————————————— 姜胜群
搏 —————————————————————— 姚 秉
默默的辙迹 ————————————————— 孟凡汉
森林里的歌 ————————————————— 王福生
赎回尊严的人 ———————————————— 甄可君

诗歌
遗留在避暑山庄的诗 ————————————— 查 干
草原的路 —————————————————— 贾 勋
祖国，当我听到 ——————————————— 孟 河
金色的茭茭草 ———————————————— 阿尔岱
金缕曲 ————————————————————— 刘金琼
菩萨蛮 ————————————————————— 倪阳向
河西走廊行 ————————————————— 周雨明
格律诗 ————————————————————— 荣竹林

散文
草原的小路 ————————————————— 林海鸥
瓷乡的路，五彩的路 ————————————— 王秀华

文学讲座
小说创作十戒之三（上）———————————— 王笠耘

评论
琐论《驼峰上的爱》及其他 —————————— 包明德
为开拓者谱写的时代赞歌——读《出钢的地方》漫笔
———————————————————————— 郭 超
传情的一个特殊手段 ————————————— 张宏梁

情深意远，真切动人 ————————————— 漠 地
题材、剪裁及细节描写 ———————————— 南 山

美术
牧牛 ————————————————————— 周 宇
作家近照
巴雅尔美术作品选登

1984 年第 2 期　刊名:《草原》
目录

文学讲座
小说创作十戒之三（下）———————————— 王笠耘

小说
在那遥远的草地 ——————————————— 路 远
张队长的烦恼 ———————————————— 丁 茂
笔会随笔 —————————————————— 吴翼民
飘动的"绿叶" ———————————————— 万 路
人约黄昏后 ————————————————— 李廷舫
不惑之年 —————————————————— 高 锋
马家小店 —————————————————— 行 速

诗歌
手之歌 ————————————————————— 乌吉斯古冷
腾格里边缘（二首）—————————————— 肖 川
边防的夜（三首）——————————————— 张赞廷
炉台小景（外二首）—————————————— 张树宽
煤城信息（三首）——————————————— 万 方
致钢铁大街的设计师（外一首）———————— 张海泷
摘豆角（外一首）——————————————— 战翠莲
长城，母亲的脊骨 —————————————— 乐 奇
我是小草 —————————————————— 艾 鸣

散文
博格达峰抒情——新疆纪行
——————————————— 敖德斯尔文 陈乃雄译
散文三题 —————————————————— 大 海

散文诗
雪花吟（四章）———————————————— 厉 克
铁路人物（二章）——————————————— 冯仁杰
江湾（四题）————————————————— 何 博
捧起飘逸的哈达（外一章）—————————— 王再平

理论
时代精神与民族特色 ————————————— 孟和博彦
文学的现代化与民族化刍议 —————————— 周廷芳

真实地表现人民的忧患、欢乐和希望——哈斯乌拉小说创作初探·······张时鲁

诗人的头脑也许多几道褶儿——西窗诗话：想象·······阿 红

读者·作者·编者

美术
汲水·······马长江

木刻二幅·······刘明君 巴 图

乌勒摄影作品选登

理论
"异化热"与人性描写琐议·······包明德

"人类灵魂的工程师"赞·······刘英建

干部啊，认识你的历史使命吧——读中篇小说《孙老胖进山》有感·······刘生力

美术
途中·······包丰华

木刻·······托 娅

孟喜元美术作品选登

1984 年第 3 期　刊名:《草原》
目录

文学讲座
小说创作十戒（四）·······王笠耘

小说
白桦林中的废墟·······冯国仁

"崇拜"变奏曲·······赵玉衡

麦收时节·······安志明

选择·······林牧夫

四喜临门·······宋立军

玉泉河的秘密·······张长怀

酒宴·······于学军

冷暖·······耿天丽

月有阴晴圆缺·······云晓璎

民间文学
仙梦（鄂伦春族民间故事）·······巴图宝音搜集整理

色勒乌特（鄂温克族民间故事）·······武永智搜集整理

阔热乎（达斡尔族民间故事）·······苏 华搜集整理

玉女峰的传说（蒙古族民间故事）·······阿力卓兰

诗歌
游牧人的追求（组诗）·······青格里

市场情（三首）·······玄祖光

阿拉善夜曲·······董培勤

风说·······雷 雷

乡情·······王 磊

新爬山歌·······巩丕铨

故乡·······黄云鹤

童话
草原上的幸运儿·······明 照

散文
诺敏河·······敏 诺

1984 年第 4 期　刊名:《草原》
目录

文学讲座
小说创作十戒之五·······王笠耘

小说
桦皮船的摆渡者·······吴立军

财神爷小记·······郝玉峰

心愿·······蒋保先

奶茶格外香·······刘正华

赌东·······邱维俊

撕毁了的论文·······（蒙古族）张志诚

士别三日（外一篇）·······许 淇

草原儿童速写（二则）·······莫·阿斯尔著 哈达奇·刚译

意外·······柯显瑶

主角王大宝·······曹雪英

诗歌
在北方的江南人（三首）·······赵健雄

远方的朋友，我告诉你·······王维正

彩色的歌（外一首）·······（朝鲜族）金 哲

我是一片树叶（外一首）·······张增瑞

农家喜讯·······王家德

在百花盛开的草原上·······王 燃

二重奏·······翼 华

没有忘记·······张文华

考场上，有一个少妇·······黄恩智

山·······王松涛

驼铃·······于中诚

苏州·······刘跃振

蓝天下，高楼在生长·······高 岩

散文诗
春之歌·······张蒙侠

春天的日历·······李 耕

夏思 ———————————————————————— 占小玲

散文

额济纳访古 ———————————————————— 陈育宁
海的印象 —————————————————————— 张明馥

理论

表现人的灵魂的美质——评王之义近年来反映农村生活的几篇短篇小说 ————————————————— 宋生贵
由《电线杆的自述》所想到的 ———————————— 李树榕
咫尺与千里（艺术规律探微）——————————— 胡德培
美在质朴 —————————————————————— 马威

美术

晨（油画）————————————————————— 苏利德
牧民肖像写生 ——————————————— 奥恩 武广生
木刻二幅 —————————————————— 王小龙 肖宽
杨志凌的水彩作品

1984 年第 5 期　刊名:《草原》
目录

文学讲座

小说创作十戒（六）———————————————— 王笠耘

报告文学

生命之光 —————————————————————— 刘昕

小说

代沟 ———————————————————————— 孙忠波
谁家新燕啄春泥 —————————————————— 任侠
网中人 ——————————————————————— 冉平
归来 ———————————————————————— 群光
青春的脚步 ———————————————————— 李冠宇
杜古尔扎布之死 —————————————————— 甫澜涛
在林间的小路上 —————————————————— 甘维纲

诗歌

牧马人 —————————————————————— 蒙根高勤
夕阳牧归 —————————————————————— 钢特木尔
猎人曲 ——————————————————————— 晓寒
林海站前旅社（外一首）—————————————— 金勋
我……（外一首）————————————————— 钟礼
小草恋 ——————————————————————— 李兰生
剪羊毛 ——————————————————————— 班果
请……（外一首）————————————————— 石太瑞
格律诗三首 ———————————————————— 荣竹林
念奴娇·中南海观菊（外一首）——————————— 林竹

八月十五夜忆同学游沈阳北陵（外一首）———— 王重旭
沁园春（外一首）————————————————— 尚贵荣

散文·理论

兴安杜鹃开放时 —————————————————— 万以诚
深山牧人（二章）————————————————— 郭永明
鄂伦春人生活的真实写照——浅谈敖长福的小说创作
———————————————————————————— 吴雅芝
她在走自己的路——李慧娟小说简评 ————— 李蕙芳
认真学习《关于人道主义和异化问题》用历史唯物主义指导创作 ————————————————— 孟和博彦
奎曾 包明德 江浩 张作寒 刘英建 班澜
读者·作者·编者

美术

朝阳（国画）———————————————————— 胡勃
陈德祥美术作品选登
晚霞 ———————————————————————— 陈德祥

1984 年第 6 期　刊名:《草原》
目录

团结起来，建设我区社会主义新文艺 ————————— 布赫

文学讲座

小说创作十戒之七 ————————————————— 王笠耘

小说

鞑靼人的后裔 ——————————————————— 路远
桔乡人 ——————————————————————— 程中
多效能的《"大林小用"真不该!》————————— 伊德尔夫
又辣又甜的柿子椒哟 ———————————————— 陈福廷
沸点·冰点 ———————————————————— 吴佩灿
小店轶事 —————————————————————— 李仰南

儿童文学

君子兰开花 ———————————————————— 杨啸

报告文学

绿色生命的创造者 ——————————————— 林沫·傲腾

诗歌

大连海思（外三首）———————————————— 贾漫
哎，我心中的鲜桃树（组诗）———————————— 李子恩
生活散唱 —————————————————————— 纪征民
南行诗草（组诗）————————————————— 王维章
小草，大漠边的小草 ———————————————— 张雪杉
夏（外一首）———————————————————— 何鹰

我从钢厂走来（外一首）⸺⸺⸺⸺⸺郭　廓
写在鄂尔多斯高原上（二首）⸺⸺⸺⸺温　源

理论

毋庸沉默的回答——致刘蓓蓓先生⸺⸺⸺佟万青
文学简讯⸺⸺⸺⸺⸺⸺⸺⸺⸺尚　书

美术

蝴蝶⸺⸺⸺⸺⸺⸺⸺⸺⸺吉尔格楞
木刻选登
新疆速写⸺⸺⸺⸺⸺⸺⸺⸺杨毅臣
银河⸺⸺⸺⸺⸺⸺⸺⸺⸺海日汗

1984 年第 7 期　刊名:《草原》
目录

文学讲座

小说创作十戒之八⸺⸺⸺⸺⸺⸺王笠耘

小说

硕果（中篇小说）⸺⸺⸺⸺⸺⸺邢原平
疯人恋⸺⸺⸺⸺⸺⸺（满族）尚静波
留下，那美好的⸺⸺⸺（鄂温克族）杜　梅
乌珠穆沁人的故事⸺⸺（蒙古族）哈斯乌拉
一瓣有情的落花⸺⸺⸺⸺⸺⸺刘玉琴
秋雨淅沥的夜⸺⸺⸺⸺⸺（蒙古族）娅　茹
小小说三题⸺⸺⸺⸺⸺⸺⸺刘安琪
挂匾⸺⸺⸺⸺⸺⸺⸺⸺⸺古　月
一个母亲的希望⸺⸺⸺⸺⸺⸺孙利萌

美术

母爱（国画）⸺⸺⸺⸺⸺⸺⸺吕生祥
猎归（版画）⸺⸺⸺⸺⸺⸺⸺刘　瑞
篆刻⸺⸺⸺⸺⸺⸺⸺牛泽甫　刘金琼
乌德玛的牛群（油画）⸺⸺⸺⸺董志加

1984 年第 8 期　刊名:《草原》
目录

文学讲座

小说创作十戒之九⸺⸺⸺⸺⸺⸺王笠耘

小说

走出暴风雪⸺⸺⸺⸺⸺⸺⸺⸺霍钦夫
凤落雁河湾⸺⸺⸺⸺⸺⸺⸺⸺马宝山
庆"八十"⸺⸺⸺⸺⸺⸺⸺⸺谷丰登
又是一度杏花开⸺⸺⸺⸺⸺⸺陈计中

心弦的变奏⸺⸺⸺⸺⸺⸺乌日罕托娅
青山，是这样难以告别⸺⸺⸺⸺李慧鹏
铁拐李教练⸺⸺⸺⸺⸺陈　静　石景麟
秀婵和她的两个丈夫⸺⸺⸺⸺⸺王　平

诗歌

关于伯乐与卞和的思索——人才畅想曲⸺⸺纪　宇
处女地（外二首）⸺⸺⸺⸺⸺⸺东　达
乌梁素海渔歌（组诗）⸺⸺⸺⸺⸺初　军
给（三首）⸺⸺⸺⸺⸺⸺⸺⸺石　犁
王贵的新闻⸺⸺⸺⸺⸺⸺⸺⸺戈　锋
致乌达煤矿（外一首）⸺⸺⸺⸺孙友田
洁白的云朵⸺⸺⸺⸺⸺⸺⸺⸺李发模
祝福（二首）⸺⸺⸺⸺⸺⸺⸺傅天琳
三色灯下⸺⸺⸺⸺⸺⸺⸺⸺⸺王　璞
苦闷⸺⸺⸺⸺⸺⸺⸺⸺⸺⸺成　子
十个小小花环给你⸺⸺⸺⸺⸺⸺安　谧
母亲的早逝⸺⸺⸺⸺⸺⸺⸺巴图宝音
落叶集（三首）⸺⸺⸺⸺⸺⸺⸺咏　慷

散文

河套·青城⸺⸺⸺⸺⸺⸺⸺⸺许　淇
交流（外二章）⸺⸺⸺⸺⸺⸺⸺塔　娜
在这片荒凉的土地上⸺⸺⸺⸺长　斌　晓峰
三叶集⸺⸺⸺⸺⸺⸺⸺⸺哈达奇·刚

理论

回顾与祝愿⸺⸺⸺⸺⸺⸺⸺⸺李　欣
人民的歌手——序《其木德道尔吉诗文集》
⸺⸺⸺⸺⸺⸺⸺⸺⸺⸺安柯钦夫
我所了解的其木德道尔吉同志⸺⸺孟和博彦
来自生活底蕴的清泉——读朋斯克小说集《金色兴安岭》⸺⸺⸺⸺⸺⸺⸺⸺⸺⸺保尔夫
简讯⸺⸺⸺⸺⸺⸺⸺⸺⸺⸺尚　书

美术

木德泌阿爸（国画）⸺⸺⸺艾谢金　团　良
内蒙古军区《八千里边防摄影展览》选登
奶香⸺⸺⸺⸺⸺⸺⸺⸺⸺⸺托　娅

1984 年第 9 期　刊名:《草原》
目录

文学讲座

小说创作十戒之十⸺⸺⸺⸺⸺⸺王笠耘

报告文学

1600－300000⸺⸺⸺⸺⸺陈志亭　冯苓植

小说

明天是清明 ················· 程 中
路，在山那边 ··············· 涂志勇
老鸢和他的"草鸡黄" ········· 徐翔麟
彩排 ····················· 晏 纾
牌摊儿 ··················· 李仲臣
不眠之夜 ········ 额敦桑布著 玉 英译

诗歌

一篇刚刚开头的诗报告 ········· 贾 勋
紫红色的地平线 ············· 连 辑
人生·橄榄·帆樯（诗九家）
叶延滨 公 英 龙彼德 顾 工 孟宪良 查 干
陆 萍 郑道远 高洪波

订户作品选登

奔向草原 ················· 尹 平
欢聚 ····················· 陈 珍
我是一株小草 ··············· 红 声

散文

访美探奇 ················· 暴彦巴图
他回到了长九叶树的故乡 ········· 贾平凹

争鸣论坛

评论，应当从实际出发 ········· 陈全荣
原始生活值得赞美吗? ········· 鲁德重

新作短评

一篇平中见奇的好小说 ········· 薛甫贵
读者·作者·编者

美术

旭日临窗（摄影） ············· 卢 火
醒醒宝贝儿（国画） ··········· 吴团良
雪乡（国画） ··············· 周荣生
水彩写生 ··········· 张国材 赵齐坤

1984 年第 10 期 刊名:《草原》

目录

第三十五个金秋

祖国之歌 ················· 贾 漫
共和国的第三代 ············· 力 虹
中国，在电车上运行 ··········· 姜强国
我的太阳 ················· 尹建莉
乡音与回声 ················· 于宗信
灰腾锡勒，神奇美好的地方 ········· 李 尧

小说

在深深的山谷里 ············· 傅利恒
善的开掘和美的追求（点评） ····· 晓 光
当风铃摇响的时候 ··········· 云晓璎
底色（报告文学） ············· 杨培林
呵，呦呦鹿鸣 ··············· 林文堂
新生 ····················· 姜胜群
开拓者之歌 ················· 李桂芳
秀姑 ····················· 郭东方
月光 ····················· 书 良
二十年以后 ················· 朋斯克

订户作品选

弯弯的小路 ················· 吴甲才

诗歌散文

草原风景线（三首） ··········· 蒙根高勒
兴安岭拾零（三首） ··········· 贾文友
我遥远的巴丹吉林 ············· 董培勤
蒙古包，钢的铆钉 ············· 朱金晨
知了（散文） ··············· 柳 萌

港台作品选

何处是乡关 ················· 牧 沙
拈花图（三章） ············· 梅 新
上课 ····················· 李祖琛

新作短评

《硕果》 ··················· 呼 和
《并非温馨的爱情》 ········· 方 正 田 怡
《怕水的鸭子》 ············· 张锦贻

理论

创造社一段史话 ············· 杨令德
文笔的"先声"与"埋伏" ········· 肖 犁
漫话禅味 ················· 金 予

争鸣论坛

是的，不能沉默 ············· 依里波斯
读《毋庸沉默的回答》有感 ······· 刘国清
文艺消息 ················· 本刊记者

美术

节日的青城 ················· 候 德
晨曲 ····················· 文 科
木刻二幅 ··········· 华春牛 元占黄
姚迪雄作品选登

1984 年第 11 期　刊名:《草原》
目录

小说

山火	季　华
最后一个圣徒	郭雪波
蜂群	贾　漫
镌刻在蓝天上的名字	张聂尔
牵红线	曹海燕
啊，这醉人的时刻	李希晓
新农村的抒情曲（作品点评）	方　正　田　怡
韩司徒寄情题"小桧"	李庆通
特别罪犯	王文焕
列车上的盗窃案	［日］星新一著　申英民译
发生在海港的事件	［日］星新一著　申英民译

小小说

当数到第九颗星	宋立军
蜡烛	郁晓鹰
爸爸，我的爸爸	郭长林
刘瘸子看戏	丁德奎
悔过自新	任铁夫

诗歌

游牧者	杨　牧
张雪杉　赵健雄　陈秀庭　聂鑫森　巴　音　白　涛	
于中诚　梁　云　杨爱玲　高增胜	

散文诗

草原·沙海·雪地	柯　蓝
厉　克　梁彬艳　塔　娜　李　耕　王俊义	

评论

略论乌热尔图的森林小说	王昌璐
"改革文学"的新收获	贺旭东

争鸣论坛

二论《驼峰上的爱》及其他	包明德

美术

亲（雕塑）	齐文玉
鹿哨	李殿良
马头琴的传说	吴　迅
我的爸爸	A.拉别诺克

1984 年第 12 期　刊名:《草原》
目录

小说专号

蓝幽幽的峡谷	白雪林
埋掉的不是梦	尚静波
夏天的寻找	解厚春
亚男，这老姑娘	赵昊龙
星星，爷爷和孙子	赵沫英
新的座标	王　阵
豆腐馆长	李耀先
飞蝶	云晓光
露珠	徐　扬
摔跤手的故事	额·乌英嘎
在沙漠小路上	刘晓云
绝非轻松的决断	王　澜
悔	李春燕
进城之前	妥木勒
蟋蟀声声	张志升
他们相识在黑暗里	高　林

美术

奶茶

亲	燕　杰
草原	韩玉国
特木尔和他的伙伴	马树林

1985 年第 1 期　刊名:《草原》
目录

小说专号

嘉其尔河在这里转弯	路　远
叶落归根	常庚西
一只雪白的羊	杨　觉
成吉思汗的故事	贾　凤
丁香盛开的日子	方　正
未过门的儿媳妇	李　汀
职责	伊德尔夫
金驼传	塞　野
借来的厂长和他的领导的工厂	鲁　庄
阴山双狐（中篇连载武侠小说）	梁仕儒　云晓光
险情随时发生（中篇连载侦破小说）	李　悦　方　萌
显示骷髅图案以后（推理小说《金甲虫》连载之一）	爱伦·坡著　李　尧译

理论

关于小说的一些特性	王　蒙

文学讲座

怎样写长篇小说⋯⋯⋯⋯⋯⋯⋯⋯⋯姚雪垠

全区文艺创作获奖名单

美术

泉⋯⋯⋯⋯⋯⋯⋯⋯⋯⋯⋯⋯⋯⋯额 博

1985 年第 2 期 刊名:《草原》
目录

报告文学

背猎枪的作家⋯⋯⋯⋯⋯⋯⋯⋯⋯冯苓植

小说

猎火⋯⋯⋯⋯⋯⋯⋯⋯⋯⋯⋯⋯⋯路 远

骑士阿斯楞⋯⋯⋯⋯⋯⋯⋯⋯⋯⋯田 力

今天的故事⋯⋯⋯⋯⋯⋯⋯⋯⋯⋯清 波

壁橱里的爱伦⋯⋯⋯⋯⋯⋯⋯鲍尔吉·原野

一双珍贵的毡靴⋯⋯⋯⋯⋯⋯⋯⋯王升山

阴山双狐（中篇连载武侠小说）⋯⋯梁仕儒

险情随时发生（中篇连载侦破小说）

⋯⋯⋯⋯⋯⋯⋯⋯⋯李 悦 方 萌

恐怖的森林之夜（中篇连载推理小说）

⋯⋯⋯⋯⋯［美］爱伦·坡著 李 尧译

诗歌

你奔腾抑或凝固呢? 我的敖鲁古雅河哟⋯⋯成 子

小城故事⋯⋯⋯⋯⋯⋯⋯⋯⋯⋯周同馨

黄河·纤夫·大西北（诗八家）⋯⋯张 廓 雷抒雁

程宝林 陈所巨 石 坚 周 明 温 源 杜涌涛

散文

鹤兮⋯⋯⋯⋯⋯⋯⋯⋯⋯⋯⋯⋯许 淇

女儿湾的传说⋯⋯⋯⋯⋯⋯⋯⋯⋯尚贵荣

丁村，一座古老神秘的村庄⋯⋯⋯⋯忆 芬

理论

笔谈《觉醒的草原》（四家）

⋯⋯⋯⋯韩作黎 云照光 奎 曾 梁一孺

文学讲座

谈创作⋯⋯⋯⋯⋯⋯⋯⋯⋯⋯⋯刘绍棠

美术

生活从这里开始⋯⋯⋯⋯⋯⋯⋯⋯李小明

文艺界知名人士在内蒙古

1985 年第 3 期 刊名:《草原》
目录

在全区首届文学艺术创作发奖大会上的讲话⋯布 赫

小说

岩石上的泪⋯⋯⋯⋯⋯⋯⋯⋯⋯⋯白雪林

周编辑外传⋯⋯⋯⋯⋯⋯⋯⋯⋯毕力格太

小路⋯⋯⋯⋯⋯⋯⋯⋯⋯⋯⋯⋯王保民

遗失的金币⋯⋯⋯⋯凯宁·波洛克著 程亚非译

光棍王海⋯⋯⋯⋯⋯⋯⋯⋯⋯⋯杨植材

街头印象⋯⋯⋯⋯⋯⋯⋯⋯⋯⋯邢原平

阴山双狐（中篇武侠小说连载）⋯⋯梁仕儒 云晓光

险情随时发生（中篇侦破小说连载）

⋯⋯⋯⋯⋯⋯⋯⋯⋯李 悦 方 萌

得到价值两百万美元的财宝（中篇推理小说连载）

⋯⋯⋯⋯⋯［美］爱伦·坡著 李 尧译

报告文学

求生之路⋯⋯⋯⋯⋯⋯⋯⋯⋯⋯湘 霖

她的爱和她的爱⋯⋯⋯⋯⋯⋯杨若飞 晓 影

诗歌

游牧者⋯⋯⋯⋯⋯⋯⋯⋯⋯⋯⋯安 谧

城市抒情诗⋯⋯⋯⋯⋯⋯⋯⋯⋯戈 非

北国之春，出版在银色的雪地⋯⋯⋯张天男

南行诗草⋯⋯⋯⋯⋯⋯⋯⋯⋯⋯哈斯乌拉

属于工厂的诗⋯⋯⋯⋯⋯⋯⋯⋯⋯黎 西

无题⋯⋯⋯⋯⋯⋯⋯⋯⋯⋯⋯⋯叶 坪

诗的花絮⋯⋯⋯⋯⋯⋯⋯⋯⋯⋯莫西芬

订户作品选登⋯⋯⋯⋯⋯⋯杨 然 于 跃等

散文

黄昏时节觅书魂⋯⋯⋯⋯⋯⋯⋯⋯甯 矢

喇嘛洞游踪纪略⋯⋯⋯⋯⋯⋯⋯⋯续卫国

童心·乡情⋯⋯⋯⋯⋯⋯⋯⋯⋯赵玉衡

豆芽梦⋯⋯⋯⋯⋯⋯⋯⋯⋯⋯⋯卢凤岐

理论

一个勇士，却毕竟是软弱的⋯⋯⋯⋯方 竹

他在追求，他在探索⋯⋯⋯⋯⋯⋯席小平

文学讲座

谈创作⋯⋯⋯⋯⋯⋯⋯⋯⋯⋯⋯邓友梅

文艺消息

美术

渠⋯⋯⋯⋯⋯⋯⋯⋯⋯⋯⋯⋯⋯陈皖山

晶莹的世界 ———————————— 侯　刚
炼钢工人 ———————————— 王晓恩
我们这代人 ———————————— 王　琪

1985 年第 4 期　刊名:《草原》
目录

小说

蘑菇圈 ———————————— 陈计中
夜色凄清 ———————————— 云晓璎
明天，我要告诉你 ———————— 阿特尔　段淑云
头巾 —————— 索特纳木旺吉勒著　朱荣阿译
爱的抉择 ———————————— 刘普艳
心灵之光 ———————————— 孙丽萌
阴山双狐（中篇武侠小说连载）——梁仕儒　云晓光
险情随时发生（中篇侦破小说连载）

—————————————— 李　悦　方　萌
秘密符号的启示（中篇连载推理小说）

————— ［美］爱伦·坡著　李　尧译

报告文学

小公司的三个改革者 —————— 贾　瑞

诗歌

星空 ———————————— 叶延滨
亚洲铜 ———————————— 海　子
千手观音 ———————————— 沙　蕾
鲜桃树·黄土地（诗四家）

————— 李子恩　梅绍静　戈　锋　余以建

理论

笔谈《草原雾》

—————— 潘旭澜　文　川　郭　超　李树榕　李　汀

文学讲座

扑到迷人的生活海洋里去 ———— 丁　玲

美术

阿缪摩内被劫（油画）———— ［法］加歌摩提
线 ———————————— 王济达
出牧 ———————————— 刘　毅

1985 年第 5 期　刊名:《草原》
目录

小说

房客 ———————————— 张作寒
走过风雪弥漫的犬恶乌拉 ———— 孙海涛
积雪的山路 ———————————— 孟和博彦
工地轶事 ———————————— 鲁　庄
阿格日河 ———————————— 赛其亨译
连心锁 ———————————— 郝　俊
其木德大叔醉了 ———————— 谷瀛滨
沉浮 ———————————— 李忠臣
牧歌 ———————————— 维　良
阴山双狐（中篇武侠小说连载）——梁仕儒　云晓光
险情随时发生（中篇侦破小说连载）

—————————————— 李　悦　方　萌

诗歌

大佛 —————————— 宋　渠　宋　炜
乡路上的交响乐（外三首）———— 王忠范
那是永恒的时辰 ———————— 石光华
爱与离别的回旋曲（诗八家）———— 默　然
原　野　陈　醇　文　友　治　平　白　云　蒙根高
勒　于凤先　田福林
旧体诗词（七家）———————— 周雨明
荣竹林　杨亦雄　滑国璋　席金友　冯　荣　潘佛章

散文

巴林鸡血石 ———————————— 安柯钦夫
青城，你好！ ———————— 毛宪文

文学讲座

谈文学的创新 ———————— 王　蒙

理论

《蓝幽幽的峡谷》讨论会
本刊重要启事·文坛喜讯

美术

吻（封面）———————————— 罗　丹
草原之歌（封三）——————— 巴忠文
篆刻选登（封二）——————— 麻　信

1985 年第 6 期　刊名:《草原》
目录

小说

期待 .... 哈斯乌拉
结合音 .... 洪　峰
文凭 .... 曹海燕
南郊传奇 .... 张永昌
振颤的心弦 .... 宋振伟
小穗的老师 .... 杨如雪
奶食品的轶事 .... 朋斯克
阴山双狐（中篇武侠小说连载）　梁仕儒　云晓光
险情随时发生（中篇侦破小说连载）
.... 李　悦　方　萌

诗歌

半坡（组诗） .... 杨　炼
城市变奏曲 .... 王维章
草原，心的低吟 .... 何香久
寄意天地间 .... 张雪杉
乡渡（外一首） .... 杨爱玲
不会长大的世界（诗六家） .... 张改娟
胡万俊　高洪波　李天荣　孙　剑　杨材勃

理论

选准突破点 .... 玛拉沁夫
悲剧，同样能给人以力量 .... 刘英建

美术

我的冬天 .... 韦尔申
童年 .... 王保民
劲飞·课外·好朋友 .... 倪金虎　桑吉雅　索皎月

1985 年第 7 期　刊名:《草原》
目录

小说

哑叭河的歌 .... 桑　苗
山村来了个小侉子 .... 丁　茂
乌珠穆沁神鸟 .... 季　华
色彩 .... 刘　虹
哦，我的哈达玛额吉 .... 刘正华
燕子 .... 吕　斌
阴山双狐（中篇武侠小说连载）　梁仕儒　云晓光
险情随时发生（中篇侦破小说连载）
.... 李　悦　方　萌
向阳花木早逢春（报告文学） .... 典文谐

旧体诗词四家（十七首）
.... 周雨明　贾丹桥　白朝蓉　书　经
散文诗十二家（四十三章） .... 许　淇
尚贵荣　李　耕　耿林莽　马及时　王俊义　思　宇
孟　和　董培勤　塔　娜　马恒祥

散文

红格尔晚霞的歌声 .... 特木其勒
北疆三题 .... 潘照坤
收获番薯的季节 .... 符史辉

理论

扎拉嘎性格刍议 .... 徐　英
在善良中升华的人情美 .... 杨　澜
在蓝幽幽的峡谷里想到的 .... 苗　林

美术

八月

1985 年第 8 期　刊名:《草原》
目录

小说专号

月照残雪 .... 云晓瓔
大漠，你说…… .... 桑　苗
万万不能再发生的悲剧——
评小说《大漠，你说……》和《月照残雪》 ... 刘英建
早春的红格尔 .... 田　力
短篇小说二题 .... 沙　痕
哦，五光十色的霓虹灯 .... 王正平
新婚之夜的思索 .... 林海鸥
一个女人的悲剧 .... 谢郁彦
投医 .... 周　翔
爱 .... 张贵明
牛肉馅饼 .... 马格斯尔扎布著　巴　图译
贤相之悔 .... 李庆通
阴山双狐 .... 梁仕儒　云晓光
险情随时发生 .... 李　悦　方　萌
曾经发生过这样的事 .... 贺景泉
风吹过 .... 白利华
判官大夫 .... 王月林
原来如此 .... 赵文工　岳　峰
谢谢你，孩子 .... 韩建国

美术

跨溪姑娘（雕塑）
全区首届书法篆刻展选登（摄影） .... 廉　信等
部队生活版画选 .... 安玉良　王占元　包颖刚

1985 年第 9 期　刊名:《草原》
目录

小说

祭火	路　远
撒拉犄角的梨花乳牛	莫·阿斯尔
脑溢血	邢原平
猎手的忏悔	杨忠民
运转车长的一夜	王升山
春风荡漾的旗帜（报告文学）	鲁　庄
阴山双狐	梁仕儒　云晓光

诗歌

西行赋	布　赫
中州行及其他	安柯钦夫
你奔腾抑或凝固呢？我的敖鲁古雅河哟	成　子
季节，保存黄昏和早晨	顾　城
黑蓝的波斯湾	李　瑜
脚手架和我们的城市（诗六家）	
张　红　赵泽华　黄振超　周孟贤　索　让　曾毓琳	
北中国叙事曲（诗十五家）	翼　华
苏历铭　赵文凯　郝兴瑞　武志强　顾上飞　张秉毅	
张改娟　蓝　冰　周春来　孙世平　王松涛　张洪波	
郁晓鹰　陈　敏	

散文

河流	宋　渠　宋　炜
美的创造者	谢明清
一个名字的诞生	傅永国
庐山纪行	余瑛琪

理论

关于诗的技巧	顾　城
鲍尔吉·原野短篇新作	
主题之探求	方　竹
一个真实可信的山村女子形象	阿都沁

美术

维纳斯雕像	
铺路石	赵建成
琴声	郝志刚

1985 年第 10 期　刊名:《草原》
目录

小说

雪魂	孙海涛
桂枝	尚静波
遗留在沙坨里的歌	张志诚
树林里的"怪兽"	黄三修
雾，静静地消逝	郭增生
棕褐色的狍子	杜　娟
紫檀柜	姜胜群
阿盎白	杨腾霄
又是一个中秋节	田昌安
阴山双狐	梁仕儒　云晓光

诗歌

内蒙古行吟	杨植霖
蔚蓝色的浪花	贾　漫
草原之夏	张雪杉
没有沉默的北方	石光华
爱的回声	毕力格太
告别	黄　堃
北中国的太阳	杨　牧　白　涛　陈松叶
诗九家	王中朝
杨　皓　王　业　王　燃　魏青侠　刘　朴	

散文

黄昏的威力	杨　炼
草原二题	雪　迪
宝石般的绿洲	刘兰芳
少林寺纪游	艾　思
草原·大海	巴特尔
园丁颂	杜怡情

理论

简谈文学创作中的异质同化	仲　文

美术

晨读	
边疆的传说	暴佳玉
铺满白云的草原	托　娅
小鸟	

1985 年第 11 期　刊名:《草原》
目录

小说专号

待等敖包相会时   哈斯乌拉
黑牤牛   邓九刚
场长和他的女雇工   甫澜涛
蓝河谷   程　中
良心（报告文学）
      布仁巴雅尔著　特·达木林译
嘎局长下台   照日格巴图
晨曦   李文宏
迷人的土默川   李希晓
白狗   申　平
在那遥远的地方   清　波
梁三之死   方　纲
幸福的远山   色·普日布著　赛其亨译

美术

希腊雕塑

1985 年第 12 期　刊名:《草原》
目录

小说

沉寂的昭谷敦   季　华
美容客店的女主人   戴云卿
老笨和小花   蓝　冰
雪原   傅利恒
"哑叭"浑宝（花的原野专栏）
      色登道尔基著　包·白乙拉译
二十七岁的女厂长   吴甲才
寻回了，失去的甜蜜   贾从礼
辛辛苦苦（讽刺小说）   田　彬
三请有福嫂   曹海燕
库库哈达峰顶飞起一只鹰   王再平
他背着油条向山崖走去   刘晓欣

诗歌

小白菜的遭遇   独桥木
走出黑洞   杨　然
神（外二首）   傅阅川
附：关于傅阅川与他的诗   万　之
过程   戈　非
草原抒情诗   朱金晨
高原的风   查　干　萨　仁　莫·阿斯尔
蒙古族诗人特辑   阿拉坦莎

乌吉斯古冷　斯日古楞　武志强　敖　敏
北方山水诗五首   蓝　毛　王　开
伍元清　摩　萨　王心潮
勃洛克诗五首   唐冰湖译

散文

鄂尔多斯的风   郭永明
山的启示   董　琦

理论

面对选择的小说意识   班　澜
评路远的两篇小说   肖　德　李　墨
读《背猎枪的作家》   奎　曾

美术

园林雕塑（苏联）
黄河笔会掠影
放学了（国画）   孟保和　于　中

1986 年第 1 期　刊名:《草原》
目录

小说

小巷人家   范小青
斜眼人   万　路
山村夜话   何立彬
总管   张尚国
春心锁不住   于向远
远方来信   苏荣巴图
浑圆的夕阳   乌力吉布林
哦，雪花   郝兴瑞　谢乐盖·安东诺夫著
决定性的时刻   郭守祥　达妮娅译

诗歌

天空下的河流   沈天鸿
星星与他的月亮   伍元清
拓荒者   李天荣
雨丝和青烟   卓·格赫　冯志亮　安　雷
王维正　岸　波　谷　川　黄东成　尹　君　陈　染
赛汉塔拉的琴弦   斯　琴
金智为　田永芬　德向芳　金高鹰
希尔维娅·普拉丝诗五首   陈迈平译

散文

搭沙堡的孩子和老人（外两篇）   雪　迪
《科尔沁春秋》序   杨　沫
哦，那一片柏树林   冯剑华
游灰腾梁   张贵明

南归的雁群 ························茹玲玛

理论
读《蓝河谷》，想起白雪林的《峡谷》，兼谈创作的紊
乱学 ·······························方 竹
文艺创作中的情感反馈 ············宋生贵

美术
无羁的灵 ··························周宗凯
黄河笔会掠影 ······················陈炜华
《草原》文学月刊社封面插图座谈会全体合影
·································和 平
小演员 ····························杨飞云

1986 年第 2 期　刊名:《草原》
目录

高原的太阳
你奔腾抑或凝固呢？ 我的敖鲁古雅河哟（组诗）
·································成 子
共和国，因为有这样的公民（组诗）···独桥木
草原，远古而来的足音 ········（蒙古族）蒙根高勒
太阳石 ···························默 然
驯马手（外二首）············（蒙古族）白 涛
开凿（外一首）·············（蒙古族）方燕妮
告别（外一首）····················陈 醇
瞳孔里发现一星火（外一首）········杨 皓
童心与世界（四首）···············张改娟

人与自然
诗五首 ···························江 河
蜻蜓和故事（七首）···············张 廓
自然与人（五首）··················余以建
三峡（外一首）····················周雨明
黑天鹅 ···························武兆强
驼队，从西北来 ····················陈瑞晨
潮湿的七月：在草原与森林之间（组诗）·····赵健雄

北方的风啊,南方的风
天涯芳踪 ··························贾 漫
柳泉·青鸟 ························安 谧
小城故事（组诗）··················周同馨
站在将军墓上（外一首）············戴砚田
北方的风啊，南方的风（外二首）·····贾 勋
钢城二题 ··························纪征民
黑石山 ···························武志强

爱情诗
北国，夏日之恋（二首）············林 染
15 号你准来（外一首）···············薛映梅
跳舞及醋和酸青梅 ·················伊 甸
西伯利亚寒流（外一首）············刘 昕
苦恋岁月（二首）··················姜强国
蓝色的回光 ·················（蒙古族）哈 达
那片桔红 ··························兰小宁
等于 ·····························李 悦
二月二十六日 ·····················柯 平

敕勒新歌
属于北方的…… ····················石光华
敦煌壁画 ··························章德益
敕勒歌之后 ························郭春浮
夜的草原 ·················（蒙古族）哈斯乌拉
库尔勒香梨（外一首）··············张之静
庄严的告别 ···············（蒙古族）青格里
山的断想 ··························王景亮
晚秋的森林 ························王秀竹
心儿在高原（外一首）··············梁 梁
草原，我心中的草原 ···············易殿选

散文诗
致诗人 ····························许 淇

1986 年第 3 期　刊名:《草原》
目录

小说专号
罪鹰 ·····························季 华
沉重的脚步 ························张维兴
马尾上流逝的旋律 ·················张作寒
荒谷上的月亮 ·····················张时鲁
隐痛（花的原野专栏）··············扎拉风嘎

女作者之页
归宿 ·····························娅 茹
消失的绿星星 ·····················袁 敏
短篇小说二题 ·····················王月林
短歌 ·····························鄂继新
我祈祷…… ·························曹雪英
新手 ·····························文 辛
啊，驯马手 ························维 良
父亲的债 ··························张柏青

美术
马球（油画）······················妥木斯
第二届全国少数民族文学创作评奖大会我区获奖作者

活动剪影（摄影）
内蒙古民族团结书画展作品选（摄影）⋯⋯⋯⋯廉　信
力（雕塑）⋯⋯⋯⋯⋯⋯⋯⋯⋯⋯⋯⋯⋯陈建时

1986 年第 4 期　刊名:《草原》
目录

小说

一个企业家和一个寓言⋯⋯⋯⋯⋯⋯⋯⋯赵玉衡
小鸟刚飞出大漠⋯⋯⋯⋯⋯⋯⋯⋯⋯⋯桑　苗
乡怨⋯⋯⋯⋯⋯⋯⋯⋯⋯⋯⋯⋯⋯⋯李廷舫
当家的⋯⋯⋯⋯⋯⋯布和铁木二著　朱荣阿译
海棠花儿不会自己开⋯⋯⋯⋯⋯⋯⋯⋯陈福廷
小小说四题⋯⋯⋯⋯⋯⋯⋯⋯⋯⋯⋯⋯乌　兰
界墙⋯⋯⋯⋯⋯⋯⋯⋯⋯⋯⋯⋯⋯⋯张向午
远去的白鹤（外一篇）⋯⋯⋯⋯⋯⋯⋯李　尧
为了同一个月亮⋯⋯⋯⋯⋯⋯⋯⋯⋯刘进林
凫木又荡来了⋯⋯⋯⋯⋯⋯⋯⋯⋯⋯群　光

诗歌

北方星⋯⋯⋯⋯⋯⋯⋯⋯⋯⋯⋯⋯⋯杨　挺
回声⋯⋯⋯⋯⋯⋯⋯⋯⋯⋯⋯⋯⋯⋯林　莽
马背上的天空⋯⋯⋯⋯⋯⋯⋯⋯⋯⋯张天男
黎明⋯⋯⋯⋯⋯⋯⋯⋯⋯⋯⋯⋯⋯⋯叶文彬
谒星星诗社（外一首）⋯⋯⋯⋯⋯⋯杨若飞
在二十二岁的年龄（外一首）⋯⋯⋯吴　霖
茫茫大草原⋯⋯⋯⋯⋯⋯⋯⋯⋯⋯⋯丁永才
乌吉斯古冷　姜文岩　王忠范　徐　英　包　杰　李
易萍
夜来香与箫声⋯⋯⋯⋯⋯⋯⋯⋯⋯⋯张雪杉
叶　坪　王　业　华海庆　杨绍武　额尔顿琪琪格
苏力亚　郝兴瑞　高培苎　海　燕

散文

西北行剪影——居延今古奇观⋯⋯⋯扎拉嘎胡
逛三亚⋯⋯⋯⋯⋯⋯⋯⋯⋯⋯⋯⋯⋯符史辉
雪晨小记⋯⋯⋯⋯⋯⋯⋯⋯⋯⋯⋯⋯周同宾

理论

进一步提高创作水平⋯⋯⋯⋯⋯⋯⋯布　赫
论《虔诚者的遗嘱》的艺术特色⋯⋯奎　曾
读《黑牡牛》所想到的⋯⋯⋯⋯⋯⋯白　克

美术

风雪牧牛（丙稀）⋯⋯⋯⋯⋯⋯⋯⋯张文阁
金色的草原（油画）⋯⋯⋯⋯⋯⋯⋯蔡树本
呼玛河上（版画）⋯⋯⋯⋯⋯⋯⋯⋯华逸龙

1986 年第 5 期　刊名:《草原》
目录

一九八五年度《草原》文学奖评选揭晓
到现实中去，到人民中去，到改革第一线去⋯⋯刘云山
推巨石上坡的人⋯⋯⋯⋯⋯⋯汪浙成　温小钰
老何和园林科研所⋯⋯⋯⋯⋯⋯⋯⋯许　淇
"野心家"的足迹⋯⋯⋯⋯⋯⋯⋯⋯⋯徐　扬
土默川上的一粒芝麻⋯⋯⋯⋯⋯⋯⋯薛　焰
南疆升起一颗草原之星⋯⋯⋯⋯⋯⋯乌日罕
中国金杯⋯⋯⋯⋯⋯⋯⋯⋯⋯⋯⋯王震宇
荒原，延期的婚礼（中篇小说）⋯⋯路　远
邂逅（小小说）⋯⋯⋯⋯⋯⋯⋯⋯⋯王　菱

美术

天狼星的传说（组画之一）⋯⋯⋯⋯任　戬
海之路（油画）⋯⋯⋯⋯⋯⋯王维加　潘　雪
自然与文明的崇拜⋯⋯⋯⋯⋯⋯⋯⋯葛　荣

1986 年第 6 期　刊名:《草原》
目录

小说

猎狐⋯⋯⋯⋯⋯⋯⋯⋯⋯⋯⋯⋯⋯陈计中
绿色的风⋯⋯⋯⋯⋯⋯⋯⋯⋯⋯⋯海　宁
成吉思汗遇难记⋯⋯⋯⋯超克图纳仁著　琴　子译
赌徒的微笑⋯⋯⋯⋯⋯⋯⋯⋯⋯⋯云晓璎
沙漠深处的墓⋯⋯⋯⋯⋯⋯⋯⋯⋯晓　村
蓝海⋯⋯⋯⋯⋯⋯⋯⋯⋯⋯⋯⋯⋯艾丽娅
小龙潭⋯⋯⋯⋯⋯⋯⋯⋯⋯⋯⋯⋯马宝山
爱的小溪⋯⋯⋯⋯⋯⋯⋯⋯⋯⋯⋯明　照
惊诧⋯⋯⋯⋯⋯⋯⋯⋯⋯⋯⋯⋯⋯刘静波
道一声珍重，再见⋯⋯⋯⋯⋯⋯⋯黄文聪

诗歌

勇士⋯⋯⋯⋯⋯⋯⋯⋯⋯⋯⋯⋯⋯齐俊峰
我的生死相依的泥土⋯⋯⋯⋯⋯⋯马永波
矿长简历⋯⋯⋯⋯⋯⋯⋯⋯⋯⋯⋯万　方
归心⋯⋯⋯⋯⋯⋯⋯⋯⋯⋯⋯⋯⋯王　湛
鸽子花与晚霞（诗十四家）⋯⋯王　彬　蓝　冰
李　锋　白朝蓉　郁晓鹰　弘　征　赵日坚　尹　涵
卞　涛　齐林梅　洋　滔　周忠武　潘树武　董新国
爱之梦（诗八家）⋯⋯⋯⋯⋯⋯陆　萍　齐丽杰
李子恩　霍　龙　张爱萍　潘洗尘　张素珍　贺建业

散文

北戴河抒情⋯⋯⋯⋯⋯⋯⋯⋯⋯⋯巴图宝音

两只金手镯⋯⋯⋯⋯⋯⋯⋯⋯葛尔乐朝克图著　哈达奇·刚译

美术

狼（油画）⋯⋯⋯⋯⋯⋯⋯⋯⋯⋯⋯⋯⋯⋯何多岑
练习曲（油画）⋯⋯⋯⋯⋯⋯⋯⋯⋯⋯⋯⋯鲁邦林
摇篮（油画）⋯⋯⋯⋯⋯⋯⋯⋯⋯⋯⋯⋯⋯张云苏
剪贴画⋯⋯⋯⋯⋯⋯⋯⋯⋯⋯⋯⋯⋯⋯⋯⋯茹　娅

1986 年第 7 期　刊名:《草原》
目录

小说专号

索丽娅的礼物⋯⋯⋯⋯⋯⋯⋯⋯⋯⋯⋯⋯⋯白雪林
有益的探求⋯⋯⋯⋯⋯⋯⋯⋯⋯⋯⋯⋯⋯⋯方　竹
废墟⋯⋯⋯⋯⋯⋯⋯⋯⋯⋯⋯⋯⋯⋯⋯⋯⋯邢原平
骄傲者的沮丧⋯⋯⋯⋯⋯⋯⋯⋯⋯⋯⋯⋯⋯奥　奇
可口可乐之歌⋯⋯⋯⋯⋯⋯⋯⋯⋯⋯⋯⋯⋯刘　昕
爱之谜⋯⋯⋯⋯⋯⋯⋯⋯⋯⋯⋯⋯⋯⋯⋯⋯田　彬
闹社火的老人⋯⋯⋯⋯⋯⋯⋯⋯⋯⋯⋯⋯⋯谷丰登
风在雪原上吹过⋯⋯⋯⋯⋯⋯⋯⋯⋯⋯⋯⋯晓　理
秋天的旋律⋯⋯⋯⋯⋯⋯⋯⋯⋯⋯⋯⋯⋯⋯冯亚平
春夜⋯⋯⋯⋯⋯⋯⋯⋯⋯⋯⋯⋯⋯⋯⋯⋯⋯李仲臣
走出深山⋯⋯⋯⋯⋯⋯⋯⋯⋯⋯⋯⋯⋯⋯⋯苏　华
山野茫茫⋯⋯⋯⋯⋯⋯⋯⋯⋯⋯⋯⋯⋯⋯⋯吕　斌
柳树铺的婆婆们⋯⋯⋯⋯⋯⋯⋯⋯⋯⋯⋯⋯李希晓
开河⋯⋯⋯⋯⋯⋯⋯⋯⋯⋯⋯⋯⋯⋯⋯⋯⋯郭品义

美术

牧马图（国画）⋯⋯⋯⋯⋯⋯⋯⋯⋯⋯⋯⋯姚迪雄
银色的梦（油画）⋯⋯⋯⋯⋯⋯⋯⋯⋯⋯⋯赵文华
海阔（油画）⋯⋯⋯⋯⋯⋯⋯⋯⋯⋯⋯⋯⋯王大同
天狼星的传说（组画之二）⋯⋯⋯⋯⋯⋯⋯任　戬

1986 年第 8 期　刊名:《草原》
目录

小说

招婿⋯⋯⋯⋯⋯⋯⋯⋯⋯⋯⋯⋯⋯⋯⋯⋯⋯丁　茂
蓝村与黑蜻蜓（新人新作）⋯⋯⋯⋯⋯⋯⋯李正德
将军的敬礼⋯⋯⋯⋯⋯⋯⋯⋯⋯⋯⋯⋯⋯⋯郭增生
镶银马鞍（花的原野）⋯⋯嘎·瓦其尔著　赵文工译
清洁工之歌⋯⋯⋯⋯⋯⋯⋯⋯⋯⋯⋯⋯⋯⋯乌雅泰
雾⋯⋯⋯⋯⋯⋯⋯⋯⋯⋯⋯⋯⋯⋯⋯⋯⋯⋯白　克
拾（小小说四篇）⋯⋯⋯⋯⋯⋯⋯⋯⋯⋯⋯邱春林
狗熊打电话⋯⋯⋯⋯⋯⋯⋯⋯⋯⋯⋯⋯⋯⋯李　德
旧友⋯⋯⋯⋯⋯⋯⋯⋯⋯⋯⋯⋯⋯洪双烨　林　坡
裂点⋯⋯⋯⋯⋯⋯⋯⋯⋯⋯⋯⋯⋯⋯⋯⋯⋯包小翔

诗歌

思念⋯⋯⋯⋯⋯⋯⋯⋯⋯⋯⋯⋯⋯⋯⋯⋯⋯李彬勇
北方的原野⋯⋯⋯⋯⋯⋯⋯⋯⋯⋯⋯⋯⋯⋯韩作荣
西双版纳情思⋯⋯⋯⋯⋯⋯⋯⋯⋯⋯⋯⋯⋯哈斯乌拉
东山坂⋯⋯⋯⋯⋯⋯⋯⋯⋯⋯⋯⋯⋯⋯⋯⋯刘泰亨
变奏⋯⋯⋯⋯⋯⋯⋯⋯⋯⋯⋯⋯⋯⋯⋯⋯⋯西　岸
男人与女人构思着人类的故事⋯⋯⋯⋯⋯⋯鲁忠纯
一首长歌中的偈子⋯⋯⋯⋯⋯⋯⋯⋯⋯⋯⋯储建中
北方山水⋯⋯⋯⋯⋯⋯⋯⋯⋯⋯⋯⋯⋯⋯⋯马宏伟
开　愚　雨　婴　桑恒昌　赵凌敏　卢海忠　赵忠贵
川　梅　陈　鹏　于忠诚　郁　磊　刘美英

散文

故乡塔影⋯⋯⋯⋯⋯⋯⋯⋯⋯⋯⋯⋯⋯⋯⋯安柯钦夫
忆其木德道尔吉同志⋯⋯⋯⋯⋯⋯⋯⋯⋯⋯敖德斯尔
在西北，有这样的瀚海⋯⋯⋯⋯⋯⋯⋯⋯⋯白　莹
岱海传说两篇⋯⋯⋯⋯⋯⋯⋯⋯⋯⋯⋯⋯⋯陈清漳

理论

痛苦的蜕变⋯⋯⋯⋯⋯⋯⋯⋯⋯⋯⋯⋯⋯⋯徐　英

美术

天狼星的传说（组画之三）⋯⋯⋯⋯⋯⋯⋯任　戬
中国作家代表团在巴基斯坦
中国少数民族作家深入生活
北方团（摄影）
特别球队（国画）⋯⋯⋯⋯⋯⋯⋯⋯⋯⋯⋯张　静
途中（油画）⋯⋯⋯⋯⋯⋯⋯⋯⋯⋯⋯⋯⋯尚　厂

1986 年第 9 期　刊名:《草原》
目录

小说

乌珠尔河的呼唤⋯⋯⋯⋯⋯⋯⋯⋯⋯⋯⋯⋯哈斯乌拉
空间变奏曲⋯⋯⋯⋯⋯⋯⋯⋯⋯⋯⋯⋯⋯⋯陈广斌
红色木棉，已经凋谢⋯⋯⋯⋯⋯⋯⋯⋯⋯⋯大　海
第一次办案⋯⋯⋯⋯⋯⋯⋯⋯⋯⋯⋯⋯⋯⋯杨植材
名人传奇（新人新作）⋯⋯⋯⋯⋯⋯⋯⋯⋯清　波
云雾缭绕的山林⋯⋯⋯⋯⋯⋯⋯⋯⋯⋯⋯⋯李桂春
奶奶的墙⋯⋯⋯⋯⋯⋯⋯⋯⋯⋯⋯⋯⋯⋯⋯田　草
野村（微型小说）⋯⋯⋯⋯⋯⋯⋯⋯⋯⋯⋯王玉亭
失约⋯⋯⋯⋯⋯⋯⋯⋯⋯⋯⋯⋯⋯⋯⋯⋯⋯宫效舜
真人真事⋯⋯⋯⋯⋯⋯⋯⋯⋯⋯⋯⋯⋯⋯⋯董立平
周末⋯⋯⋯⋯⋯⋯⋯⋯⋯⋯⋯⋯⋯⋯⋯⋯⋯马雅利

诗歌

厂长，导演着钢的主题⋯⋯⋯⋯⋯⋯⋯⋯⋯黄锦卿
海岸（外一首）⋯⋯⋯⋯⋯⋯⋯⋯⋯⋯⋯⋯群　岛

河套平原晨景（外二首）—————白朝蓉
光景—————盛 川
地球深处的回声—————华 卓
北方风情（诗七家）—————郑常葆
阿 来 戈 锋 张文祥 金 勋 武志强 高 深
倾诉与独白（诗六家）—————王治林
艾 北 索依洛 张丽霞 张秉毅 吴 晓

散文
老驼图—————纪征民
富春涵碧—————倪向阳
延边散记—————陈育宁
栽树不乘凉—————王怀纲
太阳的孩子—————张明照
瀚海天骄——樟子松—————潘照坤
兴安岭的大葱—————袁恩德

理论
创作忌"编"—————丘 峰

美术
奔月（壁画）—————蔡树本
林中（水粉）—————娜丽莎
天职（油画）—————肖雁群

1986 年第 10 期　刊名:《草原》
目录

山水清音
弦—————安 谧
人间气味（五首）—————昌 耀
黄山草（组诗·上）—————孔 孚

人与自然
天空下的河流（组诗）—————沈天鸿
乌江月（组诗）—————吴建国
动物的死亡之歌（四首）—————西 川
东方背景（组诗）—————李 果
过程—————潘洗尘
蜕变的江河（二首）—————罗 凯
最后的布道—————南 野

高原的太阳
我请你们和我一起哭泣—————（蒙古族）鲍尔吉·原野
乡情（组诗）—————吕 杰
黑马（一段历史的祭辞）—————雁 北
葬礼—————伍元清
黑宇宙：我们和太阳（外一首）—————李占宇

聆听晚钟（外二首）—————张天男

都市交响乐
星光与树—————林 莽
小白菜的复活—————独桥木
回想，在城市的记忆深处—————李元胜
四个惊叹号和一个问号（外一首）—————（满族）戈 非
世上，少了一个女人—————（蒙古族）乌吉斯古冷
阴山顶上的雪—————杨 皓
哑脊背—————海 子

敕勒新歌
记实与情绪—————潞 潞
在大理石雕的墓碑前—————（蒙古族）萨 仁
祁连山下已经沉寂（组诗）—————李 瑜
啊！北方—————王松涛
故乡—————（蒙古族）斯日古楞
乌珠穆沁之神往—————（蒙古族）郁晓鹰
到草原去（外一首）—————遥 远
神马—————凡 斯

爱情诗
孤独的黄昏（组诗）—————成 子
找回你的微笑—————沙 蕾
那片草原叫四子王（组诗）—————张之静
未了录（组诗）—————缪国庆
关于想念种种（外一首）—————吴丽丽
学习种植—————柯 平
婚礼—————韩文戈
眼里盛满月光—————阿 荣
影子—————白 帝
盼—————黄 默
雪乡—————车前子
对话—————晓 东
初恋—————陈寿星
歌词—————朱晓冬
雨意（外一首）—————金 山
别离—————展国龙
也是冬天（外一首）—————冯 晏

星星集
三元桥夜望—————（蒙古族）查 干
出去—————简 宁
礁人—————陈所巨
夜东湖—————梅 雨
太阳从这里升起（外一首）—————李天荣
早晨（外一首）—————（蒙古族）宝·博彦
赫希格著　（蒙古族）哈达奇·刚译

1986 年第 11 期　刊名:《草原》
目录

小说专号

风，在草原上吹过 ·············· 敖德斯尔著　斯琴高娃译
沙漠的残月 ································· 艾丽娅
送行（新人新作二篇）····················· 王树田
生活，没有答案 ························· 寇峰鹰
李二公鸡 ······························· 朱战国
新岸 ································· 辰　石
1228 次列车今天正点 ····················· 王升山
手术台上 ······························· 乔澍声
抄小路（微型小说四篇）··················· 海　岩
改革 ································· 吴佩灿
头油 ································· 姚风顺
难题 ································· 林　茵
险情 ································· 范小波
雨幕 ································· 孙丽萌
荒凉的河岸 ····························· 郭长林
褪色的旧账本 ························· 额尔郭扎布

美术

风和白马（油画）························· 妥木斯
书法选登 ······························· 高祥龄
李琼元　贺其叫勒图　张镇远　郑士诩
百灵双双飞（版画）····················· 陈宝文
捕（油画）····························· 德　沁

海潮 ································· 詹小林
赛汉塔拉的回声（诗四家）
·············· 杨　挺　蒙根高勒　白　涛　默　然
破冰船（诗十家）························· 张石山
张之涛　萧　野　戴砚田　川　之　张雪杉　宁昶英
陈　敏　常　虹　苏力亚

散文

雌狐与水潭 ····························· 哲　中
胡日历小记 ····························· 诺　敏
家乡的月饼 ····························· 张文明
佛国行 ································· 田　怡
洁白的情思 ····························· 郭保林
鄂伦春婚礼 ····························· 胡　素
滹沱河畔的初秋 ························· 特木其勒
蒲公英 ································· 张士耕
古枣树，醒来 ························· 忆　华
瀚海沉思录 ····························· 尚贵荣

理论

审美超载与艺术个性 ····················· 宋生贵

美术

地平线（油画）························· 达　赖
张守义插图选登 ························· 张守义
对话（油画）
书籍装帧艺术欣赏 ················· 张守义　刘丰杰

1986 年第 12 期　刊名:《草原》
目录

小说

魔火 ································· 路　远
灵魂深处的迷雾 ························· 照日格巴图
凡人小事 ······························· 李　尧
高原的困惑 ····························· 甫澜涛
雪，会化的 ····························· 乌云巴图
路口 ····························· 罗广德　尧晔
微型小说评选 ··························· 鲁　庄
怎么办 ································· 赵端丰
雨丝曲 ································· 王福堂
新人新作
晶亮的霜花 ····························· 耿天丽

诗歌

石马 ································· 蔡椿芳
天是圆的 ······························· 叶文彬

1987 年第 1 期　刊名:《草原》
目录

铁树 ································· 程　中
关于《铁树》及其他 ····················· 方　竹

新人新作

荒漠之吻 ····························· 那顺乌勒基
黑眼睛 ································· 戴丽娜

花的原野

白骨岩 ····················· 嘎·希儒嘉措著　那　顺译

小小说

骑猫的老鼠 ····························· 力格登
鹅黄色的连衣裙 ························· 刘汉一
"咪咪" ································· 邱春林
雨夜 ································· 乌　兰
通红的晚霞 ····························· 孟和博彦

小说二题 ———————————— 王再平
撒旦、天使和猛子 ————————— 徐 扬
走家 ———————————————— 刘 虹
徘徊 ———————————————— 郝 俊
秘密，没有泄露 —————————— 王德明

翻译小说

汗山白头翁 ————（蒙古）达·那木斯赖著 赛其亨译

美术

森林（摄影）（封面）————————— 小 斋
途中（国画）（封二）————————— 海日汗
琴（国画）（封三）—————————— 雷 雨
部落人（国画）（封底）———————— 海日汗

1987 年第 2 期 刊名：《草原》
目录

面对当代

黄河万愤词 ————————————— 贾 漫
大陆 ———————————————— 孔令更
玉皇坨里（组诗）—————————— 独桥木
昨天的画 ————————————— 张志刚
龙的眼睛（二首）—————————— 杨 黎
存在的和看不见摸不着的 —————— 李发模
弹唱诗人 ————————————— 高新昌
当代 ———————————————— 刘 云

人与自然

疯狂的海魂衫 ———————（蒙古族）方燕妮
收获节札记（外一首）———————— 王家新
山语 ———————————————— 兰 芳
诗三首 —————————————— 吴东升
山（组诗）————————————— 牛 波
夏天的鞋子 ————————————— 吴 霖
逝 ————————————————— 陈丽清
黄山草（组诗·下）————————— 孔 孚
我不得不注视那条河流（外二首）—— 刘茂胜
岛屿（外一首）——————————— 张加百
寻觅（组诗）—————（蒙古族）齐·莫尔根著
（蒙古族）哈达奇·刚译
歌者，在岸上 ———————————— 圆 子

高原的太阳

骑马少年和空酒壶（组诗）————— 蓝 冰
西拉沐沦神（组诗）——————（蒙古族）袁凯军
大漠·史诗·牧人 —————————— 董培勤
诗三首 —————————————— 赵 宇

无题与有题 ————————————— 王文泉
另一个海 ————————————— 霍 龙
夜之海（外二首）—————————— 薛映梅
深夜，我们紧急集合（外一首）——— 周培清
写在春天的扉页上（五首）————— 王 业

敕勒新歌

科尔沁人（组诗）————（蒙古族）鲍尔吉·原野
巴林人（组诗）——————（蒙古族）李金河
苏尼特之旅（组诗）————（蒙古族）蒙根高勒
心灵的净土（组诗）————（蒙古族）查 干
啊！伊敏河 —————（蒙古族）吴·格日迪夫
包头的昭君坟 ———————————— 谷 馨
黄河与我同在 ———————————— 叶延滨
莲花湖 —————————————— 王长军
西行纪事（或，骑车西行记）———— 阿 坚

爱情诗 ———————————————— 林 染

梅绍静 曾静平 二 毛 彬 彬 （蒙古族）哈斯
乌拉 阿 吾 唐跃生 姜强国 朱金晨 吕 新
（蒙古族）艾丽雅 王泽群 陈惠芳 （蒙古族）郁
晓鹰 华海庆 曹靖武 （蒙古族）特·思沁著
（蒙古族）哈达奇·刚译

江塔与蝴蝶 ——————— 余以建 宫 玺 郭留红
史 欣 圣 野 倪向阳 武自然 斯 人 乔 野
鲁 石 王 彬 温 古 王蜀龙 沈国全

1987 年第 3 期 刊名：《草原》
目录

小说专号

同路人 —————————————— 肖亦农
醒醐 ——————————————— 邓九刚

新人新作

爱朦胧，不似晨雾 —————————— 斯 琴
圈套社兴亡史 —————[日]土屋隆夫著
邓 青 南敬铭译
潺潺溪水 ————————————— 林海鸥
牧野之梦 ————————————— 霍钦夫
猎刀 ——————————————— 敖长福

花的原野

白骏马 ————— 高·乔拉布杰著 朱荣阿译
男人·女人·狼 ——————————— 世 平
扎布老伯的孙子和孙女 ——————— 杜 娟
毁灭 ——————————————— 代絮冬

散文

金秋时节访北邻 ……………………… 杨　啸

理论

惭愧的艺术 …………………………… 杨毅臣

美术

韵律（摄影）………………………… 小　斋
暮色（油画）………………………… 伊德尔
镜湖（油画）………………………… 明　名
玛拉沁（油画）……………………… 丹　森
月魂（油画）………………………… 刘　云

1987 年第 4 期　刊名:《草原》
目录

小说散文专号

小说

翅膀（新人新作）…………………… 海　宁
在山的那边 …………………………… 陈　瑜
四月春阳 ……………………………… 辰　石
命运的栅栏 …………………………… 郁晓鹰
女神 …………………………………… 谷丰登
通向草场的勒勒车道 ………………… 季　华
小说二题 ……………………………… 白　克
淘金子的父亲 ………………………… 魏乃清
倒不下的岁月 ………………………… 李尚忠

小小说

购买微笑的人 ………………………… 姜胜群
裂点 …………………………………… 包小翔
进化 …………………………………… 海　岩
冷菊 …………………………………… 郄桂彩

散文

瞭见王爱召 …………………………… 周彦文
小说家嘴里的哎字 …………………… 李　悦
散文三题 ……………………………… 沈天鸿
荷风随笔 ……………………………… 梅绍静
山水二题 ……………………………… 周同宾
召河的变迁 …………………………… 王怀纲
草原小城 ……………………………… 小　朋
晴窗漫笔 ……………………………… 全秉荣
叶子·春·浅红色 …………………… 汪　涌
北山情 ………………………………… 张文明
向往 …………………………………… 王心强
红叶的联想 …………………… 特·赛音巴雅尔

青城柳 ………………………………… 枫　叶

美术

草浪（摄影）………………………… 摘　摘
内蒙古青年美展雕塑选登 …………… 温都苏
李亚平　齐文煜　沙伊尔
摄影作品选登 ………………………… 张狄家
静静的草地（油画）………………… 燕　杰

1987 年第 5 期　刊名:《草原》
目录

哈达与彩虹

诗词十四首 …………………………… 布　赫
我的赞歌 ……………………………… 杨植霖
内蒙古本是个聚宝盆 ………………… 韩燕如
草原是个梦（外三首）……………… 白朝蓉
沧桑四十春（七律三首）…………… 贾　漫
骏马吟 ………………………………… 安　谧
绿岛纪行（组诗）…………（蒙古族）毕力格太
鄂尔多斯怀司马迁（七律·外二首）… 周雨明
我不再唱"归去来兮" ……………… 纪征民
旋转的草原 …………………………… 杨若飞
黄河的后代（外一首）……………… 王　磊
诗四首 ……………………（蒙古族）沙里夫
绝句二首 ……………………………… 史证之
荒山之恋 ……………………………… 川　之
候鸟·信息（外一首）……………… 王心潮

散文和报告文学

扎兰屯四季 …………………………… 扎拉嘎胡
采风人遐思 …………………………… 郭　超
雪原偶得三章 ………（蒙古族）莫·阿斯尔著
（蒙古族）哈达奇·刚译
暗示与礼赞 …………………………… 方　竹
绿野上的诗（外二章）……………… 厉　克
旅人（外一章）……………………… 李金安
鄂尔多斯之野（四章）……………… 尚贵荣
希望，在这片土地上滋生 ……（蒙古族）奥　奇
宏图志 …………………………… 孙　虹　孙　川
春去令其归 …………………………… 程继峰

人与自然

目送晚秋（组诗）…………………… 张天男
秋天，我会疲倦（外二首）………… 马永波
为你所忘，为我所忘（外二首）…… 菲　可
自然·人·社会（组诗）……（蒙古族）苏奇嘎玛尔
老月 …………………………………… 薛卫民

对岸⋯⋯⋯⋯⋯⋯⋯⋯⋯⋯⋯韩兴贵
初春⋯⋯⋯⋯⋯⋯⋯⋯⋯⋯⋯黄 宏
钟⋯⋯⋯⋯⋯⋯⋯⋯⋯⋯⋯⋯金汝平
面对世界⋯⋯⋯⋯⋯⋯⋯⋯⋯潘庆生
她⋯⋯⋯⋯⋯⋯⋯⋯（蒙古族）苏力亚

高原的太阳

黄河女扳船工（二首）⋯⋯⋯⋯梁 粱
草原女人（组诗）⋯⋯⋯⋯⋯⋯王 开
影子（组诗）⋯⋯⋯⋯⋯⋯⋯⋯齐俊峰
诗四首⋯⋯⋯⋯⋯⋯⋯⋯⋯⋯赵少华
路的历程（组诗）⋯⋯⋯⋯⋯⋯赵 飞
探望与结合（组诗）⋯⋯⋯⋯⋯荒 人

山高水远

黄河纤夫曲⋯⋯⋯⋯⋯⋯⋯⋯杨 挺
十月雨⋯⋯⋯⋯⋯⋯⋯⋯⋯⋯伍元清
漫长的旅程（组诗）⋯⋯⋯⋯⋯林 莽
野地里的一些事情（组诗）⋯⋯万 方
碾子⋯⋯⋯⋯⋯⋯⋯⋯⋯⋯⋯于凤先
匆匆的夏日（外一首）⋯⋯⋯⋯张文祥
孤松（外一首）⋯⋯⋯⋯⋯⋯张晓健
沙漠之夜⋯⋯⋯⋯⋯⋯⋯⋯⋯刘家魁
致云⋯⋯⋯⋯⋯⋯⋯（蒙古族）萨 仁
鄂伦春你曾是森林之魂⋯（朝鲜族）金 勋
下雪的那天⋯⋯⋯⋯⋯⋯⋯⋯马 辉
草地⋯⋯⋯⋯⋯（蒙古族）巴·德力格尔

敕勒新歌

达尔罕的古太阳（组诗）⋯（蒙古族）袁凯军
黄金史（组诗）⋯⋯⋯⋯（蒙古族）白 涛
马背上的三峡（组诗）⋯⋯（蒙古族）哈斯乌拉
高原月（组诗）⋯⋯⋯⋯（蒙古族）乌吉斯古冷
雾早晨⋯⋯⋯⋯⋯⋯（蒙古族）波·舒伦
边月⋯⋯⋯⋯⋯⋯⋯⋯⋯⋯李天荣
自由的青草⋯⋯⋯⋯⋯⋯⋯⋯王小蝉
红头巾（外二首）⋯⋯⋯⋯⋯王忠范
冬日的天⋯⋯⋯⋯⋯（蒙古族）查干巴拉
大鲜卑山（二首）⋯⋯⋯⋯⋯庞壮国

美术

逾（摄影）（封面）⋯⋯⋯⋯⋯栾 涛
乌兰夫副主席和内蒙古部分文学艺术家在春节联欢晚
会上（封二）⋯⋯⋯⋯⋯额尔德尼等供稿
美丽富饶的柴河（封三·封四）
内文题图插图⋯⋯⋯⋯⋯刘光平 尚永强

儿童文学专号

在全区儿童文学创作会议上的讲话⋯⋯⋯⋯赵志宏

小说

高飞吧，天鹅⋯⋯⋯⋯⋯⋯⋯杨 啸
最美的图画⋯⋯⋯⋯⋯⋯⋯⋯毕力格太
童心一片⋯⋯⋯⋯⋯⋯⋯⋯⋯杨 平
留在这小村的记忆⋯⋯⋯⋯⋯李廷舫
入学⋯⋯⋯⋯⋯⋯⋯⋯⋯⋯宁昶英
巴依拉，美丽的吉祥鸟⋯⋯⋯钰 璋
大公鸡和老树精⋯⋯⋯⋯⋯⋯耿天丽
雨后⋯⋯⋯⋯⋯⋯⋯⋯⋯⋯刘正华
集市上⋯⋯⋯⋯⋯⋯哈斯巴拉著 那 顺译
通向远山的小路⋯⋯⋯⋯⋯⋯阿 凤
报名⋯⋯⋯⋯⋯⋯⋯⋯⋯⋯书 良
第二个月亮⋯⋯⋯⋯⋯⋯⋯⋯张明照

童话、寓言及其他

兔的童话二篇⋯⋯⋯⋯⋯⋯⋯张我愚
雪孩子⋯⋯⋯⋯⋯⋯⋯⋯⋯娜 琳
郁金香⋯⋯⋯⋯〔苏〕安娜·萨克谢著 张素珍译
黄牛与老鼠⋯⋯⋯⋯⋯⋯⋯⋯王玉成
莎莎和她的孩子们⋯⋯⋯⋯⋯张天男
想上天的青蛙⋯⋯⋯⋯⋯⋯⋯杜 梅
童趣⋯⋯⋯⋯⋯⋯⋯⋯⋯⋯苗 林
甜根根⋯⋯⋯⋯⋯⋯⋯⋯⋯书 青
小灰羔子⋯⋯⋯⋯⋯⋯孟 和著 哈 图译

理论

本期作品漫评⋯⋯⋯⋯⋯⋯⋯张锦贻
欢呼你，内蒙古儿童文学的春天⋯⋯⋯⋯方 草

美术

牧羊女⋯⋯⋯⋯⋯⋯⋯⋯⋯栾 涛
题字⋯⋯⋯⋯⋯⋯⋯⋯⋯⋯孙卓章

小说专号

来自老山前线的信
洛卜桑与莱波尔玛⋯⋯⋯⋯⋯玛拉沁夫
白雪悄悄飘落⋯⋯⋯⋯⋯⋯⋯娅 茹
黄土坑纪事⋯⋯⋯⋯⋯⋯⋯⋯刘德珠

伊尔根觉罗·石猴 ———————————— 阎文澜
老迟下乡记 ———————————————— 万　路

新人新作
她从恶梦中醒来 ——————————————— 王福林
时代的标杆 ————————————————— 吴佩灿
萦绕在山谷的梦魂 ———————————— 浬鎏洋
井上井下 ——————————————————— 章　频
棋坛轶闻 ——————————————————— 冯庆和

小小说
雪夜 ————————————————————— 胡　素
情侣 ————————————————————— 王春玲

花的原野
敖包相会 ———— 齐·敖特根其木格著　宝音乌力吉译

作家评介
冷落中的坚持 ———————————————— 李耀先

1987 年第 8 期　刊名:《草原》
目录

叙事诗
草原：爱与仇 ———————————————— 王笠耘

人与自然
阳台上的鸽子（四首）————————————— 蓝　冰
纸糊的月亮（外二首）————————————— 西　川
保持距离（四首）———————————————— 封新成
依然是深夜（组诗）—————————————— 杜卫平
上弦的树 ——————————————————— 陆忆敏
春天 ————————————————————— 孙文波
暗纹（外二首）————————————————— 詹昌政
流动 ————————————————————— 敬晓东
五月 ————————————————————— 许正松
独泳 ————————————————————— 熊　红
渴望春天 ——————————————————— 石　人
给 ——————————————————————— 李元胜
虹与石头（组诗）———————————————— 默　然

高原的太阳
街道又被堵塞（外一首）———————————— 蒙　原
五月，北方山林的情绪（二人同题）
　　　　　　　　　　　　　　张　舒　王秀竹
一片森林（外二首）—————————————— 羽　燕
雨地里的孩子（外一首）———————————— 张雁彬
冬之树（外二首）——————————（蒙古族）郁晓鹰

进入京都（外二首）—————————————— 侯继伟

敕勒新歌
北方的原野（组诗）—————————————— 韩作荣
诗三首 ———————————————————— 海　子
在沙漠（外一首）———————————————— 叶文彬
风，源于男性 ————————————————— 赵建华
燃烧 ————————————————（蒙古族）斯日古楞
麦秸垛 ———————————————————— 刘小放
塔里木河之波（组诗）————————————— 李　瑜
黄河 ————————————————————— 龙　仔
原始部落 ——————————————————— 刁　斗
裸露 ——————————————————（蒙古族）舒　洁

爱情诗 ———————————————————— 张　烨
吕　杰　张德强　萍　子　金秀梅　贺建业　阿　荣
冯　晏　孙昌建　文　萍　石剑平　宋亚平　郭维东
蠹　蠹　段　峰　林　祁　刘明清　胡伟仪　丁永才
周朝霞　陈燕妮　（蒙古族）甫澜涛

旧体诗词
题画诗抄（八首）———————————————— 关和璋
沙乡词稿（七首）———————————————— 周雨明
唐多令·寄内蒙诗友 —————————————— 陈　蕃
游江南诗六首 —————————（蒙古族）却吉奥斯尔
七律二首 ————————————（蒙古族）荣竹林
临江仙·答江南友人 —————————————— 亓爱华
七律一首 ——————————————————— 张雪中

秋天的彩陶 ————————————— 湘　霖　温　源
（蒙古族）青格里　西　岸　鄂家发　谢　轮　赵　华
（蒙古族）谡　日　王怀纲　苏　弓　郭　廓　刘海波
董培伦　（蒙古族）哈　达　苗同利　柳　沄　朱永良
竞　心　谢　聪　（蒙古族）甘珠尔　杨榴红

弯曲的时空
在神话上宣读（外二首）———————————— 余　刚
迷途者说（外一首）—————————————— 郁　郁
背叛事实 ——————————————————— 韩文戈
五颗纽扣的日子 ———————————————— 杨　然

散文诗 ——————————————————— 孟　河
安　心　李　耕　安　南　海　舟　郝德英　杨远宏

译诗
巴·拉赫巴苏荣诗选 ——————（蒙古族）哈达奇·刚译
萩原朔太郎诗选 ———————————————— 高龄龄译
澳大利亚当代著名诗人抒情诗小辑 ————————— 李　尧译

理论

中国后现代主义诗歌及其批判·····················沈天鸿

美术

铺展（摄影）·····································李世文

姚迪雄内蒙古画展作品选登

奥迪油画作品选登

同化（油画）·····································吴德斌

本期插图···刘兆平

1987 年第 9—10 期　刊名:《草原》
目录

中篇小说

在破败的古堡旁···································陈计中

新人新作

黄土高原的女人···································张秉毅

乡情·乡怨·乡民的笔墨（简评）···················方　竹

果树扬花的时节···································丁　茂

车祸···刘　昕

东京之旅···贾　漫

讽刺小说 ABC·····································王　栋

报复···薛　焰

落花有意···沙　痕

戴红袖标的老人···································张向午

纪实文学

骑兵一师宣传队···································额尔敦朝鲁

小小说

白马的故事·······································杨文环

晚生的夜来香·····································常　斗

最后一个···王其林

味道···张启民

新女婿······················力格登著　赵文工译

我心中的爱·······································李元岁

花的原野

生死表·················扎·贺希格图著　郭永明译

一位"作家"的喜剧·······························房　俊

不是冤家不聚头···································陈福廷

猎犬索日格·······························包·耶希扎拉森

卖瓜···李　文

评论

历史悲剧与作家悲剧意识···························郭　超

美术

山溪···斋　斋

奥迪油画作品选登

青城掠影（影摄）·································呼　和

阴山魂（油画）···································武广生

1987 年第 11 期　刊名:《草原》
目录

高原的太阳

大黑河（组诗）···································郭春浮

蜻蜓岛（组诗）·····················（蒙古族）阿古拉泰

家乡的风（外一首）················（蒙古族）德力格尔仓

归宿（外一首）···································兰艳春

海思·····························（蒙古族）马雅利

无题抒情诗·························（蒙古族）哈　达

城市中心（外一首）·······························哑　樵

流浪兄弟（外一首）·······························徐　雁

幻象（六首）·····································萧　野

面对当代

翅膀（外一首）···································贾　漫

那一次风暴过后···································缪国庆

在大陆的边缘，我歌唱（外一首）···················袁　超

火山喷发···李　锋

随感录···易殿选

战神与维纳斯（组诗）·····························黎　西

给明天（外三首）·································张改娟

崩溃···石　叶

人生片段·······································小　君

韩　东　宫　玺　叶　坪　吴晋南　盘妙彬　陆　健
张建平　陈东东　鲁　萍　丛小桦　梁志宏　沈天鹰
余笋华　陶文瑜　张燕玲　雨　田　小　海　王建浙

都市交响乐·····································成　子

黄锦卿　纪征民　宋　琳　李彬勇　傅　亮　刘　厚
姜诗元　陈瑞晨　马合省　许德民　力　虹　蒋立波
任　贝　江世渝　孙俊良　魏益民

人与自然

孕···安　谧

初雪前的感觉·····································赵　宇

散文四号：茶国之旅·······························季　弗

冷静四像···吴建国

我独自坐着·······································陈云其

独步（外一首）···································秦巴子

致 Y·B 的歌······································蔡金华

野鸽子⋯⋯⋯⋯⋯⋯⋯⋯⋯⋯⋯⋯⋯刘　见
海上月夜⋯⋯⋯⋯⋯⋯⋯⋯⋯⋯⋯⋯周同馨
诗三首⋯⋯⋯⋯⋯⋯⋯⋯（蒙古族）乌力雅斯
诗五首⋯⋯⋯⋯⋯⋯⋯⋯⋯⋯⋯⋯⋯潞　潞
向往晚晴（四首）⋯⋯⋯⋯⋯⋯⋯⋯张天男
爱情诗⋯⋯⋯⋯⋯⋯⋯独桥木　林　染　徐丹夫
安然子　贺兴厚　（蒙古族）勒·敖斯尔　竺大文
陈志嫒　漠　西　洛　兰　陈　珍　顾　艳　康国华
李占宇　陈锡民　（蒙古族）苏日图　梁彬艳

散文诗
青丝集（三章）⋯⋯⋯⋯⋯⋯（蒙古族）塔　娜
旧梦的碎片（四章）⋯⋯⋯⋯⋯⋯⋯耿林莽
出海（外一章）⋯⋯⋯⋯⋯⋯⋯⋯⋯松　樟
蓝海湾⋯⋯⋯⋯⋯⋯⋯⋯⋯⋯⋯⋯许振生
溪流（外一章）⋯⋯⋯⋯⋯⋯⋯⋯⋯张翔鹰
黄河⋯⋯⋯⋯⋯⋯⋯⋯⋯⋯（满族）涅鋆洋
写于咸亨酒店⋯⋯⋯⋯⋯⋯⋯⋯⋯桂兴华
听蝉（外一章）⋯⋯⋯⋯⋯⋯⋯⋯⋯晓　琴

达赉湖诗页⋯⋯王忠范　王秀竹　（朝鲜族）金　勋
蒋　静　尹树义　王晓华　（达斡尔族）苏　勇　刘
兴安　（蒙古族）赵雪梅　夏鹏远　夏万奎　丁永才
傅春燕　乔　野　李俊彦　殷咏天

译诗
死亡之舟⋯⋯⋯⋯[英]D.H.劳伦斯著　董继平译
午后小山上（四首）⋯⋯⋯⋯⋯[美]埃德娜·圣·
文森特·米蕾著　岳　鹰　杨　晧译

理论
诗歌的三大类型⋯⋯⋯⋯⋯⋯⋯⋯⋯雁　北

美术
摄影⋯⋯⋯⋯⋯⋯⋯⋯⋯⋯⋯⋯⋯王纪平
国画·书法·版画⋯⋯⋯⋯⋯⋯王瑞帮　薛君晓
内蒙古风光（摄影）⋯⋯⋯⋯田兹茂　呼琦图
晨曲（国画）⋯⋯⋯⋯⋯⋯⋯⋯⋯巴雅尔
内文题图（插图）⋯⋯⋯⋯⋯刘兆平　曲光辉

1987 年第 12 期　刊名：《草原》
目录

总结经验　增加团结　进一步繁荣文艺创作⋯布　赫
小说
倾斜的故事⋯⋯⋯⋯⋯⋯⋯⋯⋯⋯郭增源
夏夜没有星光⋯⋯⋯⋯⋯⋯（蒙古族）云晓璎
哭泣的沙坨子⋯⋯⋯⋯⋯⋯（蒙古族）郭雪波

劫道（外一篇）⋯⋯⋯⋯⋯⋯⋯⋯⋯路　远
紫云砚⋯⋯⋯⋯⋯⋯⋯⋯（蒙古族）李连成
谢谢爸爸，谢谢妈妈⋯⋯⋯⋯⋯⋯⋯李　汀

翻译小说
在故乡的天鹅湖畔
⋯⋯⋯⋯⋯⋯（蒙古）策·旺色莱著　赛其亨译
穿夏装的姑娘们⋯⋯⋯⋯[美]欧文·肖著　李　怡译

小小说
旧情难寻⋯⋯⋯⋯⋯⋯（蒙古族）乌吉斯古冷
空位⋯⋯⋯⋯⋯⋯⋯⋯⋯⋯⋯⋯⋯王　童
低音小夜曲⋯⋯⋯⋯⋯⋯⋯⋯⋯⋯段　梅
填报表（外一篇）⋯⋯⋯⋯⋯⋯⋯张广敬
三千元⋯⋯⋯⋯⋯⋯⋯⋯⋯⋯⋯⋯王　俊
燃烧的太阳⋯⋯⋯⋯⋯⋯⋯⋯⋯⋯韩冠蕖

散文
江南草⋯⋯⋯⋯⋯⋯⋯⋯⋯⋯⋯⋯许　淇
南国红豆⋯⋯⋯⋯⋯⋯⋯⋯⋯⋯⋯戈　奇
开在心里的花⋯⋯⋯⋯⋯⋯⋯⋯⋯符史辉
秦淮寻踪⋯⋯⋯⋯⋯⋯⋯⋯⋯⋯⋯杉　木
小灯⋯⋯⋯⋯⋯⋯⋯⋯⋯（蒙古族）卓　娜
黄昏中的草地⋯⋯⋯⋯⋯（蒙古族）特木其勒
芨芨赞⋯⋯⋯⋯⋯⋯⋯⋯⋯⋯⋯⋯刘晓廉
扑克⋯⋯⋯⋯⋯⋯⋯⋯⋯⋯⋯⋯⋯田　力
含蓄的夜（外一章）⋯⋯⋯⋯⋯⋯⋯冯　晏
流浪之夜⋯⋯⋯⋯⋯⋯⋯⋯⋯⋯⋯尚贵荣
细雨斜风看落花⋯⋯⋯⋯⋯⋯⋯⋯雪　笛

美术
沙原（摄影）⋯⋯⋯⋯⋯⋯⋯⋯⋯李　昌
草原风景二幅⋯⋯⋯⋯⋯⋯⋯⋯⋯郭跃林
雄风（国画）⋯⋯⋯⋯⋯⋯⋯⋯⋯袁熙坤
星（装饰画）⋯⋯⋯⋯⋯⋯⋯⋯⋯无　名

1988 年第 1 期　刊名：《草原》
目录

"中国潮"报告文学征文百家期刊联名启事
新人新作
草儿青　草儿黄⋯⋯⋯⋯⋯⋯⋯⋯王月礼

小说
玛塔津大娘的烦恼⋯⋯⋯⋯⋯⋯⋯乌云达赉
山曲儿⋯⋯⋯⋯⋯⋯⋯⋯⋯⋯⋯⋯敖　敏
大烟鬼和小烟鬼⋯⋯⋯⋯⋯⋯⋯⋯乔澍声
佛光⋯⋯⋯⋯⋯⋯⋯⋯⋯⋯⋯⋯⋯艾丽娅

龙须草⋯⋯⋯⋯⋯⋯⋯⋯⋯⋯雁　舒
禁区⋯⋯⋯⋯⋯⋯⋯⋯⋯⋯⋯王硕兰

微型小说
四十元钱⋯⋯⋯⋯⋯⋯⋯⋯⋯木一山
惑⋯⋯⋯⋯⋯⋯⋯⋯⋯⋯⋯⋯张　彪
电视剧拍摄之前⋯⋯⋯⋯⋯⋯乌　兰
一瞬间⋯⋯⋯⋯⋯⋯⋯⋯⋯⋯曹海燕
西瓜种⋯⋯⋯⋯⋯⋯⋯⋯⋯⋯徐顺才

翻译小说
枭河桥的故事⋯⋯⋯⋯⋯⋯⋯徐　英

诗歌
圣者之旅以及其他（四首）⋯⋯马学功
阿布热勒山（外一首）⋯⋯⋯安鸿毅
云中，有一只大鹰（组诗）⋯⋯郭维东
没有妓女的城市（外二首）
　　　　　　达·巴特尔著　格·巴特尔译
诗五首⋯⋯⋯⋯⋯⋯⋯⋯⋯⋯白朝蓉
双翼的神马（外一首）⋯⋯⋯王　磊
往事与风筝（短诗十八家）

散文
我们新疆好地方⋯⋯⋯⋯⋯⋯云照光
歌中人⋯⋯⋯⋯⋯⋯⋯⋯⋯⋯郭永明
白色⋯⋯⋯⋯⋯⋯⋯⋯⋯⋯⋯周　异
追逐彩虹的孩子们⋯⋯⋯⋯⋯欧沛音

理论
市井风味与哲理探求⋯⋯⋯⋯冯苓植
鄂尔多斯与散文的缘分⋯⋯⋯方　竹

美术
启（摄影）⋯⋯⋯⋯⋯⋯⋯⋯木　亦
敖鲁古雅组画（丝网版画）⋯迟云德
牧区风情（丝网版画）⋯⋯⋯谷彦彬
空灵之四（油画）⋯⋯⋯⋯⋯王无邪

1988 年第 2 期　刊名：《草原》

目录

小说
内蒙古青年作者小说辑
老土⋯⋯⋯⋯⋯⋯⋯⋯⋯⋯⋯张秉义
隐形人⋯⋯⋯⋯⋯⋯⋯⋯⋯⋯包小翔
在山命的斜坡上⋯⋯⋯⋯⋯⋯海　宁
老人河⋯⋯⋯⋯⋯⋯⋯⋯⋯⋯韩奋勇

死湖⋯⋯⋯⋯⋯⋯⋯⋯⋯⋯⋯立　夏
为了土地⋯⋯⋯⋯⋯⋯⋯⋯⋯张维兴
绿色的情绪⋯⋯⋯⋯⋯⋯⋯⋯戴志明
山村纪事⋯⋯⋯⋯⋯⋯⋯⋯⋯乔　洼
今夜月朦胧⋯⋯⋯⋯⋯⋯⋯⋯包那顺
小小说
痛苦的时刻⋯⋯⋯⋯⋯⋯⋯⋯姜胜群
她与他⋯⋯⋯⋯⋯⋯⋯⋯⋯⋯郭　玲
全国十万人口以下少数民族笔会小说专辑
孤独的山魂⋯⋯⋯⋯⋯⋯⋯⋯敖长福
深山·岁月·猎人⋯⋯⋯⋯杜曼纳姆嘉
克佬达吉⋯⋯⋯⋯⋯⋯⋯⋯⋯谭亚洲
幽谷⋯⋯⋯⋯⋯⋯⋯⋯⋯⋯⋯骆和木
娜木日⋯⋯⋯⋯⋯⋯⋯⋯⋯⋯阿　凤
梦的变故⋯⋯⋯⋯⋯⋯⋯⋯⋯张永东

报告文学
"DF"飞向世界（中国潮征文）⋯尚一波

理论
一个文学的"花的原野"⋯⋯⋯鲍　昌
超越：寻找自我的冲击力⋯⋯刘亚民
生活是这样⋯⋯⋯⋯⋯⋯⋯⋯刘大松

美术
兰和黄（摄影）⋯⋯⋯⋯⋯⋯木　亦

1988 年第 3 期　刊名：《草原》

目录

本刊主办北中国之星诗歌大奖赛
内蒙古诗人新作选萃
阴山岩画⋯⋯⋯⋯⋯⋯⋯⋯⋯安　谧
某时某刻及其他（组诗）⋯⋯张　廓
无冰的北极⋯⋯⋯⋯⋯⋯⋯⋯南　鱼
东方当代传说（选章）⋯⋯⋯齐俊峰
休止⋯⋯⋯⋯⋯⋯⋯⋯⋯⋯⋯默　然

人与自然
惠特曼，我为你歌唱（外一首）⋯（蒙古族）哑　樵
黄昏，在异乡的寂寞中（外一首）⋯林　莽
1987 年，在我们中国⋯⋯（外三首）⋯魏志远
山与归程（三首）⋯⋯⋯⋯⋯刘茂胜
夏季的短歌⋯⋯⋯⋯⋯⋯⋯⋯李元胜
巨蟹星座（外一首）⋯⋯⋯⋯何香久
眼眶里的沙瞳仁⋯⋯⋯⋯⋯⋯陈东东
祭（外二首）⋯⋯⋯⋯⋯⋯⋯薇　薇
两极（组诗）⋯⋯⋯⋯⋯⋯⋯王　业

此湖 ....（藏族）旺秀才丹

雨季不再来 ....王小蝉

我的蓝皮书（二首）........................谢颐城

爱情诗

蓝花花 ....梅绍静

五月（三首）........................张之静

钢琴曲，永不终止 ....马永波

恋歌 ....余以建

冰湖·太阳（外一首）........................冯 晏

情人和潮湿的梦（外一首）........................萧 野

那一年我十九（外一首）........................杨绍武

贝壳手镯 ....吴 霖

给你 ....江 春

城市与乡村的风景

抒情诗五首 ....张加百

记忆的虚构（二首）........................张锐锋

真人真事（外一首）........................赵 宇

风吹过我的村庄 ....郎 毛

FO·B ....熊 也

男孩的忧郁 ....吕 杰

远航（外一首）........................（蒙古族）道·德力格尔仓

乡俗 ....张文祥

敕勒新歌

巴丹吉林沙漠（外一首）........................（蒙古族）哈斯乌拉

草原之旅 ....（蒙古族）蒙根高勒

苍狼雕塑 ....（蒙古族）舒 洁

黄金史（组诗）........................（蒙古族）白 涛

峡谷之旅 ....（蒙古族）鲍尔吉·原野

草原印象（组诗）........................（蒙古族）乌吉斯古冷

野诗六首 ....老 乡

岁月 ....（蒙古族）斯日古楞

怪诞的额济纳 ....（蒙古族）郁晓鹰

裸高原 ....王建平

感觉草原 ....贺海涛

塔尔寺的灵光（外一首）........................（藏族）才旺瑙乳

我读阴山 ....李天荣

1988 年第 4 期　刊名:《草原》

目录

小说

丹丹 ....肖亦农

两个女人的寻觅 ....哈斯乌拉

月向西沉 ....何立彬

破译 ....程 中

哥俩好 ....延 青

余热 ....刘汉一

常在抱歉中 ....杨植材

医谜 ....李 悦

榆树皮 ....刘进林

谈判 ....甫澜涛

咱村来了个书贩子 ....白 克

出走 ....贾树真

诗歌

会青词 ....胡昭衡

望江三题 ....查 干

短诗七首 ....野 客

爱，很甜也很苦 ....叶文彬

初冬的早晨 ....晑 蒲

雪 ....贾志义

路灯 ....白庆峰

小老师和大学生 ....紫 叶

飘 ....傅永生

冬天的公园小景 ....季 棠

秋天里的女孩 ....理 想

滚雷马 ....王 璞

落叶 ....王维正

给你 ....丁小斐

散文

一只鸟的自由范围 ....张天男

她的眼睛凝视着草原 ....王致钧

蜃楼幻影 ....懿 芬

开花的原野 ....闻 频

我爱大海 ....南鸿雁

日德兰半岛的钟声 ....钱英球

美术

逆光（摄影）........................喆 野

锡尼河七月·翁牛特 ....马新儒

篆刻 ....廉 信

1988 年第 5 期　刊名:《草原》

目录

小说

神葱 ....陈计中

美丽的眼睛 ....王不天

菊 ....许 淇

明月有圆缺 ....谷来宾 于鸿声

天乐 ....奥 奇

雕花的银碗 ....张永昌

篝火 .... 杨文环
安斯丽玛的两封信 .... 伊德尔夫
冷雨 .... 沙　痕
瘸子 .... 万　路

散文
土地的思索（中国潮报告文学征文） .... 鲁　庄
骆驼，一位古老的行吟诗人（外一篇） .... 周彦文
勤的乐章 .... 王怀纲
原始森林的美景 .... 道·诺日布

诗歌
少年维特之欢乐 .... 高新昌
岩画 .... 周　斌
爱之渡（组诗） .... 湘　霖
痛苦（外一首） .... 柳　沄
诗三首 .... 鲁　萍
太阳 .... 开　愚
玻璃窗裁剪的阳光（外一首） .... 王文泉
给陌生人写信 .... 傅　浩
康定情歌（二首） .... 许向前
灰色的主题 .... 王润宝
睡美人（外一首） .... 哈斯乌拉
桔梗 .... 金　哲
新思与旧情（四首） .... 陈秀庭
森林短笛 .... 尹　涵
红房子 .... 薛九如
乌梁素海的姑娘，这样地看人 .... 余绍荣
思想者（外一首） .... 苗同利

理论
读《布赫诗文集》 .... 奎　曾
形象结构的张力与艺术空白的内蕴 .... 明　照

美术
路（摄影） .... 张蓬扬
草原主人（国画） .... 赵凤迁
书法 .... 郝占魁
牧人之家（油画） .... 谢建德

1988 年第 6 期　刊名:《草原》
目录

小说专号
路断 .... 云晓璎
灵鸟与红帆 .... 邓九刚
坠机见闻录 .... 姚凤顺
族长 .... 张广敬

才十六、七呀 .... 李慧兰
森林的魂 .... 徐　扬
失落 .... 李一信
继续调查 .... 振　杨
蒙在她脸上的红布 .... 戴云卿
那裤 .... 张文明
透明的樊笼 .... 宋其蕤
女儿的琴 .... 郝来旺
次品 .... 高华坤

儿童文学
假期的故事 .... 赵子明
麻雀 .... 周　辽
金钱豹 .... 晓　璜

翻译小说
火鸡作坊的故事 .... 阿丽丝·芒罗著　李　尧译

报告文学
斗牛士之歌（中国潮征文） .... 小　珩　辰　石

1988 年第 7 期　刊名:《草原》
目录

小说
犹抱琵琶 .... 子　干
酒鬼 .... 谷丰登
琥珀色的情绪 .... 李仲臣
白色帆 .... 顾晓军
神影 .... 李希晓
朋友之妻 .... 宁昶英
葡萄架下的故事 .... 巴特尔
厚礼 .... 晓　理
牧女 .... 李尚忠
葵花蜜 .... 张玉祥
井 .... 布和德力格尔著　庄　莎译

报告文学
青山恋 .... 王玉明

散文
散文三题 .... 雪　迪
在净土中梦想 .... 蓝　冰
太阳·醉舟·太阳 .... 汪　涌
不要怪罪我 .... 张晓伟
米兰 .... 金江滨
记忆中的小镇 .... 李　兰　杜　敏
冰花 .... 雷　磊

鹤舞水云-----------------------------------续维国

诗歌

回忆（外一章）-----------------------------陈国欣
永远的记忆---------------------------------李瑞贤
古吊桥沉思---------------------------------冯凯文
一个世纪儿的雕塑---------------------------王俊义
辛酸年月辛酸事（组诗）---------------------洛　兰
感应：大势所趋-----------------------------张德强
雪瀑---------------------------------------晓　梅
岸（外一首）-------------------------------宗仁发
影子（外三首）-----------------------------白朝蓉
草原的冬天---------------------------------马　路
往事与随想（短诗十八家）-------------------雨　婴
马雅利　梁谢成　刘丙钧　万　方　洋　滔　方　纲
江　岩　魏乃清　温　古　都兴利　庞　耘　长　风
徐学鹏　戴　翔　张广明　竞　心　刘瑞哲

理论

语言问题-----------------------------------谷　馨

美术

摄影作品-----------------------------------车光照
草原暮色-----------------------------------贾力克
风景二幅-----------------------------------李雪龙

1988 年第 8 期　刊名:《草原》
目录

绝育病房-----------------------------------刘汉一
Ｔ恤衫上的洋字母---------------------------刘汉一
孤男寡女（二题）---------------------------张秉毅
人物二题-----------------------------------姜胜群
河边的小屋---------------------------------敖长福
红白喜事-----------------------------------李　汀
老山榆-------------------------------------郑素荣
狐女子-------------------------------------耿天丽
困惑-----------------高·乔拉布杰著　哈达奇·刚译
黑色之旅的驭者-----------------------------陈　瑜
波谷（三题）-------------------------------闫长荣
别了，小屋---------------------------------茹玲玛
人与人（二题）-----------------------------白跃武
盼望亲人早回来-----------------------------贺　英
婷婷---------------------------------------马枫叶
狗四---------------------------------------舒丙耒

中国潮征文

弄潮-----------------------------仕　中　广　南

理论

小说创作中的 ABC--------------------------扎拉嘎胡
一部有中国特色的文学创作理论著作-----------奎　曾

美术

大漠风光-----------------------------------史学军摄

1988 年第 9 期　刊名:《草原》
目录

小说

借话---------------------------------------丁　茂
火烧林-------------------------------------程　中
北国枫-------------------------------------孟和博彦
蓝花之恋-----------------------------------大　海
瞬间---------------------------------------戴　峰
三丫和留崽---------------------------------书　良
看不见的容貌--------帕诺斯·伊奥安尼斯著　以　恒译
鞭长莫及-----------------------------------戴　舒
第三世界的崛起-----------------刘大松　鲁　庄
延伸，向大地深处---------------------------阚风臣

诗歌

桂林春意-----------------------------------贾　漫
诗四首-------------------------------------尚仲敏
随便的生活---------------------------------丛小桦
来日的窗口（短诗十二家）-------------------葛根图娅
白·呼和牧奇　阿木尔撒纳　乔　注　薛映梅　张世
荣　王晓艳　零　零　金勋苏力亚　王治林　冰　峰
智者的聚会---------------------------------武文斌译

散文

我，找寻我童年的足迹-----------------------苏尔塔拉图
源头与片断记忆-----------------------------默　然
童年的好时光-------------------------------苗　林
边城话榆林---------------------------------王怀纲
落花散曲-----------------------------------张翔鹰

理论

美感的第二性和主体性-----------------------刘　强

美术

溪（摄影）---------------------------------张开艺

1988 年第 10 期　刊名:《草原》
目录

情潮

雪霁（组诗）……………………… 蓝　冰
流水（组诗）……………………… 成　子
伊东：打开我伊东………………… 南　鱼
守望者……………………………… 吴丽丽
星光灿烂…………………………… 赵　洁
渴唇………………………………… 艺　辛
没答案的回答……………………… 凡　斯
白夜………………………………… 韩兴贵

人与自然

水上歌谣…………………………… 张天男
天空………………………………… 杨　黎
生存及生存者（组诗）…………… 沈天鸿
雨意（组诗）……………（蒙古族）哑　樵
远山（外一首）…………………… 孙昌健
古树………………………………… 房　华
盐的旅途…………………………… 龙　俊
室内………………………………… 施茂盛
漂流在河上的野码头……………… 李自国
风…………………………………… 盈　盈
另一种河流………………………… 丁　鸣
一对燕子住在我的隔壁…………… 杨　春

敕勒新歌

炸群………………………………… 杨　皓
猎人之死………………（蒙古族）蒙根高勒
第七个夜晚（外一首）…………… 程宝林
野罂粟（组诗）…………………… 李　瑜
荒漠草原…………………………… 欧阳鸣
月牙形的蛊惑……………………… 洋　雨
你的沉默深刻而久远……………… 杨云才
上路………………………………… 徐　雁
在黄土高原上（二首）…………… 尚飞鹏
达尔罕古太阳与迪斯科…………… 李文俊
雪原………………………………… 赵子桐

生命之河

在一本书与另一本书之间………… 林　莽
父亲的家爱和野爱………（蒙古族）李金河
梦里黄昏………（蒙古族）鲍吉尔·原野
活过一次（外一首）……………… 韩国强
咒语………………………………… 二　毛
春之风（外一首）………（蒙古族）白　涛

船歌………………………………… 石　叶
所有的体验都和你无缘…………… 阚　坷
红帆船……………………………… 陈志嫒
归于水……………………………… 白　夜
墙头………………………………… 郭春浮

散文诗…………韩嘉川　高晓莉　刘见　蓝幽
郭永明　宋琪薇　甘先文　夏娃　贾文华　谢明洲
莽莽　黄萍　耿翔　（蒙古族）塔娜

广角镜…………殷实　林碑　贺小松　袁安
白鸟　何首乌　冯新伟　鲁荒　刘冲　郁晓鹰
李旭东　洛兰　李易萍　张鸿雷　王勇　章晓明
宛凝　叶茅　牛雪峰　段咏天　王秀竹　斯日吉楞

太阳与鱼

诗四首……………………………… 马永波
我仍在这里等待太阳……………… 南　野
静观，东方构图…………………… 默　然
诗的诱惑（组诗）………………… 齐俊峰
船殇………………………………… 李凯霆
我独异于人………………………… 张　凯
呼吸与风暴………………………… 王长军
断笺………………………………… 林　夕

弯曲的时空

汉人（组诗）……………………… 开　愚
红星照耀中国（组诗）…………… 西　岸
节日（组诗）……………（苗族）何小竹
到《红高粱》里活一阵子………… 姚振函
饥渴者之歌………………………… 刘　煌
战争余烬…………………………… 黎瑞刚

美术

八拜湖畔（摄影）（封面）……… 喆　野
春雨过后（水彩）（封二）……… 李　杏
篆刻艺术（封三）………………… 牛泽甫

1988 年第 11 期　刊名:《草原》
目录

小说专号

东格尔喇嘛………………………… 敖德斯尔
望远镜……………………………… 朱　竞
曲…………………………………… 乔　洼
海螺斑纹的白马…………………… 霍钦夫

绿色的星期六................................苏 莉
会·渔·猎....................................张志诚
窗..冯亚平
雪祭......................................刘海涛
寿宴......................................李连成
你、孩子和他..............................张润高
痴情......................................刘静波
窗口......................................刘 云
过河......................................兴 安
河套路....................................刁 斗
冲刺......................................王慧林
忌日......................................敬 超
把关......................................郑 重
新闻发布中心..............................沈存步
丹心丝缕著华章............................陈鹤龄
周自立借水行舟备忘录......................文 群

理论
小说：形式的多维世界......................鲍 昌

1988 年第 12 期　刊名:《草原》
目录

小说
山谷外有七色阳光..........................路 近
作家和他们的妻子..........................李廷舫
少年和大漠................................王月礼
咖啡厅之夜................................艾丽雅
沙湾儿里的移民..................谷来宾　于鸿声
码草......................................海江林
迷惘交响曲......................胡丹阳　周 林

报告文学
郝成富的性格组合..........................傲 祺
磁之光....................................任思霖

诗歌
独步荒原（组诗）..........................陈广斌
黄昏的太阳（三首）........................武彦敏
梦乡的小站（五首）........................陆 萍
除了你　我已一无所有——给苏娜............独桥木
风景线（组诗）............................叶文彬
无字碑前……..............................巴特尔
春秋......................................李少白
承德·棒槌山（外一首）....................周恩广
苏联当代抒情诗选择（一）........沈沥淅　赵健雄
秋思（外一首）............................王学斌

散文
出访手札（上）............................云 杉
瓷都风情录................................初 军
啊，大海..........................特·赛音巴雅尔

美术
千里共婵娟（摄影）........................陈复礼

1989 年第 1 期　刊名:《草原》
目录

小说专号
安克里乌苏................................里赛夫
街规......................................刘学林
小镇上的汉子..............................白雪林
抢劫已经发生..............................吕 斌
野人传奇..................................朋斯克
纸火......................................周彦文
到底该找谁................................伊德尔夫
心灵的呼唤................................李健民
融雪......................................孙丽萌
泥旦河的故事..............................王升山
扎木苏荣校长的日记摘抄....................振 扬
感悟录（理论）............................元 木

美术
北国（摄影）..............................摘 摘
水彩写生..................................郑庆和

1989 年第 2 期　刊名:《草原》
目录

小说
不连贯的故事..............................炎 文
圣徒......................................季 华
沙原夜话..................................乌雅泰
泥屋纪事..................................刘 晖
沙里街....................................王玉亭
敦煌的光..................................傅利恒
深邃的夜..................................张 焰
迟到的春天................................郭妙灵

报告文学
建新之路和肖德新..........................刘工践

诗歌
报春的绿色................................王学斌

黄土咏叹调（外四首）·························· 白朝蓉
飘着乳香的摇篮····························· 王　磊
无题诗十首································ 晓　晴
镀金时代（组诗）···························· 沈天鸿
钟奇志　潘永翔　王松青　高晓莉　谢荣霄　胡晓勉
田头断想································· 孔庆先
出访札记（下）····························· 云　杉
致白朝蓉································· 张志民
歌谣之水································· 安　谧

美术
暮色（摄影）······························ 亦　斋摄影
白夜（油画）······························ 许广源

1989 年第 3 期　刊名:《草原》
目录

古体诗词
落花零拾································· 贾　漫

人与自然
漓江有龙································· 安　谧
《空白的空白》选章·························· 莫　非
这一天同样重要（外三首）······················ 大　仙
躯体中的流浪····························· 西　蒙
雨季（外一首）····························· 张旭东
瞬间（组诗）······························ 李元胜
内部（三首）······························ 大　解
献诗·································· 林　碑

天堂之鸟
铜叶花园（组诗）··························· 张　廓
杂而一（五首）····························· 邹静之
一个地点（外三首）·························· 余　刚
歌手·································· 陈东东
天堂之鸟································· 杨　挺
从戏剧到传统（外两首）······················· 流　浪
无所适从（组诗）··························· 超　日
老舍之死（外一首）·························· 涩　水
恭敬（外一首）····························· 陆　健
海盗·································· 李天荣
摧毁玻璃································· 孙文波
幻象·································· 顾联第

敕勒新歌
聆听智慧（组诗）············· （蒙古族）鲍尔吉·原野
北方的黄昏（诗三首）························· 维　维
秋（外三首）······························ 海　子

黑城子································· 杨　然
空廓的灰色孤独·················· （蒙古族）乌吉斯古冷
酒人歌（组诗）················· （蒙古族）阿拉坦托娅
空山中的流水与鸟鸣（组诗）····················· 洛　兰
帮楼·································· 盛　川
那个传说································ 苑　湖
大草甸································· 许向前
马兰花····················· （蒙古族）何小兰
花大姐································· 尹树义
情潮·································· 林　染
张之静　鸽　鸽　李发模　（蒙古族）格·巴特尔
叶　坪　蒙　原　田　野　杨冬梅　慈　公　李占学
杨浩东　莫　凉　一　程　刘　见　田　田

城市与乡村
一只鸟和它的全部羽毛························· 雁　北
看看夕阳（外二首）·························· 非　默
玻璃上的鸟影滑来滑去························· 张天男
文化那玩艺儿（组诗）························· 阿　坚

1989 年第 4 期　刊名:《草原》
目录

小说专号
新房子································· 乔　洼
狼之歌·················· 阿云嘎著　戴　兰译
格里什卡································ 郁晓鹰
最遥远的牧场····························· 维　良
夏日的烦恼································ 李文宏
懂得了生活你才会笑·························· 群　光
绿色的呼唤································ 贾艳辉
相见时难别亦难···························· 宋世选
买粮（外一篇）····························· 张润高
建油库与搬迁厕所··························· 阎登云
一小时································· 振　兴
在博格德山脚下
　　　　　齐·敖特根其木格著　白·特格喜译
误差··················· 松本清张著　陈　平译

报告文学
愿尽余热展宏图···························· 韩　平

理论
古老·新鲜·独特·引人深思····················· 杨植材

1989 年第 5 期　刊名:《草原》
目录

小说

雨夜······························敖德斯尔
小街的故事························许 淇
废墟里的梦························冯国仁
地主村····························孟和博彦
山村风雪夜························杨若飞
智灭克列部·················超克图纳仁 琴子
野火·············葛日乐朝克图著 曼德尔娃译

散文

尹湛纳希祭························扎拉嘎胡
往事······························安柯钦夫
被猎场勾引的童心················特·达木林
罗德尼·霍尔印象··················王致钧
嘎达梅林故乡人····················王 磊

理论

走出峡谷之后······················方 竹
民族文学断想······················巴特尔

美术

水云（摄影）······················解 间
编哈那（工笔）····················郭继英
牧人（工笔）······················兰 宇
塞外秋色（水彩）··················冯向杰

1989 年第 6 期　刊名:《草原》
目录

散文七题·················（蒙古族）鲍尔吉·原野
高原的流囚························贾 漫
忆屑独语（二篇）··················许 淇
流向······························梅绍静
乡土戏····························郭 风
塬的记忆··························枚 枚
故园小居之二······················尚贵荣
川藏公路纪行······················苗 林
朝鲜兰，朝鲜兰····················周岷山
南行偶拾··························赵健雄
静静的托来河······················林 染
汇泉湾心笑························刘 祯
攀登峨眉山·················（蒙古族）萨 仁
相逢在晚年························云照光
感悟录····························元 木

北京纪游··························勒·浩山
书简三摘··························纪征民
珍藏的深情························李廷舫
红玛瑙····························张若愚
旋涡······························李佩芝
与你的影子对话····················杨 锦
阿公······························符史辉
牛奶不能冰冻······················张 重
江岸上····························马战校
塞北的雪··························王怀纲
那长长的轿车队····················席小平
多余的相思····················田 怡 方 正
敖包呓语（外一篇）················郭永明
秋夜二章··························周同宾
走进密林莽························阳 关
大自然随想曲······················杜涌涛
写在北京动物园····················孟 河
有一种野性（外三章）··············耿林莽
感觉六章··························李 耕
流光集····························徐慎贵
风（外一章）······················张厚德
红伞（外一章）····················夏恩训
圣土······················（朝鲜族）金 勋
童年遗址··························默 然
梨花泪····························钱玉珠
故事······························杨于军
那场雨····························叶昆山
"现在"这个词······················张 廓
诸种艺术引言······················谷 磬
就海子逝世告同仁书
山溪（摄影）······················昌 木
草原风情（国画）··················巴雅尔
篆刻选登························郑俊富等
内文插图············泊 木 任韶华 李立祥

1989 年第 7 期　刊名:《草原》
目录

卷首语

小说林

黄土高坡（小说五题）··············张秉毅
玫瑰色的荒野··············（蒙古族）哈斯乌拉
小说二题··························陈 连
莫力达瓦印象··············（达斡尔族）苏 莉
轻轻念着自己的挽歌··········（蒙古族）郁晓鹰

世态实录

摸奖狂潮———————————————————宋振伟
健牛与骏马（报告文学）—————————乐　拓

亲中国诗卷

无聊的日子———————————————————阿　坚
梦里芦花飞白（外二首）———（蒙古族）查　干
回声（组诗）————————————————高晓莉
刀的情话（组诗）——————————————韩新东
诗词选钞————————————————————李　野
基石·人民·旗帜——————————————白立平
作为中国人（诗七家）——————————郭留红
李泽华　陈　涛　靳亚利　王小蝉　陈　勇　洪　迪

自由谈

字条集———————————————（蒙古族）鲍尔吉·原野
$\sqrt{2}$祭——————————————————————简　宁

二十一世纪文学潜流

献给生命（外一篇）————————————雪　迪
写着高兴————————————————————梅绍静

随笔

海子死了————————————————————方　竹
收割夕阳的人（六篇）——————————白　岛
以下画线部分———————————————张天男
疯子的愤怒————————————————————夏　娃

理论

人们一定愿意倾听诗人的声音——————雁　北
编后语

美术

红与黑（摄影）—————————————————仇　湘
《草原》历任主编近影

1989 年第 8 期　刊名:《草原》
目录

小说

好了歌———————————————马耀宗　邵俊峰
麻婆————————————————————尚静波
太阳灿烂—————（蒙古族）额尔敦·琪琪格
不成熟的人———————————————窦卫华
鹿影———————————————————————蓝　冰

世态实录

高原的忧虑————————————文　义　默　然

醒来的土地———————————————乐　拓　柳　陆

北中国诗卷

秋天（组诗）————————————————海　子
北南组诗———————（蒙古族）巴·布林贝赫著
（蒙古族）哈达奇·刚译
雪一直没有飘下来（外二首）—————林　莽
人们啊！请听我说———————————于凤先
春天的树（诗三家）
　　　　于　墨　余　畅　（蒙古族）葛根图娅

自由谈

字条集———————————（蒙古族）鲍尔吉·原野

朝花夕拾

甘露与黄金———————（蒙古族）敖德斯尔著
（蒙古族）萨仁托娅译

随笔

散文二题————————————————————沈天鸿
当代加拿大散文诗小辑——————————董继平译
午憩———————————————————————温　古

作家自述

一个召唤————————————————————韩　东

评论

闪烁着民族精神的人生景观——————（蒙古族）邢　莉

美术

通途（摄影）————————————————栾　涛
摄影作品二幅———————————————怡　斋
晨（国画）————————————————————蓝　遇

1989 年第 9 期　刊名:《草原》
目录

榆树村的老人（二篇）——————————李　文
高原上，有过这样一位母亲——（蒙古族）阿云嘎
泪是你的———————————（蒙古族）敖　敏
走出深沟————————————————————张　凯
远天远地（小说两题）——————————张秉毅
母牙———————————（蒙古族）纳顺乌勒基
风吹夜壶呜呜响———————————————高福亭
露水闪————————————————————秋　子
秋风·世界末日————（蒙古族）乌力吉布林
人与歌（中篇）———————（蒙古族）乌雅泰

1989 年第 10 期　刊名:《草原》
目录

小说

空谷·····························晓　理
琼思小姐（外一首）·····················陈　连
小老耿发家轶事·······················郑西征
悟······························（回族）白　克
招财叔和大黑马·······················李希晓
"小不点"的喜事儿·····················张贵明
红尘····························（蒙古族）黄　薇

自由谈

字条集·····················（蒙古族）鲍尔吉·原野

随笔

茶酒之道···························许　淇
秋曲·····················（蒙古族）霍钦夫
甜苣菜，苦苣菜······················陈弘志

北中国诗卷

讦言（外四首）·······················白朝蓉
林中晚唱···························成　子
大草原····················（蒙古族）齐俊峰
苏尼特恋歌··················（蒙古族）蒙根高勒
盟约····························张之静
野马（外一首）·······················王忠范
矿碑与路（诗八家）·······郜　贵　（蒙古族）郁晓鹰
万　方　（蒙古族）高金鹰　（蒙古族）黄格勒德·
拉希尼玛　（满族）毕可夫　洋浴海　邓万鹏
白发苍苍的母亲···········〔蒙古〕策·达木丁苏荣著
明·宝音巴达拉夫译

开拓者在鹿城（报告文学）

披荆斩棘万里程·······················韩建中
经济参谋···························乐　拓
储老五接财神·······················李仰南

1989 年第 11 期　刊名:《草原》
目录

小说

第二次葬礼··························丁　茂
姥姥的泪眼··························曹雪英
小说二题···························王月礼
一路平安···························尹峻岭
铺满枫叶的路·························家　坪

世态实录

小知识分子在塞北······················温小钰
越过风口···························帅　克

北中国诗卷

达尔罕草原之声（诗 11 家）·················李文俊
张承祥　贾向前　冀明亮　李　贵　狄悦湄　夏世林
刘茂云　高　慧　刘淑清　赵　辉
黑白两栖（组诗）······················方　跃
黑罂粟（组诗）·······················李　瑜
蝴蝶与树（诗 8 家）·············苏历铭　钟正林
丛小桦　马启代　谢明洲　咏　桂　考宏梅　周向永

随笔

梅绍静近作四篇·······················梅绍静
精确性，穿插与顺序·····················张　廊
雪迪新作四题·························雪　迪
崇高和卑微的灵魂（外一篇）·················韩新东
去荔枝乡···························艾　馨
长毛····························刘成章
写女儿，想起我苦难的童年··················尚贵荣

自由谈

字条集·····················（蒙古族）鲍尔吉·原野
想山····························马永波

美术

十六的月亮（摄影）·····················栾　涛
木刻小品···························张存刚
装饰画····························池　明
本刊主办 1990 年"北中国之星"诗歌大奖赛
诗讯

1989 年第 12 期　刊名:《草原》
目录

小说

神舟····························桑　苗
有两个故事是我无意间听来的·················赵　宇
金局长家的秘密·······················高永华
有这么一个故事·······················孟庆飞
小城里的村庄·························宋世选
请客····························李廷舫
雪天····························王志刚
雪夜归（刊授学员作品）···················徐金龙

散文

勒勒车的沉思·························李全喜

告别的海————————————————龙 俊

蚕与蜘蛛（刊授学员作品）——————秦顺卿

草原回忆————————————————郎 毛

河（外一章，刊授学员作品）—————姚福康

蒙山海————————————————郭保林

银珠连心————————————————王怀纲

北中国诗卷

白云诗会专辑————————蒙 原 陈 醇

白 涛 贾志义 赵建华 冰 峰 张钟涛 张俊刚

张晓平 杨晓旭 陈 榕 郭俊义 忻世荣 赵 飞

古体诗词 4 家————周雨明 书 青 穆向阳 王 磊

年轻的翅膀（刊授学员作品 7 家）————丁 鸣

王 宇 李志勇 王唯唯 笑 秋 松 子 吴清分

报告文学

皇冠—————————————————步连荣

理论

生活，在时刻召唤着—————————刘英建

在历史的地平线上寻找散文的走向————周彦文

美术

红帆（摄影）————————————班仇湘

摔跤手（年画）———————————门小勇

《宁夏文艺》
（《朔方》）

【简 介】

综合性文学月刊。宁夏回族自治区文学艺术界联合会主办。创刊于 1959 年，1974 年复刊。1980 年 4 月由《宁夏文艺》更名为《朔方》。其立足宁夏，面向全国，突出西部特色和民族特点，多次推出宁夏青年作家作品专辑以及回族作家作品专辑，尤其以发表张贤亮的《灵与肉》而轰动，推动和促进了西部文学的繁荣和发展。

期刊号：1976 年第 1 期—1989 年第 12 期

1976 年第 1 期　刊名：《宁夏文艺》

目录

词二首—————————————————毛泽东

水调歌头·重上井冈山

念奴娇·鸟儿问答

世上无难事　只要肯登攀—————《人民日报》、

《红旗》杂志、《解放军报》一九七六年元旦社论

井冈红旗放光彩——学习《水调歌头·重上井冈山》

————————————————工人　唐殿豪

为天地翻覆的时代大唱赞歌——学习毛主席《念奴娇·鸟儿问答》的一点体会————邓海南　肖　川

农场的春天

珍珠（小说）·····················平吉堡农场　何君倬
在"57 号"地里（小说）·············灵武农场　菁　华
新节目（小说）·····················南梁农场　秉　勋
王大伯的急事（小小说）···········巴浪湖农场　丁洪福
两份申请报告（小说）···········大武口建材厂　姚莫羡
银幕映红心（相声）·················平吉堡农场　史英潭
两盘菜（数来宝）··················简泉农场　张胜成等

新生事物赞

阳光灿烂春苗壮（诗）·········工农兵学员　何克俭
校园就是战场（诗）·················工人　赤　兵
五·七道路金灿灿（诗）·············工人　韩长征
楼行织出春色稠（诗）···················李树江
六盘新花（诗二首）·····················征明万
万紫千红春烂漫（歌词）·············工人　刘国尧
教育革命鲜花放（诗）···················叶　菲
赛诗会（诗十二首）·················银川橡胶厂
银川亚麻纺织厂　银川拖配厂　银川地毯厂
六盘山下尽朝晖（诗九首）
·············竹　人　秦克温　井笑泉　贾长厚等
不落的琴声（散文）·····················高　原
水晶石（散文）·····················战士　邓海南
外公串亲（快书）·······················徐正坤
政委下连当兵来（演唱）·············战士　苏承志

浇灌新苗

为铲除资本主义的旧基地努力作战——读《宁夏文
艺》上的三个小戏···银川机床修配厂工人文艺评论组
路线斗争是不可调和的——谈李逵之死·········张　序述
要下苦功锤炼诗歌语言·············雪　曦　钟　和
漫谈诗和音乐的结合·············银川警备区　杨子林
文艺动态
山区新貌（版画）·················于南桐　农占文
龙潭战歌（中国画）·····················许家麟
窗花二幅（剪纸）·················胡希增　剪纸

1976 年第 2 期　刊名:《宁夏文艺》
目录

反击右倾翻案区　把文艺革命进行到底

坚持文艺革命，反击右倾翻案风·············初　澜
革命样板戏推动了曲艺革命·············工人　刘天有
反对"雷同化"是假，搞复辟倒退是真
·····································工人　肖　峡
永远站在希望的一面
·········工人　张养科　工农兵学员　张兴昌
资格·标准·答卷·······················赖文藻

伟大的进军（诗）·················工人　贾长厚
一场新战斗（诗）·······················尹　旭
教育革命新歌（诗）·····················秦克温
重返前线（山东快书）···················耿玉堂

小说特辑

新苗
主轴·····················回族工人　刘　士
打麦场上（革命故事）···················马绍文
标准·····························战士　蒋如根
刚刚（儿童文学）·······················钱松樵
支农曲（小小说）·················工人　李跃飞
入党以后（革命故事）···················范长华
球赛的最后几分钟·······················胡大雷

农场的春天

迎春·····························渠口农场　叶　茂
儿童团（儿童文学）·············连湖农场　王健玲
收割之前·························前进农场　邓存恒
农场小电工（小小说）·············渠口农场　张风山
在阶级斗争的风雨中展翅飞翔（浇灌新苗）
······························（北京）李德文
文艺简讯（二则）
试看天地翻覆——热情歌颂无产阶级"文化大革命"
征文启事
越说心越甜（年画）·····················康笑宇
继续革命（版画）·················唐西林　高学武
追上去（速写）·························钮希文
为普及大寨县贡献力量（宣传画）·············叶作钧

1976 年第 3 期　刊名:《宁夏文艺》
目录

中共中央关于华国锋同志任中共中央第一副主席、国
务院总理的决议
中共中央关于撤销邓小平党内外一切职务的决议
文化在革命永放光芒···············《人民日报》、
《红旗》杂志、《解放军报》编辑部
要把无产阶级"文化大革命"进行到底（油画）
·················侯一民　邓　澍　靳尚谊
詹建俊　罗工柳　袁　浩　杨林桂
钢梁铁柱（小说·征文）·············工人　徐宿鱼
旌旗奋（小说·征文）···············工人　宋友仁
新上任的团长（小说）·············战士　蒋如根
电磨房里的斗争（儿童文学）
·····················回族知识青年　闪　华
蒙古包里的风波（小说）·············社员　富俊年
峥嵘岁月调（组诗·征文）

——忆工人造反队·····················工人　刘国尧
痛击右倾翻案风（诗七首）·········侯长松　杨兴彩等
阳光灿烂照工大（组诗·征文）·········工人　韩长征
我戴上了红卫兵袖章（外一首）（诗）·······尹　旭
答卷（说唱·征文）·················社员　翟辰恩
对着干（锣鼓词）·······················陆　明
工农兵文艺创作好得很···············工人　王永明
义正词严　石破天惊——学习革命样板戏语言艺术札
记·······························试　骏
搏风击浪　战歌飞扬——略谈"文化大革命"以来我
区工农兵诗歌创作
···········宁夏大学中文系七七级　文艺评论组
复辟派的可耻下场——重读鲁迅的《风波》····唐　骥
歌颂"文化大革命"　回击右倾翻案风（组画）
·····························工人　戴大全
这里也是大学（套色木刻）···············陈宜明
篆刻···························曹右庵等
加强无产阶级专政（画）···············孙宝山作
天天向上（剪纸）···················胡希曾
愤怒声讨邓小平的罪行（剪纸）
·················银川市红花公社中学剪纸小组

1976 年第 4 期　刊名:《宁夏文艺》
目录

在斗争中建设党·················《人民日报》、
《红旗》杂志、《解放军报》社论

曲艺特辑
六盘儿女在战斗（群口词·征文）·······宁夏艺演出队
六盘山连着天安门（花儿弹唱·征文）
·····················宁夏曲艺演出队　潘振声曲
回族姑娘唱新歌（宁夏小曲·征文）····社员　翟辰恩
上大学（对口快板·征文）·········史英潭　何绍懦
大学生（相声·征文）·······工人　狄胜利　李长罗
夸咱妹妹潘高峰（对口快板）···············苗培根
陆长海智擒"08"（山东快书）·······耿文卿　改编
赞革命样板戏（对口快板）·········赵永利　狄胜利
六盘红梅（宁夏数花）···········西吉县文艺宣传队
"驼背"商店（好来宝）···················冯　并
山窝窝里新事多（宁夏坐唱）···············杨少青
学习大寨绘新图（对口词）
·················中宁业余文艺宣传队集体制作

诗歌
庄户大学纪事（组诗·征文）···············蔡锦荣
竹板声声（外一声）·····················杨世运
在广阔天地里（诗）·················工人　赵福辰

党委"班"（诗）·····················陈德根
战士高歌向前闯（组诗）·················赵兰萍

小说·散文
鲜红的袖章（散文·征文）·······解放军某部　徐恒堂
赤脚女电工（革命故事）···············工人　朱正安

评论
革命样板戏促进了山区文艺的繁荣
·················西吉县业余　文艺宣传队
努力塑造敢斗走资派的英雄人物——学习电影《春
苗》、《决裂》的体会·················林　原
无产阶级文学是无产阶级斗争的一翼——读鲁迅的
《"硬译"与"文学的阶级性"》···········佟　石
向纵深推进一步（浇灌新花）——评小说《钢梁铁
柱》···························钟　平
我们见到了毛主席（油画）···············邓绍义
千秋功罪　我们评说（中国画）·······延　生　侯　杰
风雨前哨（套色木刻）·················马志儒

1976 年第 5 期　刊名:《宁夏文艺》
目录

伟大的领袖和导师毛泽东主席永垂不朽
伟大的领袖和导师毛泽东主席遗像
中国共产党中央委员会
中华人民共和国人民代表大会常务委员会
中华人民共和国国务院
中国共产党中央军事委员会
告全党全军全国各族人民书
在伟大的领袖和导师毛泽东主席追悼大会上中国共产
党中央委员会第一副主席、国务院总理华国锋同志致
悼词

继承毛主席的遗志　把无产阶级革命事业进行到底
永远怀念毛主席
·········自治区第三建筑工程公司工人　鲁凤和
坚持走毛主席指引的金光大道·······知识青年　黄　新
发扬延安精神　将革命进行到底
·················宁夏军区某部红军七连
沿着毛主席的革命文艺路线胜利前进
·····················（回族）哈素葵
誓把教育革命进行到底·········工农兵学员　杨小林
毛主席和我们在一起（散文）·······红军战士　陈诗林
用战斗来继承毛主席的遗志（散文）···········伊　彬
快把炉火烧得通红（诗）·······工人　郑　正　万里鹏
誓将遗志化宏图（诗）·················社员　黄怒波
毛主席啊，战士怀念您·················战士　姜强国

回族人民的心永向毛主席（诗）
————————————（回族）工人 马玉清
铭记着毛主席的恩情（诗）————（回族）杨继国
红太阳的光辉永照草原（诗）————（蒙族）哈 森
西沙战士哀悼毛主席（诗）————解放军某部 雷锋
韶山红日永不落（诗）————————————何光汉
红旗永飘六盘峰（诗）————————————丁 文
红卫兵永远怀念毛主席（诗）————————尹 旭
毛主席啊，沿着您的路线走（诗）
————————————工人 贾长厚 赵福辰
坚决走毛主席开创的路（诗）————————秦克温
战士的誓言（诗）————————————战士 乔 良
在毛主席像前肃立（诗）————解放军某部 徐恒堂
庄严的誓词（诗）————————————————吴淮生

学习鲁迅 纪念鲁迅

学习鲁迅 永不休战————————————————云 帆
以文艺为武器揭露复辟派————————————杨 淀
驾驶楼上（小说·征文）————————战士 胡廷荣
红雁（儿童文学）————————————————杨小林
春光曲（散文）————————解放军某部 陈淀国
红玛瑙（散文）————————————————高 原
小荣请战（小说）————————————社员 史建华
塞上新花向阳开（浇灌新花）
————————————宁夏工业机械厂工人评论组
山乡红花（外一首）（诗）————————————李晓赞
发扬光荣传统（剪纸）————————————杨华强

1976 年第 6 期 刊名:《宁夏文艺》

目录

在伟大的领袖和导师毛泽东主席纪念堂奠基仪式上华国锋主席的重要讲话
中国共产党中央委员会
中华人民共和国全国人民代表大会常务委员会
中华人民共和国国务院
中国共产党中央军事委员会
关于建立伟大的领袖和导师毛泽东主席纪念堂的决定
中共中央关于出版《毛泽东选集》和筹备出版《毛泽东全集》的决定
吴德同志在首都庆祝大会上的讲话
伟大的历史性胜利————————————《人民日报》、
《红旗》杂志、《解放军报》社论
华国锋同志是我们党当之无愧的领袖
————————————————《解放军报》编辑部
三首革命歌曲

热情歌颂华主席 愤怒声讨"四人帮"
毛主席的光辉指引我们奋勇前进——银川地区部分工

农兵、文艺工作者学习毛主席对影片《创业》的批示座谈纪要
华主席带领我们前进（对口词）————社员 张树林
万众欢呼新领袖（外二首）————————战士 侯长松
欢乐的矿山（诗）————————————————闻 钟
千里春风喜讯传（诗）————————（回族）马治中
山里人永远跟党走（诗）————————————一 木
银川地区庆祝大会速写等（画页）
————————————赵宁安 顾 越 郭长福
花海赋（散文诗）————————————工人 乔桂生
坚决砸烂"四人帮"反党集团（对口词）————姚 述
热烈欢呼粉碎"四人帮"的伟大胜利（戏曲唱词）
————————————————————————秦志扬
胜利的欢歌（诗）————————————————竹 人
八亿人民庆胜利（诗）————社员 王廷虎 邢怀玉
拧开电视机的时候（诗）————————————倪良华
潮水汹涌（诗）————————————————肖 川
重重矿山起风雷（诗）————————————工人 张后法
反修前哨的战鼓（诗）————解放军某部 舒复生
在连队的批判专栏上（诗）————解放军某部 晓 音
欢庆胜利要大干（诗）————————————工人 薛秀兰
战地红旗（诗）————————————————胡大雷
蓝天凯歌（小说）————————————战士 蒋如根
战友（小小说）————————————————工人 李跃飞
好样的接班人（特写）————————————白日升
战士的责任重（散文）————————————张巧战
祖国要钢我快上（诗）————————————工人 曹俊歧
我架银线上六盘（诗）————————————工人 张定源
在农田建设工地上（诗三首）————————蔡锦棠
肩披钢花忙浇铸（诗）————————————工人 郑 正
是"旗手"，还是骗子手？————————————楚半冰

读点鲁迅

鬼伎的剖析——读鲁迅《捣鬼心传》札记————魏若华
打倒"假洋鬼子"——重读《阿Q正传》有感
————————————————————————周春宇
精心灌溉"佳花的苗"——学习鲁迅关于文艺批评的
论述————————————————————————洪尔钟

1977 年第 1 期 刊名:《宁夏文艺》

目录

论十大关系（一九五六年四月二十五日）————毛泽东
中国共产党中央委员会主席华国锋同志在第二次全国
农业学大寨会议上的讲话（一九七六年十二月二十五
日）
幸福的接见————————————————————李进德
回忆人民的好总理————————马骏烈士夫人 杨秀蓉

深深的怀念 ———————————— 宁夏京剧团
周总理永远和我们在一起（诗）—— 工人　刘国尧
火热的第一线
这里正是春天（散文）—————— 社员　杨瑛
闪亮的"金珠"（散文）—————————— 塞原
红旗卷起煤海浪（散文）———— 工人　郑正
胜似春光（斯文）————————————— 张一民
庄严的奠基（诗）—————————— 工人　贾长厚
写在伟大的十月（诗）
—————————— 大武门洗煤厂团委业余创作组
紧跟华主席奔向前方（诗）—— 丁文　慕岳
毛主席放心咱放心（诗）——— 知识青年　卢苏萍
火红的杜鹃花（外二首）（散文诗）——纪念台湾人民
"二·二八"起义三十周年 ——————— 梁学政
华主席和人民心连心（小演唱）———— 赵孟祥
"三突出"是修正主义的创作原则 ———— 杨继国
同是一枕黄粱梦 ———————— 战士　铁英
"四人帮"是腐蚀文艺队伍的罪魁祸首
————————————— 银川市文工团创作组
毛主席长征过六盘（国画）—————— 赵宁安
美好日子万年长（年画）———————— 陈健
篆刻（五方）———————— 曹佑庵　王文钧

1977 年第 2 期　刊名:《宁夏文艺》
目录

小说
黄河东流 ———————————— 社员　杨瑛
深山沟里机声隆 ——————————— 徐正坤
稻苗青青 ———————————— 社员　杨东刚
沙川师傅 ———————————— 工人　李跃飞

诗歌
高举毛主席的旗帜向前（花儿）— 社员　翟辰恩
雨花石 ———————————— 战士　张留增
一条红色的毛毯 ——————————— 徐长笛
腾格里水歌（组诗）————————— 冯冰

向雷锋同志学习
光辉题词照大地 ———— 工人　贾长厚　赵福辰
雷锋的答卷——重读《雷锋日记》— 工人　王庆
学雷锋，跟着华主席向前进 ——————— 尹旭
大寨旗更红（十一首）—王景琳　鸣镝　胡延荣等
新民歌（十首）———张文瑞　刘生智　张树彬等
贫下中农铁打的汉（歌词）————————— 滕新华

散文
火热的第一线

铁人的战友 ———————————— 工人　刘士
甘霖 ————————————————— 张一民

小演唱
数花歌颂华主席（数花）————————— 文剑
书记的铁锨（对口词）————— 社员　李民生
工地上添了好干家（表演唱）—————— 孙士智

评论
"四人帮"是破坏"双百"方针的凶手 ——— 慕岳
彻底批判"四人帮"的反革命政治标准 —— 童雪曦

浇灌新花
甩开膀子大干社会主义——读《火热的和一线》有感
————————————————— 关爱群　王晨

1977 年第 3 期　刊名:《宁夏文艺》
目录

热烈欢呼《毛泽东选集》第五卷出版
红日喷薄（诗）———————— 工人　刘国尧
怀揣五卷志凌云（诗）——— 解放军　宋金夫
指路灯（诗）——————— 解放军　陈彦功
在华主席率领的大军中前进（诗）——（回族）马治中
喜讯到六盘（诗）——————————— 丁义
革命战士心花放（诗）——— 解放军　松华
华主席功绩高于天（兰）—— 战士　邬强华
毛选五卷发下来（歌词）—— 解放军　舒复生
到斗争中去找陈学孟式的英雄 ————— 曲闿
亿万人民的心愿（速写三幅）————— 戴大诠等

评论
认真学习《讲话》　狠批"四人帮"
在生活的土壤里深深扎根 ———— 社员　杨瑛
革命文艺光彩照人 ———————— 杨子林
砸烂"帮文艺" ——————— 工人　崔学斌
投枪集
红纸包里的烂肉 ———————— 战士　李艾果
"四人帮"的"砍"与"树" ——————— 周金庭
江涛是篡党夺权的野心家——批判反动影片《反击》
————————————————— 钱松樵
"六·五"黑文贩卖的什么货色? —————— 成城

小说·散文
我当民兵前的一件事（儿童文学）———— 戈悟觉
翔翔和拴拴（儿童文学）——回族知识青年　闪华
竞赛 —————————————————— 鲍洁

火热的第一线

铁路一家人 ————————————工人 郑 柯
一颗螺丝母 ————————————农工 倪培新

诗歌

华主席题词捧手中 ————大庆 安德祥 马文福
油田墙头诗（五首）————————————马 龙等
铝盔闪闪 ————————————工人 子 牛
战斗的堡垒（外一首）————————大庆工人 梁月志
油海新歌（二首）————————————肖 川
勘探诗抄（组诗）————————————闻 钟
火柴工人短歌 ————————————工人 晏 旭
橡胶工小唱 ————————————工人 刘继红
盐工新歌 ————————————工人 刘 亮
献礼牌 ————————————刘建宏
霹雳闪电任调遣（组诗）————————————郑 正
车间红梅 ————————————工人 桂 丛
奶奶的歌声 ————————————戴巴棣
我们要当小雷锋 ————————————姚 述
红小兵和小铁镐 ————————————邓元杰
抗旱现场会 ————————————知识青年 张文瑞

演唱·歌曲

雨夜送亲人 ————————————王 湛
"花儿"献给华主席 ————————张一民词 沈爱伦曲

1977 年第 4 期　刊名:《宁夏文艺》
目录

隆重庆祝中国人民解放军建军五十周年

展翅凌云（小说）————————————孙志连
"小贡献"（小说）————————————朱向国
打背包的故事（小说）————————————南远景
升腾的火焰（散文）————————————杨怀礼
边防生活感怀（散文）————————————傅守信
写在革命博物馆里（诗八首）
————————————王 庆 吴淮生 贾长厚等
空军诗笺（四首）————————————廖代谦
检修兵的诗（组诗）————————————徐恒堂
战鼓重擂（外二首）————————————潘英南
草原民兵（组诗）————————————邓海南
军营短歌（五首）————————姚汉生 张庆安等
唱起来吧,《游击队歌》（诗）————————————姜强国
小茅棚（诗）————————————王景琳
学习六连掀高潮（歌词）————————————舒复生
喜相送（快书）————————解放军某部四连演唱组
争任务（琴书）————————解放军某部四连演唱组
练兵场上龙腾虎跃（歌曲）————————————孟 凡词曲

永葆党的优良作风（油画）————————————张国琳
捷报敬献华主席（民歌十首）————畅晋茂 王彦魁等

新苗

考试（小说）————————————石油工人 吕国昭
完钻前的小事（小说）————————石油工人 吕国昭
春雨颂（散文）————————————西吉 罗存仁
彩笔绘春秋（散文）——一个老画家的心声——禾 子

投枪集

江青的"哭"与"笑"————————————翟文运
"百鸟朝凤"析 ————————————胡义成
剥开"四人帮"画皮（漫画）————————————区展览馆
六盘山花唱不尽——漫谈翟辰恩的新花儿————晓 耀
迈开双脚,深入生活 ————————————黎 平
沸腾的车间（画）————————————白新民
文艺消息

1977 年第 5 期　刊名:《宁夏文艺》
目录

欢庆十一大胜利召开（诗十三首）
————————————牛化东 马 安 郑永节等
欢腾的海洋（散文）————————————春晓蕊
普天欢庆（速写两幅）————————周富德 王大奎

毛主席伟大旗帜飘万代

献给毛主席的歌（诗）————————————苏海东
纪念碑——纪念堂（诗）————————————张俊彪
幸福的减速机（诗）————————————王 庆
恒温箱（诗）————————————王景琳
火车啊,快些再快些（诗）————————————胡大雷
佳楼曙光（散文·外一篇）————————————张 烨
延安的歌声（散文）————————————饶钰馗
一张路线图（散文）————————————邹廷霞

火热的第一线

轰鸣的柴油机（小说）————————————吕国昭
在老队长睡着的时候（小说）————————————倪培新
飞奔的汽车（小说）————————————李 镇
新炮手（小说）————————————彭建银
新标准（小说）————————————程 枫
最幸福的时刻（散文）————————（回族）杨国林
阳光甘露育旱苗（快书）————————————刘 宁
挑司机（快板书）————————————刘文惠
过"五一"（戏曲）————————————杨炳生
喜送丰收粮（诗）————————————鸣 镝
金泉（散文诗）————————————王景彦

风钻歌（诗）————————周　广

创作杂谈
小议作品的构思————————映　淀

投枪集
"购机祝寿"露丑形————————石泛塘
讽刺诗两题————————桂汉标
华主席和我们心连心（木刻）——董达荣　章学林
篆刻二方————————寿荣富

1977 年第 6 期　刊名:《宁夏文艺》
目录

小说·散文
火（小说）————————李　唯
牛虎大伯（小说）————————李默零
鱼（儿童文学）————————郭　云
摘星星的人（散文）————————冯　竝

诗歌
抓纲治国谱新篇（诗十七首）
　　————崔永庆　田　舍　张永祥　贾长厚等
松柏万年青（诗）————————李增林
红太阳光辉照千秋（民歌三首）————周民生
颂英明领袖华主席（词）————杨森翔
敬读叶副主席《攻关》（诗）————林　醇
归队（诗）————————赵镇魁
面对图纸心花放（诗）————薛秀兰
明镜颂（外一首）————————刘　章
塞上行（二首）————————韩长征

演唱
照章办理（小戏曲）————————刘文惠
两过秤（小歌剧）————————张树彬
夺煤新曲（小演唱）————————刘安邦

评论
坚决砸碎精神枷锁　繁荣社会主义文艺——区、市文
艺界集会批判"文艺黑线专政论"
要写出活生生的人物来————成　城
如此"红学家"（杂文）————樊庆荣
好一炉火——读短篇小说《火》————张　中

读诗随笔
万红千红迎朝阳————————唐　骥
诗要有点浪漫主义————————思　任
沃土春风诗花美————————焦雨闻

《庆祝宁夏回族自治区成立二十周年》征文启事
文艺简讯

1978 年第 1 期　刊名:《宁夏文艺》
目录

毛主席给陈毅同志谈诗的一封信
千秋万代（小说·征文）————————杨　瑛
黑牛心的故事（小说）————————徐正坤
闪亮的盐根（散文·征文）————————吴淮生

新苗
风雨夜（散文）————————朱　东
毕业合影（散文）————————万吉晨
青铜峡速写（诗·征文）————————王　庆
银海浪花（诗三篇）————————赵福辰
韶峰朝阳（组诗）————————秦克温
聆听（诗）————————胡大雷
珍贵的照片（诗）————————牧　犁
寄远方（诗）————————雷　铎
春牛图（诗）————————董炳新
山乡钟声（诗）————————马银思
织出最新最美的画卷（诗）————黄怡林
我们和山（诗）————————张文瑞
一把瓦刀（小歌剧）————————温有道
支农新曲（快板书）————————张兆鹏
贺兰山下情谊深（快板书）————滕新华
反动的逻辑，罪恶的目的——批判《六·五》黑文对
"百花齐放"的攻击————————黎　平
肃清"四人帮"文化专制主义的流毒
——从一个小戏的风波谈起————刘文惠
彻底批判"四人帮"破坏文艺队伍的罪行——钱　森
短篇小说和人物通讯————夏　木　镜　如
作品要有生活实感（读稿随笔）————石　磊
火热的第一线（速写）————————周富德等
《庆祝宁夏回族自治区成立二十周年》征文启事
丰收场上————————建　方　摄影　云　帆　配诗
迎春（国画）————————曾杏绯

1978 年第 2 期　刊名:《宁夏文艺》
目录

华主席给《人民文学》的光辉题词
纪念敬爱的周总理诞辰八十周年
周总理像《艺术摄影》
周总理诗选
永恒的怀念——长诗《怀念周总理》中一章----周而复

难忘的一天（散文）⋯⋯⋯⋯⋯⋯⋯⋯李晓白
人民的总理人民爱（书法、篆刻）
⋯⋯⋯⋯⋯胡公石　罗雪樵　王文钧
风雪阿拉苍（长篇小说选载）⋯⋯⋯⋯朱光亚

新苗
"三快"攻关（小说）⋯⋯⋯⋯⋯⋯⋯唐殿豪
"老抠"师傅（小说）⋯⋯⋯⋯⋯⋯⋯甘文贵
矿山的路（宁夏风物志·征文）⋯⋯⋯赖存理
新民歌（十二首）
⋯⋯⋯刘学铭　翟辰恩　刘宗礼　贾名山等
春到塞上（诗歌·征文）
⋯⋯⋯蔡锦棻　师日新　征明万　张永祥

校园春风
领袖的问候⋯⋯⋯⋯⋯⋯⋯⋯⋯⋯⋯武裕民
送⋯⋯⋯⋯⋯⋯⋯⋯⋯⋯⋯⋯⋯⋯⋯张士春
昨夜，很晚很晚⋯⋯⋯⋯⋯⋯⋯⋯⋯万吉晨
望月抒怀⋯⋯⋯⋯⋯⋯⋯⋯⋯⋯⋯⋯崔正陵
向祖国（诗）⋯⋯⋯⋯⋯⋯⋯⋯⋯⋯叶文福
山湖唱晚（外一首）⋯⋯⋯⋯⋯⋯⋯李松涛
一双鞋（对口快板）⋯⋯⋯⋯⋯⋯⋯刘天有
认真学习华主席题词　繁荣社会主义文艺创作
北京书简——关于诗的形象思维⋯⋯谢　冕
诗与比兴——学习毛主席诗词点滴⋯思　任　映　淀
漫谈人物外形描写⋯⋯⋯⋯⋯⋯⋯⋯潮　晨
精选良种（速写）⋯⋯⋯⋯⋯⋯⋯⋯西　林
文艺简讯

1978 年第 3 期　刊名:《宁夏文艺》
目录

不寻常的会见——《翻身记事》第二部第一章（长篇
小说选载）⋯⋯⋯⋯⋯⋯⋯⋯⋯⋯梁　斌
沁园春（小说）⋯⋯⋯⋯⋯⋯⋯⋯⋯浩　岭
走在时间前面的人（小说·征文）⋯朱正安
追汽车的人（小说·征文）⋯⋯⋯⋯郝寒冰
砥柱中流（速写）⋯⋯⋯⋯⋯⋯⋯⋯杨声领
机智勇敢的小蜜蜂（童话）⋯⋯⋯⋯刘幼民
难忘的桥儿沟（散文）⋯⋯⋯⋯⋯⋯铙钰馗
镇河塔记（宁夏风物·征文）⋯⋯⋯杨森翔
水洞沟遗址（宁夏风物志·征文）⋯钟　侃
汽笛声声（诗辑·征文）
⋯⋯⋯赵福辰　商泽忠　刘国尧　郑　正等
华主席挥手播春色（新民歌八首）
⋯⋯⋯张　锦　王彦魁　海秀清　井笑泉等
火红的枸杞（儿歌一束）
⋯⋯⋯晓　音　吴　耕　贾　曼　邓元杰等

边城赋（外一首）⋯⋯⋯⋯⋯⋯⋯⋯郭　超
矿灯的秘密（诗）⋯⋯⋯⋯⋯⋯⋯⋯万里鹏
不流动的红旗（诗）⋯⋯⋯⋯⋯⋯⋯邓海南
草原情歌（诗）⋯⋯⋯⋯⋯⋯⋯⋯⋯陈广斌
静静的起飞线（诗三首）⋯⋯⋯⋯⋯乔　良
七律三首⋯⋯⋯⋯⋯⋯⋯⋯文　川　王邦秀
学习《在延安文艺座谈会上的讲话》短文三篇
⋯⋯⋯⋯⋯张少康　存　光　崔正陵
浅谈人物语言（制作杂谈）⋯⋯⋯⋯唐　骥
老老实实向民歌学习⋯⋯⋯⋯⋯⋯⋯吴　超
从《北征》看赋的方法⋯⋯⋯⋯⋯⋯高　嵩
百花齐放　百家争鸣（篆刻）⋯⋯⋯寿荣富
爱科学（木刻）⋯⋯⋯⋯⋯⋯⋯⋯⋯肖　星
有情况（照片）⋯⋯⋯庞　钧摄影　肖　川配诗
人物头像习作选（画）⋯⋯⋯赵宁安　等作
新苗（木刻）⋯⋯⋯⋯⋯⋯⋯⋯⋯⋯肖　星

1978 年第 4 期　刊名:《宁夏文艺》
目录

郭沫若同志遗墨
凤凰涅槃⋯⋯⋯⋯⋯⋯⋯⋯⋯⋯⋯⋯郭沫若

短篇小说特辑（征文）
小泉纪事⋯⋯⋯⋯⋯⋯⋯⋯⋯⋯⋯⋯薛　迅
哈大妈和她的孩子⋯⋯⋯⋯⋯⋯⋯⋯李默零
青石岭下⋯⋯⋯⋯⋯⋯⋯⋯⋯⋯⋯⋯郭　兴
出车⋯⋯⋯⋯⋯⋯⋯⋯⋯⋯⋯⋯⋯⋯菲　音
交接班⋯⋯⋯⋯⋯⋯⋯⋯⋯⋯⋯⋯⋯吕国昭
革新迷三战砌砖手⋯⋯⋯⋯⋯⋯⋯⋯赵九合
春天⋯⋯⋯⋯⋯⋯⋯⋯⋯⋯⋯⋯⋯⋯张翼雪

散文
天池⋯⋯⋯⋯⋯⋯⋯⋯⋯⋯⋯⋯⋯⋯吴文贵
山湖曲（宁夏风物志·征文）⋯⋯⋯华世鑫
鲜红的枸杞（宁夏风物志·征文）⋯阎福寿　杨万翔
平吉堡西瓜（宁夏购物志·征文）⋯⋯何君倬

诗歌
华主席引来幸福水⋯⋯⋯⋯⋯⋯⋯⋯国　威
沸腾的军营（十首）⋯⋯⋯李伯涛　冯志生等
歌唱新时期的总任务（十一首）⋯陈福生　韩长绵等

曲艺
基本功（相声）⋯⋯⋯⋯⋯⋯⋯⋯⋯常增亮

评论
评浩然"高于生活"的创作经⋯⋯⋯⋯杨小林

作家的"第一位的工作"⋯⋯⋯⋯⋯胡培德
人工制造典型的幻灭⋯⋯⋯⋯⋯⋯袁鸿林
关于情节的生动性和丰富性（创作杂谈）——读鲁迅
小说札记⋯⋯⋯⋯⋯⋯⋯⋯⋯⋯⋯金 梅
浓郁的诗情 瑰丽的想象（古诗欣赏）——李贺诗
《李凭箜篌引》试析⋯⋯⋯⋯⋯⋯吴功正

歌曲
华主席啊，听矿工向您报喜讯（独唱）
⋯⋯⋯⋯⋯⋯⋯⋯⋯缪 也词 华 元曲

美术
夺取全国胜利——毛主席和老帅们在一起（油画）
⋯⋯⋯⋯⋯⋯尹戎生 作 贾长厚 配诗
蹲点（国画）⋯⋯⋯⋯⋯⋯⋯⋯⋯张文元
沙窝变了样（套色木刻）⋯⋯⋯⋯牟祥皋
硕果（国画）⋯⋯⋯⋯⋯⋯⋯⋯⋯郑定森
喜报（木刻）⋯⋯⋯⋯⋯⋯⋯⋯⋯张国琳

1978 年第 5 期 刊名:《宁夏文艺》
目录

毛主席像
华主席像
毛主席手书《清平乐·六盘山》
毛主席给董必武同志的信（手书）
华主席为民族团结事业题词
诗词三首⋯⋯⋯⋯⋯⋯⋯⋯⋯⋯⋯毛泽东
大河两岸换新颜（诗）⋯⋯⋯⋯⋯肖 华
保卫边疆（诗）⋯⋯⋯⋯⋯⋯⋯⋯黄经耀
不到长城非好汉⋯⋯⋯⋯⋯⋯⋯⋯马玉槐
枕戈待旦保贺兰（诗）⋯⋯⋯⋯⋯林 山
宁夏回族自治区成立二十周年述怀（七律）⋯王金璋
欢庆宁夏回族自治区成立二十周年（诗）⋯⋯牛化东
欲同歌舞（七律）⋯⋯⋯⋯⋯⋯⋯吴组缃
诗词二首⋯⋯⋯⋯⋯⋯⋯⋯⋯⋯⋯李 超
来自海河的祝贺（诗）⋯⋯⋯⋯⋯崔以太
领袖英明万众亲（七律）⋯⋯⋯⋯雷启霖
庆祝宁夏回族自治区成立二十周年（七律）⋯黄执中
宁夏啊，你是我心头的鲜花（诗）⋯马 安
塞上诗情（三首）⋯⋯⋯⋯⋯⋯⋯雷抒雁
心中"花儿"向华主席敬献（花儿）⋯高 琨
党的光辉暖如春（花儿）⋯⋯⋯⋯一 心
唱在金秋（诗）⋯⋯⋯⋯⋯⋯⋯⋯肖 川
幸福的接见（诗二首）⋯⋯⋯⋯⋯刘国尧
难忘的时刻（诗）⋯⋯⋯⋯⋯⋯⋯秦克温
金色的早晨（诗）⋯⋯⋯⋯⋯⋯⋯韩长征
红色布告（诗）⋯⋯⋯⋯⋯⋯⋯⋯何克俭

飞奔吧，塞上新兴的工业城（诗）⋯井笑泉
煤城曲（诗三首）⋯⋯万里鹏 语慧 闻钟
琴声（长篇小说选载）——《东方》第三部"风雪"
中的一章⋯⋯⋯⋯⋯⋯⋯⋯⋯⋯⋯魏 巍
马莲花开（报告文学）⋯⋯⋯⋯⋯潘梦阳
榆树岭的光彩（小说）⋯⋯⋯⋯⋯翟辰恩
四个中专生（小说）⋯⋯⋯⋯⋯⋯宁书科

宁夏风物志
海宝塔⋯⋯⋯⋯⋯⋯⋯⋯⋯牛达生 林 京
秦长城纪行⋯⋯⋯⋯⋯⋯⋯⋯⋯⋯李 崖
蜂蜜酒⋯⋯⋯⋯⋯⋯⋯⋯⋯⋯⋯⋯张一民
红色的标语⋯⋯⋯⋯⋯⋯⋯⋯⋯⋯张心智
银根的歌⋯⋯⋯⋯⋯⋯⋯⋯⋯⋯⋯赵良成
今日山乡开俊花（宁夏数花）⋯⋯杨少青
进修二题⋯⋯⋯⋯⋯⋯⋯⋯⋯⋯⋯孙 犁
浓郁的乡土气息——写给杨璩同志的一封信⋯映 平
从巴尔扎克的"方程式符号"谈起（创作杂谈）
⋯⋯⋯⋯⋯⋯⋯⋯⋯⋯咏枫 欧荻
文艺创作应该注意民族特点（短文两篇）
⋯⋯⋯⋯⋯⋯⋯⋯⋯汪蓓 赵宁安
华主席和回族人民心连心（女声小合唱）
⋯⋯⋯⋯⋯⋯⋯那守箴词 李爱华曲
塞上江南遍地花（独唱）⋯项 河词 李品三曲
红旗漫卷西风（油画）⋯⋯⋯⋯⋯蔡 亮
矿山尖兵（宁夏摄影作品选）
⋯⋯⋯⋯李培玉 蒋允振摄影 商泽忠配诗
庆祝宁夏回族自治区成立二十周年（篆刻）
⋯⋯⋯⋯⋯⋯⋯曹佑庵 罗雪樵 等
喜看今朝春意浓（国画）⋯⋯⋯⋯王系松

1978 年第 6 期 刊名:《宁夏文艺》
目录

书（小说·征文）⋯⋯⋯⋯⋯⋯⋯菲 音
树林里（小说·征文）⋯⋯⋯⋯⋯李跃飞
浪费问题（小说）⋯⋯⋯⋯⋯⋯⋯张建国
中秋月（小说）⋯⋯⋯⋯⋯⋯⋯⋯梁学政
雨夜钟声（小说）⋯⋯⋯⋯⋯⋯⋯戈悟觉
金出纳（小说）⋯⋯⋯⋯⋯⋯⋯⋯冯有源
当"花儿"又漫起的时候（小说）⋯李 乐
光荣的古城（宁夏风物志）⋯⋯⋯李牧可
天安门革命诗文选
塞上放歌（诗·征文）⋯⋯⋯⋯⋯海 东
唱给银河的歌（诗二首）⋯⋯⋯⋯武兆强
歌唱新长征（民歌辑）⋯⋯⋯⋯⋯马乐群等
沙枣花（外一首）⋯⋯⋯⋯⋯⋯⋯乔 良
清水河之歌（诗）⋯⋯⋯⋯⋯⋯⋯张士春

北京书简 ·························· 谢 冕
"地远心难达，天高谤易成"——《楚辞》读后散记
·························· 拾 遗
爱情的"媒介"——读《宁夏文艺》的几首爱情诗
·························· 王英志
塞上风物尽朝辉——读《宁夏风物志》有感····· 杨培明
二分工（小演唱）·················· 陈 峰
哈大伯探家（宁夏快书）··············· 翟辰恩
鸡犬楼（相声）···················· 史英潭
宁夏川之夜（水印木刻）··············· 樊华光
百花园中（木刻）··················· 任振江
在质量月活动中···················· 王大奎
丰收曲（宁夏摄影展览作品）
·············· 李庆跃摄影 尹 旭配诗
《人民文学》杂志社举办一九七八年全国优秀短篇小
说评选启事
本刊举行民族特点问题讨论会（文艺消息）

1979 年第 1 期　刊名:《宁夏文艺》
目录

小说
四封信（征文）···················· 张贤亮
潘问鱼（征文）···················· 程造之
柳林和她的爷爷···················· 刘心武
鱼竿 ························· 景 风
悔恨 ························· 肖 鹏
奇迹与创奇迹者·········· [埃及]塔·阿·哈基木
沙坡头和"沙坡鸣钟"（宁夏风物志）······· 夏 河
石空灯火（宁夏风物志）··············· 杨声领
寓言五则·············· 白荣森 武仲平 章 言

诗歌
血与火的礼赞
华主席题词灿若霞················· 郑 正
正气歌 ······················ 张 锦
报春红梅 ······················ 刘长彦
民心诗花竖丰碑···················· 胡大雷
子弹 ························· 徐恒堂
不朽的诗篇······················ 井笑泉
山水篇（四首）（征文）··············· 王 庆
塞上创业歌（组诗）（征文）············· 贾长厚
石油诗束（三首）··················· 石 英
咏物二首 ······················ 刘 章
漠风的故里······················ 杜志民
山巅的红星（外一首）················ 姜强国

评论
同唱新时代的最强音················· 行 速
欲加之罪 何患无词——评"四人帮"在宁夏的代理
人围剿《西吉滩》的卑劣手法············ 黎 平
鲜明的形象 独特的风格
——读《榆树岭的光彩》············ 慕 岳
诗中有画（古诗欣赏）················ 谭家健
让"花儿"开得更鲜艳················ 潘振声
要塑造好回族先进人物
——重读《夏桂》有感·············· 赵孟祥
要重视文学插图（读者评刊）············ 伊 彬

新书架
看不够的美景，唱不完的"花儿"··········· 何光汉
塞上新歌 ······················ 赵黎清
为《西吉滩》等作品及其作者彻底平反——区文教
局、区恢复文联筹备组召开落实政策大会

美术·歌曲
红果献给华主席（女声独唱）
··············· 肖 川词 华 元曲
宁夏川，好地方（电影纪录片《宁夏，我的家乡》插
曲）··············· 李兴叶词 刘为光曲
报春（国画）····················· 赵宁安
我们见到了大救星（油画）·············· 梁玉龙
贺兰山矿区的冬天（套色木刻）············ 何 范
今朝更好看（套色木刻）··············· 曹学安
街头小景（漫画）··················· 张文元
篆刻 ············· 罗雪樵 王文钧 柴建方

1979 年第 2 期　刊名:《宁夏文艺》
目录

小说散文
周副主席在转战陕北途中的故事··········· 陕西
榆林地区《毛主席转战陕北的故事》写作组
四十三次快车（征文）················ 张贤亮
老魏（征文）····················· 董炳新
你的爱 ······················· 高 峰
春痕——南行日记摘抄················ 张长弓
夜话 ························· 贾平凹
炮声隆隆 ······················ 潘自强
贺兰石（宁夏风物志）················ 地 兵
六盘山·长征路（宁夏风物志）··········· 罗存仁
寓言三则
吹牛皮的野驴··················· 张 强
狮王的"民主"·················· 原宏盛
猴子吃辣椒···················· 张 强

诗歌

祖国的蓝天——长诗《周恩来之歌》的一章 ···· 徐 刚
未来畅想曲 ·· 邓海南
奏起来哟，闪光的四弦琴——献给草原上向"四化"
进军的人们 ·· 冯 冰
新民歌十首 ···························· 王满夷 孙少荣等
花·蜜蜂和蜜 ······························ 建 华 昌 万
解放了的麻雀（寓言诗） ··········· 马士林

评论

学习讲话 繁荣创作 ······························ 赴 歌
该不该给犯错误作者的作品落实政策？ ········ 于继增
作者也要扫除"科盲" ···························· 欧 荻
积累·研究·再现——谈影片《六盘山》的民族特点
和地方色彩 ·················· 西安电影制片厂 何志铭
我演"桂花" ···················· 北京电影制片厂 高 放
史家之绝唱 无韵之离骚——《史记》读后散记
·· 拾 遗
民族特点小札 ······································ 试 骏
你的稿子为什么不能用？（编稿随笔） ········ 理 杨
诗苑新葩——读《塞上春潮》 ············ 李凝祥

读者评刊

我爱《宁夏川之夜》 ······························ 萧 音
对"池塘"的理解 ·································· 高晨野

戏曲

分田（快板书） ···································· 陈全栋
永不歇脚（小戏曲） ······ 李庆春 肖圣赞 宋 裴

美术

荷花（国画） ······································ 江一波
亲切的关怀（油画） ······················ 高汝法 张自宜
日理万机（木刻） ································ 叶作钧
初春（木刻） ······································ 姚家树

蛇医生的遭遇 ·································· 王树华
关于勇敢的故事 ·································· 王奎林
心上的爱 ·· 齐宝库
枣的忆念 ·· 周鑫宝
家属院长 ·· 李 子
鸽 ·· 杨怀礼
铁柱泉记（宁夏风物志） ······················ 杨森翔
沧海桑田话宝丰（宁夏风物志） ·············· 郑 正

电影文学剧本

金枝玉叶 ·· 杨学鹏

诗歌

翔宇颂 ·· 石 英
五月，在天安门广场 ···························· 韩作荣
火炬的接力 ·· 吴淮生
钢与布 ·· 赵福辰
要不要 ·· 鱼 力
如果，他今天还活着（外一首） ·············· 刘国尧
写在云雾山巅（三首） ·························· 李松涛

评论

"五四"运动与新文学 ···························· 方顺景
要重视文艺规律的作用 ·························· 王 湛
理直气壮地执行"放"的方针 ················ 常 存
贵在创造——艺术断想 ·························· 潘旭澜

美术

牡丹（国画） ······························ 王渔父
园丁（国画） ······································ 王系松
壮志（版画） ······································ 周富德
篆刻 ·· 王成晃
芬芳（木刻） ······································ 姚家树

1979 年第 3 期 刊名:《宁夏文艺》

目录

解放思想，加强团结，为实现四个现代化做出新贡
献——记我区文学艺术界联合会第一届第三次全委扩
大会议 ·· 闻 廉

小说·散文

霜重色愈浓 ·· 张贤亮
三人行 ·· 张 武
碎浪花 ·· 菲 音
"外交部长" ·· 马知遥

1979 年第 4 期 刊名:《宁夏文艺》

目录

小说·散文

三叔 ·· 张 武
吸烟 ·· 董炳新
重逢 ·· 李德明
漫步须弥山（宁夏风物志） ······················ 牛达生
六盘山下 ·· 何虎祥
灵人和傻子 ·· 姚承秀
带班组长 ···································· （回族）马治中
手 ·· 周 旋

报告文学

三个战友 ·······························徐国腾 陈淀国
神圣的事业——记特级教师杨恩光同志 ········郁 香
老虎 ···叶景杰

诗歌

海公墓前 ·····································吕 剑
声音（外一首）·······························蔡其矫
高高的防风林 ·································雷抒雁
塞上江南枸杞红（组诗）·······················秦克温
油田诗页（三首）·······························李小雨
兵之歌（诗辑）·······························叶文福
乔 良 黎陆昕 杨启伟 廖代谦 蒋全海
大声向自己动问吧！·······························刘 镇
我愿 ···万里鹏
苦歌和情歌（回族"花儿"十首）·····李树江 张 锦

评论

谈谈文艺的真善美 ·······························黎 平
像他们那样生活——读短篇小说《霜重色愈浓》
···潘自强
李白诗中的比喻 ·······························肖文苑
琴声嘹亮诗意浓 ·······························郭 超
谈诗二题 ·····································朱先树

戏曲

订婚 ···张永福

美术

葡萄（国画）·································曾杏绯
鹭（国画）·····································胡正伟
书法 ···安卓三 李芳春
荷花（国画）·································唐西林
瓜叶菊（木刻）·································丁 钧

文艺通讯

中国回族文学编选会在银川召开

1979 年第 5 期 刊名:《宁夏文艺》
目录

让回族文艺之花盛开——关于我区文艺民族特点的讨
论 ···汪宗元
马五哥与尕豆妹（六场歌剧）··········（回族）马治中
推磨（回族民间故事）··············（回族）谢 荣
红杜鹃（回族民族叙事诗）·······················张树林

小说·散文

吉普赛人 ·····································张贤亮
多田先生和假洋鬼子 ·······························李慕莲
记者和她的故事 ·······························戈悟觉
他在哪里？·····································杨小林
乌金 ···宋友仁
巴掌的回忆 ·····································张 敏
赶山曲 ···萧 枫

宁夏风物志

一颗璀灿的绿宝石——漫话中卫 ·····················夏 河
石嘴山的变迁 ·································郑 正
阿凡提割猴尾巴（故事新编）·······················顾 城
猴子和树林（寓言）·······························陈琢如
苜蓿和蓬草（寓言）·······························三 江
卖狗皮膏药者（寓言）·······························张 衡

诗歌

南行草（四首）·································肖 川
银南风情（三首）·······························王 庆
玉皇阁怀想 ·····································韩长征
奔腾吧，骏马 ·································张士春
矿山呵，同志 ·································蔡锦棠
唱给引洪沟的歌 ·······························崔永庆
六盘夕照 ·····································宗 鄂
山村婚礼 ·····································淀 五
山里人的歌 ·····································李晓赞
夜耕 ···徐长惕
礼物 ···井笑泉
雪山路 ···宁 宇
板仓四首（七绝）·······························屠 岸
民间谚语 ·····················（回族）谢 荣 搜集
迦萨格言选择 ·································高景茂译

评论

《李自成》艺术结构琐谈 ·······························胡德培
别有天地非人间——读《汉乐府》小议 ·········拾 遗
一个"疯子"的悲剧
——读短篇小说《碎浪花》·······················杨继国
文艺要敢于探索——读张贤亮小说想到的 ·······刘 佚
诗要借形象传情 ·······························钱文辉
写诗要有生活感受 ·······························阿 红
诗花应为人民开 ·······························焦雨闻
不要忽视细节真实（读者评刊）·····················林秦渭

美术

紫藤（国画）·································古 月
书法 ···李微冬 胡公石
山茶（国画）·································曾杏绯

春寒图（国画）·······················赵宁安
骆驼（木刻）·························姚家树
征订启事二则

1979 年第 6 期　刊名:《宁夏文艺》
目录

小说

全面专政·····························邹志安
邻居·······························戈悟觉
野渡·······························程造之
爷爷啊，爷爷·······················朱光亚
没能耐的爸爸·······················蔡其康

诗歌

青春·······························朱　红
滩头抒怀···························刘　浏
绿叶集·······················（回族）马乐群
张志新与法典（外一首）···············董炳新
漠上，战士的帽徽···················韩英珊
唱给四化的恋歌（二首）···············刘国尧
银海浪花（三首）·····················赵福辰
馨香的生活·························王　也
山乡新花（外一首）···················高　琨
夜班路上·······················（回族）马忠骥
艺苑诗简···························吴淮生
草原彩虹···························闻　钟
迎亲·······························殷进民
口弦声声（外三首）···················秦克温
雪·月·····························马晋乾

散文

我的老师···························王奎林
盛开的火花·························李本深
天上的海···························褚晓路

评论

"第一件要紧事是诚实"·················丹　晨
初读《吉普赛人》···················李　风
"笑"的艺术辩证法
——《祝福》细节学习札记·············王英志
略谈宁夏民歌·······················王世兴
读《山丹又红了》（新书架）···········高　嵩

文艺简讯

区党委宣传部召开文学、戏剧、电影创作座谈会
································杨继显
自治区党委宣传部召开落实党的文艺政策大会

中国作家协会宁夏分会举行文学创作座谈会

美术

秋菊（国画）·······················康师尧
红叶（国画）·······················张文元
人物写生（油画）·····················王自立
人物写生（油画）·····················凌世广
晨（国画）·························徐家林

1980 年第 1 期　刊名:《宁夏文艺》
目录

康熙访宁夏（戏曲）······· 姚以壮 原作　牛复奎改编

小说

在这样的春天里···············张贤亮　邵振国
沙枣巷·····························行　速
不幸的肇事者·······················刘安邦
苏沃洛夫号巡洋舰历险记（中篇连载）
·······[美]邓肯·凯尔著　刘宪之　陈雄尚译

散文·寓言

苦豆草·····························景　秀
叶赞·······························张云翔
漫话承天寺（朔方风情）···············牛达生
改选党委就是好（小品文）···············李　冰
八哥与麻雀（寓言）···················夏　辉

诗歌

白雪歌·····························刘　章
"友谊"的杂感·······················闻　钟
旅途杂咏（六首）·····················贾长厚
致诗人（外一首）·················（回族）高　深
化石的考证（二首）···················柴德森
我们的爱情（外一首）·················杨　淀
露珠集（三首）·····················顾　城
蓓蕾
星星——路灯·······················许钟宇
春天来了···························郭英杰

评论

文艺的春天必将到来···················本刊评论员
面对现实　干预生活···················潘自强
继续狠批《纪要》，扩大文艺队伍···········胡蔚然
旋磨白露写新诗——萨都剌及其作品·········试　骏
争鸣
小议"文人相轻"·····················竹　人

歌颂与暴露要有主次························晏　旭
过头宣传应该停止························于继增

美术

亚莉（国画）··························刘文西
六盘晨雾（摄影）························田春林
篆刻·······························王文钧
书法·······························吴善璋
木刻·······························马晓光

1980 年第 2 期　刊名:《宁夏文艺》
目录

小说

邢老汉和狗的故事·······················张贤亮
蔚蓝的池水··························戈悟觉
求实——一个真实的故事····················张　武
苏沃洛夫号巡洋舰历险记（中篇连载）
············[美]邓肯·凯尔著　刘宪之　陈雄尚译述

散文

龙潭纪游（朔方风情）·····················胡大雷
萤火虫····························萧　枫

诗歌

万方乐奏（少数民族诗页）···················晓　雪
韦其麟　饶阶巴桑　毕力格太　马玉清
诗的足迹··························顾　工
银湖吟（外一首）·······················肖　川
沙漠里的绿色生命（三首）···················马绪英

评论

纸船明烛照天烧——《纪要》出笼十四周年"祭"
·······························焦雨闻
量体裁衣——艺术断想·····················潘旭澜
争鸣
暴露·转移·歌颂·······················弓　柏
作家与政治家··························商子雍

美术

迎春（国画）··························霍春阳
董老在宁夏（摄影）······················石观达
人物头像（国画）·······················胡正伟
木刻·······························马晓光

1980 年第 3 期　刊名:《宁夏文艺》
目录

友谊·······························於梨华
胡师傅请客··························王洲贵
苏沃洛夫号巡洋舰历险记（中篇连载）
············[美]邓肯·凯尔著　刘宪之　陈雄尚译述

散文

我所知道的於梨华·······················陆士清
消逝的回忆（两篇）······················杨学鹏
秦渠漫话（朔方风情）·····················杨森翔

诗歌

啊，石矶（外一首）······················管用和
晨歌····························杨启伟
书·时间·知识·························高　深
星·月·日··························张　涧

评论

诗歌，写人民的真情······················谢　冕
争鸣
暴露的对象应该转移······················荆　竹
诗题小识··························黎　生

美术

一颗会唱歌的星（国画）····················陈忠志
松（摄影）··························陈思禹
白杨（水彩）··························顾钟声
青年像（素描）·························刘均威
剪纸·······························张候光

1980 年第 4 期　刊名:《朔方》
目录

团结友爱的文艺盛会——九个兄弟民族省区文艺期刊
会议在昆明举行························本刊记者

小说·散文

心·······························谌　容
草滩上的黄昏月························程造之
借佛献花························（回族）高　深
"我们队伍来了"····················（回族）哈宽贵
马本斋和回民支队···················（回族）马国超
苏沃洛夫号巡洋舰历险记（中篇连载）
············[美]邓肯·凯尔著　刘宪之　陈雄尚译述

诗歌

尕妹是凤凰阿哥是鹰 ·············· 赵玉如
银海浪花（三首）·············· 赵福辰
六盘山的"花儿" ·············· 秦克温
丝绸路上 ·············· 郑成义
丁丑青岛纪游诗·观樱花 ·············· 俞平伯
题关良所绘五醉图 ·············· 叶圣陶
跋语 ·············· 韦奈
读陈毅同志诗词感怀（五律四首）·············· 崔正陵

评论

争鸣
歌颂与暴露是对立的统一 ·············· 慕岳
歌颂为主是时代的要求 ·············· 肖吴
文艺作品要美——代改刊词 ·············· 本刊编辑部
朔方谈
文学应给人信心和力量 ·············· 张定源
不要因人废文 ·············· 葭莘

美术

梨花一枝带春雨（摄影）·············· （回族）米寿世
回族妇女（油画）·············· （回族）马明春
人像（油画）·············· （回族）郭长福

1980 年第 5 期　刊名:《朔方》
目录

小说

卖葱记 ·············· 董炳新
泾河滩上 ·············· 李默零
备用主任 ·············· 宁书善
遗言 ·············· 张晓林
苏沃洛夫号巡洋舰历险记（续）
·············· ［美］邓肯·凯尔著　刘宪之　陈雄尚译述

散文

马本斋和回民支队 ·············· （回族）马国超
启蒙 ·············· 周艾文
柳下驰思 ·············· 杨森翔

诗歌

沙原春歌 ·············· 师日新
篝火（外三首）·············· 沙鸥
诗三首 ·············· 吕剑
希望 ·············· 张润
我在你身边搭起一个哨所 ·············· 彭浩荡
向上百米赛 ·············· 邓海南
一次迟到 ·············· 海云

词二首 ·············· 陈靖夫
山溪 ·············· 马东震
桃花 ·············· 罗荣兴
流星（外一首）·············· 李洪图
昙花（外一首）·············· 杨淀

评论

字字如火　句句含情
——论巴金解放后的散文 ·············· 唐金海
元代著名回族诗人纳新 ·············· （回族）白崇人
朔方谈
"琢玉"与"琢文" ·············· 杨继国

美术

贺兰山色（摄影）·············· 李庆跃
老农（油画）·············· 任振江
人物写生（素描）·············· 潘滋培

1980 年第 6 期　刊名:《朔方》
目录

小说

泥泞路上的插曲 ·············· 郑万隆
复职以后 ·············· 张武
荆棘其人 ·············· 程造之
哥哥的婚事 ·············· （回族）金万忠
要房记 ·············· 一粟
病房里静悄悄 ·············· 行速
苏沃洛夫号巡洋舰历险记（中篇连载，续五）
·············· ［美］邓肯·凯尔著　刘宪之　陈雄尚译述

散文

马本斋和回民支队 ·············· （回族）马国超
螺蛳坑的奇遇 ·············· 吴淮生
族长契利和魔鬼（阿富汗民间故事）
·············· （回族）丁岐江译

诗歌

呵，南风 ·············· 蔡锦棠
友人和春天（四首）·············· （回族）丁文
山泉之歌（外一首）·············· 天白
皱纹 ·············· 王甘林
解冻的小河——写给一位塞上的回族诗人 ·············· 佟明光
稻穗寄语 ·············· 金逸铭
夕阳跌落以后（四首）·············· 刘国尧
动植物的歌（儿歌）·············· 晓音

评论

朔方谈

岑参的边塞风情 ························ 肖文苑

"总为从前作诗苦" ···················· 高 信

优美的传说 反抗的诗——喜读歌剧《马五哥和尕豆妹》
··························· 吴乾浩

争鸣

关于歌颂与暴露——读者来稿摘编

"框框"及其他 ······················· 晏 旭

美术

仙人球（摄影） ······················ 李秀善

湖畔（摄影） ························· 陈登孚

女孩头像（国画） ···················· 张少山

儿歌（水印木刻） ···················· 姚家树

向未来进军（剪纸） ·················· 胡希曾

1980 年第 7 期　刊名:《朔方》
目录

宁夏回族自治区第二次文代会特辑

开幕词 ····························· 袁宗杰

在宁夏回族自治区第二次文代会上的讲话 ······ 陈 冰

为繁荣社会主义文艺而努力奋斗 ··········· 石 天

宁夏回族自治区第二次文代会决议

闭幕词 ····························· 朱红兵

宁夏文联第二届委员会主席、副主席、委员、各协会主席、副主席、理事名单

要为真理而斗争（报告文学）——记优秀共产党员朱守忠 ····················· 李邦禹　冯剑华

记取这血的教训——读《要为真理而斗争》··· 琮 源

用生命歌唱（诗）——致朱守忠同志 ········ 云 帆

小说

明年 ······························· 关 山

在夜深人静的时候 ···················· 张一民

自留地里的秘密 ······················ 峰 渊

队长的媳妇 ························· 马绍文

苏沃洛夫号巡洋舰历险记（续）

········· [美]邓肯·凯尔著　刘宪之　陈雄尚译述

诗歌

我也是一颗星（外四首） ··············· 罗存仁

恋者之歌 ··························· 朱 红

剑井 ······························· 廖代谦

抒情与思考《诗辑》 ············ 石 英　崔合美
蓝 天　马乐群　马绪英　葛 林　何克俭　商泽忠

春天的种子（外一首） ················· 武兆强

"花儿"四首 ··················· 王世兴搜集整理

评论

塞上文苑一枝春——试评《霜重色愈浓》····· 李震杰

发人沉思的典型形象——读《看"点"日记》
··························· 杨建国

朔方谈

希望有更多的新人——罗存仁的几首诗歌读后
··························· 项 河

爱情是文艺的"味精"吗？ ·············· 武培真

谈谈《朔方》 ························· 伏 枥

争鸣

对动乱十年的暴露是否已经够了？ ········· 杨 淀

浅谈歌颂与暴露 ······················ 长 龙

美术

苏州、银川书法篆刻联展作品选

马和福就义（国画） ·················· 郭全忠

1980 年第 8 期　刊名:《朔方》
目录

小说

错位的扣子 ··················· 汪浙成　温小钰

湟水无声地流 ················· （回族）张承志

美丽的彩虹在雨后 ···················· 拾 稼

到 S 县去 ··························· 杨学鹏

遗嘱 ························· （回族）马玉清

一件花格外套 ······················· 郝成功

捡垃圾的老太婆 ······················ 吴 林

在公园里 ··························· 张 捷

苏沃洛夫号巡洋舰历险记（续完）

········· [美]邓肯·凯尔著　刘宪之　陈雄尚译述

散文

在李季同志逝世的日子里 ··············· 吴芝兰

漫话贺兰山小口子（朔方风情） ·········· 韩长征

难忘的高沙窝 ······················· 王庆同

校园短章 ··························· 万里鹏

扫帚赞 ····························· 常黎明

诗歌

细沙集（散文诗） ···················· 许 淇

南方的早晨 ························· 邵燕祥

祭 ································· 李震杰

信念 ······························· 肖 川

诗五首 ····························· 顾 城

写在工地上 ························ 王 庆

评论

歌颂光明，暴露黑暗 ················ 黎 平
略谈《客人》的人物形象 ············ 章仲锷
李贽族属考 ······················ 陆树仑
朔方谈
朔方古诗 ························ 唐 骥
"过头"与"回头" ················ 高进贤

美术

苏州、银川书法篆刻联展作品选
斯诺在宁夏（油画） ··············· 潘滋培
同心清真寺（水彩画） ············· 樊华光

1980 年第 9 期　刊名:《朔方》
目录

小说

灵与肉 ·························· 张贤亮
一箭之遥——一个"老兵"的忏悔录
······················ 高 桦　章仲锷
风波 ···························· 李 乐
古尔邦节 ··················· （回族）马知遥
不听老人言 ······················ 廾 平

散文

红军来到单家集（朔方风情） ········· 杨声领
果子的记忆 ······················ 张 武
千里马的故事（寓言五则） ··········· 高东昶

诗歌

关于心的歌（外二首） ·············· 罗 飞
北京抒情诗（二首） ··············· 徐 刚
旷野情深（三首） ·············· （回族）高 深
银海浪花（二首） ················· 赵福辰
当你跨进青春之门（外一首） ········· 张 涧
高原拾遗（二首） ················· 李发模
选队长 ·························· 尧山壁
琴啊，情…… ···················· 秦克温
新花集 ······· 徐永泉　山 子　曹仰楼　高维庆

评论

朔方谈
尝百草精神不可丢 ················· 孟 起
赞作家的自信与自重
——有感于"旗亭画壁"的传说 ········· 刘 佚
有了"自家娃"以后 ················ 陈葆梁

努力发掘回族民间文学宝藏 ············ 井 村
可贵的收获——试评一组短篇小说 ······· 潘自强
塞上风情画（新书架）
——读者集《塞上山水》 ············ 李元洛
读者评刊（四则） ··············· 韩坚岩等

美术

知心话（国画） ··················· 胡正伟
轻舟已过重山（国画） ··············· 张三友
贺兰山汝箕沟口（国画） ············· 雷占玉

1980 年第 10 期　刊名:《朔方》
目录

小说·散文

燕雀三友（长篇小说《春草》片段） ······ 刘绍棠
王家铺子 ························ 朱正安
表姐的婚事 ······················ 王 秀
爷爷的晚年 ······················ 李 勃
雷阵雨 ·························· 李廷华
部长的忧虑 ······················ 安卫南
历史的误会 ······················ 余小源
凤凰第二（童话） ················· 李秀华
中卫高庙今昔（朔方风情） ··········· 唐育勤
书生买鞋（寓言） ··············· 竹 人改编
外国民间故事两则 ··············· 丁岐江译

诗歌

写给高原的"情书" ················ 善 飞
海外奇谈（二首） ················· 顾 工
春蚕（外一首） ··················· 万里鹏
黄河情思（二首） ················· 刘国尧
大陆和宝岛 ······················ 王 庆
啄木鸟 ·························· 田 奇
读者（外一首） ··················· 王甘林
无题 ···························· 韦 奈
满川道开遍了瓜花（花儿） ··········· 高 琨

评论

笔谈会
留取丹心照汗青——读报告文学《要为真理而斗争》
···················· （回族）闪一昌
为真理而战 ······················ 吉 平
作家要有识有胆——读《要为真理而斗争》有感
···················· （回族）何克俭
努力塑造新人形象 ················· 沈太慧
松阴鸣鹤　秋兰独茂

——元代著名曲家马昂夫⋯⋯⋯⋯⋯（回族）白崇人
朔方谈
"出名"琐谈⋯⋯⋯⋯⋯⋯⋯⋯⋯⋯⋯黎　生
"百家"一解⋯⋯⋯⋯⋯⋯⋯⋯⋯⋯⋯查富山
"厚积"与"薄发"⋯⋯⋯⋯⋯⋯⋯⋯⋯荆　竹

美术

山村（油画）⋯⋯⋯⋯⋯⋯⋯⋯⋯⋯⋯潘世勋
朱竹图（国画）⋯⋯⋯⋯⋯⋯⋯⋯⋯⋯赵守安
未来在召唤（宣传画）⋯⋯⋯⋯⋯⋯⋯孟慕颐
立志学科研　青春献四化（宣传画）⋯王洪水
银川广播大楼（速写）⋯⋯⋯⋯⋯⋯⋯陈肇位

1980 年第 11 期　刊名:《朔方》
目录

小说

"炕头作家"外传⋯⋯⋯⋯⋯⋯⋯⋯⋯张　武
我要的不是这⋯⋯⋯⋯⋯⋯⋯⋯⋯⋯张抗抗
宝⋯⋯⋯⋯⋯⋯⋯⋯⋯⋯⋯⋯⋯⋯⋯京　夫
打气筒⋯⋯⋯⋯⋯⋯⋯⋯⋯⋯⋯⋯⋯朱　红
"漏网右派"平反记⋯⋯⋯⋯⋯⋯⋯⋯胡兆铮

散文

猎鹿⋯⋯⋯⋯⋯⋯⋯⋯⋯⋯⋯⋯⋯⋯张一民
扁豆花开⋯⋯⋯⋯⋯⋯⋯⋯⋯⋯⋯⋯李　崌
六盘山日出⋯⋯⋯⋯⋯⋯⋯⋯⋯⋯⋯李正声
一个不会安息的人⋯⋯⋯⋯⋯⋯⋯⋯张凤珠
悼李兴华同志⋯⋯⋯⋯⋯⋯⋯⋯⋯⋯石　天
仰面哭斯人——悼念好战友李兴华同志⋯秦志扬

诗歌

噩梦里的呻吟和醒来的思考⋯⋯⋯⋯寒　星
三访故人庄（组诗）⋯⋯⋯⋯⋯⋯⋯杨　淀
光明⋯⋯⋯⋯⋯⋯⋯⋯⋯⋯⋯⋯⋯⋯赤　鸿
古寺⋯⋯⋯⋯⋯⋯⋯⋯⋯⋯⋯⋯⋯⋯商泽忠
脚印——养路工的诗⋯⋯⋯⋯⋯⋯⋯杨子忱
旅途疏影（二首）⋯⋯⋯⋯⋯⋯⋯⋯贾长厚
断想篇
铜钟⋯⋯⋯⋯⋯⋯⋯⋯⋯⋯⋯⋯⋯⋯天　白
我愿⋯⋯⋯⋯⋯⋯⋯⋯⋯⋯⋯⋯⋯⋯许　传
"O"感⋯⋯⋯⋯⋯⋯⋯⋯⋯⋯⋯⋯⋯陈喜刚
别调集⋯⋯⋯⋯⋯⋯⋯⋯⋯⋯⋯⋯⋯刘　章

评论
朔方谈
为"争鸣园地"叫好!⋯⋯⋯⋯⋯⋯⋯罗　飞
从"池塘生春草"说开去⋯⋯⋯⋯⋯⋯吴士余

郑板桥与竹⋯⋯⋯⋯⋯⋯⋯⋯⋯⋯⋯徐志福
要有独特的艺术风格⋯⋯⋯⋯⋯⋯⋯吴功正
一个不应忽视的问题——读《错位的扣子》⋯秦　沪

美术

西班牙舞（国画）⋯⋯⋯⋯⋯⋯⋯⋯杨之光
牡丹（国画）⋯⋯⋯⋯⋯⋯⋯⋯⋯⋯曾杏绯
晚归（木刻）⋯⋯⋯⋯⋯⋯⋯⋯⋯⋯马志儒
山高谷深（木刻）⋯⋯⋯⋯⋯⋯⋯⋯何　范
银川剧院（速写）⋯⋯⋯⋯⋯⋯⋯⋯陈肇位

1980 年第 12 期　刊名:《朔方》
目录

小说

"X"⋯⋯⋯⋯⋯⋯⋯⋯⋯⋯⋯⋯⋯⋯景　风
春夜⋯⋯⋯⋯⋯⋯⋯⋯⋯⋯⋯⋯⋯⋯戈悟觉
皮褂子和皮围脖的故事⋯⋯⋯⋯⋯⋯路　展
出国⋯⋯⋯⋯⋯⋯⋯⋯⋯⋯⋯⋯⋯⋯金忠强
天伦之乐⋯⋯⋯⋯⋯⋯⋯⋯⋯⋯⋯⋯李本深
"叼一嘴"⋯⋯⋯⋯⋯⋯⋯⋯⋯⋯⋯⋯张树林

散文

访丁玲⋯⋯⋯⋯⋯⋯⋯⋯⋯⋯⋯⋯⋯穆长青
绥德行⋯⋯⋯⋯⋯⋯⋯⋯⋯⋯⋯⋯⋯刘　斌
我的集邮册⋯⋯⋯⋯⋯⋯⋯⋯⋯⋯⋯乔　人
牛栅之歌⋯⋯⋯⋯⋯⋯⋯⋯⋯⋯⋯⋯郝成功
寓言四则⋯⋯⋯⋯⋯⋯⋯⋯⋯⋯⋯⋯凝　溪

诗歌

古庙三题⋯⋯⋯⋯⋯⋯⋯⋯⋯⋯⋯⋯李震杰
殒星——献给为真理献身的人们⋯⋯蔡锦荣
天象篇（二首）⋯⋯⋯⋯⋯⋯⋯⋯⋯吴淮生
一则补写的日记⋯⋯⋯⋯⋯⋯⋯⋯⋯小　诚
抒情与思考（诗辑）⋯⋯⋯⋯⋯⋯⋯弘　征
晓　路　罗　洛　海　英（回族）王　度　崔正陵
生命的回首（散文诗三章）⋯⋯⋯⋯李　耕
唱给渠拜（外一首）⋯⋯⋯⋯⋯（回族）马乐群
三边盐⋯⋯⋯⋯⋯⋯⋯⋯⋯⋯⋯⋯⋯晓　蕾
信⋯⋯⋯⋯⋯⋯⋯⋯⋯⋯⋯⋯⋯⋯⋯姚　莹
燃烧的梅花（外一首）——献给为收复北方四岛而斗争的日本人民⋯⋯⋯⋯⋯⋯⋯乔　良

评论
邢老汉之死琐议⋯⋯⋯⋯⋯⋯⋯⋯⋯黎　平
有感于真实的力量
——也谈邢老汉的形象⋯⋯⋯⋯⋯⋯陈学兰

美术

三峡行（国画）·························张三友

夜语（水印木刻）·····················吴强年

精心培育（木刻）·····················金　珏

青铜峡大坝（木刻）···················代龙之

外文书店工地（速写）·················陈肇位

1981 年第 1 期　刊名：《朔方》
目录

小说

在泉边，在山间小路上·················张　敏

雪花·······························张昆华

寄托·······························倪振良

懒大嫂·····························邹复根

聊天速记···························那守箴

柯珂和她的画·······················乐　乐

散文

绿色的梦···························景　秀

石头情多···························李　子

山村雨景···························王庆同

落花吟·····························张云翔

"油香"的传说···············（回族）刘守刚

走马同心话古寺（朔方风情）···········牛达生

诗歌

一个幽灵，在中国逃窜·················廖公弦

朔方，我的保姆·····················黎焕颐

写在古塔座落的院庭（组诗）···········赵福辰

我爱——（外一首）·················李云峰

绿孔雀飞到沙坡头···················廖代谦

自白五则···························徐　岩

银北诗会

憧憬·······················（回族）马忠骥

泉·······························闻　钟

摇篮曲（三首）·····················郑　正

我的诗·····························万里鹏

北疆兵歌（二首）···················李彦斌

水呀，水···························刘岳华

石子·······························马东震

云彩·······························许　传

无题·······························李德明

评论

《灵与肉》和张贤亮···················阎　纲

朱陈往事增惆怅　眼底风云赋新篇（朔方谈）——读
陶铸同志的《登庐山》···········李兴华　遗作

"磨刀石"与"绊脚石"（朔方谈）·········薛炎文

写出回族人民的灵魂美（朔方谈）·········杨继国

何以摇头？（朔方谈）·················熙　雍

读者评刊（五则）···········杨洪啸　姚　华等

形神兼备的回族人物（新书架）···········试　骏

美术

长空万里（摄影）·····················柴建方

老羊倌（油画）···············（回族）马永清

救救她（油画）·····················谭　伟

1981 年第 2 期　刊名：《朔方》
目录

小说

没记性的人·························张　武

种子在悄悄地发芽···················郑万隆

我在甘草铺的时候···················张冀雪

龙占海（中篇选载）·················高树榆

散文

愿借明驼千里足·····················周彦文

致友人（二章）·····················张一民

诗歌

行吟集·····················（回族）高　深

棋·························（回族）祁志彬

瞳人·······························龙彼德

两地心（叙事诗）···················肖　川

新人诗页

我也是一片雪花·····················马春宝

秋阳·······························徐永泉

新生·······················（回族）马　钰

我干裂了的心啊！···················山　子

奔跑中的歌·························乔桂生

儿语·······························万宝琛

秋晨·······························尚和平

创新与今天（诗窗）·················秦　庚

评论

从传统典型论的流弊中摆脱出来——谈独特的个性是
构成典型形象的基础·················金　梅

诗的精炼——诗探之一···············吴欢章

"眼处心生句自神"——浅谈诗与生活·······王英志

让它们自由竞赛吧（朔方谈）···········狄遏水

诗人眼中的骆驼（朔方谈）·············杨　淀

美术

登攀（摄影）⸺⸺⸺⸺李孟君　田春林
关怀（木刻）⸺⸺⸺⸺⸺⸺⸺庄梦雄
打马球（木刻）⸺⸺⸺⸺⸺⸺陈少亭

1981 年第 3 期　刊名:《朔方》
目录

本区新人新作小说特辑

碑（中篇）⸺⸺⸺（维吾尔族）伊布拉英
我们连队的"嘎西摩多"⸺⸺⸺⸺⸺都　沛
光秃秃的旗杆⸺⸺⸺⸺⸺⸺⸺刘骆生
会计云生⸺⸺⸺⸺⸺⸺⸺⸺吴国清
婚事⸺⸺⸺⸺⸺⸺（回族）马全安
幸福和他的媳妇⸺⸺⸺⸺⸺⸺刘文惠

评论

民族情感是民族特点的灵魂⸺⸺中篇小说《碑》的一
点启示⸺⸺⸺⸺⸺⸺⸺⸺⸺黎　平
写好小说的开头和结尾⸺⸺读鲁迅作品札记⸺古远清
以非对非　不足为训（朔方谈）⸺⸺⸺卢　今
"独创性是最美丽的花朵"（朔方谈）⸺荆　竹
由情歌和美人画想到的（朔方谈）⸺⸺金占祥

美术

春江水暖（国画）⸺⸺⸺⸺⸺⸺赵宁安
初冬（摄影）⸺⸺⸺⸺⸺⸺⸺孙九龙
拾贝（国画）⸺⸺⸺⸺（回族）马以慰
开斋节（国画）⸺⸺⸺⸺（回族）马　瑛
晨读（木刻）⸺⸺⸺⸺⸺⸺⸺陈　延

1981 年第 4 期　刊名:《朔方》
目录

小说・散文

雁翅下的星光（童话）⸺⸺⸺⸺⸺路　展
归去来兮⸺⸺⸺⸺⸺⸺⸺⸺李　乐
离别⸺⸺⸺⸺⸺⸺⸺⸺⸺鲁　克
和斯诺相处的日子⸺⸺⸺（回族）马汝邻
腾格里夜曲⸺⸺⸺⸺⸺⸺⸺严　阵
改梅⸺⸺⸺⸺⸺⸺⸺⸺⸺江汗青
毛驴新传⸺⸺⸺⸺⸺⸺⸺⸺李正声
恋⸺⸺⸺⸺⸺⸺⸺⸺⸺⸺周伟权

诗歌

"同志"随想⸺⸺⸺⸺⸺⸺⸺闻　钟
西邻行（三首）⸺⸺⸺⸺（蒙古族）查　干

狂风巨浪卷过以后⸺⸺黄河畔的沉思⸺⸺刘国尧
探出放风坝墙的石榴树（外一首）⸺⸺柴德森
天空・大山⸺⸺⸺⸺⸺（回族）丁　文
春韵六首
遥寄塞外（二首）⸺⸺⸺⸺⸺⸺旭　宇
钢城抒怀⸺⸺⸺⸺⸺⸺（苗族）石太瑞
早晨，从昨天走来⸺⸺⸺⸺⸺⸺姜强国
信赖⸺⸺⸺⸺⸺⸺⸺（回族）高　勇
叠影⸺⸺⸺⸺⸺⸺⸺⸺⸺倪良华

评论

一个浑浑噩噩的人⸺⸺评小说《灵与肉》的主人公许
灵均的形象⸺⸺⸺⸺⸺⸺⸺汤　本
略谈人性和文学对人性的描写⸺⸺⸺傅腾霄
贵在新奇（朔方谈）⸺⸺⸺⸺⸺赵　捷
"笑"的艺术魅力（朔方谈）⸺⸺⸺陈　炳

美术

春光（国画）⸺⸺⸺⸺⸺⸺⸺郭怡琮
墨竹（摄影）⸺⸺⸺⸺⸺⸺⸺米寿世
孔雀（国画）⸺⸺⸺⸺⸺⸺⸺吴忠民
漓江山水（国画）⸺⸺⸺⸺⸺⸺张少山
三峡行（国画）⸺⸺⸺⸺⸺⸺许家麟

1981 年第 5 期　刊名:《朔方》
目录

沉痛悼念中国现代文学巨匠沈雁冰同志

诗歌

五月的鲜花
雁来了⸺⸺⸺⸺⸺⸺⸺⸺蔡锦棨
光明的恋歌（三首）⸺⸺⸺⸺⸺赵福辰
山里拾到的诗（五首）⸺⸺⸺⸺罗存仁
你和我（四首）⸺⸺⸺⸺⸺⸺顾　城
苏醒（外一首）⸺⸺⸺⸺⸺⸺谢　烨
养路工的爱情（外一首）⸺⸺（回族）王　度
银川二题⸺⸺⸺⸺⸺⸺⸺⸺商子秦
我们还年轻（外二首）⸺⸺⸺⸺王　庆
六盘山・关门山⸺⸺⸺⸺（回族）何克俭
昙花（外一首）⸺⸺⸺⸺⸺⸺蓝　天
啊，苍翠的青年时代⸺⸺⸺⸺⸺顾　工
心歌⸺⸺⸺⸺⸺⸺⸺朱谷忠　孙新凯
大雁和青蛙⸺⸺⸺⸺⸺⸺⸺李继槐
细砂集（散文诗・三章）⸺⸺⸺⸺许　淇

小说

指挥部的紧急会议⸺⸺⸺⸺⸺⸺晓　章

黄昏时候雨潇潇……………………杨　平
交情……………………………………梁晓声
栽种……………………………………焦祖尧
智者千虑……………………（回族）高　深

散文
六盘山剪影（三章）…………………姚承秀
没有人的名字…………………………吴淮生
血战任山河（朔方风情）……………杨声领
水车赋（朔方风情）…………………都　沛
印度民间寓言（三则）………………刘育辉译

评论
“最美的最高尚的灵魂”——关于《灵与肉》的主人
公许灵均的形象剖析（争鸣）………胡德培
也评《灵与肉》——兼与汤本同志商榷（争鸣）
…………………………………李镜如　田美琳
一个畸形的灵魂——评《灵与肉》的主人公许灵均
（争鸣）…………………孙叙伦　陈同方
作家要有“生活根据地”（朔方谈）…潘自强
诗要有色彩美（朔方谈）……………赵鲁云

美术
葫芦（国画）…………………………胡正伟
海宝塔（摄影）………………………孙嘉林塔
人像写生（素描）……吴谷怀　王廷川　雷志远
山涧（国画）…………………………石漱泉
芬芳（木刻）…………………………刘耀辉

1981年第6期　刊名:《朔方》
目录

记忆，驶进往事的海洋——悼念茅盾先生……周　明
巨匠与我们——缅怀茅公………（蒙古族）玛拉沁夫
拟挽茅盾联语…………………………俞平伯
悼茅公…………………………………石　天

农村小说特辑
粮食问题………………………………邹志安
跟生老汉………………………………京　夫
杏园深处………………………………马绍文
曹家凹的“总统”……………………南　台
马老汉的“喜剧”……………………王洲贵
苦恼……………………………（回族）杨少青

献给孩子们
绿色的歌（童话）……………………路　展
两个鸡蛋（儿童文学）………………李德银

疼爱孩子的爸爸（童话）……………刘在环
孩子，拖着长影走了（儿童诗）……朱　竹
飞来啦（儿歌）………………………晓　音

散文
他当过红军……………………………张一民
丰年留客话前程………………………张　武
牛………………………………杨秀琴　李文友

诗歌
我………………………………………孙霄兵
工业的花树（二首）…………………郑成义
愿望……………………………（回族）丁　文
淌笑的山谷（二首）…………………刘毅然
抖动的火焰——访厂长老柴…………刘　镇
黄土……………………………………刁永泉
春………………………………（回族）沙　蕾
流星……………………………………林　希
歌词二首………………………………何新南
灞桥杨柳………………………………韩长征
你是一团火（外一首）………………（回族）马　静

评论
塞上无处不飞花——回顾我区近两年来的文学创作
…………………………………………达　奇
九朽一罢——艺术断想………………潘旭澜
要尊重作家的创作个性——与否定小说《灵与肉》的
同志争鸣……………………………何光汉
作家与评论家…………………………大　田
更期百花艳　寄语四方来——读者评刊（七则）
…………………………………………刘守刚等
李准和谢晋率领摄制组来银——短篇小说《灵与肉》
将搬上银幕（文艺消息）

美术
篆刻（四方）…………………………罗雪樵
菊花（国画）…………………（回族）曾杏绯
我不照（摄影）………………………王建国
老人像（油画）………………（回族）于盛安
回族姑娘（油画）……………（回族）马明春
山水小品（国画）……………………雷占玉

1981年第7期　刊名:《朔方》
目录

小说
为了爱情……………………（维吾尔族）伊布拉英
入党……………………………………陈瑞晴

"业余社员"轶事—————————（回族）马知遥
三访黄局长—————————————陈　谷
小保管纪事—————————————蒋广树
"熊猫"的故事————————————肖　枚
"小山汉"（新苗）———吴忠第一中学高一　张向力

诗歌
唱给母亲的歌
唱给母亲的歌（外一首）———————魏志远
我对你说（二首）——————————罗　飞
我最爱红的颜色———————（回族）马乐群
古尔邦节之夜（二首）————（回族）马瑞麟
新月—————————————（回族）吴文杰
我属于太阳—————————————乔桂生
党的恩典（哈）夔忘（花儿）——（回族）杨少青
牧场晨笛—————————————宋锦州
春天（新苗）————吴忠第一中学初二　李宝峰
短笛（五首）————————————江　日
再　耕　张正常　马　岚　马志恒

散文
甜歌阵阵……——录制于赴银北途中———行　速
心灵录音带上的歌声————————吴淮生
梨园情曲——————————（回族）查　舜
古城漫步（朔方风情）————————太　昌
长留光热泽人间——瞻仰中南海"毛泽东同志故居"
————————————————潘梦阳

评论
用辩证法指导文艺工作————————胡百顺
"创作是有社会性的"（纪念鲁迅）——学习鲁迅关于
典型化问题与实践札记————————王永生
流感与流言（朔方谈）————————杨继国
妙在似与不似之间（朔方谈）————朱先树
深情化春雨　点滴润新蕾——对短篇小说《在泉边，
在山间小路上》的不同意见———宋　迎等
自治区文联重视在知识分子中发展党员（消息）
————————————————陈葆泉

美术
夕照——————————————朱玉生
宣传画——————————————贝瑛仁
田野（水彩）　新荷（水粉）——丁　钧　汤洪森
生命之歌（木刻）——————————曹学安

1981 年第 8 期　刊名:《朔方》

目录

小说
诀别——————————————康　民
旅途——————————————杨学鹏
八老碗闹恋爱————————————李默零
在白雪覆盖的大地上—————————张冀雪
雪与老人—————————————程造之
开不败的牵牛花———————————王　蓬

散文
离别——————————————马士林
寻——故地情丝之一—————————肖　川
三张不寻常的餐票（革命回忆录）———乔　人
老一辈无产阶级革命家书写的对联———方　纯
精美的石嘴山瓷器（朔方风情）———万里鹏

诗歌
潮沫小集（散文诗·四章）——————管用和
导弹试射场诗抄———————————廖代谦
彩蘑姑——————————————韩英珊
履痕（二首）————————————王燕生
春笋——————————————黄东成
答朋友问—————————————陈幼京

原上草
拾———————————————万宝琛
桃花开了……————————————袁祯兴
沙漠花草吟—————————————毛　锜
早晨，在公园————————————王甘林
金色的雨—————————————田为民
矿山行——————————————孙民良
夜火——————————————李发模
关于云——————————————尹　旭
捞起的情思—————————————陈运和
园丁集——————————————马晋乾

评论
创作准备及其他———————————李　准
《灵与肉》的成败及其缘由试析————税海模
谈细节和笑—————————————周艾文

美术
晨渔（摄影）————————————张加海
电影宣传画—————————陈文坚　李子健
电影宣传画——————王述曾　王自立　张亚军
鸽子（木刻）————————————顾国健

1981 年第 9 期 刊名:《朔方》
目录

纪念鲁迅 学习鲁迅

学习鲁迅的韧性战斗精神⋯⋯⋯⋯⋯阮 铭
正确理解鲁迅的文艺思想——读鲁迅对文艺社会效果
具有广泛性的认识⋯⋯⋯⋯⋯潘自强
关于鲁迅先生的片断回忆（散文）（回族）马汝邻
谒鲁迅墓（诗·外一首）⋯⋯⋯刘立波

小说

四下沙枣湾⋯⋯⋯⋯王一峰 吕学修
明驼行⋯⋯⋯⋯⋯⋯⋯阿 耀
海隅⋯⋯⋯⋯⋯⋯⋯⋯李克之
漩涡⋯⋯⋯⋯⋯⋯⋯⋯曾向农
一个办事员的工作日⋯⋯⋯⋯薛炎文

散文

百花盛开常在——记回族女画家曾杏绯⋯⋯肖 钟
啊，月亮⋯⋯⋯⋯⋯⋯羊 羽
电影"院"即事⋯⋯⋯⋯王庆同
塞上明珠（朔方风情）——青铜峡漫游⋯⋯王非凡

诗歌

敲响了，我的晨钟（外二首）⋯⋯⋯王 庆
工厂交响诗（三首）⋯⋯⋯⋯马恒祥
矿山诗笺（四首）⋯⋯⋯⋯万里鹏
人生（外一首）——赠 S·P⋯⋯⋯陈继光
彩色的画廊⋯⋯⋯⋯⋯⋯闻 频

原上草

渠边⋯⋯⋯⋯⋯⋯⋯⋯溪 流
清泉·水库·秋叶⋯⋯⋯莫西芬
荷叶上的露珠（外一首）⋯⋯王宜振
池塘·炊烟⋯⋯⋯⋯⋯⋯马志恒
送医⋯⋯⋯⋯⋯⋯⋯⋯黄 宏
边塞诗情⋯⋯⋯⋯⋯⋯周世久
流星——致一个失足青年⋯⋯郭 廓
啊，白帆——驼铃⋯⋯⋯于全森
夜归⋯⋯⋯⋯⋯⋯⋯⋯宋锦州

评论

灵与肉，在严酷的劳动中更新（争鸣）——谈《灵与
肉》内在的意蕴⋯⋯⋯⋯曾镇南
对于《灵与肉》的不同意见
——来稿来信综述⋯⋯⋯本刊评论组

美术

啸（油画）⋯⋯⋯⋯⋯⋯潘滋培
视（摄影） 晨（摄影）⋯⋯邓尚善 刘小兵
昆仑行旅（国画）⋯⋯⋯方之南
雨过天晴（套色木刻）⋯⋯陈肇位
鲁迅（木刻）⋯⋯⋯⋯⋯丁 钧
鲁迅书名篆刻选⋯⋯⋯⋯王文钧

1981 年第 10 期 刊名:《朔方》
目录

小说

筛子⋯⋯⋯⋯⋯⋯⋯⋯戈悟觉
立春⋯⋯⋯⋯⋯⋯⋯⋯邹志安
小河弯弯⋯⋯⋯⋯（回族）金万忠
老"右"⋯⋯⋯⋯⋯⋯⋯王洲贵
徽宗皇帝赵佶——长篇历史小说《满江红》选载
⋯⋯⋯⋯⋯罗 英 丁 力

散文

鲁迅先生的光和热（纪念鲁迅）——《鲁迅和他的老
师》代序⋯⋯⋯⋯⋯端木蕻良
茶花梦⋯⋯⋯⋯⋯（白族）那家伦
幽兰飘香⋯⋯⋯⋯⋯⋯朱普乐
木耳花开⋯⋯⋯⋯⋯⋯李正声
光明行⋯⋯⋯⋯⋯⋯⋯焦林泉
车与轨（寓言）⋯⋯⋯⋯郎业成

诗歌

怀念北方（外二首）⋯⋯⋯黎焕颐
战友啊，你可记得？
——记一位老战士的书信⋯⋯张雪杉
新绿的腾格里（二首）⋯⋯师日新
汇合（二首）⋯⋯⋯⋯⋯峭 石
碾场⋯⋯⋯⋯⋯⋯⋯⋯屈文焜
幸福路打心上过了（花儿）⋯⋯高 琨
挨窗的座位⋯⋯⋯⋯⋯叶延滨
古老的传说⋯⋯⋯（回族）海鹏彦
塞上诗踪
题在同心新县志扉页上的诗⋯⋯吴淮生
一棵树⋯⋯⋯⋯⋯⋯⋯陈葆梁
登高庙⋯⋯⋯⋯⋯⋯⋯闻 钟
谒马和福墓⋯⋯⋯（回族）马 钰
石嘴山呵，你融化了我的身心⋯⋯蔡锦荣
捡矸石女工⋯⋯⋯⋯⋯何新南
美景胜过那江南（花儿）（回族）杨少青
孕马摇铃过山来（花儿）⋯⋯石 星
沙中小憩（外一首）⋯（回族）丁 文

雨⸺⸺⸺⸺⸺⸺（回族）何克俭
少女⸺⸺⸺⸺⸺⸺⸺赵福辰

评论

略谈鲁迅小说中的几个妇女形象（纪念鲁迅）
⸺⸺⸺⸺⸺⸺⸺张衍芸
创造"立体感"的"活人"——茅盾创作经验谈片
⸺⸺⸺⸺⸺⸺⸺唐金海
从"理论是灰色的"谈起（朔方谈）⸺慕　岳
"立体刻划"与环境烘托（朔方谈）⸺朱　璞

美术

塞上秋色（油画）⸺⸺⸺⸺王文彬
我们村里的年轻人（摄影）⸺⸺柴建方
国画小品⸺⸺⸺⸺⸺⸺陈忠志
果子熟了（木刻）⸺⸺⸺⸺姚家树

1981 年第 11 期　刊名：《朔方》

目录

小说

瓜王轶事⸺⸺⸺⸺⸺⸺张　武
花痴⸺⸺⸺⸺⸺⸺⸺薛炎文
请饭⸺⸺⸺⸺⸺⸺⸺李　禾
夫妻关系史⸺⸺⸺⸺⸺杨东刚
愁⸺⸺⸺⸺⸺⸺⸺⸺史　问
艺术——治疗心脏病的妙药
⸺⸺⸺［美］鲁宾·哥德勃格著　汀　汀译
黄昏⸺⸺⸺⸺［美］萨　克著　汀　汀译

散文

师生谊⸺⸺⸺⸺⸺⸺王庆同
果乡笑语⸺⸺⸺⸺⸺⸺毛　戈
蛔麦场小景⸺⸺⸺⸺⸺都　沛
杏干寄乡情⸺⸺⸺⸺⸺高耀山
绿色的童年⸺⸺⸺⸺⸺孟　河
我爱你，塞上古城的西塔（朔方风情）⸺邓　峨

诗歌

呵，归来了⸺⸺⸺⸺⸺王　庆
黎明曲（五首）⸺⸺⸺（回族）高　深
我爱大海（三首）⸺⸺⸺贾长厚
访古琴台⸺⸺⸺⸺⸺丁慨然
西湖诗叶（二首）⸺⸺⸺鲁　藜
北戴河抒情（四首）⸺⸺刘和芳
华侨老人⸺⸺⸺⸺⸺梁学政
她在他的身旁⸺⸺⸺⸺马绪英
慈菇⸺⸺⸺⸺⸺⸺⸺舒　紫

湖山⸺⸺⸺⸺⸺⸺⸺沈良意
小屋恋⸺⸺⸺⸺⸺⸺王中朝
我爱我的女儿（二首）⸺姚　莹　刘　瑛
原上草
熟了……（外一首）⸺⸺王甘林
沙枣花开⸺⸺⸺⸺⸺郭维东
湖面⸺⸺⸺⸺⸺⸺⸺莫　叹
古城河即景⸺⸺⸺⸺⸺卢鸿才
樵石⸺⸺⸺⸺⸺⸺⸺宋曙光

评论

一个伟大先行者的爱憎——学习鲁迅札记⸺丹　晨
不是童话的童话——评路展的《雁翅下的星光》
⸺⸺⸺⸺（回族）马乐群　高　嵩
感受生活的真谛——漫谈戈悟觉的小说⸺章仲锷
我们需要坦率的文艺批评⸺⸺⸺黎　平
写出有特色的人物语言⸺⸺⸺解洛成
"正午牡丹"和"胸有成竹"⸺张德明　张晓林
我区开展鲁迅诞生一百周年纪念活动
纪念鲁迅学术讨论会在银川举行（消息）⸺雨　闻

美术

黄河岸边（油画）⸺⸺⸺王文彬
突破（摄影）⸺⸺⸺⸺陈思禹
四骏图（国画）⸺⸺⸺王敬平
山姑娘（国画）⸺⸺⸺胡正伟
回乡风情（套色木刻）⸺任振江

1981 年第 12 期　刊名：《朔方》

目录

小说

垅上秋色⸺⸺⸺⸺⸺⸺张贤亮
哈哈烧麦店⸺⸺⸺⸺王一峰　吕学修
上梁⸺⸺⸺⸺⸺⸺⸺王　秀
他从巴黎归⸺⸺⸺⸺⸺澧　思
第三次握手⸺⸺⸺⸺⸺都　沛
郭庄的姑娘⸺⸺⸺⸺⸺万吉晨

散文

表的琐记⸺⸺⸺⸺⸺⸺热　雨
五泉寺、南坪和八叔⸺⸺张　武
闲话父亲⸺⸺⸺⸺⸺⸺车　文
小河⸺⸺⸺⸺⸺⸺⸺杨声领

诗歌

风赋——诗群《人与自然》之二⸺邓海南
亲人啊，快回来！题台湾相思树⸺楚　竹

早晨的歌⋯⋯⋯⋯⋯⋯⋯⋯⋯文武斌

白雪的赞歌（二首）⋯⋯⋯⋯⋯寒　星

篱笆⋯⋯⋯⋯⋯⋯⋯⋯⋯⋯⋯张志鹏

处女地⋯⋯⋯⋯⋯⋯⋯⋯⋯⋯王树田

原上草

灵芝仙子——唱给一个护士的赞歌⋯⋯葛　林

早晨（外一首）⋯⋯⋯⋯⋯⋯⋯谢　烨

记忆（外一首）⋯⋯⋯⋯⋯⋯⋯张正常

巡逻兵⋯⋯⋯⋯⋯⋯⋯⋯⋯⋯刘得庆

妈妈的夜班⋯⋯⋯⋯⋯⋯⋯⋯杨淀五

红玫瑰⋯⋯⋯⋯⋯⋯⋯⋯⋯⋯李根红

评论

"预计到读者也有智慧"（纪念鲁迅）——鲁迅小说艺

术学习札记⋯⋯⋯⋯⋯⋯⋯⋯王嘉良

漫步在诗的郊野——诗美随谈⋯⋯⋯谢　冕

可嘉的收获（本区作品评介）——读高嵩的《李白杜

甫诗选择》⋯⋯⋯⋯⋯⋯⋯⋯罗　飞

读者评刊（五则）⋯⋯⋯刘　哲　李发展　周建平等

美术

龙潭（油画）⋯⋯⋯⋯⋯⋯⋯王自立

寒鹊（摄影）⋯⋯⋯⋯⋯⋯⋯孙嘉林塔

野炊（摄影）⋯⋯⋯⋯⋯⋯⋯李秀善

黄山烟云（国画）⋯⋯⋯⋯⋯张三友

三峡行（国画）⋯⋯⋯⋯⋯⋯曹广福

转移（木刻）⋯⋯⋯⋯⋯⋯⋯周富志

1982 年第 1 期　刊名:《朔方》
目录

农村小说特辑

老烈⋯⋯⋯⋯⋯⋯⋯⋯（回族）马知遥

窦家人⋯⋯⋯⋯⋯⋯⋯⋯⋯戈悟觉

杨二傻还粮记⋯⋯⋯⋯⋯⋯⋯王洲贵

西瓜缺苗的时候⋯⋯⋯⋯⋯⋯刘文惠

清清的小溪流⋯⋯⋯⋯⋯⋯⋯张冀雪

炉火融融⋯⋯⋯⋯⋯⋯⋯⋯⋯艾　山

报告文学

卖血人⋯⋯⋯⋯⋯（中国台湾）陈铭磻

散文

碾房里的灯光⋯⋯⋯⋯⋯⋯⋯王庆同

梦里青山⋯⋯⋯⋯⋯⋯⋯⋯⋯吴淮生

蓝蓝的苜蓿花⋯⋯⋯⋯⋯⋯⋯沙　石

商人与骆驼⋯⋯⋯⋯⋯⋯⋯⋯姚　莽

诗歌

我歌唱春天，我歌唱太阳⋯⋯⋯⋯肖　川

醒来的田野

钟声·笑声（外二首）⋯⋯⋯⋯⋯闻　钟

卖枣人——集市所见⋯⋯⋯（回族）阿　仝

晒场⋯⋯⋯⋯⋯⋯⋯⋯⋯⋯赖松廷

照相⋯⋯⋯⋯⋯⋯⋯⋯⋯⋯蒋振邦

沙漠情（二首）⋯⋯⋯⋯⋯⋯万里鹏

我，长城上的一块砖⋯⋯⋯⋯⋯喻　晓

黄河情（二首）⋯⋯⋯⋯⋯⋯田为民

兽医——画家⋯⋯⋯⋯⋯⋯⋯孙友田

江水思（外一首）⋯⋯⋯⋯⋯⋯柴德森

大漠上的脚印⋯⋯⋯⋯⋯⋯⋯陈葆梁

四吟⋯⋯⋯⋯⋯⋯⋯⋯⋯⋯刘　章

塞上草⋯⋯⋯⋯⋯⋯⋯⋯⋯彭锡瑞

两个阳台，隔了条小巷——爱的四季歌⋯刘国尧

接班（外一首）⋯⋯⋯⋯⋯⋯井笑泉

评论

试谈张武小说的艺术风格⋯⋯⋯⋯汪宗元

论《卖血人》⋯⋯⋯⋯⋯张晓林　张德明

为人民——凝思的焦点——西窗诗话⋯阿　红

朔方谈

要刻苦读书

——从《狂人日记》的写作想到的⋯⋯唐　骥

"对镜握笔"及其他⋯⋯⋯⋯⋯草　云

美术

幽香（国画）⋯⋯⋯⋯⋯⋯⋯郭怡琮

文姬归汉（国画）⋯⋯⋯⋯⋯温读耕

笛声伴着驼铃（木刻）⋯⋯⋯⋯何　范

黄陵庙烟雨图（国画）⋯⋯⋯⋯李行简

篆刻⋯⋯⋯⋯⋯⋯⋯⋯⋯⋯柴建方

1982 年第 2 期　刊名:《朔方》
目录

小说

大雪歌⋯⋯⋯⋯⋯⋯⋯（满族）那守箴

鹿班长⋯⋯⋯⋯⋯⋯⋯⋯⋯刘新华

邻居⋯⋯⋯⋯⋯⋯⋯⋯（回族）马治中

荧光屏前⋯⋯⋯⋯⋯⋯⋯⋯⋯郑　柯

职责⋯⋯⋯⋯⋯⋯⋯⋯⋯⋯蒋广树

甲、乙、丙⋯⋯⋯⋯⋯⋯⋯⋯张　毅

散文

延安归来⋯⋯⋯⋯⋯⋯⋯⋯⋯江汗青

沙枣颂⋯⋯⋯⋯⋯⋯⋯⋯⋯沧　桑

答案⋯⋯⋯⋯⋯⋯⋯⋯⋯⋯⋯李正声

诗歌

诗三首⋯⋯⋯⋯⋯⋯⋯⋯⋯⋯李　真
朔方诗萃
　土地——母亲（四首）⋯⋯⋯⋯赵宁刚
　在故乡（三首）⋯⋯⋯⋯⋯⋯王　庆
　光明的恋歌（四首）⋯⋯⋯⋯赵福辰
　在西去的列车上（外一首）⋯储春兰
　山泉（外一首）⋯⋯⋯⋯⋯⋯乔桂生
　腾格里一角⋯⋯⋯⋯⋯⋯⋯浪　波
　晨鸟（外一首）⋯⋯⋯⋯⋯⋯王维洲
　灯会（外一首）⋯⋯⋯⋯⋯⋯张志玉
　山路旁的灰烬⋯⋯⋯⋯⋯⋯晓　路

评论

"把每个细胞都化作音符"——读高深的诗歌新作
⋯⋯⋯⋯⋯⋯⋯⋯⋯⋯⋯⋯⋯何光汉
一个新时期的革新闯将——《龙种》读后⋯⋯杨致君
朔方谈
金字塔⋯⋯⋯⋯⋯⋯⋯⋯⋯⋯肖文苑
稿件未采用怎么办?⋯⋯⋯⋯王彦魁

美术

暖春图（国画）⋯⋯⋯⋯⋯⋯赵宁安
牧区即景（木刻）⋯⋯⋯⋯⋯李跃春
集（木刻）⋯⋯⋯⋯⋯⋯⋯⋯刘耀辉
山水（国画）⋯⋯⋯⋯⋯⋯⋯朱夏刚
梅（国画）⋯⋯⋯⋯⋯⋯⋯⋯吴　正
白杨（水彩）⋯⋯⋯⋯⋯⋯⋯顾钟声

1982 年第 3 期　刊名:《朔方》
目录

小说

光棍堂守岁⋯⋯⋯⋯⋯⋯⋯⋯刘连枢
老"牛倌"新传⋯⋯⋯⋯（回族）马连义
丰收酒⋯⋯⋯⋯⋯⋯⋯⋯⋯⋯张　武
春风⋯⋯⋯⋯⋯⋯⋯⋯⋯⋯⋯蒋振邦
礼品⋯⋯⋯⋯⋯⋯⋯⋯⋯⋯⋯郑　柯
背锅子老马⋯⋯⋯⋯⋯⋯⋯⋯毛　弋
考场上⋯⋯⋯⋯⋯⋯⋯⋯（回族）王学礼
解放⋯⋯⋯⋯⋯⋯⋯⋯⋯⋯⋯邹建一

散文

铁流滚滚⋯⋯⋯⋯⋯⋯⋯⋯⋯李　真
银川南关清真寺建筑艺术（朔方风情）
⋯⋯⋯⋯⋯⋯⋯⋯⋯⋯（回族）姚复兴
临夏一日⋯⋯⋯⋯⋯⋯⋯⋯⋯沈克尼
小松鼠⋯⋯⋯⋯⋯⋯⋯⋯⋯⋯柳青青

诗歌

短诗一束
　沙漠上的纤绳（外一首）⋯⋯何　鹰
　黎明⋯⋯⋯⋯⋯⋯丙　午　明　轩
　根⋯⋯⋯⋯⋯⋯⋯（回族）马忠骥
　阳光啊!　阳光⋯⋯⋯⋯⋯⋯李克强
　车窗⋯⋯⋯⋯⋯⋯⋯⋯⋯⋯孔令文
　朔方,你特有的白杨⋯⋯⋯⋯田　人
　山松（外一首）⋯⋯⋯⋯⋯⋯文　丙
　河边⋯⋯⋯⋯⋯⋯⋯⋯⋯⋯朱谷忠
　余暇⋯⋯⋯⋯⋯⋯⋯⋯⋯⋯薛秀兰
　大西北哟⋯⋯⋯⋯⋯⋯⋯⋯徐永泉
　西行诗草（三首）⋯⋯⋯⋯⋯尧山壁
　生活的花絮（四首）⋯⋯（回族）马治中
　寄自戈壁地质队的诗（二首）⋯师日新
　秋叶（外一首）⋯⋯⋯⋯⋯⋯陈葆梁
　老牛哥的爱（二首）⋯⋯⋯⋯屈文琨
　秋蝉与蜜蜂（寓言诗）⋯⋯⋯层　林
回族作家哈宽贵同志逝世

评论

瞬间与一生⋯⋯⋯⋯⋯⋯⋯⋯潘旭澜
新的突破（本区作品评介）——试评几篇反映回族生
活的小说⋯⋯⋯⋯⋯⋯⋯⋯⋯达　奇
朔方谈
批评家的雅量⋯⋯⋯⋯⋯⋯⋯阿　茂
究竟可笑的是谁?⋯⋯⋯⋯⋯丁国成

美术

幽谷新绿（国画）⋯⋯⋯⋯⋯龙　端
贺兰山麓（国画）⋯⋯⋯⋯⋯徐义生
华山（木刻）⋯⋯⋯⋯⋯⋯⋯王洪水
再练一组（版画）⋯⋯⋯⋯⋯刘均威
春雨（水彩画）⋯⋯⋯⋯⋯⋯胡飞彪
篆刻四方⋯⋯⋯⋯⋯⋯陈家刚　尹丕业

1982 年第 4 期　刊名:《朔方》
目录

小说

花与草⋯⋯⋯⋯⋯⋯⋯⋯⋯⋯刘　恒
猫⋯⋯⋯⋯⋯⋯⋯⋯⋯⋯⋯⋯许　淇
情人——仇人——恩人⋯⋯⋯王渊贵
少年断指⋯⋯⋯⋯⋯⋯⋯⋯⋯程造之
咱们是主人⋯⋯⋯⋯⋯⋯王一峰　吕学修

散文

那失去了的……………………………周 旋
靠山吃山……………………………………金 川
且莫停步——游崆峒有感……………………周 玲
从举办我父亲张大千的画展谈起……………张心智
陵墓（阿富汗民间故事）…………………元文琪译

诗歌

关于姓名的歌………………………………陈继光
湖畔写生（三首）…………………………王甘林
春天，我走向原野（二首）…………………申爱萍
四化路铺在个心上（花儿）…………（回族）杨少青
彩霞（外二首）……………………………吕乃国
朔方诗萃
我爱你，妈妈一样晴和的天空（外一首）………葛 林
贺兰山录春（三首）………………………田为民
你给历史留下什么（外二首）………………万宝琛

短诗一束

归（外一首）………………………………马志恒
港外抛锚（外一首）………………………任海鹰
模特儿……………………………………马 岚
小溪………………………………………溪 流
颤悠悠的扁担啊……………………………张善飞
纪念《在延安文艺座谈会上的讲话》发表四十周年
《讲话》是哺育我们成长的乳浆………………石 天
多写为中国老百姓喜闻乐见的作品……………张 武
一点回顾…………………………………吴淮生
生活·感情·艺术——致《大雪歌》的作者………石 磊
真挚 朴实——评王庆同的散文………………肖 冰

朔方谈

这个"老调"还是要唱下去……………………陈葆梁
小议反面人物的塑造………………………应国靖

美术

阔浦遥山（国画）…………………………张大千
钩金红莲（国画）…………………………张大千
练（摄影）…………………………………孙九伦
回乡织毯女（水粉画）……………（回族）马雪山

1982 年第 5 期　刊名:《朔方》
目录

小说

故乡………………………………（回族）高 峰
农家闲话……………………………………吴国清
出了"半松斋"………………………………李廷华

岗位，就在这里……………………………薛 迅
卓老大……………………………………娄天木
影片《堂·吉诃德》的诞生………[西班牙]塞拉芬·
阿尔瓦雷斯·金特罗　华金·阿尔瓦雷斯·金特罗
建 耀译

散文

毛主席的三个小故事………………………王文德
塞拉特………………………………（回族）杨建基
喜溢门庭馓子香………………………（回族）袁俊生
沙海深处…………………………………陈葆泉
每当扫街声传来的时候……………………何 泳
勤与俭（寓言）……………………………吴 涛辑
悼哈宽贵同志
蜡烛………………………………………朱红兵
深深的怀念………………………………楚 竹 行 速
墨点无多泪点多……………………………汪宗元
悼诗………………………………………秦志扬

诗歌

我是天山、草原和沙漠的子孙
纵马………………………………………周 涛
天山二题…………………………………杨 牧
中国，我愿是您荒野中的一条小路（外二首）
…………………………………………章德益
水的歌……………………………（回族）高 深
别妄自菲薄………………………………黎焕颐
沙漠情（二首）……………………………万里鹏
湖边，绿色的记忆（二首）…………………刘益善

短诗一束

天线………………………………………马东震
燃烧在煤层的梦……………………（回族）马 钰
松烟………………………………………圣 野
夜（外一首）………………………（回族）沙 蕾

评论

纪念《在延安文艺座谈会上的讲话》发表四十周年
以《讲话》精神加强民间文学研究工作………杨 韧
深入生活与学习理论………………………张贤亮
作家要下去………………………………程造之
"渴盼着每一个黎明"
——谈谈王庆的诗歌创作……………………焦雨闻
诗的联想——古诗欣赏札记…………………钟尚钧
朔方谈
文艺评论贵在准确…………………………荆 竹
让更多的人才破土而出——从张贤亮谈起……纪 过

美术

庐山小天池（国画）⋯⋯⋯⋯⋯⋯唐秉耕
枸杞树下（国画）⋯⋯⋯⋯⋯⋯胡正伟
巨人（摄影）⋯⋯⋯⋯⋯⋯（回族）王希贵
赶集（木刻）⋯⋯⋯⋯⋯⋯⋯代大全

1982 年第 6 期　刊名：《朔方》
目录

小说

魂之曲⋯⋯⋯⋯⋯⋯⋯⋯⋯⋯杨学鹏
虹⋯⋯⋯⋯⋯⋯⋯⋯⋯⋯⋯薛炎文
蔡叔叔编的歌儿⋯⋯⋯⋯⋯⋯吴善珍
"洋糊子"小传⋯⋯⋯⋯⋯⋯⋯姚承秀
五人坪纪事⋯⋯⋯⋯⋯⋯⋯⋯李　锐
儿童文学
放爆竹的故事⋯⋯⋯⋯⋯⋯⋯韦　卿
谜⋯⋯⋯⋯⋯⋯⋯⋯⋯⋯⋯王宝三
小灰遇狐记（科学童话）⋯⋯⋯汪有权
金钥匙（童话）⋯⋯⋯⋯⋯⋯夏兰珍
严重警告⋯⋯⋯⋯　［苏联］尤里·米沙特金著
　　俞灏东　杨秀琴译
一捧椰枣⋯⋯⋯［苏丹］塔依卜·萨利赫著　陈忠耀译

散文

烛光⋯⋯⋯⋯⋯⋯⋯⋯⋯⋯⋯马士林
静静的落雪⋯⋯⋯⋯⋯⋯⋯⋯邓　峨

诗歌

新蕾
写给父辈（外二首）⋯⋯⋯⋯⋯陈幼京
拣粉笔头的小孩（外一首）⋯⋯卜崇亮
我多愿⋯⋯⋯⋯⋯⋯⋯⋯⋯魏　萍
我的诗（外一首）⋯⋯⋯⋯⋯刘　忠
献给小朋友的诗
我爱⋯⋯⋯⋯⋯⋯⋯⋯⋯⋯葛　林
战风沙⋯⋯⋯⋯⋯⋯⋯⋯⋯晓　闻
我有一把伞（儿歌）⋯⋯⋯⋯⋯胡天生
羞⋯⋯⋯⋯⋯⋯⋯⋯⋯⋯⋯晓　音
红毛线⋯⋯⋯⋯⋯⋯⋯⋯⋯薛秀兰
脚步⋯⋯⋯⋯⋯⋯⋯⋯（回族）马治中
我居住的城市（外一首）⋯⋯⋯顾　工
回春曲⋯⋯⋯⋯⋯⋯⋯⋯⋯李震杰
短诗一束
黄昏，静悄悄⋯⋯⋯⋯⋯⋯⋯左一兵
飘呀，彩色的飞碟⋯⋯⋯⋯⋯张正常
我的小莺，请原谅我⋯⋯⋯⋯姚　莹
蒲公英⋯⋯⋯⋯⋯⋯⋯⋯⋯晨　梅

在宾馆小径漫步⋯⋯⋯⋯⋯⋯孟　河
我不是⋯⋯⋯⋯⋯⋯⋯⋯⋯雨　石
种子⋯⋯⋯⋯⋯⋯⋯⋯⋯⋯顾晓军

评论

纪念《在延安文艺座谈会上的讲话》发表四十周年
坚持《讲话》的基本精神⋯⋯⋯衡　彬
也要重视儿童文学创作⋯⋯⋯路　晨
本区作家作品
漫步常乐镇——《瓜王轶事》的随笔⋯⋯毛仿秋
独具魅力的童话世界——浅谈中篇童话《雁翅下的星
光》⋯⋯⋯⋯⋯⋯⋯⋯⋯⋯吴　音
一曲英雄主义的赞歌——本刊编辑部召开座谈会讨论
《大雪歌》⋯⋯⋯⋯⋯⋯⋯⋯阿　茂
朔方谈
漫议报告文学的真实⋯⋯⋯⋯张德明
歌德让路——诗坛趣闻⋯⋯⋯丁国成

美术

采荔图（国画）⋯⋯⋯⋯⋯⋯谢志高
牧归（国画）⋯⋯⋯⋯⋯⋯⋯贾又福
天鹅湖上（摄影）⋯⋯⋯⋯⋯柴建方
心中的盼（木刻）⋯⋯⋯⋯⋯任振江

1982 年第 7 期　刊名：《朔方》
目录

小说

庭训⋯⋯⋯⋯⋯⋯⋯⋯⋯⋯⋯张　武
匹夫有责⋯⋯⋯⋯⋯⋯⋯⋯⋯张廷竹
莎莎（新人新作）⋯⋯⋯⋯⋯张　岚
被耽搁了的午睡（新人新作）⋯陈　勇
小小说
希望⋯⋯⋯⋯⋯⋯⋯⋯⋯⋯赵继良
等退票⋯⋯⋯⋯⋯⋯⋯⋯⋯何君倬
洁白的手帕⋯⋯⋯⋯⋯⋯⋯秦力党
果园里⋯⋯⋯⋯⋯⋯⋯⋯⋯蒋振邦
一篮子云杉球果⋯⋯⋯⋯［苏］巴乌斯托夫斯基著
　　孟国华译

散文

《怀念集》序⋯⋯⋯⋯⋯⋯⋯巴　金
诱敌深入——彭总在陕北战场上的几个片断
　　⋯⋯⋯⋯⋯⋯⋯⋯康九省口述　吕俊和整理
扫帚星⋯⋯⋯⋯⋯⋯⋯⋯⋯陈幼京
月色漫上窗棂⋯⋯⋯⋯⋯⋯⋯张　锦
鸣蝉忆⋯⋯⋯⋯⋯⋯⋯⋯⋯杨大邦

商人和鹦鹉的故事（印度民间故事）
........................（回族）丁岐江译

诗歌

我是六盘山的农民（组诗）.............屈文焜
城市印象（三首）.......................王 庆
梦之歌——致远行的友人...............赵亦吾
建设者之歌
我是扳手（外一首）.............（回族）马乐群
葛洲坝两首.............................唐大同
工厂的旋律（二首）...................王恩宇
加热炉之歌.............................丁慨然
身影·脚步.............................倪良华
美，不能毁灭...........................星 斗
短诗一束...............................崔合美
韩嗣仪 梅绍静 黄东成 张之涛 史 军 郑荣华

评论

我是怎样喜欢上儿童文学的——兼谈童话《雁翅下的星光》的写作.......................路 展
本区作家作品
一个进攻型的新人形象——《龙种》初探.......陈文坚
旨远·意新·情真——读杨森翔的风物志.......江 涌
标准 态度 方法——文艺批评小议.......刘贻清
从败笔谈起.............................陈葆梁

美术

野趣图（国画）.........................姚有多
农家乐（摄影）.........................李秀善
东风璀璨（国画）.......................安卓三
风景（油画）.....................（回族）马明春

1982 年第 8 期　刊名:《朔方》
目录

小说

清真寺落成的时候...............（回族）高 深
墙角的兰花.......................仇宪民 王 秀
人狼.............................（回族）马兰生
小小说
杏儿熟了.........................（回族）李春俊
晦气.............................（回族）马知遥
心灵...................................臧大宏
职责...........黎巴嫩 瓦里德·格萨卜著 陈中耀译
红棉花和黄莺儿（童话）.................杉 松
绛紫色的大幕，徐徐拉开.................晓 彬
"尤二".................................滕 野

散文

神奇的耳朵...........................马士林
果林中...............................杨森翔
有时，忆及爷爷.......................蒋振邦
寓言六篇.........................（回族）沙 蕾
风筝（外二章）.......................张 桦

诗歌

桥——诗群《人与自然》之五...........邓海南
艰难的跋涉...........................魏志远
这里是春天（三首）——写在排练厅的歌...于全森
菠菜，睁开嫩绿的眼睛.................廖代谦
朔方诗萃
我爱清晨、草地和小溪（三首）.........储春兰
傍晚，我翻日历（外二首）.............赵宁刚
我是海滩上的沙金（外二首）...........柳 凤
短诗一束...............王 野 （回族）马 钰
晓 钢 天 白 徐 珣 刘辉考 果 路

评论

为人为文的楷模——学习毛泽东同志十五封信的一点体会.................................吴 江
要从道德与性格上来写人...............孟伟哉
本区作家作品
为瓜王"这一个"喝彩——琐谈《瓜王轶事》的人物塑造.................................王 湛
质朴自然 格调高昂——读贾长厚的爱情诗...可 人
朔方谈
漫谈回族文学与宗教...................高 嵩
要有整体的艺术观念——罗丹砍手的启示...赵 捷

美术

唐人诗意（国画）.....................赵准旺
秋塘（摄影）.........................朱康洛
像雷锋那样，做党的好战士（宣传画）...于 凉
为人民服务（篆刻）...................寿荣富
贺兰山小口子（水彩）.................丁 钧
护士之歌（木刻）...............王天雍配诗 若 水

1982 年第 9 期　刊名:《朔方》
目录

小说

三代人...........................（回族）马治中
竣工.................................黄深受
丑姑娘...............................白 文
冰雪正在消融.........................李忠学
难忘的一瞥.............[苏联] B.芦金著 杨 郁译

报告文学

庄稼院里的功勋……………………张 锦 王非凡
亲人——记海原县山区医生彭梦燕………翟辰恩

散文

去远方（八章）……………………………李佩芝
谈谜语………………………………（回族）张沛纶

诗歌

献给党的十二天
人民大会堂前的车辙…………………………倪良华
干起来哟，工友们………………………………晏 旭
儿子和战士的歌……………………（回族）晓 目
我仍然……………………………………………常 程
每个黎明都有新的曙光…………………………郁 静
春天，在呼唤着树……………………………鄂家发
美，在逆境中显现（组诗）——记一对面对厄运的恋
人………………………………………………贾长厚
朔方行（二首）………………………………刘 章
烈士墓碑（外一首）…………………………罗 飞
河滩………………………………………………闻 钟
丝路怀古（二首）……………………………舒 紫
金色的原野
北方的歌………………………………………李根红
小河边………………………………………韩畅征
城里的孩子带来一个魔方……………………马绪英
杜鹃声声………………………………………罗存仁
梦中，五光十色的宝岛………………………刘国尧
黄河的孩子（二首）…………………………匡文留
野百合…………………………………………田 歌
站台上…………………………………………月 华

评论

论现实主义文学应有"现实性"（探索与研究）——并
非小题大做……………………………………金 梅
朔方谈
让"胖娃娃"健康成长——我区文艺百花园一瞥
………………………………………………毛剑白
观察生活也需要想象…………………………杨小林
读者评刊（四则）………………郑爱民 张振勋等

美术

伎乐（国画）…………………………………楼家本
牧归（摄影）…………………………………丁明通
海港之晨（摄影）……………………………春 江
竹石图（国画）………………………………石漱泉
三峡游（国画）………………………………曹广福
贺兰山小口子（水彩）………………………丁 钧
磨（木刻）……………………………………罗立人

1982 年第 10 期　刊名:《朔方》
目录

小说

水调歌头………………………………（满族）那守箴
永恒的蔚蓝色…………………………………张时鲁
葡萄架下的甜蜜姻缘…………………………张 涧
手镯……………………………………………李克之
城·乡·在一个早晨……………………………南 台
下次一定赢……………………………………古 木

散文

"我的家，在东北松花江上……"……………江汗青
愿得此身长报国（报告文学）——记满族高给工程师
关勋……………………………………………张晓敏
闪亮的星（寓言）……………………………潘梦阳
花趣……………………………………………邓 峨

诗歌

献给党的十二大
党，净化我的心灵……………………（回族）何克俭
开拓新的黄金时代……………………………闻 健
秋之歌…………………………………………刘 欣
信念，我大厦的支柱…………………………田为民
在织机的轰鸣中歌唱…………………………赵福辰
诗三首…………………………………（回族）高 深
中年赋（二首）………………………………傅金城
北海公园的那条长椅（外二首）……………王甘林
矿山短歌（三首）……………………………万里鹏
耕耘者的歌（散文诗·四章）………………李 耕
短诗一束………………………………………回族
杨少青 杨 淀 赵鲁芸 李 新 姚焕吉

评论

生活是不能回避的——试谈回族文学对宗教生活的描
写………………………………………………潘自强
"做击水的人，唱奋进的歌"（本区作家作品）——评
肖川的诗歌新作………………………………何光汉
朔方谈
"学我者生，似我者死"………………………海 地
处理好"业"和"余"的关系…………………李少柏
方向更明　步子更坚（文艺消息）——记宁夏文联二
届二次全委会…………………………本刊记者 阿 茂
剪得秋光入画来——"塞上诗会"散记………雨 闻

美术

猴乐图（国画）………………………………李 燕
长青图（国画）………………………………詹庚西

勤奋·探求（摄影）⋯⋯⋯⋯⋯⋯⋯⋯陈思禹
书法⋯⋯⋯⋯⋯⋯⋯⋯⋯⋯⋯⋯⋯⋯姜东舒
篆刻十方⋯⋯⋯⋯⋯⋯⋯⋯⋯⋯⋯⋯王文钧

1982 年第 11 期　刊名:《朔方》
目录

小说

序奏⋯⋯⋯⋯⋯⋯⋯⋯⋯⋯⋯⋯⋯⋯阿　耀
酒治（小小说）⋯⋯⋯⋯⋯⋯⋯⋯⋯⋯吴　江
谈虎者（小小说二章）⋯⋯⋯⋯⋯⋯⋯姚克明
归来⋯⋯⋯⋯⋯⋯⋯⋯⋯⋯⋯⋯⋯⋯徐兴亚
春风送暖⋯⋯⋯⋯⋯⋯⋯⋯⋯⋯⋯⋯苗培本
新来的女组长⋯⋯⋯⋯⋯⋯⋯⋯⋯⋯吕新平

散文

真实的一幕⋯⋯⋯⋯⋯⋯⋯⋯⋯⋯⋯毛仿秋
外婆⋯⋯⋯⋯⋯⋯⋯⋯⋯⋯（回族）玉　格
低罗罕⋯⋯⋯⋯⋯⋯⋯⋯⋯（回族）杨建基
中南海游感三章⋯⋯⋯⋯⋯⋯⋯⋯⋯王文德
山乡情丝⋯⋯⋯⋯⋯⋯⋯⋯⋯⋯⋯⋯夏小康

诗歌

诗会之花（之一）
九星联珠——赠久别重逢之友L⋯（回族）丁　文
煤海⋯⋯⋯⋯⋯⋯⋯⋯⋯⋯⋯⋯⋯⋯万里鹏
传说的启示⋯⋯⋯⋯⋯⋯⋯⋯⋯⋯⋯万宝琛
我寻觅，在塞上一个偏远的角落⋯（回族）马治中
听渠⋯⋯⋯⋯⋯⋯⋯⋯⋯⋯⋯（回族）马乐群
盐池抒情⋯⋯⋯⋯⋯⋯⋯⋯⋯⋯⋯⋯马志恒
黄河之子⋯⋯⋯⋯⋯⋯⋯⋯⋯⋯⋯⋯王　庆
沙丘下的细泉⋯⋯⋯⋯⋯⋯⋯⋯⋯⋯王　湛
塞上的形象⋯⋯⋯⋯⋯⋯⋯⋯⋯⋯⋯井笑泉
晚唱⋯⋯⋯⋯⋯⋯⋯⋯⋯⋯⋯⋯⋯⋯陈葆梁
龙口里吐一条白练（花儿）⋯⋯（回族）杨少青
立体交叉桥⋯⋯⋯⋯⋯⋯⋯⋯⋯⋯⋯杨　淀
西海固的群山⋯⋯⋯⋯⋯⋯⋯（回族）何克俭
小船⋯⋯⋯⋯⋯⋯⋯⋯⋯⋯⋯⋯⋯⋯何新南
桃花⋯⋯⋯⋯⋯⋯⋯⋯⋯⋯⋯⋯⋯⋯李秀华
塞上的路⋯⋯⋯⋯⋯⋯⋯⋯⋯⋯⋯⋯张　涧
眼睛⋯⋯⋯⋯⋯⋯⋯⋯⋯⋯⋯⋯⋯⋯罗　飞
呵！煤⋯⋯⋯⋯⋯⋯⋯⋯⋯⋯⋯⋯⋯郑　正
机床灯⋯⋯⋯⋯⋯⋯⋯⋯⋯⋯⋯⋯⋯尚和平
寻找⋯⋯⋯⋯⋯⋯⋯⋯⋯⋯⋯⋯⋯⋯柳　风
心事⋯⋯⋯⋯⋯⋯⋯⋯⋯⋯⋯⋯⋯⋯赵宁刚
雪夜魂⋯⋯⋯⋯⋯⋯⋯⋯⋯⋯⋯⋯⋯赵福辰
我的影集⋯⋯⋯⋯⋯⋯⋯⋯⋯⋯⋯⋯屈文焜
无题⋯⋯⋯⋯⋯⋯⋯⋯⋯⋯⋯⋯⋯⋯闻　钟
科学进山搭天桥　（花儿）⋯⋯⋯⋯高　琨
登崆峒⋯⋯⋯⋯⋯⋯⋯⋯⋯⋯⋯⋯⋯高　嵩
百字令——为塞上诗会献词⋯⋯⋯⋯贾朴堂
你留给我的⋯⋯⋯⋯⋯⋯⋯⋯⋯⋯⋯贾长厚
我是治沙队员⋯⋯⋯⋯⋯⋯⋯⋯⋯⋯秦克温
沙枣花⋯⋯⋯⋯⋯⋯⋯⋯⋯⋯⋯⋯⋯彭锡瑞
叶的心愿⋯⋯⋯⋯⋯⋯⋯⋯⋯⋯⋯⋯储春兰
松⋯⋯⋯⋯⋯⋯⋯⋯⋯⋯⋯⋯⋯⋯⋯蔺兴才
桥⋯⋯⋯⋯⋯⋯⋯⋯⋯⋯⋯⋯⋯⋯⋯薛秀兰

评论

我们的历史任务⋯⋯⋯⋯⋯⋯⋯⋯⋯朱红兵
本区作家作品
回族文学画廊里的动人形象——评马知遥小说的人物
塑造⋯⋯⋯⋯⋯⋯⋯⋯⋯⋯⋯⋯⋯⋯白崇人
展现回族人民生活中的美——简评《小河弯弯》
⋯⋯⋯⋯⋯⋯⋯⋯⋯⋯⋯⋯⋯⋯⋯井　村
先道"人人意中所有"——诗歌"新意"一解
⋯⋯⋯⋯⋯⋯⋯⋯⋯⋯⋯⋯⋯⋯⋯王英志
无可厚非的探索⋯⋯⋯⋯⋯余凤强　刘国尧

美术

五羊图（国画）⋯⋯⋯⋯⋯⋯⋯⋯⋯赵宁安
牧人舞（国画）⋯⋯⋯⋯⋯⋯⋯⋯⋯陈忠志
银湖秋波（摄影）⋯⋯⋯⋯⋯⋯⋯⋯都嗣祥
春意盎然（摄影）⋯⋯⋯⋯⋯⋯⋯⋯李秀善
芭蕉八哥（国画）⋯⋯⋯⋯⋯⋯⋯⋯申伟光
花丛中（国画）⋯⋯⋯⋯⋯⋯⋯⋯⋯许家麟
阿娃与山羊（木刻）⋯⋯⋯⋯⋯⋯⋯高学武

1982 年第 12 期　刊名:《朔方》
目录

小说

第三把手⋯⋯⋯⋯⋯⋯⋯⋯⋯⋯⋯⋯张　武
杠头⋯⋯⋯⋯⋯⋯⋯⋯⋯⋯⋯⋯⋯⋯周莘榆
愁中有喜⋯⋯⋯⋯⋯⋯⋯⋯⋯⋯⋯⋯王洲贵
娜布琪玛河的故事⋯⋯（蒙古族）特·赛音巴雅尔
田二嫂的心事⋯⋯⋯⋯⋯⋯⋯⋯⋯⋯严龙宁

散文

母亲的泪⋯⋯⋯⋯⋯⋯⋯⋯⋯⋯⋯⋯周　旋
大海情⋯⋯⋯⋯⋯⋯⋯⋯⋯⋯⋯⋯⋯王宝三
阿凡提故事新编（十则·寓言）⋯⋯黄瑞云
假如是我的亲人（报告文学）——记宁夏医学院附属
医院护理员曲萧云⋯⋯⋯⋯⋯⋯⋯郁　香
斯是陋室——来自东海之滨的报告⋯⋯吴　鹰

诗歌

诗会之花（之二）
秋风起处（外一首）·····························邵燕祥
沙坡头情思（二首）·····························佟明光
秋之声·····································昌　耀
朔方二题·····································晓　蕾
腾格里边上的绿洲（外一首）——致中国科学院兰州
治沙研究所沙坡头治沙研究站······（蒙古族）查　干
腾格里，赠我一叠稿纸·····························毛　锜
生活片断·····································赵亦吾
我应该是一棵这样的树···························邓海南
朔方行（二首）·······························师日新
海宝塔抒情·····························（回族）张　央
我爱沙姑娘（外一首）·····························韩嗣仪

评论

谈诗片断·····································邵燕祥
生活总是向前的（本区作家作品）——读短篇小说
《三代人》·····································黎　平
朔方谈
使读者成为诗人——读两首短诗有感···············罗　飞
灵感——智慧的火花·····························荆　竹

美术

水仙（国画）·····································王晋元
回族姑娘（国画）·····························张少山
群山劲松浮烟云（摄影）···························张聪志
华岳烟云（摄影）·····························王建国
途中（国画）·····································胡正伟

1983 年第 1 期　刊名 :《朔方》
目录

小说

渡口·····································阿　耀
北大荒纪实·····································梁晓声
市场里的"醉客"·····························郑　柯
雪雁·····································邓　峨
第一个和第十一个·····························喜　民
芽儿嫩（儿童文学）·····························张锦江
爷爷讲的故事（儿童文学）···························韦　卿

散文

人比青山更妩媚——旅疆随笔之二···············张贤亮
一九七六丙辰京师地震日记（上）···············俞平伯
心中充满了爱（报告文学）——记六盘山区医生王彻
·····································张晓敏　徐兴亚

诗歌

弧光的旋律（二首）·····························王　庆
回一位老同志的信·····························黎焕颐
西岳诗情（组诗）·····························韩长征
包兰线风情（二首）·····························李震杰
天涯芳草（二首）·····························胡　笛
大漠中的生命（三首）·····························王　湛
我愿做一棵小草·····························刘和芳
施企巴乔夫诗二首·····························秋　原译
短诗一束
我悼念一只工蜂·····························（回族）王　度
驼铃曲·····································郭维东
种子·····································商泽忠
海恋·····································佟　畴
路问·····································白鹤龄
绿色的候车棚（外一首）···························尚和平
学习、贯彻十二大文件精神，开创我区文学创作新局
面——作协宁夏分会召开二届四次理事（扩大）会
·····································郑　正　陈幼京

评论

开创我区文艺创作的新局面···················行　速
开掘生活中的美（作家与生活）——《瓜王轶事》的
题外话·····································张　武
探索不应盲从（争鸣）——读《无可厚非的探索》质
疑·····································（回族）江河水
朔方谈
不要忘了孩子们·····························瑰　溇
人兴贵闲·····································薛炎文
读者评刊（三则）·····························张振勋等
本刊编辑部召开评论工作座谈会（文艺简讯）
·····································何川江

美术

闽南飘香（国画）·····························杜滋龄
雨后鼓楼（油画）·····························孙九伦
赍志长砺（木刻）·····························周富德
枸杞红（国画）·····························王系松
鼓舞（国画）·····························唐西林
母与子（国画）·····························张培成

1983 年第 2 期　刊名 :《朔方》
目录

小说

伞·····································许　淇
眼睛·····································郑　奇
断肠人·····································肖文苑

传染⋯⋯⋯⋯⋯⋯⋯⋯⋯⋯⋯⋯（回族）高　深
草原上的笑声⋯⋯⋯⋯⋯⋯⋯⋯⋯⋯⋯王庆同
看山柳⋯⋯⋯⋯⋯⋯⋯⋯⋯⋯⋯⋯⋯李正声
他（新人新作）⋯⋯⋯⋯⋯⋯⋯⋯⋯⋯王　晨
读《他》小记⋯⋯⋯⋯⋯⋯⋯⋯⋯⋯⋯吴　江

散文
商州⋯⋯⋯⋯⋯⋯⋯⋯⋯⋯⋯⋯⋯⋯贾平凹
一九七六丙辰京师地震日记（下）⋯⋯⋯俞平伯
星⋯⋯⋯⋯⋯⋯⋯⋯⋯⋯⋯⋯⋯⋯⋯张　锦
山影⋯⋯⋯⋯⋯⋯⋯⋯⋯⋯⋯⋯⋯⋯张　涧
鱼书欲寄⋯⋯⋯⋯⋯⋯⋯⋯⋯⋯⋯⋯吴淮生
展望未来的高度——记宁夏大学体育系教师易平伯
⋯⋯⋯⋯⋯⋯⋯⋯⋯⋯⋯⋯（满族）阿　壳

诗歌
我是垦荒者的后代（组诗）⋯⋯⋯⋯⋯肖　川
朔方诗萃
诗泉（外二首）⋯⋯⋯⋯⋯⋯⋯⋯⋯陈幼京
明亮的眼睛（三首）⋯⋯⋯⋯⋯⋯⋯马志恒
我们是解脱者（外二首）⋯⋯⋯（回族）马　钰
边塞风情（三首）⋯⋯⋯⋯⋯⋯⋯⋯陈继光
山野行吟（二首）⋯⋯⋯⋯⋯⋯⋯⋯波　浪
卖花人⋯⋯⋯⋯⋯⋯⋯⋯⋯⋯⋯⋯秦克温
牧羊曲⋯⋯⋯⋯⋯⋯⋯⋯⋯⋯⋯⋯郎业成
恋的花瓣（二首）⋯⋯⋯⋯⋯⋯⋯⋯红霜叶

评论
宁夏新诗点评（连载）（一）——在"塞上诗会"上的
发言⋯⋯⋯⋯⋯⋯⋯⋯⋯⋯⋯⋯⋯⋯高　嵩
喜读《宁夏民间传说故事》⋯⋯⋯⋯⋯冬　梧
故事片《龙种》笔谈会
小说好，电影也好⋯⋯⋯⋯⋯⋯⋯⋯刘德一
塞上风情入画来⋯⋯⋯⋯⋯⋯⋯⋯⋯慕　岳
时代要求理想的闯将⋯⋯⋯⋯⋯⋯⋯刘贻清
以简代稿谈《龙种》⋯⋯⋯⋯⋯⋯⋯张贤亮
一竹多姿和千人一面（朔方谈）⋯⋯⋯钟　法

美术
草原上的鲜花（国画）⋯⋯⋯⋯⋯⋯周昌谷
乡情（油画）⋯⋯⋯⋯⋯⋯⋯⋯⋯⋯任振江
回乡风情（木刻）⋯⋯⋯⋯⋯⋯⋯⋯代大权
全天候（木刻）⋯⋯⋯⋯⋯⋯⋯⋯⋯韩平安
公园之夜（套色木刻）⋯⋯⋯⋯⋯⋯金　钰

1983 年第 3 期　刊名:《朔方》

目录

小说
交⋯⋯⋯⋯⋯⋯⋯⋯⋯⋯⋯⋯⋯⋯⋯尚　闽
人间自有真情在⋯⋯⋯⋯⋯⋯（回族）马连义
通向河边的路⋯⋯⋯⋯⋯⋯⋯⋯（回族）金万忠
密友儿⋯⋯⋯⋯⋯⋯⋯⋯⋯⋯⋯⋯⋯都　沛
我那写戏的朋友⋯⋯⋯⋯⋯⋯⋯⋯⋯王金年
哥哥和妹妹（儿童文学）⋯⋯⋯⋯⋯⋯文　烈
草原情侣⋯⋯⋯⋯[苏] Л.科兹洛夫著　杨　郁译

散文
金华的卵石街⋯⋯⋯⋯⋯⋯⋯⋯（回族）马　青
井水清清⋯⋯⋯⋯⋯⋯⋯⋯⋯⋯（回族）查　舜
晨雾⋯⋯⋯⋯⋯⋯⋯⋯⋯⋯⋯⋯⋯⋯太　昌
在黄沙绿浪之间（报告文学）⋯⋯⋯⋯涌　之
寓言五篇⋯⋯⋯⋯⋯⋯⋯⋯⋯⋯（回族）沙　蕾

诗歌
沙原牧歌（长诗选载）⋯⋯⋯⋯⋯⋯朱红兵
社稷坛前，走来一位老者⋯⋯⋯⋯⋯刘国尧
深山赤子吟（二首）⋯⋯⋯⋯⋯⋯⋯刘毅然
矿山情歌（四首）⋯⋯⋯⋯⋯⋯（满族）闻　钟
银海浪花（二首）⋯⋯⋯⋯⋯⋯⋯⋯赵福辰
武夷山诗笺（诗辑）
⋯⋯⋯⋯⋯郑成义　宁　宇　赵丽宏　冰　夫
草原素描（二首）⋯⋯⋯⋯⋯⋯⋯⋯孙　涛
金色的沙枣花（短诗辑）⋯⋯⋯⋯⋯子　页
朱谷忠　刘晓滨　戴凌云　朱昌平　马玉堂

评论
宁夏新诗点评（二）——在"塞上诗会"上的发言
⋯⋯⋯⋯⋯⋯⋯⋯⋯⋯⋯⋯⋯⋯⋯高　嵩
朔方谈
民族特点与时代特点⋯⋯⋯⋯⋯（回族）杨继国
浅谈散文意境的开拓⋯⋯⋯⋯⋯⋯⋯李先铎
加强对本区作品的评论与研究⋯⋯（回族）汪宗元
生活呼唤诗人（作家与生活）⋯⋯（回族）高　深
不幸的女子（作家与生活）
⋯⋯⋯⋯⋯⋯⋯[日]水上勉著　郑万鹏译
"心灵美"征文启事
本刊编辑部召开出版工作座谈会（简讯）⋯⋯行　舟

美术
月季（国画）⋯⋯⋯⋯⋯⋯⋯⋯⋯⋯曾杏绯
沙坡头新貌（水粉画）⋯⋯⋯⋯⋯⋯汤洪声
北方七月（套色木刻）⋯⋯⋯⋯⋯⋯刘晓华

浴（木刻）································郭震乾
回乡集市（木刻）····················马建军

1983 年第 4 期　刊名：《朔方》
目录

纪念马克思逝世一百周年
塑造鲜明生动的人物性格——学习马克思《致斐·拉
萨尔》·································李镜如
耳朵·眼睛——纪念卡尔·马克思逝世一百周年
······································罗　飞

《心灵美》征文
昨夜风（小说）······················阿　耀
啊，同志……（散文）··············吴　音
招待券（微型小说）················徐天佑

小说
莹妹子····················仇宪民　王　秀
一滴泉·······························高　华
改了行的女作家······················张　涧
女大当嫁·····························金忠强

散文
刘家峡水库游记······················张　锦
我的第一批大字报····················王庆同
海市蜃楼·····························林　非
记忆的镜框···························丁　芒
朴实的花儿···························张丛笑

诗歌
我是六盘山的农民（二首）··········屈文焜
家·小屋·····························井笑泉
夜，静悄悄（组诗）················贾长厚
听涛曲（外一首）··················柴德森
大森林——系列诗《多情的天山》之五··柏　桦
金色的沙枣花（短诗辑）···何　鹰　马晋乾　薛秀兰
为亡友哈宽贵周年献诗················石　天
诗词掇英·····························贾朴堂
周毓峰　惜　醇　舒　紫　彭锡瑞　晓　星　崔正陵

评论
文学的职责（作家与生活）··········戈悟觉
宁夏新诗点评（三）··················高　嵩
本区作家与作品评介小辑
"开拓"的诗，"拼搏"的歌——简评《诗会之花（之
一）》部分作品················（江苏）王志英
性格和世俗偏见的冲突——读戈悟觉的《她和她的女

友》·································陈文坚
生活的主旋律毕竟是美——评阿耀的《序奏》
······································杨　淀
诗意的构图——谈《序奏》的结构······慕　岳

美术
秋实（国画）························张立辰
郑板桥（国画）······················梁长林
书法·································段　云
驴市（套色木刻）··················马建军

1983 年第 5 期　刊名：《朔方》
目录

小说
在阁楼上·····························许　淇
麦花飘香的季节······················周莘榆
瑞雪··························（回族）高　凤
谜样的人生···························赵舒亚
无名草（"心灵美"征文）············娄天木
第一次误点···························秦力党
眼睛·································刘骆生
势利的人············[加拿大]摩尔利著　汀　汀译

散文
镜子·································周　旋
小铃铛历险记（报告文学·"心灵美"征文）
······································席永录
槐花开满心头························周　玲
月儿圆圆·····························郭景坤
麻雀的记忆···························高耀山

评论
本区作家与作品评介小辑
张武小说漫谈························光　群
宁夏新诗点评（四·完）——在"塞上诗会"上的发
言·································高　嵩
素朴深情的歌——读《序奏》······（回族）哈若蕙

诗歌
塞上新诗
朔方（组诗）························晓　蕾
我偏爱朔风···························张　涧
塞上，春的领土（外一首）··········王　庆
西海固情思（二首）················韩长征
六盘山的召唤（外一首）············秦克温
青铜峡水库断想（二首）············倪良华
马莲花的歌（二首）················田为民

在我的歌集里（外一首）————于全森
依韵答姚以壮同志（外四首）————石 天
写在我的小城（二首）————徐淙泉
晚秋的怀想————常 虹
故乡吟————（土家族）颜家文
潮沫小集（散文诗·三章）————管用和
灯光（散文诗）————杨维丽

美术

回声（国画）————赵宁安
宁河晚照（国画）————王 镛
仙境（摄影）————刘铭盘
晨曦（套色木刻）————（回族）马宁清

1983 年第 6 期 刊名:《朔方》
目录

给孩子们的礼物

从老家来的儿子（小说）————姚承秀
西观音寺（小说）————都 沛
仰望着小鸟（小说）————杜 风
九月菊与孩子（童话）————徐兴亚
妈妈（小说）————王 晨
小玩意的故事（小说）————周 玲
童话两篇————付家煌
蜜蜂王国散记（科学小品）————袁长银
我爱大松树（诗）————闻 健
水仙花（外一首）————杨 淀
冰姑娘（诗）————（回族）高小木
一张台湾照片（诗）————李凝祥
土地的秘密（诗）————竹 屏
看电视（诗）————汝 民
一九八二年《朔方》优秀小说评奖获奖名单

小说

迷途————邹志安
"故天将降大任于是人也"（讽刺小说）————吴 江

散文·报告文学
刚直不阿的人——李微冬同志生前琐事数则
————（回族）杨 韧
心碑————李正声
十万火急的"115"安件（报告文学）——剧毒氰化钾
被盗案侦破记————张 毅
水亭鸣钟————宗 锡

诗歌
朔方诗萃

我是回回（三首）————（回族）何克俭
天山行（三首）————葛 林
六盘山歌（组诗）————屈文焜
星期天抒情————葛佳映
春讯————何 仃
储蓄————白 龙
大雁情————胡韦传
山谷之歌————辛孝武
情思是青藤————潘俊龄

评论

谈巴金的童话创作————刘崇善
论儿童文学————［苏］阿·托尔斯泰著 罗 飞译
面向生活，走自己的路（诗苑书简）
————屈文焜 肖 川
朔方谈
闪光的焦点————双 雨
"以三石为九石"的启示————杨振喜
《诗品》今译（二题）————弘 征

美术

秋趣（国画）————王明明
葡萄（国画）————张立辰
塞上行（摄影）————陈宝生
回乡之家（套色木刻）————高学武

1983 年第 7 期 刊名:《朔方》
目录

几点希望————（回族）黑伯理

散文
赴美探亲记————（回族）赵祥生

小说
春天里的故事————（回族）马连义
在那荒僻的小山沟————（回族）马治中
白莲求医————（回族）马瑞芳
我是店主任————（回族）王学礼
马老太和她的白山羊————（回族）马玉清
凤愿————（回族）白 练
难忘的航程————（回族）马 达

诗歌
静夜思（三首）————（回族）丁 文
春风化雨（三首）————（回族）高 深
山集抒情（花儿·二首）————（回族）杨少青
回回家————（回族）木 斧

唱给自己的歌⋯⋯⋯⋯⋯⋯⋯⋯（回族）马忠骥
我有一首充实的歌⋯⋯⋯⋯⋯（回族）马　钰
恋歌二首⋯⋯⋯⋯⋯⋯⋯⋯⋯（回族）沙　蕾
母亲⋯⋯⋯⋯⋯⋯⋯⋯⋯⋯⋯（回族）姚欣则
落雪⋯⋯⋯⋯⋯⋯⋯⋯⋯⋯⋯（回族）贾　羽
放鞭炮的小女孩⋯⋯⋯⋯⋯⋯（回族）马如虎

评论

回族民间文学的人物塑造⋯⋯⋯（回族）杨继国
做自觉的美创造者⋯⋯⋯⋯⋯（回族）白崇人
关键在于深入回族生活⋯⋯⋯（回族）汪宗元
艺术家的勇气与群众（朔方谈）⋯（回族）可　人

美术

玉骨冰姿（国画）⋯⋯⋯⋯⋯⋯⋯⋯张立辰
杜甫（国画）⋯⋯⋯⋯⋯⋯⋯⋯⋯卢　沉
令箭荷花（摄影）⋯⋯⋯⋯⋯⋯⋯陈思禹
上梁大吉（油画）⋯⋯⋯⋯⋯⋯⋯任振江

1983 年第 8 期　刊名:《朔方》
目录

小说

长相忆⋯⋯⋯⋯⋯⋯⋯⋯⋯⋯⋯⋯梁晓声
酒未醉人人自醉（"心灵美"征文）⋯蒋振邦
二十年后的重逢⋯⋯⋯⋯⋯⋯⋯晓　晴
兰兰和她的妈妈（"心灵美"征文·儿童文学）
⋯⋯⋯⋯⋯⋯⋯⋯⋯⋯⋯⋯⋯⋯王宝三
多斯提⋯⋯⋯⋯⋯⋯⋯⋯⋯（回族）韩统良
起名（讽刺小说）⋯⋯⋯⋯⋯⋯苏纪迅

散文

忆徽冬同志在山东公学⋯⋯⋯（回族）马　若
信念⋯⋯⋯⋯⋯⋯⋯⋯⋯⋯⋯⋯杨森翔
旅途⋯⋯⋯⋯⋯⋯⋯⋯⋯⋯⋯⋯李佩芝
含辛茹苦话幸福（"心灵美"征文·报告文学）
⋯⋯⋯⋯⋯⋯（回族）江河水　李奇男

诗歌

贺兰短笛（诗辑）⋯⋯闻　钟　万里鹏　郑　正
马东震　莫　叹　孔令文　（回族）文　敏　薛秀兰
海内诗鸿
我们呼唤森林（外一首）⋯⋯⋯（甘肃）段　玫
为中国丝绸送行⋯⋯⋯⋯⋯⋯（山东）马恒祥
瀑布（外一首）⋯⋯⋯⋯⋯⋯（湖北）洪　源
银川风情（二首）⋯⋯⋯⋯⋯⋯王　庆
古城二题⋯⋯⋯⋯⋯⋯⋯⋯⋯⋯马志恒
银海浪花（组诗）⋯⋯⋯⋯⋯⋯赵福辰

我心上的绿叶（新人新作）⋯⋯⋯柳　凤
写在剧场里的诗⋯⋯⋯⋯⋯⋯⋯赵中森
和世界对话⋯⋯⋯⋯⋯⋯⋯⋯⋯姚焕吉
蚕蛹⋯⋯⋯⋯⋯⋯⋯琴　文　小　靳

评论

魏天贵、贺立德与郝三
——《河的子孙》人物浅析⋯⋯⋯陈文坚
高尚的爱情才是美好的——评《河的子孙》爱情情节
的艺术构思⋯⋯⋯⋯⋯刘贻清　马东震
"半个鬼"的团圆与"这一个"的价值⋯⋯陈漱石
苦斗之花和希望的梦——读姚承秀散文
⋯⋯⋯⋯⋯⋯⋯⋯⋯⋯张　劲　周　玲

美术

留得残荷听雨声（国画）⋯⋯⋯⋯高冠华
王维（国画）⋯⋯⋯⋯⋯⋯⋯⋯王明明
勇往直前（摄影）⋯⋯⋯⋯⋯⋯温炳光
思亲曲（套色木刻）⋯⋯⋯⋯⋯丁　钧

1983 年第 9 期　刊名:《朔方》
目录

小说

大峡谷（"心灵美"征文）⋯⋯⋯尚　闽
家族琐事里的哲学问题⋯⋯⋯⋯郑　正
清河镇上⋯⋯⋯⋯⋯⋯⋯⋯⋯⋯郑春基
杨爷爷和我们的业余图书馆（"心灵美"征文）
⋯⋯⋯⋯⋯⋯⋯⋯⋯⋯⋯⋯⋯⋯韦　卿
她和她的孩子⋯⋯⋯⋯⋯⋯⋯⋯张冀雪
受赠人⋯⋯⋯⋯⋯⋯⋯⋯⋯⋯⋯俞　哲
清道夫和贵妇人的故事（《一千〇一夜》故事新译选
刊）⋯⋯⋯⋯⋯⋯⋯⋯⋯（回族）纳　训译

散文

别离⋯⋯⋯⋯⋯⋯⋯⋯⋯⋯⋯⋯秦　钧
姑父的经堂⋯⋯⋯⋯⋯⋯⋯（回族）张文楹
北国之春⋯⋯⋯⋯⋯⋯⋯⋯⋯⋯郑万鹏
他失去的和得到的⋯⋯（"心灵美"征文·报告文
学）——记南梁农场农艺师赖呈祥⋯⋯⋯黄怀远

诗歌

女作者诗页
怀念⋯⋯⋯⋯⋯⋯⋯⋯⋯⋯⋯⋯刘瑞兰
我的山⋯⋯⋯⋯⋯⋯⋯⋯⋯⋯⋯刘秀凡
春的缔造者⋯⋯⋯⋯⋯⋯⋯⋯⋯永　昶
朔方四季歌⋯⋯⋯⋯⋯⋯⋯⋯⋯薛秀兰
别这样怜悯我（外一首）⋯⋯⋯⋯储春兰

生命·····················（回族）王爱群
初雪·····················罗正雁
忘不了那个夜晚·····················姜　琳
月夜·····················魏　萍
巾帼之诗别有情·····················韩　畅
用荆棘纺织桂冠·····················何　理
我的时间·····················陈葆梁
诗二首·····················叶曙光
七绝三首·····················赵　庚

评论

宁夏回族民间文学与宗教·····················（回族）何川江
文艺评论断想·····················朱　晶
反面人物的美学价值·····················郭　超
朔方谈
由孔明之胆说到罗贯中之胆·····················滕　云
从苏轼的所为析诗人相重·····················丁国成
自治区文联召开学习《邓小平文选》座谈会（简讯）
·····················山　泉

美术

饲鸽图（国画）·····················谢志高
奔马（国画）·····················刘勃舒
跨越（摄影）·····················丁明通
新铁牛（国画）·····················刘继潮
梅（国画）·····················赵建民

寻芳西夏陵·····················牛达生
菊花·····················宗　锡

诗歌

雄风·····················（满族）胡　昭
唱给宁夏的歌·····················（满族）佟明光
满江红——读《邓小平文选》感赋·····················贾朴堂
高原上的沉思·····················（回族）马忠骥
小城印象·····················（回族）贾　羽
银铃声响·····················（苗族）石太瑞
草原和海·····················（蒙古族）钢铁木尔
我从未失明·····················（回族）沙　新
白云·····················（朝鲜族）金珠玉
乡野的歌（二首）·····················马玉堂
我是一只灰色的鹰（外一首）·····················乔柱生
金色的沙枣花
帐篷·····················刘辉考
村塘·····················张志鹏
金色的河湾中有一叶绿帆·····················阮大华
小白杨（外一首）·····················洪　立
绿洲情思·····················黄秉荣
追求·····················丁新林

评论

读者评刊
远远不止是这些——漫谈《交》·····················（河南）阎豫昌
发人深思的忘年交·····················（江苏）徐思华
在消失之前放射出光芒·····················（江苏）江显珠
自强不息（朔方谈）·····················任文锁

美术

风沙（国画）·····················韦歧美
红军女战士（国画）·····················胡正伟
慈姑（摄影）·····················柴建方
山乡苗圃（套色木刻）·····················高学武

1983 年第 10 期　刊名:《朔方》
目录

学习《邓小平文选》心得笔谈

学习《邓小平文选》的初步体会·····················石　天
文艺属于人民·····················张　润
人民是文艺工作者的母亲·····················李增林
民族风格与世界性·····················（回族）克　俭
高瞻远瞩　广育人才·····················试　骏

小说

金不换（中篇小说）·····················（回族）马知遥
调查刚刚开始（"心灵美"征文）·····················（满族）那守箴
田婶·····················（维吾尔族）伊布拉英
党票·····················王洲贵

散文

名山胜景不尽——散文集《天涯月》序言·····················王致远
我们长恒齿的时候（"心灵美"征文）·····················水　翟
第一次坐飞机·····················周　旋
海子·····················和　谷

1983 年第 11 期　刊名:《朔方》
目录

小说

沙枣花香五月天·····················蒋振邦
如今的青年人·····················刘　勇
把门打开……·····················王金年
当劳模的嫂子·····················李　乐
旧日朋友·····················郑　柯
幻觉中的画·····················李凝祥

报告文学·散文

赤子之心——记固原二中教导主任林丽 …………… 慕　岳
灵魂的结构——记一位建筑工程师 …………… 张晓敏
爱新觉罗·毓兰峰和他的一家 …………… 徐向进
宁夏礼赞——《宁夏风情》前言 …………… 虞期湘

诗歌

纪游组诗 …………………………………… 石　天
银川纪行（诗三首） ……………………… 王定国
我与宇宙（组诗） ………………………… 章德益
我渴望燃烧 ………………………………… 贾长厚
腾格里诗情（二首） ……………………… 秦克温
普陀山的问讯 ……………………………… 张保真
爱虚荣的蚕豆（寓言诗） ……… （回族）高小木
金色的沙枣花
今天休息 …………………………………… 廖代谦
呵，我的人民 ……………………………… 周志强
初骑 ………………………………………… 喻　晓
致友人 ……………………………………… 王甘林
初夏 ………………………………………… 李尔村
红豆 ………………………………………… 和　谷
给我吧 ……………………………………… 杨　平
故宫行 ……………………………………… 张永舟

评论

本区作家与作品评论小辑
给人以信心和力量——评《肖尔布拉克》 …… 郎业成
试论《河的子孙》和《肖尔布拉克》中爱情关系的描
写 ………………………………………… 周致中
小草之歌——喜读《无名草》 …………… 陈学兰
朔方谈
形象和意象及其他 ………………………… 阿　红
"暗示"技巧 ………………………………… 钟　法

美术

晨炊（油画） ……………………………… 钟　涵
森林之歌（油画） ………………………… 王自力
欢腾的牧场（摄影） ……………………… 陈宝生
大地（木刻） ……………………………… 黄　智
枸杞姑娘（套色木刻） …………………… 牛兆瑞

1983 年第 12 期　刊名:《朔方》

目录

学习毛泽东文艺思想　防止和清除精神污染
文艺工作者的历史责任 …………………… 刘德一
学习毛泽东文艺思想的笔记 ……………… 张贤亮
表现新的人物新的世界 …………………… 冬　梧

借鉴，应该有正确的思想 ………………… 潘自强
创作具有民族特色的文艺作品 …………… 荆　竹

小说

皓月千山 …………………………………… 阿　耀
春夜 ………………………………………… 朱普乐
归田之后 …………………………………… 朱正安
酒具 ………………………………………… 许谋清
"脚路宙" …………………………………… 王立新
孩子们的轶事 ……………………………… 吴　江
小青蛙的话（科学童话） ………………… 罗　悟

散文

我们不是司马懿! …………………………… 江汗青
船在江上行 ………………………………… 李天芳
真理信徒的足迹 …………………………… 张　涧

诗歌

井冈山的春天 ……………………………… 李　真
毛泽东和中国海 …………………………… 王　庆
记忆 ………………………………… （回族）丁　文
放歌大西北
峡谷之恋 …………………………………… 万宝琛
致石嘴山 …………………………………… 孙友田
听，一支生命的歌 ………………………… 时红军
我的爱 ……………………………………… 何新南
织 …………………………………………… 张德强
我和一个纺织厂 …………………………… 赵福辰
新居（二首） ……………………………… 姚　莹
火柴工人的情思 …………………………… 井笑泉
花卉二题 …………………………………… 闻　钟
我想同所有的人打招呼 …………………… 何香久
郑板桥（散文诗） ………………………… 许　淇
犁人家乡的田垄里（散文诗·三章） …… 桂兴华
在春天的日历上（散文诗·三章） ……… 李　耕
塞上情（散文诗） ………………………… 许钟宁
爬松（散文诗） …………………………… 王泽玉
诗词掇英
诗词三首 …………………………………… 沈其震
满江红 ……………………………………… 周毓峰
蟹爪兰开花 ………………………………… 赵　庚
访屈原钓鱼台、天问阁遗址 ……………… 彭锡瑞
七律二首 …………………………………… 叶元率
忆江南·中秋看月 ………………………… 孟继荣
七绝·宿四川乐山乌龙寺 ………………… 晓　星
七律 ………………………………………… 秦中吟
本刊召开座谈会　坚决清除精神污染　努力提高刊物
质量
石河子市文联举办绿风诗会（文艺消息） …… 石　绿

美术

雪涛（油画）·······················葛鹏仁

夕阳（国画）·······················黄润华

郁郁葱葱（摄影）·················吴生智

春天的孕育（丙烯画）···········韩惠民

龙潭水库（油画）·················于盛安

1984 年第 1 期　刊名:《朔方》
目录

小说

木秀于林（"心灵美"征文）·····王一峰　吕学修

一份招工名单·······················南　台

雁归来·······························景　风

大杂院里的杂事（"心灵美"征文）···康国平

旧村邻·······························吴国清

新来的线路工（"心灵美"征文）···赵天增

报告文学·散文

满目青山夕照明——记银川市医院中医科副主任医师

董平·······························雨　花

我与巴人先生——兼述我的长篇小说《地下》出版经

过·································程造之

一束沙枣花·························禾　颖

三春晖（"心灵美"征文）·········王庆同

诗歌

放歌大西北

大西北组诗（五首）···········（回族）高　深

塞上月（外一首）·················刘　镇

塞上的梦想·························张　涧

奋发者的歌（三首）···············韩　畅

收获·······························林　希

金色的沙枣花

牧羊人的歌·························叶延滨

鸟与树·······························杨　树

明天·······························梁谢成

吊金钟（外一章·散文诗）·········杨　淀

带着我的色彩、旋律···············周　玲

果子沟的牧羊姑娘···················孙　涛

葡萄·······························陈秀庭

普希金诗选择·······················刘湛秋译

评论

休将暮色当朝霞——评现代派艺术的本质和特征

·································吴淮生

继承和发扬我国小说的民族化传统·········包亚东

可喜的收获——写在散文评奖之后·········杨　淀

莫道浮云终蔽日　严冬过尽绽春蕾——读《在沿河村

里》有感·······················（回族）江河水

生活在召唤我们深入下去——读《军人魂》散记

·································吴　江

美术

紫雪飘香（国画）·················赵宁安

青年先锋　时代楷模（木刻）·······郭震乾

长鸣（木刻）·······················杜鸿年

1984 年第 2 期　刊名:《朔方》
目录

小说

深情·······························王正平

在飞雾的山岗上·····················郑　柯

深山小店·····························蔡锦启

乡巴佬·························陈黎星　王肇歧

站（微型小说）·····················程　枫

相见在九月的公园（微型小说）·······王跃英

褪去的只是颜色·····················方克强

散文

奠酒·······························马士林

酒一般醇香的寄语···················谢德军

岷山的新生·························项伟民

山芋颂·······························高耀山

这里，有一群姑娘（报告文学）·······（满族）阿　壳

诗歌

青年诗人　作品与评介

一位厂长的故事·····················赵福辰

时代的呼唤（诗点评）

——读赵福辰的几首工业诗···········秦　庚

骆驼赋（外一首）···················傅金城

是的，我是她的子孙···············刘国尧

崛起的新楼·························万里鹏

火红的夜（外一首）···········（回族）海鹏彦

缝纫姑娘·····························陈葆梁

宝岛之恋（三首）···················于宗信

放歌大西北

高原集市·····························沈仁康

姑娘追·························（回族）高　深

致青海湖·······················（东乡族）汪玉良

龙羊峡遐想·····················（满族）胡　昭

察尔汗小景————————————西彤
高原啊，你美妙的阳光—————毛锜
金色的沙枣花（短诗辑）
————曹长林　孙中明　易殿选　杨森君　卫世平

评论
马克思的异化理论与西方现代派文学
————————————（回族）杨继国
谈小说创作中的理性分析—————张广平
古典诗歌中的哲理佳句——————曾采今
欲实还虚——————————（藏族）郭卫平

美术
清香自远（国画）———————郭怡孮
打场（套色木刻）———————秦元
篆刻——————————————柴建方

1984 年第 3 期　刊名:《朔方》
目录

小说
节日话希望——————————（回族）杨惠云
会唱歌的洋娃娃————————姚承秀
深冬的夜晚——————————李天芳
凝视————————————————吴善珍
傻罗儿————————————————侯玉珍
梦————————————————————文素琴
小树的故事（童话）——————严冬
我不请求宽恕—————————李佩芝
令人向往的美—————————李凝祥
怪人————————[苏]塞尔盖·巴罗兹齐著　刘圣然译

散文
梅花香自苦寒来——丁铃和陈明的故事———张佳邻
春雨汉江——————————————王润华
系在钥匙上的铜铃——————（回族）于秀兰
软弱——记一次出行———————李丹妮
一万零八天（报告文学）——记银川铁路二小常玉珍
老师——————————————————周玲

诗歌
歌唱的溪流（组诗）——————刘秀凡
她的溪流开始歌唱了——刘秀凡组诗读后———常播
汗珠·午休————————————陆萍
我背着七弦琴—————————匡文留
寻访红叶（外一首）——————晓钢
春到荷塘（外一首）——————申爱萍
燃烧的火————————————永昶

唱给人间的普罗米修
——写在煤机厂职工代表大会上———薛秀兰
我是一只小鸟—————————王艾真
愿望————————————————梁小军
不知名的小星星（外一首）——————刘瑞兰
寄……—————————————（回族）暖暖

评论
真诚的追求——读部分青年女作家小说随想——盛英
作协宁夏分会召开全区诗歌座谈会（文艺消息）
——批评三个"崛起"的错误理论———克勤

美术
春晓（国画）—————————曾杏绯
《胡正伟国画展览》作品选

1984 年第 4 期　刊名:《朔方》
目录

小说
冷娃致富——————————邹志安
三人谈话一小时————————戈悟觉
祝福你，年轻人————————关鸿
在深山里——————————————雷鸣
马失前蹄之后（小小说）——————晨言
乡丧即景——————————————杨森翔

散文
金木星颂——————————郑万鹏
头发————————————————刘成章
马莲花——————————————吴国清
沙打旺——————————————（回族）张文楹
盐池散记————————（回族）马翔雪　杨松林
第一次悼念——悼谢荣同志———冯剑华　张贤亮
别情依依怀谢荣————————宗锡

诗歌
青年诗人　作品与评介
远征驼群的后裔（四首）————（回族）何克俭
探索是可贵的——读回族青年诗人何克俭的近作
————————————————————秦庚
蓝天去来（二首）——————（满族）佟明光
龙的传说（外一首）——————万宝琛
小城晨曲（外二首）—————（回族）贾羽
金色的沙枣花
蜜月词——————————————朱谷忠
在大街与苍穹之间————————张水舟
帆与海—————————————（回族）马钰

太阳，跟我走 ——————————（回族）李素平
小河 —————————————————史 军
归雁 —————————————————莫西芬
海边·礁石 ————————————————方竟成
冬日随想（二首）—————————————古德福
诗词掇英 ————————————————贾朴堂
李震杰 李曙初 罗雪樵 秦中吟 林 平 姚 持

评论

着意于表现宁夏地方色彩 ————————唐 骥
文艺民族性问题随想 ————————————许明晶
通感与诗美 ————————————————郭 超

美术

春晓（国画）—————————————（回族）曾杏绯
《胡正伟国画展览》作品选

1984 年第 5 期　刊名:《朔方》
目录

小说

善良人的喜怒 ———————————（回族）马连义
我和他的故事 —————————————于伟中
风儿，吹皱一池春水 ————————————俞 哲
白衣皇后和锅炉班的"哥儿们" ——————余广半
午餐时刻 ————————————————赵继良
舐犊情 —————————————————马濯华
曾经有那么一夜 ————————————魏心宏
中秋月下 ————————————————刘 闽

散文

戈壁风水 ————————————————朱光亚
别是一样情 ——————————————（回族）杨建基
蒜白 —————————————————徐兴亚
无名花 —————————————————秦 钧

诗歌

华夏之声（组诗）—————————————浪 波
生活的乐章（二首）————————————韩作荣
矿山特写（二首）————————————（满族）闻 钟
电机厂拾韵（二首）———————————（回族）马乐群
矿工与岩石（外一首）———————————郑 正
五月，我在黄河岸上走着（外一首）————秦克温
黄河之夏（外一首）————————————万里鹏
车过六盘山（外一首）———————————井笑泉
金色的沙枣花
希求 —————————————————张雪杉
唱给根须的歌 ———————————————鲁 南

好汉之歌 ————————————————谷 闰
致园丁 —————————————————刘风雪
塘边 —————————————————萧振荣
爱的涟漪 ————————————————晨 梅
身边之外别有天宇 ————————————王景韩

评论

《男人的风格》浅议 ————————————光 群
朔方谈
突变手法小议 ————————————————周 斌
说细节 —————————————————高松年

美术

蕉林小憩（国画）—————————————梁长林
听雨（国画）————————————————王之海
塞上明珠（木刻）—————————————郭震乾
又一秋（套色木刻）————————————黄 智

1984 年第 6 期　刊名:《朔方》
目录

儿童文学专辑

钢轨上的小黑点（中篇小说）————————都 沛
危险的电报（中篇小说）——————————吴大伟
我最不爱吃的，是西葫芦（短篇小说）———王宝三
孙敬修的故事（散文）——————张树藩 许焕岗
客从乡下来（短篇小说）——————————刘仕菊
虎子（短篇小说）—————————————桂 桂
圆圆和一个小男孩的故事（散文）—————吴 音
金色的蓓蕾（报告文学）——————————周 玲
特殊行动（短篇小说）———————————山 泉
唱给妈妈的歌（外一首）——————————葛 林
妈妈，不要把我关在屋里（外一首）———杨 泗
放风筝（诗）————————————————永 昶
"从前……"（诗）————————————（回族）郑春华
儿童小说的心理描写（评论）————————刘崇善

诗歌

塞上的土地 ————————————————肖 川
青年诗人 作品与评介
塞上，我富庶之乡（三首）—————————王 庆
耕耘自己的生活（诗评）——读王庆组诗《塞上，我
富庶之乡》————————————————秦 庚
阳关三叠（三首）—————————————柳 风
呵，高高的电视塔（外一首）————————乔桂生
冠军的背后 ————————————————陈 容
驼铃曲（外一首）—————————————田为民
在树林中 ————————————————白景森

钢城夜色⸺⸺⸺⸺⸺⸺⸺⸺⸺⸺⸺赵晓义
路灯下⸺⸺⸺⸺⸺⸺⸺⸺⸺⸺⸺⸺王志祥
小河中上的桥⸺⸺⸺⸺（蒙古族）阿拉坦托娅

美术

育雏图（国画）⸺⸺⸺⸺⸺⸺⸺⸺⸺王明明
润物细无声（国画）⸺⸺⸺⸺⸺⸺⸺张立辰
沙漠·黄河·绿洲（套色木刻）⸺⸺⸺王洪水
农家乐（套色木刻）⸺⸺⸺⸺⸺⸺⸺高学武

1984 年第 7 期　刊名:《朔方》
目录

小说

三三子⸺⸺⸺⸺⸺⸺⸺⸺⸺⸺⸺⸺⸺李　锐
黄昏梦⸺⸺⸺⸺⸺⸺⸺⸺⸺⸺⸺⸺⸺张　武
杨"死水"与杨"水师"⸺⸺⸺⸺⸺⸺李克之
回声⸺⸺⸺⸺⸺⸺⸺⸺⸺王　秀　仇宪民
魏营长与青年领袖⸺⸺⸺⸺⸺⸺⸺⸺高民堂
乡村人，紧握这双手⸺⸺⸺⸺⸺⸺⸺子　木

散文

伊克柴达木湖忆旧⸺⸺⸺⸺⸺⸺⸺⸺朱　奇
瀚海夜话⸺⸺⸺⸺⸺⸺⸺⸺⸺⸺⸺许　淇
东小井⸺⸺⸺⸺⸺（回族）马　达　振　和
水乡的菱塘⸺⸺⸺⸺⸺⸺⸺⸺⸺⸺汤作铭
驼背天地⸺⸺⸺⸺⸺⸺⸺⸺⸺⸺⸺李万福

诗歌

含笑走向生命的终点⸺⸺献给回族人民优秀的儿子马
骏⸺⸺⸺⸺⸺⸺⸺⸺⸺⸺⸺⸺（回族）高　深
塞上新诗
胭脂滩絮语⸺⸺⸺⸺⸺⸺⸺⸺⸺⸺何　来
将军与城（二首）⸺⸺⸺⸺⸺⸺⸺⸺李　瑜
朔方风情画（组诗）⸺⸺⸺⸺⸺⸺⸺刘和芳
牧羊人⸺⸺⸺⸺⸺⸺⸺⸺（回族）马中骥
固原写生⸺⸺⸺⸺⸺⸺⸺⸺⸺⸺⸺屈文焜
自画像⸺⸺⸺⸺⸺⸺⸺⸺⸺⸺⸺⸺柴德森
界碑⸺⸺⸺⸺⸺⸺⸺⸺⸺⸺⸺⸺⸺咏　慷
战士读本⸺⸺⸺⸺⸺⸺⸺⸺⸺⸺⸺邓学君
老庄户（三首）⸺⸺⸺⸺⸺⸺（回族）马治中
花儿三首⸺⸺⸺⸺⸺⸺⸺⸺（回族）杨少青

评论

《绿化树》笔谈会
章永璘灵魂的裂变⸺⸺⸺⸺⸺⸺⸺⸺高　嵩
野性美与崇高美⸺⸺⸺⸺⸺⸺⸺⸺⸺王勃威
可喜的突破⸺⸺⸺⸺⸺⸺⸺⸺⸺⸺陈学兰

赤子情深⸺⸺⸺⸺⸺⸺⸺⸺⸺⸺⸺阎承尧
读完《绿化树》致张贤亮⸺⸺⸺⸺⸺张　润
浅谈马缨花的形象塑造⸺⸺⸺⸺⸺⸺远　铃

美术

朔风（油画）⸺⸺⸺⸺⸺⸺⸺⸺⸺⸺王应全
鹰击长空（国画）⸺⸺⸺⸺⸺⸺⸺⸺焦万群
春光（影摄）⸺⸺⸺⸺⸺⸺⸺⸺⸺⸺柴建方
书法⸺⸺⸺⸺⸺⸺⸺⸺⸺李　真　吴善璋
篆刻四方⸺⸺⸺⸺⸺⸺⸺⸺王文钧　尹丕业

1984 年第 8 期　刊名:《朔方》
目录

小说

望母（中篇小说）⸺⸺⸺⸺⸺⸺⸺⸺张　润
山林之子⸺⸺⸺⸺⸺⸺⸺⸺（回族）马治中
今夜星光⸺⸺⸺⸺⸺⸺⸺⸺⸺⸺⸺井　瑞
零五号列车员⸺⸺⸺⸺⸺⸺⸺⸺⸺姜琍敏
老夫子（新人新作）⸺⸺⸺⸺⸺⸺⸺张九阳

散文·报告文学

情深似海⸺⸺⸺⸺⸺⸺⸺⸺⸺⸺⸺李　真
我的老师⸺⸺⸺⸺⸺⸺⸺⸺⸺⸺⸺杨东森
羊奶飘香五月天⸺⸺⸺⸺⸺⸺⸺⸺⸺张树林
光明吟⸺⸺记全国先进盲人、退休老工人关华
⸺⸺⸺⸺⸺⸺⸺⸺⸺⸺⸺⸺⸺⸺宋良毅

诗歌

边哨外语声（外一首）⸺⸺⸺⸺⸺⸺刘秋群
红柳在风中吐芽（外一首）⸺⸺⸺⸺杨启伟
飞行员和"飞天"⸺⸺⸺⸺⸺⸺⸺⸺廖代谦
给农村专业户（二首）⸺⸺⸺⸺⸺⸺张德强
三关，你攫去了我的心⸺⸺⸺⸺⸺⸺马志恒
绿色诗笺（三首）⸺⸺⸺⸺⸺⸺⸺⸺文武斌
炸碉子⸺⸺⸺⸺⸺⸺⸺⸺⸺⸺⸺⸺强兴国
无名烈士墓⸺⸺⸺⸺⸺⸺⸺⸺⸺⸺周　折
心作与点评
星星作证⸺⸺⸺⸺⸺⸺⸺⸺⸺⸺⸺薛　明
夏夜的风⸺⸺⸺⸺⸺⸺⸺⸺⸺⸺⸺丁新林
真情实感与艺术功力
⸺⸺读稿札记⸺⸺⸺⸺⸺⸺⸺⸺⸺秦　庚

评论

读《绿化树》⸺⸺⸺⸺⸺⸺⸺⸺⸺⸺弘　石
坦诚的自我解剖精神
⸺⸺读张贤亮的《绿化树》⸺⸺⸺⸺曾文渊

作为起点的《绿化树》 —————————— 钟　虎

美术

静物（油画）—————————————— 韩晓群
马莲湾的傍晚（油画）——————————— 赵　健
篆刻八方 ——————————————— 寿　山
幽谷牧歌（木刻）———————————— 陈元武

谈小说的人物对话艺术 ————————— 荆　竹

美术

乌鸡图（国画）———————————— 赵宁安
残荷（国画）————————————— 张三友
卖瓜图（国画）———————————— 张俊德
黄河岸边（版画）———————————— 丁　钧

1984 年第 9 期　刊名:《朔方》
目录

小说

金太罗提亲 —————————————— 王　庆
正月十五 ——————————— （回族）高　风
本想带回去 —————————————— 吴　民
经理他大 ——————————————— 史志俊
小提琴协奏曲（中篇）—————————— 行　速

散文

往事，在心里流淌…… ————————— 高耀山
母校忆 ———————————————— 周　旋
妈妈 ————————————————— 吴　音
桐花 ————————————————— 翟　曜
先叔祖沈荩事略 ———————————— 沈其震

诗歌

你从招聘广告中走来 ———————————刘国尧
朔方行（组诗）————————————— 闻　频
红梅、樱桃及其他 ————————（回族）马　钰
路，还很长，还很远——马钰诗作片谈 ——— 常　播
海的精品 ——————————————— 于金森
游贺兰山滚钟口 ———————————— 孙鸿书
散文诗页
跋涉中的思絮（三章）—————————— 韩　畅
河，不暗哑的琴（外一章）———————— 李　耕
夜莺·小溪·柳（三章）————————— 唐大同
沙海中的骆驼 ————————————— 伊　萍
童心四章 ——————————————— 杨　淀
沙漠春潮 ——————————— （回族）张　央
金色的沙枣花 ————————————— 胡丰传
王中朝　段怀颖　祁文娟　师　歌　李文遂　范一凤
刘辉考　王景韩　翁景贵　艺　辛

评论

心中要有大目标 ———————————— 汪宗元
读《红豆草》随想 ———————————— 冬　梧
一篇嚼有余味的好小说——读《一份招工名单》
————————————————————— 吴　江

1984 年第 10 期　刊名:《朔方》
目录

高举社会主义文艺旗帜　全面开创文艺工作新局
面——宁夏回族自治区召开第三次文学艺术工作者代
表大会 ——————————————— 吴　江
宁夏回族自治区文学艺术界联合会第三届委员会及各
协会主席、副主席名单

本区业余作者小说专辑

还乡 ————————————————— 南　台
他是一个板凳 ————————————— 李跃飞
我们这个家 —————————————— 张九阳
咪咪 ———————————— （回族）马知遥
赛麦儿 ———————————————— 太　昌
早晨，在小街上 ———————————— 杨小林
无影灯下 ——————————————— 张　岚
天才 ————————————————— 赵　彬

散文·报告文学

飞越欧罗巴——"维京"的后代 ————— 张贤亮
为托起这块土地 ——————— 张晓敏　沙　新
羊肉街口 ——————————————— 王庆同
先叔祖沈荩事略（续完）———————— 沈其震

诗歌

问声祖国好
大风，在母亲之邦刮过 ————————— 张　涧
你好，银川 ——————（回族）阿卜杜拉·马志信
祖国，在第三十五个金秋 —————（回族）杨少青
青年诗人　作品与评介
开拓者（二首）————————————— 柳　风
一株迎着春风的新柳
——读青年农民诗人柳风的诗 —————— 秦　庚
纺织女工进行曲 ———————————— 赵福辰
新居二题 ——————————————— 姚　莹
我的心，在朔方 ———————————— 秦克温

评论

塞上喜有红豆草

——小说《红豆草》读后感赋·············李炳银
谈回族文学家李贽的小说理论·············张菊玲

美术

六盘山麓（摄影）·····················张志远
须弥山石窟（国画）···················胡正伟
我们伟大的社会主义祖国万岁！（宣传画）··贝瑛仁
回乡风情（国画）···············（回族）马建忠
贺兰山中（国画）····················曹广福

1984 年第 11 期　刊名:《朔方》
目录

小说

世上的事情（中篇）··················陆永基
紧急提案··························齐宝库
荞花蜜···························韶　紫
一篇小说的诞生·····················于伟中
清明时节··························杨森翔
春天的风波························马凤树
彩电····························姚　琦

散文

和谐····························李佩芝
鄂尔多斯，神奇的土地·················尚贵荣
无边际的绿毯（报告文学）···············冯　琦

诗歌

在夕阳揖别的地方（二首）···············杨　牧
啊，贺兰山（外一首）··················薛秀兰
我和女儿（二首）····················吴淮生
献给母亲期待的金秋···················井笑泉
山妹子（组诗）·····················权锦虎
红红的野山花——致权锦虎···············韩　畅
十月，我收到一封家信·················杨森君
咨询书怀（三首）····················郭志贤
月亮嫂··························李占学

评论

少数民族文学的发展和趋向——在少数民族作家银川
笔会上的讲话·····················玛拉沁夫
它山之石（六则）····················秦　峰

美术

刊名题字··························胡公石
银川之晨（摄影）····················吴焕宇
早春二月（国画）····················杜滋龄
荷（摄影）························孙加林塔

访遍青山遍地宝（版画）················金　珏
传艺（版画）······················陈少亭

1984 年第 12 期　刊名:《朔方》
目录

小说

秋天的经历························戈悟觉
远方····························杨学鹏
剑气篇···························王吉呈
"二毛驴"··························武　斌
短小说一组
铁匠的小屋························马濯华
舞台一隅··························于全森
假如有一天························王　力
中暑的游客···············（回族）何川江
飞走了吗?························杨淑全
科室的风波························余广平
问路··················（蒙古族）伊德尔夫

散文·报告文学

这里充满爱情和阳光···················姚承秀
团泊洼边忆旧·······················江汗青
京华二题··························王勃威
在这万山红遍时——六盘山麓采籽抒情·········邓庆生
炉火正旺（报告文学）··················李再玲

诗歌

烟台游记组诗·······················石　天
金沙江情思························李　真
青年诗人　作品与评介
田园与我（组诗）····················屈文焜
更丰富些，更多样些——致青年诗人屈文焜·····秦　庚
春天的田野（外一首）··········（回族）贾　羽
散文诗页·············马恒祥　史志俊　韦　军
金色的沙枣花······················丁　峻
秦　岭　姚学礼　冯淑惠　高继恒　映　明　孟继荣
黄　淮　（回族）杨云才　何　鹰　蒋伯田

评论

迷人的《背影》·····················吴欢章

新作短评

深入探索回族人民的心理素质·········（回族）何克俭
读《经理他大》······················达　奇
独特的爱情描写··············（新疆）上官玉
可怜天下父母心··············（北京）林为进

美术

沙坡头新貌（摄影）————————————石观达
小憩（国画）————————————————杜滋龄
喜悦（摄影）————————————————田春林
绣（国画）————————————————靳守功
上城路上（国画）————————————王大奎

1985 年第 1 期　刊名：《朔方》
目录

短篇小说
放顶————————————————————金瑞直
狩猎者————————————————————尚　闽

中篇小说
山城————————————————————贾平凹

报告文学
阳光下的罪恶————————沈耀才　田庆华　陈宗立

传记文学
赵丹传（连载）————————————————泥　土

朔方笔会
文学，在改革中发展
文艺也应该"开放，搞活"————————陈骏涛
小说愈来愈有可写的了！————————冯骥才
去拥抱生活————————————————李国文
坚持文学创作的唯物主义————————从维熙
西部文学与宁夏文学————————————张贤亮

宁夏作家论
脱毛之隼在长天搏击——论张贤亮的小说————高　嵩

诗歌
塞上新诗
我属于大西北（外一首）————————章德益
跋涉者，深深的足迹————————————贾长厚
大漠与开拓者（组诗）————————————郭维东
在西北角（二首）————————————————王　庆
山坳里，一座戏台（外一首）————————段怀颖
金色的沙枣花————鲁　南　禾　颖　范一凤　高　琨

美术
塞上江南（摄影）————————————米寿世
电影表演艺术家赵丹——《赵丹传》摄影资料
————————————————————泥　土　供稿
宁夏八景（篆刻）————————————罗雪樵

1985 年第 2 期　刊名：《朔方》
目录

短篇小说
峡谷————————————————————郑万隆
打赌————————————————————齐舰平
被污染的荷花————————————————贾　杰

中篇小说
咽喉之地————————————————————李其纲

游记
飞越欧罗巴——北欧的汉学家————————张贤亮

传记文学
赵丹传（连载）————————————————泥　土

朔方笔会
文学，在改革中发展
大鼓劲促进大繁荣————————————张　武
为知识分子唱一支新歌————————戈悟觉
文学要和时代同步前进————————冬　梧
必须重视改革理论的学习————————李镜如
文学评论改革断想————————————吴淮生
改革与乡土文学————————————荆　竹

宁夏作家论
论张武————————————————————薛迪之

春风第一枝
本期栏目主持人————————————肖　川
西吉，我心目中的森林————————王生智
我在月台边————————————————肖　平
晨思————————————————（回族）杨寿敏
访四棵树————————————————吴志东
黄昏风景————————————————郭小剑
雪宝宝————————————————————奋　峰

诗歌
走出嘉峪关（组诗）————————————葛　林
大海行（四首）————————————（回族）马治中
雪夜————————————————————（回族）木　斧
守望（外一首）————————————————魏　萍
辣椒歌（三首）————————————————陈显荣
金色的沙枣花————————陈葆梁　黄恩诚　韩　青
王景韩　（回族）海鹏彦　白景森　董培勤　薛　刚

美术

黄河暮渡（摄影）————————————徐春荣

奔驰（摄影）————————————柴建方

贺兰山麓（国画）————————————雷中峋

1985 年第 3 期　刊名:《朔方》
目录

短篇小说

水与火的交融————————————王洲贵

最后一场白雪————————————王观胜

女儿今年十八岁————————————朱　剑

中篇小说

一个女工的奇遇————————————白　文

传记文学

赵丹传（连载）————————————泥　土

游记

飞越欧罗巴——北欧的福利和"大锅饭"————张贤亮

报告文学

他沿着黄河走去————————————陈葆泉

春风第一枝

本期栏目主持人————————————高　嵩

人与狼————————————秉　勋

糖罐————————————（回族）马兰生

诗歌

塞上新诗

奔驰的灵魂（二首）————————————东　虹

我和太阳黄河行（组诗）————————秦克温

这里，人们将重新传说————————（回族）沙　新

五花小辑————————（回族）杨少青　戴砚田

石　河　何新南　苏承志

评论

论新诗的民族化与格律化————————尹　旭

美术

春到沙坡头（摄影）————————————张润国

驼峰（摄影）————————————李　强

速写————————————唐西林

篆刻二方————————————李传武

1985 年第 4 期　刊名:《朔方》
目录

短篇小说

老铳————————————彭见明

最后一个愿望————————————王树田

湖畔————————————杨仁山

中篇小说

老爷们和小爷们————————————郑　柯

传记文学

赵丹传（连载）————————————泥　土

游记

飞越欧罗巴——东方、西方————————张贤亮

报告文学

疾风劲草——记农民企业家刘云————————张晓敏

春风第一枝

本期栏目主持人————————————吴淮生

月下絮语————————————婉　清

发菜情思————————————麦天和

角落之歌————————————赵晓兰

表哥————————————斧　锐

诗歌

塞上新诗

丝绸之路————————————方　冰

向银川————————————王燕生

大漠情思（组诗）————————（满族）佟明光

七绝四首————————————贾朴堂

城市的潮（组诗）————————————赵福辰

生活的启迪（二首）————————————陈琢如

春与秋（二首）————————————张　润

矿工的后代————————————（回族）马忠骥

金色的沙枣花————————————笑　泉　孟　虎

（回族）刘　闽　陆　健

评论

来吧，西部文学————————————史　适

对发展西部诗歌运动的看法——兼谈新边塞诗的建设

————————————余开伟

祝愿《朔方》越办越好——全国部分期刊编辑座谈

《朔方》————————————本刊记者

美术

绿，来自您的手（宣传画）────────陈绍华
乡亲（国画）────────────────张少山
贺兰雄姿（国画）──────────────胡正伟
窗外风雨（国画）──────────────张三友
玉兰金鱼（国画）──────────────王敬平

1985 年第 5 期　刊名:《朔方》
目录

短篇小说
落叶与蝴蝶────────────────宋学孟
竹排上──────────────────陈　锟
主麻日─────────────────（回族）高　凤

中篇小说
贺兰山下的传说──────────────都　沛

传记文学
赵丹传（连载）─────────────泥　土

散文
"二五"军训杂记───────────（回族）马　若
海滨遐想────────────────王庆同
散文二题────────────────周同宾

诗歌
塞上新诗
绿洲的启示───────────────叶延滨
西部写意（二首）─────────────逢　阳
访吉兰泰盐汤（外一首）───────────孙友田
西北一角（外一首）────────（回族）杨云才
在走向马鬃山的路上─────────（蒙古族）韩　霞
奶奶和我（微型叙事诗二首）──────────刘国尧
神州，听我说（二首）──────────王中朝
北国草（组诗）────────────（回族）贾　羽
流淌着音乐的小街────────────于全森
金色的沙枣花────────────────崔晓东
杨小荣　陈雪红　（回族）江　洋

评论
文学观念的开拓和变革──────────杨旭村
追随时代的足迹（宁夏作家论）——吴淮生散文近作
述评──────────────────冬　梧

春风第一枝
本期栏目主持人──────────────高　深
诗歌习作六篇────────────────董瑞增

沈前祥　绿　叶　朱鹏云　熊俊桥　杨固利

美术
信息——开发人类智力的契机（宣传画）──────郭线卢
异乡引蜂（国画）───────────云　信
摘瓜花（国画）───────────沈莉萍
风沙中（木刻）───────────刘均威
大坝之晨（木刻）───────────代龙之

1985 年第 6 期　刊名:《朔方》
目录

短篇小说
道歉──────────────────李　唯
半吊子女人────────────────冯德华
恩怨──────────────────喜　民

中篇武侠小说
南北大侠杜心五───────────────冯育楠

传记文学
赵丹传（连载）─────────────泥　土

散文
响沙游踪─────────────────尚贵荣

献给孩子们的礼物
大棉鞋（小说）──────────────吴善珍
佳佳的心愿（小说）────────────杜　虹
童年的面茶（散文）────────────冯　琦
星星的记忆（散文）────────────邓致远
诗三首─────────葛　林　丁新林　丁学明

春风第一枝
本期栏目主持人──────────────陈兴起
小说习作两篇──────────赵麦歧　丁　跃

塞上新诗
罗布泊的路（外一首）───────────晏　明
山的汉子─────────────────柳　风
骊山烽火台（外一首）───────────万宝琛
鸣沙山（外一首）─────────────姚焕吉

散文诗页
师生情（外二章）─────────────杨淀勋
踩高跷（外二章）─────────────史志俊
花木三题─────────────────韩长征
护林人的欣慰与骄傲────────────王景韩

漠风 .... 田为民

评论

反映改革的时代音响——一九八四年《朔方》短篇小
说漫评 .... 陈学兰

美术

霄（油画） .... 妥木斯
荷（国画） .... 王之海
森林之歌（油画） .... 林　斌
山谷晨曲（油画） .... 于盛安

1985 年第 7 期　刊名:《朔方》
目录

短篇小说

鸽哨 .... 梁晓声
西域回回 .... （回族）马治中

中篇小说

蟹 .... 彭瑞高

传记文学

赵丹传（连载） .... 泥　土

评论

心头的喜悦——一九八四年文学艺术简评 .... 洁　泯
争鸣篇
悲剧的终结和喜剧的开端——读《水与火的交融》
.... 汪宗元
关于《水与火的交融》 .... 贾　捷

诗歌
塞上新诗
带电的女人（组诗） .... 刘秀凡
高原飘着红彤彤的云（组诗） .... 秦克温
静静的六盘山（组诗） .... 李　瑜
插柳歌（外一首） .... 朱谷忠

美术

四月海（油画） .... 王克举
小字辈（国画） .... 李乃宙
童年的梦（版画） .... 唐勇力
贺兰山色（国画） .... 曹广福
龙潭山牧出（国画） .... 沈德志

1985 年第 8 期　刊名:《朔方》
目录

短篇小说

一个乡下少女的情书 .... 浩　岭
县长的心事 .... 阿　耀
生活探珠二题 .... 苗振亚

传记文学

赵丹传（连载） .... 泥　土

报告文学

张建林案件始末 .... 秦　钧

诗歌

诗六首 .... （回族）丁毅民
大山与青春（三首） .... 晓　蕾
金色的沙枣花（七首） .... 廖代谦
永　昶　王景韩　莫西芬　乔桂生　冯淑惠

评论
争鸣篇
农村需要更多的陈自强式人物——也评《水与火的交
融》 .... 张远成
新的生活　新的人物——读《水与火的交融》 ... 韩志君

春风第一枝

本期栏目主持人 .... 朱东兀
老刘四出游（小说） .... 杨东刚
哦，主人翁的神气（小说） .... 康　宁

美术

摇篮（油画） .... 毛岱宗　史国强
少女（版画） .... 代大全
满妹子（国画） .... 田黎明
戈壁驼峰（版画） .... 顾国建
潇潇（国画） .... 石漱泉
山爱夕阳（国画） .... 张尔文

1985 年第 9 期　刊名:《朔方》
目录

中篇童话

动物园里的新闻 .... 路　展

短篇小说

买虾记 .... 薛炎文

阴影 ————————————— 丁 茂

传记文学
赵丹传（连载）————————————— 泥 土

献给第一个教师节
开拓者的足迹（报告文学）————————— 虞期湘
教师啊，最幸福的人（散文）————（回族）闪一昌
我的老师（散文）————————————— 张 武

诗歌
塞上新诗
北线三首 ————————————————— 杨 牧
塞上风景线（三首）——————————— 万里鹏
哦，高原 ———————————————— 李云峰
沙枣树下的群雕（三首）—————（回族）马 钰
雪颂 ——————————————————— 刘 镇
骆驼 —————————————————— 张雪杉
金色的沙枣花（七首）————————— 王景彦
周 琴 蔡国雄 商泽忠 秦 春 张强等

宁夏作家论
当人失去平衡以后——谈《静悄悄的银幕》的结构支
点 —————————————————（回族）江河水
论张武小说的语言特色 ————————— 张九阳

美术
除尘（油画）————————————— 曹庆堂
连年有余（国画）—————————— 田 原
贺兰水（国画）——————————— 赵 勇
秋色（国画）————————————— 朱夏刚
露柯桥小景（国画）————————— 周建国
一九三六·宁夏（油画）——————— 任振江

1985 年第 10 期 刊名:《朔方》
目录

短篇小说
魔表 ——————————————————— 季 宇
亲人 ——————————————（回族）李春夜
船姑娘和鱼贩子 —————————— 王洲贵

传记文学
赵丹传（连载）————————————— 泥 土

散文
相逢在人生途中 —————————— 李佩芝
烟雨苍茫骊山情 ——————————— 吴 音

诗歌
塞上新诗
金塞上 ——————————————— 王 庆
在腾格里 —————————————— 高洪波
每到春来 —————————————— 刘宏亮
西部交响曲 ————————————— 于全森
青年林（五首）—— 屈文焜 （回族）马 钰 薛 刚

春风第一枝
本期栏目主持人 —————————— 潘自强
闯山（小说）———————————— 宁连生
山怪（小说）———————————— 姚 琦

宁夏作家论
论戈悟觉小说的创作特色 —————— 李镜如
普通人心灵美的追求者
——戈悟觉作品讨论会侧记 ————— 郎 伟

美术
女大学生（摄影）————————— 米寿世
翔（国画）————————————— 赵宁安
春艳（国画）———————————— 胡正伟
贺兰青松（国画）————————— 许家麟

1985 年第 11 期 刊名:《朔方》
目录

短篇小说
回归 ——————————————— 吴若增
三两狗 —————————————— 刘孟沐
沙海深处有人家 —————————— 王一峰
月光下的雕像 ——————————— 刘战英
我和我的那只猫 ——————（回族）祁志彬

传记文学
赵丹传（连载）————————————— 泥 土

散文
山里的炊烟 ———————————— 肖 川
小品三章 ————————————— 和 谷

春风第一枝
本期栏目主持人 —————————— 张 润
我的母亲（散文）————————— 叶 子
"倒奶子来!"（散文）——————— 董宝君
爱与恋（散文）———————— 伊 娜 万 祎
我是"待业者"（散文）—————— 珊 珊

评论

新时期回族文学的发展 ⋯⋯⋯⋯⋯⋯⋯⋯（回族）杨继国

美术

阿拉伯妇女（摄影）⋯⋯⋯⋯⋯⋯⋯⋯（回族）米寿世
群山初醒（国画）⋯⋯⋯⋯⋯⋯⋯⋯⋯⋯⋯⋯王文芳
速写、国画 ⋯⋯⋯⋯⋯⋯⋯⋯⋯⋯⋯⋯⋯⋯周思聪
夜航（摄影）⋯⋯⋯⋯⋯⋯⋯⋯⋯（回族）马志刚
圈旁（摄影）⋯⋯⋯⋯⋯⋯⋯⋯⋯⋯⋯⋯⋯田春林

1985 年第 12 期　刊名:《朔方》
目录

中篇小说

人与马 ⋯⋯⋯⋯⋯⋯⋯⋯⋯⋯⋯⋯⋯⋯⋯⋯武　斌

短篇小说

西伯利亚碉堡 ⋯⋯⋯⋯⋯⋯⋯⋯⋯⋯⋯⋯⋯韩明人
二嫂 ⋯⋯⋯⋯⋯⋯⋯⋯⋯⋯⋯⋯⋯⋯⋯⋯罗致平
婚礼进行曲 ⋯⋯⋯⋯⋯⋯⋯⋯⋯⋯张奥列　黄　莘
真挚的爱 ⋯⋯⋯⋯⋯⋯⋯⋯⋯⋯⋯⋯⋯⋯齐宝库
花手村的人们 ⋯⋯⋯⋯⋯⋯⋯⋯⋯（回族）查　舜

传记文学

赵丹传（连载）⋯⋯⋯⋯⋯⋯⋯⋯⋯⋯⋯⋯泥　土

散文

三人行——黄山探胜 ⋯⋯⋯⋯⋯⋯⋯⋯⋯⋯吴淮生
闪光的记忆 ⋯⋯⋯⋯⋯⋯⋯⋯⋯⋯⋯⋯⋯马士林
北戴河三题 ⋯⋯⋯⋯⋯⋯⋯⋯⋯⋯⋯⋯⋯潘照坤
山丹丹 ⋯⋯⋯⋯⋯⋯⋯⋯⋯⋯⋯张国俊　马晓琴

诗歌
塞上新诗
大西北，难忘的年月（三首）⋯⋯⋯⋯⋯⋯白景森
西部交响（组诗）⋯⋯⋯⋯⋯⋯⋯⋯⋯⋯⋯黄恩智
小城的故事（组诗）⋯⋯⋯⋯⋯⋯⋯（回族）贾　羽
我是办报人 ⋯⋯⋯⋯⋯⋯⋯⋯⋯⋯⋯⋯⋯高继恒
新居二题 ⋯⋯⋯⋯⋯⋯⋯⋯⋯⋯⋯⋯⋯⋯姚　莹
一瓣心香（二首）⋯⋯⋯⋯⋯⋯⋯⋯⋯⋯储春兰
雁南飞（外一首）⋯⋯⋯⋯⋯⋯⋯⋯⋯⋯⋯柳　凤
山那边的马兰花 ⋯⋯⋯⋯⋯⋯⋯⋯⋯（回族）杨云才
散文诗页
人生旅思（四章）⋯⋯⋯⋯⋯⋯⋯⋯⋯⋯⋯韩长征
唱给蚯蚓的歌 ⋯⋯⋯⋯⋯⋯⋯⋯⋯⋯⋯⋯范泰昌
秋思三章 ⋯⋯⋯⋯⋯⋯⋯⋯⋯⋯⋯⋯⋯⋯管用和
金色的沙枣花 ⋯⋯⋯⋯⋯⋯⋯⋯⋯洪　立　李劲松
方竟成　（回族）云　飞　魏　萍　孟　虎　李爱子

春风第一枝

本期栏目主持人 ⋯⋯⋯⋯⋯⋯⋯⋯⋯（回族）何克俭
诗歌习作七首 ⋯⋯⋯⋯⋯⋯⋯⋯⋯⋯⋯⋯杨卫国
江　波　党学宏　陆占洪　师国华　游素琴　阳玉贵

美术

新娘（摄影）⋯⋯⋯⋯⋯⋯⋯⋯⋯（回族）米寿世
花卉（国画）⋯⋯⋯⋯⋯⋯⋯⋯⋯⋯⋯⋯⋯王之海
吊兰（摄影）⋯⋯⋯⋯⋯⋯⋯⋯⋯⋯⋯⋯⋯柴建方
修路（版画）⋯⋯⋯⋯⋯⋯⋯⋯⋯⋯⋯⋯⋯王维德
割苇（版画）⋯⋯⋯⋯⋯⋯⋯⋯⋯⋯⋯⋯⋯宋　鸣

1986 年第 1 期　刊名:《朔方》
目录

在全区青年文艺创作座谈会上的讲话 ⋯⋯⋯⋯黑伯理
培养文艺人才　繁荣宁夏文艺——全区青年文艺创作
座谈会纪要 ⋯⋯⋯⋯⋯⋯⋯⋯⋯⋯⋯⋯本刊记者
宁夏回族自治区第四次文学评奖获奖作品篇目
春来塞上花如绣——我区获奖小说简评 ⋯⋯⋯潘自强
获奖散文掠影 ⋯⋯⋯⋯⋯⋯⋯⋯⋯⋯⋯⋯杨淀勋
开拓心灵的剖白　开拓感情的渲泄——我区获奖诗歌
美学初探 ⋯⋯⋯⋯⋯⋯⋯⋯⋯⋯⋯⋯⋯⋯布鲁南

小说

井水有水吗 ⋯⋯⋯⋯⋯⋯⋯⋯⋯⋯⋯⋯⋯戈悟觉
山梁上有一座水坝 ⋯⋯⋯⋯⋯⋯⋯⋯⋯⋯⋯成　蹊

在西部土地上

雪里红梅，淡淡的幽香⋯⋯
——记电大回族女学生洪梅香 ⋯⋯⋯⋯⋯刘国尧
小吃街人物 ⋯⋯⋯⋯⋯⋯⋯⋯⋯陈葆泉　李春俊

传记文学

赵丹传（连载）⋯⋯⋯⋯⋯⋯⋯⋯⋯⋯⋯⋯泥　土

诗歌
塞上新诗
高原日记（二首）⋯⋯⋯⋯⋯⋯⋯⋯⋯⋯⋯闻　频
秦腔与淘金者（二首）⋯⋯⋯⋯⋯⋯⋯⋯⋯秦克温
西部风采（三首）⋯⋯⋯⋯⋯⋯⋯⋯⋯⋯⋯屈文焜

美术

芭蕾演员（油画）⋯⋯⋯⋯⋯⋯⋯⋯⋯⋯⋯杨云飞
奔腾吧，黄河!（摄影）⋯⋯⋯⋯⋯⋯⋯⋯⋯陈宝生
丁钓速写

1986 年第 2 期　刊名:《朔方》
目录

小说

海顾问 ·············· 南　台
驼背 ·············· 郑晓红
老姑娘 ·············· 张　涧
梦呼 ·············· 白进仲
新房离旧居不远 ·············· 何筑光

在西部土地上
爱，是主旋律！ ·············· 余光慧

传记文学
赵丹传（连载） ·············· 泥　土

诗歌

新疆抒怀（十首选五） ·············· 薛宏福
南国行吟（五首） ·············· 张　源
父亲和儿子（外一首） ·············· 刘秋群
年轻的太阳谷（诗组） ·············· 葛　林
儿女情（组诗） ·············· 吴淮生
大西北需要美丽的风（三首） ·············· 赵福辰
写给热恋的少男少女们（组诗） ·············· 佟明光
琴娃·夏日的太阳 ·············· 吴烟痕　永　昶
散文诗页 ·············· 桂兴华　田为民　李福德等

评论
中国当代作家在艺术上的追求 ·············· 张贤亮

新作短评
古老树干上的新枝——读《朔方》上的几篇人兽搏斗的小说 ·············· 孙自筠
论"温不倒"及其他——兼评小说《县长的心事》 ·············· 陈学兰
反映西北生活的两套"拳路"——张武作品讨论会侧记 ·············· 张文楹　闻　频

美术
少女（油画） ·············· 杨云飞
蓝马鸡（国画） ·············· 胡正伟

1986 年第 3 期　刊名:《朔方》
目录

银川市文学作品专辑
武林骄子（报告文学）——优秀回族武术运动员赵长

军的故事 ·············· 何新南
他这一辈子（小说） ·············· 邓　峨
厂长和他的女秘书（小说） ·············· 于伟中
赎罪（小说） ·············· 王景韩
雪花飘飘（小说） ·············· （回族）马　岩
转弯（小说） ·············· 高耀山
那个地方不平常（散文） ·············· 吴善珍
唐徕诗韵（诗·七首） ·············· 韩长征
刘秀凡　（回族）马乐群　于全森　葛　林　（回族）贾　羽　薛　刚
赵丹传（传记文学·续完） ·············· 泥　土
《中国新时期小说鉴赏丛书》总序 ·············· 阎　纲
寻找你自己——《青年小说选》序 ·············· 郑万隆
匍匐在慈母般的前套平原上（宁夏作家论）——秦克温诗断议 ·············· 高　嵩
他找到了自己创作的落脚点——记青年作家郑柯作品讨论会 ·············· 张一梦

美术
少女（油画） ·············· 张　健
回乡情（油画） ·············· 张立人

1986 年第 4 期　刊名:《朔方》
目录

小说

野山情 ·············· 王漫曦
回回马魁 ·············· （回族）李春俊
树影远了、远了 ·············· 刘剑华
沉思的火焰 ·············· 吴善珍
湖，明净的湖 ·············· 陆永基

报告文学
"花儿"为什么这样红（在西部土地上）······· 冯剑华

散文

探亲 ·············· 新凤霞
半个西北人 ·············· 王庆同
草原畅想录 ·············· 尚贵荣
剃头挑儿——乡情散记 ·············· 周同宾

诗歌

塞上新诗（四家九首） ·············· （回族）马　钰
万里鹏　黄恩诚　陆　健
他就要告别这世界（组诗） ·············· 刘国尧
誓言，枸杞般红（组诗） ·············· 柳　风
山林的情思 ·············· 匡文留

评论

试论作家的心理机制⸺⸺⸺⸺⸺（回族）江河水

美术

向往（摄影）⸺⸺⸺⸺⸺⸺⸺张士良
牡丹（国画）⸺⸺⸺⸺⸺⸺⸺曾杏绯

1986 年第 5 期　刊名:《朔方》
目录

小说

"龟田"老汉⸺⸺⸺⸺⸺⸺⸺李跃飞
路啊，像宽阔的风⸺⸺⸺⸺⸺成　蹊
咸湖⸺⸺⸺⸺⸺⸺⸺⸺⸺郑　柯
徐家的儿女（中篇）⸺⸺⸺⸺⸺张　武
刘长顺和银巧儿（报告小说）⸺⸺徐晓平

报告文学

男性科女大夫（在西部土地上）⸺（回族）张文楹

散文

玫瑰花香传友情⸺⸺访问巴基斯坦散记

⸺⸺⸺⸺⸺⸺⸺（回族）刘景隆
《赵丹传》后记⸺⸺⸺⸺⸺⸺倪振良

诗歌

两代人⸺⸺⸺⸺⸺⸺⸺⸺罗　飞
塞上新诗
西部诗稿（组诗）⸺⸺⸺⸺⸺章德益
别亲朋⸺⸺⸺⸺⸺⸺⸺⸺张　润
寂寞的山角（外二首）⸺⸺⸺（回族）杨云才
勘探纪事（三首）⸺⸺⸺⸺⸺师日新
命运（散文诗二章）⸺⸺⸺⸺吴　昕

评论

"西部文学"的色调⸺⸺⸺⸺沈耀才　任丽璋
扎根于民族文化的土壤里（宁夏作家论）⸺⸺简评井
笑泉的诗⸺⸺⸺⸺⸺⸺刘贻清　马东震
我区文艺学与方法论讨论会首次在银川举行（消息）

⸺⸺⸺⸺⸺⸺⸺⸺⸺⸺高英兰

美术

青春（摄影）⸺⸺⸺⸺⸺⸺张士良
鸭（国画）⸺⸺⸺⸺⸺⸺⸺赵宁安

1986 年第 6 期　刊名:《朔方》
目录

石嘴山市文学作品专辑

靳老头的丧事（小说）⸺⸺⸺⸺陈　勇
野鸭滩（小说）⸺⸺⸺⸺⸺（回族）金万忠
群艺馆，有三个积极分子（小说）⸺齐宝库
男人的信息（小说）⸺⸺⸺⸺（满族）郎业成
面前，是深沉、庄严、峭峻的大山（小说）⸺⸺郑　正
黑妮（儿童小说）⸺⸺⸺⸺⸺刘岳华
快乐的宿舍（散文）⸺⸺⸺⸺⸺俞本美
净沙幽湖（散文）⸺⸺⸺⸺⸺万吉晨
煤城诗花（诗·十一首）⸺⸺⸺（回族）马忠骥
胡惠峰　王景彦　马东震　肖　屏　王艾真　薛秀兰
呵，黄土小屋（中篇小说）⸺⸺⸺杨森翔
贺兰山下（报告文学·在西部土地上）⸺张晓敏
儿童小说两篇⸺⸺⸺⸺⸺王宝三　宁　宁
张贤亮与高尔基、艾芜笔下之流浪汉形象比较（评
论）⸺⸺⸺⸺⸺⸺⸺⸺⸺刘小林
扬起自己的风帆（新作短评）⸺⸺致回族作家马治中
同志的一封信⸺⸺⸺⸺⸺⸺常智奇
充溢青春气息的诗（新作短评）⸺⸺读罗飞的《两代
人》与《回声》⸺⸺⸺⸺⸺⸺吴淮生
诗两首⸺⸺⸺⸺⸺⸺⸺昌业廷　井笑泉

美术

遐想（摄影）⸺⸺⸺⸺⸺⸺张士良
花卉（国画）⸺⸺⸺⸺⸺⸺⸺郭怡孮

1986 年第 7 期　刊名:《朔方》
目录

小说

中途下车⸺⸺⸺⸺⸺⸺⸺⸺吴　江
划羊皮筏子的人⸺⸺⸺⸺⸺⸺王洲贵
丑女浮沉记⸺⸺⸺⸺⸺⸺⸺张　敏
戈壁深处⸺⸺⸺⸺⸺⸺钱佩衡　向近秀
镜子在山里⸺⸺⸺⸺⸺⸺⸺竹　子

散文

沙枣情深⸺⸺⸺⸺⸺⸺⸺⸺段　磊
表哥⸺⸺⸺⸺⸺⸺⸺⸺⸺新凤霞
塞上的怀念⸺⸺⸺⸺⸺⸺（蒙古族）宋良毅
埃及留学生活散记⸺⸺⸺⸺⸺（回族）杨志波

报告文学

一个农村女人脚下的路（在西部土地上）
————————————张九阳 刘中庆

诗歌

孩子，娘放心了————————贾长厚
黄海曲（组诗）——————————吴淮生
什刹海二题————（回族）阿卜杜拉·马志信
塞上新诗（五家八首）——————（回族）贾 羽
王景韩 黄东成 刘 中 魏 萍
抒情短诗————————（回族）强兴国
（回族）海鹏彦 未 凡 华 卓 覃柏林 良 慈

评论

从马克思主义观点看文学研究新方法论————李幼苏
郑柯小说的情境建构（宁夏作家论）
————————————（回族）江河水

美术

在平台上（油画）————[英]爱德华·约翰·波依特
虎（国画）——————————王敬平

1986 年第 8 期 刊名：《朔方》
目录

在自治区文联三届委员会第二次全委会上的讲话
————————————黑伯理
努力繁荣社会主义文艺事业——宁夏文联第三届委员
会第二次全体会议在银川举行————本刊记者

银南地区文学作品专辑

宝刀（小说）——————————杨森翔
秋天里的故事（小说）————（回族）杨少青
我们的厂长（报告文学）——————陈葆梁
憨栓（小说）——————————杨东刚
壬戌重克（散文）—————————刘润玉
阿姑上坟（小说）—————————朱仲则
理发（小说）——————————华 锋
黄河诗情
灵州诗群（十五首）————————党学宏
杨森君 孟 虎 洪 立 （回族）杨云才 段怀颖
（回族）丁学明
我不走———————————万宝琛
牧羊人的路——————————柳 风
枸杞点点红（三首）————胡志安 周 宏 王晓晴
花之怨（中篇小说）————————行 速

美术

音乐（油画）————————[法]弗朗索阿·布歇
黄河之声（油画）——————————任振江

1986 年第 9 期 刊名：《朔方》
目录

固原地区文学作品专辑

吊庄人（小说）—————————蔡锦荣
包红指甲的女人（小说）——————王漫曦
走西口（小说）————————（回族）兰茂林
蠕动的山峰（小说）————————罗致平
第九根电线杆下……（小说）————太 昌
院墙春秋（散文）—————————李成福
一只良种鸡（散文）————————李正声
六盘诗林
一九八六年夏天（三首）——————屈文焜
问石·梦海（二首）————————（回族）丁 文
弯弯的山路，弯弯的曲调（外一首）——李云峰
原上草（短诗辑）————彭靖宇 罗存仁 戴凌云
虎西山 冯 雄 木 子 李 子 李程山 杨 健
杨固利
金字塔情思（散文）————————（回族）黑伯理
小林夫妇（散文）——日本人物素描之一————潘旭澜
从写诗到写小说（宁夏作家论）——漫评高深的小说
创作————————————（回族）江河水
艺术与孤独——一个艺术家和他女人的对话————吴 亮
爱，在雄奇的西部山区震颤（评论）——读年轻同志
的三篇爱情题材小说————————吴 江
《聊斋》艺术描写二题（评论）————王枝忠
部分文学期刊维护版权第二次议纪要（消息）

美术

葡萄园一角（油画）————[法]爱德华·德巴—蓬桑
夏荫图（国画）——————————叶 维

1986 年第 10 期 刊名：《朔方》
目录

小说

老庄谷阿蛋（中篇）————————南 台
弥留之际——————————张 武
三喜临门——————————浩 岭
指北针———————————喜 民
一块血红的沙滩—————————陈 锟
无情的故事—————————吴善珍
苏联超短篇三题——————王义虎 颜国诚译

小小说三篇 ················ 孙书华　雨叶　再玲

墨迹点点悼程公

悼念程造之先生 ·················· 张贤亮
悲痛与责任 ···················· 李震杰
长河点点波光 ·················· 戈悟觉

诗歌

八表歌功弄管弦（诗词之页）

　　　　　薛宏福　贾朴堂　秦中吟　吴尊文
散文诗页（十一首）·············· 杨淀勋
李凝祥　王维堡　王跃英　文烈
抒情诗辑（十首）················ 李劲松
谷溪　赵英华　张九阳　史军　王山　陈默

美术

白牛（油画）··················· 曹力伟
牧羊女（国画）················· 胡正伟

1986 年第 11 期　刊名:《朔方》
目录

小说

生活变奏曲（中篇）··············· 郑柯
有待开发 ···················· 刘静生
二号、三号 ··················· 高红十
晚风 ······················ 李云良
议事日程 ··············（回族）孙瑞雪
临终前的忏悔 ················· 蔡学士

散文

明日黄花拾峨眉 ················ 吴淮生
难忘那一夜 ··················· 高耀山
湿死干活 ···················· 朱光亚

报告文学
"六·二三"案件（在西部土地上）

　　　　　　　　　　　　张晓敏　李志宏

诗歌
塞上新诗

红月亮（三首）·················· 王庆
大漠之子（三首）··············· 田为民
我就要远去 ··············（回族）马钰
古风四首 ····················· 石天
"女儿国"轶事（二首）············ 乔桂生
心曲（外二首）················· 范一凤
赠月 ······················ 杨山

评论

献身者的悲歌和壮歌（宁夏作家论）——论阿耀的小
说创作 ···················· 陈学兰
宁夏文艺期刊编辑部负责人座谈会纪要 ······· 闻艺

美术

黄河船夫（油画）··············· 龙力游
红黄蓝（摄影）················· 郭震乾

1986 年第 12 期　刊名:《朔方》
目录

宁夏四地区（市）文学大奖赛颁奖大会在银川举行
（消息）
宁夏四地区（市）文学大奖赛获奖名单
获奖随笔 ···················· 王漫曦
陈勇　（回族）兰茂林　屈文焜　（回族）马中骥
刘涧玉　何新南
面对大西北文学世界的思考——西北五省（区）文学
期刊编辑工作座谈会纪要

小说

在那小山凹里 ·················· 陈静
酒宴 ······················ 王金年
三七 ··················（回族）马知遥
翔与落 ····················· 张涧
编辑部里的午餐 ················· 高华
考试 ······················ 陈葆梁

诗歌

"画家"黑墩墩 ················· 柳岚
独唱（四首）·················· 赵福辰
心底的呼唤（三家三首）··· 莽源　柳沄　殷实
冰凌花（外一首）··············· 姚焕吉
不老草（外一首）··············· 柴德森
抒情短诗 ···················· 永昶
张德强　黄殿琴　艺辛　丁峻　默吟　白景森
邱新荣　郑辉　翟世民　秦春

散文

山行笔记（二则）··············· 周同宾
被困青岛 ···················· 新凤霞
新凤霞散文编后记 ··············· 陈兴起
小巷春秋 ···············（回族）王建国

美术

草原的梦（油画）··············· 曹力伟
秋韵（国画）··················· 曹广福

1987 年第 1—2 期　刊名:《朔方》
目录

黄土山里的生命（中篇小说）—————————成　蹊
黄昏，有半个月亮（中篇小说）—————————马成贤
芳邻（小说）—————————————于伟中
阿乃（小说）———————————（回族）马　锋
晚间枪声（小说）——————————————陈　勇
在那遥远的小山村（散文）—————————刘建芳
愈来愈浓的绿云（散文）—————（回族）于秀兰
黑兵（小说）———————————————丁　跃
大圆顶记事（散文）————————————珊　珊
落叶里跳出的音符（散文）———（回族）孙瑞雪
公布之前（小说）—————————————程章银
六月，又见茨园（诗·外一首）——————柳　风
妻，无名的沙丘是你的形体（诗）————柳　岚
西北的男人与女人（诗）——————————洪　立
古塔游思（诗）——————————————艾　真
人生 ABCD（诗）—————————————党学宏
今夜，幸福属于我（诗·外一首）————薛秀兰
年历（诗）————————————————白景森
我是黑肤色的女人（诗）——————————刘秀凡
孤鸽（诗）————————————————马有峻
鸡鸣村轶事（小说）————————————蓝康祥
在蓝天下（小说）—————————————孙报荣
愿望（报告文学）——记著名回族摄影家米寿世
——————————————————晓　弘
小站、路和桥（散文）——————————李佩芝
我也曾有过一只猫（散文）————————李家起
开会轶事（小说　）————————（回族）多　思
迎新春（诗）———————————————薛宏福
九曲黄河梦（组诗）————————（回族）马　钰
西部的芳菲（诗·三首）——————————王景韩
我的爱情是蝴蝶的爱情（组诗）——————万里鹏
马兰花（小叙事诗）————————————薛　刚
抒情诗辑—————————————————桑　原
杨森君　高继恒　马绪英　姚学礼
大西北文学的乡土观念与寓意跨越意识（评论）
——————————————————周政保
从外节奏到内节奏（评论）——诗艺漫谈　克　俭

美术
海边（摄影）———————————————王德仁
夕照（油画）———————————————王应全

1987 年第 3 期　刊名:《朔方》
目录

评论
宁夏的文化小说（宁夏作家论）——重读马知遥部分
小说有感——————————（回族）汪宗元
论少数民族文学的文化视角——（回族）杨继国

小说
愿君平安（中篇）—————————————戴景琥
我的父亲，我的家—————————————施原钰
两亲家——————————————————王一峰

散文
妈妈的红裙子———————————（回族）马小青
风儿轻轻吹————————————————王　立
故居的小花————————————————刘建安

诗歌
游踪
南国行抒怀（并序）————————（回族）丁毅民
湖海篇（散文诗·三章）——————————韩长征
西部的魅力（组诗）————————————秦克温
在那高高的山岗上（组诗）————————师日新
忏悔————————————————（满族）王　湛
她们（外一首）——————————————徐幼平
扫帚梅（短计辑）
————陈万鹏　王果　行速　高洪波　张九阳

美术
少女（摄影）———————————————岑永生
听松图（国画）——————————————贺　成

1987 年第 4 期　刊名:《朔方》
目录

小说
新闻天地（中篇）—————————————张　武
过门儿——————————————————徐小斌
恶泉———————————————————贾　杰
辉煌的一天————————————————陈映实
冬天的记忆————————————（回族）高小立
这街，这人————————————（回族）王建国

散文
黑龙江之旅————————————————涂光群
雨声，雨情————————————————张　润

龙井茶乡 …………………………………………………… 郁 良
散文两章 …………………………………………………… 默 然

诗歌

宁夏电力系统诗辑

光之歌 ………………………………………… 刘学林 杨克兴

沈 冰 肖汉安 谢振君 万宝琛 徐国焕 胡 斌

花开不只五月红——宁夏电力系统诗辑编后 … 项 河

黄河·骆驼（二首）…………………………………… 于全森

塞上二题 …………………………………………………… 孙友田

显影（组诗）……………………………………………… 李素娟

树，向远方致意 ………………………………………… 李明伟

余音（短诗七首）……………………………………… 梁谢成

田 舍 朱谷忠 晨 枫 周恩广 齐遂林 （裕固族）白文林

评论

在旋动的空心球体里（宁夏作家论）——论刘国尧
………………………………………………………………… 高 嵩

他们在辛勤耕耘 ………………………………………… 杨淀勋

美术

青春的火花（摄影）…………………………………… 邓成富

爱之梦（摄影）………………………………………… 张予东

1987 年第 5 期　刊名:《朔方》
目录

诗歌

塞上风流——献给战斗英雄顾金海及老山参战的宁夏
籍战士 …………………………………………………… 肖 川

年轻的太阳谷（组诗）………………………………… 葛 林

我不是哈雷慧星（外二首）…………………………… 吴淮生

大漠变奏曲（外一首）………………………………… 佟明光

小溪、江河和海（外一首）…………………………… 陈茂欣

卧牛，扬起你如矛的犄角 …………………………… 马志恒

抒情诗辑 …………………………… 高 云 莽 源 王宜振

小说

谁在敲门（中篇）……………………………………… 蒋振邦

女人的梦 …………………………………………………… 共 由

遗风（二题）……………………………………………… 墨 白

别人的故事 ………………………………………………… 湛 丰

黄昏 ………………………………………………………… 王立道

疤脸儿 ……………………………………………………… 白景森

散文

哦，珺儿 …………………………………………………… 吴 音

南疆凯歌 …………………………………………………… 曾 军
山外青山天外山 ………………………………………… 朱 奇

评论

善与美的颂歌（宁夏作家论）——谈吴淮生同志的新
诗近作 …………………………………………………… 高 嵩

视野要开阔，更上一层楼——读青年诗人葛林的诗
………………………………………………………………… 秦 庚

美术

思路（摄影）…………………………………………… 张予东

杜甫（国画）…………………………………………… 胡正伟

1987 年第 6 期　刊名:《朔方》
目录

小说

西部人（中篇纪实文学）……………………………… 徐晓平

首席 ………………………………………………………… 史志俊

四县长 ……………………………………………………… 董炳新

参悟 ………………………………………………………… 白 梦

远征军（儿童小说）……………………………… （满族）王 湛

胖干 ………………………………………………………… 羊 倌

她……她? ………………………………………………… 方光荣

散文

哦，黑飘带与蓝披肩 ………………………………… 刘国尧

三峡天下壮 ……………………………………………… 马翔雪

在远古通幽的路上 …………………………………… 铃保成

诗歌

早春的风（朗诵诗）………………………… 潘振声 贾 曼

我不敢忘记 …………………………………… （回族）春 林

贺兰山之魂 …………………………………… （苗族）赖 宁

秋（外一首）……………………………………………… 子 页

纺织工的旅游日 ………………………………………… 乔桂生

煤孩 ………………………………………………………… 孟 虎

情之所钟（新人短诗）………………………………… 城 岚

李玉海 杨志云 范一凤 吴振华 商京顺

评论

回族文学与回族文学传统 …………………… （回族）杨继国

嫩绿芳草，装点塞上文苑——报告文学集《芳草集》
编后有感 …………………………………………………… 李庆恒

美术

思（摄影）………………………………………………… 高 惕

梦中的绿色公羊（油画）……………………………… 暴连琴

1987 年第 7 期　刊名:《朔方》
目录

祝贺内蒙古自治区成立四十周年小说专辑

迷人的河套······李廷舫
动点······（蒙古族）奥　奇
秋水······程　中
塔垃的故事······（蒙古族）季　华
杂土······（满族）凤　妹
生活的幽默······（蒙古族）霍钦夫
神梧（小说）······陈　勇
我家的白丽（小说）······正·言
斗蟀（小说）······李治邦　李送今
草原与沙漠（组诗）······（回族）贾　羽
风流的翡翠地（组诗）······赵福辰
黄河漂流（外二章）······文　烈
处女地
淡淡的蓝（四首）······（回族）王　慧
在诗之国（四首）······（回族）陈晓燕
两株待放的蓓蕾——王慧、陈晓燕习作编后···秦　庚
读长篇小说《墓地与摇篮》（宁夏作家论）
······（回族）何川江

新作短评

对评论的评论······达　奇
评《新闻天地》······闻　莲
读诗拾零······陆　静
也谈《鸡鸣村轶事》的得失······刘　守
深涧（国画）······赵宁安
蓝天（油画）······张　健

1987 年第 8 期　刊名:《朔方》
目录

小说

诱惑（中篇）······（回族）马知遥
仨两口······山　倩
落日楼头······郑　柯

报告文学

西大滩上······张晓敏

散文

明沙千里谒白城······尚贵荣
烟鬼······新凤霞
神秘塔······（回族）张文楹

诗歌

黄河滩（组诗）······王景韩
青春的太阳······屈文焜
太阳与浮云（外一首）······刘　镇
新疆纪行（散文诗四章）······杨淀勋
爱的诗笺
爱情的构架（二首）······（回族）杨云才
心萦······何首乌
总是······徐　兮
爱的诗笺······刘岳华
抒情诗辑······陈有才　王新林
徐玉江　匡文留　（回族）强兴国　高　伟　方竞成
杨森君　白　兰　陆　健　桑小平　强新社　石　磊

评论

弄潮儿向涛头立（宁夏作家论）——论肖川的西部诗
······浩　明

美术

太行深处（国画）······李志刚
银蛇狂舞（油画）······任振江

1987 年第 9 期　刊名:《朔方》
目录

小说

纪检书记······海　容
阴庄······南　台
小城浪花（上）······肖　竹
一犬二主三幕剧······陈琢如
花花、大卫及普罗米修斯······（回族）马宇桢
大厂小人物······齐宝库

报告文学

国际级运动健将邱晨······刘亚洲　高明学　刘战英

散文

货郎担儿······周同宾
真真送信（童话）······汪有权

诗歌

诗二首······李　真
塞上新诗（六家十一首）······（蒙古族）阿古拉泰
（回族）马　钰　刘　中　井笑泉　薛　刚　王忠范
散文诗六章······王维堡　张　铎
处女地
河滩之恋（散文诗三章）······梁　锋
我们好像见过面——兼致青年诗友们······秦　庚

评论

对话艺术的美学思考 ⋯⋯⋯⋯⋯⋯⋯⋯⋯ 于继增

当代散文的新视角 ⋯⋯⋯⋯⋯⋯⋯⋯⋯⋯ 梁新俊

美术

水仙（国画）⋯⋯⋯⋯⋯⋯⋯⋯⋯⋯⋯⋯ 彭培泉

地平线的探索（油画）⋯⋯⋯⋯⋯⋯⋯⋯ 毛同强

1987 年第 10 期　刊名:《朔方》
目录

小说

伐子都（中篇）⋯⋯⋯⋯⋯⋯⋯⋯⋯⋯⋯ 丁　跃

对位 ⋯⋯⋯⋯⋯⋯⋯⋯⋯⋯⋯⋯⋯⋯⋯ 阿　耀

揽羊后生 ⋯⋯⋯⋯⋯⋯⋯⋯⋯⋯⋯⋯⋯ 王洲贵

舞步变奏曲 ⋯⋯⋯⋯⋯⋯⋯⋯（回族）王　剑

小城浪花（下）⋯⋯⋯⋯⋯⋯⋯⋯⋯⋯⋯ 肖　竹

散文·报告文学

草原风情——牧场见闻录 ⋯⋯⋯⋯⋯⋯ 张　武

一位清洁工的价值 ⋯⋯⋯⋯⋯⋯⋯⋯⋯ 周　旋

诗歌

青年林

巨龙（外二首）⋯⋯⋯⋯⋯⋯⋯（回族）王景彦

西北风潮（外一首）⋯⋯⋯⋯⋯⋯⋯⋯ 白军胜

在这片土地上（二首）⋯⋯⋯⋯⋯⋯⋯ 薛　刚

乡野，我的窗口 ⋯⋯⋯⋯⋯⋯⋯⋯⋯⋯ 洪　立

傣乡风情（二首）⋯⋯⋯⋯⋯⋯⋯⋯⋯ 韩长征

进贡文凭（讽刺诗·外二首）⋯⋯⋯⋯ 石　河

心中的阳雀

　　　　（回族）阿　拜　任学玲　李光云　唐育勤

评论

对民族传统文化的再认识——谈当前文学创作中出现

的尚古情绪 ⋯⋯⋯⋯⋯⋯⋯⋯⋯⋯⋯⋯ 潘自强

《朔方》半年小说印象记 ⋯⋯⋯⋯⋯⋯ 魏　珂

美术

眼底世界（摄影）⋯⋯⋯⋯⋯⋯⋯⋯⋯ 王羽来

清露（国画）⋯⋯⋯⋯⋯⋯⋯⋯⋯⋯⋯ 胡正伟

1987 年第 11 期　刊名:《朔方》
目录

小说

我的母亲，我的父亲 ⋯⋯⋯⋯⋯⋯⋯⋯ 胡　鹏

醉酒 ⋯⋯⋯⋯⋯⋯⋯⋯⋯⋯⋯⋯⋯⋯⋯ 宋学孟

"白阿訇"家的尕女子 ⋯⋯⋯⋯⋯（回族）吴咸池

火灾 ⋯⋯⋯⋯⋯⋯⋯⋯⋯⋯⋯⋯⋯⋯⋯ 喜　民

评论

要"化而不失本调"——兼评近年来对诗歌抒情方式

的抑扬 ⋯⋯⋯⋯⋯⋯⋯⋯⋯⋯⋯⋯⋯⋯ 秦克温

《诱惑》的魅力（新作短评）⋯⋯⋯⋯⋯ 严　祎

简议《迷人的河套》（新作短评）⋯⋯⋯ 肖　冰

宁夏电力系统文学作品小辑

局长的困惑（小说）⋯⋯⋯⋯⋯⋯⋯⋯ 朱正安

酒宴（小小说）⋯⋯⋯⋯⋯⋯⋯⋯⋯⋯ 杨克兴

那遥远的歌（小小说）⋯⋯⋯⋯⋯⋯⋯ 徐福江

旅伴（小小说）⋯⋯⋯⋯⋯⋯⋯⋯⋯⋯ 王行美

修车（小小说）⋯⋯⋯⋯⋯⋯⋯⋯⋯⋯ 王向东

美，飞进彩色的生活（散文五篇）⋯⋯ 李迎春

　莫　汉　郑艳芹　代际忠　邵韦彬

激情，在水与火之间迸溅（诗十五首）⋯ 万宝琛

　胡　斌　米雍衷　刘永苓　刘长兴　孙建宁　朱安宁

　张成龙　刘学林　卢秀玉

美术

渴求（摄影）⋯⋯⋯⋯⋯⋯⋯⋯⋯⋯⋯ 缪津勇

天涯海角（摄影）⋯⋯⋯⋯⋯⋯⋯⋯⋯ 尹春华

1987 年第 12 期　刊名:《朔方》
目录

小说

陀螺 ⋯⋯⋯⋯⋯⋯⋯⋯⋯⋯⋯⋯⋯⋯⋯ 汪　骢

蜡烛 ⋯⋯⋯⋯⋯⋯⋯⋯⋯⋯⋯⋯⋯⋯⋯ 沙　石

罪人日记 ⋯⋯⋯⋯⋯⋯⋯⋯⋯⋯⋯⋯⋯ 行　速

散文

哦，玫瑰谷 ⋯⋯⋯⋯⋯⋯⋯⋯⋯⋯⋯⋯ 戈悟觉

常青的院落 ⋯⋯⋯⋯⋯⋯⋯⋯⋯（回族）马小青

能人朱跃平（报告文学）⋯⋯⋯⋯⋯⋯ 陈葆梁

唱给母亲的歌 ⋯⋯⋯⋯⋯⋯⋯⋯⋯⋯⋯ 刘同卿

诗歌

你呀，我的大西北 ⋯⋯⋯⋯⋯⋯⋯⋯⋯ 张　涧

心迹（三首）⋯⋯⋯⋯⋯⋯⋯⋯⋯⋯⋯ 万里鹏

早生华发（外一首）⋯⋯⋯⋯⋯⋯⋯⋯ 柴德森

七律五首 ⋯⋯⋯⋯⋯⋯⋯⋯⋯⋯⋯⋯⋯ 杨森翔

葡萄与流星（短诗辑）⋯⋯⋯⋯⋯⋯⋯ 宣民庆

　杨　梓　张正常　王　智　汪丽君

新作短评（两篇）⋯⋯⋯⋯⋯ 李　之　杨永圣　刘　守

中卫文学作品小辑
见重孙（小说）——————————张静荣
模范（小说）——————————许文秀 乐 颖
小小说三篇———————李怀信 刘建芳 田成玉
沙坡草（诗六首）——————————张 宁
刘瑞兰 王德炎 麦天和 李绍敏 吕红妹

美术
红与黑（摄影）——————————柴建方
秋（摄影）——————————何 川

1988 年第 1 期　刊名:《朔方》
目录

宁夏少数民族文学讲习所第二期学员作品选辑
分水岭（小说）——————————施原钰
努海和他的尕红鹰（小说）———（回族）蓝茂林
初八纪事（小说）——————————邢连平
那边（小说）——————————陈继明
清清的咸水河（散文）——————————麦天和
我心爱的书架（散文）——————————拓 野
七月的骄阳（短诗辑）———————（回族）陈晓燕
高建新 （回族）王 慧 北 北 晓 岚 （回族）马惠琴 （回族）强兴国 赵宗明 周建宁
搭伙（小说）———————————（回族）马知遥
一个企业家的崛起（报告文学）——————李跃飞
塞上新诗——————李劲松 张志鹏 黄东成

美术
幻想（摄影）——————————王羽来
冬融（国画）——————————胡正伟
刊标设计——————————王毓仁

1988 年第 2 期　刊名:《朔方》
目录

小说
西部人（续篇·纪实文学）——————————徐晓平
仁义兄弟———————————（满族）那守第
山怪——————————冰 河
绿桥——————————张冀雪
Q——————————叶方敏
死的演习——————————王树田
堂嫂———————————（回族）杨友桐

散文
路，是没有尽头的——————————吴淮生

一个中国女孩的情丝——————————杨晓芬
镜泊湖絮思——————————李凝祥
生在败月的人——————————季栋梁

诗歌
南国行（十首选六）———————（回族）丁毅民
古风三首——————————石 天
北国草（组诗）———————（回族）贾 羽
奔驰的灵魂（二首）——————————东 虹
夏天的选择（二首）——————————李玉海
租界（外一首）———————（中国香港）犁 青
新潮（二首）——————————于全森

评论
北国，太阳般明亮的希望（宁夏作家论）——读回族
青年诗人贾羽的诗——————————秦 庚
皇甫枚及其《三水小牍》——————————王枝忠
书海选萃
漫话动物小说——————————冯苓植
倔气·骨气·正气——《草滩上的黄昏月》编后记
——————————唐远铃

美术
不同的情感（摄影）——————————王 征
南瓜（国画）——————————豪必期

1988 年第 3 期　刊名:《朔方》
目录

小说
在矿山里——————————金瑞直
金边饭碗——————————戴景琥
最后的喝彩——————————舒 怀
天鹅蛋——————————沙 风
插曲——————————杨克兴 振 翅

散文
送你一朵玫瑰花——————————李 唯
我的太阳——————————王立道
送给林林———————————（回族）马 戎
归来兮！红曲（"中国潮"征文）———（回族）张文楹

诗歌
年轻的太阳谷——————————葛 林
（回族）马 钰 柳 岚 屈文焜 李云峰 杨森君

评论
试论王洲贵的小说创作（宁夏作家论）————李镜如

书海选萃
有感于通俗文学的崛起—————————顾笑言
孤独的白素馨——序《港台小说选》————金钦俊

美术
高山流水入画图（摄影）——————————张万玉
溪边（国画）———————————————赵宁安

1988 年第 4 期　刊名:《朔方》
目录

小说
人的秘密—————————————————景　风
破瓜——————————————————————燕　生
尕公公———————————————（回族）马知遥
爱，在那条小河边——————————————吴　狂
待到相逢那一天———————————————山　佳
剿匪——————————————————————王吉呈

"中国潮"征文
"123——多丽美" A 大调奏鸣曲——陶其广和他的白
云山护肤用品厂———————————————刘国尧

散文
西双版纳琐记————————————————杨淀勋
沉思与独白—————————————————默　然

诗歌
爱，从这里流出———————————————范一凤
（回族）陈晓燕　王秀娜　储春兰　洛　兰　雨　笛
悄悄叠起的岁月———————（回族）伍立杨　刘秋群
姚焕吉　善　骁

美术
主人们（油画）———————————————任振江
西夏风云（壁画·局部）———————————刘均威

1988 年第 5 期　刊名:《朔方》
目录

小说
县长女儿—————————————————海　容
亡友——————————————————————南　台
在北京———————————————————于伟中
债主轶闻（纪实小说）————————————陈葆梁

"中国潮"征文
有这样一条战线———————————————张　武

散文
重回京华—————————————————张　润
适应————————————————（回族）于秀兰
枫林——————————————————————李福德

诗歌
北方（组诗）—————————（满族）佟明光
感觉的平原（组诗）—————————————姚振函
一座小城的艺术广告—————————————邱新荣
季节的风（短诗辑）————徐幼平　乔桂生　王耀民
林乐山　（回族）冰　瑶　崇　珲　戴凌云　晓　云
秋蝶（散文诗·外二章）———————————艾　真

美术
城堡，你好（油画）—————————————胡正伟
昭君出塞（国画）——————————————毛同强

1988 年第 6 期　刊名:《朔方》
目录

小说
我是女子———————————————（回族）古　原
山里人———————————————————刘晓霞
走出沙漠—————————————————郭振乐
三十岁，一枚金钮扣———————（回族）马宇桢
白鸽远去—————————————————陈家骅
没有画完的轨迹——————————————叶　林
改嫁——————————————————————张文习

"中国潮"征文
目标：十环————————————————陈葆泉

散文
杜先生———————————————————李正声
麻子大叔—————————————————夕　阳
吐鲁番寻梦录———————————（回族）姚欣则
塞上长城拍摄散记——————————许　成　蒋季平

诗歌
古河畔独唱（组诗）—————————————赵福辰
滚在种种斜坡上（外二首）——————————李发模
椰雕哲人（外二首）—————————————马玉堂
关于九平方米（外一首）———————————白景森
乡下（二首）————————————————李占学
寻觅——————————————————————万里鹏

评论

小说艺术的情与境 ······（回族）江河水

新作短评

也谈《搭伙》 ······杨永圣
时代的悲剧　历史的重负——谈谈马知遥的《搭伙》
······胡亦工

美术

水车（油画） ······张　键
牧羊女（国画） ······王大奎

1988 年第 7 期　刊名:《朔方》
目录

小说

减愁记 ······一　心
第五百个足球 ······（满族）那守第
归路 ······王漫曦
葬礼 ······孙自筠
感情 ······杨　德
山神的帽子 ······娄天木
梦，充满了爱 ······晓　燕

散文

乡居笔记（二题） ······周同宾
女人，怎样才算坚强 ······漓　江
她是一首悲切的无字歌 ······邵韦彬

"中国潮"征文

领头雁 ······曾　安

诗歌

西部风景线（三首） ······吴淮生
现在，我起步（外二首） ······阿　红
乡村的故事 ······（回族）杨云才
天空、牧场和草地上的竖琴 ······田　禾
唱一支纯情的歌（散文诗）
······高顺利　黄恩朋　浬鋈洋

评论

年青的西部和年青的诗——读回族青年诗人杨云才的
诗 ······（回族）贾　羽
开放的小说世界——从三篇小说的叙述角度看现代小
说的特点 ······刘孟沐

美术

乡路（油画） ······张　键

张鲁国画作品选
栏目篆刻 ······寿　山

1988 年第 8 期　刊名:《朔方》
目录

小说

老人的话题（纪实·两篇） ······吴　江
战殇 ······董炳新
冬天的对话 ······张文宝
乡路 ······陈　勇
父与子 ······陈　军
土墙五尺高 ······一　心
黄土山里 ······（回族）杨英俊

散文

不夜情 ······高洪波
妹妹，那远远的近近的 ······河　岸

诗歌

失去的风车（外一首） ······杨　牧
瞬间（外一首） ······盾　子
无主题变奏（三首） ······殷　皓
爱之路（外二首） ······薛　刚
短诗三首 ······崔晓东　李素娟　王楷模

评论

迎接报告文学的新潮
——宁夏报告文学创作八人谈 ······秦克温　刘国尧
何新南　杨淀勋　张　武　冯剑华　戈悟觉　潘自强

美术

暮归（油画） ······张　键
曾杏绯国画作品选

1988 年第 9 期　刊名:《朔方》
目录

小说

葫芦套 ······马存贤
流逝 ······于秀兰
九月九 ······杨少青
四月的河滩 ······马知遥
醉耶？醒耶？ ······马治中
黄鱼屯轶事 ······马连义

散文

最净的水 ················· 张承志
第二故乡的记忆 ············· 高　深
城里城外两座寺 ············· 杨　韧

诗歌

西海固：多主题变奏 ··········· 马　钰
山·山（五首） ············· 木　斧
在诗之国（二首） ············ 陈晓燕
牛肉拉面馆的姑娘 ············ 丁学明
寄友人（外一首） ············ 马惠琴
北国草（组诗） ············· 贾　羽

1988 年第 10 期　刊名:《朔方》
目录

小说

隔墙上有玻璃窗 ············· 戈悟觉
篝火边的故事 ·············· 郑　柯
梦幻曲 ·············· （满族）那守箴
表示存在的第二种方式 ······· （回族）马宇桢

散文

人世沧桑谁识 ·············· 吴淮生
银川的爱与忧 ·············· 张贤亮
我的大漠 ················· 张　涧
能这样称呼你吗，先生 ·········· 李正声

"改革潮"报告文学辑

旋涡里，有支弄潮儿的歌 ···· 丁金银　李发章　李国尧
大风起兮，云飞扬 ············ 余光慧
诚挚的，精神的，辛勤的 ········· 孟　虎

评论

当代回族小说创作论 ········· （回族）杨继国

诗歌

七绝五首 ················· 石　天
塞上第一坝（三首） ··········· 肖　川
中国西部，有这样一个民族 ········ 秦克温
草原之路（四首） ············ 屈文焜
马克思（外二首） ·········· （回族）杨云才
年轻的太阳谷（组诗） ·········· 葛　林
蓝色的诗（外二首） ··········· 王　慧
火车司机和儿子们（外一首） ······· 刘　中
秋天（外二首） ············· 范一凤

1988 年第 11 期　刊名:《朔方》
目录

小说

黄梅花 ·················· 于伟中
月儿弯弯路弯弯 ············· 罗致平
冠心病 ·················· 施原钰
夜晚的陈述 ··············· 张静荣
出俏师傅与蹩脚徒弟 ··········· 虹　雷
小说三题 ················· 尚　浩
新蕾
猫眼 ··················· 斗立中
曝光 ··················· 常惠琴
裙子 ··················· 张　宁

散文

高庙的回忆 ··············· 许文秀
黄河，我心中的放歌 ··········· 戴文烈
沙坡头抒情 ··············· 麦天和

诗歌

天地之间（组诗） ············ 郭维东
独步河套（三首） ············ 王景韩
生命之张力（二首） ··········· 黄邦君
短笛（十三首） ············· 陆占洪
　高　强　吕红妹　李敏敏　白　玉　万自义　李壮萍
　王德焱　北　原　吴　昊　窦　瑶　邢　昊

评论

诗格与人格的交辉（宁夏作家论）
——论贾长厚 ··············· 高　嵩

美术

望远（油画） ·············· 牛仲平
孟慕颐绘画作品选

1988 年第 12 期　刊名:《朔方》
目录

小说

人生四题 ················· 戈悟觉
魂兮归来 ················· 金瑞直
梦悼 ················· （回族）马中骥
沉息 ··················· 李　剑
一瓶酒的命运 ·············· 刘建芳
小小说五则 ············· （回族）王学礼
　罗韵希　田　林　何春美　[苏]米德哈特

散文

格尔木的眷恋 —————————————— 若 筠
心中的桥 ————————————— （回族）马天堂
丑的故事 —————————————————— 田 山

评论

论社会主义初级阶段的文学艺术 ———— 丁 峻 王枝忠
走出大山的大山之子（宁夏作家论）——论青年诗人
屈文焜 ————————————————— 秦 庚

诗歌

故乡（组诗）————————————— 万里鹏
相知者的重负（二首）———————— 陈茂欣
凝聚的情（组诗）——————— （回族）姚欣则
椰子树下（三首）————————— 鲁 萍
秋的序曲与画页（外一首）————— 洪 立
青春祭（二首）——————————— 党学宏
散文诗页 ————— 杨 梓 叫天子 梁 锋

美术

《回乡行》组画之一（油画）————— 牛仲平
《穆斯林生活》组画之一（油画）——— 于盛安

1989 年第 1 期　刊名:《朔方》
目录

小说

黄米干饭 ————————— （回族）马知遥
在历史连接点上 ————————— 矫 健
空洞无物 ——————————— 成 蹊
清与浊 ——————————— 孙方友
黑宫居主 ——————————— 李乔亚
误区 ————————————— 王 勤
"混元金斗"之谜 ——————— 姚 琦

散文

春的随意 ——————————— 李佩芝
话石 ————————————— 李福德
柳树壕（外一篇）——————— 王亚平
西山樟子松 ————————— 尚贵荣

报告文学

人与自然（"中国潮"征文）————— 杨声领
张宝贤和他的"保险公司"————— 秦克温

美术

厚土的颜面（国画）————————— 胡正伟
根（摄影）———————————— 陈宝生

1989 年第 2 期　刊名:《朔方》
目录

小说

张冀雪新作（宁夏青年作家小说辑）
牧羊人全根老爹和他的宝贝儿子 ————— 张冀雪
邮递马车（中篇）———————————— 张冀雪
童年的小树林（作家自白）—————— 张冀雪
女人和小镇 ——————————— 南 台
老屋（外一篇）————————— 杨东刚
同仁二题 ——————————— 姚泽芊
信不信由你 —————————— 兰淑芳
无人知晓的痛苦 ———————— 杨小虎

散文

黄河万里富宁夏 ———————— 陈若曦
这是没有办法的 ———————— 默 然
回忆亲人（两篇）——————— 李广兴
河西走廊小记 ————————— 董培勤

评论

在蝉蜕、裂变中梳理羽毛（宁夏作家论）——论马钰
诗歌审美意象的嬗变 ———————— 荆 竹

美术

滑雪者（油画）———————————— 浦 捷
爽秋（丝网版画）—————————— 高凯宏
秋实图（国画）———————————— 王 智

1989 年第 3 期　刊名:《朔方》
目录

李唯新作（宁夏青年作家小说辑）
五号油田在山里（短篇小说）—————— 李 唯
远方来的青海客（中篇小说）—————— 李 唯
我的最初时刻（作家自白）—————— 李 唯
塬上苜蓿地（短篇小说）——————— 王旺斌
索爷林（散文）————————— 张 武
为你的婚礼而作（散文）——————— 赵亚乔
文学与社会改革（报告文学）
为报十里长街春意闹——商业界新闻人物郭梁祖
————————————————— 刘国尧
塞上酒神——记银川酒厂厂长禹光明
————————————— 李佐虎 秦中吟

新作短评

西部：诗意葱茏的魅力 ———————— 崔宝国
剪不断，理还乱 ———————————— 孙自筠

美术

新路（摄影） ——————————————— 马建军
黄河筏渡（水印木刻） ————————— 王洪水
塞北之冬（木刻四幅） ————————— 王子明

1989 年第 4 期　刊名:《朔方》
目录

小说

飘零 —————————————————————— 金瑞直
月亮影子 ———————————————————— 徐晓平
古拉本峡谷 ——————————————————— 王　庆
也有沉沦的时候 ———————————（回族）于秀兰
昏醉 ——————————————————————— 陈　勇
绝唱（五篇） ——————————————————— 曾　安

散文

杂感二则 ———————————————————— 杨淀勋
一个大兵的决定 ————————— 刘岳华　刘同卿

评论

面对艰难的生活（新作短评）————（回族）白　草
岁月与世象（诗五首）
　————————— 王恩宇　刘　江　李素娟　肖　屏

美术

晨曲（摄影） ——————————————————— 刘仲华
秋塘新雨后（国画） —————————————— 李智纲
西夏风俗组画（国画） ————————————— 刘均威

1989 年第 5 期　刊名:《朔方》
目录

名家近作

诗的随感录 ———————————————————— 雁　翼
情结悬浮留痕 ————————————————————— 阿　红
我和你 ——————————————————————— 顾　工
无声之歌 ————————————————————— 木　斧
命运·尊严·人格 ———————————————— 高　深
阳光下的人 ——————————————————— 顾　城
爱神与诗神 ——————————————————— 梁谢成
衡阳雁迹 ————————————————————— 吴淮生
忽然想到 ————————————————————— 黄　淮

山区，还有这样的小学 ————————————— 刘国尧
心之触觉 ————————————————————— 曾有云
秋天的路 ————————————————————— 陈广斌
迟至的情书 ———————————————————— 李发模

青年诗人

第一次面山 ———————————————————— 刘　中
致刘中 ABC（评论） ————————————— 秦　庚
西部的传说 ———————————————————— 葛　林
阿君的心理 ———————————————————— 杨森君
诗的心理把握与表现（评论） ———————— 朱先树
空山中的我 ———————————————————— 洛　兰
读《空山中的我》（评论） ————————— 高　嵩
姐姐走啦 ————————————————————— 李兆军
李兆军的三首诗（评论） ——————————— 常　程
唐德亮　吴　强　张天红　张天春　殷　皓　阿　英
马启代　纪辉剑　薛　刚　孟　虎　冯　雄　杨　梓
陈泽锐　凌　霆　李玉海　杨志云　李志胜　凡　斯
李建明　邢　昊
辽西青年诗人专辑 ——————————————— 李松青
张成德　李保平　王　伟　王林贵　曹　谦
去掉面具乃有诗（评论） ——————————— 王兆琪
穆斯林的诗
回回情绪 ————————————————————— 马乐群
我用顺从揭示顺从的世界 ——————————— 马　钰
成为黄河 ————————————————————— 杨云才
北国草 ——————————————————————— 贾　羽
夜韵 ——————————————————————— 冰　雨
错觉 ——————————————————————— 智　鹏

黄土情深

女人，半条黄河 ——————————————— 高若红
黄土情深 ————————————————————— 秦中吟
盐池行 ——————————————————————— 万里鹏
远行诗草 ————————————————————— 高　云
古河畔独唱 ——————————————————— 赵福辰
会飞的岸 ————————————————————— 王维是
飘飞的思绪 ——————————————————— 李劲松
春晨雨中行 ——————————————————— 马树芳
覆盖 ——————————————————————— 刘振国

苦涩的爱

红玫瑰 ——————————————————————— 嘉　义
苦涩的爱 ————————————————————— 刘秋群
苦恋 ——————————————————————— 屈文堤
心灵密室的短歌 ———————————————— 张庆和
对三月的风说 ——————————————————— 永　昶
海外诗心 ———————— 洛　夫　余光中　向　明
痖　弦　蓝海文　傅天虹　谭帝森　和　权　周　粲

清纯而隽永的歌（评论）·····································李元洛

短歌长吟·····················柳 沄 恒 杰 陈 勇
丁雪中 林乐山 盾 子 胡 鹏 杨 郑 曲 近
黄忠龙 马东震 冯光辉 廖仲毛 李志勇 苏 铁
郑远旺 弓 长 焦立新 尹德超

诗苑新蕾·····················连晓芳 吴 昊 钟清鸿
刘舒凝 许宝新 杨永华 杨 岑 马建新 汤 枫
崔同鹏 符赋宁 昶 李鹏飞 吴嘉男 王文成
布谷诗社专辑·············梦 阳 王天军 武 丽
赋 翔 郭志伟 湖 岩 马小龙 张建荣 扬 帆
王 慧 梁小鹏 杨延宁 陈曦林 史海青 丝 含
伊亚迪 张 峰

脚印（摄影）（封面）·····························米寿世
无笔画选登（封三、封底）·························任民业

1989 年第 6 期 刊名:《朔方》
目录

小说
网···常惠琴
桥东桥西···白景森
噩梦···白金剑
春暮···郑发贵
飘零（续完）···金瑞直

儿童文学
雀儿妈妈丹妮娅·······································张明照
旱黄瓜地···王宝三

报告文学·散文
中华精神（"中国潮"征文）·························张 武
他闯出了峡谷·····························苏保伟 雷东鸿
雪圈起松籽的梦（外三章）·························李 耕

美术
落日（摄影）···张春荣
贝瑛仁宣传画作品选

1989 年第 7 期 刊名:《朔方》
目录

纪实文学
赫鲁晓夫下台内幕（上）
·····························〔苏〕谢尔盖·赫鲁晓夫

小说
办公楼前有条小溪·····································海 容
黄河依旧···郑 正

报告文学
为你而唱——献给银川化工厂·············白景森 刘昌建
他在十字路口苦恋——记柴福山老人忧思中的无私
···行 速

评论
满足人民多样化的文化需求——宁夏通俗文学讨论会
纪要···秦发生
也论社会主义初级阶段的文学艺术·················刘贻清
实现自我价值的艰难拼搏——评张冀雪的心态系列小
说···（回族）丁朝君

美术
路漫漫（摄影）·······································王有才
女娲补天（国画）·····································叶永森
黑白装饰画···任韶华

1989 年第 8 期 刊名:《朔方》
目录

赫鲁晓夫下台内幕（纪实文学·下）
·····························〔苏〕谢尔盖·赫鲁晓夫
走向黑夜（小说）·····································施原钰
事情是难办的（小说）·································吴 江
宣传部长和他的职员们（小说）···········（回族）马存贤
蓝色的舌头（小说）···································王漫曦
远远近近（散文）·····································张 涧
拉卜楞，拉卜楞（散文）·······························吴春岗
天地的悲怆（报告文学）·······························廉 军
余晖（摄影）···柴建方
连环画《在离公路不远的地方》选页
···王银冬 刘世宁
沙蒿（版画）···陈 超
小伴（油画）···孔庆波

1989 年第 9 期　刊名：《朔方》
目录

风定犹闻碧玉香——宁夏部分文艺界代表拥军活动侧记 .... 刘　慧

"文学与社会改革"报告文学辑

光明颂 .... 冬　草　满剑波
走出荒滩 .... 朱公录　刘国尧
水魂 .... 萧　瑟　热　风
前进中的宁夏外运公司 .... 铃保成
说起来我就难过（小说） .... 成　蹊
小小说六篇 .... 王玉林
杨东刚　马超华　曲　笑　费　农　雨　墙
前度刘郎（散文） .... 吴淮生
"背诵"的故事（散文） .... 尚贵荣
童年旧事（散文） .... （回族）姚欣则
对人物心灵世界的深层透视（新作短评）
.... 解怀福　李学明
山川秀色（摄影） .... 柴建方
秋韵（国画） .... 胡正伟

1989 年第 10 期　刊名：《朔方》
目录

小说

黑太阳 .... 徐恒堂
塞翁拾马 .... （回族）杨生瑞
好事多谋 .... 齐宝库
周末 .... 李怀信
碾院 .... 巴可成
纤纤玉手 .... 罗北雁

报告文学

为了企业的后劲——记石嘴山市电石厂厂长林友弟
.... 常惠琴
强者的纪年——记平罗糖厂厂长石作玺 .... 余光慧

散文

诗路流水（日记四则） .... 阿　红
七色桥 .... 马　力
旋转的文学世界（创作札记） .... 严光星

诗歌

你走不远（二首） .... 王　慧
寄一位盲诗人 .... 宋曙光
蜂翅的振颤（三首） .... 刘学林　夏　宁　刘兴合

评论

自觉的美学意识与选择的困境 .... 荆　竹
小人物们的悲剧（新作短评） .... 李三郎

美术

封面摄影 .... 郭震乾

1989 年第 11 期　刊名：《朔方》
目录

五彩缤纷

春的序曲 .... 杨　山
流光（四首） .... 肖　川
中国诗人写意 .... 赵　敏
黄河滩（组诗） .... 王景韩
七彩画家园 .... 陶继忠
心间流水（四首） .... 张　捷
第三人称（外一首） .... 陆　健
太平湖 .... 佟明光
人生（三章） .... 刘和芳
孤树 .... 王广元
东方花月夜（外二首） .... 张宪山

穆斯林的诗

唱花儿的民族（外一首） .... 何克俭
情感方式（组诗） .... 马　季
向日葵（外三首） .... 阿　拜
在诗之国（三首） .... 陈晓燕
生命的抉择（三首） .... 王　慧
石子（外一首） .... 李淳之
写给自我（外一首） .... 保俊儒

青年诗人

矿山的光（组诗） .... 孟　虎
谈孟虎的诗（评论） .... 高　嵩
感觉种种（散文诗） .... 王跃英
由"感觉"想到的（评论） .... 秦　庚
最后的家（组诗） .... 张建中
一只鸟穿过我的眼睛（评论） .... 马启代
梦与人生（组诗） .... 田　禾
娜边自选诗 .... 娜　边
窗口就是路（组诗） .... 叶世斌
泪湿黄土高坡（组诗） .... 梦　阳
呵！人面鱼（外三首） .... 阎　安
随感录（七首） .... 覃中富
苦情（八首） .... 吴树生
现在与未来（组诗） .... 向立成
悬浮的忆念（外三首） .... 王唯唯

古船（四首）⋯⋯⋯⋯⋯⋯⋯⋯⋯⋯⋯⋯ 远 村
流逝的世纪（组诗）⋯⋯⋯⋯⋯⋯⋯⋯ 阚 坷
陈子曦三行体诗⋯⋯⋯⋯⋯⋯⋯⋯⋯ 陈子曦
大彻大悟（组诗）⋯⋯⋯⋯⋯⋯⋯⋯ 赵之逵
寻觅感觉（外一首）⋯⋯⋯⋯⋯⋯⋯⋯ 洪 立
城市人（外二首）⋯⋯⋯⋯⋯⋯⋯⋯ 白军胜
梦中的微笑（二首）⋯⋯⋯⋯⋯⋯⋯⋯ 谢 明
想象的脚步（三首）⋯⋯⋯⋯⋯⋯⋯ 段怀颖
优惠的话（外三首）⋯⋯⋯⋯⋯⋯⋯ 张留生
梅熟时节（组诗）⋯⋯⋯⋯⋯⋯⋯⋯ 蔡启发
书斋⋯⋯⋯⋯⋯⋯⋯⋯⋯⋯⋯⋯⋯⋯ 杨 子
另一种被告（外二首）⋯⋯⋯⋯⋯⋯ 尹德超
徐澄泉自选诗⋯⋯⋯⋯⋯⋯⋯⋯⋯⋯ 徐澄泉
无情节故事（外二首）⋯⋯⋯⋯⋯⋯ 陈越骏
无人之境（外二首）⋯⋯⋯⋯⋯⋯⋯⋯ 贾 胄
灵感曲线⋯⋯⋯⋯⋯⋯⋯⋯⋯⋯⋯⋯ 黄明仲
谱线上的梦⋯⋯⋯⋯⋯ 陆 跃 高 勤 李 毅
黄如棠 杨有忠 周彦虎 苏 强 何居华 张 瑛
浩 歌 吕金华 徐 驰 鲁 蒙 芦 苇 李 子
西夏诗社作品选⋯⋯⋯⋯ 溯 源 吕红妹 李敏敏
刘建芳 李壮萍 张 宁 宋秀兰 郝广震 肖凤瑕
啤酒花诗社四人集
⋯⋯⋯⋯⋯ 林继昌 刘子乐 温远辉 何雄华
银北地平线⋯⋯⋯⋯⋯⋯⋯⋯⋯⋯⋯ 陈小康
张廷珍 刘俊江 雪东鸿 孙建忠

苦涩的爱
你是一块厚厚的巧克力（外一首）⋯⋯ 伊 蕾
进城（组诗）⋯⋯⋯⋯⋯⋯⋯⋯⋯⋯⋯ 嘉 义
纯情的男孩⋯⋯⋯⋯⋯⋯⋯⋯⋯⋯⋯ 辰 光
给童年女友⋯⋯⋯⋯⋯⋯⋯⋯⋯⋯⋯ 孙喻晗
寻找一棵树（外一首）⋯⋯⋯⋯⋯⋯ 李云峰
四季复调（散文诗）⋯⋯⋯⋯⋯⋯⋯ 李爱子
情海沉浮⋯⋯⋯⋯⋯⋯⋯⋯⋯⋯⋯⋯ 游 方
荒漠之夜⋯⋯⋯⋯⋯⋯⋯⋯⋯⋯⋯⋯ 吴清分
隔着栅栏的爱⋯⋯⋯⋯⋯⋯⋯⋯⋯⋯ 诗 孩

海外诗心⋯⋯⋯⋯⋯⋯⋯⋯⋯⋯⋯⋯ 涂静怡
傅天虹 路 羽 蓝海文 梦 如 文晓村 张诗剑
许悔之 盼 耕 王心果 贺兰宁 非 马

短歌长吟⋯⋯⋯⋯⋯⋯ 崔晓东 崔绍堂 黄佳君
谭 熠 段 方 符以红 杨晓民 刘 雁 陈天成
归魂（摄影）⋯⋯⋯⋯⋯⋯⋯⋯⋯⋯⋯ 李宝峰

1989 年第 12 期 刊名：《朔方》
目录

土耳其弯刀⋯⋯⋯⋯⋯⋯⋯⋯⋯⋯⋯⋯ 于伟中
带去沉默⋯⋯⋯⋯⋯⋯⋯⋯⋯⋯⋯⋯ 杨宝成
域外三题
牧羊人的女儿
⋯⋯⋯⋯［英］威廉·萨罗扬著 谢素台译
会变一百套魔术的人
⋯⋯⋯［德］约·汉斯·洛斯勒尔著 张丽丽译
奇闻⋯⋯［苏］戈尔苏斯基著 王义虎 颜志侠译
小小说四篇⋯⋯⋯⋯ 窦 锐 秦万兴 黄 辉 苏福祥

报告文学·散文
燃烧的朝霞——记石嘴山市铁合金厂厂长王建国
⋯⋯⋯⋯⋯⋯⋯⋯⋯⋯⋯⋯⋯⋯⋯ 常惠琴
志存高远终见的——中卫皮鞋厂奋飞之路
⋯⋯⋯⋯⋯⋯⋯⋯⋯⋯⋯⋯⋯ 许文秀 颍 和
那是一枝好胜争妍的腊梅——记女企业家石嘴山造纸
厂厂长冯凤梅⋯⋯⋯⋯⋯⋯⋯⋯ 刘学清 王恩平
同学录⋯⋯⋯⋯⋯⋯⋯⋯⋯⋯⋯⋯⋯ 柴德森
姐弟情深⋯⋯⋯⋯⋯⋯⋯⋯⋯⋯⋯⋯ 刘岳华
日本见闻⋯⋯⋯⋯⋯⋯⋯⋯⋯⋯⋯⋯ 梅文秋
宁夏文联文艺理论研究室召开座谈会

美术
封面摄影⋯⋯⋯⋯⋯⋯⋯⋯⋯⋯⋯⋯ 柴建方
韩乐业水彩画作品选